企业所得税专业岗位提升好帮手

企业所得税
政策法规汇编大全

（2008年~2020年1月废改立注释版）

企业所得税纳税申报表丛书编写组／编

法律出版社
LAW PRESS · CHINA

前　言

为了便于广大纳税人和税务工作人员正确掌握现行有效的企业所得税法规及配套政策，充分理解企业所得税基本原理和相关政策的内涵，在实践中更好地遵从和执行，我们组织编写了《企业所得税政策法规汇编大全》(2008 年 ~2020 年 1 月废改立注释版)一书，供大家学习、参考。本书亦可作为日常工具用书。

本书收集了 2008 年 ~2020 年 1 月现行有效的企业所得税法规及相关的规范性文件并进行科学分类，力求“原文编辑、合理归类、查阅方便”。

本书在原文中对目前已失效的条款进行了标识和注解，以便读者提高阅读和工作效率。此外，本书在末尾处按文号对文件进行了索引分类，便于读者按文号查找文件，解决了实际使用中条文难以查找的问题。为建立会计与企业所得税密切相关的理念，本书附录中收录了最新企业会计准则、破产清算会计处理等与企业所得税相关的会计内容，便于读者查阅。

本书由国家税务总局所得税司有关同志及各省部份参与申报表起草工作的人员共同编写，主要由江苏省税务局刘衍、殷宪韬、许海波、史文斌，陕西省税务局吕行，黑龙江省税务局鞠佰华，福建省三明市税务局叶士福、苏晖旭，河北省税务局唐建国，天津市税务局张林林、四川省成都市税务局张泽智，吉林省税务局张旭天，湖南省长沙市税务局段文涛，沈阳市税务干部学校关岩等编写，由岳光富、黄学迅、吕行、钟子明、许毅榕、叶士福等复核及审定。

本书在编写过程中得到了有关省市税务机关所得税管理部门及中国注册税务师协会的大力支持，在此表示感谢。

随着税收制度和征管制度的改革，税收政策及制度也在不断完善过程中，请税务干部和纳税人在实际工作中以现行有效文件为准。由于编者水平有限，书中难免有疏漏或不妥之处，敬请广大读者以电子邮件发至 linxiuchuan2008@163.com，提出您的宝贵意见。

本书内容仅供参与，只代表编写组个人观点，不代表其所在单位。

企业所得税纳税申报表丛书编写组

2020 年 1 月

目 录

法律法规

综合规定

税收优惠

行业管理

非居民税收管理

征收管理

附　录

法律法规

1.中华人民共和国企业所得税法

(2007 年 3 月 16 日　第十届全国人民代表大会第五次会议通过
中华人民共和国主席令第 63 号　自 2008 年 1 月 1 日起施行)
(部分条款修改,详见文中注释)

《中华人民共和国企业所得税法》已由中华人民共和国第十届全国人民代表大会第五次会议于 2007 年 3 月 16 日通过,现予公布,自 2008 年 1 月 1 日起施行。

中华人民共和国企业所得税法

第一章　总　　则

第一条　在中华人民共和国境内,企业和其他取得收入的组织(以下统称企业)为企业所得税的纳税人,依照本法的规定缴纳企业所得税。

个人独资企业、合伙企业不适用本法。

第二条　企业分为居民企业和非居民企业。

本法所称居民企业,是指依法在中国境内成立,或者依照外国(地区)法律成立但实际管理机构在中国境内的企业。

本法所称非居民企业,是指依照外国(地区)法律成立且实际管理机构不在中国境内,但在中国境内设立机构、场所的,或者在中国境内未设立机构、场所,但有来源于中国境内所得的企业。

第三条　居民企业应当就其来源于中国境内、境外的所得缴纳企业所得税。

非居民企业在中国境内设立机构、场所的,应当就其所设机构、场所取得的来源于中国境内的所得,以及发生在中国境外但与其所设机构、场所有实际联系的所得,缴纳企业所得税。

非居民企业在中国境内未设立机构、场所的,或者虽设立机构、场所但取得的所得与其所设机构、场所没有实际联系的,应当就其来源于中国境内的所得缴纳企业所得税。

第四条　企业所得税的税率为 25%。

非居民企业取得本法第三条第三款规定的所得,适用税率为 20%。

第二章　应纳税所得额

第五条　企业每一纳税年度的收入总额,减除不征税收入、免税收入、各项扣除以及允许弥补的以前年度亏损后的余额,为应纳税所得额。

第六条　企业以货币形式和非货币形式从各种来源取得的收入,为收入总额。包括:

(一)销售货物收入;

(二)提供劳务收入;

(三)转让财产收入;

(四)股息、红利等权益性投资收益;

(五)利息收入;

(六)租金收入;

(七)特许权使用费收入;

(八)接受捐赠收入;

（九）其他收入。

第七条 收入总额中的下列收入为不征税收入：

（一）财政拨款；

（二）依法收取并纳入财政管理的行政事业性收费、政府性基金；

（三）国务院规定的其他不征税收入。

第八条 企业实际发生的与取得收入有关的、合理的支出，包括成本、费用、税金、损失和其他支出，准予在计算应纳税所得额时扣除。

第九条 企业发生的公益性捐赠支出，在年度利润总额12%以内的部分，准予在计算应纳税所得额时扣除。超过年度利润总额12%的部分，准予结转以后三年内在计算应纳税所得额时扣除。

【注】根据第十二届全国人民代表大会常务委员会第二十六次会议通过，自2017年2月24日起施行。

第十条 在计算应纳税所得额时，下列支出不得扣除：

（一）向投资者支付的股息、红利等权益性投资收益款项；

（二）企业所得税税款；

（三）税收滞纳金；

（四）罚金、罚款和被没收财物的损失；

（五）本法第九条规定以外的捐赠支出；

（六）赞助支出；

（七）未经核定的准备金支出；

（八）与取得收入无关的其他支出。

第十一条 在计算应纳税所得额时，企业按照规定计算的固定资产折旧，准予扣除。

下列固定资产不得计算折旧扣除：

（一）房屋、建筑物以外未投入使用的固定资产；

（二）以经营租赁方式租入的固定资产；

（三）以融资租赁方式租出的固定资产；

（四）已足额提取折旧仍继续使用的固定资产；

（五）与经营活动无关的固定资产；

（六）单独估价作为固定资产入账的土地；

（七）其他不得计算折旧扣除的固定资产。

第十二条 在计算应纳税所得额时，企业按照规定计算的无形资产摊销费用，准予扣除。

下列无形资产不得计算摊销费用扣除：

（一）自行开发的支出已在计算应纳税所得额时扣除的无形资产；

（二）自创商誉；

（三）与经营活动无关的无形资产；

（四）其他不得计算摊销费用扣除的无形资产。

第十三条 在计算应纳税所得额时，企业发生的下列支出作为长期待摊费用，按照规定摊销的，准予扣除：

（一）已足额提取折旧的固定资产的改建支出；

（二）租入固定资产的改建支出；

（三）固定资产的大修理支出；

（四）其他应当作为长期待摊费用的支出。

第十四条 企业对外投资期间，投资资产的成本在计算应纳税所得额时不得扣除。

第十五条 企业使用或者销售存货，按照规定计算的存货成本，准予在计算应纳税所得额时扣除。

第十六条 企业转让资产，该项资产的净值，准予在计算应纳税所得额时扣除。

第十七条 企业在汇总计算缴纳企业所得税时，其境外营业机构的亏损不得抵减境内营业机构的盈利。

第十八条 企业纳税年度发生的亏损,准予向以后年度结转,用以后年度的所得弥补,但结转年限最长不得超过五年。

第十九条 非居民企业取得本法第三条第三款规定的所得,按照下列方法计算其应纳税所得额:

(一)股息、红利等权益性投资收益和利息、租金、特许权使用费所得,以收入全额为应纳税所得额;

(二)转让财产所得,以收入全额减除财产净值后的余额为应纳税所得额;

(三)其他所得,参照前两项规定的方法计算应纳税所得额。

第二十条 本章规定的收入、扣除的具体范围、标准和资产的税务处理的具体办法,由国务院财政、税务主管部门规定。

第二十一条 在计算应纳税所得额时,企业财务、会计处理办法与税收法律、行政法规的规定不一致的,应当依照税收法律、行政法规的规定计算。

第三章 应 纳 税 额

第二十二条 企业的应纳税所得额乘以适用税率,减除依照本法关于税收优惠的规定减免和抵免的税额后的余额,为应纳税额。

第二十三条 企业取得的下列所得已在境外缴纳的所得税税额,可以从其当期应纳税额中抵免,抵免限额为该项所得依照本法规定计算的应纳税额;超过抵免限额的部分,可以在以后五个年度内,用每年度抵免限额抵免当年应抵税额后的余额进行抵补:

(一)居民企业来源于中国境外的应税所得;

(二)非居民企业在中国境内设立机构、场所,取得发生在中国境外但与该机构、场所有实际联系的应税所得。

第二十四条 居民企业从其直接或者间接控制的外国企业分得的来源于中国境外的股息、红利等权益性投资收益,外国企业在境外实际缴纳的所得税税额中属于该项所得负担的部分,可以作为该居民企业的可抵免境外所得税税额,在本法第二十三条规定的抵免限额内抵免。

第四章 税 收 优 惠

第二十五条 国家对重点扶持和鼓励发展的产业和项目,给予企业所得税优惠。

第二十六条 企业的下列收入为免税收入:

(一)国债利息收入;

(二)符合条件的居民企业之间的股息、红利等权益性投资收益;

(三)在中国境内设立机构、场所的非居民企业从居民企业取得与该机构、场所有实际联系的股息、红利等权益性投资收益;

(四)符合条件的非营利组织的收入。

第二十七条 企业的下列所得,可以免征、减征企业所得税:

(一)从事农、林、牧、渔业项目的所得;

(二)从事国家重点扶持的公共基础设施项目投资经营的所得;

(三)从事符合条件的环境保护、节能节水项目的所得;

(四)符合条件的技术转让所得;

(五)本法第三条第三款规定的所得。

第二十八条 符合条件的小型微利企业,减按20%的税率征收企业所得税。

国家需要重点扶持的高新技术企业,减按15%的税率征收企业所得税。

第二十九条 民族自治地方的自治机关对本民族自治地方的企业应缴纳的企业所得税中属于地方分享的部分,可以决定减征或者免征。自治州、自治县决定减征或者免征的,须报省、自治区、直辖市人民政府批准。

第三十条 企业的下列支出，可以在计算应纳税所得额时加计扣除：

（一）开发新技术、新产品、新工艺发生的研究开发费用；

（二）安置残疾人员及国家鼓励安置的其他就业人员所支付的工资。

第三十一条 创业投资企业从事国家需要重点扶持和鼓励的创业投资，可以按投资额的一定比例抵扣应纳税所得额。

第三十二条 企业的固定资产由于技术进步等原因，确需加速折旧的，可以缩短折旧年限或者采取加速折旧的方法。

第三十三条 企业综合利用资源，生产符合国家产业政策规定的产品所取得的收入，可以在计算应纳税所得额时减计收入。

第三十四条 企业购置用于环境保护、节能节水、安全生产等专用设备的投资额，可以按一定比例实行税额抵免。

第三十五条 本法规定的税收优惠的具体办法，由国务院规定。

第三十六条 根据国民经济和社会发展的需要，或者由于突发事件等原因对企业经营活动产生重大影响的，国务院可以制定企业所得税专项优惠政策，报全国人民代表大会常务委员会备案。

第五章 源泉扣缴

第三十七条 对非居民企业取得本法第三条第三款规定的所得应缴纳的所得税，实行源泉扣缴，以支付人为扣缴义务人。税款由扣缴义务人在每次支付或者到期应支付时，从支付或者到期应支付的款项中扣缴。

第三十八条 对非居民企业在中国境内取得工程作业和劳务所得应缴纳的所得税，税务机关可以指定工程价款或者劳务费的支付人为扣缴义务人。

第三十九条 依照本法第三十七条、第三十八条规定应当扣缴的所得税，扣缴义务人未依法扣缴或者无法履行扣缴义务的，由纳税人在所得发生地缴纳。纳税人未依法缴纳的，税务机关可以从该纳税人在中国境内其他收入项目的支付人应付的款项中，追缴该纳税人的应纳税款。

第四十条 扣缴义务人每次代扣的税款，应当自代扣之日起七日内缴入国库，并向所在地的税务机关报送扣缴企业所得税报告表。

第六章 特别纳税调整

第四十一条 企业与其关联方之间的业务往来，不符合独立交易原则而减少企业或者其关联方应纳税收入或者所得额的，税务机关有权按照合理方法调整。

企业与其关联方共同开发、受让无形资产，或者共同提供、接受劳务发生的成本，在计算应纳税所得额时应当按照独立交易原则进行分摊。

第四十二条 企业可以向税务机关提出与其关联方之间业务往来的定价原则和计算方法，税务机关与企业协商、确认后，达成预约定价安排。

第四十三条 企业向税务机关报送年度企业所得税纳税申报表时，应当就其与关联方之间的业务往来，附送年度关联业务往来报告表。

税务机关在进行关联业务调查时，企业及其关联方，以及与关联业务调查有关的其他企业，应当按照规定提供相关资料。

第四十四条 企业不提供与其关联方之间业务往来资料，或者提供虚假、不完整资料，未能真实反映其关联业务往来情况的，税务机关有权依法核定其应纳税所得额。

第四十五条 由居民企业，或者由居民企业和中国居民控制的设立在实际税负明显低于本法第四条第一款规定税率水平的国家(地区)的企业,并非由于合理的经营需要而对利润不作分配或者减少分配的,上述利润中应归属于该居民企业的部分,应当计入该居民企业的当期收入。

第四十六条 企业从其关联方接受的债权性投资与权益性投资的比例超过规定标准而发生的利息支出,不得在计算应纳税所得额时扣除。

第四十七条 企业实施其他不具有合理商业目的的安排而减少其应纳税收入或者所得额的,税务机关有权按照合理方法调整。

第四十八条 税务机关依照本章规定作出纳税调整,需要补征税款的,应当补征税款,并按照国务院规定加收利息。

第七章 征收管理

第四十九条 企业所得税的征收管理除本法规定外,依照《中华人民共和国税收征收管理法》的规定执行。

第五十条 除税收法律、行政法规另有规定外,居民企业以企业登记注册地为纳税地点;但登记注册地在境外的,以实际管理机构所在地为纳税地点。

居民企业在中国境内设立不具有法人资格的营业机构的,应当汇总计算并缴纳企业所得税。

第五十一条 非居民企业取得本法第三条第二款规定的所得,以机构、场所所在地为纳税地点。非居民企业在中国境内设立两个或者两个以上机构、场所的,经税务机关审核批准,可以选择由其主要机构、场所汇总缴纳企业所得税。

【注】根据2018年12月29日第十三届全国人民代表大会常务委员会第七次会议决定,修改为:“非居民企业在中国境内设立两个或者两个以上机构、场所,符合国务院主管部门规定条件的”。

非居民企业取得本法第三条第三款规定的所得,以扣缴义务人所在地为纳税地点。

第五十二条 除国务院另有规定外,企业之间不得合并缴纳企业所得税。

第五十三条 企业所得税按纳税年度计算。纳税年度自公历1月1日起至12月31日止。

企业在一个纳税年度中间开业,或者终止经营活动,使该纳税年度的实际经营期不足十二个月的,应当以其实际经营期为一个纳税年度。

企业依法清算时,应当以清算期间作为一个纳税年度。

第五十四条 企业所得税分月或者分季预缴。

企业应当自月份或者季度终了之日起十五日内,向税务机关报送预缴企业所得税纳税申报表,预缴税款。

企业应当自年度终了之日起五个月内,向税务机关报送年度企业所得税纳税申报表,并汇算清缴,结清应缴应退税款。

企业在报送企业所得税纳税申报表时,应当按照规定附送财务会计报告和其他有关资料。

第五十五条 企业在年度中间终止经营活动的,应当自实际经营终止之日起六十日内,向税务机关办理当期企业所得税汇算清缴。

企业应当在办理注销登记前,就其清算所得向税务机关申报并依法缴纳企业所得税。

第五十六条 依照本法缴纳的企业所得税,以人民币计算。所得以人民币以外的货币计算的,应当折合成人民币计算并缴纳税款。

第八章 附 则

第五十七条 本法公布前已经批准设立的企业,依照当时的税收法律、行政法规规定,享受低税率优惠的,按照国务院规定,可以在本法施行后五年内,逐步过渡到本法规定的税率;享受定期减免税优惠的,按照国务院规定,可以在本法施行后继续享受到期满为止,但因未获利而尚未享受优惠的,优惠期限从本法施行年度起计算。

法律设置的发展对外经济合作和技术交流的特定地区内,以及国务院已规定执行上述地区特殊政策的地区内新设立的国家需要重点扶持的高新技术企业,可以享受过渡性税收优惠,具体办法由国务院规定。

国家已确定的其他鼓励类企业,可以按照国务院规定享受减免税优惠。

第五十八条 中华人民共和国政府同外国政府订立的有关税收的协定与本法有不同规定的,依照协定的规定办理。

第五十九条 国务院根据本法制定实施条例。

第六十条 本法自2008年1月1日起施行。1991年4月9日第七届全国人民代表大会第四次会议通过的《中华人民共和国外商投资企业和外国企业所得税法》和1993年12月13日国务院发布的《中华人民共和国企业所得税暂行条例》同时废止。

2. 中华人民共和国企业所得税法实施条例

(2007年12月6日 中华人民共和国国务院令第512号)

(部分条款修改,详见文中注释)

《中华人民共和国企业所得税法实施条例》已经2007年11月28日国务院第197次常务会议通过,现予公布,自2008年1月1日起施行。

中华人民共和国企业所得税法实施条例

第一章 总 则

第一条 根据《中华人民共和国企业所得税法》(以下简称企业所得税法)的规定,制定本条例。

第二条 企业所得税法第一条所称个人独资企业、合伙企业,是指依照中国法律、行政法规成立的个人独资企业、合伙企业。

第三条 企业所得税法第二条所称依法在中国境内成立的企业,包括依照中国法律、行政法规在中国境内成立的企业、事业单位、社会团体以及其他取得收入的组织。

企业所得税法第二条所称依照外国(地区)法律成立的企业,包括依照外国(地区)法律成立的企业和其他取得收入的组织。

第四条 企业所得税法第二条所称实际管理机构,是指对企业的生产经营、人员、账务、财产等实施实质性全面管理和控制的机构。

第五条 企业所得税法第二条第三款所称机构、场所,是指在中国境内从事生产经营活动的机构、场所,包括:

(一)管理机构、营业机构、办事机构;

(二)工厂、农场、开采自然资源的场所;

(三)提供劳务的场所;

(四)从事建筑、安装、装配、修理、勘探等工程作业的场所;

(五)其他从事生产经营活动的机构、场所。

非居民企业委托营业代理人在中国境内从事生产经营活动的,包括委托单位或者个人经常代其签订合同,或者储存、交付货物等,该营业代理人视为非居民企业在中国境内设立的机构、场所。

第六条 企业所得税法第三条所称所得,包括销售货物所得、提供劳务所得、转让财产所得、股息红利等权益性投资所得、利息所得、租金所得、特许权使用费所得、接受捐赠所得和其他所得。

第七条 企业所得税法第三条所称来源于中国境内、境外的所得,按照以下原则确定:

(一)销售货物所得,按照交易活动发生地确定;

(二)提供劳务所得,按照劳务发生地确定;

(三)转让财产所得,不动产转让所得按照不动产所在地确定,动产转让所得按照转让动产的企业或者机构、场所所在地确定,权益性投资资产转让所得按照被投资企业所在地确定;

(四)股息、红利等权益性投资所得,按照分配所得的企业所在地确定;

(五)利息所得、租金所得、特许权使用费所得,按照负担、支付所得的企业或者机构、场所所在地确定,或者按照负担、支付所得的个人的住所地确定;

(六)其他所得,由国务院财政、税务主管部门确定。

第八条 企业所得税法第三条所称实际联系,是指非居民企业在中国境内设立的机构、场所拥有据以取得所得的股权、债权,以及拥有、管理、控制据以取得所得的财产等。

第二章 应纳税所得额

第一节 一般规定

第九条 企业应纳税所得额的计算,以权责发生制为原则,属于当期的收入和费用,不论款项是否收付,均作为当期的收入和费用;不属于当期的收入和费用,即使款项已经在当期收付,均不作为当期的收入和费用。本条例和国务院财政、税务主管部门另有规定的除外。

第十条 企业所得税法第五条所称亏损,是指企业依照企业所得税法和本条例的规定将每一纳税年度的收入总额减除不征税收入、免税收入和各项扣除后小于零的数额。

第十一条 企业所得税法第五十五条所称清算所得,是指企业的全部资产可变现价值或者交易价格减除资产净值、清算费用以及相关税费等后的余额。

投资方企业从被清算企业分得的剩余资产,其中相当于从被清算企业累计未分配利润和累计盈余公积中应当分得的部分,应当确认为股息所得;剩余资产减除上述股息所得后的余额,超过或者低于投资成本的部分,应当确认为投资资产转让所得或者损失。

第二节 收 入

第十二条 企业所得税法第六条所称企业取得收入的货币形式,包括现金、存款、应收账款、应收票据、准备持有至到期的债券投资以及债务的豁免等。

企业所得税法第六条所称企业取得收入的非货币形式,包括固定资产、生物资产、无形资产、股权投资、存货、不准备持有至到期的债券投资、劳务以及有关权益等。

第十三条 企业所得税法第六条所称企业以非货币形式取得的收入,应当按照公允价值确定收入额。

前款所称公允价值,是指按照市场价格确定的价值。

第十四条 企业所得税法第六条第(一)项所称销售货物收入,是指企业销售商品、产品、原材料、包装物、低值易耗品以及其他存货取得的收入。

第十五条 企业所得税法第六条第(二)项所称提供劳务收入,是指企业从事建筑安装、修理修配、交通运输、仓储租赁、金融保险、邮电通信、咨询经纪、文化体育、科学研究、技术服务、教育培训、餐饮住宿、中介代理、卫生保健、社区服务、旅游、娱乐、加工以及其他劳务服务活动取得的收入。

第十六条 企业所得税法第六条第(三)项所称转让财产收入,是指企业转让固定资产、生物资产、无形资产、股权、债权等财产取得的收入。

第十七条 企业所得税法第六条第(四)项所称股息、红利等权益性投资收益,是指企业因权益性投资从被投资方取得的收入。

股息、红利等权益性投资收益,除国务院财政、税务主管部门另有规定外,按照被投资方作出利润分配决定的日期确认收入的实现。

第十八条 企业所得税法第六条第(五)项所称利息收入,是指企业将资金提供他人使用但不构成权益性投资,或者因他人占用本企业资金取得的收入,包括存款利息、贷款利息、债券利息、欠款利息等收入。

利息收入,按照合同约定的债务人应付利息的日期确认收入的实现。

第十九条 企业所得税法第六条第(六)项所称租金收入,是指企业提供固定资产、包装物或者其他有形资产的使用权取得的收入。

租金收入,按照合同约定的承租人应付租金的日期确认收入的实现。

第二十条 企业所得税法第六条第(七)项所称特许权使用费收入,是指企业提供专利权、非专利技术、商标权、著作权以及其他特许权的使用权取得的收入。

特许权使用费收入,按照合同约定的特许权使用人应付特许权使用费的日期确认收入的实现。

第二十一条 企业所得税法第六条第(八)项所称接受捐赠收入,是指企业接受的来自其他企业、组织或者个人无偿给予的货币性资产、非货币性资产。

接受捐赠收入,按照实际收到捐赠资产的日期确认收入的实现。

第二十二条 企业所得税法第六条第(九)项所称其他收入,是指企业取得的除企业所得税法第六条第(一)项至第(八)项规定的收入外的其他收入,包括企业资产溢余收入、逾期未退包装物押金收入、确实无法偿付的应付款项、已作坏账损失处理后又收回的应收款项、债务重组收入、补贴收入、违约金收入、汇兑收益等。

第二十三条 企业的下列生产经营业务可以分期确认收入的实现:

(一)以分期收款方式销售货物的,按照合同约定的收款日期确认收入的实现;

(二)企业受托加工制造大型机械设备、船舶、飞机,以及从事建筑、安装、装配工程业务或者提供其他劳务等,持续时间超过12个月的,按照纳税年度内完工进度或者完成的工作量确认收入的实现。

第二十四条 采取产品分成方式取得收入的,按照企业分得产品的日期确认收入的实现,其收入额按照产品的公允价值确定。

第二十五条 企业发生非货币性资产交换,以及将货物、财产、劳务用于捐赠、偿债、赞助、集资、广告、样品、职工福利或者利润分配等用途的,应当视同销售货物、转让财产或者提供劳务,但国务院财政、税务主管部门另有规定的除外。

第二十六条 企业所得税法第七条第(一)项所称财政拨款,是指各级人民政府对纳入预算管理的事业单位、社会团体等组织拨付的财政资金,但国务院和国务院财政、税务主管部门另有规定的除外。

企业所得税法第七条第(二)项所称行政事业性收费,是指依照法律法规等有关规定,按照国务院规定程序批准,在实施社会公共管理,以及在向公民、法人或者其他组织提供特定公共服务过程中,向特定对象收取并纳入财政管理的费用。

企业所得税法第七条第(二)项所称政府性基金,是指企业依照法律、行政法规等有关规定,代政府收取的具有专项用途的财政资金。

企业所得税法第七条第(三)项所称国务院规定的其他不征税收入,是指企业取得的,由国务院财政、税务主管部门规定专项用途并经国务院批准的财政性资金。

第三节 扣 除

第二十七条 企业所得税法第八条所称有关的支出,是指与取得收入直接相关的支出。

企业所得税法第八条所称合理的支出,是指符合生产经营活动常规,应当计入当期损益或者有关资产成本的必要和正常的支出。

第二十八条 企业发生的支出应当区分收益性支出和资本性支出。收益性支出在发生当期直接扣除;资本性支出应当分期扣除或者计入有关资产成本,不得在发生当期直接扣除。

企业的不征税收入用于支出所形成的费用或者财产,不得扣除或者计算对应的折旧、摊销扣除。

除企业所得税法和本条例另有规定外,企业实际发生的成本、费用、税金、损失和其他支出,不得重复扣除。

第二十九条 企业所得税法第八条所称成本，是指企业在生产经营活动中发生的销售成本、销货成本、业务支出以及其他耗费。

第三十条 企业所得税法第八条所称费用，是指企业在生产经营活动中发生的销售费用、管理费用和财务费用，已经计入成本的有关费用除外。

第三十一条 企业所得税法第八条所称税金，是指企业发生的除企业所得税和允许抵扣的增值税以外的各项税金及其附加。

第三十二条 企业所得税法第八条所称损失，是指企业在生产经营活动中发生的固定资产和存货的盘亏、毁损、报废损失，转让财产损失，呆账损失，坏账损失，自然灾害等不可抗力因素造成的损失以及其他损失。

企业发生的损失，减除责任人赔偿和保险赔款后的余额，依照国务院财政、税务主管部门的规定扣除。

企业已经作为损失处理的资产，在以后纳税年度又全部收回或者部分收回时，应当计入当期收入。

第三十三条 企业所得税法第八条所称其他支出，是指除成本、费用、税金、损失外，企业在生产经营活动中发生的与生产经营活动有关的、合理的支出。

第三十四条 企业发生的合理的工资薪金支出，准予扣除。

前款所称工资薪金，是指企业每一纳税年度支付给在本企业任职或者受雇的员工的所有现金形式或者非现金形式的劳动报酬，包括基本工资、奖金、津贴、补贴、年终加薪、加班工资，以及与员工任职或者受雇有关的其他支出。

第三十五条 企业依照国务院有关主管部门或者省级人民政府规定的范围和标准为职工缴纳的基本养老保险费、基本医疗保险费、失业保险费、工伤保险费、生育保险费等基本社会保险费和住房公积金，准予扣除。

企业为投资者或者职工支付的补充养老保险费、补充医疗保险费，在国务院财政、税务主管部门规定的范围和标准内，准予扣除。

第三十六条 除企业依照国家有关规定为特殊工种职工支付的人身安全保险费和国务院财政、税务主管部门规定可以扣除的其他商业保险费外，企业为投资者或者职工支付的商业保险费，不得扣除。

第三十七条 企业在生产经营活动中发生的合理的不需要资本化的借款费用，准予扣除。

企业为购置、建造固定资产、无形资产和经过12个月以上的建造才能达到预定可销售状态的存货发生借款的，在有关资产购置、建造期间发生的合理的借款费用，应当作为资本性支出计入有关资产的成本，并依照本条例的规定扣除。

第三十八条 企业在生产经营活动中发生的下列利息支出，准予扣除：

(一)非金融企业向金融企业借款的利息支出、金融企业的各项存款利息支出和同业拆借利息支出、企业经批准发行债券的利息支出；

(二)非金融企业向非金融企业借款的利息支出，不超过按照金融企业同期同类贷款利率计算的数额的部分。

第三十九条 企业在货币交易中，以及纳税年度终了时将人民币以外的货币性资产、负债按照期末即期人民币汇率中间价折算为人民币时产生的汇兑损失，除已经计入有关资产成本以及与向所有者进行利润分配相关的部分外，准予扣除。

第四十条 企业发生的职工福利费支出，不超过工资薪金总额14%的部分，准予扣除。

第四十一条 企业拨缴的工会经费，不超过工资薪金总额2%的部分，准予扣除。

第四十二条 除国务院财政、税务主管部门另有规定外，企业发生的职工教育经费支出，不超过工资薪金总额2.5%的部分，准予扣除；超过部分，准予在以后纳税年度结转扣除。

第四十三条 企业发生的与生产经营活动有关的业务招待费支出，按照发生额的60%扣除，但最高不得超过当年销售(营业)收入的5‰。

第四十四条 企业发生的符合条件的广告费和业务宣传费支出，除国务院财政、税务主管部门另有规定外，不超过当年销售(营业)收入15%的部分，准予扣除；超过部分，准予在以后纳税年度结转扣除。

第四十五条　企业依照法律、行政法规有关规定提取的用于环境保护、生态恢复等方面的专项资金，准予扣除。上述专项资金提取后改变用途的，不得扣除。

第四十六条　企业参加财产保险，按照规定缴纳的保险费，准予扣除。

第四十七条　企业根据生产经营活动的需要租入固定资产支付的租赁费，按照以下方法扣除：

（一）以经营租赁方式租入固定资产发生的租赁费支出，按照租赁期限均匀扣除；

（二）以融资租赁方式租入固定资产发生的租赁费支出，按照规定构成融资租入固定资产价值的部分应当提取折旧费用，分期扣除。

第四十八条　企业发生的合理的劳动保护支出，准予扣除。

第四十九条　企业之间支付的管理费、企业内营业机构之间支付的租金和特许权使用费，以及非银行企业内营业机构之间支付的利息，不得扣除。

第五十条　非居民企业在中国境内设立的机构、场所，就其中国境外总机构发生的与该机构、场所生产经营有关的费用，能够提供总机构出具的费用汇集范围、定额、分配依据和方法等证明文件，并合理分摊的，准予扣除。

第五十一条　企业所得税法第九条所称公益性捐赠，是指企业通过公益性社会团体或者县级以上人民政府及其部门，用于《中华人民共和国公益事业捐赠法》规定的公益事业的捐赠。

【注】根据国务院令第714号规定，本条款修改为：企业所得税法第九条所称公益性捐赠，是指企业通过公益性社会组织或者县级以上人民政府及其部门，用于符合法律规定的慈善活动公益事业的捐赠。

第五十二条　本条例第五十一条所称公益性社会团体，是指同时符合下列条件的基金会、慈善组织等社会团体：

（一）依法登记，具有法人资格；

（二）以发展公益事业为宗旨，且不以营利为目的；

（三）全部资产及其增值为该法人所有；

（四）收益和营运结余主要用于符合该法人设立目的的事业；

（五）终止后的剩余财产不归属任何个人或者营利组织；

（六）不经营与其设立目的无关的业务；

（七）有健全的财务会计制度；

（八）捐赠者不以任何形式参与社会团体财产的分配；

（九）国务院财政、税务主管部门会同国务院民政部门等登记管理部门规定的其他条件。

【注】根据国务院令第714号规定，本条款修改为：本条例第五十一条所称公益性社会组织，是指同时符合下列条件的慈善组织以及其他社会组织。（八）修改为：捐赠者不以任何形式参与该法人财产的分配。

第五十三条　企业发生的公益性捐赠支出，不超过年度利润总额12%的部分，准予扣除。

【注】根据国务院令第714号规定，本条款修改为：企业当年发生以及以前年度结转的公益性捐赠支出，不超过年度利润总额12%的部分，准予扣除。

年度利润总额，是指企业依照国家统一会计制度的规定计算的年度会计利润。

第五十四条　企业所得税法第十条第（六）项所称赞助支出，是指企业发生的与生产经营活动无关的各种非广告性质支出。

第五十五条　企业所得税法第十条第（七）项所称未经核定的准备金支出，是指不符合国务院财政、税务主管部门规定的各项资产减值准备、风险准备等准备金支出。

第四节　资产的税务处理

第五十六条　企业的各项资产，包括固定资产、生物资产、无形资产、长期待摊费用、投资资产、存货等，以历史成本为计税基础。

前款所称历史成本，是指企业取得该项资产时实际发生的支出。

企业持有各项资产期间资产增值或者减值，除国务院财政、税务主管部门规定可以确认损益外，不得调整该资产的计税基础。

第五十七条 企业所得税法第十一条所称固定资产，是指企业为生产产品、提供劳务、出租或者经营管理而持有的、使用时间超过12个月的非货币性资产，包括房屋、建筑物、机器、机械、运输工具以及其他与生产经营活动有关的设备、器具、工具等。

第五十八条 固定资产按照以下方法确定计税基础：

（一）外购的固定资产，以购买价款和支付的相关税费以及直接归属于使该资产达到预定用途发生的其他支出为计税基础；

（二）自行建造的固定资产，以竣工结算前发生的支出为计税基础；

（三）融资租入的固定资产，以租赁合同约定的付款总额和承租人在签订租赁合同过程中发生的相关费用为计税基础，租赁合同未约定付款总额的，以该资产的公允价值和承租人在签订租赁合同过程中发生的相关费用为计税基础；

（四）盘盈的固定资产，以同类固定资产的重置完全价值为计税基础；

（五）通过捐赠、投资、非货币性资产交换、债务重组等方式取得的固定资产，以该资产的公允价值和支付的相关税费为计税基础；

（六）改建的固定资产，除企业所得税法第十三条第（一）项和第（二）项规定的支出外，以改建过程中发生的改建支出增加计税基础。

第五十九条 固定资产按照直线法计算的折旧，准予扣除。

企业应当自固定资产投入使用月份的次月起计算折旧；停止使用的固定资产，应当自停止使用月份的次月起停止计算折旧。

企业应当根据固定资产的性质和使用情况，合理确定固定资产的预计净残值。固定资产的预计净残值一经确定，不得变更。

第六十条 除国务院财政、税务主管部门另有规定外，固定资产计算折旧的最低年限如下：

（一）房屋、建筑物，为20年；

（二）飞机、火车、轮船、机器、机械和其他生产设备，为10年；

（三）与生产经营活动有关的器具、工具、家具等，为5年；

（四）飞机、火车、轮船以外的运输工具，为4年；

（五）电子设备，为3年。

第六十一条 从事开采石油、天然气等矿产资源的企业，在开始商业性生产前发生的费用和有关固定资产的折耗、折旧方法，由国务院财政、税务主管部门另行规定。

第六十二条 生产性生物资产按照以下方法确定计税基础：

（一）外购的生产性生物资产，以购买价款和支付的相关税费为计税基础；

（二）通过捐赠、投资、非货币性资产交换、债务重组等方式取得的生产性生物资产，以该资产的公允价值和支付的相关税费为计税基础。

前款所称生产性生物资产，是指企业为生产农产品、提供劳务或者出租等而持有的生物资产，包括经济林、薪炭林、产畜和役畜等。

第六十三条 生产性生物资产按照直线法计算的折旧，准予扣除。

企业应当自生产性生物资产投入使用月份的次月起计算折旧；停止使用的生产性生物资产，应当自停止使用月份的次月起停止计算折旧。

企业应当根据生产性生物资产的性质和使用情况，合理确定生产性生物资产的预计净残值。生产性生物资产的预计净残值一经确定，不得变更。

第六十四条 生产性生物资产计算折旧的最低年限如下：

（一）林木类生产性生物资产，为10年；

（二）畜类生产性生物资产，为3年。

第六十五条 企业所得税法第十二条所称无形资产，是指企业为生产产品、提供劳务、出租或者经营管理而持有的、没有实物形态的非货币性长期资产，包括专利权、商标权、著作权、土地使用权、非专利技术、商誉等。

第六十六条 无形资产按照以下方法确定计税基础：

（一）外购的无形资产，以购买价款和支付的相关税费以及直接归属于使该资产达到预定用途发生的其他支出为计税基础；

（二）自行开发的无形资产，以开发过程中该资产符合资本化条件后至达到预定用途前发生的支出为计税基础；

（三）通过捐赠、投资、非货币性资产交换、债务重组等方式取得的无形资产，以该资产的公允价值和支付的相关税费为计税基础。

第六十七条 无形资产按照直线法计算的摊销费用，准予扣除。

无形资产的摊销年限不得低于10年。

作为投资或者受让的无形资产，有关法律规定或者合同约定了使用年限的，可以按照规定或者约定的使用年限分期摊销。

外购商誉的支出，在企业整体转让或者清算时，准予扣除。

第六十八条 企业所得税法第十三条第（一）项和第（二）项所称固定资产的改建支出，是指改变房屋或者建筑物结构、延长使用年限等发生的支出。

企业所得税法第十三条第（一）项规定的支出，按照固定资产预计尚可使用年限分期摊销；第（二）项规定的支出，按照合同约定的剩余租赁期限分期摊销。

改建的固定资产延长使用年限的，除企业所得税法第十三条第（一）项和第（二）项规定外，应当适当延长折旧年限。

第六十九条 企业所得税法第十三条第（三）项所称固定资产的大修理支出，是指同时符合下列条件的支出：

（一）修理支出达到取得固定资产时的计税基础50%以上；

（二）修理后固定资产的使用年限延长2年以上。

企业所得税法第十三条第（三）项规定的支出，按照固定资产尚可使用年限分期摊销。

第七十条 企业所得税法第十三条第（四）项所称其他应当作为长期待摊费用的支出，自支出发生月份的次月起，分期摊销，摊销年限不得低于3年。

第七十一条 企业所得税法第十四条所称投资资产，是指企业对外进行权益性投资和债权性投资形成的资产。

企业在转让或者处置投资资产时，投资资产的成本，准予扣除。

投资资产按照以下方法确定成本：

（一）通过支付现金方式取得的投资资产，以购买价款为成本；

（二）通过支付现金以外的方式取得的投资资产，以该资产的公允价值和支付的相关税费为成本。

第七十二条 企业所得税法第十五条所称存货，是指企业持有以备出售的产品或者商品、处在生产过程中的在产品、在生产或者提供劳务过程中耗用的材料和物料等。

存货按照以下方法确定成本：

（一）通过支付现金方式取得的存货，以购买价款和支付的相关税费为成本；

（二）通过支付现金以外的方式取得的存货，以该存货的公允价值和支付的相关税费为成本；

（三）生产性生物资产收获的农产品，以产出或者采收过程中发生的材料费、人工费和分摊的间接费用等必要支出为成本。

第七十三条 企业使用或者销售的存货的成本计算方法，可以在先进先出法、加权平均法、个别计价法中选用一种。计价方法一经选用，不得随意变更。

第七十四条 企业所得税法第十六条所称资产的净值和第十九条所称财产净值，是指有关资产、财产的计税基础减除已经按照规定扣除的折旧、折耗、摊销、准备金等后的余额。

第七十五条 除国务院财政、税务主管部门另有规定外，企业在重组过程中，应当在交易发生时确认有关资产的转让所得或者损失，相关资产应当按照交易价格重新确定计税基础。

第三章　应 纳 税 额

第七十六条　企业所得税法第二十二条规定的应纳税额的计算公式为：

应纳税额 = 应纳税所得额 × 适用税率 − 减免税额 − 抵免税额

公式中的减免税额和抵免税额，是指依照企业所得税法和国务院的税收优惠规定减征、免征和抵免的应纳税额。

第七十七条　企业所得税法第二十三条所称已在境外缴纳的所得税税额，是指企业来源于中国境外的所得依照中国境外税收法律以及相关规定应当缴纳并已经实际缴纳的企业所得税性质的税款。

第七十八条　企业所得税法第二十三条所称抵免限额，是指企业来源于中国境外的所得，依照企业所得税法和本条例的规定计算的应纳税额。除国务院财政、税务主管部门另有规定外，该抵免限额应当分国（地区）不分项计算，计算公式如下：

抵免限额 = 中国境内、境外所得依照企业所得税法和本条例的规定计算的应纳税总额 × 来源于某国（地区）的应纳税所得额 ÷ 中国境内、境外应纳税所得总额

第七十九条　企业所得税法第二十三条所称 5 个年度，是指从企业取得的来源于中国境外的所得，已经在中国境外缴纳的企业所得税性质的税额超过抵免限额的当年的次年起连续 5 个纳税年度。

第八十条　企业所得税法第二十四条所称直接控制，是指居民企业直接持有外国企业 20% 以上股份。

企业所得税法第二十四条所称间接控制，是指居民企业以间接持股方式持有外国企业 20% 以上股份，具体认定办法由国务院财政、税务主管部门另行制定。

第八十一条　企业依照企业所得税法第二十三条、第二十四条的规定抵免企业所得税税额时，应当提供中国境外税务机关出具的税款所属年度的有关纳税凭证。

第四章　税 收 优 惠

第八十二条　企业所得税法第二十六条第（一）项所称国债利息收入，是指企业持有国务院财政部门发行的国债取得的利息收入。

第八十三条　企业所得税法第二十六条第（二）项所称符合条件的居民企业之间的股息、红利等权益性投资收益，是指居民企业直接投资于其他居民企业取得的投资收益。企业所得税法第二十六条第（二）项和第（三）项所称股息、红利等权益性投资收益，不包括连续持有居民企业公开发行并上市流通的股票不足 12 个月取得的投资收益。

第八十四条　企业所得税法第二十六条第（四）项所称符合条件的非营利组织，是指同时符合下列条件的组织：

（一）依法履行非营利组织登记手续；

（二）从事公益性或者非营利性活动；

（三）取得的收入除用于与该组织有关的、合理的支出外，全部用于登记核定或者章程规定的公益性或者非营利性事业；

（四）财产及其孳息不用于分配；

（五）按照登记核定或者章程规定，该组织注销后的剩余财产用于公益性或者非营利性目的，或者由登记管理机关转赠给与该组织性质、宗旨相同的组织，并向社会公告；

（六）投入人对投入该组织的财产不保留或者享有任何财产权利；

（七）工作人员工资福利开支控制在规定的比例内，不变相分配该组织的财产。

前款规定的非营利组织的认定管理办法由国务院财政、税务主管部门会同国务院有关部门制定。

第八十五条　企业所得税法第二十六条第（四）项所称符合条件的非营利组织的收入，不包括非营利组

织从事营利性活动取得的收入，但国务院财政、税务主管部门另有规定的除外。

第八十六条 企业所得税法第二十七条第（一）项规定的企业从事农、林、牧、渔业项目的所得，可以免征、减征企业所得税，是指：

（一）企业从事下列项目的所得，免征企业所得税：

1. 蔬菜、谷物、薯类、油料、豆类、棉花、麻类、糖料、水果、坚果的种植；

2. 农作物新品种的选育；

3. 中药材的种植；

4. 林木的培育和种植；

5. 牲畜、家禽的饲养；

6. 林产品的采集；

7. 灌溉、农产品初加工、兽医、农技推广、农机作业和维修等农、林、牧、渔服务业项目；

8. 远洋捕捞。

（二）企业从事下列项目的所得，减半征收企业所得税：

1. 花卉、茶以及其他饮料作物和香料作物的种植；

2. 海水养殖、内陆养殖。

企业从事国家限制和禁止发展的项目，不得享受本条规定的企业所得税优惠。

第八十七条 企业所得税法第二十七条第（二）项所称国家重点扶持的公共基础设施项目，是指《公共基础设施项目企业所得税优惠目录》规定的港口码头、机场、铁路、公路、城市公共交通、电力、水利等项目。

企业从事前款规定的国家重点扶持的公共基础设施项目的投资经营的所得，自项目取得第一笔生产经营收入所属纳税年度起，第一年至第三年免征企业所得税，第四年至第六年减半征收企业所得税。

企业承包经营、承包建设和内部自建自用本条规定的项目，不得享受本条规定的企业所得税优惠。

第八十八条 企业所得税法第二十七条第（三）项所称符合条件的环境保护、节能节水项目，包括公共污水处理、公共垃圾处理、沼气综合开发利用、节能减排技术改造、海水淡化等。项目的具体条件和范围由国务院财政、税务主管部门商国务院有关部门制订，报国务院批准后公布施行。

企业从事前款规定的符合条件的环境保护、节能节水项目的所得，自项目取得第一笔生产经营收入所属纳税年度起，第一年至第三年免征企业所得税，第四年至第六年减半征收企业所得税。

第八十九条 依照本条例第八十七条和第八十八条规定享受减免税优惠的项目，在减免税期限内转让的，受让方自受让之日起，可以在剩余期限内享受规定的减免税优惠；减免税期限届满后转让的，受让方不得就该项目重复享受减免税优惠。

第九十条 企业所得税法第二十七条第（四）项所称符合条件的技术转让所得免征、减征企业所得税，是指一个纳税年度内，居民企业技术转让所得不超过500万元的部分，免征企业所得税；超过500万元的部分，减半征收企业所得税。

第九十一条 非居民企业取得企业所得税法第二十七条第（五）项规定的所得，减按10%的税率征收企业所得税。

下列所得可以免征企业所得税：

（一）外国政府向中国政府提供贷款取得的利息所得；

（二）国际金融组织向中国政府和居民企业提供优惠贷款取得的利息所得；

（三）经国务院批准的其他所得。

第九十二条 企业所得税法第二十八条第一款所称符合条件的小型微利企业，是指从事国家非限制和禁止行业，并符合下列条件的企业：

（一）工业企业，年度应纳税所得额不超过30万元，从业人数不超过100人，资产总额不超过3000万元；

（二）其他企业，年度应纳税所得额不超过30万元，从业人数不超过80人，资产总额不超过1000万元。

第九十三条 企业所得税法第二十八条第二款所称国家需要重点扶持的高新技术企业，是指拥有核心自主知识产权，并同时符合下列条件的企业：

(一)产品(服务)属于《国家重点支持的高新技术领域》规定的范围;

(二)研究开发费用占销售收入的比例不低于规定比例;

(三)高新技术产品(服务)收入占企业总收入的比例不低于规定比例;

(四)科技人员占企业职工总数的比例不低于规定比例;

(五)高新技术企业认定管理办法规定的其他条件。

《国家重点支持的高新技术领域》和高新技术企业认定管理办法由国务院科技、财政、税务主管部门商国务院有关部门制订,报国务院批准后公布施行。

第九十四条 企业所得税法第二十九条所称民族自治地方,是指依照《中华人民共和国民族区域自治法》的规定,实行民族区域自治的自治区、自治州、自治县。

对民族自治地方内国家限制和禁止行业的企业,不得减征或者免征企业所得税。

第九十五条 企业所得税法第三十条第(一)项所称研究开发费用的加计扣除,是指企业为开发新技术、新产品、新工艺发生的研究开发费用,未形成无形资产计入当期损益的,在按照规定据实扣除的基础上,按照研究开发费用的50%加计扣除;形成无形资产的,按照无形资产成本的150%摊销。

第九十六条 企业所得税法第三十条第(二)项所称企业安置残疾人员所支付的工资的加计扣除,是指企业安置残疾人员的,在按照支付给残疾职工工资据实扣除的基础上,按照支付给残疾职工工资的100%加计扣除。残疾人员的范围适用《中华人民共和国残疾人保障法》的有关规定。

企业所得税法第三十条第(二)项所称企业安置国家鼓励安置的其他就业人员所支付的工资的加计扣除办法,由国务院另行规定。

第九十七条 企业所得税法第三十一条所称抵扣应纳税所得额,是指创业投资企业采取股权投资方式投资于未上市的中小高新技术企业2年以上的,可以按照其投资额的70%在股权持有满2年的当年抵扣该创业投资企业的应纳税所得额;当年不足抵扣的,可以在以后纳税年度结转抵扣。

第九十八条 企业所得税法第三十二条所称可以采取缩短折旧年限或者采取加速折旧的方法的固定资产,包括:

(一)由于技术进步,产品更新换代较快的固定资产;

(二)常年处于强震动、高腐蚀状态的固定资产。

采取缩短折旧年限方法的,最低折旧年限不得低于本条例第六十条规定折旧年限的60%;采取加速折旧方法的,可以采取双倍余额递减法或者年数总和法。

第九十九条 企业所得税法第三十三条所称减计收入,是指企业以《资源综合利用企业所得税优惠目录》规定的资源作为主要原材料,生产国家非限制和禁止并符合国家和行业相关标准的产品取得的收入,减按90%计入收入总额。

前款所称原材料占生产产品材料的比例不得低于《资源综合利用企业所得税优惠目录》规定的标准。

第一百条 企业所得税法第三十四条所称税额抵免,是指企业购置并实际使用《环境保护专用设备企业所得税优惠目录》、《节能节水专用设备企业所得税优惠目录》和《安全生产专用设备企业所得税优惠目录》规定的环境保护、节能节水、安全生产等专用设备的,该专用设备的投资额的10%可以从企业当年的应纳税额中抵免;当年不足抵免的,可以在以后5个纳税年度结转抵免。

享受前款规定的企业所得税优惠的企业,应当实际购置并自身实际投入使用前款规定的专用设备;企业购置上述专用设备在5年内转让、出租的,应当停止享受企业所得税优惠,并补缴已经抵免的企业所得税税款。

第一百零一条 本章第八十七条、第九十九条、第一百条规定的企业所得税优惠目录,由国务院财政、税务主管部门商国务院有关部门制订,报国务院批准后公布施行。

第一百零二条 企业同时从事适用不同企业所得税待遇的项目的,其优惠项目应当单独计算所得,并合理分摊企业的期间费用;没有单独计算的,不得享受企业所得税优惠。

第五章　源 泉 扣 缴

第一百零三条　依照企业所得税法对非居民企业应当缴纳的企业所得税实行源泉扣缴的，应当依照企业所得税法第十九条的规定计算应纳税所得额。

企业所得税法第十九条所称收入全额，是指非居民企业向支付人收取的全部价款和价外费用。

第一百零四条　企业所得税法第三十七条所称支付人，是指依照有关法律规定或者合同约定对非居民企业直接负有支付相关款项义务的单位或者个人。

第一百零五条　企业所得税法第三十七条所称支付，包括现金支付、汇拨支付、转账支付和权益兑价支付等货币支付和非货币支付。

企业所得税法第三十七条所称到期应支付的款项，是指支付人按照权责发生制原则应当计入相关成本、费用的应付款项。

第一百零六条　企业所得税法第三十八条规定的可以指定扣缴义务人的情形，包括：

（一）预计工程作业或者提供劳务期限不足一个纳税年度，且有证据表明不履行纳税义务的；

（二）没有办理税务登记或者临时税务登记，且未委托中国境内的代理人履行纳税义务的；

（三）未按照规定期限办理企业所得税纳税申报或者预缴申报的。

前款规定的扣缴义务人，由县级以上税务机关指定，并同时告知扣缴义务人所扣税款的计算依据、计算方法、扣缴期限和扣缴方式。

第一百零七条　企业所得税法第三十九条所称所得发生地，是指依照本条例第七条规定的原则确定的所得发生地。在中国境内存在多处所得发生地的，由纳税人选择其中之一申报缴纳企业所得税。

第一百零八条　企业所得税法第三十九条所称该纳税人在中国境内其他收入，是指该纳税人在中国境内取得的其他各种来源的收入。

税务机关在追缴该纳税人应纳税款时，应当将追缴理由、追缴数额、缴纳期限和缴纳方式等告知该纳税人。

第六章　特别纳税调整

第一百零九条　企业所得税法第四十一条所称关联方，是指与企业有下列关联关系之一的企业、其他组织或者个人：

（一）在资金、经营、购销等方面存在直接或者间接的控制关系；

（二）直接或者间接地同为第三者控制；

（三）在利益上具有相关联的其他关系。

第一百一十条　企业所得税法第四十一条所称独立交易原则，是指没有关联关系的交易各方，按照公平成交价格和营业常规进行业务往来遵循的原则。

第一百一十一条　企业所得税法第四十一条所称合理方法，包括：

（一）可比非受控价格法，是指按照没有关联关系的交易各方进行相同或者类似业务往来的价格进行定价的方法；

（二）再销售价格法，是指按照从关联方购进商品再销售给没有关联关系的交易方的价格，减除相同或者类似业务的销售毛利进行定价的方法；

（三）成本加成法，是指按照成本加合理的费用和利润进行定价的方法；

（四）交易净利润法，是指按照没有关联关系的交易各方进行相同或者类似业务往来取得的净利润水平确定利润的方法；

（五）利润分割法，是指将企业与其关联方的合并利润或者亏损在各方之间采用合理标准进行分配的方法；

（六）其他符合独立交易原则的方法。

第一百一十二条 企业可以依照企业所得税法第四十一条第二款的规定，按照独立交易原则与其关联方分摊共同发生的成本，达成成本分摊协议。

企业与其关联方分摊成本时，应当按照成本与预期收益相配比的原则进行分摊，并在税务机关规定的期限内，按照税务机关的要求报送有关资料。

企业与其关联方分摊成本时违反本条第一款、第二款规定的，其自行分摊的成本不得在计算应纳税所得额时扣除。

第一百一十三条 企业所得税法第四十二条所称预约定价安排，是指企业就其未来年度关联交易的定价原则和计算方法，向税务机关提出申请，与税务机关按照独立交易原则协商、确认后达成的协议。

第一百一十四条 企业所得税法第四十三条所称相关资料，包括：

（一）与关联业务往来有关的价格、费用的制定标准、计算方法和说明等同期资料；

（二）关联业务往来所涉及的财产、财产使用权、劳务等的再销售（转让）价格或者最终销售（转让）价格的相关资料；

（三）与关联业务调查有关的其他企业应当提供的与被调查企业可比的产品价格、定价方式以及利润水平等资料；

（四）其他与关联业务往来有关的资料。

企业所得税法第四十三条所称与关联业务调查有关的其他企业，是指与被调查企业在生产经营内容和方式上相类似的企业。

企业应当在税务机关规定的期限内提供与关联业务往来有关的价格、费用的制定标准、计算方法和说明等资料。关联方以及与关联业务调查有关的其他企业应当在税务机关与其约定的期限内提供相关资料。

第一百一十五条 税务机关依照企业所得税法第四十四条的规定核定企业的应纳税所得额时，可以采用下列方法：

（一）参照同类或者类似企业的利润率水平核定；

（二）按照企业成本加合理的费用和利润的方法核定；

（三）按照关联企业集团整体利润的合理比例核定；

（四）按照其他合理方法核定。

企业对税务机关按照前款规定的方法核定的应纳税所得额有异议的，应当提供相关证据，经税务机关认定后，调整核定的应纳税所得额。

第一百一十六条 企业所得税法第四十五条所称中国居民，是指根据《中华人民共和国个人所得税法》的规定，就其从中国境内、境外取得的所得在中国缴纳个人所得税的个人。

第一百一十七条 企业所得税法第四十五条所称控制，包括：

（一）居民企业或者中国居民直接或者间接单一持有外国企业10%以上有表决权股份，且由其共同持有该外国企业50%以上股份；

（二）居民企业，或者居民企业和中国居民持股比例没有达到第（一）项规定的标准，但在股份、资金、经营、购销等方面对该外国企业构成实质控制。

第一百一十八条 企业所得税法第四十五条所称实际税负明显低于企业所得税法第四条第一款规定税率水平，是指低于企业所得税法第四条第一款规定税率的50%。

第一百一十九条 企业所得税法第四十六条所称债权性投资，是指企业直接或者间接从关联方获得的，需要偿还本金和支付利息或者需要以其他具有支付利息性质的方式予以补偿的融资。

企业间接从关联方获得的债权性投资，包括：

（一）关联方通过无关联第三方提供的债权性投资；

（二）无关联第三方提供的、由关联方担保且负有连带责任的债权性投资；

（三）其他间接从关联方获得的具有负债实质的债权性投资。

企业所得税法第四十六条所称权益性投资，是指企业接受的不需要偿还本金和支付利息，投资人对企业净资产拥有所有权的投资。

企业所得税法第四十六条所称标准，由国务院财政、税务主管部门另行规定。

第一百二十条 企业所得税法第四十七条所称不具有合理商业目的，是指以减少、免除或者推迟缴纳税款为主要目的。

第一百二十一条 税务机关根据税收法律、行政法规的规定，对企业作出特别纳税调整的，应当对补征的税款，自税款所属纳税年度的次年6月1日起至补缴税款之日止的期间，按日加收利息。

前款规定加收的利息，不得在计算应纳税所得额时扣除。

第一百二十二条 企业所得税法第四十八条所称利息，应当按照税款所属纳税年度中国人民银行公布的与补税期间同期的人民币贷款基准利率加5个百分点计算。

企业依照企业所得税法第四十三条和本条例的规定提供有关资料的，可以只按前款规定的人民币贷款基准利率计算利息。

第一百二十三条 企业与其关联方之间的业务往来，不符合独立交易原则，或者企业实施其他不具有合理商业目的安排的，税务机关有权在该业务发生的纳税年度起10年内，进行纳税调整。

第七章 征收管理

第一百二十四条 企业所得税法第五十条所称企业登记注册地，是指企业依照国家有关规定登记注册的住所地。

第一百二十五条 企业汇总计算并缴纳企业所得税时，应当统一核算应纳税所得额，具体办法由国务院财政、税务主管部门另行制定。

第一百二十六条 企业所得税法第五十一条所称主要机构、场所，应当同时符合下列条件：

（一）对其他各机构、场所的生产经营活动负有监督管理责任；

（二）设有完整的账簿、凭证，能够准确反映各机构、场所的收入、成本、费用和盈亏情况。

第一百二十七条 企业所得税法第五十一条所称经税务机关审核批准，是指经各机构、场所所在地税务机关的共同上级税务机关审核批准。

非居民企业经批准汇总缴纳企业所得税后，需要增设、合并、迁移、关闭机构、场所或者停止机构、场所业务的，应当事先由负责汇总申报缴纳企业所得税的主要机构、场所向其所在地税务机关报告；需要变更汇总缴纳企业所得税的主要机构、场所的，依照前款规定办理。

【注】根据国务院令第714号规定，本条款删除。

第一百二十八条 企业所得税分月或者分季预缴，由税务机关具体核定。

企业根据企业所得税法第五十四条规定分月或者分季预缴企业所得税时，应当按照月度或者季度的实际利润额预缴；按照月度或者季度的实际利润额预缴有困难的，可以按照上一纳税年度应纳税所得额的月度或者季度平均额预缴，或者按照经税务机关认可的其他方法预缴。预缴方法一经确定，该纳税年度内不得随意变更。

第一百二十九条 企业在纳税年度内无论盈利或者亏损，都应当依照企业所得税法第五十四条规定的期限，向税务机关报送预缴企业所得税纳税申报表、年度企业所得税纳税申报表、财务会计报告和税务机关规定应当报送的其他有关资料。

第一百三十条 企业所得以人民币以外的货币计算的，预缴企业所得税时，应当按照月度或者季度最后一日的人民币汇率中间价，折合成人民币计算应纳税所得额。年度终了汇算清缴时，对已经按照月度或者季度预缴税款的，不再重新折合计算，只就该纳税年度内未缴纳企业所得税的部分，按照纳税年度最后一日的人民币汇率中间价，折合成人民币计算应纳税所得额。

经税务机关检查确认，企业少计或者多计前款规定的所得的，应当按照检查确认补税或者退税时的上一个月最后一日的人民币汇率中间价，将少计或者多计的所得折合成人民币计算应纳税所得额，再计算应补缴或者应退的税款。

第八章　附　　则

第一百三十一条　企业所得税法第五十七条第一款所称本法公布前已经批准设立的企业，是指企业所得税法公布前已经完成登记注册的企业。

第一百三十二条　在香港特别行政区、澳门特别行政区和台湾地区成立的企业，参照适用企业所得税法第二条第二款、第三款的有关规定。

第一百三十三条　本条例自2008年1月1日起施行。1991年6月30日国务院发布的《中华人民共和国外商投资企业和外国企业所得税法实施细则》和1994年2月4日财政部发布的《中华人民共和国企业所得税暂行条例实施细则》同时废止。

综合规定

一、综 合 政 策

1. 国家税务总局关于印发《新企业所得税法精神宣传提纲》的通知

（2008 年 2 月 5 日　国税函〔2008〕159 号）

各省、自治区、直辖市和计划单列市国家税务局、地方税务局：

为统一新企业所得税法及其实施条例的宣传口径，提高宣传的准确性和效果，税务总局编写了《新企业所得税法精神宣传提纲》，现发给你们，供宣传使用。

新企业所得税法精神宣传提纲

一、新企业所得税法及其实施条例的制定背景

为进一步完善社会主义市场经济体制，适应经济社会发展新形势的要求，为各类企业创造公平竞争的税收环境，根据党的十六届三中全会关于“统一各类企业税收制度”的精神，2007 年 3 月 16 日，第十届全国人民代表大会第五次会议审议通过了《中华人民共和国企业所得税法》（以下简称新企业所得税法），同日胡锦涛主席签署中华人民共和国主席令第 63 号，自 2008 年 1 月 1 日起施行。

新企业所得税法第五十九条规定，国务院根据本法制定实施条例。为了保障新企业所得税法的顺利实施，财政部、税务总局、国务院法制办会同有关部门根据新企业所得税法规定，认真总结实践经验，充分借鉴国际惯例，对需要在实施条例中明确的重要概念、重大税收政策以及征管问题作了深入研究论证，在此基础上起草了《中华人民共和国企业所得税法实施条例（草案）》，报送国务院审议。2007 年 11 月 28 日，国务院第 197 次常务会议审议原则通过。12 月 6 日，温家宝总理签署国务院令第 512 号，正式发布《中华人民共和国企业所得税法实施条例》（以下简称实施条例），自 2008 年 1 月 1 日起与新企业所得税法同步实施。

二、新企业所得税法及其实施条例与原税法相比的重大变化

与外商投资企业和外国企业所得税法及其实施细则、企业所得税暂行条例相比，新企业所得税法及其实施条例的重大变化，表现在以下方面：

一是法律层次得到提升，改变了过去内资企业所得税以暂行条例（行政法规）形式立法的做法；

二是制度体系更加完整，在完善所得税制基本要素的基础上，充实了反避税等内容；

三是制度规定更加科学，借鉴国际通行的所得税处理办法和国际税制改革新经验，在纳税人分类及义务的判定、税率的设置、税前扣除的规范、优惠政策的调整、反避税规则的引入等方面，体现了国际惯例和前瞻性；

四是更加符合我国经济发展状况，根据我国经济社会发展的新要求，建立税收优惠政策新体系，实施务实的过渡优惠措施，服务我国经济社会发展。

三、新企业所得税法及其实施条例的主要内容

新企业所得税法实现了五个方面的统一，并规定了两个方面的过渡政策。具体是：统一税法并适用于所有内外资企业，统一并适当降低税率，统一并规范税前扣除范围和标准，统一并规范税收优惠政策，统一并规范税收征管要求。

除了上述“五个统一”外，新企业所得税法规定了两类过渡优惠政策。

一是对新税法公布前已经批准设立、享受企业所得税低税率和定期减免税优惠的老企业，给予过渡性照顾。

二是对法律设置的发展对外经济合作和技术交流的特定地区内，以及国务院已规定执行上述地区特殊政策的地区内新设立的国家需要重点扶持的高新技术企业，给予过渡性税收优惠。同时，国家已确定的其他鼓励类企业，可以按照国务院规定享受减免税优惠政策。

为了保证新企业所得税法的可操作性，实施条例按照新企业所得税法的框架，对新企业所得税法的规定逐条逐项细化，明确了重要概念、重大政策以及征管问题。主要内容包括：

一是明确了界定新企业所得税法的若干重要概念，如实际管理机构、公益性捐赠、非营利组织、不征税收入、免税收入等；

二是进一步明确了企业所得税重大政策，具体包括：收入、扣除的具体范围和标准，资产的税务处理，境外所得税抵免的具体办法，优惠政策的具体项目范围、优惠方式和优惠管理办法等；

三是进一步规范了企业所得税征收管理的程序性要求，具体包括特别纳税调整中的关联交易调整、预约定价、受控外国公司、资本弱化等措施的范围、标准和具体办法，纳税地点，预缴税和汇算清缴方法，纳税申报期限，货币折算等。

四、新企业所得税制度体系建设的总体设想

新企业所得税法及其实施条例出台后，对企业所得税的基本税制要素、重大政策问题以及主要的税收处理作了明确，但由于企业所得税涉及各行各业，与企业生产经营的方方面面密切相关，还无法做到对所有企业、所有经济交易事项的所得税处理逐一规定。比如实施条例中仅规定了企业重组的所得税处理原则，没有对各种形式的企业重组的所得税处理予以具体明确；居民企业汇总纳税的所得税管理也没有作具体规定。因此，针对企业所得税制度的特点，结合我国二十多年的税收立法实践，新企业所得税法及其实施条例出台后，国务院财政、税务主管部门还将根据新企业所得税法及其实施条例的规定，针对一些具体的操作性问题，研究制定部门规章和具体操作的规范性文件，作为新企业所得税法及其实施条例的配套制度。通过这样制度安排，形成企业所得税法律、行政法规和规章及其规范性文件的三个层次的制度框架，形成一个体系完备、符合国际惯例、便于操作的企业所得税制度体系。

五、纳税人范围的确定

考虑到实践中从事生产经营经济主体的组织形式多样，为充分体现税收公平、中性的原则，新企业所得税法及其实施条例改变过去内资企业所得税以独立核算的三个条件来判定纳税人标准的做法，将以公司制和非公司制形式存在的企业和取得收入的组织确定为企业所得税纳税人，具体包括国有企业、集体企业、私营企业、联营企业、股份制企业、中外合资经营企业、中外合作经营企业、外国企业、外资企业、事业单位、社会团体、民办非企业单位和从事经营活动的其他组织，保持与国际上大多数国家的做法协调一致。

同时考虑到个人独资企业、合伙企业属于自然人性质企业，没有法人资格，股东承担无限责任，因此，新企业所得税法及其实施条例将依照中国法律、行政法规成立的个人独资企业、合伙企业排除在企业所得税纳税人之外。

六、纳税人和纳税义务的确定

税收管辖权是一国政府在税收管理方面的主权，是国家主权的重要组成部分。为了更好地有效行使我国税收管辖权，最大限度地维护我国的税收利益，新企业所得税法根据国际通行做法，选择了地域管辖权和居民管辖权相结合的双重管辖权标准，把纳税人分为居民企业和非居民企业，分别确定不同的纳税义务。居民企业承担全面纳税义务，就来源于我国境内、境外的全部所得纳税；非居民企业承担有限纳税义务，一般只就来源于我国境内的所得纳税。

新企业所得税法划分居民企业和非居民企业采用"注册地标准"和"实际管理机构标准"的双重标准。实施条例根据注册地标准，将依法在中国境内成立的企业，具体界定为依照中国法律、行政法规在中国境内成立的企业、事业单位、社会团体以及其他取得收入的组织，为居民企业。尽管登记注册地标准便于识别居民企业身份，但同时考虑到目前许多企业为规避一国税负和转移税收负担，往往在低税率地区或避税港注册登记，设立基地公司，人为选择注册地以规避税收负担，因此，新企业所得税法同时采用实际管理机构标准，规定在外国（地区）注册的企业、但实际管理机构在我国境内的，也认定为居民企业，需承担无限纳税义务。实施条例对实际管理机构的概念作了界定，即实际管理机构是指对企业的生产经营、人员、账务、财产等实施实质性全面管理和控制的机构。

七、应纳税所得额计算的基本原则

实施条例规定,企业应纳税所得额的计算,以权责发生制为原则。权责发生制要求,属于当期的收入和费用,不论款项是否收付,均作为当期的收入和费用;不属于当期的收入和费用,即使款项已经在当期收付,均不作为当期的收入和费用。权责发生制从企业经济权利和经济义务是否发生作为计算应纳税所得额的依据,注重强调企业收入与费用的时间配比,要求企业收入费用的确认时间不得提前或滞后。企业在不同纳税期间享受不同的税收优惠政策时,坚持按权责发生制原则计算应纳税所得额,可以有效防止企业利用收入和支出确认时间的不同规避税收。另外,企业会计准则规定,企业要以权责发生制为原则确认当期收入或费用,计算企业生产经营成果。新企业所得税法与会计采用同一原则确认当期收入或费用,有利于减少两者的差异,减轻纳税人税收遵从成本。

但由于信用制度在商业活动广泛采用,有些交易虽然权责已经确认,但交易时间较长,超过一个或几个纳税期间。为了保证税收收入的均衡性和防止企业避税,新企业所得税法及其实施条例中也采取了有别于权责发生制的情况,例如长期工程或劳务合同等交易事项。

八、确认货币性收入和非货币性收入的原则

为防止纳税人将应征税的经济利益排除在应税收入之外,新企业所得税法将企业以货币形式和非货币形式取得的收入,都作为收入总额。实施条例将企业取得收入的货币形式,界定为取得的现金、存款、应收账款、应收票据、准备持有至到期的债券投资以及债务的豁免等;企业取得收入的非货币形式,界定为固定资产、生物资产、无形资产、股权投资、存货、不准备持有至到期的债券投资、劳务以及有关权益等。由于取得收入的货币形式的金额是确定的,而取得收入的非货币形式的金额不确定,企业在计算非货币形式收入时,必须按一定标准折算为确定的金额。实施条例规定,企业以非货币形式取得的收入,按照公允价值确定收入额。公允价值,是指按照市场价格确定的价值。

九、对于持续时间跨越纳税年度的收入的确认

企业受托加工、制造大型机械设备、船舶等,以及从事建筑、安装、装配工程业务和提供劳务,持续时间通常分属于不同的纳税年度,甚至会跨越数个纳税年度,而且涉及的金额一般比较大。为了及时反映各纳税年度的应税收入,一般情况下,不能等到合同完工时或进行结算时才确定应税收入。企业按照完工进度或者完成的工作量对跨年度的特殊劳务确认收入和扣除进行纳税,也有利于保证跨纳税年度的收入在不同纳税年度得到及时确认,保证税收收入的均衡入库。因此,实施条例对企业受托加工、制造大型机械设备、船舶等,以及从事建筑、安装、装配工程业务和提供劳务,持续时间跨越纳税年度的,应当按照纳税年度内完工进度或者完成的工作量确定收入。

除受托加工、制造大型机械设备、船舶等,以及从事建筑、安装、装配工程业务和提供劳务之外,其他跨纳税年度的经营活动,通常情况下持续时间短、金额小,按照纳税年度内完工进度或者完成的工作量确定应税收入没有实际意义。另外,这些经营活动在纳税年度末收入和相关的成本费用不易确定,相关的经济利益能否流入企业也不易判断,因此,一般不采用按照纳税年度内完工进度或者完成的工作量确定收入的办法。

十、不征税收入的具体确认

考虑到我国企业所得税纳税人的组织形式多样,除企业外,有的以非政府形式(如事业单位)存在,有的以公益慈善组织形式存在,还有的以社会团体形式存在等等。这些组织中有些主要承担行政性或公共事务职能,不从事或很少从事营利性活动,收入来源主要靠财政拨款、行政事业性收费等,纳入预算管理,对这些收入征税没有实际意义。因此,新企业所得税法引入"不征税收入"概念。实施条例将不征税收入的财政拨款,界定为各级人民政府对纳入预算管理的事业单位、社会团体等组织拨付的财政资金,但国务院和国务院财政、税务主管部门另有规定的除外。这里面包含了两层意思:

一是作为不征税收入的财政拨款,原则上不包括各级人民政府对企业拨付的各种价格补贴、税收返还等财政性资金,这样有利于加强财政补贴收入和减免税的规范管理,同时与现行财务会计制度处理保持一致;

二是对于一些国家重点支持的政策性补贴以及税收返还等,为了提高财政资金的使用效率,根据需要,

有可能也给予不征税收入的待遇，但这种待遇应由国务院和国务院财政、税务主管部门来明确。

十一、税前扣除的一般框架

按照企业所得税的国际惯例，一般对税前扣除进行总体上的肯定性概括处理（一般扣除规则），辅之以特定的禁止扣除的规定（禁止扣除规则），同时又规定了允许税前扣除的特别规则（特殊扣除规则）。在具体运用上，一般扣除规则服从于禁止扣除规则，同时禁止扣除规则又让位于特殊扣除规则。例如，为获得长期利润而发生的资本性支出是企业实际发生的合理相关的支出，原则上应允许扣除，但禁止扣除规则规定资本性资产不得"即时"扣除，同时又规定了资本性资产通过折旧摊销等方式允许在当年及以后年度分期扣除的特别规则。新企业所得税法明确对企业实际发生的与取得收入有关的、合理的支出允许税前扣除的一般规则，同时明确不得税前扣除项目的禁止扣除规则，又规定了允许扣除的特殊项目。这些一般扣除规则、禁止扣除规则和特殊扣除规则，构成了我国企业所得税制度税前扣除的一般框架。

新的企业所得税法及其实施条例中采取税前扣除一般框架的安排，可以避免将企业所有的支出项目一一列举，同时给纳税人、税务机关和司法部门提供一个合理的框架，简化了对扣除项目的定性工作。

十二、税前扣除的相关性和合理性原则

相关性和合理性是企业所得税税前扣除的基本要求和重要条件。实施条例规定，支出税前扣除的相关性是指与取得收入直接相关的支出。对相关性的具体判断一般是从支出发生的根源和性质方面进行分析，而不是看费用支出的结果。如企业经理人员因个人原因发生的法律诉讼，虽然经理人员摆脱法律纠纷有利于其全身心投入企业的经营管理，结果可能确实对企业经营会有好处，但这些诉讼费用从性质和根源上分析属于经理人员的个人支出，因而不允许作为企业的支出在税前扣除。

同时，相关性要求为限制取得的不征税收入所形成的支出不得扣除提供了依据。实施条例规定，企业的不征税收入用于支出所形成的费用或财产，不得扣除或计算对应的折旧、摊销扣除。由于不征税收入是企业非营利性活动取得的收入，不属于企业所得税的应税收入，与企业的应税收入没有关联，因此，对取得的不征税收入所形成的支出，不符合相关性原则，不得在税前扣除。

实施条例规定，支出税前扣除的合理性是指符合生产经营活动常规，应当计入当期损益或者有关资产成本的必要和正常的支出。合理性的具体判断，主要是发生的支出其计算和分配方法是否符合一般经营常规。例如企业发生的业务招待费与所成交的业务额或业务的利润水平是否相吻合，工资水平与社会整体或同行业工资水平是否差异过大。

十三、工资薪金支出的税前扣除

新企业所得税法第八条规定，企业实际发生的与取得收入有关的、合理的支出，包括成本、费用、税金、损失和其他支出，准予在计算应纳税所得额时扣除。据此，实施条例规定，企业发生的合理的工资薪金支出，准予扣除。同时将工资薪金支出进一步界定为企业每一纳税年度支付给在本企业任职或者受雇的员工的所有现金或者非现金形式的劳动报酬，包括基本工资、奖金、津贴、补贴、年终加薪、加班工资，以及与任职或者受雇有关的其他支出。

对工资支出合理性的判断，主要包括两个方面。

一是雇员实际提供了服务；

二是报酬总额在数量上是合理的。

实际操作中主要考虑雇员的职责、过去的报酬情况，以及雇员的业务量和复杂程度等相关因素。同时，还要考虑当地同行业职工平均工资水平。

十四、职工福利费的税前扣除

实施条例规定，企业发生的职工福利费支出，不超过工资薪金总额14%的部分，准予扣除。这与原内、外资企业所得税对职工福利费的处理做法一致。目前，我国发票管理制度尚待完善、发票管理亟待加强，纳税人的税法遵从意识有待提高，对职工福利费的税前扣除实行比例限制，有利于保护税基，防止企业利用给职工搞福利为名侵蚀税基，减少税收漏洞。

十五、业务招待费的税前扣除

业务招待是正常的商业做法，但商业招待又不可避免包括个人消费的成份，在许多情况下，无法将商业招待与个人消费区分开。因此,国际上许多国家采取对企业业务招待费支出在税前“打折”扣除的做法,比如意大利,业务招待费的30%属于商业招待可在税前扣除,加拿大为80%,美国、新西兰为50%。借鉴国际做法,结合原税法按销售收入的一定比例限制扣除的经验,同时考虑到业务招待费管理难度大,坚持从严控制的要求,实施条例规定,将企业发生的与生产经营活动有关的业务招待费,按照发生额的60%扣除,且扣除总额全年最高不得超过当年销售(营业)收入的5‰。

十六、广告费和业务宣传费的税前扣除

过去,内资企业对广告费和业务宣传费支出分别实行比例扣除的政策,外资企业则允许据实扣除。实施条例第四十四条规定,企业每一纳税年度发生的符合条件的广告费和业务宣传费支出合并计算,除国务院财政、税务主管部门另有规定外,不超过当年销售(营业)收入15%的部分,准予扣除;超过部分,准予在以后纳税年度结转扣除。这主要考虑:

一是许多行业反映,业务宣传费与广告费性质相似,应统一处理;

二是广告费和业务宣传费是企业正常经营必须的营销费用,应允许在税前扣除;

三是广告费具有一次投入大、受益期长的特点;

四是目前我国的广告市场不规范,有的甚至以虚假广告欺骗消费者。实行每年比例限制扣除,有利于收入与支出配比,符合广告费支出一次投入大、受益期长的特点,也有利于规范广告费和业务宣传费支出。

十七、公益性捐赠的税前扣除

允许公益性捐赠支出按一定比例在税前扣除,主要是为了鼓励企业支持社会公益事业,促进我国社会公益事业的发展。新企业所得税法规定,企业发生的公益性捐赠支出,在年度利润总额12%以内的部分,准予在计算应纳税所得额时扣除。

实施条例将公益性捐赠界定为,企业通过公益性社会团体或者县级以上人民政府及其部门,用于《中华人民共和国公益事业捐赠法》规定的公益事业的捐赠。同时规定,将计算公益性捐赠扣除比例的基数由应纳税所得额改为企业会计利润总额,并将年度利润总额界定为企业依照国家统一会计制度的规定计算的年度会计利润。这样更方便公益性捐赠税前扣除的计算,有利于纳税人正确申报,体现了国家对发展社会公益性事业的支持。

十八、资产税务处理的原则

考虑到过去在资产取得、持有、使用、处置等税务处理上税法与财务会计制度存在一定的差异,并且主要是时间性差异,纳税调整繁琐,税务机关税收执行成本和纳税人遵从成本都较高,实施条例在资产税务处理的规定上,对资产分类、取得计税成本等问题,尽量与财务会计制度保持一致,比如固定资产取得计税成本与会计账面价值基本保持一致、残值处理一致,只是在折旧年限上有所差异,这样可以降低纳税人纳税调整的负担。

在企业重组的所得税处理方面,考虑到目前企业重组形式多样,发展变化较快,所得税处理较为复杂,很难用几个简单条款把企业重组的所有形式都规范清楚,有些规定还需要根据实际经验作适当调整,为保持实施条例的稳定性,实施条例第七十五条只对企业重组所得税处理内容进行了原则性概括,具体规定将在部门规章中明确。

十九、境外所得的税收抵免

为实施“走出去”战略,提高我国企业国际竞争力,新企业所得税法保留了现行对境外所得直接负担的税收采取抵免法,同时引入了股息红利负担税收的间接抵免方式。从国际惯例看,实行间接抵免一般要求以居民企业对外国公司有实质性股权参与为前提。如美国、加拿大、英国、澳大利亚、墨西哥等规定,本国公司直接或间接拥有外国公司10%以上有表决权的股票;日本、西班牙规定的比例为25%以上。新企业所得税法中首次引入间接抵免,税收征管经验相对不足,为严格税收征管,实施条例规定,居民企业直接持有或间接持有外国企业20%以上股份,可以实行间接抵免。

间接抵免的母子公司的层次问题,目前各国的规定有所不同,如德国、日本为两层,西班牙为三层,美国为六层,英国不限层次。考虑到我国企业的海外投资状况和我国税收的征管水平,实施条例对间接抵免的规定比较原则,具体抵免层次和计算方法等详细规定,将在部门规章或规范性文件中具体明确。

二十、优惠政策的具体范围和方法

按照新企业所得税法有关优惠的规定,实施条例对优惠范围和方法作了进一步明确。主要内容包括:

一是明确了免征和减半征收企业所得税的从事农、林、牧、渔业项目的所得的具体范围。

二是明确了企业从事港口码头、机场、铁路、公路、电力、水利等基础设施项目投资经营所得,给予三免三减半的优惠。

三是明确企业从事符合条件的环境保护、节能节水项目的所得,给予三免三减半的优惠。

四是明确了符合国家产业政策规定的综合利用资源生产的产品所取得的收入,可以在计算应纳税所得额时,减按90%计入收入总额。

五是明确了企业购置用于环境保护、节能节水、安全生产等专用设备的投资额的10%,可以从企业当年的应纳税额中抵免。

六是借鉴国际通行做法,按照便于税收征管的原则,规定了小型微利企业的标准:

(一)工业企业,年度应纳税所得额不超过30万元,从业人数不超过100人,资产总额不超过3000万元;

(二)其他企业,年度应纳税所得额不超过30万元,从业人数不超过80人,资产总额不超过1000万元。

七是明确了促进技术创新和科技进步的五个方面的优惠:

第一,企业从事符合条件的技术转让所得可以免征、减半征收企业所得税;

第二,国家需要重点扶持的高新技术企业,减按15%的税率征收企业所得税;

第三,企业开发新技术、新产品、新工艺发生的研究开发费用,可以在计算应纳税所得额时再加计扣除50%;

第四,创业投资企业采取股权投资方式投资于未上市的中小高新技术企业2年以上的,可以按照其投资额的70%在股权持有满2年的当年抵扣该创业投资企业的应纳税所得额;

第五,企业的固定资产由于技术进步等原因,确需加速折旧的,可以缩短折旧年限或者采取加速折旧的方法。

八是明确了安置残疾人员的企业支付给残疾职工的工资加计扣除100%。

二十一、农林牧渔项目减税或免税规定

对农林牧渔项目实行不同的税收优惠政策,可以更好的体现国家政策的引导作用,突出优惠政策的导向性。粮食、蔬菜、肉类、水果等农产品,关系到国计民生,是维持人们基本生存条件的生活必需品,应当列为税收优惠政策重点鼓励的对象。同时为生产此类产品的服务业也应同样扶持,因此,实施条例中将此类归为免税项目。花卉、饮料和香料作物,以及海水养殖、内陆养殖,一般盈利水平较高,也不是人们基本生活必需品,在优惠力度上应与基本生活需要的农产品等免税有所区别,因此,实行减半征收。

二十二、高新技术企业执行15%优惠税率的规定

与原税收优惠政策相比,新企业所得税法对高新技术企业优惠的主要变化,表现在以下方面:

一是扩大高新技术企业的生产经营范围。实施条例将高新技术企业的界定范围,由现行按高新技术产品划分改为按高新技术领域划分,规定产品(服务)应在《国家重点支持的高新技术领域》的范围之内,以解决现行政策执行中产品列举不全、覆盖面偏窄、前瞻性欠缺等问题;

二是明确高新技术企业的具体认定标准。实施条例将高新技术企业的认定标准原则化处理,对研究开发费用占销售收入的比例、高新技术产品(服务)收入占企业总收入的比例、科技人员占企业职工总数的比例以及其他条件等具体标准,放在由国务院科技、财政、税务主管部门会同国务院有关部门制订的认定办法中,便于今后根据发展需要适时调整;

三是强调核心自主知识产权问题。实施条例最后采用"核心自主知识产权"作为高新技术企业的认定条件之一,相对容易操作,突出技术创新导向。

二十三、非营利组织收入的征免税

实施条例从8个方面对非营利组织作了具体规定,明确了非营利组织享受税收优惠的条件。从世界各国对非营利组织的税收优惠来看,一般区分营利性收入和非营利性收入给予不同的税收待遇。考虑到按照相关管理规定,我国的非营利组织一般不能从事营利性活动,为规范此类组织的活动,防止从事经营性活动可能带来的税收漏洞,实施条例规定,对非营利组织从事非营利性活动取得的收入给予免税,但从事营利性

活动取得的收入则要征税。

二十四、居民企业之间的股息红利收入

原税法规定,内资企业之间的股息红利收入,低税率企业分配给高税率企业要补税率差。鉴于股息红利是税后利润分配形成的,对居民企业之间的股息红利收入免征企业所得税,是国际上消除法律性双重征税的通行做法,新企业所得税法也采取了这一做法。为更好体现税收优惠意图,保证企业投资充分享受到西部大开发、高新技术企业、小型微利企业等实行低税率的好处,实施条例明确不再要求补税率差。

鉴于以股票方式取得且连续持有时间较短(短于12个月)的投资,并不以股息、红利收入为主要目的,主要是从二级市场获得股票转让收益,而且买卖和变动频繁,税收管理难度大,因此,实施条例将持有上市公司股票的时间短于12个月的股息红利收入排除在免税范围之外。对来自所有非上市企业,以及持有股份12个月以上取得的股息红利收入,适用免税政策。

二十五、享受税率20%税收优惠的小型微利企业的具体标准

实施条例采取了按照工业企业和其他企业分类划分小型微利企业的办法,兼顾行业特点和政策的操作管理。在具体标准上,实施条例借鉴国际做法,结合我国国情,把年度应纳税所得额、从业人数、资产总额作为小型微利企业的界定指标。不论工业企业还是其他企业,将年度应纳税所得额确定为30万元,大大高于现行标准。同时将工业企业的从业人数界定为不超过100人,资产总额不超过3000万元;其他企业从业人数不超过80人,资产总额不超过1000万元。

二十六、公共基础设施的优惠

重点基础设施投资大,回收期长,关系国计民生,实施条例规定,对企业从事港口码头、机场、铁路、公路、电力、水利等项目投资经营所得,给予三免三减半的优惠。与原来的"两免三减半"相比,减免期限作了适当延长,缓解基础设施建设初期的经营困难。

原外资企业所得税法规定以获利年度为企业减免税的起始日,在实践中出现了一些企业用推迟获利年度来避税的问题,税收征管难度大。实施条例规定了从企业取得第一笔生产经营收入所属纳税年度起计算减免税起始日的新办法,可以兼顾项目投资规模大、建设周期长的情况,较原内资企业从开业之日起计算减免税优惠,更为符合实际,也促使企业缩短建设周期,尽快实现盈利,提高投资效益。

二十七、汇出境外利润的预提税

为解决改革开放初期我国资金不足,吸引外资,原税法规定,对汇出境外的利润暂免征收预提所得税。按照国际通行做法,来源国对汇出境外的利润有优先征税权,一般征收预提所得税,税率多在10%以上,如越南、泰国税率为10%,美国、匈牙利、菲律宾、哥伦比亚的税率分别为30%、20%、15%、7%。如果税收协定规定减免的,可以按照协定规定减免,如我国与美国的协定税率为10%、内地与香港的安排为5%(25%以上股权)或10%。

新企业所得税法及其实施条例借鉴国际惯例,规定对汇出境外利润减按10%的税率征收企业所得税,没有给予普遍的免税政策,这样有利于通过双边互惠维护我国税收权益和"走出去"企业的利益。

二十八、对股息、红利和利息、租金、特许权使用费征收预提税

对非居民企业在中国境内未设立机构、场所而取得的股息、红利等权益性投资收益和利息、租金、特许权使用费所得,或者是虽设立机构、场所,但取得的上述所得与其机构、场所没有实际联系,按收入全额征收预提所得税,是国际上的通行做法,在我国目前与其他国家签订的税收协定中也遵循了这种国际惯例。由于收入取得在我国境内,但在我国境内没有机构场所,无法确定应纳税所得额,实施条例参照国际通常的做法,规定对此类所得按收入全额作为计税依据,同时规定比企业营业利润适用的所得税税率稍低税率扣缴所得税。

二十九、指定非居民企业应纳税款的代扣代缴义务人

由于外国企业在中国境内从事工程承包和提供劳务业务具有临时性和流动性特点,税收管理难度大,税款易于流失,国际、国内税收征管实践经验表明,采取一些特殊的税收征管措施是必要的,赋予税务机关指定扣缴义务人的权限也是一个行之有效的办法。原《中华人民共和国外商投资企业和外国企业所得税法》也有这方面的规定。为避免税务机关随意指定,特别是要防止其成为地区间争抢税源的手段,实施条例

明确规定,税务机关指定非居民企业在中国境内取得工程价款或者劳务费的支付人为扣缴义务人,必须是以下几种特定情形:

(一)预计工程作业或者提供劳务期限不足一个纳税年度,且有证据表明不履行纳税义务的;

(二)没有办理税务登记或者临时税务登记,且未委托中国境内的代理人履行纳税义务的;

(三)未按照规定期限办理企业所得税纳税申报或者预缴申报的。

三十、规定特别纳税调整的意义

新企业所得税法及其实施条例专门规定了特别纳税调整条款,确立了我国企业所得税的反避税制度。这是在总结完善原来转让定价税制和调查实践基础上,借鉴国际反避税立法经验,结合我国税收征管实践基础上作出的具体规定,目的是制约和打击各种避税行为。这是我国首次较为全面的反避税立法。主要考虑:

一是税收法律体系建设的需要。我国2001年修订的《税收征收管理法》对关联交易的处理做出原则性规定,这些原则性规定远远不能满足企业所得税实体税法的要求,还需要从实体法的角度,对关联交易的税收处理以及其他反避税措施做出规定。新企业所得税法丰富和扩展了征管法的反避税规定,增加了成本分摊协议、提供资料义务、受控外国企业、资本弱化、一般反避税条款以及加收利息等规定,是对反避税的全面规范。

二是参照国际通行做法、维护我国税收权益的需要。随着我国对外经济开放度的不断提高,跨国经济往来愈加频繁,如果不加强对反避税的立法和管理,国家税收权益将会受到损害。近年来,各国都非常关注跨国公司避税问题,从完善反避税立法和加强管理两方面采取措施,防止本国税收转移到国外,维护本国税收权益。

三十一、特别纳税调整的主要内容

新企业所得税法及其实施条例规定的特别纳税调整的主要内容,一是明确提出了转让定价的核心原则——"独立交易原则",增列了成本分摊协议条款,强化了纳税人、关联方和可比企业对转让定价调查的协助义务。这些规定有利于防止跨国集团利用转让定价向国外转移利润,侵蚀我国税基。二是规定了受控外国企业、资本弱化、一般反避税等相关条款,对反避税制度作了进一步规范。三是赋予了税务机关必要的反避税处置权,规定了加收利息条款。新企业所得税法通过上述反避税措施的安排,建立了比较全面、规范、与国际惯例接轨的企业所得税反避税制度。

三十二、独立交易原则的判断

实施条例规定,独立交易原则是指没有关联关系的交易各方之间按照公平成交价格和营业常规进行业务往来所遵循的原则。在判断关联企业与其关联方之间的业务往来是否符合独立交易原则时,强调将关联交易定价或利润水平与可比情形下没有关联关系的交易定价和利润水平进行比较,如果存在差异,就说明因为关联关系的存在而导致企业没有遵循正常市场交易原则和营业常规,从而违背了独立交易原则。

三十三、关联方的界定

新企业所得税法明确规定,企业与其关联方之间的业务往来,不符合独立交易原则而减少企业或者其关联方应纳税收入或者所得额的,主管税务机关有权按照合理方法调整。实施条例在总结我国对关联方税收管理实践的基础上,借鉴国际上成熟的做法,将有下列情况之一的企业、其他组织或者个人界定为关联方。即(一)在资金、经营、购销等方面存在直接或者间接的控制关系;(二)直接或者间接地同为第三者控制;(三)在利益上具有相关联的其他关系。

三十四、对不符合独立交易原则的合理调整方法

按照新企业所得税法的规定,在判定纳税人的关联交易不符合独立交易原则,减少了应税收入或者所得额之后,税务机关可以运用合理方法进行纳税调整。从国际上通行的转让定价调整方法看,合理方法是指符合独立交易原则的定价原则和方法,实施条例采取国际上通行的做法,规定转让定价具体调整方法包括:(1)可比非受控法;(2)再销售价格法;(3)成本加成法;(4)交易净利润法;(5)利润分割法;(6)其他符合独立交易原则的方法。

三十五、成本分摊协议

新企业所得税法第四十二条第二款借鉴了国际通行做法,将成本分摊协议引入我国税收立法。成本分

摊协议是企业间签订的一种契约性协议，签约各方约定在研发或劳务活动中共摊成本、共担风险，并按照预期收益与成本相配比的原则合理分享收益。企业与其关联方共同开发、受让无形资产，或者共同提供、接受劳务时，应预先在各参与方之间达成协议安排，采用合理方法分摊上述活动发生的成本，即必须遵循独立交易原则：在可比情形下没有关联关系的企业之间共同开发、受让无形资产，或者共同提供、接受劳务所能接受的协议分配方法分摊上述活动发生的成本。

三十六、反避税核定方法

新企业所得税法增加了核定征收条款，规定企业不提供与其关联方之间业务往来资料，或者提供虚假、不完整资料，未能真实反映其关联业务往来情况的，税务机关可以核定其应纳税所得额。这是维护国家税收权益、明确纳税人履行举证责任和解决反避税调查调整日趋复杂、案件旷日持久不能结案等困难的重要规定，这也是世界上许多国家采用的通常做法。

实施条例对税务机关实施特别纳税调整采用的核定应纳税所得额的具体方法作了明确：

（一）参照同类或者类似企业的利润率水平核定；

（二）按照成本加合理的费用和利润的方法核定；

（三）按照关联企业集团整体利润的合理比例核定；

（四）按照其他合理方法核定。

三十七、受控外国企业反避税规则

为了防止企业在低税率国家或地区建立受控外国企业，将利润保留在外国企业不分配或少量分配，逃避国内纳税义务，我国参照国际上一些国家的做法，引入了受控外国公司的反避税措施，从以下三个方面进行了明确。

一是明确了构成受控外国企业的控制关系。具体包括：

（一）居民企业或者中国居民直接或者间接单一持有外国企业10%以上有表决权股份，且由其共同持有该外国企业50%以上股份；

（二）居民企业，或者居民企业和中国居民持股比例没有达到第（一）项规定的标准，但在股份、资金、经营、购销等方面对该外国企业构成实质控制。

二是明确实际税负偏低的判定标准。即实际税负明显低于新企业所得税法第四条第一款规定税率水平，是指低于新企业所得税法第四条第一款规定税率的50%。

三是明确中国居民的含义，即是指根据《中华人民共和国个人所得税法》的规定，其从中国境内、境外取得的所得在中国缴纳个人所得税的个人。

三十八、资本弱化条款

企业投资方式有权益投资和债权投资。由于以下两方面原则，企业往往愿意采用债权投资，相应减少权益投资。

首先，由于债务人支付给债权人的利息可以在税前抵扣，而股东获得的收益即股息却不能在税前扣除，选择借债的融资方式比权益的融资方式，从税收的角度来说更具有优势；

其次，许多国家对非居民纳税人获得的利息征收的预提所得税税率，通常比对股息征收的企业所得税税率低，采用债权投资比采用股权投资的税收负担低。对于债务人和债权人同属于一个利益集团的跨国公司来说，就有动机通过操纵融资方式，降低集团整体的税收负担。纳税人在为投资经营而筹措资金时，常常刻意设计资金来源结构，加大借入资金比例，扩大债务与权益的比率，人为形成“资本弱化”。因此，许多国家在税法上对关联方之间的债权性投资与权益性投资比例做出限制，防范企业通过操纵各种债务形式的支付手段，增加税前扣除、降低税收负担。

实施条例对债权性投资和权益性投资作了界定，债权性投资及权益性投资的比例和标准由国务院财政、税务主管部门另行规定。

三十九、一般反避税条款

新企业所得税法借鉴了国外立法经验，将一般反避税条款作为兜底的补充性条款，主要目的在于打击和遏制以规避税收为主要目的，其他反避税措施又无法涉及的避税行为。如果对主要目的是为了获取税收利益而并非出于正常商业目的安排不进行制约，势必造成对其他企业的不公平，破坏公平市场环境。一般反避税条款用以弥补特别反避税条款的不足，有利于增强税法的威慑力。面对各种各样新的避税手法，必须要有相应的应对措施。

一般反避税条款规定对不具有合理商业目的的安排进行调整，是指税务机关有权对以减少、免除或者推迟缴纳税款为主要目的的安排进行调整。不具有合理商业目的的安排通常具有以下特征：

一是必须存在一个安排，即人为规划的一个或一系列行动或交易；

二是企业必须从该安排中获取“税收利益”，即减少企业的应纳税收入或者所得额；

三是企业获取税收利益是其安排的主要目的。

满足以上三个特征，可推断该安排已经构成了避税事实。

四十、特别纳税调整的加收利息

新企业所得税法借鉴国际通行做法，增加对反避税调整补税加收利息的条款，明确规定，税务机关按照特别纳税调整的规定对纳税人做出纳税调整，需要补征税款的，除补征税款外，应当按照国务院的规定加收利息，以此加大企业避税成本，打击各种避税行为，维护国家税收权益。

鉴于反避税调查一般涉及的年份较长，调整补缴税款的性质与其他形式补缴税款有一定的差别，因此，实施条例规定加收利息按照税款所属纳税年度中国人民银行公布的与补税期间同期的人民币贷款基准利率加5个百分点计算。企业与其关联方之间的业务往来，不符合独立交易原则，或者企业实施其他不具有合理商业目的的安排的，税务机关有权在该业务发生的纳税年度起10年内，进行纳税调整。

四十一、对原税收优惠实行过渡性措施

新企业所得税法规定，对原税收法律、行政法规规定的低税率和定期减免税、特定地区和西部大开发地区，实行过渡性优惠政策。《国务院关于实施企业所得税过渡优惠政策的通知》(国发〔2007〕39号)对企业所得税优惠政策过渡问题作了具体明确：

(一)新税法公布前批准设立的企业税收优惠过渡办法。企业按照原税收法律、行政法规和具有行政法规效力文件规定享受的企业所得税优惠政策，按以下办法实施过渡：

1. 自2008年1月1日起，原享受低税率优惠政策的企业，在新税法施行后5年内逐步过渡到法定税率。其中：享受企业所得税15%税率的企业，2008年按18%税率执行，2009年按20%税率执行，2010年按22%税率执行，2011年按24%税率执行，2012年按25%税率执行；原执行24%税率的企业，2008年起按25%税率执行；

2. 自2008年1月1日起，原享受企业所得税“两免三减半”、“五免五减半”等定期减免税优惠的企业，新税法施行后继续按原税收法律、行政法规及相关文件规定的优惠办法及年限享受至期满为止，但因未获利而尚未享受税收优惠的，其优惠期限从2008年度起计算；

3. 享受上述过渡优惠政策的企业，是指2007年3月16日以前经工商等登记管理机关登记设立的企业；实施过渡优惠政策的项目和范围按《实施企业所得税过渡优惠政策表》执行。

(二)继续执行西部大开发税收优惠政策。即《财政部、国家税务总局、海关总署关于西部大开发税收优惠政策问题的通知》(财税〔2001〕202号)中规定的西部大开发企业所得税优惠政策继续执行。

(三)实施企业税收过渡优惠政策的其他规定。

1. 享受企业所得税过渡优惠政策的企业，应按照新税法和实施条例中有关收入和扣除的规定计算应纳税所得额，并按有关规定计算享受税收优惠。

2. 企业所得税过渡优惠政策与新税法及实施条例规定的优惠政策存在交叉的，由企业选择最优惠的政策执行，不得叠加享受，且一经选择，不得改变。

四十二、解决跨地区汇总纳税后地区间税源转移问题

新企业所得税法规定，不具有法人资格的营业机构应实行法人汇总纳税制度，由此会出现地区间税源转移问题。经请示国务院同意，将按照“统一核算、分级管理、就地预缴、集中清算、财政调库”的原则，合理确定总、分机构所在地区的企业所得税分享比例和办法，妥善解决实施新企业所得税法后引起的税收转移问题，处理好地区间利益分配关系。

2. 财政部　国家税务总局关于合伙企业合伙人所得税问题的通知

（2008 年 12 月 23 日　财税〔2008〕159 号）

各省、自治区、直辖市、计划单列市财政厅（局）、国家税务局、地方税务局，新疆生产建设兵团财务局：

根据《中华人民共和国企业所得税法》及其实施条例和《中华人民共和国个人所得税法》有关规定，现将合伙企业合伙人的所得税问题通知如下：

一、本通知所称合伙企业是指依照中国法律、行政法规成立的合伙企业。

二、合伙企业以每一个合伙人为纳税义务人。合伙企业合伙人是自然人的，缴纳个人所得税；合伙人是法人和其他组织的，缴纳企业所得税。

三、合伙企业生产经营所得和其他所得采取“先分后税”的原则。具体应纳税所得额的计算按照《关于个人独资企业和合伙企业投资者征收个人所得税的规定》（财税〔2000〕91 号）及《财政部　国家税务总局关于调整个体工商户个人独资企业和合伙企业个人所得税税前扣除标准有关问题的通知》（财税〔2008〕65 号）的有关规定执行。

前款所称生产经营所得和其他所得，包括合伙企业分配给所有合伙人的所得和企业当年留存的所得（利润）。

四、合伙企业的合伙人按照下列原则确定应纳税所得额：

（一）合伙企业的合伙人以合伙企业的生产经营所得和其他所得，按照合伙协议约定的分配比例确定应纳税所得额。

（二）合伙协议未约定或者约定不明确的，以全部生产经营所得和其他所得，按照合伙人协商决定的分配比例确定应纳税所得额。

（三）协商不成的，以全部生产经营所得和其他所得，按照合伙人实缴出资比例确定应纳税所得额。

（四）无法确定出资比例的，以全部生产经营所得和其他所得，按照合伙人数量平均计算每个合伙人的应纳税所得额。

合伙协议不得约定将全部利润分配给部分合伙人。

五、合伙企业的合伙人是法人和其他组织的，合伙人在计算其缴纳企业所得税时，不得用合伙企业的亏损抵减其盈利。

六、上述规定自 2008 年 1 月 1 日起执行。此前规定与本通知有抵触的，以本通知为准。

3. 国家税务总局关于企业所得税若干税务事项衔接问题的通知

（2009 年 2 月 27 日　国税函〔2009〕98 号）

各省、自治区、直辖市和计划单列市国家税务局、地方税务局：

《中华人民共和国企业所得税法》（以下简称新税法）及其实施条例（以下简称实施条例）自 2008 年 1 月 1 日正式实施，按照新税法第六十条规定，《中华人民共和国外商投资企业和外国企业所得税法》和《中华人民共和国企业所得税暂行条例》（以下简称原税法）同时废止。为便于各地汇算清缴工作的开展，现就新税法实施前企业发生的若干税务事项衔接问题通知如下：

一、关于已购置固定资产预计净残值和折旧年限的处理问题

新税法实施前已投入使用的固定资产，企业已按原税法规定预计净残值并计提的折旧，不做调整。新税法实施后，对此类继续使用的固定资产，可以重新确定其残值，并就其尚未计提折旧的余额，按照新税法规定的折旧年限减去已经计提折旧的年限后的剩余年限，按照新税法规定的折旧方法计算折旧。新税法实施后，固定资产原确定的折旧年限不违背新税法规定原则的，也可以继续执行。

二、关于递延所得的处理

企业按原税法规定已作递延所得确认的项目，其余额可在原规定的递延期间的剩余期间内继续均匀计入各纳税期间的应纳税所得额。

三、关于利息收入、租金收入和特许权使用费收入的确认

新税法实施前已按其他方式计入当期收入的利息收入、租金收入、特许权使用费收入，在新税法实施后，凡与按合同约定支付时间确认的收入额发生变化的，应将该收入额减去以前年度已按照其它方式确认的收入额后的差额，确认为当期收入。

四、关于以前年度职工福利费余额的处理

根据《国家税务总局关于做好2007年度企业所得税汇算清缴工作的补充通知》（国税函〔2008〕264号）的规定，企业2008年以前按照规定计提但尚未使用的职工福利费余额，2008年及以后年度发生的职工福利费，应首先冲减上述的职工福利费余额，不足部分按新税法规定扣除；仍有余额的，继续留在以后年度使用。企业2008年以前节余的职工福利费，已在税前扣除，属于职工权益，如果改变用途的，应调整增加企业应纳税所得额。

五、关于以前年度职工教育经费余额的处理

对于在2008年以前已经计提但尚未使用的职工教育经费余额，2008年及以后新发生的职工教育经费应先从余额中冲减。仍有余额的，留在以后年度继续使用。

六、关于工效挂钩企业工资储备基金的处理

原执行工效挂钩办法的企业，在2008年1月1日以前已按规定提取，但因未实际发放而未在税前扣除的工资储备基金余额，2008年及以后年度实际发放时，可在实际发放年度企业所得税前据实扣除。

七、关于以前年度未扣除的广告费的处理

企业在2008年以前按照原政策规定已发生但尚未扣除的广告费，2008年实行新税法后，其尚未扣除的余额，加上当年度新发生的广告费和业务宣传费后，按照新税法规定的比例计算扣除。

八、关于技术开发费的加计扣除形成的亏损的处理

企业技术开发费加计扣除部分已形成企业年度亏损，可以用以后年度所得弥补，但结转年限最长不得超过5年。

九、关于开（筹）办费的处理

新税法中开（筹）办费未明确列作长期待摊费用，企业可以在开始经营之日的当年一次性扣除，也可以按照新税法有关长期待摊费用的处理规定处理，但一经选定，不得改变。

企业在新税法实施以前年度的未摊销完的开办费，也可根据上述规定处理。

4.国家税务总局关于企业所得税执行中若干税务处理问题的通知

（2009年4月21日　国税函〔2009〕202号）

各省、自治区、直辖市和计划单列市国家税务局、地方税务局：

根据《中华人民共和国企业所得税法》（以下简称《企业所得税法》）及《中华人民共和国企业所得税法实施条例》（以下简称《实施条例》）的有关规定，现就企业所得税若干税务处理问题通知如下：

一、关于销售(营业)收入基数的确定问题

企业在计算业务招待费、广告费和业务宣传费等费用扣除限额时,其销售(营业)收入额应包括《实施条例》第二十五条规定的视同销售(营业)收入额。

二、2008 年 1 月 1 日以前计提的各类准备金余额处理问题

根据《实施条例》第五十五条规定,除财政部和国家税务总局核准计提的准备金可以税前扣除外,其他行业、企业计提的各项资产减值准备、风险准备等准备金均不得税前扣除。

2008 年 1 月 1 日前按照原企业所得税法规定计提的各类准备金,2008 年 1 月 1 日以后,未经财政部和国家税务总局核准的,企业以后年度实际发生的相应损失,应先冲减各项准备金余额。

三、关于特定事项捐赠的税前扣除问题

企业发生为汶川地震灾后重建、举办北京奥运会和上海世博会等特定事项的捐赠,按照《财政部 海关总署 国家税务总局关于支持汶川地震灾后恢复重建有关税收政策问题的通知》(财税〔2008〕104 号)、《财政部 国家税务总局 海关总署关于 29 届奥运会税收政策问题的通知》(财税〔2003〕10 号)、《财政部 国家税务总局关于 2010 年上海世博会有关税收政策问题的通知》(财税〔2005〕180 号)等相关规定,可以据实全额扣除。企业发生的其他捐赠,应按《企业所得税法》第九条及《实施条例》第五十一、五十二、五十三条的规定计算扣除。

四、软件生产企业职工教育经费的税前扣除问题

软件生产企业发生的职工教育经费中的职工培训费用,根据《财政部 国家税务总局关于企业所得税若干优惠政策的通知》(财税〔2008〕1 号)规定,可以全额在企业所得税前扣除。软件生产企业应准确划分职工教育经费中的职工培训费支出,对于不能准确划分的,以及准确划分后职工教育经费中扣除职工培训费用的余额,一律按照《实施条例》第四十二条规定的比例扣除。

5. 国家税务总局关于贯彻落实企业所得税法若干税收问题的通知

(2010 年 2 月 22 日 国税函〔2010〕79 号)

各省、自治区、直辖市和计划单列市国家税务局、地方税务局:

根据《中华人民共和国企业所得税法》(以下简称企业所得税法)和《中华人民共和国企业所得税法实施条例》(以下简称《实施条例》)的有关规定,现就贯彻落实企业所得税法过程中若干问题,通知如下:

一、关于租金收入确认问题

根据《实施条例》第十九条的规定,企业提供固定资产、包装物或者其他有形资产的使用权取得的租金收入,应按交易合同或协议规定的承租人应付租金的日期确认收入的实现。其中,如果交易合同或协议中规定租赁期限跨年度,且租金提前一次性支付的,根据《实施条例》第九条规定的收入与费用配比原则,出租人可对上述已确认的收入,在租赁期内,分期均匀计入相关年度收入。

出租方如为在我国境内设有机构场所、且采取据实申报缴纳企业所得的非居民企业,也按本条规定执行。

二、关于债务重组收入确认问题

企业发生债务重组,应在债务重组合同或协议生效时确认收入的实现。

三、关于股权转让所得确认和计算问题

企业转让股权收入,应于转让协议生效、且完成股权变更手续时,确认收入的实现。转让股权收入扣除为取得该股权所发生的成本后,为股权转让所得。企业在计算股权转让所得时,不得扣除被投资企业未分配利润等股东留存收益中按该项股权所可能分配的金额。

四、关于股息、红利等权益性投资收益收入确认问题

企业权益性投资取得股息、红利等收入，应以被投资企业股东会或股东大会作出利润分配或转股决定的日期，确定收入的实现。

被投资企业将股权（票）溢价所形成的资本公积转为股本的，不作为投资方企业的股息、红利收入，投资方企业也不得增加该项长期投资的计税基础。

五、关于固定资产投入使用后计税基础确定问题

企业固定资产投入使用后，由于工程款项尚未结清未取得全额发票的，可暂按合同规定的金额计入固定资产计税基础计提折旧，待发票取得后进行调整。但该项调整应在固定资产投入使用后12个月内进行。

六、关于免税收入所对应的费用扣除问题

根据《实施条例》第二十七条、第二十八条的规定，企业取得的各项免税收入所对应的各项成本费用，除另有规定者外，可以在计算企业应纳税所得额时扣除。

七、企业筹办期间不计算为亏损年度问题

企业自开始生产经营的年度，为开始计算企业损益的年度。企业从事生产经营之前进行筹办活动期间发生筹办费用支出，不得计算为当期的亏损，应按照《国家税务总局关于企业所得税若干税务事项衔接问题的通知》（国税函〔2009〕98号）第九条规定执行。

八、从事股权投资业务的企业业务招待费计算问题

对从事股权投资业务的企业（包括集团公司总部、创业投资企业等），其从被投资企业所分配的股息、红利以及股权转让收入，可以按规定的比例计算业务招待费扣除限额。

6.国家税务总局关于取消合并纳税后以前年度尚未弥补亏损有关企业所得税问题的公告

（2010年7月30日　国家税务总局公告2010年第7号）

根据《财政部　国家税务总局关于试点企业集团缴纳企业所得税有关问题的通知》（财税〔2008〕119号）规定，自2009年度开始，一些企业集团取消了合并申报缴纳企业所得税。现就取消合并申报缴纳企业所得税后，对汇总在企业集团总部、尚未弥补的累计亏损处理问题，公告如下：

一、企业集团取消了合并申报缴纳企业所得税后，截至2008年底，企业集团合并计算的累计亏损，属于符合《中华人民共和国企业所得税法》第十八条规定5年结转期限内的，可分配给其合并成员企业（包括企业集团总部）在剩余结转期限内，结转弥补。

二、企业集团应根据各成员企业截至2008年底的年度所得税申报表中的盈亏情况，凡单独计算是亏损的各成员企业，参与分配第一条所指的可继续弥补的亏损；盈利企业不参与分配。具体分配公式如下：

成员企业分配的亏损额＝（某成员企业单独计算盈亏尚未弥补的亏损额÷各成员企业单独计算盈亏尚未弥补的亏损额之和）×集团公司合并计算累计可继续弥补的亏损额

三、企业集团在按照第二条所规定的方法分配亏损时，应根据集团每年汇总计算中这些亏损发生的实际所属年度，确定各成员企业所分配的亏损额中具体所属年度及剩余结转期限。

四、企业集团按照上述方法分配各成员企业亏损额后，应填写《企业集团公司累计亏损分配表》（见附件）并下发给各成员企业，同时抄送企业集团主管税务机关。

五、本公告自2009年1月1日起执行。

特此公告。

附件：

企业集团公司累计亏损分配表

<table>
<tr><td rowspan="4">企业集团公司情况</td><td rowspan="3">企业集团名称</td><td rowspan="3">所在地</td><td rowspan="2">截止2008年底累计可继续结转亏损额</td><td>2008年</td><td colspan="2">2007年</td><td colspan="2">2006年</td><td colspan="2">2005年</td><td colspan="2">2004年</td></tr>
<tr><td>可继续结转亏损额</td><td colspan="2">可继续结转亏损额</td><td colspan="2">可继续结转亏损额</td><td colspan="2">可继续结转亏损额</td><td colspan="2">可继续结转亏损额</td></tr>
<tr><td>1</td><td>2</td><td colspan="2">3</td><td colspan="2">4</td><td colspan="2">5</td><td colspan="2">6</td></tr>
<tr><td></td><td></td><td></td><td></td><td colspan="2"></td><td colspan="2"></td><td colspan="2"></td><td colspan="2"></td></tr>
<tr><td rowspan="8">成员企业情况</td><td rowspan="3">成员企业名称</td><td rowspan="3">所在地</td><td rowspan="2">截止2008年各成员企业单独计算盈亏尚未弥补亏损额</td><td rowspan="2">截止2008年各成员企业单独计算盈亏尚未弥补亏损额之和</td><td rowspan="2">各成员企业应分配亏损的比例</td><td rowspan="2">各成员企业应分配的亏损额</td><td colspan="5">各成员企业应分配的各年度可结转弥补的亏损额</td></tr>
<tr><td>2008年</td><td>2007年</td><td>2006年</td><td>2005年</td><td>2004年</td></tr>
<tr><td>7</td><td>8</td><td>9=7/8</td><td>10=1*9</td><td>11=9*2</td><td>12=9*3</td><td>13=9*4</td><td>14=9*5</td><td>15=9*6</td></tr>
<tr><td></td><td></td><td></td><td rowspan="5"></td><td></td><td></td><td></td><td></td><td></td><td></td><td></td></tr>
<tr><td></td><td></td><td></td><td></td><td></td><td></td><td></td><td></td><td></td><td></td></tr>
<tr><td></td><td></td><td></td><td></td><td></td><td></td><td></td><td></td><td></td><td></td></tr>
<tr><td></td><td></td><td></td><td></td><td></td><td></td><td></td><td></td><td></td><td></td></tr>
<tr><td></td><td></td><td></td><td></td><td></td><td></td><td></td><td></td><td></td><td></td></tr>
</table>

填表说明：1. 第2至6栏"可继续结转亏损额"是指企业集团公司当年汇总的实际亏损额情况，当年盈利的，可填写零。从2008年度开始往前逐年填写，累计亏损额不超过第1栏时，当年的亏损额为可继续结转亏损额，直至累计亏损额等于第1栏。累计亏损等于第1栏后，其余的年度的可继续结转亏损额填写零。

2. 成员企业中盈利企业可在情况说明中表述，不在本表填列。

7. 国家税务总局关于融资性售后回租业务中承租方出售资产行为有关税收问题的公告

（2010年9月8日　国家税务总局公告2010年第13号）

现就融资性售后回租业务中承租方出售资产行为有关税收问题公告如下：

融资性售后回租业务是指承租方以融资为目的将资产出售给经批准从事融资租赁业务的企业后，又将该项资产从该融资租赁企业租回的行为。融资性售后回租业务中承租方出售资产时，资产所有权以及与资产所有权有关的全部报酬和风险并未完全转移。

一、增值税和营业税

根据现行增值税和营业税有关规定，融资性售后回租业务中承租方出售资产的行为，不属于增值税和营业税征收范围，不征收增值税和营业税。

二、企业所得税

根据现行企业所得税法及有关收入确定规定，融资性售后回租业务中，承租人出售资产的行为，不确认为销售收入，对融资性租赁的资产，仍按承租人出售前原账面价值作为计税基础计提折旧。租赁期间，承租人支付的属于融资利息的部分，作为企业财务费用在税前扣除。

本公告自2010年10月1日起施行。此前因与本公告规定不一致而已征的税款予以退税。

特此公告。

8. 国家税务总局关于查增应纳税所得额弥补以前年度亏损处理问题的公告

（2010年10月27日　国家税务总局公告2010年第20号）

现就税务机关检查调增的企业应纳税所得额弥补以前年度亏损问题公告如下：

一、根据《中华人民共和国企业所得税法》（以下简称企业所得税法）第五条的规定，税务机关对企业以前年度纳税情况进行检查时调增的应纳税所得额，凡企业以前年度发生亏损、且该亏损属于企业所得税法规定允许弥补的，应允许调增的应纳税所得额弥补该亏损。弥补该亏损后仍有余额的，按照企业所得税法规定计算缴纳企业所得税。对检查调增的应纳税所得额应根据其情节，依照《中华人民共和国税收征收管理法》有关规定进行处理或处罚。

二、本规定自2010年12月1日开始执行。以前（含2008年度之前）没有处理的事项，按本规定执行。

特此公告。

9. 国家税务总局关于企业所得税若干问题的公告

（2011年6月9日　国家税务总局公告2011年第34号）

根据《中华人民共和国企业所得税法》（以下简称税法）以及《中华人民共和国企业所得税法实施条例》（以下简称《实施条例》）的有关规定，现就企业所得税若干问题公告如下：

一、关于金融企业同期同类贷款利率确定问题

根据《实施条例》第三十八条规定，非金融企业向非金融企业借款的利息支出，不超过按照金融企业同期同类贷款利率计算的数额的部分，准予税前扣除。鉴于目前我国对金融企业利率要求的具体情况，企业在按照合同要求首次支付利息并进行税前扣除时，应提供"金融企业的同期同类贷款利率情况说明"，以证明其利息支出的合理性。

"金融企业的同期同类贷款利率情况说明"中，应包括在签订该借款合同当时，本省任何一家金融企业提供同期同类贷款利率情况。该金融企业应为经政府有关部门批准成立的可以从事贷款业务的企业，包括银行、财务公司、信托公司等金融机构。"同期同类贷款利率"是指在贷款期限、贷款金额、贷款担保以及企业信誉等条件基本相同下，金融企业提供贷款的利率。既可以是金融企业公布的同期同类平均利率，也可以是金融企业对某些企业提供的实际贷款利率。

二、关于企业员工服饰费用支出扣除问题

企业根据其工作性质和特点，由企业统一制作并要求员工工作时统一着装所发生的工作服饰费用，根据《实施条例》第二十七条的规定，可以作为企业合理的支出给予税前扣除。

三、关于航空企业空勤训练费扣除问题

航空企业实际发生的飞行员养成费、飞行训练费、乘务训练费、空中保卫员训练费等空勤训练费用，根据《实施条例》第二十七条规定，可以作为航空企业运输成本在税前扣除。

四、关于房屋、建筑物固定资产改扩建的税务处理问题

企业对房屋、建筑物固定资产在未足额提取折旧前进行改扩建的，如属于推倒重置的，该资产原值减除提取折旧后的净值，应并入重置后的固定资产计税成本，并在该固定资产投入使用后的次月起，按照税法规定的折旧年限，一并计提折旧；如属于提升功能、增加面积的，该固定资产的改扩建支出，并入该固定资产计税基础，并从改扩建完工投入使用后的次月起，重新按税法规定的该固定资产折旧年限计提折旧，如该改扩建后的固定资产尚可使用的年限低于税法规定的最低年限的，可以按尚可使用的年限计提折旧。

五、投资企业撤回或减少投资的税务处理

投资企业从被投资企业撤回或减少投资，其取得的资产中，相当于初始出资的部分，应确认为投资收回；相当于被投资企业累计未分配利润和累计盈余公积按减少实收资本比例计算的部分，应确认为股息所得；其余部分确认为投资资产转让所得。

被投资企业发生的经营亏损，由被投资企业按规定结转弥补；投资企业不得调整减低其投资成本，也不得将其确认为投资损失。

六、关于企业提供有效凭证时间问题

企业当年度实际发生的相关成本、费用，由于各种原因未能及时取得该成本、费用的有效凭证，企业在预缴季度所得税时，可暂按账面发生金额进行核算；但在汇算清缴时，应补充提供该成本、费用的有效凭证。

七、本公告自2011年7月1日起施行。本公告施行以前，企业发生的相关事项已经按照本公告规定处理的，不再调整；已经处理，但与本公告规定处理不一致的，凡涉及需要按照本公告规定调减应纳税所得额的，应当在本公告施行后相应调减2011年度企业应纳税所得额。

特此公告。

10. 国家税务总局关于企业所得税应纳税所得额若干税务处理问题的公告

（2012年4月24日　国家税务总局公告2012年第15号）

（部分条款修改，详见文中注释）

根据《中华人民共和国企业所得税法》（以下简称《企业所得税法》）及其实施条例（以下简称《实施条例》）以及相关规定，现就企业所得税应纳税所得额若干税务处理问题公告如下：

一、关于季节工、临时工等费用税前扣除问题

企业因雇用季节工、临时工、实习生、返聘离退休人员以及接受外部劳务派遣用工所实际发生的费用，应区分为工资薪金支出和职工福利费支出，并按《企业所得税法》规定在企业所得税前扣除。其中属于工资薪金支出的，准予计入企业工资薪金总额的基数，作为计算其他各项相关费用扣除的依据。

【注】根据《国家税务总局关于企业工资薪金和职工福利费等支出税前扣除问题的公告》（国家税务总局公告2015年第34号）的规定，本条款有效期至2015年5月8日。

二、关于企业融资费用支出税前扣除问题

企业通过发行债券、取得贷款、吸收保户储金等方式融资而发生的合理的费用支出，符合资本化条件的，应计入相关资产成本；不符合资本化条件的，应作为财务费用，准予在企业所得税前据实扣除。

三、关于从事代理服务企业营业成本税前扣除问题

从事代理服务、主营业务收入为手续费、佣金的企业（如证券、期货、保险代理等企业），其为取得该类收入而实际发生的营业成本（包括手续费及佣金支出），准予在企业所得税前据实扣除。

四、关于电信企业手续费及佣金支出税前扣除问题

电信企业在发展客户、拓展业务等过程中（如委托销售电话入网卡、电话充值卡等），需向经纪人、代办商支付手续费及佣金的，其实际发生的相关手续费及佣金支出，不超过企业当年收入总额5%的部分，准予

在企业所得税前据实扣除。

五、关于筹办期业务招待费等费用税前扣除问题

企业在筹建期间，发生的与筹办活动有关的业务招待费支出，可按实际发生额的60%计入企业筹办费，并按有关规定在税前扣除；发生的广告费和业务宣传费，可按实际发生额计入企业筹办费，并按有关规定在税前扣除。

六、关于以前年度发生应扣未扣支出的税务处理问题

根据《中华人民共和国税收征收管理法》的有关规定，对企业发现以前年度实际发生的、按照税收规定应在企业所得税前扣除而未扣除或者少扣除的支出，企业做出专项申报及说明后，准予追补至该项目发生年度计算扣除，但追补确认期限不得超过5年。

企业由于上述原因多缴的企业所得税税款，可以在追补确认年度企业所得税应纳税款中抵扣，不足抵扣的，可以向以后年度递延抵扣或申请退税。

亏损企业追补确认以前年度未在企业所得税前扣除的支出，或盈利企业经过追补确认后出现亏损的，应首先调整该项支出所属年度的亏损额，然后再按照弥补亏损的原则计算以后年度多缴的企业所得税款，并按前款规定处理。

七、关于企业不征税收入管理问题

企业取得的不征税收入，应按照《财政部　国家税务总局关于专项用途财政性资金企业所得税处理问题的通知》（财税〔2011〕70号，以下简称《通知》）的规定进行处理。凡未按照《通知》规定进行管理的，应作为企业应税收入计入应纳税所得额，依法缴纳企业所得税。

八、关于税前扣除规定与企业实际会计处理之间的协调问题

根据《企业所得税法》第二十一条规定，对企业依据财务会计制度规定，并实际在财务会计处理上已确认的支出，凡没有超过《企业所得税法》和有关税收法规规定的税前扣除范围和标准的，可按企业实际会计处理确认的支出，在企业所得税前扣除，计算其应纳税所得额。

九、本公告施行时间

本公告规定适用于2011年度及以后各年度企业应纳税所得额的处理。

特此公告。

11. 国家税务总局关于企业混合性投资业务企业所得税处理问题的公告

（2013年7月15日　国家税务总局公告2013年第41号）

根据《中华人民共和国企业所得税法》及其实施条例（以下简称税法）的规定，现就企业混合性投资业务企业所得税处理问题公告如下：

一、企业混合性投资业务，是指兼具权益和债权双重特性的投资业务。同时符合下列条件的混合性投资业务，按本公告进行企业所得税处理：

（一）被投资企业接受投资后，需要按投资合同或协议约定的利率定期支付利息（或定期支付保底利息、固定利润、固定股息，下同）；

（二）有明确的投资期限或特定的投资条件，并在投资期满或者满足特定投资条件后，被投资企业需要赎回投资或偿还本金；

（三）投资企业对被投资企业净资产不拥有所有权；

（四）投资企业不具有选举权和被选举权；

（五）投资企业不参与被投资企业日常生产经营活动。

二、符合本公告第一条规定的混合性投资业务，按下列规定进行企业所得税处理：

（一）对于被投资企业支付的利息，投资企业应于被投资企业应付利息的日期，确认收入的实现并计入当期应纳税所得额；被投资企业应于应付利息的日期，确认利息支出，并按税法和《国家税务总局关于企业所得税若干问题的公告》（2011 年第 34 号）第一条的规定，进行税前扣除。

（二）对于被投资企业赎回的投资，投资双方应于赎回时将赎价与投资成本之间的差额确认为债务重组损益，分别计入当期应纳税所得额。

三、本公告自 2013 年 9 月 1 日起执行。此前发生的已进行税务处理的混合性投资业务，不再进行纳税调整。

特此公告。

12. 国家税务总局关于企业所得税应纳税所得额若干问题的公告

（2014 年 5 月 23 日　国家税务总局公告 2014 年第 29 号）

根据《中华人民共和国企业所得税法》及其实施条例（以下简称税法）的规定，现将企业所得税应纳税所得额若干问题公告如下：

一、企业接收政府划入资产的企业所得税处理

（一）县级以上人民政府（包括政府有关部门，下同）将国有资产明确以股权投资方式投入企业，企业应作为国家资本金（包括资本公积）处理。该项资产如为非货币性资产，应按政府确定的接收价值确定计税基础。

（二）县级以上人民政府将国有资产无偿划入企业，凡指定专门用途并按《财政部　国家税务总局关于专项用途财政性资金企业所得税处理问题的通知》（财税〔2011〕70 号）规定进行管理的，企业可作为不征税收入进行企业所得税处理。其中，该项资产属于非货币性资产的，应按政府确定的接收价值计算不征税收入。

县级以上人民政府将国有资产无偿划入企业，属于上述（一）、（二）项以外情形的，应按政府确定的接收价值计入当期收入总额计算缴纳企业所得税。政府没有确定接收价值的，按资产的公允价值计算确定应税收入。

二、企业接收股东划入资产的企业所得税处理

（一）企业接收股东划入资产（包括股东赠予资产、上市公司在股权分置改革过程中接收原非流通股股东和新非流通股股东赠予的资产、股东放弃本企业的股权，下同），凡合同、协议约定作为资本金（包括资本公积）且在会计上已做实际处理的，不计入企业的收入总额，企业应按公允价值确定该项资产的计税基础。

（二）企业接收股东划入资产，凡作为收入处理的，应按公允价值计入收入总额，计算缴纳企业所得税，同时按公允价值确定该项资产的计税基础。

三、保险企业准备金支出的企业所得税处理

根据《财政部　国家税务总局关于保险公司准备金支出企业所得税税前扣除有关政策问题的通知》（财税〔2012〕45 号）有关规定，保险企业未到期责任准备金、寿险责任准备金、长期健康险责任准备金、已发生已报告未决赔款准备金和已发生未报告未决赔款准备金应按财政部下发的企业会计有关规定计算扣除。

保险企业在计算扣除上述各项准备金时，凡未执行财政部有关会计规定仍执行中国保险监督管理委员会有关监管规定的，应将两者之间的差额调整当期应纳税所得额。

四、核电厂操纵员培养费的企业所得税处理

核力发电企业为培养核电厂操纵员发生的培养费用，可作为企业的发电成本在税前扣除。企业应将核电厂操纵员培养费与员工的职工教育经费严格区分，单独核算，员工实际发生的职工教育经费支出不得计入核电厂操纵员培养费直接扣除。

五、固定资产折旧的企业所得税处理

（一）企业固定资产会计折旧年限如果短于税法规定的最低折旧年限，其按会计折旧年限计提的折旧高

于按税法规定的最低折旧年限计提的折旧部分，应调增当期应纳税所得额；企业固定资产会计折旧年限已期满且会计折旧已提足，但税法规定的最低折旧年限尚未到期且税收折旧尚未足额扣除，其未足额扣除的部分准予在剩余的税收折旧年限继续按规定扣除。

（二）企业固定资产会计折旧年限如果长于税法规定的最低折旧年限，其折旧应按会计折旧年限计算扣除，税法另有规定除外。

（三）企业按会计规定提取的固定资产减值准备，不得税前扣除，其折旧仍按税法确定的固定资产计税基础计算扣除。

（四）企业按税法规定实行加速折旧的，其按加速折旧办法计算的折旧额可全额在税前扣除。

（五）石油天然气开采企业在计提油气资产折耗（折旧）时，由于会计与税法规定计算方法不同导致的折耗（折旧）差异，应按税法规定进行纳税调整。

六、施行时间

本公告适用于2013年度及以后年度企业所得税汇算清缴。

企业2013年度汇算清缴前接收政府或股东划入资产，尚未进行企业所得税处理的，可按本公告执行。对于手续不齐全、证据不清的，企业应在2014年12月31日前补充完善。企业凡在2014年12月31日前不能补充完善的，一律作为应税收入或计入收入总额进行企业所得税处理。

特此公告。

13. 财政部　国家税务总局　证监会关于深港股票市场交易互联互通机制试点有关税收政策的通知

（2016年11月5日　财税〔2016〕127号）

各省、自治区、直辖市、计划单列市财政厅（局）、国家税务局、地方税务局，新疆生产建设兵团财务局，上海、深圳证券交易所，中国证券登记结算公司：

经国务院批准，现就深港股票市场交易互联互通机制试点（以下简称深港通）涉及的有关税收政策问题明确如下：

一、关于内地投资者通过深港通投资香港联合交易所有限公司（以下简称香港联交所）上市股票的所得税问题

（一）内地个人投资者通过深港通投资香港联交所上市股票的转让差价所得税。

对内地个人投资者通过深港通投资香港联交所上市股票取得的转让差价所得，自2016年12月5日起至2019年12月4日止，暂免征收个人所得税。

（二）内地企业投资者通过深港通投资香港联交所上市股票的转让差价所得税。

对内地企业投资者通过深港通投资香港联交所上市股票取得的转让差价所得，计入其收入总额，依法征收企业所得税。

（三）内地个人投资者通过深港通投资香港联交所上市股票的股息红利所得税。

对内地个人投资者通过深港通投资香港联交所上市H股取得的股息红利，H股公司应向中国证券登记结算有限责任公司（以下简称中国结算）提出申请，由中国结算向H股公司提供内地个人投资者名册，H股公司按照20%的税率代扣个人所得税。内地个人投资者通过深港通投资香港联交所上市的非H股取得的股息红利，由中国结算按照20%的税率代扣个人所得税。个人投资者在国外已缴纳的预提税，可持有效扣税凭证到中国结算的主管税务机关申请税收抵免。

对内地证券投资基金通过深港通投资香港联交所上市股票取得的股息红利所得，按照上述规定计征个人所得税。

(四)内地企业投资者通过深港通投资香港联交所上市股票的股息红利所得税。

1. 对内地企业投资者通过深港通投资香港联交所上市股票取得的股息红利所得,计入其收入总额,依法计征企业所得税。其中,内地居民企业连续持有H股满12个月取得的股息红利所得,依法免征企业所得税。

2. 香港联交所上市H股公司应向中国结算提出申请,由中国结算向H股公司提供内地企业投资者名册,H股公司对内地企业投资者不代扣股息红利所得税款,应纳税款由企业自行申报缴纳。

3. 内地企业投资者自行申报缴纳企业所得税时,对香港联交所非H股上市公司已代扣代缴的股息红利所得税,可依法申请税收抵免。

二、关于香港市场投资者通过深港通投资深圳证券交易所(以下简称深交所)上市A股的所得税问题

1. 对香港市场投资者(包括企业和个人)投资深交所上市A股取得的转让差价所得,暂免征收所得税。

2. 对香港市场投资者(包括企业和个人)投资深交所上市A股取得的股息红利所得,在香港中央结算有限公司(以下简称香港结算)不具备向中国结算提供投资者的身份及持股时间等明细数据的条件之前,暂不执行按持股时间实行差别化征税政策,由上市公司按照10%的税率代扣所得税,并向其主管税务机关办理扣缴申报。对于香港投资者中属于其他国家税收居民且其所在国与中国签订的税收协定规定股息红利所得税率低于10%的,企业或个人可以自行或委托代扣代缴义务人,向上市公司主管税务机关提出享受税收协定待遇退还多缴税款的申请,主管税务机关查实后,对符合退税条件的,应按已征税款和根据税收协定税率计算的应纳税款的差额予以退税。

三、关于内地和香港市场投资者通过深港通买卖股票的增值税问题

1. 对香港市场投资者(包括单位和个人)通过深港通买卖深交所上市A股取得的差价收入,在营改增试点期间免征增值税。

2. 对内地个人投资者通过深港通买卖香港联交所上市股票取得的差价收入,在营改增试点期间免征增值税。

3. 对内地单位投资者通过深港通买卖香港联交所上市股票取得的差价收入,在营改增试点期间按现行政策规定征免增值税。

四、关于内地和香港市场投资者通过深港通转让股票的证券(股票)交易印花税问题

香港市场投资者通过深港通买卖、继承、赠与深交所上市A股,按照内地现行税制规定缴纳证券(股票)交易印花税。内地投资者通过深港通买卖、继承、赠与联交所上市股票,按照香港特别行政区现行税法规定缴纳印花税。

中国结算和香港结算可互相代收上述税款。

五、关于香港市场投资者通过沪股通和深股通参与股票担保卖空的证券(股票)交易印花税问题

对香港市场投资者通过沪股通和深股通参与股票担保卖空涉及的股票借入、归还,暂免征收证券(股票)交易印花税。

六、本通知自2016年12月5日起执行。

14. 财政部　国家税务总局关于落实降低企业杠杆率税收支持政策的通知

(2016年11月22日　财税〔2016〕125号)

各省、自治区、直辖市、计划单列市财政厅(局)、国家税务局、地方税务局,新疆生产建设兵团财务局:

按照党中央、国务院决策部署,根据《国务院关于积极稳妥降低企业杠杆率的意见》(国发〔2016〕54号,以下简称《意见》)有关精神,现就落实降低企业杠杆率税收政策工作通知如下:

一、充分认识贯彻落实降杠杆税收支持政策的重要意义

近年来，我国企业杠杆率高企，债务规模增长过快，企业债务负担不断加重。党中央、国务院从战略高度对降低企业杠杆率工作作出决策部署，把去杠杆列为供给侧结构性改革"三去一降一补"的五大任务之一。《意见》将"落实和完善降杠杆财税支持政策"作为重要任务。各级财税部门要充分认识积极稳妥降低企业杠杆率的重要性，坚决贯彻执行中央决策部署，严格按照《意见》要求认真落实好有关税收政策，充分发挥税收职能作用，切实减轻企业负担、降低企业成本，为企业降杠杆创造良好的外部环境。

二、落实好降杠杆相关税收支持政策

（一）企业符合税法规定条件的股权（资产）收购、合并、债务重组等重组行为，可按税法规定享受企业所得税递延纳税优惠政策。

（二）企业以非货币性资产投资，可按规定享受5年内分期缴纳企业所得税政策。

（三）企业破产、注销，清算企业所得税时，可按规定在税前扣除有关清算费用及职工工资、社会保险费用、法定补偿金。

（四）企业符合税法规定条件的债权损失可按规定在计算企业所得税应纳税所得额时扣除。

（五）金融企业按照规定提取的贷款损失准备金，符合税法规定的，可以在企业所得税税前扣除。

（六）在企业重组过程中，企业通过合并、分立、出售、置换等方式，将全部或者部分实物资产以及与其相关联的债权、负债和劳动力，一并转让给其他单位和个人，其中涉及的货物、不动产、土地使用权转让行为，符合规定的，不征收增值税。

（七）企业重组改制涉及的土地增值税、契税、印花税，符合规定的，可享受相关优惠政策。

（八）符合信贷资产证券化政策条件的纳税人，可享受相关优惠政策。

三、工作要求

降杠杆相关税收政策涵盖交易多个环节，涉及面广，政策内容多。各级财税部门要高度重视，进一步加强学习培训，熟悉、掌握政策内容；要加强对纳税人的宣传辅导，跟踪税收政策执行情况和实施效应，加强调研反馈，及时了解执行中遇到的问题，研究提出调整和完善税收政策的建议。

特此通知。

15. 国家税务总局关于企业所得税有关问题的公告

（2016年12月9日　国家税务总局公告2016年第80号）

根据《中华人民共和国企业所得税法》及其实施条例有关规定，现对企业所得税有关问题公告如下：

一、关于企业差旅费中人身意外保险费支出税前扣除问题

企业职工因公出差乘坐交通工具发生的人身意外保险费支出，准予企业在计算应纳税所得额时扣除。

二、企业移送资产所得税处理问题

企业发生《国家税务总局关于企业处置资产所得税处理问题的通知》（国税函〔2008〕828号）第二条规定情形的，除另有规定外，应按照被移送资产的公允价值确定销售收入。

三、施行时间

本公告适用于2016年度及以后年度企业所得税汇算清缴。

《国家税务总局关于企业处置资产所得税处理问题的通知》（国税函〔2008〕828号）第三条同时废止。

16. 国家税务总局关于修订企业所得税2个规范性文件的公告

(2016年12月29日　国家税务总局公告2016年第88号)

根据《国务院关于取消和调整一批行政审批项目等事项的决定》(国发〔2014〕50号)以及税务总局关于享受小型微利企业所得税优惠政策的企业包括核定征收企业的相关规定,为做好政策衔接工作,现对企业所得税有关规范性文件修订问题公告如下:

一、关于收入全额归属中央的企业分支机构名单管理问题

《国家税务总局关于中国工商银行股份有限公司等企业企业所得税有关征管问题的通知》(国税函〔2010〕184号)第二、三条废止。收入全额归属中央的企业所属二级及二级以下分支机构,发生资产损失的,按照《国家税务总局关于发布〈企业资产损失所得税税前扣除管理办法〉的公告》(国家税务总局公告2011年第25号)的规定办理;发生名单变化的,按照《国家税务总局关于3项企业所得税事项取消审批后加强后续管理的公告》(国家税务总局公告2015年第6号)第二条的规定办理。

二、关于核定征收的小型微利企业享受优惠问题

《国家税务总局关于企业所得税核定征收若干问题的通知》(国税函〔2009〕377号)第一条第(一)项修订为:享受《中华人民共和国企业所得税法》及其实施条例和国务院规定的一项或几项企业所得税优惠政策的企业(不包括仅享受《中华人民共和国企业所得税法》第二十六条规定免税收入优惠政策的企业、第二十八条规定的符合条件的小型微利企业)。

三、施行时间

本公告第一条根据涉及的事项分别按照国家税务总局2011年第25号公告和国家税务总局2015年第6号公告施行时间执行;第二条适用于2016年度及以后年度企业所得税汇算清缴。

特此公告。

二、收 入 确 认

▶基本规定

1. 国家税务总局关于企业处置资产所得税处理问题的通知

(2008年10月9日　国税函〔2008〕828号)

(部分条款修改,详见文中注释)

各省、自治区、直辖市和计划单列市国家税务局、地方税务局:

根据《中华人民共和国企业所得税法实施条例》第二十五条规定,现就企业处置资产的所得税处理问题通知如下:

一、企业发生下列情形的处置资产,除将资产转移至境外以外,由于资产所有权属在形式和实质上均不

发生改变，可作为内部处置资产，不视同销售确认收入，相关资产的计税基础延续计算。

（一）将资产用于生产、制造、加工另一产品；

（二）改变资产形状、结构或性能；

（三）改变资产用途（如，自建商品房转为自用或经营）；

（四）将资产在总机构及其分支机构之间转移；

（五）上述两种或两种以上情形的混合；

（六）其他不改变资产所有权属的用途。

二、企业将资产移送他人的下列情形，因资产所有权属已发生改变而不属于内部处置资产，应按规定视同销售确定收入。

（一）用于市场推广或销售；

（二）用于交际应酬；

（三）用于职工奖励或福利；

（四）用于股息分配；

（五）用于对外捐赠；

（六）其他改变资产所有权属的用途。

三、企业发生本通知第二条规定情形时，属于企业自制的资产，应按企业同类资产同期对外销售价格确定销售收入；属于外购的资产，可按购入时的价格确定销售收入。

【注】根据《国家税务总局关于企业所得税有关问题的公告》（国家税务总局公告2016年第80号）的规定，本条款有效期至2016年12月8日。

四、本通知自2008年1月1日起执行。对2008年1月1日以前发生的处置资产，2008年1月1日以后尚未进行税务处理的，按本通知规定执行。

2.国家税务总局关于确认企业所得税收入若干问题的通知

（2008年10月30日　国税函〔2008〕875号）

各省、自治区、直辖市和计划单列市国家税务局、地方税务局：

根据《中华人民共和国企业所得税法》（以下简称企业所得税法）及《中华人民共和国企业所得税法实施条例》（以下简称实施条例）规定的原则和精神，现对确认企业所得税收入的若干问题通知如下：

一、除企业所得税法及实施条例另有规定外，企业销售收入的确认，必须遵循权责发生制原则和实质重于形式原则。

（一）企业销售商品同时满足下列条件的，应确认收入的实现：

1. 商品销售合同已经签订，企业已将商品所有权相关的主要风险和报酬转移给购货方；

2. 企业对已售出的商品既没有保留通常与所有权相联系的继续管理权，也没有实施有效控制；

3. 收入的金额能够可靠地计量；

4. 已发生或将发生的销售方的成本能够可靠地核算。

（二）符合上款收入确认条件，采取下列商品销售方式的，应按以下规定确认收入实现时间：

1. 销售商品采用托收承付方式的，在办妥托收手续时确认收入。

2. 销售商品采取预收款方式的，在发出商品时确认收入。

3. 销售商品需要安装和检验的，在购买方接受商品以及安装和检验完毕时确认收入。如果安装程序比较简单，可在发出商品时确认收入。

4. 销售商品采用支付手续费方式委托代销的，在收到代销清单时确认收入。

（三）采用售后回购方式销售商品的，销售的商品按售价确认收入，回购的商品作为购进商品处理。有证据表明不符合销售收入确认条件的，如以销售商品方式进行融资，收到的款项应确认为负债，回购价格大于原售价的，差额应在回购期间确认为利息费用。

（四）销售商品以旧换新的，销售商品应当按照销售商品收入确认条件确认收入，回收的商品作为购进商品处理。

（五）企业为促进商品销售而在商品价格上给予的价格扣除属于商业折扣，商品销售涉及商业折扣的，应当按照扣除商业折扣后的金额确定销售商品收入金额。

债权人为鼓励债务人在规定的期限内付款而向债务人提供的债务扣除属于现金折扣，销售商品涉及现金折扣的，应当按扣除现金折扣前的金额确定销售商品收入金额，现金折扣在实际发生时作为财务费用扣除。

企业因售出商品的质量不合格等原因而在售价上给的减让属于销售折让；企业因售出商品质量、品种不符合要求等原因而发生的退货属于销售退回。企业已经确认销售收入的售出商品发生销售折让和销售退回，应当在发生当期冲减当期销售商品收入。

二、企业在各个纳税期末，提供劳务交易的结果能够可靠估计的，应采用完工进度（完工百分比）法确认提供劳务收入。

（一）提供劳务交易的结果能够可靠估计，是指同时满足下列条件：

1. 收入的金额能够可靠地计量；

2. 交易的完工进度能够可靠地确定；

3. 交易中已发生和将发生的成本能够可靠地核算。

（二）企业提供劳务完工进度的确定，可选用下列方法：

1. 已完工作的测量；

2. 已提供劳务占劳务总量的比例；

3. 发生成本占总成本的比例。

（三）企业应按照从接受劳务方已收或应收的合同或协议价款确定劳务收入总额，根据纳税期末提供劳务收入总额乘以完工进度扣除以前纳税年度累计已确认提供劳务收入后的金额，确认为当期劳务收入；同时，按照提供劳务估计总成本乘以完工进度扣除以前纳税期间累计已确认劳务成本后的金额，结转为当期劳务成本。

（四）下列提供劳务满足收入确认条件的，应按规定确认收入：

1. 安装费。应根据安装完工进度确认收入。安装工作是商品销售附带条件的，安装费在确认商品销售实现时确认收入。

2. 宣传媒介的收费。应在相关的广告或商业行为出现于公众面前时确认收入。广告的制作费，应根据制作广告的完工进度确认收入。

3. 软件费。为特定客户开发软件的收费，应根据开发的完工进度确认收入。

4. 服务费。包含在商品售价内可区分的服务费，在提供服务的期间分期确认收入。

5. 艺术表演、招待宴会和其他特殊活动的收费。在相关活动发生时确认收入。收费涉及几项活动的，预收的款项应合理分配给每项活动，分别确认收入。

6. 会员费。申请入会或加入会员，只允许取得会籍，所有其他服务或商品都要另行收费的，在取得该会员费时确认收入。申请入会或加入会员后，会员在会员期内不再付费就可得到各种服务或商品，或者以低于非会员的价格销售商品或提供服务的，该会员费应在整个受益期内分期确认收入。

7. 特许权费。属于提供设备和其他有形资产的特许权费，在交付资产或转移资产所有权时确认收入；属于提供初始及后续服务的特许权费，在提供服务时确认收入。

8. 劳务费。长期为客户提供重复的劳务收取的劳务费，在相关劳务活动发生时确认收入。

三、企业以买一赠一等方式组合销售本企业商品的，不属于捐赠，应将总的销售金额按各项商品的公允价值的比例来分摊确认各项的销售收入。

3. 国家税务总局关于企业取得财产转让等所得企业所得税处理问题的公告

（2010年10月27日　国家税务总局公告2010年第19号）

根据《中华人民共和国企业所得税法实施条例》第二十五条规定，现就企业以不同形式取得财产转让等收入征收企业所得税问题公告如下：

一、企业取得财产（包括各类资产、股权、债权等）转让收入、债务重组收入、接受捐赠收入、无法偿付的应付款收入等，不论是以货币形式、还是非货币形式体现，除另有规定外，均应一次性计入确认收入的年度计算缴纳企业所得税。

二、本公告自发布之日起30日后施行。2008年1月1日至本公告施行前，各地就上述收入计算的所得，已分5年平均计入各年度应纳税所得额计算纳税的，在本公告发布后，对尚未计算纳税的应纳税所得额，应一次性作为本年度应纳税所得额计算纳税。

特此公告。

4. 国家税务总局关于金融企业贷款利息收入确认问题的公告

（2010年11月5日　国家税务总局公告2010年第23号）

根据《中华人民共和国企业所得税法》及其实施条例的规定，现对金融企业贷款利息收入所得税处理问题公告如下：

一、金融企业按规定发放的贷款，属于未逾期贷款（含展期，下同），应根据先收利息后收本金的原则，按贷款合同确认的利率和结算利息的期限计算利息，并于债务人应付利息的日期确认收入的实现；属于逾期贷款，其逾期后发生的应收利息，应于实际收到的日期，或者虽未实际收到，但会计上确认为利息收入的日期，确认收入的实现。

二、金融企业已确认为利息收入的应收利息，逾期90天仍未收回，且会计上已冲减了当期利息收入的，准予抵扣当期应纳税所得额。

三、金融企业已冲减了利息收入的应收未收利息，以后年度收回时，应计入当期应纳税所得额计算纳税。

四、本公告自发布之日起30日后施行。

特此公告。

5. 国家税务总局关于企业转让上市公司限售股有关所得税问题的公告

（2011年7月7日　国家税务总局公告2011年第39号）

根据《中华人民共和国企业所得税法》（以下简称企业所得税法）及其实施条例的有关规定，现就企业转让上市公司限售股（以下简称限售股）有关所得税问题，公告如下：

一、纳税义务人的范围界定问题

根据企业所得税法第一条及其实施条例第三条的规定，转让限售股取得收入的企业（包括事业单位、社会团体、民办非企业单位等），为企业所得税的纳税义务人。

二、企业转让代个人持有的限售股征税问题

因股权分置改革造成原由个人出资而由企业代持有的限售股，企业在转让时按以下规定处理：

（一）企业转让上述限售股取得的收入，应作为企业应税收入计算纳税。

上述限售股转让收入扣除限售股原值和合理税费后的余额为该限售股转让所得。企业未能提供完整、真实的限售股原值凭证，不能准确计算该限售股原值的，主管税务机关一律按该限售股转让收入的15%，核定为该限售股原值和合理税费。

依照本条规定完成纳税义务后的限售股转让收入余额转付给实际所有人时不再纳税。

（二）依法院判决、裁定等原因，通过证券登记结算公司，企业将其代持的个人限售股直接变更到实际所有人名下的，不视同转让限售股。

三、企业在限售股解禁前转让限售股征税问题

企业在限售股解禁前将其持有的限售股转让给其他企业或个人（以下简称受让方），其企业所得税问题按以下规定处理：

（一）企业应按减持在证券登记结算机构登记的限售股取得的全部收入，计入企业当年度应税收入计算纳税。

（二）企业持有的限售股在解禁前已签订协议转让给受让方，但未变更股权登记、仍由企业持有的，企业实际减持该限售股取得的收入，依照本条第一项规定纳税后，其余额转付给受让方的，受让方不再纳税。

四、本公告自2011年7月1日起执行。本公告生效后尚未处理的纳税事项，按照本公告规定处理；已经处理的纳税事项，不再调整。

特此公告。

►不征税收入

1. 财政部　国家税务总局关于财政性资金行政事业性收费政府性基金有关企业所得税政策问题的通知

（2008年12月16日　财税〔2008〕151号）

各省、自治区、直辖市、计划单列市财政厅（局）、国家税务局、地方税务局，新疆生产建设兵团财务局：

根据《中华人民共和国企业所得税法》及《中华人民共和国企业所得税法实施条例》的有关规定，现对财政性资金、行政事业性收费、政府性基金有关企业所得税政策问题明确如下：

一、财政性资金

（一）企业取得的各类财政性资金，除属于国家投资和资金使用后要求归还本金的以外，均应计入企业当年收入总额。

（二）对企业取得的由国务院财政、税务主管部门规定专项用途并经国务院批准的财政性资金，准予作为不征税收入，在计算应纳税所得额时从收入总额中减除。

（三）纳入预算管理的事业单位、社会团体等组织按照核定的预算和经费报领关系收到的由财政部门或上级单位拨入的财政补助收入，准予作为不征税收入，在计算应纳税所得额时从收入总额中减除，但国务院

和国务院财政、税务主管部门另有规定的除外。

本条所称财政性资金，是指企业取得的来源于政府及其有关部门的财政补助、补贴、贷款贴息，以及其他各类财政专项资金，包括直接减免的增值税和即征即退、先征后退、先征后返的各种税收，但不包括企业按规定取得的出口退税款；所称国家投资，是指国家以投资者身份投入企业、并按有关规定相应增加企业实收资本（股本）的直接投资。

二、关于政府性基金和行政事业性收费

（一）企业按照规定缴纳的、由国务院或财政部批准设立的政府性基金以及由国务院和省、自治区、直辖市人民政府及其财政、价格主管部门批准设立的行政事业性收费，准予在计算应纳税所得额时扣除。

企业缴纳的不符合上述审批管理权限设立的基金、收费，不得在计算应纳税所得额时扣除。

（二）企业收取的各种基金、收费，应计入企业当年收入总额。

（三）对企业依照法律、法规及国务院有关规定收取并上缴财政的政府性基金和行政事业性收费，准予作为不征税收入，于上缴财政的当年在计算应纳税所得额时从收入总额中减除；未上缴财政的部分，不得从收入总额中减除。

三、企业的不征税收入用于支出所形成的费用，不得在计算应纳税所得额时扣除；企业的不征税收入用于支出所形成的资产，其计算的折旧、摊销不得在计算应纳税所得额时扣除。

四、本通知自2008年1月1日起执行。

2.国家税务总局关于外交人员服务局出售外交馆舍收入企业所得税有关问题的通知

（2009年6月30日　国税函〔2009〕349号）

北京市国家税务局：

现将外交人员服务局出售外交馆舍收入有关企业所得税问题通知如下：

鉴于外交馆舍属于政府资产，外交人员服务局是代表政府对外交馆舍行使经营管理权，财政部曾以《关于外交人员服务局将出售馆舍款留作更改资金的复函》[（92）财外字第805号]明确规定，该局根据政府间协议出售馆舍收入可视同国家财政拨款，全部留用，专款用于改造老馆舍、公寓及附属设施。因此，在企业所得税处理上，该局取得的上述收入，也视同国家财政拨款，不计入当期应纳税所得额，专款用于改造老馆舍、公寓及附属设施。

3.财政部　国家税务总局关于专项用途财政性资金企业所得税处理问题的通知

（2011年9月7日　财税〔2011〕70号）

各省、自治区、直辖市、计划单列市财政厅（局）、国家税务局、地方税务局，新疆生产建设兵团财务局：

根据《中华人民共和国企业所得税法》及《中华人民共和国企业所得税法实施条例》（国务院令第512号，以下简称实施条例）的有关规定，经国务院批准，现就企业取得的专项用途财政性资金企业所得税处理问题通知如下：

一、企业从县级以上各级人民政府财政部门及其他部门取得的应计入收入总额的财政性资金，凡同时符合以下条件的，可以作为不征税收入，在计算应纳税所得额时从收入总额中减除：

（一）企业能够提供规定资金专项用途的资金拨付文件；

（二）财政部门或其他拨付资金的政府部门对该资金有专门的资金管理办法或具体管理要求；

（三）企业对该资金以及以该资金发生的支出单独进行核算。

二、根据实施条例第二十八条的规定，上述不征税收入用于支出所形成的费用，不得在计算应纳税所得额时扣除；用于支出所形成的资产，其计算的折旧、摊销不得在计算应纳税所得额时扣除。

三、企业将符合本通知第一条规定条件的财政性资金作不征税收入处理后，在5年（60个月）内未发生支出且未缴回财政部门或其他拨付资金的政府部门的部分，应计入取得该资金第六年的应税收入总额；计入应税收入总额的财政性资金发生的支出，允许在计算应纳税所得额时扣除。

四、本通知自2011年1月1日起执行。

▶政策性搬迁收入

1. 国家税务总局关于发布《企业政策性搬迁所得税管理办法》的公告

（2012年8月10日　国家税务总局公告2012年第40号）

（部分条款修改，详见文中注释）

现将《企业政策性搬迁所得税管理办法》予以发布，自2012年10月1日起施行。

特此公告。

企业政策性搬迁所得税管理办法

第一章　总　　则

第一条　为规范企业政策性搬迁的所得税征收管理，根据《中华人民共和国企业所得税法》（以下简称《企业所得税法》）及其实施条例的有关规定，制定本办法。

第二条　本办法执行范围仅限于企业政策性搬迁过程中涉及的所得税征收管理事项，不包括企业自行搬迁或商业性搬迁等非政策性搬迁的税务处理事项。

第三条　企业政策性搬迁，是指由于社会公共利益的需要，在政府主导下企业进行整体搬迁或部分搬迁。企业由于下列需要之一，提供相关文件证明资料的，属于政策性搬迁：

（一）国防和外交的需要；

（二）由政府组织实施的能源、交通、水利等基础设施的需要；

（三）由政府组织实施的科技、教育、文化、卫生、体育、环境和资源保护、防灾减灾、文物保护、社会福利、市政公用等公共事业的需要；

（四）由政府组织实施的保障性安居工程建设的需要；

（五）由政府依照《中华人民共和国城乡规划法》有关规定组织实施的对危房集中、基础设施落后等地段进行旧城区改建的需要；

（六）法律、行政法规规定的其他公共利益的需要。

第四条 企业应按本办法的要求，就政策性搬迁过程中涉及的搬迁收入、搬迁支出、搬迁资产税务处理、搬迁所得等所得税征收管理事项，单独进行税务管理和核算。不能单独进行税务管理和核算的，应视为企业自行搬迁或商业性搬迁等非政策性搬迁进行所得税处理，不得执行本办法规定。

第二章 搬迁收入

第五条 企业的搬迁收入，包括搬迁过程中从本企业以外（包括政府或其他单位）取得的搬迁补偿收入，以及本企业搬迁资产处置收入等。

第六条 企业取得的搬迁补偿收入，是指企业由于搬迁取得的货币性和非货币性补偿收入。具体包括：

（一）对被征用资产价值的补偿；

（二）因搬迁、安置而给予的补偿；

（三）对停产停业形成的损失而给予的补偿；

（四）资产搬迁过程中遭到毁损而取得的保险赔款；

（五）其他补偿收入。

第七条 企业搬迁资产处置收入，是指企业由于搬迁而处置企业各类资产所取得的收入。企业由于搬迁处置存货而取得的收入，应按正常经营活动取得的收入进行所得税处理，不作为企业搬迁收入。

第三章 搬迁支出

第八条 企业的搬迁支出，包括搬迁费用支出以及由于搬迁所发生的企业资产处置支出。

第九条 搬迁费用支出，是指企业搬迁期间所发生的各项费用，包括安置职工实际发生的费用、停工期间支付给职工的工资及福利费、临时存放搬迁资产而发生的费用、各类资产搬迁安装费用以及其他与搬迁相关的费用。

第十条 资产处置支出，是指企业由于搬迁而处置各类资产所发生的支出，包括变卖及处置各类资产的净值、处置过程中所发生的税费等支出。

企业由于搬迁而报废的资产，如无转让价值，其净值作为企业的资产处置支出。

第四章 搬迁资产税务处理

第十一条 企业搬迁的资产，简单安装或不需要安装即可继续使用的，在该项资产重新投入使用后，就其净值按《企业所得税法》及其实施条例规定的该资产尚未折旧或摊销的年限，继续计提折旧或摊销。

第十二条 企业搬迁的资产，需要进行大修理后才能重新使用的，应就该资产的净值，加上大修理过程所发生的支出，为该资产的计税成本。在该项资产重新投入使用后，按该资产尚可使用的年限，计提折旧或摊销。

第十三条 企业搬迁中被征用的土地，采取土地置换的，换入土地的计税成本按被征用土地的净值，以及该换入土地投入使用前所发生的各项费用支出，为该换入土地的计税成本，在该换入土地投入使用后，按《企业所得税法》及其实施条例规定年限摊销。

第十四条 企业搬迁期间新购置的各类资产，应按《企业所得税法》及其实施条例等有关规定，计算确定资产的计税成本及折旧或摊销年限。企业发生的购置资产支出，不得从搬迁收入中扣除。

第五章 应税所得

第十五条 企业在搬迁期间发生的搬迁收入和搬迁支出，可以暂不计入当期应纳税所得额，而在完成搬迁的年度,对搬迁收入和支出进行汇总清算。

第十六条 企业的搬迁收入,扣除搬迁支出后的余额,为企业的搬迁所得。

企业应在搬迁完成年度,将搬迁所得计入当年度企业应纳税所得额计算纳税。

第十七条 下列情形之一的,为搬迁完成年度,企业应进行搬迁清算,计算搬迁所得:

(一)从搬迁开始,5 年内(包括搬迁当年度)任何一年完成搬迁的。

(二)从搬迁开始,搬迁时间满 5 年(包括搬迁当年度)的年度。

第十八条 企业搬迁收入扣除搬迁支出后为负数的,应为搬迁损失。搬迁损失可在下列方法中选择其一进行税务处理:

(一)在搬迁完成年度,一次性作为损失进行扣除。

(二)自搬迁完成年度起分 3 个年度,均匀在税前扣除。

上述方法由企业自行选择,但一经选定,不得改变。

第十九条 企业同时符合下列条件的,视为已经完成搬迁:

(一)搬迁规划已基本完成;

(二)当年生产经营收入占规划搬迁前年度生产经营收入 50% 以上。

第二十条 企业边搬迁、边生产的,搬迁年度应从实际开始搬迁的年度计算。

第二十一条 企业以前年度发生尚未弥补的亏损的,凡企业由于搬迁停止生产经营无所得的,从搬迁年度次年起,至搬迁完成年度前一年度止,可作为停止生产经营活动年度,从法定亏损结转弥补年限中减除;企业边搬迁、边生产的,其亏损结转年度应连续计算。

第六章 征收管理

第二十二条 企业应当自搬迁开始年度,至次年 5 月 31 日前,向主管税务机关(包括迁出地和迁入地)报送政策性搬迁依据、搬迁规划等相关材料。逾期未报的,除特殊原因并经主管税务机关认可外,按非政策性搬迁处理,不得执行本办法的规定。

第二十三条 企业应向主管税务机关报送的政策性搬迁依据、搬迁规划等相关材料,包括:

(一)政府搬迁文件或公告;

(二)搬迁重置总体规划;

(三)拆迁补偿协议;

(四)资产处置计划;

(五)其他与搬迁相关的事项。

第二十四条 企业迁出地和迁入地主管税务机关发生变化的,由迁入地主管税务机关负责企业搬迁清算。

第二十五条 企业搬迁完成当年,其向主管税务机关报送企业所得税年度纳税申报表时,应同时报送《企业政策性搬迁清算损益表》(表样附后)及相关材料。

第二十六条 企业在本办法生效前尚未完成搬迁的,符合本办法规定的搬迁事项,一律按本办法执行。本办法生效年度以前已经完成搬迁且已按原规定进行税务处理的,不再调整。

【注】根据《国家税务总局关于企业政策性搬迁所得税有关问题的公告》(国家税务总局公告 2013 年第 11 号)的规定,本条款有效期至 2012 年 10 月 1 日。

第二十七条 本办法未规定的企业搬迁税务事项,按照《企业所得税法》及其实施条例等相关规定进行税务处理。

第二十八条 本办法施行后,《国家税务总局关于企业政策性搬迁或处置收入有关企业所得税处理问题的通知》(国税函〔2009〕118 号)同时废止。

附件：

中华人民共和国企业政策性搬迁清算损益表

政策性搬迁期间：　　年　月　日至　　年　月　日

纳税人名称：

纳税人识别号：□□□□□□□□□□□□□□□□□□金额单位：元（列至角分）

类别	行次	项目	金额
搬迁收入	1	对被征用资产价值的补偿	
	2	因搬迁、安置而给予的补偿	
	3	对停产停业形成的损失而给予的补偿	
	4	资产搬迁过程中遭到毁损而取得的保险赔款	
	5	搬迁资产处置收入	
	6	其他搬迁收入	
	7	搬迁收入合计（1+2+3+4+5+6）	
搬迁支出	8	安置职工实际发生的费用	
	9	停工期间支付给职工的工资及福利费	
	10	临时存放搬迁资产而发生的费用	
	11	各类资产搬迁安装费用	
	12	资产处置支出	
	13	其他搬迁支出	
	14	搬迁支出合计（8+9+10+11+12+13）	
搬迁所得（或损失）	15	搬迁所得（或损失）（7－14）	

纳税人盖章：	代理申报中介机构盖章：	主管税务机关受理专用章：
经办人签字：	经办人签字及执业证件号码：	受理人签字：
申报日期：	代理申报日期：	受理日期：
年　月　日	年　月　日	年　月　日

2. 国家税务总局关于企业政策性搬迁所得税有关问题的公告

（2013年3月12日　国家税务总局公告2013年第11号）

现就《国家税务总局关于发布〈企业政策性搬迁所得税管理办法〉的公告》（国家税务总局2012年第40号公告）贯彻落实过程中有关问题，公告如下：

一、凡在国家税务总局2012年第40号公告生效前已经签订搬迁协议且尚未完成搬迁清算的企业政策性搬迁项目，企业在重建或恢复生产过程中购置的各类资产，可以作为搬迁支出，从搬迁收入中扣除。但购置的各类资产,应剔除该搬迁补偿收入后,作为该资产的计税基础,并按规定计算折旧或费用摊销。凡在国家税务总局2012年第40号公告生效后签订搬迁协议的政策性搬迁项目,应按国家税务总局2012年第40号公告有关规定执行。

二、企业政策性搬迁被征用的资产,采取资产置换的,其换入资产的计税成本按被征用资产的净值,加上换入资产所支付的税费(涉及补价,还应加上补价款)计算确定。

三、本公告自2012年10月1日起执行。国家税务总局2012年第40号公告第二十六条同时废止。

三、税 前 扣 除

▶凭证管理

国家税务总局关于发布《企业所得税税前扣除凭证管理办法》的公告

(2018年6月6日　国家税务总局公告2018年第28号)

为加强企业所得税税前扣除凭证管理,规范税收执法,优化营商环境,国家税务总局制定了《企业所得税税前扣除凭证管理办法》,现予以发布。

特此公告。

企业所得税税前扣除凭证管理办法

第一条　为规范企业所得税税前扣除凭证(以下简称“税前扣除凭证”)管理,根据《中华人民共和国企业所得税法》(以下简称“企业所得税法”)及其实施条例、《中华人民共和国税收征收管理法》及其实施细则、《中华人民共和国发票管理办法》及其实施细则等规定,制定本办法。

第二条　本办法所称税前扣除凭证,是指企业在计算企业所得税应纳税所得额时,证明与取得收入有关的、合理的支出实际发生,并据以税前扣除的各类凭证。

第三条　本办法所称企业是指企业所得税法及其实施条例规定的居民企业和非居民企业。

第四条　税前扣除凭证在管理中遵循真实性、合法性、关联性原则。真实性是指税前扣除凭证反映的经济业务真实,且支出已经实际发生;合法性是指税前扣除凭证的形式、来源符合国家法律、法规等相关规定;关联性是指税前扣除凭证与其反映的支出相关联且有证明力。

第五条　企业发生支出,应取得税前扣除凭证,作为计算企业所得税应纳税所得额时扣除相关支出的依据。

第六条　企业应在当年度企业所得税法规定的汇算清缴期结束前取得税前扣除凭证。

第七条　企业应将与税前扣除凭证相关的资料,包括合同协议、支出依据、付款凭证等留存备查,以证实税前扣除凭证的真实性。

第八条　税前扣除凭证按照来源分为内部凭证和外部凭证。

内部凭证是指企业自制用于成本、费用、损失和其他支出核算的会计原始凭证。内部凭证的填制和使用应当符合国家会计法律、法规等相关规定。

外部凭证是指企业发生经营活动和其他事项时,从其他单位、个人取得的用于证明其支出发生的凭证,包括但不限于发票（包括纸质发票和电子发票）、财政票据、完税凭证、收款凭证、分割单等。

第九条 企业在境内发生的支出项目属于增值税应税项目（以下简称“应税项目”）的，对方为已办理税务登记的增值税纳税人，其支出以发票（包括按照规定由税务机关代开的发票）作为税前扣除凭证；对方为依法无需办理税务登记的单位或者从事小额零星经营业务的个人，其支出以税务机关代开的发票或者收款凭证及内部凭证作为税前扣除凭证，收款凭证应载明收款单位名称、个人姓名及身份证号、支出项目、收款金额等相关信息。

小额零星经营业务的判断标准是个人从事应税项目经营业务的销售额不超过增值税相关政策规定的起征点。

税务总局对应税项目开具发票另有规定的，以规定的发票或者票据作为税前扣除凭证。

第十条 企业在境内发生的支出项目不属于应税项目的，对方为单位的，以对方开具的发票以外的其他外部凭证作为税前扣除凭证；对方为个人的，以内部凭证作为税前扣除凭证。

企业在境内发生的支出项目虽不属于应税项目，但按税务总局规定可以开具发票的，可以发票作为税前扣除凭证。

第十一条 企业从境外购进货物或者劳务发生的支出，以对方开具的发票或者具有发票性质的收款凭证、相关税费缴纳凭证作为税前扣除凭证。

第十二条 企业取得私自印制、伪造、变造、作废、开票方非法取得、虚开、填写不规范等不符合规定的发票（以下简称“不合规发票”），以及取得不符合国家法律、法规等相关规定的其他外部凭证（以下简称“不合规其他外部凭证”），不得作为税前扣除凭证。

第十三条 企业应当取得而未取得发票、其他外部凭证或者取得不合规发票、不合规其他外部凭证的，若支出真实且已实际发生，应当在当年度汇算清缴期结束前，要求对方补开、换开发票、其他外部凭证。补开、换开后的发票、其他外部凭证符合规定的，可以作为税前扣除凭证。

第十四条 企业在补开、换开发票、其他外部凭证过程中，因对方注销、撤销、依法被吊销营业执照、被税务机关认定为非正常户等特殊原因无法补开、换开发票、其他外部凭证的，可凭以下资料证实支出真实性后，其支出允许税前扣除：

（一）无法补开、换开发票、其他外部凭证原因的证明资料（包括工商注销、机构撤销、列入非正常经营户、破产公告等证明资料）；

（二）相关业务活动的合同或者协议；

（三）采用非现金方式支付的付款凭证；

（四）货物运输的证明资料；

（五）货物入库、出库内部凭证；

（六）企业会计核算记录以及其他资料。

前款第一项至第三项为必备资料。

第十五条 汇算清缴期结束后，税务机关发现企业应当取得而未取得发票、其他外部凭证或者取得不合规发票、不合规其他外部凭证并且告知企业的，企业应当自被告知之日起60日内补开、换开符合规定的发票、其他外部凭证。其中，因对方特殊原因无法补开、换开发票、其他外部凭证的，企业应当按照本办法第十四条的规定，自被告知之日起60日内提供可以证实其支出真实性的相关资料。

第十六条 企业在规定的期限未能补开、换开符合规定的发票、其他外部凭证，并且未能按照本办法第十四条的规定提供相关资料证实其支出真实性的，相应支出不得在发生年度税前扣除。

第十七条 除发生本办法第十五条规定的情形外，企业以前年度应当取得而未取得发票、其他外部凭证，且相应支出在该年度没有税前扣除的，在以后年度取得符合规定的发票、其他外部凭证或者按照本办法第十四条的规定提供可以证实其支出真实性的相关资料，相应支出可以追补至该支出发生年度税前扣除，但追补年限不得超过五年。

第十八条 企业与其他企业（包括关联企业）、个人在境内共同接受应纳增值税劳务（以下简称“应税劳务”）发生的支出，采取分摊方式的，应当按照独立交易原则进行分摊，企业以发票和分割单作为税前扣除凭证,共同接受应税劳务的其他企业以企业开具的分割单作为税前扣除凭证。

企业与其他企业、个人在境内共同接受非应税劳务发生的支出,采取分摊方式的,企业以发票外的其他外部凭证和分割单作为税前扣除凭证,共同接受非应税劳务的其他企业以企业开具的分割单作为税前扣除凭证。

第十九条 企业租用(包括企业作为单一承租方租用)办公、生产用房等资产发生的水、电、燃气、冷气、暖气、通讯线路、有线电视、网络等费用,出租方作为应税项目开具发票的,企业以发票作为税前扣除凭证;出租方采取分摊方式的,企业以出租方开具的其他外部凭证作为税前扣除凭证。

第二十条 本办法自2018年7月1日起施行。

▶资产损失

1.财政部 国家税务总局关于企业资产损失税前扣除政策的通知

(2009年4月16日 财税〔2009〕57号)

各省、自治区、直辖市、计划单列市财政厅(局)、国家税务局、地方税务局,新疆生产建设兵团财务局:

根据《中华人民共和国企业所得税法》和《中华人民共和国企业所得税法实施条例》(国务院令第512号)的有关规定,现就企业资产损失在计算企业所得税应纳税所得额时的扣除政策通知如下:

一、本通知所称资产损失,是指企业在生产经营活动中实际发生的、与取得应税收入有关的资产损失,包括现金损失,存款损失,坏账损失,贷款损失,股权投资损失,固定资产和存货的盘亏、毁损、报废、被盗损失,自然灾害等不可抗力因素造成的损失以及其他损失。

二、企业清查出的现金短缺减除责任人赔偿后的余额,作为现金损失在计算应纳税所得额时扣除。

三、企业将货币性资金存入法定具有吸收存款职能的机构,因该机构依法破产、清算,或者政府责令停业、关闭等原因,确实不能收回的部分,作为存款损失在计算应纳税所得额时扣除。

四、企业除贷款类债权外的应收、预付账款符合下列条件之一的,减除可收回金额后确认的无法收回的应收、预付款项,可以作为坏账损失在计算应纳税所得额时扣除:

(一)债务人依法宣告破产、关闭、解散、被撤销,或者被依法注销、吊销营业执照,其清算财产不足清偿的;

(二)债务人死亡,或者依法被宣告失踪、死亡,其财产或者遗产不足清偿的;

(三)债务人逾期3年以上未清偿,且有确凿证据证明已无力清偿债务的;

(四)与债务人达成债务重组协议或法院批准破产重整计划后,无法追偿的;

(五)因自然灾害、战争等不可抗力导致无法收回的;

(六)国务院财政、税务主管部门规定的其他条件。

五、企业经采取所有可能的措施和实施必要的程序之后,符合下列条件之一的贷款类债权,可以作为贷款损失在计算应纳税所得额时扣除:

(一)借款人和担保人依法宣告破产、关闭、解散、被撤销,并终止法人资格,或者已完全停止经营活动,被依法注销、吊销营业执照,对借款人和担保人进行追偿后,未能收回的债权;

(二)借款人死亡,或者依法被宣告失踪、死亡,依法对其财产或者遗产进行清偿,并对担保人进行追偿后,未能收回的债权;

(三)借款人遭受重大自然灾害或者意外事故,损失巨大且不能获得保险补偿,或者以保险赔偿后,确实无力偿还部分或者全部债务,对借款人财产进行清偿和对担保人进行追偿后,未能收回的债权;

（四）借款人触犯刑律，依法受到制裁，其财产不足归还所借债务，又无其他债务承担者，经追偿后确实无法收回的债权；

（五）由于借款人和担保人不能偿还到期债务，企业诉诸法律，经法院对借款人和担保人强制执行，借款人和担保人均无财产可执行，法院裁定执行程序终结或终止（中止）后，仍无法收回的债权；

（六）由于借款人和担保人不能偿还到期债务，企业诉诸法律后，经法院调解或经债权人会议通过，与借款人和担保人达成和解协议或重整协议，在借款人和担保人履行完还款义务后，无法追偿的剩余债权；

（七）由于上述（一）至（六）项原因借款人不能偿还到期债务，企业依法取得抵债资产，抵债金额小于贷款本息的差额，经追偿后仍无法收回的债权；

（八）开立信用证、办理承兑汇票、开具保函等发生垫款时，凡开证申请人和保证人由于上述（一）至（七）项原因，无法偿还垫款，金融企业经追偿后仍无法收回的垫款；

（九）银行卡持卡人和担保人由于上述（一）至（七）项原因，未能还清透支款项，金融企业经追偿后仍无法收回的透支款项；

（十）助学贷款逾期后，在金融企业确定的有效追索期限内，依法处置助学贷款抵押物（质押物），并向担保人追索连带责任后，仍无法收回的贷款；

（十一）经国务院专案批准核销的贷款类债权；

（十二）国务院财政、税务主管部门规定的其他条件。

六、企业的股权投资符合下列条件之一的，减除可收回金额后确认的无法收回的股权投资，可以作为股权投资损失在计算应纳税所得额时扣除：

（一）被投资方依法宣告破产、关闭、解散、被撤销，或者被依法注销、吊销营业执照的；

（二）被投资方财务状况严重恶化，累计发生巨额亏损，已连续停止经营3年以上，且无重新恢复经营改组计划的；

（三）对被投资方不具有控制权，投资期限届满或者投资期限已超过10年，且被投资单位因连续3年经营亏损导致资不抵债的；

（四）被投资方财务状况严重恶化，累计发生巨额亏损，已完成清算或清算期超过3年以上的；

（五）国务院财政、税务主管部门规定的其他条件。

七、对企业盘亏的固定资产或存货，以该固定资产的账面净值或存货的成本减除责任人赔偿后的余额，作为固定资产或存货盘亏损失在计算应纳税所得额时扣除。

八、对企业毁损、报废的固定资产或存货，以该固定资产的账面净值或存货的成本减除残值、保险赔款和责任人赔偿后的余额，作为固定资产或存货毁损、报废损失在计算应纳税所得额时扣除。

九、对企业被盗的固定资产或存货，以该固定资产的账面净值或存货的成本减除保险赔款和责任人赔偿后的余额，作为固定资产或存货被盗损失在计算应纳税所得额时扣除。

十、企业因存货盘亏、毁损、报废、被盗等原因不得从增值税销项税额中抵扣的进项税额，可以与存货损失一起在计算应纳税所得额时扣除。

十一、企业在计算应纳税所得额时已经扣除的资产损失，在以后纳税年度全部或者部分收回时，其收回部分应当作为收入计入收回当期的应纳税所得额。

十二、企业境内、境外营业机构发生的资产损失应分开核算，对境外营业机构由于发生资产损失而产生的亏损，不得在计算境内应纳税所得额时扣除。

十三、企业对其扣除的各项资产损失，应当提供能够证明资产损失确属已实际发生的合法证据，包括具有法律效力的外部证据、具有法定资质的中介机构的经济鉴证证明、具有法定资质的专业机构的技术鉴定证明等。

十四、本通知自2008年1月1日起执行。

2. 国家税务总局关于企业股权投资损失所得税处理问题的公告

（2010 年 7 月 28 日 国家税务总局公告 2010 年第 6 号）

根据《中华人民共和国企业所得税法》第八条及其有关规定，现就企业股权投资损失所得税处理问题公告如下：

一、企业对外进行权益性（以下简称股权）投资所发生的损失，在经确认的损失发生年度，作为企业损失在计算企业应纳税所得额时一次性扣除。

二、本规定自 2010 年 1 月 1 日起执行。本规定发布以前，企业发生的尚未处理的股权投资损失，按照本规定，准予在 2010 年度一次性扣除。

特此公告。

3. 国家税务总局关于电网企业输电线路部分报废损失税前扣除问题的公告

（2010 年 12 月 24 日 国家税务总局公告 2010 年第 30 号）

根据《中华人民共和国企业所得税法实施条例》第三十二条的规定，现对电网企业输电铁塔和线路损失企业所得税税前扣除问题公告如下：

一、由于加大水电送出和增强电网抵御冰雪能力需要等原因，电网企业对原有输电线路进行改造，部分铁塔和线路拆除报废，形成部分固定资产损失。考虑到该部分资产已形成实质性损失，可以按照有关税收规定作为企业固定资产损失允许税前扣除。

二、上述部分固定资产损失，应按照该固定资产的总计税价格，计算每基铁塔和每公里线路的计税价格后，根据报废的铁塔数量和线路长度以及已计提折旧情况确定。

三、上述报废的部分固定资产，其中部分能够重新利用的，应合理计算价格，冲减当年度固定资产损失。

四、新投资建设的线路和铁塔，应单独作为固定资产，在投入使用后，按照税收的规定计提折旧。

本公告自 2011 年 1 月 1 日起施行。2010 年度没有处理的事项，按照本公告规定执行。

特此公告。

4. 国家税务总局关于发布《企业资产损失所得税税前扣除管理办法》的公告

(2011 年 3 月 31 日　国家税务总局公告 2011 年第 25 号)

(部分条款修改,详见文中注释)

现将《企业资产损失所得税税前扣除管理办法》予以发布,自 2011 年 1 月 1 日起施行。

特此公告。

企业资产损失所得税税前扣除管理办法

第一章　总　　则

第一条　根据《中华人民共和国企业所得税法》(以下简称企业所得税法)及其实施条例、《中华人民共和国税收征收管理法》(以下简称征管法)及其实施细则、《财政部、国家税务总局关于企业资产损失税前扣除政策的通知》(财税〔2009〕57 号)(以下简称《通知》)的规定,制定本办法。

第二条　本办法所称资产是指企业拥有或者控制的、用于经营管理活动相关的资产,包括现金、银行存款、应收及预付款项(包括应收票据、各类垫款、企业之间往来款项)等货币性资产,存货、固定资产、无形资产、在建工程、生产性生物资产等非货币性资产,以及债权性投资和股权(权益)性投资。

第三条　准予在企业所得税税前扣除的资产损失,是指企业在实际处置、转让上述资产过程中发生的合理损失(以下简称实际资产损失),以及企业虽未实际处置、转让上述资产,但符合《通知》和本办法规定条件计算确认的损失(以下简称法定资产损失)。

第四条　企业实际资产损失,应当在其实际发生且会计上已作损失处理的年度申报扣除;法定资产损失,应当在企业向主管税务机关提供证据资料证明该项资产已符合法定资产损失确认条件,且会计上已作损失处理的年度申报扣除。

第五条　企业发生的资产损失,应按规定的程序和要求向主管税务机关申报后方能在税前扣除。未经申报的损失,不得在税前扣除。

第六条　企业以前年度发生的资产损失未能在当年税前扣除的,可以按照本办法的规定,向税务机关说明并进行专项申报扣除。其中,属于实际资产损失,准予追补至该项损失发生年度扣除,其追补确认期限一般不得超过五年,但因计划经济体制转轨过程中遗留的资产损失、企业重组上市过程中因权属不清出现争议而未能及时扣除的资产损失、因承担国家政策性任务而形成的资产损失以及政策定性不明确而形成资产损失等特殊原因形成的资产损失,其追补确认期限经国家税务总局批准后可适当延长。属于法定资产损失,应在申报年度扣除。

企业因以前年度实际资产损失未在税前扣除而多缴的企业所得税税款,可在追补确认年度企业所得税应纳税款中予以抵扣,不足抵扣的,向以后年度递延抵扣。

企业实际资产损失发生年度扣除追补确认的损失后出现亏损的,应先调整资产损失发生年度的亏损额,再按弥补亏损的原则计算以后年度多缴的企业所得税税款,并按前款办法进行税务处理。

第二章　申 报 管 理

第七条　企业在进行企业所得税年度汇算清缴申报时,可将资产损失申报材料和纳税资料作为企业所得税年度纳税申报表的附件一并向税务机关报送。

第八条 企业资产损失按其申报内容和要求的不同，分为清单申报和专项申报两种申报形式。其中，属于清单申报的资产损失，企业可按会计核算科目进行归类、汇总，然后再将汇总清单报送税务机关，有关会计核算资料和纳税资料留存备查；属于专项申报的资产损失，企业应逐项（或逐笔）报送申请报告，同时附送会计核算资料及其他相关的纳税资料。

企业在申报资产损失税前扣除过程中不符合上述要求的，税务机关应当要求其改正，企业拒绝改正的，税务机关有权不予受理。

第九条 下列资产损失，应以清单申报的方式向税务机关申报扣除：

（一）企业在正常经营管理活动中，按照公允价格销售、转让、变卖非货币资产的损失；

（二）企业各项存货发生的正常损耗；

（三）企业固定资产达到或超过使用年限而正常报废清理的损失；

（四）企业生产性生物资产达到或超过使用年限而正常死亡发生的资产损失；

（五）企业按照市场公平交易原则，通过各种交易场所、市场等买卖债券、股票、期货、基金以及金融衍生产品等发生的损失。

第十条 前条以外的资产损失，应以专项申报的方式向税务机关申报扣除。企业无法准确判别是否属于清单申报扣除的资产损失，可以采取专项申报的形式申报扣除。

第十一条 在中国境内跨地区经营的汇总纳税企业发生的资产损失，应按以下规定申报扣除：

（一）总机构及其分支机构发生的资产损失，除应按专项申报和清单申报的有关规定，各自向当地主管税务机关申报外，各分支机构同时还应上报总机构；

（二）总机构对各分支机构上报的资产损失，除税务机关另有规定外，应以清单申报的形式向当地主管税务机关进行申报；

（三）总机构将跨地区分支机构所属资产捆绑打包转让所发生的资产损失，由总机构向当地主管税务机关进行专项申报。

第十二条 企业因国务院决定事项形成的资产损失，应向国家税务总局提供有关资料。国家税务总局审核有关情况后，将损失情况通知相关税务机关。企业应按本办法的要求进行专项申报。

【注】根据《国家税务总局关于企业因国务院决定事项形成的资产损失税前扣除问题的公告》（国家税务总局公告 2014 年第 18 号）的规定，本条款有效期至 2014 年 3 月 20 日。

第十三条 属于专项申报的资产损失，企业因特殊原因不能在规定的时限内报送相关资料的，可以向主管税务机关提出申请，经主管税务机关同意后，可适当延期申报。

【注】根据《国家税务总局关于企业所得税资产损失资料留存备查有关事项的公告》（国家税务总局公告 2018 年第 15 号）的规定，本办法第四条、第七条、第八条、第十三条有关资产损失证据资料、会计核算资料、纳税资料等相关资料报送的内容有效期至 2018 年 4 月 10 日。

第十四条 企业应当建立健全资产损失内部核销管理制度，及时收集、整理、编制、审核、申报、保存资产损失税前扣除证据材料，方便税务机关检查。

第十五条 税务机关应按分项建档、分级管理的原则，建立企业资产损失税前扣除管理台账和纳税档案，及时进行评估。对资产损失金额较大或经评估后发现不符合资产损失税前扣除规定、或存有疑点、异常情况的资产损失，应及时进行核查。对有证据证明申报扣除的资产损失不真实、不合法的，应依法作出税收处理。

第三章 资产损失确认证据

第十六条 企业资产损失相关的证据包括具有法律效力的外部证据和特定事项的企业内部证据。

第十七条 具有法律效力的外部证据，是指司法机关、行政机关、专业技术鉴定部门等依法出具的与本企业资产损失相关的具有法律效力的书面文件，主要包括：

（一）司法机关的判决或者裁定；

（二）公安机关的立案结案证明、回复；

（三）工商部门出具的注销、吊销及停业证明；

（四）企业的破产清算公告或清偿文件；

（五）行政机关的公文；

（六）专业技术部门的鉴定报告；

（七）具有法定资质的中介机构的经济鉴定证明；

（八）仲裁机构的仲裁文书；

（九）保险公司对投保资产出具的出险调查单、理赔计算单等保险单据；

（十）符合法律规定的其他证据。

第十八条 特定事项的企业内部证据，是指会计核算制度健全、内部控制制度完善的企业，对各项资产发生毁损、报废、盘亏、死亡、变质等内部证明或承担责任的声明，主要包括：

（一）有关会计核算资料和原始凭证；

（二）资产盘点表；

（三）相关经济行为的业务合同；

（四）企业内部技术鉴定部门的鉴定文件或资料；

（五）企业内部核批文件及有关情况说明；

（六）对责任人由于经营管理责任造成损失的责任认定及赔偿情况说明；

（七）法定代表人、企业负责人和企业财务负责人对特定事项真实性承担法律责任的声明。

第四章 货币资产损失的确认

第十九条 企业货币资产损失包括现金损失、银行存款损失和应收及预付款项损失等。

第二十条 现金损失应依据以下证据材料确认：

（一）现金保管人确认的现金盘点表（包括倒推至基准日的记录）；

（二）现金保管人对于短缺的说明及相关核准文件；

（三）对责任人由于管理责任造成损失的责任认定及赔偿情况的说明；

（四）涉及刑事犯罪的，应有司法机关出具的相关材料；

（五）金融机构出具的假币收缴证明。

第二十一条 企业因金融机构清算而发生的存款类资产损失应依据以下证据材料确认：

（一）企业存款类资产的原始凭据；

（二）金融机构破产、清算的法律文件；

（三）金融机构清算后剩余资产分配情况资料。

金融机构应清算而未清算超过三年的，企业可将该款项确认为资产损失，但应有法院或破产清算管理人出具的未完成清算证明。

第二十二条 企业应收及预付款项坏账损失应依据以下相关证据材料确认：

（一）相关事项合同、协议或说明；

（二）属于债务人破产清算的，应有人民法院的破产、清算公告；

（三）属于诉讼案件的，应出具人民法院的判决书或裁决书或仲裁机构的仲裁书，或者被法院裁定终（中）止执行的法律文书；

（四）属于债务人停止营业的，应有工商部门注销、吊销营业执照证明；

（五）属于债务人死亡、失踪的，应有公安机关等有关部门对债务人个人的死亡、失踪证明；

（六）属于债务重组的，应有债务重组协议及其债务人重组收益纳税情况说明；

（七）属于自然灾害、战争等不可抗力而无法收回的，应有债务人受灾情况说明以及放弃债权申明。

第二十三条 企业逾期三年以上的应收款项在会计上已作为损失处理的,可以作为坏账损失,但应说明情况,并出具专项报告。

第二十四条 企业逾期一年以上,单笔数额不超过五万或者不超过企业年度收入总额万分之一的应收款项,会计上已经作为损失处理的,可以作为坏账损失,但应说明情况,并出具专项报告。

第五章 非货币资产损失的确认

第二十五条 企业非货币资产损失包括存货损失、固定资产损失、无形资产损失、在建工程损失、生产性生物资产损失等。

第二十六条 存货盘亏损失,为其盘亏金额扣除责任人赔偿后的余额,应依据以下证据材料确认:

(一)存货计税成本确定依据;

(二)企业内部有关责任认定、责任人赔偿说明和内部核批文件;

(三)存货盘点表;

(四)存货保管人对于盘亏的情况说明。

第二十七条 存货报废、毁损或变质损失,为其计税成本扣除残值及责任人赔偿后的余额,应依据以下证据材料确认:

(一)存货计税成本的确定依据;

(二)企业内部关于存货报废、毁损、变质、残值情况说明及核销资料;

(三)涉及责任人赔偿的,应当有赔偿情况说明;

(四)该项损失数额较大的(指占企业该类资产计税成本10%以上,或减少当年应纳税所得、增加亏损10%以上,下同),应有专业技术鉴定意见或法定资质中介机构出具的专项报告等。

第二十八条 存货被盗损失,为其计税成本扣除保险理赔以及责任人赔偿后的余额,应依据以下证据材料确认:

(一)存货计税成本的确定依据;

(二)向公安机关的报案记录;

(三)涉及责任人和保险公司赔偿的,应有赔偿情况说明等。

第二十九条 固定资产盘亏、丢失损失,为其账面净值扣除责任人赔偿后的余额,应依据以下证据材料确认:

(一)企业内部有关责任认定和核销资料;

(二)固定资产盘点表;

(三)固定资产的计税基础相关资料;

(四)固定资产盘亏、丢失情况说明;

(五)损失金额较大的,应有专业技术鉴定报告或法定资质中介机构出具的专项报告等。

第三十条 固定资产报废、毁损损失,为其账面净值扣除残值和责任人赔偿后的余额,应依据以下证据材料确认:

(一)固定资产的计税基础相关资料;

(二)企业内部有关责任认定和核销资料;

(三)企业内部有关部门出具的鉴定材料;

(四)涉及责任赔偿的,应当有赔偿情况的说明;

(五)损失金额较大的或自然灾害等不可抗力原因造成固定资产毁损、报废的,应有专业技术鉴定意见或法定资质中介机构出具的专项报告等。

第三十一条 固定资产被盗损失,为其账面净值扣除责任人赔偿后的余额,应依据以下证据材料确认:

(一)固定资产计税基础相关资料;

(二)公安机关的报案记录,公安机关立案、破案和结案的证明材料;

（三）涉及责任赔偿的，应有赔偿责任的认定及赔偿情况的说明等。

第三十二条 在建工程停建、报废损失，为其工程项目投资账面价值扣除残值后的余额，应依据以下证据材料确认：

（一）工程项目投资账面价值确定依据；

（二）工程项目停建原因说明及相关材料；

（三）因质量原因停建、报废的工程项目和因自然灾害和意外事故停建、报废的工程项目，应出具专业技术鉴定意见和责任认定、赔偿情况的说明等。

第三十三条 工程物资发生损失，可比照本办法存货损失的规定确认。

第三十四条 生产性生物资产盘亏损失，为其账面净值扣除责任人赔偿后的余额，应依据以下证据材料确认：

（一）生产性生物资产盘点表；

（二）生产性生物资产盘亏情况说明；

（三）生产性生物资产损失金额较大的，企业应有专业技术鉴定意见和责任认定、赔偿情况的说明等。

第三十五条 因森林病虫害、疫情、死亡而产生的生产性生物资产损失，为其账面净值扣除残值、保险赔偿和责任人赔偿后的余额，应依据以下证据材料确认：

（一）损失情况说明；

（二）责任认定及其赔偿情况的说明；

（三）损失金额较大的，应有专业技术鉴定意见。

第三十六条 对被盗伐、被盗、丢失而产生的生产性生物资产损失，为其账面净值扣除保险赔偿以及责任人赔偿后的余额，应依据以下证据材料确认：

（一）生产性生物资产被盗后，向公安机关的报案记录或公安机关立案、破案和结案的证明材料；

（二）责任认定及其赔偿情况的说明。

第三十七条 企业由于未能按期赎回抵押资产，使抵押资产被拍卖或变卖，其账面净值大于变卖价值的差额，可认定为资产损失，按以下证据材料确认：

（一）抵押合同或协议书；

（二）拍卖或变卖证明、清单；

（三）会计核算资料等其他相关证据材料。

第三十八条 被其他新技术所代替或已经超过法律保护期限，已经丧失使用价值和转让价值，尚未摊销的无形资产损失，应提交以下证据备案：

（一）会计核算资料；

（二）企业内部核批文件及有关情况说明；

（三）技术鉴定意见和企业法定代表人、主要负责人和财务负责人签章证实无形资产已无使用价值或转让价值的书面申明；

（四）无形资产的法律保护期限文件。

第六章　投资损失的确认

第三十九条 企业投资损失包括债权性投资损失和股权（权益）性投资损失。

第四十条 企业债权投资损失应依据投资的原始凭证、合同或协议、会计核算资料等相关证据材料确认。下列情况债权投资损失的，还应出具相关证据材料：

（一）债务人或担保人依法被宣告破产、关闭、被解散或撤销、被吊销营业执照、失踪或者死亡等，应出具资产清偿证明或者遗产清偿证明。无法出具资产清偿证明或者遗产清偿证明，且上述事项超过三年以上的，或债权投资（包括信用卡透支和助学贷款）余额在三百万元以下的，应出具对应的债务人和担保人破产、关闭、解散证明、撤销文件、工商行政管理部门注销证明或查询证明以及追索记录等（包括司法追索、电话追索、信件追索和上门追索等原始记录）；

（二）债务人遭受重大自然灾害或意外事故，企业对其资产进行清偿和对担保人进行追偿后，未能收回的债权，应出具债务人遭受重大自然灾害或意外事故证明、保险赔偿证明、资产清偿证明等；

（三）债务人因承担法律责任，其资产不足归还所借债务，又无其他债务承担者的，应出具法院裁定证明和资产清偿证明；

（四）债务人和担保人不能偿还到期债务，企业提出诉讼或仲裁的，经人民法院对债务人和担保人强制执行，债务人和担保人均无资产可执行，人民法院裁定终结或终止（中止）执行的，应出具人民法院裁定文书；

（五）债务人和担保人不能偿还到期债务，企业提出诉讼后被驳回起诉的、人民法院不予受理或不予支持的，或经仲裁机构裁决免除（或部分免除）债务人责任，经追偿后无法收回的债权，应提交法院驳回起诉的证明，或法院不予受理或不予支持证明，或仲裁机构裁决免除债务人责任的文书；

（六）经国务院专案批准核销的债权，应提供国务院批准文件或经国务院同意后由国务院有关部门批准的文件。

第四十一条 企业股权投资损失应依据以下相关证据材料确认：

（一）股权投资计税基础证明材料；

（二）被投资企业破产公告、破产清偿文件；

（三）工商行政管理部门注销、吊销被投资单位营业执照文件；

（四）政府有关部门对被投资单位的行政处理决定文件；

（五）被投资企业终止经营、停止交易的法律或其他证明文件；

（六）被投资企业资产处置方案、成交及入账材料；

（七）企业法定代表人、主要负责人和财务负责人签章证实有关投资（权益）性损失的书面申明；

（八）会计核算资料等其他相关证据材料。

第四十二条 被投资企业依法宣告破产、关闭、解散或撤销、吊销营业执照、停止生产经营活动、失踪等，应出具资产清偿证明或者遗产清偿证明。

上述事项超过三年以上且未能完成清算的，应出具被投资企业破产、关闭、解散或撤销、吊销等的证明以及不能清算的原因说明。

第四十三条 企业委托金融机构向其他单位贷款，或委托其他经营机构进行理财，到期不能收回贷款或理财款项，按照本办法第六章有关规定进行处理。

第四十四条 企业对外提供与本企业生产经营活动有关的担保，因被担保人不能按期偿还债务而承担连带责任，经追索，被担保人无偿还能力，对无法追回的金额，比照本办法规定的应收款项损失进行处理。

与本企业生产经营活动有关的担保是指企业对外提供的与本企业应税收入、投资、融资、材料采购、产品销售等生产经营活动相关的担保。

第四十五条 企业按独立交易原则向关联企业转让资产而发生的损失，或向关联企业提供借款、担保而形成的债权损失，准予扣除，但企业应作专项说明，同时出具中介机构出具的专项报告及其相关的证明材料。

第四十六条 下列股权和债权不得作为损失在税前扣除：

（一）债务人或者担保人有经济偿还能力，未按期偿还的企业债权；

（二）违反法律、法规的规定，以各种形式、借口逃废或悬空的企业债权；

（三）行政干预逃废或悬空的企业债权；

（四）企业未向债务人和担保人追偿的债权；

（五）企业发生非经营活动的债权；

（六）其他不应当核销的企业债权和股权。

第七章　其他资产损失的确认

第四十七条　企业将不同类别的资产捆绑(打包)，以拍卖、询价、竞争性谈判、招标等市场方式出售，其出售价格低于计税成本的差额，可以作为资产损失并准予在税前申报扣除，但应出具资产处置方案、各类资产作价依据、出售过程的情况说明、出售合同或协议、成交及入账证明、资产计税基础等确定依据。

第四十八条　企业正常经营业务因内部控制制度不健全而出现操作不当、不规范或因业务创新但政策不明确、不配套等原因形成的资产损失，应由企业承担的金额，可以作为资产损失并准予在税前申报扣除，但应出具损失原因证明材料或业务监管部门定性证明、损失专项说明。

第四十九条　企业因刑事案件原因形成的损失，应由企业承担的金额，或经公安机关立案侦查两年以上仍未追回的金额，可以作为资产损失并准予在税前申报扣除，但应出具公安机关、人民检察院的立案侦查情况或人民法院的判决书等损失原因证明材料。

第八章　附　　则

第五十条　本办法没有涉及的资产损失事项，只要符合企业所得税法及其实施条例等法律、法规规定的，也可以向税务机关申报扣除。

第五十一条　省、自治区、直辖市和计划单列市国家税务局、地方税务局可以根据本办法制定具体实施办法。

第五十二条　本办法自2011年1月1日起施行，《国家税务总局关于印发〈企业资产损失税前扣除管理办法〉的通知》(国税发〔2009〕88号)、《国家税务总局关于企业以前年度未扣除资产损失企业所得税处理问题的通知》(国税函〔2009〕772号)、《国家税务总局关于电信企业坏账损失税前扣除问题的通知》(国税函〔2010〕196号)同时废止。本办法生效之日前尚未进行税务处理的资产损失事项，也应按本办法执行。

5.国家税务总局关于商业零售企业存货损失税前扣除问题的公告

（2014年1月10日　国家税务总局公告2014年第3号）

根据《国家税务总局关于发布〈企业资产损失所得税税前扣除管理办法〉的公告》(国家税务总局公告2011年第25号)有关规定，现对商业零售企业存货损失税前扣除问题公告如下：

一、商业零售企业存货因零星失窃、报废、废弃、过期、破损、腐败、鼠咬、顾客退换货等正常因素形成的损失，为存货正常损失，准予按会计科目进行归类、汇总，然后再将汇总数据以清单的形式进行企业所得税纳税申报，同时出具损失情况分析报告。

二、商业零售企业存货因风、火、雷、震等自然灾害，仓储、运输失事，重大案件等非正常因素形成的损失，为存货非正常损失，应当以专项申报形式进行企业所得税纳税申报。

三、存货单笔(单项)损失超过500万元的，无论何种因素形成的，均应以专项申报方式进行企业所得税纳税申报。

四、本公告适用于2013年度及以后年度企业所得税纳税申报。

特此公告。

6. 国家税务总局关于企业因国务院决定事项形成的资产损失税前扣除问题的公告

(2014 年 3 月 21 日　国家税务总局公告 2014 年第 18 号)

为贯彻落实《国务院关于取消和下放一批行政审批项目的决定》(国发〔2013〕44 号),现对企业因国务院决定事项形成的资产损失税前扣除问题公告如下:

一、自国发〔2013〕44 号文件发布之日起,企业因国务院决定事项形成的资产损失,不再上报国家税务总局审核。国家税务总局公告 2011 年第 25 号发布的《企业资产损失所得税税前扣除管理办法》第十二条同时废止。

二、企业因国务院决定事项形成的资产损失,应以专项申报的方式向主管税务机关申报扣除。专项申报扣除的有关事项,按照国家税务总局公告 2011 年第 25 号规定执行。

三、本公告适用于 2013 年度及以后年度企业所得税申报。

特此公告。

7. 国家税务总局关于金融企业涉农贷款和中小企业贷款损失税前扣除问题的公告

(2015 年 4 月 27 日　国家税务总局公告 2015 年第 25 号)

为鼓励金融企业加大对涉农贷款和中小企业贷款力度,及时处置涉农贷款和中小企业贷款损失,增强金融企业抵御风险能力,根据《中华人民共和国企业所得税法》及其实施条例、《财政部　国家税务总局关于企业资产损失税前扣除政策的通知》(财税〔2009〕57 号)、《国家税务总局关于发布〈企业资产损失所得税税前扣除管理办法〉的公告》(国家税务总局公告 2011 年第 25 号)的规定,现就金融企业涉农贷款和中小企业贷款损失所得税前扣除问题公告如下:

一、金融企业涉农贷款、中小企业贷款逾期 1 年以上,经追索无法收回,应依据涉农贷款、中小企业贷款分类证明,按下列规定计算确认贷款损失进行税前扣除:

(一)单户贷款余额不超过 300 万元(含 300 万元)的,应依据向借款人和担保人的有关原始追索记录(包括司法追索、电话追索、信件追索和上门追索等原始记录之一,并由经办人和负责人共同签章确认),计算确认损失进行税前扣除。

(二)单户贷款余额超过 300 万元至 1000 万元(含 1000 万元)的,应依据有关原始追索记录(应当包括司法追索记录,并由经办人和负责人共同签章确认),计算确认损失进行税前扣除。

(三)单户贷款余额超过 1000 万元的,仍按《国家税务总局关于发布〈企业资产损失所得税税前扣除管理办法〉的公告》(国家税务总局公告 2011 年第 25 号)有关规定计算确认损失进行税前扣除。

二、金融企业涉农贷款和中小企业贷款的分类标准,按照《财政部　国家税务总局关于金融企业涉农贷款和中小企业贷款损失准备金税前扣除有关问题的通知》(财税〔2015〕3 号)规定执行。

三、金融企业应当建立健全贷款损失内部核销管理制度,严格内部责任认定和追究,及时收集、整理、编制、审核、申报、保存资产损失税前扣除证据材料。

对不符合法定条件扣除的贷款损失,或弄虚作假进行税前扣除的,应追溯调整以前年度的税务处理,并按《中华人民共和国税收征收管理法》有关规定进行处罚。

四、本公告适用2014年度及以后年度涉农贷款和中小企业贷款损失的税前扣除。

特此公告。

8. 国家税务总局关于企业所得税资产损失资料留存备查有关事项的公告

（2018年4月10日　国家税务总局公告2018年第15号）

为了进一步深化税务系统“放管服”改革，简化企业纳税申报资料报送，减轻企业办税负担，现就企业所得税资产损失资料留存备查有关事项公告如下：

一、企业向税务机关申报扣除资产损失，仅需填报企业所得税年度纳税申报表《资产损失税前扣除及纳税调整明细表》，不再报送资产损失相关资料。相关资料由企业留存备查。

二、企业应当完整保存资产损失相关资料，保证资料的真实性、合法性。

三、本公告规定适用于2017年度及以后年度企业所得税汇算清缴。《国家税务总局关于发布〈企业资产损失所得税税前扣除管理办法〉的公告》（国家税务总局公告2011年第25号）第四条、第七条、第八条、第十三条有关资产损失证据资料、会计核算资料、纳税资料等相关资料报送的内容同时废止。

特此公告。

▶公益性捐赠

1. 财政部　国家税务总局　民政部关于公益性捐赠税前扣除有关问题的通知

（2008年12月31日　财税〔2008〕160号）

（部分条款修改，详见文中注释）

各省、自治区、直辖市、计划单列市财政厅（局）、国家税务局、地方税务局、民政厅（局），新疆生产建设兵团财务局、民政局：

为贯彻落实《中华人民共和国企业所得税法》和《中华人民共和国个人所得税法》，现对公益性捐赠所得税税前扣除有关问题明确如下：

一、企业通过公益性社会团体或者县级以上人民政府及其部门，用于公益事业的捐赠支出，在年度利润总额12%以内的部分，准予在计算应纳税所得额时扣除。年度利润总额，是指企业依照国家统一会计制度的规定计算的大于零的数额。

二、个人通过社会团体、国家机关向公益事业的捐赠支出，按照现行税收法律、行政法规及相关政策规定准予在所得税税前扣除。

三、本通知第一条所称的用于公益事业的捐赠支出，是指《中华人民共和国公益事业捐赠法》规定的向

公益事业的捐赠支出,具体范围包括:

(一)救助灾害、救济贫困、扶助残疾人等困难的社会群体和个人的活动;

(二)教育、科学、文化、卫生、体育事业;

(三)环境保护、社会公共设施建设;

(四)促进社会发展和进步的其他社会公共和福利事业。

四、本通知第一条所称的公益性社会团体和第二条所称的社会团体均指依据国务院发布的《基金会管理条例》和《社会团体登记管理条例》的规定,经民政部门依法登记、符合以下条件的基金会、慈善组织等公益性社会团体:

(一)符合《中华人民共和国企业所得税法实施条例》第五十二条第(一)项到第(八)项规定的条件;

(二)申请前3年内未受到行政处罚;

(三)基金会在民政部门依法登记3年以上(含3年)的,应当在申请前连续2年年度检查合格,或最近1年年度检查合格且社会组织评估等级在3A以上(含3A),登记3年以下1年以上(含1年)的,应当在申请前1年年度检查合格或社会组织评估等级在3A以上(含3A),登记1年以下的基金会具备本款第(一)项、第(二)项规定的条件;

(四)公益性社会团体(不含基金会)在民政部门依法登记3年以上,净资产不低于登记的活动资金数额,申请前连续2年年度检查合格,或最近1年年度检查合格且社会组织评估等级在3A以上(含3A),申请前连续3年每年用于公益活动的支出不低于上年总收入的70%(含70%),同时需达到当年总支出的50%以上(含50%)。

前款所称年度检查合格是指民政部门对基金会、公益性社会团体(不含基金会)进行年度检查,作出年度检查合格的结论;社会组织评估等级在3A以上(含3A)是指社会组织在民政部门主导的社会组织评估中被评为3A、4A、5A级别,且评估结果在有效期内。

五、本通知第一条所称的县级以上人民政府及其部门和第二条所称的国家机关均指县级(含县级,下同)以上人民政府及其组成部门和直属机构。

六、符合本通知第四条规定的基金会、慈善组织等公益性社会团体,可按程序申请公益性捐赠税前扣除资格。

(一)经民政部批准成立的公益性社会团体,可分别向财政部、国家税务总局、民政部提出申请;

(二)经省级民政部门批准成立的基金会,可分别向省级财政、税务(国、地税,下同)、民政部门提出申请。经地方县级以上人民政府民政部门批准成立的公益性社会团体(不含基金会),可分别向省、自治区、直辖市和计划单列市财政、税务、民政部门提出申请;

(三)民政部门负责对公益性社会团体的资格进行初步审核,财政、税务部门会同民政部门对公益性社会团体的捐赠税前扣除资格联合进行审核确认;

(四)对符合条件的公益性社会团体,按照上述管理权限,由财政部、国家税务总局和民政部及省、自治区、直辖市和计划单列市财政、税务和民政部门分别定期予以公布。

七、申请捐赠税前扣除资格的公益性社会团体,需报送以下材料:

(一)申请报告;

(二)民政部或地方县级以上人民政府民政部门颁发的登记证书复印件;

(三)组织章程;

(四)申请前相应年度的资金来源、使用情况,财务报告,公益活动的明细,注册会计师的审计报告;

(五)民政部门出具的申请前相应年度的年度检查结论、社会组织评估结论。

【注】根据《财政部　国家税务总局　民政部关于公益性捐赠税前扣除资格确认审批有关调整事项的通知》(财税〔2015〕141号)的规定,本法规第6-7条停止执行。

八、公益性社会团体和县级以上人民政府及其组成部门和直属机构在接受捐赠时,应按照行政管理级次分别使用由财政部或省、自治区、直辖市财政部门印制的公益性捐赠票据,并加盖本单位的印章;对个人索取捐赠票据的,应予以开具。

新设立的基金会在申请获得捐赠税前扣除资格后,原始基金的捐赠人可凭捐赠票据依法享受税前扣除。

九、公益性社会团体和县级以上人民政府及其组成部门和直属机构在接受捐赠时,捐赠资产的价值,按以下原则确认:

(一)接受捐赠的货币性资产,应当按照实际收到的金额计算;

(二)接受捐赠的非货币性资产,应当以其公允价值计算。捐赠方在向公益性社会团体和县级以上人民政府及其组成部门和直属机构捐赠时,应当提供注明捐赠非货币性资产公允价值的证明,如果不能提供上述证明,公益性社会团体和县级以上人民政府及其组成部门和直属机构不得向其开具公益性捐赠票据。

十、存在以下情形之一的公益性社会团体,应取消公益性捐赠税前扣除资格:

(一)年度检查不合格或最近一次社会组织评估等级低于3A的;

(二)在申请公益性捐赠税前扣除资格时有弄虚作假行为的;

(三)存在偷税行为或为他人偷税提供便利的;

(四)存在违反该组织章程的活动,或者接受的捐赠款项用于组织章程规定用途之外的支出等情况的;

(五)受到行政处罚的。

被取消公益性捐赠税前扣除资格的公益性社会团体,存在本条第一款第(一)项情形的,1年内不得重新申请公益性捐赠税前扣除资格,存在第(二)项、第(三)项、第(四)项、第(五)项情形的,3年内不得重新申请公益性捐赠税前扣除资格。

对本条第一款第(三)项、第(四)项情形,应对其接受捐赠收入和其他各项收入依法补征企业所得税。

十一、本通知从2008年1月1日起执行。本通知发布前已经取得和未取得捐赠税前扣除资格的公益性社会团体,均应按本通知的规定提出申请。《财政部　国家税务总局关于公益救济性捐赠税前扣除政策及相关管理问题的通知》(财税〔2007〕6号)停止执行。

2. 财政部　国家税务总局关于通过公益性群众团体的公益性捐赠税前扣除有关问题的通知

(2009年12月8日　财税〔2009〕124号)

各省、自治区、直辖市、计划单列市财政厅(局)、国家税务局、地方税务局,新疆生产建设兵团财务局:

为贯彻落实《中华人民共和国企业所得税法》和《中华人民共和国个人所得税法》,现对企业和个人通过依照《社会团体登记管理条例》规定不需进行社团登记的人民团体以及经国务院批准免予登记的社会团体(以下统称群众团体)的公益性捐赠所得税税前扣除有关问题明确如下:

一、企业通过公益性群众团体用于公益事业的捐赠支出,在年度利润总额12%以内的部分,准予在计算应纳税所得额时扣除。年度利润总额,是指企业依照国家统一会计制度的规定计算的大于零的数额。

二、个人通过公益性群众团体向公益事业的捐赠支出,按照现行税收法律、行政法规及相关政策规定准予在所得税税前扣除。

三、本通知第一条和第二条所称的公益事业,是指《中华人民共和国公益事业捐赠法》规定的下列事项:

(一)救助灾害、救济贫困、扶助残疾人等困难的社会群体和个人的活动;

(二)教育、科学、文化、卫生、体育事业;

(三)环境保护、社会公共设施建设;

(四)促进社会发展和进步的其他社会公共和福利事业。

四、本通知第一条和第二条所称的公益性群众团体,是指同时符合以下条件的群众团体:

(一)符合《中华人民共和国企业所得税法实施条例》第五十二条第(一)项至第(八)项规定的条件;

(二)县级以上各级机构编制部门直接管理其机构编制;

（三）对接受捐赠的收入以及用捐赠收入进行的支出单独进行核算，且申请前连续3年接受捐赠的总收入中用于公益事业的支出比例不低于70%。

五、符合本通知第四条规定的公益性群众团体，可按程序申请公益性捐赠税前扣除资格。

（一）由中央机构编制部门直接管理其机构编制的群众团体，向财政部、国家税务总局提出申请；

（二）由县级以上地方各级机构编制部门直接管理其机构编制的群众团体，向省、自治区、直辖市和计划单列市财政、税务部门提出申请；

（三）对符合条件的公益性群众团体，按照上述管理权限，由财政部、国家税务总局和省、自治区、直辖市、计划单列市财政、税务部门分别每年联合公布名单。名单应当包括继续获得公益性捐赠税前扣除资格和新获得公益性捐赠税前扣除资格的群众团体，企业和个人在名单所属年度内向名单内的群众团体进行的公益性捐赠支出，可以按规定进行税前扣除。

六、申请公益性捐赠税前扣除资格的群众团体，需报送以下材料：

（一）申请报告；

（二）县级以上各级党委、政府或机构编制部门印发的“三定”规定；

（三）组织章程；

（四）申请前相应年度的受赠资金来源、使用情况，财务报告，公益活动的明细，注册会计师的审计报告或注册税务师的鉴证报告。

七、公益性群众团体在接受捐赠时，应按照行政管理级次分别使用由财政部或省、自治区、直辖市财政部门印制的公益性捐赠票据或者《非税收入一般缴款书》收据联，并加盖本单位的印章；对个人索取捐赠票据的，应予以开具。

八、公益性群众团体接受捐赠的资产价值，按以下原则确认：

（一）接受捐赠的货币性资产，应当按照实际收到的金额计算；

（二）接受捐赠的非货币性资产，应当以其公允价值计算。捐赠方在向公益性群众团体捐赠时，应当提供注明捐赠非货币性资产公允价值的证明，如果不能提供上述证明，公益性群众团体不得向其开具公益性捐赠票据或者《非税收入一般缴款书》收据联。

九、对存在以下情形之一的公益性群众团体，应取消其公益性捐赠税前扣除资格：

（一）前3年接受捐赠的总收入中用于公益事业的支出比例低于70%的；

（二）在申请公益性捐赠税前扣除资格时有弄虚作假行为的；

（三）存在逃避缴纳税款行为或为他人逃避缴纳税款提供便利的；

（四）存在违反该组织章程的活动，或者接受的捐赠款项用于组织章程规定用途之外的支出等情况的；

（五）受到行政处罚的。

被取消公益性捐赠税前扣除资格的公益性群众团体，存在本条第一款第（二）项、第（三）项、第（四）项、第（五）项情形的，3年内不得重新申请公益性捐赠税前扣除资格。

对存在本条第一款第（三）项、第（四）项情形的公益性群众团体，应对其接受捐赠收入和其他各项收入依法补征企业所得税。

十、对于通过公益性群众团体发生的公益性捐赠支出，主管税务机关应对照财政、税务部门联合发布的名单，接受捐赠的群众团体位于名单内，则企业或个人在名单所属年度发生的公益性捐赠支出可按规定进行税前扣除；接受捐赠的群众团体不在名单内，或虽在名单内但企业或个人发生的公益性捐赠支出不属于名单所属年度的，不得扣除。

十一、获得公益性捐赠税前扣除资格的公益性群众团体，应自不符合本通知第四条规定条件之一或存在本通知第九条规定情形之一之日起15日内向主管税务机关报告，主管税务机关可暂时明确其获得资格的次年内企业向该群众团体的公益性捐赠支出，不得税前扣除，同时提请财政部、国家税务总局或省级财政、税务部门明确其获得资格的次年不具有公益性捐赠税前扣除资格。

十二、本通知从2008年1月1日起执行。本通知发布前已经取得和未取得公益性捐赠税前扣除资格的群众团体，均应按本通知规定提出申请。

3. 财政部　国家税务总局　民政部关于公益性捐赠税前扣除有关问题的补充通知

（2010 年 7 月 21 日　财税〔2010〕45 号）

各省、自治区、直辖市、计划单列市财政厅（局）、国家税务局、地方税务局、民政厅（局），新疆生产建设兵团财务局、民政局：

为进一步规范公益性捐赠税前扣除政策，加强税收征管，根据《财政部　国家税务总局　民政部关于公益性捐赠税前扣除有关问题的通知》（财税〔2008〕160 号）的有关规定，现将公益性捐赠税前扣除有关问题补充通知如下：

一、企业或个人通过获得公益性捐赠税前扣除资格的公益性社会团体或县级以上人民政府及其组成部门和直属机构，用于公益事业的捐赠支出，可以按规定进行所得税税前扣除。

县级以上人民政府及其组成部门和直属机构的公益性捐赠税前扣除资格不需要认定。

二、在财税〔2008〕160 号文件下发之前已经获得公益性捐赠税前扣除资格的公益性社会团体，必须按规定的条件和程序重新提出申请，通过认定后才能获得公益性捐赠税前扣除资格。

符合财税〔2008〕160 号文件第四条规定的基金会、慈善组织等公益性社会团体，应同时向财政、税务、民政部门提出申请，并分别报送财税〔2008〕160 号文件第七条规定的材料。

民政部门负责对公益性社会团体资格进行初步审查，财政、税务部门会同民政部门对公益性捐赠税前扣除资格联合进行审核确认。

三、对获得公益性捐赠税前扣除资格的公益性社会团体，由财政部、国家税务总局和民政部以及省、自治区、直辖市、计划单列市财政、税务和民政部门每年分别联合公布名单。名单应当包括当年继续获得公益性捐赠税前扣除资格和新获得公益性捐赠税前扣除资格的公益性社会团体。

企业或个人在名单所属年度内向名单内的公益性社会团体进行的公益性捐赠支出，可按规定进行税前扣除。

四、2008 年 1 月 1 日以后成立的基金会，在首次获得公益性捐赠税前扣除资格后，原始基金的捐赠人在基金会首次获得公益性捐赠税前扣除资格的当年进行所得税汇算清缴时，可按规定进行税前扣除。

五、对于通过公益性社会团体发生的公益性捐赠支出，企业或个人应提供省级以上（含省级）财政部门印制并加盖接受捐赠单位印章的公益性捐赠票据，或加盖接受捐赠单位印章的《非税收入一般缴款书》收据联，方可按规定进行税前扣除。

对于通过公益性社会团体发生的公益性捐赠支出，主管税务机关应对照财政、税务、民政部门联合公布的名单予以办理，即接受捐赠的公益性社会团体位于名单内的，企业或个人在名单所属年度向名单内的公益性社会团体进行的公益性捐赠支出可按规定进行税前扣除；接受捐赠的公益性社会团体不在名单内，或虽在名单内但企业或个人发生的公益性捐赠支出不属于名单所属年度的，不得扣除。

六、对已经获得公益性捐赠税前扣除资格的公益性社会团体，其年度检查连续两年基本合格视同为财税〔2008〕160 号文件第十条规定的年度检查不合格，应取消公益性捐赠税前扣除资格。

七、获得公益性捐赠税前扣除资格的公益性社会团体，发现其不再符合财税〔2008〕160 号文件第四条规定条件之一，或存在财税〔2008〕160 号文件第十条规定情形之一的，应自发现之日起 15 日内向主管税务机关报告，主管税务机关可暂时明确其获得资格的次年内企业或个人向该公益性社会团体的公益性捐赠支出，不得税前扣除。同时，提请审核确认其公益性捐赠税前扣除资格的财政、税务、民政部门明确其获得资格的次年不具有公益性捐赠税前扣除资格。

税务机关在日常管理过程中，发现公益性社会团体不再符合财税〔2008〕160 号文件第四条规定条件之一,或存在财税〔2008〕160号文件第十条规定情形之一的,也按上述规定处理。

4.财政部　国家税务总局　民政部关于公益性捐赠税前扣除资格确认审批有关调整事项的通知

(2015年12月31日　财税〔2015〕141号)

各省、自治区、直辖市、计划单列市财政厅(局)、国家税务局、地方税务局、民政厅(局):

按照《国务院关于取消非行政许可审批事项的决定》(国发〔2015〕27号)精神,"公益性捐赠税前扣除资格确认"作为非行政许可审批事项予以取消。为做好公益性捐赠税前扣除资格后续管理工作,现将有关调整事项通知如下:

一、为简化工作程序、减轻社会组织负担,合理调整公益性社会团体捐赠税前扣除资格确认程序,对社会组织报送捐赠税前扣除资格申请报告和相关材料的环节予以取消,即《财政部　国家税务总局　民政部关于公益性捐赠税前扣除有关问题的通知》(财税〔2008〕160号)第六条、第七条停止执行,改由财政、税务、民政等部门结合社会组织登记注册、公益活动情况联合确认公益性捐赠税前扣除资格,并以公告形式发布名单。

二、公益性社会团体捐赠税前扣除资格确认程序按以下规定执行:

(一)对在民政部登记设立的社会组织,由民政部在登记注册环节会同财政部、国家税务总局对其公益性进行联合确认,对符合公益性社会团体条件的社会组织,财政部、国家税务总局、民政部联合发布公告,明确其公益性捐赠税前扣除资格。

(二)对在民政部登记注册且已经运行的社会组织,由财政部、国家税务总局和民政部结合社会组织公益活动情况和年度检查、评估等情况,对符合公益性社会团体条件的社会组织联合发布公告,明确其公益性捐赠税前扣除资格。

(三)在省级和省级以下民政部门登记注册的社会组织,由省级相关部门参照本条第一项、第二项执行。

三、按照"放管结合"的要求,财政、税务、民政等部门要加强公益性社会团体的后续管理,建立信息公开制度,加大对公益性社会团体的监督检查及违规处罚的力度。在社会组织监督检查或税务检查中,发现不符合条件的公益性社会团体,取消其公益性捐赠税前扣除资格,并向社会公告;建立公益性社会团体信息公开制度,公益性社会团体必须及时公开接受捐赠收入和支出情况,加强社会监督。

四、各级财政、税务、民政部门应加强沟通合作,建立部门会商、协调机制,切实将取消公益性捐赠税前扣除资格确认审批事项落实到位。

以上通知,请遵照执行。

5.财政部　国家税务总局关于公益股权捐赠企业所得税政策问题的通知

(2016年4月20日　财税〔2016〕45号)

各省、自治区、直辖市、计划单列市财政厅(局)、国家税务局、地方税务局,新疆生产建设兵团财务局:

为支持和鼓励公益事业发展,根据《中华人民共和国企业所得税法》及其实施条例有关规定,经国务院批准，现将股权捐赠企业所得税政策问题通知如下：

一、企业向公益性社会团体实施的股权捐赠，应按规定视同转让股权，股权转让收入额以企业所捐赠股权取得时的历史成本确定。

前款所称的股权，是指企业持有的其他企业的股权、上市公司股票等。

二、企业实施股权捐赠后，以其股权历史成本为依据确定捐赠额，并依此按照企业所得税法有关规定在所得税前予以扣除。公益性社会团体接受股权捐赠后，应按照捐赠企业提供的股权历史成本开具捐赠票据。

三、本通知所称公益性社会团体，是指注册在中华人民共和国境内，以发展公益事业为宗旨、且不以营利为目的，并经确定为具有接受捐赠税前扣除资格的基金会、慈善组织等公益性社会团体。

四、本通知所称股权捐赠行为，是指企业向中华人民共和国境内公益性社会团体实施的股权捐赠行为。企业向中华人民共和国境外的社会组织或团体实施的股权捐赠行为不适用本通知规定。

五、本通知自2016年1月1日起执行。

本通知发布前企业尚未进行税收处理的股权捐赠行为，符合本通知规定条件的可比照本通知执行，已经进行相关税收处理的不再进行税收调整。

请遵照执行。

6. 财政部　国家税务总局关于公益性捐赠支出企业所得税税前结转扣除有关政策的通知

（2018年2月11日　财税〔2018〕15号）

各省、自治区、直辖市、计划单列市财政厅（局）、国家税务局、地方税务局，新疆生产建设兵团财政局：

根据《中华人民共和国企业所得税法》和《中华人民共和国企业所得税法实施条例》的有关规定，现就公益性捐赠支出企业所得税税前结转扣除有关政策通知如下：

一、企业通过公益性社会组织或者县级（含县级）以上人民政府及其组成部门和直属机构，用于慈善活动、公益事业的捐赠支出，在年度利润总额12%以内的部分，准予在计算应纳税所得额时扣除；超过年度利润总额12%的部分，准予结转以后三年内在计算应纳税所得额时扣除。

本条所称公益性社会组织，应当依法取得公益性捐赠税前扣除资格。

本条所称年度利润总额，是指企业依照国家统一会计制度的规定计算的大于零的数额。

二、企业当年发生及以前年度结转的公益性捐赠支出，准予在当年税前扣除的部分，不能超过企业当年年度利润总额的12%。

三、企业发生的公益性捐赠支出未在当年税前扣除的部分，准予向以后年度结转扣除，但结转年限自捐赠发生年度的次年起计算最长不得超过三年。

四、企业在对公益性捐赠支出计算扣除时，应先扣除以前年度结转的捐赠支出，再扣除当年发生的捐赠支出。

五、本通知自2017年1月1日起执行。2016年9月1日至2016年12月31日发生的公益性捐赠支出未在2016年税前扣除的部分，可按本通知执行。

7.财政部　国家税务总局　民政部关于公益性捐赠税前扣除资格有关问题的补充通知

(2018 年 9 月 29 日　财税〔2018〕110 号)

各省、自治区、直辖市、计划单列市财政厅(局)、民政厅(局),国家税务总局各省、自治区、直辖市、计划单列市税务局,新疆生产建设兵团财政局、民政局:

为进一步规范对公益性捐赠税前扣除资格的管理,现就公益性捐赠税前扣除资格相关的行政处罚问题补充通知如下:

一、《财政部　国家税务总局　民政部关于公益性捐赠税前扣除有关问题的通知》(财税〔2008〕160 号)和《财政部　国家税务总局关于通过公益性群众团体的公益性捐赠税前扣除有关问题的通知》(财税〔2009〕124 号)中的"行政处罚",是指税务机关和登记管理机关给予的行政处罚(警告或单次 1 万元以下罚款除外)。

二、本通知自发布之日起执行。本通知执行前未确认公益性捐赠税前扣除资格的公益性社会团体,按本通知规定执行。

8.财政部　国家税务总局　国务院扶贫办关于企业扶贫捐赠所得税税前扣除政策的公告

(2019 年 4 月 2 日　财政部　国家税务总局　国务院扶贫办公告 2019 年第 49 号)

为支持脱贫攻坚,现就企业扶贫捐赠支出的所得税税前扣除政策公告如下:

一、自 2019 年 1 月 1 日至 2022 年 12 月 31 日,企业通过公益性社会组织或者县级(含县级)以上人民政府及其组成部门和直属机构,用于目标脱贫地区的扶贫捐赠支出,准予在计算企业所得税应纳税所得额时据实扣除。在政策执行期限内,目标脱贫地区实现脱贫的,可继续适用上述政策。"目标脱贫地区"包括 832 个国家扶贫开发工作重点县、集中连片特困地区县(新疆阿克苏地区 6 县 1 市享受片区政策)和建档立卡贫困村。

二、企业同时发生扶贫捐赠支出和其他公益性捐赠支出,在计算公益性捐赠支出年度扣除限额时,符合上述条件的扶贫捐赠支出不计算在内。

三、企业在 2015 年 1 月 1 日至 2018 年 12 月 31 日期间已发生的符合上述条件的扶贫捐赠支出,尚未在计算企业所得税应纳税所得额时扣除的部分,可执行上述企业所得税政策。

特此公告。

▶准备金

1.国家税务总局关于保险公司再保险业务赔款支出税前扣除问题的通知

（2009年6月4日　国税函〔2009〕313号）

各省、自治区、直辖市和计划单列市国家税务局：

现将保险公司再保险业务赔款支出税前扣除问题通知如下：

根据《中华人民共和国企业所得税法实施条例》第九条的规定，从事再保险业务的保险公司（以下称再保险公司）发生的再保险业务赔款支出，按照权责发生制的原则，应在收到从事直保业务公司（以下称直保公司）再保险业务赔款账单时，作为企业当期成本费用扣除。为便于再保险公司再保险业务的核算，凡在次年企业所得税汇算清缴前，再保险公司收到直保公司再保险业务赔款账单中属于上年度的赔款，准予调整作为上年度的成本费用扣除，同时调整已计提的未决赔款准备金；次年汇算清缴后收到直保公司再保险业务赔款账单的，按该赔款账单上发生的赔款支出，在收单年度作为成本费用扣除。

2.财政部　国家税务总局关于保险企业计提准备金有关税收处理问题的通知

（2015年10月26日　财税〔2015〕115号）

各省、自治区、直辖市、计划单列市财政厅（局）、国家税务局、地方税务局，新疆生产建设兵团财务局：

按照《中华人民共和国企业所得税法》及其实施条件有关规定，现就保险企业在执行财政部企业会计规定过程中有关计提准备金的税收处理事项明确如下：

一、保险企业执行财政部《保险合同相关会计处理规定》后，其提取的未到期责任准备金、寿险责任准备金、长期健康险责任准备金、已发生已报告未决赔款准备金和已发生未报告决赔款准备金，应按照《财政部　国家税务总局关于保险公司准备金支出企业所得税税前扣除有关政策问题的通知》（财税〔2012〕45号）规定计算并准予在企业所得税税前扣除。

二、保险企业因执行财政部企业会计规定计提的准备金与之前执行中国保险业监督管理委员会有关监管规定计提的准备金形成的差额，应计入保险企业应纳税所得额。凡上述准备金差额尚未进行税务处理的，可分10年均匀计入2015年及以后年度应纳税所得额；已进行税务处理的不再分期计入以后年度应纳税所得额。

3.财政部　国家税务总局关于银行业金融机构存款保险保费企业所得税税前扣除有关政策问题的通知

（2016年10月8日　财税〔2016〕106号）

各省、自治区、直辖市、计划单列市财政厅（局）、国家税务局、地方税务局，新疆生产兵团财务局：

根据《中华人民共和国企业所得税法》及《中华人民共和国企业所得税法实施条例》的有关规定，现就银行业金融机构存款保险保费企业所得税税前扣除政策问题明确如下：

一、银行业金融机构依据《存款保险条例》的有关规定、按照不超过万分之一点六的存款保险费率，计算交纳的存款保险保费，准予在企业所得税税前扣除。

二、准予在企业所得税税前扣除的存款保险保费计算公式如下：

准予在企业所得税税前扣除的存款保险保费＝保费基数×存款保险费率。

保费基数以中国人民银行核定的数额为准。

三、准予在企业所得税税前扣除的存款保险保费，不包括存款保险保费滞纳金。

四、银行业金融机构是指《存款保险条例》规定在我国境内设立的商业银行、农村合作银行、农村信用合作社等吸收存款的银行业金融机构。

五、本通知自2015年5月1日起执行。

4.财政部　国家税务总局关于保险公司准备金支出企业所得税税前扣除有关政策问题的通知

（2016年11月2日　财税〔2016〕114号）

各省、自治区、直辖市、计划单列市财政（局）、国家税务局、地方税务局、新疆生产建设兵团财务局：

根据《中华人民共和国企业所得税法》和《中华人民共和国企业所得税法实施条例》的有关规定，现就保险公司准备金支出企业所得税税前扣除有关问题明确如下：

一、保险公司按下列规定缴纳的保险保障基金，准予据实税前扣除：

1.非投资型财产保险业务，不得超过保费收入的0.8%；投资型财产保险业务，有保证收益的，不得超过业务收入的0.08%，无保证收益的，不得超过业务收入的0.05%。

2.有保证收益的人寿保险业务，不得超过业务收入的0.15%；无保证收益的人寿保险业务，不得超过业务收入的0.05%。

3.短期健康保险业务，不得超过保费收入的0.8%；长期健康保险业务，不得超过保费收入的0.15%。

4.非投资型意外伤害保险业务，不得超过保费收入的0.8%；投资型意外伤害保险业务，有保证收益的，不得超过业务收入的0.08%，无保证收益的，不得超过业务收入的0.05%。

保险保障基金，是指按照《中华人民共和国保险法》和《保险保障基金管理办法》规定缴纳形成的，在规定情形下用于救助保单持有人、保单受让公司或者处置保险业风险的非政府性行业风险救助基金。

保费收入，是指投保人按照保险合同约定，向保险公司支付的保险费。

业务收入，是指投保人按照保险合同约定，为购买相应的保险产品支付给保险公司的全部金额。

非投资型财产保险业务，是指仅具有保险保障功能而不具有投资理财功能的财产保险业务。

投资型财产保险业务，是指兼具有保险保障与投资理财功能的财产保险业务。

有保证收益，是指保险产品在投资收益方面提供固定收益或最低收益保障。

无保证收益，是指保险产品在投资收益方面不提供收益保证，投保人承担全部投资风险。

二、保险公司有下列情形之一的，其缴纳的保险保障基金不得在税前扣除：

1. 财产保险公司的保险保障基金余额达到公司总资产6%的。

2. 人身保险公司的保险保障基金余额达到公司总资产1%的。

三、保险公司按国务院财政部门的相关规定提取的未到期责任准备金、寿险责任准备金、长期健康险责任准备金、已发生已报案未决赔款准备金和已发生未报案未决赔款准备金，准予在税前扣除。

1. 未到期责任准备金、寿险责任准备金、长期健康险责任准备金依据经中国保监会核准任职资格的精算师或出具专项审计报告的中介机构确定的金额提取。

未到期责任准备金，是指保险人为尚未终止的非寿险保险责任提取的准备金。

寿险责任准备金，是指保险人为尚未终止的人寿保险责任提取的准备金。

长期健康险责任准备金，是指保险人为尚未终止的长期健康保险责任提取的准备金。

2. 已发生已报案未决赔款准备金，按最高不超过当期已经提出的保险赔款或者给付金额的100%提取；已发生未报案未决赔款准备金按不超过当年实际赔款支出额的8%提取。

已发生已报案未决赔款准备金，是指保险人为非寿险保险事故已经发生并已向保险人提出索赔、尚未结案的赔案提取的准备金。

已发生未报案未决赔款准备金，是指保险人为非寿险保险事故已经发生、尚未向保险人提出索赔的赔案提取的准备金。

四、保险公司经营财政给予保费补贴的农业保险，按不超过财政部门规定的农业保险大灾风险准备金（简称大灾准备金）计提比例，计提的大灾准备金，准予在企业所得税前据实扣除。具体计算公式如下：

本年度扣除的大灾准备金＝本年度保费收入×规定比例－上年度已在税前扣除的大灾准备金结存余额。

按上述公式计算的数额如为负数，应调增当年应纳税所得额。

财政给予保费补贴的农业保险，是指各级财政按照中央财政农业保险保费补贴政策规定给予保费补贴的种植业、养殖业、林业等农业保险。

规定比例，是指按照《财政部关于印发〈农业保险大灾风险准备金管理办法〉的通知》（财金〔2013〕129号）规定的计提比例。

五、保险公司实际发生的各种保险赔款、给付，应首先冲抵按规定提取的准备金，不足冲抵部分，准予在当年税前扣除。

六、本通知自2016年1月1日至2020年12月31日执行。

5. 财政部　国家税务总局关于中小企业融资（信用）担保机构有关准备金企业所得税税前扣除政策的通知

（2017年3月21日　财税〔2017〕22号）

各省、自治区、直辖市、计划单列市财政厅（局）、国家税务局、地方税务局，新疆生产建设兵团财务局：

根据《中华人民共和国企业所得税法》和《中华人民共和国企业所得税法实施条例》的有关规定，现就中小企业融资（信用）担保机构有关准备金企业所得税税前扣除政策问题通知如下：

一、符合条件的中小企业融资（信用）担保机构按照不超过当年年末担保责任余额1%的比例计提的担保赔偿准备,允许在企业所得税税前扣除,同时将上年度计提的担保赔偿准备余额转为当期收入。

二、符合条件的中小企业融资(信用)担保机构按照不超过当年担保费收入50%的比例计提的未到期责任准备,允许在企业所得税税前扣除,同时将上年度计提的未到期责任准备余额转为当期收入。

三、中小企业融资(信用)担保机构实际发生的代偿损失,符合税收法律法规关于资产损失税前扣除政策规定的,应冲减已在税前扣除的担保赔偿准备,不足冲减部分据实在企业所得税税前扣除。

四、本通知所称符合条件的中小企业融资(信用)担保机构,必须同时满足以下条件:

(一)符合《融资性担保公司管理暂行办法》(银监会等七部委令2010年第3号)相关规定,并具有融资性担保机构监管部门颁发的经营许可证;

(二)以中小企业为主要服务对象,当年中小企业信用担保业务和再担保业务发生额占当年信用担保业务发生总额的70%以上(上述收入不包括信用评级、咨询、培训等收入);

(三)中小企业融资担保业务的平均年担保费率不超过银行同期贷款基准利率的50%;

(四)财政、税务部门规定的其他条件。

五、申请享受本通知规定的准备金税前扣除政策的中小企业融资(信用)担保机构,在汇算清缴时,需报送法人执照副本复印件、融资性担保机构监管部门颁发的经营许可证复印件、年度会计报表和担保业务情况(包括担保业务明细和风险准备金提取等),以及财政、税务部门要求提供的其他材料。

六、本通知自2016年1月1日起至2020年12月31日止执行。《财政部　国家税务总局关于中小企业信用担保机构有关准备金企业所得税税前扣除政策的通知》(财税〔2012〕25号)同时废止。

6.财政部　国家税务总局关于证券行业准备金支出企业所得税税前扣除有关政策问题的通知

(2017年3月21日　财税〔2017〕23号)

各省、自治区、直辖市、计划单列市财政厅(局)、国家税务局、地方税务局,新疆生产建设兵团财务局:

根据《中华人民共和国企业所得税法》和《中华人民共和国企业所得税法实施条例》的有关规定,现就证券行业准备金支出企业所得税税前扣除有关政策问题明确如下:

一、证券类准备金

(一)证券交易所风险基金。

上海、深圳证券交易所依据《证券交易所风险基金管理暂行办法》(证监发〔2000〕22号)的有关规定,按证券交易所交易收取经手费的20%、会员年费的10%提取的证券交易所风险基金,在各基金净资产不超过10亿元的额度内,准予在企业所得税税前扣除。

(二)证券结算风险基金。

1.中国证券登记结算公司所属上海分公司、深圳分公司依据《证券结算风险基金管理办法》(证监发〔2006〕65号)的有关规定,按证券登记结算公司业务收入的20%提取的证券结算风险基金,在各基金净资产不超过30亿元的额度内,准予在企业所得税税前扣除。

2.证券公司依据《证券结算风险基金管理办法》(证监发〔2006〕65号)的有关规定,作为结算会员按人民币普通股和基金成交金额的十万分之三、国债现货成交金额的十万分之一、1天期国债回购成交额的千万分之五、2天期国债回购成交额的千万分之十、3天期国债回购成交额的千万分之十五、4天期国债回购成交额的千万分之二十、7天期国债回购成交额的十万分之五十、14天期国债回购成交额的十万分之一、28天期国债回购成交额的十万分之二、91天期国债回购成交额的十万分之六、182天期国债回购成交额的十万分之十二逐日交纳的证券结算风险基金,准予在企业所得税税前扣除。

（三）证券投资者保护基金。

1. 上海、深圳证券交易所依据《证券投资者保护基金管理办法》（证监会令第27号、第124号）的有关规定，在风险基金分别达到规定的上限后，按交易经手费的20%缴纳的证券投资者保护基金，准予在企业所得税税前扣除。

2. 证券公司依据《证券投资者保护基金管理办法》（证监会令第27号、第124号）的有关规定，按其营业收入0.5%—5%缴纳的证券投资者保护基金，准予在企业所得税税前扣除。

二、期货类准备金

（一）期货交易所风险准备金。

大连商品交易所、郑州商品交易所和中国金融期货交易所依据《期货交易管理条例》（国务院令第489号）、《期货交易所管理办法》（证监会令第42号）和《商品期货交易财务管理暂行规定》（财商字〔1997〕44号）的有关规定，上海期货交易所依据《期货交易管理条例》（国务院令第489号）、《期货交易所管理办法》（证监会令第42号）和《关于调整上海期货交易所风险准备金规模的批复》（证监函〔2009〕407号）的有关规定，分别按向会员收取手续费收入的20%计提的风险准备金，在风险准备金余额达到有关规定的额度内，准予在企业所得税税前扣除。

（二）期货公司风险准备金。

期货公司依据《期货公司管理办法》（证监会令第43号）和《商品期货交易财务管理暂行规定》（财商字〔1997〕44号）的有关规定，从其收取的交易手续费收入减去应付期货交易所手续费后的净收入的5%提取的期货公司风险准备金，准予在企业所得税税前扣除。

（三）期货投资者保障基金。

1. 上海期货交易所、大连商品交易所、郑州商品交易所和中国金融期货交易所依据《期货投资者保障基金管理办法》（证监会令第38号、第129号）和《关于明确期货投资者保障基金缴纳比例有关事项的规定》（证监会财政部公告〔2016〕26号）的有关规定，按其向期货公司会员收取的交易手续费的2%（2016年12月8日前按3%）缴纳的期货投资者保障基金，在基金总额达到有关规定的额度内，准予在企业所得税税前扣除。

2. 期货公司依据《期货投资者保障基金管理办法》（证监会令第38号、第129号）和《关于明确期货投资者保障基金缴纳比例有关事项的规定》（证监会财政部公告〔2016〕26号）的有关规定，从其收取的交易手续费中按照代理交易额的亿分之五至亿分之十的比例（2016年12月8日前按千万分之五至千万分之十的比例）缴纳的期货投资者保障基金，在基金总额达到有关规定的额度内，准予在企业所得税税前扣除。

三、上述准备金如发生清算、退还，应按规定补征企业所得税。

四、本通知自2016年1月1日起至2020年12月31日止执行。《财政部　国家税务总局关于证券行业准备金支出企业所得税税前扣除有关政策问题的通知》（财税〔2012〕11号）同时废止。

7. 财政部　国家税务总局关于小额贷款公司有关税收政策的通知

（2017年6月9日　财税〔2017〕48号）

各省、自治区、直辖市、计划单列市财政厅（局）、国家税务局、地方税务局，新疆生产建设兵团财务局：

为引导小额贷款公司在“三农”、小微企业等方面发挥积极作用，更好地服务实体经济发展，现将小额贷款公司有关税收政策通知如下：

一、自2017年1月1日至2019年12月31日，对经省级金融管理部门（金融办、局等）批准成立的小额贷款公司取得的农户小额贷款利息收入，免征增值税。

二、自2017年1月1日至2019年12月31日，对经省级金融管理部门（金融办、局等）批准成立的小额贷款公司取得的农户小额贷款利息收入,在计算应纳税所得额时,按90%计入收入总额。

三、自2017年1月1日至2019年12月31日,对经省级金融管理部门(金融办、局等)批准成立的小额贷款公司按年末贷款余额的1%计提的贷款损失准备金准予在企业所得税税前扣除。具体政策口径按照《财政部　国家税务总局关于金融企业贷款损失准备金企业所得税税前扣除有关政策的通知》(财税〔2015〕9号)执行。

四、本通知所称农户,是指长期(一年以上)居住在乡镇(不包括城关镇)行政管理区域内的住户,还包括长期居住在城关镇所辖行政村范围内的住户和户口不在本地而在本地居住一年以上的住户,国有农场的职工和农村个体工商户。位于乡镇(不包括城关镇)行政管理区域内和在城关镇所辖行政村范围内的国有经济的机关、团体、学校、企事业单位的集体户;有本地户口,但举家外出谋生一年以上的住户,无论是否保留承包耕地均不属于农户。农户以户为统计单位,既可以从事农业生产经营,也可以从事非农业生产经营。农户贷款的判定应以贷款发放时的承贷主体是否属于农户为准。

本通知所称小额贷款,是指单笔且该农户贷款余额总额在10万元(含本数)以下的贷款。

五、2017年1月1日至本通知印发之日前已征的应予免征的增值税,可抵减纳税人以后月份应缴纳的增值税或予以退还。

8.财政部　国家税务总局关于金融企业涉农贷款和中小企业贷款损失准备金税前扣除有关政策的公告

(2019年9月17日　财政部　国家税务总局公告2019年第85号)

根据《中华人民共和国企业所得税法》及《中华人民共和国企业所得税法实施条例》的有关规定,现就金融企业涉农贷款和中小企业贷款损失准备金的企业所得税税前扣除政策公告如下:

一、金融企业根据《贷款风险分类指引》(银监发〔2007〕54号),对其涉农贷款和中小企业贷款进行风险分类后,按照以下比例计提的贷款损失准备金,准予在计算应纳税所得额时扣除:

(一)关注类贷款,计提比例为2%;

(二)次级类贷款,计提比例为25%;

(三)可疑类贷款,计提比例为50%;

(四)损失类贷款,计提比例为100%。

二、本公告所称涉农贷款,是指《涉农贷款专项统计制度》(银发〔2007〕246号)统计的以下贷款:

(一)农户贷款;

(二)农村企业及各类组织贷款。

本条所称农户贷款,是指金融企业发放给农户的所有贷款。农户贷款的判定应以贷款发放时的承贷主体是否属于农户为准。农户,是指长期(一年以上)居住在乡镇(不包括城关镇)行政管理区域内的住户,还包括长期居住在城关镇所辖行政村范围内的住户和户口不在本地而在本地居住一年以上的住户,国有农场的职工和农村个体工商户。位于乡镇(不包括城关镇)行政管理区域内和在城关镇所辖行政村范围内的国有经济的机关、团体、学校、企事业单位的集体户;有本地户口,但举家外出谋生一年以上的住户,无论是否保留承包耕地均不属于农户。农户以户为统计单位,既可以从事农业生产经营,也可以从事非农业生产经营。

本条所称农村企业及各类组织贷款,是指金融企业发放给注册地位于农村区域的企业及各类组织的所有贷款。农村区域,是指除地级及以上城市的城市行政区及其市辖建制镇之外的区域。

三、本公告所称中小企业贷款,是指金融企业对年销售额和资产总额均不超过2亿元的企业的贷款。

四、金融企业发生的符合条件的涉农贷款和中小企业贷款损失,应先冲减已在税前扣除的贷款损失准备金,不足冲减部分可据实在计算应纳税所得额时扣除。

五、本公告自2019年1月1日起执行至2023年12月31日。

9. 财政部　国家税务总局关于金融企业贷款损失准备金企业所得税税前扣除有关政策的公告

（2019年8月23日　财政部　国家税务总局公告2019年第86号）

根据《中华人民共和国企业所得税法》及《中华人民共和国企业所得税法实施条例》的有关规定，现就政策性银行、商业银行、财务公司、城乡信用社和金融租赁公司等金融企业提取的贷款损失准备金的企业所得税税前扣除政策公告如下：

一、准予税前提取贷款损失准备金的贷款资产范围包括：

（一）贷款（含抵押、质押、保证、信用等贷款）；

（二）银行卡透支、贴现、信用垫款（含银行承兑汇票垫款、信用证垫款、担保垫款等）、进出口押汇、同业拆出、应收融资租赁款等具有贷款特征的风险资产；

（三）由金融企业转贷并承担对外还款责任的国外贷款，包括国际金融组织贷款、外国买方信贷、外国政府贷款、日本国际协力银行不附条件贷款和外国政府混合贷款等资产。

二、金融企业准予当年税前扣除的贷款损失准备金计算公式如下：

准予当年税前扣除的贷款损失准备金 = 本年末准予提取贷款损失准备金的贷款资产余额 ×1% – 截至上年末已在税前扣除的贷款损失准备金的余额

金融企业按上述公式计算的数额如为负数，应当相应调增当年应纳税所得额。

三、金融企业的委托贷款、代理贷款、国债投资、应收股利、上交央行准备金以及金融企业剥离的债权和股权、应收财政贴息、央行款项等不承担风险和损失的资产，以及除本公告第一条列举资产之外的其他风险资产，不得提取贷款损失准备金在税前扣除。

四、金融企业发生的符合条件的贷款损失，应先冲减已在税前扣除的贷款损失准备金，不足冲减部分可据实在计算当年应纳税所得额时扣除。

五、金融企业涉农贷款和中小企业贷款损失准备金的税前扣除政策，凡按照《财政部　税务总局关于金融企业涉农贷款和中小企业贷款损失准备金税前扣除有关政策的公告》（财政部　税务总局公告2019年第85号）的规定执行的，不再适用本公告第一条至第四条的规定。

六、本公告自2019年1月1日起执行至2023年12月31日。

10. 财政部　国家税务总局关于上海国际能源交易中心有关风险准备金和期货投资者保障基金支出企业所得税税前扣除政策问题的通知

（2019年3月29日　财税〔2019〕32号）

各省、自治区、直辖市、计划单列市财政厅（局），国家税务总局各省、自治区、直辖市、计划单列市税务局，新疆生产建设兵团财政局：

根据《中华人民共和国企业所得税法》和《中华人民共和国企业所得税法实施条例》的有关规定，现就上海国际能源交易中心股份有限公司(以下称上海国际能源交易中心)风险准备金和期货投资者保障基金支出企业所得税税前扣除有关政策问题明确如下:

一、上海国际能源交易中心依据《期货交易管理条例》、《期货交易所管理办法》和《商品期货交易财务管理暂行规定》的有关规定,按其向会员收取手续费收入的20%计提的风险准备金,在风险准备金余额达到有关规定的额度内,准予在企业所得税税前扣除。

二、上海国际能源交易中心依据《期货投资者保障基金管理办法》和《关于明确期货投资者保障基金缴纳比例有关事项的规定》的有关规定,按其向期货公司会员收取的交易手续费的2%缴纳的期货投资者保障基金,在基金总额达到有关规定的额度内,准予在企业所得税税前扣除。

三、上述准备金如发生清算、退还,应按规定补征企业所得税。

四、本通知自2019年1月1日起至2020年12月31日止执行。上海国际能源交易中心于2018年3月上市交易后提取的符合本通知规定的风险准备金和期货投资者保障基金,可按本通知规定执行。

▶维简费和高危行业安全生产费用

1.国家税务总局关于煤矿企业维简费和高危行业企业安全生产费用企业所得税税前扣除问题的公告

(2011年3月31日　国家税务总局公告2011年第26号)

根据《中华人民共和国企业所得税法》(以下简称企业所得税法)和《中华人民共和国企业所得税法实施条例》规定,现就煤矿企业维简费和高危行业企业安全生产费用支出企业所得税税前扣除问题,公告如下:

一、煤矿企业实际发生的维简费支出和高危行业企业实际发生的安全生产费用支出,属于收益性支出的,可直接作为当期费用在税前扣除;属于资本性支出的,应计入有关资产成本,并按企业所得税法规定计提折旧或摊销费用在税前扣除。企业按照有关规定预提的维简费和安全生产费用,不得在税前扣除。

二、本公告实施前,企业按照有关规定提取的、且在税前扣除的煤矿企业维简费和高危行业企业安全生产费用,相关税务问题按以下规定处理:

(一)本公告实施前提取尚未使用的维简费和高危行业企业安全生产费用,应用于抵扣本公告实施后的当年度实际发生的维简费和安全生产费用,仍有余额的,继续用于抵扣以后年度发生的实际费用,至余额为零时,企业方可按本公告第一条规定执行。

(二)已用于资产投资、并计入相关资产成本的,该资产提取的折旧或费用摊销额,不得重复在税前扣除。已重复在税前扣除的,应调整作为2011年度应纳税所得额。

(三)已用于资产投资、并形成相关资产部分成本的,该资产成本扣除上述部分成本后的余额,作为该资产的计税基础,按照企业所得税法规定的资产折旧或摊销年限,从本公告实施之日的次月开始,就该资产剩余折旧年限计算折旧或摊销费用,并在税前扣除。

三、本公告自2011年5月1日起执行。

2.国家税务总局关于企业维简费支出企业所得税税前扣除问题的公告

（2013年11月28日　国家税务总局公告2013年第67号）

根据《中华人民共和国企业所得税法》及其实施条例（以下简称企业所得税法）规定，现就企业维简费支出企业所得税税前扣除问题公告如下：

一、企业实际发生的维简费支出，属于收益性支出的，可作为当期费用税前扣除；属于资本性支出的，应计入有关资产成本，并按企业所得税法规定计提折旧或摊销费用在税前扣除。

企业按照有关规定预提的维简费，不得在当期税前扣除。

二、本公告实施前，企业按照有关规定提取且已在当期税前扣除的维简费，按以下规定处理：

（一）尚未使用的维简费，并未作纳税调整的，可不作纳税调整，应首先抵减2013年实际发生的维简费，仍有余额的，继续抵减以后年度实际发生的维简费，至余额为零时，企业方可按照本公告第一条规定执行；已作纳税调整的，不再调回，直接按照本公告第一条规定执行。

（二）已用于资产投资并形成相关资产全部成本的，该资产提取的折旧或费用摊销额，不得税前扣除；已用于资产投资并形成相关资产部分成本的，该资产提取的折旧或费用摊销额中与该部分成本对应的部分，不得税前扣除；已税前扣除的，应调整作为2013年度应纳税所得额。

三、本公告自2013年1月1日起施行。

煤矿企业不执行本公告，继续执行《国家税务总局关于煤矿企业维简费和高危行业企业安全生产费用企业所得税税前扣除问题的公告》（国家税务总局公告2011年第26号）。

特此公告。

▶行政和解金

1.中国证券监督管理委员会　财政部关于《行政和解金管理暂行办法》的公告

（2015年2月28日　中国证券监督管理委员会　财政部公告〔2015〕4号）

经国务院批准，中国证监会在证券期货领域试点行政和解制度。为规范行政和解金的管理和使用工作，中国证监会会同财政部制定了《行政和解金管理暂行办法》，现予公布，自2015年3月29日起施行。

行政和解金管理暂行办法

第一条　为规范证券期货行政和解金的管理和使用，保护投资者合法权益，根据《行政和解试点实施办法》的规定，制定本办法。

第二条　本办法所称行政和解金，是指中国证券监督管理委员会（以下简称中国证监会）在监管执法过程中，与涉嫌违法的公民、法人或者其他组织（以下简称行政相对人）就涉嫌违法行为的处理达成行政和解协议，行政相对人按照行政和解协议约定交纳的资金。

第三条 行政相对人因其涉嫌违法行为对投资者造成损失，投资者申请使用该行政相对人根据行政和解协议所交纳行政和解金补偿损失的，适用本办法。

第四条 中国证券投资者保护基金有限责任公司（以下简称投保基金公司）履行行政和解金的管理职责。

第五条 中国证监会、财政部依照法律、行政法规及本办法的规定，对投保基金公司管理行政和解金实施监督管理。

第六条 行政和解金的管理应当遵循专户管理的原则，专门用于补偿投资者因行政相对人行为所受的损失。

第七条 投保基金公司不得混同不同和解案件的行政和解金，不得使用特定案件中行政相对人交纳的行政和解金对因其他案件受到损失的投资者作出补偿。行政和解金在补偿投资者后仍有剩余的，应当上缴国库。

第八条 中国证监会与行政相对人达成行政和解协议的，应当书面告知投保基金公司。行政相对人按照行政和解协议约定交纳行政和解金的，应当向投保基金公司为其开立的专门账户支付相应款项。

第九条 投保基金公司收到行政和解金后，应当尽快制定行政和解金补偿方案，并报中国证监会备案。

第十条 投保基金公司制定的行政和解金补偿方案应当载明以下内容：

（一）有资格获得行政和解金补偿的投资者范围；

（二）向适格投资者发出补偿通知的程序；

（三）投资者申请行政和解金补偿及其资格审查的程序；

（四）行政和解金的具体分配方案；

（五）向投资者支付补偿款的程序；

（六）执行行政和解金补偿方案涉及的各项支出；

（七）中国证监会规定或要求的其他事项。

投保基金公司可以就补偿方案内容以适当形式征求投资者的意见。

第十一条 投保基金公司使用行政和解金对投资者作出补偿的，补偿数额原则上以投资者受到的损失为限。

第十二条 投保基金公司在制定行政和解金补偿方案、分配补偿金时，需要证券交易所、期货交易所、登记结算机构支持和配合的，证券交易所、期货交易所、登记结算机构应当予以支持和配合。

第十三条 投保基金公司执行行政和解金补偿方案，应当同时在其网站上进行公告。因执行行政和解金补偿方案而产生的有关费用，从行政和解金中列支。

第十四条 投保基金公司应当按照安全、稳健的原则履行对行政和解金的管理职责，保证行政和解金的安全。行政和解金的管理方式应当限于银行存款。

第十五条 行政和解金补偿方案执行完毕后30日内，投保基金公司应当在其网站上公告补偿方案的执行情况和执行费用支出情况。

第十六条 行政和解金补偿方案执行完毕后90日内，投保基金公司应当就行政和解金补偿方案的执行情况编制专门报告，报送中国证监会和财政部。

第十七条 投保基金公司应当制定行政和解金管理、使用的财务管理和会计核算办法，报中国证监会和财政部备案。

第十八条 投保基金公司应当妥善保管行政和解金补偿的收划款凭证、投资者申请材料及相关原始凭证。

第十九条 投保基金公司每年应当向中国证监会和财政部专题报告行政和解金管理、使用的具体情况。

第二十条 对挪用、侵占或者骗取行政和解金的违法行为，依法追究法律责任。

第二十一条 投保基金公司应当制定行政和解金管理和使用的具体操作规程。

第二十二条 本办法由中国证监会会同财政部负责解释。

第二十三条 本办法自2015年3月29日起施行。

2.财政部　国家税务总局关于行政和解金有关税收政策问题的通知

（2016年9月18日　财税〔2016〕100号）

各省、自治区、直辖市、计划单列市财政厅（局）、国家税务局、地方税务局，新疆生产兵团财务局：

根据《中华人民共和国企业所得税法》及《中华人民共和国个人所得税法》的有关规定，现就证券期货领域有关行政和解金税收政策问题明确如下：

一、行政相对人交纳的行政和解金，不得在所得税税前扣除。

二、中国证券投资者保护基金公司（简称投保基金公司）代收备付的行政和解金不属于投保基金公司的收入，不征收企业所得税。投保基金公司取得行政和解金时应使用财政票据。

三、对企业投资者从投保基金公司取得的行政和解金，应计入企业当期收入，依法征收企业所得税；对个人投资者从投保基金公司取得的行政和解金，暂免征收个人所得税。

四、本通知自2016年1月1日起执行。

▶利息支出

1.财政部　国家税务总局关于企业关联方利息支出税前扣除标准有关税收政策问题的通知

（2008年9月19日　财税〔2008〕121号）

各省、自治区、直辖市、计划单列市财政厅（局）、国家税务局、地方税务局，新疆生产建设兵团财务局：

为规范企业利息支出税前扣除，加强企业所得税管理，根据《中华人民共和国企业所得税法》（以下简称税法）第四十六条和《中华人民共和国企业所得税法实施条例》（国务院令第512号，以下简称实施条例）第一百一十九条的规定，现将企业接受关联方债权性投资利息支出税前扣除的政策问题通知如下：

一、在计算应纳税所得额时，企业实际支付给关联方的利息支出，不超过以下规定比例和税法及其实施条例有关规定计算的部分，准予扣除，超过的部分不得在发生当期和以后年度扣除。

企业实际支付给关联方的利息支出，除符合本通知第二条规定外，其接受关联方债权性投资与其权益性投资比例为：

（一）金融企业，为5∶1；

（二）其他企业，为2∶1。

二、企业如果能够按照税法及其实施条例的有关规定提供相关资料，并证明相关交易活动符合独立交易原则的；或者该企业的实际税负不高于境内关联方的，其实际支付给境内关联方的利息支出，在计算应纳税所得额时准予扣除。

三、企业同时从事金融业务和非金融业务，其实际支付给关联方的利息支出，应按照合理方法分开计算；没有按照合理方法分开计算的，一律按本通知第一条有关其他企业的比例计算准予税前扣除的利息支出。

四、企业自关联方取得的不符合规定的利息收入应按照有关规定缴纳企业所得税。

2. 国家税务总局关于企业投资者投资未到位而发生的利息支出企业所得税前扣除问题的批复

（2009年6月4日 国税函〔2009〕312号）

大连市国家税务局：

你局《关于企业贷款中相当于投资者投资未到位部分的利息支出能否税前列支的请示》（大国税发〔2009〕68号）收悉。经研究，批复如下：

关于企业由于投资者投资未到位而发生的利息支出扣除问题，根据《中华人民共和国企业所得税法实施条例》第二十七条规定，凡企业投资者在规定期限内未缴足其应缴资本额的，该企业对外借款所发生的利息，相当于投资者实缴资本额与在规定期限内应缴资本额的差额应计付的利息，其不属于企业合理的支出，应由企业投资者负担，不得在计算企业应纳税所得额时扣除。

具体计算不得扣除的利息，应以企业一个年度内每一账面实收资本与借款余额保持不变的期间作为一个计算期，每一计算期内不得扣除的借款利息按该期间借款利息发生额乘以该期间企业未缴足的注册资本占借款总额的比例计算，公式为：

企业每一计算期不得扣除的借款利息 = 该期间借款利息额 × 该期间未缴足注册资本额 ÷ 该期间借款额

企业一个年度内不得扣除的借款利息总额为该年度内每一计算期不得扣除的借款利息额之和。

3. 国家税务总局关于企业向自然人借款的利息支出企业所得税税前扣除问题的通知

（2009年12月31日 国税函〔2009〕777号）

各省、自治区、直辖市和计划单列市国家税务局、地方税务局：

现就企业向自然人借款的利息支出企业所得税税前扣除问题，通知如下：

一、企业向股东或其他与企业有关联关系的自然人借款的利息支出，应根据《中华人民共和国企业所得税法》（以下简称税法）第四十六条及《财政部、国家税务总局关于企业关联方利息支出税前扣除标准有关税收政策问题的通知》（财税〔2008〕121号）规定的条件，计算企业所得税扣除额。

二、企业向除第一条规定以外的内部职工或其他人员借款的利息支出，其借款情况同时符合以下条件的，其利息支出在不超过按照金融企业同期同类贷款利率计算的数额的部分，根据税法第八条和税法实施条例第二十七条规定，准予扣除。

（一）企业与个人之间的借贷是真实、合法、有效的，并且不具有非法集资目的或其他违反法律、法规的行为；

（二）企业与个人之间签订了借款合同。

工资薪金及三费支出

1. 国家税务总局关于企业工资薪金及职工福利费扣除问题的通知

（2009 年 1 月 4 日　国税函〔2009〕3 号）

各省、自治区、直辖市和计划单列市国家税务局、地方税务局：

为有效贯彻落实《中华人民共和国企业所得税法实施条例》（以下简称《实施条例》），现就企业工资薪金和职工福利费扣除有关问题通知如下：

一、关于合理工资薪金问题

《实施条例》第三十四条所称的“合理工资薪金”，是指企业按照股东大会、董事会、薪酬委员会或相关管理机构制订的工资薪金制度规定实际发放给员工的工资薪金。税务机关在对工资薪金进行合理性确认时，可按以下原则掌握：

（一）企业制订了较为规范的员工工资薪金制度；

（二）企业所制订的工资薪金制度符合行业及地区水平；

（三）企业在一定时期所发放的工资薪金是相对固定的，工资薪金的调整是有序进行的；

（四）企业对实际发放的工资薪金，已依法履行了代扣代缴个人所得税义务；

（五）有关工资薪金的安排，不以减少或逃避税款为目的。

二、关于工资薪金总额问题

《实施条例》第四十、四十一、四十二条所称的“工资薪金总额”，是指企业按照本通知第一条规定实际发放的工资薪金总和，不包括企业的职工福利费、职工教育经费、工会经费以及养老保险费、医疗保险费、失业保险费、工伤保险费、生育保险费等社会保险费和住房公积金。属于国有性质的企业，其工资薪金，不得超过政府有关部门给予的限定数额；超过部分，不得计入企业工资薪金总额，也不得在计算企业应纳税所得额时扣除。

三、关于职工福利费扣除问题

《实施条例》第四十条规定的企业职工福利费，包括以下内容：

（一）尚未实行分离办社会职能的企业，其内设福利部门所发生的设备、设施和人员费用，包括职工食堂、职工浴室、理发室、医务所、托儿所、疗养院等集体福利部门的设备、设施及维修保养费用和福利部门工作人员的工资薪金、社会保险费、住房公积金、劳务费等。

（二）为职工卫生保健、生活、住房、交通等所发放的各项补贴和非货币性福利，包括企业向职工发放的因公外地就医费用、未实行医疗统筹企业职工医疗费用、职工供养直系亲属医疗补贴、供暖费补贴、职工防暑降温费、职工困难补贴、救济费、职工食堂经费补贴、职工交通补贴等。

（三）按照其他规定发生的其他职工福利费，包括丧葬补助费、抚恤费、安家费、探亲假路费等。

四、关于职工福利费核算问题

企业发生的职工福利费，应该单独设置账册，进行准确核算。没有单独设置账册准确核算的，税务机关应责令企业在规定的期限内进行改正。逾期仍未改正的，税务机关可对企业发生的职工福利费进行合理的核定。

五、本通知自 2008 年 1 月 1 日起执行。

2. 国家税务总局关于工会经费企业所得税税前扣除凭据问题的公告

（2010 年 11 月 9 日　国家税务总局公告 2010 年第 24 号）

根据《工会法》、《中国工会章程》和财政部颁布的《工会会计制度》，以及财政票据管理的有关规定，全国总工会决定从 2010 年 7 月 1 日起，启用财政部统一印制并套印财政部票据监制章的《工会经费收入专用收据》，同时废止《工会经费拨缴款专用收据》。为加强对工会经费企业所得税税前扣除的管理，现就工会经费税前扣除凭据问题公告如下：

一、自 2010 年 7 月 1 日起，企业拨缴的职工工会经费，不超过工资薪金总额 2% 的部分，凭工会组织开具的《工会经费收入专用收据》在企业所得税税前扣除。

二、《国家税务总局关于工会经费税前扣除问题的通知》（国税函〔2000〕678 号）同时废止。

特此公告。

3. 国家税务总局关于税务机关代收工会经费企业所得税税前扣除凭据问题的公告

（2011 年 5 月 16 日　国家税务总局公告 2011 年第 30 号）

为进一步加强对工会经费企业所得税税前扣除的管理，现就税务机关代收工会经费税前扣除凭据问题公告如下：

自 2010 年 1 月 1 日起，在委托税务机关代收工会经费的地区，企业拨缴的工会经费，也可凭合法、有效的工会经费代收凭据依法在税前扣除。

特此公告。

4. 国家税务总局关于雇主为雇员承担全年一次性奖金部分税款有关个人所得税计算方法问题的公告

（2011 年 4 月 28 日　国家税务总局公告 2011 年第 28 号）

为公平税负，规范管理，根据《中华人民共和国个人所得税法》、《国家税务总局关于雇主为其雇员负担个人所得税税款计征问题的通知》（国税发〔1996〕199 号）和《国家税务总局关于调整个人取得全年一次性奖金等计算征收个人所得税方法问题的通知》（国税发〔2005〕9 号）等规定，现对雇员取得全年一次性奖金并由雇主负担部分税款有关个人所得税计算方法问题公告如下：

一、雇主为雇员负担全年一次性奖金部分个人所得税款，属于雇员又额外增加了收入，应将雇主负担的这部分税款并入雇员的全年一次性奖金，换算为应纳税所得额后，按照规定方法计征个人所得税。

二、将不含税全年一次性奖金换算为应纳税所得额的计算方法

（一）雇主为雇员定额负担税款的计算公式：

应纳税所得额 = 雇员取得的全年一次性奖金 + 雇主替雇员定额负担的税款 - 当月工资薪金低于费用扣除标准的差额

（二）雇主为雇员按一定比例负担税款的计算公式：

1. 查找不含税全年一次性奖金的适用税率和速算扣除数

未含雇主负担税款的全年一次性奖金收入 ÷ 12，根据其商数找出不含税级距对应的适用税率 A 和速算扣除数 A

2. 计算含税全年一次性奖金

应纳税所得额 =（未含雇主负担税款的全年一次性奖金收入 - 当月工资薪金低于费用扣除标准的差额 - 不含税级距的速算扣除数 A × 雇主负担比例）÷（1 - 不含税级距的适用税率 A × 雇主负担比例）

三、对上述应纳税所得额，扣缴义务人应按照国税发〔2005〕9 号文件规定的方法计算应扣缴税款。即：将应纳税所得额 ÷ 12，根据其商数找出对应的适用税率 B 和速算扣除数 B，据以计算税款。计算公式：

应纳税额 = 应纳税所得额 × 适用税率 B - 速算扣除数 B

实际缴纳税额 = 应纳税额 - 雇主为雇员负担的税额

四、雇主为雇员负担的个人所得税款，应属于个人工资薪金的一部分。凡单独作为企业管理费列支的，在计算企业所得税时不得税前扣除。

本公告自 2011 年 5 月 1 日起施行。

5. 国家税务总局关于我国居民企业实行股权激励计划有关企业所得税处理问题的公告

（2012 年 5 月 23 日　国家税务总局公告 2012 年第 18 号）

为推进我国资本市场改革，促进企业建立健全激励与约束机制，根据国务院证券管理委员会发布的《上市公司股权激励管理办法（试行）》（证监公司字〔2005〕151 号，以下简称《管理办法》）的规定，一些在我国境内上市的居民企业（以下简称上市公司），为其职工建立了股权激励计划。根据《中华人民共和国企业所得税法》及其实施条例（以下简称税法）的有关规定，现就上市公司实施股权激励计划有关企业所得税处理问题，公告如下：

一、本公告所称股权激励，是指《管理办法》中规定的上市公司以本公司股票为标的，对其董事、监事、高级管理人员及其他员工（以下简称激励对象）进行的长期性激励。股权激励实行方式包括授予限制性股票、股票期权以及其他法律法规规定的方式。

限制性股票，是指《管理办法》中规定的激励对象按照股权激励计划规定的条件，从上市公司获得的一定数量的本公司股票。

股票期权，是指《管理办法》中规定的上市公司按照股权激励计划授予激励对象在未来一定期限内，以预先确定的价格和条件购买本公司一定数量股票的权利。

二、上市公司依照《管理办法》要求建立职工股权激励计划，并按我国企业会计准则的有关规定，在股权激励计划授予激励对象时，按照该股票的公允价格及数量，计算确定作为上市公司相关年度的成本或费用，作为换取激励对象提供服务的对价。上述企业建立的职工股权激励计划，其企业所得税的处理，按以下规定执行：

（一）对股权激励计划实行后立即可以行权的，上市公司可以根据实际行权时该股票的公允价格与激励

对象实际行权支付价格的差额和数量,计算确定作为当年上市公司工资薪金支出,依照税法规定进行税前扣除。

(二)对股权激励计划实行后,需待一定服务年限或者达到规定业绩条件(以下简称等待期)方可行权的。上市公司等待期内会计上计算确认的相关成本费用,不得在对应年度计算缴纳企业所得税时扣除。在股权激励计划可行权后,上市公司方可根据该股票实际行权时的公允价格与当年激励对象实际行权支付价格的差额及数量,计算确定作为当年上市公司工资薪金支出,依照税法规定进行税前扣除。

(三)本条所指股票实际行权时的公允价格,以实际行权日该股票的收盘价格确定。

三、在我国境外上市的居民企业和非上市公司,凡比照《管理办法》的规定建立职工股权激励计划,且在企业会计处理上,也按我国会计准则的有关规定处理的,其股权激励计划有关企业所得税处理问题,可以按照上述规定执行。

四、本公告自2012年7月1日起施行。

6.国家税务总局关于企业工资薪金和职工福利费等支出税前扣除问题的公告

(2015年5月8日　国家税务总局公告2015年第34号)

根据《中华人民共和国企业所得税法》及其实施条例相关规定,现对企业工资薪金和职工福利费等支出企业所得税税前扣除问题公告如下:

一、企业福利性补贴支出税前扣除问题

列入企业员工工资薪金制度、固定与工资薪金一起发放的福利性补贴,符合《国家税务总局关于企业工资薪金及职工福利费扣除问题的通知》(国税函〔2009〕3号)第一条规定的,可作为企业发生的工资薪金支出,按规定在税前扣除。

不能同时符合上述条件的福利性补贴,应作为国税函〔2009〕3号文件第三条规定的职工福利费,按规定计算限额税前扣除。

二、企业年度汇算清缴结束前支付汇缴年度工资薪金税前扣除问题

企业在年度汇算清缴结束前向员工实际支付的已预提汇缴年度工资薪金,准予在汇缴年度按规定扣除。

三、企业接受外部劳务派遣用工支出税前扣除问题

企业接受外部劳务派遣用工所实际发生的费用,应分两种情况按规定在税前扣除:按照协议(合同)约定直接支付给劳务派遣公司的费用,应作为劳务费支出;直接支付给员工个人的费用,应作为工资薪金支出和职工福利费支出。其中属于工资薪金支出的费用,准予计入企业工资薪金总额的基数,作为计算其他各项相关费用扣除的依据。

四、施行时间

本公告适用于2014年度及以后年度企业所得税汇算清缴。本公告施行前尚未进行税务处理的事项,符合本公告规定的可按本公告执行。

《国家税务总局关于企业所得税应纳税所得额若干税务处理问题的公告》(税务总局公告2012年第15号)第一条有关企业接受外部劳务派遣用工的相关规定同时废止。

特此公告。

7. 国家税务总局关于华为集团内部人员调动离职补偿税前扣除问题的批复

（2015 年 6 月 2 日　税总函〔2015〕299 号）

深圳市国家税务局、地方税务局：

你局《深圳市国家税务局关于华为公司集团内部人员调动离职补偿金税前扣除问题的请示》（深国税发〔2015〕59 号）收悉。经研究，现批复如下：

根据《中华人民共和国企业所得税法》及其实施条例和《国家税务总局关于企业工资薪金及职工福利费扣除问题的通知》（国税函〔2009〕3 号）的规定，华为公司对离职补偿事项的税务处理不符合企业所得税据实扣除原则，应该进行纳税调整。

企业根据公司财务制度为职工提取离职补偿费，在进行年度企业所得税汇算清缴时，对当年度“预提费用”科目发生额进行纳税调整，待职工从企业离职并实际领取离职补偿费后，企业可按规定进行税前扣除。

8. 财政部　国家税务总局关于高新技术企业职工教育经费税前扣除政策的通知

（2015 年 6 月 9 日　财税〔2015〕63 号）

各省、自治区、直辖市、计划单列市财政厅（局）、国家税务局、地方税务局，新疆生产建设兵团财务局：

经国务院批准，现就高新技术企业职工教育经费税前扣除政策通知如下：

一、高新技术企业发生的职工教育经费支出，不超过工资薪金总额 8% 的部分，准予在计算企业所得税应纳税所得额时扣除；超过部分，准予在以后纳税年度结转扣除。

二、本通知所称高新技术企业，是指注册在中国境内、实行查账征收、经认定的高新技术企业。

三、本通知自 2015 年 1 月 1 日起执行。

9. 财政部　国家税务总局关于企业职工教育经费税前扣除政策的通知

（2018 年 5 月 7 日　财税〔2018〕51 号）

各省、自治区、直辖市、计划单列市财政厅（局）、国家税务局、地方税务局，新疆生产建设兵团财政局：

为鼓励企业加大职工教育投入，现就企业职工教育经费税前扣除政策通知如下：

一、企业发生的职工教育经费支出，不超过工资薪金总额 8% 的部分，准予在计算企业所得税应纳税所得额时扣除；超过部分，准予在以后纳税年度结转扣除。

二、本通知自 2018 年 1 月 1 日起执行。

10. 财政部　国家税务总局关于完善股权激励和技术入股有关所得税政策的通知

（2016 年 9 月 20 日　财税〔2016〕101 号）

各省、自治区、直辖市、计划单列市财政厅（局）、国家税务局、地方税务局，新疆生产建设兵团财务局：

为支持国家大众创业、万众创新战略的实施，促进我国经济结构转型升级，经国务院批准，现就完善股权激励和技术入股有关所得税政策通知如下：

一、对符合条件的非上市公司股票期权、股权期权、限制性股票和股权奖励实行递延纳税政策

（一）非上市公司授予本公司员工的股票期权、股权期权、限制性股票和股权奖励，符合规定条件的，经向主管税务机关备案，可实行递延纳税政策，即员工在取得股权激励时可暂不纳税，递延至转让该股权时纳税；股权转让时，按照股权转让收入减除股权取得成本以及合理税费后的差额，适用“财产转让所得”项目，按照 20% 的税率计算缴纳个人所得税。

股权转让时，股票（权）期权取得成本按行权价确定，限制性股票取得成本按实际出资额确定，股权奖励取得成本为零。

（二）享受递延纳税政策的非上市公司股权激励（包括股票期权、股权期权、限制性股票和股权奖励，下同）须同时满足以下条件：

1. 属于境内居民企业的股权激励计划。

2. 股权激励计划经公司董事会、股东（大）会审议通过。未设股东（大）会的国有单位，经上级主管部门审核批准。股权激励计划应列明激励目的、对象、标的、有效期、各类价格的确定方法、激励对象获取权益的条件、程序等。

3. 激励标的应为境内居民企业的本公司股权。股权奖励的标的可以是技术成果投资入股到其他境内居民企业所取得的股权。激励标的股票（权）包括通过增发、大股东直接让渡以及法律法规允许的其他合理方式授予激励对象的股票（权）。

4. 激励对象应为公司董事会或股东（大）会决定的技术骨干和高级管理人员，激励对象人数累计不得超过本公司最近 6 个月在职职工平均人数的 30%。

5. 股票（权）期权自授予日起应持有满 3 年，且自行权日起持有满 1 年；限制性股票自授予日起应持有满 3 年，且解禁后持有满 1 年；股权奖励自获得奖励之日起应持有满 3 年。上述时间条件须在股权激励计划中列明。

6. 股票（权）期权自授予日至行权日的时间不得超过 10 年。

7. 实施股权奖励的公司及其奖励股权标的公司所属行业均不属于《股权奖励税收优惠政策限制性行业目录》范围（见附件）。公司所属行业按公司上一纳税年度主营业务收入占比最高的行业确定。

（三）本通知所称股票（权）期权是指公司给予激励对象在一定期限内以事先约定的价格购买本公司股票（权）的权利；所称限制性股票是指公司按照预先确定的条件授予激励对象一定数量的本公司股权，激励对象只有工作年限或业绩目标符合股权激励计划规定条件的才可以处置该股权；所称股权奖励是指企业无偿授予激励对象一定份额的股权或一定数量的股份。

（四）股权激励计划所列内容不同时满足第一条第（二）款规定的全部条件，或递延纳税期间公司情况发生变化，不再符合第一条第（二）款第 4 至 6 项条件的，不得享受递延纳税优惠，应按规定计算缴纳个人所得税。

二、对上市公司股票期权、限制性股票和股权奖励适当延长纳税期限

（一）上市公司授予个人的股票期权、限制性股票和股权奖励，经向主管税务机关备案，个人可自股票期

权行权、限制性股票解禁或取得股权奖励之日起，在不超过12个月的期限内缴纳个人所得税。《财政部 国家税务总局关于上市公司高管人员股票期权所得缴纳个人所得税有关问题的通知》（财税〔2009〕40号）自本通知施行之日起废止。

（二）上市公司股票期权、限制性股票应纳税款的计算，继续按照《财政部 国家税务总局关于个人股票期权所得征收个人所得税问题的通知》（财税〔2005〕35号）、《财政部 国家税务总局关于股票增值权所得和限制性股票所得征收个人所得税有关问题的通知》（财税〔2009〕5号）、《国家税务总局关于股权激励有关个人所得税问题的通知》（国税函〔2009〕461号）等相关规定执行。股权奖励应纳税款的计算比照上述规定执行。

三、对技术成果投资入股实施选择性税收优惠政策

（一）企业或个人以技术成果投资入股到境内居民企业，被投资企业支付的对价全部为股票（权）的，企业或个人可选择继续按现行有关税收政策执行，也可选择适用递延纳税优惠政策。

选择技术成果投资入股递延纳税政策的，经向主管税务机关备案，投资入股当期可暂不纳税，允许递延至转让股权时，按股权转让收入减去技术成果原值和合理税费后的差额计算缴纳所得税。

（二）企业或个人选择适用上述任一项政策，均允许被投资企业按技术成果投资入股时的评估值入账并在企业所得税前摊销扣除。

（三）技术成果是指专利技术（含国防专利）、计算机软件著作权、集成电路布图设计专有权、植物新品种权、生物医药新品种，以及科技部、财政部、国家税务总局确定的其他技术成果。

（四）技术成果投资入股，是指纳税人将技术成果所有权让渡给被投资企业、取得该企业股票（权）的行为。

四、相关政策

（一）个人从任职受雇企业以低于公平市场价格取得股票（权）的，凡不符合递延纳税条件，应在获得股票（权）时，对实际出资额低于公平市场价格的差额，按照“工资、薪金所得”项目，参照《财政部 国家税务总局关于个人股票期权所得征收个人所得税问题的通知》（财税〔2005〕35号）有关规定计算缴纳个人所得税。

（二）个人因股权激励、技术成果投资入股取得股权后，非上市公司在境内上市的，处置递延纳税的股权时，按照现行限售股有关征税规定执行。

（三）个人转让股权时，视同享受递延纳税优惠政策的股权优先转让。递延纳税的股权成本按照加权平均法计算，不与其他方式取得的股权成本合并计算。

（四）持有递延纳税的股权期间，因该股权产生的转增股本收入，以及以该递延纳税的股权再进行非货币性资产投资的，应在当期缴纳税款。

（五）全国中小企业股份转让系统挂牌公司按照本通知第一条规定执行。

适用本通知第二条规定的上市公司是指其股票在上海证券交易所、深圳证券交易所上市交易的股份有限公司。

五、配套管理措施

（一）对股权激励或技术成果投资入股选择适用递延纳税政策的，企业应在规定期限内到主管税务机关办理备案手续。未办理备案手续的，不得享受本通知规定的递延纳税优惠政策。

（二）企业实施股权激励或个人以技术成果投资入股，以实施股权激励或取得技术成果的企业为个人所得税扣缴义务人。递延纳税期间，扣缴义务人应在每个纳税年度终了后向主管税务机关报告递延纳税有关情况。

（三）工商部门应将企业股权变更信息及时与税务部门共享，暂不具备联网实时共享信息条件的，工商部门应在股权变更登记3个工作日内将信息与税务部门共享。

六、本通知自2016年9月1日起施行。

中关村国家自主创新示范区2016年1月1日至8月31日之间发生的尚未纳税的股权奖励事项，符合本通知规定的相关条件的，可按本通知有关政策执行。

附件：

股权奖励税收优惠政策限制性行业目录

门类代码	类别名称
A(农、林、牧、渔业)	(1)03 畜牧业(科学研究、籽种繁育性质项目除外) (2)04 渔业(科学研究、籽种繁育性质项目除外)
B(采矿业)	(3)采矿业(除第 11 类开采辅助活动)
C(制造业)	(4)16 烟草制品业 (5)17 纺织业(除第 178 类非家用纺织制成品制造) (6)19 皮革、毛皮、羽毛及其制品和制鞋业 (7)20 木材加工和木、竹、藤、棕、草制品业 (8)22 造纸和纸制品业(除第 223 类纸制品制造) (9)31 黑色金属冶炼和压延加工业(除第 314 类钢压延加工)
F(批发和零售业)	(10)批发和零售业
G(交通运输、仓储和邮政业)	(11)交通运输、仓储和邮政业
H(住宿和餐饮业)	(12)住宿和餐饮业
J(金融业)	(13)66 货币金融服务 (14)68 保险业
K(房地产业)	(15)房地产业
L(租赁和商务服务业)	(16)租赁和商务服务业
O(居民服务、修理和其他服务业)	(17)79 居民服务业
Q(卫生和社会工作)	(18)84 社会工作
R(文化、体育和娱乐业)	(19)88 体育 (20)89 娱乐业
S(公共管理、社会保障和社会组织)	(21)公共管理、社会保障和社会组织(除第 9421 类专业性团体和 9422 类行业性团体)
T(国际组织)	(22)国际组织

说明：以上目录按照《国民经济行业分类》(GB/T 4754—2011)编制。

11. 国家税务总局关于股权激励和技术入股所得税征管问题的公告

(2016 年 9 月 28 日　国家税务总局公告 2016 年第 62 号)

为贯彻落实《财政部　国家税务总局关于完善股权激励和技术入股有关所得税政策的通知》(财税〔2016〕101 号，以下简称《通知》)，现就股权激励和技术入股有关所得税征管问题公告如下：

一、关于个人所得税征管问题

(一)非上市公司实施符合条件的股权激励，本公司最近 6 个月在职职工平均人数，按照股票(权)期权行权、限制性股票解禁、股权奖励获得之上月起前 6 个月“工资薪金所得”项目全员全额扣缴明细申报的平均人数确定。

（二）递延纳税期间，非上市公司情况发生变化，不再同时符合《通知》第一条第（二）款第4至6项条件的，应于情况发生变化之次月15日内，按《通知》第四条第（一）款规定计算缴纳个人所得税。

（三）员工以在一个公历月份中取得的股票（权）形式工资薪金所得为一次。员工取得符合条件、实行递延纳税政策的股权激励，与不符合递延纳税条件的股权激励分别计算。

员工在一个纳税年度中多次取得不符合递延纳税条件的股票（权）形式工资薪金所得的，参照《国家税务总局关于个人股票期权所得缴纳个人所得税有关问题的补充通知》（国税函〔2006〕902号）第七条规定执行。

（四）《通知》所称公平市场价格按以下方法确定：

1. 上市公司股票的公平市场价格，按照取得股票当日的收盘价确定。取得股票当日为非交易日的，按照上一个交易日收盘价确定。

2. 非上市公司股票（权）的公平市场价格，依次按照净资产法、类比法和其他合理方法确定。净资产法按照取得股票（权）的上年末净资产确定。

（五）企业备案具体按以下规定执行：

1. 非上市公司实施符合条件的股权激励，个人选择递延纳税的，非上市公司应于股票（权）期权行权、限制性股票解禁、股权奖励获得之次月15日内，向主管税务机关报送《非上市公司股权激励个人所得税递延纳税备案表》（附件1）、股权激励计划、董事会或股东大会决议、激励对象任职或从事技术工作情况说明等。实施股权奖励的企业同时报送本企业及其奖励股权标的企业上一纳税年度主营业务收入构成情况说明。

2. 上市公司实施股权激励，个人选择在不超过12个月期限内缴税的，上市公司应自股票期权行权、限制性股票解禁、股权奖励获得之次月15日内，向主管税务机关报送《上市公司股权激励个人所得税延期纳税备案表》（附件2）。上市公司初次办理股权激励备案时，还应一并向主管税务机关报送股权激励计划、董事会或股东大会决议。

3. 个人以技术成果投资入股境内公司并选择递延纳税的，被投资公司应于取得技术成果并支付股权之次月15日内，向主管税务机关报送《技术成果投资入股个人所得税递延纳税备案表》（附件3）、技术成果相关证书或证明材料、技术成果投资入股协议、技术成果评估报告等资料。

（六）个人因非上市公司实施股权激励或以技术成果投资入股取得的股票（权），实行递延纳税期间，扣缴义务人应于每个纳税年度终了后30日内，向主管税务机关报送《个人所得税递延纳税情况年度报告表》（附件4）。

（七）递延纳税股票（权）转让、办理纳税申报时，扣缴义务人、个人应向主管税务机关一并报送能够证明股票（权）转让价格、递延纳税股票（权）原值、合理税费的有关资料，具体包括转让协议、评估报告和相关票据等。资料不全或无法充分证明有关情况，造成计税依据偏低，又无正当理由的，主管税务机关可依据税收征管法有关规定进行核定。

二、关于企业所得税征管问题

（一）选择适用《通知》中递延纳税政策的，应当为实行查账征收的居民企业以技术成果所有权投资。

（二）企业适用递延纳税政策的，应在投资完成后首次预缴申报时，将相关内容填入《技术成果投资入股企业所得税递延纳税备案表》（附件5）。

（三）企业接受技术成果投资入股，技术成果评估值明显不合理的，主管税务机关有权进行调整。

三、实施时间

本公告自2016年9月1日起实施。中关村国家自主创新示范区2016年1月1日至8月31日之间发生的尚未纳税的股权奖励事项，按《通知》有关政策执行的，可按本公告有关规定办理相关税收事宜。《国家税务总局关于3项个人所得税事项取消审批实施后续管理的公告》（国家税务总局公告2016年第5号）第二条第（一）项同时废止。

特此公告。

附件：1.《非上市公司股权激励个人所得税递延纳税备案表》及填报说明（略）

2.《上市公司股权激励个人所得税延期纳税备案表》及填报说明(略)
3.《技术成果投资入股个人所得税递延纳税备案表》及填报说明(略)
4.《个人所得税递延纳税情况年度报告表》及填报说明(略)
5.《技术成果投资入股企业所得税递延纳税备案表》及填报说明

附件5:

技术成果投资入股企业所得税递延纳税备案表

纳税人名称(盖章): 纳税人识别号: 申报所属期:______年度 金额单位:人民币元(列至角分)

行次	投资企业信息							被投资企业信息				备注
	技术成果名称	技术成果类型	技术成果编号	公允价值	计税基础	取得股权时间	递延所得	企业名称	纳税人识别号	主管税务机关	与投资方是否为关联企业	
	1	2	3	4	5	6	7=4-5	8	9	10	11	
1												
2												
3												
4												
5												
6												
7												
8												
…												
合计												
谨声明:本人知悉并保证本表填报内容及所附证明材料真实、完整,并承担因资料虚假而产生的法律和行政责任。 法定代表人签章: 年 月 日												

填表人: 填报日期: 国家税务总局监制

填报说明:

一、适用范围

本表适用于执行企业所得税技术成果投资递延政策的纳税人填报。

二、报送期限

纳税人应在投资完成后首次预缴申报时向主管税务机关报送本表。

三、表内各栏

1.第2列"技术成果类型":是指专利技术(含国防专利)、计算机软件著作权、集成电路布图设计权、植物新品种、生物医药新品种,以及科技部、财政部、国家税务总局确定的其他技术成果。

2.第4列"公允价值":是指企业以技术成果投资入股时,技术成果按照协议确定的评估值。

3.第5列"计税基础":是指企业以技术成果投资入股时,技术成果的税收金额。

4.第6列"取得股权时间":是指技术成果投资协议生效并办理股权登记手续的时间。关联企业之间非货币性资产投资,投资协议生效后12个月尚未完成股权变更登记手续的,确认年度为投资协议生效年度。

5.第7列"递延所得"=第4列"公允价值"-第5列"计税基础"。

6.第11列"与投资方是否为关联企业":是指企业以技术成果投资入股前,投资企业与被投资企业是否为《中华人民共和国企业所得税法》及其实施条例中明确的关联企业。

四、本表一式二份。主管税务机关受理后,由纳税人和主管税务机关分别留存。

▶党组织工作经费

1.中共中央组织部　财政部　国家税务总局关于非公有制企业党组织工作经费问题的通知

（2015 年 1 月 27 日　组通字〔2014〕42 号）

各省、自治区、直辖市党委组织部、财政厅（局）、国家税务局、地方税务局，各副省级城市党委组织部、财政局、国家税务局、地方税务局，新疆生产建设兵团党委组织部、财务局：

党的十八大提出，创新基层党建工作，建立稳定的经费保障制度。《关于加强和改进非公有制企业党的建设工作的意见（试行）》（中办发〔2012〕11 号）强调，加强非公有制企业党建工作经费保障。按照中央关于加强基层服务型党组织建设的有关精神，为进一步提高非公有制企业党建工作水平，保证企业党组织活动有经费、服务有条件，根据《中华人民共和国公司法》和有关规定，现就非公有制企业党组织工作经费问题通知如下：

一、非公有制企业党组织工作经费主要通过纳入管理费用、党费拨返、财政支持等渠道予以解决。同时，鼓励采取企业赞助、党员自愿捐助等方式，拓宽经费来源。

二、根据《中华人民共和国公司法》“公司应当为党组织的活动提供必要条件”规定和中办发〔2012〕11 号文件“建立并落实税前列支制度”等要求，非公有制企业党组织工作经费纳入企业管理费列支，不超过职工年度工资薪金总额 1% 的部分，可以据实在企业所得税前扣除。

三、非公有制企业党组织工作经费仍然不足的，上级党组织要从留存的党费中适当拨补。党员交纳的党费，可根据企业规模、党员数量等具体情况，全额或大部分返拨给企业党组织，用于开展党的活动。

四、有条件的地方，可借鉴北京、吉林、广东等地做法，采取专项列支等办法，对非公有制企业党建工作给予必要的经费支持。

五、党组织工作经费必须用于党的活动，使用范围包括：召开党内会议，开展党内宣传教育活动和组织活动；组织党员和入党积极分子教育培训；表彰先进基层党组织、优秀共产党员和优秀党务工作者；走访、慰问和补助生活困难党员；订阅或购买用于开展党员教育的报刊、资料和设备；维护党组织活动场所及设施等。

六、建立健全非公有制企业党建工作经费管理使用情况定期报告、检查和公示制度。企业党组织每年要向党员大会或党员代表大会报告党组织经费收支情况。从企业管理费中列支的部分，要严格执行财务制度，接受企业财务或审计部门的监督。各级组织、财政和税务部门要加强对经费使用情况的检查和监督，发现问题及时纠正和处理。

七、各级党组织和有关部门要从促进非公有制企业健康发展、巩固党的执政基础的高度，切实加大工作力度，把帮助解决非公有制企业党建工作经费问题，作为为基层办实事、解难事的一项重要举措，结合实际制定实施细则，确保落到实处，为非公有制企业党建工作提供有力保障。

2. 中共中央组织部　财政部　国务院国资委党委　国家税务总局关于国有企业党组织工作经费问题的通知

（2017 年 9 月 15 日　组通字〔2017〕38 号）

全国国有企业党的建设工作会议明确指出，落实国有企业党建工作经费，按照上年度职工工资总额的一定比例安排，纳入企业管理费用税前列支。为落实好这一要求，根据党章及党内有关规定和国家有关法律法规，现将国有企业党组织工作经费问题通知如下。

一、国有企业（包括国有独资、全资和国有资本绝对控股、相对控股企业）党组织工作经费主要通过纳入管理费用、党费留存等渠道予以解决。纳入管理费用的部分，一般按照企业上年度职工工资总额 1% 的比例安排，每年年初由企业党组织本着节约的原则编制经费使用计划，由企业纳入年度预算。

二、纳入管理费用的党组织工作经费，实际支出不超过职工年度工资薪金总额 1% 的部分，可以据实在企业所得税前扣除。年末如有结余，结转下一年度使用。累计结转超过上一年度职工工资总额 2% 的，当年不再从管理费用中安排。

三、纳入管理费用的党组织工作经费必须用于企业党的建设，使用范围主要包括：

（1）开展党内学习教育，召开党内会议，开展“两学一做”学习教育、“三会一课”、主题党日，培训党员、入党积极分子和党务工作者，订阅或购买用于开展党员教育的报刊、资料、音像制品和设备，进行党内宣传，摄制党员电教片；

（2）组织开展创先争优和党员先锋岗、党员责任区、党员突击队、党员志愿服务等主题实践活动；

（3）表彰奖励先进基层党组织、优秀共产党员和优秀党务工作者；

（4）党组织换届、流动党员管理、组织关系接转、党旗党徽配备、党建工作调查研究；

（5）走访、慰问、补助生活困难党员和老党员；

（6）租赁和修缮、维护党组织活动场所，新建、购买活动设施，研发和维护党建工作信息化平台；

（7）其他与党的建设直接相关的工作。凡属党费使用范围的，先从留存党费中开支，不足部分从纳入管理费用列支的党组织工作经费中支出。

四、党组织工作经费要向企业生产经营一线倾斜，重视关心关爱基层，定期下拨基层党支部工作经费，保证党支部活动需要，以利于党支部在教育管理监督党员、组织宣传服务职工群众、促进生产经营中充分发挥战斗堡垒作用。

五、严格党组织工作经费的管理和监督，确保节约使用、用得其所、用出实效。党费的收缴、使用和管理，要严格按党内有关规定执行。纳入管理费用的部分，要严格执行财务制度，接受企业纪检监察、财务审计部门的监督。企业党组织要定期向党员大会或党员代表大会报告党组织工作经费收支情况，并在一定范围内进行公示。上级企业党组织要加强对党组织工作经费使用情况的日常监督，并定期进行检查。各级组织、财政、税务部门和国资监管机构要加强对经费使用情况的检查和监督，发现问题及时纠正，涉嫌违纪的移交纪检检查机关处理。

六、集体所有制企业参照上述规定执行。

各地区各有关部门和国有企业可根据实际需要制定具体实施办法。

▶广告和业务宣传费支出

财政部　国家税务总局关于广告费和业务宣传费支出税前扣除政策的通知

（2017年5月27日　财税〔2017〕41号）

各省、自治区、直辖市、计划单列市财政厅（局）、国家税务局、地方税务局，新疆生产建设兵团财务局：

根据《中华人民共和国企业所得税法实施条例》（国务院令第512号）第四十四条规定，现就有关广告费和业务宣传费支出税前扣除政策通知如下：

一、对化妆品制造或销售、医药制造和饮料制造（不含酒类制造）企业发生的广告费和业务宣传费支出，不超过当年销售（营业）收入30%的部分，准予扣除；超过部分，准予在以后纳税年度结转扣除。

二、对签订广告费和业务宣传费分摊协议（以下简称分摊协议）的关联企业，其中一方发生的不超过当年销售（营业）收入税前扣除限额比例内的广告费和业务宣传费支出可以在本企业扣除，也可以将其中的部分或全部按照分摊协议归集至另一方扣除。另一方在计算本企业广告费和业务宣传费支出企业所得税税前扣除限额时，可将按照上述办法归集至本企业的广告费和业务宣传费不计算在内。

三、烟草企业的烟草广告费和业务宣传费支出，一律不得在计算应纳税所得额时扣除。

四、本通知自2016年1月1日起至2020年12月31日止执行。

▶手续费佣金服务费支出

1.国家税务总局关于母子公司间提供服务支付费用有关企业所得税处理问题的通知

（2008年8月14日　国税发〔2008〕86号）

各省、自治区、直辖市和计划单列市国家税务局、地方税务局：

根据《中华人民共和国企业所得税法》及其实施条例的有关规定，现就在中国境内，属于不同独立法人的母子公司之间提供服务支付费用有关企业所得税处理问题通知如下：

一、母公司为其子公司（以下简称子公司）提供各种服务而发生的费用，应按照独立企业之间公平交易原则确定服务的价格，作为企业正常的劳务费用进行税务处理。

母子公司未按照独立企业之间的业务往来收取价款的，税务机关有权予以调整。

二、母公司向其子公司提供各项服务，双方应签订服务合同或协议，明确规定提供服务的内容、收费标准及金额等，凡按上述合同或协议规定所发生的服务费，母公司应作为营业收入申报纳税；子公司作为成本费用在税前扣除。

三、母公司向其多个子公司提供同类项服务,其收取的服务费可以采取分项签订合同或协议收取;也可以采取服务分摊协议的方式,即,由母公司与各子公司签订服务费用分摊合同或协议,以母公司为其子公司提供服务所发生的实际费用并附加一定比例利润作为向子公司收取的总服务费,在各服务受益子公司(包括盈利企业、亏损企业和享受减免税企业)之间按《中华人民共和国企业所得税法》第四十一条第二款规定合理分摊。

四、母公司以管理费形式向子公司提取费用,子公司因此支付给母公司的管理费,不得在税前扣除。

五、子公司申报税前扣除向母公司支付的服务费用,应向主管税务机关提供与母公司签订的服务合同或者协议等与税前扣除该项费用相关的材料。不能提供相关材料的,支付的服务费用不得税前扣除。

2. 财政部　国家税务总局关于企业手续费及佣金支出税前扣除政策的通知

(2009 年 3 月 19 日　财税〔2009〕29 号)

各省、自治区、直辖市、计划单列市财政厅(局)、国家税务局、地方税务局,新疆生产建设兵团财务局:

为规范企业所得税税前扣除,加强企业所得税管理,根据《中华人民共和国企业所得税法》和《中华人民共和国企业所得税法实施条例》(以下合称新税法)有关规定,现将企业发生的手续费及佣金支出税前扣除政策问题通知如下:

一、企业发生与生产经营有关的手续费及佣金支出,不超过以下规定计算限额以内的部分,准予扣除;超过部分,不得扣除。

1. 保险企业:财产保险企业按当年全部保费收入扣除退保金等后余额的 15%(含本数,下同)计算限额;人身保险企业按当年全部保费收入扣除退保金等后余额的 10% 计算限额。

2. 其他企业:按与具有合法经营资格中介服务机构或个人(不含交易双方及其雇员、代理人和代表人等)所签订服务协议或合同确认的收入金额的 5% 计算限额。

二、企业应与具有合法经营资格中介服务企业或个人签订代办协议或合同,并按国家有关规定支付手续费及佣金。除委托个人代理外,企业以现金等非转账方式支付的手续费及佣金不得在税前扣除。企业为发行权益性证券支付给有关证券承销机构的手续费及佣金不得在税前扣除。

三、企业不得将手续费及佣金支出计入回扣、业务提成、返利、进场费等费用。

四、企业已计入固定资产、无形资产等相关资产的手续费及佣金支出,应当通过折旧、摊销等方式分期扣除,不得在发生当期直接扣除。

五、企业支付的手续费及佣金不得直接冲减服务协议或合同金额,并如实入账。

六、企业应当如实向当地主管税务机关提供当年手续费及佣金计算分配表和其他相关资料,并依法取得合法真实凭证。

七、本通知自印发之日起实施。新税法实施之日至本通知印发之日前企业手续费及佣金所得税税前扣除事项按本通知规定处理。

【注】根据《财政部　国家税务总局关于保险企业手续费及佣金支出税前扣除政策的公告》(2019 年 5 月 28 日　财政部　税务总局公告 2019 年第 72 号)规定,本通知第一条中关于保险企业手续费及佣金税前扣除的政策和第六条同时废止。保险企业 2018 年度汇算清缴按照财政部　税务总局公告 2019 年第 72 号规定执行。

3. 国家税务总局关于农村信用社省级联合社收取服务费有关企业所得税税务处理问题的通知

（2010 年 2 月 22 日　国税函〔2010〕80 号）

各省、自治区、直辖市和计划单列市国家税务局、地方税务局：

为深化农村信用社改革，按照《国务院关于深化农村信用社改革方案的通知》（国发〔2003〕15 号）的要求，各省相继组建了省级农村信用联合社（以下简称省联社）。省联社的投资人为本省各农村信用社和地（市）级、县级联社（以下简称基层社），为独立法人机构。省联社的主要职能为对本省各基层社提供管理、指导、协调和服务等，每年发生的服务性支出，由各基层社按比例共同负担。鉴于省联社和基层社的特殊的组成关系，关于省联社每年发生的服务性支出有关企业所得税处理问题，根据《中华人民共和国企业所得税法》第四十一条及其实施条例第一百一十二条的规定，经研究，现通知如下：

一、省联社每年度为履行其职能所发生的各项费用支出，包括人员费用、办公费用、差旅费、利息支出、研究与开发费以及固定资产折旧费、无形资产摊销费等，应统一归集，作为其基层社共同发生的费用，按合理比例分摊后由基层社税前扣除。

上款所指每年度固定资产折旧费、无形资产摊销费是指省联社购置的固定资产和无形资产按照税法规定每年度应提取的折旧额或摊销额。

二、省联社发生的本年度各项费用，在分摊时，应根据本年度实际发生数，按照以下公式，分摊给其各基层社。

各基层社本年度应分摊的费用＝省联社本年度发生的各项费用×本年度该基层社营业收入/本年度各基层社营业总收入

省联社由于特殊情况需要改变上述分摊方法的，由联社提出申请，经省级税务机关确认后执行。

省联社分摊给各基层社的上述费用，在按季或按月申报预缴所得税时，可以按季或按月计算扣除，年度汇算。

三、省联社每年制定费用分摊方案后，应报省级国家税务局确认后执行。各省级国家税务局根据本通知的规定，实施具体管理。

四、本通知实施前，经税务总局批准，有关省联社已向基层社收取专项资金购买固定资产、无形资产等，凡该项资金已按税务总局单项批复由各基层社分摊在税前扣除的，其相应资产不得再按照本办法规定重复提取折旧费、摊销费，并向基层社分摊扣除。各基层社交付给省联社的上述专项资金的税务处理，仍按照税务总局已批准的专项文件规定继续执行到期满。

五、省联社自身从事其它业务取得收入所发生的相应费用，应该单独核算，不能作为基层社共同发生的费用进行分摊。

六、地市与县联社发生上述共同费用的税务处理，也应按照本通知规定执行。

七、本通知自 2009 年 1 月 1 日起执行。2008 年度没有按照本规定或者以前专项规定执行的，可以按照本规定执行，并统一在 2009 年度汇算清缴时进行纳税调整。2008 年度按照以前办法由省联社向基层社收取管理费的，该收取的管理费与按本通知规定计算的可由基层社分摊的费用扣除额的差额，应在 2009 年度汇算清缴时一并进行纳税调整。

4. 国家税务总局关于中国邮政储蓄银行支付邮政企业代理费企业所得税处理问题的通知

(2012 年 11 月 29 日　国税函〔2012〕564 号)

各省、自治区、直辖市和计划单列市国家税务局:

根据国务院要求,中国银行业监督管理委员会批准,2007 年 3 月,中国邮政集团公司(以下简称邮政企业)组建了中国邮政储蓄银行(以下简称邮储银行)。邮政企业组建邮储银行后,邮储银行作为全功能的商业银行,从事金融方面业务;而邮政企业及其各省子公司,按照国务院及有关部门的要求,接受邮储银行的委托,继续办理吸收储蓄存款等基础金融业务。邮政企业及其各省子公司吸收储蓄存款后,资金交由邮储银行运作、使用。邮储银行运作、使用取得利息收入,按照国家规定的结算方式,在邮储银行与邮政企业进行分配,并以"代理费"的形式,向邮政企业及其各省子公司支付此收益。关于邮储银行向邮政企业支付上述"代理费"税前扣除问题,经研究,现通知如下:

一、邮储银行和邮政企业经营模式和分配模式,是经国务院及国家有关部门批准进行的,其支付的上述"代理费",不属于《财政部、国家税务总局关于企业手续费及佣金支出税前扣除政策的通知》(财税〔2009〕29 号)中所规定的"手续费及佣金"范围。

二、根据《中华人民共和国企业所得税法》第八条及其实施条例第二十七条的规定,邮储银行按照财政部等有关部门规定支付给邮政企业及其各省子公司的上述"代理费",准予据实在计算企业应纳税所得额时扣除。

三、本通知自 2012 年 11 月 1 日起执行。以前邮储银行按照国家规定方式支付的上述"代理费",也依照税法规定据实扣除。

5. 财政部　国家税务总局关于保险企业手续费及佣金支出税前扣除政策的公告

(2019 年 5 月 28 日　财政部　国家税务总局公告 2019 年第 72 号)

现就保险企业发生的手续费及佣金支出企业所得税税前扣除政策公告如下:

一、保险企业发生与其经营活动有关的手续费及佣金支出,不超过当年全部保费收入扣除退保金等后余额的 18%(含本数)的部分,在计算应纳税所得额时准予扣除;超过部分,允许结转以后年度扣除。

二、保险企业发生的手续费及佣金支出税前扣除的其他事项继续按照《财政部　国家税务总局关于企业手续费及佣金支出税前扣除政策的通知》(财税〔2009〕29 号)中第二条至第五条相关规定处理。保险企业应建立健全手续费及佣金的相关管理制度,并加强手续费及佣金结转扣除的台账管理。

三、本公告自 2019 年 1 月 1 日起执行。《财政部　国家税务总局关于企业手续费及佣金支出税前扣除政策的通知》(财税〔2009〕29 号)第一条中关于保险企业手续费及佣金税前扣除的政策和第六条同时废止。保险企业 2018 年度汇算清缴按照本公告规定执行。

▶棚户区改造

财政部　国家税务总局关于企业参与政府统一组织的棚户区改造有关企业所得税政策问题的通知

（2013 年 9 月 30 日　财税〔2013〕65 号）

各省、自治区、直辖市、计划单列市财政厅（局）、国家税务局、地方税务局，新疆生产建设兵团财务局：

根据《国务院关于加快棚户区改造工作的意见》（国发〔2013〕25 号）精神，为鼓励企业参与政府统一组织的棚户区（危房）改造工作，帮助解决低收入家庭住房困难，现将企业参与政府统一组织的工矿（含中央下放煤矿）棚户区改造、林区棚户区改造、垦区危房改造有关企业所得税政策问题通知如下：

一、企业参与政府统一组织的工矿（含中央下放煤矿）棚户区改造、林区棚户区改造、垦区危房改造并同时符合一定条件的棚户区改造支出，准予在企业所得税前扣除。

二、本通知所称同时符合一定条件的棚户区改造支出，是指同时满足以下条件的棚户区改造支出：

（一）棚户区位于远离城镇、交通不便，市政公用、教育医疗等社会公共服务缺乏城镇依托的独立矿区、林区或垦区；

（二）该独立矿区、林区或垦区不具备商业性房地产开发条件；

（三）棚户区市政排水、给水、供电、供暖、供气、垃圾处理、绿化、消防等市政服务或公共配套设施不齐全；

（四）棚户区房屋集中连片户数不低于 50 户，其中，实际在该棚户区居住且在本地区无其他住房的职工（含离退休职工）户数占总户数的比例不低于 75%；

（五）棚户区房屋按照《房屋完损等级评定标准》和《危险房屋鉴定标准》评定属于危险房屋、严重损坏房屋的套内面积不低于该片棚户区建筑面积的 25%；

（六）棚户区改造已纳入地方政府保障性安居工程建设规划和年度计划，并由地方政府牵头按照保障性住房标准组织实施；异地建设的，原棚户区土地由地方政府统一规划使用或者按规定实行土地复垦、生态恢复。

三、在企业所得税年度纳税申报时，企业应向主管税务机关提供其棚户区改造支出同时符合本通知第二条规定条件的书面说明材料。

四、本通知自 2013 年 1 月 1 日起施行。2012 年 1 月 10 日财政部与国家税务总局颁布的《关于企业参与政府统一组织的棚户区改造支出企业所得税税前扣除政策有关问题的通知》（财税〔2012〕12 号）同时废止。

▶证券投资者保障基金

财政部　国家税务总局关于中国证券投资者保护基金有限责任公司有关税收问题的补充通知

（2008 年 7 月 14 日　财税〔2008〕78 号）

各省、自治区、直辖市、计划单列市财政厅（局）、国家税务局、地方税务局：

为了支持资本市场的发展，进一步增强资本市场的抗风险能力，现对中国证券投资者保护基金有限责任公司有关税收问题补充通知如下：

经国务院批准，《财政部　国家税务总局关于中国证券投资者保护基金有限责任公司有关税收问题的通知》（财税〔2006〕169 号）中规定的证券公司按其营业收入缴纳证券投资者保护基金的比例从 0.5% 调整为 0.5% ~5%。

本通知从 2007 年 1 月 1 日起执行。

▶保险费业务支出

1. 财政部　国家税务总局关于补充养老保险费补充医疗保险费有关企业所得税政策问题的通知

（2009 年 6 月 2 日　财税〔2009〕27 号）

各省、自治区、直辖市、计划单列市财政厅（局）、国家税务局、地方税务局，新疆生产建设兵团财务局：

根据《中华人民共和国企业所得税法》及其实施条例的有关规定，现就补充养老保险费、补充医疗保险费有关企业所得税政策问题通知如下：

自 2008 年 1 月 1 日起，企业根据国家有关政策规定，为在本企业任职或者受雇的全体员工支付的补充养老保险费、补充医疗保险费，分别在不超过职工工资总额 5% 标准内的部分，在计算应纳税所得额时准予扣除；超过的部分，不予扣除。

2. 国家税务总局关于责任保险费企业所得税税前扣除有关问题的公告

（2018 年 10 月 31 日　国家税务总局公告 2018 年第 52 号）

根据《中华人民共和国企业所得税法》和《中华人民共和国企业所得税法实施条例》有关规定，现就雇主责任险、公众责任险等责任保险有关税务处理问题公告如下：

企业参加雇主责任险、公众责任险等责任保险，按照规定缴纳的保险费，准予在企业所得税税前扣除。

本公告适用于 2018 年度及以后年度企业所得税汇算清缴。

四、核 定 征 收

1. 国家税务总局关于印发《企业所得税核定征收办法（试行）》的通知

（2008 年 3 月 6 日　国税发〔2008〕30 号）

各省、自治区、直辖市和计划单列市国家税务局、地方税务局：

为加强和规范企业所得税核定征收工作，税务总局制定了《企业所得税核定征收办法（试行）》，现印发给你们，请遵照执行。

一、严格按照规定的范围和标准确定企业所得税的征收方式。不得违规扩大核定征收企业所得税范围。严禁按照行业或者企业规模大小，“一刀切”地搞企业所得税核定征收。

二、按公平、公正、公开原则核定征收企业所得税。应根据纳税人的生产经营行业特点，综合考虑企业的地理位置、经营规模、收入水平、利润水平等因素，分类逐户核定应纳所得税额或者应税所得率，保证同一区域内规模相当的同类或者类似企业的所得税税负基本相当。

三、做好核定征收企业所得税的服务工作。核定征收企业所得税的工作部署与安排要考虑方便纳税人，符合纳税人的实际情况，并在规定的时限内及时办结鉴定和认定工作。

四、推进纳税人建账建制工作。税务机关应积极督促核定征收企业所得税的纳税人建账建制，改善经营管理，引导纳税人向查账征收方式过渡。对符合查账征收条件的纳税人，要及时调整征收方式，实行查账征收。

五、加强对核定征收方式纳税人的检查工作。对实行核定征收企业所得税方式的纳税人，要加大检查力度，将汇算清缴的审核检查和日常征管检查结合起来，合理确定年度稽查面，防止纳税人有意通过核定征收方式降低税负。

六、国家税务局和地方税务局密切配合。要联合开展核定征收企业所得税工作，共同确定分行业的应税所得率，共同协商确定分户的应纳所得税额，做到分属国家税务局和地方税务局管辖，生产经营地点、经营规模、经营范围基本相同的纳税人，核定的应纳所得税额和应税所得率基本一致。

附件：

企业所得税核定征收鉴定表

纳税人编码：　　　　　　　　　　鉴定期：　　年度金额　　　　　　　　　　单位：元

<table>
<tr><td>申报单位</td><td colspan="4"></td></tr>
<tr><td>地址</td><td colspan="4"></td></tr>
<tr><td>经济性质</td><td colspan="2"></td><td>行业类别</td><td></td></tr>
<tr><td>开户银行</td><td colspan="2"></td><td>账号</td><td></td></tr>
<tr><td>邮政编码</td><td colspan="2"></td><td>联系电话</td><td></td></tr>
<tr><td>上年收入总额</td><td colspan="2"></td><td>上年成本费用额</td><td></td></tr>
<tr><td>上年注册资本</td><td colspan="2"></td><td>上年原材料耗费量(额)</td><td></td></tr>
<tr><td>上年职工人数</td><td colspan="2"></td><td>上年燃料、动力耗费量(额)</td><td></td></tr>
<tr><td>上年固定资产原值</td><td colspan="2"></td><td>上年商品销售量(额)</td><td></td></tr>
<tr><td>上年所得税额</td><td colspan="2"></td><td>上年征收方式</td><td></td></tr>
<tr><td>行次</td><td>项目</td><td colspan="2">纳税人自报情况</td><td>主管税务机关审核意见</td></tr>
<tr><td>1</td><td>账簿设置情况</td><td colspan="2"></td><td></td></tr>
<tr><td>2</td><td>收入核算情况</td><td colspan="2"></td><td></td></tr>
<tr><td>3</td><td>成本费用核算情况</td><td colspan="2"></td><td></td></tr>
<tr><td>4</td><td>纳税申报情况</td><td colspan="2"></td><td></td></tr>
<tr><td>5</td><td>履行纳税义务情况</td><td colspan="2"></td><td></td></tr>
<tr><td>6</td><td>其他情况</td><td colspan="2"></td><td></td></tr>
<tr><td colspan="3">纳税人对征收方式的意见：
经办人签章：(公章)
年　月　日</td><td colspan="2">主管税务机关意见：
经办人签章：(公章)
年　月　日</td></tr>
<tr><td colspan="5">县级税务机关审核意见：
经办人签章：(公章)
年　月　日</td></tr>
</table>

企业所得税核定征收办法（试行）

第一条　为了加强企业所得税征收管理，规范核定征收企业所得税工作，保障国家税款及时足额入库，维护纳税人合法权益，根据《中华人民共和国企业所得税法》及其实施条例、《中华人民共和国税收征收管理法》及其实施细则的有关规定，制定本办法。

第二条　本办法适用于居民企业纳税人。

第三条 纳税人具有下列情形之一的，核定征收企业所得税：

（一）依照法律、行政法规的规定可以不设置账簿的；

（二）依照法律、行政法规的规定应当设置但未设置账薄的；

（三）擅自销毁账簿或者拒不提供纳税资料的；

（四）虽设置账簿，但账目混乱或者成本资料、收入凭证、费用凭证残缺不全，难以查账的；

（五）发生纳税义务，未按照规定的期限办理纳税申报，经税务机关责令限期申报，逾期仍不申报的；

（六）申报的计税依据明显偏低，又无正当理由的。

特殊行业、特殊类型的纳税人和一定规模以上的纳税人不适用本办法。上述特定纳税人由国家税务总局另行明确。

第四条 税务机关应根据纳税人具体情况，对核定征收企业所得税的纳税人，核定应税所得率或者核定应纳所得税额。

具有下列情形之一的，核定其应税所得率：

（一）能正确核算（查实）收入总额，但不能正确核算（查实）成本费用总额的；

（二）能正确核算（查实）成本费用总额，但不能正确核算（查实）收入总额的；

（三）通过合理方法，能计算和推定纳税人收入总额或成本费用总额的。

纳税人不属于以上情形的，核定其应纳所得税额。

第五条 税务机关采用下列方法核定征收企业所得税：

（一）参照当地同类行业或者类似行业中经营规模和收入水平相近的纳税人的税负水平核定；

（二）按照应税收入额或成本费用支出额定率核定；

（三）按照耗用的原材料、燃料、动力等推算或测算核定；

（四）按照其他合理方法核定。

采用前款所列一种方法不足以正确核定应纳税所得额或应纳税额的，可以同时采用两种以上的方法核定。采用两种以上方法测算的应纳税额不一致时，可按测算的应纳税额从高核定。

第六条 采用应税所得率方式核定征收企业所得税的，应纳所得税额计算公式如下：

应纳所得税额 = 应纳税所得额 × 适用税率

应纳税所得额 = 应税收入额 × 应税所得率

或：应纳税所得额 = 成本（费用）支出额/（1 - 应税所得率）× 应税所得率

第七条 实行应税所得率方式核定征收企业所得税的纳税人，经营多业的，无论其经营项目是否单独核算，均由税务机关根据其主营项目确定适用的应税所得率。

主营项目应为纳税人所有经营项目中，收入总额或者成本（费用）支出额或者耗用原材料、燃料、动力数量所占比重最大的项目。

第八条 应税所得率按下表规定的幅度标准确定：

行业	应税所得率（%）
农、林、牧、渔业	3 ~ 10
制造业	5 ~ 15
批发和零售贸易业	4 ~ 15
交通运输业	7 ~ 15
建筑业	8 ~ 20
饮食业	8 ~ 25
娱乐业	15 ~ 30
其他行业	10 ~ 30

第九条 纳税人的生产经营范围、主营业务发生重大变化，或者应纳税所得额或应纳税额增减变化达

到 20% 的，应及时向税务机关申报调整已确定的应纳税额或应税所得率。

第十条 主管税务机关应及时向纳税人送达《企业所得税核定征收鉴定表》（表样附后），及时完成对其核定征收企业所得税的鉴定工作。具体程序如下：

（一）纳税人应在收到《企业所得税核定征收鉴定表》后 10 个工作日内，填好该表并报送主管税务机关。《企业所得税核定征收鉴定表》一式三联，主管税务机关和县税务机关各执一联，另一联送达纳税人执行。主管税务机关还可根据实际工作需要，适当增加联次备用。

（二）主管税务机关应在受理《企业所得税核定征收鉴定表》后 20 个工作日内，分类逐户审查核实，提出鉴定意见，并报县税务机关复核、认定。

（三）县税务机关应在收到《企业所得税核定征收鉴定表》后 30 个工作日内，完成复核、认定工作。

纳税人收到《企业所得税核定征收鉴定表》后，未在规定期限内填列、报送的，税务机关视同纳税人已经报送，按上述程序进行复核认定。

第十一条 税务机关应在每年 6 月底前对上年度实行核定征收企业所得税的纳税人进行重新鉴定。重新鉴定工作完成前，纳税人可暂按上年度的核定征收方式预缴企业所得税；重新鉴定工作完成后，按重新鉴定的结果进行调整。

第十二条 主管税务机关应当分类逐户公示核定的应纳所得税额或应税所得率。主管税务机关应当按照便于纳税人及社会各界了解、监督的原则确定公示地点、方式。

纳税人对税务机关确定的企业所得税征收方式、核定的应纳所得税额或应税所得率有异议的，应当提供合法、有效的相关证据，税务机关经核实认定后调整有异议的事项。

第十三条 纳税人实行核定应税所得率方式的，按下列规定申报纳税：

（一）主管税务机关根据纳税人应纳税额的大小确定纳税人按月或者按季预缴，年终汇算清缴。预缴方法一经确定，一个纳税年度内不得改变。

（二）纳税人应依照确定的应税所得率计算纳税期间实际应缴纳的税额，进行预缴。按实际数额预缴有困难的，经主管税务机关同意，可按上一年度应纳税额的 1/12 或 1/4 预缴，或者按经主管税务机关认可的其他方法预缴。

（三）纳税人预缴税款或年终进行汇算清缴时，应按规定填写《中华人民共和国企业所得税月（季）度预缴纳税申报表（B 类）》，在规定的纳税申报时限内报送主管税务机关。

第十四条 纳税人实行核定应纳所得税额方式的，按下列规定申报纳税：

（一）纳税人在应纳所得税额尚未确定之前，可暂按上年度应纳所得税额的 1/12 或 1/4 预缴，或者按经主管税务机关认可的其他方法，按月或按季分期预缴。

（二）在应纳所得税额确定以后，减除当年已预缴的所得税额，余额按剩余月份或季度均分，以此确定以后各月或各季的应纳税额，由纳税人按月或按季填写《中华人民共和国企业所得税月（季）度预缴纳税申报表（B 类）》，在规定的纳税申报期限内进行纳税申报。

（三）纳税人年度终了后，在规定的时限内按照实际经营额或实际应纳税额向税务机关申报纳税。申报额超过核定经营额或应纳税额的，按申报额缴纳税款；申报额低于核定经营额或应纳税额的，按核定经营额或应纳税额缴纳税款。

第十五条 对违反本办法规定的行为，按照《中华人民共和国税收征收管理法》及其实施细则的有关规定处理。

第十六条 各省、自治区、直辖市和计划单列市国家税务局、地方税务局，根据本办法的规定联合制定具体实施办法，并报国家税务总局备案。

第十七条 本办法自 2008 年 1 月 1 日起执行。《国家税务总局关于印发〈核定征收企业所得税暂行办法〉的通知》（国税发〔2000〕38 号）同时废止。

2. 国家税务总局关于企业所得税核定征收若干问题的通知

（2009 年 7 月 14 日　国税函〔2009〕377 号）

（部分条款修改，详见文中注释）

各省、自治区、直辖市和计划单列市国家税务局、地方税务局：

《国家税务总局关于印发〈企业所得税核定征收办法〉（试行）的通知》（国税发〔2008〕30 号）下发后，各地反映需要对有关问题进一步明确。为规范企业所得税核定征收工作，现对企业所得税核定征收若干问题通知如下：

一、国税发〔2008〕30 号文件第三条第二款所称"特定纳税人"包括以下类型的企业：

（一）享受《中华人民共和国企业所得税法》及其实施条例和国务院规定的一项或几项企业所得税优惠政策的企业（不包括仅享受《中华人民共和国企业所得税法》第二十六条规定免税收入优惠政策的企业）；

【注】根据《国家税务总局关于修订企业所得税 2 个规范性文件的公告》（国家税务总局公告 2016 第 88 号）的规定，第 1 条第 1 项修订为：享受《中华人民共和国企业所得税法》及其实施条例和国务院规定的一项或几项企业所得税优惠政策的企业（不包括仅享受《中华人民共和国企业所得税法》第 26 条规定免税收入优惠政策的企业、第 28 条规定的符合条件的小型微利企业）。

（二）汇总纳税企业；

（三）上市公司；

（四）银行、信用社、小额贷款公司、保险公司、证券公司、期货公司、信托投资公司、金融资产管理公司、融资租赁公司、担保公司、财务公司、典当公司等金融企业；

（五）会计、审计、资产评估、税务、房地产估价、土地估价、工程造价、律师、价格鉴证、公证机构、基层法律服务机构、专利代理、商标代理以及其他经济鉴证类社会中介机构；

（六）国家税务总局规定的其他企业。

对上述规定之外的企业，主管税务机关要严格按照规定的范围和标准确定企业所得税的征收方式，不得违规扩大核定征收企业所得税范围；对其中达不到查账征收条件的企业核定征收企业所得税，并促使其完善会计核算和财务管理，达到查账征收条件后要及时转为查账征收。

二、国税发〔2008〕30 号文件第六条中的"应税收入额"等于收入总额减去不征税收入和免税收入后的余额。用公式表示为：

应税收入额 = 收入总额 − 不征税收入 − 免税收入

其中，收入总额为企业以货币形式和非货币形式从各种来源取得的收入。

三、本通知从 2009 年 1 月 1 日起执行。

3. 国家税务总局关于企业所得税核定征收有关问题的公告

（2012 年 6 月 19 日　国家税务总局公告 2012 年第 27 号）

根据《中华人民共和国企业所得税法》及其实施条例、《国家税务总局关于印发〈企业所得税核定征收办法〉（试行）的通知》（国税发〔2008〕30 号）和《国家税务总局关于企业所得税核定征收若干问题的通知》（国

税函〔2009〕377号)的相关规定,现就企业所得税核定征收若干问题公告如下:

一、专门从事股权(股票)投资业务的企业,不得核定征收企业所得税。

二、依法按核定应税所得率方式核定征收企业所得税的企业,取得的转让股权(股票)收入等转让财产收入,应全额计入应税收入额,按照主营项目(业务)确定适用的应税所得率计算征税;若主营项目(业务)发生变化,应在当年汇算清缴时,按照变化后的主营项目(业务)重新确定适用的应税所得率计算征税。

三、本公告自2012年1月1日起施行。企业以前年度尚未处理的上述事项,按照本公告的规定处理;已经处理的,不再调整。

4. 国家税务总局关于跨境电子商务综合试验区零售出口企业所得税核定征收有关问题的公告

(2019年10月26日　国家税务总局公告2019年第36号)

为支持跨境电子商务健康发展,推动外贸模式创新,有效配合《财政部　税务总局　商务部　海关总署关于跨境电子商务综合试验区零售出口货物税收政策的通知》(财税〔2018〕103号)落实工作,现就跨境电子商务综合试验区(以下简称"综试区")内的跨境电子商务零售出口企业(以下简称"跨境电商企业")核定征收企业所得税有关问题公告如下:

一、综试区内的跨境电商企业,同时符合下列条件的,试行核定征收企业所得税办法:

(一)在综试区注册,并在注册地跨境电子商务线上综合服务平台登记出口货物日期、名称、计量单位、数量、单价、金额的;

(二)出口货物通过综试区所在地海关办理电子商务出口申报手续的;

(三)出口货物未取得有效进货凭证,其增值税、消费税享受免税政策的。

二、综试区内核定征收的跨境电商企业应准确核算收入总额,并采用应税所得率方式核定征收企业所得税。应税所得率统一按照4%确定。

三、税务机关应按照有关规定,及时完成综试区跨境电商企业核定征收企业所得税的鉴定工作。

四、综试区内实行核定征收的跨境电商企业符合小型微利企业优惠政策条件的,可享受小型微利企业所得税优惠政策;其取得的收入属于《中华人民共和国企业所得税法》第二十六条规定的免税收入的,可享受免税收入优惠政策。

五、本公告所称综试区,是指经国务院批准的跨境电子商务综合试验区;本公告所称跨境电商企业,是指自建跨境电子商务销售平台或利用第三方跨境电子商务平台开展电子商务出口的企业。

六、本公告自2020年1月1日起施行。

特此公告。

五、重 组 清 算

▶企业重组

1. 国家税务总局关于债务重组所得企业所得税处理问题的批复

（2009 年 1 月 4 日　国税函〔2009〕1 号）

海南省国家税务局：

你局《关于企业债务重组所得征免企业所得税问题的请示》（琼国税发〔2008〕231 号）收悉，经研究，批复如下：

《企业债务重组业务所得税处理办法》（国家税务总局令第 6 号）自 2003 年 3 月 1 日起执行。此前，企业债务重组中因豁免债务等取得的债务重组所得，应按照当时的会计准则处理，即“以低于债务账面价值的现金清偿某项债务的，债务人应将重组债务的账面价值与支付的现金之间的差额；或以债务转为资本清偿某项债务的，债务人应将重组债务的账面价值与债权人因放弃债权而享有股权的份额之间的差额”，确认为资本公积。

2. 财政部　国家税务总局关于企业重组业务企业所得税处理若干问题的通知

（2009 年 4 月 30 日　财税〔2009〕59 号）

（部分条款修改，详见文中注释）

各省、自治区、直辖市、计划单列市财政厅（局）、国家税务局、地方税务局，新疆生产建设兵团财务局：

根据《中华人民共和国企业所得税法》第二十条和《中华人民共和国企业所得税法实施条例》（国务院令第 512 号）第七十五条规定，现就企业重组所涉及的企业所得税具体处理问题通知如下：

一、本通知所称企业重组，是指企业在日常经营活动以外发生的法律结构或经济结构重大改变的交易，包括企业法律形式改变、债务重组、股权收购、资产收购、合并、分立等。

（一）企业法律形式改变，是指企业注册名称、住所以及企业组织形式等的简单改变，但符合本通知规定其他重组的类型除外。

（二）债务重组，是指在债务人发生财务困难的情况下，债权人按照其与债务人达成的书面协议或者法院裁定书，就其债务人的债务作出让步的事项。

（三）股权收购，是指一家企业（以下称为收购企业）购买另一家企业（以下称为被收购企业）的股权，以实现对被收购企业控制的交易。收购企业支付对价的形式包括股权支付、非股权支付或两者的组合。

（四）资产收购，是指一家企业（以下称为受让企业）购买另一家企业（以下称为转让企业）实质经营性资产的交易。受让企业支付对价的形式包括股权支付、非股权支付或两者的组合。

（五）合并，是指一家或多家企业（以下称为被合并企业）将其全部资产和负债转让给另一家现存或新设企业（以下称为合并企业），被合并企业股东换取合并企业的股权或非股权支付，实现两个或两个以上企业的依法合并。

（六）分立，是指一家企业（以下称为被分立企业）将部分或全部资产分离转让给现存或新设的企业（以下称为分立企业），被分立企业股东换取分立企业的股权或非股权支付，实现企业的依法分立。

二、本通知所称股权支付，是指企业重组中购买、换取资产的一方支付的对价中，以本企业或其控股企业的股权、股份作为支付的形式；所称非股权支付，是指以本企业的现金、银行存款、应收款项、本企业或其控股企业股权和股份以外的有价证券、存货、固定资产、其他资产以及承担债务等作为支付的形式。

三、企业重组的税务处理区分不同条件分别适用一般性税务处理规定和特殊性税务处理规定。

四、企业重组，除符合本通知规定适用特殊性税务处理规定的外，按以下规定进行税务处理：

（一）企业由法人转变为个人独资企业、合伙企业等非法人组织，或将登记注册地转移至中华人民共和国境外（包括港澳台地区），应视同企业进行清算、分配，股东重新投资成立新企业。企业的全部资产以及股东投资的计税基础均应以公允价值为基础确定。

企业发生其他法律形式简单改变的，可直接变更税务登记，除另有规定外，有关企业所得税纳税事项（包括亏损结转、税收优惠等权益和义务）由变更后企业承继，但因住所发生变化而不符合税收优惠条件的除外。

（二）企业债务重组，相关交易应按以下规定处理：

1. 以非货币资产清偿债务，应当分解为转让相关非货币性资产、按非货币性资产公允价值清偿债务两项业务，确认相关资产的所得或损失。

2. 发生债权转股权的，应当分解为债务清偿和股权投资两项业务，确认有关债务清偿所得或损失。

3. 债务人应当按照支付的债务清偿额低于债务计税基础的差额，确认债务重组所得；债权人应当按照收到的债务清偿额低于债权计税基础的差额，确认债务重组损失。

4. 债务人的相关所得税纳税事项原则上保持不变。

（三）企业股权收购、资产收购重组交易，相关交易应按以下规定处理：

1. 被收购方应确认股权、资产转让所得或损失。

2. 收购方取得股权或资产的计税基础应以公允价值为基础确定。

3. 被收购企业的相关所得税事项原则上保持不变。

（四）企业合并，当事各方应按下列规定处理：

1. 合并企业应按公允价值确定接受被合并企业各项资产和负债的计税基础。

2. 被合并企业及其股东都应按清算进行所得税处理。

3. 被合并企业的亏损不得在合并企业结转弥补。

（五）企业分立，当事各方应按下列规定处理：

1. 被分立企业对分立出去资产应按公允价值确认资产转让所得或损失。

2. 分立企业应按公允价值确认接受资产的计税基础。

3. 被分立企业继续存在时，其股东取得的对价应视同被分立企业分配进行处理。

4. 被分立企业不再继续存在时，被分立企业及其股东都应按清算进行所得税处理。

5. 企业分立相关企业的亏损不得相互结转弥补。

五、企业重组同时符合下列条件的，适用特殊性税务处理规定：

（一）具有合理的商业目的，且不以减少、免除或者推迟缴纳税款为主要目的。

（二）被收购、合并或分立部分的资产或股权比例符合本通知规定的比例。

（三）企业重组后的连续 12 个月内不改变重组资产原来的实质性经营活动。

（四）重组交易对价中涉及股权支付金额符合本通知规定比例。

（五）企业重组中取得股权支付的原主要股东，在重组后连续 12 个月内，不得转让所取得的股权。

六、企业重组符合本通知第五条规定条件的，交易各方对其交易中的股权支付部分，可以按以下规定进

行特殊性税务处理:

(一)企业债务重组确认的应纳税所得额占该企业当年应纳税所得额50%以上,可以在5个纳税年度的期间内,均匀计入各年度的应纳税所得额。

企业发生债权转股权业务,对债务清偿和股权投资两项业务暂不确认有关债务清偿所得或损失,股权投资的计税基础以原债权的计税基础确定。企业的其他相关所得税事项保持不变。

(二)股权收购,收购企业购买的股权不低于被收购企业全部股权的75%,且收购企业在该股权收购发生时的股权支付金额不低于其交易支付总额的85%,可以选择按以下规定处理:

【注】根据《财政部　国家税务总局关于促进企业重组有关企业所得税处理问题的通知》(财税〔2014〕109号)的规定,自2014年1月1日起,将本条款中的“75%”调整为50%。

1. 被收购企业的股东取得收购企业股权的计税基础,以被收购股权的原有计税基础确定。

2. 收购企业取得被收购企业股权的计税基础,以被收购股权的原有计税基础确定。

3. 收购企业、被收购企业的原有各项资产和负债的计税基础和其他相关所得税事项保持不变。

(三)资产收购,受让企业收购的资产不低于转让企业全部资产的75%,且受让企业在该资产收购发生时的股权支付金额不低于其交易支付总额的85%,可以选择按以下规定处理:

【注】根据《财政部　国家税务总局关于促进企业重组有关企业所得税处理问题的通知》(财税〔2014〕109号)的规定,自2014年1月1日起,将本条款中的“75%”调整为50%。

1. 转让企业取得受让企业股权的计税基础,以被转让资产的原有计税基础确定。

2. 受让企业取得转让企业资产的计税基础,以被转让资产的原有计税基础确定。

(四)企业合并,企业股东在该企业合并发生时取得的股权支付金额不低于其交易支付总额的85%,以及同一控制下且不需要支付对价的企业合并,可以选择按以下规定处理:

1. 合并企业接受被合并企业资产和负债的计税基础,以被合并企业的原有计税基础确定。

2. 被合并企业合并前的相关所得税事项由合并企业承继。

3. 可由合并企业弥补的被合并企业亏损的限额 = 被合并企业净资产公允价值 × 截至合并业务发生当年年末国家发行的最长期限的国债利率。

4. 被合并企业股东取得合并企业股权的计税基础,以其原持有的被合并企业股权的计税基础确定。

(五)企业分立,被分立企业所有股东按原持股比例取得分立企业的股权,分立企业和被分立企业均不改变原来的实质经营活动,且被分立企业股东在该企业分立发生时取得的股权支付金额不低于其交易支付总额的85%,可以选择按以下规定处理:

1. 分立企业接受被分立企业资产和负债的计税基础,以被分立企业的原有计税基础确定。

2. 被分立企业已分立出去资产相应的所得税事项由分立企业承继。

3. 被分立企业未超过法定弥补期限的亏损额可按分立资产占全部资产的比例进行分配,由分立企业继续弥补。

4. 被分立企业的股东取得分立企业的股权(以下简称“新股”),如需部分或全部放弃原持有的被分立企业的股权(以下简称“旧股”),“新股”的计税基础应以放弃“旧股”的计税基础确定。如不需放弃“旧股”,则其取得“新股”的计税基础可从以下两种方法中选择确定:直接将“新股”的计税基础确定为零;或者以被分立企业分立出去的净资产占被分立企业全部净资产的比例先调减原持有的“旧股”的计税基础,再将调减的计税基础平均分配到“新股”上。

(六)重组交易各方按本条(一)至(五)项规定对交易中股权支付暂不确认有关资产的转让所得或损失的,其非股权支付仍应在交易当期确认相应的资产转让所得或损失,并调整相应资产的计税基础。

非股权支付对应的资产转让所得或损失 = (被转让资产的公允价值 - 被转让资产的计税基础) × (非股权支付金额 ÷ 被转让资产的公允价值)

七、企业发生涉及中国境内与境外之间(包括港澳台地区)的股权和资产收购交易,除应符合本通知第五条规定的条件外,还应同时符合下列条件,才可选择适用特殊性税务处理规定:

(一)非居民企业向其100%直接控股的另一非居民企业转让其拥有的居民企业股权,没有因此造成以后该项股权转让所得预提税负担变化，且转让方非居民企业向主管税务机关书面承诺在 3 年（含 3 年）内不转让其拥有受让方非居民企业的股权；

（二）非居民企业向与其具有 100% 直接控股关系的居民企业转让其拥有的另一居民企业股权；

（三）居民企业以其拥有的资产或股权向其 100% 直接控股的非居民企业进行投资；

（四）财政部、国家税务总局核准的其他情形。

八、本通知第七条第（三）项所指的居民企业以其拥有的资产或股权向其 100% 直接控股关系的非居民企业进行投资，其资产或股权转让收益如选择特殊性税务处理，可以在 10 个纳税年度内均匀计入各年度应纳税所得额。

九、在企业吸收合并中，合并后的存续企业性质及适用税收优惠的条件未发生改变的，可以继续享受合并前该企业剩余期限的税收优惠，其优惠金额按存续企业合并前一年的应纳税所得额（亏损计为零）计算。

在企业存续分立中，分立后的存续企业性质及适用税收优惠的条件未发生改变的，可以继续享受分立前该企业剩余期限的税收优惠，其优惠金额按该企业分立前一年的应纳税所得额（亏损计为零）乘以分立后存续企业资产占分立前该企业全部资产的比例计算。

十、企业在重组发生前后连续 12 个月内分步对其资产、股权进行交易，应根据实质重于形式原则将上述交易作为一项企业重组交易进行处理。

十一、企业发生符合本通知规定的特殊性重组条件并选择特殊性税务处理的，当事各方应在该重组业务完成当年企业所得税年度申报时，向主管税务机关提交书面备案资料，证明其符合各类特殊性重组规定的条件。企业未按规定书面备案的，一律不得按特殊重组业务进行税务处理。

十二、对企业在重组过程中涉及的需要特别处理的企业所得税事项，由国务院财政、税务主管部门另行规定。

十三、本通知自 2008 年 1 月 1 日起执行。

3. 国家税务总局关于发布《企业重组业务企业所得税管理办法》的公告

（2010 年 7 月 26 日　国家税务总局公告 2010 年第 4 号）

（部分条款修改，详见文中注释）

现将《企业重组业务企业所得税管理办法》予以发布，自 2010 年 1 月 1 日起施行。

本办法发布时企业已经完成重组业务的，如适用《财政部　国家税务总局关于企业重组业务企业所得税处理若干问题的通知》（财税〔2009〕59 号）特殊税务处理，企业没有按照本办法要求准备相关资料的，应补备相关资料；需要税务机关确认的，按照本办法要求补充确认。2008、2009 年度企业重组业务尚未进行税务处理的，可按本办法处理。

特此公告。

企业重组业务企业所得税管理办法

第一章　总则及定义

第一条　为规范和加强对企业重组业务的企业所得税管理，根据《中华人民共和国企业所得税法》（以下简称《税法》）及其实施条例（以下简称《实施条例》）、《中华人民共和国税收征收管理法》及其实施细则（以下简称《征管法》）、《财政部　国家税务总局关于企业重组业务企业所得税处理若干问题的通知》（财税

〔2009〕59 号）（以下简称《通知》）等有关规定，制定本办法。

第二条 本办法所称企业重组业务，是指《通知》第一条所规定的企业法律形式改变、债务重组、股权收购、资产收购、合并、分立等各类重组。

第三条 企业发生各类重组业务，其当事各方，按重组类型，分别指以下企业：

（一）债务重组中当事各方，指债务人及债权人。

（二）股权收购中当事各方，指收购方、转让方及被收购企业。

（三）资产收购中当事各方，指转让方、受让方。

（四）合并中当事各方，指合并企业、被合并企业及各方股东。

（五）分立中当事各方，指分立企业、被分立企业及各方股东。

第四条 同一重组业务的当事各方应采取一致税务处理原则，即统一按一般性或特殊性税务处理。

第五条 《通知》第一条第（四）项所称实质经营性资产，是指企业用于从事生产经营活动、与产生经营收入直接相关的资产，包括经营所用各类资产、企业拥有的商业信息和技术、经营活动产生的应收款项、投资资产等。

第六条 《通知》第二条所称控股企业，是指由本企业直接持有股份的企业。

第七条 《通知》中规定的企业重组，其重组日的确定，按以下规定处理：

（一）债务重组，以债务重组合同或协议生效日为重组日。

（二）股权收购，以转让协议生效且完成股权变更手续日为重组日。

（三）资产收购，以转让协议生效且完成资产实际交割日为重组日。

（四）企业合并，以合并企业取得被合并企业资产所有权并完成工商登记变更日期为重组日。

（五）企业分立，以分立企业取得被分立企业资产所有权并完成工商登记变更日期为重组日。

第八条 重组业务完成年度的确定，可以按各当事方适用的会计准则确定，具体参照各当事方经审计的年度财务报告。由于当事方适用的会计准则不同导致重组业务完成年度的判定有差异时，各当事方应协商一致，确定同一个纳税年度作为重组业务完成年度。

第九条 本办法所称评估机构，是指具有合法资质的中国资产评估机构。

【注】根据《国家税务总局关于企业重组业务企业所得税征收管理若干问题的公告》（国家税务总局公告2015 年第 48 号）的规定，《企业重组业务企业所得税管理办法》第 3 条、第 7 ~ 8 条，条款有效期至 2014 年 12 月 31 日。

第二章　企业重组一般性税务处理管理

第十条 企业发生《通知》第四条第（一）项规定的由法人转变为个人独资企业、合伙企业等非法人组织，或将登记注册地转移至中华人民共和国境外（包括港澳台地区），应按照《财政部　国家税务总局关于企业清算业务企业所得税处理若干问题的通知》（财税〔2009〕60 号）规定进行清算。

企业在报送《企业清算所得纳税申报表》时，应附送以下资料：

（一）企业改变法律形式的工商部门或其他政府部门的批准文件；

（二）企业全部资产的计税基础以及评估机构出具的资产评估报告；

（三）企业债权、债务处理或归属情况说明；

（四）主管税务机关要求提供的其他资料证明。

第十一条 企业发生《通知》第四条第（二）项规定的债务重组，应准备以下相关资料，以备税务机关检查。

（一）以非货币资产清偿债务的，应保留当事各方签订的清偿债务的协议或合同，以及非货币资产公允价格确认的合法证据等；

（二）债权转股权的，应保留当事各方签订的债权转股权协议或合同。

第十二条 企业发生《通知》第四条第（三）项规定的股权收购、资产收购重组业务，应准备以下相关资料,以备税务机关检查。

(一)当事各方所签订的股权收购、资产收购业务合同或协议;

(二)相关股权、资产公允价值的合法证据。

第十三条 企业发生《通知》第四条第(四)项规定的合并,应按照财税〔2009〕60号文件规定进行清算。

被合并企业在报送《企业清算所得纳税申报表》时,应附送以下资料:

(一)企业合并的工商部门或其他政府部门的批准文件;

(二)企业全部资产和负债的计税基础以及评估机构出具的资产评估报告;

(三)企业债务处理或归属情况说明;

(四)主管税务机关要求提供的其他资料证明。

第十四条 企业发生《通知》第四条第(五)项规定的分立,被分立企业不再继续存在,应按照财税〔2009〕60号文件规定进行清算。

被分立企业在报送《企业清算所得纳税申报表》时,应附送以下资料:

(一)企业分立的工商部门或其他政府部门的批准文件;

(二)被分立企业全部资产的计税基础以及评估机构出具的资产评估报告;

(三)企业债务处理或归属情况说明;

(四)主管税务机关要求提供的其他资料证明。

第十五条 企业合并或分立,合并各方企业或分立企业涉及享受《税法》第五十七条规定中就企业整体(即全部生产经营所得)享受的税收优惠过渡政策尚未期满的,仅就存续企业未享受完的税收优惠,按照《通知》第九条的规定执行;注销的被合并或被分立企业未享受完的税收优惠,不再由存续企业承继;合并或分立而新设的企业不得再承继或重新享受上述优惠。合并或分立各方企业按照《税法》的税收优惠规定和税收优惠过渡政策中就企业有关生产经营项目的所得享受的税收优惠承继问题,按照《实施条例》第八十九条规定执行。

第三章 企业重组特殊性税务处理管理

第十六条 企业重组业务,符合《通知》规定条件并选择特殊性税务处理的,应按照《通知》第十一条规定进行备案;如企业重组各方需要税务机关确认,可以选择由重组主导方向主管税务机关提出申请,层报省税务机关给予确认。

采取申请确认的,主导方和其他当事方不在同一省(自治区、市)的,主导方省税务机关应将确认文件抄送其他当事方所在地省税务机关。

省税务机关在收到确认申请时,原则上应在当年度企业所得税汇算清缴前完成确认。特殊情况,需要延长的,应将延长理由告知主导方。

第十七条 企业重组主导方,按以下原则确定:

(一)债务重组为债务人;

(二)股权收购为股权转让方;

(三)资产收购为资产转让方;

(四)吸收合并为合并后拟存续的企业,新设合并为合并前资产较大的企业;

(五)分立为被分立的企业或存续企业。

第十八条 企业发生重组业务,按照《通知》第五条第(一)项要求,企业在备案或提交确认申请时,应从以下方面说明企业重组具有合理的商业目的:

(一)重组活动的交易方式。即重组活动采取的具体形式、交易背景、交易时间、在交易之前和之后的运作方式和有关的商业常规;

(二)该项交易的形式及实质。即形式上交易所产生的法律权利和责任,也是该项交易的法律后果。另外,交易实际上或商业上产生的最终结果;

(三)重组活动给交易各方税务状况带来的可能变化;

(四)重组各方从交易中获得的财务状况变化;

(五)重组活动是否给交易各方带来了在市场原则下不会产生的异常经济利益或潜在义务;

(六)非居民企业参与重组活动的情况。

第十九条 《通知》第五条第(三)和第(五)项所称"企业重组后的连续12个月内",是指自重组日起计算的连续12个月内。

第二十条 《通知》第五条第(五)项规定的原主要股东,是指原持有转让企业或被收购企业20%以上股权的股东。

第二十一条 《通知》第六条第(四)项规定的同一控制,是指参与合并的企业在合并前后均受同一方或相同的多方最终控制,且该控制并非暂时性的。能够对参与合并的企业在合并前后均实施最终控制权的相同多方,是指根据合同或协议的约定,对参与合并企业的财务和经营政策拥有决定控制权的投资者群体。在企业合并前,参与合并各方受最终控制方的控制在12个月以上,企业合并后所形成的主体在最终控制方的控制时间也应达到连续12个月。

第二十二条 企业发生《通知》第六条第(一)项规定的债务重组,根据不同情形,应准备以下资料:

(一)发生债务重组所产生的应纳税所得额占该企业当年应纳税所得额50%以上的,债务重组所得要求在5个纳税年度的期间内,均匀计入各年度应纳税所得额的,应准备以下资料:

1.当事方的债务重组的总体情况说明(如果采取申请确认的,应为企业的申请,下同),情况说明中应包括债务重组的商业目的;

2.当事各方所签订的债务重组合同或协议;

3.债务重组所产生的应纳税所得额、企业当年应纳税所得额情况说明;

4.税务机关要求提供的其他资料证明。

(二)发生债权转股权业务,债务人对债务清偿业务暂不确认所得或损失,债权人对股权投资的计税基础以原债权的计税基础确定,应准备以下资料:

1.当事方的债务重组的总体情况说明。情况说明中应包括债务重组的商业目的;

2.双方所签订的债转股合同或协议;

3.企业所转换的股权公允价格证明;

4.工商部门及有关部门核准相关企业股权变更事项证明材料;

5.税务机关要求提供的其他资料证明。

第二十三条 企业发生《通知》第六条第(二)项规定的股权收购业务,应准备以下资料:

(一)当事方的股权收购业务总体情况说明,情况说明中应包括股权收购的商业目的;

(二)双方或多方所签订的股权收购业务合同或协议;

(三)由评估机构出具的所转让及支付的股权公允价值;

(四)证明重组符合特殊性税务处理条件的资料,包括股权比例,支付对价情况,以及12个月内不改变资产原来的实质性经营活动和原主要股东不转让所取得股权的承诺书等;

(五)工商等相关部门核准相关企业股权变更事项证明材料;

(六)税务机关要求的其他材料。

第二十四条 企业发生《通知》第六条第(三)项规定的资产收购业务,应准备以下资料:

(一)当事方的资产收购业务总体情况说明,情况说明中应包括资产收购的商业目的;

(二)当事各方所签订的资产收购业务合同或协议;

(三)评估机构出具的资产收购所体现的资产评估报告;

(四)受让企业股权的计税基础的有效凭证;

(五)证明重组符合特殊性税务处理条件的资料,包括资产收购比例,支付对价情况,以及12个月内不改变资产原来的实质性经营活动、原主要股东不转让所取得股权的承诺书等;

(六)工商部门核准相关企业股权变更事项证明材料;

(七)税务机关要求提供的其他材料证明。

第二十五条 企业发生《通知》第六条第(四)项规定的合并,应准备以下资料:

(一)当事方企业合并的总体情况说明。情况说明中应包括企业合并的商业目的;

(二)企业合并的政府主管部门的批准文件;

(三)企业合并各方当事人的股权关系说明;

(四)被合并企业的净资产、各单项资产和负债及其账面价值和计税基础等相关资料;

(五)证明重组符合特殊性税务处理条件的资料,包括合并前企业各股东取得股权支付比例情况、以及12个月内不改变资产原来的实质性经营活动、原主要股东不转让所取得股权的承诺书等;

(六)工商部门核准相关企业股权变更事项证明材料;

(七)主管税务机关要求提供的其他资料证明。

第二十六条 《通知》第六条第(四)项所规定的可由合并企业弥补的被合并企业亏损的限额,是指按《税法》规定的剩余结转年限内,每年可由合并企业弥补的被合并企业亏损的限额。

第二十七条 企业发生《通知》第六条第(五)项规定的分立,应准备以下资料:

(一)当事方企业分立的总体情况说明。情况说明中应包括企业分立的商业目的;

(二)企业分立的政府主管部门的批准文件;

(三)被分立企业的净资产、各单项资产和负债账面价值和计税基础等相关资料;

(四)证明重组符合特殊性税务处理条件的资料,包括分立后企业各股东取得股权支付比例情况、以及12个月内不改变资产原来的实质性经营活动、原主要股东不转让所取得股权的承诺书等;

(五)工商部门认定的分立和被分立企业股东股权比例证明材料;分立后,分立和被分立企业工商营业执照复印件;分立和被分立企业分立业务账务处理复印件;

(六)税务机关要求提供的其他资料证明。

第二十八条 根据《通知》第六条第(四)项第2目规定,被合并企业合并前的相关所得税事项由合并企业承继,以及根据《通知》第六条第(五)项第2目规定,企业分立,已分立资产相应的所得税事项由分立企业承继,这些事项包括尚未确认的资产损失、分期确认收入的处理以及尚未享受期满的税收优惠政策承继处理问题等。其中,对税收优惠政策承继处理问题,凡属于依照《税法》第五十七条规定中就企业整体(即全部生产经营所得)享受税收优惠过渡政策的,合并或分立后的企业性质及适用税收优惠条件未发生改变的,可以继续享受合并前各企业或分立前被分立企业剩余期限的税收优惠。合并前各企业剩余的税收优惠年限不一致的,合并后企业每年度的应纳税所得额,应统一按合并日各合并前企业资产占合并后企业总资产的比例进行划分,再分别按相应的剩余优惠计算应纳税额。合并前各企业或分立前被分立企业按照《税法》的税收优惠规定以及税收优惠过渡政策中就有关生产经营项目所得享受的税收优惠承继处理问题,按照《实施条例》第八十九条规定执行。

第二十九条 适用《通知》第五条第(三)项和第(五)项的当事各方应在完成重组业务后的下一年度的企业所得税年度申报时,向主管税务机关提交书面情况说明,以证明企业在重组后的连续12个月内,有关符合特殊性税务处理的条件未发生改变。

第三十条 当事方的其中一方在规定时间内发生生产经营业务、公司性质、资产或股权结构等情况变化,致使重组业务不再符合特殊性税务处理条件的,发生变化的当事方应在情况发生变化的30天内书面通知其他所有当事方。主导方在接到通知后30日内将有关变化通知其主管税务机关。

上款所述情况发生变化后60日内,应按照《通知》第四条的规定调整重组业务的税务处理。原交易各方应各自按原交易完成时资产和负债的公允价值计算重组业务的收益或损失,调整交易完成纳税年度的应纳税所得额及相应的资产和负债的计税基础,并向各自主管税务机关申请调整交易完成纳税年度的企业所得税年度申报表。逾期不调整申报的,按照《征管法》的相关规定处理。

第三十一条 各当事方的主管税务机关应当对企业申报或确认适用特殊性税务处理的重组业务进行跟踪监管,了解重组企业的动态变化情况。发现问题,应及时与其他当事方主管税务机关沟通联系,并按照规定给予调整。

第三十二条 根据《通知》第十条规定，若同一项重组业务涉及在连续12个月内分步交易，且跨两个纳税年度，当事各方在第一步交易完成时预计整个交易可以符合特殊性税务处理条件，可以协商一致选择特殊性税务处理的，可在第一步交易完成后，适用特殊性税务处理。主管税务机关在审核有关资料后，符合条件的，可以暂认可适用特殊性税务处理。第二年进行下一步交易后，应按本办法要求，准备相关资料确认适用特殊性税务处理。

第三十三条 上述跨年度分步交易，若当事方在首个纳税年度不能预计整个交易是否符合特殊性税务处理条件，应适用一般性税务处理。在下一纳税年度全部交易完成后，适用特殊性税务处理的，可以调整上一纳税年度的企业所得税年度申报表，涉及多缴税款的，各主管税务机关应退税，或抵缴当年应纳税款。

第三十四条 企业重组的当事各方应该取得并保管与该重组有关的凭证、资料，保管期限按照《征管法》的有关规定执行。

【注】根据《国家税务总局关于企业重组业务企业所得税征收管理若干问题的公告》(国家税务总局公告2015年第48号)的规定，《企业重组业务企业所得税管理办法》第16~18条、第22~25条、第27条、第32条，条款有效期至2014年12月31日。

第四章 跨境重组税收管理

第三十五条 发生《通知》第七条规定的重组，凡适用特殊性税务处理规定的，应按照本办法第三章相关规定执行。

第三十六条 发生《通知》第七条第(一)、(二)项规定的重组，适用特殊税务处理的，应按照《国家税务总局关于印发〈非居民企业所得税源泉扣缴管理暂行办法〉的通知》(国税发〔2009〕3号)和《国家税务总局关于加强非居民企业股权转让所得企业所得税管理的通知》(国税函〔2009〕698号)要求，准备资料。

第三十七条 发生《通知》第七条第(三)项规定的重组，居民企业应向其所在地主管税务机关报送以下资料：

1. 当事方的重组情况说明，申请文件中应说明股权转让的商业目的；

2. 双方所签订的股权转让协议；

3. 双方控股情况说明；

4. 由评估机构出具的资产或股权评估报告。报告中应分别列示涉及的各单项被转让资产和负债的公允价值；

5. 证明重组符合特殊性税务处理条件的资料，包括股权或资产转让比例，支付对价情况，以及12个月内不改变资产原来的实质性经营活动、不转让所取得股权的承诺书等；

6. 税务机关要求的其他材料。

4. 财政部 国家税务总局关于中国(上海)自由贸易试验区内企业以非货币性资产对外投资等资产重组行为有关企业所得税政策问题的通知

(2013年11月15日 财税〔2013〕91号)

各省、自治区、直辖市、计划单列市财政厅(局)、国家税务局、地方税务局，新疆生产建设兵团财务局：

根据《国务院关于印发中国(上海)自由贸易试验区总体方案的通知》(国发〔2013〕38号)有关规定，现就中国(上海)自由贸易试验区(简称试验区)非货币性资产投资资产评估增值企业所得税政策通知如下：

一、注册在试验区内的企业,因非货币性资产对外投资等资产重组行为产生资产评估增值,据此确认的非货币性资产转让所得,可在不超过5年期限内,分期均匀计入相应年度的应纳税所得额,按规定计算缴纳企业所得税。

二、企业以非货币性资产对外投资,应于投资协议生效且完成资产实际交割并办理股权登记手续时,确认非货币性资产转让收入的实现。

企业以非货币性资产对外投资,应对非货币性资产进行评估并按评估后的公允价值扣除计税基础后的余额,计算确认非货币性资产转让所得。

三、企业以非货币性资产对外投资,其取得股权的计税基础应以非货币性资产的原计税基础为基础,加上每年计入的非货币性资产转让所得,逐年进行调整。

被投资企业取得非货币性资产的计税基础,可以非货币性资产的公允价值确定。

四、企业在对外投资5年内转让上述股权或投资收回的,应停止执行递延纳税政策,并将递延期内尚未计入的非货币性资产转让所得,在转让股权或投资收回当年的企业所得税年度汇算清缴时,一次性计算缴纳企业所得税;企业在计算股权转让所得时,可按本通知第三条第一款规定将股权的计税基础一次调整到位。

企业在对外投资5年内注销的,应停止执行递延纳税政策,并将递延期内尚未计入的非货币性资产转让所得,在歇业当年的企业所得税年度汇算清缴时,一次性计算缴纳企业所得税。

五、企业应于投资协议生效且完成资产实际交割并办理股权登记手续30日内,持相关资料向主管税务机关办理递延纳税备案登记手续。

主管税务机关应对报送资料进行审核,在规定时间内将备案登记结果回复企业。

六、企业应在确认收入实现的当年,以项目为单位,做好相应台账,准确记录应予确认的非货币性资产转让所得,并在相应年度的企业所得税汇算清缴时对当年计入额及分年结转额的情况做出说明。

主管税务机关应在备案登记结果回复企业的同时,将相关信息纳入系统管理,并及时做好企业申报信息与备案信息的比对工作。

七、主管税务机关在组织开展企业所得税汇算清缴后续管理工作时,应将企业递延纳税的执行情况纳入后续管理体系,并视风险高低情况,适时纳入纳税服务提醒平台或风险监控平台进行管理。

八、本通知所称注册在试验区内的企业,是指在试验区注册并在区内经营,实行查账征收的居民企业。

本通知所称非货币性资产对外投资等资产重组行为,是指以非货币性资产出资设立或注入公司,限于以非货币性资产出资设立新公司和符合《财政部　国家税务总局关于企业重组业务企业所得税处理若干问题的通知》(财税〔2009〕59号)第一条规定的股权收购、资产收购。

九、本通知自印发之日起执行。

5.财政部　国家税务总局关于促进企业重组有关企业所得税处理问题的通知

(2014年12月25日　财税〔2014〕109号)

各省、自治区、直辖市、计划单列市财政厅(局)、国家税务局、地方税务局,新疆生产建设兵团财务局:

为贯彻落实《国务院关于进一步优化企业兼并重组市场环境的意见》(国发〔2014〕14号),根据《中华人民共和国企业所得税法》及其实施条例有关规定,现就企业重组有关企业所得税处理问题明确如下:

一、关于股权收购

将《财政部　国家税务总局关于企业重组业务企业所得税处理若干问题的通知》(财税〔2009〕59号)第六条第(二)项中有关"股权收购,收购企业购买的股权不低于被收购企业全部股权的75%"规定调整为"股权收购，收购企业购买的股权不低于被收购企业全部股权的50%”。

二、关于资产收购

将财税〔2009〕59号文件第六条第（三）项中有关“资产收购，受让企业收购的资产不低于转让企业全部资产的75%”规定调整为“资产收购，受让企业收购的资产不低于转让企业全部资产的50%”。

三、关于股权、资产划转

对100%直接控制的居民企业之间，以及受同一或相同多家居民企业100%直接控制的居民企业之间按账面净值划转股权或资产，凡具有合理商业目的、不以减少、免除或者推迟缴纳税款为主要目的，股权或资产划转后连续12个月内不改变被划转股权或资产原来实质性经营活动，且划出方企业和划入方企业均未在会计上确认损益的，可以选择按以下规定进行特殊性税务处理：

1. 划出方企业和划入方企业均不确认所得。

2. 划入方企业取得被划转股权或资产的计税基础，以被划转股权或资产的原账面净值确定。

3. 划入方企业取得的被划转资产，应按其原账面净值计算折旧扣除。

四、本通知自2014年1月1日起执行。本通知发布前尚未处理的企业重组，符合本通知规定的可按本通知执行。

6. 财政部　国家税务总局关于非货币性资产投资企业所得税政策问题的通知

（2014年12月31日　财税〔2014〕116号）

各省、自治区、直辖市、计划单列市财政厅（局）、国家税务局、地方税务局，新疆生产建设兵团财务局：

为贯彻落实《国务院关于进一步优化企业兼并重组市场环境的意见》（国发〔2014〕14号），根据《中华人民共和国企业所得税法》及其实施条例有关规定，现就非货币性资产投资涉及的企业所得税政策问题明确如下：

一、居民企业（以下简称企业）以非货币性资产对外投资确认的非货币性资产转让所得，可在不超过5年期限内，分期均匀计入相应年度的应纳税所得额，按规定计算缴纳企业所得税。

二、企业以非货币性资产对外投资，应对非货币性资产进行评估并按评估后的公允价值扣除计税基础后的余额，计算确认非货币性资产转让所得。

企业以非货币性资产对外投资，应于投资协议生效并办理股权登记手续时，确认非货币性资产转让收入的实现。

三、企业以非货币性资产对外投资而取得被投资企业的股权，应以非货币性资产的原计税成本为计税基础，加上每年确认的非货币性资产转让所得，逐年进行调整。

被投资企业取得非货币性资产的计税基础，应按非货币性资产的公允价值确定。

四、企业在对外投资5年内转让上述股权或投资收回的，应停止执行递延纳税政策，并就递延期内尚未确认的非货币性资产转让所得，在转让股权或投资收回当年的企业所得税年度汇算清缴时，一次性计算缴纳企业所得税；企业在计算股权转让所得时，可按本通知第三条第一款规定将股权的计税基础一次调整到位。

企业在对外投资5年内注销的，应停止执行递延纳税政策，并就递延期内尚未确认的非货币性资产转让所得，在注销当年的企业所得税年度汇算清缴时，一次性计算缴纳企业所得税。

五、本通知所称非货币性资产，是指现金、银行存款、应收账款、应收票据以及准备持有至到期的债券投资等货币性资产以外的资产。

本通知所称非货币性资产投资，限于以非货币性资产出资设立新的居民企业，或将非货币性资产注入现存的居民企业。

六、企业发生非货币性资产投资,符合《财政部　国家税务总局关于企业重组业务企业所得税处理若干问题的通知》(财税〔2009〕59 号)等文件规定的特殊性税务处理条件的,也可选择按特殊性税务处理规定执行。

七、本通知自 2014 年 1 月 1 日起执行。本通知发布前尚未处理的非货币性资产投资,符合本通知规定的可按本通知执行。

7. 国家税务总局关于非货币性资产投资企业所得税有关征管问题的公告

(2015 年 5 月 8 日　国家税务总局公告 2015 年第 33 号)

《国务院关于进一步优化企业兼并重组市场环境的意见》(国发〔2014〕14 号)和《财政部　国家税务总局关于非货币性资产投资企业所得税政策问题的通知》(财税〔2014〕116 号)发布后,各地陆续反映在非货币性资产投资企业所得税政策执行过程中有些征管问题亟需明确。经研究,现就非货币性资产投资企业所得税有关征管问题公告如下:

一、实行查账征收的居民企业(以下简称企业)以非货币性资产对外投资确认的非货币性资产转让所得,可自确认非货币性资产转让收入年度起不超过连续 5 个纳税年度的期间内,分期均匀计入相应年度的应纳税所得额,按规定计算缴纳企业所得税。

二、关联企业之间发生的非货币性资产投资行为,投资协议生效后 12 个月内尚未完成股权变更登记手续的,于投资协议生效时,确认非货币性资产转让收入的实现。

三、符合财税〔2014〕116 号文件规定的企业非货币性资产投资行为,同时又符合《财政部　国家税务总局关于企业重组业务企业所得税处理若干问题的通知》(财税〔2009〕59 号)、《财政部　国家税务总局关于促进企业重组有关企业所得税处理问题的通知》(财税〔2014〕109 号)等文件规定的特殊性税务处理条件的,可由企业选择其中一项政策执行,且一经选择,不得改变。

四、企业选择适用本公告第一条规定进行税务处理的,应在非货币性资产转让所得递延确认期间每年企业所得税汇算清缴时,填报《中华人民共和国企业所得税年度纳税申报表》(A 类,2014 年版)中"A105100 企业重组纳税调整明细表"第 13 行"其中:以非货币性资产对外投资"的相关栏目,并向主管税务机关报送《非货币性资产投资递延纳税调整明细表》(详见附件)。

五、企业应将股权投资合同或协议、对外投资的非货币性资产(明细)公允价值评估确认报告、非货币性资产(明细)计税基础的情况说明、被投资企业设立或变更的工商部门证明材料等资料留存备查,并单独准确核算税法与会计差异情况。

主管税务机关应加强企业非货币性资产投资递延纳税的后续管理。

六、本公告适用于 2014 年度及以后年度企业所得税汇算清缴。此前尚未处理的非货币性资产投资,符合财税〔2014〕116 号文件和本公告规定的可按本公告执行。

特此公告。

附件：

非货币性资产投资递延纳税调整明细表

所属年度：

纳税人名称(盖章)：　　　　纳税人识别号：　　　　金额单位：元(列至角分)

行次	被投资企业情况				非货币性资产情况			非货币性资产投资基本信息					本年税收金额	递延纳税差异调整额					结转以后年度递延确认所得税收金额
	企业名称	纳税人识别号	主管税务机关	与投资方是否为关联企业	公允价值	账面价值	计税基础	非货币性资产转让收入实现年度	本年账载金额	非货币性资产转让所得(税收金额)	分期确认税收所得年限	分期均匀确认税收所得额		前四年度	前三年度	前二年度	前一年度	本年	
	1	2	3	4	5	6	7	8	9	10 = 5 − 7	11	12	13	14	15	16	17	18 = 13 − 9	19 = [本表第10列～第13列(第1年该项目填报时)]或 = [上年度明细表的相应行次第19列～本表第13列(以后递延期间该项目填报时)]
1																			
2																			
3																			
4																			
5																			
6																			
…																			
合计	—	—	—	—				—			—	—		—	—	—	—		

谨声明：本人知悉并保证本表填报内容及所附证明材料真实、完整，并承担因资料虚假而产生的法律和行政责任。

法定代表人签章：

年　月　日

填表人：　　　　填表日期：

填表说明：

1. 本表适用于执行《财政部　国家税务总局关于非货币性资产投资企业所得税政策问题的通知》(财税〔2014〕116 号)和本公告规定的纳税人填报。纳税人应在非货币性资产投资每年确认税收金额年度的企业所得税年度汇算清缴申报时，一并向主管税务机关报送本表。

2. 纳税人应以被投资企业为单位逐行填列。若纳税人在一个纳税年度内发生两次及以上对同一家企业非货币资产投资业务，则应作为一项投资项目进行填报；若纳税人在一个纳税年度内对两个及以上不同企业发生非货币资产投资业务，则作为不同的投资项目分别填报。

3. 第 8 列“非货币性资产转让收入实现年度”：是指非货币性资产投资协议生效并办理股权登记手续的年度。关联企业之间非货币性资产投资，投资协议生效后 12 个月内尚未完成股权变更登记手续的，确认年度为投资协议生效年度。

4. 第 9 列“本年账载金额”：填报纳税人根据会计规定在所属年度确认的非货币性资产转让所得。

5. 第 10 列“非货币性资产转让所得(税收金额)”：本列只在非货币性资产投资税收确认转让收入实现年度的当年填报，以后递延期间不再填报。

6. 第 11 列“分期确认税收所得年限”：填报纳税人按照税法规定需分期确认非货币性资产转让所得(税收金额)的年度数。

7. 第 12 列“分期均匀确认税收所得额”：填报纳税人按照税法规定分期均匀计入相应年度应纳税所得额的金额；等于非货币性资产转让所得(税收金额)除以分期确认税收所得年限。

8. 第 13 列“本年税收金额”：填报纳税人按照税法规定在所属年度确认的非货币性资产转让所得，包括纳税人在对外投资 5 年内转让股权、投资收回或注销时，须一次性确认的在递延期内尚未确认的非货币性资产转让所得。

9. “递延纳税差异调整额”：纳税调整减少的，以负数表示；纳税调整增加的，以正数表示；第 18 列“本年”为所属年度，第 17 至 14 列为依次从所属年度往前倒推的年度。

10. 第 19 列“结转以后年度递延确认所得税收金额”：填报按照税法规定结转以后年度的尚未确认的非货币性资产转让所得。

8. 国家税务总局关于资产(股权)划转企业所得税征管问题的公告

(2015 年 5 月 27 日　国家税务总局公告 2015 年第 40 号)

《国务院关于进一步优化企业兼并重组市场环境的意见》(国发〔2014〕14 号)和《财政部　国家税务总局关于促进企业重组有关企业所得税处理问题的通知》(财税〔2014〕109 号，以下简称《通知》)下发后，各地陆续反映在企业重组所得税政策执行过程中有些征管问题亟需明确。经研究，现就股权或资产划转企业所得税征管问题公告如下：

一、《通知》第三条所称“100% 直接控制的居民企业之间，以及受同一或相同多家居民企业 100% 直接控制的居民企业之间按账面净值划转股权或资产”，限于以下情形：

(一)100% 直接控制的母子公司之间，母公司向子公司按账面净值划转其持有的股权或资产，母公司获得子公司 100% 的股权支付。母公司按增加长期股权投资处理，子公司按接受投资(包括资本公积，下同)处理。母公司获得子公司股权的计税基础以划转股权或资产的原计税基础确定。

(二)100% 直接控制的母子公司之间，母公司向子公司按账面净值划转其持有的股权或资产，母公司没有获得任何股权或非股权支付。母公司按冲减实收资本(包括资本公积，下同)处理，子公司按接受投资处理。

(三)100% 直接控制的母子公司之间，子公司向母公司按账面净值划转其持有的股权或资产，子公司没有获得任何股权或非股权支付。母公司按收回投资处理，或按接受投资处理，子公司按冲减实收资本处理。母公司应按被划转股权或资产的原计税基础，相应调减持有子公司股权的计税基础。

(四)受同一或相同多家母公司 100% 直接控制的子公司之间，在母公司主导下，一家子公司向另一家子公司按账面净值划转其持有的股权或资产，划出方没有获得任何股权或非股权支付。划出方按冲减所有者权益处理，划入方按接受投资处理。

二、《通知》第三条所称“股权或资产划转后连续12个月内不改变被划转股权或资产原来实质性经营活动”，是指自股权或资产划转完成日起连续12个月内不改变被划转股权或资产原来实质性经营活动。

股权或资产划转完成日，是指股权或资产划转合同（协议）或批复生效，且交易双方已进行会计处理的日期。

三、《通知》第三条所称“划入方企业取得被划转股权或资产的计税基础，以被划转股权或资产的原账面净值确定”，是指划入方企业取得被划转股权或资产的计税基础，以被划转股权或资产的原计税基础确定。

《通知》第三条所称“划入方企业取得的被划转资产，应按其原账面净值计算折旧扣除”，是指划入方企业取得的被划转资产，应按被划转资产的原计税基础计算折旧扣除或摊销。

四、按照《通知》第三条规定进行特殊性税务处理的股权或资产划转，交易双方应在协商一致的基础上，采取一致处理原则统一进行特殊性税务处理。

五、交易双方应在企业所得税年度汇算清缴时，分别向各自主管税务机关报送《居民企业资产（股权）划转特殊性税务处理申报表》（详见附件）和相关资料（一式两份）。

相关资料包括：

1. 股权或资产划转总体情况说明，包括基本情况、划转方案等，并详细说明划转的商业目的；

2. 交易双方或多方签订的股权或资产划转合同（协议），需有权部门（包括内部和外部）批准的，应提供批准文件；

3. 被划转股权或资产账面净值和计税基础说明；

4. 交易双方按账面净值划转股权或资产的说明（需附会计处理资料）；

5. 交易双方均未在会计上确认损益的说明（需附会计处理资料）；

6. 12个月内不改变被划转股权或资产原来实质性经营活动的承诺书。

六、交易双方应在股权或资产划转完成后的下一年度的企业所得税年度申报时，各自向主管税务机关提交书面情况说明，以证明被划转股权或资产自划转完成日后连续12个月内，没有改变原来的实质性经营活动。

七、交易一方在股权或资产划转完成日后连续12个月内发生生产经营业务、公司性质、资产或股权结构等情况变化，致使股权或资产划转不再符合特殊性税务处理条件的，发生变化的交易一方应在情况发生变化的30日内报告其主管税务机关，同时书面通知另一方。另一方应在接到通知后30日内将有关变化报告其主管税务机关。

八、本公告第七条所述情况发生变化后60日内，原交易双方应按以下规定进行税务处理：

（一）属于本公告第一条第（一）项规定情形的，母公司应按原划转完成时股权或资产的公允价值视同销售处理，并按公允价值确认取得长期股权投资的计税基础；子公司按公允价值确认划入股权或资产的计税基础。

属于本公告第一条第（二）项规定情形的，母公司应按原划转完成时股权或资产的公允价值视同销售处理；子公司按公允价值确认划入股权或资产的计税基础。

属于本公告第一条第（三）项规定情形的，子公司应按原划转完成时股权或资产的公允价值视同销售处理；母公司应按撤回或减少投资进行处理。

属于本公告第一条第（四）项规定情形的，划出方应按原划转完成时股权或资产的公允价值视同销售处理；母公司根据交易情形和会计处理对划出方按分回股息进行处理，或者按撤回或减少投资进行处理，对划入方按以股权或资产的公允价值进行投资处理；划入方按接受母公司投资处理，以公允价值确认划入股权或资产的计税基础。

（二）交易双方应调整划转完成纳税年度的应纳税所得额及相应股权或资产的计税基础，向各自主管税务机关申请调整划转完成纳税年度的企业所得税年度申报表，依法计算缴纳企业所得税。

九、交易双方的主管税务机关应对企业申报适用特殊性税务处理的股权或资产划转加强后续管理。

十、本公告适用2014年度及以后年度企业所得税汇算清缴。此前尚未进行税务处理的股权、资产划转，符合《通知》第三条和本公告规定的可按本公告执行。

特此公告。

附件：

居民企业资产(股权)划转特殊性税务处理申报表

企业名称(章)：　　　　纳税人识别号：　　　　金额单位：元(列至角分)

<table>
<tr><td rowspan="14">基本情况</td><td colspan="2">划出方企业名称</td><td colspan="5"></td></tr>
<tr><td colspan="2">划出方纳税人识别号</td><td></td><td colspan="2">主管税务机关名称</td><td colspan="2"></td></tr>
<tr><td colspan="2">划入方企业名称</td><td></td><td colspan="2"></td><td colspan="2"></td></tr>
<tr><td colspan="2">划入方纳税人识别号</td><td></td><td colspan="2">主管税务机关名称</td><td colspan="2"></td></tr>
<tr><td colspan="2" rowspan="8">划转双方关系</td><td colspan="5">○关系1:100%直接控制的母子公司
母公司是:○划出方○划入方
100%控股起始时间：　年　月　日</td></tr>
<tr><td colspan="5">○关系2:受同一或相同多家居民企业100%直接控制</td></tr>
<tr><td rowspan="2">股东名称(划转双方为关系2时填报)</td><td colspan="2">划出方</td><td colspan="2">划入方</td></tr>
<tr><td>持股比例</td><td>持股起始时间(年月日)</td><td>持股比例</td><td>持股起始时间(年月日)</td></tr>
<tr><td></td><td></td><td></td><td></td><td></td></tr>
<tr><td></td><td></td><td></td><td></td><td></td></tr>
<tr><td>合计</td><td>100%</td><td></td><td>100%</td><td></td></tr>
<tr><td colspan="3">划转完成日(　年　月　日)</td><td colspan="5"></td></tr>
<tr><td colspan="2">被划转资产(股权)账面净值</td><td></td><td>被划转资产(股权)计税基础</td><td colspan="3"></td></tr>
<tr></tr>
<tr><td rowspan="13">会计处理</td><td colspan="2"></td><td>会计科目</td><td>金额</td><td colspan="3">资产(股权)计税基础</td></tr>
<tr><td rowspan="6">划出方</td><td>借</td><td></td><td></td><td colspan="3"></td></tr>
<tr><td></td><td></td><td></td><td colspan="3"></td></tr>
<tr><td></td><td></td><td></td><td colspan="3"></td></tr>
<tr><td>贷</td><td></td><td></td><td colspan="3"></td></tr>
<tr><td></td><td></td><td></td><td colspan="3"></td></tr>
<tr><td></td><td></td><td></td><td colspan="3"></td></tr>
<tr><td rowspan="6">划入方</td><td>借</td><td></td><td></td><td colspan="3"></td></tr>
<tr><td></td><td></td><td></td><td colspan="3"></td></tr>
<tr><td></td><td></td><td></td><td colspan="3"></td></tr>
<tr><td>贷</td><td></td><td></td><td colspan="3"></td></tr>
<tr><td></td><td></td><td></td><td colspan="3"></td></tr>
<tr><td></td><td></td><td></td><td colspan="3"></td></tr>
<tr><td colspan="8">申报企业其他需说明的情况：</td></tr>
<tr><td colspan="8">谨声明:本人知悉并保证本表填报内容及所附证明材料真实、完整,并承担因资料虚假而产生的法律和行政责任。
法定代表人签章：　　年　月　日</td></tr>
</table>

填表人：　　　　填表日期：

填表说明：

1."持股起始时间"是指填报的持股比例起始时间,如2013年1月1日持股80%,2015年1月1日持股100%,"持股比例"填100%,"持股起始时间"填报2015年1月1日。

2."会计处理"栏次应明细填报划转的每一项资产,且划出方与划入方资产应一一对应填报。

3."会计处理"栏次划出方、划入方的会计科目涉及"所有者权益类"科目的,不填报资产计税基础;划出方、划入方填报的借贷应平衡。

4.本表一式三份,受理税务机关、划出方、划入方各一份。相关行次不够的可自行添加。

9.国家税务总局关于企业重组业务企业所得税征收管理若干问题的公告

（2015年6月24日　国家税务总局公告2015年第48号）

根据《中华人民共和国企业所得税法》及其实施条例、《中华人民共和国税收征收管理法》及其实施细则、《国务院关于取消非行政许可审批事项的决定》(国发〔2015〕27号)、《财政部　国家税务总局关于企业重组业务企业所得税处理若干问题的通知》(财税〔2009〕59号)和《财政部　国家税务总局关于促进企业重组有关企业所得税处理问题的通知》(财税〔2014〕109号)等有关规定,现对企业重组业务企业所得税征收管理若干问题公告如下:

一、按照重组类型,企业重组的当事各方是指:

(一)债务重组中当事各方,指债务人、债权人。

(二)股权收购中当事各方,指收购方、转让方及被收购企业。

(三)资产收购中当事各方,指收购方、转让方。

(四)合并中当事各方,指合并企业、被合并企业及被合并企业股东。

(五)分立中当事各方,指分立企业、被分立企业及被分立企业股东。

上述重组交易中,股权收购中转让方、合并中被合并企业股东和分立中被分立企业股东,可以是自然人。

当事各方中的自然人应按个人所得税的相关规定进行税务处理。

二、重组当事各方企业适用特殊性税务处理的(指重组业务符合财税〔2009〕59号文件和财税〔2014〕109号文件第一条、第二条规定条件并选择特殊性税务处理的,下同),应按如下规定确定重组主导方:

(一)债务重组,主导方为债务人。

(二)股权收购,主导方为股权转让方,涉及两个或两个以上股权转让方,由转让被收购企业股权比例最大的一方作为主导方(转让股权比例相同的可协商确定主导方)。

(三)资产收购,主导方为资产转让方。

(四)合并,主导方为被合并企业,涉及同一控制下多家被合并企业的,以净资产最大的一方为主导方。

(五)分立,主导方为被分立企业。

三、财税〔2009〕59号文件第十一条所称重组业务完成当年,是指重组日所属的企业所得税纳税年度。

企业重组日的确定,按以下规定处理:

1.债务重组,以债务重组合同(协议)或法院裁定书生效日为重组日。

2.股权收购,以转让合同(协议)生效且完成股权变更手续日为重组日。关联企业之间发生股权收购,转让合同(协议)生效后12个月内尚未完成股权变更手续的,应以转让合同(协议)生效日为重组日。

3.资产收购,以转让合同(协议)生效且当事各方已进行会计处理的日期为重组日。

4.合并,以合并合同(协议)生效、当事各方已进行会计处理且完成工商新设登记或变更登记日为重组日。按规定不需要办理工商新设或变更登记的合并,以合并合同(协议)生效且当事各方已进行会计处理的日期为重组日。

5.分立,以分立合同(协议)生效、当事各方已进行会计处理且完成工商新设登记或变更登记日为重组日。

四、企业重组业务适用特殊性税务处理的,除财税〔2009〕59号文件第四条第(一)项所称企业发生其他法律形式简单改变情形外，重组各方应在该重组业务完成当年，办理企业所得税年度申报时，分别向各自主管税务机关报送《企业重组所得税特殊性税务处理报告表及附表》（详见附件1）和申报资料（详见附件2）。合并、分立中重组一方涉及注销的，应在尚未办理注销税务登记手续前进行申报。

重组主导方申报后，其他当事方向其主管税务机关办理纳税申报。申报时还应附送重组主导方经主管税务机关受理的《企业重组所得税特殊性税务处理报告表及附表》（复印件）。

五、企业重组业务适用特殊性税务处理的，申报时，应从以下方面逐条说明企业重组具有合理的商业目的：

（一）重组交易的方式；

（二）重组交易的实质结果；

（三）重组各方涉及的税务状况变化；

（四）重组各方涉及的财务状况变化；

（五）非居民企业参与重组活动的情况。

六、企业重组业务适用特殊性税务处理的，申报时，当事各方还应向主管税务机关提交重组前连续12个月内有无与该重组相关的其他股权、资产交易情况的说明，并说明这些交易与该重组是否构成分步交易，是否作为一项企业重组业务进行处理。

七、根据财税〔2009〕59号文件第十条规定，若同一项重组业务涉及在连续12个月内分步交易，且跨两个纳税年度，当事各方在首个纳税年度交易完成时预计整个交易符合特殊性税务处理条件，经协商一致选择特殊性税务处理的，可以暂时适用特殊性税务处理，并在当年企业所得税年度申报时提交书面申报资料。

在下一纳税年度全部交易完成后，企业应判断是否适用特殊性税务处理。如适用特殊性税务处理的，当事各方应按本公告要求申报相关资料；如适用一般性税务处理的，应调整相应纳税年度的企业所得税年度申报表，计算缴纳企业所得税。

八、企业发生财税〔2009〕59号文件第六条第（一）项规定的债务重组，应准确记录应予确认的债务重组所得，并在相应年度的企业所得税汇算清缴时对当年确认额及分年结转额的情况做出说明。

主管税务机关应建立台账，对企业每年申报的债务重组所得与台账进行比对分析，加强后续管理。

九、企业发生财税〔2009〕59号文件第七条第（三）项规定的重组，居民企业应准确记录应予确认的资产或股权转让收益总额，并在相应年度的企业所得税汇算清缴时对当年确认额及分年结转额的情况做出说明。

主管税务机关应建立台账，对居民企业取得股权的计税基础和每年确认的资产或股权转让收益进行比对分析，加强后续管理。

十、适用特殊性税务处理的企业，在以后年度转让或处置重组资产（股权）时，应在年度纳税申报时对资产（股权）转让所得或损失情况进行专项说明，包括特殊性税务处理时确定的重组资产（股权）计税基础与转让或处置时的计税基础的比对情况，以及递延所得税负债的处理情况等。

适用特殊性税务处理的企业，在以后年度转让或处置重组资产（股权）时，主管税务机关应加强评估和检查，将企业特殊性税务处理时确定的重组资产（股权）计税基础与转让或处置时的计税基础及相关的年度纳税申报表比对，发现问题的，应依法进行调整。

十一、税务机关应对适用特殊性税务处理的企业重组做好统计和相关资料的归档工作。各省、自治区、直辖市和计划单列市国家税务局、地方税务局应于每年8月底前将《企业重组所得税特殊性税务处理统计表》（详见附件3）上报税务总局（所得税司）。

十二、本公告适用于2015年度及以后年度企业所得税汇算清缴。《国家税务总局关于发布〈企业重组业务企业所得税管理办法〉的公告》（国家税务总局公告2010年第4号）第三条、第七条、第八条、第十六条、第十七条、第十八条、第二十二条、第二十三条、第二十四条、第二十五条、第二十七条、第三十二条同时废止。

本公告施行时企业已经签订重组协议，但尚未完成重组的，按本公告执行。

附件1：

企业重组所得税特殊性税务处理报告表

<table>
<tr><td>纳税人名称(盖章)</td><td></td><td>纳税人识别号</td><td></td></tr>
<tr><td>单位地址</td><td></td><td>财务负责人</td><td></td></tr>
<tr><td>主管税务机关(全称)</td><td></td><td>联系电话</td><td></td></tr>
<tr><td colspan="4">重组日：　　　　重组业务开始年度：　　　　重组业务完成年度：</td></tr>
<tr><td>重组交易类型</td><td colspan="3">企业在重组业务中所属当事方类型</td></tr>
<tr><td>□法律形式改变</td><td></td><td></td><td></td></tr>
<tr><td>□债务重组</td><td>□债务人</td><td>□债权人</td><td></td></tr>
<tr><td>□股权收购</td><td>□收购方</td><td>□转让方</td><td>□被收购企业</td></tr>
<tr><td>□资产收购</td><td>□收购方</td><td>□转让方</td><td></td></tr>
<tr><td>□合并</td><td>□合并企业</td><td>□被合并企业</td><td>□被合并企业股东</td></tr>
<tr><td>□分立</td><td>□分立企业</td><td>□被分立企业</td><td>□被分立企业股东</td></tr>
<tr><td rowspan="5">特殊性税务处理条件</td><td colspan="2">(一)具有合理的商业目的，且不以减少、免除或者推迟缴纳税款为主要目的。</td><td>□</td></tr>
<tr><td colspan="2">(二)被收购、合并或分立部分的资产或股权比例符合规定的比例。</td><td>□比例%</td></tr>
<tr><td colspan="2">(三)企业重组后的连续12个月内不改变重组资产原来的实质性经营活动。</td><td>□</td></tr>
<tr><td colspan="2">(四)重组交易对价中涉及股权支付金额符合规定比例。</td><td>□比例%</td></tr>
<tr><td colspan="2">(五)企业重组中取得股权支付的原主要股东，在重组后连续12个月内，不得转让所取得的股权。</td><td>□</td></tr>
<tr><td colspan="4">主管税务机关受理意见　　　　　　　　　　　　（受理专用章）　年　月　日</td></tr>
<tr><td colspan="4">其他需要说明的事项(重组业务其他需要说明的事项，如没有则填“无”)：</td></tr>
<tr><td>纳税人声明</td><td colspan="3">谨声明：本人知悉并保证本表填报内容及所附证明材料真实、完整，并承担因资料虚假而产生的法律和行政责任。
法定代表人签章：　年　月　日</td></tr>
</table>

填表人：　　　　　　　　　　填表日期：

填表说明：

1. 本表为企业重组业务适用特殊性税务处理申报时填报。涉及两个及以上重组交易类型的，应分别填报。

2. “特殊性税务处理条件”，债务重组中重组所得超50%的，只需填写条件(一)，债转股的，只需填写条件(一)和(五)；合并中同一控制下且不需要支付对价的合并，只需填写条件(一)、(二)、(三)和(五)。

3. 本表一式两份，重组当事方及其所属主管税务机关各一份。

4. 除法律形式简单改变外，重组各方应在该重组业务完成当年，办理企业所得税年度申报时，分别向各自主管税务机关报送《企业重组所得税特殊性税务处理报告表及附表》和申报资料。合并、分立中重组一方涉及注销的，应在尚未办理注销税务登记手续前进行申报。重组主导方申报后，其他当事方向其主管税务机关办理纳税申报。申报时还应附送重组主导方经主管税务机关受理的《企业重组所得税特殊性税务处理报告表及附表》(复印件)。

附件1－1：

企业重组所得税特殊性税务处理报告表(债务重组)

申报企业名称(盖章)：　　　　　　　　　　　　　　　　　　　　金额单位：元(列至角分)

<table>
<tr><td colspan="2">债务人名称</td><td colspan="2">债务人纳税识别号</td><td colspan="3">债务人所属主管税务机关(全称)</td></tr>
<tr><td colspan="2"></td><td colspan="2"></td><td colspan="3"></td></tr>
<tr><td colspan="2">债权人名称</td><td colspan="2">债权人纳税识别号</td><td colspan="3">债权人所属主管税务机关(全称)</td></tr>
<tr><td colspan="2"></td><td colspan="2"></td><td colspan="3"></td></tr>
<tr><td colspan="2">债务重组方式</td><td colspan="4">□ 重组所得超过应纳税所得额50%</td><td>□ 债转股</td></tr>
<tr><td colspan="4">债务人重组业务涉及的债务账面价值</td><td colspan="3"></td></tr>
<tr><td colspan="2" rowspan="4">债务人重组业务涉及的债务计税基础(1)</td><td colspan="3" rowspan="4"></td><td>其中：①应付账款计税基础</td><td></td></tr>
<tr><td>②其他应付款计税基础</td><td></td></tr>
<tr><td>③借款计税基础</td><td></td></tr>
<tr><td>④其他债务计税基础</td><td></td></tr>
<tr><td rowspan="6">除债转股方式外的债务重组</td><td rowspan="4">债务人用于偿付债务的资产公允价值(2)</td><td colspan="3" rowspan="4"></td><td>其中：①现金</td><td></td></tr>
<tr><td>②银行存款</td><td></td></tr>
<tr><td>③非货币资产</td><td></td></tr>
<tr><td>④其他</td><td></td></tr>
<tr><td>债务人债务重组所得(3)＝(1)－(2)</td><td colspan="5"></td></tr>
<tr><td>债务人本年度应纳税所得额</td><td></td><td colspan="3">债务重组所得占本年度应纳税所得额的比重%</td><td></td></tr>
<tr><td rowspan="2">债转股方式的债务重组</td><td>债权人债转股后所拥有的股权占债务人全部股权比例%</td><td></td><td colspan="3">债转股取得股权的公允价值(4)</td><td></td></tr>
<tr><td>债权人原债权的计税基础(即股权的计税基础)</td><td></td><td colspan="3">债务人暂不确认的债务重组所得(5)＝(1)－(4)</td><td></td></tr>
<tr><td colspan="7">谨声明：本人知悉并保证本表填报内容及所附证明材料真实、完整，并承担因资料虚假而产生的法律和行政责任。
法定代表人签章：　　年　月　日</td></tr>
</table>

填表人：　　　　　　　　　　　　　　　　　　填表日期：

填表说明：

本表一式两份，债务人(债权人)及其所属主管税务机关各一份。

附件1-2：

企业重组所得税特殊性税务处理报告表(股权收购)

申报企业名称(盖章)：　　　　　　　　　　　　　　　　　　　　　金额单位：元(列至角分)

被收购企业名称		被收购企业纳税识别号		被收购企业所属主管税务机关(全称)	
股权收购方名称		股权收购方纳税识别号		股权收购方所属主管税务机关(全称)	
股权转让方1(被收购企业的股东)名称		转让被收购企业股权占被收购企业全部股权的比例% 1		股权转让方1所属主管税务机关(全称)	
股权转让方1(被收购企业的股东)纳税识别号					
股权转让方2(被收购企业的股东)名称		转让被收购企业股权占被收购企业全部股权的比例% 2		股权转让方2所属主管税务机关(全称)	
股权转让方2(被收购企业的股东)纳税识别号					
股权收购方购买的股权占被收购企业全部股权的比例%		股权收购方股权支付金额占交易支付总额的比例%			
股权收购交易支付总额		其中：股权支付额		非股权支付额	
股权转让合同(协议)生效日		股权收购方所收购股权的工商变更登记日		转让方与收购方是否为关联企业	□是　□否
被收购企业原有各项资产和负债的计税基础是否保持不变			□是		□否

	项目名称	公允价值	账面价值	原计税基础	非股权支付对应的资产转让所得或损失	实际取得股权及其他资产：项目名称	公允价值	计税基础
股权转让方1	转让被收购企业股权							
						合计		
股权转让方2	转让被收购企业股权							
						合计		

	项目名称	公允价值	账面价值	原计税基础	非股权支付对应的资产转让所得或损失	实际取得股权及其他资产：项目名称	公允价值	计税基础
股权收购方	1.股权支付额					被收购企业股权		
	(1)本企业股权							
	(2)其控股企业股权							
	①							
	②							
	……							
	2.非股权支付额							
	合计(1+2)							

谨声明：本人知悉并保证本表填报内容及所附证明材料真实、完整，并承担因资料虚假而产生的法律和行政责任。

法定代表人签章：　　　　年　　月　　日

填表人：　　　　　　　　　　　　　填表日期：

填表说明：

1. 若一笔股权收购交易涉及两个以上股权转让方的，应自行增加行次填写。

2. 若股权收购业务较复杂，本表不能充分反映企业实际情况，企业可自行补充说明。

3. 本表一式两份。股权转让方（股权收购方、被收购企业）及其所属主管税务机关各一份。

附件 1－3：

企业重组所得税特殊性税务处理报告表（资产收购）

申报企业名称（盖章）：　　　　　　　　　　　　　　　　　　　　金额单位：元（列至角分）

<table>
<tr><td colspan="2">资产转让方名称</td><td colspan="3"></td><td rowspan="2">资产转让方所属主管税务机关（全称）</td><td colspan="3" rowspan="2"></td></tr>
<tr><td colspan="2">资产转让方纳税识别号</td><td colspan="3"></td></tr>
<tr><td colspan="2">资产转让方全部资产的公允价值</td><td colspan="2"></td><td>资产转让方所转让资产的公允价值</td><td></td><td colspan="2">所转让资产占资产转让方全部资产的比例%</td><td></td></tr>
<tr><td colspan="2">资产受让方名称</td><td colspan="2"></td><td rowspan="2">资产受让方所属主管税务机关（全称）</td><td rowspan="2"></td><td colspan="2" rowspan="2">股权支付金额占交易支付总额的比例%</td><td rowspan="2"></td></tr>
<tr><td colspan="2">资产受让方纳税识别号</td><td colspan="2"></td></tr>
<tr><td colspan="2">资产收购交易支付总额</td><td colspan="2"></td><td>其中：股权支付额</td><td></td><td colspan="2">非股权支付额</td><td></td></tr>
<tr><td rowspan="4">资产转让方</td><td rowspan="2">项目名称（按大类）</td><td rowspan="2">公允价值</td><td rowspan="2">账面价值</td><td rowspan="2">原计税基础</td><td rowspan="2">非股权支付对应的资产转让所得或损失</td><td colspan="3">实际取得股权及其他资产</td></tr>
<tr><td>项目名称</td><td>公允价值</td><td>计税基础</td></tr>
<tr><td></td><td></td><td></td><td></td><td></td><td></td><td></td><td></td></tr>
<tr><td>转让资产合计</td><td></td><td></td><td></td><td></td><td>合计</td><td></td><td></td></tr>
<tr><td rowspan="10">资产受让方</td><td rowspan="2">项目名称</td><td rowspan="2">公允价值</td><td rowspan="2">账面价值</td><td rowspan="2">原计税基础</td><td rowspan="2">非股权支付对应的资产转让所得或损失</td><td colspan="3">实际取得股权及其他资产</td></tr>
<tr><td>项目名称（按大类）</td><td>公允价值</td><td>计税基础</td></tr>
<tr><td>1. 股权支付额</td><td></td><td></td><td></td><td></td><td></td><td></td><td></td></tr>
<tr><td>（1）本企业股权</td><td></td><td></td><td></td><td></td><td></td><td></td><td></td></tr>
<tr><td>（2）其控股企业股权</td><td></td><td></td><td></td><td></td><td></td><td></td><td></td></tr>
<tr><td>①</td><td></td><td></td><td></td><td></td><td></td><td></td><td></td></tr>
<tr><td>②</td><td></td><td></td><td></td><td></td><td></td><td></td><td></td></tr>
<tr><td>……</td><td></td><td></td><td></td><td></td><td></td><td></td><td></td></tr>
<tr><td>2. 非股权支付额</td><td></td><td></td><td></td><td></td><td></td><td></td><td></td></tr>
<tr><td>合计（1＋2）</td><td></td><td></td><td></td><td>合计</td><td></td><td></td><td></td></tr>
<tr><td colspan="3">是否存在资产收购涉及项目所得的税收优惠承继</td><td colspan="2"></td><td>优惠已执行年限</td><td></td><td>优惠剩余年限</td><td></td></tr>
<tr><td colspan="9">谨声明：本人知悉并保证本表填报内容及所附证明材料真实、完整，并承担因资料虚假而产生的法律和行政责任。
法定代表人签章：　　　　年　月　日</td></tr>
</table>

填表人：　　　　　　　　　　　　　填表日期：

填表说明：

1. 若资产收购业务较复杂，本表不能充分反映企业实际情况，企业可自行补充说明。

2. 本表一式两份。资产转让方（资产受让方）及其所属主管税务机关各一份。

附件1－4：

企业重组所得税特殊性税务处理报告表（企业合并）

申报企业名称（盖章）：　　　　　　　　　　　　　　　　　　　　　　　金额单位：元（列至角分）

<table>
<tr><td>合并企业名称</td><td colspan="2">合并企业纳税识别号</td><td rowspan="2">合并企业所属主管税务机关（全称）</td><td rowspan="2"></td></tr>
<tr><td></td><td colspan="2"></td></tr>
<tr><td>被合并企业名称</td><td colspan="2">被合并企业纳税识别号</td><td colspan="2">被合并企业所属主管税务机关（全称）</td></tr>
<tr><td>1</td><td colspan="2"></td><td colspan="2">1</td></tr>
<tr><td>2</td><td colspan="2"></td><td colspan="2">2</td></tr>
<tr><td>被合并企业股东名称</td><td>纳税识别号</td><td>持股比例%</td><td colspan="2">被合并企业股东所属主管税务机关（全称）</td></tr>
<tr><td>1</td><td></td><td></td><td colspan="2">1</td></tr>
<tr><td>2</td><td></td><td></td><td colspan="2">2</td></tr>
<tr><td>3</td><td></td><td></td><td colspan="2">3</td></tr>
<tr><td>合并交易的支付总额</td><td colspan="2"></td><td>股权支付额占交易支付总额的比例%</td><td></td></tr>
<tr><td>股权支付额（公允价值）</td><td colspan="2"></td><td>股权支付额（原计税基础）</td><td></td></tr>
<tr><td>非股权支付额（公允价值）</td><td colspan="2"></td><td>非股权支付额（原计税基础）</td><td></td></tr>
<tr><td>是否为同一控制下且不需要支付对价的合并</td><td>□是</td><td>□否</td><td>非股权支付对应的资产转让所得或损失</td><td></td></tr>
<tr><td>被合并企业税前尚未弥补的亏损额</td><td colspan="2"></td><td>被合并企业净资产公允价值</td><td></td></tr>
<tr><td>截至合并业务发生当年年末国家发行的最长期限的国债利率</td><td colspan="2"></td><td>可由合并企业弥补的被合并企业亏损的限额</td><td></td></tr>
<tr><td>被合并企业资产的原计税基础</td><td colspan="2"></td><td>合并企业接受被合并企业资产的计税基础</td><td></td></tr>
<tr><td>被合并企业负债的原计税基础</td><td colspan="2"></td><td>合并企业接受被合并企业负债的计税基础</td><td></td></tr>
<tr><td>未确认的资产损失</td><td colspan="2"></td><td>分期确认的收入</td><td></td></tr>
<tr><td colspan="3">被合并企业有关项目所得优惠的剩余期限</td><td colspan="2">年至　　　　年</td></tr>
<tr><td colspan="5">被合并企业股东取得股权和其他资产情况</td></tr>
<tr><td>股东名称</td><td colspan="2">项目名称</td><td>公允价值</td><td>计税基础</td></tr>
<tr><td></td><td colspan="2"></td><td></td><td></td></tr>
<tr><td></td><td colspan="2"></td><td></td><td></td></tr>
<tr><td colspan="5">谨声明：本人知悉并保证本表填报内容及所附证明材料真实、完整，并承担因资料虚假而产生的法律和行政责任。
法定代表人签章：　　　　年　月　日</td></tr>
</table>

填表人：　　　　　　　　　　　　填表日期：

填表说明：

1. 合并企业名称，吸收合并为合并后存续的企业，新设合并为新设企业。
2. 被合并企业为两家以上的，应自行增加行次填写。
3. 若企业合并业务较复杂，本表不能充分反映企业实际情况，企业可自行补充说明。
4. 本表一式两份。合并企业（被合并企业、被合并企业股东）及其所属主管税务机关各一份。

附件1－5：

企业重组所得税特殊性税务处理报告表(企业分立)

申报企业名称(盖章)：　　　　　　　　　　　　　　　　　　　　　金额单位：元(列至角分)

<table>
<tr><td>被分立企业名称</td><td rowspan="2" colspan="2"></td><td rowspan="2">被分立企业所属主管税务机关(全称)</td><td rowspan="2"></td></tr>
<tr><td>被分立企业纳税识别号</td></tr>
<tr><td>被分立企业</td><td colspan="2">资产</td><td>负债</td><td>净资产</td></tr>
<tr><td>计税基础</td><td colspan="2"></td><td></td><td></td></tr>
<tr><td>公允价值</td><td colspan="2"></td><td></td><td></td></tr>
<tr><td>被分立企业股东名称</td><td>持股比例</td><td>股权公允价值</td><td>股权原计税基础</td><td>被分立企业股东所属主管税务机关(全称)</td></tr>
<tr><td>1</td><td></td><td></td><td></td><td></td></tr>
<tr><td>2</td><td></td><td></td><td></td><td></td></tr>
<tr><td></td><td></td><td></td><td></td><td></td></tr>
<tr><td>分立企业1名称</td><td colspan="2"></td><td rowspan="2">分立企业1所属主管税务机关(全称)</td><td rowspan="2"></td></tr>
<tr><td>分立企业1纳税识别号</td><td colspan="2"></td></tr>
<tr><td>分立企业1</td><td colspan="2">资产</td><td>负债</td><td>净资产</td></tr>
<tr><td>计税基础</td><td colspan="2"></td><td></td><td></td></tr>
<tr><td>公允价值</td><td colspan="2"></td><td></td><td></td></tr>
<tr><td>分立企业2名称</td><td colspan="2"></td><td rowspan="2">分立企业2所属主管税务机关(全称)</td><td rowspan="2"></td></tr>
<tr><td>分立企业2纳税识别号</td><td colspan="2"></td></tr>
<tr><td>分立企业2</td><td colspan="2">资产</td><td>负债</td><td>净资产</td></tr>
<tr><td>计税基础</td><td colspan="2"></td><td></td><td></td></tr>
<tr><td>公允价值</td><td colspan="2"></td><td></td><td></td></tr>
<tr><td>分立交易的支付总额</td><td colspan="2"></td><td>股权支付额占交易支付总额的比例%</td><td></td></tr>
<tr><td>股权支付额(公允价值)</td><td colspan="2"></td><td>股权支付额(原计税基础)</td><td></td></tr>
<tr><td>非股权支付额(公允价值)</td><td colspan="2"></td><td>非股权支付额(原计税基础)</td><td></td></tr>
<tr><td colspan="3">非股权支付对应的资产转让所得或损失</td><td colspan="2"></td></tr>
<tr><td>被分立企业分立资产公允价值</td><td colspan="2"></td><td>被分立企业全部资产公允价值</td><td></td></tr>
<tr><td>被分立企业未超过法定弥补期限的亏损额</td><td colspan="2"></td><td>分立企业可弥补的被分立企业尚未弥补的亏损额</td><td></td></tr>
<tr><td>未确认的资产损失</td><td colspan="2"></td><td>分期确认的收入</td><td></td></tr>
<tr><td colspan="5">被分立企业股东取得股权和其他资产情况</td></tr>
<tr><td>股东名称</td><td colspan="2">项目名称</td><td>公允价值</td><td>计税基础</td></tr>
<tr><td></td><td colspan="2"></td><td></td><td></td></tr>
<tr><td colspan="5">谨声明：本人知悉并保证本表填报内容及所附证明材料真实、完整，并承担因资料虚假而产生的法律和行政责任。

法定代表人签章：　　　　年　月　日</td></tr>
</table>

填表人：　　　　　　　　　　　　　　填表日期：

填表说明：

1. 分立企业超过两家的，应增加相应行次填写。

2. 若企业分立业务较复杂，本表不能充分反映企业实际情况，企业可自行补充说明。

3. 本表一式两份。分立企业（被分立企业、被分立企业股东）及其所属主管税务机关各一份。

附件 2：

企业重组所得税特殊性税务处理申报资料一览表

<table>
<tr><th>重组类型</th><th>资料提供方</th><th>申报资料</th></tr>
<tr><td rowspan="7">债务重组</td><td rowspan="7">当事各方</td><td>1. 债务重组的总体情况说明，包括债务重组方案、基本情况、债务重组所产生的应纳税所得额，并逐条说明债务重组的商业目的；以非货币资产清偿债务的，还应包括企业当年应纳税所得额情况；</td></tr>
<tr><td>2. 清偿债务或债权转股权的合同（协议）或法院裁定书，需有权部门（包括内部和外部）批准的，应提供批准文件；</td></tr>
<tr><td>3. 债权转股权的，提供相关股权评估报告或其他公允价值证明；以非货币资产清偿债务的，提供相关资产评估报告或其他公允价值证明；</td></tr>
<tr><td>4. 重组当事各方一致选择特殊性税务处理并加盖当事各方公章的证明资料；</td></tr>
<tr><td>5. 债权转股权的，还应提供工商管理部门等有权机关登记的相关企业股权变更事项的证明材料，以及债权人 12 个月内不转让所取得股权的承诺书；</td></tr>
<tr><td>6. 重组前连续 12 个月内有无与该重组相关的其他股权、资产交易，与该重组是否构成分步交易、是否作为一项企业重组业务进行处理情况的说明；</td></tr>
<tr><td>7. 按会计准则规定当期应确认资产（股权）转让损益的，应提供按税法规定核算的资产（股权）计税基础与按会计准则规定核算的相关资产（股权）账面价值的暂时性差异专项说明。</td></tr>
<tr><td rowspan="9">股权收购</td><td rowspan="9">当事各方</td><td>1. 股权收购业务总体情况说明，包括股权收购方案、基本情况，并逐条说明股权收购的商业目的；</td></tr>
<tr><td>2. 股权收购、资产收购业务合同（协议），需有权部门（包括内部和外部）批准的，应提供批准文件；</td></tr>
<tr><td>3. 相关股权评估报告或其他公允价值证明；</td></tr>
<tr><td>4. 12 个月内不改变重组资产原来的实质性经营活动、原主要股东不转让所取得股权的承诺书；</td></tr>
<tr><td>5. 工商管理部门等有权机关登记的相关企业股权变更事项的证明材料；</td></tr>
<tr><td>6. 重组当事各方一致选择特殊性税务处理并加盖当事各方公章的证明资料；</td></tr>
<tr><td>7. 涉及非货币性资产支付的，应提供非货币性资产评估报告或其他公允价值证明；</td></tr>
<tr><td>8. 重组前连续 12 个月内有无与该重组相关的其他股权、资产交易，与该重组是否构成分步交易、是否作为一项企业重组业务进行处理情况的说明；</td></tr>
<tr><td>9. 按会计准则规定当期应确认资产（股权）转让损益的，应提供按税法规定核算的资产（股权）计税基础与按会计准则规定核算的相关资产（股权）账面价值的暂时性差异专项说明。</td></tr>
<tr><td rowspan="10">资产收购</td><td rowspan="10">当事各方</td><td>1. 资产收购业务总体情况说明，包括资产收购方案、基本情况，并逐条说明资产收购的商业目的；</td></tr>
<tr><td>2. 资产收购业务合同（协议），需有权部门（包括内部和外部）批准的，应提供批准文件；</td></tr>
<tr><td>3. 相关资产评估报告或其他公允价值证明；</td></tr>
<tr><td>4. 被收购资产原计税基础的证明；</td></tr>
<tr><td>5. 12 个月内不改变资产原来的实质性经营活动、原主要股东不转让所取得股权的承诺书；</td></tr>
<tr><td>6. 工商管理部门等有权机关登记的相关企业股权变更事项的证明材料；</td></tr>
<tr><td>7. 重组当事各方一致选择特殊性税务处理并加盖当事各方公章的证明资料；</td></tr>
<tr><td>8. 涉及非货币性资产支付的，应提供非货币性资产评估报告或其他公允价值证明；</td></tr>
<tr><td>9. 重组前连续 12 个月内有无与该重组相关的其他股权、资产交易，与该重组是否构成分步交易、是否作为一项企业重组业务进行处理情况的说明；</td></tr>
<tr><td>10. 按会计准则规定当期应确认资产（股权）转让损益的，应提供按税法规定核算的资产（股权）计税基础与按会计准则规定核算的相关资产（股权）账面价值的暂时性差异专项说明。</td></tr>
</table>

续表

重组类型	资料提供方	申报资料
合并	当事各方	1. 企业合并的总体情况说明，包括合并方案、基本情况，并逐条说明企业合并的商业目的；
		2. 企业合并协议或决议，需有权部门（包括内部和外部）批准的，应提供批准文件；
		3. 企业合并当事各方的股权关系说明，若属同一控制下且不需支付对价的合并，还需提供在企业合并前，参与合并各方受最终控制方的控制在12个月以上的证明材料；
		4. 被合并企业净资产、各单项资产和负债的账面价值和计税基础等相关资料；
		5. 12个月内不改变资产原来的实质性经营活动、原主要股东不转让所取得股权的承诺书；
		6. 工商管理部门等有权机关登记的相关企业股权变更事项的证明材料；
		7. 合并企业承继被合并企业相关所得税事项（包括尚未确认的资产损失、分期确认收入和尚未享受期满的税收优惠政策等）情况说明；
		8. 涉及可由合并企业弥补被合并企业亏损的，需要提供其合并日净资产公允价值证明材料及主管税务机关确认的亏损弥补情况说明；
		9. 重组当事各方一致选择特殊性税务处理并加盖当事各方公章的证明资料；
		10. 涉及非货币性资产支付的，应提供非货币性资产评估报告或其他公允价值证明；
		11. 重组前连续12个月内有无与该重组相关的其他股权、资产交易，与该重组是否构成分步交易、是否作为一项企业重组业务进行处理情况的说明；
		12. 按会计准则规定当期应确认资产（股权）转让损益的，应提供按税法规定核算的资产（股权）计税基础与按会计准则规定核算的相关资产（股权）账面价值的暂时性差异专项说明。
分立	当事各方	1. 企业分立的总体情况说明，包括分立方案、基本情况，并逐条说明企业分立的商业目的；
		2. 被分立企业董事会、股东会（股东大会）关于企业分立的决议，需有权部门（包括内部和外部）批准的，应提供批准文件；
		3. 被分立企业的净资产、各单项资产和负债账面价值和计税基础等相关资料；
		4. 12个月内不改变资产原来的实质性经营活动、原主要股东不转让所取得股权的承诺书；
		5. 工商管理部门等有权机关认定的分立和被分立企业股东股权比例证明材料；分立后，分立和被分立企业工商营业执照复印件；
		6. 重组当事各方一致选择特殊性税务处理并加盖当事各方公章的证明资料；
		7. 涉及非货币性资产支付的，应提供非货币性资产评估报告或其他公允价值证明；
		8. 分立企业承继被分立企业所分立资产相关所得税事项（包括尚未确认的资产损失、分期确认收入和尚未享受期满的税收优惠政策等）情况说明；
		9. 若被分立企业尚有未超过法定弥补期限的亏损，应提供亏损弥补情况说明、被分立企业重组前净资产和分立资产公允价值的证明材料；
		10. 重组前连续12个月内有无与该重组相关的其他股权、资产交易，与该重组是否构成分步交易、是否作为一项企业重组业务进行处理情况的说明；
		11. 按会计准则规定当期应确认资产（股权）转让损益的，应提供按税法规定核算的资产（股权）计税基础与按会计准则规定核算的相关资产（股权）账面价值的暂时性差异专项说明。

附件3：

企业重组所得税特殊性税务处理统计表

报送单位：税务局　　　　　　　　　　纳税年度：　　　　　　　　　　金额：万元

重组类型	重组主导方企业名称	重组主导方所属行业	重组主导方经济类型	重组是否涉及上市公司	重组业务交易金额	重组按一般性税务处理应确认的应纳税所得额(1)	重组按特殊性税务处理确认的应纳税所得额(2)	重组按特殊性税务处理递延确认的应纳税所得额(3)=(1)-(2)
合计	—	—	—	—				

填表说明：

1. 本表只统计重组主导方在本省(自治区、直辖市)管辖范围内，且汇算清缴当年完成的重组业务。

2. 重组类型选项包括债务重组、股权收购、资产收购、合并和分立。

3. 重组主导方所属行业按《国民经济行业分类》(GB/T 4754—2011)填列，填至行业明细分类的大类和中类，如＊＊＊花卉种植公司，所属行业为“农业—蔬菜、园艺作物的种植”。

4. “重组主导方经济类型”按征管信息系统口径填报。

5. “重组业务交易金额”，是指重组业务的交易支付总额。同一控制下且不需要支付对价的企业合并中，应为被合并企业净资产公允价值。

6. “重组按一般性税务处理应确认的应纳税所得额”，是指符合特殊性税务处理条件的重组业务若按财税〔2009〕59号文件第四条规定按一般性税务处理应确认的应纳税所得额。同一控制下且不需要支付对价的企业合并中，应为被合并企业净资产公允价值减去计税基础的差额。

7. 每行填列一项重组业务。

▶企业清算

1. 财政部　国家税务总局关于企业清算业务企业所得税处理若干问题的通知

(2009年4月30日　财税〔2009〕60号)

各省、自治区、直辖市、计划单列市财政厅(局)、国家税务局、地方税务局，新疆生产建设兵团财务局：

根据《中华人民共和国企业所得税法》第五十三条、第五十五条和《中华人民共和国企业所得税法实施条例》(国务院令第512号)第十一条规定，现就企业清算有关所得税处理问题通知如下：

一、企业清算的所得税处理，是指企业在不再持续经营，发生结束自身业务、处置资产、偿还债务以及向所有者分配剩余财产等经济行为时，对清算所得、清算所得税、股息分配等事项的处理。

二、下列企业应进行清算的所得税处理：

（一）按《公司法》、《企业破产法》等规定需要进行清算的企业；

（二）企业重组中需要按清算处理的企业。

三、企业清算的所得税处理包括以下内容：

（一）全部资产均应按可变现价值或交易价格，确认资产转让所得或损失；

（二）确认债权清理、债务清偿的所得或损失；

（三）改变持续经营核算原则，对预提或待摊性质的费用进行处理；

（四）依法弥补亏损，确定清算所得；

（五）计算并缴纳清算所得税；

（六）确定可向股东分配的剩余财产、应付股息等。

四、企业的全部资产可变现价值或交易价格，减除资产的计税基础、清算费用、相关税费，加上债务清偿损益等后的余额，为清算所得。

企业应将整个清算期作为一个独立的纳税年度计算清算所得。

五、企业全部资产的可变现价值或交易价格减除清算费用，职工的工资、社会保险费用和法定补偿金，结清清算所得税、以前年度欠税等税款，清偿企业债务，按规定计算可以向所有者分配的剩余资产。

被清算企业的股东分得的剩余资产的金额，其中相当于被清算企业累计未分配利润和累计盈余公积中按该股东所占股份比例计算的部分，应确认为股息所得；剩余资产减除股息所得后的余额，超过或低于股东投资成本的部分，应确认为股东的投资转让所得或损失。

被清算企业的股东从被清算企业分得的资产应按可变现价值或实际交易价格确定计税基础。

六、本通知自2008年1月1日起执行。

2. 国家税务总局关于印发《中华人民共和国企业清算所得税申报表》的通知

（2009年7月17日　国税函〔2009〕388号）

各省、自治区、直辖市和计划单列市国家税务局、地方税务局：

为贯彻落实《中华人民共和国企业所得税法》及其实施条例，税务总局制定了企业清算所得税申报表及其附表。现将《中华人民共和国企业清算所得税申报表》及附表印发给你们，请各地税务机关及时做好上述报表的印制、发放、学习、培训及软件修改等工作。执行中有何问题，请及时向税务总局（所得税司）报告。

附件：1. 中华人民共和国企业清算所得税申报表及附表

2. 中华人民共和国企业清算所得税申报表及附表填报说明

附件1：

中华人民共和国企业清算所得税申报表

清算期间：　　年　月　日至　　年　月　日

纳税人名称：

纳税人识别号：□□□□□□□□□□□□□□□□□　　　　金额单位：元(列至角分)

<table>
<tr><th>类别</th><th>行次</th><th>项目</th><th>金额</th></tr>
<tr><td rowspan="11">应纳税所得额计算</td><td>1</td><td>资产处置损益(填附表一)</td><td></td></tr>
<tr><td>2</td><td>负债清偿损益(填附表二)</td><td></td></tr>
<tr><td>3</td><td>清算费用</td><td></td></tr>
<tr><td>4</td><td>清算税金及附加</td><td></td></tr>
<tr><td>5</td><td>其他所得或支出</td><td></td></tr>
<tr><td>6</td><td>清算所得(1+2-3-4+5)</td><td></td></tr>
<tr><td>7</td><td>免税收入</td><td></td></tr>
<tr><td>8</td><td>不征税收入</td><td></td></tr>
<tr><td>9</td><td>其他免税所得</td><td></td></tr>
<tr><td>10</td><td>弥补以前年度亏损</td><td></td></tr>
<tr><td>11</td><td>应纳税所得额(6-7-8-9-10)</td><td></td></tr>
<tr><td rowspan="2">应纳所得税额计算</td><td>12</td><td>税率(25%)</td><td></td></tr>
<tr><td>13</td><td>应纳所得税额(11×12)</td><td></td></tr>
<tr><td rowspan="5">应补(退)所得税额计算</td><td>14</td><td>减(免)企业所得税额</td><td></td></tr>
<tr><td>15</td><td>境外应补所得税额</td><td></td></tr>
<tr><td>16</td><td>境内外实际应纳所得税额(13-14+15)</td><td></td></tr>
<tr><td>17</td><td>以前纳税年度应补(退)所得税额</td><td></td></tr>
<tr><td>18</td><td>实际应补(退)所得税额(16+17)</td><td></td></tr>
<tr><td colspan="2">纳税人盖章：

清算组盖章：

经办人签字：
申报日期：
年　月　日</td><td>代理申报中介机构盖章：

经办人签字及执业证件号码：

代理申报日期：
年　月　日</td><td>主管税务机关
受理专用章：

受理人签字：

受理日期：
年　月　日</td></tr>
</table>

附表一:资产处置损益明细表

填报时间:　　年　月　日　　　　金额单位:元(列至角分)

行次	项目	账面价值(1)	计税基础(2)	可变现价值或交易价格(3)	资产处置损益(4)=(3)-(2)
1	货币资金				
2	短期投资*				
3	交易性金融资产#				
4	应收票据				
5	应收账款				
6	预付账款				
7	应收利息				
8	应收股利				
9	应收补贴款*				
10	其他应收款				
11	存货				
12	待摊费用*				
13	一年内到期的非流动资产				
14	其他流动资产				
15	可供出售金融资产#				
16	持有至到期投资#				
17	长期应收款#				
18	长期股权投资				
19	长期债权投资*				
20	投资性房地产#				
21	固定资产				
22	在建工程				
23	工程物资				
24	固定资产清理				
25	生物资产#				
26	油气资产#				
27	无形资产				
28	开发支出#				
29	商誉#				
30	长期待摊费用				
31	其他非流动资产				
32	总计				

经办人签字:　　　　　　纳税人盖章:

附表二：负债清偿损益明细表

填报时间：　　年　月　日　　　　　　　　　　　　　　　　　　金额单位：元(列至角分)

行次	项目	账面价值(1)	计税基础(2)	清偿金额(3)	负债清偿损益 (4)=(2)-(3)
1	短期借款				
2	交易性金融负债#				
3	应付票据				
4	应付账款				
5	预收账款				
6	应付职工薪酬#				
7	应付工资＊				
8	应付福利费＊				
9	应交税费				
10	应付利息				
11	应付股利				
12	其他应交款＊				
13	其他应付款				
14	预提费用＊				
15	一年内到期的非流动负债				
16	其他流动负债				
17	长期借款				
18	应付债券				
19	长期应付款				
20	专项应付款				
21	预计负债#				
22	其他非流动负债				
23	总计				

经办人签字：

纳税人盖章：

附表三：剩余财产计算和分配明细表

填报时间：　年　月　日　　　　金额单位：元（列至角分）

<table>
<tr><th>类别</th><th>行次</th><th colspan="3">项目</th><th colspan="2">金额</th></tr>
<tr><td rowspan="12">剩余财产计算</td><td>1</td><td colspan="3">资产可变现价值或交易价格</td><td colspan="2"></td></tr>
<tr><td>2</td><td colspan="3">清算费用</td><td colspan="2"></td></tr>
<tr><td>3</td><td colspan="3">职工工资</td><td colspan="2"></td></tr>
<tr><td>4</td><td colspan="3">社会保险费用</td><td colspan="2"></td></tr>
<tr><td>5</td><td colspan="3">法定补偿金</td><td colspan="2"></td></tr>
<tr><td>6</td><td colspan="3">清算税金及附加</td><td colspan="2"></td></tr>
<tr><td>7</td><td colspan="3">清算所得税额</td><td colspan="2"></td></tr>
<tr><td>8</td><td colspan="3">以前年度欠税额</td><td colspan="2"></td></tr>
<tr><td>9</td><td colspan="3">其他债务</td><td colspan="2"></td></tr>
<tr><td>10</td><td colspan="3">剩余财产（1－2－…－9）</td><td colspan="2"></td></tr>
<tr><td>11</td><td colspan="3">其中：累计盈余公积</td><td colspan="2"></td></tr>
<tr><td>12</td><td colspan="3">累计未分配利润</td><td colspan="2"></td></tr>
<tr><td rowspan="6">剩余财产分配</td><td></td><td>股东名称</td><td>持有清算企业权益性投资比例（%）</td><td>投资额</td><td>分配的财产金额</td><td>其中：确认为股息金额</td></tr>
<tr><td>13</td><td>（1）</td><td></td><td></td><td></td><td></td></tr>
<tr><td>14</td><td>（2）</td><td></td><td></td><td></td><td></td></tr>
<tr><td>15</td><td>（3）</td><td></td><td></td><td></td><td></td></tr>
<tr><td>16</td><td>…</td><td></td><td></td><td></td><td></td></tr>
<tr><td>17</td><td>…</td><td></td><td></td><td></td><td></td></tr>
</table>

经办人签字：　　　　　　纳税人盖章：

附件 2：

中华人民共和国企业清算所得税申报表填报说明

一、适用范围

本表适用于按税收规定进行清算、缴纳企业所得税的居民企业纳税人（以下简称纳税人）申报。

二、填报依据

根据《中华人民共和国企业所得税法》及其实施条例和相关税收政策规定计算填报。

三、有关项目填报说明

（一）表头项目

1.“清算期间”：填报纳税人实际生产经营终止之日至办理完毕清算事务之日止的期间。

2.“纳税人名称”：填报税务机关统一核发的税务登记证所载纳税人的全称。

3.“纳税人识别号”：填报税务机关统一核发的税务登记证号码。

（二）行次说明

1. 第 1 行“资产处置损益”：填报纳税人全部资产按可变现价值或交易价格扣除其计税基础后确认的资产处置所得或损失金额。本行通过附表一《资产处置损益明细表》计算填报。

2. 第 2 行“负债清偿损益”：填报纳税人全部负债按计税基础减除其清偿金额后确认的负债清偿所得或损失金额。本行通过附表二《负债清偿损益明细表》计算填报。

3. 第3行“清算费用”：填报纳税人清算过程中发生的与清算业务有关的费用支出，包括清算组组成人员的报酬，清算财产的管理、变卖及分配所需的评估费、咨询费等费用，清算过程中支付的诉讼费用、仲裁费用及公告费用，以及为维护债权人和股东的合法权益支付的其他费用。

4. 第4行“清算税金及附加”：填报纳税人清算过程中发生的除企业所得税和允许抵扣的增值税以外的各项税金及其附加。

5. 第5行“其他所得或支出”：填报纳税人清算过程中取得的其他所得或发生的其他支出。其中，其他支出以“-”号（负数）填列。

6. 第6行“清算所得”：填报纳税人全部资产按可变现价值或交易价格减除其计税基础、清算费用、相关税费，加上债务清偿损益等后的余额。

7. 第7行“免税收入”：填报纳税人清算过程中取得的按税收规定免税收入。

8. 第8行“不征税收入”：填报纳税人清算过程中取得的按税收规定不征税收入。

9. 第9行“其他免税所得”：填报纳税人清算过程中取得的按税收规定免税的所得。

10. 第10行“弥补以前年度亏损”：填报纳税人按税收规定可在税前弥补的以前纳税年度尚未弥补的亏损额。

11. 第11行“应纳税所得额”：金额等于本表第6-7-8-9-10行。本行按照上述顺序计算结果为负数，本行金额填零。

12. 第12行“税率”：填报企业所得税法规定的税率25%。

13. 第13行“应纳所得税额”：金额等于本表第11×12行。

14. 第14行“减（免）企业所得税额”：填报纳税人按税收规定准予减免的企业所得税额。

15. 第15行“境外应补所得税额”：填报纳税人按税收规定在清算期间发生的境外所得应在境内补缴的企业所得税额。

16. 第16行“境内外实际应纳所得税额”：金额等于本表第13-14+15行。

17. 第17行“以前纳税年度应补（退）所得税额”：填报纳税人因以前纳税年度损益调整、汇算清缴多缴、欠税等在清算期间应补（退）企业所得税额。其中，应退企业所得税额以“-”号（负数）填列。

18. 第18行“实际应补（退）所得税额”：金额=本表第16+17行。

四、表内及表间关系

1. 第1行=附表一第32行“资产处置损益（4）”列的总计数。

2. 第2行=附表二第23行“负债清偿损益（4）”列的总计数。

3. 第6行=本表第1+2-3-4+5行。

4. 第11行=本表第6-7-8-9-10行。

5. 第13行=本表第11×12行。

6. 第16行=本表第13-14+15行。

7. 第18行=本表第16+17行。

附表一：

《资产处置损益明细表》填报说明

一、适用范围

本表适用于按税收规定进行清算、缴纳企业所得税的居民企业纳税人（以下简称纳税人）申报。

二、填报依据

根据《中华人民共和国企业所得税法》及其实施条例和相关税收政策规定计算填报。

三、有关项目填报说明

1. 标有*行次由执行企业会计制度的纳税人填报；标有#行次由执行企业会计准则的纳税人填报；其他行次执行企业会计制度和企业会计准则的纳税人均填报。

执行企业会计制度和企业会计准则以外的纳税人,按照本表的行次内容根据其资产情况分析填报。

2."账面价值(1)"列:填报纳税人按照国家统一会计制度规定确定的清算开始日的各项资产账面价值的金额。

3."计税基础(2)"列:填报纳税人按照税收规定确定的清算开始日的各项资产计税基础的金额,即取得资产时确定的计税基础减除在清算开始日以前纳税年度内按照税收规定已在税前扣除折旧、摊销、准备金等的余额。

4."可变现价值或交易价格(3)"列:填报纳税人清算过程中各项资产可变现价值或交易价格的金额。

5."资产处置损益(4)"列:填报纳税人各项资产可变现价值或交易价格减除其计税基础的余额。

四、表内及表间关系

1."资产处置损益(4)"列=本表"可变现价值或交易价格(3)"列-"计税基础(2)"列。

2.第32行"账面价值(1)"列总计=本表"账面价值(1)"列第1+…+31行总计。

3.第32行"计税基础(2)"列总计=本表"计税基础(2)"列第1+…+31行总计。

4.第32行"可变现价值或交易价格(3)"列总计=本表"可变现价值或交易价格(3)"列第1+…+31行总计。

5.第32行"资产处置损益(4)"列总计=本表第32行"可变现价值或交易价格(3)"列总计-本表第32行"计税基础(2)"列总计=本表"资产处置损益(4)"列第1+…+31行总计。

6.第32行"资产处置损益(4)"列总计=主表第1行。

附表二:

《负债清偿损益明细表》填报说明

一、适用范围

本表适用于按税收规定进行清算、缴纳企业所得税的居民企业纳税人(以下简称纳税人)申报。

二、填报依据

根据《中华人民共和国企业所得税法》及其实施条例和相关税收政策规定计算填报。

三、有关项目填报说明

1.标有*行次由执行企业会计制度的纳税人填报;标有#行次由执行企业会计准则的纳税人填报;其他行次执行企业会计制度和企业会计准则的纳税人均填报。

执行企业会计制度和企业会计准则以外的纳税人,按照本表的行次内容根据其负债情况分析填报。

2."账面价值(1)"列:填报纳税人按照国家统一会计制度规定确定的清算开始日的各项负债账面价值的金额。

3."计税基础(2)"列:填报纳税人按照税收规定确定的清算开始日的各项负债计税基础的金额,即负债的账面价值减去未来期间计算应纳税所得额时按照税收规定予以扣除金额的余额。

4."清偿金额(3)"列:填报纳税人清算过程中各项负债的清偿金额。

5."负债清偿损益(4)"列:填报纳税人各项负债计税基础减除其清偿金额的余额。

四、表内及表间关系

1."负债清偿损益(4)"列=本表"计税基础(2)"列-"清偿金额(3)"列。

2.第23行"账面价值(1)"列总计=本表"账面价值(1)"列第1+…+22行总计。

3.第23行"计税基础(2)"列总计=本表"计税基础(2)"列第1+…+22行总计。

4.第23行"清偿金额(3)"列总计=本表"清偿金额(3)"列第1+…+22行总计。

5.第23行"负债清偿损益(4)"列总计=本表第23行"计税基础(2)"列总计-本表第23行"清偿金额(3)"列总计=本表"负债清偿损益(4)"列第1+…+22行总计。

6.第23行"负债清偿损益"列总计=主表第2行。

附表三：

《剩余财产计算明细表》填报说明

一、适用范围

本表适用于按税收规定进行清算、缴纳企业所得税的居民企业纳税人（以下简称纳税人）申报。

二、填报依据

根据《中华人民共和国企业所得税法》及其实施条例和相关税收政策规定计算填报。

三、有关项目填报说明

1. 第1行“资产可变现价值或交易价格”：填报纳税人全部资产的可变现价值或交易价格金额。

2. 第2行“清算费用”：填报纳税人清算过程中发生的与清算业务有关的费用支出，包括清算组组成人员的报酬，清算财产的管理、变卖及分配所需的评估费、咨询费等费用，清算过程中支付的诉讼费用、仲裁费用及公告费用，以及为维护债权人和股东的合法权益支付的其他费用。

3. 第3行“职工工资”：填报纳税人清算过程中偿还的职工工资。

4. 第4行“社会保险费用”：填报纳税人清算过程中偿还欠缴的各种社会保险费用。

5. 第5行“法定补偿金”：填报纳税人清算过程中按照有关规定支付的法定补偿金。

6. 第6行“清算税金及附加”：填报纳税人清算过程中发生的除企业所得税和允许抵扣的增值税以外的各项税金及其附加。

7. 第7行“清算所得税额”：填报纳税人清算过程中应缴的清算企业所得税金额。

8. 第8行“以前年度欠税额”：填报纳税人以前年度欠缴的各项税金及其附加。

9. 第9行“其他债务”：填报纳税人清算过程中偿还的其他债务。

10. 第10行“剩余财产”：填报纳税人全部资产按可变现价值或交易价格减除清算费用、职工工资、社会保险费用、法定补偿金、清算税费、清算所得税额、以前年度欠税和企业其他债务后的余额。

11. 第11行“其中：累计盈余公积”：填报纳税人截止开始分配剩余财产时累计从净利润提取的盈余公积金额。

12. 第12行“其中：累计未分配利润”：填报纳税人截止开始分配剩余财产时累计的未分配利润金额。

13. 第13~17行“股东名称”列：填报清算企业的各股东名称。

14. 第13~17行“持有清算企业权益性投资比例”列：填报清算企业的各股东持有清算企业的权益性投资比例。

15. 第13~17行“投资额”列：填报清算企业各股东向清算企业进行权益性投资总额。

16. 第13~17行“分配的财产金额”列：填报清算企业的各股东从清算企业剩余财产中按照其持有的清算企业的权益性投资比例分得的财产金额。

17. 第13~17行“其中确认为股息金额”列：填报清算企业的各股东从清算企业剩余财产分得财产中，相当于累计未分配利润和累计盈余公积按照其持有清算企业权益性投资比例计算确认的部分。清算企业的非企业所得税纳税人股东不填此列。

四、表内及表间关系

1. 第10行=本表第1-2-…-9行。

2. 第2行=主表第3行。

3. 第6行=主表第4行。

4. 第7行=主表第16行。

3. 国家税务总局关于企业清算所得税有关问题的通知

(2009 年 12 月 4 日　国税函〔2009〕684 号)

各省、自治区、直辖市和计划单列市国家税务局、地方税务局:

根据《中华人民共和国企业所得税法》及其实施条例的有关规定,现就企业清算所得税有关问题通知如下:

一、企业清算时,应当以整个清算期间作为一个纳税年度,依法计算清算所得及其应纳所得税。企业应当自清算结束之日起 15 日内,向主管税务机关报送企业清算所得税纳税申报表,结清税款。

企业未按照规定的期限办理纳税申报或者未按照规定期限缴纳税款的,应根据《中华人民共和国税收征收管理法》的相关规定加收滞纳金。

二、进入清算期的企业应对清算事项,报主管税务机关备案。

六、境 外 管 理

1. 国家税务总局关于简化判定中国居民股东控制外国企业所在国实际税负的通知

(2009 年 1 月 21 日　国税函〔2009〕37 号)

各省、自治区、直辖市和计划单列市国家税务局、地方税务局:

根据《中华人民共和国企业所得税法》第四十五条的规定,为了简化判定由中国居民企业,或者由中国居民企业和居民个人控制的外国企业的实际税负,现明确如下:

中国居民企业或居民个人能够提供资料证明其控制的外国企业设立在美国、英国、法国、德国、日本、意大利、加拿大、澳大利亚、印度、南非、新西兰和挪威的,可免于将该外国企业不作分配或者减少分配的利润视同股息分配额,计入中国居民企业的当期所得。

2. 国家税务总局关于境外注册中资控股企业依据实际管理机构标准认定为居民企业有关问题的通知

（2009年4月22日　国税发〔2009〕82号）

（部分条款修改，详见文中注释）

各省、自治区、直辖市和计划单列市国家税务局、地方税务局：

根据《中华人民共和国企业所得税法》（以下简称企业所得税法）和《中华人民共和国企业所得税法实施条例》（以下简称实施条例）的有关规定，为规范执行企业所得税法关于居民企业的判定标准，加强企业所得税管理，现对境外注册的中资控股企业（以下称境外中资企业）依据实际管理机构判定为中国居民企业的有关企业所得税问题通知如下：

一、境外中资企业是指由中国境内的企业或企业集团作为主要控股投资者，在境外依据外国（地区）法律注册成立的企业。

二、境外中资企业同时符合以下条件的，根据企业所得税法第二条第二款和实施条例第四条的规定，应判定其为实际管理机构在中国境内的居民企业（以下称非境内注册居民企业），并实施相应的税收管理，就其来源于中国境内、境外的所得征收企业所得税。

（一）企业负责实施日常生产经营管理运作的高层管理人员及其高层管理部门履行职责的场所主要位于中国境内；

（二）企业的财务决策（如借款、放款、融资、财务风险管理等）和人事决策（如任命、解聘和薪酬等）由位于中国境内的机构或人员决定，或需要得到位于中国境内的机构或人员批准；

（三）企业的主要财产、会计账簿、公司印章、董事会和股东会议纪要档案等位于或存放于中国境内；

（四）企业1/2（含1/2）以上有投票权的董事或高层管理人员经常居住于中国境内。

三、对于实际管理机构的判断，应当遵循实质重于形式的原则。

四、非境内注册居民企业从中国境内其他居民企业取得的股息、红利等权益性投资收益，按照企业所得税法第二十六条和实施条例第八十三条的规定，作为其免税收入。非境内注册居民企业的投资者从该居民企业分得的股息红利等权益性投资收益，根据实施条例第七条第（四）款的规定，属于来源于中国境内的所得，应当征收企业所得税；该权益性投资收益中符合企业所得税法第二十六条和实施条例第八十三条规定的部分，可作为收益人的免税收入。

五、非境内注册居民企业在中国境内投资设立的企业，其外商投资企业的税收法律地位不变。

六、境外中资企业被判定为非境内注册居民企业的，按照企业所得税法第四十五条以及受控外国企业管理的有关规定，不视为受控外国企业，但其所控制的其他受控外国企业仍应按照有关规定进行税务处理。

七、境外中资企业可向其实际管理机构所在地或中国主要投资者所在地主管税务机关提出居民企业申请，主管税务机关对其居民企业身份进行初步审核后，层报国家税务总局确认；境外中资企业未提出居民企业申请的，其中国主要投资者的主管税务机关可以根据所掌握的情况对其是否属于中国居民企业做出初步判定，层报国家税务总局确认。

【注】根据《关于公布失效废止的税务部门规章和税收规范性文件目录的决定》（国家税务总局令第42号）的规定，本条款废止。

境外中资企业或其中国主要投资者向税务机关提出居民企业申请时，应同时向税务机关提供如下资料：

（一）企业法律身份证明文件；

（二）企业集团组织结构说明及生产经营概况；

（三）企业最近一个年度的公证会计师审计报告；

（四）负责企业生产经营等事项的高层管理机构履行职责的场所的地址证明；

（五）企业董事及高层管理人员在中国境内居住记录；

（六）企业重大事项的董事会决议及会议记录；

（七）主管税务机关要求的其他资料。

八、境外中资企业被认定为中国居民企业后成为双重居民身份的，按照中国与相关国家（或地区）签署的税收协定（或安排）的规定执行。

九、本通知自2008年1月1日起执行。

3. 财政部　国家税务总局关于企业境外所得税收抵免有关问题的通知

（2009年12月25日　财税〔2009〕125号）

各省、自治区、直辖市、计划单列市财政厅（局）、国家税务局、地方税务局，新疆生产建设兵团财务局：

根据《中华人民共和国企业所得税法》（以下简称企业所得税法）及《中华人民共和国企业所得税法实施条例》（以下简称实施条例）的有关规定，现就企业取得境外所得计征企业所得税时抵免境外已纳或负担所得税额的有关问题通知如下：

一、居民企业以及非居民企业在中国境内设立的机构、场所（以下统称企业）依照企业所得税法第二十三条、第二十四条的有关规定，应在其应纳税额中抵免在境外缴纳的所得税额的，适用本通知。

二、企业应按照企业所得税法及其实施条例、税收协定以及本通知的规定，准确计算下列当期与抵免境外所得税有关的项目后，确定当期实际可抵免分国（地区）别的境外所得税税额和抵免限额：

（一）境内所得的应纳税所得额（以下称境内应纳税所得额）和分国（地区）别的境外所得的应纳税所得额（以下称境外应纳税所得额）；

（二）分国（地区）别的可抵免境外所得税税额；

（三）分国（地区）别的境外所得税的抵免限额。

企业不能准确计算上述项目实际可抵免分国（地区）别的境外所得税税额的，在相应国家（地区）缴纳的税收均不得在该企业当期应纳税额中抵免，也不得结转以后年度抵免。

三、企业应就其按照实施条例第七条规定确定的中国境外所得（境外税前所得），按以下规定计算实施条例第七十八条规定的境外应纳税所得额：

（一）居民企业在境外投资设立不具有独立纳税地位的分支机构，其来源于境外的所得，以境外收入总额扣除与取得境外收入有关的各项合理支出后的余额为应纳税所得额。各项收入、支出按企业所得税法及实施条例的有关规定确定。

居民企业在境外设立不具有独立纳税地位的分支机构取得的各项境外所得，无论是否汇回中国境内，均应计入该企业所属纳税年度的境外应纳税所得额。

（二）居民企业应就其来源于境外的股息、红利等权益性投资收益，以及利息、租金、特许权使用费、转让财产等收入，扣除按照企业所得税法及实施条例等规定计算的与取得该项收入有关的各项合理支出后的余额为应纳税所得额。来源于境外的股息、红利等权益性投资收益，应按被投资方作出利润分配决定的日期确认收入实现；来源于境外的利息、租金、特许权使用费、转让财产等收入，应按有关合同约定应付交易对价款的日期确认收入实现。

（三）非居民企业在境内设立机构、场所的，应就其发生在境外但与境内所设机构、场所有实际联系的各项应税所得，比照上述第（二）项的规定计算相应的应纳税所得额。

（四）在计算境外应纳税所得额时，企业为取得境内、外所得而在境内、境外发生的共同支出，与取得境外应税所得有关的、合理的部分，应在境内、境外[分国（地区）别，下同]应税所得之间，按照合理比例进行分摊后扣除。

（五）在汇总计算境外应纳税所得额时，企业在境外同一国家（地区）设立不具有独立纳税地位的分支机构，按照企业所得税法及实施条例的有关规定计算的亏损，不得抵减其境内或他国（地区）的应纳税所得额，但可以用同一国家（地区）其他项目或以后年度的所得按规定弥补。

四、可抵免境外所得税税额，是指企业来源于中国境外的所得依照中国境外税收法律以及相关规定应当缴纳并已实际缴纳的企业所得税性质的税款。但不包括：

（一）按照境外所得税法律及相关规定属于错缴或错征的境外所得税税款；

（二）按照税收协定规定不应征收的境外所得税税款；

（三）因少缴或迟缴境外所得税而追加的利息、滞纳金或罚款；

（四）境外所得税纳税人或者其利害关系人从境外征税主体得到实际返还或补偿的境外所得税税款；

（五）按照我国企业所得税法及其实施条例规定，已经免征我国企业所得税的境外所得负担的境外所得税税款；

（六）按照国务院财政、税务主管部门有关规定已经从企业境外应纳税所得额中扣除的境外所得税税款。

五、居民企业在按照企业所得税法第二十四条规定用境外所得间接负担的税额进行税收抵免时，其取得的境外投资收益实际间接负担的税额，是指根据直接或者间接持股方式合计持股20%以上（含20%，下同）的规定层级的外国企业股份，由此应分得的股息、红利等权益性投资收益中，从最低一层外国企业起逐层计算的属于由上一层企业负担的税额，其计算公式如下：

本层企业所纳税额属于由一家上一层企业负担的税额＝（本层企业就利润和投资收益所实际缴纳的税额＋符合本通知规定的由本层企业间接负担的税额）×本层企业向一家上一层企业分配的股息（红利）÷本层企业所得税后利润额。

六、除国务院财政、税务主管部门另有规定外，按照实施条例第八十条规定由居民企业直接或者间接持有20%以上股份的外国企业，限于符合以下持股方式的三层外国企业：

第一层：单一居民企业直接持有20%以上股份的外国企业；

第二层：单一第一层外国企业直接持有20%以上股份，且由单一居民企业直接持有或通过一个或多个符合本条规定持股条件的外国企业间接持有总和达到20%以上股份的外国企业；

第三层：单一第二层外国企业直接持有20%以上股份，且由单一居民企业直接持有或通过一个或多个符合本条规定持股条件的外国企业间接持有总和达到20%以上股份的外国企业。

七、居民企业从与我国政府订立税收协定（或安排）的国家（地区）取得的所得，按照该国（地区）税收法律享受了免税或减税待遇，且该免税或减税的数额按照税收协定规定应视同已缴税额在中国的应纳税额中抵免的，该免税或减税数额可作为企业实际缴纳的境外所得税额用于办理税收抵免。

八、企业应按照企业所得税法及其实施条例和本通知的有关规定分国（地区）别计算境外税额的抵免限额。

某国（地区）所得税抵免限额＝中国境内、境外所得依照企业所得税法及实施条例的规定计算的应纳税总额×来源于某国（地区）的应纳税所得额÷中国境内、境外应纳税所得总额。

据以计算上述公式中“中国境内、境外所得依照企业所得税法及实施条例的规定计算的应纳税总额”的税率，除国务院财政、税务主管部门另有规定外，应为企业所得税法第四条第一款规定的税率。

企业按照企业所得税法及其实施条例和本通知的有关规定计算的当期境内、境外应纳税所得总额小于零的，应以零计算当期境内、境外应纳税所得总额，其当期境外所得税的抵免限额也为零。

九、在计算实际应抵免的境外已缴纳和间接负担的所得税税额时，企业在境外一国（地区）当年缴纳和间接负担的符合规定的所得税税额低于所计算的该国（地区）抵免限额的，应以该项税额作为境外所得税抵免额从企业应纳税总额中据实抵免；超过抵免限额的，当年应以抵免限额作为境外所得税抵免额进行抵免，超过抵免限额的余额允许从次年起在连续五个纳税年度内，用每年度抵免限额抵免当年应抵税额后的余额进行抵补。

十、属于下列情形的，经企业申请，主管税务机关核准，可以采取简易办法对境外所得已纳税额计算抵免：

（一）企业从境外取得营业利润所得以及符合境外税额间接抵免条件的股息所得，虽有所得来源国（地区）政府机关核发的具有纳税性质的凭证或证明，但因客观原因无法真实、准确地确认应当缴纳并已经实际缴纳的境外所得税税额的，除就该所得直接缴纳及间接负担的税额在所得来源国（地区）的实际有效税率低于我国企业所得税法第四条第一款规定税率50%以上的外，可按境外应纳税所得额的12.5%作为抵免限额，企业按该国（地区）税务机关或政府机关核发具有纳税性质凭证或证明的金额，其不超过抵免限额的部分，准予抵免；超过的部分不得抵免。

属于本款规定以外的股息、利息、租金、特许权使用费、转让财产等投资性所得，均应按本通知的其他规定计算境外税额抵免。

（二）企业从境外取得营业利润所得以及符合境外税额间接抵免条件的股息所得，凡就该所得缴纳及间接负担的税额在所得来源国（地区）的法定税率且其实际有效税率明显高于我国的，可直接以按本通知规定计算的境外应纳税所得额和我国企业所得税法规定的税率计算的抵免限额作为可抵免的已在境外实际缴纳的企业所得税税额。具体国家（地区）名单见附件。财政部、国家税务总局可根据实际情况适时对名单进行调整。

属于本款规定以外的股息、利息、租金、特许权使用费、转让财产等投资性所得，均应按本通知的其他规定计算境外税额抵免。

十一、企业在境外投资设立不具有独立纳税地位的分支机构，其计算生产、经营所得的纳税年度与我国规定的纳税年度不一致的，与我国纳税年度当年度相对应的境外纳税年度，应为在我国有关纳税年度中任何一日结束的境外纳税年度。

企业取得上款以外的境外所得实际缴纳或间接负担的境外所得税，应在该项境外所得实现日所在的我国对应纳税年度的应纳税额中计算抵免。

十二、企业抵免境外所得税额后实际应纳所得税额的计算公式为：

企业实际应纳所得税额＝企业境内外所得应纳税总额－企业所得税减免、抵免优惠税额 境外所得税抵免额。

十三、本通知所称不具有独立纳税地位，是指根据企业设立地法律不具有独立法人地位或者按照税收协定规定不认定为对方国家（地区）的税收居民。

十四、企业取得来源于中国香港、澳门、台湾地区的应税所得，参照本通知执行。

十五、中华人民共和国政府同外国政府订立的有关税收的协定与本通知有不同规定的，依照协定的规定办理。

十六、本通知自2008年1月1日起执行。

4. 国家税务总局关于发布《企业境外所得税收抵免操作指南》的公告

（2010年7月2日　国家税务总局公告2010年第1号）

（部分条款修改，详见文中注释）

根据《中华人民共和国企业所得税法》（以下简称企业所得税法）、《中华人民共和国企业所得税法实施条例》（以下简称实施条例）及《财政部　国家税务总局关于企业境外所得税收抵免有关问题的通知》（财税〔2009〕125号，以下简称《通知》）的有关规定，现将《企业境外所得税收抵免操作指南》予以发布，于2010年1月1日起施行。

2008、2009年度尚未进行境外税收抵免处理的，可按本公告计算抵免。

特此公告。

企业境外所得税收抵免操作指南

目　录

附　示　例

《通知》第一条　关于适用范围

居民企业以及非居民企业在中国境内设立的机构、场所（以下统称企业）依照企业所得税法第二十三条、第二十四条的有关规定，应在其应纳税额中抵免在境外缴纳的所得税额的，适用本通知。

1. 可以适用境外（包括港澳台地区，以下同）所得税收抵免的纳税人包括两类：

（1）根据企业所得税法第二十三条关于境外税额直接抵免和第二十四条关于境外税额间接抵免的规定，居民企业（包括按境外法律设立但实际管理机构在中国，被判定为中国税收居民的企业）可以就其取得的境外所得直接缴纳和间接负担的境外企业所得税性质的税额进行抵免。

（2）根据企业所得税法第二十三条的规定，非居民企业（外国企业）在中国境内设立的机构（场所）可以就其取得的发生在境外、但与其有实际联系的所得直接缴纳的境外企业所得税性质的税额进行抵免。

为缓解由于国家间对所得来源地判定标准的重叠而产生的国际重复征税，我国税法对非居民企业在中国境内分支机构取得的发生于境外的所得所缴纳的境外税额，给予了与居民企业类似的税额抵免待遇。对此类非居民给予的境外税额抵免仅涉及直接抵免。

所谓实际联系是指，据以取得所得的权利、财产或服务活动由非居民企业在中国境内的分支机构拥有、控制或实施，如外国银行在中国境内分行以其可支配的资金向中国境外贷款，境外借款人就该笔贷款向其支付的利息，即属于发生在境外与该分行有实际联系的所得。

2. 境外税额抵免分为直接抵免和间接抵免。

直接抵免是指，企业直接作为纳税人就其境外所得在境外缴纳的所得税额在我国应纳税额中抵免。直接抵免主要适用于企业就来源于境外的营业利润所得在境外所缴纳的企业所得税，以及就来源于或发生于境外的股息、红利等权益性投资所得、利息、租金、特许权使用费、财产转让等所得在境外被源泉扣缴的预提所得税。

间接抵免是指，境外企业就分配股息前的利润缴纳的外国所得税额中由我国居民企业就该项分得的股息性质的所得间接负担的部分,在我国的应纳税额中抵免。例如我国居民企业(母公司)的境外子公司在所在国(地区)缴纳企业所得税后,将税后利润的一部分作为股息、红利分配给该母公司,子公司在境外就其应税所得实际缴纳的企业所得税税额中按母公司所得股息占全部税后利润之比的部分即属于该母公司间接负担的境外企业所得税额。间接抵免的适用范围为居民企业从其符合《通知》第五、六条规定的境外子公司取得的股息、红利等权益性投资收益所得。

《通知》第二条　关于境外所得税额抵免计算的基本项目

企业应按照企业所得税法及其实施条例、税收协定以及通知的规定,准确计算下列当期与抵免境外所得税有关的项目后,确定当期实际可抵免分国(地区)别的境外所得税税额和抵免限额:

(一)境内所得的应纳税所得额(以下称境内应纳税所得额)和分国(地区)别的境外所得的应纳税所得额(以下称境外应纳税所得额);

(二)分国(地区)别的可抵免境外所得税税额;

(三)分国(地区)别的境外所得税的抵免限额。

企业不能准确计算上述项目实际可抵免分国(地区)别的境外所得税税额的,在相应国家(地区)缴纳的税收均不得在该企业当期应纳税额中抵免,也不得结转以后年度抵免。

3. 企业取得境外所得,其在中国境外已经实际直接缴纳和间接负担的企业所得税性质的税额,进行境外税额抵免计算的基本项目包括:境内、境外所得分国别(地区)的应纳税所得额、可抵免税额、抵免限额和实际抵免税额。不能按照有关税收法律法规准确计算实际可抵免的境外分国别(地区)的所得税税额的,不应给予税收抵免。

《通知》第三条　关于境外应纳税所得额的计算

第三条第一款

企业应就其按照实施条例第七条规定确定的中国境外所得(境外税前所得),按以下规定计算实施条例第七十八条规定的境外应纳税所得额。

4. 根据实施条例第七条规定确定的境外所得,在计算适用境外税额直接抵免的应纳税所得额时,应为将该项境外所得直接缴纳的境外所得税额还原计算后的境外税前所得;上述直接缴纳税额还原后的所得中属于股息、红利所得的,在计算适用境外税额间接抵免的境外所得时,应再将该项境外所得间接负担的税额还原计算,即该境外股息、红利所得应为境外股息、红利税后净所得与就该项所得直接缴纳和间接负担的税额之和(参见示例七)。

对上述税额还原后的境外税前所得,应再就计算企业应纳税所得总额时已按税法规定扣除的有关成本费用中与境外所得有关的部分进行对应调整扣除后,计算为境外应纳税所得额。

第三条第一款第(一)项

(一)居民企业在境外投资设立不具有独立纳税地位的分支机构,其来源于境外的所得,以境外收入总额扣除与取得境外收入有关的各项合理支出后的余额为应纳税所得额。各项收入、支出按企业所得税法及其实施条例的有关规定确定。

居民企业在境外设立不具有独立纳税地位的分支机构取得的各项境外所得,无论是否汇回中国境内,均应计入该企业所属纳税年度的境外应纳税所得额。

5. 本项规定了境外分支机构应纳税所得额的计算。以上所称不具有独立纳税地位含义参见《通知》第十三条规定。

6. 由于分支机构不具有分配利润职能,因此,境外分支机构取得的各项所得,不论是否汇回境内,均应当计入所属年度的企业应纳税所得额。

7. 境外分支机构确认应纳税所得额时的各项收入与支出标准,须符合我国企业所得税法相关规定。

8. 根据实施条例第二十七条规定,确定与取得境外收入有关的合理的支出,应主要考察发生支出的确认和分摊方法是否符合一般经营常规和我国税收法律规定的基本原则。企业已在计算应纳税所得总额时扣除的,但属于应由各分支机构合理分摊的总部管理费等有关成本费用应做出合理的对应调整分摊。

境外分支机构合理支出范围通常包括境外分支机构发生的人员工资、资产折旧、利息、相关税费和应分摊的总机构用于管理分支机构的管理费用等。

第三条第一款第(二)项

(二)居民企业应就其来源于境外的股息、红利等权益性投资收益,以及利息、租金、特许权使用费、转让财产等收入,扣除按照企业所得税法及实施条例等规定计算的与取得该项收入有关的各项合理支出后的余额为应纳税所得额。来源于境外的股息、红利等权益性投资收益,应按被投资方作出利润分配决定的日期确认收入实现;来源于境外的利息、租金、特许权使用费、转让财产等收入,应按有关合同约定应付交易对价款的日期确认收入实现。

9. 从境外收到的股息、红利、利息等境外投资性所得一般表现为毛所得,应对在计算企业总所得额时已做统一扣除的成本费用中与境外所得有关的部分,在该境外所得中对应调整扣除后,才能作为计算境外税额抵免限额的境外应纳税所得额(参见示例一)。在就境外所得计算应对应调整扣除的有关成本费用时,应对如下成本费用(但不限于)予以特别注意:

(1)股息、红利,应对应调整扣除与境外投资业务有关的项目研究、融资成本和管理费用;

(2)利息,应对应调整扣除为取得该项利息而发生的相应的融资成本和相关费用;

(3)租金,属于融资租赁业务的,应对应调整扣除其融资成本;属于经营租赁业务的,应对应调整扣除租赁物相应的折旧或折耗;

(4)特许权使用费,应对应调整扣除提供特许使用的资产的研发、摊销等费用;

(5)财产转让,应对应调整扣除被转让财产的成本净值和相关费用。

涉及上述所得应纳税所得额中应包含的已间接负担税额的具体还原计算将在《通知》第五条、第六条项下说明。

10. 企业应根据实施条例第二章第二节中关于收入确认时间的规定确认境外所得的实现年度及其税额抵免年度。

(1)企业来源于境外的股息、红利等权益性投资收益所得,若实际收到所得的日期与境外被投资方作出利润分配决定的日期不在同一纳税年度的,应按被投资方作出利润分配日所在的纳税年度确认境外所得。

企业来源于境外的利息、租金、特许权使用费、转让财产等收入,若未能在合同约定的付款日期当年收到上述所得,仍应按合同约定付款日期所属的纳税年度确认境外所得。

(2)属于企业所得税法第四十五条以及实施条例第一百一十七条和第一百一十八条规定情形的,应按照有关法律法规的规定确定境外所得的实现年度。

(3)企业收到某一纳税年度的境外所得已纳税凭证时,凡是迟于次年5月31日汇算清缴终止日的,可以对该所得境外税额抵免追溯计算。

第三条第一款第(三)项

(三)非居民企业在境内设立机构、场所的,应就其发生在境外但与境内所设机构、场所有实际联系的各项应税所得,比照上述第(二)项的规定计算相应的应纳税所得额。

11. 非居民企业在中国境内设立机构、场所,在享受境外税额抵免时,也应就其发生在境外但与境内所设机构、场所有实际联系的各项应税所得,按企业所得税法和实施条例及《通知》、《指南》等相关税收法规规定计算境外所得的应纳税所得额。

第三条第一款第(四)项

(四)在计算境外应纳税所得额时,企业为取得境内、外所得而在境内、境外发生的共同支出,与取得境外应税所得有关的、合理的部分,应在境内、境外[分国(地区)别,下同]应税所得之间,按照合理比例进行分摊后扣除。

12. 本项所称共同支出,是指与取得境外所得有关但未直接计入境外所得应纳税所得额的成本费用支出,通常包括未直接计入境外所得的营业费用、管理费用和财务费用等支出。

企业应对在计算总所得额时已统一归集并扣除的共同费用,按境外每一国(地区)别数额占企业全部数额的下列一种比例或几种比例的综合比例,在每一国别的境外所得中对应调整扣除,计算来自每一国别的应纳税所得额。

(1)资产比例;

(2)收入比例;

(3)员工工资支出比例;

(4)其他合理比例。

上述分摊比例确定后应报送主管税务机关备案;无合理原因不得改变。

第三条第一款第(五)项

(五)在汇总计算境外应纳税所得额时,企业在境外同一国家(地区)设立不具有独立纳税地位的分支机构,按照企业所得税法及实施条例的有关规定计算的亏损,不得抵减其境内或他国(地区)的应纳税所得额,但可以用同一国家(地区)其他项目或以后年度的所得按规定弥补。

13. 本项基于分国不分项计算抵免的原则及其要求,对在不同国家的分支机构发生的亏损不得相互弥补做出了规定,以避免出现同一笔亏损重复弥补或须进行繁复的还原弥补、还原抵免的现象。

14. 企业在同一纳税年度的境内外所得加总为正数的,其境外分支机构发生的亏损,由于上述结转弥补的限制而发生的未予弥补的部分(以下称为非实际亏损额),今后在该分支机构的结转弥补期限不受5年期限制(参见示例二)。即:

(1)如果企业当期境内外所得盈利额与亏损额加总后和为零或正数,则其当年度境外分支机构的非实际亏损额可无限期向后结转弥补;

(2)如果企业当期境内外所得盈利额与亏损额加总后和为负数,则以境外分支机构的亏损额超过企业盈利额部分的实际亏损额,按企业所得税法第十八条规定的期限进行亏损弥补,未超过企业盈利额部分的非实际亏损额仍可无限期向后结转弥补。

企业应对境外分支机构的实际亏损额与非实际亏损额不同的结转弥补情况做好记录。

《通知》第四条　关于可予抵免境外所得税额的确认

可抵免境外所得税税额,是指企业来源于中国境外的所得依照中国境外税收法律以及相关规定应当缴纳并已实际缴纳的企业所得税性质的税款。但不包括:

(一)按照境外所得税法律及相关规定属于错缴或错征的境外所得税税款;

(二)按照税收协定规定不应征收的境外所得税税款;

(三)因少缴或迟缴境外所得税而追加的利息、滞纳金或罚款;

(四)境外所得税纳税人或者其利害关系人从境外征税主体得到实际返还或补偿的境外所得税税款;

(五)按照我国企业所得税法及其实施条例规定,已经免征我国企业所得税的境外所得负担的境外所得税税款;

(六)按照国务院财政、税务主管部门有关规定已经从企业境外应纳税所得额中扣除的境外所得税税款。

15. 可抵免的境外所得税税额的基本条件为:

(1)企业来源于中国境外的所得依照中国境外税收法律以及相关规定计算而缴纳的税额;

(2)缴纳的属于企业所得税性质的税额,而不拘泥于名称。在不同的国家,对于企业所得税的称呼有着不同的表述,如法人所得税、公司所得税等。判定是否属于企业所得税性质的税额,主要看其是否是针对企业净所得征收的税额。

(3)限于企业应当缴纳且已实际缴纳的税额。税收抵免旨在解决重复征税问题,仅限于企业应当缴纳且已实际缴纳的税额(除另有饶让抵免或其他规定外)。

(4)可抵免的企业所得税税额,若是税收协定非适用所得税项目,或来自非协定国家的所得,无法判定是否属于对企业征收的所得税税额的,应层报国家税务总局裁定。

16. 不应作为可抵免境外所得税税额的情形分析:

(1)本条第一项规定是指,属于境外所得税法律及相关规定适用错误而且企业不应缴纳而错缴的税额,企业应向境外税务机关申请予以退还,而不应作为境外已交税额向中国申请抵免企业所得税。

(2)本条第二项规定是指,根据中国政府与其他国家(地区)政府签订的税收协定(或安排)的规定不属于对方国家的应税项目，却被对方国家（地区）就其征收的企业所得税，对此，企业应向征税国家申请退还不应征收的税额；该项税额还应包括，企业就境外所得在来源国纳税时适用税率高于税收协定限定税率所多缴纳的所得税税额。

（3）本条第四项规定是指，如果有关国家为了实现特定目标而规定不同形式和程度的税收优惠，并采取征收后由政府予以返还或补偿方式退还的已缴税额，对此，企业应从其境外所得可抵免税额中剔除该相应部分。

（4）本条第五项规定是指，如果我国税收法律法规做出对某项境外所得给予免税优惠规定，企业取得免征我国企业所得税的境外所得的，该项所得的应纳税所得额及其缴纳的境外所得税额均应从计算境外所得税额抵免的境外应纳税所得额和境外已纳税额中减除。

（5）本条第六项规定是指，如果我国税法规定就一项境外所得的已纳所得税额仅作为费用从该项境外所得额中扣除的，就该项所得及其缴纳的境外所得税额不应再纳入境外税额抵免计算。

17. 企业取得的境外所得已直接缴纳和间接负担的税额为人民币以外货币的，在以人民币计算可予抵免的境外税额时，凡企业记账本位币为人民币的，应按企业就该项境外所得记入账内时使用的人民币汇率进行换算；凡企业以人民币以外其他货币作为记账本位币的，应统一按实现该项境外所得对应的我国纳税年度最后一日的人民币汇率中间价进行换算。

《通知》第五条　关于境外所得间接负担税额的计算

居民企业在按照企业所得税法第二十四条规定用境外所得间接负担的税额进行税收抵免时，其取得的境外投资收益实际间接负担的税额，是指根据直接或者间接持股方式合计持股20%以上（含20%，下同）的规定层级的外国企业股份，由此应分得的股息、红利等权益性投资收益中，从最低一层外国企业起逐层计算的属于由上一层企业负担的税额，其计算公式如下：

本层企业所纳税额属于由一家上一层企业负担的税额＝（本层企业就利润和投资收益所实际缴纳的税额＋符合本通知规定的由本层企业间接负担的税额）×本层企业向一家上一层企业分配的股息（红利）÷本层企业所得税后利润额。

18. 本条规定了境外所得间接负担的符合《通知》第六条规定条件的下层企业税额的计算方式及公式（参见示例三），公式中：

（1）本层企业是指实际分配股息（红利）的境外被投资企业；

（2）本层企业就利润和投资收益所实际缴纳的税额是指，本层企业按所在国税法就利润缴纳的企业所得税和在被投资方所在国就分得的股息等权益性投资收益被源泉扣缴的预提所得税；

（3）符合《通知》规定的由本层企业间接负担的税额是指该层企业由于从下一层企业分回股息（红利）而间接负担的由下一层企业就其利润缴纳的企业所得税税额；

（4）本层企业向一家上一层企业分配的股息（红利）是指该层企业向上一层企业实际分配的扣缴预提所得税前的股息（红利）数额；

（5）本层企业所得税后利润额是指该层企业实现的利润总额减去就其利润实际缴纳的企业所得税后的余额。

19. 每一层企业从其持股的下一层企业在一个年度中分得的股息（红利），若是由该下一层企业不同年度的税后未分配利润组成，则应按该股息（红利）对应的每一年度未分配利润，分别计算就该项分配利润所间接负担的税额；按各年度计算的间接负担税额之和，即为取得股息（红利）的企业该一个年度中分得的股息（红利）所得所间接负担的所得税额。

20. 境外第二层及以下层级企业归属不同国家的，在计算居民企业负担境外税额时，均以境外第一层企业所在国（地区）为国别划分进行归集计算，而不论该第一层企业的下层企业归属何国（地区）。

《通知》第六条　关于适用间接抵免的外国企业持股比例的计算

除国务院财政、税务主管部门另有规定外，按照实施条例第八十条规定由居民企业直接或者间接持有20%以上股份的外国企业，限于符合以下持股方式的三层外国企业：

第一层：单一居民企业直接持有20%以上股份的外国企业；

第二层:单一第一层外国企业直接持有20%以上股份,且由单一居民企业直接持有或通过一个或多个符合本条规定持股条件的外国企业间接持有总和达到20%以上股份的外国企业;

第三层:单一第二层外国企业直接持有20%以上股份,且由单一居民企业直接持有或通过一个或多个符合本条规定持股条件的外国企业间接持有总和达到20%以上股份的外国企业。

21. 本条所述符合规定的"持股条件"是指,各层企业直接持股、间接持股以及为计算居民企业间接持股总和比例的每一个单一持股,均应达到20%的持股比例(参见示例四、五)。

《通知》第七条　关于税收饶让抵免的应纳税额的确定

居民企业从与我国政府订立税收协定(或安排)的国家(地区)取得的所得,按照该国(地区)税收法律享受了免税或减税待遇,且该免税或减税的数额按照税收协定规定应视同已缴税额在中国的应纳税额中抵免的,该免税或减税数额可作为企业实际缴纳的境外所得税额用于办理税收抵免。

22. 我国企业所得税法目前尚未单方面规定税收饶让抵免,但我国与有关国家签订的税收协定规定有税收饶让抵免安排,本条对此进行了重申。居民企业从与我国订立税收协定(或安排)的对方国家取得所得,并按该国税收法律享受了免税或减税待遇,且该所得已享受的免税或减税数额按照税收协定(或安排)规定应视同已缴税额在我国应纳税额中抵免的,经企业主管税务机关确认,可在其申报境外所得税额时视为已缴税额(参见示例六)。

【注】根据《关于公布失效废止的税务部门规章和税收规范性文件目录的决定》(国家税务总局令第42号)的规定,废止"22.我国企业所得税法目前尚未单方面规定税收饶让抵免……经企业主管税务机关确认,可在其申报境外所得税额时视为已缴税额(参见示例六)。"中"经企业主管税务机关确认"的内容。

23. 税收饶让抵免应区别下列情况进行计算:

(1)税收协定规定定率饶让抵免的,饶让抵免税额为按该定率计算的应纳境外所得税额超过实际缴纳的境外所得税额的数额;

(2)税收协定规定列举一国税收优惠额给予饶让抵免的,饶让抵免税额为按协定国家(地区)税收法律规定税率计算的应纳所得税额超过实际缴纳税额的数额,即实际税收优惠额。

24. 境外所得采用《通知》第十条规定的简易办法计算抵免额的,不适用饶让抵免。

25. 企业取得的境外所得根据来源国税收法律法规不判定为所在国应税所得,而按中国税收法律法规规定属于应税所得的,不属于税收饶让抵免范畴,应全额按中国税收法律法规规定缴纳企业所得税。

《通知》第八条　关于抵免限额的计算

企业应按照企业所得税法及其实施条例和本通知的有关规定分国(地区)别计算境外税额的抵免限额。

某国(地区)所得税抵免限额 = 中国境内、境外所得依照企业所得税法及实施条例的规定计算的应纳税总额 × 来源于某国(地区)的应纳税所得额 ÷ 中国境内、境外应纳税所得总额。

据以计算上述公式中"中国境内、境外所得依照企业所得税法及实施条例的规定计算的应纳税总额"的税率,除国务院财政、税务主管部门另有规定外,应为企业所得税法第四条第一款规定的税率。

企业按照企业所得税法及其实施条例和本通知的有关规定计算的当期境内、境外应纳税所得总额小于零的,应以零计算当期境内、境外应纳税所得总额,其当期境外所得税的抵免限额也为零。

26. 中国境内外所得依照企业所得税法及实施条例的规定计算的应纳税总额的税率是25%,即使企业境内所得按税收法规规定享受企业所得税优惠的,在进行境外所得税额抵免限额计算中的中国境内、外所得应纳税总额所适用的税率也应为25%。今后若国务院财政、税务主管部门规定境外所得与境内所得享受相同企业所得税优惠政策的,应按有关优惠政策的适用税率或税收负担率计算其应纳税总额和抵免限额;简便计算,也可以按该境外应纳税所得额直接乘以其实际适用的税率或税收负担率得出抵免限额(参见示例七)。

27. 若企业境内所得为亏损,境外所得为盈利,且企业已使用同期境外盈利全部或部分弥补了境内亏损,则境内已用境外盈利弥补的亏损不得再用以后年度境内盈利重复弥补。由此,在计算境外所得抵免限额时,形成当期境内、外应纳税所得总额小于零的,应以零计算当期境内、外应纳税所得总额,其当期境外所得税的抵免限额也为零。上述境外盈利在境外已纳的可予抵免但未能抵免的税额可以在以后5个纳税年度内进行结转抵免(参见示例八)。

28. 如果企业境内为亏损,境外盈利分别来自多个国家,则弥补境内亏损时,企业可以自行选择弥补境内亏损的境外所得来源国家(地区)顺序。

《通知》第九条　关于实际抵免境外税额的计算

在计算实际应抵免的境外已缴纳和间接负担的所得税税额时,企业在境外一国(地区)当年缴纳和间接负担的符合规定的所得税税额低于所计算的该国(地区)抵免限额的,应以该项税额作为境外所得税抵免额从企业应纳税总额中据实抵免;超过抵免限额的,当年应以抵免限额作为境外所得税抵免额进行抵免,超过抵免限额的余额允许从次年起在连续五个纳税年度内,用每年度抵免限额抵免当年应抵税额后的余额进行抵补。

29. 本条规定了企业在境外一国(地区)当年缴纳和间接负担的符合规定的企业所得税税额的具体抵免方法,即企业每年应分国(地区)别在抵免限额内据实抵免境外所得税额,超过抵免限额的部分可在以后连续5个纳税年度延续抵免;企业当年境外一国(地区)可抵免税额中既有属于当年已直接缴纳或间接负担的境外所得税额,又有以前年度结转的未逾期可抵免税额时,应首先抵免当年已直接缴纳或间接负担的境外所得税额后,抵免限额有余额的,可再抵免以前年度结转的未逾期可抵免税额,仍抵免不足的,继续向以后年度结转(参见示例九)。

30. 企业申报抵免境外所得税收(包括按照《通知》第十条规定的简易办法进行的抵免)时应向其主管税务机关提交如下书面资料:

(1)与境外所得相关的完税证明或纳税凭证(原件或复印件)。

(2)不同类型的境外所得申报税收抵免还需分别提供:

①取得境外分支机构的营业利润所得需提供境外分支机构会计报表;境外分支机构所得依照中国境内企业所得税法及实施条例的规定计算的应纳税额的计算过程及说明资料;具有资质的机构出具的有关分支机构审计报告等;

②取得境外股息、红利所得需提供集团组织架构图;被投资公司章程复印件;境外企业有权决定利润分配的机构作出的决定书等;

③取得境外利息、租金、特许权使用费、转让财产等所得需提供依照中国境内企业所得税法及实施条例规定计算的应纳税额的资料及计算过程;项目合同复印件等。

(3)申请享受税收饶让抵免的还需提供:

①本企业及其直接或间接控制的外国企业在境外所获免税及减税的依据及证明或有关审计报告披露该企业享受的优惠政策的复印件;

②企业在其直接或间接控制的外国企业的参股比例等情况的证明复印件;

③间接抵免税额或者饶让抵免税额的计算过程;

④由本企业直接或间接控制的外国企业的财务会计资料。

(4)采用简易办法计算抵免限额的还需提供:

①取得境外分支机构的营业利润所得需提供企业申请及有关情况说明;来源国(地区)政府机关核发的具有纳税性质的凭证和证明复印件;

②取得符合境外税额间接抵免条件的股息所得需提供企业申请及有关情况说明;符合企业所得税法第二十四条条件的有关股权证明的文件或凭证复印件。

(5)主管税务机关要求提供的其它资料。

以上提交备案资料使用非中文的,企业应同时提交中文译本复印件。

上述资料已向税务机关提供的,可不再提供;上述资料若有变更的,须重新提供;复印件须注明与原件一致,译本须注明与原本无异义,并加盖企业公章。

31. 税务机关、企业在年度企业所得税汇算清缴时,应对结转以后年度抵免的境外所得税额分国别(地区)建立台账管理,准确填写逐年抵免情况。

(1)台账表式:

境外所得税额结转抵免管理台账

企业名称:

所得来源国别(地区): 金额单位:人民币(列至角分)

行次	本年度未抵免税额		五年期结转抵扣额及余额									
	税额所属年度	未抵免额	第一年		第二年		第三年		第四年		第五年	
			抵免额	余额	抵免额	余额	抵免额	余额	抵免额	余额	抵免额	不得再结转额
1												
2												
3												
4												
5												

(2)管理台账的编制说明:

填报以前年度境外所得已纳税额未抵免部分的结转、抵扣情况。

①按分国不分项填报结转抵扣额的境外所得税在各年的抵扣情况;

②本年度未抵免税额:填报税额所属年度未抵免结转以后年度抵扣的税额;

③五年结转抵扣额:填报按规定用本期税额扣除限额的余额抵扣以前年度结转的税额及抵扣后的余额。

《通知》第十条　关于简易办法计算抵免

(一)企业从境外取得营业利润所得以及符合境外税额间接抵免条件的股息所得,虽有所得来源国(地区)政府机关核发的具有纳税性质的凭证或证明,但因客观原因无法真实、准确地确认应当缴纳并已经实际缴纳的境外所得税税额的,除就该所得直接缴纳及间接负担的税额在所得来源国(地区)的实际有效税率低于我国企业所得税法第四条第一款规定税率50%以上的外,可按境外应纳税所得额的12.5%作为抵免限额,企业按该国(地区)税务机关或政府机关核发具有纳税性质凭证或证明的金额,其不超过抵免限额的部分,准予抵免;超过的部分不得抵免。

属于本款规定以外的股息、利息、租金、特许权使用费、转让财产等投资性所得,均应按本通知的其他规定计算境外税额抵免。

(二)企业从境外取得营业利润所得以及符合境外税额间接抵免条件的股息所得,凡就该所得缴纳及间接负担的税额在所得来源国(地区)的法定税率且其实际有效税率明显高于我国的,可直接以按本通知规定计算的境外应纳税所得额和我国企业所得税法规定的税率计算的抵免限额作为可抵免的已在境外实际缴纳的企业所得税税额。具体国家(地区)名单见附件。财政部、国家税务总局可根据实际情况适时对名单进行调整。

属于本款规定以外的股息、利息、租金、特许权使用费、转让财产等投资性所得,均应按本通知的其他规定计算境外税额抵免。

32.采用简易办法也须遵循"分国不分项"原则。

33.本条第一项中"从所得来源国(地区)政府机关取得具有纳税性质的凭证或证明"是指向境外所在国家政府实际缴纳了具有综合税额(含企业所得税)性质的款项的有效凭证。

34.本条第二项中"实际有效税率"是指实际缴纳或负担的企业所得税税额与应纳税所得额的比率。

法定税率且实际有效税率明显高于我国(税率)的国家,由财政部和国家税务总局列名单公布;各地税务机关不能自行作出判定,发现名单所列国家抵免异常的,应立即向国家税务总局报告。

35.本条第一项和第二项中"属于本款规定以外的股息、利息、租金、特许权使用费、转让财产等投资性所得"是指,居民企业从境外未达到直接持股20%条件的境外子公司取得的股息所得,以及取得利息、租金、特许权使用费、转让财产等所得,向所得来源国直接缴纳的预提所得税额,应按《通知》有关直接抵免的规定正常计算抵免。

《通知》第十一条　关于境外分支机构与我国对应纳税年度的确定

企业在境外投资设立不具有独立纳税地位的分支机构，其计算生产、经营所得的纳税年度与我国规定的纳税年度不一致的，与我国纳税年度当年度相对应的境外纳税年度，应为在我国有关纳税年度中任何一日结束的境外纳税年度。

企业取得上款以外的境外所得实际缴纳或间接负担的境外所得税，应在该项境外所得实现日所在的我国对应纳税年度的应纳税额中计算抵免。

36. 企业就其在境外设立的不具有独立纳税地位的分支机构每一纳税年度的营业利润，计入企业当年度应纳税所得总额时，如果分支机构所在国纳税年度的规定与我国规定的纳税年度不一致的，在确定该分支机构境外某一年度的税额如何对应我国纳税年度进行抵免时，境外分支机构按所在国规定计算生产经营所得的纳税年度与其境内总机构纳税年度相对应的纳税年度，应为该境外分支机构所在国纳税年度结束日所在的我国纳税年度（参见示例十）。

37. 企业取得境外股息所得实现日为被投资方做出利润分配决定的日期，不论该利润分配是否包括以前年度未分配利润，均应作为该股息所得实现日所在的我国纳税年度所得计算抵免（参见示例十一）。

《通知》第十二条　关于境外所得税抵免时应纳所得税额的计算

企业抵免境外所得税额后实际应纳所得税额的计算公式为：

企业实际应纳所得税额＝企业境内外所得应纳税总额－企业所得税减免、抵免优惠税额－境外所得税抵免额。

38. 公式中抵免优惠税额是指按企业所得税法第三十四条规定，企业购置用于环境保护、节能节水、安全生产等专用设备的投资额，可以按一定比例实行税额抵免。

境外所得税抵免额是指按照《通知》和《指南》计算的境外所得税额在抵免限额内实际可以抵免的税额。

《通知》第十三条　关于不具有独立纳税地位的定义

本通知所称不具有独立纳税地位，是指根据企业设立地法律不具有独立法人地位或者按照税收协定规定不认定为对方国家（地区）的税收居民。

39. 企业居民身份的判定，一般以国内法为准。如果一个企业同时被中国和其他国家认定为居民（即双重居民），应按中国与该国之间税收协定（或安排）的规定执行。

40. 不具有独立纳税地位的境外分支机构特别包括企业在境外设立的分公司、代表处、办事处、联络处，以及在境外提供劳务、被劳务发生地国家（地区）认定为负有企业所得税纳税义务的营业机构和场所等。

《通知》第十四条　关于来源于港、澳、台地区的所得

企业取得来源于中国香港、澳门、台湾地区的应税所得，参照本通知执行。

《通知》第十五条　关于税收协定优先原则的适用

中华人民共和国政府同外国政府订立的有关税收的协定与本通知有不同规定的，依照协定的规定办理。

41. 本条所称有关税收的协定包括，内地与中国香港、澳门地区等签订的相关税收安排。

《通知》第十六条　关于执行日期

本通知自2008年1月1日起执行。

42.《通知》虽然于2009年12月发布，但仍属于对执行企业所得税法及实施条例的解释，因此，与企业所得税法及实施条例的执行日期一致。

《通知》附件：法定税率明显高于我国的境外所得来源国（地区）名单

美国、阿根廷、布隆迪、喀麦隆、古巴、法国、日本、摩洛哥、巴基斯坦、赞比亚、科威特、孟加拉国、叙利亚、约旦、老挝。

43. 此类国家（地区）名单，由财政部和国家税务总局适时调整。

附示例

示例一：来源于境外利息收入的应纳税所得额的计算

中国A银行向甲国某企业贷出500万元，合同约定的利率为5%。2009年A银行收到甲国企业就应付利息25万元扣除已在甲国扣缴的预提所得税2.5万元（预提所得税税率为10%）后的22.5万元税后利息。

A 银行应纳税所得总额为 1000 万元，已在应纳税所得总额中扣除的该笔境外贷款的融资成本为本金的 4%。分析并计算该银行应纳税所得总额中境外利息收入的应纳税所得额：

来源于境外利息收入的应纳税所得额，应为已缴纳境外预提所得税前的就合同约定的利息收入总额，再对应调整扣除相关筹资成本费用等。

境外利息收入总额 = 税后利息 22.5 + 已扣除税额 2.5 = 25 万元

对应调整扣除相关成本费用后的应纳税所得额 = 25 − 500 × 4% = 5 万元

该境外利息收入用于计算境外税额抵免限额的应纳税所得额为 5 万元，应纳税所得总额仍为 1000 万元不变。

示例二：境外分支机构亏损的弥补

中国居民 A 企业 2008 年度境内外净所得为 160 万元。其中，境内所得的应纳税所得额为 300 万元；设在甲国的分支机构当年度应纳税所得额为 100 万元；设在乙国的分支机构当年度应纳税所得额为 −300 万元；A 企业当年度从乙国取得利息所得的应纳税所得额为 60 万元。调整计算该企业当年度境内、外所得的应纳税所得额如下：

(1) A 企业当年度境内外净所得为 160 万元，但依据境外亏损不得在境内或他国盈利中抵减的规定，其发生在乙国分支机构的当年度亏损额 300 万元，仅可以用从该国取得的利息 60 万元弥补，未能弥补的非实际亏损额 240 万元，不得从当年度企业其它盈利中弥补。因此，相应调整后 A 企业当年境内、外应纳税所得额为：

境内应纳税所得额 = 300 万元；

甲国应纳税所得额 = 100 万元；

乙国应纳税所得额 = −240 万元；

A 企业当年度应纳税所得总额 = 400 万元。

(2) A 企业当年度境外乙国未弥补的非实际亏损共 240 万元，允许 A 企业以其来自乙国以后年度的所得无限期结转弥补。

示例三：间接抵免负担税额的计算

以示例五中居民企业 A 集团公司组织架构（如图一所示）及其对符合间接抵免持股条件的判定结果为例，对 A 公司于 2010 年初申报的 2009 年度符合条件的各层公司生产经营及分配股息情况，计算 A 公司可进入抵免（参见示例五分析）的间接负担的境外所得税额如下：

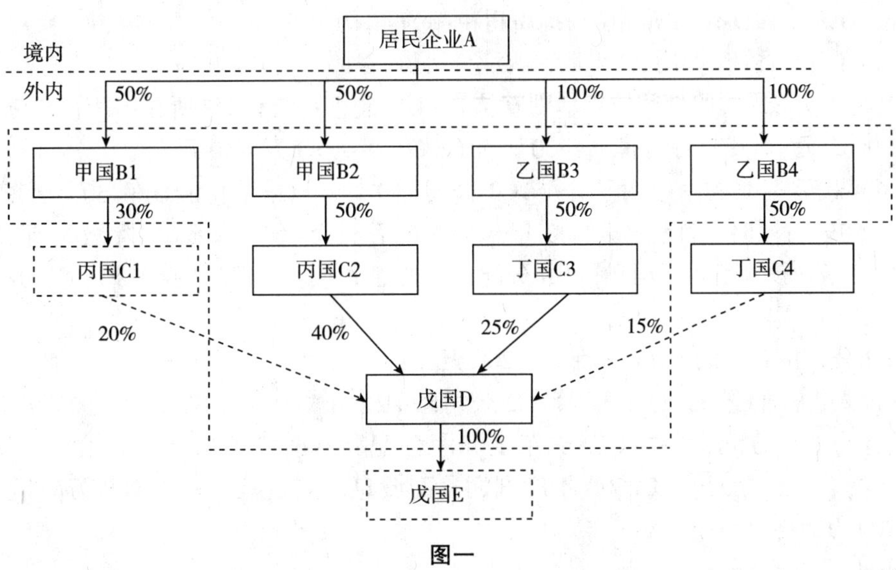

图一

(1) 计算甲国 B1 及其下层各企业已纳税额中属于 A 公司可予抵免的间接负担税额：

①C1 公司及其对 D 公司 20% 持股税额的计算

由于 C1 不符合 A 公司的间接抵免条件，因此，其就利润所纳税额及其按持有 D 公司 20% 股份而分得股息直接缴纳的预提所得税及该股息所包含的D公司税额，均不应计算为由A公司可予抵免的间接负担税额。

②B1公司税额的计算

B1公司符合A公司的间接抵免持股条件。B1公司应纳税所得总额为1000万元（假设该“应纳税所得总额”中在B1公司所在国计算税额抵免时已包含投资收益还原计算的间接税额，下同），其中来自C1公司的投资收益为300万元，按10%缴纳C1公司所在国预提所得税额为30万元（300万＊10%），无符合抵免条件的间接税额；

B1公司适用税率为30%，其当年在所在国按该国境外税收抵免规定计算后实际缴纳所在国所得税额为210万元；B1公司当年税前利润为1000万元，则其当年税后利润为760万元（税前利润1000万－实际缴纳所在国税额210万－缴纳预提税额30万），且全部分配；

B1公司向A公司按其持股比例50%分配股息380万元；

将上述数据代入《通知》第五条公式［即：本层企业所纳税额属于由一家上一层企业负担的税额＝本层企业就利润和投资收益所实际缴纳的税额＋符合本通知规定的由本层企业间接负担的税额）×本层企业向一家上一层企业分配的股息（红利）÷本层企业所得税后利润额，下同］计算，A公司就从B1公司分得股息间接负担的可在我国应纳税额中抵免的税额为120万元：

（210＋30＋0）＊（380÷760）＝120万元

（2）计算甲国B2及其下层各企业已纳税额中属于A公司可予抵免的间接负担税额：

①D公司税额的计算

D公司符合A公司的间接抵免持股条件。D公司应纳税所得总额和税前会计利润均为1250万元，适用税率为20%，无投资收益和缴纳预提所得税项目。当年D公司在所在国缴纳企业所得税为250万元；D公司将当年税后利润1000万元全部分配；

D公司向C2公司按其持股比例40%分配股息400万元；

将上述数据代入《通知》第五条公式计算，D公司已纳税额属于可由C2公司就分得股息间接负担的税额为100万元：

（250＋0＋0）＊（400÷1000）＝100万元

②C2公司税额的计算

C2公司符合A公司的间接抵免持股条件。C2公司应纳税所得总额为2000万元；其中从D公司分得股息400万元，按10%缴纳D公司所在国预提所得税额为40万元（400万＊10%），符合条件的间接负担下层公司税额100万元；

C2公司适用税率为25%，假设其当年享受直接和间接抵免后实际缴纳所在国所得税额为360万元；当年税前利润为2000万元，则其税后利润为1600万元（2000万－360万－40万）；

C2公司将当年税后利润的一半用于分配，C2公司向B2公司按其持股比例50%分配股息400万元（1600万＊50%＊50%）；同时，将该公司2008年未分配税后利润1600万元（实际缴纳所得税额为400万元，且无投资收益和缴纳预提所得税项目）一并分配，向B2公司按其持股比例50%分配股息800万元（1600万＊50%）；

C2公司向B2公司按其持股比例分配股息1200万元；

将上述数据代入《通知》第五条公式计算，C2公司已纳税额属于可由B2公司就2009年度分得股息间接负担的税额共计为325万元，其中以2009年度利润分配股息间接负担的税额125万元［（360＋40＋100）＊（400÷1600）＝125万元］；以2008年度利润分配股息间接负担的税额200万元［（400＋0＋0）＊（800÷1600）＝200万元］。

③B2公司税额的计算

B2公司符合A公司的间接抵免持股条件。B2公司应纳税所得总额为5000万元，其中来自C2公司的投资收益为1200万元，按10%缴纳C2公司所在国预提所得税额为120万元（1200万＊10%），符合条件的间接负担下层公司税额325万元；

B2 公司适用税率为 30%，假设其当年享受直接和间接抵免后实际缴纳所在国所得税额为 1140 万元；当年税前利润为 5000 万元，则其税后利润为 3740 万元(5000 万 -1140 万 -120 万)，且全部分配；

B2 公司向 A 公司按其持股比例 50% 分配股息 1870 万元；

将上述数据代入《通知》第五条公式计算，A 公司就从 B2 公司分得股息间接负担的可在我国应纳税额中抵免的税额为 792.5 万元：

$$(1140 + 120 + 325) * (1870 \div 3740) = 792.5 \text{ 万元}$$

(3)计算乙国 B3 及其下层各企业已纳税额中属于 A 公司可予抵免的间接负担税额：

①D 公司税额的计算

D 公司符合 A 公司的间接抵免持股条件。D 公司应纳税所得总额为 1250 万元，适用税率为 20%，无投资收益和缴纳预提所得税项目。当年 D 公司在所在国缴纳企业所得税为 250 万元；D 公司将当年税后利润 1000 万元全部分配；

D 公司向 C3 公司按其持股比例 25% 分配股息 250 万元；

将上述数据代入《通知》第五条公式计算，D 公司已纳税额属于可由 C3 公司就分得股息间接负担的税额为 62.5 万元：

$$(250 + 0 + 0) * (250 \div 1000) = 62.5 \text{ 万元}$$

②C3 公司税额的计算

C3 公司符合 A 公司的间接抵免持股条件。C3 公司应纳税所得总额为 1000 万元；其中从 D 公司分得股息 250 万元，按 10% 缴纳 D 公司所在国预提所得税额为 25 万元(250 万 * 10%)，符合条件的间接负担下层公司税额 62.5 万元；

C3 公司适用税率为 30%，假设其当年享受直接和间接抵免后实际缴纳所在国所得税额为 245 万元；当年税前利润为 1000 万元，则其税后利润为 730 万元(1000 万 -245 万 -25 万)，且全部分配；

C3 公司向 B3 公司按其持股比例 50% 分配股息 365 万元；

将上述数据代入《通知》第五条公式计算，C3 公司已纳税额属于可由 B3 公司就分得股息间接负担的税额为 166.25 万元：

$$(245 + 25 + 62.5) * (365 \div 730) = 166.25 \text{ 万元}$$

③B3 公司税额的计算

B3 公司符合 A 公司的间接抵免持股条件。B3 公司应纳税所得总额为 2000 万元，其中来自 C3 公司的投资收益为 365 万元，按 10% 缴纳 C3 公司所在国预提所得税额为 36.5 万元(365 万 * 10%)，符合条件的间接负担下层公司税额 166.25 万元；

B3 公司适用税率为 30%，假设其当年享受直接和间接抵免后实际缴纳所在国所得税额为 463.5 万元；当年税前利润为 2000 万元，则其税后利润为 1500 万元(2000 万 -463.5 万 -36.5 万)，且全部分配；

B3 公司向 A 公司按其持股比例 100% 分配股息 1500 万元；

将上述数据代入《通知》第五条公式计算，A 公司就从 B3 公司分得股息间接负担的可在我国应纳税额中抵免的税额为 666.25 万元：

$$(463.5 + 36.5 + 166.25) * (1500 \div 1500) = 666.25 \text{ 万元}$$

(4)计算乙国 B4 及其下层各企业已纳税额中属于 A 公司可予抵免的间接负担税额：

①D 公司税额的计算

D 公司被 C4 公司持有的 15% 股份不符合 A 公司享受间接抵免的持股比例条件，因此，其所纳税额中属于该 15% 股息负担的部分不能通过 C4 等公司计入 A 公司可予抵免的间接负担税额。

②C4 公司税额的计算

C4 公司符合 A 公司的间接抵免持股条件。C4 公司应纳税所得总额为 1000 万元；其中从 D 公司分得股息 150 万元，其按 10% 直接缴纳 D 公司所在国的预提所得税额 15 万元(150 万 * 10%)属于可计算 A 公司间接抵免的税额，无符合条件的间接负担税额；

C4 公司适用税率为 25%，假设其当年享受直接和间接抵免后实际缴纳所在国所得税额为 235 万元；当年税前利润为1000万元，则其税后利润为750万元(1000万 - 235万 - 15万)，且全部分配；

C4公司向B4公司按其持股比例50%分配股息375万元；

将上述数据代入《通知》第五条公式计算，C4公司已纳税额属于可由B4公司就分得股息间接负担的税额为125万元：

$$(235 + 15 + 0) * (375 \div 750) = 125 \text{万元}$$

③B4公司税额的计算

B4公司符合A公司的间接抵免持股条件。B4公司应纳税所得总额为2000万元，其中来自C4公司的投资收益为375万元，按10%缴纳C4公司所在国预提所得税额为37.5万元(375万 * 10%)，符合条件的间接负担下层公司税额125万元；

B4公司适用税率为30%，假设其当年享受直接和间接抵免后实际缴纳所在国所得税额为462.5万元；当年税前利润为2000万元，则其税后利润为1500万元(2000万 - 462.5万 - 37.5万)，且全部分配；

B4公司向A公司按其持股比例100%分配股息1500万元；

将将上述数据代入《通知》第五条公式计算，A公司就从B4公司分得股息间接负担的可在我国应纳税额中抵免的税额为625万元：

$$(462.5 + 37.5 + 125) * (1500 \div 1500) = 625 \text{万元}$$

(5)上述计算后，A公司可适用间接抵免的境外所得及间接负担的境外已纳税额分国为：

①可适用间接抵免的境外所得(含直接所缴预提所得税但未含间接负担的税额)为5250万元，其中：

来自甲国的境外所得为2250万元(B1股息380万 + B2股息1870万)；

来自乙国的境外所得为3000万元(B3股息1500万 + B4股息1500万)。

②可抵免的间接负担境外已纳税额为2203.75万元，其中：

来自甲国的可抵免间接负担境外已纳税额为912.5万元(间接负担B1税额120万 + 间接负担B2税额792.5万)；

来自乙国的可抵免间接负担境外已纳税额为1291.25万元(间接负担B3税额666.25万 + 间接负担B4税额625万)。

(6)计算A公司可适用抵免的全部境外所得税额为：

①假设上项境外所得在来源国均按10%税率直接缴纳境外预提所得税合计为525万元，其中：

缴纳甲国预提所得税为225万元(2250万 * 10%)；

缴纳乙国预提所得税为300万元(3000万 * 10%)。

②来自甲乙两国所得的全部可抵免税额分别为：

甲国：直接缴纳225万元 + 间接负担912.5万元 = 1137.5万元

乙国：直接缴纳300万元 + 间接负担1291.25万元 = 1591.25万元

示例四：二层持股条件的判定

中国居民A企业直接持有甲国B企业20%股份，直接持有乙国C企业16%股份，并且B企业直接持有C企业20%股份，如下图所示：

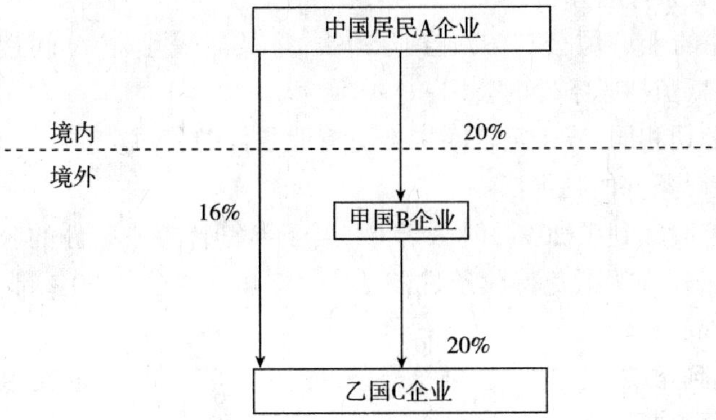

图二

分析:

(1)中国居民A企业直接持有甲国B企业20%股份,满足直接持股20%(含20%)的条件。

(2)中国居民A企业直接持有乙国C企业16%股份,间接持有乙国C企业股份=20%×20%=4%,由于A企业直接持有C企业的股份不足20%,故不能计入A企业对C企业直接持股或间接持股的总和比例之中。因此,C企业未满足居民企业通过一个或多个符合规定持股条件的外国企业间接持有总和达到20%以上股份的外国企业的规定。

示例五:多层持股条件的综合判定

中国居民企业A分别控股了四家公司甲国B1、甲国B2、乙国B3、乙国B4,持股比例分别为50%、50%、100%、100%;B1持有丙国C1公司30%股份,B2持有丙国C2公司50%股份,B3持有丁国C3公司50%股份,B4持有丁国C4公司50%股份;C1、C2、C3、C4分别持有戊国D公司20%、40%、25%、15%股份;D公司持有戊国E公司100%股份。图示如下:

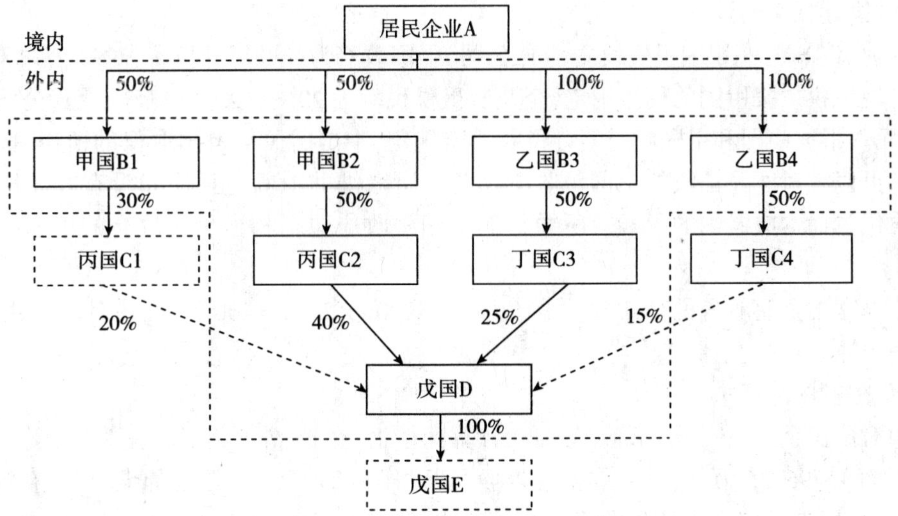

图三

注:……虚线内为判定符合间接持股条件的公司及可就分配的股息计算间接抵免税额的所持股份。

(1)B层各公司间接抵免持股条件的判定:

B1、B2、B3、B4公司分别直接被A公司控股50%、50%、100%、100%,均符合间接抵免第一层公司的持股条件。

(2)C层各公司间接抵免持股条件的判定:

①C1公司虽然被符合条件的上一层公司B1控股30%,但仅受居民企业A间接控股15%(50% * 30%),因此,属于不符合间接抵免持股条件的公司(但如果协定的规定为10%,则符合间接抵免条件);

②C2公司被符合条件的上一层公司B2控股50%,且被居民企业A间接控股达到25%(50% * 50%),

因此,属于符合间接抵免持股条件的公司；

③C3 公司被符合条件的上一层公司 B3 控股 50%,且被居民企业 A 间接控股达到 50%(100% * 50%),因此,属于符合间接抵免持股条件的公司；

④C4 公司情形与 C3 公司相同,属于符合间接抵免持股条件的公司。

(3)D 公司间接抵免持股条件的判定：

①虽然 D 公司被 C1 控股达到了 20%,但由于 C1 属于不符合持股条件的公司,所以,C1 对 D 公司的 20% 持股也不得再计入 D 公司间接抵免持股条件的范围,来源于 D 公司 20% 部分的所得的已纳税额不能进入居民企业 A 的抵免范畴；

②D 公司被 C2 控股达到 40%,但被 A 通过符合条件的 B2、C2 间接持股仅 10%,未达到 20%,因此,还不能由此判定 D 是否符合间接抵免条件；

③D 公司被 C3 控股达到 25%,且由 A 通过符合条件的 B3、C3 间接控股达 12.5%(100% * 50% * 25%),加上 A 通过 B2、C2 的间接控股 10%,间接控股总和达到 22.5%。因此,D 公司符合间接抵免条件,其所纳税额中属于向 C2 和 C3 公司分配的 65% 股息所负担的部分,可进入 A 公司的间接抵免范畴；

④D 公司被 C4 控股 15%,虽然 C4 自身为符合持股条件的公司,但其对 D 公司的持股不符合直接控股达 20% 的持股条件。因此,该 C4 公司对 D 公司 15% 的持股,不能计入居民企业 A 对 D 公司符合条件的间接持股总和之中；同时,D 公司所纳税额中属于向 C4 公司按其持股 15% 分配的股息所负担的部分,也不能进入居民企业 A 的间接抵免范畴。

(4)E 公司间接抵免持股条件的判定：

居民企业 A 通过其它公司对 E 的间接控制由于超过了三层[居民企业 A→B2(B3)→C2(C3)→D→E,E 公司处于向下四层],因此,E 公司不能纳入 A 公司的间接抵免范畴；即使 D 公司和 E 公司在戊国实行集团合并(汇总)纳税,D 公司就 E 公司所得所汇总缴纳的税额部分,也须在计算 A 公司间接负担税额时在 D 公司合并(汇总)税额中扣除。

示例六：税收饶让抵免的计算

中国居民企业 A 公司,在甲国投资设立了 B 公司,甲国政府为鼓励境外投资,对 B 公司第一个获利年度实施了企业所得税免税。按甲国的税法规定,企业所得税税率为 20%。A 公司获得了 B 公司免税年度分得的利润 2000 万元。根据中国和甲国政府签订税收协定规定,中国居民从甲国取得的所得,按照协定规定在甲国缴纳的税额可以在对居民征收的中国税收中抵免。所缴纳的税额包括假如没有按照该缔约国给予减免税或其他税收优惠而本应缴纳的税额。所缴纳的甲国税收应包括相当于所放弃的甲国税收的数额。计算如下：

A 公司在计算缴纳企业所得税时,B 公司的免税额 = 2000 × 20% = 400 万元,应计算为由 A 公司抵免的间接负担的境外税额。

示例七：抵免限额的计算

以示例三中对居民企业 A 公司已确定的可予计算间接抵免的境外所得及税额为例,假设 A 公司申报的境内外所得总额为 15796.25 万元,其中取得境外股息所得为 5250 万元(已还原向境外直接缴纳 10% 的预提所得税 525 万元,但未含应还原计算的境外间接负担的税额,见示例三),其中甲国 2250 万元,乙国 3000 万元；同时假设 A 公司用于管理四个 B 子公司的管理费合计为 433.75 万元,其中用于甲国 B1、B2 公司的管理费用为 184.5 万元,用于乙国 B3、B4 公司的管理费用为 249.25 万元。应在计算来自两个国家四个 B 子公司的股息应纳税所得时对应调整扣除(参见《通知》第三条项下释义)。

分析：

(1)境外股息所得应为境外股息净所得与境外直接缴纳税额和间接缴纳税额之和 7453.75 万元(5250 万 + 2203.75 万),其中：

来源于甲国股息所得 3162.5 万元(2250 万 + 912.5 万)；

来源于乙国股息所得 4291.25 万元(3000 万 + 1291.25 万)。

(2)境外股息所得对应调整扣除相关管理费后的应纳税所得额为 7020 万元(7453.75 万 − 433.75 万),

其中：

来源于甲国股息所得对应调整后应纳税所得额为 2978 万元(3162.5 万 - 184.5 万)；

来源于乙国股息所得对应调整后应纳税所得额为 4042 万元(4291.25 万 - 249.25 万)。

(3)境外间接负担税额还原计算后境内、外应纳税所得总额为：

已还原直接税额的境内外所得总额 + 可予计算抵免的间接税额 = 15796.25 + 2203.75 = 18000 万元。

(4)企业应纳税总额为：

应纳税所得总额 * 适用税率 = 18000 * 25% = 4500 万元。

(5)计算抵免限额为：

①来源于甲国所得的抵免限额为：

应纳税总额 × 甲国的应纳税所得额 ÷ 中国境内、境外应纳税所得总额 = 4500 * 2978 ÷ 18000 = 744.5 万元

②来源于乙国所得的抵免限额为：

应纳税总额 × 乙国的应纳税所得额 ÷ 中国境内、境外应纳税所得总额 = 4500 * 4042 ÷ 18000 = 1010.5 万元

示例八：境外盈利弥补境内亏损时，境外已缴税额的处理

表一

金额单位：万元

项目	境内企业	境外营业机构	境外已纳税额	抵免限额	结转以后年度抵免余额
税率	25%	30%	—	—	—
第一年利润	-100	100	30	0	30
第二年利润	100	100	30	25	35

分析：

第一年：应纳税所得额 = -100 + 100 = 0，抵免限额为 0，境外已缴税额结转下一年度抵补余额为 30 万元。

第二年：应纳税所得额 = 100 + 100 = 200 万元

当年境外所得税税额 = 30 万元

抵免限额 = 200 * 25% * [100 ÷ 200] = 25 万元(< 30 万元)

实际抵免境外所得税额 = 25 万元

留待以后结转抵免税额 = 30 - 25 + 30 = 35 万元

示例九：实际抵免境外税额的计算

以示例三对 A 公司计算的可抵免境外负担税额及示例七对其计算的境外所得应纳税总额和境外税额抵免限额为例，计算其当年度可实际抵免的境外税额。

(1)甲国

可抵免境外税额 = 直接税额 225 万 + 间接负担税额 912.5 万 = 1137.5 万元；

抵免限额 = 744.5 万元(< 1137.5 万元)；

当年可实际抵免税额 = 744.5 万元；

可结转的当年度未抵免税额 = 1137.5 - 744.5 = 393 万元。

(2)乙国

可抵免境外税额 = 直接税额 300 万 + 间接负担税额 1291.25 万 = 1591.25 万元；

抵免限额 = 1010.5 万元(< 1591.25 万元)；

当年可实际抵免税额 = 1010.5 万元；

可结转的当年度未抵免税额 = 1591.25 - 1010.5 = 580.75 万元。

(3)当年度可实际抵免税额合计 = 744.5 + 1010.5 = 1755 万元。

再以此例按《通知》第十二条所列公式计算 A 公司 2010 年抵免境外所得税后应纳所得税额为(假设 A

公司没有适用税法规定的有关设备投资抵免税额等优惠）：

境内外应纳所得税总额－当年可实际抵免境外税额

＝18000＊25％－1755＝2745万元

示例十：境外分支机构纳税年度的判定

某居民企业在A国的分公司，按A国法律规定，计算当期利润年度为每年10月1日至次年9月30日。

分析：

该分公司按A国规定计算2009年10月1日至次年9月30日期间（即A国2009/2010年度）的营业利润及其已纳税额，应在我国2010年度计算纳税及境外税额抵免。

示例十一：境外股息所得在我国计算抵免的时间

某居民企业的境外子公司于2010年5月1日股东会决定，将分别属于2007年、2008年的未分配利润共计2000万元分配。

分析：

该2000万元均属于该居民企业2010年取得的股息，就该股息被扣缴的预提所得税以及该股息间接负担的由境外子公司就其2008年、2009年度利润缴纳的境外所得税，均应按规定的适用条件在该居民企业2010年应纳我国企业所得税中计算抵免。（可参见例三中“C2公司税额的计算”）

5.国家税务总局关于印发《境外注册中资控股居民企业所得税管理办法（试行）》的公告

（2011年7月27日　国家税务总局公告2011年第45号）

（部分条款修改，详见文中注释）

为规范和加强对依据实际管理机构标准被认定为居民企业的境外注册中资控股企业的所得税管理，国家税务总局制定了《境外注册中资控股居民企业所得税管理办法（试行）》，现予以发布，自2011年9月1日起施行。

特此公告。

附件：1.境外注册中资控股企业居民身份认定书

　　　2.境外注册中资控股居民企业所得税管理情况汇总表

境外注册中资控股居民企业所得税管理办法（试行）

第一章　总　　则

第一条　为规范和加强境外注册中资控股居民企业的所得税税收管理，根据《中华人民共和国企业所得税法》（以下简称企业所得税法）及其实施条例、《中华人民共和国税收征收管理法》（以下简称税收征管法）及其实施细则、中国政府对外签署的避免双重征税协定（含与香港、澳门特别行政区签署的税收安排，以下简称税收协定）、《国家税务总局关于境外注册中资控股企业依据实际管理机构标准认定为居民企业有关问题的通知》（国税发〔2009〕82号，以下简称《通知》）和其他有关规定，制定本办法。

第二条　本办法所称境外注册中资控股企业（以下简称境外中资企业）是指由中国内地企业或者企业集团作为主要控股投资者，在中国内地以外国家或地区（含香港、澳门、台湾）注册成立的企业。

第三条 本办法所称境外注册中资控股居民企业(以下简称非境内注册居民企业)是指因实际管理机构在中国境内而被认定为中国居民企业的境外注册中资控股企业。

第四条 非境内注册居民企业应当按照企业所得税法及其实施条例和相关管理规定的要求,履行居民企业所得税纳税义务,并在向非居民企业支付企业所得税法第三条第三款规定的款项时,依法代扣代缴企业所得税。

第五条 本办法所称主管税务机关包括:

(一)非境内注册居民企业的实际管理机构所在地与境内主要控股投资者所在地一致的,为境内主要控股投资者的企业所得税主管税务机关。

(二)非境内注册居民企业的实际管理机构所在地与境内主要控股投资者所在地不一致的,为实际管理机构所在地的国税局主管机关;经共同的上级税务机关批准,企业也可以选择境内主要控股投资者的企业所得税主管税务机关为其主管税务机关。

(三)非境内注册居民企业存在多个实际管理机构所在地的,由相关税务机关报共同的上级税务机关确定。

主管税务机关确定后,不得随意变更;确需变更的,应当层报税务总局批准。

【注】根据《国家税务总局关于修改〈非居民企业所得税核定征收管理办法〉等文件的公告》(国家税务总局公告2015年第22号)的规定,本条法规第5条自2015年6月1日起修改为:"本办法所称主管税务机关是指境外注册中资控股居民企业中国境内主要投资者登记地主管税务机关"。

第二章 居民身份认定管理

第六条 境外中资企业居民身份的认定,采用企业自行判定提请税务机关认定和税务机关调查发现予以认定两种形式。

第七条 境外中资企业应当根据生产经营和管理的实际情况,自行判定实际管理机构是否设立在中国境内。如其判定符合《通知》第二条规定的居民企业条件,应当向其主管税务机关书面提出居民身份认定申请,同时提供以下资料:

(一)企业法律身份证明文件;

(二)企业集团组织结构说明及生产经营概况;

(三)企业上一个纳税年度的公证会计师审计报告;

(四)负责企业生产经营等事项的高层管理机构履行职责场所的地址证明;

(五)企业上一年度及当年度董事及高层管理人员在中国境内居住的记录;

(六)企业上一年度及当年度重大事项的董事会决议及会议记录;

(七)主管税务机关要求提供的其他资料。

第八条 主管税务机关发现境外中资企业符合《通知》第二条规定但未申请成为中国居民企业的,可以对该境外中资企业的实际管理机构所在地情况进行调查,并要求境外中资企业提供本办法第七条规定的资料。调查过程中,主管税务机关有权要求该企业的境内投资者提供相关资料。

第九条 主管税务机关依法对企业提供的相关资料进行审核,提出初步认定意见,将据以做出初步认定的相关事实(资料)、认定理由和结果层报税务总局确认。

税务总局认定境外中资企业居民身份的,应当将相关认定结果同时书面告知境内投资者、境内被投资者的主管税务机关。

第十条 非境内注册居民企业的主管税务机关收到税务总局关于境外中资企业居民身份的认定结果后,应当在10日内向该企业下达《境外注册中资控股企业居民身份认定书》(见附件1),通知其从企业居民身份确认年度开始按照我国居民企业所得税管理规定及本办法规定办理有关税收事项。

第十一条 非境内注册居民企业发生下列重大变化情形之一的,应当自变化之日起15日内报告主管税务机关,主管税务机关应当按照本办法规定层报税务总局确定是否取消其居民身份。

（一）企业实际管理机构所在地变更为中国境外的；

（二）中方控股投资者转让企业股权，导致中资控股地位发生变化的。

第十二条 税务总局认定终止非境内注册居民企业居民身份的，应当将相关认定结果同时书面告知境内投资者、境内被投资者的主管税务机关。企业应当自主管税务机关书面告知之日起停止履行中国居民企业的所得税纳税义务与扣缴义务，同时停止享受中国居民企业税收待遇。上述主管税务机关应当依法做好减免税款追缴等后续管理工作。

第三章 税务登记管理

第十三条 非境内注册居民企业应当自收到居民身份认定书之日起30日内向主管税务机关提供以下资料申报办理税务登记，主管税务机关核发临时税务登记证及副本：

（一）居民身份认定书；

（二）境外注册登记证件；

（三）税务机关要求提供的其他资料。

第十四条 非境内注册居民企业经税务总局确认终止居民身份的，应当自收到主管税务机关书面通知之日起15日内向主管税务机关申报办理注销税务登记。

第十五条 发生本办法第四条扣缴义务的非境内注册居民企业应当自扣缴义务发生之日起30日内，向主管税务机关申报办理扣缴税款登记。

第四章 账簿凭证管理

第十六条 非境内注册居民企业应当按照中国有关法律、法规和国务院财政、税务主管部门的规定，编制财务、会计报表，并在领取税务登记证件之日起15日内将企业的财务、会计制度或者财务会计、处理办法及有关资料报送主管税务机关备案。

第十七条 非境内注册居民企业存放在中国境内的会计账簿和境内税务机关要求提供的报表等资料，应当使用中文。

第十八条 发生扣缴义务的非境内注册居民企业应当设立代扣代缴税款账簿和合同资料档案，准确记录扣缴企业所得税情况。

第十九条 非境内注册居民企业与境内单位或者个人发生交易的，应当按照发票管理办法规定使用发票，发票存根应当保存在中国境内，以备税务机关查验。

第五章 申报征收管理

第二十条 非境内注册居民企业按照分季预缴、年度汇算清缴方法申报缴纳所得税。

第二十一条 非境内注册居民企业发生终止生产经营或者居民身份变化情形的，应当自停止生产经营之日或者税务总局取消其居民企业之日起60日内，向其主管税务机关办理当期企业所得税汇算清缴。

非境内注册居民企业需要申报办理注销税务登记的，应在注销税务登记前，就其清算所得向主管税务机关申报缴纳企业所得税。

第二十二条 非境内注册居民企业应当以人民币计算缴纳企业所得税；所得以人民币以外的货币计算的，应当按照企业所得税法及其实施条例有关规定折合成人民币计算并缴纳企业所得税。

第二十三条 对非境内注册居民企业未依法履行居民企业所得税纳税义务的，主管税务机关应依据税收征管法及其实施细则的有关规定追缴税款、加收滞纳金，并处罚款。

主管税务机关应当在非境内注册居民企业年度申报和汇算清缴结束后两个月内，判定其构成居民身份的条件是否发生实质性变化。对实际管理机构转移至境外或者企业中资控股地位发生变化的，主管税务机关应层报税务总局终止其居民身份。

对于境外中资企业频繁转换企业身份，又无正当理由的，主管税务机关应层报国家税务总局核准后追回其已按居民企业享受的股息免税待遇。

第二十四条 主管税务机关应按季度核查非境内注册居民企业向非居民企业支付股息、利息、租金、特许权使用费、转让财产收入及其他收入依法扣缴企业所得税的情况，发现该企业未依法履行相关扣缴义务的，应按照税收征管法及其实施细则和企业所得税法及其实施条例等有关规定对其进行处罚，并向非居民企业追缴税款。

第六章 特定事项管理

第二十五条 非境内注册居民企业取得来源于中国境内的股息、红利等权益性投资收益和利息、租金、特许权使用费所得、转让财产所得以及其他所得，应当向相关支付方出具本企业的《境外注册中资控股企业居民身份认定书》复印件。

相关支付方凭上述复印件不予履行该所得的税款扣缴义务，并在对外支付上述外汇资金时凭该复印件向主管税务机关申请开具相关税务证明。其中涉及个人所得税、营业税等其他税种纳税事项的，仍按对外支付税务证明开具的有关规定办理。

第二十六条 非居民企业转让非境内注册居民企业股权所得，属于来源于中国境内所得，被转让的非境内注册居民企业应当自股权转让协议签订之日起30日内，向其主管税务机关报告并提供股权转让合同及相关资料。

第二十七条 非境内注册居民企业应当按照企业所得税法及其实施条例以及《特别纳税调整实施办法（试行）》（国税发〔2009〕2号）的相关规定，履行关联申报及同期资料准备等义务。

第二十八条 非境内注册居民企业同时被我国与其注册所在国家（地区）税务当局确认为税收居民的，应当按照双方签订的税收协定的有关规定确定其居民身份；如经确认为我国税收居民，可适用我国与其他国家（地区）签订的税收协定，并按照有关规定办理享受税收协定优惠待遇手续；需要证明其中国税收居民身份的，可向其主管税务机关申请开具《中国税收居民身份证明》，主管税务机关应在受理申请之日起10个工作日内办结。

第二十九条 境外税务当局拒绝给予非境内注册居民企业税收协定待遇，或者将其认定为所在国家（地区）税收居民的，该企业可按有关规定书面申请启动税务相互协商程序。

主管税务机关受理企业提请协商的申请后，应当及时将申请及有关资料层报税务总局，由税务总局与有关国家（地区）税务当局进行协商。

第七章 附 则

第三十条 主管税务机关应当做好非境内注册居民企业所得税管理情况汇总统计工作，于每年8月15日前向税务总局层报《境外注册中资控股居民企业所得税管理情况汇总表》（见附件2）。税务总局不定期对各地相关管理工作进行检查，并将检查情况通报各地。

第三十一条 本办法由税务总局负责解释。各省、自治区、直辖市和计划单列市国家税务局、地方税务局可根据本办法制定具体操作规程。

第三十二条 本办法自2011年9月1日起施行。此前根据《通知》规定已经被认定为非境内注册居民企业的，适用本办法相关规定处理。

附件1：

境外注册中资控股企业居民身份认定书

××税居告〔 〕号

____________：

根据《国家税务总局关于确认××公司为境外注册中资控股居民企业的函》(国税函〔 〕号)，你公司属于《中华人民共和国企业所得税法》第二条规定的居民企业，应当从________年度开始，按照我国居民企业所得税管理规定及《境外注册中资控股居民企业所得税管理办法（试行）》的规定办理有关税收事项。

你公司的主管税务机关是________税务局。

如你公司居民身份认定条件发生变化，应当按照有关规定自变化之日起15日内报告主管税务机关。

联系人：　　　　　　　　联系电话：

税务机关(签章)

年　月　日

注：本认定书一式二份，一份送达纳税人，一份由税务机关留存。

附件2：

境外注册中资控股居民企业所得税管理情况汇总表

填报单位(盖章)：　　　　　　　　　　　　　　　　　　填报日期：　年　月　日

序号	企业名称	企业所得税缴纳情况		企业所得税扣缴情况		实际管理机构变动情况		居民身份变化情况	
		缴纳金额	是否足额	扣缴金额	是否足额	是否迁至境外	是否报告总局	已终止	已告相关税局
	合计								

填表人：　　　　　　　　审核人：　　　　　　　　审核日期：　年　月　日

注："是否足额"、"是否迁至境外"、"是否报告总局"列填写"是"或"否"；"缴纳金额"、"扣缴金额"填写人民币金额；"已终止"、"已告相关税局"根据实际情况填入"√"或"×"。

6. 国家税务总局关于中粮集团所属境外企业认定为居民企业的批复

（2013 年 4 月 22 日　税总函〔2013〕183 号）

北京市国家税务局：

你局《关于中粮集团（香港）有限公司等 164 家境外注册中资控股企业认定为居民企业的请示》（京国税发〔2012〕247 号）收悉。经研究，批复如下：

一、实际管理机构与居民企业判定

根据来文及所附资料，中粮集团（香港）有限公司等 164 家境外企业（名单及相关情况附后）的基本情况如下：

（一）中粮集团（香港）有限公司等 164 家境外企业系由中粮集团有限公司分别在香港、萨摩亚、百慕大、英属维尔京群岛依照当地法律投资成立的境外注册中资控股公司。中粮集团有限公司为该 164 家境外企业的主要投资者和实际管理机构，注册地址为北京市朝阳区朝阳门南大街 8 号中粮福临门大厦。

（二）中粮集团有限公司明确规定集团下属企业需由集团派出董事。中粮集团（香港）有限公司等 164 家境外企业，除外方董事、独立董事外，主要董事均由集团领导成员、职能部门经理人、集团经理人担任，主要董事人数均占具有投票权董事的 1/2 以上。负责企业生产经营管理运作的高层管理人员，即中粮集团有限公司经理人、前述主要董事，均在中国北京常住。中粮集团（香港）有限公司等 164 家境外企业的日常生产经营管理及重大事项决策均由中粮集团有限公司负责。

（三）中粮集团（香港）有限公司等 164 家境外企业的财务决策（如借款、放款、融资、财务风险管理等）和人事决策（如任命、解聘和薪酬等）均需得到中粮集团有限公司批准。

（四）中粮集团（香港）有限公司等 164 家境外企业的财产主要为其直接或间接拥有的位于中国境内的工厂，这些企业的资产及日常运营均在中国境内，其会计账簿、公司印章、董事会和股东会议纪要档案等均存放于中国境内。

根据《中华人民共和国企业所得税法》、《中华人民共和国企业所得税法实施条例》以及《国家税务总局关于境外注册中资控股企业依据实际管理机构标准认定为居民企业有关问题的通知》（国税发〔2009〕82 号）的规定，中粮集团（香港）有限公司等 164 家境外企业具备中国居民企业相关规定条件，其实际管理机构均在中国，应判定其为中国的居民企业，并实施相应税收管理，自 2013 年 1 月 1 日起开始执行。

二、中粮集团（香港）有限公司等 164 家境外企业作为实际管理机构在中国的居民企业，应依照税收法律、法规的规定享受相应的税收待遇及承担相应的税收义务。上述公司的投资者从该企业取得的股息、红利等权益性投资收益应按由我国居民企业支付的权益性投资收益进行税务处理。支付的上述所得属于向中国居民企业支付的部分，根据《中华人民共和国企业所得税法》第二十六条第（二）项以及有关法律法规的规定为免税收入；属于向非居民企业支付的应依法代扣代缴所得税的部分，并应由该企业向其实际管理机构所在地主管税务机关依法申报代扣代缴所得税。

三、非境内注册居民企业的税务管理依照《国家税务总局关于印发〈境外注册中资控股居民企业所得税管理办法（试行）〉的公告》（国家税务总局公告 2011 年第 45 号）执行。对擅自转换企业身份套取税收利益的，按照《中华人民共和国税收征收管理法》及有关规定处理。

附件：中粮集团（香港）有限公司等 164 家境外企业名单（略）

7. 国家税务总局关于依据实际管理机构标准实施居民企业认定有关问题的公告

（2014 年 1 月 29 日　国家税务总局公告 2014 年第 9 号）

为完善依据实际管理机构实施居民企业的认定工作，加强企业所得税征收管理，根据《国务院关于取消和下放一批行政审批项目的决定》（国发〔2013〕44 号），国家税务总局对《国家税务总局关于境外注册中资控股企业依据实际管理机构标准认定为居民企业有关问题的通知》（国税发〔2009〕82 号，以下简称《通知》）有关条款进行了修订，现公告如下：

一、符合《通知》第二条规定的居民企业认定条件的境外中资企业，须向其中国境内主要投资者登记注册地主管税务机关提出居民企业认定申请，主管税务机关对其居民企业身份进行初步判定后，层报省级税务机关确认。经省级税务机关确认后抄送其境内其他投资地相关省级税务机关。

二、按本公告实施居民企业认定时，经省级税务机关确认后，30 日内抄报国家税务总局，由国家税务总局网站统一对外公布。国家税务总局适时开展检查，对不符合条件的，责令其纠正。

三、境外注册中资控股企业自其被认定为居民企业的年度起，从中国境内其他居民企业取得以前年度（限于 2008 年 1 月 1 日以后）的股息、红利等权益性投资收益，应按照《中华人民共和国企业所得税法》第二十六条及其实施条例第十七条、第八十三条的规定处理。

四、境外注册中资控股企业所得税征管的其他事项，仍按照《通知》的相关规定执行。

五、本公告适用于 2013 年度及以后年度企业所得税申报。

8. 国家税务总局关于做好居民企业报告境外投资和所得信息工作的通知

（2015 年 6 月 18 日　税总函〔2015〕327 号）

各省、自治区、直辖市和计划单列市国家税务局、地方税务局：

为贯彻落实《国家税务总局关于居民企业报告境外投资和所得信息有关问题的公告》（国家税务总局公告 2014 年第 38 号，以下简称《公告》）要求，提高信息申报质量，现就有关填报口径及工作要求通知如下：

一、在《公告》实施前，企业已按照《国家税务总局关于印发〈中华人民共和国企业年度关联业务往来报告表〉的通知》（国税发〔2008〕114 号）的规定填报有关对外投资信息，且未发生变化的，在《公告》实施后可不再重复报送。

二、企业按照《公告》第二条第（二）款规定应该报送的年度独立财务报表包括按照中国会计制度规定需要编报的主表及相关附表，以及会计报表附注、财务情况说明书、审计报告等附属资料。

三、《受控外国企业信息报告表》第六项受控外国企业利润分配项下有关栏目填表说明如下：

（一）可分配利润总额栏按照受控外国企业当年度独立资产负债表未分配利润期末余额与当年实际分配数额之和填报。

（二）以前年度已视同分配额栏按照以前年度已视同分配金额扣除该视同分配金额的实际分配额后的余额填报。计算结果为负数的，填报零。

（三）本年度分配额超出以前年度已视同分配额的数额栏按照本年度分配额与以前年度已视同分配额

之差填报。计算结果为负数的，填报零。

（四）各可抵免外国税额栏按照前面一栏相应利润额依据《财政部　国家税务总局关于企业境外所得税收抵免有关问题的通知（财税〔2009〕125号）》及有关文件规定计算的可抵免境外所得税税额填报。

四、各主管税务机关应按照《国家税务总局关于落实“一带一路”发展战略要求做好税收服务与管理工作的通知》（税总发〔2015〕60号）的要求，做好信息填报辅导工作，为企业遵从提供方便。同时，结合企业所得税年度汇算清缴，注意将企业报告的境外投资和所得信息与企业所得税年度申报信息衔接、比对，督促纳税人及时、准确履行申报义务。

9. 国家税务总局关于企业境外所得适用简易征收和饶让抵免的核准事项取消后有关后续管理问题的公告

（2015年10月10日　国家税务总局公告2015年第70号）

根据《国家税务总局关于公布已取消的22项税务非行政许可审批事项的公告》（国家税务总局公告2015年第58号），为加强后续管理，经商财政部同意，现就“企业境外所得适用简易征收和饶让抵免的核准”审批事项取消后有关管理问题公告如下：

一、企业境外所得符合《财政部　国家税务总局关于企业境外所得税收抵免有关问题的通知》（财税〔2009〕125号）第十条第（一）项和第（二）项规定情形的，可以采取简易办法对境外所得已纳税额计算抵免。企业在年度汇算清缴期内，应向主管税务机关报送备案资料，备案资料的具体内容按照《国家税务总局关于发布〈企业境外所得税收抵免操作指南〉的公告》（国家税务总局公告2010年第1号）第30条的规定执行。

二、本公告自公布之日起施行。《财政部　国家税务总局关于企业境外所得税收抵免有关问题的通知》（财税〔2009〕125号）第十条中“经企业申请，主管税务机关核准”的规定同时废止。

10. 财政部　国家税务总局关于完善企业境外所得税收抵免政策问题的通知

（2017年12月28日　财税〔2017〕84号）

各省、自治区、直辖市、计划单列市财政厅（局）、国家税务局、地方税务局，新疆生产建设兵团财务局：

根据《中华人民共和国企业所得税法》及其实施条例和《财政部　国家税务总局关于企业境外所得税收抵免有关问题的通知》（财税〔2009〕125号）的有关规定，现就完善我国企业境外所得税收抵免政策问题通知如下：

一、企业可以选择按国（地区）别分别计算（即“分国（地区）不分项”），或者不按国（地区）别汇总计算（即“不分国（地区）不分项”）其来源于境外的应纳税所得额，并按照财税〔2009〕125号文件第八条规定的税率，分别计算其可抵免境外所得税税额和抵免限额。上述方式一经选择，5年内不得改变。

企业选择采用不同于以前年度的方式（以下简称新方式）计算可抵免境外所得税税额和抵免限额时，对该企业以前年度按照财税〔2009〕125号文件规定没有抵免完的余额，可在税法规定结转的剩余年限内，按新方式计算的抵免限额中继续结转抵免。

二、企业在境外取得的股息所得，在按规定计算该企业境外股息所得的可抵免所得税额和抵免限额时，由该企业直接或者间接持有20%以上股份的外国企业，限于按照财税〔2009〕125号文件第六条规定的持股方式确定的五层外国企业，即：

第一层：企业直接持有20%以上股份的外国企业；

第二层至第五层：单一上一层外国企业直接持有20%以上股份，且由该企业直接持有或通过一个或多个符合财税〔2009〕125号文件第六条规定持股方式的外国企业间接持有总和达到20%以上股份的外国企业。

三、企业境外所得税收抵免的其他事项，按照财税〔2009〕125号文件的有关规定执行。

四、本通知自2017年1月1日起执行。

11.国家税务总局关于企业境外承包工程税收抵免凭证有关问题的公告

（2017年11月21日　国家税务总局公告2017年第41号）

根据《中华人民共和国企业所得税法》及其实施条例、《财政部　国家税务总局关于企业境外所得税收抵免有关问题的通知》（财税〔2009〕125号）和《国家税务总局关于发布〈企业境外所得税收抵免操作指南〉的公告》（国家税务总局公告2010年第1号）的有关规定，现就企业境外承包工程税收抵免凭证有关问题公告如下：

一、企业以总分包或联合体方式在境外实施工程项目（包括但不限于工程建设、基础设施建设等项目，下同），其来源于境外所得已在境外缴纳的企业所得税税额，可按本公告规定以总承包企业或联合体主导方企业开具的《境外承包工程项目完税凭证分割单（总分包方式）》（附件1，以下简称《分割单（总分包方式）》）或《境外承包工程项目完税凭证分割单（联合体方式）》（附件2，以下简称《分割单（联合体方式）》）作为境外所得完税证明或纳税凭证进行税收抵免。

二、企业以总分包方式在境外承包工程，除总承包企业自行施工的部分外，发生分包（再分包，下同）的，其分包部分来源于境外所得已由总承包企业在境外缴纳的企业所得税税额，总承包企业可按实际取得的收入、工作量等因素确定的合理比例进行分配，开具《分割单（总分包方式）》，并将《分割单（总分包方式）》复印件提供给分包企业，分包企业据此申报抵免。总承包企业按分配后的余额申报抵免。同一项目分配方法应当一致，且在项目存续期内不得改变。

三、企业以联合体方式中标境外工程，该联合体在境外缴纳的企业所得税税额可由主导方企业按实际取得的收入、工作量等因素确定的合理比例进行分配，开具《分割单（联合体方式）》，并将《分割单（联合体方式）》复印件提供给联合体各方企业，联合体各方企业据此申报抵免。

联合体主导方可按合同收入占比孰高原则或事先约定进行确定。

四、总承包企业作为境外纳税主体，应就其在境外缴纳的企业所得税税额，填制《分割单（总分包方式）》后提交主管税务机关备案，并将以下资料留存备查：

1.总承包企业与境外发包方签订的总承包合同；

2.总承包企业与分包企业签订的分包合同，如建设项目再分包的，还需留存备查分包企业与再分包企业签订的再分包合同；

3.总承包企业境外所得相关完税证明或纳税凭证；

4.境外所得缴纳的企业所得税税额按收入、工作量等因素确定的合理比例分配的计算过程及相关说明。

五、联合体作为境外纳税主体，应就其在境外缴纳的企业所得税税额，由主导方企业填制《分割单（联合体方式）》后提交主管税务机关备案，并将以下资料留存备查：

1.联合体与境外发包方签订的工程承包合同；

2.各方企业组建联合体合同或协议；

3.联合体境外所得相关完税证明或纳税凭证；

4. 境外所得缴纳的企业所得税税额按收入、工作量等因素确定的合理比例分配的计算过程及相关说明。

六、总承包企业或联合体主导方企业应按项目分别建立分割单台账，准确记录境外所得缴纳税额分配情况。

七、分包企业或联合体各方企业申报抵免时，应将《分割单（总分包方式）》或《分割单（联合体方式）》复印件提交主管税务机关备案。主管税务机关对企业有关境外所得抵免有异议的，可以向总承包企业或联合体主导方企业的主管税务机关提出书面复核建议，总承包企业或联合体主导方企业的主管税务机关在收到复核建议后30日内函复复核结果。

八、总承包企业、分包企业及联合体各方企业主管税务机关在后续管理过程中发现企业存在多抵免税款情况的，应及时将信息告知相关各方企业的主管税务机关。

九、本公告适用于2017年度及以后年度企业所得税汇算清缴。以前年度尚未进行境外税收抵免处理的，可按本公告规定执行。

特此公告。

附件：1. 境外承包工程项目完税凭证分割单（总分包方式）（略）

2. 境外承包工程项目完税凭证分割单（联合体方式）（略）

12. 国家税务总局关于哈萨克斯坦超额利润税税收抵免有关问题的公告

（2019年1月3日　国家税务总局公告2019年第1号）

根据《中华人民共和国企业所得税法》及其实施条例（以下简称企业所得税法及其实施条例）、《财政部　国家税务总局关于企业境外所得税收抵免有关问题的通知》（财税〔2009〕125号）、《国家税务总局关于发布〈企业境外所得税收抵免操作指南〉的公告》（国家税务总局公告2010年第1号）和《财政部　税务总局关于完善企业境外所得税收抵免政策问题的通知》（财税〔2017〕84号）等有关规定，现就企业在哈萨克斯坦缴纳的超额利润税税收抵免有关问题公告如下：

企业在哈萨克斯坦缴纳的超额利润税，属于企业在境外缴纳的企业所得税性质的税款，依据企业所得税法及其实施条例、财税〔2009〕125号文件、国家税务总局公告2010年第1号和财税〔2017〕84号文件等有关规定，应纳入可抵免境外所得税税额范围，计算境外税收抵免。

本公告适用于2018年及以后年度企业所得税汇算清缴。

税收优惠

一、优 惠 管 理

1. 财政部　国家税务总局关于执行企业所得税优惠政策若干问题的通知

（2009 年 4 月 24 日　财税〔2009〕69 号）

（部分条款修改，详见文中注释）

各省、自治区、直辖市、计划单列市财政厅（局）、国家税务局、地方税务局，新疆生产建设兵团财务局：

根据《中华人民共和国企业所得税法》（以下简称企业所得税法）及《中华人民共和国企业所得税法实施条例》（国务院令第 512 号，以下简称实施条例）的有关规定，现就企业所得税优惠政策执行中有关问题通知如下：

一、执行《国务院关于实施企业所得税过渡优惠政策的通知》（国发〔2007〕39 号）规定的过渡优惠政策及西部大开发优惠政策的企业，在定期减免税的减半期内，可以按照企业适用税率计算的应纳税额减半征税。其他各类情形的定期减免税，均应按照企业所得税 25% 的法定税率计算的应纳税额减半征税。

二、《国务院关于实施企业所得税过渡优惠政策的通知》（国发〔2007〕39 号）第三条所称不得叠加享受，且一经选择，不得改变的税收优惠情形，限于企业所得税过渡优惠政策与企业所得税法及其实施条例中规定的定期减免税和减低税率类的税收优惠。

企业所得税法及其实施条例中规定的各项税收优惠，凡企业符合规定条件的，可以同时享受。

三、企业在享受过渡税收优惠过程中发生合并、分立、重组等情形的，按照《财政部　国家税务总局关于企业重组业务企业所得税处理若干问题的通知》（财税〔2009〕59 号）的统一规定执行。

四、2008 年 1 月 1 日以后，居民企业之间分配属于 2007 年度及以前年度的累积未分配利润而形成的股息、红利等权益性投资收益，均应按照企业所得税法第二十六条及实施条例第十七条、第八十三条的规定处理。

五、企业在 2007 年 3 月 16 日之前设立的分支机构单独依据原内、外资企业所得税法的优惠规定已享受有关税收优惠的，凡符合《国务院关于实施企业所得税过渡优惠政策的通知》（国发〔2007〕39 号）所列政策条件的，该分支机构可以单独享受国发〔2007〕39 号规定的企业所得税过渡优惠政策。

六、实施条例第九十一条第（二）项所称国际金融组织，包括国际货币基金组织、世界银行、亚洲开发银行、国际开发协会、国际农业发展基金、欧洲投资银行以及财政部和国家税务总局确定的其他国际金融组织；所称优惠贷款，是指低于金融企业同期同类贷款利率水平的贷款。

七、实施条例第九十二条第（一）项和第（二）项所称从业人数，是指与企业建立劳动关系的职工人数和企业接受的劳务派遣用工人数之和；从业人数和资产总额指标，按企业全年月平均值确定，具体计算公式如下：

月平均值 =（月初值 + 月末值）÷2

全年月平均值 = 全年各月平均值之和 ÷12

年度中间开业或者终止经营活动的，以其实际经营期作为一个纳税年度确定上述相关指标。

【注】根据《财政部　国家税务总局关于小型微利企业所得税优惠政策的通知》（财税〔2015〕34 号）的规定，本条款有效期至 2014 年 12 月 31 日。

八、企业所得税法第二十八条规定的小型微利企业待遇，应适用于具备建账核算自身应纳税所得额条件的企业，按照《企业所得税核定征收办法》（国税发〔2008〕30 号）缴纳企业所得税的企业，在不具备准确核算应纳税所得额条件前，暂不适用小型微利企业适用税率。

【注】根据《国家税务总局关于扩大小型微利企业减半征收企业所得税范围有关问题的公告》（国税总局

公告 2014 年第 23 号）的规定，本条款有效期至 2014 年 4 月 17 日。

九、2007 年底前设立的软件生产企业和集成电路生产企业，经认定后可以按《财政部　国家税务总局关于企业所得税若干优惠政策的通知》（财税〔2008〕1 号）的规定享受企业所得税定期减免税优惠政策。在 2007 年度或以前年度已获利并开始享受定期减免税优惠政策的，可自 2008 年度起继续享受至期满为止。

十、实施条例第一百条规定的购置并实际使用的环境保护、节能节水和安全生产专用设备，包括承租方企业以融资租赁方式租入的、并在融资租赁合同中约定租赁期届满时租赁设备所有权转移给承租方企业，且符合规定条件的上述专用设备。凡融资租赁期届满后租赁设备所有权未转移至承租方企业的，承租方企业应停止享受抵免企业所得税优惠，并补缴已经抵免的企业所得税税款。

十一、实施条例第九十七条所称投资于未上市的中小高新技术企业 2 年以上的，包括发生在 2008 年 1 月 1 日以前满 2 年的投资；所称中小高新技术企业是指按照《高新技术企业认定管理办法》（国科发火〔2008〕172 号）和《高新技术企业认定管理工作指引》（国科发火〔2008〕362 号）取得高新技术企业资格，且年销售额和资产总额均不超过 2 亿元、从业人数不超过 500 人的企业，其中 2007 年底前已取得高新技术企业资格的，在其规定有效期内不需重新认定。

十二、本通知自 2008 年 1 月 1 日起执行。

2. 国家税务总局关于公开行政审批事项等相关工作的公告

（2014 年 2 月 13 日　国家税务总局公告 2014 年第 10 号）

为深入推进行政审批制度改革，根据《国务院办公厅关于公开国务院各部门行政审批事项等相关工作的通知》（国办发〔2014〕5 号）要求，国家税务总局决定向社会公开目前保留的行政审批事项清单，接受社会监督，并听取社会各界对进一步取消和下放行政审批事项的意见。现就有关事项公告如下：

一、本次公开的行政审批事项，是国家税务总局、国家税务局或者既可由国家税务局、也可由地方税务局实施的审批事项，但不包括只由地方税务局实施的审批事项。

二、税务机关要按照本公告的规定，不得在公开的清单外实施其他行政审批，不得对已经取消和下放的审批项目以其他名目搞变相审批，坚决杜绝随意新设、边减边增、明减暗增、明放暗收等现象。对违反规定的将严肃追究相关单位和人员责任。同时，对国务院和国家税务总局此前决定取消和下放的行政审批事项要落实到位，及时清理修改有关税务规章和税收规范性文件，切实加强事中事后监管。

三、税务机关要按照行政审批制度改革精神，认真收集并研究清单公开后各方面提出的意见，进一步梳理目前保留的行政审批事项，对取消或下放后有利于激发市场主体创造活力、增强经济发展内生动力的行政审批事项，进一步加大取消或下放力度。要改革管理方式，向“负面清单”管理方向迈进，清单之外的事项由市场主体依法自主决定、由社会自律管理。

四、国家税务总局收集社会各界对进一步取消和下放行政审批项目意见的具体方式是：国家税务总局办公厅信访处，联系电话：010－63969874；国家税务总局门户网站公众参与板块下的意见征集栏目。各省国家税务局和地方税务局也要向社会公告收集意见的具体方式。

本公告自发布之日起施行。

特此公告。

附件：

税务总局行政审批事项公开目录(节选企业所得税部分)

项目编码	审批部门	项目名称	子项	审批类别	设定依据	共同审批部门	审批对象	备注
24006	税务总局	对采取实际利润额预缴以外的其他企业所得税预缴方式的核定	无	行政许可	《中华人民共和国企业所得税法实施条例》第128条："企业所得税分月或分季预缴，由税务机关具体核定。企业根据企业所得税法第五十四条规定分月或者分季预缴企业所得税时，应当按照月度或者季度的实际利润额预缴；按照月度或者季度的实际利润额预缴有困难的，可以按照上一纳税年度应纳税所得额的月度或者季度平均额预缴，或者按照经税务机关认可的其他方法预缴。"	无	纳税人	
24007	税务总局	非居民企业选择由其主要机构场所汇总缴纳企业所得税的审批	无	行政许可	《中华人民共和国企业所得税法》第51条："非居民企业取得本法第三条第二款规定的所得，以机构、场所所在地为纳税地点。非居民企业在中国境内设立两个或者两个以上机构、场所的，经税务机关审核批准，可以选择由其主要机构、场所汇总缴纳企业所得税。非居民企业取得本法第三条第三款规定的所得，以扣缴义务人所在地为纳税地点。" 《中华人民共和国企业所得税法实施条例》第127条："企业所得税法第五十一条所称经税务机关审核批准，是指经各机构、场所所在地税务机关的共同上级税务机关审核批准。非居民企业经批准汇总缴纳企业所得税后，需要增设、合并、迁移、关闭机构、场所或者停止机构、场所业务的，应当事先由负责汇总申报缴纳企业所得税的主要机构、场所向其所在地税务机关报告；需要变更汇总缴纳企业所得税的主要机构、场所的，依照前款规定办理。"	无	非居民企业	
24011	税务总局	对吸纳下岗失业人员达到规定条件的服务型、商贸企业和对下岗失业人员从事个体经营减免税的审批	无	非行政许可审批	《财政部　国家税务总局关于支持和促进就业有关税收政策的通知》(财税〔2010〕84号)："一、对持《就业失业登记证》(注明"自主创业税收政策"或附着《高校毕业生自主创业证》)人员从事个体经营(除建筑业、娱乐业以及销售不动产、转让土地使用权、广告业、房屋中介、桑拿、按摩、网吧、氧吧外)的，在3年内按每户每年8000元为限额依次扣减其当年实际应缴纳的营业税、城市维护建设税、教育费附加和个人所得税。……二、对商贸企业、服务型企业(除广告业、房屋中介、典当、桑拿、按摩、氧吧外)、劳动就业服务企业中的加工型企业和街道社区具有加工性质的小型企业实体，在新增加的岗位中，当年新招用持《就业失业登记证》(注明"企业吸纳税收政策")人员，与其签订1年以上期限劳动合同并依法缴纳社会保险费的，在3年内按实际招用人数予以定额依次扣减营业税、城市维护建设税、教育费附加和企业所得税优惠。" 《国家税务总局　财政部　人力资源社会保障部　教育部关于支持和促进就业有关税收政策具体实施问题的公告》(国家税务总局公告2010年第25号)："符合条件人员从事个体经营的，可持下列材料向所在地主管税务机关申请减免税……"	无	纳税人	

续表

项目编码	审批部门	项目名称	子项	审批类别	设定依据	共同审批部门	审批对象	备注
24048	税务总局	非居民享受税收协定（含与港澳台协议）待遇审批	1. 享受协定（含与港澳台安排、协议）待遇对方居民身份审核	非行政许可审批	《国务院办公厅关于保留部分非行政许可审批项目的通知》（国办发〔2004〕62号）第146项：协定国居民申请享受协定税收待遇确认，实施机关：税务机关； 《国家税务总局关于印发〈非居民享受税收协定待遇管理办法（试行）〉的通知》（国税发〔2009〕124号）第2条："本办法所称税收协定待遇是指按照税收协定可以减轻或者免除按照国内税收法律规定应该履行的纳税义务。"第3条："非居民需要享受税收协定待遇的，应按照本办法规定办理审批或备案手续。"	无	纳税人	
			2. 取得协定（含与港澳台安排、协议）待遇相关所得的受益所有人身份审核	非行政许可审批		无	纳税人	
24049	税务总局	中国税收居民身份的认定	无	非行政许可审批	《国家税务总局关于做好〈中国税收居民身份证明〉开具工作的通知》（国税函〔2008〕829号）："一、各地、市、州（含直辖市下辖区）国家税务局、地方税务局国际税收业务部门负责向本局所辖企业所得税和个人所得税的相关企业和个人开具税收居民证明的工作。未设立国际税收业务部门的国家税务局、地方税务局应指定部门负责此项工作，并将所指定部门报国家税务总局国际税务司备案。二、证明申请人需填写并向具体负责开具证明的部门递交《中国税收居民身份证明》申请表，负责开具证明部门根据申请事项按照企业所得税法、个人所得税法以及税收协定有关居民的规定标准，在确定申请人符合中国税收居民身份条件的情况下，提出处理意见，并由局长签发。"	无	纳税人	

续表

项目编码	审批部门	项目名称	子项	审批类别	设定依据	共同审批部门	审批对象	备注
24050	税务总局	预约定价期满后对需要续签的企业核准	无	非行政许可审批	《国家税务总局关于印发特别纳税调整实施办法(试行)的通知》(国税发〔2009〕2号)第57条:"预约定价安排期满后自动失效。如企业需要续签的,应在预约定价安排执行期满前90日内向税务机关提出续签申请,报送《预约定价安排续签申请书》,并提供可靠的证明材料,说明现行预约定价安排所述事实和相关环境没有发生实质性变化,并且一直遵守该预约定价安排中的各项条款和约定。税务机关应自收到企业续签申请之日起15日内做出是否受理的书面答复,向企业送达《预约定价安排申请续签答复书》。税务机关应审核、评估企业的续签申请资料,与企业协商拟定预约定价安排草案,并按双方商定的续签时间、地点等相关事宜,与企业完成续签工作。"第58条:"预约定价安排的谈签或执行同时涉及两个以上省、自治区、直辖市和计划单列市税务机关,或者同时涉及国家税务局和地方税务局的,由国家税务总局统一组织协调。企业可以直接向国家税务总局书面提出谈签意向。"	无	纳税人	
24051	税务总局	企业就成本分摊协议是否符合独立交易原则的审核	无	非行政许可审批	《国家税务总局关于印发特别纳税调整实施办法(试行)的通知》(国税发〔2009〕2号)第69条:"企业应自成本分摊协议达成之日起30日内,层报国家税务总局备案。税务机关判定成本分摊协议是否符合独立交易原则须层报国家税务总局审核。"	无	纳税人	
24052	税务总局	主管税务机关对非居民企业适用行业及所适用的利润率的审核	无	非行政许可审批	《国家税务总局关于印发〈非居民企业所得税核定征收管理办法〉的通知》(国税发〔2010〕19号)第6条:"计价不合理的,主管税务机关可以根据实际情况,参照相同或相近业务的计价标准核定劳务收入。"第9条:"拟采取核定征收方式的非居民企业应填写《非居民企业所得税征收方式鉴定表》(见附件,以下简称《鉴定表》),报送主管税务机关。主管税务机关应对企业报送的《鉴定表》的适用行业及所适用的利润率进行审核,并签注意见。"	无	非居民企业	
24053	税务总局	非境内注册居民企业选择主管税务机关的批准	无	非行政许可审批	《国家税务总局关于印发〈境外注册中资控股居民企业所得税管理办法(试行)〉的公告》(国家税务总局公告2011年第45号)第5条:"(二)非境内注册居民企业的实际管理机构所在地与境内主要控股投资者所在地不一致的,为实际管理机构所在地的国税局主管机关;经共同的上级税务机关批准,企业也可以选择境内主要控股投资者的企业所得税主管税务机关为其主管税务机关。"	无	境外注册中资控股居民企业	

续表

项目编码	审批部门	项目名称	子项	审批类别	设定依据	共同审批部门	审批对象	备注
24054	税务总局	境外注册中资控股居民企业主管税务机关的变更审批	无	非行政许可审批	《国家税务总局关于印发〈境外注册中资控股居民企业所得税管理办法(试行)〉的公告)》(国家税务总局公告2011年第45号)第5条:"主管税务机关确定后,不得随意变更;确需变更的,应当层报税务总局批准。"	无	境外注册中资控股居民企业	
24055	税务总局	境外注册的中资控股企业依据实际管理机构标准判定为中国居民企业审批	无	非行政许可审批	《国家税务总局关于境外注册中资控股企业依据实际管理机构标准认定为居民企业有关问题的通知》(国税发〔2009〕82号):"境外中资企业可向其实际管理机构所在地或中国主要投资者所在地主管税务机关提出居民企业申请,主管税务机关对其居民企业身份进行初步审核后,层报国家税务总局确认;境外中资企业未提出居民企业申请的,其中国主要投资者的主管税务机关可以根据所掌握的情况对其是否属于中国居民企业做出初步判定,层报国家税务总局确认。"	无	纳税人	省(含)以下税务机关审批
24056	税务总局	收入全额归属中央的企业下属二级及二级以下分支机构名单的备案审核	无	非行政许可审批	《国家税务总局关于中国工商银行股份有限公司等企业企业所得税有关征管问题的通知》(国税函〔2010〕184号):"上述企业下属二级分支机构名单总局将另行发文明确。企业二级以下(不含二级)分支机构名单,由二级分支机构向所在地主管税务机关提供,经省级税务机关审核后发文明确并报总局备案。对不在总局及省级税务机关文件中明确的名单内的分支机构,不得作为所属企业的分支机构管理。"	无	纳税人	
24057	税务总局	汇总纳税企业组织结构变更审核	无	非行政许可审批	《国家税务总局关于印发〈跨地区经营汇总纳税企业所得税征收管理办法〉的公告》(国家税务总局公告2012年第57号)第24条:"汇总纳税企业以后年度改变组织结构的,该分支机构应按本办法第二十三条规定报送相关证据,分支机构所在地主管税务机关重新进行审核鉴定。"	无	纳税人	

续表

项目编码	审批部门	项目名称	子项	审批类别	设定依据	共同审批部门	审批对象	备注
24058	税务总局	企业符合特殊性税务处理规定条件的业务的核准	1. 企业符合特殊性税务处理规定条件的债务重组业务的核准	非行政许可审批	《财政部　国家税务总局关于企业重组业务企业所得税处理若干问题的通知》(财税〔2009〕59 号):“十一、企业发生符合本通知规定的特殊性重组条件并选择特殊性税务处理的,当事各方应在该重组业务完成当年企业所得税年度申报时,向主管税务机关提交书面备案资料,证明其符合各类特殊性重组规定的条件。企业未按规定书面备案的,一律不得按特殊重组业务进行税务处理。” 《国家税务总局关于发布〈企业重组业务企业所得税管理办法〉的公告》(国家税务总局公告 2010 年第 4 号)第 16 条:“企业重组业务,符合《通知》规定条件并选择特殊性税务处理的,应按照《通知》第十一条规定进行备案;如企业重组各方需要税务机关确认,可以选择由重组主导方向主管税务机关提出申请,层报省税务机关给予确认。采取申请确认的,主导方和其他当事方不在同一省(自治区、市)的,主导方省税务机关应将确认文件抄送其他当事方所在地省税务机关。省税务机关在收到确认申请时,原则上应在当年度企业所得税汇算清缴前完成确认。特殊情况,需要延长的,应将延长理由告知主导方。”	无	纳税人	
24058	税务总局	企业符合特殊性税务处理规定条件的业务的核准	2. 企业符合特殊性税务处理规定条件的债权转股权业务的核准	非行政许可审批	（同上）	无	纳税人	
24058	税务总局	企业符合特殊性税务处理规定条件的业务的核准	3. 企业符合特殊性税务处理规定条件的股权收购业务的核准	非行政许可审批	（同上）	无	纳税人	
24058	税务总局	企业符合特殊性税务处理规定条件的业务的核准	4. 企业符合特殊性税务处理规定条件的资产收购业务的核准	非行政许可审批	（同上）	无	纳税人	
24058	税务总局	企业符合特殊性税务处理规定条件的业务的核准	5. 企业符合特殊性税务处理规定条件的企业合并业务的核准	非行政许可审批	（同上）	无	纳税人	

续表

<table>
<tr><th>项目编码</th><th>审批部门</th><th>项目名称</th><th>子项</th><th>审批类别</th><th>设定依据</th><th>共同审批部门</th><th>审批对象</th><th>备注</th></tr>
<tr><td rowspan="2">24058</td><td rowspan="2">税务总局</td><td rowspan="2">企业符合特殊性税务处理规定条件的业务的核准</td><td>6. 企业符合特殊性税务处理规定条件的企业分立业务的核准</td><td>非行政许可审批</td><td rowspan="2">《财政部　国家税务总局关于企业重组业务企业所得税处理若干问题的通知》（财税〔2009〕59 号）：“十一、企业发生符合本通知规定的特殊性重组条件并选择特殊性税务处理的，当事各方应在该重组业务完成当年企业所得税年度申报时，向主管税务机关提交书面备案资料，证明其符合各类特殊性重组规定的条件。企业未按规定书面备案的，一律不得按特殊重组业务进行税务处理。”
《国家税务总局关于发布〈企业重组业务企业所得税管理办法〉的公告》（国家税务总局公告 2010 年第 4 号）第 16 条：“企业重组业务，符合《通知》规定条件并选择特殊性税务处理的，应按照《通知》第十一条规定进行备案；如企业重组各方需要税务机关确认，可以选择由重组主导方向主管税务机关提出申请，层报省税务机关给予确认。采取申请确认的，主导方和其他当事方不在同一省（自治区、市）的，主导方省税务机关应将确认文件抄送其他当事方所在地省税务机关。省税务机关在收到确认申请时，原则上应在当年度企业所得税汇算清缴前完成确认。特殊情况，需要延长的，应将延长理由告知主导方。”</td><td>无</td><td>纳税人</td><td></td></tr>
<tr><td>7. 企业符合特殊性税务处理规定条件的跨境重组业务的核准</td><td>非行政许可审批</td><td>无</td><td>纳税人</td><td></td></tr>
<tr><td>24059</td><td>税务总局</td><td>西部大开发税收优惠政策审批</td><td>无</td><td>非行政许可审批</td><td>《国务院办公厅关于保留部分非行政许可审批项目的通知》（国办发〔2004〕62 号）第 149 项：西部地区企业享受税收优惠政策审批，实施机关：税务机关；
《财政部　海关总署　国家税务总局关于深入实施西部大开发战略有关税收政策问题的通知》（财税〔2011〕58 号）：“对设在西部地区的鼓励类产业企业减按 15% 的税率征收企业所得税。”</td><td>无</td><td>纳税人</td><td></td></tr>
<tr><td>24060</td><td>税务总局</td><td>企业取得的符合条件的技术转让所得享受所得税优惠核准</td><td>无</td><td>非行政许可审批</td><td>《国家税务总局关于技术转让所得减免企业所得税有关问题的通知》（国税函〔2009〕212 号）：“四、企业发生技术转让，应在纳税年度终了后至报送年度纳税申报表以前，向主管税务机关办理减免税备案手续。”</td><td>无</td><td>纳税人</td><td></td></tr>
<tr><td>24061</td><td>税务总局</td><td>安置残疾人员和国家鼓励安置的其他就业人员所支付工资的加计扣除的核准</td><td>无</td><td>非行政许可审批</td><td>《中华人民共和国企业所得税法》第 30 条：“企业的下列支出，可以在计算应纳税所得额时加计扣除：（二）安置残疾人员及国家鼓励安置的其他就业人员所支付的工资。”
《财政部　国家税务总局关于安置残疾人员就业有关企业所得税优惠政策问题的通知》（财税〔2009〕70 号）：“四、企业应在年度终了进行企业所得税年度申报和汇算清缴时，向主管税务机关报送本通知第四条规定的相关资料、已安置残疾职工名单及其《中华人民共和国残疾人证》或《中华人民共和国残疾军人证（1 至 8 级）》复印件和主管税务机关要求提供的其他资料，办理享受企业所得税加计扣除优惠的备案手续。”</td><td>无</td><td>纳税人</td><td></td></tr>
</table>

续表

项目编码	审批部门	项目名称	子项	审批类别	设定依据	共同审批部门	审批对象	备注
24062	税务总局	创业投资企业享受创业投资所得税优惠核准	无	非行政许可审批	《国家税务总局关于实施创业投资企业所得税优惠问题的通知》(国税发〔2009〕87号):"四、创业投资企业申请享受投资抵扣应纳税所得额,应在其报送申请投资抵扣应纳税所得额年度纳税申报表以前,向主管税务机关报送以下资料备案……"	无	纳税人	
24063	税务总局	企业享受符合条件的固定资产加速折旧或缩短折旧年限所得税优惠的核准	无	非行政许可审批	《国家税务总局关于企业固定资产加速折旧所得税处理有关问题的通知》(国税发〔2009〕81号):"五、企业确需对固定资产采取缩短折旧年限或者加速折旧方法的,应在取得该固定资产后一个月内,向其企业所得税主管税务机关(以下简称主管税务机关)备案,并报送以下资料……"	无	纳税人	
24064	税务总局	企业享受综合利用资源所得税优惠的核准	无	非行政许可审批	《国家税务总局关于资源综合利用企业所得税优惠管理问题的通知》(国税函〔2009〕185号):"六、税务机关对资源综合利用企业所得税优惠实行备案管理。备案管理的具体程序,按照国家税务总局的相关规定执行。"	无	纳税人	
24065	税务总局	企业享受文化体制改革中转制的经营性文化事业单位所得税优惠的核准	无	非行政许可审批	《财政部　国家税务总局关于文化体制改革中经营性文化事业单位转制为企业的若干税收优惠政策的通知》(财税〔2009〕34号):"一、经营性文化事业单位转制为企业,自转制注册之日起免征企业所得税。六、本通知适用于文化体制改革地区的所有转制文化单位和不在文化体制改革地区的转制企业。有关名单由中央文化体制改革工作领导小组办公室提供,财政部、国家税务总局发布。" 《财政部　国家税务总局　中宣部关于转制文化企业名单及认定的通知》(财税〔2009〕105号):"四、经认定的转制文化企业,可向主管税务机关申请办理减免税手续,并向主管税务机关备案以下材料……"	中宣部、财政部	纳税人	
24066	税务总局	电网企业新建项目分摊期间费用的核准	无	非行政许可审批	《国家税务总局关于电网企业电网新建项目享受所得税优惠政策问题的公告》(国家税务总局公告2013年第26号):"二、依照本公告规定享受有关企业所得税优惠的电网企业,应对其符合税法规定的电网新增输变电资产按年建立台账,并将相关资产的竣工决算报告和相关项目政府核准文件的复印件于次年3月31日前报当地主管税务机关备案。"	无	纳税人	

续表

项目编码	审批部门	项目名称	子项	审批类别	设定依据	共同审批部门	审批对象	备注
24067	税务总局	企业享受苏州工业园区有限合伙制创业投资企业法人合伙人试点优惠政策的核准	无	非行政许可审批	《国家税务总局关于苏州工业园区有限合伙制创业投资企业法人合伙人企业所得税政策试点有关征收管理问题的公告》(国家税务总局公告2013年第25号)："五、创业投资企业应在年度终了后3个月内(2012年度可在年度终了后5个月内)，按有关规定向苏州工业园区主管税务机关报送有关纳税申报的资料。苏州工业园区主管税务机关受理后，负责审核该年度创业投资企业的应纳税所得额、法人合伙人的分配比例、法人合伙人分得的应纳税所得额、法人合伙人可抵扣的投资额等项目，并在《有限合伙制创业投资企业法人合伙人应纳税所得额抵扣情况明细表》盖章确认后，一份交还创业投资企业，两份由创业投资企业转交法人合伙人(其中一份由法人合伙人转交当地主管税务机关)，一份由苏州工业园区主管税务机关留存。六、法人合伙人向其所在地主管税务机关申请享受投资抵扣应纳税所得额时，除需按照国税发〔2009〕87号文件第四条的规定报送备案资料外，还需提交苏州工业园区主管税务机关受理盖章后的《有限合伙制创业投资企业法人合伙人应纳税所得额抵扣情况明细表》以及该创业投资企业的验资报告。"	无	纳税人	
24068	税务总局	企业享受新疆喀什、霍尔果斯两个特殊经济开发区、新疆困难地区新办企业所得税优惠的核准	无	非行政许可审批	《财政部　国家税务总局关于新疆喀什、霍尔果斯两个特殊经济开发区企业所得税优惠政策的通知》(财税〔2011〕112号)："一、2010年1月1日至2020年12月31日，对在新疆喀什、霍尔果斯两个特殊经济开发区内新办的属于《新疆困难地区重点鼓励发展产业企业所得税优惠目录》(以下简称《目录》)范围内的企业，自取得第一笔生产经营收入所属纳税年度起，五年内免征企业所得税。" 《财政部　国家税务总局关于新疆困难地区新办企业所得税优惠政策的通知》(财税〔2011〕53号)："六、财政部、国家税务总局会同有关部门研究制订《目录》，经国务院批准后公布实施，并根据新疆经济社会发展需要及企业所得税优惠政策实施情况适时调整。七、对难以界定是否属于《目录》范围的项目，税务机关应当要求企业提供省级以上(含省级)有关行业主管部门出具的证明文件，并结合其他相关材料进行认定。"	无	纳税人	
24069	税务总局	企业享受生产和装配伤残人员专门用品企业所得税优惠的核准	无	非行政许可审批	《财政部　国家税务总局　民政部关于生产和装配伤残人员专门用品企业免征企业所得税的通知》(财税〔2011〕81号)："二、符合前条规定的企业，可在年度终了4个月内向当地税务机关办理免税手续。办理免税手续时，企业应向主管税务机关提供下列资料：……三、税务机关收到企业的免税申请后，应严格按照本通知规定的免税条件及《国家税务总局关于企业所得税减免税管理问题的通知》(国税发〔2008〕111号)的有关规定，对申请免税的企业进行认真审核，符合条件的应及时办理相关免税手续。企业在未办理免税手续前，必须按统一规定报送纳税申报表、相关的纳税资料以及财务会计报表，并按规定预缴企业所得税；企业办理免税手续后，税务机关应依法及时退回已经预缴的税款。"	无	纳税人	

续表

项目编码	审批部门	项目名称	子项	审批类别	设定依据	共同审批部门	审批对象	备注
24070	税务总局	企业境外所得适用简易征收和饶让抵免的核准	无	非行政许可审批	《国家税务总局关于发布企业境外所得税收抵免操作指南的公告》(国家税务总局公告2010年第1号)第30条:“企业申报抵免境外所得税收(包括按照《通知》第十条规定的简易办法进行的抵免)时应向其主管税务机关提交如下书面资料:……” 《国家税务总局关于企业所得税税收优惠管理问题的补充通知》(国税函〔2009〕255号):“二、除国务院明确的企业所得税过渡类优惠政策、执行新税法后继续保留执行的原企业所得税优惠政策、新企业所得税法第二十九条规定的民族自治地方企业减免税优惠政策,以及国务院另行规定实行审批管理的企业所得税优惠政策外,其他各类企业所得税优惠政策,均实行备案管理。三、备案管理的具体方式分为事先备案和事后报送相关资料两种。具体划分除国家税务总局确定的外,由各省、自治区、直辖市和计划单列市国家税务局和地方税务局在协商一致的基础上确定。列入事先备案的税收优惠,纳税人应向税务机关报送相关资料,提请备案,经税务机关登记备案后执行。对需要事先向税务机关备案而未按规定备案的,纳税人不得享受税收优惠;经税务机关审核不符合税收优惠条件的,税务机关应书面通知纳税人不得享受税收优惠。列入事后报送相关资料的税收优惠,纳税人应按照新企业所得税法及其实施条例和其他有关税收规定,在年度纳税申报时附报相关资料,主管税务机关审核后如发现其不符合享受税收优惠政策的条件,应取消其自行享受的税收优惠,并相应追缴税款。四、今后国家制定的各项税收优惠政策,凡未明确为审批事项的,均实行备案管理。”	无	纳税人	
24071	税务总局	享受小型微利企业所得税优惠的核准	无	非行政许可审批	《国家税务总局关于小型微利企业预缴企业所得税有关问题的公告》(国家税务总局公告2012年第14号):“三、符合条件的小型微利企业在预缴申报企业所得税时,须向主管税务机关提供上一纳税年度符合小型微利企业条件的相关证明材料。主管税务机关对企业提供的相关证明材料核实后,认定企业上一纳税年度不符合规定条件的,不得按本公告第一条规定填报纳税申报表。四、纳税年度终了后,主管税务机关应核实企业纳税年度是否符合上述小型微利企业规定条件。不符合规定条件、已按本公告第一条规定计算减免企业所得税预缴的,在年度汇算清缴时要按照规定补缴企业所得税。”	无	纳税人	

续表

项目编码	审批部门	项目名称	子项	审批类别	设定依据	共同审批部门	审批对象	备注
24072	税务总局	符合条件的非营利组织享受免税收入优惠的备案核准	无	非行政许可审批	《财政部　国家税务总局关于非营利组织企业所得税免税收入问题的通知》(财税〔2009〕122 号):“根据《中华人民共和国企业所得税法》第二十六条及《中华人民共和国企业所得税法实施条例》(国务院令第 512 号)第八十五条的规定,现将符合条件的非营利组织企业所得税免税收入范围明确如下:一、非营利组织的下列收入为免税收入:(一)接受其他单位或者个人捐赠的收入……” 《国家税务总局关于企业所得税税收优惠管理问题的补充通知》(国税函〔2009〕255 号):“二、除国务院明确的企业所得税过渡类优惠政策、执行新税法后继续保留执行的原企业所得税优惠政策、新企业所得税法第二十九条规定的民族自治地方企业减免税优惠政策,以及国务院另行规定实行审批管理的企业所得税优惠政策外,其他各类企业所得税优惠政策,均实行备案管理。三、备案管理的具体方式分为事先备案和事后报送相关资料两种。具体划分除国家税务总局确定的外,由各省、自治区、直辖市和计划单列市国家税务局和地方税务局在协商一致的基础上确定。列入事先备案的税收优惠,纳税人应向税务机关报送相关资料,提请备案,经税务机关登记备案后执行。对需要事先向税务机关备案而未按规定备案的,纳税人不得享受税收优惠;经税务机关审核不符合税收优惠条件的,税务机关应书面通知纳税人不得享受税收优惠。列入事后报送相关资料的税收优惠,纳税人应按照新企业所得税法及其实施条例和其他有关税收规定,在年度纳税申报时附报相关资料,主管税务机关审核后如发现其不符合享受税收优惠政策的条件,应取消其自行享受的税收优惠,并相应追缴税款。四、今后国家制定的各项税收优惠政策,凡未明确为审批事项的,均实行备案管理。”	无	纳税人	

续表

项目编码	审批部门	项目名称	子项	审批类别	设定依据	共同审批部门	审批对象	备注
24073	税务总局	企业从事农林牧渔业项目的所得享受所得税优惠的备案核准	无	非行政许可审批	《国家税务总局关于实施农、林、牧、渔业项目企业所得税优惠问题的公告》(国家税务总局公告2011年第48号):“一、企业从事实施条例第八十六条规定的享受税收优惠的农、林、牧、渔业项目,除另有规定外,参照《国民经济行业分类》(GB/T 4754—2002)的规定标准执行。” 《财政部、国家税务总局关于享受企业所得税优惠的农产品初加工有关范围的补充通知》(财税〔2011〕26号):“为进一步规范农产品初加工企业所得税优惠政策,现就《财政部、国家税务总局关于发布享受企业所得税优惠政策的农产品初加工范围(试行)的通知》(财税〔2008〕149号,以下简称《范围》)涉及的有关事项细化如下……” 《国家税务总局关于企业所得税税收优惠管理问题的补充通知》(国税函〔2009〕255号):“二、除国务院明确的企业所得税过渡类优惠政策、执行新税法后继续保留执行的原企业所得税优惠政策、新企业所得税法第二十九条规定的民族自治地方企业减免税优惠政策,以及国务院另行规定实行审批管理的企业所得税优惠政策外,其他各类企业所得税优惠政策,均实行备案管理。三、备案管理的具体方式分为事先备案和事后报送相关资料两种。具体划分除国家税务总局确定的外,由各省、自治区、直辖市和计划单列市国家税务局和地方税务局在协商一致的基础上确定。列入事先备案的税收优惠,纳税人应向税务机关报送相关资料,提请备案,经税务机关登记备案后执行。对需要事先向税务机关备案而未按规定备案的,纳税人不得享受税收优惠;经税务机关审核不符合税收优惠条件的,税务机关应书面通知纳税人不得享受税收优惠。列入事后报送相关资料的税收优惠,纳税人应按照新企业所得税法及其实施条例和其他有关税收规定,在年度纳税申报时附报相关资料,主管税务机关审核后如发现其不符合享受税收优惠政策的条件,应取消其自行享受的税收优惠,并相应追缴税款。四、今后国家制定的各项税收优惠政策,凡未明确为审批事项的,均实行备案管理。”	无	纳税人	

续表

项目编码	审批部门	项目名称	子项	审批类别	设定依据	共同审批部门	审批对象	备注
24074	税务总局	企业从事国家重点扶持的公共基础设施项目投资经营的所得享受所得税优惠的备案核准	无	非行政许可审批	《国家税务总局关于实施国家重点扶持的公共基础设施项目企业所得税优惠问题的通知》（国税发〔2009〕80号）：“一、对居民企业（以下简称企业）经有关部门批准，从事符合《公共基础设施项目企业所得税优惠目录》（以下简称《目录》）规定范围、条件和标准的公共基础设施项目的投资经营所得，自该项目取得第一笔生产经营收入所属纳税年度起，第一年至第三年免征企业所得税，第四年至第六年减半征收企业所得税。” 《国家税务总局关于企业所得税税收优惠管理问题的补充通知》（国税函〔2009〕255号）：“二、除国务院明确的企业所得税过渡类优惠政策、执行新税法后继续保留执行的原企业所得税优惠政策、新企业所得税法第二十九条规定的民族自治地方企业减免税优惠政策，以及国务院另行规定实行审批管理的企业所得税优惠政策外，其他各类企业所得税优惠政策，均实行备案管理。三、备案管理的具体方式分为事先备案和事后报送相关资料两种。具体划分除国家税务总局确定的外，由各省、自治区、直辖市和计划单列市国家税务局和地方税务局在协商一致的基础上确定。列入事先备案的税收优惠，纳税人应向税务机关报送相关资料，提请备案，经税务机关登记备案后执行。对需要事先向税务机关备案而未按规定备案的，纳税人不得享受税收优惠；经税务机关审核不符合税收优惠条件的，税务机关应书面通知纳税人不得享受税收优惠。列入事后报送相关资料的税收优惠，纳税人应按照新企业所得税法及其实施条例和其他有关税收规定，在年度纳税申报时附报相关资料，主管税务机关审核后如发现其不符合享受税收优惠政策的条件，应取消其自行享受的税收优惠，并相应追缴税款。四、今后国家制定的各项税收优惠政策，凡未明确为审批事项的，均实行备案管理。”	无	纳税人	

续表

项目编码	审批部门	项目名称	子项	审批类别	设定依据	共同审批部门	审批对象	备注
24075	税务总局	企业符合条件的环境保护、节能节水项目的所得享受所得税优惠的备案核准	无	非行政许可审批	《财政部　国家税务总局　国家发展改革委关于公布环境保护节能节水项目企业所得税优惠目录(试行)的通知》(财税〔2009〕166号):"《环境保护、节能节水项目企业所得税优惠目录(试行)》,已经国务院批准,现予以公布,自2008年1月1日起施行。" 《国家税务总局关于企业所得税税收优惠管理问题的补充通知》(国税函〔2009〕255号):"二、除国务院明确的企业所得税过渡类优惠政策、执行新税法后继续保留执行的原企业所得税优惠政策、新企业所得税法第二十九条规定的民族自治地方企业减免税优惠政策,以及国务院另行规定实行审批管理的企业所得税优惠政策外,其他各类企业所得税优惠政策,均实行备案管理。三、备案管理的具体方式分为事先备案和事后报送相关资料两种。具体划分除国家税务总局确定的外,由各省、自治区、直辖市和计划单列市国家税务局和地方税务局在协商一致的基础上确定。列入事先备案的税收优惠,纳税人应向税务机关报送相关资料,提请备案,经税务机关登记备案后执行。对需要事先向税务机关备案而未按规定备案的,纳税人不得享受税收优惠;经税务机关审核不符合税收优惠条件的,税务机关应书面通知纳税人不得享受税收优惠。列入事后报送相关资料的税收优惠,纳税人应按照新企业所得税法及其实施条例和其他有关税收规定,在年度纳税申报时附报相关资料,主管税务机关审核后如发现其不符合享受税收优惠政策的条件,应取消其自行享受的税收优惠,并相应追缴税款。四、今后国家制定的各项税收优惠政策,凡未明确为审批事项的,均实行备案管理。"	无	纳税人	

续表

项目编码	审批部门	项目名称	子项	审批类别	设定依据	共同审批部门	审批对象	备注
24076	税务总局	企业购置用于环境保护、节能节水、安全生产的专用设备的投资额享受所得税优惠的备案核准	无	非行政许可审批	《财政部　国家税务总局关于执行环境保护专用设备等企业所得税优惠目录的通知》(财税〔2008〕48号)："一、企业自2008年1月1日起购置并实际使用列入《目录》范围内的环境保护、节能节水和安全生产专用设备，可以按专用设备投资额的10%抵免当年企业所得税应纳税额；企业当年应纳税额不足抵免的，可以向以后年度结转，但结转期不得超过5个纳税年度。" 《国家税务总局关于企业所得税税收优惠管理问题的补充通知》(国税函〔2009〕255号)："二、除国务院明确的企业所得税过渡类优惠政策、执行新税法后继续保留执行的原企业所得税优惠政策、新企业所得税法第二十九条规定的民族自治地方企业减免税优惠政策，以及国务院另行规定实行审批管理的企业所得税优惠政策外，其他各类企业所得税优惠政策，均实行备案管理。三、备案管理的具体方式分为事先备案和事后报送相关资料两种。具体划分除国家税务总局确定的外，由各省、自治区、直辖市和计划单列市国家税务局和地方税务局在协商一致的基础上确定。列入事先备案的税收优惠，纳税人应向税务机关报送相关资料，提请备案，经税务机关登记备案后执行。对需要事先向税务机关备案而未按规定备案的，纳税人不得享受税收优惠；经税务机关审核不符合税收优惠条件的，税务机关应书面通知纳税人不得享受税收优惠。列入事后报送相关资料的税收优惠，纳税人应按照新企业所得税法及其实施条例和其他有关税收规定，在年度纳税申报时附报相关资料，主管税务机关审核后如发现其不符合享受税收优惠政策的条件，应取消其自行享受的税收优惠，并相应追缴税款。四、今后国家制定的各项税收优惠政策，凡未明确为审批事项的，均实行备案管理。"	无	纳税人	

续表

项目编码	审批部门	项目名称	子项	审批类别	设定依据	共同审批部门	审批对象	备注
24077	税务总局	软件、集成电路企业享受所得税优惠的备案核准	无	非行政许可审批	《财政部　国家税务总局关于进一步鼓励软件产业和集成电路产业发展企业所得税政策的通知》(财税〔2012〕27号):"十八、符合本通知规定条件的企业,应在年度终了之日起4个月内,按照本通知及《国家税务总局关于企业所得税减免税管理问题的通知》(国税发〔2008〕111号)的规定,向主管税务机关办理减免税手续。在办理减免税手续时,企业应提供具有法律效力的证明材料。" 《国家税务总局关于企业所得税税收优惠管理问题的补充通知》(国税函〔2009〕255号):"二、除国务院明确的企业所得税过渡类优惠政策、执行新税法后继续保留执行的原企业所得税优惠政策、新企业所得税法第二十九条规定的民族自治地方企业减免税优惠政策,以及国务院另行规定实行审批管理的企业所得税优惠政策外,其他各类企业所得税优惠政策,均实行备案管理。二、备案管理的具体方式分为事先备案和事后报送相关资料两种。具体划分除国家税务总局确定的外,由各省、自治区、直辖市和计划单列市国家税务局和地方税务局在协商一致的基础上确定。列入事先备案的税收优惠,纳税人应向税务机关报送相关资料,提请备案,经税务机关登记备案后执行。对需要事先向税务机关备案而未按规定备案的,纳税人不得享受税收优惠;经税务机关审核不符合税收优惠条件的,税务机关应书面通知纳税人不得享受税收优惠。列入事后报送相关资料的税收优惠,纳税人应按照新企业所得税法及其实施条例和其他有关税收规定,在年度纳税申报时附报相关资料,主管税务机关审核后如发现其不符合享受税收优惠政策的条件,应取消其自行享受的税收优惠,并相应追缴税款。四、今后国家制定的各项税收优惠政策,凡未明确为审批事项的,均实行备案管理。"	无	纳税人	

续表

项目编码	审批部门	项目名称	子项	审批类别	设定依据	共同审批部门	审批对象	备注
24078	税务总局	动漫产业企业享受所得税优惠的备案核准	无	非行政许可审批	《财政部　国家税务总局关于扶持动漫产业发展有关税收政策问题的通知》(财税〔2009〕65号):"二、关于企业所得税。经认定的动漫企业自主开发、生产动漫产品,可申请享受国家规定现行鼓励软件产业发展的所得税优惠政策。" 《国家税务总局关于企业所得税税收优惠管理问题的补充通知》(国税函〔2009〕255号):"二、除国务院明确的企业所得税过渡类优惠政策、执行新税法后继续保留执行的原企业所得税优惠政策、新企业所得税法第二十九条规定的民族自治地方企业减免税优惠政策,以及国务院另行规定实行审批管理的企业所得税优惠政策外,其他各类企业所得税优惠政策,均实行备案管理。三、备案管理的具体方式分为事先备案和事后报送相关资料两种。具体划分除国家税务总局确定的外,由各省、自治区、直辖市和计划单列市国家税务局和地方税务局在协商一致的基础上确定。列入事先备案的税收优惠,纳税人应向税务机关报送相关资料,提请备案,经税务机关登记备案后执行。对需要事先向税务机关备案而未按规定备案的,纳税人不得享受税收优惠;经税务机关审核不符合税收优惠条件的,税务机关应书面通知纳税人不得享受税收优惠。列入事后报送相关资料的税收优惠,纳税人应按照新企业所得税法及其实施条例和其他有关税收规定,在年度纳税申报时附报相关资料,主管税务机关审核后如发现其不符合享受税收优惠政策的条件,应取消其自行享受的税收优惠,并相应追缴税款。四、今后国家制定的各项税收优惠政策,凡未明确为审批事项的,均实行备案管理。"	无	纳税人	

续表

项目编码	审批部门	项目名称	子项	审批类别	设定依据	共同审批部门	审批对象	备注
24079	税务总局	节能服务公司实施合同能源管理项目享受所得税优惠的备案核准	无	非行政许可审批	《财政部　国家税务总局关于促进节能服务产业发展增值税营业税和企业所得税政策问题的通知》(财税〔2010〕110号):“二、关于企业所得税政策问题(一)对符合条件的节能服务公司实施合同能源管理项目,符合企业所得税税法有关规定的,自项目取得第一笔生产经营收入所属纳税年度起,第一年至第三年免征企业所得税,第四年至第六年按照25%的法定税率减半征收企业所得税。” 《国家税务总局关于企业所得税税收优惠管理问题的补充通知》(国税函〔2009〕255号):“二、除国务院明确的企业所得税过渡类优惠政策、执行新税法后继续保留执行的原企业所得税优惠政策、新企业所得税法第二十九条规定的民族自治地方企业减免税优惠政策,以及国务院另行规定实行审批管理的企业所得税优惠政策外,其他各类企业所得税优惠政策,均实行备案管理。三、备案管理的具体方式分为事先备案和事后报送相关资料两种。具体划分除国家税务总局确定的外,由各省、自治区、直辖市和计划单列市国家税务局和地方税务局在协商一致的基础上确定。列入事先备案的税收优惠,纳税人应向税务机关报送相关资料,提请备案,经税务机关登记备案后执行。对需要事先向税务机关备案而未按规定备案的,纳税人不得享受税收优惠;经税务机关审核不符合税收优惠条件的,税务机关应书面通知纳税人不得享受税收优惠。列入事后报送相关资料的税收优惠,纳税人应按照新企业所得税法及其实施条例和其他有关税收规定,在年度纳税申报时附报相关资料,主管税务机关审核后如发现其不符合享受税收优惠政策的条件,应取消其自行享受的税收优惠,并相应追缴税款。四、今后国家制定的各项税收优惠政策,凡未明确为审批事项的,均实行备案管理。”	无	纳税人	

续表

项目编码	审批部门	项目名称	子项	审批类别	设定依据	共同审批部门	审批对象	备注
24080	税务总局	中国清洁发展机制基金及清洁发展机制项目实施企业享受所得税优惠的备案核准	无	非行政许可审批	《财政部　国家税务总局关于中国清洁发展机制基金及清洁发展机制项目实施企业有关企业所得税政策问题的通知》(财税〔2009〕30号)："一、关于清洁基金的企业所得税政策。对清洁基金取得的下列收入，免征企业所得税……" 《国家税务总局关于企业所得税税收优惠管理问题的补充通知》(国税函〔2009〕255号)："二、除国务院明确的企业所得税过渡类优惠政策、执行新税法后继续保留执行的原企业所得税优惠政策、新企业所得税法第二十九条规定的民族自治地方企业减免税优惠政策，以及国务院另行规定实行审批管理的企业所得税优惠政策外，其他各类企业所得税优惠政策，均实行备案管理。三、备案管理的具体方式分为事先备案和事后报送相关资料两种。具体划分除国家税务总局确定的外，由各省、自治区、直辖市和计划单列市国家税务局和地方税务局在协商一致的基础上确定。列入事先备案的税收优惠，纳税人应向税务机关报送相关资料，提请备案，经税务机关登记备案后执行。对需要事先向税务机关备案而未按规定备案的，纳税人不得享受税收优惠；经税务机关审核不符合税收优惠条件的，税务机关应书面通知纳税人不得享受税收优惠。列入事后报送相关资料的税收优惠，纳税人应按照新企业所得税法及其实施条例和其他有关税收规定，在年度纳税申报时附报相关资料，主管税务机关审核后如发现其不符合享受税收优惠政策的条件，应取消其自行享受的税收优惠，并相应追缴税款。四、今后国家制定的各项税收优惠政策，凡未明确为审批事项的，均实行备案管理。"	无	纳税人	

续表

项目编码	审批部门	项目名称	子项	审批类别	设定依据	共同审批部门	审批对象	备注
24081	税务总局	赣州市企业享受西部大开发所得税优惠备案核准	无	非行政许可审批	《财政部　海关总署　国家税务总局关于赣州市执行西部大开发税收政策问题的通知》(财税〔2013〕4号):"二、自2012年1月1日至2020年12月31日,对设在赣州市的鼓励类产业的内资企业和外商投资企业减按15%的税率征收企业所得税。" 《国家税务总局关于企业所得税税收优惠管理问题的补充通知》(国税函〔2009〕255号):"二、除国务院明确的企业所得税过渡类优惠政策、执行新税法后继续保留执行的原企业所得税优惠政策、新企业所得税法第二十九条规定的民族自治地方企业减免税优惠政策,以及国务院另行规定实行审批管理的企业所得税优惠政策外,其他各类企业所得税优惠政策,均实行备案管理。三、备案管理的具体方式分为事先备案和事后报送相关资料两种。具体划分除国家税务总局确定的外,由各省、自治区、直辖市和计划单列市国家税务局和地方税务局在协商一致的基础上确定。列入事先备案的税收优惠,纳税人应向税务机关报送相关资料,提请备案,经税务机关登记备案后执行。对需要事先向税务机关备案而未按规定备案的,纳税人不得享受税收优惠;经税务机关审核不符合税收优惠条件的,税务机关应书面通知纳税人不得享受税收优惠。列入事后报送相关资料的税收优惠,纳税人应按照新企业所得税法及其实施条例和其他有关税收规定,在年度纳税申报时附报相关资料,主管税务机关审核后如发现其不符合享受税收优惠政策的条件,应取消其自行享受的税收优惠,并相应追缴税款。四、今后国家制定的各项税收优惠政策,凡未明确为审批事项的,均实行备案管理。"	无	纳税人	

3. 国家税务总局关于税务行政审批制度改革若干问题的意见

(2014年9月15日　税总发〔2014〕107号)

各省、自治区、直辖市和计划单列市国家税务局、地方税务局,局内各单位:

为落实国务院转变职能、简政放权的要求,进一步推动行政审批制度改革,持续释放改革红利,激发企业和市场活力,增强发展动力,不断提高税收管理法治化和科学化水平,现就税务行政审批制度改革若干问题提出如下意见。

一、持续推进税务行政审批制度改革

(一)税务行政审批制度改革取得明显成效。2013年3月,国务院启动新一轮行政审批制度改革以来,税务总局严格贯彻落实国务院关于行政审批制度改革的一系列精神和要求,从政治、大局和实现税收现代化的高度,转变观念、创新举措、放管结合,大力推进行政审批制度改革,核实行政审批项目底数,公开税务行政审批事项目录，取消和下放税务行政审批事项，加强督促检查，强化后续管理，全面清理非行政许可审批事项，行政审批制度改革取得了明显成效，得到了国务院和国务院审改办的充分肯定。

（二）推进税务行政审批制度改革仍存在问题和不足。一是税务行政审批目录化管理的要求尚未得到全面落实。二是部分税收征管信息系统流程设置和表证单书调整、修改滞后。三是后续管理跟进不够及时。

（三）充分认识税务行政审批制度改革的重要意义。各级税务机关务必在思想认识和行动上与党中央、国务院保持高度一致，深刻认识行政审批制度改革是切实转变政府职能、深化行政管理体制改革的必然要求，是正确处理政府与市场关系、促进市场在资源配置中起决定性作用和更好发挥政府作用的必然要求，是预防和治理腐败、建设廉洁政府的必然要求。各级税务机关应以落实行政审批制度改革各项要求为突破口，不断深化以风险管理为向导的征管改革、优化纳税服务、强化信息管税、推进依法行政，努力推动实现税收治理体系和治理能力现代化。

二、严格实行税务行政审批目录化管理

（四）实行行政审批目录化管理。实行行政审批目录化管理，是推进行政审批制度改革，把权力关进制度笼子的重要举措。2014 年 2 月，税务总局发布《国家税务总局关于公开行政审批事项等相关工作的公告》（国家税务总局公告 2014 年第 10 号，以下简称 10 号公告），公开了各级税务机关实施的行政审批事项目录（不包括仅由地方税务局实施的行政审批事项，下同），并规定不得在公开清单外实施其他行政审批。因此，凡是不在 10 号公告公布的行政审批事项目录范围内的税务事项，包括依据《税收减免管理办法（试行）》（国税发〔2005〕129 号印发）等税收规范性文件设立的备案事项，不得再采取具有核准性质的事前备案和其他形式的行政审批管理方式。各级税务机关不得以未列入行政审批事项目录范围内的税务事项的设立依据尚未修改或者废止为由，对该税务事项继续采取行政审批管理方式；不得对已经取消的税务行政审批事项变相保留或者恢复。

（五）公开税务行政审批事项目录。省以下税务机关应当按照 10 号公告公布本级税务机关实施的行政审批事项目录。各级税务机关应当建立行政审批事项目录动态调整机制，根据行政审批制度改革情况依法更新行政审批事项目录，但不得擅自取消或者下放行政审批事项目录中的审批事项。

（六）积极稳妥推进地方税务机关行政审批制度改革。地方税务机关开展行政审批制度改革，应当妥善处理税务总局与地方政府的关系。税务总局的统一规定必须执行，属于地方政府权限范围内的事项，应当按照地方政府的要求抓好落实。地方税务机关要认真执行 10 号公告，同时按照地方政府的要求开展行政审批事项摸底核实、清理和行政审批事项目录公开工作。对法律、行政法规、税务部门规章和税务总局税收规范性文件，以及税务总局与国务院其他部门联合制定的规范性文件设立的、仅由地方税务机关实施的行政审批事项，其是否取消和下放，应当由设定该行政审批事项的机关决定。

三、认真落实税务行政审批制度改革相关配套措施

（七）实施税务行政审批合法性审查。各级税务机关不得以任何形式设定税务行政审批事项。对可能涉及设立行政审批的税务部门规章和税收规范性文件必须严格把关，依法进行合法性审查，防止制度性侵权，提高税收制度建设质量。按照“将合法性审查延伸到税收执法的重要环节。税收重大决策、税务行政审批、税务行政处罚三项工作应当进行合法性审查”的要求，积极实施税务行政审批合法性审查，确保行政审批的合法性。认真落实行政执法和政府信息公开规定，强化行政审批权力的监督制约，完善内控机制建设，提高行政审批的公正性和透明度。

（八）抓紧清理税务行政审批项目涉及的文件依据、征管流程和表证单书。各级税务机关应当依据职权全面清理税务行政审批事项涉及的税务部门规章和税收规范性文件。对设定了不在 10 号公告范围内的行政审批事项的税务部门规章和税收规范性文件，应当立即进行修改或者废止；对已经取消和下放行政审批事项涉及的税务部门规章和税收规范性文件，应当及时清理、修改或者废止。税务总局将按照取消和下放税务行政审批项目后的管理要求，对税收征管信息系统流程进行调整。各级税务机关对已经取消和下放税务行政审批项目涉及的表证单书，应当抓紧进行清理和修改。

（九）研究提出拟取消税务行政审批项目相关配套措施。对拟取消的税务行政审批项目，税务总局相关业务部门应当提前着手研究审批依据修改、流程设置调整、表证单书清理和加强后续管理等工作，做好工作

衔接,确保取消行政审批事项的决定得到全面落实。

四、坚持放管结合强化事中事后管理

(十)推进放管结合。各级税务机关应当全面落实税务行政审批制度改革精神和要求,既要简政放权,全面清理非行政许可审批事项,取消和下放行政审批项目,发挥市场在资源配置中的决定性作用;又要转变职能,加强事中事后监管,把该管的管住、管好、管到位,更好发挥税务机关的职能作用。应当注重统筹协调,把取消和下放行政审批事项的后续管理工作融入日常税收征管工作之中,做到有机结合、无缝衔接,提高税收管理的信息化、精细化和科学化水平。

(十一)实施备案管理。各级税务机关应当严格区分行政审批和备案管理方式,不得以事前核准性备案方式变相实施审批。实施备案管理的事项,纳税人等行政相对人应当按照规定向税务机关报送备案材料,税务机关应当将其作为加强后续管理的资料,但不得以纳税人等行政相对人没有按照规定备案为由,剥夺或者限制其依法享有的权利、获得的利益、取得的资格或者可以从事的活动。纳税人等行政相对人未按照规定履行备案手续的,税务机关应当依法进行处理。

(十二)优化申报管理。各级税务机关应当调整、补充、细化、优化与取消和下放税务行政审批事项相关的纳税申报表及其他纳税申报资料,通过申报环节管控纳税人自主适用税法和税收政策的行为,同时通过申报环节获取纳税人的相关信息资料,为开展其他后续管理活动提供基础信息和数据。

(十三)加强风险管理。各级税务机关应当根据纳税申报信息、第三方信息,运用风险评估模型分析判断取消和下放审批事项的风险等级,与其他相关税收管理工作相统筹,分别采取案头评估、日常检查、重点稽查等方式分类实施后续管理,提高后续管理的针对性和有效性。

(十四)强化信用管理。各级税务机关应当加强纳税信用管理,跟踪了解取消和下放审批事项后纳税人履行相关税收义务的信用状况,及时分析存在的问题及其原因,采取切实有效措施,不断提高税收征管水平和纳税人的满意度、遵从度。

五、加强组织领导狠抓工作落实

(十五)加强组织领导。各级税务机关应当切实加强对行政审批制度改革工作的组织领导,充分发挥依法行政工作领导小组的统筹协调作用,加强上下级税务机关和税务机关内部各部门之间的协调配合,政策法规部门负责牵头组织协调行政审批制度改革工作,征管科技部门负责牵头调整和清理涉及取消、下放行政审批事项的流程设置和表证单书,各业务部门按照职责负责清理审批事项、相关依据、制定和落实后续管理措施,纳税服务部门负责涉及行政审批制度改革的优化服务工作,督察内审部门和监察部门负责牵头对取消、下放行政审批事项和后续管理措施落实情况进行执法督察和执法监察,共同推进行政审批制度改革。

(十六)狠抓工作落实。各省、自治区、直辖市、计划单列市国家税务局、地方税务局和局内各单位,应当结合各自工作职责和实际,按照党的群众路线教育实践活动和税务总局"便民办税春风行动"的有关要求,认真贯彻执行本意见,结合绩效管理狠抓工作落实,深化税务行政审批制度改革,不断提高税收管理和纳税服务水平,为2020年基本实现税收现代化作出贡献。

本意见执行中遇到的问题,请及时报告税务总局。

4.国家税务总局关于部分税务行政审批事项取消后有关管理问题的公告

(2015年8月3日　国家税务总局公告2015年第56号)

(部分条款修改,详见文中注释)

为加强后续管理,现就部分税务行政审批事项取消后有关管理问题公告如下:

一、关于取消"对办理税务登记(外出经营报验)的核准"后的有关管理问题

纳税人提交资料齐全、符合法定形式的,税务机关即时办理。纳税人提交资料不齐全或者不符合法定

形式的，税务机关制作《税务事项通知书》，一次性告知纳税人需要补正的内容。税务机关应当切实履行对纳税人的告知义务，及时提供咨询服务，强化内部督查和社会监督，提高登记办理效率。按照纳税人不重复填报登记文书内容和不重复提交登记材料的原则，加强部门之间信息、数据共享工作。

二、关于取消“偏远地区简并征期认定”后的有关管理问题

加强对实行偏远地区简并征期申报的纳税人日常管理及监控，实行税源跟踪管理，及时掌握纳税人经营变化情况。强化计算机管税，采取“人机结合”的方式，提高征期申报率和入库率，防止漏征漏管。简化办税程序，建立纳税服务新机制，降低纳税人办税成本，提高工作效率。

三、关于取消“出口退（免）税资格认定”“出口退（免）税资格认定变更”“出口退（免）税资格认定注销”“研发机构采购国产设备退税资格的认定”“集团公司具有免抵退税资格成员企业认定”“以边境小额贸易方式代理外国企业、外国自然人出口货物备案登记及备案核销的核准”后的有关管理问题

（一）出口企业或其他单位应于首次申报出口退（免）税时，向主管国税机关提供以下资料，办理出口退（免）税备案手续，申报退（免）税。

1. 内容填写真实、完整的《出口退（免）税备案表》（附件1），其中“退税开户银行账号”须从税务登记的银行账号中选择一个填报。

2. 加盖备案登记专用章的《对外贸易经营者备案登记表》或《中华人民共和国外商投资企业批准证书》。

3.《中华人民共和国海关报关单位注册登记证书》。

4. 未办理备案登记发生委托出口业务的生产企业提供委托代理出口协议，不需提供第2目、第3目资料。

5. 主管国税机关要求提供的其他资料。

（二）对出口企业或其他单位提供的出口退（免）税备案资料齐全，《出口退（免）税备案表》填写内容符合要求，签字、印章完整的，主管国税机关应当场予以备案。对不符合上述要求的，主管国税机关应一次性告知出口企业或其他单位，待其补正后备案。

（三）《出口退（免）税备案表》中的内容发生变更的，出口企业或其他单位须自变更之日起30日内，向主管国税机关提供相关资料，办理备案内容的变更。出口企业或其他单位需要变更“退（免）税方法”的，主管国税机关应按规定结清退（免）税款后办理变更。

（四）出口企业或其他单位撤回出口退（免）税备案的，主管国税机关应按规定结清退（免）税款后办理。出口企业或其他单位申请注销税务登记的，应先向主管国税机关申请撤回出口退（免）税备案。

（五）已办理过出口退（免）税资格认定的出口企业或其他单位，无需再办理出口退（免）税备案。

（六）集团公司需要按收购视同自产货物申报免抵退税的，集团公司总部需提供以下资料，向主管国税机关备案：

1.《集团公司成员企业备案表》（附件2）及电子申报数据；

2. 集团公司总部及其控股的生产企业的营业执照副本复印件；

3. 集团公司总部及其控股的生产企业的《出口退（免）税备案表》（或《出口退（免）税资格认定表》）复印件；

【注】根据《国家税务总局关于进一步加强出口退税（免）税事中事后管理有关问题的公告》（国家税务总局公告2016年第1号）的规定，本条款自2016年1月7日废止。

4. 集团公司总部及其控股生产企业的章程复印件；

5. 主管国税机关要求报送的其他资料。

对集团公司总部提供上述备案资料齐全、《集团公司成员企业备案表》填写内容符合要求的，主管国税机关应当场予以备案。对不符合上述要求的，主管国税机关应一次性告知企业，待其补正后备案。

（七）按收购视同自产货物申报免抵退税的集团公司备案后，主管国税机关按照集团公司总部和成员企业所在地情况，传递《集团公司成员企业备案表》。

1. 在同一地市的，集团公司总部所在地主管国税机关应将《集团公司成员企业备案表》传递至地市国家税务局报备，并同时抄送集团公司总部、成员企业所在地国家税务局；

2. 在同一省（自治区、直辖市、计划单列市，下同）但不在同一地市的，集团公司总部所在地主管国税机

关，应将《集团公司成员企业备案表》逐级传递至省国家税务局报备，省国家税务局应清分至集团公司总部、成员企业所在地国家税务局；

3. 不在同一省的，集团公司总部所在地主管国税机关，应将《集团公司成员企业备案表》逐级传递至国家税务总局，由国家税务总局逐级清分至集团公司总部、成员企业所在地国家税务局。

（八）以边境小额贸易方式代理外国企业、外国自然人出口货物，出口企业应当在货物报关出口之日（以出口货物报关单上的出口日期为准）次月起至次年4月30日前的各增值税纳税申报期内，提供下列资料向主管国税机关办理代理报关备案。

1. 企业相关人员签字、盖有单位公章且填写内容齐全的纸质《以边境小额贸易方式代理外国企业、外国自然人报关出口货物备案表》（附件3）及电子数据；

2. 代理出口协议原件及复印件，代理出口协议以外文拟定的，需同时提供中文翻译版本；

3. 委托方经办人护照或外国边民的边民证原件和复印件。

出口企业以边境小额贸易方式代理外国企业、外国自然人出口的货物，按上述规定已备案的，不属于增值税应税范围，其仅就代理费收入进行增值税申报。

主管国税机关应定期对出口企业以边境小额贸易方式代理外国企业、外国自然人出口货物的备案情况进行核查，发现出口企业未按照本条规定办理代理报关备案的，按有关规定处理。

四、关于取消“设有固定装置的非运输车辆免征车辆购置税的审核”后的有关管理问题

纳税人在办理设有固定装置的非运输车辆免税申报时，应当如实填写《车辆购置税纳税申报表》和《车辆购置税免（减）税申报表》，同时提供以下资料：

（一）纳税人身份证明；

（二）车辆价格证明；

（三）车辆合格证明；

（四）设有固定装置的非运输车辆内、外观彩色5寸照片；

（五）税务机关要求提供的其他资料。

主管税务机关应当依据免税图册对车辆固定装置进行核实无误后，办理免税手续。

五、关于取消“企业享受符合条件的固定资产加速折旧或缩短折旧年限所得税优惠的核准”后的有关管理问题

纳税人享受《财政部　国家税务总局关于完善固定资产加速折旧企业所得税政策的通知》（财税〔2014〕75号）、《关于固定资产加速折旧税收政策有关问题的公告》（国家税务总局公告2014年第64号）规定的重点行业加速折旧政策，应当在汇算清缴期内，向主管税务机关提供《企业所得税优惠事项备案表》，同时可以在季度预缴环节享受该项优惠政策。纳税人享受其他固定资产加速折旧政策，应当在汇算清缴时提供《企业所得税优惠事项备案表》，对于税法与会计核算一致的，可以在季度预缴环节享受该项优惠政策；对于税法与会计核算不一致的，在汇算清缴时享受该项优惠政策。

另外，纳税人应当将以下资料留存备查：

（一）固定资产的功能、预计使用年限短于规定计算折旧的最低年限的理由、证明资料及有关情况的说明；

（二）固定资产加速折旧方法和折旧额的说明；

（三）集成电路生产企业认定证书复印件（集成电路生产企业的生产设备适用本项优惠时提供）；

（四）缩短折旧或摊销年限情况说明（外购软件缩短折旧或摊销年限时提供）；

（五）填报季度预缴申报表之附1－2《固定资产加速折旧（扣除）明细表》（适用于享受财税〔2014〕75号文件规定政策）。

六、关于取消“企业从事农林牧渔业项目所得享受所得税优惠的备案核准”后的有关管理问题

企业从事农林牧渔业项目所得享受所得税优惠，纳税人应当在汇算清缴期内，向主管税务机关提供《企业所得税优惠事项备案表》，同时可以在季度预缴环节享受该项优惠政策。

另外，纳税人应当将以下资料留存备查：

（一）经营业务属于《国民经济行业分类》中的农、林、牧、渔业具体项目的说明；

（二）有效期内的远洋渔业企业资格证书复印件（从事远洋捕捞业务的提供）；

（三）县级以上农、林、牧、渔业政府主管部门的确认意见（进行农产品的再种植、养殖是否可以视为农产品的种植、养殖项目享受相应的税收优惠难以确定时提供）；

（四）从事农作物新品种选育的认定证书复印件（从事农作物新品种选育的提供）。

本公告自发布之日起施行。

特此公告。

5. 国家税务总局关于发布《减免税政策代码目录》的公告

（2015 年 10 月 29 日　国家税务总局公告 2015 年第 73 号）

为全面落实减免税政策，规范减免税事项办理，提高税务机关减免税管理工作效能，国家税务总局制定了《减免税政策代码目录》，现予以发布，并将有关问题公告如下：

一、《减免税政策代码目录》对税收法律法规规定、国务院制定或经国务院批准，由财政部、国家税务总局等中央部门发布的减免税政策及条款，按收入种类和政策优惠的领域类别，分别赋予减免性质代码及减免项目名称。税务机关及纳税人办理减免税申报、备案、核准、减免退税等业务事项时，根据各项工作的管理要求，检索相应的减免性质代码及减免项目名称，填报有关表证单书。

地方依照法律法规制定发布的适用于本地区的减免税政策，由各地税务机关制定代码并发布。

二、《减免税政策代码目录》将根据减免税政策的新增、废止等情况，每月定期更新，并通过国家税务总局网站"纳税服务"下的"申报纳税"栏目发布。各地税务机关应当通过办税服务大厅、税务网站、12366 热线、短信、微信等多种渠道和方式进行转载、发布与宣传推送。

特此公告。

附件：

减免税政策代码目录

序号	收入种类	减免政策大类	减免政策小类	减免性质代码	政策名称	优惠条款	减免项目名称	关联政策条款
209	企业所得税	改善民生	救灾及重建	04011605	《财政部　海关总署　国家税务总局关于支持芦山地震灾后恢复重建有关税收政策问题的通知》财税〔2013〕58 号	第一条第 1 项	受灾地区损失严重企业免征企业所得税（芦山）	
210	企业所得税	改善民生	救灾及重建	04011608	《财政部　海关总署　国家税务总局关于支持鲁甸地震灾后恢复重建有关税收政策问题的通知》财税〔2015〕27 号	第一条第 1 项	受灾地区损失严重企业免征企业所得税（鲁甸）	

续表

序号	收入种类	减免政策大类	减免政策小类	减免性质代码	政策名称	优惠条款	减免项目名称	关联政策条款
211	企业所得税	改善民生	救灾及重建	04011609	《财政部　海关总署　国家税务总局关于支持芦山地震灾后恢复重建有关税收政策问题的通知》财税〔2013〕58号	第一条第2项	受灾地区企业取得的救灾和灾后恢复重建款项等收入免征企业所得税（芦山）	
212	企业所得税	改善民生	救灾及重建	04011610	《财政部　海关总署　国家税务总局关于支持芦山地震灾后恢复重建有关税收政策问题的通知》财税〔2013〕58号	第一条第3项	受灾地区农村信用社免征企业所得税（芦山）	
213	企业所得税	改善民生	救灾及重建	04011611	《财政部　海关总署　国家税务总局关于支持芦山地震灾后恢复重建有关税收政策问题的通知》财税〔2013〕58号	第五条第1项	受灾地区的促进就业企业限额减征企业所得税（芦山）	
214	企业所得税	改善民生	救灾及重建	04011612	《财政部　海关总署　国家税务总局关于支持鲁甸地震灾后恢复重建有关税收政策问题的通知》财税〔2015〕27号	第一条第2项	受灾地区企业取得的救灾和灾后恢复重建款项等收入免征企业所得税（鲁甸）	
215	企业所得税	改善民生	救灾及重建	04011613	《财政部　海关总署　国家税务总局关于支持鲁甸地震灾后恢复重建有关税收政策问题的通知》财税〔2015〕27号	第一条第3项	受灾地区农村信用社免征企业所得税（鲁甸）	
216	企业所得税	改善民生	救灾及重建	04011614	《财政部　海关总署　国家税务总局关于支持鲁甸地震灾后恢复重建有关税收政策问题的通知》财税〔2015〕27号	第五条第1项	受灾地区的促进就业企业限额减征企业所得税（鲁甸）	
217	企业所得税	改善民生	军转择业	04011801	《财政部　国家税务总局　民政部关于调整完善扶持自主就业退役士兵创业就业有关税收政策的通知》财税〔2014〕42号	第二条	促进就业企业限额减征企业所得税	

续表

序号	收入种类	减免政策大类	减免政策小类	减免性质代码	政策名称	优惠条款	减免项目名称	关联政策条款
218	企业所得税	改善民生	社会保障	04012703	《财政部　国家税务总局　民政部关于生产和装配伤残人员专门用品企业免征企业所得税的通知》财税〔2011〕81号	第一条	符合条件的生产和装配伤残人员专门用品企业免征企业所得税	
219	企业所得税	改善民生	社会保障	04012704	《中华人民共和国企业所得税法》中华人民共和国主席令第63号	第三十条第二款	安置残疾人员及国家鼓励安置的其他就业人员所支付的工资加计扣除	《财政部　国家税务总局关于安置残疾人员就业有关企业所得税优惠政策问题的通知》（财税〔2009〕70号）第一条
220	企业所得税	改善民生	再就业扶持	04013607	《财政部　国家税务总局　人力资源社会保障部关于继续实施支持和促进重点群体创业就业有关税收政策的通知》财税〔2014〕39号	第二条	促进就业企业限额减征企业所得税	《财政部　国家税务总局　人力资源社会保障部关于扩大企业吸纳就业税收优惠适用人员范围的通知》财税〔2015〕77号
221	企业所得税	鼓励高新技术	技术转让	04021201	《中华人民共和国企业所得税法》中华人民共和国主席令第63号	第二十七条第四款	符合条件的技术转让所得减免征收企业所得税	《财政部　国家税务总局关于居民企业技术转让有关企业所得税政策问题的通知》（财税〔2010〕111号）
222	企业所得税	鼓励高新技术	技术转让	04021202	《财政部　国家税务总局关于中关村国家自主创新示范区技术转让企业所得税试点政策的通知》财税〔2013〕72号		中关村国家自主创新示范区内企业符合条件的技术转让所得减免征收企业所得税	
223	企业所得税	鼓励高新技术	科技发展	04021907	《财政部　国家税务总局关于进一步鼓励软件产业和集成电路产业发展企业所得税政策的通知》财税〔2012〕27号	第一条	集成电路生产企业减免征收企业所得税	
224	企业所得税	鼓励高新技术	科技发展	04021913	《财政部　国家税务总局关于进一步鼓励软件产业和集成电路产业发展企业所得税政策的通知》财税〔2012〕27号	第二条	集成电路线宽小于0.25微米或投资额超过80亿元的集成电路生产企业减按15%税率征收企业所得税	

续表

序号	收入种类	减免政策大类	减免政策小类	减免性质代码	政策名称	优惠条款	减免项目名称	关联政策条款
225	企业所得税	鼓励高新技术	科技发展	04021914	《财政部　国家税务总局关于进一步鼓励软件产业和集成电路产业发展企业所得税政策的通知》财税〔2012〕27 号	第三条	新办集成电路设计企业和符合条件的软件企业定期减免征收企业所得税	
226	企业所得税	鼓励高新技术	科技发展	04021915	《财政部　国家税务总局关于进一步鼓励软件产业和集成电路产业发展企业所得税政策的通知》财税〔2012〕27 号	第四条	国家规划布局内重点软件企业和集成电路设计企业可减按 10% 的税率征收企业所得税	
227	企业所得税	鼓励高新技术	外包服务	04023003	《财政部　国家税务总局　商务部　科技部　国家发展改革委员会关于完善技术先进型服务企业有关企业所得税政策问题的通知》财税〔2014〕59 号	第一条	技术先进型服务企业减按 15% 的税率征收企业所得税	
228	企业所得税	鼓励高新技术	高新技术	04024401	《中华人民共和国企业所得税法》中华人民共和国主席令第 63 号	第三十条第一款	开发新技术、新产品、新工艺发生的研究开发费用加计扣除	1.《财政部　国家税务总局关于研究开发费用税前加计扣除有关政策问题的通知》（财税〔2013〕70 号） 2.《财政部　海关总署　国家税务总局关于继续实施支持文化企业发展若干税收政策的通知》(财税〔2014〕85 号)第四条
229	企业所得税	鼓励高新技术	高新技术	04024404	《国务院关于经济特区和上海浦东新区新设立高新技术企业实行过渡性税收优惠的通知》国发〔2007〕40 号	第二条	经济特区和上海浦东新区新设立的高新技术企业在区内取得的所得定期减免征收企业所得税	

续表

序号	收入种类	减免政策大类	减免政策小类	减免性质代码	政策名称	优惠条款	减免项目名称	关联政策条款
230	企业所得税	鼓励高新技术	投资创业	04024501	《中华人民共和国企业所得税法》中华人民共和国主席令第63号	第二十八条第二款	国家需要重点扶持的高新技术企业减按15%的税率征收企业所得税	1.《财政部　国家税务总局关于高新技术企业境外所得适用税率及税收抵免问题的通知》(财税〔2011〕47号)第一条 2.《财政部　海关总署　国家税务总局关于继续实施支持文化企业发展若干税收政策的通知》(财税〔2014〕85号)第四条
231	企业所得税	鼓励高新技术	投资创业	04024507	《科技部　财政部　税务总局关于在中关村国家自主创新示范区开展高新技术企业认定中文化产业支撑技术等领域范围试点的通知》国科发高〔2013〕595号		中关村国家自主创新示范区从事文化产业支撑技术等领域的企业认定为高新技术企业的减按15%的税率征收企业所得税	
232	企业所得税	鼓励高新技术	投资创业	04024508	《中华人民共和国企业所得税法》中华人民共和国主席令第63号	第三十一条	创业投资企业按投资额的一定比例抵扣应纳税所得额	《财政部　国家税务总局关于中关村国家自主创新示范区有限合伙制创业投资企业法人合伙人企业所得税试点政策的通知》(财税〔2013〕71号)
233	企业所得税	促进区域发展	两岸交流	04032101	《财政部　国家税务总局关于海峡两岸海上直航营业税和企业所得税政策的通知》财税〔2009〕4号	第二条	海峡两岸海上直航免征企业所得税	
234	企业所得税	促进区域发展	两岸交流	04032102	《财政部　国家税务总局关于海峡两岸空中直航营业税和企业所得税政策的通知》财税〔2010〕63号	第二条	海峡两岸空中直航免征企业所得税	

续表

序号	收入种类	减免政策大类	减免政策小类	减免性质代码	政策名称	优惠条款	减免项目名称	关联政策条款
235	企业所得税	促进区域发展	两岸交流	04032103	《财政部　国家税务总局关于福建沿海与金门、马祖、澎湖海上直航业务有关税收政策的通知》财税〔2007〕91号		从事福建沿海与金门、马祖、澎湖海上直航业务取得的运输收入免征企业所得税	
236	企业所得税	促进区域发展	西部开发	04033302	《财政部　海关总署　国家税务总局关于深入实施西部大开发战略有关税收政策问题的通知》财税〔2011〕58号	第二条	设在西部地区的鼓励类产业企业减按15%的税率征收企业所得税	《财政部　海关总署　国家税务总局关于赣州市执行西部大开发税收政策问题的通知》(财税〔2013〕4号)第二条
237	企业所得税	促进区域发展	西部开发	04033303	《财政部　国家税务总局关于新疆喀什霍尔果斯两个特殊经济开发区企业所得税优惠政策的通知》财税〔2011〕112号	第一条	新疆喀什、霍尔果斯特殊经济开发区新办企业定期免征企业所得税	
238	企业所得税	促进区域发展	西部开发	04033304	《财政部　国家税务总局关于新疆困难地区新办企业所得税优惠政策的通知》财税〔2011〕53号	第一条	新疆困难地区新办企业定期减免征收企业所得税	
239	企业所得税	促进区域发展	西部开发	04033305	《中华人民共和国企业所得税法》中华人民共和国主席令第63号	第二十九条	民族自治地方的自治机关对本民族自治地方的企业应缴纳的企业所得税中属于地方分享的部分减征或免征	
240	企业所得税	促进区域发展	其他	04039901	《财政部　国家税务总局关于广东横琴新区福建平潭综合实验区深圳前海深港现代化服务业合作区企业所得税优惠政策及优惠目录的通知》财税〔2014〕26号	第一条	广东横琴、福建平潭、深圳前海等地区的鼓励类产业企业减按15%税率征收企业所得税	
241	企业所得税	促进小微企业发展	其他	04049904	《中华人民共和国企业所得税法》中华人民共和国主席令第63号	第二十八条第一款	符合条件的小型微利企业减按20%的税率征收企业所得税(减低税率)	

续表

序号	收入种类	减免政策大类	减免政策小类	减免性质代码	政策名称	优惠条款	减免项目名称	关联政策条款
242	企业所得税	促进小微企业发展	其他	04049907	《财政部　国家税务总局关于小型微利企业所得税优惠政策的通知》财税〔2015〕34号	第一条	符合条件的小型微利企业减按20%的税率征收企业所得税(减半征收)	
243	企业所得税	节能环保	环境保护	04061002	《财政部　国家税务总局关于中国清洁发展机制基金及清洁发展机制项目实施企业有关企业所得税政策问题的通知》财税〔2009〕30号	第一条	中国清洁发展机制基金取得的收入免征企业所得税	
244	企业所得税	节能环保	环境保护	04061004	《中华人民共和国企业所得税法》中华人民共和国主席令第63号	第二十七条第三款	从事符合条件的环境保护、节能节水项目的所得定期减免征收企业所得税	
245	企业所得税	节能环保	环境保护	04061008	《财政部　国家税务总局关于中国清洁发展机制基金及清洁发展机制项目实施企业有关企业所得税政策问题的通知》财税〔2009〕30号	第二条第二款	实施清洁发展机制项目的所得定期减免征收企业所得税	
246	企业所得税	节能环保	环境保护	04061009	《中华人民共和国企业所得税法》中华人民共和国主席令第63号	第三十四条	购置用于环境保护、节能节水、安全生产等专用设备的投资额按一定比例实行税额抵免	《财政部　国家税务总局关于执行环境保护专用设备企业所得税优惠目录节能节水专用设备企业所得税优惠目录和安全生产专用设备企业所得税优惠目录有关问题的通知》(财税〔2008〕48号)
247	企业所得税	节能环保	资源综合利用	04064001	《财政部　国家税务总局关于促进节能服务产业发展增值税营业税和企业所得税政策问题的通知》财税〔2010〕110号	第二条第(一)项	符合条件的节能服务公司实施合同能源管理项目的所得定期减免征收企业所得税	

续表

序号	收入种类	减免政策大类	减免政策小类	减免性质代码	政策名称	优惠条款	减免项目名称	关联政策条款
248	企业所得税	节能环保	资源综合利用	04064005	《中华人民共和国企业所得税法》中华人民共和国主席令第63号	第三十三条	综合利用资源生产产品取得的收入在计算应纳税所得额时减计收入	《财政部 国家税务总局关于执行资源综合利用企业所得税优惠目录有关问题的通知》(财税〔2008〕47号)第一条
249	企业所得税	支持金融资本市场	金融市场	04081507	《财政部 国家税务总局关于地方政府债券利息免征所得税问题的通知》财税〔2013〕5号	第一条	取得的地方政府债券利息收入免征企业所得税	《财政部 国家税务总局关于地方政府债券利息所得免征所得税问题的通知》(财税〔2011〕76号)第一条
250	企业所得税	支持金融资本市场	金融市场	04081508	《中华人民共和国企业所得税法实施条例》中华人民共和国国务院令第512号	第九十一条第一款	非居民企业减按10%税率征收企业所得税	
251	企业所得税	支持金融资本市场	金融市场	04081511	《中华人民共和国企业所得税法实施条例》中华人民共和国国务院令第512号	第九十一条第二款第(一)项	外国政府利息免征企业所得税	
252	企业所得税	支持金融资本市场	金融市场	04081512	《中华人民共和国企业所得税法实施条例》中华人民共和国国务院令第512号	第九十一条第二款第(二)项	国际金融组织利息免征企业所得税	
253	企业所得税	支持金融资本市场	金融市场	04081513	《财政部 国家税务总局 证监会关于QFII和RQFII取得中国境内的股票等权益性投资资产转让所得暂免征收企业所得税问题的通知》财税〔2014〕79号		QFII和RQFII股票转让免征企业所得税	
254	企业所得税	支持金融资本市场	金融市场	04081514	《财政部 国家税务总局 证监会关于沪港股票市场交易互联互通机制试点有关税收政策的通知》财税〔2014〕81号	第二条第1项	沪港通A股转让免征企业所得税	

续表

序号	收入种类	减免政策大类	减免政策小类	减免性质代码	政策名称	优惠条款	减免项目名称	关联政策条款
255	企业所得税	支持金融资本市场	金融市场	04081516	《财政部　国家税务总局关于企业所得税若干优惠政策的通知》财税〔2008〕1号	第二条第二款	投资者从证券投资基金分配中取得的收入暂不征收企业所得税	
256	企业所得税	支持金融资本市场	资本市场	04083904	《中华人民共和国企业所得税法》中华人民共和国主席令第63号	第二十六条第(一)项	国债利息收入免征企业所得税	
257	企业所得税	支持金融资本市场	资本市场	04083906	《中华人民共和国企业所得税法》中华人民共和国主席令第63号	第二十六条第(三)项	设立机构、场所的非居民企业从居民企业取得与该机构、场所有实际联系的股息、红利免税	
258	企业所得税	支持金融资本市场	资本市场	04083907	《中华人民共和国企业所得税法》中华人民共和国主席令第63号	第二十六条第二款	符合条件的居民企业之间的股息、红利等权益性投资收益免征企业所得税	《财政部　国家税务总局　证监会关于沪港股票市场交易互联互通机制试点有关税收政策的通知》(财税〔2014〕81号)第一条第(四)项第1目
259	企业所得税	支持三农	金融市场	04091505	《财政部　国家税务总局关于延续并完善支持农村金融发展有关税收政策的通知》财税〔2014〕102号	第二、三条	金融、保险等机构取得的涉农贷款利息收入、保费收入在计算应纳税所得额时减计收入	
260	企业所得税	支持三农	其他	04099905	《中华人民共和国企业所得税法》中华人民共和国主席令第63号	第二十七条第(一)项	从事农、林、牧、渔业项目的所得减免征收企业所得税	1.《财政部　国家税务总局关于发布享受企业所得税优惠政策的农产品初加工范围(试行)的通知》(财税〔2008〕149号) 2.《财政部　国家税务总局关于享受企业所得税优惠政策的农产品初加工有关范围的补充通知》(财税〔2011〕26号)

续表

序号	收入种类	减免政策大类	减免政策小类	减免性质代码	政策名称	优惠条款	减免项目名称	关联政策条款
261	企业所得税	支持文化教育体育	文化	04103206	《财政部　国家税务总局关于扶持动漫产业发展有关税收政策问题的通知》财税〔2009〕65号	第二条	动漫企业自主开发、生产动漫产品定期减免征收企业所得税	
262	企业所得税	支持文化教育体育	文化	04103214	《财政部　国家税务总局　中宣部关于继续实施文化体制改革中经营性文化事业单位转制为企业若干税收政策的通知》财税〔2014〕84号	第一条第(一)、(四)项	经营性文化事业单位转制为企业的免征企业所得税	
263	企业所得税	支持其他各项事业	公益	04120601	《中华人民共和国企业所得税法》中华人民共和国主席令第63号	第二十六条第(四)项	符合条件的非营利组织的收入免征企业所得税	《财政部　国家税务总局关于非营利组织企业所得税免税收入问题的通知》(财税〔2009〕122号)第一条
264	企业所得税	支持其他各项事业	基础设施建设	04121101	《中华人民共和国企业所得税法》中华人民共和国主席令第63号	第二十七条第二款	从事国家重点扶持的公共基础设施项目投资经营的所得定期减免征收企业所得税	1.《财政部　国家税务总局关于支持农村饮水安全工程建设运营税收政策的通知》(财税〔2012〕30号)第五条 2.《财政部　国家税务总局关于执行公共基础设施项目企业所得税优惠目录有关问题的通知》(财税〔2008〕46号)第一条 3.《财政部　国家税务总局关于公共基础设施和环境保护节能节水项目企业所得税优惠政策问题的通知》(财税〔2012〕10号)

续表

序号	收入种类	减免政策大类	减免政策小类	减免性质代码	政策名称	优惠条款	减免项目名称	关联政策条款
265	企业所得税	支持其他各项事业	交通运输	04121302	《财政部　国家税务总局关于2014、2015年铁路建设债券利息收入企业所得税政策的通知》财税〔2014〕2号	第一条	取得的中国铁路建设债券利息收入减半征收企业所得税	《财政部　国家税务总局关于铁路建设债券利息收入企业所得税政策的通知》（财税〔2011〕99号）第一条
266	企业所得税	支持其他各项事业	其他	04129910	《中华人民共和国企业所得税法》中华人民共和国主席令第63号		其他	
267	企业所得税	支持其他各项事业	其他	04129920	《中华人民共和国企业所得税法》中华人民共和国主席令第63号		固定资产或购入软件等可以加速折旧或摊销（技术进步等情况）	
268	企业所得税	支持其他各项事业	其他	04129921	《财政部　国家税务总局关于完善固定资产加速折旧企业所得税政策的通知》财税〔2014〕75号	第一、二条	固定资产加速折旧或一次性扣除（2014年后新政）	《财政部　国家税务总局关于完善固定资产加速折旧企业所得税政策的通知》（财税〔2014〕75号）第一条第2款
269	企业所得税	支持其他各项事业	其他	04129922	《财政部　国家税务总局关于企业所得税若干优惠政策的通知》财税〔2008〕1号	第四条	分配08年以前股息红利免征企业所得税	
270	企业所得税	支持其他各项事业	其他	04129999	《财政部　国家税务总局关于企业所得税若干优惠政策的通知》财税〔2008〕1号	第三条		
271	企业所得税	支持其他各项事业	其他	04129999	其他		其他	
272	企业所得税	享受税收协定待遇	股息	04135401	我国对外签订的避免双重征税协定及内地对香港和澳门签订的避免双重征税安排	税收协定中股息条款	税收协定减免股息所得企业所得税	
273	企业所得税	享受税收协定待遇	利息	04135501	我国对外签订的避免双重征税协定及内地对香港和澳门签订的避免双重征税安排	税收协定中利息条款	税收协定减免利息所得企业所得税	

续表

序号	收入种类	减免政策大类	减免政策小类	减免性质代码	政策名称	优惠条款	减免项目名称	关联政策条款
274	企业所得税	享受税收协定待遇	特许权使用费	04135601	我国对外签订的避免双重征税协定及内地对香港和澳门签订的避免双重征税安排	税收协定中特许权使用费条款	税收协定减免特许权使用费所得企业所得税	
275	企业所得税	享受税收协定待遇	财产收益	04135701	我国对外签订的避免双重征税协定及内地对香港和澳门签订的避免双重征税安排	税收协定中财产收益条款	税收协定减免财产收益所得企业所得税	
276	企业所得税	享受税收协定待遇	其他	04139901	我国对外签订的避免双重征税协定及内地对香港和澳门签订的避免双重征税安排,含税收条款的国际运输协定等其他类协定、免税协议、换函等	税收协定中常设机构和营业利润、海运、空运和陆运、其他所得条款,国际运输协定的税收条款等	税收协定和其他类协定等减免其他各类所得企业所得税	

说明:

1. 本表所列政策为税收法律法规规定、国务院制定或经国务院批准,由财政部、国家税务总局等中央机关发布的减免税政策。对于地方政府或部门依照法律法规制定发布的适用于本地的减免税政策,以各地税务机关发布的内容为准。

2. 减免性质代码:是减免税政策按收入种类、政策优惠领域类别细分条款的代码表现,用于减免税申报、备案、核准、减免退税等业务事项办理中"减免性质代码"栏目的填报。在享受增值税、消费税、营业税减免同时减免城市维护建设税、教育费附加和地方教育附加的,城市维护建设税、教育费附加和地方教育附加相应代码可以采用增值税、消费税、营业税减免性质代码。

3. 优惠条款:未填写优惠条款的代码是指本代码代表该项减免税政策中相应收入种类有关的所有减免税政策条款。

4. 减免项目名称:是减免税政策条款的简称,用于减免税申报、备案、核准、减免退税等业务事项办理中"减免项目"等栏目的填报。

5. 关联政策条款:与当前行所列政策条款属同一减免项目,办理相应减免税事项采用当前行减免性质代码。

6. 本表未包含,但现行有效的减免税政策,在减免税业务办理过程中,可选用相应收入种类下减免政策大类为"支持其他各项事业",减免政策小类为"其他"的减免性质代码。

7. 本表将根据政策发布、废止等调整情况,适时更新。

6. 国家税务总局关于更新税务行政许可事项目录的公告

（2016年2月28日　国家税务总局公告2016年第10号）

根据《国务院关于第二批取消152项中央指定地方实施行政审批事项的决定》（国发〔2016〕9号），印花税票代售许可已经取消。

现将《国家税务总局关于公布税务行政许可事项目录的公告》（国家税务总局公告2015年第87号）所附的税务行政许可事项目录更新并予以公布。

特此公告。

附件：

税务行政许可事项目录

序号	项目名称	设定依据	审批对象	审批部门
1	企业印制发票审批	《中华人民共和国税收征收管理法》第22条："增值税专用发票由国务院税务主管部门指定的企业印制；其他发票，按照国务院税务主管部门的规定，分别由省、自治区、直辖市国家税务局、地方税务局指定企业印制。未经前款规定的税务机关指定，不得印制发票。" 《中华人民共和国发票管理办法》第7条："增值税专用发票由国务院税务主管部门确定的企业印制；其他发票，按照国务院税务主管部门的规定，由省、自治区、直辖市税务机关确定的企业印制。禁止私自印制、伪造、变造发票。"第8条："印制发票的企业应当具备下列条件：（一）取得印刷经营许可证和营业执照；（二）设备、技术水平能够满足印刷发票的需要；（三）有健全的财务制度和严格的质量监督、安全管理、保密制度。税务机关应当以招标方式确定印制发票的企业，并发给发票准印证。"	印制企业	增值税专用发票由国家税务总局确定；其他发票由省、自治区、直辖市税务机关确定

续表

序号	项目名称	设定依据	审批对象	审批部门
2	对纳税人延期缴纳税款的核准	《中华人民共和国税收征收管理法》第31条第2款："纳税人因有特殊困难，不能按期缴纳税款的，经省、自治区、直辖市国家税务局、地方税务局批准，可以延期缴纳税款，但是最长不得超过三个月。" 《中华人民共和国税收征收管理法实施细则》第41条："纳税人有下列情形之一的，属于税收征管法第三十一条所称特殊困难： (一)因不可抗力，导致纳税人发生较大损失，正常生产经营活动受到较大影响的； (二)当期货币资金在扣除应付职工工资、社会保险费后，不足以缴纳税款的。 计划单列市国家税务局、地方税务局可以参照税收征管法第三十一条第二款的批准权限，审批纳税人延期缴纳税款。" 《中华人民共和国税收征收管理法实施细则》第42条第1款："纳税人需要延期缴纳税款的，应当在缴纳税款期限届满前提出申请，并报送下列材料：申请延期缴纳税款报告，当期货币资金余额情况及所有银行存款账户的对账单，资产负债表，应付职工工资和社会保险费等税务机关要求提供的支出预算。"	纳税人	省、自治区、直辖市、计划单列市国家税务局、地方税务局
3	对纳税人延期申报的核准	《中华人民共和国税收征收管理法》第27条："纳税人、扣缴义务人不能按期办理纳税申报或者报送代扣代缴、代收代缴税款报告表的，经税务机关核准，可以延期申报。" 《中华人民共和国税收征收管理法实施细则》第37条："纳税人、扣缴义务人按照规定的期限办理纳税申报或者报送代扣代缴、代收代缴税款报告表确有困难，需要延期的，应当在规定的期限内向税务机关提出书面延期申请，经税务机关核准，在核准的期限内办理。纳税人、扣缴义务人因不可抗力，不能按期办理纳税申报或者报送代扣代缴、代收代缴税款报告表的，可以延期办理；但是，应当在不可抗力情形消除后立即向税务机关报告。税务机关应当查明事实，予以核准。"	纳税人	主管税务机关
4	对纳税人变更纳税定额的核准	《中华人民共和国税收征收管理法实施细则》第47条第3款："纳税人对税务机关采取本条规定的方法核定的应纳税额有异议的，应当提供相关证据，经税务机关认定后，调整应纳税额。"	纳税人	主管税务机关
5	增值税专用发票(增值税税控系统)最高开票限额审批	《国务院对确需保留的行政审批项目设定行政许可的决定》(国务院令第412号)附件第236项：增值税防伪税控系统最高开票限额审批。	纳税人	区县税务机关
6	对采取实际利润额预缴以外的其他企业所得税预缴方式的核定	《中华人民共和国企业所得税法实施条例》第128条："企业所得税分月或分季预缴，由税务机关具体核定。企业根据企业所得税法第五十四条规定分月或者分季预缴企业所得税时，应当按照月度或者季度的实际利润额预缴；按照月度或者季度的实际利润额预缴有困难的，可以按照上一纳税年度应纳税所得额的月度或者季度平均额预缴，或者按照经税务机关认可的其他方法预缴。"	纳税人	主管税务机关

续表

序号	项目名称	设定依据	审批对象	审批部门
7	非居民企业选择由其主要机构场所汇总缴纳企业所得税的审批	《中华人民共和国企业所得税法》第51条："非居民企业取得本法第三条第二款规定的所得，以机构、场所所在地为纳税地点。非居民企业在中国境内设立两个或者两个以上机构、场所的，经税务机关审核批准，可以选择由其主要机构、场所汇总缴纳企业所得税。非居民企业取得本法第三条第三款规定的所得，以扣缴义务人所在地为纳税地点。" 《中华人民共和国企业所得税法实施条例》第127条："企业所得税法第五十一条所称经税务机关审核批准，是指经各机构、场所所在地税务机关的共同上级税务机关审核批准。非居民企业经批准汇总缴纳企业所得税后，需要增设、合并、迁移、关闭机构、场所或者停止机构、场所业务的，应当事先由负责汇总申报缴纳企业所得税的主要机构、场所向其所在地税务机关报告；需要变更汇总缴纳企业所得税的主要机构、场所的，依照前款规定办理。" **【注】经税务机关审核批准改为符合国务院主管部门规定条件的。**	非居民企业	非居民企业各机构、场所所在地税务机关的共同上级税务机关

7.国家税务总局关于发布修订后的《企业所得税优惠政策事项办理办法》的公告

（2018年4月25日　国家税务总局公告2018年第23号）

为优化税收环境，有效落实企业所得税各项优惠政策，根据《国家税务总局关于进一步深化税务系统"放管服"改革　优化税收环境的若干意见》（税总发〔2017〕101号）有关精神，现将修订后的《企业所得税优惠政策事项办理办法》予以发布。

特此公告。

附件：企业所得税优惠事项管理目录(2017年版)

企业所得税优惠政策事项办理办法

第一条　为落实国务院简政放权、放管结合、优化服务要求，规范企业所得税优惠政策事项（以下简称"优惠事项"）办理，根据《中华人民共和国企业所得税法》（以下简称"企业所得税法"）及其实施条例、《中华人民共和国税收征收管理法》（以下简称"税收征管法"）及其实施细则，制定本办法。

第二条　本办法所称优惠事项是指企业所得税法规定的优惠事项，以及国务院和民族自治地方根据企业所得税法授权制定的企业所得税优惠事项。包括免税收入、减计收入、加计扣除、加速折旧、所得减免、抵扣应纳税所得额、减低税率、税额抵免等。

第三条　优惠事项的名称、政策概述、主要政策依据、主要留存备查资料、享受优惠时间、后续管理要求等，见本公告附件《企业所得税优惠事项管理目录（2017年版）》（以下简称《目录》）。

《目录》由税务总局编制、更新。

第四条 企业享受优惠事项采取“自行判别、申报享受、相关资料留存备查”的办理方式。企业应当根据经营情况以及相关税收规定自行判断是否符合优惠事项规定的条件,符合条件的可以按照《目录》列示的时间自行计算减免税额,并通过填报企业所得税纳税申报表享受税收优惠。同时,按照本办法的规定归集和留存相关资料备查。

第五条 本办法所称留存备查资料是指与企业享受优惠事项有关的合同、协议、凭证、证书、文件、账册、说明等资料。留存备查资料分为主要留存备查资料和其他留存备查资料两类。主要留存备查资料由企业按照《目录》列示的资料清单准备,其他留存备查资料由企业根据享受优惠事项情况自行补充准备。

第六条 企业享受优惠事项的,应当在完成年度汇算清缴后,将留存备查资料归集齐全并整理完成,以备税务机关核查。

第七条 企业同时享受多项优惠事项或者享受的优惠事项按照规定分项目进行核算的,应当按照优惠事项或者项目分别归集留存备查资料。

第八条 设有非法人分支机构的居民企业以及实行汇总纳税的非居民企业机构、场所享受优惠事项的,由居民企业的总机构以及汇总纳税的主要机构、场所负责统一归集并留存备查资料。分支机构以及被汇总纳税的非居民企业机构、场所按照规定可独立享受优惠事项的,由分支机构以及被汇总纳税的非居民企业机构、场所负责归集并留存备查资料,同时分支机构以及被汇总纳税的非居民企业机构、场所应在当完成年度汇算清缴后将留存的备查资料清单送总机构以及汇总纳税的主要机构、场所汇总。

第九条 企业对优惠事项留存备查资料的真实性、合法性承担法律责任。

第十条 企业留存备查资料应从企业享受优惠事项当年的企业所得税汇算清缴期结束次日起保留10年。

第十一条 税务机关应当严格按照本办法规定的方式管理优惠事项,严禁擅自改变优惠事项的管理方式。

第十二条 企业享受优惠事项后,税务机关将适时开展后续管理。在后续管理时,企业应当根据税务机关管理服务的需要,按照规定的期限和方式提供留存备查资料,以证实享受优惠事项符合条件。其中,享受集成电路生产企业、集成电路设计企业、软件企业、国家规划布局内的重点软件企业和集成电路设计企业等优惠事项的企业,应当在完成年度汇算清缴后,按照《目录》“后续管理要求”项目中列示的清单向税务机关提交资料。

第十三条 企业享受优惠事项后发现其不符合优惠事项规定条件的,应当依法及时自行调整并补缴税款及滞纳金。

第十四条 企业未能按照税务机关要求提供留存备查资料,或者提供的留存备查资料与实际生产经营情况、财务核算情况、相关技术领域、产业、目录、资格证书等不符,无法证实符合优惠事项规定条件的,或者存在弄虚作假情况的,税务机关将依法追缴其已享受的企业所得税优惠,并按照税收征管法等相关规定处理。

第十五条 本办法适用于2017年度企业所得税汇算清缴及以后年度企业所得税优惠事项办理工作。《国家税务总局关于发布〈企业所得税优惠政策事项办理办法〉的公告》(国家税务总局公告2015年第76号)同时废止。

附件：

企业所得税优惠事项管理目录(2017年版)

序号	优惠事项名称	政策概述	主要政策依据	主要留存备查资料	享受优惠时间	后续管理要求
1	国债利息收入免征企业所得税	企业持有国务院财政部门发行的国债取得的利息收入免征企业所得税。	1.《中华人民共和国企业所得税法》第二十六条第一项； 2.《中华人民共和国企业所得税法实施条例》第八十二条； 3.《国家税务总局关于企业国债投资业务企业所得税处理问题的公告》(国家税务总局公告2011年第36号)。	1.国债净价交易交割单； 2.购买、转让国债的证明,包括持有时间、票面金额、利率等相关材料； 3.应收利息(投资收益)科目明细账或按月汇总表； 4.减免税计算过程的说明。	预缴享受	由省税务机关(含计划单列市税务机关)规定。
2	取得的地方政府债券利息收入免征企业所得税	企业取得的地方政府债券利息收入(所得)免征企业所得税。	1.《财政部　国家税务总局关于地方政府债券利息所得免征所得税问题的通知》(财税〔2011〕76号)； 2.《财政部　国家税务总局关于地方政府债券利息免征所得税问题的通知》(财税〔2013〕5号)。	1.购买地方政府债券证明,包括持有时间、票面金额、利率等相关材料； 2.应收利息(投资收益)科目明细账或按月汇总表； 3.减免税计算过程的说明。	预缴享受	由省税务机关(含计划单列市税务机关)规定。
3	符合条件的居民企业之间的股息、红利等权益性投资收益免征企业所得税	居民企业直接投资于其他居民企业取得的权益性投资收益免征企业所得税。所称股息、红利等权益性投资收益,不包括连续持有居民企业公开发行并上市流通的股票不足12个月取得的投资收益。	1.《中华人民共和国企业所得税法》第二十六条第二项； 2.《中华人民共和国企业所得税法实施条例》第十七条、第八十三条； 3.《财政部　国家税务总局关于执行企业所得税优惠政策若干问题的通知》(财税〔2009〕69号)； 4.《国家税务总局关于贯彻落实企业所得税法若干税收问题的通知》(国税函〔2010〕79号)。	1.被投资企业的最新公司章程(企业在证券交易市场购买上市公司股票获得股权的,提供相关记账凭证、本公司持股比例以及持股时间超过12个月情况说明)； 2.被投资企业股东会(或股东大会)利润分配决议或公告、分配表； 3.被投资企业进行清算所得税处理的,留存被投资企业填报的加盖主管税务机关受理章的《中华人民共和国清算所得税申报表》及附表三《剩余财产计算和分配明细表》复印件； 4.投资收益、应收股利科目明细账或按月汇总表。	预缴享受	由省税务机关(含计划单列市税务机关)规定。

续表

序号	优惠事项名称	政策概述	主要政策依据	主要留存备查资料	享受优惠时间	后续管理要求
4	内地居民企业通过沪港通投资且连续持有H股满12个月取得的股息红利所得免征企业所得税	对内地企业投资者通过沪港通投资香港联交所上市股票取得的股息红利所得，计入其收入总额，依法计征企业所得税。其中，内地居民企业连续持有H股满12个月取得的股息红利所得，依法免征企业所得税。	《财政部　国家税务总局　证监会关于沪港股票市场交易互联互通机制试点有关税收政策的通知》（财税〔2014〕81号）。	1. 相关记账凭证、本公司持股比例以及持股时间超过12个月的情况说明； 2. 被投资企业股东会（或股东大会）利润分配决议或公告、分配表； 3. 投资收益、应收股利科目明细账或按月汇总表。	预缴享受	由省税务机关（含计划单列市税务机关）规定。
5	内地居民企业通过深港通投资且连续持有H股满12个月取得的股息红利所得免征企业所得税	对内地企业投资者通过深港通投资香港联交所上市股票取得的股息红利所得，计入其收入总额，依法计征企业所得税。其中，内地居民企业连续持有H股满12个月取得的股息红利所得，依法免征企业所得税。	《财政部　国家税务总局　证监会关于深港股票市场交易互联互通机制试点有关税收政策的通知》（财税〔2016〕127号）。	1. 相关记账凭证、本公司持股比例以及持股时间超过12个月的情况说明； 2. 被投资企业股东会（或股东大会）利润分配决议或公告、分配表； 3. 投资收益、应收股利科目明细账或按月汇总表。	预缴享受	由省税务机关（含计划单列市税务机关）规定。

续表

序号	优惠事项名称	政策概述	主要政策依据	主要留存备查资料	享受优惠时间	后续管理要求
6	符合条件的非营利组织的收入免征企业所得税	符合条件的非营利组织取得的捐赠收入、不征税收入以外的政府补助收入（但不包括政府购买服务取得的收入）、会费收入、不征税收入和免税收入孳生的银行存款利息收入等为免税收入。免税收入不包括非营利组织从事营利性活动取得的收入。	1.《中华人民共和国企业所得税法》第二十六条第四项； 2.《中华人民共和国企业所得税法实施条例》第八十四条、第八十五条； 3.《财政部 国家税务总局关于非营利组织企业所得税免税收入问题的通知》（财税〔2009〕122号）； 4.《财政部 国家税务总局关于非营利组织免税资格认定管理有关问题的通知》（财税〔2014〕13号）； 5.《财政部 国家税务总局关于非营利组织免税资格认定管理有关问题的通知》（财税〔2018〕13号）。	1.非营利组织免税资格有效认定文件或其他相关证明； 2.非营利组织认定资料； 3.当年资金来源及使用情况、公益活动和非营利活动的明细情况； 4.当年工资薪金情况专项报告，包括薪酬制度、工作人员整体平均工资薪金水平、工资福利占总支出比例、重要人员工资薪金信息（至少包括工资薪金水平排名前10的人员）； 5.当年财务报表； 6.登记管理机关出具的事业单位、社会团体、基金会、社会服务机构、宗教活动场所、宗教院校当年符合相关法律法规和国家政策的事业发展情况或非营利活动的材料； 7.应纳税收入及其有关的成本、费用、损失，与免税收入及其有关的成本、费用、损失分别核算的情况说明； 8.取得各类免税收入的情况说明； 9.各类免税收入的凭证。	预缴享受	由省税务机关（含计划单列市税务机关）规定。

续表

序号	优惠事项名称	政策概述	主要政策依据	主要留存备查资料	享受优惠时间	后续管理要求
7	符合条件的非营利组织（科技企业孵化器）的收入免征企业所得税	符合非营利组织条件的科技企业孵化器的收入，按照企业所得税法及其实施条例和有关税收政策规定享受企业所得税优惠政策。	1.《中华人民共和国企业所得税法》第二十六条第四项； 2.《中华人民共和国企业所得税法实施条例》第八十四条、第八十五条； 3.《财政部　国家税务总局关于非营利组织企业所得税免税收入问题的通知》（财税〔2009〕122号）； 4.《财政部　国家税务总局关于非营利组织免税资格认定管理有关问题的通知》（财税〔2014〕13号）； 5.《财政部　国家税务总局关于科技企业孵化器税收政策的通知》（财税〔2016〕89号）； 6.《财政部　国家税务总局关于非营利组织免税资格认定管理有关问题的通知》（财税〔2018〕13号）。	1.非营利组织免税资格有效认定文件或其他相关证明； 2.非营利组织认定资料； 3.当年资金来源及使用情况、公益活动和非营利活动的明细情况； 4.当年工资薪金情况专项报告，包括薪酬制度、工作人员整体平均工资薪金水平、工资福利占总支出比例、重要人员工资薪金信息（至少包括工资薪金水平排名前10的人员）； 5.当年财务报表； 6.登记管理机关出具的事业单位、社会团体、基金会、社会服务机构、宗教活动场所、宗教院校当年符合相关法律法规和国家政策的事业发展情况或非营利活动的材料； 7.应纳税收入及其有关的成本、费用、损失，与免税收入及其有关的成本、费用、损失分别核算的情况说明； 8.取得各类免税收入的情况说明； 9.各类免税收入的凭证。	预缴享受	由省税务机关（含计划单列市税务机关）规定。

续表

序号	优惠事项名称	政策概述	主要政策依据	主要留存备查资料	享受优惠时间	后续管理要求
8	符合条件的非营利组织（国家大学科技园）的收入免征企业所得税	符合非营利组织条件的国家大学科技园的收入，按照企业所得税法及其实施条例和有关税收政策规定享受企业所得税优惠政策。	1.《中华人民共和国企业所得税法》第二十六条第四项； 2.《中华人民共和国企业所得税法实施条例》第八十四条、第八十五条； 3.《财政部　国家税务总局关于非营利组织企业所得税免税收入问题的通知》（财税〔2009〕122号）； 4.《财政部　国家税务总局关于非营利组织免税资格认定管理有关问题的通知》（财税〔2014〕13号）； 5.《财政部　国家税务总局关于国家大学科技园税收政策的通知》（财税〔2016〕98号）； 6.《财政部　国家税务总局关于非营利组织免税资格认定管理有关问题的通知》（财税〔2018〕13号）。	1.非营利组织免税资格有效认定文件或其他相关证明； 2.非营利组织认定资料； 3.当年资金来源及使用情况、公益活动和非营利活动的明细情况； 4.当年工资薪金情况专项报告，包括薪酬制度、工作人员整体平均工资薪金水平、工资福利占总支出比例、重要人员工资薪金信息（至少包括工资薪金水平排名前10的人员）； 5.当年财务报表； 6.登记管理机关出具的事业单位、社会团体、基金会、社会服务机构、宗教活动场所、宗教院校当年符合相关法律法规和国家政策的事业发展情况或非营利活动的材料； 7.应纳税收入及其有关的成本、费用、损失，与免税收入及其有关的成本、费用、损失分别核算的情况说明； 8.取得各类免税收入的情况说明； 9.各类免税收入的凭证。	预缴享受	由省税务机关（含计划单列市税务机关）规定。

续表

序号	优惠事项名称	政策概述	主要政策依据	主要留存备查资料	享受优惠时间	后续管理要求
9	投资者从证券投资基金分配中取得的收入暂不征收企业所得税	对投资者从证券投资基金分配中取得的收入，暂不征收企业所得税。	《财政部　国家税务总局关于企业所得税若干优惠政策的通知》（财税〔2008〕1号）。	1. 购买证券投资基金记账凭证； 2. 证券投资基金分配公告； 3. 免税的分配收入明细账及按月汇总表。	预缴享受	由省税务机关（含计划单列市税务机关）规定。
10	中国清洁发展机制基金取得的收入免征企业所得税	中国清洁发展机制基金取得的CDM项目温室气体减排量转让收入上缴国家的部分，国际金融组织赠款收入，基金资金的存款利息收入、购买国债的利息收入，国内外机构、组织和个人的捐赠收入，免征企业所得税。	《财政部　国家税务总局关于中国清洁发展机制基金及清洁发展机制项目实施企业有关企业所得税若干优惠政策问题的通知》（财税〔2009〕30号）。	由省税务机关规定。	预缴享受	由省税务机关规定。
11	中国保险保障基金有限责任公司取得的保险保障基金等收入免征企业所得税	对中国保险保障基金有限责任公司（以下简称保险保障基金公司）根据《保险保障基金管理办法》取得的下列收入，免征企业所得税： 1. 境内保险公司依法缴纳的保险保障基金； 2. 依法从撤销或破产保险公司清算财产中获得的受偿收入和向有关责任方追偿所得，以及依法从保险公司风险处置中获得的财产转让所得； 3. 接受捐赠收入； 4. 银行存款利息收入； 5. 购买政府债券、中央银行、中央企业和中央级金融机构发行债券的利息收入； 6. 国务院批准的其他资金运用取得的收入。	《财政部　国家税务总局关于保险保障基金有关税收政策问题的通知》（财税〔2018〕41号）。	由省税务机关规定。	预缴享受	由省税务机关规定。

续表

序号	优惠事项名称	政策概述	主要政策依据	主要留存备查资料	享受优惠时间	后续管理要求
12	中央电视台的广告费和有线电视费收入免征企业所得税	中央电视台的广告费和有线电视费收入，免予征收企业所得税。	《财政部　国家税务总局关于中央电视台广告费和有线电视费收入企业所得税政策问题的通知》（财税〔2016〕80号）。	由省税务机关规定。	预缴享受	由省税务机关规定。
13	中国奥委会取得的由北京冬奥组委支付的收入	对按中国奥委会、主办城市签订的《联合市场开发计划协议》和中国奥委会、主办城市、国际奥委会签订的《主办城市合同》规定，中国奥委会取得的由北京冬奥组委分期支付的收入、按比例支付的盈余分成收入免征企业所得税。	《财政部　税务总局　海关总署关于北京2022年冬奥会和冬残奥会税收政策的通知》（财税〔2017〕60号）。	由省税务机关规定。	预缴享受	由省税务机关规定。
14	中国残奥委会取得的由北京冬奥组委分期支付的收入免征企业所得税	对中国残奥委会根据《联合市场开发计划协议》取得的由北京冬奥组委分期支付的收入免征企业所得税。	《财政部　税务总局　海关总署关于北京2022年冬奥会和冬残奥会税收政策的通知》（财税〔2017〕60号）。	由省税务机关规定。	预缴享受	由省税务机关规定。
15	综合利用资源生产产品取得的收入在计算应纳税所得额时减计收入	企业以《资源综合利用企业所得税优惠目录》规定的资源作为主要原材料，生产国家非限制和非禁止并符合国家及行业相关标准的产品取得的收入，减按90%计入企业当年收入总额。	1.《中华人民共和国企业所得税法》第三十三条； 2.《中华人民共和国企业所得税法实施条例》第九十九条； 3.《财政部　国家税务总局关于执行资源综合利用企业所得税优惠目录有关问题的通知》（财税〔2008〕47号）； 4.《财政部　国家税务总局　国家发展改革委关于公布资源综合利用企业所得税优惠目录（2008年版）的通知》（财税〔2008〕117号）。	1.企业实际资源综合利用情况（包括综合利用的资源、技术标准、产品名称等）的说明； 2.综合利用资源生产产品取得的收入核算情况说明。	预缴享受	由省税务机关（含计划单列市税务机关）规定。

续表

序号	优惠事项名称	政策概述	主要政策依据	主要留存备查资料	享受优惠时间	后续管理要求
16	金融机构取得的涉农贷款利息收入在计算应纳税所得额时减计收入	对金融机构农户小额贷款的利息收入在计算应纳税所得额时，按90%计入收入总额。	《财政部　税务总局关于延续支持农村金融发展有关税收政策的通知》（财税〔2017〕44号）。	1. 相关利息收入的核算情况说明； 2. 相关贷款合同。	预缴享受	由省税务机关（含计划单列市税务机关）规定。
17	保险机构取得的涉农保费收入在计算应纳税所得额时减计收入	对保险公司为种植业、养殖业提供保险业务的保费收入，在计算应纳税所得额时，按90%计入收入总额。	《财政部　税务总局关于延续支持农村金融发展有关税收政策的通知》（财税〔2017〕44号）。	1. 相关保费收入的核算情况说明； 2. 相关保险合同。	预缴享受	由省税务机关（含计划单列市税务机关）规定。
18	小额贷款公司取得的农户小额贷款利息收入在计算应纳税所得额时减计收入	对经省级金融管理部门（金融办、局等）批准成立的小额贷款公司取得的农户小额贷款利息收入，在计算应纳税所得额时，按90%计入收入总额。	《财政部　税务总局关于小额贷款公司有关税收政策的通知》（财税〔2017〕48号）。	1. 相关利息收入的核算情况说明； 2. 相关贷款合同； 3. 省级金融管理部门（金融办、局等）出具的小额贷款公司准入资格文件。	预缴享受	由省税务机关（含计划单列市税务机关）规定。
19	取得铁路债券利息收入减半征收企业所得税	企业持有铁路债券取得的利息收入，减半征收企业所得税。	1.《财政部　国家税务总局关于铁路建设债券利息收入企业所得税政策的通知》（财税〔2011〕99号）； 2.《财政部　国家税务总局关于2014 2015年铁路建设债券利息收入企业所得税政策的通知》（财税〔2014〕2号）； 3.《财政部　国家税务总局关于铁路债券利息收入所得税政策问题的通知》（财税〔2016〕30号）； 4.《财政部　国家税务总局关于铁路债券利息收入所得税政策的公告》（财政部 国家税务总局公告2019年第57号）。	1. 购买铁路债券证明资料，包括持有时间、票面金额、利率等相关资料； 2. 应收利息（投资收益）科目明细账或按月汇总表； 3. 减免税计算过程的说明。	预缴享受	由省税务机关（含计划单列市税务机关）规定。

续表

序号	优惠事项名称	政策概述	主要政策依据	主要留存备查资料	享受优惠时间	后续管理要求
20	开发新技术、新产品、新工艺发生的研究开发费用加计扣除	企业为开发新技术、新产品、新工艺发生的研究开发费用，未形成无形资产计入当期损益的，在按照规定据实扣除的基础上，按照研究开发费用的50%加计扣除；形成无形资产的，按照无形资产成本150%摊销。对从事文化产业支撑技术等领域的文化企业，开发新技术、新产品、新工艺发生的研究开发费用，允许按照税收法律法规的规定，在计算应纳税所得额时加计扣除。 企业开展研发活动中实际发生的研发费用，未形成无形资产计入当期损益的，在按规定据实扣除的基础上，在2018年1月1日至2020年12月31日期间，再按照实际发生额的75%在税前加计扣除；形成无形资产的，在上述期间按照无形资产成本的175%在税前摊销。	1.《中华人民共和国企业所得税法》第三十条； 2.《中华人民共和国企业所得税法实施条例》第九十五条； 3.《财政部　海关总署　国家税务总局关于继续实施支持文化企业发展若干税收政策的通知》（财税〔2014〕85号）； 4.《财政部　国家税务总局　科技部关于完善研究开发费用税前加计扣除政策的通知》（财税〔2015〕119号）； 5.《科技部　财政部　国家税务总局关于进一步做好企业研发费用加计扣除政策落实工作的通知》（国科发政〔2017〕211号）； 6.《国家税务总局关于企业研发费用税前加计扣除政策有关问题的公告》（国家税务总局公告2015年第97号）； 7.《国家税务总局关于研发费用税前加计扣除政策有关问题的公告》（国家税务总局公告2017年第40号）； 8.《财政部　国家税务总局　科技部关于企业委托境外研究开发费用税前加计扣除有关政策问题的通知》（财税〔2018〕64号）； 9.《财政部　国家税务总局　科技部关于提高研究开发费用税前加计扣除比例的通知》（财税〔2018〕99号）。	1. 自主、委托、合作研究开发项目计划书和企业有权部门关于自主、委托、合作研究开发项目立项的决议文件； 2. 自主、委托、合作研究开发专门机构或项目组的编制情况和研发人员名单； 3. 经科技行政主管部门登记的委托、合作研究开发项目的合同； 4. 从事研发活动的人员（包括外聘人员）和用于研发活动的仪器、设备、无形资产的费用分配说明（包括工作使用情况记录及费用分配计算证据材料）； 5. 集中研发项目研发费决算表、集中研发项目费用分摊明细情况表和实际分享收益比例等资料； 6. “研发支出”辅助账及汇总表； 7. 企业如果已取得地市级（含）以上科技行政主管部门出具的鉴定意见，应作为资料留存备查。	汇缴享受	由省税务机关（含计划单列市税务机关）规定。

续表

序号	优惠事项名称	政策概述	主要政策依据	主要留存备查资料	享受优惠时间	后续管理要求
21	企业为获得创新性、创意性、突破性的产品进行创意设计活动而发生的相关费用加计扣除	企业为获得创新性、创意性、突破性的产品进行创意设计活动而发生的相关费用,可以按照规定进行税前加计扣除。创意设计活动是指多媒体软件、动漫游戏软件开发,数字动漫、游戏设计制作;房屋建筑工程设计(绿色建筑评价标准为三星)、风景园林工程专项设计;工业设计、多媒体设计、动漫及衍生产品设计、模型设计等。	1.《财政部 国家税务总局 科技部关于完善研究开发费用税前加计扣除政策的通知》(财税〔2015〕119号); 2.《国家税务总局关于企业研发费用税前加计扣除政策有关问题的公告》(国家税务总局公告2015年第97号); 3.《国家税务总局关于研发费用税前加计扣除政策有关问题的公告》(国家税务总局公告2017年第40号)。	1.创意设计活动相关合同; 2.创意设计活动相关费用核算情况的说明。	汇缴享受	由省税务机关(含计划单列市税务机关)规定。

续表

序号	优惠事项名称	政策概述	主要政策依据	主要留存备查资料	享受优惠时间	后续管理要求
22	科技型中小企业开发新技术、新产品、新工艺发生的研究开发费用加计扣除	科技型中小企业开展研发活动中实际发生的研发费用，未形成无形资产计入当期损益的，在按规定据实扣除的基础上，再按照实际发生额的75%在税前加计扣除；形成无形资产的，在上述期间按照无形资产成本的175%在税前摊销。	1.《中华人民共和国企业所得税法》第三十条； 2.《中华人民共和国企业所得税法实施条例》第九十五条； 3.《财政部　国家税务总局　科技部关于完善研究开发费用税前加计扣除政策的通知》（财税〔2015〕119号）； 4.《财政部　税务总局　科技部关于提高科技型中小企业研究开发费用税前加计扣除比例的通知》（财税〔2017〕34号）； 5.《科技部　财政部　国家税务总局关于印发〈科技型中小企业评价办法〉的通知》（国科发政〔2017〕115号）； 6.《国家税务总局关于企业研发费用税前加计扣除政策有关问题的公告》（国家税务总局公告2015年第97号）； 7.《国家税务总局关于提高科技型中小企业研究开发费用税前加计扣除比例有关问题的公告》（国家税务总局公告2017年第18号）； 8.《国家税务总局关于研发费用税前加计扣除政策有关问题的公告》（国家税务总局公告2017年第40号）； 9.《财政部　国家税务总局　科技部关于企业委托境外研究开发费用税前加计扣除有关政策问题的通知》（财税〔2018〕64号）。	1. 自主、委托、合作研究开发项目计划书和企业有权部门关于自主、委托、合作研究开发项目立项的决议文件； 2. 自主、委托、合作研究开发专门机构或项目组的编制情况和研发人员名单； 3. 经科技行政主管部门登记的委托、合作研究开发项目的合同； 4. 从事研发活动的人员（包括外聘人员）和用于研发活动的仪器、设备、无形资产的费用分配说明（包括工作使用情况记录及费用分配计算证据材料）； 5. 集中研发项目研发费决算表、集中研发项目费用分摊明细情况表和实际分享收益比例等资料； 6. “研发支出”辅助账及汇总表； 7. 企业已取得的地市级（含）以上科技行政主管部门出具的鉴定意见； 8. 科技型中小企业取得的入库登记编号证明资料。	汇缴享受	由省税务机关（含计划单列市税务机关）规定。

续表

序号	优惠事项名称	政策概述	主要政策依据	主要留存备查资料	享受优惠时间	后续管理要求
23	安置残疾人员所支付的工资加计扣除	企业安置残疾人员的，在按照支付给残疾职工工资据实扣除的基础上，按照支付给残疾职工工资的100%加计扣除。残疾人员的范围适用《中华人民共和国残疾人保障法》的有关规定。	1.《中华人民共和国企业所得税法》第三十条； 2.《中华人民共和国企业所得税法实施条例》第九十六条； 3.《财政部 国家税务总局关于安置残疾人员就业有关企业所得税优惠政策问题的通知》(财税〔2009〕70号)。	1.为安置的每位残疾人按月足额缴纳了企业所在区县人民政府根据国家政策规定的基本养老保险、基本医疗保险、失业保险和工伤保险等社会保险证明资料； 2.通过非现金方式支付工资薪酬的证明； 3.安置残疾职工名单及其《残疾人证》或《残疾军人证》； 4.与残疾人员签订的劳动合同或服务协议。	汇缴享受	由省税务机关(含计划单列市税务机关)规定。
24	从事农、林、牧、渔业项目的所得减免征收企业所得税	企业从事蔬菜、谷物、薯类、油料、豆类、棉花、麻类、糖料、水果、坚果的种植，农作物新品种选育，中药材种植，林木培育和种植，牲畜、家禽饲养，林产品采集，灌溉、农产品初加工、兽医、农技推广、农机作业和维修等农、林、牧、渔服务业项目，远洋捕捞项目所得免征企业所得税。企业从事花卉、茶以及其他饮料作物和香料作物种植，海水养殖、内陆养殖项目所得减半征收企业所得税。“公司＋农户”经营模式从事农、林、牧、渔业项目生产企业，可以按照《中华人民共和国企业所得税法实施条例》第八十六条的有关规定，享受减免企业所得税优惠政策。	1.《中华人民共和国企业所得税法》第二十七条第一项； 2.《中华人民共和国企业所得税法实施条例》第八十六条； 3.《财政部 国家税务总局关于发布享受企业所得税优惠政策的农产品初加工范围(试行)的通知》(财税〔2008〕149号)； 4.《财政部 国家税务总局关于享受企业所得税优惠的农产品初加工有关范围的补充通知》(财税〔2011〕26号)； 5.《国家税务总局关于黑龙江垦区国有农场土地承包费缴纳企业所得税问题的批复》(国税函〔2009〕779号)； 6.《国家税务总局关于“公司＋农户”经营模式企业所得税优惠问题的公告》(国家税务总局公告2010年第2号)； 7.《国家税务总局关于实施农林牧渔业项目企业所得税优惠问题的公告》(国家税务总局公告2011年第48号)。	1.企业从事相关业务取得的资格证书或证明资料，包括有效期内的远洋渔业企业资格证书、从事农作物新品种选育的认定证书、动物防疫条件合格证、林木种子生产经营许可证、兽医的资格证明等； 2.与农户签订的委托养殖合同(“公司＋农户”经营模式的企业)； 3.与家庭承包户签订的内部承包合同(国有农场实行内部家庭承包经营)； 4.农产品初加工项目及工艺流程说明(两个或两个以上的分项目说明)； 5.同时从事适用不同企业所得税待遇项目的，每年度单独计算减免税项目所得的计算过程及其相关账册，期间费用合理分摊的依据和标准； 6.生产场地证明资料，包括土地使用权证、租用合同等； 7.企业委托或受托其他企业或个人从事符合规定的农林牧渔业项目的委托合同、受托合同、支出明细等证明材料。	预缴享受	由省税务机关(含计划单列市税务机关)规定。

续表

序号	优惠事项名称	政策概述	主要政策依据	主要留存备查资料	享受优惠时间	后续管理要求
25	从事国家重点扶持的公共基础设施项目投资经营的所得定期减免企业所得税	企业从事《公共基础设施项目企业所得税优惠目录》规定的港口码头、机场、铁路、公路、城市公共交通、电力、水利等项目的投资经营的所得，自项目取得第一笔生产经营收入所属纳税年度起，第一年至第三年免征企业所得税，第四年至第六年减半征收企业所得税；企业承包经营、承包建设和内部自建自用的项目，不得享受上述规定的企业所得税优惠。饮水工程运营管理单位从事《公共基础设施项目企业所得税优惠目录》规定的饮水工程新建项目投资经营的所得，自项目取得第一笔生产经营收入所属纳税年度起，第一年至第三年免征企业所得税，第四年至第六年减半征收企业所得税。	1.《中华人民共和国企业所得税法》第二十七条第二项； 2.《中华人民共和国企业所得税法实施条例》第八十七条、第八十九条； 3.《财政部　国家税务总局关于执行公共基础设施项目企业所得税优惠目录有关问题的通知》（财税〔2008〕46号）； 4.《财政部　国家税务总局　国家发展改革委关于公布公共基础设施项目企业所得税优惠目录（2008年版）的通知》（财税〔2008〕116号）； 5.《财政部　国家税务总局关于公共基础设施项目和环境保护　节能节水项目企业所得税优惠政策问题的通知》（财税〔2012〕10号）； 6.《财政部　国家税务总局关于公共基础设施项目享受企业所得税优惠政策问题的补充通知》（财税〔2014〕55号）； 7.《财政部　国家税务总局关于继续实行农村饮水安全工程建设运营税收优惠政策的通知》（财税〔2016〕19号）； 8.《国家税务总局关于实施国家重点扶持的公共基础设施项目企业所得税优惠问题的通知》（国税发〔2009〕80号）； 9.《国家税务总局关于电网企业电网新建项目享受所得税优惠政策问题的公告》（国家税务总局公告2013年第26号）； 10.《财政部　国家税务总局关于继续实行农村饮水安全工程税收优惠政策的公告》（财政部　国家税务总局公告2019年第67号）。	1.有关部门批准该项目文件； 2.公共基础设施项目建成并投入运行后取得的第一笔生产经营收入凭证（原始凭证及账务处理凭证）； 3.公共基础设施项目完工验收报告； 4.项目权属变动情况及转让方已享受优惠情况的说明及证明资料（优惠期间项目权属发生变动的）； 5.公共基础设施项目所得分项目核算资料，以及合理分摊期间共同费用的核算资料； 6.符合《公共基础设施项目企业所得税优惠目录》规定范围、条件和标准的情况说明及证据资料。	预缴享受	由省税务机关（含计划单列市税务机关）规定。

续表

序号	优惠事项名称	政策概述	主要政策依据	主要留存备查资料	享受优惠时间	后续管理要求
26	从事符合条件的环境保护、节能节水项目的所得定期减免企业所得税	企业从事《环境保护、节能节水项目企业所得税优惠目录》所列项目的所得,自项目取得第一笔生产经营收入所属纳税年度起,第一年至第三年免征企业所得税,第四年至第六年减半征收企业所得税。	1.《中华人民共和国企业所得税法》第二十七条第三项; 2.《中华人民共和国企业所得税法实施条例》第八十八条、第八十九条; 3.《财政部　国家税务总局　国家发展改革委关于公布环境保护节能节水项目企业所得税优惠目录(试行)的通知》(财税〔2009〕166号); 4.《财政部　国家税务总局关于公共基础设施项目和环境保护　节能节水项目企业所得税优惠政策问题的通知》(财税〔2012〕10号); 5.《财政部　国家税务总局　国家发展改革委关于垃圾填埋沼气发电列入〈环境保护、节能节水项目企业所得税优惠目录(试行)〉的通知》(财税〔2016〕131号)。	1.符合《环境保护、节能节水项目企业所得税优惠目录》规定范围、条件和标准的情况说明及证据资料; 2.环境保护、节能节水项目取得的第一笔生产经营收入凭证(原始凭证及账务处理凭证); 3.环境保护、节能节水项目所得分项目核算资料,以及合理分摊期间共同费用的核算资料; 4.项目权属变动情况及转让方已享受优惠情况的说明及证明资料(优惠期间项目权属发生变动的)。	预缴享受	由省税务机关(含计划单列市税务机关)规定。

续表

序号	优惠事项名称	政策概述	主要政策依据	主要留存备查资料	享受优惠时间	后续管理要求
27	符合条件的技术转让所得减免征收企业所得税	一个纳税年度内，居民企业技术转让所得不超过500万元的部分，免征企业所得税；超过500万元的部分，减半征收企业所得税。	1.《中华人民共和国企业所得税法》第二十七条第四项； 2.《中华人民共和国企业所得税法实施条例》第九十条； 3.《财政部　国家税务总局关于居民企业技术转让有关企业所得税政策问题的通知》（财税〔2010〕111号）； 4.《财政部　国家税务总局关于将国家自主创业示范区有关税收试点政策推广到全国范围实施的通知》（财税〔2015〕116号）； 5.《国家税务总局关于技术转让所得减免企业所得税有关问题的通知》（国税函〔2009〕212号）； 6.《国家税务总局关于技术转让所得减免企业所得税有关问题的公告》（国家税务总局公告2013年第62号）； 7.《国家税务总局关于许可使用权技术转让所得企业所得税有关问题的公告》（国家税务总局公告2015年第82号）。	1.所转让的技术产权证明； 2.企业发生境内技术转让： （1）技术转让合同（副本）； （2）技术合同登记证明； （3）技术转让所得归集、分摊、计算的相关资料； （4）实际缴纳相关税费的证明资料； 3.企业向境外转让技术： （1）技术出口合同（副本）； （2）技术出口合同登记证书或技术出口许可证； （3）技术出口合同数据表； （4）技术转让所得归集、分摊、计算的相关资料； （5）实际缴纳相关税费的证明资料； （6）有关部门按照商务部、科技部发布的《中国禁止出口限制出口技术目录》出具的审查意见； 4.转让技术所有权的，其成本费用情况；转让使用权的，其无形资产费用摊销情况； 5.技术转让年度，转让双方股权关联情况。	预缴享受	由省税务机关（含计划单列市税务机关）规定。

续表

序号	优惠事项名称	政策概述	主要政策依据	主要留存备查资料	享受优惠时间	后续管理要求
28	实施清洁发展机制项目的所得定期减免企业所得税	清洁发展机制项目(以下简称“CDM项目”)实施企业将温室气体减排量转让收入的65%上缴给国家的HFC和PFC类CDM项目,以及将温室气体减排量转让收入的30%上缴给国家的N2O类CDM项目,其实施该类CDM项目的所得,自项目取得第一笔减排量转让收入所属纳税年度起,第一年至第三年免征企业所得税,第四年至第六年减半征收企业所得税。	《财政部 国家税务总局关于中国清洁发展机制基金及清洁发展机制项目实施企业有关企业所得税政策问题的通知》(财税〔2009〕30号)。	1.清洁发展机制项目立项有关文件; 2.企业将温室气体减排量转让的HFC和PFC类CDM项目,及将温室气体减排量转让的N2O类CDM项目的证明材料; 3.将温室气体减排量转让收入上缴给国家的证明资料; 4.清洁发展机制项目第一笔减排量转让收入凭证(原始凭证及账务处理凭证); 5.清洁发展机制项目所得单独核算资料,以及合理分摊期间共同费用的核算资料。	预缴享受	由省税务机关(含计划单列市税务机关)规定。
29	符合条件的节能服务公司实施合同能源管理项目的所得定期减免企业所得税	对符合条件的节能服务公司实施合同能源管理项目,符合企业所得税税法有关规定的,自项目取得第一笔生产经营收入所属纳税年度起,第一年至第三年免征企业所得税,第四年至第六年按照25%的法定税率减半征收企业所得税。	1.《财政部 国家税务总局关于促进节能服务产业发展增值税营业税和企业所得税政策问题的通知》(财税〔2010〕110号); 2.《国家税务总局 国家发展改革委关于落实节能服务企业合同能源管理项目企业所得税优惠政策有关征收管理问题的公告》(国家税务总局 国家发展改革委公告2013年第77号)。	1.能源管理合同; 2.国家发展改革委、财政部公布的第三方机构出具的合同能源管理项目情况确认表,或者政府节能主管部门出具的合同能源管理项目确认意见; 3.项目转让合同、项目原享受优惠的备案文件(项目发生转让的,受让节能服务企业); 4.合同能源管理项目取得第一笔生产经营收入凭证(原始凭证及账务处理凭证); 5.合同能源管理项目应纳税所得额计算表; 6.合同能源管理项目所得单独核算资料,以及合理分摊期间共同费用的核算资料。	预缴享受	由省税务机关(含计划单列市税务机关)规定。

续表

序号	优惠事项名称	政策概述	主要政策依据	主要留存备查资料	享受优惠时间	后续管理要求
30	线宽小于130纳米的集成电路生产项目的所得减免企业所得税	2018年1月1日后投资新设的集成电路线宽小于130纳米，且经营期在10年以上的集成电路项目，第一年至第二年免征企业所得税，第三年至第五年按照25%的法定税率减半征收企业所得税，并享受至期满为止。	1.《财政部　国家税务总局　发展改革委　工业和信息化部关于软件和集成电路产业企业所得税优惠政策有关问题的通知》（财税〔2016〕49号）； 2.《财政部　税务总局　国家发展改革委　工业和信息化部关于集成电路生产企业有关企业所得税政策问题的通知》（财税〔2018〕27号）； 3.《国家税务总局关于执行软件企业所得税优惠政策有关问题的公告》（国家税务总局公告2013年第43号）； 4.《财政部　国家税务总局关于集成电路设计和软件产业企业所得税政策的公告》（财政部　国家税务总局公告2019年第68号）。	后续管理要求提交资料的留存件。	预缴享受	在汇算清缴期结束前向税务机关提交以下资料： 1.在发展改革或工业和信息化部门立项的备案文件（应注明总投资额、工艺线宽标准）复印件以及企业取得的其他相关资质证书复印件等； 2.企业职工人数、学历结构、研究开发人员情况及其占企业职工总数的比例说明，以及汇算清缴年度最后一个月社会保险缴纳证明等相关证明材料； 3.加工集成电路产品主要列表及国家知识产权局（或国外知识产权相关主管机构）出具的企业自主开发或拥有的一至两份代表性知识产权（如专利、布图设计登记、软件著作权等）的证明材料； 4.经具有资质的中介机构鉴证的企业财务会计报告（包括会计报表、会计报表附注和财务情况说明书）以及集成电路制造销售（营业）收入、研究开发费用、境内研究开发费用等情况说明； 5.与主要客户签订的一至两份代表性销售合同复印件； 6.保证产品质量的相关证明材料（如质量管理认证证书复印件等）。

续表

序号	优惠事项名称	政策概述	主要政策依据	主要留存备查资料	享受优惠时间	后续管理要求
31	线宽小于65纳米或投资额超过150亿元的集成电路生产项目的所得减免企业所得税	2018年1月1日后投资新设的集成电路线宽小于65纳米或投资额超过150亿元，且经营期在15年以上的集成电路项目，第一年至第五年免征企业所得税，第六年至第十年按照25%的法定税率减半征收企业所得税，并享受至期满为止。	1.《财政部　国家税务总局　发展改革委　工业和信息化部关于软件和集成电路产业企业所得税优惠政策有关问题的通知》(财税〔2016〕49号)； 2.《财政部　税务总局　国家发展改革委　工业和信息化部关于集成电路生产企业有关企业所得税政策问题的通知》(财税〔2018〕27号)； 3.《国家税务总局关于执行软件企业所得税优惠政策有关问题的公告》(国家税务总局公告2013年第43号)； 4.《财政部　国家税务总局关于集成电路设计和软件产业企业所得税政策的公告》(财政部　国家税务总局公告2019年第68号)。	后续管理要求提交资料的留存件。	预缴享受	略

续表

序号	优惠事项名称	政策概述	主要政策依据	主要留存备查资料	享受优惠时间	后续管理要求
32	投资于未上市的中小高新技术企业的创业投资企业按投资额的一定比例抵扣应纳税所得额	创业投资企业采取股权投资方式投资于未上市的中小高新技术企业2年以上的，可以按照其投资额的70%在股权持有满2年的当年抵扣该创业投资企业的应纳税所得额；当年不足抵扣的，可以在以后纳税年度结转抵扣。	1.《中华人民共和国企业所得税法》第三十一条； 2.《中华人民共和国企业所得税法实施条例》第九十七条； 3.《财政部　国家税务总局关于执行企业所得税优惠政策若干问题的通知》（财税〔2009〕69号）； 4.《国家税务总局关于实施创业投资企业所得税优惠问题的通知》（国税发〔2009〕87号）。	1. 发展改革或证监部门出具的符合创业投资企业条件的年度证明材料； 2. 中小高新技术企业投资合同（协议）、章程、实际出资等相关材料； 3. 由省、自治区、直辖市和计划单列市高新技术企业认定管理机构出具的中小高新技术企业有效的高新技术企业证书复印件（注明“与原件一致”，并加盖公章）； 4. 中小高新技术企业基本情况［包括企业职工人数、年销售（营业）额、资产总额、未上市等］说明。	汇缴享受	由省税务机关（含计划单列市税务机关）规定。
33	投资于种子期、初创期科技型企业的创业投资企业按投资额的一定比例抵扣应纳税所得额	公司制创业投资企业采取股权投资方式直接投资于种子期、初创期科技型企业满2年（24个月）的，可以按照投资额的70%在股权持有满2年的当年抵扣该公司制创业投资企业的应纳税所得额；当年不足抵扣的，可以在以后纳税年度结转抵扣。	1.《财政部　税务总局关于创业投资企业和天使投资个人有关税收试点政策的通知》（财税〔2017〕38号）； 2.《国家税务总局关于创业投资企业和天使投资个人税收试点政策有关问题的公告》（国家税务总局公告2017年第20号）； 3.《财政部　国家税务总局关于创业投资企业和天使投资个人有关税收政策的通知》（财税〔2018〕55号）； 4.《财政部　国家税务总局关于实施小微企业普惠性税收减免政策的通知》（财税〔2019〕13号）。	1. 发展改革或证监部门出具的符合创业投资企业条件的年度证明材料； 2. 初创科技型企业接受现金投资时的投资合同（协议）、章程、实际出资的相关证明材料； 3. 创业投资企业与其关联方持有初创科技型企业的股权比例的说明； 4. 被投资企业符合初创科技型企业条件的有关资料： （1）接受投资时从业人数、资产总额、年销售收入和大学本科以上学历的从业人数比例的情况说明； （2）接受投资时设立时间不超过5年的证明材料； （3）接受投资时以及接受投资后2年内未在境内外证券交易所上市情况说明； （4）研发费用总额占成本费用总额比例的情况说明。	汇缴享受	由省税务机关（含计划单列市税务机关）规定。

续表

序号	优惠事项名称	政策概述	主要政策依据	主要留存备查资料	享受优惠时间	后续管理要求
34	投资于未上市的中小高新技术企业的有限合伙制创业投资企业法人合伙人按投资额的一定比例抵扣应纳税所得额	有限合伙制创业投资企业采取股权投资方式投资于未上市的中小高新技术企业2年(24个月)以上，该有限合伙制创业投资企业的法人合伙人可按照其对未上市中小高新技术企业投资额的70%抵扣该法人合伙人从该有限合伙制创业投资企业分得的应纳税所得额，当年不足抵扣的，可以在以后纳税年度结转抵扣。	1.《中华人民共和国企业所得税法》第三十一条； 2.《中华人民共和国企业所得税法实施条例》第九十七条； 3.《财政部　国家税务总局关于将国家自主创业示范区有关税收试点政策推广到全国范围实施的通知》(财税〔2015〕116号)； 4.《国家税务总局关于实施创业投资企业所得税优惠问题的通知》(国税发〔2009〕87号)； 5.《国家税务总局关于有限合伙制创业投资企业法人合伙人企业所得税有关问题的公告》(国家税务总局公告2015年第81号)。	1. 发展改革或证监部门出具的符合创业投资企业条件的年度证明材料； 2. 中小高新技术企业投资合同(协议)、章程、实际出资等相关材料； 3. 省、自治区、直辖市和计划单列市高新技术企业认定管理机构出具的中小高新技术企业有效的高新技术企业证书复印件(注明"与原件一致"，并加盖公章)； 4. 中小高新技术企业基本情况[包括企业职工人数、年销售(营业)额、资产总额、未上市等]说明； 5. 法人合伙人应纳税所得额抵扣情况明细表； 6. 有限合伙制创业投资企业法人合伙人应纳税所得额分配情况明细表。	汇缴享受	由省税务机关(含计划单列市税务机关)规定。

续表

序号	优惠事项名称	政策概述	主要政策依据	主要留存备查资料	享受优惠时间	后续管理要求
35	投资于种子期、初创期科技型企业的有限合伙制创业投资企业法人合伙人按投资额的一定比例抵扣应纳税所得额	有限合伙制创业投资企业采取股权投资方式直接投资于种子期、初创期科技型企业满2年的，该合伙创投企业的法人合伙人可以按照对种子期、初创期科技型企业投资额的70%抵扣法人合伙人从有限合伙制创业投资企业分得的所得；当年不足抵扣的，可以在以后纳税年度结转抵扣。	1.《财政部　税务总局关于创业投资企业和天使投资个人有关税收试点政策的通知》（财税〔2017〕38号）； 2.《国家税务总局关于创业投资企业和天使投资个人税收试点政策有关问题的公告》（国家税务总局公告2017年第20号）； 3.《财政部　国家税务总局关于创业投资企业和天使投资个人有关税收政策的通知》（财税〔2018〕55号）； 4.《财政部　国家税务总局关于实施小微企业普惠性税收减免政策的通知》（财税〔2019〕13号）。	1.发展改革或证监部门出具的符合创业投资企业条件的年度证明材料； 2.初创科技型企业接受现金投资时的投资合同（协议）、章程、实际出资的相关证明材料； 3.创业投资企业与其关联方持有初创科技型企业的股权比例的说明； 4.被投资企业符合初创科技型企业条件的有关资料： （1）接受投资时从业人数、资产总额、年销售收入和大学本科以上学历的从业人数比例的情况说明； （2）接受投资时设立时间不超过5年的证明材料； （3）接受投资时以及接受投资后2年内未在境内外证券交易所上市情况说明； （4）接受投资当年及下一纳税年度研发费用总额占成本费用总额比例的情况说明； 5.法人合伙人投资于合伙创投企业的出资时间、出资金额、出资比例及分配比例的相关证明材料、合伙创投企业主管税务机关受理后的《合伙创投企业法人合伙人所得分配情况明细表》。	汇缴享受	由省税务机关（含计划单列市税务机关）规定。

续表

序号	优惠事项名称	政策概述	主要政策依据	主要留存备查资料	享受优惠时间	后续管理要求
36	符合条件的小型微利企业减免企业所得税	对小型微利企业年应纳税所得额不超过100万元的部分,减按25%计入应纳税所得额,按20%的税率缴纳企业所得税;对年应纳税所得额超过100万元但不超过300万元的部分,减按50%计入应纳税所得额,按20%的税率缴纳企业所得税。 上述小型微利企业是指从事国家非限制和禁止行业,且同时符合年度应纳税所得额不超过300万元、从业人数不超过300人、资产总额不超过5000万元等三个条件的企业。	1.《中华人民共和国企业所得税法》第二十八条; 2.《中华人民共和国企业所得税法实施条例》第九十二条; 3.《财政部 国家税务总局关于实施小微企业普惠性税收减免政策的通知》(财税〔2019〕13号); 4.《国家税务总局关于实施小型微利企业普惠性所得税减免政策有关问题的公告》(国家税务总局公告2019年第2号)。	1.所从事行业不属于限制和禁止行业的说明; 2.从业人数的计算过程; 3.资产总额的计算过程。	预缴享受	由省税务机关(含计划单列市税务机关)规定。

续表

序号	优惠事项名称	政策概述	主要政策依据	主要留存备查资料	享受优惠时间	后续管理要求
37	国家需要重点扶持的高新技术企业减按15%的税率征收企业所得税	国家需要重点扶持的高新技术企业，减按15%的税率征收企业所得税。国家需要重点扶持的高新技术企业，是指拥有核心自主知识产权，产品（服务）属于国家重点支持的高新技术领域规定的范围、研究开发费用占销售收入的比例不低于规定比例、高新技术产品（服务）收入占企业总收入的比例不低于规定比例、科技人员占企业职工总数的比例不低于规定比例，以及高新技术企业认定管理办法规定的其他条件的企业。对从事文化产业支撑技术等领域的文化企业，按规定认定为高新技术企业的，减按15%的税率征收企业所得税。	1.《中华人民共和国企业所得税法》第二十八条； 2.《中华人民共和国企业所得税法实施条例》第九十三条； 3.《关于高新技术企业境外所得适用税率及税收抵免问题的通知》（财税〔2011〕47号）； 4.《财政部　海关总署　国家税务总局关于继续实施支持文化企业发展若干税收政策的通知》（财税〔2014〕85号）； 5.《科技部　财政部　国家税务总局关于修订印发〈高新技术企业认定管理办法〉的通知》（国科发火〔2016〕32号）； 6.《科技部　财政部　国家税务总局关于修订〈高新技术企业认定管理工作指引〉的通知》（国科发火〔2016〕195号）； 7.《国家税务总局关于实施高新技术企业所得税优惠有关问题的通知》（国税函〔2009〕203号）； 8.《国家税务总局关于实施高新技术企业所得税优惠政策有关问题的公告》（国家税务总局公告2017年第24号）。	1.高新技术企业资格证书； 2.高新技术企业认定资料； 3.知识产权相关材料； 4.年度主要产品（服务）发挥核心支持作用的技术属于《国家重点支持的高新技术领域》规定范围的说明，高新技术产品（服务）及对应收入资料； 5.年度职工和科技人员情况证明材料； 6.当年和前两个会计年度研发费用总额及占同期销售收入比例、研发费用管理资料以及研发费用辅助账，研发费用结构明细表。	预缴享受	由省税务机关（含计划单列市税务机关）规定。

续表

序号	优惠事项名称	政策概述	主要政策依据	主要留存备查资料	享受优惠时间	后续管理要求
38	经济特区和上海浦东新区新设立的高新技术企业在区内取得的所得定期减免企业所得税	经济特区和上海浦东新区内，在2008年1月1日（含）之后完成登记注册的国家需要重点扶持的高新技术企业，在经济特区和上海浦东新区内取得的所得，自取得第一笔生产经营收入所属纳税年度起，第一年至第二年免征企业所得税，第三年至第五年按照25%的法定税率减半征收企业所得税。	1.《中华人民共和国企业所得税法》第五十七条第二项； 2.《国务院关于经济特区和上海浦东新区新设立高新技术企业实行过渡性税收优惠的通知》（国发〔2007〕40号）； 3.《科技部　财政部　国家税务总局关于修订印发〈高新技术企业认定管理办法〉的通知》（国科发火〔2016〕32号）； 4.《科技部　财政部　国家税务总局关于修订〈高新技术企业认定管理工作指引〉的通知》（国科发火〔2016〕195号）； 5.《国家税务总局关于实施高新技术企业所得税优惠有关问题的通知》（国税函〔2009〕203号）； 6.《国家税务总局关于实施高新技术企业所得税优惠政策有关问题的公告》（国家税务总局公告2017年第24号）。	1.高新技术企业资格证书； 2.高新技术企业认定资料； 3.知识产权相关材料； 4.年度主要产品（服务）发挥核心支持作用的技术属于《国家重点支持的高新技术领域》规定范围的说明，高新技术产品（服务）及对应收入资料； 5.年度职工和科技人员情况证明材料； 6.当年和前两个会计年度研发费用总额及占同期销售收入比例、研发费用管理资料以及研发费用辅助账，研发费用结构明细表； 7.新办企业取得第一笔生产经营收入凭证（原始凭证及账务处理凭证）； 8.区内区外所得的核算资料。	预缴享受	由省税务机关（含计划单列市税务机关）规定。
39	民族自治地方的自治机关对本民族自治地方的企业应缴纳的企业所得税中属于地方分享的部分减征或免征	依照《中华人民共和国民族区域自治法》的规定，实行民族区域自治的自治区、自治州、自治县的自治机关对本民族自治地方的企业应缴纳的企业所得税中属于地方分享的部分，可以决定减征或者免征。自治州、自治县决定减征或者免征的，须报省、自治区、直辖市人民政府批准。	1.《中华人民共和国企业所得税法》第二十九条； 2.《中华人民共和国企业所得税法实施条例》第九十四条； 3.《财政部　国家税务总局关于贯彻落实国务院关于实施企业所得税过渡优惠政策有关问题的通知》（财税〔2008〕21号）。	由省税务机关规定。	预缴享受	由省税务机关规定。

续表

序号	优惠事项名称	政策概述	主要政策依据	主要留存备查资料	享受优惠时间	后续管理要求
40	受灾地区农村信用社免征企业所得税	对受灾地区农村信用社免征企业所得税。其中，芦山受灾地区政策执行期限自2013年4月20日起至2017年12月31日；鲁甸受灾地区政策执行期限自2014年1月1日至2018年12月31日。	1.《财政部　海关总署　国家税务总局关于支持芦山地震灾后恢复重建有关税收政策问题的通知》（财税〔2013〕58号）； 2.《财政部　海关总署　国家税务总局关于支持鲁甸地震灾后恢复重建有关税收政策问题的通知》（财税〔2015〕27号）。	由省税务机关规定。	预缴享受	由省税务机关规定。
41	支持和促进重点群体创业就业企业限额减征企业所得税	企业招用建档立卡贫困人口，以及在人力资源社会保障部门公共就业服务机构登记失业半年以上且持《就业创业证》或《就业失业登记证》（注明“企业吸纳税收政策”）的人员，与其签订1年以上期限劳动合同并依法缴纳社会保险费的，自签订劳动合同并缴纳社会保险当月起，在3年内按实际招用人数予以定额依次扣减增值税、城市维护建设税、教育费附加、地方教育附加和企业所得税优惠。定额标准为每人每年6000元，最高可上浮30%，各省、自治区、直辖市人民政府可根据本地区实际情况在此幅度内确定具体定额标准。城市维护建设税、教育费附加、地方教育附加的计税依据是享受本项税收优惠政策前的增值税应纳税额。按上述标准计算的税收扣减额应在企业当年实际应缴纳的增值税、城市维护建设税、教育费附加、地方教育附加和企业所得税税额中扣减，当年扣减不完的，不得结转下年使用。	1.《财政部　国家税务总局　人力资源社会保障部　国务院扶贫办关于进一步支持和促进重点群体创业就业有关税收政策的通知》（财税〔2019〕22号）； 2.《国家税务总局　人力资源社会保障部　国务院扶贫办　教育部关于实施支持和促进重点群体创业就业有关税收政策具体操作问题的公告》（国家税务总局公告2019年第10号）。	1.县以上人力资源社会保障部门核发的《企业实体吸纳失业人员认定证明》《持〈就业创业证〉人员本年度实际工作时间表》； 2.企业当年已享受增值税和附加税抵减税额优惠的证明资料。	汇缴享受	由省税务机关（含计划单列市税务机关）规定。

续表

序号	优惠事项名称	政策概述	主要政策依据	主要留存备查资料	享受优惠时间	后续管理要求
42	扶持自主就业退役士兵创业就业企业限额减征企业所得税	企业招用自主就业退役士兵,与其签订1年以上期限劳动合同并依法缴纳社会保险费的,自签订劳动合同并缴纳社会保险当月起,在3年内按实际招用人数予以定额依次扣减增值税、城市维护建设税、教育费附加、地方教育附加和企业所得税优惠。定额标准为每人每年6000元,最高可上浮50%,各省、自治区、直辖市人民政府可根据本地区实际情况在此幅度内确定具体定额标准。 企业按招用人数和签订的劳动合同时间核算企业减免税总额,在核算减免税总额内每月依次扣减增值税、城市维护建设税、教育费附加和地方教育附加。 纳税年度终了,如果企业实际减免的增值税、城市维护建设税、教育费附加和地方教育附加小于核算减免税总额,企业在企业所得税汇算清缴时以差额部分扣减企业所得税。当年扣减不完的,不再结转以后年度扣减。	《财政部　国家税务总局　退役军人部关于进一步扶持自主就业退役士兵创业就业有关税收政策的通知》(财税〔2019〕21号)。	1. 新招用自主就业退役士兵的《中国人民解放军义务兵退出现役证》或《中国人民解放军士官退出现役证》; 2. 企业当年已享受增值税和附加税抵减税额优惠的证明资料。	汇缴享受	由省税务机关(含计划单列市税务机关)规定。

续表

序号	优惠事项名称	政策概述	主要政策依据	主要留存备查资料	享受优惠时间	后续管理要求
43	符合条件的生产和装配伤残人员专门用品企业免征企业所得税	对符合条件的生产和装配伤残人员专门用品企业，免征企业所得税。	《财政部　国家税务总局　民政部关于生产和装配伤残人员专门用品企业免征企业所得税的通知》（财税〔2016〕111号）。	1. 生产和装配伤残人员专门用品，在民政部《中国伤残人员专门用品目录》范围之内的说明； 2. 伤残人员专门用品制作师名册、《执业资格证书》（假肢制作师、矫形器制作师）； 3. 企业的生产和装配条件以及帮助伤残人员康复的其他辅助条件的说明材料。	预缴享受	由省税务机关（含计划单列市税务机关）规定。
44	动漫企业自主开发、生产动漫产品定期减免企业所得税	经认定的动漫企业自主开发、生产动漫产品，可申请享受国家现行鼓励软件产业发展的所得税优惠政策。即在2018年12月31日前自获利年度起，第一年至第二年免征企业所得税，第三年至第五年按照25%的法定税率减半征收企业所得税，并享受至期满为止。	1.《文化部　财政部　国家税务总局关于印发〈动漫企业认定管理办法（试行）〉的通知》（文市发〔2008〕51号）； 2.《文化部　财政部　国家税务总局关于实施〈动漫企业认定管理办法（试行）〉有关问题的通知》（文产发〔2009〕18号）； 3.《财政部　国家税务总局关于扶持动漫产业发展有关税收政策问题的通知》（财税〔2009〕65号）。	1. 动漫企业认定证明； 2. 动漫企业认定资料； 3. 动漫企业年审通过名单； 4. 获利年度情况说明。	预缴享受	由省税务机关（含计划单列市税务机关）规定。

续表

序号	优惠事项名称	政策概述	主要政策依据	主要留存备查资料	享受优惠时间	后续管理要求
45	新办集成电路设计企业减免企业所得税	依法成立且符合条件的集成电路设计企业和软件企业，在2018年12月31日前自获利年度起计算优惠期，第一年至第二年免征企业所得税，第三年至第五年按照25%的法定税率减半征收企业所得税，并享受至期满为止。	1.《财政部　国家税务总局关于进一步鼓励软件产业和集成电路产业发展企业所得税政策的通知》(财税〔2012〕27号)； 2.《财政部　国家税务总局　发展改革委　工业和信息化部关于软件和集成电路产业企业所得税优惠政策有关问题的通知》(财税〔2016〕49号)； 3.《国家税务总局关于执行软件企业所得税优惠政策有关问题的公告》(国家税务总局公告2013年第43号)； 4.《财政部　国家税务总局关于集成电路设计和软件产业企业所得税政策的公告》(财政部　税务总局公告2019年第68号)。	后续管理要求提交资料的留存件。	预缴享受	在汇算清缴期结束前向税务机关提交以下资料： 1. 企业职工人数、学历结构、研究开发人员情况及其占企业职工总数的比例说明，以及汇算清缴年度最后一个月社会保险缴纳证明等相关证明材料； 2. 企业开发销售的主要集成电路产品列表，以及国家知识产权局(或国外知识产权相关主管机构)出具的企业自主开发或拥有的一至两份代表性知识产权(如专利、布图设计登记、软件著作权等)的证明材料； 3. 经具有资质的中介机构鉴证的企业财务会计报告(包括会计报表、会计报表附注和财务情况说明书)以及集成电路设计销售(营业)收入、集成电路自主设计销售(营业)收入、研究开发费用、境内研究开发费用等情况表； 4. 第三方检测机构提供的集成电路产品测试报告或用户报告，以及与主要客户签订的一至两份代表性销售合同复印件； 5. 企业开发环境等相关证明材料。

续表

序号	优惠事项名称	政策概述	主要政策依据	主要留存备查资料	享受优惠时间	后续管理要求
46	国家规划布局内集成电路设计企业可减按10%的税率征收企业所得税	国家规划布局内的集成电路设计企业，如当年未享受免税优惠的，可减按10%的税率征收企业所得税。	1.《财政部　国家税务总局关于进一步鼓励软件产业和集成电路产业发展企业所得税政策的通知》（财税〔2012〕27号）； 2.《财政部　国家税务总局　发展改革委　工业和信息化部关于软件和集成电路产业企业所得税优惠政策有关问题的通知》（财税〔2016〕49号）； 3.《国家发展和改革委　工业和信息化部　财政部　国家税务总局关于印发国家规划布局内重点软件和集成电路设计领域的通知》（发改高技〔2016〕1056号）； 4.《国家税务总局关于执行软件企业所得税优惠政策有关问题的公告》（国家税务总局公告2013年第43号）。	后续管理要求提交资料的留存件。	预缴享受	在汇算清缴期结束前向税务机关提交以下资料： 1. 企业职工人数、学历结构、研究开发人员情况及其占企业职工总数的比例说明，以及汇算清缴年度最后一个月社会保险缴纳证明等相关证明材料； 2. 企业开发销售的主要集成电路产品列表，以及国家知识产权局（或国外知识产权相关主管机构）出具的企业自主开发或拥有的一至两份代表性知识产权（如专利、布图设计登记、软件著作权等）的证明材料； 3. 经具有资质的中介机构鉴证的企业财务会计报告（包括会计报表、会计报表附注和财务情况说明书）以及集成电路设计销售（营业）收入、集成电路自主设计销售（营业）收入、研究开发费用、境内研究开发费用等情况表； 4. 第三方检测机构提供的集成电路产品测试报告或用户报告，以及与主要客户签订的一至两份代表性销售合同复印件； 5. 企业开发环境等相关证明材料； 6. 符合财税〔2016〕49号文件第五条规定的第二类条件的，应提供在国家规定的重点集成电路设计领域内销售（营业）情况说明。

续表

序号	优惠事项名称	政策概述	主要政策依据	主要留存备查资料	享受优惠时间	后续管理要求
47	线宽小于0.8微米(含)的集成电路生产企业减免企业所得税	集成电路线宽小于0.8微米(含)的集成电路生产企业,在2017年12月31日前自获利年度起计算优惠期,第一年至第二年免征企业所得税,第二年至第五年按照25%的法定税率减半征收企业所得税,并享受至期满为止。	1.《财政部　国家税务总局关于进一步鼓励软件产业和集成电路产业发展企业所得税政策的通知》(财税〔2012〕27号); 2.《财政部　国家税务总局　发展改革委　工业和信息化部关于软件和集成电路产业企业所得税优惠政策有关问题的通知》(财税〔2016〕49号); 3.《财政部　税务总局　国家发展改革委　工业和信息化部关于集成电路生产企业有关企业所得税政策问题的通知》(财税〔2018〕27号); 4.《国家税务总局关于执行软件企业所得税优惠政策有关问题的公告》(国家税务总局公告2013年第43号)。	后续管理要求提交资料的留存件。	预缴享受	在汇算清缴期结束前向税务机关提交以下资料: 1. 在发展改革或工业和信息化部门立项的备案文件(应注明总投资额、工艺线宽标准)复印件以及企业取得的其他相关资质证书复印件等; 2. 企业职工人数、学历结构、研究开发人员情况及其占企业职工总数的比例说明,以及汇算清缴年度最后一个月社会保险缴纳证明等相关证明材料; 3. 加工集成电路产品主要列表及国家知识产权局(或国外知识产权相关主管机构)出具的企业自主开发或拥有的一至两份代表性知识产权(如专利、布图设计登记、软件著作权等)的证明材料; 4. 经具有资质的中介机构鉴证的企业财务会计报告(包括会计报表、会计报表附注和财务情况说明书)以及集成电路制造销售(营业)收入、研究开发费用、境内研究开发费用等情况说明; 5. 与主要客户签订的一至两份代表性销售合同复印件; 6. 保证产品质量的相关证明材料(如质量管理认证证书复印件等)。

续表

序号	优惠事项名称	政策概述	主要政策依据	主要留存备查资料	享受优惠时间	后续管理要求
48	线宽小于0.25微米的集成电路生产企业减按15%税率征收企业所得税	线宽小于0.25微米的集成电路生产企业，减按15%的税率征收企业所得税。	1.《财政部　国家税务总局关于进一步鼓励软件产业和集成电路产业发展企业所得税政策的通知》（财税〔2012〕27号）； 2.《财政部　国家税务总局　发展改革委　工业和信息化部关于软件和集成电路产业企业所得税优惠政策有关问题的通知》（财税〔2016〕49号）； 3.《国家税务总局关于执行软件企业所得税优惠政策有关问题的公告》（国家税务总局公告2013年第43号）。	后续管理要求提交资料的留存件。	预缴享受	在汇算清缴期结束前向税务机关提交以下资料： 1. 在发展改革或工业和信息化部门立项的备案文件（应注明总投资额、工艺线宽标准）复印件以及企业取得的其他相关资质证书复印件等； 2. 企业职工人数、学历结构、研究开发人员情况及其占企业职工总数的比例说明，以及汇算清缴年度最后一个月社会保险缴纳证明等相关证明材料； 3. 加工集成电路产品主要列表及国家知识产权局（或国外知识产权相关主管机构）出具的企业自主开发或拥有的一至两份代表性知识产权（如专利、布图设计登记、软件著作权等）的证明材料； 4. 经具有资质的中介机构鉴证的企业财务会计报告（包括会计报表、会计报表附注和财务情况说明书）以及集成电路制造销售（营业）收入、研究开发费用、境内研究开发费用等情况说明； 5. 与主要客户签订的一至两份代表性销售合同复印件； 6. 保证产品质量的相关证明材料（如质量管理认证证书复印件等）。

续表

序号	优惠事项名称	政策概述	主要政策依据	主要留存备查资料	享受优惠时间	后续管理要求
49	投资额超过80亿元的集成电路生产企业减按15%税率征收企业所得税	投资额超过80亿元的集成电路生产企业，减按15%的税率征收企业所得税。	1.《财政部　国家税务总局关于进一步鼓励软件产业和集成电路产业发展企业所得税政策的通知》(财税〔2012〕27号)； 2.《财政部　国家税务总局　发展改革委　工业和信息化部关于软件和集成电路产业企业所得税优惠政策有关问题的通知》(财税〔2016〕49号)； 3.《国家税务总局关于执行软件企业所得税优惠政策有关问题的公告》(国家税务总局公告2013年第43号)。	后续管理要求提交资料的留存件。	预缴享受	在汇算清缴期结束前向税务机关提交以下资料： 1. 在发展改革或工业和信息化部门立项的备案文件(应注明总投资额、工艺线宽标准)复印件以及企业取得的其他相关资质证书复印件等； 2. 企业职工人数、学历结构、研究开发人员情况及其占企业职工总数的比例说明，以及汇算清缴年度最后一个月社会保险缴纳证明等相关证明材料； 3. 加工集成电路产品主要列表及国家知识产权局(或国外知识产权相关主管机构)出具的企业自主开发或拥有的一至两份代表性知识产权(如专利、布图设计登记、软件著作权等)的证明材料； 4. 经具有资质的中介机构鉴证的企业财务会计报告(包括会计报表、会计报表附注和财务情况说明书)以及集成电路制造销售(营业)收入、研究开发费用、境内研究开发费用等情况说明； 5. 与主要客户签订的一至两份代表性销售合同复印件； 6. 保证产品质量的相关证明材料(如质量管理认证证书复印件等)。

续表

序号	优惠事项名称	政策概述	主要政策依据	主要留存备查资料	享受优惠时间	后续管理要求
50	线宽小于0.25微米的集成电路生产企业减免企业所得税	线宽小于0.25微米的集成电路生产企业，经营期在15年以上的，在2017年12月31日前自获利年度起计算优惠期，第一年至第五年免征企业所得税，第六年至第十年按照25%的法定税率减半征收企业所得税，并享受至期满为止。	1.《财政部　国家税务总局关于进一步鼓励软件产业和集成电路产业发展企业所得税政策的通知》（财税〔2012〕27号）； 2.《财政部　国家税务总局　发展改革委　工业和信息化部关于软件和集成电路产业企业所得税优惠政策有关问题的通知》（财税〔2016〕49号）； 3.《财政部　税务总局　国家发展改革委　工业和信息化部关于集成电路生产企业有关企业所得税政策问题的通知》（财税〔2018〕27号）； 4.《国家税务总局关于执行软件企业所得税优惠政策有关问题的公告》（国家税务总局公告2013年第43号）。	后续管理要求提交资料的留存件。	预缴享受	在汇算清缴期结束前向税务机关提交以下资料： 1.在发展改革或工业和信息化部门立项的备案文件（应注明总投资额、工艺线宽标准）复印件以及企业取得的其他相关资质证书复印件等； 2.企业职工人数、学历结构、研究开发人员情况及其占企业职工总数的比例说明，以及汇算清缴年度最后一个月社会保险缴纳证明等相关证明材料； 3.加工集成电路产品主要列表及国家知识产权局（或国外知识产权相关主管机构）出具的企业自主开发或拥有的一至两份代表性知识产权（如专利、布图设计登记、软件著作权等）的证明材料； 4.经具有资质的中介机构鉴证的企业财务会计报告（包括会计报表、会计报表附注和财务情况说明书）以及集成电路制造销售（营业）收入、研究开发费用、境内研究开发费用等情况说明； 5.与主要客户签订的一至两份代表性销售合同复印件； 6.保证产品质量的相关证明材料（如质量管理认证证书复印件等）。

续表

序号	优惠事项名称	政策概述	主要政策依据	主要留存备查资料	享受优惠时间	后续管理要求
51	投资额超过80亿元的集成电路生产企业减免企业所得税	投资额超过80亿元的集成电路生产企业，经营期在15年以上的，在2017年12月31日前自获利年度起计算优惠期，第一年至第五年免征企业所得税，第六年至第十年按照25%的法定税率减半征收企业所得税，并享受至期满为止。	1.《财政部　国家税务总局关于进一步鼓励软件产业和集成电路产业发展企业所得税政策的通知》（财税〔2012〕27号）； 2.《财政部　国家税务总局　发展改革委　工业和信息化部关于软件和集成电路产业企业所得税优惠政策有关问题的通知》（财税〔2016〕49号）； 3.《财政部　税务总局　国家发展改革委　工业和信息化部关于集成电路生产企业有关企业所得税政策问题的通知》（财税〔2018〕27号）； 4.《国家税务总局关于执行软件企业所得税优惠政策有关问题的公告》（国家税务总局公告2013年第43号）。	后续管理要求提交资料的留存件。	预缴享受	在汇算清缴期结束前向税务机关提交以下资料： 1. 在发展改革或工业和信息化部门立项的备案文件（应注明总投资额、工艺线宽标准）复印件以及企业取得的其他相关资质证书复印件等； 2. 企业职工人数、学历结构、研究开发人员情况及其占企业职工总数的比例说明，以及汇算清缴年度最后一个月社会保险缴纳证明等相关证明材料； 3. 加工集成电路产品主要列表及国家知识产权局（或国外知识产权相关主管机构）出具的企业自主开发或拥有的一至两份代表性知识产权（如专利、布图设计登记、软件著作权等）的证明材料； 4. 经具有资质的中介机构鉴证的企业财务会计报告（包括会计报表、会计报表附注和财务情况说明书）以及集成电路制造销售（营业）收入、研究开发费用、境内研究开发费用等情况说明； 5. 与主要客户签订的一至两份代表性销售合同复印件； 6. 保证产品质量的相关证明材料（如质量管理认证证书复印件等）。

续表

序号	优惠事项名称	政策概述	主要政策依据	主要留存备查资料	享受优惠时间	后续管理要求
52	线宽小于130纳米的集成电路生产企业减免企业所得税	2018年1月1日后投资新设的集成电路线宽小于130纳米，且经营期在10年以上的集成电路生产企业，第一年至第二年免征企业所得税，第三年至第五年按照25%的法定税率减半征收企业所得税，并享受至期满为止。	1.《财政部　国家税务总局　发展改革委　工业和信息化部关于软件和集成电路产业企业所得税优惠政策有关问题的通知》（财税〔2016〕49号）； 2.《财政部　税务总局　国家发展改革委　工业和信息化部关于集成电路生产企业有关企业所得税政策问题的通知》（财税〔2018〕27号）； 3.《国家税务总局关于执行软件企业所得税优惠政策有关问题的公告》（国家税务总局公告2013年第43号）。	后续管理要求提交资料的留存件。	预缴享受	在汇算清缴期结束前向税务机关提交以下资料： 1.在发展改革或工业和信息化部门立项的备案文件（应注明总投资额、工艺线宽标准）复印件以及企业取得的其他相关资质证书复印件等； 2.企业职工人数、学历结构、研究开发人员情况及其占企业职工总数的比例说明，以及汇算清缴年度最后一个月社会保险缴纳证明等相关证明材料； 3.加工集成电路产品主要列表及国家知识产权局（或国外知识产权相关主管机构）出具的企业自主开发或拥有的一至两份代表性知识产权（如专利、布图设计登记、软件著作权等）的证明材料； 4.经具有资质的中介机构鉴证的企业财务会计报告（包括会计报表、会计报表附注和财务情况说明书）以及集成电路制造销售（营业）收入、研究开发费用、境内研究开发费用等情况说明； 5.与主要客户签订的一至两份代表性销售合同复印件； 6.保证产品质量的相关证明材料（如质量管理认证证书复印件等）。

续表

序号	优惠事项名称	政策概述	主要政策依据	主要留存备查资料	享受优惠时间	后续管理要求
53	线宽小于65纳米或投资额超过150亿元的集成电路生产企业减免企业所得税	2018年1月1日后投资新设的集成电路线宽小于65纳米或投资额超过150亿元，且经营期在15年以上的集成电路生产企业，第一年至第五年免征企业所得税，第六年至第十年按照25%的法定税率减半征收企业所得税，并享受至期满为止。	1.《财政部　国家税务总局　发展改革委　工业和信息化部关于软件和集成电路产业企业所得税优惠政策有关问题的通知》（财税〔2016〕49号）； 2.《财政部　税务总局　国家发展改革委　工业和信息化部关于集成电路生产企业有关企业所得税政策问题的通知》（财税〔2018〕27号）； 3.《国家税务总局关于执行软件企业所得税优惠政策有关问题的公告》（国家税务总局公告2013年第43号）。	后续管理要求提交资料的留存件。	预缴享受	在汇算清缴期结束前向税务机关提交以下资料： 1. 在发展改革或工业和信息化部门立项的备案文件（应注明总投资额、工艺线宽标准）复印件以及企业取得的其他相关资质证书复印件等； 2. 企业职工人数、学历结构、研究开发人员情况及其占企业职工总数的比例说明，以及汇算清缴年度最后一个月社会保险缴纳证明等相关证明材料； 3. 加工集成电路产品主要列表及国家知识产权局（或国外知识产权相关主管机构）出具的企业自主开发或拥有的一至两份代表性知识产权（如专利、布图设计登记、软件著作权等）的证明材料； 4. 经具有资质的中介机构鉴证的企业财务会计报告（包括会计报表、会计报表附注和财务情况说明书）以及集成电路制造销售（营业）收入、研究开发费用、境内研究开发费用等情况说明； 5. 与主要客户签订的一至两份代表性销售合同复印件； 6. 保证产品质量的相关证明材料（如质量管理认证证书复印件等）。

续表

序号	优惠事项名称	政策概述	主要政策依据	主要留存备查资料	享受优惠时间	后续管理要求
54	符合条件的集成电路封装、测试企业定期减免企业所得税	符合条件的集成电路封装、测试企业，在2017年（含2017年）前实现获利的，自获利年度起，第一年至第二年免征企业所得税，第三年至第五年按照25%的法定税率减半征收企业所得税，并享受至期满为止；2017年前未实现获利的，自2017年起计算优惠期，享受至期满为止。	《财政部　国家税务总局　发展改革委　工业和信息化部关于进一步鼓励集成电路产业发展企业所得税政策的通知》（财税〔2015〕6号）。	省级相关部门根据发展改革委等部门规定办法出具的证明。	预缴享受	由省税务机关（含计划单列市税务机关）规定。
55	符合条件的集成电路关键专用材料生产企业、集成电路专用设备生产企业定期减免企业所得税	符合条件的集成电路关键专用材料生产企业、集成电路专用设备生产企业，在2017年（含2017年）前实现获利的，自获利年度起，第一年至第二年免征企业所得税，第三年至第五年按照25%的法定税率减半征收企业所得税，并享受至期满为止；2017年前未实现获利的，自2017年起计算优惠期，享受至期满为止。	《财政部　国家税务总局　发展改革委　工业和信息化部关于进一步鼓励集成电路产业发展企业所得税政策的通知》（财税〔2015〕6号）。	省级相关部门根据发展改革委等部门规定办法出具的证明。	预缴享受	由省税务机关（含计划单列市税务机关）规定。

续表

序号	优惠事项名称	政策概述	主要政策依据	主要留存备查资料	享受优惠时间	后续管理要求
56	符合条件的软件企业减免企业所得税	依法成立且符合条件的集成电路设计企业和软件企业，在2018年12月31日前自获利年度起计算优惠期，第1～2年免征企业所得税，第3～5年按照25%的法定税率减半征收企业所得税，并享受至期满为止。	1.《财政部　国家税务总局关于进一步鼓励软件产业和集成电路产业发展企业所得税政策的通知》（财税〔2012〕27号）； 2.《财政部　国家税务总局　发展改革委　工业和信息化部关于软件和集成电路产业企业所得税优惠政策有关问题的通知》（财税〔2016〕49号）； 3.《国家税务总局关于执行软件企业所得税优惠政策有关问题的公告》（国家税务总局公告2013年第43号）； 4.《财政部　国家税务总局关于集成电路设计和软件产业企业所得税政策的公告》（财政部　国家税务总局公告2019年第68号）。	后续管理要求提交资料的留存件。	预缴享受	在汇算清缴期结束前向税务机关提交以下资料： 1. 企业开发销售的主要软件产品列表或技术服务列表； 2. 主营业务为软件产品开发的企业，提供至少1个主要产品的软件著作权或专利权等自主知识产权的有效证明文件，以及第三方检测机构提供的软件产品测试报告；主营业务仅为技术服务的企业提供核心技术说明； 3. 企业职工人数、学历结构、研究开发人员及其占企业职工总数的比例说明，以及汇算清缴年度最后一个月社会保险缴纳证明等相关证明材料； 4. 经具有资质的中介机构鉴证的企业财务会计报告（包括会计报表、会计报表附注和财务情况说明书）以及软件产品开发销售（营业）收入、软件产品自主开发销售（营业）收入、研究开发费用、境内研究开发费用等情况说明； 5. 与主要客户签订的一至两份代表性的软件产品销售合同或技术服务合同复印件； 6. 企业开发环境相关证明材料。

续表

序号	优惠事项名称	政策概述	主要政策依据	主要留存备查资料	享受优惠时间	后续管理要求
57	国家规划布局内重点软件企业可减按10%的税率征收企业所得税	国家规划布局内的重点软件企业，如当年未享受免税优惠的，可减按10%的税率征收企业所得税。	1.《财政部　国家税务总局关于进一步鼓励软件产业和集成电路产业发展企业所得税政策的通知》（财税〔2012〕27号）； 2.《财政部　国家税务总局　发展改革委　工业和信息化部关于软件和集成电路产业企业所得税优惠政策有关问题的通知》（财税〔2016〕49号）； 3.《国家发展和改革委　工业和信息化部　财政部　国家税务总局关于印发国家规划布局内重点软件和集成电路设计领域的通知》（发改高技〔2016〕1056号）； 4.《国家税务总局关于执行软件企业所得税优惠政策有关问题的公告》（国家税务总局公告2013年第43号）。	后续管理要求提交资料的留存件。	预缴享受	在汇算清缴期结束前向税务机关提交以下资料： 1. 企业开发销售的主要软件产品列表或技术服务列表； 2. 主营业务为软件产品开发的企业，提供至少1个主要产品的软件著作权或专利权等自主知识产权的有效证明文件，以及第三方检测机构提供的软件产品测试报告；主营业务仅为技术服务的企业提供核心技术说明； 3. 企业职工人数、学历结构、研究开发人员及其占企业职工总数的比例说明，以及汇算清缴年度最后一个月社会保险缴纳证明等相关证明材料； 4. 经具有资质的中介机构鉴证的企业财务会计报告（包括会计报表、会计报表附注和财务情况说明书）以及软件产品开发销售（营业）收入、软件产品自主开发销售（营业）收入、研究开发费用、境内研究开发费用等情况说明； 5. 与主要客户签订的一至两份代表性的软件产品销售合同或技术服务合同复印件； 6. 企业开发环境相关证明材料； 7. 符合财税〔2016〕49号文件第六条规定的第二类条件的，应提供在国家规定的重点软件领域内销售（营业）情况说明； 8. 符合财税〔2016〕49号文件第六条规定的第三类条件的，应提供商务主管部门核发的软件出口合同登记证书，以及有效出口合同和结汇证明等材料。

续表

序号	优惠事项名称	政策概述	主要政策依据	主要留存备查资料	享受优惠时间	后续管理要求
58	经营性文化事业单位转制为企业的免征企业所得税	经营性文化事业单位转制为企业,自转制注册之日起五年内免征企业所得税。 2018年12月31日之前已完成转制的企业,自2019年1月1日起可继续免征5年企业所得税。	《财政部　国家税务总局　中央宣传部关于继续实施文化体制改革中经营性文化事业单位转制为企业若干税收政策的通知》(财税〔2019〕16号)。	1. 企业转制方案文件; 2. 有关部门对转制方案的批复文件; 3. 整体转制前已进行事业单位法人登记的,同级机构编制管理机关核销事业编制的证明,以及注销事业单位法人的证明; 4. 企业转制的工商登记情况; 5. 企业与职工签订的劳动合同; 6. 企业缴纳社会保险费记录; 7. 有关部门批准引入非公有资本、境外资本和变更资本结构的批准函; 8. 同级文化体制改革和发展工作领导小组办公室出具的同意变更函(已认定发布的转制文化企业名称发生变更,且主营业务未发生变化的)。	预缴享受	由省税务机关(含计划单列市税务机关)规定。
59	技术先进型服务企业减按15%的税率征收企业所得税	对经认定的技术先进型服务企业,减按15%的税率征收企业所得税。	1.《财政部　国家税务总局　商务部　科技部　国家发展改革委关于完善技术先进型服务企业有关企业所得税政策问题的通知》(财税〔2014〕59号); 2.《财政部　国家税务总局　商务部　科技部　国家发展改革委关于新增中国服务外包示范城市适用技术先进型服务企业所得税政策的通知》(财税〔2016〕108号); 3.《财政部　税务总局　商务部　科技部　国家发展改革委关于将技术先进型服务企业所得税政策推广到全国实施的通知》(财税〔2017〕79号)。	1. 技术先进型服务企业认定文件; 2. 技术先进型服务企业认定资料; 3. 优惠年度技术先进型服务业务收入总额、离岸服务外包业务收入总额占本企业当年收入总额比例情况说明; 4. 企业具有大专以上学历的员工占企业总职工总数比例情况说明。	预缴享受	由省税务机关(含计划单列市税务机关)规定。

续表

序号	优惠事项名称	政策概述	主要政策依据	主要留存备查资料	享受优惠时间	后续管理要求
60	服务贸易创新发展试点地区符合条件的技术先进型服务企业减按15%的税率征收企业所得税	在服务贸易创新发展试点地区，符合条件的技术先进型服务企业减按15%的税率征收企业所得税。	1.《财政部　国家税务总局　商务部　科技部　国家发展改革委关于完善技术先进型服务企业有关企业所得税政策问题的通知》（财税〔2014〕59号）； 2.《财政部　国家税务总局　商务部　科技部　国家发展改革委关于在服务贸易创新发展试点地区推广技术先进型服务企业所得税优惠政策的通知》（财税〔2016〕122号）。	1.技术先进型服务企业认定文件； 2.技术先进型服务企业认定资料； 3.优惠年度技术先进型服务业务收入总额、离岸服务外包业务收入总额占本企业当年收入总额比例情况说明； 4.企业具有大专以上学历的员工占企业总职工总数比例情况说明。	预缴享受	由省税务机关（含计划单列市税务机关）规定。
61	新疆困难地区新办企业定期减免企业所得税	对在新疆困难地区新办的属于《新疆困难地区重点鼓励发展产业企业所得税优惠目录》范围内的企业，自取得第一笔生产经营收入所属纳税年度起，第一年至第二年免征企业所得税，第三年至第五年减半征收企业所得税。	1.《财政部　国家税务总局关于新疆困难地区新办企业所得税优惠政策的通知》（财税〔2011〕53号）； 2.《财政部　国家税务总局　国家发展改革委　工业和信息化部关于完善新疆困难地区重点鼓励发展产业企业所得税优惠目录的通知》（财税〔2016〕85号）。	由省税务机关规定。	预缴享受	由省税务机关规定。
62	新疆喀什、霍尔果斯特殊经济开发区新办企业定期免征企业所得税	对在新疆喀什、霍尔果斯两个特殊经济开发区内新办的属于《新疆困难地区重点鼓励发展产业企业所得税优惠目录》范围内的企业，自取得第一笔生产经营收入所属纳税年度起，五年内免征企业所得税。	1.《财政部　国家税务总局关于新疆喀什　霍尔果斯两个特殊经济开发区企业所得税优惠政策的通知》（财税〔2011〕112号）； 2.《财政部　国家税务总局　国家发展改革委　工业和信息化部关于完善新疆困难地区重点鼓励发展产业企业所得税优惠目录的通知》（财税〔2016〕85号）。	由省税务机关规定。	预缴享受	由省税务机关规定。

续表

序号	优惠事项名称	政策概述	主要政策依据	主要留存备查资料	享受优惠时间	后续管理要求
63	设在西部地区的鼓励类产业企业减按15%的税率征收企业所得税	对设在西部地区的鼓励类产业企业减按15%的税率征收企业所得税。对设在赣州市的鼓励类产业的内资企业和外商投资企业减按15%的税率征收企业所得税。2010年12月31日前新办的符合规定的交通、电力、水利、邮政、广播电视企业,执行原政策到期满为止。	1.《财政部　海关总署　国家税务总局关于深入实施西部大开发战略有关税收政策问题的通知》(财税〔2011〕58号); 2.《财政部　海关总署　国家税务总局关于赣州市执行西部大开发税收政策问题的通知》(财税〔2013〕4号); 3.《西部地区鼓励类产业目录》(中华人民共和国国家发展和改革委员会令第15号); 4.《国家税务总局关于深入实施西部大开发战略有关企业所得税问题的公告》(国家税务总局公告2012年第12号); 5.《国家税务总局关于执行〈西部地区鼓励类产业目录〉有关企业所得税问题的公告》(国家税务总局公告2015年第14号)。	1.主营业务属于《西部地区鼓励类产业目录》中的具体项目的相关证明材料; 2.符合目录的主营业务收入占企业收入总额70%以上的说明。	预缴享受	由省税务机关规定。
64	广东横琴、福建平潭、深圳前海等地区的鼓励类产业企业减按15%税率征收企业所得税	对设在广东横琴新区、福建平潭综合实验区和深圳前海深港现代服务业合作区的鼓励类产业企业减按15%的税率征收企业所得税。	1.《财政部　国家税务总局关于广东横琴新区　福建平潭综合实验区　深圳前海深港现代服务业合作区企业所得税优惠政策及优惠目录的通知》(财税〔2014〕26号); 2.《财政部　税务总局关于平潭综合实验区企业所得税优惠目录增列有关旅游产业项目的通知》(财税〔2017〕75号)。	由省税务机关(含计划单列市税务机关)规定。	预缴享受	由省税务机关(含计划单列市税务机关)规定。

续表

序号	优惠事项名称	政策概述	主要政策依据	主要留存备查资料	享受优惠时间	后续管理要求
65	北京冬奥组委、北京冬奥会测试赛赛事组委会免征企业所得税	对北京冬奥组委免征应缴纳的企业所得税。北京冬奥组委全面负责和组织举办北京2022年冬残奥会，其取得的北京2022年冬残奥会收入及其发生的涉税支出比照执行北京2022年冬奥会的税收政策。北京冬奥会测试赛赛事组委会取得的收入及发生的涉税支出比照执行北京冬奥组委的税收政策。	《财政部 税务总局 海关总署关于北京2022年冬奥会和冬残奥会税收政策的通知》（财税〔2017〕60号）。	由省税务机关规定。	预缴享受	由省税务机关规定。

续表

序号	优惠事项名称	政策概述	主要政策依据	主要留存备查资料	享受优惠时间	后续管理要求
66	购置用于环境保护、节能节水、安全生产等专用设备的投资额按一定比例实行税额抵免	企业购置并实际使用《环境保护专用设备企业所得税优惠目录》《节能节水专用设备企业所得税优惠目录》和《安全生产专用设备企业所得税优惠目录》规定的环境保护、节能节水、安全生产等专用设备的，该专用设备的投资额的10%可以从企业当年的应纳税额中抵免；当年不足抵免的，可以在以后5个纳税年度结转抵免。享受上述规定的企业所得税优惠的企业，应当实际购置并自身实际投入使用前款规定的专用设备；企业购置上述专用设备在5年内转让、出租的，应当停止享受企业所得税优惠，并补缴已经抵免的企业所得税税款。	1.《中华人民共和国企业所得税法》第三十四条； 2.《中华人民共和国企业所得税法实施条例》第一百条； 3.《财政部　国家税务总局关于执行环境保护专用设备企业所得税优惠目录　节能节水专用设备企业所得税优惠目录和安全生产专用设备企业所得税优惠目录有关问题的通知》（财税〔2008〕48号）； 4.《财政部　国家税务总局　国家发展改革委关于公布节能节水专用设备企业所得税优惠目录（2008年版）和环境保护专用设备企业所得税优惠目录（2008年版）的通知》（财税〔2008〕115号）； 5.《财政部　国家税务总局　安全监管总局关于公布安全生产专用设备企业所得税优惠目录（2008年版）的通知》（财税〔2008〕118号）； 6.《财政部　国家税务总局关于执行企业所得税优惠政策若干问题的通知》（财税〔2009〕69号）； 7.《国家税务总局关于环境保护节能节水安全生产等专用设备投资抵免企业所得税有关问题的通知》（国税函〔2010〕256号）； 8.《财政部　税务总局　国家发展改革委　工业和信息化部　环境保护部关于印发节能节水和环境保护专用设备企业所得税优惠目录（2017年版）的通知》（财税〔2017〕71号）。	1.购买并自身投入使用的专用设备清单及发票； 2.以融资租赁方式取得的专用设备的合同或协议； 3.专用设备属于《环境保护专用设备企业所得税优惠目录》《节能节水专用设备企业所得税优惠目录》或《安全生产专用设备企业所得税优惠目录》中的具体项目的说明； 4.专用设备实际投入使用时间的说明。	汇缴享受	由省税务机关（含计划单列市税务机关）规定。

续表

序号	优惠事项名称	政策概述	主要政策依据	主要留存备查资料	享受优惠时间	后续管理要求
67	固定资产或购入软件等可以加速折旧或摊销	由于技术进步，产品更新换代较快的固定资产及常年处于强震动、高腐蚀状态的固定资产，企业可以采取缩短折旧年限或者采取加速折旧的方法。集成电路生产企业的生产设备，其折旧年限可以适当缩短，最短可为3年（含）。企业外购的软件，凡符合固定资产或无形资产确认条件的，可以按照固定资产或无形资产进行核算，其折旧或摊销年限可以适当缩短，最短可为2年（含）。	1.《中华人民共和国企业所得税法》第三十二条； 2.《中华人民共和国企业所得税法实施条例》第九十八条； 3.《财政部　国家税务总局关于进一步鼓励软件产业和集成电路产业发展企业所得税政策的通知》（财税〔2012〕27号）； 4.《国家税务总局关于企业固定资产加速折旧所得税处理有关问题的通知》（国税发〔2009〕81号）； 5.《国家税务总局关于执行软件企业所得税优惠政策有关问题的公告》（国家税务总局公告2013年第43号）。	1. 固定资产的功能、预计使用年限短于规定计算折旧的最低年限的理由、证明资料及有关情况的说明； 2. 被替代的旧固定资产的功能、使用及处置等情况的说明； 3. 固定资产加速折旧拟采用的方法和折旧额的说明，外购软件拟缩短折旧或摊销年限情况的说明； 4. 集成电路生产企业证明材料； 5. 购入固定资产或软件的发票、记账凭证。	汇缴享受（税会处理一致的，预缴享受；税会处理不一致的，汇缴享受）	由省税务机关（含计划单列市税务机关）规定。

续表

序号	优惠事项名称	政策概述	主要政策依据	主要留存备查资料	享受优惠时间	后续管理要求
68	固定资产加速折旧或一次性扣除	对生物药品制造业,专用设备制造业,铁路、船舶、航空航天和其他运输设备制造业,计算机、通信和其他电子设备制造业,仪器仪表制造业,信息传输、软件和信息技术服务业,轻工、纺织、机械、汽车等行业企业新购进的固定资产,可缩短折旧年限或采取加速折旧的方法。对所有行业企业新购进的专门用于研发的仪器、设备,单位价值不超过100万元的,允许一次性计入当期成本费用在计算应纳税所得额时扣除,不再分年度计算折旧;单位价值超过100万元的,可缩短折旧年限或采取加速折旧的方法。对所有行业企业持有的单位价值不超过5000元的固定资产,允许一次性计入当期成本费用在计算应纳税所得额时扣除,不再分年度计算折旧。	1.《财政部　国家税务总局关于完善固定资产加速折旧企业所得税政策的通知》(财税〔2014〕75号); 2.《财政部　国家税务总局关于进一步完善固定资产加速折旧企业所得税政策的通知》(财税〔2015〕106号); 3.《国家税务总局关于固定资产加速折旧税收政策有关问题的公告》(国家税务总局公告2014年第64号); 4.《国家税务总局关于进一步完善固定资产加速折旧企业所得税政策有关问题的公告》(国家税务总局公告2015年第68号)。	1.企业属于重点行业、领域企业的说明材料[以某重点行业业务为主营业务,固定资产投入使用当年主营业务收入占企业收入总额50%(不含)以上]; 2.购进固定资产的发票、记账凭证(购入已使用过的固定资产,应提供已使用年限的相关说明); 3.核算有关资产税法与会计差异的台账。	预缴享受	由省税务机关(含计划单列市税务机关)规定。
69	享受过渡期税收优惠定期减免企业所得税	自2008年1月1日起,原享受企业所得税“五免五减半”等定期减免税优惠的企业,新税法施行后继续按原税收法律、行政法规及相关文件规定的优惠办法及年限享受至期满为止,但因未获利而尚未享受税收优惠的,其优惠期限从2008年度起计算。	《国务院关于实施企业所得税过渡优惠政策的通知》(国发〔2007〕39号)。	符合过渡期税收优惠政策的情况说明。	预缴享受	由省税务机关(含计划单列市税务机关)规定。

二、综合式减免

过渡政策

1. 国务院关于实施企业所得税过渡优惠政策的通知

（2007 年 12 月 26 日　国发〔2007〕39 号）

各省、自治区、直辖市人民政府，国务院各部委、各直属机构：

《中华人民共和国企业所得税法》（以下简称新税法）和《中华人民共和国企业所得税法实施条例》（以下简称实施条例）将于 2008 年 1 月 1 日起施行。根据新税法第五十七条规定，现对企业所得税优惠政策过渡问题通知如下：

一、新税法公布前批准设立的企业税收优惠过渡办法

企业按照原税收法律、行政法规和具有行政法规效力文件规定享受的企业所得税优惠政策，按以下办法实施过渡：

自 2008 年 1 月 1 日起，原享受低税率优惠政策的企业，在新税法施行后 5 年内逐步过渡到法定税率。其中：享受企业所得税 15% 税率的企业，2008 年按 18% 税率执行，2009 年按 20% 税率执行，2010 年按 22% 税率执行，2011 年按 24% 税率执行，2012 年按 25% 税率执行；原执行 24% 税率的企业，2008 年起按 25% 税率执行。

自 2008 年 1 月 1 日起，原享受企业所得税"两免三减半"、"五免五减半"等定期减免税优惠的企业，新税法施行后继续按原税收法律、行政法规及相关文件规定的优惠办法及年限享受至期满为止，但因未获利而尚未享受税收优惠的，其优惠期限从 2008 年度起计算。

享受上述过渡优惠政策的企业，是指 2007 年 3 月 16 日以前经工商等登记管理机关登记设立的企业；实施过渡优惠政策的项目和范围按《实施企业所得税过渡优惠政策表》（见附表）执行。

二、继续执行西部大开发税收优惠政策

根据国务院实施西部大开发有关文件精神，财政部、税务总局和海关总署联合下发的《财政部、国家税务总局、海关总署关于西部大开发税收优惠政策问题的通知》（财税〔2001〕202 号）中规定的西部大开发企业所得税优惠政策继续执行。

三、实施企业税收过渡优惠政策的其他规定

享受企业所得税过渡优惠政策的企业，应按照新税法和实施条例中有关收入和扣除的规定计算应纳税所得额，并按本通知第一部分规定计算享受税收优惠。

企业所得税过渡优惠政策与新税法及实施条例规定的优惠政策存在交叉的，由企业选择最优惠的政策执行，不得叠加享受，且一经选择，不得改变。

附表：实施企业所得税过渡优惠政策表

序号	文件名称	相关政策内容
1	《中华人民共和国外商投资企业和外国企业所得税法》第七条第一款	设在经济特区的外商投资企业、在经济特区设立机构、场所从事生产、经营的外国企业和设在经济技术开发区的生产性外商投资企业，减按 15% 的税率征收企业所得税。

续表

序号	文件名称	相关政策内容
2	《中华人民共和国外商投资企业和外国企业所得税法》第七条第三款	设在沿海经济开放区和经济特区、经济技术开发区所在城市的老市区或者设在国务院规定的其他地区的外商投资企业，属于能源、交通、港口、码头或者国家鼓励的其他项目的，可以减按15%的税率征收企业所得税。
3	《中华人民共和国外商投资企业和外国企业所得税法实施细则》第七十三条第一款第一项	在沿海经济开放区和经济特区、经济技术开发区所在城市的老市区设立的从事下列项目的生产性外资企业，可以减按15%的税率征收企业所得税：技术密集、知识密集型的项目；外商投资在3000万美元以上，回收投资时间长的项目；能源、交通、港口建设的项目。
4	《中华人民共和国外商投资企业和外国企业所得税法实施细则》第七十三条第一款第二项	从事港口、码头建设的中外合资经营企业，可以减按15%的税率征收企业所得税。
5	《中华人民共和国外商投资企业和外国企业所得税法实施细则》第七十三条第一款第四项	在上海浦东新区设立的生产性外商投资企业，以及从事机场、港口、铁路、公路、电站等能源、交通建设项目的外商投资企业，可以减按15%的税率征收企业所得税。
6	国务院关于上海外高桥、天津港、深圳福田、深圳沙头角、大连、广州、厦门象屿、张家港、海口、青岛、宁波、福州、汕头、珠海、深圳盐田保税区的批复（国函〔1991〕26号、国函〔1991〕32号、国函〔1992〕43号、国函〔1992〕44号、国函〔1992〕148号、国函〔1992〕150号、国函〔1992〕159号、国函〔1992〕179号、国函〔1992〕180号、国函〔1992〕181号、国函〔1993〕3号等）	生产性外商投资企业，减按15%的税率征收企业所得税。
7	《国务院关于在福建省沿海地区设立台商投资区的批复》（国函〔1989〕35号）	厦门台商投资区内设立的台商投资企业，减按15%税率征收企业所得税；福州台商投资区内设立的生产性台商投资企业，减按15%税率征收企业所得税，非生产性台资企业，减按24%税率征收企业所得税。
8	国务院关于进一步对外开放南宁、重庆、黄石、长江三峡经济开放区、北京等城市的通知（国函〔1992〕62号、国函〔1992〕93号、国函〔1993〕19号、国函〔1994〕92号、国函〔1995〕16号）	省会（首府）城市及沿江开放城市从事下列项目的生产性外资企业，减按15%的税率征收企业所得税：技术密集、知识密集型的项目；外商投资在3000万美元以上，回收投资时间长的项目；能源、交通、港口建设的项目。
9	《国务院关于开发建设苏州工业园区有关问题的批复》（国函〔1994〕9号）	在苏州工业园区设立的生产性外商投资企业，减按15%税率征收企业所得税。
10	《国务院关于扩大外商投资企业从事能源交通基础设施项目税收优惠规定适用范围的通知》（国发〔1999〕13号）	自1999年1月1日起，将外资税法实施细则第七十三条第一款第（一）项第3目关于从事能源、交通基础设施建设的生产性外商投资企业，减按15%征收企业所得税的规定扩大到全国。
11	《广东省经济特区条例》（1980年8月26日第五届全国人民代表大会常务委员会第十五次会议批准施行）	广东省深圳、珠海、汕头经济特区的企业所得税率为15%。
12	《对福建省关于建设厦门经济特区的批复》（〔80〕国函字88号）	厦门经济特区所得税率按15%执行。
13	《国务院关于鼓励投资开发海南岛的规定》（国发〔1988〕26号）	在海南岛举办的企业（国家银行和保险公司除外），从事生产、经营所得税和其他所得，均按15%的税率征收企业所得税。

续表

序号	文件名称	相关政策内容
14	《中华人民共和国外商投资企业和外国企业所得税法》第七条第二款	设在沿海经济开放区和经济特区、经济技术开发区所在城市的老市区的生产性外商投资企业，减按24%的税率征收企业所得税。
15	《国务院关于试办国家旅游度假区有关问题的通知》（国发〔1992〕46号）	国家旅游度假区内的外商投资企业，减按24%税率征收企业所得税。
16	国务院关于进一步对外开放黑河、伊宁、凭祥、二连浩特市等边境城市的通知（国函〔1992〕21号、国函〔1992〕61号、国函〔1992〕62号、国函〔1992〕94号）	沿边开放城市的生产性外商投资企业，减按24%税率征收企业所得税。
17	国务院关于进一步对外开放南宁、昆明市及凭祥等五个边境城镇的通知（国函〔1992〕62号）	允许凭祥、东兴、畹町、瑞丽、河口五市（县、镇）在具备条件的市（县、镇）兴办边境经济合作区，对边境经济合作区内以出口为主的生产性内联企业，减按24%的税率征收。
18	国务院关于进一步对外开放南宁、重庆、黄石、长江三峡经济开放区、北京等城市的通知（国函〔1992〕62号、国函〔1992〕93号、国函〔1993〕19号、国函〔1994〕92号、国函〔1995〕16号）	省会（首府）城市及沿江开放城市的生产性外商投资企业，减按24%税率征收企业所得税。
19	《中华人民共和国外商投资企业和外国企业所得税法》第八条第一款	对生产性外商投资企业，经营期在十年以上的，从开始获利的年度起，第一年和第二年免征企业所得税，第三年至第五年减半征收企业所得税。
20	《中华人民共和国外商投资企业和外国企业所得税法实施细则》第七十五条第一款第一项	从事港口码头建设的中外合资经营企业，经营期在15年以上的，经企业申请，所在地的省、自治区、直辖市税务机关批准，从开始获利的年度起，第一年至第五年免征企业所得税，第六年至第十年减半征收企业所得税。
21	《中华人民共和国外商投资企业和外国企业所得税法实施细则》第七十五条第一款第二项	在海南经济特区设立的从事机场、港口、码头、铁路、公路、电站、煤矿、水利等基础设施项目的外商投资企业和从事农业开发经营的外商投资企业，经营期在15年以上的，经企业申请，海南省税务机关批准，从开始获利的年度起，第一年至第五年免征企业所得税，第六年至第十年减半征收企业所得税。
22	《中华人民共和国外商投资企业和外国企业所得税法实施细则》第七十五条第一款第三项	在上海浦东新区设立的从事机场、港口、铁路、公路、电站等能源、交通建设项目的外商投资企业，经营期在15年以上的，经企业申请，上海市税务机关批准，从开始获利的年度起，第一年至第五年免征企业所得税，第六年至第十年减半征收企业所得税。
23	《中华人民共和国外商投资企业和外国企业所得税法实施细则》第七十五条第一款第四项	在经济特区设立的从事服务性行业的外商投资企业，外商投资超过500万美元，经营期在十年以上的，经企业申请，经济特区税务机关批准，从开始获利的年度起，第一年免征企业所得税，第二年和第三年减半征收企业所得税。
24	《中华人民共和国外商投资企业和外国企业所得税法实施细则》第七十五条第一款第六项	在国务院确定的国家高新技术产业开发区设立的被认定为高新技术企业的中外合资经营企业，经营期在十年以上的，经企业申请，当地税务机关批准，从开始获利的年度起，第一年和第二年免征企业所得税。

续表

序号	文件名称	相关政策内容
25	《中华人民共和国外商投资企业和外国企业所得税法实施细则》第七十五条第一款第六项 《国务院关于〈北京市新技术产业开发试验区暂行条例〉的批复》(国函〔1988〕74号)	设在北京市新技术产业开发试验区的外商投资企业,依照北京市新技术产业开发试验区的税收优惠规定执行。 对试验区的新技术企业自开办之日起,三年内免征所得税。经北京市人民政府指定的部门批准,第四至六年可按15%或10%的税率,减半征收所得税。
26	《中华人民共和国企业所得税暂行条例》第八条第一款	需要照顾和鼓励的民族自治地方的企业,经省级人民政府批准实行定期减税或免税的,过渡优惠执行期限不超过5年。
27	《国务院关于鼓励投资开发海南岛的规定》(国发〔1988〕26号)	在海南岛举办的企业(国家银行和保险公司除外),从事港口、码头、机场、公路、铁路、电站、煤矿、水利等基础设施开发经营的企业和从事农业开发经营的企业,经营期限在十五年以上的,从开始获利的年度起,第一年至第五年免征所得税,第六年至第十年减半征收所得税。
28		在海南岛举办的企业(国家银行和保险公司除外),从事工业、交通运输业等生产性行业的企业经营期限在十年以上的,从开始获利的年度起,第一年和第二年免征所得税,第三年至第五年减半征收所得税。
29		在海南岛举办的企业(国家银行和保险公司除外),从事服务性行业的企业,投资总额超过500万美元或者2000万人民币,经营期限在十年以上的,从开始获利的年度起,第一年免征所得税,第二年和第三年减半征收所得税。
30	《国务院关于实施〈国家中长期科学和技术发展规划纲要(2006~2020年)若干配套政策的通知〉》(国发〔2006〕6号)	国家高新技术产业开发区内新创办的高新技术企业经严格认定后,自获利年度起两年内免征所得税。

2. 财政部　国家税务总局关于贯彻落实国务院关于实施企业所得税过渡优惠政策有关问题的通知

(2008年2月4日　财税〔2008〕21号)

各省、自治区、直辖市、计划单列市财政厅(局)、国家税务局、地方税务局,新疆生产建设兵团财务局:

为贯彻落实《国务院关于实施企业所得税过渡优惠政策的通知》(国发〔2007〕39号)和《国务院关于经济特区和上海浦东新区新设立高新技术企业实行过渡性税收优惠的通知》(国发〔2007〕40号)(以下简称过渡优惠政策通知),现将有关事项通知如下:

一、各级财政、税务部门要密切配合,严格按照国务院过渡优惠政策通知的有关规定,抓紧做好新旧企业所得税优惠政策的过渡衔接工作。对过渡优惠政策要加强规范管理,不得超越权限擅自扩大过渡优惠政策执行范围。同时,要及时跟踪、了解过渡优惠政策的执行情况,对发现的新问题及时反映,确保国务院过渡优惠政策通知落实到位。

二、对按照国发〔2007〕39号文件有关规定适用15%企业所得税率并享受企业所得税定期减半优惠过渡的企业，应一律按照国发〔2007〕39 号文件第一条第二款规定的过渡税率计算的应纳税额实行减半征税，即 2008 年按 18% 税率计算的应纳税额实行减半征税，2009 年按 20% 税率计算的应纳税额实行减半征税，2010 年按 22% 税率计算的应纳税额实行减半征税，2011 年按 24% 税率计算的应纳税额实行减半征税，2012 年及以后年度按 25% 税率计算的应纳税额实行减半征税。

对原适用 24% 或 33% 企业所得税率并享受国发〔2007〕39 号文件规定企业所得税定期减半优惠过渡的企业，2008 年及以后年度一律按 25% 税率计算的应纳税额实行减半征税。

三、根据《中华人民共和国企业所得税法》（以下称新税法）第二十九条有关“民族自治地方的自治机关对本民族自治地方的企业应缴纳的企业所得税中属于地方分享的部分，可以决定减征或者免征”的规定，对 2008 年 1 月 1 日后民族自治地方批准享受减免税的企业，一律按新税法第二十九条的规定执行，即对民族自治地方的企业减免企业所得税，仅限于减免企业所得税中属于地方分享的部分，不得减免属于中央分享的部分。民族自治地方在新税法实施前已经按照《财政部　国家税务总局　海关总署关于西部大开发税收优惠政策问题的通知》（财税〔2001〕202 号）第二条第 2 款有关减免税规定批准享受减免企业所得税（包括减免中央分享企业所得税的部分）的，自 2008 年 1 月 1 日起计算，对减免税期限在 5 年以内（含 5 年）的，继续执行至期满后停止；对减免税期限超过 5 年的，从第六年起按新税法第二十九条规定执行。

3. 财政部　国家税务总局关于企业所得税若干优惠政策的通知

（2008 年 2 月 22 日　财税〔2008〕1 号）

（部分条款修改，详见文中注释）

各省、自治区、直辖市，计划单列市财政厅（局）、国家税务局、地方税务局，新疆生产建设兵团财务局：

根据《中华人民共和国企业所得税法》第三十六条的规定，经国务院批准，现将有关企业所得税优惠政策问题通知如下：

一、关于鼓励软件产业和集成电路产业发展的优惠政策。

（一）软件生产企业实行增值税即征即退政策所退还的税款，由企业用于研究开发软件产品和扩大再生产，不作为企业所得税应税收入，不予征收企业所得税。

（二）我国境内新办软件生产企业经认定后，自获利年度起，第一年和第二年免征企业所得税，第三年至第五年减半征收企业所得税。

（三）国家规划布局内的重点软件生产企业，如当年未享受免税优惠的，减按 10% 的税率征收企业所得税。

（四）软件生产企业的职工培训费用，可按实际发生额在计算应纳税所得额时扣除。

（五）企事业单位购进软件，凡符合固定资产或无形资产确认条件的，可以按照固定资产或无形资产进行核算，经主管税务机关核准，其折旧或摊销年限可以适当缩短，最短可为 2 年。

（六）集成电路设计企业视同软件企业，享受上述软件企业的有关企业所得税政策。

（七）集成电路生产企业的生产性设备，经主管税务机关核准，其折旧年限可以适当缩短，最短可为 3 年。

（八）投资额超过 80 亿元人民币或集成电路线宽小于 0.25um 的集成电路生产企业，可以减按 15% 的税率缴纳企业所得税，其中，经营期在 15 年以上的，从开始获利的年度起，第一年至第五年免征企业所得税，第六年至第十年减半征收企业所得税。

（九）对生产线宽小于 0.8 微米（含）集成电路产品的生产企业，经认定后，自获利年度起，第一年和第二年免征企业所得税，第三年至第五年减半征收企业所得税。

已经享受自获利年度起企业所得税“两免三减半”政策的企业，不再重复执行本条规定。

【注】根据《财政部　国家税务总局关于企业所得税若干优惠政策的通知》(财税〔2008〕1号、《财政部　国家税务总局关于进一步鼓励软件产业和集成电路产业发展企业所得税政策的通知》(财税〔2012〕27号)的规定,第1~9项有效期至2010年12月31日。

(十)自2008年1月1日起至2010年底,对集成电路生产企业、封装企业的投资者,以其取得的缴纳企业所得税后的利润,直接投资于本企业增加注册资本,或作为资本投资开办其他集成电路生产企业、封装企业,经营期不少于5年的,按40%的比例退还其再投资部分已缴纳的企业所得税税款。再投资不满5年撤出该项投资的,追缴已退的企业所得税税款。

自2008年1月1日起至2010年底,对国内外经济组织作为投资者,以其在境内取得的缴纳企业所得税后的利润,作为资本投资于西部地区开办集成电路生产企业、封装企业或软件产品生产企业,经营期不少于5年的,按80%的比例退还其再投资部分已缴纳的企业所得税税款。再投资不满5年撤出该项投资的,追缴已退的企业所得税税款。

二、关于鼓励证券投资基金发展的优惠政策

(一)对证券投资基金从证券市场中取得的收入,包括买卖股票、债券的差价收入,股权的股息、红利收入,债券的利息收入及其他收入,暂不征收企业所得税。

(二)对投资者从证券投资基金分配中取得的收入,暂不征收企业所得税。

(三)对证券投资基金管理人运用基金买卖股票、债券的差价收入,暂不征收企业所得税。

三、关于其他有关行业、企业的优惠政策

为保证部分行业、企业税收优惠政策执行的连续性,对原有关就业再就业,奥运会和世博会,社会公益,债转股、清产核资、重组、改制、转制等企业改革,涉农和国家储备,其他单项优惠政策共6类定期企业所得税优惠政策(见附件),自2008年1月1日起,继续按原优惠政策规定的办法和时间执行到期。

四、关于外国投资者从外商投资企业取得利润的优惠政策

2008年1月1日之前外商投资企业形成的累积未分配利润,在2008年以后分配给外国投资者的,免征企业所得税;2008年及以后年度外商投资企业新增利润分配给外国投资者的,依法缴纳企业所得税。

五、除《中华人民共和国企业所得税法》、《中华人民共和国企业所得税法实施条例》、《国务院关于实施企业所得税过渡优惠政策的通知》(国发〔2007〕39号)、《国务院关于经济特区和上海浦东新区新设立高新技术企业实行过渡性税收优惠的通知》(国发〔2007〕40号)及本通知规定的优惠政策以外,2008年1月1日之前实施的其他企业所得税优惠政策一律废止。各地区、各部门一律不得越权制定企业所得税的优惠政策。

附件:

执行到期的企业所得税优惠政策表

类别	序号	文件名称	备注
一、就业再就业政策	1	财政部　国家税务总局关于下岗失业人员再就业有关税收政策问题的通知(财税〔2002〕208号)	对2005年底之前核准享受再就业减免税政策的企业,在剩余期限内享受至期满
	2	财政部　国家税务总局关于下岗失业人员再就业有关税收政策问题的通知(财税〔2005〕186号)	政策审批时间截止到2008年底

续表

类别	序号	文件名称	备注
二、奥运会和世博会政策	3	财政部　国家税务总局　海关总署关于第29届奥运会税收政策问题的通知(财税〔2003〕10号)	奥运会结束并北京奥组委财务清算完结后停止执行
		财政部　国家税务总局关于第29届奥运会补充税收政策的通知(财税〔2006〕128号)	
	4	财政部　国家税务总局关于2010年上海世博会有关税收政策问题的通知(财税〔2005〕180号)	世博会结束并上海世博局财务清算完结后停止执行
		财政部　国家税务总局关于增补上海世博运营有限公司享受上海世博会有关税收优惠政策的批复(财税〔2006〕155号)	
三、社会公益政策	5	财政部　国家税务总局关于延长生产和装配伤残人员专门用品企业免征所得税执行期限的通知(财税〔2006〕148号)	
四、债转股、清产核资，重组、改制，转制等企业改革政策	6	财政部　国家税务总局关于债转股企业有关税收政策的通知(财税〔2005〕29号)	
	7	财政部　国家税务总局关于中央企业清产核资有关税务处理问题的通知(财税〔2006〕18号)	
	8	财政部　国家税务总局关于延长转制科研机构有关税收政策执行期限的通知(财税〔2005〕14号)	
	9	财政部　海关总署　国家税务总局关于文化体制改革中经营性文化事业单位转制后企业的若干税收政策问题的通知(财税〔2005〕1号)	
		财政部　海关总署　国家税务总局关于文化体制改革试点中支持文化产业发展若干税收政策问题的通知(财税〔2005〕2号)	
五、涉农和国家储备政策	10	财政部　国家税务总局关于促进农产品连锁经营试点税收优惠政策的通知(财税〔2007〕10号)	
	11	财政部　国家税务总局关于广播电视村村通税收政策的通知(财税〔2007〕17号)	
	12	财政部　国家税务总局关于部分国家储备商品有关税收政策的通知(财税〔2006〕105号)	
六、单项优惠政策	13	财政部　国家税务总局关于股权分置试点改革有关税收政策问题的通知(财税〔2005〕103号)	执行到股权分置试点改革结束
	14	财政部　国家税务总局关于中国证券投资者保护基金有限责任公司有关税收问题的通知(财税〔2006〕169号)	
	15	财政部　国家税务总局关于延长试点地区农村信用社有关税收政策期限的通知(财税〔2006〕46号)	
		财政部　国家税务总局关于海南省改革试点的农村信用社税收政策的通知(财税〔2007〕18号)	
	16	财政部　国家税务总局关于继续执行监狱劳教企业有关税收政策的通知(财税〔2006〕123号)	

4. 国家税务总局关于外商投资企业和外国企业原有若干税收优惠政策取消后有关事项处理的通知

（2008 年 2 月 27 日　国税发〔2008〕23 号）

各省、自治区、直辖市和计划单列市国家税务局，广东、海南省地方税务局，深圳市地方税务局：

根据《中华人民共和国企业所得税法》及其实施条例、《中华人民共和国税收征收管理法》及其实施细则和《国务院关于实施企业所得税过渡优惠政策的通知》（国发〔2007〕39 号）的有关规定，现就外商投资企业和外国企业原执行的若干税收优惠政策取消后的税务处理问题通知如下。

一、关于原外商投资企业的外国投资者再投资退税政策的处理

外国投资者从外商投资企业取得的税后利润直接再投资本企业增加注册资本，或者作为资本投资开办其他外商投资企业，凡在 2007 年底以前完成再投资事项，并在国家工商管理部门完成变更或注册登记的，可以按照《中华人民共和国外商投资企业和外国企业所得税法》及其有关规定，给予办理再投资退税。对在 2007 年底以前用 2007 年度预分配利润进行再投资的，不给予退税。

二、关于外国企业从我国取得的利息、特许权使用费等所得免征企业所得税的处理

外国企业向我国转让专有技术或提供贷款等取得所得，凡上述事项所涉及的合同是在 2007 年底以前签订，且符合《中华人民共和国外商投资企业和外国企业所得税法》规定免税条件，经税务机关批准给予免税的，在合同有效期内可继续给予免税，但不包括延期、补充合同或扩大的条款。各主管税务机关应做好合同执行跟踪管理工作，及时开具完税证明。

三、关于享受定期减免税优惠的外商投资企业在 2008 年后条件发生变化的处理

外商投资企业按照《中华人民共和国外商投资企业和外国企业所得税法》规定享受定期减免税优惠，2008 年后，企业生产经营业务性质或经营期发生变化，导致其不符合《中华人民共和国外商投资企业和外国企业所得税法》规定条件的，仍应依据《中华人民共和国外商投资企业和外国企业所得税法》规定补缴其此前（包括在优惠过渡期内）已经享受的定期减免税税款。各主管税务机关在每年对这类企业进行汇算清缴时，应对其经营业务内容和经营期限等变化情况进行审核。

5. 国家税务总局关于政府关停外商投资企业所得税优惠政策处理问题的批复

（2010 年 2 月 12 日　国税函〔2010〕69 号）

江苏省国家税务局：

你局《关于政府关停外商投资企业所得税优惠政策处理问题的请示》（苏国税发〔2009〕88 号）收悉。关于外商投资企业因国家发展规划调整（包括城市建设规划等）被实施关停并清算，导致其不符合原《中华人民共和国外商投资企业和外国企业所得税法》及过渡性政策规定条件税收优惠处理问题，经研究，批复如下：

一、根据原《中华人民共和国外商投资企业和外国企业所得税法实施细则》第七十九条的规定，应当补缴或缴回按该条规定已享受的企业所得税优惠税款。

二、外商投资企业和外国企业依照原《财政部　国家税务总局关于外商投资企业和外国企业购买国产设备投资抵免企业所得税有关问题的通知》（财税字〔2000〕049号）有关规定将已经享受投资抵免的2007年12月31日前购买的国产设备，在购置之日起五年内出租、转让，不论出租、转让行为发生在2008年1月1日之前或之后的，均应在出租、转让时补缴就该购买设备已抵免的企业所得税税款。

三、外商投资企业的外国投资者依照《中华人民共和国外商投资企业和外国企业所得税法》第十条的规定，将从企业取得的利润于2007年12月31日前直接再投资于该企业，增加注册资本，或者作为资本投资开办其他外商投资企业，如经营期不少于五年并经税务机关批准已退还其再投资部分已缴纳所得税的40%税款，再投资不满五年撤出的，应当缴回已退的税款。

6. 国家税务总局关于进一步明确企业所得税过渡期优惠政策执行口径问题的通知

（2010年4月21日　国税函〔2010〕157号）

各省、自治区、直辖市和计划单列市国家税务局、地方税务局：

根据《财政部　国家税务总局关于执行企业所得税优惠政策若干问题的通知》（财税〔2009〕69号）的有关规定，现就执行企业所得税过渡期优惠政策问题进一步明确如下：

一、关于居民企业选择适用税率及减半征税的具体界定问题

（一）居民企业被认定为高新技术企业，同时又处于《国务院关于实施企业所得税过渡优惠政策的通知》（国发〔2007〕39号）第一条第三款规定享受企业所得税"两免三减半"、"五免五减半"等定期减免税优惠过渡期的，该居民企业的所得税适用税率可以选择依照过渡期适用税率并适用减半征税至期满，或者选择适用高新技术企业的15%税率，但不能享受15%税率的减半征税。

（二）居民企业被认定为高新技术企业，同时又符合软件生产企业和集成电路生产企业定期减半征收企业所得税优惠条件的，该居民企业的所得税适用税率可以选择适用高新技术企业的15%税率，也可以选择依照25%的法定税率减半征税，但不能享受15%税率的减半征税。

（三）居民企业取得中华人民共和国企业所得税法实施条例第八十六条、第八十七条、第八十八条和第九十条规定可减半征收企业所得税的所得，是指居民企业应就该部分所得单独核算并依照25%的法定税率减半缴纳企业所得税。

（四）高新技术企业减低税率优惠属于变更适用条件的延续政策而未列入过渡政策，因此，凡居民企业经税务机关核准2007年度及以前享受高新技术企业或新技术企业所得税优惠，2008年及以后年度未被认定为高新技术企业的，自2008年起不得适用高新技术企业的15%税率，也不适用《国务院实施企业所得税过渡优惠政策的通知》（国发〔2007〕39号）第一条第二款规定的过渡税率，而应自2008年度起适用25%的法定税率。

二、关于居民企业总分机构的过渡期税率执行问题

居民企业经税务机关核准2007年度以前依照《国家税务总局关于外商投资企业分支机构适用所得税税率问题的通知》（国税发〔1997〕49号）规定，其处于不同税率地区的分支机构可以单独享受所得税减低税率优惠的，仍可继续单独适用减低税率优惠过渡政策；优惠过渡期结束后，统一依照《国家税务总局关于印发〈跨地区经营汇总纳税企业所得税征收管理暂行办法〉的通知》（国税发〔2008〕28号）第十六条的规定执行。

软件动漫技术服务

▶软件与集成电路

1. 财政部　国家税务总局关于进一步鼓励软件产业和集成电路产业发展企业所得税政策的通知

（2012年4月20日　财税〔2012〕27号）

（部分条款修改，详见文中注释）

各省、自治区、直辖市、计划单列市财政厅（局）、国家税务局、地方税务局：

根据《中华人民共和国企业所得税法》及其实施条例和《国务院关于印发进一步鼓励软件产业和集成电路产业发展若干政策的通知》（国发〔2011〕4号）精神，为进一步推动科技创新和产业结构升级，促进信息技术产业发展，现将鼓励软件产业和集成电路产业发展的企业所得税政策通知如下：

一、集成电路线宽小于0.8微米（含）的集成电路生产企业，经认定后，在2017年12月31日前自获利年度起计算优惠期，第一年至第二年免征企业所得税，第三年至第五年按照25%的法定税率减半征收企业所得税，并享受至期满为止。

二、集成电路线宽小于0.25微米或投资额超过80亿元的集成电路生产企业，经认定后，减按15%的税率征收企业所得税，其中经营期在15年以上的，在2017年12月31日前自获利年度起计算优惠期，第一年至第五年免征企业所得税，第六年至第十年按照25%的法定税率减半征收企业所得税，并享受至期满为止。

三、我国境内新办的集成电路设计企业和符合条件的软件企业，经认定后，在2017年12月31日前自获利年度起计算优惠期，第一年至第二年免征企业所得税，第三年至第五年按照25%的法定税率减半征收企业所得税，并享受至期满为止。

四、国家规划布局内的重点软件企业和集成电路设计企业，如当年未享受免税优惠的，可减按10%的税率征收企业所得税。

五、符合条件的软件企业按照《财政部　国家税务总局关于软件产品增值税政策的通知》（财税〔2011〕100号）规定取得的即征即退增值税款，由企业专项用于软件产品研发和扩大再生产并单独进行核算，可以作为不征税收入，在计算应纳税所得额时从收入总额中减除。

六、集成电路设计企业和符合条件软件企业的职工培训费用，应单独进行核算并按实际发生额在计算应纳税所得额时扣除。

七、企业外购的软件，凡符合固定资产或无形资产确认条件的，可以按照固定资产或无形资产进行核算，其折旧或摊销年限可以适当缩短，最短可为2年（含）。

八、集成电路生产企业的生产设备，其折旧年限可以适当缩短，最短可为3年（含）。

九、本通知所称集成电路生产企业，是指以单片集成电路、多芯片集成电路、混合集成电路制造为主营业务并同时符合下列条件的企业：

（一）依法在中国境内成立并经认定取得集成电路生产企业资质的法人企业；

（二）签订劳动合同关系且具有大学专科以上学历的职工人数占企业当年月平均职工总人数的比例不低于40%，其中研究开发人员占企业当年月平均职工总数的比例不低于20%；

（三）拥有核心关键技术，并以此为基础开展经营活动，且当年度的研究开发费用总额占企业销售（营业）收入（主营业务收入与其他业务收入之和，下同）总额的比例不低于5%；其中，企业在中国境内发生的研究开发费用金额占研究开发费用总额的比例不低于60%；

（四）集成电路制造销售（营业）收入占企业收入总额的比例不低于60%；

（五）具有保证产品生产的手段和能力，并获得有关资质认证（包括ISO质量体系认证、人力资源能力认证等）；

（六）具有与集成电路生产相适应的经营场所、软硬件设施等基本条件。

《集成电路生产企业认定管理办法》由发展改革委、工业和信息化部、财政部、税务总局会同有关部门另行制定。

十、本通知所称集成电路设计企业或符合条件的软件企业，是指以集成电路设计或软件产品开发为主营业务并同时符合下列条件的企业：

（一）2011年1月1日后依法在中国境内成立并经认定取得集成电路设计企业资质或软件企业资质的法人企业；

（二）签订劳动合同关系且具有大学专科以上学历的职工人数占企业当年月平均职工总人数的比例不低于40%，其中研究开发人员占企业当年月平均职工总数的比例不低于20%；

（三）拥有核心关键技术，并以此为基础开展经营活动，且当年度的研究开发费用总额占企业销售（营业）收入总额的比例不低于6%；其中，企业在中国境内发生的研究开发费用金额占研究开发费用总额的比例不低于60%；

（四）集成电路设计企业的集成电路设计销售（营业）收入占企业收入总额的比例不低于60%，其中集成电路自主设计销售（营业）收入占企业收入总额的比例不低于50%；软件企业的软件产品开发销售（营业）收入占企业收入总额的比例一般不低于50%［嵌入式软件产品和信息系统集成产品开发销售（营业）收入占企业收入总额的比例不低于40%］，其中软件产品自主开发销售（营业）收入占企业收入总额的比例一般不低于40%［嵌入式软件产品和信息系统集成产品开发销售（营业）收入占企业收入总额的比例不低于30%］；

（五）主营业务拥有自主知识产权，其中软件产品拥有省级软件产业主管部门认可的软件检测机构出具的检测证明材料和软件产业主管部门颁发的《软件产品登记证书》；

（六）具有保证设计产品质量的手段和能力，并建立符合集成电路或软件工程要求的质量管理体系并提供有效运行的过程文档记录；

（七）具有与集成电路设计或者软件开发相适应的生产经营场所、软硬件设施等开发环境（如EDA工具、合法的开发工具等），以及与所提供服务相关的技术支撑环境。

《集成电路设计企业认定管理办法》、《软件企业认定管理办法》由工业和信息化部、发展改革委、财政部、税务总局会同有关部门另行制定。

十一、国家规划布局内重点软件企业和集成电路设计企业在满足本通知第十条规定条件的基础上，由发展改革委、工业和信息化部、财政部、税务总局等部门根据国家规划布局支持领域的要求，结合企业年度集成电路设计销售（营业）收入或软件产品开发销售（营业）收入、盈利等情况进行综合评比，实行总量控制、择优认定。

《国家规划布局内重点软件企业和集成电路设计企业认定管理办法》由发展改革委、工业和信息化部、财政部、税务总局会同有关部门另行制定。

（根据财税〔2016〕49号本条款有效期至2016年5月4日）

十二、本通知所称新办企业认定标准按照《财政部　国家税务总局关于享受企业所得税优惠政策的新办企业认定标准的通知》（财税〔2006〕1号）规定执行。

十三、本通知所称研究开发费用政策口径按照《国家税务总局关于印发〈企业研究开发费用税前扣除管理办法（试行）〉的通知》（国税发〔2008〕116号）规定执行。

十四、本通知所称获利年度，是指该企业当年应纳税所得额大于零的纳税年度。

十五、本通知所称集成电路设计销售（营业）收入，是指集成电路企业从事集成电路（IC）功能研发、设计并销售的收入。

十六、本通知所称软件产品开发销售(营业)收入,是指软件企业从事计算机软件、信息系统或嵌入式软件等软件产品开发并销售的收入,以及信息系统集成服务、信息技术咨询服务、数据处理和存储服务等技术服务收入。

十七、符合本通知规定须经认定后享受税收优惠的企业,应在获利年度当年或次年的企业所得税汇算清缴之前取得相关认定资质。如果在获利年度次年的企业所得税汇算清缴之前取得相关认定资质,该企业可从获利年度起享受相应的定期减免税优惠;如果在获利年度次年的企业所得税汇算清缴之后取得相关认定资质,该企业应在取得相关认定资质起,就其从获利年度起计算的优惠期的剩余年限享受相应的定期减免优惠。

十八、符合本通知规定条件的企业,应在年度终了之日起4个月内,按照本通知及《国家税务总局关于企业所得税减免税管理问题的通知》(国税发〔2008〕111号)的规定,向主管税务机关办理减免税手续。在办理减免税手续时,企业应提供具有法律效力的证明材料。

十九、享受上述税收优惠的企业有下述情况之一的,应取消其享受税收优惠的资格,并补缴已减免的企业所得税税款:

(一)在申请认定过程中提供虚假信息的;

(二)有偷、骗税等行为的;

(三)发生重大安全、质量事故的;

(四)有环境等违法、违规行为,受到有关部门处罚的。

二十、享受税收优惠的企业,其税收优惠条件发生变化的,应当自发生变化之日起15日内向主管税务机关报告;不再符合税收优惠条件的,应当依法履行纳税义务;未依法纳税的,主管税务机关应当予以追缴。同时,主管税务机关在执行税收优惠政策过程中,发现企业不符合享受税收优惠条件的,可暂停企业享受的相关税收优惠。

【注】根据《财政部　国家税务总局关于软件和集成电路产业企业所得税优惠政策有关问题的通知》(财税〔2016〕49号)的规定,第9~11条、第13条、第17~20条,条款有效期至2016年5月4日。

二十一、在2010年12月31日前,依照《财政部　国家税务总局关于企业所得税若干优惠政策的通知》(财税〔2008〕1号)第一条规定,经认定并可享受原定期减免税优惠的企业,可在本通知施行后继续享受到期满为止。

二十二、集成电路生产企业、集成电路设计企业、软件企业等依照本通知规定可以享受的企业所得税优惠政策与企业所得税其他相同方式优惠政策存在交叉的,由企业选择一项最优惠政策执行,不叠加享受。

二十三、本通知自2011年1月1日起执行。《财政部　国家税务总局关于企业所得税若干优惠政策的通知》(财税〔2008〕1号)第一条第(一)项至第(九)项自2011年1月1日起停止执行。

2.国家税务总局关于执行软件企业所得税优惠政策有关问题的公告

(2013年7月25日　国家税务总局公告2013年第43号)

(部分条款修改,详见文中注释)

根据《中华人民共和国企业所得税法》及其实施条例、《国务院关于印发进一步鼓励软件产业和集成电路产业发展若干政策的通知》(国发〔2011〕4号)、《财政部　国家税务总局关于进一步鼓励软件产业和集成电路产业发展企业所得税政策的通知》(财税〔2012〕27号)、《国家税务总局关于软件和集成电路企业认定管理有关问题的公告》(国家税务总局公告2012年第19号)以及《软件企业认定管理办法》(工信部联软〔2013〕64号)的规定,经商财政部,现将贯彻落实软件企业所得税优惠政策有关问题公告如下:

一、软件企业所得税优惠政策适用于经认定并实行查账征收方式的软件企业。所称经认定，是指经国家规定的软件企业认定机构按照软件企业认定管理的有关规定进行认定并取得软件企业认定证书。

二、软件企业的收入总额，是指《企业所得税法》第六条规定的收入总额。

三、软件企业的获利年度，是指软件企业开始生产经营后，第一个应纳税所得额大于零的纳税年度，包括对企业所得税实行核定征收方式的纳税年度。

软件企业享受定期减免税优惠的期限应当连续计算，不得因中间发生亏损或其他原因而间断。

四、除国家另有政策规定（包括对国家自主创新示范区的规定）外，软件企业研发费用的计算口径按照《国家税务总局关于印发〈企业研究开发费用税前扣除管理办法（试行）〉的通知》（国税发〔2008〕116 号）规定执行。

五、2010 年 12 月 31 日以前依法在中国境内成立但尚未认定的软件企业，仍按照《财政部　国家税务总局关于企业所得税若干优惠政策的通知》（财税〔2008〕1 号）第一条的规定以及《软件企业认定标准及管理办法（试行）》（信部联产〔2000〕968 号）的认定条件，办理相关手续，并继续享受到期满为止。优惠期间内，亦按照信部联产〔2000〕968 号的认定条件进行年审。

【注】根据《关于公布失效废止的税务部门规章和税收规范性文件目录的决定》（国家税务总局令第 42 号）废止第一条“经认定并”及“所称经认定，是指经国家规定的软件企业认定机构按照软件企业认定管理的有关规定进行认定并取得软件企业认定证书”的内容，废止第四条、第五条。

六、本公告自 2011 年 1 月 1 日起执行。其中，2011 年 1 月 1 日以后依法在中国境内成立的软件企业认定管理的衔接问题仍按照国家税务总局公告 2012 年第 19 号的规定执行；2010 年 12 月 31 日以前依法在中国境内成立的软件企业的政策及认定管理衔接问题按本公告第五条的规定执行。集成电路生产企业、集成电路设计企业认定和优惠管理涉及的上述事项按本公告执行。

特此公告。

3. 财政部　国家税务总局　发展改革委　工业和信息化部关于进一步鼓励集成电路产业发展企业所得税政策的通知

（2015 年 3 月 2 日　财税〔2015〕6 号）

各省、自治区、直辖市、计划单列市财政厅（局）、国家税务局、地方税务局、发展改革委、工业和信息化主管部门：

根据《中华人民共和国企业所得税法》及其实施条例和《国务院关于印发进一步鼓励软件产业和集成电路产业发展若干政策的通知》（国发〔2011〕4 号）、《国家集成电路产业发展推进纲要》精神，为进一步推动科技创新和产业结构升级，促进信息技术产业发展，现将进一步鼓励集成电路产业发展的企业所得税政策通知如下：

一、符合条件的集成电路封装、测试企业以及集成电路关键专用材料生产企业、集成电路专用设备生产企业，在 2017 年（含 2017 年）前实现获利的，自获利年度起，第一年至第二年免征企业所得税，第三年至第五年按照 25% 的法定税率减半征收企业所得税，并享受至期满为止；2017 年前未实现获利的，自 2017 年起计算优惠期，享受至期满为止。

二、本通知所称符合条件的集成电路封装、测试企业，必须同时满足以下条件：

1. 2014 年 1 月 1 日后依法在中国境内成立的法人企业；

2. 签订劳动合同关系且具有大学专科以上学历的职工人数占企业当年月平均职工总人数的比例不低于 40%，其中，研究开发人员占企业当年月平均职工总数的比例不低于 20%；

3. 拥有核心关键技术，并以此为基础开展经营活动，且当年度的研究开发费用总额占企业销售（营业）

收入（主营业务收入与其他业务收入之和，下同）总额的比例不低于 3.5%，其中，企业在中国境内发生的研究开发费用金额占研究开发费用总额的比例不低于 60%；

4. 集成电路封装、测试销售（营业）收入占企业收入总额的比例不低于 60%；

5. 具有保证产品生产的手段和能力，并获得有关资质认证（包括 150 质量体系认证、人力资源能力认证等）；

6. 具有与集成电路封装、测试相适应的经营场所、软硬件设施等基本条件。

三、本通知所称符合条件的集成电路关键专用材料生产企业或集成电路专用设备生产企业，必须同时满足以下条件：

1. 2014 年 1 月 1 日后依法在中国境内成立的法人企业；

2. 签订劳动合同关系且具有大学专科以上学历的职工人数占企业当年月平均职工总人数的比例不低于 40%，其中，研究开发人员占企业当年月平均职工总数的比例不低于 20%；

3. 拥有核心关键技术，并以此为基础开展经营活动，且当年度的研究开发费用总额占企业销售（营业）收入总额的比例不低于 5%，其中，企业在中国境内发生的研究开发费用金额占研究开发费用总额的比例不低于 60%；

4. 集成电路关键专用材料或专用设备销售收入占企业销售（营业）收入总额的比例不低于 30%；

5. 具有保证集成电路关键专用材料或专用设备产品生产的手段和能力，并获得有关资质认证（包括 150 质量体系认证、人力资源能力认证等）；

6. 具有与集成电路关键专用材料或专用设备生产相适应的经营场所、软硬件设施等基本条件。

集成电路关键专用材料或专用设备的范围，分别按照《集成电路关键专用材料企业所得税优惠目录》（附件 1）、《集成电路专用设备企业所得税优惠目录》（附件 2）的规定执行。

四、符合本通知规定条件的企业，应在年度终了之日起 4 个月内，按照本通知及企业所得税相关税收优惠政策管理的规定，凭省级相关部门出具的证明向主管税务机关办理减免税手续。省级相关部门证明出具办法，由各省（自治区、直辖市、计划单列市）发展改革委、工业和信息化主管部门会同财政、税务等部门研究确定。

五、享受上述税收优惠的企业有下述情况之一的，应取消其享受税收优惠的资格，并补缴存在以下行为所属年度已减免的企业所得税税款：

1. 在申请认定过程中提供虚假信息的；

2. 有偷、骗税等行为的；

3. 发生重大安全、质量事故的；

4. 有环境等违法、违规行为，受到有关部门处罚的。

六、享受税收优惠的企业，其税收优惠条件发生变化的，应当自发生变化之日起巧日内向主管税务机关报告；不再符合税收优惠条件的，应当依法履行纳税义务；未依法纳税的，主管税务机关应当予以追缴。同时，主管税务机关在执行税收优惠政策过程中，发现企业不符合享受税收优惠条件的，可暂停企业享受的相关税收优惠，并提请相关部门进行有关条件复核。

七、集成电路封装、测试企业以及集成电路关键专用材料生产企业、集成电路专用设备生产企业等依照本通知规定可以享受的企业所得税优惠政策与其他定期减免税优惠政策存在交叉的，由企业选择一项最优惠政策执行，不叠加享受。

八、本通知自 2014 年 1 月 1 日起执行。

4.财政部　国家税务总局关于软件和集成电路产业企业所得税优惠政策有关问题的通知

（2016年5月4日　财税〔2016〕49号）

各省、自治区、直辖市、计划单列市财政厅（局）、国家税务局、地方税务局、发展改革委、工业和信息化主管部门：

按照《国务院关于取消和调整一批行政审批项目等事项的决定》（国发〔2015〕11号）和《国务院关于取消非行政许可审批事项的决定》（国发〔2015〕27号）规定，集成电路生产企业、集成电路设计企业、软件企业、国家规划布局内的重点软件企业和集成电路设计企业（以下统称软件、集成电路企业）的税收优惠资格认定等非行政许可审批已经取消。为做好《财政部　国家税务总局关于进一步鼓励软件产业和集成电路产业发展企业所得税政策的通知》（财税〔2012〕27号）规定的企业所得税优惠政策落实工作，现将有关问题通知如下：

一、享受财税〔2012〕27号文件规定的税收优惠政策的软件、集成电路企业，每年汇算清缴时应按照《国家税务总局关于发布〈企业所得税优惠政策事项办理办法〉的公告》（国家税务总局公告2015年第76号）规定向税务机关备案，同时提交《享受企业所得税优惠政策的软件和集成电路企业备案资料明细表》（见附件）规定的备案资料。

为切实加强优惠资格认定取消后的管理工作，在软件、集成电路企业享受优惠政策后，税务部门转请发展改革、工业和信息化部门进行核查。对经核查不符合软件、集成电路企业条件的，由税务部门追缴其已经享受的企业所得税优惠，并按照税收征管法的规定进行处理。

二、财税〔2012〕27号文件所称集成电路生产企业，是指以单片集成电路、多芯片集成电路、混合集成电路制造为主营业务并同时符合下列条件的企业：

（一）在中国境内（不包括港、澳、台地区）依法注册并在发展改革、工业和信息化部门备案的居民企业；

（二）汇算清缴年度具有劳动合同关系且具有大学专科以上学历职工人数占企业月平均职工总人数的比例不低于40%，其中研究开发人员占企业月平均职工总数的比例不低于20%；

（三）拥有核心关键技术，并以此为基础开展经营活动，且汇算清缴年度研究开发费用总额占企业销售（营业）收入（主营业务收入与其他业务收入之和，下同）总额的比例不低于5%；其中，企业在中国境内发生的研究开发费用金额占研究开发费用总额的比例不低于60%；

（四）汇算清缴年度集成电路制造销售（营业）收入占企业收入总额的比例不低于60%；

（五）具有保证产品生产的手段和能力，并获得有关资质认证（包括ISO质量体系认证）；

（六）汇算清缴年度未发生重大安全、重大质量事故或严重环境违法行为。

三、财税〔2012〕27号文件所称集成电路设计企业是指以集成电路设计为主营业务并同时符合下列条件的企业：

（一）在中国境内（不包括港、澳、台地区）依法注册的居民企业；

（二）汇算清缴年度具有劳动合同关系且具有大学专科以上学历的职工人数占企业月平均职工总人数的比例不低40%，其中研究开发人员占企业月平均职工总数的比例不低于20%；

（三）拥有核心关键技术，并以此为基础开展经营活动，且汇算清缴年度研究开发费用总额占企业销售（营业）收入总额的比例不低于6%；其中，企业在中国境内发生的研究开发费用金额占研究开发费用总额的比例不低于60%；

（四）汇算清缴年度集成电路设计销售（营业）收入占企业收入总额的比例不低于60%，其中集成电路自主设计销售（营业）收入占企业收入总额的比例不低于50%；

（五）主营业务拥有自主知识产权；

（六）具有与集成电路设计相适应的软硬件设施等开发环境（如 EDA 工具、服务器或工作站等）；

（七）汇算清缴年度未发生重大安全、重大质量事故或严重环境违法行为。

四、财税〔2012〕27 号文件所称软件企业是指以软件产品开发销售（营业）为主营业务并同时符合下列条件的企业：

（一）在中国境内（不包括港、澳、台地区）依法注册的居民企业；

（二）汇算清缴年度具有劳动合同关系且具有大学专科以上学历的职工人数占企业月平均职工总人数的比例不低于 40%，其中研究开发人员占企业月平均职工总数的比例不低于 20%；

（三）拥有核心关键技术，并以此为基础开展经营活动，且汇算清缴年度研究开发费用总额占企业销售（营业）收入总额的比例不低于 6%；其中，企业在中国境内发生的研究开发费用金额占研究开发费用总额的比例不低于 60%；

【注】根据财税〔2018〕27 号文，财税〔2016〕49 号文件第二条第（二）项中“具有劳动合同关系”调整为“具有劳动合同关系或劳务派遣、聘用关系”，第（三）项中汇算清缴年度研究开发费用总额占企业销售（营业）收入总额（主营业务收入与其他业务收入之和）的比例由“不低于 5%”调整为“不低于 2%”，同时企业应持续加强研发活动，不断提高研发能力。

（四）汇算清缴年度软件产品开发销售（营业）收入占企业收入总额的比例不低于 50%［嵌入式软件产品和信息系统集成产品开发销售（营业）收入占企业收入总额的比例不低于 40%］，其中：软件产品自主开发销售（营业）收入占企业收入总额的比例不低于 40%［嵌入式软件产品和信息系统集成产品开发销售（营业）收入占企业收入总额的比例不低于 30%］；

（五）主营业务拥有自主知识产权；

（六）具有与软件开发相适应软硬件设施等开发环境（如合法的开发工具等）；

（七）汇算清缴年度未发生重大安全、重大质量事故或严重环境违法行为。

五、财税〔2012〕27 号文件所称国家规划布局内重点集成电路设计企业除符合本通知第三条规定，还应至少符合下列条件中的一项：

（一）汇算清缴年度集成电路设计销售（营业）收入不低于 2 亿元，年应纳税所得额不低于 1000 万元，研究开发人员占月平均职工总数的比例不低于 25%；

（二）在国家规定的重点集成电路设计领域内，汇算清缴年度集成电路设计销售（营业）收入不低于 2000 万元，应纳税所得额不低于 250 万元，研究开发人员占月平均职工总数的比例不低于 35%，企业在中国境内发生的研发开发费用金额占研究开发费用总额的比例不低于 70%。

六、财税〔2012〕27 号文件所称国家规划布局内重点软件企业是除符合本通知第四条规定，还应至少符合下列条件中的一项：

（一）汇算清缴年度软件产品开发销售（营业）收入不低于 2 亿元，应纳税所得额不低于 1000 万元，研究开发人员占企业月平均职工总数的比例不低于 25%；

（二）在国家规定的重点软件领域内，汇算清缴年度软件产品开发销售（营业）收入不低于 5000 万元，应纳税所得额不低于 250 万元，研究开发人员占企业月平均职工总数的比例不低于 25%，企业在中国境内发生的研究开发费用金额占研究开发费用总额的比例不低于 70%；

（三）汇算清缴年度软件出口收入总额不低于 800 万美元，软件出口收入总额占本企业年度收入总额比例不低于 50%，研究开发人员占企业月平均职工总数的比例不低于 25%。

七、国家规定的重点软件领域及重点集成电路设计领域，由国家发展改革委、工业和信息化部会同财政部、税务总局根据国家产业规划和布局确定，并实行动态调整。

八、软件、集成电路企业规定条件中所称研究开发费用政策口径，2015 年度仍按《国家税务总局关于印发〈企业研究开发费用税前扣除管理办法（试行）〉的通知》（国税发〔2008〕116 号）和《财政部　国家税务总局关于研究开发费用税前加计扣除有关政策的通知》（财税〔2013〕70 号）的规定执行，2016 年及以后年度按照《财政部　国家税务总局　科技部关于完善研究开发费用税前加计扣除政策的通知》（财税〔2015〕119

号)的规定执行。

九、软件、集成电路企业应从企业的获利年度起计算定期减免税优惠期。如获利年度不符合优惠条件的,应自首次符合软件、集成电路企业条件的年度起,在其优惠期的剩余年限内享受相应的减免税优惠。

十、省级(自治区、直辖市、计划单列市,下同)财政、税务、发展改革和工业和信息化部门应密切配合,通过建立核查机制并有效运用核查结果,切实加强对软件、集成电路企业的后续管理工作。

(一)省级税务部门应在每年3月20日前和6月20日前分两批将汇算清缴年度已申报享受软件、集成电路企业税收优惠政策的企业名单及其备案资料提交省级发展改革、工业和信息化部门。其中,享受软件企业、集成电路设计企业税收优惠政策的名单及备案资料提交给省级工业和信息化部门,省级工业和信息化部门组织专家或者委托第三方机构对名单内企业是否符合条件进行核查;享受其他优惠政策的名单及备案资料提交给省级发展改革部门,省级发展改革部门会同工业和信息化部门共同组织专家或者委托第三方机构对名单内企业是否符合条件进行核查。

2015年度享受优惠政策的企业名单和备案资料,省级税务部门可在2016年6月20日前一次性提交给省级发展改革、工业和信息化部门。

(二)省级发展改革、工业和信息化部门应在收到享受优惠政策的企业名单和备案资料两个月内将复核结果反馈省级税务部门(第一批名单复核结果应在汇算清缴期结束前反馈)。

(三)每年10月底前,省级财政、税务、发展改革、工业和信息化部门应将核查结果及税收优惠落实情况联合汇总上报财政部、税务总局、国家发展改革委、工业和信息化部。

如遇特殊情况汇算清缴延期的,上述期限可相应顺延。

(四)省级财政、税务、发展改革、工业和信息化部门可以根据本通知规定,结合当地实际,制定具体操作管理办法,并报财政部、税务总局、发展改革委、工业和信息化部备案。

十一、国家税务总局公告2015年第76号所附《企业所得税优惠事项备案管理目录(2015年版)》第38、41、42、43、46项软件、集成电路企业优惠政策不再作为“定期减免税优惠备案管理事项”管理,本通知执行前已经履行备案等相关手续的,在享受税收优惠的年度仍应按照本通知的规定办理备案手续。

十二、本通知自2015年1月1日起执行。《财政部　国家税务总局关于进一步鼓励软件产业和集成电路产业发展企业所得税政策的通知》(财税〔2012〕27号)第九条、第十条、第十一条、第十三条、第十七条、第十八条、第十九条和第二十条停止执行。国家税务总局公告2015年第76号所附《企业所得税优惠事项备案管理目录(2015年版)》第38项至43项及第46至48项软件、集成电路企业优惠政策的“备案资料”、“主要留存备查资料”规定停止执行。

附件:

享受企业所得税优惠政策的软件和集成电路企业备案资料明细表

企业类型	备案资料(复印件须加盖企业公章)
集成电路生产企业	1. 在发展改革或工业和信息化部门立项的备案文件(应注明总投资额、工艺线宽标准)复印件以及企业取得的其他相关资质证书复印件等; 2. 企业职工人数、学历结构、研究开发人员情况及其占企业职工总数的比例说明,以及汇算清缴年度最后一个月社会保险缴纳证明等相关证明材料; 3. 加工集成电路产品主要列表及国家知识产权局(或国外知识产权相关主管机构)出具的企业自主开发或拥有的一至两份代表性知识产权(如专利、布图设计登记、软件著作权等)的证明材料; 4. 经具有资质的中介机构鉴证的企业财务会计报告(包括会计报表、会计报表附注和财务情况说明书)以及集成电路制造销售(营业)收入、研究开发费用、境内研究开发费用等情况说明; 5. 与主要客户签订的一至两份代表性销售合同复印件; 6. 保证产品质量的相关证明材料(如质量管理认证证书复印件等); 7. 税务机关要求出具的其他材料。

续表

企业类型	备案资料(复印件须加盖企业公章)
集成电路设计企业	1. 企业职工人数、学历结构、研究开发人员情况及其占企业职工总数的比例说明,以及汇算清缴年度最后一个月社会保险缴纳证明等相关证明材料; 2. 企业开发销售的主要集成电路产品列表,以及国家知识产权局(或国外知识产权相关主管机构)出具的企业自主开发或拥有的一至两份代表性知识产权(如专利、布图设计登记、软件著作权等)的证明材料; 3. 经具有资质的中介机构鉴证的企业财务会计报告(包括会计报表、会计报表附注和财务情况说明书)以及集成电路设计销售(营业)收入、集成电路自主设计销售(营业)收入、研究开发费用、境内研究开发费用等情况表; 4. 第三方检测机构提供的集成电路产品测试报告或用户报告,以及与主要客户签订的一至两份代表性销售合同复印件; 5. 企业开发环境等相关证明材料; 6. 税务机关要求出具的其他材料。
软件企业	1. 企业开发销售的主要软件产品列表或技术服务列表; 2. 主营业务为软件产品开发的企业,提供至少 1 个主要产品的软件著作权或专利权等自主知识产权的有效证明文件,以及第三方检测机构提供的软件产品测试报告;主营业务仅为技术服务的企业提供核心技术说明; 3. 企业职工人数、学历结构、研究开发人员及其占企业职工总数的比例说明,以及汇算清缴年度最后一个月社会保险缴纳证明等相关证明材料; 4. 经具有资质的中介机构鉴证的企业财务会计报告(包括会计报表、会计报表附注和财务情况说明书)以及软件产品开发销售(营业)收入、软件产品自主开发销售(营业)收入、研究开发费用、境内研究开发费用等情况说明; 5. 与主要客户签订的一至两份代表性的软件产品销售合同或技术服务合同复印件; 6. 企业开发环境相关证明材料; 7. 税务机关要求出具的其他材料。
国家规划布局内重点软件企业	1. 企业享受软件企业所得税优惠政策需要报送的备案资料; 2. 符合第二类条件的,应提供在国家规定的重点软件领域内销售(营业)情况说明; 3. 符合第三类条件的,应提供商务主管部门核发的软件出口合同登记证书,以及有效出口合同和结汇证明等材料; 4. 税务机关要求提供的其他材料。
国家规划布局内重点集成电路设计企业	1. 企业享受集成电路设计企业所得税优惠政策需要报送的备案资料; 2. 符合第二类条件的,应提供在国家规定的重点集成电路设计领域内销售(营业)情况说明; 3. 税务机关要求提供的其他材料。

5. 国家发展和改革委员会　工业和信息化部　财政部　国家税务总局关于印发国家规划布局内重点软件和集成电路设计领域的通知

(2016 年 5 月 16 日　发改高技〔2016〕1056 号)

各省、自治区、直辖市及计划单列市发展改革委、工业和信息化主管部门、财政厅(局)、国家税务局、地方税务局:

为贯彻落实《国务院关于印发进一步鼓励软件产业和集成电路产业发展若干政策的通知》(国发〔2011〕4 号),按照财政部、国家税务总局、发展改革委、工业和信息化部《关于软件和集成电路产业企业所得税优惠政策有关问题的通知》(财税〔2016〕49 号)要求,现就国家规划布局内重点软件和集成电路设计领域有关事项通知如下:

一、重点软件领域

（一）基础软件：操作系统、数据库、中间件。

（二）工业软件和服务：研发设计类、经营管理类和生产控制类产品和服务。

（三）信息安全软件产品研发应用及工业控制系统咨询设计、集成实施和运行维护等服务。

（四）数据分析处理软件和数据获取、分析、处理、存储服务。

（五）移动互联网：移动支付、地图导航、浏览器、数字创意、移动应用开发工具及环境类软件。

（六）嵌入式软件（软件收入比例不低于50%）。

（七）高技术服务软件：研发设计、知识产权、检验检测和生物技术服务软件。

（八）语言文字信息处理软件：汉语和少数民族语言相关文字编辑处理、语音识别/合成、机器翻译软件。

（九）云计算：大型公有云 IaaS、PaaS 服务。

二、重点集成电路设计领域

（一）高性能处理器和 FPGA 芯片。

（二）存储器芯片。

（三）物联网和信息安全芯片。

（四）EDA、IP 及设计服务。

（五）工业芯片。

三、符合财税〔2016〕49 号文件第五条第（二）项、第六条第（二）项条件的企业，如业务范围涉及多个领域，仅选择其中一个领域向税务机关备案。选择领域的销售（营业）收入占本企业软件产品开发销售（营业）收入或集成电路设计销售（营业）收入的比例不低于20%。

四、国家发展改革委、工业和信息化部会同财政部、税务总局，根据国家产业政策规划和布局，对上述领域实行动态调整。

五、本通知自 2015 年 1 月 1 日起执行。

6.财政部　国家税务总局　国家发展改革委　工业和信息化部关于集成电路生产企业有关企业所得税政策问题的通知

（2018 年 3 月 28 日　财税〔2018〕27 号）

各省、自治区、直辖市、计划单列市财政厅（局）、国家税务局、地方税务局、发展改革委、工业和信息化主管部门，新疆生产建设兵团财政局、发展改革委、工业和信息化委员会：

为进一步支持集成电路产业发展，现就有关企业所得税政策问题通知如下：

一、2018 年 1 月 1 日后投资新设的集成电路线宽小于 130 纳米，且经营期在 10 年以上的集成电路生产企业或项目，第一年至第二年免征企业所得税，第三年至第五年按照 25% 的法定税率减半征收企业所得税，并享受至期满为止。

二、2018 年 1 月 1 日后投资新设的集成电路线宽小于 65 纳米或投资额超过 150 亿元，且经营期在 15 年以上的集成电路生产企业或项目，第一年至第五年免征企业所得税，第六年至第十年按照 25% 的法定税率减半征收企业所得税，并享受至期满为止。

三、对于按照集成电路生产企业享受本通知第一条、第二条税收优惠政策的，优惠期自企业获利年度起计算；对于按照集成电路生产项目享受上述优惠的，优惠期自项目取得第一笔生产经营收入所属纳税年度起计算。

四、享受本通知第一条、第二条税收优惠政策的集成电路生产项目，其主体企业应符合集成电路生产企业条件，且能够对该项目单独进行会计核算、计算所得，并合理分摊期间费用。

五、2017 年 12 月 31 日前设立但未获利的集成电路线宽小于 0.25 微米或投资额超过 80 亿元，且经营期在 15 年以上的集成电路生产企业，自获利年度起第一年至第五年免征企业所得税，第六年至第十年按照 25% 的法定税率减半征收企业所得税，并享受至期满为止。

六、2017 年 12 月 31 日前设立但未获利的集成电路线宽小于 0.8 微米（含）的集成电路生产企业，自获利年度起第一年至第二年免征企业所得税，第三年至第五年按照 25% 的法定税率减半征收企业所得税，并享受至期满为止。

七、享受本通知规定税收优惠政策的集成电路生产企业的范围和条件，按照《财政部　国家税务总局　发展改革委　工业和信息化部关于软件和集成电路产业企业所得税优惠政策有关问题的通知》（财税〔2016〕49 号）第二条执行；财税〔2016〕49 号文件第二条第（二）项中“具有劳动合同关系”调整为“具有劳动合同关系或劳务派遣、聘用关系”，第（三）项中汇算清缴年度研究开发费用总额占企业销售（营业）收入总额（主营业务收入与其他业务收入之和）的比例由“不低于 5%”调整为“不低于 2%”，同时企业应持续加强研发活动，不断提高研发能力。

八、集成电路生产企业或项目享受上述企业所得税优惠的有关管理问题，按照财税〔2016〕49 号文件和税务总局关于办理企业所得税优惠政策事项的相关规定执行。

九、本通知自 2018 年 1 月 1 日起执行。

7. 财政部　国家税务总局关于集成电路设计和软件产业企业所得税政策的公告

（2019 年 5 月 17 日　财政部　税务总局公告 2019 年第 68 号）

为支持集成电路设计和软件产业发展，现就有关企业所得税政策公告如下：

一、依法成立且符合条件的集成电路设计企业和软件企业，在 2018 年 12 月 31 日前自获利年度起计算优惠期，第一年至第二年免征企业所得税，第三年至第五年按照 25% 的法定税率减半征收企业所得税，并享受至期满为止。

二、本公告第一条所称“符合条件”，是指符合《财政部　国家税务总局关于进一步鼓励软件产业和集成电路产业发展企业所得税政策的通知》（财税〔2012〕27 号）和《财政部　国家税务总局　发展改革委　工业和信息化部关于软件和集成电路产业企业所得税优惠政策有关问题的通知》（财税〔2016〕49 号）规定的条件。

特此公告。

▶动漫产业

1. 文化部　财政部　国家税务总局关于印发《动漫企业认定管理办法（试行）》的通知

（2008 年 12 月 18 日　文市发〔2008〕51 号）

各省、自治区、直辖市、计划单列市文化厅（局）、财政厅（局）、国家税务局、地方税务局：

现将《动漫企业认定管理办法（试行）》印发给你们，请遵照执行。

特此通知。

动漫企业认定管理办法（试行）

第一章 总 则

第一条 为扶持我国动漫产业发展，落实国家对动漫企业的财税优惠政策，根据《国务院办公厅转发财政部等部门关于推动我国动漫产业发展的若干意见的通知》（国办发〔2006〕32号，以下简称《通知》）规定，制定本办法。

第二条 按照本办法认定的动漫企业，方可申请享受《通知》规定的有关优惠和扶持政策。

第三条 动漫企业认定管理工作坚持为动漫企业服务、促进动漫产业发展的宗旨，遵循公开、公平、公正的原则。

第四条 本办法所称动漫企业包括：

（一）漫画创作企业；

（二）动画创作、制作企业；

（三）网络动漫（含手机动漫）创作、制作企业；

（四）动漫舞台剧（节）目制作、演出企业；

（五）动漫软件开发企业；

（六）动漫衍生产品研发、设计企业。

第五条 本办法所称动漫产品包括：

（一）漫画：单幅和多格漫画、插画、漫画图书、动画抓帧图书、漫画报刊、漫画原画等；

（二）动画：动画电影、动画电视剧、动画短片、动画音像制品，影视特效中的动画片段，科教、军事、气象、医疗等影视节目中的动画片段等；

（三）网络动漫（含手机动漫）：以计算机互联网和移动通信网等信息网络为主要传播平台，以电脑、手机及各种手持电子设备为接受终端的动画、漫画作品，包括FLASH动画、网络表情、手机动漫等；

（四）动漫舞台剧（节）目：改编自动漫平面与影视等形式作品的舞台演出剧（节）目、采用动漫造型或含有动漫形象的舞台演出剧（节）目等；

（五）动漫软件：漫画平面设计软件、动画制作专用软件、动画后期音视频制作工具软件等；

（六）动漫衍生产品：与动漫形象有关的服装、玩具、文具、电子游戏等。

第二章 认定管理

第六条 文化部、财政部、国家税务总局共同确定全国动漫企业认定管理工作方向，负责指导、管理和监督全国动漫企业及其动漫产品的认定工作，并定期公布通过认定的动漫企业名单。

第七条 全国动漫企业认定管理工作办公室（以下称办公室）设在文化部，主要职责为：

（一）具体组织实施动漫企业认定管理工作；

（二）协调、解决认定及相关政策落实中的重大问题；

（三）组织建设和管理“动漫企业认定管理工作平台”；

（四）负责对已认定的重点动漫企业进行监督检查和年审，根据情况变化和产业发展需要对重点动漫产品、重点动漫企业的具体认定标准进行动态调整；

（五）受理、核实并处理有关举报。

第八条 各省、自治区、直辖市文化行政部门与同级财政、税务部门组成本行政区域动漫企业认定管理机构（以下称省级认定机构），根据本办法开展下列工作：

(一)负责本行政区域内动漫企业及其动漫产品的认定初审工作;

(二)负责向本行政区域内通过认定的动漫企业颁发"动漫企业证书";

(三)负责对本行政区域内已认定的动漫企业进行监督检查和年审;

(四)受理、核实并处理本行政区域内有关举报,必要时向办公室报告;

(五)办公室委托的其他工作。

第九条 各级认定机构应制订本辖区内的动漫企业认定工作规程,定期召开认定工作会议。推进认定工作电子政务建设,建立高效、便捷的认定工作机制。

动漫企业认定管理工作所需经费由各级认定机构的同级财政部门拨付。

第三章 认 定 标 准

第十条 申请认定为动漫企业的应同时符合以下标准:

(一)在我国境内依法设立的企业;

(二)动漫企业经营动漫产品的主营收入占企业当年总收入的60%以上;

(三)自主开发生产的动漫产品收入占主营收入的50%以上;

(四)具有大学专科以上学历的或通过国家动漫人才专业认证的、从事动漫产品开发或技术服务的专业人员占企业当年职工总数的30%以上,其中研发人员占企业当年职工总数的10%以上;

(五)具有从事动漫产品开发或相应服务等业务所需的技术装备和工作场所;

(六)动漫产品的研究开发经费占企业当年营业收入8%以上;

(七)动漫产品内容积极健康,无法律法规禁止的内容;

(八)企业产权明晰,管理规范,守法经营。

第十一条 自主开发、生产的动漫产品,是指动漫企业自主创作、研发、设计、生产、制作、表演的符合本办法第五条规定的动漫产品(不含动漫衍生产品);仅对国外动漫创意进行简单外包、简单模仿或简单离岸制造,既无自主知识产权,也无核心竞争力的除外。

第十二条 申请认定为重点动漫产品的应符合以下标准之一:

(一)漫画产品销售年收入在100万元(报刊300万元)人民币以上或年销售10万册(报纸1000万份、期刊100万册)以上的,动画产品销售年收入在1000万元人民币以上的,网络动漫(含手机动漫)产品销售年收入在100万元人民币以上的,动漫舞台剧(节)目演出年收入在100万元人民币以上或年演出场次50场以上的;

(二)动漫产品版权出口年收入100万元人民币以上的;

(三)获得国际、国家级专业奖项的;

(四)经省级认定机构、全国性动漫行业协会、国家动漫产业基地等推荐的在思想内涵、艺术风格、技术应用、市场营销、社会影响等方面具有示范意义的动漫产品。

第十三条 符合本办法第十条标准的动漫企业申请认定为重点动漫企业的,应在申报前开发生产出1部以上重点动漫产品,并符合以下标准之一:

(一)注册资本1000万元人民币以上的;

(二)动漫企业年营业收入500万元人民币以上,且连续2年不亏损的;

(三)动漫企业的动漫产品版权出口和对外贸易年收入200万元人民币以上,且自主知识产权动漫产品出口收入占总收入30%以上的;

(四)经省级认定机构、全国性动漫行业协会、国家动漫产业基地等推荐的在资金、人员规模、艺术创意、技术应用、市场营销、品牌价值、社会影响等方面具有示范意义的动漫企业。

第四章 认 定 程 序

第十四条 动漫企业认定的程序如下:

(一)企业自我评价及申请企业认为符合认定标准的,可向省级认定机构提出认定申请。

(二)提交下列申请材料:

1. 动漫企业认定申请书;

2. 企业营业执照副本复印件、税务登记证复印件;

3. 法定代表人或者主要负责人的身份证明材料;

4. 企业职工人数、学历结构以及研发人员占企业职工的比例说明;

5. 营业场所产权证明或者租赁意向书(含出租方的产权证明);

6. 开发、生产、创作、经营的动漫产品列表、销售合同及销售合同约定的款项银行入帐证明;

7. 自主开发、生产和拥有自主知识产权的动漫产品的情况说明及有关证明材料(包括版权登记证书或专利证书等知识产权证书的复印件);

8. 由有关行政机关颁发的从事相关业务所涉及的行政许可证件复印件;

9. 经具有资质的中介机构鉴证的企业财务年度报表(含资产负债表、损益表、现金流量表)等企业经营情况,以及企业年度研究开发费用情况表,并附研究开发活动说明材料;

10. 认定机构要求出具的其他材料。

(三)材料审查、认定与公布省级认定机构根据本办法,对申请材料进行初审,提出初审意见,将通过初审的动漫企业申请材料报送办公室。

文化部会同财政部、国家税务总局依据本办法第十条规定标准进行审核,审核合格的,由文化部、财政部、国家税务总局联合公布通过认定的动漫企业名单。

省级认定机构根据通过认定的动漫企业名单,向企业颁发"动漫企业证书"并附其本年度动漫产品列表;并根据本办法第五条、第十一条的规定,在动漫产品列表中,对动漫产品属性分类以及是否属于自主开发生产的动漫产品等情况予以标注。

动漫企业设有分支机构的,在企业法人注册地进行申报。

第十五条 已取得"动漫企业证书"的动漫企业生产的动漫产品符合本办法第十二条规定标准的,可向办公室提出申请认定为重点动漫产品,并提交下列材料:

1. 重点动漫产品认定申请书;

2. 企业营业执照副本复印件、税务登记证复印件,"动漫企业证书"复印件;

3. 符合本办法第十二条规定标准的相关证明材料:经具有资质的中介机构鉴证的企业财务年度报表(含资产负债表、损益表、现金流量表)等企业经营情况,并附每项产品销售收入的情况说明;获奖证明复印件或版权出口贸易合同复印件等版权出口收入证明;有关机构的推荐证明;

4. 认定机构要求出具的其他材料。

办公室收到申报材料后,参照本办法第十四条第三款规定的程序予以审核。符合标准的,由办公室颁发"重点动漫产品文书"。

第十六条 已取得"动漫企业证书"的动漫企业符合本办法第十三条规定标准的,可向办公室提出申请认定为重点动漫企业,并提交下列材料:

1. 重点动漫企业认定申请书;

2. 企业营业执照副本复印件、税务登记证复印件,"动漫企业证书"复印件,"重点动漫产品文书"复印件;

3. 符合本办法第十三条规定标准的相关证明材料:经具有资质的中介机构鉴证的企业近两个会计年度财务报表(含资产负债表、损益表、现金流量表)等企业经营情况或版权出口贸易合同复印件等版权出口收入证明;有关机构的推荐证明;

4. 认定机构要求出具的其他材料。

办公室收到申报材料后,参照本办法第十四条第三款规定的程序予以审核。符合标准的,由文化部会同财政部、国家税务总局联合公布通过认定的重点动漫企业名单,并由办公室颁发"重点动漫企业证书"。

第十七条 动漫企业认定实行年审制度。各级认定机构应按本办法第十条、第十三条规定的标准对已认定并发证的动漫企业、重点动漫企业进行年审。对年度认定合格的企业在证书和年度自主开发生产的动漫产品列表上加盖年审专用章。

不提出年审申请或年度认定不合格的企业,其动漫企业、重点动漫企业资格到期自动失效。

省级认定机构应将对动漫企业的年审情况、年度认定合格及不合格企业名单报办公室备案,并由办公室对外公布。

重点动漫企业通过办公室年审后,不再由省级认定机构进行年审。

第十八条 动漫企业对年审结果有异议的,可在公布后20个工作日内,向办公室提出复核申请。

提请复核的企业应当提交复核申请书及有关证明材料。办公室收到复核申请后,对复核申请调查核实,由文化部、财政部、国家税务总局作出复核决定,通知省级认定机构并公布。

第十九条 经认定的动漫企业经营活动发生变化(如更名、调整、分立、合并、重组等)的,应在15个工作日内,向原发证单位办理变更手续,变化后不符合本办法规定标准的,省级认定机构应报办公室审核同意后,撤销其"动漫企业证书",终止其资格。不符合本办法规定标准的重点动漫企业,由办公室直接撤销其"重点动漫企业证书",终止其资格。

动漫企业更名的,原认定机构为其办理变更手续后,重新核发证书,编号不变。

第二十条 经认定的动漫企业、重点动漫企业,凭本年度有效的"动漫企业证书"、"重点动漫企业证书",以及本年度自主开发生产的动漫产品列表、"重点动漫产品文书",向主管税务机关申请享受《通知》规定的有关税收优惠政策。

第二十一条 重点动漫产品、重点动漫企业优先享受国家及地方各项财政资金、信贷等方面的扶持政策。

第五章 罚　　则

第二十二条 申请认定和已认定的动漫企业有下述情况之一的,一经查实,认定机构停止受理其认定申请,或撤销其证(文)书,终止其资格并予以公布:

(一)在申请认定过程中提供虚假信息的;

(二)有偷税、骗税、抗税等税收违法行为的;

(三)从事制作、生产、销售、传播存在违法内容或盗版侵权动漫产品的,或者使用未经授权许可的动漫产品的;

(四)有其他违法经营行为,受到有关部门处罚的。

被撤销证书的企业,认定机构在3年内不再受理该企业的认定申请。

第二十三条 对被撤销证书和年度认定不合格的动漫企业,同时停止其享受《通知》规定的各项财税优惠政策。

第二十四条 参与动漫企业认定工作的机构和人员对所承担的认定工作负有诚信以及合规义务,并对申报认定企业的有关资料信息负有保密义务。违反动漫企业认定工作相关要求和纪律的,依法追究责任。

第二十五条 对违反本办法规定的省级认定机构,由办公室责令整改。

第六章 附　　则

第二十六条 "动漫企业证书"、"重点动漫产品文书"、"重点动漫企业证书"等证书、文书,由办公室统一监制。

第二十七条 按照本办法认定的动漫企业及其自主开发生产的动漫产品享受的财税优惠政策的具体范围、具体内容由财政部、国家税务总局另行发布。

第二十八条 本办法中涉及数字的规定,表述为"以上"的,均含本数字在内。

第二十九条 本办法由文化部、财政部、国家税务总局负责解释。

第三十条 本办法自2009年1月1日起实施。

2. 文化部　财政部　国家税务总局关于实施《动漫企业认定管理办法(试行)》有关问题的通知

(2009 年 6 月 4 日　文产发〔2009〕18 号)

各省、自治区、直辖市、计划单列市文化厅(局)、财政厅(局)、国家税务局、地方税务局:

为贯彻落实《动漫企业认定管理办法(试行)》(文市发〔2008〕51 号,以下简称《办法》),做好动漫企业认定管理工作,确保动漫企业认定工作顺利推进,推动我国动漫产业的健康快速发展,现就有关事项通知如下:

一、尽快建立健全工作机制,加快认定进程。

各省、自治区、直辖市文化行政部门与同级财政、税务部门要抓紧成立省级认定机构,健全工作机制,在严格执行认定工作原则和规范的情况下,对符合条件的企业尽快开展认定初审和材料上报工作。省级认定机构办公室设在各省、自治区、直辖市文化行政部门。认定工作中遇到问题请及时研究解决和上报全国动漫企业认定管理工作办公室。文化部、财政部和国家税务总局将对动漫产业税收政策执行情况进行监督检查。

二、严格把握认定标准。

《办法》所称动漫企业,不包括漫画出版、发行,动画播出、放映,网络动漫传播以及动漫衍生产品生产、销售等为主营业务的企业。

企业拥有的自主知识产权是指企业近 3 年内(至申报日前)获得的自主知识产权。

企业营业场所产权证明或者租赁意向书(含出租方的产权证明),营业场所为企业自有产权的,提供房产证复印件加盖企业公章;营业场所为企业租赁的,提供产权方房产证复印件加盖公章或房主签字,并提供房屋租赁合同加盖企业公章。

企业申请动漫企业资格,应提供具有资质的中介机构鉴证的企业财务年度报表(含资产负债表、损益表、现金流量表)等企业经营情况,以及企业年度研究开发费用情况表,并附研究开发活动说明材料,并加盖具有资质的中介机构的公章。各地认定机构应认真核验申请材料。

三、动漫企业认定年审受理申请时间为每年的 5 月 1 日—7 月 31 日。

四、计划单列市所在省文化厅本着方便、快捷原则,可根据本地实际情况制定计划单列市动漫企业认定工作的具体办法。

五、《办法》第十四条规定的动漫企业认定申请材料格式见本通知附件 1,申请认定的企业应填写动漫企业认定申请书,格式见本通知附件 2。

特此通知。

附件:1. 动漫企业认定申请材料(略)

　　2. 动漫企业认定申请书(略)

3.财政部　国家税务总局关于扶持动漫产业发展有关税收政策问题的通知

（2009 年 7 月 17 日　财税〔2009〕65 号）

各省、自治区、直辖市、计划单列市财政厅（局）、国家税务局、地方税务局：

根据《国务院办公厅转发财政部等部门关于推动我国动漫产业发展若干意见的通知》（国办发〔2006〕32 号）的精神，文化部会同有关部门于 2008 年 12 月下发了《动漫企业认定管理办法（试行）》（文市发〔2008〕51 号）。为促进我国动漫产业健康快速发展，增强动漫产业的自主创新能力，现就扶持动漫产业发展的有关税收政策问题通知如下：

一、关于增值税

在 2010 年 12 月 31 日前，对属于增值税一般纳税人的动漫企业销售其自主开发生产的动漫软件，按 17% 的税率征收增值税后，对其增值税实际税负超过 3% 的部分，实行即征即退政策。退税数额的计算公式为：应退税额 = 享受税收优惠的动漫软件当期已征税款 − 享受税收优惠的动漫软件当期不含税销售额 × 3%。动漫软件出口免征增值税。上述动漫软件的范围，按照《文化部　财政部　国家税务总局关于印发〈动漫企业认定管理办法（试行）〉的通知》（文市发〔2008〕51 号）的规定执行。

二、关于企业所得税

经认定的动漫企业自主开发、生产动漫产品，可申请享受国家现行鼓励软件产业发展的所得税优惠政策。

三、关于营业税

对动漫企业为开发动漫产品提供的动漫脚本编撰、形象设计、背景设计、动画设计、分镜、动画制作、摄制、描线、上色、画面合成、配音、配乐、音效合成、剪辑、字幕制作、压缩转码（面向网络动漫、手机动漫格式适配）劳务，在 2010 年 12 月 31 日前暂减按 3% 税率征收营业税。

四、关于进口关税和进口环节增值税

经国务院有关部门认定的动漫企业自主开发、生产动漫直接产品，确需进口的商品可享受免征进口关税和进口环节增值税的优惠政策。具体免税商品范围及管理办法由财政部会同有关部门另行制定。

五、本通知所称动漫企业和自主开发、生产动漫产品的认定标准和认定程序，按照《文化部　财政部　国家税务总局关于印发〈动漫企业认定管理办法（试行）〉的通知》（文市发〔2008〕51 号）的规定执行。

六、本通知从 2009 年 1 月 1 日起执行。

【注】根据《财政部　国家税务总局关于扶持动漫产业发展增值税营业税政策的通知》（财税〔2011〕119 号，本文第一条、第三条规定废止）。

▶技术先进型

1. 财政部　国家税务总局　商务部　科技部　国家发展改革委关于将技术先进型服务企业所得税政策推广至全国实施的通知

(2017 年 11 月 2 日　财税〔2017〕79 号)

各省、自治区、直辖市、计划单列市财政厅(局)、国家税务局、地方税务局、商务主管部门、科技厅(委、局)、发展改革委,新疆生产建设兵团财务局、商务局、科技局、发展改革委:

为贯彻落实《国务院关于促进外资增长若干措施的通知》(国发〔2017〕39 号)要求,发挥外资对优化服务贸易结构的积极作用,引导外资更多投向高技术、高附加值服务业,促进企业技术创新和技术服务能力的提升,增强我国服务业的综合竞争力,现就技术先进型服务企业有关企业所得税政策问题通知如下:

一、自 2017 年 1 月 1 日起,在全国范围内实行以下企业所得税优惠政策:

1. 对经认定的技术先进型服务企业,减按 15% 的税率征收企业所得税。

2. 经认定的技术先进型服务企业发生的职工教育经费支出,不超过工资薪金总额 8% 的部分,准予在计算应纳税所得额时扣除;超过部分,准予在以后纳税年度结转扣除。

二、享受本通知第一条规定的企业所得税优惠政策的技术先进型服务企业必须同时符合以下条件:

1. 在中国境内(不包括港、澳、台地区)注册的法人企业;

2. 从事《技术先进型服务业务认定范围(试行)》(详见附件)中的一种或多种技术先进型服务业务,采用先进技术或具备较强的研发能力;

3. 具有大专以上学历的员工占企业职工总数的 50% 以上;

4. 从事《技术先进型服务业务认定范围(试行)》中的技术先进型服务业务取得的收入占企业当年总收入的 50% 以上;

5. 从事离岸服务外包业务取得的收入不低于企业当年总收入的 35%。

从事离岸服务外包业务取得的收入,是指企业根据境外单位与其签订的委托合同,由本企业或其直接转包的企业为境外单位提供《技术先进型服务业务认定范围(试行)》中所规定的信息技术外包服务(ITO)、技术性业务流程外包服务(BPO)和技术性知识流程外包服务(KPO),而从上述境外单位取得的收入。

三、技术先进型服务企业的认定管理

1. 省级科技部门会同本级商务、财政、税务和发展改革部门根据本通知规定制定本省(自治区、直辖市、计划单列市)技术先进型服务企业认定管理办法,并负责本地区技术先进型服务企业的认定管理工作。各省(自治区、直辖市、计划单列市)技术先进型服务企业认定管理办法应报科技部、商务部、财政部、税务总局和国家发展改革委备案。

2. 符合条件的技术先进型服务企业应向所在省级科技部门提出申请,由省级科技部门会同本级商务、财政、税务和发展改革部门联合评审后发文认定,并将认定企业名单及有关情况通过科技部"全国技术先进型服务企业业务办理管理平台"备案,科技部与商务部、财政部、税务总局和国家发展改革委共享备案信息。符合条件的技术先进型服务企业须在商务部"服务贸易统计监测管理信息系统(服务外包信息管理应用)"中填报企业基本信息,按时报送数据。

3. 经认定的技术先进型服务企业,持相关认定文件向所在地主管税务机关办理享受本通知第一条规定的企业所得税优惠政策事宜。享受企业所得税优惠的技术先进型服务企业条件发生变化的,应当自发生变化之日起15日内向主管税务机关报告;不再符合享受税收优惠条件的,应当依法履行纳税义务。主管税务机关在执行税收优惠政策过程中,发现企业不具备技术先进型服务企业资格的,应提请认定机构复核。复核后确认不符合认定条件的,应取消企业享受税收优惠政策的资格。

4. 省级科技、商务、财政、税务和发展改革部门对经认定并享受税收优惠政策的技术先进型服务企业应做好跟踪管理,对变更经营范围、合并、分立、转业、迁移的企业,如不再符合认定条件,应及时取消其享受税收优惠政策的资格。

5. 省级财政、税务、商务、科技和发展改革部门要认真贯彻落实本通知的各项规定,在认定工作中对内外资企业一视同仁,平等对待,切实做好沟通与协作工作。在政策实施过程中发现问题,要及时反映上报财政部、税务总局、商务部、科技部和国家发展改革委。

6. 省级科技、商务、财政、税务和发展改革部门及其工作人员在认定技术先进型服务企业工作中,存在违法违纪行为的,按照《公务员法》《行政监察法》等国家有关规定追究相应责任;涉嫌犯罪的,移送司法机关处理。

7. 本通知印发后,各地应按照本通知规定于2017年12月31日前出台本省(自治区、直辖市、计划单列市)技术先进型服务企业认定管理办法并据此开展认定工作。现有31个中国服务外包示范城市已认定的2017年度技术先进型服务企业继续有效。从2018年1月1日起,中国服务外包示范城市技术先进型服务企业认定管理工作依照所在省(自治区、直辖市、计划单列市)制定的管理办法实施。

附件:

技术先进型服务业务认定范围(试行)

一、信息技术外包服务(ITO)

(一)软件研发及外包

类别	适用范围
软件研发及开发服务	用于金融、政府、教育、制造业、零售、服务、能源、物流、交通、媒体、电信、公共事业和医疗卫生等部门和企业,为用户的运营/生产/供应链/客户关系/人力资源和财务管理、计算机辅助设计/工程等业务进行软件开发,包括定制软件开发,嵌入式软件、套装软件开发,系统软件开发、软件测试等。
软件技术服务	软件咨询、维护、培训、测试等技术性服务。

(二)信息技术研发服务外包

类别	适用范围
集成电路和电子电路设计	集成电路和电子电路产品设计以及相关技术支持服务等。
测试平台	为软件、集成电路和电子电路的开发运用提供测试平台。

(三)信息系统运营维护外包

类别	适用范围
信息系统运营和维护服务	客户内部信息系统集成、网络管理、桌面管理与维护服务;信息工程、地理信息系统、远程维护等信息系统应用服务。
基础信息技术服务	基础信息技术管理平台整合、IT基础设施管理、数据中心、托管中心、安全服务、通讯服务等基础信息技术服务。

二、技术性业务流程外包服务（BPO）

类别	适用范围
企业业务流程设计服务	为客户企业提供内部管理、业务运作等流程设计服务。
企业内部管理服务	为客户企业提供后台管理、人力资源管理、财务、审计与税务管理、金融支付服务、医疗数据及其他内部管理业务的数据分析、数据挖掘、数据管理、数据使用的服务；承接客户专业数据处理、分析和整合服务。
企业运营服务	为客户企业提供技术研发服务、为企业经营、销售、产品售后服务提供的应用客户分析、数据库管理等服务。主要包括金融服务业务、政务与教育业务、制造业务和生命科学、零售和批发与运输业务、卫生保健业务、通讯与公共事业业务、呼叫中心、电子商务平台等。
企业供应链管理服务	为客户企业提供采购、物流的整体方案设计及数据库服务。

三、技术性知识流程外包服务（KPO）

适用范围
知识产权研究、医药和生物技术研发和测试、产品技术研发、工业设计、分析学和数据挖掘、动漫及网游设计研发、教育课件研发、工程设计等领域。

2. 财政部　国家税务总局　商务部　科技部　国家发展改革委关于将服务贸易创新发展试点地区技术先进型服务企业所得税政策推广至全国实施的通知

（2018 年 5 月 19 日　财税〔2018〕44 号）

各省、自治区、直辖市、计划单列市财政厅（局）、国家税务局、地方税务局、商务主管部门、科技厅（委、局）、发展改革委，新疆生产建设兵团财政局、商务局、科技局、发展改革委：

为进一步推动服务贸易创新发展、优化外贸结构，现就服务贸易类技术先进型服务企业所得税优惠政策通知如下：

一、自 2018 年 1 月 1 日起，对经认定的技术先进型服务企业（服务贸易类），减按 15% 的税率征收企业所得税。

二、本通知所称技术先进型服务企业（服务贸易类）须符合的条件及认定管理事项，按照《财政部　税务总局　商务部　科技部　国家发展改革委关于将技术先进型服务企业所得税政策推广至全国实施的通知》（财税〔2017〕79 号）的相关规定执行。其中，企业须满足的技术先进型服务业务领域范围按照本通知所附《技术先进型服务业务领域范围（服务贸易类）》执行。

三、省级科技部门应会同本级商务、财政、税务和发展改革部门及时将《技术先进型服务业务领域范围（服务贸易类）》增补入本地区技术先进型服务企业认定管理办法，并据此开展认定管理工作。省级人民政府财政、税务、商务、科技和发展改革部门应加强沟通与协作，发现新情况、新问题及时上报财政部、税务总局、商务部、科技部和国家发展改革委。

四、省级科技、商务、财政、税务和发展改革部门及其工作人员在认定技术先进型服务企业工作中，存在违法违纪行为的，按照《公务员法》《行政监察法》等国家有关规定追究相应责任；涉嫌犯罪的，移送司法机关处理。

附件：技术先进型服务业务领域范围（服务贸易类）

技术先进型服务业务领域范围(服务贸易类)

类　别	适用范围
一、计算机和信息服务	
1. 信息系统集成服务	系统集成咨询服务;系统集成工程服务;提供硬件设备现场组装、软件安装与调试及相关运营维护支撑服务;系统运营维护服务,包括系统运行检测监控、故障定位与排除、性能管理、优化升级等。
2. 数据服务	数据存储管理服务,提供数据规划、评估、审计、咨询、清洗、整理、应用服务,数据增值服务,提供其他未分类数据处理服务。
二、研究开发和技术服务	
3. 研究和实验开发服务	物理学、化学、生物学、基因学、工程学、医学、农业科学、环境科学、人类地理科学、经济学和人文科学等领域的研究和实验开发服务。
4. 工业设计服务	对产品的材料、结构、机理、形状、颜色和表面处理的设计与选择;对产品进行的综合设计服务,即产品外观的设计、机械结构和电路设计等服务。
5. 知识产权跨境许可与转让	以专利、版权、商标等为载体的技术贸易。知识产权跨境许可是指授权境外机构有偿使用专利、版权和商标等;知识产权跨境转让是指将专利、版权和商标等知识产权售卖给境外机构。
三、文化技术服务	
6. 文化产品数字制作及相关服务	采用数字技术对舞台剧目、音乐、美术、文物、非物质文化遗产、文献资源等文化内容以及各种出版物进行数字化转化和开发,为各种显示终端提供内容,以及采用数字技术传播、经营文化产品等相关服务。
7. 文化产品的对外翻译、配音及制作服务	将本国文化产品翻译或配音成其他国家语言,将其他国家文化产品翻译或配音成本国语言以及与其相关的制作服务。
四、中医药医疗服务	
8. 中医药医疗保健及相关服务	与中医药相关的远程医疗保健、教育培训、文化交流等服务。

▶技术转让

1. 国家税务总局关于技术转让所得减免企业所得税有关问题的通知

(2009年4月24日　国税函〔2009〕212号)

(部分条款修改,详见文中注释)

各省、自治区、直辖市和计划单列市国家税务局、地方税务局:

根据《中华人民共和国企业所得税法》(以下简称企业所得税法)及其实施条例和相关规定,现就符合条件的技术转让所得减免企业所得税有关问题通知如下:

一、根据企业所得税法第二十七条第(四)项规定,享受减免企业所得税优惠的技术转让应符合以下条件:

（一）享受优惠的技术转让主体是企业所得税法规定的居民企业；

（二）技术转让属于财政部、国家税务总局规定的范围；

（三）境内技术转让经省级以上科技部门认定；

（四）向境外转让技术经省级以上商务部门认定；

（五）国务院税务主管部门规定的其他条件。

二、符合条件的技术转让所得应按以下方法计算：

技术转让所得＝技术转让收入－技术转让成本－相关税费

技术转让收入是指当事人履行技术转让合同后获得的价款，不包括销售或转让设备、仪器、零部件、原材料等非技术性收入。不属于与技术转让项目密不可分的技术咨询、技术服务、技术培训等收入，不得计入技术转让收入。

技术转让成本是指转让的无形资产的净值，即该无形资产的计税基础减除在资产使用期间按照规定计算的摊销扣除额后的余额。

相关税费是指技术转让过程中实际发生的有关税费，包括除企业所得税和允许抵扣的增值税以外的各项税金及其附加、合同签订费用、律师费等相关费用及其他支出。

三、享受技术转让所得减免企业所得税优惠的企业，应单独计算技术转让所得，并合理分摊企业的期间费用；没有单独计算的，不得享受技术转让所得企业所得税优惠。

四、企业发生技术转让，应在纳税年度终了后至报送年度纳税申报表以前，向主管税务机关办理减免税备案手续。

（一）企业发生境内技术转让，向主管税务机关备案时应报送以下资料：

1. 技术转让合同（副本）；

2. 省级以上科技部门出具的技术合同登记证明；

3. 技术转让所得归集、分摊、计算的相关资料；

4. 实际缴纳相关税费的证明资料；

5. 主管税务机关要求提供的其他资料。

（二）企业向境外转让技术，向主管税务机关备案时应报送以下资料：

1. 技术出口合同（副本）；

2. 省级以上商务部门出具的技术出口合同登记证书或技术出口许可证；

3. 技术出口合同数据表；

4. 技术转让所得归集、分摊、计算的相关资料；

5. 实际缴纳相关税费的证明资料；

6. 主管税务机关要求提供的其他资料。

【注】根据《关于公布失效废止的税务部门规章和税收规范性文件目录的决定》（国家税务总局令第42号）本条款有效期至2017年12月29日。

五、本通知自2008年1月1日起执行。

2. 财政部　国家税务总局关于居民企业技术转让有关企业所得税政策问题的通知

（2010年12月31日　财税〔2010〕111号）

各省、自治区、直辖市、计划单列市财政厅（局）、国家税务局、地方税务局，新疆生产建设兵团财务局：

根据《中华人民共和国企业所得税法》（以下简称企业所得税法）及《中华人民共和国企业所得税法实施

条例》(国务院令第 512 号,以下简称实施条例)的有关规定,现就符合条件的技术转让所得减免企业所得税有关问题通知如下:

一、技术转让的范围,包括居民企业转让专利技术、计算机软件著作权、集成电路布图设计权、植物新品种、生物医药新品种,以及财政部和国家税务总局确定的其他技术。

其中:专利技术,是指法律授予独占权的发明、实用新型和非简单改变产品图案的外观设计。

二、本通知所称技术转让,是指居民企业转让其拥有符合本通知第一条规定技术的所有权或 5 年以上(含 5 年)全球独占许可使用权的行为。

三、技术转让应签订技术转让合同。其中,境内的技术转让须经省级以上(含省级)科技部门认定登记,跨境的技术转让须经省级以上(含省级)商务部门认定登记,涉及财政经费支持产生技术的转让,需省级以上(含省级)科技部门审批。

居民企业技术出口应由有关部门按照商务部、科技部发布的《中国禁止出口限制出口技术目录》(商务部、科技部令 2008 年第 12 号)进行审查。居民企业取得禁止出口和限制出口技术转让所得,不享受技术转让减免企业所得税优惠政策。

四、居民企业从直接或间接持有股权之和达到 100% 的关联方取得的技术转让所得,不享受技术转让减免企业所得税优惠政策。

五、本通知自 2008 年 1 月 1 日起执行。

3. 国家税务总局关于技术转让所得减免企业所得税有关问题的公告

(2013 年 10 月 21 日　国家税务总局公告 2013 年第 62 号)

为加强技术转让所得减免企业所得税的征收管理,现将《国家税务总局关于技术转让所得减免企业所得税有关问题的通知》(国税函〔2009〕212 号)中技术转让收入计算的有关问题,公告如下:

一、可以计入技术转让收入的技术咨询、技术服务、技术培训收入,是指转让方为使受让方掌握所转让的技术投入使用、实现产业化而提供的必要的技术咨询、技术服务、技术培训所产生的收入,并应同时符合以下条件:

(一)在技术转让合同中约定的与该技术转让相关的技术咨询、技术服务、技术培训;

(二)技术咨询、技术服务、技术培训收入与该技术转让项目收入一并收取价款。

二、本公告自 2013 年 11 月 1 日起施行。此前已进行企业所得税处理的相关业务,不作纳税调整。

4. 财政部　国家税务总局关于推广中关村国家自主创新示范区税收试点政策有关问题的通知

(2015 年 6 月 9 日　财税〔2015〕62 号)

各省、自治区、直辖市、计划单列市财政厅(局)、国家税务局、地方税务局,新疆生产建设兵团财务局:

根据国务院决定,中关村国家自主创新示范区有关税收试点政策推广至国家自主创新示范区、合芜蚌自主创新综合试验区和绵阳科技城(以下统称示范地区)实施。现就有关税收政策问题明确如下:

一、关于股权奖励个人所得税政策

1. 对示范地区内的高新技术企业转化科技成果，给予本企业相关技术人员的股权奖励，技术人员一次缴纳税款有困难的，经主管税务机关审核，可分期缴纳个人所得税，但最长不得超过5年。

2. 本通知所称股权奖励，是指企业无偿授予相关技术人员一定份额的股权或一定数量的股份。股权奖励的计税价格参照获得股权时的公平市场价格确定。

3. 本通知所称相关技术人员，具体范围依照《财政部　国家税务总局　科技部关于中关村国家自主创新示范区有关股权奖励个人所得税试点政策的通知》（财税〔2014〕63号）的相关规定执行。

4. 技术人员转让奖励的股权（含奖励股权孳生的送、转股）并取得现金收入的，该现金收入应优先用于缴纳尚未缴清的税款。

5. 技术人员在转让奖励的股权之前企业依法宣告破产，技术人员进行相关权益处置后没有取得收益或资产，或取得的收益和资产不足以缴纳其取得股权尚未缴纳的应纳税款的，经主管税务机关审核，尚未缴纳的个人所得税可不予追征。

二、关于有限合伙制创业投资企业法人合伙人企业所得税政策

1. 注册在示范地区的有限合伙制创业投资企业采取股权投资方式投资于未上市的中小高新技术企业2年（24个月）以上的，该有限合伙制创业投资企业的法人合伙人可按照其对未上市中小高新技术企业投资额的70%抵扣该法人合伙人从该有限合伙制创业投资企业分得的应纳税所得额，当年不足抵扣的，可以在以后纳税年度结转抵扣。

2. 有限合伙制创业投资企业的法人合伙人对未上市中小高新技术企业的投资额，按照有限合伙制创业投资企业对中小高新技术企业的投资额和合伙协议约定的法人合伙人占有限合伙制创业投资企业的出资比例计算确定。

三、关于技术转让所得企业所得税政策

1. 注册在示范地区的居民企业在一个纳税年度内，转让技术的所有权或5年以上（含5年）许可使用权取得的所得不超过500万元的部分，免征企业所得税；超过500万元的部分，减半征收企业所得税。

2. 本通知所称技术，包括专利（含国防专利）、计算机软件著作权、集成电路布图设计专有权、植物新品种权、生物医药新品种，以及财政部和国家税务总局确定的其他技术。其中，专利是指法律授予独占权的发明、实用新型以及非简单改变产品图案和形状的外观设计。

四、关于企业转增股本个人所得税政策

1. 示范地区内中小高新技术企业，以未分配利润、盈余公积、资本公积向个人股东转增股本时，个人股东应按照“利息、股息、红利所得”项目，适用20%税率征收个人所得税。个人股东一次缴纳个人所得税确有困难的，经主管税务机关审核，可分期缴纳，但最长不得超过5年。

2. 股东转让股权并取得现金收入的，该现金收入应优先用于缴纳尚未缴清的税款。

3. 在股东转让该部分股权之前，企业依法宣告破产，股东进行相关权益处置后没有取得收益或收益小于初始投资额的，经主管税务机关审核，尚未缴纳的个人所得税可不予追征。

4. 本通知所称中小高新技术企业，是指注册在示范地区内实行查账征收的、经认定取得高新技术企业资格，且年销售额和资产总额均不超过2亿元、从业人数不超过500人的企业。

5. 上市中小高新技术企业或在全国中小企业股份转让系统挂牌的中小高新技术企业向个人股东转增股本，股东应纳的个人所得税，继续按照现行有关股息红利差别化个人所得税政策执行，不适用本通知规定的分期纳税政策。

五、本通知自2015年1月1日起执行。实施范围包括中关村等所有国家自主创新示范区、合芜蚌自主创新综合试验区和绵阳科技城。

5. 财政部　国家税务总局关于将国家自主创新示范区有关税收试点政策推广到全国范围实施的通知

（2015 年 10 月 23 日　财税〔2015〕116 号）

各省、自治区、直辖市、计划单列市财政厅（局）、国家税务局、地方税务局，新疆生产建设兵团财务局：

根据国务院常务会议决定精神，将国家自主创新示范区试点的四项所得税政策推广至全国范围实施。现就有关税收政策问题明确如下：

一、关于有限合伙制创业投资企业法人合伙人企业所得税政策

1. 自 2015 年 10 月 1 日起，全国范围内的有限合伙制创业投资企业采取股权投资方式投资于未上市的中小高新技术企业满 2 年（24 个月）的，该有限合伙制创业投资企业的法人合伙人可按照其对未上市中小高新技术企业投资额的 70% 抵扣该法人合伙人从该有限合伙制创业投资企业分得的应纳税所得额，当年不足抵扣的，可以在以后纳税年度结转抵扣。

2. 有限合伙制创业投资企业的法人合伙人对未上市中小高新技术企业的投资额，按照有限合伙制创业投资企业对中小高新技术企业的投资额和合伙协议约定的法人合伙人占有限合伙制创业投资企业的出资比例计算确定。

二、关于技术转让所得企业所得税政策

1. 自 2015 年 10 月 1 日起，全国范围内的居民企业转让 5 年以上非独占许可使用权取得的技术转让所得，纳入享受企业所得税优惠的技术转让所得范围。居民企业的年度技术转让所得不超过 500 万元的部分，免征企业所得税；超过 500 万元的部分，减半征收企业所得税。

2. 本通知所称技术，包括专利（含国防专利）、计算机软件著作权、集成电路布图设计专有权、植物新品种权、生物医药新品种，以及财政部和国家税务总局确定的其他技术。其中，专利是指法律授予独占权的发明、实用新型以及非简单改变产品图案和形状的外观设计。

三、关于企业转增股本个人所得税政策

1. 自 2016 年 1 月 1 日起，全国范围内的中小高新技术企业以未分配利润、盈余公积、资本公积向个人股东转增股本时，个人股东一次缴纳个人所得税确有困难的，可根据实际情况自行制定分期缴税计划，在不超过 5 个公历年度内（含）分期缴纳，并将有关资料报主管税务机关备案。

2. 个人股东获得转增的股本，应按照"利息、股息、红利所得"项目，适用 20% 税率征收个人所得税。

3. 股东转让股权并取得现金收入的，该现金收入应优先用于缴纳尚未缴清的税款。

4. 在股东转让该部分股权之前，企业依法宣告破产，股东进行相关权益处置后没有取得收益或收益小于初始投资额的，主管税务机关对其尚未缴纳的个人所得税可不予追征。

5. 本通知所称中小高新技术企业，是指注册在中国境内实行查账征收的、经认定取得高新技术企业资格，且年销售额和资产总额均不超过 2 亿元、从业人数不超过 500 人的企业。

6. 上市中小高新技术企业或在全国中小企业股份转让系统挂牌的中小高新技术企业向个人股东转增股本，股东应纳的个人所得税，继续按照现行有关股息红利差别化个人所得税政策执行，不适用本通知规定的分期纳税政策。

四、关于股权奖励个人所得税政策

1. 自 2016 年 1 月 1 日起，全国范围内的高新技术企业转化科技成果，给予本企业相关技术人员的股权奖励，个人一次缴纳税款有困难的，可根据实际情况自行制定分期缴税计划，在不超过 5 个公历年度内（含）分期缴纳，并将有关资料报主管税务机关备案。

2. 个人获得股权奖励时，按照"工资薪金所得"项目，参照《财政部　国家税务总局关于个人股票期权所

得征收个人所得税问题的通知》（财税〔2005〕35 号）有关规定计算确定应纳税额。股权奖励的计税价格参照获得股权时的公平市场价格确定。

3. 技术人员转让奖励的股权（含奖励股权孳生的送、转股）并取得现金收入的，该现金收入应优先用于缴纳尚未缴清的税款。

4. 技术人员在转让奖励的股权之前企业依法宣告破产，技术人员进行相关权益处置后没有取得收益或资产，或取得的收益和资产不足以缴纳其取得股权尚未缴纳的应纳税款的部分，税务机关可不予追征。

5. 本通知所称相关技术人员，是指经公司董事会和股东大会决议批准获得股权奖励的以下两类人员：

（1）对企业科技成果研发和产业化作出突出贡献的技术人员，包括企业内关键职务科技成果的主要完成人、重大开发项目的负责人、对主导产品或者核心技术、工艺流程作出重大创新或者改进的主要技术人员。

（2）对企业发展作出突出贡献的经营管理人员，包括主持企业全面生产经营工作的高级管理人员，负责企业主要产品（服务）生产经营合计占主营业务收入（或者主营业务利润）50% 以上的中、高级经营管理人员。

企业面向全体员工实施的股权奖励，不得按本通知规定的税收政策执行。

6. 本通知所称股权奖励，是指企业无偿授予相关技术人员一定份额的股权或一定数量的股份。

7. 本通知所称高新技术企业，是指实行查账征收、经省级高新技术企业认定管理机构认定的高新技术企业。

6. 国家税务总局关于许可使用权技术转让所得企业所得税有关问题的公告

（2015 年 11 月 16 日　国家税务总局公告 2015 年第 82 号）

根据《中华人民共和国企业所得税法》及其实施条例、《财政部　国家税务总局关于将国家自主创新示范区有关税收试点政策推广到全国范围实施的通知》（财税〔2015〕116 号）规定，现就许可使用权技术转让所得企业所得税有关问题公告如下：

一、自 2015 年 10 月 1 日起，全国范围内的居民企业转让 5 年（含，下同）以上非独占许可使用权取得的技术转让所得，纳入享受企业所得税优惠的技术转让所得范围。居民企业的年度技术转让所得不超过 500 万元的部分，免征企业所得税；超过 500 万元的部分，减半征收企业所得税。

所称技术包括专利（含国防专利）、计算机软件著作权、集成电路布图设计专有权、植物新品种权、生物医药新品种，以及财政部和国家税务总局确定的其他技术。其中，专利是指法律授予独占权的发明、实用新型以及非简单改变产品图案和形状的外观设计。

二、企业转让符合条件的 5 年以上非独占许可使用权的技术，限于其拥有所有权的技术。技术所有权的权属由国务院行政主管部门确定。其中，专利由国家知识产权局确定权属；国防专利由总装备部确定权属；计算机软件著作权由国家版权局确定权属；集成电路布图设计专有权由国家知识产权局确定权属；植物新品种权由农业部确定权属；生物医药新品种由国家食品药品监督管理总局确定权属。

三、符合条件的 5 年以上非独占许可使用权技术转让所得应按以下方法计算：

技术转让所得 = 技术转让收入 - 无形资产摊销费用 - 相关税费 - 应分摊期间费用

技术转让收入是指转让方履行技术转让合同后获得的价款，不包括销售或转让设备、仪器、零部件、原材料等非技术性收入。不属于与技术转让项目密不可分的技术咨询、服务、培训等收入，不得计入技术转让收入。技术许可使用权转让收入，应按转让协议约定的许可使用权人应付许可使用权使用费的日期确认收入的实现。

无形资产摊销费用是指该无形资产按税法规定当年计算摊销的费用。涉及自用和对外许可使用的，应按照受益原则合理划分。

相关税费是指技术转让过程中实际发生的有关税费,包括除企业所得税和允许抵扣的增值税以外的各项税金及其附加、合同签订费用、律师费等相关费用。

应分摊期间费用(不含无形资产摊销费用和相关税费)是指技术转让按照当年销售收入占比分摊的期间费用。

四、企业享受技术转让所得企业所得税优惠的其他相关问题,仍按照《国家税务总局关于技术转让所得减免企业所得税有关问题的通知》(国税函〔2009〕212 号)、《财政部　国家税务总局关于居民企业技术转让有关企业所得税政策问题的通知》(财税〔2010〕111 号)、《国家税务总局关于技术转让所得减免企业所得税有关问题的公告》(国家税务总局公告 2013 年第 62 号)规定执行。

五、本公告自 2015 年 10 月 1 日起施行。本公告实施之日起,企业转让 5 年以上非独占许可使用权确认的技术转让收入,按本公告执行。

特此公告。

▶国家大学科技园和科技企业孵化器

1. 财政部　国家税务总局关于科技企业孵化器税收政策的通知

(2013 年 12 月 31 日　财税〔2013〕117 号)

各省、自治区、直辖市、计划单列市财政厅(局)、国家税务局、地方税务局,新疆生产建设兵团财务局:

为贯彻落实《国务院关于印发实施〈国家中长期科学和技术发展规划纲要(2006 ~ 2020 年)〉若干配套政策的通知》(国发〔2006〕6 号)、《中共中央　国务院关于深化科技体制改革加快国家创新体系建设的意见》(中发〔2012〕6 号)和《国务院关于进一步支持小微企业健康发展的意见》(国发〔2012〕14 号)等有关文件精神,经国务院批准,现就符合条件的科技企业孵化器(高新技术创业服务中心)有关税收政策通知如下:

一、科技企业孵化器(也称高新技术创业服务中心,以下简称孵化器)是以促进科技成果转化、培养高新技术企业和企业家为宗旨的科技创业服务载体。孵化器是国家创新体系的重要组成部分,是创新创业人才培养的基地,是区域创新体系的重要内容。自 2013 年 1 月 1 日至 2015 年 12 月 31 日,对符合条件的孵化器自用以及无偿或通过出租等方式提供给孵化企业使用的房产、土地,免征房产税和城镇土地使用税;对其向孵化企业出租场地、房屋以及提供孵化服务的收入,免征营业税。营业税改征增值税(以下简称营改增)后的营业税优惠政策处理问题由营改增试点过渡政策另行规定。

二、符合非营利组织条件的孵化器的收入,按照企业所得税法及其实施条例和有关税收政策规定享受企业所得税优惠政策。

三、享受本通知规定的房产税、城镇土地使用税和营业税优惠政策的孵化器,应同时符合以下条件:

(一)孵化器的成立和运行符合国务院科技行政主管部门发布的认定和管理办法,经国务院科技行政管理部门认定,并取得国家级孵化器资格。

(二)孵化器应将面向孵化企业出租场地、房屋以及提供孵化服务的业务收入在财务上单独核算。

(三)孵化器提供给孵化企业使用的场地面积(含公共服务场地)应占孵化器可自主支配场地面积的 75% 以上(含 75%),孵化企业数量应占孵化器内企业总数量的 75% 以上(含 75%)。

公共服务场地是指孵化器提供给孵化企业共享的活动场所,包括公共餐厅、接待室、会议室、展示室、活动室、技术检测室和图书馆等非盈利性配套服务场地。

四、本通知所称“孵化企业”应当同时符合以下条件:

(一)企业注册地和主要研发、办公场所必须在孵化器的孵化场地内。

(二)属新注册企业或申请进入孵化器前企业成立时间不超过24个月。

(三)企业在孵化器内孵化的时间不超过42个月。纳入"创新人才推进计划"及"海外高层次人才引进计划"的人才或从事生物医药、集成电路设计、现代农业等特殊领域的创业企业,孵化时间不超过60个月。

(四)符合《中小企业划型标准规定》所规定的小型、微型企业划型标准。

(五)属迁入企业的,上年营业收入不超过500万元。

(六)单一在孵企业入驻时使用的孵化场地面积不大于1000平方米。从事航空航天等特殊领域的在孵企业,不大于3000平方米。

(七)企业产品(服务)属于科学技术部、财政部、国家税务总局印发的《国家重点支持的高新技术领域》规定的范围,且研究开发费用总额占销售收入总额的比例不低于4%。

五、本通知所称"孵化服务"是指为孵化企业提供的属于营业税"服务业"税目中"代理业"、"租赁业"和"其他服务业"中的咨询和技术服务范围内的服务。

六、国务院科技行政主管部门负责组织对孵化器是否符合本通知规定的各项条件定期进行审核确认,并出具相应的证明材料,列明纳税人用于孵化的房产和土地的地址、范围、面积等具体信息。

七、本通知规定的房产税、城镇土地使用税和营业税优惠政策按照备案类减免税管理,纳税人应向主管税务机关提出备案申请。凡纳税人骗取本通知规定的税收优惠政策的,除根据现行规定进行处罚外,自发生上述违法违规行为年度起取消其享受本通知规定的税收优惠政策的资格,2年内不得再次申请。

各主管税务机关要严格执行税收政策,按照税收减免管理办法的有关规定为符合条件的孵化器办理税收减免,加强对孵化器的日常税收管理和服务。同时,要密切关注税收政策的执行情况,对发现的问题及时逐级向财政部、国家税务总局反映。

请遵照执行。

2.财政部　国家税务总局关于国家大学科技园税收政策的通知

(2013年12月31日　财税〔2013〕118号)

各省、自治区、直辖市、计划单列市财政厅(局)、国家税务局、地方税务局,新疆生产建设兵团财务局:

为贯彻落实《国务院关于印发实施〈国家中长期科学和技术发展规划纲要(2006~2020年)〉若干配套政策的通知》(国发〔2006〕6号)、《中共中央国务院关于深化科技体制改革加快国家创新体系建设的意见》(中发〔2012〕6号)和《国务院关于进一步支持小微企业健康发展的意见》(国〔2012〕14号)等有关文件精神,经国务院批准,现就符合条件的国家大学科技园有关税收政策通知如下:

一、国家大学科技园(以下简称科技园)是以具有较强科研实力的大学为依托,将大学的综合智力资源优势与其他社会优势资源相组合,为高等学校科技成果转化、高新技术企业孵化、创新创业人才培养、产学研结合提供支撑的平台和服务的机构。自2013年1月1日至2015年12月31日,对符合条件的科技园自用以及无偿或通过出租等方式提供给孵化企业使用的房产、土地,免征房产税和城镇土地使用税;对其向孵化企业出租场地、房屋以及提供孵化服务的收入,免征营业税。营业税改征增值税(以下简称营改增)后的营业税优惠政策处理问题由营改增试点过渡政策另行规定。

二、符合非营利组织条件的科技园的收入,按照企业所得税法及其实施条例和有关税收政策规定享受企业所得税优惠政策。

三、享受本通知规定的房产税、城镇土地使用税以及营业税优惠政策的科技园,应同时符合以下条件:

(一)科技园的成立和运行符合国务院科技和教育行政主管部门公布的认定和管理办法,经国务院科技和教育行政管理部门认定,并取得国家大学科技园资格。

（二）科技园应将面向孵化企业出租场地、房屋以及提供孵化服务的业务收入在财务上单独核算。

（三）科技园提供给孵化企业使用的场地面积（含公共服务场地）应占科技园可自主支配场地面积的60%以上（含60%），孵化企业数量应占科技园内企业总数量的75%以上（含75%）。

公共服务场地是指科技园提供给孵化企业共享的活动场所，包括公共餐厅、接待室、会议室、展示室、活动室、技术检测室和图书馆等非盈利性配套服务场地。

四、本通知所称"孵化企业"应当同时符合以下条件：

（一）企业注册地及主要研发、办公场所必须在科技园工作场地内。

（二）属新注册企业或申请进入科技园前企业成立时间不超过3年。

（三）企业在科技园的孵化时间不超过42个月。海外高层次创业人才或从事生物医药、集成电路设计等特殊领域的创业企业，孵化时间不超过60个月。

（四）符合《中小企业划型标准规定》所规定的小型、微型企业划型标准。

（五）迁入的企业，上年营业收入不超过500万元。

（六）单一在孵企业使用的孵化场地面积不大于1000平方米。从事航空航天、现代农业等特殊领域的单一在孵企业，不大于3000平方米。

（七）企业产品（服务）属于科学技术部、财政部、国家税务总局印发的《国家重点支持的高新技术领域》规定的范围，且研究开发费用总额占销售收入总额的比例不低于4%。

五、本通知所称"孵化服务"是指为孵化企业提供的属于营业税"服务业"税目中"代理业"、"租赁业"和"其他服务业"中的咨询和技术服务范围内的服务。

六、国务院科技和教育行政主管部门负责组织对科技园是否符合本通知规定的各项条件定期进行审核确认，并出具相应的证明材料，列明纳税人用于孵化的房产和土地的地址、范围、面积等具体信息。

七、本通知规定的房产税、城镇土地使用税和营业税优惠政策按照备案类减免税管理，纳税人应向主管税务机关提出备案申请。凡纳税人骗取本通知规定的税收优惠政策的，除根据现行规定进行处罚外，自发生上述违法违规行为年度起取消其享受本通知规定的税收优惠政策的资格，2年内不得再次申请。

各主管税务机关要严格执行税收政策，按照税收减免管理办法的有关规定为符合条件的科技园办理税收减免，加强对科技园的日常税收管理和服务。同时，要密切关注税收政策的执行情况，对发现的问题及时逐级向财政部、国家税务总局反映。

请遵照执行。

3. 财政部　国家税务总局关于科技企业孵化器税收政策的通知

（2016年8月11日　财税〔2016〕89号）

各省、自治区、直辖市、计划单列市财政厅（局）、国家税务局、地方税务局，新疆生产建设兵团财务局：

经国务院批准，现就科技企业孵化器（含众创空间，以下简称孵化器）有关税收政策通知如下：

一、自2016年1月1日至2018年12月31日，对符合条件的孵化器自用以及无偿或通过出租等方式提供给孵化企业使用的房产、土地，免征房产税和城镇土地使用税；自2016年1月1日至2016年4月30日，对其向孵化企业出租场地、房屋以及提供孵化服务的收入，免征营业税；在营业税改征增值税试点期间，对其向孵化企业出租场地、房屋以及提供孵化服务的收入，免征增值税。

二、符合非营利组织条件的孵化器的收入，按照企业所得税法及其实施条例和有关税收政策规定享受企业所得税优惠政策。

三、享受本通知规定的房产税、城镇土地使用税以及营业税、增值税优惠政策的孵化器，应同时符合以下条件：

（一）孵化器需符合国家级科技企业孵化器条件。国务院科技行政主管部门负责发布国家级科技企业孵化器名单。

（二）孵化器应将面向孵化企业出租场地、房屋以及提供孵化服务的业务收入在财务上单独核算。

（三）孵化器提供给孵化企业使用的场地面积（含公共服务场地）应占孵化器可自主支配场地面积的75%以上（含75%）。孵化企业数量应占孵化器内企业总数量的75%以上（含75%）。

公共服务场地是指孵化器提供给孵化企业共享的活动场所，包括公共餐厅、接待室、会议室、展示室、活动室、技术检测室和图书馆等非盈利性配套服务场地。

四、本通知所称“孵化企业”应当同时符合以下条件：

（一）企业注册地和主要研发、办公场所必须在孵化器的孵化场地内。

（二）新注册企业或申请进入孵化器前企业成立时间不超过2年。

（三）企业在孵化器内孵化的时间不超过48个月。纳入“创新人才推进计划”及“海外高层次人才引进计划”的人才或从事生物医药、集成电路设计、现代农业等特殊领域的创业企业，孵化时间不超过60个月。

（四）符合《中小企业划型标准规定》所规定的小型、微型企业划型标准。

（五）单一在孵企业入驻时使用的孵化场地面积不大于1000平方米。从事航空航天等特殊领域的在孵企业，不大于3000平方米。

（六）企业产品（服务）属于科学技术部、财政部、国家税务总局印发的《国家重点支持的高新技术领域》规定的范围。

五、本通知所称“孵化服务”是指为孵化企业提供的属于营业税“服务业”税目中“代理业”、“租赁业”和“其他服务业”中的咨询和技术服务范围内的服务，改征增值税后是指为孵化企业提供的“经纪代理”、“经营租赁”、“研发和技术”、“信息技术”和“鉴证咨询”等服务。

六、省级科技行政主管部门负责定期核实孵化器是否符合本通知规定的各项条件，并报国务院科技行政主管部门审核确认。国务院科技行政主管部门审核确认后向纳税人出具证明材料，列明用于孵化的房产和土地的地址、范围、面积等具体信息，并发送给国务院税务主管部门。

纳税人持相应证明材料向主管税务机关备案，主管税务机关按照《税收减免管理办法》等有关规定，以及国务院科技行政主管部门发布的符合本通知规定条件的孵化器名单信息，办理税收减免。

请遵照执行。

4. 财政部　国家税务总局关于国家大学科技园税收政策的通知

（2016年9月5日　财税〔2016〕98号）

各省、自治区、直辖市、计划单列市财政厅（局）、国家税务局、地方税务局，新疆生产建设兵团财务局：

经国务院批准，现就国家大学科技园（以下简称科技园）有关税收政策通知如下：

一、自2016年1月1日至2018年12月31日，对符合条件的科技园自用以及无偿或通过出租等方式提供给孵化企业使用的房产、土地，免征房产税和城镇土地使用税；自2016年1月1日至2016年4月30日，对其向孵化企业出租场地、房屋以及提供孵化服务的收入，免征营业税；在营业税改征增值税试点期间，对其向孵化企业出租场地、房屋以及提供孵化服务的收入，免征增值税。

二、符合非营利组织条件的科技园的收入，按照企业所得税法及其实施条例和有关税收政策规定享受企业所得税优惠政策。

三、享受本通知规定的房产税、城镇土地使用税以及营业税、增值税优惠政策的科技园，应当同时符合以下条件：

（一）科技园符合国家大学科技园条件。国务院科技和教育行政主管部门负责发布国家大学科技园名单。

（二）科技园将面向孵化企业出租场地、房屋以及提供孵化服务的业务收入在财务上单独核算。

（三）科技园提供给孵化企业使用的场地面积（含公共服务场地）占科技园可自主支配场地面积的60%以上（含60%），孵化企业数量占科技园内企业总数量的75%以上（含75%）。

公共服务场地是指科技园提供给孵化企业共享的活动场所，包括公共餐厅、接待室、会议室、展示室、活动室、技术检测室和图书馆等非营利性配套服务场地。

四、本通知所称“孵化企业”应当同时符合以下条件：

（一）企业注册地及主要研发、办公场所在科技园的工作场地内。

（二）新注册企业或申请进入科技园前企业成立时间不超过3年。

（三）企业在科技园内孵化的时间不超过48个月。海外高层次创业人才或从事生物医药、集成电路设计等特殊领域的创业企业，孵化时间不超过60个月。

（四）符合《中小企业划型标准规定》所规定的小型、微型企业划型标准。

（五）单一在孵企业使用的孵化场地面积不超过1000平方米。从事航空航天、现代农业等特殊领域的单一在孵企业，不超过3000平方米。

（六）企业产品（服务）属于科学技术部、财政部、国家税务总局印发的《国家重点支持的高新技术领域》规定的范围。

五、本通知所称“孵化服务”是指为孵化企业提供的属于营业税“服务业”税目中“代理业”、“租赁业”和“其他服务业”中的咨询和技术服务范围内的服务，改征增值税后是指为孵化企业提供的“经纪代理”、“经营租赁”、“研发和技术”、“信息技术”和“鉴证咨询”等服务。

六、国务院科技和教育行政主管部门负责组织对科技园是否符合本通知规定的各项条件定期进行审核确认，并向纳税人出具证明材料，列明纳税人用于孵化的房产和土地的地址、范围、面积等具体信息，并发送给国务院税务主管部门。

纳税人持相应证明材料向主管税务机关备案，主管税务机关按照《税收减免管理办法》等有关规定，以及国务院科技和教育行政主管部门发布的符合本通知规定条件的科技园名单信息，办理税收减免。

小型微利企业

1.国家税务总局关于非居民企业不享受小型微利企业所得税优惠政策问题的通知

（2008年7月3日　国税函〔2008〕650号）

各省、自治区、直辖市和计划单列市国家税务局、地方税务局：

关于非居民企业是否享受企业所得税法规定的对小型微利企业的税收优惠政策问题，现明确如下：

企业所得税法第二十八条规定的小型微利企业是指企业的全部生产经营活动产生的所得均负有我国企业所得税纳税义务的企业。因此，仅就来源于我国所得负有我国纳税义务的非居民企业，不适用该条规定的对符合条件的小型微利企业减按20%税率征收企业所得税的政策。

2. 财政部　国家税务总局关于实施小微企业普惠性税收减免政策的通知

（2019 年 1 月 17 日　财税〔2019〕13 号）

各省、自治区、直辖市、计划单列市财政厅（局），新疆生产建设兵团财政局，国家税务总局各省、自治区、直辖市和计划单列市税务局：

为贯彻落实党中央、国务院决策部署，进一步支持小微企业发展，现就实施小微企业普惠性税收减免政策有关事项通知如下：

一、对月销售额 10 万元以下（含本数）的增值税小规模纳税人，免征增值税。

二、对小型微利企业年应纳税所得额不超过 100 万元的部分，减按 25% 计入应纳税所得额，按 20% 的税率缴纳企业所得税；对年应纳税所得额超过 100 万元但不超过 300 万元的部分，减按 50% 计入应纳税所得额，按 20% 的税率缴纳企业所得税。

上述小型微利企业是指从事国家非限制和禁止行业，且同时符合年度应纳税所得额不超过 300 万元、从业人数不超过 300 人、资产总额不超过 5000 万元等三个条件的企业。

从业人数，包括与企业建立劳动关系的职工人数和企业接受的劳务派遣用工人数。所称从业人数和资产总额指标，应按企业全年的季度平均值确定。具体计算公式如下：

$$季度平均值 = (季初值 + 季末值) \div 2$$

$$全年季度平均值 = 全年各季度平均值之和 \div 4$$

年度中间开业或者终止经营活动的，以其实际经营期作为一个纳税年度确定上述相关指标。

三、由省、自治区、直辖市人民政府根据本地区实际情况，以及宏观调控需要确定，对增值税小规模纳税人可以在 50% 的税额幅度内减征资源税、城市维护建设税、房产税、城镇土地使用税、印花税（不含证券交易印花税）、耕地占用税和教育费附加、地方教育附加。

四、增值税小规模纳税人已依法享受资源税、城市维护建设税、房产税、城镇土地使用税、印花税、耕地占用税、教育费附加、地方教育附加其他优惠政策的，可叠加享受本通知第三条规定的优惠政策。

五、《财政部　税务总局关于创业投资企业和天使投资个人有关税收政策的通知》（财税〔2018〕55 号）第二条第（一）项关于初创科技型企业条件中的“从业人数不超过 200 人”调整为“从业人数不超过 300 人”，“资产总额和年销售收入均不超过 3000 万元”调整为“资产总额和年销售收入均不超过 5000 万元”。

2019 年 1 月 1 日至 2021 年 12 月 31 日期间发生的投资，投资满 2 年且符合本通知规定和财税〔2018〕55 号文件规定的其他条件的，可以适用财税〔2018〕55 号文件规定的税收政策。

2019 年 1 月 1 日前 2 年内发生的投资，自 2019 年 1 月 1 日起投资满 2 年且符合本通知规定和财税〔2018〕55 号文件规定的其他条件的，可以适用财税〔2018〕55 号文件规定的税收政策。

六、本通知执行期限为 2019 年 1 月 1 日至 2021 年 12 月 31 日。《财政部　税务总局关于延续小微企业增值税政策的通知》（财税〔2017〕76 号）、《财政部　税务总局关于进一步扩大小型微利企业所得税优惠政策范围的通知》（财税〔2018〕77 号）同时废止。

七、各级财税部门要切实提高政治站位，深入贯彻落实党中央、国务院减税降费的决策部署，充分认识小微企业普惠性税收减免的重要意义，切实承担起抓落实的主体责任，将其作为一项重大任务，加强组织领导，精心筹划部署，不折不扣落实到位。要加大力度、创新方式，强化宣传辅导，优化纳税服务，增进办税便利，确保纳税人和缴费人实打实享受到减税降费的政策红利。要密切跟踪政策执行情况，加强调查研究，对政策执行中各方反映的突出问题和意见建议，要及时向财政部和税务总局反馈。

3. 国家税务总局关于实施小型微利企业普惠性所得税减免政策有关问题的公告

(2019 年 1 月 18 日　国家税务总局公告 2019 年第 2 号)

根据《中华人民共和国企业所得税法》及其实施条例、《财政部　税务总局关于实施小微企业普惠性税收减免政策的通知》(财税〔2019〕13 号,以下简称《通知》)等规定,现就小型微利企业普惠性所得税减免政策有关问题公告如下:

一、自 2019 年 1 月 1 日至 2021 年 12 月 31 日,对小型微利企业年应纳税所得额不超过 100 万元的部分,减按 25% 计入应纳税所得额,按 20% 的税率缴纳企业所得税;对年应纳税所得额超过 100 万元但不超过 300 万元的部分,减按 50% 计入应纳税所得额,按 20% 的税率缴纳企业所得税。

小型微利企业无论按查账征收方式或核定征收方式缴纳企业所得税,均可享受上述优惠政策。

二、本公告所称小型微利企业是指从事国家非限制和禁止行业,且同时符合年度应纳税所得额不超过 300 万元、从业人数不超过 300 人、资产总额不超过 5000 万元等三个条件的企业。

三、小型微利企业所得税统一实行按季度预缴。

预缴企业所得税时,小型微利企业的资产总额、从业人数、年度应纳税所得额指标,暂按当年度截至本期申报所属期末的情况进行判断。其中,资产总额、从业人数指标比照《通知》第二条中"全年季度平均值"的计算公式,计算截至本期申报所属期末的季度平均值;年度应纳税所得额指标暂按截至本期申报所属期末不超过 300 万元的标准判断。

四、原不符合小型微利企业条件的企业,在年度中间预缴企业所得税时,按本公告第三条规定判断符合小型微利企业条件的,应按照截至本期申报所属期末累计情况计算享受小型微利企业所得税减免政策。当年度此前期间因不符合小型微利企业条件而多预缴的企业所得税税款,可在以后季度应预缴的企业所得税税款中抵减。

按月度预缴企业所得税的企业,在当年度 4 月、7 月、10 月预缴申报时,如果按照本公告第三条规定判断符合小型微利企业条件的,下一个预缴申报期起调整为按季度预缴申报,一经调整,当年度内不再变更。

五、小型微利企业在预缴和汇算清缴企业所得税时,通过填写纳税申报表相关内容,即可享受小型微利企业所得税减免政策。

六、实行核定应纳所得税额征收的企业,根据小型微利企业所得税减免政策规定需要调减定额的,由主管税务机关按照程序调整,并及时将调整情况告知企业。

七、企业预缴企业所得税时已享受小型微利企业所得税减免政策,汇算清缴企业所得税时不符合《通知》第二条规定的,应当按照规定补缴企业所得税税款。

八、《国家税务总局关于贯彻落实进一步扩大小型微利企业所得税优惠政策范围有关征管问题的公告》(国家税务总局公告 2018 年第 40 号)在 2018 年度企业所得税汇算清缴结束后废止。

特此公告。

抗震救灾

财政部　国家税务总局关于认真落实抗震救灾及灾后重建税收政策问题的通知

（2008 年 5 月 19 日　财税〔2008〕62 号）

各省、自治区、直辖市、计划单列市财政厅（局）、国家税务局、地方税务局：

随着抗震救灾工作的不断深入，灾后重建工作也将陆续展开。为贯彻落实好党中央、国务院关于抗震救灾工作的重要指示精神，积极支持受灾地区做好抗震救灾及灾后重建工作，现就有关税收政策问题通知如下：

各级财政税务机关要将支持抗震救灾和灾后重建工作作为当前一项十分紧迫的重要任务，采取有效措施，认真贯彻落实好现行税收法律、法规中可以适用于抗震救灾及灾后重建的有关税收优惠政策。主要包括：

一、企业所得税

（一）企业实际发生的因地震灾害造成的财产损失，准予在计算应纳税所得额时扣除。

（二）企业发生的公益性捐赠支出，按企业所得税法及其实施条例的规定在计算应纳税所得额时扣除。

二、个人所得税

（一）因地震灾害造成重大损失的个人，可减征个人所得税。具体减征幅度和期限由受灾地区省、自治区、直辖市人民政府确定。

（二）对受灾地区个人取得的抚恤金、救济金，免征个人所得税。

（三）个人将其所得向地震灾区的捐赠，按照个人所得税法的有关规定从应纳税所得中扣除。

三、房产税

（一）经有关部门鉴定，对毁损不堪居住和使用的房屋和危险房屋，在停止使用后，可免征房产税。

（二）房屋大修停用在半年以上的，在大修期间免征房产税，免征税额由纳税人在申报缴纳房产税时自行计算扣除，并在申报表附表或备注栏中作相应说明。

四、契税

因地震灾害灭失住房而重新购买住房的，准予减征或者免征契税，具体的减免办法由受灾地区省级人民政府制定。

五、资源税

纳税人开采或者生产应税产品过程中，因地震灾害遭受重大损失的，由受灾地区省、自治区、直辖市人民政府决定减征或免征资源税。

六、城镇土地使用税

纳税人因地震灾害造成严重损失，缴纳确有困难的，可依法申请定期减免城镇土地使用税。

七、车船税

已完税的车船因地震灾害报废、灭失的，纳税人可申请退还自报废、灭失月份起至本年度终了期间的税款。

八、进出口税收

对外国政府、民间团体、企业、个人等向我国境内受灾地区捐赠的物资，包括食品、生活必需品、药品、抢救工具等，免征进口环节税收。

九、现行税收法律、法规中适用于抗震救灾及灾后重建的其他税收政策。

区域性优惠

1.财政部　海关总署　国家税务总局关于深入实施西部大开发战略有关税收政策问题的通知

（2011年7月27日　财税〔2011〕58号）

各省、自治区、直辖市、计划单列市财政厅（局）、国家税务局、地方税务局，新疆生产建设兵团财务局，海关总署广东分署、各直属海关：

为贯彻落实党中央、国务院关于深入实施西部大开发战略的精神，进一步支持西部大开发，现将有关税收政策问题通知如下：

一、对西部地区内资鼓励类产业、外商投资鼓励类产业及优势产业的项目在投资总额内进口的自用设备，在政策规定范围内免征关税。

二、自2011年1月1日至2020年12月31日，对设在西部地区的鼓励类产业企业减按15%的税率征收企业所得税。

上述鼓励类产业企业是指以《西部地区鼓励类产业目录》中规定的产业项目为主营业务，且其主营业务收入占企业收入总额70%以上的企业。《西部地区鼓励类产业目录》另行发布。

三、对西部地区2010年12月31日前新办的、根据《财政部　国家税务总局　海关总署关于西部大开发税收优惠政策问题的通知》（财税〔2001〕202号）第二条第三款规定可以享受企业所得税"两免三减半"优惠的交通、电力、水利、邮政、广播电视企业，其享受的企业所得税"两免三减半"优惠可以继续享受到期满为止。

四、本通知所称西部地区包括重庆市、四川省、贵州省、云南省、西藏自治区、陕西省、甘肃省、宁夏回族自治区、青海省、新疆维吾尔自治区、新疆生产建设兵团、内蒙古自治区和广西壮族自治区。湖南省湘西土家族苗族自治州、湖北省恩施土家族苗族自治州、吉林省延边朝鲜族自治州，可以比照西部地区的税收政策执行。

五、本通知自2011年1月1日起执行。《财政部　国家税务总局　海关总署关于西部大开发税收优惠政策问题的通知》（财税〔2001〕202号）、《国家税务总局关于落实西部大开发有关税收政策具体实施意见的通知》（国税发〔2002〕47号）、《财政部　国家税务总局关于西部大开发税收优惠政策适用目录变更问题的通知》（财税〔2006〕165号）、《财政部　国家税务总局关于将西部地区旅游景点和景区经营纳入西部大开发税收优惠政策范围的通知》（财税〔2007〕65号）自2011年1月1日起停止执行。

2.财政部　国家税务总局关于新疆困难地区新办企业所得税优惠政策的通知

（2011年6月17日　财税〔2011〕53号）

新疆维吾尔自治区财政厅、国家税务局、地方税务局，新疆生产建设兵团财务局：

为推进新疆跨越式发展和长治久安，根据中共中央、国务院关于支持新疆经济社会发展的指示精神，现就新疆困难地区有关企业所得税优惠政策通知如下：

一、2010年1月1日至2020年12月31日，对在新疆困难地区新办的属于《新疆困难地区重点鼓励发展产业企业所得税优惠目录》（以下简称《目录》）范围内的企业，自取得第一笔生产经营收入所属纳税年度起，第一年至第二年免征企业所得税，第三年至第五年减半征收企业所得税。

二、新疆困难地区包括南疆三地州、其他国家扶贫开发重点县和边境县市。

三、属于《目录》范围内的企业是指以《目录》中规定的产业项目为主营业务，其主营业务收入占企业收入总额70%以上的企业。

四、第一笔生产经营收入，是指新疆困难地区重点鼓励发展产业项目已建成并投入运营后所取得的第一笔收入。

五、按照本通知规定享受企业所得税定期减免税政策的企业，在减半期内，按照企业所得税25%的法定税率计算的应纳税额减半征税。

六、财政部、国家税务总局会同有关部门研究制订《目录》，经国务院批准后公布实施，并根据新疆经济社会发展需要及企业所得税优惠政策实施情况适时调整。

七、对难以界定是否属于《目录》范围的项目，税务机关应当要求企业提供省级以上（含省级）有关行业主管部门出具的证明文件，并结合其他相关材料进行认定。

3. 国家税务总局关于深入实施西部大开发战略有关企业所得税问题的公告

（2012年4月6日　国家税务总局公告2012年第12号）

根据《中华人民共和国企业所得税法》（以下简称《企业所得税法》）及其实施条例和《财政部　国家税务总局　海关总署关于深入实施西部大开发战略有关税收政策问题的通知》（财税〔2011〕58号）的规定，现将深入实施西部大开发战略有关企业所得税问题公告如下：

一、自2011年1月1日至2020年12月31日，对设在西部地区以《西部地区鼓励类产业目录》中规定的产业项目为主营业务，且其当年度主营业务收入占企业收入总额70%以上的企业，经企业申请，主管税务机关审核确认后，可减按15%税率缴纳企业所得税。

【注】根据《国家税务总局关于公布全文失效废止和部分条款废止的税收规范性文件目录的公告》（国家税务总局公告2016第34号），本条款自2016年5月29日起失效。

上述所称收入总额，是指《企业所得税法》第六条规定的收入总额。

二、企业应当在年度汇算清缴前向主管税务机关提出书面申请并附送相关资料。第一年须报主管税务机关审核确认，第二年及以后年度实行备案管理。各省、自治区、直辖市和计划单列市税务机关可结合本地实际制定具体审核、备案管理办法，并报国家税务总局（所得税司）备案。

凡对企业主营业务是否属于《西部地区鼓励类产业目录》难以界定的，税务机关应要求企业提供省级（含副省级）政府有关行政主管部门或其授权的下一级行政主管部门出具的证明文件。

企业主营业务属于《西部地区鼓励类产业目录》范围的，经主管税务机关确认，可按照15%税率预缴企业所得税。年度汇算清缴时，其当年度主营业务收入占企业总收入的比例达不到规定标准的，应按税法规定的税率计算申报并进行汇算清缴。

三、在《西部地区鼓励类产业目录》公布前，企业符合《产业结构调整指导目录（2005年版）》、《产业结构调整指导目录（2011年版）》、《外商投资产业指导目录（2007年修订）》和《中西部地区优势产业目录（2008年修订）》范围的，经税务机关确认后，其企业所得税可按照15%税率缴纳。《西部地区鼓励类产业目录》公布后，已按15%税率进行企业所得税汇算清缴的企业，若不符合本公告第一条规定的条件，可在履行相关程序后,按税法规定的适用税率重新计算申报。

【注】根据《关于执行〈西部地区鼓励类产业目录〉有关企业所得税问题的公告》(国家税务总局公告2015年第14号)的规定,本条自2014年10月1日起停止执行。

四、2010年12月31日前新办的交通、电力、水利、邮政、广播电视企业,凡已经按照《国家税务总局关于落实西部大开发有关税收政策具体实施意见的通知》(国税发〔2002〕47号)第二条第二款规定,取得税务机关审核批准的,其享受的企业所得税"两免三减半"优惠可以继续享受到期满为止;凡符合享受原西部大开发税收优惠规定条件,但由于尚未取得收入或尚未进入获利年度等原因,2010年12月31日前尚未按照国税发〔2002〕47号第二条规定完成税务机关审核确认手续的,可按照本公告的规定,履行相关手续后享受原税收优惠。

五、根据《财政部　国家税务总局关于执行企业所得税优惠政策若干问题的通知》(财税〔2009〕69号)第一条及第二条的规定,企业既符合西部大开发15%优惠税率条件,又符合《企业所得税法》及其实施条例和国务院规定的各项税收优惠条件的,可以同时享受。在涉及定期减免税的减半期内,可以按照企业适用税率计算的应纳税额减半征税。

六、在优惠地区内外分别设有机构的企业享受西部大开发优惠税率问题

(一)总机构设在西部大开发税收优惠地区的企业,仅就设在优惠地区的总机构和分支机构(不含优惠地区外设立的二级分支机构在优惠地区内设立的三级以下分支机构)的所得确定适用15%优惠税率。在确定该企业是否符合优惠条件时,以该企业设在优惠地区的总机构和分支机构的主营业务是否符合《西部地区鼓励类产业目录》及其主营业务收入占其收入总额的比重加以确定,不考虑该企业设在优惠地区以外分支机构的因素。该企业应纳所得税额的计算和所得税缴纳,按照《国家税务总局关于印发〈跨地区经营汇总纳税企业所得税征收管理暂行办法〉的通知》(国税发〔2008〕28号)第十六条和《国家税务总局关于跨地区经营汇总纳税企业所得税征收管理若干问题的通知》(国税函〔2009〕221号)第二条的规定执行。有关审核、备案手续向总机构主管税务机关申请办理。

(二)总机构设在西部大开发税收优惠地区外的企业,其在优惠地区内设立的分支机构(不含仅在优惠地区内设立的三级以下分支机构),仅就该分支机构所得确定适用15%优惠税率。在确定该分支机构是否符合优惠条件时,仅以该分支机构的主营业务是否符合《西部地区鼓励类产业目录》及其主营业务收入占其收入总额的比重加以确定。该企业应纳所得税额的计算和所得税缴纳,按照国税发〔2008〕28号第十六条和国税函〔2009〕221号第二条的规定执行。有关审核、备案手续向分支机构主管税务机关申请办理,分支机构主管税务机关需将该分支机构享受西部大开发税收优惠情况及时函告总机构所在地主管税务机关。

七、本公告自2011年1月1日起施行。

特此公告。

4.财政部　海关总署　国家税务总局关于赣州市执行西部大开发税收政策问题的通知

(2013年1月10日　财税〔2013〕4号)

江西省财政厅、国家税务局、地方税务局,海关总署广东分署、各直属海关:

为贯彻落实《国务院关于支持赣南等原中央苏区振兴发展的若干意见》(国发〔2012〕21号)关于赣州市执行西部大开发政策的规定,现将赣州市执行西部大开发税收政策问题通知如下:

一、对赣州市内资鼓励类产业、外商投资鼓励类产业及优势产业的项目在投资总额内进口的自用设备,在政策规定范围内免征关税。

二、自2012年1月1日至2020年12月31日,对设在赣州市的鼓励类产业的内资企业和外商投资企业

减按15%的税率征收企业所得税。

鼓励类产业的内资企业是指以《产业结构调整指导目录》中规定的鼓励类产业项目为主营业务，且其主营业务收入占企业收入总额70%以上的企业。

鼓励类产业的外商投资企业是指以《外商投资产业指导目录》中规定的鼓励类项目和《中西部地区外商投资优势产业目录》中规定的江西省产业项目为主营业务，且其主营业务收入占企业收入总额70%以上的企业。

三、本通知自2012年1月1日起执行。

5.财政部　国家税务总局关于广东横琴新区福建平潭综合实验区深圳前海深港现代化服务业合作区企业所得税优惠政策及优惠目录的通知

（2014年3月25日　财税〔2014〕26号）

广东省、福建省、深圳市财政厅（委）、国家税务局、地方税务局：

根据国务院有关批复精神，现将广东横琴新区、福建平潭综合实验区和深圳前海深港现代服务业合作区企业所得税优惠目录予以公布，并就有关企业所得税政策通知如下：

一、对设在横琴新区、平潭综合实验区和前海深港现代服务，业合作区的鼓励类产业企业减按15%的税率征收企业所得税。上述鼓励类产业企业是指以所在区域《企业所得税优惠目录》（见附件）中规定的产业项目为主营业务，且其主营业务收入占企业收入总额70%以上的企业。上述所称收入总额，是指《中华人民共和国企业所得税法》第六条规定的收入总额。

二、企业在优惠区域内、外分别设有机构的，仅就其设在优惠区域内的机构的所得确定适用15%的企业所得税优惠税率。在确定区域内机构是否符合优惠条件时，根据设在优惠区域内机构本身的有关指标是否符合本通知第一条规定的条件加以确定，不考虑设在优惠区域外机构的因素。

三、企业既符合本通知规定的减按15%税率征收企业所得税优惠条件，又符合《中华人民共和国企业所得税法》及其实施条例和国务院规定的其他各项税收优惠条件的，可以同时享受；其中符合其他税率优惠条件的，可以选择最优惠的税率执行；涉及定期减免税的减半优惠的，应按照25%的法定税率计算的应纳税额减半征收企业所得税。

四、本通知第一条所称横琴新区，是指国务院2009年8月批复的《横琴总体发展规划》规划的横琴岛范围；所称平潭综合实验区，是指国务院2011年11月批复的《平潭综合实验区总体发展规划》规划的平潭综合实验区范围；所称前海深港现代服务业合作区，是指国务院2010年8月批复的《前海深港现代服务业合作区总体发展规划》规划的前海深港现代服务业合作区范围。

五、税务机关对企业主营业务是否属于《企业所得税优惠目录》难以界定的，可要求企业提供省级（含副省级）政府有关行政主管部门或其授权的下一级行政主管部门出具的证明文件。

六、本通知自2014年1月1日起至2020年12月31日止执行。

附件：1.横琴新区企业所得税优惠目录（略）

2.平潭综合实验区企业所得税优惠目录（略）

3.前海深港现代服务业合作区企业所得税优惠目录（略）

6. 国家税务总局关于执行《西部地区鼓励类产业目录》有关企业所得税问题的公告

(2015 年 3 月 10 日　国家税务总局公告 2015 年第 14 号)

为深入实施西部大开发战略,促进西部地区产业结构调整和特色优势产业发展,经国务院批准,发展改革委发布了《西部地区鼓励类产业目录》(中华人民共和国国家发展和改革委员会令第 15 号),自 2014 年 10 月 1 日起施行。现就执行《西部地区鼓励类产业目录》有关企业所得税问题,公告如下:

一、对设在西部地区以《西部地区鼓励类产业目录》中新增鼓励类产业项目为主营业务,且其当年度主营业务收入占企业收入总额 70% 以上的企业,自 2014 年 10 月 1 日起,可减按 15% 税率缴纳企业所得税。

二、已按照《国家税务总局关于深入实施西部大开发战略有关企业所得税问题的公告》(国家税务总局公告 2012 年第 12 号)第三条规定享受企业所得税优惠政策的企业,其主营业务如不再属于《西部地区鼓励类产业目录》中国家鼓励类产业项目的,自 2014 年 10 月 1 日起,停止执行减按 15% 税率缴纳企业所得税。

三、凡对企业主营业务是否属于《西部地区鼓励类产业目录》中国家鼓励类产业项目难以界定的,税务机关可以要求企业提供省级(含副省级)发展改革部门或其授权部门出具的证明文件。证明文件需明确列示主营业务的具体项目及符合《西部地区鼓励类产业目录》中的对应条款项目。

四、本公告自 2014 年 10 月 1 日起施行,《国家税务总局关于深入实施西部大开发战略有关企业所得税问题的公告》(国家税务总局公告 2012 年第 12 号)第三条中有关重新计算申报的规定停止执行。

特此公告。

7. 财政部　国家税务总局　国家发展改革委员会　工业和信息化部关于完善新疆困难地区重点鼓励发展产业企业所得税优惠目录的通知

(2016 年 9 月 2 日　财税〔2016〕85 号)

自 2016 年 1 月 1 日起,"对新疆困难地区及新疆喀什、霍尔果斯两个特殊经济开发区新办企业所得税优惠政策的适用目录进行适当调整,统一按照《新疆困难地区重点鼓励发展产业企业所得税优惠目录(试行(2016 版本))》执行"。

附:

新疆困难地区重点鼓励发展产业企业所得税优惠目录(试行)2016 年版

一、农林业

1. 中低产田综合治理与稳产高产基本农田建设。
2. 农产品基地建设。
3. 蔬菜、瓜果、花卉设施栽培(含无土栽培)先进技术开发与应用。
4. 优质、高产、高效标准化栽培技术开发与应用。
5. 畜禽标准化规模养殖技术开发与应用。

6. 重大病虫害及动物疫病防治。

7. 农作物、家畜、家禽及水生动植物、野生动植物遗传工程及基因库建设。

8. 动植物（含野生）优良品种选育、繁育、保种和开发；生物育种；种子生产、加工、贮藏及鉴定。

9. 种（苗）脱毒技术开发与应用。

10. 旱作节水农业、保护性耕作、生态农业建设、耕地质量建设及新开耕地快速培肥技术开发与应用。

11. 生态种（养）技术开发与应用。

12. 农用薄膜无污染降解技术及农田土壤重金属降解技术开发与应用。

13. 绿色无公害饲料及添加剂开发。

14. 内陆流域性大湖资源增殖保护工程。

15. 牛羊胚胎（体内）及精液工厂化生产。

16. 农业生物技术开发与应用。

17. 耕地保养管理与土、肥、水速测技术开发与应用。

18. 农、林作物和渔业种质资源保护地、保护区建设；动植物种质资源收集、保存、鉴定、开发与应用。

19. 农作物秸秆还田与综合利用（青贮饲料，秸秆氨化养牛、还田，秸秆沼气及热解、气化，培育食用菌，固化成型燃料，秸秆人造板，秸秆纤维素燃料乙醇、非粮饲料资源开发利用等）。

20. 农村可再生资源综合利用开发工程（沼气工程、“三沼”综合利用、沼气灌装提纯等）。

21. 食（药）用菌菌种培育。

22. 草原、森林灾害综合治理工程。

23. 利用非耕地的退耕（牧）还林（草）及天然草原植被恢复工程。

24. 动物疫病新型诊断试剂、疫苗及低毒低残留兽药（含兽用生物制品）新工艺、新技术开发与应用。

25. 优质高产牧草人工种植与加工。

26. 无公害农产品及其产地环境的有害元素监测技术开发与应用。

27. 有机废弃物无害化处理及有机肥料产业化技术开发与应用。

28. 农牧渔产品无公害、绿色生产技术开发与应用。

29. 农林牧渔产品储运、保鲜、加工与综合利用。

30. 天然林等自然资源保护工程。

31. 碳汇林建设、植树种草工程及林木种苗工程。

32. 水土流失综合治理技术开发与应用。

33. 生态系统恢复与重建工程。

34. 海洋、森林、野生动植物、湿地、荒漠、草原等自然保护区建设及生态示范工程。

35. 防护林工程。

36. 固沙、保水、改土新材料生产。

37. 抗盐与耐旱植物培植。

38. 速生丰产林工程、工业原料林工程、珍贵树种培育及名特优新经济林建设。

39. 森林抚育、低产林改造工程。

40. 野生经济林树种保护、改良及开发利用。

41. 珍稀濒危野生动植物保护工程。

42. 林业基因资源保护工程。

43. 次小薪材、沙生灌木及三剩物深加工与产品开发。

44. 野生动植物培植、驯养繁育基地及疫源疫病监测预警体系建设。

45. 道地中药材及优质、丰产、濒危戒紧缺动植物药材的种植（养殖）。

46. 香料、野生花卉等林下资源人工培育与开发。

47. 木基复合材料及结构用人造板技术开发。

48. 木质复合材料、竹质工程材料生产及综合利用。

49. 松脂林建设、林产化学品深加工。

50. 数字(信息)农业技术开发与应用。

51. 农业环境与治理保护技术开发与应用。

52. 生态清洁型小流域建设及面源污染防治。

53. 农田主要机耕道(桥)建设。

54. 生物质能源林定向培育与产业化。

55. 粮油干燥节能设备、农户绿色储粮生物技术、驱鼠技术、农户新型储粮仓(彩钢板组合仓、钢骨架矩形仓、钢网式干燥仓、热浸镀锂钢板仓等)推广应用。

56. 农作物、林木害虫密度自动监测技术开发与应用。

57. 森林、草原火灾自动监测报警技术开发与应用。

58. 气象卫星工程(卫星研制、生产及配套软件系统、地面接收处理设备等)和气象信息服务。

59. 荒漠化和沙化监测体系及能力建设。

60. 盐渍羊肠衣及制品开发与生产。

61. 防沙治沙工程。

62. 退耕还林还草、天然林保护等国家重点生态工程后续产业开发。

63. 优质番茄、特色香梨、葡萄、甜瓜、红枣、核桃和枸杞的种植及深加工。

64. 优质酿酒葡萄基地。

65. 天然香料的种植、加工。

66. 甜菜糖加工及副产品综合利用。

67. 互麻种植及其制品生产。

68. 高档棉毛产品升级改造。

69. 丝绸产品深加工。

70. 畜禽骨深加工新技术。

二、水利

1. 江河堤防建设及河道、水库治理工程。

2. 跨流域调水工程。

3. 城乡供水水源工程。

4. 农村饮水安全工程。

5. 蓄滞洪区建设。

6. 病险水库、水闸除险加固工程。

7. 城市积涝预警和防洪工程。

8. 综合利用水利枢纽工程。

9. 牧区水利工程。

10. 灌区改造及配套设施建设。

11. 防洪抗旱应急设施建设。

12. 高效输配水、节水灌溉技术推广应用。

13. 水文应急测报、旱情监测基础设施建设。

14. 灌溉排水泵站更新改造工程。

15. 农田水利设施建设工程(灌排渠道、涵闸、泵站建设等)。

16. 防汛抗旱新技术新产品开发与应用。

17. 山洪地质灾害防治工程(山洪地质灾害防治区监测预报预警体系建设及山洪沟、泥石流沟和滑坡治理等)。

18. 水生态系统及地下水保护与修复工程。

19. 水源地保护工程(水源地保护区划分、隔离防护、水土保持、水资源保护、水生态环境修复及有关技术开发推广）。

20. 水文站网基础设施建设及其仪器设备开发与应用。

三、煤炭

1. 煤田地质及地球物理勘探。

2. 120 万吨/年及以上高产高效煤矿（含矿云、露天）、高效选煤厂建设。

3. 矿云灾害（瓦斯、煤尘、矿云水、火、围岩、地温、冲击地压等）防治。

4. 型煤及水煤浆技术开发与应用。

5. 煤炭共伴生资源加工与综合利用。

6. 煤层气勘探、开发、利用和煤矿瓦斯抽采、利用。

7. 煤矸石、煤泥、洗中煤等低热值燃料综合利用。

8. 管道输煤。

9. 煤炭高效洗选脱硫技术开发与应用。

10. 选煤工程技术开发与应用。

11. 地面沉陷区治理、矿云水资源保护与利用。

12. 煤电一体化建设。

13. 提高资源回收率的采煤方法、工艺开发与应用。

14. 矿云采空区矸石回填技术开发与应用。

15. 云下救援技术及特种装备开发与应用。

16. 煤炭生产过程综合监控技术、装备开发与应用。

17. 大型煤炭储运中心、煤炭交易市场建设。

18. 新型矿工避险自救器材开发与应用。

19. 建筑物下、铁路等基础设施下、水体下采用煤矸石等物质充填采煤技术开发与应用。

20. 煤炭加工应用技术开发和产品生产。

四、电力

1. 水力发电。

2. 缺水地区单机 60 万千瓦及以上大型空冷机组电站建设。

3. 重要用电负荷中心且天然气充足地区天然气调峰发电项目。

4. 30 万千瓦及以上循环流化床、增压流化床、整体煤气化联合循环发电等洁净煤发电。

5. 单机 30 万千瓦及以上采用流化床锅炉并利用煤矸石、中煤、煤泥等发电。

6. 在役发电机组脱硫、脱硝改造。

7. 跨区电网亏联工程技术开发与应用。

8. 输变电节能、环保技术推广应用。

9. 降低输、变、配电损耗技术开发与应用。

10. 分布式供电及并网技术推广应用。

11. 燃煤发电机组脱硫、脱硝及复合污染物治理。

12. 火力发电脱硝催化剂开发生产。

13. 水力发电中低温水恢复措施工程、过鱼措施工程技术开发与应用。

14. 大容量电能储存技术开发与应用。

15. 电动汽车充电设施。

16. 乏风瓦斯发电技术及开发利用。

17. 利用余热余压、煤层气、高炉气、焦炉气、垃圾发电。

18. 采用单机 30 万千瓦及以上集中供热机组的热电联产，背压式热电联产，以及热、电、冷多联产。

19. 南疆喀什、和田应急燃机电站。

五、新能源

1. 生物质纤维素乙醇、生物柴油等非粮生物质燃料生产技术开发与应用。

2. 太阳能热发电集热系统、太阳能光伏发电系统集成技术开发应用、逆变控制系统开发制造。

3. 风电与光伏发电亏补系统技术开发与应用。

4. 太阳能建筑一体化组件设计与制造。

5. 高效太阳能热水器及热水工程,太阳能中高温利用技术开发与设备制造。

6. 生物质直燃、气化发电技术开发与设备制造。

7. 农林生物质资源收集、运输、储存技术开发与设备制造;农林生物质成型燃料加工设备、锅炉和炉具制造。

8. 以畜禽养殖废弃物、城市填埋垃圾、工业有机废水等为原料的大型沼气生产成套设备。

9. 沼气发电机组、沼气净化设备、沼气管道供气、装罐成套设备制造。

六、石油、天然气

1. 油气伴生资源综合利用。

2. 放空天然气回收利用及装置制造。

七、钢铁

1. 黑色金属矿山接替资源勘探及关键勘探技术开发。

2. 高性能、高质量及升级换代钢材产品技术开发与应用。包括600兆帕级及以上高强度汽车板、油气输送高性能管线钢、高强度船舶用宽厚板、海洋工程用钢、420兆帕级及以上建筑和桥梁等结构用中厚板、高速重载铁路用钢、低铁损高磁感硅钢、耐腐蚀耐磨损钢材、节约合金资源不锈钢(现代铁素体不锈钢、双相不锈钢、含氮不锈钢)、高性能基础件(高性能齿轮、12.9级及以上螺栓、高强度弹簧、长寿命轰承等)用特殊钢棒线材、高品质特钢锻轧材(工模具钢、不锈钢、机械用钢等)等。

3. 焦炉、高炉、热风炉用长寿命节能环保耐火材料生产工艺;精炼钢用低碳、无碳耐火材料和高效连铸用功能环保性耐火材料生产工艺。

4. 生产过程在线质量检测技术应用。

5. 利用钢铁生产设备处理社会废弃物。

6. 烧结烟气脱硫、脱硝、脱二恶英等多功能干法脱除,以及副产物资源化、再利用化技术。

7. 难选贫矿、(共)伴生矿综合利用先进工艺技术。

8. 冶金固体废弃物(含冶金矿山废石、尾矿,钢铁厂产生的各类尘、泥、渣、铁皮等)综合利用先进工艺技术。

9. 冶金废液(含废水、废酸、废油等)循环利用工艺技术与设备。

10. 高炉、转炉煤气干法除尘。

11. 新一代钢铁可循环流程(在做好钢铁产业内部循环的基础上,发展钢铁与电力、化工、装备制造等相关产业间的横向、纵向物流和能流的循环流程)工艺技术开发与应用。

八、有色金属

1. 有色金属现有矿山接替资源勘探开发,紧缺资源的深部及难采矿床开发。

2. 高效、低耗、低污染、新型冶炼技术开发。

3. 高效、节能、低污染、规模化再生资源回收与综合利用:(1)废杂有色金属回收;(2)有价元素的综合利用;(3)赤泥及其他冶炼废渣综合利用;(4)高铝粉煤灰提取氧化铝。

4. 铝铜硅钨钼等大规格高纯靶材、超大规模集成电路铜镍硅和铜铬锆引线框架材料、电子焊料等开发与生产。

5. 抗压强度不低于500Mpa、导电率不低于80% IACS的铜合金精密带材和超长线材制品等高强铜合金、交通运输工具主承力结构用的新型高强、高韧、耐蚀铝合金材料及大尺寸制品开发与生产。

6. 铜、铅、锂、铝等有色金属精深加工。

九、黄金

1. 从尾矿及废石中回收黄金资源。

2. 黄金深部(1000 米以下)探矿与开采。

十、石化化工

1. 含硫含酸重质、劣质原油炼制技术,高标准油品生产技术开发与应用。

2. 高效、安全、环境友好的农药新品种、新剂型(水基化剂型等)、专用中间体、助剂(水基化助剂等)的开发与生产;甲叉法乙草胺、水相法毒死蜱工艺,草甘膦回收氯甲烷工艺、定向合成法手性和立体结构农药生产、乙基氯化物合成技术等清洁生产工艺的开发和应用,生物农药新产品、新技术的开发与生产。

3. 改性型、水基型胶粘剂和新型热熔胶,环保型吸水剂、水处理剂,分子筛固汞、无汞等新型高效、环保催化剂和助剂,安全型食品添加剂、饲料添加剂,纳米材料,功能性膜材料,超净高纯试剂、光刻胶、电子气、高性能液晶材料等新型精细化学品的开发与生产。

4. 聚合物改性沥青开发与生产。

5. 硫、钾、硼、锂等短缺化工矿产资源开发及综合利用,以及精细无机盐产品生产。

6. 优质钾肥及各种专用肥、缓控释肥的生产,钾肥生产剩余物的综合开发利用,氮肥企业节能减排和原料结构调整,磷石膏综合利用技术开发与应用。

7. 水性木器、工业、船舶涂料、高固体分、无溶剂、辐射固化、功能性外墙保温涂料等环境友好、资源节约型涂料生产。

8. 采用离子膜法烧碱生产技术、烧碱用盐水膜法脱硝、纯碱行业干法蒸馏、联碱不冷碳化等清洁生产技术对现有装置进行改造和回收锅炉烟道气 CO_2 生产纯碱。

9. 盐化工下游产品生产及开发(列入《产业结构调整指导目录》、《外商投资产业指导目录》限制类、禁止类的除外)。

十一、建材

1. 一次冲洗用水量 6 升及以下的坐便器、蹲便器、节水型小便器及节水控制设备开发与生产。

2. 使用合成矿物纤维、芳纶纤维等作为增强材料的无石棉摩擦、密封材料新工艺、新产品开发与生产。

3. 废矿石、尾矿和建筑废弃物的综合利用。

4. 农用田间建设材料技术开发与生产。

5. 利用工业副产石膏生产新型墙体材料及技术装备开发与制造。

6. 2000 吨/日及以上新型干法水泥和利用 2000 吨/日及以上新型干法水泥窑炉处置工业废弃物、城市污泥和生活垃圾的生产,纯低温余热发电;粉磨系统等节能改造。

7. 3 万吨/年及以上无碱玻璃纤维池窑拉丝技术和高性能玻璃纤维及制品技术开发与生产。

8. 优质节能复合门窗及五金配件生产。

9. 20 万立方米/年以上大型石材荒料、30 万平方米/年以上超薄复合石材生产。

10. 年产 100 万平方米及以上建筑陶瓷砖生产线。

11. 3000 万标砖/年及以上的煤矸石、页岩等非粘土烧结构多孔砖和空心砖生产线。

12. 年产 500 万平方米及以上改性沥青类防水卷材生产线。

13. 新型墙体材料开发与生产。

14. 蛭石、云母、石棉、菱镁矿、石墨、石灰石、红柱石、石材等非金属矿产的综合利用(勘查、开发除外)。

15. 特殊品种(超白、超薄、在线 Low-E)优质浮法玻璃技术开发及深加工。

16. 新型墙体和屋面材料、绝热隔音材料、建筑防水和密封等材料的开发与生产。

17. 应急安置房屋开发与生产。

18. 150 万平方米/年及以上、厚度小于 6 毫米的陶瓷板生产线和工艺装备技术开发与应用。

19. 风积沙在建材生产与开发中的研发与应用。

十二、医药

1. 拥有自主知识产权的新药开发和生产,天然药物开发和生产,新型计划生育药物(包括第三代孕激素的避孕药)开发和生产,满足我国重大、多发性疾病防治需求的通用名药物首次开发和生产,药物新剂型、新辅料的开发和生产,药物生产过程中的膜分离、超临界萃取、新型结晶、手性合成、酶促合成、生物转化、自控等技术开发与应用,原料药生产节能降耗减排技术、新型药物制剂技术开发与应用。

2. 新型药用包装材料及其技术开发和生产(一级耐水药用玻璃,可降解材料,具有避光、高阻隔性、高透过性的功能性材料,新型给药方式的包装;药包材无苯油墨印刷工艺等)。

3. 濒危稀缺药用动植物人工繁育技术及代用品开发和生产,先进农业技术在中药材规范化种植、养殖中的应用,中药有效成份的提取、纯化、质量控制新技术开发和应用,中药现代剂型的工艺技术、生产过程控制技术和装备的开发与应用,中药饮片创新技术开发和应用,中成药二次开发和生产。

4. 民族药物开发和生产。

5. 基本药物质量和生产技术水平提升及降低成本。

6. 以牛羊内脏为原料的生物制药产品的开发利用。

7. 现代生物技术药物、重大传染病防治疫苗和药物、新型诊断试剂的开发和生产。

十三、机械

1. 土壤修复技术装备制造。

2. 适合新疆煤炭蕴藏特点的煤矿采掘设备制造。

3. 农业、林果业、畜牧业机械制造。

4. 安全饮水设备制造。

5. 牧草收获机械:自走式牧草收割机、指盘式牧草搂草机、牧草捡拾压捆机等。

6. 节水灌溉设备:各种大中型喷灌机、各种类型微滴灌设备等;抗洪排涝设备(排水量1500立方米/小时以上,扬程5~20米,功率1500千瓦以上,效率60%以上,可移动)。

7. 大型施工机械:30吨以上液压挖掘机、6米及以上全断面掘进机、320马力及以上履带推土机、6吨及以上装载机、600吨及以上架桥设备(含架桥机、运梁车、提梁机)、400吨及以上履带起重机、100吨及以上全地面起重机、钻孔100毫米以上凿岩台车、400千瓦及以上砼冷热再生设备、1米宽及以上铣刨机;关键零部件:动力换挡变速箱、湿式驱动桥、回转支承、液力变矩器、为电动叉车配套的电机、电控、压力25兆帕以上液压马达、泵、控制阀。

十四、轻工

1. 无元素氯(ECF)和全无氯(TCF)化学纸浆漂白工艺开发及应用。

2. 生物可降解塑料及其系列产品开发、生产与应用。

3. 农用塑料节水器材和长寿命(三年及以上)功能性农用薄膜的开发、生产。

4. 新型塑料建材(高气密性节能塑料窗、大口径排水排污管道、抗冲击改性聚氯乙烯管、地源热泵系统用聚乙烯管、非开挖用塑料管材、复合塑料管材、塑料检查云);防渗土工膜;塑木复合材料和分子量≥200万的超高分子量聚乙烯管材及板材生产。

5. 少数民族特需用品制造。

6. 制革及毛皮加工清洁生产、皮革后整饰新技术开发及关键设备制造、皮革废弃物综合利用;皮革铬鞣废液的循环利用,三价铬污泥综合利用;无灰膨胀(助)剂、无氨脱灰(助)剂、无盐浸酸(助)剂、高吸收铬鞣(助)剂、天然植物鞣剂、水性涂饰(助)剂等高档皮革用功能性化工产品开发、生产与应用。

7. 多效、节能、节水、环保型表面活性剂和浓缩型合成洗涤剂的开发与生产。

8. 节能环保型玻璃窑炉(含全电熔、电助熔、全氧燃烧技术)的设计、应用;废(碎)玻璃回收再利用。

9. 水性油墨、紫外先固化油墨、植物油油墨等节能环保型油墨生产。

10. 天然食品添加剂、天然香料新技术开发与生产。

11. 热带果汁、浆果果汁、谷物饮料、本草饮料、茶浓缩液、茶粉、植物蛋白饮料等高附加价值植物饮料的开发生产与加工原料基地建设;果渣、茶渣等的综合开发与利用。

12. 营养健康型大米、小麦粉(食品与用米、发芽糙米、留胚米、食品与用粉、全麦粉及营养强化产品等)及制品的开发生产;传统主食工业化生产;杂粮加工与用设备开发与生产。

13. 菜籽油生产线：采用膨化、负压蒸发、热能自平衡利用、低消耗蒸汽真空系统等技术，油菜籽主产区日处理油菜籽400吨及以上、吨料溶剂消耗1.5公斤以下（其中西部地区日处理油菜籽200吨及以上、吨料溶剂消耗2公斤）以下；花生油生产线：花生主产区日处理花生200吨及以上，吨料溶剂消耗2公斤以下；棉籽油生产线：棉籽产区日处理棉籽300吨及以上，吨料溶剂消耗2公斤以下；米糠油生产线：采用分散快速膨化，集中制油、精炼技术；玉米胚芽油生产线；油茶籽、核桃等木本油料和胡麻、芝麻、葵花籽等小品种油料加工生产线。

14. 发酵法工艺生产小品种氨基酸（赖氨酸、谷氨酸除外），新型酶制剂（糖化酶、淀粉酶除外）、多元醇、功能性发酵制品（功能性糖类、真菌多糖、功能性红曲、发酵法抗氧化和复合功能配料、活性肽、微生态制剂）等生产。

15. 薯类变性淀粉。

16. 畜禽骨、血及内脏等副产物综合利用与无害化处理。

17. 采用生物发酵技术生产优质低温肉制品。

18. 单条生产线年生产能力化学木浆年产30万吨及以上、化学机械木浆10万吨及以上、非木原料制浆5万吨及以上、箱纸板和白板纸10万吨及以上的造纸项目。

19. 高档营养配方乳粉、优质工业乳粉、奶酪、酪蛋白、奶油、炼乳、酸奶等固态、半固态乳制品生产。

20. 年产10万千升以上啤酒生产线。

21. 年产1万千升以上葡萄酒生产线。

22. 年产1000千升以上果酒生产线。

23. 民族乐器及其零件生产。

24. 手工地毯、玉雕、民族刺绣等民族特色手工艺品、工艺美术品和旅游纨念品生产。

25. 粮油加工副产物（稻壳、米糠、麸皮、胚芽、饼粕、秸秆等）综合利用关键技术开发应用。

26. 综合利用钾盐生产剩余物生产鲜皮处理剂。

27. 年产10万件及以上木制家具、5万件及以上金属家具、3万件及以上塑料家具、1万件及以上软体家具生产。

28. 年产3万吨以上玻璃瓶罐、玻璃包装容器生产线。

29. 金属包装容器、日用金属工具、日用金属制品、建筑及家具用金属配件、建筑装饰及水暖管道零件、建筑安全消防用金属制品生产。

30. 包装容器材料及日用玻璃制品生产。

31. 高效节能家电开发与生产。

32. 废旧铅酸蓄电池资源化无害化回收，年回收能力5万吨以上再生铅工艺装备系统制造。

十五、纺织

1. 符合生态、资源综合利用与环保要求的特种动物纤维、麻纤维、竹原纤维、桑柞茧丝、彩色棉花、彩色桑茧丝类天然纤维的加工技术与产品。

2. 采用紧密纺、低扭矩纺、赛络纺、嵌入式纺纱等高速、新型纺纱技术生产多品种纤维混纺纱线及采用自动络筒、细络联、集体络纱等自动化设备生产高品质纱线。

3. 采用编织、非织造布复合、多层在线复合、长效多功能整理等高新技术，生产满足国民经济各领域需求的产业用纺织品。

4. 高档地毯、抽纱、刺绣产品生产。

5. 5万锭以上棉纺织生产。

6. 大容量聚酯及涤纶纤维生产。

7. 差别化、功能性改性化学纤维生产。

8. 新型聚酯及纤维、再生资源纤维、生物质纤维开发、生产及应用。

9. 采用无梭织机、大圆机等先进织造设备生产高档机织、针织纺织品。

10. 节能环保型印染高档面料生产。

11. 采用信息化、自动化技术的服装生产。

12. 纺织行业三废高效治理以及废旧资源回收再利用技术的推广应用。

十六、建筑

1. 集中供热系统计量与调控技术、产品的研发与推广。

2. 商品混凝土、商品砂浆及其斲工技术开发。

3. 建筑隔震减震结构体系及产品研发与推广。

4. 移动式应急生活供水系统开发与应用。

十七、城市基础设施

1. 城市公共交通建设。

2. 城市道路及智能交通体系建设。

3. 城镇安全饮水工程。

4. 城镇地下管道共同沟建设。

5. 城镇供排水管网工程、供水水源及净水厂工程。

6. 城市燃气工程。

7. 城镇集中供热建设和改造工程。

8. 城镇园林绿化及生态小区建设。

9. 城市建设管理信息化技术应用。

10. 城市生态系统关键技术应用。

11. 城市节水技术开发与应用。

12. 城市照明智能化、绿色照明产品及系统技术开发与应用。

13. 再生水利用技术与工程。

14. 城市下水管线非开挖斲工技术开发与应用。

15. 城市供水、排水、燃气塑料管道应用工程。

十八、铁路

1. 铁路新线建设。

2. 既有铁路改扩建。

3. 客运与线、高速铁路系统技术开发与建设。

4. 铁路行车及客运、货运安全保障系统技术与装备,铁路列车运行控制与车辆控制系统、铁路运输信息系统开发建设。

5. 铁路运输信息系统开发与建设。

6. 7200 千瓦及以上交流传动电力机车、6000 马力及以上交流传动内燃机车、时速 200 公里以上动车组、海拔 3000 米以上高原机车、大型与用货车、机车车辆特种救援设备。

7. 干线轨道车辆交流牵引传动系统、制动系统及核心元器件(含 IGCT、IGBT 元器件)。

8. 时速 200 公里及以上铁路接触网、道岔、扣配件、牵引供电设备。

9. 电气化铁路牵引供电功率因数补偿技术应用。

10. 大型养路机械、铁路工程建设机械装备、线桥隧检测设备。

11. 行车调度指挥自动化技术开发。

12. 混凝土结构物修补和提高耐久性技术、材料开发。

13. 铁路旅客列车集便器及污物地面接收、处理工程。

14. 铁路 GSM-R 通信信号系统。

15. 铁路宽带通信系统开发与建设。

16. 数字铁路与智能运输开发建设。

17. 时速在 300 公里及以上高速铁路戒客运与线减震降噪技术应用。

18. 城际轨道交通建设。

十九、公路及道路运输（含城市客运）

1. 西部开发公路干线、国家高速公路网项目建设。
2. 国省干线改造升级。
3. 汽车客货运站、城市公交站。
4. 高速公路不停车收费系统相关技术开发与应用。
5. 公路智能运输、快速客货运输、公路甩挂运输系统开发与建设。
6. 公路管理服务、应急保障系统开发与建设。
7. 公路工程新材料开发生产。
8. 公路集装箱和厢式运输。
9. 特大跨径桥梁修筑和养护维修技术应用。
10. 长大隧道修筑和维护技术应用。
11. 农村客货运输网络开发与建设。
12. 农村公路建设。
13. 城际快速系统开发与建设。
14. 出租汽车服务调度信息系统开发与建设。
15. 高速公路车辆应急疏散通道建设。
16. 低噪音路面技术开发。
17. 高速公路快速修筑与维护技术和材料开发应用。
18. 城市公交。
19. 运营车辆安全监控记录系统开发应用。

二十、水运

1. 水上交通安全监管和救助系统建设。
2. 港口危险化学品、油品应急设施建设及设备制造。
3. 水上高速客运。
4. 水运行业信息系统建设。

二十一、航空运输

1. 机场建设。
2. 公共航空运输。
3. 通用航空。
4. 空中交通管制和通讯导航系统建设。
5. 航空计算机管理及其网络系统开发与建设。
6. 航空油料设施建设。
7. 小型航空器应急起降场地建设。

二十二、综合交通运输

1. 综合交通枢纽建设及改造。
2. 综合交通枢纽便捷换乘及行李捷运系统建设。
3. 综合交通枢纽运营管理信息系统建设及应用。
4. 综合交通枢纽诱导系统建设。
5. 综合交通枢纽一体化服务设施建设。
6. 综合交通枢纽防灾救灾及应急疏散系统。
7. 综合交通枢纽便捷货运换装系统建设。
8. 集装箱多式联运系统建设。

二十三、信息产业

1. 软件开发生产（含民族语言信息化标准研究与推广应用）。

2. 电子商务和电子政务系统开发及应用服务。

3. 数字音乐、手机媒体、动漫游戏等数字内容产品的开发系统。

4. 防伪技术开发与运用。

5. 卫星数字电视广播系统建设。

6. 通信“村村通”工程。

7. 信息安全产品开发生产。

8. 宽带光缆、宽带无线接入网络技术开发及通信管道和网络建设。

9. 物联网和下一代互联网技术产品开发与建设及应用平台建设和服务。

10. 应急通信、农村通信、行业和信息化通信设施建设、设备制造及网络改造、业务运营。

11. 增值电信业务开发与运营。

二十四、现代物流业

1. 粮食、棉花、食用油、食糖、化肥、石油等重要商品现代化物流设施建设。

2. 农产品物流配送(含冷链)设施建设,食品物流质量安全控制技术服务。

3. 药品物流配送(含冷链)技术应用和设施建设,药品物流质量安全控制技术服务。

4. 出版物等文化产品供应链管理技术服务。

5. 第三方物流服务设施建设。

6. 仓储和转运设施设备、运输工具、物流器具的标准化改造。

7. 自动识别和标识技术、电子数据交换技术、可视化技术、货物跟踪和快速分拣技术、移动物流信息服务技术、全球定位系统、地理信息系统、道路交通信息通讯系统、智能交通系统、物流信息系统安全技术及立体仓库技术的研发和应用。

8. 应急物流设施建设。

9. 物流公共信息平台建设。

10. 实现铁路与公路、民用航空与地面交通等多式联运物流节点设施建设与经营。

11. 空港、产业聚集区、商贸集散地的物流中心建设。

12. 口岸物流设施(物流仓库、堆场、装卸搬运工具、多式联运设施以及物流信息平台等)建设及经营。

13. 在岸、离岸的物流外包服务。

二十五、金融服务业

1. 信用担保服务体系建设。

2. 农村金融服务体系建设。

3. 农业保险、责任保险、信用保险。

4. 创业投资。

5. 人民币跨境结算、清算体系建设。

6. 服务三农、小型微利企业、个体工商户的小额贷款金融服务。

二十六、科技服务业

1. 工业设计、气象、生物、新材料、新能源、节能、环保、测绘、海洋等专业科技服务,商品质量认证和质量检测服务、科技普及。

2. 数字音乐、手机媒体、网络出版等数字内容服务,地理、国际贸易等领域信息资源开发服务。

3. 科技信息交流、文献信息检索、技术咨询、技术孵化、科技成果评估和科技鉴证等服务。

4. 知识产权代理、转让、登记、鉴定、检索、评估、认证、咨询和相关投融资服务。

5. 信息技术外包、业务流程外包、知识流程外包等技术先进型服务。

6. 国家级工程(技术)研究中心、国家级工程实验室、国家认定企业技术中心、重点实验室、高新技术创业服务中心、新产品开发设计中心、科研中心基地、实验基地建设。

二十七、商务服务业

1. 工程咨询服务(包括规划编制与咨询、投资机会研究、可行性研究、评估咨询、工程勘查设计、招标代理、工程和设备监理、工程项目管理等）。

2. 产权交易服务平台。

3. 广告创意、广告策划、广告设计、广告制作。

4. 就业和创业指导、网络招聘、培训、人员派遣、高级人才访聘、人员测评、人力资源管理咨询、人力资源服务外包等人力资源服务业。

5. 人力资源市场及配套服务设施建设。

6. 农村劳动力转移就业服务平台建设。

7. 会展服务(不含会展场馆建设)。

8. 经济、管理、信息、会计、税务、鉴证(含审计服务)、法律、节能、环保等咨询与服务。

二十八、商贸服务业

1. 现代化的农产品、生产资料市场流通设施建设。

2. 种子、种苗、种畜禽和鱼苗(种)、化肥、农药、农机具、农膜等农资连锁经营。

3. 面向农村的日用品、药品、出版物等生活用品连锁经营。

4. 农产品拍卖服务。

5. 商贸企业的统一配送和分销网络建设。

6. 利用信息技术改造提升传统商品交易市场。

7. 旧货市场建设。

8. 现代化二手车交易服务体系建设。

二十九、旅游业

1. 休闲、登山、滑雪、潜水、探险等各类户外活动用品开发与营销服务。

2. 乡村旅游、生态旅游、森林旅游、工业旅游、体育旅游、红色旅游、民族风情游及其他旅游资源综合开发服务。

3. 旅游基础设施建设及旅游信息服务。

4. 旅游商品、旅游纨念品开发及营销。

5. 旅游景区(点)保护、开发和经营及其配套设施建设。

三十、邮政业

1. 邮政储蓄网络建设。

2. 邮政综合业务网建设。

3. 邮件处理自动化工程。

4. 邮政普遍服务基础设施台账、快递企业备案许可、邮(快)件时限监测、消费者申诉、满意度调查与公示、邮编及行业资费查询等公共服务和市场监管功能等邮政业公共服务信息平台建设。

5. 城乡快递营业网点、门店等快递服务网点建设。

6. 城市、区域内和区域间的快件分拣中心、转运中心、集散中心、处理枢纽等快递处理设施建设。

7. 快件跟踪查询、自动分拣、运递调度、快递客服呼叫中心等快递信息系统开发与应用。

8. 快件分拣处理、数据采集、集装容器等快递技术、装备开发与应用。

9. 邮件、快件运输与交通运输网络融合技术开发。

10. 国际速递服务。

三十一、教育、文化、卫生、体育服务业

1. 学前教育。

2. 特殊教育。

3. 职业教育。

4. 远程教育。

5. 文化创意设计服务。

6. 广播影视制作、发行、交易、播映、出版、衍生品开发。

7. 动漫创作、制作、传播、出版、衍生产品开发。
8. 移动多媒体广播电视、广播影视数字化、数字电影服务监管技术及应用。
9. 语言文字技术开发与应用。
10. 非物质文化遗产保护与开发。
11. 民族和民间艺术、传统工艺美术保护与发展。
12. 民族文化艺术精品的国际营销与推广。
13. 计划生育、优生优育、生殖健康咨询与服务。
14. 全科医疗服务。
15. 远程医疗服务。
16. 卫生咨询、健康管理、医疗知识等医疗信息服务。
17. 传染病、儿童、精神卫生专科医院和护理院(站)设施建设与服务。
18. 残疾人社会化、专业化康复服务和托养服务。
19. 体育竞赛表演、体育场馆设施建设及运营、大众体育健身休闲服务。
20. 中华老字号的保护与发展。
21. 演艺业。

三十二、其他服务业

1. 保障性住房建设与管理。
2. 老年人、未成年人活动场所。
3. 养老服务。
4. 社区照料服务。
5. 病患陪护服务。
6. 再生资源回收利用网络体系建设。
7. 基层就业和社会保障服务设施建设。
8. 农民工留守家属服务设施建设。
9. 工伤康复中心建设。

三十三、环境保护与资源节约综合利用

1. 矿山生态环境恢复工程。
2. 环境监测体系工程。
3. "三废"综合利用及治理工程。
4. "三废"处理用生物菌种和添加剂开发及生产。
5. 重复用水技术应用。
6. 高效、低能耗污水处理与再生技术开发。
7. 城镇垃圾及其他固体废弃物减量化、资源化、无害化处理和综合利用工程。
8. 废物填埋防渗技术与材料。
9. 新型水处理药剂开发与生产。
10. 节能、节水、节材环保及资源综合利用等技术开发、应用及设备制造。
11. 鼓励推广共生、伴生矿产资源中有价元素的分离及综合利用技术。
12. 低品位、复杂、难处理矿开发及综合利用。
13. 尾矿、废渣等资源综合利用。
14. 再生资源回收利用产业化。
15. 高效、节能、环保采选矿技术。
16. 为用户提供节能诊断、设计、融资、改造、运行管理等服务。
17. 废旧汽车、工程机械、矿山机械、机床产品、农业机械、船舶等废旧机电产品及零部件再利用、再制造，墨盒、有机光导鼓的再制造(再填充)。

18. 含持久性有机污染物土壤修复技术的研发与应用。

19. 危险废弃物（放射性废物、核设施退役工程、医疗废物、含重金属废弃物）安全处置技术设备开发制造及处置中心建设。

三十四、公共安全与应急产品

1. 生物灾害、动物疫情监测预警技术开发与应用。

2. 堤坝、尾矿库安全自动监测报警技术开发与应用。

3. 煤炭、矿山等安全生产监测报警技术开发与应用。

4. 公共交通工具事故预警技术开发与应用。

5. 水、土壤、空气污染物快速监测技术与产品。

6. 食品药品安全快速检测仪器。

7. 新发传染病检测试剂和仪器。

8. 城市公共安全监测预警平台技术。

9. 易燃、易爆、高腐蚀性、放射性等危险物品快速检测技术与产品。

10. 应急救援人员防护用品开发与应用。

11. 社会群体个人防护用品开发与应用。

12. 矿云等特殊作业场所应急避险设施。

13. 突发事件现场信息探测与快速获支技术及产品。

14. 大型公共建筑、高层建筑、森林、水上和地下设施消防灭火救援技术与产品。

15. 因灾损毁交通设施应急抢通装备及器材开发与应用。

16. 公共交通设施除冰雪机械及环保型除雪剂开发与应用。

17. 突发环境灾难应急环保技术装备：热墙式沥青路面地热再生设备（再生深度：0~60毫米）；无辐射高速公路雾雪屏蔽器；有毒有害液体快速吸纳处理技术装备；移动式医疗垃圾快速处理装置；移动式小型垃圾清洁处理装备；人畜粪便无害化快速处理装置；禽类病原体无害化快速处理装置；危险废物特性鉴别与用仪器。

18. 应急发电设备。

19. 应急照明器材及灯具。

20. 机动医疗救护系统。

21. 防控突发公共卫生和生物事件疫苗和药品。

22. 饮用水快速净化装置。

23. 应急通信技术与产品的开发与生产。

24. 应急决策指挥平台技术开发与应用。

25. 反恐技术与装备。

26. 交通、社区等应急救援社会化服务。

27. 应急物流设施及服务。

28. 应急咨询、培训、租赁和保险服务。

29. 应急物资储备基础设施建设。

30. 应急救援基地、公众应急体验基础设施建设。

三十五、汽车

1. 汽车整车制造、专用汽车制造。

8. 财政部　国家税务总局关于平潭综合实验区企业所得税优惠目录增列有关旅游产业项目的通知

（2017 年 9 月 29 日　财税〔2017〕75 号）

福建省财政厅、国家税务局、地方税务局：

根据国务院批复的《平潭国际旅游岛建设方案》有关要求，为进一步推动平潭国际旅游岛建设，现对平潭综合实验区企业所得税优惠目录增列有关旅游产业项目问题通知如下：

一、在平潭综合实验区企业所得税优惠目录中增列有关旅游产业项目，平潭综合实验区内享受减按 15% 税率征收企业所得税优惠政策的鼓励类产业企业，统一按《平潭综合实验区企业所得税优惠目录（2017 版）》执行。

二、平潭综合实验区内鼓励类产业企业减按 15% 税率征收企业所得税政策其他有关操作事项，继续按照《财政部　国家税务总局关于广东横琴新区　福建平潭综合实验区　深圳前海深港现代服务业合作区企业所得税优惠政策及优惠目录的通知》（财税〔2014〕26 号）的相关规定执行。

三、本通知自 2017 年 1 月 1 日起至 2020 年 12 月 31 日止执行。

附件：

平潭综合实验区企业所得税优惠目录（2017 版）

一、高技术产业

（一）电子信息产业

1. 薄膜场效应晶体管 LCD（TFT-LCD）、等离子显示屏（PDP）、有机发光二极管（OLED）、激光显示、3D 显示等新型平板显示器件和各种终端应用产品的生产、及其专用设备研发与制造

2. 数字音、视频编解码设备，数字广播电视演播室设备，数字有线电视系统设备，数字音频广播发射设备，数字电视上下变换器，数字电视地面广播单频网（SFN）设备，卫星数字电视上行站设备，卫星公共接收电视（SMATV）前端设备研发与制造

3. 高清数字摄录机、数字放声设备、数字多功能电话机、数字电视机研发与制造

4. 网络视听节目技术开发与服务

5. 移动多媒体广播电视、广播影视数字化、数字电影服务监管技术研发

6. 集成电路设计、制造、封装与测试

7. 大中型电子计算机、百万亿次高性能计算机、便携式微型计算机、每秒一万亿次及以上高档服务器、大型模拟仿真系统、大型工业控制机及控制器研发与制造

8. 图形图像识别和处理系统研发与制造

9. 计算机辅助设计（CAD）、辅助测试（CAT）、辅助制造（CAM）、辅助工程（CAE）系统、各种应用软件产品的设计和开发

10. 新型电子元器件（片式元器件、频率元器件、混合集成电路、电力电子器件、光电子器件、敏感元器件、新型机电元件、高档接插件、高密度印刷电路板和柔性电路板等）研发与制造

11. 卫星通信系统、地球站设备研发与制造

12. 卫星导航定位接收设备及关键部件研发与制造

13. 2. 5GB/S 及以上光同步传输系统研发与制造

14. 155MB/S 及以上数字微波同步传输设备研发与制造

15. 32 波及以上光纤波分复用传输系统设备研发与制造

16. 10GB/S 及以上数字同步系列光纤通信系统设备研发与制造

17. 数字移动通信、接入网系统、数字集群通信系统及路由器、网关等网络设备研发与制造

18. 集成电路装备研发与制造

19. 半导体、光电子器件、新型电子元器件等电子产品用材料开发与生产

20. 航空航天仪器仪表电子产品研发与制造

21. 量子通信设备研发与制造

22. 数据处理及数据库技术研发

23. 电子商务和电子政务技术及系统开发

24. 防伪技术及设备的开发与制造

25. 用于物联网产业的电子标签、传感器、智能识读机、智能卡、核心芯片等开发与制造

26. 数字化、智能化、网络化工业自动检测仪表与传感器，原位在线成份分析仪器，具有无线通信功能的低功耗智能传感器，电磁兼容检测设备研发与制造

（二）装备制造业

1. 汽车电子控制系统、电动空调、电制动、电动转向；怠速起停系统研发与制造

2. 汽车电子产品开发、试验、检测设备及设施研发与制造

3. 汽车车载充电机、非车载充电设备研发与制造

4. 新型医用诊断医疗仪器设备、微创外科和介入治疗装备及器械、医疗急救及移动式医疗装备、康复工程技术装置、家用医疗器械、新型计划生育器具（第三代宫内节育器）、人工器官及关键元器件的开发和生产，数字化医学影像产品及医疗信息技术的开发与制造

5. 化学合成药物、中成药、中药饮片、兽用医药、生物化学药品等医药产品研发与生产

6. 大型远洋捕捞加工渔船、海洋工程作业船与辅助船等特种船舶及其专用设备，智能环保型关键船用配套设备研发与制造

7. 海洋工程装备的研发与制造

8. 豪华游艇、游轮、客滚船等高技术附加值船舶开发与制造

9. 安全饮水设备、先进型净水器研发与制造

10. 智能电网调度监测、智能配电、智能用电等技术和设备研发与制造

11. 精密模具、非金属制品模具设计与制造

12. 新型高技术纺织机械及关键零部件研发与制造

（三）新材料产业

1. 磁存储和光盘存储为主的数据存储材料研发与制造

2. 单晶硅半导体微电子材料研发与制造

3. 光电子材料、光功能高分子材料；光导材料、光记录材料、光加工材料、光学用塑料、光显示用材料、光转换系统材料研发与制造

4. 光纤通信材料研发与制造

5. 纳米粉末、纳米纤维、纳米膜、纳米催化剂研发与制造

6. 轿车及中高档轻型车动力传动、减振、制动系统用密封材料研发与制造

7. 复合防弹板材和高强度缆绳等系列产品研发与制造

8. 交通运输、水利、环保等产业用纺织品的纤维材料、新溶剂法纤维、复合超细短纤维及其系列产品和差别化、功能化纤维研发与制造

9. 高强、耐磨尼龙专用料及工业管材、农用塑料大棚骨架管材及连接材料、环境降解塑料研发与制造

10. 反光膜和反光织物等高分子反光材料研发与制造

11. 电子专用铜带、多层敷铜板、印刷线路板和集成电路引线研发与制造

12. 导电玻璃、高性能软磁铁氧体材料及所需的高纯度原材料、大功率压电陶瓷和热释电陶瓷材料、液晶

材料、高纯化学试剂、砷化镓抛光片等研发与制造

13. 锂离子嵌入材料绿色电池材料研发与制造

14. 高性能、高品质 PCB 基板和材料研发与制造

15. 树脂基复合材料、炭/炭复合材料、陶瓷基复合材料、金属基复合材料、炭纤维、芳纶、超高分子量聚乙烯纤维等高性能增强纤维及复合材料研发与制造

16. 屏蔽电磁波玻璃、微电子用玻璃基板、透红外线无铅玻璃、电子级大规格石英玻璃扩散管、超二代和三代微通道板、光学纤维面板和倒像器及玻璃光锥研发与制造

17. 连续玻璃纤维原丝毡、玻璃纤维表面毡、微电子用玻璃纤维布及薄毡研发与制造

18. 汽车催化装置用陶瓷载体、氮化铝(AIN)陶瓷基片、多孔陶瓷研发与制造

19. 采用新技术、新工艺生产的橡胶、塑料、纤维、涂料、胶黏剂和高分子基复合材料等有机高分子材料及制品研发与制造

20. 生物高分子材料、填料、试剂、芯片、干扰素、传感器、纤维素酶、碱性蛋白酶、诊断用酶等酶制剂、纤维素生化产品,新型医用材料研发与制造

21. 高纯、专用级催化剂、吸附剂、活性剂研发与制造

22. 农膜新技术及新产品(光解膜、多功能膜及原料等)研发与制造

23. 塑料软包装新技术、新产品(高阻隔、多功能膜及原料)研发与制造

24. 生物降解材料研发与制造

25. 特种陶瓷技术研发与制造

26. 高性能膜材料、高分子分离膜、水处理膜、太阳能电池膜、平板显示薄膜、半导体及微电子用薄膜研发与制造

27. 高品质人工晶体材料、制品和器件,高纯石英原料、石英玻璃材料及其制品,特种玻璃研发与制造

28. 汽车轻量化及环保型新材料研发与制造

29. 新型墙体和屋面材料、绝热隔音材料、建筑防水和密封材料、建筑与海洋防护用环保涂料的开发与生产

(四)新能源产业

1. 地热能、海洋能(潮汐能、潮流能、波浪能)开发利用

2. 风电与光伏发电互补系统技术开发与服务

3. 太阳能建筑一体化组件设计与制造

4. 无齿轮箱、多级低速发电机、变速恒频等新型风力发电机组研发与制造

5. 高效太阳能热水器及热水工程,太阳能中高温利用技术开发与服务

6. 太阳能热发电集热系统、太阳能光伏发电系统集成技术开发应用、逆变控制系统开发制造

7. 沼气发电机组、低成本沼气净化设备、沼气管道供气、沼气智能流量表、装罐成套设备研发与制造

二、服务业

(一)现代物流业

1. 物流营运中心及物流公共信息平台

2. 对台海上运输业务

3. 物流标准化技术研发

(二)商贸服务业

1. 台湾特色农渔业产品物流集散中心

(三)文化创意产业

1. 动漫、游戏创作、动漫技术开发与服务

2. 民俗文化产品及工艺美术研发设计

3. 体育用品研发

(四)技术及商务服务业

1. 中文信息处理软件的开发

2. 网络支撑平台和中间件开发

3. 嵌入式软件系统(嵌入式操作系统、核心支撑软件)开发

4. 信息传输网络及网络增值业务应用系统开发

5. 以承接服务外包方式从事系统应用管理和维护、信息技术支持管理、银行后台服务、财务结算、人力资源服务、软件开发、离岸呼出中心、数据处理等信息技术、业务流程和知识流程外包服务

6. 工业设计、生物、新材料、新能源、节能、环保、测绘、海洋等专业科技服务,认证和质量检测服务

7. 在线数据与交易技术研发、IT 设施管理和数据中心技术研发,移动互联网技术研发,因特网会议电视及图像等电信增值业务应用系统开发

8. 智能产品整体方案、人机工程设计、系统仿真等设计服务

9. 信息安全风险评估与咨询服务,信息装备和软件安全评测服务

10. 综合利用海水淡化后的浓海水制盐、提取钾、溴、镁、锂及其深加工等海水化学资源高附加值利用技术开发

11. 各类创业中心、大学科技园、留学生创业园、软件创业园以及其他专门人才、专业技术企业等专业孵化器

三、农业及海洋产业

1. 良种、花卉引进和推广服务

2. 名特优海产养殖、深水抗风浪大型网箱养殖、工厂化养殖、生态型养殖

3. 数字(信息)农业技术开发

4. 农林牧渔业现代装备与信息化技术开发

5. 海产品冷冻保鲜技术的研发与设备制造

6. 海洋生物提取技术研究开发与生产

7. 海洋资源综合利用技术研发

8. 海洋药物、海洋保健食品开发

9. 生物医药研发,工业催化、生物改性、生物转化等酶产品研发与生产

10. 海洋生物质能源技术研究及开发

四、生态环保业

1. 海岛、湿地等自然保护区建设、海岛整治修复及生态示范工程

2. 水土流失综合治理技术开发与服务

3. 海洋环境保护及科学开发

4. 微咸水、苦咸水、劣质水、海水的开发利用和海水淡化工程及设备的研发及制造

5. 海漂垃圾污染治理技术的开发与服务

6. 绿色建筑开发建造

7. 餐厨垃圾及城市污泥综合利用产业化

8. 提升废旧装备高技术修复、制造、改造的资源节约型的再制造技术开发及设备制造

9. 危险废物处置中心

五、公共设施管理业

1. 城市交通管制系统技术开发与设备制造

2. 地震、海啸、地质灾害监测预警和评估技术开发与服务

3. 堤坝安全自动监测报警技术开发与服务

4. 突发事件现场信息探测与快速获取技术及产品

5. 生物灾害、动植物疫情监测预警技术开发与服务

6. 公共交通工具事故预警技术开发与服务

7. 食品药品安全快速检测技术开发与服务

8. 城市基础空间信息数据生产及关键技术开发

9. 依托基础地理信息资源的城市立体管理信息系统开发

10. 城市照明智能化、绿色照明系统技术开发与生产

11. 城市积涝预警技术开发与服务

12. 水资源管理信息系统(以水源、取水、输水、供水、用水、耗水和排水等水资源开发利用主要环节的监测)技术开发

13. 邮件、快件运输与交通运输网络融合技术开发

14. 海运电子数据交换系统和水运行业信息系统技术开发

15. 出租汽车服务调度信息系统、运营车辆安全监控记录开发

16. 城市再生水利用技术和工程、城市雨水收集利用

六、旅游业

1. 游乐场、海洋馆、主题公园、影视拍摄基地、传统村落的开发与经营

2. 海上运动、海域低空飞行、邮轮旅游、游艇旅游、海岛旅游的经营

3. 国际及闽台体育旅游精品赛事、两岸文化创意旅游、旅游实景演出、节庆文化和民俗活动、民宿的经营

4. 健康医疗旅游、会展旅游的经营

5. 文化遗产传承与经营

6. 以网络营销、网络预订、网上支付等为主的旅游电子商务平台的经营

7. 专业从事闽台旅游的旅游公司的经营

9. 财政部　国家税务总局关于横琴新区企业所得税优惠目录增列旅游产业项目的通知

(2019 年 8 月 2 日　财税〔2019〕63 号)

广东省财政厅,国家税务总局广东省税务局:

根据国务院批复的《横琴国际休闲旅游岛建设方案》有关要求,为进一步推动横琴国际休闲旅游岛建设,现就横琴新区企业所得税优惠目录增列旅游产业项目问题通知如下:

一、在横琴新区企业所得税优惠目录中增列有关旅游产业项目。横琴新区内享受减按 15% 税率征收企业所得税优惠政策的鼓励类产业企业,统一按照《横琴新区企业所得税优惠目录(2019 版)》执行。

二、横琴新区内鼓励类产业企业减按 15% 税率征收企业所得税政策其他相关事项,继续按照《财政部 国家税务总局关于广东横琴新区福建平潭综合实验区深圳前海深港现代服务业合作区企业所得税优惠政策及优惠目录的通知》(财税〔2014〕26 号)的相关规定执行。

三、本通知执行期限自 2019 年 1 月 1 日起至 2020 年 12 月 31 日止。

附件:

横琴新区企业所得税优惠目录(2019 版)

一、高新技术

1. 数字化多功能雷达整机、专用配套设备及部件研发及制造

2. 安全饮水设备、先进型净水器研发及制造

3. 海洋医药与生化制品技术开发与服务

4. 系统软件、中间软件、嵌入式软件、支撑软件技术开发

5. 计算机辅助工程管理软件、中文及多语种处理软件、图形和图像软件技术开发

6. 企业管理软件、电子商务软件、电子政务软件、金融信息化软件等技术开发

7. 基于 IPv6 的下一代互联网系统设备、终端设备、检测设备、软件、芯片开发与制造

8. 网络关键设备的构建技术；面向行业及企业信息化的应用系统；传感器网络节点、软件和系统技术、大数据库技术开发

9. 第三代及后续移动通信系统手机、基站、核心网设备以及网络检测设备开发与制造

10. 高端路由器、千兆比以上网络交换机开发与制造

11. 基于电信、广播电视和计算机网络融合的增值业务应用系统开发

12. 搜索引擎、移动互联网等新兴网络信息服务技术研发

13. 光传输技术、小型接入设备技术、无线接入技术、移动通信、量子通信技术、光通信技术开发

14. 软交换和 VoIP 系统、业务运营支撑管理系统、电信网络增值业务应用系统开发

15. 在线数据与交易处理、IT 设施管理和数据中心服务、移动互联网服务、因特网会议电视及图像等电信增值服务应用系统开发

16. 数字音视频技术、数字广播电视传输技术、广播电视网络综合管理系统技术、网络运营综合管理系统、IPTV 技术、高端个人媒体信息服务平台技术开发

17. 智能产品整体方案、人机工程、系统仿真设计服务与技术开发

18. 智能电网及微电网技术、分布式供能技术开发及产品生产

19. 先进的交通管理和控制技术；交通基础信息采集、处理设备及相关软件技术；公共交通工具事故预警技术开发与应用；城市交通管制系统；出租汽车服务调度信息系统、运营车辆安全监管系统开发

20. 空中管制系统、新一代民用航空运行保障系统、卫星通信应用系统、卫星导航应用服务系统研发

21. 环境安全监测预警和应急处置的光学监测等技术开发

22. 食品安全技术；生物催化、反应及分离技术开发

23. 珍稀动植物的养殖、培育、良种选育技术开发

24. 新能源汽车配套电网和充电站技术研发

25. 电力安全技术、新型防雷过电压保护材料与技术开发及生产

26. 新型高分子功能材料的研发与应用，生物基材料制造，生物基合成高分子材料，天然生物高分子材料、生物基平台化合物研发与生产

27. 太阳能光伏发电技术，重点支持系统集成设备本土化率达 90% 以上的光伏并网技术开发；太阳能热发电技术开发

28. 1.5MW 级以上风电机组设计技术、风电场配套技术开发

29. 海洋生物质能、海洋能（包括潮汐能、潮流能、波浪能等）技术开发

30. 能量系统管理、优化及控制技术：重点支持用于城市建筑供热平衡与节能、绿色建筑、城市智能照明、绿色照明系统的应用技术开发

31. 城市污水处理与资源化技术：重点支持安全饮水和先进型净水设备技术开发

32. 城市生态系统关键技术开发与生产

33. 用于城市生态系统的生态监测、评估与修复重建技术；持久性有机污染物（POPs）替代技术；污染土壤修复技术开发

34. 环境安全监测预警、应急处置的光学监测等技术开发

35. 城市节水技术开发与设备制造；雨水、海水、苦咸水利用技术；再生水收集与利用技术与工程

36. 产业集聚区配套公共服务平台技术开发

37. 多维立体打印技术、海洋工程装备研发与应用技术开发

二、医药卫生

1. 拥有自主知识产权的新药开发和生产，天然药物开发和生产，新型计划生育药物（包括第三代孕激素

的避孕药)开发和生产,满足我国重大、多发性疾病防治需求的通用名药物首次开发和生产,药物新剂型、新辅料的开发和生产,药物生产过程中的膜分离、超临界萃取、新型结晶、手性合成、酶促合成、生物转化、自控等技术开发与应用,原料药生产节能降耗减排技术、新型药物制剂技术开发与应用

2. 现代生物技术药物、重大传染病防治疫苗和药物、新型诊断试剂的开发和生产,大规模细胞培养和纯化技术、大规模药用多肽和核酸合成、发酵、纯化技术开发和应用,采用现代生物技术改造传统生产工艺

3. 新型药用包装材料及其技术开发和生产(一级耐水药用玻璃,可降解材料,具有避光、高阻隔性、高透过性的功能性材料,新型给药方式的包装;药包材无苯油墨印刷工艺等)

4. 濒危稀缺药用动植物人工繁育技术及代用品开发和生产,先进农业技术在中药材规范化种植、养殖中的应用,中药有效成份的提取、纯化、质量控制新技术开发和应用,中药现代剂型的工艺技术、生产过程控制技术和装备的开发与应用,中药饮片创新技术开发和应用,中成药二次开发和生产

5. 新型医用诊断医疗仪器设备、微创外科和介入治疗装备及器械、医疗急救及移动式医疗装备、康复工程技术装置、家用医疗器械、新型计划生育器具(第三代宫内节育器)、新型医用材料、人工器官及关键元器件的开发和生产,数字化医学影像产品及医疗信息技术的开发与应用

6. 中医药、养生保健产品及技术的研发

7. 中医药研究室、实验室及名老中医工作室

8. 符合中医药特点及规律的中成药研发及制造

9. 中成药开发、检测、认证及市场化推广

10. 制药新工艺新品种研发与生产

11. 替代、修复、改善或再生人体组织器官等再生医学产业技术、产品研发与生产

12. 医疗设备及关键部件、医疗器械开发及生产

13. 医药研发中心

三、科教研发

1. 国内外科研机构分支机构

2. 微电子、计算机、信息、生物、新材料、环保、机械装备、汽车、造船等先进制造业研发中心

3. 工业设计、生物、新材料、新能源、测绘等专业科技服务,商品质量认证和质量检测服务

4. 在线数据与交易技术研发、IT 设施管理和数据中心技术研发,移动互联网技术研发,因特网会议电视及图像等电信增值业务应用系统开发

5. 行业(企业)管理和信息化解决方案开发

6. 基于网络的软件开发

7. 数字化技术、高速计算技术、文化信息资源共享技术开发

8. 数据恢复和灾备服务,信息安全防护、网络安全应急支援服务,云计算安全服务、信息安全风险评估与咨询服务,信息装备和软件安全评测服务,密码技术产品测试服务,信息系统等级保护安全方案设计服务

9. 信息技术外包、业务流程外包、知识流程外包等技术先进型服务

10. 云计算、互联网、物联网、新媒体技术研发及服务

四、文化创意

1. 动漫、游戏创作及衍生产品研发

2. 文化创意设计服务

3. 民俗文化产品及工艺美术研发设计

4. 工业设计平台、辅助设计中心、快速成型中心、精密复杂模具制造技术开发及设计服务

5. 数字音乐、手机媒体、数字游戏、数字学习、数字影视、数字出版与典藏、内容软件等数字产品研发

五、商贸服务

1. 物流公共信息平台

2. 第三方物流管理

3. 以承接服务外包方式从事系统应用管理和维护、信息技术支持管理、银行后台服务、财务结算、人力

资源服务、软件开发、呼叫中心、数据处理等信息技术和业务流程外包服务

4. 供应链管理及咨询业务

5. 基于云计算的供应链一体化信息服务业务

6. 跨境数据库服务

7. 宽带通信基础设施建设和服务

六、旅游业

1. 游乐场、海洋馆、主题公园、影视拍摄基地、展览馆、博物馆的经营

2. 海上运动、海域低空飞行、邮轮旅游、游艇旅游、海岛旅游的经营

3. 文化创意旅游、旅游实景演出、影视音乐节、民俗活动、民宿、文化遗产传承与经营

4. 国际及粤港澳体育精品赛事的经营

5. 健康医疗旅游、会展旅游的经营

6. 游客服务中心、旅游信息网站、旅游移动应用的经营

7. 以网络营销、网络预订、网上支付等为主的旅游电子商务平台的经营

8. 专业从事粤港澳旅游的旅游公司的经营

支持举办运动会优惠

1. 财政部　国家税务总局　海关总署关于北京2022年冬奥会和冬残奥会税收政策的通知

（2017年7月12日　财税〔2017〕60号）

各省、自治区、直辖市、计划单列市财政厅（局）、国家税务局、地方税务局，广东分署、各直属海关，新疆生产建设兵团财务局：

为支持发展奥林匹克运动，确保北京2022年冬奥会和冬残奥会顺利举办，现就有关税收政策通知如下：

一、对北京2022年冬奥会和冬残奥会组织委员会（以下简称“北京冬奥组委”）实行以下税收政策

（一）对北京冬奥组委取得的电视转播权销售分成收入、国际奥委会全球合作伙伴计划分成收入（实物和资金），免征应缴纳的增值税。

（二）对北京冬奥组委市场开发计划取得的国内外赞助收入、转让无形资产（如标志）特许权收入和销售门票收入，免征应缴纳的增值税。

（三）对北京冬奥组委取得的与中国集邮总公司合作发行纪念邮票收入、与中国人民银行合作发行纪念币收入，免征应缴纳的增值税。

（四）对北京冬奥组委取得的来源于广播、互联网、电视等媒体收入，免征应缴纳的增值税。

（五）对外国政府和国际组织无偿捐赠用于北京2022年冬奥会的进口物资，免征进口关税和进口环节增值税。

（六）对以一般贸易方式进口，用于北京2022年冬奥会的体育场馆建设所需设备中与体育场馆设施固定不可分离的设备以及直接用于北京2022年冬奥会比赛用的消耗品，免征关税和进口环节增值税。享受免税政策的奥运会体育场馆建设进口设备及比赛用消耗品的范围、数量清单由北京冬奥组委汇总后报财政部商有关部门审核确定。

（七）对北京冬奥组委进口的其他特需物资，包括：国际奥委会或国际单项体育组织指定的，国内不能生产或性能不能满足需要的体育器材、医疗检测设备、安全保障设备、交通通讯设备、技术设备，在运动会期间按暂准进口货物规定办理，运动会结束后留用或做变卖处理的，按有关规定办理正式进口手续，并照章缴纳进口税收，其中进口汽车以不低于新车90%的价格估价征税。上述暂准进口的商品范围、数量清单由北京冬奥组委汇总后报财政部商有关部门审核确定。

（八）对北京冬奥组委再销售所获捐赠物品和赛后出让资产取得收入，免征应缴纳的增值税、消费税和土地增值税。免征北京冬奥组委向分支机构划拨所获赞助物资应缴纳的增值税，北京冬奥组委向主管税务机关提供"分支机构"范围的证明文件，办理减免税备案。

（九）对北京冬奥组委使用的营业账簿和签订的各类合同等应税凭证，免征北京冬奥组委应缴纳的印花税。

（十）对北京冬奥组委免征应缴纳的车船税和新购车辆应缴纳的车辆购置税。

（十一）对北京冬奥组委免征应缴纳的企业所得税。

（十二）对北京冬奥组委委托加工生产的高档化妆品免征应缴纳的消费税。

具体管理办法由税务总局另行规定。

（十三）对国际奥委会、国际单项体育组织和其他社会团体等从国外邮寄进口且不流入国内市场的、与北京2022年冬奥会有关的文件、书籍、音像、光盘，在合理数量范围内免征关税和进口环节增值税。合理数量的具体标准由海关总署确定。对奥运会场馆建设所需进口的模型、图纸、图板、电子文件光盘、设计说明及缩印本等规划设计方案，免征关税和进口环节增值税。

（十四）对北京冬奥组委取得的餐饮服务、住宿、租赁、介绍服务和收费卡收入，免征应缴纳的增值税。

（十五）对北京2022年冬奥会场馆及其配套设施建设占用耕地，免征耕地占用税。

（十六）根据中国奥委会、主办城市、国际奥委会签订的《北京2022年冬季奥林匹克运动会主办城市合同》（以下简称《主办城市合同》）规定，北京冬奥组委全面负责和组织举办北京2022年冬残奥会，其取得的北京2022年冬残奥会收入及其发生的涉税支出比照执行北京2022年冬奥会的税收政策。

二、对国际奥委会、中国奥委会、国际残疾人奥林匹克委员会、中国残奥委员会、北京冬奥会测试赛赛事组委会实行以下税收政策

（一）对国际奥委会取得的与北京2022年冬奥会有关的收入免征增值税、消费税、企业所得税。

（二）对国际奥委会、中国奥委会签订的与北京2022年冬奥会有关的各类合同，免征国际奥委会和中国奥委会应缴纳的印花税。

（三）对国际奥委会取得的国际性广播电视组织转来的中国境内电视台购买北京2022年冬奥会转播权款项，免征应缴纳的增值税。

（四）对按中国奥委会、主办城市签订的《联合市场开发计划协议》和中国奥委会、主办城市、国际奥委会签订的《主办城市合同》规定，中国奥委会取得的由北京冬奥组委分期支付的收入、按比例支付的盈余分成收入免征增值税、消费税和企业所得税。

（五）对国际残奥委会取得的与北京2022年冬残奥会有关的收入免征增值税、消费税、企业所得税和印花税。

（六）对中国残奥委会根据《联合市场开发计划协议》取得的由北京冬奥组委分期支付的收入免征增值税、消费税、企业所得税和印花税。

（七）北京冬奥会测试赛赛事组委会取得的收入及发生的涉税支出比照执行北京冬奥组委的税收政策。

三、对北京2022年冬奥会、冬残奥会、测试赛参与者实行以下税收政策

（一）对企业、社会组织和团体赞助、捐赠北京2022年冬奥会、冬残奥会、测试赛的资金、物资、服务支出，在计算企业应纳税所得额时予以全额扣除。

（二）企业根据赞助协议向北京冬奥组委免费提供的与北京2022年冬奥会、冬残奥会、测试赛有关的服务，免征增值税。免税清单由北京冬奥组委报财政部、税务总局确定。

（三）个人捐赠北京2022年冬奥会、冬残奥会、测试赛的资金和物资支出可在计算个人应纳税所得额时予以全额扣除。

（四）对财产所有人将财产（物品）捐赠给北京冬奥组委所书立的产权转移书据免征应缴纳的印花税。

（五）对受北京冬奥组委邀请的，在北京2022年冬奥会、冬残奥会、测试赛期间临时来华，从事奥运相关工作的外籍顾问以及裁判员等外籍技术官员取得的由北京冬奥组委、测试赛赛事组委会支付的劳务报酬免征增值税和个人所得税。

（六）对在北京2022年冬奥会、冬残奥会、测试赛期间裁判员等中方技术官员取得的由北京冬奥组委、测试赛赛事组委会支付的劳务报酬，免征应缴纳的增值税。

（七）对于参赛运动员因北京2022年冬奥会、冬残奥会、测试赛比赛获得的奖金和其他奖赏收入，按现行税收法律法规的有关规定征免应缴纳的个人所得税。

（八）在北京2022年冬奥会场馆（场地）建设、试运营、测试赛及冬奥会及冬残奥会期间，对用于北京2022年冬奥会场馆（场地）建设、运维的水资源，免征应缴纳的水资源税。

（九）免征北京2022年冬奥会、冬残奥会、测试赛参与者向北京冬奥组委无偿提供服务和无偿转让无形资产的增值税。

四、本通知自发布之日起执行。

2. 财政部　国家税务总局　海关总署关于第七届世界军人运动会税收政策的通知

（2018年11月5日　财税〔2018〕119号）

各省、自治区、直辖市、计划单列市财政厅（局），国家税务总局各省、自治区、直辖市、计划单列市税务局，海关总署广东分署、各直属海关，新疆生产建设兵团财政局：

为支持举办2019年武汉第七届世界军人运动会（以下简称武汉军运会），现就有关税收政策通知如下：

一、对武汉军运会执行委员会（以下简称执委会）实行以下税收政策

（一）对执委会取得的电视转播权销售分成收入、国际军事体育理事会（以下简称国际军体会）世界赞助计划分成收入（货物和资金），免征应缴纳的增值税。

（二）对执委会市场开发计划取得的国内外赞助收入、转让无形资产（如标志）特许权收入和销售门票收入，免征应缴纳的增值税。

（三）对执委会取得的与中国集邮总公司合作发行纪念邮票收入、与中国人民银行合作发行纪念币收入，免征应缴纳的增值税。

（四）对执委会取得的来源于广播、因特网、电视等媒体收入，免征应缴纳的增值税。

（五）对执委会赛后出让资产取得的收入，免征应缴纳的增值税、土地增值税。

（六）对执委会为举办武汉军运会进口的国际军体会或国际单项体育组织指定的，国内不能生产或性能不能满足需要的直接用于武汉军运会比赛的消耗品，免征关税、进口环节增值税和消费税。享受免税政策的进口比赛用消耗品的范围、数量清单，由执委会汇总后报财政部商有关部门审核确定。

（七）对执委会进口的其他特需物资，包括：国际军体会或国际单项体育组织指定的、我国国内不能生产或性能不能满足需要的体育竞赛器材、医疗检测设备、安全保障设备、交通通讯设备、技术设备，在武汉军运会期间按暂准进口货物规定办理，武汉军运会结束后复运出境的予以核销；留在境内或做变卖处理的，按有关规定办理正式进口手续，并照章缴纳关税、进口环节增值税和消费税。

二、对武汉军运会参与者实行以下税收政策

（一）对参赛运动员因武汉军运会比赛获得的奖金和其他奖赏收入，按现行税收法律法规的有关规定征

免应缴纳的个人所得税。

（二）对企事业单位、社会团体和其他组织以及个人通过公益性社会团体或者县级以上人民政府及其部门捐赠武汉军运会的资金、物资支出，在计算企业和个人应纳税所得额时按现行税收法律法规的有关规定予以税前扣除。

（三）对财产所有人将财产（物品）捐赠给执委会所书立的产权转移书据免征应缴纳的印花税。

本通知自发布之日起执行。

3. 财政部　国家税务总局　海关总署关于北京2022年冬奥会和冬残奥会税收优惠政策的公告

（2019年11月11日　财政部　国家税务总局　海关总署公告2019年第92号）

为支持筹办北京2022年冬奥会和冬残奥会及其测试赛（以下简称北京冬奥会），现就有关税收优惠政策公告如下：

一、对国际奥委会相关实体中的非居民企业取得的与北京冬奥会有关的收入，免征企业所得税。

二、对奥林匹克转播服务公司、奥林匹克频道服务公司、国际奥委会电视与市场开发服务公司、奥林匹克文化与遗产基金、官方计时公司取得的与北京冬奥会有关的收入，免征增值税。

三、对国际赞助计划、全球供应计划、全球特许计划的赞助商、供应商、特许商及其分包商根据协议向北京2022年冬奥会和冬残奥会组织委员会（以下简称北京冬奥组委）提供指定货物或服务，免征增值税、消费税。

四、国际奥委会及其相关实体的境内机构因赞助、捐赠北京冬奥会以及根据协议出售的货物或服务免征增值税的，对应的进项税额可用于抵扣本企业其他应税项目所对应的销项税额，对在2022年12月31日仍无法抵扣的留抵税额可予以退还。

五、国际奥委会及其相关实体在2019年6月1日至2022年12月31日期间，因从事与北京冬奥会相关的工作而在中国境内发生的指定清单内的货物或服务采购支出，对应的增值税进项税额可由国际奥委会及其相关实体凭发票及北京冬奥组委开具的证明文件，按照发票上注明的税额，向税务总局指定的部门申请退还，具体退税流程由税务总局制定。

六、对国际奥委会相关实体与北京冬奥组委签订的各类合同，免征国际奥委会相关实体应缴纳的印花税。

七、国际奥委会及其相关实体或其境内机构按暂时进口货物方式进口的奥运物资，未在规定时间内复运出境的，须补缴进口关税和进口环节海关代征税（进口汽车以不低于新车90%的价格估价征税），但以下情形除外：1. 直接用于北京冬奥会，包括但不限于奥运会转播、报道和展览，且在赛事期间消耗完毕的消耗品，并能提供北京冬奥组委证明文件的；2. 货物发生损毁不能复运出境，且能提交北京冬奥组委证明文件的；3. 无偿捐赠给县级及以上人民政府或政府机构、冬奥会场馆法人实体、特定体育组织和公益组织等机构（受赠机构名单由北京冬奥组委负责确定），且能提交北京冬奥组委证明文件的。

八、对国际奥委会及其相关实体的外籍雇员、官员、教练员、训练员以及其他代表在2019年6月1日至2022年12月31日期间临时来华，从事与北京冬奥会相关的工作，取得由北京冬奥组委支付或认定的收入，免征增值税和个人所得税。该类人员的身份及收入由北京冬奥组委出具证明文件，北京冬奥组委定期将该类人员名单及免税收入相关信息报送税务部门。

九、国际残奥委会及其相关实体的税收政策，比照国际奥委会及其相关实体执行。

十、对享受税收优惠政策的国际奥委会相关实体实行清单管理，具体清单由北京冬奥组委提出，报财政部、税务总局、海关总署确定。

十一、上述税收优惠政策，凡未注明具体期限的，自公告发布之日起执行。

特此公告。

附件：国际奥委会及其相关实体采购货物或服务的指定清单（略）

三、税率式减免

高新技术企业

▶高新一般规定

1. 国务院关于经济特区和上海浦东新区新设立高新技术企业实行过渡性税收优惠的通知

（2007年12月26日　国发〔2007〕40号）

各省、自治区、直辖市人民政府，国务院各部委、各直属机构：

根据《中华人民共和国企业所得税法》第五十七条的有关规定，国务院决定对法律设置的发展对外经济合作和技术交流的特定地区内，以及国务院已规定执行上述地区特殊政策的地区内新设立的国家需要重点扶持的高新技术企业，实行过渡性税收优惠。现就有关问题通知如下：

一、法律设置的发展对外经济合作和技术交流的特定地区，是指深圳、珠海、汕头、厦门和海南经济特区；国务院已规定执行上述地区特殊政策的地区，是指上海浦东新区。

二、对经济特区和上海浦东新区内在2008年1月1日（含）之后完成登记注册的国家需要重点扶持的高新技术企业（以下简称新设高新技术企业），在经济特区和上海浦东新区内取得的所得，自取得第一笔生产经营收入所属纳税年度起，第一年至第二年免征企业所得税，第三年至第五年按照25%的法定税率减半征收企业所得税。

国家需要重点扶持的高新技术企业，是指拥有核心自主知识产权，同时符合《中华人民共和国企业所得税法实施条例》第九十三条规定的条件，并按照《高新技术企业认定管理办法》认定的高新技术企业。

三、经济特区和上海浦东新区内新设高新技术企业同时在经济特区和上海浦东新区以外的地区从事生产经营的，应当单独计算其在经济特区和上海浦东新区内取得的所得，并合理分摊企业的期间费用；没有单独计算的，不得享受企业所得税优惠。

四、经济特区和上海浦东新区内新设高新技术企业在按照本通知的规定享受过渡性税收优惠期间，由于复审或抽查不合格而不再具有高新技术企业资格的，从其不再具有高新技术企业资格年度起，停止享受过渡性税收优惠；以后再次被认定为高新技术企业的，不得继续享受或者重新享受过渡性税收优惠。

五、本通知自2008年1月1日起执行。

2. 国家税务总局关于实施高新技术企业所得税优惠有关问题的通知

（2009 年 4 月 22 日　国税函〔2009〕203 号）

各省、自治区、直辖市和计划单列市国家税务局、地方税务局：

为贯彻落实高新技术企业所得税优惠及其过渡性优惠政策，根据《中华人民共和国企业所得税法》（以下简称企业所得税法）及《中华人民共和国企业所得税法实施条例》（以下简称实施条例）以及相关税收规定，现对有关问题通知如下：

一、当年可减按 15% 的税率征收企业所得税或按照《国务院关于经济特区和上海浦东新区新设立高新技术企业实行过渡性税收优惠的通知》（国发〔2007〕40 号）享受过渡性税收优惠的高新技术企业，在实际实施有关税收优惠的当年，减免税条件发生变化的，应按《科学技术部　财政部　国家税务总局关于印发〈高新技术企业认定管理办法〉的通知》（国科发火〔2008〕172 号）第九条第二款的规定处理。

二、原依法享受企业所得税定期减免税优惠尚未期满同时符合本通知第一条规定条件的高新技术企业，根据《高新技术企业认定管理办法》以及《科学技术部　财政部　国家税务总局关于印发〈高新技术企业认定管理工作指引〉的通知》（国科发火〔2008〕362 号）的相关规定，在按照新标准取得认定机构颁发的高新技术企业资格证书之后，可以在 2008 年 1 月 1 日后，享受对尚未到期的定期减免税优惠执行到期满的过渡政策。

三、2006 年 1 月 1 日至 2007 年 3 月 16 日期间成立，截止到 2007 年底仍未获利（弥补完以前年度亏损后应纳税所得额为零）的高新技术企业，根据《高新技术企业认定管理办法》以及《高新技术企业认定管理工作指引》的相关规定，按照新标准取得认定机构颁发的高新技术企业证书后，可依据企业所得税法第五十七条的规定，免税期限自 2008 年 1 月 1 日起计算。

四、认定（复审）合格的高新技术企业，自认定（复审）批准的有效期当年开始，可申请享受企业所得税优惠。企业取得省、自治区、直辖市、计划单列市高新技术企业认定管理机构颁发的高新技术企业证书后，可持"高新技术企业证书"及其复印件和有关资料，向主管税务机关申请办理减免税手续。手续办理完毕后，高新技术企业可按 15% 的税率进行所得税预缴申报或享受过渡性税收优惠。

五、纳税年度终了后至报送年度纳税申报表以前，已办理减免税手续的企业应向主管税务机关备案以下资料：

（一）产品（服务）属于《国家重点支持的高新技术领域》规定的范围的说明；

（二）企业年度研究开发费用结构明细表（见附件）；

（三）企业当年高新技术产品（服务）收入占企业总收入的比例说明；

（四）企业具有大学专科以上学历的科技人员占企业当年职工总数的比例说明、研发人员占企业当年职工总数的比例说明。

以上资料的计算、填报口径参照《高新技术企业认定管理工作指引》的有关规定执行。

六、未取得高新技术企业资格、或虽取得高新技术企业资格但不符合企业所得税法及实施条例以及本通知有关规定条件的企业，不得享受高新技术企业的优惠；已享受优惠的，应追缴其已减免的企业所得税税款。

七、本通知自 2008 年 1 月 1 日起执行。

附件：

企业年度研究开发费用结构明细表

年度　　　　　　　　　　　　　　　　　　　　　　　　　　　　　　　单位：万元

研发项目编号 科目累计发生额	RD01	RD02	RD03	…	RD…	合计
内部研究开发投入额						
其中：人员人工						
直接投入						
折旧费用与长期 费用摊销						
设计费						
设备调试费						
无形资产摊销						
其他费用						
委托外部研究开发投入额						
其中：境内的外部研发投入额						
研究开发投入额（内、外部）小计						

企业负责人签字（公章）：　　　　　　　　中介机构签字（公章）：

日期：　　　　　　　　　　　　　　　　　日期：

3. 财政部　国家税务总局关于高新技术企业境外所得适用税率及税收抵免问题的通知

（2011 年 5 月 31 日　财税〔2011〕47 号）

各省、自治区、直辖市、计划单列市财政厅（局）、国家税务局、地方税务局，新疆生产建设兵团财务局：

根据《中华人民共和国企业所得税法》及其实施条例，以及《财政部　国家税务总局关于企业境外所得税收抵免有关问题的通知》（财税〔2009〕125 号）的有关规定，现就高新技术企业境外所得适用税率及税收抵免有关问题补充明确如下：

一、以境内、境外全部生产经营活动有关的研究开发费用总额、总收入、销售收入总额、高新技术产品（服务）收入等指标申请并经认定的高新技术企业，其来源于境外的所得可以享受高新技术企业所得税优惠政策，即对其来源于境外所得可以按照 15% 的优惠税率缴纳企业所得税，在计算境外抵免限额时，可按照 15% 的优惠税率计算境内外应纳税总额。

二、上述高新技术企业境外所得税收抵免的其他事项，仍按照财税〔2009〕125 号文件的有关规定执行。

三、本通知所称高新技术企业，是指依照《中华人民共和国企业所得税法》及其实施条例规定，经认定机构按照《高新技术企业认定管理办法》（国科发火〔2008〕172 号）和《高新技术企业认定管理工作指引》（国科发火〔2008〕362 号）认定取得高新技术企业证书并正在享受企业所得税 15% 税率优惠的企业。

四、本通知自 2010 年 1 月 1 日起执行。

4. 科技部　财政部　国家税务总局关于修订印发《高新技术企业认定管理办法》的通知

(2016年1月29日　国科发火〔2016〕32号)

各省、自治区、直辖市及计划单列市科技厅(委、局)、财政厅(局)、国家税务局、地方税务局:

根据《中华人民共和国企业所得税法》及其实施条例有关规定,为加大对科技型企业特别是中小企业的政策扶持,有力推动大众创业、万众创新,培育创造新技术、新业态和提供新供给的生力军,促进经济升级发展,科技部、财政部、国家税务总局对《高新技术企业认定管理办法》进行了修订完善。经国务院批准,现将新修订的《高新技术企业认定管理办法》印发给你们,请遵照执行。

高新技术企业认定管理办法

第一章　总　　则

第一条　为扶持和鼓励高新技术企业发展,根据《中华人民共和国企业所得税法》(以下称《企业所得税法》)、《中华人民共和国企业所得税法实施条例》(以下称《实施条例》)有关规定,特制定本办法。

第二条　本办法所称的高新技术企业是指:在《国家重点支持的高新技术领域》内,持续进行研究开发与技术成果转化,形成企业核心自主知识产权,并以此为基础开展经营活动,在中国境内(不包括港、澳、台地区)注册的居民企业。

第三条　高新技术企业认定管理工作应遵循突出企业主体、鼓励技术创新、实施动态管理、坚持公平公正的原则。

第四条　依据本办法认定的高新技术企业,可依照《企业所得税法》及其《实施条例》、《中华人民共和国税收征收管理法》(以下称《税收征管法》)及《中华人民共和国税收征收管理法实施细则》(以下称《实施细则》)等有关规定,申报享受税收优惠政策。

第五条　科技部、财政部、税务总局负责全国高新技术企业认定工作的指导、管理和监督。

第二章　组织与实施

第六条　科技部、财政部、税务总局组成全国高新技术企业认定管理工作领导小组(以下称"领导小组"),其主要职责为:

(一)确定全国高新技术企业认定管理工作方向,审议高新技术企业认定管理工作报告;

(二)协调、解决认定管理及相关政策落实中的重大问题;

(三)裁决高新技术企业认定管理事项中的重大争议,监督、检查各地区认定管理工作,对发现的问题指导整改。

第七条　领导小组下设办公室,由科技部、财政部、税务总局相关人员组成,办公室设在科技部,其主要职责为:

(一)提交高新技术企业认定管理工作报告,研究提出政策完善建议;

(二)指导各地区高新技术企业认定管理工作,组织开展对高新技术企业认定管理工作的监督检查,对发现的问题提出整改处理建议；

（三）负责各地区高新技术企业认定工作的备案管理，公布认定的高新技术企业名单，核发高新技术企业证书编号；

（四）建设并管理"高新技术企业认定管理工作网"；

（五）完成领导小组交办的其他工作。

第八条 各省、自治区、直辖市、计划单列市科技行政管理部门同本级财政、税务部门组成本地区高新技术企业认定管理机构（以下称"认定机构"）。认定机构下设办公室，由省级、计划单列市科技、财政、税务部门相关人员组成，办公室设在省级、计划单列市科技行政主管部门。认定机构主要职责为：

（一）负责本行政区域内的高新技术企业认定工作，每年向领导小组办公室提交本地区高新技术企业认定管理工作报告；

（二）负责将认定后的高新技术企业按要求报领导小组办公室备案，对通过备案的企业颁发高新技术企业证书；

（三）负责遴选参与认定工作的评审专家（包括技术专家和财务专家），并加强监督管理；

（四）负责对已认定企业进行监督检查，受理、核实并处理复核申请及有关举报等事项，落实领导小组及其办公室提出的整改建议；

（五）完成领导小组办公室交办的其他工作。

第九条 通过认定的高新技术企业，其资格自颁发证书之日起有效期为三年。

第十条 企业获得高新技术企业资格后，自高新技术企业证书颁发之日所在年度起享受税收优惠，可依照本办法第四条的规定到主管税务机关办理税收优惠手续。

第三章 认定条件与程序

第十一条 认定为高新技术企业须同时满足以下条件：

（一）企业申请认定时须注册成立一年以上；

（二）企业通过自主研发、受让、受赠、并购等方式，获得对其主要产品（服务）在技术上发挥核心支持作用的知识产权的所有权；

（三）对企业主要产品（服务）发挥核心支持作用的技术属于《国家重点支持的高新技术领域》规定的范围；

（四）企业从事研发和相关技术创新活动的科技人员占企业当年职工总数的比例不低于10%；

（五）企业近三个会计年度（实际经营期不满三年的按实际经营时间计算，下同）的研究开发费用总额占同期销售收入总额的比例符合如下要求：

1. 最近一年销售收入小于5,000万元（含）的企业，比例不低于5%；
2. 最近一年销售收入在5,000万元至2亿元（含）的企业，比例不低于4%；
3. 最近一年销售收入在2亿元以上的企业，比例不低于3%。

其中，企业在中国境内发生的研究开发费用总额占全部研究开发费用总额的比例不低于60%；

（六）近一年高新技术产品（服务）收入占企业同期总收入的比例不低于60%；

（七）企业创新能力评价应达到相应要求；

（八）企业申请认定前一年内未发生重大安全、重大质量事故或严重环境违法行为。

第十二条 高新技术企业认定程序如下：

（一）企业申请

企业对照本办法进行自我评价。认为符合认定条件的在"高新技术企业认定管理工作网"注册登记，向认定机构提出认定申请。申请时提交下列材料：

1. 高新技术企业认定申请书；
2. 证明企业依法成立的相关注册登记证件；

3. 知识产权相关材料、科研项目立项证明、科技成果转化、研究开发的组织管理等相关材料；

4. 企业高新技术产品（服务）的关键技术和技术指标、生产批文、认证认可和相关资质证书、产品质量检验报告等相关材料；

5. 企业职工和科技人员情况说明材料；

6. 经具有资质的中介机构出具的企业近三个会计年度研究开发费用和近一个会计年度高新技术产品（服务）收入专项审计或鉴证报告，并附研究开发活动说明材料；

7. 经具有资质的中介机构鉴证的企业近三个会计年度的财务会计报告（包括会计报表、会计报表附注和财务情况说明书）；

8. 近三个会计年度企业所得税年度纳税申报表。

（二）专家评审

认定机构应在符合评审要求的专家中，随机抽取组成专家组。专家组对企业申报材料进行评审，提出评审意见。

（三）审查认定

认定机构结合专家组评审意见，对申请企业进行综合审查，提出认定意见并报领导小组办公室。认定企业由领导小组办公室在“高新技术企业认定管理工作网”公示 10 个工作日，无异议的，予以备案，并在“高新技术企业认定管理工作网”公告，由认定机构向企业颁发统一印制的“高新技术企业证书”；有异议的，由认定机构进行核实处理。

第十三条 企业获得高新技术企业资格后，应每年 5 月底前在“高新技术企业认定管理工作网”填报上一年度知识产权、科技人员、研发费用、经营收入等年度发展情况报表。

第十四条 对于涉密企业，按照国家有关保密工作规定，在确保涉密信息安全的前提下，按认定工作程序组织认定。

第四章 监督管理

第十五条 科技部、财政部、税务总局建立随机抽查和重点检查机制，加强对各地高新技术企业认定管理工作的监督检查。对存在问题的认定机构提出整改意见并限期改正，问题严重的给予通报批评，逾期不改的暂停其认定管理工作。

第十六条 对已认定的高新技术企业，有关部门在日常管理过程中发现其不符合认定条件的，应提请认定机构复核。复核后确认不符合认定条件的，由认定机构取消其高新技术企业资格，并通知税务机关追缴其不符合认定条件年度起已享受的税收优惠。

第十七条 高新技术企业发生更名或与认定条件有关的重大变化（如分立、合并、重组以及经营业务发生变化等）应在三个月内向认定机构报告。经认定机构审核符合认定条件的，其高新技术企业资格不变，对于企业更名的，重新核发认定证书，编号与有效期不变；不符合认定条件的，自更名或条件变化年度起取消其高新技术企业资格。

第十八条 跨认定机构管理区域整体迁移的高新技术企业，在其高新技术企业资格有效期内完成迁移的，其资格继续有效；跨认定机构管理区域部分搬迁的，由迁入地认定机构按照本办法重新认定。

第十九条 已认定的高新技术企业有下列行为之一的，由认定机构取消其高新技术企业资格：

（一）在申请认定过程中存在严重弄虚作假行为的；

（二）发生重大安全、重大质量事故或有严重环境违法行为的；

（三）未按期报告与认定条件有关重大变化情况，或累计两年未填报年度发展情况报表的。

对被取消高新技术企业资格的企业，由认定机构通知税务机关按《税收征管法》及有关规定，追缴其自发生上述行为之日所属年度起已享受的高新技术企业税收优惠。

第二十条 参与高新技术企业认定工作的各类机构和人员对所承担的有关工作负有诚信、合规、保密义务。违反高新技术企业认定工作相关要求和纪律的，给予相应处理。

第五章　附　　则

第二十一条　科技部、财政部、税务总局根据本办法另行制定《高新技术企业认定管理工作指引》。

第二十二条　本办法由科技部、财政部、税务总局负责解释。

第二十三条　本办法自2016年1月1日起实施。原《高新技术企业认定管理办法》(国科发火〔2008〕172号)同时废止。

附件:国家重点支持的高新技术领域(见附录)

5.科技部　财政部　国家税务总局关于修订印发《高新技术企业认定管理工作指引》的通知

(2016年6月22日　国科发火〔2016〕195号)

各省、自治区、直辖市及计划单列市科技厅(委、局)、财政厅(局)、国家税务局、地方税务局:

根据《高新技术企业认定管理办法》(国科发火〔2016〕32号,以下称《认定办法》)第二十一条的规定,现将《高新技术企业认定管理工作指引》(以下称《工作指引》)印发给你们,并就有关事项通知如下:

一、2016年1月1日前已按《高新技术企业认定管理办法》(国科发火〔2008〕172号,以下称2008版《认定办法》)认定的仍在有效期内的高新技术企业,其资格依然有效,可依照《企业所得税法》及其实施条例等有关规定享受企业所得税优惠政策。

二、按2008版《认定办法》认定的高新技术企业,在2015年12月31日前发生2008版《认定办法》第十五条规定情况,且有关部门在2015年12月31日前已经做出处罚决定的,仍按2008版《认定办法》相关规定进行处理,认定机构5年内不再受理企业认定申请的处罚执行至2015年12月31日止。

三、本指引自2016年1月1日起实施。原《高新技术企业认定管理工作指引》(国科发火〔2008〕362号)、《关于高新技术企业更名和复审等有关事项的通知》(国科火字〔2011〕123号)同时废止。

高新技术企业认定管理工作指引

根据《高新技术企业认定管理办法》(国科发火〔2016〕32号,以下称《认定办法》)的规定,制定本工作指引。

一、组织与实施

(一)领导小组办公室

全国高新技术企业认定管理工作领导小组办公室设在科技部火炬高技术产业开发中心,由科技部、财政部、税务总局相关人员组成,负责处理日常工作。

(二)认定机构

各省、自治区、直辖市、计划单列市科技行政管理部门同本级财政、税务部门组成本地区高新技术企业认定管理机构(以下称"认定机构")。认定机构下设办公室,办公室设在省级、计划单列市科技行政主管部门,由省级、计划单列市科技、财政、税务部门相关人员组成。

认定机构组成部门应协同配合、认真负责地开展高新技术企业认定管理工作。

（三）中介机构

专项审计报告或鉴证报告（以下统称“专项报告”）应由符合以下条件的中介机构出具。企业可自行选择符合以下条件的中介机构。

1. 中介机构条件

（1）具备独立执业资格，成立三年以上，近三年内无不良记录。

（2）承担认定工作当年的注册会计师或税务师人数占职工全年月平均人数的比例不低于30%，全年月平均在职职工人数在20人以上。

（3）相关人员应具有良好的职业道德，了解国家科技、经济及产业政策，熟悉高新技术企业认定工作有关要求。

2. 中介机构职责

接受企业委托，委派具备资格的相关人员，依据《认定办法》和《工作指引》客观公正地对企业的研究开发费用和高新技术产品（服务）收入进行专项审计或鉴证，出具专项报告。

3. 中介机构纪律

中介机构及相关人员应坚持原则，办事公正，据实出具专项报告，对工作中出现严重失误或弄虚作假等行为的，由认定机构在“高新技术企业认定管理工作网”上公告，自公告之日起3年内不得参与高新技术企业认定相关工作。

（四）专家

1. 专家条件

（1）具有中华人民共和国公民资格，并在中国大陆境内居住和工作。

（2）技术专家应具有高级技术职称，并具有《技术领域》内相关专业背景和实践经验，对该技术领域的发展及市场状况有较全面的了解。财务专家应具有相关高级技术职称，或具有注册会计师或税务师资格且从事财税工作10年以上。

（3）具有良好的职业道德，坚持原则，办事公正。

（4）了解国家科技、经济及产业政策，熟悉高新技术企业认定工作有关要求。

2. 专家库及专家选取办法

（1）认定机构应建立专家库（包括技术专家和财务专家），实行专家聘任制和动态管理，备选专家应不少于评审专家的3倍。

（2）认定机构根据企业主营产品（服务）的核心技术所属技术领域随机抽取专家，组成专家组，并指定1名技术专家担任专家组组长，开展认定评审工作。

3. 专家职责

（1）审查企业的研究开发活动（项目）、年度财务会计报告和专项报告等是否符合《认定办法》及《工作指引》的要求。

（2）按照《认定办法》及《工作指引》的规定，评审专家对企业申报信息进行独立评价。技术专家应主要侧重对企业知识产权、研究开发活动、主营业务、成果转化及高新技术产品（服务）等情况进行评价打分；财务专家应参照中介机构提交的专项报告、企业的财务会计报告和纳税申报表等进行评价打分。

（3）在各评审专家独立评价的基础上，由专家组进行综合评价。

4. 专家纪律

（1）应按照《认定办法》、《工作指引》的要求，独立、客观、公正地对企业进行评价，并签订承诺书。

（2）评审与其有利益关系的企业时，应主动申明并回避。

（3）不得披露、使用申请企业的技术经济信息和商业秘密，不得复制保留或向他人扩散评审材料，不得泄露评审结果。

（4）不得利用其特殊身份和影响，采取非正常手段为申请企业认定提供便利。

（5）认定评审期间，未经认定机构许可不得擅自与企业联系或进入企业调查。

（6）不得收受申请企业给予的好处和利益。

一经发现违反上述规定，由认定机构取消其参与高新技术企业认定工作资格。

二、认定程序

（一）自我评价

企业应对照《认定办法》和本《工作指引》进行自我评价。

（二）注册登记

企业登录“高新技术企业认定管理工作网”（网址：www. innocom. gov. cn），按要求填写《企业注册登记表》（附件1），并通过网络系统提交至认定机构。认定机构核对企业注册信息，在网络系统上确认激活后，企业可以开展后续申报工作。

（三）提交材料

企业登录“高新技术企业认定管理工作网”，按要求填写《高新技术企业认定申请书》（附件2），通过网络系统提交至认定机构，并向认定机构提交下列书面材料：

1.《高新技术企业认定申请书》（在线打印并签名、加盖企业公章）；

2. 证明企业依法成立的《营业执照》等相关注册登记证件的复印件；

3. 知识产权相关材料（知识产权证书及反映技术水平的证明材料、参与制定标准情况等）、科研项目立项证明（已验收或结题项目需附验收或结题报告）、科技成果转化（总体情况与转化形式、应用成效的逐项说明）、研究开发组织管理（总体情况与四项指标符合情况的具体说明）等相关材料；

4. 企业高新技术产品（服务）的关键技术和技术指标的具体说明，相关的生产批文、认证认可和资质证书、产品质量检验报告等材料；

5. 企业职工和科技人员情况说明材料，包括在职、兼职和临时聘用人员人数、人员学历结构、科技人员名单及其工作岗位等；

6. 经具有资质并符合本《工作指引》相关条件的中介机构出具的企业近三个会计年度（实际年限不足三年的按实际经营年限，下同）研究开发费用、近一个会计年度高新技术产品（服务）收入专项审计或鉴证报告，并附研究开发活动说明材料；

7. 经具有资质的中介机构鉴证的企业近三个会计年度的财务会计报告（包括会计报表、会计报表附注和财务情况说明书）；

8. 近三个会计年度企业所得税年度纳税申报表（包括主表及附表）。

对涉密企业，须将申请认定高新技术企业的申报材料做脱密处理，确保涉密信息安全。

（四）专家评审

认定机构收到企业申请材料后，根据企业主营产品（服务）的核心技术所属技术领域在符合评审要求的专家中，随机抽取专家组成专家组，对每个企业的评审专家不少于5人（其中技术专家不少于60%，并至少有1名财务专家）。每名技术专家单独填写《高新技术企业认定技术专家评价表》（附件3），每名财务专家单独填写《高新技术企业认定财务专家评价表》（附件4），专家组长汇总各位专家分数，按分数平均值填写《高新技术企业认定专家组综合评价表》（附件5）。具备条件的地区可进行网络评审。

（五）认定报备

认定机构结合专家组评审意见，对申请企业申报材料进行综合审查（可视情况对部分企业进行实地核查），提出认定意见，确定认定高新技术企业名单，报领导小组办公室备案，报送时间不得晚于每年11月底。

（六）公示公告

经认定报备的企业名单，由领导小组办公室在“高新技术企业认定管理工作网”公示10个工作日。无异议的，予以备案，认定时间以公示时间为准，核发证书编号，并在“高新技术企业认定管理工作网”上公告企业名单，由认定机构向企业颁发统一印制的“高新技术企业证书”（加盖认定机构科技、财政、税务部门公章）；有异议的，须以书面形式实名向领导小组办公室提出，由认定机构核实处理。

领导小组办公室对报备企业可进行随机抽查，对存在问题的企业交由认定机构核实情况并提出处理建议。

认定流程如下图所示：

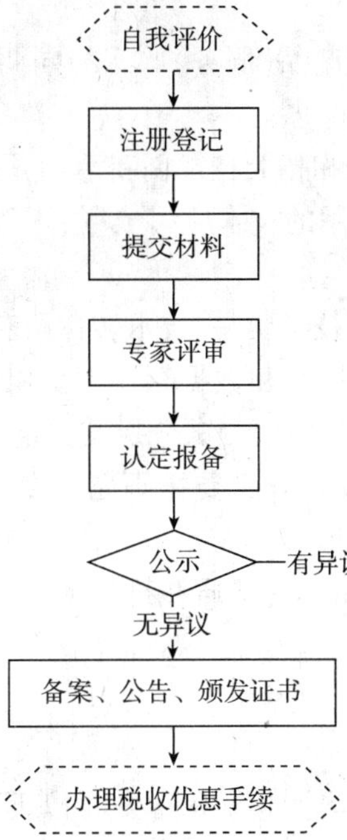

三、认定条件

(一)年限

《认定办法》第十一条“须注册成立一年以上”是指企业须注册成立365个日历天数以上;“当年”、“最近一年”和“近一年”都是指企业申报前1个会计年度;“近三个会计年度”是指企业申报前的连续3个会计年度(不含申报年);“申请认定前一年内”是指申请前的365天之内(含申报年)。

(二)知识产权

1. 高新技术企业认定所指的知识产权须在中国境内授权或审批审定,并在中国法律的有效保护期内。知识产权权属人应为申请企业。

2. 不具备知识产权的企业不能认定为高新技术企业。

3. 高新技术企业认定中,对企业知识产权情况采用分类评价方式,其中:发明专利(含国防专利)、植物新品种、国家级农作物品种、国家新药、国家一级中药保护品种、集成电路布图设计专有权等按Ⅰ类评价;实用新型专利、外观设计专利、软件著作权等(不含商标)按Ⅱ类评价。

4. 按Ⅱ类评价的知识产权在申请高新技术企业时,仅限使用一次。

5. 在申请高新技术企业及高新技术企业资格存续期内,知识产权有多个权属人时,只能由一个权属人在申请时使用。

6. 申请认定时专利的有效性以企业申请认定前获得授权证书或授权通知书并能提供缴费收据为准。

7. 发明、实用新型、外观设计、集成电路布图设计专有权可在国家知识产权局网站(http://www. sipo. gov. cn)查询专利标记和专利号;国防专利须提供国家知识产权局授予的国防专利证书;植物新品种可在农业部植物新品种保护办公室网站(http://www. cnpvp. cn)和国家林业局植物新品种保护办公室网站(http://www. cnpvp. net)查询;国家级农作物品种是指农业部国家农作物品种审定委员会审定公告的农作物品种;国家新药须提供国家食品药品监督管理局签发的新药证书;国家一级中药保护品种须提供国家食品药品监督管理局签发的中药保护品种证书;软件著作权可在国家版权局中国版权保护中心网站(http://www. ccopyright. com. cn)查询软件著作权标记(亦称版权标记)。

(三)高新技术产品(服务)与主要产品(服务)

高新技术产品(服务)是指对其发挥核心支持作用的技术属于《国家重点支持的高新技术领域》规定范围的产品(服务)。

主要产品(服务)是指高新技术产品(服务)中,拥有在技术上发挥核心支持作用的知识产权的所有权,且收入之和在企业同期高新技术产品(服务)收入中超过50%的产品(服务)。

（四）高新技术产品（服务）收入占比

高新技术产品（服务）收入占比是指高新技术产品（服务）收入与同期总收入的比值。

1. 高新技术产品（服务）收入

高新技术产品（服务）收入是指企业通过研发和相关技术创新活动，取得的产品（服务）收入与技术性收入的总和。对企业取得上述收入发挥核心支持作用的技术应属于《技术领域》规定的范围。其中，技术性收入包括：

（1）技术转让收入：指企业技术创新成果通过技术贸易、技术转让所获得的收入；

（2）技术服务收入：指企业利用自己的人力、物力和数据系统等为社会和本企业外的用户提供技术资料、技术咨询与市场评估、工程技术项目设计、数据处理、测试分析及其他类型的服务所获得的收入；

（3）接受委托研究开发收入：指企业承担社会各方面委托研究开发、中间试验及新产品开发所获得的收入。

企业应正确计算高新技术产品（服务）收入，由具有资质并符合本《工作指引》相关条件的中介机构进行专项审计或鉴证。

2. 总收入

总收入是指收入总额减去不征税收入。

收入总额与不征税收入按照《中华人民共和国企业所得税法》（以下称《企业所得税法》）及《中华人民共和国企业所得税法实施条例》（以下称《实施条例》）的规定计算。

（五）企业科技人员占比

企业科技人员占比是企业科技人员数与职工总数的比值。

1. 科技人员

企业科技人员是指直接从事研发和相关技术创新活动，以及专门从事上述活动的管理和提供直接技术服务的，累计实际工作时间在183天以上的人员，包括在职、兼职和临时聘用人员。

2. 职工总数

企业职工总数包括企业在职、兼职和临时聘用人员。在职人员可以通过企业是否签订了劳动合同或缴纳社会保险费来鉴别；兼职、临时聘用人员全年须在企业累计工作183天以上。

3. 统计方法

企业当年职工总数、科技人员数均按照全年月平均数计算。

$$月平均数=(月初数+月末数)\div 2$$

$$全年月平均数=全年各月平均数之和\div 12$$

年度中间开业或者终止经营活动的，以其实际经营期作为一个纳税年度确定上述相关指标。

（六）企业研究开发费用占比

企业研究开发费用占比是企业近三个会计年度的研究开发费用总额占同期销售收入总额的比值。

1. 企业研究开发活动确定

研究开发活动是指，为获得科学与技术（不包括社会科学、艺术或人文学）新知识，创造性运用科学技术新知识，或实质性改进技术、产品（服务）、工艺而持续进行的具有明确目标的活动。不包括企业对产品（服务）的常规性升级或对某项科研成果直接应用等活动（如直接采用新的材料、装置、产品、服务、工艺或知识等）。

企业应按照研究开发活动的定义填写附件2《高新技术企业认定申请书》中的“四、企业研究开发活动情况表”。

专家评价过程中可参考如下方法判断：

——行业标准判断法。若国家有关部门、全国（世界）性行业协会等具备相应资质的机构提供了测定科技“新知识”、“创造性运用科学技术新知识”或“具有实质性改进的技术、产品（服务）、工艺”等技术参数（标准），则优先按此参数（标准）来判断企业所进行项目是否为研究开发活动。

——专家判断法。如果企业所在行业中没有发布公认的研发活动测度标准，则通过本行业专家进行判断。获得新知识、创造性运用新知识以及技术的实质改进，应当是取得被同行业专家认可的、有价值的创新成果，对本地区相关行业的技术进步具有推动作用。

——目标或结果判定法。在采用行业标准判断法和专家判断法不易判断企业是否发生了研发活动时，以本方法作为辅助。重点了解研发活动的目的、创新性、投入资源（预算），以及是否取得了最终成果或中间成果（如专利等知识产权或其他形式的科技成果）。

2. 研究开发费用的归集范围

（1）人员人工费用

包括企业科技人员的工资薪金、基本养老保险费、基本医疗保险费、失业保险费、工伤保险费、生育保险费和住房公积金，以及外聘科技人员的劳务费用。

（2）直接投入费用

直接投入费用是指企业为实施研究开发活动而实际发生的相关支出。包括：

——直接消耗的材料、燃料和动力费用；

——用于中间试验和产品试制的模具、工艺装备开发及制造费，不构成固定资产的样品、样机及一般测试手段购置费，试制产品的检验费；

——用于研究开发活动的仪器、设备的运行维护、调整、检验、检测、维修等费用，以及通过经营租赁方式租入的用于研发活动的固定资产租赁费。

（3）折旧费用与长期待摊费用

折旧费用是指用于研究开发活动的仪器、设备和在用建筑物的折旧费。

长期待摊费用是指研发设施的改建、改装、装修和修理过程中发生的长期待摊费用。

（4）无形资产摊销费用

无形资产摊销费用是指用于研究开发活动的软件、知识产权、非专利技术（专有技术、许可证、设计和计算方法等）的摊销费用。

（5）设计费用

设计费用是指为新产品和新工艺进行构思、开发和制造，进行工序、技术规范、规程制定、操作特性方面的设计等发生的费用。包括为获得创新性、创意性、突破性产品进行的创意设计活动发生的相关费用。

（6）装备调试费用与试验费用

装备调试费用是指工装准备过程中研究开发活动所发生的费用，包括研制特殊、专用的生产机器，改变生产和质量控制程序，或制定新方法及标准等活动所发生的费用。

为大规模批量化和商业化生产所进行的常规性工装准备和工业工程发生的费用不能计入归集范围。

试验费用包括新药研制的临床试验费、勘探开发技术的现场试验费、田间试验费等。

（7）委托外部研究开发费用

委托外部研究开发费用是指企业委托境内外其他机构或个人进行研究开发活动所发生的费用（研究开发活动成果为委托方企业拥有，且与该企业的主要经营业务紧密相关）。委托外部研究开发费用的实际发生额应按照独立交易原则确定，按照实际发生额的80%计入委托方研发费用总额。

（8）其他费用

其他费用是指上述费用之外与研究开发活动直接相关的其他费用，包括技术图书资料费、资料翻译费、专家咨询费、高新科技研发保险费，研发成果的检索、论证、评审、鉴定、验收费用，知识产权的申请费、注册费、代理费，会议费、差旅费、通讯费等。此项费用一般不得超过研究开发总费用的20%，另有规定的除外。

3. 企业在中国境内发生的研究开发费用

企业在中国境内发生的研究开发费用，是指企业内部研究开发活动实际支出的全部费用与委托境内其他机构或个人进行的研究开发活动所支出的费用之和，不包括委托境外机构或个人完成的研究开发活动所发生的费用。受托研发的境外机构是指依照外国和地区（含港澳台）法律成立的企业和其他取得收入的组织；受托研发的境外个人是指外籍（含港澳台）个人。

4. 企业研究开发费用归集办法

企业应正确归集研发费用，由具有资质并符合本《工作指引》相关条件的中介机构进行专项审计或鉴证。

企业的研究开发费用是以单个研发活动为基本单位分别进行测度并加总计算的。企业应对包括直接研究开发活动和可以计入的间接研究开发活动所发生的费用进行归集，并填写附件2《高新技术企业认定申请书》中的“企业年度研究开发费用结构明细表”。

企业应按照“企业年度研究开发费用结构明细表”设置高新技术企业认定专用研究开发费用辅助核算账目，提供相关凭证及明细表，并按本《工作指引》要求进行核算。

5. 销售收入

销售收入为主营业务收入与其他业务收入之和。

主营业务收入与其他业务收入按照企业所得税年度纳税申报表的口径计算。

（七）企业创新能力评价

企业创新能力主要从知识产权、科技成果转化能力、研究开发组织管理水平、企业成长性等四项指标进行评价。各级指标均按整数打分，满分为100分，综合得分达到70分以上（不含70分）为符合认定要求。四项指标分值结构详见下表：

序号	指标	分值
1	知识产权	≤30
2	科技成果转化能力	≤30
3	研究开发组织管理水平	≤20
4	企业成长性	≤20

1. 知识产权（≤30分）

由技术专家对企业申报的知识产权是否符合《认定办法》和《工作指引》要求，进行定性与定量结合的评价。

序号	知识产权相关评价指标	分值
1	技术的先进程度	≤8
2	对主要产品（服务）在技术上发挥核心支持作用	≤8
3	知识产权数量	≤8
4	知识产权获得方式	≤6
5	（作为参考条件，最多加2分） 企业参与编制国家标准、行业标准、检测方法、技术规范的情况	≤2

（1）技术的先进程度

A. 高（7~8分）
B. 较高（5~6分）
C. 一般（3~4分）
D. 较低（1~2分）
E. 无（0分）

（2）对主要产品（服务）在技术上发挥核心支持作用

A. 强（7~8分）
B. 较强（5~6分）
C. 一般（3~4分）
D. 较弱（1~2分）
E. 无（0分）

（3）知识产权数量

A. 1项及以上（Ⅰ类）（7~8分）
B. 5项及以上（Ⅱ类）（5~6分）
C. 3~4项（Ⅱ类）（3~4分）
D. 1~2项（Ⅱ类）（1~2分）

E. 0 项(0 分)

(4)知识产权获得方式

A. 有自主研发(1 ~6 分)　　B. 仅有受让、受赠和并购等(1 ~3 分)

(5)企业参与编制国家标准、行业标准、检测方法、技术规范的情况(此项为加分项,加分后“知识产权”总分不超过 30 分。相关标准、方法和规范须经国家有关部门认证认可。)

A. 是(1 ~2 分)　　B. 否(0 分)

2. 科技成果转化能力(≤30 分)

依照《促进科技成果转化法》,科技成果是指通过科学研究与技术开发所产生的具有实用价值的成果(专利、版权、集成电路布图设计等)。科技成果转化是指为提高生产力水平而对科技成果进行的后续试验、开发、应用、推广直至形成新产品、新工艺、新材料,发展新产业等活动。

科技成果转化形式包括:自行投资实施转化;向他人转让该技术成果;许可他人使用该科技成果;以该科技成果作为合作条件,与他人共同实施转化;以该科技成果作价投资、折算股份或者出资比例;以及其他协商确定的方式。

由技术专家根据企业科技成果转化总体情况和近 3 年内科技成果转化的年平均数进行综合评价。同一科技成果分别在国内外转化的,或转化为多个产品、服务、工艺、样品、样机等的,只计为一项。

A. 转化能力强,≥5 项(25 ~30 分)　　B. 转化能力较强,≥4 项(19 ~24 分)

C. 转化能力一般,≥3 项(13 ~18 分)　　D. 转化能力较弱,≥2 项(7 ~12 分)

E. 转化能力弱,≥1 项(1 ~6 分)　　F. 转化能力无,0 项(0 分)

3. 研究开发组织管理水平(≤20 分)

由技术专家根据企业研究开发与技术创新组织管理的总体情况,结合以下几项评价,进行综合打分。

(1)制定了企业研究开发的组织管理制度,建立了研发投入核算体系,编制了研发费用辅助账;(≤6 分)

(2)设立了内部科学技术研究开发机构并具备相应的科研条件,与国内外研究开发机构开展多种形式产学研合作;(≤6 分)

(3)建立了科技成果转化的组织实施与激励奖励制度,建立开放式的创新创业平台;(≤4 分)

(4)建立了科技人员的培养进修、职工技能培训、优秀人才引进,以及人才绩效评价奖励制度。(≤4 分)

4. 企业成长性(≤20 分)

由财务专家选取企业净资产增长率、销售收入增长率等指标对企业成长性进行评价。企业实际经营期不满三年的按实际经营时间计算。计算方法如下:

(1)净资产增长率

净资产增长率 = 1/2 ×(第二年末净资产 ÷ 第一年末净资产 + 第三年末净资产 ÷ 第二年末净资产) - 1

净资产 = 资产总额 - 负债总额

资产总额、负债总额应以具有资质的中介机构鉴证的企业会计报表期末数为准。

(2)销售收入增长率

销售收入增长率 = 1/2 ×(第二年销售收入 ÷ 第一年销售收入 + 第三年销售收入 ÷ 第二年销售收入) - 1

企业净资产增长率或销售收入增长率为负的,按 0 分计算。第一年末净资产或销售收入为 0 的,按后两年计算;第二年末净资产或销售收入为 0 的,按 0 分计算。

以上两个指标分别对照下表评价档次(ABCDEF)得出分值,两项得分相加计算出企业成长性指标综合得分。

<table>
<tr><td rowspan="2">成长性得分</td><td rowspan="2">指标赋值</td><td colspan="6">分数</td></tr>
<tr><td>≥35%</td><td>≥25%</td><td>≥15%</td><td>≥5%</td><td>>0</td><td>≤0</td></tr>
<tr><td rowspan="2">≤20 分</td><td>净资产增长率赋值≤10 分</td><td rowspan="2">A
9 ~ 10 分</td><td rowspan="2">B
7 ~ 8 分</td><td rowspan="2">C
5 ~ 6 分</td><td rowspan="2">D
3 ~ 4 分</td><td rowspan="2">E
1 ~ 2 分</td><td rowspan="2">F
0 分</td></tr>
<tr><td>销售收入增长率赋值≤10 分</td></tr>
</table>

四、享受税收优惠

1. 自认定当年起，企业可持“高新技术企业”证书及其复印件，按照《企业所得税法》及《实施条例》、《中华人民共和国税收征收管理法》（以下称《税收征管法》）、《中华人民共和国税收征收管理法实施细则》（以下称《实施细则》）、《认定办法》和本《工作指引》等有关规定，到主管税务机关办理相关手续，享受税收优惠。

2. 未取得高新技术企业资格或不符合《企业所得税法》及其《实施条例》、《税收征管法》及其《实施细则》，以及《认定办法》等有关规定条件的企业，不得享受高新技术企业税收优惠。

3. 高新技术企业资格期满当年内，在通过重新认定前，其企业所得税暂按 15% 的税率预缴，在年度汇算清缴前未取得高新技术企业资格的，应按规定补缴税款。

五、监督管理

（一）重点检查

根据认定管理工作需要，科技部、财政部、税务总局按照《认定办法》的要求，可组织专家对各地高新技术企业认定管理工作进行重点检查，对存在问题的视情况给予相应处理。

（二）企业年报

企业获得高新技术企业资格后，在其资格有效期内应每年 5 月底前通过“高新技术企业认定管理工作网”，报送上一年度知识产权、科技人员、研发费用、经营收入等年度发展情况报表（附件 6）；在同一高新技术企业资格有效期内，企业累计两年未按规定时限报送年度发展情况报表的，由认定机构取消其高新技术企业资格，在“高新技术企业认定管理工作网”上公告。

认定机构应提醒、督促企业及时填报年度发展情况报表，并协助企业处理填报过程中的相关问题。

（三）复核

对已认定的高新技术企业，有关部门在日常管理过程中发现其不符合认定条件的，应以书面形式提请认定机构复核。复核后确认不符合认定条件的，由认定机构取消其高新技术企业资格，并通知税务机关追缴其不符合认定条件年度起已享受的税收优惠。

属于对是否符合《认定办法》第十一条［除（五）款外］、第十七条、第十八条和第十九条情况的企业，按《认定办法》规定办理；属于对是否符合《认定办法》第十一条（五）款产生异议的，应以问题所属年度和前两个会计年度（实际经营不满三年的按实际经营时间计算）的研究开发费用总额与同期销售收入总额之比是否符合《认定办法》第十一条（五）款规定进行复核。

（四）更名及重大变化事项

高新技术企业发生名称变更或与认定条件有关的重大变化（如分立、合并、重组以及经营业务发生变化等），应在发生之日起三个月内向认定机构报告，在“高新技术企业认定管理工作网”上提交《高新技术企业名称变更申请表》（附件 7），并将打印出的《高新技术企业名称变更申请表》与相关证明材料报认定机构，由认定机构负责审核企业是否仍符合高新技术企业条件。

企业仅发生名称变更，不涉及重大变化，符合高新技术企业认定条件的，由认定机构在本地区公示 10 个工作日，无异议的，由认定机构重新核发认定证书，编号与有效期不变，并在“高新技术企业认定管理工作网”上公告；有异议的或有重大变化的（无论名称变更与否），由认定机构按《认定办法》第十一条进行核实处理，不符合认定条件的，自更名或条件变化年度起取消其高新技术企业资格，并在“高新技术企业认定管理工作网”上公告。

（五）异地搬迁

1.《认定办法》第十八条中整体迁移是指符合《中华人民共和国公司登记管理条例》第二十九条所述

情况。

2.跨认定机构管理区域整体迁移的高新技术企业须向迁入地认定机构提交有效期内的《高新技术企业证书》及迁入地工商等登记管理机关核发的完成迁入的相关证明材料。

3.完成整体迁移的,其高新技术企业资格和《高新技术企业证书》继续有效,编号与有效期不变。由迁入地认定机构给企业出具证明材料,并在"高新技术企业认定管理工作网"上公告。

(六)其他

1.有《认定办法》第十九条所列三种行为之一的企业,自行为发生之日所属年度起取消其高新技术企业资格,并在"高新技术企业认定管理工作网"上公告。

2.认定机构应依据有关部门根据相关法律法规出具的意见对"重大安全、重大质量事故或有严重环境违法行为"进行判定处理。

3.已认定的高新技术企业,无论何种原因被取消高新技术企业资格的,当年不得再次申请高新技术企业认定。

六、高新技术企业认定管理工作网功能及操作提要

"高新技术企业认定管理工作网"是根据《认定办法》建设的高新技术企业认定管理工作的信息化平台,由高新技术企业认定管理工作门户网站(以下简称"门户网站")和高新技术企业认定管理系统(以下简称"管理系统")构成。

(一)门户网站主要功能

门户网站(www. innocom. gov. cn)的主要功能包括:发布高新技术企业政策、工作动态、公示文件,公告备案、更名、异地搬迁、撤销资格、问题中介机构名单等信息,以及提供管理系统的登录入口。

(二)管理系统主要功能

管理系统由企业申报系统、认定机构管理系统和领导小组办公室管理系统三个子系统组成。

1.企业申报系统主要功能

(1)企业注册

(2)企业信息变更

(3)企业名称变更

(4)认定申报

(5)年度发展情况报表

(6)查询

(7)密码找回

2.认定机构管理系统主要功能

(1)企业注册管理

(2)认定申报管理

(3)撤销企业高企证书管理

(4)异地搬迁企业管理

(5)查询与统计

3.领导小组办公室管理系统主要功能

(1)高企备案管理

(2)撤销企业高企证书管理

(3)异地搬迁企业管理

(4)查询与统计

附件:(略)

6. 国家税务总局关于实施高新技术企业所得税优惠政策有关问题的公告

（2017 年 6 月 19 日　国家税务总局公告 2017 年第 24 号）

为贯彻落实高新技术企业所得税优惠政策，根据《科技部　财政部　国家税务总局关于修订印发〈高新技术企业认定管理办法〉的通知》（国科发火〔2016〕32 号，以下简称《认定办法》）及《科技部　财政部　国家税务总局关于修订印发〈高新技术企业认定管理工作指引〉的通知》（国科发火〔2016〕195 号，以下简称《工作指引》）以及相关税收规定，现就实施高新技术企业所得税优惠政策有关问题公告如下：

一、企业获得高新技术企业资格后，自高新技术企业证书注明的发证时间所在年度起申报享受税收优惠，并按规定向主管税务机关办理备案手续。

企业的高新技术企业资格期满当年，在通过重新认定前，其企业所得税暂按 15% 的税率预缴，在年底前仍未取得高新技术企业资格的，应按规定补缴相应期间的税款。

二、对取得高新技术企业资格且享受税收优惠的高新技术企业，税务部门如在日常管理过程中发现其在高新技术企业认定过程中或享受优惠期间不符合《认定办法》第十一条规定的认定条件的，应提请认定机构复核。复核后确认不符合认定条件的，由认定机构取消其高新技术企业资格，并通知税务机关追缴其证书有效期内自不符合认定条件年度起已享受的税收优惠。

三、享受税收优惠的高新技术企业，每年汇算清缴时应按照《国家税务总局关于发布〈企业所得税优惠政策事项办理办法〉的公告》（国家税务总局公告 2015 年第 76 号）规定向税务机关提交企业所得税优惠事项备案表、高新技术企业资格证书履行备案手续，同时妥善保管以下资料留存备查：

1. 高新技术企业资格证书；

2. 高新技术企业认定资料；

3. 知识产权相关材料；

4. 年度主要产品（服务）发挥核心支持作用的技术属于《国家重点支持的高新技术领域》规定范围的说明，高新技术产品（服务）及对应收入资料；

5. 年度职工和科技人员情况证明材料；

6. 当年和前两个会计年度研发费用总额及占同期销售收入比例、研发费用管理资料以及研发费用辅助账，研发费用结构明细表（具体格式见《工作指引》附件 2）；

7. 省税务机关规定的其他资料。

四、本公告适用于 2017 年度及以后年度企业所得税汇算清缴。2016 年 1 月 1 日以后按《认定办法》认定的高新技术企业按本公告规定执行。2016 年 1 月 1 日前按《科技部　财政部　国家税务总局关于印发〈高新技术企业认定管理办法〉的通知》（国科发火〔2008〕172 号）认定的高新技术企业，仍按《国家税务总局关于实施高新技术企业所得税优惠有关问题的通知》（国税函〔2009〕203 号）和国家税务总局公告 2015 年第 76 号的规定执行。

《国家税务总局关于高新技术企业资格复审期间企业所得税预缴问题的公告》（国家税务总局公告 2011 年第 4 号）同时废止。

特此公告。

7. 财政部　国家税务总局关于延长高新技术企业和科技型中小企业亏损结转年限的通知

（2018 年 7 月 11 日　财税〔2018〕76 号）

各省、自治区、直辖市、计划单列市财政厅（局），国家税务总局各省、自治区、直辖市、计划单列市税务局，新疆生产建设兵团财政局：

为支持高新技术企业和科技型中小企业发展，现就高新技术企业和科技型中小企业亏损结转年限政策通知如下：

一、自 2018 年 1 月 1 日起，当年具备高新技术企业或科技型中小企业资格（以下统称资格）的企业，其具备资格年度之前 5 个年度发生的尚未弥补完的亏损，准予结转以后年度弥补，最长结转年限由 5 年延长至 10 年。

二、本通知所称高新技术企业，是指按照《科技部　财政部　国家税务总局关于修订印发〈高新技术企业认定管理办法〉的通知》（国科发火〔2016〕32 号）规定认定的高新技术企业；所称科技型中小企业，是指按照《科技部　财政部　国家税务总局关于印发〈科技型中小企业评价办法〉的通知》（国科发政〔2017〕115 号）规定取得科技型中小企业登记编号的企业。

三、本通知自 2018 年 1 月 1 日开始执行。

8. 国家税务总局关于延长高新技术企业和科技型中小企业亏损结转弥补年限有关企业所得税处理问题的公告

（2018 年 8 月 23 日　国家税务总局公告 2018 年第 45 号）

为支持高新技术企业和科技型中小企业发展，根据《中华人民共和国企业所得税法》及其实施条例、《财政部　税务总局关于延长高新技术企业和科技型中小企业亏损结转年限的通知》（财税〔2018〕76 号，以下简称《通知》）规定，现就延长高新技术企业和科技型中小企业亏损结转弥补年限有关企业所得税处理问题公告如下：

一、《通知》第一条所称当年具备高新技术企业或科技型中小企业资格（以下统称"资格"）的企业，其具备资格年度之前 5 个年度发生的尚未弥补完的亏损，是指当年具备资格的企业，其前 5 个年度无论是否具备资格，所发生的尚未弥补完的亏损。

2018 年具备资格的企业，无论 2013 年至 2017 年是否具备资格，其 2013 年至 2017 年发生的尚未弥补完的亏损，均准予结转以后年度弥补，最长结转年限为 10 年。2018 年以后年度具备资格的企业，依此类推，进行亏损结转弥补税务处理。

二、高新技术企业按照其取得的高新技术企业证书注明的有效期所属年度，确定其具备资格的年度。

科技型中小企业按照其取得的科技型中小企业入库登记编号注明的年度，确定其具备资格的年度。

三、企业发生符合特殊性税务处理规定的合并或分立重组事项的，其尚未弥补完的亏损，按照《财政部　国家税务总局关于企业重组业务企业所得税处理若干问题的通知》（财税〔2009〕59 号）和本公告有关规定进行税务处理：

（一）合并企业承继被合并企业尚未弥补完的亏损的结转年限，按照被合并企业的亏损结转年限确定；

（二）分立企业承继被分立企业尚未弥补完的亏损的结转年限，按照被分立企业的亏损结转年限确定；

（三）合并企业或分立企业具备资格的，其承继被合并企业或被分立企业尚未弥补完的亏损的结转年限，按照《通知》第一条和本公告第一条规定处理。

四、符合《通知》和本公告规定延长亏损结转弥补年限条件的企业，在企业所得税预缴和汇算清缴时，自行计算亏损结转弥补年限，并填写相关纳税申报表。

五、本公告自2018年1月1日起施行。

特此公告。

▶中关村高新认定

1. 科学技术部　财政部　国家税务总局关于完善中关村国家自主创新示范区高新技术企业认定管理试点工作的通知

（2011年3月2日　国科发火〔2011〕90号）

北京市科学技术委员会、北京市财政局、北京市国家税务局、北京市地方税务局：

为贯彻落实《国务院关于同意支持中关村科技园区建设国家自主创新示范区的批复》（国函〔2009〕28号），支持中关村国家自主创新示范区（以下简称示范区）的高新技术企业认定管理试点工作（以下简称试点工作），现将有关事项通知如下：

一、根据2008年科技部、财政部和税务总局联合制订的《高新技术企业认定管理办法》（以下简称《认定办法》）和《高新技术企业认定管理工作指引》（以下简称《工作指引》）实施两年多的情况，结合示范区建设的实际需要，在不改变原有高新技术企业认定管理体系结构和管理权限的前提下，以《认定办法》和《工作指引》为基础，同意将完善高新技术企业认定管理的相关政策内容（见下文）在示范区内先行先试。

二、试点工作认定的企业，应为示范区内设立的企业。试点工作时间从2010年1月1日起至2011年12月31日止。

示范区外的企业仍按照现行《认定办法》执行。

三、示范区内注册满半年不足一年的企业，符合本《通知》中核心自主知识产权、《国家重点支持的高新技术领域（中关村示范区试行）》（见附件，以下简称《高新技术领域》）及《认定办法》中科技人员与研发人员所占比例的规定，且研究开发费用总额占成本费用支出总额20%以上的，可申请认定高新技术企业，发蓝底证书，自颁发证书之日起有效期为一年，不享受税收优惠。

在试点工作时间内，企业注册满一年的，可按《认定办法》和本《通知》的规定重新认定，认定合格后按《认定办法》执行，蓝底证书自动失效。

四、试点企业的产品（服务）应属于《高新技术领域》规定的范围。

五、在现有《工作指引》的基础上补充完善“核心自主知识产权”内容。

在《工作指引》五（一）中，增加反映创新成果的“国家新药、国家一级中药保护品种、经审（鉴）定的国家级农作物品种、国防专利、技术秘密”作为核心自主知识产权。相应地，对《工作指引》六（二）1的A选项调整为“□A. 6项，或1项发明专利、植物新品种、国家新药、国家一级中药保护品种、国家级农作物品种、国防专利、技术秘密”；在《工作指引》六（二）2的［说明］1中增加“国家新药、国家一级中药保护品种、国家级农作物品种、国防专利、技术秘密”。

本《通知》所称技术秘密是指:支撑主营产品技术路线实现的关键技术秘密。企业从事节能环保、新一代信息技术、生物、高端装备制造、新能源、新材料、新能源汽车等战略性新兴产业,且近三个会计年度的研究开发费用总额占销售收入总额的比例达到10%以上的企业,可以技术秘密作为核心自主知识产权申报。由北京市高新技术企业认定管理机构参照专利实质性审查提出技术秘密鉴定管理办法,报科技部、财政部、税务总局备案后实施。

六、对《工作指引》六(二)"各单项指标的测算依据"进行调整完善。以定性和定量相结合的原则,在认定组织工作中发挥技术专家的技术专长,对企业核心自主知识产权的水平、科技研发及成果转化能力进行评价;科技研究开发管理水平、企业总资产和销售额增长率指标由认定机构组织评价。

七、《工作指引》六(二)1[说明]4 调整为:"知识产权以获得授权证书或授权通知书并能提供缴费收据(企业应在取得高新技术企业证书一年内提供授权证书,否则应补缴税款)为准"。

八、对于涉密企业,按照国家有关保密工作规定,在确保涉密信息安全的前提下,按认定工作程序组织认定。

附件:国家重点支持的高新技术领域(中关村示范区试行)(略)

2. 科学技术部　财政部　国家税务总局关于在中关村国家自主创新示范区开展高新技术企业认定中文化产业支撑技术等领域范围试点的通知

(2013 年 9 月 29 日　国科发高〔2013〕595 号)

北京市科学技术委员会、北京市财政局、北京市国家税务局、北京市地方税务局:

经国务院同意,现将在中关村国家自主创新示范区开展高新技术企业认定关于文化产业支撑技术等领域范围试点的有关事项通知如下:

对中关村国家自主创新示范区从事文化产业支撑技术等领域的企业,按规定认定为高新技术企业的,减按15%税率征收企业所得税。文化产业支撑技术等领域的具体范围,由科技部会同有关部门研究制定,另行发文。

3. 科学技术部　财政部　国家税务总局关于在中关村国家自主创新示范区完善高新技术企业认定中文化产业支撑技术等领域范围的通知

(2014 年 2 月 24 日　国科发火〔2014〕20 号)

北京市科学技术委员会、北京市财政局、北京市国家税务局、北京市地方税务局:

根据《科技部　财政部　税务总局关于在中关村国家自主创新示范区开展高新技术企业认定中文化产业支撑技术等领域范围试点的通知》(国科发高〔2013〕595 号)文件精神,现对《科技部　财政部　国家税务总局关于完善中关村国家自主创新示范区高新技术企业认定管理试点工作的通知》(国科发火〔2011〕90 号)的附件《国家重点支持的高新技术领域(中关村示范区试行)》内涉及文化产业支撑技术等领域范围内容予以补充,详见附件。

特此通知。

附件：

文化产业支撑技术等领域范围补充内容

序号	增加位置	增加内容
1	一、电子信息技术 (一)软件 6. 中文及多语种处理软件技术	字体设计与生成技术；字库管理技术；支撑古文字、少数民族文字研究的相关技术；支撑书法及绘画研究的相关技术；语言、音乐和电声信号的处理技术；支撑文物器物、文物建筑研究的相关技术；支撑文物基础资源的信息采集、转换、记录、保存的相关技术。
2	一、电子信息技术 (一)软件 7. 图形和图像软件技术	静态图像、动态图像、视频图像及影视画面的处理技术。
3	一、电子信息技术 (七)信息安全技术 5. 安全保密技术	文化、文物及文物衍生产品防伪技术，包括介质的生产、压印、压膜、标记技术，介质的标签唯一标识技术等。
4	一、电子信息技术 (五)广播电视技术 3. 广播电视测量、监测与监控技术	新媒体视听节目的监测、监控技术。
5	四、新材料技术	(六)文化艺术新材料 1. 文化载体和介质新材料制备技术 文化艺术用可再生环保纸(不含木料纸、新型非涂布纸和轻涂纸、轻质瓦楞纸板)、特种纸(包括艺术专用纸张)、电子纸等新型纸的生产技术；仿古纸(包括传统工艺制作的古代书画修复用纸、纸质文物修复用纸等)的生产技术；光盘及原辅材料(包括光盘基片材料、光盘记录材料、甩涂与粘合材料、清洗与保护材料等)的生产技术。 2. 艺术专用新材料制备技术 针对艺术专用品及改进其工艺生产的材料生产技术，包括专用器件、文化资源数字化存储材料等的制备技术；针对艺术需要的声学材料的设计、加工、制作、生产等技术。 3. 影视场景和舞台专用新材料的加工生产技术 用于与文化艺术有关的制景、舞台、影视照明的新型专用灯具器材的新材料、新工艺开发和应用技术。 4. 文化产品印刷新材料制备技术 数字直接制版材料，数字印刷用油墨、墨水，特殊印刷材料等开发和应用技术。 5. 文物保护新材料制备技术 文物提取、清洗、固色、粘结、软化、缓蚀、封护等材料的制造技术及文物存放环境的保护技术。
6	五、高技术服务业 5. 文化创意产业支撑技术	数字电影、数字动漫等的生产制作技术；3D、4D、超高清(4K 以上分辨率)、穹(球)幕、巨幕等制作传输和显示放映技术；移动多媒体广播(CMMB)技术；下一代广播电视网(NGB)技术；有线数字电视网络整合技术；数字电影与动漫制作基地支撑技术；文化信息资源共享支撑技术；出版物物流技术；数字版权保护技术；网络视听新媒体发展创新及衍生产品开发支撑技术；3D 打印、人机交互、大数据智能处理等能支撑体现交互式、虚拟化、数字化、网络化特征的文化科技融合技术；艺术品鉴证技术；集成化舞台制作技术，舞台美术、灯光、音响、道具等加工生产制作技术；移动互联多媒体票务技术；文物保护、展览、展示、鉴定新技术。
7	八、高新技术改造传统产业	(七)传统文化产业改造技术 1. 数字电影、电视、广播、出版技术 2. 乐器制造技术 乐器及其器材加工和调试新技术；MIDI 系统生产调试技术。 3. 印刷技术 传统印刷改造的高新技术；绿色印刷工艺技术；特种印刷工艺技术(包括喷墨印刷、防伪印刷、标签印刷、金属制品印刷、纸包装印刷等)。

从事污染防治

财政部　国家税务总局　国家发展改革委　生态环境部 关于从事污染防治的第三方企业所得税政策问题的公告

（2019年4月13日　财政部　国家税务总局　国家发展改革委
生态环境部公告2019年第60号）

为鼓励污染防治企业的专业化、规模化发展，更好支持生态文明建设，现将有关企业所得税政策问题公告如下：

一、对符合条件的从事污染防治的第三方企业（以下称第三方防治企业）减按15%的税率征收企业所得税。

本公告所称第三方防治企业是指受排污企业或政府委托，负责环境污染治理设施（包括自动连续监测设施，下同）运营维护的企业。

二、本公告所称第三方防治企业应当同时符合以下条件：

（一）在中国境内（不包括港、澳、台地区）依法注册的居民企业；

（二）具有1年以上连续从事环境污染治理设施运营实践，且能够保证设施正常运行；

（三）具有至少5名从事本领域工作且具有环保相关专业中级及以上技术职称的技术人员，或者至少2名从事本领域工作且具有环保相关专业高级及以上技术职称的技术人员；

（四）从事环境保护设施运营服务的年度营业收入占总收入的比例不低于60%；

（五）具备检验能力，拥有自有实验室，仪器配置可满足运行服务范围内常规污染物指标的检测需求；

（六）保证其运营的环境保护设施正常运行，使污染物排放指标能够连续稳定达到国家或者地方规定的排放标准要求；

（七）具有良好的纳税信用，近三年内纳税信用等级未被评定为C级或D级。

三、第三方防治企业，自行判断其是否符合上述条件，符合条件的可以申报享受税收优惠，相关资料留存备查。税务部门依法开展后续管理过程中，可转请生态环境部门进行核查，生态环境部门可以委托专业机构开展相关核查工作，具体办法由税务总局会同国家发展改革委、生态环境部制定。

四、本公告执行期限自2019年1月1日起至2021年12月31日止。

特此公告。

四、税额式减免

农林牧渔

1.财政部　国家税务总局关于发布享受企业所得税优惠政策的农产品初加工范围(试行)的通知

(2008年11月20日　财税〔2008〕149号)

各省、自治区、直辖市、计划单列市财政厅(局)、国家税务局、地方税务局,新疆生产建设兵团财务局:

根据《中华人民共和国企业所得税法》及其实施条例的规定,为贯彻落实农、林、牧、渔业项目企业所得税优惠政策,现将《享受企业所得税优惠政策的农产品初加工范围(试行)》印发给你们,自2008年1月1日起执行。

各地财政、税务机关对《享受企业所得税优惠政策的农产品初加工范围(试行)》执行中发现的新情况、新问题应及时向国务院财政、税务主管部门反馈,国务院财政、税务主管部门会同有关部门将根据经济社会发展需要,适时对《享受企业所得税优惠政策的农产品初加工范围(试行)》内的项目进行调整和修订。

附件:

享受企业所得税优惠政策的农产品初加工范围(试行)(2008年版)

一、种植业类

(一)粮食初加工

1.小麦初加工。通过对小麦进行清理、配麦、磨粉、筛理、分级、包装等简单加工处理,制成的小麦面粉及各种专用粉。

2.稻米初加工。通过对稻谷进行清理、脱壳、碾米(或不碾米)、烘干、分级、包装等简单加工处理,制成的成品粮及其初制品,具体包括大米、蒸谷米。

3.玉米初加工。通过对玉米籽粒进行清理、浸泡、粉碎、分离、脱水、干燥、分级、包装等简单加工处理,生产的玉米粉、玉米碴、玉米片等;鲜嫩玉米经筛选、脱皮、洗涤、速冻、分级、包装等简单加工处理,生产的鲜食玉米(速冻粘玉米、甜玉米、花色玉米、玉米籽粒)。

4.薯类初加工。通过对马铃薯、甘薯等薯类进行清洗、去皮、磋磨、切制、干燥、冷冻、分级、包装等简单加工处理,制成薯类初级制品。具体包括:薯粉、薯片、薯条。

5.食用豆类初加工。通过对大豆、绿豆、红小豆等食用豆类进行清理去杂、浸洗、晾晒、分级、包装等简单加工处理,制成的豆面粉、黄豆芽、绿豆芽。

6.其他类粮食初加工。通过对燕麦、荞麦、高粱、谷子等杂粮进行清理去杂、脱壳、烘干、磨粉、轧片、冷却、包装等简单加工处理,制成的燕麦米、燕麦粉、燕麦麸皮、燕麦片、荞麦米、荞麦面、小米、小米面、高粱米、高粱面。

(二)林木产品初加工

通过将伐倒的乔木、竹(含活立木、竹)去枝、去梢、去皮、去叶、锯段等简单加工处理,制成的原木、原竹、锯材。

（三）园艺植物初加工

1. 蔬菜初加工

(1)将新鲜蔬菜通过清洗、挑选、切割、预冷、分级、包装等简单加工处理，制成净菜、切割蔬菜。

(2)利用冷藏设施，将新鲜蔬菜通过低温贮藏，以备淡季供应的速冻蔬菜，如速冻茄果类、叶类、豆类、瓜类、葱蒜类、柿子椒、蒜苔。

(3)将植物的根、茎、叶、花、果、种子和食用菌通过干制等简单加工处理，制成的初制干菜，如黄花菜、玉兰片、萝卜干、冬菜、梅干菜、木耳、香菇、平菇。

*以蔬菜为原料制作的各类蔬菜罐头（罐头是指以金属罐、玻璃瓶、经排气密封的各种食品。下同）及碾磨后的园艺植物（如胡椒粉、花椒粉等）不属于初加工范围。

2. 水果初加工。通过对新鲜水果（含各类山野果）清洗、脱壳、切块（片）、分类、储藏保鲜、速冻、干燥、分级、包装等简单加工处理，制成的各类水果、果干、原浆果汁、果仁、坚果。

3. 花卉及观赏植物初加工。通过对观赏用、绿化及其它各种用途的花卉及植物进行保鲜、储藏、烘干、分级、包装等简单加工处理，制成的各类鲜、干花。

（四）油料植物初加工

通过对菜籽、花生、大豆、葵花籽、蓖麻籽、芝麻、胡麻籽、茶子、桐子、棉籽、红花籽及米糠等粮食的副产品等，进行清理、热炒、磨坯、榨油（搅油、墩油）、浸出等简单加工处理，制成的植物毛油和饼粕等副产品。具体包括菜籽油、花生油、豆油、葵花油、蓖麻籽油、芝麻油、胡麻籽油、茶子油、桐子油、棉籽油、红花油、米糠油以及油料饼粕、豆饼、棉籽饼。

*精炼植物油不属于初加工范围。

（五）糖料植物初加工

通过对各种糖料植物，如甘蔗、甜菜、甜菊等，进行清洗、切割、压榨等简单加工处理，制成的制糖初级原料产品。

（六）茶叶初加工

通过对茶树上采摘下来的鲜叶和嫩芽进行杀青（萎凋、摇青）、揉捻、发酵、烘干、分级、包装等简单加工处理，制成的初制毛茶。

*精制茶、边销茶、紧压茶和掺兑各种药物的茶及茶饮料不属于初加工范围。

（七）药用植物初加工

通过对各种药用植物的根、茎、皮、叶、花、果实、种子等，进行挑选、整理、捆扎、清洗、凉晒、切碎、蒸煮、炒制等简单加工处理，制成的片、丝、块、段等中药材。

*加工的各类中成药不属于初加工范围。

（八）纤维植物初加工

1. 棉花初加工。通过轧花、剥绒等脱绒工序简单加工处理，制成的皮棉、短绒、棉籽。

2. 麻类初加工。通过对各种麻类作物（大麻、黄麻、槿麻、苎麻、苘麻、亚麻、罗布麻、蕉麻、剑麻等）进行脱胶、抽丝等简单加工处理，制成的干（洗）麻、纱条、丝、绳。

3. 蚕茧初加工。通过烘干、杀蛹、缫丝、煮剥、拉丝等简单加工处理，制成的蚕、蛹、生丝、丝棉。

（九）热带、南亚热带作物初加工

通过对热带、南亚热带作物去除杂质、脱水、干燥、分级、包装等简单加工处理，制成的工业初级原料。具体包括：天然橡胶生胶和天然浓缩胶乳、生咖啡豆、胡椒籽、肉桂油、桉油、香茅油、木薯淀粉、木薯干片、坚果。

二、畜牧业类

（一）畜禽类初加工

1. 肉类初加工。通过对畜禽类动物（包括各类牲畜、家禽和人工驯养、繁殖的野生动物以及其他经济动物）宰杀、去头、去蹄、去皮、去内脏、分割、切块或切片、冷藏或冷冻、分级、包装等简单加工处理，制成的分割肉、保鲜肉、冷藏肉、冷冻肉、绞肉、肉块、肉片、肉丁。

2. 蛋类初加工。通过对鲜蛋进行清洗、干燥、分级、包装、冷藏等简单加工处理，制成的各种分级、包装的鲜蛋、冷藏蛋。

3. 奶类初加工。通过对鲜奶进行净化、均质、杀菌或灭菌、灌装等简单加工处理，制成的巴氏杀菌奶、超高温灭菌奶。

4. 皮类初加工。通过对畜禽类动物皮张剥取、浸泡、刮里、晾干或熏干等简单加工处理，制成的生皮、生皮张。

5. 毛类初加工。通过对畜禽类动物毛、绒或羽绒分级、去杂、清洗等简单加工处理，制成的洗净毛、洗净绒或羽绒。

6. 蜂产品初加工。通过去杂、过滤、浓缩、熔化、磨碎、冷冻简单加工处理，制成的蜂蜜、蜂蜡、蜂胶、蜂花粉。

*肉类罐头、肉类熟制品、蛋类罐头、各类酸奶、奶酪、奶油、王浆粉、各种蜂产品口服液、胶囊不属于初加工范围。

（二）饲料类初加工

1. 植物类饲料初加工。通过碾磨、破碎、压榨、干燥、酿制、发酵等简单加工处理，制成的糠麸、饼粕、糟渣、树叶粉。

2. 动物类饲料初加工。通过破碎、烘干、制粉等简单加工处理，制成的鱼粉、虾粉、骨粉、肉粉、血粉、羽毛粉、乳清粉。

3. 添加剂类初加工。通过粉碎、发酵、干燥等简单加工处理，制成的矿石粉、饲用酵母。

（三）牧草类初加工

通过对牧草、牧草种籽、农作物秸秆等，进行收割、打捆、粉碎、压块、成粒、分选、青贮、氨化、微化等简单加工处理，制成的干草、草捆、草粉、草块或草饼、草颗粒、牧草种籽以及草皮、秸秆粉（块、粒）。

三、渔业类

（一）水生动物初加工

将水产动物（鱼、虾、蟹、鳖、贝、棘皮类、软体类、腔肠类、两栖类、海兽类动物等）整体或去头、去鳞（皮、壳）、去内脏、去骨（刺）、擂溃或切块、切片，经冰鲜、冷冻、冷藏等保鲜防腐处理、包装等简单加工处理，制成的水产动物初制品。

*熟制的水产品和各类水产品的罐头以及调味烤制的水产食品不属于初加工范围。

（二）水生植物初加工

将水生植物（海带、裙带菜、紫菜、龙须菜、麒麟菜、江篱、浒苔、羊栖菜、莼菜等）整体或去根、去边梢、切段，经热烫、冷冻、冷藏等保鲜防腐处理、包装等简单加工处理的初制品，以及整体或去根、去边梢、切段、经晾晒、干燥（脱水）、包装、粉碎等简单加工处理的初制品。

罐装（包括软罐）产品不属于初加工范围。

2. 国家税务总局关于黑龙江垦区国有农场土地承包费缴纳企业所得税问题的批复

（2009 年 12 月 31 日　国税函〔2009〕779 号）

黑龙江省国家税务局：

你局《关于黑龙江垦区国有农场土地承包费缴纳企业所得税问题的请示》（黑国税发〔2009〕186 号）收悉。经研究，批复如下：

黑龙江垦区国有农场实行以家庭承包经营为基础、统分结合的双层经营体制。国有农场作为法人单位,将所拥有的土地发包给农场职工经营,农场职工以家庭为单位成为家庭承包户,属于农场内部非法人组织。农场对家庭承包户实施农业生产经营和企业行政的统一管理,统一为农场职工上交养老、医疗、失业、工伤、生育五项社会保险和农业保险费;家庭承包户按内部合同规定承包,就其农、林、牧、渔业生产取得的收入,以土地承包费名义向农场上缴。

上述承包形式属于农场内部承包经营的形式,黑龙江垦区国有农场从家庭农场承包户以"土地承包费"形式取得的从事农、林、牧、渔业生产的收入,属于农场"从事农、林、牧、渔业项目"的所得,可以适用《中华人民共和国企业所得税法》第二十七条及《中华人民共和国企业所得税法实施细则》第八十六条规定的企业所得税优惠政策。

3.国家税务总局关于"公司+农户"经营模式企业所得税优惠问题的公告

(2010年7月9日 国家税务总局公告2010年第2号)

现就有关"公司+农户"模式企业所得税优惠问题公告如下:

目前,一些企业采取"公司+农户"经营模式从事牲畜、家禽的饲养,即公司与农户签订委托养殖合同,向农户提供畜禽苗、饲料、兽药及疫苗等(所有权〈产权〉仍属于公司),农户将畜禽养大成为成品后交付公司回收。鉴于采取"公司+农户"经营模式的企业,虽不直接从事畜禽的养殖,但系委托农户饲养,并承担诸如市场、管理、采购、销售等经营职责及绝大部分经营管理风险,公司和农户是劳务外包关系。为此,对此类以"公司+农户"经营模式从事农、林、牧、渔业项目生产的企业,可以按照《中华人民共和国企业所得税法实施条例》第八十六条的有关规定,享受减免企业所得税优惠政策。

本公告自2010年1月1日起施行。

4.财政部 国家税务总局关于享受企业所得税优惠的农产品初加工有关范围的补充通知

(2011年5月11日 财税〔2011〕26号)

各省、自治区、直辖市、计划单列市财政厅(局)、国家税务局、地方税务局,新疆生产建设兵团财务局:

为进一步规范农产品初加工企业所得税优惠政策,现就《财政部 国家税务总局关于发布享受企业所得税优惠政策的农产品初加工范围(试行)的通知》(财税〔2008〕149号,以下简称《范围》)涉及的有关事项细化如下(以下序数对应《范围》中的序数):

一、种植业类

(一)粮食初加工。

1.小麦初加工。

《范围》规定的小麦初加工产品还包括麸皮、麦糠、麦仁。

2.稻米初加工。

《范围》规定的稻米初加工产品还包括稻糠(砻糠、米糠和统糠)。

4. 薯类初加工。

《范围》规定的薯类初加工产品还包括变性淀粉以外的薯类淀粉。

*薯类淀粉生产企业需达到国家环保标准，且年产量在一万吨以上。

6. 其他类粮食初加工。

《范围》规定的杂粮还包括大麦、糯米、青稞、芝麻、核桃；相应的初加工产品还包括大麦芽、糯米粉、青稞粉、芝麻粉、核桃粉。

（三）园艺植物初加工。

2. 水果初加工。

《范围》规定的新鲜水果包括番茄。

（四）油料植物初加工。

《范围》规定的粮食副产品还包括玉米胚芽、小麦胚芽。

（五）糖料植物初加工。

《范围》规定的甜菊又名甜叶菊。

（八）纤维植物初加工。

2. 麻类初加工。

《范围》规定的麻类作物还包括芦苇。

3. 蚕茧初加工。

《范围》规定的蚕包括蚕茧，生丝包括厂丝。

二、畜牧业类

（一）畜禽类初加工。

1. 肉类初加工。

《范围》规定的肉类初加工产品还包括火腿等风干肉、猪牛羊杂骨。

三、本通知自2010年1月1日起执行。

5. 国家税务总局关于实施农林牧渔业项目企业所得税优惠问题的公告

（2011年9月13日　国家税务总局公告2011年第48号）

根据《中华人民共和国企业所得税法》（以下简称企业所得税法）及《中华人民共和国企业所得税法实施条例》（以下简称实施条例）的规定，现对企业（含企业性质的农民专业合作社，下同）从事农、林、牧、渔业项目的所得，实施企业所得税优惠政策和征收管理中的有关事项公告如下：

一、企业从事实施条例第八十六条规定的享受税收优惠的农、林、牧、渔业项目，除另有规定外，参照《国民经济行业分类》（GB/T 4754—2002）的规定标准执行。

企业从事农、林、牧、渔业项目，凡属于《产业结构调整指导目录（2011年版）》（国家发展和改革委员会令第9号）中限制和淘汰类的项目，不得享受实施条例第八十六条规定的优惠政策。

二、企业从事农作物新品种选育的免税所得，是指企业对农作物进行品种和育种材料选育形成的成果，以及由这些成果形成的种子（苗）等繁殖材料的生产、初加工、销售一体化取得的所得。

三、企业从事林木的培育和种植的免税所得，是指企业对树木、竹子的育种和育苗、抚育和管理以及规模造林活动取得的所得，包括企业通过拍卖或收购方式取得林木所有权并经过一定的生长周期，对林木进行再培育取得的所得。

四、企业从事下列项目所得的税务处理

(一)猪、兔的饲养,按“牲畜、家禽的饲养”项目处理;

(二)饲养牲畜、家禽产生的分泌物、排泄物,按“牲畜、家禽的饲养”项目处理;

(三)观赏性作物的种植,按“花卉、茶及其他饮料作物和香料作物的种植”项目处理;

(四)“牲畜、家禽的饲养”以外的生物养殖项目,按“海水养殖、内陆养殖”项目处理。

五、农产品初加工相关事项的税务处理

(一)企业根据委托合同,受托对符合《财政部　国家税务总局关于发布享受企业所得税优惠政策的农产品初加工范围(试行)的通知》(财税〔2008〕149号)和《财政部　国家税务总局关于享受企业所得税优惠的农产品初加工有关范围的补充通知》(财税〔2011〕26号)规定的农产品进行初加工服务,其所收取的加工费,可以按照农产品初加工的免税项目处理。

(二)财税〔2008〕149号文件规定的“油料植物初加工”工序包括“冷却、过滤”等;“糖料植物初加工”工序包括“过滤、吸附、解析、碳脱、浓缩、干燥”等,其适用时间按照财税〔2011〕26号文件规定执行。

(三)企业从事实施条例第八十六条第(二)项适用企业所得税减半优惠的种植、养殖项目,并直接进行初加工且符合农产品初加工目录范围的,企业应合理划分不同项目的各项成本、费用支出,分别核算种植、养殖项目和初加工项目的所得,并各按适用的政策享受税收优惠。

(四)企业对外购茶叶进行筛选、分装、包装后进行销售的所得,不享受农产品初加工的优惠政策。

六、对取得农业部颁发的“远洋渔业企业资格证书”并在有效期内的远洋渔业企业,从事远洋捕捞业务取得的所得免征企业所得税。

七、购入农产品进行再种植、养殖的税务处理

企业将购入的农、林、牧、渔产品,在自有或租用的场地进行育肥、育秧等再种植、养殖,经过一定的生长周期,使其生物形态发生变化,且并非由于本环节对农产品进行加工而明显增加了产品的使用价值的,可视为农产品的种植、养殖项目享受相应的税收优惠。

主管税务机关对企业进行农产品的再种植、养殖是否符合上述条件难以确定的,可要求企业提供县级以上农、林、牧、渔业政府主管部门的确认意见。

八、企业同时从事适用不同企业所得税政策规定项目的,应分别核算,单独计算优惠项目的计税依据及优惠数额;分别核算不清的,可由主管税务机关按照比例分摊法或其他合理方法进行核定。

九、企业委托其他企业或个人从事实施条例第八十六条规定农、林、牧、渔业项目取得的所得,可享受相应的税收优惠政策。

企业受托从事实施条例第八十六条规定农、林、牧、渔业项目取得的收入,比照委托方享受相应的税收优惠政策。

十、企业购买农产品后直接进行销售的贸易活动产生的所得,不能享受农、林、牧、渔业项目的税收优惠政策。

十一、除本公告第五条第二项的特别规定外,公告自2011年1月1日起执行。

特此公告。

环保节能节水安全生产

▶定期减免

1.财政部　国家税务总局　国家发展改革委关于公布环境保护节能节水项目企业所得税优惠目录(试行)的通知

(2009 年 12 月 31 日　财税〔2009〕166 号)

各省、自治区、直辖市、计划单列市财政厅(局)、国家税务局、地方税务局、发展改革委、经贸委(经委)、新疆生产建设兵团财务局：

《环境保护、节能节水项目企业所得税优惠目录(试行)》,已经国务院批准,现予以公布,自 2008 年 1 月 1 日起施行。

附件：

环境保护、节能节水项目企业所得税优惠目录(试行)

序号	类别	项目	条件
1	公共污水处理	城镇污水处理项目	1.根据全国城镇污水处理设施建设规划等全国性规划设立; 2.专门从事城镇污水的收集、贮存、运输、处置以及污泥处置(含符合国家产业政策和准入条件的水泥窑协同处置); 3.根据国家规定获得污水处理特许经营权,或符合环境保护行政主管部门规定的生活污水类污染治理设施运营资质条件; 4.项目设计、施工和运行管理人员具备国家相应职业资格; 5.项目按照国家法律法规要求,通过相关验收; 6.项目经设区的市或者市级以上环境保护行政主管部门总量核查; 7.排放水符合国家及地方规定的水污染物排放标准和重点水污染物排放总量控制指标; 8.国务院财政、税务主管部门规定的其他条件。
		工业废水处理项目	1.根据全国重点流域水污染防治规划等全国性规划设立,但按照国家规定作为企业必备配套设施的自用的污水处理项目除外; 2.专门从事工业污水的收集、贮存、运输、处置以及污泥处置(含符合国家产业政策和准入条件的水泥窑协同处置); 3.符合环境保护行政主管部门规定的工业废水类污染治理设施运营资质条件; 4.项目设计、施工和运行管理人员具备国家相应职业资格; 5.项目按照国家法律法规要求,通过相关验收; 6.项目经设区的市或者市级以上环境保护行政主管部门总量核查; 7.排放水符合国家及地方规定的水污染物排放标准和重点水污染物排放总量控制指标; 8.国务院财政、税务主管部门规定的其他条件。

续表

序号	类别	项目	条件
2	公共垃圾处理	生活垃圾处理项目	1. 根据全国城镇垃圾处理设施建设规划等全国性规划设立； 2. 专门从事生活垃圾的收集、贮存、运输、处置； 3. 采用符合国家规定标准的卫生填埋、焚烧、热解、堆肥、水泥窑协同处置等工艺，其中：水泥窑协同处置要符合国家产业政策和准入条件； 4. 根据国家规定获得垃圾处理特许经营权，或符合环境保护行政主管部门规定的生活垃圾类污染治理设施运营资质条件； 5. 项目设计、施工和运行管理人员具备国家相应职业资格； 6. 按照国家法律法规要求，通过相关验收； 7. 项目经设区的市或者市级以上环境保护行政主管部门总量核查； 8. 国务院财政、税务主管部门规定的其他条件。
		工业固体废物处理项目	1. 根据全国危险废物处置设施建设规划等全国性规划设立，但按照国家规定作为企业必备配套设施的自用的废弃物处理项目除外； 2. 专门从事工业固体废物或危险废物的收集、贮存、运输、处置； 3. 采用符合国家规定标准的卫生填埋、焚烧、热解、堆肥、水泥窑协同处置等工艺，其中：水泥窑协同处置要符合国家产业政策和准入条件； 4. 工业固体废物处理项目符合环境保护行政主管部门规定的工业固体废物类污染治理设施运营资质条件，危险废物处理项目取得县级以上人民政府环境保护行政主管部门颁发的危险废物经营许可证； 5. 项目设计、施工和运行管理人员具备国家相应职业资格； 6. 按照国家法律法规要求，通过相关验收； 7. 项目经设区的市或者市级以上环境保护行政主管部门总量核查； 8. 国务院财政、税务主管部门规定的其他条件。
		危险废物处理项目	
3	沼气综合开发利用	畜禽养殖场和养殖小区沼气工程项目	1. 单体装置容积不小于300立方米，年平均日产沼气量不低于300立方米/天，且符合国家有关沼气工程技术规范的项目； 2. 废水排放、废渣处置、沼气利用符合国家和地方有关标准，不产生二次污染； 3. 项目包括完整的发酵原料的预处理设施、沼渣和沼液的综合利用或进一步处理系统，沼气净化、储存、输配和利用系统； 4. 项目设计、施工和运行管理人员具备国家相应职业资格； 5. 项目按照国家法律法规要求，通过相关验收； 6. 国务院财政、税务主管部门规定的其他条件。

续表

<table>
<tr><th>序号</th><th>类别</th><th>项目</th><th>条件</th></tr>
<tr><td rowspan="9">4</td><td rowspan="9">节能减排技术改造</td><td>1. 既有高能耗建筑节能改造项目</td><td rowspan="8">1. 具有独立法人资质，且注册资金不低于 100 万元的节能减排技术服务公司以合同能源管理的形式，通过以节省能源费用或节能量来支付项目成本的节能减排技术改造项目；
2. 项目应符合国家产业政策，并达到国家有关节能和环境标准；
3. 经建筑能效测评机构检测，既有高能耗建筑节能改造和北方既有居住建筑供热计量及节能改造达到现行节能强制性标准要求，既有建筑太阳能光热、光电建筑一体化技术或浅层地能热泵技术改造后达到现行国家有关标准要求；
4. 经省级节能节水主管部门验收，工业锅炉、工业窑炉技术改造和电机系统节能、能量系统优化技术改造项目年节能量折算后不小于 1000 吨标准煤，煤炭工业复合式干法选煤技术改造、钢铁行业干式除尘技术改造和有色金属行业干式除尘净化技术改造项目年节水量不小于 200 万立方米；
5. 项目应纳税所得额的计算应符合独立交易原则；
6. 国务院财政、税务主管部门规定的其他条件。</td></tr>
<tr><td>2. 既有建筑太阳能光热、光电建筑一体化技术或浅层地能热泵技术改造项目</td></tr>
<tr><td>3. 既有居住建筑供热计量及节能改造项目</td></tr>
<tr><td>4. 工业锅炉、工业窑炉节能技术改造项目</td></tr>
<tr><td>5. 电机系统节能、能量系统优化技术改造项目</td></tr>
<tr><td>6. 煤炭工业复合式干法选煤技术改造项目</td></tr>
<tr><td>7. 钢铁行业干式除尘技术改造项目</td></tr>
<tr><td>8. 有色金属行业干式除尘净化技术改造项目</td></tr>
<tr><td>9. 燃煤电厂烟气脱硫技术改造项目</td><td>1. 按照国家有关法律法规设立的，具有独立法人资质，且注册资金不低于 500 万元的专门从事脱硫服务的公司从事的符合规定的脱硫技术改造项目；
2. 改造后，采用干法或半干法脱硫的项目脱硫效率应高于 85%，采用湿法或其他方法脱硫的项目脱硫效率应高于 98%；
3. 项目改造后经国家有关部门评估，综合效益良好；
4. 设施能够稳定运行，达到环境保护行政主管部门对二氧化硫的排放总量及浓度控制要求；
5. 项目应纳税所得额的计算应符合独立交易原则；
6. 国务院财政、税务主管部门规定的其他条件。</td></tr>
</table>

续表

序号	类别	项目	条件
5	海水淡化	用作工业、生活用水的海水淡化项目	1. 符合《海水利用专项规划》中规定的发展重点以及区域布局等要求； 2. 规模不小于淡水产量10000吨/日； 3. 热法海水淡化项目的物能消耗指标为吨水耗电量小于1.8千瓦时/吨、造水比大于8，膜法海水淡化项目的能耗指标为吨水耗电量小于4.0千瓦时/吨； 4. 国务院财政、税务主管部门规定的其他条件。
		用作海岛军民饮用水的海水淡化项目	1. 符合《海水利用专项规划》中规定的发展重点以及区域布局等要求； 2. 热法海水淡化项目的物能消耗指标为吨水耗电量小于1.8千瓦时/吨、造水比大于8，膜法海水淡化项目的能耗指标为吨水耗电量小于4.0千瓦时/吨； 3. 国务院财政、税务主管部门规定的其他条件。

2. 财政部　国家税务总局　国家发展改革委关于垃圾填埋沼气发电列入《环境保护、节能节水项目企业所得税优惠目录(试行)》的通知

(2016年12月1日　财税〔2016〕131号)

各省、自治区、直辖市、计划单列市财政厅(局)、国家税务局、地方税务局、发展改革委，新疆生产建设兵团财务局、发展改革委：

按照国务院促进民间投资健康发展的有关决定精神，落实垃圾填埋沼气发电项目所得税政策，现将有关问题通知如下：

一、将垃圾填埋沼气发电项目列入《财政部　国家税务总局　国家发展改革委关于公布环境保护节能节水项目企业所得税优惠目录(试行)的通知》(财税〔2009〕166号)规定的"沼气综合开发利用"范围。

二、企业从事垃圾填埋沼气发电项目取得的所得，符合《环境保护、节能节水项目企业所得税优惠目录(试行)》规定优惠政策条件的，可依照规定享受企业所得税优惠。

本通知自2016年1月1日起执行。

▶购置设备

1. 财政部　国家税务总局关于执行环境保护专用设备企业所得税优惠目录　节能节水专用设备企业所得税优惠目录和安全生产专用设备企业所得税优惠目录有关问题的通知

(2008年9月23日　财税〔2008〕48号)

各省、自治区、直辖市、计划单列市财政厅(局)、国家税务局、地方税务局，新疆生产建设兵团财务局：

根据《中华人民共和国企业所得税法》(以下简称企业所得税法)和《中华人民共和国企业所得税法实施条例》(国务院令第512号)有关规定，经国务院批准，财政部、税务总局、发展改革委公布了《环境保护专用

设备企业所得税优惠目录》、《节能节水专用设备企业所得税优惠目录》，财政部、税务总局、安监总局公布了《安全生产专用设备企业所得税优惠目录》（以下统称《目录》）。现将执行《目录》的有关问题通知如下：

一、企业自 2008 年 1 月 1 日起购置并实际使用列入《目录》范围内的环境保护、节能节水和安全生产专用设备，可以按专用设备投资额的 10% 抵免当年企业所得税应纳税额；企业当年应纳税额不足抵免的，可以向以后年度结转，但结转期不得超过 5 个纳税年度。

二、专用设备投资额，是指购买专用设备发票价税合计价格，但不包括按有关规定退还的增值税税款以及设备运输、安装和调试等费用。

三、当年应纳税额，是指企业当年的应纳税所得额乘以适用税率，扣除依照企业所得税法和国务院有关税收优惠规定以及税收过渡优惠规定减征、免征税额后的余额。

四、企业利用自筹资金和银行贷款购置专用设备的投资额，可以按企业所得税法的规定抵免企业应纳所得税额；企业利用财政拨款购置专用设备的投资额，不得抵免企业应纳所得税额。

五、企业购置并实际投入适用、已开始享受税收优惠的专用设备，如从购置之日起 5 个纳税年度内转让、出租的，应在该专用设备停止使用当月停止享受企业所得税优惠，并补缴已经抵免的企业所得税税款。转让的受让方可以按照该专用设备投资额的 10% 抵免当年企业所得税应纳税额；当年应纳税额不足抵免的，可以在以后 5 个纳税年度结转抵免。

六、根据经济社会发展需要及企业所得税优惠政策实施情况，国务院财政、税务主管部门会同国家发展改革委、安监总局等有关部门适时对《目录》内的项目进行调整和修订，并在报国务院批准后对《目录》进行更新。

2. 国家税务总局关于环境保护节能节水安全生产等专用设备投资抵免企业所得税有关问题的通知

（2010 年 6 月 2 日　国税函〔2010〕256 号）

各省、自治区、直辖市和计划单列市国家税务局、地方税务局：

现就环境保护、节能节水、安全生产等专用设备投资抵免企业所得税的有关问题通知如下：

根据《财政部　国家税务总局关于全国实施增值税转型改革若干问题的通知》（财税〔2008〕170 号）规定，自 2009 年 1 月 1 日起，增值税一般纳税人购进固定资产发生的进项税额可从其销项税额中抵扣，因此，自 2009 年 1 月 1 日起，纳税人购进并实际使用《环境保护专用设备企业所得税优惠目录》、《节能节水专用设备企业所得税优惠目录》和《安全生产专用设备企业所得税优惠目录》范围内的专用设备并取得增值税专用发票的，在按照《财政部　国家税务总局关于执行环境保护专用设备企业所得税优惠目录节能节水专用设备企业所得税优惠目录和安全生产专用设备企业所得税优惠目录有关问题的通知》（财税〔2008〕48 号）第二条规定进行税额抵免时，如增值税进项税额允许抵扣，其专用设备投资额不再包括增值税进项税额；如增值税进项税额不允许抵扣，其专用设备投资额应为增值税专用发票上注明的价税合计金额。企业购买专用设备取得普通发票的，其专用设备投资额为普通发票上注明的金额。

3. 财政部　国家税务总局　国家发展改革委　工业和信息化部　环境保护部关于印发节能节水和环境保护专用设备企业所得税优惠目录(2017年版)的通知

(2017年9月6日　财税〔2017〕71号)

各省、自治区、直辖市、计划单列市财政厅(局)、国家税务局、地方税务局、发展改革委、工业和信息化主管部门、环境保护厅(局),新疆生产建设兵团财务局、发展改革委、工业和信息化委员会、环境保护局:

经国务院同意,现就节能节水和环境保护专用设备企业所得税优惠目录调整完善事项及有关政策问题通知如下:

一、对企业购置并实际使用节能节水和环境保护专用设备享受企业所得税抵免优惠政策的适用目录进行适当调整,统一按《节能节水专用设备企业所得税优惠目录(2017年版)》(附件1)和《环境保护专用设备企业所得税优惠目录(2017年版)》(附件2)执行。

二、按照国务院关于简化行政审批的要求,进一步优化优惠管理机制,实行企业自行申报并直接享受优惠、税务部门强化后续管理的机制。企业购置节能节水和环境保护专用设备,应自行判断是否符合税收优惠政策规定条件,按规定向税务部门履行企业所得税优惠备案手续后直接享受税收优惠,税务部门采取税收风险管理、稽查、纳税评估等方式强化后续管理。

三、建立部门协调配合机制,切实落实节能节水和环境保护专用设备税收抵免优惠政策。税务部门在执行税收优惠政策过程中,不能准确判定企业购置的专用设备是否符合相关技术指标等税收优惠政策规定条件的,可提请地市级(含)以上发展改革、工业和信息化、环境保护等部门,由其委托专业机构出具技术鉴定意见,相关部门应积极配合。对不符合税收优惠政策规定条件的,由税务机关按《税收征管法》及有关规定进行相应处理。

四、本通知所称税收优惠政策规定条件,是指《节能节水专用设备企业所得税优惠目录(2017年版)》和《环境保护专用设备企业所得税优惠目录(2017年版)》所规定的设备类别、设备名称、性能参数、应用领域和执行标准。

五、本通知自2017年1月1日起施行。《节能节水专用设备企业所得税优惠目录(2008年版)》和《环境保护专用设备企业所得税优惠目录(2008年版)》自2017年10月1日起废止,企业在2017年1月1日至2017年9月30日购置的专用设备符合2008年版优惠目录规定的,也可享受税收优惠。

附件:1. 节能节水专用设备企业所得税优惠目录(2017年版)

2. 环境保护专用设备企业所得税优惠目录(2017年版)

附件1：

节能节水专用设备企业所得税优惠目录(2017年版)

序号	设备类别	设备名称	性能参数	应用领域	执行标准
(一)节能设备					
1	电动机	中小型三相异步电动机	符合执行标准范围和要求,且优于1级能效水平。	电力拖动	GB 18613—2012
2		永磁同步电动机	符合执行标准范围和要求,且优于1级能效水平。	电力拖动	GB 30253—2013
3		高压三相笼型异步电动机	符合执行标准范围和要求,且优于1级能效水平。	电力拖动	GB 30254—2013
4	空气调节设备	多联式空调(热泵)机组	符合执行标准范围和要求,能效比达到能效等级1级指标基础上再提高10%的要求。	制冷(热)	GB 21454—2008
5		冷水机组	符合执行标准范围和要求,且优于1级能效水平。	制冷(热)	GB 19577—2015,电机驱动压缩机冷水机组 GB 29540—2013,溴化锂吸收式
6					
7		房间空气调节器	符合执行标准范围和要求,且优于1级能效水平。	制冷(热)	GB 12021.3—2010,定频 GB 21455—2013,变频
		水(地)源热泵机组	符合执行标准范围和要求,且优于1级能效水平。	制冷(热)	GB 30721—2014
8	风机	通风机	符合执行标准范围和要求,且优于1级能效水平。	通风	GB 19761—2009
9		离心鼓风机	符合执行标准范围和要求,且优于节能评价值水平。	鼓风	GB 28381—2012
10	水泵	清水离心泵	符合执行标准范围和要求,且优于节能评价值水平。	输送液体	GB 19762—2007
11		石油化工离心泵	符合执行标准范围和要求,且优于1级能效水平。	输送液体	GB 32284—2015
12	压缩机	容积式空气压缩机	符合执行标准范围和要求,且优于1级能效水平。	压缩空气	GB 19153—2009
13	变频器	1kV及以下通用变频调速设备	符合执行标范围及技术要求。	变频调速	GB/T 30844.1—2014 GB/T 21056—2007
14		1kV以上不超过35kV通用变频调速设备	符合执行标准范围及技术要求。		GB/T 30843.1—2014
15	变压器	三相配电变压器	符合执行标准范围和要求,且优于1级能效水平。	电力输配	GB 20052—2013
16		电力变压器	符合执行标准范围和要求,且优于1级能效水平。	电力输配	GB 24790—2009

续表

序号	设备类别	设备名称	性能参数	应用领域	执行标准
17	电焊机	电弧焊机	符合执行标准范围和要求，且优于1级能效水平。	电焊	GB 28736—2012
18	锅炉	工业锅炉	1. 能效等级达到TSG G0002《锅炉节能技术监督管理规程》中热效率指标的目标值要求； 2. 工业锅炉大气污染物排放浓度值符合GB 13271—2014《锅炉大气污染物排放标准》要求，电站锅炉大气污染物排放浓度值符合GB 13223—2011《火电厂大气污染物排放标准》要求； 3. 燃煤锅炉额定蒸发量（或额定热功率）应当大于10t/h（或7MW），天然气锅炉不限。	输出蒸汽、热水等介质提供热能	TSG G0002《锅炉节能技术监督管理规程》
19	换热器	热交换器	能效等级达到TSG R0010《热交换器能效测试与评价规则》中的目标值要求。	不同流体之间热量传递	TSG R0010《热交换器能效测试与评价规则》
20	LED 照明	LED 路灯、LED 隧道灯/工矿灯	电压220V，频率50Hz，规格光通量3000lm/5400lm/9000lm/14000lm，功率因数不低于0.95，初始光效不低于130lm/W，显色指数不低于70，寿命不低于30000小时。	道路、隧道、工矿照明	
21		LED 管灯	电压220V；频率50Hz，规格T8/T5，600mm/1200mm，功率因数不低于0.9，显色指数不低于85，寿命不低于25000小时；色温为6500k/5000k/4000k时，初始光效不低于120lm/W；色温为3500k/3000k/2700k时，初始光效不低于110lm/W。	商用照明，单次订购量应在5000只以上	—
22	发电设备	汽轮机	1000MW级超超临界机组，28MPa/600℃/620℃/4.9kPa，一次再热+湿冷+汽泵：热耗率≤722kJ/kWh。 1000MW级超超临界机组，31MPa/600℃/620℃/620℃/4.9kPa，二次再热+湿冷+汽泵：热耗率≤7050kJ/kWh。 1000MW级超超临界机组，28MPa/600℃/620℃/11kPa，一次再热+空冷+汽泵：热耗率≤7480kJ/kWh。	发电	
23	时效处理仪	频谱谐波时效仪	最大激振力80kN；循环选择频率，同时具备加速度延时保护功能；振动参数除激振力调节保证有两个最大振动加速度在30－70m/s^2，参数选择由振动设备自动完成，以保证处理效果。	机械制造	
24	通信用铅酸蓄电池	通信用耐高温型阀控式密封铅酸蓄电池	35℃工作环境温度，设计浮充寿命≥10年； 电池最高可承受工作环境温度：75℃； 55℃工作环境温度，80% DOD循环寿命大于12次大循环，每次大循环包含11次80% DOD放电循环。	通信基站数据中心	YD/T2657—2013
（二）节水设备					
25	洗涤设备	工业洗衣机	用水量≤18L/kg，洗净率＞35%。	织物洗涤	QB/T 2323—2004

续表

序号	设备类别	设备名称	性能参数	应用领域	执行标准
26	冷却设备	空冷式换热器	耐压、气密性、运转试验符合 NB/T 47007—2010 的要求。	发电、化工、冶金、机械制造	NB/T 47007—2010
27	冷却设备	机械通风开式冷却塔	循环水量≤1000m^3/h 的中小型塔：飘水率≤0.006%； 耗电比≤0.035kW/(m^3/h)；冷却能力≥95%。	空调制冷、冷冻、化工、发电	GB/T 18870—2011
			循环水量>1000m^3/h 的大型塔：飘水率≤0.001%； 耗电比≤0.045kW/(m^3/h)；冷却能力≥95%。		
28	滴灌设备	喷灌机	大型喷灌机：水量分布均匀系数、同步性能应符合 JB/T 6280—2013 的要求。	农业、园林灌溉	JB/T 6280—2013
			轻小型喷灌机：喷洒均匀性、燃油消耗率、喷灌机效率、管路系统密封性应符合 GB/T 25406—2010 的要求。		GB/T 25406—2010
29	滴灌设备	滴灌带（管）	流量一致性、流量和进水口压力之间关系、耐静水压、耐拉拔应符合 GB/T 17187—2009 的要求。	适用于棉花、蔬菜、果树等经济作物的滴灌	GB/T 17187—2009
30	水处理及回用设备	反渗透淡化装置	水回收率≥75%，脱盐率≥95%。	含盐量低于 10000mg/L 的苦咸水淡化或农村分散地区的饮用水处理	GB/T 19249—2003
31	水处理及回用设备	中空纤维超滤水处理设备	截留率≥90%； 产水量≥额定产水量。	水处理净化	HY/T 060—2002 CJ/T 170—2002
32	水处理及回用设备	海水/苦咸水淡化反渗透膜元件	苦咸水淡化反渗透膜：水通量≥$4.5\times10^{-2}m^3/(m^2\cdot h)$；脱盐率≥99.0%。	海水、苦咸水淡化	HY/T 107—2008
			海水淡化反渗透膜：水通量≥$3.8\times10^{-2}m^3(m^2\cdot h)$；脱盐率≥99.4%。		

附件2：

环境保护专用设备企业所得税优惠目录（2017年版）

序号	设备类别	设备名称	性能参数	应用领域
1	水污染防治设备	膜生物反应器	膜通量≥10L/（m^2·h）； 出口水质达到地表水环境质量Ⅳ类标准。	生活污水和工业废水处理
2		污泥脱水机	滤饼含水率≤50%。	生活和工业污泥处理
3		超磁分离水体净化设备	出口水质：悬浮物去除率≥90%；SS≤20mg/L；TP在0.05mg/L～0.5mg/L之间，TP去除率80%～90%；油≤5mg/L；藻类去除率80%～85%；非溶解态COD去除率>80%。	工业废水处理、重金属废水处理、黑臭水体处理（进口水质：SS≤500mg/L；TP在1mg/L～4mg/L之间；油≤50mg/L）
4		一体化污水处理设备	出口水质：COD≤30mg/L；氨氮≤5mg/L；TP≤0.3mg/L； SS≤5mg/L。	生活污水处理 （进口水质：COD≤450mg/L；氨氮≤50mg/L；TP≤4mg/L；SS≤200mg/L）
5	大气污染防治设备	袋式除尘器	出口烟尘排放浓度≤10mg/Nm^3；烟气排放达到林格曼一级；进出口压差≤1200Pa；出口温度≤120℃；漏风率≤2%；耐压强度≥5kPa。	燃煤发电行业除外的烟尘处理
6		电袋复合除尘器	出口烟尘排放浓度≤30mg/Nm^3；烟气排放达到林格曼一级；进出口压差≤1000Pa；设备阻力<900Pa；漏风率<2%。	燃煤发电行业除外的烟尘处理
7	大气污染防治设备	选择性催化还原（SCR）脱硝设备	脱硝效率>80%；系统氨逃逸质量浓度≤2.5mg/m^3； SO_2转化率<1%。	燃煤发电行业除外的脱硝
8		VOC_S吸附回收装置	净化率>90%。	喷涂、石油、化工、包装印刷、油气回收、涂布、制革等行业的VOC_S治理
9		生物治理VOC_S设备	生物降解净化效率>85%； 恶臭异味和VOC_S排放浓度达到有关行业环保标准要求。	生活污水厂、石化或化工污水处理、垃圾处理厂、发酵堆肥行业、制药行业、饲料和肥料行业、食品加工行业、皮革加工行业等产生的有机废气、异味处理
10		VOC_S燃烧装置	燃烧净化效率>95%； VOC_S排放浓度达到有关行业环保标准要求。	石油、化工、喷涂、电线电缆、制药等行业的VOC_S治理
11		连续自动再生式柴油车黑烟净化过滤器	CO的起燃温度<195℃；HC的起燃温度<205℃； 黑烟颗粒PM的去除效果>90%（在所有的工况下）； 黑烟颗粒的再生：开始再生温度为200℃，全部烧完为500℃，所需时间≤10min。	柴油车尾气处理
12	土壤污染防治设备	污染土壤检测修复一体机	掘进速度≥9m/h；最大掘进深度20m；取样量≥$7\times10^{-3}m^3/h$； 注药量≥90L/min；注药半径≥1m。	污染土壤修复

续表

序号	设备类别	设备名称	性能参数	应用领域
13	固体废物处置设备	餐厨垃圾自动分选制浆机	处理对象:餐厨垃圾或分类的厨余垃圾;可实现有机物与其他杂物如轻质塑料、织物和金属等的有效分离,实现接收垃圾中有机质的浆化处理;处理后有机物损失<3%;杂物去除率≥95%;处理量≥10t/h。	餐厨垃圾处理
14		废金属破碎分选机	主机功率:450kW~7500kW;处理能力30t/h~420t/h;送料宽度达1500mm~3000mm;磁力分选率≥97%;有色金属涡流分选或有色光选分辨率≥98%;危险废物回收率≥95%。	金属废物处理
15		电子废物、报废汽车破碎分选机	处理对象:废弃电器电子产品,报废汽车;可实现铁、有色金属、塑料和其他杂质的有效分离,危险废物的安全回收;铁、有色金属回收率及纯净度≥95%,塑料回收率及纯净度≥90%;制冷剂、废油等危险废物回收率≥95%;报废汽车处理能力≥10t/h;废弃电器电子产品处理能力≥1000kg/h。	电子垃圾、报废汽车处理
16		新能源汽车废旧动力蓄电池处理设备	废旧动力蓄电池在物理环节的模组分离装备自动化拆解效率≥2kg/min; 单体单机分离装备自动化拆解效率≥3kg/min; 在湿法冶炼条件下,镍、钴、锰的综合回收率≥98%; 在火法冶炼条件下,镍、稀土的综合回收率应≥97%。	新能源汽车废旧动力蓄电池处理
17		危险废弃物焚烧炉	处理量≥20t/d;焚烧温度:一般危险废物≥1100℃,持久性有机污染物废物≥1200℃,医疗废物≥850℃; 烟气停留时间>2s;残渣热灼减率≤5%。	医疗、工业领域危险废物处理
18		机械炉排炉	处理量≥200t/d;焚烧温度≥850℃;烟气停留时间≥2s; 残渣热灼减率≤5%。	生活垃圾处理
19	环境监测专用仪器仪表	烟气排放连续监测仪	可测量以下一种或几种参数:SO_2、NO_X、CO、Hg、HCl、HF、H_2S、颗粒物、流速;颗粒物零点漂移±2%,量程漂移±2%;气态污染物响应时间≤200s,零点漂移±2.5%,量程漂移±2.5%,线性误差≤±5%;流速测量范围0~30m/s,流速测量精度±12%;温度示值偏差≤±3℃。	污染源废气监测(火电厂超低排放),垃圾焚烧电厂废气在线监测
20		氨逃逸激光在线分析仪	检测下限:0.1mg/L;重复性:1.0%F.S;线性误差:1.0%F.S; 取样流量:10L/min~20L/min;环境温度:-20℃~45℃。	烟气脱硝氨逃逸检测
21		挥发性有机物VOCs分析仪	可测量以下一种或几种气态有机污染物成分:甲烷/非甲烷总烃、总挥发性有机物、半挥发性有机物、苯系物或其他特征有机污染物; 最低检测限: (1)C2~C5:1,3-丁二烯或者丁烯≤0.15ppb,其他≤0.5ppb; (2)C6~C12:苯≤0.05ppb,其他≤0.5ppb; 重现性: (1)C2~C5:<10%4ppb(1,3-丁二烯或者丁烯); (2)C6~C12:<10%4ppb(苯)。	有机废气排放监测、厂界及周边无组织排放监测

续表

序号	设备类别	设备名称	性能参数	应用领域
22	环境监测专用仪器仪表	重金属水质自动分析仪	可测量以下一种或几种参数：汞、铬、镉、铅和砷； 六价铬水质监测设备：精密度≤5%，准确度±5%，零点漂移±5%，量程漂移±5%； 汞、镉、铅、砷水质监测设备：示值误差±5%，精密度≤5%，零点漂移±5%，量程漂移±10%。	污染源废水监测
23	噪声与振动控制	阵列式消声器	吸声体平均吸声系数≥0.9； 基准长度消声器的全压损失系数 $\zeta \leq 0.7$。	通风空调系统管道、机房进出风口、空气动力性设备等的消声降噪
24		阻尼弹簧浮置板隔振器	隔振效果≥18dB；阻尼比≥0.08；轨面动态下沉量≤4mm。	高铁及城市轨道交通噪声控制

4. 财政部　国家税务总局　应急管理部关于印发《安全生产专用设备企业所得税优惠目录(2018年版)》的通知

(2018年8月15日　财税〔2018〕84号)

各省、自治区、直辖市、计划单列市财政厅(局)、应急管理部门,国家税务总局各省、自治区、直辖市、计划单列市税务局,新疆生产建设兵团财政局、应急管理部门,各省级煤矿安全监察局:

经国务院同意,现就安全生产专用设备企业所得税优惠目录(以下简称优惠目录)调整完善事项及有关政策问题通知如下:

一、对企业购置并实际使用安全生产专用设备享受企业所得税抵免优惠政策的适用目录进行适当调整,统一按《安全生产专用设备企业所得税优惠目录(2018年版)》(见附件)执行。

二、企业购置安全生产专用设备,自行判断其是否符合税收优惠政策规定条件,自行申报享受税收优惠,相关资料留存备查,税务部门依法加强后续管理。

三、建立部门协调配合机制,切实落实安全生产专用设备税收抵免优惠政策。税务部门在执行税收优惠政策过程中,不能准确判定企业购置的专用设备是否符合相关技术指标等税收优惠政策规定条件的,可提请地方应急管理部门和驻地煤矿安全监察部门报请应急管理部,由应急管理部会同有关行业部门委托专业机构出具技术鉴定意见,相关部门应积极配合。对不符合税收优惠政策规定条件的,由税务部门按税收征收管理法及有关规定进行相应处理。

四、本通知所称税收优惠政策规定条件,是指2018年版优惠目录所规定的设备名称、性能参数和执行标准。

五、本通知自2018年1月1日起施行,《安全生产专用设备企业所得税优惠目录(2008年版)》同时废止。企业在2018年1月1日至2018年8月31日期间购置的安全生产专用设备,符合2008年版优惠目录规定的,仍可享受税收优惠。

附件:安全生产专用设备企业所得税优惠目录(2018年版)

附件：

安全生产专用设备企业所得税优惠目录(2018年版)

序号	设备名称	性能参数	应用领域	执行标准
一、煤矿				
1	瓦斯含量、压力测试设备	煤层瓦斯含量快速测定仪:测定时间≤30mm,误差＜10%。 井下瓦斯解析仪:量程0～3000g,精度±0.1%,测试范围50～120kPa。 煤层瓦斯压力测量记录仪:精确度0.5级,分辨率≥0.001MPa。	井工煤矿、穿煤层隧道掘进	GB/T 23250、AQ 1080、MT 393、MT/T 856、MT/T 752
2	瓦斯突出预测预报设备	突出危险预报仪:测量涌出初速度0～50L/min,钻孔瓦斯涌出衰减指标0～1.0,解吸压力0～0.4MPa,测量误差±4%。 瓦斯突出参数仪:测定钻屑K1、钻屑量等突出预报指标,测量范围0～10kPa、误差±1.5%F.S、分度值10Pa。防突动态信息管理系统:在线采集K1、△h2等突出预报指标,防突预测表单自动生成及远程审批、查询,表单自动生成时间＜30s。	井工煤矿	MA依据标准
3	瓦斯抽放监测设备	瓦斯抽采多参数传感器:实时监测抽采管道内瓦斯流量、压力、温度及环境参数,可测最低流速0.3m/s,测量精度等级1.5级;测压范围20～200kPa,测温范围-10～50℃,测量CO范围0～1000ppm。 管道用激光甲烷传感器:测量范围0%～100% CH_4,基本误差:0.01%～1.00% CH_4,±0.07%;1.00%～100% CH_4,真值±7%。 瓦斯抽采监测(控)系统:对瓦斯抽采管道内压力、流量、温度、气体浓度等进行实时监测,对抽采量进行计量。	井工煤矿	MT 1035、AQ 6211、MT/T 1126 MT/T 642
4	矿井井下超前探测设备	矿用分布式槽波地震仪:采用无缆分布节点式,可探测煤层地质构造、煤厚变化、夹层夹矸等,探测深度＞200m。 巷道超前探测地震仪:采用有缆集中式,可探测巷道前端各类地质构造,超前探测距离≥100m。 矿用瞬变电磁仪:可探测井下含水体,超前探测距离≥80m。 矿用无线电波透视仪:可探测瓦斯富集区、断距0.3m以上断层、直径7m以上陷落柱,接收灵敏度优于0.05μV/m,频率≥300kHz,透视距离≥250m。	井工煤矿	MT/T 693、MT/T 898、MT 470、MT 471、MT/T 1145、MA依据标准
5	矿山人员精确定位监测设备	煤矿人员管理(位置监测定位)系统:实时监测井下人员位置,检测标识卡状态及唯一性,并发识别数量≥80,定位精度≤1m。 井口唯一性检测装置:具备人脸识别、标识卡唯一性快速检测等功能,人员通过速率≥1000人/h。	井工煤矿	AQ 6210、MT/T 1005、MT/T 1103

续表

序号	设备名称	性能参数	应用领域	执行标准
6	安全监测监控设备	矿用激光甲烷传感器：测量浓度 0% ~100% CH_4，基本误差 0.01% ~1.00% CH_4，±0.06%；1.00% ~100% CH_4，真值 ±6%，调校周期≥6 个月。 煤矿安全监控系统：监测监控与预测预警、传输数字化、抗电磁干扰，支持多网融合，系统巡检周期≤20s，异地断电时间≤40s。 煤矿图像监视系统：具备人员越界、区域入侵等监视功能，图像质量≥四级，分辨灰度≥8 级；分辨率≥1920×1080。	井工煤矿	AQ 6211、AQ 6201、MT/T 1112
7	顶底板灾害监测设备	煤矿顶板动态监测系统：实时监测顶板位移、离层等，实时采集、动态显示、超限报警；基本测量误差 ±2% F. S。 声发射监测系统：实时在线监测煤岩体内部的声发射信号，最高采样率≥51.2ks/s，采集通道≥8，信号有效传输距离＞10km。 微震监测系统：实时采集煤岩震动信号，监测煤岩体稳定性。水平定位误差＜±20m，垂直定位误差＜±50m；监测范围＞1km；灵敏度＞28V/(m/s)。	井工煤矿	MT/T 1004、MT/T 1059、MT 1109、MA 依据标准
8	矿井水文监测设备	煤矿水文监测系统：具备在线水质分析及导通水源识别功能，富水性监测范围＞50m，水源特征离子识别种类＞30 种，传输距离≥10km。 矿用本安型水质分析仪：具有快速识别水质、精确判断矿井突水水源种类等功能，测量化学指标种类＞40。	井工煤矿	MT/T 894、MA 依据标准
9	车辆安全管控设备	煤矿轨道运输监控系统：矿井轨道机车运输的实时监控和自动调度，监控容量≥64 台分站。 矿用无轨胶轮车调度管理系统：实时跟踪井下车辆位置信息和车辆交通智能调度，定位精度≥±5m。	各类煤矿	GB 50388、MT/T 1113、MA 依据标准
10	粉尘监测仪表及降尘设备	粉尘浓度传感器：零点自动校准、免维护，可测量瞬时或平均粉尘浓度，测量范围 0.1 ~1000mg/m^3；测量误差≤±15%。 矿用气动湿式孔口除尘器：除尘效率≥97%，负载能力≥1000Pa；耗气量≤0.75m^3/min。 矿用采煤机尘源跟踪喷雾降尘系统：智能跟踪采煤机滚筒，根据粉尘浓度自动调整喷雾参数，开启时间≤1s，关闭时间≤2s，喷雾压力≥4.0MPa，联控容量≥200 台。 综掘工作面控除尘系统：与掘进机同步运行，处理风量 120 ~550m^3/min，总粉尘降尘效率≥90%，呼吸性粉尘降尘效率≥85%。	井工煤矿	GB/T 20964、GB/T 15187、MT/T 1102、MT 159、MT 503 ~ MT 505
11	矿井火灾预测预报及防灭火设备	矿井束管监测系统：监测采空区 CO、CO_2、CH_4、C_2H_4、C_2H_6、C_2H_2、N_2、O_2 等气体，并具备自动分析和存储功能。 矿用分布式光纤测温系统(装置)：连续自动监测温度、CO、CH_4、O_2 等，火灾报警与关联控制灭火。矿用区域自动喷粉灭火装置：火焰传感器响应时间≤1ms，控制器不少于 8 路输入、4 路输出，有效灭火时间≥2min，单灭火器控制区域≥15m^3。	井工煤矿	MT/T 757、GB 16280、AQ 1079

续表

序号	设备名称	性能参数	应用领域	执行标准
12	提升安全监测与保护设备	立井提升过卷、过放防护缓冲托罐装置：防止提升容器过卷或过放，并能将过卷过放容器或配重托住，过放最大下落距离 $<0.5m$。 钢丝绳无损探伤仪：利用强磁原理对钢丝绳损伤快速非接触探测、诊断，断丝检测准确度 $\geq 99\%$，检测灵敏度重复性误差 $\leq \pm 0.05\%$。	井工煤矿	MA 依据标准
13	带式输送机安全保护设备	带式输送机综合保护装置：具备输送带打滑、堆煤、跑偏、洒水、烟雾、撕裂、急停等保护及语音通信功能。 矿用钢绳芯输送带 X 射线探伤装置：对输送带钢绳芯断绳、锈蚀、劈丝、接头抽动及带面损伤等无损检测及定位，定位精度 $\geq 1m$。 带式输送机用断带抓捕装置：响应时间 $\leq 1s$，最大额定抓捕力 $\geq 400kN$，适用带宽可调。	井工及露天煤矿、非煤矿山	MT 872、MA 依据标准
14	井下通信设备	矿用无线通信系统：具备通信和定位功能，覆盖范围 $\geq 400m$。 矿用调度通信系统：地面远程供电、矿用本质安全型，通信距离 $\geq 10km$。 矿用广播通信系统：多节目同时传输，支持物理链路 >5 路；可按区域或逻辑分组、分区域广播；井下音响远程可寻址到点控制；支持与安全监控系统、调度通信系统有机融合；传输距离 $>10km$。	井工煤矿	MT 401、MT/T 1115、MA 依据标准
15	瓦斯抽采设备	履带式全液压定向钻机：具备定向钻进和随钻测量功能，扭矩 $>4000Nm$，钻进深度 $>400m$。 水环真空泵：吸气量 $>100m^3/min$，极限真空度 $\geq -81kPa$。 抑爆装置：矿用本质安全型，火焰传感器响应时间 $<5ms$，控制器响应时间 $<15ms$，喷射完成时间 150ms。移动式瓦斯抽放泵站：吸气量 $>50m^3/min$，极限真空度 $\geq -81kPa$。 高压水射流割缝增透装备：割缝工作压力 $>50MPa$，煤层内形成割缝半径 $>2.0m$。	井工煤矿	MT/T 790、JB/T 7255、AQ 1079、GB/T 18154、MT/T 987、MA 依据标准
16	抽排水设备	矿用隔爆型潜水电泵：扬程 $\geq 220m$、流量 $\geq 160m^3/h$、允许潜没深度 $>5m$。 煤矿排水监控系统：对水泵成套设备就地自动控制、集中控制、地面远程控制，控制响应时间 $\leq 2s$。	井工煤矿	JB/T 6762、MT/T 671、MT/T 1128
17	矿井降温设备	矿用防爆制冷装置：名义制冷量 $\geq 1500kW$，具备压力、断油、温度等保护功能。	井工煤矿	GB 9237、MT/T 1136
18	供电安全监测与保护装置	煤矿供电监控系统：可地面远程实时监测井下变电所各开关输出电力参数，对井下供电系统“五遥”（遥测、遥信、遥控、遥调和遥视），实现防越级跳闸功能。	井工煤矿	MT/T 1114
二、非煤矿山				
19	采空区三维激光扫描仪	激光扫描距离：150m；精度：±2cm；扫描速度：250 点/s；防水防尘：IP65。	地下矿山采空区探测	CHZ 3017

续表

序号	设备名称	性能参数	应用领域	执行标准
20	自动全站仪	测量精度:2mm 以内;测距:>2km。	尾矿库、露天采场	GB/T 27663
21	边坡雷达	全天候大范围远距离高精度遥测边坡位移,监测距离:>4km;监测精度:±0.1mm;单帧变形数据获取时间:1~10min;防护等级:IP65。	矿山等各类边坡工程	SJ 2584
22	层析扫描成像超前预报系统	前方地质体三维立体成像,超前预报最小距离大于 100m。	地下矿山采掘作业	Q/CR 9217
23	微震监测仪	8 通道以上,能够对 200J 以上震动事件进行响应,定位精度 10m 以内,有效距离 250m。	地下矿山	AQ 2031
24	尾矿库坝面位移北斗卫星定位高精度接收机	水平监测精度小于 5mm;防水防尘等级 IP67。	尾矿库、露天采场	GB 51108
25	撬毛台车	撬毛高度不低于 5m,最大爬坡能力不低于 40%(坡度角 25°),车身宽度≤1.8m,自动湿式除尘。	地下矿山	JB/T 10844
26	湿式制动井下无轨运输车	柴油机功率:>50kW;额定负载最高行驶速度:30km/h;爬坡能力:>10°。	地下矿山	GB 21500
27	深锥膏体浓密机和充填工业泵	深锥膏体浓密机:底流浓度达 70% 以上,溢流水质量达到国家排放标准。 充填工业泵:泵送压力 15MPa 以上,输送能力 $100m^3/h$ 以上。	矿山采空区充填尾矿膏体排放	GB/T 10605、GB 8978、GB/T 13333、JB/T 8098、JB/T 8097
三、石油及危险化学品				
28	作业环境气体检测报警仪	检测作业环境中 CO、NO_2、SO_2、H_2S、Cl_2、NH_3、光气等有毒可燃气体浓度,并具有声、光报警功能。	含有毒性、可燃气体或密闭空间作业环境	GB 12358、GB 15322、GB 50493
29	井控防喷装置	防喷器(组):通径 180mm,工作压力≥35MPa。 地面防喷器控制装置;电缆井口防喷控制装置;石油钻井作业施工常规井控设备节流和压井系统,井口装置和采油树,液气分离器装置,地面压力分流控制装置;钻柱内防喷装置。 海上井控防喷装置压力等级:≥10000psi 级别,并满足 API 标准要求。	石油钻井、修井、测井作业、石油射孔作业	GB/T 25429、SY/T 5053.1、SY/T 5053.2、SY/T 5127、SY/T 53234、SY/T 5127、SY/T 0515、SYT 5964、SY/T 5525
30	大型石油储罐主动安全防护系统	单套设备保护罐数量:≥4 个;分区额定供气流量:$200Nm^3/h$;气体浓度分析响应时间:≤30s;主动防护响应时间:≤5s;单罐惰化完成时间:≤20min;氧气检测量程:0%~21%;可燃气体检测量程:0%~100%;样气巡检通道:8 路。	港口、码头、石油储备基地等石油储罐	GB/T 25844、AQ 3035、AQ 3036

续表

序号	设备名称	性能参数	应用领域	执行标准
31	水下井口及控制系统	水下井口:额定工作压力≥34MPa。 水下采油(气)树:类型:直立型和水平型。 脐带缆:电缆、光缆、金属管群、高压软管等组成,有外护套或铠装保护壳。 水下生产控制系统:全液压控制系统、电液控制系统,包括安装在水面和水下的控制系统设备、控制流体。	海洋石油天然气开采	GB/T 21412.1、GB/T 21412.4、GB/T 21412.5、GB/T 21412.6
32	阻隔防爆运油车	与所运介质有良好的相容性,对罐体有效容积降低率不大于6%;振动试验后,单位容积碎屑质量≤1.3mg/L;防爆性能:防爆增压值≤0.14MPa。	危险品专用运输	GB 50156、AQ 3001、AQ 3002、JT/T 1046
33	腐蚀在线监测设备	电感腐蚀监测点及pH监测;测试腐蚀电流、介质电阻、腐蚀速率,进行数据采集、传送。	存在腐蚀风险的设备、密闭管道等	APIRP 571、GB/T 23258、GB 3836
34	管道泄漏检测设备	采用波敏法(负压波法),并通过其调用泄漏检测模块、定位分析模块共同组成。直接读取下位机系统的数据,包括站场、阀室的进、出站压力信号、流量信号、温度信号、密度信号、输油泵运行状态等。系统信号精度为0.001MPa,且当压力下降2%时能够自动报警。	埋地管道	SY/T 6826
35	氮气水击泄压阀	阀门形式:轴流式;阀门开启方式:氮气;阀门公称直径:6"、8"、10";阀门泄放量:820m^3/h、1500m^3/h、400m^3/h、710m^3/h;阀门设定压力:1.9MPa、7.9MPa、8.4MPa;上下游接管材质:L415、20#;进出口压力等级:Class150、400、600;法兰面执行标准:RTJ。	埋地管道站场	API Std526、API Std527、API RP520、API RP521
36	大型石油储罐感温光栅	罐区感温感烟光栅:i Smart – TMS。	石油化工生产企业	GB 50160
四、民爆及烟花爆竹				
37	烟火药安全性能检测仪	静电火花感度仪:高压电源:0.4kV~50kV连续可调30min内漂移应为5%;静电电压表:Q3–V型,最大30kV;电容:500pF/30kV,精度5%;电阻:5kΩ/168kΩ;上、下电极同轴度≤Φ3.0mm;电极间隙调节范围≤4mm。	烟花爆竹安全检测	QB/T 1941.4
		撞击感度测试仪:导轨滑动表面对重力线(铅垂线)的偏离或对水平面的垂直度>1.0mm/m;钢砧倾斜度≤0.20mm/m;落锤重量:2.000±0.002kg,10.000±0.010kg;落锤自由下落时,锤头中心对撞击装置中心的同轴度为Φ3.0mm;落锤仪导轨装有落高值的刻度尺,刻度尺最小分度值1mm。	烟花爆竹安全检测	QB/T 1941.2
		摩擦感度测试仪:摆锤质量:1500±5g;摆锤提升和定位:0~180°可调,精度≤1°;试验压强:0.5~6MPa连续可调,分辨率0.01MPa;摆长:760±1mm;最大允许试验药量:0.03g;摆锤与击杆中心偏离≤1.5mm;滑柱位移量:1.5~2.0mm;压力恒定(加压至6MPa,稳定5min):压力波动≤0.1MPa。	烟花爆竹安全检测	QB/T 1941.3

续表

序号	设备名称	性能参数	应用领域	执行标准
37	烟火药安全性能检测仪	火焰感度测试仪:药柱模中心线对托盘试样座中心线的不同轴度≤0.5mm;两柱对底座上平面的不垂直度在630mm内≤0.25mm;底座上平面与顶盖上平面的不平行度≤0.15mm,其不平行度由平行度调整垫调整;最大试验高度550mm。	烟花爆竹安全检测	QB/T 1941.6
		爆发点测定仪:控温范围:0～650℃;温度分辨率:0.1℃;时间分辨率:0.01s;功耗:≤2kW;测温元件:进口热电阻;定位精度:1mm;合金浴尺寸:直径62mm,深度60mm(可定制)。	烟花爆竹安全检测	QB/T 1941.1
38	民爆产品检测测试仪器仪表	工业炸药爆速测试仪:测量范围:0～10000m/s。	民用爆炸物品安全检测	GB/T 13228
		工业雷管延期时间测试仪:分辨率不小于0.1ms。		GB/T 13225
		数码电子雷管检测及起爆系统:延期时间设定范围满足数码电子雷管性能要求,时间间隔1ms,在线注册或非电注册,单台起爆能力大于200发,组网起爆能力大于4000发。		WJ 9085
		电雷管测试仪:输出电流≤30mA,最大输出电流≤2mA,精度0.01Ω。		GB 6722
39	民用爆炸物品危险作业场所监控系统	工业炸药及其制品制药安全生产控制系统:主要工艺参数(如电流、温度、压力、流量等)自动采集、故障自诊断、自动存储,关键指标超标自动报警、超限自动安全联锁;自动控制系统人机界面良好,视频监控系统符合行业标准要求。	工业炸药及其制品制药安全生产	GB 50089、WJ 9065
		工业炸药及其制品装药安全控制系统:对自动装药机各工艺参数进行自控和安全联锁,故障自诊断和报警、自动停机,自动控制系统人机界面良好,视频监控系统符合行业标准要求。	工业炸药及其制品装药安全作业	
		工业炸药及其制品包装、装车安全控制系统:对包装、装车过程各工艺参数进行自控和安全连锁,故障自诊断和报警、自动停机,自动控制系统人机界面良好,视频监控系统符合行业标准要求。	工业炸药及其制品包装安全作业	
		工业雷管火工药剂制药安全控制系统:主要工艺参数(如电流、温度、压力、流量等)自动采集、故障自诊断、自动存储,关键指标超标自动报警、超限自动安全联锁;自动控制系统人机界面良好,视频监控系统符合行业标准要求。	工业雷管火工药剂制药安全生产	
		基础雷管制造安全生产控制系统:对生产过程主要工艺参数(如电流、数量等)自动采集、故障自诊断、自动存储,关键指标超标自动报警、超限自动安全联锁;自动控制系统人机界面良好,视频监控系统符合行业标准要求。	基础雷管制造安全生产	
		成品工业雷管制造安全控制系统:对生产过程主要工艺参数(如电流、数量等)自动采集、故障自诊断、自动存储,关键指标超标自动报警、超限自动安全联锁;自动控制系统人机界面良好,视频监控系统符合行业标准要求。	成品工业雷管制造安全生产	

续表

序号	设备名称	性能参数	应用领域	执行标准
39	民用爆炸物品危险作业场所监控系统	起爆具自动化安全控制系统：对炸药计量及输送、熔混药等主要工艺参数（如电流、温度等）进行自控和安全联锁，故障自诊断和报警、自动停机，自动控制系统人机界面良好，视频监控系统符合行业标准要求。	起爆具自动化安全生产	GB 50089、WJ 9065
		石油射孔弹自动化安全控制系统：对生产线设备各机械动作进行自控和安全互锁，具有参数设置、故障自诊断和报警、自动停机功能，自动控制系统人机界面良好，视频监控系统符合行业标准要求。	石油射孔弹安全生产	
		现场混装炸药生产安全控制系统：对制药系统的水相、油相溶液、硝酸铵等材料配比及输送，乳胶基质制备，乳胶基质冷却及输送等主要工艺参数（如电流、温度、压力、流量等）进行自控和安全联锁，故障自诊断和报警、自动停机，控制系统具备良好人机界面，视频监控系统符合行业标准要求。	现场混装乳化炸药的乳胶基质制备	
		索类火工品制造安全控制系统：对生产过程主要工艺参数（如装药量、数量等）自动采集、故障自诊断、自动存储，关键指标超标自动报警、超限自动安全联锁；自动控制系统人机界面良好，视频监控系统符合行业标准要求。	导爆索、高强度塑料导爆管自动化安全生产	
		爆破作业安全监控设备与系统：视频输入：一路高清视频，兼容 CVBS、AHD1.0 和 AHD2.0 自动识别；分辨率：960H、D1、4CIF、CIF、VGA、720P、1080P；制式：支持 GPS 和北斗双模定位；帧率：1 ~ 25 帧可调。	爆破作业安全生产	GB 6722、GA 991
40	爆破测震仪	具有国家计量器具生产许可证（CMC 证书），量程 0.001 ~ 35.4cm/s，分辨率≥0.0001cm/s。	爆破作业安全生产	GB 6722
41	乳化炸药现场混装车	汽车底盘、乳胶基质储存及其输送系统、敏化剂储存及其输送系统、履带式送管器、输药管卷筒、液压系统和动态监控信息系统。	爆破作业安全生产	JB 8432.3、GA 991
五、交通运输				
（一）公路行业				
42	隧道超前探测设备	地质雷达：100MHz 天线，天线频带带宽 30 ~ 150MHz；红外探测仪：分辨率 H 档为：0.05mV/cm^2，M 档为：0.07mV/cm^2；地震波法超前地质预报设备：TGP/TSP/TST/TRT 等设备。	隧道施工安全预报预警	JTG F60、TG F90、TB 10304
43	架桥机安全监控系统	架桥机运行状态的全方位检测。	桥梁架设施工	GB/T 28264
44	隧道施工人员识别定位设备	分区域定位和精确定位，精确定位精度可达 5 米；具有考勤/提醒和报警/消警功能；设备电压：220V。	隧道等空间的人员安全行为监控	JTG F60

续表

序号	设备名称	性能参数	应用领域	执行标准
45	桥梁检测设备	桥梁检测车：桥梁下部结构检测，包括梁体、墩柱混凝土裂缝宽度长度及深度，混凝土破损面积，桥梁支座检查，支座垫石完整性等。	桥梁检测	QC/T 826
		桥梁 CT 扫描系统：无损检测桥梁混凝土裂缝，波纹管内灌浆密实度，钢筋及斜拉索、悬索探伤。		
46	商用车主动安全系统	倒车辅助系统：具有倒车后视影像、倒车过程障碍物距离测量、倒车障碍物报警功能，探测距离不小于 2m，最高工作速度不小于 10km/h。	营运客车和危险品运输车辆	QC/T 549
		疲劳及瞌睡监测警告系统：具有驾驶员疲劳状态检测功能，对疲劳的驾驶员进行声音、光或震动报警，同时将行为发生时刻前后 10 秒的视频上传网络平台，报警准确率不低于 90%。		GB/T 19056、JT/T 794、JT/T 808、JT/T 809
		前撞预警（FCW）系统：具备探测前车相关距离，相对速度功能，探测距离不小于 100m，可提供声音、光或震动报警，最低起作用车速不大于 30km/h。		ISO 15623
		自动紧急刹车系统（AEB）：具备探测前车相关距离，相对速度功能，探测距离不小于 100m，可提供声音、光或震动报警。车辆有碰撞危险时，可实现自动刹车，避免发生车、车碰撞，避免碰撞最低车速不小于 30km/h。		ISO 22839
		电子控制制动系统（EBS）具有缩短制动响应时间、优化制动力分配、协调车桥间的制动力、平衡各车轮摩擦片磨损等功能。		GB 7258
		车载监控终端及管理平台：定位精度≤15m，速度记录误差≤±1km/h；事故疑点记录：应能以 0.2s 的间隔记录并存储形式结束前 20s 行驶状态数据；位置信息记录：能以 1mm 的间隔记录并存储位置数据；超时驾驶记录：记录次数不少于 100 条；管理平台接收终端信息时间间隔：行驶状态下最小间隔≤5s，最大间隔≥60s。		GB/T 19056、JT/T 794、JT/T 808
		侧后方盲区警告系统：具备探测盲区车辆功能、探测邻车道快速靠近车辆功能，探测距离不小于 30m，盲区有车辆具有报警功能。		LCDAS、ISO 17387
		车道偏离预警（LDW）：具备探测车道线功能，对非主动的变道或压线，能够进行声音、光或震动报警，报警准确率不低于 90%，最迟报警距离不大于 0.8m。		GB/T 26773
		电子稳定控制系统（ESC）：具备车道保持能力和防侧翻控制能力。车辆以 32～64km/h 进行 J-转向时，车辆应保持在车道。		GB/T 30677、JT/T 1094
		爆胎应急安全装置：具备当车辆轮胎爆裂失压时，安全装置应能立刻抑制该轮产生行驶距离不小于 1km。		JT/T 782、JT/T 1094
（二）铁路行业				
47	车辆运行安全监控系统探测设备	车辆轴温智能探测系统（THDS）：适应列车运行速度 5～160km/h，自动计轴计辆，计轴误差 $<3\times10^{-6}$，计辆误差 3×10^{-5}；热轴故障预报兑现率：区间探测站：>60%；系统可维护性：机械部分<10mm，电气部分<3min，适应温湿度工作条件，室外设备环温 −40～60℃，室内相对湿度<95%，室外相对湿度<85%。	车辆热轴	Q/CR 319

续表

序号	设备名称	性能参数	应用领域	执行标准
47	车辆运行安全监控系统探测设备	车辆运行故障图像检测系统：适应车速 5～250（140、160）km/h，自动计轴计辆，计轴误差 $<3\times10^{-6}$，计辆误差 $<3\times10^{-5}$，故障信息存储容量≥两年（一个段修期），图像传输速率≤2min/百辆，摄像机分辨率≥640×480，抓拍速率≥50 帧/s，补偿光源开启关闭响应时间≤1s，保护门开启、关闭反应时间≤2s，室外设备适应温度 -40～70℃。	动车组、客车、货车	Q/CR351、TJ/CL255A、TJ/CL 255、TJ/CL 399、TJ/CL 401
		铁道车辆运行品质轨旁动态监测系统（TPDS）：适应列车速度：动车组 30～350km/h、客车30～160km/h、货车 30～120km/h；适应车辆轴重：≤30t；自动计轴、计辆、测速；轮轨垂向力和横向力连续测量，动车组测区长度≥9.0m、客车测区长度≥6.0m、货车测区长度≥4.8m；自动识别车辆运行品质不良、超载、偏载和车轮踏面损伤；轮轨力检测准确度：列车以 40km/h 及以下速度通过时垂向力测量最大允许误差 ±5%，40～60km/h 速度通过时垂向力测量最大允许误差 ±1%，60km/h 以上垂向力测量最大允许误差 ±3%；横向力测量最大允许误差 ±3%；识别车轮失圆、多边形和踏面擦伤、剥离、碾堆等踏面损伤兑现率：>95%；运行品质不良按脱轨系数和轮重减载率进行联网评判、报警；车辆标签及车辆端位识别率：≥99.9%。	动车组、客车、货车	Q/CR 349、TJ/CL 438
		铁道车辆车轮故障在线检测系统：适用车速：8～12km/h。车轮外形几何尺寸检测误差范围：踏面磨耗：±0.2mm；轮缘厚度：0.2mm；QR：±0.4mm；车轮直径：±0.5mm；轮对内距：±0.6mm。踏面擦伤深度检测误差：±0.2mm。车轮探伤范围：轮毂部位径向裂纹；距轮毂内侧面 60mm 至 100mm 区域内轮毂周向裂纹；轮缘顶部至根部径向裂纹；轮毂周向裂纹：长轴 40mm、短轴 30mm 的平底椭圆当量缺陷。轮缘顶部径向 5mm 深刻槽当量缺陷。	动车组、客车	TJ/CL 256、TJ/CL 405
		车辆滚动轴承早期故障轨边声学诊断系统（TADS）预报等级：3 级，适应车速：30～110km/h，检测精度：预报准确率 >97%，数据传输速率：不低于 9600bit/s，传输接口协议：CCITT 及我国铁路通信的有关规定，传输校验方式：文件传输协议（FTP）。	动车组、客车、货车	Q/CR 350
48	轨道设施检测设备	钢轨探伤车：最高探伤速度 80km/h；超声波对钢轨的最小扫查间距为 0.8mm，最大扫查间距为 5.6mm；超声波覆盖钢轨区域：轨头、轨腰、位于轨腰投影区的轨底部分；探伤灵敏度：钢轨头部横向裂纹，≥直径 8mm 平底孔当量；钢轨头部及腰部纵向水平裂纹，≥10mm×15mm；螺栓孔裂纹，裂纹深度≥8mm。	钢轨无损检测	GB/T 28426
		轨道检测系统：适用速度 15～350km/h；检测轨道的轨距、轨向、高低、水平、三角坑、超高、曲率、车体垂向和横向振动加速度等项目，具有轨道几何偏差编辑、轨道几何波形输出、报表打印等功能。	轨道状态检测	TJ/GW 126
		钢轨轮廓及磨耗检测系统：适用速度 160km/h；可按照 1m、2m、3m、5m 间隔等间距采样；磨耗分辨力 0.1mm；检测精度 0.2mm。	轨道状态检测	TJ/GW 127
		轨道状态巡检系统：适用速度 160km/h；图像分辨率为横向 1mm，纵向 1.6mm；可智能识别 15mm×15mm 以上钢轨表面擦伤及剥离掉块；可智能识别扣件缺失、弹条断裂、弹条移位等异常。	轨道状态检测	TJ/GW 127
		线路限界检测系统：适用速度 160km/h；测量间距 0～450mm；测量精度 ±15mm；测量范围：轨面上方 10m、线路中心线两侧各 10m 的范围内。	轨道状态检测	TJ/GW 127

续表

序号	设备名称	性能参数	应用领域	执行标准
49	铁路供电安全检测监测系统(6C 系统)	高速弓网综合检测装置(1C):适用车速 350km/h,监控分辨率≥1024×1024,帧率≥100fps,弓网接触力分辨率 1N,接触线和拉出值测量分辨率 1mm。 接触网安全巡检装置(2C):适用车速 350km/h,图像分辨率≥1024×1024。 车载接触网运行状态检测装置(3C):适用车速 350km/h 燃弧持续时间精度 2ms,接触网温度测量精度 2℃,弓网视频分辨率≥1024×1024,帧率≥25fps。 接触网悬挂状态检测监测装置(4C):适用车速 160km/h,接触线测量精度 10mm,拉出值测量精度 25mm,关键区域检测图像像素≥5000 万。 受电弓滑板监测装置(5C):适应车速 350km/h,图像分辨率≥2448×2048。 接触网及供电设备地面监测装置(6C):接触线索张力测量精度 0.1kN,温度测量精度 1℃。 6C 综合数据处理中心:数据传输通道带宽≥2Mbps,主备机自动切换时间≤30s,主要节点 CPU 负载≤50%,局域网平均负载≤30%。	铁路牵引供电设备	《高速铁路供电安全检测监测系统(6C 系统)总体技术规范》(铁运〔2012〕136 号; 1C 技术条件:TJ/GD 007; 2C 技术条件:TJ/GD 004; 3C 技术条件:TJ/GD 005; 4C 技术条件:TJ/GD 006; 5C 技术条件:TJ/GD 008; 6C 技术条件:TJ/GD 009; 6C 综合数据处理中心技术条件:TJ/GD 010
50	列车运行监控装置(LKJ)	适应自动闭塞和半闭塞的 UM71、ZPW-2000、移频、交流计数等信号制式;制动控制计算符合 TB/T1407。	机车、动车组	TJ/DW 070、TJ/DW 169、TJ/DW 170、TJ/DW 173、TJ/DW 174
51	机车车载安全防护系统(6A 系统)	包括:中央处理平台、机车空气制动安全监测子系统、机车防火监测子系统、机车高压绝缘检测子系统、机车列车供电监测子系统、机车走行部故障监测子系统、机车自动视频监控及记录子系统,工作温度-40~70℃,持续滚动存储数据 30 天,持续滚动存储视频 15 天,报警响应时间 1s。	内燃、电力机车	TJ/JW 001、TJ/JW 001A、TJ/JW 001B、TJ/JW 001C、TJ/JW 001D、TJ/JW 001E、TJ/JW 001F、TJ/JW 001G
52	列车尾部安全防护装置	LD2006-1 型、LD2006-2 型、LD2009-1 型、HBTL-11(S)型、LD2006-11a 型。主机反光标志正常天气目测显示距离不小于 400m;适应列车制动主管定压 500kPa 和 600kPa 的要求;排风口径 6~8mm;软管连接器符合 TB/T60 的规定;天线技术符合 TB/T1875 要求;质量不大于 11kg。	在铁路上运行的货物列车	TB/T 2973、TJ/CW 004、TJ/CW 005、TJ/DW 009、TJ/DW 179、TJ/DW 180
53	列控车载设备(ATP)	系统的所有安全部件的设计可确保按 SIL4 级安全要求运行。系统的开发遵循 CENELEC 标准 EN50126、EN50128 和 EN50129 规定的质量和安全管理的要求,最大列车速度 350km/h。	动车组	TJ/DW 061、TJ/DW 139B、TJ/DW 152、TJ/DW 152A
54	轨道车运行控制设备(GYK)	GYK 电源工作范围:DC18V~36V;测速测距误差:-2%~+2%;GYK 系统时钟精度:误差<90s/月;整机平均无故障工作时间 MTBF 应不低于 6000h。	自轮运转特种设备	TJ/DW 046
	(三)水运行业			
55	电子海图显示与信息系统(ECDIS)	支持显示由政府授权的航道组织颁布发行的安全高效航行所必须的海图信息;支持在线或离线更新;支持 AIS、GNSS、测深、雷达等设备接入及显示;支持航线设计、航线检测、船位标绘、雷达跟踪、海图物标属性查询等功能;长江电子航道图显示与信息系统:支持显示由政府授权的航道组织颁布发行的安全高效航行所必须的海图信息;支持在线或离线更新;支持 AIS、GNSS、测深、雷达等设备接入及显示;支持航线设计、航线检测、船位标绘、雷达跟踪、航道图物标属性查询等功能。	船舶	IHO S52、IHO S57、IHO S61、IHO S63、IHO S64、IEC、IMO、MSC、CJ52、CJ57、CJ58、CJ63 以及国内船舶设备相关标准

续表

序号	设备名称	性能参数	应用领域	执行标准
56	海上导航和无线电通信设备	海上通讯设施;海洋气象设施。 船用紧急无线电示位标(EPIRB):工作频率:406MHz;寻位频率:21.5MHz/243MHz;定位模式:GMDSS; 启动方式:人工启动、自动启动。	水上船舶、海洋石油生产作业	《固定平台安全规则》(国经贸安全〔2000〕944号)、IMO和IEC相关标准以及国内船舶设备相关标准
		AIS船台:工作频率:161.975MHz、162.025MHz;定位模式:GPS、北斗、GMDSS;通信模式:SOTDMA;发射功率:1W、2W、12.5W。	船舶	GB/T 20068、ITU/R M.1371-5
		AIS岸台:工作频率:161.975MHz、162.025MHz;定位模式:GPS、北斗、GMDSS;通信模式:SOTDMA;发射功率:12.5W。	沿岸	IEC 62320-2、ITU/R M.1371-5
57	船岸紧急切断系统(ESD)	紧急切断阀:采取自动、遥控和手动等组合设计,具备遥控和就地操作功能。	石油化工码头	GB/T 24918、GB/T 22653、JB/T 9094
		紧急切断控制系统:独立于过程控制系统(DCS),具备检测元件、逻辑运算器和执行元件,可对紧急切断阀进行应急关断并在控制柜进行指示和声光报警,具有故障安全、冗余容错等技术。	石油化工码头	SHB-Z06
(四)民航行业				
58	火警探测器	发动机火警探测,技术指标达到美国民航规章FAR23标准,设备型号:473581/473581-1/473583/473583-1/473583-3/473583-2/473582/474188-1/474189-1/474190-1/473597-5/473955-1/475571-2/902864/PU90-499R3/902018-01/PU90-471WR1/2119835-6/2119835-7/PPA1103-00/PPA1204-00/PPC1100-00/PPC1200-00/RAI2800M0706/GPA1102-00/GPA1103-00/PPA1203-00/PPA1204-00/PPA2100-00/PPA2101-00/RAI2811M0106/FSD9480-00/GMC1102-02/PMC1102-02/PMC1103-03/474449-5/7011200H01/504643-9/8920-10/904653-10/904655-10/904656-10/474435/474436/474437/474438/474439/474443-2/8918-01/8919-01/472583/472584/5421-14/904807-03/(3601-155-565/19); APU及发动机火警过热控制组件:901950-02;过热探测控制组件:35008-307/20-035008-300; 火警控制面板:69-37307-300/69-37307-153/411000-001;发动机火警线:325-027-302-0/325-027-303-0/325-027-402-0/325-027-403-0/325-027-404-0/325-027-505-0;发动机吊架火警探测元件:474443-2。	飞机灭火系统	美国民航规章标准FAR23

续表

序号	设备名称	性能参数	应用领域	执行标准
59	卫星通讯系统	增强了飞机远距离通讯的能力,弥补了高频通讯易受环境干扰的不足,防止飞机失联。设备型号:822 - 2556 - 102/701 - 10300 - 00/710100 - 2/500644 - 6/288E5733 - 00/822 - 1785 - 401/7516118 - X7145/822 - 2909 - 050/RD - NB2501 - 01/RD - NB2111 - 02/RD - KA1003 - 04/RD - AA903194 - 02/RD - AA903194 - 01/RD - AA903463 - 01;82158A31 - 000/822 - 2558 - 101/418E5733 - 00; 82155D33 - 032/822 - 2556 - 102/228E5733 - 00/7516100 - 20050/7516118 - 27010/82155D33 - 032/7516118 - 27010/822 - 2023 - 101/822 - 3057 - 101/883E5910 - 04/7516118 - 47145/7516118 - 47141/7516118 - 27140/7516118 - 27020/822 - 1785 - 402/822 - 1785 - 401/7520061 - 34010/7520061 - 34016/7520000 - 20140/710617 - 2/7520033 - 901;M0DREF472285/804 - 10 - 0015/002W0129 - 3/002W0129 - 4/002W0129 - 3/100 - 602198 - 001/M0DREF376715/M0DREF418185/M0DREF457619/513738 - 513/284W3009 - 1/284W3009 - 2/866 - 5015 - 101/009E5733 - 00/4141 - 89 - 99。	飞机导航系统	《国际民用航空组织附件 10》ICAO Annex10
60	自动相关监控系统	提供飞机空中交通管制相关信息(例如飞机位置、高度、航向、速度、垂直速度),防止飞机空中飞行冲突。设备型号:7517800 - 10004/7517800 - 11005/7517800 - 11006/7517800 - 11009/822 - 1338 - 002/822 - 1338 - 003/066 - 01127 - 1601/066 - 01127 - 1602/822 - 1338 - 005/822 - 1338 - 205/822 - 1338 - 225/066 - 01127 - 1402/066 - 01127 - 1101/066 - 01212 - 0101/9008000 - 10000/822 - 1338 - 205/066 - 01212 - 0301/066 - 01212 - 0101/7517800 - 12401/822 - 2120 - 101/822 - 2911 - 002/822 - 1293 - 332/822 - 1338 - 021/066 - 01127 - 1402/9005000 - 10204/7517800 - 12401/7517800 - 10100/822 - 1821 - 002/69001757 - 000/822 - 1821 - 430。	飞机导航系统	《国际民用航空组织附件 10》ICAO Annex10
61	飞行数据及语音记录系统	记录飞机发动机操作系统等关键系统的参数,及驾驶舱语音记录,用于事故预防和事故调查。设备型号:1605 - 01 - 00/1605 - 00 - 00/866 - 0084 - 102/866 - 0084 - 101;980 - 6020 - 001/980 - 6022 - 001/980 - 6032 - 001/980 - 6032 - 001/980 - 6032 - 023/980 - 6032 - 020/2100 - 1020 - 00/2100 - 1925 - 22/2100 - 1020 - 02/2100 - 1025 - 22/2100 - 1226 - 02/2100 - 1025 - 02/2100 - 1227 - 02;980 - 4700 - 042/980 - 4750 - 003/980 - 4750 - 002/980 - 4750 - 009/980 - 4700 - 003/2100 - 4043 - 00/2100 - 4945 - 22/2100 - 4045 - 22/2100 - 4245 - 00/2100 - 4045 - 00;2243800 - 73/2243800 - 364;HL2. 776. 036/800 - 180 - 001/800 - 180 - 002/01 - 830 - 180 - 010/880 - 180 - 600 - 002。	飞机导航系统	美国民航规章标准 FAR 23/31

续表

序号	设备名称	性能参数	应用领域	执行标准
62	防冰控制系统温度控制设备	防冰控制系统温度控制器：发动机防冰控制器组件：810503 - 10，2915 - 5/733474 - 3 - 5。 防冰控制系统温度控制面板：233W、233N、69、233A 系列。 防冰面板：机翼防冰保护系统区域控制卡 003CM00 - 0200，233N3204 - 1019。 防冰活门：发动机整流罩防冰活门 3215618 - 5/3215618 - 4/3215618 - 3；机翼防冰活门 67 - 2906 - 002；发动机防冰压力调节关断活门 7011101H02。 防冰控制系统结冰探测器：0871HT3/0871DL6/1001844 - 3/0871DP5 - 1/0877B1。 防冰控制系统窗温控制器：风挡加热控制组件：83000 - 05605/83000 - 05604ATS/83000 - 27901/S283T007 - 3/785897 - 2/785897 - 3/624066 - 3/624066 - 5/774767 - 1 - 1；风挡加温保护组件：7002576H02。	民航飞行器	美国民航监督管理标准 FAA TSO - C13，C24
63	机载防相撞系统	空中防撞，探测范围：飞机上下 8700 英尺最远 80 海里。工作频率，发射 1030MHz 信号，接收 1030MHz 信号。根据入侵机距离分为：其他飞机：6 海里外；或 6 海里内且相对高度大于 1200 英尺，且没有 RA 和 TA 警告；接近的飞机：相对高度小于 1200 英尺，距离 6 海里内，没有达到 RA 和 TA 级别警告。 交通咨询（TA）和避让警告（RA）：根据 TAU 和 CPA 具体确定，设备型号：9005000 - 11203/066 - 50000 - 2220/066 - 50000 - 2221/940 - 0300 - 001/066 - 50008 - 0405/4066010 - 910/4066010 - 913/622 - 8971 - 022/622 - 8971 - 522/822 - 1293 - 003/7517900 - 10004/7517900 - 10020/9003500 - 10903/7517900 - 10006/7517900 - 10012/7517900 - 55003/822 - 1293 - 002/822 - 2911 - 001/9003500 - 10905/9003500 - 55905/940 - 0351 - 001/965 - 1694 - 001/822 - 2120 - 101/071 - 50001 - 8104/7514081 - 911/7514081 - 912/071 - 50001 - 8107/673Z5011 - 4106/673Z5011 - 4108/822 - 0020 - 101/673Z5011 - 8107/673Z5011 - 4105/622 - 8973 - 001/7514081 - 901/071 - 50001 - 8102/7514081 - 903/G6990 - 4。	飞机导航系统	美国民航监督管理标准 FAA TSO - C13，C38，C39
64	增强型近地警告系统	近地警告，达到美国民航监督管理标准 FAATSO - C13，C16，设备型号：965 - 1690 - 052/965 - 1690 - 055/BCREF78944/69000940 - 102/69000940 - 104/69000940 - 106/BCREF17394/BCREF49033/BCREF50601/BCREF68842/69000940 - 101/822 - 2120 - 101/965 - 1676 - 001/965 - 1676 - 002/965 - 1676 - 003/9650976003206/69000942 - 151/965 - 1676 - 006/522 - 2998 - 011/7028419 - 1904/9000000 - 11111/965 - 1694 - 001。	飞机导航系统	美国民航监督管理标准 FAA TSO - C13，C16
65	飞行警告系统	当飞机系统出现故障或错误操作时，提供语音和可视警告，提醒机组采取纠正措施，使飞机恢复安全运行状态。设备型号：350E053021212/350E053021414/350E053021717/350E053021818/350E053021919/65 - 54499 - 18/69 - 78214 - 1/39 - 78214 - 3/69 - 78214 - 4/285W0015 - 101/285W0015 - 102/LA2E20202T30000/LA2E20202T40000/LA2E20202T50000/LA2E20202T70000。	飞机导航系统	美国民航规章标准 FAR 31

续表

序号	设备名称	性能参数	应用领域	执行标准
66	飞机中央油箱惰性气体阻燃系统(FTIS)	防止点火源:European Interim policy 25/12、USA SFAR 88;降低可燃性:将中央油箱内氧气含量降低到12%以下。空气分离组件:2050067 - 101/2030157 - 102/2060017 - 102/2060017 - 103/PPC1200 - 00/7012014H05/2060032 - 101/;气滤:2040025 - 104/2040025 - 105/2040025 - 106/;气滤压差电门:2040061 - 103/;热交换器:2341924 - 2/7012011H01/;臭氧转换器:2341926 - 2/;冲压空气活门:3291828 - 1/;氧气传感器:3522W000 - 001/7012040H01/2040081 - 101/;双流量关断活门:2040029 - 104/;惰性气体隔离活门:2040031 - 102/3957A0000 - 02/;惰性气体控制组件:367 - 359 - 005/;惰性气体旁通活门:3958A0000 - 01/;NGS冲压进气门作动筒:2741686 - 1/;再预冷器:2342176 - 1/。	飞机中央油箱	European Interim policy 25/12、USA SFAR 88、FAA - 2005 - 22997 - 5、EASA ED Decision 2014/024/R
六、电力				
67	SF_6 泄漏报警装置	SF_6 检测范围:50 ~ 5000ppm;超限报警点:1000ppm,精度 < 5% F. S;O_2 浓度检测范围:1% ~ 25%,缺氧报警点:18%,精度 < 1% F. S;风机启动:氧含量≤19.6%时或 SF_6 气体浓度 > 1000ppm时,自动启动风机每次启动时间15min或自定义,可手动控制或强制启动风机。	变电站、开关站 SF_6 配电装置室	GB/T 8905、DL/T 846.6
68	测温式电气火灾监控探测器	报警值:55 ~ 140℃;报警时间:温度达到报警设定值时,探测器40s内发出报警信号。	电力隧道、变电站、开关站、发电厂	GB 14287.3、GB 50116、GB 50166
69	电力线路杆塔作业防坠落装置	导轨载荷:不小于100kg;锁止距离:不大于0.2m;导轨型式:T型导轨、槽型导轨、钢绞线。	输电线路杆塔	DL/T 1147
70	绝缘检修作业平台	绝缘电压等级:10 ~ 1000kV、±800kV;抱杆梯、梯具、梯台、过桥、拆卸型检修平台、升降型检修平台工作载荷不小于100kg;复合材料快装脚手架单层额定工作载荷不小于200kg。	变电站、开关站、发电厂、输电线路	DL/T 1209
71	带电作业车	绝缘等级10 ~ 110kV,工作斗载荷:200kg(2人)。	架空电力线路	GB/T 9465、GB/T 18037、DL/T 972
72	超声波局放检测仪	灵敏度:峰值灵敏度一般不小于60dB[V/(m/s)],均值灵敏度一般不小于40dB[V/(m/s)];检测频带:用于 SF_6 气体绝缘电力设备的超声波检测仪,一般在20kHz ~ 80kHz范围内;对于充油电力设备的超声波检测仪,一般在80kHz ~ 200kHz范围内;对于非接触方式的超声波检测仪,一般在20kHz ~ 60kHz范围内;线性度误差:不大于±20%;稳定性:局部放电超声波检测仪连续工作1小时后,注入恒定幅值的脉冲信号时,其响应值的变化不应超过±20%。	变电站、开关站、输电线路、发电厂	DL/T 250、DL/T 1416

续表

序号	设备名称	性能参数	应用领域	执行标准
七、建筑施工				
73	附着升降脚手架全金属安全防护装置	全金属网架安全防护屏，随作业面同步升降的相邻提升点间高差≤30mm，防坠落制动距离≤80mm。架体高度＜5倍楼层高；架体宽度＜1.2m；直线布置的架体支承跨度＜7m，折线或曲线布置的架体，相邻两主框架支撑点处的架体外侧距离＜5.4m；架体的水平悬挑长度＜2m，且＜跨度的1/2；架体全高与支承跨度的乘积＜$110m^2$。	建筑主体施工与外装饰工程的整体或分片、分段提升的附着升降脚手架安全作业防护与控制	JGJ 202、JGJ 59、JGJ 130
	附着升降脚手架防倾覆装置	在升降和使用两种工况下，最上和最下两个导向件间的最小间距不得小于2.8m或架体高度的1/4；具有防止竖向主框架倾斜的功能；采用螺栓与附墙支座连接，其装置与导轨之间的间隙＜5mm。		
	附着升降脚手架防坠落装置	每一升降点不少于1个防坠落装置，在使用和升降工况下均须起作用；除应满足承载能力要求外，整体式脚手架制动距离≤80mm，单片式脚手架制动距离≤150mm。采用钢吊杆式防坠落装置，钢吊杆规格由计算确定，且不应小于Φ25mm。采用丝杠丝母传动防坠落装置，丝杠外径为40mm，须承受670kN的荷载。		
	附着升降脚手架同步升降控制安全装置	当水平支承桁架两端高差达到30mm时，自动停机；控制精度在5%以内，具有显示各提升点的实际升高和超高的数据，有记忆和储存功能。		
74	集成式爬模防坠落装置	爬模支座内设有防止导轨提升时坠落的装置，架体与结构内设有防止架体提升时坠落的装置。	筑施工的爬模安全作业控制	JGJ202、JGJ59、JGJ 195
	集成式爬模防倾覆装置	爬模提升系统的每机位设置不少于2个附着支座，导轨长度不低于2个楼层。		
	集成式爬模同步升降控制安全装置	当机位荷载变化15%以上的，报警提示；变化30%以上的，报警并自动停机。		
75	施工升降机防坠落安全装置	施工升降机额定提升速度v≤0.65m/s时，安全制动距离为0.15～1.40m，额定提升速度0.65m/s＜v≤1.00m/s时，安全制动距离为0.25～1.60m，额定提升速度1.00m/s＜v≤1.33m/s时，安全制动距离为0.35～1.80m，额定提升速度＞1.33m/s时，安全制动距离0.55～2.00m。钢丝绳式施工升降机应有停层防坠落装置，该装置应在吊笼达到工作面后人员进入吊笼之前起作用，使吊笼固定在导轨架上。卷扬机传动的施工升降机应设防松绳和断绳保护安全装置。	施工升降机安全作业控制	GB 26557、GB/T 10054、GB/T 10055、TSG Q7008、JG 121
	施工升降机安全监控系统	当载荷达到额定载重量的90%时，发出报警信号；达到额定载重量的110%前，中止吊笼启动。在吊笼到达行程终点时，自动切断控制电路；超越行程终点时，自动切断总电源。自动记录施工升降机运行的实时状态数据，记录存储量＞7000条；报警为蜂鸣器鸣音、指示灯显示。		

续表

序号	设备名称	性能参数	应用领域	执行标准
76	高处作业吊篮安全锁装置	当高处作业吊篮的悬吊平台运行速度达到额定锁绳速度时，能够自动锁住安全钢丝绳，制停距离≤200mm；在悬吊平台纵向倾斜角度不大于8°时，自动锁住安全钢丝绳并停止悬吊平台运行，防止悬吊束发生坠落。	建筑施工用高处作业吊篮安全作业控制	GB 19155、JGJ 202、JGJ 59
77	塔式起重机安全监控系统	当吊重力矩达到控制值90%时，发出断续报警并黄灯闪烁；达到100%时，发出持续报警并红灯闪烁，自动切断吊钩上升高速和小车往臂端行高速接触器；达到110%时，红灯闪烁并自动切断吊钩上升低速和小车往臂端行低速接触器，不允许吊钩起吊。自动记录塔式起重机运行时的回转角度、小车位移、吊钩高度、日期、风速等实时状态数据，存储时间≥48h，工作循环记录储存次数≥16000条，系统综合误差≤5%，环境温度－20～60℃。	施工现场单台或多台塔式起重机的安全作业控制	GB/T 5031、GB 12602、GB/T 3811、GB/T 28264
78	升降式作业平台安全防护及门控系统	升降式作业平台安全防护系统：当平台与墙面水平距离为0.3～0.5m时，应不低于1.1m，平台外侧防护高度应不低于1.1m，安全防护系统应设高度不低于0.15m的护脚板，及距离顶部横杆或护脚板均不大于0.5m的中间横杆，以防止平台上作业人员发生高空坠落。 升降式作业平台门控系统：保证作业平台的入口门不得向外侧开启，并采用电控方式进行互锁，以防止在入口门开启时，发生作业平台升降运行的危险动作。	建筑施工外装修施工、既有建筑改造用作业平台及物料运送平台	GB/T 27547、JCJ 202
八、应急救援设备				
79	呼吸防护器	正压式空气呼吸器：具有耐高温、抗热老化、耐辐射热、阻燃、防水、重量轻、气密性好、电气元件防爆等性能，背架应为高强度的非金属材料制成，面罩防结雾，具有他救、压力平视显示、应急救援用快速充气等功能。	在浓烟、有毒气体或严重缺氧环境中进行呼吸防护	GA 124
		正压氧气呼吸器：防护时间1h以上，氧浓度不得低于21%； 正压式消防氧气呼吸器：重型劳动强度下防护时间1h以上，吸气中氧气浓度不得低于21%，吸气中二氧化碳浓度不得高于1%，吸气温度不得高于38C。	煤矿井下；在高原、地下、隧道以及高层建筑等场所长时间作业时进行呼吸保护	MT 86、GA 632
		全防型滤毒罐：对有毒气体和蒸汽、有毒颗粒及放射性粒子、细菌具有良好的过滤性能，NBC防护标准，储存期限不低于5年。	危险场所呼吸保护与防毒面罩配套使用	GB/T 2892
		压缩氧自救器：具有防爆合格证和MA标志定量供氧量1.2～1.6L/min、通气阻力196Pa、吸气温度45℃、手动补给60L/min、二氧化碳吸收剂用量350g、氧气瓶额定充气压力20MPa、排气阀开启压力200～400Pa。	煤矿井下发生缺氧或在有毒有害气体环境中矿工逃生用	MT 711
		送风式长管呼吸器：正压送风，防止作业环境气体被劳动者吸入。	有毒有害物质作业和救援场所	GB 6220、GA 1261

续表

序号	设备名称	性能参数	应用领域	执行标准
80	核放射探测仪	可自动声光报警、显示所检测射线的强度持续工作时间不少于 70h。	有α、β、γ射线污染源的作业环境	GB 10257
81	矿山救护指挥车	具有高底盘，功率大，起步快，越野性能好等特点。汽车性能应达到：爬坡度在 30% 以上；最小离地间隙在 220mm 以上；行车速度在 120km/h 以上；配有无线通信系统、卫星定位系统和警灯警报装置。	矿山事故抢险的救援指挥	GB 50313、QC/T 457、GA 14
82	消防车	水罐消防车、泡沫消防车、高倍泡沫消防车、供水消防车、供液消防车：配备消防泵（或供液泵），不分配备水罐（或泡沫液罐、泡沫比例混合器）、高倍数泡沫发生器、消防炮等灭火设备。	灭火救援及危险化学品应急处置、灭火现场供给泡沫液	GB 7956.1、GB 7956.2、GB 7956.3、GA 39
		举高类消防车（含云梯消防车、登高平台消防车、举高喷射消防车）：配备举高臂架（直臂、曲臂、直曲臂）或梯架（伸缩或组合）、回转机构，部分配备滑车、消防泵、水罐（或泡沫液罐、泡沫比例混合器）、消防炮、工作斗、破拆装置等。	储罐、塔釜、框架设备、高层建筑场所灭火救援及危险化学品应急处置及高空人员救援	GB 7956.1、GB 7956.12
		干粉/干粉水联用/干粉泡沫联用消防车：配备干粉灭火剂罐、减压装置、氮气瓶组、干粉喷射装置，部分配备消防泵、水罐（或泡沫液罐、泡沫比例混合器）、消防炮等设备。	可燃液体、可燃气体、带电设备、遇水燃烧物质等场所灭火救援、危险化学品应急处置	GB 7956.1、GA 39
		抢险救援消防车、化学救援消防车：配备抢险救援器材（涉及侦检类、破拆类、堵漏类、防护类、洗消类、警戒类等）、随车吊或具有起吊功能的随车叉车、绞盘和照明系统、化学事故处置装置等。	危险化学品泄漏、着火，工程抢险、自然灾害等事件灭火救援应急处置	GB 7956.1、GB 7956.14、GA 39
		供气消防车：配备高压空气压缩机、高压气瓶组、防爆充气箱等装置，部分配备照明系统。	为空气呼吸器瓶充气、气动工具供气	GB 7956.1、GA 39
		照明消防车：配备固定照明灯、移动照明等、发电机。	灾害现场照明	GB 7956.1、GA 39
		排烟消防车：配备固定排烟送风装置及辅助设备。	灾害现场排烟、通风	GB 7956.1、GA 39

续表

序号	设备名称	性能参数	应用领域	执行标准
83	机场消防业务车辆	快速调动车：发动机不用预热；气温在7℃以上时，满载状态下静止加速到80km/h以上不超过25s；全轮驱动；喷射率不小于4500L/min；一次性泡沫混合液喷射量不低于5000L；最大车速大于105km/h；在水泵全功率工作状态下车辆行驶速度不小于40km/h；专用越野底盘（非商用越野底盘）；具备3C证书。	预防及扑救飞机火灾	《机场服务手册－第一部分救援与消防》（ICAO Doc9137－AN898）、GB7956.1、GA 39、MH/T7002，并参考NFPA414、FAA-NO.150/5220
		主力泡沫车：满载状态下由静止加速到80km/h以上不超过40s；最大车速大于100km/h；喷射率不小于4500L/min；一次性泡沫混合液喷射量不低于10000L；在水泵全功率工作状态下车辆行驶速度不小于40km/h；专用越野底盘（非商用越野底盘）；具备3C证书。		《机场服务手册－第一部分救援与消防》（ICAO Doc9137－AN898）、GB7956.1、GA 39、MH/T7002，并参考NFPA414、FAA-NO.150/5220
		重型泡沫车：最大载重量大于8000kg；设电控消防炮，并符合《消防炮通用技术条件》（GB 19156）要求；越野底盘；具备3C证书。		GB 7956.1、GB 7956.3、GA 39、MH/T 7002
		中型泡沫车：最大载重量小于或等于8000kg；设电控消防炮，并符合《消防炮通用技术条件》（GB 19156）要求；越野底盘；具备3C证书。		GB 7956.1、GB 7956.3、GA 39、MH/T 7002
		升降救援车：救援梯采用防腐金属材质伸缩型，高度：最低位≥3.0m，最高位≥8.0m；台阶两边设置不低于0.7m的护栏，台阶的底部应尽量靠近地面；顶部救援平台：宽度：＞2.0m；深度：＞2.0m；左右两边设置不低于0.7m的护栏；前部设有可移动式的保护装置。中、顶部平台应始终保持水平状态，顶部平台载重量＞300kg；驱动形式：4×4或6×4驱动；发动机功率：＞300kW，轴距：≤4500mm；使用车辆发动机经过取力系统驱动液压泵向系统提供液压，液压阀门为电动控制，紧急情况下也可手动控制。		《机场服务手册－第一部分救援与消防》（ICAO Doc9137－AN898）、MH/T 7002，并参考NFPA 414、FAA（No.150/5220）
84	应急电源（发电）车	发电功率200～500kW。	事故、灾害救援现场，保电现场	GB/T 21225、GB 50052、GB/T 2819
85	溢油回收设备	收油机：最大收油速率为10～200m^3/h，最大收油效率为98%，粘度范围为1～1,000,000cSt。	海上井喷、火灾爆炸事故造成的溢油回收	JT/T 863
		围油栏：总高大于400mm，最小总抗拉强度55kN，最大抗波高1.8m，最大抗风速15m/s，最大抗流速3km。	海上溢油应急处置	JT/T 465
		防火围油栏：耐热温度：1000℃，总高大于800mm，最小总抗拉强度80kN，最大抗波高1.8m，最大抗风速15m/s，最大抗流速3kn。	海上溢油应急处置	JT/T 465
		吸油拖栏：最大吃水深度为150mm，最大抗拉强度为18kN，吸附倍率大于10倍，吸水量为自重的10%。	海上溢油应急处置	JT/T 864

续表

序号	设备名称	性能参数	应用领域	执行标准
86	管道带压开孔封堵设备	带压开孔设备：能够实现 PN10MPa，DN1200mm 管道的开孔作业。 带压封堵设备：能够实现 PN10MPa，DN1200mm 管道的封堵作业。 管道带压开孔封堵专用阀门：用于配合开孔封堵设备使用实现 PN10MPa，DN1200mm 管道开孔封堵作业。 管道带压开孔封堵对开管件：用于配合开孔封堵设备使用实现 PN10MPa，DN1200mm 管道开孔封堵作业。	油气长输管道、市政管道的不停输抢维修	GB/T 28055、SY/T 6150.1、SY 6554
87	矿山应急救援设备	地面大直径钻机：可移动式，最大钻进孔径≥600mm，钻深≥500m。 井下轻型救灾钻机：模块化设计，最大拆分模块重量＜60kg；钻孔深度≥100m，终孔直径≥75mm。 多功能快速水平钻机：发动机功率 135kW，钻孔口径最大可达 155mm，具备套管作业、止水止浆、超前地质预报等功能。 矿用雷达生命探测仪：探测距离＞10m，探测张角＞100°，探测精度≥±20cm。 井下快速成套支护装备：支撑高度范围 1～4m，初撑力≥100kN，静态支撑力≥400kN。 矿用逃生救援补给站：具备防护、供给和通信功能，自救器存储量≥30 台，允许同时补给人数≥4人。 矿用救灾多媒体通信系统：无线语音、视频及环境参数实时传输、持机人员定位，通信距离≥20km，定位精度≥±5m。	井工煤矿救援	MT/T 1129、MA 依据标准
88	破拆工具车	箱式货车功率 221kW，具备照明、连接市电等功能，配置荷马特破拆支护类工具（手动多功能剪扩钳、钢缆剪切钳、便携机动泵、液压扩张钳、单向液压千斤顶、机械撑杆、延伸管 250mm/500mm 等）。	隧道救援中破拆和支护	JTGF60
89	消防机器人	灭火机器人：以消防炮等灭火装置为主要机载设备，在高温、浓烟、强热辐射、爆炸等危险场所执行灭火、冷却剂化学污染场所洗消等作业。 排烟机器人：以排烟机为主要机载设备，对消防车辆及人员无法靠近的灾害现场进行正压送风、排烟、水雾灭火、冷却等作业。 侦察机器人：具有防爆性能，以气体侦检仪等传感器为主要机载设备，对室内外危险灾害现场进行现场探测、侦察，并可将采集到的信息（数据、图像、语音）进行实时处理和无线传输。 用于化学事故现场的视频采集及危险气体、液体的侦察与检测。	危险场所灭火救援	GA 892.1

注：表内安全设备按照行业列示，对于可在不同行业中通用的专用设备，不受该专用设备所处行业和所列应用领域的限制。

▶节能服务与清洁发展机制

1. 财政部　国家税务总局关于中国清洁发展机制基金及清洁发展机制项目实施企业有关企业所得税政策问题的通知

（2009 年 3 月 23 日　财税〔2009〕30 号）

各省、自治区、直辖市、计划单列市财政厅（局）、国家税务局、地方税务局，新疆生产建设兵团财务局：

经国务院批准，现就中国清洁发展机制基金（以下简称清洁基金）和清洁发展机制项目（以下简称 CDM 项目）实施企业的有关企业所得税政策明确如下：

一、关于清洁基金的企业所得税政策

对清洁基金取得的下列收入，免征企业所得税：

（一）CDM 项目温室气体减排量转让收入上缴国家的部分；

（二）国际金融组织赠款收入；

（三）基金资金的存款利息收入、购买国债的利息收入；

（四）国内外机构、组织和个人的捐赠收入。

二、关于 CDM 项目实施企业的企业所得税政策

（一）CDM 项目实施企业按照《清洁发展机制项目运行管理办法》（发展改革委、科技部、外交部、财政部令第 37 号）的规定，将温室气体减排量的转让收入，按照以下比例上缴给国家的部分，准予在计算应纳税所得额时扣除：

1. 氢氟碳化物（HFC）和全氟碳化物（PFC）类项目，为温室气体减排量转让收入的 65%；

2. 氧化亚氮（N2O）类项目，为温室气体减排量转让收入的 30%；

3.《清洁发展机制项目运行管理办法》第四条规定的重点领域以及植树造林项目等类清洁发展机制项目，为温室气体减排量转让收入的 2%。

（二）对企业实施的将温室气体减排量转让收入的 65% 上缴给国家的 HFC 和 PFC 类 CDM 项目，以及将温室气体减排量转让收入的 30% 上缴给国家的 N2O 类 CDM 项目，其实施该类 CDM 项目的所得，自项目取得第一笔减排量转让收入所属纳税年度起，第一年至第三年免征企业所得税，第四年至第六年减半征收企业所得税。

企业实施 CDM 项目的所得，是指企业实施 CDM 项目取得的温室气体减排量转让收入扣除上缴国家的部分，再扣除企业实施 CDM 项目发生的相关成本、费用后的净所得。

企业应单独核算其享受优惠的 CDM 项目的所得，并合理分摊有关期间费用，没有单独核算的，不得享受上述企业所得税优惠政策。

三、本通知自 2007 年 1 月 1 日起执行。

2. 财政部　国家税务总局关于促进节能服务产业发展增值税营业税和企业所得税政策问题的通知

（2010 年 12 月 30 日　财税〔2010〕110 号）

各省、自治区、直辖市、计划单列市财政厅（局）、国家税务局、地方税务局，新疆生产建设兵团财务局：

为鼓励企业运用合同能源管理机制，加大节能减排技术改造工作力度，根据税收法律法规有关规定和《国务院办公厅转发发展改革委等部门关于加快推进合同能源管理促进节能服务产业发展意见的通知》（国办发〔2010〕25 号）精神，现将节能服务公司实施合同能源管理项目涉及的增值税、营业税和企业所得税政策问题通知如下：

一、关于增值税、营业税政策问题

（一）对符合条件的节能服务公司实施合同能源管理项目，取得的营业税应税收入，暂免征收营业税。

（二）节能服务公司实施符合条件的合同能源管理项目，将项目中的增值税应税货物转让给用能企业，暂免征收增值税。

（三）本条所称"符合条件"是指同时满足以下条件：

1. 节能服务公司实施合同能源管理项目相关技术应符合国家质量监督检验检疫总局和国家标准化管理委员会发布的《合同能源管理技术通则》（GB/T 24915—2010）规定的技术要求；

2. 节能服务公司与用能企业签订《节能效益分享型》合同，其合同格式和内容，符合《合同法》和国家质量监督检验检疫总局和国家标准化管理委员会发布的《合同能源管理技术通则》（GB/T 24915—2010）等规定。

二、关于企业所得税政策问题

（一）对符合条件的节能服务公司实施合同能源管理项目，符合企业所得税税法有关规定的，自项目取得第一笔生产经营收入所属纳税年度起，第一年至第三年免征企业所得税，第四年至第六年按照 25% 的法定税率减半征收企业所得税。

（二）对符合条件的节能服务公司，以及与其签订节能效益分享型合同的用能企业，实施合同能源管理项目有关资产的企业所得税税务处理按以下规定执行：

1. 用能企业按照能源管理合同实际支付给节能服务公司的合理支出，均可以在计算当期应纳税所得额时扣除，不再区分服务费用和资产价款进行税务处理；

2. 能源管理合同期满后，节能服务公司转让给用能企业的因实施合同能源管理项目形成的资产，按折旧或摊销期满的资产进行税务处理，用能企业从节能服务公司接受有关资产的计税基础也应按折旧或摊销期满的资产进行税务处理；

3. 能源管理合同期满后，节能服务公司与用能企业办理有关资产的权属转移时，用能企业已支付的资产价款，不再另行计入节能服务公司的收入。

（三）本条所称"符合条件"是指同时满足以下条件：

1. 具有独立法人资格，注册资金不低于 100 万元，且能够单独提供用能状况诊断、节能项目设计、融资、改造（包括施工、设备安装、调试、验收等）、运行管理、人员培训等服务的专业化节能服务公司；

2. 节能服务公司实施合同能源管理项目相关技术应符合国家质量监督检验检疫总局和国家标准化管理委员会发布的《合同能源管理技术通则》（GB/T 24915—2010）规定的技术要求；

3. 节能服务公司与用能企业签订《节能效益分享型》合同，其合同格式和内容，符合《合同法》和国家质量监督检验检疫总局和国家标准化管理委员会发布的《合同能源管理技术通则》（GB/T 24915—2010）等规定；

4. 节能服务公司实施合同能源管理的项目符合《财政部　国家税务总局　国家发展改革委关于公布环境保护节能节水项目企业所得税优惠目录（试行）的通知》（财税〔2009〕166 号）“4、节能减排技术改造”类中第一项至第八项规定的项目和条件；

5. 节能服务公司投资额不低于实施合同能源管理项目投资总额的 70%；

6. 节能服务公司拥有匹配的专职技术人员和合同能源管理人才，具有保障项目顺利实施和稳定运行的能力。

（四）节能服务公司与用能企业之间的业务往来，应当按照独立企业之间的业务往来收取或者支付价款、费用。不按照独立企业之间的业务往来收取或者支付价款、费用，而减少其应纳税所得额的，税务机关有权进行合理调整。

（五）用能企业对从节能服务公司取得的与实施合同能源管理项目有关的资产，应与企业其他资产分开核算，并建立辅助账或明细账。

（六）节能服务公司同时从事适用不同税收政策待遇项目的，其享受税收优惠项目应当单独计算收入、扣除，并合理分摊企业的期间费用；没有单独计算的，不得享受税收优惠政策。

三、本通知自 2011 年 1 月 1 日起执行。

3. 国家税务总局　国家发展改革委关于落实节能服务企业合同能源管理项目企业所得税优惠政策有关征收管理问题的公告

（2013 年 12 月 17 日　国家税务总局公告 2013 年第 77 号）

（部分条款修改，详见文中注释）

为鼓励企业采用合同能源管理模式开展节能服务，规范合同能源管理项目企业所得税管理，根据《中华人民共和国企业所得税法》及其实施条例（以下简称企业所得税法）、《国务院办公厅转发发展改革委等部门关于加快推行合同能源管理促进节能服务产业发展意见的通知》（国办发〔2010〕25 号）、《财政部　国家税务总局关于促进节能服务产业发展增值税、营业税和企业所得税政策问题的通知》（财税〔2010〕110 号）和《国家税务总局关于进一步做好税收促进节能减排工作的通知》（国税函〔2010〕180 号）的有关规定，现就落实合同能源管理项目企业所得税优惠政策有关征收管理问题公告如下：

一、对实施节能效益分享型合同能源管理项目（以下简称项目）的节能服务企业，凡实行查账征收所得税的居民企业并符合企业所得税法和本公告有关规定的，该项目可享受财税〔2010〕110 号规定的企业所得税“三免三减半”优惠政策。如节能服务企业的分享型合同约定的效益分享期短于 6 年的，按实际分享期享受优惠。

二、节能服务企业享受“三免三减半”项目的优惠期限，应连续计算。对在优惠期限内转让所享受优惠的项目给其他符合条件的节能服务企业，受让企业承续经营该项目的，可自项目受让之日起，在剩余期限内享受规定的优惠；优惠期限届满后转让的，受让企业不得就该项目重复享受优惠。

三、节能服务企业投资项目所发生的支出，应按税法规定作资本化或费用化处理。形成的固定资产或无形资产，应按合同约定的效益分享期计提折旧或摊销。

节能服务企业应分别核算各项目的成本费用支出额。对在合同约定的效益分享期内发生的期间费用划分不清的，应合理进行分摊，期间费用的分摊应按照项目投资额和销售（营业）收入额两个因素计算分摊比例，两个因素的权重各为 50%。

四、节能服务企业、节能效益分享型能源管理合同和合同能源管理项目应符合财税〔2010〕110 号第二条第（三）项所规定的条件。

五、享受企业所得税优惠政策的项目应属于《财政部　国家税务总局　国家发展改革委关于公布环境保护节能节水项目企业所得税优惠目录（试行）的通知》（财税〔2009〕166 号）规定的节能减排技术改造项目,包括余热余压利用、绿色照明等节能效益分享型合同能源管理项目。

六、合同能源管理项目优惠实行事前备案管理。节能服务企业享受合同能源管理项目企业所得税优惠的,应向主管税务机关备案。涉及多个项目优惠的,应按各项目分别进行备案。节能服务企业应在项目取得第一笔收入的次年4个月内,完成项目享受优惠备案。办理备案手续时需提供以下资料:

(一)减免税备案申请;

(二)能源管理合同复印件;

(三)国家发展改革委、财政部公布的第三方机构出具的《合同能源管理项目情况确认表》(附件1),或者政府节能主管部门出具的合同能源管理项目确认意见;

(四)《合同能源管理项目应纳税所得额计算表》(附件2);

(五)项目第一笔收入的发票复印件;

(六)合同能源管理项目发生转让的,受让节能服务企业除提供上述材料外,还需提供项目转让合同、项目原享受优惠的备案文件。

【注】根据《关于公布失效废止的税务部门规章和税收规范性文件目录的决定》(国家税务总局令第42号)的规定,本条款有效期至2017年12月29日。

七、企业享受优惠条件发生变化的,应当自发生变化之日起15日内向主管税务机关书面报告。如不再符合享受优惠条件的,应停止享受优惠,并依法缴纳企业所得税。对节能服务企业采取虚假手段获取税收优惠的、享受优惠条件发生变化而未及时向主管税务机关报告的以及未按本公告规定报送备案资料而自行减免税的,主管税务机关应按照税收征管法等有关规定进行处理。税务部门应设立节能服务企业项目管理台账和统计制度,并会同节能主管部门建立监管机制。

八、合同能源管理项目确认由国家发展改革委、财政部公布的第三方节能量审核机构负责,并出具《合同能源管理项目情况确认表》,或者由政府节能主管部门出具合同能源管理项目确认意见。第三方机构在合同能源管理项目确认过程中应严格按照国家有关要求认真审核把关,确保审核结果客观、真实。对在审核过程中把关不严、弄虚作假的第三方机构,一经查实,将取消其审核资质,并按相关法律规定追究责任。

九、本公告自2013年1月1日起施行。本公告发布前,已按有关规定享受税收优惠政策的,仍按原规定继续执行;尚未享受的,按本公告规定执行。

特此公告。

附件:1. 合同能源管理项目情况确认表(略)

2. 合同能源管理项目应纳税所得额计算表(略)

公共基础设施

1. 财政部　国家税务总局　国家发展和改革委员会关于公布《公共基础设施项目企业所得税优惠目录(2008年版)》的通知

(2008年9月8日　财税〔2008〕116号)

各省、自治区、直辖市、计划单列市财政厅(局)、国家税务局、地方税务局、发展改革委、经贸委(经委),新疆生产建设兵团财务局:

《公共基础设施项目企业所得税优惠目录(2008年版)》已经国务院批准,现予以公布,自2008年1月1日起施行。

附件：

公共基础设施项目企业所得税优惠目录(2008 年版)

序号	类别	项目	范围、条件及技术标准
1	港口码头	码头、泊位、通航建筑物新建项目	由省级以上政府投资主管部门核准的沿海港口万吨级及以上泊位、内河千吨级及以上泊位、滚装泊位、内河航运枢纽新建项目
2	机场	民用机场新建项目	由国务院核准的民用机场新建项目,包括民用机场迁建、军航机场军民合用改造项目
3	铁路	铁路新线建设项目	由省级以上政府投资主管部门或国务院行业主管部门核准的客运专线、城际轨道交通和Ⅲ级及以上铁路建设项目
4		既有线路改造项目	由省级以上政府投资主管部门或国务院行业主管部门核准的铁路电气化改造、增建二线项目以及其他改造投入达到项目固定资产账面原值75%以上的改造项目
5	公路	公路新建项目	由省级以上政府投资主管部门核准的一级以上的公路建设项目
6	城市公共交通	城市快速轨道交通新建项目	由国务院核准的城市地铁、轻轨新建项目
7	电力	水力发电新建项目(包括控制性水利枢纽工程)	由国务院投资主管部门核准的在主要河流上新建的水电项目,总装机容量在25万千瓦及以上的新建水电项目,以及抽水蓄能电站项目
8		核电站新建项目	由国务院核准的核电站新建项目
9		电网(输变电设施)新建项目	由国务院投资主管部门核准的330kv及以上跨省及长度超过200km的交流输变电新建项目,500kv及以上直流输变电新建项目;由省级以上政府投资主管部门核准的革命老区、老少边穷地区电网新建工程项目;农网输变电新建项目。
10		风力发电新建项目	由政府投资主管部门核准的风力发电新建项目
11		海洋能发电新建项目	由省级以上政府投资主管部门核准的海洋能发电新建项目
12		太阳能发电新建项目	由政府投资主管部门核准的太阳能发电新建项目
13		地热发电新建项目	由政府投资主管部门核准的地热发电新建项目
14	水利	灌区配套设施及农业节水灌溉工程新建项目	由政府投资主管部门核准的灌区水源工程、灌排系统工程、节水工程
15		地表水水源工程新建项目	由政府投资主管部门核准的水库、塘堰、水窑及配套工程
16		调水工程新建项目	由政府投资主管部门核准的取水、输水、配水工程
17		农村人畜饮水工程新建项目	由政府投资主管部门核准的农村人畜饮水工程中取水、输水、净化水、配水工程
18		牧区水利工程新建项目	由政府投资主管部门核准的牧区水利工程中的取水、输配水、节水灌溉及配套工程

2. 财政部　国家税务总局关于执行公共基础设施项目企业所得税优惠目录有关问题的通知

（2008 年 9 月 23 日　财税〔2008〕46 号）

各省、自治区、直辖市、计划单列市财政厅（局）、国家税务局、地方税务局，新疆生产建设兵团财务局：

根据《中华人民共和国企业所得税法》（以下简称企业所得税法）和《中华人民共和国企业所得税法实施条例》（国务院令第 512 号）的有关规定，经国务院批准，财政部　国家税务总局　国家发展改革委公布了《公共基础设施项目企业所得税优惠目录》（以下简称《目录》）。现将执行《目录》的有关问题通知如下：

一、企业从事《目录》内符合相关条件和技术标准及国家投资管理相关规定，于 2008 年 1 月 1 日后经批准的公共基础设施项目，其投资经营的所得，自该项目取得第一笔生产经营收入所属纳税年度起，第一年至第三年免征企业所得税，第四年至第六年减半征收企业所得税。

第一笔生产经营收入，是指公共基础设施项目已建成并投入运营后所取得的第一笔收入。

二、企业同时从事不在《目录》范围内的项目取得的所得，应与享受优惠的公共基础设施项目所得分开核算，并合理分摊期间费用，没有分开核算的，不得享受上述企业所得税优惠政策。

三、企业承包经营、承包建设和内部自建自用公共基础设施项目，不得享受上述企业所得税优惠。

四、根据经济社会发展需要及企业所得税优惠政策实施情况，国务院财政、税务主管部门会同国家发展改革委等有关部门适时对《目录》内的项目进行调整和修订，并在报国务院批准后对《目录》进行更新。

3. 国家税务总局关于实施国家重点扶持的公共基础设施项目企业所得税优惠问题的通知

（2009 年 4 月 16 日　国税发〔2009〕80 号）

（部分条款修改，详见文中注释）

各省、自治区、直辖市和计划单列市国家税务局、地方税务局：

为贯彻落实《中华人民共和国企业所得税法》及其实施条例关于国家重点扶持的公共基础设施项目企业所得税优惠政策，促进国家重点扶持的公共基础设施项目建设，现将实施该项优惠政策的有关问题通知如下：

一、对居民企业（以下简称企业）经有关部门批准，从事符合《公共基础设施项目企业所得税优惠目录》（以下简称《目录》）规定范围、条件和标准的公共基础设施项目的投资经营所得，自该项目取得第一笔生产经营收入所属纳税年度起，第一年至第三年免征企业所得税，第四年至第六年减半征收企业所得税。

企业从事承包经营、承包建设和内部自建自用《目录》规定项目的所得，不得享受前款规定的企业所得税优惠。

二、本通知所称第一笔生产经营收入，是指公共基础设施项目建成并投入运营（包括试运营）后所取得的第一笔主营业务收入。

三、本通知所称承包经营，是指与从事该项目经营的法人主体相独立的另一法人经营主体，通过承包该项目的经营管理而取得劳务性收益的经营活动。

四、本通知所称承包建设，是指与从事该项目经营的法人主体相独立的另一法人经营主体，通过承包该项目的工程建设而取得建筑劳务收益的经营活动。

五、本通知所称内部自建自用，是指项目的建设仅作为本企业主体经营业务的设施，满足本企业自身的生产经营活动需要，而不属于向他人提供公共服务业务的公共基础设施建设项目。

六、企业同时从事不在《目录》范围的生产经营项目取得的所得，应与享受优惠的公共基础设施项目经营所得分开核算，并合理分摊企业的期间共同费用；没有单独核算的，不得享受上述企业所得税优惠。

期间共同费用的合理分摊比例可以按照投资额、销售收入、资产额、人员工资等参数确定。上述比例一经确定，不得随意变更。凡特殊情况需要改变的，需报主管税务机关核准。

七、从事《目录》范围项目投资的居民企业应于从该项目取得的第一笔生产经营收入后15日内向主管税务机关备案并报送如下材料后，方可享受有关企业所得税优惠：

（一）有关部门批准该项目文件复印件；

（二）该项目完工验收报告复印件；

（三）该项目投资额验资报告复印件；

（四）税务机关要求提供的其他资料。

【注】根据《关于公布失效废止的税务部门规章和税收规范性文件目录的决定》（国家税务总局令第42号）的规定，本条款有效期至2017年12月29日。

八、企业因生产经营发生变化或因《目录》调整，不再符合本办法规定减免税条件的，企业应当自发生变化15日内向主管税务机关提交书面报告并停止享受优惠，依法缴纳企业所得税。

九、企业在减免税期限内转让所享受减免税优惠的项目，受让方承续经营该项目的，可自受让之日起，在剩余优惠期限内享受规定的减免税优惠；减免税期限届满后转让的，受让方不得就该项目重复享受减免税优惠。

十、税务机关应结合纳税检查、执法检查或其他专项检查，每年定期对企业享受公共基础设施项目企业所得税减免税款事项进行核查，核查的主要内容包括：

（一）企业是否继续符合减免所得税的资格条件，所提供的有关情况证明材料是否真实。

（二）企业享受减免企业所得税的条件发生变化时，是否及时将变化情况报送税务机关，并根据本办法规定对适用优惠进行了调整。

十一、企业实际经营情况不符合企业所得税减免税规定条件的或采取虚假申报等手段获取减免税的、享受减免税条件发生变化未及时向税务机关报告的，以及未按本办法规定程序报送备案资料而自行减免税的，企业主管税务机关应按照税收征管法有关规定进行处理。

十二、本通知自2008年1月1日起执行。

4. 财政部　国家税务总局关于公共基础设施项目和环境保护节能节水项目企业所得税优惠政策问题的通知

（2012年1月5日　财税〔2012〕10号）

各省、自治区、直辖市、计划单列市财政厅（局）、国家税务局、地方税务局，新疆生产建设兵团财务局：

根据《中华人民共和国企业所得税法》（以下简称新税法）和《中华人民共和国企业所得税法实施条例》（国务院令第512号）的有关规定，现就企业享受公共基础设施项目和环境保护、节能节水项目企业所得税优惠政策问题通知如下：

一、企业从事符合《公共基础设施项目企业所得税优惠目录》规定、于2007年12月31日前已经批准的公共基础设施项目投资经营的所得，以及从事符合《环境保护、节能节水项目企业所得税优惠目录》规定、于

2007年12月31日前已经批准的环境保护、节能节水项目的所得，可在该项目取得第一笔生产经营收入所属纳税年度起，按新税法规定计算的企业所得税"三免三减半"优惠期间内，自2008年1月1日起享受其剩余年限的减免企业所得税优惠。

二、如企业既符合享受上述税收优惠政策的条件，又符合享受《国务院关于实施企业所得税过渡优惠政策的通知》（国发〔2007〕39号）第一条规定的企业所得税过渡优惠政策的条件，由企业选择最优惠的政策执行，不得叠加享受。

5.财政部　国家税务总局关于公共基础设施项目享受企业所得税优惠政策问题的补充通知

（2014年7月4日　财税〔2014〕55号）

各省、自治区、直辖市、计划单列市财政厅（局）、国家税务局、地方税务局，新疆生产建设兵团财务局：

根据《中华人民共和国企业所得税法》和《中华人民共和国企业所得税法实施条例》（国务院令第512号）的有关规定，现就企业享受公共基础设施项目企业所得税优惠政策有关问题补充通知如下：

一、企业投资经营符合《公共基础设施项目企业所得税优惠目录》规定条件和标准的公共基础设施项目，采用一次核准、分批次（如码头、泊位、航站楼、跑道、路段、发电机组等）建设的，凡同时符合以下条件的，可按每一批次为单位计算所得，并享受企业所得税"三免三减半"优惠：

（一）不同批次在空间上相互独立；

（二）每一批次自身具备取得收入的功能；

（三）以每一批次为单位进行会计核算，单独计算所得，并合理分摊期间费用。

二、公共基础设施项目企业所得税"三免三减半"优惠的其他问题，继续按《财政部　国家税务总局关于执行公共基础设施项目企业所得税优惠目录有关问题的通知》（财税〔2008〕46号）、《国家税务总局关于实施国家重点扶持的公共基础设施项目企业所得税优惠问题的通知》（国税发〔2009〕80号）、《财政部　国家税务总局关于公共基础设施项目和环境保护节能节水项目企业所得税优惠政策问题的通知》（财税〔2012〕10号）的规定执行。

请遵照执行。

6.财政部　国家税务总局关于继续实行农村饮水安全工程税收优惠政策的公告

（2019年4月15日　财政部　国家税务总局公告2019年第67号）

为确保如期打赢农村饮水安全脱贫攻坚战，支持农村饮水安全工程（以下称饮水工程）巩固提升，现将饮水工程建设、运营的有关税收优惠政策公告如下：

一、对饮水工程运营管理单位为建设饮水工程而承受土地使用权，免征契税。

二、对饮水工程运营管理单位为建设饮水工程取得土地使用权而签订的产权转移书据，以及与施工单位签订的建设工程承包合同，免征印花税。

三、对饮水工程运营管理单位自用的生产、办公用房产、土地，免征房产税、城镇土地使用税。

四、对饮水工程运营管理单位向农村居民提供生活用水取得的自来水销售收入,免征增值税。

五、对饮水工程运营管理单位从事《公共基础设施项目企业所得税优惠目录》规定的饮水工程新建项目投资经营的所得,自项目取得第一笔生产经营收入所属纳税年度起,第一年至第三年免征企业所得税,第四年至第六年减半征收企业所得税。

六、本公告所称饮水工程,是指为农村居民提供生活用水而建设的供水工程设施。本公告所称饮水工程运营管理单位,是指负责饮水工程运营管理的自来水公司、供水公司、供水(总)站(厂、中心)、村集体、农民用水合作组织等单位。

对于既向城镇居民供水,又向农村居民供水的饮水工程运营管理单位,依据向农村居民供水收入占总供水收入的比例免征增值税;依据向农村居民供水量占总供水量的比例免征契税、印花税、房产税和城镇土地使用税。无法提供具体比例或所提供数据不实的,不得享受上述税收优惠政策。

七、符合上述条件的饮水工程运营管理单位自行申报享受减免税优惠,相关材料留存备查。

八、上述政策(第五条除外)自2019年1月1日至2020年12月31日执行。

特此公告。

科学文化体育

1.国务院关于推进文化创意和设计服务与相关产业融合发展的若干意见

(2014年2月26日 国发〔2014〕10号)

各省、自治区、直辖市人民政府,国务院各部委、各直属机构:

近年来,随着我国新型工业化、信息化、城镇化和农业现代化进程的加快,文化创意和设计服务已贯穿在经济社会各领域各行业,呈现出多向交互融合态势。文化创意和设计服务具有高知识性、高增值性和低能耗、低污染等特征。推进文化创意和设计服务等新型、高端服务业发展,促进与实体经济深度融合,是培育国民经济新的增长点、提升国家文化软实力和产业竞争力的重大举措,是发展创新型经济、促进经济结构调整和发展方式转变、加快实现由“中国制造”向“中国创造”转变的内在要求,是促进产品和服务创新、催生新兴业态、带动就业、满足多样化消费需求、提高人民生活质量的重要途径。为推进文化创意和设计服务与相关产业融合发展,现提出以下意见。

一、总体要求

(一)指导思想。以邓小平理论、“三个代表”重要思想、科学发展观为指导,按照加快转变经济发展方式和全面建成小康社会的总体要求,以改革创新和科技进步为动力,以知识产权保护利用和创新型人力资源开发为核心,牢固树立绿色节能环保理念,充分发挥市场作用,促进资源合理配置,强化创新驱动,增强创新动力,优化发展环境,切实提高我国文化创意和设计服务整体质量水平和核心竞争力,大力推进与相关产业融合发展,更好地为经济结构调整、产业转型升级服务,为扩大国内需求、满足人民群众日益增长的物质文化需要服务。

(二)基本原则。统筹协调,重点突破。统筹各类资源,加强协调配合,着力推进文化软件服务、建筑设计服务、专业设计服务、广告服务等文化创意和设计服务与装备制造业、消费品工业、建筑业、信息业、旅游业、农业和体育产业等重点领域融合发展。根据不同地区实际、不同产业特点,鼓励先行先试,发挥特色优势,促进多样化、差异化发展。

市场主导,创新驱动。以市场为导向、企业为主体,产学研用协同,转变政府职能,加强扶持引导,实施支持企业创新政策,打破行业和地区壁垒,充分调动社会各方面积极性,促进技术创新、业态创新、内容创新、模式创新和管理创新,推进文化创意和设计服务产业化、专业化、集约化、品牌化发展,促进与相关产业深度融合,催生新技术、新工艺、新产品,满足新需求。

文化传承,科技支撑。依托丰厚文化资源,丰富创意和设计内涵,拓展物质和非物质文化遗产传承利用途径,促进文化遗产资源在与产业和市场的结合中实现传承和可持续发展。加强科技与文化的结合,促进创意和设计产品服务的生产、交易和成果转化,创造具有中国特色的现代新产品,实现文化价值与实用价值的有机统一。

(三)发展目标。到2020年,文化创意和设计服务的先导产业作用更加强化,与相关产业全方位、深层次、宽领域的融合发展格局基本建立,相关产业文化含量显著提升,培养一批高素质人才,培育一批具有核心竞争力的企业,形成一批拥有自主知识产权的产品,打造一批具有国际影响力的品牌,建设一批特色鲜明的融合发展城市、集聚区和新型城镇。文化创意和设计服务增加值占文化产业增加值的比重明显提高,相关产业产品和服务的附加值明显提高,为推动文化产业成为国民经济支柱性产业和促进经济持续健康发展发挥重要作用。

二、重点任务

(一)塑造制造业新优势。支持基于新技术、新工艺、新装备、新材料、新需求的设计应用研究,促进工业设计向高端综合设计服务转变,推动工业设计服务领域延伸和服务模式升级。汽车、飞机、船舶、轨道交通等装备制造业要加强产品的外观、结构、功能等设计能力建设。以打造品牌、提高质量为重点,推动生活日用品、礼仪休闲用品、家用电器、服装服饰、家居用品、数字产品、食品、文化体育用品等消费品工业向创新创造转变,增加多样化供给,引导消费升级。支持消费类产品提升新产品设计和研发能力,加强传统文化与现代时尚的融合,创新管理经营模式,以创意和设计引领商贸流通业创新,加强广告营销策划,增加消费品的文化内涵和附加值,健全品牌价值体系,形成一批综合实力强的自主品牌,提高整体效益和国际竞争力。

(二)加快数字内容产业发展。推动文化产品和服务的生产、传播、消费的数字化、网络化进程,强化文化对信息产业的内容支撑、创意和设计提升,加快培育双向深度融合的新型业态。深入实施国家文化科技创新工程,支持利用数字技术、互联网、软件等高新技术支撑文化内容、装备、材料、工艺、系统的开发和利用,加快文化企业技术改造步伐。大力推动传统文化单位发展互联网新媒体,推动传统媒体和新兴媒体融合发展,提升先进文化互联网传播吸引力。深入挖掘优秀文化资源,推动动漫游戏等产业优化升级,打造民族品牌。推动动漫游戏与虚拟仿真技术在设计、制造等产业领域中的集成应用。全面推进三网融合,推动下一代广播电视网和交互式网络电视等服务平台建设,推动智慧社区、智慧家庭建设。加强通讯设备制造、网络运营、集成播控、内容服务单位间的互动合作。提高数字版权集约水平,健全智能终端产业服务体系,推动产品设计制造与内容服务、应用商店模式整合发展。推进数字电视终端制造业和数字家庭产业与内容服务业融合发展,提升全产业链竞争力。推进数字绿色印刷发展,引导印刷复制加工向综合创意和设计服务转变,推动新闻出版数字化转型和经营模式创新。

(三)提升人居环境质量。坚持以人为本、安全集约、生态环保、传承创新的理念,进一步提高城乡规划、建筑设计、园林设计和装饰设计水平,完善优化功能,提升文化品位。注重对文物保护单位、历史文化名城名镇名村和传统村落的保护。加强城市建设设计和景观风貌规划,突出地域特色,有效保护历史文化街区和历史建筑,提高园林绿化、城市公共艺术的设计质量,建设功能完善、布局合理、形象鲜明的特色文化城市。加强村镇建设规划,培育村镇建筑设计市场,建设环境优美、设施完备、幸福文明的社会主义新农村。贯彻节能、节地、节水、节材的建筑设计理念,推进技术传承创新,积极发展绿色建筑。因地制宜融入文化元素,加快相关建筑标准规范的更新或修订。完善建筑、园林、城市设计、城乡规划等设计方案竞选制度,重视对文化内涵的审查。鼓励装饰设计创新,引领装饰产品和材料升级。

(四)提升旅游发展文化内涵。坚持健康、文明、安全、环保的旅游休闲理念,以文化提升旅游的内涵质量,以旅游扩大文化的传播消费。支持开发康体、养生、运动、娱乐、体验等多样化、综合性旅游休闲产品,建设一批休闲街区、特色村镇、旅游度假区,打造便捷、舒适、健康的休闲空间,提升旅游产品开发和旅游服务设计的人性化、科学化水平,满足广大群众个性化旅游需求。加强自然、文化遗产地和非物质文化遗产的保护利用，大力发展红色旅游和特色文化旅游，推进文化资源向旅游产品转化，建设文化旅游精品。加快智慧旅游发展，促进旅游与互联网融合创新，支持开发具有地域特色和民族风情的旅游演艺精品和旅游商品，鼓励发展积极健康的特色旅游餐饮和主题酒店。

（五）挖掘特色农业发展潜力。提高农业领域的创意和设计水平，推进农业与文化、科技、生态、旅游的融合。强化休闲农业与乡村旅游经营场所的创意和设计，建设集农耕体验、田园观光、教育展示、文化传承于一体的休闲农业园。注重农村文化资源挖掘，不断丰富农业产品、农事景观、环保包装、乡土文化等创意和设计，着力培育一批休闲农业知名品牌，提升农产品附加值，促进创意和设计产品产业化。发展楼宇农业、阳台农艺，进一步拓展休闲农业发展空间。支持专业农产品市场建设特色农产品展览展示馆（园），推进特色农产品文化宣传交流。建立健全地理标志的技术标准体系、质量保证体系与检测体系，扶持地理标志产品，加强地理标志和农产品商标的注册和保护。支持农业企业申报和推介绿色环保产品和原产地标记，鼓励利用信息技术创新具有地域文化特色的农产品营销模式。

（六）拓展体育产业发展空间。积极培育体育健身市场，引导大众体育消费。丰富传统节庆活动内容，支持地方根据当地自然人文资源特色举办体育活动，策划打造影响力大、参与度高的精品赛事，推动体育竞赛表演业全面发展。鼓励发展体育服务组织，以赛事组织、场馆运营、技术培训、信息咨询、中介服务、体育保险等为重点，逐步扩大体育服务规模。推动与体育赛事相关版权的开发与保护，进一步放宽国内赛事转播权的市场竞争范围，探索建立与体育赛事相关的版权交易平台。加强体育产品品牌建设，开发科技含量高、拥有自主知识产权的体育产品，提升市场竞争力。促进体育衍生品创意和设计开发，推进相关产业发展。

（七）提升文化产业整体实力。坚持正确的文化产品创作生产方向，着力提升文化产业各门类创意和设计水平及文化内涵，加快构建结构合理、门类齐全、科技含量高、富有创意、竞争力强的现代文化产业体系，推动文化产业快速发展。鼓励各地结合当地文化特色不断推出原创文化产品和服务，积极发展新的艺术样式，推动特色文化产业发展。强化与规范新兴网络文化业态，创新新兴网络文化服务模式，繁荣文学、艺术、影视、音乐创作与传播。加强舞美设计、舞台布景创意和舞台技术装备创新。坚持保护传承和创新发展相结合，促进艺术衍生产品、艺术授权产品的开发生产，加快工艺美术产品、传统手工艺品与现代科技和时代元素融合。完善博物馆、美术馆等公共文化设施功能，提高展陈水平。

三、政策措施

（一）增强创新动力。深入实施知识产权战略，加强知识产权运用和保护，健全创新、创意和设计激励机制。加强商标法、专利法、著作权法、反不正当竞争法等知识产权保护法律法规宣传普及，完善有利于创意和设计发展的产权制度。完善网络环境下著作权保护等法律法规，加强数据保护等问题研究。加强知识产权监督执法，加大对侵权行为的惩处力度，完善维权援助机制。优化知识产权申请与审查制度，建立并完善专利优先审查通道和软件著作权快速登记通道，健全便捷高效的商标注册审查体系。完善知识产权入股、分红等形式的激励机制和管理制度。活跃知识产权交易，促进知识产权的合理有效流通。提升企业知识产权综合能力，培育一批知识产权优势企业。鼓励企业、院校、科研机构成立战略联盟，引导创意和设计、科技创新要素向企业聚集，加大联盟知识产权管理能力建设，推行知识产权集群式管理。

（二）强化人才培养。推动实施文化创意和设计服务人才扶持计划，打破体制壁垒，扫除身份障碍，营造有利于创新型人才健康成长、脱颖而出的制度环境。优化专业设置，鼓励普通本科高校和科研院所加强专业（学科）建设和理论研究。鼓励将非物质文化遗产传承人才培养纳入职业教育体系，发挥职业教育在文化传承创新中的重要作用，重点建设一批民族文化传承创新专业点。推动民间传统手工艺传承模式改革，培养一批具有文化创新能力的技术技能人才。积极推进产学研用合作培养人才，发展专业学位研究生教育，扶持和鼓励相关行业和产业园区、龙头企业与普通本科高校、职业院校及科研机构共同建立人才培养基地，支持符合条件的设立博士后科研工作站，探索学历教育与职业培训并举、创意和设计与经营管理结合的人才培养新模式，加快培养高层次、复合型人才。加大核心人才、重点领域专门人才、高技能人才和国际化人才的培养和扶持力度，造就一批领军人物。完善政府奖励、用人单位奖励和社会奖励互为补充的多层次创意和设计人才奖励体系，对各类创意和设计人才的创作活动、学习深造、国际交流等进行奖励和资助。加强创业孵化，加大对创意和设计人才创业创新的扶持力度。规范和鼓励举办国际化、专业化的创意和设计竞赛活动,促进创意和设计人才的创新成果展示交易。积极利用各类引才引智计划,引进海外高端人才。健全符合创意和设计人才特点的使用、流动、评价和激励体系,按照国家有关规定,进一步落实国有企业、院所转制企业、职业院校、普通本科高校和科研院所创办企业的股权激励政策,推进职业技能鉴定和职称评定工作,加强人才科学管理。

(三)壮大市场主体。实施中小企业成长工程,支持专业化的创意和设计企业向专、精、特、新方向发展,打造中小企业集群。鼓励挖掘、保护、发展中华老字号等民间特色传统技艺和服务理念,培育具有地方特色的创意和设计企业,支持设计、广告、文化软件工作室等各种形式小微企业发展。推动创意和设计优势企业根据产业联系,实施跨地区、跨行业、跨所有制业务合作,打造跨界融合的产业集团和产业联盟。鼓励有条件的大型企业设立工业设计中心,建设一批国家级工业设计中心。积极推进相关事业单位分类改革,鼓励国有文化企业引进战略资本,实行股份制改造,积极引导民间资本投资文化创意和设计服务领域。支持有条件的企业"走出去",扩大产品和服务出口,通过海外并购、联合经营、设立分支机构等方式积极开拓国际市场。推进文化等服务业领域有序开放,放开建筑设计领域外资准入限制。围绕提升产业竞争力,建立健全文化创意和设计服务与相关产业融合发展的技术标准体系,加快制定修订一批相关领域的重要国家标准。鼓励行业组织、中介组织和企业参与制定国际标准,支持自主标准国际化。

(四)培育市场需求。加强全民文化艺术教育,提高人文素养,推动转变消费观念,激发创意和设计产品服务消费,鼓励有条件的地区补贴居民文化消费,扩大文化消费规模。鼓励企业应用各类设计技术和设计成果,开展设计服务外包,扩大设计服务市场。创新公共文化服务提供方式,加大政府对创意和设计产品服务的采购力度。消除部门限制和地区分割,促进形成统一开放、竞争有序的国内市场。充分利用上海、深圳文化产权交易所等市场及文化产业、广告、设计等展会,规范交易秩序,提升交易平台的信息化和网络化水平,促进产品和服务交易。鼓励电子商务平台针对创意和设计提供专项服务,帮助小微企业、创意和设计创业人才拓展市场。鼓励有条件的地区在国家许可范围内,根据自身特点建设区域性和行业性交易市场。在商贸流通业改造升级中,运用创意和设计促进专业市场和特色商业街等发展。鼓励批发、零售、住宿、餐饮等生活服务企业在店面装饰、产品陈列、商品包装和市场营销上突出创意和设计,更加注重节能环保,顺应消费者需求。

(五)引导集约发展。依托现有各类文化、创意和设计园区基地,加强规范引导、政策扶持,加强公共技术、资源信息、投资融资、交易展示、人才培养、交流合作等服务能力建设,完善创新创业服务体系,促进各类园区基地提高效益、发挥产业集聚优势。鼓励各地根据资源条件和产业优势,明确发展重点,科学规划建设融合发展集聚区,打造区域性创新中心和成果转化中心。建立区域协调机制与合作平台,加强产业集群内部的有机联系,形成合理分工与协作,构建优势互补、相互促进的区域发展格局。充分发挥各部门职能,组织实施基础性、引导性重大工程和重点项目,提升产业整体素质,增强发展后劲。

(六)加大财税支持。增加文化产业发展专项资金规模,加大对文化创意和设计服务企业支持力度。在体现绿色节能环保导向、增强可操作性的基础上,完善相关税收扶持政策。在文化创意和设计服务领域开展高新技术企业认定管理办法试点,将文化创意和设计服务内容纳入文化产业支撑技术等领域,对经认定为高新技术企业的文化创意和设计服务企业,减按15%的税率征收企业所得税。文化创意和设计服务企业发生的职工教育经费支出,不超过工资薪金总额8%的部分,准予在计算应纳税所得额时扣除。企业发生的符合条件的创意和设计费用,执行税前加计扣除政策。对国家重点鼓励的文化创意和设计服务出口实行营业税免税。落实营业税改增值税试点有关政策,对纳入增值税征收范围的国家重点鼓励的文化创意和设计服务出口实行增值税零税率或免税,对国家重点鼓励的创意和设计产品出口实行增值税零税率。

(七)加强金融服务。建立完善文化创意和设计服务企业无形资产评估体系。支持符合条件的企业上市,鼓励企业发行公司债、企业债、集合信托和集合债、中小企业私募债等非金融企业债务融资工具。支持金融机构选择文化创意和设计服务项目贷款开展信贷资产证券化试点。鼓励银行业金融机构支持文化创意和设计服务小微企业发展。鼓励金融机构创新金融产品和服务,增加适合文化创意和设计服务企业的融资品种,拓展贷款抵(质)押物的范围,完善无形资产和收益权抵(质)押权登记公示制度,探索开展无形资产质押和收益权抵(质)押贷款等业务。建立社会资本投资的风险补偿机制,鼓励各类担保机构提供融资担保和再担保服务。鼓励保险公司加大创新型文化保险产品开发力度，提升保险服务水平，探索设立专业文化产业保险组织机构，促进文化产业保险发展。政府引导，推动设立文化创意和设计服务与相关产业融合发展投资基金。积极引导私募股权投资基金、创业投资基金及各类投资机构投资文化创意和设计服务领域。

（八）优化发展环境。评估清理现有行政审批事项，确需保留的，要精简审批流程，严控审批时限，公开审批标准，提高审批效率。支持以划拨方式取得土地的单位利用存量房产、原有土地兴办文化创意和设计服务，在符合城乡规划前提下土地用途和使用权人可暂不变更，连续经营一年以上，符合划拨用地目录的，可按划拨土地办理用地手续；不符合划拨用地目录的，可采取协议出让方式办理用地手续。广告领域文化事业建设费征收范围严格限定在广告媒介单位和户外广告经营单位，清理其他不合理收费，推动落实文化创意和设计服务企业用水、用电、用气、用热与工业同价。完善城乡规划、建筑设计收费制度，鼓励和推行优质优价。创新政府支持方式，发挥社会组织作用，加强人才队伍建设，资助创业孵化，开展研讨交流等。

四、组织实施

各地区、各部门要按照本意见的要求，根据本地区、本部门、本行业实际情况，切实加强对推进文化创意和设计服务与相关产业融合发展工作的组织领导，编制专项规划或行动计划，制定相关配套文件。要建立工作机制，加强地区间、部门间、行业间的协同联动，确保各项任务措施落到实处。要加强宣传，积极营造全社会支持创新、鼓励创意和设计的良好氛围。加强文化产业振兴方面的立法工作，不断健全相关法律法规和制度。重视完善文化产业统计制度，加强文化创意和设计服务类产业统计、核算和分析。加快发展和规范相关行业协（商、学）会、中介组织，充分发挥行业组织在行业研究、标准制定等方面的作用。发展改革委要会同相关部门对本意见的落实情况进行跟踪分析和监督检查，重大事项及时向国务院报告。

2. 财政部　国家税务总局　中央宣传部关于继续实施文化体制改革中经营性文化事业单位转制为企业若干税收政策的通知

（2019 年 2 月 16 日　财税〔2019〕16 号）

各省、自治区、直辖市、计划单列市财政厅（局）、党委宣传部，新疆生产建设兵团财政局，国家税务总局各省、自治区、直辖市、计划单列市税务局：

为贯彻落实《国务院办公厅关于印发文化体制改革中经营性文化事业单位转制为企业和进一步支持文化企业发展两个规定的通知》（国办发〔2018〕124 号）有关规定，进一步深化文化体制改革，继续推进国有经营性文化事业单位转企改制，现就继续实施经营性文化事业单位转制为企业的税收政策有关事项通知如下：

一、经营性文化事业单位转制为企业，可以享受以下税收优惠政策：

（一）经营性文化事业单位转制为企业，自转制注册之日起五年内免征企业所得税。2018 年 12 月 31 日之前已完成转制的企业，自 2019 年 1 月 1 日起可继续免征五年企业所得税。

（二）由财政部门拨付事业经费的文化单位转制为企业，自转制注册之日起五年内对其自用房产免征房产税。2018 年 12 月 31 日之前已完成转制的企业，自 2019 年 1 月 1 日起对其自用房产可继续免征五年房产税。

（三）党报、党刊将其发行、印刷业务及相应的经营性资产剥离组建的文化企业，自注册之日起所取得的党报、党刊发行收入和印刷收入免征增值税。

（四）对经营性文化事业单位转制中资产评估增值、资产转让或划转涉及的企业所得税、增值税、城市维护建设税、契税、印花税等，符合现行规定的享受相应税收优惠政策。

上述所称“经营性文化事业单位”，是指从事新闻出版、广播影视和文化艺术的事业单位。转制包括整体转制和剥离转制。其中，整体转制包括：（图书、音像、电子）出版社、非时政类报刊出版单位、新华书店、艺术院团、电影制片厂、电影（发行放映）公司、影剧院、重点新闻网站等整体转制为企业；剥离转制包括：新闻媒体中的广告、印刷、发行、传输网络等部分,以及影视剧等节目制作与销售机构,从事业体制中剥离出来转制为企业。

上述所称“转制注册之日”,是指经营性文化事业单位转制为企业并进行企业法人登记之日。对于经营性文化事业单位转制前已进行企业法人登记,则按注销事业单位法人登记之日,或核销事业编制的批复之日(转制前未进行事业单位法人登记的)确定转制完成并享受本通知所规定的税收优惠政策。

上述所称“2018 年 12 月 31 日之前已完成转制”,是指经营性文化事业单位在 2018 年 12 月 31 日及以前已转制为企业、进行企业法人登记,并注销事业单位法人登记或批复核销事业编制(转制前未进行事业单位法人登记的)。

本通知下发之前已经审核认定享受《财政部　国家税务总局　中宣部关于继续实施文化体制改革中经营性文化事业单位转制为企业若干税收政策的通知》(财税〔2014〕84 号)税收优惠政策的转制文化企业,可按本通知规定享受税收优惠政策。

二、享受税收优惠政策的转制文化企业应同时符合以下条件:

(一)根据相关部门的批复进行转制。

(二)转制文化企业已进行企业法人登记。

(三)整体转制前已进行事业单位法人登记的,转制后已核销事业编制、注销事业单位法人;整体转制前未进行事业单位法人登记的,转制后已核销事业编制。

(四)已同在职职工全部签订劳动合同,按企业办法参加社会保险。

(五)转制文化企业引入非公有资本和境外资本的,须符合国家法律法规和政策规定;变更资本结构依法应经批准的,需经行业主管部门和国有文化资产监管部门批准。

本通知适用于所有转制文化单位。中央所属转制文化企业的认定,由中央宣传部会同财政部、税务总局确定并发布名单;地方所属转制文化企业的认定,按照登记管理权限,由地方各级宣传部门会同同级财政、税务部门确定和发布名单,并按程序抄送中央宣传部、财政部和税务总局。

已认定发布的转制文化企业名称发生变更的,如果主营业务未发生变化,可持同级文化体制改革和发展工作领导小组办公室出具的同意变更函,到主管税务机关履行变更手续;如果主营业务发生变化,依照本条规定的条件重新认定。

三、经认定的转制文化企业,应按有关税收优惠事项管理规定办理优惠手续,申报享受税收优惠政策。企业应将转制方案批复函,企业营业执照,同级机构编制管理机关核销事业编制、注销事业单位法人的证明,与在职职工签订劳动合同、按企业办法参加社会保险制度的有关材料,相关部门对引入非公有资本和境外资本、变更资本结构的批准文件等留存备查,税务部门依法加强后续管理。

四、未经认定的转制文化企业或转制文化企业不符合本通知规定的,不得享受相关税收优惠政策。已享受优惠的,主管税务机关应追缴其已减免的税款。

五、对已转制企业按照本通知规定应予减免的税款,在本通知下发以前已经征收入库的,可抵减以后纳税期应缴税款或办理退库。

六、本通知规定的税收政策执行期限为 2019 年 1 月 1 日至 2023 年 12 月 31 日。企业在 2023 年 12 月 31 日享受本通知第一条第(一)、(二)项税收政策不满五年的,可继续享受至五年期满为止。

《财政部　国家税务总局　中宣部关于继续实施文化体制改革中经营性文化事业单位转制为企业若干税收政策的通知》(财税〔2014〕84 号)自 2019 年 1 月 1 日起停止执行。

生产和装配伤残人员专门用品

财政部　国家税务总局　民政部关于生产和装配伤残人员专门用品企业免征企业所得税的通知

（2016 年 10 月 24 日　财税〔2016〕111 号）

各省、自治区、直辖市、计划单列市财政厅（局）、国家税务局、地方税务局、民政厅（局），新疆生产建设兵团财务局、民政局：

经国务院批准，现对生产和装配伤残人员专门用品的企业征免企业所得税政策明确如下：

一、自 2016 年 1 月 1 日至 2020 年 12 月 31 日期间，对符合下列条件的居民企业，免征企业所得税：

1. 生产和装配伤残人员专门用品，且在民政部发布的《中国伤残人员专门用品目录》范围之内。

2. 以销售本企业生产或者装配的伤残人员专门用品为主，其所取得的年度伤残人员专门用品销售收入（不含出口取得的收入）占企业收入总额 60% 以上。

3. 企业账证健全，能够准确、完整地向主管税务机关提供纳税资料，且本企业生产或者装配的伤残人员专门用品所取得的收入能够单独、准确核算；

4. 企业拥有假肢制作师、矫形器制作师资格证书的专业技术人员不得少于 1 人；其企业生产人员如超过 20 人，则其拥有假肢制作师、矫形器制作师资格证书的专业技术人员不得少于全部生产人员的 1/6。

5. 具有与业务相适应的测量取型、模型加工、接受腔成型、打磨、对线组装、功能训练等生产装配专用设备和工具。

6. 具有独立的接待室、假肢或者矫形器（辅助器具）制作室和假肢功能训练室，使用面积不少于 115 平方米。

二、享受本通知税收优惠的企业，应当按照《国家税务总局关于发布〈企业所得税优惠政策事项办理办法〉的公告》（国家税务总局公告 2015 年第 76 号）规定向税务机关履行备案手续，妥善保管留存备查资料。

附件：中国伤残人员专门用品目录（略）

海峡两岸直航

1. 财政部　国家税务总局关于海峡两岸海上直航营业税和企业所得税政策的通知

（2009 年 1 月 19 日　财税〔2009〕4 号）

各省、自治区、直辖市、计划单列市财政厅（局）、国家税务局、地方税务局，新疆生产建设兵团财务局：

为推动海峡两岸海上直航，经国务院批准，现对海峡两岸海上直航业务有关税收政策通知如下：

一、自2008年12月15日起，对台湾航运公司从事海峡两岸海上直航业务在大陆取得的运输收入，免征营业税。

对台湾航运公司在2008年12月15日至文到之日已缴纳应予免征的营业税，从以后应缴的营业税税款中抵减，年度内抵减不完的予以退税。

二、自2008年12月15日起，对台湾航运公司从事海峡两岸海上直航业务取得的来源于大陆的所得，免征企业所得税。

享受企业所得税免税政策的台湾航运公司应当按照企业所得税法实施条例的有关规定，单独核算其从事上述业务在大陆取得的收入和发生的成本、费用；未单独核算的，不得享受免征企业所得税政策。

三、本通知所称台湾航运公司，是指取得交通运输部颁发的"台湾海峡两岸间水路运输许可证"且上述许可证上注明的公司登记地址在台湾的航运公司。

2. 财政部　国家税务总局关于海峡两岸空中直航营业税和企业所得税政策的通知

（2010年9月6日　财税〔2010〕63号）

各省、自治区、直辖市、计划单列市财政厅（局）、国家税务局、地方税务局、新疆生产建设兵团财务局：

为推动海峡两岸空中直航，经国务院批准，现对海峡两岸空中直航业务有关税收政策通知如下：

一、自2009年6月25日起，对台湾航空公司从事海峡两岸空中直航业务在大陆取得的运输收入，免征营业税。

对台湾航空公司在2009年6月25日起至文到之日已缴纳应予免征的营业税，从以后应缴的营业税税款中抵减，在2010年内抵减不完的予以退还。

二、自2009年6月25日起，对台湾航空公司从事海峡两岸空中直航业务取得的来源于大陆的所得，免征企业所得税。

对台湾航空公司在2009年6月25日起至文到之日已缴纳应予免征的企业所得税，在2010年内予以退还。

享受企业所得税免税政策的台湾航空公司应当按照企业所得税法实施条例的有关规定，单独核算其从事上述业务在大陆取得的收入和发生的成本、费用；未单独核算的，不得享受免征企业所得税政策。

三、本通知所称台湾航空公司，是指取得中国民用航空局颁发的"经营许可"或依据《海峡两岸空运协议》和《海峡两岸空运补充协议》规定，批准经营两岸旅客、货物和邮件不定期（包机）运输业务，且公司登记地址在台湾的航空公司。

创业投资

1. 国家税务总局关于实施创业投资企业所得税优惠问题的通知

（2009 年 4 月 30 日　国税发〔2009〕87 号）

（部分条款修改，详见文中注释）

各省、自治区、直辖市和计划单列市国家税务局、地方税务局：

为落实创业投资企业所得税优惠政策，促进创业投资企业的发展，根据《中华人民共和国企业所得税法》及其实施条例等有关规定，现就创业投资企业所得税优惠的有关问题通知如下：

一、创业投资企业是指依照《创业投资企业管理暂行办法》（国家发展和改革委员会等 10 部委令 2005 年第 39 号，以下简称《暂行办法》）和《外商投资创业投资企业管理规定》（商务部等 5 部委令 2003 年第 2 号）在中华人民共和国境内设立的专门从事创业投资活动的企业或其他经济组织。

二、创业投资企业采取股权投资方式投资于未上市的中小高新技术企业 2 年（24 个月）以上，凡符合以下条件的，可以按照其对中小高新技术企业投资额的 70%，在股权持有满 2 年的当年抵扣该创业投资企业的应纳税所得额；当年不足抵扣的，可以在以后纳税年度结转抵扣。

（一）经营范围符合《暂行办法》规定，且工商登记为“创业投资有限责任公司”、“创业投资股份有限公司”等专业性法人创业投资企业。

（二）按照《暂行办法》规定的条件和程序完成备案，经备案管理部门年度检查核实，投资运作符合《暂行办法》的有关规定。

（三）创业投资企业投资的中小高新技术企业，除应按照科技部、财政部、国家税务总局《关于印发〈高新技术企业认定管理办法〉的通知》（国科发火〔2008〕172 号）和《关于印发〈高新技术企业认定管理工作指引〉的通知》（国科发火〔2008〕362 号）的规定，通过高新技术企业认定以外，还应符合职工人数不超过 500 人，年销售（营业）额不超过 2 亿元，资产总额不超过 2 亿元的条件。

2007 年底前按原有规定取得高新技术企业资格的中小高新技术企业，且在 2008 年继续符合新的高新技术企业标准的，向其投资满 24 个月的计算，可自创业投资企业实际向其投资的时间起计算。

（四）财政部、国家税务总局规定的其他条件。

三、中小企业接受创业投资之后，经认定符合高新技术企业标准的，应自其被认定为高新技术企业的年度起，计算创业投资企业的投资期限。该期限内中小企业接受创业投资后，企业规模超过中小企业标准，但仍符合高新技术企业标准的，不影响创业投资企业享受有关税收优惠。

四、创业投资企业申请享受投资抵扣应纳税所得额，应在其报送申请投资抵扣应纳税所得额年度纳税申报表以前，向主管税务机关报送以下资料备案：

（一）经备案管理部门核实后出具的年检合格通知书（副本）；

（二）关于创业投资企业投资运作情况的说明；

（三）中小高新技术企业投资合同或章程的复印件、实际所投资金验资报告等相关材料；

（四）中小高新技术企业基本情况［包括企业职工人数、年销售（营业）额、资产总额等］说明；

（五）由省、自治区、直辖市和计划单列市高新技术企业认定管理机构出具的中小高新技术企业有效的高新技术企业证书（复印件）。

【注】根据《关于公布失效废止的税务部门规章和税收规范性文件目录的决定》(国家税务总局令第42号)的规定,本条款有效期至2017年12月29日。

五、本通知自2008年1月1日起执行。

2. 国家税务总局关于有限合伙制创业投资企业法人合伙人企业所得税有关问题的公告

(2015年11月16日　国家税务总局公告2015年第81号)

根据《中华人民共和国企业所得税法》及其实施条例、《财政部　国家税务总局关于将国家自主创新示范区有关税收试点政策推广到全国范围实施的通知》(财税〔2015〕116号)规定,现就有限合伙制创业投资企业法人合伙人企业所得税有关问题公告如下:

一、有限合伙制创业投资企业是指依照《中华人民共和国合伙企业法》、《创业投资企业管理暂行办法》(国家发展和改革委员会令第39号)和《外商投资创业投资企业管理规定》(外经贸部、科技部、工商总局、税务总局、外汇管理局令2003年第2号)设立的专门从事创业投资活动的有限合伙企业。

二、有限合伙制创业投资企业的法人合伙人,是指依照《中华人民共和国企业所得税法》及其实施条例以及相关规定,实行查账征收企业所得税的居民企业。

三、有限合伙制创业投资企业采取股权投资方式投资于未上市的中小高新技术企业满2年(24个月,下同)的,其法人合伙人可按照对未上市中小高新技术企业投资额的70%抵扣该法人合伙人从该有限合伙制创业投资企业分得的应纳税所得额,当年不足抵扣的,可以在以后纳税年度结转抵扣。

所称满2年是指2015年10月1日起,有限合伙制创业投资企业投资于未上市中小高新技术企业的实缴投资满2年,同时,法人合伙人对该有限合伙制创业投资企业的实缴出资也应满2年。

如果法人合伙人投资于多个符合条件的有限合伙制创业投资企业,可合并计算其可抵扣的投资额和应分得的应纳税所得额。当年不足抵扣的,可结转以后纳税年度继续抵扣;当年抵扣后有结余的,应按照企业所得税法的规定计算缴纳企业所得税。

四、有限合伙制创业投资企业的法人合伙人对未上市中小高新技术企业的投资额,按照有限合伙制创业投资企业对中小高新技术企业的投资额和合伙协议约定的法人合伙人占有限合伙制创业投资企业的出资比例计算确定。其中,有限合伙制创业投资企业对中小高新技术企业的投资额按实缴投资额计算;法人合伙人占有限合伙制创业投资企业的出资比例按法人合伙人对有限合伙制创业投资企业的实缴出资额占该有限合伙制创业投资企业的全部实缴出资额的比例计算。

五、有限合伙制创业投资企业应纳税所得额的确定及分配,按照《财政部　国家税务总局关于合伙企业合伙人所得税问题的通知》(财税〔2008〕159号)相关规定执行。

六、有限合伙制创业投资企业法人合伙人符合享受优惠条件的,应在符合条件的年度终了后3个月内向其主管税务机关报送《有限合伙制创业投资企业法人合伙人应纳税所得额分配情况明细表》(附件1)。

七、法人合伙人向其所在地主管税务机关备案享受投资抵扣应纳税所得额时,应提交《法人合伙人应纳税所得额抵扣情况明细表》(附件2)以及有限合伙制创业投资企业所在地主管税务机关受理后的《有限合伙制创业投资企业法人合伙人应纳税所得额分配情况明细表》,同时将《国家税务总局关于实施创业投资企业所得税优惠问题的通知》(国税发〔2009〕87号)规定报送的备案资料留存备查。

八、本公告自2015年10月1日起执行。2015年度符合优惠条件的企业,可统一在2015年度汇算清缴时办理相关手续。《国家税务总局关于苏州工业园区有限合伙制创业投资企业法人合伙人企业所得税政策试点有关征收管理问题的公告》(国家税务总局公告2013年第25号)同时废止。

特此公告。

附件:1. 有限合伙制创业投资企业法人合伙人应纳税所得额分配情况明细表(略)

2. 法人合伙人应纳税所得额抵扣情况明细表(略)

3. 财政部　国家税务总局关于创业投资企业和天使投资个人有关税收政策的通知

(2018 年 5 月 14 日　财税〔2018〕55 号)

各省、自治区、直辖市、计划单列市财政厅(局)、国家税务局、地方税务局,新疆生产建设兵团财政局:

为进一步支持创业投资发展,现就创业投资企业和天使投资个人有关税收政策问题通知如下:

一、税收政策内容

(一)公司制创业投资企业采取股权投资方式直接投资于种子期、初创期科技型企业(以下简称初创科技型企业)满 2 年(24 个月,下同)的,可以按照投资额的 70% 在股权持有满 2 年的当年抵扣该公司制创业投资企业的应纳税所得额;当年不足抵扣的,可以在以后纳税年度结转抵扣。

(二)有限合伙制创业投资企业(以下简称合伙创投企业)采取股权投资方式直接投资于初创科技型企业满 2 年的,该合伙创投企业的合伙人分别按以下方式处理:

1. 法人合伙人可以按照对初创科技型企业投资额的 70% 抵扣法人合伙人从合伙创投企业分得的所得;当年不足抵扣的,可以在以后纳税年度结转抵扣。

2. 个人合伙人可以按照对初创科技型企业投资额的 70% 抵扣个人合伙人从合伙创投企业分得的经营所得;当年不足抵扣的,可以在以后纳税年度结转抵扣。

(三)天使投资个人采取股权投资方式直接投资于初创科技型企业满 2 年的,可以按照投资额的 70% 抵扣转让该初创科技型企业股权取得的应纳税所得额;当期不足抵扣的,可以在以后取得转让该初创科技型企业股权的应纳税所得额时结转抵扣。

天使投资个人投资多个初创科技型企业的,对其中办理注销清算的初创科技型企业,天使投资个人对其投资额的 70% 尚未抵扣完的,可自注销清算之日起 36 个月内抵扣天使投资个人转让其他初创科技型企业股权取得的应纳税所得额。

二、相关政策条件

(一)本通知所称初创科技型企业,应同时符合以下条件:

1. 在中国境内(不包括港、澳、台地区)注册成立、实行查账征收的居民企业;

2. 接受投资时,从业人数不超过 200 人,其中具有大学本科以上学历的从业人数不低于 30%;资产总额和年销售收入均不超过 3000 万元;

3. 接受投资时设立时间不超过 5 年(60 个月);

4. 接受投资时以及接受投资后 2 年内未在境内外证券交易所上市;

5. 接受投资当年及下一纳税年度,研发费用总额占成本费用支出的比例不低于 20%。

(二)享受本通知规定税收政策的创业投资企业,应同时符合以下条件:

1. 在中国境内(不含港、澳、台地区)注册成立、实行查账征收的居民企业或合伙创投企业,且不属于被投资初创科技型企业的发起人;

2. 符合《创业投资企业管理暂行办法》(发展改革委等 10 部门令第 39 号)规定或者《私募投资基金监督管理暂行办法》(证监会令第 105 号)关于创业投资基金的特别规定,按照上述规定完成备案且规范运作;

3. 投资后 2 年内,创业投资企业及其关联方持有被投资初创科技型企业的股权比例合计应低于 50%。

(三)享受本通知规定的税收政策的天使投资个人,应同时符合以下条件:

1. 不属于被投资初创科技型企业的发起人、雇员或其亲属(包括配偶、父母、子女、祖父母、外祖父母、孙子女、外孙子女、兄弟姐妹,下同),且与被投资初创科技型企业不存在劳务派遣等关系;

2. 投资后 2 年内,本人及其亲属持有被投资初创科技型企业股权比例合计应低于 50%。

(四)享受本通知规定的税收政策的投资,仅限于通过向被投资初创科技型企业直接支付现金方式取得的股权投资,不包括受让其他股东的存量股权。

三、管理事项及管理要求

(一)本通知所称研发费用口径,按照《财政部　国家税务总局　科技部关于完善研究开发费用税前加计扣除政策的通知》(财税〔2015〕119 号)等规定执行。

(二)本通知所称从业人数,包括与企业建立劳动关系的职工人员及企业接受的劳务派遣人员。从业人数和资产总额指标,按照企业接受投资前连续 12 个月的平均数计算,不足 12 个月的,按实际月数平均计算。

本通知所称销售收入,包括主营业务收入与其他业务收入;年销售收入指标,按照企业接受投资前连续 12 个月的累计数计算,不足 12 个月的,按实际月数累计计算。

本通知所称成本费用,包括主营业务成本、其他业务成本、销售费用、管理费用、财务费用。

(三)本通知所称投资额,按照创业投资企业或天使投资个人对初创科技型企业的实缴投资额确定。

合伙创投企业的合伙人对初创科技型企业的投资额,按照合伙创投企业对初创科技型企业的实缴投资额和合伙协议约定的合伙人占合伙创投企业的出资比例计算确定。合伙人从合伙创投企业分得的所得,按照《财政部　国家税务总局关于合伙企业合伙人所得税问题的通知》(财税〔2008〕159 号)规定计算。

(四)天使投资个人、公司制创业投资企业、合伙创投企业、合伙创投企业法人合伙人、被投资初创科技型企业应按规定办理优惠手续。

(五)初创科技型企业接受天使投资个人投资满 2 年,在上海证券交易所、深圳证券交易所上市的,天使投资个人转让该企业股票时,按照现行限售股有关规定执行,其尚未抵扣的投资额,在税款清算时一并计算抵扣。

(六)享受本通知规定的税收政策的纳税人,其主管税务机关对被投资企业是否符合初创科技型企业条件有异议的,可以转请被投资企业主管税务机关提供相关材料。对纳税人提供虚假资料,违规享受税收政策的,应按税收征管法相关规定处理,并将其列入失信纳税人名单,按规定实施联合惩戒措施。

四、执行时间

本通知规定的天使投资个人所得税政策自 2018 年 7 月 1 日起执行,其他各项政策自 2018 年 1 月 1 日起执行。执行日期前 2 年内发生的投资,在执行日期后投资满 2 年,且符合本通知规定的其他条件的,可以适用本通知规定的税收政策。

《财政部　税务总局关于创业投资企业和天使投资个人有关税收试点政策的通知》(财税〔2017〕38 号)自 2018 年 7 月 1 日起废止,符合试点政策条件的投资额可按本通知的规定继续抵扣。

4. 国家税务总局关于创业投资企业和天使投资个人税收政策有关问题的公告

(2018 年 7 月 30 日　国家税务总局公告 2018 年第 43 号)

为贯彻落实《财政部　税务总局关于创业投资企业和天使投资个人有关税收政策的通知》(财税〔2018〕55 号,以下简称《通知》),现就创业投资企业和天使投资个人税收政策有关问题公告如下:

一、相关政策执行口径

(一)《通知》第一条所称满 2 年是指公司制创业投资企业(以下简称"公司制创投企业")、有限合伙制创业投资企业(以下简称"合伙创投企业")和天使投资个人投资于种子期、初创期科技型企业(以下简称

"初创科技型企业"）的实缴投资满2年，投资时间从初创科技型企业接受投资并完成工商变更登记的日期算起。

（二）《通知》第二条第（一）项所称研发费用总额占成本费用支出的比例，是指企业接受投资当年及下一纳税年度的研发费用总额合计占同期成本费用总额合计的比例。

（三）《通知》第三条第（三）项所称出资比例，按投资满2年当年年末各合伙人对合伙创投企业的实缴出资额占所有合伙人全部实缴出资额的比例计算。

（四）《通知》所称从业人数及资产总额指标，按照初创科技型企业接受投资前连续12个月的平均数计算，不足12个月的，按实际月数平均计算。具体计算公式如下：

月平均数＝（月初数＋月末数）÷2

接受投资前连续12个月平均数＝接受投资前连续12个月平均数之和÷12

（五）法人合伙人投资于多个符合条件的合伙创投企业，可合并计算其可抵扣的投资额和分得的所得。当年不足抵扣的，可结转以后纳税年度继续抵扣；当年抵扣后有结余的，应按照企业所得税法的规定计算缴纳企业所得税。

所称符合条件的合伙创投企业既包括符合《通知》规定条件的合伙创投企业，也包括符合《国家税务总局关于有限合伙制创业投资企业法人合伙人企业所得税有关问题的公告》（国家税务总局公告2015年第81号）规定条件的合伙创投企业。

二、办理程序和资料

（一）企业所得税

1.公司制创投企业和合伙创投企业法人合伙人在年度申报享受优惠时，按照《国家税务总局关于发布修订后的〈企业所得税优惠政策事项办理办法〉的公告》（国家税务总局公告2018年第23号）的规定办理有关手续。

2.合伙创投企业的法人合伙人符合享受优惠条件的，合伙创投企业应在投资初创科技型企业满2年的年度以及分配所得的年度终了后及时向法人合伙人提供《合伙创投企业法人合伙人所得分配情况明细表》（附件1）。

（二）个人所得税

1.合伙创投企业个人合伙人

（1）合伙创投企业的个人合伙人符合享受优惠条件的，合伙创投企业应在投资初创科技型企业满2年的年度终了后3个月内，向合伙创投企业主管税务机关办理备案手续，备案时应报送《合伙创投企业个人所得税投资抵扣备案表》（附件2），同时将有关资料留存备查（备查资料同公司制创投企业）。合伙企业多次投资同一初创科技型企业的，应按年度分别备案。

（2）合伙创投企业应在投资初创科技型企业满2年后的每个年度终了后3个月内，向合伙创投企业主管税务机关报送《合伙创投企业个人所得税投资抵扣情况表》（附件3）。

（3）个人合伙人在个人所得税年度申报时，应将当年允许抵扣的投资额填至《个人所得税生产经营所得纳税申报表（B表）》"允许扣除的其他费用"栏，并同时标明"投资抵扣"字样。

2.天使投资个人

（1）投资抵扣备案

天使投资个人应在投资初创科技型企业满24个月的次月15日内，与初创科技型企业共同向初创科技型企业主管税务机关办理备案手续。备案时应报送《天使投资个人所得税投资抵扣备案表》（附件4）。被投资企业符合初创科技型企业条件的有关资料留存企业备查，备查资料包括初创科技型企业接受现金投资时的投资合同（协议）、章程、实际出资的相关证明材料，以及被投资企业符合初创科技型企业条件的有关资料。多次投资同一初创科技型企业的，应分次备案。

（2）投资抵扣申报

①天使投资个人转让未上市的初创科技型企业股权，按照《通知》规定享受投资抵扣税收优惠时，应于股权转让次月15日内，向主管税务机关报送《天使投资个人所得税投资抵扣情况表》（附件5）。同时，天使

投资个人还应一并提供投资初创科技型企业后税务机关受理的《天使投资个人所得税投资抵扣备案表》。

其中,天使投资个人转让初创科技型企业股权需同时抵扣前 36 个月内投资其他注销清算初创科技型企业尚未抵扣完毕的投资额的,申报时应一并提供注销清算企业主管税务机关受理并注明注销清算等情况的《天使投资个人所得税投资抵扣备案表》,以及前期享受投资抵扣政策后税务机关受理的《天使投资个人所得税投资抵扣情况表》。

接受投资的初创科技型企业,应在天使投资个人转让股权纳税申报时,向扣缴义务人提供相关信息。

②天使投资个人投资初创科技型企业满足投资抵扣税收优惠条件后,初创科技型企业在上海证券交易所、深圳证券交易所上市的,天使投资个人在转让初创科技型企业股票时,有尚未抵扣完毕的投资额的,应向证券机构所在地主管税务机关办理限售股转让税款清算,抵扣尚未抵扣完毕的投资额。清算时,应提供投资初创科技型企业后税务机关受理的《天使投资个人所得税投资抵扣备案表》和《天使投资个人所得税投资抵扣情况表》。

(3)被投资企业发生个人股东变动或者个人股东所持股权变动的,应在次月 15 日内向主管税务机关报送含有股东变动信息的《个人所得税基础信息表(A 表)》。对天使投资个人,应在备注栏标明“天使投资个人”字样。

(4)天使投资个人转让股权时,扣缴义务人、天使投资个人应将当年允许抵扣的投资额填至《扣缴个人所得税报告表》或《个人所得税自行纳税申报表(A 表)》“税前扣除项目”的“其他”栏,并同时标明“投资抵扣”字样。

(5)天使投资个人投资的初创科技型企业注销清算的,应及时持《天使投资个人所得税投资抵扣备案表》到主管税务机关办理情况登记。

三、其他事项

(一)税务机关在公司制创投企业、合伙创投企业合伙人享受优惠政策后续管理中,对初创科技型企业是否符合规定条件有异议的,可以转请初创科技型企业主管税务机关提供相关资料,主管税务机关应积极配合。

(二)创业投资企业、合伙创投企业合伙人、天使投资个人、初创科技型企业提供虚假情况、故意隐瞒已投资抵扣情况或采取其他手段骗取投资抵扣,不缴或者少缴应纳税款的,按税收征管法有关规定处理。

四、施行时间

本公告天使投资个人所得税有关规定自 2018 年 7 月 1 日起施行,其他所得税规定自 2018 年 1 月 1 日起施行。施行日期前 2 年内发生的投资,适用《通知》规定的税收政策的,按本公告规定执行。

《国家税务总局关于创业投资企业和天使投资个人税收试点政策有关问题的公告》(国家税务总局公告 2017 年第 20 号)自 2018 年 7 月 1 日起废止,符合试点政策条件的投资额可按本公告规定继续办理抵扣。

特此公告。

附件:1. 合伙创投企业法人合伙人所得分配情况明细表(略)

2. 合伙创投企业个人所得税投资抵扣备案表(略)

3. 合伙创投企业个人所得税投资抵扣情况表(略)

4. 天使投资个人所得税投资抵扣备案表(略)

5. 天使投资个人所得税投资抵扣情况表(略)

就业和再就业

1. 财政部　国家税务总局　退役军人部关于进一步扶持自主就业退役士兵创业就业有关税收政策的通知

（2019 年 2 月 2 日　财税〔2019〕21 号）

各省、自治区、直辖市、计划单列市财政厅（局）、退役军人事务厅（局），国家税务总局各省、自治区、直辖市、计划单列市税务局，新疆生产建设兵团财政局：

为进一步扶持自主就业退役士兵创业就业，现将有关税收政策通知如下：

一、自主就业退役士兵从事个体经营的，自办理个体工商户登记当月起，在 3 年（36 个月，下同）内按每户每年 12000 元为限额依次扣减其当年实际应缴纳的增值税、城市维护建设税、教育费附加、地方教育附加和个人所得税。限额标准最高可上浮 20%，各省、自治区、直辖市人民政府可根据本地区实际情况在此幅度内确定具体限额标准。

纳税人年度应缴纳税款小于上述扣减限额的，减免税额以其实际缴纳的税款为限；大于上述扣减限额的，以上述扣减限额为限。纳税人的实际经营期不足 1 年的，应当按月换算其减免税限额。换算公式为：减免税限额 = 年度减免税限额 ÷ 12 × 实际经营月数。城市维护建设税、教育费附加、地方教育附加的计税依据是享受本项税收优惠政策前的增值税应纳税额。

二、企业招用自主就业退役士兵，与其签订 1 年以上期限劳动合同并依法缴纳社会保险费的，自签订劳动合同并缴纳社会保险当月起，在 3 年内按实际招用人数予以定额依次扣减增值税、城市维护建设税、教育费附加、地方教育附加和企业所得税优惠。定额标准为每人每年 6000 元，最高可上浮 50%，各省、自治区、直辖市人民政府可根据本地区实际情况在此幅度内确定具体定额标准。

企业按招用人数和签订的劳动合同时间核算企业减免税总额，在核算减免税总额内每月依次扣减增值税、城市维护建设税、教育费附加和地方教育附加。企业实际应缴纳的增值税、城市维护建设税、教育费附加和地方教育附加小于核算减免税总额的，以实际应缴纳的增值税、城市维护建设税、教育费附加和地方教育附加为限；实际应缴纳的增值税、城市维护建设税、教育费附加和地方教育附加大于核算减免税总额的，以核算减免税总额为限。

纳税年度终了，如果企业实际减免的增值税、城市维护建设税、教育费附加和地方教育附加小于核算减免税总额，企业在企业所得税汇算清缴时以差额部分扣减企业所得税。当年扣减不完的，不再结转以后年度扣减。

自主就业退役士兵在企业工作不满 1 年的，应当按月换算减免税限额。计算公式为：企业核算减免税总额 = ∑每名自主就业退役士兵本年度在本单位工作月份 ÷ 12 × 具体定额标准。

城市维护建设税、教育费附加、地方教育附加的计税依据是享受本项税收优惠政策前的增值税应纳税额。

三、本通知所称自主就业退役士兵是指依照《退役士兵安置条例》（国务院　中央军委令第 608 号）的规定退出现役并按自主就业方式安置的退役士兵。

本通知所称企业是指属于增值税纳税人或企业所得税纳税人的企业等单位。

四、自主就业退役士兵从事个体经营的，在享受税收优惠政策进行纳税申报时，注明其退役军人身份，并将《中国人民解放军义务兵退出现役证》《中国人民解放军士官退出现役证》或《中国人民武装警察部队义务兵退出现役证》《中国人民武装警察部队士官退出现役证》留存备查。

企业招用自主就业退役士兵享受税收优惠政策的,将以下资料留存备查:1. 招用自主就业退役士兵的《中国人民解放军义务兵退出现役证》《中国人民解放军士官退出现役证》或《中国人民武装警察部队义务兵退出现役证》《中国人民武装警察部队士官退出现役证》;2. 企业与招用自主就业退役士兵签订的劳动合同(副本),为职工缴纳的社会保险费记录;3. 自主就业退役士兵本年度在企业工作时间表(见附件)。

五、企业招用自主就业退役士兵既可以适用本通知规定的税收优惠政策,又可以适用其他扶持就业专项税收优惠政策的,企业可以选择适用最优惠的政策,但不得重复享受。

六、本通知规定的税收政策执行期限为 2019 年 1 月 1 日至 2021 年 12 月 31 日。纳税人在 2021 年 12 月 31 日享受本通知规定税收优惠政策未满 3 年的,可继续享受至 3 年期满为止。《财政部　税务总局　民政部关于继续实施扶持自主就业退役士兵创业就业有关税收政策的通知》(财税〔2017〕46 号)自 2019 年 1 月 1 日起停止执行。

退役士兵以前年度已享受退役士兵创业就业税收优惠政策满 3 年的,不得再享受本通知规定的税收优惠政策;以前年度享受退役士兵创业就业税收优惠政策未满 3 年且符合本通知规定条件的,可按本通知规定享受优惠至 3 年期满。

各地财政、税务、退役军人事务部门要加强领导、周密部署,把扶持自主就业退役士兵创业就业工作作为一项重要任务,主动做好政策宣传和解释工作,加强部门间的协调配合,确保政策落实到位。同时,要密切关注税收政策的执行情况,对发现的问题及时逐级向财政部、税务总局、退役军人部反映。

附件:自主就业退役士兵本年度在企业工作时间表(略)

2. 财政部　国家税务总局关于进一步支持和促进重点群体创业就业有关税收政策的通知

(2019 年 2 月 2 日　财税〔2019〕22 号)

各省、自治区、直辖市、计划单列市财政厅(局)、人力资源社会保障厅(局)、扶贫办,国家税务总局各省、自治区、直辖市、计划单列市税务局,新疆生产建设兵团财政局、人力资源社会保障局、扶贫办:

为进一步支持和促进重点群体创业就业,现将有关税收政策通知如下:

一、建档立卡贫困人口、持《就业创业证》(注明"自主创业税收政策"或"毕业年度内自主创业税收政策")或《就业失业登记证》(注明"自主创业税收政策")的人员,从事个体经营的,自办理个体工商户登记当月起,在 3 年(36 个月,下同)内按每户每年 12000 元为限额依次扣减其当年实际应缴纳的增值税、城市维护建设税、教育费附加、地方教育附加和个人所得税。限额标准最高可上浮 20%,各省、自治区、直辖市人民政府可根据本地区实际情况在此幅度内确定具体限额标准。

纳税人年度应缴纳税款小于上述扣减限额的,减免税额以其实际缴纳的税款为限;大于上述扣减限额的,以上述扣减限额为限。

上述人员具体包括:1. 纳入全国扶贫开发信息系统的建档立卡贫困人口;2. 在人力资源社会保障部门公共就业服务机构登记失业半年以上的人员;3. 零就业家庭、享受城市居民最低生活保障家庭劳动年龄内的登记失业人员;4. 毕业年度内高校毕业生。高校毕业生是指实施高等学历教育的普通高等学校、成人高等学校应届毕业的学生;毕业年度是指毕业所在自然年,即 1 月 1 日至 12 月 31 日。

二、企业招用建档立卡贫困人口,以及在人力资源社会保障部门公共就业服务机构登记失业半年以上且持《就业创业证》或《就业失业登记证》(注明"企业吸纳税收政策")的人员,与其签订 1 年以上期限劳动合同并依法缴纳社会保险费的,自签订劳动合同并缴纳社会保险当月起,在 3 年内按实际招用人数予以定额依次扣减增值税、城市维护建设税、教育费附加、地方教育附加和企业所得税优惠。定额标准为每人每年

6000 元，最高可上浮 30%，各省、自治区、直辖市人民政府可根据本地区实际情况在此幅度内确定具体定额标准。城市维护建设税、教育费附加、地方教育附加的计税依据是享受本项税收优惠政策前的增值税应纳税额。

按上述标准计算的税收扣减额应在企业当年实际应缴纳的增值税、城市维护建设税、教育费附加、地方教育附加和企业所得税税额中扣减，当年扣减不完的，不得结转下年使用。

本通知所称企业是指属于增值税纳税人或企业所得税纳税人的企业等单位。

三、国务院扶贫办在每年 1 月 15 日前将建档立卡贫困人口名单及相关信息提供给人力资源社会保障部、税务总局，税务总局将相关信息转发给各省、自治区、直辖市税务部门。人力资源社会保障部门依托全国扶贫开发信息系统核实建档立卡贫困人口身份信息。

四、企业招用就业人员既可以适用本通知规定的税收优惠政策，又可以适用其他扶持就业专项税收优惠政策的，企业可以选择适用最优惠的政策，但不得重复享受。

五、本通知规定的税收政策执行期限为 2019 年 1 月 1 日至 2021 年 12 月 31 日。纳税人在 2021 年 12 月 31 日享受本通知规定税收优惠政策未满 3 年的，可继续享受至 3 年期满为止。《财政部　税务总局　人力资源社会保障部关于继续实施支持和促进重点群体创业就业有关税收政策的通知》（财税〔2017〕49 号）自 2019 年 1 月 1 日起停止执行。

本通知所述人员，以前年度已享受重点群体创业就业税收优惠政策满 3 年的，不得再享受本通知规定的税收优惠政策；以前年度享受重点群体创业就业税收优惠政策未满 3 年且符合本通知规定条件的，可按本通知规定享受优惠至 3 年期满。

各地财政、税务、人力资源社会保障部门、扶贫办要加强领导、周密部署，把大力支持和促进重点群体创业就业工作作为一项重要任务，主动做好政策宣传和解释工作，加强部门间的协调配合，确保政策落实到位。同时，要密切关注税收政策的执行情况，对发现的问题及时逐级向财政部、税务总局、人力资源社会保障部、国务院扶贫办反映。

3. 国家税务总局　人力资源社会保障部　国务院扶贫办　教育部关于实施支持和促进重点群体创业就业有关税收政策具体操作问题的公告

（2019 年 2 月 26 日　国家税务总局公告 2019 年第 10 号）

为贯彻落实《财政部　税务总局　人力资源社会保障部　国务院扶贫办关于进一步支持和促进重点群体创业就业有关税收政策的通知》（财税〔2019〕22 号）精神，现就具体操作问题公告如下：

一、重点群体个体经营税收政策

（一）申请

1. 建档立卡贫困人口从事个体经营的，向主管税务机关申报纳税时享受优惠。

2. 登记失业半年以上的人员，零就业家庭、享受城市居民最低生活保障家庭劳动年龄的登记失业人员，以及毕业年度内高校毕业生，可持《就业创业证》（或《就业失业登记证》，下同）、个体工商户登记执照（未完成“两证整合”的还须持《税务登记证》）向创业地县以上（含县级，下同）人力资源社会保障部门提出申请。县以上人力资源社会保障部门应当按照财税〔2019〕22 号文件的规定，核实其是否享受过重点群体创业就业税收优惠政策。对符合财税〔2019〕22 号文件规定条件的人员在《就业创业证》上注明“自主创业税收政策”或“毕业年度内自主创业税收政策”。

（二）税款减免顺序及额度

重点群体从事个体经营的，按照财税〔2019〕22 号文件第一条的规定，在年度减免税限额内，依次扣减增值税、城市维护建设税、教育费附加、地方教育附加和个人所得税。城市维护建设税、教育费附加、地方教育附加的计税依据是享受本项税收优惠政策前的增值税应纳税额。

纳税人的实际经营期不足1年的,应当以实际月数换算其减免税限额。换算公式为:减免税限额=年度减免税限额÷12×实际经营月数。

纳税人实际应缴纳的增值税、城市维护建设税、教育费附加、地方教育附加和个人所得税小于减免税限额的,以实际应缴纳的增值税、城市维护建设税、教育费附加、地方教育附加和个人所得税税额为限;实际应缴纳的增值税、城市维护建设税、教育费附加、地方教育附加和个人所得税大于减免税限额的,以减免税限额为限。

(三)税收减免管理

登记失业半年以上的人员,零就业家庭、城市低保家庭的登记失业人员,以及毕业年度内高校毕业生享受本项税收优惠的,由其留存《就业创业证》(注明"自主创业税收政策"或"毕业年度内自主创业税收政策")备查,建档立卡贫困人口无需留存资料备查。

二、企业招用重点群体税收政策

(一)申请

享受招用重点群体就业税收优惠政策的企业,持下列材料向县以上人力资源社会保障部门递交申请:

1. 招用人员持有的《就业创业证》(建档立卡贫困人口不需提供)。

2. 企业与招用重点群体签订的劳动合同(副本),企业依法为重点群体缴纳的社会保险记录。通过内部信息共享、数据比对等方式审核的地方,可不再要求企业提供缴纳社会保险记录。

县以上人力资源社会保障部门接到企业报送的材料后,重点核实以下情况:

1. 招用人员是否属于享受税收优惠政策的人员范围,以前是否已享受过重点群体创业就业税收优惠政策。

2. 企业是否与招用人员签订了1年以上期限劳动合同,并依法为招用人员缴纳社会保险。

核实后,对持有《就业创业证》的重点群体,在其《就业创业证》上注明"企业吸纳税收政策";对符合条件的企业核发《企业吸纳重点群体就业认定证明》。

招用人员发生变化的,应向人力资源社会保障部门办理变更申请。

本公告所称企业是指属于增值税纳税人或企业所得税纳税人的企业等单位。

(二)税款减免顺序及额度

1. 纳税人按本单位招用重点群体的人数及其实际工作月数核算本单位减免税总额,在减免税总额内每月依次扣减增值税、城市维护建设税、教育费附加和地方教育附加。城市维护建设税、教育费附加、地方教育附加的计税依据是享受本项税收优惠政策前的增值税应纳税额。

纳税人实际应缴纳的增值税、城市维护建设税、教育费附加和地方教育附加小于核算的减免税总额的,以实际应缴纳的增值税、城市维护建设税、教育费附加、地方教育附加为限;实际应缴纳的增值税、城市维护建设税、教育费附加和地方教育附加大于核算的减免税总额的,以核算的减免税总额为限。纳税年度终了,如果纳税人实际减免的增值税、城市维护建设税、教育费附加和地方教育附加小于核算的减免税总额,纳税人在企业所得税汇算清缴时,以差额部分扣减企业所得税。当年扣减不完的,不再结转以后年度扣减。

享受优惠政策当年,重点群体人员工作不满1年的,应当以实际月数换算其减免税总额。

减免税总额=∑每名重点群体人员本年度在本企业工作月数÷12×具体定额标准

2. 第2年及以后年度当年新招用人员、原招用人员及其工作时间按上述程序和办法执行。计算每名重点群体人员享受税收优惠政策的期限最长不超过36个月。

(三)税收减免管理

企业招用重点群体享受本项优惠的,由企业留存以下材料备查:

1. 享受税收优惠政策的登记失业半年以上的人员,零就业家庭、城市低保家庭的登记失业人员,以及毕业年度内高校毕业生的《就业创业证》(注明"企业吸纳税收政策")。

2. 县以上人力资源社会保障部门核发的《企业吸纳重点群体就业认定证明》。

3.《重点群体人员本年度实际工作时间表》(见附件)。

三、凭《就业创业证》享受上述优惠政策的人员,按以下规定申领《就业创业证》

(一)失业人员在常住地公共就业服务机构进行失业登记,申领《就业创业证》。对其中的零就业家庭、城市低保家庭的登记失业人员,公共就业服务机构应在其《就业创业证》上予以注明。

（二）毕业年度内高校毕业生在校期间凭学生证向公共就业服务机构申领《就业创业证》，或委托所在高校就业指导中心向公共就业服务机构代为申领《就业创业证》；毕业年度内高校毕业生离校后可凭毕业证直接向公共就业服务机构按规定申领《就业创业证》。

四、税收优惠政策管理

（一）严格各项凭证的审核发放。任何单位或个人不得伪造、涂改、转让、出租相关凭证，违者将依法予以惩处；对出借、转让《就业创业证》的人员，主管人力资源社会保障部门要收回其《就业创业证》并记录在案；对采取上述手段已经获取减免税的企业和个人，主管税务机关要追缴其已减免的税款，并依法予以处理。

（二）《就业创业证》采用实名制，限持证者本人使用。创业人员从事个体经营的，《就业创业证》由本人保管；被用人单位招用的，享受税收优惠政策期间，证件由用人单位保管。《就业创业证》由人力资源社会保障部统一样式，各省、自治区、直辖市人力资源社会保障部门负责印制，作为审核劳动者就业失业状况和享受政策情况的有效凭证。

（三）《企业吸纳重点群体就业认定证明》由人力资源社会保障部统一样式，各省、自治区、直辖市人力资源社会保障部门统一印制，统一编号备案，相关信息由当地人力资源社会保障部门按需提供给税务部门。

（四）县以上人力资源社会保障、税务部门及扶贫办要建立劳动者就业信息交换和协查制度。人力资源社会保障部建立全国《就业创业证》查询系统（http://jyjc. mohrss. gov. cn），供各级人力资源社会保障、财政、税务部门查询《就业创业证》信息。国务院扶贫办建立全国统一的全国扶贫开发信息系统，供各级扶贫办、人力资源社会保障、财政、税务部门查询建档立卡贫困人口身份等相关信息。

（五）各级税务机关对《就业创业证》或建档立卡贫困人口身份有疑问的，可提请同级人力资源社会保障部门、扶贫办予以协查，同级人力资源社会保障部门、扶贫办应根据具体情况规定合理的工作时限，并在时限内将协查结果通报提请协查的税务机关。

五、本公告自2019年1月1日起施行。《国家税务总局　财政部　人力资源社会保障部　教育部　民政部关于继续实施支持和促进重点群体创业就业有关税收政策具体操作问题的公告》（国家税务总局公告2017年第27号）同时废止。

特此公告。

附件：重点群体人员本年度实际工作时间表（略）

五、税基式减免

加计扣除

▶残疾人加计扣除

1.财政部　国家税务总局关于安置残疾人员就业有关企业所得税优惠政策问题的通知

（2009年4月30日　财税〔2009〕70号）

各省、自治区、直辖市、计划单列市财政厅（局）、国家税务局、地方税务局，新疆生产建设兵团财务局：

根据《中华人民共和国企业所得税法》和《中华人民共和国企业所得税法实施条例》（国务院令第512

号)的有关规定,现就企业安置残疾人员就业有关企业所得税优惠政策问题,通知如下:

一、企业安置残疾人员的,在按照支付给残疾职工工资据实扣除的基础上,可以在计算应纳税所得额时按照支付给残疾职工工资的100%加计扣除。

企业就支付给残疾职工的工资,在进行企业所得税预缴申报时,允许据实计算扣除;在年度终了进行企业所得税年度申报和汇算清缴时,再依照本条第一款的规定计算加计扣除。

二、残疾人员的范围适用《中华人民共和国残疾人保障法》的有关规定。

三、企业享受安置残疾职工工资100%加计扣除应同时具备如下条件:

(一)依法与安置的每位残疾人签订了1年以上(含1年)的劳动合同或服务协议,并且安置的每位残疾人在企业实际上岗工作。

(二)为安置的每位残疾人按月足额缴纳了企业所在区县人民政府根据国家政策规定的基本养老保险、基本医疗保险、失业保险和工伤保险等社会保险。

(三)定期通过银行等金融机构向安置的每位残疾人实际支付了不低于企业所在区县适用的经省级人民政府批准的最低工资标准的工资。

(四)具备安置残疾人上岗工作的基本设施。

四、企业应在年度终了进行企业所得税年度申报和汇算清缴时,向主管税务机关报送本通知第四条规定的相关资料、已安置残疾职工名单及其《中华人民共和国残疾人证》或《中华人民共和国残疾军人证(1至8级)》复印件和主管税务机关要求提供的其他资料,办理享受企业所得税加计扣除优惠的备案手续。

五、在企业汇算清缴结束后,主管税务机关在对企业进行日常管理、纳税评估和纳税检查时,应对安置残疾人员企业所得税加计扣除优惠的情况进行核实。

六、本通知自2008年1月1日起执行。

2. 国家税务总局关于促进残疾人就业税收优惠政策有关问题的公告

(2013年12月30日　国家税务总局公告2013年第78号)

为进一步增强促进残疾人就业税收优惠政策的实施效果,保障和维护残疾人职工的合法权益,现将促进残疾人就业税收优惠政策有关问题公告如下:

《财政部　国家税务总局关于促进残疾人就业税收优惠政策的通知》(财税〔2007〕92号)第五条第(三)款规定的"基本养老保险"和"基本医疗保险"是指"职工基本养老保险"和"职工基本医疗保险",不含"城镇居民社会养老保险"、"新型农村社会养老保险"、"城镇居民基本医疗保险"和"新型农村合作医疗"。

本公告自2014年1月1日起施行。

特此公告。

3. 国家税务总局关于促进残疾人就业税收优惠政策相关问题的公告

(2015年7月31日　国家税务总局公告2015年第55号)

现将促进残疾人就业税收优惠政策相关问题公告如下:

一、以劳务派遣形式就业的残疾人,属于劳务派遣单位的职工。劳务派遣单位可按照《财政部　国家税务总局关于促进残疾人就业税收优惠政策的通知》(财税〔2007〕92 号,以下简称《通知》)规定,享受相关税收优惠政策。

二、安置残疾人的机关事业单位以及由机关事业单位改制后的企业,为残疾人缴纳的机关事业单位养老保险,属于《通知》第五条第(三)款规定的"基本养老保险"范畴,可按规定享受相关税收优惠政策。

本公告自 2015 年 9 月 1 日起施行。此前未处理的事项,按照本公告规定执行。

▶研发费加计扣除

1. 研发费用加计扣除政策执行指引(1.0 版)

目　录

研发费用加计扣除政策执行指引（1.0版）

一、研发费用加计扣除政策概述

（一）政策沿革

1. 研发费用加计扣除政策最初仅限于国有、集体工业企业（1996年~2002年）

我国实施企业研发费用加计扣除政策起始于1996年。当年，财政部、国家税务总局为了贯彻落实《中共中央　国务院关于加速科学技术进步的决定》，积极推进经济增长方式的转变，提高企业经济效益，联合下发了《财政部　国家税务总局关于促进企业技术进步有关财务税收问题的通知》（财工字〔1996〕41号），首次就研发费用税前加计扣除问题进行了明确：国有、集体工业企业研究开发新产品、新技术、新工艺所发生的各项费用，增长幅度在10%以上的，经主管税务机关审核批准，可再按实际发生额的50%抵扣应税所得额。随后，《国家税务总局关于促进企业技术进步有关税收问题的补充通知》（国税发〔1996〕152号）对相关政策执行口径进行了细化。

2. 研发费用加计扣除政策享受主体逐步扩大（2003年~2007年）

2003年，为进一步促进社会主义市场经济的健康发展，鼓励各类企业增加科技投入，提高经济效益，促进企业公平竞争，财政部、国家税务总局联合印发了《关于扩大企业技术开发费加计扣除政策适用范围的通知》（财税〔2003〕244号），将享受研发费用加计扣除的主体从“国有、集体工业企业”扩大到“所有财务核算制度健全，实行查账征收企业所得税的各种所有制的工业企业”。2006 年，《财政部　国家税务总局关于企业技术创新有关企业所得税优惠政策的通知》（财税〔2006〕88 号）进一步对享受研发费用加计扣除主体进行扩围，在工业企业基础上，扩大到“财务核算制度健全、实行查账征税的内外资企业、科研机构、大专院校等”。

随着《中华人民共和国行政许可法》的颁布，以及为贯彻落实国务院关于行政审批制度改革工作的各项要求，主管税务机关审核批准制度被取消。2004 年，国家税务总局印发了《关于做好已取消和下放管理的企业所得税审批项目后续管理工作的通知》（国税发〔2004〕82 号），明确研发费用加计扣除政策，改由纳税人自主申报扣除。

3. 研发费用加计扣除政策逐步系统化和体系化（2008 年 ~ 2012 年）

2008 年《中华人民共和国企业所得税法》及其实施条例的实施，将研发费用加计扣除优惠政策以法律形式予以确认。为便于纳税人享受政策，国家税务总局同年发布《企业研究开发费用税前扣除管理办法（试行）》（国税发〔2008〕116 号），对研发费用加计扣除政策做出了系统而详细的规定。《国家税务总局关于企业所得税若干税务事项衔接问题的通知》（国税函〔2009〕98 号），明确新旧税法衔接问题：“企业技术开发费加计扣除部分已形成企业年度亏损，可以用以后年度所得弥补，但结转年限最长不得超过 5 年”。

4. 研发费用加计扣除范围渐次扩大且核算申报不断简化（2013 年至今）

2013 年初，国家决定在中关村、东湖、张江三个国家自主创新示范区和合芜蚌自主创新综合试验区开展扩大研究开发费用加计扣除范围政策试点。当年 9 月，在总结中关村国家自主创新示范区试点经验基础上，财政部、国家税务总局发布《关于研究开发费用税前加计扣除有关政策问题的通知》（财税〔2013〕70 号），将试点政策推广到全国。

为进一步鼓励企业加大研发投入，有效促进企业研发创新活动，2015 年 11 月，经国务院批准，财政部、国家税务总局和科技部联合下发《关于完善研究开发费用税前加计扣除政策的通知》（财税〔2015〕119 号），放宽了享受优惠的企业研发活动及研发费用的范围，大幅减少了研发费用加计扣除口径与高新技术企业认定研发费用归集口径的差异，并首次明确了负面清单制度。《国家税务总局关于企业研究开发费用税前加计扣除政策有关问题的公告》（国家税务总局 2015 年第 97 号，以下简称“97 号公告”），简化了研发费用在税务处理中的归集、核算及备案管理，进一步降低了企业享受优惠的门槛。

2017 年 5 月，为进一步鼓励科技型中小企业加大研发费用投入，根据国务院常务会议决定，财政部、国家税务总局、科技部联合印发了《关于提高科技型中小企业研究开发费用税前加计扣除比例的通知》（财税〔2017〕34 号），将科技型中小企业享受研发费用加计扣除比例由 50% 提高到 75%。国家税务总局同时下发了《关于提高科技型中小企业研究开发费用税前加计扣除比例有关问题的公告》（国家税务总局公告 2017 年第 18 号），进一步明确政策执行口径，保证优惠政策的贯彻实施。三部门还印发了《科技型中小企业评价办法》，明确了科技型中小企业评价标准和程序。

2017 年 11 月，为进一步做好研发费用加计扣除优惠政策的贯彻落实工作，切实解决政策落实过程中存在的问题，国家税务总局下发了《国家税务总局关于研发费用税前加计扣除归集范围有关问题的公告》（国家税务总局公告 2017 年第 40 号，以下简称“40 号公告”），聚焦研发费用归集范围，完善和明确了部分研发费用掌握口径。

（二）政策调整

与以往政策相比，财税〔2015〕119 号文件对研发费用加计扣除政策在以下方面进行了调整完善。

1. 放宽研发活动适用范围。原来的研发费用加计扣除政策，要求享受优惠的研发活动必须符合《国家重点支持的高新技术领域》和《当期优先发展的高技术产业化重点领域指南》两个目录范围，现改为参照国际通行做法，除规定不适用加计扣除的行业外，其余企业发生的研发活动均可以作为加计扣除的研发活动纳入到优惠范围里来。换言之，从操作上以及政策的清晰度方面，由原来的正列举变成了反列举，只要不在排除范围之列，都可以实行加计扣除。

2. 进一步扩大研发费用加计扣除范围。除原有允许加计扣除的费用外，将外聘研发人员劳务费、试制产品检验费、专家咨询费、高新科技研发保险费以及与研发直接相关的差旅费、会议费等纳入研发费用加计扣除范围，同时放宽原有政策中要求仪器、设备、无形资产等专门用于研发活动的限制。

3.将创意设计活动纳入加计扣除范围。为落实《国务院关于推进文化创意和设计服务与相关产业融合发展的若干意见》(国发〔2014〕10号)的规定精神，明确企业为获得创新性、创意性、突破性的产品进行创意设计活动而发生的相关费用可以加计扣除。同时明确了创意设计活动的具体范围。

4.简化对研发费用的归集和核算管理。原来企业享受加计扣除优惠政策必须单独设置研发费用专账，但实际上很多企业可能没有单独设立专账核算，申报时往往不符合条件。此次政策调整，只是要求企业在现有会计科目基础上，按照研发支出科目设置辅助账。辅助账比专账更为简化，企业的核算管理更为简便。

5.减少审核程序。原来企业享受加计扣除优惠，必须在年度申报时向税务机关提供全部有效证明，税务机关对企业申报的研发项目有异议时，由企业提供科技部门的鉴定意见，增加了企业的工作量，享受优惠的门槛较高。调整后的程序将企业享受加计扣除优惠政策简化为事后备案管理，申报即可享受，有关资料由企业留存备查即可。另外，在争议解决机制上也进行了调整，如果税务机关对研发项目有异议，不再由企业找科技部门进行鉴定，而是由税务机关转请科技部门提供鉴定意见，从而使企业享受优惠政策的通道更加便捷高效。

(三)研发活动的概念

厘清研发活动的概念，有助于正确理解和把握研发费用加计扣除政策。

1.科技方面对研发活动的界定

企业研发活动是指具有明确创新目标、系统组织形式和较强创造性的企业活动(见表1)。

表1:研发活动要素及内涵

研发活动要素	内涵
1.有明确创新目标	企业研发活动的目标包括知识创新、技术改进、产品开发和服务改进等，即通过研发活动形成前所未有且具有价值的客体。
2.有系统组织形式	企业研发活动以项目、课题等方式组织进行，活动围绕着具体的目标，有一定的期限，有较为确定的人、财、物等支持，因此是有边界的和可度量的。
3.有较强创造性	研发活动的结果是不能完全事先预期的，具有较大的不确定性，有一定的风险并存在失败的可能。

经济合作组织(OECD)《研究与开发调查手册》《弗拉斯卡蒂手册》从研发性质维度，将研发活动分为三类(见表2)[备注:《弗拉斯卡蒂手册》是对科技活动进行测度的基础，研究与发展(R&D)活动是科技活动最基本的和核心的内容。经济合作与发展组织(OECD)成员国从60年代开始，按照这一手册系统地开展了有关R&D活动的统计调查。]:

《弗拉斯卡蒂手册》是对科技活动进行测度的基础，研究与发展(R&D)活动是科技活动最基本的和核心的内容。经济合作与发展组织(OECD)成员国从60年代开始，按照这一手册系统地开展了有关R&D活动的统计调查。

表2:三类研发活动及具体形式

类型	研发活动		非研发活动
	主要目的	具体形式	
应用性研究	主要是为解决实际应用中的问题，或寻找已有知识的实际应用途径，而开展的理论研究和实验探索。其目的是获取新知识，包括改良材料、产品、装置、工艺过程或服务。	包括辨别基础性研究成果的可应用性，或者研究出一套使企业能够完成预先设定的发展目标的新方案等。	纯粹以获取更多知识为目的，无明确应用目标的基础性、探索性研究和预研等。

续表

类型	研发活动		非研发活动
	主要目的	具体形式	
试验性开发	主要针对某一特定的实际应用目的，通常是为了生产新材料、新产品、新设备、开发新程序、新系统和新服务，而进行的试制、小试、中试等试验性探索。	原型样机设计、制造、测试，设计新工艺所需要的专用设备和架构，对新产品和新工艺的构思、开发和制造等。	常规测试、为生产工艺而进行的设计、试生产等。
实质性改进	利用从研究或实际经验中获得的知识，对已产生或建立的新产品、新设备、新程序和新系统进行进一步研发、设计和工程化等改良活动，使其质量、水平或效率获得显著提升而进行的系统性的研发工作。	生产机械和工具的改良、生产工艺和质量控制工艺的改变、新方法和标准的开发、新产品或新工艺转到生产部门后，仍存在需要解决的技术问题，其中有一些可能需要进行进一步的研发工作等。	产品化后的相关技术支撑环节。

2. 会计方面对研发活动的界定

《企业会计准则第6号——无形资产》及其应用指南（2006年版）规定：企业内部研究开发项目的支出，应当区分研究阶段支出与开发阶段支出，并应当于发生时计入当期损益。企业应当根据研究与开发的实际情况加以判断，将研究开发项目区分为研究阶段与开发阶段（见表3）。

表3：研发活动分阶段定义及特征

研发阶段	定义	特征	相关活动列举
研究阶段	为获取新的科学或技术知识并理解它们而进行的独创性的有计划调查。	研究阶段是探索性的，为进一步开发活动进行资料及相关方面的准备，已进行的研究活动将来是否会转入开发、开发后是否会形成无形资产等均具有较大的不确定性。	意在获取知识而进行的活动，研究成果或其他知识的应用研究、评价和最终选择，材料、设备、产品、工序系统或服务替代品的研究，新的或经改进的材料、设备、产品、工序系统或服务的可能替代品的配置、设计、评价和最终选择等。
开发阶段	在进行商业性生产或使用前，将研究成果或其他知识应用于某项计划或设计，以生产出新的或具有实质性改进的材料、装置、产品等。	已完成研究阶段的工作，在很大程度上具备了形成一项新产品或新技术的基本条件。	生产前或使用前的原型和模型的设计、建造和测试，不具有商业性生产经济规模的试生产设施的设计、建造和运营等。

《小企业会计准则》未对研发活动进行专门定义。按照《小企业会计准则》第三条第一款："执行《小企业会计准则》的小企业，发生的交易或者事项本准则未作规范的，可以参照《企业会计准则》中的相关规定进行处理"，故可参照《企业会计准则》的定义执行。

《企业会计制度》规定，研究与开发活动是指企业开发新产品、新技术所进行的活动。研究和开发活动的目的是为了实质性改进技术、产品和服务，将科研成果转化为质量可靠、成本可行、具有创新性的产品、材料、装置、工艺和服务。

3. 税收方面对研发活动的界定

财税〔2015〕119号文件对企业研发活动进行了界定。研发活动是指企业为获得科学与技术新知识，创造性运用科学技术新知识，或实质性改进技术、产品（服务）、工艺而持续进行的具有明确目标的系统性活动。

（四）研发费用加计扣除的概念

1. 加计扣除是企业所得税的一种税基式优惠方式，一般是指按照税法规定在实际发生支出数额的基础上，再加成一定比例，作为计算应纳税所得额时的扣除数额。如对企业的研发支出实施加计扣除，则称之为研发费用加计扣除。

按照现行政策规定,企业为了开发新技术、新产品、新工艺的研发费用,未形成无形资产计入当期损益的,在按照规定据实扣除的基础上,按照研发费用的50%加计扣除;形成无形资产的,按照无形资产成本的150%摊销。对于科技型中小企业而言,自2017年1月1日至2019年12月31日,研发费用加计扣除比例由50%提高到75%。

2. 研发费用加计扣除与研发费用据实扣除两者既有相同点又有不同点。

其相同点主要体现在如下方面:

(1)适用对象相同。适用于财务核算健全并能准确归集研发费用的企业。

(2)研发活动特征相同。都是企业为获得科学与技术(不包括人文、社会科学)新知识,创造性运用科学技术新知识,或实质性改进技术、工艺、产品(服务)而持续进行的具有明确目标的研究开发活动。

(3)研发费用处理方式相同。企业实际发生的研发支出费用化与资本化处理的原则,按照财务会计制度规定执行。

(4)禁止税前扣除费用范围相同。行政法规和国家税务总局规定不允许企业所得税税前扣除的费用和支出项目,同样不可以加计扣除。

(5)核算要求基本相同。企业未设立专门的研发机构或企业研发机构同时承担生产经营任务的,应对研发费用和生产经营费用分开进行核算,准确、合理地计算各项研发费用支出。

其不同点主要体现在如下方面:

行业限制不同。享受研发费用加计扣除的企业有行业负面清单的限制,而研发费用据实扣除的企业则没有行业负面清单的限制。

研发费用范围不同。享受加计扣除的企业研发费用范围限于财税〔2015〕119号文件列举的6项费用及明细项,而实行税前据实扣除的企业研发费用范围按照财务会计制度的规定进行确定。

二、研发费用加计扣除政策的主要内容

(一)研发费用的费用化和资本化处理方式

企业为了开发新技术、新产品、新工艺所发生的研发费用,未形成无形资产计入当期损益的,在按照规定据实扣除的基础上,按照研发费用的50%加计扣除;形成无形资产的,按照无形资产成本的150%摊销(科技型中小企业按75%加计扣除、175%摊销)。

企业的研发费用以是否形成无形资产为标准,划分为费用化和资本化两种方式加计扣除。两种方式准予税前扣除的总额是一样的。

企业需要注意的是,研发费用的核算无论是计入当期损益还是形成无形资产,可加计扣除的研发费用都应属于财税〔2015〕119号文件及97号公告、40号公告规定的范围,同时应符合法律、行政法规和财税部门税前扣除的相关规定,即不得税前扣除的项目也不得加计扣除。对于研发支出形成无形资产的,其摊销年限应符合企业所得税法实施条例规定,除法律法规另有规定或合同约定外,摊销年限不得低于10年。

(二)研发费用加计扣除可以与其他企业所得税优惠事项叠加享受

根据《国家税务总局关于发布〈企业所得税优惠政策事项办理办法〉的公告》(国家税务总局公告2015年第76号,以下简称"76号公告")的规定,所称税收优惠,是指企业所得税法规定的优惠事项,以及税法授权国务院和民族自治地方制定的优惠事项。包括免税收入、减计收入、加计扣除、加速折旧、所得减免、抵扣应纳税所得额、减低税率、税额抵免、民族自治地方分享部分减免等。

按照《财政部　国家税务总局关于执行企业所得税优惠政策若干问题的通知》(财税〔2009〕69号)的规定,企业所得税法及其实施条例中规定的各项税收优惠,凡企业符合规定条件的,可以同时享受。因此,企业既符合享受研发费用加计扣除政策条件,又符合享受其他优惠政策条件的,可以同时享受有关优惠政策。(小陈税务备注:比如按照加计扣除后的年应纳税所得额判断是否符合小型微利企业的标准)

(三)负面清单行业的企业不能享受研发费用加计扣除政策

财税〔2015〕119号文件第四条列举了6个不适用研发费用加计扣除政策的行业:烟草制造业、住宿和餐饮业、批发和零售业、房地产业、租赁和商务服务业、娱乐业。上述行业以《国民经济行业分类与代码(GB/

4754—2017)》为准,并随之更新。

97 号公告将 6 个行业企业的判断具体细化为:以 6 个行业业务为主营业务,其研发费用发生当年的主营业务收入占企业按《企业所得税法》第六条规定计算的收入总额减除不征税收入和投资收益的余额 50%(不含)以上的企业。

在判定主营业务时,应将企业当年取得的各项不适用加计扣除行业业务收入汇总确定。

在计算收入总额时,应注意收入总额的完整性和准确性,税收上确认的收入总额不能简单等同于会计收入,重点关注税会收入确认差异及调整情况。

收入总额按企业所得税法第六条的规定计算。从收入总额中减除的投资收益包括税法规定的股息、红利等权益性投资收益以及股权转让所得。

(四)七类一般的知识性、技术性活动不适用加计扣除政策

财税〔2015〕119 号文件规定,研发活动是指企业为获得科学与技术新知识,创造性运用科学技术新知识,或实质性改进技术、产品(服务)、工艺而持续进行的具有明确目标的系统性活动。根据研发活动的定义,企业发生的以下一般的知识性、技术性活动不属于税收意义上的研发活动,其支出不适用研发费用加计扣除优惠政策:

1. 企业产品(服务)的常规性升级。

2. 对某项科研成果的直接应用,如直接采用公开的新工艺、材料、装置、产品、服务或知识等。

3. 企业在商品化后为顾客提供的技术支持活动。

4. 对现存产品、服务、技术、材料或工艺流程进行的重复或简单改变。

5. 市场调查研究、效率调查或管理研究。

6. 作为工业(服务)流程环节或常规的质量控制、测试分析、维修维护。

7. 社会科学、艺术或人文学方面的研究。

上述所列举的 7 类活动,仅是采取反列举的方法,对什么活动属于研发活动所做的有助于理解和把握的说明,并不意味着上述 7 类活动以外的活动都属于研发活动。企业开展的可适用研发费用加计扣除政策的活动,必须符合财税〔2015〕119 号文件有关研发活动的基本定义等相关条件。

(五)创意设计活动发生的相关费用可以享受加计扣除政策

为落实国发〔2014〕10 号文件的规定精神,财税〔2015〕119 号文件特别规定了企业为获得创新性、创意性、突破性的产品进行创意设计活动而发生的相关费用,可按照规定进行加计扣除。

创意设计活动是指多媒体软件、动漫游戏软件开发,数字动漫、游戏设计制作;房屋建筑工程设计(绿色建筑评价标准为三星)、风景园林工程专项设计;工业设计、多媒体设计、动漫及衍生产品设计、模型设计等。

值得一提的是,财税〔2015〕119 号文件虽将“创意设计活动”纳入到了享受加计扣除优惠政策的范畴,但并不意味着此类“创意设计活动”就是研发活动。

(六)研发费用归集的会计核算、高新技术企业认定和加计扣除三个口径

目前研发费用归集有三个口径,一是会计核算口径,由《财政部关于企业加强研发费用财务管理的若干意见》(财企〔2007〕194 号)规范;二是高新技术企业认定口径,由《科技部　财政部　国家税务总局关于修订印发〈高新技术企业认定管理工作指引〉的通知》(国科发火〔2016〕195 号)规范;三是加计扣除税收规定口径,由财税〔2015〕119 号文件和 97 号公告、40 号公告规范。

三个研发费用归集口径相比较,存在一定差异(见表 4)。形成差异的主要原因如下:

一是会计口径的研发费用,其主要目的是为了准确核算研发活动支出,而企业研发活动是企业根据自身生产经营情况自行判断的,除该项活动应属于研发活动外,并无过多限制条件。

二是高新技术企业认定口径的研发费用,其主要目的是为了判断企业研发投入强度、科技实力是否达到高新技术企业标准,因此对人员费用、其他费用等方面有一定的限制。

三是研发费用加计扣除政策口径的研发费用,其主要目的是为了细化哪些研发费用可以享受加计扣除政策,引导企业加大核心研发投入,因此政策口径最小。可加计范围针对企业核心研发投入,主要包括研发直接投入和相关性较高的费用,对其他费用有一定的比例限制。应关注的是,允许扣除的研发费用范围采

取的是正列举方式,即政策规定中没有列举的加计扣除项目,不可以享受加计扣除优惠。

表4:研发费用归集口径比较

费用项目	研发费用加计扣除	高新技术企业认定	会计规定	备注
人员人工费用	直接从事研发活动人员的工资薪金、基本养老保险费、基本医疗保险费、失业保险费、工伤保险费、生育保险费和住房公积金,以及外聘研发人员的劳务费用。	企业科技人员的工资薪金、基本养老保险费、基本医疗保险费、失业保险费、工伤保险费、生育保险费和住房公积金,以及外聘科技人员的劳务费用。	企业在职研发人员的工资、奖金、津贴、补贴、社会保险费、住房公积金等人工费用以及外聘研发人员的劳务费用。	会计核算范围大于税收范围。高新技术企业人员人工费用归集对象是科技人员。
直接投入费用	(1)研发活动直接消耗的材料、燃料和动力费用。	(1)直接消耗的材料、燃料和动力费用。	(1)研发活动直接消耗的材料、燃料和动力费用。	
	(2)用于中间试验和产品试制的模具、工艺装备开发及制造费,不构成固定资产的样品、样机及一般测试手段购置费,试制产品的检验费。	(2)用于中间试验和产品试制的模具、工艺装备开发及制造费,不构成固定资产的样品、样机及一般测试手段购置费,试制产品的检验费。	(2)用于中间试验和产品试制的模具、工艺装备开发及制造费,样品、样机及一般测试手段购置费,试制产品的检验费等。	
	(3)用于研发活动的仪器、设备的运行维护、调整、检验、维修等费用,以及通过经营租赁方式租入的用于研发活动的仪器、设备租赁费。	(3)用于研究开发活动的仪器、设备的运行维护、调整、检验、检测、维修等费用,以及通过经营租赁方式租入的用于研发活动的固定资产租赁费。	(3)用于研发活动的仪器、设备、房屋等固定资产的租赁费,设备调整及检验费,以及相关固定资产的运行维护、维修等费用。	房屋租赁费不计入加计扣除范围。
折旧费用与长期待摊费用	用于研发活动的仪器、设备的折旧费。	用于研究开发活动的仪器、设备和在用建筑物的折旧费。 研发设施的改建、改装、装修和修理过程中发生的长期待摊费用。	用于研发活动的仪器、设备、房屋等固定资产的折旧费。	房屋折旧费不计入加计扣除范围。
无形资产摊销	用于研发活动的软件、专利权、非专利技术(包括许可证、专有技术、设计和计算方法等)的摊销费用。	用于研究开发活动的软件、知识产权、非专利技术(专有技术、许可证、设计和计算方法等)的摊销费用。	用于研发活动的软件、专利权、非专利技术等无形资产的摊销费用。	
设计试验等费用	新产品设计费、新工艺规程制定费、新药研制的临床试验费、勘探开发技术的现场试验费。	符合条件的设计费用、装备调试费用、试验费用(包括新药研制的临床试验费、勘探开发技术的现场试验费、田间试验费等)。		

续表

费用项目	研发费用加计扣除	高新技术企业认定	会计规定	备注
其他相关费用	与研发活动直接相关的其他费用,如技术图书资料费、资料翻译费、专家咨询费、高新科技研发保险费,研发成果的检索、分析、评议、论证、鉴定、评审、评估、验收费用,知识产权的申请费、注册费、代理费,差旅费、会议费,职工福利费、补充养老保险费、补充医疗保险费。此项费用总额不得超过可加计扣除研发费用总额的10%。	与研究开发活动直接相关的其他费用,包括技术图书资料费、资料翻译费、专家咨询费、高新科技研发保险费,研发成果的检索、论证、评审、鉴定、验收费用,知识产权的申请费、注册费、代理费,会议费、差旅费、通讯费等。此项费用一般不得超过研究开发总费用的20%,另有规定的除外。	与研发活动直接相关的其他费用,包括技术图书资料费、资料翻译费、会议费、差旅费、办公费、外事费、研发人员培训费、培养费、专家咨询费、高新科技研发保险费用等。研发成果的论证、评审、验收、评估以及知识产权的申请费、注册费、代理费等费用。	加计扣除政策及高新研发费用范围中对其他相关费用总额有比例限制。

(七)直接从事研发活动人员的范围

研发人员分为研究人员、技术人员和辅助人员三类。研究开发人员既可以是本企业的员工,也可以是外聘研发人员。外聘研发人员是指与本企业或劳务派遣企业签订劳务用工协议(合同)和临时聘用的研究人员、技术人员、辅助人员。

接受劳务派遣的企业按照协议(合同)约定支付给劳务派遣企业,且由劳务派遣企业实际支付给外聘研发人员的工资薪金等费用,属于外聘研发人员的劳务费用。

(八)企业研发活动的形式

企业研发活动一般分为自主研发、委托研发、合作研发、集中研发以及以上方式的组合。

1. 自主研发。是指企业主要依靠自己的资源,独立进行研发,并在研发项目的主要方面拥有完全独立的知识产权。

2. 委托研发。是指被委托单位或机构基于企业委托而开发的项目。企业以支付报酬的形式获得被委托单位或机构的成果。

3. 合作研发。是指立项企业通过契约的形式与其他企业共同对同一项目的不同领域分别投入资金、技术、人力等,共同完成研发项目。

4. 集中研发。是指企业集团根据生产经营和科技开发的实际情况,对技术要求高、投资数额大、单个企业难以独立承担,或者研发力量集中在企业集团,由企业集团统筹管理研发的项目进行集中开发。

不同类型的研发活动对研发费用归集的要求不尽相同,企业在享受加计扣除优惠时要注意区分。

(九)委托研发与合作研发的区别

有些大型的研究开发项目,往往不是企业自身独立完成,需要与其他单位进行合作。由于委托研发和合作研发适用的加计扣除不一致,为了准确享受政策,财务人员需要明确研发项目是委托开发,还是合作开发。

委托研发指被委托人基于他人委托而开发的项目。委托人以支付报酬的形式获得被委托人的研发成果的所有权。委托项目的特点是研发经费受委托人支配,项目成果必须体现委托人的意志和实现委托人的使用目的。

合作研发是指研发立项企业通过契约的形式与其他企业共同对项目的某一个关键领域分别投入资金、技术、人力,共同参与产生智力成果的创作活动,共同完成研发项目。合作研发共同完成的知识产权,其归属由合同约定,如果合同没有约定的,由合作各方共同所有。可以享受研发费用加计扣除优惠政策的合作方应该拥有合作研发项目成果的所有权。合作各方应直接参与研发活动,而非仅提供咨询、物质条件或其他辅助性活动。

除了委托指向的具体技术指标、研发时间和合同的常规条款外,最后还有一条关于知识产权的归属问题,或规定双方共有,或规定一方拥有。只有委托方部分或全部拥有时,才可按照委托研发享受加计扣除政策。若知识产权最后属于受托方,则不能按照委托研发享受加计扣除政策。

合作开发在合同中应注明,双方分别投入、各自承担费用、知识产权双方共有或各自拥有自己的研究成果的知识产权。

(十)失败的研发活动所发生的研发费用也可加计扣除

失败的研发活动所发生的研发费用也可享受加计扣除。一是企业的研发活动具有一定的风险和不可预测性,既可能成功也可能失败,政策是对研发活动予以鼓励,并非单纯强调结果;二是失败的研发活动也并不是毫无价值的,在一般情况下的"失败"是指没有取得预期的结果,但可以取得其他有价值的成果;三是许多研发项目的执行是跨年度的,在研发项目执行当年,其发生的研发费用就可以享受加计扣除,不是在项目执行完成并取得最终结果以后才申请加计扣除,在享受加计扣除时实际无法预知研发成果,如强调研发成功才能加计扣除,将极大的增加企业享受优惠的成本,降低政策激励的有效性。

(十一)盈利企业和亏损企业都可以享受加计扣除政策

现行企业所得税法第五条明确企业每一纳税年度的收入总额,减除不征税收入、免税收入、各项扣除以及允许弥补的以前年度亏损后的余额,为应纳税所得额,因此,企业发生的研发费用,不论企业当年是盈利还是亏损,都可以加计扣除。

(十二)叠加享受加速折旧和加计扣除政策

97 号公告明确加速折旧费用享受加计扣除政策的原则为会计、税收折旧孰小。该计算方法较为复杂,不易准确掌握。为提高政策的可操作性,40 号公告将加速折旧费用的归集方法调整为就税前扣除的折旧部分计算加计扣除。

97 号公告解读中曾举例说明计算方法:甲汽车制造企业 2015 年 12 月购入并投入使用一专门用于研发活动的设备,单位价值 1200 万元,会计处理按 8 年折旧,税法上规定的最低折旧年限为 10 年,不考虑残值。甲企业对该项设备选择缩短折旧年限的加速折旧方式,折旧年限缩短为 6 年($10\times60\%=6$)。2016 年企业会计处理计提折旧额 150 万元($1200/8=150$),税收上因享受加速折旧优惠可以扣除的折旧额是 200 万元($1200/6=200$),申报研发费用加计扣除时,就其会计处理的"仪器、设备的折旧费"150 万元可以进行加计扣除 75 万元($150\times50\%=75$)。若该设备 8 年内用途未发生变化,每年均符合加计扣除政策规定,则企业 8 年内每年均可对其会计处理的"仪器、设备的折旧费"150 万元进行加计扣除 75 万元。如企业会计处理按 4 年进行折旧,其他情形不变。则 2016 年企业会计处理计提折旧额 300 万元($1200/4=300$),税收上因享受加速折旧优惠可以扣除的折旧额是 200 万元($1200/6=200$),申报享受研发费用加计扣除时,对其在实际会计处理上已确认的"仪器、设备的折旧费",但未超过税法规定的税前扣除金额 200 万元可以进行加计扣除 100 万元($200\times50\%=100$)。若该设备 6 年内用途未发生变化,每年均符合加计扣除政策规定,则企业 6 年内每年均可对其会计处理的"仪器、设备的折旧费"200 万元进行加计扣除 100 万元。

结合上述例子,按 40 号公告口径申报研发费用加计扣除时,若该设备 6 年内用途未发生变化,每年均符合加计扣除政策规定,则企业在 6 年内每年直接就其税前扣除"仪器、设备折旧费"200 万元进行加计扣除 100 万元($200\times50\%=100$),不需比较会计、税收折旧孰小,也不需要根据会计折旧年限的变化而调整享受加计扣除的金额,计算方法大为简化。

(十三)企业委托外部机构或个人进行研发活动所发生的费用加计扣除的规定

企业委托外部机构或个人开展研发活动发生的费用,可按规定税前扣除;加计扣除时按照研发活动发生费用的 80% 作为加计扣除基数。委托个人研发的,应凭个人出具的发票等合法有效凭证在税前加计扣除。其中"研发活动发生费用"是指委托方实际支付给受托方的费用。无论委托方是否享受研发费用税前加计扣除政策,受托方均不得加计扣除。

(十四)企业委托关联方和非关联方管理要求的区别

委托方委托关联方开展研发活动的,受托方需向委托方提供研发过程中实际发生的研发项目费用支出明细情况。比如,A 企业 2017 年委托其 B 关联企业研发,假设该研发符合研发费用加计扣除的相关条件。A 企业支付给 B 企业 100 万元。B 企业实际发生费用 90 万元(其中按可加计扣除口径归集的费用为 85 万元),利润 10 万元。2017 年,A 企业可加计扣除的金额为 $100\times80\%\times50\%=40$ 万元,B 企业应向 A 企业提供实际发生费用90万元的情况。

委托非关联方研发，考虑到涉及商业秘密等原因，财税〔2015〕119号规定，委托方加计扣除时不再需要提供研发项目的费用支出明细情况。

（十五）企业委托境外机构或个人进行研发活动所发生的费用加计扣除的规定

企业委托境外机构或个人进行研发活动所发生的费用，不得加计扣除。97号公告进一步对受托研发的境外机构或个人的范围作了解释，受托研发的境外机构是指依照外国和地区（含港澳台）法律成立的企业和其他取得收入的组织。受托研发的境外个人是指外籍（含港澳台）个人。

（十六）委托研发与合作研发项目的合同需经科技主管部门登记

根据97号公告留存备查资料要求，委托研发、合作研发的合同需经科技主管部门登记。未申请认定登记和未予登记的技术合同，不得享受研发费用加计扣除优惠政策。

《国家税务总局　科技部关于加强企业研发费用加计扣除政策贯彻落实工作的通知》（税总发〔2017〕106号）规定：各级税务部门和科技部门要简化管理方式，优化操作流程，确保政策落地。优化委托研发与合作研发项目合同登记管理方式，坚持“实质重于形式”的原则。凡研发项目合同具备技术合同登记的实质性要素，仅在形式上与技术合同示范文本存在差异的，也应予以登记，不得要求企业重新按照技术合同示范文本进行修改报送。

（十七）允许加计扣除的其他费用的口径

与研发活动直接相关的其他费用，如技术图书资料费、资料翻译费、专家咨询费、高新科技研发保险费，研发成果的检索、分析、评议、论证、鉴定、评审、评估、验收费用，知识产权的申请费、注册费、代理费，差旅费、会议费，职工福利费、补充养老保险费、补充医疗保险费。此项费用总额不得超过可加计扣除研发费用总额的10%。

（十八）研发费用“其他相关费用”限额计算的简易方法

财税〔2015〕119号文件参照高新技术企业研发费用的相关规定，明确与研发活动直接相关的其它相关费用，不得超过可加计扣除研发费用总额的10%。97号公告进一步明确了该限额的计算：应按项目分别计算，每个项目可加计扣除的其他相关费用都不得超过该项目可加计扣除研发费用总额的10%。其简易计算方法如下：假设某一研发项目的其他相关费用的限额为X，财税〔2015〕119号文件第一条允许加计扣除的研发费用中的第1项至第5项费用之和为Y，那么$X=(X+Y)\times10\%$，即$X=Y\times10\%/(1-10\%)$。

例：某企业2016年进行了二项研发活动A和B，A项目共发生研发费用100万元，其中与研发活动直接相关的其他费用12万元，B共发生研发费用100万元，其中与研发活动直接相关的其他费用8万元，假设研发活动均符合加计扣除相关规定。A项目其他相关费用限额$=(100-12)\times10\%/(1-10\%)=9.78$万元，小于实际发生数12万元，则A项目允许加计扣除的研发费用应为97.78万元（$100-12+9.78=97.78$）。B项目其他相关费用限额$=(100-8)\times10\%/(1-10\%)=10.22$万元，大于实际发生数8万元，则B项目允许加计扣除的研发费用应为100万元。

该企业2016年度可以享受的研发费用加计扣除额为98.89万元[$(97.78+100)\times50\%=98.89$]。

（十九）特殊收入应扣减可加计扣除的研发费用

企业开展研发活动中实际发生的研发费用可按规定享受加计扣除政策，实务中常有已归集计入研发费用、但在当期取得的研发过程中形成的下脚料、残次品、中间试制品等特殊收入，此类收入均为与研发活动直接相关的收入，应冲减对应的可加计扣除的研发费用。为简便操作，企业取得研发过程中形成的下脚料、残次品、中间试制品等特殊收入，在计算确认收入当年的加计扣除研发费用时，应从已归集研发费用中扣减该特殊收入，不足扣减的，加计扣除研发费用按零计算。

（二十）研发活动直接形成产品或作为组成部分形成的产品对外销售的特殊处理

生产单机、单品的企业，研发活动直接形成产品或作为组成部分形成的产品对外销售，产品所耗用的料、工、费全部计入研发费用加计扣除不符合政策鼓励本意。考虑到材料费用占比较大且易于计量，企业研发活动直接形成产品或作为组成部分形成的产品对外销售的，研发费用中对应的材料费用不得加计扣除。产品销售与对应的材料费用发生在不同纳税年度且材料费用已计入研发费用的，可在销售当年以对应的材料费用发生额直接冲减当年的研发费用,不足冲减的,结转以后年度继续冲减。

(二十一)财政性资金用于研发形成的研发费用应区别处理

企业取得的政府补助,会计处理时采用直接冲减研发费用方法且税务处理时未将其确认为应税收入的,应按冲减后的余额计算加计扣除金额。

近期,财政部修订了《企业会计准则第 16 号——政府补助》。与原准则相比,修订后的准则在总额法的基础上,新增了净额法,将政府补助作为相关成本费用扣减。按照企业所得税法的规定,企业取得的政府补助应确认为收入,计入收入总额。净额法产生了税会差异。企业在税收上将政府补助确认为应税收入,同时增加研发费用,加计扣除应以税前扣除的研发费用为基数。但企业未进行相应调整的,税前扣除的研发费用与会计的扣除金额相同,应以会计上冲减后的余额计算加计扣除金额。比如,某企业当年发生研发支出 200 万元,取得政府补助 50 万元,当年会计上的研发费用为 150 万元,未进行相应的纳税调整,则税前加计扣除金额为 150 ×50% =75 万元。

三、加计扣除研发费用核算要求

(一)享受研发费用加计扣除政策的会计核算要求

企业需要关注的是,财税〔2015〕119 号文件对研发费用会计核算提出了若干要求:

1. 遵照国家统一会计制度:企业应按照国家财务会计制度要求,对研发支出进行会计处理。

2. 设置研发支出辅助账:对享受加计扣除的研发费用,按研发项目设置辅助账,准确归集核算当年可加计扣除的各项研发费用实际发生额。企业在一个纳税年度内进行多项研发活动的,应按照不同研发项目分别归集可加计扣除的研发费用。

3. 研发与生产分别核算:企业应对研发费用和生产经营费用分别核算,准确、合理归集各项费用支出,对划分不清的,不得实行加计扣除。

97 号公告为指导企业设置研发支出辅助账做了细化规定,以帮助企业防范相关风险:

1. 研发项目立项时应设置研发支出辅助账,由企业留存备查。

2. 企业可参照 97 号公告所附样式,设置研发支出辅助账、编制研发支出辅助账汇总表。

3. 年末汇总分析填报研发支出辅助账汇总表,并在报送《年度财务会计报告》的同时随附注一并报送主管税务机关。

(二)研发支出辅助账的样式

企业按照财税〔2015〕119 号文件和 97 号公告要求设置研发支出辅助账时,应参照 97 号公告所附样式编制。企业也可以根据自己的实际情况建立辅助账,但应涵盖 97 号公告所附样式内容。也就是说辅助账样式可以在总局发布的辅助账框架内增加有关项目,但不得减少和合并有关项目。

(三)研发支出辅助账基本核算流程

研发支出辅助账包括 4 种形式的研发支出辅助账、研发支出辅助账汇总表以及研发项目可加计扣除研究开发费用情况归集表。4 种形式的研发支出辅助账分别是:1. 自主研发"研发支出"辅助账;2. 委托研发"研发支出"辅助账;3. 合作研发"研发支出"辅助账;4. 集中研发"研发支出"辅助账。

企业应根据研发项目的形式,在立项后按照项目分别设置辅助账。从凭证级别记录各个项目的研发支出,并将每笔研发支出按照财税〔2015〕119 号文件列明的可加计扣除的六大类研发费用类别进行归类。

企业应在年度终了之后,根据所有项目辅助账贷方发生余额汇总填制《研发支出辅助账汇总表》,并作为年度财务报告附注,随年度财务报告一并报送主管税务机关。

企业还需注意的是,《研发项目可加计扣除研究开发费用情况归集表》用于填报计算本年度享受研发费用加计扣除优惠政策的金额,包括本年度研发支出费用化加计扣除的部分,以及本年度及以前年度研发费用资本化在本年度加计摊销的部分,最后作为附列资料随企业年度纳税申报表一并报送主管税务机关。

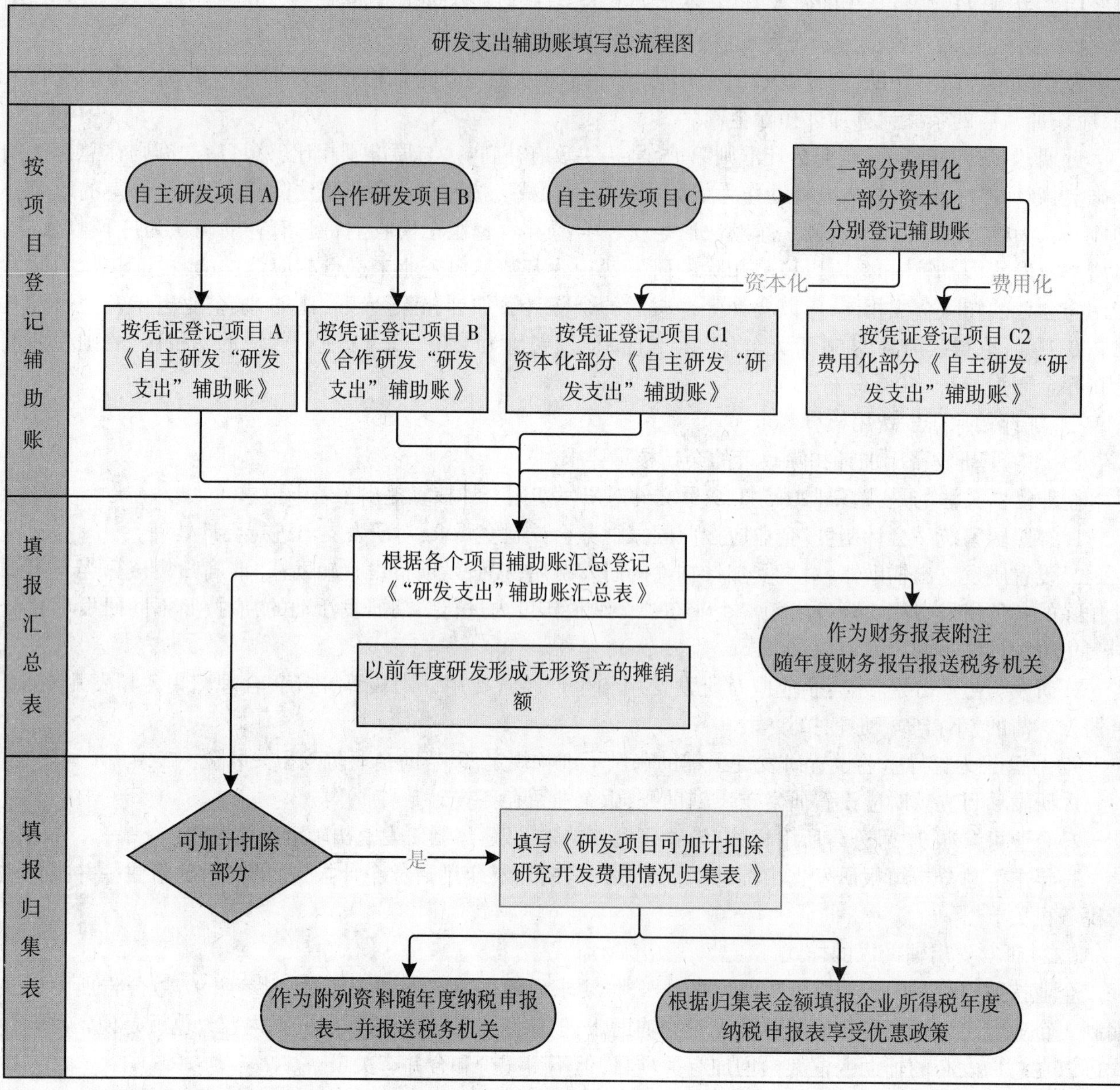

（四）研发费用的费用化或资本化处理方面的规定

企业开展研发活动中实际发生的研发费用形成无形资产的，其税收上资本化的时点应与会计处理保持一致。《企业会计准则第6号——无形资产》第7条规定，企业内部研究开发项目的支出，应当区分研究阶段支出与开发阶段支出。

1. 研究阶段支出

研究阶段，是指为获取新的科学或技术知识并理解它们而进行的独创性的有计划调查，主要是指为获取相关知识而进行的活动。

考虑到研究阶段的探索性及其成果的不确定性，企业无法证明其能够带来未来经济利益的无形资产的存在，因此，对于企业内部研究开发项目，研究阶段的有关支出，应当在发生时全部费用化，计入当期损益（管理费用）。

2. 开发阶段支出

开发阶段，是指在进行商业性生产或使用前，将研究成果或其他知识应用于某项计划或设计，以生产出新的或具有实质性改进的材料、装置、产品等，包括生产前或使用前的原型和模型的设计、建造和测试、小试、中试和试生产设施等。

考虑到进入开发阶段的研发项目往往形成成果的可能性较大，因此，如果企业能够证明开发支出符合无形资产的定义及相关确认条件，则可将其确认为无形资产。具体来讲，对于企业内部研究开发项目，开发阶段的支出同时满足了下列条件的才能资本化，确认为无形资产，否则应当计入当期损益（管理费用）。

（1）完成该无形资产以使其能够使用或出售在技术上具有可行性。

（2）具有完成该无形资产并使用或出售的意图。

（3）无形资产产生经济利益的方式，包括能够证明运用该无形资产生产的产品存在市场或无形资产自身存在市场，无形资产将在内部使用的，应当证明其有用性。

（4）有足够的技术、财务资源和其他资源支持，以完成该无形资产的开发，并有能力使用或出售该无形资产。

（5）归属于该无形资产开发阶段的支出能够可靠地计量。

3. 无法区分研究阶段和开发阶段的支出

无法区分研究阶段和开发阶段的支出，应当在发生时费用化，计入当期损益（管理费用）。

（五）共用的人员及仪器、设备、无形资产会计核算要求

有的企业特别是中小企业，从事研发活动的人员同时也会承担生产经营管理等职能，用于研发活动的仪器、设备、无形资产同时也会用于非研发活动，财税〔2015〕119 号文件对允许加计扣除的研发费用不再强调“专门用于”。为有效划分这类情形，企业应对此类人员活动情况及仪器、设备、无形资产的使用情况做必要记录，并将其实际发生的相关费用按实际工时占比等合理方法在研发费用和生产经营费用间分配，未分配的不得加计扣除。

（六）核定征收企业不能享受加计扣除政策

根据财税〔2015〕119 号文件规定，研发费用加计扣除政策适用于会计核算健全、实行查账征收并能够准确归集研发费用的居民企业。按核定征收方式缴纳企业所得税的企业不能享受此项优惠政策。

（七）研发费用的核算须做好部门间协调配合

研发费用的核算需要做大量的准备工作，如研发费用加计扣除政策要求的留存备查资料，涉及公司决议、研发合同、会计账簿、相关科技成果资料等等，因此需要企业研发、财务等各职能部门密切配合。如果各部门不能有效配合，导致相关资料、会计凭证不全，记账不完整，会影响到研发费用的核算以及优惠政策的享受。

（八）合作研发项目会计核算要求

财税〔2015〕119 号文件规定，企业共同合作开发的项目，由合作各方就自身实际承担的研发费用分别计算加计扣除。企业共同合作研发的项目，由合作各方按照《企业（合作）研究开发项目计划书》和经登记的《技术开发（合作）合同》分项目设置《合作研发“研发支出”辅助账》，就自身实际承担的研发费用按照会计核算要求分项目核算，并按照研发费用归集范围分别计算加计扣除。

四、研发费用加计扣除备案和申报管理

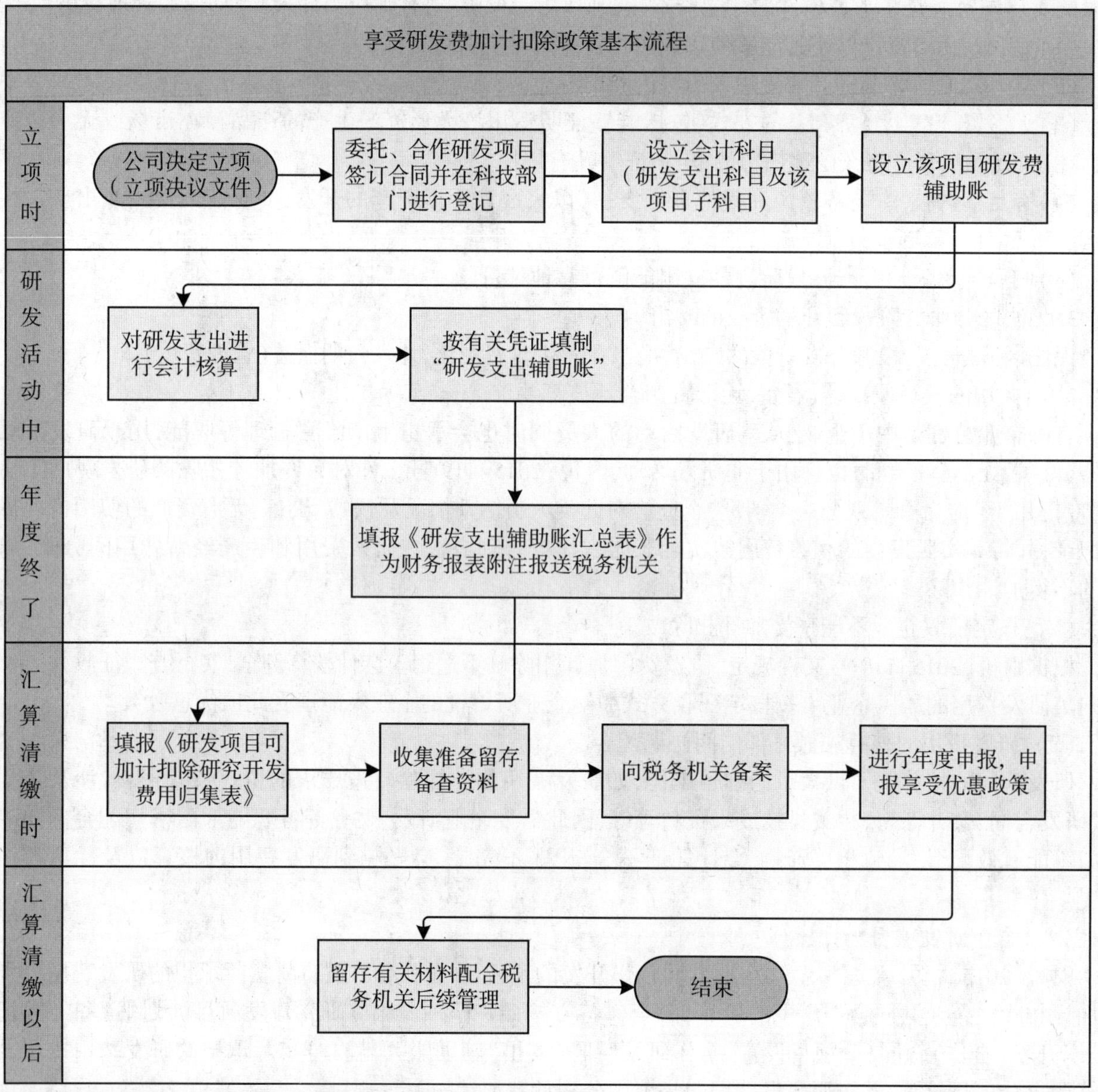

（一）享受研发费用加计扣除优惠政策基本流程

享受研发费用加计扣除优惠政策主要有以下关键资料和程序：

1. 年度纳税申报前进行优惠备案并准备好留存备查资料；

2. 填写并报送《“研发支出”辅助账汇总表》；

3. 在年度纳税申报表中填报研发费用加计扣除优惠附表及栏次。

完整流程见上图。

（二）研发费用加计扣除优惠备案的要点

1. 自行判断。根据76号公告规定，企业应自行判断其是否符合研发费用加计扣除政策规定的条件。

2. 履行备案。研发费用加计扣除实行备案管理，凡享受研发费用加计扣除优惠的，企业应当不迟于年度汇算清缴纳税申报时，向主管税务机关报送《企业所得税优惠事项备案表》和研发项目文件，履行备案手续。按照76号公告规定，研发费用加计扣除优惠不属于定期减免税事项，在费用化项目发生当期或者资本化项目形成无形资产后的摊销期间，应每年履行备案手续；企业同时存在多个享受优惠研发项目的，应当按不同项目分别进行核算，并按项目分别进行备案。

2015年度及以前按照原政策已审核立项的跨期研发项目延续至2016年度及以后的，在享受优惠年度，应每年履行备案手续。

属于跨地区经营汇总纳税企业，其分支机构享受研发费用加计扣除税收优惠。应由二级分支机构按规定向其主管税务机关备案后，总机构汇总所属二级分支机构已备案优惠事项，在年度纳税申报时填写《汇总纳税企业分支机构已备案优惠事项清单》一并报送。

3. 留存备查资料。企业对报送的备案资料、留存备查资料的真实性、合法性承担法律责任。企业应按照97号公告，将相关资料留存备查，保存期限为相关研发项目享受优惠结束后10年。

企业应当按照税务机关要求限期提供留存备查资料，以证明其符合税收优惠政策条件。企业不能提供留存备查资料，或者留存备查资料与实际生产经营情况、财务核算、相关技术领域、产业、目录、资格证书等不符，不能证明企业符合税收优惠政策条件的，税务机关将追缴其已享受的减免税，并按照税收征管法规定处理。

（三）享受研发费用加计扣除优惠政策的留存备查资料

根据97号公告，企业应保留下列留存备查资料：

1. 自主、委托、合作研究开发项目计划书和企业有权部门关于自主、委托、合作研究开发项目立项的决议文件；

2. 自主、委托、合作研究开发专门机构或项目组的编制情况和研发人员名单；

3. 经科技行政主管部门登记的委托、合作研究开发项目的合同；

4. 从事研发活动的人员和用于研发活动的仪器、设备、无形资产的费用分配说明（包括工作使用情况记录）；

5. 集中研发项目研发费用决算表、集中研发项目费用分摊明细情况表和实际分享收益比例等资料；

6. "研发支出"辅助账；

7. 企业如果已取得地市级（含）以上科技行政主管部门出具的鉴定意见，应作为资料留存备查；

8. 省税务机关规定的其他资料。

（四）享受研发费用加计扣除优惠政策但汇算清缴期结束前未备案的处理方法

根据76号公告规定，企业已经享受税收优惠，但在汇缴期间未按照规定备案的，企业发现后应当及时补办备案手续，同时提交《企业所得税优惠事项备案管理目录》列示优惠事项对应的留存备查资料。

企业已经享受税收优惠，但在汇缴期间未按照规定备案的，税务机关发现后，应当责令企业限期备案，同时提交《企业所得税优惠事项备案管理目录》列示优惠事项对应的留存备查资料。

（五）享受研发费用加计扣除优惠政策汇算清缴时的有关规定

企业年度纳税申报时，根据《研发支出辅助账汇总表》填报《研发项目可加计扣除研发费用情况归集表》，在年度纳税申报时随申报表一并报送主管税务机关。

根据《国家税务总局关于2016年度企业研究开发费用税前加计扣除政策企业所得税纳税申报问题的公告》（国家税务总局公告2017年第12号）规定，对2016年度研发费用加计扣除附表的填报有了新的要求。具体填报时，《研发项目可加计扣除研发费用情况归集表》中的第11行"当期实际加计扣除总额"将自动带入年度纳税申报表附表A107014《研发费用加计扣除优惠明细表》中合计行的第19列"本年研发费用加计扣除额合计"（该表其余数据项无需填写），同时带入上级附表A107010《免税、减计收入及加计扣除优惠明细表》中第22行"开发新技术、新产品、新工艺发生的研究开发费用加计扣除"。

（六）预缴所得税时不能享受研发费用加计扣除优惠

根据《国家税务总局关于发布〈企业所得税优惠事项办理办法〉的公告》（国家税务总局公告2015年第76号）的规定，研发费用税前加计扣除政策属于汇缴享受优惠项目，因此企业实际发生的研发费用，在年度中间预缴所得税时，允许据实计算扣除，在年度终了进行所得税年度汇算清缴纳税申报时，再依照规定享受加计扣除优惠政策。

（七）企业集团集中开发的研发费用分摊需要关注关联申报

企业集团根据生产经营和科技开发的实际情况，对集中研发项目按照财税〔2015〕119号文件规定归集的可加计扣除的研发费用，按照权利和义务相一致、费用支出和收益分享相配比的原则，合理确定研发费用的分摊方法，在受益成员企业间进行分摊，由相关成员企业分别计算加计扣除。

企业集团应将集中研发项目的协议或合同、集中研发项目研发费用决算表，集中研发项目费用分摊明细情况表和实际分享收益比例等资料提供给相关成员企业。协议或合同应明确参与各方在该研发项目中的权利和义务、费用分摊方法等内容。

根据《国家税务总局关于完善关联申报和同期资料管理有关事项的公告》(国家税务总局公告2016年第42号)的规定,企业集团开发、应用无形资产及确定无形资产所有权归属的整体战略,包括主要研发机构所在地和研发管理活动发生地及其主要功能、风险、资产和人员情况等应在主体文档中披露。

(八)享受研发费用加计扣除的研发项目无需事先通过科技部门鉴定或立项

自2016年1月1日起,企业申报享受研发费用加计扣除优惠,无需事前通过科技部门鉴定。

企业自主研发的项目,需经过企业有权部门审核立项。也就是说,不需经过科技部门和税务部门进行立项备案,只需企业内部有决策权的部门,如董事会等做出决议即可。政府及相关部门支持的重点项目,根据政府部门立项管理的相关要求,需科技部门备案的特殊情况除外,但税务部门对自主研发项目没有登记的硬性要求。

委托研发及合作研发的项目立项则需要科技部门登记。《技术合同认定管理办法》(国科发政字〔2000〕63号)第六条规定:未申请认定登记和未予登记的技术合同,不得享受国家对有关促进科技成果转化规定的税收、信贷和奖励等方面的优惠政策;97号公告规定,委托及合作研发的,需提供经科技行政主管部门登记的委托、合作研究开发项目的合同留存备查。因此,经科技行政主管部门登记的委托、合作研发项目合同是享受研发费用加计扣除的要件之一。

(九)税企双方对研发项目有异议的由税务机关转请科技部门鉴定

《科技部　财政部　国家税务总局关于进一步做好企业研发费用加计扣除政策落实工作的通知》(国科发政〔2017〕211号)规定,税务部门事中、事后对企业享受加计扣除优惠的研发项目有异议的,应及时通过县(区)级科技部门将项目资料送地市级(含)以上科技部门进行鉴定;由省直接管理的县/市,可直接由县级科技部门进行鉴定。鉴定部门在收到税务部门的鉴定需求后,应及时组织专家进行鉴定,并在规定时间内通过原渠道将鉴定意见反馈税务部门。鉴定时,应由3名以上相关领域的产业、技术、管理等专家参加。

企业承担省部级(含)以上科研项目的,以及以前年度已鉴定的跨年度研发项目,不再需要鉴定。

(十)当年符合条件未享受加计扣除优惠的可以追溯享受

企业符合财税〔2015〕119号文件规定的研发费用加计扣除条件而在2016年1月1日以后未及时享受该项税收优惠的,可以追溯享受并履行备案手续,追溯期限最长为3年。

(十一)正确处理税务核查与企业享受研究费用加计扣除优惠政策的关系

《国家税务总局关于进一步做好企业研究开发费用税前加计扣除政策贯彻落实工作的通知》(税总函〔2016〕685号)文件明确要求,"各级税务机关在落实加计扣除优惠政策时,应以核实企业享受2016年度优惠的有关情况为基准,原则上不核实以前年度有关情况。如企业以前年度存在或发现存在涉税问题,应按相关规定另行处理,不得影响企业享受2016年度加计扣除优惠政策"。

五、科技型中小企业研发费用加计扣除政策

(一)科技型中小企业的研发费用加计扣除比例提高到75%

财政部、税务总局、科技部联合下发了《关于提高科技型中小企业研究开发费用税前加计扣除比例的通知》(财税〔2017〕34号),将科技型中小企业开发新技术、新产品、新工艺实际发生的研发费用加计扣除比例由50%提高到75%。新的政策规定:在2017年1月1日至2019年12月31日期间,科技型中小企业开展研发活动中实际发生的研发费用,未形成无形资产计入当期损益的,在按规定据实扣除的基础上,再按照实际发生额的75%在税前加计扣除;形成无形资产的,在上述期间按照无形资产成本的175%在税前摊销。科技型中小企业享受研发费用加计扣除政策的其他政策口径按照财税〔2015〕119号文件执行。

(二)科技型中小企业的标准

根据《科技部　财政部　国家税务总局关于印发〈科技型中小企业评价办法〉的通知》(国科发政〔2017〕115号)规定:科技型中小企业须同时满足以下条件:

1. 在中国境内(不包括港、澳、台地区)注册的居民企业。

2. 职工总数不超过500人、年销售收入不超过2亿元、资产总额不超过2亿元。

3. 企业提供的产品和服务不属于国家规定的禁止、限制和淘汰类。

4. 企业在填报上一年及当年内未发生重大安全、重大质量事故和严重环境违法、科研严重失信行为，且企业未列入经营异常名录和严重违法失信企业名单。

5. 企业根据科技型中小企业评价指标进行综合评价所得分值不低于60分，且科技人员指标得分不得为0分。

（三）科技型中小企业评价指标

根据国科发政〔2017〕115号文件规定，科技型中小企业评价指标具体包括科技人员、研发投入、科技成果三类，满分100分。其中，科技人员指标满分20分，研发投入指标满分50分，科技成果指标满分30分。

科技型中小企业评价指标体现了国家对科技型企业的评价导向，由企业填写《科技型中小企业信息表》，进行自我评价。

（四）科技型中小企业的认定方式

国科发政〔2017〕115号文件规定，科技型中小企业评价工作采取企业自主评价、省级科技管理部门组织实施、科技部服务监督的工作模式。

具体流程是：

1. 企业自主评价，并在线填报《科技型中小企业信息表》。

2. 省级科技管理部门组织有关单位对企业填报的《科技型中小企业信息表》内容是否完整进行确认。内容不完整的，在服务平台上通知企业补正。

3. 信息完整且符合条件的，由省级科技管理部门在服务平台公示10个工作日。

4. 公示无异议的企业，纳入信息库并在服务平台公告；有异议的，由省级科技管理部门组织有关单位进行核实处理。

5. 省级科技管理部门为入库企业赋予科技型中小企业入库登记编号。

取得科技型中小企业入库登记编号的企业即为科技型中小企业，可享受科技型中小企业研发费用75%加计扣除优惠政策。

（五）可以直接确认符合科技型中小企业的规定

根据国科发政〔2017〕115号文件规定，符合科技型中小企业条件第（一）~（四）项条件的企业，若同时符合下列条件中的一项，可直接确认符合科技型中小企业条件：

1. 企业拥有有效期内高新技术企业资格证书；

2. 企业近五年内获得过国家级科技奖励，并在获奖单位中排在前三名；

3. 企业拥有经认定的省部级以上研发机构；

4. 企业近五年内主导制定过国际标准、国家标准、行业标准。

（六）科技型中小企业季度预缴时不享受研发费用加计扣除政策

根据76号公告的规定，研发费用加计扣除政策属于汇缴享受的优惠项目，即季度预缴申报时，允许据实计算扣除，年度汇算清缴申报时，再依照规定享受加计扣除优惠政策。

2. 财政部关于企业加强研发费用财务管理的若干意见

（2007年9月4日　财企〔2007〕194号）

党中央有关部门，国务院各部委、各直属机构，总后勤部、武警总部，全国人大常委会办公厅，全国政协办公厅，各省、自治区、直辖市、计划单列市财政厅（局），新疆生产建设兵团财务局，各中央管理企业：

为了贯彻实施《国家中长期科学和技术发展规划纲要（2006　2020年）》（国发〔2005〕44号），加强企业研发费用管理，促进企业自主创新，现提出如下意见：

一、企业研发费用（即原“技术开发费”），指企业在产品、技术、材料、工艺、标准的研究、开发过程中发生的各项费用，包括：

（一）研发活动直接消耗的材料、燃料和动力费用。

（二）企业在职研发人员的工资、奖金、津贴、补贴、社会保险费、住房公积金等人工费用以及外聘研发人员的劳务费用。

（三）用于研发活动的仪器、设备、房屋等固定资产的折旧费或租赁费以及相关固定资产的运行维护、维修等费用。

（四）用于研发活动的软件、专利权、非专利技术等无形资产的摊销费用。

（五）用于中间试验和产品试制的模具、工艺装备开发及制造费，设备调整及检验费，样品、样机及一般测试手段购置费，试制产品的检验费等。

（六）研发成果的论证、评审、验收、评估以及知识产权的申请费、注册费、代理费等费用。

（七）通过外包、合作研发等方式，委托其他单位、个人或者与之合作进行研发而支付的费用。

（八）与研发活动直接相关的其他费用，包括技术图书资料费、资料翻译费、会议费、差旅费、办公费、外事费、研发人员培训费、培养费、专家咨询费、高新科技研发保险费用等。

二、企业应当明确研发费用的开支范围和标准，严格审批程序，并按照研发项目或者承担研发任务的单位，设立台账归集核算研发费用。企业依法取得知识产权后，在境内外发生的知识产权维护费、诉讼费、代理费、“打假”及其他相关费用支出，从管理费用据实列支，不应纳入研发费用。企业研发机构发生的各项开支纳入研发费用管理，但同时承担生产任务的，要合理划分研发与生产费用。

三、对技术要求高、投资数额大、单个企业难以独立承担的研发项目，或者研发力量集中在集团公司、由其统筹管理集团研发活动的，集团公司可以在所属全资及控股企业范围内集中使用研发费用。集团公司集中使用的研发费用总额，原则上不超过集团合并会计报表年营业收入的2%。使用后的年末余额连续3年超过当年集中总额20%或者出现赤字的，集团公司应当调整集中的标准。集团公司集中使用研发费用的，应当按照权责利一致等原则，确定研发费用集中收付方式以及研发成果的分享办法，维护所属全资及控股企业的合法权益。

四、企业可以建立研发准备金制度，根据研发计划及资金需求，提前安排资金，确保研发资金的需要，研发费用按实际发生额列入成本（费用）。

五、企业应当在年度财务会计报告中，按规定披露研发费用相关财务信息，包括研发费用支出规模及其占销售收入的比例，集中收付研发费用情况等。会计师事务所在审计企业年度会计报表时，应当对企业研发费用的使用和管理情况予以关注。

六、本意见所称企业研发人员，指从事研究开发活动的企业在职和外聘的专业技术人员以及为其提供直接服务的管理人员。本意见所称企业研发机构，指按照《国家认定企业技术中心管理办法》（国家发展改革委令第53号）认定的企业技术中心及分中心，企业按照国家有关规定组建的国家（重点、工程）实验室、国家工程（技术）研究中心及其他形式的研发机构，以及企业内部设置的、经当地市级以上有关主管部门认定的研发中心、研究院所，与高等院校及科研机构联合设立的博士后站、中试基地、实验室等。

七、本意见自印发之日起施行，实行企业化管理的科研事业单位参照执行。企业研发费的纳税扣除，按照财政部、国家税务总局有关规定执行。以前有关规定与本文不符的，以本文为准。

3. 财政部　国家税务总局　科技部关于完善研究开发费用税前加计扣除政策的通知

（2015年11月2日　财税〔2015〕119号）

各省、自治区、直辖市、计划单列市财政厅（局）、国家税务局、地方税务局、科技厅（局），新疆生产建设兵团财务局、科技局：

根据《中华人民共和国企业所得税法》及其实施条例有关规定，为进一步贯彻落实《中共中央国务院关于深化体制机制改革加快实施创新驱动发展战略的若干意见》精神，更好地鼓励企业开展研究开发活动（以下简称研发活动）和规范企业研究开发费用（以下简称研发费用）加计扣除优惠政策执行，现就企业研发费用税前加计扣除有关问题通知如下：

一、研发活动及研发费用归集范围。

本通知所称研发活动，是指企业为获得科学与技术新知识，创造性运用科学技术新知识，或实质性改进技术、产品（服务）、工艺而持续进行的具有明确目标的系统性活动。

（一）允许加计扣除的研发费用。

企业开展研发活动中实际发生的研发费用，未形成无形资产计入当期损益的，在按规定据实扣除的基础上，按照本年度实际发生额的50%，从本年度应纳税所得额中扣除；形成无形资产的，按照无形资产成本的150%在税前摊销。研发费用的具体范围包括：

1. 人员人工费用。

直接从事研发活动人员的工资薪金、基本养老保险费、基本医疗保险费、失业保险费、工伤保险费、生育保险费和住房公积金，以及外聘研发人员的劳务费用。

2. 直接投入费用。

（1）研发活动直接消耗的材料、燃料和动力费用。

（2）用于中间试验和产品试制的模具、工艺装备开发及制造费，不构成固定资产的样品、样机及一般测试手段购置费，试制产品的检验费。

（3）用于研发活动的仪器、设备的运行维护、调整、检验、维修等费用，以及通过经营租赁方式租入的用于研发活动的仪器、设备租赁费。

3. 折旧费用。

用于研发活动的仪器、设备的折旧费。

4. 无形资产摊销。

用于研发活动的软件、专利权、非专利技术（包括许可证、专有技术、设计和计算方法等）的摊销费用。

5. 新产品设计费、新工艺规程制定费、新药研制的临床试验费、勘探开发技术的现场试验费。

6. 其他相关费用。

与研发活动直接相关的其他费用，如技术图书资料费、资料翻译费、专家咨询费、高新科技研发保险费，研发成果的检索、分析、评议、论证、鉴定、评审、评估、验收费用，知识产权的申请费、注册费、代理费，差旅费、会议费等。此项费用总额不得超过可加计扣除研发费用总额的10%。

7. 财政部和国家税务总局规定的其他费用。

（二）下列活动不适用税前加计扣除政策。

1. 企业产品（服务）的常规性升级。

2. 对某项科研成果的直接应用，如直接采用公开的新工艺、材料、装置、产品、服务或知识等。

3. 企业在商品化后为顾客提供的技术支持活动。

4. 对现存产品、服务、技术、材料或工艺流程进行的重复或简单改变。

5. 市场调查研究、效率调查或管理研究。

6. 作为工业（服务）流程环节或常规的质量控制、测试分析、维修维护。

7. 社会科学、艺术或人文学方面的研究。

二、特别事项的处理

1. 企业委托外部机构或个人进行研发活动所发生的费用，按照费用实际发生额的80%计入委托方研发费用并计算加计扣除，受托方不得再进行加计扣除。委托外部研究开发费用实际发生额应按照独立交易原则确定。

委托方与受托方存在关联关系的，受托方应向委托方提供研发项目费用支出明细情况。

企业委托境外机构或个人进行研发活动所发生的费用，不得加计扣除。

【注】《财政部　国家税务总局　科技部关于企业委托境外研究开发费用税前加计扣除有关政策问题的

通知》(依据财税〔2018〕64 号,自 2018 年 1 月 1 日起废止)。

2. 企业共同合作开发的项目,由合作各方就自身实际承担的研发费用分别计算加计扣除。

3. 企业集团根据生产经营和科技开发的实际情况,对技术要求高、投资数额大,需要集中研发的项目,其实际发生的研发费用,可以按照权利和义务相一致、费用支出和收益分享相配比的原则,合理确定研发费用的分摊方法,在受益成员企业间进行分摊,由相关成员企业分别计算加计扣除。

4. 企业为获得创新性、创意性、突破性的产品进行创意设计活动而发生的相关费用,可按照本通知规定进行税前加计扣除。

创意设计活动是指多媒体软件、动漫游戏软件开发,数字动漫、游戏设计制作;房屋建筑工程设计(绿色建筑评价标准为三星)、风景园林工程专项设计;工业设计、多媒体设计、动漫及衍生产品设计、模型设计等。

三、会计核算与管理

1. 企业应按照国家财务会计制度要求,对研发支出进行会计处理;同时,对享受加计扣除的研发费用按研发项目设置辅助账,准确归集核算当年可加计扣除的各项研发费用实际发生额。企业在一个纳税年度内进行多项研发活动的,应按照不同研发项目分别归集可加计扣除的研发费用。

2. 企业应对研发费用和生产经营费用分别核算,准确、合理归集各项费用支出,对划分不清的,不得实行加计扣除。

四、不适用税前加计扣除政策的行业

1. 烟草制造业。

2. 住宿和餐饮业。

3. 批发和零售业。

4. 房地产业。

5. 租赁和商务服务业。

6. 娱乐业。

7. 财政部和国家税务总局规定的其他行业。

上述行业以《国民经济行业分类与代码(GB/4754—2011)》为准,并随之更新。

五、管理事项及征管要求

1. 本通知适用于会计核算健全、实行查账征收并能够准确归集研发费用的居民企业。

2. 企业研发费用各项目的实际发生额归集不准确、汇总额计算不准确的,税务机关有权对其税前扣除额或加计扣除额进行合理调整。

3. 税务机关对企业享受加计扣除优惠的研发项目有异议的,可以转请地市级(含)以上科技行政主管部门出具鉴定意见,科技部门应及时回复意见。企业承担省部级(含)以上科研项目的,以及以前年度已鉴定的跨年度研发项目,不再需要鉴定。

4. 企业符合本通知规定的研发费用加计扣除条件而在 2016 年 1 月 1 日以后未及时享受该项税收优惠的,可以追溯享受并履行备案手续,追溯期限最长为 3 年。

5. 税务部门应加强研发费用加计扣除优惠政策的后续管理,定期开展核查,年度核查面不得低于 20%。

六、执行时间

本通知自 2016 年 1 月 1 日起执行。《国家税务总局关于印发〈企业研究开发费用税前扣除管理办法(试行)〉的通知》(国税发〔2008〕116 号)和《财政部　国家税务总局关于研究开发费用税前加计扣除有关政策问题的通知》(财税〔2013〕70 号)同时废止。

4. 国家税务总局关于企业研究开发费用税前加计扣除政策有关问题的公告

（2015 年 12 月 29 日　国家税务总局公告 2015 年第 97 号）

（部分条款修改，详见文中注释）

根据《中华人民共和国企业所得税法》及其实施条例（以下简称税法）、《财政部　国家税务总局　科技部关于完善研究开发费用税前加计扣除政策的通知》（财税〔2015〕119 号，以下简称《通知》）规定，现就落实完善研究开发费用（以下简称研发费用）税前加计扣除政策有关问题公告如下：

一、研究开发人员范围

企业直接从事研发活动人员包括研究人员、技术人员、辅助人员。研究人员是指主要从事研究开发项目的专业人员；技术人员是指具有工程技术、自然科学和生命科学中一个或一个以上领域的技术知识和经验，在研究人员指导下参与研发工作的人员；辅助人员是指参与研究开发活动的技工。

企业外聘研发人员是指与本企业签订劳务用工协议（合同）和临时聘用的研究人员、技术人员、辅助人员。

二、研发费用归集

（一）加速折旧费用的归集

企业用于研发活动的仪器、设备，符合税法规定且选择加速折旧优惠政策的，在享受研发费用税前加计扣除时，就已经进行会计处理计算的折旧、费用的部分加计扣除，但不得超过按税法规定计算的金额。

（二）多用途对象费用的归集

企业从事研发活动的人员和用于研发活动的仪器、设备、无形资产，同时从事或用于非研发活动的，应对其人员活动及仪器设备、无形资产使用情况做必要记录，并将其实际发生的相关费用按实际工时占比等合理方法在研发费用和生产经营费用间分配，未分配的不得加计扣除。

（三）其他相关费用的归集与限额计算

企业在一个纳税年度内进行多项研发活动的，应按照不同研发项目分别归集可加计扣除的研发费用。在计算每个项目其他相关费用的限额时应当按照以下公式计算：

其他相关费用限额 =《通知》第一条第一项允许加计扣除的研发费用中的第 1 项至第 5 项的费用之和 $\times 10\% / (1 - 10\%)$。

当其他相关费用实际发生数小于限额时，按实际发生数计算税前加计扣除数额；当其他相关费用实际发生数大于限额时，按限额计算税前加计扣除数额。

（四）特殊收入的扣减

企业在计算加计扣除的研发费用时，应扣减已按《通知》规定归集计入研发费用，但在当期取得的研发过程中形成的下脚料、残次品、中间试制品等特殊收入；不足扣减的，允许加计扣除的研发费用按零计算。

企业研发活动直接形成产品或作为组成部分形成的产品对外销售的，研发费用中对应的材料费用不得加计扣除。

【注】根据《国家税务总局关于研发费用税前加计扣除归集范围有关问题的公告》（国家税务总局公告 2017 年第 40 号）的规定，本公告第一条、第二条第（一）项、第二条第（二）项、第二条第（四）项有效期至 2017 年 11 月 8 日。

（五）财政性资金的处理

企业取得作为不征税收入处理的财政性资金用于研发活动所形成的费用或无形资产，不得计算加计扣除或摊销。

（六）不允许加计扣除的费用

法律、行政法规和国务院财税主管部门规定不允许企业所得税前扣除的费用和支出项目不得计算加计扣除。

已计入无形资产但不属于《通知》中允许加计扣除研发费用范围的，企业摊销时不得计算加计扣除。

三、委托研发

企业委托外部机构或个人开展研发活动发生的费用，可按规定税前扣除；加计扣除时按照研发活动发生费用的80%作为加计扣除基数。委托个人研发的，应凭个人出具的发票等合法有效凭证在税前加计扣除。

企业委托境外研发所发生的费用不得加计扣除，其中受托研发的境外机构是指依照外国和地区（含港澳台）法律成立的企业和其他取得收入的组织。受托研发的境外个人是指外籍（含港澳台）个人。

（依据财税〔2018〕64号，自2018年1月1日起废止。）

四、不适用加计扣除政策行业的判定

《通知》中不适用税前加计扣除政策行业的企业，是指以《通知》所列行业业务为主营业务，其研发费用发生当年的主营业务收入占企业按税法第六条规定计算的收入总额减除不征税收入和投资收益的余额50%（不含）以上的企业。

五、核算要求

企业应按照国家财务会计制度要求，对研发支出进行会计处理。研发项目立项时应设置研发支出辅助账，由企业留存备查；年末汇总分析填报研发支出辅助账汇总表，并在报送《年度财务会计报告》的同时随附注一并报送主管税务机关。研发支出辅助账、研发支出辅助账汇总表可参照本公告所附样式（见附件）编制。

六、申报及备案管理

（一）企业年度纳税申报时，根据研发支出辅助账汇总表填报研发项目可加计扣除研发费用情况归集表（见附件），在年度纳税申报时随申报表一并报送。

（二）研发费用加计扣除实行备案管理，除"备案资料"和"主要留存备查资料"按照本公告规定执行外，其他备案管理要求按照《国家税务总局关于发布〈企业所得税优惠政策事项办理办法〉的公告》（国家税务总局公告2015年第76号）的规定执行。

（三）企业应当不迟于年度汇算清缴纳税申报时，向税务机关报送《企业所得税优惠事项备案表》和研发项目文件完成备案，并将下列资料留存备查：

1. 自主、委托、合作研究开发项目计划书和企业有权部门关于自主、委托、合作研究开发项目立项的决议文件；

2. 自主、委托、合作研究开发专门机构或项目组的编制情况和研发人员名单；

3. 经科技行政主管部门登记的委托、合作研究开发项目的合同；

4. 从事研发活动的人员和用于研发活动的仪器、设备、无形资产的费用分配说明（包括工作使用情况记录）；

5. 集中研发项目研发费决算表、集中研发项目费用分摊明细情况表和实际分享收益比例等资料；

6. "研发支出"辅助账；

7. 企业如果已取得地市级（含）以上科技行政主管部门出具的鉴定意见，应作为资料留存备查；

8. 省税务机关规定的其他资料。

七、后续管理与核查

税务机关应加强对享受研发费用加计扣除优惠企业的后续管理和监督检查。每年汇算清缴期结束后应开展核查，核查面不得低于享受该优惠企业户数的20%。省级税务机关可根据实际情况制订具体核查办法或工作措施。

八、执行时间

本公告适用于2016年度及以后年度企业所得税汇算清缴。

特此公告。

附件：

1. 自主研发“研发支出”辅助账

项目名称：　　　项目编号：　　　资本化、费用化支出选项：　◎资本化　○费用化　项目实施状态选项：　◎未完成　○已完成　研发成果：　　研发成果证书号：　金额单位：元（列至角分）

20××年		凭证		摘要	借方金额	贷方金额	借或贷	余额	费用明细（借方）																							
									一、人员人工费用			二、直接投入费用								三、折旧费用		四、无形资产摊销			五、新产品设计费等				六、其他相关费用			
									直接从事研发活动人员		外聘研发人员的劳务费用	研发活动直接消耗			用于中间试验和产品试制的模具、工艺装备开发及制造费	用于不构成固定资产的样品、样机及一般测试手段购置费	用于试制产品的检验费	用于研发活动的仪器、设备的运行维护、调整、检验、维修等费用	通过经营租赁方式租入的用于研发活动的仪器、设备租赁费	用于研发活动的仪器的折旧费	用于研发活动的设备的折旧费	用于研发活动的软件的摊销费用	用于研发活动的专利权的摊销费用	用于研发活动的非专利技术（包括许可证、专有技术、设计和计算方法等）的摊销费用	新产品设计费	新工艺规程制定费	新药研制的临床试验费	勘探开发技术的现场试验费				
月	日	种类	号数						工资薪金	五险一金		材料	燃料	动力费用																		
				序号					1.1	1.2	1.3	2.1	2.2	2.3	2.4	2.5	2.6	2.7	2.8	3.1	3.2	4.1	4.2	4.3	5.1	5.2	5.3	5.4	6.1	6.2	6.3	…
				期初余额																												
				期末余额																												

主办会计：　　　　　　　　录入人员：　　　　　　　　复核人员：

本表适用于自主研发。自主研发是指企业依靠自己的资源、技术、人力，依靠自己的意志，独立研究，并在研发项目的主要方面拥有独立的知识产权。

登记方法说明：

1. 应当在研发项目批准立项后按照《企业(自主)研究开发项目计划书》等类似文件设置本账簿，并留存备查；

2. 自主研发项目"研发支出"辅助账应当按照研究开发项目，分别"费用化支出"、"资本化支出"进行明细核算；

3. 项目名称应当根据《企业(自主)研究开发项目计划书》等类似文件据实填写；

4. 项目编号的编码规则：为确保项目编号的全国唯一性，项目编码由21位序列号组成，前15位为工商登记号，16、17位为立项和设置辅助账的年度号，18至21位为项目序号；

5. 资本化、费用化选项：应当区分研究阶段、开发阶段和是否同时满足确认无形资产的条件来选择，同一个研发项目的资本化支出和费用化支出应当分别设置辅助账簿；当选择费用化的项目因条件发生变化符合资本化条件时，可将已经发生、尚未结转的研发支出结转管理费用或者结转至该项目的资本化支出辅助账(项目编号新设)，同时，结束(项目实施状态选项选为"已完成")该辅助账；当选择资本化的项目因条件发生变化不再符合资本化条件时，可不结束该辅助账，重新选择"资本化、费用化支出选项"为费用化，并将已经发生的全部研发支出(含以前年度发生的)结转管理费用；

6. 项目实施状态选项：在研发成果(含研发失败)已经确认且结平辅助账时，选择"已完成"，其他状态均应选择"未完成"，年度终了后"已完成"项目的项目编号不得再次使用或启用；

7. 研发成果和研发成果证书号：当项目实施状态为"已完成"时，研发成果为必填项；研发成果证书号填写研发成果所对应的证书编号。研发失败的，研发成果选择为"研发失败"，研发成果证书号不需填写；

8. 费用明细可以逐日逐笔登记也可定期汇总登记；可以按照实际情况扩展研发支出明细，但不得合并明细；

9. 序号1.1"工资薪金"、1.2"五险一金"：应当按照《职工工资和五险一金分配表》等类似分配表汇总登记，其中直接从事研发活动人员的补充社会保险、补充医疗保险和补充住房公积金应当作为"六、其他相关费用"登记，间接从事研发活动人员的工资薪金和五险一金等应当通过"二、直接投入费用"和"五、新产品设计费等"间接分配记入；

10. 序号1.3"外聘研发人员的劳务费用"：直接用于研发活动的可以按照相关凭证登记；

11. 序号2.1"材料"、2.2"燃料"、2.3"动力费用"：直接用于研发活动的可以按照相关凭证登记；

12. 序号2.4"用于中间试验和产品试制的模具、工艺装备开发及制造费"、2.5"用于不构成固定资产的样品、样机及一般测试手段购置费"、2.6"用于试制产品的检验费"、2.7"用于研发活动的仪器、设备的运行维护、调整、检验、维修等费用"、2.8"通过经营租赁方式租入的用于研发活动的仪器、设备租赁费"：外购专门用于研发活动的可以按照相关凭证登记；内部发生的应当通过内部结算价或者作为费用、成本核算对象进行归集和分摊，按照《其他直接投入费用分配表》等类似分配表汇总登记；

13. 序号3.1"用于研发活动的仪器的折旧费"、3.2"用于研发活动的设备的折旧费"：专门用于研发活动的设备、仪器折旧可以按照相关凭证登记；共用的应当按照《设备、仪器折旧分配表》等类似分配表汇总登记；

14. 序号4.1"用于研发活动的软件的摊销费用"、4.2"用于研发活动的专利权的摊销费用"、4.3"用于研发活动的非专利技术(包括许可证、专有技术、设计和计算方法等)的摊销费用"：专用于研发活动的无形资产摊销可以按照相关凭证登记；共用的应当按照《无形资产摊销分配表》等类似分配表汇总登记；

15. 序号5.1"新产品设计费"、5.2"新工艺规程制定费"、5.3"新药研制的临床试验费"、5.4"勘探开发技术的现场试验费"：外购专门用于研发活动的可以按照相关凭证登记；内部发生的应当按照《新产品设计费等分配表》等类似分配表汇总登记；

16. 序号6 其他相关费用：专门用于研发活动的可以按照相关凭证登记，共用的应当按照《××费用分配表》等类似分配表汇总登记；费用明细名称应当据实填写，主要包含：技术图书资料费、资料翻译费、专家咨询费、高新科技研发保险费，研发成果的检索、分析、评议、论证、鉴定、评审、评估、验收费用，知识产权的申请费、注册费、代理费，差旅费、会议费等；可以按照需要增加费用明细。

与汇总表关系：

1. 根据项目编号，将"项目名称"、"项目编号"、"资本化、费用化支出选项"、"项目实施状态选项"等和相关借方发生额明细逐项目分行过入汇总表"项目明细"内；

2. 期初余额汇总额过入汇总表期初余额对应明细项目行内，期末余额汇总额过入汇总表期末余额对应明细项目行内，贷方发生额中结转"管理费用"的汇总额过入汇总表"结转管理费用"对应明细行内，贷方发生额中结转"无形资产"的汇总额过入汇总表"结转无形资产"对应明细行内。

2. 委托研发“研发支出”辅助账

项目名称：　项目编号：　是否委托境外选项：◎委托境外　○委托境内　委托方与受托方是否存在关联关系选项：◎存在　○不存在

资本化、费用化支出选项：◎资本化　○费用化项目实施状态选项：◎未完成　○已完成研发成果：　研发成果证书号：　金额单位：元(列至角分)

20××年		凭证		摘要	借方金额	贷方金额	借或贷	余额	费用明细(借方)																								
									一、人员人工费用			二、直接投入费用								三、折旧费用		四、无形资产摊销			五、新产品设计费等				六、其他相关费用				七、委托外部机构或个人进行研发活动所发生的费用
									直接从事研发活动人员		外聘研发人员的劳务费用	研发活动直接消耗			用于中间试验和产品试制的模具、工艺装备开发及制造费	用于不构成固定资产的样品、样机及一般测试手段购置费	用于试制产品的检验费	用于研发活动的仪器、设备的运行维护、调整、检验、维修等费用	通过经营租赁方式租入的用于研发活动的仪器、设备租赁费	用于研发活动的仪器的折旧费	用于研发活动的设备的折旧费	用于研发活动的软件的摊销费用	用于研发活动的专利权的摊销费用	用于研发活动的非专利技术(包括许可证、专有技术、设计和计算方法等)的摊销费用	新产品设计费	新工艺规程制定费	新药研制的临床试验费	勘探开发技术的现场试验费					
月	日	种类	号数						工资薪金	五险一金		材料	燃料	动力费用																			
				序号					1.1	1.2	1.3	2.1	2.2	2.3	2.4	2.5	2.6	2.7	2.8	3.1	3.2	4.1	4.2	4.3	5.1	5.2	5.3	5.4	6.1	6.2	6.3	…	7
				期初余额																													
				期末余额																													

主办会计：　　　　录入人员：　　　　复核人员：

本表适用于委托研发。委托研发是指被委托人基于他人委托而开发的项目。委托人以支付报酬的形式获得被委托人的研发成果的所有权或使用权。

登记方法说明：

1. 应当在研发项目批准立项后按照《企业（委托）研究开发项目计划书》和《技术开发（委托）合同》等类似文件设置本账簿，并留存备查；

2. 委托研发项目“研发支出”辅助账应当按照研究开发项目，分别“费用化支出”“资本化支出”进行明细核算；

3. 项目名称应当根据《企业（委托）研究开发项目计划书》和《技术开发（委托）合同》等类似文件据实填写；

4. 项目编号编码规则：为确保项目编号的全国唯一性，项目编码由21位序列号组成，前15位为工商登记号，16、17位为立项和设置辅助账的年度号，18至21位为项目序号；

5. 是否委托境外选项：应当按照《企业（委托）研究开发项目计划书》和《技术开发（委托）合同》等类似文件选择委托境外、委托境内；

6. 委托方与受托方存在关联关系选项：应当按照《企业（委托）研究开发项目计划书》和《技术开发（委托）合同》等类似文件选择存在、不存在；关联关系应当按照税法的相关规定判定；存在关联关系的，应当按照受托方向委托方提供研发项目费用支出明细情况分别登记在序号1～6对应费用明细中；不存在关联关系的，应当按照相关凭证登记在序号7中；

7. 资本化、费用化选项：应当区分研究阶段、开发阶段和是否同时满足确认无形资产的条件来选择，同一个研发项目的资本化支出和费用化支出应当分别设置辅助账簿；当选择费用化的项目因条件发生变化符合资本化条件时，可将已经发生、尚未结转的研发支出结转管理费用或者结转至该项目的资本化支出辅助账（项目编号新设），同时，结束（项目实施状态选项选为“已完成”）该辅助账；当选择资本化的项目因条件发生变化不再符合资本化条件时，可不结束该辅助账，重新选择“资本化、费用化支出选项”为费用化，并将已经发生的全部研发支出（含以前年度发生的）结转管理费用；

8. 项目实施状态选项：在研发成果（含研发失败）已经确认且结平辅助账时，选择“已完成”，其他状态均应选择“未完成”，年度终了后“已完成”项目的项目编号不得再次使用或启用；

9. 研发成果和研发成果证书号：当项目实施状态为“已完成”时，研发成果为必填项；研发成果证书号填写研发成果所对应的证书编号。研发失败的，研发成果选择为“研发失败”，研发成果证书号不需填写；

10. 费用明细可以逐日逐笔登记也可定期汇总登记。可以按照实际情况扩展研发支出明细，但不得合并明细。

与汇总表关系：

1. 根据项目编号，将“项目名称”、“项目编号”、“资本化、费用化支出选项”、“是否委托境外选项”、“项目实施状态选项”、“委托方与受托方是否存在关联关系选项”等和相关借方发生额明细逐项目分行过入汇总表“项目明细”内；

2. 期初余额汇总额过入汇总表期初余额对应明细项目行内，期末余额汇总额过入汇总表期末余额对应明细项目行内，贷方发生额中结转“管理费用”的汇总额过入汇总表“结转管理费用”对应明细行内，贷方发生额中结转“无形资产”的汇总额过入汇总表“结转无形资产”对应明细行内。

3. 合作研发“研发支出”辅助账

项目名称　　项目编号：　　资本化、费用化支出选项：◎资本化项目　◎费用化　实施状态选项：◎未完成　◎已完成　研发成果：　　研发成果证书号：　　金额单位：元（列至角分）

20××年		凭证		摘要	借方金额	贷方金额	借或贷	余额	费用明细（借方）																							
									一、人员人工费用			二、直接投入费用								三、折旧费用		四、无形资产摊销			五、新产品设计费等				六、其他相关费用			
									直接从事研发活动人员		外聘研发人员的劳务费用	研发活动直接消耗			用于中间试验和产品试制的模具、工艺装备开发及制造费	用于不构成固定资产的样品、样机及一般测试手段购置费	用于试制产品的检验费	用于研发活动的仪器、设备的运行维护、调整、检验、维修等费用	通过经营租赁方式租入的用于研发活动的仪器、设备租赁费	用于研发活动的仪器的折旧费	用于研发活动的设备的折旧费	用于研发活动的软件的摊销费用	用于研发活动的专利权的摊销费用	用于研发活动的非专利技术（包括许可证、专有技术、设计和计算方法等）的摊销费用	新产品设计费	新工艺规程制定费	新药研制的临床试验费	勘探开发技术的现场试验费				
月	日	种类	号数						工资薪金	五险一金		材料	燃料	动力费用																		
				序号					1.1	1.2	1.3	2.1	2.2	2.3	2.4	2.5	2.6	2.7	2.8	3.1	3.2	4.1	4.2	4.3	5.1	5.2	5.3	5.4	6.1	6.2	6.3	…
				期初余额																												
				期末余额																												

主办会计：　　　　　　　　　　录入人员：　　　　　　　　　　复核人员：

本表适用于合作研发。合作研发是指立项企业通过契约的形式与其他企业共同对项目的某一关键领域分别投入资金、技术、人力，共同参与产生智力成果的创作活动，共同完成研发项目。

登记方法说明：

1. 应当在研发项目批准立项后按照《企业（合作）研究开发项目计划书》和《技术开发（合作）合同》等类似文件设置本账簿，并留存备查；

2. 合作研发项目“研发支出”辅助账应当按照研究开发项目，分别“费用化支出”“资本化支出”进行明细核算；

3. 项目名称应当根据《企业（合作）研究开发项目计划书》和《技术开发（合作）合同》等类似文件据实填写；

4. 项目编号编码规则：为确保项目编号的全国唯一性，项目编码由 21 位序列号组成，前 15 位为工商登记号，16、17 位为立项和设置辅助账的年度号，18 至 21 位为项目序号；

5. 资本化、费用化选项：应当区分研究阶段、开发阶段和是否同时满足确认无形资产的条件来选择，同一个研发项目的资本化支出和费用化支出应当分别设置辅助账簿；当选择费用化的项目因条件发生变化符合资本化条件时，可将已经发生、尚未结转的研发支出结转管理费用或者结转至该项目的资本化支出辅助账（项目编号新设），同时，结束（项目实施状态选项选为“已完成”）该辅助账；当选择资本化的项目因条件发生变化不再符合资本化条件时，可不结束该辅助账，重新选择“资本化、费用化支出选项”为费用化，并将已经发生的全部研发支出（含以前年度发生的）结转管理费用；

6. 项目实施状态选项：在研发成果（含研发失败）已经确认且结平辅助账时，选择“已完成”，其他状态均应选择“未完成”，年度终了后“已完成”项目的项目编号不得再次使用或启用；

7. 研发成果和研发成果证书号：当项目实施状态为“已完成”时，研发成果为必填项；研发成果证书号填写研发成果所对应的证书编号。研发失败的，研发成果选择为“研发失败”，研发成果证书号不需填写；

8. 费用明细可以逐日逐笔登记也可定期汇总登记；可以按照实际情况扩展研发支出明细，但不得合并明细；

9. 序号 1.1“工资薪金”、1.2“五险一金”：应当按照《职工工资和五险一金分配表》等类似分配表汇总登记，其中直接从事研发活动人员的补充社会保险、补充医疗保险和补充住房公积金应当作为“六、其他相关费用”登记，间接从事研发活动人员的工资薪金和五险一金等应当通过“二、直接投入费用”和“五、新产品设计费等”间接分配记入；

10. 序号 1.3“外聘研发人员的劳务费用”：直接用于研发活动的可以按照相关凭证登记；

11. 序号 2.1“材料”、2.2“燃料”、2.3“动力费用”：直接用于研发活动的可以按照相关凭证登记；

12. 序号 2.4“用于中间试验和产品试制的模具、工艺装备开发及制造费”、2.5“用于不构成固定资产的样品、样机及一般测试手段购置费”、2.6“用于试制产品的检验费”、2.7“用于研发活动的仪器、设备的运行维护、调整、检验、维修等费用”、2.8“通过经营租赁方式租入的用于研发活动的仪器、设备租赁费”：外购专门用于研发活动的可以按照相关凭证登记；内部发生的应当通过内部结算价或者作为费用、成本核算对象进行归集和分摊，按照《其他直接投入费用分配表》等类似分配表汇总登记；

13. 序号 3.1“用于研发活动的仪器的折旧费”、3.2“用于研发活动的设备的折旧费”：专门用于研发活动的设备、仪器折旧可以按照相关凭证登记；共用的应当按照《设备、仪器折旧分配表》等类似分配表汇总登记；

14. 序号 4.1“用于研发活动的软件的摊销费用”、4.2“用于研发活动的专利权的摊销费用”、4.3“用于研发活动的非专利技术（包括许可证、专有技术、设计和计算方法等）的摊销费用”：专用于研发活动的无形资产摊销可以按照相关凭证登记；共用的应当按照《无形资产摊销分配表》等类似分配表汇总登记；

15. 序号 5.1“新产品设计费”、5.2“新工艺规程制定费”、5.3“新药研制的临床试验费”、5.4“勘探开发技术的现场试验费”：外购专门用于研发活动的可以按照相关凭证登记；内部发生的应当按照《新产品设计费等分配表》等类似分配表汇总登记；

16. 序号 6 其他相关费用：专门用于研发活动的可以按照相关凭证登记，共用的应当按照《××费用分配表》等类似分配表汇总登记；费用明细名称应当据实填写，主要包含：技术图书资料费、资料翻译费、专家咨询费、高新科技研发保险费，研发成果的检索、分析、评议、论证、鉴定、评审、评估、验收费用，知识产权的申请费、注册费、代理费，差旅费、会议费等；可以按照需要增加费用明细。

与汇总表关系：

1. 根据项目编号，将“项目名称”、“项目编号”、“资本化、费用化支出选项”、“项目实施状态选项”等和相关借方发生额明细逐项目分行过入汇总表“项目明细”内；

2. 期初余额汇总额过入汇总表期初余额对应明细项目行内，期末余额汇总额过入汇总表期末余额对应明细项目行内，贷方发生额中结转“管理费用”的汇总额过入汇总表“结转管理费用”对应明细行内，贷方发生额中结转“无形资产”的汇总额过入汇总表“结转无形资产”对应明细行内。

4. 集中研发“研发支出”辅助账

项目名称　项目编号：　资本化、费用化支出选项：　◎资本化　◎费用化　项目实施状态选项：　◎未完成　◎已完成　研发成果：　　研发成果证书号：　　金额单位：元（列至角分）

20××年		凭证		摘要	借方金额	贷方金额	借或贷	余额	费用明细（借方）																							
									一、人员人工费用			二、直接投入费用								三、折旧费用		四、无形资产摊销			五、新产品设计费等				六、其他相关费用			
									直接从事研发活动人员		外聘研发人员的劳务费用	研发活动直接消耗			用于中间试验和产品试制的模具、工艺装备开发及制造费	用于不构成固定资产的样品、样机及一般测试手段购置费	用于试制产品的检验费	用于研发活动的仪器、设备的运行维护、调整、检验、维修等费用	通过经营租赁方式租入的用于研发活动的仪器、设备租赁费	用于研发活动的仪器的折旧费	用于研发活动的设备的折旧费	用于研发活动的软件的摊销费用	用于研发活动的专利权的摊销费用	用于研发活动的非专利技术（包括许可证、专有技术、设计和计算方法等）的摊销费用	新产品设计费	新工艺规程制定费	新药研制的临床试验费	勘探开发技术的现场试验费				
月	日	种类	号数						工资薪金	五险一金		材料	燃料	动力费用																		
序号									1.1	1.2	1.3	2.1	2.2	2.3	2.4	2.5	2.6	2.7	2.8	3.1	3.2	4.1	4.2	4.3	5.1	5.2	5.3	5.4	6.1	6.2	6.3	…
				期初余额																												
					期末余额																											

主办会计：　　　　　　　　　　录入人员：　　　　　　　　　　复核人员：

本表适用于集中研发。集中研发是指集团企业根据生产经营和科技开发的实际情况，对技术要求高、投资数额大，单个企业难以独立承担，或者研发力量集中在集团公司、由其统筹管理集团研发活动的研发项目进行集中研发。

登记方法说明：

1. 应当在研发项目批准立项后按照《企业（集中）研究开发项目计划书》和《技术开发（集中）合同》等类似文件设置本账簿，并留存备查；

2. 集中研发项目“研发支出”辅助账应当按照研究开发项目，分别“费用化支出”、“资本化支出”进行明细核算；

3. 项目名称应当根据《企业（集中）研究开发项目计划书》和《技术开发（集中）合同》等类似文件填写；

4. 项目编号编码规则：为确保项目编号的全国唯一性，项目编码由21位序列号组成，前15位为工商登记号，16、17位为立项和设置辅助账的年度号，18至21位为项目序号；

5. 资本化、费用化选项：应当区分研究阶段、开发阶段和是否同时满足确认无形资产的条件来选择，同一个研发项目的资本化支出和费用化支出应当分别设置辅助账簿；当选择费用化的项目因条件发生变化符合资本化条件时，可将已经发生、尚未结转的研发支出结转管理费用或者结转至该项目的资本化支出辅助账（项目编号新设），同时，结束（项目实施状态选项选为“已完成”）该辅助账；当选择资本化的项目因条件发生变化不再符合资本化条件时，可不结束该辅助账，重新选择“资本化、费用化支出选项”为费用化，并将已经发生的全部研发支出（含以前年度发生的）结转管理费用；

6. 项目实施状态选项：在研发成果（含研发失败）已经确认且结平辅助账时，选择“已完成”，其他状态均应选择“未完成”，年度终了后“已完成”项目的项目编号不得再次使用或启用；

7. 研发成果和研发成果证书号：当项目实施状态为“已完成”时，研发成果为必填项；研发成果证书号填写研发成果所对应的证书编号。研发失败的，研发成果选择为“研发失败”，研发成果证书号不需填写；

8. 费用明细可以逐日逐笔登记也可定期汇总登记；可以按照实际情况扩展研发支出明细，但不得合并明细；

9. 序号1.1“工资薪金”、1.2“五险一金”：应当按照《职工工资和五险一金分配表》等类似分配表汇总登记，其中直接从事研发活动人员的补充社会保险、补充医疗保险和补充住房公积金应当作为“六、其他相关费用”登记，间接从事研发活动人员的工资薪金和五险一金等应当通过“二、直接投入费用”和“五、新产品设计费等”间接分配记入；

10. 序号1.3“外聘研发人员的劳务费用”：直接用于研发活动的可以按照相关凭证登记；

11. 序号2.1“材料”、2.2“燃料”、2.3“动力费用”：直接用于研发活动的可以按照相关凭证登记；

12. 序号2.4“用于中间试验和产品试制的模具、工艺装备开发及制造费”、2.5“用于不构成固定资产的样品、样机及一般测试手段购置费”、2.6“用于试制产品的检验费”、2.7“用于研发活动的仪器、设备的运行维护、调整、检验、维修等费用”、2.8“通过经营租赁方式租入的用于研发活动的仪器、设备租赁费”：外购专门用于研发活动的可以按照相关凭证登记；内部发生的应当通过内部结算价或者作为费用、成本核算对象进行归集和分摊，按照《其他直接投入费用分配表》等类似分配表汇总登记；

13. 序号3.1“用于研发活动的仪器的折旧费”、3.2“用于研发活动的设备的折旧费”：专门用于研发活动的设备、仪器折旧可以按照相关凭证登记；共用的应当按照《设备、仪器折旧分配表》等类似分配表汇总登记；

14. 序号4.1“用于研发活动的软件的摊销费用”、4.2“用于研发活动的专利权的摊销费用”、4.3“用于研发活动的非专利技术（包括许可证、专有技术、设计和计算方法等）的摊销费用”：专用于研发活动的无形资产摊销可以按照相关凭证登记；共用的应当按照《无形资产摊销分配表》等类似分配表汇总登记；

15. 序号5.1“新产品设计费”、5.2“新工艺规程制定费”、5.3“新药研制的临床试验费”、5.4“勘探开发技术的现场试验费”：外购专门用于研发活动的可以按照相关凭证登记；内部发生的应当按照《新产品设计费等分配表》等类似分配表汇总登记；

16. 序号6其他相关费用：专门用于研发活动的可以按照相关凭证登记，共用的应当按照《××费用分配表》等类似分配表汇总登记；费用明细名称应当据实填写，主要包含：技术图书资料费、资料翻译费、专家咨询费、高新科技研发保险费，研发成果的检索、分析、评议、论证、鉴定、评审、评估、验收费用，知识产权的申请费、注册费、代理费，差旅费、会议费等；可以按照需要增加费用明细。

与汇总表关系：

1. 根据项目编号，将“项目名称”、“项目编号”、“资本化、费用化支出选项”、“项目实施状态选项”等和相关借方发生额明细逐项目分行过入汇总表“项目明细”内；

2. 期初余额汇总额过入汇总表期初余额对应明细项目行内，期末余额汇总额过入汇总表期末余额对应明细项目行内，贷方发生额中结转“管理费用”的汇总额过入汇总表“结转管理费用”对应明细行内，贷方发生额中结转“无形资产”的汇总额过入汇总表“结转无形资产”对应明细行内。

5."研发支出"辅助账汇总表

纳税人识别号：　纳税人名称(盖章)：　20××年度　金额单位：元(列至角分)

项目	序号	项目名称	项目编号	研发形式	资本化、费用化支出选项	项目实施状态选项	委托方与受托方是否存在关联关系选项	是否委托境外选项	研发成果	研发成果证书号	一、人员人工费用			二、直接投入费用								三、折旧费用		四、无形资产摊销			五、新产品设计费等				六、其他相关费用				七、委托外部机构或个人进行研发活动所发生的费用	其中：委托境外进行研发活动所发生的费用（包括存在关联关系的委托研发）	八、允许加计扣除的研发费用中的第1至5类费用合计(1+2+3+4+5)	其他相关费用限额=序号8×10%/(1-10%)	九、当期费用化支出可加计扣除总额	当期资本化可加计扣除的研发费用率
											直接从事研发活动人员		外聘研发人员的劳务费用	研发活动直接消耗			用于中间试验和产品试制的模具、工艺装备开发及制造费	用于不构成固定资产的样品、样机及一般测试手段购置费	用于试制产品的检验费	用于研发活动的仪器、设备的运行维护、调整、检验、维修等费用	通过经营租赁方式租入的用于研发活动的仪器、设备租赁费	用于研发活动的仪器的折旧费	用于研发活动的设备的折旧费	用于研发活动的软件的摊销费用	用于研发活动的专利权的摊销费用	用于研发活动的非专利技术（包括许可证、专有技术、设计和计算方法等）的摊销费用	新产品设计费	新工艺规程制定费	新药研制的临床试验费	勘探开发技术的现场试验费										
											工资薪金	五险一金		材料	燃料	动力费用																								
行次、序号											1.1	1.2	1.3	2.1	2.2	2.3	2.4	2.5	2.6	2.7	2.8	3.1	3.2	4.1	4.2	4.3	5.1	5.2	5.3	5.4	6.1	6.2	6.3	…	7	7.1	8	8.1	9	9.1
1	期初余额																																						*	*
2	本期借方发生额																																						*	*
3	本期贷方发生额																																						*	*
4	其中:结转管理费用																																							*
5	结转无形资产																																						*	*
6	期末余额																																						*	*
项目明细（填写项目贷方发生额）	1																																							
	2																																							
	3																																							
	…																																							

法定代表人(签章)：　　　　　　　　　　财务负责人：

填报说明：

1. 本表属于年度财务会计报告附注之一,应当随同年度财务会计报告一并报送主管税务机关；

2. 本表是根据所有上年未完成及本年新设置的项目的"研发支出"辅助账汇总填报；

3. 根据项目编号,将"项目名称"、"项目编号"、"研发形式"、"资本化、费用化支出选项"、"项目实施状态选项"、"委托方与受托方是否存在关联关系选项"、"是否委托境外选项"和相关贷方发生额明细逐项目按序号一至七过入汇总表"项目明细"内；

4. 研发形式:《自主研发"研发支出"辅助账》"研发形式"填写为自主研发,《委托研发"研发支出"辅助账》"研发形式"填写为委托研发,《合作研发"研发支出"辅助账》"研发形式"填写为合作研发,《集中研发"研发支出"辅助账》"研发形式"填写为集中研发；

5. 委托方与受托方是否存在关联关系选项：研发形式为“委托研发”填写“存在”或“不存在”，研发形式为“自主研发”、“合作研发”、“集中研发”不需填写本选项；

6. 是否委托境外选项：研发形式为“委托研发”的填写“委托境内”或“委托境外”，研发形式为“自主研发”、“合作研发”、“集中研发”不需填写本选项；

7. 研发成果和研发成果证书号：项目实施状态为“已完成”的填写研发成果和研发成果证书号，项目实施状态为“未完成”的研发成果和研发成果证书号不需填写本选项；

8. 序号 7.1“其中：委托境外进行研发活动所发生的费用（包括存在关联关系的委托研发）”：

（1）当“委托方与受托方是否存在关联关系选项”为不存在，且“是否委托境外选项”为委托境外时，序号 7.1 等于序号 7；

（2）当“委托方与受托方是否存在关联关系选项”为存在，且“是否委托境外选项”为委托境外时，序号 7.1 等于序号一至六的合计；

9. 序号 9“九、当期费用化支出可加计扣除总额”：

（1）当项目明细中“资本化、费用化支出选项”为费用化且“研发形式”为委托研发、“委托方与受托方是否存在关联关系选项”为存在时 =［序号 8 + 最小值（其他相关费用序号 6 合计，序号 8.1）- 序号 7.1］×80%，其中，“最小值”是指其他相关费用序号 6 合计与序号 8.1 相比的孰小值（下同）；

（2）当项目明细中“资本化、费用化支出选项”为费用化且“研发形式”为委托研发、“委托方与受托方是否存在关联关系选项”为不存在时 =（序号 7 - 序号 7.1）×80%；

（3）当项目明细中“资本化、费用化支出选项”为费用化且“研发形式”为自主研发、合作研发和集中研发时 = 序号 8 + 最小值（其他相关费用序号 6 合计，序号 8.1）；

（4）其他情形不需填写本栏次；

10. 序号 9.1“当期资本化可加计扣除的研发费用率”：

（1）当项目明细中“资本化、费用化支出选项”为资本化且“项目实施状态选项”为已完成、“研发形式”为委托研发、“委托方与受托方是否存在关联关系选项”为存在时 =｛［序号 8 + 最小值（其他相关费用序号 6 合计，序号 8.1）- 序号 7.1］×80%｝/序号一至六的合计 ×100%；

（2）当项目明细中“资本化、费用化支出选项”为资本化且“项目实施状态选项”为已完成、“研发形式”为委托研发、“委托方与受托方是否存在关联关系选项”为不存在时 =［（序号 7 - 序号 7.1）×80%］/序号 7 ×100%；

（3）当项目明细中“资本化、费用化支出选项”为资本化且“项目实施状态选项”为已完成、“研发形式”为自主研发、合作研发和集中研发时 =［序号 8 + 最小值（其他相关费用序号 6 合计，序号 8.1）］/序号一至六的合计 ×100%；

（4）其他情形不需填写本栏次；

（5）“当期资本化可加计扣除的研发费用率”应当记录在对应的无形资产明细账上，以便用于计算归集《研发项目可加计扣除研究开发费用情况归集表》序号 10.1“其中：准予加计扣除的摊销额”；

11. 第 1 行“期初余额”：应当按照所有上年资本化支出未完成项目的“研发支出”辅助账期初借方余额对应费用明细项目的汇总额填报；

12. 第 2 行“本期借方发生额”：应当按照所有上年未完成、本年新设置的项目的“研发支出”辅助账借方发生额对应费用明细项目的汇总额填报；

13. 第 3 行“本期贷方发生额”：应当按照所有上年未完成、本年新设置的项目的“研发支出”辅助账贷方发生额对应费用明细项目的汇总额填报；

14. 第 4 行“其中：结转管理费用”：当“资本化、费用化支出选项”为费用化支出时，对应的项目明细合计，其中，对应的序号 9“当期费用化支出可加计扣除总额”等于“资本化、费用化支出选项”为费用化支出行次的合计；

15. 第 5 行“其中：结转无形资产”：当“资本化、费用化支出选项”为资本化支出且“项目实施状态选项”为已完成时，对应的项目明细合计；

16. 第 6 行“期末余额”：应当按照所有本年末资本化支出未完成项目的“研发支出”辅助账期末借方余额对应费用明细项目的汇总额填报。

6.研发项目可加计扣除研究开发费用情况归集表

纳税人名称(盖章)：　　　　　　　　纳税人识别号：

20××年度　　　　　　　　　　　　　　　　　　　　　　金额单位：元(列至角分)

序号	项目		发生额
1	一、人员人工费用小计		
1.1	直接从事研发活动人员	工资薪金	
1.2		五险一金	
1.3	外聘研发人员的劳务费用		
2	二、直接投入费用小计		
2.1	研发活动直接消耗	材料	
2.2		燃料	
2.3		动力费用	
2.4	用于中间试验和产品试制的模具、工艺装备开发及制造费		
2.5	用于不构成固定资产的样品、样机及一般测试手段购置费		
2.6	用于试制产品的检验费		
2.7	用于研发活动的仪器、设备的运行维护、调整、检验、维修等费用		
2.8	通过经营租赁方式租入的用于研发活动的仪器、设备租赁费		
3	三、折旧费用小计		
3.1	用于研发活动的仪器的折旧费		
3.2	用于研发活动的设备的折旧费		
4	四、无形资产摊销小计		
4.1	用于研发活动的软件的摊销费用		
4.2	用于研发活动的专利权的摊销费用		
4.3	用于研发活动的非专利技术(包括许可证、专有技术、设计和计算方法等)的摊销费用		
5	五、新产品设计费等小计		
5.1	新产品设计费		
5.2	新工艺规程制定费		
5.3	新药研制的临床试验费		
5.4	勘探开发技术的现场试验费		
6	六、其他相关费用小计		
6.1			
6.2			
6.3			
…			
7	七、委托外部机构或个人进行研发活动所发生的费用		
7.1	其中：委托境外进行研发活动所发生的费用(包括存在关联关系的委托研发)		
8	八、允许加计扣除的研发费用中的第1至5类费用合计(1+2+3+4+5)		
8.1	其他相关费用限额=序号8×10%/(1-10%)		
9	九、当期费用化支出可加计扣除总额		
10	十、研发项目形成无形资产当期摊销额		
10.1	其中：准予加计扣除的摊销额		
11	十一、当期实际加计扣除总额(9+10.1)×50%		

填表说明：

1. 本表在企业所得税汇算清缴时随申报表一并报送；

2. 本表应当按照“研发支出”辅助账汇总表填报；

3. 序号1“一、人员人工费用小计”：等于序号1.1至1.3的合计；

4. 序号1.1“1. 直接从事研发活动人员工资薪金”：取自《“研发支出”辅助账汇总表》序号1.1第4行“结转管理费用”；

5. 序号1.2“1. 直接从事研发活动人员五险一金”：取自《“研发支出”辅助账汇总表》序号1.2第4行“结转管理费用”；

6. 序号1.3“2. 外聘研发人员的劳务费用”：取自《“研发支出”辅助账汇总表》序号1.3第4行“结转管理费用”；

7. 序号2“二、直接投入费用小计”：等于序号2.1至2.8的合计；

8. 序号2.1“研发活动直接消耗材料”：取自《“研发支出”辅助账汇总表》序号2.1第4行“结转管理费用”；

9. 序号2.2“研发活动直接消耗燃料”：取自《“研发支出”辅助账汇总表》序号2.2第4行“结转管理费用”；

10. 序号2.3“研发活动直接消耗动力费用”：取自《“研发支出”辅助账汇总表》序号2.3第4行“结转管理费用”；

11. 序号2.4“研发活动直接消耗材料用于中间试验和产品试制的模具、工艺装备开发及制造费”：取自《“研发支出”辅助账汇总表》序号2.4第4行“结转管理费用”；

12. 序号2.5“用于不构成固定资产的样品、样机及一般测试手段购置费”：取自《“研发支出”辅助账汇总表》序号2.5第4行“结转管理费用”；

13. 序号2.6“用于试制产品的检验费”：取自《“研发支出”辅助账汇总表》序号2.6第4行“结转管理费用”；

14. 序号2.7“用于研发活动的仪器、设备的运行维护、调整、检验、维修等费用”：取自《“研发支出”辅助账汇总表》序号2.7第4行“结转管理费用”；

15. 序号2.8“通过经营租赁方式租入的用于研发活动的仪器、设备租赁费”：取自《“研发支出”辅助账汇总表》序号2.8第4行“结转管理费用”；

16. 序号3“三、折旧费用小计”：等于序号3.1加3.2；

17. 序号3.1“用于研发活动的仪器的折旧费”：取自《“研发支出”辅助账汇总表》序号3.1第4行“结转管理费用”；

18. 序号3.2“用于研发活动的设备的折旧费”：取自《“研发支出”辅助账汇总表》序号3.2第4行“结转管理费用”；

19. 序号4“四、无形资产摊销小计”：等于序号4.1至4.3的合计；

20. 序号4.1“用于研发活动的软件的摊销费用”：取自《“研发支出”辅助账汇总表》序号4.1第4行“结转管理费用”；

21. 序号4.2“用于研发活动的专利权的摊销费用”：取自《“研发支出”辅助账汇总表》序号4.2第4行“结转管理费用”；

22. 序号4.3“用于研发活动的非专利技术(包括许可证、专有技术、设计和计算方法等)的摊销费用”：取自《“研发支出”辅助账汇总表》序号4.3第4行“结转管理费用”；

23. 序号5“五、新产品设计费等小计”：等于序号5.1至5.4的合计；

24. 序号5.1“新产品设计费”：取自《“研发支出”辅助账汇总表》序号5.1第4行“结转管理费用”；

25. 序号5.2“新工艺规程制定费”：取自《“研发支出”辅助账汇总表》序号5.2第4行“结转管理费用”；

26. 序号5.3“新药研制的临床试验费”：取自《“研发支出”辅助账汇总表》序号5.3第4行“结转管理费用”；

27. 序号5.4“勘探开发技术的现场试验费”：取自《“研发支出”辅助账汇总表》序号5.4第4行“结转管理费用”；

28. 序号6“六、其他相关费用小计”：等于序号6明细的合计；

29. 序号6明细：取自《“研发支出”辅助账汇总表》序号6第4行“结转管理费用”明细，应当将明细名称一并填入；

30. 序号7“七、委托外部机构或个人进行研发活动所发生的费用”：取自《“研发支出”辅助账汇总表》序号7第4行“结转管理费用”；

31. 序号7.1“其中：委托境外进行研发活动所发生的费用(包括存在关联关系的委托研发)”：取自《“研发支出”辅助账汇总表》序号7.1第4行“结转管理费用”；

32. 序号8“八、允许加计扣除的研发费用中的第1至5类费用合计(1+2+3+4+5)”：取自《“研发支出”辅助账汇总表》序号8第4行“结转管理费用”；

33. 序号9“九、当期费用化支出可加计扣除总额”：取自《“研发支出”辅助账汇总表》序号9第4行“结转管理费用”；

34. 序号10“十、研发项目形成无形资产当期摊销额”：应当按照以前年度及当期形成无形资产的研发项目当期摊销额填报；

35. 序号10.1“其中：准予加计扣除的摊销额”：应当按照以前年度及本年度对应项目的资本化可加计扣除的研发费用率乘以当年度摊销额合计数填报。

5. 科技部　财政部　国家税务总局关于进一步做好企业研发费用加计扣除政策落实工作的通知

（2017年7月21日　国科发政〔2017〕211号）

各省、自治区、直辖市和计划单列市科技厅（委、局）、财政厅（局）、国家税务局、地方税务局，新疆生产建设兵团科技局、财务局：

为贯彻落实国务院关于“简政放权、放管结合、优化服务”要求，强化政策服务，降低纳税人风险，增强企业获得感，根据《关于完善研究开发费用税前加计扣除政策的通知》（财税〔2015〕119号）的有关规定，现就进一步做好企业研发费用加计扣除政策落实工作通知如下：

一、建立协同工作机制

地方各级人民政府科技、财政和税务主管部门要建立工作协调机制，加强工作衔接，形成工作合力。要切实加强对企业的事前事中事后管理和服务，以多种形式开展政策宣讲，引导企业规范研发项目管理和费用归集，确保政策落实、落细、落地。

二、事中异议项目鉴定

1. 税务部门对企业享受加计扣除优惠的研发项目有异议的，应及时通过县（区）级科技部门将项目资料送地市级（含）以上科技部门进行鉴定；由省直接管理的县/市，可直接由县级科技部门进行鉴定（以下统称“鉴定部门”）。

2. 鉴定部门在收到税务部门的鉴定需求后，应及时组织专家进行鉴定，并在规定时间内通过原渠道将鉴定意见反馈税务部门。鉴定时，应由3名以上相关领域的产业、技术、管理等专家参加。

3. 税务部门对鉴定部门的鉴定意见有异议的，可转请省级人民政府科技行政管理部门出具鉴定意见。

4. 对企业承担的省部级（含）以上科研项目，以及以前年度已鉴定的跨年度研发项目，税务部门不再要求进行鉴定。

三、事后核查异议项目鉴定

税务部门在对企业享受的研发费用加计扣除优惠开展事后核查中，对企业研发项目有异议的，可按照本通知第二条的规定送科技部门鉴定。

四、有关要求

1. 开展企业研发项目鉴定，不得向企业收取任何费用，所需要的工作经费应纳入部门经费预算给予保障。

2. 有条件的地方可建立信息化服务平台，为企业提供自我评价、材料提交、工作流转与信息传递等服务，提高工作效率，降低企业成本。

3. 各地方可根据本通知精神，制定实施细则，进一步明确职责分工、工作程序、办理时限等。

各地方在落实企业研发费用加计扣除政策过程中出现的问题以及意见和建议，要及时报科技部政策法规与监督司、财政部税政司和税务总局所得税司。

6. 国家税务总局关于研发费用税前加计扣除归集范围有关问题的公告

（2017年11月8日　国家税务总局公告2017年第40号）

为进一步做好研发费用税前加计扣除优惠政策的贯彻落实工作，切实解决政策落实过程中存在的问题，根据《财政部　国家税务总局　科技部关于完善研究开发费用税前加计扣除政策的通知》（财税〔2015〕119号）及《国家税务总局关于企业研究开发费用税前加计扣除政策有关问题的公告》（国家税务总局公告2015年第97号）等文件的规定，现就研发费用税前加计扣除归集范围有关问题公告如下：

一、人员人工费用

指直接从事研发活动人员的工资薪金、基本养老保险费、基本医疗保险费、失业保险费、工伤保险费、生育保险费和住房公积金，以及外聘研发人员的劳务费用。

（一）直接从事研发活动人员包括研究人员、技术人员、辅助人员。研究人员是指主要从事研究开发项目的专业人员；技术人员是指具有工程技术、自然科学和生命科学中一个或一个以上领域的技术知识和经验，在研究人员指导下参与研发工作的人员；辅助人员是指参与研究开发活动的技工。外聘研发人员是指与本企业或劳务派遣企业签订劳务用工协议（合同）和临时聘用的研究人员、技术人员、辅助人员。

接受劳务派遣的企业按照协议（合同）约定支付给劳务派遣企业，且由劳务派遣企业实际支付给外聘研发人员的工资薪金等费用，属于外聘研发人员的劳务费用。

（二）工资薪金包括按规定可以在税前扣除的对研发人员股权激励的支出。

（三）直接从事研发活动的人员、外聘研发人员同时从事非研发活动的，企业应对其人员活动情况做必要记录，并将其实际发生的相关费用按实际工时占比等合理方法在研发费用和生产经营费用间分配，未分配的不得加计扣除。

二、直接投入费用

指研发活动直接消耗的材料、燃料和动力费用；用于中间试验和产品试制的模具、工艺装备开发及制造费，不构成固定资产的样品、样机及一般测试手段购置费，试制产品的检验费；用于研发活动的仪器、设备的运行维护、调整、检验、维修等费用，以及通过经营租赁方式租入的用于研发活动的仪器、设备租赁费。

（一）以经营租赁方式租入的用于研发活动的仪器、设备，同时用于非研发活动的，企业应对其仪器设备使用情况做必要记录，并将其实际发生的租赁费按实际工时占比等合理方法在研发费用和生产经营费用间分配，未分配的不得加计扣除。

（二）企业研发活动直接形成产品或作为组成部分形成的产品对外销售的，研发费用中对应的材料费用不得加计扣除。

产品销售与对应的材料费用发生在不同纳税年度且材料费用已计入研发费用的，可在销售当年以对应的材料费用发生额直接冲减当年的研发费用，不足冲减的，结转以后年度继续冲减。

三、折旧费用

指用于研发活动的仪器、设备的折旧费。

（一）用于研发活动的仪器、设备，同时用于非研发活动的，企业应对其仪器设备使用情况做必要记录，并将其实际发生的折旧费按实际工时占比等合理方法在研发费用和生产经营费用间分配，未分配的不得加计扣除。

（二）企业用于研发活动的仪器、设备，符合税法规定且选择加速折旧优惠政策的，在享受研发费用税前加计扣除政策时，就税前扣除的折旧部分计算加计扣除。

四、无形资产摊销费用

指用于研发活动的软件、专利权、非专利技术（包括许可证、专有技术、设计和计算方法等）的摊销费用。

(一)用于研发活动的无形资产,同时用于非研发活动的,企业应对其无形资产使用情况做必要记录,并将其实际发生的摊销费按实际工时占比等合理方法在研发费用和生产经营费用间分配,未分配的不得加计扣除。

(二)用于研发活动的无形资产,符合税法规定且选择缩短摊销年限的,在享受研发费用税前加计扣除政策时,就税前扣除的摊销部分计算加计扣除。

五、新产品设计费、新工艺规程制定费、新药研制的临床试验费、勘探开发技术的现场试验费

指企业在新产品设计、新工艺规程制定、新药研制的临床试验、勘探开发技术的现场试验过程中发生的与开展该项活动有关的各类费用。

六、其他相关费用

指与研发活动直接相关的其他费用,如技术图书资料费、资料翻译费、专家咨询费、高新科技研发保险费,研发成果的检索、分析、评议、论证、鉴定、评审、评估、验收费用,知识产权的申请费、注册费、代理费,差旅费、会议费,职工福利费、补充养老保险费、补充医疗保险费。

此类费用总额不得超过可加计扣除研发费用总额的10%。

七、其他事项

(一)企业取得的政府补助,会计处理时采用直接冲减研发费用方法且税务处理时未将其确认为应税收入的,应按冲减后的余额计算加计扣除金额。

(二)企业取得研发过程中形成的下脚料、残次品、中间试制品等特殊收入,在计算确认收入当年的加计扣除研发费用时,应从已归集研发费用中扣减该特殊收入,不足扣减的,加计扣除研发费用按零计算。

(三)企业开展研发活动中实际发生的研发费用形成无形资产的,其资本化的时点与会计处理保持一致。

(四)失败的研发活动所发生的研发费用可享受税前加计扣除政策。

(五)国家税务总局公告2015年第97号第三条所称"研发活动发生费用"是指委托方实际支付给受托方的费用。无论委托方是否享受研发费用税前加计扣除政策,受托方均不得加计扣除。

委托方委托关联方开展研发活动的,受托方需向委托方提供研发过程中实际发生的研发项目费用支出明细情况。

八、执行时间和适用对象

本公告适用于2017年度及以后年度汇算清缴。以前年度已经进行税务处理的不再调整。涉及追溯享受优惠政策情形的,按照本公告的规定执行。科技型中小企业研发费用加计扣除事项按照本公告执行。

国家税务总局公告2015年第97号第一条、第二条第(一)项、第二条第(二)项、第二条第(四)项同时废止。

7.财政部　国家税务总局　科技部关于提高科技型中小企业研究开发费用税前加计扣除比例的通知

(2017年5月2日　财税〔2017〕34号)

各省、自治区、直辖市、计划单列市财政厅(局)、国家税务局、地方税务局、科技厅(局),新疆生产建设兵团财务局、科技局:

为进一步激励中小企业加大研发投入,支持科技创新,现就提高科技型中小企业研究开发费用(以下简称研发费用)税前加计扣除比例有关问题通知如下:

一、科技型中小企业开展研发活动中实际发生的研发费用,未形成无形资产计入当期损益的,在按规定据实扣除的基础上,在2017年1月1日至2019年12月31日期间,再按照实际发生额的75%在税前加计扣除;形成无形资产的,在上述期间按照无形资产成本的175%在税前摊销。

二、科技型中小企业享受研发费用税前加计扣除政策的其他政策口径按照《财政部　国家税务总局　科技部关于完善研究开发费用税前加计扣除政策的通知》(财税〔2015〕119号)规定执行。

三、科技型中小企业条件和管理办法由科技部、财政部和国家税务总局另行发布。科技、财政和税务部门应建立信息共享机制,及时共享科技型中小企业的相关信息,加强协调配合,保障优惠政策落实到位。

8.国家税务总局关于提高科技型中小企业研究开发费用税前加计扣除比例有关问题的公告

(2017年5月22日　国家税务总局公告2017年第18号)

根据《中华人民共和国企业所得税法》及其实施条例、《财政部　税务总局　科技部关于提高科技型中小企业研究开发费用税前加计扣除比例的通知》(财税〔2017〕34号,以下简称《通知》)和《科技部　财政部　国家税务总局关于印发〈科技型中小企业评价办法〉的通知》(国科发政〔2017〕115号,以下简称《评价办法》)的规定,现就提高科技型中小企业研究开发费用(以下简称"研发费用")税前加计扣除比例有关问题公告如下:

一、科技型中小企业开展研发活动实际发生的研发费用,在2019年12月31日以前形成的无形资产,在2017年1月1日至2019年12月31日期间发生的摊销费用,可适用《通知》规定的优惠政策。

二、企业在汇算清缴期内按照《评价办法》第十条、第十一条、第十二条规定取得科技型中小企业登记编号的,其汇算清缴年度可享受《通知》规定的优惠政策。企业按《评价办法》第十二条规定更新信息后不再符合条件的,其汇算清缴年度不得享受《通知》规定的优惠政策。

三、科技型中小企业办理税收优惠备案时,应将按照《评价办法》取得的相应年度登记编号填入《企业所得税优惠事项备案表》"具有相关资格的批准文件(证书)及文号(编号)"栏次。

四、因不符合科技型中小企业条件而被科技部门撤销登记编号的企业,相应年度不得享受《通知》规定的优惠政策,已享受的应补缴相应年度的税款。

五、科技型中小企业享受研发费用税前加计扣除政策的其他政策口径和管理事项仍按照《国家税务总局关于企业研究开发费用税前加计扣除政策有关问题的公告》(国家税务总局公告2015年第97号)和《国家税务总局关于发布〈企业所得税优惠政策事项办理办法〉的公告》(国家税务总局公告2015年第76号)的规定执行。

六、本公告适用于2017年—2019年度企业所得税汇算清缴。

特此公告。

9.科技部　财政部　国家税务总局关于印发《科技型中小企业评价办法》的通知

(2017年5月3日　国科发政〔2017〕115号)

各省、自治区、直辖市及计划单列市科技厅(委、局)、财政厅(局)、国家税务局、地方税务局,新疆生产建设兵团科技局、财务局:

为贯彻落实《国家创新驱动发展战略纲要》,推动大众创业万众创新,加大对科技型中小企业的精准支持力度，按照《深化科技体制改革实施方案》要求，科技部、财政部、国家税务总局研究制定了《科技型中小企业评价办法》，现印发给你们，请遵照执行。

科技型中小企业评价办法

第一章　总　　则

第一条　为贯彻落实《国家创新驱动发展战略纲要》，推动大众创业万众创新，加速科技成果产业化，加大对科技型中小企业的精准支持力度，壮大科技型中小企业群体，培育新的经济增长点，根据《深化科技体制改革实施方案》要求，制定本办法。

第二条　本办法所称的科技型中小企业是指依托一定数量的科技人员从事科学技术研究开发活动，取得自主知识产权并将其转化为高新技术产品或服务，从而实现可持续发展的中小企业。

第三条　科技型中小企业评价工作采取企业自主评价、省级科技管理部门组织实施、科技部服务监督的工作模式，坚持服务引领、放管结合、公开透明的原则。

第四条　科技部负责建设“全国科技型中小企业信息服务平台”（以下简称“服务平台”）和“全国科技型中小企业信息库”（以下简称“信息库”）。科技部火炬高技术产业开发中心负责服务平台和信息库建设与运行的日常工作。

企业可根据本办法进行自主评价，并按照自愿原则到服务平台填报企业信息，经公示无异议的，纳入信息库。

第五条　各有关部门和各级人民政府应当对纳入信息库的科技型中小企业提供精准支持和精准服务，制定的支持企业技术创新的政策措施应优先支持纳入信息库的企业。

第二章　评 价 指 标

第六条　科技型中小企业须同时满足以下条件：

（一）在中国境内（不包括港、澳、台地区）注册的居民企业。

（二）职工总数不超过500人、年销售收入不超过2亿元、资产总额不超过2亿元。

（三）企业提供的产品和服务不属于国家规定的禁止、限制和淘汰类。

（四）企业在填报上一年及当年内未发生重大安全、重大质量事故和严重环境违法、科研严重失信行为，且企业未列入经营异常名录和严重违法失信企业名单。

（五）企业根据科技型中小企业评价指标进行综合评价所得分值不低于60分，且科技人员指标得分不得为0分。

第七条　科技型中小企业评价指标具体包括科技人员、研发投入、科技成果三类，满分100分。

1. 科技人员指标（满分20分）。按科技人员数占企业职工总数的比例分档评价。

A. 30%（含）以上（20分）

B. 25%（含）~30%（16分）

C. 20%（含）~25%（12分）

D. 15%（含）~20%（8分）

E. 10%（含）~15%（4分）

F. 10%以下（0分）

2. 研发投入指标（满分50分）。企业从（1）、（2）两项指标中选择一个指标进行评分。

（1）按企业研发费用总额占销售收入总额的比例分档评价。

A. 6%（含）以上（50分）

B. 5%（含）~6%（40分）

C. 4%（含）~5%（30分）

D. 3%（含）~4%（20分）

E. 2%（含）~3%（10分）

F. 2%以下（0分）

（2）按企业研发费用总额占成本费用支出总额的比例分档评价。

A. 30%（含）以上（50分）

B. 25%（含）~30%（40分）

C. 20%（含）~25%（30分）

D. 15%（含）~20%（20分）

E. 10%（含）~15%（10分）

F. 10%以下（0分）

3. 科技成果指标（满分30分）。按企业拥有的在有效期内的与主要产品（或服务）相关的知识产权类别和数量（知识产权应没有争议或纠纷）分档评价。

A. 1项及以上Ⅰ类知识产权（30分）

B. 4项及以上Ⅱ类知识产权（24分）

C. 3项Ⅱ类知识产权（18分）

D. 2项Ⅱ类知识产权（12分）

E. 1项Ⅱ类知识产权（6分）

F. 没有知识产权（0分）

第八条 符合第六条第（一）~（四）项条件的企业，若同时符合下列条件中的一项，则可直接确认符合科技型中小企业条件：

（一）企业拥有有效期内高新技术企业资格证书；

（二）企业近五年内获得过国家级科技奖励，并在获奖单位中排在前三名；

（三）企业拥有经认定的省部级以上研发机构；

（四）企业近五年内主导制定过国际标准、国家标准或行业标准。

第九条 科技型中小企业评价指标的说明：

（一）企业科技人员是指企业直接从事研发和相关技术创新活动，以及专门从事上述活动管理和提供直接服务的人员，包括在职、兼职和临时聘用人员，兼职、临时聘用人员全年须在企业累计工作6个月以上。

（二）企业职工总数包括企业在职、兼职和临时聘用人员。在职人员通过企业是否签订了劳动合同或缴纳社会保险费来鉴别，兼职、临时聘用人员全年须在企业累计工作6个月以上。

（三）企业研发费用是指企业研发活动中发生的相关费用，具体按照财政部　国家税务总局　科技部《关于完善研究开发费用税前加计扣除政策的通知》（财税〔2015〕119号）有关规定进行归集。

（四）企业销售收入为主营业务与其他业务收入之和。

（五）知识产权采用分类评价，其中：发明专利、植物新品种、国家级农作物品种、国家新药、国家一级中药保护品种、集成电路布图设计专有权按Ⅰ类评价；实用新型专利、外观设计专利、软件著作权按Ⅱ类评价。

（六）企业主导制定国际标准、国家标准或行业标准是指企业在国家标准化委员会、工业和信息化部、国际标准化组织等主管部门的相关文件中排名起草单位前五名。

（七）省部级以上研发机构包括国家（省、部）重点实验室、国家（省、部）工程技术研究中心、国家（省、部）工程实验室、国家（省、部）工程研究中心、国家（省、部）企业技术中心、国家（省、部）国际联合研究中心等。

第三章　信息填报与登记入库

第十条 企业可对照本办法自主评价是否符合科技型中小企业条件，认为符合条件的，可自愿在服务平台上注册登记企业基本信息，在线填报《科技型中小企业信息表》(附件)。

各省级科技管理部门组织有关单位对企业填报的《科技型中小企业信息表》内容是否完整进行确认。内容不完整的，在服务平台上通知企业补正。信息完整且符合条件的，由省级科技管理部门在服务平台公示10个工作日。

公示无异议的企业，纳入信息库并在服务平台公告；有异议的，由省级科技管理部门组织有关单位进行核实处理。

第十一条 省级科技管理部门为入库企业赋予科技型中小企业入库登记编号(以下简称“登记编号”)。

有关单位可通过服务平台查验企业的登记编号。

第十二条 已入库企业应在每年3月底前通过服务平台对《科技型中小企业信息表》中的信息进行更新，并对本企业是否仍符合科技型中小企业条件进行自主评价，仍符合条件的，由省级科技管理部门按本办法第十条和第十一条规定程序办理。

第十三条 已入库企业发生更名或与第二章规定的条件有关的重大变化的，应在三个月内通过服务平台填报变化情况。

第十四条 已入库企业有下列行为之一的，由省级科技管理部门撤销其行为发生年度登记编号并在服务平台上公告：

(一)企业发生重大变化，不再符合第二章规定条件的；

(二)存在严重弄虚作假行为的；

(三)发生科研严重失信行为的；

(四)发生重大安全、重大质量事故或有严重环境违法行为的；

(五)被列入经营异常名录和严重违法失信企业名单的；

(六)未按期更新《科技型中小企业信息表》信息的。

第十五条 科技部根据工作需要对省级科技管理部门管理工作进行监督检查。省级科技管理部门对已入库企业进行抽查，对经抽查或审核企业确认不符合条件的，由省级科技管理部门按照第十四条规定处理。

第四章　附　　则

第十六条 本办法由科技部、财政部、国家税务总局负责解释。

各省级科技管理部门、财政部门、税务部门可根据本地区情况制定实施细则。

第十七条 本办法自发布之日起实施。

附件：科技型中小企业信息表(略)

10. 科技部　国家税务总局关于做好科技型中小企业评价工作有关事项的通知

(2018年4月27日　国科发火〔2018〕11号)

各省、自治区、直辖市和计划单列市科技厅(委、局)、国家税务局、地方税务局，新疆生产建设兵团科技局：

为做好科技型中小企业评价工作，确保提高科技型中小企业研究开发费用税前加计扣除比例优惠政策落实到位，根据《财政部　税务总局　科技部关于提高科技型中小企业研究开发费用税前加计扣除比例的通知》(财税〔2017〕34号)、《科技部　财政部　国家税务总局关于印发〈科技型中小企业评价办法〉的通知》(国科发政〔2017〕115号)、《科技部　财政部　国家税务总局关于进一步做好企业研发费用加计扣除政策落实工作的通知》(国科发政〔2017〕211号)以及《国家税务总局　科技部关于加强企业研发费用税前加计扣除政策贯彻落实工作的通知》(税总发〔2017〕106号),现就有关事项通知如下。

一、各省级科技管理部门要组织好企业注册信息、自评信息的形式审查及科技型中小企业入库公示、公告工作,省级科技管理部门6月30日前应完成5月31日前提交自评信息(补正自评信息的按补正提交日期)的科技型中小企业入库公告,保障符合条件的企业及时入库并享受优惠政策。

二、各省级科技管理部门应按企业成立日期和提交自评信息日期,在科技型中小企业入库登记编号(以下简称登记编号)上进行标识。入库年度之前成立且5月31日前提交自评信息的,其登记编号第11位(左数,以下相同)为0;入库年度之前成立但6月1日(含)以后提交自评信息的,其登记编号第11位为A;入库年度当年成立的,其登记编号第11位为B。入库登记编号第11位为0的企业,可在上年度汇算清缴中享受提高科技型中小企业税前研发费用加计扣除比例政策。

三、省级科技管理部门应及时将科技型中小企业入库登记信息(包括企业名称、统一社会信用代码、注册地、入库登记编号、入库日期等)发送给省级税务部门。

四、各级税务部门要与科技部门密切配合,及时掌握企业参与评价工作进展,摸清符合科技型中小企业评价标准的纳税人基数和分布情况,通过各种方式为企业提供政策辅导,帮助取得登记编号企业及时享受政策,切实加大提高科技型中小企业研究开发费用税前加计扣除比例政策落实力度。

五、汇算清缴工作结束后,省级税务部门应及时将实际享受提高科技型中小企业研究开发费用税前加计扣除比例政策的企业信息(包括名称、统一社会信用代码、入库登记编号、研发加计扣除额等)与省级科技管理部门进行共享。

11. 财政部　国家税务总局　科技部关于企业委托境外研究开发费用税前加计扣除有关政策问题的通知

(2018年6月25日　财税〔2018〕64号)

各省、自治区、直辖市、计划单列市财政厅(局)、科技厅(局),国家税务总局各省、自治区、直辖市、计划单列市税务局,新疆生产建设兵团财政局、科技局:

为进一步激励企业加大研发投入,加强创新能力开放合作,现就企业委托境外进行研发活动发生的研究开发费用(以下简称研发费用)企业所得税前加计扣除有关政策问题通知如下:

一、委托境外进行研发活动所发生的费用,按照费用实际发生额的80%计入委托方的委托境外研发费用。委托境外研发费用不超过境内符合条件的研发费用三分之二的部分,可以按规定在企业所得税前加计扣除。

上述费用实际发生额应按照独立交易原则确定。委托方与受托方存在关联关系的,受托方应向委托方提供研发项目费用支出明细情况。

二、委托境外进行研发活动应签订技术开发合同,并由委托方到科技行政主管部门进行登记。相关事项按技术合同认定登记管理办法及技术合同认定规则执行。

三、企业应在年度申报享受优惠时,按照《国家税务总局关于发布修订后的〈企业所得税优惠政策事项办理办法〉的公告》(国家税务总局公告2018年第23号)的规定办理有关手续,并留存备查以下资料:

(一)企业委托研发项目计划书和企业有权部门立项的决议文件;

(二)委托研究开发专门机构或项目组的编制情况和研发人员名单;

(三)经科技行政主管部门登记的委托境外研发合同;

(四)"研发支出"辅助账及汇总表;

(五)委托境外研发银行支付凭证和受托方开具的收款凭据;

(六)当年委托研发项目的进展情况等资料。

企业如果已取得地市级(含)以上科技行政主管部门出具的鉴定意见,应作为资料留存备查。

四、企业对委托境外研发费用以及留存备查资料的真实性、合法性承担法律责任。

五、委托境外研发费用加计扣除其他政策口径和管理要求按照《财政部　国家税务总局　科技部关于完善研究开发费用税前加计扣除政策的通知》(财税〔2015〕119 号)、《财政部　税务总局　科技部关于提高科技型中小企业研究开发费用税前加计扣除比例的通知》(财税〔2017〕34 号)、《国家税务总局关于企业研究开发费用税前加计扣除政策有关问题的公告》(国家税务总局公告 2015 年第 97 号)等文件规定执行。

六、本通知所称委托境外进行研发活动不包括委托境外个人进行的研发活动。

七、本通知自 2018 年 1 月 1 日起执行。财税〔2015〕119 号文件第二条中"企业委托境外机构或个人进行研发活动所发生的费用,不得加计扣除"的规定同时废止。

12. 财政部　国家税务总局　科技部关于提高研究开发费用税前加计扣除比例的通知

(2018 年 9 月 20 日　财税〔2018〕99 号)

各省、自治区、直辖市、计划单列市财政厅(局)、科技厅(局),国家税务总局各省、自治区、直辖市、计划单列市税务局,新疆生产建设兵团财政局、科技局:

为进一步激励企业加大研发投入,支持科技创新,现就提高企业研究开发费用(以下简称研发费用)税前加计扣除比例有关问题通知如下:

一、企业开展研发活动中实际发生的研发费用,未形成无形资产计入当期损益的,在按规定据实扣除的基础上,在 2018 年 1 月 1 日至 2020 年 12 月 31 日期间,再按照实际发生额的 75% 在税前加计扣除;形成无形资产的,在上述期间按照无形资产成本的 175% 在税前摊销。

二、企业享受研发费用税前加计扣除政策的其他政策口径和管理要求按照《财政部　国家税务总局　科技部关于完善研究开发费用税前加计扣除政策的通知》(财税〔2015〕119 号)、《财政部　税务总局　科技部关于企业委托境外研究开发费用税前加计扣除有关政策问题的通知》(财税〔2018〕64 号)、《国家税务总局关于企业研究开发费用税前加计扣除政策有关问题的公告》(国家税务总局公告 2015 年第 97 号)等文件规定执行。

加速折旧

1. 国家税务总局关于企业固定资产加速折旧所得税处理有关问题的通知

（2009 年 4 月 16 日　国税发〔2009〕81 号）

（部分条款修改，详见文中注释）

各省、自治区、直辖市和计划单列市国家税务局、地方税务局：

根据《中华人民共和国企业所得税法》（以下简称《企业所得税法》）及《中华人民共和国企业所得税法实施条例》（以下简称《实施条例》）的有关规定，现就企业固定资产实行加速折旧的所得税处理问题通知如下：

一、根据《企业所得税法》第三十二条及《实施条例》第九十八条的相关规定，企业拥有并用于生产经营的主要或关键的固定资产，由于以下原因确需加速折旧的，可以缩短折旧年限或者采取加速折旧的方法：

（一）由于技术进步，产品更新换代较快的；

（二）常年处于强震动、高腐蚀状态的。

二、企业拥有并使用的固定资产符合本通知第一条规定的，可按以下情况分别处理：

（一）企业过去没有使用过与该项固定资产功能相同或类似的固定资产，但有充分的证据证明该固定资产的预计使用年限短于《实施条例》规定的计算折旧最低年限的，企业可根据该固定资产的预计使用年限和本通知的规定，对该固定资产采取缩短折旧年限或者加速折旧的方法。

（二）企业在原有的固定资产未达到《实施条例》规定的最低折旧年限前，使用功能相同或类似的新固定资产替代旧固定资产的，企业可根据旧固定资产的实际使用年限和本通知的规定，对新替代的固定资产采取缩短折旧年限或者加速折旧的方法。

三、企业采取缩短折旧年限方法的，对其购置的新固定资产，最低折旧年限不得低于《实施条例》第六十条规定的折旧年限的60%；若为购置已使用过的固定资产，其最低折旧年限不得低于《实施条例》规定的最低折旧年限减去已使用年限后剩余年限的60%。最低折旧年限一经确定，一般不得变更。

四、企业拥有并使用符合本通知第一条规定条件的固定资产采取加速折旧方法的，可以采用双倍余额递减法或者年数总和法。加速折旧方法一经确定，一般不得变更。

（一）双倍余额递减法，是指在不考虑固定资产预计净残值的情况下，根据每期期初固定资产原值减去累计折旧后的金额和双倍的直线法折旧率计算固定资产折旧的一种方法。应用这种方法计算折旧额时，由于每年年初固定资产净值没有减去预计净残值，所以在计算固定资产折旧额时，应在其折旧年限到期前的两年期间，将固定资产净值减去预计净残值后的余额平均摊销。计算公式如下：

$$年折旧率 = 2 \div 预计使用寿命(年) \times 100\%$$

$$月折旧率 = 年折旧率 \div 12$$

$$月折旧额 = 月初固定资产账面净值 \times 月折旧率$$

（二）年数总和法，又称年限合计法，是指将固定资产的原值减去预计净残值后的余额，乘以一个以固定资产尚可使用寿命为分子、以预计使用寿命逐年数字之和为分母的逐年递减的分数计算每年的折旧额。计算公式如下：

$$年折旧率 = 尚可使用年限 \div 预计使用寿命的年数总和 \times 100\%$$

月折旧率 = 年折旧率 ÷ 12

月折旧额 = (固定资产原值 - 预计净残值) × 月折旧率

五、企业确需对固定资产采取缩短折旧年限或者加速折旧方法的,应在取得该固定资产后一个月内,向其企业所得税主管税务机关(以下简称主管税务机关)备案,并报送以下资料:

(一)固定资产的功能、预计使用年限短于《实施条例》规定计算折旧的最低年限的理由、证明资料及有关情况的说明;

(二)被替代的旧固定资产的功能、使用及处置等情况的说明;

(三)固定资产加速折旧拟采用的方法和折旧额的说明;

(四)主管税务机关要求报送的其他资料。

企业主管税务机关应在企业所得税年度纳税评估时,对企业采取加速折旧的固定资产的使用环境及状况进行实地核查。对不符合加速折旧规定条件的,主管税务机关有权要求企业停止该项固定资产加速折旧。

【注】根据《国家税务总局关于公布全文失效废止和部分条款废止的税收规范性文件目录的公告》(国家税务总局公告 2016 年第 34 号)的规定,本条款自 2016 年 5 月 29 日起失效。

六、对于采取缩短折旧年限的固定资产,足额计提折旧后继续使用而未进行处置(包括报废等情形)超过 12 个月的,今后对其更新替代、改造改建后形成的功能相同或者类似的固定资产,不得再采取缩短折旧年限的方法。

七、对于企业采取缩短折旧年限或者采取加速折旧方法的,主管税务机关应设立相应的税收管理台账,并加强监督,实施跟踪管理。对发现不符合《实施条例》第九十八条及本通知规定的,主管税务机关要及时责令企业进行纳税调整。

八、适用总、分机构汇总纳税的企业,对其所属分支机构使用的符合《实施条例》第九十八条及本通知规定情形的固定资产采取缩短折旧年限或者采取加速折旧方法的,由其总机构向其所在地主管税务机关备案。分支机构所在地主管税务机关应负责配合总机构所在地主管税务机关实施跟踪管理。

九、本通知自 2008 年 1 月 1 日起执行。

2. 财政部　国家税务总局关于完善固定资产加速折旧企业所得税政策的通知

(2014 年 10 月 20 日　财税〔2014〕75 号)

各省、自治区、直辖市、计划单列市财政厅(局)、国家税务局、地方税务局,新疆生产建设兵团财务局:

为贯彻落实国务院完善固定资产加速折旧政策精神,现就有关固定资产加速折旧企业所得税政策问题通知如下:

一、对生物药品制造业,专用设备制造业,铁路、船舶、航空航天和其他运输设备制造业,计算机、通信和其他电子设备制造业,仪器仪表制造业,信息传输、软件和信息技术服务业等 6 个行业的企业 2014 年 1 月 1 日后新购进的固定资产,可缩短折旧年限或采取加速折旧的方法。

对上述 6 个行业的小型微利企业 2014 年 1 月 1 日后新购进的研发和生产经营共用的仪器、设备,单位价值不超过 100 万元的,允许一次性计入当期成本费用在计算应纳税所得额时扣除,不再分年度计算折旧;单位价值超过 100 万元的,可缩短折旧年限或采取加速折旧的方法。

二、对所有行业企业 2014 年 1 月 1 日后新购进的专门用于研发的仪器、设备,单位价值不超过 100 万元的,允许一次性计入当期成本费用在计算应纳税所得额时扣除,不再分年度计算折旧;单位价值超过 100 万元的,可缩短折旧年限或采取加速折旧的方法。

三、对所有行业企业持有的单位价值不超过 5000 元的固定资产,允许一次性计入当期成本费用在计算应纳税所得额时扣除，不再分年度计算折旧。

四、企业按本通知第一条、第二条规定缩短折旧年限的，最低折旧年限不得低于企业所得税法实施条例第六十条规定折旧年限的60%；采取加速折旧方法的，可采取双倍余额递减法或者年数总和法。本通知第一至三条规定之外的企业固定资产加速折旧所得税处理问题，继续按照企业所得税法及其实施条例和现行税收政策规定执行。

五、本通知自2014年1月1日起执行。

3. 国家税务总局关于固定资产加速折旧税收政策有关问题的公告

（2014年11月14日　国家税务总局公告2014年第64号）

（部分条款修改，详见文中注释）

为落实国务院完善固定资产加速折旧政策，促进企业技术改造，支持创业创新，根据《中华人民共和国企业所得税法》（以下简称企业所得税法）及其实施条例、《财政部　国家税务总局关于完善固定资产加速折旧企业所得税政策的通知》（财税〔2014〕75号）规定，现就落实完善固定资产加速折旧企业所得税政策有关问题公告如下：

一、对生物药品制造业，专用设备制造业，铁路、船舶、航空航天和其他运输设备制造业，计算机、通信和其他电子设备制造业，仪器仪表制造业，信息传输、软件和信息技术服务业等行业企业（以下简称六大行业），2014年1月1日后购进的固定资产（包括自行建造），允许按不低于企业所得税法规定折旧年限的60%缩短折旧年限，或选择采取双倍余额递减法或年数总和法进行加速折旧。

六大行业按照国家统计局《国民经济行业分类与代码（GB/4754—2011）》确定。今后国家有关部门更新国民经济行业分类与代码，从其规定。

六大行业企业是指以上述行业业务为主营业务，其固定资产投入使用当年主营业务收入占企业收入总额50%（不含）以上的企业。所称收入总额，是指企业所得税法第六条规定的收入总额。

二、企业在2014年1月1日后购进并专门用于研发活动的仪器、设备，单位价值不超过100万元的，可以一次性在计算应纳税所得额时扣除；单位价值超过100万元的，允许按不低于企业所得税法规定折旧年限的60%缩短折旧年限，或选择采取双倍余额递减法或年数总和法进行加速折旧。

用于研发活动的仪器、设备范围口径，按照《国家税务总局关于印发〈企业研究开发费用税前扣除管理办法（试行）〉的通知》（国税发〔2008〕116号）或《科学技术部　财政部　国家税务总局关于印发〈高新技术企业认定管理工作指引〉的通知》（国科发火〔2008〕362号）规定执行。

企业专门用于研发活动的仪器、设备已享受上述优惠政策的，在享受研发费加计扣除时，按照《国家税务总局关于印发〈企业研发费用税前扣除管理办法（试行）〉的通知》（国税发〔2008〕116号）、《财政部　国家税务总局关于研究开发费用税前加计扣除有关政策问题的通知》（财税〔2013〕70号）的规定，就已经进行会计处理的折旧、费用等金额进行加计扣除。

六大行业中的小型微利企业研发和生产经营共用的仪器、设备，可以执行本条第一、二款的规定。所称小型微利企业，是指企业所得税法第二十八条规定的小型微利企业。

三、企业持有的固定资产，单位价值不超过5000元的，可以一次性在计算应纳税所得额时扣除。企业在2013年12月31日前持有的单位价值不超过5000元的固定资产，其折余价值部分，2014年1月1日以后可以一次性在计算应纳税所得额时扣除。

四、企业采取缩短折旧年限方法的，对其购置的新固定资产，最低折旧年限不得低于企业所得税法实施条例第六十条规定的折旧年限的60%；企业购置已使用过的固定资产，其最低折旧年限不得低于实施条例规定的最低折旧年限减去已使用年限后剩余年限的60%。最低折旧年限一经确定，一般不得变更。

五、企业的固定资产采取加速折旧方法的,可以采用双倍余额递减法或者年数总和法。加速折旧方法一经确定,一般不得变更。

所称双倍余额递减法或者年数总和法,按照《国家税务总局关于企业固定资产加速折旧所得税处理有关问题的通知》(国税发〔2009〕81 号)第四条的规定执行。

六、企业的固定资产既符合本公告优惠政策条件,同时又符合《国家税务总局关于企业固定资产加速折旧所得税处理有关问题的通知》(国税发〔2009〕81 号)、《财政部　国家税务总局关于进一步鼓励软件产业和集成电路产业发展企业所得税政策的通知》(财税〔2012〕27 号)中相关加速折旧政策条件的,可由企业选择其中最优惠的政策执行,且一经选择,不得改变。

七、企业固定资产采取一次性税前扣除、缩短折旧年限或加速折旧方法的,预缴申报时,须同时报送《固定资产加速折旧(扣除)预缴情况统计表》(见附件 1),年度申报时,实行事后备案管理,并按要求报送相关资料。

【注】根据《国家税务总局关于公布全文失效废止和部分条款废止的税收规范性文件目录的公告》(国家税务总局公告 2016 年第 34 号)的规定,本条款自 2016 年 5 月 29 日起失效。

企业应将购进固定资产的发票、记账凭证等有关凭证、凭据(购入已使用过的固定资产,应提供已使用年限的相关说明)等资料留存备查,并应建立台账,准确核算税法与会计差异情况。

主管税务机关应对适用本公告规定优惠政策的企业加强后续管理,对预缴申报时享受了优惠政策的企业,年终汇算清缴时应对企业全年主营业务收入占企业收入总额的比例进行重点审核。

八、本公告适用于 2014 年及以后纳税年度。

特此公告。

附件：

1. 固定资产加速折旧(扣除)预缴情况统计表

所属时间：　　年　月　日至　　年　月　日

纳税人识别号：　　　　纳税人名称：　　　　所属行业

行次	项目	房屋、建筑物			机器设备和其他固定资产			合计				
		原值	本期折旧（扣除）额	累计折旧（扣除）额	原值	本期折旧（扣除）额	累计折旧（扣除）额	原值	本期折旧（扣除）额		累计折旧（扣除）额	
									正常折旧额	加速折旧额	正常折旧额	加速折旧额
1	一、六大行业固定资产											
2	（一）生物药品制造业											
3	（二）专用设备制造业											
4	（三）铁路、船舶、航空航天和其他运输设备制造业											
5	（四）计算机、通信和其他电子设备制造业											
6	（五）仪器仪表制造业											
7	（六）信息传输、软件和信息技术服务业											
8	（七）其他行业											
9	二、允许一次性扣除的固定资产											
10	（一）单位价值不超过 100 万元的研发仪器、设备											
11	其中：六大行业小型微利企业研发和生产经营共用的仪器、设备											
12	（二）单位价值不超过 5000 元的固定资产											
13	总计											

法人代表：（签章）　　　　填表人：

2.《固定资产加速折旧(扣除)预缴情况统计表》填报说明

一、本表适用于符合《财政部　国家税务总局关于完善固定资产加速折旧税收政策有关问题的通知》（财税〔2014〕75 号）和本公告规定的企业，填报享受固定资产加速折旧和一次性扣除优惠政策的统计情况，不作为纳税申报表格。企业月（季）度预缴企业所得税时，作为附报资料，随同纳税申报表一并报送。年度申报时，在企业所得税年度纳税申报表中统一填报，不单独填报本表。

企业享受《国家税务总局关于企业固定资产加速折旧所得税处理有关问题的通知》（国税发〔2009〕81 号）规定的固定资产加速折旧优惠政策的，不填报本表。

二、为统计加速折旧（扣除）政策的优惠数据，固定资产填报按以下情况掌握：

（一）会计处理采取正常折旧方法，税法规定采取缩短年限方法的，按税法规定折旧完毕后，该项固定资产不再填写本表；

(二)会计处理采取正常折旧方法,税法规定采取年数总和法、双倍余额递减法方法的,从按税法规定折旧金额小于按会计处理折旧金额的月(季)度起,该项固定资产不再填写本表;

(三)会计处理、税法规定均采取加速折旧方法的,合计栏项下"正常折旧额",按该类固定资产税法最低折旧年限和直线法估算"正常折旧额"后,与税法规定的"加速折旧额"比较,计算加速折旧金额。

税法规定采取缩短年限方法的,在折旧完毕后,该项固定资产不再填写本表。税法规定采取年数总和法、双倍余额递减法的,加速折旧额小于会计处理折旧额(或正常折旧额)的月份、季度起,该项固定资产不再填写本表。

三、有关项目填报说明

(一)表头项目

1. 所属时间:填报本年度固定资产加速折旧或一次性扣除的起始时间至本月份、季度申报的截止时间。

2. 所属行业:六大行业企业按照本表项目栏纵向对应的实际从事行业填写;六大行业以外的其他行业,不填写。

(二)行次填报

1. 六大行业按照本公告规定确定的六大行业,分别填报本表第 2 行至第 7 行。

第 8 行"其他行业":由单位价值超过 100 万元的研发仪器、设备采取缩短折旧年限或加速折旧方法的六大行业之外的其他企业填写。

2. 允许一次性扣除的固定资产,按照单位价值不超过 100 万元的研发仪器、设备等和单位价值不超过 5000 元的情况,分别填写。小微企业研发与经营活动共用的仪器、设备一次扣除,同时填写本表第 10 行、第 11 行。

(三)列次填报

1. 原值:填写固定资产实际购置价值。自行建造固定资产,按照会计入账价值确定。

2. 本期折旧(扣除)额:预缴申报时填报当月(季)度税法口径的折旧(扣除)额。

3. 累计折旧(扣除)额:预缴申报时填报本年度 1 月 1 日截止当月(季)度税法口径的折旧(扣除)额。

4. 合计栏"本期折旧(扣除)额"中的"加速折旧额"-"正常折旧额"的差额,反映本月、本季度加速折旧或一次性扣除政策导致应纳税所得额减少的金额。

"累计折旧(扣除)额"中的"加速折旧额"-"正常折旧额"的差额,反映本年度 1 月 1 日截止当月(季)度,加速折旧或一次性扣除政策导致应纳税所得税额减少的金额。

(1)正常折旧额:会计上未采取加速折旧方法的,按照会计账册反映的折旧额填报。

会计上采取缩短年限法的,按照不短于税法上该类固定资产最低折旧年限和直线法计算的折旧额填报;会计上采取年数总和法、双倍余额递减法的,按照直线法换算的折旧额填报。当会计折旧额小于税法加速折旧额时,该类固定资产不再填报本表。

(2)加速折旧额:填报固定资产缩短折旧年限法、年数总和法、双倍余额递减法、一次性扣除等,在本月、季度实际计入应纳税所得额的数额。

【注】根据《国家税务总局关于发布中华人民共和国企业所得税月(季)度预缴纳税申报表(2015 版)等报表的公告》(国家税务总局公告 2015 年第 31 号)的规定,本公告附件《固定资产加速折旧预缴情况统计表》及其填报说明自 2015 年 7 月 1 日起废止。

4.财政部　国家税务总局
关于进一步完善固定资产加速折旧企业所得税政策的通知

（2015年9月17日　财税〔2015〕106号）

各省、自治区、直辖市、计划单列市财政厅(局)、国家税务局、地方税务局,新疆生产建设兵团财务局:

根据国务院常务会议的有关决定精神,现就有关固定资产加速折旧企业所得税政策问题通知如下:

一、对轻工、纺织、机械、汽车等四个领域重点行业(具体范围见附件)的企业2015年1月1日后新购进的固定资产,可由企业选择缩短折旧年限或采取加速折旧的方法。

二、对上述行业的小型微利企业2015年1月1日后新购进的研发和生产经营共用的仪器、设备,单位价值不超过100万元的,允许一次性计入当期成本费用在计算应纳税所得额时扣除,不再分年度计算折旧;单位价值超过100万元的,可由企业选择缩短折旧年限或采取加速折旧的方法。

三、企业按本通知第一条、第二条规定缩短折旧年限的,最低折旧年限不得低于企业所得税法实施条例第六十条规定折旧年限的60%;采取加速折旧方法的,可采取双倍余额递减法或者年数总和法。

按照企业所得税法及其实施条例有关规定,企业根据自身生产经营需要,也可选择不实行加速折旧政策。

四、本通知自2015年1月1日起执行。2015年前3季度按本通知规定未能计算办理的,统一在2015年第4季度预缴申报时享受优惠或2015年度汇算清缴时办理。

附件:

轻工、纺织、机械、汽车四个领域重点行业范围

代码			类别名称	备注
大类	中类	小类		
	268		日用化学产品制造	轻工
		2681	肥皂及合成洗涤剂制造	
		2682	化妆品制造	
		2683	口腔清洁用品制造	
		2684	香料、香精制造	
		2689	其他日用化学产品制造	
27			医药制造业	轻工
	271		化学药品原料药制造	
	272		化学药品制剂制造	
	273		中药饮片加工	
	274		中成药生产	
	275		兽用药品制造	
	277		卫生材料及医药用品制造	
13			农副食品加工业	轻工
	131		谷物磨制	
	132		饲料加工	

续表

代码			类别名称	备注
大类	中类	小类		
	133		植物油加工	
	134		制糖业	
	135		屠宰及肉类加工	
	136		水产品加工	
	137		蔬菜、水果和坚果加工	
	139		其他农副食品加工	
14			食品制造业	轻工
	141		焙烤食品制造	
	142		糖果、巧克力及蜜饯制造	
	143		方便食品制造	
	144		乳制品制造	
	145		罐头食品制造	
	146		调味品、发酵制品制造	
	149		其他食品制造	
17			纺织业	纺织
	171		棉纺织及印染精加工	
	172		毛纺织及染整精加工	
	173		麻纺织及染整精加工	
	174		丝绢纺织及印染精加工	
	175		化纤织造及印染精加工	
	176		针织或钩针编织物及其制品制造	
	177		家用纺织制成品制造	
	178		非家用纺织制成品制造	
18			纺织服装、服饰业	纺织
	181		机织服装制造	
	182		针织或钩针编织服装制造	
	183		服饰制造	
19			皮革、毛皮、羽毛及其制品和制鞋业	轻工
	191		皮革鞣制加工	
	192		皮革制品制造	
	193		毛皮鞣制及制品加工	
	194		羽毛(绒)加工及制品制造	
	195		制鞋业	
20			木材加工和木、竹、藤、棕、草制品业	轻工
	201		木材加工	
	202		人造板制造	

续表

代码			类别名称	备注
大类	中类	小类		
	203		木制品制造	
	204		竹、藤、棕、草等制品制造	
21			家具制造业	轻工
	211		木质家具制造	
	212		竹、藤家具制造	
	213		金属家具制造	
	214		塑料家具制造	
	219		其他家具制造	
22			造纸和纸制品业	轻工
	221		纸浆制造	
	222		造纸	
	223		纸制品制造	
23			印刷和记录媒介复制业	轻工
	231		印刷	
	232		装订及印刷相关服务	
	233		记录媒介复制	
24			文教、工美、体育和娱乐用品制造业	轻工
	241		文教办公用品制造	
	242		乐器制造	
	243		工艺美术品制造	
	244		体育用品制造	
	245		玩具制造	
28			化学纤维制造业	纺织
	281		纤维素纤维原料及纤维制造	
	282		合成纤维制造	
	292		塑料制品业	轻工
		2921	塑料薄膜制造	
		2922	塑料板、管、型材制造	
		2923	塑料丝、绳及编织品制造	
		2924	泡沫塑料制造	
		2925	塑料人造革、合成革制造	
		2926	塑料包装箱及容器制造	
		2927	日用塑料制品制造	
		2928	塑料零件制造	
		2929	其他塑料制品制造	
33			金属制品业	机械
	331		结构性金属制品制造	
	332		金属工具制造	

续表

代码			类别名称	备注
大类	中类	小类		
	333		集装箱及金属包装容器制造	
	334		金属丝绳及其制品制造	
	335		建筑、安全用金属制品制造	
	336		金属表面处理及热处理加工	
	337		搪瓷制品制造	
	338		金属制日用品制造	
	339		其他金属制品制造	
34			通用设备制造业	机械
	341		锅炉及原动设备制造	
	342		金属加工机械制造	
	343		物料搬运设备制造	
	344		泵、阀门、压缩机及类似机械制造	
	345		轴承、齿轮和传动部件制造	
	346		烘炉、风机、衡器、包装等设备制造	
	347		文化、办公用机械制造	
	348		通用零部件制造	
	349		其他通用设备制造业	
36			汽车制造业	汽车
	361		汽车整车制造	
	362		改装汽车制造	
	363		低速载货汽车制造	
	364		电车制造	
	365		汽车车身、挂车制造	
	366		汽车零部件及配件制造	
38			电气机械和器材制造业	机械
	381		电机制造	
	382		输配电及控制设备制造	
	383		电线、电缆、光缆及电工器材制造	
	384		电池制造	
	385		家用电力器具制造	
	386		非电力家用器具制造	
	387		照明器具制造	
	389		其他电气机械及器材制造	

注:以上代码和类别名称来自《国民经济行业分类(GB/T 4754—2011)》。

5. 国家税务总局关于进一步完善固定资产加速折旧企业所得税政策有关问题的公告

（2015 年 9 月 25 日　国家税务总局公告 2015 年第 68 号）

为落实国务院扩大固定资产加速折旧优惠范围的决定，根据《中华人民共和国企业所得税法》（以下简称企业所得税法）及其实施条例（以下简称实施条例）、《财政部、国家税务总局关于进一步完善固定资产加速折旧企业所得税政策的通知》（财税〔2015〕106 号）规定，现就进一步完善固定资产加速折旧企业所得税政策有关问题公告如下：

一、对轻工、纺织、机械、汽车等四个领域重点行业（以下简称四个领域重点行业）企业 2015 年 1 月 1 日后新购进的固定资产（包括自行建造，下同），允许缩短折旧年限或采取加速折旧方法。

四个领域重点行业按照财税〔2015〕106 号附件"轻工、纺织、机械、汽车四个领域重点行业范围"确定。今后国家有关部门更新国民经济行业分类与代码，从其规定。

四个领域重点行业企业是指以上述行业业务为主营业务，其固定资产投入使用当年的主营业务收入占企业收入总额 50%（不含）以上的企业。所称收入总额，是指企业所得税法第六条规定的收入总额。

二、对四个领域重点行业小型微利企业 2015 年 1 月 1 日后新购进的研发和生产经营共用的仪器、设备，单位价值不超过 100 万元（含）的，允许在计算应纳税所得额时一次性全额扣除；单位价值超过 100 万元的，允许缩短折旧年限或采取加速折旧方法。

用于研发活动的仪器、设备范围口径，按照《国家税务总局关于印发〈企业研究开发费用税前扣除管理办法（试行）〉的通知》（国税发〔2008〕116 号）或《科学技术部　财政部　国家税务总局关于印发〈高新技术企业认定管理工作指引〉的通知》（国科发火〔2008〕362 号）规定执行。

小型微利企业，是指企业所得税法第二十八条规定的小型微利企业。

三、企业按本公告第一条、第二条规定缩短折旧年限的，对其购置的新固定资产，最低折旧年限不得低于实施条例第六十条规定的折旧年限的 60%；对其购置的已使用过的固定资产，最低折旧年限不得低于实施条例规定的最低折旧年限减去已使用年限后剩余年限的 60%。最低折旧年限一经确定，不得改变。

四、企业按本公告第一条、第二条规定采取加速折旧方法的，可以采用双倍余额递减法或者年数总和法。加速折旧方法一经确定，不得改变。

双倍余额递减法或者年数总和法，按照《国家税务总局关于企业固定资产加速折旧所得税处理有关问题的通知》（国税发〔2009〕81 号）第四条的规定执行。

五、企业的固定资产既符合本公告优惠政策条件，又符合《国家税务总局关于企业固定资产加速折旧所得税处理有关问题的通知》（国税发〔2009〕81 号）、《财政部　国家税务总局关于进一步鼓励软件产业和集成电路产业发展企业所得税政策的通知》（财税〔2012〕27 号）中有关加速折旧优惠政策条件，可由企业选择其中一项加速折旧优惠政策执行，且一经选择，不得改变。

六、企业应将购进固定资产的发票、记账凭证等有关资料留存备查，并建立台账，准确反映税法与会计差异情况。

七、本公告适用于 2015 年及以后纳税年度。企业 2015 年前 3 季度按本公告规定未能享受加速折旧优惠的，可将前 3 季度应享受的加速折旧部分，在 2015 年第 4 季度企业所得税预缴申报时享受，或者在 2015 年度企业所得税汇算清缴时统一享受。

6. 财政部　国家税务总局关于设备器具扣除有关企业所得税政策的通知

（2018 年 5 月 7 日　财税〔2018〕54 号）

各省、自治区、直辖市、计划单列市财政厅（局）、国家税务局、地方税务局，新疆生产建设兵团财政局：

为引导企业加大设备、器具投资力度，现就有关企业所得税政策通知如下：

一、企业在 2018 年 1 月 1 日至 2020 年 12 月 31 日期间新购进的设备、器具，单位价值不超过 500 万元的，允许一次性计入当期成本费用在计算应纳税所得额时扣除，不再分年度计算折旧；单位价值超过 500 万元的，仍按企业所得税法实施条例、《财政部　国家税务总局关于完善固定资产加速折旧企业所得税政策的通知》（财税〔2014〕75 号）、《财政部　国家税务总局关于进一步完善固定资产加速折旧企业所得税政策的通知》（财税〔2015〕106 号）等相关规定执行。

二、本通知所称设备、器具，是指除房屋、建筑物以外的固定资产。

7. 国家税务总局关于设备器具扣除有关企业所得税政策执行问题的公告

（2018 年 8 月 23 日　国家税务总局公告 2018 年第 46 号）

根据《中华人民共和国企业所得税法》及其实施条例（以下简称企业所得税法及其实施条例）、《财政部　税务总局关于设备　器具扣除有关企业所得税政策的通知》（财税〔2018〕54 号）规定，现就设备、器具扣除有关企业所得税政策执行问题公告如下：

一、企业在 2018 年 1 月 1 日至 2020 年 12 月 31 日期间新购进的设备、器具，单位价值不超过 500 万元的，允许一次性计入当期成本费用在计算应纳税所得额时扣除，不再分年度计算折旧（以下简称一次性税前扣除政策）。

（一）所称设备、器具，是指除房屋、建筑物以外的固定资产（以下简称固定资产）；所称购进，包括以货币形式购进或自行建造，其中以货币形式购进的固定资产包括购进的使用过的固定资产；以货币形式购进的固定资产，以购买价款和支付的相关税费以及直接归属于使该资产达到预定用途发生的其他支出确定单位价值，自行建造的固定资产，以竣工结算前发生的支出确定单位价值。

（二）固定资产购进时点按以下原则确认：以货币形式购进的固定资产，除采取分期付款或赊销方式购进外，按发票开具时间确认；以分期付款或赊销方式购进的固定资产，按固定资产到货时间确认；自行建造的固定资产，按竣工结算时间确认。

二、固定资产在投入使用月份的次月所属年度一次性税前扣除。

三、企业选择享受一次性税前扣除政策的，其资产的税务处理可与会计处理不一致。

四、企业根据自身生产经营核算需要，可自行选择享受　次性税前扣除政策。未选择享受一次性税前扣除政策的，以后年度不得再变更。

五、企业按照《国家税务总局关于发布修订后的〈企业所得税优惠政策事项办理办法〉的公告》（国家税务总局公告 2018 年第 23 号）的规定办理享受政策的相关手续，主要留存备查资料如下：

(一)有关固定资产购进时点的资料(如以货币形式购进固定资产的发票,以分期付款或赊销方式购进固定资产的到货时间说明,自行建造固定资产的竣工决算情况说明等);

(二)固定资产记账凭证;

(三)核算有关资产税务处理与会计处理差异的台账。

六、单位价值超过500万元的固定资产,仍按照企业所得税法及其实施条例、《财政部　国家税务总局关于完善固定资产加速折旧企业所得税政策的通知》(财税〔2014〕75号)、《财政部　国家税务总局关于进一步完善固定资产加速折旧企业所得税政策的通知》(财税〔2015〕106号)、《国家税务总局关于固定资产加速折旧税收政策有关问题的公告》(国家税务总局公告2014年第64号)、《国家税务总局关于进一步完善固定资产加速折旧企业所得税政策有关问题的公告》(国家税务总局公告2015年第68号)等相关规定执行。

特此公告。

8. 财政部　国家税务总局关于扩大固定资产加速折旧优惠政策适用范围的公告

(2019年4月23日　财政部　国家税务总局公告2019年第66号)

为支持制造业企业加快技术改造和设备更新,现就有关固定资产加速折旧政策公告如下:

一、自2019年1月1日起,适用《财政部　国家税务总局关于完善固定资产加速折旧企业所得税政策的通知》(财税〔2014〕75号)和《财政部　国家税务总局关于进一步完善固定资产加速折旧企业所得税政策的通知》(财税〔2015〕106号)规定固定资产加速折旧优惠的行业范围,扩大至全部制造业领域。

二、制造业按照国家统计局《国民经济行业分类与代码(GB/4754—2017)》确定。今后国家有关部门更新国民经济行业分类与代码,从其规定。

三、本公告发布前,制造业企业未享受固定资产加速折旧优惠的,可自本公告发布后在月(季)度预缴申报时享受优惠或在2019年度汇算清缴时享受优惠。

特此公告。

资源综合利用

1. 财政部　国家税务总局关于执行资源综合利用企业所得税优惠目录有关问题的通知

(2008年9月23日　财税〔2008〕47号)

各省、自治区、直辖市、计划单列市财政厅(局)、国家税务局、地方税务局,新疆生产建设兵团财务局:

根据《中华人民共和国企业所得税法》和《中华人民共和国企业所得税法实施条例》(国务院令第512号,以下简称实施条例)有关规定,经国务院批准,财政部、税务总局、发展改革委公布了《资源综合利用企业所得税优惠目录》(以下简称《目录》)。现将执行《目录》的有关问题通知如下:

一、企业自2008年1月1日起以《目录》中所列资源为主要原材料，生产《目录》内符合国家或行业相关标准的产品取得的收入，在计算应纳税所得额时，减按90%计入当年收入总额。享受上述税收优惠时，《目录》内所列资源占产品原料的比例应符合《目录》规定的技术标准。

二、企业同时从事其他项目而取得的非资源综合利用收入，应与资源综合利用收入分开核算，没有分开核算的，不得享受优惠政策。

三、企业从事不符合实施条例和《目录》规定范围、条件和技术标准的项目，不得享受资源综合利用企业所得税优惠政策。

四、根据经济社会发展需要及企业所得税优惠政策实施情况，国务院财政、税务主管部门会同国家发展改革委等有关部门适时对《目录》内的项目进行调整和修订，并在报国务院批准后对《目录》进行更新。

2. 财政部　国家税务总局　国家发展改革委关于公布资源综合利用企业所得税优惠目录(2008年版)的通知

(2008年8月20日　财税〔2008〕117号)

各省、自治区、直辖市、计划单列市财政厅(局)、国家税务局、地方税务局、发展改革委、经贸委(经委)，新疆生产建设兵团财务局：

《资源综合利用企业所得税优惠目录(2008年版)》，已经国务院批准，现予以公布，自2008年1月1日起施行。2004年1月12日国家发展改革委、财政部、国家税务总局发布的《资源综合利用目录(2003年修订)》同时废止。

附件：

资源综合利用企业所得税优惠目录(2008 年版)

类别	序号	综合利用的资源	生产的产品	技术标准
一、共生、伴生矿产资源	1	煤系共生、伴生矿产资源、瓦斯	高岭岩、铝钒土、膨润土,电力、热力及燃气	产品原料 100% 来看所列资源 煤炭开发中的废弃物产品符合国家和行业标准
二、废水(液)、废气、废渣	2	煤矸石、石煤、粉煤灰、采矿和选矿废渣、冶炼废渣、工业炉渣、脱硫石膏、磷石膏、江河(渠)道的清淤(淤沙)、风积沙、建筑垃圾、生活垃圾焚烧余渣、化工废渣、工业废渣	砖(瓦)、砌块、墙板类产品、石膏类制品以及商品粉煤灰	产品原料 70% 以上来自所列资源
	3	转炉渣、电炉渣、铁合金炉渣、氧化铝赤泥、化工废渣、工业废渣	铁、铁合金料、精矿粉、稀土	产品原料 100% 来自所列资源
	4	化工、纺织、造纸工业废液及废渣	银、盐、锌、纤维、碱、羊毛脂、聚乙烯醇、硫化纳、亚硫酸钠、硫氰酸钠、硝酸、铁盐、铬盐、木素磺酸盐、乙酸、乙二酸、乙酸钠、盐酸、粘合剂、酒精、香兰素、饮料酵母、肥料、甘油、乙氰	产品原料 70% 以上来自所列资源
	5	制盐液(苦卤)及硼酸废液	氯化钾、硝酸甲、溴素、氯化镁、氢氧化镁、无水硝、石膏、硫酸镁、硫酸钾、肥料	产品原料 70% 以上来自所列资源
	6	工矿废水、城市污水	再生水	1. 产品原料 100% 来自所列资源 2. 达到国家有关标准
	7	废生物质油,废弃润滑油	生物柴油及工业油料	产品原料 100% 来自所列资源
	8	焦炉煤气,化工、石油(炼油)化工废气、发酵废气、火炬气、炭黑尾气	硫磺、硫酸、磷铵、硫铵、脱硫石膏、可燃气、轻烃、氢气、硫酸亚铁、有色金属、二氧化碳、干冰、甲醇、合成氨	
	9	转炉煤气、高炉煤气、火炬气以及除焦炉煤气以外的工业炉气,工业过程中的余热、余压	电力、热力	
三、再生资源	10	废旧电池、电子电器产品	金属(包括稀贵金属)、非金属	产品原料 100% 来自所列资源
	11	废感光材料、废灯泡(管)	有色(稀贵)金属及其产品	产品原料 100% 来自所列资源
	12	锯末、树皮、枝丫材	人造及其制品	1. 符合产品标准 2. 产品原料 100% 来自所列资源
	13	废塑料	塑料制品	产品原料 100% 来自所列资源
	14	废、旧轮胎	翻新轮胎、胶粉	1. 产品符合 GB9037 和 GB14646 标准 2. 产品原料 100% 来自所列资源 3. 符合 GB/T19208 等标准规定的性能指标
	15	废弃天然纤维;化学纤维及其制品	造纸原料、纤维纱及织物、无纺布、毡、粘合剂、再生聚酯	产品原料 100% 来自所列资源
	16	农作物秸杆及壳皮(包括粮食作物秸杆、农业经济作物秸杆、粮食壳皮、玉米芯)	代木产品,电力、热力及燃气	产品原料 70% 以上来自所列资源

3. 国家税务总局关于资源综合利用有关企业所得税优惠问题的批复

(2009 年 10 月 10 日　国税函〔2009〕567 号)

江西省地方税务局:

你局《关于资源综合利用企业享受企业所得税税收优惠政策问题的请示》(赣地税发〔2009〕131 号)收悉。经研究,批复如下:

江西泰和玉华水泥有限公司旋窑余热利用电厂利用该公司旋窑水泥生产过程中产生的余热发电,其生产活动虽符合《资源综合利用企业所得税优惠目录(2008 年版)》的规定范围,但由于旋窑余热利用电厂属于江西泰和玉华水泥有限公司的内设非法人分支机构,不构成企业所得税纳税人,且其余热发电产品直接供给所属公司使用,不计入企业收入,因此,旋窑余热利用电厂利用该公司旋窑水泥生产过程中产生的余热发电业务不能享受资源综合利用减计收入的企业所得税优惠政策。

养老、托育、家政等社区服务

财政部　国家税务总局　发展改革委　民政部　商务部　卫生健康委 关于养老、托育、家政等社区家庭服务业税费优惠政策的公告

(2019 年 6 月 28 日　财政部公告 2019 年第 76 号)

为支持养老、托育、家政等社区家庭服务业发展,现就有关税费政策公告如下:

一、为社区提供养老、托育、家政等服务的机构,按照以下规定享受税费优惠政策:

(一)提供社区养老、托育、家政服务取得的收入,免征增值税。

(二)提供社区养老、托育、家政服务取得的收入,在计算应纳税所得额时,减按 90% 计入收入总额。

(三)承受房屋、土地用于提供社区养老、托育、家政服务的,免征契税。

(四)用于提供社区养老、托育、家政服务的房产、土地,免征不动产登记费、耕地开垦费、土地复垦费、土地闲置费;用于提供社区养老、托育、家政服务的建设项目,免征城市基础设施配套费;确因地质条件等原因无法修建防空地下室的,免征防空地下室易地建设费。

二、为社区提供养老、托育、家政等服务的机构自有或其通过承租、无偿使用等方式取得并用于提供社区养老、托育、家政服务的房产、土地,免征房产税、城镇土地使用税。

三、本公告所称社区是指聚居在一定地域范围内的人们所组成的社会生活共同体,包括城市社区和农村社区。

为社区提供养老服务的机构,是指在社区依托固定场所设施,采取全托、日托、上门等方式,为社区居民提供养老服务的企业、事业单位和社会组织。社区养老服务是指为老年人提供的生活照料、康复护理、助餐助行、紧急救援、精神慰藉等服务。

为社区提供托育服务的机构,是指在社区依托固定场所设施,采取全日托、半日托、计时托、临时托等方式,为社区居民提供托育服务的企业、事业单位和社会组织。社区托育服务是指为 3 周岁(含)以下婴幼儿提供的照料、看护、膳食、保育等服务。

为社区提供家政服务的机构，是指以家庭为服务对象，为社区居民提供家政服务的企业、事业单位和社会组织。社区家政服务是指进入家庭成员住所或医疗机构为孕产妇、婴幼儿、老人、病人、残疾人提供的照护服务，以及进入家庭成员住所提供的保洁、烹饪等服务。

四、符合下列条件的家政服务企业提供家政服务取得的收入，比照《营业税改征增值税试点过渡政策的规定》（财税〔2016〕36 号附件）第一条第（三十一）项规定，免征增值税。

（一）与家政服务员、接受家政服务的客户就提供家政服务行为签订三方协议；

（二）向家政服务员发放劳动报酬，并对家政服务员进行培训管理；

（三）通过建立业务管理系统对家政服务员进行登记管理。

五、财政、税费征收机关可根据工作需要与民政、卫生健康、商务等部门建立信息共享和工作配合机制，民政、卫生健康、商务等部门应积极协同配合，保障优惠政策落实到位。

六、本公告自 2019 年 6 月 1 日起执行至 2025 年 12 月 31 日。

金融、债券、保险基金

▶农村金融

1. 财政部　国家税务总局关于延续支持农村金融发展有关税收政策的通知

（2017 年 6 月 9 日　财税〔2017〕44 号）

各省、自治区、直辖市、计划单列市财政厅（局）、国家税务局、地方税务局，新疆生产建设兵团财务局：

为继续支持农村金融发展，现就农村金融有关税收政策通知如下：

一、自 2017 年 1 月 1 日至 2019 年 12 月 31 日，对金融机构农户小额贷款的利息收入，免征增值税。

二、自 2017 年 1 月 1 日至 2019 年 12 月 31 日，对金融机构农户小额贷款的利息收入，在计算应纳税所得额时，按 90% 计入收入总额。

三、自 2017 年 1 月 1 日至 2019 年 12 月 31 日，对保险公司为种植业、养殖业提供保险业务取得的保费收入，在计算应纳税所得额时，按 90% 计入收入总额。

四、本通知所称农户，是指长期（一年以上）居住在乡镇（不包括城关镇）行政管理区域内的住户，还包括长期居住在城关镇所辖行政村范围内的住户和户口不在本地而在本地居住一年以上的住户，国有农场的职工和农村个体工商户。位于乡镇（不包括城关镇）行政管理区域内和在城关镇所辖行政村范围内的国有经济的机关、团体、学校、企事业单位的集体户；有本地户口，但举家外出谋生一年以上的住户，无论是否保留承包耕地均不属于农户。农户以户为统计单位，既可以从事农业生产经营，也可以从事非农业生产经营。农户贷款的判定应以贷款发放时的承贷主体是否属于农户为准。

本通知所称小额贷款，是指单笔且该农户贷款余额总额在 10 万元（含本数）以下的贷款。

本通知所称保费收入，是指原保险保费收入加上分保费收入减去分出保费后的余额。

五、金融机构应对符合条件的农户小额贷款利息收入进行单独核算，不能单独核算的不得适用本通知第一条、第二条规定的优惠政策。

六、本通知印发之日前已征的增值税，可抵减纳税人以后月份应缴纳的增值税或予以退还。

▶国债地方债

1. 国家税务总局关于企业国债投资业务企业所得税处理问题的公告

(2011 年 6 月 22 日　国家税务总局公告 2011 年第 36 号)

根据《中华人民共和国企业所得税法》(以下简称企业所得税法)及其实施条例的规定,现对企业国债投资业务企业所得税处理问题,公告如下:

一、关于国债利息收入税务处理问题

(一)国债利息收入时间确认

1. 根据企业所得税法实施条例第十八条的规定,企业投资国债从国务院财政部门(以下简称发行者)取得的国债利息收入,应以国债发行时约定应付利息的日期,确认利息收入的实现。

2. 企业转让国债,应在国债转让收入确认时确认利息收入的实现。

(二)国债利息收入计算

企业到期前转让国债、或者从非发行者投资购买的国债,其持有期间尚未兑付的国债利息收入,按以下公式计算确定:

国债利息收入 = 国债金额 × (适用年利率 ÷ 365) × 持有天数

上述公式中的“国债金额”,按国债发行面值或发行价格确定;“适用年利率”按国债票面年利率或折合年收益率确定;如企业不同时间多次购买同一品种国债的,“持有天数”可按平均持有天数计算确定。

(三)国债利息收入免税问题

根据企业所得税法第二十六条的规定,企业取得的国债利息收入,免征企业所得税。具体按以下规定执行:

1. 企业从发行者直接投资购买的国债持有至到期,其从发行者取得的国债利息收入,全额免征企业所得税。

2. 企业到期前转让国债、或者从非发行者投资购买的国债,其按本公告第一条第(二)项计算的国债利息收入,免征企业所得税。

二、关于国债转让收入税务处理问题

(一)国债转让收入时间确认

1. 企业转让国债应在转让国债合同、协议生效的日期,或者国债移交时确认转让收入的实现。

2. 企业投资购买国债,到期兑付的,应在国债发行时约定的应付利息的日期,确认国债转让收入的实现。

(二)国债转让收益(损失)计算

企业转让或到期兑付国债取得的价款,减除其购买国债成本,并扣除其持有期间按照本公告第一条计算的国债利息收入以及交易过程中相关税费后的余额,为企业转让国债收益(损失)。

(三)国债转让收益(损失)征税问题

根据企业所得税法实施条例第十六条规定,企业转让国债,应作为转让财产,其取得的收益(损失)应作为企业应纳税所得额计算纳税。

三、关于国债成本确定问题

(一)通过支付现金方式取得的国债,以买入价和支付的相关税费为成本;

(二)通过支付现金以外的方式取得的国债,以该资产的公允价值和支付的相关税费为成本。

四、关于国债成本计算方法问题

企业在不同时间购买同一品种国债的,其转让时的成本计算方法,可在先进先出法、加权平均法、个别计价法中选用一种。计价方法一经选用,不得随意改变。

五、本公告自2011年1月1日起施行。

特此公告。

2. 财政部　国家税务总局关于地方政府债券利息免征所得税问题的通知

(2013年2月6日　财税〔2013〕5号)

各省、自治区、直辖市、计划单列市财政厅(局)、国家税务局、地方税务局,新疆生产建设兵团财务局:

经国务院批准,现就地方政府债券利息有关所得税政策通知如下:

一、对企业和个人取得的2012年及以后年度发行的地方政府债券利息收入,免征企业所得税和个人所得税。

二、地方政府债券是指经国务院批准同意,以省、自治区、直辖市和计划单列市政府为发行和偿还主体的债券。

▶永续债

财政部　国家税务总局关于永续债企业所得税政策问题的公告

(2019年4月16日　财政部　国家税务总局公告2019年第64号)

进一步明确永续债的企业所得税政策适用,根据《中华人民共和国企业所得税法》及其实施条例的有关规定,现就有关问题公告如下:

一、企业发行的永续债,可以适用股息、红利企业所得税政策,即:投资方取得的永续债利息收入属于股息、红利性质,按照现行企业所得税政策相关规定进行处理,其中,发行方和投资方均为居民企业的,永续债利息收入可以适用企业所得税法规定的居民企业之间的股息、红利等权益性投资收益免征企业所得税规定;同时发行方支付的永续债利息支出不得在企业所得税税前扣除。

二、企业发行符合规定条件的永续债,也可以按照债券利息适用企业所得税政策,即:发行方支付的永续债利息支出准予在其企业所得税税前扣除;投资方取得的永续债利息收入应当依法纳税。

三、本公告第二条所称符合规定条件的永续债,是指符合下列条件中5条(含)以上的永续债:

(一)被投资企业对该项投资具有还本义务;

(二)有明确约定的利率和付息频率;

(三)有一定的投资期限;

(四)投资方对被投资企业净资产不拥有所有权;

(五)投资方不参与被投资企业日常生产经营活动;

(六)被投资企业可以赎回,或满足特定条件后可以赎回;

(七)被投资企业将该项投资计入负债;

(八)该项投资不承担被投资企业股东同等的经营风险;

(九)该项投资的清偿顺序位于被投资企业股东持有的股份之前。

四、企业发行永续债，应当将其适用的税收处理方法在证券交易所、银行间债券市场等发行市场的发行文件中向投资方予以披露。

五、发行永续债的企业对每一永续债产品的税收处理方法一经确定，不得变更。企业对永续债采取的税收处理办法与会计核算方式不一致的，发行方、投资方在进行税收处理时须作出相应纳税调整。

六、本公告所称永续债是指经国家发展改革委员会、中国人民银行、中国银行保险监督管理委员会、中国证券监督管理委员会核准，或经中国银行间市场交易商协会注册、中国证券监督管理委员会授权的证券自律组织备案，依照法定程序发行、附赎回（续期）选择权或无明确到期日的债券，包括可续期企业债、可续期公司债、永续债务融资工具（含永续票据）、无固定期限资本债券等。

七、本公告自2019年1月1日起施行。

▶铁路建设债券

财政部　国家税务总局关于铁路债券利息收入所得税政策的公告

（2019年4月16日　财政部　国家税务总局公告2019年第57号）

为支持国家铁路建设，现就投资者取得中国铁路总公司发行的铁路债券利息收入有关所得税政策公告如下：

一、对企业投资者持有2019～2023年发行的铁路债券取得的利息收入，减半征收企业所得税。

二、对个人投资者持有2019～2023年发行的铁路债券取得的利息收入，减按50%计入应纳税所得额计算征收个人所得税。税款由兑付机构在向个人投资者兑付利息时代扣代缴。

三、铁路债券是指以中国铁路总公司为发行和偿还主体的债券，包括中国铁路建设债券、中期票据、短期融资券等债务融资工具。

特此公告。

▶社会保障与基本养老保险基金

1.财政部　国家税务总局关于全国社会保障基金有关企业所得税问题的通知

（2008年11月21日　财税〔2008〕136号）

各省、自治区、直辖市、计划单列市财政厅（局）、国家税务局、地方税务局，新疆生产建设兵团财务局：

经国务院同意，现对全国社会保障基金理事会（简称社保基金理事会）管理的社会保障基金（简称社保基金）的有关企业所得税问题通知如下：

一、对社保基金理事会、社保基金投资管理人管理的社保基金银行存款利息收入，社保基金从证券市场中取得的收入，包括买卖证券投资基金、股票、债券的差价收入，证券投资基金红利收入，股票的股息、红利收入，债券的利息收入及产业投资基金收益、信托投资收益等其他投资收入，作为企业所得税不征税收入。

二、对社保基金投资管理人、社保基金托管人从事社保基金管理活动取得的收入，依照税法的规定征收企业所得税。

三、本通知从2008年1月1日起执行。

2. 财政部 国家税务总局关于全国社会保障基金有关投资业务税收政策的通知

（2018年9月10日 财税〔2018〕94号）

各省、自治区、直辖市、计划单列市财政厅（局），国家税务总局各省、自治区、直辖市、计划单列市税务局，新疆生产建设兵团财政局：

现将全国社会保障基金理事会（以下简称社保基金会）管理的全国社会保障基金（以下简称社保基金）有关投资业务税收政策通知如下：

一、对社保基金会、社保基金投资管理人在运用社保基金投资过程中，提供贷款服务取得的全部利息及利息性质的收入和金融商品转让收入，免征增值税。

二、对社保基金取得的直接股权投资收益、股权投资基金收益，作为企业所得税不征税收入。

三、对社保基金会、社保基金投资管理人管理的社保基金转让非上市公司股权，免征社保基金会、社保基金投资管理人应缴纳的印花税。

四、本通知自发布之日起执行。通知发布前发生的社保基金有关投资业务，符合本通知规定且未缴纳相关税款的，按本通知执行；已缴纳的相关税款，不再退还。

3. 财政部 国家税务总局关于基本养老保险基金有关投资业务税收政策的通知

（2018年9月20日 财税〔2018〕95号）

各省、自治区、直辖市、计划单列市财政厅（局），国家税务总局各省、自治区、直辖市、计划单列市税务局，新疆生产建设兵团财政局：

现将全国社会保障基金理事会（以下简称社保基金会）受托投资的基本养老保险基金（以下简称养老基金）有关投资业务税收政策通知如下：

一、对社保基金会及养老基金投资管理机构在国务院批准的投资范围内，运用养老基金投资过程中，提供贷款服务取得的全部利息及利息性质的收入和金融商品转让收入，免征增值税。

二、对社保基金会及养老基金投资管理机构在国务院批准的投资范围内，运用养老基金投资取得的归属于养老基金的投资收入，作为企业所得税不征税收入；对养老基金投资管理机构、养老基金托管机构从事养老基金管理活动取得的收入，依照税法规定征收企业所得税。

三、对社保基金会及养老基金投资管理机构运用养老基金买卖证券应缴纳的印花税实行先征后返；养老基金持有的证券，在养老基金证券账户之间的划拨过户，不属于印花税的征收范围，不征收印花税。对社保基金会及养老基金投资管理机构管理的养老基金转让非上市公司股权，免征社保基金会及养老基金投资管理机构应缴纳的印花税。

四、本通知自发布之日起执行。本通知发布前发生的养老基金有关投资业务，符合本通知规定且未缴纳相关税款的，按本通知执行；已缴纳的相关税款，不再退还。

▶保险保障基金

财政部　国家税务总局关于保险保障基金有关税收政策问题的通知

（2018年4月27日　财税〔2018〕41号）

各省、自治区、直辖市、计划单列市财政厅（局）、国家税务局、地方税务局，新疆生产建设兵团财政局：

为支持保险保障基金发展，增强行业经营风险防范能力，现将保险保障基金有关税收政策事项明确如下：

一、对中国保险保障基金有限责任公司（以下简称保险保障基金公司）根据《保险保障基金管理办法》取得的下列收入，免征企业所得税：

1. 境内保险公司依法缴纳的保险保障基金；

2. 依法从撤销或破产保险公司清算财产中获得的受偿收入和向有关责任方追偿所得，以及依法从保险公司风险处置中获得的财产转让所得；

3. 接受捐赠收入；

4. 银行存款利息收入；

5. 购买政府债券、中央银行、中央企业和中央级金融机构发行债券的利息收入；

6. 国务院批准的其他资金运用取得的收入。

二、对保险保障基金公司下列应税凭证，免征印花税：

1. 新设立的资金账簿；

2. 在对保险公司进行风险处置和破产救助过程中签订的产权转移书据；

3. 在对保险公司进行风险处置过程中与中国人民银行签订的再贷款合同；

4. 以保险保障基金自有财产和接收的受偿资产与保险公司签订的财产保险合同。

对与保险保障基金公司签订上述产权转移书据或应税合同的其他当事人照章征收印花税。

三、本通知自2018年1月1日起至2020年12月31日止执行。《财政部　国家税务总局关于保险保障基金有关税收政策问题的通知》（财税〔2016〕10号）同时废止。

非营利组织

1.财政部　国家税务总局关于非营利组织企业所得税免税收入问题的通知

(2009年11月11日　财税〔2009〕122号)

各省、自治区、直辖市、计划单列市财政厅(局)、国家税务局、地方税务局,新疆生产建设兵团财务局:

根据《中华人民共和国企业所得税法》第二十六条及《中华人民共和国企业所得税法实施条例》(国务院令第512号)第八十五条的规定,现将符合条件的非营利组织企业所得税免税收入范围明确如下:

一、非营利组织的下列收入为免税收入:

(一)接受其他单位或者个人捐赠的收入;

(二)除《中华人民共和国企业所得税法》第七条规定的财政拨款以外的其他政府补助收入,但不包括因政府购买服务取得的收入;

(三)按照省级以上民政、财政部门规定收取的会费;

(四)不征税收入和免税收入孳生的银行存款利息收入;

(五)财政部、国家税务总局规定的其他收入。

二、本通知从2008年1月1日起执行。

2.财政部　国家税务总局关于非营利组织免税资格认定管理有关问题的通知

(2018年2月7日　财税〔2018〕13号)

各省、自治区、直辖市、计划单列市财政厅(局)、国家税务局、地方税务局,新疆生产建设兵团财政局:

根据《中华人民共和国企业所得税法》第二十六条及《中华人民共和国企业所得税法实施条例》第八十四条的规定,现对非营利组织免税资格认定管理有关问题明确如下:

一、依据本通知认定的符合条件的非营利组织,必须同时满足以下条件:

(一)依照国家有关法律法规设立或登记的事业单位、社会团体、基金会、社会服务机构、宗教活动场所、宗教院校以及财政部、税务总局认定的其他非营利组织;

(二)从事公益性或者非营利性活动;

(三)取得的收入除用于与该组织有关的、合理的支出外,全部用于登记核定或者章程规定的公益性或者非营利性事业;

(四)财产及其孳息不用于分配,但不包括合理的工资薪金支出;

(五)按照登记核定或者章程规定,该组织注销后的剩余财产用于公益性或者非营利性目的,或者由登记管理机关采取转赠给与该组织性质、宗旨相同的组织等处置方式,并向社会公告;

(六)投入人对投入该组织的财产不保留或者享有任何财产权利,本款所称投入人是指除各级人民政府及其部门外的法人、自然人和其他组织;

(七)工作人员工资福利开支控制在规定的比例内,不变相分配该组织的财产,其中:工作人员平均工资薪金水平不得超过税务登记所在地的地市级(含地市级)以上地区的同行业同类组织平均工资水平的两倍,工作人员福利按照国家有关规定执行;

(八)对取得的应纳税收入及其有关的成本、费用、损失应与免税收入及其有关的成本、费用、损失分别核算。

二、经省级(含省级)以上登记管理机关批准设立或登记的非营利组织,凡符合规定条件的,应向其所在地省级税务主管机关提出免税资格申请,并提供本通知规定的相关材料;经地市级或县级登记管理机关批准设立或登记的非营利组织,凡符合规定条件的,分别向其所在地的地市级或县级税务主管机关提出免税资格申请,并提供本通知规定的相关材料。

财政、税务部门按照上述管理权限,对非营利组织享受免税的资格联合进行审核确认,并定期予以公布。

三、申请享受免税资格的非营利组织,需报送以下材料:

(一)申请报告;

(二)事业单位、社会团体、基金会、社会服务机构的组织章程或宗教活动场所、宗教院校的管理制度;

(三)非营利组织注册登记证件的复印件;

(四)上一年度的资金来源及使用情况、公益活动和非营利活动的明细情况;

(五)上一年度的工资薪金情况专项报告,包括薪酬制度、工作人员整体平均工资薪金水平、工资福利占总支出比例、重要人员工资薪金信息(至少包括工资薪金水平排名前10的人员);

(六)具有资质的中介机构鉴证的上一年度财务报表和审计报告;

(七)登记管理机关出具的事业单位、社会团体、基金会、社会服务机构、宗教活动场所、宗教院校上一年度符合相关法律法规和国家政策的事业发展情况或非营利活动的材料;

(八)财政、税务部门要求提供的其他材料。

当年新设立或登记的非营利组织需提供本条第(一)项至第(三)项规定的材料及本条第(四)项、第(五)项规定的申请当年的材料,不需提供本条第(六)项、第(七)项规定的材料。

四、非营利组织免税优惠资格的有效期为五年。非营利组织应在免税优惠资格期满后六个月内提出复审申请,不提出复审申请或复审不合格的,其享受免税优惠的资格到期自动失效。

非营利组织免税资格复审,按照初次申请免税优惠资格的规定办理。

五、非营利组织必须按照《中华人民共和国税收征收管理法》及《中华人民共和国税收征收管理法实施细则》等有关规定,办理税务登记,按期进行纳税申报。取得免税资格的非营利组织应按照规定向主管税务机关办理免税手续,免税条件发生变化的,应当自发生变化之日起十五日内向主管税务机关报告;不再符合免税条件的,应当依法履行纳税义务;未依法纳税的,主管税务机关应当予以追缴。取得免税资格的非营利组织注销时,剩余财产处置违反本通知第一条第五项规定的,主管税务机关应追缴其应纳企业所得税款。

有关部门在日常管理过程中,发现非营利组织享受优惠年度不符合本通知规定的免税条件的,应提请核准该非营利组织免税资格的财政、税务部门,由其进行复核。

核准非营利组织免税资格的财政、税务部门根据本通知规定的管理权限,对非营利组织的免税优惠资格进行复核,复核不合格的,相应年度不得享受税收优惠政策。

六、已认定的享受免税优惠政策的非营利组织有下述情形之一的,应自该情形发生年度起取消其资格:

(一)登记管理机关在后续管理中发现非营利组织不符合相关法律法规和国家政策的;

(二)在申请认定过程中提供虚假信息的;

(三)纳税信用等级为税务部门评定的C级或D级的;

(四)通过关联交易或非关联交易和服务活动,变相转移、隐匿、分配该组织财产的;

(五)被登记管理机关列入严重违法失信名单的;

(六)从事非法政治活动的。

因上述第(一)项至第(五)项规定的情形被取消免税优惠资格的非营利组织,财政、税务部门自其被取消资格的次年起一年内不再受理该组织的认定申请;因上述第(六)项规定的情形被取消免税优惠资格的非营利组织，财政、税务部门将不再受理该组织的认定申请。

被取消免税优惠资格的非营利组织，应当依法履行纳税义务；未依法纳税的，主管税务机关应当自其存在取消免税优惠资格情形的当年起予以追缴。

七、各级财政、税务部门及其工作人员在认定非营利组织免税资格工作中，存在违法违纪行为的，按照《公务员法》《行政监察法》等国家有关规定追究相应责任；涉嫌犯罪的，移送司法机关处理。

八、本通知自 2018 年 1 月 1 日起执行。《财政部　国家税务总局关于非营利组织免税资格认定管理有关问题的通知》（财税〔2014〕13 号）同时废止。

改制上市、股权分置、沪港通及存托凭证

1. 国家税务总局关于股权分置改革中上市公司取得资产及债务豁免对价收入征免所得税问题的批复

（2009 年 7 月 13 日　国税函〔2009〕375 号）

四川省地方税务局：

你局《关于股权分置改革中上市公司取得资产及债务豁免对价收入是否征收所得税问题的请示》（川地税发〔2009〕25 号）收悉，经研究，批复如下：

根据《财政部　国家税务总局关于企业所得税若干优惠政策的通知》（财税〔2008〕1 号）的规定，《财政部　国家税务总局关于股权分置试点改革有关税收政策问题的通知》（财税〔2005〕103 号）的有关规定，自 2008 年 1 月 1 日起继续执行到股权分置试点改革结束。

股权分置改革中，上市公司因股权分置改革而接受的非流通股股东作为对价注入资产和被非流通股股东豁免债务，上市公司应增加注册资本或资本公积，不征收企业所得税。

2. 财政部　国家税务总局　证监会关于沪港股票市场交易互联互通机制试点有关税收政策的通知

（2014 年 10 月 31 日　财税〔2014〕81 号）

各省、自治区、直辖市、计划单列市财政厅（局）、国家税务局、地方税务局，新疆生产建设兵团财务局，上海、深圳证券交易所，中国证券登记结算公司：

经国务院批准，现就沪港股票市场交易互联互通机制试点涉及的有关税收政策问题明确如下：

一、关于内地投资者通过沪港通投资香港联合交易所有限公司（以下简称香港联交所）上市股票的所得税问题

（一）内地个人投资者通过沪港通投资香港联交所上市股票的转让差价所得税。

对内地个人投资者通过沪港通投资香港联交所上市股票取得的转让差价所得，自 2014 年 11 月 17 日起至 2017 年 11 月 16 日止，暂免征收个人所得税。

（二）内地企业投资者通过沪港通投资香港联交所上市股票的转让差价所得税。

对内地企业投资者通过沪港通投资香港联交所上市股票取得的转让差价所得，计入其收入总额，依法征收企业所得税。

（三）内地个人投资者通过沪港通投资香港联交所上市股票的股息红利所得税。

对内地个人投资者通过沪港通投资香港联交所上市H股取得的股息红利，H股公司应向中国证券登记结算有限责任公司（以下简称中国结算）提出申请，由中国结算向H股公司提供内地个人投资者名册，H股公司按照20%的税率代扣个人所得税。内地个人投资者通过沪港通投资香港联交所上市的非H股取得的股息红利，由中国结算按照20%的税率代扣个人所得税。个人投资者在国外已缴纳的预提税，可持有效扣税凭证到中国结算的主管税务机关申请税收抵免。

对内地证券投资基金通过沪港通投资香港联交所上市股票取得的股息红利所得，按照上述规定计征个人所得税。

（四）内地企业投资者通过沪港通投资香港联交所上市股票的股息红利所得税。

1. 对内地企业投资者通过沪港通投资香港联交所上市股票取得的股息红利所得，计入其收入总额，依法计征企业所得税。其中，内地居民企业连续持有H股满12个月取得的股息红利所得，依法免征企业所得税。

2. 香港联交所上市H股公司应向中国结算提出申请，由中国结算向H股公司提供内地企业投资者名册，H股公司对内地企业投资者不代扣股息红利所得税款，应纳税款由企业自行申报缴纳。

3. 内地企业投资者自行申报缴纳企业所得税时，对香港联交所非H股上市公司已代扣代缴的股息红利所得税，可依法申请税收抵免。

二、关于香港市场投资者通过沪港通投资上海证券交易所（以下简称上交所）上市A股的所得税问题

1. 对香港市场投资者（包括企业和个人）投资上交所上市A股取得的转让差价所得，暂免征收所得税。

2. 对香港市场投资者（包括企业和个人）投资上交所上市A股取得的股息红利所得，在香港中央结算有限公司（以下简称香港结算）不具备向中国结算提供投资者的身份及持股时间等明细数据的条件之前，暂不执行按持股时间实行差别化征税政策，由上市公司按照10%的税率代扣所得税，并向其主管税务机关办理扣缴申报。对于香港投资者中属于其他国家税收居民且其所在国与中国签订的税收协定规定股息红利所得税率低于10%的，企业或个人可以自行或委托代扣代缴义务人，向上市公司主管税务机关提出享受税收协定待遇的申请，主管税务机关审核后，应按已征税款和根据税收协定税率计算的应纳税款的差额予以退税。

三、关于内地和香港市场投资者通过沪港通买卖股票的营业税问题

1. 对香港市场投资者（包括单位和个人）通过沪港通买卖上交所上市A股取得的差价收入，暂免征收营业税。

2. 对内地个人投资者通过沪港通买卖香港联交所上市股票取得的差价收入，按现行政策规定暂免征收营业税。

3. 对内地单位投资者通过沪港通买卖香港联交所上市股票取得的差价收入，按现行政策规定征免营业税。

四、关于内地和香港市场投资者通过沪港通转让股票的证券（股票）交易印花税问题

香港市场投资者通过沪港通买卖、继承、赠与上交所上市A股，按照内地现行税制规定缴纳证券（股票）交易印花税。内地投资者通过沪港通买卖、继承、赠与联交所上市股票，按照香港特别行政区现行税法规定缴纳印花税。

中国结算和香港结算可互相代收上述税款。

五、本通知自2014年11月17日起执行。

3. 国家税务总局关于全民所有制企业公司制改制企业所得税处理问题的公告

（2017年9月22日　国家税务总局公告2017年第34号）

为贯彻落实《中共中央　国务院关于深化国有企业改革的指导意见》和《国务院办公厅关于印发中央企业公司制改制工作实施方案的通知》（国办发〔2017〕69号），根据《财政部　国家税务总局关于企业重组业务企业所得税处理若干问题的通知》（财税〔2009〕59号）有关规定，现就全民所有制企业公司制改制企业所得税处理问题公告如下：

一、全民所有制企业改制为国有独资公司或者国有全资子公司，属于财税〔2009〕59号文件第四条规定的“企业发生其他法律形式简单改变”的，可依照以下规定进行企业所得税处理：

改制中资产评估增值不计入应纳税所得额；资产的计税基础按其原有计税基础确定；资产增值部分的折旧或者摊销不得在税前扣除。

二、全民所有制企业资产评估增值相关材料应由改制后的企业留存备查。

三、本公告适用于2017年度及以后年度企业所得税汇算清缴。此前发生的全民所有制企业公司制改制，尚未进行企业所得税处理的，可依照本公告执行。

特此公告。

4. 财政部　国家税务总局　中国证券监督管理委员会关于创新企业境内发行存托凭证试点阶段有关税收政策的公告

（2019年4月3日　财政部　国家税务总局　证监会公告2019年第52号）

为支持实施创新驱动发展战略，现将创新企业境内发行存托凭证（以下称创新企业CDR）试点阶段涉及的有关税收政策公告如下：

一、个人所得税政策

1. 自试点开始之日起，对个人投资者转让创新企业CDR取得的差价所得，三年（36个月，下同）内暂免征收个人所得税。

2. 自试点开始之日起，对个人投资者持有创新企业CDR取得的股息红利所得，三年内实施股息红利差别化个人所得税政策，具体参照《财政部　国家税务总局　证监会关于实施上市公司股息红利差别化个人所得税政策有关问题的通知》（财税〔2012〕85号）、《财政部　国家税务总局　证监会关于上市公司股息红利差别化个人所得税政策有关问题的通知》（财税〔2015〕101号）的相关规定执行，由创新企业在其境内的存托机构代扣代缴税款，并向存托机构所在地税务机关办理全员全额明细申报。对于个人投资者取得的股息红利在境外已缴纳的税款，可按照个人所得税法以及双边税收协定（安排）的相关规定予以抵免。

二、企业所得税政策

1. 对企业投资者转让创新企业CDR取得的差价所得和持有创新企业CDR取得的股息红利所得，按转让股票差价所得和持有股票的股息红利所得政策规定征免企业所得税。

2. 对公募证券投资基金（封闭式证券投资基金、开放式证券投资基金）转让创新企业CDR取得的差价所得和持有创新企业 CDR 取得的股息红利所得，按公募证券投资基金税收政策规定暂不征收企业所得税。

3. 对合格境外机构投资者（QFII）、人民币合格境外机构投资者（RQFII）转让创新企业 CDR 取得的差价所得和持有创新企业 CDR 取得的股息红利所得，视同转让或持有据以发行创新企业 CDR 的基础股票取得的权益性资产转让所得和股息红利所得征免企业所得税。

三、增值税政策

1. 对个人投资者转让创新企业 CDR 取得的差价收入，暂免征收增值税。

2. 对单位投资者转让创新企业 CDR 取得的差价收入，按金融商品转让政策规定征免增值税。

3. 自试点开始之日起，对公募证券投资基金（封闭式证券投资基金、开放式证券投资基金）管理人运营基金过程中转让创新企业 CDR 取得的差价收入，三年内暂免征收增值税。

4. 对合格境外机构投资者（QFII）、人民币合格境外机构投资者（RQFII）委托境内公司转让创新企业 CDR 取得的差价收入，暂免征收增值税。

四、印花税政策

自试点开始之日起三年内，在上海证券交易所、深圳证券交易所转让创新企业 CDR，按照实际成交金额，由出让方按 1‰的税率缴纳证券交易印花税。

五、其他相关事项

1. 本公告所称创新企业 CDR，是指符合《国务院办公厅转发证监会关于开展创新企业境内发行股票或存托凭证试点若干意见的通知》（国办发〔2018〕21 号）规定的试点企业，以境外股票为基础证券，由存托人签发并在中国境内发行，代表境外基础证券权益的证券。

2. 本公告所称试点开始之日，是指首只创新企业 CDR 取得国务院证券监督管理机构的发行批文之日。

特此公告。

5. 财政部　国家税务总局关于企业改制上市资产评估增值企业所得税处理政策的通知

（2019 年 8 月 2 日　财税〔2019〕62 号）

各省、自治区、直辖市、计划单列市财政厅（局）、国家税务局、地方税务局，新疆生产建设兵团财务局：

现就国有企业改制上市过程中资产评估增值有关企业所得税政策通知如下：

一、符合条件的国有企业，其改制上市过程中发生资产评估增值可按以下规定处理：

（一）国有企业改制上市过程中发生的资产评估增值，应缴纳的企业所得税可以不征收入库，作为国家投资直接转增该企业国有资本金（含资本公积，下同），但获得现金及其他非股权对价部分，应按规定缴纳企业所得税。

资产评估增值是指按同一口径计算的评估减值冲抵评估增值后的余额。

（二）国有企业 100% 控股（控制）的非公司制企业、单位，在改制为公司制企业环节发生的资产评估增值，应缴纳的企业所得税可以不征税入库，作为国家投资直接转增改制后公司制企业的国有资本金。

（三）经确认的评估增值资产，可按评估价值入账并按有关规定计提折旧或摊销，在计算应纳税所得额时允许扣除。

二、执行本通知第一条税收优惠政策的国有企业，须符合以下条件：

（一）本通知所称国有企业，是指纳入中央或地方国有资产监督管理范围的国有独资企业或国有独资有限责任公司。

（二）本通知所称国有企业改制上市，应属于以下情形之一：

1. 国有企业以评估增值资产，出资设立拟上市的股份有限公司；

2. 国有企业将评估增值资产，注入已上市的股份有限公司；

3. 国有企业依法变更为拟上市的股份有限公司。

（三）取得履行出资人职责机构出具的资产评估结果核准或备案文件。

三、符合规定条件的改制上市国有企业，应将资产评估增值相关材料留存备查。

四、本通知执行期限为2019年1月1日至2023年12月31日。

公共租赁房

财政部　国家税务总局关于公共租赁住房税收优惠政策的公告

（2019年4月15日　财政部　国家税务总局公告2019年第61号）

为继续支持公共租赁住房（以下称公租房）建设和运营，现将有关税收优惠政策公告如下：

一、对公租房建设期间用地及公租房建成后占地，免征城镇土地使用税。在其他住房项目中配套建设公租房，按公租房建筑面积占总建筑面积的比例免征建设、管理公租房涉及的城镇土地使用税。

二、对公租房经营管理单位免征建设、管理公租房涉及的印花税。在其他住房项目中配套建设公租房，按公租房建筑面积占总建筑面积的比例免征建设、管理公租房涉及的印花税。

三、对公租房经营管理单位购买住房作为公租房，免征契税、印花税；对公租房租赁双方免征签订租赁协议涉及的印花税。

四、对企事业单位、社会团体以及其他组织转让旧房作为公租房房源，且增值额未超过扣除项目金额20%的，免征土地增值税。

五、企事业单位、社会团体以及其他组织捐赠住房作为公租房，符合税收法律法规规定的，对其公益性捐赠支出在年度利润总额12%以内的部分，准予在计算应纳税所得额时扣除，超过年度利润总额12%的部分，准予结转以后三年内在计算应纳税所得额时扣除。

个人捐赠住房作为公租房，符合税收法律法规规定的，对其公益性捐赠支出未超过其申报的应纳税所得额30%的部分，准予从其应纳税所得额中扣除。

六、对符合地方政府规定条件的城镇住房保障家庭从地方政府领取的住房租赁补贴，免征个人所得税。

七、对公租房免征房产税。对经营公租房所取得的租金收入，免征增值税。公租房经营管理单位应单独核算公租房租金收入，未单独核算的，不得享受免征增值税、房产税优惠政策。

八、享受上述税收优惠政策的公租房是指纳入省、自治区、直辖市、计划单列市人民政府及新疆生产建设兵团批准的公租房发展规划和年度计划，或者市、县人民政府批准建设（筹集），并按照《关于加快发展公共租赁住房的指导意见》（建保〔2010〕87号）和市、县人民政府制定的具体管理办法进行管理的公租房。

九、纳税人享受本公告规定的优惠政策，应按规定进行免税申报，并将不动产权属证明、载有房产原值的相关材料、纳入公租房及用地管理的相关材料、配套建设管理公租房相关材料、购买住房作为公租房相关材料、公租房租赁协议等留存备查。

十、本公告执行期限为2019年1月1日至2020年12月31日。

行业管理

一、房　地　产

1. 国家税务总局关于印发《房地产开发经营业务企业所得税处理办法》的通知

（2009 年 3 月 6 日　国税发〔2009〕31 号）
（部分条款修改，详见文中注释）

各省、自治区、直辖市和计划单列市国家税务局、地方税务局：

为了加强从事房地产开发经营企业的企业所得税征收管理，规范从事房地产开发经营业务企业的纳税行为，根据《中华人民共和国企业所得税法》及其实施条例、《中华人民共和国税收征收管理法》及其实施细则等有关税收法律、行政法规的规定，结合房地产开发经营业务的特点，国家税务总局制定了《房地产开发经营业务企业所得税处理办法》，现印发给你们，请遵照执行。

房地产开发经营业务企业所得税处理办法

第一章　总　　则

第一条　根据《中华人民共和国企业所得税法》及其实施条例、《中华人民共和国税收征收管理法》及其实施细则等有关税收法律、行政法规的规定，制定本办法。

第二条　本办法适用于中国境内从事房地产开发经营业务的企业（以下简称企业）。

第三条　企业房地产开发经营业务包括土地的开发，建造、销售住宅、商业用房以及其他建筑物、附着物、配套设施等开发产品。除土地开发之外，其他开发产品符合下列条件之一的，应视为已经完工：

（一）开发产品竣工证明材料已报房地产管理部门备案。

（二）开发产品已开始投入使用。

（三）开发产品已取得了初始产权证明。

第四条　企业出现《中华人民共和国税收征收管理法》第三十五条规定的情形，税务机关可对其以往应缴的企业所得税按核定征收方式进行征收管理，并逐步规范，同时按《中华人民共和国税收征收管理法》等税收法律、行政法规的规定进行处理，但不得事先确定企业的所得税按核定征收方式进行征收、管理。

第二章　收入的税务处理

第五条　开发产品销售收入的范围为销售开发产品过程中取得的全部价款，包括现金、现金等价物及其他经济利益。企业代有关部门、单位和企业收取的各种基金、费用和附加等，凡纳入开发产品价内或由企业开具发票的，应按规定全部确认为销售收入；未纳入开发产品价内并由企业之外的其他收取部门、单位开具发票的，可作为代收代缴款项进行管理。

第六条　企业通过正式签订《房地产销售合同》或《房地产预售合同》所取得的收入，应确认为销售收入的实现，具体按以下规定确认：

（一）采取一次性全额收款方式销售开发产品的，应于实际收讫价款或取得索取价款凭据（权利）之日，确认收入的实现。

（二）采取分期收款方式销售开发产品的，应按销售合同或协议约定的价款和付款日确认收入的实现。付款方提前付款的，在实际付款日确认收入的实现。

（三）采取银行按揭方式销售开发产品的，应按销售合同或协议约定的价款确定收入额，其首付款应于实际收到日确认收入的实现，余款在银行按揭贷款办理转账之日确认收入的实现。

（四）采取委托方式销售开发产品的，应按以下原则确认收入的实现：

1. 采取支付手续费方式委托销售开发产品的，应按销售合同或协议中约定的价款于收到受托方已销开发产品清单之日确认收入的实现。

2. 采取视同买断方式委托销售开发产品的，属于企业与购买方签订销售合同或协议，或企业、受托方、购买方三方共同签订销售合同或协议的，如果销售合同或协议中约定的价格高于买断价格，则应按销售合同或协议中约定的价格计算的价款于收到受托方已销开发产品清单之日确认收入的实现；如果属于前两种情况中销售合同或协议中约定的价格低于买断价格，以及属于受托方与购买方签订销售合同或协议的，则应按买断价格计算的价款于收到受托方已销开发产品清单之日确认收入的实现。

3. 采取基价（保底价）并实行超基价双方分成方式委托销售开发产品的，属于由企业与购买方签订销售合同或协议，或企业、受托方、购买方三方共同签订销售合同或协议的，如果销售合同或协议中约定的价格高于基价，则应按销售合同或协议中约定的价格计算的价款于收到受托方已销开发产品清单之日确认收入的实现，企业按规定支付受托方的分成额，不得直接从销售收入中减除；如果销售合同或协议约定的价格低于基价的，则应按基价计算的价款于收到受托方已销开发产品清单之日确认收入的实现。属于由受托方与购买方直接签订销售合同的，则应按基价加上按规定取得的分成额于收到受托方已销开发产品清单之日确认收入的实现。

4. 采取包销方式委托销售开发产品的，包销期内可根据包销合同的有关约定，参照上述1至3项规定确认收入的实现；包销期满后尚未出售的开发产品，企业应根据包销合同或协议约定的价款和付款方式确认收入的实现。

第七条 企业将开发产品用于捐赠、赞助、职工福利、奖励、对外投资、分配给股东或投资人、抵偿债务、换取其他企事业单位和个人的非货币性资产等行为，应视同销售，于开发产品所有权或使用权转移，或于实际取得利益权利时确认收入（或利润）的实现。确认收入（或利润）的方法和顺序为：

（一）按本企业近期或本年度最近月份同类开发产品市场销售价格确定；

（二）由主管税务机关参照当地同类开发产品市场公允价值确定；

（三）按开发产品的成本利润率确定。开发产品的成本利润率不得低于15%，具体比例由主管税务机关确定。

第八条 企业销售未完工开发产品的计税毛利率由各省、自治、直辖市国家税务局、地方税务局按下列规定进行确定：

（一）开发项目位于省、自治区、直辖市和计划单列市人民政府所在地城市城区和郊区的，不得低于15%。

（二）开发项目位于地及地级市城区及郊区的，不得低于10%。

（三）开发项目位于其他地区的，不得低于5%。

（四）属于经济适用房、限价房和危改房的，不得低于3%。

第九条 企业销售未完工开发产品取得的收入，应先按预计计税毛利率分季（或月）计算出预计毛利额，计入当期应纳税所得额。开发产品完工后，企业应及时结算其计税成本并计算此前销售收入的实际毛利额，同时将其实际毛利额与其对应的预计毛利额之间的差额，计入当年度企业本项目与其他项目合并计算的应纳税所得额。

在年度纳税申报时，企业须出具对该项开发产品实际毛利额与预计毛利额之间差异调整情况的报告以及税务机关需要的其他相关资料。

第十条 企业新建的开发产品在尚未完工或办理房地产初始登记、取得产权证前，与承租人签订租赁预约协议的，自开发产品交付承租人使用之日起，出租方取得的预租价款按租金确认收入的实现。

第三章　成本、费用扣除的税务处理

第十一条　企业在进行成本、费用的核算与扣除时，必须按规定区分期间费用和开发产品计税成本、已销开发产品计税成本与未销开发产品计税成本。

第十二条　企业发生的期间费用、已销开发产品计税成本、营业税金及附加、土地增值税准予当期按规定扣除。

第十三条　开发产品计税成本的核算应按第四章的规定进行处理。

第十四条　已销开发产品的计税成本，按当期已实现销售的可售面积和可售面积单位工程成本确认。可售面积单位工程成本和已销开发产品的计税成本按下列公式计算确定：

可售面积单位工程成本 = 成本对象总成本 ÷ 成本对象总可售面积

已销开发产品的计税成本 = 已实现销售的可售面积 × 可售面积单位工程成本

第十五条　企业对尚未出售的已完工开发产品和按照有关法律、法规或合同规定对已售开发产品（包括共用部位、共用设施设备）进行日常维护、保养、修理等实际发生的维修费用，准予在当期据实扣除。

第十六条　企业将已计入销售收入的共用部位、共用设施设备维修基金按规定移交给有关部门、单位的，应于移交时扣除。

第十七条　企业在开发区内建造的会所、物业管理场所、电站、热力站、水厂、文体场馆、幼儿园等配套设施，按以下规定进行处理：

（一）属于非营利性且产权属于全体业主的，或无偿赠与地方政府、公用事业单位的，可将其视为公共配套设施，其建造费用按公共配套设施费的有关规定进行处理。

（二）属于营利性的，或产权归企业所有的，或未明确产权归属的，或无偿赠与地方政府、公用事业单位以外其他单位的，应当单独核算其成本。除企业自用应按建造固定资产进行处理外，其他一律按建造开发产品进行处理。

第十八条　企业在开发区内建造的邮电通讯、学校、医疗设施应单独核算成本，其中，由企业与国家有关业务管理部门、单位合资建设，完工后有偿移交的，国家有关业务管理部门、单位给予的经济补偿可直接抵扣该项目的建造成本，抵扣后的差额应调整当期应纳税所得额。

第十九条　企业采取银行按揭方式销售开发产品的，凡约定企业为购买方的按揭贷款提供担保的，其销售开发产品时向银行提供的保证金（担保金）不得从销售收入中减除，也不得作为费用在当期税前扣除，但实际发生损失时可据实扣除。

第二十条　企业委托境外机构销售开发产品的，其支付境外机构的销售费用（含佣金或手续费）不超过委托销售收入10%的部分，准予据实扣除。

第二十一条　企业的利息支出按以下规定进行处理：

（一）企业为建造开发产品借入资金而发生的符合税收规定的借款费用，可按企业会计准则的规定进行归集和分配，其中属于财务费用性质的借款费用，可直接在税前扣除。

（二）企业集团或其成员企业统一向金融机构借款分摊集团内部其他成员企业使用的，借入方凡能出具从金融机构取得借款的证明文件，可以在使用借款的企业间合理的分摊利息费用，使用借款的企业分摊的合理利息准予在税前扣除。

第二十二条　企业因国家无偿收回土地使用权而形成的损失，可作为财产损失按有关规定在税前扣除。

第二十三条　企业开发产品（以成本对象为计量单位）整体报废或毁损，其净损失按有关规定审核确认后准予在税前扣除。

第二十四条　企业开发产品转为自用的，其实际使用时间累计未超过12个月又销售的，不得在税前扣除折旧费用。

第四章　计税成本的核算

第二十五条　计税成本是指企业在开发、建造开发产品（包括固定资产，下同）过程中所发生的按照税收规定进行核算与计量的应归入某项成本对象的各项费用。

第二十六条　成本对象是指为归集和分配开发产品开发、建造过程中的各项耗费而确定的费用承担项目。计税成本对象的确定原则如下：

（一）可否销售原则。开发产品能够对外经营销售的，应作为独立的计税成本对象进行成本核算；不能对外经营销售的，可先作为过渡性成本对象进行归集，然后再将其相关成本摊入能够对外经营销售的成本对象。

（二）分类归集原则。对同一开发地点、竣工时间相近、产品结构类型没有明显差异的群体开发的项目，可作为一个成本对象进行核算。

（三）功能区分原则。开发项目某组成部分相对独立，且具有不同使用功能时，可以作为独立的成本对象进行核算。

（四）定价差异原则。开发产品因其产品类型或功能不同等而导致其预期售价存在较大差异的，应分别作为成本对象进行核算。

（五）成本差异原则。开发产品因建筑上存在明显差异可能导致其建造成本出现较大差异的，要分别作为成本对象进行核算。

（六）权益区分原则。开发项目属于受托代建的或多方合作开发的，应结合上述原则分别划分成本对象进行核算。

成本对象由企业在开工之前合理确定，并报主管税务机关备案。成本对象一经确定，不能随意更改或相互混淆，如确需改变成本对象的，应征得主管税务机关同意。

【注】根据《国家税务总局关于房地产开发企业成本对象管理问题的公告》（国家税务总局公告2014年第35号）的规定，本款自2014年7月16日起废止。

第二十七条　开发产品计税成本支出的内容如下：

（一）土地征用费及拆迁补偿费。指为取得土地开发使用权（或开发权）而发生的各项费用，主要包括土地买价或出让金、大市政配套费、契税、耕地占用税、土地使用费、土地闲置费、土地变更用途和超面积补交的地价及相关税费、拆迁补偿支出、安置及动迁支出、回迁房建造支出、农作物补偿费、危房补偿费等。

（二）前期工程费。指项目开发前期发生的水文地质勘察、测绘、规划、设计、可行性研究、筹建、场地通平等前期费用。

（三）建筑安装工程费。指开发项目开发过程中发生的各项建筑安装费用。主要包括开发项目建筑工程费和开发项目安装工程费等。

（四）基础设施建设费。指开发项目在开发过程中所发生的各项基础设施支出，主要包括开发项目内道路、供水、供电、供气、排污、排洪、通讯、照明等社区管网工程费和环境卫生、园林绿化等园林环境工程费。

（五）公共配套设施费：指开发项目内发生的、独立的、非营利性的，且产权属于全体业主的，或无偿赠与地方政府、政府公用事业单位的公共配套设施支出。

（六）开发间接费。指企业为直接组织和管理开发项目所发生的，且不能将其归属于特定成本对象的成本费用性支出。主要包括管理人员工资、职工福利费、折旧费、修理费、办公费、水电费、劳动保护费、工程管理费、周转房摊销以及项目营销设施建造费等。

第二十八条　企业计税成本核算的一般程序如下：

（一）对当期实际发生的各项支出，按其性质、经济用途及发生的地点、时间区进行整理、归类，并将其区分为应计入成本对象的成本和应在当期税前扣除的期间费用。同时还应按规定对在有关预提费用和待摊费用进行计量与确认。

（二）对应计入成本对象中的各项实际支出、预提费用、待摊费用等合理的划分为直接成本、间接成本和共同成本,并按规定将其合理的归集、分配至已完工成本对象、在建成本对象和未建成本对象。

(三)对期前已完工成本对象应负担的成本费用按已销开发产品、未销开发产品和固定资产进行分配,其中应由已销开发产品负担的部分,在当期纳税申报时进行扣除,未销开发产品应负担的成本费用待其实际销售时再予扣除。

(四)对本期已完工成本对象分类为开发产品和固定资产并对其计税成本进行结算。其中属于开发产品的,应按可售面积计算其单位工程成本,据此再计算已销开发产品计税成本和未销开发产品计税成本。对本期已销开发产品的计税成本,准予在当期扣除,未销开发产品计税成本待其实际销售时再予扣除。

(五)对本期未完工和尚未建造的成本对象应当负担的成本费用,应按分别建立明细台帐,待开发产品完工后再予结算。

第二十九条 企业开发、建造的开发产品应按制造成本法进行计量与核算。其中,应计入开发产品成本中的费用属于直接成本和能够分清成本对象的间接成本,直接计入成本对象,共同成本和不能分清负担对象的间接成本,应按受益的原则和配比的原则分配至各成本对象,具体分配方法可按以下规定选择其一:

(一)占地面积法。指按已动工开发成本对象占地面积占开发用地总面积的比例进行分配。

1. 一次性开发的,按某一成本对象占地面积占全部成本对象占地总面积的比例进行分配。

2. 分期开发的,首先按本期全部成本对象占地面积占开发用地总面积的比例进行分配,然后再按某一成本对象占地面积占期内全部成本对象占地总面积的比例进行分配。

期内全部成本对象应负担的占地面积为期内开发用地占地面积减除应由各期成本对象共同负担的占地面积。

(二)建筑面积法。指按已动工开发成本对象建筑面积占开发用地总建筑面积的比例进行分配。

1. 一次性开发的,按某一成本对象建筑面积占全部成本对象建筑面积的比例进行分配。

2. 分期开发的,首先按期内成本对象建筑面积占开发用地计划建筑面积的比例进行分配,然后再按某一成本对象建筑面积占期内成本对象总建筑面积的比例进行分配。

(三)直接成本法。指按期内某一成本对象的直接开发成本占期内全部成本对象直接开发成本的比例进行分配。

(四)预算造价法。指按期内某一成本对象预算造价占期内全部成本对象预算造价的比例进行分配。

第三十条 企业下列成本应按以下方法进行分配:

(一)土地成本,一般按占地面积法进行分配。如果确需结合其他方法进行分配的,应商税务机关同意。

土地开发同时连结房地产开发的,属于一次性取得土地分期开发房地产的情况,其土地开发成本经商税务机关同意后可先按土地整体预算成本进行分配,待土地整体开发完毕再行调整。

(二)单独作为过渡性成本对象核算的公共配套设施开发成本,应按建筑面积法进行分配。

(三)借款费用属于不同成本对象共同负担的,按直接成本法或按预算造价法进行分配。

(四)其他成本项目的分配法由企业自行确定。

第三十一条 企业以非货币交易方式取得土地使用权的,应按下列规定确定其成本:

(一)企业、单位以换取开发产品为目的,将土地使用权投资企业的,按下列规定进行处理:

1. 换取的开发产品如为该项土地开发、建造的,接受投资的企业在接受土地使用权时暂不确认其成本,待首次分出开发产品时,再按应分出开发产品(包括首次分出的和以后应分出的)的市场公允价值和土地使用权转移过程中应支付的相关税费计算确认该项土地使用权的成本。如涉及补价,土地使用权的取得成本还应加上应支付的补价款或减除应收到的补价款。

2. 换取的开发产品如为其他土地开发、建造的,接受投资的企业在投资交易发生时,按应付出开发产品市场公允价值和土地使用权转移过程中应支付的相关税费计算确认该项土地使用权的成本。如涉及补价,土地使用权的取得成本还应加上应支付的补价款或减除应收到的补价款。

(二)企业、单位以股权的形式,将土地使用权投资企业的,接受投资的企业应在投资交易发生时,按该项土地使用权的市场公允价值和土地使用权转移过程中应支付的相关税费计算确认该项土地使用权的取得成本。如涉及补价,土地使用权的取得成本还应加上应支付的补价款或减除应收到的补价款。

第三十二条 除以下几项预提(应付)费用外,计税成本均应为实际发生的成本。

(一)出包工程未最终办理结算而未取得全额发票的,在证明资料充分的前提下,其发票不足金额可以预提,但最高不得超过合同总金额的10%。

(二)公共配套设施尚未建造或尚未完工的,可按预算造价合理预提建造费用。此类公共配套设施必须符合已在售房合同、协议或广告、模型中明确承诺建造且不可撤销,或按照法律法规规定必须配套建造的条件。

(三)应向政府上交但尚未上交的报批报建费用、物业完善费用可以按规定预提。物业完善费用是指按规定应由企业承担的物业管理基金、公建维修基金或其他专项基金。

第三十三条 企业单独建造的停车场所,应作为成本对象单独核算。利用地下基础设施形成的停车场所,作为公共配套设施进行处理。

第三十四条 企业在结算计税成本时其实际发生的支出应当取得但未取得合法凭据的,不得计入计税成本,待实际取得合法凭据时,再按规定计入计税成本。

第三十五条 开发产品完工以后,企业可在完工年度企业所得税汇算清缴前选择确定计税成本核算的终止日,不得滞后。凡已完工开发产品在完工年度未按规定结算计税成本,主管税务机关有权确定或核定其计税成本,据此进行纳税调整,并按《中华人民共和国税收征收管理法》的有关规定对其进行处理。

第五章 特定事项的税务处理

第三十六条 企业以本企业为主体联合其他企业、单位、个人合作或合资开发房地产项目,且该项目未成立独立法人公司的,按下列规定进行处理:

(一)凡开发合同或协议中约定向投资各方(即合作、合资方,下同)分配开发产品的,企业在首次分配开发产品时,如该项目已经结算计税成本,其应分配给投资方开发产品的计税成本与其投资额之间的差额计入当期应纳税所得额;如未结算计税成本,则将投资方的投资额视同销售收入进行相关的税务处理。

(二)凡开发合同或协议中约定分配项目利润的,应按以下规定进行处理:

1. 企业应将该项目形成的营业利润额并入当期应纳税所得额统一申报缴纳企业所得税,不得在税前分配该项目的利润。同时不能因接受投资方投资额而在成本中摊销或在税前扣除相关的利息支出。

2. 投资方取得该项目的营业利润应视同股息、红利进行相关的税务处理。

第三十七条 企业以换取开发产品为目的,将土地使用权投资其他企业房地产开发项目的,按以下规定进行处理:

企业应在首次取得开发产品时,将其分解为转让土地使用权和购入开发产品两项经济业务进行所得税处理,并按应从该项目取得的开发产品(包括首次取得的和以后应取得的)的市场公允价值计算确认土地使用权转让所得或损失。

第六章 附 则

第三十八条 从事房地产开发经营业务的外商投资企业在2007年12月31日前存有销售未完工开发产品取得的收入,至该项开发产品完工后,一律按本办法第九条规定的办法进行税务处理。

第三十九条 本通知自2008年1月1日起执行。

2. 国家税务总局关于房地产开发企业开发产品完工条件确认问题的通知

（2010 年 5 月 12 日　国税函〔2010〕201 号）

各省、自治区、直辖市和计划单列市国家税务局、地方税务局：

现就房地产开发企业开发产品完工条件确认有关问题，通知如下：

根据《国家税务总局关于房地产开发经营业务征收企业所得税问题的通知》（国税发〔2006〕31 号）规定精神和《国家税务总局关于印发〈房地产开发经营业务企业所得税处理办法〉的通知》（国税发〔2009〕31 号）第三条规定，房地产开发企业建造、开发的开发产品，无论工程质量是否通过验收合格，或是否办理完工（竣工）备案手续以及会计决算手续，当企业开始办理开发产品交付手续（包括入住手续）、或已开始实际投入使用时，为开发产品开始投入使用，应视为开发产品已经完工。房地产开发企业应按规定及时结算开发产品计税成本，并计算企业当年度应纳税所得额。

3. 国家税务总局关于房地产开发企业成本对象管理问题的公告

（2014 年 6 月 16 日　国家税务总局公告 2014 年第 35 号）

2014 年 1 月 28 日，国务院发布《关于取消和下放一批行政审批项目的决定》（国发〔2014〕5 号），取消了房地产开发企业开发产品计税成本对象事先备案制度。为做好取消房地产开发企业开发产品计税成本对象事先备案制度的落实和后续管理工作，现将有关问题公告如下：

一、房地产开发企业应依据计税成本对象确定原则确定已完工开发产品的成本对象，并就确定原则、依据，共同成本分配原则、方法，以及开发项目基本情况、开发计划等出具专项报告，在开发产品完工当年企业所得税年度纳税申报时，随同《企业所得税年度纳税申报表》一并报送主管税务机关。

房地产开发企业将已确定的成本对象报送主管税务机关后，不得随意调整或相互混淆。如确需调整成本对象的，应就调整的原因、依据和调整前后成本变化情况等出具专项报告，在调整当年企业所得税年度纳税申报时报送主管税务机关。

二、房地产开发企业应建立健全成本对象管理制度，合理区分已完工成本对象、在建成本对象和未建成本对象，及时收集、整理、保存成本对象涉及的证据材料，以备税务机关检查。

三、各级税务机关要认真清理以前的管理规定，今后不得以任何理由进行变相审批。

主管税务机关应对房地产开发企业报送的成本对象确定专项报告做好归档工作，及时进行分析，加强后续管理。对资料不完整、不规范的，应及时通知房地产开发企业补齐、修正；对成本对象确定不合理或共同成本分配方法不合理的，主管税务机关有权进行合理调整；对成本对象确定情况异常的，主管税务机关应进行专项检查；对不如实出具专项报告或不出具专项报告的，应按《中华人民共和国税收征收管理法》的相关规定进行处理。

四、本公告自发布之日起 30 日后施行。《国家税务总局关于印发〈房地产开发经营业务企业所得税处理办法〉的通知》（国税发〔2009〕31 号）第二十六条第二款同时废止。本公告施行前房地产开发企业尚未完成开发产品成本对象事先备案的，也按本公告执行。

特此公告。

4.国家税务总局关于房地产开发企业土地增值税清算涉及企业所得税退税有关问题的公告

（2016年12月9日　国家税务总局公告2016年第81号）

根据《中华人民共和国企业所得税法》及其实施条例、《中华人民共和国税收征收管理法》及其实施细则的相关规定，现就房地产开发企业（以下简称“企业”）由于土地增值税清算，导致多缴企业所得税的退税问题公告如下：

一、企业按规定对开发项目进行土地增值税清算后，当年企业所得税汇算清缴出现亏损且有其他后续开发项目的，该亏损应按照税法规定向以后年度结转，用以后年度所得弥补。后续开发项目，是指正在开发以及中标的项目。

二、企业按规定对开发项目进行土地增值税清算后，当年企业所得税汇算清缴出现亏损，且没有后续开发项目的，可以按照以下方法，计算出该项目由于土地增值税原因导致的项目开发各年度多缴企业所得税税款，并申请退税：

（一）该项目缴纳的土地增值税总额，应按照该项目开发各年度实现的项目销售收入占整个项目销售收入总额的比例，在项目开发各年度进行分摊，具体按以下公式计算：

各年度应分摊的土地增值税＝土地增值税总额×（项目年度销售收入÷整个项目销售收入总额）

本公告所称销售收入包括视同销售房地产的收入，但不包括企业销售的增值额未超过扣除项目金额20%的普通标准住宅的销售收入。

（二）该项目开发各年度应分摊的土地增值税减去该年度已经在企业所得税税前扣除的土地增值税后，余额属于当年应补充扣除的土地增值税；企业应调整当年度的应纳税所得额，并按规定计算当年度应退的企业所得税税款；当年度已缴纳的企业所得税税款不足退税的，应作为亏损向以后年度结转，并调整以后年度的应纳税所得额。

（三）按照上述方法进行土地增值税分摊调整后，导致相应年度应纳税所得额出现正数的，应按规定计算缴纳企业所得税。

（四）企业按上述方法计算的累计退税额，不得超过其在该项目开发各年度累计实际缴纳的企业所得税；超过部分作为项目清算年度产生的亏损，向以后年度结转。

三、企业在申请退税时，应向主管税务机关提供书面材料说明应退企业所得税款的计算过程，包括该项目缴纳的土地增值税总额、项目销售收入总额、项目年度销售收入额、各年度应分摊的土地增值税和已经税前扣除的土地增值税、各年度的适用税率，以及是否存在后续开发项目等情况。

四、本公告自发布之日起施行。本公告发布之日前，企业凡已经对土地增值税进行清算且没有后续开发项目的，在本公告发布后仍存在尚未弥补的因土地增值税清算导致的亏损，按照本公告第二条规定的方法计算多缴企业所得税税款，并申请退税。

《国家税务总局关于房地产开发企业注销前有关企业所得税处理问题的公告》（国家税务总局公告2010年第29号）同时废止。

特此公告。

二、建　　筑

国家税务总局关于跨地区经营建筑企业所得税征收管理问题的通知

（2010 年 4 月 19 日　国税函〔2010〕156 号）

各省、自治区、直辖市和计划单列市国家税务局、地方税务局：

为加强对跨地区（指跨省、自治区、直辖市和计划单列市，下同）经营建筑企业所得税的征收管理，根据《中华人民共和国企业所得税法》及其实施条例、《中华人民共和国税收征收管理法》及其实施细则、《国家税务总局关于印发〈跨地区经营汇总纳税企业所得税征收管理暂行办法〉的通知》（国税发〔2008〕28 号）的规定，现对跨地区经营建筑企业所得税征收管理问题通知如下：

一、实行总分机构体制的跨地区经营建筑企业应严格执行国税发〔2008〕28 号文件规定，按照“统一计算，分级管理，就地预缴，汇总清算，财政调库”的办法计算缴纳企业所得税。

二、建筑企业所属二级或二级以下分支机构直接管理的项目部（包括与项目部性质相同的工程指挥部、合同段等，下同）不就地预缴企业所得税，其经营收入、职工工资和资产总额应汇总到二级分支机构统一核算，由二级分支机构按照国税发〔2008〕28 号文件规定的办法预缴企业所得税。

三、建筑企业总机构直接管理的跨地区设立的项目部，应按项目实际经营收入的 0.2% 按月或按季由总机构向项目所在地预分企业所得税，并由项目部向所在地主管税务机关预缴。

四、建筑企业总机构应汇总计算企业应纳所得税，按照以下方法进行预缴：

（一）总机构只设跨地区项目部的，扣除已由项目部预缴的企业所得税后，按照其余额就地缴纳；

（二）总机构只设二级分支机构的，按照国税发〔2008〕28 号文件规定计算总、分支机构应缴纳的税款；

（三）总机构既有直接管理的跨地区项目部，又有跨地区二级分支机构的，先扣除已由项目部预缴的企业所得税后，再按照国税发〔2008〕28 号文件规定计算总、分支机构应缴纳的税款。

五、建筑企业总机构应按照有关规定办理企业所得税年度汇算清缴，各分支机构和项目部不进行汇算清缴。总机构年终汇算清缴后应纳所得税额小于已预缴的税款时，由总机构主管税务机关办理退税或抵扣以后年度的应缴企业所得税。

（依据国家税务总局 2012 年第 57 号公告，自 2013 年起，跨地区分支机构应参加汇算清缴）

六、跨地区经营的项目部（包括二级以下分支机构管理的项目部）应向项目所在地主管税务机关出具总机构所在地主管税务机关开具的《外出经营活动税收管理证明》，未提供上述证明的，项目部所在地主管税务机关应督促其限期补办；不能提供上述证明的，应作为独立纳税人就地缴纳企业所得税。同时，项目部应向所在地主管税务机关提供总机构出具的证明该项目部属于总机构或二级分支机构管理的证明文件。

七、建筑企业总机构在办理企业所得税预缴和汇算清缴时，应附送其所直接管理的跨地区经营项目部就地预缴税款的完税证明。

八、建筑企业在同一省、自治区、直辖市和计划单列市设立的跨地（市、县）项目部，其企业所得税的征收管理办法，由各省、自治区、直辖市和计划单列市国家税务局、地方税务局共同制定，并报国家税务总局备案。

九、本通知自 2010 年 1 月 1 日起施行。

三、石 油 化 工

1. 财政部　国家税务总局关于开采油(气)资源企业费用和有关固定资产折耗摊销折旧税务处理问题的通知

（2009 年 4 月 12 日　财税〔2009〕49 号）

各省、自治区、直辖市、计划单列市财政厅(局)、国家税务局、地方税务局,新疆生产建设兵团财务局:

根据《中华人民共和国企业所得税法实施条例》(国务院令第 512 号,以下简称《实施条例》)第六十一条的规定,现就从事开采石油、天然气(包括煤层气,下同)的矿产资源油气企业(以下简称油气企业)在开始商业性生产前发生的费用和有关固定资产的折耗、摊销、折旧方法通知如下:

一、本通知所称费用和有关固定资产,是指油气企业在开始商业性生产前取得矿区权益和勘探、开发的支出所形成的费用和固定资产。

本通知所称商业性生产,是指油(气)田(井)经过勘探、开发、稳定生产并商业销售石油、天然气的阶段。

二、关于矿区权益支出的折耗

(一)矿区权益支出,是指油气企业为了取得在矿区内的探矿权、采矿权、土地或海域使用权等所发生的各项支出,包括有偿取得各类矿区权益的使用费、相关中介费或其他可直接归属于矿区权益的合理支出。

(二)油气企业在开始商业性生产前发生的矿区权益支出,可在发生的当期,从本企业其他油(气)田收入中扣除;或者自对应的油(气)田开始商业性生产月份的次月起,分 3 年按直线法计提的折耗准予扣除。

(三)油气企业对其发生的矿区权益支出未选择在发生的当期扣除的,由于未发现商业性油(气)构造而终止作业,其尚未计提折耗的剩余部分,可在终止作业的当年作为损失扣除。

三、关于勘探支出的摊销

(一)勘探支出,是指油气企业为了识别勘探区域或探明油气储量而进行的地质调查、地球物理勘探、钻井勘探活动以及其他相关活动所发生的各项支出。

(二)油气企业在开始商业性生产前发生的勘探支出(不包括预计可形成资产的钻井勘探支出),可在发生的当期,从本企业其他油(气)田收入中扣除;或者自对应的油(气)田开始商业性生产月份的次月起,分 3 年按直线法计提的摊销准予扣除。

(三)油气企业对其发生的勘探支出未选择在发生的当期扣除的,由于未发现商业性油(气)构造而终止作业,其尚未摊销的剩余部分,可在终止作业的当年作为损失扣除。

(四)油气企业的钻井勘探支出,凡确定该井可作商业性生产,且该钻井勘探支出形成的资产符合《实施条例》第五十七条规定条件的,应当将该钻井勘探支出结转为开发资产的成本,按照本通知第四条的规定计提折旧。

四、关于开发资产的折旧

(一)开发支出,是指油气企业为了取得已探明矿区中的油气而建造或更新井及相关设施活动所发生的各项支出。

(二)油气企业在开始商业性生产之前发生的开发支出,可不分用途,全部累计作为开发资产的成本,自对应的油(气)田开始商业性生产月份的次月起,可不留残值,按直线法计提的折旧准予扣除,其最低折旧年限为 8 年。

(三)油气企业终止本油(气)田生产的,其开发资产尚未计提折旧的剩余部分可在该油(气)田终止生产的当年作为损失扣除。

五、油气企业应按照本通知规定选择有关费用和资产的折耗、摊销、折旧方法和年限，一经确定，不得变更。

六、油气企业在本油(气)田进入商业性生产之后对本油(气)田新发生的矿区权益、勘探支出、开发支出，按照本通知规定处理。

七、本通知自发布之日起实施。《实施条例》实施之日至本通知发布之日前，油气企业矿区权益、勘探、开发等费用和固定资产的折耗、摊销、折旧方法和年限事项按本通知规定处理。

《实施条例》实施之日前，油气企业矿区权益、勘探、开发等费用和固定资产已发生且开始摊销或计提的折耗、折旧，不做调整。对没有摊销完的费用和继续使用的矿区权益和有关固定资产，可以就其尚未摊销或计提折耗、折旧的余额，按本通知规定处理。

2. 财政部　公安部　国家税务总局关于石油天然气和“三电”基础设施安全保护费用管理问题的通知

(2010 年 10 月 11 日　财企〔2010〕291 号)

各省、自治区、直辖市、计划单列市财政厅(局)、公安厅(局)、国家税务局、地方税务局，新疆生产建设兵团财务局、公安局，有关中央管理企业：

为加强石油、天然气和电力、电信、广播电视基础设施(以下统称“油气和‘三电’基础设施”)的安全保护工作，落实各方工作责任，健全安全保护经费长效保障机制，根据现行有关法律法规，现就有关问题通知如下：

一、落实油气和“三电”基础设施安全保护工作责任

(一)油气和“二电”基础设施既是企业生产经营的重要资产，也是国家重要的基础设施和社会资源，其安全保障直接影响企业生产经营，也事关国家经济运行、公共安全和人民群众的生活。企业、公安机关、基层组织共同负有保障油气和“三电”基础设施安全的责任，要在各级政府领导下，积极参与和推进分工负责、协调配合的安全防范工作机制，加强油气和“三电”基础设施安全保护工作。

(二)油气和“三电”基础设施营运企业对基础设施安全运行负有主体责任，应当在公安机关指导下加强基础设施的安全保护，健全企业内部安全保护工作机制，完善安全防范的技术措施和物理措施，并结合维护抢修需要，组织内部安全防范力量，组建专职、兼职的群防队伍，加强防范处置演练，严密防范盗抢、破坏油气和“三电”基础设施的违法犯罪活动。

(三)公安机关要加强对油气和“三电”企业基础设施安全保护工作的指导和监督、有效打击危害基础设施安全的违法犯罪活动，为企业生产经营提供良好的社会治安环境。

(四)各基层组织在当地政府领导下，加强基础设施安全保护宣传教育，组织和发动群众，健全群众参与群防群治的工作机制。

二、健全油气和“三电”基础设施安全保护经费保障机制

(一)地方政府组织开展油气和“三电”基础设施群防群治工作的，根据《中共中央　国务院关于进一步加强社会治安综合治理的意见》(中发〔2001〕14 号)的规定，有关群防群治经费，按照“谁受益谁出资”的原则，主要由受益企业自行安排解决，政府财政适当补贴。

(二)公安机关油气和“三电”基础设施安全保护工作经费，按照“明确责任、分类负担、收支脱钩、全额保障”的政法经费保障体制和“分项目、分区域、分部门”的政法经费分类保障办法，纳入公安机关部门预算，由同级政府财政部门统筹安排解决。公安机关内部要合理安排预算，保证油气和“三电”基础设施安全保护工作的经费支出。鉴于油气和“三电”基础设施的重要性，同时考虑各地实际情况，中央财政适当增加资金规模，在现行中央政法转移支付资金项目中统筹安排，对中西部地区给予适当补助。

（三）企业对自身油气和“三电”基础设施进行安全保护发生的各项费用，包括参加联防工作、组建兼专职群防队伍等发生的支出，由企业自行负担，按规定列入成本（费用），并按照国家税收法律、法规等规定准予税前扣除。

三、加强油气和“三电”基础设施安全保护费用的管理和监督

（一）各级财政部门要加强监督检查，督促企业建立健全油气和“三电”基础设施安全保护费用的内部制度，规范财务管理。

组成联防机制各成员单位应当严格执行《中共中央　国务院关于治理向企业乱收费和各种摊派等问题的决定》（中发〔1997〕14号），杜绝在正常经费保障之外，对油气和“三电”基础设施营运企业的各种乱摊派、乱收费、乱集资行为。

（二）各级公安机关要建立健全内部财务管理制度，按照国家有关规定，加强油气和“三电”基础设施安全保护经费的管理，提高经费使用效益。

（三）油气和“三电”基础设施营运企业列支的安全保护费用应当按规定使用，对没有法律法规依据或者超过法律法规规定范围和标准的各种摊派、收费、集资，有权拒绝，并向财政部反映。

3. 国家税务总局关于中国石油天然气股份有限公司中国石油化工股份有限公司企业所得税征管问题的通知

（2010年12月14日　国税函〔2010〕623号）

各省、自治区、直辖市和计划单列市国家税务局：

为贯彻落实《中华人民共和国企业所得税法》，加强对中国石油天然气股份有限公司（以下简称中石油）、中国石油化工股份有限公司（以下简称中石化）企业所得税的征收管理，现就中石油、中石化有关企业所得税征管问题通知如下：

一、中石油、中石化下属具有独立法人资格的子公司应按照企业所得税法的有关规定，向所在地主管税务机关申报并计算缴纳企业所得税；上述子公司下设的不具有法人资格的分支机构，由该子公司汇总申报并计算缴纳企业所得税，不就地预缴。

二、中石油、中石化下属不具有法人资格的二级分支机构企业所得税的申报方式及就地预缴比例，按照《国家税务总局关于中国石油天然气股份有限公司、中国石油化工股份有限公司缴纳企业所得税问题的通知》（国税函〔2009〕573号）第一条的规定执行。三级以下分支机构不就地申报、预缴企业所得税。

三、中石油、中石化下属二级以下分支机构发生的需要在税务机关备案或由税务机关审批的研发费用、财产损失等事项，由其二级分支机构所在省、自治区、直辖市和计划单列市国税机关按照相关规定的权限予以备案或审批。

四、中石油、中石化实行就地预缴的二级分支机构购置用于环境保护、节能节水、安全生产等专用设备的投资额，符合企业所得税法规定的抵免企业所得税条件的，应先用该分支机构就地预缴的税款进行抵免，不足部分在总部抵免。

五、2009年度中石油、中石化汇总纳税后超缴的所得税税款，由北京市国家税务局核实具体数额后及时办理退库。

4. 国家税务总局关于发布《海上油气生产设施弃置费企业所得税管理办法》的公告

（2011 年 3 月 22 日　国家税务总局公告 2011 年第 22 号）

现将《海上油气生产设施弃置费企业所得税管理办法》予以发布，自发布之日起 30 日后施行。

特此公告。

附件：海上油气生产设施弃置费情况表（略）

海上油气生产设施弃置费企业所得税管理办法

第一章　总　　则

第一条　为加强和规范海上油气生产设施弃置费企业所得税管理，根据《中华人民共和国税收征收管理法》、《中华人民共和国企业所得税法实施条例》、《国家发展和改革委员会、国家能源局、财政部、国家税务总局、国家海洋局关于印发〈海上油气生产设施废弃处置管理暂行规定〉的通知》（发改能源〔2010〕1305 号）的有关规定，制定本办法。

第二条　本办法所指弃置费，是指从事开采我国海上油气资源的企业，为承担油气生产设施废弃处置的责任和义务所发生的，用于井及相关设施的废弃、拆移、填埋等恢复生态环境及其前期准备等各项专项支出。主要包括弃置前期研究、停产准备、工程设施弃置、油井弃置等相关费用。

第三条　本办法所指海上油气生产设施（以下简称设施），包括海上油井、气井、水井、固定平台、人工岛、单点系泊、浮式生产储油装置，海底电缆、管道、水下生产系统，陆岸终端，以及其他水上、水下的油气生产的相关辅助配套设施。

第四条　本办法所指企业，是指参与开采海上油气资源的中国企业和外国企业。

第五条　本办法所指作业者，是指负责海上油（气）田作业的实体。包括开采海上石油资源的本企业、或者投资各方企业。

第二章　废弃处置方案的备案

第六条　企业开始提取弃置费前，应提供作业者编制的海上油（气）田设施废弃处置预备方案，报主管税务机关备案。预备方案应当包括弃置费估算、弃置费筹措方法和弃置方式等内容。

第七条　设施废弃处置预备方案发生修改的，企业应在修改后的 30 日内报主管税务机关备案。

第八条　海上油（气）田实施弃置作业前，应将其按照国家有关主管部门要求编制的设施废弃处置实施方案，报主管税务机关备案。

第三章　弃置费的计提和税前扣除

第九条　海上油（气）田弃置费，按照设施废弃处置预备方案中规定的方法（产量法或年限平均法）按月提取。多个企业合作开发一个油（气）田的，其弃置费计提应该采取同一方法。企业弃置费计提方法确定后，除设施废弃处置预备方案修改外，不得变更。

第十条 本办法实施后进入商业生产的海上油（气）田，弃置费自进入商业生产的次月起开始计提。

本办法实施前已进入商业生产的海上油（气）田，弃置费自作业者补充编制的设施废弃处置预备方案报主管税务机关备案后的次月起开始计提。

作业者修改废弃处置预备方案的，修改后弃置费在废弃处置预备方案重新报主管税务机关备案的次月起开始计提。

第十一条 采用年限平均法分月计提弃置费，应按照以下公式计算：

当月计提弃置费 =（预备方案中的弃置费总额 - 累计已计提弃置费用）÷ 合同生产期（月）- 当月弃置费专款账户损益

本条及下条公式中的"当月弃置费专款账户损益"，包括专款账户利息、汇兑损益等。其中汇兑损益为弃置费以人民币以外货币计提存储情况下，按照上月末即期人民币汇率中间价折算为人民币时，弃置费专款账户余额发生的汇兑损益。

本办法实施前已进入商业生产的海上油（气）田，合同生产期（月）为开始计提弃置费的剩余月份。

第十二条 采用产量法计提弃置费，应按照以下公式计算：

本月计提弃置费 =（预备方案中的弃置费总额 - 累计已计提弃置费用）× 本月计提比例 - 当月弃置费专款账户损益

本月计提比例 = 本月油（气）田实际产量 ÷［本月油（气）田实际产量 + 期末探明已开发储量］

期末探明已开发储量是指，已探明的开发储量，在现有设施条件下对应的可开采储量。

第十三条 作业者应在纳税年度结束后，就当年提取的弃置费具体情况进行调整。企业应在年度汇算清缴时，根据作业者的调整情况，确认本年度弃置费列支数额。

第十四条 修改设施废弃处置预备方案，导致弃置费提取数额、方法发生变化的，应自方案修改后的下个月开始，就新方案中的弃置费总额，减去累计已计提弃置费后的余额，按照新方案确定的方法继续计提。

第十五条 油（气）田企业或合作各方企业应承担或者按投资比例承担设施废弃处置的责任和义务，其按本办法计提的弃置费，应依照规定作为环境保护、生态恢复等方面专项资金，并准予在计算企业年度应纳税所得额时扣除。

第十六条 合作油（气）田的合同生产期尚未结束，一方企业决定放弃生产，将油（气）田所有权全部转移给另一方企业、或者合作油（气）田的合同生产期结束，一方企业决定继续生产，若放弃方或退出方企业取得已经计提的弃置费补偿，应作为收入计入企业当年度应纳税所得计算纳税。支付方企业可以作为弃置费，在支付年度一次性扣除。

第四章 弃置费的使用

第十七条 作业者实施海上油（气）田设施废弃处置时发生的弃置费，应单独归集核算，并从按照本办法规定提取的弃置费中扣除。

第十八条 作业者完成海上油（气）田设施废弃处置后，提取的弃置费仍有余额，应相应调增弃置费余额所归属企业当年度的应纳税所得额。

第十九条 作业者完成海上油（气）田设施废弃处置后，实际发生的弃置费超过计提的部分，应作为企业当年度费用，在计算企业应纳税所得额时扣除。

第五章 弃置费的管理

第二十条 弃置费专款账户资金所产生的损益，应计入弃置费，并相应调整当期弃置费提取额。

第二十一条 弃置费的计提、清算应统一使用人民币作为货币单位。发生的汇兑损益，直接增加或减少弃置费。

第二十二条 企业在申报当年度企业所得税汇算清缴资料时，应附送海上油气生产设施弃置费情况表（见附表）。

第二十三条 海上油(气)田设施废弃处置作业完成后，在进行税务清算时，应提供企业对弃置费的计提、使用和各投资方承担等情况的说明。

第六章 附 则

第二十四条 企业依本办法计提的弃置费，凡改变用途的，不得在企业所得税前扣除。已经扣除的，应调增改变用途当年的应纳税所得额，并按《中华人民共和国税收征收管理法》的有关规定处理。

5. 国家税务总局关于中国石油天然气股份有限公司中国石油化工股份有限公司所属二级分支机构就地预缴企业所得税问题的通知

（2011年4月21日 国税函〔2011〕211号）

各省、自治区、直辖市和计划单列市国家税务局：

现将中国石油天然气股份有限公司（以下简称中石油）、中国石油化工股份有限公司（以下简称中石化）下属二级分支机构企业所得税预缴问题通知如下：

从2011年1月1日起，中石油、中石化下属不具有法人资格的二级分支机构（名单附后），按照年度应纳所得税额50%的比例，就地预缴企业所得税。

附件：1. 中国石油天然气股份有限公司所属二级分支机构名单（略）

2. 中国石油化工股份有限公司所属二级分支机构名单（略）

6. 财政部 国家税务总局关于我国石油企业在境外从事油(气)资源开采所得税收抵免有关问题的通知

（2011年5月26日 财税〔2011〕23号）

各省、自治区、直辖市、计划单列市财政厅(局)、国家税务局、地方税务局，新疆生产建设兵团财务局：

根据《中华人民共和国企业所得税法》及其《实施条例》和《财政部 国家税务总局关于企业境外所得税收抵免有关问题的通知》（财税〔2009〕125号）的有关规定，现就我国石油企业在境外从事油(气)资源开采所得计征企业所得税时抵免境外已纳或负担所得税额的有关问题补充通知如下：

一、石油企业可以选择按国(地区)别分别计算（即"分国(地区)不分项"），或者不按国(地区)别汇总计算（即"不分国(地区)不分项"）其来源于境外油(气)项目投资、工程技术服务和工程建设的油(气)资源开采活动的应纳税所得额，并按照财税〔2009〕125号文件第八条规定的税率，分别计算其可抵免境外所得税税额和抵免限额。上述方式一经选择，5年内不得改变。

石油企业选择采用不同于以前年度的方式（以下简称新方式）计算可抵免境外所得税税额和抵免限额时，对该企业以前年度按照财税〔2009〕125号文件规定没有抵免完的余额，可在税法规定结转的剩余年限内，按新方式计算的抵免限额中继续结转抵免。

二、石油企业在境外从事油(气)项目投资、工程技术服务和工程建设的油(气)资源开采活动取得股息所得,在按规定计算该石油企业境外股息所得的可抵免所得税额和抵免限额时,由该企业直接或者间接持有20%以上股份的外国企业,限于按照财税〔2009〕125号文件第六条规定的持股方式确定的五层外国企业,即:

第一层:石油企业直接持有20%以上股份的外国企业;

第二层至第五层:单一上一层外国企业直接持有20%以上股份,且由该石油企业直接持有或通过一个或多个符合财税〔2009〕125号文件第六条规定持股方式的外国企业间接持有总和达到20%以上股份的外国企业。

三、石油企业境外所得税收抵免的其他事项,按照财税〔2009〕125号文件的有关规定执行。

四、本通知自2010年1月1日起执行。

7. 财政部　国家税务总局　中国人民银行关于石化销售有限公司企业所得税收入归属有关问题的通知

(2014年12月23日　财预〔2014〕405号)

近期,中国石油化工有限公司对销售业务板块进行混合所得制改革,将31家省市石油分公司、中国石化燃料油销售有限公司等全资分、子公司注入中国石化销售有限公司,并入社会和民营资本参股。考虑到改革前中国石化销售有限公司及新注入该公司的原31家省市石油分公司等缴纳的企业所得税均为中央收入,为了避免因改革使中央和地方财政收入发生较大变动,影响政府预算安排,经研究决定,中国石油化工股份有限公司销售业务板块混合所有制改革后,中国石化销售有限公司及其全资子公司缴纳的企业所得税仍作为中央收入。

8. 国家税务总局关于中国石油天然气股份有限公司进口天然气增值税返还收入企业所得税纳税地点问题的批复

(2016年12月22日　税总函〔2016〕658号)

北京市国家税务局:

你局《关于中国石油天然气股份有限公司2015年进口天然气增值税返还收入企业所得税纳税地点的请示》(京国税发〔2016〕280号)收悉。根据《中华人民共和国企业所得税法》和国务院关于进口天然气返还增值税政策精神,结合中国石油天然气股份有限公司(以下简称“中石油”)进口天然气核算体制,现对中石油2015年度及以后年度进口天然气取得增值税返还收入企业所得税纳税地点问题批复如下:

一、中国石油国际事业有限公司、新疆西北中石油国际事业有限公司和云南中石油国际事业有限公司为中石油下属企业,三家公司按照《财政部　海关总署　国家税务总局关于对2011—2020年期间进口天然气及2010年底前“中亚气”项目进口天然气按比例返还进口环节增值税有关问题的通知》(财关税〔2011〕39号)及有关规定,在2015年度收到的进口天然气增值税返还收入,属于代收款项,不属于上述三家公司收入,该款项拨付至中石油天然气销售分公司后,应作为中石油的收入,在其注册地北京统一计算缴纳企业所得税。

二、自2016年度起,中石油下属公司按照财关税〔2011〕39号文件及有关规定取得的进口天然气增值税返还收入，其纳税地点问题均比照上述规定执行，税务总局不再每年行文批复。

9.财政部　国家税务总局关于石油石化企业办社会支出有关企业所得税政策的通知

（2019年6月5日　财税〔2019〕59号）

各省、自治区、直辖市、计划单列市财政厅（局），新疆生产建设兵团财政局，国家税务总局各省、自治区、直辖市、计划单列市税务局：

现就石油石化企业办社会支出有关企业所得税政策通知如下：

一、中国石油天然气集团有限公司（以下称石油集团）、中国石油化工集团有限公司（以下称石化集团）所属企业通过关联交易形式从其对应的中国石油天然气股份有限公司（以下称石油股份）、中国石油化工股份有限公司（以下称石化股份）所属分公司及上述集团公司和股份公司所属子公司取得的用于市政、公交、环卫、非义务教育、消防、社区管理等社会性支出资金，应作为企业的收入计入当期应纳税所得额。

二、石油集团、石化集团所属企业发生的用于市政、公交、环卫、非义务教育、消防、社区管理等社会性支出，可以在当期计算应纳税所得额时据实扣除。

三、石油集团、石化集团所属控股子公司（持股比例高于50%，下同）以关联交易形式支付给其对应的石油集团、石化集团所属企业的上述社会性支出，在不高于关联交易协议规定限额内的部分，可以在当期计算应纳税所得额时扣除，超过部分不得扣除。

四、石油股份、石化股份所属分公司及控股子公司以关联交易形式支付给其对应的石油集团、石化集团所属企业的上述社会性支出，在不高于关联交易协议规定限额内的部分，可以在当期计算应纳税所得额时扣除，超过部分不得扣除。

五、石油股份、石化股份所属分公司及控股子公司直接发生的用于市政、公交、环卫、非义务教育、消防、社区管理等社会性支出，按照国有企业分离办社会的总体要求和逐年递减额度的原则，可以在当期计算应纳税所得额时据实扣除。

六、石油集团、石化集团所属企业，石油股份、石化股份所属分公司及控股子公司应按照企业所得税法和财务核算要求，将与生产经营相关的支出与社会性支出作出区分，分别核算。

七、上述政策执行期限为自2019年1月1日至2023年12月31日。石油股份、石化股份所属分公司及控股子公司在2019年以前直接发生的社会性支出，尚未进行税务处理的，参照本通知执行。

四、铁　　路

1.财政部　国家税务总局关于铁道部统一缴纳企业所得税有关问题的通知

（2009年12月20日　财税〔2009〕145号）

经国务院批准，现对铁道部及其所属铁路管理机构实行统一计算并缴纳企业所得税（以下简称统一纳税)的有关问题通知如下：

一、实行与铁道部统一纳税企业的条件及范围。实行与铁道部统一纳税的企业(简称成员企业，下同)应同时满足以下条件：

1. 由铁道部100%直接出资设立，不包括铁道部与地方政府、其他单位和个人合资、合作等设立的企业；

2. 在我国境内主要从事铁路客、货运输业务，不包括与铁路客、货运输不直接相关的其他单位；

3. 由铁道部统一实行组织与调度，即由铁道部统一制定生产任务、统一配置生产能力、统一负责生产经营；

4. 由铁道部统一清算确认运输收入和支出、统一核算总体经营效益等。

根据以上条件，实行与铁道部统一纳税企业的范围见附件。

二、统一纳税企业范围的调整。铁道部需要扩大成员企业范围的，应在调整年度的3月31日前向财政部、国家税务总局提出申请，由财政部、国家税务总局根据本通知规定条件核定。实行统一纳税的成员企业，因情况发生变化而不符合本通知规定条件的，应从相关条件发生变化的年度起，取消其统一纳税成员企业资格，并就地缴纳企业所得税。

三、本通知从2009年1月1日起施行。

附件：铁道部统一纳税企业名单(略)

2. 财政部　国家税务总局　中国人民银行关于调整铁路运输企业税收收入划分办法的通知

(2012年9月7日　财预〔2012〕383号)

各省、自治区、直辖市、计划单列市财政厅(局)、国家税务局、地方税务局，中国人民银行上海总部，各分行、营业管理部，省会(首府)城市中心支行，深圳、大连、青岛、厦门、宁波市中心支行：

为理顺铁路运输企业税收收入划分，妥善处理地区间利益分配关系，做好铁路运输企业税收收入的征缴入库和分配管理工作，从2012年1月1日起，调整铁路运输企业税收收入划分办法，现就有关预算管理事宜通知如下：

一、中央与地方收入划分调整

(一)铁道部集中缴纳的铁路运输企业税收收入划分调整。

铁道部集中缴纳的铁路运输企业营业税(不含铁路建设基金营业税，下同)、城市维护建设税、教育费附加由中央收入调整为地方收入，铁道部集中缴纳的铁路建设基金营业税仍作为中央收入；铁道部集中缴纳的铁路运输企业所得税(含中铁快运股份有限公司缴纳的企业所得税)由中央与地方按照60∶40的比例实行分享。

(二)跨省合资铁路企业税收收入划分调整。

跨省(自治区、直辖市，下同)合资铁路企业缴纳的营业税、城市维护建设税、教育费附加为地方收入。企业所得税由中央与地方按照60∶40的比例实行分享。

二、地方收入分配办法

(一)铁道部集中缴纳的铁路运输企业税收收入分配办法。

铁道部集中缴纳的铁路运输企业营业税、城市维护建设税、教育费附加和企业所得税地方分享40%部分，由中央财政按照各省、自治区、直辖市铁路客、货运周转量，客、货运发送量等因素所占比例在地区间分配，分配比例每两年根据上述因素变化情况进行调整。相关因素权重为：客运周转量占36%，货运周转量占54%，客运发送量占4%，货运发送量占6%。2012年各省分配比例详见附件1。

(二)跨省合资铁路企业税收收入分配办法。

跨省合资铁路企业缴纳的营业税和地方分享的所得税收入，按照相关省份铁路客、货运周转量和运营里程等因素所占比例在相关地区分配，分配比例每两年根据上述因素变化情况进行调整。相关因素权重为：客运周转量占28%，货运周转量占42%，运营里程占30%。2012年相关省份分配比例详见附件2。

城市维护建设税和教育费附加100%为该企业注册地地方收入。

三、预算科目调整

（一）将“1010301 铁道营业税”改为“铁路运输企业营业税”。下设“101030101 铁道部集中缴纳的铁路运输企业营业税”，地方收入科目，反映铁道部集中缴纳的铁路运输企业营业税；增设“101030102 跨省合资铁路营业税”，地方收入科目，反映跨省合资铁路企业缴纳的营业税；增设“1010305 铁路建设基金营业税”，中央收入科目，反映铁道部集中缴纳的铁路建设基金营业税。增设“1010306 铁道部集中缴纳的铁路运输企业营业税待分配收入”，中央收入科目，反映待分配的铁道部集中缴纳的铁路运输企业营业税收入，在中央或地方财政统计铁路运输企业营业税收入时对本科目不作统计，以免重复计算。

（二）将“101041701 铁道运输企业所得税”修改为“101041701 铁道部集中缴纳的铁路运输企业所得税”，中央与地方共用收入科目，反映铁道部集中缴纳的铁路运输企业所得税（含中铁快运股份有限公司缴纳的企业所得税）；增设“101043317 跨省合资铁路企业所得税”，中央与地方共用收入科目，反映合资铁路企业缴纳的企业所得税。增设“101041702 铁道部集中缴纳的铁路运输企业所得税待分配收入”，中央收入科目，反映待分配的铁道部集中缴纳的铁路运输企业所得税地方分享40%部分，在中央或地方财政统计铁路运输企业所得税收入时对本科目不作统计，以免重复计算。

（三）对“1010901 国有企业城市维护建设税”科目的说明进行修改，删除“对铁道部征收的城市维护建设税为中央收入”的内容；增设“101090101 铁道部集中缴纳的铁路运输企业城市维护建设税”，地方收入科目，反映地方分享的铁道部集中缴纳的铁路运输企业城市维护建设税。增设“1010918 铁道部集中缴纳的铁路运输企业城市维护建设税待分配收入”，中央收入科目，反映待分配的铁道部集中缴纳的铁路运输企业城市维护建设税收入，在中央或地方财政统计铁路运输企业城市维护建设税收入时对本科目不作统计，以免重复计算。增设“101090109 除铁道部以外的其他国有企业城市维护建设税”，中央与地方共用收入科目。

（四）在教育费附加收入科目下，增设“103020304 铁道部集中缴纳的铁路运输企业教育费附加”，地方收入科目，反映地方分享的铁道部集中缴纳的铁路运输企业教育费附加收入。增设“103020305 铁道部集中缴纳的铁路运输企业教育费附加待分配收入”，中央收入科目，反映待分配的铁道部集中缴纳的铁路运输企业教育费附加收入，在中央或地方财政统计铁路运输企业教育费附加收入时对本科目不作统计，以免重复计算。

（五）上述科目涉及的滞纳金和罚款收入，分别填列“1010320 营业税税款滞纳金、罚款收入”、“101045003 中央企业所得税税款滞纳金、罚款、加收利息收入”、“1010920 城市维护建设税税款滞纳金、罚款收入”和“103020399 教育费附加滞纳金、罚款收入”科目。

四、缴库程序

（一）铁道部集中缴纳的铁路运输企业税收缴库程序。

铁道部集中缴纳的铁路运输企业营业税、城市维护建设税和教育费附加填开缴款书时，分别按“1010306 铁道部集中缴纳的铁路运输企业营业税待分配收入”、“1010918 铁道部集中缴纳的铁路运输企业城市维护建设税待分配收入”、“103020305 铁道部集中缴纳的铁路运输企业教育费附加待分配收入”填写，“级次”栏按“中央100%（待分配）”填写，由中央财政按照核定的比例定期分配给各地区，列入相关地方收入科目。铁道部集中缴纳的企业所得税填开缴款书时，预算科目栏按“101041701 铁道部集中缴纳的铁路运输企业所得税”填写，“级次”栏按“中央60%、中央40%（待分配）”填写。

国库部门收到铁道部集中缴纳的铁路运输企业所得税税款后，将其中60%列入“101041701 铁道部集中缴纳的铁路运输企业所得税”，40%列入“101041702 铁道部集中缴纳的铁路运输企业所得税待分配收入”。列入“101041702 铁道部集中缴纳的铁路运输企业所得税待分配收入”部分，由中央财政按照核定的比例定期分配给各地区，列入相关地方收入科目。

（二）跨省合资铁路企业税收缴库程序。

跨省合资铁路企业缴纳的营业税和企业所得税，由注册地和非注册地主管税务机关根据中央财政核定的分配比例确定当地应缴库金额后，就地办理缴库，各地分享税收的具体入库办法另行下达。

五、其他

（一）2011 年度及以前铁道部集中缴纳的铁路运输企业超缴、欠缴和漏缴的营业税、企业所得税（含中铁快运股份有限公司缴纳的企业所得税）、城市维护建设税和教育费附加，按照新的中央与地方收入划分和地方收入分配办法执行。

（二）对 2012 年铁道部已经集中缴入中央国库的铁路运输企业营业税、城市维护建设税、教育费附加和地方分享的企业所得税（含中铁快运股份有限公司缴纳的企业所得税），由财政部、中国人民银行按照核定的分配比例调整为各地方收入。

（三）对 2012 年已经就地缴入注册地国库的跨省合资铁路营业税和企业所得税（地方分享 40% 部分）中，按照中央财政核定的比例应属于其他省市分享的部分，年终结算时，由注册地财政上解中央财政，再由中央财政分配到相关地区。

（四）财政部于每年 1 月初按中央总金库截至上年 12 月 31 日的铁道部集中缴纳的铁路运输企业营业税、企业所得税（含中铁快运股份有限公司缴纳的企业所得税）、城市维护建设税和教育费附加待分配收入进行分配，并在库款报解整理期(1 月 1 日至 1 月 10 日)内划转至地方国库；地方国库收到下划资金后，金额纳入上年度地方预算收入。地方财政列入上年度收入决算。各省市分库在 12 月 31 日向中央总金库报解最后一份中央预算收入日报表后，整理期内再收纳的铁道部集中缴纳的铁路运输企业营业税、企业所得税（含中铁快运股份有限公司缴纳的企业所得税）、城市维护建设税和教育费附加，统一作为新年度的缴库收入处理。

（五）已经达成跨省分配协议的合资铁路税收，可按照明确后的跨省合资铁路收入分享入库办法执行。

（六）当年新投入运营的跨省合资铁路，其缴纳的税收暂按里程因素所占比例在相关地区分配，第二年开始按照相关省份铁路客、货运周转量和运营里程等因素所占比例在相关地区分配。

（七）财政部驻各地财政监察专员办事处要加强对跨省合资铁路企业税收分配情况的监督检查。

附件：1. 铁道部集中缴纳的铁路运输企业税收收入分配比例情况表（略）

2. 跨省合资铁路税收收入分配比例情况表（略）

3. 国家税务总局　中国人民银行　财政部关于跨省合资铁路企业跨地区税收分享入库有关问题的通知

（2012 年 12 月 13 日　国税发〔2012〕116 号）

各省、自治区、直辖市和计划单列市国家税务局、地方税务局、财政厅（局），中国人民银行上海总部，各分行、营业管理部、省会（首府）城市中心支行，深圳、大连、青岛、厦门、宁波市中心支行：

根据《财政部　国家税务总局　中国人民银行关于调整铁路运输企业税收收入划分办法的通知》（财预〔2012〕383 号）的规定，从 2012 年 1 月 1 日起，调整铁路运输企业税收收入划分办法。为做好跨省合资铁路税收分享入库工作，保证分享税收在各地及时足额入库，现将有关问题通知如下：

一、关于分享税收的征收缴库

（一）分享方式。跨省（自治区、直辖市，下同）合资铁路企业缴纳的营业税和企业所得税税款（欠税、查补税款和罚款，下同），应按中央财政核定的分配比例在相关省进行分配，由相关省负责缴库的主管税务机关分别办理征缴。分配的税款如超过限缴期限缴纳，相关省的主管税务机关需加收滞纳金。

（二）征缴职责。跨省合资铁路企业属于非注册地的营业税由非注册地地方税务局负责办理征缴，企业所得税由国家税务局或地方税务局负责办理征缴（注册地企业所得税由国家税务局征缴的，则非注册地企业所得税也由国家税务局征缴；注册地企业所得税由地方税务局征缴的，则非注册地企业所得税也由地方税务局征缴)。跨省合资铁路企业在非注册地办理营业税、企业所得税征缴的主管税务机关(以下简称非注册地主管税务机关)由该省的省国家税务局或省地方税务局确定;跨省合资铁路企业在非注册地某一税种的主管税务机关在该省应当唯一。

(三)缴库流程。跨省合资铁路企业在计算完应缴纳的营业税和企业所得税后,根据注册地主管税务机关按分配比例计算确定的注册地和非注册地应缴库金额,分别就地办理缴库。需向注册地国库缴纳的税款,由跨省合资铁路企业直接在注册地,向注册地主管税务机关对应的国库缴纳;需向非注册地国库缴纳的税款,由跨省合资铁路企业以汇款方式汇入非注册地主管税务机关对应国库的"待缴库税款"专户。汇款凭证"收款人全称"栏填写收款国库名称,"汇款人全称"栏填写汇款人名称,"汇款用途"栏内注明"××(纳税人)缴纳××(税务机关)税款"的字样。

国库收到待缴库税款后,在当日或次日向非注册地主管税务机关发送加盖国库业务转讫章的收账回单。非注册地主管税务机关应在收到收账回单的当日或次日,根据纳税申报表、税务处理决定书等税收应征凭证,分税种、分纳税人填开税收缴款书(以下简称:缴款书),将税款解缴入库。国库对收到的缴款书审核无误后,在缴款书回执联上加盖业务转讫印章,在收据联上加盖国库业务专用章,连同报查联转非注册地主管税务机关,其余联次作记账凭证。非注册地主管税务机关收到国库转回的缴款书收据联后及时交注册地主管税务机关,以便注册地主管税务机关掌握纳税人在非注册地税收分享入库情况,注册地主管税务机关并应及时将缴款书收据联转交给纳税人作完税凭证。

(四)科目使用和预算级次。开具缴款书缴纳营业税时,缴款书预算科目填列"101030102 跨省合资铁路营业税",预算级次填列"地方级";缴纳企业所得税时,预算科目填列"101043317 跨省合资铁路企业所得税",预算级次填列"中央60%,地方40%"。营业税涉及的滞纳金和罚款收入,填列"1010320 营业税税款滞纳金、罚款收入",预算级次填列"地方级";企业所得税涉及的滞纳金和罚款收入,按企业登记注册类型填列1010450项"企业所得税税款滞纳金、罚款、加收利息收入"下的有关目级科目名称及代码,预算级次填列"中央60%,地方40%"。收款国库填列与税务机关相对应的国库。

非注册地主管税务机关及对应国库在办理跨省分享税收征缴、入库以及对账等有关事项时,应严格按照《中国人民银行 财政部 国家税务总局关于印发〈待缴库税款收缴管理办法〉的通知》(银发〔2005〕387号)执行,确保税收资金安全。

二、关于分享税收的退库

按规定由税务部门负责审批办理的应退还跨省合资铁路企业的税款,由跨省合资铁路企业注册地主管税务机关审批总退税金额,并将审批决定和企业退税申请书、完税凭证等有关退税材料复印件及时转交非注册地主管税务机关,按照缴纳税款时的分配比例由注册地、非注册地主管税务机关分别根据注册地审批的退税总金额审核当地应退税金额并办理退库。注册地、非注册地主管税务机关分别开具收入退还书,后附退库申请书及有关文件依据,提交当地对应的国库,原则上应向国库提供原完税凭证复印件。注册地国库经审核无误后,将退税款项直接汇给跨省合资铁路企业账户,并向注册地主管税务机关反馈收入退还书相应联次;非注册地国库经审核无误后,将退税款项通过中国现代化支付系统汇入跨省合资铁路企业账户,并向非注册地主管税务机关反馈收入退还书相应联次。非注册地主管税务机关收到非注册地国库反馈的收入退还书相应联次后,及时将收入退还书第四联转交注册地主管税务机关。注册地主管税务机关负责把各地开具的收入退还书第四联统一交跨省合资铁路企业。

三、关于非注册地主管税务机关对分享税收的知情权

(一)跨省合资铁路企业向注册地主管税务机关办理税务登记后,注册地主管税务机关应将税务登记代码、企业名称、开户银行、分享税收的纳税期限、申报和缴纳期限等税务登记有关资料副本转交非注册地主管税务机关。

(二)跨省合资铁路企业向注册地主管税务机关办理分享税收纳税申报的同时,应将纳税申报表及其他申报资料的副本抄送非注册地主管税务机关。

(三)注册地主管税务机关对跨省合资铁路企业税收进行税务检查时,凡涉及查补(退)税款和罚款的,注册地主管税务机关应将税务处理(处罚)决定书副本及时转交非注册地主管税务机关。

（四）审计和财政等外部门对跨省合资铁路企业税收进行审计检查时，凡涉及查补（退）税款和罚款的，注册地主管税务机关应将审计、财政处理决定书副本及时转交非注册地主管税务机关。

（五）非注册地主管税务机关需了解跨省合资铁路企业分享税收有关情况时，注册地主管税务机关应及时告知。

四、关于税收会统核算

注册地主管税务机关和非注册地主管税务机关应按照规定的各地税款分配比例和分享税收，根据相应的原始凭证，分别核算各自的税款应征、入库、欠缴和退税等情况。跨省合资铁路企业的重点税源监控工作由注册地主管税务机关负责。

本通知自2013年1月1日起执行。

五、电　　力

1. 财政部　国家税务总局关于核电行业税收政策有关问题的通知

（2008年4月3日　财税〔2008〕38号）

各省、自治区、直辖市、计划单列市财政厅（局）、国家税务局，财政部驻各省、自治区、直辖市、计划单列市财政监察专员办事处：

为支持核电事业的发展，统一核电行业税收政策，经国务院批准，现将有关税收政策问题通知如下：

一、关于核力发电企业的增值税政策

（一）核力发电企业生产销售电力产品，自核电机组正式商业投产次月起15个年度内，统一实行增值税先征后退政策，返还比例分三个阶段逐级递减。具体返还比例为：

1. 自正式商业投产次月起5个年度内，返还比例为已入库税款的75%；2. 自正式商业投产次月起的第6至第10个年度内，返还比例为已入库税款的70%；3. 自正式商业投产次月起的第11至第15个年度内，返还比例为已入库税款的55%；4. 自正式商业投产次月起满15个年度以后，不再实行增值税先征后退政策。

（二）核力发电企业采用按核电机组分别核算增值税退税额的办法，企业应分别核算核电机组电力产品的销售额，未分别核算或不能准确核算的，不得享受增值税先征后退政策。单台核电机组增值税退税额可以按以下公式计算：

$$\text{单台核电机组增值税退税额}=\frac{\text{单台核电机组电力产品销售额}}{\text{核力发电企业电力产品销售额合计}}\times\text{核力发电企业实际缴纳增值税额}\times\text{退税比例}$$

（三）原已享受增值税先征后退政策但该政策已于2007年内到期的核力发电企业，自该政策执行到期后次月起按上述统一政策核定剩余年度相应的返还比例；对2007年内新投产的核力发电企业，自核电机组正式商业投产日期的次月起按上述统一政策执行。

二、自2008年1月1日起，核力发电企业取得的增值税退税款，专项用于还本付息，不征收企业所得税。

三、关于大亚湾核电站和广东核电投资有限公司税收政策

大亚湾核电站和广东核电投资有限公司在2014年12月31日前继续执行以下政策，不适用本通知第一、二条规定的政策：

（一）对大亚湾核电站销售给广东核电投资有限公司的电力免征增值税。

（二）对广东核电投资有限公司销售给广东电网公司的电力实行增值税先征后退政策，并免征城市维护建设税和教育费附加。

（三）对大亚湾核电站出售给香港核电投资有限公司的电力及广东核电投资有限公司转售给香港核电

投资有限公司的大亚湾核电站生产的电力免征增值税。

（四）自2008年1月1日起财政部和国家税务总局《关于广东大亚湾核电站有关税收政策问题的通知》（财税字〔1998〕173号）停止执行。

四、增值税先征后退具体操作办法由财政部驻当地财政监察专员办事处按《财政部、国家税务总局、中国人民银行关于税制改革后对某些企业实行“先征后退”有关预算管理问题的暂行规定的通知》[（94）财预字第55号]有关规定办理。

2. 财政部　国家税务总局关于电网企业接受用户资产有关企业所得税政策问题的通知

（2011年4月25日　财税〔2011〕35号）

各省、自治区、直辖市、计划单列市财政厅（局）、国家税务局、地方税务局，新疆生产建设兵团财务局：

为维护电网安全稳定运行，保障用户用电权益，经国务院批准，现将中央电网企业接受用户资产有关企业所得税政策问题通知如下：

一、对国家电网公司和中国南方电网有限责任公司及所属全资、控股企业接收用户资产应缴纳的企业所得税不征收入库，直接转增国家资本金。

二、有关电网企业对接收的用户资产，可按接收价值计提折旧，并在企业所得税税前扣除。

三、本通知所称用户资产，是指由用户出资建设的、专门用于电力接入服务的专用网架及其附属设备、设施等供电配套资产，包括：由用户出资建设的城市电缆下地等工程形成的资产；由用户出资建设的小区配电设施形成的资产；用户为满足自身用电需要，出资建设的专用输变电、配电及计量资产等。所称用户，包括政府、机关、军队、企业事业单位、社会团体、居民等电力用户。

四、本通知自印发之日起执行。本通知下发前有关电网企业已接收的用户资产，按照本通知规定执行。

3. 国家税务总局关于电网企业电网新建项目享受所得税优惠政策问题的公告

（2013年5月24日　国家税务总局公告2013年第26号）

（部分条款修改，详见文中注释）

经研究，现将居民企业电网新建项目享受企业所得税优惠政策的有关问题公告如下：

一、根据《中华人民共和国企业所得税法》及其实施条例的有关规定，居民企业从事符合《公共基础设施项目企业所得税优惠目录（2008年版）》规定条件和标准的电网（输变电设施）的新建项目，可依法享受“三免三减半”的企业所得税优惠政策。基于企业电网新建项目的核算特点，暂以资产比例法，即以企业新增输变电固定资产原值占企业总输变电固定资产原值的比例，合理计算电网新建项目的应纳税所得额，并据此享受“三免三减半”的企业所得税优惠政策。电网企业新建项目享受优惠的具体计算方法如下：

（一）对于企业能独立核算收入的330KV以上跨省及长度超过200KM的交流输变电新建项目和500KV以上直流输变电新建项目，应在项目投运后，按该项目营业收入、营业成本等单独计算其应纳税所得额；该项目应分摊的期间费用，可按照企业期间费用与分摊比例计算确定，计算公式为：

应分摊的期间费用 = 企业期间费用 × 分摊比例

第一年分摊比例 = 该项目输变电资产原值/[（当年企业期初总输变电资产原值 + 当年企业期末总输变电资产原值）/2] ×（当年取得第一笔生产经营收入至当年底的月份数/12）第二年及以后年度分摊比例 = 该项目输变电资产原值/[（当年企业期初总输变电资产原值 + 当年企业期末总输变电资产原值）/2]

（二）对于企业符合优惠条件但不能独立核算收入的其他新建输变电项目，可先依照企业所得税法及相关规定计算出企业的应纳税所得额，再按照项目投运后的新增输变电固定资产原值占企业总输变电固定资产原值的比例，计算得出该新建项目减免的应纳税所得额。享受减免的应纳税所得额计算公式为：

当年减免的应纳税所得额 = 当年企业应纳税所得额 × 减免比例

减免比例 = [当年新增输变电资产原值/（当年企业期初总输变电资产原值 + 当年企业期末总输变电资产原值）/2] × 1/2 +（符合税法规定、享受到第二年和第三年输变电资产原值之和）/[（当年企业期初总输变电资产原值 + 当年企业期末总输变电资产原值）/2] + [（符合税法规定、享受到第四年至第六年输变电资产原值之和）/（当年企业期初总输变电资产原值 + 当年企业期末总输变电资产原值）/2] × 1/2

二、依照本公告规定享受有关企业所得税优惠的电网企业，应对其符合税法规定的电网新增输变电资产按年建立台账，并将相关资产的竣工决算报告和相关项目政府核准文件的复印件于次年3月31日前报当地主管税务机关备案。

【注】根据《关于公布失效废止的税务部门规章和税收规范性文件目录的决定》（国家税务总局令第42号）的规定，本条款有效期至2017年12月29日。

三、本公告自2013年1月1日起施行。居民企业符合条件的2013年1月1日前的电网新建项目，已经享受企业所得税优惠的不再调整；未享受企业所得税优惠的可依照本公告的规定享受剩余年限的企业所得税优惠政策。

特此公告。

六、邮政通讯

1. 财政部　国家税务总局关于中国移动通信集团公司与中国青少年发展基金会合作项目有关税收政策问题的通知

（2008年1月4日　财税〔2008〕2号）

各省、自治区、直辖市、计划单列市财政厅（局）、国家税务局、地方税务局：

为支持我国社会公益事业的发展，经研究，现对中国移动通信集团公司与中国青少年发展墓金会合作开展公益特服号“10699966”捐款业务的税收政策明确如下：

一、对中国移动通信集团公司通过手机特服号“10699966”为中国青少年发展基金会接受捐款业务，以全部收入减去支付给中国青少年发展墓金会的捐款后的余额为营业额，计算征收营业税。

二、对中国移动通信集团公司收取的中国青少年发展基金会“10699966”捐款业务的代收代计服务费、相应的下行不均衡通信费及其他相关费用，计入应纳税所得额，照章征收企业所得税。

本通知自2008年1月1日起执行。

2. 国家税务总局关于中国邮政集团公司企业所得税征管问题的公告

(2013 年 9 月 30 日　国家税务总局公告 2013 年第 58 号)

根据《财政部　国家税务总局　中国人民银行关于印发〈跨省市总分机构企业所得税分配及预算管理办法〉的通知》(财预〔2012〕40 号)和《财政部　国家税务总局　中国人民银行关于明确中国邮政储蓄银行等企业所得税收入归属的通知》(财预〔2013〕34 号)的规定,中国邮政集团公司及其控股公司缴纳的企业所得税为中央收入,全额缴入中央国库。为此,依据《国家税务总局关于中国工商银行股份有限公司等企业企业所得税有关征管问题的通知》(国税函〔2010〕184 号)规定原则,现就中国邮政集团公司及其控股公司企业所得税征管问题公告如下:

一、中国邮政集团公司控股的各省邮政公司和中国邮政速递物流股份有限公司下属各省速递物流公司,是具有独立法人资格的子公司,这些子公司下属的二级及以下分支机构的企业所得税,由这些子公司汇总申报并计算缴纳企业所得税,不就地预缴。二级分支机构的名单,由企业提供,省税务机关予以公布确认。以前对中国邮政集团公司控股的各省级邮政公司二级分支机构名单没有确认的,给予补充确认。

二、中国邮政集团公司控股的中国邮政储蓄银行股份有限公司、中邮人寿保险股份有限公司企业所得税管理,应按国税函〔2010〕184 号第一条规定执行。两家公司的下属二级分支机构名单(见附件)现予以公布。两家公司的下属二级(不含)以下分支机构名单,由二级分支机构向所在地主管税务机关提供,经所在地省税务机关审核后公布确认。

三、中国邮政集团公司控股的上述公司及其分支机构发生的资产损失,按照《国家税务总局关于发布〈企业资产损失所得税税前扣除管理办法〉的公告》(国家税务总局公告 2011 年第 25 号)的规定办理。

四、中国邮政集团公司控股的上述公司二级分支机构名单,国家税务总局或各省税务机关首次确认后,企业今后增加的二级分支机构,由企业出具说明文件,并提供工商部门出具的二级分支机构营业执照后,在报送企业所得税预缴申报表时,附送二级分支机构所在地主管税务机关备案即可,不再另行发文公布。新增加的二级分支机构,应在设立当年,由总机构统一进行企业所得税预缴和汇算清缴。

中国邮政集团公司控股的上述公司二级(不含)以下分支机构名单,各省税务机关首次确认后,企业今后增加的二级(不含)以下分支机构,在报送企业所得税预缴申报表时,将有关情况附送二级分支机构主管税务机关备案即可。

五、中国邮政集团公司及其控股公司自 2013 年起适用本公告申报缴纳企业所得税。

特此公告。

附件:1. 中国邮政储蓄银行股份有限公司所属二级分支机构名单(略)

2. 中邮人寿保险股份有限公司所属二级分支机构名单(略)

3. 国家税务总局关于电信企业手续费及佣金支出税前扣除问题的公告

(2013 年 10 月 12 日　国家税务总局公告 2013 年第 59 号)

依据《国家税务总局关于企业所得税应纳税所得额若干税务处理问题的公告》(国家税务总局公告 2012 年第 15 号),现就电信企业手续费及佣金支出税前扣除问题公告如下:

国家税务总局公告2012年第15号第四条所称电信企业手续费及佣金支出，仅限于电信企业在发展客户、拓展业务等过程中因委托销售电话入网卡、电话充值卡所发生的手续费及佣金支出。

本公告施行时间同国家税务总局公告2012年第15号施行时间。

特此公告。

非居民税收管理

一、管理办法及工作规程

1. 国家税务总局关于印发《非居民企业所得税汇算清缴管理办法》的通知

（2009 年 1 月 22 日　国税发〔2009〕6 号）

各省、自治区、直辖市和计划单列市国家税务局，广东省和深圳市地方税务局：

为贯彻实施《中华人民共和国企业所得税法》及其实施条例，规范非居民企业所得税汇算清缴工作，税务总局制定了《非居民企业所得税汇算清缴管理办法》，现印发给你们，请遵照执行。执行中发现的问题请及时反馈税务总局（国际税务司）。

附件：

1. 非居民企业所得税汇算清缴涉税事宜通知书（据实申报企业适用）（略）
2. 非居民企业所得税汇算清缴涉税事宜通知书（核定征收企业适用）（略）
3. 非居民企业汇总申报企业所得税证明（略）
4. 非居民企业所得税应纳税款核定通知书（略）

非居民企业所得税汇算清缴管理办法

为规范非居民企业所得税汇算清缴工作，根据《中华人民共和国企业所得税法》（以下简称企业所得税法）及其实施条例和《中华人民共和国税收征收管理法》（以下简称税收征管法）及其实施细则的有关规定，制定本办法。

一、汇算清缴对象

（一）依照外国（地区）法律成立且实际管理机构不在中国境内，但在中国境内设立机构、场所的非居民企业（以下称为企业），无论盈利或者亏损，均应按照企业所得税法及本办法规定参加所得税汇算清缴。

（二）企业具有下列情形之一的，可不参加当年度的所得税汇算清缴：

1. 临时来华承包工程和提供劳务不足 1 年，在年度中间终止经营活动，且已经结清税款；
2. 汇算清缴期内已办理注销；
3. 其他经主管税务机关批准可不参加当年度所得税汇算清缴。

二、汇算清缴时限

（一）企业应当自年度终了之日起 5 个月内，向税务机关报送年度企业所得税纳税申报表，并汇算清缴，结清应缴应退税款。

（二）企业在年度中间终止经营活动的，应当自实际经营终止之日起 60 日内，向税务机关办理当期企业所得税汇算清缴。

三、申报纳税

（一）企业办理所得税年度申报时，应当如实填写和报送下列报表、资料：

1. 年度企业所得税纳税申报表及其附表；
2. 年度财务会计报告；
3. 税务机关规定应当报送的其他有关资料。

（二）企业因特殊原因，不能在规定期限内办理年度所得税申报，应当在年度终了之日起 5 个月内，向主管税务机关提出延期申报申请。主管税务机关批准后,可以适当延长申报期限。

(三)企业采用电子方式办理纳税申报的,应附报纸质纳税申报资料。

(四)企业委托中介机构代理年度企业所得税纳税申报的,应附送委托人签章的委托书原件。

(五)企业申报年度所得税后,经主管税务机关审核,需补缴或退还所得税的,应在收到主管税务机关送达的《非居民企业所得税汇算清缴涉税事宜通知书》(见附件1和附件2)后,按规定时限将税款补缴入库,或按照主管税务机关的要求办理退税手续。

(六)经批准采取汇总申报缴纳所得税的企业,其履行汇总纳税的机构、场所(以下简称汇缴机构),应当于每年5月31日前,向汇缴机构所在地主管税务机关索取《非居民企业汇总申报企业所得税证明》(以下称为《汇总申报纳税证明》,见附件3);企业其他机构、场所(以下简称其他机构)应当于每年6月30前将《汇总申报纳税证明》及其财务会计报告送交其所在地主管税务机关。

在上述规定期限内,其他机构未向其所在地主管税务机关提供《汇总申报纳税证明》,且又无汇缴机构延期申报批准文件的,其他机构所在地主管税务机关应负责检查核实或核定该其他机构应纳税所得额,计算征收应补缴税款并实施处罚。

(七)企业补缴税款确因特殊困难需延期缴纳的,按税收征管法及其实施细则的有关规定办理。

(八)企业在所得税汇算清缴期限内,发现当年度所得税申报有误的,应当在年度终了之日起5个月内向主管税务机关重新办理年度所得税申报。

(九)企业报送报表期限的最后一日是法定休假日的,以休假日期满的次日为期限的最后一日;在期限内有连续三日以上法定休假日的,按休假日天数顺延。

四、法律责任

(一)企业未按规定期限办理年度所得税申报,且未经主管税务机关批准延期申报,或报送资料不全、不符合要求的,应在收到主管税务机关送达的《责令限期改正通知书》后按规定时限补报。

企业未按规定期限办理年度所得税申报,且未经主管税务机关批准延期申报的,主管税务机关除责令其限期申报外,可按照税收征管法的规定处以2000元以下的罚款,逾期仍不申报的,可处以2000元以上10000元以下的罚款,同时核定其年度应纳税额,责令其限期缴纳。企业在收到主管税务机关送达的《非居民企业所得税应纳税款核定通知书》(见附件4)后,应在规定时限内缴纳税款。

(二)企业未按规定期限办理所得税汇算清缴,主管税务机关除责令其限期办理外,对发生税款滞纳的,按照税收征管法的规定,加收滞纳金。

(三)企业同税务机关在纳税上发生争议时,依照税收征管法相关规定执行。

2.国家税务总局关于印发《非居民企业所得税汇算清缴工作规程》的通知

(2009年2月9日 国税发〔2009〕11号)

各省、自治区、直辖市和计划单列市国家税务局,广东省和深圳市地方税务局:

现将《非居民企业所得税汇算清缴工作规程》印发给你们,请遵照执行。执行中发现的问题请及时反馈到税务总局(国际税务司)。

非居民企业所得税汇算清缴工作规程

为贯彻落实《国家税务总局关于印发〈非居民企业所得税汇算清缴管理办法〉的通知》(国税发〔2009〕6号,以下简称《办法》),规范税务机关对非居民企业所得税的汇算清缴工作,提高汇算清缴工作质量,制定本规程。

一、汇算清缴工作内容

非居民企业所得税汇算清缴包括两方面内容:一是非居民企业(以下简称企业)应首先按照《办法》的规定,自行调整、计算本纳税年度的实际应纳税所得额、实际应纳所得税额,自核本纳税年度应补(退)所得税税款并缴纳应补税款;二是主管税务机关对企业报送的申报表及其他有关资料进行审核,下发汇缴事项通知书,办理年度所得税多退少补工作,并进行资料汇总、情况分析和工作总结。

二、汇算清缴工作程序

企业所得税汇算清缴工作分为准备、实施、总结三个阶段,各阶段工作的主要内容及时间要求安排如下:

(一)准备阶段。主管税务机关应在年度终了之日起三个月内做好以下准备工作:

1. 宣传辅导。以公告或其他方式向企业明确汇算清缴范围、时间要求、应报送的资料及其他应注意事项。必要时,应组织企业办税人员进行培训、辅导相关的税收政策和办税程序及手续。

2. 明确职责。汇算清缴工作应有领导负责,由具体负责非居民企业所得税日常管理的部门组织实施,由各相关职能部门协同配合共同完成。必要时,应组织对相关工作人员的业务培训。

3. 建立台账。建立日常管理台账,主要记载企业预缴税款、享受税收优惠、弥补亏损等事项,以便在汇算清缴工作中进行核对。

4. 备办文书。向上级税务机关领取或按照规定的式样印制汇算清缴有关的表、证、单、书。

(二)实施阶段。主管税务机关应在年度终了之日起五个月内完成企业年度所得税纳税申报表及有关资料的受理、审核以及办理处罚、税款的补(退)手续。

1. 资料受理。主管税务机关接到企业的年度所得税纳税申报表和有关资料后,应检查企业报送的资料是否齐全,如发现企业未按规定报齐有关附表、文件等资料,应责令限期补齐;对填报项目不完整的,应退回企业并责令限期补正。

2. 资料审核。对企业报送的有关资料,主管税务机关应就以下几个方面内容进行审核:

(1)企业年度所得税纳税申报表及其附表与年度财务会计报告的数字是否一致,各项目之间的逻辑关系是否对应,计算是否正确。

(2)企业是否按规定结转或弥补以前年度亏损额。

(3)企业是否符合税收减免条件。

(4)企业在中国境内设立两个或者两个以上机构、场所,选择由其主要机构、场所汇总缴纳企业所得税的,是否经税务机关审核批准,以及各机构、场所账表所记载涉及计算应纳税所得额的各项数据是否准确。

(5)企业有来源于中国境外的应纳税所得额的,境外所得应补企业所得税额是否正确。

(6)企业已预缴税款填写是否正确。

3. 结清税款。主管税务机关应结合季度所得税申报表及日常征管情况,对企业报送的年度申报表及其附表和其他有关资料进行初步审核,在5月31日前,对应补缴所得税、应办理退税的企业发送《非居民企业所得税汇算清缴涉税事宜通知书》,并办理税款多退少补事宜。

4. 实施处罚。主管税务机关对企业未按《办法》规定办理年度所得税申报,应按照规定实施处罚;必要时发送《非居民企业所得税应纳税款核定通知书》,核定企业年度应纳税额,责令其缴纳。

5. 汇总申报协调。

(1)汇缴机构所在地主管税务机关在接受企业年度所得税汇总申报后,应于5月31日前为企业出具《非居民企业汇总申报所得税证明》。

(2)汇缴机构所在地主管税务机关对企业的汇总申报资料进行审核时,对其他机构的情况有疑问需要进一步审核的,可以向其他机构所在地主管税务机关发送《非居民企业汇总申报纳税事项协查函》(见附件1),其他机构所在地主管税务机关应负责就协查事项进行调查核实,并将结果函复汇缴机构所在地主管税务机关。

(3)其他机构所在地主管税务机关在日常管理或税务检查中,发现其他机构有少计收入或多列成本费用等所得税的问题,应将有关情况及时向汇缴机构所在地主管税务机关发送《非居民企业汇总申报纳税事项处理联络函》(见附件2)。

(4)其他机构所在地主管税务机关按照《办法》规定对其他机构就地征收税款或调整亏损额的,应及时将征收税款及应纳税所得额调整额以《非居民企业汇总申报纳税事项处理联络函》通知汇缴机构所在地主管税务机关,汇缴机构所在地主管税务机关应对企业应纳税所得额及应纳税总额作相应调整,并在应补(退)税额中减除已在其他机构所在地缴纳的税款。

(三)总结阶段。各地税务机关应在7月15日前完成汇算清缴工作的资料归档、数据统计、汇总以及总结等工作,并于7月31日前向税务总局报送企业所得税汇算清缴工作总结及有关报表。工作总结的主要内容应包括:

1. 基本情况及相关分析。

(1)基本情况。主要包括企业税务登记户数、应参加汇算清缴企业户数、实际参加汇算清缴企业户数、未参加汇算清缴企业户数及其原因、据实申报企业户数、核定征收企业户数;据实申报企业的盈利户数、营业收入、利润总额、弥补以前年度亏损、应纳税所得额、应纳所得税额、减免所得税额、实际缴纳所得税额、亏损户数、亏损企业营业收入、亏损金额等内容;核定征收企业中换算的收入总额、应纳税所得额、应纳所得税额、减免所得税额、实际缴纳所得税额。

(2)主要指标分析和说明。主要分析汇算清缴面、所得税预缴率、税收负担率、企业亏损面等指标。

(3)据实申报企业盈亏情况分析。根据盈利企业户数、实际参加汇缴户数分析盈利面变化情况;分析盈利和亏损企业的营业收入、成本、费用、未弥补亏损前利润总额、亏损总额等指标的变化情况及原因等。

(4)纳税情况分析。包括预缴率变化,所得税预缴、补税和退税等情况。

2. 企业自行申报情况。主要包括申报表及其附表的填写和报送,自行调整的企业户数、主要项目和金额等情况。

3. 税务机关依法调整情况。主要包括税务机关依法调整的户数、主要项目、金额,同时应分别说明调增(减)应纳税所得额及应纳所得税额、亏损总额的户数、金额等情况。

4. 主要做法。包括汇算清缴工作的组织安排和落实情况,对税务人员的业务培训及对企业的前期宣传、培训、辅导情况,对申报表的审核情况以及汇算清缴工作的检查考核评比等情况。

5. 发现的问题及意见或建议。分企业和税务机关两个方面,企业方面主要包括申报表的填报、申报软件的操作使用情况和《办法》的执行情况等;税务机关方面主要包括所得税汇算清缴工作规程在实际操作中的应用情况及效果,说明存在的问题及改进的意见和建议。

三、《办法》及本规程所涉及的文书,由各省、自治区、直辖市和计划单列市国家税务局和相关地方税务局按照规定式样自行印制。

附件:

1. 非居民企业汇总申报纳税事项协查函(略)

2. 非居民企业汇总申报纳税事项处理联络函(略)

3. 非居民企业所得税汇算清缴汇总表(据实申报企业适用)(略)

4. 非居民企业所得税汇算清缴汇总表(核定征收企业适用)(略)

5. 非居民企业所得税汇算清缴指标分析表(据实申报企业适用)(略)

6. 非居民承包工程作业和提供劳务税收管理暂行办法(略)

3. 国家税务总局非居民承包工程作业和提供劳务税收管理暂行办法

（2009 年 1 月 20 日　国家税务总局令 2009 年第 19 号）

《非居民承包工程作业和提供劳务税收管理暂行办法》已经国家税务总局第 5 次局务会议审议通过，现予发布，自 2009 年 3 月 1 日起施行。

非居民承包工程作业和提供劳务税收管理暂行办法

第一章　总　　则

第一条　为规范对非居民在中国境内承包工程作业和提供劳务的税收征收管理，根据《中华人民共和国税收征收管理法》（以下简称税收征管法）及其实施细则、《中华人民共和国企业所得税法》（以下简称企业所得税法）及其实施条例、《中华人民共和国营业税暂行条例》及其实施细则、《中华人民共和国增值税暂行条例》及其实施细则、中国政府对外签署的避免双重征税协定（含与香港、澳门特别行政区签署的税收安排，以下统称税收协定）等相关法律法规，制定本办法。

第二条　本办法所称非居民，包括非居民企业和非居民个人。非居民企业是指依照外国（地区）法律成立且实际管理机构不在中国境内，但在中国境内设立机构、场所的，或者在中国境内未设立机构、场所，但有来源于中国境内所得的企业。非居民个人是指在中国境内无住所又不居住或者无住所而在境内居住不满一年的个人。

第三条　本办法所称承包工程作业，是指在中国境内承包建筑、安装、装配、修缮、装饰、勘探及其他工程作业。

本办法所称提供劳务是指在中国境内从事加工、修理修配、交通运输、仓储租赁、咨询经纪、设计、文化体育、技术服务、教育培训、旅游、娱乐及其他劳务活动。

第四条　本办法所称非居民在中国境内承包工程作业和提供劳务税收管理，是指对非居民营业税、增值税和企业所得税的纳税事项管理。涉及个人所得税、印花税等税收的管理，应依照有关规定执行。

第二章　税 源 管 理

第一节　登记备案管理

第五条　非居民企业在中国境内承包工程作业或提供劳务的，应当自项目合同或协议（以下简称合同）签订之日起 30 日内，向项目所在地主管税务机关办理税务登记手续。

依照法律、行政法规规定负有税款扣缴义务的境内机构和个人，应当自扣缴义务发生之日起 30 日内，向所在地主管税务机关办理扣缴税款登记手续。

境内机构和个人向非居民发包工程作业或劳务项目的，应当自项目合同签订之日起 30 日内，向主管税务机关报送《境内机构和个人发包工程作业或劳务项目报告表》（见附件 1），并附送非居民的税务登记证、合同、税务代理委托书复印件或非居民对有关事项的书面说明等资料。

第六条　非居民企业在中国境内承包工程作业或提供劳务的，应当在项目完工后 15 日内，向项目所在地主管税务机关报送项目完工证明、验收证明等相关文件复印件，并依据《税务登记管理办法》的有关规定申报办理注销税务登记。

第七条 境内机构和个人向非居民发包工程作业或劳务项目合同发生变更的，发包方或劳务受让方应自变更之日起 10 日内向所在地主管税务机关报送《非居民项目合同变更情况报告表》（见附件 2）。

第八条 境内机构和个人向非居民发包工程作业或劳务项目，从境外取得的与项目款项支付有关的发票和其他付款凭证，应在自取得之日起 30 日内向所在地主管税务机关报送《非居民项目合同款项支付情况报告表》（见附件 3）及付款凭证复印件。

境内机构和个人不向非居民支付工程价款或劳务费的，应当在项目完工开具验收证明前，向其主管税务机关报告非居民在项目所在地的项目执行进度、支付人名称及其支付款项金额、支付日期等相关情况。

第九条 境内机构和个人向非居民发包工程作业或劳务项目，与非居民的主管税务机关不一致的，应当自非居民申报期限届满之日起 15 日内向境内机构和个人的主管税务机关报送非居民申报纳税证明资料复印件。

第二节 税源信息管理

第十条 税务机关应当建立税源监控机制，获取并利用发改委、建设、外汇管理、商务、教育、文化、体育等部门关于非居民在中国境内承包工程作业和提供劳务的相关信息，并可根据工作需要，将信息使用情况反馈给有关部门。

第十一条 非居民或境内机构和个人的同一涉税事项同时涉及国家税务局和地方税务局的，各主管税务机关办理涉税事项后应当制作《非居民承包工程作业和提供劳务项目信息传递表》（见附件 4），并按月传递给对方纳入非居民税收管理档案。

第三章 申报征收

第一节 企业所得税

第十二条 非居民企业在中国境内承包工程作业或提供劳务项目的，企业所得税按纳税年度计算、分季预缴，年终汇算清缴，并在工程项目完工或劳务合同履行完毕后结清税款。

第十三条 非居民企业进行企业所得税纳税申报时，应当如实报送纳税申报表，并附送下列资料：

（一）工程作业（劳务）决算（结算）报告或其他说明材料；

（二）参与工程作业或劳务项目外籍人员姓名、国籍、出入境时间、在华工作时间、地点、内容、报酬标准、支付方式、相关费用等情况的书面报告；

（三）财务会计报告或财务情况说明；

（四）非居民企业依据税收协定在中国境内未构成常设机构，需要享受税收协定待遇的，应提交《非居民企业承包工程作业和提供劳务享受税收协定待遇报告表》（以下简称报告表）（见附件 5），并附送居民身份证明及税务机关要求提交的其他证明资料。

非居民企业未按上述规定提交报告表及有关证明资料，或因项目执行发生变更等情形不符合享受税收协定待遇条件的，不得享受税收协定待遇，应依照企业所得税法规定缴纳税款。

第十四条 工程价款或劳务费的支付人所在地县（区）以上主管税务机关根据附件 1 及非居民企业申报纳税证明资料或其他信息，确定符合企业所得税法实施条例第一百零六条所列指定扣缴的三种情形之一的，可指定工程价款或劳务费的支付人为扣缴义务人，并将《非居民企业承包工程作业和提供劳务企业所得税扣缴义务通知书》（见附件 6）送达被指定方。

第十五条 指定扣缴义务人应当在申报期限内向主管税务机关报送扣缴企业所得税报告表及其他有关资料。

第十六条 扣缴义务人未依法履行扣缴义务或无法履行扣缴义务的，由非居民企业在项目所在地申报缴纳。主管税务机关应自确定未履行扣缴义务之日起 15 日内通知非居民企业在项目所在地申报纳税。

第十七条 非居民企业逾期仍未缴纳税款的，项目所在地主管税务机关应自逾期之日起 15 日内，收集该非居民企业从中国境内取得其他收入项目的信息，包括收入类型，支付人的名称、地址，支付金额、方式和日期等，并向其他收入项目支付人（以下简称其他支付人）发出《非居民企业欠税追缴告知书》（见附件 7），并依法追缴税款和滞纳金。

非居民企业从中国境内取得其他收入项目，包括非居民企业从事其他工程作业或劳务项目所得，以及企业所得税法第三条第二、三款规定的其他收入项目。非居民企业有多个其他支付人的，项目所在地主管税务机关应根据信息准确性、收入金额、追缴成本等因素确定追缴顺序。

第十八条 其他支付人主管税务机关应当提供必要的信息，协助项目所在地主管税务机关执行追缴事宜。

第二节 营业税和增值税

第十九条 非居民在中国境内发生营业税或增值税应税行为，在中国境内设立经营机构的，应自行申报缴纳营业税或增值税。

第二十条 非居民在中国境内发生营业税或增值税应税行为而在境内未设立经营机构的，以代理人为营业税或增值税的扣缴义务人；没有代理人的，以发包方、劳务受让方或购买方为扣缴义务人。

工程作业发包方、劳务受让方或购买方，在项目合同签订之日起30日内，未能向其所在地主管税务机关提供下列证明资料的，应履行营业税或增值税扣缴义务：

(一)非居民纳税人境内机构和个人的工商登记和税务登记证明复印件及其从事经营活动的证明资料；

(二)非居民委托境内机构和个人代理事项委托书及受托方的认可证明。

第二十一条 非居民进行营业税或增值税纳税申报，应当如实填写报送纳税申报表，并附送下列资料：

(一)工程(劳务)决算(结算)报告或其他说明材料；

(二)参与工程或劳务作业或提供加工、修理修配的外籍人员的姓名、国籍、出入境时间、在华工作时间、地点、内容、报酬标准、支付方式、相关费用等情况；

(三)主管税务机关依法要求报送的其他有关资料。

第四章 跟踪管理

第二十二条 主管税务机关应当按项目建档、分项管理的原则，建立非居民承包工程作业和提供劳务项目的管理台账和纳税档案，及时准确掌握工程和劳务项目的合同执行、施工进度、价款支付、对外付汇、税款缴纳等情况。

第二十三条 境内机构和个人从境外取得的付款凭证，主管税务机关对其真实性有疑义的，可要求其提供境外公证机构或者注册会计师的确认证明，经税务机关审核认可后，方可作为计账核算的凭证。

第二十四条 主管税务机关应对非居民享受协定待遇进行事后管理，审核其提交的报告表和证明资料的真实性和准确性，对其不构成常设机构的情形进行认定。对于不符合享受协定待遇条件且未履行纳税义务的情形，税务机关应该依法追缴其应纳税款、滞纳金及罚款。

第二十五条 税务机关应当利用售付汇信息，包括境内机构和个人向非居民支付服务贸易款项的历史记录，以及当年新增发包项目付款计划等信息，对承包工程作业和提供劳务项目实施监控。对于付汇前有欠税情形的，应当及时通知纳税人或扣缴义务人缴纳，必要时可以告知有关外汇管理部门或指定外汇支付银行依法暂停付汇。

第二十六条 主管税务机关应对非居民参与国家、省、地市级重点建设项目，包括城市基础设施建设、能源建设、企业技术设备引进等项目中涉及的承包工程作业或提供劳务，以及其他有非居民参与的合同金额超过5000万元人民币的，实施重点税源监控管理；对承包方和发包方是否存在关联关系、合同实际执行情况、常设机构判定、境内外劳务收入划分等事项进行重点跟踪核查，对发现的问题，可以实施情报交换、反避税调查或税务稽查。

第二十七条 省(自治区、直辖市和计划单列市)税务机关应当于年度终了后45日内，将《非居民承包工程作业和提供劳务重点建设项目统计表》(见附件8)，以及项目涉及的企业所得税、增值税、营业税、印花税、个人所得税等税收收入和税源变动情况的分析报告报送国家税务总局(国际税务司)。

第二十八条 主管税务机关可根据需要对非居民承包工程作业和提供劳务的纳税情况实施税务审计，必要时应将审计结果及时传递给同级国家税务局或地方税务局。税务审计可以采取国家税务局、地方税务局联合审计的方式进行。

第二十九条　主管税务机关在境内难以获取涉税信息时，可以制作专项情报，由国家税务总局（国际税务司）向税收协定缔约国对方提出专项情报请求；非居民在中国境内未依法履行纳税义务的，主管税务机关可制作自动或自发情报，提交国家税务总局依照有关规定将非居民在中国境内的税收违法行为告知协定缔约国对方主管税务当局；对非居民承包工程作业和提供劳务有必要进行境外审计的，可根据税收情报交换有关规定，经国家税务总局批准后组织实施。

第三十条　欠缴税款的非居民企业法定代表人或非居民个人在出境前未按照规定结清应纳税款、滞纳金又不提供纳税担保的，税务机关可以通知出入境管理机关阻止其出境。

第三十一条　对于非居民工程或劳务项目完毕，未按期结清税款并已离境的，主管税务机关可制作《税务事项告知书》（见附件9），通过信函、电子邮件、传真等方式，告知该非居民限期履行纳税义务，同时通知境内发包方或劳务受让者协助追缴税款。

第五章　法律责任

第三十二条　非居民、扣缴义务人或代理人实施承包工程作业和提供劳务有关事项存在税收违法行为的，税务机关应按照税收征管法及其实施细则的有关规定处理。

第三十三条　境内机构或个人发包工程作业或劳务项目，未按本办法第五条、第七条、第八条、第九条规定向主管税务机关报告有关事项的，由税务机关责令限期改正，可以处2000元以下的罚款；情节严重的，处2000元以上10000元以下的罚款。

第六章　附　　则

第三十四条　各省、自治区、直辖市和计划单列市国家税务局、地方税务局可根据本办法制定具体实施办法。

附件：

1. 境内机构和个人发包工程作业或劳务项目报告表（略）
2. 非居民项目合同变更情况报告表（略）
3. 非居民项目合同款项支付情况报告表（略）
4. 非居民承包工程作业和提供劳务项目信息传递表（略）
5. 非居民企业承包工程作业和提供劳务享受税收协定待遇报告表（略）
6. 非居民企业承包工程作业和提供劳务企业所得税扣缴义务通知书（略）
7. 非居民企业欠税追缴告知书（略）
8. 非居民承包工程作业和提供劳务重点建设项目统计表（略）
9. 税务事项告知书（略）

4. 国家税务总局关于印发《外国企业常驻代表机构税收管理暂行办法》的通知

（2010年2月20日　国税发〔2010〕18号）

（部分条款修改，详见文中注释）

各省、自治区、直辖市和计划单列市国家税务局、地方税务局：

为规范外国企业常驻代表机构税收管理，税务总局制定了《外国企业常驻代表机构税收管理暂行办法》，现印发给你们，请遵照执行。执行中发现的问题请及时反馈税务总局(国际税务司)。

外国企业常驻代表机构税收管理暂行办法

第一条 为规范外国企业常驻代表机构税收管理，根据《中华人民共和国税收征收管理法》(以下简称税收征管法)及其实施细则、《中华人民共和国企业所得税法》及其实施条例、《中华人民共和国营业税暂行条例》及其实施细则、《中华人民共和国增值税暂行条例》及其实施细则，以及相关税收法律法规，制定本办法。

第二条 本办法所称外国企业常驻代表机构，是指按照国务院有关规定，在工商行政管理部门登记或经有关部门批准，设立在中国境内的外国企业(包括港澳台企业)及其他组织的常驻代表机构(以下简称代表机构)。

第三条 代表机构应当就其归属所得依法申报缴纳企业所得税，就其应税收入依法申报缴纳营业税和增值税。

第四条 代表机构应当自领取工商登记证件(或有关部门批准)之日起30日内，持以下资料，向其所在地主管税务机关申报办理税务登记：

(一)工商营业执照副本或主管部门批准文件的原件及复印件；

(二)组织机构代码证书副本原件及复印件；

(三)注册地址及经营地址证明(产权证、租赁协议)原件及其复印件；如为自有房产，应提供产权证或买卖契约等合法的产权证明原件及其复印件；如为租赁的场所，应提供租赁协议原件及其复印件，出租人为自然人的还应提供产权证明的原件及复印件；

(四)首席代表(负责人)护照或其他合法身份证件的原件及复印件；

(五)外国企业设立代表机构的相关决议文件及在中国境内设立的其他代表机构名单(包括名称、地址、联系方式、首席代表姓名等)；

(六)税务机关要求提供的其他资料。

第五条 代表机构税务登记内容发生变化或者驻在期届满、提前终止业务活动的，应当按照税收征管法及相关规定，向主管税务机关申报办理变更登记或者注销登记；代表机构应当在办理注销登记前，就其清算所得向主管税务机关申报并依法缴纳企业所得税。

第六条 代表机构应当按照有关法律、行政法规和国务院财政、税务主管部门的规定设置账薄，根据合法、有效凭证记账，进行核算，并应按照实际履行的功能和承担的风险相配比的原则，准确计算其应税收入和应纳税所得额，在季度终了之日起15日内向主管税务机关据实申报缴纳企业所得税、营业税，并按照《中华人民共和国增值税暂行条例》及其实施细则规定的纳税期限，向主管税务机关据实申报缴纳增值税。

第七条 对账簿不健全，不能准确核算收入或成本费用，以及无法按照本办法第六条规定据实申报的代表机构，税务机关有权采取以下两种方式核定其应纳税所得额：

(一)按经费支出换算收入：适用于能够准确反映经费支出但不能准确反映收入或成本费用的代表机构。

1. 计算公式：

收入额＝本期经费支出额/(1－核定利润率－营业税税率)；

应纳企业所得税额＝收入额×核定利润率×企业所得税税率。

【注】根据《国家税务总局关于修改按经费支出换算人民币方式核定非居民企业应纳税所得额计算公式的公告》(国家税务总局公告2016年第28号)将公式修改为：应纳税所得额＝本期经费支出额/(1－核定利润率)。

2. 代表机构的经费支出额包括：在中国境内、外支付给工作人员的工资薪金、奖金、津贴、福利费、物品采购费(包括汽车、办公设备等固定资产)、通讯费、差旅费、房租、设备租赁费、交通费、交际费、其他费用等。

(1)购置固定资产所发生的支出,以及代表机构设立时或者搬迁等原因所发生的装修费支出,应在发生时一次性作为经费支出额换算收入计税。

(2)利息收入不得冲抵经费支出额;发生的交际应酬费,以实际发生数额计入经费支出额。

(3)以货币形式用于我国境内的公益、救济性质的捐赠、滞纳金、罚款,以及为其总机构垫付的不属于其自身业务活动所发生的费用,不应作为代表机构的经费支出额;

(4)其他费用包括:为总机构从中国境内购买样品所支付的样品费和运输费用;国外样品运往中国发生的中国境内的仓储费用、报关费用;总机构人员来华访问聘用翻译的费用;总机构为中国某个项目投标由代表机构支付的购买标书的费用,等等。

(二)按收入总额核定应纳税所得额:适用于可以准确反映收入但不能准确反映成本费用的代表机构。计算公式:

应纳企业所得税额 = 收入总额 × 核定利润率 × 企业所得税税率。

第八条 代表机构的核定利润率不应低于15%。采取核定征收方式的代表机构,如能建立健全会计账簿,准确计算其应税收入和应纳税所得额,报主管税务机关备案,可调整为据实申报方式。

第九条 代表机构发生增值税、营业税应税行为,应按照增值税和营业税的相关法规计算缴纳应纳税款。

第十条 代表机构需要享受税收协定待遇,应依照税收协定以及《国家税务总局关于印发〈非居民享受税收协定待遇管理办法(试行)〉的通知》(国税发〔2009〕124号)的有关规定办理,并应按照本办法第六条规定的时限办理纳税申报事宜。

第十一条 本办法自2010年1月1日起施行。原有规定与本办法相抵触的,以本办法为准。《国家税务总局关于加强外国企业常驻代表机构税收征管有关问题的通知》(国税发〔1996〕165号)、《国家税务总局关于外国企业常驻代表机构有关税收管理问题的通知》(国税发〔2003〕28号)以及《国家税务总局关于外国政府等在我国设立代表机构免税审批程序有关问题的通知》(国税函〔2008〕945号)废止,各地不再受理审批代表机构企业所得税免税申请,并按照本办法规定对已核准免税的代表机构进行清理。

第十二条 各省、自治区、直辖市和计划单列市国家税务局和地方税务局可按本办法规定制定具体操作规程,并报国家税务总局(国际税务司)备案。

5.国家税务总局关于印发《非居民企业所得税核定征收管理办法》的通知

(2010年2月20日 国税发〔2010〕19号)

(部分条款修改,详见文中注释)

各省、自治区、直辖市和计划单列市国家税务局、地方税务局:

为规范非居民企业所得税核定征收工作,税务总局制定了《非居民企业所得税核定征收管理办法》,现印发给你们,请遵照执行。执行中发现的问题请及时反馈税务总局(国际税务司)。

非居民企业所得税核定征收管理办法

第一条 为了规范非居民企业所得税核定征收工作,根据《中华人民共和国企业所得税法》(以下简称企业所得税法)及其实施条例和《中华人民共和国税收征收管理法》(以下简称税收征管法)及其实施细则,制定本办法。

第二条 本办法适用于企业所得税法第三条第二款规定的非居民企业,外国企业常驻代表机构企业所得税核定办法按照有关规定办理。

第三条 非居民企业应当按照税收征管法及有关法律法规设置账簿，根据合法、有效凭证记账，进行核算，并应按照其实际履行的功能与承担的风险相匹配的原则，准确计算应纳税所得额，据实申报缴纳企业所得税。

第四条 非居民企业因会计账簿不健全，资料残缺难以查账，或者其他原因不能准确计算并据实申报其应纳税所得额的，税务机关有权采取以下方法核定其应纳税所得额。

（一）按收入总额核定应纳税所得额：适用于能够正确核算收入或通过合理方法推定收入总额，但不能正确核算成本费用的非居民企业。计算公式如下：

应纳税所得额＝收入总额×经税务机关核定的利润率

（二）按成本费用核定应纳税所得额：适用于能够正确核算成本费用，但不能正确核算收入总额的非居民企业。计算公式如下：

应纳税所得额＝成本费用总额/（1－经税务机关核定的利润率）×经税务机关核定的利润率

（三）按经费支出换算收入核定应纳税所得额：适用于能够正确核算经费支出总额，但不能正确核算收入总额和成本费用的非居民企业。计算公式：

应纳税所得额＝经费支出总额/（1－经税务机关核定的利润率－营业税税率）×经税务机关核定的利润率

【注】根据《国家税务总局关于修改按经费支出换算人民币方式核定非居民企业应纳税所得额计算公式的公告》（国家税务总局公告2016年第28号）将公式修改为：应纳税所得额＝本期经费支出额/（1－核定利润率）。

第五条 税务机关可按照以下标准确定非居民企业的利润率：

（一）从事承包工程作业、设计和咨询劳务的，利润率为15%～30%；

（二）从事管理服务的，利润率为30%～50%；

（三）从事其他劳务或劳务以外经营活动的，利润率不低于15%。

税务机关有根据认为非居民企业的实际利润率明显高于上述标准的，可以按照比上述标准更高的利润率核定其应纳税所得额。

第六条 非居民企业与中国居民企业签订机器设备或货物销售合同，同时提供设备安装、装配、技术培训、指导、监督服务等劳务，其销售货物合同中未列明提供上述劳务服务收费金额，或者计价不合理的，主管税务机关可以根据实际情况，参照相同或相近业务的计价标准核定劳务收入。无参照标准的，以不低于销售货物合同总价款的10%为原则，确定非居民企业的劳务收入。

第七条 非居民企业为中国境内客户提供劳务取得的收入，凡其提供的服务全部发生在中国境内的，应全额在中国境内申报缴纳企业所得税。凡其提供的服务同时发生在中国境内外的，应以劳务发生地为原则划分其境内外收入，并就其在中国境内取得的劳务收入申报缴纳企业所得税。税务机关对其境内外收入划分的合理性和真实性有疑义的，可以要求非居民企业提供真实有效的证明，并根据工作量、工作时间、成本费用等因素合理划分其境内外收入；如非居民企业不能提供真实有效的证明，税务机关可视同其提供的服务全部发生在中国境内，确定其劳务收入并据以征收企业所得税。

第八条 采取核定征收方式征收企业所得税的非居民企业，在中国境内从事适用不同核定利润率的经营活动，并取得应税所得的，应分别核算并适用相应的利润率计算缴纳企业所得税；凡不能分别核算的，应从高适用利润率，计算缴纳企业所得税。

第九条 拟采取核定征收方式的非居民企业应填写《非居民企业所得税征收方式鉴定表》（见附件，以下简称《鉴定表》），报送主管税务机关。主管税务机关应对企业报送的《鉴定表》的适用行业及所适用的利润率进行审核，并签注意见。

对经审核不符合核定征收条件的非居民企业，主管税务机关应自收到企业提交的《鉴定表》后15个工作日内向其下达《税务事项通知书》，将鉴定结果告知企业。非居民企业未在上述期限内收到《税务事项通知书》的，其征收方式视同已被认可。

【注】根据《国家税务总局关于修改〈非居民企业所得税核定征收管理办法〉等文件的公告》(国家税务总局公告2015年第22号)的规定，本条款自2015年5月31日废止。

第十条　税务机关发现非居民企业采用核定征收方式计算申报的应纳税所得额不真实，或者明显与其承担的功能风险不相匹配的，有权予以调整。

第十一条　各省、自治区、直辖市和计划单列市国家税务局和地方税务局可按照本办法第五条规定确定适用的核定利润率幅度，并根据本办法规定制定具体操作规程，报国家税务总局(国际税务司)备案。

第十二条　本办法自发布之日起施行。

附件：非居民企业所得税征收方式鉴定表(略)

6. 国家税务总局关于发布《非居民企业从事国际运输业务税收管理暂行办法》的公告

(2014年6月30日　国家税务总局公告2014年第37号)

为规范和加强非居民企业从事国际运输业务的税收管理，国家税务总局制定了《非居民企业从事国际运输业务税收管理暂行办法》，现予以公布，自2014年8月1日起施行。

特此公告。

非居民企业从事国际运输业务税收管理暂行办法

第一章　总　　则

第一条　为规范非居民企业从事国际运输业务的税收管理，根据《中华人民共和国企业所得税法》及其实施条例(以下简称企业所得税法)、《中华人民共和国税收征收管理法》及其实施细则(以下简称税收征管法)，以及中国政府对外签署的避免双重征税协定[含与香港、澳门特别行政区签署的税收安排、互免海运(空运)国际运输收入协定、海运(空运)协定以及其他有关协议或者换文，以下统称税收协定]等相关法律法规，制定本办法。

第二条　本办法所称从事国际运输业务，是指非居民企业以自有或者租赁的船舶、飞机、舱位，运载旅客、货物或者邮件等进出中国境内口岸的经营活动以及相关装卸、仓储等附属业务。

非居民企业以程租、期租、湿租的方式出租船舶、飞机取得收入的经营活动属于国际运输业务。

非居民企业以光租、干租等方式出租船舶、飞机，或者出租集装箱及其他装载工具给境内机构或者个人取得的租金收入，不属于本办法规定的国际运输业务收入，应按照企业所得税法第三条第三款和《国家税务总局关于印发〈非居民企业所得税源泉扣缴管理暂行办法〉的通知》(国税发〔2009〕3号)的规定执行(税收协定有特殊规定的除外)。

第三条　非居民企业从事本办法规定的国际运输业务，以取得运输收入的非居民企业为纳税人。

第四条　除执行税收协定涉及的其他税种外，本办法仅适用于企业所得税。

本办法所称主管税务机关是指主管国税机关。

第二章　征 收 管 理

第五条　非居民企业应自有关部门批准其经营资格或运输合同、协议签订之日起30日内，自行或委托代理人选择向境内一处业务口岸所在地主管税务机关办理税务登记,并同时提供经营资格证书、经营航线资料、相关业务合同以及境内联系人等相关信息。

非居民企业选择境内一处口岸办理税务登记后,应当在其他业务口岸发生业务时向所在地主管税务机关报送税务登记资料、运输合同及其他相关资料的复印件。

第六条 非居民企业按照本办法第五条规定已经办理税务登记的,应当按照税收征管法及有关法律法规设置账簿,根据合法、有效凭证记账,进行核算,准确计算应纳税所得额,自行或委托代理人向税务登记所在地主管税务机关依法申报缴纳企业所得税。

第七条 非居民企业从事国际运输业务取得的所得应根据企业所得税法的规定,从收入总额中减除实际发生并与取得收入有关、合理的支出后的余额确定应纳税所得额。

收入总额是指非居民企业运载旅客、货物或者邮件等进出中国境内口岸所取得的客运收入、货运收入的总和。客运收入包括客票收入以及逾重行李运费、餐费、保险费、服务费和娱乐费等;货运收入包括基本运费以及各项附加费等。

第八条 非居民企业不能准确计算并据实申报其应纳税所得额的,由主管税务机关按照《国家税务总局关于印发〈非居民企业所得税核定征收管理办法〉的通知》(国税发〔2010〕19 号)的规定核定其应纳税所得额。

第九条 非居民企业从事国际运输业务符合企业所得税法指定扣缴情形的,支付人所在地主管税务机关应按照《非居民承包工程作业和提供劳务税收管理暂行办法》(国家税务总局令第 19 号)第十四条规定的程序,指定支付人为扣缴义务人。支付人包括:

(一)向非居民企业或其境内子公司、分公司或代表机构,或者有权代表非居民企业收取款项的境内外代理人支付款项的单位或个人;

(二)通过其境外关联方或有特殊利益联系的第三方支付款项的单位或个人;

(三)其他符合企业所得税法规定的单位或个人。

第十条 支付人每次代扣代缴税款时,应向其主管税务机关报送《中华人民共和国扣缴企业所得税申报表》及相关资料,并自代扣之日起 7 日内将税款缴入国库。

第三章 享受税收协定待遇管理

第十一条 非居民企业享受税收协定待遇适用的国际运输收入或所得以及税种的范围,按照税收协定有关规定执行。

第十二条 非居民企业需要享受税收协定待遇的,应在按照国内税法规定发生纳税义务之前或者申报相关纳税义务时,向其登记地主管税务机关备案,一式两份提交《非居民享受税收协定待遇备案报告表》[见《国家税务总局关于印发〈非居民享受协定待遇管理办法(试行)〉的通知》(国税发〔2009〕124 号)附件 1,以下简称享受协定待遇备案表]及下列资料:

(一)企业注册地所在国签发的企业注册证明副本或复印件;

(二)税收协定缔约对方税务主管当局或者航运主管部门在上一公历年度开始以后出具的居民身份证明、法人证明原件或复印件(提供复印件的,应标明原件存放处);

(三)与取得国际运输收入、所得有关的合同或协议复印件;

(四)关于运行航线、运输客货邮件及在中国境内的沿途停泊口岸情况的书面说明;

(五)税务机关要求提交的与享受税收协定待遇有关的其他资料。

非居民企业提供的备案资料齐全、完整的,主管税务机关应当场在两份享受协定待遇备案表上加盖印章,一份存档备查,一份退还非居民企业。对于非居民企业提交的备案资料不齐全或填写不完整的,主管税务机关应当场告知其予以补正。上述备案资料中已报送主管税务机关的,可不再重复报送。

同一非居民企业在同一地需要多次享受税收协定待遇的,在首次办理上述备案后 3 个公历年度内(含本年度)可免于重复办理备案手续。

第十三条 非居民企业未按本办法第十二条规定备案并提交资料的，不得享受税收协定待遇；已经自行享受税收协定待遇的，经主管税务机关责令限期改正仍未改正，又无正当理由的，应补缴税款，并根据税收征管法有关规定处理。

第十四条 非居民企业在境内多个口岸发生国际运输业务的，应将主管税务机关受理后的享受协定待遇备案表复印件提交给其他口岸主管税务机关留存备查。其他口岸主管税务机关如有异议，应与受理享受协定待遇备案的主管税务机关沟通协调，协调不一致的向共同上一级税务机关报告。

第十五条 非居民企业可享受但未曾享受税收协定待遇，且因未享受本可享受的税收协定待遇而多缴税款的，可自结算缴纳该多缴税款之日起三年内向主管税务机关提出追补享受税收协定待遇的要求，并按本办法规定补办备案手续，退还多缴的税款；超过前述规定时限的，主管税务机关不予受理。

【注】根据国家税务总局公告 2015 年第 60 号规定，本法规第十一条至第十五条有效期至 2015 年 8 月 27 日止。

第四章 跟 踪 管 理

第十六条 主管税务机关应当按照逐户建档、按户管理的原则，建立非居民企业从事国际运输业务的管理台账和纳税档案，及时、准确掌握其收取运费及相关款项、税款缴纳、享受税收协定待遇等情况。

第十七条 主管税务机关应对非居民企业享受税收协定待遇情况进行跟踪管理。对其按本办法第十二条规定报送的资料与所从事的国际运输业务内容，以及备案提交的资料进行对比稽核，对于不符合享受税收协定待遇条件且未履行纳税义务的情形，应按照税收征管法有关规定处理。

第十八条 主管税务机关应与港务、航管、海关、商检、海监、外汇管理、商务等部门加强合作，获取相关税源信息，对非居民企业进出境内口岸、履行纳税义务、收取运费及相关款项等情况实施监控。

第十九条 主管税务机关在境内难以获取涉税信息时，可以制作专项情报，由税务总局向缔约国对方提出专项情报请求。

第五章 附 则

第二十条 非居民企业、扣缴义务人或代理人存在税收违法行为的，税务机关应按照税收征管法的有关规定处理。

第二十一条 各省、自治区、直辖市和计划单列市税务机关可根据本办法，结合本地区实际情况，制定具体实施办法。

第二十二条 本办法自 2014 年 8 月 1 日起施行。非居民企业在本办法施行之日以前已经办理享受税收协定待遇审批、备案或免税证明等相关手续的，视同已按本办法第十二条第一款规定备案，在本办法第十二条第三款规定的时限内可免予重新备案。

第二十三条 《国家税务局关于国际航空运输业务若干问题的通知》（国税发〔1993〕097 号）、《国家税务总局关于印制使用〈外轮运输收入税收报告表〉的通知》（国税函发〔1996〕729 号）、《国家税务总局关于印制使用〈外国公司船舶运输收入免征企业所得税申报表〉和〈外国公司船舶运输收入免征营业税证明表〉的通知》（国税函〔2002〕160 号）、《国家税务总局关于印制外国公司有关船舶运输税收情况报告表格的通知》（国税函〔2002〕384 号）等上述文件涉及企业所得税的规定和《国家税务总局关于非居民企业船舶、航空运输收入计算征收企业所得税有关问题的通知》（国税函〔2008〕952 号）自 2014 年 8 月 1 日起废止。

7. 国家税务总局关于修改《非居民企业所得税核定征收管理办法》等文件的公告

（2015 年 4 月 17 日　国家税务总局公告 2015 年第 22 号）

根据《国务院关于取消和调整一批行政审批项目等事项的决定》（国发〔2015〕11 号）和《国务院关于取消和下放一批行政审批项目的决定》（国发〔2014〕5 号）有关取消非居民企业税收管理审批事项的要求，国家税务总局决定对相关文件规定进行修改，现公告如下：

一、《非居民企业所得税核定征收管理办法》（国税发〔2010〕19 号）第九条修改为："主管税务机关应及时向非居民企业送达《非居民企业所得税征收方式鉴定表》（见附件，以下简称《鉴定表》），非居民企业应在收到《鉴定表》后 10 个工作日内，完成《鉴定表》的填写并送达主管税务机关，主管税务机关在受理《鉴定表》后 20 个工作日内，完成该项征收方式的确认工作。"

同时，对《鉴定表》做了相应修改，详见本公告附件。

二、《境外注册中资控股居民企业所得税管理办法（试行）》（国家税务总局公告 2011 年第 45 号发布）第五条修改为："本办法所称主管税务机关是指境外注册中资控股居民企业中国境内主要投资者登记注册地主管税务机关。"

三、《国家税务总局关于非居民企业股权转让适用特殊性税务处理有关问题的公告》（国家税务总局公告 2013 年第 72 号）第七条修改为："非居民企业股权转让适用特殊性税务处理备案后经调查核实不符合条件的，应调整适用一般性税务处理，按照有关规定缴纳企业所得税。非居民企业股权转让适用特殊性税务处理未进行备案的，税务机关应告知其按照本公告第二条、第三条的规定办理备案手续。"

四、本公告自 2015 年 6 月 1 日起施行。

特此公告。

附件：非居民企业所得税征收方式鉴定表（略）

8. 国家税务总局　财政部　人民银行　银监会　证监会　保监会关于发布《非居民金融账户涉税信息尽职调查管理办法》的公告

（2017 年 5 月 9 日　国家税务总局公告 2017 年第 14 号）

为了履行金融账户涉税信息自动交换国际义务，规范金融机构对非居民金融账户涉税信息的尽职调查行为，国家税务总局、财政部、中国人民银行、中国银行业监督管理委员会、中国证券监督管理委员会、中国保险监督管理委员会制定了《非居民金融账户涉税信息尽职调查管理办法》，现予发布，自 2017 年 7 月 1 日起施行。

特此公告。

附件：1. 个人税收居民身份声明文件（略）

2. 机构税收居民身份声明文件（略）

3. 控制人税收居民身份声明文件（略）

非居民金融账户涉税信息尽职调查管理办法

第一章 总 则

第一条 为了履行《多边税收征管互助公约》和《金融账户涉税信息自动交换多边主管当局间协议》规定的义务，规范金融机构对非居民金融账户涉税信息的尽职调查行为，根据《中华人民共和国税收征收管理法》《中华人民共和国反洗钱法》等法律、法规的规定，制定本办法。

第二条 依法在中华人民共和国境内设立的金融机构开展非居民金融账户涉税信息尽职调查工作，适用本办法。

第三条 金融机构应当遵循诚实信用、谨慎勤勉的原则，针对不同类型账户，按照本办法规定，了解账户持有人或者有关控制人的税收居民身份，识别非居民金融账户，收集并报送账户相关信息。

第四条 金融机构应当建立完整的非居民金融账户尽职调查管理制度，设计合理的业务流程和操作规范，并定期对本办法执行落实情况进行评估，妥善保管尽职调查过程中收集的资料，严格进行信息保密。金融机构应当对其分支机构执行本办法规定的尽职调查工作作出统一要求并进行监督管理。

金融机构应当向账户持有人充分说明本机构需履行的信息收集和报送义务，不得明示、暗示或者帮助账户持有人隐匿身份信息，不得协助账户持有人隐匿资产。

第五条 账户持有人应当配合金融机构的尽职调查工作，真实、及时、准确、完整地向金融机构提供本办法规定的相关信息，并承担未遵守本办法规定的责任和风险。

第二章 基本定义

第六条 本办法所称金融机构，包括存款机构、托管机构、投资机构、特定的保险机构及其分支机构：

（一）存款机构是指在日常经营活动中吸收存款的机构；

（二）托管机构是指近三个会计年度总收入的百分之二十以上来源于为客户持有金融资产的机构，机构成立不满三年的，按机构存续期间计算；

（三）投资机构是指符合以下条件之一的机构：

1. 近三个会计年度总收入的百分之五十以上来源于为客户投资、运作金融资产的机构，机构成立不满三年的，按机构存续期间计算；

2. 近三个会计年度总收入的百分之五十以上来源于投资、再投资或者买卖金融资产，且由存款机构、托管机构、特定的保险机构或者本项第1目所述投资机构进行管理并作出投资决策的机构，机构成立不满三年的，按机构存续期间计算；

3. 证券投资基金、私募投资基金等以投资、再投资或者买卖金融资产为目的而设立的投资实体。

（四）特定的保险机构是指开展有现金价值的保险或者年金业务的机构。本办法所称保险机构是指上一公历年度内，保险、再保险和年金合同的收入占总收入比重百分之五十以上的机构，或者在上一公历年度末拥有的保险、再保险和年金合同的资产占总资产比重百分之五十以上的机构。

本办法所称金融资产包括证券、合伙权益、大宗商品、掉期、保险合同、年金合同或者上述资产的权益，前述权益包括期货、远期合约或者期权。金融资产不包括实物商品或者不动产非债直接权益。

第七条 下列机构属于本办法第六条规定的金融机构：

（一）商业银行、农村信用合作社等吸收公众存款的金融机构以及政策性银行；

（二）证券公司；

（三）期货公司；

（四）证券投资基金管理公司、私募基金管理公司、从事私募基金管理业务的合伙企业；

（五）开展有现金价值的保险或者年金业务的保险公司、保险资产管理公司；

（六）信托公司；

（七）其他符合条件的机构。

第八条 下列机构不属于本办法第六条规定的金融机构：

（一）金融资产管理公司；

（二）财务公司；

（三）金融租赁公司；

（四）汽车金融公司；

（五）消费金融公司；

（六）货币经纪公司；

（七）证券登记结算机构；

（八）其他不符合条件的机构。

第九条 本办法所称金融账户包括：

（一）存款账户，是指开展具有存款性质业务而形成的账户，包括活期存款、定期存款、旅行支票、带有预存功能的信用卡等。

（二）托管账户，是指开展为他人持有金融资产业务而形成的账户，包括代理客户买卖金融资产的业务以及接受客户委托、为客户管理受托资产的业务：

1. 代理客户买卖金融资产的业务包括证券经纪业务、期货经纪业务、代理客户开展贵金属、国债业务或者其他类似业务；

2. 接受客户委托、为客户管理受托资产的业务包括金融机构发起、设立或者管理不具有独立法人资格的理财产品、基金、信托计划、专户/集合类资产管理计划或者其他金融投资产品。

（三）其他账户，是指符合以下条件之一的账户：

1. 投资机构的股权或者债权权益，包括私募投资基金的合伙权益和信托的受益权；

2. 具有现金价值的保险合同或者年金合同。

第十条 本办法所称非居民是指中国税收居民以外的个人和企业（包括其他组织），但不包括政府机构、国际组织、中央银行、金融机构或者在证券市场上市交易的公司及其关联机构。前述证券市场是指被所在地政府认可和监管的证券市场。中国税收居民是指中国税法规定的居民企业或者居民个人。

本办法所称非居民金融账户是指在我国境内的金融机构开立或者保有的、由非居民或者有非居民控制人的消极非金融机构持有的金融账户。金融机构应当在识别出非居民金融账户之日起将其归入非居民金融账户进行管理。

账户持有人同时构成中国税收居民和其他国家（地区）税收居民的，金融机构应当按照本办法规定收集并报送其账户信息。

第十一条 本办法所称账户持有人是指由金融机构登记或者确认为账户所有者的个人或者机构，不包括代理人、名义持有人、授权签字人等为他人利益而持有账户的个人或者机构。

现金价值保险合同或者年金合同的账户持有人是指任何有权获得现金价值或者变更合同受益人的个人或者机构，不存在前述个人或者机构的，则为合同所有者以及根据合同条款对支付款项拥有既得权利的个人或者机构。现金价值保险合同或者年金合同到期时，账户持有人包括根据合同规定有权领取款项的个人或者机构。

第十二条 本办法所称消极非金融机构是指符合下列条件之一的机构：

（一）上一公历年度内，股息、利息、租金、特许权使用费收入等不属于积极经营活动的收入，以及据以产生前述收入的金融资产的转让收入占总收入比重百分之五十以上的非金融机构；

（二）上一公历年度末，拥有可以产生本款第一项所述收入的金融资产占总资产比重百分之五十以上的非金融机构；

（三）税收居民国（地区）不实施金融账户涉税信息自动交换标准的投资机构。

下列非金融机构不属于消极非金融机构：

（一）上市公司及其关联机构；

（二）政府机构或者履行公共服务职能的机构；

（三）仅为了持有非金融机构股权或者向其提供融资和服务而设立的控股公司；

（四）成立时间不足二十四个月且尚未开展业务的企业；

（五）正处于资产清算或者重组过程中的企业；

（六）仅与本集团（该集团内机构均为非金融机构）内关联机构开展融资或者对冲交易的企业；

（七）非营利组织。

第十三条 本办法所称控制人是指对某一机构实施控制的个人。

公司的控制人按照以下规则依次判定：

（一）直接或者间接拥有超过百分之二十五公司股权或者表决权的个人；

（二）通过人事、财务等其他方式对公司进行控制的个人；

（三）公司的高级管理人员。

合伙企业的控制人是拥有超过百分之二十五合伙权益的个人。

信托的控制人是指信托的委托人、受托人、受益人以及其他对信托实施最终有效控制的个人。

基金的控制人是指拥有超过百分之二十五权益份额或者其他对基金进行控制的个人。

第十四条 本办法所称关联机构是指一个机构控制另一个机构，或者两个机构受到共同控制，则该两个机构互为关联机构。

前款所称控制是指直接或者间接拥有机构百分之五十以上的股权和表决权。

第十五条 本办法所称金融账户包括存量账户和新开账户。

存量账户是指符合下列条件之一的账户，包括存量个人账户和存量机构账户：

（一）截至 2017 年 6 月 30 日由金融机构保有的、由个人或者机构持有的金融账户；

（二）2017 年 7 月 1 日（含当日，下同）以后开立并同时符合下列条件的金融账户：

1. 账户持有人已在同一金融机构开立了本款第一项所述账户的；

2. 上述金融机构在确定账户加总余额时将本款第二项所述账户与本款第一项所述账户视为同一账户的；

3. 金融机构已经对本款第一项所述账户进行反洗钱客户身份识别的；

4. 账户开立时，账户持有人无需提供除本办法要求以外的其他信息的。

存量个人账户包括低净值账户和高净值账户，低净值账户是指截至 2017 年 6 月 30 日账户加总余额不超过相当于一百万美元（简称“一百万美元”，下同）的账户，高净值账户是指截至 2017 年 6 月 30 日账户加总余额超过一百万美元的账户。

新开账户是指 2017 年 7 月 1 日以后在金融机构开立的，除第二款第二项规定账户外，由个人或者机构持有的金融账户，包括新开个人账户和新开机构账户。

第十六条 本办法所称账户加总余额是指账户持有人在同一金融机构及其关联机构所持有的全部金融账户余额或者资产的价值之和。

金融机构需加总的账户限于通过计算机系统中客户号、纳税人识别号等关键数据项能够识别的所有金融账户。

联名账户的每一个账户持有人，在加总余额时应当计算该联名账户的全部余额。

在确定是否为高净值账户时，客户经理知道或者应当知道在其供职的金融机构内几个账户直接或者间接由同一个人拥有或者控制的，应当对这些账户进行加总。

前款所称客户经理是指由金融机构指定、与特定客户有直接联系，根据客户需求向客户介绍、推荐或者提供相关金融产品、服务或者提供其他协助的人员，但不包括符合前述条件，仅由于偶然性原因为客户提供上述服务的人员。

金融机构在计算账户加总余额时，账户币种为非美元的，应当按照计算日当日中国人民银行公布的外汇中间价折合为美元计算。折合美元时,可以根据原币种金额折算,也可以根据该金融机构记账本位币所记录的金额进行折算。

第十七条 本办法所称非居民标识是指金融机构用于检索判断存量个人账户持有人是否为非居民个人的有关要素,具体包括:

(一)账户持有人的境外身份证明;

(二)账户持有人的境外现居地址或者邮寄地址,包括邮政信箱;

(三)账户持有人的境外电话号码,且没有我国境内电话号码;

(四)存款账户以外的账户向境外账户定期转账的指令;

(五)账户代理人或者授权签字人的境外地址;

(六)境外的转交地址或者留交地址,并且是唯一地址。转交地址是指账户持有人要求将其相关信函寄给转交人的地址,转交人收到信函后再交给账户持有人。留交地址是指账户持有人要求将其相关信函暂时存放的地址。

第十八条 本办法所称证明材料是指:

(一)由政府出具的税收居民身份证明;

(二)由政府出具的含有个人姓名且通常用于身份识别的有效身份证明,或者由政府出具的含有机构名称以及主要办公地址或者注册成立地址等信息的官方文件。

第三章 个人账户尽职调查

第十九条 金融机构应当按照以下规定,对新开个人账户开展尽职调查:

(一)个人开立账户时,金融机构应当获取由账户持有人签署的税收居民身份声明文件(以下简称"声明文件"),识别账户持有人是否为非居民个人。金融机构通过本机构电子渠道接收个人账户开户申请时,应当要求账户持有人提供电子声明文件。声明文件应当作为开户资料的一部分,声明文件相关信息可并入开户申请书中。个人代理他人开立金融账户以及单位代理个人开立金融账户时,经账户持有人书面授权后可由代理人签署声明文件。

(二)金融机构应当根据开户资料(包括通过反洗钱客户身份识别程序收集的资料),对声明文件的合理性进行审核,主要确认填写信息是否与其他信息存在明显矛盾。金融机构认为声明文件存在不合理信息时,应当要求账户持有人提供有效声明文件或者进行解释。不提供有效声明文件或者合理解释的,不得开立账户。

(三)识别为非居民个人的,金融机构应当收集并记录报送所需信息。

(四)金融机构知道或者应当知道新开个人账户情况发生变化导致原有声明文件信息不准确或者不可靠的,应当要求账户持有人提供有效声明文件。账户持有人自被要求提供之日起九十日内未能提供声明文件的,金融机构应当将其账户视为非居民账户管理。

第二十条 金融机构应当于 2018 年 12 月 31 日前选择以下方式完成对存量个人低净值账户的尽职调查:

(一)对于在现有客户资料(包括通过反洗钱客户身份识别程序收集的资料,下同)中留有地址,且有证明材料证明是现居地址或者地址位于现居国家(地区)的账户持有人,可以根据账户持有人的地址确定是否为非居民个人。邮寄无法送达的,不得将客户资料所留地址视为现居地址。

(二)利用现有信息系统开展电子记录检索,识别账户是否存在任一非居民标识。

现有客户资料中没有现居地址信息的,或者账户情况发生变化导致现居地址证明材料不再准确的,金融机构应当采用前款第二项方式开展尽职调查。

第二十一条 金融机构应当在 2017 年 12 月 31 日前对存量个人高净值账户依次完成以下尽职调查程序:

(一)开展电子记录检索和纸质记录检索,识别账户是否存在任一非居民标识。应当检索的纸质记录包括过去五年中获取的、与账户有关的全部纸质资料。

金融机构利用现有信息系统可电子检索出全部非居民标识字段信息的，可以不开展纸质记录检索。

（二）询问客户经理其客户是否为非居民个人。

第二十二条 对于存量个人低净值账户，2017 年 6 月 30 日之后任一公历年度末账户加总余额超过一百万美元时，金融机构应当在次年 12 月 31 日前，按照本办法第二十一条规定程序完成对账户的尽职调查。

第二十三条 对发现存在非居民标识的存量个人账户，金融机构可以通过现有客户资料确认账户持有人为非居民个人的，应当收集并记录报送所需信息。无法确认的，应当要求账户持有人提供声明文件。声明为中国税收居民个人的，金融机构应当要求其提供相应证明材料；声明为非居民个人的，金融机构应当收集并记录报送所需信息。账户持有人自被要求提供之日起九十日内未能提供声明文件的，金融机构应当将其账户视为非居民账户管理。

对未发现存在非居民标识的存量个人账户，金融机构无需作进一步处理，但应当建立持续监控机制。当账户情况变化出现非居民标识时，应当执行前款规定程序。

第二十四条 对于现金价值保险合同或者年金合同，金融机构知道或者应当知道获得死亡保险金的受益人为非居民个人的，应当将其账户视为非居民账户管理。

第四章 机构账户尽职调查

第二十五条 金融机构应当按照以下规定，对新开机构账户开展尽职调查：

（一）机构开立账户时，金融机构应当获取由该机构授权人签署的声明文件，识别账户持有人是否为非居民企业和消极非金融机构。声明文件应当作为开户资料的一部分，声明文件相关信息可并入开户申请书中。

（二）金融机构应当根据开户资料（包括通过反洗钱客户身份识别程序收集的资料）或者公开信息对声明文件的合理性进行审核，主要确认填写信息是否与其他信息存在明显矛盾。金融机构认为声明文件存在不合理信息时，应当要求账户持有人提供有效声明文件或者进行解释。不提供有效声明文件或者合理解释的，不得开立账户。

（三）识别为非居民企业的，金融机构应当收集并记录报送所需信息。合伙企业等机构声明不具有税收居民身份的，金融机构可按照其实际管理机构所在地确定其税收居民国（地区）。

（四）识别为消极非金融机构的，金融机构应当依据反洗钱客户身份识别程序收集的资料识别其控制人，并且获取机构授权人或者控制人签署的声明文件，识别控制人是否为非居民个人。识别为有非居民控制人的消极非金融机构的，金融机构应当收集并记录消极非金融机构及其控制人相关信息。

账户持有人为非居民企业的，也应当进一步识别其是否同时为有非居民控制人的消极非金融机构。

（五）金融机构知道或者应当知道新开机构账户情况发生变化导致原有声明文件信息不准确或者不可靠的，应当要求机构授权人提供有效声明文件。机构授权人自被要求提供之日起九十日内未能提供声明文件的，金融机构应当将其账户视为非居民账户管理。

第二十六条 金融机构应当根据现有客户资料或者境外机构境内外汇账户标识，识别存量机构账户持有人是否为非居民企业。

除通过机构授权人签署的声明文件或者公开信息能确认为中国税收居民企业的外，上述信息表明该机构为非居民企业的，应当识别为非居民企业。

识别为非居民企业的，金融机构应当收集并记录报送所需信息。

第二十七条 金融机构应当识别存量机构账户持有人是否为消极非金融机构。通过现有客户资料或者公开信息确认不是消极非金融机构的，无需进一步处理。无法确认的，金融机构应当获取由机构授权人签署的声明文件。声明为消极非金融机构的，应当按照第二款规定进一步识别其控制人。无法获取声明文件的，金融机构应当将账户持有人视为消极非金融机构。

识别为消极非金融机构并且截至 2017 年 6 月 30 日账户加总余额超过一百万美元的，金融机构应当获取由机构控制人或者授权人签署的声明文件,识别控制人是否为非居民个人。无法获取声明文件的,金融机构应当针对控制人开展非居民标识检索,识别其是否为非居民个人。账户加总余额不超过一百万美元的,金融机构可以根据现有客户资料识别消极非金融机构控制人是否为非居民个人。根据现有客户资料无法识别的,金融机构可以不收集控制人相关信息。

识别为有非居民控制人的消极非金融机构的,金融机构应当收集并记录消极非金融机构及其控制人相关信息。

第二十八条 截至2017年6月30日账户加总余额超过二十五万美元的存量机构账户,金融机构应当在2018年12月31日前完成对账户的尽职调查。

截至2017年6月30日账户加总余额不超过二十五万美元的存量机构账户,金融机构无需开展尽职调查。但当之后任一公历年度末账户加总余额超过二十五万美元时,金融机构应当在次年12月31日前,按照本办法第二十六条和第二十七条规定完成对账户的尽职调查。

第五章 其他合规要求

第二十九条 金融机构可以根据自身业务需要,将新开账户的尽职调查程序适用于存量账户。

第三十条 金融机构委托其他机构向客户销售金融产品的,代销机构应当配合委托机构开展本办法所要求的尽职调查工作,并向委托机构提供本办法要求的信息。

第三十一条 金融机构可以委托第三方开展尽职调查,但相关责任仍应当由金融机构承担。基金、信托等属于投资机构的,可以分别由基金管理公司、信托公司作为第三方完成尽职调查相关工作。

第三十二条 金融机构应当建立账户持有人信息变化监控机制,包括要求账户持有人在本办法规定的相关信息变化之日起三十日内告知金融机构。金融机构在知道或者应当知道账户持有人相关信息发生变化之日起九十日内或者本年度12月31日前根据有关尽职调查程序重新识别账户持有人或者有关控制人是否为非居民。

第三十三条 对下列账户无需开展尽职调查:

(一)同时符合下列条件的退休金账户:

1. 受政府监管;

2. 享受税收优惠;

3. 向税务机关申报账户相关信息;

4. 达到规定的退休年龄等条件时才可取款;

5. 每年缴款不超过五万美元,或者终身缴款不超过一百万美元。

(二)同时符合下列条件的社会保障类账户:

1. 受政府监管;

2. 享受税收优惠;

3. 取款应当与账户设立的目的相关,包括医疗等;

4. 每年缴款不超过五万美元。

(三)同时符合下列条件的定期人寿保险合同:

1. 在合同存续期内或者在被保险人年满九十岁之前(以较短者为准),至少按年度支付保费,且保费不随时间递减;

2. 在不终止合同的情况下,任何人均无法获取保险价值;

3. 合同解除或者终止时,应付金额(不包括死亡抚恤金)在扣除合同存续期间相关支出后,不得超过为该合同累计支付的保费总额;

4. 合同不得通过有价方式转让。

(四)为下列事项而开立的账户:

1. 法院裁定或者判决;

2. 不动产或者动产的销售、交易或者租赁；

3. 不动产抵押贷款情况下，预留部分款项便于支付与不动产相关的税款或者保险；

4. 专为支付税款。

（五）同时符合下列条件的存款账户：

1. 因信用卡超额还款或者其他还款而形成，且超额款项不会立即返还账户持有人；

2. 禁止账户持有人超额还款五万美元以上，或者账户持有人超额还款五万美元以上的款项应当在六十日内返还账户持有人。

（六）上一公历年度余额不超过一千美元的休眠账户。休眠账户是满足下列条件之一的账户（不包括年金合同）：

1. 过去三个公历年度中，账户持有人未向金融机构发起任何与账户相关的交易；

2. 过去六个公历年度中，账户持有人未与金融机构沟通任何与账户相关的事宜；

3. 对于具有现金价值的保险合同，在过去六个公历年度中，账户持有人未与金融机构沟通任何与账户相关的事宜。

（七）由我国政府机关、事业单位、军队、武警部队、居民委员会、村民委员会、社区委员会、社会团体等单位持有的账户；由军人（武装警察）持军人（武装警察）身份证件开立的账户。

（八）政策性银行为执行政府决定开立的账户。

（九）保险公司之间的补偿再保险合同。

第三十四条 金融机构应当妥善保管本办法执行过程中收集的资料，保存期限为自报送期末起至少五年。相关资料可以以电子形式保存，但应当确保能够按照相关行业监督管理部门和国家税务总局的要求提供纸质版本。

第三十五条 金融机构应当汇总报送境内分支机构的下列非居民账户信息，并注明报送信息的金融机构名称、地址以及纳税人识别号：

（一）个人账户持有人的姓名、现居地址、税收居民国（地区）、居民国（地区）纳税人识别号、出生地、出生日期；机构账户持有人的名称、地址、税收居民国（地区）、居民国（地区）纳税人识别号；机构账户持有人是有非居民控制人的消极非金融机构的，还应当报送非居民控制人的姓名、现居地址、税收居民国（地区）、居民国（地区）纳税人识别号、出生地、出生日期。

（二）账号或者类似信息。

（三）公历年度末单个非居民账户的余额或者净值（包括具有现金价值的保险合同或者年金合同的现金价值或者退保价值）。账户在本年度内注销的，余额为零，同时应当注明账户已注销。

（四）存款账户，报送公历年度内收到或者计入该账户的利息总额。

（五）托管账户，报送公历年度内收到或者计入该账户的利息总额、股息总额以及其他因被托管资产而收到或者计入该账户的收入总额。报送信息的金融机构为代理人、中间人或者名义持有人的，报送因销售或者赎回金融资产而收到或者计入该托管账户的收入总额。

（六）其他账户，报送公历年度内收到或者计入该账户的收入总额，包括赎回款项的总额。

（七）国家税务总局要求报送的其他信息。

上述信息中涉及金额的，应当按原币种报送并且标注原币种名称。

对于存量账户，金融机构现有客户资料中没有居民国（地区）纳税人识别号、出生日期或者出生地信息的，无需报送上述信息。但是，金融机构应当在上述账户被认定为非居民账户的次年 12 月 31 日前，积极采取措施，获取上述信息。

非居民账户持有人无居民国（地区）纳税人识别号的，金融机构无需收集并报送纳税人识别号信息。

第三十六条 金融机构应当于 2017 年 12 月 31 日前登录国家税务总局网站办理注册登记，并且于每年 5 月 31 日前按要求报送第三十五条所述信息。

第六章 监督管理

第三十七条 金融机构应当建立实施监控机制，按年度评估本办法执行情况，及时发现问题、进行整改，并于次年6月30日前向相关行业监督管理部门和国家税务总局书面报告。

第三十八条 金融机构有下列情形之一的，由国家税务总局责令其限期改正：

(一)未按照本办法规定开展尽职调查的；

(二)未按照本办法建立实施监控机制的；

(三)故意错报、漏报账户持有人信息的；

(四)帮助账户持有人隐藏真实信息或者伪造信息的；

(五)其他违反本办法规定的。

逾期不改正的，税务机关将记录相关纳税信用信息，并用于纳税信用评价。有关违规情形通报相关金融主管部门。

第三十九条 对于金融机构的严重违规行为，有关金融主管部门可以采取下列措施：

(一)责令金融机构停业整顿或者吊销其经营许可证；

(二)取消金融机构直接负责的董事、高级管理人员和其他直接责任人员的任职资格、禁止其从事有关金融行业的工作；

(三)责令金融机构对直接负责的董事、高级管理人员和其他直接责任人给予纪律处分。

第四十条 对于账户持有人的严重违规行为，有关金融主管部门依据相关法律、法规进行处罚，涉嫌犯罪的，移送司法机关进行处理。

第七章 附 则

第四十一条 本办法施行前我国与相关国家(地区)已经就非居民金融账户涉税信息尽职调查事项商签双边协定的，有关要求另行规定。

第四十二条 国家税务总局与有关金融主管部门建立涉税信息共享机制，保障国家税务总局及时获取本办法规定的信息。非居民金融账户涉税信息报送要求另行规定。

第四十三条 本办法所称“以上”“以下”均含本数，“不满”“超过”均不含本数。

第四十四条 本办法自2017年7月1日起施行。

二、具体规定

1.财政部 国家税务总局关于非居民企业征收企业所得税有关问题的通知

(2008年9月25日 财税〔2008〕130号)

各省、自治区、直辖市、计划单列市财政厅(局)、国家税务局、地方税务局，新疆生产建设兵团财务局：

现将非居民企业征收企业所得税的有关问题明确如下：

根据《中华人民共和国企业所得税法》第十九条及《中华人民共和国企业所得税实施条例》第一百零三条规定，在对非居民企业取得《中华人民共和国企业所得税法》第三条第三款规定的所得计算征收企业所得税时，不得扣除上述条款规定以外的其他税费支出。

本规定自2008年1月1日起执行。

2. 国家税务总局关于中国居民企业向境外H股非居民企业股东派发股息代扣代缴企业所得税有关问题的通知

（2008年11月6日　国税函〔2008〕897号）

各省、自治区、直辖市和计划单列市国家税务局、地方税务局：

根据《中华人民共和国企业所得税法》及其实施条例的规定，现就中国居民企业向境外H股非居民企业股东派发股息代扣代缴企业所得税的有关问题通知如下：

一、中国居民企业向境外H股非居民企业股东派发2008年及以后年度股息时，统一按10%的税率代扣代缴企业所得税。

二、非居民企业股东在获得股息之后，可以自行或通过委托代理人或代扣代缴义务人，向主管税务机关提出享受税收协定（安排）待遇的申请，提供证明自己为符合税收协定（安排）规定的实际受益所有人的资料。主管税务机关审核无误后，应就已征税款和根据税收协定（安排）规定税率计算的应纳税款的差额予以退税。

三、各地应加强对我国境外上市企业派发股息情况的了解，并发挥售付汇凭证的作用，确保代扣代缴税款及时足额入库。

3. 国家税务总局关于加强非居民企业来源于我国利息所得扣缴企业所得税工作的通知

（2008年11月24日　国税函〔2008〕955号）

（部分条款修改，详见文中注释）

各省、自治区、直辖市和计划单列市国家税务局，广东省和深圳市地方税务局：

根据《中华人民共和国企业所得税法》及其实施条例的有关规定，现就加强非居民企业取得来源于我国境内利息所得扣缴企业所得税的有关问题通知如下：

一、自2008年1月1日起，我国金融机构向境外外国银行支付贷款利息、我国境内外资金融机构向境外支付贷款利息，应按照企业所得税法及其实施条例规定代扣代缴企业所得税。

二、我国境内机构向我国银行的境外分行支付的贷款利息，应按照企业所得税法及其实施条例规定代扣代缴企业所得税。

【注】依据《国家税务总局关于境内机构向我国银行的境外分行支付利息扣缴企业所得税有关问题的公告》（国家税务总局公告2015年第47号），本法规第二条自2015年7月19日起废止。

三、各地应建立健全非居民企业利息所得源泉扣缴企业所得税监控机制，确保及时足额扣缴税款。

4. 国家税务总局关于中国居民企业向 QFII 支付股息、红利、利息代扣代缴企业所得税有关问题的通知

（2009 年 1 月 23 日　国税函〔2009〕47 号）

各省、自治区、直辖市和计划单列市国家税务局、地方税务局：

根据《中华人民共和国企业所得税法》及其实施条例（以下称企业所得税法）规定，现就中国居民企业向合格境外机构投资者（以下称为 QFII）支付股息、红利、利息代扣代缴企业所得税有关问题明确如下：

一、QFII 取得来源于中国境内的股息、红利和利息收入，应当按照企业所得税法规定缴纳 10% 的企业所得税。如果是股息、红利，则由派发股息、红利的企业代扣代缴；如果是利息，则由企业在支付或到期应支付时代扣代缴。

二、QFII 取得股息、红利和利息收入，需要享受税收协定（安排）待遇的，可向主管税务机关提出申请，主管税务机关审核无误后按照税收协定的规定执行；涉及退税的，应及时予以办理。

三、各地税务机关应了解 QFII 在我国从事投资的情况，及时提供税收服务，建立税收管理档案，确保代扣代缴税款及时足额入库。

5. 国家税务总局关于中国居民企业向全国社会保障基金所持 H 股派发股息不予代扣代缴企业所得税的通知

（2009 年 4 月 1 日　国税函〔2009〕173 号）

各省、自治区、直辖市和计划单列市国家税务局、地方税务局：

现将中国居民企业向全国社会保障基金所持 H 股派发股息不予代扣代缴企业所得税的问题通知如下：

根据《财政部　国家税务总局关于全国社会保障基金有关企业所得税问题的通知》（财税〔2008〕136 号）规定，全国社会保障基金（以下简称“社保基金”）从证券市场取得的收入为企业所得税不征税收入。在香港上市的境内居民企业派发股息时，可凭香港中央结算（代理人）有限公司确定的社保基金所持 H 股证明，不予代扣代缴企业所得税。

在香港以外上市的境内居民企业向境外派发股息时，可凭有关证券结算公司确定的社保基金所持股证明，不予代扣代缴企业所得税。

在境外上市的境内居民企业向其他经批准对股息不征企业所得税的机构派发股息时，可参照本通知执行。

6. 国家税务总局关于非居民企业取得B股等股票股息征收企业所得税问题的批复

（2009年7月24日　国税函〔2009〕394号）

上海市国家税务局：

你局《关于大众交通（集团）股份有限公司向B股非居民股东派发股利涉税问题的请示》（沪国税际〔2009〕49号）收悉，现批复如下：

根据《中华人民共和国企业所得税法》及其实施条例规定，在中国境内外公开发行、上市股票（A股、B股和海外股）的中国居民企业，在向非居民企业股东派发2008年及以后年度股息时，应统一按10%的税率代扣代缴企业所得税。非居民企业股东需要享受税收协定待遇的，依照税收协定执行的有关规定办理。

7. 国家税务总局关于境外分行取得来源于境内利息所得扣缴企业所得税问题的通知

（2010年6月2日　国税函〔2010〕266号）

各省、自治区、直辖市和计划单列市国家税务局、地方税务局：

关于对境外分行取得来源于境内利息所得扣缴企业所得税有关问题，现通知如下：

一、税收协定列名的免税外国金融机构设在第三国的非法人分支机构与其总机构属于同一法人，除税收协定中明确规定只有列名金融机构的总机构可以享受免税待遇情况外，该分支机构取得的利息可以享受中国与其总机构所在国签订的税收协定中规定的免税待遇。在执行上述规定时，应严格按《国家税务总局关于印发〈非居民享受税收协定待遇管理办法（试行）〉的通知》（国税发〔2009〕124号）有关规定办理审批手续。

二、属于中国居民企业的银行在境外设立的非法人分支机构同样是中国的居民，该分支机构取得的来源于中国的利息，不论是由中国居民还是外国居民设在中国的常设机构支付，均不适用我国与该分支机构所在国签订的税收协定，应适用我国国内法的相关规定，即按照《国家税务总局关于加强非居民企业来源于我国利息所得扣缴企业所得税工作的通知》（国税函〔2008〕955号）文件办理。

8. 国家税务总局关于美国船级社企业所得税待遇问题的通知

（2010年12月24日　国税函〔2010〕612号）

各省、自治区、直辖市和计划单列市国家税务局、地方税务局：

根据《中华人民共和国企业所得税法》第六十条规定，现就美国船级社企业所得税待遇问题通知如下：

一、《财政部　国家税务总局关于美国船级社继续享受免税待遇的通知》(财税字〔1998〕35号)文件中关于企业所得税规定部分效力至2007年12月31日终止。

二、自2008年1月1日起,美国船级社应当依照企业所得税法第三条规定缴纳企业所得税。

三、美国船级社如果依法取得我国非营利组织资格,可享受非营利组织相关税收优惠政策。

9.国家税务总局关于非居民企业所得税管理若干问题的公告

(2011年3月28日　国家税务总局公告2011年第24号)

(部分条款修改,详见文中注释)

依据《中华人民共和国企业所得税法》及其实施条例(以下简称企业所得税法),现就非居民企业所得税管理有关问题公告如下:

一、关于到期应支付而未支付的所得扣缴企业所得税问题

中国境内企业(以下称为企业)和非居民企业签订与利息、租金、特许权使用费等所得有关的合同或协议,如果未按照合同或协议约定的日期支付上述所得款项,或者变更或修改合同或协议延期支付,但已计入企业当期成本、费用,并在企业所得税年度纳税申报中作税前扣除的,应在企业所得税年度纳税申报时按照企业所得税法有关规定代扣代缴企业所得税。

如果企业上述到期未支付的所得款项,不是一次性计入当期成本、费用,而是计入相应资产原价或企业筹办费,在该类资产投入使用或开始生产经营后分期摊入成本、费用,分年度在企业所得税前扣除的,应在企业计入相关资产的年度纳税申报时就上述所得全额代扣代缴企业所得税。

如果企业在合同或协议约定的支付日期之前支付上述所得款项的,应在实际支付时按照企业所得税法有关规定代扣代缴企业所得税。

二、关于担保费税务处理问题

非居民企业取得来源于中国境内的担保费,应按照企业所得税法对利息所得规定的税率计算缴纳企业所得税。上述来源于中国境内的担保费,是指中国境内企业、机构或个人在借贷、买卖、货物运输、加工承揽、租赁、工程承包等经济活动中,接受非居民企业提供的担保所支付或负担的担保费或相同性质的费用。

三、关于土地使用权转让所得征税问题

非居民企业在中国境内未设立机构、场所而转让中国境内土地使用权,或者虽设立机构、场所但取得的土地使用权转让所得与其所设机构、场所没有实际联系的,应以其取得的土地使用权转让收入总额减除计税基础后的余额作为土地使用权转让所得计算缴纳企业所得税,并由扣缴义务人在支付时代扣代缴。

四、关于融资租赁和出租不动产的租金所得税务处理问题

(一)在中国境内未设立机构、场所的非居民企业,以融资租赁方式将设备、物件等租给中国境内企业使用,租赁期满后设备、物件所有权归中国境内企业(包括租赁期满后作价转让给中国境内企业),非居民企业按照合同约定的期限收取租金,应以租赁费(包括租赁期满后作价转让给中国境内企业的价款)扣除设备、物件价款后的余额,作为贷款利息所得计算缴纳企业所得税,由中国境内企业在支付时代扣代缴。

(二)非居民企业出租位于中国境内的房屋、建筑物等不动产,对未在中国境内设立机构、场所进行日常管理的,以其取得的租金收入全额计算缴纳企业所得税,由中国境内的承租人在每次支付或到期应支付时代扣代缴。

如果非居民企业委派人员在中国境内或者委托中国境内其他单位或个人对上述不动产进行日常管理的,应视为其在中国境内设立机构、场所,非居民企业应在税法规定的期限内自行申报缴纳企业所得税。

五、关于股息、红利等权益性投资收益扣缴企业所得税处理问题

中国境内居民企业向未在中国境内设立机构、场所的非居民企业分配股息、红利等权益性投资收益,应

在作出利润分配决定的日期代扣代缴企业所得税。如实际支付时间先于利润分配决定日期的,应在实际支付时代扣代缴企业所得税。

六、关于贯彻《国家税务总局关于加强非居民企业股权转让所得企业所得税管理的通知》(国税函〔2009〕698 号,以下称为《通知》)有关问题

(一)非居民企业直接转让中国境内居民企业股权,如果股权转让合同或协议约定采取分期付款方式的,应于合同或协议生效且完成股权变更手续时,确认收入实现。

(二)《通知》第一条所称“在公开的证券市场上买入并卖出中国居民企业的股票”,是指股票买入和卖出的对象、数量和价格不是由买卖双方事先约定而是按照公开证券市场通常交易规则确定的行为。

(三)《通知》第五条、第六条和第八条的“境外投资方(实际控制方)”是指间接转让中国居民企业股权的所有投资者;《通知》第五条中的“实际税负”是指股权转让所得的实际税负,“不征所得税”是指对股权转让所得不征企业所得税。

(四)两个及两个以上境外投资方同时间接转让中国居民企业股权的,可由其中一方按照《通知》第五条规定向被转让股权的中国居民企业所在地主管税务机关提供资料。

(五)境外投资方同时间接转让两个及两个以上且不在同一省(市)中国居民企业股权的,可以选择向其中一个中国居民企业所在地主管税务机关按照《通知》第五条规定提供资料,由该主管税务机关所在省(市)税务机关与其他省(市)税务机关协商确定是否征税,并向国家税务总局报告;如果确定征税的,应分别到各中国居民企业所在地主管税务机关缴纳税款。

【注】根据《国家税务总局关于非居民企业所得税源扣缴有关问题的公告》(国家税务总局公告 2017 年第 37 号)的规定,本条款自 2017 年 11 月 30 日起废止。

七、本公告自 2011 年 4 月 1 日起施行。本公告施行前发生但未作税务处理的事项,依据本公告执行。

特此公告。

10. 国家税务总局关于营业税改征增值税试点中非居民企业缴纳企业所得税有关问题的公告

(2013 年 2 月 19 日　国家税务总局公告 2013 年第 9 号)

现将营业税改征增值税试点中非居民企业缴纳企业所得税有关问题公告如下:

营业税改征增值税试点中的非居民企业,取得《中华人民共和国企业所得税法》第三条第三款规定的所得,在计算缴纳企业所得税时,应以不含增值税的收入全额作为应纳税所得额。

本公告自发布之日起施行。

特此公告。

11. 国家税务总局关于非居民企业派遣人员在中国境内提供劳务征收企业所得税有关问题的公告

(2013 年 4 月 19 日　国家税务总局公告 2013 年第 19 号)

根据《中华人民共和国企业所得税法》及其实施条例、中国政府对外签署的避免双重征税协定(含与香

港、澳门特别行政区签署的税收安排,以下统称税收协定)以及《国家税务总局关于印发〈中华人民共和国政府和新加坡共和国政府关于对所得避免双重征税和防止偷漏税的协定及议定书条文解释〉的通知》(国税发〔2010〕75号)等规定,现就非居民企业派遣人员在中国境内提供劳务征收企业所得税有关问题公告如下:

一、非居民企业(以下统称"派遣企业")派遣人员在中国境内提供劳务,如果派遣企业对被派遣人员工作结果承担部分或全部责任和风险,通常考核评估被派遣人员的工作业绩,应视为派遣企业在中国境内设立机构、场所提供劳务;如果派遣企业属于税收协定缔约对方企业,且提供劳务的机构、场所具有相对的固定性和持久性,该机构、场所构成在中国境内设立的常设机构。

在做出上述判断时,应结合下列因素予以确定:

(一)接收劳务的境内企业(以下统称"接收企业")向派遣企业支付管理费、服务费性质的款项;

(二)接收企业向派遣企业支付的款项金额超出派遣企业代垫、代付被派遣人员的工资、薪金、社会保险费及其他费用;

(三)派遣企业并未将接收企业支付的相关费用全部发放给被派遣人员,而是保留了一定数额的款项;

(四)派遣企业负担的被派遣人员的工资、薪金未全额在中国缴纳个人所得税;

(五)派遣企业确定被派遣人员的数量、任职资格、薪酬标准及其在中国境内的工作地点。

二、如果派遣企业仅为在接收企业行使股东权利、保障其合法股东权益而派遣人员在中国境内提供劳务的,包括被派遣人员为派遣企业提供对接收企业投资的有关建议、代表派遣企业参加接收企业股东大会或董事会议等活动,均不因该活动在接收企业营业场所进行而认定为派遣企业在中国境内设立机构、场所或常设机构。

三、符合第一条规定的派遣企业和接收企业应按照《非居民承包工程和提供劳务税收管理暂行办法》(国家税务总局令第19号)规定办理税务登记和备案、税款申报及其他涉税事宜。

四、符合第一条规定的派遣企业应依法准确计算其取得的所得并据实申报缴纳企业所得税;不能如实申报的,税务机关有权按照相关规定核定其应纳税所得额。

五、主管税务机关应加强对派遣行为的税收管理,重点审核下列与派遣行为有关的资料,以及派遣安排的经济实质和执行情况,确定非居民企业所得税纳税义务:

(　)派遣企业、接收企业和被派遣人员之间的合同协议或约定;

(二)派遣企业或接收企业对被派遣人员的管理规定,包括被派遣人员的工作职责、工作内容、工作考核、风险承担等方面的具体规定;

(三)接收企业向派遣企业支付款项及相关账务处理情况,被派遣人员个人所得税申报缴纳资料;

(四)接收企业是否存在通过抵消交易、放弃债权、关联交易或其他形式隐蔽性支付与派遣行为相关费用的情形。

六、主管税务机关根据企业所得税法及本公告规定确定派遣企业纳税义务时,应与被派遣人员提供劳务涉及的个人所得税、营业税的主管税务机关加强协调沟通,交换被派遣人员提供劳务的相关信息,确保税收政策的准确执行。

七、各地在执行本公告规定对非居民企业派遣人员提供劳务进行税务处理时,应严格按照有关规定为派遣企业或接收企业及时办理对外支付相关手续。

八、本公告自2013年6月1日起施行。本公告施行前发生但未作税务处理的事项,依据本公告执行。

特此公告。

12. 国家税务总局　国家外汇管理局关于服务贸易等项目对外支付税务备案有关问题的公告

（2013年7月9日　国家税务总局公告2013年第40号）

为便利对外支付和加强跨境税源管理，现就服务贸易等项目对外支付税务备案有关问题公告如下：

一、境内机构和个人向境外单笔支付等值5万美元以上（不含等值5万美元，下同）下列外汇资金，除本公告第三条规定的情形外，均应向所在地主管国税机关进行税务备案，主管税务机关仅为地税机关的，应向所在地同级国税机关备案：

（一）境外机构或个人从境内获得的包括运输、旅游、通信、建筑安装及劳务承包、保险服务、金融服务、计算机和信息服务、专有权利使用和特许、体育文化和娱乐服务、其他商业服务、政府服务等服务贸易收入；

（二）境外个人在境内的工作报酬，境外机构或个人从境内获得的股息、红利、利润、直接债务利息、担保费以及非资本转移的捐赠、赔偿、税收、偶然性所得等收益和经常转移收入；

（三）境外机构或个人从境内获得的融资租赁租金、不动产的转让收入、股权转让所得以及外国投资者其他合法所得。

外国投资者以境内直接投资合法所得在境内再投资单笔5万美元以上的，应按照本规定进行税务备案。

二、境内机构和个人（以下称备案人）在办理对外支付税务备案时，应向主管国税机关提交加盖公章的合同（协议）或相关交易凭证复印件（外文文本应同时附送中文译本），并填报《服务贸易等项目对外支付税务备案表》（一式三份，以下简称《备案表》，见附件1）。

同一笔合同需要多次对外支付的，备案人须在每次付汇前办理税务备案手续，但只需在首次付汇备案时提交合同（协议）或相关交易凭证复印件。

三、境内机构和个人对外支付下列外汇资金，无需办理和提交《备案表》：

（一）境内机构在境外发生的差旅、会议、商品展销等各项费用；

（二）境内机构在境外代表机构的办公经费，以及境内机构在境外承包工程的工程款；

（三）境内机构发生在境外的进出口贸易佣金、保险费、赔偿款；

（四）进口贸易项下境外机构获得的国际运输费用；

（五）保险项下保费、保险金等相关费用；

（六）从事运输或远洋渔业的境内机构在境外发生的修理、油料、港杂等各项费用；

（七）境内旅行社从事出境旅游业务的团费以及代订、代办的住宿、交通等相关费用；

（八）亚洲开发银行和世界银行集团下属的国际金融公司从我国取得的所得或收入，包括投资合营企业分得的利润和转让股份所得、在华财产（含房产）出租或转让收入以及贷款给我国境内机构取得的利息；

（九）外国政府和国际金融组织向我国提供的外国政府（转）贷款[含外国政府混合（转）贷款]和国际金融组织贷款项下的利息。本项所称国际金融组织是指国际货币基金组织、世界银行集团、国际开发协会、国际农业发展基金组织、欧洲投资银行等；

（十）外汇指定银行或财务公司自身对外融资如境外借款、境外同业拆借、海外代付以及其他债务等项下的利息；

（十一）我国省级以上国家机关对外无偿捐赠援助资金；

（十二）境内证券公司或登记结算公司向境外机构或境外个人支付其依法获得的股息、红利、利息收入及有价证券卖出所得收益；

（十三）境内个人境外留学、旅游、探亲等因私用汇；

（十四）境内机构和个人办理服务贸易、收益和经常转移项下退汇；

（十五）国家规定的其他情形。

四、境外个人办理服务贸易、收益和经常转移项下对外支付，应按照个人外汇管理的相关规定办理。

五、备案人可通过以下方法获取《备案表》：

（一）在主管国税机关办税服务厅窗口领取；

（二）从主管国税机关官方网站下载。

六、备案人提交的资料齐全、《备案表》填写完整的，主管国税机关无须当场进行纳税事项审核，应编制《备案表》流水号，在《备案表》上盖章，1份当场退还备案人，1份留存，1份于次月10日前以邮寄或其他方式传递给备案人主管地税机关。

《备案表》流水号具体格式为：年份（2位）+税务机关代码（6位）+顺序号（6位）。“年份”指公历年度后两位数字，“顺序号”为本年度的自然顺序号。

七、备案人完成税务备案手续后，持主管国税机关盖章的《备案表》，按照外汇管理的规定，到外汇指定银行办理付汇审核手续。

八、主管国税机关或地税机关应自收到《备案表》后15个工作日内，对备案人提交的《备案表》及所附资料进行审查，并可要求备案人进一步提供相关资料。审查的内容包括：

（一）备案信息与实际支付项目是否一致；

（二）对外支付项目是否已按规定缴纳各项税款；

（三）申请享受减免税待遇的，是否符合相关税收法律法规和税收协定（安排）的规定。

九、主管税务机关审查发现对外支付项目未按规定缴纳税款的，应书面告知纳税人或扣缴义务人履行申报纳税或源泉扣缴义务，依法追缴税款，按照税收法律法规的有关规定实施处罚。

十、主管国税机关、地税机关应加强对外支付税务备案事项的管理，及时统计对外支付备案情况及税收征管情况，填写《服务贸易等项目对外支付税务备案情况年度统计表》（见附件2），并于次年1月31日前层报税务总局（国际税务司）。

十一、各级税务部门、外汇管理部门应当密切配合，加强信息交换工作。执行过程中如发现问题，应及时向上级部门反馈。

十二、本公告自2013年9月1日起施行。《国家税务总局　国家外汇管理局关于加强外国公司船舶运输收入税收管理及国际海运业对外支付管理的通知》（国税发〔2001〕139号）、《国家税务总局　国家外汇管理局关于加强外国公司船舶运输收入税收管理及国际海运业对外支付管理的补充通知》（国税发〔2002〕107号）、《国家税务总局　国家外汇管理局关于境内机构及个人对外支付技术转让费不再提交营业税税务凭证的通知》（国税发〔2005〕28号）、《国家外汇管理局　国家税务总局关于服务贸易等项目对外支付提交税务证明有关问题的通知》（汇发〔2008〕64号）、《国家税务总局关于印发〈服务贸易等项目对外支付出具税务证明管理办法〉的通知》（国税发〔2008〕122号）、《国家外汇管理局关于转发国家税务总局服务贸易等项目对外支付出具税务证明管理办法的通知》（汇发〔2009〕1号）、《国家外汇管理局　国家税务总局关于进一步明确服务贸易等项目对外支付提交税务证明有关问题的通知》（汇发〔2009〕52号）和《国家税务总局关于修改〈服务贸易等项目对外支付出具税务证明申请表〉的公告》（国家税务总局公告2012年第54号）同时废止。

特此公告。

附件：

1. 服务贸易等项目对外支付税务备案表（略）

2. 服务贸易等项目对外支付税务备案情况年度统计表（略）

13.国家税务总局关于非居民企业股权转让适用特殊性税务处理有关问题的公告

（2013年12月11日　国家税务总局公告2013年第72号）

（部分条款修改，详见文中注释）

为规范和加强非居民企业股权转让适用特殊性税务处理的管理，根据《中华人民共和国企业所得税法》及其实施条例、《财政部　国家税务总局关于企业重组业务企业所得税处理若干问题的通知》（财税〔2009〕59号，以下简称《通知》）的有关规定，现就有关问题公告如下：

一、本公告所称股权转让是指非居民企业发生《通知》第七条第（一）、（二）项规定的情形；其中《通知》第七条第（一）项规定的情形包括因境外企业分立、合并导致中国居民企业股权被转让的情形。

二、非居民企业股权转让选择特殊性税务处理的，应于股权转让合同或协议生效且完成工商变更登记手续30日内进行备案。属于《通知》第七条第（一）项情形的，由转让方向被转让企业所在地所得税主管税务机关备案；属于《通知》第七条第（二）项情形的，由受让方向其所在地所得税主管税务机关备案。

股权转让方或受让方可以委托代理人办理备案事项；代理人在代为办理备案事项时，应向主管税务机关出具备案人的书面授权委托书。

三、股权转让方、受让方或其授权代理人（以下简称备案人）办理备案时应填报以下资料：

（一）《非居民企业股权转让适用特殊性税务处理备案表》（见附件1）；

（二）股权转让业务总体情况说明，应包括股权转让的商业目的、证明股权转让符合特殊性税务处理条件、股权转让前后的公司股权架构图等资料；

（三）股权转让业务合同或协议（外文文本的同时附送中文译本）；

（四）工商等相关部门核准企业股权变更事项证明资料；

（五）截至股权转让时，被转让企业历年的未分配利润资料；

（六）税务机关要求的其他材料。

以上资料已经向主管税务机关报送的，备案人可不再重复报送。其中以复印件向税务机关提交的资料，备案人应在复印件上注明“本复印件与原件一致”字样，并签字后加盖备案人印章；报送中文译本的，应在中文译本上注明“本译文与原文表述内容一致”字样，并签字后加盖备案人印章。

四、主管税务机关应当按规定受理备案，资料齐全的，应当场在《非居民企业股权转让适用特殊性税务处理备案表》上签字盖章，并退1份给备案人；资料不齐全的，不予受理，并告知备案人各应补正事项。

五、非居民企业发生股权转让属于《通知》第七条第（一）项情形的，主管税务机关应当自受理之日起30个工作日内就备案事项进行调查核实、提出处理意见，并将全部备案资料以及处理意见层报省（含自治区、直辖市和计划单列市，下同）税务机关。

税务机关在调查核实时，如发现此种股权转让情形造成以后该项股权转让所得预提税负担变化，包括转让方把股权由应征税的国家或地区转让到不征税或低税率的国家或地区，应不予适用特殊性税务处理。

六、非居民企业发生股权转让属于《通知》第七条第（二）项情形的，应区分以下两种情形予以处理：

（一）受让方和被转让企业在同一省且同属国税机关或地税机关管辖的，按照本公告第五条规定执行。

（二）受让方和被转让企业不在同一省或分别由国税机关和地税机关管辖的，受让方所在地省税务机关收到主管税务机关意见后30日内，应向被转让企业所在地省税务机关发出《非居民企业股权转让适用特殊性税务处理告知函》（见附件2）。

七、非居民企业股权转让未进行特殊性税务处理备案或备案后经调查核实不符合条件的，适用一般性税务处理规定，应按照有关规定缴纳企业所得税。

【注】根据《国家税务总局关于修改〈非居民企业所得税核定征收管理办法〉等文件的公告》(国家税务总局公告 2015 年第 22 号)的规定,本条修改为:“非居民企业股权转让适用特殊性税务处理备案后经调查核实不符合条件的,应调整适用一般性税务处理,按照有关规定缴纳企业所得税。非居民企业股权转让适用特殊性税务处理未进行备案的,税务机关应告知其按照本公告第二条、第三条的规定办理备案手续。”

八、非居民企业发生股权转让属于《通知》第七条第(一)项情形且选择特殊性税务处理的,转让方和受让方不在同一国家或地区的,若被转让企业股权转让前的未分配利润在转让后分配给受让方的,不享受受让方所在国家(地区)与中国签订的税收协定(含税收安排)的股息减税优惠待遇,并由被转让企业按税法相关规定代扣代缴企业所得税,到其所在地所得税主管税务机关申报缴纳。

九、省税务机关应做好辖区内非居民企业股权转让适用特殊性税务处理的管理工作,于年度终了后 30 日内向国家税务总局报送《非居民企业股权转让适用特殊性税务处理情况统计表》(见附件 3)。

十、本公告自发布之日起施行。本公告实施之前发生的非居民企业股权转让适用特殊性税务处理事项尚未处理的,可依据本公告规定办理。《国家税务总局关于加强非居民企业股权转让所得企业所得税管理的通知》(国税函〔2009〕698 号)第九条同时废止。

特此公告。

附件:

1. 非居民企业股权转让适用特殊性税务处理备案表(略)
2. 非居民企业股权转让适用特殊性税务处理告知函(略)
3. 非居民企业股权转让适用特殊性税务处理情况统计表(略)

14. 财政部　国家税务总局　证监会关于 QFII 和 RQFII 取得中国境内的股票等权益性投资资产转让所得暂免征收企业所得税问题的通知

(2014 年 10 月 31 日　财税〔2014〕79 号)

各省、自治区、直辖市、计划单列市财政厅(局)、国家税务局、地方税务局,新疆生产建设兵团财务局,中国证券登记结算公司:

经国务院批准,从 2014 年 11 月 17 日起,对合格境外机构投资者(简称 QFII)、人民币合格境外机构投资者(简称 RQFII)取得来源于中国境内的股票等权益性投资资产转让所得,暂免征收企业所得税。在 2014 年 11 月 17 日之前 QFII 和 RQFII 取得的上述所得应依法征收企业所得税。

本通知适用于在中国境内未设立机构、场所,或者在中国境内虽设立机构、场所,但取得的上述所得与其所设机构、场所没有实际联系的 QFII、RQFII。

15. 国家税务总局关于非居民企业间接转让财产企业所得税若干问题的公告

（2015 年 2 月 3 日　国家税务总局公告 2015 年第 7 号）

（部分条款修改，详见文中注释）

为进一步规范和加强非居民企业间接转让中国居民企业股权等财产的企业所得税管理，依据《中华人民共和国企业所得税法》（以下称企业所得税法）及其实施条例（以下称企业所得税法实施条例），以及《中华人民共和国税收征收管理法》（以下称税收征管法）及其实施细则的有关规定，现就有关问题公告如下：

一、非居民企业通过实施不具有合理商业目的的安排，间接转让中国居民企业股权等财产，规避企业所得税纳税义务的，应按照企业所得税法第四十七条的规定，重新定性该间接转让交易，确认为直接转让中国居民企业股权等财产。

本公告所称中国居民企业股权等财产，是指非居民企业直接持有，且转让取得的所得按照中国税法规定，应在中国缴纳企业所得税的中国境内机构、场所财产，中国境内不动产，在中国居民企业的权益性投资资产等（以下称中国应税财产）。

间接转让中国应税财产，是指非居民企业通过转让直接或间接持有中国应税财产的境外企业（不含境外注册中国居民企业，以下称境外企业）股权及其他类似权益（以下称股权），产生与直接转让中国应税财产相同或相近实质结果的交易，包括非居民企业重组引起境外企业股东发生变化的情形。间接转让中国应税财产的非居民企业称股权转让方。

二、适用本公告第一条规定的股权转让方取得的转让境外企业股权所得归属于中国应税财产的数额（以下称间接转让中国应税财产所得），应按以下顺序进行税务处理：

（一）对归属于境外企业及直接或间接持有中国应税财产的下属企业在中国境内所设机构、场所财产的数额（以下称间接转让机构、场所财产所得），应作为与所设机构、场所有实际联系的所得，按照企业所得税法第三条第二款规定征税；

（二）除适用本条第（一）项规定情形外，对归属于中国境内不动产的数额（以下称间接转让不动产所得），应作为来源于中国境内的不动产转让所得，按照企业所得税法第三条第三款规定征税；

（三）除适用本条第（一）项或第（二）项规定情形外，对归属于在中国居民企业的权益性投资资产的数额（以下称间接转让股权所得），应作为来源于中国境内的权益性投资资产转让所得，按照企业所得税法第三条第三款规定征税。

三、判断合理商业目的，应整体考虑与间接转让中国应税财产交易相关的所有安排，结合实际情况综合分析以下相关因素：

（一）境外企业股权主要价值是否直接或间接来自于中国应税财产；

（二）境外企业资产是否主要由直接或间接在中国境内的投资构成，或其取得的收入是否主要直接或间接来源于中国境内；

（三）境外企业及直接或间接持有中国应税财产的下属企业实际履行的功能和承担的风险是否能够证实企业架构具有经济实质；

（四）境外企业股东、业务模式及相关组织架构的存续时间；

（五）间接转让中国应税财产交易在境外应缴纳所得税情况；

（六）股权转让方间接投资、间接转让中国应税财产交易与直接投资、直接转让中国应税财产交易的可替代性；

（七）间接转让中国应税财产所得在中国可适用的税收协定或安排情况；

（八）其他相关因素。

四、除本公告第五条和第六条规定情形外，与间接转让中国应税财产相关的整体安排同时符合以下情形的，无需按本公告第三条进行分析和判断，应直接认定为不具有合理商业目的：

（一）境外企业股权75%以上价值直接或间接来自于中国应税财产；

（二）间接转让中国应税财产交易发生前一年内任一时点，境外企业资产总额（不含现金）的90%以上直接或间接由在中国境内的投资构成，或间接转让中国应税财产交易发生前一年内，境外企业取得收入的90%以上直接或间接来源于中国境内；

（三）境外企业及直接或间接持有中国应税财产的下属企业虽在所在国家（地区）登记注册，以满足法律所要求的组织形式，但实际履行的功能及承担的风险有限，不足以证实其具有经济实质；

（四）间接转让中国应税财产交易在境外应缴所得税税负低于直接转让中国应税财产交易在中国的可能税负。

五、与间接转让中国应税财产相关的整体安排符合以下情形之一的，不适用本公告第一条的规定：

（一）非居民企业在公开市场买入并卖出同一上市境外企业股权取得间接转让中国应税财产所得；

（二）在非居民企业直接持有并转让中国应税财产的情况下，按照可适用的税收协定或安排的规定，该项财产转让所得在中国可以免予缴纳企业所得税。

六、间接转让中国应税财产同时符合以下条件的，应认定为具有合理商业目的：

（一）交易双方的股权关系具有下列情形之一：

1. 股权转让方直接或间接拥有股权受让方80%以上的股权；

2. 股权受让方直接或间接拥有股权转让方80%以上的股权；

3. 股权转让方和股权受让方被同一方直接或间接拥有80%以上的股权。

境外企业股权50%以上（不含50%）价值直接或间接来自于中国境内不动产的，本条第（一）项第1、2、3目的持股比例应为100%。

上述间接拥有的股权按照持股链中各企业的持股比例乘积计算。

（二）本次间接转让交易后可能再次发生的间接转让交易相比在未发生本次间接转让交易情况下的相同或类似间接转让交易，其中国所得税负担不会减少。

（三）股权受让方全部以本企业或与其具有控股关系的企业的股权（不含上市企业股权）支付股权交易对价。

七、间接转让机构、场所财产所得按照本公告规定应缴纳企业所得税的，应计入纳税义务发生之日所属纳税年度该机构、场所的所得，按照有关规定申报缴纳企业所得税。

八、间接转让不动产所得或间接转让股权所得按照本公告规定应缴纳企业所得税的，依照有关法律规定或者合同约定对股权转让方直接负有支付相关款项义务的单位或者个人为扣缴义务人。

扣缴义务人未扣缴或未足额扣缴应纳税款的，股权转让方应自纳税义务发生之日起7日内向主管税务机关申报缴纳税款，并提供与计算股权转让收益和税款相关的资料。主管税务机关应在税款入库后30日内层报税务总局备案。

【注】根据《国家税务总局关于非居民企业所得税源泉扣缴有关问题的公告》（国家税务总局公告2017年第37号）的规定，本条款自2017年12月1日起废止。

扣缴义务人未扣缴，且股权转让方未缴纳应纳税款的，主管税务机关可以按照税收征管法及其实施细则相关规定追究扣缴义务人责任；但扣缴义务人已在签订股权转让合同或协议之日起30日内按本公告第九条规定提交资料的，可以减轻或免除责任。

九、间接转让中国应税财产的交易双方及被间接转让股权的中国居民企业可以向主管税务机关报告股权转让事项，并提交以下资料：

（一）股权转让合同或协议（为外文文本的需同时附送中文译本，下同）；

（二）股权转让前后的企业股权架构图；

（三）境外企业及直接或间接持有中国应税财产的下属企业上两个年度财务、会计报表；

（四）间接转让中国应税财产交易不适用本公告第一条的理由。

十、间接转让中国应税财产的交易双方和筹划方，以及被间接转让股权的中国居民企业，应按照主管税务机关要求提供以下资料：

（一）本公告第九条规定的资料（已提交的除外）；

（二）有关间接转让中国应税财产交易整体安排的决策或执行过程信息；

（三）境外企业及直接或间接持有中国应税财产的下属企业在生产经营、人员、账务、财产等方面的信息，以及内外部审计情况；

（四）用以确定境外股权转让价款的资产评估报告及其他作价依据；

（五）间接转让中国应税财产交易在境外应缴纳所得税情况；

（六）与适用公告第五条和第六条有关的证据信息；

（七）其他相关资料。

十一、主管税务机关需对间接转让中国应税财产交易进行立案调查及调整的，应按照一般反避税的相关规定执行。

十二、股权转让方通过直接转让同一境外企业股权导致间接转让两项以上中国应税财产，按照本公告的规定应予征税，涉及两个以上主管税务机关的，股权转让方应分别到各所涉主管税务机关申报缴纳企业所得税。

各主管税务机关应相互告知税款计算方法，取得一致意见后组织税款入库；如不能取得一致意见的，应报其共同上一级税务机关协调。

十三、股权转让方未按期或未足额申报缴纳间接转让中国应税财产所得应纳税款，扣缴义务人也未扣缴税款的，除追缴应纳税款外，还应按照企业所得税法实施条例第一百二十一、一百二十二条规定对股权转让方按日加收利息。

股权转让方自签订境外企业股权转让合同或协议之日起30日内提供本公告第九条规定的资料或按照本公告第七条、第八条的规定申报缴纳税款的，按企业所得税法实施条例第一百二十二条规定的基准利率计算利息；未按规定提供资料或申报缴纳税款的，按基准利率加5个百分点计算利息。

【注】根据《关于公布失效废止的税务部门规章和税收规范性文件目录的决定》（国家税务总局令第42号），本条款有效期至2017年12月28日。

十四、本公告适用于在中国境内未设立机构、场所的非居民企业取得的间接转让中国应税财产所得，以及非居民企业虽设立机构、场所但取得与其所设机构、场所没有实际联系的间接转让中国应税财产所得。

股权转让方转让境外企业股权取得的所得（含间接转让中国应税财产所得）与其所设境内机构、场所有实际联系的，无须适用本公告规定，应直接按照企业所得税法第三条第二款规定征税。

十五、本公告所称纳税义务发生之日是指股权转让合同或协议生效，且境外企业完成股权变更之日。

十六、本公告所称的主管税务机关，是指在中国应税财产被非居民企业直接持有并转让的情况下，财产转让所得应纳企业所得税税款的主管税务机关，应分别按照本公告第二条规定的三种情形确定。

十七、本公告所称“以上”除有特别标明外均含本数。

十八、本公告规定与税收协定不一致的，按照税收协定办理。

十九、本公告自发布之日起施行。本公告发布前发生但未作税务处理的事项，依据本公告执行。《国家税务总局关于加强非居民企业股权转让所得企业所得税管理的通知》（国税函〔2009〕698号）第五条、第六条及《国家税务总局关于非居民企业所得税管理若干问题的公告》（国家税务总局公告2011年第24号）第六条第（三）、（四）、（五）项有关内容同时废止。

16. 国家税务总局关于发布《中华人民共和国非居民企业所得税年度纳税申报表》等报表的公告

（2015 年 4 月 30 日　国家税务总局公告 2015 年第 30 号）

为进一步规范和加强非居民企业所得税管理，根据《中华人民共和国企业所得税法》及其实施条例和有关规定，现将国家税务总局修订的《中华人民共和国非居民企业所得税年度纳税申报表（适用于据实申报企业）》《中华人民共和国非居民企业所得税季度纳税申报表（适用于据实申报企业）》《中华人民共和国非居民企业所得税季度和年度纳税申报表（适用于核定征收企业）/（不构成常设机构和国际运输免税申报）》《中华人民共和国扣缴企业所得税报告表》及相应填报说明予以发布，并就有关事项公告如下：

一、《中华人民共和国非居民企业所得税季度纳税申报表（适用于据实申报企业）》适用于非居民企业预缴季度税款时填报。《中华人民共和国非居民企业所得税年度纳税申报表（适用于据实申报企业）》适用于非居民企业年度企业所得税汇算清缴时填报，其中附表《金融企业收入明细表》、《金融企业支出明细表》和《对外合作开采石油企业勘探开发费用年度明细表》，由特定行业企业填报，一般企业无需填报。《中华人民共和国非居民企业所得税季度和年度纳税申报表（适用于核定征收企业）/（不构成常设机构和国际运输免税申报）》适用于非居民企业预缴季度税款、年度企业所得税汇算清缴时填报，同时，不构成常设机构和国际运输免税申报也使用本表。

二、《中华人民共和国扣缴企业所得税报告表》适用于扣缴义务人，包括法定扣缴义务人和指定扣缴义务人，以及扣缴义务人未依法扣缴或者无法履行扣缴义务情况下自行申报的纳税人，按次或按期扣缴或申报企业所得税税款时填报。

三、本公告自 2015 年 7 月 1 日起施行。《国家税务总局关于印发〈中华人民共和国非居民企业所得税申报表〉等报表的通知》（国税函〔2008〕801 号）同时废止。

特此公告。

附件：

1. 中华人民共和国非居民企业所得税年度纳税申报表（适用于据实申报企业）（略）

2.《中华人民共和国非居民企业所得税年度纳税申报表（适用于据实申报企业）》填报说明（略）

3. 中华人民共和国非居民企业所得税季度纳税申报表（适用于据实申报企业）（略）

4.《中华人民共和国非居民企业所得税季度纳税申报表（适用于据实申报企业）》填报说明（略）

5. 中华人民共和国非居民企业所得税季度和年度纳税申报表（适用于核定征收企业）/（不构成常设机构和国际运输免税申报）（略）

6.《中华人民共和国非居民企业所得税季度和年度纳税申报表（适用于核定征收企业）/（不构成常设机构和国际运输免税申报）》填报说明（略）

7. 中华人民共和国扣缴企业所得税报告表（略）

8.《中华人民共和国扣缴企业所得税报告表》填报说明（略）

17. 国家税务总局关于境内机构向我国银行的境外分行支付利息扣缴企业所得税有关问题的公告

（2015 年 6 月 19 日　国家税务总局公告 2015 年第 47 号）

2015 年 6 月 19 日，根据《中华人民共和国企业所得税法》及其实施条例的有关规定，国家税务总局对我国银行的境外分行业务活动中涉及从境内取得的利息收入有关企业所得税问题，作出如下规定：

一、本公告所称境外分行是指我国银行在境外设立的不具备所在国家（地区）法人资格的分行。境外分行作为中国居民企业在境外设立的分支机构，与其总机构属于同一法人。境外分行开展境内业务，并从境内机构取得的利息，为该分行的收入，计入分行的营业利润，按《财政部　国家税务总局关于企业境外所得税收抵免有关问题的通知》（财税〔2009〕125 号）的相关规定，与总机构汇总缴纳企业所得税。境内机构向境外分行支付利息时，不代扣代缴企业所得税。

二、境外分行从境内取得的利息，如果据以产生利息的债权属于境内总行或总行其他境内分行的，该项利息应为总行或其他境内分行的收入。总行或其他境内分行和境外分行之间应严格区分此类收入，不得将本应属于总行或其他境内分行的境内业务及收入转移到境外分行。

三、境外分行从境内取得的利息如果属于代收性质，据以产生利息的债权属于境外非居民企业，境内机构向境外分行支付利息时，应代扣代缴企业所得税。

四、主管税务机关应加强监管，严格审核相关资料，并利用第三方信息进行比对分析，对违反本公告相关规定的，应按照有关法律法规处理。

五、本公告自 2015 年 7 月 19 日起施行。《国家税务总局关于加强非居民企业来源于我国利息所得扣缴企业所得税工作的通知》（国税函〔2008〕955 号）第二条同时废止。

18. 国家税务总局关于中外合作开采石油天然气有关非居民税收问题的批复

（2015 年 9 月 14 日　税总函〔2015〕494 号）

新疆维吾尔自治区国家税务局：

你局《关于中外合作开采石油天然气相关非居民税收政策的请示》（新国税发〔2015〕105 号）收悉。经研究，批复如下：

一、按照《中华人民共和国对外合作开采陆上石油资源条例》《中华人民共和国对外合作开采海洋石油资源条例》等相关规定，外国企业（不含实际管理机构设立在中国境内的外国企业，下同）与中国境内企业签订协议或合同，在中国境内合作开采石油天然气，凡未按照中国法律设立独立企业的，由合作各方分别缴纳企业所得税，外国企业属于在中国境内设立机构、场所从事生产经营活动的非居民企业，其分取的合作生产经营所得应按照企业所得税法第三条第二款的规定申报缴纳企业所得税。

在按前述规定缴纳企业所得税后，该外国企业取得的税后利润不属于适用企业所得税法第三条第三款规定的所得，不予扣缴企业所得税。

二、外国企业与中国境内企业按照《中华人民共和国中外合作经营企业法》在中国境内共同设立中外合作经营企业，由该中外合作经营企业开采石油天然气的，无论其是否具有法人资格，均为企业所得税法第二条规定的居民企业。

该中外合作经营企业应就其取得的石油天然气开采所得和其他所得统一缴纳企业所得税。

作为投资方的外国企业从中外合作经营企业分取的税后利润属于适用企业所得税法第三条第三款规定的所得，应按有关规定扣缴企业所得税。

三、适用本批复第一条规定在中国境内设立机构、场所取得石油天然气开采所得和其他所得的外国企业，以及适用本批复第二条规定取得石油天然气开采所得和其他所得的中外合作经营企业，符合《财政部 海关总署 国家税务总局关于深入实施西部大开发战略有关税收政策问题的通知》（财税〔2011〕58号）规定条件的，可以享受相关企业所得税优惠。

19. 财政部 国家税务总局 证监会关于内地与香港基金互认有关税收政策的通知

（2015年12月14日 财税〔2015〕125号）

各省、自治区、直辖市、计划单列市财政厅（局）、国家税务局、地方税务局，新疆生产建设兵团财务局，上海、深圳证券交易所，中国证券登记结算公司：

经国务院批准，现就内地与香港基金互认涉及的有关税收政策问题明确如下：

一、关于内地投资者通过基金互认买卖香港基金份额的所得税问题

1. 对内地个人投资者通过基金互认买卖香港基金份额取得的转让差价所得，自2015年12月18日起至2018年12月17日止，三年内暂免征收个人所得税。

2. 对内地企业投资者通过基金互认买卖香港基金份额取得的转让差价所得，计入其收入总额，依法征收企业所得税。

3. 内地个人投资者通过基金互认从香港基金分配取得的收益，由该香港基金在内地的代理人按照20%的税率代扣代缴个人所得税。

前款所称代理人是指依法取得中国证监会核准的公募基金管理资格或托管资格，根据香港基金管理人的委托，代为办理该香港基金内地事务的机构。

4. 对内地企业投资者通过基金互认从香港基金分配取得的收益，计入其收入总额，依法征收企业所得税。

二、关于香港市场投资者通过基金互认买卖内地基金份额的所得税问题

1. 对香港市场投资者（包括企业和个人）通过基金互认买卖内地基金份额取得的转让差价所得，暂免征收所得税。

2. 对香港市场投资者（包括企业和个人）通过基金互认从内地基金分配取得的收益，由内地上市公司向该内地基金分配股息红利时，对香港市场投资者按照10%的税率代扣所得税；或发行债券的企业向该内地基金分配利息时，对香港市场投资者按照7%的税率代扣所得税，并由内地上市公司或发行债券的企业向其主管税务机关办理扣缴申报。该内地基金向投资者分配收益时，不再扣缴所得税。

内地基金管理人应当向相关证券登记结算机构提供内地基金的香港市场投资者的相关信息。

三、关于内地投资者通过基金互认买卖香港基金份额和香港市场投资者买卖内地基金份额的营业税问题

1. 对香港市场投资者（包括单位和个人）通过基金互认买卖内地基金份额取得的差价收入，暂免征收营业税。

2. 对内地个人投资者通过基金互认买卖香港基金份额取得的差价收入，按现行政策规定暂免征收营业税。

3. 对内地单位投资者通过基金互认买卖香港基金份额取得的差价收入，按现行政策规定征免营业税。

四、关于内地投资者通过基金互认买卖香港基金份额和香港市场投资者通过基金互认买卖内地基金份额的印花税问题

1. 对香港市场投资者通过基金互认买卖、继承、赠与内地基金份额，按照内地现行税制规定，暂不征收印花税。

2. 对内地投资者通过基金互认买卖、继承、赠与香港基金份额，按照香港特别行政区现行印花税税法规定执行。

五、财政、税务、证监等部门要加强协调，通力合作，切实做好政策实施的各项工作。

基金管理人、基金代理机构、相关证券登记结算机构以及上市公司和发行债券的企业，应依照法律法规积极配合税务机关做好基金互认税收的扣缴申报、征管及纳税服务工作。

六、本通知所称基金互认，是指内地基金或香港基金经香港证监会认可或中国证监会注册，在双方司法管辖区内向公众销售。所称内地基金，是指中国证监会根据《中华人民共和国证券投资基金法》注册的公开募集证券投资基金。所称香港基金，是指香港证监会根据香港法律认可公开销售的单位信托、互惠基金或者其他形式的集体投资计划。所称买卖基金份额，包括申购与赎回、交易。

七、本通知自 2015 年 12 月 18 日起执行。

20. 国家税务总局关于修改按经费支出换算收入方式核定非居民企业应纳税所得额计算公式的公告

（2016 年 5 月 5 日　国家税务总局公告 2016 年第 28 号）

自 2016 年 5 月 1 日起，全国范围内全面推开营业税改征增值税（以下称营改增）试点。在营改增后，按经费支出换算收入方式核定非居民企业应纳税所得额的计算公式需要修改，现将修改内容公告如下：

一、《外国企业常驻代表机构税收管理暂行办法》（国税发〔2010〕18 号文件印发）第七条第一项第 1 目规定的计算公式修改为：

应纳税所得额 = 本期经费支出额/（1 - 核定利润率）× 核定利润率

二、《非居民企业所得税核定征收管理办法》（国税发〔2010〕19 号文件印发）第四条第三项规定的计算公式修改为：

应纳税所得额 = 本期经费支出额/（1 - 核定利润率）× 核定利润率

三、《国家税务总局关于发布〈中华人民共和国非居民企业所得税年度纳税申报表〉等报表的公告》（国家税务总局公告 2015 年第 30 号）附件 6 第七条第 13 项的计算公式修改为：

换算的收入额 = 经费支出总额 ÷（1 - 核定利润率）

本公告自 2016 年 5 月 1 日起施行。

特此公告。

21. 国家税务总局关于开具《中国税收居民身份证明》有关事项的公告

（2016年6月28日　国家税务总局公告2016年第40号）

根据《中华人民共和国税收征收管理法》及其实施细则、《中华人民共和国企业所得税法》及其实施条例、《中华人民共和国个人所得税法》及其实施条例以及相关法律法规，为服务企业和个人开展对外投资、经营和提供劳务活动，便利《中国税收居民身份证明》（以下简称《税收居民证明》，见附件1）开具，现就有关事项公告如下：

一、企业或者个人（以下统称申请人）为享受中国政府对外签署的税收协定（含与香港、澳门和台湾签署的税收安排或者协议）、航空协定税收条款、海运协定税收条款、汽车运输协定税收条款、互免国际运输收入税收协议或者换函（以下统称税收协定）待遇，可以向税务机关申请开具《税收居民证明》。

二、申请人向主管其所得税的县国家税务局、地方税务局（以下统称主管税务机关）申请开具《税收居民证明》。

中国居民企业的境内、外分支机构应当通过其总机构向总机构主管税务机关提出申请。合伙企业应当以其中国居民合伙人作为申请人，向中国居民合伙人主管税务机关提出申请。

三、申请人可以就其构成中国税收居民的任一公历年度申请开具《税收居民证明》。

四、申请人申请开具《税收居民证明》应当提交以下申请表和资料：

（一）《中国税收居民身份证明》申请表（见附件2）；

（二）与拟享受税收协定待遇的收入有关的合同、协议、董事会或者股东会决议、支付凭证等证明资料；

（三）申请人为个人且在中国境内有住所的，提供因户籍、家庭、经济利益关系而在中国境内习惯性居住的证明材料，证明材料包括申请人身份信息、说明材料或者其他材料；

（四）申请人为个人且无住所、在中国境内居住满一年的，提供在中国境内实际居住时间的相关证明材料，证明材料包括护照信息、说明材料或者其他材料；

（五）境内、外分支机构通过其总机构提出申请时，还需提供总分机构的登记注册情况；

（六）以合伙企业的中国居民合伙人提出申请时，还需提供合伙企业登记注册情况。

上述填报或报送的资料应当采用中文文本。相关资料原件为外文文本的，应当同时提供中文译本。申请人可以向主管税务机关提交上述资料的复印件，但是应当在复印件上加盖申请人印章或签章，并按照主管税务机关要求报验原件。

【注】根据《国家税务总局关于调整〈中国税收居民身份证明〉有关事项的公告》（国家税务总局公告2019年第17号）的规定，本公告第二条、第四条废止。

五、申请人提交资料齐全的，主管税务机关应当按规定当场受理；资料不齐全的，主管税务机关不予受理，并一次性告知申请人应补正内容。

六、主管税务机关根据《中华人民共和国企业所得税法》及其实施条例、《中华人民共和国个人所得税法》及其实施条例等规定，结合纳税人登记注册、在中国境内住所及居住时间等情况对居民身份进行判定。

七、主管税务机关在受理申请之日起10个工作日内，由负责人签发《税收居民证明》并加盖公章或者将不予开具的理由书面告知申请人。

主管税务机关无法准确判断居民身份的，应当及时报告上级税务机关。需要报告上级税务机关的，主管税务机关应当在受理申请之日起20个工作日内办结。

八、主管税务机关或者上级税务机关根据申请人提交资料无法作出判断的，可以要求申请人补充提供相关资料，需要补充的内容应当一次性书面告知。申请人补充资料的时间不计入上述工作时限。

九、主管税务机关对开具的《税收居民证明》进行统一编号，编号格式为：税务机构代码（前7位）+年份（4位）+顺序号（5位）。“年份”为开具《税收居民证明》的公历年度，“顺序号”为本年度主管税务机关开具的自然顺序号。

十、缔约对方税务主管当局对《税收居民证明》样式有特殊要求的，申请人应当提供书面说明以及《税收居民证明》样式，主管税务机关可以按照上述规定予以办理。

十一、各地税务机关可以进一步拓展或者优化服务方式，提高信息化水平和办理时效，为申请人享受税收协定待遇提供便利。各地税务机关要加强对开具《税收居民证明》的申请人来源于境外所得的税收管理，帮助其降低税收风险。

十二、本公告自2016年10月1日起施行。《国家税务总局关于做好〈中国税收居民身份证明〉开具工作的通知》（国税函〔2008〕829号）、《国家税务总局关于做好〈中国税收居民身份证明〉开具工作的补充通知》（国税函〔2010〕218号）、《国家税务总局关于印发〈境外注册中资控股居民企业所得税管理办法（试行）〉的公告》（国家税务总局公告2011年第45号）第二十八条同时废止。

特此公告。

22. 国家税务总局关于非居民企业所得税源泉扣缴有关问题的公告

（2017年10月17日　国家税务总局公告2017年第37号）

按照《国家税务总局关于进一步深化税务系统“放管服”改革优化税收环境的若干意见》（税总发〔2017〕101号）的安排，根据《中华人民共和国企业所得税法》（以下称“企业所得税法”）及其实施条例、《中华人民共和国税收征收管理法》及其实施细则的有关规定，现就非居民企业所得税源泉扣缴有关问题公告如下：

一、依照企业所得税法第三十七条、第三十九条和第四十条规定办理非居民企业所得税源泉扣缴相关事项，适用本公告。与执行企业所得税法第三十八条规定相关的事项不适用本公告。

二、企业所得税法实施条例第一百零四条规定的支付人自行委托代理人或指定其他第三方代为支付相关款项，或者因担保合同或法律规定等原因由第三方保证人或担保人支付相关款项的，仍由委托人、指定人或被保证人、被担保人承担扣缴义务。

三、企业所得税法第十九条第二项规定的转让财产所得包含转让股权等权益性投资资产（以下称“股权”）所得。股权转让收入减除股权净值后的余额为股权转让所得应纳税所得额。

股权转让收入是指股权转让人转让股权所收取的对价，包括货币形式和非货币形式的各种收入。

股权净值是指取得该股权的计税基础。股权的计税基础是股权转让人投资入股时向中国居民企业实际支付的出资成本，或购买该项股权时向该股权的原转让人实际支付的股权受让成本。股权在持有期间发生减值或者增值，按照国务院财政、税务主管部门规定可以确认损益的，股权净值应进行相应调整。企业在计算股权转让所得时，不得扣除被投资企业未分配利润等股东留存收益中按该项股权所可能分配的金额。

多次投资或收购的同项股权被部分转让的，从该项股权全部成本中按照转让比例计算确定被转让股权对应的成本。

四、扣缴义务人支付或者到期应支付的款项以人民币以外的货币支付或计价的，分别按以下情形进行外币折算：

（一）扣缴义务人扣缴企业所得税的，应当按照扣缴义务发生之日人民币汇率中间价折合成人民币，计算非居民企业应纳税所得额。扣缴义务发生之日为相关款项实际支付或者到期应支付之日。

（二）取得收入的非居民企业在主管税务机关责令限期缴纳税款前自行申报缴纳应源泉扣缴税款的，应当按照填开税收缴款书之日前一日人民币汇率中间价折合成人民币，计算非居民企业应纳税所得额。

（三）主管税务机关责令取得收入的非居民企业限期缴纳应源泉扣缴税款的，应当按照主管税务机关作出限期缴税决定之日前一日人民币汇率中间价折合成人民币，计算非居民企业应纳税所得额。

五、财产转让收入或财产净值以人民币以外的货币计价的，分扣缴义务人扣缴税款、纳税人自行申报缴纳税款和主管税务机关责令限期缴纳税款三种情形，先将以非人民币计价项目金额比照本公告第四条规定折合成人民币金额；再按企业所得税法第十九条第二项及相关规定计算非居民企业财产转让所得应纳税所得额。

财产净值或财产转让收入的计价货币按照取得或转让财产时实际支付或收取的计价币种确定。原计价币种停止流通并启用新币种的，按照新旧货币市场转换比例转换为新币种后进行计算。

六、扣缴义务人与非居民企业签订与企业所得税法第三条第三款规定的所得有关的业务合同时，凡合同中约定由扣缴义务人实际承担应纳税款的，应将非居民企业取得的不含税所得换算为含税所得计算并解缴应扣税款。

七、扣缴义务人应当自扣缴义务发生之日起7日内向扣缴义务人所在地主管税务机关申报和解缴代扣税款。扣缴义务人发生到期应支付而未支付情形，应按照《国家税务总局关于非居民企业所得税管理若干问题的公告》（国家税务总局公告2011年第24号）第一条规定进行税务处理。

非居民企业取得应源泉扣缴的所得为股息、红利等权益性投资收益的，相关应纳税款扣缴义务发生之日为股息、红利等权益性投资收益实际支付之日。

非居民企业采取分期收款方式取得应源泉扣缴所得税的同一项转让财产所得的，其分期收取的款项可先视为收回以前投资财产的成本，待成本全部收回后，再计算并扣缴应扣税款。

八、扣缴义务人在申报和解缴应扣税款时，应填报《中华人民共和国扣缴企业所得税报告表》。

扣缴义务人可以在申报和解缴应扣税款前报送有关申报资料；已经报送的，在申报时不再重复报送。

九、按照企业所得税法第三十七条规定应当扣缴的所得税，扣缴义务人未依法扣缴或者无法履行扣缴义务的，取得所得的非居民企业应当按照企业所得税法第三十九条规定，向所得发生地主管税务机关申报缴纳未扣缴税款，并填报《中华人民共和国扣缴企业所得税报告表》。

非居民企业未按照企业所得税法第三十九条规定申报缴纳税款的，税务机关可以责令限期缴纳，非居民企业应当按照税务机关确定的期限申报缴纳税款；非居民企业在税务机关责令限期缴纳前自行申报缴纳税款的，视为已按期缴纳税款。

十、非居民企业取得的同一项所得在境内存在多个所得发生地，涉及多个主管税务机关的，在按照企业所得税法第三十九条规定自行申报缴纳未扣缴税款时，可以选择一地办理本公告第九条规定的申报缴税事宜。受理申报地主管税务机关应在受理申报后5个工作日内，向扣缴义务人所在地和同一项所得其他发生地主管税务机关发送《非居民企业税务事项联络函》（见附件），告知非居民企业涉税事项。

十一、主管税务机关可以要求纳税人、扣缴义务人和其他知晓情况的相关方提供与应扣缴税款有关的合同和其他相关资料。扣缴义务人应当设立代扣代缴税款账簿和合同资料档案，准确记录非居民企业所得税扣缴情况。

十二、按照企业所得税法第三十七条规定应当扣缴的税款，扣缴义务人应扣未扣的，由扣缴义务人所在地主管税务机关依照《中华人民共和国行政处罚法》第二十三条规定责令扣缴义务人补扣税款，并依法追究扣缴义务人责任；需要向纳税人追缴税款的，由所得发生地主管税务机关依法执行。扣缴义务人所在地与所得发生地不一致的，负责追缴税款的所得发生地主管税务机关应通过扣缴义务人所在地主管税务机关核实有关情况；扣缴义务人所在地主管税务机关应当自确定应纳税款未依法扣缴之日起5个工作日内，向所得发生地主管税务机关发送《非居民企业税务事项联络函》，告知非居民企业涉税事项。

十三、主管税务机关在按照本公告第十二条规定追缴非居民企业应纳税款时，可以采取以下措施：

（一）责令该非居民企业限期申报缴纳应纳税款。

（二）收集、查实该非居民企业在中国境内其他收入项目及其支付人的相关信息，并向该其他项目支付人发出《税务事项通知书》，从该非居民企业其他收入项目款项中依照法定程序追缴欠缴税款及应缴的滞纳金。

其他项目支付人所在地与未扣税所得发生地不一致的，其他项目支付人所在地主管税务机关应给予配合和协助。

十四、按照本公告规定应当源泉扣缴税款的款项已经由扣缴义务人实际支付，但未在规定的期限内解缴应扣税款，并具有以下情形之一的，应作为税款已扣但未解缴情形，按照有关法律、行政法规规定处理：

（一）扣缴义务人已明确告知收款人已代扣税款的；

（二）已在财务会计处理中单独列示应扣税款的；

（三）已在其纳税申报中单独扣除或开始单独摊销扣除应扣税款的；

（四）其他证据证明已代扣税款的。

除上款规定情形外，按本公告规定应该源泉扣缴的税款未在规定的期限内解缴入库的，均作为应扣未扣税款情形，按照有关法律、行政法规规定处理。

十五、本公告与税收协定及其相关规定不一致的，按照税收协定及其相关规定执行。

十六、扣缴义务人所在地主管税务机关为扣缴义务人所得税主管税务机关。

对企业所得税法实施条例第七条规定的不同所得，所得发生地主管税务机关按以下原则确定：

（一）不动产转让所得，为不动产所在地国税机关。

（二）权益性投资资产转让所得，为被投资企业的所得税主管税务机关。

（三）股息、红利等权益性投资所得，为分配所得企业的所得税主管税务机关。

（四）利息所得、租金所得、特许权使用费所得，为负担、支付所得的单位或个人的所得税主管税务机关。

十七、本公告自2017年12月1日起施行。本公告第七条第二款和第三款、第九条第二款可以适用于在本公告施行前已经发生但未处理的所得。下列规定自2017年12月1日起废止：

（一）《国家税务总局关于印发〈非居民企业所得税源泉扣缴管理暂行办法〉的通知》（国税发〔2009〕3号）。

（二）《国家税务总局关于进一步加强非居民税收管理工作的通知》（国税发〔2009〕32号）第二条第（三）项中的以下表述：

“各地应按照《国家税务总局关于印发〈非居民企业所得税源泉扣缴管理暂行办法〉的通知》（国税发〔2009〕3号）规定，落实扣缴登记和合同备案制度，辅导扣缴义务人及时准确扣缴应纳税款，建立管理台账和管理档案，追缴漏税”。

（三）《国家税务总局关于加强税种征管促进堵漏增收的若干意见》（国税发〔2009〕85号）第四条第（二）项第3目中以下表述：

“按照《国家税务总局关于印发〈非居民企业所得税源泉扣缴管理暂行办法〉的通知》（国税发〔2009〕3号）规定，落实扣缴登记和合同备案制度，辅导扣缴义务人及时准确扣缴应纳税款，建立管理台账和管理档案”。

（四）《国家税务总局关于加强非居民企业股权转让所得企业所得税管理的通知》（国税函〔2009〕698号）。

（五）《国家税务总局关于印发〈非居民企业税收协同管理办法（试行）〉的通知》（国税发〔2010〕119号）第九条。

（六）《国家税务总局关于发布〈企业重组业务企业所得税管理办法〉的公告》（国家税务总局公告2010年第4号）第三十六条。

（七）《国家税务总局关于非居民企业所得税管理若干问题的公告》（国家税务总局公告2011年第24号）第五条和第六条。

（八）《国家税务总局关于发布〈非居民企业从事国际运输业务税收管理暂行办法〉的公告》（国家税务总局公告2014年第37号）第二条第三款中以下表述：

“和《国家税务总局关于印发〈非居民企业所得税源泉扣缴管理暂行办法〉的通知》（国税发〔2009〕3号）”。

（九）《国家税务总局关于非居民企业间接转让财产企业所得税若干问题的公告》（国家税务总局公告2015年第7号）第八条第二款。

特此公告。

附件：非居民企业税务事项联络函（略）

23. 财政部　国家税务总局　中国证券监督管理委员会关于支持原油等货物期货市场对外开放税收政策的通知

（2018 年 3 月 13 日　财税〔2018〕21 号）

各省、自治区、直辖市、计划单列市财政厅（局）、国家税务局、地方税务局，新疆生产建设兵团财政局：

为支持原油等货物期货市场对外开放，现将有关税收政策通知如下：

一、对在中国境内未设立机构、场所的，或者虽设立机构、场所但取得的所得与其所设机构、场所没有实际联系的境外机构投资者（包括境外经纪机构），从事中国境内原油期货交易取得的所得（不含实物交割所得），暂不征收企业所得税；对境外经纪机构在境外为境外投资者提供中国境内原油期货经纪业务取得的佣金所得，不属于来源于中国境内的劳务所得，不征收企业所得税。

二、自原油期货对外开放之日起，对境外个人投资者投资中国境内原油期货取得的所得，三年内暂免征收个人所得税。

三、经国务院批准对外开放的其他货物期货品种，按照本通知规定的税收政策执行。

四、本通知自发布之日起施行。

24. 财政部　国家税务总局　国家发展改革委　商务部关于扩大境外投资者以分配利润直接投资暂不征收预提所得税政策适用范围的通知

（2018 年 9 月 29 日　财税〔2018〕102 号）

各省、自治区、直辖市、计划单列市财政厅（局）、发展改革委、商务主管部门，国家税务总局各省、自治区、直辖市、计划单列市税务局，新疆生产建设兵团财政局、发展改革委、商务局：

为贯彻落实党中央、国务院决策部署，进一步鼓励境外投资者在华投资，现就境外投资者以分配利润直接投资暂不征收预提所得税政策问题通知如下：

一、对境外投资者从中国境内居民企业分配的利润，用于境内直接投资暂不征收预提所得税政策的适用范围，由外商投资鼓励类项目扩大至所有非禁止外商投资的项目和领域。

二、境外投资者暂不征收预提所得税须同时满足以下条件：

（一）境外投资者以分得利润进行的直接投资，包括境外投资者以分得利润进行的增资、新建、股权收购等权益性投资行为，但不包括新增、转增、收购上市公司股份（符合条件的战略投资除外）。具体是指：

1. 新增或转增中国境内居民企业实收资本或者资本公积；

2. 在中国境内投资新建居民企业；

3. 从非关联方收购中国境内居民企业股权；

4. 财政部、税务总局规定的其他方式。

境外投资者采取上述投资行为所投资的企业统称为被投资企业。

（二）境外投资者分得的利润属于中国境内居民企业向投资者实际分配已经实现的留存收益而形成的股息、红利等权益性投资收益。

（三）境外投资者用于直接投资的利润以现金形式支付的，相关款项从利润分配企业的账户直接转入被投资企业或股权转让方账户，在直接投资前不得在境内外其他账户周转；境外投资者用于直接投资的利润以实物、有价证券等非现金形式支付的，相关资产所有权直接从利润分配企业转入被投资企业或股权转让方，在直接投资前不得由其他企业、个人代为持有或临时持有。

三、境外投资者符合本通知第二条规定条件的，应按照税收管理要求进行申报并如实向利润分配企业提供其符合政策条件的资料。利润分配企业经适当审核后认为境外投资者符合本通知规定的，可暂不按照企业所得税法第三十七条规定扣缴预提所得税，并向其主管税务机关履行备案手续。

四、税务部门依法加强后续管理。境外投资者已享受本通知规定的暂不征收预提所得税政策，经税务部门后续管理核实不符合规定条件的，除属于利润分配企业责任外，视为境外投资者未按照规定申报缴纳企业所得税，依法追究延迟纳税责任，税款延迟缴纳期限自相关利润支付之日起计算。

五、境外投资者按照本通知规定可以享受暂不征收预提所得税政策但未实际享受的，可在实际缴纳相关税款之日起三年内申请追补享受该政策，退还已缴纳的税款。

六、境外投资者通过股权转让、回购、清算等方式实际收回享受暂不征收预提所得税政策待遇的直接投资，在实际收取相应款项后 7 日内，按规定程序向税务部门申报补缴递延的税款。

七、境外投资者享受本通知规定的暂不征收预提所得税政策待遇后，被投资企业发生重组符合特殊性重组条件，并实际按照特殊性重组进行税务处理的，可继续享受暂不征收预提所得税政策待遇，不按本通知第六条规定补缴递延的税款。

八、本通知所称“境外投资者”，是指适用《企业所得税法》第三条第三款规定的非居民企业；本通知所称“中国境内居民企业”，是指依法在中国境内成立的居民企业。

九、本通知自 2018 年 1 月 1 日起执行。《财政部　税务总局　国家发展改革委　商务部关于境外投资者以分配利润直接投资暂不征收预提所得税政策问题的通知》（财税〔2017〕88 号）同时废止。境外投资者在 2018 年 1 月 1 日（含当日）以后取得的股息、红利等权益性投资收益可适用本通知，已缴税款按本通知第五条规定执行。

25. 国家税务总局关于扩大境外投资者以分配利润直接投资暂不征收预提所得税政策适用范围有关问题的公告

（2018 年 10 月 29 日　国家税务总局公告 2018 年第 53 号）

根据国务院决定，财政部、国家税务总局、国家发展和改革委员会、商务部联合发布了《关于扩大境外投资者以分配利润直接投资暂不征收预提所得税政策适用范围的通知》（财税〔2018〕102 号，以下称《通知》），对境外投资者从中国境内居民企业分配的利润，用于境内直接投资暂不征收预提所得税政策的适用范围，由外商投资鼓励类项目扩大至所有非禁止外商投资的项目和领域。现对有关执行问题公告如下：

一、境外投资者以分得的利润用于补缴其在境内居民企业已经认缴的注册资本，增加实收资本或资本公积的，属于符合“新增或转增中国境内居民企业实收资本或者资本公积”情形。

二、境外投资者按照金融主管部门的规定，通过人民币再投资专用存款账户划转再投资资金，并在相关款项从利润分配企业账户转入境外投资者人民币再投资专用存款账户的当日，再由境外投资者人民币再投资专用存款账户转入被投资企业或股权转让方账户的，视为符合“境外投资者用于直接投资的利润以现金形式支付的，相关款项从利润分配企业的账户直接转入被投资企业或股权转让方账户，在直接投资前不得在境内外其他账户周转”的规定。

三、按照《通知》第四条或者第六条规定补缴税款的，境外投资者可按照有关规定享受税收协定待遇，但是仅可适用相关利润支付时有效的税收协定。后续税收协定另有规定的，按后续税收协定执行。

四、境外投资者按照《通知》第三条规定享受暂不征税政策时，应当填写《非居民企业递延缴纳预提所得税信息报告表》(附件),并提交给利润分配企业。

境外投资者按照《通知》第五条规定追补享受暂不征税政策时,应向利润分配企业主管税务机关提交《非居民企业递延缴纳预提所得税信息报告表》以及相关合同、支付凭证等办理退税的其他资料。

境外投资者按照《通知》第四条或者第六条规定补缴税款时,应当填写《中华人民共和国扣缴企业所得税报告表》,并提交给利润分配企业主管税务机关。

五、利润分配企业应当按照《通知》第三条规定审核境外投资者提交的资料信息,并确认以下结果后,执行暂不征税政策:

(一)境外投资者填报的信息完整,没有缺项;

(二)利润实际支付过程与境外投资者填报信息吻合;

(三)境外投资者填报信息涉及利润分配企业的内容真实、准确。

六、利润分配企业已按照《通知》第三条规定执行暂不征税政策的,应在实际支付利润之日起7日内,向主管税务机关提交以下资料:

(一)由利润分配企业填写的《中华人民共和国扣缴企业所得税报告表》;

(二)由境外投资者提交并经利润分配企业补填信息后的《非居民企业递延缴纳预提所得税信息报告表》。

利润分配企业主管税务机关应在收到《非居民企业递延缴纳预提所得税信息报告表》后10个工作日内,向《通知》第二条第一项规定的被投资企业(以下称被投资企业)主管税务机关或其他相关税务机关发送《非居民企业税务事项联络函》,转发相关信息。

七、被投资企业主管税务机关或者其他税务机关发现以下情况的,应在5个工作日内以《非居民企业税务事项联络函》反馈给利润分配企业主管税务机关:

(一)被投资企业不符合享受暂不征税政策条件的相关事实或信息;

(二)境外投资者处置已享受暂不征税政策的投资的相关事实或信息。

八、主管税务机关在税务管理中可以依法要求境外投资者、利润分配企业、被投资企业、股权转让方等相关单位或个人限期提供与境外投资者享受暂不征税政策相关的资料和信息。

九、利润分配企业未按照本公告第五条审核确认境外投资者提交的资料信息,致使不应享受暂不征税政策的境外投资者实际享受了暂不征税政策的,利润分配企业主管税务机关依照有关规定追究利润分配企业应扣未扣税款的责任,并依法向境外投资者追缴应当缴纳的税款。

十、境外投资者填报信息有误,致使其本不应享受暂不征税政策,但实际享受暂不征税政策的,利润分配企业主管税务机关依照《通知》第四条规定处理。

十一、境外投资者部分处置持有的包含已享受暂不征税政策和未享受暂不征税政策的同一项中国境内居民企业投资,视为先行处置已享受暂不征税政策的投资。

境外投资者未按照《通知》第六条规定补缴递延税款的,利润分配企业主管税务机关追究境外投资者延迟缴纳税款责任,税款延迟缴纳期限自实际收取相关款项后第8日(含第8日)起计算。

十二、境外投资者、利润分配企业可以委托代理人办理本公告规定的相关事项,但应当向主管税务机关提供书面委托证明。

十三、本公告自2018年1月1日起施行。《国家税务总局关于境外投资者以分配利润直接投资暂不征收预提所得税政策有关执行问题的公告》(国家税务总局公告2018年第3号)同时废止。

特此公告。

附件:非居民企业递延缴纳预提所得税信息报告表(略)

26. 财政部　国家税务总局关于境外机构投资境内债券市场企业所得税、增值税政策的通知

（2018 年 11 月 7 日　财税〔2018〕108 号）

各省、自治区、直辖市、计划单列市财政厅（局），国家税务总局各省、自治区、直辖市、计划单列市税务局，新疆生产建设兵团财政局：

为进一步推动债券市场对外开放，现将有关税收政策通知如下：

自 2018 年 11 月 7 日起至 2021 年 11 月 6 日止，对境外机构投资境内债券市场取得的债券利息收入暂免征收企业所得税和增值税。

上述暂免征收企业所得税的范围不包括境外机构在境内设立的机构、场所取得的与该机构、场所有实际联系的债券利息。

27. 国家税务总局　财政部　中国人民银行关于非居民企业机构场所汇总缴纳企业所得税有关问题的公告

（2019 年 3 月 1 日　国家税务总局公告 2019 年第 12 号）

根据《中华人民共和国企业所得税法》（以下称“企业所得税法”）及其实施条例的有关规定，现就非居民企业机构、场所（以下称机构、场所）汇总缴纳企业所得税有关问题公告如下：

一、在境内设立多个机构、场所的非居民企业依照企业所得税法第五十一条的规定，选择由其主要机构、场所汇总其他境内机构、场所（以下称“被汇总机构、场所”）缴纳企业所得税的，相关税务处理事项适用本公告。

二、汇总纳税的非居民企业应在汇总纳税的年度中持续符合下列所有条件：

（一）汇总纳税的各机构、场所已在所在地主管税务机关办理税务登记，并取得纳税人识别号；

（二）主要机构、场所符合企业所得税法实施条例第一百二十六条规定，汇总纳税的各机构、场所不得采用核定方式计算缴纳企业所得税；

（三）汇总纳税的各机构、场所能够按照本公告规定准确计算本机构、场所的税款分摊额，并按要求向所在地主管税务机关办理纳税申报。

三、汇总纳税的各机构、场所实行“统一计算、分级管理、就地预缴、汇总清算、财政调库”的企业所得税征收管理办法。除本公告另有规定外，相关税款计算、税款分摊、缴库或退库地点、缴库或退库比例、征管流程等事项，比照《财政部　国家税务总局　中国人民银行关于印发〈跨省市总分机构企业所得税分配及预算管理办法〉的通知》（财预〔2012〕40 号）、《财政部　国家税务总局　中国人民银行关于〈跨省市总分机构企业所得税分配及预算管理办法〉的补充通知》（财预〔2012〕453 号）、《国家税务总局关于印发〈跨地区经营汇总纳税企业所得税征收管理办法〉的公告》（国家税务总局公告 2012 年第 57 号）等适用于居民企业汇总缴纳企业所得税的规定执行。

四、除本公告第五条规定外，主要机构、场所比照居民企业总机构就地分摊缴纳企业所得税；被汇总机构、场所比照居民企业分支机构就地分摊缴纳企业所得税。

五、符合本公告第二条规定的机构、场所不具有主体生产经营职能，不从纳入汇总缴纳企业所得税的其他机构、场所之外取得营业收入，仅具有内部辅助管理或服务职能的，可以纳入汇总计算缴纳企业所得税的范围，但不就地分摊缴纳企业所得税。

六、汇总纳税的各机构、场所应在首次办理汇总缴纳企业所得税申报时，向所在地主管税务机关报送以下信息资料：

（一）主要机构、场所名称及纳税人识别号；

（二）全部被汇总机构、场所名称及纳税人识别号；

（三）符合汇总缴纳企业所得税条件的财务会计核算制度安排。

已按上款规定报送的信息资料发生变更的，汇总纳税的各机构、场所应在发生变更后首次办理汇总缴纳企业所得税申报时，向所在地主管税务机关报告变化情况。

七、除国家税务总局另有规定外，汇总纳税的各机构、场所应按照企业所得税法第五十四条及其他有关规定，分季度预缴和年终汇算清缴企业所得税。

八、在办理季度预缴申报时，汇总纳税的各机构、场所应向所在地主管税务机关报送以下资料：

（一）非居民企业所得税申报表；

（二）季度财务报表（限于按实际利润预缴企业所得税的情形）。

九、在办理年度汇算清缴申报时，汇总纳税的各机构、场所应向所在地主管税务机关报送以下资料：

（一）非居民企业所得税申报表；

（二）年度财务报表。

十、汇总纳税的各机构、场所主管税务机关对管理的机构、场所执行本公告规定负有日常管理和监督检查责任，各主管税务机关之间应及时沟通信息，协调管理。主要机构、场所主管税务机关应在每季度终了和年度汇算清缴期满后30日内，将主要机构、场所申报信息传递给各被汇总机构、场所主管税务机关。各被汇总机构、场所主管税务机关应在每季度终了和年度汇算清缴期满后30日内，将本地被汇总纳税机构、场所申报信息传递给主要机构、场所主管税务机关。

汇总纳税的各机构、场所主管税务机关不得对汇总纳税的各机构、场所同一税务处理事项作出不一致的处理决定。相关主管税务机关就有关处理事项不能达成一致的，报共同上级税务机关决定。

主要机构、场所主管税务机关发现主要机构、场所不具备本公告第二条规定条件的，在征得各被汇总机构、场所主管税务机关同意后，责令其限期改正，逾期不改正的，取消该非居民企业所有机构、场所相关年度企业所得税汇总缴纳方式，并通知各被汇总机构、场所主管税务机关。

被汇总机构、场所主管税务机关发现被汇总机构、场所不具备本公告第二条规定条件的，在征得主要机构、场所主管税务机关同意后，责令其限期改正，逾期不改正的，取消该被汇总机构、场所相关年度企业所得税汇总缴纳方式，并通知主要机构、场所及其他被汇总机构、场所主管税务机关。

十一、汇总纳税的各机构、场所全部处于同一省、自治区、直辖市或计划单列市税务机关（以下称省税务机关）管辖区域内的，该省税务机关在不改变本公告第二条规定汇总纳税适用条件的前提下，可以按照不增加纳税义务，不减少办税便利的原则规定管理办法。

十二、本公告自发布之日起施行，《国家税务总局关于印发〈非居民企业所得税汇算清缴管理办法〉的通知》（国税发〔2009〕6号）第三条第六项规定同时废止。

在本公告施行前未汇总纳税的非居民企业在2018年度符合本公告第二条规定条件的，可按本公告规定办理2018年度企业所得税汇算清缴；在2018年度汇算清缴前按原规定已办理2018年度季度预缴申报的，不作调整，季度预缴税款可在2018年度汇算清缴汇总纳税应纳税款中抵减。非居民企业自2019年度起汇总纳税的，当年度各季度预缴申报和年终汇算清缴申报均应按本公告规定执行。

非居民企业在本公告施行前已经按原规定汇总纳税的，可以在本公告施行后选择按本公告规定汇总纳税，也可以选择继续按原规定办理2018和2019两个年度季度预缴申报和年度汇算清缴申报；自2020年度起，季度预缴申报和年终汇算清缴申报一律按本公告规定执行。

特此公告。

28. 国家税务总局关于发布《中华人民共和国非居民企业所得税预缴申报表(2019 年版)》等报表的公告

(2019 年 3 月 28 日　国家税务总局公告 2019 年第 16 号)

根据《中华人民共和国企业所得税法》及其实施条例,现将修订的《中华人民共和国非居民企业所得税预缴申报表(2019 年版)》《中华人民共和国非居民企业所得税年度纳税申报表(2019 年版)》《中华人民共和国扣缴企业所得税报告表(2019 年版)》等报表及相应填报说明予以发布,并就有关事项公告如下:

一、《中华人民共和国非居民企业所得税预缴申报表(2019 年版)》适用于非居民企业预缴企业所得税税款时填报,其附表为《非居民企业机构、场所汇总缴纳所得税税款分配表》《非居民企业机构、场所核定计算明细表》。本条规定报表自办理 2020 年度第一季度企业所得税预缴申报起启用;非居民企业机构、场所按照《国家税务总局　财政部　中国人民银行关于非居民企业机构场所汇总缴纳企业所得税有关问题的公告》(国家税务总局公告 2019 年第 12 号)的规定自 2019 年度起汇总纳税的,本条规定报表自办理 2019 年度第一季度企业所得税预缴申报起启用。

二、《中华人民共和国非居民企业所得税年度纳税申报表(2019 年版)》适用于非居民企业年度企业所得税汇算清缴时填报,其附表为《纳税调整项目明细表》《企业所得税弥补亏损明细表》《对外合作开采石油企业勘探开发费用年度明细表》《非居民企业机构、场所汇总缴纳所得税税款分配表》《非居民企业机构、场所核定计算明细表》。本条规定报表自办理 2020 年度企业所得税汇算清缴申报起启用;非居民企业机构、场所按照《国家税务总局　财政部　中国人民银行关于非居民企业机构场所汇总缴纳企业所得税有关问题的公告》(国家税务总局公告 2019 年第 12 号)规定自 2018 年度或 2019 年度起汇总纳税的,本条规定报表自办理 2018 年度或 2019 年度企业所得税汇算清缴申报起启用。

三、《中华人民共和国扣缴企业所得税报告表(2019 年版)》适用于源泉扣缴和指定扣缴的扣缴义务人,以及扣缴义务人未依法扣缴或者无法履行扣缴义务情况下自行申报的纳税人,按次或按期扣缴或申报企业所得税税款时填报。本条规定报表自 2019 年 10 月 1 日起启用。

四、本公告规定的报表启用前,仍按《国家税务总局关于发布〈中华人民共和国非居民企业所得税年度纳税申报表〉等报表的公告》(国家税务总局公告 2015 年第 30 号)的规定执行;本公告规定的报表启用后,不再使用国家税务总局公告 2015 年第 30 号发布的相应报表。

特此公告。

附件:1.《中华人民共和国非居民企业所得税预缴申报表(2019 年版)》及填报说明

2.《中华人民共和国非居民企业所得税年度纳税申报表(2019 年版)》及填报说明

3.《纳税调整项目明细表》及填报说明

4.《企业所得税弥补亏损明细表》及填报说明

5.《对外合作开采石油企业勘探开发费用年度明细表》及填报说明

6.《非居民企业机构、场所汇总缴纳所得税税款分配表》及填报说明

7.《非居民企业机构、场所核定计算明细表》及填报说明

8.《中华人民共和国扣缴企业所得税报告表(2019 年版)》及填报说明

附件1:

F100 中华人民共和国非居民企业所得税预缴申报表(2019年版)

税款所属期间: 年 月 日至 年 月 日

纳税人识别号(统一社会信用代码):□□□□□□□□□□□□□□□□□□□□

纳税人境内名称: 金额单位:人民币元(列至角分)

境外成立地代码		在境外成立地法定名称		境外成立地纳税人识别号	
预缴方式	□按照实际利润额预缴	□按照上一纳税年度应纳税所得额平均额预缴	□按照税务机关确定的其他方法预缴		
企业类型	□单独纳税机构、场所	□汇总纳税主要机构、场所	□汇总纳税其他机构、场所		
计税方式	□据实计算	□核定征收			

预缴税款计算

行次	项目	据实计算 本年累计金额	核定征收 本年累计金额
1	利润总额		
2	加:特定业务计算的应纳税所得额		
3	减:不征税收入		
4	减:免税、减计收入、加计扣除及所得减免优惠金额		
5	其中:项目①________(减免性质代码)		
6	项目②________(减免性质代码)		
7	项目③________(减免性质代码)		
8	减:固定资产加速折旧(扣除)调减额		
9	其中:项日________(减免性质代码)		
10	减:弥补以前年度亏损		
11	实际利润额/按上一纳税年度应纳税所得额平均额确定的应纳税所得额		
12	税率(25%)		
13	应纳所得税额(11×12)		
14	减:减免所得税额		
15	其中:项目①________(减免性质代码)		
16	项目②________(减免性质代码)		
17	项目③________(减免性质代码)		
18	减:享受协定待遇减免税额		
19	减:本年实际已预缴所得税额		
20	减:特定业务预缴(征)所得税额		
21	本期应补(退)所得税额/税务机关确定的本期应纳所得税额		

汇总纳税税款分配

行次		项目	金额
22	主要机构、场所填报	主要机构、场所应补(退)所得税额(23+24+25)	
23		其中:主要机构、场所直接分摊所得税额	
24		主要机构、场所财政集中分配所得税额	
25		主要机构、场所从事主体生产经营业务分摊所得税额	
26	其他机构、场所填报	分配比例	
27		应补(退)所得税额	

声明:此表是根据国家税收法律法规及相关规定填写的,对填报内容(及附带资料)的真实性、可靠性、完整性负责。

纳税人(签章): 年 月 日

经办人签字: 经办人身份证件号码: 代理机构签章: 代理机构统一社会信用代码:	受理人: 受理税务机关(章): 受理日期: 年 月 日

国家税务总局监制

F100 《中华人民共和国非居民企业所得税预缴申报表(2019 年版)》填报说明

一、适用范围

本表及附表由办理季度预缴企业所得税申报的非居民企业机构、场所(以下简称“纳税人”)填报。在经营季度内无论盈利或者亏损,都应当按照有关规定报送本表和相关资料。

二、表头项目

1.“税款所属期间”:填报税款所属季度的起止日期。

2.“纳税人识别号(统一社会信用代码)”:填报税务机关核发的纳税人识别号或有关部门核发的统一社会信用代码。

3.“纳税人境内名称”:填报营业执照、税务登记证等证件载明的纳税人名称。

三、有关项目填报说明

(一)基本信息

1.“境外成立地代码”:填报纳税人成立地国家(或地区)三字母代码(ISO 3166－1 标准)。

2.“在境外成立地法定名称”:填报纳税人在其成立地国家(或地区)的法定名称。

3.“境外成立地纳税人识别号”:填报纳税人在其成立地国家(或地区)的纳税人识别号。

4.“预缴方式”:纳税人根据实际情况勾选。“按照上一纳税年度应纳税所得额平均额预缴”和“按照税务机关确定的其他方法预缴”是行政许可事项,在税务机关办理相关手续后方可勾选。

5.“企业类型”:纳税人根据情况勾选,填报人为单独申报纳税的非居民企业机构、场所的,勾选“单独纳税机构、场所”;填报人为汇总纳税非居民企业机构、场所中的主要机构、场所的,勾选“汇总纳税主要机构、场所”;填报人为汇总纳税非居民企业机构、场所中除主要机构、场所以外的其他机构、场所的,勾选“汇总纳税其他机构、场所”。

6.“计税方式”:纳税人根据情况勾选,据实申报纳税的填报人,勾选“据实计算”;采取核定征收方式申报纳税的填报人,勾选“核定征收”。已经勾选“核定征收”的填报人,需要填报本表附表《非居民企业机构、场所核定计算明细表》(表 F400)。

(二)各列次的填报

1.“据实计算本年累计金额”列由采取据实计算方式的纳税人填报。

2.“核定征收本年累计金额”列由采取核定方式的纳税人填报。本列部分项目数额来自于《非居民企业机构、场所核定计算明细表》(表 F400)相应行次数额,不适用表内关系。

(三)各行次的填报

1.第 1 行至第 21 行反映预缴税款计算情况。纳税人根据其预缴申报方式分别填报。实行“按照实际利润额预缴”的纳税人填报第 1 行至第 21 行。实行“按照上一纳税年度应纳税所得额平均额预缴”的纳税人填报第 11 行至第 21 行。实行“按照税务机关确定的其他方法预缴”的纳税人根据实际情况填报相应行次。汇总纳税其他机构、场所可不填报第 1 行至第 20 行,直接填报第 21 行。

2.第 22 行至第 27 行反映汇总纳税税款分配情况。分别汇总纳税主要机构、场所和其他机构、场所填报。其中:汇总纳税主要机构、场所在填报第 1 行至第 21 行基础上,填报第 22 行至第 25 行。汇总纳税其他机构、场所在填报第 21 行基础上,填报第 26 和 27 行。

(四)行次说明

1.第 1 行“利润总额”:填报申报所属期末本年财务会计报表中累计利润总额。

2.第 2 行“加:特定业务计算的应纳税所得额”:从事房地产开发等特定业务的纳税人,填报按照税收规定计算的特定业务的应纳税所得额。房地产开发企业销售未完工开发产品取得的预售收入,按照税收规定的预计计税毛利率计算的预计毛利额填入此行。本行填报数额不得小于同年上期预缴申报表数额。

3.第 3 行“减:不征税收入”:填报计入利润总额并属于税法规定的不征税收入的本年累计数额。

4.第 4 行“减:免税、减计收入、加计扣除及所得减免优惠金额”:填报属于税法规定的免税收入、减计收入、所得减免等申报所属期末本年累计数额。

5.第 5－7 行“项目①－项目③”:填报第 4 行下属各明细项目金额。并在各明细项目列下划线上填报该项目对应的减免性质代码。减免性质代码按照国家税务总局制定或更新的“减免税政策代码目录”填列。免税、减计收入、加计扣除及所得减免等项目多于三项的,附页填报。

6.第 8 行“减:固定资产加速折旧(扣除)调减额”:填报按照税法、相关税收规定,固定资产税收上采取加速折旧后,大于同期会计折旧产生纳税调减的累计数额。

7.第 9 行“项目”:填报第 8 行下属明细项目金额。并在明细项目列下划线上填报该项目对应的减免性质代码。减免性质代码按照国家税务总局制定或更新的“减免税政策代码目录”填列。减免项目多于一项的,附页填报。

8.第 10 行“减:弥补以前年度亏损”:填报申报所属期期末,按照税收规定可在企业所得税前弥补的以前年度亏损本年累计数额。当 1 +2 -3 -4 -8 行≤0 时,本行 =0。

9. 第 11 行“实际利润额/按上一纳税年度应纳税所得额平均额确定的应纳税所得额”:本行按照预缴方式不同,分情况填报:

预缴方式选择“按照实际利润额预缴的”:根据本表相关行次计算结果填报。第 11 行 = 第 1 +2 -3 -4 -8 -10 行;

预缴方式选择“按照上一纳税年度应纳税所得额平均额预缴的”:填报按上一纳税年度应纳税所得额平均额确定的本年累计应纳税所得额。

预缴方式选择“按照税务机关确定的其他方法预缴的”:按照实际情况填写。

核定应纳税所得额的核定征收纳税人填报《非居民企业机构、场所核定计算明细表》(表 F400)中核定的应纳税所得额数额。

10. 第 12 行“税率(25%)”:填报企业所得税法规定税率 25%。

11. 第 13 行“应纳所得税额”:根据相关行次计算结果填报。第 13 行 = 第 11 ×12 行,且第 13 行≥0。核定应纳税额的核定征收纳税人填报《非居民企业机构、场所核定计算明细表》(表 F400)第 21 行“应纳税额”的数额。

12. 第 14 行“减:减免所得税额”:填报按照税收规定实际享受的减免所得税额的申报所属期末本年累计数额。

13. 第 15 -17 行“项目① - 项目③”:填报第 14 行下属各明细项目金额。并在各明细项目列下划线上填报该项目对应的减免性质代码。减免性质代码按照国家税务总局制定或更新的“减免税政策代码目录”填列。减免所得税项目多于三项的,附页填报。

14. 第 18 行“减:享受协定待遇减免税额”:填报纳税人享受税收协定待遇的减免税总额。税收协定含中华人民共和国政府签署的避免双重征税协定,内地与香港、澳门特别行政区签署的税收安排以及含有税收待遇条款的其他协定(如海运协定、航空协定等)。因享受税收协定待遇而获取减免税优惠的,应同时报送非居民纳税人享受税收协定待遇的相关信息报告表。

15. 第 19 行“减:本年实际已预缴所得税额”:填报纳税人申报所属期末本年累计按季已经预缴的企业所得税额,不包含第 20 行的特定业务预缴(征)所得税额。

16. 第 20 行“减:特定业务预缴(征)所得税额”:填报建筑企业申报所属期末本年按相关规定已预缴的企业所得税额。

17. 第 21 行“应补(退)所得税额/税务机关确定的本期应纳所得税额”:按照不同预缴方式,分情况填报:

预缴方式选择“按照实际利润额预缴”以及“按照上一纳税年度应纳税所得额平均额预缴”的纳税人根据本表相关行次计算填报。单独纳税机构、场所和汇总纳税主要机构、场所,按照第 13 -14 -18 -19 -20 行公式计算结果填报,当第 13 -14 -18 -19 -20 行≤0 时,填 0;汇总纳税其他机构、场所填报其主要机构、场所相同申报所属期间第 21 行数额。

预缴方式选择“按照税务机关确定的其他方法预缴”的纳税人填报本期应纳企业所得税的金额。

18. 第 22 行“主要机构、场所应补(退)所得税额”:根据相关行次计算结果填报,第 22 行 = 第 23 +24 +25 行。

19. 第 23 行“其中:主要机构、场所直接分摊所得税额”:填报本表附表《非居民企业机构、场所汇总缴纳所得税税款分配表》(表 F300)中“主要机构、场所直接分摊所得税额”栏数额。

20. 第 24 行“主要机构、场所财政集中分配所得税额”:填报本表附表《非居民企业机构、场所汇总缴纳所得税税款分配表》(表 F300)中“主要机构、场所财政集中分配所得税额”栏数额。

21. 第 25 行“主要机构、场所从事主体生产经营业务分摊所得税额”:填报本表附表《非居民企业机构、场所汇总缴纳所得税税款分配表》(表 F300)中“分配所得税额”列对应主要机构、场所的数额。

22. 第 26 行“分配比例”:填报本表附表《非居民企业机构、场所汇总缴纳所得税税款分配表》(表 F300)中“分配比例”列对应本机构、场所的比例。

23. 第 27 行“应补(退)所得税额”:填报本表附表《非居民企业机构、场所汇总缴纳所得税税款分配表》(表 F300)中“分配所得税额”列对应本机构、场所的数额。

24. 纳税人聘请中介机构代理申报的,加盖代理机构公章。

四、表内表间关系

(一)表内各行间关系

1. 第 11 行 = 第 1 +2 -3 -4 -8 -10 行。

2. 第 13 行 = 第 11 ×12 行。

3. 第 22 行 = 第 23 +24 +25 行。

(二)表间关系

1. 第 21 行 = 表 F300“可分摊所得税额”。

2. 第 23 行 = 表 F300“主要机构、场所直接分摊所得税额”。

3. 第 24 行 = 表 F300“主要机构、场所财政集中分配所得税额”。

4. 第 25 行 = 表 F300“主体生产经营业务分摊所得税情况”栏对应主要机构、场所行次的“分配所得税额”列。

5. 第26行 = 表F300“主体生产经营业务分摊所得税情况”栏对应本机构、场所行次的“分配比例”列。

6. 第27行 = 表F300“主体生产经营业务分摊所得税情况”栏对应本机构、场所行次的“分配所得税额”列。

7. 各行“核定征收本年累计金额”列等于表F400对应核定项目的金额。

附件2：

F200　中华人民共和国非居民企业所得税年度纳税申报表(2019年版)

税款所属期间：　年　　月　日至　年　月　日

纳税人识别号(统一社会信用代码)：□□□□□□□□□□□□□□□□□□□□

纳税人境内名称：　　　　　　　　　　　　　　　　　　　　金额单位：人民币元(列至角分)

境外成立地代码		在境外成立地法定名称		境外成立地纳税人识别号	
企业类型	□单独纳税机构、场所		□汇总纳税主要机构、场所		□汇总纳税其他机构、场所
计税方式	□据实计算		□核定征收		

年度税款计算			
行次	项目	据实计算申报金额	核定征收申报金额
1	一、利润总额		
2	减：境外所得		
3	加：纳税调整增加额(填报F210)		
4	减：纳税调整减少额(填报F210)		
5	减：免税、减计收入及加计扣除		
6	其中：项目①________(减免性质代码)		
7	项目②________(减免性质代码)		
8	项目③________(减免性质代码)		
9	项目④________(减免性质代码)		
10	项目⑤________(减免性质代码)		
11	加：境外应税所得抵减境内亏损		
12	二、纳税调整后所得(1-2+3-4-5+11)		
13	减：所得减免		
14	其中：项目①________(减免性质代码)		
15	项目②________(减免性质代码)		
16	减：弥补以前年度亏损(填报F220)		
17	减：抵扣应纳税所得额		
18	其中：项目________(减免性质代码)		
19	三、应纳税所得额(12-13-16-17)		
20	税率(25%)		
21	四、应纳所得税额(19×20)		
22	减：减免所得税额		
23	其中：项目①________(减免性质代码)		
24	项目②________(减免性质代码)		
25	减：抵免所得税额		
26	其中：项目①________(减免性质代码)		
27	项目②________(减免性质代码)		
28	五、应纳税额(21-22-25)		
29	加：境外所得应纳所得税额		
30	减：境外所得抵免所得税额		
31	减：享受协定待遇减免税额		
32	六、实际应纳所得税额(28+29-30-31)		

续表

行次	项目		据实计算申报金额	核定征收申报金额
33	减:本年累计实际已缴纳的所得税额			
34	七、本年应补(退)所得税额(32-33)			
汇总纳税税款分配				
35	主要机构、场所填报	本机构、场所本年应分摊所得税额(36+37+38)		
36		其中:主要机构、场所直接分摊所得税额		
37		主要机构、场所财政集中分配所得税额		
38		主要机构、场所从事主体生产经营业务分摊所得税额		
39		减:本机构、场所本年累计实际已缴纳的所得税额		
40		本机构、场所本年应补(退)所得税额(35-39)		
41	其他机构、场所填报	本机构、场所本年应分摊所得税额		
42		减:本机构、场所本年累计实际已缴纳的所得税额		
43		本机构、场所本年应补(退)所得税额(41-42)		
声明:此表是根据国家税收法律法规及相关规定填写的,对填报内容(及附带资料)的真实性、可靠性、完整性负责。 纳税人(签章): 年 月 日				
经办人签字: 经办人身份证件号码: 代理机构签章: 代理机构统一社会信用代码:		受理人: 受理税务机关(章): 受理日期: 年 月 日		

国家税务总局监制

F200 《中华人民共和国非居民企业所得税年度纳税申报表(2019年版)》填报说明

一、适用范围

本表及附表由办理年终汇算清缴所得税申报的非居民企业机构、场所(以下简称"纳税人")填报。在经营年度内无论盈利或者亏损,都应当按照有关规定报送本表和相关资料。

二、表头项目

1."税款所属期间":填报税款所属年度的起止日期。纳税人当年实际经营期间不足一个纳税年度的,填报当年实际经营期间的起止日期。

2."纳税人识别号(统一社会信用代码)":填报税务机关核发的纳税人识别号或有关部门核发的统一社会信用代码。

3."纳税人境内名称":填报营业执照、税务登记证等证件载明的纳税人名称。

三、有关项目填报说明

(一)基本信息

1."境外成立地代码":填报纳税人成立地国家(或地区)三字母代码(ISO 3166-1标准)。

2."在境外成立地法定名称":填报纳税人在其成立地国家(或地区)的法定名称。

3."境外成立地纳税人识别号":填报纳税人在其成立地国家(或地区)的纳税人识别号。

4."企业类型":纳税人根据情况勾选,填报人为单独申报纳税的非居民企业机构、场所的,勾选"单独纳税机构、场所";填报人为汇总纳税非居民企业机构、场所中的主要机构、场所的,勾选"汇总纳税主要机构、场所";填报人为汇总纳税非居民企业机构、场所中除主要机构、场所以外的其他机构、场所的,勾选"汇总纳税其他机构、场所"。

5."计税方式":纳税人根据情况勾选,据实申报纳税的填报人,勾选"据实计算";采取核定征收方式申报纳税的填报人,勾选"核定征收"。已经勾选"核定征收"的填报人,需要填报本表附表《非居民企业机构、场所核定计算明细表》(表F400)。

(二)各列次的填报

1."据实计算申报金额"列由采取据实计算方式的纳税人填报。

2."核定征收申报金额"列由采取核定方式的纳税人填报。本列部分项目数额来自于《非居民企业机构、场所核定计算明细表》(表F400)相应行次数额,不适用表内关系。

(三)年度税款计算的填报

1.单独纳税机构、场所逐行填报第1行至第34行。汇总纳税主要机构、场所在汇总后逐行填报第1行至第32行。汇总纳税其他机构、场所可不填报第1行至第31行,直接填报第32行。

2. 第1行“利润总额”:填报当期财务会计报表中的利润总额。

3. 第2行“境外所得”:填报纳税人当期取得的发生在境外但与境内机构、场所有实际联系的所得数额。当期为境外盈利的,以正数表示;当期为境外亏损的,以负数表示。

4. 第3行“纳税调整增加额”:填报纳税人会计处理与税收规定不一致,进行纳税调整增加的数额。本行根据《纳税调整项目明细表》(表F210)“调增数额”列填报。

5. 第4行“纳税调整减少额”:填报纳税人会计处理与税收规定不一致,进行纳税调整减少的数额。本行根据《纳税调整项目明细表》(表F210)“调减数额”列填报。

6. 第5行“免税、减计收入及加计扣除”:填报符合规定的免税、减计收入、加计扣除数额。第6至10行填报第5行下属各明细项目的优惠数额。在各明细项目列下划线上填报该项目对应的减免性质代码。减免性质代码按照国家税务总局制定或更新的“减免税政策代码目录”填列。免税、减计收入、加计扣除项目多于五项的,附页填报。

7. 第11行“境外应税所得抵减境内亏损”:当纳税人选择不用境外所得抵减境内亏损时,填报0;当纳税人选择用境外所得抵减境内亏损时,填报境外所得抵减当年度境内亏损的金额。

8. 第12行“纳税调整后所得”:填报按照第1－2＋3－4－5＋11行公式计算的结果。

9. 第13行“所得减免”:填报符合规定的所得减免数额。第14和15行填报第13行下属各明细项目的优惠数额。在各明细项目列下划线上填报该项目对应的减免性质代码。减免性质代码按照国家税务总局制定或更新的“减免税政策代码目录”填列。所得减免项目多于两项的,附页填报。

10. 第16行“弥补以前年度亏损”:填报纳税人按照税收规定可在税前弥补的以前年度亏损数额,等于本表附表《企业所得税弥补亏损明细表》(表F220)第11行第9列数额的绝对值。

11. 第17行“抵扣应纳税所得额”:填报本年度发生的创业投资企业抵扣应纳税所得额的数额。第18行填报第17行下属明细项目金额。并在明细项目列下划线上填报该项目对应的减免性质代码。减免性质代码按照国家税务总局制定或更新的“减免税政策代码目录”填列。减免项目多于一项的,附页填报。

12. 第19行“应纳税所得额”:填报按照本表第12－13－16－17行公式计算的结果。本行不得为负数。按照上述行次顺序计算结果本行为负数,本行数额填零。核定应纳税所得额的核定征收纳税人填报《非居民企业机构、场所核定计算明细表》(表F400)中核定的应纳税所得额数额。

13. 第20行“税率”:填报法定税率25%。

14. 第21行“应纳所得税额”:填报按照本表第19×20行公式计算的结果。核定应纳税额的核定征收纳税人填报《非居民企业机构、场所核定计算明细表》(表F400)第21行“应纳税额”的数额。

15. 第22行“减免所得税额”:填报符合规定的减免企业所得税数额。第23至24行填报第22行下属各明细项目的优惠数额。在各明细项目列下划线上填报该项目对应的减免性质代码。减免性质代码按照国家税务总局制定或更新的“减免税政策代码目录”填列。减免所得税项目多于两项的,附页填报。

16. 第25行“抵免所得税额”:填报符合规定的当年抵免所得税数额。第26至27行填报第25行下属各明细项目的优惠数额。在各明细项目列下划线上填报该项目对应的减免性质代码。减免性质代码按照国家税务总局制定或更新的“减免税政策代码目录”填列。抵免所得税项目多于两项的,附页填报。

17. 第28行“应纳税额”:填报按照本表第21－22－25行公式计算的结果。

18. 第29行“境外所得应纳所得税额”:填报本表第2行境外所得弥补当年度及以前年度境内亏损后按照中国税收规定计算的应纳所得税额。

19. 第30行“境外所得抵免所得税额”:填报纳税人来源于中国境外所得依照中国境外税收法律以及相关规定应缴纳并实际缴纳(包括视同已实际缴纳)的企业所得税性质税款(准予抵免税款)。

20. 第31行“享受协定待遇减免税额”:填报纳税人享受税收协定待遇的减免税总额。税收协定含中华人民共和国政府签署的避免双重征税协定,内地与香港、澳门特别行政区签署的税收安排以及含有税收待遇条款的其他协定(如海运协定、航空协定等)。因享受税收协定待遇而获取减免税优惠的,应同时报送非居民纳税人享受税收协定待遇的相关信息报告表。

21. 第32行“实际应纳所得税额”:单独纳税机构、场所和汇总纳税主要机构、场所填报按照本表第28＋29－30－31行公式计算的结果;汇总纳税其他机构、场所填报其主要机构、场所相同申报所属期间第32行数额。

22. 第33行“本年累计实际已缴纳的所得税额”:填报纳税人按照税收规定本纳税年度已在各季度累计预缴的所得税额,包括按照税收规定的特定业务已预缴(征)的所得税额。本行仅由单独纳税机构、场所填报。

23. 第34行“本年应补(退)的所得税额”:填报按照本表第32－33行公式计算的结果。本行仅由单独纳税机构、场所填报。

（四）汇总纳税税款分配

1. 第35行"本机构、场所本年应分摊所得税额"，填报按照本表第36+37+38行公式计算的结果。

2. 第36行"主要机构、场所直接分摊所得税额"：填报《非居民企业机构、场所汇总缴纳所得税税款分配表》（表F300）中"主要机构、场所直接分摊所得税额"栏的数额。

3. 第37行"主要机构、场所财政集中分配所得税额"：填报《非居民企业机构、场所汇总缴纳所得税税款分配表》（表F300）中"主要机构、场所财政集中分配所得税额"栏的数额。

4. 第38行"主要机构、场所从事主体生产经营业务分摊所得税额"：填报《非居民企业机构、场所汇总缴纳所得税税款分配表》（表F300）中"主体生产经营业务分摊所得税情况"栏目对应主要机构、场所的"分配所得税额"列的数额。

5. 第39行"本机构、场所本年累计实际已缴纳的所得税额"，填报主要机构、场所本纳税年度已在各季度累计预缴的所得税额，包括按照税收规定的特定业务已预缴（征）的所得税额。

6. 第40行"本机构、场所本年应补（退）的所得税额"，填报按照本表第35-39行公式计算的结果。

7. 第41行"本机构、场所本年应分摊所得税额"，填报《非居民企业机构、场所汇总缴纳所得税税款分配表》（表F300）中"主体生产经营业务分摊所得税情况"栏对应本机构、场所的"分配所得税额"列的数额。

8. 第42行"本机构、场所本年累计实际已缴纳的所得税额"，填报本机构、场所本纳税年度已在各季度累计预缴的所得税额，包括按照税收规定的特定业务已预缴（征）的所得税额。

9. 第43行"本机构、场所本年应补（退）的所得税额"，填报按照本表第41-42行公式计算的结果。

（五）其它

纳税人聘请中介机构代理申报的，加盖代理机构公章。

四、表内、表间关系

（一）表内各行间关系

1. 第12行=第1-2+3-4-5+11行。

2. 第19行=第12-13-16-17行。

3. 第21行=第19×20行。

4. 第28行=第21-22-25行。

5. 第32行=第28+29-30-31行。

6. 第34行=第32-33行。

7. 第35行=第36+37+38行。

8. 第40行=第35-39行。

9. 第43行=第41-42行。

（二）表间关系

1. 第3行=表F210第46行第3列。

2. 第4行=表F210第46行第4列。

3. 第16行=表F220第11行第9列的绝对值。

4. 第32行=表F300"可分摊所得税额"栏。

5. 第36行=表F300"主要机构、场所直接分摊所得税额"栏。

6. 第37行=表F300"主要机构、场所财政集中分配所得税额"栏。

7. 第38行=表F300"主体生产经营业务分摊所得税情况"栏对应主要机构、场所行次的"分配所得税额"列。

8. 第41行=表F300"主体生产经营业务分摊所得税情况"栏对应本机构、场所行次的"分配所得税额"列。

9. 各行"核定征收申报金额"列等于表F400对应核定项目的金额。

附件3：

F210　纳税调整项目明细表

行次	项目	账载数额	税收数额	调增数额	调减数额
		1	2	3	4
1	一、收入类调整项目（2+…+10）	*	*		
2	（一）视同销售收入	*			*
3	（二）未按权责发生制原则确认的收入				
4	（三）投资收益				
5	（四）按权益法核算长期股权投资对初始投资成本调整确认收益	*	*	*	
6	（五）交易性金融资产初始投资调整	*	*		*
7	（六）公允价值变动净损益		*		
8	（七）不征税收入	*	*		
9	（八）销售折扣、折让和退回				
10	（九）其他				
11	二、扣除类调整项目（12+…+30）	*	*		
12	（一）视同销售成本	*		*	
13	（二）职工薪酬				
14	（三）业务招待费支出				*
15	（四）广告费和业务宣传费支出				
16	（五）捐赠支出				
17	（六）利息支出				
18	（七）罚金、罚款和被没收财物的损失		*		*
19	（八）税收滞纳金、加收利息		*		*
20	（九）赞助支出		*		*
21	（十）与未实现融资收益相关在当期确认的财务费用				
22	（十一）佣金和手续费支出				*
23	（十二）不征税收入用于支出所形成的费用	*	*		*
24	（十三）跨期扣除项目				
25	（十四）与取得收入无关的支出		*		*
26	（十五）境外所得分摊的共同支出	*	*		*
27	（十六）分摊境外总机构费用				*
28	（十七）向其他机构、场所分摊费用				*
29	（十八）分摊资源勘探开发费用	*		*	
30	（十九）其他				
31	三、资产类调整项目（32+34+35+36）	*	*		
32	（一）资产折旧、摊销				
33	其中：固定资产加速折旧（扣除）调减额［项目____（减免性质代码）］	*	*	*	
34	（二）资产减值准备金		*		
35	（三）资产损失				
36	（四）其他				
37	四、特殊事项调整项目（38+…+43）	*	*		
38	（一）企业重组及递延纳税事项				
39	（二）政策性搬迁	*	*		
40	（三）特殊行业准备金				
41	（四）房地产开发企业特定业务计算的纳税调整额	*			
42	（五）合伙企业法人合伙人应分得的应纳税所得额				
43	（六）其他	*	*		
44	五、特别纳税调整应税所得	*	*		
45	六、其他	*	*		
46	合计（1+11+31+37+44+45）	*	*		

国家税务总局监制

F210 《纳税调整项目明细表》填报说明

一、适用范围

本表为《中华人民共和国非居民企业所得税年度纳税申报表(2019 年版)》(表 F200)的附表,由纳税人根据税法、相关税收规定以及国家统一会计制度的规定,填报企业所得税涉税事项的会计处理与税务处理的差异以及纳税调整情况。

二、有关项目填报说明

本表纳税调整项目按照"收入类调整项目""扣除类调整项目""资产类调整项目""特殊事项调整项目""特别纳税调整应税所得""其他"六大项分类填报汇总,并计算出纳税"调增数额"和"调减数额"的合计数额。

数据栏分别设置"账载数额""税收数额""调增数额""调减数额"四个栏次。"账载数额"是指纳税人按照国家统一会计制度规定核算的项目数额。"税收数额"是指纳税人按照税收规定(含有关以前年度金额结转的规定)计算的项目数额。

(一)收入类调整项目

1. 第 1 行"一、收入类调整项目":根据第 2 行至第 10 行进行填报。

2. 第 2 行"(一)视同销售收入":填报会计处理不确认销售收入,而税收规定确认为应税收入的数额。第 2 列"税收数额"填报税收确认的应税收入数额;第 3 列"调增数额"等于第 2 列"税收数额"。

3. 第 3 行"(二)未按权责发生制原则确认的收入":填报会计上按照权责发生制原则确认收入,计税时按照收付实现制确认的收入,若第 2 列≥第 1 列,将第 2 - 1 列的余额填入本行第 3 列"调增数额";若第 2 列 < 第 1 列,将第 2 - 1 列余额的绝对值填入本行第 4 列"调减数额"。

4. 第 4 行"(三)投资收益":根据税法、相关税收规定以及国家统一企业会计制度,填报纳税调整情况。若第 2 列≥第 1 列,将第 2 - 1 列的余额填入本行第 3 列"调增数额";若第 2 列 < 第 1 列,将第 2 - 1 列余额的绝对值填入本行第 4 列"调减数额"。

5. 第 5 行"(四)按权益法核算长期股权投资对初始投资成本调整确认收益":第 4 列"调减数额"填报纳税人采取权益法核算,初始投资成本小于取得投资时应享有被投资单位可辨认净资产公允价值份额的差额计入取得投资当期的营业外收入的数额。

6. 第 6 行"(五)交易性金融资产初始投资调整":第 3 列"调增数额"填报纳税人根据税收规定确认交易性金融资产初始投资数额与会计核算的交易性金融资产初始投资账面价值的差额。

7. 第 7 行"(六)公允价值变动净损益":第 1 列"账载数额"填报纳税人会计核算的以公允价值计量的金融资产、金融负债以及投资性房地产类项目,计入当期损益的公允价值变动数额;第 1 列≤0,将绝对值填入第 3 列"调增数额";若第 1 列 >0,填入第 4 列"调减数额"。

8. 第 8 行"(七)不征税收入":填报纳税人计入收入总额但属于税收规定不征税的财政拨款、依法收取并纳入财政管理的行政事业性收费以及政府性基金和国务院规定的其他不征税收入。第 3 列"调增数额"填报纳税人以前年度取得财政性资金且已作为不征税收入处理,在 5 年(60 个月)内未发生支出且未缴回财政部门或其他拨付资金的政府部门,应计入应税收入额的数额。第 4 列"调减数额"填报符合税收规定不征税收入条件并作为不征税收入处理,且已计入当期损益的数额。

9. 第 9 行"(八)销售折扣、折让和退回":填报不符合税收规定的销售折扣和折让应进行纳税调整的数额,和发生的销售退回因会计处理与税收规定有差异需纳税调整的数额。第 1 列"账载数额"填报纳税人会计核算的销售折扣和折让数额及销货退回的追溯处理的净调整额。第 2 列"税收数额"填报根据税收规定可以税前扣除的折扣和折让的数额及销货退回业务影响当期损益的数额。第 1 列减第 2 列,若余额≥0,填入第 3 列"调增数额";若余额 <0,将绝对值填入第 4 列"调减数额",第 4 列仅为销货退回影响损益的跨期时间性差异。

10. 第 10 行"(九)其他":填报其他因会计处理与税收规定有差异需纳税调整的收入类项目数额。若第 2 列≥第 1 列,将第 2 - 1 列的余额填入第 3 列"调增数额";若第 2 列 < 第 1 列,将第 2 - 1 列余额的绝对值填入第 4 列"调减数额"。

(二)扣除类调整项目

1. 第 11 行"二、扣除类调整项目":根据第 12 行至第 30 行填报。

2. 第 12 行"(一)视同销售成本":填报会计处理不作为销售核算,税收规定作为应税收入对应的销售成本数额。第 2 列"税收数额"填报税收确认的销售成本数额;第 4 列"调减数额"等于第 2 列"税收数额"。

3. 第 13 行"(二)职工薪酬":根据税法、相关税收规定以及国家统一企业会计制度,填报纳税人本年度支付给在本企业任职或者受雇的员工的所有现金形式或非现金形式的劳动报酬的会计处理、税法规定,以及纳税调整情况。若第 1 列≥第 2 列,将第 1 - 2 列的余额填入本行第 3 列"调增数额";若第 1 列 < 第 2 列,将第 1 - 2 列余额的绝对值填入本行第 4 列"调减数额"。

4. 第 14 行"(三)业务招待费支出":第 1 列"账载数额"填报纳税人会计核算计入当期损益的业务招待费数额。第 2 列"税收数额"填报按照税收规定允许税前扣除的业务招待费支出的数额。第 3 列"调增数额"为第 1 - 2 列数额。

5. 第 15 行"(四)广告费和业务宣传费支出":根据税法、相关税收规定以及国家统一企业会计制度,填报广告费和业务宣传费会计处理、税法规定，以及跨年度纳税调整情况。若第1列≥第2列，将第1-2列的余额填入本行第3列“调增数额”；若第1列<第2列，将第1-2列余额的绝对值填入本行第4列“调减数额”。

6. 第16行“（五）捐赠支出”：根据税法、相关税收规定以及国家统一企业会计制度，第1列“账载数额”填报企业实际发生的所有捐赠。第2列“税收数额”填报按税收规定可以税前扣除的捐赠支出。若第1列≥第2列，将第1-2列的余额填入第3列“调增数额”；若第1列<第2列，将第1-2列余额的绝对值填入第4列“调减数额”。

7. 第17行“（六）利息支出”：第1列“账载数额”填报纳税人向非金融企业借款，会计核算计入当期损益的利息支出的数额。第2列“税收数额”填报按照税收规定允许税前扣除的利息支出的数额。若第1列≥第2列，将第1-2列的余额填入第3列“调增数额”；若第1列<第2列，将第1-2列余额的绝对值填入第4列“调减数额”。

8. 第18行“（七）罚金、罚款和被没收财物的损失”：第1列“账载数额”填报纳税人会计核算计入当期损益的罚金、罚款和被罚没财物的损失，不包括纳税人按照经济合同规定支付的违约金（包括银行罚息）、罚款和诉讼费。第3列“调增数额”等于第1列数额。

9. 第19行“（八）税收滞纳金、加收利息”：第1列“账载数额”填报纳税人会计核算计入当期损益的税收滞纳金、加收利息。第3列“调增数额”等于第1列数额。

10. 第20行“（九）赞助支出”：第1列“账载数额”填报纳税人会计核算计入当期损益的不符合税收规定的公益性捐赠的赞助支出的数额，包括直接向受赠人的捐赠、赞助支出等（不含广告性的赞助支出，广告性的赞助支出在第15行“广告费和业务宣传费支出”中调整）。第3列“调增数额”等于第1列数额。

11. 第21行“（十）与未实现融资收益相关在当期确认的财务费用”：第1列“账载数额”填报纳税人会计核算的与未实现融资收益相关并在当期确认的财务费用的数额。第2列“税收数额”填报按照税收规定允许税前扣除的数额。若第1列≥第2列，将第1-2列的余额填入第3列“调增数额”；若第1列<第2列，将第1-2列余额的绝对值填入第4列“调减数额”。

12. 第22行“（十一）佣金和手续费支出”：第1列“账载数额”填报纳税人会计核算计入当期损益的佣金和手续费数额。第2列“税收数额”填报按照税收规定允许税前扣除的佣金和手续费支出数额。第3列“调增数额”为第1-2列的余额。

13. 第23行“（十二）不征税收入用于支出所形成的费用”：第3列“调增数额”填报符合条件的不征税收入用于支出所形成的计入当期损益的费用化支出数额。

14. 第24行“（十三）跨期扣除项目”：填报维简费、安全生产费用、预提费用、预计负债等跨期扣除项目调整情况。第1列“账载数额”填报纳税人会计核算计入当期损益的跨期扣除项目数额。第2列“税收数额”填报按照税收规定允许税前扣除的数额。若第1列≥第2列，将第1-2列的余额填入第3列“调增数额”；若第1列<第2列，将第1-2列余额的绝对值填入第4列“调减数额”。

15. 第25行“（十四）与取得收入无关的支出”：第1列“账载数额”填报纳税人会计核算计入当期损益的与取得收入无关的支出的数额。第3列“调增数额”等于第1列数额。

16. 第26行“（十五）境外所得分摊的共同支出”：根据税法、相关税收规定，第3列“调增数额”填报本年按照税法规定计算的纳税人实际发生与取得境外所得有关但未直接计入境外所得应纳税所得的成本费用支出。

17. 第27行“（十六）分摊境外总机构费用”：第1列“账载数额”填报因分摊境外总机构费用而实际列入纳税人会计账目的数额。第2列“税收数额”填报按照税收规定可以分摊扣除的境外总机构费用数额。若第1列≥第2列，将第1-2列的余额填入第3列“调增数额”；若第1列<第2列，则第3列“调增数额”为零。

18. 第28行“（十七）向其他机构、场所分摊的费用”：第1列“账载数额”填报因向其他机构、场所分摊费用而实际列入纳税人会计账目的数额。第2列“税收数额”填报按照税收规定应向其他机构、场所分摊的费用数额。若第2列≥第1列，将第2-1列的余额填入第3列“调增数额”；若第2列<第1列，则第3列“调增数额”为零。

19. 第29行“（十八）分摊资源勘探开发费用”：填报可分摊的其他境内机构、场所资源勘探开发费用。将本年度可分摊的境内机构、场所资源勘探开发费用数额填入第2列，以第2列数额填入第4列“调减数额”。

20. 第30行“（十九）其他”：填报其他因会计处理与税收规定有差异需纳税调整的扣除类项目数额。若第1列≥第2列，将第1-2列的余额填入第3列“调增数额”；若第1列<第2列，将第1-2列余额的绝对值填入第4列“调减数额”。

（三）资产类调整项目

1. 第31行“三、资产类调整项目”：填报资产类调整项目第32、34、35、36行的合计数额。

2. 第32行“（一）资产折旧、摊销”：根据税法、相关税收规定以及国家统一企业会计制度，填报资产折旧、摊销的会计处理、税法规定，以及纳税调整情况。若第1列≥第2列，将第1-2列的余额填入本行第3列“调增数额”；若第1列<第2列，将第1-2列余额的绝对值填入本行第4列“调减数额”。

3. 第33行“其中：固定资产加速折旧（扣除）调减额”：填报纳税人享受各类固定资产加速折旧政策的优惠金额，即享受加速折旧政策的税法折旧额大于按税收一般规定计算的折旧额的差额。同时填报该固定资产加速折旧项目对应的减免性质代码。减免性质代码按照国家税务总局制定或更新的“减免税政策代码目录”填列。减免项目多于一项的，附页填报。

4. 第 34 行“(二)资产减值准备金”:填报坏账准备、存货跌价准备、理赔费用准备金等不允许税前扣除的各类资产减值准备金纳税调整情况。第 1 列“账载数额”填报纳税人会计核算计入当期损益的资产减值准备金数额(因价值恢复等原因转回的资产减值准备金应予以冲回)。第 1 列,若≥0,填入第 3 列“调增数额”;若 <0,将绝对值填入第 4 列“调减数额”。

5. 第 35 行“(三)资产损失”:根据税法、相关税收规定及国家统一企业会计制度,填报资产损失的会计处理、税法规定,以及纳税调整情况。第 1 列“账载数额”填报本纳税年度实际发生的需报税务机关审批的财产损失数额,以及固定资产、无形资产转让、处置所得(损失)和金融资产转让、处置所得等损失数额;第 2 列“税收数额”填报税务机关审批的本纳税年度财产损失数额,以及按照税收规定计算的固定资产、无形资产转让、处置所得(损失)和金融资产转让、处置所得等损失数额,长期股权投资除外;若第 1 列≥第 2 列,将第 1 - 2 列的余额填入本行第 3 列“调增数额”;若第 1 列 < 第 2 列,将第 1 - 2 列余额的绝对值填入本行第 4 列“调减数额”。

6. 第 36 行“(四)其他”:填报其他因会计处理与税收规定有差异需纳税调整的资产类项目数额。若第 1 列≥第 2 列,将第 1 - 2 列余额填入第 3 列“调增数额”;若第 1 列 < 第 2 列,将第 1 - 2 列余额的绝对值填入第 4 列“调减数额”。

(四)特殊事项调整项目

1. 第 37 行“四、特殊事项调整项目”:填报特殊事项调整项目第 38 行至第 43 行的合计数额。

2. 第 38 行“(一)企业重组及递延纳税事项”:根据税法、相关税收规定以及国家统一企业会计制度,填报企业重组的会计核算及税法规定,以及纳税调整情况。若第 1 列≥第 2 列,将第 1 - 2 列的余额填入本行第 3 列“调增数额”;若第 1 列 < 第 2 列,将第 1 - 2 列余额的绝对值填入本行第 4 列“调减数额”。

3. 第 39 行“(二)政策性搬迁”:根据税法、相关税收规定以及国家统一企业会计制度,填报企业政策性搬迁项目的相关会计处理、税法规定及纳税调整情况。若≥0,填入第 3 列“调增数额”;若 <0,将绝对值填入第 4 列“调减数额”。

4. 第 40 行“(三)特殊行业准备金”:根据税法、相关税收规定以及国家统一企业会计制度,填报特殊行业准备金会计处理、税法规定及纳税调整情况。若第 1 列≥第 2 列,将第 1 - 2 列的余额填入本行第 3 列“调增数额”;若第 1 列 < 第 2 列,将第 1 - 2 列余额的绝对值填入本行第 4 列“调减数额”。

5. 第 41 行“(四)房地产开发企业特定业务计算的纳税调整额”:根据税法、相关税收规定以及国家统一企业会计制度,填报房地产企业销售未完工产品、未完工产品转完工产品特定业务的税法规定及纳税调整情况。将按照税法规定计算的数额填入本行第 2 列,若≥0,填入第 3 列“调增数额”;若 <0,将绝对值填入第 4 列“调减数额”。

6. 第 42 行“(五)合伙企业法人合伙人应分得的应纳税所得额”:第 1 列“账载数额”填报合伙企业法人合伙人本年会计核算上确认的对合伙企业的投资所得;第 2 列“税收数额”填报纳税人按照“先分后税”原则和相关税收规定计算的从合伙企业分得的法人合伙方应纳税所得额;若第 1 列≤第 2 列,将第 2 - 1 列的余额填入第 3 列“调增数额”,若第 1 列 > 第 2 列,将第 2 - 1 列余额的绝对值填入第 4 列“调减数额”。

7. 第 43 行“(六)其他”:填报其他因会计处理与税收规定有差异需纳税调整的特殊事项数额。

(五)特别纳税调整所得项目

第 44 行“五、特别纳税调整应税所得”:第 3 列“调增数额”填报纳税人按特别纳税调整规定自行调增的当年应税所得。第 4 列“调减数额”填报纳税人依据双边预约定价安排或者转让定价相应调整磋商结果的通知,需要调减的当年应税所得。

(六)其他

1. 第 45 行“六、其他”:其他会计处理与税收规定存在差异需纳税调整的项目数额。

2. 第 46 行“合计”:填报第 1 + 11 + 31 + 37 + 44 + 45 行的合计数额。

三、表内、表间关系

(一)表内关系

1. 第 1 行 = 第 2 + 3 + 4 + 5 + 6 + 7 + 8 + 9 + 10 行。

2. 第 11 行 = 第 12 + 13 + 14 + … + 29 + 30 行。

3. 第 31 行 = 第 32 + 34 + 35 + 36 行。

4. 第 37 行 = 第 38 + 39 + 40 + 41 + 42 + 43 行。

5. 第 46 行 = 第 1 + 11 + 31 + 37 + 44 + 45 行。

(二)表间关系

1. 第 46 行第 3 列 = 表 F200 第 3 行。

2. 第 46 行第 4 列 = 表 F200 第 4 行。

附件4：

F220 企业所得税弥补亏损明细表

行次	项目	年度	当年境内所得额	分立转出的亏损额	合并、分立转入的亏损额		弥补亏损企业类型	上年及本年结转的可弥补亏损额	当年待弥补的亏损额	用本年度所得额弥补的以前年度亏损额		当年可结转以后年度弥补的亏损额
					可弥补年限5年	可弥补年限10年				使用境内所得弥补	使用境外所得弥补	
		1	2	3	4	5	6	7	8	9	10	11
1	前十年度											*
2	前九年度											
3	前八年度											
4	前七年度											
5	前六年度											
6	前五年度											
7	前四年度											
8	前三年度											
9	前二年度											
10	前一年度											
11	本年度											
12	可结转以后年度弥补的亏损额合计											

国家税务总局监制

F220 《企业所得税弥补亏损明细表》填报说明

一、适用范围

本表为《中华人民共和国非居民企业所得税年度纳税申报表(2019年版)》(表F200)的附表,按照税法、相关税收规定填报纳税人年度亏损结转和弥补情况。

二、有关项目填报说明

纳税人弥补以前年度亏损时,应按照"先到期亏损先弥补、同时到期亏损先发生的先弥补"的原则处理。

1. 第1列"年度":填报公历年度。纳税人应首先填报第11行"本年度"对应的公历年度,再依次从第10行往第1行倒推填报以前年度。纳税人发生政策性搬迁事项,如停止生产经营活动年度可以从法定亏损结转弥补年限中减除,则按可弥补亏损年度进行填报。本年度是指申报所属期年度,如:纳税人在2019年5月10日进行2018年度企业所得税年度纳税申报时,本年度(申报所属期年度)为2018年。

2. 第2列"当年境内所得额":第11行填报本年度表F200第12-13行金额。第1行至第10行填报前一年度表F220第11行第2列对应年度的金额(亏损以"-"号填列)。需要在首次使用本版申报表年度填报所属年度为首次使用本版申报表年度以前年度本项数额的,填报当年度经过纳税调整后的境内所得额。发生查补以前年度应纳税所得额、追补以前年度未能税前扣除的实际资产损失等情况的,按照相应调整后的金额填报。

3. 第3列"分立转出的亏损额":填报本年度企业分立按照企业重组特殊性税务处理规定转出的符合条件的亏损额。分立转出的亏损额按亏损所属年度填报,转出亏损的亏损额以正数表示。

4. 第4列"合并、分立转入的亏损额-可弥补年限5年":填报企业符合企业重组特殊性税务处理规定,因合并或分立本年度转入的不超过5年亏损弥补年限规定的亏损额。合并、分立转入的亏损额按亏损所属年度填报,转入亏损以负数表示。

5. 第5列"合并、分立转入的亏损额-可弥补年限10年":填报企业符合企业重组特殊性税务处理规定,因合并或分立本年度转入的不超过10年亏损弥补年限规定的亏损额。合并、分立转入的亏损额按亏损所属年度填报,转入亏损以负数表示。

6. 第6列"弥补亏损企业类型":纳税人根据不同年度情况从《弥补亏损企业类型代码表》中选择相应的代码填入本项。不同类型纳税人的亏损结转年限不同,纳税人选择"一般企业"是指亏损结转年限为5年的纳税人;"符合条件的高新技术企业"

“符合条件的科技型中小企业”是指符合《财政部　税务总局关于延长高新技术企业和科技型中小企业亏损结转年限的通知》(财税〔2018〕76号)、《国家税务总局关于延长高新技术企业和科技型中小企业亏损结转弥补年限有关企业所得税处理问题的公告》(国家税务总局公告2018年第45号)等文件规定的，亏损结转年限为10年的纳税人。

弥补亏损企业类型代码表

代码	类型
100	一般企业
200	符合条件的高新技术企业
300	符合条件的科技型中小企业

7. 第7列“上年及本年结转的可弥补亏损额”：第1行至第10行填报由上年结转至本年度(申报所属期年度)可用于本年度(申报所属期年度)及以后年度弥补的当年度亏损额。当第2列第11行 <0 时，本列第11行填报第2列第11行的数额；当第2列第11行≥0时，本列第11行填0。

8. 第8列“当年待弥补的亏损额”：填报在用本年度(申报所属期年度)所得额弥补亏损前，当年度尚未被弥补的亏损额，亏损额以负数表示，等于第3列 +4列 +5列 +7列的数额。

9. 第9列“用本年度所得额弥补的以前年度亏损额 – 使用境内所得弥补”：第1行至第10行，当第11行第2列本年度(申报所属期年度)的“当年境内所得额” >0时，填报各年度被本年度(申报所属期年度)境内所得依次弥补的亏损额，以负数表示。本列第11行，填报本列第1行至第10行的合计金额，表F200第16行填报本项金额的绝对值。

10. 第10列“用本年度所得额弥补的以前年度亏损额 – 使用境外所得弥补”：第1行至第10行，当纳税人选择用境外所得弥补境内以前年度亏损的，填报各年度被本年度(申报所属期年度)境外所得依次弥补的亏损额，以负数表示。本列第11行，填报本列第1行至第10行的合计金额。

11. 第11列“当年可结转以后年度弥补的亏损额”：第2行至第11行，填报各年度尚未弥补完的且按照有关规定准予结转以后年度弥补的亏损额。本列第12行，填报本列第2行至第11行的合计金额。

三、表内、表间关系

(一)表内关系

1. 当第2列 <0 且第3列 >0 时，第3列 < 第2列的绝对值；当第2列≥0时，则第3列 =0。

2. 当第2列第11行 <0时，第7列第11行 = 第2列第11行；当第2列第11行≥0时，第7列第11行 =0。

3. 第9列第11行 = 第9列第1 +2 +3 +4 +5 +6 +7 +8 +9 +10行；当第2列第11行≤0时，第9列第1行至第11行 =0；当第2列第11行 >0时，第9列第11行≤第2列第11行。

4. 第10列第11行 = 第10列第1 +2 +3 +4 +5 +6 +7 +8 +9 +10行。

5. 第11列第12行 = 第11列第2 +3 +4 +5 +6 +7 +8 +9 +10 +11行。

6. 第2至10行第11列 = 第8 –9 –10列，当年亏损按照有关规定不准予结转以后年度弥补的，相应年度第11列 =0；第11行第11列 = 第11行第8列。

7. 第8列 = 第3 +4 +5 +7列。

(二)表间关系

1. 第11行第2列 = 表F200第12 –13行。

2. 第11行第9列的绝对值 = 表F200第16行。

附件5：

F230　对外合作开采石油企业勘探开发费用年度明细表

本报告期自　年　月　日至　年　　月　日

合同区号及其参股比例 / 项目		从联合账本分摊费用					不能列入联合账本的费用			
		开采区块名称			本期合计	累计总数	公司集团分摊的	单独发生的	本期合计	累计总数
勘探费用支出额	01 勘探作业费									
	02 勘探借款利息									
	03 经营管理费									
	04 上级管理费									
	05 合计									
开发费用支出额	06 开发作业费									
	07 开发借款利息									
	08 经营管理费									
	09 上级管理费									
	10 合计									
	11 总计									
按税法规定的摊销、折旧额	12 勘探费用已摊销额									
	13 开发费用已折旧额									
	14 勘探费用待摊销额									
	15 开发费用待折旧额									
			财务负责人（签字）：				填表日期：　　年　月　日			

国家税务总局监制

F230 《对外合作开采石油企业勘探开发费用年度明细表》填报说明

本表为《中华人民共和国非居民企业所得税年度纳税申报表(2019年版)》(表F200)的附表，由参与石油天然气开采的纳税人填报。从联合账本分摊的费用按合同区填报；不能列入联合账本的费用，按公司集团分摊费用和单独发生费用两部分填报。填报说明如下：

1."01.勘探作业费"：指勘探期间发生的劳务费、设备器材费和其他费用。

2."02.勘探借款利息"：指企业在勘探阶段最低义务工作量之外，以借款进行投资实际发生的合理利息。

3."03.经营管理费""08.经营管理费"：分别指合同区发生的列入勘探费用支出和开发费用支出的间接费用。

4."04.上级管理费""09.上级管理费"：分别指在华的外国石油公司勘探期间和开发期间从上级公司分摊来的合理的一般管理费。

5."06.开发作业费"：指开发期间发生的劳务费、设备器材费和其他费用。

6."07.开发借款利息"：指合同区在开发阶段所发生的正常借款的合理的投资利息。

7."按税法规定的摊销、折旧额"：指本企业参与一个或多个合同区的石油开采发生的摊销、折旧额。其中12和13项是在已进入商业性生产阶段的油(气)田的油(气)收入中已回收的本合同区的累计勘探费用和已回收的本油(气)田的累计开发费用。14和15项指上述未摊销、折旧完的累计余额。

8."公司集团分摊的"是指参加一个合同区的外国石油公司集团共同发生的合理费用分摊部分。

附件 6：

F300 非居民企业机构、场所汇总缴纳所得税税款分配表

税款所属期间： 年 月 日至 年 月 日

主要机构、场所名称：

主要机构、场所纳税人识别号(统一社会信用代码)：　　　　　　　　　　　　　　　　　　　　金额单位：元(列至角分)

<table>
<tr><td colspan="2">可分摊所得税额</td><td>主要机构、场所
直接分摊所得税额</td><td colspan="3">主要机构、场所财政集中
分配所得税额</td><td colspan="2">主体生产经营业务
分摊所得税额</td></tr>
<tr><td colspan="2"></td><td></td><td colspan="3"></td><td colspan="2"></td></tr>
<tr><td rowspan="12">主体生产经营业务分摊所得税情况</td><td rowspan="2">从事主体生产经营业务的机构、场所统一社会信用代码(纳税人识别号)</td><td rowspan="2">从事主体生产经营业务的机构、场所名称</td><td colspan="3">三项因素</td><td rowspan="2">分配比例</td><td rowspan="2">分配所得税额</td></tr>
<tr><td>营业收入</td><td>职工薪酬</td><td>资产总额</td></tr>
<tr><td></td><td></td><td></td><td></td><td></td><td></td><td></td></tr>
<tr><td></td><td></td><td></td><td></td><td></td><td></td><td></td></tr>
<tr><td></td><td></td><td></td><td></td><td></td><td></td><td></td></tr>
<tr><td></td><td></td><td></td><td></td><td></td><td></td><td></td></tr>
<tr><td></td><td></td><td></td><td></td><td></td><td></td><td></td></tr>
<tr><td></td><td></td><td></td><td></td><td></td><td></td><td></td></tr>
<tr><td></td><td></td><td></td><td></td><td></td><td></td><td></td></tr>
<tr><td></td><td></td><td></td><td></td><td></td><td></td><td></td></tr>
<tr><td></td><td></td><td></td><td></td><td></td><td></td><td></td></tr>
<tr><td>合计</td><td>—</td><td></td><td></td><td></td><td></td><td></td></tr>
<tr><td rowspan="3">汇总纳税但未分摊所得税机构、场所情况</td><td colspan="2">汇总纳税但未分摊所得税的机构、场所统一社会信用代码(纳税人识别号)</td><td colspan="3">汇总纳税但未分摊所得税的机构、场所名称</td><td>成本费用额</td><td>资产额</td></tr>
<tr><td colspan="2"></td><td colspan="3"></td><td></td><td></td></tr>
<tr><td colspan="2"></td><td colspan="3"></td><td></td><td></td></tr>
</table>

国家税务总局监制

F300 《非居民企业机构、场所汇总缴纳所得税税款分配表》填报说明

一、适用范围

本表为《中华人民共和国非居民企业所得税预缴申报表(2019 年版)》(表 F100)和《中华人民共和国非居民企业所得税年度纳税申报表(2019 年版)》(表 F200)的附表，由实行汇总纳税的非居民企业机构、场所(含主要机构、场所和其他机构、场所)填报。

二、具体项目填报说明

1.“税款所属期间”：填报税款所属年度或季度的起止日期。年度纳税申报时，纳税人当年实际经营期间不足一个纳税年度的，填报当年实际经营期间的起止日期。

2.“主要机构、场所名称”“从事主体生产经营业务的机构、场所名称”“汇总纳税但未分摊所得税的机构、场所名称”：填报营业执照、税务登记证等证件载明的纳税人名称。汇总纳税但未分摊所得税的机构、场所是指符合相关规定条件可以纳入汇总计算缴纳企业所得税范围，但不就地分摊缴纳企业所得税的仅具有内部辅助管理或服务职能的机构、场所。

3.“主要机构、场所纳税人识别号(统一社会信用代码)”“从事主体生产经营业务的机构、场所纳税人识别号(统一社会信用代码)”“未分摊所得税的机构、场所统一社会信用代码(纳税人识别号)”：填报税务机关核发的纳税人识别号或有关部门核发的统一社会信用代码。

4.“可分摊所得税额”：预缴申报时，填报《中华人民共和国非居民企业所得税预缴申报表(2019 年版)》(表 F100)第 21 行

"本期应补（退）所得税额"的本年累计金额。年度纳税申报时，填报《中华人民共和国非居民企业所得税年度纳税申报表（2019 年版）》（表 F200）中第 32 行"实际应纳所得税额"的申报金额。

5."主要机构、场所直接分摊所得税额"：填报按主要机构、场所直接分摊比例计算的数额。预缴申报时，计算公式为"本期应补（退）所得税额"×主要机构、场所直接分摊比例。年度纳税申报时，计算公式为"实际应纳所得税额"×主要机构、场所直接分摊比例。主要机构、场所直接分摊比例由国务院财政、税务主管部门或省税务机关规定。

6."主要机构、场所财政集中分配所得税额"：填报按主要机构、场所财政集中分配比例计算的数额。预缴申报时，计算公式为"本期应补（退）所得税额"×主要机构、场所财政集中分配比例。年度纳税申报时，计算公式为"实际应纳所得税额"×主要机构、场所财政集中分配比例。主要机构、场所财政集中分配比例由国务院财政、税务主管部门或省税务机关规定。

7."主体生产经营业务分摊所得税额"：预缴申报时，填报按"本期应补（退）所得税额"－"主要机构、场所直接分摊所得税额"－"主要机构、场所财政集中分配所得税额"公式计算的数额。年度纳税申报时，填报按"实际应纳所得税额"－"主要机构、场所直接分摊所得税额"－"主要机构、场所财政集中分配所得税额"公式计算的数额。

8."营业收入"：预缴申报时，填报参与"主体生产经营业务分摊所得税额"分配的各机构、场所上一年度销售商品、提供劳务、让渡资产使用权等日常经营活动实现的全部收入的合计额。年度纳税申报时，填报参与"主体生产经营业务分摊所得税额"分配的各机构、场所本年度销售商品、提供劳务、让渡资产使用权等日常经营活动实现的全部收入的合计额。

9."职工薪酬"：预缴申报时，填报参与"主体生产经营业务分摊所得税额"分配的各机构、场所上一年度为获得职工提供的服务而给予各种形式的报酬以及其他相关支出的合计额。年度纳税申报时，填报参与"主体生产经营业务分摊所得税额"分配的各机构、场所本年度为获得职工提供的服务而给予各种形式的报酬以及其他相关支出的合计额。

10."资产总额"：预缴申报时，填报参与"主体生产经营业务分摊所得税额"分配的各机构、场所上一年度在经营活动中实际使用资产的合计额。年度纳税申报时，填报参与"主体生产经营业务分摊所得税额"分配的各机构、场所本年度实际使用资产的合计额。

11."分配比例"：填报按照国务院财政、税务主管部门或省税务机关规定确定的分配比例，分配比例应保留小数点后十位。

12."分配所得税额"：填报参与"主体生产经营业务分摊所得税额"分配的各机构、场所按照分配比例计算的结果（"主体生产经营业务分摊所得税额"×"分配比例"）。

13."合计"：预缴申报时，填报参与"主体生产经营业务分摊所得税额"分配的各机构、场所上一年度的营业收入总额、职工薪酬总额和资产总额三项因素的合计数及当期各机构、场所分配比例和分配税额的合计数。年度纳税申报时，填报参与"主体生产经营业务分摊所得税额"分配的各机构、场所本年度的营业收入总额、职工薪酬总额和资产总额三项因素的合计数及当期各机构、场所分配比例和分配税额的合计数。

14."成本费用额"：填报汇总纳税但未分摊所得税的机构、场所当期发生的成本费用额。

15."资产额"：填报汇总纳税但未分摊所得税的机构、场所当期期末拥有的资产额。

三、表内、表间关系

（一）表内关系

1."可分摊所得税额"＝"主要机构、场所直接分摊所得税额"＋"主要机构、场所财政集中分配所得税额"＋"主体生产经营业务分摊所得税额"

2."主体生产经营业务分摊所得税额"＝"主体生产经营业务分摊所得税情况"栏"分配所得税额"列"合计"行

（二）表间关系

1.预缴申报时，"可分摊所得税额"栏＝表 F100 第 21 行的本年累计金额。年度纳税申报时，"可分摊所得税额"栏＝表 F200 第 32 行的申报金额。

2.预缴申报时，"主要机构、场所直接分摊所得税额"栏＝表 F100 第 23 行。年度纳税申报时，"主要机构、场所直接分摊所得税额"栏＝表 F200 第 36 行。

3.预缴申报时，"主要机构、场所财政集中分配所得税额"栏＝表 F100 第 24 行。年度纳税申报时，"主要机构、场所财政集中分配所得税额"栏＝表 F200 第 37 行。

4.预缴申报时，"主体生产经营业务分摊所得税情况"栏对应主要机构、场所行次的"分配所得税额"列＝表 F100 第 25 行。年度纳税申报时，"主体生产经营业务分摊所得税情况"栏对应主要机构、场所行次的"分配所得税额"列＝表 F200 第 38 行。

5.预缴申报时，"主体生产经营业务分摊所得税情况"栏对应本机构、场所行次的"分配比例"列＝表 F100 第 26 行。

6.预缴申报时，"主体生产经营业务分摊所得税情况"栏对应本机构、场所的"分配所得税额"列＝表 F100 第 27 行。年度纳税申报时，"主体生产经营业务分摊所得税情况"栏对应本机构、场所的"分配所得税额"列＝表 F200 第 41 行。

附件7：

F400 非居民企业机构、场所核定计算明细表

<table>
<tr><th>核定方法</th><th>行次</th><th colspan="3">申报项目</th><th>累计金额</th></tr>
<tr><td rowspan="11">按收入总额核定应纳税所得额</td><td>1</td><td rowspan="3">项目1名称</td><td rowspan="3"></td><td>收入额</td><td></td></tr>
<tr><td>2</td><td>经税务机关确认的核定利润率(%)</td><td></td></tr>
<tr><td>3</td><td>应纳税所得额(1×2)</td><td></td></tr>
<tr><td>4</td><td rowspan="3">项目2名称</td><td rowspan="3"></td><td>收入额</td><td></td></tr>
<tr><td>5</td><td>经税务机关确认的核定利润率(%)</td><td></td></tr>
<tr><td>6</td><td>应纳税所得额(4×5)</td><td></td></tr>
<tr><td>7</td><td rowspan="3">项目3名称</td><td rowspan="3"></td><td>收入额</td><td></td></tr>
<tr><td>8</td><td>经税务机关确认的核定利润率(%)</td><td></td></tr>
<tr><td>9</td><td>应纳税所得额(7×8)</td><td></td></tr>
<tr><td>10</td><td colspan="3">收入总额(1+4+7)</td><td rowspan="2"></td></tr>
<tr><td>11</td><td colspan="3">应纳税所得额合计(3+6+9)</td></tr>
<tr><td rowspan="4">按经费支出换算应纳税所得额</td><td>12</td><td colspan="3">经费支出总额</td><td></td></tr>
<tr><td>13</td><td colspan="3">换算的收入额</td><td></td></tr>
<tr><td>14</td><td colspan="3">经税务机关确认的核定利润率(%)</td><td></td></tr>
<tr><td>15</td><td colspan="3">应纳税所得额(13×14)</td><td></td></tr>
<tr><td rowspan="4">按成本费用核定应纳税所得额</td><td>16</td><td colspan="3">成本费用总额</td><td></td></tr>
<tr><td>17</td><td colspan="3">换算的收入额</td><td></td></tr>
<tr><td>18</td><td colspan="3">经税务机关确认的核定利润率(%)</td><td></td></tr>
<tr><td>19</td><td colspan="3">应纳税所得额(17×18)</td><td></td></tr>
<tr><td rowspan="2">税务机关认可的其他合理方法</td><td>20</td><td colspan="3">应纳税所得额</td><td></td></tr>
<tr><td>21</td><td colspan="3">应纳税额</td><td></td></tr>
</table>

国家税务总局监制

F400 《非居民企业机构、场所核定计算明细表》填报说明

一、适用范围

本表为《中华人民共和国非居民企业所得税预缴申报表(2019年版)》(表F100)和《中华人民共和国非居民企业所得税年度纳税申报表(2019年版)》(表F200)的附表，由按照有关规定适用核定征收的非居民企业机构、场所填报。

二、具体项目填报说明

1. 第1至11行填报核定方法为“按收入总额核定应纳税所得额”的申报项目情况。

第1至9行的填报：纳税人从事适用不同核定利润率的经营活动，并取得应税所得的，应分别核算并适用相应的利润率计算应纳税所得额。在“项目名称”栏填写具体的项目名称、合同号。多于三个项目的，附页填报。

第10行“收入总额”填报所有“按收入总额核定应纳税所得额”的申报项目的收入总额。

第11行“应纳税所得额合计”填报所有“按收入总额核定应纳税所得额”的申报项目的应纳税所得额合计数额。

2. 第12至15行填报核定方法为“按经费支出换算应纳税所得额”的申报项目情况。

第12行“经费支出总额”填报纳税人本纳税年度实际支出的经费总额。

第13行“换算的收入额”填报根据税法、相关税收规定用经费支出总额换算的收入额。换算的收入额=经费支出总额÷(1-经税务机关确认的核定利润率)。

第14行“经税务机关确认的核定利润率(%)”填报经税务机关确认的核定利润率。

第15行“应纳税所得额”填报按经费支出换算的应纳税所得额，第15行=第13行×第14行。

3. 第16至第19行填报核定方法为“按成本费用核定应纳税所得额”的申报项目情况。

第16行“成本费用总额”填报纳税人本期实际支出的成本费用总额。

第17行“换算的收入额”填报根据税法、相关税收规定用成本费用总额换算的收入额。换算的收入额 = 成本费用总额 ÷（1 - 经税务机关确认的核定利润率）。

第18行“经税务机关确认的核定利润率（%）”填报经税务机关确认的核定利润率。

第19行“应纳税所得额”填报按成本费用换算的应纳税所得额，第19行 = 第17行 × 第18行。

4. 第20至21行填报按照“税务机关认可的其他合理方法”进行核定的申报项目情况。

按照税务机关认可的其他合理方法核定应纳税所得额的填报第20行，并附页说明具体核定方法、计算过程等。

按照税务机关认可的其他合理方法核定应纳税额的填报第21行，并附页说明具体核定方法、计算过程等。已填报第21行的，不填报其他行次对应纳税所得额的核定。其他行次已填报核定的应纳税所得额的，不填报第21行。

三、表内、表间关系

（一）表内关系

1. 第3行 = 第1行 × 第2行。

2. 第6行 = 第4行 × 第5行。

3. 第9行 = 第7行 × 第8行。

4. 第10行 = 第1行 + 第4行 + 第7行。

5. 第11行 = 第3行 + 第6行 + 第9行。

6. 第15行 = 第13行 × 第14行。

7. 第19行 = 第17行 × 第18行。

（二）表间关系

1. 预缴申报时，本表核定的应纳税所得额 = F100第11行“实际利润额/按上一纳税年度应纳税所得额平均额确定的应纳税所得额”的“核定征收本年累计金额”列。年度纳税申报时，本表核定的应纳税所得额 = 表F200第19行“应纳税所得额”的“核定征收申报金额”列。

2. 预缴申报时，第21行“应纳税额” = 表F100第13行“应纳所得税额”的“核定征收本年累计金额”列。年度纳税申报时，第21行“应纳税额” = 表F200第21行“应纳所得税额”的“核定征收申报金额”列。

附件8：

F500 中华人民共和国扣缴企业所得税报告表(2019年版)

○法定源泉扣缴申报　　○指定扣缴申报　　○自行申报　　　　金额单位：人民币元(列至角分)

扣缴义务人基本信息					
纳税人识别号(统一社会信用代码)：	□□□□□□□□□□□□□□□□□□				
名　称	中文：		外文：		
地　址	中文：		外文：		
联系人		联系方式		邮政编码	
纳税人基本信息					
纳税人识别号(统一社会信用代码)：	□□□□□□□□□□□□□□□□□□				
境外成立地代码			境外成立地纳税人识别号		
境内名称	中文：		外文：		
在境外成立地法定名称	中文：		外文：		
在境外成立地地址	中文：		外文：		
申报所得类型及代码					
联系人		联系方式		邮政编码	

法定源泉扣缴和自行申报情况							
合同名称				合同编号			
合同执行起始时间		合同执行终止时间		合同总金额		币种	
扣缴义务发生时间：○支付，支付日期：　年　月　日　　○到期应支付							

行次	项目			依法申报数据
1	本次申报收入	人民币金额		
2		外币	名称	
3			金额	
4			汇率	
5			折算人民币金额　5＝3×4	
6		收入合计　6＝1＋5		
7	应纳税所得额的计算	扣除额		
8		应纳税所得额　8＝6－7		
9	应纳企业所得税额的计算	适用税率(10%)		
10		应缴纳的企业所得税额　10＝8×9		
11		减免企业所得税额　11＝12＋13		
12		其中：享受协定待遇	项目________(减免性质代码)	
13		享受国内税收优惠	项目________(减免性质代码)	
14		实际应缴纳的企业所得税额　14＝10－11		

主管税务机关指定扣缴情况		
指定扣缴文书编号		税款计算方法：○按核定利润率计算，核定利润率水平：____%　　○其他
扣缴义务发生时间：○支付　支付日期：　年　月　日　支付金额(人民币)：　元　　○其他		
本次扣缴税款金额(人民币)		
声明：此表是根据国家税收法律法规及相关规定填写的，对填报内容(及附带资料)的真实性、可靠性、完整性负责。 纳税人或扣缴义务人(签章)：　　　年　月　日		

经办人签字： 经办人身份证件号码： 代理机构签章： 代理机构统一社会信用代码：	受理人： 受理税务机关(章)： 受理日期：　年　月　日

国家税务总局监制

F500 《中华人民共和国扣缴企业所得税报告表(2019 年版)》填报说明

一、适用范围

本表由代扣代缴或申报缴纳下列企业所得税税款的扣缴义务人或纳税人填报：

1. 在中国境内未设立机构、场所的非居民企业取得来源于中国境内所得所应缴纳的企业所得税；

2. 在中国境内设立机构、场所的非居民企业取得与其所设机构、场所没有实际联系，但来源于中国境内所得所应缴纳的企业所得税；

3. 主管税务机关按照《中华人民共和国企业所得税法》规定指定扣缴的企业所得税。

扣缴义务人申报缴纳上述前两项税款的，勾选表头项目“法定源泉扣缴申报”；扣缴义务人申报缴纳上述第三项税款的，勾选表头项目“指定扣缴申报”；纳税人申报缴纳上述前两项税款的，勾选表头项目“自行申报”。

二、有关项目填报说明

(一)扣缴义务人基本信息

1. “纳税人识别号(统一社会信用代码)”：填报税务机关核发给扣缴义务人的纳税人识别号或有关部门核发给扣缴义务人的统一社会信用代码。扣缴义务人未取得纳税人识别号(统一社会信用代码)的，可以为空。

2. “名称”：填报扣缴义务人法定名称全称。法定名称为外文的，同时填报中文译文。

3. “地址”：填报扣缴义务人有效联系地址。有效联系地址为外文的，同时填报中文译文。

4. “联系人”、“联系方式”、“邮政编码”：填报扣缴义务人的经办人名称及其联系电话、电子邮箱和邮政编码。

5. 取得统一社会信用代码的扣缴义务人可以不填写“地址”、“联系人”、“联系方式”、“邮政编码”。

(二)纳税人基本信息

1. “纳税人识别号(统一社会信用代码)”：填报税务机关核发给纳税人的纳税人识别号或有关部门核发给纳税人的统一社会信用代码。纳税人未取得纳税人识别号(统一社会信用代码)的，可以为空。

2. “境外成立地代码”：填报纳税人成立地国家(或地区)三字母代码(ISO 3166－1 标准)。

3. “境外成立地纳税人识别号”：填报纳税人在其成立地国家(或地区)的纳税人识别号。

4. “境内名称”：填报纳税人在中国境内的名称全称。境内名称为外文的，同时填报中文译文。

5. “在境外成立地法定名称”：填报纳税人在境外成立地法定名称的全称。法定名称为外文的，同时填报中文译文。

6. “在境外成立地地址”：填报纳税人有效联系地址。有效联系地址为外文的，同时填报中文译文。

7. “申报所得类型及代码”：分别如后的类型及代码填报，股息红利所得—1，利息所得—2，特许权使用费所得—3，转让财产所得—4，租金—5，承包工程、提供劳务所得—6，国际运输—7，担保费所得—8，其他所得—9。

8. “联系人”、“联系方式”、“邮政编码”：填报纳税人的经办人名称及其联系电话、电子邮箱和邮政编码。

9. 属于法定源泉扣缴申报和自行申报的，同一纳税人在同一主管税务机关进行非首次申报时，除相关信息发生变更需填写变更信息以外，可以只填报纳税人基本信息中的“纳税人识别号(统一社会信用代码)”、“境内名称”和“申报所得类型及代码”。属于指定扣缴申报的，可以不填报纳税人基本信息。

(三)法定源泉扣缴和自行申报情况填报

1. “合同名称”：填写与本次申报所得相关的合同名称。

2. “合同编号”：填写与本次申报所得相关的合同编号。

3. “合同执行起始时间”：填写与本次申报所得相关的合同开始执行的年月日。

4. “合同执行终止时间”：填写与本次申报所得相关的合同执行完毕或终止执行的年月日。

5. “合同总金额和币种”：填写与本次申报所得相关的合同总金额，币种为合同注明的币种。

6. “扣缴义务发生时间”：在《中华人民共和国企业所得税法》规定的“支付”与“到期应支付”两种情形中择一勾选。勾选“支付”项的，填报款项实际或预计支付日期。

7. “人民币金额”(第 1 行)：填报申报收入直接以人民币计算的数额。

8. “外币名称”(第 2 行)、“金额”(第 3 行)、“汇率”(第 4 行)、“折算人民币金额”(第 5 行)：填报申报收入以外币计算的数额及折合成人民币数额的计算过程。申报收入采用多种外币计算的，附页分外币币种填报金额、汇率、折合成人民币金额，将外币收入折合成人民币金额汇总合计数额填入第 5 行，不填报第 2 行、第 3 行和第 4 行。

9. “收入合计”(第 6 行)：填报直接以人民币计算的收入(第 1 行)和以外币计算的收入(第 5 行)的合计数。

10. “扣除额”(第 7 行)：填报转让财产所得类型中允许扣除的金额及其他允许扣除项目的金额。扣除项目需要进行外币折算的，填报折算成人民币后的数额。

11. “应纳税所得额”(第 8 行)：填报人民币收入合计数减除扣除额后的数额。

12. “适用税率”(第 9 行)：填报企业所得税法实施条例第九十一条规定的 10% 税率。

13.“应缴纳的企业所得税额”(第10行):填报应纳税所得额(第8行)按照适用税率(第9行)计算的企业所得税数额。

14.“减免企业所得税额”(第11行):填报享受各项税收协定待遇及国内减免税优惠的金额。

15.“享受协定待遇”(第12行):填报纳税人享受税收协定待遇的减免税总额。税收协定含中华人民共和国政府签署的避免双重征税协定,内地与香港、澳门特别行政区签署的税收安排以及含有税收待遇条款的其他协定(如海运协定、航空协定等)。因享受税收协定待遇而获取减免税优惠的,应同时报送非居民纳税人享受税收协定待遇的相关信息报告表。在本行项目列下划线上填报该项目对应的减免性质代码。减免性质代码按照国家税务总局制定或更新的“减免税政策代码目录”填列。

16.“享受国内税收优惠”(第13行):填报符合国内税收规定的减免税优惠数额。在本行项目列下划线上填报该项目对应的减免性质代码。减免性质代码按照国家税务总局制定或更新的“减免税政策代码目录”填列。

17.“实际应缴纳的企业所得税额”(第14行):填报按应缴纳的企业所得税额(第10行)减除减免企业所得税额(第11行)后的余额。

(四)主管税务机关指定扣缴情况填报

1.“指定扣缴文书编号”:填报扣缴义务人据以执行扣缴义务的主管税务机关税务文书编号。

2.“税款计算方法”:填报指定扣缴税务文书指定的税款计算方法。在“按核定利润率计算”和“其他”两项中勾选。已勾选“按核定利润率计算”的,填报指定扣缴税务文书指定的核定利润率水平。

3.“扣缴义务发生时间”:填报指定扣缴税务文书指定的扣缴义务发生时间。在“支付”和“其他”两项中勾选。已勾选“支付”的,填报支付日期及支付金额。

4.“本次扣缴税款金额(人民币)”:填报本次扣缴的税款数额。

(五)其他

1.“纳税人或扣缴义务人(签章)”:扣缴义务人为自然人的,由扣缴义务人本人签章,扣缴义务人为非自然人的,由非自然人扣缴义务人加盖公章。

2.纳税人聘请中介机构代理申报的,加盖代理机构公章。

3.本表一式二份,一份由企业留存,一份由主管税务机关备查。

29.国家税务总局关于调整《中国税收居民身份证明》有关事项的公告

(2019年4月1日　国家税务总局公告2019年第17号)

根据《中华人民共和国个人所得税法》及其实施条例等相关法律法规,为配合个人所得税改革,国家税务总局决定调整《中国税收居民身份证明》(以下简称《税收居民证明》,见附件1)开具部分事项。现就有关事项公告如下:

一、申请人应向主管其所得税的县税务局(以下称主管税务机关)申请开具《税收居民证明》。中国居民企业的境内、境外分支机构应由其中国总机构向总机构主管税务机关申请。合伙企业应当以其中国居民合伙人作为申请人,向中国居民合伙人主管税务机关申请。

二、申请人申请开具《税收居民证明》应向主管税务机关提交以下资料:

(一)《中国税收居民身份证明》申请表(见附件2);

(二)与拟享受税收协定待遇收入有关的合同、协议、董事会或者股东会决议、相关支付凭证等证明资料;

(三)申请人为个人且在中国境内有住所的,提供因户籍、家庭、经济利益关系而在中国境内习惯性居住的证明材料,包括申请人身份信息、住所情况说明等资料;

(四)申请人为个人且在中国境内无住所,而一个纳税年度内在中国境内居住累计满183天的,提供在中国境内实际居住时间的证明材料,包括出入境信息等资料;

(五)境内、境外分支机构通过其总机构提出申请时,还需提供总分机构的登记注册情况;

(六)合伙企业的中国居民合伙人作为申请人提出申请时,还需提供合伙企业登记注册情况。

上述填报或提供的资料应提交中文文本,相关资料原件为外文文本的,应当同时提供中文译本。申请人向主管税务机关提交上述资料的复印件时，应在复印件上加盖申请人印章或签字，主管税务机关核验原件后留存复印件。

三、本公告自2019年5月1日起施行。《国家税务总局关于开具〈中国税收居民身份证明〉有关事项的公告》（国家税务总局公告2016年第40号发布，国家税务总局公告2018年第31号修改）第二条、第四条和附件1、附件2同时废止。

特此公告。

附件：1. 中国税收居民身份证明（略）

2.《中国税收居民身份证明》申请表（略）

30. 非居民企业源泉扣缴税收指引

国家税务总局国际税务司
2018 年 8 月

编 制 说 明

党的十九大强调要“坚持对外开放的基本国策，坚持打开国门搞建设”。为加快发展更高层次的开放型经济，提升非居民企业税收服务水平，让纳税人、扣缴义务人全面了解并能够清晰、便捷查找到符合自身需要的非居民企业所得税源泉扣缴税收政策和制度，降低“引进来”的纳税人、扣缴义务人的税收风险，国家税务总局国际税务司编写了《非居民企业源泉扣缴税收指引》(以下简称《指引》)。

《指引》共分七章，第一章介绍了非居民企业所得税源泉扣缴税收政策相关的基本概念及基本政策，第二章至第六章按照股息红利、利息、特许权使用费、转让财产和租金等所得类型，分别介绍了各所得类型的概述、纳税人和扣缴义务人、应纳税额计算、税收优惠、征收管理等相关的税收政策和制度，第七章介绍了对外支付税务备案税收政策。

我们希望《指引》能为已经和即将来华投资的非居民企业提供税收法律法规方面的指导，帮助扣缴义务人履行扣缴义务，有效防范税收风险，营造稳定公平透明、法治化、可预期的外商投资办税环境，为提高“引进来”质量和水平，培育国家引资新优势做出积极贡献。

目　录

第一章　一般规定

一、居民企业与非居民企业

根据《中华人民共和国企业所得税法》(以下简称企业所得税法)第二条、第三条有关规定,企业所得税纳税人分为居民企业和非居民企业。居民企业应当就其来源于中国境内、境外的所得缴纳企业所得税。非居民企业在中国境内设立机构、场所的,应当就其所设机构、场所取得的来源于中国境内的所得,以及发生在中国境外但与其所设机构、场所有实际联系的所得,缴纳企业所得税。

非居民企业在中国境内未设立机构、场所的,或者虽设立机构、场所但取得的所得与其所设机构、场所没有实际联系的,应当就其来源于中国境内的所得缴纳企业所得税。

(一)居民企业

根据企业所得税法第二条有关规定,居民企业是指依法在中国境内成立,或者依照外国(地区)法律成立但实际管理机构在中国境内的企业。

根据《中华人民共和国企业所得税法实施条例》(以下简称企业所得税法实施条例)第三条有关规定,依法在中国境内成立的企业,包括依照中国法律、行政法规在中国境内成立的企业、事业单位、社会团体以及其他取得收入的组织。

根据企业所得税法实施条例第四条有关规定,实际管理机构是指对企业的生产经营、人员、账务、财产等实施实质性全面管理和控制的机构。

根据企业所得税法第一条及企业所得税法实施条例第二条规定,依照中国法律、行政法规成立的个人独资企业、合伙企业不适用企业所得税法。

(二)非居民企业

根据企业所得税法第二条有关规定,非居民企业是指依照外国(地区)法律成立且实际管理机构不在中国境内,但在中国境内设立机构、场所的,或者在中国境内未设立机构、场所,但有来源于中国境内所得的企业。

根据企业所得税法实施条例第三条有关规定,依照外国(地区)法律成立的企业,包括依照外国(地区)法律成立的企业和其他取得收入的组织。

二、非居民企业纳税义务

非居民企业的纳税义务按其取得的所得类型区分如下:

(一)取得企业所得税法第三条第二款规定的所得

根据企业所得税法第三条第二款规定,非居民企业在中国境内设立机构、场所的,应当就其所设机构、场所取得的来源于中国境内的所得,以及发生在中国境外但与其所设机构、场所有实际联系的所得,缴纳企业所得税。

非居民企业取得上述所得,适用25%的税率,非居民企业应向机构、场所所在地主管税务机关自行申报缴纳企业所得税。企业所得税按纳税年度计算,分月或分季预缴,年终汇算清缴。

(二)取得企业所得税法第三条第三款规定的所得

根据企业所得税法第三条第三款规定,非居民企业在中国境内未设立机构、场所的,或者虽设立机构、场所但取得的所得与其所设机构、场所没有实际联系的,应当就其来源于中国境内的所得缴纳企业所得税。

根据企业所得税法第三十七条规定,对非居民企业取得本法第三条第三款规定的所得应缴纳的所得税,实行源泉扣缴,以支付人为扣缴义务人。税款由扣缴义务人在每次支付或者到期应支付时,从支付或者到期应支付的款项中扣缴。该源泉扣缴的税款也称为预提所得税。

源泉扣缴的税款由扣缴义务人向扣缴义务人所在地主管税务机关申报缴纳。

根据企业所得税法第二十七条、企业所得税法实施条例第九十一条规定,非居民企业取得企业所得税法第三条第三款规定的所得,减按10%的税率征收企业所得税。

三、所得来源地的判定

根据企业所得税法实施条例第七条有关规定,企业所得税法第三条所称来源于中国境内、境外的所得,按照以下原则确定:

(一)销售货物所得,按照交易活动发生地确定;

(二)提供劳务所得,按照劳务发生地确定;

(三)转让财产所得,不动产转让所得按照不动产所在地确定,动产转让所得按照转让动产的企业或者机构、场所所在地确定,权益性投资资产转让所得按照被投资企业所在地确定;

(四)股息、红利等权益性投资所得,按照分配所得的企业所在地确定;

(五)利息所得、租金所得、特许权使用费所得,按照负担、支付所得的企业或者机构、场所所在地确定,或者按照负担、支付所得的个人的住所地确定;

(六)其他所得,由国务院财政、税务主管部门确定。

四、源泉扣缴概述

根据企业所得税法第三十七条规定,对非居民企业取得本法第三条第三款规定的所得应缴纳的所得税,实行源泉扣缴,以支付人为扣缴义务人。税款由扣缴义务人在每次支付或者到期应支付时,从支付或者到期应支付的款项中扣缴。

根据企业所得税法第三十九条有关规定,应当扣缴的所得税,扣缴义务人未依法扣缴或者无法履行扣缴义务的,由纳税人在所得发生地缴纳。纳税人未依法缴纳的,税务机关可以从该纳税人在中国境内其他收入项目的支付人应付的款项中,追缴该纳税人的应纳税款。

需要注意的是,执行企业所得税法第三十八条规定的事项不适用本指引。

五、纳税人和扣缴义务人

取得企业所得税法第三条第三款所得的非居民企业是本指引所称的纳税人。

根据企业所得税法第三十七条和企业所得税法实施条例第一百零四条有关规定,依照有关法律规定或者合同约定对非居民企业直接负有支付相关款项义务的单位或者个人(以下简称支付人)为本指引所称的扣缴义务人,应履行税款扣缴义务。

根据企业所得税法实施条例第一百零五条有关规定,这里所称的支付,包括现金支付、汇拨支付、转账支付和权益兑价支付等货币支付和非货币支付。

根据《国家税务总局关于非居民企业所得税源泉扣缴有关问题的公告》(国家税务总局公告 2017 年第 37 号,以下简称 2017 年 37 号公告)第二条的有关规定,支付人自行委托代理人或指定其他第三方代为支付相关款项,或者因担保合同或法律规定等原因由第三方保证人或担保人支付相关款项的,仍由委托人、指定人或被保证人、被担保人承担扣缴义务。

六、应纳税所得额

(一)一般规定

根据企业所得税法第十九条规定,非居民企业取得本法第三条第三款规定的所得,按照下列方法计算其应纳税所得额:

1. 股息、红利等权益性投资收益和利息、租金、特许权使用费所得,以收入全额为应纳税所得额;

2. 转让财产所得,以收入全额减除财产净值后的余额为应纳税所得额;

3. 其他所得,参照前两项规定的方法计算应纳税所得额。

根据企业所得税法实施条例第一百零三条有关规定,企业所得税法第十九条所称收入全额,是指非居民企业向支付人收取的全部价款和价外费用。

根据《财政部　国家税务总局关于非居民企业征收企业所得税有关问题的通知》(财税〔2008〕130 号)有关规定,在对非居民企业取得企业所得税法第三条第三款规定的所得计算征收企业所得税时,不得扣除上述条款规定以外的其他税费支出。

根据《国家税务总局关于营业税改征增值税试点中非居民企业缴纳企业所得税有关问题的公告》(国家税务总局公告 2013 年第 9 号)有关规定,营业税改征增值税试点中的非居民企业,取得企业所得税法第三条第三款规定的所得，在计算缴纳企业所得税时，应以不含增值税的收入全额计算应纳税所得额。

(二)包税情形

根据2017年37号公告第六条有关规定，扣缴义务人与非居民企业签订与企业所得税法第三条第三款规定的所得有关的业务合同时，凡合同中约定由扣缴义务人实际承担应纳税款的，应将非居民企业取得的不含税所得换算为含税所得计算并解缴应扣税款。

(三)外币折算

根据2017年37号公告第四条有关规定，扣缴义务人支付或者到期应支付的款项以人民币以外的货币支付或计价的，分别按以下情形进行外币折算：

1. 扣缴义务人扣缴企业所得税的，应当按照扣缴义务发生之日人民币汇率中间价折合成人民币，计算非居民企业应纳税所得额。扣缴义务发生之日为相关款项实际支付或者到期应支付之日。

2. 取得收入的非居民企业在主管税务机关责令限期缴纳税款前自行申报缴纳应源泉扣缴税款的，应当按照填开税收缴款书之日前一日人民币汇率中间价折合成人民币，计算非居民企业应纳税所得额。

3. 主管税务机关责令取得收入的非居民企业限期缴纳应源泉扣缴税款的，应当按照主管税务机关作出限期缴税决定之日前一日人民币汇率中间价折合成人民币，计算非居民企业应纳税所得额。

七、应纳税额

根据企业所得税法第二十二条和我国对外签署的避免双重征税协定(含内地与香港、澳门特别行政区签署的税收安排，以下统称税收协定)有关规定，源泉扣缴非居民企业所得税应纳税额计算公式为：

应纳税额 = 应纳税所得额 × 适用税率

适用税率主要有两类：

1. 法定税率。根据企业所得税法第四条、第二十七条和企业所得税法实施条例第九十一条有关规定，非居民企业取得企业所得税法第三条第三款规定的所得适用税率为20%，减按10%的税率征收企业所得税。

2. 按税收协定规定的其他限制税率。我国与部分国家(地区)签订的税收协定(安排)规定，对符合条件的非居民企业，取得企业所得税法第三条第三款规定的部分所得，实行限制税率。

八、税收优惠

(一)国内法优惠

根据企业所得税法及其实施条例的有关规定，非居民企业取得企业所得税法第三条第三款规定的所得，适用税率为20%，减按10%征收。

关于非居民企业取得的股息、红利所得、特许权使用费所得、财产转让所得、租金所得、其他所得相关的其他国内法税收优惠在对应章节介绍。

(二)税收协定优惠

根据企业所得税法第五十八条、《中华人民共和国税收征收管理法》(以下简称税收征管法)第九十一条有关规定，如果我国政府同外国政府订立的有关税收的协定与国内法有不同规定的，依照协定的规定办理。如果税收协定比国内法规定了更为优惠的税收待遇，纳税人可以按要求享受税收协定待遇。

九、征收管理

根据企业所得税法第三十七条、第三十九条有关规定，对非居民企业取得企业所得税法第三条第三款规定的所得应缴纳的所得税，实行源泉扣缴，以支付人为扣缴义务人。

税款由扣缴义务人在每次支付或者到期应支付时，从支付或者到期应支付的款项中扣缴。

扣缴义务人未依法扣缴或者无法履行扣缴义务的，由纳税人在所得发生地自行缴纳。纳税人未依法缴纳的，税务机关可以从该纳税人在中国境内其他收入项目的支付人应付的款项中，追缴该纳税人的应纳税款。

(一)纳税期限

1. 扣缴义务发生时间

一般情况下，根据2017年37号公告第四条第(一)项有关规定，扣缴义务发生之日为相关款项实际支付或者到期应支付之日。

根据2017年37号公告第七条有关规定,扣缴义务人发生到期应支付而未支付情形,应按照《国家税务总局关于非居民企业所得税管理若干问题的公告》(国家税务总局公告2011年第24号,以下简称2011年24号公告)第一条如下规定进行税务处理:

中国境内企业和非居民企业签订与利息、租金、特许权使用费等所得有关的合同或协议,如果未按照合同或协议约定的日期支付上述所得款项,或者变更或修改合同或协议延期支付,但已计入企业当期成本、费用,并在企业所得税年度纳税申报中作税前扣除的,应在企业所得税年度纳税申报时按照企业所得税法有关规定代扣代缴企业所得税。

如果企业上述到期未支付的所得款项,不是一次性计入当期成本、费用,而是计入相应资产原价或企业筹办费,在该类资产投入使用或开始生产经营后分期摊入成本、费用,分年度在企业所得税前扣除的,应在企业计入相关资产的年度纳税申报时就上述所得全额代扣代缴企业所得税。

如果企业在合同或协议约定的支付日期之前支付上述所得款项的,应在实际支付时按照企业所得税法有关规定代扣代缴企业所得税。

2. 纳税人自行申报期限

根据2017年37号公告第九条第二款规定,非居民企业未按照企业所得税法第三十九条规定申报缴纳税款的,税务机关可以责令限期缴纳,非居民企业应当按照税务机关确定的期限申报缴纳税款;非居民企业在税务机关责令限期缴纳前自行申报缴纳税款的,视为已按期缴纳税款。

(二)纳税地点

1. 扣缴申报地点

根据2017年37号公告第七条有关规定,扣缴义务人应当向扣缴义务人所在地主管税务机关申报和解缴代扣税款。根据2017年37号公告第十六条有关规定,扣缴义务人所在地主管税务机关为扣缴义务人所得税主管税务机关。

2. 纳税人自行申报地点

根据企业所得税法第三十九条有关规定,应当源泉扣缴的所得税,扣缴义务人未依法扣缴或者无法履行扣缴义务的,由纳税人在所得发生地缴纳。而根据2017年37号公告第十六条有关规定,对企业所得税法实施条例第七条规定的不同所得,所得发生地主管税务机关按以下原则确定:

(1)不动产转让所得,为不动产所在地主管税务机关。

(2)权益性投资资产转让所得,为被投资企业的所得税主管税务机关。

(3)股息、红利等权益性投资所得,为分配所得企业的所得税主管税务机关。

(4)利息所得、租金所得、特许权使用费所得,为负担、支付所得的单位或个人的所得税主管税务机关。

(三)扣缴税款登记

根据《中华人民共和国税收征收管理法实施细则》(以下简称税收征管法实施细则)第十三条有关规定,扣缴义务人应当自扣缴义务发生之日起30日内,向所在地的主管税务机关申报办理扣缴税款登记。

(四)纳税申报

1. 扣缴申报

根据企业所得税法第四十条规定,扣缴义务人每次代扣的税款,应当自代扣之日起七日内缴入国库,并向所在地的税务机关报送扣缴企业所得税报告表。根据2017年37号公告第八条规定,扣缴义务人在申报和解缴应扣税款时,应填报《中华人民共和国扣缴企业所得税报告表》。扣缴义务人可以在申报和解缴应扣税款前报送有关申报资料;已经报送的,在申报时不再重复报送。

2. 纳税人自行申报

纳税人自行申报的,应填报《中华人民共和国扣缴企业所得税报告表》。

(五)账簿管理

根据税收征管法实施细则第二十五条、2017年37号公告第十一条有关规定,扣缴义务人应当自税收法律、行政法规规定的扣缴义务发生之日起10日内按照所代扣、代收的税种,分别设立代扣代缴税款账簿和合同资料档案，准确记录非居民企业所得税扣缴情况。根据征管需要，主管税务机关可以要求纳税人、扣缴义务人和其他知晓情况的相关方提供与应扣缴税款有关的合同和其他相关资料。

（六）暂停支付

根据税收征管法实施细则第九十四条、《国家税务总局关于贯彻〈中华人民共和国税收征收管理法〉及其实施细则若干具体问题的通知》（国税发〔2003〕47 号）第二条的有关规定，因非居民企业拒绝代扣税款的，扣缴义务人应当暂停支付相当于应纳税款的款项，并在 1 日之内向主管税务机关报告。

（七）税款追征

根据企业所得税法第三十九条有关规定，纳税人未依法缴纳的，税务机关可以从该纳税人在中国境内其他收入项目的支付人应付的款项中，追缴该纳税人的应纳税款。根据 2017 年 37 号公告第十三条有关规定，税务机关在追缴非居民企业应纳税款时，可以采取以下措施：

1. 责令该非居民企业限期申报缴纳应纳税款。

2. 收集、查实该非居民企业在中国境内其他收入项目及其支付人的相关信息，并向该其他项目支付人发出《税务事项通知书》，从该非居民企业其他收入项目款项中依照法定程序追缴欠缴税款及应缴的滞纳金。

十、税收法律责任

（一）纳税人法律责任

根据税收征管法第六十八条有关规定，纳税人在规定期限内不缴或者少缴应纳或者应解缴的税款，经税务机关责令限期缴纳，逾期仍未缴纳的，税务机关除依照税收征管法第四十条的规定采取强制执行措施追缴其不缴或者少缴的税款外，可以处不缴或者少缴的税款百分之五十以上五倍以下的罚款。

根据税收征管法实施细则第九十四条规定，纳税人拒绝代扣、代收税款的，扣缴义务人应当向税务机关报告，由税务机关直接向纳税人追缴税款、滞纳金；纳税人拒不缴纳的，依照税收征管法第六十八条的规定执行。

根据 2017 年 37 号公告第十二条有关规定，扣缴义务人应扣未扣税款，需要向纳税人追缴税款的，由所得发生地主管税务机关依法执行。

（二）扣缴义务人法律责任

1. 不同情形的区分

根据 2017 年 37 号公告第十四条规定，应当源泉扣缴税款的款项已经由扣缴义务人实际支付，但未在规定的期限内解缴应扣税款，并具有以下情形之一的，应作为税款已扣但未解缴情形，按照有关法律、行政法规规定处理：

（1）扣缴义务人已明确告知收款人已代扣税款的；

（2）已在财务会计处理中单独列示应扣税款的；

（3）已在其纳税申报中单独扣除或开始单独摊销扣除应扣税款的；

（4）其他证据证明已代扣税款的。

除上述规定情形外，应该源泉扣缴的税款未在规定的期限内解缴入库的，均作为应扣未扣税款情形，按照有关法律、行政法规规定处理。

2. 已扣未解缴法律责任

根据税收征管法第三十二条和第六十八条的有关规定，扣缴义务人未按照规定期限解缴税款的，税务机关除责令限期缴纳外，从滞纳税款之日起，按日加收滞纳税款万分之五的滞纳金；扣缴义务人在规定期限内不缴或者少缴应解缴的税款，经税务机关责令限期缴纳，逾期仍未缴纳的，税务机关除依照税收征管法第四十条的规定采取强制执行措施追缴其不缴或者少缴的税款外，可以处不缴或者少缴的税款百分之五十以上五倍以下的罚款。

3. 应扣未扣法律责任

根据 2017 年 37 号公告第十二条有关规定，扣缴义务人应扣缴税款未扣的，由扣缴义务人所在地主管税务机关依照《中华人民共和国行政处罚法》第二十三条规定责令扣缴义务人补扣税款，并依法追究扣缴义务人责任;需要向纳税人追缴税款的,由所得发生地主管税务机关依法执行。根据税收征管法第六十九条规定,扣缴义务人应扣未扣税款的,对扣缴义务人处应扣未扣、应收未收税款百分之五十以上三倍以下的罚款。

此外,根据《税务登记管理办法》第四十四条规定,扣缴义务人未按照规定办理扣缴税款登记的,税务机关应当自发现之日起3日内责令其限期改正,并可处以1000元以下的罚款。

十一、政策依据

(一)《中华人民共和国企业所得税法》第一条至第四条、第十九条、第二十二条、第三十七条至四十条、第五十八条;

(二)《中华人民共和国企业所得税法实施条例》第二条至第五条、第七条,第九十一条、第一百零三条至第一百零五条;

(三)《中华人民共和国税收征收管理法》第三十二条、第四十条、第六十八条、第九十一条;

(四)《中华人民共和国税收征收管理法实施细则》第十三条、第二十五条、第九十四条;

(五)《国家税务总局关于非居民企业所得税源泉扣缴有关问题的公告》(国家税务总局公告2017年第37号)第二条、第四条、第六条至第九条、第十一条至第十四条、第十六条;

(六)《国家税务总局关于营业税改征增值税试点中非居民企业缴纳企业所得税有关问题的公告》(国家税务总局公告2013年第9号);

(七)根据《国家税务总局关于非居民企业所得税管理若干问题的公告》(国家税务总局公告2011年第24号)第一条;

(八)《税务登记管理办法》第十一条、第四十四条;

(九)《国家税务总局关于贯彻〈中华人民共和国税收征收管理法〉及其实施细则若干具体问题的通知》(国税发〔2003〕47号)第二条;

(十)《财政部　国家税务总局关于非居民企业征收企业所得税有关问题的通知》(财税〔2008〕130号);

(十一)中华人民共和国政府对外签署的避免双重征税协定(含内地与香港、澳门特别行政区签署的税收安排)。

第二章　股息、红利等权益性投资收益

一、概述

(一)基本概念

根据企业所得税法实施条例第十七条有关规定,非居民企业取得股息、红利等权益性投资收益,是指非居民企业因权益性投资从被投资方取得的收入。

(二)基本分类

股息、红利等权益性投资收益,通常通过利润分配取得,但又不局限于利润分配这种形式,具体包括以下方式:

1. 利润分配

(1)境内居民企业向境外非居民企业股东分配利润或者派发股息。如在中国境内、境外公开发行股票(A股、B股和海外股)的中国居民企业向非居民企业股东派发股息;

(2)非境内注册居民企业向境外非居民企业股东分配利润或者派发股息。

2. 留存收益再投资

居民企业将属于非居民企业股东的盈余公积金、未分配利润等留存收益转增本企业资本或以非居民企业名义再投资其他企业。

3. 清算分配所得

根据《财政部　国家税务总局关于企业清算业务企业所得税处理若干问题的通知》(财税〔2009〕60号)第五条有关规定,被清算企业的非居民企业股东分得的剩余资产的金额,其中相当于被清算企业累计未分配利润和累计盈余公积中按该股东所占股份比例计算的部分,应确认为股息所得。

4. 撤资或减资取得资产

根据《国家税务总局关于企业所得税若干问题的公告》(国家税务总局公告 2011 年第 34 号)第五条的规定,投资企业从被投资企业撤回或减少投资,其取得的资产中,相当于被投资企业累计未分配利润和累计盈余公积按减少实收资本比例计算的部分,应确认为股息所得。

(三)特别规定

1. 居民企业向 QFII 支付的股息

根据《国家税务总局关于中国居民企业向 QFII 支付股息、红利、利息代扣代缴企业所得税有关问题的通知》(国税函〔2009〕47 号)第一条规定,QFII 取得来源于中国境内的股息收入,应当缴纳 10% 的企业所得税,由企业在实际支付或到期应支付时代扣代缴。

2. 非境内注册居民企业的外方投资者

根据企业所得税法实施条例第七条第(四)款的规定,非境内注册居民企业的外方投资者从该居民企业分得的股息红利等权益性投资收益,属于来源于中国境内的所得,应当征收企业所得税。

3. 香港市场投资者取得上市 A 股的股息红利

根据《财政部　国家税务总局　证监会关于沪港股票市场交易互联互通机制试点有关税收政策的通知》(财税〔2014〕81 号)第二条和《财政部　国家税务总局　证监会关于深港股票市场交易互联互通机制试点有关税收政策的通知》(财税〔2016〕127 号)第二条有关规定,对香港市场投资者(包括企业和个人)投资上交所和深交所上市 A 股取得的股息红利所得,在香港中央结算有限公司(以下简称香港结算)不具备向中国结算提供投资者的身份及持股时间等明细数据的条件之前,暂不执行按持股时间实行差别化征税政策,由上市公司按照 10% 的税率代扣所得税。

4. 境外关联方取得超过规定关联债资比例的利息

根据《国家税务总局关于印发〈特别纳税调整实施办法(试行)〉的通知》(国税发〔2009〕2 号)第八十八条规定,企业所得税法第四十六条规定不得在计算应纳税所得额时扣除的利息支出,不得结转到以后纳税年度;应按照实际支付给各关联方利息占关联方利息总额的比例,在各关联方之间进行分配,其中,分配给实际税负高于企业的境内关联方的利息准予扣除;直接或间接实际支付给境外关联方的利息应视同分配的股息,按照股息和利息分别适用的所得税税率差补征企业所得税,如已扣缴的所得税税款多于按股息计算的应征所得税税款,多出的部分不予退税。

二、纳税人和扣缴义务人

根据企业所得税法第三条第三款及企业所得税法实施条例第六条规定,取得来源于中国境内股息、红利等权益性投资收益的非居民企业为本章所称的纳税人。

根据企业所得税法第三十七条规定,对非居民企业取得企业所得税法第三条第三款规定的股息、红利等权益性投资收益应缴纳的所得税,实行源泉扣缴,以支付人为扣缴义务人。

三、应纳税额

应纳税额 = 应纳税所得额 × 适用税率

非居民企业股息、红利等权益性投资收益,以收入全额为应纳税所得额。

四、税收优惠

(一)国内法优惠

1. 分配 2008 年 1 月 1 日之前形成的累积未分配利润免征企业所得税

根据《财政部　国家税务总局关于企业所得税若干优惠政策的通知》(财税〔2008〕1 号)第四条规定,2008 年 1 月 1 日之前外商投资企业形成的累积未分配利润,在 2008 年 1 月 1 日以后分配给外国投资者的,免征企业所得税。

2. 境外投资者以分配利润直接投资暂不征收预提所得税

根据《财政部　国家税务总局　国家发展改革委　商务部关于境外投资者以分配利润直接投资暂不征收预提所得税政策问题的通知》(财税〔2017〕88 号)规定,对境外投资者在 2017 年 1 月 1 日(含当日)以后从中国境内居民企业取得的股息、红利等权益性投资收益,直接投资于鼓励类投资项目,凡符合规定条件的,实行递延纳税政策,暂不征收预提所得税。

(二)税收协定优惠

我国对外签订的部分税收协定股息条款中,约定了较为优惠的税率,例如中国与新加坡签订的税收协定规定,如果股息受益所有人是新加坡居民企业(合伙企业除外),并直接拥有支付股息公司至少25%资本的情况下,优惠税率为5%。具体参见我国与相关国家签订的税收协定股息条款。

受益所有人的判定根据《国家税务总局关于税收协定中"受益所有人"有关问题的公告》(国家税务总局公告2018年第9号,以下简称2018年9号公告)有关规定执行。

五、征收管理

(一)纳税期限

1.扣缴义务发生时间

根据企业所得税法第三十七条的规定,非居民企业取得本法第三条第三款规定的所得应源泉扣缴的所得税,由扣缴义务人在每次支付或者到期应支付时,从支付或者到期应支付的款项中扣缴。

根据2017年37号公告第七条规定,扣缴义务发生之日为股息、红利等权益性投资收益实际支付之日。

2.纳税人自行申报期限

根据企业所得税法第三十九条的有关规定,扣缴义务人未依法扣缴或无法履行扣缴义务的,由纳税人在所得发生地缴纳。非居民企业未按照企业所得税法第三十九条规定申报缴纳税款的,税务机关可以根据2017年37号公告第九条第二款规定责令限期缴纳,非居民企业应当按照税务机关确定的期限申报缴纳税款;非居民企业在税务机关责令限期缴纳前自行申报缴纳税款的,视为已按期缴纳税款。

(二)纳税地点

1.扣缴申报地点

扣缴义务人扣缴非居民企业股息、红利等权益性投资收益企业所得税时,向扣缴义务人所得税主管税务机关申报缴纳。

2.纳税人自行申报地点

根据企业所得税法第三十九条有关规定,应当源泉扣缴的所得税,扣缴义务人未依法扣缴或者无法履行扣缴义务的,由纳税人在所得发生地缴纳。

根据2017年37号公告第十六条规定,股息、红利等权益性投资所得发生地主管税务机关为分配所得企业的所得税主管税务机关。

六、政策依据

(一)《中华人民共和国企业所得税法》第三十七条、第三十八条、第三十九条、第四十条;

(二)《中华人民共和国企业所得税法实施条例》第六条、第七条第(四)项、第十一条第二款;

(三)《财政部　国家税务总局关于企业所得税若干优惠政策的通知》(财税〔2008〕1号)第四条;

(四)《国家税务总局关于中国居民企业向境外H股非居民企业股东派发股息代扣代缴企业所得税有关问题的通知》(国税函〔2008〕897号);

(五)《国家税务总局关于印发〈特别纳税调整实施办法(试行)〉的通知》(国税发〔2009〕2号)第八十八条;

(六)《财政部　国家税务总局关于企业重组业务企业所得税处理若干问题的通知》(财税〔2009〕59号);

(七)《财政部　国家税务总局关于企业清算业务企业所得税处理若干问题的通知》(财税〔2009〕60号);

(八)《国家税务总局关于中国居民企业向QFII支付股息、红利、利息代扣代缴企业所得税有关问题的通知》(国税函〔2009〕47号);

(九)《国家税务总局关于境外注册中资控股企业依据实际管理机构标准认定为居民企业有关问题的通知》(国税发〔2009〕82号);

(十)《国家税务总局关于执行税收协定股息条款有关问题的通知》(国税函〔2009〕81号);

(十一)《国家税务总局关于印发〈中华人民共和国政府和新加坡共和国政府关于对所得避免双重征税和防止偷漏税的协定〉及议定书条文解释的通知》(国税发〔2010〕75号)第十条;

（十二）《国家税务总局关于贯彻落实企业所得税法若干税收问题的通知》（国税函〔2010〕79 号）第四条；

（十三）《国家税务总局关于企业所得税若干问题的公告》（国家税务总局公告 2011 年第 34 号）第五条；

（十四）《国家税务总局关于印发〈境外注册中资控股居民企业所得税管理办法（试行）〉的公告》（国家税务总局公告 2011 年第 45 号）第二十五条；

（十五）《财政部　国家税务总局　证监会关于沪港股票市场交易互联互通机制试点有关税收政策的通知》（财税〔2014〕81 号）第二条；

（十六）《国家税务总局关于发布〈中华人民共和国非居民企业所得税年度纳税申报表〉等报表的公告》（国家税务总局公告 2015 年第 30 号）第二条；

（十七）《财政部　国家税务总局　证监会关于深港股票市场交易互联互通机制试点有关税收政策的通知》（财税〔2016〕127 号）第二条；

（十八）《国家税务总局关于非居民企业所得税源泉扣缴有关问题的公告》（国家税务总局公告 2017 年第 37 号）；

（十九）《财政部　国家税务总局　国家发展改革委　商务部关于境外投资者以分配利润直接投资暂不征收预提所得税政策问题的通知》（财税〔2017〕88 号）；

（二十）《国家税务总局关于境外投资者以分配利润直接投资暂不征收预提所得税政策有关执行问题的公告》（国家税务总局公告 2018 年第 3 号）；

（二十一）《国家税务总局关于税收协定中“受益所有人”有关问题的公告》（国家税务总局公告 2018 年第 9 号）；

（二十二）中华人民共和国政府对外签署的避免双重征税协定（含内地与香港、澳门特别行政区签署的税收安排）。

第三章　利　　息

一、概述

（一）基本概念

按照企业所得税法实施条例第十八条规定，企业所得税法第六条第（五）项所称的利息收入，是指企业将资金提供他人使用但不构成权益性投资，或者因他人占用本企业资金取得的所得，包括存款利息、贷款利息、债券利息、欠款利息等收入。

（二）基本分类

利息的常见种类主要包括存款利息、贷款利息、债券利息、欠款利息等。

实践中，一些企业不采取借贷形式，但因为其他原因占用了其他企业的资金，因而产生等同借贷行为的法律后果，即该企业应当按照法律规定或者双方约定的利率向提供资金的企业支付相当于利息的报酬。而这部分报酬也应属于企业所得税法中的利息收入，应当依照规定缴纳企业所得税。

（三）特别规定

1. 融资租赁涉及的利息

根据 2011 年 24 号公告第四条第一款规定，在中国境内未设立机构、场所的非居民企业，以融资租赁方式将设备、物件等租给中国境内企业使用，租赁期满后设备、物件所有权归中国境内企业（包括租赁期满后作价转让给中国境内企业），非居民企业按照合同约定的期限收取租金，应以租赁费（包括租赁期满后作价转让给中国境内企业的价款）扣除设备、物件价款后的余额，作为贷款利息所得计算缴纳企业所得税。

2. 居民企业向 QFII 支付的利息

根据《国家税务总局关于中国居民企业向 QFII 支付股息、红利、利息代扣代缴企业所得税有关问题的通知》（国税函〔2009〕47 号）第一条规定，QFII 取得来源于中国境内的利息收入，应当按照企业所得税法规定缴纳 10% 的企业所得税，由企业在实际支付或到期应支付时代扣代缴。

3. 境内机构向我国银行的境外分行支付的利息

根据《国家税务总局关于境内机构向我国银行的境外分行支付利息扣缴企业所得税有关问题的公告》(国家税务总局公告 2015 年第 47 号)的有关规定,我国银行的境外分行开展境内业务,并从境内机构取得的利息,为该分行的收入,计入分行的营业利润,按《财政部　国家税务总局关于企业境外所得税收抵免有关问题的通知》(财税〔2009〕125 号)的相关规定,与总机构汇总缴纳企业所得税。境内机构向境外分行支付利息时,不代扣代缴企业所得税。

如果境外分行从境内取得的利息属于代收性质,据以产生利息的债权属于境外非居民企业,境内机构向境外分行支付利息时,应代扣代缴企业所得税。

4. 其他类型的利息

中国境内企业与非居民企业进行融资业务掉期交易、跨境交易的可转换债券、票据贴现、股权式信托融资、委托贷款等新型融资业务;国内外汇指定银行自身对外融资,如境外借款、境外同业拆借、海外代付、出口风险参与、境外分行出口代偿以及其他举债业务所涉及的对外支付利息项目;以及不满足资本化条件的在建工程、进口设备支付的利息。

(四)与利息相关的其他规定

1. 关于担保费处理的国内法规定

根据 2011 年 24 号公告第二条有关规定,非居民企业取得来源于中国境内的担保费,应按照企业所得税法对利息所得规定的税率计算缴纳企业所得税。上述来源于中国境内的担保费,是指中国境内企业、机构或个人在借贷、买卖、货物运输、加工承揽、租赁、工程承包等经济活动中,接受非居民企业提供的担保所支付或负担的担保费或相同性质的费用。

2. 税收协定的相关规定

根据《国家税务总局关于印发〈中华人民共和国政府和新加坡共和国政府关于对所得避免双重征税和防止偷漏税的协定〉及议定书条文解释的通知》(国税发〔2010〕75 号,以下简称 75 号文)第十一条第四款的有关规定:对于与利息相关的其他所得是否应属于"利息"的范畴,应根据其性质区别对待:

(1)附属债券取得的所得,如发行债券的溢价和奖金构成利息,但债券持有者出售债券发生的盈亏不属于利息范围;

(2)与贷款业务相关的并附属于债权的所得可认定为利息,对独立发生于债权方以外的,如单独收取的担保费等,原则上不应认定为利息。

二、纳税人和扣缴义务人

根据企业所得税法第三条第三款及企业所得税法实施条例第六条规定,取得来源于中国境内利息所得的非居民企业为本章所称的纳税人。

依据企业所得税法第三十七条规定,对非居民企业取得企业所得税法第三条第三款规定的利息所得应缴纳的所得税,实行源泉扣缴,以支付人为扣缴义务人。税款由扣缴义务人在每次支付或者到期应支付时,从支付或者到期应支付的款项中扣缴。

三、应纳税额

应纳税额 = 应纳税所得额 × 适用税率

根据企业所得税法第十九条的有关规定,非居民企业取得的利息所得,以收入全额为应纳税所得额。

四、税收优惠

(一)国内法优惠

1. 根据企业所得税法第二十六条第(一)项有关规定,国债利息收入为免税收入。

2. 根据企业所得税法实施条例第九十一条第二款有关规定,外国政府向中国政府提供贷款取得的利息所得、国际金融组织向中国政府和居民企业提供优惠贷款取得的利息所得,免征企业所得税。

3. 根据《财政部　国家税务总局关于地方政府债券利息免征所得税问题的通知》(财税〔2013〕5 号)第一条有关规定,对企业取得的 2012 年及以后年度发行的地方政府债券利息收入,免征企业所得税。

4. 根据《财政部　国家税务总局关于铁路建设债券利息收入企业所得税政策的通知》(财税〔2011〕99

号)第一条有关规定,对企业持有2011—2013年发行的中国铁路建设债券取得的利息收入,减半征收企业所得税。

5.根据《财政部 国家税务总局关于2014、2015年铁路建设债券利息收入企业所得税政策的通知》(财税〔2014〕2号)第一条有关规定,对企业持有2014年和2015年发行的中国铁路建设债券取得的利息收入,减半征收企业所得税。

6.根据《财政部 国家税务总局 证监会关于内地与香港基金互认有关税收政策的通知》(财税〔2015〕125号)第二条第二款有关规定,对香港投资者通过基金互认从内地基金分配取得的收益,由发行债券的企业向该内地基金分配利息时,对香港市场投资者按照7%的税率代扣所得税,并由内地上市公司或发行债券的企业向其主管税务机关办理扣缴申报,该内地基金向投资者分配收益时,不再扣缴所得税。

(二)税收协定优惠

我国与大部分国家签订的税收协定利息条款有免税或优惠税率的优惠。通常有如下规定:缔约对方政府、地方当局及其中央银行或者完全为其政府所有的金融机构从我国取得利息且为受益所有人时,在我国免税。具体参见我国与相关国家签订的税收协定利息条款。

受益所有人的判定按照2018年9号公告的规定执行。

五、征收管理

(一)纳税期限

1.扣缴义务发生时间

根据企业所得税法第三十七条的规定,非居民企业取得本法第三条第三款规定的所得应源泉扣缴的所得税,由扣缴义务人在每次支付或者到期应支付时,从支付或者到期应支付的款项中扣缴。

2017年37号公告第四条规定,扣缴义务发生之日为相关款项实际支付或者到期应支付之日。

2.纳税人自行申报期限

根据企业所得税法第三十九条的有关规定,扣缴义务人未依法扣缴或无法履行扣缴义务的,由纳税人在所得发生地缴纳。非居民企业未按照企业所得税法第三十九条规定申报缴纳税款的,根据2017年37号公告第九条第二款规定税务机关可以责令限期缴纳,非居民企业应当按照税务机关确定的期限申报缴纳税款;非居民企业在税务机关责令限期缴纳前自行申报缴纳税款的,视为已按期缴纳税款。

(二)纳税地点

1.扣缴申报地点

根据2017年37号公告第七条有关规定,扣缴义务人应当向扣缴义务人所在地主管税务机关申报和解缴代扣税款。

2.纳税人自行申报地点

按照企业所得税法第三十七条规定,应当源泉扣缴的所得税,扣缴义务人未依法扣缴或者无法履行扣缴义务的,由纳税人在所得发生地缴纳。

根据2017年37号公告第十六条规定,利息所得发生地主管税务机关为负担、支付所得的单位或个人的所得税主管税务机关。

六、政策依据

(一)中华人民共和国政府对外签署的避免双重征税协定(含内地与香港、澳门特别行政区签署的税收安排);

(二)《中华人民共和国企业所得税法》第三条、第六条、第十九条、第三十七条;

(三)《中华人民共和国企业所得税法实施条例》第六条、第十八条;

(四)《国家税务局关于加强非居民企业来源于我国利息所得扣缴企业所得税工作的通知》(国税函〔2008〕955号);

(五)《国家税务总局关于中国居民企业向QFII支付股息、红利、利息代扣代缴企业所得税有关问题的通知》(国税函〔2009〕47号);

(六)《财政部 国家税务总局关于企业境外所得税收抵免有关问题的通知》(财税〔2009〕125号);

(七)《国家税务总局关于明确外国政府贷款范围的通知》(国税函〔2009〕256号);

(八)《国家税务总局关于印发〈中华人民共和国政府和新加坡共和国政府关于对所得避免双重征税和防止偷漏税的协定〉及议定书条文解释的通知》(国税发〔2010〕75号);

(九)《国家税务总局关于非居民企业所得税管理若干问题的公告》(国家税务总局公告2011年第24号);

(十)《财政部　国家税务总局关于铁路建设债券利息收入企业所得税政策的通知》(财税〔2011〕99号);

(十一)《财政部　国家税务总局关于地方政府债券利息免征所得税问题的通知》(财税〔2013〕5号);

(十二)《财政部　国家税务总局关于2014－2015年铁路建设债券利息收入企业所得税政策的通知》(财税〔2014〕2号);

(十三)《财政部　国家税务总局证监会关于内地与香港基金互认有关税收政策的通知》(财税〔2015〕125号);

(十四)《国家税务总局关于境内机构向我国银行的境外分行支付利息扣缴企业所得税有关问题的公告》(国家税务总局公告2015第47号);

(十五)《国家税务总局关于非居民企业所得税源泉扣缴有关问题的公告》(国家税务总局公告2017年第37号);

(十六)《国家税务总局关于税收协定中"受益所有人"有关问题的公告》(国家税务总局公告2018年第9号);

(十七)《国家税务总局关于发布〈中华人民共和国非居民企业所得税年度纳税申报表〉等报表的公告》(国家税务总局公告2015年第30号)。

第四章　特许权使用费

一、概述

(一)基本概念

根据企业所得税法实施条例第二十条规定,企业所得税法所称的特许权使用费收入,是指企业提供专利权、非专利技术、商标权、著作权以及其他特许权的使用权取得的收入。

我国已签税收协定通常对特许权使用费的表述为:"特许权使用费"一语是指使用或有权使用文学、艺术或科学著作,包括电影影片、无线电或电视广播使用的胶片、磁带的版权,专利、商标、设计、模型、图纸、秘密配方或秘密程序所支付的作为报酬的各种款项,也包括使用或有权使用工业、商业、科学设备或有关工业、商业、科学经验的情报所支付的作为报酬的各种款项。

(二)基本分类

1. 专利权

又称发明创造专利权,是国家依照法定条件和程序,对发明、实用新型和外观设计等智力成果授予的排他性享有和使用的权利。专利权是专利权人的一种财产权,是其通过发明创造或他人转让而获得的,是对其智力劳动的报酬,专利权人可以排他性地使用其专利,或者授予他人使用该专利的权利,从而获得经济上的回报。专利权是鼓励发明创造而通过法律规定的一种民事权利。专利权适用《中华人民共和国专利法》等法律、法规的规定。

2. 非专利技术

是指除专利技术以外,具有技术性、秘密性、实用性的技术。非专利技术包括技术知识、经验等,能产生经济价值或竞争优势,且采取了保密措施,包括在授权他人使用时也要求他人承担保密义务。非专利技术是商业秘密的一种。

3. 商标权

又称商标专用权,是指经依法注册商标的所有权人支配其注册商标并禁止他人侵害的排他性权利,包括商标权人对其注册商标的排他使用权、收益权、处分权、续展权和禁止他人侵害的权利等。商标权适用《中华人民共和国商标法》等法律、法规的规定。

4. 著作权

又称版权，分为著作人格权与著作财产权两部分。其中著作人格权包括对作品的发表权、署名权、修改权及保护作品完整权等；著作财产权包括对作品的复制权、发行权、出租权、展览权、表演权、放映权、广播权、信息网络传播权、摄制权、改编权、翻译权以及许可他人使用并获得报酬的权利等。著作权适用《中华人民共和国著作权法》等法律、法规的规定。

5. 其他特许权

除以上四项较为常见的特许权外，还有一些特许权的类型，如连锁店经营的加盟特许权、品牌经营特许权等。这些都是具有经济价值的权利，通常要以支付费用的方式取得，也是特许权所有人的重要收入来源。

（三）特许权使用费的理解

依据《国家税务总局关于执行税收协定特许权使用费条款有关问题的通知》（国税函〔2009〕507 号）以及 2010 年 75 号文第十二条，“特许权使用费”一语的定义需从以下几个方面理解：

1. 特许权使用费首先应与使用或有权使用以下权利有关：构成权利和财产的各种形式的文学和艺术，有关工业、商业和科学实验的文字和信息中确定的知识产权，不论这些权利是否已经或必须在规定的部门注册登记。还应注意，这一定义既包括了在有许可的情况下支付的款项，也包括因侵权支付的赔偿款。

2. 特许权使用费也包括使用或有权使用工业、商业、科学设备取得的所得，即设备租金。但不包括设备所有权最终转移给用户的有关融资租赁协议涉及的支付款项中被认定为利息的部分；也不包括使用不动产取得的所得，使用不动产取得的所得适用协定第六条的规定。

3. 特许权使用费还包括使用或有权使用有关工业、商业、科学经验的情报取得的所得。对该项所得应理解为专有技术，一般是指进行某项产品的生产或工序复制所必需的、未曾公开的、具有专有技术性质的信息或资料。与专有技术有关的特许权使用费一般涉及技术许可方同意将其未公开的技术许可给另一方，使另一方能自由使用，技术许可方通常不亲自参与技术受让方对被许可技术的具体应用，并且不保证实施的结果。被许可的技术通常已经存在，但也包括应技术受让方的需求而研发后许可使用，并在合同中列有保密等使用限制的技术。

4. 在服务合同中，如果服务提供方在提供服务过程中使用了某些专门知识和技术，但并不许可这些技术使用权，则此类服务不属于特许权使用费范围。如果服务提供方提供服务形成的成果属于特许权使用费定义范围，并且服务提供方仍保有该项成果的所有权，服务接受方对此成果仅有使用权，则此类服务产生的所得属于特许权使用费。举例说明如下：

案例 1：我国 A 公司为集成电路设计企业，芯片设计完成后，由于没有专有检验设备，因此委托美国 B 公司进行芯片设计成果检验。双方签订技术检验合同，A 公司提供参数标准，B 公司按要求在美国进行芯片检验，B 公司在检验过程中使用了某些专门知识或技术，但并不许可使用这些技术，B 公司收取的检验费用不属于特许权使用费，从业务性质应确定为境外劳务。

案例 2：我国 A 企业为汽车制造企业，委托境外 B 公司进行某项新技术的研发，双方签订了委托研发合同，合同约定新技术研发成功后，B 公司保留技术的所有权，A 公司只有该技术的使用权，尽管从形式上看 B 公司提供的是研发劳务，但由于 B 公司保留的技术所有权，A 公司只取得技术使用权，因此此类服务产生的所得应该属于特许权使用费。

5. 在转让或许可专有技术使用权过程中，如果技术许可方派人员为该项技术的应用提供有关支持、指导等服务，并收取服务费，无论是单独收取还是包括在技术价款中，均应视为特许权使用费。

6. 单纯货物贸易项下作为售后服务的报酬，产品保证期内卖方为买方提供服务所取得的报酬，专门从事工程、管理、咨询等专业服务的机构或个人提供的相关服务所取得的所得不是特许权使用费，应作为劳务活动所得适用协定第七条营业利润条款的规定。

二、纳税人和扣缴义务人

根据企业所得税法第三条第三款及企业所得税法实施条例第六条规定，取得来源于中国境内特许权使用费所得的非居民企业为本章所称的纳税人。

依据企业所得税法第三十七条规定，对非居民企业取得企业所得税法第三条第三款规定的特许权使用费所得应缴纳的所得税，实行源泉扣缴，以支付人为扣缴义务人。税款由扣缴义务人在每次支付或者到期应支付时，从支付或者到期应支付的款项中扣缴。

三、应纳税额

应纳税额 = 应纳税所得额 × 适用税率

根据企业所得税法第十九条的有关规定，非居民企业取得的特许权使用费所得，以收入全额为应纳税所得额。

四、税收优惠

（一）国内法优惠

无。

（二）税收协定优惠

我国对外签订的税收协定特许权使用费条款中，少数约定了较为优惠的税率，例如中国与罗马尼亚签订的税收协定特许权使用费条款规定，如果特许权使用费受益所有人是罗马尼亚居民，则所征税款不应超过特许权使用费总额的3%。具体参见我国与相关国家签订的税收协定特许权使用费条款。

受益所有人的判定根据 2018 年 9 号公告的规定执行。

五、征收管理

（一）纳税期限

1. 扣缴义务发生时间

根据企业所得税法第三十七条的规定，非居民企业取得本法第三条第三款规定的所得应源泉扣缴的所得税，由扣缴义务人在每次支付或者到期应支付时，从支付或者到期应支付的款项中扣缴。

2017 年 37 号公告第四条规定，扣缴义务发生之日为相关款项实际支付或者到期应支付之日。

2. 纳税人自行申报期限

根据企业所得税法第三十九条的有关规定，扣缴义务人未依法扣缴或无法履行扣缴义务的，由纳税人在所得发生地缴纳。非居民企业未按照企业所得税法第三十九条规定申报缴纳税款的，根据 2017 年 37 号公告第九条第二款规定税务机关可以责令限期缴纳，非居民企业应当按照税务机关确定的期限申报缴纳税款；非居民企业在税务机关责令限期缴纳前自行申报缴纳税款的，视为已按期缴纳税款。

（二）纳税地点

1. 扣缴申报地点

根据 2017 年 37 号公告第七条有关规定，扣缴义务人应当向扣缴义务人所在地主管税务机关申报和解缴代扣税款。

2. 纳税人自行申报地点

根据企业所得税法第三十九条有关规定，应当源泉扣缴的所得税，扣缴义务人未依法扣缴或者无法履行扣缴义务的，由纳税人在所得发生地缴纳。

根据 2017 年 37 号公告第十六的规定，特许权使用费所得发生地主管税务机关为负担、支付所得的单位或个人的所得税主管税务机关。

六、政策依据

（一）《中华人民共和国企业所得税法》第三十七条、第三十八条、第三十九条、第四十条；

（二）《中华人民共和国企业所得税法实施条例》第八条、第七条第（五）项；

（三）《国家税务总局关于执行税收协定特许权使用费条款有关问题的通知》（国税函〔2009〕507 号）；

（四）《国家税务总局关于税收协定有关条款执行问题的通知》（国税函〔2010〕46 号）；

（五）《国家税务总局关于印发〈中华人民共和国政府和新加坡共和国政府关于对所得避免双重征税和

防止偷漏税的协定〉及议定书条文解释的通知》(国税发〔2010〕75号)第十二条；

(六)《国家税务总局关于执行中英等双边税收协定技术服务费条款有关问题的公告》(国家税务总局公告2011年第19号)；

(七)《国家税务总局关于非居民企业所得税管理若干问题的公告》(国家税务总局公告2011年第24号)第一条；

(八)《国家税务总局关于非居民企业所得税源泉扣缴有关问题的公告》(国家税务总局公告2017年第37号)；

(九)《国家税务总局关于税收协定中“受益所有人”有关问题的公告》(国家税务总局公告2018年第9号)；

(十)《国家税务总局关于发布〈中华人民共和国非居民企业所得税年度纳税申报表〉等报表的公告》(国家税务总局公告2015年第30号)；

(十一)中华人民共和国政府对外签署的避免双重征税协定(含内地与香港、澳门特别行政区签署的税收安排)。

第五章　转让财产

一、概述

(一)基本概念

根据企业所得税法实施条例第十六条规定，转让财产收入，是指企业转让固定资产、生物资产、无形资产、股权、债权等财产取得的收入。

(二)基本分类

1.转让不动产所得

根据企业所得税法实施条例第七条规定，不动产转让所得按照不动产所在地确定。如果不动产所在地在中国境内，则转让该不动产的所得属于来源于中国境内的所得。

2.转让动产所得

根据企业所得税法实施条例第七条规定，动产转让所得按照转让动产的企业或者机构、场所所在地确定。在中国境内没有设立机构、场所的非居民企业转让动产，中国没有所得税征税权；在中国境内设立机构、场所的非居民企业，如果从该机构、场所转让动产给其他单位或个人，中国有所得税征税权。

3.转让权益性投资资产所得

根据企业所得税法实施条例第七条规定，权益性投资资产转让所得按照被投资企业所在地确定。非居民企业转让中国居民企业的股权等权益性投资资产，其取得的所得属于来源于中国境内的所得，应依法缴纳企业所得税。

二、纳税人和扣缴义务人

根据企业所得税法第三条第三款及企业所得税法实施条例第六条规定，取得来源于中国境内转让财产所得的非居民企业为本章所称的纳税人。

按照企业所得税法第三十七条规定，对非居民企业取得本法第三条第三款规定的所得应缴纳的所得税，实行源泉扣缴，以支付人为扣缴义务人。税款由扣缴义务人在每次支付或者到期应支付时，从支付或者到期应支付的款项中扣缴。

三、应纳税额

(一)计算公式

应纳税额=应纳税所得额×适用税率

应纳税所得额=收入全额-财产净值

根据企业所得税法第十九条第二项规定，转让财产所得，以收入全额减除财产净值后的余额为应纳税所得额；根据企业所得税法实施条例第七十四条规定，财产的净值，是指有关资产、财产的计税基础减除按照规定已经扣除的折旧、折耗、摊销、准备金等后的余额。

（二）应纳税所得额

1. 股权转让所得的应纳税所得额

2017 年 37 号公告第三条规定，企业所得税法第十九条第二项规定的转让财产所得包含转让股权等权益性投资资产（以下称“股权”）所得。股权转让收入减除股权净值后的余额为股权转让所得应纳税所得额。

股权转让所得应纳税所得额 = 股权转让收入 − 股权净值

股权转让收入是指股权转让人转让股权所收取的对价，包括货币形式和非货币形式的各种收入。

股权净值是指取得该股权的计税基础。股权的计税基础是股权转让人投资入股时向中国居民企业实际支付的出资成本，或购买该项股权时向该股权的原转让人实际支付的股权受让成本。股权在持有期间发生减值或者增值，按照国务院财政、税务主管部门规定可以确认损益的，股权净值应进行相应调整。企业在计算股权转让所得时，不得扣除被投资企业未分配利润等股东留存收益中按该项股权所可能分配的金额。

多次投资或收购的同项股权被部分转让的，从该项股权全部成本中按照转让比例计算确定被转让股权对应的成本。

案例 1：

基本情况：境外 A 企业为非居民企业，境内 B 企业和 C 企业为居民企业，A 企业经过前后三次投资 C 企业，合计持有 C 企业 40% 的股权，第一次投资人民币 100 万元，第二次投资人民币 200 万元，第三次投资人民币 400 万元。

交易情况：2018 年 1 月 8 日，A 企业与 B 企业签订股权转让合同，以人民币 1000 万元的价格转让其持有的 C 企业 30% 的股权给 B 企业。

①股权转让成本计算

首先，确认 A 企业持有 C 企业 40% 股权的全部成本为 100 + 200 + 400 = 700 万元；其次，确认本次交易转让比例为 30% ÷ 40% = 75%；最后，确定被转让股权对应的成本，即该被转让的 C 企业 30% 股权对应的成本 = 700 × 75% = 525 万元。

②应纳税所得额计算

本次股权转让交易的应纳税所得额 1000 − 525 = 475 万元。

2. 分期收款的应纳税所得额

根据 2017 年 37 号公告第七条规定，非居民企业采取分期收款方式取得应源泉扣缴所得税的同一项转让财产所得的，其分期收取的款项可先视为收回以前投资财产的成本，待成本全部收回后，再计算并扣缴应扣税款。

案例 2：

基本情况：境外 A 企业为非居民企业，境内 B 企业和 C 企业均为居民企业，A 企业和 B 企业各持有 C 企业 50% 股权，A 企业投资取得 C 企业 50% 股权的成本为 500 万元人民币。

交易情况：2018 年 1 月 10 日 A 企业以人民币 1000 万元人民币将该项股权一次转让给 B 企业，但按股权转让合同约定，B 企业分别于 2018 年 2 月 10 日、2018 年 3 月 10 日和 2018 年 4 月 10 日支付转让价款 300 万元、400 万元和 300 万元。

所得计算：

①B 企业于 2018 年 2 月 10 日支付的 300 万元人民币价款可视为 A 企业收回 500 万元股权转让成本中的 300 万元；

②B 企业于 2018 年 3 月 10 日支付的 400 万元人民币价款中的 200 万元为 A 企业收回 500 万元股权转让成本中的剩余 200 万元成本，其余 200 万元价款应作为股权转让收益计算扣缴税款；

③B 企业于 2018 年 4 月 10 日支付的 300 万元人民币价款全部作为股权转让收益计算扣缴税款。

3. 转让土地使用权的应纳税所得额

根据 2011 年 24 号公告第三条规定，非居民企业在中国境内未设立机构、场所而转让中国境内土地使用权，或者虽设立机构、场所但取得的土地使用权转让所得与其所设机构、场所没有实际联系的，应以其取得的土地使用权转让收入总额减除计税基础后的余额作为土地使用权转让所得计算缴纳企业所得税，并由扣缴义务人在支付时代扣代缴。

应纳税所得额＝取得的土地使用权转让收入总额－计税基础

4. 清算取得剩余资产所得的税务处理

根据企业所得税法实施条例第十一条和《财政部　国家税务总局关于企业清算业务企业所得税处理若干问题的通知》（财税〔2009〕60号）第五条的有关规定，被清算企业的股东分得的剩余资产的金额，其中相当于被清算企业累计未分配利润和累计盈余公积中按该股东所占股份比例计算的部分，应确认为股息所得；剩余资产减除股息所得后的余额，超过或低于股东投资成本的部分，应确认为股东的投资转让所得或损失。

5. 撤资或减资取得资产的税务处理

根据《国家税务总局关于企业所得税若干问题的公告》（国家税务总局公告2011年第34号）第五条的规定，投资企业从被投资企业撤回或减少投资，其取得的资产中，相当于初始出资的部分，应确认为投资收回；相当于被投资企业累计未分配利润和累计盈余公积按减少实收资本比例计算的部分，应确认为股息所得；其余部分确认为投资资产转让所得。

6. 外币折算

根据2017年37号公告第五条规定，财产转让收入或财产净值以人民币以外的货币计价的，分扣缴义务人扣缴税款、纳税人自行申报缴纳税款和主管税务机关责令限期缴纳税款三种情形，先将以非人民币计价项目金额比照本公告第四条规定折合成人民币金额，再按企业所得税法第十九条第二项及相关规定计算非居民企业财产转让所得应纳税所得额。

财产净值或财产转让收入的计价货币按照取得或转让财产时实际支付或收取的计价币种确定。原计价币种停止流通并启用新币种的，按照新旧货币市场转换比例转换为新币种后进行计算。

案例3：

基本情形：境外A企业为非居民企业，境内B企业和C企业为居民企业，A企业经过前后两次投资C企业，合计持有C企业40%的股权，2008年8月1日第一次出资100万美元（假设当时人民币汇率中间价为：1美元＝8.6元人民币），2010年9月1日第二次投资50万欧元（假设当时人民币汇率中间价为：1欧元＝8.9元人民币）

交易情况：2018年1月10日A企业以人民币2000万元将该项股权转让给B企业，合同于当天生效，B企业于2018年1月15日向A企业支付了股权转让款2000万元，假设2018年1月15日，人民币兑美元和欧元的中间价分别为：1美元＝6.6元人民币，1欧元＝7.2元人民币。

所得计算：假设本次交易财产转让由扣缴义务人扣缴企业所得税，则应纳税所得额的计算过程如下：

①折算财产转让收入：

财产转让收入＝2000万元（以人民币计价所以不用折算）

②折算财产净值：

财产净值＝100万美元×6.6＋50万欧元×7.2＝1020万元人民币（采用所得款项实际支付日1月15日的汇率）

③计算财产转让所得应纳税所得：

转让所得应纳税所得额＝财产转让收入－财产净值＝人民币2000万元－人民币1020万元＝人民币980万元

四、税收优惠

（一）国内法优惠

1. QFII和RQFII转让所得免征规定

根据《关于QFII和RQFII取得中国境内的股票等权益性投资资产转让所得暂免征收企业所得税问题的通知》（财税〔2014〕79号）规定，从2014年11月17日起，对合格境外机构投资者（简称QFII）、人民币合格境外机构投资者（简称RQFII）取得来源于中国境内的股票等权益性投资资产转让所得，暂免征收企业所得税。

2. 沪(深)港通转让差价所得免征规定

根据《财政部　国家税务总局　证监会关于沪港股票市场交易互联互通机制试点有关税收政策的通知》(财税〔2014〕81 号)规定,自 2014 年 11 月 17 日起,对香港市场投资者(包括企业和个人)投资上交所上市 A 股取得的转让差价所得,暂免征收所得税。

根据《财政部　国家税务总局　证监会关于深港股票市场交易互联互通机制试点有关税收政策的通知》(财税〔2016〕127 号)规定,自 2016 年 12 月 5 日起,对香港市场投资者(包括企业和个人)投资深交所上市 A 股取得的转让差价所得,暂免征收所得税。

(二)税收协定优惠

税收协定财产收益条款对转让各类财产取得收益的征税权进行了划分,通常不限制居民国的征税权,对来源国征税权限制范围在协定之间有所不同。我国对外签订的税收协定财产收益条款既存在共同之处,也有较大差异。大部分已签税收协定财产收益条款共同之处包括两个方面,一是对转让不动产、不动产公司股份和常设机构财产不限制来源国征税权,相关财产收益无税收协定待遇;二是对转让运输工具基本限制来源国征税权,但根据国内税收规定,非居民企业取得的该项财产收益也不需要缴纳预提所得税,因此不需要享受税收协定待遇。

关于非不动产公司股份和其他财产转让收益的税务处理在已签税收协定财产收益条款上存在较大差异,主要有以下三类做法:一是少数协定完全排除此类财产收益来源国征税权,非居民企业可以申请享受税收协定规定的免税待遇;二是部分协定只排除部分此类财产收益来源国征税权(如被转让的非不动产公司股份属于来源国居民公司 25% 以上股份的,来源国保有征税权),非居民企业仅可以就不属于来源国保有征税权的财产收益申请享受税收协定规定的免税待遇;三是部分协定明确来源国保有此类财产收益征税权,相关财产收益无税收协定待遇。相关协定待遇示例如下:

例如,如果韩国居民企业直接转让一个中国公司的股份取得收益,且被转让股份的公司直接或间接持有位于中国的不动产价值占公司全部财产价值的比例不足 50%,那么按照中国与韩国签订的税收协定第十三条第五款规定,转让其他财产取得的收益应仅在转让方所属居民国征税,因此该项财产收益可免于在中国缴纳预提所得税。

再例如,如果新加坡居民企业直接转让一个中国公司的股份取得收益,且同时符合以下两个条件,一是被转让股份的公司直接或间接持有位于中国的不动产价值占公司全部财产价值的比例不足 50%;二是该新加坡居民企业在转让行为前的 12 个月内持有该中国公司资本的比例不足 25%,按照中国与新加坡签订的税收协定第十三条规定,该项财产收益可免于在中国缴纳预提所得税。

五、征收管理

(一)纳税期限

1. 扣缴义务发生时间

根据企业所得税法第三十七条的规定,非居民企业取得本法第三条第三款规定的所得应源泉扣缴的所得税,由扣缴义务人在每次支付或者到期应支付时,从支付或者到期应支付的款项中扣缴。

一般情况下,根据 2017 年 37 号公告第四条第(一)项有关规定,扣缴义务发生之日为相关款项实际支付或者到期应支付之日。

2. 纳税人自行申报期限

根据企业所得税法第三十九条的有关规定,扣缴义务人未依法扣缴或无法履行扣缴义务的,由纳税人在所得发生地缴纳。非居民企业未按照企业所得税法第三十九条规定申报缴纳税款的,根据 2017 年 37 号公告第九条第二款规定税务机关可以责令限期缴纳,非居民企业应当按照税务机关确定的期限申报缴纳税款;非居民企业在税务机关责令限期缴纳前自行申报缴纳税款的,视为已按期缴纳税款。

(二)纳税地点

1. 扣缴申报地点

根据 2017 年 37 号公告第七条有关规定,扣缴义务人应当向扣缴义务人所在地主管税务机关申报和解缴代扣税款。

2. 纳税人自行申报地点

根据企业所得税法第三十九条有关规定，应当源泉扣缴的所得税，扣缴义务人未依法扣缴或者无法履行扣缴义务的，由纳税人在所得发生地缴纳。

根据2017年37号公告第十六条规定，不动产转让所得发生地主管税务机关为不动产所在地税务机关，权益性投资资产转让所得发生地主管税务机关为被投资企业的所得税主管税务机关。

六、间接财产转让

（一）适用情形

根据《关于非居民企业间接转让财产企业所得税若干问题的公告》（国家税务总局公告2015年第7号，以下简称7号公告）第一条规定，非居民企业通过实施不具有合理商业目的的安排，间接转让中国居民企业股权等财产，规避企业所得税纳税义务的，应按照企业所得税法第四十七条“企业实施其他不具有合理商业目的的安排而减少其应纳税收入或者所得额的，税务机关有权按照合理方法调整”的规定，重新定性该间接转让交易，确认为直接转让中国居民企业股权等财产。

1. 间接转让中国应税财产

间接转让中国应税财产是指非居民企业通过转让直接或间接持有中国应税财产的境外企业（不含境外注册中国居民企业，以下称境外企业）股权及其他类似权益（以下称股权），产生与直接转让中国应税财产相同或相近实质结果的交易，包括非居民企业重组引起境外企业股东发生变化的情形。

2. 中国应税财产

中国应税财产是指非居民企业直接持有，且转让取得的所得按照中国税法规定，应在中国缴纳企业所得税的中国境内机构、场所财产，中国境内不动产，在中国居民企业的权益性投资资产等。

（二）合理商业目的判定

是否具有合理商业目的，是一项间接转让中国应税财产交易是否被重新定性为直接转让中国应税财产的关键因素。2015年7号公告围绕如何进行合理商业目的的判定，分不同交易情形作出了相应的规定。

1. 综合判断因素

根据2015年7号公告第三条的规定，判断合理商业目的，应整体考虑与间接转让中国应税财产交易相关的所有安排，结合实际情况综合分析以下相关因素：

（1）境外企业股权主要价值是否直接或间接来自于中国应税财产；

（2）境外企业资产是否主要由直接或间接在中国境内的投资构成，或其取得的收入是否主要直接或间接来源于中国境内；

（3）境外企业及直接或间接持有中国应税财产的下属企业实际履行的功能和承担的风险是否能够证实企业架构具有经济实质；

（4）境外企业股东、业务模式及相关组织架构的存续时间；

（5）间接转让中国应税财产交易在境外应缴纳所得税情况；

（6）股权转让方间接投资、间接转让中国应税财产交易与直接投资、直接转让中国应税财产交易的可替代性；

（7）间接转让中国应税财产所得在中国可适用的税收协定或安排情况；

（8）其他相关因素。

2. 应直接认定为不具有合理商业目的情形

根据2015年7号公告第四条的规定，除2015年7号公告第五条和第六条规定情形外，与间接转让中国应税财产相关的整体安排同时符合以下情形的，无需按2015年7号公告第三条进行分析和判断，应直接认定为不具有合理商业目的：

（1）境外企业股权75%以上价值直接或间接来自于中国应税财产；

（2）间接转让中国应税财产交易发生前一年内任一时点，境外企业资产总额（不含现金）的90%以上直接或间接由在中国境内的投资构成，或间接转让中国应税财产交易发生前一年内，境外企业取得收入的90%以上直接或间接来源于中国境内；

(3)境外企业及直接或间接持有中国应税财产的下属企业虽在所在国家(地区)登记注册,以满足法律所要求的组织形式,但实际履行的功能及承担的风险有限,不足以证实其具有经济实质;

(4)间接转让中国应税财产交易在境外应缴所得税税负低于直接转让中国应税财产交易在中国的可能税负。

3. 不需要重新定性的情形

根据 2015 年 7 号公告第五条的规定,与间接转让中国应税财产相关的整体安排符合以下情形之一的,不适用 2015 年 7 号公告第一条的规定,即该类交易可以认定为具有合理商业目的,不需要重新定性:

(1)非居民企业在公开市场买入并卖出同一上市境外企业股权取得间接转让中国应税财产所得;

(2)在非居民企业直接持有并转让中国应税财产的情况下,按照可适用的税收协定或安排的规定,该项财产转让所得在中国可以免予缴纳企业所得税。

4. 应认定具有合理商业目的情形

根据 2015 年 7 号公告第六条的规定,间接转让中国应税财产同时符合以下条件的,应认定为具有合理商业目的:

(1)交易双方的股权关系具有下列情形之一:

①股权转让方直接或间接拥有股权受让方 80% 以上的股权;

②股权受让方直接或间接拥有股权转让方 80% 以上的股权;

③股权转让方和股权受让方被同一方直接或间接拥有 80% 以上的股权。

境外企业股权 50% 以上(不含 50%)价值直接或间接来自于中国境内不动产的,本条第(1)项第①、②、③目的持股比例应为 100%。

上述间接拥有的股权按照持股链中各企业的持股比例乘积计算。

(2)本次间接转让交易后可能再次发生的间接转让交易,相比在未发生本次间接转让交易情况下的相同或类似间接转让交易,其中国所得税负担不会减少。

(3)股权受让方全部以本企业或与其具有控股关系的企业的股权(不含上市企业股权)支付股权交易对价。

(三)税务处理原则

根据 2015 年 7 号公告第二条规定,间接转让中国应税财产所得应按以下顺序进行税务处理:

1. 间接转让机构、场所财产所得

对归属于境外企业及直接或间接持有中国应税财产的下属企业在中国境内所设机构、场所财产的数额,应作为与所设机构、场所有实际联系的所得,按照企业所得税法第三条第二款规定征税。

2. 间接转让不动产所得

除适用本条第 1 项规定情形外,对归属于中国境内不动产的数额,应作为来源于中国境内的不动产转让所得,按照企业所得税法第三条第三款规定征税。

3. 间接转让股权所得

除适用本条第 1 项或第 2 项规定情形外,对归属于在中国居民企业的权益性投资资产的数额,应作为来源于中国境内的权益性投资资产转让所得,按照企业所得税法第三条第三款规定征税。

(四)应税所得归属

如果一项间接转让中国应税财产交易因不具有合理商业目的而被调整定性为直接转让中国应税财产交易,则按照企业所得税法及其实施条例和 2015 年 7 号公告规定,可以就间接转让中国应税财产所得征收企业所得税。但如果被转让境外企业股权价值来源包括中国应税财产因素和非中国应税财产因素,则需按照合理方法将转让境外企业股权所得划分为归属于中国应税财产所得和归属于非中国应税财产所得,只需就归属于中国应税财产所得按照公告调整征税。

案例 4:一家设立在开曼的境外企业(不属于境外注册中国居民企业)持有中国应税财产和非中国应税财产两项资产,非居民企业转让开曼企业股权所得为 100,假设其中归属于中国应税财产的所得为 80,归属于非中国应税财产所得为 20,在这种情况下,只就归属于中国应税财产的 80 部分适用 7 号公告规定征税;

假设其中归属于中国应税财产的所得为120，归属于非中国应税财产的所得为－20，那么即便转让开曼企业股权所得为100，仍需就归属于中国应税财产的120适用2015年7号公告规定征税。

（五）间接转让特别规定

1.主动报告信息和提交资料

2015年7号公告第九条规定，间接转让中国应税财产的交易双方及被间接转让股权的中国居民企业，可以向主管税务机关报告股权转让事项，并提交相关资料。

2.按照税务机关要求提供资料

2015年7号公告第十条规定，间接转让中国应税财产的交易双方和筹划方，以及被间接转让股权的中国居民企业，应按照主管税务机关要求提供相关资料。

3.减轻或免责规定

2015年7号公告第八条规定，扣缴义务人未扣缴，且股权转让方未缴纳应纳税款的，主管税务机关可以按照税收征管法及其实施细则相关规定追究扣缴义务人责任；但扣缴义务人已在签订股权转让合同或协议之日起30日内按本公告第九条规定提交资料的，可以减轻或免除责任。

4.涉及两个以上主管税务机关的处理方式

对间接转让涉及两个以上且不在同一省（市）中国居民企业股权的，可选择向其中一地或多地的主管税务机关报送资料。

2015年7号公告第十二条规定，股权转让方通过直接转让同一境外企业股权导致间接转让两项以上中国应税财产，按照本公告的规定应予征税，涉及两个以上主管税务机关的，股权转让方应分别到各所涉主管税务机关申报缴纳企业所得税。

七、跨境重组股权转让的特殊性税务处理

根据《财政部　国家税务总局关于企业重组业务企业所得税处理若干问题的通知》（财税〔2009〕59号，以下简称59号文）、《关于发布〈企业重组业务企业所得税管理办法〉的公告》（国家税务总局公告2010年第4号，以下简称2010年4号公告）、《关于非居民企业股权转让适用特殊性税务处理有关问题的公告》（国家税务总局2013年第72号公告）、《财政部　国家税务总局关于促进企业重组有关企业所得税处理问题的通知》（财税〔2014〕109号）等文件规定，非居民企业在跨境重组中取得的股权转让所得，符合条件的股权转让可以适用特殊性税务处理。

（一）适用条件

企业发生涉及中国境内与境外之间（包括港澳台地区）的股权和资产收购交易，除应符合2009年59号文第五条规定的条件外，还应同时符合第七条规定的条件，才可选择适用特殊性税务处理规定：

1.第五条规定的条件

以下条件须同时符合：

（1）具有合理的商业目的，且不以减少、免除或者推迟缴纳税款为主要目的；

（2）被收购股权比例符合规定比例，即股权受让方购买的股权不低于被收购企业全部股权的50%；

（3）企业重组后的连续12个月内不改变重组资产原来的实质性经营活动；

（4）重组交易对价中涉及股权支付金额符合规定比例，即股权受让方在该股权收购发生时的股权支付金额不低于其交易支付总额的85%；

（5）企业重组中取得股权支付的原主要股东，在重组后连续12个月内，不得转让所取得的股权。

2.第七条规定的条件

（1）非居民企业向其100%直接控股的另一非居民企业转让其拥有的居民企业股权，没有因此造成以后该项股权转让所得预提税负担变化，且转让方非居民企业向主管税务机关书面承诺在3年（含3年）内不转让其拥有受让方非居民企业的股权；

（2）非居民企业向与其具有100%直接控股关系的居民企业转让其拥有的另一居民企业股权；

（3）财政部、国家税务总局核准的其他情形。

(二)备案流程

1. 备案时间

非居民企业股权转让选择特殊性税务处理的,应于股权转让合同或协议生效且完成工商变更登记手续30日内进行备案。

2. 备案责任方

属于2009年59号文第七条第(一)项情形的(即境外转境外模式),由转让方向被转让企业所在地所得税主管税务机关备案;属于2009年59号文第七条第(二)项情形的(即境外转境内模式),由受让方向其所在地所得税主管税务机关备案。

股权转让方或受让方可以委托代理人办理备案事项;代理人在代为办理备案事项时,应向主管税务机关出具备案人的书面授权委托书。

3. 填报资料

股权转让方、受让方或其授权代理人(以下简称备案人)办理备案时应填报以下资料:

(1)《非居民企业股权转让适用特殊性税务处理备案表》;

(2)股权转让业务总体情况说明,应包括股权转让的商业目的、证明股权转让符合特殊性税务处理条件、股权转让前后的公司股权架构图等资料;

(3)股权转让业务合同或协议(外文文本的同时附送中文译本);

(4)工商等相关部门核准企业股权变更事项证明资料;

(5)截至股权转让时,被转让企业历年的未分配利润资料;

(6)税务机关要求的其他材料。

4. 其他注意事项

《国家税务总局关于修改〈非居民企业所得税核定征收管理办法〉等文件的公告》(国家税务总局公告2015年第22号)第三条规定,非居民企业股权转让未进行特殊性税务处理备案或备案后经调查核实不符合条件的,适用一般性税务处理规定,应按照有关规定缴纳企业所得税。非居民企业股权转让适用特殊性税务处理未进行备案的,税务机关应告知其按照规定办理备案手续。

2010年4号公告第三十条规定,重组业务当事方的其中一方在规定时间内发生生产经营业务、公司性质、资产或股权结构等情况变化,致使重组业务不再符合特殊性税务处理条件的,发生变化的当事方应在情况发生变化的30天内书面通知其他所有当事方。主导方在接到通知后30日内将有关变化通知其主管税务机关。上款所述情况发生变化后60日内,应按照"同一重组业务的当事各方应采取一致税务处理原则,即统一按一般性或特殊性税务处理"调整重组业务的税务处理。原交易各方应各自按原交易完成时资产和负债的公允价值计算重组业务的收益或损失,调整交易完成纳税年度的应纳税所得额及相应的资产和负债的计税基础,并向各自主管税务机关申请调整交易完成纳税年度的企业所得税年度申报表。逾期不调整申报的,按照税收征管法及其实施细则的相关规定处理。

八、政策依据

(一)基本政策

1.《中华人民共和国企业所得税法》第三条第三款、第四条、第十九条第二项、第三十七条、第三十八条、第三十九条、第四十条;

2.《中华人民共和国企业所得税法实施条例》第六条、第七条、第十一条、第七十四条、第九十一条、第一百零四条、第一百零五条;

3.《国家税务总局关于印发〈中华人民共和国政府和新加坡共和国政府关于对所得避免双重征税和防止偷漏税的协定〉及议定书条文解释的通知》(国税发〔2010〕75号);

4.《关于非居民企业所得税管理若干问题的通知》(国家税务总局公告2011年第24号)第三条;

5.《国家税务总局关于非居民企业所得税源泉扣缴有关问题的公告》(国家税务总局公告2017年第37号);

6. 中华人民共和国政府对外签署的避免双重征税协定(含内地与香港、澳门特别行政区签署的税收安排)。

（二）财产转让相关政策

1.《国家税务总局关于外商投资企业和外国企业原有若干税收优惠政策取消后有关事项处理的通知》（国税发〔2008〕23号）；

2.《财政部　国家税务总局关于企业清算业务企业所得税处理若干问题的通知》（财税〔2009〕60号）第五条；

3.《关于加强非居民企业股权转让所得企业所得税管理的通知》（国税函〔2009〕698号，2017年12月1日起全文失效）；

4.《国家税务总局关于企业所得税若干问题的公告》（国家税务总局公告2011年第34号）第五条；

5.《关于QFII和RQFII取得中国境内的股票等权益性投资资产转让所得暂免征收企业所得税问题的通知》（财税〔2014〕79号）；

6.《财政部　国家税务总局　证监会关于沪港股票市场交易互联互通机制试点有关税收政策的通知》（财税〔2014〕81号）第二条第一项；

7.《关于非居民企业间接转让财产企业所得税若干问题的公告》（国家税务总局公告2015年第7号）；

8.《财政部　国家税务总局　证监会关于深港股票市场交易互联互通机制试点有关税收政策的通知》（财税〔2016〕127号）第二条第一项。

（三）跨境重组相关政策

1.《关于企业重组业务企业所得税处理若干问题的通知》（财税〔2009〕59号）；

2.《关于发布〈企业重组业务企业所得税管理办法〉的公告》（国家税务总局公告2010年第4号）；

3.《关于非居民企业股权转让适用特殊性税务处理有关问题的公告》（国家税务总局公告2013年第72号）；

4.《财政部　国家税务总局关于促进企业重组有关企业所得税处理问题的通知》（财税〔2014〕109号）。

第六章　租金所得

一、概述

（一）基本概念

按照企业所得税法实施条例第十九条规定，企业所得税法所称的租金收入，是指企业提供固定资产、包装物或者其他有形资产的使用权取得的收入。

（二）不属于租金的情形

1.融资租赁。根据2011年24号公告第四条第一款的规定，在中国境内未设立机构、场所的非居民企业，以融资租赁方式将设备、物件等租给中国境内企业使用，租赁期满后设备、物件所有权归中国境内企业（包括租赁期满后作价转让给中国境内企业），非居民企业按照合同约定的期限收取租金，应以租赁费（包括租赁期满后作价转让给中国境内企业的价款）扣除设备、物件价款后的余额，作为贷款利息所得计算缴纳企业所得税。

2.国际运输。根据《国家税务总局关于发布〈非居民企业从事国际运输业务税收管理暂行办法〉的公告》（国家税务总局公告2014年第37号）第二条第二款的规定，非居民企业以程租、期租、湿租的方式出租船舶、飞机取得收入的经营活动属于国际运输业务。

非居民企业以光租、干租等方式出租船舶、飞机，或者出租集装箱及其他装载工具给境内机构和个人取得的所得是租金收入。

二、纳税人和扣缴义务人

根据企业所得税法第三条第三款及企业所得税法实施条例第六条规定，取得来源于中国境内租金所得的非居民企业为本章所称的纳税人。

依据企业所得税法第三十七条规定，对非居民企业取得企业所得税法第三条第三款规定的租金所得应缴纳的所得税，实行源泉扣缴，以支付人为扣缴义务人。税款由扣缴义务人在每次支付或者到期应支付时，从支付或者到期应支付的款项中扣缴。

三、应纳税额

应纳税额 = 应纳税所得额 × 适用税率

根据企业所得税法第十九条的有关规定，非居民企业取得的来源于中国境内的租金所得，以收入全额为应纳税所得额。

四、税收优惠

（一）国内法优惠

无。

（二）税收协定优惠

根据《国家税务总局关于执行税收协定特许权使用费条款有关问题的通知》（国税函〔2009〕507 号）第一条的相关规定，凡税收协定特许权使用费定义中明确包括使用工业、商业、科学设备收取的款项（即我国税法有关租金所得）的，有关所得应适用税收协定特许权使用费条款的规定。税收协定对此规定的税率低于税收法律规定税率的，应适用税收协定规定的税率。上述规定不适用于使用不动产产生的所得，使用不动产产生的所得适用税收协定不动产条款的规定。

我国与大部分国家签订的税收协定特许权使用费条款对部分设备租金有优惠规定。部分有如下表述：对于使用或有权使用工业、商业、科学设备而支付的特许权使用费，如果受益所有人为缔约对方居民，按支付特许权使用费总额的一定比例（如 60% 或 70%）确定税基或调整数额。具体参见我国与相关国家签订的税收协定特许权使用费条款。有关受益所有人的判定按照 2018 年 9 号公告的规定执行。

根据《国家税务总局关于税收协定执行若干问题的公告》（国家税务总局公告 2018 年第 11 号）第二条第四款的有关规定，企业从事以光租形式出租船舶或以干租形式出租飞机，以及使用、保存或出租用于运输货物或商品的集装箱（包括拖车和运输集装箱的有关设备）等租赁业务取得的收入不属于国际运输收入，但根据税收协定国际运输条款，附属于国际运输业务的上述租赁业务收入应视同国际运输收入处理。

五、征收管理

（一）纳税期限

1. 扣缴义务发生时间

根据企业所得税法第三十七条的规定，非居民企业取得本法第三条第三款规定的所得应源泉扣缴的所得税，由扣缴义务人在每次支付或者到期应支付时，从支付或者到期应支付的款项中扣缴。

2017 年 37 号公告第四条规定，扣缴义务发生之日为相关款项实际支付或者到期应支付之日。

2. 纳税人自行申报期限

根据企业所得税法第三十九条的有关规定，扣缴义务人未依法扣缴或无法履行扣缴义务的，由纳税人在所得发生地缴纳。非居民企业未按照企业所得税法第三十九条规定申报缴纳税款的，根据 2017 年 37 号公告第九条第二款规定，税务机关可以责令限期缴纳，非居民企业应当按照税务机关确定的期限申报缴纳税款；非居民企业在税务机关责令限期缴纳前自行申报缴纳税款的，视为已按期缴纳税款。

（二）纳税地点

1. 扣缴申报地点

根据 2017 年 37 号公告第七条有关规定，扣缴义务人应当向扣缴义务人所在地主管税务机关申报和解缴代扣税款。

2. 纳税人自行申报地点

按照企业所得税法第三十七条规定应当扣缴的税款，扣缴义务人应扣未扣的，非居民企业纳税人应自行向所得发生地主管税务机关申报缴纳未扣缴税款。

根据 2017 年 37 号公告第十六条规定，租金所得发生地主管税务机关为负担、支付所得的单位或个人的所得税主管税务机关。

六、政策依据

（一）《中华人民共和国企业所得税法》第三十七条、第三十八条、第三十九条、第四十条；

（二）《中华人民共和国企业所得税法实施条例》第六条、第七条第（五）项；

（三）《国家税务总局关于非居民企业所得税管理若干问题的公告》（国家税务总局公告2011年24号）第一条、第四条；

（四）《国家税务总局关于发布〈非居民企业从事国际运输业务税收管理暂行办法〉的公告》（国家税务总局公告2014年第37号）第二条第二款；

（五）《国家税务总局关于非居民企业所得税源泉扣缴有关问题的公告》（国家税务总局公告2017年第37号）；

（六）《国家税务总局关于税收协定中"受益所有人"有关问题的公告》（国家税务总局公告2018年第9号）；

（七）《国家税务总局关于税收协定执行若干问题的公告》（国家税务总局公告2018年第11号）第二条第四款；

（八）《国家税务总局关于发布〈中华人民共和国非居民企业所得税年度纳税申报表〉等报表的公告》（国家税务总局公告2015年第30号）；

（九）中华人民共和国政府对外签署的避免双重征税协定（含内地与香港、澳门特别行政区签署的税收安排）。

第七章　对外支付税务备案

一、应备案情形

（一）一般规定

根据《国家税务总局　国家外汇管理局关于服务贸易等项目对外支付税务备案有关问题的公告》（国家税务总局国家外汇管理局公告2013年第40号，以下简称40号公告）有关规定，境内机构和个人向境外单笔支付等值5万美元以上（不含等值5万美元，下同）下列外汇资金，除本公告第三条规定的情形外，均应向所在地主管税务机关进行税务备案：

1. 境外机构或个人从境内获得的包括运输、旅游、通信、建筑安装及劳务承包、保险服务、金融服务、计算机和信息服务、专有权利使用和特许、体育文化和娱乐服务、其他商业服务、政府服务等服务贸易收入；

2. 境外个人在境内的工作报酬，境外机构或个人从境内获得的股息、红利、利润、直接债务利息、担保费以及非资本转移的捐赠、赔偿、税收、偶然性所得等收益和经常转移收入；

3. 境外机构或个人从境内获得的融资租赁租金、不动产的转让收入、股权转让所得以及外国投资者其他合法所得。

外国投资者以境内直接投资合法所得在境内再投资单笔5万美元以上的，应按照本规定进行税务备案。

（二）无需办理对外支付备案的情形

2013年40号公告第三条规定，境内机构和个人对外支付下列外汇资金无需办理对外支付备案：

1. 境内机构在境外发生的差旅、会议、商品展销等各项费用；

2. 境内机构在境外代表机构的办公经费，以及境内机构在境外承包工程的工程款；

3. 境内机构发生在境外的进出口贸易佣金、保险费、赔偿款；

4. 进口贸易项下境外机构获得的国际运输费用；

5. 保险项下保费、保险金等相关费用；

6. 从事运输或远洋渔业的境内机构在境外发生的修理、油料、港杂等各项费用；

7. 境内旅行社从事出境旅游业务的团费以及代订、代办的住宿、交通等相关费用；

8. 亚洲开发银行和世界银行集团下属的国际金融公司从我国取得的所得或收入，包括投资合营企业分得的利润和转让股份所得、在华财产（含房产）出租或转让收入以及贷款给我国境内机构取得的利息；

9. 外国政府和国际金融组织向我国提供的外国政府（转）贷款（含外国政府混合（转）贷款）和国际金融组织贷款项下的利息。本项所称国际金融组织是指国际货币基金组织、世界银行集团、国际开发协会、国际农业发展基金组织、欧洲投资银行等；

10. 外汇指定银行或财务公司自身对外融资如境外借款、境外同业拆借、海外代付以及其他债务等项下的利息；

11. 我国省级以上国家机关对外无偿捐赠援助资金；

12. 境内证券公司或登记结算公司向境外机构或境外个人支付其依法获得的股息、红利、利息收入及有价证券卖出所得收益；

13. 境内个人境外留学、旅游、探亲等因私用汇；

14. 境内机构和个人办理服务贸易、收益和经常转移项下退汇；

15. 国家规定的其他情形。

二、备案流程

根据2013年40号公告第二条、《国家税务总局关于修改部分税收规范性文件的公告》(国家税务总局公告2018年第31号)有关规定，备案人在办理对外支付税务备案时，应提交加盖公章的合同(协议)或相关交易凭证复印件(外文文本应同时附送中文译本)，并填报《服务贸易等项目对外支付税务备案表》(一式两份)。

同一笔合同需要多次对外支付的，扣缴义务人或非居民纳税人须在每次付汇前办理税务备案手续，但只需在首次付汇备案时提交合同(协议)或相关交易凭证复印件。

备案人提交的资料齐全、《备案表》填写完整的，主管税务机关无须当场进行纳税事项审核，应编制《备案表》流水号，在《备案表》上盖章，1份当场退还备案人，1份留存。

备案人完成税务备案手续后，持主管税务机关盖章的《备案表》，按照外汇管理的规定，到外汇指定银行办理付汇审核手续。

三、政策依据

(一)《国家税务总局国家外汇管理局关于服务贸易等项目对外支付税务备案有关问题的公告》(国家税务总局国家外汇管理局公告2013年第40号)；

(二)《国家税务总局关于修改部分税收规范性文件的公告》(国家税务总局公告2018年第31号)。

征收管理

一、综 合 管 理

▶总分机构一般规定

1. 财政部　国家税务总局　中国人民银行关于增设跨市县总分机构企业所得税科目的通知

（2008 年 2 月 24 日　财预〔2008〕37 号）

各省、自治区、直辖市、计划单列市财政厅（局）、国家税务局、地方税务局，新疆生产建设兵团财务局，中国人民银行上海总部、各分行、营业管理部、省会（首府）城市中心支行，大连、青岛、宁波、厦门、深圳中心支行：

根据一些地方拟比照《财政部、国家税务总局、中国人民银行关于印发跨省市总分机构企业所得税分配及预算管理暂行办法的通知》（财预〔2008〕10 号），对省区域内跨市县经营企业缴纳的所得税收入进行地区间分配的意见，现对《2008 年政府收支分类科目》101 类“税收收入”中有关科目作如下修订：

一、新增 10104 款“企业所得税”44 项“跨市县分支机构预缴所得税”，科目说明为“中央与地方共用收入科目。反映按有关省制定的跨市县总分机构企业所得税分配及预算管理办法，分支机构预缴的企业所得税。”

下设 01 目“国有企业分支机构预缴所得税”、02 目“股份制企业分支机构预缴所得税”、03 目“港澳台和外商投资企业分支机构预缴所得税”、99 目“其他企业分支机构预缴所得税”，科目说明均为“中央与地方共用收入科目。”

二、新增 10104 款“企业所得税”45 项“跨市县总机构预缴所得税”，科目说明为“中央与地方共用收入科目，反映按有关省制定的跨市县总分机构企业所得税分配及预算管理办法，由总机构预缴的企业所得税。”

下设 01 目“国有企业总机构预缴所得税”、02 目“股份制企业总机构预缴所得税”、03 目“港澳台和外商投资企业总机构预缴所得税”、99 目“其他企业总机构预缴所得税”，科目说明均为“中央与地方共用收入科目。”

三、新增 10104 款“企业所得税”46 项“跨市县总机构汇算清缴所得税”，科目说明为“中央与地方共用收入科目。反映按有关省制定的跨市县总分机构企业所得税分配及预算管理办法，在汇算清缴时，由总机构补缴的企业所得税和按规定办理的多缴税款退税。”

下设 01 目“国有企业总机构汇算清缴所得税”、02 目“股份制企业总机构汇算清缴所得税”、03 目“港澳台和外商投资企业总机构汇算清缴所得税”、99 目“其他企业总机构汇算清缴所得税”，科目说明均为“中央与地方共用收入科目。”

四、新增 10104 款“企业所得税”47 项“省以下企业所得税待分配收入”，科目说明为“地方收入科目。反映按有关省跨市县总分机构企业所得税分配及预算管理办法规定的企业所得税待分配收入。在地方财政统计跨市县总分机构企业所得税收入时，对本科目不作统计，以免重复计算。”

 下设 01 日“国有企业所得税待分配收入”、02 目“股份制企业所得税待分配收入”、03 目“港澳台和外商投资企业所得税待分配收入”、99 目“其他企业所得税待分配收入”，科目说明均为“地方收入科目。”

五、新增 10105 款“企业所得税退税”36 项“跨市县总分机构企业所得税退税”，反映财政部门按“先征后退”政策审批退库的跨市县总分机构企业所得税(不包括按规定办理的多缴税款退税)。

下设01目“国有跨市县总分机构企业所得税退税”、02目“股份制跨市县总分机构企业所得税退税”、03目“港澳台和外商投资跨市县总分机构企业所得税退税”、99目“其他跨市县总分机构企业所得税退税”,科目说明均为“中央与地方共用收入科目。”

六、跨市县经营企业所得税税款滞纳金、罚没收入适用1010450项“企业所得税税款滞纳金、罚没收入”。

七、以上科目,从缴纳2008年企业所得税开始执行。既跨省市又跨市县经营的总分机构企业在缴纳所得税时,按《财政部、国家税务总局、中国人民银行关于印发〈跨省市总分机构企业所得税分配及预算管理暂行办法〉的通知》(财预〔2008〕10号)执行。请相关地方制订跨市县总分机构企业所得税分配及预算管理办法,并进一步明确上述科目具体使用。涉及调库的,国库和税务部门应当及时办理调库手续。

2.财政部　国家税务总局　中国人民银行关于印发《跨省市总分机构企业所得税分配及预算管理办法》的通知

(2012年6月12日　财预〔2012〕40号)

各省、自治区、直辖市、计划单列市财政厅(局),国家税务局,地方税务局,财政部驻各省、自治区、直辖市、计划单列市财政监察专员办事处,中国人民银行上海总部,各分行、营业管理部,省会(首府)城市中心支行,深圳、大连、青岛、厦门、宁波市中心支行:

现将《跨省市总分机构企业所得税分配及预算管理办法》印发给你们,请认真贯彻执行。

附件:

跨省市总分机构企业所得税分配及预算管理办法

为了保证《中华人民共和国企业所得税法》的顺利实施,妥善处理地区间利益分配关系,做好跨省市总分机构企业所得税收入的征缴和分配管理工作,制定本办法。

一、主要内容

(一)基本方法。属于中央与地方共享范围的跨省市总分机构企业缴纳的企业所得税,按照统一规范、兼顾总机构和分支机构所在地利益的原则,实行“统一计算、分级管理、就地预缴、汇总清算、财政调库”的处理办法,总分机构统一计算的当期应纳税额的地方分享部分中,25%由总机构所在地分享,50%由各分支机构所在地分享,25%按一定比例在各地间进行分配。

统一计算,是指居民企业应统一计算包括各个不具有法人资格营业机构在内的企业全部应纳税所得额、应纳税额。总机构和分支机构适用税率不一致的,应分别按适用税率计算应纳所得税额。

分级管理,是指居民企业总机构、分支机构,分别由所在地主管税务机关属地进行监督和管理。

就地预缴,是指居民企业总机构、分支机构,应按本办法规定的比例分别就地按月或者按季向所在地主管税务机关申报、预缴企业所得税。

汇总清算,是指在年度终了后,总分机构企业根据统一计算的年度应纳税所得额、应纳所得税额,抵减总机构、分支机构当年已就地分期预缴的企业所得税款后,多退少补。

财政调库,是指财政部定期将缴入中央总金库的跨省市总分机构企业所得税待分配收入,按照核定的系数调整至地方国库。

(二)适用范围。跨省市总分机构企业是指跨省(自治区、直辖市和计划单列市,下同)设立不具有法人资格分支机构的居民企业。

总机构和具有主体生产经营职能的二级分支机构就地预缴企业所得税。三级及三级以下分支机构，其营业收入、职工薪酬和资产总额等统一并入二级分支机构计算。

按照现行财政体制的规定，国有邮政企业（包括中国邮政集团公司及其控股公司和直属单位）、中国工商银行股份有限公司、中国农业银行股份有限公司、中国银行股份有限公司、国家开发银行股份有限公司、中国农业发展银行、中国进出口银行、中国投资有限责任公司、中国建设银行股份有限公司、中国建银投资有限责任公司、中国信达资产管理股份有限公司、中国石油天然气股份有限公司、中国石油化工股份有限公司、海洋石油天然气企业（包括中国海洋石油总公司、中海石油（中国）有限公司、中海油田服务股份有限公司、海洋石油工程股份有限公司）、中国长江电力股份有限公司等企业总分机构缴纳的企业所得税（包括滞纳金、罚款收入）为中央收入，全额上缴中央国库，不实行本办法。

不具有主体生产经营职能且在当地不缴纳营业税、增值税的产品售后服务、内部研发、仓储等企业内部辅助性的二级分支机构以及上年度符合条件的小型微利企业及其分支机构，不实行本办法。

居民企业在中国境外设立不具有法人资格分支机构的，按本办法计算有关分期预缴企业所得税时，其应纳税所得额、应纳所得税额及分摊因素数额，均不包括其境外分支机构。

二、预算科目

从2013年起，在《政府收支分类科目》中增设1010449项“分支机构汇算清缴所得税”科目，其下设01目“国有企业分支机构汇算清缴所得税”、02目“股份制企业分支机构汇算清缴所得税”、03目“港澳台和外商投资企业分支机构汇算清缴所得税”、99目“其他企业分支机构汇算清缴所得税”，有关科目说明及其他修订情况见《2013年政府收支分类科目》。

三、税款预缴

由总机构统一计算企业应纳税所得额和应纳所得税额，并分别由总机构、分支机构按月或按季就地预缴。

（一）分支机构分摊预缴税款。总机构在每月或每季终了之日起十日内，按照上年度各省市分支机构的营业收入、职工薪酬和资产总额三个因素，将统一计算的企业当期应纳税额的50%在各分支机构之间进行分摊（总机构所在省市同时设有分支机构的，同样按三个因素分摊），各分支机构根据分摊税款就地办理缴库，所缴纳税款收入由中央与分支机构所在地按60∶40分享。分摊时三个因素权重依次为0.35、0.35和0.3。当年新设立的分支机构第二年起参与分摊；当年撤销的分支机构自办理注销税务登记之日起不参与分摊。

本办法所称的分支机构营业收入，是指分支机构销售商品、提供劳务、让渡资产使用权等日常经营活动实现的全部收入。其中，生产经营企业分支机构营业收入是指生产经营企业分支机构销售商品、提供劳务、让渡资产使用权等取得的全部收入；金融企业分支机构营业收入是指金融企业分支机构取得的利息、手续费、佣金等全部收入；保险企业分支机构营业收入是指保险企业分支机构取得的保费等全部收入。

本办法所称的分支机构职工薪酬，是指分支机构为获得职工提供的服务而给予职工的各种形式的报酬。

本办法所称的分支机构资产总额，是指分支机构在12月31日拥有或者控制的资产合计额。

各分支机构分摊预缴额按下列公式计算：

各分支机构分摊预缴额＝所有分支机构应分摊的预缴总额×该分支机构分摊比例

其中：

所有分支机构应分摊的预缴总额＝统一计算的企业当期应纳所得税额×50%

该分支机构分摊比例＝（该分支机构营业收入/各分支机构营业收入之和）×0.35＋（该分支机构职工薪酬/各分支机构职工薪酬之和）×0.35＋（该分支机构资产总额/各分支机构资产总额之和）×0.30

以上公式中，分支机构仅指需要参与就地预缴的分支机构。

（二）总机构就地预缴税款。总机构应将统一计算的企业当期应纳税额的25%，就地办理缴库，所缴纳税款收入由中央与总机构所在地按60∶40分享。

（三）总机构预缴中央国库税款。总机构应将统一计算的企业当期应纳税额的剩余25%，就地全额缴入中央国库，所缴纳税款收入60%为中央收入，40%由财政部按照2004年至2006年各省市三年实际分享企业所得税占地方分享总额的比例定期向各省市分配。

四、汇总清算

企业总机构汇总计算企业年度应纳所得税额,扣除总机构和各境内分支机构已预缴的税款,计算出应补应退税款,分别由总机构和各分支机构(不包括当年已办理注销税务登记的分支机构)就地办理税款缴库或退库。

(一)补缴的税款按照预缴的分配比例,50%由各分支机构就地办理缴库,所缴纳税款收入由中央与分支机构所在地按60∶40分享;25%由总机构就地办理缴库,所缴纳税款收入由中央与总机构所在地按60∶40分享;其余25%部分就地全额缴入中央国库,所缴纳税款收入中60%为中央收入,40%由财政部按照2004年至2006年各省市三年实际分享企业所得税占地方分享总额的比例定期向各省市分配。

(二)多缴的税款按照预缴的分配比例,50%由各分支机构就地办理退库,所退税款由中央与分支机构所在地按60∶40分担;25%由总机构就地办理退库,所退税款由中央与总机构所在地按60∶40分担;其余25%部分就地从中央国库退库,其中60%从中央级1010442项“总机构汇算清缴所得税”下有关科目退付,40%从中央级1010443项“企业所得税待分配收入”下有关科目退付。

五、税款缴库程序

(一)分支机构分摊的预缴税款、汇算补缴税款、查补税款(包括滞纳金和罚款)由分支机构办理就地缴库。分支机构所在地税务机关开具税收缴款书,预算科目栏按企业所有制性质对应填写1010440项“分支机构预缴所得税”、1010449项“分支机构汇算清缴所得税”和1010450项“企业所得税查补税款、滞纳金、罚款收入”下的有关目级科目名称及代码,“级次”栏填写“中央60%、地方40%”。

(二)总机构就地预缴、汇算补缴、查补税款(包括滞纳金和罚款)由总机构合并办理就地缴库。中央与地方分配方式为中央60%,企业所得税待分配收入(暂列中央收入)20%,总机构所在地20%。总机构所在地税务机关开具税收缴款书,预算科目栏按企业所有制性质对应填写1010441项“总机构预缴所得税”、1010442项“总机构汇算清缴所得税”和1010450项“企业所得税查补税款、滞纳金、罚款收入”下的有关目级科目名称及代码,“级次”栏按上述分配比例填写“中央60%、中央20%(待分配)、地方20%”。

国库部门收到税款(包括滞纳金和罚款)后,将其中60%列入中央级1010441项“总机构预缴所得税”、1010442项“总机构汇算清缴所得税”和1010450项“企业所得税查补税款、滞纳金、罚款收入”下有关目级科目,20%列入中央级1010443项“企业所得税待分配收入”下有关目级科目,20%列入地方级1010441项“总机构预缴所得税”、1010442项“总机构汇算清缴所得税”和1010450项“企业所得税查补税款、滞纳金、罚款收入”下有关目级科目。

(三)多缴的税款由分支机构和总机构所在地税务机关开具收入退还书并按规定办理退库。收入退还书预算科目按企业所有制性质对应填写,预算级次按原缴款时的级次填写。

六、财政调库

财政部根据2004年至2006年各省市三年实际分享企业所得税占地方分享总额的比例,定期向中央总金库按目级科目开具分地区调库划款指令,将“企业所得税待分配收入”全额划转至地方国库。地方国库收款后,全额列入地方级1010441项“总机构预缴所得税”下的目级科目办理入库,并通知同级财政部门。

七、其他

(一)跨省市总分机构企业缴纳的所得税查补税款、滞纳金、罚款收入,按中央与地方60∶40分成比例就地缴库。需要退还的所得税查补税款、滞纳金和罚款收入仍按现行管理办法办理审批退库手续。

(二)财政部于每年1月初按中央总金库截至上年12月31日的跨省市总分机构企业所得税待分配收入进行分配,并在库款报解整理期(1月1日至1月10日)内划转至地方国库;地方国库收到下划资金后,金额纳入上年度地方预算收入。地方财政列入上年度收入决算。各省市分库在12月31日向中央总金库报解最后一份中央预算收入日报表后,整理期内再收纳的跨省市分机构企业缴纳的所得税,统一作为新年度的缴库收入处理。

(三)税务机关与国库部门在办理总机构缴纳的所得税对账时,需要将1010441项“总机构预缴所得税”、42项“总机构汇算清缴所得税”、43项“企业所得税待分配收入”下设的目级科目按级次核对一致。

（四）本办法自2013年1月1日起执行。《财政部　国家税务总局　中国人民银行关于印发〈跨省市总分机构企业所得税分配及预算管理暂行办法〉的通知》（财预〔2008〕10号）同时废止。

（五）分配给地方的跨省市总分机构企业所得税收入，以及省区域内跨市县经营企业缴纳的企业所得税收入，可参照本办法制定省以下分配与预算管理办法。

3.财政部　国家税务总局　中国人民银行关于《跨省市总分机构企业所得税分配及预算管理办法》的补充通知

（2012年12月25日　财预〔2012〕453号）

各省、自治区、直辖市、计划单列市财政厅（局）、国家税务局、地方税务局，财政部驻各省、自治区、直辖市、计划单列市财政监察专员办事处，中国人民银行上海总部，各分行、营业管理部，省会（首府）城市中心支行，深圳、大连、青岛、厦门、宁波市中心支行：

为更好落实《财政部　国家税务总局　中国人民银行关于印发〈跨省市总分机构企业所得税分配及预算管理办法〉的通知》（财预〔2012〕40号），现对有关事项补充通知如下：

一、关于分支机构查补收入的归属。二级分支机构所在地主管税务机关自行对二级分支机构实施税务检查，二级分支机构应将查补所得税款、滞纳金、罚款地方分享部分的50%归属该二级分支机构所在地，就地办理缴库；其余50%分摊给总机构办理缴库，其中，25%归属总机构所在地，25%就地全额缴入中央国库，由中央财政按照一定比例在各地区间分配。

二、关于税款滞纳金、罚款收入的归属。除查补税款滞纳金、罚款收入实行跨地区分享外，跨省市总分机构企业缴纳的其他企业所得税滞纳金、罚款收入不实行跨地区分享，按照规定的缴库程序就地缴库。

三、关于预算科目的调整。将财预〔2012〕40号文件和2013年《政府收支分类科目》中1010450项名称修改为“企业所得税税款滞纳金、罚款、加收利息收入”。1010450项下01目名称修改为“内资企业所得税税款滞纳金、罚款、加收利息收入”；02目名称修改为“港澳台和外商投资企业所得税税款滞纳金、罚款、加收利息收入”；03目名称修改为“中央企业所得税税款滞纳金、罚款、加收利息收入”。科目具体修改情况见附件。

四、关于缴库程序。分支机构分摊的查补税款入库的预算科目为1010449项“分支机构汇算清缴所得税”下的有关目级科目，级次为“中央60%、地方40%”；滞纳金、罚款入库的预算科目为1010450项“企业所得税税款滞纳金、罚款、加收利息收入”下的有关目级科目，级次为“中央60%、地方40%”。

总机构分摊的查补税款入库的预算科目为1010442项“总机构汇算清缴所得税”下的有关目级科目，级次为“中央60%、中央20%（待分配）、地方20%”；滞纳金、罚款入库的预算科目为1010450项“企业所得税税款滞纳金、罚款、加收利息收入”下的有关目级科目，级次为“中央60%、中央20%（待分配）、地方20%”。国库部门收到总机构企业查补税款和滞纳金、罚款后，将其中60%列入中央级1010442项“总机构汇算清缴所得税”下的有关目级科目和1010450项“企业所得税税款滞纳金、罚款、加收利息收入”下的有关目级科目，20%列入中央级1010443“企业所得税待分配收入”下的有关目级科目，20%列入地方级1010442项“总机构汇算清缴所得税”下的有关目级科目和1010450项“企业所得税税款滞纳金、罚款、加收利息收入”下的有关目级科目。

五、其他。本办法实施后，缴纳和退还2012年及以前年度的企业所得税，仍按原办法执行。

财预〔2012〕40号文件规定与本文规定不一致的，按本文规定执行。

附件：2013年政府收支分类科目修订前后对照表（略）

4. 国家税务总局关于印发《跨地区经营汇总纳税企业所得税征收管理办法》的公告

（2012 年 12 月 27 日　国家税务总局公告 2012 年第 57 号）

为加强跨地区经营汇总纳税企业所得税的征收管理，根据《中华人民共和国企业所得税法》及其实施条例、《中华人民共和国税收征收管理法》及其实施细则和《财政部　国家税务总局　中国人民银行关于印发〈跨省市总分机构企业所得税分配及预算管理办法〉的通知》（财预〔2012〕40 号）等文件的精神，国家税务总局制定了《跨地区经营汇总纳税企业所得税征收管理办法》。现予发布，自 2013 年 1 月 1 日起施行。

特此公告。

跨地区经营汇总纳税企业所得税征收管理办法

第一章　总　　则

第一条　为加强跨地区经营汇总纳税企业所得税的征收管理，根据《中华人民共和国企业所得税法》及其实施条例（以下简称《企业所得税法》）、《中华人民共和国税收征收管理法》及其实施细则（以下简称《征收管理法》）和《财政部　国家税务总局　中国人民银行关于印发〈跨省市总分机构企业所得税分配及预算管理办法〉的通知》（财预〔2012〕40 号）等的有关规定，制定本办法。

第二条　居民企业在中国境内跨地区（指跨省、自治区、直辖市和计划单列市，下同）设立不具有法人资格分支机构的，该居民企业为跨地区经营汇总纳税企业（以下简称汇总纳税企业），除另有规定外，其企业所得税征收管理适用本办法。

国有邮政企业（包括中国邮政集团公司及其控股公司和直属单位）、中国工商银行股份有限公司、中国农业银行股份有限公司、中国银行股份有限公司、国家开发银行股份有限公司、中国农业发展银行、中国进出口银行、中国投资有限责任公司、中国建设银行股份有限公司、中国建银投资有限责任公司、中国信达资产管理股份有限公司、中国石油天然气股份有限公司、中国石油化工股份有限公司、海洋石油天然气企业（包括中国海洋石油总公司、中海石油（中国）有限公司、中海油田服务股份有限公司、海洋石油工程股份有限公司）、中国长江电力股份有限公司等企业缴纳的企业所得税（包括滞纳金、罚款）为中央收入，全额上缴中央国库，其企业所得税征收管理不适用本办法。

铁路运输企业所得税征收管理不适用本办法。

第三条　汇总纳税企业实行“统一计算、分级管理、就地预缴、汇总清算、财政调库”的企业所得税征收管理办法：

（一）统一计算，是指总机构统一计算包括汇总纳税企业所属各个不具有法人资格分支机构在内的全部应纳税所得额、应纳税额。

（二）分级管理，是指总机构、分支机构所在地的主管税务机关都有对当地机构进行企业所得税管理的责任，总机构和分支机构应分别接受机构所在地主管税务机关的管理。

（三）就地预缴，是指总机构、分支机构应按本办法的规定，分月或分季分别向所在地主管税务机关申报预缴企业所得税。

（四）汇总清算，是指在年度终了后，总机构统一计算汇总纳税企业的年度应纳税所得额、应纳所得税额，抵减总机构、分支机构当年已就地分期预缴的企业所得税款后，多退少补。

（五）财政调库，是指财政部定期将缴入中央国库的汇总纳税企业所得税待分配收入，按照核定的系数调整至地方国库。

第四条 总机构和具有主体生产经营职能的二级分支机构，就地分摊缴纳企业所得税。

二级分支机构，是指汇总纳税企业依法设立并领取非法人营业执照（登记证书），且总机构对其财务、业务、人员等直接进行统一核算和管理的分支机构。

第五条 以下二级分支机构不就地分摊缴纳企业所得税：

（一）不具有主体生产经营职能，且在当地不缴纳增值税、营业税的产品售后服务、内部研发、仓储等汇总纳税企业内部辅助性的二级分支机构，不就地分摊缴纳企业所得税。

（二）上年度认定为小型微利企业的，其二级分支机构不就地分摊缴纳企业所得税。

（三）新设立的二级分支机构，设立当年不就地分摊缴纳企业所得税。

（四）当年撤销的二级分支机构，自办理注销税务登记之日所属企业所得税预缴期间起，不就地分摊缴纳企业所得税。

（五）汇总纳税企业在中国境外设立的不具有法人资格的二级分支机构，不就地分摊缴纳企业所得税。

第二章 税款预缴和汇算清缴

第六条 汇总纳税企业按照《企业所得税法》规定汇总计算的企业所得税，包括预缴税款和汇算清缴应缴应退税款，50%在各分支机构间分摊，各分支机构根据分摊税款就地办理缴库或退库；50%由总机构分摊缴纳，其中25%就地办理缴库或退库，25%就地全额缴入中央国库或退库。具体的税款缴库或退库程序按照财预［2012］40号文件第五条等相关规定执行。

第七条 企业所得税分月或者分季预缴，由总机构所在地主管税务机关具体核定。

汇总纳税企业应根据当期实际利润额，按照本办法规定的预缴分摊方法计算总机构和分支机构的企业所得税预缴额，分别由总机构和分支机构就地预缴；在规定期限内按实际利润额预缴有困难的，也可以按照上一年度应纳税所得额的1/12或1/4，按照本办法规定的预缴分摊方法计算总机构和分支机构的企业所得税预缴额，分别由总机构和分支机构就地预缴。预缴方法一经确定，当年度不得变更。

第八条 总机构应将本期企业应纳所得税额的50%部分，在每月或季度终了后15日内就地申报预缴。总机构应将本期企业应纳所得税额的另外50%部分，按照各分支机构应分摊的比例，在各分支机构之间进行分摊，并及时通知到各分支机构；各分支机构应在每月或季度终了之日起15日内，就其分摊的所得税额就地申报预缴。

分支机构未按税款分配数额预缴所得税造成少缴税款的，主管税务机关应按照《征收管理法》的有关规定对其处罚，并将处罚结果通知总机构所在地主管税务机关。

第九条 汇总纳税企业预缴申报时，总机构除报送企业所得税预缴申报表和企业当期财务报表外，还应报送汇总纳税企业分支机构所得税分配表和各分支机构上一年度的年度财务报表（或年度财务状况和营业收支情况）；分支机构除报送企业所得税预缴申报表（只填列部分项目）外，还应报送经总机构所在地主管税务机关受理的汇总纳税企业分支机构所得税分配表。

在一个纳税年度内，各分支机构上一年度的年度财务报表（或年度财务状况和营业收支情况）原则上只需要报送一次。

第十条 汇总纳税企业应当自年度终了之日起5个月内，由总机构汇总计算企业年度应纳所得税额，扣除总机构和各分支机构已预缴的税款，计算出应缴应退税款，按照本办法规定的税款分摊方法计算总机构和分支机构的企业所得税应缴应退税款，分别由总机构和分支机构就地办理税款缴库或退库。

汇总纳税企业在纳税年度内预缴企业所得税税款少于全年应缴企业所得税税款的，应在汇算清缴期内由总、分机构分别结清应缴的企业所得税税款；预缴税款超过应缴税款的，主管税务机关应及时按有关规定分别办理退税，或者经总、分机构同意后分别抵缴其下一年度应缴企业所得税税款。

第十一条 汇总纳税企业汇算清缴时,总机构除报送企业所得税年度纳税申报表和年度财务报表外,还应报送汇总纳税企业分支机构所得税分配表、各分支机构的年度财务报表和各分支机构参与企业年度纳税调整情况的说明;分支机构除报送企业所得税年度纳税申报表(只填列部分项目)外,还应报送经总机构所在地主管税务机关受理的汇总纳税企业分支机构所得税分配表、分支机构的年度财务报表(或年度财务状况和营业收支情况)和分支机构参与企业年度纳税调整情况的说明。

分支机构参与企业年度纳税调整情况的说明,可参照企业所得税年度纳税申报表附表"纳税调整项目明细表"中列明的项目进行说明,涉及需由总机构统一计算调整的项目不进行说明。

第十二条 分支机构未按规定报送经总机构所在地主管税务机关受理的汇总纳税企业分支机构所得税分配表,分支机构所在地主管税务机关应责成该分支机构在申报期内报送,同时提请总机构所在地主管税务机关督促总机构按照规定提供上述分配表;分支机构在申报期内不提供的,由分支机构所在地主管税务机关对分支机构按照《征收管理法》的有关规定予以处罚;属于总机构未向分支机构提供分配表的,分支机构所在地主管税务机关还应提请总机构所在地主管税务机关对总机构按照《征收管理法》的有关规定予以处罚。

第三章 总分机构分摊税款的计算

第十三条 总机构按以下公式计算分摊税款:

总机构分摊税款 = 汇总纳税企业当期应纳所得税额 ×50%

第十四条 分支机构按以下公式计算分摊税款:

所有分支机构分摊税款总额 = 汇总纳税企业当期应纳所得税额 ×50%

某分支机构分摊税款 = 所有分支机构分摊税款总额 × 该分支机构分摊比例

第十五条 总机构应按照上年度分支机构的营业收入、职工薪酬和资产总额三个因素计算各分支机构分摊所得税款的比例;三级及以下分支机构,其营业收入、职工薪酬和资产总额统一计入二级分支机构;三因素的权重依次为0.35、0.35、0.30。

计算公式如下:

某分支机构分摊比例 =(该分支机构营业收入/各分支机构营业收入之和)×0.35 +(该分支机构职工薪酬/各分支机构职工薪酬之和)×0.35 +(该分支机构资产总额/各分支机构资产总额之和)×0.30

分支机构分摊比例按上述方法一经确定后,除出现本办法第五条第(四)项和第十六条第二、三款情形外,当年不作调整。

第十六条 总机构设立具有主体生产经营职能的部门(非本办法第四条规定的二级分支机构),且该部门的营业收入、职工薪酬和资产总额与管理职能部门分开核算的,可将该部门视同一个二级分支机构,按本办法规定计算分摊并就地缴纳企业所得税;该部门与管理职能部门的营业收入、职工薪酬和资产总额不能分开核算的,该部门不得视同一个二级分支机构,不得按本办法规定计算分摊并就地缴纳企业所得税。

汇总纳税企业当年由于重组等原因从其他企业取得重组当年之前已存在的二级分支机构,并作为本企业二级分支机构管理的,该二级分支机构不视同当年新设立的二级分支机构,按本办法规定计算分摊并就地缴纳企业所得税。

汇总纳税企业内就地分摊缴纳企业所得税的总机构、二级分支机构之间,发生合并、分立、管理层级变更等形成的新设或存续的二级分支机构,不视同当年新设立的二级分支机构,按本办法规定计算分摊并就地缴纳企业所得税。

第十七条 本办法所称分支机构营业收入,是指分支机构销售商品、提供劳务、让渡资产使用权等日常经营活动实现的全部收入。其中,生产经营企业分支机构营业收入是指生产经营企业分支机构销售商品、提供劳务、让渡资产使用权等取得的全部收入。金融企业分支机构营业收入是指金融企业分支机构取得的利息、手续费、佣金等全部收入。保险企业分支机构营业收入是指保险企业分支机构取得的保费等全部收入。

本办法所称分支机构职工薪酬，是指分支机构为获得职工提供的服务而给予各种形式的报酬以及其他相关支出。

本办法所称分支机构资产总额，是指分支机构在经营活动中实际使用的应归属于该分支机构的资产合计额。

本办法所称上年度分支机构的营业收入、职工薪酬和资产总额，是指分支机构上年度全年的营业收入、职工薪酬数据和上年度12月31日的资产总额数据，是依照国家统一会计制度的规定核算的数据。

一个纳税年度内，总机构首次计算分摊税款时采用的分支机构营业收入、职工薪酬和资产总额数据，与此后经过中国注册会计师审计确认的数据不一致的，不作调整。

第十八条 对于按照税收法律、法规和其他规定，总机构和分支机构处于不同税率地区的，先由总机构统一计算全部应纳税所得额，然后按本办法第六条规定的比例和按第十五条计算的分摊比例，计算划分不同税率地区机构的应纳税所得额，再分别按各自的适用税率计算应纳税额后加总计算出汇总纳税企业的应纳所得税总额，最后按本办法第六条规定的比例和按第十五条计算的分摊比例，向总机构和分支机构分摊就地缴纳的企业所得税款。

第十九条 分支机构所在地主管税务机关应根据经总机构所在地主管税务机关受理的汇总纳税企业分支机构所得税分配表、分支机构的年度财务报表（或年度财务状况和营业收支情况）等，对其主管分支机构计算分摊税款比例的三个因素、计算的分摊税款比例和应分摊缴纳的所得税税款进行查验核对；对查验项目有异议的，应于收到汇总纳税企业分支机构所得税分配表后30日内向企业总机构所在地主管税务机关提出书面复核建议，并附送相关数据资料。

总机构所在地主管税务机关必须于收到复核建议后30日内，对分摊税款的比例进行复核，作出调整或维持原比例的决定，并将复核结果函复分支机构所在地主管税务机关。分支机构所在地主管税务机关应执行总机构所在地主管税务机关的复核决定。

总机构所在地主管税务机关未在规定时间内复核并函复复核结果的，上级税务机关应对总机构所在地主管税务机关按照有关规定进行处理。

复核期间，分支机构应先按总机构确定的分摊比例申报缴纳税款。

第二十条 汇总纳税企业未按照规定准确计算分摊税款，造成总机构与分支机构之间同时存在一方（或几方）多缴另一方（或几方）少缴税款的，其总机构或分支机构分摊缴纳的企业所得税低于按本办法规定计算分摊的数额的，应在下一税款缴纳期内，由总机构将按本办法规定计算分摊的税款差额分摊到总机构或分支机构补缴；其总机构或分支机构就地缴纳的企业所得税高于按本办法规定计算分摊的数额的，应在下一税款缴纳期内，由总机构将按本办法规定计算分摊的税款差额从总机构或分支机构的分摊税款中扣减。

第四章 日 常 管 理

第二十一条 汇总纳税企业总机构和分支机构应依法办理税务登记，接受所在地主管税务机关的监督和管理。

第二十二条 总机构应将其所有二级及以下分支机构（包括本办法第五条规定的分支机构）信息报其所在地主管税务机关备案，内容包括分支机构名称、层级、地址、邮编、纳税人识别号及企业所得税主管税务机关名称、地址和邮编。

分支机构（包括本办法第五条规定的分支机构）应将其总机构、上级分支机构和下属分支机构信息报其所在地主管税务机关备案，内容包括总机构、上级机构和下属分支机构名称、层级、地址、邮编、纳税人识别号及企业所得税主管税务机关名称、地址和邮编。

上述备案信息发生变化的，除另有规定外，应在内容变化后30日内报总机构和分支机构所在地主管税务机关备案，并办理变更税务登记。

分支机构注销税务登记后15日内，总机构应将分支机构注销情况报所在地主管税务机关备案，并办理变更税务登记。

第二十三条 以总机构名义进行生产经营的非法人分支机构，无法提供汇总纳税企业分支机构所得税分配表，应在预缴申报期内向其所在地主管税务机关报送非法人营业执照（或登记证书）的复印件、由总机构出具的二级及以下分支机构的有效证明和支持有效证明的相关材料（包括总机构拨款证明、总分机构协议或合同、公司章程、管理制度等），证明其二级及以下分支机构身份。

二级及以下分支机构所在地主管税务机关应对二级及以下分支机构进行审核鉴定，对应按本办法规定就地分摊缴纳企业所得税的二级分支机构，应督促其及时就地缴纳企业所得税。

第二十四条 以总机构名义进行生产经营的非法人分支机构，无法提供汇总纳税企业分支机构所得税分配表，也无法提供本办法第二十三条规定相关证据证明其二级及以下分支机构身份的，应视同独立纳税人计算并就地缴纳企业所得税，不执行本办法的相关规定。

按上款规定视同独立纳税人的分支机构，其独立纳税人身份一个年度内不得变更。

汇总纳税企业以后年度改变组织结构的，该分支机构应按本办法第二十三条规定报送相关证据，分支机构所在地主管税务机关重新进行审核鉴定。

【注】根据《国家税务总局关于3项企业所得税事项取消审批后加强后续管理的公告》（国家税务总局公告2015年第6号）的规定，该条款自2015年2月2日起废止。

第二十五条 汇总纳税企业发生的资产损失，应按以下规定申报扣除：

（一）总机构及二级分支机构发生的资产损失，除应按专项申报和清单申报的有关规定各自向所在地主管税务机关申报外，二级分支机构还应同时上报总机构；三级及以下分支机构发生的资产损失不需向所在地主管税务机关申报，应并入二级分支机构，由二级分支机构统一申报。

（二）总机构对各分支机构上报的资产损失，除税务机关另有规定外，应以清单申报的形式向所在地主管税务机关申报。

（三）总机构将分支机构所属资产捆绑打包转让所发生的资产损失，由总机构向所在地主管税务机关专项申报。

二级分支机构所在地主管税务机关应对二级分支机构申报扣除的资产损失强化后续管理。

第二十六条 对于按照税收法律、法规和其他规定，由分支机构所在地主管税务机关管理的企业所得税优惠事项，分支机构所在地主管税务机关应加强审批（核）、备案管理，并通过评估、检查和台账管理等手段，加强后续管理。

第二十七条 总机构所在地主管税务机关应加强对汇总纳税企业申报缴纳企业所得税的管理，可以对企业自行实施税务检查，也可以与二级分支机构所在地主管税务机关联合实施税务检查。

总机构所在地主管税务机关应对查实项目按照《企业所得税法》的规定统一计算查增的应纳税所得额和应纳税额。

总机构应将查补所得税款（包括滞纳金、罚款，下同）的50%按照本办法第十五条规定计算的分摊比例，分摊给各分支机构（不包括本办法第五条规定的分支机构）缴纳，各分支机构根据分摊查补税款就地办理缴库；50%分摊给总机构缴纳，其中25%就地办理缴库，25%就地全额缴入中央国库。具体的税款缴库程序按照财预〔2012〕40号文件第五条等相关规定执行。

汇总纳税企业缴纳查补所得税款时，总机构应向其所在地主管税务机关报送汇总纳税企业分支机构所得税分配表和总机构所在地主管税务机关出具的税务检查结论，各分支机构也应向其所在地主管税务机关报送经总机构所在地主管税务机关受理的汇总纳税企业分支机构所得税分配表和税务检查结论。

第二十八条 二级分支机构所在地主管税务机关应配合总机构所在地主管税务机关对其主管二级分支机构实施税务检查，也可以自行对该二级分支机构实施税务检查。

二级分支机构所在地主管税务机关自行对其主管二级分支机构实施税务检查，可对查实项目按照《企业所得税法》的规定自行计算查增的应纳税所得额和应纳税额。

计算查增的应纳税所得额时，应减除允许弥补的汇总纳税企业以前年度亏损；对于需由总机构统一计算的税前扣除项目，不得由分支机构自行计算调整。

二级分支机构应将查补所得税款的50%分摊给总机构缴纳，其中25%就地办理缴库，25%就地全额缴入中央国库;50%分摊给该二级分支机构就地办理缴库。具体的税款缴库程序按照财预〔2012〕40号文件第五条等相关规定执行。

汇总纳税企业缴纳查补所得税款时,总机构应向其所在地主管税务机关报送经二级分支机构所在地主管税务机关受理的汇总纳税企业分支机构所得税分配表和二级分支机构所在地主管税务机关出具的税务检查结论,二级分支机构也应向其所在地主管税务机关报送汇总纳税企业分支机构所得税分配表和税务检查结论。

第二十九条 税务机关应将汇总纳税企业总机构、分支机构的税务登记信息、备案信息、总机构出具的分支机构有效证明情况及分支机构审核鉴定情况、企业所得税月(季)度预缴纳税申报表和年度纳税申报表、汇总纳税企业分支机构所得税分配表、财务报表(或年度财务状况和营业收支情况)、企业所得税款入库情况、资产损失情况、税收优惠情况、各分支机构参与企业年度纳税调整情况的说明、税务检查及查补税款分摊和入库情况等信息,定期分省汇总上传至国家税务总局跨地区经营汇总纳税企业管理信息交换平台。

第三十条 2008年底之前已成立的汇总纳税企业,2009年起新设立的分支机构,其企业所得税的征管部门应与总机构企业所得税征管部门一致;2009年起新增汇总纳税企业,其分支机构企业所得税的管理部门也应与总机构企业所得税管理部门一致。

第三十一条 汇总纳税企业不得核定征收企业所得税。

第五章 附 则

第三十二条 居民企业在中国境内没有跨地区设立不具有法人资格分支机构,仅在同一省、自治区、直辖市和计划单列市(以下称同一地区)内设立不具有法人资格分支机构的,其企业所得税征收管理办法,由各省、自治区、直辖市和计划单列市国家税务局、地方税务局参照本办法联合制定。

居民企业在中国境内既跨地区设立不具有法人资格分支机构,又在同一地区内设立不具有法人资格分支机构的,其企业所得税征收管理实行本办法。

第三十三条 本办法自2013年1月1日起施行。

《国家税务总局关于印发〈跨地区经营汇总纳税企业所得税征收管理暂行办法〉的通知》(国税发〔2008〕28号)、《国家税务总局关于跨地区经营汇总纳税企业所得税征收管理有关问题的通知》(国税函〔2008〕747号)、《国家税务总局关于跨地区经营外商独资银行汇总纳税问题的通知》(国税函〔2008〕958号)、《国家税务总局关于华能国际电力股份有限公司汇总计算缴纳企业所得税问题的通知》(国税函〔2009〕33号)、《国家税务总局关于跨地区经营汇总纳税企业所得税征收管理若干问题的通知》(国税函〔2009〕221号)和《国家税务总局关于华能国际电力股份有限公司所属分支机构2008年度预缴企业所得税款问题的通知》(国税函〔2009〕674号)同时废止。

《国家税务总局关于发布〈中华人民共和国企业所得税月(季)度预缴纳税申报表〉等报表的公告》(税务总局公告2011年第64号)和《国家税务总局关于发布〈中华人民共和国企业所得税月(季)度预缴纳税申报表〉等报表的补充公告》(税务总局公告2011年第76号)规定与本办法不一致的,按本办法执行。

总分机构特殊规定

1.国家税务总局关于中国信达资产管理股份有限公司企业所得税征管问题的通知

（2011年5月11日　国税函〔2011〕250号）

各省、自治区、直辖市和计划单列市国家税务局：

根据《财政部关于中国信达资产管理股份有限公司所得税收入预算级次有关问题的通知》（财金函〔2011〕5号）规定，中国信达资产管理股份有限公司缴纳的企业所得税归属中央收入，按中央所得税预算级次入库。现将中国信达资产管理股份有限公司有关企业所得税征管问题通知如下：

一、中国信达资产管理股份有限公司所属二级分支机构应按照《国家税务总局关于中国工商银行股份有限公司等企业企业所得税有关征管问题的通知》（国税函〔2010〕184号）的规定，向其当地主管税务机关报送企业所得税预缴申报表和其他相关资料，税款由总机构统一汇总计算后向总机构所在地主管税务机关缴纳，各分支机构不实行就地预缴企业所得税。

二、中国信达资产管理股份有限公司所属二级（含二级以下）分支机构发生的需要税务机关审批的财产损失，由其二级分支机构将财产损失的有关资料上报其所在地主管税务机关，由二级分支机构所在省、自治区、直辖市和计划单列市国税机关按照《国家税务总局关于印发〈企业资产损失税前扣除管理办法〉的通知》（国税发〔2009〕88号）规定的权限审批。

三、中国信达资产管理股份有限公司所属二级分支机构名单由税务总局明确。其二级以下（不含二级）分支机构名单，由二级分支机构向所在地主管税务机关提供，经省国税机关审核后发文明确并报税务总局备案。对不在税务总局及省国税机关文件中明确的名单内的分支机构，不得作为该企业的分支机构管理。

四、本通知自2011年1月1日起执行。

附件：中国信达资产管理股份有限公司所属二级分支机构名单（略）

2.国家税务总局关于人保投资控股有限公司相关税收问题的公告

（2011年12月2日　国家税务总局公告2011年第70号）

现将人保投资控股有限公司有关税收问题公告如下：

一、人保投资控股有限公司下设的不符合二级分支机构条件的专员办或资产管理部，其企业所得税应汇总到公司总部所在地统一计算缴纳。

二、人保投资控股有限公司在全国各地的财产所涉及的各项税收事宜，可由该公司采取委托代理的方式办理。设有省（自治区、直辖市和计划单列市）税务直属机构的地方，可利用集中便利的优势，实现对纳税人集中管理。

三、人保投资控股有限公司应按照《中华人民共和国房产税暂行条例》的相关规定申报缴纳房产税。房产税由产权所有人缴纳。产权所有人、承典人不在房产所在地的，或者产权未确定及租典纠纷未解决的，由房产代管人或者使用人缴纳。

四、人保投资控股有限公司在全国各地拥有房产的，应当按照《税务登记管理办法》（国家税务总局令第7号）的规定，向其在全国各地的房产所在地主管税务机关申报办理税务登记。人保投资控股有限公司申报办理税务登记时，须持以下证件资料复印件：人保投资控股有限公司的工商营业执照，有关合同、章程、协议书，组织机构统一代码证书和法定代表人身份证。税务登记名称为："人保投资控股有限公司＊＊（省、自治区、直辖市和计划单列市）资产管理部＊＊县（市、区）"，并以"资产所在的县（市、区）行政区域码＋组织机构代码"设定各纳税人识别号。

五、人保投资控股有限公司＊＊（省、自治区、直辖市和计划单列市）资产管理部＊＊县（市、区）申报办理税务登记后，发票使用量大、需自行开具的，可向主管税务机关办理发票领购手续；发票使用量小的，可向主管税务机关申请代开。各省、自治区、直辖市和计划单列市税务机关可以规定跨县（市、区）开具发票的办法。

六、人保投资控股有限公司在同一省、自治区、直辖市和计划单列市内，可与一家商业银行签定缴税协议书，委托该银行完成其在本省、自治区、直辖市和计划单列市内所有税款的划缴。

本公告自2012年1月1日起施行。对本公告生效以前人保投资控股有限公司已完成税款缴纳的，不再做纳税入库地点调整。

特此公告。

3. 财政部　国家税务总局　中国人民银行关于明确中国邮政储蓄银行等企业所得税收入归属的通知

（2013年4月12日　财预〔2013〕34号）

北京市财政局，北京市国家税务局、地方税务局、中国人民银行管理部：

为规范政府间财政关系，经研究，现就中国邮政储蓄银行等企业所得税收入归属明确如下：

一、按照《国家院关于印发邮政体制改革方案的通知》（国发〔2005〕27号）有关精神，2007年国家邮政局和中国邮政集团公司实行政企分开，中国邮政集团公司在邮政金融业务的基础上分别成立中国邮政储蓄银行、中国邮政速递物流股份有限公司、中国人寿保险股份有限公司。为保持政策的延续性，按照《国务院关于印发所得税收入分享改革方案的通知》（国发〔2001〕37号）规定，经国务院批准，现明确中国邮政储蓄银行股份有限公司、中国邮政速递物流股份有限公司、中国人寿保险股份有限公司缴纳的企业所得税继续为中央收入。其中，中国邮政储蓄银行股份有限公司所得税收入列"101043315 中国邮政储蓄银行股份有限公司所得税"科目，中国邮政速递物流股份有限公司、中国人寿保险股有限公司企业所得税收入列"1010419 国有邮政企业所得税"科目。

二、中国华融资产业管理股份有限公司，中国长城资产管理公司、中国东方资产管理公司是经国务院批准成立的国有独资企业、对管理和处置国有商业银行剥离出来的不良资产、化解金融风险发挥了重要作用。为保持财政体制的连续性，现明确中国华融资产管理股份有限公司、中国长城资产管理公司、中国东方资产管理公司缴纳的企业所得税为中央收入，全部缴入中国国库，分别列入新增的101043318"中国华融资产管理股份有限公司所得税"、101043319目"中国长城资产管理公司所得税"、101043320目"中国东方资产管理公司所得税"科目，上述企业所得税退税资金分别列入新增的101053218目"中国华融资产管理股份有限公司所得税退税"、101053219目"中国长城资产管理公司所得税退税"、101053220目"中国东方资产管理公司所得税退税"科目。

三、根据《财政部关于铁路运输等企业所得税收入共享有关问题的通知》（财预〔2002〕590号）规定，中海油能源发展股份有限公司企业所得税为中央收入，全部缴入中国国库，列入101043302目"股份制海洋石油天然气企业所得税”科目。

上述规定自2013年1月1日起执行。

4. 国家税务总局关于中国华融资产管理股份有限公司和中国东方资产管理公司企业所得税征管问题的公告

（2013年7月9日　国家税务总局公告2013年第38号）

《财政部　国家税务总局　中国人民银行关于明确中国邮政储蓄银行等企业所得税收入归属的通知》(财预〔2013〕34号)规定,中国华融资产管理股份有限公司、中国东方资产管理公司缴纳的企业所得税为中央收入,全部缴入中央国库。根据《国家税务总局关于中国工商银行股份有限公司等企业企业所得税有关征管问题的通知》(国税函〔2010〕184号)精神,现将中国华融资产管理股份有限公司和中国东方资产管理公司企业所得税征管问题公告如下:

一、中国华融资产管理股份有限公司、中国东方资产管理公司应缴纳的企业所得税,由企业总机构统一汇总计算后,向总机构所在地主管税务机关申报预缴,年终进行汇算清缴。上述企业所属二级分支机构应按照企业所得税的有关规定,向其当地主管税务机关报送企业所得税预缴申报表和其他相关资料,各分支机构不就地预缴企业所得税。

二、中国华融资产管理股份有限公司、中国东方资产管理公司及其所属分支机构发生的资产损失,按照《国家税务总局关于发布〈企业资产损失所得税税前扣除管理办法〉的公告》(国家税务总局公告2011年第25号)的规定办理。

三、中国华融资产管理股份有限公司、中国东方资产管理公司所属二级分支机构名单由国家税务总局公布。上述企业所属二级以下(不含)分支机构名单,由二级分支机构向所在地主管税务机关提供,经所在地省税务机关审核后公布。企业分支机构发生增减变化的,应及时上报国家税务总局及二级分支机构所在地主管税务机关,由国家税务总局和二级分支机构所在地省税务机关重新公布所属分支机构名单。

四、本公告自2013年1月1日起执行。

特此公告。

附件:

1. 中国华融资产管理股份有限公司所属二级分支机构名单(略)
2. 中国东方资产管理公司所属二级分支机构名单(略)

5. 国家税务总局关于中国长城资产管理公司企业所得税征管问题的公告

（2013年9月29日　国家税务总局公告2013年第57号）

根据《财政部　国家税务总局　中国人民银行关于明确中国邮政储蓄银行等企业所得税收入归属的通知》(财预〔2013〕34号)规定,中国长城资产管理公司缴纳的企业所得税为中央收入,全部缴入中央国库,为此,依据《国家税务总局关于中国工商银行股份有限公司等企业企业所得税有关征管问题的通知》(国税函〔2010〕184号)规定,现将中国长城资产管理公司企业所得税征管问题公告如下:

一、中国长城资产管理公司企业所得税管理，应按国税函〔2010〕184号第一条规定执行。

二、中国长城资产管理公司及其所属分支机构发生的资产损失，按照《国家税务总局关于发布〈企业资产损失所得税税前扣除管理办法〉的公告》(国家税务总局公告2011年第25号)的规定办理。

三、中国长城资产管理公司所属二级分支机构的名单(见附件)现予以公布。企业所属二级以下(不含二级)分支机构名单，由二级分支机构向所在地主管税务机关提供，经所在地省税务机关审核后予以公布。

今后增加的二级分支机构，由二级分支机构提供工商部门出具的二级分支机构营业执照和总机构出具的其为二级分支机构的证明文件，在报送企业所得税预缴申报表时，附送分支机构所在地主管税务机关备案即可，我局不再另行发文公布。今后增加的二级以下(不含二级)分支机构，在报送企业所得税预缴申报表时，将有关情况附送二级分支机构主管税务机关备案即可。

四、本公告自2013年1月1日起施行。

特此公告。

附件：中国长城资产管理公司所属二级分支机构名单(略)

▶境外投资和所得信息报告

国家税务总局关于居民企业报告境外投资和所得信息有关问题的公告

(2014年6月30日　国家税务总局公告2014年第38号)

为规范居民企业境外投资和所得信息报告的内容和方式，根据《中华人民共和国税收征收管理法》(以下简称税收征管法)及其实施细则、《中华人民共和国企业所得税法》(以下简称企业所得税法)及其实施条例等有关规定，现就居民企业报告境外投资和所得信息有关问题公告如下：

一、居民企业成立或参股外国企业，或者处置已持有的外国企业股份或有表决权股份，符合以下情形之一，且按照中国会计制度可确认的，应当在办理企业所得税预缴申报时向主管税务机关填报《居民企业参股外国企业信息报告表》(附件1)：

(一)在本公告施行之日，居民企业直接或间接持有外国企业股份或有表决权股份达到10%(含)以上；

(二)在本公告施行之日后，居民企业在被投资外国企业中直接或间接持有的股份或有表决权股份自不足10%的状态改变为达到或超过10%的状态；

(三)在本公告施行之日后，居民企业在被投资外国企业中直接或间接持有的股份或有表决权股份自达到或超过10%的状态改变为不足10%的状态。

二、居民企业在办理企业所得税年度申报时，还应附报以下与境外所得相关的资料信息：

(一)有适用企业所得税法第四十五条情形或者需要适用《特别纳税调整实施办法(试行)》(国税发〔2009〕2号文件印发)第八十四条规定的居民企业填报《受控外国企业信息报告表》(附件2)；

(二)纳入企业所得税法第二十四条规定抵免范围的外国企业或符合企业所得税法第四十五条规定的受控外国企业按照中国会计制度编报的年度独立财务报表。

三、在税务检查(包括纳税评估、税务审计及特别纳税调整调查等)时，主管税务机关可以要求居民企业限期报告与其境外所得相关的必要信息。

四、居民企业能够提供合理理由，证明确实不能按照本办法规定期限报告境外投资和所得信息的，可以依法向主管税务机关提出延期要求。限制提供相关信息的境外法律规定、商业合同或协议，不构成合理理由。

五、主管税务机关应当为纳税人报告境外投资和所得信息提供便利，及时受理纳税人报告的各类信息，并依法保密。

六、居民企业未按照本办法规定报告境外投资和所得信息，经主管税务机关责令限期改正，逾期仍不改正的，主管税务机关可根据税收征管法及其实施细则以及其他有关法律、法规的规定，按已有信息合理认定相关事实，并据以计算或调整应纳税款。

七、非居民企业在境内设立机构、场所，取得发生在境外但与其所设机构、场所有实际联系的所得的，参照本公告规定报告相关信息。

八、本公告自 2014 年 9 月 1 日起施行。在施行之日以前发生，但与施行之日以后应报告信息相关或者属于施行之日以后纳税年度的应报告信息，仍适用本公告规定。《国家税务总局关于印发〈中华人民共和国企业年度关联业务往来报告表〉的通知》（国税发〔2008〕114 号）所附《对外投资情况表》同时废止。

附件：1. 居民企业参股外国企业信息报告表（略）

2. 受控外国企业信息报告表（略）

二、季 度 预 缴

1. 国家税务总局关于加强企业所得税预缴工作的通知

（2009 年 1 月 20 日　国税函〔2009〕34 号）

各省、自治区、直辖市和计划单列市国家税务局、地方税务局：

为进一步做好企业所得税征收管理，现就加强企业所得税预缴工作通知如下：

一、根据《中华人民共和国企业所得税法》及其实施条例规定，企业所得税应当按照月度或者季度的实际利润额预缴；按照月度或者季度的实际利润额预缴有困难的，可以按照上一纳税年度应纳税所得额的月度或者季度平均额预缴，或者按照经税务机关认可的其他方法预缴。为确保税款足额及时入库，各级税务机关对纳入当地重点税源管理的企业，原则上应按照实际利润额预缴方法征收企业所得税。

二、各级税务机关根据企业上年度企业所得税预缴和汇算清缴情况，对全年企业所得税预缴税款占企业所得税应缴税款比例明显偏低的，要及时查明原因，调整预缴方法或预缴税额。

三、各级税务机关要处理好企业所得税预缴和汇算清缴税款入库的关系，原则上各地企业所得税年度预缴税款占当年企业所得税入库税款（预缴数 + 汇算清缴数）应不少于 70%。

四、各级税务机关要进一步加大监督管理力度。对未按规定申报预缴企业所得税的，按照《中华人民共和国税收征收管理法》及其实施细则的有关规定进行处理。

五、加强企业所得税预缴工作是税收征管中的一项重要任务，各级税务机关要高度重视，周密部署，精心组织实施。税务总局将适时组织督促检查，通报此项工作的落实情况。

2. 国家税务总局关于修订2018年版企业所得税预缴纳税申报表部分表单及填报说明的公告

（2019年6月14日　国家税务总局公告2019年第23号）

为贯彻落实从事污染防治的第三方企业减按15%税率征收企业所得税、扩大固定资产加速折旧优惠政策适用范围等企业所得税优惠政策，税务总局对《中华人民共和国企业所得税月（季）度预缴纳税申报表（A类，2018年版）》《中华人民共和国企业所得税月（季）度预缴和年度纳税申报表（B类，2018年版）》的部分表单和填报说明进行了修订。现将有关事项公告如下：

一、对《免税收入、减计收入、所得减免等优惠明细表》（A201010）、《减免所得税优惠明细表》（A201030）、《中华人民共和国企业所得税月（季）度预缴和年度纳税申报表（B类，2018年版）》（B100000）的表单样式和填报说明进行修订。

二、对《中华人民共和国企业所得税月（季）度预缴纳税申报表（A类）》（A200000）、《固定资产加速折旧（扣除）优惠明细表》（A201020）填报说明进行修订。

三、本公告自2019年7月1日起施行。《国家税务总局关于发布〈中华人民共和国企业所得税月（季）度预缴纳税申报表（A类，2018年版）〉等报表的公告》（国家税务总局公告2018年第26号）和《国家税务总局关于修订〈中华人民共和国企业所得税月（季）度预缴纳税申报表（A类，2018年版）〉等部分表单样式及填报说明的公告》（国家税务总局公告2019年第3号）中的上述表单和填报说明同时废止。

特此公告。

附件：1. 中华人民共和国企业所得税月（季）度预缴纳税申报表（A类，2018年版）

2. 中华人民共和国企业所得税月（季）度预缴和年度纳税申报表（B类，2018年版）

中华人民共和国企业所得税
月(季)度预缴纳税申报表(A类,2018年版)

(2019 年修订)

国家税务总局

2019 年 6 月

A200000 中华人民共和国企业所得税月(季)度预缴纳税申报表(A类)

税款所属期间：　　年　月　日至　　年　月　日

纳税人识别号(统一社会信用代码)：□□□□□□□□□□□□□□□□□□□□

纳税人名称：　　　　　　　　　　　　　　　　　　　　　　　　金额单位：人民币元(列至角分)

预缴方式	□ 按照实际利润额预缴	□ 按照上一纳税年度应纳税所得额平均额预缴	□ 按照税务机关确定的其他方法预缴
企业类型	□ 一般企业	□ 跨地区经营汇总纳税企业总机构	□ 跨地区经营汇总纳税企业分支机构

预缴税款计算		
行次	项目	本年累计金额
1	营业收入	
2	营业成本	
3	利润总额	
4	加：特定业务计算的应纳税所得额	
5	减：不征税收入	
6	减：免税收入、减计收入、所得减免等优惠金额(填写A201010)	
7	减：固定资产加速折旧(扣除)调减额(填写A201020)	
8	减：弥补以前年度亏损	
9	实际利润额(3+4-5-6-7-8)\按照上一纳税年度应纳税所得额平均额确定的应纳税所得额	
10	税率(25%)	
11	应纳所得税额(9×10)	
12	减：减免所得税额(填写A201030)	
13	减：实际已缴纳所得税额	
14	减：特定业务预缴(征)所得税额	
15	本期应补(退)所得税额(11-12-13-14)\税务机关确定的本期应纳所得税额	

汇总纳税企业总分机构税款计算			
16	总机构填报	总机构本期分摊应补(退)所得税额(17+18+19)	
17		其中：总机构分摊应补(退)所得税额(15×总机构分摊比例__%)	
18		财政集中分配应补(退)所得税额(15×财政集中分配比例__%)	
19		总机构具有主体生产经营职能的部门分摊所得税额(15×全部分支机构分摊比例__%×总机构具有主体生产经营职能部门分摊比例__%)	
20	分支机构填报	分支机构本期分摊比例	
21		分支机构本期分摊应补(退)所得税额	

附报信息			
小型微利企业	□是　□否	科技型中小企业	□是　□否
高新技术企业	□是　□否	技术入股递延纳税事项	□是　□否
期末从业人数			

谨声明：此纳税申报表是根据《中华人民共和国企业所得税法》《中华人民共和国企业所得税法实施条例》以及有关税收政策和国家统一会计制度的规定填报的，是真实的、可靠的、完整的。

法定代表人(签章)：　　年　月　日

纳税人公章： 会计主管： 填表日期：　年　月　日	代理申报中介机构公章： 经办人： 经办人执业证件号码： 代理申报日期：　年　月　日	主管税务机关受理专用章： 受理人： 受理日期：　年　月　日

国家税务总局监制

A200000 《中华人民共和国企业所得税月(季)度预缴纳税申报表(A类)》填报说明

一、适用范围

本表适用于实行查账征收企业所得税的居民企业纳税人(以下简称“纳税人”)在月(季)度预缴纳税申报时填报。执行《跨地区经营汇总纳税企业所得税征收管理办法》(国家税务总局公告2012年第57号发布)的跨地区经营汇总纳税企业的分支机构,在年度纳税申报时填报本表。省(自治区、直辖市和计划单列市)税务机关对仅在本省(自治区、直辖市和计划单列市)内设立不具有法人资格分支机构的企业,参照《跨地区经营汇总纳税企业所得税征收管理办法》征收管理的,企业的分支机构在年度纳税申报时填报本表。

二、表头项目

(一)税款所属期间

1.月(季)度预缴纳税申报

正常情况填报税款所属期月(季)度第一日至税款所属期月(季)度最后一日;年度中间开业的纳税人,在首次月(季)度预缴纳税申报时,填报开始经营之日至税款所属月(季)度最后一日,以后月(季)度预缴纳税申报时按照正常情况填报;年度中间终止经营活动的纳税人,在终止经营活动当期纳税申报时,填报税款所属期月(季)度第一日至终止经营活动之日,以后月(季)度预缴纳税申报表不再填报。

2.年度纳税申报

填报税款所属年度1月1日至12月31日。

(二)纳税人识别号(统一社会信用代码)

填报税务机关核发的纳税人识别号或有关部门核发的统一社会信用代码。

(三)纳税人名称

填报营业执照、税务登记证等证件载明的纳税人名称。

三、有关项目填报说明

(一)预缴方式

纳税人根据情况选择。

“按照上一纳税年度应纳税所得额平均额预缴”和“按照税务机关确定的其他方法预缴”两种预缴方式属于税务行政许可事项,纳税人需要履行行政许可相关程序。

(二)企业类型

纳税人根据情况选择。

纳税人为《跨地区经营汇总纳税企业所得税征收管理办法》规定的跨省、自治区、直辖市和计划单列市设立不具有法人资格分支机构的跨地区经营汇总纳税企业,总机构选择“跨地区经营汇总纳税企业总机构”;仅在同一省(自治区、直辖市、计划单列市)内设立不具有法人资格分支机构的跨地区经营汇总纳税企业,并且总机构、分支机构参照《跨地区经营汇总纳税企业所得税征收管理办法》规定征收管理的,总机构选择“跨地区经营汇总纳税企业总机构”。

纳税人为《跨地区经营汇总纳税企业所得税征收管理办法》规定的跨省、自治区、直辖市和计划单列市设立不具有法人资格分支机构的跨地区经营汇总纳税企业,分支机构选择“跨地区经营汇总纳税企业分支机构”;仅在同一省(自治区、直辖市、计划单列市)内设立不具有法人资格分支机构的跨地区经营汇总纳税企业,并且总机构、分支机构参照《跨地区经营汇总纳税企业所得税征收管理办法》规定征收管理的,分支机构选择“跨地区经营汇总纳税企业分支机构”。

上述企业以外的其他企业选择“一般企业”。

(三)预缴税款计算

预缴方式选择“按照实际利润额预缴”的纳税人填报第1行至第15行,预缴方式选择“按照上一纳税年度应纳税所得额平均额预缴”的纳税人填报第9、10、11、12、13、15行,预缴方式选择“按照税务机关确定的其他方法预缴”的纳税人填报第15行。

1.第1行“营业收入”:填报纳税人截至本税款所属期末,按照国家统一会计制度规定核算的本年累计营业收入。

如:以前年度已经开始经营且按季度预缴纳税申报的纳税人,第二季度预缴纳税申报时本行填报本年1月1日至6月30日期间的累计营业收入。

2.第2行“营业成本”:填报纳税人截至本税款所属期末,按照国家统一会计制度规定核算的本年累计营业成本。

3.第3行“利润总额”:填报纳税人截至本税款所属期末,按照国家统一会计制度规定核算的本年累计利润总额。

4.第4行“特定业务计算的应纳税所得额”:从事房地产开发等特定业务的纳税人,填报按照税收规定计算的特定业务的应纳税所得额。房地产开发企业销售未完工开发产品取得的预售收入,按照税收规定的预计计税毛利率计算出预计毛利额填入此行。

5.第5行“不征税收入”:填报纳税人已经计入本表“利润总额”行次但属于税收规定的不征税收入的本年累计金额。

6. 第 6 行“免税收入、减计收入、所得减免等优惠金额”：填报属于税收规定的免税收入、减计收入、所得减免等优惠的本年累计金额。

本行根据《免税收入、减计收入、所得减免等优惠明细表》(A201010)填报。

7. 第 7 行“固定资产加速折旧(扣除)调减额”：填报固定资产税收上享受加速折旧优惠计算的折旧额大于同期会计折旧额期间，发生纳税调减的本年累计金额。

本行根据《固定资产加速折旧(扣除)优惠明细表》(A201020)填报。

8. 第 8 行“弥补以前年度亏损”：填报纳税人截至税款所属期末，按照税收规定在企业所得税税前弥补的以前年度尚未弥补亏损的本年累计金额。根据《财政部　税务总局关于延长高新技术企业和科技型中小企业亏损结转年限的通知》(财税〔2018〕76 号)的规定，自 2018 年 1 月 1 日起，当年具备高新技术企业或科技型中小企业资格的企业，其具备资格年度之前的 5 个年度发生的尚未弥补完的亏损，准予结转以后年度弥补，最长结转年限由 5 年延长至 10 年。

当本表第 3 +4 −5 −6 −7 行≤0 时，本行 =0。

9. 第 9 行“实际利润额\按照上一纳税年度应纳税所得额平均额确定的应纳税所得额”：预缴方式选择“按照实际利润额预缴”的纳税人，根据本表相关行次计算结果填报，第 9 行 = 第 3 +4 −5 −6 −7 −8 行；预缴方式选择“按照上一纳税年度应纳税所得额平均额预缴”的纳税人，填报按照上一纳税年度应纳税所得额平均额计算的本年累计金额。

10. 第 10 行“税率(25%)”：填报 25%。

11. 第 11 行“应纳所得税额”：根据相关行次计算结果填报。第 11 行 = 第 9 ×10 行，且第 11 行≥0。

12. 第 12 行“减免所得税额”：填报纳税人截至税款所属期末，按照税收规定享受的减免企业所得税的本年累计金额。

本行根据《减免所得税优惠明细表》(A201030)填报。

13. 第 13 行“实际已缴纳所得税额”：填报纳税人按照税收规定已在此前月(季)度申报预缴企业所得税的本年累计金额。

建筑企业总机构直接管理的跨地区设立的项目部，按照税收规定已经向项目所在地主管税务机关预缴企业所得税的金额不填本行，而是填入本表第 14 行。

14. 第 14 行“特定业务预缴(征)所得税额”：填报建筑企业总机构直接管理的跨地区设立的项目部，按照税收规定已经向项目所在地主管税务机关预缴企业所得税的本年累计金额。

本行本期填报金额不得小于本年上期申报的金额。

15. 第 15 行“本期应补(退)所得税额\税务机关确定的本期应纳所得税额”：按照不同预缴方式，分情况填报：

预缴方式选择“按照实际利润额预缴”以及“按照上一纳税年度应纳税所得额平均额预缴”的纳税人根据本表相关行次计算填报。第 15 行 = 第 11 −12 −13 −14 行，当第 11 −12 −13 −14 行 <0 时，本行填 0。其中，企业所得税收入全额归属中央且按比例就地预缴企业的分支机构，以及在同一省(自治区、直辖市、计划单列市)内的按比例就地预缴企业的分支机构，第 15 行 = 第 11 行 × 就地预缴比例 − 第 12 行 × 就地预缴比例 − 第 13 行 − 第 14 行，当第 11 行 × 就地预缴比例 − 第 12 行 × 就地预缴比例 − 第 13 行 − 第 14 行 <0 时，本行填 0。

预缴方式选择“按照税务机关确定的其他方法预缴”的纳税人填报本期应纳企业所得税的金额。

(四)汇总纳税企业总分机构税款计算

企业类型选择“跨地区经营汇总纳税企业总机构”的纳税人填报第 16、17、18、19 行；企业类型选择“跨地区经营汇总纳税企业分支机构”的纳税人填报第 20、21 行。

1. 第 16 行“总机构本期分摊应补(退)所得税额”：跨地区经营汇总纳税企业的总机构根据相关行次计算结果填报，第 16 行 = 第 17 +18 +19 行。

2. 第 17 行“总机构分摊应补(退)所得税额(15 × 总机构分摊比例__%)”：根据相关行次计算结果填报，第 17 行 = 第 15 行 × 总机构分摊比例。其中：跨省、自治区、直辖市和计划单列市经营的汇总纳税企业“总机构分摊比例”填报 25%，同一省(自治区、直辖市、计划单列市)内跨地区经营汇总纳税企业“总机构分摊比例”按照各省(自治区、直辖市、计划单列市)确定的总机构分摊比例填报。

3. 第 18 行“财政集中分配应补(退)所得税额(15 × 财政集中分配比例__%)”：根据相关行次计算结果填报，第 18 行 = 第 15 行 × 财政集中分配比例。其中：跨省、自治区、直辖市和计划单列市经营的汇总纳税企业“财政集中分配比例”填报 25%，同一省(自治区、直辖市、计划单列市)内跨地区经营汇总纳税企业“财政集中分配比例”按照各省(自治区、直辖市、计划单列市)确定的财政集中分配比例填报。

4. 第 19 行“总机构具有主体生产经营职能的部门分摊所得税额(15 × 全部分支机构分摊比例__% × 总机构具有主体生产经营职能部门分摊比例__%)”：根据相关行次计算结果填报，第 19 行 = 第 15 行 × 全部分支机构分摊比例 × 总机构具有主体生产经营职能部门分摊比例。其中：跨省、自治区、直辖市和计划单列市经营的汇总纳税企业“全部分支机构分摊比例”填报 50%，同一省(自治区、直辖市、计划单列市)内跨地区经营汇总纳税企业“分支机构分摊比例”按照各省(自治区、直辖市、计划单列市)确定的分支机构分摊比例填报；“总机构具有主体生产经营职能部门分摊比例”按照设立的具有主体生产经营职能的部门在参与税款分摊的全部分支机构中的分摊比例填报。

5. 第 20 行“分支机构本期分摊比例”：跨地区经营汇总纳税企业分支机构填报其总机构出具的本期《企业所得税汇总纳税分支机构所得税分配表》“分配比例”列次中列示的本分支机构的分配比例。

6. 第 21 行“分支机构本期分摊应补(退)所得税额”：跨地区经营汇总纳税企业分支机构填报其总机构出具的本期《企业所得税汇总纳税分支机构所得税分配表》“分配所得税额”列次中列示的本分支机构应分摊的所得税额。

四、附报信息

企业类型选择“跨地区经营汇总纳税企业分支机构”的，不填报“附报信息”所有项目。

(一)高新技术企业

必报项目。

根据《高新技术企业认定管理办法》《高新技术企业认定管理工作指引》等文件规定，符合条件的纳税人履行相关认定程序后取得“高新技术企业证书”。凡是取得“高新技术企业证书”且在有效期内的纳税人，选择“是”；未取得“高新技术企业证书”或者“高新技术企业证书”不在有效期内的纳税人，选择“否”。

(二)科技型中小企业

必报项目。

符合条件的纳税人可以按照《科技型中小企业评价办法》进行自主评价，并按照自愿原则到“全国科技型中小企业信息服务平台”填报企业信息，经公示无异议后纳入“全国科技型中小企业信息库”。凡是取得本年“科技型中小企业入库登记编号”且编号有效的纳税人，选择“是”；未取得本年“科技型中小企业入库登记编号”或者已取得本年“科技型中小企业入库登记编号”但被科技管理部门撤销登记编号的纳税人，选择“否”。

(三)技术入股递延纳税事项

必报项目。

根据《财政部　国家税务总局关于完善股权激励和技术入股有关所得税政策的通知》(财税〔2016〕101 号)文件规定，企业以技术成果投资入股到境内居民企业，被投资企业支付的对价全部为股票(权)的，企业可以选择适用递延纳税优惠政策。本年内发生以技术成果投资入股且选择适用递延纳税优惠政策的纳税人，选择“是”；本年内未发生以技术成果投资入股或者以技术成果投资入股但选择继续按现行有关税收政策执行的纳税人，选择“否”。

五、按季度填报信息

企业类型选择“跨地区经营汇总纳税企业分支机构”的，不填报“按季度填报信息”所有项目。本项下所有项目按季度填报。按月申报的纳税人，在季度最后一个属期的月份填报。

(一)季初从业人数、季末从业人数

必报项目。

纳税人填报税款所属季度的季初和季末从业人员的数量。季度中间开业的纳税人，“季初从业人数”填报开业时从业人数。季度中间停止经营的纳税人，“季末从业人数”填报停止经营时从业人数。从业人数是指与企业建立劳动关系的职工人数和企业接受的劳务派遣用工人数之和。汇总纳税企业总机构填报包括分支机构在内的所有从业人数。

(二)季初资产总额(万元)、季末资产总额(万元)

必报项目。

纳税人填报税款所属季度的季初和季末资产总额。季度中间开业的纳税人，“季初资产总额”填报开业时资产总额。季度中间停止经营的纳税人，“季末资产总额”填报停止经营时资产总额。填报单位为人民币万元，保留小数点后 2 位。

(三)国家限制或禁止行业

必报项目。

纳税人从事行业为国家限制和禁止行业的，选择“是”；其他选择“否”。

(四)小型微利企业

必报项目。

本纳税年度截至本期末的从业人数季度平均值不超过 300 人、资产总额季度平均值不超过 5000 万元、本表“国家限制或禁止行业”选择“否”且本期本表第 9 行“实际利润额\按照上一纳税年度应纳税所得额平均额确定的应纳税所得额”不超过 300 万元的纳税人，选择“是”；否则选择“否”。计算方法如下：

季度平均值 =(季初值 + 季末值)÷2

截至本期末季度平均值 = 截至本期末各季度平均值之和 ÷ 相应季度数

年度中间开业或者终止经营活动的，以其实际经营期计算上述指标。

六、表内表间关系

（一）表内关系

1. 预缴方式选择“按照实际利润额预缴”的纳税人，第 9 行 = 第 3 +4 −5 −6 −7 −8 行。

2. 第 11 行 = 第 9 × 10 行。

3. 预缴方式选择“按照实际利润额预缴”“按照上一纳税年度应纳税所得额平均额预缴”的纳税人，第 15 行 = 第 11 − 12 − 13 − 14 行。当第 11 − 12 − 13 − 14 行 <0 时，第 15 行 =0。

其中，企业所得税收入全额归属中央且按比例就地预缴企业的分支机构，以及在同一省（自治区、直辖市、计划单列市）内的按比例就地预缴企业的分支机构，第 15 行 = 第 11 行 × 就地预缴比例 − 第 12 行 × 就地预缴比例 − 第 13 行 − 第 14 行。当第 11 行 × 就地预缴比例 − 第 12 行 × 就地预缴比例 − 第 13 行 − 第 14 行 <0 时，第 15 行 =0。

4. 第 16 行 = 第 17 + 18 + 19 行。

5. 第 17 行 = 第 15 行 × 总机构分摊比例。

6. 第 18 行 = 第 15 行 × 财政集中分配比例。

7. 第 19 行 = 第 15 行 × 全部分支机构分摊比例 × 总机构具有主体生产经营职能部门分摊比例。

（二）表间关系

1. 第 6 行 = 表 A201010 第 41 行。

2. 第 7 行 = 表 A201020 第 5 行第 5 列。

3. 第 12 行 = 表 A201030 第 30 行。

4. 第 15 行 = 表 A202000“应纳所得税额”栏次填报的金额。

5. 第 17 行 = 表 A202000“总机构分摊所得税额”栏次填报的金额。

6. 第 18 行 = 表 A202000“总机构财政集中分配所得税额”栏次填报的金额。

7. 第 19 行 = 表 A202000“分支机构情况”中对应总机构独立生产经营部门行次的“分配所得税额”列次填报的金额。

A201010　免税收入、减计收入、所得减免等优惠明细表

行次	项目	本年累计金额
1	一、免税收入(2+3+8+9+…+15)	
2	(一)国债利息收入免征企业所得税	
3	(二)符合条件的居民企业之间的股息、红利等权益性投资收益免征企业所得税	
4	其中:内地居民企业通过沪港通投资且连续持有H股满12个月取得的股息红利所得免征企业所得税	
5	内地居民企业通过深港通投资且连续持有H股满12个月取得的股息红利所得免征企业所得税	
6	居民企业持有创新企业CDR取得的股息红利所得免征企业所得税	
7	符合条件的居民企业之间属于股息、红利性质的永续债利息收入免征企业所得税	
8	(三)符合条件的非营利组织的收入免征企业所得税	
9	(四)中国清洁发展机制基金取得的收入免征企业所得税	
10	(五)投资者从证券投资基金分配中取得的收入免征企业所得税	
11	(六)取得的地方政府债券利息收入免征企业所得税	
12	(七)中国保险保障基金有限责任公司取得的保险保障基金等收入免征企业所得税	
13	(八)中国奥委会取得北京冬奥组委支付的收入免征企业所得税	
14	(九)中国残奥委会取得北京冬奥组委分期支付的收入免征企业所得税	
15	(十)其他	
16	二、减计收入(17+18+22+23)	
17	(一)综合利用资源生产产品取得的收入在计算应纳税所得额时减计收入	
18	(二)金融、保险等机构取得的涉农利息、保费减计收入(19+20+21)	
19	1.金融机构取得的涉农贷款利息收入在计算应纳税所得额时减计收入	
20	2.保险机构取得的涉农保费收入在计算应纳税所得额时减计收入	
21	3.小额贷款公司取得的农户小额贷款利息收入在计算应纳税所得额时减计收入	
22	(三)取得铁路债券利息收入减半征收企业所得税	
23	(四)其他(23.1+23.2)	
23.1	1.取得的社区家庭服务收入在计算应纳税所得额时减计收入	
23.2	2.其他	
24	三、加计扣除(25+26+27+28)	*
25	(一)开发新技术、新产品、新工艺发生的研究开发费用加计扣除	*
26	(二)科技型中小企业开发新技术、新产品、新工艺发生的研究开发费用加计扣除	*
27	(三)企业为获得创新性、创意性、突破性的产品进行创意设计活动而发生的相关费用加计扣除	*
28	(四)安置残疾人员所支付的工资加计扣除	*
29	四、所得减免(30+33+34+35+36+37+38+39+40)	
30	(一)从事农、林、牧、渔业项目的所得减免征收企业所得税(31+32)	
31	1.免税项目	
32	2.减半征收项目	
33	(二)从事国家重点扶持的公共基础设施项目投资经营的所得定期减免企业所得税	
33.1	其中:从事农村饮水安全工程新建项目投资经营的所得定期减免企业所得税	
34	(三)从事符合条件的环境保护、节能节水项目的所得定期减免企业所得税	
35	(四)符合条件的技术转让所得减免征收企业所得税	
36	(五)实施清洁发展机制项目的所得定期减免企业所得税	
37	(六)符合条件的节能服务公司实施合同能源管理项目的所得定期减免企业所得税	
38	(七)线宽小于130纳米的集成电路生产项目的所得减免企业所得税	
39	(八)线宽小于65纳米或投资额超过150亿元的集成电路生产项目的所得减免企业所得税	
40	(九)其他	
41	合计(1+16+24+29)	

A201010 《免税收入、减计收入、所得减免等优惠明细表》填报说明

本表为《中华人民共和国企业所得税月(季)度预缴纳税申报表(A类)》(A200000)附表,适用于享受免税收入、减计收入、所得减免等税收优惠政策的实行查账征收企业所得税的居民企业纳税人填报。纳税人根据税收规定,填报本年发生的累计优惠情况。

一、有关项目填报说明

(一)总体说明

本表各行次填报的金额均为本年累计金额,即纳税人截至本税款所属期末,按照税收规定计算的免税收入、减计收入、所得减免等税收优惠政策的本年累计减免金额。

按照目前税收规定,加计扣除优惠政策汇算清缴时享受,第24、25、26、27、28行月(季)度预缴纳税申报时不填报。

当《中华人民共和国企业所得税月(季)度预缴纳税申报表(A类)》(A200000)第3+4-5行减本表第1+16+24行大于零时,可以填报本表第29至40行。

(二)行次说明

1.第1行"一、免税收入":根据相关行次计算结果填报。本行=第2+3+8+9+…+15行。

2.第2行"(一)国债利息收入免征企业所得税":填报纳税人根据《国家税务总局关于企业国债投资业务企业所得税处理问题的公告》(国家税务总局公告2011年第36号)等相关税收政策规定的,持有国务院财政部门发行的国债取得的利息收入。

3.第3行"(二)符合条件的居民企业之间的股息、红利等权益性投资收益免征企业所得税":填报发生的符合条件的居民企业之间的股息、红利等权益性投资收益情况,不包括连续持有居民企业公开发行并上市流通的股票不足12个月取得的投资收益。

本行包括内地居民企业通过沪港通投资且连续持有H股满12个月取得的股息红利所得、内地居民企业通过深港通投资且连续持有H股满12个月取得的股息红利所得、居民企业持有创新企业CDR取得的股息红利所得、符合条件的居民企业之间属于股息、红利性质的永续债利息收入等情况。

4.第4行"内地居民企业通过沪港通投资且连续持有H股满12个月取得的股息红利所得免征企业所得税":填报根据《财政部　国家税务总局　证监会关于沪港股票市场交易互联互通机制试点有关税收政策的通知》(财税〔2014〕81号)等相关税收政策规定的,内地居民企业通过沪港通投资且连续持有H股满12个月取得的股息红利所得。

5.第5行"内地居民企业通过深港通投资且连续持有H股满12个月取得的股息红利所得免征企业所得税":填报根据《财政部　国家税务总局　证监会关于深港股票市场交易互联互通机制试点有关税收政策的通知》(财税〔2016〕127号)等相关税收政策规定,内地居民企业通过深港通投资且连续持有H股满12个月取得的股息红利所得。

6.第6行"居民企业持有创新企业CDR取得的股息红利所得免征企业所得税":填报根据《财政部　税务总局　证监会关于创新企业境内发行存托凭证试点阶段有关税收政策的公告》(财政部　税务总局　证监会公告2019年第52号)等相关税收政策规定,居民企业持有创新企业CDR取得的股息红利所得。

7.第7行"符合条件的居民企业之间属于股息、红利性质的永续债利息收入免征企业所得税":填报根据《财政部　税务总局关于永续债企业所得税政策问题的公告》(财政部　税务总局公告2019年第64号)等相关税收政策规定,居民企业取得的可以适用企业所得税法规定的居民企业之间的股息、红利等权益性投资收益免征企业所得税规定的永续债利息收入。

8.第8行"(三)符合条件的非营利组织的收入免征企业所得税":填报根据《财政部　国家税务总局关于非营利组织企业所得税免税收入问题的通知》(财税〔2009〕122号)、《财政部　税务总局关于非营利组织免税资格认定管理有关问题的通知》(财税〔2018〕13号)等相关税收政策规定,认定的符合条件的非营利组织,取得的捐赠收入等免税收入,但不包括从事营利性活动所取得的收入。

9.第9行"(四)中国清洁发展机制基金取得的收入免征企业所得税":填报根据《财政部　国家税务总局关于中国清洁发展机制基金及清洁发展机制项目实施企业有关企业所得税政策问题的通知》(财税〔2009〕30号)等相关税收政策规定,中国清洁发展机制基金取得的CDM项目温室气体减排量转让收入上缴国家的部分,国际金融组织赠款收入,基金资金的存款利息收入、购买国债的利息收入,国内外机构、组织和个人的捐赠收入。

10.第10行"(五)投资者从证券投资基金分配中取得的收入免征企业所得税":填报根据《财政部　国家税务总局关于企业所得税若干优惠政策的通知》(财税〔2008〕1号)第二条第(二)项等相关税收政策规定,投资者从证券投资基金分配中取得的收入。

11.第11行"(六)取得的地方政府债券利息收入免征企业所得税":填报根据《财政部　国家税务总局关于地方政府债券利息所得免征所得税问题的通知》(财税〔2011〕76号)、《财政部　国家税务总局关于地方政府债券利息免征所得税问题的通知》(财税〔2013〕5号)等相关税收政策规定,取得的2009年、2010年和2011年发行的地方政府债券利息所得,2012年及以后年度发行的地方政府债券利息收入。

12. 第12行“（七）中国保险保障基金有限责任公司取得的保险保障基金等收入免征企业所得税”：填报中国保险保障基金有限责任公司按照《财政部　税务总局关于保险保障基金有关税收政策问题的通知》（财税〔2018〕41号）等税收政策规定，根据《保险保障基金管理办法》取得的境内保险公司依法缴纳的保险保障基金；依法从撤销或破产保险公司清算财产中获得的受偿收入和向有关责任方追偿所得，以及依法从保险公司风险处置中获得的财产转让所得，接受捐赠所得，银行存款利息收入，购买政府债券、中央银行、中央企业和中央级金融机构发行债券的利息收入，国务院批准的其他资金运用取得的收入。

13. 第13行“（八）中国奥委会取得北京冬奥组委支付的收入免征企业所得税”：填报根据《财政部　税务总局　海关总署关于北京2022年冬奥会和冬残奥会税收政策的通知》（财税〔2017〕60号）等相关税收政策规定，对按中国奥委会、主办城市签订的《联合市场开发计划协议》和中国奥委会、主办城市、国际奥委会签订的《主办城市合同》规定，中国奥委会取得的由北京冬奥组委分期支付的收入、按比例支付的盈余分成收入。

14. 第14行“（九）中国残奥委会取得北京冬奥组委分期支付的收入免征企业所得税”：填报根据《财政部　税务总局　海关总署关于北京2022年冬奥会和冬残奥会税收政策的通知》（财税〔2017〕60号）等相关税收政策规定，中国残奥委会根据《联合市场开发计划协议》取得的由北京冬奥组委分期支付的收入。

15. 第15行“（十）其他”：填报纳税人享受的本表未列明的其他免税收入的税收优惠事项名称、减免税代码及免税收入金额。

16. 第16行“二、减计收入”：根据相关行次计算结果填报。本行＝第17＋18＋22＋23行。

17. 第17行“（一）综合利用资源生产产品取得的收入在计算应纳税所得额时减计收入”：填报纳税人综合利用资源生产产品取得的收入乘以10%的金额。

18. 第18行“（二）金融、保险等机构取得的涉农利息、保费减计收入”：根据相关行次计算结果填报。本行填报第19＋20＋21行的合计金额。

19. 第19行“1. 金融机构取得的涉农贷款利息收入在计算应纳税所得额时减计收入”：填报金融机构取得农户小额贷款利息收入乘以10%的金额。

20. 第20行“2. 保险机构取得的涉农保费收入在计算应纳税所得额时减计收入”：填报保险公司为种植业、养殖业提供保险业务取得的保费收入乘以10%的金额。其中保费收入＝原保费收入＋分保费收入－分出保费收入。

21. 第21行“3. 小额贷款公司取得的农户小额贷款利息收入在计算应纳税所得额时减计收入”：填报根据《财政部　税务总局关于小额贷款公司有关税收政策的通知》（财税〔2017〕48号）等相关税收政策规定，经省级金融管理部门（金融办、局等）批准成立的小额贷款公司取得的农户小额贷款利息收入乘以10%的金额。

22. 第22行“（三）取得铁路债券利息收入减半征收企业所得税”：填报根据《财政部　国家税务总局关于铁路建设债券利息收入企业所得税政策的通知》（财税〔2011〕99号）、《财政部　国家税务总局关于2014　2015年铁路建设债券利息收入企业所得税政策的通知》（财税〔2014〕2号）、《财政部　国家税务总局关于铁路债券利息收入所得税政策问题的通知》（财税〔2016〕30号）、《财政部　税务总局关于铁路债券利息收入所得税政策的公告》（财政部　税务总局公告2019年第57号）等相关税收政策规定，企业持有铁路建设债券、铁路债券等企业债券取得的利息收入乘以50%的金额。

23. 第23行“（四）其他”：根据相关行次计算结果填报。本行填报第23.1＋23.2行的合计金额。

24. 第23.1行“1. 取得的社区家庭服务收入在计算应纳税所得额时减计收入”：填报根据税收政策规定，纳税人提供社区养老、托育、家政相关服务的收入乘以10%的金额。

25. 第23.2行“2. 其他”：填报纳税人享受的本表未列明的其他减计收入的税收优惠事项名称、减免税代码及减计收入金额。

26. 第24行“三、加计扣除”：根据相关行次计算结果填报。本行＝第25＋26＋27＋28行。月（季）度预缴纳税申报时，纳税人不填报本行。

27. 第25行“（一）开发新技术、新产品、新工艺发生的研究开发费用加计扣除”：填报纳税人享受研发费加计扣除政策按照规定进行税前加计扣除的金额。月（季）度预缴纳税申报时，纳税人不填报本行。

28. 第26行“（二）科技型中小企业开发新技术、新产品、新工艺发生的研究开发费用加计扣除”：填报科技型中小企业享受研发费加计扣除政策按照规定进行税前加计扣除的金额。月（季）度预缴纳税申报时，纳税人不填报本行。

29. 第27行“（三）企业为获得创新性、创意性、突破性的产品进行创意设计活动而发生的相关费用加计扣除”：填报纳税人根据《财政部　国家税务总局　科技部关于完善研究开发费用税前加计扣除政策的通知》（财税〔2015〕119号）第二条第四项规定，为获得创新性、创意性、突破性的产品进行创意设计活动而发生的相关费用按照规定进行税前加计扣除的金额。月（季）度预缴纳税申报时，纳税人不填报本行。

30. 第28行“（四）安置残疾人员所支付的工资加计扣除”：填报根据《财政部　国家税务总局关于安置残疾人员就业有关企业所得税优惠政策问题的通知》（财税〔2009〕70号）等相关税收政策规定安置残疾人员的，在支付给残疾职工工资据实扣除的基础上，按照支付给残疾职工工资的100%加计扣除的金额。月（季）度预缴纳税申报时，纳税人不填报本行。

31. 第 29 行"四、所得减免"：根据相关行次计算结果填报。

本行 = 第 30 + 33 + 34 + 35 + 36 + 37 + 38 + 39 + 40 行，同时本行≤表 A200000 第 3 + 4 − 5 行 − 本表第 1 + 16 + 24 行且本行≥0。

32. 第 30 行"（一）从事农、林、牧、渔业项目的所得减免征收企业所得税"：填报根据税收规定，从事农、林、牧、渔业项目发生的减征、免征企业所得税项目的所得额。本行 = 第 31 + 32 行。

33. 第 31 行"1. 免税项目"：填报根据税收规定，从事农、林、牧、渔业项目发生的免征企业所得税项目的所得额。免征企业所得税项目主要有：蔬菜、谷物、薯类、油料、豆类、棉花、麻类、糖料、水果、坚果的种植；农作物新品种的选育；中药材的种植；林木的培育和种植；牲畜、家禽的饲养；林产品的采集；灌溉、农产品初加工、兽医、农技推广、农机作业和维修等农、林、牧、渔服务业项目；远洋捕捞等。

当项目所得≤0 时，本行不填报。纳税人有多个项目的，按前述规则分别确定各项目的金额后，将合计金额填入本行。

34. 第 32 行"2. 减半征收项目"：填报根据税收规定，从事农、林、牧、渔业项目发生的减半征收企业所得税项目所得额的减半额。减半征收企业所得税项目主要有：花卉、茶以及其他饮料作物和香料作物的种植；海水养殖、内陆养殖等。

本行 = 减半征收企业所得税项目的所得额 ×50%。当项目所得≤0 时，本行不填报。纳税人有多个项目的，按前述规则分别确定各项目的金额后，将合计金额填入本行。

35. 第 33 行"（二）从事国家重点扶持的公共基础设施项目投资经营的所得定期减免企业所得税"：根据《财政部　国家税务总局关于执行公共基础设施项目企业所得税优惠目录有关问题的通知》（财税〔2008〕46 号）、《财政部　国家税务总局　国家发展改革委关于公布公共基础设施项目企业所得税优惠目录（2008 年版）的通知》（财税〔2008〕116 号）、《国家税务总局关于实施国家重点扶持的公共基础设施项目企业所得税优惠问题的通知》（国税发〔2009〕80 号）、《财政部　国家税务总局关于公共基础设施项目和环境保护　节能节水项目企业所得税优惠政策问题的通知》（财税〔2012〕10 号）、《财政部　国家税务总局关于继续实行农村饮水安全工程建设运营税收优惠政策的通知》（财税〔2016〕19 号）、《国家税务总局关于电网企业电网新建项目享受所得税优惠政策问题的公告》（国家税务总局公告 2013 年第 26 号）、《财政部　国家税务总局关于公共基础设施项目享受企业所得税优惠政策问题的补充通知》（财税〔2014〕55 号）、《财政部　税务总局关于继续实行农村饮水安全工程税收优惠政策的公告》（财政部　税务总局公告 2019 年第 67 号）等相关税收政策规定，从事《公共基础设施项目企业所得税优惠目录》规定的港口码头、机场、铁路、公路、城市公共交通、电力、水利等项目的投资经营的所得，自项目取得第一笔生产经营收入所属纳税年度起，第一年至第三年免征企业所得税，第四年至第六年减半征收企业所得税。不包括企业承包经营、承包建设和内部自建自用该项目的所得。

免税期间，本行填报从事基础设施项目的所得额；减半征税期间，本行填报从事基础设施项目的所得额 ×50% 的金额。当项目所得≤0 时，本行不填报。纳税人有多个项目的，按前述规则分别确定各项目的金额后，将合计金额填入本行。

本行包括享受农村饮水安全工程新建项目投资经营的所得定期减免企业所得税的优惠金额。

36. 第 33.1 行"其中：从事农村饮水安全工程新建项目投资经营的所得定期减免企业所得税"：根据《财政部　国家税务总局关于继续实行农村饮水安全工程建设运营税收优惠政策的通知》（财税〔2016〕19 号）、《财政部　税务总局关于继续实行农村饮水安全工程税收优惠政策的公告》（财政部　税务总局公告 2019 年第 67 号）等相关税收政策规定，对农村饮水安全工程运营管理单位从事《公共基础设施项目企业所得税优惠目录》规定的饮水工程新建项目投资经营的所得，自项目取得第一笔生产经营收入所属纳税年度起，第一年至第三年免征企业所得税，第四年至第六年减半征收企业所得税。

免税期间，本行填报项目所得额；减半征税期间，本行填报项目所得额 ×50% 的金额。当项目所得≤0 时，本行不填报。纳税人有多个项目的，按前述规则分别确定各项目的金额后，将合计金额填入本行。

37. 第 34 行"（三）从事符合条件的环境保护、节能节水项目的所得定期减免企业所得税"：根据《财政部　国家税务总局　国家发展改革委关于公布环境保护节能节水项目企业所得税优惠目录（试行）的通知》（财税〔2009〕166 号）、《财政部　国家税务总局关于公共基础设施项目和环境保护　节能节水项目企业所得税优惠政策问题的通知》（财税〔2012〕10 号）、《财政部　国家税务总局　国家发展改革委关于垃圾填埋沼气发电列入〈环境保护、节能节水项目企业所得税优惠目录（试行）〉的通知》（财税〔2016〕131 号）等相关税收政策规定，从事符合条件的公共污水处理、公共垃圾处理、沼气综合开发利用、节能减排技术改造、海水淡化等环境保护、节能节水项目的所得，自项目取得第一笔生产经营收入所属纳税年度起，第一年至第三年免征企业所得税，第四年至第六年减半征收企业所得税。

免税期间，本行填报项目所得额；减半征税期间，填报项目所得额 ×50% 的金额。当项目所得≤0 时，本行不填报。纳税人有多个项目的，按前述规则分别确定各项目的金额后，将合计金额填入本行。

38. 第 35 行"（四）符合条件的技术转让所得减免征收企业所得税"：根据《国家税务总局关于技术转让所得减免企业所得税有关问题的通知》（国税函〔2009〕212 号）、《财政部　国家税务总局关于居民企业技术转让有关企业所得税政策问题的通知》（财税〔2010〕111 号）、《国家税务总局关于技术转让所得减免企业所得税有关问题的公告》（国家税务总局公告 2013 年第 62 号）、《财政部　国家税务总局关于将国家自主创新示范区有关税收试点政策推广到全国范围实施的通知》（财税〔2015〕116

号）、《国家税务总局关于许可使用权技术转让所得企业所得税有关问题的公告》（国家税务总局公告2015年第82号）等相关税收政策规定，一个纳税年度内，居民企业将其拥有的专利技术、计算机软件著作权、集成电路布图设计权、植物新品种、生物医药新品种，以及财政部和国家税务总局确定的其他技术的所有权或5年以上（含5年）全球独占许可使用权、5年以上（含5年）非独占许可使用权转让取得的所得，不超过500万元的部分，免征企业所得税；超过500万元的部分，减半征收企业所得税。居民企业从直接或间接持有股权之和达到100%的关联方取得的技术转让所得，不享受技术转让减免企业所得税优惠政策。

转让所得不超过500万元且大于0的，本行=转让所得；转让所得超过500万元的，本行=5000000+（转让所得-5000000）×50%。

39. 第36行"（五）实施清洁发展机制项目的所得定期减免企业所得税"：根据《财政部　国家税务总局关于中国清洁发展机制基金及清洁发展机制项目实施企业有关企业所得税政策问题的通知》（财税〔2009〕30号）等相关税收政策规定，对企业实施的将温室气体减排量转让收入的65%上缴给国家的HFC和PFC类CDM项目，以及将温室气体减排量转让收入的30%上缴给国家的N2O类CDM项目，其实施该类CDM项目的所得，自项目取得第一笔减排量转让收入所属纳税年度起，第一年至第三年免征企业所得税，第四年至第六年减半征收企业所得税。

免税期间，本行填报项目所得额；减半征税期间，本行填报项目所得额×50%的金额。当项目所得≤0时，本行不填报。纳税人有多个项目的，按照前述规则分别确定各项目的金额后，将合计金额填入本行。

40. 第37行"（六）符合条件的节能服务公司实施合同能源管理项目的所得定期减免企业所得税"：根据《财政部　国家税务总局关于促进节能服务产业发展增值税　营业税和企业所得税政策问题的通知》（财税〔2010〕110号）、《国家税务总局　国家发展改革委关于落实节能服务企业合同能源管理项目企业所得税优惠政策有关征收管理问题的公告》（国家税务总局　国家发展改革委公告2013年第77号）等相关税收政策规定，对符合条件的节能服务公司实施合同能源管理项目，符合企业所得税法有关规定的，自项目取得第一笔生产经营收入所属纳税年度起，第一年至第三年免征企业所得税，第四年至第六年按照25%的法定税率减半征收企业所得税。

免税期间，本行填报项目所得额；减半征税期间，本行填报项目所得额×50%的金额。当项目所得≤0时，本行不填报。纳税人有多个项目的，按照前述规则分别确定各项目的金额后，将合计金额填入本行。

41. 第38行"（七）线宽小于130纳米的集成电路生产项目的所得减免企业所得税"：根据《财政部　国家税务总局　发展改革委　工业和信息化部关于软件和集成电路产业企业所得税优惠政策有关问题的通知》（财税〔2016〕49号）、《财政部　税务总局　国家发展改革委　工业和信息化部关于集成电路生产企业有关企业所得税政策问题的通知》（财税〔2018〕27号）等相关税收政策规定，2018年1月1日后投资新设的集成电路线宽小于130纳米，且经营期在10年以上的集成电路生产项目，自项目取得第一笔生产经营收入所属纳税年度起第一年至第二年免征企业所得税，第三年至第五年按照25%的法定税率减半征收企业所得税。

免税期间，本行填报项目所得额；减半征税期间，本行填报项目所得额×50%的金额。当项目所得≤0时，本行不填报。纳税人有多个项目的，按照前述规则分别确定各项目的金额后，将合计金额填入本行。

42. 第39行"（八）线宽小于65纳米或投资额超过150亿元的集成电路生产项目的所得减免企业所得税"：根据《财政部　国家税务总局　发展改革委　工业和信息化部关于软件和集成电路产业企业所得税优惠政策有关问题的通知》（财税〔2016〕49号）、《财政部　税务总局　国家发展改革委　工业和信息化部关于集成电路生产企业有关企业所得税政策问题的通知》（财税〔2018〕27号）等相关税收政策规定，2018年1月1日后投资新设的集成电路线宽小于65纳米或投资额超过150亿元，且经营期在15年以上的集成电路生产项目，自项目取得第一笔生产经营收入所属纳税年度起第一年至第五年免征企业所得税，第六年至第十年按照25%的法定税率减半征收企业所得税。

免税期间，本行填报项目所得额；减半征税期间，本行填报项目所得额×50%的金额。当项目所得≤0时，本行不填报。纳税人有多个项目的，按照前述规则分别确定各项目的金额后，将合计金额填入本行。

43. 第40行"（九）其他"：填报纳税人享受的本表未列明的其他所得减免的税收优惠事项名称、减免税代码及项目减免的所得额。

当项目所得≤0时，本行不填报。纳税人有多个项目的，分别确定各项目减免的所得额后，将合计金额填入本行。

44. 第41行"合计"：根据相关行次计算结果填报。本行=第1+16+24+29行。

二、表内、表间关系

（一）表内关系

1. 第1行=第2+3+8+9+…+15行。

2. 第16行=第17+18+22+23行。

3. 第18行=第19+20+21行。

4. 第23行=第23.1+23.2行。

5. 第24行=第25+26+27+28行。

6. 第 29 行 = 第 30 + 33 + 34 + 35 + 36 + 37 + 38 + 39 + 40 行。

(1) 当表 A200000 第 3 + 4 - 5 行 - 本表第 1 + 16 + 24 行 > 0 时，本行 ≤ 表 A200000 第 3 + 4 - 5 行 - 本表第 1 + 16 + 24 行。

(2) 当表 A200000 第 3 + 4 - 5 行 - 本表第 1 + 16 + 24 行 ≤ 0 时，本行 = 0。

7. 第 30 行 = 第 31 + 32 行。

8. 第 41 行 = 第 1 + 16 + 24 + 29 行。

(二) 表间关系

第 41 行 = 表 A200000 第 6 行。

A201020　固定资产加速折旧(扣除)优惠明细表

行次	项目	资产原值	本年累计折旧(扣除)金额				
			账载折旧金额	按照税收一般规定计算的折旧金额	享受加速折旧优惠计算的折旧金额	纳税调减金额	享受加速折旧优惠金额
		1	2	3	4	5	6(4 - 3)
1	一、固定资产加速折旧(不含一次性扣除，2 + 3)						
2	(一) 重要行业固定资产加速折旧						
3	(二) 其他行业研发设备加速折旧						
4	二、固定资产一次性扣除						
5	合计(1 + 4)						

A201020　《固定资产加速折旧(扣除)优惠明细表》填报说明

一、适用范围及总体说明

(一) 适用范围

本表为《中华人民共和国企业所得税月(季)度预缴纳税申报表(A 类)》(A200000)附表，适用于按照《财政部　国家税务总局关于完善固定资产加速折旧企业所得税政策的通知》(财税〔2014〕75 号)、《财政部　国家税务总局关于进一步完善固定资产加速折旧企业所得税政策的通知》(财税〔2015〕106 号)、《财政部　税务总局关于设备器具扣除有关企业所得税政策的通知》(财税〔2018〕54 号)、《财政部　税务总局关于扩大固定资产加速折旧优惠政策适用范围的公告》(财政部　税务总局公告 2019 年第 66 号)等相关文件规定，享受固定资产加速折旧和一次性扣除优惠政策的纳税人填报。

按照目前税收规定，《国家税务总局关于企业固定资产加速折旧所得税处理有关问题的通知》(国税发〔2009〕81 号)、《财政部　国家税务总局关于进一步鼓励软件产业和集成电路产业发展企业所得税政策的通知》(财税〔2012〕27 号)文件规定的固定资产加速折旧优惠政策月(季)度预缴纳税申报时不填报本表。

(二) 总体说明

1. 本表主要目的

(1) 落实税收优惠政策。本年度内享受财税〔2014〕75 号、财税〔2015〕106 号、财税〔2018〕54 号、财政部　税务总局公告 2019 年第 66 号等相关文件规定的固定资产加速折旧和一次性扣除优惠政策的纳税人，在月(季)度预缴纳税申报时对其相应固定资产的折旧金额进行单向纳税调整，以调减其应纳税所得额。

(2) 实施减免税核算。对本年度内享受财税〔2014〕75 号、财税〔2015〕106 号、财税〔2018〕54 号、财政部　税务总局公告 2019 年第 66 号等相关文件规定的固定资产加速折旧和一次性扣除优惠政策的纳税人，核算其减免税情况。

2. 填报原则

纳税人享受财税〔2014〕75 号、财税〔2015〕106 号、财税〔2018〕54 号、财政部　税务总局公告 2019 年第 66 号等相关文件规定固定资产优惠政策的，应按以下原则填报：

(1) 自该固定资产开始计提折旧起，在"税收折旧"大于"一般折旧"的折旧期间内，必须填报本表。

税收折旧是指纳税人享受财税〔2014〕75 号、财税〔2015〕106 号、财税〔2018〕54 号、财政部　税务总局公告 2019 年第 66 号等相关文件规定优惠政策的固定资产，采取税收加速折旧或一次性扣除方式计算的税收折旧额；一般折旧是指该资产按照税收一般规定计算的折旧金额，即该资产在不享受加速折旧情况下，按照税收规定的最低折旧年限以直线法计算的折旧金额。

固定资产税收折旧与会计折旧一致的，纳税人不涉及纳税调整事项，但是涉及减免税核算事项，在月(季)度预缴纳税申报时,需计算享受加速折旧优惠金额并将有关情况填报本表。

固定资产税收折旧与会计折旧不一致的,当固定资产会计折旧金额大于税收折旧金额时,在月(季)度预缴纳税申报时不进行纳税调增(相关事项在汇算清缴时一并调整),但需计算享受加速折旧优惠金额并将有关情况填报本表;当固定资产会计折旧金额小于税收折旧金额时,在月(季)度预缴纳税申报时进行纳税调减,同时需计算享受加速折旧优惠金额并将有关情况填报本表。

(2)自固定资产开始计提折旧起,在"税收折旧"小于等于"一般折旧"的折旧期内,不填报本表。

固定资产本年先后出现"税收折旧大于一般折旧"和"税收折旧小于等于一般折旧"两种情形的,在"税收折旧小于等于一般折旧"折旧期内,仍需根据该固定资产"税收折旧大于一般折旧"的折旧期内最后一期折旧的有关情况填报本表,直至本年最后一次月(季)度预缴纳税申报。

(3)本表第5列仅填报纳税调减金额,不得填报负数。

(4)以前年度开始享受加速折旧政策的,若该固定资产本年符合第(1)条原则,应继续填报本表。

二、有关项目填报说明

(一)行次填报

1.第1行"一、固定资产加速折旧(不含一次性扣除)":根据相关行次计算结果填报,本行=第2+3行。

2.第2行"(一)重要行业固定资产加速折旧":制造业和信息传输、软件和信息技术服务业行业(以下称"重要行业")纳税人按照财税〔2014〕75号、财税〔2015〕106号、财政部　税务总局公告2019年第66号等相关文件规定对于新购进固定资产在税收上采取加速折旧的,结合会计折旧情况,在本行填报月(季)度预缴纳税申报时的纳税调减、加速折旧优惠统计等本年累计金额。

重要行业纳税人按照财税〔2014〕75号、财税〔2015〕106号、财税〔2018〕54号等相关文件规定,享受一次性扣除政策的资产的有关情况,不在本行填报。

3.第3行"(二)其他行业研发设备加速折旧":重要行业以外的其他纳税人按照财税〔2014〕75号、财税〔2015〕106号等相关文件规定,对于单位价值超过100万元的专用研发设备采取缩短折旧年限或加速折旧方法的,在本行填报月(季)度预缴纳税申报时相关固定资产的纳税调减、加速折旧优惠统计等情况的本年累计金额。

其他行业纳税人2019年之前按照财税〔2014〕75号、财税〔2015〕106号等相关文件规定,对于单位价值超过100万元的专用研发设备采取缩短折旧年限或加速折旧方法的,在2019年及以后年度需要继续填报的,应在本行填报。

4.第4行"二、固定资产一次性扣除":纳税人按照财税〔2014〕75号、财税〔2015〕106号、财税〔2018〕54号等相关文件规定对符合条件的固定资产进行一次性扣除的,在本行填报月(季)度预缴纳税申报时相关固定资产的纳税调减、加速折旧优惠统计等情况的本年累计金额。

5.第5行"合计":根据相关行次计算结果填报。本行=第1+4行。

(二)列次填报

列次填报时间口径:纳税人享受财税〔2014〕75号、财税〔2015〕106号、财税〔2018〕54号、财政部　税务总局公告2019年第66号等相关文件规定优惠政策的固定资产,仅填报采取税收加速折旧计算的税收折旧额大于按照税法一般规定计算的折旧金额期间的金额;税收折旧小于一般折旧期间的金额,不再填报本表。同时,保留本年税收折旧大于一般折旧期间最后一个折旧期的金额继续填报,直至本年度最后一期月(季)度预缴纳税申报。

1.第1列"资产原值"

填报纳税人按照财税〔2014〕75号、财税〔2015〕106号、财税〔2018〕54号、财政部　税务总局公告2019年第66号等相关文件规定享受固定资产加速折旧和一次性扣除优惠政策的固定资产,会计处理计提折旧的资产原值(或历史成本)的金额。

2.第2列"账载折旧金额"

填报纳税人按照财税〔2014〕75号、财税〔2015〕106号、财税〔2018〕54号、财政部　税务总局公告2019年第66号等相关文件规定享受固定资产加速折旧和一次性扣除优惠政策的固定资产,会计核算的本年资产折旧额。

3.第3列"按照税收一般规定计算的折旧金额"

填报纳税人按照财税〔2014〕75号、财税〔2015〕106号、财税〔2018〕54号、财政部　税务总局公告2019年第66号等相关文件规定享受固定资产加速折旧和一次性扣除优惠政策的固定资产,按照税收一般规定计算的允许税前扣除的本年资产折旧额。

所有享受上述优惠的资产都须计算填报一般折旧额,包括税会处理不一致的资产。

4.第4列"享受加速折旧优惠计算的折旧金额"

填报纳税人按照财税〔2014〕75号、财税〔2015〕106号、财税〔2018〕54号、财政部　税务总局公告2019年第66号等相关文件规定享受固定资产加速折旧和一次性扣除优惠政策的固定资产,按照税收规定的加速折旧方法计算的本年资产折旧额。

5.第5列"纳税调减金额"

纳税人按照财税〔2014〕75号、财税〔2015〕106号、财税〔2018〕54号、财政部　税务总局公告2019年第66号等相关文件规定享受固定资产加速折旧和一次性扣除优惠政策的固定资产，在列次填报时间口径规定的期间内，根据会计折旧金额与税收加速折旧金额填报：

当会计折旧金额小于等于税收折旧金额时，该项资产的“纳税调减金额”=“享受加速折旧优惠计算的折旧金额”-“账载折旧金额”。

当会计折旧金额大于税收折旧金额时，该项资产“纳税调减金额”按0填报。

6. 第6列“享受加速折旧优惠金额”：根据相关列次计算结果填报。本列=第4-3列。

三、表内、表间关系

（一）表内关系

1. 第1行=第2+3行。

2. 第5行=第1+4行。

3. 第6列=第4-3列。

（二）表间关系

第5行第5列=表A200000第7行。

A201030　减免所得税优惠明细表

行次	项目	本年累计金额
1	一、符合条件的小型微利企业减免企业所得税	
2	二、国家需要重点扶持的高新技术企业减按15%的税率征收企业所得税	
3	三、经济特区和上海浦东新区新设立的高新技术企业在区内取得的所得定期减免企业所得税	
4	四、受灾地区农村信用社免征企业所得税	*
5	五、动漫企业自主开发、生产动漫产品定期减免企业所得税	
6	六、线宽小于0.8微米(含)的集成电路生产企业减免企业所得税	
7	七、线宽小于0.25微米的集成电路生产企业减按15%税率征收企业所得税	
8	八、投资额超过80亿元的集成电路生产企业减按15%税率征收企业所得税	
9	九、线宽小于0.25微米的集成电路生产企业减免企业所得税	
10	十、投资额超过80亿元的集成电路生产企业减免企业所得税	
11	十一、线宽小于130纳米的集成电路生产企业减免企业所得税	
12	十二、线宽小于65纳米或投资额超过150亿元的集成电路生产企业减免企业所得税	
13	十三、新办集成电路设计企业减免企业所得税	
14	十四、国家规划布局内集成电路设计企业可减按10%的税率征收企业所得税	
15	十五、符合条件的软件企业减免企业所得税	
16	十六、国家规划布局内重点软件企业可减按10%的税率征收企业所得税	
17	十七、符合条件的集成电路封装、测试企业定期减免企业所得税	
18	十八、符合条件的集成电路关键专用材料生产企业、集成电路专用设备生产企业定期减免企业所得税	
19	十九、经营性文化事业单位转制为企业的免征企业所得税	
20	二十、符合条件的生产和装配伤残人员专门用品企业免征企业所得税	
21	二十一、技术先进型服务企业(服务外包类)减按15%的税率征收企业所得税	
22	二十二、技术先进型服务企业(服务贸易类)减按15%的税率征收企业所得税	
23	二十三、设在西部地区的鼓励类产业企业减按15%的税率征收企业所得税	
24	二十四、新疆困难地区新办企业定期减免企业所得税	
25	二十五、新疆喀什、霍尔果斯特殊经济开发区新办企业定期免征企业所得税	
26	二十六、广东横琴、福建平潭、深圳前海等地区的鼓励类产业企业减按15%税率征收企业所得税	
27	二十七、北京冬奥组委、北京冬奥会测试赛赛事组委会免征企业所得税	
28	二十八、其他(28.1+28.2)	
28.1	1.从事污染防治的第三方企业减按15%的税率征收企业所得税	
28.2	2.其他	
29	二十九、民族自治地方的自治机关对本民族自治地方的企业应缴纳的企业所得税中属于地方分享的部分减征或免征(□免征　□减征:减征幅度____%)	
30	合计(1+2+3+4+5+6+…+29)	

A201030 《减免所得税优惠明细表》填报说明

本表为《中华人民共和国企业所得税月(季)度预缴纳税申报表(A类)》(A200000)附表,适用于享受减免所得税额优惠的实行查账征收企业所得税的居民企业纳税人填报。纳税人根据税收规定,填报本年发生的累计优惠情况。

一、有关项目填报说明

1.第1行"一、符合条件的小型微利企业减免企业所得税":填报享受小型微利企业普惠性所得税减免政策减免企业所得税的金额。本行填报根据本期《中华人民共和国企业所得税月(季)度预缴纳税申报表(A类)》(A200000)第9行计算的减免企业所得税的本年累计金额。

2.第2行"二、国家需要重点扶持的高新技术企业减按15%的税率征收企业所得税":填报享受国家重点扶持的高新技术企业优惠的本年累计减免税额。

3.第3行"三、经济特区和上海浦东新区新设立的高新技术企业在区内取得的所得定期减免企业所得税":根据《国务院关于经济特区和上海浦东新区新设立高新技术企业实行过渡性税收优惠的通知》(国发〔2007〕40号)、《财政部 国家税务总局关于贯彻落实国务院关于实施企业所得税过渡优惠政策有关问题的通知》(财税〔2008〕21号)等规定,经济特区和上海浦东新区内,在2008年1月1日(含)之后完成登记注册的国家需要重点扶持的高新技术企业,在经济特区和上海浦东新区内取得的所得,自取得第一笔生产经营收入所属纳税年度起,第一年至第二年免征企业所得税,第三年至第五年按照25%法定税率减半征收企业所得税。本行填报免征、减征企业所得税的本年累计金额。

对于跨经济特区和上海浦东新区的高新技术企业,其区内所得优惠填写本行,区外所得优惠填报本表第2行。经济特区和上海浦东新区新设立的高新技术企业定期减免税期满后,只享受15%税率优惠的,填报本表第2行。

4.第4行"四、受灾地区农村信用社免征企业所得税":填报受灾地区农村信用社免征企业所得税的金额。本行填报本期《中华人民共和国企业所得税月(季)度预缴纳税申报表(A类)》(A200000)第9行×25%的金额。

5.第5行"五、动漫企业自主开发、生产动漫产品定期减免企业所得税":根据《财政部 国家税务总局关于扶持动漫产业发展有关税收政策问题的通知》(财税〔2009〕65号)等规定,经认定的动漫企业自主开发、生产动漫产品,享受软件企业所得税优惠政策。本行填报根据本期《中华人民共和国企业所得税月(季)度预缴纳税申报表(A类)》(A200000)第9行计算的免征、减征企业所得税的本年累计金额。

6.第6行"六、线宽小于0.8微米(含)的集成电路生产企业减免企业所得税":根据《财政部 国家税务总局关于进一步鼓励软件产业和集成电路产业发展企业所得税政策的通知》(财税〔2012〕27号)、《财政部 国家税务总局 发展改革委 工业和信息化部关于软件和集成电路产业企业所得税优惠政策有关问题的通知》(财税〔2016〕49号)、《财政部 税务总局 国家发展改革委 工业和信息化部关于集成电路生产企业有关企业所得税政策问题的通知》(财税〔2018〕27号)等规定,2017年12月31日前设立的线宽小于0.8微米(含)的集成电路生产企业,自获利年度起计算优惠期,第一年至第二年免征企业所得税,第三年至第五年按照25%的法定税率减半征收企业所得税,并享受至期满为止。本行填报根据本期《中华人民共和国企业所得税月(季)度预缴纳税申报表(A类)》(A200000)第9行计算的免征、减征企业所得税的本年累计金额。

7.第7行"七、线宽小于0.25微米的集成电路生产企业减按15%税率征收企业所得税":根据《财政部 国家税务总局关于进一步鼓励软件产业和集成电路产业发展企业所得税政策的通知》(财税〔2012〕27号)、《财政部 国家税务总局 发展改革委 工业和信息化部关于软件和集成电路产业企业所得税优惠政策有关问题的通知》(财税〔2016〕49号)等规定,线宽小于0.25微米的集成电路生产企业,享受15%税率。本行填报本期《中华人民共和国企业所得税月(季)度预缴纳税申报表(A类)》(A200000)第9行×10%的金额。

8.第8行"八、投资额超过80亿元的集成电路生产企业减按15%税率征收企业所得税":根据《财政部 国家税务总局关于进一步鼓励软件产业和集成电路产业发展企业所得税政策的通知》(财税〔2012〕27号)、《财政部 国家税务总局 发展改革委 工业和信息化部关于软件和集成电路产业企业所得税优惠政策有关问题的通知》(财税〔2016〕49号)等规定,投资额超过80亿元的集成电路生产企业,享受15%税率。本行填报本期《中华人民共和国企业所得税月(季)度预缴纳税申报表(A类)》(A200000)第9行×10%的金额。

9.第9行"九、线宽小于0.25微米的集成电路生产企业减免企业所得税":根据《财政部 国家税务总局关于进一步鼓励软件产业和集成电路产业发展企业所得税政策的通知》(财税〔2012〕27号)、《财政部 国家税务总局 发展改革委 工业和信息化部关于软件和集成电路产业企业所得税优惠政策有关问题的通知》(财税〔2016〕49号)、《财政部 税务总局 国家发展改革委 工业和信息化部关于集成电路生产企业有关企业所得税政策问题的通知》(财税〔2018〕27号)等规定,2017年12月31日前设立的线宽小于0.25微米的集成电路生产企业,经营期在15年以上的,自获利年度起计算优惠期,第一年至第五年免征企业所得税,第六年至第十年按照25%的法定税率减半征收企业所得税,并享受至期满为止。本行填报根据本期《中华人民共和国企业所得税月(季)度预缴纳税申报表(A类)》(A200000)第9行计算的免征、减征企业所得税的本年累计金额。

10.第10行:"十、投资额超过80亿元的集成电路生产企业减免企业所得税":根据《财政部 国家税务总局关于进一步鼓励软件产业和集成电路产业发展企业所得税政策的通知》（财税〔2012〕27号）、《财政部　国家税务总局　发展改革委　工业和信息化部关于软件和集成电路产业企业所得税优惠政策有关问题的通知》（财税〔2016〕49号）、《财政部　税务总局　国家发展改革委　工业和信息化部关于集成电路生产企业有关企业所得税政策问题的通知》（财税〔2018〕27号）等规定，2017年12月31日前设立的投资额超过80亿元的集成电路生产企业，经营期在15年以上的，自获利年度起计算优惠期，第一年至第五年免征企业所得税，第六年至第十年按照25%的法定税率减半征收企业所得税，并享受至期满为止。本行填报根据本期《中华人民共和国企业所得税月（季）度预缴纳税申报表（A类）》（A200000）第9行计算的免征、减征企业所得税的本年累计金额。

11. 第11行"十一、线宽小于130纳米的集成电路生产企业减免企业所得税"：根据《财政部　国家税务总局　发展改革委　工业和信息化部关于软件和集成电路产业企业所得税优惠政策有关问题的通知》（财税〔2016〕49号）、《财政部　税务总局　国家发展改革委　工业和信息化部关于集成电路生产企业有关企业所得税政策问题的通知》（财税〔2018〕27号）等规定，2018年1月1日后投资新设的集成电路线宽小于130纳米，且经营期在10年以上的集成电路生产企业，自获利年度起第一年至第二年免征企业所得税，第三年至第五年按照25%的法定税率减半征收企业所得税，并享受至期满为止。本行填报根据本期《中华人民共和国企业所得税月（季）度预缴纳税申报表（A类）》（A200000）第9行计算的免征、减征企业所得税的本年累计金额。

12. 第12行"十二、线宽小于65纳米或投资额超过150亿元的集成电路生产企业减免企业所得税"：根据《财政部　国家税务总局　发展改革委　工业和信息化部关于软件和集成电路产业企业所得税优惠政策有关问题的通知》（财税〔2016〕49号）、《财政部　税务总局　国家发展改革委　工业和信息化部关于集成电路生产企业有关企业所得税政策问题的通知》（财税〔2018〕27号）等规定，2018年1月1日后投资新设的集成电路线宽小于65纳米或投资额超过150亿元，且经营期在15年以上的集成电路生产企业，自获利年度起第一年至第五年免征企业所得税，第六年至第十年按照25%的法定税率减半征收企业所得税，并享受至期满为止。本行填报根据本期《中华人民共和国企业所得税月（季）度预缴纳税申报表（A类）》（A200000）第9行计算的免征、减征企业所得税的本年累计金额。

13. 第13行"十三、新办集成电路设计企业减免企业所得税"：根据《财政部　国家税务总局关于进一步鼓励软件产业和集成电路产业发展企业所得税政策的通知》（财税〔2012〕27号）、《财政部　国家税务总局　发展改革委　工业和信息化部关于软件和集成电路产业企业所得税优惠政策有关问题的通知》（财税〔2016〕49号）、《财政部　税务总局关于集成电路设计和软件产业企业所得税政策的公告》（财政部　税务总局公告2019年第68号）等规定，我国境内新办的集成电路设计企业，自获利年度起计算优惠期，第一年至第二年免征企业所得税，第三年至第五年按照25%的法定税率减半征收企业所得税，并享受至期满为止。本行填报根据本期《中华人民共和国企业所得税月（季）度预缴纳税申报表（A类）》（A200000）第9行计算的免征、减征企业所得税的本年累计金额。

14. 第14行"十四、国家规划布局内集成电路设计企业可减按10%的税率征收企业所得税"：根据《财政部　国家税务总局关于进一步鼓励软件产业和集成电路产业发展企业所得税政策的通知》（财税〔2012〕27号）、《财政部　国家税务总局　发展改革委　工业和信息化部关于软件和集成电路产业企业所得税优惠政策有关问题的通知》（财税〔2016〕49号）等规定，国家规划布局内的集成电路设计企业，如当年未享受免税优惠的，可减按10%税率征收企业所得税。本行填报本期《中华人民共和国企业所得税月（季）度预缴纳税申报表（A类）》（A200000）第9行×15%的金额。

15. 第15行"十五、符合条件的软件企业减免企业所得税"：根据《财政部　国家税务总局关于进一步鼓励软件产业和集成电路产业发展企业所得税政策的通知》（财税〔2012〕27号）、《财政部　国家税务总局　发展改革委　工业和信息化部关于软件和集成电路产业企业所得税优惠政策有关问题的通知》（财税〔2016〕49号）、《财政部　税务总局关于集成电路设计和软件产业企业所得税政策的公告》（财政部　税务总局公告2019年第68号）等规定，我国境内新办的符合条件的软件企业，自获利年度起计算优惠期，第一年至第二年免征企业所得税，第三年至第五年按照25%的法定税率减半征收企业所得税，并享受至期满为止。本行填报根据本期《中华人民共和国企业所得税月（季）度预缴纳税申报表（A类）》（A200000）第9行计算的免征、减征企业所得税的本年累计金额。

16. 第16行"十六、国家规划布局内重点软件企业可减按10%的税率征收企业所得税"：根据《财政部　国家税务总局关于进一步鼓励软件产业和集成电路产业发展企业所得税政策的通知》（财税〔2012〕27号）、《财政部　国家税务总局　发展改革委　工业和信息化部关于软件和集成电路产业企业所得税优惠政策有关问题的通知》（财税〔2016〕49号）等规定，国家规划布局内的重点软件企业，如当年未享受免税优惠的，可减按10%税率征收企业所得税。本行填报本期《中华人民共和国企业所得税月（季）度预缴纳税申报表（A类）》（A200000）第9行×15%的金额。

17. 第17行"十七、符合条件的集成电路封装、测试企业定期减免企业所得税"：根据《财政部　国家税务总局　发展改革委　工业和信息化部关于进一步鼓励集成电路产业发展企业所得税政策的通知》（财税〔2015〕6号）规定，符合条件的集成电路封装、测试企业，在2017年（含2017年）前实现获利的，自获利年度起第一年至第二年免征企业所得税，第三年至第五年按照25%的法定税率减半征收企业所得税，并享受至期满为止；2017年前未实现获利的，自2017年起计算优惠期，享受至期满为止。本行填报根据本期《中华人民共和国企业所得税月（季）度预缴纳税申报表（A类）》（A200000）第9行计算的免征、减征企业所得税的本年累计金额。

18. 第 18 行"十八、符合条件的集成电路关键专用材料生产企业、集成电路专用设备生产企业定期减免企业所得税"：根据《财政部　国家税务总局　发展改革委　工业和信息化部关于进一步鼓励集成电路产业发展企业所得税政策的通知》(财税〔2015〕6 号)规定，符合条件的集成电路关键专用材料生产企业、集成电路专用设备生产企业，在 2017 年(含 2017 年)前实现获利的，自获利年度起第一年至第二年免征企业所得税，第三年至第五年按照 25% 的法定税率减半征收企业所得税，并享受至期满为止；2017 年前未实现获利的，自 2017 年起计算优惠期，享受至期满为止。本行填报根据本期《中华人民共和国企业所得税月(季)度预缴纳税申报表(A 类)》(A200000)第 9 行计算的免征、减征企业所得税的本年累计金额。

19. 第 19 行"十九、经营性文化事业单位转制为企业的免征企业所得税"：根据《财政部　税务总局　中央宣传部关于继续实施文化体制改革中经营性文化事业单位转制为企业若干税收政策的通知》(财税〔2019〕16 号)等规定，从事新闻出版、广播影视和文化艺术的经营性文化事业单位转制为企业的，自转制注册之日起五年内免征企业所得税。2018 年 12 月 31 日之前已完成转制的企业，自 2019 年 1 月 1 日起可继续免征五年企业所得税。本行填报本期《中华人民共和国企业所得税月(季)度预缴纳税申报表(A 类)》(A200000)第 9 行 ×25% 的金额。

20. 第 20 行"二十、符合条件的生产和装配伤残人员专门用品企业免征企业所得税"：根据《财政部　国家税务总局　民政部关于生产和装配伤残人员专门用品企业免征企业所得税的通知》(财税〔2016〕111 号)等规定，符合条件的生产和装配伤残人员专门用品的企业免征企业所得税。本行填报本期《中华人民共和国企业所得税月(季)度预缴纳税申报表(A 类)》(A200000)第 9 行 ×25% 的金额。

21. 第 21 行"二十一、技术先进型服务企业(服务外包类)减按 15% 的税率征收企业所得税"：根据《财政部　国家税务总局　商务部　科技部　国家发展改革委关于完善技术先进型服务企业有关企业所得税政策问题的通知》(财税〔2014〕59 号)、《财政部　国家税务总局　商务部　科技部　国家发展改革委关于新增中国服务外包示范城市适用技术先进型服务企业所得税政策的通知》(财税〔2016〕108 号)、《财政部　税务总局　商务部　科技部　国家发展改革委关于将技术先进型服务企业所得税政策推广至全国实施的通知》(财税〔2017〕79 号)等规定，对经认定的技术先进型服务企业，减按 15% 的税率征收企业所得税。本行填报本期《中华人民共和国企业所得税月(季)度预缴纳税申报表(A 类)》(A200000)第 9 行 ×10% 的金额。

22. 第 22 行"二十二、技术先进型服务企业(服务贸易类)减按 15% 的税率征收企业所得税"：根据《财政部　税务总局　商务部　科技部　国家发展改革委关于将服务贸易创新发展试点地区技术先进型服务企业所得税政策推广至全国实施的通知》(财税〔2018〕44 号)等规定，经认定的技术先进型服务企业(服务贸易类)减按 15% 的税率征收企业所得税。本行填报本期《中华人民共和国企业所得税月(季)度预缴纳税申报表(A 类)》(A200000)第 9 行 ×10% 的金额。

23. 第 23 行"二十三、设在西部地区的鼓励类产业企业减按 15% 的税率征收企业所得税"：根据《财政部　海关总署　国家税务总局关于深入实施西部大开发战略有关税收政策问题的通知》(财税〔2011〕58 号)、《国家税务总局关于深入实施西部大开发战略有关企业所得税问题的公告》(国家税务总局公告 2012 年第 12 号)、《财政部　海关总署　国家税务总局关于赣州市执行西部大开发税收政策问题的通知》(财税〔2013〕4 号)、《西部地区鼓励类产业目录》(中华人民共和国国家发展和改革委员会令第 15 号)、《国家税务总局关于执行〈西部地区鼓励类产业目录〉有关企业所得税问题的公告》(国家税务总局公告 2015 年第 14 号)等规定，对设在西部地区的鼓励类产业企业减按 15% 的税率征收企业所得税；对设在赣州市的鼓励类产业的内资和外商投资企业减按 15% 税率征收企业所得税。本行填报根据本期《中华人民共和国企业所得税月(季)度预缴纳税申报表(A 类)》(A200000)第 9 行计算的减征企业所得税的本年累计金额。

跨地区经营汇总纳税企业总机构和分支机构因享受该项优惠政策适用不同税率的，本行填报按照《国家税务总局关于印发〈跨地区经营汇总纳税企业所得税征收管理办法〉的公告》(国家税务总局公告 2012 年第 57 号)第十八条规定计算的减免税额。

24. 第 24 行"二十四、新疆困难地区新办企业定期减免企业所得税"：根据《财政部　国家税务总局关于新疆困难地区新办企业所得税优惠政策的通知》(财税〔2011〕53 号)、《财政部　国家税务总局　国家发展改革委　工业和信息化部关于完善新疆困难地区重点鼓励发展产业企业所得税优惠目录的通知》(财税〔2016〕85 号)等规定，对在新疆困难地区新办的属于《新疆困难地区重点鼓励发展产业企业所得税优惠目录》范围内的企业，自取得第一笔生产经营收入所属纳税年度起，第一年至第二年免征企业所得税，第三年至第五年减半征收企业所得税。本行填报根据本期《中华人民共和国企业所得税月(季)度预缴纳税申报表(A 类)》(A200000)第 9 行计算的免征、减征企业所得税的本年累计金额。

25. 第 25 行"二十五、新疆喀什、霍尔果斯特殊经济开发区新办企业定期免征企业所得税"：根据《财政部　国家税务总局关于新疆喀什霍尔果斯两个特殊经济开发区企业所得税优惠政策的通知》(财税〔2011〕112 号)、《财政部　国家税务总局　国家发展改革委　工业和信息化部关于完善新疆困难地区重点鼓励发展产业企业所得税优惠目录的通知》(财税〔2016〕85 号)等规定，对在新疆喀什、霍尔果斯两个特殊经济开发区内新办的属于《新疆困难地区重点鼓励发展产业企业所得税优惠目录》范围内的企业，自取得第一笔生产经营收入所属纳税年度起，五年内免征企业所得税。本行填报根据本期《中华人民共和国企业所得税月(季)度预缴纳税申报表(A 类)》(A200000)第 9 行计算的免征企业所得税的本年累计金额。

26. 第26行“二十六、广东横琴、福建平潭、深圳前海等地区的鼓励类产业企业减按15%税率征收企业所得税”：根据《财政部　国家税务总局关于广东横琴新区　福建平潭综合实验区　深圳前海深港现代化服务业合作区企业所得税优惠政策及优惠目录的通知》（财税〔2014〕26号）、《财政部　税务总局关于平潭综合实验区企业所得税优惠目录增列有关旅游产业项目的通知》（财税〔2017〕75号）等规定，对设在广东横琴新区、福建平潭综合实验区和深圳前海深港现代服务业合作区的鼓励类产业企业减按15%的税率征收企业所得税。本行填报根据本期《中华人民共和国企业所得税月（季）度预缴纳税申报表（A类）》（A200000）第9行计算的减征企业所得税的本年累计金额。

27. 第27行“二十七、北京冬奥组委、北京冬奥会测试赛赛事组委会免征企业所得税”：根据《财政部　税务总局　海关总署关于北京2022年冬奥会和冬残奥会税收政策的通知》（财税〔2017〕60号）等规定，为支持发展奥林匹克运动，确保北京2022年冬奥会和冬残奥会顺利举办，对北京冬奥组委免征应缴纳的企业所得税，北京冬奥会测试赛赛事组委会取得的收入及发生的涉税支出比照执行北京冬奥组委的税收政策。本行填报本期《中华人民共和国企业所得税月（季）度预缴纳税申报表（A类）》（A200000）第9行×25%的金额。

28. 第28行“二十八、其他”：根据相关行次计算结果填报。本行＝第28.1＋28.2行。

29. 第28.1行“1. 从事污染防治的第三方企业减按15%的税率征收企业所得税”：根据《财政部　税务总局　国家发展改革委　生态环境部关于从事污染防治的第三方企业所得税政策问题的公告》（财政部　税务总局　国家发展改革委　生态环境部公告2019年第60号）规定，对符合条件的从事污染防治的第三方企业减按15%的税率征收企业所得税。本行填报本期《中华人民共和国企业所得税月（季）度预缴纳税申报表（A类）》（A200000）第9行×10%的金额。

30. 第28.2行“2. 其他”：填报纳税人享受的本表未列明的减免企业所得税优惠的优惠事项名称、减免税代码及免征、减征企业所得税的本年累计金额。

31. 第29行“二十九、民族自治地方的自治机关对本民族自治地方的企业应缴纳的企业所得税中属于地方分享的部分减征或免征（□免征　□减征：减征幅度____%）”：根据《中华人民共和国企业所得税法》《中华人民共和国民族区域自治法》《财政部　国家税务总局关于贯彻落实国务院关于实施企业所得税过渡优惠政策有关问题的通知》（财税〔2008〕21号）等规定，实行民族区域自治的自治区、自治州、自治县的自治机关对本民族自治地方的企业应缴纳的企业所得税中属于地方分享的部分，可以决定免征或减征，自治州、自治县决定减征或者免征的，须报省、自治区、直辖市人民政府批准。

纳税人填报该行次时，根据享受政策的类型选择“免征”或“减征”，二者必选其一。选择“免征”是指免征企业所得税税收地方分享部分；选择“减征：减征幅度____%”是指减征企业所得税税收地方分享部分。此时需填写“减征幅度”，减征幅度填写范围为1至100，表示企业所得税税收地方分享部分的减征比例。例如：地方分享部分减半征收，则选择“减征”，并在“减征幅度”后填写“50%”。

享受“免征”优惠的纳税人，本行＝［《中华人民共和国企业所得税月（季）度预缴纳税申报表（A类）》（A200000）第11行“应纳所得税额”－本表第1行至第28行合计金额］×40%；享受“减征”优惠的纳税人，本行＝［《中华人民共和国企业所得税月（季）度预缴纳税申报表（A类）》（A200000）第11行“应纳所得税额”－本表第1行至第28行合计金额］×40%×减征幅度。

32. 第30行“合计”：根据相关行次计算结果填报。本行＝第1＋2＋3＋4＋5＋…＋28＋29行。

二、表内、表间关系

（一）表内关系

1. 第28行＝第28.1＋28.2行。

2. 第30行＝第1＋2＋3＋4＋5＋6＋…＋28＋29行。

（二）表间关系

第30行＝表A200000第12行。

A202000　企业所得税汇总纳税分支机构所得税分配表

税款所属期间：　　年　月　日至　　年　月　日

总机构名称(盖章)：

总机构统一社会信用代码(纳税人识别号)：　　　　金额单位:元(列至角分)

<table>
<tr><td colspan="2">应纳所得税额</td><td>总机构分摊所得税额</td><td colspan="3">总机构财政集中分配所得税额</td><td colspan="2">分支机构分摊所得税额</td></tr>
<tr><td colspan="2"></td><td></td><td colspan="3"></td><td colspan="2"></td></tr>
<tr><td rowspan="17">分支机构情况</td><td rowspan="2">分支机构统一社会信用代码(纳税人识别号)</td><td rowspan="2">分支机构名称</td><td colspan="3">三项因素</td><td rowspan="2">分配比例</td><td rowspan="2">分配所得税额</td></tr>
<tr><td>营业收入</td><td>职工薪酬</td><td>资产总额</td></tr>
<tr><td></td><td></td><td></td><td></td><td></td><td></td><td></td></tr>
<tr><td></td><td></td><td></td><td></td><td></td><td></td><td></td></tr>
<tr><td></td><td></td><td></td><td></td><td></td><td></td><td></td></tr>
<tr><td></td><td></td><td></td><td></td><td></td><td></td><td></td></tr>
<tr><td></td><td></td><td></td><td></td><td></td><td></td><td></td></tr>
<tr><td></td><td></td><td></td><td></td><td></td><td></td><td></td></tr>
<tr><td></td><td></td><td></td><td></td><td></td><td></td><td></td></tr>
<tr><td></td><td></td><td></td><td></td><td></td><td></td><td></td></tr>
<tr><td></td><td></td><td></td><td></td><td></td><td></td><td></td></tr>
<tr><td></td><td></td><td></td><td></td><td></td><td></td><td></td></tr>
<tr><td></td><td></td><td></td><td></td><td></td><td></td><td></td></tr>
<tr><td></td><td></td><td></td><td></td><td></td><td></td><td></td></tr>
<tr><td></td><td></td><td></td><td></td><td></td><td></td><td></td></tr>
<tr><td></td><td></td><td></td><td></td><td></td><td></td><td></td></tr>
<tr><td colspan="2">合计</td><td></td><td></td><td></td><td></td><td></td></tr>
</table>

A202000　《企业所得税汇总纳税分支机构所得税分配表》填报说明

一、适用范围及报送要求

本表为《中华人民共和国企业所得税月(季)度预缴纳税申报表(A类)》(A200000)附表,适用于跨地区经营汇总纳税企业的总机构填报。纳税人应根据《财政部　国家税务总局　中国人民银行关于印发〈跨省市总分机构企业所得税分配及预算管理办法〉的通知》(财预〔2012〕40号)、《国家税务总局关于印发〈跨地区经营汇总纳税企业所得税征收管理办法〉的公告》(国家税务总局公告2012年第57号)规定,计算总分机构每一预缴期应纳的企业所得税额、总机构和分支机构应分摊的企业所得税额。对于仅在同一省(自治区、直辖市和计划单列市)内设立不具有法人资格分支机构的企业,本省(自治区、直辖市和计划单列市)参照上述文件规定制定企业所得税分配管理办法的,按照其规定填报本表。

本表与《国家税务总局关于发布〈中华人民共和国企业所得税年度纳税申报表(A类,2017年版)〉的公告》(国家税务总局公告2017年第54号)中的《企业所得税汇总纳税分支机构所得税分配表》(A109010)表单样式一致。年度终了后五个月内,《企业所得税汇总纳税分支机构所得税分配表》(A109010)由实行汇总纳税的企业总机构填报。

二、具体项目填报说明

1.“税款所属时期”:填报税款所属期月(季)度第一日至税款所属期月(季)度最后一日。如:按季度预缴纳税申报的纳税人,第二季度申报时“税款所属期间”填报“××年4月1日至××年6月30日”。

2.“总机构名称”“分支机构名称”:填报营业执照、税务登记证等证件载明的纳税人名称。

3.“总机构统一社会信用代码(纳税人识别号)”“分支机构统一社会信用代码(纳税人识别号)”:填报有关部门核发的纳税人统一社会信用代码。未取得统一社会信用代码的,填报税务机关核发的纳税人识别号。

4.“应纳所得税额”:填报本税款所属期企业汇总计算的本期应补(退)的所得税额。

5.“总机构分摊所得税额”：对于跨省（自治区、直辖市和计划单列市）经营汇总纳税企业，填报本期《中华人民共和国企业所得税月（季）度预缴纳税申报表（A类）》（A200000）第15行×25%的金额；对于同一省（自治区、直辖市、计划单列市）内跨地区经营汇总纳税企业，填报本期《中华人民共和国企业所得税月（季）度预缴纳税申报表（A类）》（A200000）第15行×各省（自治区、直辖市和计划单列市）确定的总机构分摊比例的金额。

6.“总机构财政集中分配所得税额”：对于跨省（自治区、直辖市和计划单列市）经营汇总纳税企业，填报本期《中华人民共和国企业所得税月（季）度预缴纳税申报表（A类）》（A200000）第15行×25%的金额；对于同一省（自治区、直辖市、计划单列市）内跨地区经营汇总纳税企业，填报本期《中华人民共和国企业所得税月（季）度预缴纳税申报表（A类）》（A200000）第15行×各省（自治区、直辖市和计划单列市）确定的财政集中分配比例的金额。

7.“分支机构分摊所得税额”：对于跨省（自治区、直辖市和计划单列市）经营汇总纳税企业，填报本期《中华人民共和国企业所得税月（季）度预缴纳税申报表（A类）》（A200000）第15行×50%的金额；对于同一省（自治区、直辖市、计划单列市）内跨地区经营汇总纳税企业，填报本期《中华人民共和国企业所得税月（季）度预缴纳税申报表（A类）》（A200000）第15行×各省（自治区、直辖市和计划单列市）确定的全部分支机构分摊比例的金额。

8.“营业收入”：填报上一年度各分支机构销售商品、提供劳务、让渡资产使用权等日常经营活动实现的全部收入的合计额。

9.“职工薪酬”：填报上一年度各分支机构为获得职工提供的服务而给予各种形式的报酬以及其他相关支出的合计额。

10.“资产总额”：填报上一年度各分支机构在经营活动中实际使用的应归属于该分支机构的资产合计额。

11.“分配比例”：填报经总机构所在地主管税务机关审核确认的各分支机构分配比例，分配比例应保留小数点后十位。

12.“分配所得税额”：填报分支机构按照分支机构分摊所得税额乘以相应的分配比例的金额。

13.“合计”：填报上一年度各分支机构的营业收入总额、职工薪酬总额和资产总额三项因素的合计金额及本年各分支机构分配比例和分配税额的合计金额。

三、表间关系

1.“应纳所得税额”栏次＝表A200000第15行。

2.“总机构分摊所得税额”栏次＝表A200000第17行。

3.“总机构财政集中分配所得税额”栏次＝表A200000第18行。

4.“分支机构情况”中对应总机构独立生产经营部门行次的“分配所得税额”栏次＝表A200000第19行。

B100000　中华人民共和国企业所得税月(季)度预缴和年度纳税申报表(B类,2018年版)

税款所属期间：　　年　月　日至　　年　月　日

纳税人识别号(统一社会信用代码):□□□□□□□□□□□□□□□□□□□□

纳税人名称：　　　　　　　　　　　　　　　　　　　　　　金额单位:人民币元(列至角分)

核定征收方式	□核定应税所得率(能核算收入总额的)　□核定应税所得率(能核算成本费用总额的) □核定应纳所得税额

行次	项目	本年累计金额
1	收入总额	
2	减:不征税收入	
3	减:免税收入(4+5+10+11)	
4	国债利息收入免征企业所得税	
5	符合条件的居民企业之间的股息、红利等权益性投资收益免征企业所得税	
6	其中:通过沪港通投资且连续持有H股满12个月取得的股息红利所得免征企业所得税	
7	通过深港通投资且连续持有H股满12个月取得的股息红利所得免征企业所得税	
8	居民企业持有创新企业CDR取得的股息红利所得免征企业所得税	
9	符合条件的居民企业之间属于股息、红利性质的永续债利息收入免征企业所得税	
10	投资者从证券投资基金分配中取得的收入免征企业所得税	
11	取得的地方政府债券利息收入免征企业所得税	
12	应税收入额(1-2-3)\成本费用总额	
13	税务机关核定的应税所得率(%)	
14	应纳税所得额(第12×13行)\[第12行÷(1-第13行)×第13行]	
15	税率(25%)	
16	应纳所得税额(14×15)	
17	减:符合条件的小型微利企业减免企业所得税	
18	减:实际已缴纳所得税额	
19	本期应补(退)所得税额(16-17-18)\税务机关核定本期应纳所得税额	
20	民族自治地方的自治机关对本民族自治地方的企业应缴纳的企业所得税中属于地方分享的部分减征或免征(□免征　□减征:减征幅度____%)	
21	本期实际应补(退)所得税额	

按季度填报信息			
季初从业人数		季末从业人数	
季初资产总额(万元)		季末资产总额(万元)	
国家限制或禁止行业	□是　□否	小型微利企业	□是　□否
按年度填报信息			
小型微利企业	□是　□否		

谨声明:本纳税申报表是根据国家税收法律法规及相关规定填报的,是真实的、可靠的、完整的。

纳税人(签章):　　年　月　日

经办人: 经办人身份证号: 代理机构签章: 代理机构统一社会信用代码:	受理人: 受理税务机关(章): 受理日期:　　年　月　日

国家税务总局监制

B100000 《中华人民共和国企业所得税月(季)度预缴和年度纳税申报表(B类,2018年版)》填报说明

一、适用范围

本表适用于实行核定征收企业所得税的居民企业纳税人(以下简称“纳税人”)在月(季)度预缴纳税申报时填报。此外,实行核定应税所得率方式的纳税人在年度纳税申报时填报本表。

二、表头项目

(一)税款所属期间

1. 月(季)度预缴纳税申报

正常情况填报税款所属期月(季)度第一日至税款所属期月(季)度最后一日;年度中间开业的纳税人,在首次月(季)度预缴纳税申报时,填报开始经营之日至税款所属月(季)度最后一日,以后月(季)度预缴纳税申报时按照正常情况填报。年度中间发生终止经营活动的纳税人,在终止经营活动当期纳税申报时,填报税款所属期月(季)度第一日至终止经营活动之日,以后月(季)度预缴纳税申报表不再填报。

2. 年度纳税申报

正常情况填报税款所属年度1月1日至12月31日;年度中间开业的纳税人,在首次年度纳税申报时,填报开始经营之日至当年12月31日,以后年度纳税申报时按照正常情况填报;年度中间终止经营活动的纳税人,在终止经营活动年度纳税申报时,填报当年1月1日至终止经营活动之日;年度中间开业且当年度中间终止经营活动的纳税人,填报开始经营之日至终止经营活动之日。

(二)纳税人识别号(统一社会信用代码)

填报税务机关核发的纳税人识别号或有关部门核发的统一社会信用代码。

(三)纳税人名称

填报营业执照、税务登记证等证件载明的纳税人名称。

三、有关项目填报说明

(一)核定征收方式

纳税人根据申报税款所属期税务机关核定的征收方式选择填报。

(二)行次说明

核定征收方式选择“核定应税所得率(能核算收入总额的)”的纳税人填报第1行至第21行,核定征收方式选择“核定应税所得率(能核算成本费用总额的)”的纳税人填报第12行至第21行,核定征收方式选择“核定应纳所得税额”的纳税人填报第19行至第21行。

1. 第1行“收入总额”:填报纳税人各项收入的本年累计金额。

2. 第2行“不征税收入”:填报纳税人已经计入本表“收入总额”行次但属于税收规定的不征税收入的本年累计金额。

3. 第3行“免税收入”:填报属于税收规定的免税收入优惠的本年累计金额。根据相关行次计算结果填报。本行=第4+5+10+11行。

4. 第4行“国债利息收入免征企业所得税”:填报根据《国家税务总局关于企业国债投资业务企业所得税处理问题的公告》(国家税务总局公告2011年第36号)等相关税收政策规定,纳税人持有国务院财政部门发行的国债取得的利息收入。本行填报金额为本年累计金额。

5. 第5行“符合条件的居民企业之间的股息、红利等权益性投资收益免征企业所得税”:填报发生的符合条件的居民企业之间的股息、红利等权益性投资收益情况,不包括连续持有居民企业公开发行并上市流通的股票不足12个月取得的投资收益。本行填报金额为本年累计金额。

本行包括内地居民企业通过沪港通投资且连续持有H股满12个月取得的股息红利所得、内地居民企业通过深港通投资且连续持有H股满12个月取得的股息红利所得、居民企业持有创新企业CDR取得的股息红利所得、符合条件的居民企业之间属于股息、红利性质的永续债利息收入等情况。

6. 第6行“通过沪港通投资且连续持有H股满12个月取得的股息红利所得免征企业所得税”:填报根据《财政部　国家税务总局　证监会关于沪港股票市场交易互联互通机制试点有关税收政策的通知》(财税〔2014〕81号)等相关税收政策规定,内地居民企业连续持有H股满12个月取得的股息红利所得。本行填报金额为本年累计金额。

7. 第7行“通过深港通投资且连续持有H股满12个月取得的股息红利所得免征企业所得税”:填报根据《财政部　国家税务总局　证监会关于深港股票市场交易互联互通机制试点有关税收政策的通知》(财税〔2016〕127号)等相关税收政策规定,内地居民企业连续持有H股满12个月取得的股息红利所得。本行填报金额为本年累计金额。

8. 第8行“居民企业持有创新企业CDR取得的股息红利所得免征企业所得税”:填报根据《财政部　税务总局　证监会关于创新企业境内发行存托凭证试点阶段有关税收政策的公告》(财政部　税务总局　证监会公告2019年第52号)等相关税收

政策规定,居民企业持有创新企业 CDR 取得的股息红利所得。本行填报金额为本年累计金额。

9. 第 9 行"符合条件的居民企业之间属于股息、红利性质的永续债利息收入免征企业所得税":填报根据《财政部　税务总局关于永续债企业所得税政策问题的公告》(财政部　税务总局公告 2019 年第 64 号)等相关税收政策规定,居民企业取得的可以适用企业所得税法规定的居民企业之间的股息、红利等权益性投资收益免征企业所得税规定的永续债利息收入。本行填报金额为本年累计金额。

10. 第 10 行"投资者从证券投资基金分配中取得的收入免征企业所得税":填报纳税人根据《财政部　国家税务总局关于企业所得税若干优惠政策的通知》(财税〔2008〕1 号)第二条第(二)项等相关税收政策规定,投资者从证券投资基金分配中取得的收入。本行填报金额为本年累计金额。

11. 第 11 行"取得的地方政府债券利息收入免征企业所得税":填报根据《财政部　国家税务总局关于地方政府债券利息所得免征所得税问题的通知》(财税〔2011〕76 号)、《财政部　国家税务总局关于地方政府债券利息免征所得税问题的通知》(财税〔2013〕5 号)等相关税收政策规定,纳税人取得的 2009 年、2010 年和 2011 年发行的地方政府债券利息所得,2012 年及以后年度发行的地方政府债券利息收入。本行填报金额为本年累计金额。

12. 第 12 行"应税收入额\成本费用总额":核定征收方式选择"核定应税所得率(能核算收入总额的)"的纳税人,本行 = 第 1 - 2 - 3 行。核定征收方式选择"核定应税所得率(能核算成本费用总额的)"的纳税人,本行填报纳税人各项成本费用的本年累计金额。

13. 第 13 行"税务机关核定的应税所得率(%)":填报税务机关核定的应税所得率。

14. 第 14 行"应纳税所得额":根据相关行次计算结果填报。核定征收方式选择"核定应税所得率(能核算收入总额的)"的纳税人,本行 = 第 12 × 13 行。核定征收方式选择"核定应税所得率(能核算成本费用总额的)"的纳税人,本行 = 第 12 行 ÷ (1 - 第 13 行) × 第 13 行。

15. 第 15 行"税率":填报 25%。

16. 第 16 行"应纳所得税额":根据相关行次计算填报。本行 = 第 14 × 15 行。

17. 第 17 行"符合条件的小型微利企业减免企业所得税":填报纳税人享受小型微利企业普惠性所得税减免政策减免企业所得税的金额。本行填报根据本表第 14 行计算的减免企业所得税的本年累计金额。

18. 第 18 行"实际已缴纳所得税额":填报纳税人按照税收规定已在此前月(季)度预缴企业所得税的本年累计金额。

19. 第 19 行"本期应补(退)所得税额\税务机关核定本期应纳所得税额":核定征收方式选择"核定应税所得率(能核算收入总额的)""核定应税所得率(能核算成本费用总额的)"的纳税人,根据相关行次计算结果填报,本行 = 第 16 - 17 - 18 行。月(季)度预缴纳税申报时,若第 16 - 17 - 18 行 < 0,本行填报 0。核定征收方式选择"核定应纳所得税额"的纳税人,本行填报税务机关核定的本期应纳所得税额(如果纳税人符合小型微利企业条件,本行填报的金额应为税务机关按照程序调减定额后的本期应纳所得税额)。

20. 第 20 行"民族自治地方的自治机关对本民族自治地方的企业应缴纳的企业所得税中属于地方分享的部分减征或免征(□ 免征　□ 减征:减征幅度____%)":根据《中华人民共和国企业所得税法》《中华人民共和国民族区域自治法》《财政部　国家税务总局关于贯彻落实国务院关于实施企业所得税过渡优惠政策有关问题的通知》(财税〔2008〕21 号)等规定,实行民族区域自治的自治区、自治州、自治县的自治机关对本民族自治地方的企业应缴纳的企业所得税中属于地方分享的部分,可以决定免征或减征,自治州、自治县决定减征或者免征的,须报省、自治区、直辖市人民政府批准。

纳税人填报该行次时,根据享受政策的类型选择"免征"或"减征",二者必选其一。选择"免征"是指免征企业所得税税收地方分享部分;选择"减征:减征幅度____%"是指减征企业所得税税收地方分享部分。此时需填写"减征幅度",减征幅度填写范围为 1 至 100,表示企业所得税税收地方分享部分的减征比例。例如:地方分享部分减半征收,则选择"减征",并在"减征幅度"后填写"50%"。

本行填报纳税人按照规定享受的民族自治地方的自治机关对本民族自治地方的企业应缴纳的企业所得税中属于地方分享的部分减征或免征额的本年累计金额。

21. 第 21 行"本期实际应补(退)所得税额":本行填报纳税人本期实际应补(退)所得税额。

四、按季度填报信息填报说明

本项下所有项目按季度填报。按月申报的纳税人,在季度最后一个属期的月份填报。实行核定应纳所得税额方式的纳税人仅填报"小型微利企业"选项。

(一)季初从业人数、季末从业人数

纳税人填报税款所属季度的季初和季末从业人员的数量。季度中间开业的纳税人,"季初从业人数"填报开业时从业人数。季度中间停止经营的纳税人,"季末从业人数"填报停止经营时从业人数。从业人数是指与企业建立劳动关系的职工人数和企业接受的劳务派遣用工人数之和。

(二)季初资产总额(万元)、季末资产总额(万元)

纳税人填报税款所属季度的季初和季末资产总额。季度中间开业的纳税人,“季初资产总额”填报开业时资产总额。季度中间停止经营的纳税人,“季末资产总额”填报停止经营时资产总额。填报单位为人民币万元,保留小数点后2位。

(三)国家限制或禁止行业

纳税人从事行业为国家限制和禁止行业的,选择“是”;其他选择“否”。

(四)小型微利企业

本栏次为必报项目。

1. 实行核定应税所得率方式的纳税人,本纳税年度截至本期末的从业人数季度平均值不超过300人、资产总额季度平均值不超过5000万元、本表“国家限制或禁止行业”选择“否”且本期本表第14行“应纳税所得额”不超过300万元的纳税人,选择“是”,否则选择“否”。具体计算方法如下:

季度平均值=(季初值+季末值)÷2

截至本期末季度平均值=截至本期末各季度平均值之和÷相应季度数

年度中间开业或者终止经营活动的,以其实际经营期计算上述指标。

2. 实行核定应纳所得税额方式的纳税人,由税务机关在核定应纳所得税额时进行判断并告知纳税人,判断标准按照税收规定的条件执行。

五、按年度填报信息填表说明

实行核定应税所得率方式的纳税人年度申报时填报,实行核定应纳所得税额方式的纳税人不填报。

“小型微利企业”:本栏次为必报项目,按照以下规则选择:

从事国家非限制和禁止行业,从业人数不超过300人,资产总额不超过5000万元,年应纳税所得额不超过300万元的纳税人,选择“是”,否则选择“否”。

其中,从业人数和资产总额指标按企业全年的季度平均值确定。具体计算公式如下:

季度平均值=(季初值+季末值)÷2

全年季度平均值=全年各季度平均值之和÷4

年度中间开业或者终止经营活动的,以实际经营期作为一个纳税年度确定上述相关指标。

六、表内关系

1. 第3行=第4+5+10+11行。

2. 核定征收方式选择为“核定应税所得率(能核算收入总额的)”的,第12行=第1-2-3行。

3. 核定征收方式选择为“核定应税所得率(能核算收入总额的)”的,第14行=第12×13行;核定征收方式选择为“核定应税所得率(能核算成本费用总额的)”的,第14行=第12行÷(1-第13行)×第13行。

4. 第16行=第14×15行。

5. 第19行=第16-17-18行。月(季)度预缴纳税申报时,若第16-17-18行<0,第19行=0。

6. 核定征收方式选择“核定应税所得率(能核算收入总额的)”“核定应税所得率(能核算成本费用总额的)”的,享受“免征”优惠的,第20行=(第16-17行)×40%;享受“减征”优惠的,第20行=(第16-17行)×40%×减征幅度。

核定征收方式选择“核定应纳所得税额”的,享受“免征”优惠的,第20行=[核定的年度应纳所得税额÷(4或者12)×截止申报所属期的实际应申报属期数]×40%;享受“减征”优惠的,第20行=[核定的年度应纳所得税额÷(4或者12)×截止申报所属期的实际应申报属期数]×40%×“减征幅度____%”。

7. 核定征收方式选择“核定应税所得率(能核算收入总额的)”“核定应税所得率(能核算成本费用总额的)”的,第21行=第19行-20行。当第19行-20行<0时,本行=0。

核定征收方式选择“核定应纳所得税额”的:第21行=[核定的年度应纳所得税额÷(4或者12)×截止申报所属期的实际应申报属期数]-本表第20行-截止上期本表第21行合计金额。当计算结果<0时,本行=0。

三、汇算清缴

▶汇算清缴管理

国家税务总局关于印发《企业所得税汇算清缴管理办法》的通知

（2009年4月16日　国税发〔2009〕79号）

各省、自治区、直辖市和计划单列市国家税务局、地方税务局：

为加强企业所得税征收管理，进一步规范企业所得税汇算清缴工作，在总结近年来内、外资企业所得税汇算清缴工作经验的基础上，根据《中华人民共和国企业所得税法》及其实施条例，税务总局重新制定了《企业所得税汇算清缴管理办法》，现印发给你们，请遵照执行。执行中有何问题，请及时向税务总局报告。

企业所得税汇算清缴管理办法

第一条　为加强企业所得税征收管理，进一步规范企业所得税汇算清缴管理工作，根据《中华人民共和国企业所得税法》及其实施条例（以下简称企业所得税法及其实施条例）和《中华人民共和国税收征收管理法》及其实施细则（以下简称税收征管法及其实施细则）的有关规定，制定本办法。

第二条　企业所得税汇算清缴，是指纳税人自纳税年度终了之日起5个月内或实际经营终止之日起60日内，依照税收法律、法规、规章及其他有关企业所得税的规定，自行计算本纳税年度应纳税所得额和应纳所得税额，根据月度或季度预缴企业所得税的数额，确定该纳税年度应补或者应退税额，并填写企业所得税年度纳税申报表，向主管税务机关办理企业所得税年度纳税申报、提供税务机关要求提供的有关资料、结清全年企业所得税税款的行为。

第三条　凡在纳税年度内从事生产、经营（包括试生产、试经营），或在纳税年度中间终止经营活动的纳税人，无论是否在减税、免税期间，也无论盈利或亏损，均应按照企业所得税法及其实施条例和本办法的有关规定进行企业所得税汇算清缴。

实行核定定额征收企业所得税的纳税人，不进行汇算清缴。

第四条　纳税人应当自纳税年度终了之日起5个月内，进行汇算清缴，结清应缴应退企业所得税税款。

纳税人在年度中间发生解散、破产、撤销等终止生产经营情形，需进行企业所得税清算的，应在清算前报告主管税务机关，并自实际经营终止之日起60日内进行汇算清缴，结清应缴应退企业所得税款；纳税人有其他情形依法终止纳税义务的，应当自停止生产、经营之日起60日内，向主管税务机关办理当期企业所得税汇算清缴。

第五条　纳税人12月份或者第四季度的企业所得税预缴纳税申报，应在纳税年度终了后15日内完成，预缴申报后进行当年企业所得税汇算清缴。

第六条　纳税人需要报经税务机关审批、审核或备案的事项，应按有关程序、时限和要求报送材料等有关规定，在办理企业所得税年度纳税申报前及时办理。

第七条　纳税人应当按照企业所得税法及其实施条例和企业所得税的有关规定，正确计算应纳税所得额和应纳所得税额，如实、正确填写企业所得税年度纳税申报表及其附表，完整、及时报送相关资料，并对纳税申报的真实性、准确性和完整性负法律责任。

第八条 纳税人办理企业所得税年度纳税申报时，应如实填写和报送下列有关资料：

（一）企业所得税年度纳税申报表及其附表；

（二）财务报表；

（三）备案事项相关资料；

（四）总机构及分支机构基本情况、分支机构征税方式、分支机构的预缴税情况；

（五）委托中介机构代理纳税申报的，应出具双方签订的代理合同，并附送中介机构出具的包括纳税调整的项目、原因、依据、计算过程、调整金额等内容的报告；

（六）涉及关联方业务往来的，同时报送《中华人民共和国企业年度关联业务往来报告表》；

（七）主管税务机关要求报送的其他有关资料。

纳税人采用电子方式办理企业所得税年度纳税申报的，应按照有关规定保存有关资料或附报纸质纳税申报资料。

第九条 纳税人因不可抗力，不能在汇算清缴期内办理企业所得税年度纳税申报或备齐企业所得税年度纳税申报资料的，应按照税收征管法及其实施细则的规定，申请办理延期纳税申报。

第十条 纳税人在汇算清缴期内发现当年企业所得税申报有误的，可在汇算清缴期内重新办理企业所得税年度纳税申报。

第十一条 纳税人在纳税年度内预缴企业所得税税款少于应缴企业所得税税款的，应在汇算清缴期内结清应补缴的企业所得税税款；预缴税款超过应纳税款的，主管税务机关应及时按有关规定办理退税，或者经纳税人同意后抵缴其下一年度应缴企业所得税税款。

第十二条 纳税人因有特殊困难，不能在汇算清缴期内补缴企业所得税款的，应按照税收征管法及其实施细则的有关规定，办理申请延期缴纳税款手续。

第十三条 实行跨地区经营汇总缴纳企业所得税的纳税人，由统一计算应纳税所得额和应纳所得税额的总机构，按照上述规定，在汇算清缴期内向所在地主管税务机关办理企业所得税年度纳税申报，进行汇算清缴。分支机构不进行汇算清缴，但应将分支机构的营业收支等情况在报总机构统一汇算清缴前报送分支机构所在地主管税务机关。总机构应将分支机构及其所属机构的营业收支纳入总机构汇算清缴等情况报送各分支机构所在地主管税务机关。

第十四条 经批准实行合并缴纳企业所得税的企业集团，由集团母公司（以下简称汇缴企业）在汇算清缴期内，向汇缴企业所在地主管税务机关报送汇缴企业及各个成员企业合并计算填写的企业所得税年度纳税申报表，以及本办法第八条规定的有关资料及各个成员企业的企业所得税年度纳税申报表，统一办理汇缴企业及其成员企业的企业所得税汇算清缴。

汇缴企业应根据汇算清缴的期限要求，自行确定其成员企业向汇缴企业报送本办法第八条规定的有关资料的期限。成员企业向汇缴企业报送的上述资料，应经成员企业所在地的主管税务机关审核。

第十五条 纳税人未按规定期限进行汇算清缴，或者未报送本办法第八条所列资料的，按照税收征管法及其实施细则的有关规定处理。

第十六条 各级税务机关要结合当地实际，对每一纳税年度的汇算清缴工作进行统一安排和组织部署。汇算清缴管理工作由具体负责企业所得税日常管理的部门组织实施。税务机关内部各职能部门应充分协调和配合，共同做好汇算清缴的管理工作。

第十七条 各级税务机关应在汇算清缴开始之前和汇算清缴期间，主动为纳税人提供税收服务。

（一）采用多种形式进行宣传，帮助纳税人了解企业所得税政策、征管制度和办税程序。

（二）积极开展纳税辅导，帮助纳税人知晓汇算清缴范围、时间要求、报送资料及其他应注意的事项。

（三）必要时组织纳税培训，帮助纳税人进行企业所得税自核自缴。

第十八条 主管税务机关应及时向纳税人发放汇算清缴的表、证、单、书。

第十九条 主管税务机关受理纳税人企业所得税年度纳税申报表及有关资料时，如发现企业未按规定报齐有关资料或填报项目不完整的，应及时告知企业在汇算清缴期内补齐补正。

第二十条 主管税务机关受理纳税人年度纳税申报后,应对纳税人年度纳税申报表的逻辑性和有关资料的完整性、准确性进行审核。审核重点主要包括:

(一)纳税人企业所得税年度纳税申报表及其附表与企业财务报表有关项目的数字是否相符,各项目之间的逻辑关系是否对应,计算是否正确。

(二)纳税人是否按规定弥补以前年度亏损额和结转以后年度待弥补的亏损额。

(三)纳税人是否符合税收优惠条件、税收优惠的确认和申请是否符合规定程序。

(四)纳税人税前扣除的财产损失是否真实、是否符合有关规定程序。跨地区经营汇总缴纳企业所得税的纳税人,其分支机构税前扣除的财产损失是否由分支机构所在地主管税务机关出具证明。

(五)纳税人有无预缴企业所得税的完税凭证,完税凭证上填列的预缴数额是否真实。跨地区经营汇总缴纳企业所得税的纳税人及其所属分支机构预缴的税款是否与《中华人民共和国企业所得税汇总纳税分支机构分配表》中分配的数额一致。

(六)纳税人企业所得税和其他各税种之间的数据是否相符、逻辑关系是否吻合。

第二十一条 主管税务机关应结合纳税人企业所得税预缴情况及日常征管情况,对纳税人报送的企业所得税年度纳税申报表及其附表和其他有关资料进行初步审核后,按规定程序及时办理企业所得税补、退税或抵缴其下一年度应纳所得税款等事项。

第二十二条 税务机关应做好跨地区经营汇总纳税企业和合并纳税企业汇算清缴的协同管理。

(一)总机构和汇缴企业所在地主管税务机关在对企业的汇总或合并纳税申报资料审核时,发现其分支机构或成员企业申报内容有疑点需进一步核实的,应向其分支机构或成员企业所在地主管税务机关发出有关税务事项协查函;该分支机构或成员企业所在地主管税务机关应在要求的时限内就协查事项进行调查核实,并将核查结果函复总机构或汇缴企业所在地主管税务机关。

(二)总机构和汇缴企业所在地主管税务机关收到分支机构或成员企业所在地主管税务机关反馈的核查结果后,应对总机构和汇缴企业申报的应纳税所得额及应纳所得税额作相应调整。

第二十三条 汇算清缴工作结束后,税务机关应组织开展汇算清缴数据分析、纳税评估和检查。纳税评估和检查的对象、内容、方法、程序等按照国家税务总局的有关规定执行。

第二十四条 汇算清缴工作结束后,各级税务机关应认真总结,写出书面总结报告逐级上报。各省、自治区、直辖市和计划单列市国家税务局、地方税务局应在每年7月底前将汇算清缴工作总结报告、年度企业所得税汇总报表报送国家税务总局(所得税司)。总结报告的内容应包括:

(一)汇算清缴工作的基本情况;

(二)企业所得税税源结构的分布情况;

(三)企业所得税收入增减变化及原因;

(四)企业所得税政策和征管制度贯彻落实中存在的问题和改进建议。

第二十五条 本办法适用于企业所得税居民企业纳税人。

第二十六条 各省、自治区、直辖市和计划单列市国家税务局、地方税务局可根据本办法制定具体实施办法。

第二十七条 本办法自2009年1月1日起执行。《国家税务总局关于印发〈企业所得税汇算清缴管理办法〉的通知》(国税发〔2005〕200号)、《国家税务总局关于印发新修订的〈外商投资企业和外国企业所得税汇算清缴工作规程〉的通知》(国税发〔2003〕12号)和《国家税务总局关于印发新修订的〈外商投资企业和外国企业所得税汇算清缴管理办法〉的通知》(国税发〔2003〕13号)同时废止。

2008年度企业所得税汇算清缴按本办法执行。

第二十八条 本办法由国家税务总局负责解释。

年度申报表

1. 国家税务总局关于发布《中华人民共和国企业所得税年度纳税申报表（A类，2017年版）》的公告

（2017年12月29日　国家税务总局公告2017年第54号）

为贯彻落实《中华人民共和国企业所得税法》及有关政策，现将《中华人民共和国企业所得税年度纳税申报表（A类，2017年版）》予以发布，适用于2017年度及以后年度企业所得税汇算清缴纳税申报。《国家税务总局关于发布〈中华人民共和国企业所得税年度纳税申报表（A类，2014年版）〉的公告》（国家税务总局公告2014年第63号）、《国家税务总局关于修改企业所得税年度纳税申报表（A类，2014年版）部分申报表的公告》（国家税务总局公告2016年第3号）同时废止。

特此公告。

2. 国家税务总局关于修订《中华人民共和国企业所得税年度纳税申报表（A类，2017年版）》部分表单样式及填报说明的公告

（2018年12月17日　国家税务总局公告2018年第57号）

为贯彻落实《中华人民共和国企业所得税法》及有关政策，税务总局对《中华人民共和国企业所得税年度纳税申报表（A类，2017年版）》部分表单和填报说明进行修订。现将有关情况公告如下：

一、对《中华人民共和国企业所得税年度纳税申报表（A类，2017年版）》封面、《企业所得税年度纳税申报表填报表单》、《企业基础信息表》（A000000）、《纳税调整项目明细表》（A105000）、《职工薪酬支出及纳税调整明细表》（A105050）、《资产折旧、摊销及纳税调整明细表》（A105080）、《资产损失税前扣除及纳税调整明细表》（A105090）、《企业所得税弥补亏损明细表》（A106000）、《免税、减计收入及加计扣除优惠明细表》（A107010）、《研发费用加计扣除优惠明细表》（A107012）、《所得减免优惠明细表》（A107020）、《减免所得税优惠明细表》（A107040）、《高新技术企业优惠情况及明细表》（A107041）、《软件、集成电路企业优惠情况及明细表》（A107042）、《境外分支机构弥补亏损明细表》（A108020）的表单样式及填报说明进行修订。

二、对《中华人民共和国企业所得税年度纳税申报表（A类）》（A100000）、《投资收益纳税调整明细表》（A105030）、《境外所得税收抵免明细表》（A108000）的填报说明进行修订。

三、本公告适用于2018年度及以后年度企业所得税汇算清缴纳税申报。《国家税务总局关于发布〈中华人民共和国企业所得税年度纳税申报表（A类，2017年版）〉的公告》（国家税务总局公告2017年第54号）中的上述表单和填报说明同时废止。

特此公告。

3. 国家税务总局关于简化小型微利企业所得税年度纳税申报有关措施的公告

（2018 年 12 月 17 日　国家税务总局公告 2018 年第 58 号）

为切实减轻小型微利企业纳税申报负担，根据《国家税务总局关于进一步深化税务系统“放管服”改革优化税收环境的若干意见》（税总发〔2017〕101 号）有关精神，现就实行查账征收企业所得税的小型微利企业（以下简称“小型微利企业”）填报《中华人民共和国企业所得税年度纳税申报表（A 类，2017 年版）》（国家税务总局公告 2017 年第 54 号发布，国家税务总局公告 2018 年第 57 号修订）有关事项公告如下：

一、《中华人民共和国企业所得税年度纳税申报表（A 类）》（A100000）为小型微利企业必填表单。

二、《企业所得税年度纳税申报基础信息表》（A000000）中的“基本经营情况”为小型微利企业必填项目；“有关涉税事项情况”为选填项目，存在或者发生相关事项时小型微利企业必须填报；“主要股东及分红情况”为小型微利企业免填项目。

三、小型微利企业免于填报《一般企业收入明细表》（A101010）、《金融企业收入明细表》（A101020）、《一般企业成本支出明细表》（A102010）、《金融企业支出明细表》（A102020）、《事业单位、民间非营利组织收入、支出明细表》（A103000）、《期间费用明细表》（A104000）。

上述表单相关数据应当在《中华人民共和国企业所得税年度纳税申报表（A 类）》（A100000）中直接填写。

四、除本公告第一条、第二条、第三条规定的表单、项目外，小型微利企业可结合自身经营情况，选择表单填报。未发生表单中规定的事项，无需填报。

五、本公告所称小型微利企业，是指符合《中华人民共和国企业所得税法》及其实施条例、《财政部　税务总局关于进一步扩大小型微利企业所得税优惠政策范围的通知》（财税〔2018〕77 号）等规定的企业。上述政策规定发生调整的，按照最新政策规定执行。

六、本公告适用于小型微利企业 2018 年度及以后年度企业所得税汇算清缴纳税申报。

特此公告。

4. 国家税务总局关于修订企业所得税年度纳税申报表有关问题的公告

（2019 年 12 月 9 日　国家税务总局公告 2019 年第 41 号）

为贯彻落实《中华人民共和国企业所得税法》及有关税收政策，进一步优化纳税申报，现将修订企业所得税年度纳税申报表有关问题公告如下：

一、对《中华人民共和国企业所得税年度纳税申报表（A 类，2017 年版）》部分表单和填报说明进行修订，修订后的部分表单和填报说明详见附件。

（一）对《企业所得税年度纳税申报表填报表单》、《企业所得税年度纳税申报基础信息表》（A000000）、《纳税调整项目明细表》（A105000）、《广告费和业务宣传费跨年度纳税调整明细表》（A105060）、《捐赠支出及纳税调整明细表》（A105070）、《免税、减计收入及加计扣除优惠明细表》（A107010）、《符合条件的居民企业之间的股息、红利等权益性投资收益优惠明细表》(A107011)、《减免所得税优惠明细表》(A107040)的表单样式及填报说明进行修订。

(二)对《中华人民共和国企业所得税年度纳税申报表(A类)》(A100000)、《资产折旧、摊销及纳税调整明细表》(A105080)、《企业所得税弥补亏损明细表》(A106000)、《所得减免优惠明细表》(A107020)、《境外所得纳税调整后所得明细表》(A108010)的填报说明进行修订。

二、企业申报享受研发费用加计扣除政策时，按照《国家税务总局关于发布修订后的〈企业所得税优惠政策事项办理办法〉的公告》(国家税务总局公告2018年第23号)的规定执行，不再填报《研发项目可加计扣除研究开发费用情况归集表》和报送《"研发支出"辅助账汇总表》。《"研发支出"辅助账汇总表》由企业留存备查。

三、本公告适用于2019年度及以后年度企业所得税汇算清缴申报。《国家税务总局关于发布〈中华人民共和国企业所得税年度纳税申报表(A类,2017年版)〉的公告》(国家税务总局公告2017年第54号)、《国家税务总局关于修订〈中华人民共和国企业所得税年度纳税申报表(A类,2017年版)〉部分表单样式及填报说明的公告》(国家税务总局公告2018年第57号)、《国家税务总局关于修订〈中华人民共和国企业所得税月(季)度预缴纳税申报表(A类,2018年版)〉等部分表单样式及填报说明的公告》(国家税务总局公告2019年第3号)中的上述表单和填报说明同时废止。《国家税务总局关于企业研究开发费用税前加计扣除政策有关问题的公告》(国家税务总局公告2015年第97号)第五条中"并在报送《年度财务会计报告》的同时随附注一并报送主管税务机关"的规定和第六条第一项、附件6《研发项目可加计扣除研究开发费用情况归集表》同时废止。

附：

中华人民共和国企业所得税年度纳税申报表（A类，2017年版）部分表单样式及填报说明

（2019年修订）

国家税务总局

2019年12月

目　录

中华人民共和国企业所得税年度纳税申报表封面
(A 类,2017 年版)

税款所属期间: 年 月 日至 年 月 日

纳税人识别号(统一社会信用代码):□□□□□□□□□□□□□□□□□□□□

纳税人名称:

金额单位:人民币元(列至角分)

<table>
<tr><td colspan="2">谨声明:本纳税申报表是根据国家税收法律法规及相关规定填报的,是真实的、可靠的、完整的。
纳税人(签章): 年 月 日</td></tr>
<tr><td>经办人:
经办人身份证号:
代理机构签章:</td><td>受理人:
受理税务机关(章):
受理日期: 年 月 日</td></tr>
</table>

国家税务总局监制

《中华人民共和国企业所得税年度纳税申报表(A 类,2017 年版)》封面填报说明

《中华人民共和国企业所得税年度纳税申报表(A 类,2017 年版)》(以下简称“申报表”)适用于实行查账征收企业所得税的居民企业纳税人(以下简称“纳税人”)填报。有关项目填报说明如下:

1.“税款所属期间”：正常经营的纳税人，填报公历当年1月1日至12月31日；纳税人年度中间开业的，填报实际生产经营之日至当年12月31日；纳税人年度中间发生合并、分立、破产、停业等情况的，填报公历当年1月1日至实际停业或法院裁定并宣告破产之日；纳税人年度中间开业且年度中间又发生合并、分立、破产、停业等情况的，填报实际生产经营之日至实际停业或法院裁定并宣告破产之日。

2.“纳税人识别号（统一社会信用代码）”：填报有关部门核发的统一社会信用代码。未取得统一社会信用代码的，填报税务机关核发的纳税人识别号。

3.“纳税人名称”：填报营业执照、税务登记证等证件载明的纳税人名称。

4.“填报日期”：填报纳税人申报当日日期。

5.纳税人聘请机构代理申报的，加盖代理机构公章。

企业所得税年度纳税申报表填报表单

表单编号	表单名称	是否填报
A000000	企业所得税年度纳税申报基础信息表	√
A100000	中华人民共和国企业所得税年度纳税申报表（A类）	√
A101010	一般企业收入明细表	□
A101020	金融企业收入明细表	□
A102010	一般企业成本支出明细表	□
A102020	金融企业支出明细表	□
A103000	事业单位、民间非营利组织收入、支出明细表	□
A104000	期间费用明细表	□
A105000	纳税调整项目明细表	□
A105010	视同销售和房地产开发企业特定业务纳税调整明细表	□
A105020	未按权责发生制确认收入纳税调整明细表	□
A105030	投资收益纳税调整明细表	□
A105040	专项用途财政性资金纳税调整明细表	□
A105050	职工薪酬支出及纳税调整明细表	□
A105060	广告费和业务宣传费等年度纳税调整明细表	□
A105070	捐赠支出及纳税调整明细表	□
A105080	资产折旧、摊销及纳税调整明细表	□
A105090	资产损失税前扣除及纳税调整明细表	□
A105100	企业重组及递延纳税事项纳税调整明细表	□
A105110	政策性搬迁纳税调整明细表	□
A105120	特殊行业准备金及纳税调整明细表	□
A106000	企业所得税弥补亏损明细表	□
A107010	免税、减计收入及加计扣除优惠明细表	□
A107011	符合条件的居民企业之间的股息、红利等权益性投资收益优惠明细表	□
A107012	研发费用加计扣除优惠明细表	□
A107020	所得减免优惠明细表	□
A107030	抵扣应纳税所得额明细表	□
A107040	减免所得税优惠明细表	□
A107041	高新技术企业优惠情况及明细表	□
A107042	软件、集成电路企业优惠情况及明细表	□
A107050	税额抵免优惠明细表	□
A108000	境外所得税收抵免明细表	□
A108010	境外所得纳税调整后所得明细表	□
A108020	境外分支机构弥补亏损明细表	□
A108030	跨年度结转抵免境外所得税明细表	□
A109000	跨地区经营汇总纳税企业年度分摊企业所得税明细表	□
A109010	企业所得税汇总纳税分支机构所得税分配表	□
说明：企业应当根据实际情况选择需要填报的表单。		

《企业所得税年度纳税申报表填报表单》填报说明

本表列示申报表全部表单名称及编号。纳税人在填报申报表之前，请仔细阅读这些表单的填报信息，并根据企业的涉税业务，选择“是否填报”。选择“填报”的，在“□”内打“√”，并完成该表单内容的填报。未选择“填报”的表单，无需向税务机关报送。各表单有关情况如下：

1.《企业所得税年度纳税申报基础信息表》(A000000)

本表为必填表，填报内容包括基本经营情况、有关涉税事项情况、主要股东及分红情况三部分。纳税人填报申报表时，首先填报此表，为后续申报提供指引。

2.《中华人民共和国企业所得税年度纳税申报表(A类)》(A100000)

本表为必填表，是纳税人计算申报缴纳企业所得税的主表。

3.《一般企业收入明细表》(A101010)

本表适用于除金融企业、事业单位和民间非营利组织外的纳税人填报，反映一般企业按照国家统一会计制度规定取得收入情况。

4.《金融企业收入明细表》(A101020)

本表仅适用于金融企业(包括银行、信用社、保险公司、证券公司等金融企业)填报，反映金融企业按照企业会计准则规定取得收入情况。

5.《一般企业成本支出明细表》(A102010)

本表适用于除金融企业、事业单位和民间非营利组织外的纳税人填报，反映一般企业按照国家统一会计制度规定发生成本支出情况。

6.《金融企业支出明细表》(A102020)

本表仅适用于金融企业(包括银行、信用社、保险公司、证券公司等金融企业)填报，反映金融企业按照企业会计准则规定发生支出情况。

7.《事业单位、民间非营利组织收入、支出明细表》(A103000)

本表适用于事业单位和民间非营利组织填报，反映事业单位、社会团体、民办非企业单位、非营利组织等按照有关会计制度规定取得收入，发生支出、费用情况。

8.《期间费用明细表》(A104000)

本表适用于除事业单位和民间非营利组织外的纳税人填报，反映纳税人根据国家统一会计制度发生的期间费用明细情况。

9.《纳税调整项目明细表》(A105000)

本表反映纳税人财务、会计处理办法(以下简称“会计处理”)与税收法律、行政法规的规定(以下简称“税收规定”)不一致，需要进行纳税调整的项目和金额情况。

10.《视同销售和房地产开发企业特定业务纳税调整明细表》(A105010)

本表反映纳税人发生视同销售行为、房地产开发企业销售未完工产品、未完工产品转完工产品，会计处理与税收规定不一致，需要进行纳税调整的项目和金额情况。

11.《未按权责发生制确认收入纳税调整明细表》(A105020)

本表反映纳税人会计处理按照权责发生制确认收入，而税收规定不按照权责发生制确认收入，需要进行纳税调整的项目和金额情况。

12.《投资收益纳税调整明细表》(A105030)

本表反映纳税人发生投资收益，由于会计处理与税收规定不一致，需要进行纳税调整的项目和金额情况。

13.《专项用途财政性资金纳税调整明细表》(A105040)

本表反映纳税人取得符合不征税收入条件的专项用途财政性资金，由于会计处理与税收规定不一致，需要进行纳税调整的金额情况。

14.《职工薪酬支出及纳税调整明细表》(A105050)

本表反映纳税人发生的职工薪酬(包括工资薪金、职工福利费、职工教育经费、工会经费、各类基本社会保障性缴款、住房公积金、补充养老保险、补充医疗保险等支出)情况，以及由于会计处理与税收规定不一致，需要进行纳税调整的项目和金额情况。纳税人只要发生职工薪酬支出，均需填报本表。

15.《广告费和业务宣传费等跨年度纳税调整明细表》(A105060)

本表反映纳税人发生的广告费和业务宣传费支出、保险企业发生的手续费及佣金支出，由于会计处理与税收规定不一致，需要进行纳税调整的金额情况。纳税人以前年度发生广告费和业务宣传费支出、保险企业以前年度发生手续费及佣金支出尚未扣除完毕结转至本年度扣除的，应填报以前年度累计结转情况。

16.《捐赠支出及纳税调整明细表》(A105070)

本表反映纳税人发生捐赠支出的情况,以及由于会计处理与税收规定不一致,需要进行纳税调整的项目和金额情况。纳税人发生以前年度捐赠支出未扣除完毕的,应填报以前年度累计结转情况。

17.《资产折旧、摊销及纳税调整明细表》(A105080)

本表反映纳税人资产折旧、摊销情况,以及由于会计处理与税收规定不一致,需要进行纳税调整的项目和金额情况。纳税人只要发生资产折旧、摊销,均需填报本表。

18.《资产损失税前扣除及纳税调整明细表》(A105090)

本表反映纳税人发生的资产损失的项目及金额情况,以及由于会计处理与税收规定不一致,需要进行纳税调整的项目和金额情况。

19.《企业重组及递延纳税事项纳税调整明细表》(A105100)

本表反映纳税人发生企业重组、非货币性资产对外投资、技术入股等业务所涉及的所得或损失情况,以及由于会计处理与税收规定不一致,需要进行纳税调整的项目和金额情况。

20.《政策性搬迁纳税调整明细表》(A105110)

本表反映纳税人发生政策性搬迁所涉及的所得或损失,由于会计处理与税收规定不一致,需要进行纳税调整的项目和金额情况。

21.《特殊行业准备金及纳税调整明细表》(A105120)

本表适用于保险、证券、期货、金融、担保、小额贷款公司等特殊行业纳税人填报,反映发生特殊行业准备金情况,以及由于会计处理与税收规定不一致,需要进行纳税调整的项目和金额情况。

22.《企业所得税弥补亏损明细表》(A106000)

本表反映纳税人以前年度发生的亏损需要在本年度结转弥补的金额,本年度可弥补的金额以及可继续结转以后年度弥补的亏损额情况。

23.《免税、减计收入及加计扣除优惠明细表》(A107010)

本表反映纳税人本年度所享受免税收入、减计收入、加计扣除等优惠政策的项目和金额情况。

24.《符合条件的居民企业之间的股息、红利等权益性投资收益优惠明细表》(A107011)

本表反映纳税人本年度享受居民企业之间的股息、红利等权益性投资收益免税优惠政策的项目和金额情况。

25.《研发费用加计扣除优惠明细表》(A107012)

本表反映纳税人享受研发费用加计扣除优惠政策情况。纳税人以前年度有销售研发活动直接形成产品(包括组成部分)对应材料部分未扣减完毕的,应填报以前年度未扣减情况。

26.《所得减免优惠明细表》(A107020)

本表反映纳税人本年度享受减免所得额优惠政策(包括农、林、牧、渔项目和国家重点扶持的公共基础设施项目、环境保护、节能节水项目、集成电路生产项目以及符合条件的技术转让项目等)项目和金额情况。

27.《抵扣应纳税所得额明细表》(A107030)

本表反映纳税人本年度享受创业投资企业抵扣应纳税所得额优惠政策的项目和金额情况。纳税人有以前年度结转的尚未抵扣的股权投资余额的,应填报以前年度累计结转情况。

28.《减免所得税优惠明细表》(A107040)

本表反映纳税人本年度享受减免所得税优惠政策(包括小型微利企业、高新技术企业、民族自治地方企业、其他专项优惠等)的项目和金额情况。

29.《高新技术企业优惠情况及明细表》(A107041)

本表反映高新技术企业基本情况和享受优惠政策的有关情况。高新技术企业资格证书在有效期内的纳税人需要填报本表。

30.《软件、集成电路企业优惠情况及明细表》(A107042)

本表反映纳税人本年度享受软件、集成电路企业优惠政策的有关情况。

31.《税额抵免优惠明细表》(A107050)

本表反映纳税人享受购买专用设备投资额抵免税额优惠政策的项目和金额情况。纳税人有以前年度结转的尚未抵免的专用设备投资额的,应填报以前年度已抵免情况。

32.《境外所得税收抵免明细表》(A108000)

本表反映纳税人本年度来源于或发生于其他国家、地区的境外所得,按照我国税收规定计算应缴纳和应抵免的企业所得税额情况。

33.《境外所得纳税调整后所得明细表》(A108010)

本表反映纳税人本年度来源于或发生于其他国家、地区的境外所得,按照我国税收规定计算调整后的所得情况。

34.《境外分支机构弥补亏损明细表》(A108020)

本表反映纳税人境外分支机构本年度及以前年度发生的税前尚未弥补的非实际亏损额和实际亏损额、结转以后年度弥补的非实际亏损额和实际亏损额情况。

35.《跨年度结转抵免境外所得税明细表》(A108030)

本表反映纳税人本年度来源于或发生于其他国家或地区的境外所得按照我国税收规定可以抵免的所得税额情况。

36.《跨地区经营汇总纳税企业年度分摊企业所得税明细表》(A109000)

本表适用于跨地区经营汇总纳税企业的总机构填报,反映按照规定计算的总机构、分支机构本年度应缴的企业所得税情况,以及总机构、分支机构应分摊的企业所得税情况。

37.《企业所得税汇总纳税分支机构所得税分配表》(A109010)

本表适用于跨地区经营汇总纳税企业的总机构填报,反映总机构本年度实际应纳所得税额以及所属分支机构本年度应分摊的所得税额情况。

A000000　企业所得税年度纳税申报基础信息表

基本经营情况（必填项目）			
101 纳税申报企业类型（填写代码）		102 分支机构就地纳税比例（%）	
103 资产总额（填写平均值，单位：万元）		104 从业人数（填写平均值，单位：人）	
105 所属国民经济行业（填写代码）		106 从事国家限制或禁止行业	□是□否
107 适用会计准则或会计制度（填写代码）		108 采用一般企业财务报表格式（2019 年版）	□是□否
109 小型微利企业	□是□否	110 上市公司	是（□境内□境外）□否
有关涉税事项情况（存在或者发生下列事项时必填）			
201 从事股权投资业务	□是	202 存在境外关联交易	□是
203 选择采用的境外所得抵免方式	□分国（地区）不分项　□不分国（地区）不分项		
204 有限合伙制创业投资企业的法人合伙人	□是	205 创业投资企业	□是
206 技术先进型服务企业类型（填写代码）		207 非营利组织	□是
208 软件、集成电路企业类型（填写代码）		209 集成电路生产项目类型	□130 纳米　□65 纳米
210 科技型中小企业　210－1 ____年（申报所属期年度）入库编号 1		210－2 入库时间 1	
210 科技型中小企业　210－3 ____年（所属期下一年度）入库编号 2		210－4 入库时间 2	
211 高新技术企业申报所属期年度有效的高新技术企业证书　211－1 证书编号 1		211－2 发证时间 1	
211 高新技术企业申报所属期年度有效的高新技术企业证书　211－3 证书编号 2		211－4 发证时间 2	
212 重组事项税务处理方式	□一般性□特殊性	213 重组交易类型（填写代码）	
214 重组当事方类型（填写代码）		215 政策性搬迁开始时间	____年____月
216 发生政策性搬迁且停止生产经营无所得年度	□是	217 政策性搬迁损失分期扣除年度	□是
218 发生非货币性资产对外投资递延纳税事项	□是	219 非货币性资产对外投资转让所得递延纳税年度	□是
220 发生技术成果投资入股递延纳税事项	□是	221 技术成果投资入股递延纳税年度	□是
222 发生资产（股权）划转特殊性税务处理事项	□是	223 债务重组所得递延纳税年度	□是

主要股东及分红情况（必填项目）					
股东名称	证件种类	证件号码	投资比例（%）	当年（决议日）分配的股息、红利等权益性投资收益金额	国籍（注册地址）
其余股东合计	—	—			—

A000000 《企业所得税年度纳税申报基础信息表》填报说明

纳税人在企业所得税年度纳税申报时应当向税务机关申报或者报告与确定应纳税额相关的信息。本表包括基本经营情况、有关涉税事项情况、主要股东及分红情况三部分内容。有关项目填报说明如下：

一、基本经营情况

本部分所列项目为纳税人必填（必选）内容。

1.“101 纳税申报企业类型”：纳税人根据申报所属期年度的企业经营方式情况，从《跨地区经营企业类型代码表》中选择相应的代码填入本项。

跨地区经营企业类型代码表

<table>
<tr><th rowspan="2">代码</th><th colspan="3">类型</th></tr>
<tr><th>大类</th><th>中类</th><th>小类</th></tr>
<tr><td>100</td><td colspan="3">非跨地区经营企业</td></tr>
<tr><td>210</td><td rowspan="3">跨地区经营企业总机构</td><td colspan="2">总机构（跨省）——适用《跨地区经营汇总纳税企业所得税征收管理办法》</td></tr>
<tr><td>220</td><td colspan="2">总机构（跨省）——不适用《跨地区经营汇总纳税企业所得税征收管理办法》</td></tr>
<tr><td>230</td><td colspan="2">总机构（省内）</td></tr>
<tr><td>311</td><td rowspan="2">跨地区经营企业分支机构</td><td rowspan="2">需进行完整年度纳税申报</td><td>分支机构（须进行完整年度申报并按比例纳税）</td></tr>
<tr><td>312</td><td>分支机构（须进行完整年度申报但不就地缴纳）</td></tr>
</table>

代码说明：

“非跨地区经营企业”：纳税人未跨地区设立不具有法人资格分支机构的，为非跨地区经营企业。

“总机构（跨省）——适用《跨地区经营汇总纳税企业所得税征收管理办法》”：纳税人为《国家税务总局关于印发〈跨地区经营汇总纳税企业所得税征收管理办法〉的公告》（国家税务总局公告 2012 年第 57 号发布，国家税务总局公告 2018 年第 31 号修改）规定的跨省、自治区、直辖市和计划单列市设立不具有法人资格分支机构的跨地区经营汇总纳税企业的总机构。

“总机构（跨省）——不适用《跨地区经营汇总纳税企业所得税征收管理办法》”：纳税人为《国家税务总局关于印发〈跨地区经营汇总纳税企业所得税征收管理办法〉的公告》（国家税务总局公告 2012 年第 57 号发布，国家税务总局公告 2018 年第 31 号修改）第二条规定的不适用该公告的跨地区经营汇总纳税企业的总机构。

“总机构（省内）”：纳税人为仅在同一省、自治区、直辖市和计划单列市内设立不具有法人资格分支机构的跨地区经营汇总纳税企业的总机构。

“分支机构（须进行完整年度申报并按比例纳税）”：纳税人为根据相关政策规定须进行完整年度申报并按比例就地缴纳企业所得税的跨地区经营企业的分支机构。

“分支机构（须进行完整年度申报但不就地缴纳）”：纳税人为根据相关政策规定须进行完整年度申报但不就地缴纳所得税的跨地区经营企业的分支机构。

2.“102 分支机构就地纳税比例”：“101 纳税申报企业类型”为“分支机构（须进行完整年度申报并按比例纳税）”需要同时填报本项。分支机构填报年度纳税申报时应当就地缴纳企业所得税的比例。

3.“103 资产总额”：纳税人填报资产总额的全年季度平均值，单位为万元，保留小数点后 2 位。具体计算公式如下：

季度平均值 =（季初值 + 季末值）÷2

全年季度平均值 = 全年各季度平均值之和 ÷4

年度中间开业或者终止经营活动的，以其实际经营期作为一个纳税年度确定上述相关指标。

4.“104 从业人数”：纳税人填报从业人数的全年季度平均值，单位为人。从业人数是指与企业建立劳动关系的职工人数和企业接受的劳务派遣用工人数之和，依据和计算方法同“103 资产总额”。

5.“105 所属国民经济行业”：按照《国民经济行业分类》标准，纳税人填报所属的国民经济行业明细代码。

6.“106 从事国家限制或禁止行业”：纳税人从事行业为国家限制和禁止行业的，选择“是”；其他选择“否”。

7.“107 适用会计准则或会计制度”：纳税人根据会计核算采用的会计准则或会计制度从《会计准则或会计制度类型代码表》中选择相应的代码填入本项。

会计准则或会计制度类型代码表

代码	类型	
	大类	小类
110	企业会计准则	一般企业
120		银行
130		证券
140		保险
150		担保
200	小企业会计准则	
300	企业会计制度	
410	事业单位会计准则	事业单位会计制度
420		科学事业单位会计制度
430		医院会计制度
440		高等学校会计制度
450		中小学校会计制度
460		彩票机构会计制度
500	民间非营利组织会计制度	
600	村集体经济组织会计制度	
700	农民专业合作社财务会计制度(试行)	
999	其他	

8.“108 采用一般企业财务报表格式(2019 年版)”:纳税人根据《财政部关于修订印发 2019 年度一般企业财务报表格式的通知》(财会〔2019〕6 号)和《财政部关于修订印发 2018 年度金融企业财务报表格式的通知》(财会〔2018〕36 号)规定的格式编制财务报表的,选择“是”,其他选择“否”。

9.“109 小型微利企业”:纳税人符合小型微利企业普惠性所得税减免政策条件的,选择“是”,其他选择“否”。

10.“110 上市公司”:纳税人在中国境内上市的选择“境内”;在中国境外上市的选择“境外”;在境内外同时上市的可同时选择;其他选择“否”。纳税人在中国香港上市的,参照境外上市相关规定选择。

二、有关涉税事项情况

本部分所列项目为条件必填(必选)内容,当纳税人存在或发生下列事项时,必须填报。纳税人未填报的,视同不存在或未发生下列事项。

1.“201 从事股权投资业务”:纳税人从事股权投资业务的(包括集团公司总部、创业投资企业等),选择“是”。

2.“202 存在境外关联交易”:纳税人存在境外关联交易的,选择“是”。

3.“203 选择采用的境外所得抵免方式”:纳税人适用境外所得税收抵免政策,且根据《财政部　税务总局关于完善企业境外所得税收抵免政策问题的通知》(财税〔2017〕84 号)文件规定选择按国(地区)别分别计算其来源于境外的应纳税所得额,即“分国(地区)不分项”的,选择“分国(地区)不分项”;纳税人适用境外所得税收抵免政策,且根据财税〔2017〕84 号文件规定选择不按国(地区)别汇总计算其来源于境外的应纳税所得额,即“不分国(地区)不分项”的,选择“不分国(地区)不分项”。境外所得抵免方式一经选择,5 年内不得变更。

4.“204 有限合伙制创业投资企业的法人合伙人”:纳税人投资于有限合伙制创业投资企业且为其法人合伙人的,选择“是”。本项目中的有限合伙制创业投资企业的法人合伙人是指符合《中华人民共和国合伙企业法》《创业投资企业管理暂行办法》(国家发展和改革委员会令第 39 号)、《外商投资创业投资企业管理规定》(外经贸部、科技部、工商总局、税务总局、外汇管理局令 2003 年第 2 号发布,商务部令 2015 年第 2 号修改)、《私募投资基金监督管理暂行办法》(证监会令第 105 号)关于创业投资基金的特别规定等规定的创业投资企业法人合伙人。有限合伙制创业投资企业的法人合伙人无论是否享受企业所得税优惠政策,均应填报本项。

5.“205 创业投资企业”:纳税人为创业投资企业的,选择“是”。本项目中的创业投资企业是指依照《创业投资企业管理暂行办法》(国家发展和改革委员会令第 39 号)和《外商投资创业投资企业管理规定》(外经贸部、科技部、工商总局、税务总局、外汇管理局令 2003 年第 2 号发布,商务部令 2015 年第 2 号修改)、《私募投资基金监督管理暂行办法》(证监会令第 105 号)关于创业投资基金的特别规定等规定,在中华人民共和国境内设立的专门从事创业投资活动的企业或其他经济组织。创业投资企业无论是否享受企业所得税优惠政策,均应填报本项。

6."206 技术先进型服务企业类型":纳税人为经认定的技术先进型服务企业的,从《技术先进型服务企业类型代码表》中选择相应的代码填报本项。本项目中的经认定的技术先进型服务企业是指符合《财政部　税务总局　商务部　科技部　国家发展改革委关于将技术先进型服务企业所得税政策推广至全国实施的通知》(财税〔2017〕79 号)、《财政部　税务总局　商务部　科技部　国家发展改革委关于将服务贸易创新发展试点地区技术先进型服务企业所得税政策推广至全国实施的通知》(财税〔2018〕44 号)等文件规定的企业。经认定的技术先进型服务企业无论是否享受企业所得税优惠政策,均应填报本项。

技术先进型服务企业类型代码表

代码	类型	
	大类	小类
110	服务外包类	信息技术外包服务(ITO)
120		技术性业务流程外包服务(BPO)
130		技术性知识流程外包服务(KPO)
210	服务贸易类	计算机和信息服务
220		研究开发和技术服务
230		文化技术服务
240		中医药医疗服务

7."207 非营利组织":纳税人为非营利组织的,选择"是"。

8."208 软件、集成电路企业类型":纳税人按照企业类型从《软件、集成电路企业类型代码表》中选择相应的代码填入本项。软件、集成电路企业若符合相关企业所得税优惠政策条件的,无论是否享受企业所得税优惠,均应填报本项。

软件、集成电路企业类型代码表

代码	类型		
	大类	中类	小类
110	集成电路生产企业	线宽小于 0.8 微米(含)的企业	
120		线宽小于 0.25 微米的企业	
130		投资额超过 80 亿元的企业	
140		线宽小于 130 纳米的企业	
150		线宽小于 65 纳米或投资额超过 150 亿元的企业	
210	集成电路设计企业	新办符合条件企业	
220		符合规模条件的重点集成电路设计企业	
230		符合领域的重点集成电路设计企业	
311	软件企业	一般软件企业	新办符合条件企业
312			符合规模条件的重点软件企业
313			符合领域条件的重点软件企业
314			符合出口条件的重点软件企业
321		嵌入式或信息系统集成软件	新办符合条件企业
322			符合规模条件的重点软件企业
323			符合领域条件的重点软件企业
324			符合出口条件的重点软件企业
400	集成电路封装测试企业		
500	集成电路关键专用材料生产企业		
600	集成电路专用设备生产企业		

代码说明:

"集成电路生产企业":符合《财政部　国家税务总局　发展改革委　工业和信息化部关于软件和集成电路产业企业所得税优惠政策有关问题的通知》(财税〔2016〕49 号)、《财政部　税务总局　国家发展改革委　工业和信息化部关于集成电路生产企业有关企业所得税政策问题的通知》(财税〔2018〕27 号)等文件规定的集成电路生产企业。具体说明如下:

(1)"线宽小于 0.8 微米(含)的企业"是指可以享受第一年至第二年免征企业所得税,第三年至第五年按照 25% 的法定税率减半征收企业所得税优惠政策的集成电路线宽小于0.8微米(含)的集成电路生产企业。

(2)“线宽小于0.25微米的企业”是指可以享受减按15%的税率征收企业所得税优惠政策，或者第一年至第五年免征企业所得税，第六年至第十年按照25%的法定税率减半征收企业所得税优惠政策的集成电路线宽小于0.25微米的集成电路生产企业。

(3)“投资额超过80亿元的企业”是指可以享受减按15%的税率征收企业所得税优惠政策，或者第一年至第五年免征企业所得税，第六年至第十年按照25%的法定税率减半征收企业所得税优惠政策的投资额超过80亿元的集成电路生产企业。

(4)“线宽小于130纳米的企业”是指可以享受第一年至第二年免征企业所得税，第三年至第五年按照25%的法定税率减半征收企业所得税优惠政策的集成电路线宽小于130纳米的集成电路生产企业。

(5)“线宽小于65纳米或投资额超过150亿元的企业”是指可以享受第一年至第五年免征企业所得税，第六年至第十年按照25%的法定税率减半征收企业所得税优惠政策的集成电路线宽小于65纳米或投资额超过150亿元的集成电路生产企业。

“集成电路设计企业”：符合《财政部　国家税务总局　发展改革委　工业和信息化部关于软件和集成电路产业企业所得税优惠政策有关问题的通知》(财税〔2016〕49号)、《财政部　税务总局关于集成电路设计和软件产业企业所得税政策的公告》(财政部　税务总局公告2019年第68号)等文件规定的集成电路设计企业、国家规划布局内的重点集成电路设计企业。具体说明如下：

(1)“新办符合条件企业”是指可以享受第一年至第二年免征企业所得税，第三年至第五年按照25%的法定税率减半征收企业所得税优惠政策的集成电路设计企业。

(2)“符合规模条件的重点集成电路设计企业”是指可以享受减按10%的税率征收企业所得税优惠政策的国家规划布局内的重点集成电路设计企业，且其符合财税〔2016〕49号文件第五条第(一)项“汇算清缴年度集成电路设计销售(营业)收入不低于2亿元，年应纳税所得额不低于1000万元，研究开发人员占月平均职工总数的比例不低于25%”的规定。

(3)“符合领域的重点集成电路设计企业”是指可以享受减按10%的税率征收企业所得税优惠政策的国家规划布局内的重点集成电路设计企业，且其符合财税〔2016〕49号文件第五条第(二)项“在国家规定的重点集成电路设计领域内，汇算清缴年度集成电路设计销售(营业)收入不低于2000万元，应纳税所得额不低于250万元，研究开发人员占月平均职工总数的比例不低于35%，企业在中国境内发生的研发开发费用金额占研究开发费用总额的比例不低于70%”的规定。

“软件企业”：符合《财政部　国家税务总局　发展改革委　工业和信息化部关于软件和集成电路产业企业所得税优惠政策有关问题的通知》(财税〔2016〕49号)、《财政部　税务总局关于集成电路设计和软件产业企业所得税政策的公告》(财政部　税务总局公告2019年第68号)等文件规定的软件企业、国家规划布局内的重点软件企业。具体说明如下：

(1)“一般软件企业——新办符合条件企业”是指可以享受第一年至第二年免征企业所得税，第三年至第五年按照25%的法定税率减半征收企业所得税优惠政策的符合条件的软件企业，且其符合财税〔2016〕49号文件第四条第(四)项“汇算清缴年度软件产品开发销售(营业)收入占企业收入总额的比例不低于50%，其中：软件产品自主开发销售(营业)收入占企业收入总额的比例不低于40%”的规定。

(2)“一般软件企业——符合规模条件的重点软件企业”是指可以享受减按10%的税率征收企业所得税优惠政策的国家规划布局内的重点软件企业，且其符合财税〔2016〕49号文件第四条第(四)项“汇算清缴年度软件产品开发销售(营业)收入占企业收入总额的比例不低于50%，其中：软件产品自主开发销售(营业)收入占企业收入总额的比例不低于40%”和第六条第(一)项“汇算清缴年度软件产品开发销售(营业)收入不低于2亿元，应纳税所得额不低于1000万元，研究开发人员占企业月平均职工总数的比例不低于25%”的规定。

(3)“一般软件企业——符合领域条件的重点软件企业”是指可以享受减按10%的税率征收企业所得税优惠政策的国家规划布局内的重点软件企业，且其符合财税〔2016〕49号文件第四条第(四)项“汇算清缴年度软件产品开发销售(营业)收入占企业收入总额的比例不低于50%，其中：软件产品自主开发销售(营业)收入占企业收入总额的比例不低于40%”和第六条第(二)项“在国家规定的重点软件领域内，汇算清缴年度软件产品开发销售(营业)收入不低于5000万元，应纳税所得额不低于250万元，研究开发人员占企业月平均职工总数的比例不低于25%，企业在中国境内发生的研究开发费用金额占研究开发费用总额的比例不低于70%”的规定。

(4)“一般软件企业——符合出口条件的重点软件企业”是指可以享受减按10%的税率征收企业所得税优惠政策的国家规划布局内的重点软件企业，且其符合财税〔2016〕49号文件第四条第(四)项“汇算清缴年度软件产品开发销售(营业)收入占企业收入总额的比例不低于50%，其中：软件产品自主开发销售(营业)收入占企业收入总额的比例不低于40%”和第六条第(三)项“汇算清缴年度软件出口收入总额不低于800万美元，软件出口收入总额占本企业年度收入总额比例不低于50%，研究开发人员占企业月平均职工总数的比例不低于25%”的规定。

(5)“嵌入式或信息系统集成软件——新办符合条件企业”是指可以享受第一年至第二年免征企业所得税，第三年至第五年按照25%的法定税率减半征收企业所得税优惠政策的符合条件的软件企业，且其符合财税〔2016〕49号文件第四条第(四)项“汇算清缴年度嵌入式软件产品和信息系统集成产品开发销售(营业)收入占企业收入总额的比例不低于40%，其中：嵌入式软件产品和信息系统集成产品自主开发销售(营业)收入占企业收入总额的比例不低于30%”的规定。

(6)“嵌入式或信息系统集成软件——符合规模条件的重点软件企业”是指可以享受减按10%的税率征收企业所得税优惠政策的国家规划布局内的重点软件企业,且其符合财税〔2016〕49号文件第四条第(四)项“汇算清缴年度嵌入式软件产品和信息系统集成产品开发销售(营业)收入占企业收入总额的比例不低于40%,其中:嵌入式软件产品和信息系统集成产品自主开发销售(营业)收入占企业收入总额的比例不低于30%”和第六条第(一)项“汇算清缴年度软件产品开发销售(营业)收入不低于2亿元,应纳税所得额不低于1000万元,研究开发人员占企业月平均职工总数的比例不低于25%”的规定。

(7)“嵌入式或信息系统集成软件——符合领域条件的重点软件企业”是指可以享受减按10%的税率征收企业所得税优惠政策的国家规划布局内的重点软件企业,且其符合财税〔2016〕49号文件第四条第(四)项“汇算清缴年度嵌入式软件产品和信息系统集成产品开发销售(营业)收入占企业收入总额的比例不低于40%,其中:嵌入式软件产品和信息系统集成产品自主开发销售(营业)收入占企业收入总额的比例不低于30%”和第六条第(二)项“在国家规定的重点软件领域内,汇算清缴年度软件产品开发销售(营业)收入不低于5000万元,应纳税所得额不低于250万元,研究开发人员占企业月平均职工总数的比例不低于25%,企业在中国境内发生的研究开发费用金额占研究开发费用总额的比例不低于70%”的规定。

(8)“嵌入式或信息系统集成软件——符合出口条件的重点软件企业”是指可以享受减按10%的税率征收企业所得税优惠政策的国家规划布局内的重点软件企业,且其符合财税〔2016〕49号文件第四条第(四)项“汇算清缴年度嵌入式软件产品和信息系统集成产品开发销售(营业)收入占企业收入总额的比例不低于40%,其中:嵌入式软件产品和信息系统集成产品自主开发销售(营业)收入占企业收入总额的比例不低于30%”和第六条第(三)项“汇算清缴年度软件出口收入总额不低于800万美元,软件出口收入总额占本企业年度收入总额比例不低于50%,研究开发人员占企业月平均职工总数的比例不低于25%”的规定。

“集成电路封装测试企业”:符合《财政部 国家税务总局 发展改革委 工业和信息化部关于进一步鼓励集成电路产业发展企业所得税政策的通知》(财税〔2015〕6号)文件规定可以享受企业所得税优惠政策的集成电路封装、测试企业。

“集成电路关键专用材料生产企业”:符合《财政部 国家税务总局 发展改革委 工业和信息化部关于进一步鼓励集成电路产业发展企业所得税政策的通知》(财税〔2015〕6号)文件规定可以享受企业所得税优惠政策的集成电路关键专用材料生产企业。

“集成电路专用设备生产企业”:符合《财政部 国家税务总局 发展改革委 工业和信息化部关于进一步鼓励集成电路产业发展企业所得税政策的通知》(财税〔2015〕6号)文件规定可以享受企业所得税优惠政策的集成电路专用设备生产企业。

9.“209集成电路生产项目类型”:纳税人投资集成电路线宽小于130纳米或集成电路线宽小于65纳米或投资额超过150亿元的集成电路生产项目,项目符合《财政部 税务总局 国家发展改革委 工业和信息化部关于集成电路生产企业有关企业所得税政策问题的通知》(财税〔2018〕27号)等文件规定的税收优惠政策条件,且按照项目享受企业所得税优惠政策的,应填报本项。纳税人投资线宽小于130纳米的集成电路生产项目的,选择“130纳米”,投资线宽小于65纳米或投资额超过150亿元的集成电路生产项目的,选择“65纳米”;同时投资上述两类项目的,可同时选择“130纳米”和“65纳米”。

纳税人既符合“208软件、集成电路企业类型”项目又符合“209集成电路生产项目类型”项目填报条件的,应当同时填报。

10.“210科技型中小企业”:纳税人根据申报所属期年度和申报所属期下一年度取得的科技型中小企业入库登记编号情况,填报本项目下的“210-1”“210-2”“210-3”“210-4”。如,纳税人在进行2018年度企业所得税汇算清缴纳税申报时,“210-1 ____(申报所属期年度)入库编号”首先应当填列“2018(申报所属期年度)入库编号”,“210-3 ____(所属期下一年度)入库编号”首先应当填列“2019(所属期下一年度)入库编号”。若纳税人在2018年1月1日至2018年12月31日之间取得科技型中小企业入库登记编号的,将相应的“编号”及“入库时间”分别填入“210-1”和“210-2”项目中;若纳税人在2019年1月1日至2018年度汇算清缴纳税申报日之间取得科技型中小企业入库登记编号的,将相应的“编号”及“入库时间”分别填入“210-3”和“210-4”项目中。纳税人符合上述填报要求的,无论是否享受企业所得税优惠政策,均应填报本项。

11.“211高新技术企业申报所属期年度有效的高新技术企业证书”:纳税人根据申报所属期年度拥有的有效期内的高新技术企业证书情况,填报本项目下的“211-1”“211-2”“211-3”“211-4”。在申报所属期年度,如企业同时拥有两个高新技术企业证书,则两个证书情况均应填报。如:纳税人2015年10月取得高新技术企业证书,有效期3年,2018年再次参加认定并于2018年11月取得新高新技术企业证书,纳税人在进行2018年度企业所得税汇算清缴纳税申报时,应将两个证书的“编号”及“发证时间”分别填入“211-1”“211-2”“211-3”“211-4”项目中。纳税人符合上述填报要求的,无论是否享受企业所得税优惠政策,均应填报本项。

12.“212重组事项税务处理方式”:纳税人在申报所属期年度发生重组事项的,应填报本项。纳税人重组事项按一般性税务处理的,选择“一般性”;重组事项按特殊性税务处理的,选择“特殊性”。

13.“213重组交易类型”和“214重组当事方类型”:填报“212重组事项税务处理方式”的纳税人,应当同时填报“213重组交易类型”和“214重组当事方类型”。纳税人根据重组情况从《重组交易类型和当事方类型代码表》中选择相应代码分别填入对应项目中。重组交易类型和当事方类型根据《财政部 国家税务总局关于企业重组业务企业所得税处理若干问题的通知》(财税〔2009〕59号)、《财政部 国家税务总局关于促进企业重组有关企业所得税处理问题的通知》(财税〔2014〕109号)、《国家税务总局关于企业重组业务企业所得税征收管理若干问题的公告》(国家税务总局公告 2015 年第 48 号发布,国家税务总局公告 2018 年第 31 号修改)等文件规定判断。

重组交易类型和当事方类型代码表

重组交易		重组当事方	
代码	类型	代码	类型
100	法律形式改变	—	—
200	债务重组	210	债务人
		220	债权人
300	股权收购	310	收购方
		320	转让方
		330	被收购企业
400	资产收购	410	收购方
		420	转让方
500	合并	510	合并企业
		520	被合并企业
		530	被合并企业股东
600	分立	610	分立企业
		620	被分立企业
		630	被分立企业股东

14.“215 政策性搬迁开始时间”:纳税人发生政策性搬迁事项且申报所属期年度处在搬迁期内的,填报政策性搬迁开始的时间。

15“216 发生政策性搬迁且停止生产经营无所得年度”:纳税人的申报所属期年度处于政策性搬迁期内,且停止生产经营无所得的,选择“是”。

16.“217 政策性搬迁损失分期扣除年度”:纳税人发生政策性搬迁事项出现搬迁损失,按照《企业政策性搬迁所得税管理办法》(国家税务总局公告 2012 年第 40 号发布)等有关规定选择自搬迁完成年度起分 3 个年度均匀在税前扣除的,且申报所属期年度处在分期扣除期间的,选择“是”。

17.“218 发生非货币性资产对外投资递延纳税事项”:纳税人在申报所属期年度发生非货币性资产对外投资递延纳税事项的,选择“是”。

18.“219 非货币性资产对外投资转让所得递延纳税年度”:纳税人以非货币性资产对外投资确认的非货币性资产转让所得,按照《财政部　国家税务总局关于非货币性资产投资企业所得税政策问题的通知》(财税〔2014〕116 号)、《国家税务总局关于非货币性资产投资企业所得税有关征管问题的公告》(国家税务总局公告 2015 年第 33 号)等文件规定,在不超过 5 年期限内分期均匀计入相应年度的应纳税所得额的,且申报所属期年度处在递延纳税期间的,选择“是”。

19.“220 发生技术成果投资入股递延纳税事项”:纳税人在申报所属期年度发生技术入股递延纳税事项的,选择“是”。

20.“221 技术成果投资入股递延纳税年度”:纳税人发生技术入股事项,按照《财政部　国家税务总局关于完善股权激励和技术入股有关所得税政策的通知》(财税〔2016〕101 号)、《国家税务总局关于股权激励和技术入股所得税征管问题的公告》(国家税务总局公告 2016 年第 62 号)等文件规定选择适用递延纳税政策,即在投资入股当期暂不纳税,递延至转让股权时按股权转让收入减去技术成果原值和合理税费后的差额计算缴纳所得税的,且申报所属期年度为转让股权年度的,选择“是”。

21.“222 发生资产(股权)划转特殊性税务处理事项”:纳税人在申报所属期年度发生《财政部　国家税务总局关于促进企业重组有关企业所得税处理问题的通知》(财税〔2014〕109 号)、《国家税务总局关于资产(股权)划转企业所得税征管问题的公告》(国家税务总局公告 2015 年第 40 号)等文件规定的资产(股权)划转特殊性税务处理事项的,选择“是”。

22.“223 债务重组所得递延纳税年度”:纳税人债务重组确认的应纳税所得额按照《财政部　国家税务总局关于企业重组业务企业所得税处理若干问题的通知》(财税〔2009〕59 号)、《财政部　国家税务总局关于促进企业重组有关企业所得税处理问题的通知》(财税〔2014〕109 号)等文件规定,在 5 个纳税年度的期间内,均匀计入各年度的应纳税所得额的,且申报所属期年度处在递延纳税期间的,选择“是”。

三、主要股东及分红情况

纳税人填报本企业投资比例位列前 10 位的股东情况。包括股东名称,证件种类(营业执照、税务登记证、组织机构代码证、身份证、护照等),证件号码(统一社会信用代码、纳税人识别号、组织机构代码号、身份证号、护照号等),投资比例,当年(决议日)分配的股息、红利等权益性投资收益金额,国籍(注册地址)。纳税人股东数量超过 10 位的,应将其余股东有关数据合计后填入“其余股东合计”行次。

纳税人股东为非居民企业的,证件种类和证件号码可不填报。

A100000　中华人民共和国企业所得税年度纳税申报表（A类）

行次	类别	项目	金额
1	利润总额计算	一、营业收入（填写A101010\101020\103000）	
2		减：营业成本（填写A102010\102020\103000）	
3		减：税金及附加	
4		减：销售费用（填写A104000）	
5		减：管理费用（填写A104000）	
6		减：财务费用（填写A104000）	
7		减：资产减值损失	
8		加：公允价值变动收益	
9		加：投资收益	
10		二、营业利润（1－2－3－4－5－6－7＋8＋9）	
11		加：营业外收入（填写A101010\101020\103000）	
12		减：营业外支出（填写A102010\102020\103000）	
13		三、利润总额（10＋11－12）	
14	应纳税所得额计算	减：境外所得（填写A108010）	
15		加：纳税调整增加额（填写A105000）	
16		减：纳税调整减少额（填写A105000）	
17		减：免税、减计收入及加计扣除（填写A107010）	
18		加：境外应税所得抵减境内亏损（填写A108000）	
19		四、纳税调整后所得（13－14＋15－16－17＋18）	
20		减：所得减免（填写A107020）	
21		减：弥补以前年度亏损（填写A106000）	
22		减：抵扣应纳税所得额（填写A107030）	
23		五、应纳税所得额（19－20－21－22）	
24	应纳税额计算	税率（25%）	
25		六、应纳所得税额（23×24）	
26		减：减免所得税额（填写A107040）	
27		减：抵免所得税额（填写A107050）	
28		七、应纳税额（25－26－27）	
29		加：境外所得应纳所得税额（填写A108000）	
30		减：境外所得抵免所得税额（填写A108000）	
31		八、实际应纳所得税额（28＋29－30）	
32		减：本年累计实际已缴纳的所得税额	
33		九、本年应补（退）所得税额（31－32）	
34		其中：总机构分摊本年应补（退）所得税额（填写A109000）	
35		财政集中分配本年应补（退）所得税额（填写A109000）	
36		总机构主体生产经营部门分摊本年应补（退）所得税额（填写A109000）	

A100000 《中华人民共和国企业所得税年度纳税申报表(A类)》填报说明

本表为企业所得税年度纳税申报表的主表,纳税人应当根据《中华人民共和国企业所得税法》及其实施条例(以下简称“税法”)、相关税收政策,以及国家统一会计制度(企业会计准则、小企业会计准则、企业会计制度、事业单位会计准则和民间非营利组织会计制度等)的规定,计算填报利润总额、应纳税所得额和应纳税额等有关项目。

纳税人在计算企业所得税应纳税所得额及应纳税额时,会计处理与税收规定不一致的,应当按照税收规定计算。税收规定不明确的,在没有明确规定之前,暂按国家统一会计制度计算。

一、有关项目填报说明

(一)表体项目

本表是在纳税人会计利润总额的基础上,加减纳税调整等金额后计算出“纳税调整后所得”。会计与税法的差异(包括收入类、扣除类、资产类等差异)通过《纳税调整项目明细表》(A105000)集中填报。

本表包括利润总额计算、应纳税所得额计算、应纳税额计算三个部分。

1.“利润总额计算”中的项目,按照国家统一会计制度规定计算填报。实行企业会计准则、小企业会计准则、企业会计制度、分行业会计制度的纳税人,其数据直接取自《利润表》(另有说明的除外);实行事业单位会计准则的纳税人,其数据取自《收入支出表》;实行民间非营利组织会计制度的纳税人,其数据取自《业务活动表》;实行其他国家统一会计制度的纳税人,根据本表项目进行分析填报。

2.“应纳税所得额计算”和“应纳税额计算”中的项目,除根据主表逻辑关系计算以外,通过附表相应栏次填报。

(二)行次说明

第1-13行参照国家统一会计制度规定填写。本部分未设“研发费用”“其他收益”“资产处置收益”等项目,对于已执行《财政部关于修订印发2018年度一般企业财务报表格式的通知》(财会〔2018〕15号)的纳税人,在《利润表》中归集的“研发费用”通过《期间费用明细表》(A104000)第19行“十九、研究费用”的管理费用相应列次填报;在《利润表》中归集的“其他收益”“资产处置收益”“信用减值损失”“净敞口套期收益”项目则无需填报,同时第10行“二、营业利润”不执行“第10行=第1-2-3-4-5-6-7+8+9行”的表内关系,按照《利润表》“营业利润”项目直接填报。

1.第1行“营业收入”:填报纳税人主要经营业务和其他经营业务取得的收入总额。本行根据“主营业务收入”和“其他业务收入”的数额填报。一般企业纳税人根据《一般企业收入明细表》(A101010)填报;金融企业纳税人根据《金融企业收入明细表》(A101020)填报;事业单位、社会团体、民办非企业单位、非营利组织等纳税人根据《事业单位、民间非营利组织收入、支出明细表》(A103000)填报。

2.第2行“营业成本”:填报纳税人主要经营业务和其他经营业务发生的成本总额。本行根据“主营业务成本”和“其他业务成本”的数额填报。一般企业纳税人根据《一般企业成本支出明细表》(A102010)填报;金融企业纳税人根据《金融企业支出明细表》(A102020)填报;事业单位、社会团体、民办非企业单位、非营利组织等纳税人,根据《事业单位、民间非营利组织收入、支出明细表》(A103000)填报。

3.第3行“税金及附加”:填报纳税人经营活动发生的消费税、城市维护建设税、资源税、土地增值税和教育费附加等相关税费。本行根据纳税人相关会计科目填报。纳税人在其他会计科目核算的税金不得重复填报。

4.第4行“销售费用”:填报纳税人在销售商品和材料、提供劳务的过程中发生的各种费用。本行根据《期间费用明细表》(A104000)中对应的“销售费用”填报。

5.第5行“管理费用”:填报纳税人为组织和管理企业生产经营发生的管理费用。本行根据《期间费用明细表》(A104000)中对应的“管理费用”填报。

6.第6行“财务费用”:填报纳税人为筹集生产经营所需资金等发生的筹资费用。本行根据《期间费用明细表》(A104000)中对应的“财务费用”填报。

7.第7行“资产减值损失”:填报纳税人计提各项资产准备发生的减值损失。本行根据企业“资产减值损失”科目上的数额填报。实行其他会计制度的比照填报。

8.第8行“公允价值变动收益”:填报纳税人在初始确认时划分为以公允价值计量且其变动计入当期损益的金融资产或金融负债(包括交易性金融资产或负债,直接指定为以公允价值计量且其变动计入当期损益的金融资产或金融负债),以及采用公允价值模式计量的投资性房地产、衍生工具和套期业务中公允价值变动形成的应计入当期损益的利得或损失。本行根据企业“公允价值变动损益”科目的数额填报,损失以“-”号填列。

9.第9行“投资收益”:填报纳税人以各种方式对外投资所取得的收益或发生的损失。根据企业“投资收益”科目的数额计算填报,实行事业单位会计准则的纳税人根据“其他收入”科目中的投资收益金额分析填报,损失以“-”号填列。实行其他会计制度的纳税人比照填报。

10.第10行“营业利润”:填报纳税人当期的营业利润。根据上述项目计算填报。已执行《财政部关于修订印发2019年度一般企业财务报表格式的通知》(财会〔2019〕6 号)和《财政部关于修订印发 2018 年度金融企业财务报表格式的通知》(财会〔2018〕36 号)的纳税人,根据《利润表》对应项目填列,不执行本行计算规则。

11. 第 11 行“营业外收入”:填报纳税人取得的与其经营活动无直接关系的各项收入的金额。一般企业纳税人根据《一般企业收入明细表》(A101010)填报;金融企业纳税人根据《金融企业收入明细表》(A101020)填报;实行事业单位会计准则或民间非营利组织会计制度的纳税人根据《事业单位、民间非营利组织收入、支出明细表》(A103000)填报。

12. 第 12 行“营业外支出”:填报纳税人发生的与其经营活动无直接关系的各项支出的金额。一般企业纳税人根据《一般企业成本支出明细表》(A102010)填报;金融企业纳税人根据《金融企业支出明细表》(A102020)填报;实行事业单位会计准则或民间非营利组织会计制度的纳税人根据《事业单位、民间非营利组织收入、支出明细表》(A103000)填报。

13. 第 13 行“利润总额”:填报纳税人当期的利润总额。根据上述项目计算填报。

14. 第 14 行“境外所得”:填报已计入利润总额以及按照税法相关规定已在《纳税调整项目明细表》(A105000)进行纳税调整的境外所得金额。本行根据《境外所得纳税调整后所得明细表》(A108010)填报。

15. 第 15 行“纳税调整增加额”:填报纳税人会计处理与税收规定不一致,进行纳税调整增加的金额。本行根据《纳税调整项目明细表》(A105000)“调增金额”列填报。

16. 第 16 行“纳税调整减少额”:填报纳税人会计处理与税收规定不一致,进行纳税调整减少的金额。本行根据《纳税调整项目明细表》(A105000)“调减金额”列填报。

17. 第 17 行“免税、减计收入及加计扣除”:填报属于税收规定免税收入、减计收入、加计扣除金额。本行根据《免税、减计收入及加计扣除优惠明细表》(A107010)填报。

18. 第 18 行“境外应税所得抵减境内亏损”:当纳税人选择不用境外所得抵减境内亏损时,填报 0;当纳税人选择用境外所得抵减境内亏损时,填报境外所得抵减当年度境内亏损的金额。用境外所得弥补以前年度境内亏损的,还需填报《企业所得税弥补亏损明细表》(A106000)和《境外所得税收抵免明细表》(A108000)。

19. 第 19 行“纳税调整后所得”:填报纳税人经过纳税调整、税收优惠、境外所得计算后的所得额。

20. 第 20 行“所得减免”:填报属于税收规定的所得减免金额。本行根据《所得减免优惠明细表》(A107020)填报。

21. 第 21 行“弥补以前年度亏损”:填报纳税人按照税收规定可在税前弥补的以前年度亏损数额。本行根据《企业所得税弥补亏损明细表》(A106000)填报。

22. 第 22 行“抵扣应纳税所得额”:填报根据税收规定应抵扣的应纳税所得额。本行根据《抵扣应纳税所得额明细表》(A107030)填报。

23. 第 23 行“应纳税所得额”:填报第 19－20－21－22 行金额。按照上述行次顺序计算结果为负数的,本行按 0 填报。

24. 第 24 行“税率”:填报税收规定的税率 25%。

25. 第 25 行“应纳所得税额”:填报第 23×24 行金额。

26. 第 26 行“减免所得税额”:填报纳税人按税收规定实际减免的企业所得税额。本行根据《减免所得税优惠明细表》(A107040)填报。

27. 第 27 行“抵免所得税额”:填报企业当年的应纳所得税额中抵免的金额。本行根据《税额抵免优惠明细表》(A107050)填报。

28. 第 28 行“应纳税额”:填报第 25－26－27 行金额。

29. 第 29 行“境外所得应纳所得税额”:填报纳税人来源于中国境外的所得,按照我国税收规定计算的应纳所得税额。本行根据《境外所得税收抵免明细表》(A108000)填报。

30. 第 30 行“境外所得抵免所得税额”:填报纳税人来源于中国境外所得依照中国境外税收法律以及相关规定应缴纳并实际缴纳(包括视同已实际缴纳)的企业所得税性质的税款(准予抵免税款)。本行根据《境外所得税收抵免明细表》(A108000)填报。

31. 第 31 行“实际应纳所得税额”:填报第 28＋29－30 行金额。其中,跨地区经营企业类型为“分支机构(须进行完整年度申报并按比例纳税)”的纳税人,填报(第 28＋29－30 行)×“分支机构就地纳税比例”金额。

32. 第 32 行“本年累计实际已缴纳的所得税额”:填报纳税人按照税收规定本纳税年度已在月(季)度累计预缴的所得税额,包括按照税收规定的特定业务已预缴(征)的所得税额,建筑企业总机构直接管理的跨地区设立的项目部按规定向项目所在地主管税务机关预缴的所得税额。

33. 第 33 行“本年应补(退)的所得税额”:填报第 31－32 行金额。

34. 第 34 行“总机构分摊本年应补(退)所得税额”:填报汇总纳税的总机构按照税收规定在总机构所在地分摊本年应补(退)所得税额。本行根据《跨地区经营汇总纳税企业年度分摊企业所得税明细表》(A109000)填报。

35. 第 35 行“财政集中分配本年应补(退)所得税额”:填报汇总纳税的总机构按照税收规定财政集中分配本年应补(退)所得税款。本行根据《跨地区经营汇总纳税企业年度分摊企业所得税明细表》(A109000)填报。

36. 第 36 行“总机构主体生产经营部门分摊本年应补(退)所得税额”:填报汇总纳税的总机构所属的具有主体生产经营职能的部门按照税收规定应分摊的本年应补(退)所得税额。本行根据《跨地区经营汇总纳税企业年度分摊企业所得税明细表》(A109000)填报。

二、表内、表间关系

(一)表内关系

1. 第 10 行 = 第 1 - 2 - 3 - 4 - 5 - 6 - 7 + 8 + 9 行。已执行财会〔2019〕6 号和财会〔2018〕36 号的纳税人,不执行本规则。

2. 第 13 行 = 第 10 + 11 - 12 行。

3. 第 19 行 = 第 13 - 14 + 15 - 16 - 17 + 18 行。

4. 第 23 行 = 第 19 - 20 - 21 - 22 行。

5. 第 25 行 = 第 23 × 24 行。

6. 第 28 行 = 第 25 - 26 - 27 行。

7. 第 31 行 = 第 28 + 29 - 30 行。其中,跨地区经营企业类型为“分支机构(须进行完整年度申报并按比例纳税)”的纳税人,第 31 行 = (第 28 + 29 - 30 行) × 表 A000000“102 分支机构就地纳税比例”。

8. 第 33 行 = 第 31 - 32 行。

(二)表间关系

1. 第 1 行 = 表 A101010 第 1 行或表 A101020 第 1 行或表 A103000 第 2 + 3 + 4 + 5 + 6 行或表 A103000 第 11 + 12 + 13 + 14 + 15 行。

2. 第 2 行 = 表 A102010 第 1 行或表 A102020 第 1 行或表 A103000 第 19 + 20 + 21 + 22 行或表 A103000 第 25 + 26 + 27 行。

3. 第 4 行 = 表 A104000 第 26 行第 1 列。

4. 第 5 行 = 表 A104000 第 26 行第 3 列。

5. 第 6 行 = 表 A104000 第 26 行第 5 列。

6. 第 9 行 = 表 A103000 第 8 行或者第 16 行(仅限于填报表 A103000 的纳税人,其他纳税人根据财务核算情况自行填写)。

7. 第 11 行 = 表 A101010 第 16 行或表 A101020 第 35 行或表 A103000 第 9 行或第 17 行。

8. 第 12 行 = 表 A102010 第 16 行或表 A102020 第 33 行或表 A103000 第 23 行或第 28 行。

9. 第 14 行 = 表 A108010 第 14 列合计 - 第 11 列合计。

10. 第 15 行 = 表 A105000 第 46 行第 3 列。

11. 第 16 行 = 表 A105000 第 46 行第 4 列。

12. 第 17 行 = 表 A107010 第 31 行。

13. 第 18 行:

(1)当第 13 - 14 + 15 - 16 - 17 行≥0,第 18 行 = 0;

(2)当第 13 - 14 + 15 - 16 - 17 < 0 且表 A108000 第 5 列合计行 ≥0,表 A108000 第 6 列合计行 > 0 时,第 18 行 = 表 A108000 第 5 列合计行与表 A100000 第 13 - 14 + 15 - 16 - 17 行绝对值的孰小值;

(3)当第 13 - 14 + 15 - 16 - 17 < 0 且表 A108000 第 5 列合计行≥0,表 A108000 第 6 列合计行 = 0 时,第 18 行 = 0。

14. 第 20 行:

当第 19 行≤0 时,第 20 行 = 0;

当第 19 行 > 0 时,

(1)第 19 行≥表 A107020 合计行第 11 列,第 20 行 = 表 A107020 合计行第 11 列;

(2)第 19 行 < 表 A107020 合计行第 11 列,第 20 行 = 第 19 行。

15. 第 21 行 = 表 A106000 第 11 行第 9 列。

16. 第 22 行 = 表 A107030 第 15 行第 1 列。

17. 第 26 行 = 表 A107040 第 33 行。

18. 第 27 行 = 表 A107050 第 7 行第 11 列。

19. 第 29 行 = 表 A108000 合计行第 9 列。

20. 第 30 行 = 表 A108000 合计行第 19 列。

21. 第 34 行 = 表 A109000 第 12 + 16 行。

22. 第 35 行 = 表 A109000 第 13 行。

23. 第 36 行 = 表 A109000 第 15 行。

A101010　一般企业收入明细表

行次	项目	金额
1	一、营业收入(2+9)	
2	(一)主营业务收入(3+5+6+7+8)	
3	1. 销售商品收入	
4	其中:非货币性资产交换收入	
5	2. 提供劳务收入	
6	3. 建造合同收入	
7	4. 让渡资产使用权收入	
8	5. 其他	
9	(二)其他业务收入(10+12+13+14+15)	
10	1. 销售材料收入	
11	其中:非货币性资产交换收入	
12	2. 出租固定资产收入	
13	3. 出租无形资产收入	
14	4. 出租包装物和商品收入	
15	5. 其他	
16	二、营业外收入(17+18+19+20+21+22+23+24+25+26)	
17	(一)非流动资产处置利得	
18	(二)非货币性资产交换利得	
19	(三)债务重组利得	
20	(四)政府补助利得	
21	(五)盘盈利得	
22	(六)捐赠利得	
23	(七)罚没利得	
24	(八)确实无法偿付的应付款项	
25	(九)汇兑收益	
26	(十)其他	

A101010　《一般企业收入明细表》填报说明

本表适用于除金融企业、事业单位和民间非营利组织外的企业填报。纳税人应根据国家统一会计制度的规定,填报"主营业务收入""其他业务收入"和"营业外收入"。

一、有关项目填报说明

1. 第1行"营业收入":根据主营业务收入、其他业务收入的数额计算填报。

2. 第2行"主营业务收入":根据不同行业的业务性质分别填报纳税人核算的主营业务收入。

3. 第3行"销售商品收入":填报纳税人从事工业制造、商品流通、农业生产以及其他商品销售活动取得的主营业务收入。房地产开发企业销售开发产品(销售未完工开发产品除外)取得的收入也在此行填报。

4. 第4行"其中:非货币性资产交换收入":填报纳税人发生的非货币性资产交换按照国家统一会计制度应确认的销售商品收入。

5. 第5行"提供劳务收入":填报纳税人从事建筑安装、修理修配、交通运输、仓储租赁、邮电通信、咨询经纪、文化体育、科学研究、技术服务、教育培训、餐饮住宿、中介代理、卫生保健、社区服务、旅游、娱乐、加工以及其他劳务活动取得的主营业务收入。

6. 第6行“建造合同收入”：填报纳税人建造房屋、道路、桥梁、水坝等建筑物，以及生产船舶、飞机、大型机械设备等取得的主营业务收入。

7. 第7行“让渡资产使用权收入”：填报纳税人在主营业务收入核算的，让渡无形资产使用权而取得的使用费收入以及出租固定资产、无形资产、投资性房地产取得的租金收入。

8. 第8行“其他”：填报纳税人按照国家统一会计制度核算、上述未列举的其他主营业务收入。

9. 第9行“其他业务收入”：填报根据不同行业的业务性质分别填报纳税人核算的其他业务收入。

10. 第10行“销售材料收入”：填报纳税人销售材料、下脚料、废料、废旧物资等取得的收入。

11. 第11行“其中：非货币性资产交换收入”：填报纳税人发生的非货币性资产交换按照国家统一会计制度应确认的材料销售收入。

12. 第12行“出租固定资产收入”：填报纳税人将固定资产使用权让与承租人获取的其他业务收入。

13. 第13行“出租无形资产收入”：填报纳税人让渡无形资产使用权取得的其他业务收入。

14. 第14行“出租包装物和商品收入”：填报纳税人出租、出借包装物和商品取得的其他业务收入。

15. 第15行“其他”：填报纳税人按照国家统一会计制度核算，上述未列举的其他业务收入。

16. 第16行“营业外收入”：填报纳税人计入本科目核算的与生产经营无直接关系的各项收入。

17. 第17行“非流动资产处置利得”：填报纳税人处置固定资产、无形资产等取得的净收益。

18. 第18行“非货币性资产交换利得”：填报纳税人发生非货币性资产交换应确认的净收益。

19. 第19行“债务重组利得”：填报纳税人发生的债务重组业务确认的净收益。

20. 第20行“政府补助利得”：填报纳税人从政府无偿取得货币性资产或非货币性资产应确认的净收益。

21. 第21行“盘盈利得”：填报纳税人在清查财产过程中查明的各种财产盘盈应确认的净收益。

22. 第22行“捐赠利得”：填报纳税人接受的来自企业、组织或个人无偿给予的货币性资产、非货币性资产捐赠应确认的净收益。

23. 第23行“罚没利得”：填报纳税人在日常经营管理活动中取得的罚款、没收收入应确认的净收益。

24. 第24行“确实无法偿付的应付款项”：填报纳税人因确实无法偿付的应付款项而确认的收入。

25. 第25行“汇兑收益”：填报纳税人取得企业外币货币性项目因汇率变动形成的收益应确认的收入。（该项目为执行小企业会计准则企业填报）

26. 第26行“其他”：填报纳税人取得的上述项目未列举的其他营业外收入，包括执行企业会计准则纳税人按权益法核算长期股权投资对初始投资成本调整确认的收益，执行小企业会计准则纳税人取得的出租包装物和商品的租金收入、逾期未退包装物押金收益等。

二、表内、表间关系

（一）表内关系

1. 第1行 = 第2 + 9行。

2. 第2行 = 第3 + 5 + 6 + 7 + 8行。

3. 第9行 = 第10 + 12 + 13 + 14 + 15行。

4. 第16行 = 第17 + 18 + 19 + 20 + 21 + 22 + 23 + 24 + 25 + 26行。

（二）表间关系

1. 第1行 = 表A100000第1行。

2. 第16行 = 表A100000第11行。

A101020　金融企业收入明细表

行次	项目	金额
1	一、营业收入(2+18+27+32+33+34)	
2	(一)银行业务收入(3+10)	
3	1. 利息收入(4+5+6+7+8+9)	
4	(1)存放同业	
5	(2)存放中央银行	
6	(3)拆出资金	
7	(4)发放贷款及垫资	
8	(5)买入返售金融资产	
9	(6)其他	
10	2. 手续费及佣金收入(11+12+13+14+15+16+17)	
11	(1)结算与清算手续费	
12	(2)代理业务手续费	
13	(3)信用承诺手续费及佣金	
14	(4)银行卡手续费	
15	(5)顾问和咨询费	
16	(6)托管及其他受托业务佣金	
17	(7)其他	
18	(二)证券业务收入(19+26)	
19	1. 证券业务手续费及佣金收入(20+21+22+23+24+25)	
20	(1)证券承销业务	
21	(2)证券经纪业务	
22	(3)受托客户资产管理业务	
23	(4)代理兑付证券	
24	(5)代理保管证券	
25	(6)其他	
26	2. 其他证券业务收入	
27	(三)已赚保费(28-30-31)	
28	1. 保险业务收入	
29	其中:分保费收入	
30	2. 分出保费	
31	3. 提取未到期责任准备金	
32	(四)其他金融业务收入	
33	(五)汇兑收益(损失以"-"号填列)	
34	(六)其他业务收入	
35	二、营业外收入(36+37+38+39+40+41+42)	
36	(一)非流动资产处置利得	
37	(二)非货币性资产交换利得	
38	(三)债务重组利得	
39	(四)政府补助利得	
40	(五)盘盈利得	
41	(六)捐赠利得	
42	(七)其他	

A101020 《金融企业收入明细表》填报说明

本表适用于执行企业会计准则的金融企业纳税人填报，包括银行（信用社）、保险公司、证券公司等金融企业。金融企业应根据企业会计准则的规定填报"营业收入""营业外收入"。

一、有关项目填报说明

1. 第1行"营业收入"：填报纳税人提供金融商品服务取得的收入。

2. 第2行"银行业务收入"：填报纳税人从事银行业务取得的收入。

3. 第3行"利息收入"：填报银行存贷款业务等取得的各项利息收入，包括发放的各类贷款（银团贷款、贸易融资、贴现和转贴现融出资金、协议透支、信用卡透支、转贷款、垫款等）、与其他金融机构（中央银行、同业等）之间发生资金往来业务、买入返售金融资产等实现的利息收入等。

4. 第4行"存放同业"：填报纳税人存放于境内、境外银行和非银行金融机构款项取得的利息收入。

5. 第5行"存放中央银行"：填报纳税人存放于中国人民银行的各种款项利息收入。

6. 第6行"拆出资金"：填报纳税人拆借给境内、境外其他金融机构款项的利息收入。

7. 第7行"发放贷款及垫资"：填报纳税人发放贷款及垫资的利息收入。

8. 第8行"买入返售金融资产"：填报纳税人按照返售协议约定先买入再按固定价格返售的票据、证券、贷款等金融资产所融出资金的利息收入。

9. 第9行"其他"：填报纳税人除本表第4行至第8行以外的其他利息收入，包括债券投资利息等收入。

10. 第10行"手续费及佣金收入"：填报银行在提供相关金融业务服务时向客户收取的收入，包括结算与清算手续费、代理业务手续费、信用承诺手续费及佣金、银行卡手续费、顾问和咨询费、托管及其他受托业务佣金等。

11. 第18行"证券业务收入"：填报纳税人从事证券业务取得的收入。

12. 第19行"证券业务手续费及佣金收入"：填报纳税人承销、代理兑付等业务取得的各项手续费、佣金等收入。

13. 第26行"其他证券业务收入"：填报纳税人在国家许可的范围内从事的除经纪、自营和承销业务以外的与证券有关的业务收入。

14. 第27行"已赚保费"：填报纳税人从事保险业务确认的本年实际保费收入。

15. 第28行"保险业务收入"：填报纳税人从事保险业务确认的保费收入。

16. 第29行"分保费收入"：填报纳税人（再保险公司或分入公司）从原保险公司或分出公司分入的保费收入。

17. 第30行"分出保费"：填报纳税人（再保险分出人）向再保险接受人分出的保费。

18. 第31行"提取未到期责任准备金"：填报纳税人（保险企业）提取的非寿险原保险合同未到期责任准备金和再保险合同分保未到期责任准备金。

19. 第32行"其他金融业务收入"：填报纳税人提供除银行业、保险业、证券业以外的金融商品服务取得的收入。

20. 第33行"汇兑收益"：填报纳税人发生的外币交易因汇率变动而产生的汇兑损益，损失以"－"号填列。

21. 第34行"其他业务收入"：填报纳税人发生的除主营业务活动以外的其他经营活动实现的收入。

22. 第35行"营业外收入"：填报纳税人发生的各项营业外收入，主要包括非流动资产处置利得、非货币性资产交换利得、债务重组利得、政府补助利得、盘盈利得、捐赠利得等。

23. 第36行"非流动资产处置利得"：填报纳税人处置固定资产、无形资产等取得的净收益。

24. 第37行"非货币资产交换利得"：填报纳税人发生非货币性资产交换应确认的净收益。

25. 第38行"债务重组利得"：填报纳税人发生的债务重组业务确认的净收益。

26. 第39行"政府补助利得"：填报纳税人从政府无偿取得货币性资产或非货币性资产应确认的净收益。

27. 第40行"盘盈利得"：填报纳税人在清查财产过程中查明的各种财产盘盈应确认的净收益。

28. 第41行"捐赠利得"：填报纳税人接受的来自企业、组织或个人无偿给予的货币性资产、非货币性资产捐赠应确认的净收益。

29. 第42行"其他"：填报纳税人取得的上述项目未列举的其他营业外收入，包括执行《企业会计准则》纳税人对按权益法核算的长期股权投资初始投资成本调整确认的收益。

二、表内、表间关系

（一）表内关系

1. 第1行＝第2＋18＋27＋32＋33＋34行。

2. 第2行＝第3＋10行。

3. 第3行＝第4＋5＋…＋9行。

4. 第10行＝第11＋12＋…＋17行。

5. 第 18 行 = 第 19 + 26 行。
6. 第 19 行 = 第 20 + 21 + … + 25 行。
7. 第 27 行 = 第 28 - 30 - 31 行。
8. 第 35 行 = 第 36 + 37 + … + 42 行。
(二)表间关系
1. 第 1 行 = 表 A100000 第 1 行。
2. 第 35 行 = 表 A100000 第 11 行。

A102010　一般企业成本支出明细表

行次	项目	金额
1	一、营业成本(2 + 9)	
2	(一)主营业务成本(3 + 5 + 6 + 7 + 8)	
3	1. 销售商品成本	
4	其中:非货币性资产交换成本	
5	2. 提供劳务成本	
6	3. 建造合同成本	
7	4. 让渡资产使用权成本	
8	5. 其他	
9	(二)其他业务成本(10 + 12 + 13 + 14 + 15)	
10	1. 销售材料成本	
11	其中:非货币性资产交换成本	
12	2. 出租固定资产成本	
13	3. 出租无形资产成本	
14	4. 包装物出租成本	
15	5. 其他	
16	二、营业外支出(17 + 18 + 19 + 20 + 21 + 22 + 23 + 24 + 25 + 26)	
17	(一)非流动资产处置损失	
18	(二)非货币性资产交换损失	
19	(三)债务重组损失	
20	(四)非常损失	
21	(五)捐赠支出	
22	(六)赞助支出	
23	(七)罚没支出	
24	(八)坏账损失	
25	(九)无法收回的债券股权投资损失	
26	(十)其他	

A102010　《一般企业成本支出明细表》填报说明

本表适用于除金融企业、事业单位和民间非营利组织外的企业填报。纳税人应根据国家统一会计制度的规定,填报"主营业务成本""其他业务成本"和"营业外支出"。

一、有关项目填报说明

1. 第 1 行“营业成本”：填报纳税人主要经营业务和其他经营业务发生的成本总额。本行根据“主营业务成本”和“其他业务成本”的数额计算填报。

2. 第 2 行“主营业务成本”：根据不同行业的业务性质分别填报纳税人核算的主营业务成本。

3. 第 3 行“销售商品成本”：填报纳税人从事工业制造、商品流通、农业生产以及其他商品销售活动发生的主营业务成本。房地产开发企业销售开发产品（销售未完工开发产品除外）发生的成本也在此行填报。

4. 第 4 行“其中：非货币性资产交换成本”：填报纳税人发生的非货币性资产交换按照国家统一会计制度应确认的销售商品成本。

5. 第 5 行“提供劳务成本”：填报纳税人从事建筑安装、修理修配、交通运输、仓储租赁、邮电通信、咨询经纪、文化体育、科学研究、技术服务、教育培训、餐饮住宿、中介代理、卫生保健、社区服务、旅游、娱乐、加工以及其他劳务活动发生的主营业务成本。

6. 第 6 行“建造合同成本”：填报纳税人建造房屋、道路、桥梁、水坝等建筑物，以及生产船舶、飞机、大型机械设备等发生的主营业务成本。

7. 第 7 行“让渡资产使用权成本”：填报纳税人在主营业务成本核算的，让渡无形资产使用权而发生的使用费成本以及出租固定资产、无形资产、投资性房地产发生的租金成本。

8. 第 8 行“其他”：填报纳税人按照国家统一会计制度核算、上述未列举的其他主营业务成本。

9. 第 9 行“其他业务成本”：根据不同行业的业务性质分别填报纳税人按照国家统一会计制度核算的其他业务成本。

10. 第 10 行“销售材料成本”：填报纳税人销售材料、下脚料、废料、废旧物资等发生的成本。

11. 第 11 行“其中：非货币性资产交换成本”：填报纳税人发生的非货币性资产交换按照国家统一会计制度应确认的材料销售成本。

12. 第 12 行“出租固定资产成本”：填报纳税人将固定资产使用权让与承租人形成的出租固定资产成本。

13. 第 13 行“出租无形资产成本”：填报纳税人让渡无形资产使用权形成的出租无形资产成本。

14. 第 14 行“包装物出租成本”：填报纳税人出租、出借包装物形成的包装物出租成本。

15. 第 15 行“其他”：填报纳税人按照国家统一会计制度核算，上述未列举的其他业务成本。

16. 第 16 行“营业外支出”：填报纳税人计入本科目核算的与生产经营无直接关系的各项支出。

17. 第 17 行“非流动资产处置损失”：填报纳税人处置非流动资产形成的净损失。

18. 第 18 行“非货币性资产交换损失”：填报纳税人发生非货币性资产交换应确认的净损失。

19. 第 19 行“债务重组损失”：填报纳税人进行债务重组应确认的净损失。

20. 第 20 行“非常损失”：填报纳税人在营业外支出中核算的各项非正常的财产损失。

21. 第 21 行“捐赠支出”：填报纳税人无偿给予其他企业、组织或个人的货币性资产、非货币性资产的捐赠支出。

22. 第 22 行“赞助支出”：填报纳税人发生的货币性资产、非货币性资产赞助支出。

23. 第 23 行“罚没支出”：填报纳税人在日常经营管理活动中对外支付的各项罚款、没收收入的支出。

24. 第 24 行“坏帐损失”：填报纳税人发生的各项坏帐损失。（该项目为使用小企业会计准则企业填报）

25. 第 25 行“无法收回的债券股权投资损失”：填报纳税人各项无法收回的债券股权投资损失。（该项目为使用小企业会计准则企业填报）

26. 第 26 行“其他”：填报纳税人本期实际发生的在营业外支出核算的其他损失及支出。

二、表内、表间关系

（一）表内关系

1. 第 1 行 = 第 2 +9 行。

2. 第 2 行 = 第 3 +5 +6 +7 +8 行。

3. 第 9 行 = 第 10 +12 +13 +14 +15 行。

4. 第 16 行 = 第 17 +18 + … +26 行。

（二）表间关系

1. 第 1 行 = 表 A100000 第 2 行。

2. 第 16 行 = 表 A100000 第 12 行。

A102020　金融企业支出明细表

行次	项目	金额
1	一、营业支出(2+15+25+31+32)	
2	(一)银行业务支出(3+11)	
3	1. 银行利息支出(4+5+6+7+8+9+10)	
4	(1)同业存放	
5	(2)向中央银行借款	
6	(3)拆入资金	
7	(4)吸收存款	
8	(5)卖出回购金融资产	
9	(6)发行债券	
10	(7)其他	
11	2. 银行手续费及佣金支出(12+13+14)	
12	(1)手续费支出	
13	(2)佣金支出	
14	(3)其他	
15	(二)保险业务支出(16+17-18+19-20+21+22-23+24)	
16	1. 退保金	
17	2. 赔付支出	
18	减:摊回赔付支出	
19	3. 提取保险责任准备金	
20	减:摊回保险责任准备金	
21	4. 保单红利支出	
22	5. 分保费用	
23	减:摊回分保费用	
24	6. 保险业务手续费及佣金支出	
25	(三)证券业务支出(26+30)	
26	1. 证券业务手续费及佣金支出(27+28+29)	
27	(1)证券经纪业务手续费支出	
28	(2)佣金支出	
29	(3)其他	
30	2. 其他证券业务支出	
31	(四)其他金融业务支出	
32	(五)其他业务成本	
33	二、营业外支出(34+35+36+37+38+39)	
34	(一)非流动资产处置损失	
35	(二)非货币性资产交换损失	
36	(三)债务重组损失	
37	(四)捐赠支出	
38	(五)非常损失	
39	(六)其他	

A102020 《金融企业支出明细表》填报说明

本表适用于执行企业会计准则的金融企业纳税人填报,包括银行(信用社)、保险公司、证券公司等金融企业。纳税人根据企业会计准则的规定填报“营业支出”“营业外支出”。金融企业发生的业务及管理费填报表 A104000《期间费用明细表》第1列“销售费用”相应的行次。

一、有关项目填报说明

1. 第1行“营业支出”:填报金融企业提供金融商品服务发生的支出。

2. 第2行“银行业务支出”:填报纳税人从事银行业务发生的支出。

3. 第3行“银行利息支出”:填报纳税人经营存贷款业务等发生的利息支出,包括同业存放、向中央银行借款、拆入资金、吸收存款、卖出回购金融资产、发行债券和其他业务利息支出。

4. 第11行“银行手续费及佣金支出”:填报纳税人发生的与银行业务活动相关的各项手续费、佣金等支出。

5. 第15行“保险业务支出”:填报保险企业发生的与保险业务相关的费用支出。

6. 第16行“退保金”:填报保险企业寿险原保险合同提前解除时按照约定应当退还投保人的保单现金价值。

7. 第17行“赔付支出”:填报保险企业支付的原保险合同赔付款项和再保险合同赔付款项。

8. 第18行“减:摊回赔付支出”:填报保险企业(再保险分出人)向再保险接受人摊回的赔付成本。

9. 第19行“提取保险责任准备金”:填报保险企业提取的原保险合同保险责任准备金,包括提取的未决赔款准备金、提取的寿险责任准备金、提取的长期健康责任准备金。

10. 第20行“减:摊回保险责任准备金”:填报保险企业(再保险分出人)从事再保险业务应向再保险接受人摊回的保险责任准备金,包括未决赔款准备金、寿险责任准备金、长期健康险责任准备金。

11. 第21行“保单红利支出”:填报保险企业按原保险合同约定支付给投保人的红利。

12. 第22行“分保费用”:填报保险企业(再保险接受人)向再保险分出人支付的分保费用。

13. 第23行“减:摊回分保费用”:填报保险企业(再保险分出人)向再保险接受人摊回的分保费用。

14. 第24行“保险业务手续费及佣金支出”:填报保险企业发生的与其保险业务活动相关的各项手续费、佣金支出。

15. 第25行“证券业务支出”:填报纳税人从事证券业务发生的证券手续费支出和其他证券业务支出。

16. 第26行“证券业务手续费及佣金支出”:填报纳税人代理承销、兑付和买卖证券等业务发生的各项手续费、风险结算金、承销业务直接相关的各项费用及佣金支出。

17. 第30行“其他证券业务支出”:填报纳税人从事除经纪、自营和承销业务以外的与证券有关的业务支出。

18. 第31行“其他金融业务支出”:填报纳税人提供除银行业、保险业、证券业以外的金融商品服务发生的相关业务支出。

19. 第32行“其他业务成本”:填报纳税人发生的除主营业务活动以外的其他经营活动发生的支出。

20. 第33行“营业外支出”:填报纳税人发生的各项营业外支出,包括非流动资产处置损失、非货币性资产交换损失、债务重组损失、捐赠支出、非常损失等。

21. 第34行“非流动资产处置损失”:填报纳税人处置非流动资产形成的净损失。

22. 第35行“非货币性资产交换损失”:填报纳税人发生非货币性资产交换应确认的净损失。

23. 第36行“债务重组损失”:填报纳税人进行债务重组应确认的净损失。

24. 第37行“捐赠支出”:填报纳税人无偿给予其他企业、组织或个人的货币性资产、非货币性资产的捐赠支出。

25. 第38行“非常损失”:填报纳税人在营业外支出中核算的各项非正常的财产损失。

26. 第39行“其他”:填报纳税人本期实际发生的在营业外支出核算的其他损失及支出。

二、表内、表间关系

(一)表内关系

1. 第1行=第2+15+25+31+32行。

2. 第2行=第3+11行。

3. 第3行=第4+5+…+10行。

4. 第11行=第12+13+14行。

5. 第15行=第16+17-18+19-20+21+22-23+24行。

6. 第25行=第26+30行。

7. 第26行=第27+28+29行。

8. 第33行=第34+35+…39行。

(二)表间关系

1. 第1行=表A100000第2行。

2. 第 33 行 = 表 A100000 第 12 行。

A103000　事业单位、民间非营利组织收入、支出明细表

行次	项目	金额
1	一、事业单位收入(2+3+4+5+6+7)	
2	(一)财政补助收入	
3	(二)事业收入	
4	(三)上级补助收入	
5	(四)附属单位上缴收入	
6	(五)经营收入	
7	(六)其他收入(8+9)	
8	其中:投资收益	
9	其他	
10	二、民间非营利组织收入(11+12+13+14+15+16+17)	
11	(一)接受捐赠收入	
12	(二)会费收入	
13	(三)提供劳务收入	
14	(四)商品销售收入	
15	(五)政府补助收入	
16	(六)投资收益	
17	(七)其他收入	
18	三、事业单位支出(19+20+21+22+23)	
19	(一)事业支出	
20	(二)上缴上级支出	
21	(三)对附属单位补助支出	
22	(四)经营支出	
23	(五)其他支出	
24	四、民间非营利组织支出(25+26+27+28)	
25	(一)业务活动成本	
26	(二)管理费用	
27	(三)筹资费用	
28	(四)其他费用	

A103000　《事业单位、民间非营利组织收入、支出明细表》填报说明

本表适用于实行事业单位会计准则的事业单位以及执行民间非营利组织会计制度的社会团体、民办非企业单位、非营利性组织等查账征收居民纳税人填报。纳税人应根据事业单位会计准则、民间非营利组织会计制度的规定,填报"事业单位收入""民间非营利组织收入""事业单位支出""民间非营利组织支出"等。

一、有关项目填报说明

(一)事业单位填报说明

第 1 行至第 9 行由执行事业单位会计准则的纳税人填报。

1. 第1行"事业单位收入"：填报纳税人取得的所有收入的金额（包括不征税收入和免税收入），按照会计核算口径填报。

2. 第2行"财政补助收入"：填报纳税人直接从同级财政部门取得的各类财政拨款，包括基本支出补助和项目支出补助。

3. 第3行"事业收入"：填报纳税人通过开展专业业务活动及辅助活动所取得的收入。

4. 第4行"上级补助收入"：填报纳税人从主管部门和上级单位取得的非财政补助收入。

5. 第5行"附属单位上缴收入"：填报纳税人附属独立核算单位按有关规定上缴的收入。包括附属事业单位上缴的收入和附属企业上缴的利润等。

6. 第6行"经营收入"：填报纳税人开展专业业务活动及其辅助活动之外开展非独立核算经营活动取得的收入。

7. 第7行"其他收入"：填报纳税人取得的除本表第2行至第6行项目以外的收入，包括投资收益、银行存款利息收入、租金收入、捐赠收入、现金盘盈收入、存货盘盈收入、收回已核销应收及预付款项、无法偿付的应付及预收款项等。

8. 第8行"其中：投资收益"：填报在"其他收入"科目中核算的各项短期投资、长期债券投资、长期股权投资取得的投资收益。

9. 第9行"其他"：填报在"其他收入"科目中核算的除投资收益以外的收入。

（二）民间非营利组织填报说明

第10行至第17行由执行民间非营利组织会计制度的纳税人填报。

10. 第10行"民间非营利组织收入"：填报纳税人开展业务活动取得的收入，应当包括接受捐赠收入、会费收入、提供劳务收入、政府补助收入、投资收益、商品销售收入等主要业务活动收入和其他收入等。

11. 第11行"接受捐赠收入"：填报纳税人接受其他单位或者个人捐赠所取得的收入。

12. 第12行"会费收入"：填报纳税人根据章程等规定向会员收取的会费收入。

13. 第13行"提供劳务收入"：填报纳税人根据章程等规定向其服务对象提供服务取得的收入，包括学费收入、医疗费收入、培训收入等。

14. 第14行"商品销售收入"：填报纳税人销售商品（如出版物、药品等）所形成的收入。

15. 第15行"政府补助收入"：填报纳税人接受政府拨款或者政府机构给予的补助而取得的收入。

16. 第16行"投资收益"：填报纳税人因对外投资取得的投资净收益。

17. 第17行"其他收入"：填报纳税人除上述主要业务活动收入以外的其他收入，如固定资产处置净收入、无形资产处置净收入等。

第18行至第23行由执行事业单位会计准则的纳税人填报。

18. 第18行"事业单位支出"：填报纳税人发生的所有支出总额（含不征税收入形成的支出），按照会计核算口径填报。

19. 第19行"事业支出"：填报纳税人开展专业业务活动及其辅助活动发生的支出，包括工资、补助工资、职工福利费、社会保障费、助学金，公务费、业务费、设备购置费、修缮费和其他费用。

20. 第20行"上缴上级支出"：填报纳税人按照财政部门和主管部门的规定上缴上级单位的支出。

21. 第21行"对附属单位补助支出"：填报纳税人用财政补助收入之外的收入对附属单位补助发生的支出。

22. 第22行"经营支出"：填报纳税人在专业业务活动及其辅助活动之外开展非独立核算经营活动发生的支出。

23. 第23行"其他支出"：填报纳税人除本表第19行至第22行项目以外的支出，包括利息支出、捐赠支出、现金盘亏损失、资产处置损失、接受捐赠（调入）非流动资产发生的税费支出等。

第24行至第28行由执行民间非营利组织会计制度的纳税人填报。

24. 第24行"民间非营利组织支出"：填报纳税人发生的所有支出总额。按照会计核算口径填报。

25. 第25行"业务活动成本"：填报民间非营利组织为了实现其业务活动目标、开展某项目活动或者提供劳务所发生的费用。

26. 第26行"管理费用"：填报民间非营利组织为组织和管理其业务活动所发生的各项费用，包括民间非营利组织董事会（或者理事会或者类似权力机构）经费和行政管理人员的工资、奖金、津贴、福利费、住房公积金、住房补贴、社会保障费、离退休人员工资与补助，以及办公费、水电费、邮电费、物业管理费、差旅费、折旧费、修理费、无形资产摊销费、存货盘亏损失、资产减值损失、因预计负债所产生的损失、聘请中介机构费和应偿还的受赠资产等。

27. 第27行"筹资费用"：填报民间非营利组织为筹集业务活动所需资金而发生的费用，包括民间非营利组织获得捐赠资产而发生的费用以及应当计入当期费用的借款费用、汇兑损失（减汇兑收益）等。民间非营利组织为了获得捐赠资产而发生的费用包括举办募款活动费，准备、印刷和发放募款宣传资料费以及其他与募款或者争取捐赠有关的费用。

28. 第28行"其他费用"：填报民间非营利组织发生的、无法归属到上述业务活动成本、管理费用或者筹资费用中的费用，包括固定资产处置净损失、无形资产处置净损失等。

二、表内、表间关系

（一）表内关系

1. 第1行=第2+3+…+7行。

2. 第 7 行 = 第 8 +9 行。

3. 第 10 行 = 第 11 +12 + … +17 行。

4. 第 18 行 = 第 19 +20 +21 +22 +23 行。

5. 第 24 行 = 第 25 +26 +27 +28 行。

(二)表间关系

1. 第 2 +3 +4 +5 +6 行或第 11 +12 +13 +14 +15 行 = 表 A100000 第 1 行。

2. 第 8 行或第 16 行 = 表 A100000 第 9 行。

3. 第 9 行或第 17 行 = 表 A100000 第 11 行。

4. 第 19 +20 +21 +22 行或第 25 +26 +27 行 = 表 A100000 第 2 行。

5. 第 23 行或第 28 行 = 表 A100000 第 12 行。

A104000　期间费用明细表

行次	项目	销售费用	其中:境外支付	管理费用	其中:境外支付	财务费用	其中:境外支付
		1	2	3	4	5	6
1	一、职工薪酬		*		*	*	*
2	二、劳务费					*	*
3	三、咨询顾问费					*	*
4	四、业务招待费		*		*	*	*
5	五、广告费和业务宣传费		*		*	*	*
6	六、佣金和手续费						
7	七、资产折旧摊销费		*		*	*	*
8	八、财产损耗、盘亏及毁损损失		*		*	*	*
9	九、办公费		*		*	*	*
10	十、董事会费		*		*	*	*
11	十一、租赁费					*	*
12	十二、诉讼费		*		*	*	*
13	十三、差旅费		*		*	*	*
14	十四、保险费		*		*	*	*
15	十五、运输、仓储费					*	*
16	十六、修理费					*	*
17	十七、包装费		*		*	*	*
18	十八、技术转让费					*	*
19	十九、研究费用					*	*
20	二十、各项税费		*		*	*	*
21	二十一、利息收支	*	*	*	*		
22	二十二、汇兑差额	*	*	*	*		
23	二十三、现金折扣	*	*	*	*		*
24	二十四、党组织工作经费	*	*		*	*	*
25	二十五、其他						
26	合计(1 +2 +3 + …25)						

A104000 《期间费用明细表》填报说明

本表适用于执行企业会计准则、小企业会计准则、企业会计制度、分行业会计制度的查账征收居民纳税人填报。纳税人应根据企业会计准则、小企业会计准则、企业会计、分行业会计制度规定，填报“销售费用”“管理费用”和“财务费用”等项目。

一、有关项目填报说明

1. 第1列“销售费用”：填报在销售费用科目进行核算的相关明细项目的金额，其中金融企业填报在业务及管理费科目进行核算的相关明细项目的金额。

2. 第2列“其中：境外支付”：填报在销售费用科目进行核算的向境外支付的相关明细项目的金额，其中金融企业填报在业务及管理费科目进行核算的相关明细项目的金额。

3. 第3列“管理费用”：填报在管理费用科目进行核算的相关明细项目的金额。

4. 第4列“其中：境外支付”：填报在管理费用科目进行核算的向境外支付的相关明细项目的金额。

5. 第5列“财务费用”：填报在财务费用科目进行核算的有关明细项目的金额。

6. 第6列“其中：境外支付”：填报在财务费用科目进行核算的向境外支付的有关明细项目的金额。

7. 第1行至第25行：根据费用科目核算的具体项目金额进行填报，如果贷方发生额大于借方发生额，应填报负数。

8. 第26行第1列：填报第1行至第25行第1列的合计金额。

9. 第26行第2列：填报第1行至第25行第2列的合计金额。

10. 第26行第3列：填报第1行至第25行第3列的合计金额。

11. 第26行第4列：填报第1行至第25行第4列的合计金额。

12. 第26行第5列：填报第1行至第25行第5列的合计金额。

13. 第26行第6列：填报第1行至第25行第6列的合计金额。

二、表内、表间关系

(一)表内关系

1. 第26行第1列 = 第1列第1 + 2 + … + 20 + 25行。

2. 第26行第2列 = 第2列第2 + 3 + 6 + 11 + 15 + 16 + 18 + 19 + 25行。

3. 第26行第3列 = 第3列第1 + 2 + … + 20 + 24 + 25行。

4. 第26行第4列 = 第4列第2 + 3 + 6 + 11 + 15 + 16 + 18 + 19 + 25行。

5. 第26行第5列 = 第5列第6 + 21 + 22 + 23 + 25行。

6. 第26行第6列 = 第6列第6 + 21 + 22 + 25行。

(二)表间关系

1. 第26行第1列 = 表A100000第4行。

2. 第26行第3列 = 表A100000第5行。

3. 第26行第5列 = 表A100000第6行。

A105000　纳税调整项目明细表

行次	项目	账载金额	税收金额	调增金额	调减金额
		1	2	3	4
1	一、收入类调整项目(2+3+…8+10+11)	*	*		
2	(一)视同销售收入(填写A105010)	*			*
3	(二)未按权责发生制原则确认的收入(填写A105020)				
4	(三)投资收益(填写A105030)				
5	(四)按权益法核算长期股权投资对初始投资成本调整确认收益	*	*	*	
6	(五)交易性金融资产初始投资调整	*	*		*
7	(六)公允价值变动净损益		*		
8	(七)不征税收入	*	*		
9	其中:专项用途财政性资金(填写A105040)	*	*		
10	(八)销售折扣、折让和退回				
11	(九)其他				
12	二、扣除类调整项目(13+14+…24+26+27+28+29+30)	*	*		
13	(一)视同销售成本(填写A105010)	*		*	
14	(二)职工薪酬(填写A105050)				
15	(三)业务招待费支出				*
16	(四)广告费和业务宣传费支出(填写A105060)	*	*		
17	(五)捐赠支出(填写A105070)				
18	(六)利息支出				
19	(七)罚金、罚款和被没收财物的损失		*		*
20	(八)税收滞纳金、加收利息		*		*
21	(九)赞助支出		*		*
22	(十)与未实现融资收益相关在当期确认的财务费用				
23	(十一)佣金和手续费支出(保险企业填写A105060)				
24	(十二)不征税收入用于支出所形成的费用	*	*		*
25	其中:专项用途财政性资金用于支出所形成的费用(填写A105040)	*	*		*
26	(十三)跨期扣除项目				
27	(十四)与取得收入无关的支出		*		*
28	(十五)境外所得分摊的共同支出	*	*		*
29	(十六)党组织工作经费				
30	(十七)其他				
31	三、资产类调整项目(32+33+34+35)	*	*		
32	(一)资产折旧、摊销(填写A105080)				
33	(二)资产减值准备金		*		
34	(三)资产损失(填写A105090)				
35	(四)其他				
36	四、特殊事项调整项目(37+38+…+43)	*	*		
37	(一)企业重组及递延纳税事项(填写A105100)				
38	(二)政策性搬迁(填写A105110)	*	*		
39	(三)特殊行业准备金(填写A105120)				
40	(四)房地产开发企业特定业务计算的纳税调整额(填写A105010)	*			
41	(五)合伙企业法人合伙人应分得的应纳税所得额				
42	(六)发行永续债利息支出				
43	(七)其他	*	*		
44	五、特别纳税调整应税所得	*	*		
45	六、其他	*	*		
46	合计(1+12+31+36+44+45)	*	*		

A105000 《纳税调整项目明细表》填报说明

本表由纳税人根据税法、相关税收规定以及国家统一会计制度的规定，填报企业所得税涉税事项的会计处理、税务处理以及纳税调整情况。

一、有关项目填报说明

纳税人按照“收入类调整项目”“扣除类调整项目”“资产类调整项目”“特殊事项调整项目”“特别纳税调整应税所得”“其他”六类分项填报，汇总计算出纳税“调增金额”和“调减金额”的合计金额。

数据栏分别设置“账载金额”“税收金额”“调增金额”“调减金额”四个栏次。“账载金额”是指纳税人按照国家统一会计制度规定核算的项目金额。“税收金额”是指纳税人按照税收规定计算的项目金额。

对需填报下级明细表的纳税调整项目，其“账载金额”“税收金额”“调增金额”“调减金额”根据相应附表进行计算填报。

（一）收入类调整项目

1. 第 1 行“一、收入类调整项目”：根据第 2 行至第 11 行（不含第 9 行）进行填报。

2. 第 2 行“（一）视同销售收入”：根据《视同销售和房地产开发企业特定业务纳税调整明细表》（A105010）填报。第 2 列“税收金额”填报表 A105010 第 1 行第 1 列金额。第 3 列“调增金额”填报表 A105010 第 1 行第 2 列金额。

3. 第 3 行“（二）未按权责发生制原则确认的收入”：根据《未按权责发生制确认收入纳税调整明细表》（A105020）填报。第 1 列“账载金额”填报表 A105020 第 14 行第 2 列金额。第 2 列“税收金额”填报表 A105020 第 14 行第 4 列金额。若表 A105020 第 14 行第 6 列≥0，第 3 列“调增金额”填报表 A105020 第 14 行第 6 列金额。若表 A105020 第 14 行第 6 列 <0，第 4 列“调减金额”填报表 A105020 第 14 行第 6 列金额的绝对值。

4. 第 4 行“（三）投资收益”：根据《投资收益纳税调整明细表》（A105030）填报。第 1 列“账载金额”填报表 A105030 第 10 行第 1 +8 列的合计金额。第 2 列“税收金额”填报表 A105030 第 10 行第 2 +9 列的合计金额。若表 A105030 第 10 行第 11 列≥0，第 3 列“调增金额”填报表 A105030 第 10 行第 11 列金额。若表 A105030 第 10 行第 11 列 <0，第 4 列“调减金额”填报表 A105030 第 10 行第 11 列金额的绝对值。

5. 第 5 行“（四）按权益法核算长期股权投资对初始投资成本调整确认收益”：第 4 列“调减金额”填报纳税人采取权益法核算，初始投资成本小于取得投资时应享有被投资单位可辩认净资产公允价值份额的差额计入取得投资当期营业外收入的金额。

6. 第 6 行“（五）交易性金融资产初始投资调整”：第 3 列“调增金额”填报纳税人根据税收规定确认交易性金融资产初始投资金额与会计核算的交易性金融资产初始投资账面价值的差额。

7. 第 7 行“（六）公允价值变动净损益”：第 1 列“账载金额”填报纳税人会计核算的以公允价值计量的金融资产、金融负债以及投资性房地产类项目，计入当期损益的公允价值变动金额。若第 1 列≤0，第 3 列“调增金额”填报第 1 列金额的绝对值。若第 1 列 >0，第 4 列“调减金额”填报第 1 列金额。

8. 第 8 行“（七）不征税收入”：填报纳税人计入收入总额但属于税收规定不征税的财政拨款、依法收取并纳入财政管理的行政事业性收费以及政府性基金和国务院规定的其他不征税收入。第 3 列“调增金额”填报纳税人以前年度取得财政性资金且已作为不征税收入处理，在 5 年（60 个月）内未发生支出且未缴回财政部门或其他拨付资金的政府部门，应计入应税收入额的金额。第 4 列“调减金额”填报符合税收规定不征税收入条件并作为不征税收入处理，且已计入当期损益的金额。

9. 第 9 行“专项用途财政性资金”：根据《专项用途财政性资金纳税调整明细表》（A105040）填报。第 3 列“调增金额”填报表 A105040 第 7 行第 14 列金额。第 4 列“调减金额”填报表 A105040 第 7 行第 4 列金额。

10. 第 10 行“（八）销售折扣、折让和退回”：填报不符合税收规定的销售折扣、折让应进行纳税调整的金额和发生的销售退回因会计处理与税收规定有差异需纳税调整的金额。第 1 列“账载金额”填报纳税人会计核算的销售折扣、折让金额和销货退回的追溯处理的净调整额。第 2 列“税收金额”填报根据税收规定可以税前扣除的折扣、折让的金额和销货退回业务影响当期损益的金额。若第 1 列≥第 2 列，第 3 列“调增金额”填报第 1 －2 列金额。若第 1 列 <第 2 列，第 4 列“调减金额”填报第 1 －2 列金额的绝对值，第 4 列仅为销货退回影响损益的跨期时间性差异。

11. 第 11 行“（九）其他”：填报其他因会计处理与税收规定有差异需纳税调整的收入类项目金额。若第 2 列≥第 1 列，第 3 列“调增金额”填报第 2 －1 列金额。若第 2 列 <第 1 列，第 4 列“调减金额”填报第 2 －1 列金额的绝对值。

（二）扣除类调整项目

12. 第 12 行“二、扣除类调整项目”：根据第 13 行至第 30 行（不含第 25 行）填报。

13. 第 13 行“（一）视同销售成本”：根据《视同销售和房地产开发企业特定业务纳税调整明细表》（A105010）填报。第 2 列“税收金额”填报表 A105010 第 11 行第 1 列金额。第 4 列“调减金额”填报表 A105010 第 11 行第 2 列的绝对值。

14. 第 14 行“（二）职工薪酬”：根据《职工薪酬支出及纳税调整明细表》（A105050）填报。第 1 列“账载金额”填报表 A105050 第 13 行第 1 列金额。第 2 列“税收金额”填报表 A105050 第 13 行第 5 列金额。若表 A105050 第 13 行第 6 列≥0，第 3 列“调增金额”填报表 A105050 第 13 行第 6 列金额。若表 A105050 第 13 行第 6 列 <0，第 4 列“调减金额”填报表 A105050 第

13 行第 6 列金额的绝对值。

15. 第 15 行“(三)业务招待费支出”:第 1 列“账载金额”填报纳税人会计核算计入当期损益的业务招待费金额。第 2 列“税收金额”填报按照税收规定允许税前扣除的业务招待费支出的金额。第 3 列“调增金额”填报第 1 - 2 列金额。

16. 第 16 行“(四)广告费和业务宣传费支出”:根据《广告费和业务宣传费等跨年度纳税调整明细表》(A105060)填报。若表 A105060 第 12 行第 1 列≥0,第 3 列“调增金额”填报表 A105060 第 12 行第 1 列金额。若表 A105060 第 12 行第 1 列 <0,第 4 列“调减金额”填报表 A105060 第 12 行第 1 列金额的绝对值。

17. 第 17 行“(五)捐赠支出”:根据《捐赠支出及纳税调整明细表》(A105070)填报。第 1 列“账载金额”填报表 A105070 第 9 行第 1 列金额。第 2 列“税收金额”填报表 A105070 第 9 行第 4 列金额。第 3 列“调增金额”填报表 A105070 第 9 行第 5 列金额。第 4 列“调减金额”填报表 A105070 第 9 行第 6 列金额。

18. 第 18 行“(六)利息支出”:第 1 列“账载金额”填报纳税人向非金融企业借款,会计核算计入当期损益的利息支出的金额。发行永续债的利息支出不在本行填报。第 2 列“税收金额”填报按照税收规定允许税前扣除的利息支出的金额。若第 1 列≥第 2 列,第 3 列“调增金额”填报第 1 - 2 列金额。若第 1 列 < 第 2 列,第 4 列“调减金额”填报第 1 - 2 列金额的绝对值。

19. 第 19 行“(七)罚金、罚款和被没收财物的损失”:第 1 列“账载金额”填报纳税人会计核算计入当期损益的罚金、罚款和被没收财物的损失,不包括纳税人按照经济合同规定支付的违约金(包括银行罚息)、罚款和诉讼费。第 3 列“调增金额”填报第 1 列金额。

20. 第 20 行“(八)税收滞纳金、加收利息”:第 1 列“账载金额”填报纳税人会计核算计入当期损益的税收滞纳金、加收利息。第 3 列“调增金额”填报第 1 列金额。

21. 第 21 行“(九)赞助支出”:第 1 列“账载金额”填报纳税人会计核算计入当期损益的不符合税收规定的公益性捐赠的赞助支出的金额,包括直接向受赠人的捐赠、赞助支出等(不含广告性的赞助支出,广告性的赞助支出在表 A105060 中填报)。第 3 列“调增金额”填报第 1 列金额。

22. 第 22 行“(十)与未实现融资收益相关在当期确认的财务费用”:第 1 列“账载金额”填报纳税人会计核算的与未实现融资收益相关并在当期确认的财务费用的金额。第 2 列“税收金额”填报按照税收规定允许税前扣除的金额。若第 1 列≥第 2 列,第 3 列“调增金额”填报第 1 - 2 列金额。若第 1 列 < 第 2 列,第 4 列“调减金额”填报第 1 - 2 列金额的绝对值。

23. 第 23 行“(十一)佣金和手续费支出”:除保险企业之外的其他企业直接填报本行,第 1 列“账载金额”填报纳税人会计核算计入当期损益的佣金和手续费金额,第 2 列“税收金额”填报按照税收规定允许税前扣除的佣金和手续费支出金额,第 3 列“调增金额”填报第 1 - 2 列金额,第 4 列“调减金额”不可填报。保险企业根据《广告费和业务宣传费等跨年度纳税调整明细表》(A105060)填报,第 1 列“账载金额”填报表 A105060 第 1 行第 2 列。若表 A105060 第 3 行第 2 列≥第 6 行第 2 列,第 2 列“税收金额”填报 A105060 第 6 行第 2 列的金额;若表 A105060 第 3 行第 2 列 < 第 6 行第 2 列,第 2 列“税收金额”填报 A105060 第 3 行第 2 列 + 第 9 行第 2 列的金额。若表 A105060 第 12 行第 2 列≥0,第 3 列“调增金额”填报表 A105060 第 12 行第 2 列金额。若表 A105060 第 12 行第 2 列 <0,第 4 列“调减金额”填报表 A105060 第 12 行第 2 列金额的绝对值。

24. 第 24 行“(十二)不征税收入用于支出所形成的费用”:第 3 列“调增金额”填报符合条件的不征税收入用于支出所形成的计入当期损益的费用化支出金额。

25. 第 25 行“专项用途财政性资金用于支出所形成的费用”:根据《专项用途财政性资金纳税调整明细表》(A105040)填报。第 3 列“调增金额”填报表 A105040 第 7 行第 11 列金额。

26. 第 26 行“(十三)跨期扣除项目”:填报维简费、安全生产费用、预提费用、预计负债等跨期扣除项目调整情况。第 1 列“账载金额”填报纳税人会计核算计入当期损益的跨期扣除项目金额。第 2 列“税收金额”填报按照税收规定允许税前扣除的金额。若第 1 列≥第 2 列,第 3 列“调增金额”填报第 1 - 2 列金额。若第 1 列 < 第 2 列,第 4 列“调减金额”填报第 1 - 2 列金额的绝对值。

27. 第 27 行“(十四)与取得收入无关的支出”:第 1 列“账载金额”填报纳税人会计核算计入当期损益的与取得收入无关的支出的金额。第 3 列“调增金额”填报第 1 列金额。

28. 第 28 行“(十五)境外所得分摊的共同支出”:根据《境外所得纳税调整后所得明细表》(A108010)填报。第 3 列“调增金额”填报表 A108010 合计行第 16 + 17 列金额。

29. 第 29 行“(十六)党组织工作经费”:填报纳税人根据有关文件规定,为创新基层党建工作、建立稳定的经费保障制度发生的党组织工作经费及纳税调整情况。

30. 第 30 行“(十七)其他”:填报其他因会计处理与税收规定有差异需纳税调整的扣除类项目金额,企业将货物、资产、劳务用于捐赠、广告等用途时,进行视同销售纳税调整后,对应支出的会计处理与税收规定有差异需纳税调整的金额填报在本行。若第 1 列≥第 2 列,第 3 列“调增金额”填报第 1 - 2 列金额。若第 1 列 < 第 2 列,第 4 列“调减金额”填报第 1 - 2 列金额的绝对值。

(三)资产类调整项目

31. 第31行“三、资产类调整项目”：填报资产类调整项目第32行至第35行的合计金额。

32. 第32行“(一)资产折旧、摊销”：根据《资产折旧、摊销及纳税调整明细表》(A105080)填报。第1列“账载金额”填报表A105080第36行第2列金额。第2列“税收金额”填报表A105080第36行第5列金额。若表A105080第36行第9列≥0，第3列“调增金额”填报表A105080第36行第9列金额。若表A105080第36行第9列<0，第4列“调减金额”填报表A105080第36行第9列金额的绝对值。

33. 第33行“(二)资产减值准备金”：填报坏账准备、存货跌价准备、理赔费用准备金等不允许税前扣除的各类资产减值准备金纳税调整情况。第1列“账载金额”填报纳税人会计核算计入当期损益的资产减值准备金金额(因价值恢复等原因转回的资产减值准备金应予以冲回)。若第1列≥0，第3列“调增金额”填报第1列金额。若第1列<0，第4列“调减金额”填报第1列金额的绝对值。

34. 第34行“(三)资产损失”：根据《资产损失税前扣除及纳税调整明细表》(A105090)填报。第1列“账载金额”填报表A105090第28行第1列金额。第2列“税收金额”填报表A105090第28行第5列金额。若表A105090第28行第6列≥0，第3列“调增金额”填报表A105090第28行第6列金额。若表A105090第28行第6列<0，第4列“调减金额”填报表A105090第28行第6列金额的绝对值。

35. 第35行“(四)其他”：填报其他因会计处理与税收规定有差异需纳税调整的资产类项目金额。若第1列≥第2列，第3列“调增金额”填报第1－2列金额。若第1列<第2列，第4列“调减金额”填报第1－2列金额的绝对值。

(四)特殊事项调整项目

36. 第36行“四、特殊事项调整项目”：填报特殊事项调整项目第37行至第43行的合计金额。

37. 第37行“(一)企业重组及递延纳税事项”：根据《企业重组及递延纳税事项纳税调整明细表》(A105100)填报。第1列“账载金额”填报表A105100第16行第1＋4列金额。第2列“税收金额”填报表A105100第16行第2＋5列金额。若表A105100第16行第7列≥0，第3列“调增金额”填报表A105100第16行第7列金额。若表A105100第16行第7列<0，第4列“调减金额”填报表A105100第16行第7列金额的绝对值。

38. 第38行“(二)政策性搬迁”：根据《政策性搬迁纳税调整明细表》(A105110)填报。若表A105110第24行≥0，第3列“调增金额”填报表A105110第24行金额。若表A105110第24行<0，第4列“调减金额”填报表A105110第24行金额的绝对值。

39. 第39行“(三)特殊行业准备金”：根据《特殊行业准备金及纳税调整明细表》(A105120)填报。第1列“账载金额”填报表A105120第43行第1列金额。第2列“税收金额”填报表A105120第43行第2列金额。若表A105120第43行第3列≥0，第3列“调增金额”填报表A105120第43行第3列金额。若表A105120第43行第3列<0，第4列“调减金额”填报表A105120第43行第3列金额的绝对值。

40. 第40行“(四)房地产开发企业特定业务计算的纳税调整额”：根据《视同销售和房地产开发企业特定业务纳税调整明细表》(A105010)填报。第2列“税收金额”填报表A105010第21行第1列金额。若表A105010第21行第2列≥0，第3列“调增金额”填报表A105010第21行第2列金额。若表A105010第21行第2列<0，第4列“调减金额”填报表A105010第21行第2列金额的绝对值。

41. 第41行“(五)合伙企业法人合伙人分得的应纳税所得额”：第1列“账载金额”填报合伙企业法人合伙人本年会计核算上确认的对合伙企业的投资所得。第2列“税收金额”填报纳税人按照“先分后税”原则和《财政部　国家税务总局关于合伙企业合伙人所得税问题的通知》(财税〔2008〕159号)文件第四条规定计算的从合伙企业分得的法人合伙人应纳税所得额。若第1列≤第2列，第3列“调增金额”填报第2－1列金额。若第1列>第2列，第4列“调减金额”填报第2－1列金额的绝对值。

42. 第42行“(六)发行永续债利息支出”：本行填报企业发行永续债采取的税收处理办法与会计核算方式不一致时的纳税调整情况。当永续债发行方会计上按照债务核算，税收上适用股息、红利企业所得税政策时，第1列“账载金额”填报支付的永续债利息支出计入当期损益的金额；第2列“税收金额”填报0。永续债发行方会计上按照权益核算，税收上按照债券利息适用企业所得税政策时，第1列“账载金额”填报0；第2列“税收金额”填报永续债发行方支付的永续债利息支出准予在企业所得税税前扣除的金额。若第2列≤第1列，第3列“调增金额”填报第1－2列金额。若第2列>第1列，第4列“调减金额”填报第1－2列金额的绝对值。

43. 第43行“(七)其他”：填报其他因会计处理与税收规定有差异需纳税调整的特殊事项金额。

(五)特殊纳税调整所得项目

44. 第44行“五、特别纳税调整应税所得”：第3列“调增金额”填报纳税人按特别纳税调整规定自行调增的当年应税所得。第4列“调减金额”填报纳税人依据双边预约定价安排或者转让定价相应调整磋商结果的通知，需要调减的当年应税所得。

(六)其他

45. 第45行“六、其他”：填报其他会计处理与税收规定存在差异需纳税调整的项目金额，包括企业执行《企业会计准则第

14 号——收入》(财会〔2017〕22 号发布)产生的税会差异纳税调整金额。

46. 第 46 行“合计”:填报第 1 +12 +31 +36 +44 +45 行的合计金额。

二、表内、表间关系

(一)表内关系

1. 第 1 行 = 第 2 +3 +4 +5 +6 +7 +8 +10 +11 行。

2. 第 12 行 = 第 13 +14 + … +23 +24 +26 +27 +28 +29 +30 行。

3. 第 31 行 = 第 32 +33 +34 +35 行。

4. 第 36 行 = 第 37 +38 +39 +40 +41 +42 +43 行。

5. 第 46 行 = 第 1 +12 +31 +36 +44 +45 行。

(二)表间关系

1. 第 2 行第 2 列 = 表 A105010 第 1 行第 1 列;第 2 行第 3 列 = 表 A105010 第 1 行第 2 列。

2. 第 3 行第 1 列 = 表 A105020 第 14 行第 2 列;第 3 行第 2 列 = 表 A105020 第 14 行第 4 列;若表 A105020 第 14 行第 6 列≥0,第 3 行第 3 列 = 表 A105020 第 14 行第 6 列;若表 A105020 第 14 行第 6 列 <0,第 3 行第 4 列 = 表 A105020 第 14 行第 6 列的绝对值。

3. 第 4 行第 1 列 = 表 A105030 第 10 行第 1 +8 列;第 4 行第 2 列 = 表 A105030 第 10 行第 2 +9 列;若表 A105030 第 10 行第 11 列≥0,第 4 行第 3 列 = 表 A105030 第 10 行第 11 列;若表 A105030 第 10 行第 11 列 <0,第 4 行第 4 列 = 表 A105030 第 10 行第 11 列的绝对值。

4. 第 9 行第 3 列 = 表 A105040 第 7 行第 14 列;第 9 行第 4 列 = 表 A105040 第 7 行第 4 列。

5. 第 13 行第 2 列 = 表 A105010 第 11 行第 1 列;第 13 行第 4 列 = 表 A105010 第 11 行第 2 列的绝对值。

6. 第 14 行第 1 列 = 表 A105050 第 13 行第 1 列;第 14 行第 2 列 = 表 A105050 第 13 行第 5 列;若表 A105050 第 13 行第 6 列≥0,第 14 行第 3 列 = 表 A105050 第 13 行第 6 列;若表 A105050 第 13 行第 6 列 <0,第 14 行第 4 列 = 表 A105050 第 13 行第 6 列的绝对值。

7. 若表 A105060 第 12 行第 1 列≥0,第 16 行第 3 列 = 表 A105060 第 12 行第 1 列,若表 A105060 第 12 行第 1 列 <0,第 16 行第 4 列 = 表 A105060 第 12 行第 1 列的绝对值。

8. 第 17 行第 1 列 = 表 A105070 第 9 行第 1 列;第 17 行第 2 列 = 表 A105070 第 9 行第 4 列;第 17 行第 3 列 = 表 A105070 第 9 行第 5 列;第 17 行第 4 列 = 表 A105070 第 9 行第 6 列。

9. 保险企业:第 23 行第 1 列 = 表 A105060 第 1 行第 2 列。若表 A105060 第 3 行第 2 列≥第 6 行第 2 列,第 2 列 = 表 A105060 第 6 行第 2 列;若表 A105060 第 3 行第 2 列 <第 6 行第 2 列,第 2 列 = 表 A105060 第 3 行第 2 列 + 第 9 行第 2 列。若表 A105060 第 12 行第 2 列≥0,第 3 列 = 表 A105060 第 12 行第 2 列。若表 A105060 第 12 行第 2 列 <0,第 4 列 = 表 A105060 第 12 行第 2 列的绝对值。

10. 第 25 行第 3 列 = 表 A105040 第 7 行第 11 列。

11. 第 28 行第 3 列 = 表 A108010 第 10 行第 16 +17 列。

12. 第 32 行第 1 列 = 表 A105080 第 36 行第 2 列;第 32 行第 2 列 = 表 A105080 第 36 行第 5 列;若表 A105080 第 36 行第 9 列≥0,第 32 行第 3 列 = 表 A105080 第 36 行第 9 列;若表 A105080 第 36 行第 9 列 <0,第 32 行第 4 列 = 表 A105080 第 36 行第 9 列的绝对值。

13. 第 34 行第 1 列 = 表 A105090 第 28 行第 1 列;第 34 行第 2 列 = 表 A105090 第 28 行第 5 列;若表 A105090 第 28 行第 6 列≥0,第 34 行第 3 列 = 表 A105090 第 28 行第 6 列;若表 A105090 第 28 行第 6 列 <0,第 34 行第 4 列 = 表 A105090 第 28 行第 6 列的绝对值。

14. 第 37 行第 1 列 = 表 A105100 第 16 行第 1 +4 列;第 37 行第 2 列 = 表 A105100 第 16 行第 2 +5 列;若表 A105100 第 16 行第 7 列≥0,第 37 行第 3 列 = 表 A105100 第 16 行第 7 列;若表 A105100 第 16 行第 7 列 <0,第 37 行第 4 列 = 表 A105100 第 16 行第 7 列的绝对值。

15. 若表 A105110 第 24 行≥0,第 38 行第 3 列 = 表 A105110 第 24 行;若表 A105110 第 24 行 <0,第 38 行第 4 列 = 表 A105110 第 24 行的绝对值。

16. 第 39 行第 1 列 = 表 A105120 第 43 行第 1 列;第 39 行第 2 列 = 表 A105120 第 43 行第 2 列;若表 A105120 第 43 行第 3 列≥0,第 39 行第 3 列 = 表 A105120 第 43 行第 3 列;若表 A105120 第 43 行第 3 列 <0,第 39 行第 4 列 = 表 A105120 第 43 行第 3 列的绝对值。

17. 第 40 行第 2 列 = 表 A105010 第 21 行第 1 列;若表 A105010 第 21 行第 2 列≥0,第 40 行第 3 列 = 表 A105010 第 21 行第 2 列;若表 A105010 第 21 行第 2 列 <0,第 40 行第 4 列 = 表 A105010 第 21 行第 2 列的绝对值。

18. 第 46 行第 3 列 = 表 A100000 第 15 行;第 46 行第 4 列 = 表 A100000 第 16 行。

A105010　视同销售和房地产开发企业特定业务纳税调整明细表

行次	项目	税收金额	纳税调整金额
		1	2
1	一、视同销售(营业)收入(2+3+4+5+6+7+8+9+10)		
2	(一)非货币性资产交换视同销售收入		
3	(二)用于市场推广或销售视同销售收入		
4	(三)用于交际应酬视同销售收入		
5	(四)用于职工奖励或福利视同销售收入		
6	(五)用于股息分配视同销售收入		
7	(六)用于对外捐赠视同销售收入		
8	(七)用于对外投资项目视同销售收入		
9	(八)提供劳务视同销售收入		
10	(九)其他		
11	二、视同销售(营业)成本(12+13+14+15+16+17+18+19+20)		
12	(一)非货币性资产交换视同销售成本		
13	(二)用于市场推广或销售视同销售成本		
14	(三)用于交际应酬视同销售成本		
15	(四)用于职工奖励或福利视同销售成本		
16	(五)用于股息分配视同销售成本		
17	(六)用于对外捐赠视同销售成本		
18	(七)用于对外投资项目视同销售成本		
19	(八)提供劳务视同销售成本		
20	(九)其他		
21	三、房地产开发企业特定业务计算的纳税调整额(22-26)		
22	(一)房地产企业销售未完工开发产品特定业务计算的纳税调整额(24-25)		
23	1. 销售未完工产品的收入		*
24	2. 销售未完工产品预计毛利额		
25	3. 实际发生的税金及附加、土地增值税		
26	(二)房地产企业销售的未完工产品转完工产品特定业务计算的纳税调整额(28-29)		
27	1. 销售未完工产品转完工产品确认的销售收入		*
28	2. 转回的销售未完工产品预计毛利额		
29	3. 转回实际发生的税金及附加、土地增值税		

A105010《视同销售和房地产开发企业特定业务纳税调整明细表》填报说明

本表适用于发生视同销售、房地产企业特定业务纳税调整项目的纳税人填报。纳税人根据税法、《国家税务总局关于企业处置资产所得税处理问题的通知》(国税函〔2008〕828号)、《国家税务总局关于印发〈房地产开发经营业务企业所得税处理办法〉的通知》(国税发〔2009〕31号)、《国家税务总局关于企业所得税有关问题的公告》(国家税务总局公告2016年第80号)等相关规定，以及国家统一企业会计制度，填报视同销售行为、房地产企业销售未完工产品、未完工产品转完工产品特定业务的税收规定及纳税调整情况。

一、有关项目填报说明

1. 第 1 行“一、视同销售收入”:填报会计处理不确认销售收入,而税收规定确认为应税收入的金额,本行为第 2 行至第 10 行小计数。第 1 列“税收金额”填报税收确认的应税收入金额;第 2 列“纳税调整金额”等于第 1 列“税收金额”。

2. 第 2 行“(一)非货币性资产交换视同销售收入”:填报发生非货币性资产交换业务,会计处理不确认销售收入,而税收规定确认为应税收入的金额。第 1 列“税收金额”填报税收确认的应税收入金额;第 2 列“纳税调整金额”等于第 1 列“税收金额”。

3. 第 3 行“(二)用于市场推广或销售视同销售收入”:填报发生将货物、财产用于市场推广、广告、样品、集资、销售等,会计处理不确认销售收入,而税收规定确认为应税收入的金额。填列方法同第 2 行。

4. 第 4 行“(三)用于交际应酬视同销售收入”:填报发生将货物、财产用于交际应酬,会计处理不确认销售收入,而税收规定确认为应税收入的金额。填列方法同第 2 行。

5. 第 5 行“(四)用于职工奖励或福利视同销售收入”:填报发生将货物、财产用于职工奖励或福利,会计处理不确认销售收入,而税收规定确认为应税收入的金额。企业外购资产或服务不以销售为目的,用于替代职工福利费用支出,且购置后在一个纳税年度内处置的,以公允价值确定视同销售收入。填列方法同第 2 行。

6. 第 6 行“(五)用于股息分配视同销售收入”:填报发生将货物、财产用于股息分配,会计处理不确认销售收入,而税收规定确认为应税收入的金额。填列方法同第 2 行。

7. 第 7 行“(六)用于对外捐赠视同销售收入”:填报发生将货物、财产用于对外捐赠或赞助,会计处理不确认销售收入,而税收规定确认为应税收入的金额。填列方法同第 2 行。

8. 第 8 行“(七)用于对外投资项目视同销售收入”:填报发生将货物、财产用于对外投资,会计处理不确认销售收入,而税收规定确认为应税收入的金额。填列方法同第 2 行。

9. 第 9 行“(八)提供劳务视同销售收入”:填报发生对外提供劳务,会计处理不确认销售收入,而税收规定确认为应税收入的金额。填列方法同第 2 行。

10. 第 10 行“(九)其他”:填报发生除上述列举情形外,会计处理不作为销售收入核算,而税收规定确认为应税收入的金额。填列方法同第 2 行。

11. 第 11 行“一、视同销售成本”:填报会计处理不确认销售收入,税收规定确认为应税收入对应的视同销售成本金额。本行为第 12 行至第 20 行小计数。第 1 列“税收金额”填报予以税前扣除的视同销售成本金额;将第 1 列税收金额以负数形式填报第 2 列“纳税调整金额”。

12. 第 12 行“(一)非货币性资产交换视同销售成本”:填报发生非货币性资产交换业务,会计处理不确认销售收入,税收规定确认为应税收入所对应的应予以税前扣除的视同销售成本金额。第 1 列“税收金额”填报予以扣除的视同销售成本金额;将第 1 列税收金额以负数形式填报第 2 列“纳税调整金额”。

13. 第 13 行“(二)用于市场推广或销售视同销售成本”:填报发生将货物、财产用于市场推广、广告、样品、集资、销售等,会计处理不确认销售收入,税收规定确认为应税收入时,其对应的应予以税前扣除的视同销售成本金额。填列方法同第 12 行。

14. 第 14 行“(三)用于交际应酬视同销售成本”:填报发生将货物、财产用于交际应酬,会计处理不确认销售收入,税收规定确认为应税收入时,其对应的应予以税前扣除的视同销售成本金额。填列方法同第 12 行。

15. 第 15 行“(四)用于职工奖励或福利视同销售成本”:填报发生将货物、财产用于职工奖励或福利,会计处理不确认销售收入,税收规定确认为应税收入时,其对应的应予以税前扣除的视同销售成本金额。填列方法同第 12 行。

16. 第 16 行“(五)用于股息分配视同销售成本”:填报发生将货物、财产用于股息分配,会计处理不确认销售收入,税收规定确认为应税收入时,其对应的应予以税前扣除的视同销售成本金额。填列方法同第 12 行。

17. 第 17 行“(六)用于对外捐赠视同销售成本”:填报发生将货物、财产用于对外捐赠或赞助,会计处理不确认销售收入,税收规定确认为应税收入时,其对应的应予以税前扣除的视同销售成本金额。填列方法同第 12 行。

18. 第 18 行“(七)用于对外投资项目视同销售成本”:填报会计处理发生将货物、财产用于对外投资,会计处理不确认销售收入,税收规定确认为应税收入时,其对应的应予以税前扣除的视同销售成本金额。填列方法同第 12 行。

19. 第 19 行“(八)提供劳务视同销售成本”:填报会计处理发生对外提供劳务,会计处理不确认销售收入,税收规定确认为应税收入时,其对应的应予以税前扣除视同销售成本金额。填列方法同第 12 行。

20. 第 20 行“(九)其他”:填报发生除上述列举情形外,会计处理不确认销售收入,税收规定确认为应税收入的同时,予以税前扣除视同销售成本金额。填列方法同第 12 行。

21. 第 21 行“三、房地产开发企业特定业务计算的纳税调整额”:填报房地产企业发生销售未完工产品、未完工产品结转完工产品业务,按照税收规定计算的特定业务的纳税调整额。第 1 列“税收金额”填报第 22 行第 1 列减去第 26 行第 1 列的余额;第 2 列“纳税调整金额”等于第 1 列“税收金额”。

22. 第 22 行“(一)房地产企业销售未完工开发产品特定业务计算的纳税调整额”:填报房地产企业销售未完工开发产品取

得销售收入，按税收规定计算的纳税调整额。第 1 列“税收金额”填报第 24 行第 1 列减去第 25 行第 1 列的余额；第 2 列“纳税调整金额”等于第 1 列“税收金额”。

23. 第 23 行“1. 销售未完工产品的收入”：第 1 列“税收金额”填报房地产企业销售未完工开发产品，会计核算未进行收入确认的销售收入金额。

24. 第 24 行“2. 销售未完工产品预计毛利额”：第 1 列“税收金额”填报房地产企业销售未完工产品取得的销售收入按税收规定预计计税毛利率计算的金额；第 2 列“纳税调整金额”等于第 1 列“税收金额”。

25. 第 25 行“3. 实际发生的税金及附加、土地增值税”：第 1 列“税收金额”填报房地产企业销售未完工产品实际发生的税金及附加、土地增值税，且在会计核算中未计入当期损益的金额；第 2 列“纳税调整金额”等于第 1 列“税收金额”。

26. 第 26 行“（二）房地产企业销售的未完工产品转完工产品特定业务计算的纳税调整额”：填报房地产企业销售的未完工产品转完工产品，按税收规定计算的纳税调整额。第 1 列“税收金额”填报第 28 行第 1 列减去第 29 行第 1 列的余额；第 2 列“纳税调整金额”等于第 1 列“税收金额”。

27. 第 27 行“1. 销售未完工产品转完工产品确认的销售收入”：第 1 列“税收金额”填报房地产企业销售的未完工产品，此前年度已按预计毛利额征收所得税，本年度结转为完工产品，会计上符合收入确认条件，当年会计核算确认的销售收入金额。

28. 第 28 行“2. 转回的销售未完工产品预计毛利额”：第 1 列“税收金额”填报房地产企业销售的未完工产品，此前年度已按预计毛利额征收所得税，本年结转完工产品，会计核算确认为销售收入，转回原按税收规定预计计税毛利率计算的金额；第 2 列“纳税调整金额”等于第 1 列“税收金额”。

29. 第 29 行“3. 转回实际发生的税金及附加、土地增值税”：填报房地产企业销售的未完工产品结转完工产品后，会计核算确认为销售收入，同时将对应实际发生的税金及附加、土地增值税转入当期损益的金额；第 2 列“纳税调整金额”等于第 1 列“税收金额”。

二、表内、表间关系

（一）表内关系

1. 第 1 行 = 第 2 + 3 + … + 10 行。

2. 第 11 行 = 第 12 + 13 + … + 20 行。

3. 第 21 行 = 第 22 – 26 行。

4. 第 22 行 = 第 24 – 25 行。

5. 第 26 行 = 第 28 – 29 行。

（二）表间关系

1. 第 1 行第 1 列 = 表 A105000 第 2 行第 2 列。

2. 第 1 行第 2 列 = 表 A105000 第 2 行第 3 列。

3. 第 11 行第 1 列 = 表 A105000 第 13 行第 2 列。

4. 第 11 行第 2 列的绝对值 = 表 A105000 第 13 行第 4 列。

5. 第 21 行第 1 列 = 表 A105000 第 40 行第 2 列。

6. 若第 21 行第 2 列≥0，第 21 行第 2 列 = 表 A105000 第 40 行第 3 列；若第 21 行第 2 列 <0，第 21 行第 2 列的绝对值 = 表 A105000 第 40 行第 4 列。

A105020 未按权责发生制确认收入纳税调整明细表

行次	项目	合同金额（交易金额）	账载金额		税收金额		纳税调整金额
			本年	累计	本年	累计	
		1	2	3	4	5	6(4－2)
1	一、跨期收取的租金、利息、特许权使用费收入(2＋3＋4)						
2	(一)租金						
3	(二)利息						
4	(三)特许权使用费						
5	二、分期确认收入(6＋7＋8)						
6	(一)分期收款方式销售货物收入						
7	(二)持续时间超过12个月的建造合同收入						
8	(三)其他分期确认收入						
9	三、政府补助递延收入(10＋11＋12)						
10	(一)与收益相关的政府补助						
11	(二)与资产相关的政府补助						
12	(三)其他						
13	四、其他未按权责发生制确认收入						
14	合计(1＋5＋9＋13)						

A105020《未按权责发生制确认收入纳税调整明细表》填报说明

本表适用于会计处理按权责发生制确认收入、税收规定未按权责发生制确认收入需纳税调整的纳税人填报。纳税人根据税法、《国家税务总局关于贯彻落实企业所得税法若干税收问题的通知》(国税函〔2010〕79号)、《国家税务总局关于确认企业所得税收入若干问题的通知》(国税函〔2008〕875号)等相关规定，以及国家统一企业会计制度，填报会计处理按照权责发生制确认收入、税收规定未按权责发生制确认收入的会计处理、税收规定，以及纳税调整情况。符合税收规定不征税收入条件的政府补助收入，本表不作调整，在《专项用途财政性资金纳税调整明细表》(A105040)中纳税调整。

一、有关项目填报说明

1. 第1列"合同金额或交易金额"：填报会计处理按照权责发生制确认收入、税收规定未按权责发生制确认收入的项目的合同总额或交易总额。

2. 第2列"账载金额－本年"：填报纳税人会计处理按权责发生制在本期确认金额。

3. 第3列"账载金额－累计"：填报纳税人会计处理按权责发生制累计确认金额(含本年)。

4. 第4列"税收金额－本年"：填报纳税人按税收规定未按权责发生制在本期确认金额。

5. 第5列"税收金额－累计"：填报纳税人按税收规定未按权责发生制累计确认金额(含本年)。

6. 第6列"纳税调整金额"：填报纳税人会计处理按权责发生制确认收入、税收规定未按权责发生制确认收入的差异需纳税调整金额，为第4－2列的余额。

二、表内、表间关系

(一)表内关系

1. 第1行＝第2＋3＋4行。

2. 第5行＝第6＋7＋8行。

3. 第9行＝第10＋11＋12行。

4. 第14行＝第1＋5＋9＋13行。

5. 第6列＝第4－2列。

(二)表间关系

1. 第14行第2列＝表A105000第3行第1列。

2. 第 14 行第 4 列 = 表 A105000 第 3 行第 2 列。

3. 若第 14 行第 6 列≥0，第 14 行第 6 列 = 表 A105000 第 3 行第 3 列；若第 14 行第 6 列 < 0，第 14 行第 6 列绝对值 = 表 A105000 第 3 行第 4 列。

A105030　投资收益纳税调整明细表

行次	项目	持有收益			处置收益							纳税调整金额
		账载金额	税收金额	纳税调整金额	会计确认的处置收入	税收计算的处置收入	处置投资的账面价值	处置投资的计税基础	会计确认的处置所得或损失	税收计算的处置所得	纳税调整金额	
		1	2	3(2-1)	4	5	6	7	8(4-6)	9(5-7)	10(9-8)	11(3+10)
1	一、交易性金融资产											
2	二、可供出售金融资产											
3	三、持有至到期投资											
4	四、衍生工具											
5	五、交易性金融负债											
6	六、长期股权投资											
7	七、短期投资											
8	八、长期债券投资											
9	九、其他											
10	合计(1+2+3+4+5+6+7+8+9)											

A105030　《投资收益纳税调整明细表》填报说明

本表适用于发生投资收益纳税调整项目的纳税人及从事股权投资业务的纳税人填报。纳税人根据税法、《国家税务总局关于贯彻落实企业所得税法若干税收问题的通知》（国税函〔2010〕79 号）等相关规定，以及国家统一企业会计制度，填报投资收益的会计处理、税收规定，以及纳税调整情况。发生持有期间投资收益，并按税收规定为减免税收入的（如国债利息收入等），本表不作调整。处置投资项目按税收规定确认为损失的，本表不作调整，在《资产损失税前扣除及纳税调整明细表》（A105090）进行纳税调整。处置投资项目符合企业重组且适用特殊性税务处理规定的，本表不作调整，在《企业重组及递延纳税事项纳税调整明细表》（A105100）进行纳税调整。

一、有关项目填报说明

已执行《企业会计准则第 22 号——金融工具确认和计量》（财会〔2017〕7 号发布）、《企业会计准则第 23 号——金融资产转移》（财会〔2017〕8 号发布）、《企业会计准则第 24 号——套期会计》（财会〔2017〕9 号发布）、《企业会计准则第 37 号——金融工具列报》（财会〔2017〕14 号发布）（以上四项简称“新金融准则”）的纳税人，若投资收益的项目类别不为本表第 1 行至第 8 行的，则在第 9 行“九、其他”中填报相关会计处理、税收规定，以及纳税调整情况。

1. 第 1 列“账载金额”：填报纳税人持有投资项目，会计核算确认的投资收益。

2. 第 2 列“税收金额”：填报纳税人持有投资项目，按照税收规定确认的投资收益。

3. 第 3 列“纳税调整金额”：填报纳税人持有投资项目，会计核算确认投资收益与税收规定投资收益的差异需纳税调整金额,为第 2 - 1 列金额。

4. 第 4 列“会计确认的处置收入”:填报纳税人收回、转让或清算处置投资项目,会计核算确认的扣除相关税费后的处置收入金额。

5. 第 5 列“税收计算的处置收入”:填报纳税人收回、转让或清算处置投资项目,按照税收规定计算的扣除相关税费后的处置收入金额。

6. 第 6 列“处置投资的账面价值”:填报纳税人收回、转让或清算处置的投资项目,会计核算的处置投资的账面价值。

7. 第 7 列“处置投资的计税基础”:填报纳税人收回、转让或清算处置的投资项目,按税收规定计算的处置投资的计税金额。

8. 第 8 列“会计确认的处置所得或损失”:填报纳税人收回、转让或清算处置投资项目,会计核算确认的处置所得或损失,按第 4 - 6 列金额填报(损失以“ - ”号填列)。

9. 第 9 列“税收计算的处置所得”:填报纳税人收回、转让或清算处置投资项目,按照税收规定计算的处置所得,按第 5 - 7 列金额填报。

10. 第 10 列“纳税调整金额”:填报纳税人收回、转让或清算处置投资项目,会计处理与税收规定不一致需纳税调整金额,按第 9 - 8 列金额填报。

11. 第 11 列“纳税调整金额”:填报第 3 + 10 列金额。

二、表内、表间关系

(一)表内关系

1. 第 10 行 = 第 1 + 2 + 3 + 4 + 5 + 6 + 7 + 8 + 9 行。

2. 第 3 列 = 第 2 - 1 列。

3. 第 8 列 = 第 4 - 6 列。

4. 第 9 列 = 第 5 - 7 列。

5. 第 10 列 = 第 9 - 8 列。

6. 第 11 列 = 第 3 + 10 列。

(二)表间关系

1. 第 10 行第 1 + 8 列 = 表 A105000 第 4 行第 1 列。

2. 第 10 行第 2 + 9 列 = 表 A105000 第 4 行第 2 列。

3. 若第 10 行第 11 列≥0,第 10 行第 11 列 = 表 A105000 第 4 行第 3 列;若第 10 行第 11 列 < 0,第 10 行第 11 列绝对值 = 表 A105000 第 4 行第 4 列。

A105040 专项用途财政性资金纳税调整明细表

行次	项目	取得年度	财政性资金	其中:符合不征税收入条件的财政性资金		以前年度支出情况					本年支出情况		本年结余情况		
				金额	其中:计入本年损益的金额	前五年度	前四年度	前三年度	前二年度	前一年度	支出金额	其中:费用化支出金额	结余金额	其中:上缴财政金额	应计入本年应税收入金额
		1	2	3	4	5	6	7	8	9	10	11	12	13	14
1	前五年度														
2	前四年度					*									
3	前三年度					*	*								
4	前二年度					*	*	*							
5	前一年度					*	*	*	*						
6	本年					*	*	*	*	*					
7	合计(1 + 2 + … + 6)	*				*	*	*	*	*					

A105040 《专项用途财政性资金纳税调整明细表》填报说明

本表适用于发生符合不征税收入条件的专项用途财政性资金纳税调整项目的纳税人填报。纳税人根据税法、《财政部 国家税务总局关于专项用途财政性资金企业所得税处理问题的通知》（财税〔2011〕70号）等相关规定，以及国家统一企业会计制度，填报纳税人专项用途财政性资金会计处理、税收规定，以及纳税调整情况。本表对不征税收入用于费用化的支出进行调整，资本化支出通过《资产折旧、摊销及纳税调整明细表》（A105080）进行纳税调整。

一、有关项目填报说明

1. 第1列“取得年度”：填报取得专项用途财政性资金的公历年度。第5行至第1行依次从6行往前倒推，第6行为申报年度。

2. 第2列“财政性资金”：填报纳税人相应年度实际取得的财政性资金金额。

3. 第3列“其中：符合不征税收入条件的财政性资金”：填报纳税人相应年度实际取得的符合不征税收入条件且已作不征税收入处理的财政性资金金额。

4. 第4列“其中：计入本年损益的金额”：填报第3列“其中：符合不征税收入条件的财政性资金”中，会计处理时计入本年（申报年度）损益的金额。本列第7行金额为《纳税调整项目明细表》（A105000）第9行“其中：专项用途财政性资金”的第4列“调减金额”。

5. 第5列至第9列“以前年度支出情况”：填报纳税人作为不征税收入处理的符合条件的财政性资金，在申报年度的以前的5个纳税年度发生的支出金额。前一年度，填报本年的上一纳税年度，以此类推。

6. 第10列“支出金额”：填报纳税人历年作为不征税收入处理的符合条件的财政性资金，在本年（申报年度）用于支出的金额。

7. 第11列“其中：费用化支出金额”：填报纳税人历年作为不征税收入处理的符合条件的财政性资金，在本年（申报年度）用于支出计入本年损益的费用金额，本列第7行金额为《纳税调整项目明细表》（A105000）第25行“其中：专项用途财政性资金用于支出所形成的费用”的第3列“调增金额”。

8. 第12列“结余金额”：填报纳税人历年作为不征税收入处理的符合条件的财政性资金，减除历年累计支出（包括费用化支出和资本化支出）后尚未使用的不征税收入余额。

9. 第13列“其中：上缴财政金额”：填报第12列“结余金额”中向财政部门或其他拨付资金的政府部门缴回的金额。

10. 第14列“应计入本年应税收入金额”：填报企业以前年度取得财政性资金且已作为不征税收入处理后，在5年（60个月）内未发生支出且未缴回财政部门或其他拨付资金的政府部门，应计入本年应税收入的金额。本列第7行金额为《纳税调整项目明细表》（A105000）第9行“其中：专项用途财政性资金”的第3列“调增金额”。

二、表内、表间关系

（一）表内关系

1. 第1行第12列 = 第1行第3 – 5 – 6 – 7 – 8 – 9 – 10列。

2. 第2行第12列 = 第2行第3 – 6 – 7 – 8 – 9 – 10列。

3. 第3行第12列 = 第3行第3 – 7 – 8 – 9 – 10列。

4. 第4行第12列 = 第4行第3 – 8 – 9 – 10列。

5. 第5行第12列 = 第5行第3 – 9 – 10列。

6. 第6行第12列 = 第6行第3 – 10列。

7. 第7行 = 第1 + 2 + 3 + 4 + 5 + 6行。

（二）表间关系

1. 第7行第4列 = 表A105000第9行第4列。

2. 第7行第11列 = 表A105000第25行第3列。

3. 第7行第14列 = 表A105000第9行第3列。

A105050　职工薪酬支出及纳税调整明细表

行次	项目	账载金额	实际发生额	税收规定扣除率	以前年度累计结转扣除额	税收金额	纳税调整金额	累计结转以后年度扣除额
		1	2	3	4	5	6(1－5)	7(2＋4－5)
1	一、工资薪金支出			*	*			*
2	其中：股权激励			*	*			*
3	二、职工福利费支出				*			*
4	三、职工教育经费支出			*				
5	其中：按税收规定比例扣除的职工教育经费							
6	按税收规定全额扣除的职工培训费用				*			*
7	四、工会经费支出				*			*
8	五、各类基本社会保障性缴款			*	*			*
9	六、住房公积金			*	*			*
10	七、补充养老保险				*			*
11	八、补充医疗保险				*			*
12	九、其他			*	*			*
13	合计(1＋3＋4＋7＋8＋9＋10＋11＋12)			*				

A105050　《职工薪酬支出及纳税调整明细表》填报说明

纳税人根据税法、《国家税务总局关于企业工资薪金及职工福利费扣除问题的通知》(国税函〔2009〕3号)、《财政部　国家税务总局关于扶持动漫产业发展有关税收政策问题的通知》(财税〔2009〕65号)、《财政部　国家税务总局关于进一步鼓励软件产业和集成电路产业发展企业所得税政策的通知》(财税〔2012〕27号)、《国家税务总局关于我国居民企业实行股权激励计划有关企业所得税处理问题的公告》(国家税务总局公告2012年第18号)、《财政部　国家税务总局　商务部　科技部　国家发展改革委关于完善技术先进型服务企业有关企业所得税政策问题的通知》(财税〔2014〕59号)、《国家税务总局关于企业工资薪金和职工福利费等支出税前扣除问题的公告》(国家税务总局公告2015年第34号)、《财政部　税务总局关于企业职工教育经费税前扣除政策的通知》(财税〔2018〕51号)等相关规定，以及国家统一企业会计制度，填报纳税人职工薪酬会计处理、税收规定，以及纳税调整情况。纳税人只要发生相关支出，不论是否纳税调整，均需填报。

一、有关项目填报说明

1. 第1行"一、工资薪金支出"：填报纳税人本年度支付给在本企业任职或者受雇的员工的所有现金形式或非现金形式的劳动报酬及其会计核算、纳税调整等金额，具体如下：

(1)第1列"账载金额"：填报纳税人会计核算计入成本费用的职工工资、奖金、津贴和补贴金额。

(2)第2列"实际发生额"：分析填报纳税人"应付职工薪酬"会计科目借方发生额(实际发放的工资薪金)。

(3)第5列"税收金额"：填报纳税人按照税收规定允许税前扣除的金额，按照第1列和第2列分析填报。

(4)第6列"纳税调整金额"：填报第1－5列金额。

2. 第2行"股权激励"：适用于执行《上市公司股权激励管理办法》(中国证券监督管理委员会令第126号)的纳税人填报，具体如下：

(1)第1列"账载金额"：填报纳税人按照国家有关规定建立职工股权激励计划，会计核算计入成本费用的金额。

(2)第2列"实际发生额"：填报纳税人根据本年实际行权时股权的公允价格与激励对象实际行权支付价格的差额和数量计算确定的金额。

(3)第5列"税收金额"：填报行权时按照税收规定允许税前扣除的金额，按第2列金额填报。

(4)第6列"纳税调整金额"：填报第1－5列金额。

3. 第3行"二、职工福利费支出"：填报纳税人本年度发生的职工福利费及其会计核算、纳税调整等金额，具体如下：

(1)第1列“账载金额”:填报纳税人会计核算计入成本费用的职工福利费的金额。

(2)第2列“实际发生额”:分析填报纳税人“应付职工薪酬”会计科目下的职工福利费实际发生额。

(3)第3列“税收规定扣除率”:填报税收规定的扣除比例。

(4)第5列“税收金额”:填报按照税收规定允许税前扣除的金额,按第1行第5列“工资薪金支出\税收金额”×税收规定扣除率与第1列、第2列三者孰小值填报。

(5)第6列“纳税调整金额”:填报第1-5列金额。

4.第4行“三、职工教育经费支出”:填报第5行金额或者第5+6行金额。

5.第5行“按税收规定比例扣除的职工教育经费”:适用于按照税收规定职工教育经费按比例税前扣除的纳税人填报,填报纳税人本年度发生的按税收规定比例扣除的职工教育经费及其会计核算、纳税调整等金额,具体如下:

(1)第1列“账载金额”填报纳税人会计核算计入成本费用的按税收规定比例扣除的职工教育经费金额,不包括第6行“按税收规定全额扣除的职工培训费用”金额。

(2)第2列“实际发生额”:分析填报纳税人“应付职工薪酬”会计科目下的职工教育经费实际发生额,不包括第6行“按税收规定全额扣除的职工培训费用”金额。

(3)第3列“税收规定扣除率”:填报税收规定的扣除比例。

(4)第4列“以前年度累计结转扣除额”:填报纳税人以前年度累计结转准予扣除的职工教育经费支出余额。

(5)第5列“税收金额”:填报纳税人按照税收规定允许税前扣除的金额(不包括第6行“按税收规定全额扣除的职工培训费用”金额),按第1行第5列“工资薪金支出\税收金额”×税收规定扣除率与第2+4列的孰小值填报。

(6)第6列“纳税调整金额”:填报第1-5列金额。

(7)第7列“累计结转以后年度扣除额”:填报第2+4-5列金额。

6.第6行“按税收规定全额扣除的职工培训费用”:适用于按照税收规定职工培训费用允许全额税前扣除的纳税人填报,填报纳税人本年度发生的按税收规定全额扣除的职工培训费用及其会计核算、纳税调整等金额,具体如下:

(1)第1列“账载金额”:填报纳税人会计核算计入成本费用的按税收规定全额扣除的职工培训费用金额。

(2)第2列“实际发生额”:分析填报纳税人“应付职工薪酬”会计科目下的职工教育经费本年实际发生额中可全额扣除的职工培训费用金额。

(3)第3列“税收规定扣除率”:填报税收规定的扣除比例(100%)。

(4)第5列“税收金额”:填报按照税收规定允许税前扣除的金额,按第2列金额填报。

(5)第6列“纳税调整金额”:填报第1-5列金额。

7.第7行“四、工会经费支出”:填报纳税人本年度拨缴工会经费及其会计核算、纳税调整等金额,具体如下:

(1)第1列“账载金额”:填报纳税人会计核算计入成本费用的工会经费支出金额。

(2)第2列“实际发生额”:分析填报纳税人“应付职工薪酬”会计科目下的工会经费本年实际发生额。

(3)第3列“税收规定扣除率”:填报税收规定的扣除比例。

(4)第5列“税收金额”:填报按照税收规定允许税前扣除的金额,按第1行第5列“工资薪金支出\税收金额”×税收规定扣除率与第1列、第2列三者孰小值填报。

(5)第6列“纳税调整金额”:填报第1-5列金额。

8.第8行“五、各类基本社会保障性缴款”:填报纳税人依照国务院有关主管部门或者省级人民政府规定的范围和标准为职工缴纳的基本社会保险费及其会计核算、纳税调整等金额,具体如下:

(1)第1列“账载金额”:填报纳税人会计核算的各类基本社会保障性缴款的金额。

(2)第2列“实际发生额”:分析填报纳税人“应付职工薪酬”会计科目下的各类基本社会保障性缴款本年实际发生额。

(3)第5列“税收金额”:填报按照税收规定允许税前扣除的各类基本社会保障性缴款的金额,按纳税人依照国务院有关主管部门或者省级人民政府规定的范围和标准计算的各类基本社会保障性缴款的金额、第1列及第2列孰小值填报。

(4)第6列“纳税调整金额”:填报第1-5列金额。

9.第9行“六、住房公积金”:填报纳税人依照国务院有关主管部门或者省级人民政府规定的范围和标准为职工缴纳的住房公积金及其会计核算、纳税调整等金额,具体如下:

(1)第1列“账载金额”:填报纳税人会计核算的住房公积金金额。

(2)第2列“实际发生额”:分析填报纳税人“应付职工薪酬”会计科目下的住房公积金本年实际发生额。

(3)第5列“税收金额”:填报按照税收规定允许税前扣除的住房公积金金额,按纳税人依照国务院有关主管部门或者省级人民政府规定的范围和标准计算的住房公积金金额、第1列及第2列三者孰小值填报。

(4)第6列“纳税调整金额”:填报第1-5列金额。

10.第10行“七、补充养老保险”:填报纳税人为投资者或者职工支付的补充养老保险费及其会计核算、纳税调整等金额,具体如下：

(1)第1列"账载金额"：填报纳税人会计核算的补充养老保险金额。

(2)第2列"实际发生额"：分析填报纳税人"应付职工薪酬"会计科目下的补充养老保险本年实际发生额。

(3)第3列"税收规定扣除率"：填报税收规定的扣除比例。

(4)第5列"税收金额"：填报按照税收规定允许税前扣除的补充养老保险的金额，按第1行第5列"工资薪金支出\税收金额"×税收规定扣除率与第1列、第2列三者孰小值填报。

(5)第6列"纳税调整金额"：填报第1－5列金额。

11. 第11行"八、补充医疗保险"：填报纳税人为投资者或者职工支付的补充医疗保险费及其会计核算、纳税调整等金额，具体如下：

(1)第1列"账载金额"：填报纳税人会计核算的补充医疗保险金额。

(2)第2列"实际发生额"：分析填报纳税人"应付职工薪酬"会计科目下的补充医疗保险本年实际发生额。

(3)第3列"税收规定扣除率"：填报税收规定的扣除比例。

(4)第5列"税收金额"：填报按照税收规定允许税前扣除的补充医疗保险的金额，按第1行第5列"工资薪金支出\税收金额"×税收规定扣除率与第1列、第2列三者孰小值填报。

(5)第6列"纳税调整金额"：填报第1－5列金额。

12. 第12行"九、其他"：填报其他职工薪酬的金额及其会计核算、纳税调整等金额。

13. 第13行"合计"：填报第1＋3＋4＋7＋8＋9＋10＋11＋12行金额。

二、表内、表间关系

(一)表内关系

1. 第4行＝第5行或第5＋6行。

2. 第13行＝第1＋3＋4＋7＋8＋9＋10＋11＋12行。

3. 第6列＝第1－5列。

4. 第7列＝第2＋4－5列。

(二)表间关系

1. 第13行第1列＝表A105000第14行第1列。

2. 第13行第5列＝表A105000第14行第2列。

3. 若第13行第6列≥0，第13行第6列＝表A105000第14行第3列；若第13行第6列＜0，第13行第6列的绝对值＝表A105000第14行第4列。

A105060　广告费和业务宣传费等跨年度纳税调整明细表

行次	项目	广告费和业务宣传费	保险企业手续费及佣金支出
		1	2
1	一、本年支出		
2	减：不允许扣除的支出		
3	二、本年符合条件的支出(1－2)		
4	三、本年计算扣除限额的基数		
5	乘：税收规定扣除率		
6	四、本企业计算的扣除限额(4×5)		
7	五、本年结转以后年度扣除额 (3＞6，本行＝3－6；3≤6，本行＝0)		
8	加：以前年度累计结转扣除额		
9	减：本年扣除的以前年度结转额 [3＞6，本行＝0；3≤6，本行＝8与(6－3)孰小值]		
10	六、按照分摊协议归集至其他关联方的金额(10≤3与6孰小值)		*
11	按照分摊协议从其他关联方归集至本企业的金额		*
12	七、本年支出纳税调整金额 (3＞6，本行＝2＋3－6＋10－11；3≤6，本行＝2＋10－11－9)		
13	八、累计结转以后年度扣除额(7＋8－9)		

A105060 《广告费和业务宣传费等跨年度纳税调整明细表》填报说明

本表适用于发生广告费和业务宣传费纳税调整项目(含广告费和业务宣传费结转)，保险企业手续费及佣金支出纳税调整项目(含保险企业手续费及佣金支出结转)的纳税人填报。纳税人根据税法、《财政部　国家税务总局关于广告费和业务宣传费支出税前扣除政策的通知》(财税〔2012〕48 号)、《财政部　税务总局关于保险企业手续费及佣金支出税前扣除政策的公告》(财政部　税务总局公告 2019 年第 72 号)等相关规定，以及国家统一企业会计制度，填报广告费和业务宣传费、保险企业手续费及佣金支出会计处理、税收规定，以及跨年度纳税调整情况。

一、有关项目填报说明

(一)列次填报

1. 第 1 列“广告费和业务宣传费”：填报广告费和业务宣传费会计处理、税收规定，以及跨年度纳税调整情况。

2. 第 2 列“保险企业手续费及佣金支出”：填报保险企业手续费及佣金支出会计处理、税收规定，以及跨年度纳税调整情况。

(二)行次填报

1. 第 1 行“一、本年支出”：填报纳税人计入本年损益的支出金额。

2. 第 2 行“减：不允许扣除的支出”：填报税收规定不允许扣除的支出金额。

3. 第 3 行“二、本年符合条件的支出”：填报第 1－2 行的余额。

4. 第 4 行“三、本年计算扣除限额的基数”：填报按照税收规定计算扣除限额的基数。“广告费和业务宣传费”列次填写计算扣除限额的当年销售(营业)收入。“保险企业手续费及佣金支出”列次填报当年保险企业全部保费收入扣除退保金等后余额。

5. 第 5 行“税收规定扣除率”：填报税收规定的扣除比例。

6. 第 6 行“四、本企业计算的扣除限额”：填报第 4×5 行的金额。

7. 第 7 行“五、本年结转以后年度扣除额”：若第 3 行＞第 6 行，填报第 3－6 行的余额；若第 3 行≤第 6 行，填报 0。

8. 第 8 行“加：以前年度累计结转扣除额”：填报以前年度允许税前扣除但超过扣除限额未扣除、结转扣除的支出金额。

9. 第 9 行“减：本年扣除的以前年度结转额”：若第 3 行＞第 6 行，填 0；若第 3 行≤第 6 行，填报第 6－3 行与第 8 行的孰小值。

10. 第 10 行“六、按照分摊协议归集至其他关联方的金额”：本行第 1 列填报签订广告费和业务宣传费分摊协议(以下简称分摊协议)的关联企业的一方，按照分摊协议，将其发生的不超过当年销售(营业)收入税前扣除限额比例内的广告费和业务宣传费支出归集至其他关联方扣除的广告费和业务宣传费，本行应≤第 3 行与第 6 行的孰小值。本行第 2 列不可填报。

11. 第 11 行“按照分摊协议从其他关联方归集至本企业的金额”：本行第 1 列填报签订广告费和业务宣传费分摊协议(以下简称分摊协议)的关联企业的一方，按照分摊协议，从其他关联方归集至本企业的广告费和业务宣传费。本行第 2 列不可填报。

12. 第 12 行“七、本年支出纳税调整金额”：若第 3 行＞第 6 行，填报第 2＋3－6＋10－11 行的金额；若第 3 行≤第 6 行，填报第 2＋10－11－9 行的金额。

13. 第 13 行“八、累计结转以后年度扣除额”：填报第 7＋8－9 行的金额。

二、表内、表间关系

(一)表内关系

1. 第 3 行＝第 1－2 行。

2. 第 6 行＝第 4×5 行。

3. 若第 3＞6 行，第 7 行＝第 3－6 行；若第 3≤6 行，第 7 行＝0。

4. 若第 3＞6 行，第 9 行＝0；若第 3≤6 行，第 9 行＝第 8 行与第 6－3 行的孰小值。

5. 若第 3＞6 行，第 12 行＝2＋3－6＋10－11 行；若第 3≤6 行，第 12 行＝第 2－9＋10－11 行。

6. 第 13 行＝第 7＋8－9 行。

(二)表间关系

1. 若第 12 行第 1 列≥0，第 12 行第 1 列＝表 A105000 第 16 行第 3 列；若第 12 行第 1 列＜0，第 12 行第 1 列的绝对值＝表 A105000 第 16 行第 4 列。

2. 保险企业：第 1 行第 2 列＝表 A105000 第 23 行第 1 列。若第 3 行第 2 列≥第 6 行第 2 列，第 6 行第 2 列＝表 A105000 第 23 行第 2 列；若第 3 行第 2 列＜第 6 行第 2 列，第 3 行第 2 列＋第 9 行第 2 列＝表 A105000 第 23 行第 2 列。若第 12 行第 2 列≥0，第 12 行第 2 列＝表 A105000 第 23 行第 3 列。若第 12 行第 2 列＜0，第 12 行第 2 列的绝对值＝表 A105000 第 23 行第 4 列。

A105070 捐赠支出及纳税调整明细表

行次	项目	账载金额	以前年度结转可扣除的捐赠额	按税收规定计算的扣除限额	税收金额	纳税调增金额	纳税调减金额	可结转以后年度扣除的捐赠额
		1	2	3	4	5	6	7
1	一、非公益性捐赠		*	*	*		*	*
2	二、全额扣除的公益性捐赠		*	*		*	*	*
3	其中：扶贫捐赠		*	*		*	*	*
4	三、限额扣除的公益性捐赠(5+6+7+8)							
5	前三年度(　　年)	*		*	*	*		*
6	前二年度(　　年)	*		*	*	*		
7	前一年度(　　年)	*		*	*	*		
8	本　　年(　　年)		*				*	
9	合计(1+2+4)							
附列资料	2015 年度至本年发生的公益性扶贫捐赠合计金额		*	*		*	*	*

A105070 《捐赠支出及纳税调整明细表》填报说明

本表适用于发生捐赠支出(含捐赠支出结转)的纳税人填报。纳税人根据税法、《财政部　国家税务总局关于公益性捐赠税前扣除有关问题的通知》(财税〔2008〕160 号)、《财政部　税务总局关于公益性捐赠支出企业所得税税前结转扣除有关政策的通知》(财税〔2018〕15 号)、《财政部　税务总局　国务院扶贫办关于企业扶贫捐赠所得税税前扣除政策的公告》(财政部　税务总局　国务院扶贫办公告 2019 年第 49 号)、《财政部　税务总局关于公共租赁住房税收优惠政策的公告》(财政部　税务总局公告 2019 年第 61 号)等相关规定,以及国家统一企业会计制度,填报捐赠支出会计处理、税收规定的税前扣除额、捐赠支出结转额以及纳税调整额。纳税人发生相关支出(含捐赠支出结转),无论是否纳税调整,均应填报本表。

一、有关项目填报说明

1. 第 1 行"非公益性捐赠支出":填报纳税人本年发生且已计入本年损益的税收规定公益性捐赠以外的其他捐赠支出及纳税调整情况。具体如下:

(1)第 1 列"账载金额":填报纳税人计入本年损益的税收规定公益性捐赠以外的其他捐赠支出金额。

(2)第 5 列"纳税调增额":填报非公益性捐赠支出纳税调整增加额,金额等于第 1 列"账载金额"。

2. 第 2 行"全额扣除的公益性捐赠支出":填报纳税人发生的可全额税前扣除的公益性捐赠支出。具体如下:

(1)第 1 列"账载金额":填报纳税人本年发生且已计入本年损益的按税收规定可全额税前扣除的捐赠支出金额。

(2)第 4 列"税收金额":等于第 1 列"账载金额"。

3. 第 3 行"其中:扶贫捐赠":填报纳税人发生的可全额税前扣除的扶贫公益性捐赠支出。具体如下:

(1)第 1 列"账载金额":填报纳税人本年发生且已计入本年损益的按税收规定可全额税前扣除的扶贫公益性捐赠支出金额。

(2)第 4 列"税收金额":等于第 1 列"账载金额"。

4. 第 4 行"限额扣除的公益性捐赠支出":填报纳税人本年发生的限额扣除的公益性捐赠支出、纳税调整额、以前年度结转扣除捐赠支出等。第 4 行等于第 5+6+7+8 行。其中本行第 4 列"税收金额":当本行第 1 列 + 第 2 列大于第 3 列时,第 4 列 = 第 3 列;当本行第 1 列 + 第 2 列小于等于第 3 列时,第 4 列 = 第 1 列 + 第 2 列。

5. 第 5 行"前三年度":填报纳税人前三年度发生的未税前扣除的公益性捐赠支出在本年度扣除的金额。具体如下:

(1)第 2 列"以前年度结转可扣除的捐赠额":填报前三年度发生的尚未税前扣除的公益性捐赠支出金额。

(2)第 6 列"纳税调减额":根据本年扣除限额以及前三年度未扣除的公益性捐赠支出分析填报。

6. 第 6 行"前二年度":填报纳税人前二年度发生的未税前扣除的公益性捐赠支出在本年度扣除的捐赠额以及结转以后年度扣除的捐赠额。具体如下:

（1）第 2 列“以前年度结转可扣除的捐赠额”：填报前二年度发生的尚未税前扣除的公益性捐赠支出金额。

（2）第 6 列“纳税调减额”：根据本年剩余扣除限额、本年扣除前三年度捐赠支出、前二年度未扣除的公益性捐赠支出分析填报。

（3）第 7 列“可结转以后年度扣除的捐赠额”：填报前二年度未扣除、结转以后年度扣除的公益性捐赠支出金额。

7. 第 7 行“前一年度”：填报纳税人前一年度发生的未税前扣除的公益性捐赠支出在本年度扣除的捐赠额以及结转以后年度扣除的捐赠额。具体如下：

（1）第 2 列“以前年度结转可扣除的捐赠额”：填报前一年度发生的尚未税前扣除的公益性捐赠支出金额。

（2）第 6 列“纳税调减额”：根据本年剩余扣除限额、本年扣除前三年度捐赠支出、本年扣除前二年度捐赠支出、前一年度未扣除的公益性捐赠支出分析填报。

（3）第 7 列“可结转以后年度扣除的捐赠额”：填报前一年度未扣除、结转以后年度扣除的公益性捐赠支出金额。

8. 第 8 行“本年”：填报纳税人本年度发生、本年税前扣除、本年纳税调增以及结转以后年度扣除的公益性捐赠支出。具体如下：

（1）第 1 列“账载金额”：填报计入本年损益的公益性捐赠支出金额。

（2）第 3 列“按税收规定计算的扣除限额”：填报按照本年利润总额乘以 12% 的金额，若利润总额为负数，则以 0 填报。

（3）第 4 列“税收金额”：填报本年实际发生的公益性捐赠支出以及结转扣除以前年度公益性捐赠支出情况分析填报。

（4）第 5 列“纳税调增额”：填报本年公益性捐赠支出账载金额超过税收规定的税前扣除额的部分。

（5）第 7 列“可结转以后年度扣除的捐赠额”：填报本年度未扣除、结转以后年度扣除的公益性捐赠支出金额。

9. 第 9 行“合计”：填报第 1 +2 +4 行的合计金额。

10. 附列资料“2015 年度至本年发生的公益性扶贫捐赠合计金额”：填报企业按照《财政部　税务总局　国务院扶贫办关于企业扶贫捐赠所得税税前扣除政策的公告》（财政部　税务总局　国务院扶贫办公告 2019 年第 49 号）规定，企业在 2015 年 1 月 1 日至本年度发生的可全额税前扣除的扶贫公益性捐赠支出合计金额。具体如下：

（1）第 1 列“账载金额”：填报纳税人 2015 年 1 月 1 日至本年度发生的且已计入损益的按税收规定可全额税前扣除的扶贫公益性捐赠支出合计金额。

（2）第 4 列“税收金额”：填报纳税人 2015 年 1 月 1 日至本年度发生的且已计入损益的按税收规定已在税前扣除的扶贫公益性捐赠支出合计金额。

二、表内、表间关系

（一）表内关系

1. 第 1 行第 5 列 = 第 1 行第 1 列。

2. 第 2 行第 4 列 = 第 2 行第 1 列。

3. 第 4 行 = 第 5 +6 +7 +8 行。

4. 第 9 行 = 第 1 +2 +4 行。

（二）表间关系

1. 第 8 行第 3 列 = 表 A100000 第 13 行 ×12%（当表 A100000 第 13 行≤0，第 8 行第 3 列 =0）。

2. 第 9 行第 1 列 = 表 A105000 第 17 行第 1 列；第 9 行第 4 列 = 表 A105000 第 17 行第 2 列；第 9 行第 5 列 = 表 A105000 第 17 行第 3 列；第 9 行第 6 列 = 表 A105000 第 17 行第 4 列。

A105080　资产折旧、摊销及纳税调整明细表

行次	项目		账载金额			税收金额					纳税调整金额
			资产原值	本年折旧、摊销额	累计折旧、摊销额	资产计税基础	税收折旧、摊销额	享受加速折旧政策的资产按税收一般规定计算的折旧、摊销额	加速折旧、摊销统计额	累计折旧、摊销额	
			1	2	3	4	5	6	7=5-6	8	9(2-5)
1	一、固定资产(2+3+4+5+6+7)							*	*		
2	所有固定资产	(一)房屋、建筑物						*	*		
3		(二)飞机、火车、轮船、机器、机械和其他生产设备						*	*		
4		(三)与生产经营活动有关的器具、工具、家具等						*	*		
5		(四)飞机、火车、轮船以外的运输工具						*	*		
6		(五)电子设备						*	*		
7		(六)其他						*	*		
8	其中：享受固定资产加速折旧及一次性扣除政策的资产加速折旧额大于一般折旧额的部分	(一)重要行业固定资产加速折旧(不含一次性扣除)									*
9		(二)其他行业研发设备加速折旧									*
10		(三)固定资产一次性扣除									*
11		(四)技术进步、更新换代固定资产									*
12		(五)常年强震动、高腐蚀固定资产									*
13		(六)外购软件折旧									*
14		(七)集成电路企业生产设备									*
15	二、生产性生物资产(16+17)							*	*		
16	(一)林木类							*	*		
17	(二)畜类							*	*		
18	三、无形资产(19+20+21+22+23+24+25+27)							*	*		
19	(一)专利权							*	*		

续表

行次	项目	账载金额			税收金额					纳税调整金额
		资产原值	本年折旧、摊销额	累计折旧、摊销额	资产计税基础	税收折旧、摊销额	享受加速折旧政策的资产按税收一般规定计算的折旧、摊销额	加速折旧、摊销统计额	累计折旧、摊销额	
		1	2	3	4	5	6	7=5-6	8	9(2-5)
20	（二）商标权						*	*		
21	（三）著作权						*	*		
22	（四）土地使用权						*	*		
23	（五）非专利技术						*	*		
24	（六）特许权使用费						*	*		
25	（七）软件						*	*		
26	其中：享受企业外购软件加速摊销政策									*
27	（八）其他						*	*		
28	四、长期待摊费用（29+30+31+32+33）						*	*		
29	（一）已足额提取折旧的固定资产的改建支出						*	*		
30	（二）租入固定资产的改建支出						*	*		
31	（三）固定资产的大修理支出						*	*		
32	（四）开办费						*	*		
33	（五）其他						*	*		
34	五、油气勘探投资						*	*		
35	六、油气开发投资						*	*		
36	合计（1+15+18+28+34+35）									
附列资料	全民所有制企业公司制改制资产评估增值政策资产						*	*		

A105080 《资产折旧、摊销及纳税调整明细表》填报说明

本表适用于发生资产折旧、摊销的纳税人填报。纳税人根据税法、《国家税务总局关于企业固定资产加速折旧所得税处理有关问题的通知》(国税发〔2009〕81 号)、《国家税务总局关于融资性售后回租业务中承租方出售资产行为有关税收问题的公告》(国家税务总局公告 2010 年第 13 号)、《国家税务总局关于企业所得税若干问题的公告》(国家税务总局公告 2011 年第 34 号)、《国家税务总局关于发布〈企业所得税政策性搬迁所得税管理办法〉的公告》(国家税务总局公告 2012 年第 40 号)、《财政部　国家税务总局关于进一步鼓励软件产业和集成电路产业发展企业所得税政策的通知》(财税〔2012〕27 号)、《国家税务总局关于企业所得税应纳税所得额若干问题的公告》(国家税务总局公告 2014 年第 29 号)、《财政部　国家税务总局关于完善固定资产加速折旧税收政策有关问题的通知》(财税〔2014〕75 号)、《财政部　国家税务总局关于进一步完善固定资产加速折旧企业所得税政策的通知》(财税〔2015〕106 号)、《国家税务总局关于全民所有制企业公司制改制企业所得税处理问题的公告》(国家税务总局公告 2017 年第 34 号)、《财政部　税务总局关于设备器具扣除有关企业所得税政策的通知》(财税〔2018〕54 号)、《国家税务总局关于设备器具扣除有关企业所得税政策执行问题的公告》(国家税务总局公告 2018 年第 46 号)、《财政部　税务总局关于扩大固定资产加速折旧优惠政策适用范围的公告》(财政部　税务总局公告 2019 年第 66 号)等相关规定,以及国家统一企业会计制度,填报资产折旧、摊销的会计处理、税收规定,以及纳税调整情况。纳税人只要发生相关事项,均需填报本表。

一、有关项目填报说明

(一)列次填报

对于不征税收入形成的资产,其折旧、摊销额不得税前扣除。第 4 列至第 8 列税收金额不包含不征税收入所形成资产的折旧、摊销额。

1. 第 1 列“资产原值”:填报纳税人会计处理计提折旧、摊销的资产原值(或历史成本)的金额。

2. 第 2 列“本年折旧、摊销额”:填报纳税人会计核算的本年资产折旧、摊销额。

3. 第 3 列“累计折旧、摊销额”:填报纳税人会计核算的累计(含本年)资产折旧、摊销额。

4. 第 4 列“资产计税基础”:填报纳税人按照税收规定据以计算折旧、摊销的资产原值(或历史成本)的金额。

5. 第 5 列“税收折旧、摊销额”:填报纳税人按照税收规定计算的允许税前扣除的本年资产折旧、摊销额。

第 8 行至第 14 行、第 26 行第 5 列“税收折旧、摊销额”:填报享受相关加速折旧、摊销优惠政策的资产,采取税收加速折旧、摊销或一次性扣除方式计算的税收折旧额合计金额、摊销额合计金额。本列仅填报“税收折旧、摊销额”大于“享受加速折旧政策的资产按税收一般规定计算的折旧、摊销额”月份的金额合计。如,享受加速折旧、摊销优惠政策的资产,发生本年度某些月份其“税收折旧、摊销额”大于“享受加速折旧政策的资产按税收一般规定计算的折旧、摊销额”,其余月份其“税收折旧、摊销额”小于“享受加速折旧政策的资产按税收一般规定计算的折旧、摊销额”的情形,仅填报“税收折旧、摊销额”大于“享受加速折旧政策的资产按税收一般规定计算的折旧、摊销额”月份的税收折旧额合计金额、摊销额合计金额。

6. 第 6 列“享受加速折旧政策的资产按税收一般规定计算的折旧、摊销额”:仅适用于第 8 行至第 14 行、第 26 行,填报纳税人享受加速折旧、摊销优惠政策的资产,按照税收一般规定计算的折旧额合计金额、摊销额合计金额。按照税收一般规定计算的折旧、摊销额,是指该资产在不享受加速折旧、摊销优惠政策情况下,按照税收规定的最低折旧年限以直线法计算的折旧额、摊销额。本列仅填报“税收折旧、摊销额”大于“享受加速折旧政策的资产按税收一般规定计算的折旧、摊销额”月份的按税收一般规定计算的折旧额合计金额、摊销额合计金额。

7. 第 7 列“加速折旧、摊销统计额”:用于统计纳税人享受各类固定资产加速折旧政策的优惠金额,按第 5 – 6 列金额填报。

8. 第 8 列“累计折旧、摊销额”:填报纳税人按照税收规定计算的累计(含本年)资产折旧、摊销额。

9. 第 9 列“纳税调整金额”:填报第 2 – 5 列金额。

(二)行次填报

1. 第 2 行至第 7 行、第 16 行至第 17 行、第 19 行至第 25 行、第 27 行、第 29 行至第 35 行:填报各类资产有关情况。

2. 第 8 行至第 14 行、第 26 行:填报纳税人享受相关加速折旧、摊销优惠政策的资产有关情况及优惠统计情况。

第 8 行“(一)重要行业固定资产加速折旧”:适用于符合财税〔2014〕75 号、财税〔2015〕106 号和《财政部　税务总局关于扩大固定资产加速折旧优惠政策适用范围的公告》(财政部　税务总局公告 2019 年第 66 号)文件规定的制造业,信息传输、软件和信息技术服务业行业(以下称“重要行业”)的企业填报,填报新购进固定资产享受加速折旧政策的有关情况及优惠统计情况。重要行业纳税人按照上述文件规定享受固定资产一次性扣除政策的资产情况在第 10 行“(三)固定资产一次性扣除”中填报。

第 9 行“(二)其他行业研发设备加速折旧”:适用于重要行业以外的其他企业填报,填报单位价值超过 100 万元以上专用研发设备采取缩短折旧年限或加速折旧方法的有关情况及优惠统计情况。

第 10 行“(三)固定资产一次性扣除”:填报新购进单位价值不超过 500 万元的设备、器具等,按照税收规定一次性扣除的

有关情况及优惠统计情况。

第 11 行“(四)技术进步、更新换代固定资产”:填报固定资产因技术进步、产品更新换代较快而按税收规定享受固定资产加速折旧政策的有关情况及优惠统计情况。

第 12 行“(五)常年强震动、高腐蚀固定资产”:填报常年处于强震动、高腐蚀状态的固定资产按税收规定享受固定资产加速折旧政策的有关情况及优惠统计情况。

第 13 行“(六)外购软件折旧”:填报企业外购软件作为固定资产处理,按财税〔2012〕27 号文件规定享受加速折旧政策的有关情况及优惠统计情况。

第 14 行“(七)集成电路企业生产设备”:填报集成电路生产企业的生产设备,按照财税〔2012〕27 号文件规定享受加速折旧政策的有关情况及优惠统计情况。

第 26 行“享受企业外购软件加速摊销政策”:填报企业外购软件作无形资产处理,按财税〔2012〕27 号文件规定享受加速摊销政策的有关情况及优惠统计情况。

附列资料“全民所有制企业公司制改制资产评估增值政策资产”:填报企业按照国家税务总局公告 2017 年第 34 号文件规定,执行“改制中资产评估增值不计入应纳税所得额,资产的计税基础按其原有计税基础确定,资产增值部分的折旧或者摊销不得在税前扣除”政策的有关情况。本行不参与计算,仅用于统计享受全民所有制企业公司制改制资产评估增值政策资产的有关情况,相关资产折旧、摊销情况及调整情况在第 1 行至第 36 行填报。

二、表内、表间关系

(一)表内关系

1. 第 1 行 = 第 2 + 3 + … + 7 行。

2. 第 15 行 = 第 16 + 17 行。

3. 第 18 行 = 第 19 + 20 + 21 + 22 + 23 + 24 + 25 + 27 行。

4. 第 28 行 = 第 29 + 30 + 31 + 32 + 33 行。

5. 第 36 行 = 第 1 + 15 + 18 + 28 + 34 + 35 行。(其中第 36 行第 6 列 = 第 8 + 9 + 10 + 11 + 12 + 13 + 14 + 26 行第 6 列;第 36 行第 7 列 = 第 8 + 9 + 10 + 11 + 12 + 13 + 14 + 26 行第 7 列)。

6. 第 7 列 = 第 5 − 6 列。

7. 第 9 列 = 第 2 − 5 列。

(二)表间关系

1. 第 36 行第 2 列 = 表 A105000 第 32 行第 1 列。

2. 第 36 行第 5 列 = 表 A105000 第 32 行第 2 列。

3. 若第 36 行第 9 列≥0,第 36 行第 9 列 = 表 A105000 第 32 行第 3 列;若第 36 行第 9 列 < 0,第 36 行第 9 列的绝对值 = 表 A105000 第 32 行第 4 列。

A105090　资产损失税前扣除及纳税调整明细表

行次	项目	资产损失的账载金额	资产处置收入	赔偿收入	资产计税基础	资产损失的税收金额	纳税调整金额
		1	2	3	4	5(4－2－3)	6(1－5)
1	一、现金及银行存款损失						
2	二、应收及预付款项坏账损失						
3	其中:逾期三年以上的应收款项损失						
4	逾期一年以上的小额应收款项损失						
5	三、存货损失						
6	其中:存货盘亏、报废、损毁、变质或被盗损失						
7	四、固定资产损失						
8	其中:固定资产盘亏、丢失、报废、损毁或被盗损失						
9	五、无形资产损失						
10	其中:无形资产转让损失						
11	无形资产被替代或超过法律保护期限形成的损失						
12	六、在建工程损失						
13	其中:在建工程停建、报废损失						
14	七、生产性生物资产损失						
15	其中:生产性生物资产盘亏、非正常死亡、被盗、丢失等产生的损失						
16	八、债权性投资损失(17＋22)						
17	(一)金融企业债权性投资损失(18＋21)						
18	1. 符合条件的涉农和中小企业贷款损失						
19	其中:单户贷款余额300万(含)以下的贷款损失						
20	单户贷款余额300万元至1000万元(含)的贷款损失						
21	2. 其他债权性投资损失						
22	(二)非金融企业债权性投资损失						
23	九、股权(权益)性投资损失						
24	其中:股权转让损失						
25	十、通过各种交易场所、市场买卖债券、股票、期货、基金以及金融衍生产品等发生的损失						
26	十一、打包出售资产损失						
27	十二、其他资产损失						
28	合计(1＋2＋5＋7＋9＋12＋14＋16＋23＋25＋26＋27)						
29	其中:分支机构留存备查的资产损失						

A105090 《资产损失税前扣除及纳税调整明细表》填报说明

本表适用于发生资产损失税前扣除项目及纳税调整项目的纳税人填报。纳税人根据税法、《财政部　国家税务总局关于企业资产损失税前扣除政策的通知》(财税〔2009〕57号)、《国家税务总局关于发布〈企业资产损失所得税税前扣除管理办法〉的公告》(国家税务总局公告2011年第25号发布、国家税务总局公告2018年第31号修改)、《国家税务总局关于商业零售企业存货损失税前扣除问题的公告》(国家税务总局公告2014年第3号)、《国家税务总局关于企业因国务院决定事项形成的资产损失税前扣除问题的公告》(国家税务总局公告2014年第18号)、《财政部　国家税务总局关于金融企业涉农贷款和中小企业贷款损失准备金税前扣除有关问题的通知》(财税〔2015〕3号)、《国家税务总局关于金融企业涉农贷款和中小企业贷款损失税前扣除问题的公告》(国家税务总局公告2015年第25号)、《国家税务总局关于企业所得税资产损失资料留存备查有关事项的公告》(国家税务总局公告2018年第15号)等相关规定,及国家统一企业会计制度,填报资产损失的会计处理、税收规定,以及纳税调整情况。

一、有关项目填报说明

(一)行次填报

纳税人在第1至27行按资产类型填报留存备查的资产损失情况,跨地区经营汇总纳税企业在第1行至27行应填报总机构和全部分支机构的资产损失情况,并在第29行填报各分支机构留存备查的资产损失汇总情况。

1.第1行"一、现金及银行存款损失":填报纳税人当年发生的现金损失和银行存款损失的账载金额、资产处置收入、赔偿收入、资产计税基础、资产损失的税收金额及纳税调整金额。

2.第2行"二、应收及预付款项坏账损失":填报纳税人当年发生的应收及预付款项坏账损失的账载金额、资产处置收入、赔偿收入、资产计税基础、资产损失的税收金额及纳税调整金额。

3.第3行"逾期三年以上的应收款项损失":填报纳税人当年发生的应收及预付款项坏账损失中,逾期三年以上的应收款项且当年在会计上已作为损失处理的坏账损失的账载金额、资产处置收入、赔偿收入、资产计税基础、资产损失的税收金额及纳税调整金额。

4.第4行"逾期一年以上的小额应收款项损失":填报纳税人当年发生的应收及预付款项坏账损失中,逾期一年以上,单笔数额不超过五万或者不超过企业年度收入总额万分之一的应收款项,会计上已经作为损失处理的坏账损失的账载金额、资产处置收入、赔偿收入、资产计税基础、资产损失的税收金额及纳税调整金额。

5.第5行"三、存货损失":填报纳税人当年发生的存货损失的账载金额、资产处置收入、赔偿收入、资产计税基础、资产损失的税收金额及纳税调整金额。

6.第6行"存货盘亏、报废、损毁、变质或被盗损失":填报纳税人当年发生的存货损失中,存货盘亏损失、存货报废、毁损或变质损失以及存货被盗损失的账载金额、资产处置收入、赔偿收入、资产计税基础、资产损失的税收金额及纳税调整金额。

7.第7行"四、固定资产损失":填报纳税人当年发生的固定资产损失的账载金额、资产处置收入、赔偿收入、资产计税基础、资产损失的税收金额及纳税调整金额。

8.第8行"固定资产盘亏丢失、报废、损毁或被盗损失":填报纳税人当年发生的固定资产损失中,固定资产盘亏、丢失损失,报废、毁损损失以及被盗损失的账载金额、资产处置收入、赔偿收入、资产计税基础、资产损失的税收金额及纳税调整金额。

9.第9行"五、无形资产损失":填报纳税人当年发生的无形资产损失的账载金额、资产处置收入、赔偿收入、资产计税基础、资产损失的税收金额及纳税调整金额。

10.第10行"无形资产转让损失":填报纳税人当年在正常经营管理活动中,按照公允价格转让无形资产发生的损失的账载金额、资产处置收入、赔偿收入、资产计税基础、资产损失的税收金额及纳税调整金额。

11.第11行"无形资产被替代或超过法律保护期限形成的损失":填报纳税人当年发生的无形资产损失中,被其他新技术所代替或超过法律保护期限,已经丧失使用价值和转让价值,尚未摊销的无形资产损失的账载金额、资产处置收入、赔偿收入、资产计税基础、资产损失的税收金额及纳税调整金额。

12.第12行"六、在建工程损失":填报纳税人当年发生的在建工程损失的账载金额、资产处置收入、赔偿收入、资产计税基础、资产损失的税收金额及纳税调整金额。

13.第13行"在建工程停建、报废损失":填报纳税人当年发生的在建工程损失中,在建工程停建、报废损失的账载金额、资产处置收入、赔偿收入、资产计税基础、资产损失的税收金额及纳税调整金额。

14.第14行"七、生产性生物资产损失":填报纳税人当年发生的生产性生物资产损失的账载金额、资产处置收入、赔偿收入、资产计税基础、资产损失的税收金额及纳税调整金额。

15.第15行"生产性生物资产盘亏、非正常死亡、被盗、丢失等产生的损失":填报纳税人当年发生的生产性生物资产损失中,生产性生物资产盘亏损失、因森林病虫害、疫情、死亡而产生的生产性生物资产损失以及被盗伐、被盗、丢失而产生的生产性生物资产损失的账载金额、资产处置收入、赔偿收入、资产计税基础、资产损失的税收金额及纳税调整金额。

16. 第16行“八、债权性投资损失”：填报纳税人当年发生的债权性投资损失的账载金额、资产处置收入、赔偿收入、资产计税基础、资产损失的税收金额及纳税调整金额。

17. 第17行“（一）金融企业债权性投资损失”：填报金融企业当年发生的债权性投资损失的账载金额、资产处置收入、赔偿收入、资产计税基础、资产损失的税收金额及纳税调整金额。

18. 第18行“1. 符合条件的涉农和中小企业贷款损失”：填报金融企业当年发生的，符合财税〔2015〕3号规定条件的涉农和中小企业贷款形成的资产损失的账载金额、资产处置收入、赔偿收入、资产计税基础、资产损失的税收金额及纳税调整金额。

19. 第19行“单户贷款余额300万（含）以下的贷款损失”：填报金融企业当年发生的符合条件的涉农和中小企业贷款损失中，单户贷款余额300万（含）以下的资产损失的账载金额、资产处置收入、赔偿收入、资产计税基础、资产损失的税收金额及纳税调整金额。

20. 第20行“单户贷款余额300万元至1000万元（含）的贷款损失”：填报金融企业当年发生的符合条件的涉农和中小企业贷款损失中，单户余额300万元至1000万元（含）的资产损失的账载金额、资产处置收入、赔偿收入、资产计税基础、资产损失的税收金额及纳税调整金额。

21. 第21行“2. 其他债权性投资损失”：填报金融企业当年发生的，除符合条件的涉农和中小企业贷款损失以外的其他债权性投资损失的账载金额、资产处置收入、赔偿收入、资产计税基础、资产损失的税收金额及纳税调整金额。

22. 第22行“（二）非金融企业债权性投资损失”：填报非金融企业当年发生的债权性投资损失的账载金额、资产处置收入、赔偿收入、资产计税基础、资产损失的税收金额及纳税调整金额。

23. 第23行“九、股权（权益）性投资损失”：填报纳税人当年发生的股权（权益）性投资损失的账载金额、资产处置收入、赔偿收入、资产计税基础、资产损失的税收金额及纳税调整金额。

24. 第24行“股权转让损失”：填报纳税人当年发生的股权（权益）性投资损失中，因股权转让形成的资产损失的账载金额、资产处置收入、赔偿收入、资产计税基础、资产损失的税收金额及纳税调整金额。

25. 第25行“十、通过各种场所、市场等买卖债券、股票、期货、基金以及金融衍生产品等发生的损失”：填报纳税人当年发生的，按照市场公平交易原则，通过各种交易场所、市场等买卖债券、股票、期货、基金以及金融衍生产品等发生的损失的账载金额、资产处置收入、赔偿收入、资产计税基础、资产损失的税收金额及纳税调整金额。

26. 第26行“十一、打包出售资产损失”：填报纳税人当年发生的，将不同类别的资产捆绑（打包），以拍卖、询价、竞争性谈判、招标等市场方式出售形成的资产损失的账载金额、资产处置收入、赔偿收入、资产计税基础、资产损失的税收金额及纳税调整金额。

27. 第27行“十二、其他资产损失”：填报纳税人当年发生的其他资产损失的账载金额、资产处置收入、赔偿收入、资产计税基础、资产损失的税收金额及纳税调整金额。

28. 第28行“合计”行次：填报第1+2+5+7+9+12+14+16+23+25+26+27行的合计金额。

29. 第29行“分支机构留存备查的资产损失”：填报跨地区经营企业各分支机构留存备查的资产损失的账载金额、资产处置收入、赔偿收入、资产计税基础、资产损失的税收金额及纳税调整金额。

（二）列次填报

1. 第1列“资产损失的账载金额”：填报纳税人会计核算计入当期损益的对应项目的资产损失金额。

2. 第2列“资产处置收入”：填报纳税人处置发生损失的资产可收回的残值或处置收益。

3. 第3列“赔偿收入”：填报纳税人发生的资产损失，取得的相关责任人、保险公司赔偿的金额。

4. 第4列“资产计税基础”：填报纳税人按税收规定计算的发生损失时资产的计税基础，含损失资产涉及的不得抵扣增值税进项税额。

5. 第5列“资产损失的税收金额”：填报按税收规定允许当期税前扣除的资产损失金额，按第4−2−3列金额填报。

6. 第6列“纳税调整金额”：填报第1−5列金额。

二、表内、表间关系

（一）表内关系

1. 第16行=第17+22行。

2. 第17行=第18+21行。

3. 第28行=第1+2+5+7+9+12+14+16+23+25+26+27行。

4. 第5列=第4−2−3列。

5. 第6列=第1−5列。

（二）表间关系

1. 第28行第1列=表A105000第34行第1列。

2. 第28行第5列=表A105000第34行第2列。

3. 若第28行第6列≥0，第28行第6列 = 表A105000第34行第3列；若第28行第6列 <0，第28行第6列的绝对值 = 表A105000第34行第4列。

A105100　企业重组及递延纳税事项纳税调整明细表

行次	项目	一般性税务处理			特殊性税务处理（递延纳税）			纳税调整金额
		账载金额	税收金额	纳税调整金额	账载金额	税收金额	纳税调整金额	
		1	2	3(2-1)	4	5	6(5-4)	7(3+6)
1	一、债务重组							
2	其中：以非货币性资产清偿债务							
3	债转股							
4	二、股权收购							
5	其中：涉及跨境重组的股权收购							
6	三、资产收购							
7	其中：涉及跨境重组的资产收购							
8	四、企业合并(9+10)							
9	(一)同一控制下企业合并							
10	(二)非同一控制下企业合并							
11	五、企业分立							
12	六、非货币性资产对外投资							
13	七、技术入股							
14	八、股权划转、资产划转							
15	九、其他							
16	合计(1+4+6+8+11+12+13+14+15)							

A105100　《企业重组及递延纳税事项纳税调整明细表》填报说明

本表适用于发生企业重组、非货币性资产对外投资、技术入股等业务的纳税人填报。纳税人发生企业重组事项的，在企业重组日所属纳税年度分析填报。纳税人根据税法、《财政部　国家税务总局关于企业重组业务企业所得税处理若干问题的通知》（财税〔2009〕59号）、《国家税务总局关于发布〈企业重组业务企业所得税管理办法〉的公告》（国家税务总局公告2010年第4号）、《财政部　国家税务总局关于中国（上海）自由贸易试验区内企业以非货币性资产对外投资等资产重组行为有关企业所得税政策问题的通知》（财税〔2013〕91号）、《财政部　国家税务总局关于非货币性资产投资企业所得税政策问题的通知》（财税〔2014〕116号）、《财政部　国家税务总局关于促进企业重组有关企业所得税处理问题的通知》（财税〔2014〕109号）、《国家税务总局关于非货币性资产投资企业所得税有关征管问题的公告》（国家税务总局公告2015年第33号）、《国家税务总局关于资产（股权）划转企业所得税征管问题的公告》（国家税务总局公告2015年第40号）、《国家税务总局关于企业重组业务企业所得税征收管理若干问题的公告》（国家税务总局公告2015年第48号）、《财政部　国家税务总局关于完善股权激励和技术入股有关所得税政策的通知》（财税〔2016〕101号）、《国家税务总局关于股权激励和技术入股所得税征管问题的公告》（国家税务总局公告2016年第62号）等相关规定，以及国家统一企业会计制度，填报企业重组、非货币资产对外投资、技术入股等业务的会计核算及税收规定，以及纳税调整情况。对于发生债务重组业务且选择特殊性税务处理（即债务重组所得可以在5个纳税年度均匀计入应纳税所得额）的纳税人，重组日所属纳税年度的以后纳税年度，也在本表进行债务重组的纳税调整。除上述债务重组所得可以分期确认应纳税所得额的企业重组外，其他涉及资产计税基础与会计核算成本差异调整的企业重组，本表不作调整，在《资产折旧、摊销及纳税调整明细表》（A105080）进行纳税调整。

一、有关项目填报说明

（一）行次填报

1. 第1行“一、债务重组”：填报企业发生债务重组业务的相关金额。

2. 第2行“其中：以非货币性资产清偿债务”：填报企业发生以非货币性资产清偿债务的债务重组业务的相关金额。

3. 第3行“债转股”：填报企业发生债权转股权的债务重组业务的相关金额。

4. 第4行“二、股权收购”：填报企业发生股权收购重组业务的相关金额。

5. 第5行“其中：涉及跨境重组的股权收购”：填报企业发生涉及中国境内与境外之间、内地与港澳之间、大陆与台湾地区之间的股权收购交易重组业务的相关金额。

6. 第6行“三、资产收购”：填报企业发生资产收购重组业务的相关金额。

7. 第7行“其中：涉及跨境重组的资产收购”：填报企业发生涉及中国境内与境外之间、内地与港澳之间、大陆与台湾地区之间的资产收购交易重组业务的相关金额。

8. 第8行“四、企业合并”：填报第9行和第10行的合计金额。

9. 第9行“（一）同一控制下企业合并”：填报企业发生同一控制下企业合并重组业务的相关金额。

10. 第10行“（二）非同一控制下企业合并”：填报企业发生非同一控制下企业合并重组业务的相关金额。

11. 第11行“五、企业分立”：填报企业发生非同一控制下企业分立重组业务的相关金额。

12. 第12行“六、非货币性资产对外投资”：填报企业发生非货币性资产对外投资的相关金额，符合《财政部　国家税务总局关于非货币性资产投资企业所得税政策问题的通知》（财税〔2014〕116号）和《国家税务总局关于非货币性资产投资企业所得税有关征管问题的公告》（国家税务总局公告2015年第33号）规定执行递延纳税政策的填写“特殊性税务处理（递延纳税）”相关列次。

13. 第13行“七、技术入股”：填报企业以技术成果投资入股到境内居民企业，被投资企业支付对价全部为股票（权）的技术入股业务的相关金额，符合《财政部　国家税务总局关于完善股权激励和技术入股有关所得税政策的通知》（财税〔2016〕101号）、《国家税务总局关于股权激励和技术入股所得税征管问题的公告》（国家税务总局公告2016年第62号）规定适用递延纳税政策的填写“特殊性税务处理（递延纳税）”相关列次。

14. 第14行“八、股权划转、资产划转”：填报企业发生资产（股权）划转业务的相关金额。

（二）列次填报

本表数据栏设置“一般性税务处理”“特殊性税务处理（递延纳税）”两大栏次，纳税人应根据企业重组所适用的税务处理办法，分别按照企业重组类型进行累计填报，损失以“-”号填列。

1. 第1列“一般性税务处理-账载金额”：填报企业重组适用一般性税务处理或企业未发生递延纳税业务，会计核算确认的企业损益金额。

2. 第2列“一般性税务处理　税收金额”：填报企业重组适用　般性税务处理或企业未发生递延纳税业务，按税收规定确认的所得（或损失）。

3. 第3列“一般性税务处理-纳税调整金额”：填报企业重组适用一般性税务处理或企业未发生递延纳税业务，按税收规定确认的所得（或损失）与会计核算确认的损益金额的差。为第2-1列的余额。

4. 第4列“特殊性税务处理（递延纳税）-账载金额”：填报企业重组适用特殊性税务处理或企业发生递延纳税业务，会计核算确认的损益金额。

5. 第5列“特殊性税务处理（递延纳税）-税收金额”：填报企业重组适用特殊性税务处理或企业发生递延纳税业务，按税收规定确认的所得（或损失）。

6. 第6列“特殊性税务处理（递延纳税）-纳税调整金额”：填报企业重组适用特殊性税务处理或企业发生递延纳税业务，按税收规定确认的所得（或损失）与会计核算确认的损益金额的差额。为第5-4列的余额。

7. 第7列“纳税调整金额”：填报第3+6列的合计金额。

二、表内、表间关系

（一）表内关系

1. 第8行=第9+10行。

2. 第16行=第1+4+6+8+11+12+13+14+15行。

3. 第3列=第2-1列。

4. 第6列=第5-4列。

5. 第7列=第3+6列。

（二）表间关系

1. 第16行第1+4列=表A105000第37行第1列。

2. 第16行第2+5列=表A105000第37行第2列。

3. 若第16行第7列≥0，第16行第7列=表A105000第37行第3列；若第16行第7列<0，第16行第7列的绝对值=表A105000第37行第4列。

A105110 政策性搬迁纳税调整明细表

行次	项目	金额
1	一、搬迁收入(2+8)	
2	(一)搬迁补偿收入(3+4+5+6+7)	
3	1. 对被征用资产价值的补偿	
4	2. 因搬迁、安置而给予的补偿	
5	3. 对停产停业形成的损失而给予的补偿	
6	4. 资产搬迁过程中遭到毁损而取得的保险赔款	
7	5. 其他补偿收入	
8	(二)搬迁资产处置收入	
9	二、搬迁支出(10+16)	
10	(一)搬迁费用支出(11+12+13+14+15)	
11	1. 安置职工实际发生的费用	
12	2. 停工期间支付给职工的工资及福利费	
13	3. 临时存放搬迁资产而发生的费用	
14	4. 各类资产搬迁安装费用	
15	5. 其他与搬迁相关的费用	
16	(二)搬迁资产处置支出	
17	三、搬迁所得或损失(1-9)	
18	四、应计入本年应纳税所得额的搬迁所得或损失(19+20+21)	
19	其中：搬迁所得	
20	搬迁损失一次性扣除	
21	搬迁损失分期扣除	
22	五、计入当期损益的搬迁收益或损失	
23	六、以前年度搬迁损失当期扣除金额	
24	七、纳税调整金额(18-22-23)	

A105110 《政策性搬迁纳税调整明细表》填报说明

本表适用于发生政策性搬迁纳税调整项目的纳税人在完成搬迁年度及以后进行损失分期扣除的年度填报。纳税人根据税法、《国家税务总局关于发布〈企业政策性搬迁所得税管理办法〉的公告》（国家税务总局公告2012年第40号）、《国家税务总局关于企业政策性搬迁所得税有关问题的公告》（国家税务总局公告2013年第11号）等相关规定，以及国家统一企业会计制度，填报企业政策性搬迁项目的相关会计处理、税收规定及纳税调整情况。

一、有关项目填报说明

本表第1行“一、搬迁收入”至第21行“搬迁损失分期扣除”的金额，按照税收规定确认的政策性搬迁清算累计数填报。

1. 第1行“一、搬迁收入”：填报第2+8行的合计金额。

2. 第2行“（一）搬迁补偿收入”：填报按税收规定确认的，纳税人从本企业以外取得的搬迁补偿收入金额，此行为第3行至第7行的合计金额。

3. 第3行“1. 对被征用资产价值的补偿”：填报按税收规定确认的，纳税人被征用资产价值补偿收入累计金额。

4. 第4行“2. 因搬迁、安置而给予的补偿”：填报按税收规定确认的，纳税人因搬迁、安置而取得的补偿收入累计金额。

5. 第5行“3. 对停产停业形成的损失而给予的补偿”：填报按税收规定确认的，纳税人停产停业形成损失而取得的补偿收入累计金额。

6. 第6行“4. 资产搬迁过程中遭到毁损而取得的保险赔款”：填报按税收规定确认，纳税人资产搬迁过程中遭到毁损而取得的保险赔款收入累计金额。

7. 第7行“5. 其他补偿收入”：填报按税收规定确认，纳税人其他补偿收入累计金额。

8. 第8行“（二）搬迁资产处置收入”：填报按税收规定确认，纳税人由于搬迁而处置各类资产所取得的收入累计金额。

9. 第9行“二、搬迁支出”：填报第10+16行的合计金额。

10. 第10行“（一）搬迁费用支出”：填报按税收规定确认，纳税人搬迁过程中发生的费用支出累计金额，为第11行至第15行的合计金额。

11. 第11行“1. 安置职工实际发生的费用”：填报按税收规定确认，纳税人安置职工实际发生费用支出的累计金额。

12. 第12行“2. 停工期间支付给职工的工资及福利费”：填报按税收规定确认，纳税人因停工支付给职工的工资及福利费支出累计金额。

13. 第13行“3. 临时存放搬迁资产而发生的费用”：填报按税收规定确认，纳税人临时存放搬迁资产发生的费用支出累计金额。

14. 第14行“4. 各类资产搬迁安装费用”：填报按税收规定确认，纳税人各类资产搬迁安装费用支出累计金额。

15. 第15行“5. 其他与搬迁相关的费用”：填报按税收规定确认，纳税人其他与搬迁相关的费用支出累计金额。

16. 第16行“（二）搬迁资产处置支出”：填报按税收规定确认的，纳税人搬迁资产处置支出累计金额。符合《国家税务总局关于企业政策性搬迁所得税有关问题的公告》（国家税务总局公告2013年第11号）规定的资产购置支出，填报在本行。

17. 第17行“三、搬迁所得或损失”：填报政策性搬迁所得或损失，填报第1－9行的余额，损失以“－”号填列。

18. 第18行“四、应计入本年应纳税所得额的搬迁所得或损失”：填报政策性搬迁所得或损失按照税收规定计入本年应纳税所得额的金额，填报第19行至第21行的合计金额，损失以“－”号填列。

19. 第19行“其中：搬迁所得”：填报按税法相关规定，搬迁完成年度政策性搬迁所得的金额。

20. 第20行“搬迁损失一次性扣除”：由选择一次性扣除搬迁损失的纳税人填报，填报搬迁完成年度按照税收规定计算的搬迁损失金额，损失以“－”号填列。

21. 第21行“搬迁损失分期扣除”：由选择分期扣除搬迁损失的纳税人填报，填报搬迁完成年度按照税收规定计算的搬迁损失在本年扣除的金额，损失以“－”号填列。

22. 第22行“五、计入当期损益的搬迁收益或损失”：填报政策性搬迁项目会计核算计入当期损益的金额，损失以“－”号填列。

23. 第23行“六、以前年度搬迁损失当期扣除金额”：以前年度完成搬迁形成的损失，按照税收规定在当期扣除的金额。

24. 第24行“七、纳税调整金额”：填报第18－22－23行的余额。

二、表内、表间关系

（一）表内关系

1. 第1行＝第2＋8行。

2. 第2行＝第3＋4＋…＋7行。

3. 第9行＝第10＋16行。

4. 第10行＝第11＋12＋…＋15行。

5. 第17行＝第1－9行。

6. 第18行＝第19＋20＋21行。

7. 第24行＝第18－22－23行。

（二）表间关系

若第24行≥0，第24行＝表A105000第38行第3列；若第24行＜0，第24行的绝对值＝表A105000第38行第4列。

A105120　特殊行业准备金及纳税调整明细表

行次	项目			账载金额	税收金额	纳税调整金额
				1	2	3(1－2)
1	一、保险公司(2＋13＋14＋15＋16＋19＋20)					
2	(一)保险保障基金(3＋4＋5＋…＋12)					
3	1.财产保险业务	非投资型				
4		投资型	保证收益			
5			无保证收益			
6	2.人寿保险业务	保证收益				
7		无保证收益				
8	3.健康保险业务	短期				
9		长期				
10	4.意外伤害保险业务	非投资型				
11		投资型	保证收益			
12			无保证收益			
13	(二)未到期责任准备金					
14	(三)寿险责任准备金					
15	(四)长期健康险责任准备金					
16	(五)未决赔款准备金(17＋18)					
17	1.已发生已报案未决赔款准备金					
18	2.已发生未报案未决赔款准备金					
19	(六)大灾风险准备金					
20	(七)其他					
21	二、证券行业(22＋23＋24＋25)					
22	(一)证券交易所风险基金					
23	(二)证券结算风险基金					
24	(三)证券投资者保护基金					
25	(四)其他					
26	三、期货行业(27＋28＋29＋30)					
27	(一)期货交易所风险准备金					
28	(二)期货公司风险准备金					
29	(三)期货投资者保障基金					
30	(四)其他					
31	四、金融企业(32＋33＋34)					
32	(一)涉农和中小企业贷款损失准备金					
33	(二)贷款损失准备金					
34	(三)其他					
35	五、中小企业融资(信用)担保机构(36＋37＋38)					
36	(一)担保赔偿准备					
37	(二)未到期责任准备					
38	(三)其他					
39	六、小额贷款公司(40＋41)					
40	(一)贷款损失准备金					
41	(二)其他					
42	七、其他					
43	合计(1＋21＋26＋31＋35＋39＋42)					

A105120 《特殊行业准备金及纳税调整明细表》填报说明

本表适用于发生特殊行业准备金的纳税人填报。纳税人根据税法相关规定，以及国家统一企业会计制度，填报特殊行业准备金会计处理、税收规定及纳税调整情况。只要会计上发生准备金，不论是否纳税调整，均需填报。

一、有关项目填报说明

1. 第1行"一、保险公司"：填报第2+13+14+15+16+19+20行的合计金额。

2. 第2行"(一)保险保障基金"：填报第3+4+5+6+7+8+9+10+11+12行的合计金额。

3. 第3行"1. 财产保险业务—非投资型"：填报保险公司非投资型财产保险业务的保险保障基金相关情况。第1列"账载金额"填报按会计核算计入当期损益的金额；第2列"税收金额"填报按税收规定允许税前扣除的金额；第3列为第1－2列的余额。

4. 第4行"1. 财产保险业务—投资型—保证收益"：填报有保证收益的投资型财产保险业务的保险保障基金的纳税调整情况。填列方法同第3行。

5. 第5行"1. 财产保险业务—投资型—无保证收益"：填报无保证收益的投资型财产保险业务的保险保障基金的纳税调整情况。填列方法同第3行。

6. 第6行"2. 人寿保险业务—保证收益"：填报有保证收益的人寿保险业务的保险保障基金的纳税调整情况。填列方法同第3行。

7. 第7行"2. 人寿保险业务—无保证收益"：填报无保证收益的人寿保险业务的保险保障基金的纳税调整情况。填列方法同第3行。

8. 第8行"3. 健康保险业务—短期"：填报短期健康保险业务的保险保障基金的纳税调整情况。填列方法同第3行。

9. 第9行"3. 健康保险业务—长期"：填报长期健康保险业务的保险保障基金的纳税调整情况。填列方法同第3行。

10. 第10行"4. 意外伤害保险业务—非投资型"：填报非投资型意外伤害保险业务的保险保障基金的纳税调整情况。填列方法同第3行。

11. 第11行"4. 意外伤害保险业务—投资型—保证收益"：填报有保证收益的投资型意外伤害保险业务的保险保障基金的纳税调整情况。填列方法同第3行。

12. 第12行"4. 意外伤害保险业务—投资型—无保证收益"：填报无保证收益的投资型意外伤害保险业务的保险保障基金的纳税调整情况。填列方法同第3行。

13. 第13行"(二)未到期责任准备金"：填报未到期责任准备金的纳税调整情况。填列方法同第3行。

14. 第14行"(三)寿险责任准备金"：填报寿险责任准备金的纳税调整情况。填列方法同第3行。

15. 第15行"(四)长期健康险责任准备金"：填报长期健康险责任准备金的纳税调整情况。填列方法同第3行。

16. 第16行"(五)未决赔款准备金"：填报第17+18行的合计金额。本表调整的未决赔款准备金为已发生已报案未决赔款准备金、已发生未报案未决赔款准备金，不包括理赔费用准备金。

17. 第17行"1. 已发生已报案未决赔款准备金"：填报未决赔款准备金中已发生已报案准备金的纳税调整情况。填列方法同第3行。

18. 第18行"2. 已发生未报案未决赔款准备金"：填报未决赔款准备金中已发生未报案准备金的纳税调整情况。填列方法同第3行。

19. 第19行"(六)大灾风险准备金"：填报大灾风险准备金的纳税调整情况。填列方法同第3行。

20. 第20行"(七)其他"：填报除第2行至第19行以外的允许税前扣除的保险公司准备金的纳税调整情况。填列方法同第3行。

21. 第21行"二、证券行业"：填报第22+23+24+25行的合计金额。

22. 第22行"(一)证券交易所风险基金"：填报证券交易所风险基金的纳税调整情况。填列方法同第3行。

23. 第23行"(二)证券结算风险基金"：填报证券结算风险基金的纳税调整情况。填列方法同第3行。

24. 第24行"(三)证券投资者保护基金"：填报证券投资者保护基金的纳税调整情况。填列方法同第3行。

25. 第25行"(四)其他"：填报除第22行至第24行以外的允许税前扣除的证券行业准备金的纳税调整情况。填列方法同第3行。

26. 第26行"三、期货行业"：填报第27+28+29+30行的合计金额。

27. 第27行"(一)期货交易所风险准备金"：填报期货交易所风险准备金的纳税调整情况。填列方法同第3行。

28. 第28行"(二)期货公司风险准备金"：填报期货公司风险准备金的纳税调整情况。填列方法同第3行。

29. 第29行"(三)期货投资者保障基金"：填报期货投资者保障基金的纳税调整情况。填列方法同第3行。

30. 第30行"(四)其他"：填报除第27行至第29行以外的允许税前扣除的期货行业准备金的纳税调整情况。填列方法同第3行。

31. 第31行“四、金融企业”：填报第32+33+34行的合计金额。

32. 第32行“（一）涉农和中小企业贷款损失准备金”：填报涉农和中小企业贷款损失准备金的纳税调整情况。填列方法同第3行。

33. 第33行“（二）贷款损失准备金”：填报贷款损失准备金的纳税调整情况。填列方法同第3行。

34. 第34行“（三）其他”：填报除第32行至第33行以外的允许税前扣除的金融企业准备金的纳税调整情况。填列方法同第3行。

35. 第35行“五、中小企业信用担保机构”：填报第36+37+38行的合计金额。

36. 第36行“（一）担保赔偿准备”：填报担保赔偿准备的纳税调整情况。填列方法同第3行。

37. 第37行“（二）未到期责任准备”：填报未到期责任准备的纳税调整情况。填列方法同第3行。

38. 第38行“（三）其他”：填报除第36、37行以外的允许税前扣除的中小企业信用担保机构准备的纳税调整情况。填列方法同第3行。

39. 第39行“六、小额贷款公司”：填报第40+41行的合计金额。

40. 第40行“（一）贷款损失准备金”：填报经省级金融管理部门批准成立的小额贷款公司贷款损失准备金的纳税调整情况。填列方法同第3行。

41. 第41行“（二）其他”：填报除第40行以外的允许税前扣除的小额贷款公司贷款损失准备金的纳税调整情况。填列方法同第3行。

42. 第42行“七、其他”：填报除保险公司、证券行业、期货行业、金融企业、中小企业信用担保机构、小额贷款公司以外的允许税前扣除的特殊行业准备金的纳税调整情况。填列方法同第3行。

43. 第43行“合计”：填报第1+21+26+31+35+39+42行的合计金额。

二、表内、表间关系

（一）表内关系

1. 第3列=第1-2列。

2. 第1行=第2+13+14+15+16+19+20行。

3. 第2行=第3+4+5+6+7+8+9+10+11+12行。

4. 第16行=第17+18行。

5. 第21行=第22+23+24+25行。

6. 第26行=第27+28+29+30行。

7. 第31行=第32+33+34行。

8. 第35行=第36+37+38行。

9. 第39行=第40+41行。

10. 第43行=第1+21+26+31+35+39+42行。

（二）表间关系

1. 第43行第1列=表A105000第39行第1列。

2. 第43行第2列=表A105000第39行第2列。

3. 若第43行第3列≥0，第43行第3列=表A105000第39行第3列；若第43行第3列<0，第43行第3列的绝对值=表A105000第39行第4列。

A106000　企业所得税弥补亏损明细表

<table>
<tr><td rowspan="3">行次</td><td rowspan="3">项目</td><td rowspan="2">年度</td><td rowspan="2">当年境内所得额</td><td rowspan="2">分立转出的亏损额</td><td colspan="2">合并、分立转入的亏损额</td><td rowspan="2">弥补亏损企业类型</td><td rowspan="2">当年亏损额</td><td rowspan="2">当年待弥补的亏损额</td><td colspan="2">用本年度所得额弥补的以前年度亏损额</td><td rowspan="2">当年可结转以后年度弥补的亏损额</td></tr>
<tr><td>可弥补年限5年</td><td>可弥补年限10年</td><td>使用境内所得弥补</td><td>使用境外所得弥补</td></tr>
<tr><td>1</td><td>2</td><td>3</td><td>4</td><td>5</td><td>6</td><td>7</td><td>8</td><td>9</td><td>10</td><td>11</td></tr>
<tr><td>1</td><td>前十年度</td><td></td><td></td><td></td><td></td><td></td><td></td><td></td><td></td><td></td><td></td><td></td></tr>
<tr><td>2</td><td>前九年度</td><td></td><td></td><td></td><td></td><td></td><td></td><td></td><td></td><td></td><td></td><td></td></tr>
<tr><td>3</td><td>前八年度</td><td></td><td></td><td></td><td></td><td></td><td></td><td></td><td></td><td></td><td></td><td></td></tr>
<tr><td>4</td><td>前七年度</td><td></td><td></td><td></td><td></td><td></td><td></td><td></td><td></td><td></td><td></td><td></td></tr>
<tr><td>5</td><td>前六年度</td><td></td><td></td><td></td><td></td><td></td><td></td><td></td><td></td><td></td><td></td><td></td></tr>
<tr><td>6</td><td>前五年度</td><td></td><td></td><td></td><td></td><td></td><td></td><td></td><td></td><td></td><td></td><td></td></tr>
<tr><td>7</td><td>前四年度</td><td></td><td></td><td></td><td></td><td></td><td></td><td></td><td></td><td></td><td></td><td></td></tr>
<tr><td>8</td><td>前三年度</td><td></td><td></td><td></td><td></td><td></td><td></td><td></td><td></td><td></td><td></td><td></td></tr>
<tr><td>9</td><td>前二年度</td><td></td><td></td><td></td><td></td><td></td><td></td><td></td><td></td><td></td><td></td><td></td></tr>
<tr><td>10</td><td>前一年度</td><td></td><td></td><td></td><td></td><td></td><td></td><td></td><td></td><td></td><td></td><td></td></tr>
<tr><td>11</td><td>本年度</td><td></td><td></td><td></td><td></td><td></td><td></td><td></td><td></td><td></td><td></td><td></td></tr>
<tr><td>12</td><td colspan="11">可结转以后年度弥补的亏损额合计</td><td></td></tr>
</table>

A106000　《企业所得税弥补亏损明细表》填报说明

本表适用于发生弥补亏损、亏损结转等事项的纳税人填报。纳税人应当根据税法、《财政部　税务总局关于延长高新技术企业和科技型中小企业亏损结转年限的通知》(财税〔2018〕76 号)、《国家税务总局关于延长高新技术企业和科技型中小企业亏损结转弥补年限有关企业所得税处理问题的公告》(国家税务总局公告 2018 年第 45 号)等相关规定,填报本表。

一、有关项目填报说明

纳税人弥补以前年度亏损时,应按照“先到期亏损先弥补、同时到期亏损先发生的先弥补”的原则处理。

1. 第 1 列“年度”:填报公历年度。纳税人应首先填报第 11 行“本年度”对应的公历年度,再依次从第 10 行往第 1 行倒推填报以前年度。纳税人发生政策性搬迁事项,如停止生产经营活动年度可以从法定亏损结转弥补年限中减除,则按可弥补亏损年度进行填报。本年度是指申报所属期年度,如:纳税人在 2019 年 5 月 10 日进行 2018 年度企业所得税年度纳税申报时,本年度(申报所属期年度)为 2018 年。

2. 第 2 列“当年境内所得额”:第 11 行填报表 A100000 第 19 – 20 行金额。第 1 行至第 10 行填报以前年度主表第 23 行(2013 年及以前纳税年度)、以前年度表 A106000 第 6 行第 2 列(2014 至 2017 纳税年度)、以前年度表 A106000 第 11 行第 2 列的金额(亏损以负数表示)。发生查补以前年度应纳税所得额、追补以前年度未能税前扣除的实际资产损失等情况的,按照相应调整后的金额填报。

3. 第 3 列“分立转出的亏损额”:填报本年度企业分立按照企业重组特殊性税务处理规定转出的符合条件的亏损额。分立转出的亏损额按亏损所属年度填报,转出亏损的亏损额以正数表示。

4. 第 4 列“合并、分立转入的亏损额 – 可弥补年限 5 年”:填报企业符合企业重组特殊性税务处理规定,因合并或分立本年度转入的不超过 5 年亏损弥补年限规定的亏损额。合并、分立转入的亏损额按亏损所属年度填报,转入的亏损额以负数表示。

5. 第 5 列“合并、分立转入的亏损额 – 可弥补年限 10 年”:填报企业符合企业重组特殊性税务处理规定,因合并或分立本年度转入的不超过 10 年亏损弥补年限规定的亏损额。合并、分立转入的亏损额按亏损所属年度填报,转入的亏损额以负数表示。

6. 第 6 列“弥补亏损企业类型”:纳税人根据不同年度情况从《弥补亏损企业类型代码表》中选择相应的代码填入本项。不同类型纳税人的亏损结转年限不同,纳税人选择“一般企业”是指亏损结转年限为 5 年的纳税人;“符合条件的高新技术企业”“符合条件的科技型中小企业”是指符合《财政部　税务总局关于延长高新技术企业和科技型中小企业亏损结转年限的通知》

(财税〔2018〕76号)、《国家税务总局关于延长高新技术企业和科技型中小企业亏损结转弥补年限有关企业所得税处理问题的公告》(国家税务总局公告2018年第45号)等文件规定的,亏损结转年限为10年的纳税人。

弥补亏损企业类型代码表

代码	类型
100	一般企业
200	符合条件的高新技术企业
300	符合条件的科技型中小企业

7.第7列“当年亏损额”:填报纳税人各年度可弥补亏损额的合计金额。

8.第8列“当年待弥补的亏损额”:填报在用本年度(申报所属期年度)所得额弥补亏损前,当年度尚未被弥补的亏损额。

9.第9列“用本年度所得额弥补的以前年度亏损额－使用境内所得弥补”:第1行至第10行,当第11行第2列本年度(申报所属期年度)的“当年境内所得额”>0时,填报各年度被本年度(申报所属期年度)境内所得依次弥补的亏损额,弥补的亏损额以正数表示。本列第11行,填报本列第1行至第10行的合计金额,表A100000第21行填报本项金额。

10.第10列“用本年度所得额弥补的以前年度亏损额－使用境外所得弥补”:第1行至第10行,当纳税人选择用境外所得弥补境内以前年度亏损的,填报各年度被本年度(申报所属期年度)境外所得依次弥补的亏损额,弥补的亏损额以正数表示。本列第11行,填报本列第1行至第10行的合计金额。

11.第11列“当年可结转以后年度弥补的亏损额”:第1行至第11行,填报各年度尚未弥补完的且准予结转以后年度弥补的亏损额,结转以后年度弥补的亏损额以正数表示。本列第12行,填报本列第1行至第11行的合计金额。

二、表内、表间关系

(一)表内关系

1.当第2列<0且第3列>0时,第3列<第2列的绝对值;当第2列≥0时,则第3列=0。

2.第9列第11行=第9列第1+2+3+4+5+6+7+8+9+10行;当第2列第11行≤0时,第9列第1行至第11行=0;当第2列第11行>0时,第9列第11行≤第2列第11行。

3.第10列第11行=第10列第1+2+3+4+5+6+7+8+9+10行。

4.第11列第12行=第11列第1+2+3+4+5+6+7+8+9+10+11行。

5.第1行第11列=0;第2至10行第11列=第8列的绝对值－第9列－第10列;第11行第11列=第8列的绝对值。

(二)表间关系

1.第11行第2列=表A100000第19－20行。

2.第11行第9列=表A100000第21行。

3.第11行第10列=表A108000第10行第6列－表A100000第18行。

A107010　免税、减计收入及加计扣除优惠明细表

行次	项目	金额
1	一、免税收入(2+3+9+…+16)	
2	(一)国债利息收入免征企业所得税	
3	(二)符合条件的居民企业之间的股息、红利等权益性投资收益免征企业所得税(4+5+6+7+8)	
4	1.一般股息红利等权益性投资收益免征企业所得税(填写A107011)	
5	2.内地居民企业通过沪港通投资且连续持有H股满12个月取得的股息红利所得免征企业所得税(填写A107011)	
6	3.内地居民企业通过深港通投资且连续持有H股满12个月取得的股息红利所得免征企业所得税(填写A107011)	
7	4.居民企业持有创新企业CDR取得的股息红利所得免征企业所得税(填写A107011)	
8	5.符合条件的永续债利息收入免征企业所得税(填写A107011)	
9	(三)符合条件的非营利组织的收入免征企业所得税	
10	(四)中国清洁发展机制基金取得的收入免征企业所得税	
11	(五)投资者从证券投资基金分配中取得的收入免征企业所得税	
12	(六)取得的地方政府债券利息收入免征企业所得税	
13	(七)中国保险保障基金有限责任公司取得的保险保障基金等收入免征企业所得税	
14	(八)中国奥委会取得北京冬奥组委支付的收入免征企业所得税	
15	(九)中国残奥委会取得北京冬奥组委分期支付的收入免征企业所得税	
16	(十)其他	
17	二、减计收入(18+19+23+24)	
18	(一)综合利用资源生产产品取得的收入在计算应纳税所得额时减计收入	
19	(二)金融、保险等机构取得的涉农利息、保费减计收入(20+21+22)	
20	1.金融机构取得的涉农贷款利息收入在计算应纳税所得额时减计收入	
21	2.保险机构取得的涉农保费收入在计算应纳税所得额时减计收入	
22	3.小额贷款公司取得的农户小额贷款利息收入在计算应纳税所得额时减计收入	
23	(三)取得铁路债券利息收入减半征收企业所得税	
24	(四)其他(24.1+24.2)	
24.1	1.取得的社区家庭服务收入在计算应纳税所得额时减计收入	
24.2	2.其他	
25	三、加计扣除(26+27+28+29+30)	
26	(一)开发新技术、新产品、新工艺发生的研究开发费用加计扣除(填写A107012)	
27	(二)科技型中小企业开发新技术、新产品、新工艺发生的研究开发费用加计扣除(填写A107012)	
28	(三)企业为获得创新性、创意性、突破性的产品进行创意设计活动而发生的相关费用加计扣除	
29	(四)安置残疾人员所支付的工资加计扣除	
30	(五)其他	
31	合计(1+17+25)	

A107010 《免税、减计收入及加计扣除优惠明细表》填报说明

本表适用于享受免税收入、减计收入和加计扣除优惠的纳税人填报。纳税人根据税法及相关税收政策规定，填报本年发生的免税收入、减计收入和加计扣除优惠情况。

一、有关项目填报说明

1. 第1行“一、免税收入”：填报第2+3+9+10+11+12+13+14+15+16行金额。

2. 第2行“（一）国债利息收入免征企业所得税”：填报纳税人根据《国家税务总局关于企业国债投资业务企业所得税处理问题的公告》（国家税务总局公告2011年第36号）等相关税收政策规定，持有国务院财政部门发行的国债取得的利息收入。

3. 第3行“（二）符合条件的居民企业之间的股息、红利等权益性投资收益免征企业所得税”：填报《符合条件的居民企业之间的股息、红利等权益性投资收益优惠明细表》（A107011）第8行第17列金额。

4. 第4行“1. 一般股息红利等权益性投资收益免征企业所得税”：填报《中华人民共和国企业所得税法实施条例》第八十三条规定的投资收益，不含持有H股、创新企业CDR、永续债取得的投资收益，按表A107011第9行第17列金额填报。

5. 第5行“2. 内地居民企业通过沪港通投资且连续持有H股满12个月取得的股息红利所得免征企业所得税”：填报根据《财政部　国家税务总局　证监会关于沪港股票市场交易互联互通机制试点有关税收政策的通知》（财税〔2014〕81号）等相关税收政策规定，内地居民企业连续持有H股满12个月取得的股息红利所得，按表A107011第10行第17列金额填报。

6. 第6行“3. 内地居民企业通过深港通投资且连续持有H股满12个月取得的股息红利所得免征企业所得税”：填报根据《财政部　国家税务总局　证监会关于深港股票市场交易互联互通机制试点有关税收政策的通知》（财税〔2016〕127号）等相关税收政策规定，内地居民企业连续持有H股满12个月取得的股息红利所得，按表A107011第11行第17列金额填报。

7. 第7行“居民企业持有创新企业CDR取得的股息红利所得免征企业所得税”：根据《财政部　税务总局　证监会关于创新企业境内发行存托凭证试点阶段有关税收政策的公告》（财政部　税务总局　证监会公告2019年第52号）等相关税收政策规定，居民企业持有创新企业CDR取得的股息红利所得，按表A107011第12行第17列金额填报。

8. 第8行“符合条件的永续债利息收入免征企业所得税”：填报根据《财政部　税务总局关于永续债企业所得税政策问题的公告》（财政部　税务总局公告2019年第64号）等相关税收政策规定，居民企业取得的可以适用企业所得税法规定的居民企业之间的股息、红利等权益性投资收益免征企业所得税规定的永续债利息收入，按表A107011第13行第17列金额填报。

9. 第9行“（三）符合条件的非营利组织的收入免征企业所得税”：填报纳税人根据税法、《财政部　国家税务总局关于非营利组织企业所得税免税收入问题的通知》（财税〔2009〕122号）、《财政部　税务总局关于非营利组织免税资格认定管理有关问题的通知》（财税〔2018〕13号）等相关税收政策规定，认定的符合条件的非营利组织，取得的捐赠收入等免税收入，但不包括从事营利性活动所取得的收入。当表A000000“207非营利组织”选择“是”时，本行可以填报，否则不得填报。

10. 第10行“（四）中国清洁发展机制基金取得的收入免征企业所得税”：填报中国清洁发展机制基金根据《财政部　国家税务总局关于中国清洁发展机制基金及清洁发展机制项目实施企业有关企业所得税政策问题的通知》（财税〔2009〕30号）等相关税收政策规定，中国清洁发展机制基金取得的CDM项目温室气体减排量转让收入上缴国家的部分，国际金融组织赠款收入，基金资金的存款利息收入，购买国债的利息收入，国内外机构、组织和个人的捐赠收入。

11. 第11行“（五）投资者从证券投资基金分配中取得的收入免征企业所得税”：填报纳税人根据《财政部　国家税务总局关于企业所得税若干优惠政策的通知》（财税〔2008〕1号）第二条第（二）项等相关税收政策规定，投资者从证券投资基金分配中取得的收入。

12. 第12行“（六）取得的地方政府债券利息收入免征企业所得税”：填报纳税人根据《财政部　国家税务总局关于地方政府债券利息所得免征所得税问题的通知》（财税〔2011〕76号）、《财政部　国家税务总局关于地方政府债券利息免征所得税问题的通知》（财税〔2013〕5号）等相关税收政策规定，取得的2009年、2010年和2011年发行的地方政府债券利息所得，2012年及以后年度发行的地方政府债券利息收入。

13. 第13行“（七）中国保险保障基金有限责任公司取得的保险保障基金等收入免征企业所得税”：填报中国保险保障基金有限责任公司根据《财政部　税务总局关于保险保障基金有关税收政策问题的通知》（财税〔2018〕41号）等相关税收政策规定，按《保险保障基金管理办法》规定取得的境内保险公司依法缴纳的保险保障基金；依法从撤销或破产保险公司清算财产中获得的受偿收入和向有关责任方追偿所得，以及依法从保险公司风险处置中获得的财产转让所得；捐赠所得；银行存款利息收入；购买政府债券、中央银行、中央企业和中央级金融机构发行债券的利息收入；国务院批准的其他资金运用取得的收入。

14. 第14行“（八）中国奥委会取得北京冬奥组委支付的收入免征企业所得税”：根据《财政部　税务总局　海关总署关于北京2022年冬奥会和冬残奥会税收政策的通知》（财税〔2017〕60号）等相关税收政策规定，中国奥委会填报按中国奥委会、主办城市签订的《联合市场开发计划协议》和中国奥委会、主办城市、国际奥委会签订的《主办城市合同》取得的由北京冬奥组委分期支付的收入、按比例支付的盈余分成收入。

15. 第15行“（九）中国残奥委会取得北京冬奥组委分期支付的收入免征企业所得税”：填报根据财税〔2017〕60号等相关

税收政策规定，中国残奥委会按照《联合市场开发计划协议》取得的由北京冬奥组委分期支付的收入。

16. 第 16 行“(十)其他”：填报纳税人享受的本表未列明的其他免税收入税收优惠事项名称、减免税代码及免税收入金额。

17. 第 17 行“二、减计收入”：填报第 18 + 19 + 23 + 24 行金额。

18. 第 18 行“(一)综合利用资源生产产品取得的收入在计算应纳税所得额时减计收入”：填报纳税人综合利用资源生产产品取得的收入总额乘以 10% 的金额。

19. 第 19 行“(二)金融、保险等机构取得的涉农利息、保费减计收入”：填报金融、保险等机构取得的涉农利息、保费收入减计收入的金额，按第 20 + 21 + 22 行金额填报。

20. 第 20 行“1. 金融机构取得的涉农贷款利息收入在计算应纳税所得额时减计收入”：填报纳税人取得农户小额贷款利息收入总额乘以 10% 的金额。

21. 第 21 行“2. 保险机构取得的涉农保费收入在计算应纳税所得额时减计收入”：填报保险公司为种植业、养殖业提供保险业务取得的保费收入总额乘以 10% 的金额。其中保费收入总额 = 原保费收入 + 分保费收入 - 分出保费。

22. 第 22 行“3. 小额贷款公司取得的农户小额贷款利息收入在计算应纳税所得额时减计收入”：填报根据《财政部　税务总局关于小额贷款公司有关税收政策的通知》(财税〔2017〕48 号)等相关税收政策规定，经省级金融管理部门(金融办、局等)批准成立的小额贷款公司取得的农户小额贷款利息收入乘以 10% 的金额。

23. 第 23 行“(三)取得铁路债券利息收入减半征收企业所得税”：填报纳税人根据《财政部　国家税务总局关于铁路建设债券利息收入企业所得税政策的通知》(财税〔2011〕99 号)、《财政部　国家税务总局关于 2014、2015 年铁路建设债券利息收入企业所得税政策的通知》(财税〔2014〕2 号)及《财政部　国家税务总局关于铁路债券利息收入所得税政策问题的通知》(财税〔2016〕30 号)、《财政部　税务总局关于铁路债券利息收入所得税政策的公告》(财政部　税务总局公告 2019 年第 57 号)等相关税收政策规定，持有中国铁路建设铁路债券等企业债券取得的利息收入乘以 50% 的金额。

24. 第 24 行“(四)其他”：根据相关行次计算结果填报。本行 = 第 24.1 + 24.2 行。第 24.1 行和第 24.2 行按照以下要求填报：

第 24.1 行“1. 取得的社区家庭服务收入在计算应纳税所得额时减计收入”：填报纳税人根据《财政部　税务总局　发展改革委　民政部　商务部　卫生健康委关于养老、托育、家政等社区家庭服务业税费优惠政策的公告》(财政部　税务总局　发展改革委　民政部　商务部　卫生健康委公告 2019 年第 76 号)等相关税收政策规定，社区养老、托育、家政相关服务的收入乘以 10% 的金额。

第 24.2 行“2. 其他”：填报纳税人享受的本表未列明的其他减计收入的税收优惠事项名称、减免税代码及减计收入金额。

25. 第 25 行“三、加计扣除”：填报第 26 + 27 + 28 + 29 + 30 行的合计金额。

26. 第 26 行“(一)开发新技术、新产品、新工艺发生的研究开发费用加计扣除”：当表 A000000“210 - 3”项目未填有入库编号时，填报表 A107012 第 51 行金额。本行与第 27 行不可同时填报。

27. 第 27 行“(二)科技型中小企业开发新技术、新产品、新工艺发生的研究开发费用加计扣除”：当表 A000000“210 - 3”项目填有入库编号时，填报表 A107012 第 51 行金额。本行与第 26 行不可同时填报。

28. 第 28 行“(三)企业为获得创新性、创意性、突破性的产品进行创意设计活动而发生的相关费用加计扣除”：填报纳税人根据《财政部　国家税务总局　科技部关于完善研究开发费用税前加计扣除政策的通知》(财税〔2015〕119 号)第二条第四项规定，为获得创新性、创意性、突破性的产品进行创意设计活动而发生的相关费用按照规定进行税前加计扣除的金额。

29. 第 29 行“(四)安置残疾人员所支付的工资加计扣除”：填报纳税人根据《财政部　国家税务总局关于安置残疾人员就业有关企业所得税优惠政策问题的通知》(财税〔2009〕70 号)等相关税收政策规定安置残疾人员的，按照支付给残疾职工工资的 100% 加计扣除的金额。

30. 第 30 行“(五)其他”：填报纳税人享受的本表未列明的其他加计扣除的税收优惠事项名称、减免税代码及加计扣除的金额。

31. 第 31 行“合计”：填报第 1 + 17 + 25 行金额。

二、表内、表间关系

(一)表内关系

1. 第 1 行 = 第 2 + 3 + 9 + 10 + … + 16 行。

2. 第 3 行 = 第 4 + 5 + 6 + 7 + 8 行。

3. 第 17 行 = 第 18 + 19 + 23 + 24 行。

4. 第 19 行 = 第 20 + 21 + 22 行。

5. 第 24 行 = 第 24.1 + 24.2 行。

6. 第 25 行 = 第 26 + 27 + 28 + 29 + 30 行。

7. 第 26 行和第 27 行不可同时填报。

8. 第31行＝第1＋17＋25行。

(二)表间关系

1. 第3行＝表A107011第8行(合计行)第17列。

2. 第4行＝表A107011第9行第17列。

3. 第5行＝表A107011第10行第17列。

4. 第6行＝表A107011第11行第17列。

5. 第7行＝表A107011第12行第17列。

6. 第8行＝表A107011第13行第17列。

7. 当表A000000"210－3"项目未填有入库编号时,第26行＝表A107012第51行。

8. 当表A000000"210－3"项目填有入库编号时,第27行＝表A107012第51行。

9. 第31行＝表A100000第17行。

A107011　符合条件的居民企业之间的股息、红利等权益性投资收益优惠明细表

行次	被投资企业	被投资企业统一社会信用代码(纳税人识别号)	投资性质	投资成本	投资比例	被投资企业利润分配确认金额		被投资企业清算确认金额			撤回或减少投资确认金额						合计
						被投资企业做出利润分配或转股决定时间	依决定归属于本公司的股息、红利等权益性投资收益金额	分得的被投资企业清算剩余资产	被清算企业累计未分配利润和累计盈余公积应享有部分	应确认的股息所得	从被投资企业撤回或减少投资取得的资产	减少投资比例	收回初始投资成本	取得资产中超过收回初始投资成本部分	撤回或减少投资应享有被投资企业累计未分配利润和累计盈余公积	应确认的股息所得	
	1	2	3	4	5	6	7	8	9	10(8与9孰小)	11	12	13(4×12)	14(11－13)	15	16(14与15孰小)	17(7+10+16)
1																	
2																	
3																	
4																	
5																	
6																	
7																	
8	合计																
9	其中:直接投资或非H股票投资																
10	股票投资—沪港通H股																
11	股票投资—深港通H股																
12	创新企业CDR																
13	永续债																

A107011 《符合条件的居民企业之间的股息、红利等权益性投资收益优惠明细表》填报说明

本表适用于享受符合条件的居民企业之间的股息、红利等权益性投资收益优惠的纳税人填报。纳税人根据税法、《财政部　国家税务总局关于企业清算业务企业所得税处理若干问题的通知》(财税〔2009〕60 号)、《财政部　国家税务总局关于执行企业所得税优惠政策若干问题的通知》(财税〔2009〕69 号)、《国家税务总局关于贯彻落实企业所得税法若干税收问题的通知》(国税函〔2010〕79 号)、《国家税务总局关于企业所得税若干问题的公告》(国家税务总局公告 2011 年第 34 号)、《财政部　国家税务总局　证监会关于沪港股票市场交易互联互通机制试点有关税收政策的通知》(财税〔2014〕81 号)、《财政部　国家税务总局　证监会关于深港股票市场交易互联互通机制试点有关税收政策的通知》(财税〔2016〕127 号)、《财政部　税务总局　证监会关于创新企业境内发行存托凭证试点阶段有关税收政策的公告》(财政部　税务总局　证监会公告 2019 年第 52 号)、《财政部　税务总局关于永续债企业所得税政策问题的公告》(财政部　税务总局公告 2019 年第 64 号)等相关税收政策规定,填报本年发生的符合条件的居民企业之间的股息、红利(包括 H 股)等权益性投资收益优惠情况,不包括连续持有居民企业公开发行并上市流通的股票不足 12 个月取得的投资收益。

一、有关项目填报说明

(一)行次填报

1. 行次根据投资企业名称和投资性质填报,可以根据情况增加。

2. 第 8 行“合计”:填报第 1 +2 +… +7 行的第 17 列合计金额,若增行,根据增行后的情况合计。

3. 第 9 行“其中:直接或非 H 股票投资”:填报第 1 +2… +7 行中,“投资性质”列选择“(1)直接投资”或“(2)股票投资(不含 H 股)”的行次,第 17 列合计金额。

4. 第 10 行“股票投资—沪港通 H 股”:填报第 1 +2… +7 行中,“投资性质”列选择“(3)股票投资(沪港通 H 股投资)”的行次,第 17 列合计金额。

5. 第 11 行“股票投资—深港通 H 股”:填报第 1 +2… +7 行中,“投资性质”列选择“(4)股票投资(深港通 H 股投资)”的行次,第 17 列合计金额。

6. 第 12 行“创新企业 CDR”:填报第 1 +2… +7 行中,“投资性质”列选择“(5)创新企业 CDR”的行次,第 17 列合计金额。

7. 第 13 行“永续债”:填报第 1 +2… +7 行中,“投资性质”列选择“(6)永续债”的行次,第 17 列合计金额。

(二)列次填报

1. 第 1 列“被投资企业”:填报被投资企业名称。

2. 第 2 列“被投资企业统一社会信用代码(纳税人识别号)”:填报被投资企业工商等部门核发的纳税人统一社会信用代码。未取得统一社会信用代码的,填报税务机关核发的纳税人识别号。

3. 第 3 列“投资性质”:按选项填报:(1)直接投资、(2)股票投资(不含 H 股)、(3)股票投资(沪港通 H 股投资)、(4)股票投资(深港通 H 股投资)、(5)创新企业 CDR、(6)永续债。

符合财税〔2014〕81 号文件第一条第(四)项第 1 目规定,享受沪港通 H 股股息红利免税政策的企业,选择“(3)股票投资(沪港通 H 股投资)”。

符合财税〔2016〕127 号文件第一条第(四)项第 1 目规定,享受深港通 H 股股息红利免税政策的企业,选择“(4)股票投资(深港通 H 股投资)”。

符合《财政部　税务总局　证监会关于创新企业境内发行存托凭证试点阶段有关税收政策的公告》(财政部　税务总局　证监会公告 2019 年第 52 号)第二条第 1 款规定,享受对持有创新企业 CDR 取得的股息红利所得按规定免征企业所得税的,选择“(5)创新企业 CDR”。

符合《财政部　税务总局关于永续债企业所得税政策问题的公告》(财政部　税务总局公告 2019 年第 64 号)第一条规定,享受永续债利息收入免征企业所得税的企业,选择“(6)永续债”。

4. 第 4 列“投资成本”:填报纳税人投资于被投资企业的计税成本。

5. 第 5 列“投资比例”:填报纳税人投资于被投资企业的股权比例。若购买公开发行股票的,此列可不填报。

6. 第 6 列“被投资企业做出利润分配或转股决定时间”:填报被投资企业做出利润分配或转股决定的时间。

7. 第 7 列“依决定归属于本公司的股息、红利等权益性投资收益金额”:填报纳税人按照投资比例或者其他方法计算的,实际归属于本公司的股息、红利等权益性投资收益金额。若被投资企业将股权(票)溢价所形成的资本公积转为股本的,不作为投资方企业的股息、红利收入,投资方企业也不得增加该项长期投资的计税基础。

8. 第 8 列“分得的被投资企业清算剩余资产”:填报纳税人分得的被投资企业清算后的剩余资产。

9. 第 9 列“被清算企业累计未分配利润和累计盈余公积应享有部分”:填报被清算企业累计未分配利润和累计盈余公积中本企业应享有的金额。

10. 第 10 列“应确认的股息所得”:填报第 7 列与第 8 列孰小值。

11. 第 11 列“从被投资企业撤回或减少投资取得的资产”：填报纳税人从被投资企业撤回或减少投资时取得的资产。

12. 第 12 列“减少投资比例”：填报纳税人撤回或减少的投资额占投资方在被投资企业持有总投资比例。

13. 第 13 列“收回初始投资成本”：填报第 3 × 11 列的金额。

14. 第 14 列“取得资产中超过收回初始投资成本部分”：填报第 11 - 13 列的余额。

15. 第 15 列“撤回或减少投资应享有被投资企业累计未分配利润和累计盈余公积”：填报被投资企业累计未分配利润和累计盈余公积按减少实收资本比例计算的部分。

16. 第 16 列“应确认的股息所得”：填报第 13 列与第 14 列孰小值。

17. 第 17 列“合计”：填报第 7 + 10 + 16 列的合计金额。

二、表内、表间关系

（一）表内关系

1. 第 13 列 = 第 4 × 12 列。

2. 第 14 列 = 第 11 - 13 列。

3. 第 17 列 = 第 7 + 10 + 16 列。

4. 第 10 列 = 第 8 列与第 9 列孰小值。

5. 第 16 列 = 第 14 列与第 15 列孰小值。

6. 第 8 行（“合计”行）= 第 1 + 2 + … + 7 行第 17 列合计。

7. 第 9 行（“直接投资或非 H 股票投资”合计行）= 第 1 + 2 + … + 7 行中，各行第 3 列选择“（1）直接投资”或“（2）股票投资（不含 H 股）”的行次第 17 列合计金额。

8. 第 10 行（“股票投资—沪港通 H 股”合计行）= 第 1 + 2 + … + 7 行中，各行第 3 列选择“（3）股票投资（沪港通 H 股投资）”的行次第 17 列合计金额。

9. 第 11 行（“股票投资—深港通 H 股”合计行）= 第 1 + 2… + 7 行中，各行第 3 列选择“（4）股票投资（深港通 H 股投资）”的行次第 17 列合计金额。

10. 第 12 行（“创新企业 CDR”合计行）= 第 1 + 2… + 7 行中，“投资性质”列选择“（5）居民企业持有 CDR”的行次第 17 列合计金额。

11. 第 13 行（“永续债”合计行）= 第 1 + 2… + 7 行中，“投资性质”列选择“（6）符合条件的永续债”的行次第 17 列合计金额。

（二）表间关系

1. 第 8 行第 17 列 = 表 A107010 第 3 行。

2. 第 9 行第 17 列 = 表 A107010 第 4 行。

3. 第 10 行第 17 列 = 表 A107010 第 5 行。

4. 第 11 行第 17 列 = 表 A107010 第 6 行。

5. 第 12 行第 17 列 = 表 A107010 第 7 行。

6. 第 13 行第 17 列 = 表 A107010 第 8 行。

A107012　研发费用加计扣除优惠明细表

行次	项目	金额(数量)
1	本年可享受研发费用加计扣除项目数量	
2	一、自主研发、合作研发、集中研发(3+7+16+19+23+34)	
3	(一)人员人工费用(4+5+6)	
4	1. 直接从事研发活动人员工资薪金	
5	2. 直接从事研发活动人员五险一金	
6	3. 外聘研发人员的劳务费用	
7	(二)直接投入费用(8+9+10+11+12+13+14+15)	
8	1. 研发活动直接消耗材料费用	
9	2. 研发活动直接消耗燃料费用	
10	3. 研发活动直接消耗动力费用	
11	4. 用于中间试验和产品试制的模具、工艺装备开发及制造费	
12	5. 用于不构成固定资产的样品、样机及一般测试手段购置费	
13	6. 用于试制产品的检验费	
14	7. 用于研发活动的仪器、设备的运行维护、调整、检验、维修等费用	
15	8. 通过经营租赁方式租入的用于研发活动的仪器、设备租赁费	
16	(三)折旧费用(17+18)	
17	1. 用于研发活动的仪器的折旧费	
18	2. 用于研发活动的设备的折旧费	
19	(四)无形资产摊销(20+21+22)	
20	1. 用于研发活动的软件的摊销费用	
21	2. 用于研发活动的专利权的摊销费用	
22	3. 用于研发活动的非专利技术(包括许可证、专有技术、设计和计算方法等)的摊销费用	
23	(五)新产品设计费等(24+25+26+27)	
24	1. 新产品设计费	
25	2. 新工艺规程制定费	
26	3. 新药研制的临床试验费	
27	4. 勘探开发技术的现场试验费	
28	(六)其他相关费用(29+30+31+32+33)	
29	1. 技术图书资料费、资料翻译费、专家咨询费、高新科技研发保险费	
30	2. 研发成果的检索、分析、评议、论证、鉴定、评审、评估、验收费用	
31	3. 知识产权的申请费、注册费、代理费	
32	4. 职工福利费、补充养老保险费、补充医疗保险费	
33	5. 差旅费、会议费	
34	(七)经限额调整后的其他相关费用	
35	二、委托研发(36+37+39)	
36	(一)委托境内机构或个人进行研发活动所发生的费用	
37	(二)委托境外机构进行研发活动发生的费用	
38	其中:允许加计扣除的委托境外机构进行研发活动发生的费用	
39	(三)委托境外个人进行研发活动发生的费用	
40	三、年度研发费用小计(2+36×80%+38)	
41	(一)本年费用化金额	
42	(二)本年资本化金额	
43	四、本年形成无形资产摊销额	
44	五、以前年度形成无形资产本年摊销额	
45	六、允许扣除的研发费用合计(41+43+44)	
46	减:特殊收入部分	
47	七、允许扣除的研发费用抵减特殊收入后的金额(45-46)	
48	减:当年销售研发活动直接形成产品(包括组成部分)对应的材料部分	
49	减:以前年度销售研发活动直接形成产品(包括组成部分)对应材料部分结转金额	
50	八、加计扣除比例(%)	
51	九、本年研发费用加计扣除总额(47-48-49)×50	
52	十、销售研发活动直接形成产品(包括组成部分)对应材料部分结转以后年度扣减金额(当47-48-49≥0,本行=0;当47-48-49<0,本行=47-48-49的绝对值)	

A107012 《研发费用加计扣除优惠明细表》填报说明

本表适用于享受研发费用加计扣除优惠(含结转)政策的纳税人填报。纳税人根据税法、《财政部　国家税务总局　科技部关于完善研究开发费用税前加计扣除政策的通知》(财税〔2015〕119号)、《国家税务总局关于企业研究开发费用税前加计扣除政策有关问题的公告》(国家税务总局公告2015年第97号)、《财政部　税务总局　科技部关于提高科技型中小企业研究开发费用税前加计扣除比例的通知》(财税〔2017〕34号)、《科技部　财政部　国家税务总局关于印发〈科技型中小企业评价办法〉的通知》(国科发政〔2017〕115号)、《国家税务总局关于提高科技型中小企业研究开发费用税前加计扣除比例有关问题的公告》(国家税务总局公告2017年第18号)、《国家税务总局关于研发费用税前加计扣除归集范围有关问题的公告》(国家税务总局公告2017年第40号)、《财政部　税务总局关于企业委托境外研究开发费用税前加计扣除有关政策问题的通知》(财税〔2018〕64号)、《财政部　税务总局　科技部关于提高研究开发费税前加计扣除比例的通知》(财税〔2018〕99号)等相关税收政策规定,填报本年发生的研发费用加计扣除优惠情况及结转情况。

一、有关项目填报说明

1. 第1行"本年可享受研发费用加计扣除项目数量":填报纳税人本年研发项目中可享受研发费用加计扣除优惠政策的项目数量。

2. 第2行"一、自主研发、合作研发、集中研发":填报第3+7+16+19+23+34行金额。

3. 第3行"(一)人员人工费用":填报第4+5+6行金额。

直接从事研发活动的人员、外聘研发人员同时从事非研发活动的,填报按实际工时占比等合理方法分配的用于研发活动的相关费用。

4. 第4行"1. 直接从事研发活动人员工资薪金":填报纳税人直接从事研发活动人员,包括研究人员、技术人员、辅助人员的工资、薪金、奖金、津贴、补贴以及按规定可以在税前扣除的对研发人员股权激励的支出。

5. 第5行"2. 直接从事研发活动人员五险一金":填报纳税人直接从事研发活动人员,包括研究人员、技术人员、辅助人员的基本养老保险费、基本医疗保险费、失业保险费、工伤保险费、生育保险费和住房公积金。

6. 第6行"3. 外聘研发人员的劳务费用":填报与纳税人或劳务派遣企业签订劳务用工协议(合同)的外聘研发人员的劳务费用,以及临时聘用的研究人员、技术人员、辅助人员的劳务费用。

7. 第7行"(二)直接投入费用":填报第8+9+10+11+12+13+14+15行金额。

8. 第8行"1. 研发活动直接消耗材料费用":填报纳税人研发活动直接消耗的材料费用。

9. 第9行"2. 研发活动直接消耗燃料费用":填报纳税人研发活动直接消耗的燃料费用。

10. 第10行"3. 研发活动直接消耗动力费用":填报纳税人研发活动直接消耗的动力费用。

11. 第11行"4. 用于中间试验和产品试制的模具、工艺装备开发及制造费":填报纳税人研发活动中用于中间试验和产品试制的模具、工艺装备开发及制造的费用。

12. 第12行"5. 用于不构成固定资产的样品、样机及一般测试手段购置费":填报纳税人研发活动中用于不构成固定资产的样品、样机及一般测试手段购置费用。

13. 第13行"6. 用于试制产品的检验费":填报纳税人研发活动中用于试制产品的检验费。

14. 第14行"7. 用于研发活动的仪器、设备的运行维护、调整、检验、维修等费用":填报纳税人用于研发活动的仪器、设备的运行维护、调整、检验、维修等费用。

15. 第15行"8. 通过经营租赁方式租入的用于研发活动的仪器、设备租赁费":填报纳税人经营租赁方式租入的用于研发活动的仪器、设备租赁费。以经营租赁方式租入的用于研发活动的仪器、设备,同时用于非研发活动的,填报按实际工时占比等合理方法分配的用于研发活动的相关费用。

16. 第16行"(三)折旧费用":填报第17+18行金额。

用于研发活动的仪器、设备,同时用于非研发活动的,填报按实际工时占比等合理方法分配的用于研发活动的相关费用。纳税人用于研发活动的仪器、设备,符合税收规定且选择加速折旧优惠政策的,在享受研发费用税前加计扣除政策时,按照税前扣除的折旧口径填报。

17. 第17行"1. 用于研发活动的仪器的折旧费":填报纳税人用于研发活动的仪器的折旧费。

18. 第18行"2. 用于研发活动的设备的折旧费":填报纳税人用于研发活动的设备的折旧费。

19. 第19行"(四)无形资产摊销":填报第20+21+22行金额。用于研发活动的无形资产,同时用于非研发活动的,填报按实际工时占比等合理方法在研发费用和生产经营费用间分配的用于研发活动的相关费用。纳税人用于研发活动的无形资产,符合税收规定且选择加速摊销优惠政策的,在享受研发费用税前加计扣除政策时,按照税前扣除的摊销口径填报。

20. 第20行"1. 用于研发活动的软件的摊销费用":填报纳税人用于研发活动的软件的摊销费用。

21. 第21行"2. 用于研发活动的专利权的摊销费用":填报纳税人用于研发活动的专利权的摊销费用。

22. 第22行“3. 用于研发活动的非专利技术(包括许可证、专有技术、设计和计算方法等)的摊销费用”:填报纳税人用于研发活动的非专利技术(包括许可证、专有技术、设计和计算方法等)的摊销费用。

23. 第23行“(五)新产品设计费等”:填报第24+25+26+27行金额。新产品设计费、新工艺规程制定费、新药研制的临床试验费、勘探开发技术的现场试验费等由辅助生产部门提供的,填报按照一定的分配标准分配给研发项目的金额。

24. 第24行“1. 新产品设计费”:填报纳税人研发活动中发生的新产品设计费。

25. 第25行“2. 新工艺规程制定费”:填报纳税人研发活动中发生的新工艺规程制定费。

26. 第26行“3. 新药研制的临床试验费”:填报纳税人研发活动中发生的新药研制的临床试验费。

27. 第27行“4. 勘探开发技术的现场试验费”:填报纳税人研发活动中发生的勘探开发技术的现场试验费。

28. 第28行“(六)其他相关费用”:填报第29+30+31+32+33行金额。

29. 第29行“1. 技术图书资料费、资料翻译费、专家咨询费、高新科技研发保险费”:填报纳税人研发活动中发生的技术图书资料费、资料翻译费、专家咨询费、高新科技研发保险费。

30. 第30行“2. 研发成果的检索、分析、评议、论证、鉴定、评审、评估、验收费用”:填报纳税人研发活动中发生的研发成果的检索、分析、评议、论证、鉴定、评审、评估、验收费用。

31. 第31行“3. 知识产权的申请费、注册费、代理费”:填报纳税人研发活动中发生的知识产权的申请费、注册费、代理费。

32. 第32行“4. 职工福利费、补充养老保险费、补充医疗保险费”:填报纳税人研发活动人员发生的职工福利费、补充养老保险费、补充医疗保险费。

33. 第33行“5. 差旅费、会议费”:填报纳税人研发活动发生的差旅费、会议费。

34. 第34行“(七)经限额调整后的其他相关费用”:根据研发活动分析汇总填报。

35. 第35行“二、委托研发”:填报第36+37+39行金额。

36. 第36行“(一)委托境内机构或个人进行研发活动所发生的费用”:填报纳税人研发项目委托境内机构或个人进行研发活动所发生的费用。

37. 第37行“(二)委托境外机构进行研发活动发生的费用”:填报纳税人研发项目委托境外机构进行研发活动所发生的费用。

38. 第38行“允许加计扣除的委托境外机构进行研发活动发生的费用”:填报纳税人按照税收规定允许加计扣除的委托境外机构进行研发活动发生的研发费用。

39. 第39行“(三)委托境外个人进行研发活动发生的费用”:填报纳税人委托境外个人进行研发活动发生的费用。本行不参与加计扣除优惠金额的计算。

40. 第40行“三、年度研发费用小计”:填报第2行+第36行×80%+第38行金额。

41. 第41行“(一)本年费用化金额”:填报纳税人研发活动本年费用化部分金额。

42. 第42行“(二)本年资本化金额”:填报纳税人研发活动本年结转无形资产的金额。

43. 第43行“四、本年形成无形资产摊销额”:填报纳税人研发活动本年形成无形资产的摊销额。

44. 第44行“五、以前年度形成无形资产本年摊销额”:填报纳税人研发活动以前年度形成无形资产本年摊销额。

45. 第45行“六、允许扣除的研发费用合计”:填报第41+43+44行金额。

46. 第46行“特殊收入部分”:填报纳税人已归集计入研发费用,但在当期取得的研发过程中形成的下脚料、残次品、中间试制品等特殊收入。

47. 第47行“七、允许扣除的研发费用抵减特殊收入后的金额”:填报第45－46行金额。

48. 第48行“当年销售研发活动直接形成产品(包括组成部分)对应的材料部分”:填报纳税人当年销售研发活动直接形成产品(包括组成部分)对应的材料部分金额。

49. 第49行“以前年度销售研发活动直接形成产品(包括组成部分)对应材料部分结转金额”:填报纳税人以前年度销售研发活动直接形成产品(包括组成部分)对应材料部分结转金额。

50. 第50行“八、加计扣除比例”:根据有关政策规定填报。

51. 第51行“九、本年研发费用加计扣除总额”:填报第(47－48－49)行×第50行的金额,当第47－48－49行<0时,本行填报0。

52. 第52行“十、销售研发活动直接形成产品(包括组成部分)对应材料部分结转以后年度扣减金额”:当第47－48－49行≥0时,填报0;当第47－48－49行<0时,填报第47－48－49行金额的绝对值。

二、表内、表间关系

(一)表内关系

1. 第2行＝第3+7+16+19+23+34行。

2. 第3行＝第4+5+6行。

3. 第 7 行 = 第 8 + 9 + 10 + 11 + 12 + 13 + 14 + 15 行。
4. 第 16 行 = 第 17 + 18 行。
5. 第 19 行 = 第 20 + 21 + 22 行。
6. 第 23 行 = 第 24 + 25 + 26 + 27 行。
7. 第 28 行 = 第 29 + 30 + 31 + 32 + 33 行。
8. 第 35 行 = 第 36 + 37 + 39 行。
9. 第 40 行 = 第 2 行 + 第 36 行 × 80% + 第 38 行。
10. 第 45 行 = 第 41 + 43 + 44 行。
11. 第 47 行 = 第 45 − 46 行。
12. 第 51 行 = (第 47 − 48 − 49 行) × 第 50 行，当第 47 − 48 − 49 行 < 0 时，本行 = 0。
13. 当第 47 − 48 − 49 行 ≥ 0 时，第 52 行 = 0；当第 47 − 48 − 49 行 < 0 时，第 52 行 = 第 46 − 47 − 48 行金额的绝对值。

（二）表间关系

1. 当表 A000000“210 − 3”项目未填有入库编号时，第 51 行 = 表 A107010 第 26 行。
2. 当表 A000000“210 − 3”项目填有入库编号时，第 51 行 = 表 A107010 第 27 行。

A107020　所得减免优惠明细表

行次	减免项目	项目名称	优惠事项名称	优惠方式	项目收入	项目成本	相关税费	应分摊期间费用	纳税调整额	项目所得额		减免所得额
										免税项目	减半项目	
		1	2	3	4	5	6	7	8	9	10	11(9 + 10 × 50%)
1	一、农、林、牧、渔业项目											
2												
3		小计	*	*								
4	二、国家重点扶持的公共基础设施项目											
5												
6		小计	*	*								
7	三、符合条件的环境保护、节能节水项目											
8												
9		小计	*	*								
10	四、符合条件的技术转让项目		*	*						*	*	*
11			*	*						*	*	*
12		小计	*	*								
13	五、清洁发展机制项目		*									
14			*									
15		小计	*	*								
16	六、符合条件的节能服务公司实施的合同能源管理项目		*									
17			*									
18		小计	*	*								
19	七、线宽小于 130 纳米的集成电路生产项目		*									
20			*									
21		小计	*	*								
22	八、线宽小于 65 纳米或投资额超过 150 亿元的集成电路生产项目		*									
23			*									
24		小计	*	*								
25	九、其他											
26												
27		小计	*	*								
28	合计	*	*	*								

A107020 《所得减免优惠明细表》填报说明

本表适用于享受所得减免优惠政策的纳税人填报。纳税人根据税法及相关税收政策规定，填报本年发生的所得减免优惠情况，《中华人民共和国企业所得税年度纳税申报表（A类）》（A100000）第19行“纳税调整后所得”为负数的，无需填报本表。

一、有关项目填报说明

（一）列次填报

1. 第1列“项目名称”：填报纳税人享受减免所得优惠的项目在会计核算上的名称。项目名称以纳税人内部规范称谓为准。

2. 第2列“优惠事项名称”：按照该项目享受所得减免企业所得税优惠事项的具体政策内容选择填报。具体说明如下：

（1）“一、农、林、牧、渔业项目”

在以下优惠事项中选择填报：1. 蔬菜、谷物、薯类、油料、豆类、棉花、麻类、糖料、水果、坚果的种植；2. 农作物新品种的选育；3. 中药材的种植；4. 林木的培育和种植；5. 牲畜、家禽的饲养；6. 林产品的采集；7. 灌溉、兽医、农技推广、农机作业和维修等农、林、牧、渔服务业项目；8. 农产品初加工；9. 远洋捕捞；10. 花卉、茶以及其他饮料作物和香料作物的种植；11. 海水养殖、内陆养殖；12. 其他。

（2）“二、国家重点扶持的公共基础设施项目”

在以下优惠事项中选择填报：1. 港口码头项目；2. 机场项目；3. 铁路项目；4. 公路项目；5. 城市公共交通项目；6. 电力项目；7. 水利项目（不含农村饮水安全工程）；8. 农村饮水安全工程；9. 其他项目。

（3）“三、符合条件的环境保护、节能节水项目”

在以下优惠事项中选择填报：1. 公共污水处理项目；2. 公共垃圾处理项目；3. 沼气综合开发利用项目；4. 节能减排技术改造项目；5. 海水淡化项目；6. 其他项目。

（4）“四、符合条件的技术转让项目”：本列无需填报。

（5）“五、清洁发展机制项目”：本列无需填报。

（6）“六、符合条件的节能服务公司实施合同能源管理项目”：本列无需填报。

（7）“七、线宽小于130纳米的集成电路生产项目”：本列无需填报。

（8）“八、线宽小于65纳米或投资额超过150亿元的集成电路生产项目”：本列无需填报。

（9）“九、其他”：填报上述所得减免优惠项目以外的其他所得减免优惠政策具体名称。

3. 第3列“优惠方式”：填报该项目享受所得减免企业所得税优惠的具体方式。该项目享受免征企业所得税优惠的，填报“免税”；项目享受减半征税企业所得税优惠的，填报“减半征收”。

4. 第4列“项目收入”：填报享受所得减免企业所得税优惠项目取得的收入总额。

5. 第5列“项目成本”：填报享受所得减免企业所得税优惠项目发生的成本总额。

6. 第6列“相关税费”：填报享受所得减免企业所得税优惠项目实际发生的有关税费总额，包括除企业所得税和允许抵扣的增值税以外的各项税金及其附加、合同签订费用、律师费等相关费用及其他支出。

7. 第7列“应分摊期间费用”：填报享受所得减免企业所得税优惠项目合理分摊的期间费用总额。合理分摊比例可以按照投资额、销售收入、资产额、人员工资等参数确定，一经确定，不得随意变更。

8. 第8列“纳税调整额”：填报纳税人按照税收规定需要调整减免税项目收入、成本、费用的金额，纳税调减以“-”号填列。

9. 第9列“项目所得额\免税项目”：填报享受所得减免企业所得税优惠的纳税人计算确认的本期免税项目所得额。本列根据第3列分析填报，第3列填报“免税”的，填报第4-5-6-7+8列金额，当第4-5-6-7+8列<0时，填报0。

第9列“四、符合条件的技术转让项目”的“小计”行：当第4-5-6-7+8列≤500万元时，填报第4-5-6-7+8列金额（超过500万元部分的金额填入第10列）；当第4-5-6-7+8列<0时，填报0。

10. 第10列“项目所得额\减半项目”：填报享受所得减免企业所得税优惠的纳税人本期经计算确认的减半征收项目所得额。本列根据第3列分析填报，第3列填报“减半征税”的，填报第4-5-6-7+8列金额，当第4-5-6-7+8列<0时，填报0。

第10列“四、符合条件的技术转让项目”的“小计”行：填报第4-5-6-7+8列金额超过500万元的部分。

11. 第11列“减免所得额”：填报享受所得减免企业所得税优惠的企业，该项目按照税收规定实际可以享受免征、减征的所得额，按第9列+第10列×50%金额填报。

（二）行次填报

1. 第1行至第3行“一、农、林、牧、渔业项目”：按农、林、牧、渔业项目的优惠政策具体内容分别填报，一个项目填报一行，纳税人有多个项目的，可自行增加行次填报。各行相应列次填报金额的合计金额填入“小计”行。根据《财政部　国家税务总局关于发布享受企业所得税优惠政策的农产品初加工范围（试行）的通知》（财税〔2008〕149号）、《国家税务总局关于黑龙江垦区国有农场土地承包费缴纳企业所得税问题的批复》(国税函〔2009〕779号)、《国家税务总局关于"公司+农户"经营模式企业所得税优惠问题的公告》(国家税务总局公告2010年第2号)、《财政部　国家税务总局关于享受企业所得税优惠的农产品初加工有关范围的补充通知》(财税〔2011〕26号)、《国家税务总局关于实施农　林　牧　渔业项目企业所得税优惠问题的公告》(国家税务总局公告2011年第48号)等相关税收政策规定,填报本纳税年度发生的减征、免征企业所得税项目的有关情况。

2. 第4行至第6行"二、国家重点扶持的公共基础设施项目":按国家重点扶持的公共基础设施项目具体内容分别填报,一个项目填报一行,纳税人有多个项目的,可自行增加行次填报。各行相应列次填报金额的合计金额填入"小计"行。根据《财政部　国家税务总局关于执行公共基础设施项目企业所得税优惠目录有关问题的通知》(财税〔2008〕46号)、《财政部　国家税务总局　国家发展改革委关于公布公共基础设施项目企业所得税优惠目录(2008年版)的通知》(财税〔2008〕116号)、《国家税务总局关于实施国家重点扶持的公共基础设施项目企业所得税优惠问题的通知》(国税发〔2009〕80号)、《财政部　国家税务总局关于公共基础设施项目和环境保护节能节水项目企业所得税优惠政策问题的通知》(财税〔2012〕10号)、《国家税务总局关于电网企业电网新建项目享受所得税优惠政策问题的公告》(国家税务总局公告2013年第26号)、《财政部　国家税务总局关于公共基础设施项目享受企业所得税优惠政策问题的补充通知》(财税〔2014〕55号)、《财政部　税务总局关于继续实行农村饮水安全工程税收优惠政策的公告》(财政部　税务总局公告2019年第67号)等相关税收政策规定,从事《公共基础设施项目企业所得税优惠目录》规定的港口码头、机场、铁路、公路、城市公共交通、电力、水利等项目的投资经营的所得,自项目取得第一笔生产经营收入所属纳税年度起,第一年至第三年免征企业所得税,第四年至第六年减半征收企业所得税,不包括企业承包经营、承包建设和内部自建自用该项目的所得。本行填报本纳税年度发生的减征、免征企业所得税项目的有关情况。

3. 第7行至第9行"三、符合条件的环境保护、节能节水项目":按符合条件的环境保护、节能节水项目的具体内容分别填报,一个项目填报一行。纳税人有多个项目的,可自行增加行次填报。各行相应列次填报金额的合计金额填入"小计"行。根据《财政部　国家税务总局　国家发展改革委关于公布环境保护节能节水项目企业所得税优惠目录(试行)的通知》(财税〔2009〕166号)、《财政部　国家税务总局关于公共基础设施项目和环境保护节能节水项目企业所得税优惠政策问题的通知》(财税〔2012〕10号)等相关税收政策规定,从事符合条件的公共污水处理、公共垃圾处理、沼气综合开发利用、节能减排技术改造、海水淡化等环境保护、节能节水项目的所得,自项目取得第一笔生产经营收入所属纳税年度起,第一年至第三年免征企业所得税,第四年至第六年减半征收企业所得税。本行填报本纳税年度发生的减征、免征企业所得税项目的有关情况。

4. 第10行至第12行"四、符合条件的技术转让项目":按照不同技术转让项目分别填报,一个项目填报一行,纳税人有多个项目的,可自行增加行次填报。各行相应列次填报金额的合计金额填入"小计"行。根据《国家税务总局关于技术转让所得减免企业所得税有关问题的通知》(国税函〔2009〕212号)、《财政部　国家税务总局关于居民企业技术转让有关企业所得税政策问题的通知》(财税〔2010〕111号)、《国家税务总局关于技术转让所得减免企业所得税有关问题的公告》(国家税务总局公告2013年第62号)、《国家税务总局关于许可使用权技术转让所得企业所得税有关问题的公告》(国家税务总局公告2015年第82号)等相关税收政策规定,一个纳税年度内,居民企业将其拥有的专利技术、计算机软件著作权、集成电路布图设计权、植物新品种、生物医药新品种,以及财政部和国家税务总局确定的其他技术的所有权或5年以上(含5年)全球独占许可使用权、5年以上(含5年)非独占许可使用权转让取得的所得,不超过500万元的部分,免征企业所得税;超过500万元的部分,减半征收企业所得税。居民企业从直接或间接持有股权之和达到100%的关联方取得的技术转让所得,不享受技术转让减免企业所得税优惠政策。本行填报本纳税年度发生的减征、免征企业所得税项目的有关情况。

5. 第13行至第15行"五、清洁发展机制项目":按照实施的清洁发展机制的不同项目分别填报,一个项目填报一行,纳税人有多个项目的,可自行增加行次填报。各行相应列次填报金额的合计金额填入"小计"行。根据《财政部　国家税务总局关于中国清洁发展机制基金及清洁发展机制项目实施企业有关企业所得税政策问题的通知》(财税〔2009〕30号)等相关税收政策规定,企业实施的将温室气体减排量转让收入的65%上缴给国家的HFC和PFC类CDM项目,以及将温室气体减排量转让收入的30%上缴给国家的N2O类CDM项目,其实施该类CDM项目的所得,自项目取得第一笔减排量转让收入所属纳税年度起,第一年至第三年免征企业所得税,第四年至第六年减半征收企业所得税。本行填报本纳税年度发生的减征、免征企业所得税项目的有关情况。

6. 第16行至第18行"六、符合条件的节能服务公司实施合同能源管理项目":按照节能服务公司实施合同能源管理的不同项目分别填报,一个项目填报一行,纳税人有多个项目的,可自行增加行次填报。各行相应列次填报金额的合计金额填入"小计"行。根据《财政部　国家税务总局关于促进节能服务产业发展增值税　营业税和企业所得税政策问题的通知》(财税〔2010〕110号)、《国家税务总局　国家发展改革委关于落实节能服务企业合同能源管理项目企业所得税优惠政策有关征收管理问题的公告》(国家税务总局　国家发展改革委公告2013年第77号)等相关税收政策规定,符合条件的节能服务公司实施合同能源管理项目,符合税法有关规定的,自项目取得第一笔生产经营收入所属纳税年度起,第一年至第三年免征企业所得税,第四年至第六年按照25%的法定税率减半征收企业所得税。本行填报本纳税年度发生的减征、免征企业所得税项目的有关情况。

7. 第19行至第21行"七、线宽小于130纳米的集成电路生产项目":按照投资的线宽小于130纳米的集成电路生产项目的不同项目分别填报，一个项目填报一行，纳税人有多个项目的，可自行增加行次填报。各行相应列次填报金额的合计金额填入“小计”行。根据《财政部　税务总局　国家发展改革委　工业和信息化部关于集成电路生产企业有关企业所得税政策问题的通知》（财税〔2018〕27号）规定，线宽小于130纳米，且经营期在10年以上的集成电路生产项目，自项目取得第一笔生产经营收入所属纳税年度起，第一年至第二年免征企业所得税，第三年至第五年按照25%的法定税率减半征收企业所得税。本行填报本纳税年度发生的减征、免征企业所得税项目的有关情况。填报该项目的纳税人还应填报《软件、集成电路企业优惠情况及明细表》（A107042），若纳税人不享受集成电路生产企业减免所得税优惠事项，只需填报表A107042“基本信息”和“关键指标情况”，无需填报“减免税额”。

8.第22行至第24行“八、线宽小于65纳米或投资额超过150亿元的集成电路生产项目”：按照投资的线宽小于65纳米或投资额超过150亿元的集成电路生产项目的不同项目分别填报，一个项目填报一行，纳税人有多个项目的，可自行增加行次填报。各行相应列次填报金额的合计金额填入“小计”行。根据财税〔2018〕27号规定，线宽小于65纳米或投资额超过150亿元，且经营期在15年以上的集成电路生产项目，自项目取得第一笔生产经营收入所属纳税年度起，第一年至第五年免征企业所得税，第六年至第十年按照25%的法定税率减半征收企业所得税。本行填报本纳税年度发生的减征、免征企业所得税项目的有关情况。填报该项目的纳税人还应填报《软件、集成电路企业优惠情况及明细表》（A107042），若纳税人不享受集成电路生产企业减免所得税优惠事项，只需填报表A107042“基本信息”和“关键指标情况”，无需填报“减免税额”。

9.第25行至第27行“九、其他”：填报纳税人享受的其他专项减免项目名称、优惠事项名称及减免税代码、项目收入等。按照享受所得减免企业所得税优惠的其他项目内容分别填报，一个项目填报一行，纳税人有多个项目的，可自行增加行次填报。各行相应列次填报金额的合计金额填入“小计”行。

10.第28行“合计”：填报第一项至第九项“小计”行的合计金额。

二、表内、表间关系

（一）表内关系（以表样列示行次为例）

1.第3行=第1+2行。

2.第6行=第4+5行。

3.第9行=第7+8行。

4.第12行=第10+11行。

5.第15行=第13+14行。

6.第18行=第16+17行。

7.第21行=第19+20行。

8.第24行=第22+23行。

9.第27行=第25+26行。

10.第28行=第3+6+9+12+15+18+21+24+27行。

11.当第3列=“免税”时，第9列=第4-5-6-7+8列；当第4-5-6-7+8列<0时，第9列=0。

当第12行第4-5-6-7+8列≤5000000时，第12行第9列=第4-5-6-7+8列；当第12行第4-5-6-7+8列>5000000时，第12行第9列=5000000。

12.当第3列=“减半征税”时，第10列=第4-5-6-7+8列；当第4-5-6-7+8列<0时，第10列=0。

当第12行第4-5-6-7+8列≤5000000时，第12行第10列=0；当第12行第4-5-6-7+8列>5000000时，第12行第10列=第4-5-6-7+8列-5000000。

13.第11列=第9列+第10列×50%；当第9列+第10列×50%<0时，第11列=0。

（二）表间关系

1.当本表合计行第11列≥0，且本表合计行第11列≤表A100000第19行时，合计行第11列=表A100000第20行。

2.当本表合计行第11列≥0，且本表合计行第11列>表A100000第19行时，表A100000第20行=表A100000第19行。

A107030　抵扣应纳税所得额明细表

行次	项目	合计金额	投资于未上市中小高新技术企业	投资于种子期、初创期科技型企业
		1 = 2 + 3	2	3
一、创业投资企业直接投资按投资额一定比例抵扣应纳税所得额				
1	本年新增的符合条件的股权投资额			
2	税收规定的抵扣率	70%	70%	70%
3	本年新增的可抵扣的股权投资额(1 × 2)			
4	以前年度结转的尚未抵扣的股权投资余额		*	*
5	本年可抵扣的股权投资额(3 + 4)		*	*
6	本年可用于抵扣的应纳税所得额		*	*
7	本年实际抵扣应纳税所得额			
8	结转以后年度抵扣的股权投资余额		*	*
二、通过有限合伙制创业投资企业投资按一定比例抵扣分得的应纳税所得额				
9	本年从有限合伙创投企业应分得的应纳税所得额			
10	本年新增的可抵扣投资额			
11	以前年度结转的可抵扣投资额余额		*	*
12	本年可抵扣投资额(10 + 11)		*	*
13	本年实际抵扣应分得的应纳税所得额			
14	结转以后年度抵扣的投资额余额		*	*
二、抵扣应纳税所得额合计				
15	合计(7 + 13)			

A107030　《抵扣应纳税所得额明细表》填报说明

本表适用于享受创业投资企业抵扣应纳税所得额优惠(含结转)的纳税人填报。纳税人根据税法、《国家税务总局关于实施创业投资企业所得税优惠问题的通知》(国税发〔2009〕87 号)、《财政部　国家税务总局关于执行企业所得税优惠政策若干问题的通知》(财税〔2009〕69 号)、《财政部　国家税务总局关于将国家自主创新示范区有关税收试点政策推广到全国范围实施的通知》(财税〔2015〕116 号)、《国家税务总局关于有限合伙制创业投资企业法人合伙人企业所得税有关问题的公告》(国家税务总局公告 2015 年第 81 号)、《财政部　税务总局关于创业投资企业和天使投资个人有关税收试点政策的通知》(财税〔2017〕38 号)、《国家税务总局关于创业投资企业和天使投资个人税收试点政策有关问题的公告》(国家税务总局公告 2017 年第 20 号)等规定,填报本年度发生的创业投资企业抵扣应纳税所得额优惠情况。企业只要本年有新增符合条件的投资额、从有限合伙制创业投资企业分得的应纳税所得额或以前年度结转的尚未抵扣的股权投资余额,无论本年是否抵扣应纳税所得额,均需填报本表。

一、有关项目填报说明

企业同时存在创业投资企业直接投资和通过有限合伙制创业投资企业投资两种情形的,应先填写本表的“二、通过有限合伙制创业投资企业投资按一定比例抵扣分得的应纳税所得额”。

(一)“一、创业投资企业直接投资按投资额一定比例抵扣应纳税所得额”:由创业投资企业(非合伙制)纳税人填报其以股权投资方式直接投资未上市的中小高新技术企业和投资于种子期、初创期科技型企业 2 年(24 个月,下同)以上限额抵免应纳税所得额的金额。对于通过有限合伙制创业投资企业间接投资未上市的中小高新技术企业和投资于种子期、初创期科技型企业享受优惠政策填写本表第 9 行至第 14 行。具体行次如下:

1. 第 1 行“本年新增的符合条件的股权投资额”:填报创业投资企业采取股权投资方式投资于未上市的中小高新技术企业和投资于种子期、初创期科技型企业满 2 年的,本年新增的符合条件的股权投资额。本行第 1 列 = 本行第 2 列 + 本行第 3 列。

无论企业本年是否盈利，有符合条件的投资额即填报本表，以后年度盈利时填写第4行“以前年度结转的尚未抵扣的股权投资余额”。

2. 第3行“本年新增的可抵扣的股权投资额”：本行填报第1×2行金额。本行第1列=本行第2列+本行第3列。

3. 第4行“以前年度结转的尚未抵扣的股权投资余额”：填报以前年度符合条件的尚未抵扣的股权投资余额。

4. 第5行“本年可抵扣的股权投资额”：本行填报第3+4行的合计金额。

5. 第6行“本年可用于抵扣的应纳税所得额合计金额”：本行第1列填报表A100000第19－20－21行－本表第13行第1列“本年实际抵扣应分得的应纳税所得额”的金额，若金额小于零，则填报零。

6. 第7行“本年实际抵扣应纳税所得额”：若第5行第1列≤第6行第1列，则本行第1列=第5行第1列；若第5行第1列>第6行第1列，则本行第1列=第6行第1列。本行第1列=本行第2列+本行第3列。

7. 第8行“结转以后年度抵扣的股权投资余额”：填报本年可抵扣的股权投资额大于本年实际抵扣应纳税所得额时，抵扣后余额部分结转以后年度抵扣的金额。

（二）“二、通过有限合伙制创业投资企业投资按一定比例抵扣分得的应纳税所得额”：企业作为有限合伙制创业投资企业的合伙人，通过合伙企业间接投资未上市中小高新技术企业和种子期、初创期科技型企业，享受有限合伙制创业投资企业法人合伙人按投资额的一定比例抵扣应纳税所得额政策，在本部分填报。

1. 第9行“本年从有限合伙创投企业应分得的应纳税所得额”：填写企业作为法人合伙人，通过有限合伙制创业投资企业投资未上市的中小高新技术企业或者投资于种子期、初创期科技型企业，无论本年是否盈利、是否抵扣应纳税所得额，只要本年从有限合伙制创业投资企业中分配归属于该法人合伙人的应纳税所得额，需填写本行。本行第1列=本行第2列+本行第3列。

2. 第10行“本年新增的可抵扣投资额”：填写企业作为法人合伙人，通过有限合伙制创业投资企业投资未上市中小高新技术企业和种子期、初创期科技型企业，本年投资满2年符合条件的可抵扣投资额中归属于该法人合伙人的本年新增可抵扣投资额。无论本年是否盈利、是否需要抵扣应纳税所得额，均需填写本行。本行第1列=本行第2列+本行第3列。

有限合伙制创业投资企业的法人合伙人对未上市中小高新技术企业和种子期、初创期科技型企业的投资额，按照有限合伙制创业投资企业的投资额和合伙协议约定的法人合伙人占有限合伙制创业投资企业的出资比例计算确定。其中，有限合伙制创业投资企业的投资额按实缴投资额计算；法人合伙人占有限合伙制创业投资企业的出资比例按法人合伙人对有限合伙制创业投资企业的实缴出资额占该有限合伙制创业投资企业的全部实缴出资额的比例计算。

3. 第11行“以前年度结转的可抵扣投资额”：填写法人合伙人上年度未抵扣，可以结转到本年及以后年度的抵扣投资额。

4. 第12行“本年可抵扣投资额”：填写本年法人合伙人可用于抵扣的投资额合计，包括本年新增和以前年度结转两部分，等于第10行+第11行。

5. 第13行“本年实际抵扣应分得的应纳税所得额”：填写本年法人合伙人享受优惠实际抵扣的投资额，本行第1列为第9行第1列“本年从有限合伙创投企业应分得的应纳税所得额”、第12行第1列“本年可抵扣投资额”、主表第19－20－21行的三者孰小值，若金额小于零，则填报零。本行第1列=第2+3列。

6. 第14行“结转以后年度抵扣的投资额余额”：本年可抵扣投资额大于应分得的应纳税所得额时，抵扣后余额部分结转以后年度抵扣的金额。

（三）“三、抵扣应纳税所得额合计”：上述优惠合计额，带入表A100000表计算应纳税所得额。

第15行“合计”=7行+13行。本行第1列=本行第2列+本行第3列。

（四）列次填报：第1列填报抵扣应纳税所得额的整体情况，第2列填报投资于未上市中小高新技术企业部分，第3列填报投资于种子期、初创期科技型企业部分。

二、表内、表间关系

（一）表内关系

1. 第3行=第1×2行。

2. 第5行=第3+4行。

3. 第7行：若第5行≤第6行，则本行第1列=第5行；第5行>第6行，则本行第1列=第6行。

4. 第8行：第5行>第6行时，本行=第5－7行；第5行≤第6行时，本行=0。

5. 第12行=第10+11行。

6. 第14行=第12－13行。

7. 第15行=第7+13行。

8. 第1列=第2列+第3列。

（二）表间关系

1. 第6行第1列=表A100000第19－20－21行－本表第13行第1列；若表A100000第19－20－21行－本表第13行第1

列<0,第6行第1列=0。

2. 第15行第1列=表A100000第22行。

3. 第13行第1列=本表第9行第1列、第12行第1列、表A100000第19-20-21行三者的孰小值;若上述孰小值<0,第13行第1列=0。

A107040　减免所得税优惠明细表

行次	项目	金额
1	一、符合条件的小型微利企业减免企业所得税	
2	二、国家需要重点扶持的高新技术企业减按15%的税率征收企业所得税(填写A107041)	
3	三、经济特区和上海浦东新区新设立的高新技术企业在区内取得的所得定期减免企业所得税(填写A107041)	
4	四、受灾地区农村信用社免征企业所得税	*
5	五、动漫企业自主开发、生产动漫产品定期减免企业所得税	
6	六、线宽小于0.8微米(含)的集成电路生产企业减免企业所得税(填写A107042)	
7	七、线宽小于0.25微米的集成电路生产企业减按15%税率征收企业所得税(填写A107042)	
8	八、投资额超过80亿元的集成电路生产企业减按15%税率征收企业所得税(填写A107042)	
9	九、线宽小于0.25微米的集成电路生产企业减免企业所得税(填写A107042)	
10	十、投资额超过80亿元的集成电路生产企业减免企业所得税(填写A107042)	
11	十一、新办集成电路设计企业减免企业所得税(填写A107042)	
12	十二、国家规划布局内集成电路设计企业可减按10%的税率征收企业所得税(填写A107042)	
13	十三、符合条件的软件企业减免企业所得税(填写A107042)	
14	十四、国家规划布局内重点软件企业可减按10%的税率征收企业所得税(填写A107042)	
15	十五、符合条件的集成电路封装、测试企业定期减免企业所得税(填写A107042)	
16	十六、符合条件的集成电路关键专用材料生产企业、集成电路专用设备生产企业定期减免企业所得税(填写A107042)	
17	十七、经营性文化事业单位转制为企业的免征企业所得税	
18	十八、符合条件的生产和装配伤残人员专门用品企业免征企业所得税	
19	十九、技术先进型服务企业(服务外包类)减按15%的税率征收企业所得税	
20	二十、技术先进型服务企业(服务贸易类)减按15%的税率征收企业所得税	
21	二十一、设在西部地区的鼓励类产业企业减按15%的税率征收企业所得税	
22	二十二、新疆困难地区新办企业定期减免企业所得税	
23	二十三、新疆喀什、霍尔果斯特殊经济开发区新办企业定期免征企业所得税	
24	二十四、广东横琴、福建平潭、深圳前海等地区的鼓励类产业企业减按15%税率征收企业所得税	
25	二十五、北京冬奥组委、北京冬奥会测试赛赛事组委会免征企业所得税	
26	二十六、线宽小于130纳米的集成电路生产企业减免企业所得税(填写A107042)	
27	二十七、线宽小于65纳米或投资额超过150亿元的集成电路生产企业减免企业所得税(填写A107042)	
28	二十八、其他(28.1+28.2+28.3)	
28.1	(一)从事污染防治的第三方企业减按15%的税率征收企业所得税	
28.2	(二)上海自贸区临港新片区内重点产业企业减按15%的税率征收企业所得税	
28.3	(三)其他	
29	二十九、减:项目所得额按法定税率减半征收企业所得税叠加享受减免税优惠	
30	三十、支持和促进重点群体创业就业企业限额减征企业所得税(30.1+30.2)	
30.1	(一)企业招用建档立卡贫困人口就业扣减企业所得税	
30.2	(二)企业招用登记失业半年以上人员就业扣减企业所得税	
31	三十一、扶持自主就业退役士兵创业就业企业限额减征企业所得税	
32	三十二、民族自治地方的自治机关对本民族自治地方的企业应缴纳的企业所得税中属于地方分享的部分减征或免征(　免征　减征:减征幅度____%)	
33	合计(1+2+…+28-29+30+31+32)	

A107040 《减免所得税优惠明细表》填报说明

本表适用于享受减免所得税优惠政策的纳税人填报。纳税人根据税法和相关税收政策规定，填报本年享受减免所得税优惠情况。

一、有关项目填报说明

1. 第1行“一、符合条件的小型微利企业减免所得税”：填报享受小型微利企业普惠性所得税减免政策减免企业所得税的金额。本行填报根据本期《中华人民共和国企业所得税年度纳税申报表(A类)》(A100000)第23行计算的减免企业所得税的本年金额。

2. 第2行“二、国家需要重点扶持的高新技术企业减按15%的税率征收企业所得税”：根据税法、《国家税务总局关于实施高新技术企业所得税优惠政策有关问题的公告》(国家税务总局公告2017年第24号)等规定，国家需要重点扶持的高新技术企业减按15%的税率征收企业所得税。本行填报表A107041第31行金额。

3. 第3行“三、经济特区和上海浦东新区新设立的高新技术企业在区内取得的所得定期减免企业所得税”：根据《国务院关于经济特区和上海浦东新区新设立高新技术企业实行过渡性税收优惠的通知》(国发〔2007〕40号)、《财政部　国家税务总局关于贯彻落实国务院关于实施企业所得税过渡优惠政策有关问题的通知》(财税〔2008〕21号)等规定，经济特区和上海浦东新区内，在2008年1月1日(含)之后完成登记注册的国家需要重点扶持的高新技术企业，在经济特区和上海浦东新区内取得的所得，自取得第一笔生产经营收入所属纳税年度起，第一年至第二年免征企业所得税，第三年至第五年按照25%法定税率减半征收企业所得税。本行填报表A107041第32行金额。

4. 第4行“四、受灾地区农村信用社免征企业所得税”：填报受灾地区农村信用社按相关规定免征企业所得税的金额。本行不得填报。

5. 第5行“五、动漫企业自主开发、生产动漫产品定期减免企业所得税”：根据《财政部　国家税务总局关于扶持动漫产业发展有关税收政策问题的通知》(财税〔2009〕65号)、《文化部　财政部　国家税务总局关于印发〈动漫企业认定管理办法(试行)〉的通知》(文市发〔2008〕51号)、《文化部　财政部　国家税务总局关于实施〈动漫企业认定管理办法(试行)〉有关问题的通知》(文产发〔2009〕18号)等规定，经认定的动漫企业自主开发、生产动漫产品，享受软件企业所得税优惠政策。自获利年度起，第一年至第二年免征所得税，第三年至第五年按照25%的法定税率减半征收所得税。本行填报根据表A100000第23行计算的免征、减征企业所得税金额。

6. 第6行“六、线宽小于0.8微米(含)的集成电路生产企业减免企业所得税”：根据《财政部　国家税务总局关于进一步鼓励软件产业和集成电路产业发展企业所得税政策的通知》(财税〔2012〕27号)、《财政部　国家税务总局　发展改革委　工业和信息化部关于软件和集成电路产业企业所得税优惠政策有关问题的通知》(财税〔2016〕49号)、《财政部　税务总局　国家发展改革委　工业和信息化部关于集成电路生产企业有关企业所得税政策问题的通知》(财税〔2018〕27号)等规定，2017年12月31日前设立的集成电路线宽小于0.8微米(含)的集成电路生产企业，自获利年度起第一年至第二年免征企业所得税，第三年至第五年按照25%的法定税率减半征收企业所得税，并享受至期满为止。表A000000“208软件、集成电路企业类型”填报“110集成电路生产企业[线宽小于0.8微米(含)的企业]”的纳税人可以填报本项，本行填报表A107042第22行金额。

7. 第7行“七、线宽小于0.25微米的集成电路生产企业减按15%税率征收企业所得税”：根据《财政部　国家税务总局关于进一步鼓励软件产业和集成电路产业发展企业所得税政策的通知》(财税〔2012〕27号)、《财政部　国家税务总局　发展改革委　工业和信息化部关于软件和集成电路产业企业所得税优惠政策有关问题的通知》(财税〔2016〕49号)等规定，线宽小于0.25微米的集成电路生产企业，可减按15%的税率征收企业所得税。表A000000“208软件、集成电路企业类型”填报“120集成电路生产企业(线宽小于0.25微米的企业)”且表A107042“减免方式”填报“400企业减按15%税率征收企业所得税”的纳税人可以填报本项，本行填报表A107042第22行金额。

8. 第8行“八、投资额超过80亿元的集成电路生产企业减按15%税率征收企业所得税”：根据《财政部　国家税务总局关于进一步鼓励软件产业和集成电路产业发展企业所得税政策的通知》(财税〔2012〕27号)、《财政部　国家税务总局　发展改革委　工业和信息化部关于软件和集成电路产业企业所得税优惠政策有关问题的通知》(财税〔2016〕49号)等规定，投资额超过80亿元的集成电路生产企业，可减按15%的税率征收企业所得税。表A000000“208软件、集成电路企业类型”填报“130集成电路生产企业(投资额超过80亿元的企业)”且表A107042“减免方式”填报“400企业减按15%税率征收企业所得税”的纳税人可以填报本项，本行填报表A107042第22行金额。

9. 第9行“九、线宽小于0.25微米的集成电路生产企业减免企业所得税”：根据《财政部　国家税务总局关于进一步鼓励软件产业和集成电路产业发展企业所得税政策的通知》(财税〔2012〕27号)、《财政部　国家税务总局　发展改革委　工业和信息化部关于软件和集成电路产业企业所得税优惠政策有关问题的通知》(财税〔2016〕49号)、《财政部　税务总局　国家发展改革委　工业和信息化部关于集成电路生产企业有关企业所得税政策问题的通知》(财税〔2018〕27号)等规定，2017年12月31日前设立的线宽小于0.25微米的集成电路生产企业，经营期在15年以上的，自获利年度起计算优惠期，第一年至第五年免征企业所得税，第六年至第十年按照25%的法定税率减半征收企业所得税，并享受至期满为止。表A000000“208 软件、集成电路企业类型”填报“120 集成电路生产企业（线宽小于0.25微米的企业）”且表A107042“减免方式”填报“210 企业五免五减半——免税”“220 企业五免五减半——减半征税”的纳税人可以填报本项，本行填报表A107042第22行金额。

10. 第10行：“十、投资额超过80亿元的集成电路生产企业减免企业所得税”：根据《财政部　国家税务总局关于进一步鼓励软件产业和集成电路产业发展企业所得税政策的通知》（财税〔2012〕27号）、《财政部　国家税务总局　发展改革委　工业和信息化部关于软件和集成电路产业企业所得税优惠政策有关问题的通知》（财税〔2016〕49号）、《财政部　税务总局　国家发展改革委　工业和信息化部关于集成电路生产企业有关企业所得税政策问题的通知》（财税〔2018〕27号）等规定，2017年12月31日前设立的投资额超过80亿元的集成电路生产企业，经营期在15年以上的，自获利年度起计算优惠期，第一年至第五年免征企业所得税，第六年至第十年按照25%的法定税率减半征收企业所得税，并享受至期满为止。表A000000“208 软件、集成电路企业类型”填报“130 集成电路生产企业（投资额超过80亿元的企业）”且表A107042“减免方式”填报“210 企业五免五减半——免税”“220 企业五免五减半——减半征税”的纳税人可以填报本项，本行填报表A107042第22行金额。

11. 第11行“十一、新办集成电路设计企业减免企业所得税”：根据《财政部　国家税务总局关于进一步鼓励软件产业和集成电路产业发展企业所得税政策的通知》（财税〔2012〕27号）、《财政部　国家税务总局　发展改革委　工业和信息化部关于软件和集成电路产业企业所得税优惠政策有关问题的通知》（财税〔2016〕49号）、《财政部　税务总局关于集成电路设计和软件产业企业所得税政策的公告》（财政部　税务总局公告2019年第68号）等规定，我国境内新办的集成电路设计企业，自获利年度起计算优惠期，第一年至第二年免征企业所得税，第三年至第五年按照25%的法定税率减半征收企业所得税，并享受至期满为止。表A000000“208 软件、集成电路企业类型”填报“210 集成电路设计企业（新办符合条件企业）”的纳税人可以填报本项，本行填报表A107042第22行金额。

12. 第12行“十二、国家规划布局内集成电路设计企业可减按10%的税率征收企业所得税”：根据《财政部　国家税务总局关于进一步鼓励软件产业和集成电路产业发展企业所得税政策的通知》（财税〔2012〕27号）、《财政部　国家税务总局　发展改革委　工业和信息化部关于软件和集成电路产业企业所得税优惠政策有关问题的通知》（财税〔2016〕49号）等规定，国家规划布局内的重点集成电路设计企业，如当年未享受免税优惠的，可减按10%税率征收企业所得税。表A000000“208 软件、集成电路企业类型”填报“220 集成电路设计企业（符合规模条件的重点集成电路设计企业）”“230 集成电路设计企业（符合领域的重点集成电路设计企业）”的纳税人可以填报本项，本行填报表A107042第22行金额。

13. 第13行“十三、符合条件的软件企业减免企业所得税”：根据《财政部　国家税务总局关于进一步鼓励软件产业和集成电路产业发展企业所得税政策的通知》（财税〔2012〕27号）、《财政部　国家税务总局　发展改革委　工业和信息化部关于软件和集成电路产业企业所得税优惠政策有关问题的通知》（财税〔2016〕49号）、《财政部　税务总局关于集成电路设计和软件产业企业所得税政策的公告》（财政部　税务总局公告2019年第68号）等规定，我国境内新办的符合条件的企业，自获利年度起计算优惠期，第一年至第二年免征企业所得税，第三年至第五年按照25%的法定税率减半征收企业所得税，并享受至期满为止。表A000000“208 软件、集成电路企业类型”填报“311 软件企业（一般软件企业—新办符合条件企业）”“321 软件企业（嵌入式或信息系统集成软件—新办符合条件企业）”的纳税人可以填报本项，本行填报表A107042第22行金额。

14. 第14行“十四、国家规划布局内重点软件企业可减按10%的税率征收企业所得税”：根据《财政部　国家税务总局关于进一步鼓励软件产业和集成电路产业发展企业所得税政策的通知》（财税〔2012〕27号）、《财政部　国家税务总局　发展改革委　工业和信息化部关于软件和集成电路产业企业所得税优惠政策有关问题的通知》（财税〔2016〕49号）等规定，国家规划布局内的重点软件企业，如当年未享受免税优惠的，可减按10%税率征收企业所得税。表A000000“208 软件、集成电路企业类型”填报“312 软件企业（一般软件企业—符合规模条件的重点软件企业）”“313 软件企业（一般软件企业—符合领域条件的重点软件企业）”“314 软件企业（一般软件企业—符合出口条件的重点软件企业）”“322 软件企业（嵌入式或信息系统集成软件—符合规模条件的重点软件企业）”“323 软件企业（嵌入式或信息系统集成软件—符合领域条件的重点软件企业）”“324 软件企业（嵌入式或信息系统集成软件—符合出口条件的重点软件企业）”的纳税人可以填报本项，本行填报表A107042第22行金额。

15. 第15行“十五、符合条件的集成电路封装、测试企业定期减免企业所得税”：根据《财政部　国家税务总局　发展改革委　工业和信息化部关于进一步鼓励集成电路产业发展企业所得税政策的通知》（财税〔2015〕6号）规定，符合条件的集成电路封装、测试企业，在2017年（含2017年）前实现获利的，自获利年度起第一年至第二年免征企业所得税，第三年至第五年按照25%的法定税率减半征收企业所得税，并享受至期满为止；2017年前未实现获利的，自2017年起计算优惠期，享受至期满为止。表A000000“208 软件、集成电路企业类型”填报“400 集成电路封装测试企业”的纳税人可以填报本项，本行填报表A107042第22行金额。

16. 第16行“十六、符合条件的集成电路关键专用材料生产企业、集成电路专用设备生产企业定期减免企业所得税”：根据《财政部　国家税务总局　发展改革委　工业和信息化部关于进一步鼓励集成电路产业发展企业所得税政策的通知》（财税〔2015〕6号）规定，符合条件的集成电路关键专用材料生产企业、集成电路专用设备生产企业，在2017年（含2017年）前实现获利的，自获利年度起第一年至第二年免征企业所得税，第三年至第五年按照25%的法定税率减半征收企业所得税，并享受至期满为止；2017年前未实现获利的，自2017年起计算优惠期，享受至期满为止。表A000000"208软件、集成电路企业类型"填报"500集成电路关键专用材料生产企业""600集成电路专用设备生产企业"的纳税人可以填报本项，本行填报表A107042第22行金额。

17. 第17行"十七、经营性文化事业单位转制为企业的免征企业所得税"：根据《财政部　税务总局　中央宣传部关于继续实施文化体制改革中经营性文化事业单位转制为企业若干税收政策的通知》（财税〔2019〕16号）等规定，从事新闻出版、广播影视和文化艺术的经营性文化事业单位转制为企业的，自转制注册之日起五年内免征企业所得税。2018年12月31日之前已完成转制的企业，自2019年1月1日起可继续免征五年企业所得税。本行填报根据表A100000第23行计算的免征企业所得税金额。

18. 第18行"十八、符合条件的生产和装配伤残人员专门用品企业免征企业所得税"：根据《财政部　国家税务总局　民政部关于生产和装配伤残人员专门用品企业免征企业所得税的通知》（财税〔2016〕111号）等规定，符合条件的生产和装配伤残人员专门用品的企业免征企业所得税。本行填报根据表A100000第23行计算的免征企业所得税金额。

19. 第19行"十九、技术先进型服务企业（服务外包类）减按15%的税率征收企业所得税"：根据《财政部　税务总局　商务部　科技部　国家发展改革委关于将技术先进型服务企业所得税政策推广至全国实施的通知》（财税〔2017〕79号）等规定，对经认定的技术先进型服务企业，减按15%的税率征收企业所得税。表A000000"206技术先进型服务企业类型"填报"110信息技术外包服务（ITO）""120技术性业务流程外包服务（BPO）""130技术性知识流程外包服务（KPO）"的纳税人可以填报本项，本行填报根据表A100000第23行计算的减征企业所得税金额。

20. 第20行"二十、技术先进型服务企业（服务贸易类）减按15%的税率征收企业所得税"：根据《财政部　税务总局　商务部　科技部　国家发展改革委关于将服务贸易创新发展试点地区技术先进型服务企业所得税政策推广至全国实施的通知》（财税〔2018〕44号）等规定，对经认定的技术先进型服务企业（服务贸易类），减按15%的税率征收企业所得税。表A000000"206技术先进型服务企业类型"填报"210计算机和信息服务""220研究开发和技术服务""230文化技术服务""240中医药医疗服务"的纳税人可以填报本项，本行填报根据表A100000第23行计算的减征企业所得税金额。

21. 第21行"二十一、设在西部地区的鼓励类产业企业减按15%的税率征收企业所得税"：根据《财政部　海关总署　国家税务总局关于深入实施西部大开发战略有关税收政策问题的通知》（财税〔2011〕58号）、《国家税务总局关于深入实施西部大开发战略有关企业所得税问题的公告》（国家税务总局公告2012年第12号）、《财政部　海关总署　国家税务总局关于赣州市执行西部大开发税收政策问题的通知》（财税〔2013〕4号）、《西部地区鼓励类产业目录》（中华人民共和国国家发展和改革委员会令第15号）、《国家税务总局关于执行〈西部地区鼓励类产业目录〉有关企业所得税问题的公告》（国家税务总局公告2015年第14号）等规定，对设在西部地区的鼓励类产业企业减按15%的税率征收企业所得税；对设在赣州市的鼓励类产业的内资和外商投资企业减按15%税率征收企业所得税。本行填报根据表A100000第23行计算的减征企业所得税金额。

跨地区经营汇总纳税企业总机构和分支机构因享受该项优惠政策适用不同税率的，本行填报按照《国家税务总局关于印发〈跨地区经营汇总纳税企业所得税征收管理办法〉的公告》（国家税务总局公告2012年第57号）第十八条规定计算的减免税额。

22. 第22行"二十二、新疆困难地区新办企业定期减免企业所得税"：根据《财政部　国家税务总局关于新疆困难地区新办企业所得税优惠政策的通知》（财税〔2011〕53号）、《财政部　国家税务总局　国家发展改革委　工业和信息化部关于完善新疆困难地区重点鼓励发展产业企业所得税优惠目录的通知》（财税〔2016〕85号）等规定，对在新疆困难地区新办的属于《新疆困难地区重点鼓励发展产业企业所得税优惠目录》范围内的企业，自取得第一笔生产经营收入所属纳税年度起，第一年至第二年免征企业所得税，第三年至第五年减半征收企业所得税。本行填报根据表A100000第23行计算的免征、减征企业所得税金额。

23. 第23行"二十三、新疆喀什、霍尔果斯特殊经济开发区新办企业定期免征企业所得税"：根据《财政部　国家税务总局关于新疆喀什霍尔果斯两个特殊经济开发区企业所得税优惠政策的通知》（财税〔2011〕112号）、《财政部　国家税务总局　国家发展改革委　工业和信息化部关于完善新疆困难地区重点鼓励发展产业企业所得税优惠目录的通知》（财税〔2016〕85号）等规定，对在新疆喀什、霍尔果斯两个特殊经济开发区内新办的属于《新疆困难地区重点鼓励发展产业企业所得税优惠目录》范围内的企业，自取得第一笔生产经营收入所属纳税年度起，五年内免征企业所得税。本行填报根据表A100000第23行计算的免征企业所得税金额。

24. 第24行"二十四、广东横琴、福建平潭、深圳前海等地区的鼓励类产业企业减按15%税率征收企业所得税"：根据《财政部　国家税务总局关于广东横琴新区、福建平潭综合实验区、深圳前海深港现代化服务业合作区企业所得税优惠政策及优惠目录的通知》（财税〔2014〕26号）、《财政部　税务总局关于平潭综合实验区企业所得税优惠目录增列有关旅游产业项目的通知》（财税〔2017〕75号）、《财政部　税务总局关于横琴新区企业所得税优惠目录增列旅游产业项目的通知》（财税〔2019〕63号）等规定，对设在广东横琴新区、福建平潭综合实验区和深圳前海深港现代服务业合作区的鼓励类产业企业减按15%的税率征收企业所得税。本行填报根据表A100000第23行计算的减征企业所得税金额。

25. 第25行“二十五、北京冬奥组委、北京冬奥会测试赛赛事组委会免征企业所得税”：根据《财政部　税务总局　海关总署关于北京2022年冬奥会和冬残奥会税收政策的通知》（财税〔2017〕60号）等规定，为支持发展奥林匹克运动，确保北京2022年冬奥会和冬残奥会顺利举办，对北京冬奥组委免征应缴纳的企业所得税，北京冬奥会测试赛赛事组委会取得的收入及发生的涉税支出比照执行北京冬奥组委的税收政策。本行填报北京冬奥组委、北京冬奥会测试赛赛事组委会根据表A100000第23行计算的免征企业所得税金额。

26. 第26行“二十六、线宽小于130纳米的集成电路生产企业减免企业所得税”：根据财税〔2018〕27号规定，集成电路线宽小于130纳米，且经营期在10年以上的集成电路生产企业，自企业获利年度起，第一年至第二年免征企业所得税，第三年至第五年按照25%的法定税率减半征收企业所得税。表A000000“208软件、集成电路企业类型”填报“140集成电路生产企业（线宽小于130纳米的企业）”的纳税人可以填报本项，本行填报表A107042第22行金额。

27. 第27行“二十七、线宽小于65纳米或投资额超过150亿元的集成电路生产企业减免企业所得税”：根据财税〔2018〕27号规定，集成电路线宽小于65纳米或投资额超过150亿元，且经营期在15年以上的集成电路生产企业，自企业获利年度起，第一年至第五年免征企业所得税，第六年至第十年按照25%的法定税率减半征收企业所得税。表A000000“208软件、集成电路企业类型”填报“150集成电路生产企业（线宽小于65纳米或投资额超过150亿元的企业）”的纳税人可以填报本项，本行填报表A107042第22行金额。

28. 第28行“二十八、其他”：根据相关行次计算结果填报。本行＝第28.1＋28.2＋28.3行，各行按照以下要求填报：

第28.1行“（一）从事污染防治的第三方企业减按15%的税率征收企业所得税”：根据《财政部　税务总局　国家发展改革委　生态环境部关于从事污染防治的第三方企业所得税政策问题的公告》（财政部　税务总局　国家发展改革委　生态环境部公告2019年第60号）规定，对符合条件的从事污染防治的第三方企业减按15%的税率征收企业所得税。本行填报根据表A100000第23行计算的减征企业所得税金额；

第28.2行“（二）上海自贸区临港新片区内重点产业企业减按15%的税率征收企业所得税”：中国（上海）自贸试验区临港新片区内符合条件的从事集成电路、人工智能、生物医药、民用航空等关键领域核心环节生产研发的企业，自设立之日起5年内减按15%的税率征收企业所得税。本行填报根据表A100000第23行计算的减征企业所得税金额。

第28.3行“（三）其他”：填报国务院根据税法授权制定的及本表未列明的其他税收优惠政策，需填报项目名称、减免税代码及免征、减征企业所得税金额。

29. 第29行“二十九、项目所得额按法定税率减半征收企业所得税叠加享受减免税优惠”：纳税人同时享受优惠税率和所得项目减半情形下，在填报本表低税率优惠时，所得项目按照优惠税率减半计算多享受优惠的部分。

企业从事农林牧渔业项目、国家重点扶持的公共基础设施项目、符合条件的环境保护、节能节水项目、符合条件的技术转让、集成电路生产项目、其他专项优惠等所得额应按法定税率25%减半征收，同时享受高新技术企业、技术先进型服务企业、集成电路线生产企业、国家规划布局内重点软件企业和集成电路设计企业等优惠税率政策，由于申报表填报顺序，按优惠税率减半叠加享受减免税优惠部分，应在本行对该部分金额进行调整。本行应大于等于0且小于等于第1＋2＋…＋20＋22＋…＋28行的值。

计算公式：本行＝减半项目所得额×50%×（25%－优惠税率）。

30. 第30行“三十、支持和促进重点群体创业就业企业限额减征企业所得税”：根据《财政部　税务总局　人力资源社会保障部　国务院扶贫办关于进一步支持和促进重点群体创业就业有关税收政策的通知》（财税〔2019〕22号）等规定，企业招用建档立卡贫困人口，以及在人力资源社会保障部门公共就业服务机构登记失业半年以上且持《就业创业证》或《就业失业登记证》（注明“企业吸纳税收政策”）的人员，与其签订1年以上期限劳动合同并依法缴纳社会保险费的，自签订劳动合同并缴纳社会保险当月起，在3年内按实际招用人数予以定额依次扣减增值税、城市维护建设税、教育费附加、地方教育附加和企业所得税优惠。定额标准为每人每年6000元，最高可上浮30%，各省、自治区、直辖市人民政府可根据本地区实际情况在此幅度内确定具体定额标准。本行填报企业纳税年度终了时实际减免的增值税、城市维护建设税、教育费附加和地方教育附加小于核定的减免税总额部分，在企业所得税汇算清缴时扣减的企业所得税金额。当年扣减不完的，不再结转以后年度扣减。本行填报第30.1＋30.2行的合计金额。

企业招用建档立卡贫困人口就业扣减企业所得税、企业招用登记失业半年以上人员就业扣减企业所得税，分别填报第30.1行、第30.2行。

31. 第31行“三十一、扶持自主就业退役士兵创业就业企业限额减征企业所得税”：根据《财政部　税务总局　退役军人部关于进一步扶持自主就业退役士兵创业就业有关税收政策的通知》（财税〔2019〕21号）等规定，企业招用自主就业退役士兵，与其签订1年以上期限劳动合同并依法缴纳社会保险费的，自签订劳动合同并缴纳社会保险当月起，在3年内按实际招用人数予以定额依次扣减增值税、城市维护建设税、教育费附加、地方教育附加和企业所得税优惠。定额标准为每人每年6000元，最高可上浮50%，各省、自治区、直辖市人民政府可根据本地区实际情况在此幅度内确定具体定额标准。本行填报企业纳税年度终了时实际减免的增值税、城市维护建设税、教育费附加和地方教育附加小于核定的减免税总额部分，在企业所得税汇算清缴时扣减的企业所得税金额。当年扣减不完的,不再结转以后年度扣减。

32. 第 32 行“三十二、民族自治地方的自治机关对本民族自治地方的企业应缴纳的企业所得税中属于地方分享的部分减征或免征（　免征　减征:减征幅度____%）”:根据税法、《财政部　国家税务总局关于贯彻落实国务院关于实施企业所得税过渡优惠政策有关问题的通知》(财税〔2008〕21 号)、《中华人民共和国民族区域自治法》的规定,实行民族区域自治的自治区、自治州、自治县的自治机关对本民族自治地方的企业应缴纳的企业所得税中属于地方分享的部分,可以决定减征或者免征,自治州、自治县决定减征或者免征的,须报省、自治区、直辖市人民政府批准。

纳税人填报该行次时,根据享受政策的类型选择“免征”或“减征”填报,二者必选其一。选择“免征”是指企业所得税款地方分成 40% 部分全部免征;选择“减征:减征幅度____%”需填报“减征幅度”,减征幅度范围是 1 至 100,表示企业所得税地方分成部分减征的百分比。如,地方分享部分减半征收,则选择“减征”,并在“减征幅度”后填写“50%”。本行填报(应纳所得税额 - 本表以上行次优惠合计)×40% ×减征幅度的金额,以上行次不包括第 30.1 行、第 30.2 行。

33. 第 33 行“合计”:填报第 1 +2 +… +28 -29 +30 +31 +32 行的合计金额。

二、表内、表间关系

(一)表内关系

1. 第 28 行 = 第 28.1 +28.2 +28.3 行。

2. 第 30 行 = 第 30.1 +30.2 行。

3. 第 33 行 = 第 1 +2 +… +28 -29 +30 +31 +32 行。

(二)表间关系

1. 第 2 行 = 表 A107041 第 31 行。

2. 第 3 行 = 表 A107041 第 32 行。

3. 当表 A000000“208 软件、集成电路企业类型”填报“110 集成电路生产企业(线宽小于 0.8 微米(含)的企业)”时,第 6 行 = 表 A107042 第 22 行。

4. 当表 A000000“208 软件、集成电路企业类型”填报“120 集成电路生产企业(线宽小于 0.25 微米的企业)”且“减免方式”填报“400 企业减按 15% 税率征收企业所得税”的,第 7 行 = 表 A107042 第 22 行。

5. 当表 A000000“208 软件、集成电路企业类型”填报“130 集成电路生产企业(投资额超过 80 亿元的企业)”且“减免方式”填报“400 企业减按 15% 税率征收企业所得税”的,第 8 行 = 表 A107042 第 22 行。

6. 当表 A000000“208 软件、集成电路企业类型”填报“120 集成电路生产企业(线宽小于 0.25 微米的企业)”且“减免方式”填报“210 企业五免五减半——免税”“220 企业五免五减半——减半征税”的,第 9 行 = 表 A107042 第 22 行。

7. 当表 A000000“208 软件、集成电路企业类型”填报“130 集成电路生产企业(投资额超过 80 亿元的企业)”且“减免方式”填报“210 企业五免五减半——免税”“220 企业五免五减半——减半征税”的,第 10 行 = 表 A107042 第 22 行。

8. 当表 A000000“208 软件、集成电路企业类型”填报“210 集成电路设计企业(新办符合条件企业)”时,第 11 行 = 表 A107042 第 22 行。

9. 当表 A000000“208 软件、集成电路企业类型”填报“220 集成电路设计企业(符合规模条件的重点集成电路设计企业)”“230 集成电路设计企业(符合领域的重点集成电路设计企业)”时,第 12 行 = 表 A107042 第 22 行。

10. 当表 A000000“208 软件、集成电路企业类型”填报“311 软件企业(一般软件企业—新办符合条件企业)”“321 软件企业(嵌入式或信息系统集成软件—新办符合条件企业)”时,第 13 行 = 表 A107042 第 22 行。

11. 当表 A000000“208 软件、集成电路企业类型”填报“312 软件企业(一般软件企业—符合规模条件的重点软件企业)”“313 软件企业(一般软件企业—符合领域条件的重点软件企业)”“314 软件企业(一般软件企业—符合出口条件的重点软件企业)”“322 软件企业(嵌入式或信息系统集成软件—符合规模条件的重点软件企业)”“323 软件企业(嵌入式或信息系统集成软件—符合领域条件的重点软件企业)”“324 软件企业(嵌入式或信息系统集成软件—符合出口条件的重点软件企业)”时,第 14 行 = 表 A107042 第 22 行。

12. 当表 A000000“208 软件、集成电路企业类型”填报“400 集成电路封装测试企业”时,第 15 行 = 表 A107042 第 22 行。

13. 当表 A000000“208 软件、集成电路企业类型”填报“500 集成电路关键专用材料生产企业”“600 集成电路专用设备生产企业”时,第 16 行 = 表 A107042 第 22 行。

14. 当表 A000000“208 软件、集成电路企业类型”填报“140 集成电路生产企业(线宽小于 130 纳米的企业)”时,第 26 行 = 表 A107042 第 22 行。

15. 当表 A000000“208 软件、集成电路企业类型”填报“150 集成电路生产企业(线宽小于 65 纳米或投资额超过 150 亿元的企业)”时,第 27 行 = 表 A107042 第 22 行。

16. 第 32 行 = (表 A100000 第 25 行 - 本表第 1 +2 +3 +4 +5… -29 +30 +31 行) ×40% ×减征幅度。

17. 第 33 行 = 表 A100000 第 26 行。

A107041 高新技术企业优惠情况及明细表

税收优惠基本信息						
1	企业主要产品（服务）发挥核心支持作用的技术所属范围	国家重点支持的高新技术领域	一级领域			
2			二级领域			
3			三级领域			
税收优惠有关情况						
4	收入指标	一、本年高新技术产品（服务）收入（5＋6）				
5		其中：产品（服务）收入				
6		技术性收入				
7		二、本年企业总收入（8－9）				
8		其中：收入总额				
9		不征税收入				
10		三、本年高新技术产品（服务）收入占企业总收入的比例（4÷7）				
11	人员指标	四、本年科技人员数				
12		五、本年职工总数				
13		六、本年科技人员占企业当年职工总数的比例（11÷12）				
14	研发费用指标	高新研发费用归集年度	本年度	前一年度	前二年度	合计
			1	2	3	4
15		七、归集的高新研发费用金额（16＋25）				
16		（一）内部研究开发投入（17＋…＋22＋24）				
17		1. 人员人工费用				
18		2. 直接投入费用				
19		3. 折旧费用与长期待摊费用				
20		4. 无形资产摊销费用				
21		5. 设计费用				
22		6. 装备调试费与实验费用				
23		7. 其他费用				
24		其中：可计入研发费用的其他费用				
25		（二）委托外部研发费用[（26＋28）×80%]				
26		1. 境内的外部研发费				
27		2. 境外的外部研发费				
28		其中：可计入研发费用的境外的外部研发费				
29		八、销售（营业）收入				
30		九、三年研发费用占销售（营业）收入的比例（15行4列÷29行4列）				
31	减免税额	十、国家需要重点扶持的高新技术企业减征企业所得税				
32		十一、经济特区和上海浦东新区新设立的高新技术企业定期减免税额				

A107041 《高新技术企业优惠情况及明细表》填报说明

本表适用于具备高新技术企业资格的纳税人填报。纳税人根据税法、《科技部　财政部　国家税务总局关于修订印发〈高新技术企业认定管理办法〉的通知》(国科发火〔2016〕32 号)、《科学技术部　财政部　国家税务总局关于修订印发〈高新技术企业认定管理工作指引〉的通知》(国科发火〔2016〕195 号)、《国家税务总局关于实施高新技术企业所得税优惠政策有关问题的公告》(国家税务总局公告 2017 年第 24 号)等相关税收政策规定,填报高新技术企业基本信息和本年优惠情况。不论是否享受优惠政策,高新技术企业资格在有效期内的纳税人均需填报本表。

一、有关项目填报说明

1. 第 1 行至第 3 行:“企业主要产品(服务)发挥核心支持作用的技术所属范围”:填报对企业主要产品(服务)发挥核心支持作用的技术属于《国家重点支持的高新技术领域》规定的具体范围,填报至三级明细领域,如“一、电子信息技术(一)软件 1. 系统软件”。

2. 第 4 行“一、本年高新技术产品(服务)收入”:填报第 5 +6 行金额。

3. 第 5 行“产品(服务)收入”:填报纳税人本年发挥核心支持作用的技术属于《国家重点支持的高新技术领域》规定范围的产品(服务)收入。

4. 第 6 行“技术性收入”:包括技术转让收入、技术服务收入和接受委托研究开发收入。

5. 第 7 行“二、本年企业总收入”:填报第 8 -9 行金额。

6. 第 8 行“(一)收入总额”:填报纳税人本年以货币形式和非货币形式从各种来源取得的收入总额。包括:销售货物收入,提供劳务收入,转让财产收入,股息、红利等权益性投资收益,利息收入,租金收入,特许权使用费收入,接受捐赠收入,其他收入。

7. 第 9 行“不征税收入”:填报纳税人本年符合相关政策规定的不征税收入。

8. 第 10 行“三、本年高新技术产品(服务)收入占企业总收入的比例”:填报第 4 ÷7 行计算后的比例。

9. 第 11 行“四、本年科技人员数”:填报纳税人直接从事研发和相关技术创新活动,以及专门从事上述活动的管理和提供直接技术服务的,累计实际工作时间在 183 天以上的人员,包括在职、兼职和临时聘用人员。

10. 第 12 行“五、本年职工总数”:填报纳税人本年在职、兼职和临时聘用人员。在职人员可以通过企业是否签订劳动合同或缴纳社会保险费来判断。兼职、临时聘用人员全年须在企业累计工作 183 天以上。

11. 第 13 行“六、本年科技人员占企业当年职工总数的比例”:填报第 11 ÷12 行的比例。

12. 第 14 行“高新研发费用归集年度”:本行无填报事项。

与计算研发费比例相关的第 15 行至第 29 行需填报三年数据,实际经营不满三年的按实际经营时间填报。

13. 第 15 行“七、本年归集的高新研发费用金额”:填报第 16 +25 行金额。

14. 第 16 行“(一)内部研究开发投入”:填报第 17 +18 +19 +20 +21 +22 +24 行金额。

15. 第 17 行“1. 人员人工费用”:填报纳税人科技人员的工资薪金、基本养老保险费、基本医疗保险费、失业保险费、工伤保险费、生育保险费和住房公积金,以及外聘科技人员的劳务费用。

16. 第 18 行“2. 直接投入费用”:填报纳税人为实施研究开发活动而实际发生的相关支出。包括:直接消耗的材料、燃料和动力费用;用于中间试验和产品试制的模具、工艺装备开发及制造费,不构成固定资产的样品、样机及一般测试手段购置费,试制产品的检验费;用于研究开发活动的仪器、设备的运行维护、调整、检验、检测、维修等费用,以及通过经营租赁方式租入的用于研发活动的固定资产租赁费。

17. 第 19 行“3. 折旧费用与长期待摊费用”:填报纳税人用于研究开发活动的仪器、设备和在用建筑物的折旧费;研发设施的改建、改装、装修和修理过程中发生的长期待摊费用。

18. 第 20 行“4. 无形资产摊销费用”:填报纳税人用于研究开发活动的软件、知识产权、非专利技术(专有技术、许可证、设计和计算方法等)的摊销费用。

19. 第 21 行“5. 设计费用”:填报纳税人为新产品和新工艺进行构思、开发和制造,进行工序、技术规范、规程制定、操作特性方面的设计等发生的费用,包括为获得创新性、创意性、突破性产品进行的创意设计活动发生的相关费用。

20. 第 22 行“6. 装备调试费与实验费用”:填报纳税人工装准备过程中研究开发活动所发生的费用,包括研制特殊、专用的生产机器,改变生产和质量控制程序,或制定新方法及标准等活动所发生的费用。

21. 第 23 行“7. 其他费用”:填报纳税人与研究开发活动直接相关的其他费用,包括技术图书资料费、资料翻译费、专家咨询费、高新科技研发保险费,研发成果的检索、论证、评审、鉴定、验收费用,知识产权的申请费、注册费、代理费,会议费、差旅费、通讯费等。

22. 第 24 行“可计入研发费用的其他费用”:填报纳税人为研究开发活动所发生的其他费用中不超过研究开发总费用的 20% 的金额,按第 17 行至第 22 行之和 ×20% ÷(1 -20%)与第 23 行的孰小值填报。

23. 第 25 行“(二)委托外部研发费用”:填报纳税人委托境内外其他机构或个人进行研究开发活动所发生的费用(研究开发活动成果为委托方企业拥有,且与该企业的主要经营业务紧密相关)。委托外部研发费用的实际发生额应按照独立交易原则确定,实际发生额的 80% 可计入委托方研发费用总额。本行填报(第 26 + 28 行) × 80% 的金额。

24. 第 26 行“1. 境内的外部研发费用”:填报纳税人委托境内其他机构或个人进行的研究开发活动所支出的费用。本行填报实际发生境内的外部研发费用。

25. 第 27 行“2. 境外的外部研发费用”:填报纳税人委托境外机构或个人完成的研究开发活动所发生的费用。受托研发的境外机构是指依照外国(地区)及港澳台法律成立的企业和其他取得收入的组织;受托研发的境外个人是指外籍及港澳台个人。本行填报实际发生境外的外部研发费用。

26. 第 28 行“可计入研发费用的境外的外部研发费用”:根据《高新技术企业认定管理办法》等规定,纳税人在中国境内发生的研发费用总额占全部研发费用总额的比例不低于 60%,即境外发生的研发费用总额占全部研发费用总额的比例不超过 40%。本行填报(第 17 + 18 + … + 22 + 23 + 26 行) × 40% ÷ (1 − 40%)与第 27 行的孰小值。

27. 第 29 行“八、销售(营业)收入”:填报纳税人主营业务收入与其他业务收入之和。

28. 第 30 行“九、三年研发费用占销售(营业)收入的比例”:填报第 15 行 4 列 ÷ 第 29 行 4 列的比例。

29. 第 31 行“十、国家需要重点扶持的高新技术企业减征企业所得税”:本行填报经济特区和上海浦东新区外的高新技术企业或虽是经济特区和上海浦东新区新设的高新技术企业但取得区外所得的减免税金额。经济特区和上海浦东新区新设的高新技术企业定期减免政策期满后,只享受 15% 税率优惠政策的,减免税金额也在本行填报。

30. 第 32 行“十一、经济特区和上海浦东新区新设立的高新技术企业定期减免”:本行填报在经济特区和上海浦东新区新设的高新技术企业区内所得的减免税金额。

二、表内、表间关系

(一)表内关系

1. 第 4 行 = 第 5 + 6 行。

2. 第 7 行 = 第 8 − 9 行。

3. 第 10 行 = 第 4 ÷ 7 行。

4. 第 13 行 = 第 11 ÷ 12 行。

5. 第 15 行 = 第 16 + 25 行。

6. 第 16 行 = 第 17 + 18 + 19 + 20 + 21 + 22 + 24 行。

7. 第 25 行 = (第 26 + 28 行) × 80%。

8. 第 30 行 = 第 15 行第 4 列 ÷ 第 29 行第 4 列。

(二)表间关系

1. 第 31 行 = 表 A107040 第 2 行。

2. 第 32 行 = 表 A107040 第 3 行。

A107042　软件、集成电路企业优惠情况及明细表

<table>
<tr><th colspan="5">税收优惠基本信息</th></tr>
<tr><td>减免方式 1</td><td colspan="2"></td><td>获利年度\开始计算优惠期年度 1</td><td></td></tr>
<tr><td>减免方式 2</td><td colspan="2"></td><td>获利年度\开始计算优惠期年度 2</td><td></td></tr>
<tr><th colspan="5">税收优惠有关情况</th></tr>
<tr><td>行次</td><td colspan="3">项目</td><td>金额(数量等)</td></tr>
<tr><td>1</td><td rowspan="5">人员指标</td><td colspan="2">一、企业本年月平均职工总人数</td><td></td></tr>
<tr><td>2</td><td colspan="2">其中:签订劳动合同关系且具有大学专科以上学历的职工人数</td><td></td></tr>
<tr><td>3</td><td colspan="2">研究开发人员人数</td><td></td></tr>
<tr><td>4</td><td colspan="2">二、大学专科以上职工占企业本年月平均职工总人数的比例(2 ÷ 1)</td><td></td></tr>
<tr><td>5</td><td colspan="2">三、研究开发人员占企业本年月平均职工总人数的比例(3 ÷ 1)</td><td></td></tr>
<tr><td>6</td><td rowspan="4">研发费用指标</td><td colspan="2">四、研发费用总额</td><td></td></tr>
<tr><td>7</td><td colspan="2">其中:企业在中国境内发生的研发费用金额</td><td></td></tr>
<tr><td>8</td><td colspan="2">五、研发费用占销售(营业)收入的比例</td><td></td></tr>
<tr><td>9</td><td colspan="2">六、境内研发费用占研发费用总额的比例(7 ÷ 6)</td><td></td></tr>
<tr><td>10</td><td rowspan="12">收入指标</td><td colspan="2">七、企业收入总额</td><td></td></tr>
<tr><td>11</td><td colspan="2">八、符合条件的销售(营业)收入</td><td></td></tr>
<tr><td>12</td><td colspan="2">九、符合条件的收入占收入总额的比例(11 ÷ 10)</td><td></td></tr>
<tr><td>13</td><td rowspan="2">十、集成电路设计企业、软件企业填报</td><td>(一)自主设计\开发销售(营业)收入</td><td></td></tr>
<tr><td>14</td><td>(二)自主设计\开发收入占企业收入总额的比例(13 ÷ 10)</td><td></td></tr>
<tr><td>15</td><td rowspan="3">十一、重点软件企业或重点集成电路设计企业符合“领域”的填报</td><td>(一)适用的领域</td><td></td></tr>
<tr><td>16</td><td>(二)适用领域的销售(营业)收入</td><td></td></tr>
<tr><td>17</td><td>(三)领域内的销售收入占符合条件的销售收入的比例(16 ÷ 11)</td><td></td></tr>
<tr><td>18</td><td rowspan="3">十二、重点软件企业符合“出口”的填报</td><td>(一)年度软件出口收入总额(美元)</td><td></td></tr>
<tr><td>19</td><td>(二)年度软件出口收入总额(人民币)</td><td></td></tr>
<tr><td>20</td><td>(三)软件出口收入总额占本企业年度收入总额的比例(19 ÷ 10)</td><td></td></tr>
<tr><td>21</td><td>十三、集成电路关键专用材料或专用设备生产企业填报</td><td>产品适用目录</td><td></td></tr>
<tr><td>22</td><td colspan="3">减免税额</td><td></td></tr>
</table>

A107042　《软件、集成电路企业优惠情况及明细表》填报说明

本表适用于享受软件、集成电路企业优惠政策的纳税人填报。纳税人根据税法、《财政部　国家税务总局关于进一步鼓励软件产业和集成电路产业发展企业所得税政策的通知》(财税〔2012〕27 号)、《财政部　国家税务总局　发展改革委　工业和信息化部关于软件和集成电路产业企业所得税优惠政策有关问题的通知》(财税〔2016〕49 号)、《财政部　国家税务总局　发展改革委　工业和信息化部关于进一步鼓励集成电路产业发展企业所得税政策的通知》(财税〔2015〕6 号)、《国家发展和改革委员会　工业和信息化部　财政部　国家税务总局关于印发国家规划布局内重点软件和集成电路设计领域的通知》(发改高技〔2016〕1056 号)、《财政部　税务总局　国家发展改革委　工业和信息化部关于集成电路生产企业有关企业所得税政策问

题的通知》(财税〔2018〕27号)等相关政策规定,填报本年发生的软件、集成电路企业优惠有关情况。

一、总体填报说明

享受软件、集成电路企业优惠政策的纳税人均需按照企业整体情况填报本表,其中填报《所得减免优惠明细表》(A107020)"七、线宽小于130纳米的集成电路生产项目""八、线宽小于65纳米或投资额超过150亿元的集成电路生产项目"减免项目的纳税人,应当填报除本表第22行"减免税额"以外的本表其他相应项目。

二、有关项目填报说明

(一)税收优惠基本信息

当企业同时享受多种软件、集成电路企业优惠政策时,可根据实际情况填报"减免方式1"和"减免方式2",并同时填报对应的"获利年度\开始计算优惠期年度1"和"获利年度\开始计算优惠期年度2"。

1. 减免方式:纳税人根据《企业所得税年度纳税申报基础信息表》(A000000)"208软件、集成电路企业类型"填报的企业类型和实际经营情况,从《软件、集成电路企业优惠方式代码表》"代码"列中选择相应代码,填入本项。在"110""120""210""220""300""400"六个代码中,纳税人仅可从中选择一项填列。

软件、集成电路企业优惠方式代码表

代码	减免方式类型	软件、集成电路企业类型
110	企业二免三减半(免税)	110 集成电路生产企业[线宽小于0.8微米(含)的企业]
		140 集成电路生产企业(线宽小于130纳米的企业)
		150 集成电路生产企业(线宽小于65纳米或投资额超过150亿元的企业)
		210 集成电路设计企业(新办符合条件企业)
		311 软件企业(一般软件企业—新办符合条件企业)
		321 软件企业(嵌入式或信息系统集成软件—新办符合条件企业)
		400 集成电路封装测试企业
		500 集成电路关键专用材料生产企业
		600 集成电路专用设备生产企业
120	企业二免三减半(减半征收)	110 集成电路生产企业[线宽小于0.8微米(含)的企业]
		140 集成电路生产企业(线宽小于130纳米的企业)
		150 集成电路生产企业(线宽小于65纳米或投资额超过150亿元的企业)
		210 集成电路设计企业(新办符合条件企业)
		311 软件企业(一般软件企业—新办符合条件企业)
		321 软件企业(嵌入式或信息系统集成软件—新办符合条件企业)
		400 集成电路封装测试企业
		500 集成电路关键专用材料生产企业
		600 集成电路专用设备生产企业
210	企业五免五减半(免税)	120 集成电路生产企业(线宽小于0.25微米的企业)
		130 集成电路生产企业(投资额超过80亿元的企业)
220	企业五免五减半(减半征收)	120 集成电路生产企业(线宽小于0.25微米的企业)
		130 集成电路生产企业(投资额超过80亿元的企业)
300	企业减按10%税率征收企业所得税	220 集成电路设计企业(符合规模条件的重点集成电路设计企业)
		230 集成电路设计企业(符合领域的重点集成电路设计企业)
		312 软件企业(一般软件企业—符合规模条件的重点软件企业)
		313 软件企业(一般软件企业—符合领域条件的重点软件企业)
		314 软件企业(一般软件企业—符合出口条件的重点软件企业)
		322 软件企业(嵌入式或信息系统集成软件—符合规模条件的重点软件企业)
		323 软件企业(嵌入式或信息系统集成软件—符合领域条件的重点软件企业)
		324 软件企业(嵌入式或信息系统集成软件—符合出口条件的重点软件企业)
400	企业减按15%税率征收企业所得税	120 集成电路生产企业(线宽小于0.25微米的企业)
		130 集成电路生产企业(投资额超过80亿元的企业)
510	项目所得二免三减半(免税)	140 集成电路生产企业(线宽小于130纳米的企业)
520	项目所得二免三减半(减半征收)	140 集成电路生产企业(线宽小于130纳米的企业)
610	项目所得五免五减半(免税)	150 集成电路生产企业(线宽小于65纳米或投资额超过150亿元的企业)
620	项目所得五免五减半(减半征收)	150 集成电路生产企业(线宽小于65纳米或投资额超过150亿元的企业)

2.“获利年度\开始计算优惠期年度”:适用选择“二免三减半”“五免五减半”定期减免类型的纳税人填报。其中,“开始计算优惠期年度”按照财税〔2012〕27号、财税〔2015〕6号、财税〔2018〕27号等文件的相关规定确定。

(二)税收优惠有关情况

第1行至第12行为必填行次。第13行和第14行适用于集成电路设计企业和软件企业填报,第15行至第17行适用于国家规划布局内的重点软件企业、重点集成电路企业中的符合领域条件的企业填报,第18行至第20行适用于国家规划布局内的重点软件企业中符合出口条件的企业填报,第21行适用于集成电路关键专用材料或专用设备生产企业填报。

1.第1行“一、企业本年月平均职工总人数”:填报纳税人本年月平均职工总人数。本年月平均职工总人数计算方法:

月平均人数=(月初数+月末数)÷2

全年月平均职工总人数=全年各月平均数之和÷12

2.第2行“签订劳动合同关系且具有大学专科以上学历的职工人数”:填报纳税人本年签订劳动合同关系且具有大学专科以上学历的职工人数。

3.第3行“研究开发人员人数”:填报纳税人本年研究开发人员人数。

4.第4行“二、大学专科以上职工占企业本年月平均职工总人数的比例”:填报第2÷1行比例。

5.第5行“三、研究开发人员占企业本年月平均职工总人数的比例”:填报第3÷1行比例。

6.第6行“四、研发费用总额”:填报企业按照《财政部　国家税务总局　科技部关于完善研发费用税前加计扣除政策的通知》(财税〔2015〕119号)、《国家税务总局关于企业研究开发费用税前加计扣除政策有关问题的公告》(国家税务总局公告2015年第97号)、《国家税务总局关于研发费用税前加计扣除归集范围有关问题的公告》(国家税务总局公告2017年第40号)等文件规定口径归集的研发费用。

7.第7行“企业在中国境内发生的研发费用金额”:填报纳税人本年在中国境内发生的研发费用。

8.第8行“五、研发费用占销售(营业)收入的比例”:填报研发费用占销售(营业)收入的比例,即本表第6行÷表A101010第1行比例。

9.第9行“六、境内研发费用占研发费用总额的比例”:填报第7÷6行比例。

10.第10行“七、企业收入总额”:填报纳税人本年以货币形式和非货币形式从各种来源取得的收入总额。包括:销售货物收入,提供劳务收入,转让财产收入,股息、红利等权益性投资收益,利息收入,租金收入,特许权使用费收入,接受捐赠收入,其他收入。

11.第11行“八、符合条件的销售(营业)收入”:根据企业类型分析填报,具体如下:

(1)集成电路生产企业:填报本年度集成电路制造销售(营业)收入;

(2)集成电路设计企业:填报本年度集成电路设计销售(营业)收入;

(3)软件企业:一般软件企业填报本年软件产品开发销售(营业)收入;嵌入式或信息系统集成软件企业填报嵌入式软件产品和信息系统集成产品开发销售(营业)收入;

(4)集成电路封装、测试企业:填报本年集成电路封装、测试销售(营业)收入;

(5)集成电路关键专用材料生产企业:填报本年集成电路关键专用材料销售(营业)收入;

(6)集成电路专用设备生产企业:填报本年集成电路专用设备销售(营业)收入。

12.第12行“九、符合条件的收入占收入总额的比例”:填报第11÷10行比例。

13.第13行“(一)自主设计\开发销售(营业)收入”:根据企业类型分析填报,具体如下:

(1)集成电路设计企业:填报本年度集成电路自主设计销售(营业)收入。

(2)软件企业:一般软件企业填报本年软件产品自主开发销售(营业)收入;嵌入式或信息系统集成软件企业填报本年自主开发嵌入式软件产品和信息系统集成产品开发销售(营业)收入。

14.第14行“(二)自主设计\开发收入占企业收入总额的比例”:填报第13÷10行比例。

15.第15行“(一)适用的领域”:根据发改高技〔2016〕1056号文件,选择填报适用的领域。

16.第16行“(二)适用领域的销售(营业)收入”:填报符合第15行选择“适用的领域”的销售(营业)收入。如第15行填报领域为“(一)基础软件:操作系统、数据库、中间件”,则该行填报该业务的销售(营业)收入。

17.第17行“(三)领域内的销售收入占符合条件的销售收入的比例”:填报第16÷11行比例。

18.第18行“(一)年度软件出口收入总额(美元)”:填报企业年度软件出口收入总额,以美元计算。

19.第19行“(二)年度软件出口收入总额(人民币)”:填报企业年度软件出口收入,换算成人民币以后的金额。

20.第20行“(三)软件出口收入总额占本企业年度收入总额的比例”:填报第19÷10行比例。

21.第21行“产品适用目录”:适用于集成电路关键专用材料或专用设备生产企业填报。目录见财税〔2015〕6号文件所附《集成电路关键专用材料企业所得税优惠目录》《集成电路专用设备企业所得税优惠目录》。按照两个目录中的“产品名称”填列本行。

22. 第 22 行“减免税额”：填报本年享受集成电路、软件企业优惠的金额。当减免方式为“项目所得二免三减半（免税）”“项目所得二免三减半（减半征收）”“项目所得五免五减半（免税）”“项目所得五免五减半（减半征收）”时，本行无需填报。

三、表内、表间关系

（一）表内关系

1. 第 4 行 = 第 2 ÷ 1 行。

2. 第 5 行 = 第 3 ÷ 1 行。

3. 第 9 行 = 第 7 ÷ 6 行。

4. 第 12 行 = 第 11 ÷ 10 行。

5. 第 14 行 = 第 13 ÷ 10 行。

6. 第 17 行 = 第 16 ÷ 11 行。

7. 第 20 行 = 第 19 ÷ 10 行。

（二）表间关系

1. 第 8 行 = 第 6 行 ÷ 表 A101010 第 1 行。

2. 第 22 行 = 表 A107040 第 6 行至第 16 行、第 26 行至第 27 行，根据以下规则判断填报：

当表 A000000“208 软件、集成电路企业类型”填报“110 集成电路生产企业［线宽小于 0.8 微米（含）的企业］”时，第 22 行 = 表 A107040 第 6 行；

当表 A000000“208 软件、集成电路企业类型”填报“120 集成电路生产企业（线宽小于 0.25 微米的企业）”且“减免方式”填报“400 企业减按 15% 税率征收企业所得税”的，第 22 行 = 表 A107040 第 7 行；

当表 A000000“208 软件、集成电路企业类型”填报“130 集成电路生产企业（投资额超过 80 亿元的企业）”且“减免方式”填报“400 企业减按 15% 税率征收企业所得税”的，第 22 行 = 表 A107040 第 8 行；

当表 A000000“208 软件、集成电路企业类型”填报“120 集成电路生产企业（线宽小于 0.25 微米的企业）”且“减免方式”填报“210 企业五免五减半——免税”“220 企业五免五减半——减半征税”的，第 22 行 = 表 A107040 第 9 行；

当表 A000000“208 软件、集成电路企业类型”填报“130 集成电路生产企业（投资额超过 80 亿元的企业）”且“减免方式”填报“210 企业五免五减半——免税”“220 企业五免五减半——减半征税”的，第 22 行 = 表 A107040 第 10 行；

当表 A000000“208 软件、集成电路企业类型”填报“210 集成电路设计企业（新办符合条件企业）”时，第 22 行 = 表 A107040 第 11 行；

当表 A000000“208 软件、集成电路企业类型”填报“220 集成电路设计企业（符合规模条件的重点集成电路设计企业）”“230 集成电路设计企业（符合领域的重点集成电路设计企业）”时，第 22 行 = 表 A107040 第 12 行；

当表 A000000“208 软件、集成电路企业类型”填报“311 软件企业（一般软件企业—新办符合条件企业）”“321 软件企业（嵌入式或信息系统集成软件—新办符合条件企业）”时，第 22 行 = 表 A107040 第 13 行；

当表 A000000“208 软件、集成电路企业类型”填报“312 软件企业（一般软件企业—符合规模条件的重点软件企业）”“313 软件企业（一般软件企业—符合领域条件的重点软件企业）”“314 软件企业（一般软件企业—符合出口条件的重点软件企业）”“322 软件企业（嵌入式或信息系统集成软件—符合规模条件的重点软件企业）”“323 软件企业（嵌入式或信息系统集成软件—符合领域条件的重点软件企业）”“324 软件企业（嵌入式或信息系统集成软件—符合出口条件的重点软件企业）”时，第 22 行 = 表 A107040 第 14 行；

当表 A000000“208 软件、集成电路企业类型”填报“400 集成电路封装测试企业”时，第 22 行 = 表 A107040 第 15 行；

当表 A000000“208 软件、集成电路企业类型”填报“500 集成电路关键专用材料生产企业”“600 集成电路专用设备生产企业”时，第 22 行 = 表 A107040 第 16 行；

当表 A000000“208 软件、集成电路企业类型”填报“140 集成电路生产企业（线宽小于 130 纳米的企业）”时，第 22 行 = 表 A107040 第 26 行；

当表 A000000“208 软件、集成电路企业类型”填报“150 集成电路生产企业（线宽小于 65 纳米或投资额超过 150 亿元的企业）”时，第 22 行 = 表 A107040 第 27 行。

A107050　税额抵免优惠明细表

<table>
<tr><td rowspan="3">行次</td><td rowspan="3">项目</td><td rowspan="2">年度</td><td rowspan="2">本年抵免前应纳税额</td><td rowspan="2">本年允许抵免的专用设备投资额</td><td rowspan="2">本年可抵免税额</td><td colspan="6">以前年度已抵免额</td><td rowspan="2">本年实际抵免的各年度税额</td><td rowspan="2">可结转以后年度抵免的税额</td></tr>
<tr><td>前五年度</td><td>前四年度</td><td>前三年度</td><td>前二年度</td><td>前一年度</td><td>小计</td></tr>
<tr><td>1</td><td>2</td><td>3</td><td>4(3×10%)</td><td>5</td><td>6</td><td>7</td><td>8</td><td>9</td><td>10(5+…+9)</td><td>11</td><td>12(4－10－11)</td></tr>
<tr><td>1</td><td>前五年度</td><td></td><td></td><td></td><td></td><td></td><td></td><td></td><td></td><td></td><td></td><td></td><td>*</td></tr>
<tr><td>2</td><td>前四年度</td><td></td><td></td><td></td><td></td><td>*</td><td></td><td></td><td></td><td></td><td></td><td></td><td></td></tr>
<tr><td>3</td><td>前三年度</td><td></td><td></td><td></td><td></td><td>*</td><td>*</td><td></td><td></td><td></td><td></td><td></td><td></td></tr>
<tr><td>4</td><td>前二年度</td><td></td><td></td><td></td><td></td><td>*</td><td>*</td><td>*</td><td></td><td></td><td></td><td></td><td></td></tr>
<tr><td>5</td><td>前一年度</td><td></td><td></td><td></td><td></td><td>*</td><td>*</td><td>*</td><td>*</td><td></td><td></td><td></td><td></td></tr>
<tr><td>6</td><td>本年度</td><td></td><td></td><td></td><td></td><td>*</td><td>*</td><td>*</td><td>*</td><td>*</td><td>*</td><td></td><td></td></tr>
<tr><td>7</td><td colspan="11">本年实际抵免税额合计</td><td></td><td>*</td></tr>
<tr><td>8</td><td colspan="12">可结转以后年度抵免的税额合计</td><td></td></tr>
<tr><td>9</td><td rowspan="3">专用设备投资情况</td><td colspan="7">本年允许抵免的环境保护专用设备投资额</td><td colspan="5"></td></tr>
<tr><td>10</td><td colspan="7">本年允许抵免节能节水的专用设备投资额</td><td colspan="5"></td></tr>
<tr><td>11</td><td colspan="7">本年允许抵免的安全生产专用设备投资额</td><td colspan="5"></td></tr>
</table>

A107050《税额抵免优惠明细表》填报说明

本表适用于享受专用设备投资额抵免优惠（含结转）的纳税人填报。纳税人根据税法、《财政部　国家税务总局关于执行环境保护专用设备企业所得税优惠目录、节能节水专用设备企业所得税优惠目录和安全生产专用设备企业所得税优惠目录有关问题的通知》（财税〔2008〕48号）、《财政部　国家税务总局　国家发展改革委关于公布节能节水专用设备企业所得税优惠目录（2008年版）和环境保护专用设备企业所得税优惠目录（2008年版）的通知》（财税〔2008〕115号）、《财政部　国家税务总局　安全监管总局关于公布〈安全生产专用设备企业所得税优惠目录（2008年版）〉的通知》（财税〔2008〕118号）、《财政部　国家税务总局关于执行企业所得税优惠政策若干问题的通知》（财税〔2009〕69号）、《国家税务总局关于环境保护、节能节水、安全生产等专用设备投资抵免企业所得税有关问题的通知》（国税函〔2010〕256号）、《财政部　税务总局　国家发展改革委　工业和信息化部　环境保护部关于印发节能节水和环境保护专用设备企业所得税优惠目录（2017年版）的通知》（财税〔2017〕71号）等相关税收政策规定，填报本年发生的专用设备投资额抵免优惠（含结转）情况。

一、有关项目填报说明

1.第1列"年度"：填报公历年份。第6行为本年，第5行至第1行依次填报。

2.第2列"本年抵免前应纳税额"：填报纳税人《中华人民共和国企业所得税年度纳税申报表（A类）》（表A100000）第25行"应纳所得税额"减第26行"减免所得税额"后的额。2012和2013年度的"当年抵免前应纳税额"：填报《企业所得税年度纳税申报表（A类）》（2008年版）第27行"应纳所得税额"减第28行"减免所得税额"后的余额。2014、2015和2016年度的"当年抵免前应纳税额"：填报纳税人《中华人民共和国企业所得税年度纳税申报表（A类）》（2014年版）第25行"应纳所得税额"减第26行"减免所得税额"后的余额。

3.第3列"本年允许抵免的专用设备投资额"：填报纳税人本年购置并实际使用《环境保护专用设备企业所得税优惠目录》《节能节水专用设备企业所得税优惠目录》和《安全生产专用设备企业所得税优惠目录》规定的环境保护、节能节水、安全生产等专用设备的发票价税合计金额，但不包括允许抵扣的增值税进项税额、按有关规定退还的增值税税款以及设备运输、安装和调试等费用。

4第4列"本年可抵免税额"：填报第3列×10%的金额。

5.第5列至第9列"以前年度已抵免额"：填报纳税人以前年度已抵免税额，其中前五年度、前四年度、前三年度、前二年度、前一年度与"项目"列中的前五年度、前四年度、前三年度、前二年度、前一年度相对应。

6. 第 10 列“以前年度已抵免额—小计”：填报第 5 +6 +7 +8 +9 列的合计金额。

7. 第 11 列“本年实际抵免的各年度税额”：第 1 行至第 6 行填报纳税人用于依次抵免前 5 个年度及本年尚未抵免的税额，第 11 列小于等于第 4 - 10 列，且第 11 列第 1 行至第 6 行合计金额不得大于第 6 行第 2 列的金额。

8. 第 12 列“可结转以后年度抵免的税额”：填报第 4 - 10 - 11 列的余额。

9. 第 7 行第 11 列“本年实际抵免税额合计”：填报第 11 列第 1 +2 + … +6 行的合计金额。

10. 第 8 行第 12 列“可结转以后年度抵免的税额合计”：填报第 12 列第 2 +3 + … +6 行的合计金额。

11. 第 9 行“本年允许抵免的环境保护专用设备投资额”：填报纳税人本年购置并实际使用《环境保护专用设备企业所得税优惠目录》规定的环境保护专用设备的发票价税合计价格，但不包括允许抵扣的增值税进项税额、按有关规定退还的增值税税款以及设备运输、安装和调试等费用。

12. 第 10 行“本年允许抵免节能节水的专用设备投资额”：填报纳税人本年购置并实际使用《节能节水专用设备企业所得税优惠目录》规定的节能节水等专用设备的发票价税合计价格，但不包括允许抵扣的增值税进项税额、按有关规定退还的增值税税款以及设备运输、安装和调试等费用。

13. 第 11 行“本年允许抵免的安全生产专用设备投资额”：填报纳税人本年购置并实际使用《安全生产专用设备企业所得税优惠目录》规定的安全生产等专用设备的发票价税合计价格，但不包括允许抵扣的增值税进项税额、按有关规定退还的增值税税款以及设备运输、安装和调试等费用。

二、表内、表间关系

（一）表内关系

1. 第 4 列 = 第 3 列 × 10% 。

2. 第 10 列 = 第 5 +6 + … +9 列。

3. 第 11 列 ≤ 第 4 - 10 列。

4. 第 12 列 = 第 4 - 10 - 11 列。

5. 第 6 行第 3 列 = 第 9 +10 +11 行。

6. 第 7 行第 11 列 = 第 11 列第 1 +2 + … +6 行。

7. 第 8 行第 12 列 = 第 12 列第 2 +3 + … +6 行。

（二）表间关系

1. 第 7 行第 11 列 ≤ 表 A100000 第 25 - 26 行。

2. 第 7 行第 11 列 = 表 A100000 第 27 行。

3. 第 2 列 = 表 A100000 第 25 行 - 表 A100000 第 26 行。

2012 和 2013 年度：第 2 列 =《中华人民共和国企业所得税年度纳税申报表（A 类）》（2008 年版）第 27 - 28 行。

2014、2015 和 2016 年度：第 2 列 =《中华人民共和国企业所得税年度纳税申报表（A 类）》（2014 年版）第 25 - 26 行。

A108000　境外所得税收抵免明细表

行次	国家（地区）	境外税前所得	境外所得纳税调整后所得	弥补境外以前年度亏损	境外应纳税所得额	抵减境内亏损	抵减境内亏损后的境外应纳税所得额	税率	境外所得应纳税额	境外所得可抵免税额	境外所得抵免限额	本年可抵免境外所得税额	未超过境外所得税抵免限额的余额	本年可抵免以前年度未抵免境外所得税额	按简易办法计算				境外所得抵免所得税额合计
															按低于12.5%的实际税率计算的抵免额	按12.5%计算的抵免额	按25%计算的抵免额	小计	
	1	2	3	4	5（3－4）	6	7（5－6）	8	9（7×8）	10	11	12	13（11－12）	14	15	16	17	18（15＋16＋17）	19（12＋14＋18）
1																			
2																			
3																			
4																			
5																			
6																			
7																			
8																			
9																			
10	合计																		

A108000 《境外所得税收抵免明细表》填报说明

本表适用于取得境外所得的纳税人填报。纳税人应根据税法、《财政部　国家税务总局关于企业境外所得税收抵免有关问题的通知》(财税〔2009〕125 号)、《国家税务总局关于发布〈企业境外所得税收抵免操作指南〉的公告》(国家税务总局公告 2010 年第 1 号)、《财政部　国家税务总局关于我国石油企业从事油(气)资源开采所得税收抵免有关问题的通知》(财税〔2011〕23 号)、《财政部　税务总局关于完善企业境外所得税收抵免政策问题的通知》(财税〔2017〕84 号)等规定,填报本年来源于或发生于其他国家、地区的所得按照税收规定计算应缴纳和应抵免的企业所得税。

一、有关项目填报说明

(一)行次填报

纳税人若选择"分国(地区)不分项"的境外所得抵免方式,应根据《境外所得纳税调整后所得明细表》(A108010)、《境外分支机构弥补亏损明细表》(A108020)、《跨年度结转抵免境外所得税明细表》(A108030)分国(地区)别逐行填报本表;纳税人若选择"不分国(地区)不分项"的境外所得抵免方式,应按照税收规定计算可抵免境外所得税税额和抵免限额,并根据表 A108010、表 A108020、表 A108030 的合计金额填报本表第 1 行。

(二)列次填报

1. 第 1 列"国家(地区)":纳税人若选择"分国(地区)不分项"的境外所得抵免方式,填报纳税人境外所得来源的国家(地区)名称,来源于同一国家(地区)的境外所得合并到一行填报;纳税人若选择"不分国(地区)不分项"的境外所得抵免方式,无需填报。

2. 第 2 列"境外税前所得":填报表 A108010 第 14 列的金额。

3. 第 3 列"境外所得纳税调整后所得":填报表 A108010 第 18 列的金额。

4. 第 4 列"弥补境外以前年度亏损":填报表 A108020 第 4 + 8 列的合计金额。

5. 第 5 列"境外应纳税所得额":填报第 3 - 4 列的余额。当第 3 - 4 列 <0 时,本列填报 0。

6. 第 6 列"抵减境内亏损":当纳税人选择用境外所得抵减弥补境内亏损时,填报纳税人境外所得按照税收规定抵减境内的亏损额(包括抵减的当年度境内亏损额和弥补的以前年度境内亏损额);当纳税人选择不用境外所得抵减弥补境内亏损时,填报 0。

7. 第 7 列"抵减境内亏损后的境外应纳税所得额":填报第 5 - 6 列金额。

8. 第 8 列"税率":填报法定税率 25%。符合《财政部　国家税务总局关于高新技术企业境外所得适用税率及税收抵免问题的通知》(财税〔2011〕47 号)第一条规定的高新技术企业填报 15%。

9. 第 9 列"境外所得应纳税额":填报第 7 × 8 列金额。

10. 第 10 列"境外所得可抵免税额":填报表 A108010 第 13 列金额。

11. 第 11 列"境外所得抵免限额":境外所得抵免限额按以下公式计算:

抵免限额 = 中国境内、境外所得依照企业所得税法和条例的规定计算的应纳税总额 × 来源于某国(地区)的应纳税所得额 ÷ 中国境内、境外应纳税所得总额。

12. 第 12 列"本年可抵免境外所得税额":填报纳税人本年来源于境外的所得已缴纳所得税在本年度允许抵免的金额。按第 10 列、第 11 列孰小值填报。

13. 第 13 列"未超过境外所得税抵免限额的余额":填报纳税人本年在抵免限额内抵免完境外所得税后有余额的,可用于抵免以前年度结转的待抵免的所得税额。按第 11 - 12 列金额填报。

14. 第 14 列"本年可抵免以前年度未抵免境外所得税额":填报纳税人本年可抵免以前年度未抵免、结转到本年度抵免的境外所得税额,按表 A108030 第 13 列金额填报。

15. 第 15 列至第 18 列由选择简易办法计算抵免额的纳税人填报。

(1)第 15 列"按低于 12.5% 的实际税率计算的抵免额":纳税人从境外取得营业利润所得以及符合境外税额间接抵免条件的股息所得,所得来源国(地区)的实际有效税率低于 12.5% 的,填报按照实际有效税率计算的抵免额。

(2)第 16 列"按 12.5% 计算的抵免额":纳税人从境外取得营业利润所得以及符合境外税额间接抵免条件的股息所得,除第 15 列情形外,填报按照 12.5% 计算的抵免额。

(3)第 17 列"按 25% 计算的抵免额":纳税人从境外取得营业利润所得以及符合境外税额间接抵免条件的股息所得,所得来源国(地区)的实际有效税率高于 25% 的,填报按照 25% 计算的抵免额。

16. 第 19 列"境外所得抵免所得税额合计":填报第 12 + 14 + 18 列金额。

二、表内、表间关系

(一)表内关系

1. 第 5 列 = 第 3 - 4 列,当第 3 - 4 列 <0 时,本列 = 0。

2. 第6列≤第5列。

3. 第7列=第5-6列。

4. 第9列=第7×8列。

5. 第12列=第10列、第11列孰小值。

6. 第13列=第11-12列。

7. 第14列≤第13列。

8. 第18列=第15+16+17列。

9. 第19列=第12+14+18列。

（二）表间关系

1. 若选择“分国（地区）不分项”的境外所得抵免方式，第2列各行=表A108010第14列相应行次；若选择“不分国（地区）不分项”的境外所得抵免方式，第1行第2列=表A108010第14列合计。

2. 若选择“分国（地区）不分项”的境外所得抵免方式，第3列各行=表A108010第18列相应行次；若选择“不分国（地区）不分项”的境外所得抵免方式，第1行第3列=表A108010第18列合计。

3. 若选择“分国（地区）不分项”的境外所得抵免方式，第4列各行=表A108020第4列相应行次+第8列相应行次；若选择“不分国（地区）不分项”的境外所得抵免方式，第1行第4列=表A108020第4列合计+第8列合计。

4. 若选择“分国（地区）不分项”的境外所得抵免方式，第6列合计≤第5列合计、表A106000第8列第1行至第10行合计+表A100000第18行的孰小值；若选择“不分国（地区）不分项”的境外所得抵免方式，第1行第6列≤第1行第5列、表A106000第8列第1行至第10行合计+表A100000第18行的孰小值。

5. 第9列合计=表A100000第29行。

6. 若选择“分国（地区）不分项”的境外所得抵免方式，第10列各行=表A108010第13列相应行次；若选择“不分国（地区）不分项”的境外所得抵免方式，第1行第10列=表A108010第13列合计。

7. 若选择“分国（地区）不分项”的境外所得抵免方式，第14列各行=表A108030第13列相应行次；若选择“不分国（地区）不分项”的境外所得抵免方式，第1行第14列=表A108030第13列合计。

8. 第19列合计=表A100000第30行。

A108010　境外所得纳税调整后所得明细表

行次	国家（地区）	境外税后所得								境外所得可抵免的所得税额				境外税前所得	境外分支机构收入与支出纳税调整额	境外分支机构调整分摊扣除的有关成本费用	境外所得对应调整的相关成本费用支出	境外所得纳税调整后所得
		分支机构营业利润所得	股息、红利等权益性投资所得	利息所得	租金所得	特许权使用费所得	财产转让所得	其他所得	小计	直接缴纳的所得税额	间接负担的所得税额	享受税收饶让抵免税额	小计					
	1	2	3	4	5	6	7	8	9(2+…+8)	10	11	12	13(10+11+12)	14(9+10+11)	15	16	17	18(14+15-16-17)
1																		
2																		
3																		
4																		
5																		
6																		
7																		
8																		
9																		
10	合计																	

A108010 《境外所得纳税调整后所得明细表》填报说明

本表适用于取得境外所得的纳税人填报。纳税人应根据税法、《财政部　国家税务总局关于企业境外所得税收抵免有关问题的通知》(财税〔2009〕125号)和《国家税务总局关于发布〈企业境外所得税收抵免操作指南〉的公告》(国家税务总局公告2010年第1号)、《财政部　国家税务总局关于我国石油企业从事油(气)资源开采所得税收抵免有关问题的通知》(财税〔2011〕23号)、《财政部　税务总局关于完善企业境外所得税收抵免政策问题的通知》(财税〔2017〕84号)规定,填报本年来源于或发生于不同国家、地区的所得按照税收规定计算的境外所得纳税调整后所得。对于境外所得税收抵免方式选择“不分国(地区)不分项”的纳税人,也应按照规定计算可抵免境外所得税税额,并按国(地区)别逐行填报。

一、有关项目填报说明

1. 第1列“国家(地区)”:填报纳税人境外所得来源的国家(地区)名称,来源于同一个国家(地区)的境外所得可合并到一行填报。

2. 第2列至第9列“境外税后所得”:填报纳税人取得的来源于境外的税后所得,包含已计入利润总额以及按照税法相关规定已在《纳税调整项目明细表》(A105000)进行纳税调整的境外税后所得。

3. 第10列“直接缴纳的所得税额”:填报纳税人来源于境外的营业利润所得在境外所缴纳的企业所得税,以及就来源于或发生于境外的股息、红利等权益性投资所得、利息、租金、特许权使用费、财产转让等所得在境外被源泉扣缴的预提所得税。

4. 第11列“间接负担的所得税额”:填报纳税人从其直接或者间接控制的外国企业分得的来源于中国境外的股息、红利等权益性投资收益,外国企业在境外实际缴纳的所得税额中属于该项所得负担的部分。

5. 第12列“享受税收饶让抵免税额”:填报纳税人从与我国政府订立税收协定(或安排)的国家(地区)取得的所得,按照该国(地区)税收法律享受了免税或减税待遇,且该免税或减税的数额按照税收协定应视同已缴税额的金额。

6. 第15列“境外分支机构收入与支出纳税调整额”:填报纳税人境外分支机构收入、支出按照税收规定计算的纳税调整额。

7. 第16列“境外分支机构调整分摊扣除的有关成本费用”:填报纳税人境外分支机构应合理分摊的总部管理费等有关成本费用,同时在《纳税调整项目明细表》(A105000)进行纳税调增。

8. 第17列“境外所得对应调整的相关成本费用支出”:填报纳税人实际发生与取得境外所得有关但未直接计入境外所得应纳税所得的成本费用支出,同时在《纳税调整项目明细表》(A105000)进行纳税调增。

9. 第18列“境外所得纳税调整后所得”:填报第14+15-16-17列的金额。

二、表内、表间关系

(一)表内关系

1. 第9列=第2+3+…+8列。

2. 第13列=第10+11+12列。

3. 第14列=第9+10+11列。

4. 第18列=第14+15-16-17列。

(二)表间关系

1. 若选择“分国(地区)不分项”的境外所得抵免方式,第13列各行=表A108000第10列相应行次;若选择“不分国(地区)不分项”的境外所得抵免方式,第13列合计=表A108000第1行第10列。

2. 若选择“分国(地区)不分项”的境外所得抵免方式,第14列各行=表A108000第2列相应行次;若选择“不分国(地区)不分项”的境外所得抵免方式,第14列合计=表A108000第1行第2列。

3. 第14列合计-第11列合计=表A100000第14行。

4. 第16列合计+第17列合计=表A105000第28行第3列。

5. 若选择“分国(地区)不分项”的境外所得抵免方式,第18列相应行次=表A108000第3列相应行次;若选择“不分国(地区)不分项”的境外所得抵免方式,第18列合计=表A108000第1行第3列。

A108020　境外分支机构弥补亏损明细表

行次	国家（地区）	非实际亏损额的弥补				实际亏损额的弥补			
		以前年度结转尚未弥补的非实际亏损额	本年发生的非实际亏损额	本年弥补的以前年度非实际亏损额	结转以后年度弥补的非实际亏损额	以前年度结转尚未弥补的实际亏损额	本年发生的实际亏损额	本年弥补的以前年度实际亏损额	结转以后年度弥补的实际亏损额
	1	2	3	4	5(2+3-4)	6	7	8	9
1									
2									
3									
4									
5									
6									
7									
8									
9									
10	合计								

A108020　《境外分支机构弥补亏损明细表》填报说明

本表适用于取得境外所得的纳税人填报。纳税人应根据税法、《财政部　国家税务总局关于企业境外所得税收抵免有关问题的通知》(财税〔2009〕125号)、《国家税务总局关于发布〈企业境外所得税收抵免操作指南〉的公告》(国家税务总局公告2010年第1号)、《财政部　国家税务总局关于我国石油企业从事油(气)资源开采所得税收抵免有关问题的通知》(财税〔2011〕23号)、《财政部　税务总局关于完善企业境外所得税收抵免政策问题的通知》(财税〔2017〕84号)、《财政部　税务总局关于延长高新技术企业和科技型中小企业亏损结转年限的通知》(财税〔2018〕76号)、《国家税务总局关于延长高新技术企业和科技型中小企业亏损结转弥补年限有关企业所得税处理问题的公告》(国家税务总局公告2018年第45号)规定,填报境外分支机构本年及以前年度发生的税前尚未弥补的非实际亏损额和实际亏损额、结转以后年度弥补的非实际亏损额和实际亏损额,并按国(地区)别逐行填报。

一、有关项目填报说明

纳税人选择"分国(地区)不分项"的境外所得抵免方式,在汇总计算境外应纳税所得额时,企业在境外同一国家(地区)设立不具有独立纳税地位的分支机构,按照企业所得税法及实施条例的有关规定计算的亏损,不得抵减其境内或他国(地区)的应纳税所得额,但可以用同一国家(地区)其他项目或以后年度的所得按规定弥补。纳税人选择"不分国(地区)不分项"的境外所得抵免方式,按照财税〔2017〕84号规定按国(地区)别逐行填报。在填报本表时,应按照国家税务总局公告2010年第1号第三条等有关规定,分析填报企业的境外分支机构发生的实际亏损额和非实际亏损额及其弥补、结转的金额。

1. 第1列"国家(地区)":填报纳税人境外所得来源的国家(地区)名称,来源于同一国家(地区)的境外所得合并到一行填报。

2. 第2列至第5列"非实际亏损额的弥补":填报纳税人境外分支机构非实际亏损额未弥补金额、本年发生的金额、本年弥补的金额、结转以后年度弥补的金额。

3. 第6列至第9列"实际亏损额的弥补":填报纳税人境外分支机构实际亏损额弥补金额。

二、表内、表间关系

(一)表内关系

第5列=第2+3-4列。

(二)表间关系

若选择"分国(地区)不分项"的境外所得抵免方式,第4列各行+第8列各行=表A108000第4列相应行次;若选择"不分国(地区)不分项"的境外所得抵免方式,第4列合计+第8列合计=表A108000第1行第4列。

A108030　跨年度结转抵免境外所得税明细表

行次	国家（地区）	前五年境外所得已缴所得税未抵免余额						本年实际抵免以前年度未抵免的境外已缴所得税额						结转以后年度抵免的境外所得已缴所得税额					
		前五年	前四年	前三年	前二年	前一年	小计	前五年	前四年	前三年	前二年	前一年	小计	前四年	前三年	前二年	前一年	本年	小计
	1	2	3	4	5	6	7(2+…+6)	8	9	10	11	12	13(8+…+12)	14(3-9)	15(4-10)	16(5-11)	17(6-12)	18	19(14+…+18)
1																			
2																			
3																			
4																			
5																			
6																			
7																			
8																			
9																			
10	合计																		

A108030 《跨年度结转抵免境外所得税明细表》填报说明

本表适用于取得境外所得的纳税人填报。纳税人应根据税法、《财政部　国家税务总局关于企业境外所得税收抵免有关问题的通知》(财税〔2009〕125号)、《国家税务总局关于发布〈企业境外所得税收抵免操作指南〉的公告》(国家税务总局公告2010年第1号)、《财政部　国家税务总局关于我国石油企业从事油(气)资源开采所得税收抵免有关问题的通知》(财税〔2011〕23号)、《财政部　税务总局关于完善企业境外所得税收抵免政策问题的通知》(财税〔2017〕84号)规定,填报本年发生的来源于不同国家或地区的境外所得按照我国税收法律、法规的规定可以抵免的所得税额,并按国(地区)别逐行填报。

一、有关项目填报说明

1. 第2列至第7列"前五年境外所得已缴所得税未抵免余额":填报纳税人前五年境外所得已缴纳的企业所得税尚未抵免的余额。

2. 第8列至第13列"本年实际抵免以前年度未抵免的境外已缴所得税额":填报纳税人用本年未超过境外所得税款抵免限额的余额抵免以前年度未抵免的境外已缴所得税额。

3. 第14列至第19列"结转以后年度抵免的境外所得已缴所得税额":填报纳税人以前年度和本年未能抵免并结转以后年度抵免的境外所得已缴所得税额。

二、表内、表间关系

(一)表内关系

1. 第7列=第2+3+…+6列。

2. 第13列=第8+9+…+12列。

3. 第19列=第14+15+…+18列。

(二)表间关系

1. 若选择"分国(地区)不分项"的境外所得抵免方式,第13列各行=表A108000第14列相应行次;若选择"不分国(地区)不分项"的境外所得抵免方式,第13列合计=表A108000第1行第14列。

2. 若选择"分国(地区)不分项"的境外所得抵免方式,第18列各行=表A108000第10列相应行次-第12列相应行次(当表A108000第10列相应行次大于第12列相应行次时填报);若选择"不分国(地区)不分项"的境外所得抵免方式,第18列合计=表A108000第1行第10列-第1行第12列(当表A108000第1行第10列次大于第1行第12列时填报)。

A109000　跨地区经营汇总纳税企业年度分摊企业所得税明细表

行次	项目	金额
1	一、实际应纳所得税额	
2	减:境外所得应纳所得税额	
3	加:境外所得抵免所得税额	
4	二、用于分摊的本年实际应纳所得税额(1-2+3)	
5	三、本年累计已预分、已分摊所得税额(6+7+8+9)	
6	(一)总机构直接管理建筑项目部已预分所得税额	
7	(二)总机构已分摊所得税额	
8	(三)财政集中已分配所得税额	
9	(四)分支机构已分摊所得税额	
10	其中:总机构主体生产经营部门已分摊所得税额	
11	四、本年度应分摊的应补(退)的所得税额(4-5)	
12	(一)总机构分摊本年应补(退)的所得税额(11×总机构分摊比例)	
13	(二)财政集中分配本年应补(退)的所得税额(11×财政集中分配比例)	
14	(三)分支机构分摊本年应补(退)的所得税额(11×分支机构分摊比例)	
15	其中:总机构主体生产经营部门分摊本年应补(退)的所得税额(11×总机构主体生产经营部门分摊比例)	
16	五、境外所得抵免后的应纳所得税额(2-3)	
17	六、总机构本年应补(退)所得税额(12+13+15+16)	

A109000 《跨地区经营汇总纳税企业年度分摊企业所得税明细表》填报说明

本表适用于跨地区经营汇总纳税的纳税人填报。纳税人应根据税法、《财政部　国家税务总局　中国人民银行关于印发〈跨省市总分机构企业所得税分配及预算管理办法〉的通知》(财预〔2012〕40 号)、《国家税务总局关于印发〈跨地区经营汇总纳税企业所得税征收管理办法〉的公告》(国家税务总局公告 2012 年第 57 号)规定计算企业每一纳税年度应缴的企业所得税、总机构和分支机构应分摊的企业所得税。仅在同一省(自治区、直辖市和计划单列市)内设立不具有法人资格分支机构的汇总纳税企业，省(自治区、直辖市和计划单列市)参照上述文件规定制定企业所得税分配管理办法的，按照其规定填报本表。

一、有关项目填报说明

1. 第 1 行“实际应纳所得税额”：填报表 A100000 第 31 行的金额。

2. 第 2 行“境外所得应纳所得税额”：填报表 A100000 第 29 行的金额。

3. 第 3 行“境外所得抵免所得税额”：填报表 A100000 第 30 行的金额。

4. 第 4 行“用于分摊的本年实际应纳所得税额”：填报第 1 - 2 + 3 行的金额。

5. 第 5 行“本年累计已预分、已分摊所得税额”：填报企业按照税收规定计算的分支机构本年累计已分摊的所得税额、建筑企业总机构直接管理的跨地区项目部本年累计已预分并就地预缴的所得税额。填报第 6 + 7 + 8 + 9 行的合计金额。

6. 第 6 行“总机构直接管理建筑项目部已预分所得税额”：填报建筑企业总机构按照规定在预缴纳税申报时，向其总机构直接管理的项目部所在地按照项目收入的 0.2% 预分的所得税额。

7. 第 7 行“总机构已分摊所得税额”：填报企业在预缴申报时已按照规定比例计算缴纳的由总机构分摊的所得税额。

8. 第 8 行“财政集中已分配所得税额”：填报企业在预缴申报时已按照规定比例计算缴纳的由财政集中分配的所得税额。

9. 第 9 行“分支机构已分摊所得税额”：填报企业在预缴申报时已按照规定比例计算缴纳的由所属分支机构分摊的所得税额。

10. 第 10 行“其中：总机构主体生产经营部门已分摊所得税额”：填报企业在预缴申报时已按照规定比例计算缴纳的由总机构主体生产经营部门分摊的所得税额。

11. 第 11 行“本年度应分摊的应补(退)的所得税额”：填报企业本年度应补(退)的所得税额，不包括境外所得应纳所得税额。填报第 4 - 5 行的余额。

12. 第 12 行“总机构分摊本年应补(退)的所得税额”：填报第 11 行 × 总机构分摊比例后的金额。

13. 第 13 行“财政集中分配本年应补(退)的所得税额”：填报第 11 行 × 财政集中分配比例后的金额。

14. 第 14 行“分支机构分摊本年应补(退)的所得税额”：填报第 11 行 × 分支机构分摊比例后的金额。

15. 第 15 行“其中：总机构主体生产经营部门分摊本年应补(退)的所得税额”：填报第 11 行 × 总机构主体生产经营部门分摊比例后的金额。

16. 第 16 行“境外所得抵免后的应纳所得税额”：填报第 2 - 3 行的余额。

17. 第 17 行“总机构本年应补(退)所得税额”：填报第 12 + 13 + 15 + 16 行的合计金额。

二、表内、表间关系

(一)表内关系

1. 第 4 行 = 第 1 - 2 + 3 行。

2. 第 5 行 = 第 6 + 7 + 8 + 9 行。

3. 第 11 行 = 第 4 - 5 行。

4. 第 12 行 = 第 11 行 × 总机构分摊比例。

5. 第 13 行 = 第 11 行 × 财政集中分配比例。

6. 第 14 行 = 第 11 行 × 分支机构分摊比例。

7. 第 15 行 = 第 11 行 × 总机构主体生产经营部门分摊比例。

8. 第 16 行 = 第 2 - 3 行。

9. 第 17 行 = 第 12 + 13 + 15 + 16 行。

(二)表间关系

1. 第 1 行 = 表 A10000 第 31 行。

2. 第 2 行 = 表 A10000 第 29 行。

3. 第 3 行 = 表 A10000 第 30 行。

4. 第 5 行 = 表 A10000 第 32 行。

5. 第 12 + 16 行 = 表 A10000 第 34 行。

6. 第 13 行 = 表 A100000 第 35 行。

7. 第 15 行 = 表 A10000 第 36 行。

A109010　企业所得税汇总纳税分支机构所得税分配表

税款所属期间：　　年　月　日至　　年　月　日

总机构名称（盖章）：

总机构统一社会信用代码（纳税人识别号）：　　　　　　　　　　　　金额单位：元（列至角分）

<table>
<tr><td colspan="2">应纳所得税额</td><td>总机构分摊所得税额</td><td colspan="3">总机构财政集中分配所得税额</td><td colspan="2">分支机构分摊所得税额</td></tr>
<tr><td colspan="2"></td><td></td><td colspan="3"></td><td colspan="2"></td></tr>
<tr><td rowspan="17">分支机构情况</td><td rowspan="2">分支机构统一社会信用代码（纳税人识别号）</td><td rowspan="2">分支机构名称</td><td colspan="3">三项因素</td><td rowspan="2">分配比例</td><td rowspan="2">分配所得税额</td></tr>
<tr><td>营业收入</td><td>职工薪酬</td><td>资产总额</td></tr>
<tr><td></td><td></td><td></td><td></td><td></td><td></td><td></td></tr>
<tr><td></td><td></td><td></td><td></td><td></td><td></td><td></td></tr>
<tr><td></td><td></td><td></td><td></td><td></td><td></td><td></td></tr>
<tr><td></td><td></td><td></td><td></td><td></td><td></td><td></td></tr>
<tr><td></td><td></td><td></td><td></td><td></td><td></td><td></td></tr>
<tr><td></td><td></td><td></td><td></td><td></td><td></td><td></td></tr>
<tr><td></td><td></td><td></td><td></td><td></td><td></td><td></td></tr>
<tr><td></td><td></td><td></td><td></td><td></td><td></td><td></td></tr>
<tr><td></td><td></td><td></td><td></td><td></td><td></td><td></td></tr>
<tr><td></td><td></td><td></td><td></td><td></td><td></td><td></td></tr>
<tr><td></td><td></td><td></td><td></td><td></td><td></td><td></td></tr>
<tr><td></td><td></td><td></td><td></td><td></td><td></td><td></td></tr>
<tr><td></td><td></td><td></td><td></td><td></td><td></td><td></td></tr>
<tr><td></td><td></td><td></td><td></td><td></td><td></td><td></td></tr>
<tr><td>合计</td><td></td><td></td><td></td><td></td><td></td><td></td></tr>
</table>

A109010　《企业所得税汇总纳税分支机构所得税分配表》填报说明

本表适用于跨地区经营汇总纳税的总机构填报。纳税人应根据税法、《财政部　国家税务总局　中国人民银行关于印发〈跨省市总分机构企业所得税分配及预算管理办法〉的通知》（财预〔2012〕40号）、《国家税务总局关于印发〈跨地区经营汇总纳税企业所得税征收管理办法〉的公告》（国家税务总局公告2012年第57号）规定计算总分机构每一纳税年度应缴的企业所得税额、总机构和分支机构应分摊的企业所得税额。对于仅在同一省（自治区、直辖市和计划单列市）内设立不具有法人资格分支机构的企业，根据本省（自治区、直辖市和计划单列市）汇总纳税分配办法在总机构和各分支机构分配企业所得税额的，填报本表。

一、具体项目填报说明

1. “税款所属时期”：填报公历1月1日至12月31日。

2. “总机构名称”“分支机构名称”：填报营业执照、税务登记证等证件载明的纳税人名称。

3. “总机构统一社会信用代码（纳税人识别号）”“分支机构统一社会信用代码（纳税人识别号）”：填报工商等部门核发的纳税人统一社会信用代码。未取得统一社会信用代码的，填报税务机关核发的纳税人识别号。

4. “应纳所得税额”：填报企业汇总计算的、且不包括境外所得应纳所得税额的本年应补（退）的所得税额。数据来源于《跨地区经营汇总纳税企业年度分摊企业所得税明细表》（A109000）第11行“本年度应分摊的应补（退）所得税额”。

5. “总机构分摊所得税额”：对于跨省（自治区、直辖市、计划单列市）经营汇总纳税企业，填报企业本年应补（退）所得税额×25%后的金额；对于同一省（自治区、直辖市、计划单列市）内跨地区经营汇总纳税企业，填报企业本年应补（退）所得税额×规定比例后的金额。

6. “总机构财政集中分配所得税额”：对于跨省（自治区、直辖市、计划单列市）经营汇总纳税企业，填报企业本年应补（退）

所得税额×25%后的金额；对于同一省（自治区、直辖市、计划单列市）内跨地区经营汇总纳税企业，填报企业本年应补（退）所得税额×规定比例后的金额。

7.“分支机构分摊所得税额”：对于跨省（自治区、直辖市、计划单列市）经营汇总纳税企业，填报企业本年应补（退）的所得税额×50%后的金额；对于同一省（自治区、直辖市、计划单列市）内跨地区经营汇总纳税企业，填报企业本年应补（退）所得税额×规定比例后的金额。

8.“营业收入”：填报上一年度各分支机构销售商品、提供劳务、让渡资产使用权等日常经营活动实现的全部收入的合计额。

9.“职工薪酬”：填报上一年度各分支机构为获得职工提供的服务而给予各种形式的报酬以及其他相关支出的合计额。

10.“资产总额”：填报上一年度各分支机构在经营活动中实际使用的应归属于该分支机构的资产合计额。

11.“分配比例”：填报经总机构所在地主管税务机关审核确认的各分支机构分配比例，分配比例应保留小数点后十位。

12.“分配所得税额”：填报分支机构按照分支机构分摊所得税额乘以相应的分配比例的金额。

13.“合计”：填报上一年度各分支机构的营业收入总额、职工薪酬总额和资产总额三项因素的合计金额及本年各分支机构分配比例和分配税额的合计金额。

二、表内、表间关系

（一）表内关系

1. 总机构分摊所得税额=应纳所得税额×总机构分摊比例。

2. 总机构财政集中分配所得税额=应纳所得税额×财政集中分配比例。

3. 分支机构分摊所得税额=应纳所得税额×分支机构分摊比例。

4. 分支机构分配比例=（该分支机构营业收入÷分支机构营业收入合计）×35%+（该分支机构职工薪酬÷分支机构职工薪酬合计）×35%+（该分支机构资产总额÷分支机构资产总额合计）×30%。

5. 分支机构分配所得税额=分支机构分摊所得税额×该分支机构分配比例。

（二）表间关系

应纳所得税额=表 A109000 第 11 行。

四、后续管理

1. 国家税务总局关于加强企业所得税后续管理的指导意见

（2013 年 5 月 20 日　税总发〔2013〕55 号）

各省、自治区、直辖市和计划单列市国家税务局、地方税务局：

加强企业所得税后续管理是落实国务院关于职能转变特别是深化行政审批制度改革，取消和下放行政审批项目，同时加强后续管理要求的具体体现，是新形势下全面推进企业所得税科学化、专业化和精细化管理的必然要求，是落实税源专业化管理和深化税收征管部署的工作措施。为深入贯彻国务院关于职能转变的各项要求，推动企业所得税后续管理工作深入开展，现提出以下指导意见。

一、加强后续管理的指导思想和主要目标

加强企业所得税后续管理的指导思想是：认真贯彻国务院关于职能转变、深化行政审批制度改革的部署，按照该放的权坚决放开放到位、该管的事必须管住管好的要求，围绕企业所得税管理的“二十四字”总体要求，以加强税收风险管理为导向，以实施信息管税为依托，突出跨年度事项、重大事项、高风险事项和重点行业管理，着力构建企业所得税后续管理的长效机制，实现企业所得税的动态化、可持续管理。

加强企业所得税后续管理的主要目标是：通过加强后续管理，保持企业所得税管理的连续性，保障企业所得税各项政策的贯彻落实，切实防止出现管理真空，进一步提升税法遵从度，不断提高企业所得税的征管质量和效率。

二、加强后续管理的主要内容

企业所得税后续管理是在做好日常管理的基础上，着力在企业所得税管理的关键环节，主要利用台账管理和专家团队管理等方法，大力依托信息化手段，重点对跨年度事项、重大事项、高风险事项和重点行业加强跟踪管理和动态监控的一种税源管理方式。

（一）明确后续管理对象

后续管理的对象涵盖影响企业所得税应纳税所得额和应纳税额的重要事项和重点行业，包括跨年度事项、重大事项、高风险事项和若干重点行业。

跨年度事项是指对企业以后年度的应纳税所得额和应纳税额造成实际影响的事项。跨年度事项主要包括：债务重组递延所得、跨境重组递延收入、政策性搬迁收入、公允价值变动净收益、权益法核算长期股权投资初始成本形成的营业外收入，政策性搬迁支出、跨年度结转扣除的职工教育经费支出、广告费和业务宣传费支出、不征税收入后续支出，固定资产和生产性生物资产折旧、无形资产和长期待摊费用摊销、油气资产折耗，亏损弥补，创业投资抵扣应纳税所得额，专用设备投资抵免应纳税额，等等。鉴于跨年度事项的递延性质，需要通过台账管理等方法准确记录该类事项对以后年度的税收影响，便于跟踪管理。

重大事项涵盖了税务行政审批制度改革后管理方式发生重大改变的事项，以及一些对企业所得税影响重大的、复杂的交易事项。前者主要包括企业所得税优惠事项和资产损失税前扣除事项，这类事项由审批改为备案或自行申报后，必须加强对其真实性和合法性的后续管理。后者包括企业重组、清算、股权转让、居民企业间关联交易、境外所得税收抵免、跨地区经营汇总纳税、集团企业合并纳税等重点事项，这些事项交易过程复杂、交易方较多、交易信息不透明，有的还涉及税源跨地区转移，需要利用专家团队、结合第三方信息等加强后续管理。

高风险事项是企业所得税管理中风险发生概率较高、易造成重大税款流失的事项，如适用特殊性税务处理的企业重组、上市公司限售股减持等交易事项。要将风险管理理念贯穿税源专业化管理全过程，选取体现税种特征的关键风险指标值，分地区、分企业规模、分行业类型建立风险预警指标体系、评估模型和风险特征库，通过分析识别和等级排序，将高风险事项纳入后续管理范围。

重点行业是指企业所得税税种特征明显、税源较大、生产经营流程较复杂、管理难度较高的一些行业，如房地产开发企业、建筑企业、石油石化企业等。要结合应用企业所得税行业管理操作指南，制定重点行业企业所得税管理办法，建立行业管理专家团队，加大对重点行业的后续管理力度。

（二）抓住后续管理环节

后续管理的着力点应集中在企业备案或自行申报后、预缴申报后以及汇算清缴后的管理上，主要侧重汇算清缴后的管理。

在备案或自行申报后，以实质性审核为重点加强后续管理。对列入备案管理的优惠项目，应在相关性审核的基础上，加强对税法与会计差异的审查，对跨年度优惠项目建立管理台账进行动态监控，通过纳税评估和税务检查对优惠项目的真实性和准确性进一步开展实质性审核。对自行申报的资产损失项目，应区分项目、损失类型和申报形式，建立企业资产损失税前扣除管理台账和纳税档案，及时进行风险评估，对需要实地核查的应及时进行核查。

在预缴申报后，以税源实时监控为重点加强后续管理。定期分析本地区企业所得税预缴情况，动态掌握本地区企业所得税税源重要变化和趋势；对预缴税款发生显著变化的企业，及时了解分析收入变化的主要原因；审核纳税人是否按照规定的预缴方式进行预缴申报；加强对实际利润额、减免税额、特定业务预缴税款和总分机构纳税人分配入库税款准确性的审核。

在汇算清缴后，以风险识别应对为重点加强后续管理。结合年度纳税申报表、财务会计报告、管理台账、中介机构鉴证报告以及获取的各类内外部信息，运用企业所得税风险特征库，集中识别汇算清缴重要风险点，并区分风险性质、风险程度和纳税人遵从行为特征，采用纳税提醒、纳税评估、税务检查等差异化和递进式的策略实施风险应对。

（三）掌握后续管理方法

后续管理方法主要有台账管理、专家团队管理、第三方信息运用和风险管理等。

强化应用管理台账对跨年度事项进行跟踪管理。台账的数据来源应主要来自于企业申报信息和税收征管系统，除评估、核查的结果反馈外，尽量减少税务机关主观数据的录入。根据跨年度事项的特点和管理需要分门别类地设计台账，不断完善台账结构。通过应用台账，为汇缴后的申报表分析比对、风险评估和税务检查提供基础资料。

强调通过专家评审对重大事项和重点行业实施团队管理。培养熟悉所得税政策和管理的业务专家，必要时邀请熟悉行业运营特点的技术专家，组建专家团队。充分依托专家团队加强专业化审核，提高税收政策运用的准确性和行业运行掌握的权威性。

突出运用第三方信息对重大事项和重点行业进行后续管理。借助与第三方部门建立的常态信息沟通机制和有效的信息共享平台，提取有关企业所得税的重点涉税信息，在税收优惠、资产损失、企业重组、清算、股权转让等重大事项以及房地产等重点行业的后续管理中，重点采集来自工商、统计、科技、质检、法院、文化、证监、发改、房产、建委等部门的相关信息。加强对中介机构涉税鉴证报告质量的审核，逐步加大鉴证报告在后续管理中的应用力度。

坚持运用风险管理方法对企业所得税的全过程加强后续管理。针对项目特点、行业特征和区域差别，分别创设风险指标和风险特征库，形成风险分析识别、等级排序和应对处理的闭环系统。实行分类分级管理，建立重大风险事项控管制度和重点风险企业监控机制，提高风险应对的针对性和有效性；提升高风险事项和行业的管理层级，加大优势资源配置力度，着力发挥专家团队的管理抓手作用。

（四）强化信息化支撑

积极践行信息管税、便利税收业务执行的理念，主动利用信息化作为企业所得税后续管理的实现路径。

加强信息采集，确保后续管理信息来源的充分性。规范信息采集，提高涉税数据质量；拓宽采集渠道，加强信息共享平台建设；全面推行电子申报，降低涉税信息获取成本；做好与“金税三期”工程的融合，实现数据整合与功能互补。

完善所得税信息管理平台，便捷实现后续管理功能。结合“金税三期”工程，进一步优化业务需求，在企业所得税管理模块中完善后续管理的功能。逐步建立全省统一的适用于基层税务机关的电子台账，实现与企业所得税申报和风险识别的有机衔接。推进针对重点事项、重点行业等单项后续管理功能的实现。

三、加强后续管理的制度建设

税务总局负责领导全国企业所得税后续管理工作，提出加强后续管理的指导意见，指导各地结合实际开展具体管理；针对亟需加强后续管理的若干跨年度事项、重大事项和高风险事项，研究出台一系列单项的后续管理办法；在深化应用行业管理操作指南的基础上，将行业特征明显、实践证明确实行之有效的管理经验进一步提炼、规范，制定若干重点行业的后续管理办法。力争在三年内建立一个企业所得税后续管理的基本制度框架。

省及省以下税务机关要根据本地区所得税征管实际，细化和落实全国企业所得税后续管理指导意见、单项后续管理办法、重点行业后续管理办法和具体工作要求，确保后续管理各项工作落实到位。各地要根据后续管理的特点，将企业所得税后续管理纳入目标考核，明确考核标准，细化考核内容，突出考核重点，促进企业所得税后续管理工作的深入开展。

各级税务机关要进一步加强企业所得税后续管理工作调查研究，对发现的新情况、新问题要及时向上级税务机关反馈，提出解决问题的意见或建议，不断完善相关制度办法。

四、加强后续管理的工作要求

（一）加强组织领导。加强后续管理已成为当前和今后一个时期企业所得税管理的一项重要任务，各级税务机关应将其列入税源专业化管理工作的重要议程，以此带动企业所得税整体管理质效的提高。主要领导负总责，统筹协调解决有关问题。分管领导要切实履行职责，认真组织开展各项工作。企业所得税管理部门牵头，相关部门相互配合，各负其责，确保企业所得税后续管理的各项措施落到实处。

（二）融入税收征管改革大局。加强企业所得税后续管理，必须适应深化税收征管改革的总体要求，将企业所得税管理融入税收征管改革和税源专业化管理的大局之中。各级税务机关应重点探索如何将后续管理的总体要求匹配到具体的征管流程和岗位职责中去，并据此开展企业所得税税源监控、风险评估和风险应对等工作。税源专业化管理试点地区,应结合税收风险管理的总体要求,设定后续管理主要风险点,建立后续管理风险特征库,将后续管理具体事项合理整合、嵌入具体的风险管理节点,将后续管理纳入风险应对的总体框架,统一部署,统一实施。

(三)加强协同管理。各级税务机关应明确后续管理的岗位职责,建立分工明确、指导有力、管理到位、上下协作、奖罚分明的后续管理运行机制。要建立各税(费)种联动、国税局和地税局协同、部门间配合的协同机制,形成管理合力。要整合企业所得税与其他税种的管理要求,统一落实到具体管理工作中。

2. 国家税务总局关于3项企业所得税事项取消审批后加强后续管理的公告

(2015年2月2日　国家税务总局公告2015年第6号)

根据《国务院关于取消和调整一批行政审批项目等事项的决定》(国发〔2014〕27号、国发〔2014〕50号)规定,取消“享受小型微利企业所得税优惠的核准”、“收入全额归属中央的企业下属二级及二级以下分支机构名单的备案审核”和“汇总纳税企业组织结构变更审核”等项目审批,现就有关企业所得税后续管理问题公告如下:

一、进一步简化小型微利企业享受所得税优惠政策备案手续

实行查账征收的小型微利企业,在办理2014年及以后年度企业所得税汇算清缴时,通过填报《国家税务总局关于发布〈中华人民共和国企业所得税年度纳税申报表(A类,2014年版)的公告〉》(国家税务总局公告2014年第63号)之《基础信息表》(A000000表)中的“104从业人数”、“105资产总额(万元)”栏次,履行备案手续,不再另行备案。

二、取消“收入全额归属中央的企业下属二级及二级以下分支机构名单的备案审核”的后续管理

收入全额归属中央的企业(本条简称中央企业)所属二级及二级以下分支机构名单发生变化的,按照以下规定分别向其主管税务机关报送相关资料:

(一)中央企业所属二级分支机构名单发生变化的,中央企业总机构应将调整后情况及分支机构变化情况报送主管税务机关。

(二)中央企业新增二级及以下分支机构的,二级分支机构应将营业执照和总机构出具的其为二级或二级以下分支机构证明文件,在报送企业所得税预缴申报表时,附送其主管税务机关。

新增的三级及以下分支机构,应将营业执照和总机构出具的其为三级或三级以下分支机构证明文件,报送其主管税务机关。

(三)中央企业撤销(注销)二级及以下分支机构的,被撤销分支机构应当按照《中华人民共和国税收征收管理法》规定办理注销手续。二级分支机构应将撤销(注销)二级及以下分支机构情况报送其主管税务机关。

主管税务机关应根据中央企业二级及以下分支机构变更备案情况,及时调整完善税收管理信息。

三、取消“汇总纳税企业组织结构变更审核”的后续管理

汇总纳税企业改变组织结构的,总机构和相关二级分支机构应于组织结构改变后30日内,将组织结构变更情况报告主管税务机关。总机构所在省税务局按照《国家税务总局关于印发〈跨地区经营汇总纳税企业所得税征收管理办法〉的公告》(国家税务总局公告2012年第57号)第二十九条规定,将汇总纳税企业组织结构变更情况上传至企业所得税汇总纳税信息管理系统。

废止国家税务总局公告2012年第57号第二十四条第三款“汇总纳税企业以后年度改变组织结构的,该分支机构应按本办法第二十三条规定报送相关证据,分支机构所在地主管税务机关重新进行审核鉴定”的规定。

四、除第一条外,本公告自2015年1月1日起施行。

特此公告。

五、特别纳税调整

1. 国家税务总局关于印发《特别纳税调整实施办法(试行)》的通知

(2009 年 1 月 8 日　国税发〔2009〕2 号)

(部分条款修改,详见文中注释)

各省、自治区、直辖市和计划单列市国家税务局、地方税务局：

为贯彻落实《中华人民共和国企业所得税法》及其实施条例,规范和加强特别纳税调整管理,国家税务总局制定了《特别纳税调整实施办法(试行)》,现印发给你们,请遵照执行。

特别纳税调整实施办法（试行）

第一章　总　　则

第一条　为了规范特别纳税调整管理,根据《中华人民共和国企业所得税法》(以下简称所得税法)、《中华人民共和国企业所得税法实施条例》(以下简称所得税法实施条例)、《中华人民共和国税收征收管理法》(以下简称征管法)、《中华人民共和国税收征收管理法实施细则》(以下简称征管法实施细则)以及我国政府与有关国家(地区)政府签署的避免双重征税协定(安排)(以下简称税收协定)的有关规定,制定本办法。

第二条　本办法适用于税务机关对企业的转让定价、预约定价安排、成本分摊协议、受控外国企业、资本弱化以及一般反避税等特别纳税调整事项的管理。

第三条　转让定价管理是指税务机关按照所得税法第六章和征管法第三十六条的有关规定,对企业与其关联方之间的业务往来(以下简称关联交易)是否符合独立交易原则进行审核评估和调查调整等工作的总称。

第四条　预约定价安排管理是指税务机关按照所得税法第四十二条和征管法实施细则第五十三条的规定,对企业提出的未来年度关联交易的定价原则和计算方法进行审核评估,并与企业协商达成预约定价安排等工作的总称。

第五条　成本分摊协议管理是指税务机关按照所得税法第四十一条第二款的规定,对企业与其关联方签署的成本分摊协议是否符合独立交易原则进行审核评估和调查调整等工作的总称。

第六条　受控外国企业管理是指税务机关按照所得税法第四十五条的规定,对受控外国企业不作利润分配或减少分配进行审核评估和调查,并对归属于中国居民企业所得进行调整等工作的总称。

第七条　资本弱化管理是指税务机关按照所得税法第四十六条的规定,对企业接受关联方债权性投资与企业接受的权益性投资的比例是否符合规定比例或独立交易原则进行审核评估和调查调整等工作的总称。

第八条　一般反避税管理是指税务机关按照所得税法第四十七条的规定,对企业实施其他不具有合理商业目的的安排而减少其应纳税收入或所得额进行审核评估和调查调整等工作的总称。

第二章　关 联 申 报

第九条　所得税法实施条例第一百零九条及征管法实施细则第五十一条所称关联关系,主要是指企业与其他企业、组织或个人具有下列之一关系：

(一)一方直接或间接持有另一方的股份总和达到25%以上，或者双方直接或间接同为第三方所持有的股份达到25%以上。若一方通过中间方对另一方间接持有股份，只要一方对中间方持股比例达到25%以上，则一方对另一方的持股比例按照中间方对另一方的持股比例计算。

(二)一方与另一方(独立金融机构除外)之间借贷资金占一方实收资本50%以上，或者一方借贷资金总额的10%以上是由另一方(独立金融机构除外)担保。

(三)一方半数以上的高级管理人员(包括董事会成员和经理)或至少一名可以控制董事会的董事会高级成员是由另一方委派，或者双方半数以上的高级管理人员(包括董事会成员和经理)或至少一名可以控制董事会的董事会高级成员同为第三方委派。

(四)一方半数以上的高级管理人员(包括董事会成员和经理)同时担任另一方的高级管理人员(包括董事会成员和经理)，或者一方至少一名可以控制董事会的董事会高级成员同时担任另一方的董事会高级成员。

(五)一方的生产经营活动必须由另一方提供的工业产权、专有技术等特许权才能正常进行。

(六)一方的购买或销售活动主要由另一方控制。

(七)一方接受或提供劳务主要由另一方控制。

(八)一方对另一方的生产经营、交易具有实质控制，或者双方在利益上具有相关联的其他关系，包括虽未达到本条第(一)项持股比例，但一方与另一方的主要持股方享受基本相同的经济利益，以及家族、亲属关系等。

第十条　关联交易主要包括以下类型：

(一)有形资产的购销、转让和使用，包括房屋建筑物、交通工具、机器设备、工具、商品、产品等有形资产的购销、转让和租赁业务；

(二)无形资产的转让和使用，包括土地使用权、版权(著作权)、专利、商标、客户名单、营销渠道、牌号、商业秘密和专有技术等特许权，以及工业品外观设计或实用新型等工业产权的所有权转让和使用权的提供业务；

(三)融通资金，包括各类长短期资金拆借和担保以及各类计息预付款和延期付款等业务；

(四)提供劳务，包括市场调查、行销、管理、行政事务、技术服务、维修、设计、咨询、代理、科研、法律、会计事务等服务的提供。

第十一条　实行查账征收的居民企业和在中国境内设立机构、场所并据实申报缴纳企业所得税的非居民企业向税务机关报送年度企业所得税纳税申报表时，应附送《中华人民共和国企业年度关联业务往来报告表》，包括《关联关系表》、《关联交易汇总表》、《购销表》、《劳务表》、《无形资产表》、《固定资产表》、《融通资金表》、《对外投资情况表》和《对外支付款项情况表》。

第十二条　企业按规定期限报送本办法第十一条规定的报告表确有困难，需要延期的，应按征管法及其实施细则的有关规定办理。

【注】根据《国家税务总局关于完善关联申报和同期资料管理有关事项的公告》(国家税务总局公告2016年第42号)的规定，本法规第二章自2016年1月1日起废止。

第三章　同期资料管理

第十三条　企业应根据所得税法实施条例第一百一十四条的规定，按纳税年度准备、保存、并按税务机关要求提供其关联交易的同期资料。

第十四条　同期资料主要包括以下内容：

(一)组织结构

1. 企业所属的企业集团相关组织结构及股权结构；

2. 企业关联关系的年度变化情况；

3. 与企业发生交易的关联方信息，包括关联企业的名称、法定代表人、董事和经理等高级管理人员构成情况、注册地址及实际经营地址，以及关联个人的名称、国籍、居住地、家庭成员构成等情况，并注明对企业关联交易定价具有直接影响的关联方；

4. 各关联方适用的具有所得税性质的税种、税率及相应可享受的税收优惠。

（二）生产经营情况

1. 企业的业务概况，包括企业发展变化概况、所处的行业及发展概况、经营策略、产业政策、行业限制等影响企业和行业的主要经济和法律问题，集团产业链以及企业所处地位；

2. 企业的主营业务构成，主营业务收入及其占收入总额的比重，主营业务利润及其占利润总额的比重；

3. 企业所处的行业地位及相关市场竞争环境的分析；

4. 企业内部组织结构，企业及其关联方在关联交易中执行的功能、承担的风险以及使用的资产等相关信息，并参照填写《企业功能风险分析表》；

5. 企业集团合并财务报表，可视企业集团会计年度情况延期准备，但最迟不得超过关联交易发生年度的次年12月31日。

（三）关联交易情况

1. 关联交易类型、参与方、时间、金额、结算货币、交易条件等；

2. 关联交易所采用的贸易方式、年度变化情况及其理由；

3. 关联交易的业务流程，包括各个环节的信息流、物流和资金流，与非关联交易业务流程的异同；

4. 关联交易所涉及的无形资产及其对定价的影响；

5. 与关联交易相关的合同或协议副本及其履行情况的说明；

6. 对影响关联交易定价的主要经济和法律因素的分析；

7. 关联交易和非关联交易的收入、成本、费用和利润的划分情况，不能直接划分的，按照合理比例划分，说明确定该划分比例的理由，并参照填写《企业年度关联交易财务状况分析表》。

（四）可比性分析

1. 可比性分析所考虑的因素，包括交易资产或劳务特性、交易各方功能和风险、合同条款、经济环境、经营策略等；

2. 可比企业执行的功能、承担的风险以及使用的资产等相关信息；

3. 可比交易的说明，如：有形资产的物理特性、质量及其效用；融资业务的正常利率水平、金额、币种、期限、担保、融资人的资信、还款方式、计息方法等；劳务的性质与程度；无形资产的类型及交易形式，通过交易获得的使用无形资产的权利，使用无形资产获得的收益；

4. 可比信息来源、选择条件及理由；

5. 可比数据的差异调整及理由。

（五）转让定价方法的选择和使用

1. 转让定价方法的选用及理由，企业选择利润法时，须说明对企业集团整体利润或剩余利润水平所做的贡献；

2. 可比信息如何支持所选用的转让定价方法；

3. 确定可比非关联交易价格或利润的过程中所做的假设和判断；

4. 运用合理的转让定价方法和可比性分析结果，确定可比非关联交易价格或利润，以及遵循独立交易原则的说明；

5. 其他支持所选用转让定价方法的资料。

第十五条 属于下列情形之一的企业，可免于准备同期资料：

（一）年度发生的关联购销金额（来料加工业务按年度进出口报关价格计算）在2亿元人民币以下且其他关联交易金额（关联融通资金按利息收付金额计算）在4000万元人民币以下，上述金额不包括企业在年度内执行成本分摊协议或预约定价安排所涉及的关联交易金额；

（二）关联交易属于执行预约定价安排所涉及的范围；

(三)外资股份低于50%且仅与境内关联方发生关联交易。

第十六条 除本办法第七章另有规定外,企业应在关联交易发生年度的次年5月31日之前准备完毕该年度同期资料,并自税务机关要求之日起20日内提供。企业因不可抗力无法按期提供同期资料的,应在不可抗力消除后20日内提供同期资料。

第十七条 企业按照税务机关要求提供的同期资料,须加盖公章,并由法定代表人或法定代表人授权的代表签字或盖章。同期资料涉及引用的信息资料,应标明出处来源。

第十八条 企业因合并、分立等原因变更或注销税务登记的,应由合并、分立后的企业保存同期资料。

第十九条 同期资料应使用中文。如原始资料为外文的,应附送中文副本。

第二十条 同期资料应自企业关联交易发生年度的次年6月1日起保存10年。

【注】根据《国家税务总局关于完善关联申报和同期资料管理有关事项的公告》(国家税务总局公告2016年第42号)的规定,本法规第三章自2016年1月1日起废止。

第四章 转让定价方法

第二十一条 企业发生关联交易以及税务机关审核、评估关联交易均应遵循独立交易原则,选用合理的转让定价方法。根据所得税法实施条例第一百一十一条的规定,转让定价方法包括可比非受控价格法、再销售价格法、成本加成法、交易净利润法、利润分割法和其他符合独立交易原则的方法。

第二十二条 选用合理的转让定价方法应进行可比性分析。可比性分析因素主要包括以下五个方面:

(一)交易资产或劳务特性,主要包括:有形资产的物理特性、质量、数量等,劳务的性质和范围,无形资产的类型、交易形式、期限、范围、预期收益等;

(二)交易各方功能和风险,功能主要包括:研发、设计,采购,加工、装配、制造,存货管理、分销、售后服务、广告,运输、仓储,融资,财务、会计、法律及人力资源管理等,在比较功能时,应关注企业为发挥功能所使用资产的相似程度;风险主要包括:研发风险,采购风险,生产风险,分销风险,市场推广风险,管理及财务风险等;

(三)合同条款,主要包括:交易标的,交易数量、价格,收付款方式和条件,交货条件,售后服务范围和条件,提供附加劳务的约定,变更、修改合同内容的权利,合同有效期,终止或续签合同的权利;

(四)经济环境,主要包括:行业概况,地理区域,市场规模,市场层级,市场占有率,市场竞争程度,消费者购买力,商品或劳务可替代性,生产要素价格,运输成本,政府管制等;

(五)经营策略,主要包括:创新和开发策略,多元化经营策略,风险规避策略,市场占有策略等。

第二十三条 可比非受控价格法以非关联方之间进行的与关联交易相同或类似业务活动所收取的价格作为关联交易的公平成交价格。

可比性分析应特别考察关联交易与非关联交易在交易资产或劳务的特性、合同条款及经济环境上的差异,按照不同交易类型具体包括如下内容:

(一)有形资产的购销或转让

1. 购销或转让过程,包括交易的时间与地点、交货条件、交货手续、支付条件、交易数量、售后服务的时间和地点等;

2. 购销或转让环节,包括出厂环节、批发环节、零售环节、出口环节等;

3. 购销或转让货物,包括品名、品牌、规格、型号、性能、结构、外型、包装等;

4. 购销或转让环境,包括民族风俗、消费者偏好、政局稳定程度以及财政、税收、外汇政策等。

(二)有形资产的使用

1. 资产的性能、规格、型号、结构、类型、折旧方法;

2. 提供使用权的时间、期限、地点;

3. 资产所有者对资产的投资支出、维修费用等。

（三）无形资产的转让和使用

1. 无形资产类别、用途、适用行业、预期收益；

2. 无形资产的开发投资、转让条件、独占程度、受有关国家法律保护的程度及期限、受让成本和费用、功能风险情况、可替代性等。

（四）融通资金：融资的金额、币种、期限、担保、融资人的资信、还款方式、计息方法等。

（五）提供劳务：业务性质、技术要求、专业水准、承担责任、付款条件和方式、直接和间接成本等。关联交易与非关联交易之间在以上方面存在重大差异的，应就该差异对价格的影响进行合理调整，无法合理调整的，应根据本章规定选择其他合理的转让定价方法。可比非受控价格法可以适用于所有类型的关联交易。

第二十四条 再销售价格法以关联方购进商品再销售给非关联方的价格减去可比非关联交易毛利后的金额作为关联方购进商品的公平成交价格。其计算公式如下：

公平成交价格 = 再销售给非关联方的价格 ×（1 - 可比非关联交易毛利率）

可比非关联交易毛利率 = 可比非关联交易毛利/可比非关联交易收入净额 ×100%

可比性分析应特别考察关联交易与非关联交易在功能风险及合同条款上的差异以及影响毛利率的其他因素，具体包括销售、广告及服务功能，存货风险，机器、设备的价值及使用年限，无形资产的使用及价值，批发或零售环节，商业经验，会计处理及管理效率等。

关联交易与非关联交易之间在以上方面存在重大差异的，应就该差异对毛利率的影响进行合理调整，无法合理调整的，应根据本章规定选择其他合理的转让定价方法。

再销售价格法通常适用于再销售者未对商品进行改变外型、性能、结构或更换商标等实质性增值加工的简单加工或单纯购销业务。

第二十五条 成本加成法以关联交易发生的合理成本加上可比非关联交易毛利作为关联交易的公平成交价格。其计算公式如下：

公平成交价格 = 关联交易的合理成本 ×（1 + 可比非关联交易成本加成率）

可比非关联交易成本加成率 = 可比非关联交易毛利/可比非关联交易成本 ×100%

可比性分析应特别考察关联交易与非关联交易在功能风险及合同条款上的差异以及影响成本加成率的其他因素，具体包括制造、加工、安装及测试功能，市场及汇兑风险，机器、设备的价值及使用年限，无形资产的使用及价值，商业经验，会计处理及管理效率等。

关联交易与非关联交易之间在以上方面存在重大差异的，应就该差异对成本加成率的影响进行合理调整，无法合理调整的，应根据本章规定选择其他合理的转让定价方法。

成本加成法通常适用于有形资产的购销、转让和使用，劳务提供或资金融通的关联交易。

第二十六条 交易净利润法以可比非关联交易的利润率指标确定关联交易的净利润。利润率指标包括资产收益率、销售利润率、完全成本加成率、贝里比率等。

可比性分析应特别考察关联交易与非关联交易之间在功能风险及经济环境上的差异以及影响营业利润的其他因素，具体包括执行功能、承担风险和使用资产，行业和市场情况，经营规模，经济周期和产品生命周期，成本、费用、所得和资产在各交易间的分摊，会计处理及经营管理效率等。

关联交易与非关联交易之间在以上方面存在重大差异的，应就该差异对营业利润的影响进行合理调整，无法合理调整的，应根据本章规定选择其他合理的转让定价方法。

交易净利润法通常适用于有形资产的购销、转让和使用，无形资产的转让和使用以及劳务提供等关联交易。

第二十七条 利润分割法根据企业与其关联方对关联交易合并利润的贡献计算各自应该分配的利润额。利润分割法分为一般利润分割法和剩余利润分割法。

一般利润分割法根据关联交易各参与方所执行的功能、承担的风险以及使用的资产，确定各自应取得的利润。

剩余利润分割法将关联交易各参与方的合并利润减去分配给各方的常规利润的余额作为剩余利润，再根据各方对剩余利润的贡献程度进行分配。

可比性分析应特别考察交易各方执行的功能、承担的风险和使用的资产，成本、费用、所得和资产在各交易方之间的分摊，会计处理，确定交易各方对剩余利润贡献所使用信息和假设条件的可靠性等。

利润分割法通常适用于各参与方关联交易高度整合且难以单独评估各方交易结果的情况。

【注】根据《国家税务总局关于发布〈特别纳税调查调整及相互协商程序管理办法〉的公告》(国家税务总局公告2017年第6号)的规定，本法规第四章自2017年4月30日废止。

第五章　转让定价调查及调整

第二十八条　税务机关有权依据税收征管法及其实施细则有关税务检查的规定，确定调查企业，进行转让定价调查、调整。被调查企业必须据实报告其关联交易情况，并提供相关资料，不得拒绝或隐瞒。

第二十九条　转让定价调查应重点选择以下企业：

(一)关联交易数额较大或类型较多的企业；

(二)长期亏损、微利或跳跃性盈利的企业；

(三)低于同行业利润水平的企业；

(四)利润水平与其所承担的功能风险明显不相匹配的企业；

(五)与避税港关联方发生业务往来的企业；

(六)未按规定进行关联申报或准备同期资料的企业；

(七)其他明显违背独立交易原则的企业。

第三十条　实际税负相同的境内关联方之间的交易，只要该交易没有直接或间接导致国家总体税收收入的减少，原则上不做转让定价调查、调整。

第三十一条　税务机关应结合日常征管工作，开展案头审核，确定调查企业。案头审核应主要根据被调查企业历年报送的年度所得税申报资料及关联业务往来报告表等纳税资料，对企业的生产经营状况、关联交易等情况进行综合评估分析。企业可以在案头审核阶段向税务机关提供同期资料。

第三十二条　税务机关对已确定的调查对象，应根据所得税法第六章、所得税法实施条例第六章、征管法第四章及征管法实施细则第六章的规定，实施现场调查。

(一)现场调查人员须2名以上。

(二)现场调查时调查人员应出示《税务检查证》，并送达《税务检查通知书》。

(三)现场调查可根据需要依照法定程序采取询问、调取账簿资料和实地核查等方式。

(四)询问当事人应有专人记录《询问(调查)笔录》，并告知当事人不如实提供情况应当承担的法律责任。《询问(调查)笔录》应交当事人核对确认。

(五)需调取账簿及有关资料的，应按照征管法实施细则第八十六条的规定，填制《调取账簿资料通知书》、《调取账簿资料清单》，办理有关法定手续，调取的账簿、记账凭证等资料，应妥善保管，并按法定时限如数退还。

(六)实地核查过程中发现的问题和情况，由调查人员填写《询问(调查)笔录》。《询问(调查)笔录》应由2名以上调查人员签字，并根据需要由被调查企业核对确认，若被调查企业拒绝，可由2名以上调查人员签认备案。

(七)可以以记录、录音、录像、照相和复制的方式索取与案件有关的资料，但必须注明原件的保存方及出处，由原件保存或提供方核对签注“与原件核对无误”字样，并盖章或押印。

(八)需要证人作证的，应事先告知证人不如实提供情况应当承担的法律责任。证人的证言材料应由本人签字或押印。

第三十三条　根据所得税法第四十三条第二款及所得税法实施条例第一百一十四条的规定，税务机关在实施转让定价调查时，有权要求企业及其关联方，以及与关联业务调查有关的其他企业(以下简称可比企业)提供相关资料，并送达《税务事项通知书》。

(一)企业应在《税务事项通知书》规定的期限内提供相关资料，因特殊情况不能按期提供的，应向税务机关提交书面延期申请，经批准，可以延期提供，但最长不得超过30日。税务机关应自收到企业延期申请之日起15日内函复，逾期未函复的，视同税务机关已同意企业的延期申请。

（二）企业的关联方以及可比企业应在与税务机关约定的期限内提供相关资料，约定期限一般不应超过60日。

企业、关联方及可比企业应按税务机关要求提供真实、完整的相关资料。

第三十四条 税务机关应按本办法第二章的有关规定，核实企业申报信息，并要求企业填制《企业可比性因素分析表》。

税务机关在企业关联申报和提供资料的基础上，填制《企业关联关系认定表》、《企业关联交易认定表》和《企业可比性因素分析认定表》，并由被调查企业核对确认。

第三十五条 转让定价调查涉及向关联方和可比企业调查取证的，税务机关向企业送达《税务检查通知书》，进行调查取证。

第三十六条 税务机关审核企业、关联方及可比企业提供的相关资料，可采用现场调查、发函协查和查阅公开信息等方式核实。需取得境外有关资料的，可按有关规定启动税收协定的情报交换程序，或通过我驻外机构调查收集有关信息。涉及境外关联方的相关资料，税务机关也可要求企业提供公证机构的证明。

第三十七条 税务机关应选用本办法第四章规定的转让定价方法分析、评估企业关联交易是否符合独立交易原则，分析评估时可以使用公开信息资料，也可以使用非公开信息资料。

第三十八条 税务机关分析、评估企业关联交易时，因企业与可比企业营运资本占用不同而对营业利润产生的差异原则上不做调整。确需调整的，须层报国家税务总局批准。

第三十九条 按照关联方订单从事加工制造，不承担经营决策、产品研发、销售等功能的企业，不应承担由于决策失误、开工不足、产品滞销等原因带来的风险和损失，通常应保持一定的利润率水平。对出现亏损的企业，税务机关应在经济分析的基础上，选择适当的可比价格或可比企业，确定企业的利润水平。

第四十条 企业与关联方之间收取价款与支付价款的交易相互抵消的，税务机关在可比性分析和纳税调整时，原则上应还原抵消交易。

第四十一条 税务机关采用四分位法分析、评估企业利润水平时，企业利润水平低于可比企业利润率区间中位值的，原则上应按照不低于中位值进行调整。

第四十二条 经调查，企业关联交易符合独立交易原则的，税务机关应做出转让定价调查结论，并向企业送达《特别纳税调查结论通知书》。

第四十三条 经调查，企业关联交易不符合独立交易原则而减少其应纳税收入或者所得额的，税务机关应按以下程序实施转让定价纳税调整：

（一）在测算、论证和可比性分析的基础上，拟定特别纳税调查初步调整方案；

（二）根据初步调整方案与企业协商谈判，税企双方均应指定主谈人，调查人员应做好《协商内容记录》，并由双方主谈人签字确认，若企业拒签，可由2名以上调查人员签认备案；

（三）企业对初步调整方案有异议的，应在税务机关规定的期限内进一步提供相关资料，税务机关收到资料后，应认真审核，并及时做出审议决定；

（四）根据审议决定，向企业送达《特别纳税调查初步调整通知书》，企业对初步调整意见有异议的，应自收到通知书之日起7日内书面提出，税务机关收到企业意见后，应再次协商审议；企业逾期未提出异议的，视为同意初步调整意见；

（五）确定最终调整方案，向企业送达《特别纳税调查调整通知书》。

第四十四条 企业收到《特别纳税调查调整通知书》后，应按规定期限缴纳税款及利息。

第四十五条 税务机关对企业实施转让定价纳税调整后，应自企业被调整的最后年度的下一年度起5年内实施跟踪管理。在跟踪管理期内，企业应在跟踪年度的次年6月20日之前向税务机关提供跟踪年度的同期资料，税务机关根据同期资料和纳税申报资料重点分析、评估以下内容：

（一）企业投资、经营状况及其变化情况；

（二）企业纳税申报额变化情况；

（三）企业经营成果变化情况；

（四）关联交易变化情况等。

税务机关在跟踪管理期内发现企业转让定价异常等情况，应及时与企业沟通，要求企业自行调整，或按照本章有关规定开展转让定价调查调整。

【注】根据《国家税务总局关于发布〈特别纳税调查调整及相互协商程序管理办法〉的公告》（国家税务总局公告 2017 年第 6 号）的规定，本法规第五章自 2017 年 4 月 30 日废止。

第六章　预约定价安排管理

第四十六条　企业可以依据所得税法第四十二条、所得税法实施条例第一百一十三条及征管法实施细则第五十三条的规定，与税务机关就企业未来年度关联交易的定价原则和计算方法达成预约定价安排。预约定价安排的谈签与执行通常经过预备会谈、正式申请、审核评估、磋商、签订安排和监控执行 6 个阶段。预约定价安排包括单边、双边和多边 3 种类型。

第四十七条　预约定价安排应由设区的市、自治州以上的税务机关受理。

第四十八条　预约定价安排一般适用于同时满足以下条件的企业：

（一）年度发生的关联交易金额在 4000 万元人民币以上；

（二）依法履行关联申报义务；

（三）按规定准备、保存和提供同期资料。

第四十九条　预约定价安排适用于自企业提交正式书面申请年度的次年起 3 至 5 个连续年度的关联交易。

预约定价安排的谈签不影响税务机关对企业提交预约定价安排正式书面申请当年或以前年度关联交易的转让定价调查调整。

如果企业申请当年或以前年度的关联交易与预约定价安排适用年度相同或类似，经企业申请，税务机关批准，可将预约定价安排确定的定价原则和计算方法适用于申请当年或以前年度关联交易的评估和调整。

第五十条　企业正式申请谈签预约定价安排前，应向税务机关书面提出谈签意向，税务机关可以根据企业的书面要求，与企业就预约定价安排的相关内容及达成预约定价安排的可行性开展预备会谈，并填制《预约定价安排会谈记录》。预备会谈可以采用匿名的方式。

（一）企业申请单边预约定价安排的，应向税务机关书面提出谈签意向。在预备会谈期间，企业应就以下内容提供资料，并与税务机关进行讨论：

1. 安排的适用年度；
2. 安排涉及的关联方及关联交易；
3. 企业以前年度生产经营情况；
4. 安排涉及各关联方功能和风险的说明；
5. 是否应用安排确定的方法解决以前年度的转让定价问题；
6. 其他需要说明的情况。

（二）企业申请双边或多边预约定价安排的，应同时向国家税务总局和主管税务机关书面提出谈签意向，国家税务总局组织与企业开展预备会谈，预备会谈的内容除本条第（一）项外，还应特别包括：

1. 向税收协定缔约对方税务主管当局提出预备会谈申请的情况；
2. 安排涉及的关联方以前年度生产经营情况及关联交易情况；
3. 向税收协定缔约对方税务主管当局提出的预约定价安排拟采用的定价原则和计算方法。

（三）预备会谈达成一致意见的，税务机关应自达成一致意见之日起 15 日内书面通知企业，可以就预约定价安排相关事宜进行正式谈判，并向企业送达《预约定价安排正式会谈通知书》；预备会谈不能达成一致意见的，税务机关应自最后一次预备会谈结束之日起 15 日内书面通知企业，向企业送达《拒绝企业申请预约定价安排通知书》，拒绝企业申请预约定价安排，并说明理由。

第五十一条 企业应在接到税务机关正式会谈通知之日起3个月内，向税务机关提出预约定价安排书面申请报告，并报送《预约定价安排正式申请书》。企业申请双边或多边预约定价安排的，应将《预约定价安排正式申请书》和《启动相互协商程序申请书》同时报送国家税务总局和主管税务机关。

（一）预约定价安排书面申请报告应包括如下内容：

1.相关的集团组织架构、公司内部结构、关联关系、关联交易情况；

2.企业近三年财务、会计报表资料，产品功能和资产（包括无形资产和有形资产）的资料；

3.安排所涉及的关联交易类别和纳税年度；

4.关联方之间功能和风险划分，包括划分所依据的机构、人员、费用、资产等；

5.安排适用的转让定价原则和计算方法，以及支持这一原则和方法的功能风险分析、可比性分析和假设条件等；

6.市场情况的说明，包括行业发展趋势和竞争环境；

7.安排预约期间的年度经营规模、经营效益预测以及经营规划等；

8.与安排有关的关联交易、经营安排及利润水平等财务方面的信息；

9.是否涉及双重征税等问题；

10.涉及境内、外有关法律、税收协定等相关问题。

（二）企业因下列特殊原因无法按期提交书面申请报告的，可向税务机关提出书面延期申请，并报送《预约定价安排正式申请延期报送申请书》：

1.需要特别准备某些方面的资料；

2.需要对资料做技术上的处理，如文字翻译等；

3.其他非主观原因。税务机关应自收到企业书面延期申请后15日内，对其延期事项做出书面答复，并向企业送达《预约定价安排正式申请延期报送答复书》。逾期未做出答复的，视同税务机关已同意企业的延期申请。

（三）上述申请内容所涉及的文件资料和情况说明，包括能够支持拟选用的定价原则、计算方法和能证实符合预约定价安排条件的所有文件资料，企业和税务机关均应妥善保存。

第五十二条 税务机关应自收到企业提交的预约定价安排正式书面申请及所需文件、资料之日起5个月内，进行审核和评估。根据审核和评估的具体情况可要求企业补充提供有关资料，形成审核评估结论。

因特殊情况，需要延长审核评估时间的，税务机关应及时书面通知企业，并向企业送达《预约定价安排审核评估延期通知书》，延长期限不得超过3个月。税务机关应主要审核和评估以下内容：

（一）历史经营状况，分析、评估企业的经营规划、发展趋势、经营范围等文件资料，重点审核可行性研究报告、投资预（决）算、董事会决议等，综合分析反映经营业绩的有关信息和资料，如财务、会计报表、审计报告等。

（二）功能和风险状况，分析、评估企业与其关联方之间在供货、生产、运输、销售等各环节以及在研究、开发无形资产等方面各自所拥有的份额，执行的功能以及在存货、信贷、外汇、市场等方面所承担的风险。

（三）可比信息，分析、评估企业提供的境内、外可比价格信息，说明可比企业和申请企业之间的实质性差异，并进行调整。若不能确认可比交易或经营活动的合理性，应明确企业须进一步提供的有关文件、资料，以证明其所选用的转让定价原则和计算方法公平地反映了被审核的关联交易和经营现状，并得到相关财务、经营等资料的证实。

（四）假设条件，分析、评估对行业盈利能力和对企业生产经营的影响因素及其影响程度，合理确定预约定价安排适用的假设条件。

（五）转让定价原则和计算方法，分析、评估企业在预约价安排中选用的转让定价原则和计算方法是否以及如何真实地运用于以前、现在和未来年度的关联交易以及相关财务、经营资料之中，是否符合法律、法规的规定。

（六）预期的公平交易价格或利润区间，通过对确定的可比价格、利润率、可比企业交易等情况的进一步审核和评估，测算出税务机关和企业均可接受的价格或利润区间。

第五十三条 税务机关应自单边预约定价安排形成审核评估结论之日起30日内,与企业进行预约定价安排磋商,磋商达成一致的,应将预约定价安排草案和审核评估报告一并层报国家税务总局审定。

国家税务总局与税收协定缔约对方税务主管当局开展双边或多边预约定价安排的磋商,磋商达成一致的,根据磋商备忘录拟定预约定价安排草案。预约定价安排草案应包括如下内容:

(一)关联方名称、地址等基本信息;

(二)安排涉及的关联交易及适用年度;

(三)安排选定的可比价格或交易、转让定价原则和计算方法、预期经营结果等;

(四)与转让定价方法运用和计算基础相关的术语定义;

(五)假设条件;

(六)企业年度报告、记录保存、假设条件变动通知等义务;

(七)安排的法律效力,文件资料等信息的保密性;

(八)相互责任条款;

(九)安排的修订;

(十)解决争议的方法和途径;

(十一)生效日期;

(十二)附则。

第五十四条 税务机关与企业就单边预约定价安排草案内容达成一致后,双方的法定代表人或法定代表人授权的代表正式签订单边预约定价安排。国家税务总局与税收协定缔约对方税务主管当局就双边或多边预约定价安排草案内容达成一致后,双方或多方税务主管当局授权的代表正式签订双边或多边预约定价安排。主管税务机关根据双边或多边预约定价安排与企业签订《双边(多边)预约定价安排执行协议书》。

第五十五条 在预约定价安排正式谈判后和预约定价安排签订前,税务机关和企业均可暂停、终止谈判。涉及双边或多边预约定价安排的,经缔约各方税务主管当局协商,可暂停、终止谈判。终止谈判的,双方应将谈判中相互提供的全部资料退还给对方。

第五十六条 税务机关应建立监控管理制度,监控预约定价安排的执行情况。

(一)在预约定价安排执行期内,企业应完整保存与安排有关的文件和资料(包括账簿和有关记录等),不得丢失、销毁和转移;并在纳税年度终了后5个月内,向税务机关报送执行预约定价安排情况的年度报告。年度报告应说明报告期内经营情况以及企业遵守预约定价安排的情况,包括预约定价安排要求的所有事项,以及是否有修订或实质上终止该预约定价安排的要求。如有未决问题或将要发生的问题,企业应在年度报告中予以说明,以便与税务机关协商是否修订或终止安排。

(二)在预约定价安排执行期内,税务机关应定期(一般为半年)检查企业履行安排的情况。检查内容主要包括:企业是否遵守了安排条款及要求;为谈签安排而提供的资料和年度报告是否反映了企业的实际经营情况;转让定价方法所依据的资料和计算方法是否正确;安排所描述的假设条件是否仍然有效;企业对转让定价方法的运用是否与假设条件相一致等。

税务机关如发现企业有违反安排的一般情况,可视情况进行处理,直至终止安排;如发现企业存在隐瞒或拒不执行安排的情况,税务机关应认定预约定价安排自始无效。

(三)在预约定价安排执行期内,如果企业发生实际经营结果不在安排所预期的价格或利润区间之内的情况,税务机关应在报经上一级税务机关核准后,将实际经营结果调整到安排所确定的价格或利润区间内。涉及双边或多边预约定价安排的,应当层报国家税务总局核准。

(四)在预约定价安排执行期内,企业发生影响预约定价安排的实质性变化,应在发生变化后30日内向税务机关书面报告,详细说明该变化对预约定价安排执行的影响,并附相关资料。由于非主观原因而无法按期报告的,可以延期报告,但延长期不得超过30日。

税务机关应在收到企业书面报告之日起60日内,予以审核和处理,包括审查企业变化情况、与企业协商修订预约定价安排条款和相关条件,或根据实质性变化对预约定价安排的影响程度采取修订或终止安排等措施。原预约定价安排终止执行后,税务机关可以和企业按照本章规定的程序和要求,重新谈签新的预约定价安排。

（五）国家税务局和地方税务局与企业共同签订的预约定价安排，在执行期内，企业应分别向国家税务局和地方税务局报送执行预约定价安排情况的年度报告和实质性变化报告。国家税务局和地方税务局应对企业执行安排的情况，实行联合检查和审核。

第五十七条 预约定价安排期满后自动失效。如企业需要续签的，应在预约定价安排执行期满前90日内向税务机关提出续签申请，报送《预约定价安排续签申请书》，并提供可靠的证明材料，说明现行预约定价安排所述事实和相关环境没有发生实质性变化，并且一直遵守该预约定价安排中的各项条款和约定。税务机关应自收到企业续签申请之日起15日内做出是否受理的书面答复，向企业送达《预约定价安排申请续签答复书》。税务机关应审核、评估企业的续签申请资料，与企业协商拟定预约定价安排草案，并按双方商定的续签时间、地点等相关事宜，与企业完成续签工作。

第五十八条 预约定价安排的谈签或执行同时涉及两个以上省、自治区、直辖市和计划单列市税务机关，或者同时涉及国家税务局和地方税务局的，由国家税务总局统一组织协调。企业可以直接向国家税务总局书面提出谈签意向。

第五十九条 税务机关与企业达成的预约定价安排，只要企业遵守了安排的全部条款及其要求，各地国家税务局、地方税务局均应执行。

第六十条 税务机关与企业在预约定价安排预备会谈、正式谈签、审核、分析等全过程中所获取或得到的所有信息资料，双方均负有保密义务。税务机关和企业每次会谈，均应对会谈内容进行书面记录，同时载明每次会谈时相互提供资料的份数和内容，并由双方主谈人员签字或盖章。

第六十一条 税务机关与企业不能达成预约定价安排的，税务机关在会谈、协商过程中所获取的有关企业的提议、推理、观念和判断等非事实性信息，不得用于以后对该预约定价安排涉及交易行为的税务调查。

第六十二条 在预约定价安排执行期间，如果税务机关与企业发生分歧，双方应进行协商。协商不能解决的，可报上一级税务机关协调；涉及双边或多边预约定价安排的，须层报国家税务总局协调。对上一级税务机关或国家税务总局的协调结果或决定，下一级税务机关应当予以执行。但企业仍不能接受的，应当终止安排的执行。

第六十三条 税务机关应在与企业正式签订单边预约定价安排或双边或多边预约定价安排执行协议书后10日内，以及预约定价安排执行中发生修订、终止等情况后20日内，将单边预约定价安排正式文本、双边或多边预约定价安排执行协议书以及安排变动情况的说明层报国家税务总局备案。

【注】根据《国家税务总局关于完善预约定价安排管理有关事项的公告》（国家税务总局2016年第64号）的规定，本法规第六章自2016年12月1日起废止。

第七章　成本分摊协议管理

第六十四条 根据所得税法第四十一条第二款及所得税法实施条例第一百一十二条的规定，企业与其关联方签署成本分摊协议，共同开发、受让无形资产，或者共同提供、接受劳务，应符合本章规定。

第六十五条 成本分摊协议的参与方对开发、受让的无形资产或参与的劳务活动享有受益权，并承担相应的活动成本。关联方承担的成本应与非关联方在可比条件下为获得上述受益权而支付的成本相一致。

参与方使用成本分摊协议所开发或受让的无形资产不需另支付特许权使用费。

第六十六条 企业对成本分摊协议所涉及无形资产或劳务的受益权应有合理的、可计量的预期收益，且以合理商业假设和营业常规为基础。

第六十七条 涉及劳务的成本分摊协议一般适用于集团采购和集团营销策划。

第六十八条 成本分摊协议主要包括以下内容：

（一）参与方的名称、所在国家（地区）、关联关系、在协议中的权利和义务；

（二）成本分摊协议所涉及的无形资产或劳务的内容、范围，协议涉及研发或劳务活动的具体承担者及其职责、任务；

（三）协议期限；

（四）参与方预期收益的计算方法和假设；

（五）参与方初始投入和后续成本支付的金额、形式、价值确认的方法以及符合独立交易原则的说明；

（六）参与方会计方法的运用及变更说明；

（七）参与方加入或退出协议的程序及处理规定；

（八）参与方之间补偿支付的条件及处理规定；

（九）协议变更或终止的条件及处理规定；

（十）非参与方使用协议成果的规定。

第六十九条 企业应自成本分摊协议达成之日起30日内，层报国家税务总局备案。税务机关判定成本分摊协议是否符合独立交易原则须层报国家税务总局审核。

【注】根据《国家税务总局关于规范成本分摊协议管理的公告》（国家税务总局公告2015年第45号），本条款自2015年7月16日起废止。

第七十条 已经执行并形成一定资产的成本分摊协议，参与方发生变更或协议终止执行，应根据独立交易原则做如下处理：

（一）加入支付，即新参与方为获得已有协议成果的受益权应做出合理的支付；

（二）退出补偿，即原参与方退出协议安排，将已有协议成果的受益权转让给其他参与方应获得合理的补偿；

（三）参与方变更后，应对各方受益和成本分摊情况做出相应调整；

（四）协议终止时，各参与方应对已有协议成果做出合理分配。

企业不按独立交易原则对上述情况做出处理而减少其应纳税所得额的，税务机关有权做出调整。

第七十一条 成本分摊协议执行期间，参与方实际分享的收益与分摊的成本不相配比的，应根据实际情况做出补偿调整。

第七十二条 对于符合独立交易原则的成本分摊协议，有关税务处理如下：

（一）企业按照协议分摊的成本，应在协议规定的各年度税前扣除；

（二）涉及补偿调整的，应在补偿调整的年度计入应纳税所得额；

（三）涉及无形资产的成本分摊协议，加入支付、退出补偿或终止协议时对协议成果分配的，应按资产购置或处置的有关规定处理。

第七十三条 企业可根据本办法第六章的规定采取预约定价安排的方式达成成本分摊协议。

第七十四条 企业执行成本分摊协议期间，除遵照本办法第三章规定外，还应准备和保存以下成本分摊协议的同期资料：

（一）成本分摊协议副本；

（二）成本分摊协议各参与方之间达成的为实施该协议的其他协议；

（三）非参与方使用协议成果的情况、支付的金额及形式；

（四）本年度成本分摊协议的参与方加入或退出的情况，包括加入或退出的参与方名称、所在国家（地区）、关联关系，加入支付或退出补偿的金额及形式；

（五）成本分摊协议的变更或终止情况，包括变更或终止的原因、对已形成协议成果的处理或分配；

（六）本年度按照成本分摊协议发生的成本总额及构成情况；

（七）本年度各参与方成本分摊的情况，包括成本支付的金额、形式、对象，做出或接受补偿支付的金额、形式、对象；

（八）本年度协议预期收益与实际结果的比较及由此做出的调整。

企业执行成本分摊协议期间，无论成本分摊协议是否采取预约定价安排的方式，均应在本年度的次年6月20日之前向税务机关提供成本分摊协议的同期资料。

【注】根据《国家税务总局关于完善关联申报和同期资料管理有关事项的公告》（国家税务总局公告2016年第42号）的规定，本条款自2016年1月1日起废止。

第七十五条 企业与其关联方签署成本分摊协议，有下列情形之一的，其自行分摊的成本不得税前扣除：

（一）不具有合理商业目的和经济实质；

（二）不符合独立交易原则；

（三）没有遵循成本与收益配比原则；

（四）未按本办法有关规定备案或准备、保存和提供有关成本分摊协议的同期资料；

（五）自签署成本分摊协议之日起经营期限少于20年。

第八章 受控外国企业管理

第七十六条 受控外国企业是指根据所得税法第四十五条的规定，由居民企业，或者由居民企业和居民个人（以下统称中国居民股东，包括中国居民企业股东和中国居民个人股东）控制的设立在实际税负低于所得税法第四条第一款规定税率水平50%的国家（地区），并非出于合理经营需要对利润不作分配或减少分配的外国企业。

第七十七条 本办法第七十六条所称控制，是指在股份、资金、经营、购销等方面构成实质控制。其中，股份控制是指由中国居民股东在纳税年度任何一天单层直接或多层间接单一持有外国企业10%以上有表决权股份，且共同持有该外国企业50%以上股份。

中国居民股东多层间接持有股份按各层持股比例相乘计算，中间层持有股份超过50%的，按100%计算。

第七十八条 中国居民企业股东应在年度企业所得税纳税申报时提供对外投资信息，附送《对外投资情况表》。

第七十九条 税务机关应汇总、审核中国居民企业股东申报的对外投资信息，向受控外国企业的中国居民企业股东送达《受控外国企业中国居民股东确认通知书》。中国居民企业股东符合所得税法第四十五条征税条件的，按照有关规定征税。

第八十条 计入中国居民企业股东当期的视同受控外国企业股息分配的所得，应按以下公式计算：

中国居民企业股东当期所得＝视同股息分配额×实际持股天数÷受控外国企业纳税年度天数×股东持股比例

中国居民股东多层间接持有股份的，股东持股比例按各层持股比例相乘计算。

第八十一条 受控外国企业与中国居民企业股东纳税年度存在差异的，应将视同股息分配所得计入受控外国企业纳税年度终止日所属的中国居民企业股东的纳税年度。

第八十二条 计入中国居民企业股东当期所得已在境外缴纳的企业所得税税款，可按照所得税法或税收协定的有关规定抵免。

第八十三条 受控外国企业实际分配的利润已根据所得税法第四十五条规定征税的，不再计入中国居民企业股东的当期所得。

第八十四条 中国居民企业股东能够提供资料证明其控制的外国企业满足以下条件之一的，可免于将外国企业不作分配或减少分配的利润视同股息分配额，计入中国居民企业股东的当期所得：

（一）设立在国家税务总局指定的非低税率国家（地区）；

（二）主要取得积极经营活动所得；

（三）年度利润总额低于500万元人民币。

第九章 资本弱化管理

第八十五条 所得税法第四十六条所称不得在计算应纳税所得额时扣除的利息支出应按以下公式计算：

不得扣除利息支出＝年度实际支付的全部关联方利息×（1－标准比例/关联债资比例）

其中：

标准比例是指《财政部　国家税务总局关于企业关联方利息支出税前扣除标准有关税收政策问题的通知》(财税〔2008〕121 号)规定的比例。

关联债资比例是指根据所得税法第四十六条及所得税法实施条例第一百一十九的规定,企业从其全部关联方接受的债权性投资(以下简称关联债权投资)占企业接受的权益性投资(以下简称权益投资)的比例,关联债权投资包括关联方以各种形式提供担保的债权性投资。

第八十六条　关联债资比例的具体计算方法如下：

关联债资比例＝年度各月平均关联债权投资之和/年度各月平均权益投资之和

其中：

各月平均关联债权投资＝(关联债权投资月初账面余额＋月末账面余额)/2

各月平均权益投资＝(权益投资月初账面余额＋月末账面余额)/2

权益投资为企业资产负债表所列示的所有者权益金额。如果所有者权益小于实收资本(股本)与资本公积之和,则权益投资为实收资本(股本)与资本公积之和;如果实收资本(股本)与资本公积之和小于实收资本(股本)金额,则权益投资为实收资本(股本)金额。

第八十七条　所得税法第四十六条所称的利息支出包括直接或间接关联债权投资实际支付的利息、担保费、抵押费和其他具有利息性质的费用。

第八十八条　所得税法第四十六条规定不得在计算应纳税所得额时扣除的利息支出,不得结转到以后纳税年度;应按照实际支付给各关联方利息占关联方利息总额的比例,在各关联方之间进行分配,其中,分配给实际税负高于企业的境内关联方的利息准予扣除;直接或间接实际支付给境外关联方的利息应视同分配的股息,按照股息和利息分别适用的所得税税率差补征企业所得税,如已扣缴的所得税税款多于按股息计算应征所得税税款,多出的部分不予退税。

第八十九条　企业关联债资比例超过标准比例的利息支出,如要在计算应纳税所得额时扣除,除遵照本办法第三章规定外,还应准备、保存、并按税务机关要求提供以下同期资料,证明关联债权投资金额、利率、期限、融资条件以及债资比例等均符合独立交易原则：

(一)企业偿债能力和举债能力分析；

(二)企业集团举债能力及融资结构情况分析；

(三)企业注册资本等权益投资的变动情况说明；

(四)关联债权投资的性质、目的及取得时的市场状况；

(五)关联债权投资的货币种类、金额、利率、期限及融资条件；

(六)企业提供的抵押品情况及条件；

(七)担保人状况及担保条件；

(八)同类同期贷款的利率情况及融资条件；

(九)可转换公司债券的转换条件；

(十)其他能够证明符合独立交易原则的资料。

【注】根据《国家税务总局关于完善关联申报和同期资料管理有关事项的公告》(国家税务总局公告 2016 年第 42 号)的规定,本条款自 2016 年 1 月 1 日起废止。

第九十条　企业未按规定准备、保存和提供同期资料证明关联债权投资金额、利率、期限、融资条件以及债资比例等符合独立交易原则的,其超过标准比例的关联方利息支出,不得在计算应纳税所得额时扣除。

第九十一条　本章所称"实际支付利息"是指企业按照权责发生制原则计入相关成本、费用的利息。

企业实际支付关联方利息存在转让定价问题的,税务机关应首先按照本办法第五章的有关规定实施转让定价调查调整。

第十章　一般反避税管理

第九十二条　税务机关可依据所得税法第四十七条及所得税法实施条例第一百二十条的规定对存在

以下避税安排的企业，启动一般反避税调查：

（一）滥用税收优惠；

（二）滥用税收协定；

（三）滥用公司组织形式；

（四）利用避税港避税；

（五）其他不具有合理商业目的的安排。

第九十三条 税务机关应按照实质重于形式的原则审核企业是否存在避税安排，并综合考虑安排的以下内容：

（一）安排的形式和实质；

（二）安排订立的时间和执行期间；

（三）安排实现的方式；

（四）安排各个步骤或组成部分之间的联系；

（五）安排涉及各方财务状况的变化；

（六）安排的税收结果。

第九十四条 税务机关应按照经济实质对企业的避税安排重新定性，取消企业从避税安排获得的税收利益。对于没有经济实质的企业，特别是设在避税港并导致其关联方或非关联方避税的企业，可在税收上否定该企业的存在。

第九十五条 税务机关启动一般反避税调查时，应按照征管法及其实施细则的有关规定向企业送达《税务检查通知书》。企业应自收到通知书之日起60日内提供资料证明其安排具有合理的商业目的。企业未在规定期限内提供资料，或提供资料不能证明安排具有合理商业目的的，税务机关可根据已掌握的信息实施纳税调整，并向企业送达《特别纳税调查调整通知书》。

第九十六条 税务机关实施一般反避税调查，可按照征管法第五十七条的规定要求避税安排的筹划方如实提供有关资料及证明材料。

第九十七条 一般反避税调查及调整须层报国家税务总局批准。

【注】根据《国家税务总局关于发布〈特别纳税调查调整及相互协商程序管理办法〉的公告》（国家税务总局公告2017年第6号）的规定，本法规第五章自2017年4月30日废止。

第十一章　相应调整及国际磋商

第九十八条 关联交易一方被实施转让定价调查调整的，应允许另一方做相应调整，以消除双重征税。相应调整涉及税收协定国家（地区）关联方的，经企业申请，国家税务总局与税收协定缔约对方税务主管当局根据税收协定有关相互协商程序的规定开展磋商谈判。

第九十九条 涉及税收协定国家（地区）关联方的转让定价相应调整，企业应同时向国家税务总局和主管税务机关提出书面申请，报送《启动相互协商程序申请书》，并提供企业或其关联方被转让定价调整的通知书复印件等有关资料。

第一百条 企业应自企业或其关联方收到转让定价调整通知书之日起三年内提出相应调整的申请，超过三年的，税务机关不予受理。

第一百零一条 税务机关对企业实施转让定价调整，涉及企业向境外关联方支付利息、租金、特许权使用费等已扣缴的税款，不再做相应调整。

第一百零二条 国家税务总局按照本办法第六章规定接受企业谈签双边或多边预约定价安排申请的，应与税收协定缔约对方税务主管当局根据税收协定相互协商程序的有关规定开展磋商谈判。

第一百零三条 相应调整或相互磋商的结果，由国家税务总局以书面形式经主管税务机关送达企业。

第一百零四条 本办法第九章所称不得在计算应纳税所得额时扣除的利息支出以及视同股息分配的利息支出，不适用本章相应调整的规定。

【注】根据《国家税务总局关于发布〈特别纳税调查调整及相互协商程序管理办法〉的公告》(国家税务总局公告 2017 年第 6 号)的规定,本法规第五章自 2017 年 4 月 30 日废止。

第十二章 法 律 责 任

第一百零五条 企业未按照本办法的规定向税务机关报送企业年度关联业务往来报告表,或者未保存同期资料或其他相关资料的,依照征管法第六十条和第六十二条的规定处理。

第一百零六条 企业拒绝提供同期资料等关联交易的相关资料,或者提供虚假、不完整资料,未能真实反映其关联业务往来情况的,依照征管法第七十条、征管法实施细则第九十六条、所得税法第四十四条及所得税法实施条例第一百一十五条的规定处理。

第一百零七条 税务机关根据所得税法及其实施条例的规定,对企业做出特别纳税调整的,应对 2008 年 1 月 1 日以后发生交易补征的企业所得税税款,按日加收利息。

(一)计息期间自税款所属纳税年度的次年 6 月 1 日起至补缴(预缴)税款入库之日止。

(二)利息率按照税款所属纳税年度 12 月 31 日实行的与补税期间同期的中国人民银行人民币贷款基准利率(以下简称"基准利率")加 5 个百分点计算,并按一年 365 天折算日利息率。

(三)企业按照本办法规定提供同期资料和其他相关资料的,或者企业符合本办法第十五条的规定免于准备同期资料但根据税务机关要求提供其他相关资料的,可以只按基准利率计算加收利息。

企业按照本办法第十五条第(一)项的规定免于准备同期资料,但经税务机关调查,其实际关联交易额达到必须准备同期资料的标准的,税务机关对补征税款加收利息,适用本条第(二)项规定。

(四)按照本条规定加收的利息,不得在计算应纳税所得额时扣除。

第一百零八条 企业在税务机关做出特别纳税调整决定前预缴税款的,收到调整补税通知书后补缴税款时,按照应补缴税款所属年度的先后顺序确定已预缴税款的所属年度,以预缴入库日为截止日,分别计算应加收的利息额。

第一百零九条 企业对特别纳税调整应补征的税款及利息,应在税务机关调整通知书规定的期限内缴纳入库。企业有特殊困难,不能按期缴纳税款的,应依照征管法第三十一条及征管法实施细则第四十一条和第四十二条的有关规定办理延期缴纳税款。逾期不申请延期又不缴纳税款的,税务机关应按照征管法第三十二条及其他有关规定处理。

第十三章 附 则

第一百一十条 税务机关对转让定价管理和预约定价安排管理以外的其他特别纳税调整事项实施的调查调整程序可参照适用本办法第五章的有关规定。

第一百一十一条 各级国家税务局和地方税务局对企业实施特别纳税调查调整要加强联系,可根据需要组成联合调查组进行调查。

【注】根据国家税务总局令第 42 号《国家税务总局关于公布失效废止的税务部门规章和税收规范性文件目录的决定》的规定,本条款自 2017 年 12 月 29 日废止。

第一百一十二条 税务机关及其工作人员应依据《国家税务总局关于纳税人涉税保密信息管理暂行办法》(国税发〔2008〕93 号)等有关保密的规定保管、使用企业提供的信息资料。

第一百一十三条 本办法所规定期限的最后一日是法定休 44 假日的,以休假日期满的次日为期限的最后一日;在期限内有连续 3 日以上法定休假日的,按休假日天数顺延。

第一百一十四条 本办法所涉及的"以上"、"以下"、"日内"、"之日"、"之前"、"少于"、"低于"、"超过"等均包含本数。

第一百一十五条 被调查企业在税务机关实施特别纳税调查调整期间申请变更经营地址或注销税务登记的,税务机关在调查结案前原则上不予办理税务变更、注销手续。

第一百一十六条 企业按本办法第三章的规定准备2008纳税年度发生关联交易的同期资料，可延期至2009年12月31日。

第一百一十七条 本办法由国家税务总局负责解释和修订。

第一百一十八条 本办法自2008年1月1日起施行。《国家税务总局关于关联企业间业务往来税务管理规程（试行）》（国税发〔1998〕59号）、《国家税务总局关于修订〈关联企业间业务往来税务管理规程〉（试行）的通知》（国税发〔2004〕143号）和《国家税务总局关于关联企业间业务往来预约定价实施规则》（国税发〔2004〕118号）同时废止。在本办法发布前实施的有关规定与本办法不一致的，以本办法为准。

2. 国家税务总局关于关联股权债权交易适用特别纳税调整法律法规及有关规定的批复

（2012年6月6日　国税函〔2012〕262号）

四川省国家税务局：

你局《关于股权债权交易是否适用特别纳税调整有关法律法规政策制度的请示》（川国税发〔2012〕5号）收悉。

关于你局对某企业进行股权关联交易调查涉及的关联股权或债权交易的法律适用问题，经研究，现批复如下：

根据《中华人民共和国企业所得税法》及其实施条例、《中华人民共和国税收征收管理法》及其实施细则的有关规定，股权或债权的关联交易属于关联业务往来的内容，应当适用特别纳税调整的法律法规及有关规定。

3. 一般反避税管理办法

（2014年12月2日　国家税务总局令第32号）

《一般反避税管理办法（试行）》已经2014年11月25日国家税务总局2014年度第3次局务会议审议通过，现予公布，自2015年2月1日起施行。

一般反避税管理办法（试行）

第一章　总　　则

第一条 为规范一般反避税管理，根据《中华人民共和国企业所得税法》（以下简称企业所得税法）及其实施条例、《中华人民共和国税收征收管理法》（以下简称税收征管法）及其实施细则，制定本办法。

第二条 本办法适用于税务机关按照企业所得税法第四十七条、企业所得税法实施条例第一百二十条的规定，对企业实施的不具有合理商业目的而获取税收利益的避税安排，实施的特别纳税调整。

下列情况不适用本办法：

(一)与跨境交易或者支付无关的安排;

(二)涉嫌逃避缴纳税款、逃避追缴欠税、骗税、抗税以及虚开发票等税收违法行为。

第三条 税收利益是指减少、免除或者推迟缴纳企业所得税应纳税额。

第四条 避税安排具有以下特征:

(一)以获取税收利益为唯一目的或者主要目的;

(二)以形式符合税法规定、但与其经济实质不符的方式获取税收利益。

第五条 税务机关应当以具有合理商业目的和经济实质的类似安排为基准,按照实质重于形式的原则实施特别纳税调整。调整方法包括:

(一)对安排的全部或者部分交易重新定性;

(二)在税收上否定交易方的存在,或者将该交易方与其他交易方视为同一实体;

(三)对相关所得、扣除、税收优惠、境外税收抵免等重新定性或者在交易各方间重新分配;

(四)其他合理方法。

第六条 企业的安排属于转让定价、成本分摊、受控外国企业、资本弱化等其他特别纳税调整范围的,应当首先适用其他特别纳税调整相关规定。

企业的安排属于受益所有人、利益限制等税收协定执行范围的,应当首先适用税收协定执行的相关规定。

第二章 立 案

第七条 各级税务机关应当结合工作实际,应用各种数据资源,如企业所得税汇算清缴、纳税评估、同期资料管理、对外支付税务管理、股权转让交易管理、税收协定执行等,及时发现一般反避税案源。

第八条 主管税务机关发现企业存在避税嫌疑的,层报省、自治区、直辖市和计划单列市(以下简称省)税务机关复核同意后,报税务总局申请立案。

第九条 省税务机关应当将税务总局形成的立案申请审核意见转发主管税务机关。税务总局同意立案的,主管税务机关实施一般反避税调查。

第三章 调 查

第十条 主管税务机关实施一般反避税调查时,应当向被调查企业送达《税务检查通知书》。

第十一条 被调查企业认为其安排不属于本办法所称避税安排的,应当自收到《税务检查通知书》之日起60日内提供下列资料:

(一)安排的背景资料;

(二)安排的商业目的等说明文件;

(三)安排的内部决策和管理资料,如董事会决议、备忘录、电子邮件等;

(四)安排涉及的详细交易资料,如合同、补充协议、收付款凭证等;

(五)与其他交易方的沟通信息;

(六)可以证明其安排不属于避税安排的其他资料;

(七)税务机关认为有必要提供的其他资料。

企业因特殊情况不能按期提供的,可以向主管税务机关提交书面延期申请,经批准可以延期提供,但是最长不得超过30日。主管税务机关应当自收到企业延期申请之日起15日内书面回复。逾期未回复的,视同税务机关同意企业的延期申请。

第十二条 企业拒绝提供资料的,主管税务机关可以按照税收征管法第三十五条的规定进行核定。

第十三条 主管税务机关实施一般反避税调查时,可以要求为企业筹划安排的单位或者个人(以下简称筹划方)提供有关资料及证明材料。

第十四条　一般反避税调查涉及向筹划方、关联方以及与关联业务调查有关的其他企业调查取证的，主管税务机关应当送达《税务事项通知书》。

第十五条　主管税务机关审核企业、筹划方、关联方以及与关联业务调查有关的其他企业提供的资料，可以采用现场调查、发函协查和查阅公开信息等方式核实。需取得境外有关资料的，可以按有关规定启动税收情报交换程序，或者通过我驻外机构调查收集有关信息。涉及境外关联方相关资料的，主管税务机关也可以要求企业提供公证机构的证明。

第四章　结　　案

第十六条　主管税务机关根据调查过程中获得的相关资料，自税务总局同意立案之日起9个月内进行审核，综合判断企业是否存在避税安排，形成案件不予调整或者初步调整方案的意见和理由，层报省税务机关复核同意后，报税务总局申请结案。

第十七条　主管税务机关应当根据税务总局形成的结案申请审核意见，分别以下情况进行处理：

（一）同意不予调整的，向被调查企业下发《特别纳税调查结论通知书》；

（二）同意初步调整方案的，向被调查企业下发《特别纳税调查初步调整通知书》；

（三）税务总局有不同意见的，按照税务总局的意见修改后再次层报审核。

被调查企业在收到《特别纳税调查初步调整通知书》之日起7日内未提出异议的，主管税务机关应当下发《特别纳税调查调整通知书》。

被调查企业在收到《特别纳税调查初步调整通知书》之日起7日内提出异议，但是主管税务机关经审核后认为不应采纳的，应将被调查企业的异议及不应采纳的意见和理由层报省税务机关复核同意后，报税务总局再次申请结案。

被调查企业在收到《特别纳税调查初步调整通知书》之日起7日内提出异议，主管税务机关经审核后认为确需对调整方案进行修改的，应当将被调查企业的异议及修改后的调整方案层报省税务机关复核同意后，报税务总局再次申请结案。

第十八条　主管税务机关应当根据税务总局考虑企业异议形成的结案申请审核意见，分别以下情况进行处理：

（一）同意不应采纳企业所提异议的，向被调查企业下发《特别纳税调查调整通知书》；

（二）同意修改后调整方案的，向被调查企业下发《特别纳税调查调整通知书》；

（三）税务总局有不同意见的，按照税务总局的意见修改后再次层报审核。

第五章　争议处理

第十九条　被调查企业对主管税务机关作出的一般反避税调整决定不服的，可以按照有关法律法规的规定申请法律救济。

第二十条　主管税务机关作出的一般反避税调整方案导致国内双重征税的，由税务总局统一组织协调解决。

第二十一条　被调查企业认为我国税务机关作出的一般反避税调整，导致国际双重征税或者不符合税收协定规定征税的，可以按照税收协定及其相关规定申请启动相互协商程序。

第六章　附　　则

第二十二条　本办法自2015年2月1日起施行。2015年2月1日前税务机关尚未结案处理的避税安排适用本办法。

4. 国家税务总局关于规范成本分摊协议管理的公告

（2015年6月16日　国家税务总局公告2015年第45号）

为贯彻落实《国务院关于取消非行政许可审批事项的决定》（国发〔2015〕27号），规范成本分摊协议管理，依据《中华人民共和国企业所得税法》及其实施条例、《中华人民共和国税收征收管理法》及其实施细则，现就有关事项公告如下：

一、企业应自与关联方签订（变更）成本分摊协议之日起30日内，向主管税务机关报送成本分摊协议副本，并在年度企业所得税纳税申报时，附送《中华人民共和国企业年度关联业务往来报告表》。

二、税务机关应当加强成本分摊协议的后续管理，对不符合独立交易原则和成本与收益相匹配原则的成本分摊协议，实施特别纳税调查调整。

三、企业执行成本分摊协议期间，参与方实际分享的收益与分摊的成本不配比的，应当根据实际情况做出补偿调整。参与方未做补偿调整的，税务机关应当实施特别纳税调查调整。

四、本公告自2015年7月16日起施行。《特别纳税调整实施办法（试行）》（国税发〔2009〕2号文件印发）第六十九条同时废止。

特此公告。

5. 国家税务总局关于完善关联申报和同期资料管理有关事项的公告

（2016年6月29日　国家税务总局公告2016年第42号）

为进一步完善关联申报和同期资料管理，根据《中华人民共和国企业所得税法》（以下简称企业所得税法）及其实施条例、《中华人民共和国税收征收管理法》（以下简称税收征管法）及其实施细则的有关规定，现就有关问题公告如下：

一、实行查账征收的居民企业和在中国境内设立机构、场所并据实申报缴纳企业所得税的非居民企业向税务机关报送年度企业所得税纳税申报表时，应当就其与关联方之间的业务往来进行关联申报，附送《中华人民共和国企业年度关联业务往来报告表（2016年版）》。

二、企业与其他企业、组织或者个人具有下列关系之一的，构成本公告所称关联关系：

（一）一方直接或者间接持有另一方的股份总和达到25%以上；双方直接或者间接同为第三方所持有的股份达到25%以上。

如果一方通过中间方对另一方间接持有股份，只要其对中间方持股比例达到25%以上，则其对另一方的持股比例按照中间方对另一方的持股比例计算。

两个以上具有夫妻、直系血亲、兄弟姐妹以及其他抚养、赡养关系的自然人共同持股同一企业，在判定关联关系时持股比例合并计算。

（二）双方存在持股关系或者同为第三方持股，虽持股比例未达到本条第（一）项规定，但双方之间借贷资金总额占任一方实收资本比例达到50%以上，或者一方全部借贷资金总额的10%以上由另一方担保（与独立金融机构之间的借贷或者担保除外）。

借贷资金总额占实收资本比例＝年度加权平均借贷资金/年度加权平均实收资本，其中：

年度加权平均借贷资金 = 国家税务总局公告 2016 年第 42 号关联申报同期资料 i 笔借入或者贷出资金账面金额 × i 笔借入或者贷出资金年度实际占用天数/365

年度加权平均实收资本 = 国家税务总局公告 2016 年第 42 号关联申报同期资料 i 笔实收资本账面金额 × i 笔实收资本年度实际占用天数/365

（三）双方存在持股关系或者同为第三方持股，虽持股比例未达到本条第（一）项规定，但一方的生产经营活动必须由另一方提供专利权、非专利技术、商标权、著作权等特许权才能正常进行。

（四）双方存在持股关系或者同为第三方持股，虽持股比例未达到本条第（一）项规定，但一方的购买、销售、接受劳务、提供劳务等经营活动由另一方控制。

上述控制是指一方有权决定另一方的财务和经营政策，并能据以从另一方的经营活动中获取利益。

（五）一方半数以上董事或者半数以上高级管理人员（包括上市公司董事会秘书、经理、副经理、财务负责人和公司章程规定的其他人员）由另一方任命或者委派，或者同时担任另一方的董事或者高级管理人员；或者双方各自半数以上董事或者半数以上高级管理人员同为第三方任命或者委派。

（六）具有夫妻、直系血亲、兄弟姐妹以及其他抚养、赡养关系的两个自然人分别与双方具有本条第（一）至（五）项关系之一。

（七）双方在实质上具有其他共同利益。

除本条第（二）项规定外，上述关联关系年度内发生变化的，关联关系按照实际存续期间认定。

三、仅因国家持股或者由国有资产管理部门委派董事、高级管理人员而存在本公告第二条第（一）至（五）项关系的，不构成本公告所称关联关系。

四、关联交易主要包括：

（一）有形资产使用权或者所有权的转让。有形资产包括商品、产品、房屋建筑物、交通工具、机器设备、工具器具等。

（二）金融资产的转让。金融资产包括应收账款、应收票据、其他应收款项、股权投资、债权投资和衍生金融工具形成的资产等。

（三）无形资产使用权或者所有权的转让。无形资产包括专利权、非专利技术、商业秘密、商标权、品牌、客户名单、销售渠道、特许经营权、政府许可、著作权等。

（四）资金融通。资金包括各类长短期借贷资金（含集团资金池）、担保费、各类应计息预付款和延期收付款等。

（五）劳务交易。劳务包括市场调查、营销策划、代理、设计、咨询、行政管理、技术服务、合约研发、维修、法律服务、财务管理、审计、招聘、培训、集中采购等。

五、存在下列情形之一的居民企业，应当在报送年度关联业务往来报告表时，填报国别报告：

（一）该居民企业为跨国企业集团的最终控股企业，且其上一会计年度合并财务报表中的各类收入金额合计超过 55 亿元。

最终控股企业是指能够合并其所属跨国企业集团所有成员实体财务报表的，且不能被其他企业纳入合并财务报表的企业。

成员实体应当包括：

1. 实际已被纳入跨国企业集团合并财务报表的任一实体。

2. 跨国企业集团持有该实体股权且按公开证券市场交易要求应被纳入但实际未被纳入跨国企业集团合并财务报表的任一实体。

3. 仅由于业务规模或者重要性程度而未被纳入跨国企业集团合并财务报表的任一实体。

4. 独立核算并编制财务报表的常设机构。

（二）该居民企业被跨国企业集团指定为国别报告的报送企业。

国别报告主要披露最终控股企业所属跨国企业集团所有成员实体的全球所得、税收和业务活动的国别分布情况。

六、最终控股企业为中国居民企业的跨国企业集团，其信息涉及国家安全的，可以按照国家有关规定，豁免填报部分或者全部国别报告。

七、税务机关可以按照我国对外签订的协定、协议或者安排实施国别报告的信息交换。

八、企业虽不属于本公告第五条规定填报国别报告的范围，但其所属跨国企业集团按照其他国家有关规定应当准备国别报告，且符合下列条件之一的，税务机关可以在实施特别纳税调查时要求企业提供国别报告：

（一）跨国企业集团未向任何国家提供国别报告。

（二）虽然跨国企业集团已向其他国家提供国别报告，但我国与该国尚未建立国别报告信息交换机制。

（三）虽然跨国企业集团已向其他国家提供国别报告，且我国与该国已建立国别报告信息交换机制，但国别报告实际未成功交换至我国。

九、企业在规定期限内报送年度关联业务往来报告表确有困难，需要延期的，应当按照税收征管法及其实施细则的有关规定办理。

十、企业应当依据企业所得税法实施条例第一百一十四条的规定，按纳税年度准备并按税务机关要求提供其关联交易的同期资料。

同期资料包括主体文档、本地文档和特殊事项文档。

十一、符合下列条件之一的企业，应当准备主体文档：

（一）年度发生跨境关联交易，且合并该企业财务报表的最终控股企业所属企业集团已准备主体文档。

（二）年度关联交易总额超过10亿元。

十二、主体文档主要披露最终控股企业所属企业集团的全球业务整体情况，包括以下内容：

（一）组织架构

以图表形式说明企业集团的全球组织架构、股权结构和所有成员实体的地理分布。成员实体是指企业集团内任一营运实体，包括公司制企业、合伙企业和常设机构等。

（二）企业集团业务

1. 企业集团业务描述，包括利润的重要价值贡献因素。

2. 企业集团营业收入前五位以及占营业收入超过5%的产品或者劳务的供应链及其主要市场地域分布情况。供应链情况可以采用图表形式进行说明。

3. 企业集团除研发外的重要关联劳务及简要说明，说明内容包括主要劳务提供方提供劳务的胜任能力、分配劳务成本以及确定关联劳务价格的转让定价政策。

4. 企业集团内各成员实体主要价值贡献分析，包括执行的关键功能、承担的重大风险、以及使用的重要资产。

5. 企业集团会计年度内发生的业务重组，产业结构调整，集团内企业功能、风险或者资产的转移。

6. 企业集团会计年度内发生的企业法律形式改变、债务重组、股权收购、资产收购、合并、分立等。

（三）无形资产

1. 企业集团开发、应用无形资产及确定无形资产所有权归属的整体战略，包括主要研发机构所在地和研发管理活动发生地及其主要功能、风险、资产和人员情况。

2. 企业集团对转让定价安排有显著影响的无形资产或者无形资产组合，以及对应的无形资产所有权人。

3. 企业集团内各成员实体与其关联方的无形资产重要协议清单，重要协议包括成本分摊协议、主要研发服务协议和许可协议等。

4. 企业集团内与研发活动及无形资产相关的转让定价政策。

5. 企业集团会计年度内重要无形资产所有权和使用权关联转让情况，包括转让涉及的企业、国家以及转让价格等。

（四）融资活动

1. 企业集团内部各关联方之间的融资安排以及与非关联方的主要融资安排。

2. 企业集团内提供集中融资功能的成员实体情况，包括其注册地和实际管理机构所在地。

3. 企业集团内部各关联方之间融资安排的总体转让定价政策。

（五）财务与税务状况

1. 企业集团最近一个会计年度的合并财务报表。

2. 企业集团内各成员实体签订的单边预约定价安排、双边预约定价安排以及涉及国家之间所得分配的其他税收裁定的清单及简要说明。

3. 报送国别报告的企业名称及其所在地。

十三、年度关联交易金额符合下列条件之一的企业，应当准备本地文档：

（一）有形资产所有权转让金额（来料加工业务按照年度进出口报关价格计算）超过 2 亿元。

（二）金融资产转让金额超过 1 亿元。

（三）无形资产所有权转让金额超过 1 亿元。

（四）其他关联交易金额合计超过 4000 万元。

十四、本地文档主要披露企业关联交易的详细信息，包括以下内容：

（一）企业概况

1. 组织结构，包括企业各职能部门的设置、职责范围和雇员数量等。

2. 管理架构，包括企业各级管理层的汇报对象以及汇报对象主要办公所在地等。

3. 业务描述，包括企业所属行业的发展概况、产业政策、行业限制等影响企业和行业的主要经济和法律问题，主要竞争者等。

4. 经营策略，包括企业各部门、各环节的业务流程，运营模式，价值贡献因素等。

5. 财务数据，包括企业不同类型业务及产品的收入、成本、费用及利润。

6. 涉及本企业或者对本企业产生影响的重组或者无形资产转让情况，以及对本企业的影响分析。

（二）关联关系

1. 关联方信息，包括直接或者间接拥有企业股权的关联方，以及与企业发生交易的关联方，内容涵盖关联方名称、法定代表人、高级管理人员的构成情况、注册地址、实际经营地址，以及关联个人的姓名、国籍、居住地等情况。

2. 上述关联方适用的具有所得税性质的税种、税率及相应可享受的税收优惠。

3. 本会计年度内，企业关联关系的变化情况。

（三）关联交易

1. 关联交易概况

（1）关联交易描述和明细，包括关联交易相关合同或者协议副本及其执行情况的说明，交易标的的特性，关联交易的类型、参与方、时间、金额、结算货币、交易条件、贸易形式，以及关联交易与非关联交易业务的异同等。

（2）关联交易流程，包括关联交易的信息流、物流和资金流，与非关联交易业务流程的异同。

（3）功能风险描述，包括企业及其关联方在各类关联交易中执行的功能、承担的风险和使用的资产。

（4）交易定价影响要素，包括关联交易涉及的无形资产及其影响，成本节约、市场溢价等地域特殊因素。地域特殊因素应从劳动力成本、环境成本、市场规模、市场竞争程度、消费者购买力、商品或者劳务的可替代性、政府管制等方面进行分析。

（5）关联交易数据，包括各关联方、各类关联交易涉及的交易金额。分别披露关联交易和非关联交易的收入、成本、费用和利润，不能直接归集的，按照合理比例划分，并说明该划分比例的依据。

2. 价值链分析

（1）企业集团内业务流、物流和资金流，包括商品、劳务或者其他交易标的从设计、开发、生产制造、营销、销售、交货、结算、消费、售后服务、循环利用等各环节及其参与方。

（2）上述各环节参与方最近会计年度的财务报表。

（3）地域特殊因素对企业创造价值贡献的计量及其归属。

（4）企业集团利润在全球价值链条中的分配原则和分配结果。

3. 对外投资

（1）对外投资基本信息，包括对外投资项目的投资地区、金额、主营业务及战略规划。

（2）对外投资项目概况，包括对外投资项目的股权架构、组织结构，高级管理人员的雇佣方式，项目决策权限的归属。

(3)对外投资项目数据,包括对外投资项目的营运数据。

4. 关联股权转让

(1)股权转让概况,包括转让背景、参与方、时间、价格、支付方式,以及影响股权转让的其他因素。

(2)股权转让标的的相关信息,包括股权转让标的所在地,出让方获取该股权的时间、方式和成本,股权转让收益等信息。

(3)尽职调查报告或者资产评估报告等与股权转让相关的其他信息。

5. 关联劳务

(1)关联劳务概况,包括劳务提供方和接受方,劳务的具体内容、特性、开展方式、定价原则、支付形式,以及劳务发生后各方受益情况等。

(2)劳务成本费用的归集方法、项目、金额、分配标准、计算过程及结果等。

(3)企业及其所属企业集团与非关联方存在相同或者类似劳务交易的,还应当详细说明关联劳务与非关联劳务在定价原则和交易结果上的异同。

6. 与企业关联交易直接相关的,中国以外其他国家税务主管当局签订的预约定价安排和作出的其他税收裁定。

(四)可比性分析

1. 可比性分析考虑的因素,包括交易资产或者劳务特性,交易各方功能、风险和资产,合同条款,经济环境,经营策略等。

2. 可比企业执行的功能、承担的风险以及使用的资产等相关信息。

3. 可比对象搜索方法、信息来源、选择条件及理由。

4. 所选取的内部或者外部可比非受控交易信息和可比企业的财务信息。

5. 可比数据的差异调整及理由。

(五)转让定价方法的选择和使用

1. 被测试方的选择及理由。

2. 转让定价方法的选用及理由,无论选择何种转让定价方法,均须说明企业对集团整体利润或者剩余利润所做的贡献。

3. 确定可比非关联交易价格或者利润的过程中所做的假设和判断。

4. 运用合理的转让定价方法和可比性分析结果,确定可比非关联交易价格或者利润。

5. 其他支持所选用转让定价方法的资料。

6. 关联交易定价是否符合独立交易原则的分析及结论。

十五、特殊事项文档包括成本分摊协议特殊事项文档和资本弱化特殊事项文档。

企业签订或者执行成本分摊协议的,应当准备成本分摊协议特殊事项文档。

企业关联债资比例超过标准比例需要说明符合独立交易原则的,应当准备资本弱化特殊事项文档。

十六、成本分摊协议特殊事项文档包括以下内容:

(一)成本分摊协议副本。

(二)各参与方之间达成的为实施成本分摊协议的其他协议。

(三)非参与方使用协议成果的情况、支付的金额和形式,以及支付金额在参与方之间的分配方式。

(四)本年度成本分摊协议的参与方加入或者退出的情况,包括加入或者退出的参与方名称、所在国家和关联关系,加入支付或者退出补偿的金额及形式。

(五)成本分摊协议的变更或者终止情况,包括变更或者终止的原因、对已形成协议成果的处理或者分配。

(六)本年度按照成本分摊协议发生的成本总额及构成情况。

(七)本年度各参与方成本分摊的情况,包括成本支付的金额、形式和对象,作出或者接受补偿支付的金额、形式和对象。

(八)本年度协议预期收益与实际收益的比较以及由此作出的调整。

（九）预期收益的计算，包括计量参数的选取、计算方法和改变理由。

十七、资本弱化特殊事项文档包括以下内容：

（一）企业偿债能力和举债能力分析。

（二）企业集团举债能力及融资结构情况分析。

（三）企业注册资本等权益投资的变动情况说明。

（四）关联债权投资的性质、目的及取得时的市场状况。

（五）关联债权投资的货币种类、金额、利率、期限及融资条件。

（六）非关联方是否能够并且愿意接受上述融资条件、融资金额及利率。

（七）企业为取得债权性投资而提供的抵押品情况及条件。

（八）担保人状况及担保条件。

（九）同类同期贷款的利率情况及融资条件。

（十）可转换公司债券的转换条件。

（十一）其他能够证明符合独立交易原则的资料。

十八、企业执行预约定价安排的，可以不准备预约定价安排涉及关联交易的本地文档和特殊事项文档，且关联交易金额不计入本公告第十三条规定的关联交易金额范围。

企业仅与境内关联方发生关联交易的，可以不准备主体文档、本地文档和特殊事项文档。

十九、主体文档应当在企业集团最终控股企业会计年度终了之日起12个月内准备完毕；本地文档和特殊事项文档应当在关联交易发生年度次年6月30日之前准备完毕。同期资料应当自税务机关要求之日起30日内提供。

二十、企业因不可抗力无法按期提供同期资料的，应当在不可抗力消除后30日内提供同期资料。

二十一、同期资料应当使用中文，并标明引用信息资料的出处来源。

二十二、同期资料应当加盖企业印章，并由法定代表人或者法定代表人授权的代表签章。

二十三、企业合并、分立的，应当由合并、分立后的企业保存同期资料。

二十四、同期资料应当自税务机关要求的准备完毕之日起保存10年。

二十五、企业依照有关规定进行关联申报、提供同期资料及有关资料的，税务机关实施特别纳税调查补征税款时，可以依据企业所得税法实施条例第一百二十二条的规定，按照税款所属纳税年度中国人民银行公布的与补税期间同期的人民币贷款基准利率加收利息。

二十六、涉及港澳台地区的，参照本公告相关规定处理。

二十七、本公告适用于2016年及以后的会计年度。《特别纳税调整实施办法（试行）》（国税发〔2009〕2号文件印发）第二章、第三章、第七十四条和第八十九条、《中华人民共和国企业年度关联业务往来报告表》（国税发〔2008〕114号文件印发）同时废止。

特此公告。

附件：

1.中华人民共和国企业年度关联业务往来报告表（2016年版）（略）

2.《中华人民共和国企业年度关联业务往来报告表（2016年版）》填报说明（略）

6.国家税务总局关于印发《特别纳税调整内部工作规程》的通知

（2016年9月14日　税总发〔2016〕137号）

各省、自治区、直辖市和计划单列市国家税务局、地方税务局：

现将《特别纳税调整内部工作规程》印发给你们，请遵照执行。

特别纳税调整内部工作规程

为进一步规范各级税务机关在特别纳税调整工作中的相应职责和操作流程，完善内控机制，根据《中华人民共和国企业所得税法》《中华人民共和国企业所得税法实施条例》《中华人民共和国税收征收管理法》《中华人民共和国税收征收管理法实施细则》等有关规定，制定本规程。

第一条 各级税务机关应当明确专业机构和人员，对本地区特别纳税调整工作实施集中统一管理。

各省级税务机关应当建立省级特别纳税调整会审人员库和后备人才队伍。选择具有一定理论水平、业务能力强的人员充实到会审人员库中，打破部门、层级、岗位对人员使用的限制，有效发挥专业人员优势，开展案件调查；积极培养后备人才，满足长期开展特别纳税调整工作的需要。

各级税务机关应当为特别纳税调整工作相关人员的培训和发展创造条件，提升其专业能力和水平，稳定专职人员队伍。

税源比较集中的地区，省级税务机关可以建立省市一体化管理机制，成立专业化特别纳税调整管理团队，集中开展案源监控、选案分析、案件调查、结案审核等工作。

第二条 各省级税务机关应当结合本地实际，利用内部征管信息，海关、银行、工商、统计、证券、商务、外汇管理等其他政府部门信息，以及外购信息等，建立健全特别纳税调整信息资料库。

第三条 各省级税务机关应当构建跨境关联交易风险模型和指标体系，通过分析纳税人历年报送的年度所得税申报信息、关联申报信息以及其他涉税信息，对纳税人的生产经营、关联交易等情况进行综合评估，识别特别纳税调整风险，对不同风险等级的纳税人实施相应的应对策略。

第四条 税务机关发现纳税人存在特别纳税调整风险的，应当采取集体研究讨论的方式确定调查对象；未确定为调查对象的，主管税务机关可以向纳税人提示其存在特别纳税调整风险，并送达《税务事项通知书》。

税务机关发现纳税人存在的特别纳税调整风险涉及全国其他省（市）的，应当及时层报税务总局，由税务总局确定特别纳税调整联查案件。

对于税务总局确定的特别纳税调整联查案件，主管税务机关应当将联查范围内的纳税人确定为调查对象。

第五条 调查对象确定后，主管税务机关应当填制《特别纳税调整立案审核表》（附件1），并附立案报告以及有关资料，通过案件管理系统层报省级税务机关进行审核。

属于全国联查案件和一般反避税管理案件的，省级税务机关审核后，应当及时通过案件管理系统呈报税务总局审核，税务总局审核同意后，将《特别纳税调整立案审核表》以及有关资料转发给主管税务机关；税务总局审核后不同意立案或者需进一步补充相关资料的，应当及时通过案件管理系统将意见转发给主管税务机关。

除全国联查案件和一般反避税管理以外的特别纳税调整案件，省级税务机关审核后同意立案的，应当及时通过案件管理系统呈报税务总局备案，并将《特别纳税调整立案审核表》以及有关资料转发给主管税务机关，主管税务机关应当组成办案小组实施调查；省级税务机关审核后不同意立案或者需进一步补充相关资料的，应当及时通过案件管理系统将意见转发给主管税务机关。

第六条 涉及全国联查案件的，税务总局牵头从相关省（市）抽调专业人员组成联查办案小组实施调查，集体研究讨论，统一确定调查调整方案。

联查过程中需要收集相关资料的，由联查办案小组确定收集资料清单，由税务总局指定税务机关统一送达纳税人。

被联查纳税人各成员单位所在地主管税务机关特别是总部所在地主管税务机关，应当积极配合收集相关资料并提供给联查办案小组。

第七条 主管税务机关需要收集属于其他省（市）税务机关管辖的被调查纳税人关联方或可比对象相

关资料的，应当填写《特别纳税调整工作联系单（适用于协查）》（附件2），层报省级税务机关，由省级税务机关转发办理。

主管税务机关需要获取中央各部委有关信息资料的，应当层报税务总局，由税务总局审核后按规定程序办理；需要通过境外税务主管当局获取境外有关信息资料的，应当层报税务总局，由税务总局审核后根据我国对外签订的协定、协议或者安排的有关规定与境外税务主管当局开展信息交换。

第八条 主管税务机关办案小组应当集体研究讨论形成案件初步调整方案或不予调整的意见和理由，填制《特别纳税调整结案审核表》（附件3），并附结案报告以及有关资料，通过案件管理系统层报省级税务机关，由省级会审小组集体审核。

第九条 属于全国联查案件的重大案件，由主管税务机关填制《特别纳税调整结案审核表》，并附结案报告以及有关资料通过案件管理系统层报税务总局，按照有关规定由全国会审小组集体审核，无需经过省级会审小组集体审核。

除全国联查案件以外的重大案件，经省级会审小组审核同意后，通过案件管理系统呈报税务总局，按照有关规定由全国会审小组集体审核。

全国会审小组集体审核案件时，可以听取办案小组成员和省级会审小组成员对案件调查具体情况的汇报，共同讨论、评议案件。

第十条 重大案件包括：

（一）全国联查案件。

（二）转让定价调查初步调整方案单案补税金额1000万元以上的案件。

（三）涉及成本分摊管理的案件。

（四）涉及受控外国企业管理的案件。

（五）涉及资本弱化管理的案件。

（六）涉及一般反避税管理的案件。

（七）其他税务总局确定的案件。

第十一条 全国会审小组或者省级会审小组各成员采取无记名投票的方式出具审核意见。各成员投票一致同意调整方案的，会审小组应当作出同意调整方案的最终意见；各成员投票一致不同意或者意见不一致的，会审小组应当作出修改调整方案或者进一步补充相关资料的意见。办案小组修改调整方案或者进一步补充相关资料后，会审小组应当在综合各方意见的基础上，就是否同意调整方案形成最终会审意见。

属于非重大案件的，省级会审小组形成的最终会审意见，应当通过案件管理系统转发给主管税务机关，同时呈报税务总局备案，税务总局通过抽查等方式实施案件质量管理。

属于重大案件的，全国会审小组形成的最终会审意见，应当通过案件管理系统转发给主管税务机关。

第十二条 主管税务机关应当根据最终会审意见，分以下情况进行处理：

（一）同意不予调整意见的，向被调查纳税人送达《特别纳税调查结论通知书》。

（二）不同意不予调整意见或初步调整方案的，按照修改或者补充资料的意见完善后，依照本规程第八条和第九条的有关规定再次层报审核。

（三）同意初步调整方案的，向被调查纳税人送达《特别纳税调查初步调整通知书》。

被调查纳税人收到《特别纳税调查初步调整通知书》后，在规定时限内未提出异议的，或者提出异议后又拒绝协商的，主管税务机关应当以初步调整方案作为最终调整方案，向纳税人送达《特别纳税调查调整通知书》。

被调查纳税人收到《特别纳税调查初步调整通知书》后，在规定时限内提出异议，办案小组集体审核后，认为不应采纳的，应当将被调查纳税人的异议以及不应采纳的意见和理由依照本规程第八条和第九条的有关规定再次层报审核。会审小组集体审核后同意办案小组意见的，主管税务机关应当以初步调整方案作为最终调整方案，向纳税人送达《特别纳税调查调整通知书》；会审小组集体审核后不同意办案小组意见的，办案小组应当修改调整方案。

被调查纳税人收到《特别纳税调查初步调整通知书》后，在规定时限内提出异议，办案小组或者会审小组集体审核后认为确需对调整方案进行修改的,办案小组应当将修改后的调整方案依照本规程第八条和第九条的有关规定再次层报审核。经会审小组审核形成最终调整方案的,主管税务机关应当向纳税人送达《特别纳税调查调整通知书》。

第十三条 主管税务机关应当及时跟踪特别纳税调整补征税款和预约定价安排、相互协商协议的执行以及补(退)税款情况,并在纳税人实际补(退)税款之日起10日内,将补(退)税款、加收利息和滞纳金情况填制《特别纳税调整补征税款情况统计表》(附件4)、《预约定价安排补(退)税款情况统计表》(附件5)、《相互协商协议补(退)税款情况统计表》(附件6),通过案件管理系统层报税务总局备案。

第十四条 主管税务机关应当在对纳税人实施特别纳税调整工作结束后,将工作过程中形成的文书、工作底稿、证据等资料,按有关规定集中归档。税务机关内部需要调阅的,应当严格执行档案转出、接收和调阅手续。

第十五条 主管税务机关提示纳税人存在特别纳税调整风险,纳税人自行调整的,主管税务机关应当将纳税人自行调整情况通过案件管理系统层报税务总局备案。

纳税人拒绝自行调整,或者自行调整不合理的,主管税务机关可以将其确定为调查对象。

第十六条 各地国家税务局和地方税务局应当加强特别纳税调整工作的协调配合,涉及对方税务机关管辖税种的,应当向对方发出《特别纳税调整工作联系单(适用于信息交换)》(附件7);同时涉及双方管辖税种的,可以联合开展特别纳税调查调整。

第十七条 单边预约定价安排仅涉及一个省、自治区、直辖市、计划单列市国家税务局或者地方税务局的,由主管税务机关负责谈签相关工作,或者由省级税务机关统一组织协调谈签相关工作。

税务机关在预备会谈期间和纳税人达成一致意见的,主管税务机关应当填制《单边预约定价安排受理谈签意向审核表》(附件8),附预备会谈报告以及有关资料,通过案件管理系统层报省级税务机关审核。省级税务机关审核后同意的,应当及时呈报税务总局备案,并由主管税务机关向纳税人送达同意其提交谈签意向的《税务事项通知书》。

税务机关经分析评估后与纳税人开展预约定价安排协商并达成一致的,主管税务机关应当填制《单边预约定价安排签署审核表》(附件9),附单边预约定价安排文本、分析评估报告以及有关资料,参照本规程第九条第二款的有关规定,经省级会审小组集体审核后通过案件管理系统呈报税务总局,由全国会审小组集体审核。经审核同意后,由主管税务机关与纳税人签署单边预约定价安排。

主管税务机关应当在签署单边预约定价安排之日起10日内,填制《单边预约定价安排信息交换表(中文)》(附件10)和《单边预约定价安排信息交换表(英文)》(附件11),并通过案件管理系统层报税务总局。

第十八条 单边预约定价安排同时涉及两个或者两个以上省、自治区、直辖市和计划单列市税务机关的,或者同时涉及国家税务局和地方税务局的,由税务总局统一组织协调,税务总局或者税务总局指定的税务机关负责谈签相关工作。

税务总局或者指定的税务机关在预备会谈期间和纳税人达成一致意见的,由指定的税务机关填制《单边预约定价安排受理谈签意向审核表》,附预备会谈报告以及有关资料,通过案件管理系统层报税务总局审核。经审核同意后,由指定的税务机关向纳税人送达同意其提交谈签意向的《税务事项通知书》。

税务总局或者指定的税务机关经分析评估后与纳税人开展预约定价安排协商并达成一致的,由指定的税务机关填制《单边预约定价安排签署审核表》,附单边预约定价安排文本、分析评估报告以及有关资料,通过案件管理系统层报税务总局,参照本规程第九条第一款的有关规定,由全国会审小组集体审核。经审核同意后,由税务总局或者指定的税务机关与纳税人统一签署单边预约定价安排,并转发各主管税务机关执行,也可以由各主管税务机关与纳税人分别签署单边预约定价安排。

指定的税务机关应当在签署单边预约定价安排之日起10日内,填制《单边预约定价安排信息交换表(中文)》和《单边预约定价安排信息交换表(英文)》,并通过案件管理系统层报税务总局。

第十九条 对于在特别纳税调整工作中取得的纳税人信息资料以及案件调查调整相关资料,各级税务机关应当按有关规定履行保密义务。

第二十条 各级税务机关应当依据《反避税专项经费管理暂行办法》(财行〔2011〕173号文件印发)的

有关规定，管理反避税专项经费。

第二十一条 省级税务机关应当加强本地区特别纳税调整工作的统筹协调，税务总局对省级税务机关特别纳税调整工作在以下方面进行年度考核：

（一）专业人员管理和培训。

（二）跨境关联交易风险模型和指标体系的运用，包括风险监控、风险提示及纳税人自行调整情况。

（三）立案、调查、资料收集、审核、结案、税款入库、案卷归档等工作的开展情况。

（四）反避税专项经费管理情况。

（五）特别纳税调整案件宣传口径合规情况。

（六）其他有关工作。

第二十二条 税务总局对省级税务机关特别纳税调整工作年度考核情况进行通报；对工作成绩突出的税务机关或人员，给予通报表扬。

第二十三条 本规程自发布之日起施行。《特别纳税调整内部工作规程（试行）》（国税发〔2012〕13号文件印发）、《特别纳税调整重大案件会审工作规程（试行）》（国税发〔2012〕16号文件印发）第一条、第十一条、第十二条和第十三条同时废止。

附件：

1. 特别纳税调整立案审核表（略）
2. 特别纳税调整工作联系单（适用于协查）（略）
3. 特别纳税调整结案审核表（略）
4. 特别纳税调整补征税款情况统计表（略）
5. 预约定价安排补（退）税款情况统计表（略）
6. 相互协商协议补（退）税款情况统计表（略）
7. 特别纳税调整工作联系单（适用于信息交换）（略）
8. 单边预约定价安排受理谈签意向审核表（略）
9. 单边预约定价安排签署审核表（略）
10. 单边预约定价安排信息交换表（中文）（略）
11. 单边预约定价安排信息交换表（英文）（略）

7. 国家税务总局关于完善预约定价安排管理有关事项的公告

（2016年10月11日　国家税务总局公告2016年第64号）

为进一步完善预约定价安排管理，执行我国政府对外签署的避免双重征税协定、协议或者安排（以下简称“税收协定”），根据《中华人民共和国企业所得税法》（以下简称“企业所得税法”）及其实施条例、《中华人民共和国税收征收管理法》（以下简称“税收征管法”）及其实施细则的有关规定，现就有关事项公告如下：

一、企业可以与税务机关就其未来年度关联交易的定价原则和计算方法达成预约定价安排。

二、预约定价安排的谈签与执行经过预备会谈、谈签意向、分析评估、正式申请、协商签署和监控执行6个阶段。预约定价安排包括单边、双边和多边3种类型。

三、预约定价安排适用于主管税务机关向企业送达接收其谈签意向的《税务事项通知书》之日所属纳税年度起3至5个年度的关联交易。

企业以前年度的关联交易与预约定价安排适用年度相同或者类似的，经企业申请，税务机关可以将预约定价安排确定的定价原则和计算方法追溯适用于以前年度该关联交易的评估和调整。追溯期最长为10年。

预约定价安排的谈签不影响税务机关对企业不适用预约定价安排的年度及关联交易的特别纳税调查调整和监控管理。

四、预约定价安排一般适用于主管税务机关向企业送达接收其谈签意向的《税务事项通知书》之日所属纳税年度前3个年度每年度发生的关联交易金额4000万元人民币以上的企业。

五、企业有谈签预约定价安排意向的，应当向税务机关书面提出预备会谈申请。税务机关可以与企业开展预备会谈。

（一）企业申请单边预约定价安排的，应当向主管税务机关书面提出预备会谈申请，提交《预约定价安排预备会谈申请书》（附件1）。主管税务机关组织与企业开展预备会谈。

企业申请双边或者多边预约定价安排的，应当同时向国家税务总局和主管税务机关书面提出预备会谈申请，提交《预约定价安排预备会谈申请书》。国家税务总局统一组织与企业开展预备会谈。

（二）预备会谈期间，企业应当就以下内容作出简要说明：

1. 预约定价安排的适用年度；

2. 预约定价安排涉及的关联方及关联交易；

3. 企业及其所属企业集团的组织结构和管理架构；

4. 企业最近3至5个年度生产经营情况、同期资料等；

5. 预约定价安排涉及各关联方功能和风险的说明，包括功能和风险划分所依据的机构、人员、费用、资产等；

6. 市场情况的说明，包括行业发展趋势和竞争环境等；

7. 是否存在成本节约、市场溢价等地域特殊优势；

8. 预约定价安排是否追溯适用以前年度；

9. 其他需要说明的情况。

企业申请双边或者多边预约定价安排的，说明内容还应当包括：

1. 向税收协定缔约对方税务主管当局提出预约定价安排申请的情况；

2. 预约定价安排涉及的关联方最近3至5个年度生产经营情况及关联交易情况；

3. 是否涉及国际重复征税及其说明。

（三）预备会谈期间，企业应当按照税务机关的要求补充资料。

六、税务机关和企业在预备会谈期间达成一致意见的，主管税务机关向企业送达同意其提交谈签意向的《税务事项通知书》。企业收到《税务事项通知书》后向税务机关提出谈签意向。

（一）企业申请单边预约定价安排的，应当向主管税务机关提交《预约定价安排谈签意向书》（附件2），并附送单边预约定价安排申请草案。

企业申请双边或者多边预约定价安排的，应当同时向国家税务总局和主管税务机关提交《预约定价安排谈签意向书》，并附送双边或者多边预约定价安排申请草案。

（二）单边预约定价安排申请草案应当包括以下内容：

1. 预约定价安排的适用年度；

2. 预约定价安排涉及的关联方及关联交易；

3. 企业及其所属企业集团的组织结构和管理架构；

4. 企业最近3至5个年度生产经营情况、财务会计报告、审计报告、同期资料等；

5. 预约定价安排涉及各关联方功能和风险的说明，包括功能和风险划分所依据的机构、人员、费用、资产等；

6. 预约定价安排使用的定价原则和计算方法，以及支持这一定价原则和计算方法的功能风险分析、可比性分析和假设条件等；

7. 价值链或者供应链分析，以及对成本节约、市场溢价等地域特殊优势的考虑；

8. 市场情况的说明，包括行业发展趋势和竞争环境等；

9. 预约定价安排适用期间的年度经营规模、经营效益预测以及经营规划等；

10. 预约定价安排是否追溯适用以前年度；

11. 对预约定价安排有影响的境内、外行业相关法律、法规；

12. 企业关于不存在本条第(三)项所列举情形的说明；

13. 其他需要说明的情况。

双边或者多边预约定价安排申请草案还应当包括：

1. 向税收协定缔约对方税务主管当局提出预约定价安排申请的情况；

2. 预约定价安排涉及的关联方最近3至5个年度生产经营情况及关联交易情况；

3. 是否涉及国际重复征税及其说明。

(三)有下列情形之一的，税务机关可以拒绝企业提交谈签意向：

1. 税务机关已经对企业实施特别纳税调整立案调查或者其他涉税案件调查，且尚未结案的；

2. 未按照有关规定填报年度关联业务往来报告表；

3. 未按照有关规定准备、保存和提供同期资料；

4. 预备会谈阶段税务机关和企业无法达成一致意见。

七、企业提交谈签意向后，税务机关应当分析预约定价安排申请草案内容，评估其是否符合独立交易原则。根据分析评估的具体情况可以要求企业补充提供有关资料。

税务机关可以从以下方面进行分析评估：

(一)功能和风险状况。分析评估企业与其关联方之间在供货、生产、运输、销售等各环节以及在研究、开发无形资产等方面各自作出的贡献、执行的功能以及在存货、信贷、外汇、市场等方面承担的风险。

(二)可比交易信息。分析评估企业提供的可比交易信息，对存在的实质性差异进行调整。

(三)关联交易数据。分析评估预约定价安排涉及的关联交易的收入、成本、费用和利润是否单独核算或者按照合理比例划分。

(四)定价原则和计算方法。分析评估企业在预约定价安排中采用的定价原则和计算方法。如申请追溯适用以前年度的，应当作出说明。

(五)价值链分析和贡献分析。评估企业对价值链或者供应链的分析是否完整、清晰，是否充分考虑成本节约、市场溢价等地域特殊优势，是否充分考虑本地企业对价值创造的贡献等。

(六)交易价格或者利润水平。根据上述分析评估结果，确定符合独立交易原则的价格或者利润水平。

(七)假设条件。分析评估影响行业利润水平和企业生产经营的因素及程度，合理确定预约定价安排适用的假设条件。

八、分析评估阶段，税务机关可以与企业就预约定价安排申请草案进行讨论。税务机关可以进行功能和风险实地访谈。税务机关认为预约定价安排申请草案不符合独立交易原则的，企业应当与税务机关协商，并进行调整；税务机关认为预约定价安排申请草案符合独立交易原则的，主管税务机关向企业送达同意其提交正式申请的《税务事项通知书》，企业收到通知后，可以向税务机关提交《预约定价安排正式申请书》(附件3)，并附送预约定价安排正式申请报告。

(一)企业申请单边预约定价安排的，应当向主管税务机关提交上述资料。企业申请双边或者多边预约定价安排的，应当同时向国家税务总局和主管税务机关提交上述资料，并按照有关规定提交启动特别纳税调整相互协商程序的申请。

(二)有下列情形之一的，税务机关可以拒绝企业提交正式申请：

1. 预约定价安排申请草案拟采用的定价原则和计算方法不合理，且企业拒绝协商调整；

2. 企业拒不提供有关资料或者提供的资料不符合税务机关要求，且不按时补正或者更正；

3. 企业拒不配合税务机关进行功能和风险实地访谈；

4. 其他不适合谈签预约定价安排的情况。

九、税务机关应当在分析评估的基础上形成协商方案，并据此开展协商工作。

(一)主管税务机关与企业开展单边预约定价安排协商，协商达成一致的，拟定单边预约定价安排文本(参照文本见附件4)。

国家税务总局与税收协定缔约对方税务主管当局开展双边或者多边预约定价安排协商，协商达成一致的，拟定双边或者多边预约定价安排文本。

（二）预约定价安排文本可以包括以下内容：

1. 企业及其关联方名称、地址等基本信息；

2. 预约定价安排涉及的关联交易及适用年度；

3. 预约定价安排选用的定价原则和计算方法，以及可比价格或者可比利润水平等；

4. 与转让定价方法运用和计算基础相关的术语定义；

5. 假设条件及假设条件变动通知义务；

6. 企业年度报告义务；

7. 预约定价安排的效力；

8. 预约定价安排的续签；

9. 预约定价安排的生效、修订和终止；

10. 争议的解决；

11. 文件资料等信息的保密义务；

12. 单边预约定价安排的信息交换；

13. 附则。

（三）主管税务机关与企业就单边预约定价安排文本达成一致后，双方的法定代表人或者法定代表人授权的代表签署单边预约定价安排。

国家税务总局与税收协定缔约对方税务主管当局就双边或者多边预约定价安排文本达成一致后，双方或者多方税务主管当局授权的代表签署双边或者多边预约定价安排。国家税务总局应当将预约定价安排转发主管税务机关。主管税务机关应当向企业送达《税务事项通知书》，附送预约定价安排，并做好执行工作。

（四）预约定价安排涉及适用年度或者追溯年度补（退）税款的，税务机关应当按照纳税年度计算应补征或者退还的税款，并向企业送达《预约定价安排补（退）税款通知书》（附件5）。

十、税务机关应当监控预约定价安排的执行情况。

（一）预约定价安排执行期间，企业应当完整保存与预约定价安排有关的文件和资料，包括账簿和有关记录等，不得丢失、销毁和转移。

企业应当在纳税年度终了后6个月内，向主管税务机关报送执行预约定价安排情况的纸质版和电了版年度报告，主管税务机关将电子版年度报告报送国家税务总局；涉及双边或者多边预约定价安排的，企业应当向主管税务机关报送执行预约定价安排情况的纸质版和电子版年度报告，同时将电子版年度报告报送国家税务总局。

年度报告应当说明报告期内企业经营情况以及执行预约定价安排的情况。需要修订、终止预约定价安排，或者有未决问题或者预计将要发生问题的，应当作出说明。

（二）预约定价安排执行期间，主管税务机关应当每年监控企业执行预约定价安排的情况。监控内容主要包括：企业是否遵守预约定价安排条款及要求；年度报告是否反映企业的实际经营情况；预约定价安排所描述的假设条件是否仍然有效等。

（三）预约定价安排执行期间，企业发生影响预约定价安排的实质性变化，应当在发生变化之日起30日内书面报告主管税务机关，详细说明该变化对执行预约定价安排的影响，并附送相关资料。由于非主观原因而无法按期报告的，可以延期报告，但延长期限不得超过30日。

税务机关应当在收到企业书面报告后，分析企业实质性变化情况，根据实质性变化对预约定价安排的影响程度，修订或者终止预约定价安排。签署的预约定价安排终止执行的，税务机关可以和企业按照本公告规定的程序和要求，重新谈签预约定价安排。

（四）国家税务局和地方税务局与企业共同签署的预约定价安排，在执行期间，企业应当分别向国家税务局和地方税务局报送年度报告和实质性变化报告。国家税务局和地方税务局应当对企业执行预约定价安排的情况，实施联合监控。

十一、预约定价安排执行期满后自动失效。企业申请续签的，应当在预约定价安排执行期满之日前90日内向税务机关提出续签申请，报送《预约定价安排续签申请书》（附件6），并提供执行现行预约定价安排情况的报告，现行预约定价安排所述事实和经营环境是否发生实质性变化的说明材料以及续签预约定价安排年度的预测情况等相关资料。

十二、预约定价安排采用四分位法确定价格或者利润水平，在预约定价安排执行期间，如果企业当年实际经营结果在四分位区间之外，税务机关可以将实际经营结果调整到四分位区间中位值。预约定价安排执行期满，企业各年度经营结果的加权平均值低于区间中位值，且未调整至中位值的，税务机关不再受理续签申请。

双边或者多边预约定价安排执行期间存在上述问题的，主管税务机关应当及时将有关情况层报国家税务总局。

十三、预约定价安排执行期间，主管税务机关与企业发生分歧的，双方应当进行协商。协商不能解决的，可以报上一级税务机关协调；涉及双边或者多边预约定价安排的，必须层报国家税务总局协调。对上一级税务机关或者国家税务总局的决定，下一级税务机关应当予以执行。企业仍不能接受的，可以终止预约定价安排的执行。

十四、在预约定价安排签署前，税务机关和企业均可暂停、终止预约定价安排程序。税务机关发现企业或者其关联方故意不提供与谈签预约定价安排有关的必要资料，或者提供虚假、不完整资料，或者存在其他不配合的情形，使预约定价安排难以达成一致的，可以暂停、终止预约定价安排程序。涉及双边或者多边预约定价安排的，经税收协定缔约各方税务主管当局协商，可以暂停、终止预约定价安排程序。税务机关暂停、终止预约定价安排程序的，应当向企业送达《税务事项通知书》，并说明原因；企业暂停、终止预约定价安排程序的，应当向税务机关提交书面说明。

十五、没有按照规定的权限和程序签署预约定价安排，或者税务机关发现企业隐瞒事实的，应当认定预约定价安排自始无效，并向企业送达《税务事项通知书》，说明原因；发现企业拒不执行预约定价安排或者存在违反预约定价安排的其他情况，可以视情况进行处理，直至终止预约定价安排。

十六、有下列情形之一的，税务机关可以优先受理企业提交的申请：

（一）企业关联申报和同期资料完备合理，披露充分；

（二）企业纳税信用级别为A级；

（三）税务机关曾经对企业实施特别纳税调查调整，并已经结案；

（四）签署的预约定价安排执行期满，企业申请续签，且预约定价安排所述事实和经营环境没有发生实质性变化；

（五）企业提交的申请材料齐备，对价值链或者供应链的分析完整、清晰，充分考虑成本节约、市场溢价等地域特殊因素，拟采用的定价原则和计算方法合理；

（六）企业积极配合税务机关开展预约定价安排谈签工作；

（七）申请双边或者多边预约定价安排的，所涉及的税收协定缔约对方税务主管当局有较强的谈签意愿，对预约定价安排的重视程度较高；

（八）其他有利于预约定价安排谈签的因素。

十七、预约定价安排同时涉及两个或者两个以上省、自治区、直辖市和计划单列市税务机关的，或者同时涉及国家税务局和地方税务局的，由国家税务总局统一组织协调。

企业申请上述单边预约定价安排的，应当同时向国家税务总局及其指定的税务机关提出谈签预约定价安排的相关申请。国家税务总局可以与企业统一签署单边预约定价安排，或者指定税务机关与企业统一签署单边预约定价安排，也可以由各主管税务机关与企业分别签署单边预约定价安排。

十八、单边预约定价安排涉及一个省、自治区、直辖市和计划单列市内两个或者两个以上主管税务机关，且仅涉及国家税务局或者地方税务局的，由省、自治区、直辖市和计划单列市相应税务机关统一组织协调。

十九、税务机关与企业在预约定价安排谈签过程中取得的所有信息资料，双方均负有保密义务。除依法应当向有关部门提供信息的情况外，未经纳税人同意，税务机关不得以任何方式泄露预约定价安排相关信息。

税务机关与企业不能达成预约定价安排的，税务机关在协商过程中所取得的有关企业的提议、推理、观念和判断等非事实性信息，不得用于对该预约定价安排涉及关联交易的特别纳税调查调整。

二十、除涉及国家安全的信息以外，国家税务总局可以按照对外缔结的国际公约、协定、协议等有关规定，与其他国家（地区）税务主管当局就2016年4月1日以后签署的单边预约定价安排文本实施信息交换。企业应当在签署单边预约定价安排时提供其最终控股公司、上一级直接控股公司及单边预约定价安排涉及的境外关联方所在国家（地区）的名单。

二十一、本公告所称主管税务机关是指负责特别纳税调整事项的税务机关。

二十二、本公告自2016年12月1日起施行。《特别纳税调整实施办法（试行）》（国税发〔2009〕2号文件印发）第六章同时废止。本公告施行前税务机关未接受正式申请的预约定价安排，适用本公告的规定。

特此公告。

附件：1. 预约定价安排预备会谈申请书（略）

2. 预约定价安排谈签意向书（略）

3. 预约定价安排正式申请书（略）

4. 单边预约定价安排（略）

5. 预约定价安排补（退）税款通知书（略）

6. 预约定价安排续签申请书（略）

8. 国家税务总局关于发布《特别纳税调查调整及相互协商程序管理办法》的公告

（2017年3月17日　国家税务总局公告2017年第6号）

为深入贯彻落实《深化国税、地税征管体制改革方案》，进一步完善特别纳税调查调整及相互协商程序管理工作，积极应用税基侵蚀和利润转移（BEPS）行动计划成果，有效执行我国对外签署的避免双重征税协定、协议或者安排，根据《中华人民共和国企业所得税法》及其实施条例、《中华人民共和国税收征收管理法》及其实施细则的有关规定，国家税务总局制定了《特别纳税调查调整及相互协商程序管理办法》，现予以发布，自2017年5月1日起施行。

特此公告。

附件：1. 特别纳税调整自行缴纳税款表（略）

2. 关联关系认定表（略）

3. 关联交易认定表（略）

4. 特别纳税调查结论通知书（略）

5. 协商内容记录（略）

6. 特别纳税调查初步调整通知书（略）

7. 特别纳税调查调整通知书（略）

8. 启动特别纳税调整相互协商程序申请表（略）

9. 特别纳税调整相互协商协议补（退）税款通知书（略）

特别纳税调查调整及相互协商程序管理办法

第一条　根据《中华人民共和国企业所得税法》（以下简称企业所得税法）及其实施条例、《中华人民共和国税收征收管理法》(以下简称税收征管法)及其实施细则以及我国对外签署的避免双重征税协定、协议或者安排(以下简称税收协定)的有关规定,制定本办法。

第二条 税务机关以风险管理为导向,构建和完善关联交易利润水平监控管理指标体系,加强对企业利润水平的监控,通过特别纳税调整监控管理和特别纳税调查调整,促进企业税法遵从。

第三条 税务机关通过关联申报审核、同期资料管理和利润水平监控等手段,对企业实施特别纳税调整监控管理,发现企业存在特别纳税调整风险的,可以向企业送达《税务事项通知书》,提示其存在的税收风险。

企业收到特别纳税调整风险提示或者发现自身存在特别纳税调整风险的,可以自行调整补税。企业自行调整补税的,应当填报《特别纳税调整自行缴纳税款表》。

企业自行调整补税的,税务机关仍可按照有关规定实施特别纳税调查调整。

企业要求税务机关确认关联交易定价原则和方法等特别纳税调整事项的,税务机关应当启动特别纳税调查程序。

第四条 税务机关实施特别纳税调查,应当重点关注具有以下风险特征的企业:

(一)关联交易金额较大或者类型较多;

(二)存在长期亏损、微利或者跳跃性盈利;

(三)低于同行业利润水平;

(四)利润水平与其所承担的功能风险不相匹配,或者分享的收益与分摊的成本不相配比;

(五)与低税国家(地区)关联方发生关联交易;

(六)未按照规定进行关联申报或者准备同期资料;

(七)从其关联方接受的债权性投资与权益性投资的比例超过规定标准;

(八)由居民企业,或者由居民企业和中国居民控制的设立在实际税负低于12.5%的国家(地区)的企业,并非由于合理的经营需要而对利润不作分配或者减少分配;

(九)实施其他不具有合理商业目的的税收筹划或者安排。

第五条 税务机关应当向已确定立案调查的企业送达《税务检查通知书(一)》。被立案调查企业为非居民企业的,税务机关可以委托境内关联方或者与调查有关的境内企业送达《税务检查通知书(一)》。

经预备会谈与税务机关达成一致意见,已向税务机关提交《预约定价安排谈签意向书》,并申请预约定价安排追溯适用以前年度的企业,或者已向税务机关提交《预约定价安排续签申请书》的企业,可以暂不作为特别纳税调整的调查对象。预约定价安排未涉及的年度和关联交易除外。

第六条 税务机关实施特别纳税调查时,可以要求被调查企业及其关联方,或者与调查有关的其他企业提供相关资料:

(一)要求被调查企业及其关联方,或者与调查有关的其他企业提供相关资料的,应当向该企业送达《税务事项通知书》,该企业在境外的,税务机关可以委托境内关联方或者与调查有关的境内企业向该企业送达《税务事项通知书》;

(二)需要到被调查企业的关联方或者与调查有关的其他企业调查取证的,应当向该企业送达《税务检查通知书(二)》。

第七条 被调查企业及其关联方以及与调查有关的其他企业应当按照税务机关要求提供真实、完整的相关资料:

(一)提供由自身保管的书证原件。原本、正本和副本均属于书证的原件。提供原件确有困难的,可以提供与原件核对无误的复印件、照片、节录本等复制件。提供方应当在复制件上注明“与原件核对无误,原件存于我处”,并由提供方签章;

(二)提供由有关方保管的书证原件复制件、影印件或者抄录件的,提供方应当在复制件、影印件或者抄录件上注明“与原件核对无误”,并注明出处,由该有关方及提供方签章;

(三)提供外文书证或者外文视听资料的,应当附送中文译本。提供方应当对中文译本的准确性和完整性负责;

（四）提供境外相关资料的，应当说明来源。税务机关对境外资料真实性和完整性有疑义的，可以要求企业提供公证机构的证明。

第八条 税务机关实施特别纳税调查时，应当按照法定权限和程序进行，可以采用实地调查、检查纸质或者电子数据资料、调取账簿、询问、查询存款账户或者储蓄存款、发函协查、国际税收信息交换、异地协查等方式，收集能够证明案件事实的证据材料。收集证据材料过程中，可以记录、录音、录像、照相和复制，录音、录像、照相前应当告知被取证方。记录内容应当由两名以上调查人员签字，并经被取证方核实签章确认。被取证方拒绝签章的，税务机关调查人员（两名以上）应当注明。

第九条 以电子数据证明案件事实的，税务机关可以采取以下方式进行取证：

（一）要求提供方将电子数据打印成纸质资料，在纸质资料上注明数据出处、打印场所，并注明“与电子数据核对无误”，由提供方签章；

（二）采用有形载体形式固定电子数据，由调查人员与提供方指定人员一起将电子数据复制到只读存储介质上并封存。在封存包装物上注明电子数据名称、数据来源、制作方法、制作时间、制作人、文件格式及大小等，并注明“与原始载体记载的电子数据核对无误”，由提供方签章。

第十条 税务机关需要将以前年度的账簿、会计凭证、财务会计报告和其他有关资料调回检查的，应当按照税收征管法及其实施细则有关规定，向被调查企业送达《调取账簿资料通知书》，填写《调取账簿资料清单》交其核对后签章确认。调回资料应当妥善保管，并在法定时限内完整退还。

第十一条 税务机关需要采用询问方式收集证据材料的，应当由两名以上调查人员实施询问，并制作《询问（调查）笔录》。

第十二条 需要被调查当事人、证人陈述或者提供证言的，应当事先告知其不如实陈述或者提供虚假证言应当承担的法律责任。被调查当事人、证人可以采取书面或者口头方式陈述或者提供证言，以口头方式陈述或者提供证言的，调查人员可以笔录、录音、录像。笔录应当使用能够长期保持字迹的书写工具书写，也可使用计算机记录并打印，陈述或者证言应当由被调查当事人、证人逐页签章。

陈述或者证言中应当写明被调查当事人、证人的姓名、工作单位、联系方式等基本信息，注明出具日期，并附居民身份证复印件等身份证明材料。

被调查当事人、证人口头提出变更陈述或者证言的，调查人员应当就变更部分重新制作笔录，注明原因，由被调查当事人、证人逐页签章。被调查当事人、证人变更书面陈述或者证言的，不退回原件。

第十三条 税务机关应当结合被调查企业年度关联业务往来报告表和相关资料，对其与关联方的关联关系以及关联交易金额进行确认，填制《关联关系认定表》和《关联交易认定表》，并由被调查企业确认签章。被调查企业拒绝确认的，税务机关调查人员（两名以上）应当注明。

第十四条 被调查企业不提供特别纳税调查相关资料，或者提供虚假、不完整资料的，由税务机关责令限期改正，逾期仍未改正的，税务机关按照税收征管法及其实施细则有关规定进行处理，并依法核定其应纳税所得额。

第十五条 税务机关实施转让定价调查时，应当进行可比性分析，可比性分析一般包括以下五个方面。税务机关可以根据案件情况选择具体分析内容：

（一）交易资产或者劳务特性，包括有形资产的物理特性、质量、数量等；无形资产的类型、交易形式、保护程度、期限、预期收益等；劳务的性质和内容；金融资产的特性、内容、风险管理等；

（二）交易各方执行的功能、承担的风险和使用的资产。功能包括研发、设计、采购、加工、装配、制造、维修、分销、营销、广告、存货管理、物流、仓储、融资、管理、财务、会计、法律及人力资源管理等；风险包括投资风险、研发风险、采购风险、生产风险、市场风险、管理风险及财务风险等；资产包括有形资产、无形资产、金融资产等；

（三）合同条款，包括交易标的、交易数量、交易价格、收付款方式和条件、交货条件、售后服务范围和条件、提供附加劳务的约定、变更或者修改合同内容的权利、合同有效期、终止或者续签合同的权利等。合同条款分析应当关注企业执行合同的能力与行为，以及关联方之间签署合同条款的可信度等；

（四）经济环境，包括行业概况、地理区域、市场规模、市场层级、市场占有率、市场竞争程度、消费者购买力、商品或者劳务可替代性、生产要素价格、运输成本、政府管制，以及成本节约、市场溢价等地域特殊因素；

（五）经营策略，包括创新和开发、多元化经营、协同效应、风险规避及市场占有策略等。

第十六条 税务机关应当在可比性分析的基础上，选择合理的转让定价方法，对企业关联交易进行分析评估。转让定价方法包括可比非受控价格法、再销售价格法、成本加成法、交易净利润法、利润分割法及其他符合独立交易原则的方法。

第十七条 可比非受控价格法以非关联方之间进行的与关联交易相同或者类似业务活动所收取的价格作为关联交易的公平成交价格。可比非受控价格法可以适用于所有类型的关联交易。

可比非受控价格法的可比性分析，应当按照不同交易类型，特别考察关联交易与非关联交易中交易资产或者劳务的特性、合同条款、经济环境和经营策略上的差异：

（一）有形资产使用权或者所有权的转让，包括：

1. 转让过程，包括交易时间与地点、交货条件、交货手续、支付条件、交易数量、售后服务等；

2. 转让环节，包括出厂环节、批发环节、零售环节、出口环节等；

3. 转让环境，包括民族风俗、消费者偏好、政局稳定程度以及财政、税收、外汇政策等；

4. 有形资产的性能、规格、型号、结构、类型、折旧方法等；

5. 提供使用权的时间、期限、地点、费用收取标准等；

6. 资产所有者对资产的投资支出、维修费用等。

（二）金融资产的转让，包括金融资产的实际持有期限、流动性、安全性、收益性。其中，股权转让交易的分析内容包括公司性质、业务结构、资产构成、所属行业、行业周期、经营模式、企业规模、资产配置和使用情况、企业所处经营阶段、成长性、经营风险、财务风险、交易时间、地理区域、股权关系、历史与未来经营情况、商誉、税收利益、流动性、经济趋势、宏观政策、企业收入和成本结构及其他因素；

（三）无形资产使用权或者所有权的转让，包括：

1. 无形资产的类别、用途、适用行业、预期收益；

2. 无形资产的开发投资、转让条件、独占程度、可替代性、受有关国家法律保护的程度及期限、地理位置、使用年限、研发阶段、维护改良及更新的权利、受让成本和费用、功能风险情况、摊销方法以及其他影响其价值发生实质变动的特殊因素等。

（四）资金融通，包括融资的金额、币种、期限、担保、融资人的资信、还款方式、计息方法等；

（五）劳务交易，包括劳务性质、技术要求、专业水准、承担责任、付款条件和方式、直接和间接成本等。

关联交易与非关联交易在以上方面存在重大差异的，应当就该差异对价格的影响进行合理调整，无法合理调整的，应当选择其他合理的转让定价方法。

第十八条 再销售价格法以关联方购进商品再销售给非关联方的价格减去可比非关联交易毛利后的金额作为关联方购进商品的公平成交价格。其计算公式如下：

公平成交价格 = 再销售给非关联方的价格 ×（1 - 可比非关联交易毛利率）

可比非关联交易毛利率 = 可比非关联交易毛利/可比非关联交易收入净额 ×100%

再销售价格法一般适用于再销售者未对商品进行改变外形、性能、结构或者更换商标等实质性增值加工的简单加工或者单纯购销业务。

再销售价格法的可比性分析，应当特别考察关联交易与非关联交易中企业执行的功能、承担的风险、使用的资产和合同条款上的差异，以及影响毛利率的其他因素，具体包括营销、分销、产品保障及服务功能，存货风险，机器、设备的价值及使用年限，无形资产的使用及价值，有价值的营销型无形资产，批发或者零售环节，商业经验，会计处理及管理效率等。

关联交易与非关联交易在以上方面存在重大差异的，应当就该差异对毛利率的影响进行合理调整，无法合理调整的，应当选择其他合理的转让定价方法。

第十九条 成本加成法以关联交易发生的合理成本加上可比非关联交易毛利后的金额作为关联交易的公平成交价格。其计算公式如下：

公平成交价格 = 关联交易发生的合理成本 ×（1 + 可比非关联交易成本加成率）

可比非关联交易成本加成率 = 可比非关联交易毛利/可比非关联交易成本 ×100%

成本加成法一般适用于有形资产使用权或者所有权的转让、资金融通、劳务交易等关联交易。

成本加成法的可比性分析,应当特别考察关联交易与非关联交易中企业执行的功能、承担的风险、使用的资产和合同条款上的差异,以及影响成本加成率的其他因素,具体包括制造、加工、安装及测试功能,市场及汇兑风险,机器、设备的价值及使用年限,无形资产的使用及价值,商业经验,会计处理,生产及管理效率等。

关联交易与非关联交易在以上方面存在重大差异的,应当就该差异对成本加成率的影响进行合理调整,无法合理调整的,应当选择其他合理的转让定价方法。

第二十条 交易净利润法以可比非关联交易的利润指标确定关联交易的利润。利润指标包括息税前利润率、完全成本加成率、资产收益率、贝里比率等。具体计算公式如下:

(一)息税前利润率 = 息税前利润/营业收入 ×100%

(二)完全成本加成率 = 息税前利润/完全成本 ×100%

(三)资产收益率 = 息税前利润/[(年初资产总额 + 年末资产总额)/2] ×100%

(四)贝里比率 = 毛利/(营业费用 + 管理费用) ×100%

利润指标的选取应当反映交易各方执行的功能、承担的风险和使用的资产。利润指标的计算以企业会计处理为基础,必要时可以对指标口径进行合理调整。

交易净利润法一般适用于不拥有重大价值无形资产企业的有形资产使用权或者所有权的转让和受让、无形资产使用权受让以及劳务交易等关联交易。

交易净利润法的可比性分析,应当特别考察关联交易与非关联交易中企业执行的功能、承担的风险和使用的资产,经济环境上的差异,以及影响利润的其他因素,具体包括行业和市场情况,经营规模,经济周期和产品生命周期,收入、成本、费用和资产在各交易间的分配,会计处理及经营管理效率等。

关联交易与非关联交易在以上方面存在重大差异的,应当就该差异对利润的影响进行合理调整,无法合理调整的,应当选择其他合理的转让定价方法。

第二十一条 利润分割法根据企业与其关联方对关联交易合并利润(实际或者预计)的贡献计算各自应当分配的利润额。利润分割法主要包括一般利润分割法和剩余利润分割法。

一般利润分割法通常根据关联交易各方所执行的功能、承担的风险和使用的资产,采用符合独立交易原则的利润分割方式,确定各方应当取得的合理利润;当难以获取可比交易信息但能合理确定合并利润时,可以结合实际情况考虑与价值贡献相关的收入、成本、费用、资产、雇员人数等因素,分析关联交易各方对价值做出的贡献,将利润在各方之间进行分配。

剩余利润分割法将关联交易各方的合并利润减去分配给各方的常规利润后的余额作为剩余利润,再根据各方对剩余利润的贡献程度进行分配。

利润分割法一般适用于企业及其关联方均对利润创造具有独特贡献,业务高度整合且难以单独评估各方交易结果的关联交易。利润分割法的适用应当体现利润应在经济活动发生地和价值创造地征税的基本原则。

利润分割法的可比性分析,应当特别考察关联交易各方执行的功能、承担的风险和使用的资产,收入、成本、费用和资产在各方之间的分配,成本节约、市场溢价等地域特殊因素,以及其他价值贡献因素,确定各方对剩余利润贡献所使用的信息和假设条件的可靠性等。

第二十二条 其他符合独立交易原则的方法包括成本法、市场法和收益法等资产评估方法,以及其他能够反映利润与经济活动发生地和价值创造地相匹配原则的方法。

成本法是以替代或者重置原则为基础,通过在当前市场价格下创造一项相似资产所发生的支出确定评估标的价值的评估方法。成本法适用于能够被替代的资产价值评估。

市场法是利用市场上相同或者相似资产的近期交易价格,经过直接比较或者类比分析以确定评估标的价值的评估方法。市场法适用于在市场上能找到与评估标的相同或者相似的非关联可比交易信息时的资产价值评估。

收益法是通过评估标的未来预期收益现值来确定其价值的评估方法。收益法适用于企业整体资产和可预期未来收益的单项资产评估。

第二十三条 税务机关分析评估被调查企业关联交易时,应当在分析评估交易各方功能风险的基础上,选择功能相对简单的一方作为被测试对象。

第二十四条 税务机关在进行可比性分析时,优先使用公开信息,也可以使用非公开信息。

第二十五条 税务机关分析评估被调查企业关联交易是否符合独立交易原则时,可以根据实际情况选择算术平均法、加权平均法或者四分位法等统计方法,逐年分别或者多年度平均计算可比企业利润或者价格的平均值或者四分位区间。

税务机关应当按照可比利润水平或者可比价格对被调查企业各年度关联交易进行逐年测试调整。

税务机关采用四分位法分析评估企业利润水平时,企业实际利润水平低于可比企业利润率区间中位值的,原则上应当按照不低于中位值进行调整。

第二十六条 税务机关分析评估被调查企业为其关联方提供的来料加工业务,在可比企业不是相同业务模式,且业务模式的差异会对利润水平产生影响的情况下,应当对业务模式的差异进行调整,还原其不作价的来料和设备价值。企业提供真实完整的来料加工产品整体价值链相关资料,能够反映各关联方总体利润水平的,税务机关可以就被调查企业与可比企业因料件还原产生的资金占用差异进行可比性调整,利润水平调整幅度超过10%的,应当重新选择可比企业。

除本条第一款外,对因营运资本占用不同产生的利润差异不作调整。

第二十七条 税务机关分析评估被调查企业关联交易是否符合独立交易原则时,选取的可比企业与被调查企业处于不同经济环境的,应当分析成本节约、市场溢价等地域特殊因素,并选择合理的转让定价方法确定地域特殊因素对利润的贡献。

第二十八条 企业为境外关联方从事来料加工或者进料加工等单一生产业务,或者从事分销、合约研发业务,原则上应当保持合理的利润水平。

上述企业如出现亏损,无论是否达到《国家税务总局关于完善关联申报和同期资料管理有关事项的公告》(国家税务总局公告2016年第42号)中的同期资料准备标准,均应当就亏损年度准备同期资料本地文档。税务机关应当重点审核上述企业的本地文档,加强监控管理。

上述企业承担由于决策失误、开工不足、产品滞销、研发失败等原因造成的应当由关联方承担的风险和损失的,税务机关可以实施特别纳税调整。

第二十九条 税务机关对关联交易进行调查分析时,应当确定企业所获得的收益与其执行的功能或者承担的风险是否匹配。

企业与其关联方之间隐匿关联交易直接或者间接导致国家总体税收收入减少的,税务机关可以通过还原隐匿交易实施特别纳税调整。

企业与其关联方之间抵消关联交易直接或者间接导致国家总体税收收入减少的,税务机关可以通过还原抵消交易实施特别纳税调整。

第三十条 判定企业及其关联方对无形资产价值的贡献程度及相应的收益分配时,应当全面分析企业所属企业集团的全球营运流程,充分考虑各方在无形资产开发、价值提升、维护、保护、应用和推广中的价值贡献,无形资产价值的实现方式,无形资产与集团内其他业务的功能、风险和资产的相互作用。

企业仅拥有无形资产所有权而未对无形资产价值做出贡献的,不应当参与无形资产收益分配。无形资产形成和使用过程中,仅提供资金而未实际执行相关功能和承担相应风险的,应当仅获得合理的资金成本回报。

第三十一条 企业与其关联方转让或者受让无形资产使用权而收取或者支付的特许权使用费,应当根据下列情形适时调整,未适时调整的,税务机关可以实施特别纳税调整:

(一)无形资产价值发生根本性变化;

(二)按照营业常规,非关联方之间的可比交易应当存在特许权使用费调整机制;

(三)无形资产使用过程中,企业及其关联方执行的功能、承担的风险或者使用的资产发生变化;

（四）企业及其关联方对无形资产进行后续开发、价值提升、维护、保护、应用和推广做出贡献而未得到合理补偿。

第三十二条　企业与其关联方转让或者受让无形资产使用权而收取或者支付的特许权使用费，应当与无形资产为企业或者其关联方带来的经济利益相匹配。与经济利益不匹配而减少企业或者其关联方应纳税收入或者所得额的，税务机关可以实施特别纳税调整。未带来经济利益，且不符合独立交易原则的，税务机关可以按照已税前扣除的金额全额实施特别纳税调整。

企业向仅拥有无形资产所有权而未对其价值创造做出贡献的关联方支付特许权使用费，不符合独立交易原则的，税务机关可以按照已税前扣除的金额全额实施特别纳税调整。

第三十三条　企业以融资上市为主要目的在境外成立控股公司或者融资公司，仅因融资上市活动所产生的附带利益向境外关联方支付特许权使用费，不符合独立交易原则的，税务机关可以按照已税前扣除的金额全额实施特别纳税调整。

第三十四条　企业与其关联方发生劳务交易支付或者收取价款不符合独立交易原则而减少企业或者其关联方应纳税收入或者所得额的，税务机关可以实施特别纳税调整。

符合独立交易原则的关联劳务交易应当是受益性劳务交易，并且按照非关联方在相同或者类似情形下的营业常规和公平成交价格进行定价。受益性劳务是指能够为劳务接受方带来直接或者间接经济利益，且非关联方在相同或者类似情形下，愿意购买或者愿意自行实施的劳务活动。

第三十五条　企业向其关联方支付非受益性劳务的价款，税务机关可以按照已税前扣除的金额全额实施特别纳税调整。非受益性劳务主要包括以下情形：

（一）劳务接受方从其关联方接受的，已经购买或者自行实施的劳务活动；

（二）劳务接受方从其关联方接受的，为保障劳务接受方的直接或者间接投资方的投资利益而实施的控制、管理和监督等劳务活动。该劳务活动主要包括：

1. 董事会活动、股东会活动、监事会活动和发行股票等服务于股东的活动；

2. 与劳务接受方的直接或者间接投资方、集团总部和区域总部的经营报告或者财务报告编制及分析有关的活动；

3. 与劳务接受方的直接或者间接投资方、集团总部和区域总部的经营及资本运作有关的筹资活动；

4. 为集团决策、监管、控制、遵从需要所实施的财务、税务、人事、法务等活动；

5. 其他类似情形。

（三）劳务接受方从其关联方接受的，并非针对其具体实施的，只是因附属于企业集团而获得额外收益的劳务活动。该劳务活动主要包括：

1. 为劳务接受方带来资源整合效应和规模效应的法律形式改变、债务重组、股权收购、资产收购、合并、分立等集团重组活动；

2. 由于企业集团信用评级提高，为劳务接受方带来融资成本下降等利益的相关活动；

3. 其他类似情形。

（四）劳务接受方从其关联方接受的，已经在其他关联交易中给予补偿的劳务活动。该劳务活动主要包括：

1. 从特许权使用费支付中给予补偿的与专利权或者非专利技术相关的服务；

2. 从贷款利息支付中给予补偿的与贷款相关的服务；

3. 其他类似情形。

（五）与劳务接受方执行的功能和承担的风险无关，或者不符合劳务接受方经营需要的关联劳务活动；

（六）其他不能为劳务接受方带来直接或者间接经济利益，或者非关联方不愿意购买或者不愿意自行实施的关联劳务活动。

第三十六条　企业接受或者提供的受益性劳务应当充分考虑劳务的具体内容和特性，劳务提供方的功能、风险、成本和费用，劳务接受方的受益情况、市场环境，交易双方的财务状况，以及可比交易的定价情况等因素，按照本办法的有关规定选择合理的转让定价方法，并遵循以下原则：

（一）关联劳务能够分别按照各劳务接受方、劳务项目为核算单位归集相关劳务成本费用的，应当以劳务接受方、劳务项目合理的成本费用为基础，确定交易价格；

（二）关联劳务不能分别按照各劳务接受方、劳务项目为核算单位归集相关劳务成本费用的，应当采用合理标准和比例向各劳务接受方分配，并以分配的成本费用为基础，确定交易价格。分配标准应当根据劳务性质合理确定，可以根据实际情况采用营业收入、营运资产、人员数量、人员工资、设备使用量、数据流量、工作时间以及其他合理指标，分配结果应当与劳务接受方的受益程度相匹配。非受益性劳务的相关成本费用支出不得计入分配基数。

第三十七条 企业向未执行功能、承担风险，无实质性经营活动的境外关联方支付费用，不符合独立交易原则的，税务机关可以按照已税前扣除的金额全额实施特别纳税调整。

第三十八条 实际税负相同的境内关联方之间的交易，只要该交易没有直接或者间接导致国家总体税收收入的减少，原则上不作特别纳税调整。

第三十九条 经调查，税务机关未发现企业存在特别纳税调整问题的，应当作出特别纳税调查结论，并向企业送达《特别纳税调查结论通知书》。

第四十条 经调查，税务机关发现企业存在特别纳税调整问题的，应当按照以下程序实施调整：

（一）在测算、论证、可比性分析的基础上，拟定特别纳税调查调整方案；

（二）根据拟定调整方案与企业协商谈判，双方均应当指定主谈人，调查人员应当做好《协商内容记录》，并由双方主谈人签字确认。企业拒签的，税务机关调查人员（两名以上）应当注明。企业拒绝协商谈判的，税务机关向企业送达《特别纳税调查初步调整通知书》；

（三）协商谈判过程中，企业对拟定调整方案有异议的，应当在税务机关规定的期限内进一步提供相关资料。税务机关收到资料后，应当认真审议，并作出审议结论。根据审议结论，需要进行特别纳税调整的，税务机关应当形成初步调整方案，向企业送达《特别纳税调查初步调整通知书》；

（四）企业收到《特别纳税调查初步调整通知书》后有异议的，应当自收到通知书之日起 7 日内书面提出。税务机关收到企业意见后，应当再次协商、审议。根据审议结论，需要进行特别纳税调整，并形成最终调整方案的，税务机关应当向企业送达《特别纳税调查调整通知书》；

（五）企业收到《特别纳税调查初步调整通知书》后，在规定期限内未提出异议的，或者提出异议后又拒绝协商的，或者虽提出异议但经税务机关审议后不予采纳的，税务机关应当以初步调整方案作为最终调整方案，向企业送达《特别纳税调查调整通知书》。

第四十一条 企业收到《特别纳税调查调整通知书》后有异议的，可以在依照《特别纳税调查调整通知书》缴纳或者解缴税款、利息、滞纳金或者提供相应的担保后，依法申请行政复议。

企业收到国家税务局送达的《特别纳税调查调整通知书》后有异议的，向其上一级国家税务局申请行政复议；企业收到地方税务局送达的《特别纳税调查调整通知书》后有异议的，可以选择向其上一级地方税务局或者本级人民政府申请行政复议。

【注】根据《国家税务总局关于公布失效废止的税务部门规章和税收规范性文件目录的决定》（国家税务总局令第 42 号）的规定，本条第二款自 2017 年 12 月 29 日废止。

对行政复议决定不服的，可以依法向人民法院提起行政诉讼。

第四十二条 税务机关对企业实施特别纳税调整，涉及企业向境外关联方支付利息、租金、特许权使用费的，除另有规定外，不调整已扣缴的税款。

第四十三条 企业可以在《特别纳税调查调整通知书》送达前自行缴纳税款。企业自行缴纳税款的，应当填报《特别纳税调整自行缴纳税款表》。

第四十四条 税务机关对企业实施特别纳税调整的，应当根据企业所得税法及其实施条例的有关规定对 2008 年 1 月 1 日以后发生交易补征的企业所得税按日加收利息。

特别纳税调查调整补缴的税款，应当按照应补缴税款所属年度的先后顺序确定补缴税款的所属年度，以入库日为截止日，分别计算应加收的利息额：

（一）企业在《特别纳税调查调整通知书》送达前缴纳或者送达后补缴税款的，应当自税款所属纳税年度的次年6月1日起至缴纳或者补缴税款之日止计算加收利息。企业超过《特别纳税调查调整通知书》补缴税款期限仍未缴纳税款的，应当自补缴税款期限届满次日起按照税收征管法及其实施细则的有关规定加收滞纳金，在加收滞纳金期间不再加收利息；

（二）利息率按照税款所属纳税年度12月31日公布的与补税期间同期的中国人民银行人民币贷款基准利率（以下简称基准利率）加5个百分点计算，并按照一年365天折算日利息率；

（三）企业按照有关规定提供同期资料及有关资料的，或者按照有关规定不需要准备同期资料但根据税务机关要求提供其他相关资料的，可以只按照基准利率加收利息。

经税务机关调查，企业实际关联交易额达到准备同期资料标准，但未按照规定向税务机关提供同期资料的，税务机关补征税款加收利息，适用本条第二款第二项规定。

第四十五条 企业自行调整补税且主动提供同期资料等有关资料，或者按照有关规定不需要准备同期资料但根据税务机关要求提供其他相关资料的，其2008年1月1日以后发生交易的自行调整补税按照基准利率加收利息。

第四十六条 被调查企业在税务机关实施特别纳税调查调整期间申请变更经营地址或者注销税务登记的，税务机关在调查结案前原则上不予办理税务变更、注销手续。

第四十七条 根据我国对外签署的税收协定的有关规定，国家税务总局可以依据企业申请或者税收协定缔约对方税务主管当局请求启动相互协商程序，与税收协定缔约对方税务主管当局开展协商谈判，避免或者消除由特别纳税调整事项引起的国际重复征税。

相互协商内容包括：

（一）双边或者多边预约定价安排的谈签；

（二）税收协定缔约一方实施特别纳税调查调整引起另一方相应调整的协商谈判。

第四十八条 企业申请启动相互协商程序的，应当在税收协定规定期限内，向国家税务总局书面提交《启动特别纳税调整相互协商程序申请表》和特别纳税调整事项的有关说明。企业当面报送上述资料的，以报送日期为申请日期；邮寄报送的，以国家税务总局收到上述资料的日期为申请日期。

国家税务总局收到企业提交的上述资料后，认为符合税收协定有关规定的，可以启动相互协商程序；认为资料不全的，可以要求企业补充提供资料。

第四十九条 税收协定缔约对方税务主管当局请求启动相互协商程序的，国家税务总局收到正式来函后，认为符合税收协定有关规定的，可以启动相互协商程序。

国家税务总局认为税收协定缔约对方税务主管当局提供的资料不完整、事实不清晰的，可以要求对方补充提供资料，或者通过主管税务机关要求涉及的境内企业协助核实。

第五十条 国家税务总局决定启动相互协商程序的，应当书面通知省税务机关，并告知税收协定缔约对方税务主管当局。负责特别纳税调整事项的主管税务机关应当在收到书面通知后15个工作日内，向企业送达启动相互协商程序的《税务事项通知书》。

第五十一条 在相互协商过程中，税务机关可以要求企业进一步补充提供资料，企业应当在规定的时限内提交。

第五十二条 有下列情形之一的，国家税务总局可以拒绝企业申请或者税收协定缔约对方税务主管当局启动相互协商程序的请求：

（一）企业或者其关联方不属于税收协定任一缔约方的税收居民；

（二）申请或者请求不属于特别纳税调整事项；

（三）申请或者请求明显缺乏事实或者法律依据；

（四）申请不符合税收协定有关规定；

（五）特别纳税调整案件尚未结案或者虽然已经结案但是企业尚未缴纳应纳税款。

第五十三条 有下列情形之一的，国家税务总局可以暂停相互协商程序：

（一）企业申请暂停相互协商程序；

（二）税收协定缔约对方税务主管当局请求暂停相互协商程序；

（三）申请必须以另一被调查企业的调查调整结果为依据，而另一被调查企业尚未结束调查调整程序；

（四）其他导致相互协商程序暂停的情形。

第五十四条 有下列情形之一的，国家税务总局可以终止相互协商程序：

（一）企业或者其关联方不提供与案件有关的必要资料，或者提供虚假、不完整资料，或者存在其他不配合的情形；

（二）企业申请撤回或者终止相互协商程序；

（三）税收协定缔约对方税务主管当局撤回或者终止相互协商程序；

（四）其他导致相互协商程序终止的情形。

第五十五条 国家税务总局决定暂停或者终止相互协商程序的，应当书面通知省税务机关。负责特别纳税调整事项的主管税务机关应当在收到书面通知后15个工作日内，向企业送达暂停或者终止相互协商程序的《税务事项通知书》。

第五十六条 国家税务总局与税收协定缔约对方税务主管当局签署相互协商协议后，应当书面通知省税务机关，附送相互协商协议。负责特别纳税调整事项的主管税务机关应当在收到书面通知后15个工作日内，向企业送达《税务事项通知书》，附送相互协商协议。需要补（退）税的，应当附送《特别纳税调整相互协商协议补（退）税款通知书》或者《预约定价安排补（退）税款通知书》，并监控执行补（退）税款情况。

应纳税收入或者所得额以外币计算的，应当按照相互协商协议送达企业之日上月最后一日人民币汇率中间价折合成人民币，计算应补缴或者应退还的税款。

补缴税款应当加收利息的，按照《中华人民共和国企业所得税法实施条例》第一百二十二条规定的人民币贷款基准利率执行。

第五十七条 各级税务机关应当对税收协定缔约对方税务主管当局、企业或者其扣缴义务人、代理人等在相互协商中提供的有关资料保密。

第五十八条 企业或者其扣缴义务人、代理人等在相互协商中弄虚作假，或者有其他违法行为的，税务机关应当按照税收征管法及其实施细则的有关规定处理。

第五十九条 企业按照本办法规定向国家税务总局提起相互协商申请的，提交的资料应当同时采用中文和英文文本，企业向税收协定缔约双方税务主管当局提交资料内容应当保持一致。

第六十条 涉及税收协定条款解释或者执行的相互协商程序，按照《国家税务总局关于发布〈税收协定相互协商程序实施办法〉的公告》（国家税务总局公告2013年第56号）的有关规定执行。

第六十一条 本办法施行前已受理但尚未达成一致的相互协商案件，适用本办法的规定。

第六十二条 本办法自2017年5月1日起施行。《特别纳税调整实施办法（试行）》（国税发〔2009〕2号文件印发）第四章、第五章、第十一章和第十二章、《国家税务总局关于加强转让定价跟踪管理有关问题的通知》（国税函〔2009〕188号）、《国家税务总局关于强化跨境关联交易监控和调查的通知》（国税函〔2009〕363号）、《国家税务总局关于特别纳税调整监控管理有关问题的公告》（国家税务总局公告2014年第54号）、《国家税务总局关于企业向境外关联方支付费用有关企业所得税问题的公告》（国家税务总局公告2015年第16号）同时废止。

9. 国家税务总局关于明确《中华人民共和国企业年度关联业务往来报告表（2016年版）》填报口径的公告

（2017年7月7日　国家税务总局公告2017年第26号）

为落实《国家税务总局关于完善关联申报和同期资料管理有关事项的公告》（国家税务总局公告2016年第42号），做好《中华人民共和国企业年度关联业务往来报告表（2016年版）》填报工作，现就有关事项公告如下：

一、《中华人民共和国企业年度关联业务往来报告表(2016年版)》中的《国别报告－所得、税收和业务活动国别分布表》(中英文表)第3列"收入－关联方",填报跨国企业集团在第1列填报的国家(地区)每个成员实体与该跨国企业集团在《国别报告－跨国企业集团成员实体名单》(中英文表)中填报的其他成员实体发生交易取得的收入,并按第1列填报的国家(地区)汇总之和。

二、需填报国别报告的居民企业可以在2017年12月31日之前对已经填报2016年度的《中华人民共和国企业年度关联业务往来报告表(2016年版)》通过申报更正流程进行补充修改。

三、本公告自发布之日起施行。

特此公告。

10. 国家税务总局关于明确国别报告有关事项的公告

(2017年12月19日　国家税务总局公告2017年第46号)

《多边税收征管互助公约》(以下简称《公约》)自2017年1月1日起在我国执行,为做好《国家税务总局关于完善关联申报和同期资料管理有关事项的公告》(国家税务总局公告2016年第42号,以下简称"42号公告")与《公约》的衔接工作,现就国别报告有关事项明确如下:

42号公告第七条和第八条的规定,不适用于2016年度的国别报告。

特此公告。

11. 国家税务总局关于明确同期资料主体文档提供及管理有关事项的公告

(2018年4月4日　国家税务总局公告2018年第14号)

为进一步深化"放管服"改革,优化税收环境,简化办税程序,减轻纳税人负担,现就落实《国家税务总局关于完善关联申报和同期资料管理有关事项的公告》(国家税务总局公告2016年第42号)关于同期资料准备及提供要求的有关事项公告如下:

一、依照规定需要准备主体文档的企业集团,如果集团内企业分属两个以上税务机关管辖,可以选择任一企业主管税务机关主动提供主体文档。集团内其他企业被主管税务机关要求提供主体文档时,在向主管税务机关书面报告集团主动提供主体文档情况后,可免于提供。

本公告所称"主动提供"是指在税务机关实施特别纳税调查前企业提供主体文档的情形。如果集团内一家企业被税务机关实施特别纳税调查并已按主管税务机关要求提供主体文档,集团内其他企业不能免于提供主体文档,但集团仍然可以选择其他任一企业适用前款规定。

二、收到企业主动提供主体文档的主管税务机关应区分以下情况进行处理:

(一)企业集团内各企业均属一个省、自治区、直辖市、计划单列市税务机关管辖的,收到主体文档的主管税务机关需层报至省税务机关,由省税务机关负责主体文档管理,统一组织协调,按需求提供给集团内各企业主管税务机关使用。

(二)企业集团内各企业分属两个或者两个以上省、自治区、直辖市、计划单列市税务机关管辖的,收到主体文档的主管税务机关需层报至国家税务总局,由国家税务总局负责主体文档管理,统一组织协调,按需求提供给集团内各企业主管税务机关使用。

三、本公告自2018年5月20日起施行。

特此公告。

六、税 收 协 定

1. 国家税务总局关于税收协定中有关国际运输问题解释的通知

（1998年4月17日　国税函〔1998〕241号）

近接一些地区反映，在执行我国对外签订的关于对所得（和财产）避免双重征税和防止偷漏税的协定（以下称税收协定）第八条（国际运输），确定从事运输企业的所得时，对于企业从事附属于其国际运输业务取得的所得，是否应视为国际运输所得问题，难以界定。根据我国对外签订的税收协定第八条规定的原则以及国际通行惯例，现对上述问题明确如下：

税收协定第八条所述从事国际运输业务取得的所得，是指企业以船舶或飞机经营客运或货运取得的所得，包括该企业从事的附属于其国际运输业务取得的所得。上述附属于其国际运输业务取得的所得主要包括：

一、以湿租形式出租船舶或飞机（包括所有设备、人员及供应）取得的租赁所得；

二、为其他企业代售客票取得的所得；

三、从市区至机场运送旅客取得的所得；

四、通过货车从事货仓至机场、码头或者后者至购货者间的运输，以及直接将货物发送至购货者所取得的运输所得；

五、以船舶或飞机从事国际运输的企业附营或临时性经营集装箱租赁取得的所得；

六、企业仅为其承运旅客提供中性转住宿而设置的旅馆取得的所得；

七、非专门从事国际船运或空运业务的企业，以其本企业所拥有的船舶或飞机经营国际运输业务所取得的所得。

各地在执行时，如遇有新问题，请及时提出处理意见并报总局。

2. 国家税务总局关于外国企业常驻代表机构是否构成税收协定所述常设机构问题的解释的通知

（1999年9月13日　国税函〔1999〕607号）

近期，一些地区询问，在执行《关于对所得避免双重征税和防止偷漏税的协定》及《内地与香港特别行政区关于对所得避免双重征税的安排》（以下称税收协定及安排），判定在华外国企业常驻代表机构（以下称代表机构）中工作的非中国居民个人的纳税义务，确定其工资薪金所得是否属于税收协定及安排所说的“常设机构”负担时，如何判定该代表机构是否构成税收协定及安排所说的“常设机构”；我国有关税收法规规定不予征税或免予征税的代表机构是否不属于“常设机构”。对此，解释如下：

一、税收协定第五条及安排第一条规定，“‘常设机构’一语特别包括办事处”，但“不包括：

(一)专为储存、陈列或者交付本企业货物或者商品的目的而使用的设施;

(二)专为储存、陈列或者交付的目的而保存本企业货物或者商品的库存;

(三)专为另一企业加工的目的而保存本企业货物或者商品的库存;

(四)专为本企业采购货物或者商品,或者搜集情报的目的所设的固定营业场所;

(五)专为本企业进行其他准备性或辅助性活动的目的所设的固定营业场所;

(六)专为本款第(一)项至第(五)项活动的结合所设的固定营业场所,如果由于这种结合使该固定营业场所全部活动属于准备性质或辅助性质。"

据此规定,代表机构除专门从事上述列举的六项业务活动的以外,均属构成税收协定及安排所说的"常设机构"。

上述列举的六项业务活动中第(五)项所说"其他准备性或辅助性活动"包括的内容,应由税收协定及安排限定的主管当局确定。因此,凡国家税务总局对此未予明确的,各地税务机关不得自行认定"其他准备性或辅助性活动"的内容。

二、虽然根据我国内地有关对代表机构征税的法律法规,对一部分从事我国内地税收法规规定非应税营业活动的代表机构,不予征税或免税,但并不影响对其依照税收协定及安排的规定判定为在我国构成"常设机构",以及依据有关规定对其非中国居民雇员的工资薪金确定是否为"常设机构"负担。

3.国家税务总局关于执行税收协定利息条款有关问题的通知

(2006年3月1日　国税函〔2006〕229号)

各省、自治区、直辖市和计划单列市国家税务局、地方税务局,扬州税务进修学院:

我国对外签署的避免双重征税协定(以下简称协定)利息条款规定,缔约国对方居民从我国境内取得的利息应构成在华纳税义务,税率一般不高于10%,也有个别协定税率低于或高于10%。虽有上述征税规定,但为鼓励缔约国双方资金流动,一些协定规定了缔约国一方中央银行、政府拥有的金融机构或其他组织从另一方取得的利息在另一方免予征税,有些协定在利息条款、协定议定书或换函中还专门列名了予以免税的银行或金融机构。为保证协定关于对利息所得征免税规定的正确执行,现就有关问题通知如下:

一、凡协定利息条款中规定缔约国对方中央银行、政府拥有的金融机构或其他组织从我国取得的利息应在我国免予征税的,上述有关银行(机构)可在每项贷款合同签署后,向利息发生地主管税务机关申请享受有关协定待遇。利息发生地主管税务机关应为其办理免征利息所得税手续。纳税人申请免征利息所得税时,应附报缔约国对方税务主管当局出具的其属于政府拥有银行或金融机构的证明及有关贷款合同副本。

二、凡协定有关条文、议定书、会谈纪要或换函等已列名缔约国对方在我国免征利息所得税具体银行、金融机构的,纳税人可按本通知第一条的规定办理免征利息所得税手续,仅附报有关合同副本即可。

三、各利息发生地税务机关在接到纳税人关于按协定规定免征利息所得税要求时,请正确执行协定的规定,尽快予以办理。执行中如遇有列名的银行名称发生变化或银行重组等情况,对纳税人能否享受上述协定待遇判定不清,执行出现困难或有异议时,可层报国家税务总局确认。

四、本通知自发文之日起执行,《国家税务总局关于执行税收协定对利息所得免税有关问题的通知》(国税发〔1996〕29号)同时废止。

附件:税收协定利息条款有关规定一览表(略)

4. 国家税务总局关于税收协定常设机构认定等有关问题的通知

（2006 年 3 月 14 日　国税发〔2006〕35 号）

各省、自治区、直辖市和计划单列市国家税务局、地方税务局，扬州税务进修学院：

我国对外谈签的税收协定第五条（常设机构）第一款规定："常设机构"一语是指企业进行全部或部分营业的固定场所；第四款规定：应认为，常设机构不包括专门为本企业进行准备性或辅助性活动的目的所设的固定营业场所。根据联合国税收协定范本注释、经济合作发展组织税收协定范本注释以及世界上多数国家的做法，对"营业"一语和"准备性或辅助性"一语的含义以及其他涉及常设机构的问题，解释如下：

一、"营业"一语是对英语"business"一词的翻译，实际含义不仅仅包括生产经营活动，还包括非赢利机构从事的一般业务活动。因此，税收协定缔约对方的非赢利机构，通过在我国设立的固定基地或场所从事业务活动，除为该机构进行准备性或辅助性活动外，应认为在我国构成常设机构。

二、对于"准备性或辅助性"活动的判定，应注意以下原则：

（一）固定基地或场所是否仅为总机构提供服务，或者是否与他人有业务往来；

（二）固定基地或场所的业务性质是否与总机构的业务性质一致；

（三）固定基地或场所的业务活动是否为总机构业务的重要组成部分。

如果固定基地或场所不仅为总机构服务，而且与他人有业务往来，或固定基地或场所的业务性质与总机构的业务性质一致，且其业务为总机构业务的重要组成部分，则不能认为该固定基地或场所的活动是准备性或辅助性的。

三、对于缔约国对方居民个人为常设机构工作取得的工资、薪金所得，应按照税收协定"非独立个人劳务"（或"受雇所得"）条款和相关国内税法的规定，计算征收个人所得税。对于涉及为缔约国对方政府提供服务的，按照税收协定"政府服务"条款的规定确定征免税。

四、纳税人认为其在中国境内的机构、场所仅为总机构提供准备性、辅助性服务，不构成常设机构的，应向税务机关提供相关证明资料，由税务机关进行判定。

5. 国家税务总局关于外国企业在中国境内提供劳务活动常设机构判定及利润归属问题的批复

（2006 年 7 月 19 日　国税函〔2006〕694 号）

江苏省国家税务局：

你局《关于外国企业提供劳务构成常设机构利润归属问题的请示》（苏国税发〔2006〕104 号）收悉。现就文中所提有关常设机构判定及利润归属问题明确如下：

一、税收协定常设机构条款"缔约国一方企业通过雇员或其他人员，在缔约国另一方为同一项目或相关联的项目提供劳务，包括咨询劳务，仅以在任何十二个月中连续或累计超过六个月的为限"的规定，具体执行中是指，外国企业在中国境内未设立机构场所，仅派其雇员到中国境内为有关项目提供劳务，包括咨询劳务，当这些雇员在中国境内实际工作时间在任何十二个月中连续或累计超过六个月时，则可判定该外国企业在中国境内构成常设机构。

二、如果项目历经数年，而外国企业的雇员只在某一期间被派来华提供劳务，劳务时间超过六个月，而在项目其他时间内派人来华提供劳务未超过六个月的，仍应判定该外国企业在华构成常设机构。该常设机构是对该外国企业在我国境内为有关项目提供的所有劳务而言，而不是某一期间提供的劳务。

三、外国企业通过其雇员在中国境内为某项目提供劳务构成常设机构的，其源自有关项目境内劳务的利润应视为该常设机构的利润并征税。

6. 国家税务总局关于《内地和香港特别行政区关于对所得避免双重征税和防止偷漏税的安排》有关条文解释和执行问题的通知

（2007 年 4 月 4 日　国税函〔2007〕403 号）

各省、自治区、直辖市和计划单列市国家税务局、地方税务局：

2006 年 8 月 21 日内地与香港特别行政区正式签署了《内地和香港特别行政区关于对所得避免双重征税和防止偷漏税的安排》（以下简称《安排》）。《安排》于 2007 年 1 月 1 日起在内地执行。为做好《安排》的执行工作，现就《安排》有关条文解释等问题明确如下：

一、关于《安排》与税收法规的关系

《安排》是协调划分两地税收管辖权并对两地纳税人共同适用的法律规范。在税收法规与《安排》规定不一致时，应以《安排》为准。但当税收法规所规定的待遇优于《安排》时，可以按照税收法规处理。

二、关于《安排》的执行时间

《安排》在内地于 2007 年 1 月 1 日起执行。适用于纳税人 2007 年 1 月 1 日以后取得的所得。在对居民企业或个人执行《安排》规定按停留时间判定纳税义务时自 2007 年 1 月 1 日起开始计算。

三、关于第四条居民

（一）居民的定义及判定

本条款对居民的定义分别按各自法律做出规定。是否为本地居民由双方自行判定。

（二）第四条第一款（二）项，在香港特别行政区，居民是指：

1. 通常居于香港特别行政区的个人，即在香港拥有其本人及家人生活、居住的永久性住所的个人；

2. 在某课税年度内在香港特别行政区逗留超过 180 天或在连续两个课税年度（其中一个是有关的课税年度）内在香港特别行政区逗留超过 300 天的个人，即临时在香港工作、居住的个人；

3. 香港法人居民，是指在香港成立的法团公司（包括具有法团地位的公司，下同）；或在香港以外成立的，但通常实际管理或控制中心在香港的法团公司，即公司整体日常业务营运的管理或施行管理层决策，或由董事会制定管理决策等在香港进行（例如外国银行设在香港的分行如并不承担该外国银行整体营运的管理和决策，不应属于享受“安排”待遇的香港居民）。

（三）符合居民条件享受《安排》待遇问题

上述 1 项所述通常居于香港的居民个人如到其他国家或地区工作，虽然会按照工作所在国或地区法律关于居民标准的规定，构成该国家或地区税收居民，但如其按香港法律规定由于其永久性住所在香港等原因仍是香港永久性居民，仍应享受《安排》待遇。

上述 2 项所述临时居住于香港的个人在内地取得所得或发生纳税义务时，应按其作为永久性居民所属地执行相关协定（安排）。即，如其仅为香港临时居民，同时也是其他国家或地区永久性居民，则应对其执行中国与该其他国家或地区间税收协定；如中国与该其他国家或地区间没有税收协定，则执行国内法的规定。

对要求享受《安排》待遇的香港居民，尤其是涉及构成其他国家（地区）居民个人或在香港以外地区成立的居民法人，应慎重执行《安排》规定。对其居民身份判定不清的由县以上主管税务机关向上述居民开具《关于请香港特别行政区税务主管当局出具居民身份证明的函》，由纳税人据此向香港税务局申请为其开具香港居民身份证明（身份证明表样附后），或将情况报送税务总局审定。

【注】根据《国家税务总局关于发布〈非居民纳税人享受税收协定待遇管理办法〉的公告》（国家税务总局2015年第60号）的规定，本条款自2015年10月30日起废止。

四、关于第五条常设机构

（一）第五条第一款，“常设机构”是指企业进行全部或部分营业的固定营业场所，其中固定营业场所不仅指一方企业在另一方从事经营活动经登记注册设立的办事处、分支机构等固定场所，也包括由于为另一方企业提供长期服务而使用的办公室或其他类似的办公设施等。该规定不影响本条其他款项规定的执行。

（二）关于第三款（二）项，判定一方企业通过雇员或者雇用的其他人员在另一方提供的劳务活动构成常设机构问题。

由于条款“一方企业派其雇员到另一方从事劳务活动在任何12个月中连续或累计超过6个月”的规定中仅提及“月”为计算单位，执行中可不考虑具体天数。为便于操作，对上述月份的计算暂按以下方法掌握：

即香港企业为内地某项目提供服务（包括咨询服务），以该企业派其雇员为实施服务项目第一次抵达内地的月份起直到完成服务项目雇员最后离开内地的月份作为计算期间，在此期间如连续30天没有雇员在境内从事服务活动，可扣除一个月，按此计算超过6个月的，即为在内地构成常设机构。对超过12个月的服务项目，应以雇员在该项目总延续期间中任何抵达月份或离开月份推算的12个月为一个计算期间。

【注】根据《国家税务总局关于公布全文失效废止　部分条款失效废止的税收规范性文件目录的公告》（国家税务总局公告2011年第2号）的规定，本条款失效。

（三）关于“来料加工”业务的纳税判定

内地企业从香港企业承接加工贸易业务，香港企业在内地参与加工产品的生产、监督、管理或销售，按照《安排》第五条规定，可视该香港企业构成了内地的常设机构，并应对归属于该常设机构的利润征税。但此规定尚未改变目前内地对承揽“来料加工”的上述内地企业按其取得的加工费收入征收企业所得税的实际做法。

五、关于第九条联属企业

执行此条规定涉及对联属企业的认定及税务管理，以及在执行第十一条利息第七款及第十二条特许权使用费第六款提及的支付款项人与受益所有人之间有特殊关系，并涉及纳税调整时，应按国内法及有关规定执行。

六、关于第十一条利息

根据《安排》第十一条利息条款规定，香港居民无论是企业还是个人从内地取得的利息收入，按7%税率在内地交纳利息所得税。为防止对《安排》的滥用，对构成香港临时居民，但同时仍为第三方永久性居民的，或香港居民个人已失去其香港永久性居民身份，成为第三方居民的，不享受《安排》待遇。

对香港居民个人从内地取得的储蓄存款利息可凭其身份证、回乡证或香港税务局开具的证明等有效证件直接向储蓄机构办理享受《安排》优惠待遇手续。具体征税程序仍按《国家税务总局关于外籍个人和港澳台居民个人储蓄存款利息所得个人所得税有关问题的通知》（国税发〔1999〕201号）执行。

对香港居民个人或法人从内地取得的其他形式的利息收入，可由其扣缴义务人凭相关资料（居民身份证明、产生利息收入的合同等相关资料），向利息发生地税务机关申请享受《安排》优惠待遇，当地税务机关按《安排》规定税率办理相关征税事宜。

七、关于第十三条财产收益

（一）转让主要财产为不动产所组成的公司股份取得的收益

第十三条第四款及议定书第二条，关于转让公司股份取得的收益，如该公司的财产主要由不动产所组成，则该不动产所在方拥有征税权的规定中“主要”一词，根据议定书的规定为50%以上。对该规定暂按该股份持有人持有公司股份期间公司帐面资产曾经达到50%以上为不动产理解及执行。

（二）转让其他公司股份取得的收益

第十三条第五款，关于转让公司股份取得的收益，该项股份又相当于一方居民公司至少25%的股权时，可以在该一方征税的规定，执行时暂按以下原则掌握：即如香港居民曾经拥有内地公司25%以上的股份，当其将该项股份全部或部分转让并取得收益时，内地拥有征税权。

（三）虽有上述规定，双方可以通过磋商对“曾经”另行商定具体时限。

八、关于第十四条受雇所得

受雇所得是指非独立个人劳务所得。本条第二款（一）项将原安排的“在有关纳税年度停留连续或累计不超过183天”改为“在有关纳税年度开始或终了的任何十二个月停留连续或累计不超过183天”，对此项规定暂按以下解释执行：

（一）“在有关纳税年度开始或终了的任何十二个月停留连续或累计不超过183天”一语，是指以任何入境日所在月份往后计算的每12个月或以任何离境日所在月份往前计算的12个月中停留连续或累计不超过183天。

按上述原则计算，香港居民个人在内地停留连续或累计超过183天的12个月的开始或终了月份分别处于两个年度的，在两个年度中其内地的所有工作月份取得的所得均应在内地负有纳税义务。

例如：某香港个人分别在2007年度的2月、4月、11月、12月和2008年度的3月、4月、5月、10月、12月来内地从事受雇活动，其中2007年11月至2008年10月期间停留超过了183天，应对该受雇人员按其达到183天停留期的2007年11月和2008年10月所在的纳税年度即2007年和2008年度所有在内地停留的月份征税，即：既包括2007年11月至2008年10月的12个月期间的停留月份，也包括此12个月期间所在年度2007年的2月、4月和2008年的12月。

（二）具体操作确定纳税义务和计算应税所得时，可按以下步骤进行：

1. 在有关个人每次申报纳税期限内或离境日时，往回推算12个月，并计算在此12个月中该个人停留连续或累计是否达到183天，对达到183天所涉及的一个或两个年度中在内地的工作月份均应确定负有纳税义务。

2. 具体计算有关月份的应纳税所得额及适用公式时，仍按《国家税务总局关于执行税收协定和个人所得税法有关问题的通知》（国税发〔2004〕97号）规定的方法和计算公式执行。

九、关于独立个人劳务活动

《安排》第三条对“企业”的定义包括了法人实体和个人，对“经营”的定义包括了法人实体和个人的经营活动。因此，《安排》中不再单列独立个人劳务条款。对独立个人劳务活动，可根据常设机构条款规定判定纳税义务。如香港居民以独立个人身份在内地从事经营活动，按常设机构条款规定符合构成常设机构标准的，对该香港居民以独立个人身份在内地取得的所得按个人所得税法有关规定处理。

十、关于第二十一条消除双重征税方法

《安排》增加了第三款关于间接抵免的规定，指一方居民公司到另一方进行投资活动，如在另一方的公司投资股份不少于10%时，对从该公司取得的股息在另一方所负担的企业所得税给予抵免。

十一、关于第二十三条协商程序

根据第一款规定，当纳税人认为一方或者双方所采取的措施，导致或将导致对其不符合本《安排》规定的征税，可以不考虑各自内部法律的补救办法，直接将案情提交本人为其居民的主管当局（但必须在三年内提出）。各级税务机关在执行《安排》时发生异议，需与香港税务当局联系交涉的，应上报税务总局，统一由税务总局与香港税务局协商解决。

十二、关于第二十四条信息交换

《安排》执行后，双方税务当局即可开展信息交换工作。要求交换的信息可以是纳税人发生于《安排》开始执行以前年度的信息。但该信息应适用于《安排》执行后纳税年度的税收。

十三、关于第二十五条其它规则

此条款涉及的防止“规避缴税的法律及措施”应理解为包括防止滥用《安排》的规定。

十四、其他

对于本通知未予明确的其他规定，凡与我对外所签协定规定一致的，可以参照有关协定的解释性文件及相关执行程序等规定处理；本通知所做解释的有关条款规定，凡与我对外所签协定有关条款规定内容完全一致,但在以往有关协定解释文件中未做明确的,本通知的解释规定同样适用于其他协定相同条款的解释及执行;对原安排条款规定所作的解释性文件,凡与本《安排》条款规定内容一致的,应继续有效。

【注】根据《国家税务总局关于公布全文失效废止　部分条款失效废止的税收规范性文件目录的公告》(国家税务总局公告2011年第2号)的规定,本条款失效。

请各地正确理解、执行《安排》各条款规定,对执行中出现的问题及时向税务总局国际司反映。

7. 国家税务总局关于执行《内地和香港特别行政区关于对所得避免双重征税和防止偷漏税的安排》第二议定书有关问题的通知

(2008年7月19日　国税函〔2008〕685号)

各省、自治区、直辖市和计划单列市国家税务局、地方税务局:

现将执行《内地和香港特别行政区关于对所得避免双重征税和防止偷漏税的安排》(以下简称《安排》)第二议定书及内地和香港税务主管当局代表换函的有关问题通知如下:

一、关于常设机构的构成时间问题

第二议定书第三条"一百八十三天"取代《安排》第五条第三款(二)项"六个月"的规定,适用于该议定书生效之日后开始的服务活动及为提供该项活动来内地从事工作的人员。生效之日前已来内地提供服务的仍按原规定的计算时间判定是否构成常设机构。

二、关于公司财产主要由不动产所组成的判定问题

第二议定书第四条有关股份持有人转让公司股份行为前三年内公司财产至少百分之五十曾经为不动产的规定,换函第二条明确执行时按纳税年度终了时的账面数据进行判定。

三、关于转让公司股份或其他权益的税收处理问题

根据第二议定书第五条规定,执行《安排》第十三条第五款规定时,凡香港居民转让其在内地居民公司中的股份或其他权益取得的收益,如果该收益人在转让行为前的十二个月内,曾经直接或间接拥有上述内地公司25%以上的股份,内地有权按相关税收法律法规的规定予以征税。

以前对《安排》所做的解释规定与本通知规定不一致的,按本通知规定执行。

8. 国家税务总局关于执行税收协定股息条款有关问题的通知

(2009年2月22日　国税函〔2009〕81号)

各省、自治区、直辖市和计划单列市国家税务局、地方税务局:

根据中华人民共和国政府对外签署的避免双重征税协定(含与香港、澳门特别行政区签署的税收安排,以下统称税收协定)的有关规定,现就执行税收协定股息条款的有关问题通知如下:

一、本通知所称税收协定股息条款是指专门适用于股息所得的税收协定条款,不含按税收协定规定应作为营业利润处理的股息所得所适用的税收协定条款。

二、按照税收协定股息条款规定,中国居民公司向税收协定缔约对方税收居民支付股息,且该对方税收居民(或股息收取人)是该股息的受益所有人,则该对方税收居民取得的该项股息可享受税收协定待遇,即按税收协定规定的税率计算其在中国应缴纳的所得税。如果税收协定规定的税率高于中国国内税收法律

规定的税率，则纳税人仍可按中国国内税收法律规定纳税。

纳税人需要享受上款规定的税收协定待遇的，应同时符合以下条件：

（一）可享受税收协定待遇的纳税人应是税收协定缔约对方税收居民；

（二）可享受税收协定待遇的纳税人应是相关股息的受益所有人；

（三）可享受税收协定待遇的股息应是按照中国国内税收法律规定确定的股息、红利等权益性投资收益；

（四）国家税务总局规定的其他条件。

三、根据有关税收协定股息条款规定，凡税收协定缔约对方税收居民直接拥有支付股息的中国居民公司一定比例以上资本（一般为25%或10%）的，该对方税收居民取得的股息可按税收协定规定税率征税。该对方税收居民需要享受该税收协定待遇的，应同时符合以下条件：

（一）取得股息的该对方税收居民根据税收协定规定应限于公司；

（二）在该中国居民公司的全部所有者权益和有表决权股份中，该对方税收居民直接拥有的比例均符合规定比例；

（三）该对方税收居民直接拥有该中国居民公司的资本比例，在取得股息前连续12个月以内任何时候均符合税收协定规定的比例。

四、以获取优惠的税收地位为主要目的的交易或安排不应构成适用税收协定股息条款优惠规定的理由，纳税人因该交易或安排而不当享受税收协定待遇的，主管税务机关有权进行调整。

五、纳税人需要按照税收协定股息条款规定纳税的，相关纳税人或扣缴义务人应该取得并保有支持其执行税收协定股息条款规定的信息资料，并按有关规定及时根据税务机关的要求报告或提供。有关的信息资料包括：

（一）由协定缔约对方税务主管当局或其授权代表签发的税收居民身份证明以及支持该证明的税收协定缔约对方国内法律依据和相关事实证据；

（二）纳税人在税收协定缔约对方的纳税情况，特别是与取得由中国居民公司支付股息有关的纳税情况；

（三）纳税人是否构成任一第三方（国家或地区）税收居民；

（四）纳税人是否构成中国税收居民；

（五）纳税人据以取得中国居民公司所支付股息的相关投资（转让）合同、产权凭证、利润分配决议、支付凭证等权属证明；

（六）纳税人在中国居民公司的持股情况；

（七）其他与执行税收协定股息条款规定有关的信息资料。

六、各地应按本通知规定做好税收协定股息条款的执行工作，并将执行中遇到的问题及时报告税务总局。

9. 国家税务总局关于执行税收协定特许权使用费条款有关问题的通知

（2009年2月20日　国税函〔2009〕507号）

各省、自治区、直辖市和计划单列市国家税务局、地方税务局，扬州税务进修学院：

根据中华人民共和国政府对外签署的避免双重征税协定（含内地与香港、澳门特别行政区签署的税收安排，以下统称税收协定）的有关规定，现就执行税收协定特许权使用费条款的有关问题通知如下：

一、凡税收协定特许权使用费定义中明确包括使用工业、商业、科学设备收取的款项（即我国税法有关租金所得）的，有关所得应适用税收协定特许权使用费条款的规定。税收协定对此规定的税率低于税收法律规定税率的，应适用税收协定规定的税率。

上述规定不适用于使用不动产产生的所得，使用不动产产生的所得适用税收协定不动产条款的规定。

二、税收协定特许权使用费条款定义中所列举的有关工业、商业或科学经验的情报应理解为专有技术，一般是指进行某项产品的生产或工序复制所必需的、未曾公开的、具有专有技术性质的信息或资料（以下简称专有技术）。

三、与专有技术有关的特许权使用费一般涉及技术许可方同意将其未公开的技术许可给另一方，使另一方能自由使用，技术许可方通常不亲自参与技术受让方对被许可技术的具体实施，并且不保证实施的结果。被许可的技术通常已经存在，但也包括应技术受让方的需求而研发后许可使用并在合同中列有保密等使用限制的技术。

四、在服务合同中，如果服务提供方提供服务过程中使用了某些专门知识和技术，但并不转让或许可这些技术，则此类服务不属于特许权使用费范围。但如果服务提供方提供服务形成的成果属于税收协定特许权使用费定义范围，并且服务提供方仍保有该项成果的所有权，服务接受方对此成果仅有使用权，则此类服务产生的所得，适用税收协定特许权使用费条款的规定。

五、在转让或许可专有技术使用权过程中如技术许可方派人员为该项技术的使用提供有关支持、指导等服务并收取服务费，无论是单独收取还是包括在技术价款中，均应视为特许权使用费，适用税收协定特许权使用费条款的规定。但如上述人员的服务已构成常设机构，则对服务部分的所得应适用税收协定营业利润条款的规定。如果纳税人不能准确计算应归属常设机构的营业利润，则税务机关可根据税收协定常设机构利润归属原则予以确定。

六、下列款项或报酬不应是特许权使用费，应为劳务活动所得：

（一）单纯货物贸易项下作为售后服务的报酬；

（二）产品保证期内卖方为买方提供服务所取得的报酬；

（三）专门从事工程、管理、咨询等专业服务的机构或个人提供的相关服务所取得的款项；

（四）国家税务总局规定的其他类似报酬。

上述劳务所得通常适用税收协定营业利润条款的规定，但个别税收协定对此另有特殊规定的除外（如中英税收协定专门列有技术费条款）。

七、税收协定特许权使用费条款的规定应仅适用于缔约对方居民受益所有人，第三国设在缔约对方的常设机构从我国境内取得的特许权使用费应适用该第三国与我国的税收协定的规定；我国居民企业设在缔约对方的常设机构不属于对方居民，不应作为对方居民适用税收协定特许权使用费条款的规定；由位于我国境内的外国企业的机构、场所或常设机构负担并支付给与我国签有税收协定的缔约对方居民的特许权使用费，适用我国与该缔约国税收协定特许权使用费条款的规定。

八、本通知于2009年10月1日起执行。各地应按本通知规定做好税收协定特许权使用费条款的执行工作，并将执行中遇到的问题及时报告税务总局。

10. 国家税务总局关于税收协定有关条款执行问题的通知

（2010年1月26日　国税函〔2010〕46号）

各省、自治区、直辖市和计划单列市国家税务局、地方税务局，扬州税务进修学院：

近接广东省地方税务局函，反映《国家税务总局关于执行税收协定特许权使用费条款有关问题的通知》（国税函〔2009〕507号）执行中的一些问题。根据来函反映的情况，现就该文件有关执行问题补充通知如下：

一、转让专有技术使用权涉及的技术服务活动应视为转让技术的一部分，由此产生的所得属于税收协定特许权使用费范围。但根据协定关于特许权使用费受益所有人通过在特许权使用费发生国设立的常设机构进行营业,并且据以支付该特许权使用费的权利与常设机构有实际联系的相关规定,如果技术许可方派遣人员到技术使用方为转让的技术提供服务,并提供服务时间已达到按协定常设机构规定标准,构成了常设机构的情况下,对归属于常设机构部分的服务收入应执行协定第七条营业利润条款的规定,对提供服务的人员执行协定非独立个人劳务条款的相关规定;对未构成常设机构的或未归属于常设机构的服务收入仍按特许权使用费规定处理。

二、如果技术受让方在合同签订后即支付费用,包括技术服务费,即事先不能确定提供服务时间是否构成常设机构的,可暂执行特许权使用费条款的规定;待确定构成常设机构,且认定有关所得与该常设机构有实际联系后,按协定相关条款的规定,对归属常设机构利润征收企业所得税及对相关人员征收个人所得税时,应将已按特许权使用费条款规定所做的处理作相应调整。

三、对2009年10月1日以前签订的技术转让及服务合同,凡相关服务活动跨10月1日并尚未对服务所得做出税务处理的,应执行上述规定及国税函〔2009〕507号文有关规定,对涉及跨10月1日的技术服务判定是否构成常设机构时,其所有工作时间应作为计算构成常设机构的时间,但10月1日前对技术转让及相关服务收入执行特许权使用费条款规定已征收的税款部分,不再做调整。

11.国家税务总局关于日本政策金融公库享受协定待遇的通知

(2010年2月11日　国税函〔2010〕68号)

各省、自治区、直辖市和计划单列市国家税务局、地方税务局:

根据《国家税务总局关于日本金融公司和日本国际协力机构享受协定待遇的通知》(国税函〔2008〕837号),"日本金融公司"(Japan Finance Corporation,简称JFC)可以享受中日税收协定第十一条第三款规定的免税待遇。现经日本税务主管当局确认,"日本金融公司"(JFC)在日语中用汉字表述为"日本政策金融公库"。鉴此,"日本政策金融公库"可以享受中日税收协定的有关待遇。

12.国家税务总局关于印发《〈中华人民共和国政府和新加坡共和国政府关于对所得避免双重征税和防止偷漏税的协定〉及议定书条文解释》的通知

(2010年7月26日　国税发〔2010〕75号)

(部分条款修改,详见文中注释)

各省、自治区、直辖市和计划单列市国家税务局、地方税务局:

2007年7月11日,中国与新加坡签署了新的政府间对所得避免双重征税和防止偷漏税的协定及其议定书,2009年8月24日,双方签署了该协定的第二议定书。该协定及其议定书以及第二议定书(以下统称"中新协定")已分别于2008年1月1日与2009年12月11日起执行。根据中新协定、《维也纳条约法公约》、《中华人民共和国企业所得税法》及其实施条例、《中华人民共和国个人所得税法》及其实施条例,国家税务总局制定了《中华人民共和国政府和新加坡共和国政府关于对所得避免双重征税和防止偷漏税的协定》及议定书条文解释(以下简称中新协定条文解释),现印发给你们,请遵照执行。在执行中新协定条文解释规定时,应注意:

一、我国对外所签协定有关条款规定与中新协定条款规定内容一致的，中新协定条文解释规定同样适用于其他协定相同条款的解释及执行；

二、中新协定条文解释与此前下发的有关税收协定解释与执行文件不同的，以中新协定条文解释为准；

三、各地税务机关要组织有关干部认真学习中新协定条文解释，并在此基础上正确理解与执行税收协定；

四、对执行中存在的问题请及时层报税务总局（国际税务司）。

《中华人民共和国政府和新加坡共和国政府关于对所得避免双重征税和防止偷漏税的协定》及议定书条文解释

第一条　人的范围

第一条确定协定适用的范围为“缔约国一方或同时为双方居民的人”。本规定有三层含义。第一，协定适用于“人”；第二，这些人必须是居民；第三，这些身为居民的人必须属于缔约国一方或双方。其中“人”和“居民”的具体含义分别见下文对第三条和第四条的解释。一般来说，除具体条款另有约定外，协定不适用于任何第三方居民。

第二条　税种范围

一、第一款规定协定适用的税种应符合以下条件：

（一）必须是对所得征收的税收。“所得”的定义，参见第二款的规定。

（二）必须是政府（包括地方政府）征收的税收。

对征收方式协定没有限定，可以采取直接征收或源泉扣缴等方式。

二、本协定是缔约双方对所得订立的避免双重征税和防止偷漏税的条约，因此适用的税种为所得税类税种。第二款对所得税做出了定义。在中国，资本利得属于本协定第二条第二款所称“全部所得”的范围。一般来说，有关收费，如与个人福利有直接联系的社会保险费等，不视为对所得征收的税收。

三、第三款是对协定适用税种的列举。原则上本协定不适用于列举税种之外的其他税种。但根据协定议定书第二条的约定，新加坡居民以船舶或飞机从事国际运输业务取得的收入在中国适用本协定时，除所得税外还包括营业税。

四、第四款规定，协定也适用于协定签订之日后征收的属于增加或代替现行税种的任何相同或实质相似的税种。但发生变化一方的主管当局应及时将相关变化通知对方，如果国内法律的重大变动会影响到协定义务时，一般来说需要双方主管当局互相确认后才能适用。

第三条　一般定义

一、第一款对协定中经常使用的一些用语做出了解释。然而，有些重要用语的含义是在本协定其他相关条款中加以解释的，如“居民”和“常设机构”分别在第四条和第五条做出解释；而对某些涉及特殊所得的定义，如“股息”、“利息”、“特许权使用费”等，则分别在其所属条款中进行解释。对本条第一款阐述的部分相关概念应作如下理解：

（一）第（一）项是对“中国”一语的定义，第（二）项是对“新加坡”一语的定义，意在规定协定适用的地理范围。需要特别说明的是，我国对外签署的税收协定仅适用于中国税收法律覆盖的地区，不适用于香港特别行政区、澳门特别行政区和台湾地区。

（二）第（四）项规定“人”这一用语包括“个人、公司和其他团体”。这里所说的“其他团体”具有广泛的含义，包括各种协会、基金会等。根据协定议定书第一条的规定，如果缔约国一方国内法把信托视为该国的税收居民，则“其他团体”也包括在缔约国一方建立的信托。

（三）对第（五）项“公司”一语应作广义理解，指任何“法人团体或税收上视同法人团体的实体”。

（四）第（六）项“缔约国一方企业”和“缔约国另一方企业”分别指缔约国双方各自的居民企业。关于“居民”及“居民企业”的判定，参见协定第四条的规定。

(五)第(七)项对“国际运输”一语的定义表明,缔约国一方企业从事以船舶和飞机经营的运输,除了企业经营运输的航程仅在缔约国境内各地之间以外,其余应作为国际运输。作为国际运输同一航程的一部分,在缔约国一方境内各地之间的运输部分也属于“国际运输”的范围。例如,新加坡航空公司的飞机从新加坡飞抵上海,然后作为同一航程的一部分,继续飞行至北京,那么这两段航程都应属于“国际运输”的范围。

(六)第(八)项约定代表缔约国行使协定权利以及履行协定义务的部门或人。在中国是国家税务总局或其授权代表(具体指税务总局局领导或国际税务司司领导);在新加坡是财政部长或其授权的代表。任何其他部门或个人未经授权不得签发涉及协定规定的主管当局文书或往来信函。

(七)第(九)项对国民一语的定义,一般是指拥有本国国籍或公民身份的个人以及按本国法律取得合法地位的法人或团体。

二、第二款规定,在实施协定时,对于未经协定明确定义的用语(上下文另有解释的除外),有关缔约国国内法对该用语有解释权。根据该款规定,有关用语的定义应适用案件发生时该国有关法律的规定,且税法对相关用语的解释优先于其他法律的解释。

第四条　居民

一、第一款说明“居民”的定义应遵从缔约国国内税收法律规定,并应从以下几个方面理解:

(一)居民应是在一国负有全面纳税义务的人,这是判定居民身份的必要条件。这里所指的“纳税义务”并不等同于事实上的征税,例如,符合一定条件的基金会、慈善组织可能被一国免予征税,但他们如果属于该国税法规定的纳税义务范围,受该国税法的规范,则仍被认为负有纳税义务,可视为协定意义上的居民。

但是,在一国负有纳税义务的人未必都是该国居民。例如,某新加坡公民因工作需要,来中国境内工作产生了中国个人所得税纳税义务,但不应仅因其负有纳税义务而判定该个人为中国居民,而应根据协定关于个人居民的判定标准进一步确定其居民身份。

另外,本款特别说明,缔约国一方居民也包括“该缔约国、地方当局或法定机构”。其中“法定机构”一语是按新加坡方面的要求根据新加坡国内法的规定列入的,指依照新加坡议会法案设立,并执行政府职能的机构,如“新加坡经济发展局”和“新加坡旅游局”等机构。

(二)中国国内法对居民的判定标准如下:

1. 居民个人

根据《中华人民共和国个人所得税法》及其实施条例的相关规定,我国的个人居民包括:

(1)在中国境内有住所的中国公民和外国侨民。但不包括虽具有中国国籍,却并未在中国大陆定居,而是侨居海外的华侨和居住在香港、澳门、台湾的同胞。

(2)在中国境内居住,且在一个纳税年度内,一次离境不超过30日,或多次离境累计不超过90日的外国人、海外侨民和香港、澳门、台湾同胞。

2. 居民企业

根据《中华人民共和国企业所得税法》及其实施条例的相关规定,我国的居民企业是指依法在中国境内成立,或者依照外国(地区)法律成立但实际管理机构在中国的企业。

中国居民从新加坡取得所得,若新方主管当局要求其提供中国居民身份证明以享受本协定待遇的,按《国家税务总局关于做好〈中国税收居民身份证明〉开具工作的通知》(国税函〔2008〕829号)执行。

(三)对新加坡居民身份的判定,根据第一款的规定,应按照新加坡的法律确定的标准进行。新加坡税务当局开具的居民身份证明为信函方式。信函使用的样式可参见《国家税务总局关于印发部分国家(地区)税收居民证明样式的通知》(国税函〔2009〕395号)。但如新加坡税务当局开具证明时间是年末(11月以后),其信函表述则与样式略有不同,较样式简单,但确认性更强。各地在执行时,如对纳税人提供的证明有疑问,导致确认居民身份困难,可层报税务总局向对方国家主管当局确认。

(四)缔约国一方居民到第三国从事经营活动时,应根据情况判断是否可适用本协定,例如:

1. 新加坡个人到第三国从事劳务活动,凡依照第三国税收法律以及第三国与新加坡之间的税收协定已构成第三国居民的,其在第三国从事劳务活动时如与中国发生业务往来并从中国取得的所得则不再适用本协定规定，应适用该第三国与中国的税收协定的规定。如果该第三国与中国没有税收协定，则适用中国国内法规定。

2. 新加坡居民企业设在第三国的常设机构（关于常设机构的定义参见下文第五条解释）是该居民企业的组成部分，与该居民企业属同一法律实体，不属于第三国居民，其从中国取得的所得适用本协定的规定。

3. 中国居民企业设在第三国的常设机构是该居民企业的组成部分，不属于第三国居民，其从新加坡取得的所得适用本协定的规定。

4. 同样，中国居民企业设在新加坡的常设机构是该居民企业的组成部分，其从第三国取得的所得，涉及交纳第三国税款时适用中国与该第三国的协定。值得注意的是，上述中国居民企业设在新加坡的常设机构取得来源于中国境内的所得，在按我国国国内法相关规定纳税时，该常设机构不能以新加坡居民身份对上述来源于中国境内的所得，向中国税务机关要求享受中新协定待遇。

二、根据第一款的规定，同一人有可能同时为中国和新加坡居民。为了解决这种情况下个人最终居民身份的归属，第二款进一步规定了确定标准。需特别注意的是，这些标准的使用是有先后顺序的，只有当使用前一标准无法解决问题时，才使用后一的标准。

（一）永久性住所

永久性住所包括任何形式的住所，例如由个人租用的住宅或公寓、租用的房间等，但该住所必须具有永久性，即个人已安排长期居住，而不是为了某些原因（如旅游、商务考察等）临时逗留。

（二）重要利益中心

重要利益中心要参考个人家庭和社会关系、职业、政治、文化和其他活动、营业地点、管理财产所在地等因素综合评判。其中特别注重的是个人的行为，即个人一直居住、工作并且拥有家庭和财产的国家通常为其重要利益中心之所在。

（三）习惯性居处

在出现以下两种情况之一时，应采用习惯性居处的标准来判定个人居民身份的归属：一是个人在缔约国双方均有永久性住所且无法确定重要经济利益中心所在国；二是个人的永久性住所不在缔约国任何一方，比如该个人不断地穿梭于缔约国一方和另一方旅馆之间。

第一种情况下对习惯性居处的判定，要注意其在双方永久性住所的停留时间，同时还应考虑其在同一个国家不同地点停留的时间；第二种情况下对习惯性居处的判定，要将此人在一个国家所有的停留时间加总考虑，而不问其停留的原因。

（四）国籍

如果该个人在缔约国双方都有或都没有习惯性居处，应以该人的国籍作为判定居民身份的标准。

当采用上述标准依次判断仍然无法确定其身份时，可由缔约国双方主管当局按照协定第二十四条规定的程序，通过相互协商解决。

三、第三款规定，除个人以外（即公司和其他团体），同时为缔约国双方居民的人，应认定其是“实际管理机构”所在国的居民。如果缔约国双方因判定实际管理机构的标准不同而不能达成一致意见的，应由缔约国双方主管当局按照协定第二十四条规定的程序，通过相互协商解决。

第五条　常设机构

常设机构的概念主要用于确定缔约国一方对缔约国另一方企业利润的征税权。即，按此确定在什么情况下中国税务机关可以对新加坡的企业征税。根据协定第七条的规定，中国不得对新加坡企业的利润征税，除非该企业通过其设在中国的常设机构进行营业。

处理本条与其他相关条款关系时，通常应遵循常设机构条款优先的原则。例如，若据以支付股息（第十条）、利息（第十一条）或特许权使用费（第十二条）的股权、债权、权利或财产等与常设机构有实际联系的，有关所得应该归属于常设机构的利润征税。

一、第一款对“常设机构”一语做一般定义。即，常设机构是指一个相对固定的营业场所。通常情况下，具备以下特点：

（一）该营业场所是实质存在的。但这类场所没有规模或范围上的限制，如机器、仓库、摊位等；且不论是企业自有的,还是租用的;也不管房屋、场地、设施或设备是否有一部分被用于其他活动。一个场所可能仅占用市场一角,或是长期租用的仓库的一部分(用于存放应税商品),或设在另一企业内部等等;只要有一定可支配的空间,即可视为具有营业场所。

(二)该营业场所是相对固定的,并且在时间上具有一定的持久性。该特征应从以下几个方面理解:

1.固定的营业场所包括缔约国一方企业在缔约国另一方从事经营活动经登记注册设立的办事处、分支机构等固定场所,也包括为缔约国一方企业提供服务而使用的办公室或其他类似的设施,如在某酒店长期租用的房间。

2.对某些经常在相邻的地点之间移动的营业活动,虽然营业场所看似不固定,但如果这种在一定区域内的移动是该营业活动的固有性质,一般可认定为存在单一固定场所。例如,某办事处根据需要在一个宾馆内租用不同的房间、或租用不同的楼层,该宾馆可被视为一个营业场所;又如,某商人在同一个商场或集市内的不同地点设立摊位,该商场或集市也可构成该商人的营业场所。

3.该营业场所应在时间上具有一定程度的持久性,而不是临时的。同时,营业活动暂时的间断或者停顿并不影响场所时间上的持久性。

4.如果某一营业场所是基于短期使用目的而设立,但实际存在时间却超出了临时性的范围,则可构成固定场所并可追溯性地构成常设机构。反之,一个以持久性为目的的营业场所如果发生特殊情况,例如投资失败提前清算,即使实际只存在了一段很短的时间,同样可以判定自其设立起就构成常设机构。

(三)全部或部分的营业活动是通过该营业场所进行的。即,一方企业通过在另一方设立常设机构进行营业活动,将其全部或部分活动延伸到另一方,不包括其在常设机构之外的地方直接从事的活动。如果一方企业通过在另一方的常设机构在另一方不同地点进行营业活动,则应判定其只有单一常设机构存在,且应将不同地点的营业活动产生的利润归属于该常设机构。如果一方企业在另一方不同地点直接从事营业活动,则该一方企业有可能在另一方不同地点构成多个常设机构。

"营业"一语的实际含义不仅仅包括生产经营活动,还包括非营利机构从事的业务活动,为该机构进行准备性或辅助性的活动除外。但此等非营利机构在中国的常设机构是否获得"营业利润",则需要根据本协定第七条的规定再做判断。

"通过"该营业场所进行活动应作广义理解,包括企业在其可支配的地点从事活动的任何情形。例如,某道路修筑企业应被认为"通过"修筑行为发生地从事营业活动。当新加坡企业与中国不同城市的客户直接订立合同,如果合同是由新方企业设在中方的营业场所履行的,应认为该新方企业"通过"该场所从事营业活动。另外,如果该场所为新方企业与中方企业形成客户关系做出实质贡献,即使合同是两个企业间直接订立的,也应认为该新方企业"通过"该场所从事营业活动。

二、第二款列举了在通常情况下构成常设机构的场所。这些列举并非是穷尽的,并不影响对其他场所按照第一款概括性的定义进行常设机构判定。在理解时应注意:

(一)列举中第一项"管理场所"是指代表企业负有部分管理职责的办事处或事务所等场所,不同于总机构,也不同于作为判定居民公司标准的"实际管理机构"。

(二)列举中最后一项"矿场、油井或气井、采石场或者其他开采自然资源的场所"是指经过投资,拥有开采经营权或与之相关的合同权益,并从事生产经营的场所。至于为勘探或开发上述矿藏资源的承包工程作业,则应按照本协定第五条第三款(一)项的规定,根据作业持续的时间是否超过六个月来判断其是否构成常设机构。

三、第三款规定了承包工程和提供劳务两种情况下常设机构的判定标准。

(一)第(一)项规定,对于缔约国一方企业在缔约对方的建筑工地,建筑、装配或安装工程,或者与其有关的监督管理活动,仅在此类工地、工程或活动持续时间为六个月以上的,构成常设机构。未达到该规定时间的则不构成常设机构,即使这些活动按照第一款或第二款规定可能构成常设机构。执行时应注意:

1.从事本款规定的工程活动,仅以本款规定的时间标准判定是否构成常设机构;

2.确定上述活动的起止日期,可以按其所签订的合同从实施合同(包括一切准备活动)开始之日起,至作业(包括试运行作业)全部结束交付使用之日止进行计算。凡上述活动时间持续六个月以上的(不含六个月，跨年度的应连续计算），应视该企业在活动所在国构成常设机构。

3.“与其有关的监督管理活动”是指伴随建筑工地，建筑、装配或安装工程发生的监督管理活动，既包括在项目分包情况时，由分承包商进行作业，总承包商负责指挥监督的活动；也包括独立监理企业从事的监督管理活动。对由总承包商负责的监督管理活动，其时间的计算与整个工地、工程的持续时间一致；对由独立监理企业承包的监督管理活动，应视其为独立项目，并根据其负责监理的工地、工程或项目的持续时间进行活动时间的判定。

4. 如果新加坡企业在中国一个工地或同一工程连续承包两个及两个以上作业项目，应从第一个项目作业开始至最后完成的作业项目止计算其在中国进行工程作业的连续日期，不以每个工程作业项目分别计算。所谓为一个工地或同一工程连续承包两个及两个以上作业项目，是指在商务关系和地理上是同一整体的几个合同项目，不包括该企业承包的或者是以前承包的与本工地或工程没有关联的其他作业项目。例如一个建筑工地从商务关系和地理位置上形成不可分割的整体时，即使分别签订几个合同，该建筑工地仍为单一的整体。再如一些修建公路、挖掘运河、安装水管、铺设管道等活动，其工程作业地点是随工程进展不断改变或迁移的，虽然在某一特定地点工作时间连续未达到规定时间，但要视整体工程看是否达到构成常设机构的时间。一般来说，同一企业在同一工地上承包的项目可认为是商务关系相关联的项目。

5. 对工地、工程或者与其有关的监督管理活动开始计算其连续日期以后，因故（如设备、材料未运到或季节气候等原因）中途停顿作业，但工程作业项目并未终止或结束，人员和设备物资等也未全部撤出，应持续计算其连续日期，不得扣除中间停顿作业的日期。

6. 如果企业将承包工程作业的一部分转包给其他企业，分包商在建筑工地施工的时间应算作总包商在建筑工程上的施工时间。如果分包商实施合同的日期在前，可自分包商开始实施合同之日起计算该企业承包工程作业的连续日期。同时，不影响分包商就其所承担的工程作业单独判定其是否构成常设机构。

（二）根据第（二）项以及第二议定书第一条的规定，缔约国一方企业派其雇员或其雇佣的其他人员到缔约对方提供劳务，仅以任何十二个月内这些人员为从事劳务活动在对方停留连续或累计超过 183 天的，构成常设机构。

该项规定针对的是缔约国一方企业派其雇员到缔约国另一方从事劳务活动的行为。该行为按本条第一款和第二款规定不构成常设机构，但按本项规定，如活动持续时间达到规定标准，仍构成常设机构。本项规定应从以下几个方面理解：

1.“雇员或雇佣的其他人员”是指本企业的员工，或者该企业聘用的在其控制下按照其指示向缔约对方提供劳务的个人。

2. 本款所称的劳务活动，指从事工程、技术、管理、设计、培训、咨询等专业服务活动。例如：

（1）对工程作业项目的实施提供技术指导、协助、咨询等服务（不负责具体的施工和作业）；

（2）对生产技术的使用和改革、经营管理的改进、项目可行性分析以及设计方案的选择等提供的服务；

（3）在企业经营、管理等方面提供的专业服务，等。

3. 同一企业从事的有商业相关性或连贯性的若干个项目应视为“同一项目或相关联的项目”。这里所说的“商业相关性或连贯性”，需视具体情况而定，在判断若干个项目是否为关联项目时，应考虑下列因素：

（1）这些项目是否被包含在同一个总合同里；

（2）如果这些项目分属于不同的合同，这些合同是否与同一人或相关联的人所签订；前一项目的实施是否是后一项目实施的必要条件；

（3）这些项目的性质是否相同；

（4）这些项目是否由相同的人员实施；等。

4. 对劳务活动在任何十二个月中连续或累计超过 183 天的规定，应从以下几个方面掌握：

（1）若某新加坡企业为中国境内某项目提供劳务（包括咨询劳务），以该企业派其雇员为实施服务项目第一次抵达中国之日期起至完成并交付服务项目的日期止作为计算期间，计算相关人员在中国境内的停留天数。

（2）具体计算时，应按所有雇员为同一个项目提供劳务活动不同时期在中国境内连续或累计停留的时间来掌握,对同一时间段内的同一批人员的工作不分别计算。例如,新加坡企业派遣 10 名员工为某项目在中国境内工作 3 天,这些员工在中国境内的工作时间为 3 天,而不是按每人 3 天共 30 天来计算。

(3)如果同一个项目历经数年,新加坡企业只在某一个“十二个月”期间派雇员来中国境内提供劳务超过 183 天,而在其他期间内派人到中国境内提供劳务未超过 183 天,仍应判定该企业在中国构成常设机构。常设机构是针对该企业在中国境内为整个项目提供的所有劳务而言,而不是针对某一个“十二个月”期间内提供的劳务。所以,在整个项目进行中,如果新加坡企业于其中一个“十二个月”期间在中国境内提供劳务超过 183 天,则应认为该企业在中国构成常设机构。

5. 如果新加坡企业在向中国客户转让专有技术使用权的同时,也委派人员到中国境内为该项技术的使用提供有关支持、指导等服务并收取服务费,无论其服务费是单独收取还是包括在技术价款中,该服务费均应视为特许权使用费,适用协定第十二条特许权使用费条款的规定。但如果上述人员提供的服务是通过该新加坡企业设在中国的某固定场所进行的或通过其他场所进行,但服务时间达到协定规定构成常设机构的时间标准的,按本款规定,则构成了常设机构,对归属于常设机构部分的服务所得应执行协定第七条的规定。

四、第四款是对第一款常设机构的定义范围作出的例外规定,即缔约国一方企业在缔约国另一方仅由于仓储、展览、采购及信息收集等活动的目的设立的具有准备性或辅助性的固定场所,不应被认定为常设机构。从事“准备性或辅助性”活动的场所通常具备以下特点:一是该场所不独立从事经营活动,并其活动也不构成企业整体活动基本的或重要的组成部分;二是该场所进行第四款列举的活动时,仅为本企业服务,不为其他企业服务;三是其职责限于事务性服务,且不起直接营利作用。

有些情况下,一些机构场所形式上符合本款的规定,但从其业务实质看仍应认定为常设机构。例如:

(一)某新加坡企业的主营业务是为客户提供采购服务并收取服务费,该企业在中国设立办事处,为其在中国进行采购活动。这种情况下,该中国办事处的采购活动看似属于本款第(四)项所说的“专为本企业采购货物或商品”的范围,但由于该办事处业务性质与新加坡企业总部的业务性质完全相同,所以该办事处的活动不是准备性或辅助性的。

(二)某新加坡企业在中国境内设立固定场所,维修、保养该企业销售给中国客户的机器设备,或专为中国客户提供零配件。这种情况下,因其从事的活动是企业总部为客户服务的基本及重要组成部分,所以该固定场所的活动不是准备性或辅助性的。

(三)某新加坡企业在中国设立从事宣传活动的办事处,该办事处不仅为本企业进行业务宣传,同时也为其他企业进行业务宣传。这种情况下,该办事处的活动不是准备性或辅助性的。

此外,如果某固定场所既从事第四款规定的不构成常设机构的活动,也从事构成常设机构的活动,则应视其构成常设机构,并对这两项营业活动的所得合并征税。例如,企业用于交付货物的仓库同时也兼营商品销售,应判定为常设机构并征税。

五、第五款规定,缔约国一方企业通过代理人在另一方进行活动,如果代理人有权并经常行使这种权力以该企业的名义签订合同,则该企业在缔约国另一方构成常设机构。执行时应从如下几个方面理解:

(一)其活动使一方企业在另一方构成常设机构的代理人,通常被称为“非独立代理人”。非独立代理人可以是个人,也可以是办事处、公司或其他任何形式的组织,不一定被企业正式授予代表权,也不一定是企业的雇员或部门。此外,非独立代理人不一定是代理活动所在国家的居民,也不一定在该国拥有营业场所。

(二)对“以该企业的名义签订合同”应做广义理解,包括不是以企业名义签订合同,但其所签合同仍对企业具有约束力的情形。“签订”不仅指合同的签署行为本身,也包括代理人有权代表被代理企业参与合同谈判,商定合同条文等。

(三)本款所称“合同”是指与被代理企业经营活动本身相关的业务合同。如果代理人有权签订的是仅涉及企业内部事务的合同,例如,以企业名义聘用员工以协助代理人为企业工作等,则不能仅凭此认定其构成企业的常设机构。

(四)对于“经常”一语并无精确统一的标准,要结合合同性质、企业的业务性质以及代理人相关活动的频率等综合判断。在某些情况下,企业的业务性质决定了其交易数量不大,但合同签订的相关工作却要花费大量时间,如飞机、巨型轮船或其它高价值商品的销售。如果代理人为这类企业在一国境内寻找买商、参与销售谈判等，即使该人仅代表企业签订了一单销售合同，也应认为该代理人满足“经常”标准，构成企业的非独立代理人。

（五）所谓“行使”权力应以实质重于形式的原则来理解。如果代理人在该缔约国另一方进行合同细节谈判等各项与合同签订相关的活动，且对企业有约束力，即使该合同最终由其他人在企业所在国或其他国家签订，也应认为该代理人在该缔约国另一方行使合同签署权力。

（六）如果代理人在缔约国另一方的活动仅限于本条第四款的准备性或辅助性范围，则不构成企业的非独立代理人（或常设机构）。

（七）判断一方企业是否通过非独立代理人在另一方构成常设机构时，不受本条第三款关于时间要求的限制。

六、并不是所有代理人进行第五款规定的活动都将使其构成代理企业的常设机构，第六款规定的独立代理人即为例外。第六款规定，缔约国一方企业通过代理人在缔约国另一方进行营业时，如果该代理人是专门从事代理业务的，则不应因此视其代理的企业在缔约国另一方构成常设机构。这类专门从事代理业务的代理人一般称作独立代理人，其不仅为某一个企业代理业务，也为其他企业提供代理服务。经纪人、中间商等一般佣金代理人等属于独立代理人。

虽有此款规定，为防止独立代理人条款被滥用（比如，某些企业自身的代理人自称为独立代理人以避免构成常设机构），协定执行中要对代理人身份或代理人地位是否独立进行判定。如果代理人的活动全部或几乎全部代表被代理企业，并且该代理人和企业之间在商业和财务上有密切及依附关系，则不应认定该代理人为本款所指的独立代理人。

代理人的活动同时符合下列两个条件的，才属于本款规定的独立代理人，即不构成被代理企业的常设机构。

（一）该代理人在法律上和经济上独立于被代理企业。在判定独立性时，可考虑如下几个因素：

1. 代理人商务活动的自由度。如果代理人在被代理企业的具体指导和全面控制下为企业进行商务活动，而不是自行决定工作方式，那么该代理人一般不具有独立地位。

2. 代理人商务活动的风险由谁承担。如果由被代理企业承担而非由代理人承担，则该代理人一般不能被认为具有独立地位。

3. 代理人代表的企业的数量。如果在相当长一段经营期或时间内，代理人全部或几乎全部仅为一家企业进行活动，该代理人很可能不是独立代理人。

4. 被代理企业对代理人专业知识的依赖程度。一般来说，独立代理人具备独立从事商务活动的专门知识或技术，不需要依赖企业的帮助。相反，被代理企业通常借助代理人的专门知识或技术扩展自己的业务或推销自己的产品，等。

（二）独立代理人在代表企业进行活动时，一般按照常规进行自身业务活动，不从事其他经济上归属于被代理企业的活动。例如，某销售代理人以自己的名义出售某企业的货物或商品，这一行为是销售代理人的常规经营业务。如果该销售代理人在从事上述活动的同时，还经常作为企业的有权签约的代理人进行活动，那么因为这些活动已在自身贸易或营业常规之外，代理人将被视为被代理企业的非独立代理人而构成企业的常设机构。

七、根据第七款的规定，母公司通过投资设立子公司，拥有子公司的股权等形成的控制或被控制关系，不会使子公司构成母公司的常设机构。从税收角度看，子公司本身是一个独立的法人实体，即使它在业务上受母公司管理，也不应仅凭此而被视为母公司的常设机构。

但是，由于母子公司之间的特殊关系，现实经济活动中，母子公司之间常存在较为复杂的跨境人员及业务往来。这种情况下，母公司在子公司的活动是否导致母公司在子公司所在国构成常设机构，应从以下几个方面掌握：

（一）应子公司要求，由母公司派人员到子公司为子公司工作，这些人员受雇于子公司，子公司对其工作有指挥权，工作责任及风险与母公司无关，由子公司承担，那么，这些人员的活动不导致母公司在子公司所在国构成常设机构。此种情况下，子公司向此类人员支付的费用，不论是直接支付还是通过母公司转支付，都应视为子公司内部人员收入分配,对支付的人员费用予以列支,其所支付的人员费用应为个人所得,按子公司所在国有关个人所得税法相关规定,以及协定第十五条的有关规定征收个人所得税。

(二)母公司派人员到子公司为母公司工作时,应按本条第一款或第三款的规定判断母公司是否在子公司所在国构成常设机构。符合下列标准之一时,可判断这些人员为母公司工作:

1. 母公司对上述人员的工作拥有指挥权,并承担风险和责任;

2. 被派往子公司工作的人员的数量和标准由母公司决定;

3. 上述人员的工资由母公司负担;

4. 母公司因派人员到子公司从事活动而从子公司获取利润。

此种情况下,母公司向子公司收取有关服务费时,应按独立企业公平交易原则,确认母子公司上述费用的合理性后,再对子公司上述费用予以列支。如果上述活动使母公司在子公司所在国构成常设机构,则该子公司所在国可按本协定第七条的规定,对母公司向子公司收取的费用征收企业所得税。

(三)子公司有权并经常以母公司名义签订合同,符合上述第五款关于"非独立代理人"有关条件的,子公司构成母公司的常设机构。

第六条　不动产所得

一、根据第一款规定,对于不动产所得,不动产所在国有征税权。

二、第二款赋予缔约国双方国内法对"不动产"这一用语的解释权。但无论缔约国国内法做何解释,在执行本协定时,该用语应包括第二款所列明的项目。

三、第三款说明本条所称的"不动产所得",是指在不动产所有权不转移的情况下,使用不动产所获得的收益,包括直接使用、出租或者以任何其他形式使用该不动产取得的所得。而对不动产所有权转移产生的所得,应适用协定第十三条的规定。此外,有一些所得的取得尽管与不动产有关,但不属于此款"不动产所得"的范围。比如,来源于房地产抵押的利息收入属于本协定第十一条利息范围。

四、第四款指出,第一款和第三款的规定对企业的不动产所得和用于进行独立个人劳务的不动产所得同样适用。这一款进一步明确了不动产所在国的优先征税权。

第七条　营业利润

本条是对缔约国一方企业在缔约国另一方的营业活动产生的利润划分征税权的规定。明确缔约国一方企业在缔约国另一方的营业活动只有在构成常设机构前提下,缔约国另一方才能征税,并且只能就归属于常设机构的利润征税。

一、按照第一款的规定,新加坡企业在中国境内构成常设机构的,中国对该常设机构取得的利润拥有征税权,但应仅以归属于该常设机构的利润为限。这里所称的"归属于该常设机构的利润"不仅包括该常设机构取得的来源于中国境内的利润,还包括其在中国境内外取得的与该常设机构有实际联系的各类所得,包括股息、利息、租金和特许权使用费等所得。这里所说实际联系一般是指对股份、债权、工业产权、设备及相关活动等,具有直接拥有关系或实际经营管理等关系。

二、协定并没有明确规定计算营业利润的具体方法,只是规定了在计算时应遵守的若干原则。第二款就确立了独立企业原则,即对常设机构要作为一个独立的纳税实体对待,常设机构不论是同其总机构的营业往来,还是同该企业的其他常设机构之间的营业往来,都应按公平交易原则,以公平市场价格为依据计算归属于该常设机构的利润。

三、第三款规定,在计算常设机构利润时,为该常设机构发生的费用,不论发生于何处,都应允许扣除。包括有些不是直接体现为常设机构实际发生的费用,如总机构向常设机构分摊的行政和一般管理费用等。但这些费用必须是因常设机构发生的且分摊比例应在合理范围内。实际执行中,企业应提供费用汇集范围、费用定额、分配依据和方法等资料,以证明费用的合理性。

四、一般情况下,如果常设机构的独立帐目可以真实反映其利润水平,应该按照该帐目计算归属常设机构的利润。然而,某些情况下,很难以独立帐目为基础确定属于常设机构的利润。第四款明确当常设机构利润不能通过帐目进行核算时,可以依据公式分配企业的总利润,从而确定归属常设机构的利润。这种方法与按独立帐目计算的结果会有差异,并且在采用公式及分配方法时都涉及如何计算及确认企业总利润问题。常设机构所在国税务机关难以计算企业总部的利润，或难以确认企业自己或对方税务机关按其国内法规定计算的结果。因此，协定虽有此规定，但一般适用于长期以来习惯用这种方法的缔约国。

五、第五款规定，常设机构为本企业采购货物和商品，不视为常设机构在采购活动中取得利润，不应按利润归属的方法计算或核定常设机构在采购活动中获得利润。与此相对应，在计算常设机构的应纳税所得时，也不应列支其上述采购活动发生的费用。需要特别注意的是，本款仅适用于既从事其他经营活动，又为本企业从事采购活动的常设机构。如果某一机构仅为本企业采购商品或货物，则根据协定第五条第四款的规定，不应认定该机构为常设机构。

六、第六款规定，一旦确定使用了某种利润分配方法，就不应该仅因为在某一特定年度其他方法会产生更有利于税收的结果而改变既定方法。该规定是为了确保纳税人税收待遇的连续性和稳定性。

七、由于企业取得的“利润”既包括从事营业活动取得的经营性所得，也包括其他类型的所得，例如不动产所得、股息、利息等，而对这些其他类型所得的征税原则，协定都有单独的条款规定，所以本条第七款明确企业取得的其他各类所得应按协定各相关条款处理，即其他条款优先。但这一原则仅适用于企业本身取得的所得，如果各类所得由企业设在缔约对方的常设机构取得或与常设机构有实际联系，则不论协定是否对各类所得有单独条款规定，仍应优先执行协定第七条的规定。对此，协定第十条、第十一条以及第十二条都有明确规定。

第八条　海运和空运

一、根据本条及协定议定书的规定，缔约国一方企业以船舶或飞机从事国际运输业务从缔约国另一方取得的收入，在另一方免予征税。具体是指：

（一）新加坡居民企业以船舶或飞机从事国际运输业务，从中国取得的收入，在中国豁免企业所得税和营业税。

（二）中国居民企业以船舶或飞机从事国际运输业务，从新加坡取得的收入，在新加坡除免征所得税外，其应税劳务在新加坡可以以零税率适用货物与劳务税，且服务接受方就该应税劳务支付的进项税额在新加坡可予全额抵扣。

二、根据第二款的规定，第一款也适用于参加合伙经营、联合经营或参加国际经营机构取得的收入。由于海运和空运方面存在着各种形式的国际合作，对于多家公司联合经营国际运输的税务处理，应由各参股或合作企业就其分得利润分别在其所属居民国纳税。

三、第三款关于“缔约国一方企业从附属于以船舶或飞机经营国际运输业务有关的存款中取得的利息收入”，是指中新双方从事国际运输业务的海、空运企业，从对方取得的运输收入存于对方产生的利息。该利息不适用第十一条利息条款的规定，应视为国际运输业务附带发生的收入，在来源国免予征税。

四、根据协定第四款，从事国际运输业务取得的收入，是指企业以船舶或飞机经营客运或货运取得的收入，也包括该企业从事的下列附属于其国际运输业务的收入：

（一）以湿租形式出租船舶或飞机（包括所有设备、人员及供应）取得的租赁收入；

（二）以光租形式出租船舶或飞机取得的租赁收入；

（三）以船舶或飞机从事国际运输的企业附营或临时性经营集装箱租赁取得的收入。

上述有关租赁业务应仅以属于国际运输的附属活动为限。“附属”应指与主营业务有关且服务于主营业务的活动，即企业的主营业务应为以其船舶或飞机经营的国际海运或空运业务，附属业务则属于支持和附带性质。但对“附属”的标准，协定没有做具体规定。在判断产生以上所得的活动是否属于“附属”性质时，应首先根据企业工商登记及相关凭证资料判定企业主营业务是否是国际运输，然后，视该类附属活动收入占企业国际运输业务总收入的比例而定，一般在一个会计年度内，附属业务收入不应超过总收入的10%。

此外，某些与国际运输紧密相关的收入也应作为国际运输收入的一部分，包括：为其他国际运输企业代售客票取得的收入；从市区至机场运送旅客取得的收入；通过货车从事货仓至机场、码头或者后者至购货者间的运输，以及直接将货物发送至购货者所取得的运输收入；企业仅为其承运旅客提供中转住宿而设置的旅馆取得的收入。

国际运输收入也包括非专门从事国际海运或空运业务的企业，以其拥有的船舶或飞机经营国际运输业务取得的收入。

第九条　联属企业

一、第一款规定,如果缔约国一方企业与另一方企业间存在特殊关系,即属于联属企业(如母子公司和共同受控的公司),当该缔约国一方企业的财务帐目不能反映其发生于缔约国一方的真实利润水平时,该国税务机关可以对该企业帐目进行调整。当然,进行这一调整的前提是联属企业间的交易不符合公平市场原则。

二、如果缔约国一方的税务机关根据第一款的规定对联属企业之间的交易做了重新调整,那么调整的这部分利润可能会被重复征税。为了避免这种情况发生,第二款规定缔约国另一方税务机关应该对就这部分利润已征税款做出相应调整。当然,该款不能简单地理解为该缔约国另一方应进行自动调整,只有在其认为对方所做的利润调整是按公平交易原则计算的时候,才有义务对关联企业利润做出相应调整。如果双方对调整的依据、原因、数额等发生争议,可按照协定第二十四条相互协商程序进行协商。

三、本条应结合我国《企业所得税法》及其实施条例关于特别纳税调整的有关规定执行。

第十条　股息

一、第一款规定股息可以在取得者所在一方(即居民国)征税,但这种征税权并不是独占的。

二、第二款为股息的来源国即支付股息的公司为其居民的国家保留了征税权。但是,这种征税权受到限制。即来源国仅能就股息征收一定比例的税收。具体为:在股息受益所有人是公司,并直接拥有支付股息公司至少25%资本的情况下,限制税率为5%;其他情况下,限制税率为10%。执行该款时应注意:

(一)判定受益所有人拥有公司资本的比例通常可视其在公司的出资份额情况。一般情况下,出资份额体现为在注册资本中所占份额。此外,当向公司以提供贷款或其他形式的出资产生的所得,已按规定(如防止资本弱化的规则)被当作股息处理时,这种贷款或出资也将被视为"资本"。

(二)按照本款规定,享受5%税率的股息限于直接拥有资本比例达到25%以上的情形。即符合此低税率的股息应属于符合条件的受益所有人拥有资本比例达到25%以上的期间的利润所形成的股息。但在准确跟踪和计算时,可能会涉及以往多年且频繁变化情况(特别是对于上市公司),执行难度较大。为此,从企业分配年度利润的一般情况考虑,税务总局以《国家税务总局关于执行税收协定股息条款有关问题的通知》(国税函〔2009〕81号)规定,非居民直接拥有中国居民公司资本比例在取得股息前连续十二个月以内任何时候均至少达到25%的,可以享受该协定待遇。如分配的股息涉及十二个月以前的企业未分配利润,则不再考虑股息受益所有人在所分配利润所属年度的持股比例是否满足要求。据此,如新加坡居民直接拥有中国居民公司资本比例在取得股息前连续十二个月以内任何时候均达到至少25%的,可以享受该协定待遇。这里"取得股息"的日期是指按照国内法规定该项股息在中国发生纳税义务或扣缴义务的日期。

(三)只有受益所有人为公司,且符合上述条件的,才能适用5%的限制税率;受益所有人为个人或其他主体的,仍适用10%的限制税率。

关于受益所有人的理解与判断,按照《国家税务总局关于如何理解和认定税收协定中"受益所有人"的通知》(国税函〔2009〕601号)的规定执行。

三、第三款是股息的定义,简单来说,股息即为公司所作的利润分配(公司的概念参见对协定第三条第一款第(五)项的解释)。股息支付不仅包括每年股东会议所决定的利润分配,也包括其他货币或具有货币价值的收益分配,如红股、红利、清算收入以及变相利润分配。股息还包括缔约国按防止资本弱化的规定调整为股息的"利息"。

股息和利息在某些特定情况下较难判定,通常应遵循实质重于形式的原则。一般情况下,各类债券所得不应视为股息。然而,如果贷款人确实承担债务人公司风险,其利息可被视为股息。对贷款人是否分担企业风险的判定通常可考虑如下因素:

(一)该贷款大大超过企业资本中的其他投资形式,并与公司可变现资产严重不符;

(二)债权人将分享公司的任何利润;

(三)该贷款的偿还次于其他贷款人的债权或股息的支付;

(四)利息的支付水平取决于公司的利润;

（五）所签订的贷款合同没有对具体的偿还日期做出明确的规定。

存在上述情况时，借款人所在国可根据资本弱化的国内法规定将利息作为股息处理。

四、第四款规定，若股息受益所有人是缔约国一方居民，在缔约国另一方拥有常设机构，或者通过固定基地从事独立个人劳务，且支付股息的股份构成常设机构或固定基地资产的一部分，或与该机构或固定基地有其他方面的实际联系，则来源国可将股息并入常设机构的利润予以征税。

应予注意的是，只有当取得股息的相关营业活动通过常设机构进行，且股份的持有与常设机构有上述实际联系的情况下，才可适用本条款。如果常设机构所在国对常设机构取得的股息有优惠税收待遇规定时，股息受益所有人仅以滥用协定为目的，将股份转移到常设机构的，不应适用本款规定。

五、第五款是对缔约国一方居民从另一方取得的股息进行再分配部分的征税权划分规定。即新加坡居民投资于中国居民公司或在中国设立常设机构或固定基地，如其对从中国居民公司取得的股息或从在中国机构场所取得的所得向其中国境外的股东进行再分配时，其境外股东取得的这部分所得，无需交纳中国税收。但是，如果该项再分配又支付回中国的居民股东或中国境内机构场所时，根据本款规定，中国仍有征税权。

六、第六款是反滥用条款，以获取优惠的税收地位为主要目的的交易或安排，不应适用税收协定股息条款优惠规定。纳税人因该交易或安排而不当享受税收协定待遇的，主管税务机关有权进行调整。执行该款时应考虑我国国内法关于特别纳税调整的有关规定。

第十一条　利息

一、第一款规定，居民国对本国居民取得的来自缔约国另一方的利息拥有征税权，但这种征税权并不是独占的。

二、第二款规定，利息来源国对利息也有征税的权利，但对征税权的行使进行了限制，即设定了最高税率，且限制税率与受益所有人自身性质有关，受益所有人为银行或金融机构情况下，利息的征税税率为7%；其他情况下利息的征税税率为10%。

关于受益所有人的理解与判断，同样按照《国家税务总局关于如何理解和认定税收协定中“受益所有人”的通知》（国税函〔2009〕601号）的规定执行。在判断利息受益所有人时，要特别注意在利息据以产生和支付的贷款合同之外，是否存在债权人与第三人之间在数额、利率和签订时间等方面相近的其他贷款或存款合同。

三、第三款是对特定的受益所有人取得的利息在来源国免税的规定。在执行时应注意把关，即取得利息收入的新加坡居民必须是该款所列机构，任何商业组织通过上述机构取得的利息不得享受免税待遇。另外，根据协定第二议定书第二条的规定，所列免税机构应依照新加坡议会法案规定设立或完全由新加坡政府拥有。

四、第四款明确了利息一语的含义，具体可从以下三个方面理解：

（一）利息一般是指从各种债权取得的所得。“各种债权”应包括现金、货币形态的有价证券，以及政府公债、债券或者信用债券。

（二）对于与利息相关的其他所得是否应属于“利息”的范畴，应根据其性质区别对待：

1. 附属债券取得的所得，如发行债券的溢价和奖金构成利息，但债券持有者出售债券发生的盈亏不属于利息范围；

2. 与贷款业务相关的并附属于债权的所得可认定为利息，对独立发生于债权方以外的，如单独收取的担保费等，原则上不应认定为利息。

五、第五款规定，若利息受益所有人是缔约国一方居民，在缔约国另一方拥有常设机构，或者通过固定基地从事独立个人劳务，且支付利息的债权构成常设机构或固定基地资产的一部分，或与该机构或固定基地有其他方面的实际联系，则来源国可将利息并入常设机构的利润予以征税。

应予注意的是，只有当取得利息的相关营业活动通过常设机构进行，且债权与常设机构有上述实际联系的情况下，才可适用本条款。仅以滥用协定为目的，将贷款转移到为利息提供优惠税收待遇的常设机构的，不应适用本款规定。

六、第六款明确了利息支付人为其居民的国家是利息的来源国这一原则。然而该款也规定了一个例外情形,即利息支付人无论是否为缔约国一方的居民,只要其在缔约国一方拥有常设机构或固定基地,并且支付的利息由该常设机构或固定基地负担,本款认为利息来源地应是该常设机构或固定基地所在缔约国。例如,某第三国设在中国的常设机构支付给新加坡居民的利息,在利息与该常设机构有实际联系情况下,应认为该利息发生于中国,由中国根据中新协定行使优先征税权。如新加坡居民为该项利息的受益所有人,则可享受本协定待遇。

七、第七款对关联交易中协定优惠条款的适用加以限定。当支付人与受益所有人之间或者他们与其他人之间由于某种特殊关系而造成超额支付利息时,支付额中超过按市场公允价格计算所应支付的数额的部分不得享受协定的优惠。

八、第八款为反滥用条款。以获取优惠的税收地位为主要目的的交易或安排,不应适用税收协定利息条款的优惠规定。纳税人因该交易或安排而不当享受税收协定待遇的,主管税务机关有权进行调整。

九、执行第七款和第八款的规定时,应考虑我国国内法关于特别纳税调整的有关规定。

第十二条　特许权使用费

一、第一款规定,居民国对本国居民取得的来自缔约国另一方的特许权使用费拥有征税权,但这种征税权并不是独占的。

二、根据第二款规定,特许权使用费的来源国对该所得也有征税权,但对征税权的行使进行了限制,即设定最高税率为10%。但根据协定议定书第三条的规定,对于使用或有权使用工业、商业、科学设备而支付的特许权使用费,按支付特许权使用费总额的60%确定税基。

适用本条款也必须以受益所有人是缔约国对方居民为前提。关于受益所有人的理解与判断,同样按照《国家税务总局关于如何理解和认定税收协定中"受益所有人"的通知》(国税函〔2009〕601号)的规定执行。在判断受益所有人时,要特别注意审核在特许权使用费据以产生和支付的版权、专利、技术等使用权转让合同之外,是否存在申请人与第三人之间在有关版权、专利、技术等的使用权或所有权方面的转让合同。

三、第三款是对"特许权使用费"一语的定义,需要从以下几个方面理解:

(一)特许权使用费首先应与使用或有权使用以下权利有关:构成权利和财产的各种形式的文学和艺术,有关工业、商业和科学实验的文字和信息中确定的知识产权,不论这些权利是否已经或必须在规定的部门注册登记。还应注意,这一定义既包括了在有许可的情况下支付的款项,也包括因侵权支付的赔偿款。

(二)特许权使用费也包括使用或有权使用工业、商业、科学设备取得的所得,即设备租金。但不包括设备所有权最终转移给用户的有关融资租赁协议涉及的支付款项中被认定为利息的部分;也不包括使用不动产取得的所得,使用不动产取得的所得适用协定第六条的规定。

(三)特许权使用费还包括使用或有权使用有关工业、商业、科学经验的情报取得的所得。对该项所得应理解为专有技术,一般是指进行某项产品的生产或工序复制所必需的、未曾公开的、具有专有技术性质的信息或资料。与专有技术有关的特许权使用费一般涉及技术许可方同意将其未公开的技术许可给另一方,使另一方能自由使用,技术许可方通常不亲自参与技术受让方对被许可技术的具体应用,并且不保证实施的结果。被许可的技术通常已经存在,但也包括应技术受让方的需求而研发后许可使用,并在合同中列有保密等使用限制的技术。

(四)在服务合同中,如果服务提供方在提供服务过程中使用了某些专门知识和技术,但并不许可这些技术使用权,则此类服务不属于特许权使用费范围。如果服务提供方提供服务形成的成果属于特许权使用费定义范围,并且服务提供方仍保有该项成果的所有权,服务接受方对此成果仅有使用权,则此类服务产生的所得属于特许权使用费。

(五)在转让或许可专有技术使用权过程中,如果技术许可方派人员为该项技术的应用提供有关支持、指导等服务,并收取服务费,无论是单独收取还是包括在技术价款中,均应视为特许权使用费,适用本条的规定。但如上述人员的服务已构成常设机构,对归属于常设机构部分的服务所得应执行协定第七条营业利润条款的规定,对提供服务的人员执行协定第十五条非独立个人劳务条款的规定;对未构成常设机构或未归属于常设机构的服务收入仍按特许权使用费规定处理。

（六）单纯货物贸易项下作为售后服务的报酬，产品保证期内卖方为买方提供服务所取得的报酬，专门从事工程、管理、咨询等专业服务的机构或个人提供的相关服务所取得的所得不是特许权使用费，应作为劳务活动所得适用协定第七条营业利润条款的规定。

四、第四款规定，若特许权使用费的受益所有人是缔约国一方居民，在缔约国另一方拥有常设机构，或者通过固定基地从事独立个人劳务，且据以支付特许权使用费的权利或财产构成常设机构或固定基地资产的一部分，或与该常设机构或固定基地有其他方面的实际联系，则来源国可将特许权使用费并入常设机构的利润予以征税。

应予注意的是，只有当取得特许权使用费的相关营业活动通过常设机构进行，且特许权使用费据以产生的权利或财产与常设机构有上述实际联系的情况下，才可适用本条款。仅以滥用协定为目的，将权利或财产转移到为特许权使用费提供优惠税收待遇的常设机构的，不应适用本款规定。

五、第五款明确了特许权使用费支付人为其居民的国家是特许权使用费的来源国这一原则。然而该款也规定了一个例外情形，即支付该特许权使用费的人无论是否为缔约国一方的居民，只要其在该缔约国一方拥有常设机构或固定基地，并且支付的费用由该常设机构或固定基地负担，本款认为特许权使用费来源地应是该常设机构或固定基地所在国。例如，某第三国设在中国的常设机构支付给新加坡居民的特许权使用费，在特许权使用费与该常设机构有实际联系的情况下，应认为该特许权使用费发生于中国，由中国根据中新协定行使优先征税权。如新加坡居民为该项特许权使用费的受益所有人，则可享受本协定待遇。

六、第六款对关联交易中协定优惠条款的适用加以限定。当支付人与受益所有人之间或他们与其他人之间由于某种特殊关系而造成超额支付特许权使用费时，支付额中超过按市场公允价格计算所应支付数额的部分不享受协定的优惠。

七、第七款为反滥用条款。以获取优惠的税收地位为主要目的的交易或安排，不适用税收协定特许权使用费条款优惠规定，纳税人因该交易或安排而不当享受税收协定待遇的，主管税务机关有权进行调整。

八、执行第六款和第七款的规定时，应考虑我国国内法关于特别纳税调整的有关规定。

第十三条　财产收益

第十三条就财产转让产生的收益，包括转让各类动产、不动产和权利产生的受益的征税问题做出规定。协定本身并未对“财产收益”进行定义。“财产收益”一般是指财产法律权属关系发生变更产生的收益，包括出售或交换财产产生的收益，也包括部分转让、征用、出售权利等产生的收益。

一、第一款规定转让不动产取得的收益应由不动产所在国征税。对于不动产的定义，该款引用了第六条的规定。本款只规定了不动产转让收益的征税原则，其他情况下的不动产所得仍适用第六条的规定。

二、第二款针对企业常设机构用于营业的财产中的动产，转让这类财产所取得的收益可以在常设机构所在国征税。

三、第三款规定，转让从事国际运输的船舶和飞机，或转让附属于经营上述船舶和飞机的动产取得的收益，应仅在经营上述船舶和飞机的企业为其居民的国家征税。这一规定与第八条的规定原则一致。

四、第四款与第五款均是对股份转让征税问题的规定，根据这两款的规定，新加坡居民转让其在中国居民公司的股份取得的收益，在满足以下任一条件时，中国税务机关有权征税：

（一）被转让公司股份价值50%以上直接或间接由位于中国的不动产组成；

（二）新加坡居民在转让其中国公司股份行为发生前十二个月内曾直接或间接参与该中国公司至少25%资本。

按第四款规定，如缔约国一方居民持有某公司的股份，不论该公司是缔约一方的公司还是缔约对方的公司，只要该公司的股份价值的50%以上（不含50%）直接或者间接由位于缔约对方的不动产所构成，则缔约国一方居民转让该公司股份取得的收益，无论其持股比例是多少，不动产所在国对股份转让收益都有权征税。例如，新加坡居民拥有中国公司的股份（或购买在新加坡上市的中国公司的股份），如该中国公司股份价值的50%以上直接或间接由位于中国的不动产所组成，那么，不论该新加坡居民持有中国公司股份比例如何，中国对该新加坡居民转让该公司股份取得的收益都可以征税；再如，如果新加坡居民拥有某中国境外公司的股份，如果该公司股份价值的50%以上直接或间接由位于中国的不动产所构成，则上述新加坡居民转让该中国境外公司股份(股票)取得的收益,中国作为不动产所在国根据本款规定拥有征税权(但一般情况下如果不动产所在国国内法对此类情形下的转让收益不征税,即使协定规定有征税权,也并不意味着不动产所在国一定要征税)。

公司股份价值50%以上直接或间接由位于中国的不动产所组成,是指公司股份被转让之前的一段时间(目前该协定对具体时间未作规定,执行中可暂按三年处理)内任一时间,被转让股份的公司直接或间接持有位于中国的不动产价值占公司全部财产价值的比率在50%以上。

执行该款规定时还应注意"间接持有"的问题,即除了应考虑被转让公司本身财产构成以外,还应注意被转让股份的公司是否有参股其他公司股份及该参股公司的财产价值构成情况。例如,新加坡居民在转让其在中国公司中的股份取得的转让收益时可能会提出,由于该中国公司财产价值的不动产部分低于50%(并且该新加坡居民持有中国居民公司股份低于25%),对其转让收益应享受协定不予征税的待遇。对此,如果上述中国公司又参股其他中国公司,并且其参股的其他中国公司的财产价值主要由在中国的不动产组成,则该被参股的中国公司的财产价值中一部分(按参股比例计算)应属于前面提及的中国公司,在计算被转让股份公司的财产价值时,应将后一个被控股公司的不动产价值按参股比例计算的归属部分一并考虑,视该被转让股份的中国居民公司的财产价值的不动产比例是否达到50%。例如新加坡居民公司甲拥有中国居民公司乙20%的股份,公司乙的财产价值为100(单位略),其中不动产价值为40。如果该公司乙又持有中国居民公司丙80%的股份,如公司丙的财产价值为100,其中不动产价值为90,则在处理依本款规定享受协定待遇计算公司乙的财产价值时,应将公司丙财产价值的80%计算在内,即公司乙直接或间接拥有的财产价值为100+100×80%=180,其中不动产价值为40+90×80%=112,不动产价值比例为62%。上述例举以剔除公司乙和丙之间内部交易影响后的数额为前提。因此,当新加坡居民公司甲转让中国居民公司乙的股份时,由于该中国公司乙的财产价值中50%以上的价值直接或间接来自于中国的不动产,根据协定规定,对此项转让收益中国拥有征税权。

五、在一般情况下(除滥用情形外),按照第五款的规定,新加坡居民转让其在中国居民公司或其他法人资本中的股份、参股、或其他权利取得的收益,如果收益人在转让行为前的十二个月内曾经直接或间接参与被转让公司25%的资本,则中国有权对该收益征税。

新加坡居民转让中国居民公司或其他法人资本中的股份、参股、或其他权利,在一般情况下(除滥用情形外)是指直接转让情形。如果被转让的股份不属于中国居民公司或其他法人资本中的股份、参股、或其他权利,无论被转让股份的公司是否拥有中国居民公司或其他法人资本中的股份、参股、或其他权利,均不适用第五款规定,即不能按照第五款规定确定中国拥有征税权,应视具体情形适用本条其他款项规定。

但是,对滥用企业组织形式,不是出于真正商业意图,而是以逃避税款或获取优惠的税收待遇为目的,间接转让中国公司股份的情况,中国有权根据本协定第二十六条的规定启动反避税调查程序,以防止我国税收权益的流失。

新加坡居民直接或间接参与一个中国居民公司的资本包括以下几种情况:

(一)该新加坡居民在该中国居民公司直接拥有资本;

(二)该新加坡居民通过任何其持股的公司(或持股链公司)间接拥有该中国居民公司的资本。间接拥有的资本或股份按照每一持股链中各公司的持股比例乘积计算,例如新加坡居民甲持有第三方居民公司乙50%股份,乙持有中国居民公司丙50%股份,则甲通过乙间接持有中国居民公司丙的股份达到25%(50%×50%),在这一情况下,如果甲同时直接持有丙5%的股份,那么当其转让该5%的股份时,就应该考虑其间接持有的25%的股份,从而达到本款规定的征税条件。但如果甲没有直接持有中国居民公司丙的股份,只是通过乙间接持有丙,此款所说的间接持有股份的规定并不针对甲转让乙的股份收益问题(除滥用情形外);

【注】根据《国家税务总局关于税收协定中财产收益条款有关问题的公告》(国家税务总局公告2012年第59号)的规定,本条款有效期至2012年12月31日。

(三)与该新加坡居民具有显著利益关系的关联集团内其他成员在该中国居民公司直接拥有的资本。这里所称"与新加坡居民有显著利益关系的关联集团成员"包括与个人居民具有完全相同持股利益的人(如直系亲属、存在代理关系的人等)、直接拥有非个人居民100%股权的公司或个人、以及由上述个人或公司直接或间接拥有100%股权的公司。例如：

1. 新加坡居民公司乙直接持有中国居民公司丙10%资本；

2. 新加坡居民公司乙的母公司甲(100%控股)直接持有中国居民公司丙10%资本；

3. 母公司甲的另一个100%控股的子公司丁直接持有中国居民公司丙10%资本。在此种情形下，该关联集团持有中国居民公司丙的股份应为30%。因此，如果新加坡公司乙转让其在公司丙的股份取得收益，中国则视其在公司丙的参股比例达到了25%而拥有征税权。

六、本条各款涉及的各项财产的转让收益按各款的规定处理，对于转让各款所述财产以外的财产而取得的收益，按第六款转让"其他财产"处理，即仅在转让者为其居民的国家征税。

第十四条　独立个人劳务

一、第一款规定个人以独立身份从事劳务活动取得所得的征税原则，即一般情况下仅在该个人为其居民的国家征税，但符合下列条件之一的，来源国有征税权：

(一)该缔约国居民个人为从事独立个人劳务为目的在缔约国另一方设立了经常使用的固定基地。固定基地的判断标准与常设机构类似，具体可参照协定第五条的规定。但固定基地与常设机构也有不同，独立个人劳务不要求通过固定基地进行，而企业的经营活动则要求部分或全部通过常设机构进行。

(二)该居民个人在任何十二个月中在缔约国另一方停留连续或累计达到或超过183天。例如，某新加坡居民个人2008年4月1日来华从事独立个人劳务，到2009年3月31日的十二个月期间在华累计停留150天，2008年8月1日至2009年7月31日的十二个月期间停留210天。据此，该人员2008年和2009年两个纳税年度内在华从事独立个人劳务均构成在华纳税义务。但需明确的是，在中国作为收入来源国对新加坡居民个人在中国提供独立个人劳务取得的所得有征税权的情况下，中国应仅就属于上述固定基地的所得征税或仅对新加坡居民个人在华提供独立个人劳务期间取得的所得征税。

协定此项规定仅为判定中国对独立个人劳务所得是否有权征税提供依据，不影响国内法相关的具体征税规定。

二、第二款通过一些具有典型意义的例子对"专业性劳务"一语的含义加以阐述。所列举的实例并非穷尽性列举。对一些特殊情况可能产生的解释上的困难，可以通过中新双方主管当局协商解决。

个人要求执行税收协定独立个人劳务条款规定的，应根据下列条件判断其是否具有独立身份：

(一)职业证明，包括登记注册证件和能证明其身份的证件，或者由其为居民的缔约国税务当局在出具的居民身份证明中就其现时从事职业的说明；

(二)与有关公司签订的劳务合同表明其与该公司的关系是劳务服务关系，不是雇主与雇员关系，具体包括：

1. 医疗保险、社会保险、假期工资、海外津贴等方面不享受公司雇员待遇；

2. 其从事劳务服务所取得的报酬，是按相对的小时、周、月或一次性计算支付；

3. 其劳务服务的范围是固定的或有限的，并对其完成的工作负有质量责任；

4. 其为提供合同规定的劳务所相应发生的各项费用，由其个人负担。

第十五条　非独立个人劳务

一、第一款规定了个人以受雇身份(雇员)从事劳务活动取得所得的征税原则，即一般情况下缔约国一方居民因雇佣关系取得的工资薪金报酬应在居民国征税，也就是说，新加坡居民在新加坡受雇取得的报酬应仅在新加坡纳税。但在中国从事受雇活动取得的报酬，中国可以征税。

二、第二款进一步规定，在同时满足三个条件的情况下，受雇个人不构成在劳务发生国的纳税义务。反之，只要有一个条件未符合，就构成在劳务发生国的纳税义务。例如新加坡居民以雇员的身份在中国从事活动，只要有下列情况之一的，其获得的报酬就可以在中国征税：

(一)在任何十二个月中在中国停留连续或累计超过183天(不含)。在计算天数时，该人员中途离境包括在签证有效期内离境又入境，应准予扣除离境的天数。计算实际停留天数应包括在中国境内的所有天数，包括抵、离日当日等不足一天的任何天数及周末、节假日，以及从事该项受雇活动之前、期间及以后在中国渡过的假期等。应注意的是，如果计算达到183天的这十二个月跨两个年度，则中国可就该人员在这两个年度中在中国的实际停留日的所得征税。

(二)该项报酬由中国雇主支付或代表中国雇主支付。

“雇主”应理解为对雇员的工作结果拥有权利并承担相关责任和风险的人。执行中应注意以下问题：

1. 凡中国企业采用“国际劳务雇用”方式，通过境外中介机构聘用人员来华为其从事有关劳务活动，虽然形式上这些聘用人员可能是中介机构的雇员，但如果聘用其工作的中国企业承担上述受聘人员工作所产生的责任和风险，应认为中国企业为上述受聘人员的实际雇主，该人员在中国从事受雇活动取得的报酬应在中国纳税。关于对真实雇主的判定可参考下列因素：

(1)中国企业对上述人员的工作拥有指挥权；

(2)上述人员在中国的工作地点由中国企业控制或负责；

(3)中国企业支付给中介机构的报酬是以上述人员工作时间计算，或者支付的该项报酬与上述人员的工资存在一定联系，例如，按人员工资总额的一定比例确定支付给中介机构的报酬；

(4)上述人员工作使用的工具和材料主要由中国企业提供；

(5)中国企业所需聘用人员的数量和标准并非由中介机构确定，而由中国企业确定。

2. 新加坡企业派其员工到中国居民企业工作应考虑上述因素，以实质重于形式的原则，判定其真实雇主身份。如果上述员工名义上为中国企业职员，实质上履行其派出企业职责，则同样参考上述有关标准，在判定新加坡企业为其真实雇主身份前提下，按第五条的规定判断上述新加坡企业是否在中国构成常设机构。如果上述员工在中国工作期间确实受雇于中国居民企业，但同时也为其派出企业工作，应就此类员工为其派出企业工作的实际情况按照本协定第五条的规定判断上述新加坡企业是否在华构成常设机构。

(三)该项报酬由雇主设在中国的常设机构或固定基地所负担。如果新加坡个人被派驻到新加坡企业设在中国的常设机构工作，或新加坡企业派其雇员及其雇用的其他人员在中国已构成常设机构的承包工程或服务项目中工作，这些人员不论其在中国工作时间长短，也不论其工资薪金在何处支付，都应认为其在中国的常设机构工作期间的所得是由常设机构负担。但本规定不应适用于被总部临时派往常设机构视察、检查或临时提供协助的人员及活动。

三、第三款适用于在经营国际运输的船舶或飞机上从事受雇活动的人员取得的报酬，对其征税的原则在一定程度上遵循了协定第八条确立的原则，即在从事该项运输的企业为其居民的国家征税。

第十六条　董事费

第十六条将董事费的征税权赋予了董事所在公司为其居民的国家，即新加坡居民如担任中国境内企业的董事而取得的董事费和其他类似的款项，无论该董事是否在中国境内履行董事职责，中国对此项所得有征税权。所谓“其他类似款项”包括个人以公司董事会成员身份取得的实物福利，例如，股票期权、居所或交通工具、健康或人寿保险及俱乐部成员资格等。在董事会成员被授予股票期权的情况下，公司居民国有权对构成董事费或类似性质报酬的股票期权利益征税，即使征税时该人已经不再是董事会的成员。

第十七条　艺术家和运动员

一、按第一款规定，新加坡的艺术家或运动员如在中国从事个人活动，不论其在中国停留多长时间，中国有权对其所得征税。本款是协定第十四条和第十五条规定的例外，应从以下几方面理解：

(一)一般来说，艺术家活动应包括：舞台、影视、音乐等各种艺术形式的演艺人员从事的活动；作为缔约国一方的艺术家或运动员由于其名人效应，受邀到缔约国另一方为企业拍摄广告的活动；具有娱乐性质的涉及政治、社会、宗教或慈善事业的活动。但应注意不应把艺术家的范围扩大到随行的行政、后勤人员(如摄影师、制片人、导演、舞蹈设计人员、技术人员以及流动演出团组的运送人员等)。

(二)运动员不限于传统体育项目的参加者(如赛跑、跳高、游泳运动员等)，还包括如高尔夫球、赛马、足球、板球、网球及赛车等活动的运动员。本条规定还适用于从事具有娱乐性质的活动取得的所得，例如台球、象棋和桥牌比赛等产生的所得。

(三)第一款适用于艺术家或运动员从事上述个人活动取得的所得，一般指表演活动取得的出场费以及取得的与从事表演活动有直接或间接联系的广告费等。对从表演活动录制音像制品并出售产生的所得中分配给艺术家或运动员的(权利)所得，或与艺术家或运动员有关的涉及其他版权的所得，应按协定第十二条特许权使用费的相关规定处理。

二、第二款再次强调了活动所在国的无限征税权，即使艺术家和运动员从事活动的所得为其他人所收取，如演出经纪人、明星公司或演出团体等，来源国对该部分所得也有征税权。

【注】根据国家税务总局公告 2018 年第 11 号本文第八条和第十七条有效期至 2018 年 2 月 9 日止。

第十八条　退休金

第十八条规定，居民国对退休金独占征税权，不论取得退休金的人以前的工作地点如何，取得退休金时该个人为其居民的国家对该项退休金拥有征税权。

本条所涵盖的款项为基于以前的雇佣关系而支付的退休金和其他类似报酬。其他类似报酬包括与退休金类似的非定期支付的款项，例如，在雇佣关系终止时或终止以后一次性支付的退休金。

第十九条　政府服务

一、第一款第(一)项规定，对政府部门支付给向其提供服务的个人的报酬，支付国独占征税权。第(二)项进一步规定，新加坡政府在中国设立的办事机构如果雇佣新加坡居民工作，该新加坡居民在办事机构工作期间取得的报酬应仅在新加坡征税。但这一规定不适用于该办事机构在当地雇佣的中国居民员工。中国居民员工是指中国国民，或者在为该办事机构工作以前就已是中国居民的员工。这种情况下，该项报酬应仅在中国征税。

本款适用所得的范围是除退休金以外的薪金、工资和其他类似报酬，包括因向缔约国一方政府或法定机构提供服务而取得的各种实物收益，如公寓、交通工具、健康与人寿保险、俱乐部会员资格等。

二、第二款是对退休金的特别规定，即一般情况下政府部门或从其建立的基金中支付给向其提供服务的个人的退休金，无论支付时该个人在何处居住，支付国都独占征税权。但当该个人是缔约国另一方的居民且为国民时，由该个人为其居民及国民的国家独占征税权。此项处理原则与第一款第(二)项相关处理原则一致。

三、根据本条第三款的规定，个人为政府或地方当局从事的与营业有关的事业(如国有公路、邮局、国有剧院等)提供服务而取得的报酬，不适用本条，应根据所得性质，分别适用协定第十五至十八条的相关规定。

第二十条　学生和实习人员

第二十条规定，学生和企业学徒由于接受教育、培训或获取技术经验的目的，而暂时居住在缔约国另一方，对其为了生活、学习所取得的来源于缔约国另一方以外的所得，该缔约国另一方应予免税。但前提是该学生或实习人员在到达缔约国另一方之前是缔约国一方的居民。例如，新加坡居民个人赴中国学习，其在华学习期间取得的来源于中国以外的学费资助、助学金、奖学金等，不超过用以维持生活、接受教育或培训的部分，应在中国免税。

应注意的是，本条仅适用于学生或实习人员为了生活、教育或培训的目的而收到的款项，不适用于第十四、十五条所涵盖的服务报酬。但如果学生或实习人员有工作收入，则应区分服务报酬和为生存、教育或培训所获得的款项。如果报酬数目与提供类似服务的企业员工所获得的报酬金额相当，一般可表明该报酬是服务报酬，应根据服务性质分别适用协定第十四或第十五条的规定。

第二十一条　其他所得

第二十一条对协定以上条款未涉及的所得规定了一般原则，即来源国有优先征税权。如新加坡居民企业或个人取得发生或来源于中国的其他所得，中国有优先征税权。对其他所得范围的掌握应考虑国内法的规定，并应是国内法规定要征税的所得。如某项所得国内法未规定征税，则不能因协定规定来源国有征税权而征税。

此外，“其他所得”应是确属协定各专项条款未包括的所得。不应将协定已包括的所得条款中规定的来源国未达到征税条件的部分视为“其他所得”。

第二十二条　消除双重征税

第二十二条对缔约国双方各自居民在对方缴纳的税款，分别规定了各自的抵免办法。

一、第一款规定了中国居民从新加坡取得所得在新加坡所交税款的抵免办法，即对中国居民的新加坡所得汇总中国国内所得按中国税法规定税率计算在中国的应纳税额，并对在新加坡已交税款不超过按中国国内税率计算的税额予以抵免。这种方法下,意味着中国政府承认中国居民来源于新加坡的某些所得由新加坡优先行使征税权,但并不承认其独占,即中国还要行使居民管辖权对本国居民从新加坡取得的所得征税,但允许该居民在新加坡所缴税额从其应向中国缴纳的税额中抵免。

第一款第(二)项则体现了有关股息间接抵免的原则,并对可享受间接抵免的中国居民予以限定。根据该项及协定第二议定书第三条的规定,中国居民公司必须拥有新加坡居民公司的股份不少于百分之二十,在这种情况下,该中国居民公司从新加坡公司取得的股息在公司层面所负担的企业所得税方可在中国获得抵免。也就是说,对于中国居民公司从新加坡居民公司取得的股息,不仅该项股息在新加坡缴纳的所得税可以直接抵免,对于支付该股息的新加坡居民公司就该项股息所对应的利润所缴纳的新加坡企业所得税部分,也可以通过间接抵免的方法计算抵免。但是可直接抵免和间接抵免的税额都应按中国国内法的有关规定计算。

二、第二款规定了新加坡居民从中国取得的所得已在中国缴纳的税额在计算该项所得的新加坡税收时进行抵免的问题。关于新加坡方面计算抵免的方法由新加坡主管当局解释。

三、第三款是关于新加坡单方面饶让抵免的规定,即新加坡居民按中国国内法享受到的减税或免税的优惠,在新加坡视同已按中国国内法纳税给予抵免。

第二十三条　非歧视待遇

一、第一款确立的原则是,对拥有缔约国国籍的个人在税收上不能有歧视待遇,即缔约国一方国民在缔约国另一方应与该缔约国另一方国民在相同情况下,获得同等的税收待遇。该款扩大了协定第一条规定的范围,协定第一条规定本协定适用的人仅为缔约国的居民,按照本款规定,即使新加坡国民在某一时期失去新加坡居民身份,仍然可以享受非歧视待遇,特别是在该新加坡国民与比照待遇的中国国民居民身份相同时。

同时,第一款规定不应被理解为要求缔约国一方将给予其公共团体或公共服务机构的税收优惠,以及从事本国公益活动的非盈利私人机构的特别税收优惠,也给予缔约国另一方的相同组织或类似机构。

二、第二款规定,缔约国一方对另一方企业设在本国的常设机构的征税,不应比本国进行同样活动的企业更重。这样的同等待遇主要体现在税率、费用扣除、计提折旧、亏损结转、财产收益以及税收抵免等方面。但应当注意的是,常设机构从事的活动应与比照的居民企业所从事的活动相同。

三、第三款规定了对于个人税收非歧视待遇的例外,即税收非歧视待遇并不意味着中国一定有义务给予新加坡居民或国民个人以相当于中国居民或国民个人所能享受的税收优惠、扣除和减免等待遇。

四、第四款规定,缔约国一方不能对资本全部或部分、直接或间接由缔约国另一方一个或多个居民拥有或控制的企业,在税收上给予歧视待遇。即对由新加坡居民投资的中国居民企业在税收待遇上应与类似的中国居民企业一致。

五、第五款规定,缔约国各方为促进本国社会或经济发展,根据国家政策和标准给予其国民的税收优惠,不应被理解为构成本条款意义上的歧视待遇。

六、第六款规定,本条适用的税种是本协定所包括的税种,具体可参见协定第二条第三款的规定。

第二十四条　相互协商程序

本条旨在建立主管当局间的相互协商机制,以解决可能出现的税务争议。具体按《国家税务总局关于印发〈中国居民(国民)申请启动税务相互协商程序暂行办法〉的通知》(国税发〔2005〕115 号)执行。

第二十五条　情报交换

本条旨在建立两国间的税收信息交换机制,以促进两国间的税收征管协作。具体按《国家税务总局关于印发〈国际税收情报交换工作规程〉的通知》(国税发〔2006〕70 号)执行。

第二十六条　其他规则

第二十六条规定,缔约国国内反避税法律法规不受协定的影响,这与协定防止逃避税的宗旨是相吻合的。但缔约国该类法律法规应充分考虑协定的相关规定,其导致的税收结果不应与协定的规定相冲突。

13. 国家税务总局关于执行中英等双边税收协定技术服务费条款有关问题的公告

（2011 年 3 月 16 日　国家税务总局公告 2011 年第 19 号）

根据《中华人民共和国政府和大不列颠及北爱尔兰联合王国政府关于对所得和财产收益相互避免双重征税和防止偷漏税的协定》（以下称中英税收协定）第十三条、《中华人民共和国政府和巴基斯坦伊斯兰共和国政府关于对所得避免双重征税和防止偷漏税的协定》（以下称中巴税收协定）第十三条和《中华人民共和国政府和印度共和国政府关于对所得避免双重征税和防止偷漏税的协定》（以下称中印税收协定）第十二条（以下称所涉及税收协定技术服务费条款）规定，来自于英国、巴基斯坦或印度（以下称所涉及税收协定缔约对方）的税收居民取得发生在中国境内的技术服务费，中国可以对该技术服务费征收不超过限定比例（中英税收协定为 7%；中巴税收协定为 12.5%；中印税收协定为 10%）的所得税。现将执行该规定的有关问题公告如下：

一、所涉及税收协定技术服务费条款已经明确规定技术服务费发生地认定标准的（如中英税收协定和中印税收协定），按所涉及税收协定规定确定技术服务费发生地；所涉及税收协定未作明确的，按中国国内有关规定（含企业所得税法和个人所得税法）确定技术服务费发生地。

二、《国家税务局关于执行中巴避免双重征税协定有关条文解释的通知》（国税函发〔1990〕142 号）、《国家税务局关于中英税收协定若干条款解释的通知》（国税函发〔1990〕1097 号）和《国家税务总局关于中印两国政府避免双重征税协定若干条文解释与执行的通知》（国税发〔1994〕257 号）仅明确在所涉及税收协定下中国所拥有征税权的理解和解释，未对纳税人在中国的实际纳税义务做出规定。对于所涉及税收协定缔约对方税收居民取得发生在中国的技术服务费，应分别以下情形，结合所涉及税收协定和中国国内有关规定判定纳税义务：

（一）据以取得技术服务费的劳务按照中国国内有关规定属于发生在中国境内，且按照所涉及税收协定规定构成在中国境内的常设机构或固定基地，对与发生在中国境内劳务相关的技术服务费，应按照中国国内有关规定缴纳企业所得税或个人所得税。

（二）据以取得技术服务费的劳务按照中国国内有关规定属于发生在中国境内，即使按所涉及税收协定规定不构成在中国境内的常设机构或固定基地，对与发生在中国境内劳务相关的技术服务费，应按照中国国内有关规定缴纳企业所得税或个人所得税。但如果按中国国内有关规定计算缴纳的企业所得税或个人所得税高于按所涉及税收协定技术服务费条款限定比例计算的税收，该缔约对方居民取得的此项技术服务费可以申请享受协定待遇。

（三）据以取得技术服务费的劳务按照中国国内有关规定属于发生在中国境外，且按照中国国内有关规定不予征收所得税的，尽管该技术服务费按照所涉及税收协定技术服务费条款规定属于发生在中国境内，中国可以对此行使征税权，但对此项技术服务费，应按照中国国内有关税收规定执行，不在中国缴纳所得税。

三、本公告自公告发布之日起执行。

特此公告。

14. 国家税务总局关于执行税收协定教师和研究人员条款有关问题的公告

（2011年7月25日　国家税务总局公告2011年第42号）

中国政府对外签署的一些双边税收协定或安排（以下统称税收协定）列有专门的教师和研究人员条款。按照税收协定教师和研究人员条款规定，来自缔约对方的教师和研究人员符合规定条件的，可以在中国享受规定期限的免税待遇。现将执行税收协定教师和研究人员条款有关问题公告如下：

一、除税收协定另有明确规定外，税收协定教师和研究人员条款仅适用于与中国境内的学校或研究机构（简称境内机构）有聘用关系的教师和研究人员。聘用关系是指相关教师或研究人员与境内机构间签有聘用合同，或虽未有明确的聘用合同，但其在境内机构担任职务并且实际从事的教学、讲学或研究活动的内容、方式、时间等均由境内机构安排或控制的情况。

凡与境内机构没有上述聘用关系，而以独立身份或者以非境内机构的雇员身份在中国境内从事教学、讲学或研究活动的人员，以及受境外教育机构的指派为该境外教育机构与境内机构的合作项目开展相关教学活动的人员，不适用税收协定教师和研究人员条款的规定。上述合作项目指境外教育机构与境内机构以各自名义合作开展的相关教学活动项目，不包括中外教育机构联合在中国境内成立的独立教育机构。

二、税收协定教师和研究人员条款规定的教学、讲学或研究包括按照聘用单位要求在境内外进行的各种教学、讲学或研究活动，以及在承担教学、讲学或研究活动的同时，承担的相关规划、咨询和行政管理等活动。但不包括仅从事规划、咨询和行政管理的活动。在承担此类规划、咨询和行政管理活动中偶尔从事的讲座活动不应视为承担了教学、讲学或研究活动。

三、上述境内机构应限于《国家税务总局关于明确我国对外签订税收协定中教师和研究人员条款适用范围的通知》（国税函〔1999〕37号）规定的范围。

四、除双方主管当局通过相互协商达成的共同意见另有规定外，税收协定教师和研究人员条款规定的停留期或免税期仍应按照《财政部　税务总局关于对来自同我国签订税收协定国家的教师和研究人员征免个人所得税问题的通知》（〔86〕财税协字第030号）的规定计算。

五、来自缔约对方的税收居民需要享受税收协定教师和研究人员条款规定待遇的，应按照《国家税务总局关于印发〈非居民享受税收协定待遇管理办法（试行）〉的通知》（国税发〔2009〕124号）及其相关规定办理备案报告手续。不能适用税收协定教师和研究人员条款规定的所得，仍可以按照有关规定适用税收协定其他条款（如独立个人劳务条款、非独立个人劳务条款等）。

六、本公告自所涉及税收协定教师和研究人员条款生效执行之日起施行，对公告生效前已做处理的事项不予追溯。

特此公告。

15. 国家税务总局关于税收协定中财产收益条款有关问题的公告

（2012年12月31日　国家税务总局公告2012年第59号）

为了规范和统一税收协定中财产收益条款的执行，现将《中华人民共和国政府和新加坡共和国政府关于对所得避免双重征税和防止偷漏税的协定》（以下称“中新税收协定”）和《国家税务总局关于印发〈中华人民共和国政府和新加坡共和国政府关于对所得避免双重征税和防止偷漏税的协定及议定书条文解释〉的通知》(国税发〔2010〕75号)中的有关问题公告如下：

一、“中新税收协定”第十三条第四款，以及国税发〔2010〕75号所附的《〈中华人民共和国政府和新加坡共和国政府关于对所得避免双重征税和防止偷漏税的协定〉及议定书条文解释》(以下称“国税发〔2010〕75号所附条文解释”)所述的不动产，均应包括各种营业用或非营业用房屋等建筑物和土地使用权，以及附属于不动产的财产。

二、根据“国税发〔2010〕75号所附条文解释”规定，公司股份价值50%以上直接或间接由位于中国的不动产所组成，是指公司股份被转让之前的一段时间(目前该协定对具体时间未作规定，执行中可暂按三年处理)内任一时间，被转让股份的公司直接或间接持有位于中国的不动产价值占公司全部财产价值的比率在50%以上。该规定所述及的公司股份被转让之前的三年是指公司股份被转让之前(不含转让当月)的连续36个公历月份。

三、“中新税收协定”第十三条第四款以及“国税发〔2010〕75号所附条文解释”所述的公司财产和不动产均应按照当时有效的中国会计制度有关资产(不考虑负债)处理的规定进行确认和计价，但相关不动产所含土地或土地使用权价值额不得低于按照当时可比相邻或同类地段的市场价格计算的数额。

纳税人不能按照上款规定进行可靠计算的，相关资产确认和计价由税务机关参照上款规定合理估定。

四、“国税发〔2010〕75号所附条文解释”第十三条第五款第四段由以下规定替代：

“新加坡居民直接或间接参与一个中国居民公司的资本包括以下几种情况：

(一)该新加坡居民直接参与该中国居民公司的资本。如果该新加坡居民通过其他名义参与人(含个人、公司和其他实体)参与中国居民公司的资本，且该新加坡居民对于该名义参与人参与的资本享有排他性资本参与利益，并实质承担资本参与风险，该名义参与人参与的该中国居民公司资本可以视同该新加坡居民直接参与该中国居民公司的资本；

(二)该新加坡居民通过具有10%以上(含10%)直接资本关系的单层或多层公司或其他实体(含单个或多个参与链)间接参与该中国居民公司的资本。间接参与的资本按照每一参与链中各公司或其他实体的资本比例乘积计算；

(三)与该新加坡居民具有显著利益关系的关联集团内其他成员在该中国居民公司直接参与或者通过具有10%以上(含10%)直接资本关系的单层或多层公司或其他实体(含单个或多个参与链)间接参与该中国居民公司的资本。间接参与的资本按照每一参与链中各公司或其他实体的资本比例乘积计算，但在汇总计算该关联集团直接或间接参与该中国居民公司总资本份额时，符合前述规定的每一参与链所参与的资本份额不重复计算。上述与新加坡居民具有显著利益关系的关联集团内成员包括：

1. 在该新加坡居民为个人的情况下，与该新加坡个人居民具有相同资本参与利益的个人(包括其配偶、父母及父母以上前辈直系亲属、子女及子女以下后辈直系亲属)；

2. 在该新加坡居民为公司或其他实体的情况下，直接或间接拥有该新加坡居民100%资本的个人(包括与其配偶、父母及父母以上前辈直系亲属、子女以及子女以下后辈直系亲属共同拥有的情形)、公司或其他实体。”

五、本公告自公布之日起执行，“国税发〔2010〕75号所附条文解释”第十三条第五款第四段同时废止。

特此公告。

16. 国家税务总局关于发布《税收协定相互协商程序实施办法》的公告

(2013年9月24日　国家税务总局公告2013年第56号)

为正确适用税收协定，避免双重征税，解决国际税收争议，维护中国居民(国民)的合法利益和国家税收权益，规范与外国(地区)税务主管当局涉及税收协定的相互协商工作，国家税务总局制定了《税收协定相互协商程序实施办法》。现予发布,自2013年11月1日起施行。

特此公告。

税收协定相互协商程序实施办法

第一章　总　　则

第一条　为正确适用税收协定,避免双重征税,解决国际税收争议,维护中国居民(国民)的合法利益和国家税收权益,规范税务机关的相互协商工作,根据中华人民共和国政府对外签署的避免双重征税协定(含内地与香港、澳门特别行政区签署的税收安排,以下统称税收协定)、《中华人民共和国税收征收管理法》(以下简称税收征管法)及其实施细则以及其他有关法律法规规定,结合中国税收征管工作实际,制定本办法。

第二条　本办法所称相互协商程序,是指我国主管当局根据税收协定有关条款规定,与缔约对方主管当局之间,通过协商共同处理涉及税收协定解释和适用问题的过程。

相互协商程序的主要目的在于确保税收协定正确和有效适用,切实避免双重征税,消除缔约双方对税收协定的解释或适用产生的分歧。

第三条　相互协商的事项限于税收协定适用范围内的事项,但超出税收协定适用范围,且会造成双重征税后果或对缔约一方或双方利益产生重大影响的事项,经我国主管当局和缔约对方主管当局同意,也可以进行相互协商。

第四条　我国负责相互协商工作的主管当局为国家税务总局(以下简称税务总局);处理相互协商程序事务的税务总局授权代表为税务总局国际税务司司长或副司长,以及税务总局指定的其他人员。

省、自治区、直辖市和计划单列市国家税务局或地方税务局(以下简称省税务机关)及以下各级税务机关负责协助税务总局处理相互协商程序涉及的本辖区内事务。

第五条　各级税务机关应对缔约对方主管当局与相关纳税人、扣缴义务人、代理人等在相互协商程序中提供的资料保密。

第六条　本办法所称缔约对方,是指与中国签订税收协定,且该税收协定已经生效执行的国家或地区。

第二章　中国居民(国民)申请启动的相互协商程序

第七条　如果中国居民(国民)认为,缔约对方所采取的措施,已经或将会导致不符合税收协定所规定的征税行为,可以按本办法的规定向省税务机关提出申请,请求税务总局与缔约对方主管当局通过相互协商程序解决有关问题。

第八条　本办法所称中国居民,是指按照《中华人民共和国个人所得税法》和《中华人民共和国企业所得税法》,就来源于中国境内境外的所得在中国负有纳税义务的个人、法人或其他组织。

本办法所称中国国民,是指具有中国国籍的个人,以及依照中国法律成立的法人或其他组织。

第九条　中国居民有下列情形之一的,可以申请启动相互协商程序:

(一)对居民身份的认定存有异议,特别是相关税收协定规定双重居民身份情况下需要通过相互协商程序进行最终确认的;

(二)对常设机构的判定,或者常设机构的利润归属和费用扣除存有异议的;

(三)对各项所得或财产的征免税或适用税率存有异议的;

(四)违反税收协定非歧视待遇(无差别待遇)条款的规定,可能或已经形成税收歧视的;

(五)对税收协定其他条款的理解和适用出现争议而不能自行解决的;

(六)其他可能或已经形成不同税收管辖权之间重复征税的。

第十条　中国国民认为缔约对方违背了税收协定非歧视待遇(无差别待遇)条款的规定,对其可能或已经形成税收歧视时,可以申请启动相互协商程序。

第十一条 申请人应在有关税收协定规定的期限内,以书面形式向省税务机关提出启动相互协商程序的申请(附件1,需提供纸质版和电子版)。

第十二条 负责申请人个人所得税或企业所得税征管的省税务机关为受理申请的税务机关。申请人就缔约对方征收的非所得税类税收提出相互协商申请的,负责与该税收相同或相似的国内税收征收的省税务机关为受理申请的税务机关。国内没有征收相同或相似税收的,省国家税务局为受理申请的税务机关。

第十三条 申请人依本办法第十条申请启动相互协商程序,且未构成我国税收居民的,个人户籍所在地、法人或其他组织设立地的省税务机关为受理申请的税务机关。

第十四条 申请人按本章规定提出的相互协商申请符合以下全部条件的,税务机关应当受理:

(一)申请人为按照本办法第九条或第十条规定可以提起相互协商请求的中国居民或中国国民;

(二)提出申请的时间没有超过税收协定规定的时限;

(三)申请协商的事项为缔约对方已经或有可能发生的违反税收协定规定的行为;

(四)申请人提供的事实和证据能够证实或者不能合理排除缔约对方的行为存在违反税收协定规定的嫌疑;

(五)申请相互协商的事项不存在本办法第十九条规定的情形。

对于不符合上款规定全部条件的申请,税务机关认为涉及严重双重征税或损害我国税收权益、有必要进行相互协商的,也可以决定受理。

第十五条 受理申请的省税务机关应在15个工作日内,将申请上报税务总局,并将情况告知申请人,同时通知省以下主管税务机关。

第十六条 因申请人提交的信息不全等原因导致申请不具备启动相互协商程序条件的,省税务机关可以要求申请人补充材料。申请人补充材料后仍不具备启动相互协商程序条件的,省税务机关可以拒绝受理,并以书面形式告知申请人。

申请人对省税务机关拒绝受理的决定不服的,可在收到书面告知之日起15个工作日内向省税务机关或税务总局提出异议申请(附件2,需提供纸质版和电子版)。省税务机关收到异议后,应在5个工作日内将申请人的材料,连同省税务机关的意见和依据上报税务总局。

第十七条 税务总局收到省税务机关上报的申请后,应在20个工作日内按下列情况分别处理:

(一)申请具备启动相互协商程序条件的,决定启动相互协商程序,并将情况告知受理申请的省税务机关,省税务机关应告知申请人。

(二)申请已超过税收协定规定的期限,或申请人的申请明显缺乏事实法律依据,或出现其他不具备相互协商条件情形的,不予启动相互协商程序,并以书面形式告知受理申请的省税务机关,省税务机关应告知申请人。

(三)因申请人提交的信息不全等原因导致申请不具备启动相互协商程序条件的,通过受理申请的省税务机关要求申请人补充材料或说明情况。申请人补充材料或说明情况后,再按前两项规定处理。

第十八条 税务总局启动相互协商程序后,可通过受理申请的省税务机关要求申请人进一步补充材料或说明情况,申请人应在规定的时间内提交,并确保材料的真实与全面。

对于紧急案件,税务总局可以直接与申请人联系。

第十九条 发生下列情形之一的,税务总局可以决定终止相互协商程序,并以书面形式告知省税务机关,省税务机关应告知申请人:

(一)申请人故意隐瞒重要事实,或在提交的资料中弄虚作假的;

(二)申请人拒绝提供税务机关要求的、与案件有关的必要资料的;

(三)因各种原因,申请人与税务机关均无法取得必要的证据,导致相关事实或申请人立场无法被证明,相互协商程序无法继续进行的;

(四)缔约对方主管当局单方拒绝或终止相互协商程序的;

(五)其他导致相互协商程序无法进行、或相互协商程序无法达到预期目标的。

第二十条 在两国主管当局达成一致意见之前，申请人可以以书面方式撤回相互协商申请。申请人撤回申请或者拒绝接受缔约双方主管当局达成一致的相互协商结果的，税务机关不再受理基于同一事实和理由的申请。

第二十一条 对于相互协商结果，税务总局应以书面形式告知受理申请的省税务机关，省税务机关应告知申请人。

第三章 缔约对方主管当局请求启动的相互协商程序

第二十二条 税务总局接受缔约对方主管当局的相互协商请求的范围参照本办法第九条、第十条的规定执行。

第二十三条 发生下列情形之一的，税务总局可以拒绝缔约对方主管当局启动相互协商程序的请求，或者要求缔约对方主管当局补充材料：

(一)请求相互协商的事项不属于税收协定适用范围的；

(二)纳税人提出相互协商的申请超过了税收协定规定时限的；

(三)缔约对方主管当局的请求明显缺乏事实或法律依据的；

(四)缔约对方主管当局提供的事实和材料不完整、不清楚，使税务机关无法进行调查或核实的。

虽属于上款规定的一种或多种情形，但税务总局认为有利于避免双重征税、维护我国税收权益或促进经济合作的，仍可决定接受缔约对方启动相互协商程序的请求。

第二十四条 税务总局在收到缔约对方启动相互协商程序的函后，查清事实，决定是否同意启动相互协商程序，并书面回复对方。在做出是否同意启动相互协商程序决定前，认为需要征求相关省税务机关意见的，可以将相关情况和要求告知省税务机关，省税务机关应在税务总局要求的时间内予以回复。

第二十五条 税务总局在收到缔约对方主管当局提出的启动相互协商程序的请求时，相关税务机关的处理决定尚未做出的，税务总局应将对方提起相互协商程序的情况告知相关税务机关。相互协商程序不影响相关税务机关对有关案件的调查与处理，但税务总局认为需要停止调查和处理的除外。

第二十六条 相互协商程序进行期间，不停止税务机关已生效决定的执行，税务机关或者税务总局认为需要停止执行的除外。

第二十七条 在相互协商过程中，如果缔约对方主管当局撤回相互协商请求，或出现其他情形致使相互协商程序无法进行的，税务总局可以终止相互协商程序。

第二十八条 税务总局决定启动相互协商程序后，如有必要，可将缔约对方主管当局提交的相互协商请求所涉及的案件基本情况、主要证据等以书面形式下达给相关省税务机关，要求其在规定期限内完成核查。

第二十九条 接受任务的省税务机关应组织专人对案件进行核查，并在税务总局要求的期限内将核查结果以公文形式上报税务总局。对复杂或重大的案件，不能在期限内完成核查的，应在核查期限截止日期前 5 个工作日内向税务总局提出延期申请，经税务总局同意后，上报核查结果的时间可适当延长，但延长时间不超过一个月。

第三十条 接受任务的省税务机关认为核查缔约对方主管当局提交的案件需要对方补充材料或就某一事项做出进一步说明的，应及时向税务总局提出。税务总局同意向缔约对方主管当局提出补充要求的，等待对方回复的时间不计入核查时间。缔约对方主管当局在回复中改变立场，或提出新的请求的，核查时间重新计算。

第三十一条 省税务机关上报的核查结果，应包括案件调查的过程、对所涉案件的观点、事实根据和法律依据等内容。

第四章 税务总局主动向缔约对方请求启动的相互协商程序

第三十二条 税务总局在下列情况下可以主动向缔约对方主管当局提出相互协商请求：

(一)发现过去相互协商达成一致的案件或事项存在错误,或有新情况需要变更处理的;

(二)对税收协定中某一问题的解释及相关适用程序需要达成一致意见的;

(三)税务总局认为有必要与缔约对方主管当局对其他税收协定适用问题进行相互协商的。

第三十三条 省以下税务机关在适用税收协定时,发现本办法第三十二条规定的情形,认为有必要向缔约对方主管当局提起相互协商请求的,应层报税务总局。

第五章 协议的执行及法律责任

第三十四条 双方主管当局经过相互协商达成一致意见的,分别按不同情况处理如下:

(一)双方就协定的某一条文解释或某一事项的理解达成共识的,税务总局应将结果以公告形式发布;

(二)双方就具体案件的处理达成共识,需要涉案税务机关执行的,税务总局应将结果以书面形式通知相关税务机关。

第三十五条 经双方主管当局相互协商达成一致的案件,涉及我国税务机关退税或其他处理的,相关税务机关应在收到通知之日起三个月内执行完毕,并将情况报告税务总局。

第三十六条 纳税人、扣缴义务人、代理人等在税务机关对相互协商案件的核查中弄虚作假,或有其他违法行为的,税务机关应按税收征管法等有关规定处理。

第三十七条 省税务机关在相互协商程序实施过程中存在下列情形之一的,税务总局除发文催办或敦促补充核查、重新核查外,视具体情况予以通报:

(一)未按规定程序受理,或未在规定期限内向税务总局上报我国居民(国民)相互协商请求的;

(二)未按规定时间上报相互协商案件核查报告的;

(三)上报的核查报告内容不全、数据不准,不能满足税务总局对外回复需要的;

(四)未按规定时间执行相互协商达成的协议的。

第六章 附 则

第三十八条 申请人依照本办法第七条的规定向省税务机关提起相互协商程序申请的,填报或提交的资料应采用中文文本。相关资料原件为外文文本且税务机关根据有关规定要求翻译成中文文本的,申请人应按照税务机关的要求翻译成中文文本。

第三十九条 关于特别纳税调整的相互协商程序实施办法,另行规定。

第四十条 本办法由税务总局负责解释。

第四十一条 本办法自2013年11月1日起施行。《国家税务总局关于印发〈中国居民(国民)申请启动税务相互协商程序暂行办法〉的通知》(国税发〔2005〕115号)同时废止。

本办法施行前已按国税发〔2005〕115号受理但尚未处理完毕的相互协商案件,适用本办法的规定。

附件:1. 启动税收协定相互协商程序申请表(略)

2. 税收协定相互协商程序异议申请表(略)

17. 国家税务总局关于委托投资情况下认定受益所有人问题的公告

(2014年4月21日 国家税务总局公告2014年第24号)

根据《国家税务总局关于印发〈非居民享受税收协定待遇管理办法(试行)〉的通知》(国税发〔2009〕124号)、《国家税务总局关于如何理解和认定税收协定中“受益所有人”的通知》(国税函〔2009〕601号)和《国家税务总局关于认定税收协定中"受益所有人"的公告》(国家税务总局公告2012年第30号)的有关规定,对于委托投资情况下受益所有人身份的认定问题,在符合上述文件规定的前提下,补充公告如下:

一、本公告所称"委托投资"是指非居民将自有资金直接委托给境外专业机构用于对居民企业的股权、债权投资,其中的"境外专业机构"指经其所在地国家或地区政府许可从事证券经纪、资产管理、资金以及证券托管等业务的金融机构。在委托投资期间,境外专业机构将受托资金独立于其自有资金进行专项管理。境外专业机构根据相应的委托或代理协议收取服务费或佣金。受托资金的投资收益和风险应由该非居民取得和承担。

二、非居民通过委托投资取得投资收益提出享受税收协定待遇申请的,应向税务机关提供以下资料:

(一)投资链条各方(包括该非居民、投资管理人或投资经理、各级托管人、证券公司等)签署的与投资相关的合同或协议,以及能够说明投资业务的其他资料,资料内容应包括委托投资本金来源和组成情况以及各方收取费用或取得所得的约定;

(二)投资收益和其他所得逐级返回至该非居民的信息和凭据,以及对所得类型认定与划分的说明资料;

(三)税务机关为认定受益所有人所需要的其他资料。

三、税务机关应对非居民提交的资料进行审核,并区分所得类型进行处理:

(一)如果投资收益的所得类型为股息或利息,该所得在逐级返回至该非居民的过程中所得性质未发生改变,且有凭据证明该所得实际返回至该非居民,则可以认定该非居民为该笔所得的受益所有人,能够享受税收协定相应条款规定的待遇;

(二)如果投资链条上除该非居民以外的各方收取的费用或取得的报酬与股息、利息有关,则该非居民不是该部分费用或报酬的受益所有人,该部分费用或报酬不得享受税收协定股息和利息条款规定的待遇;

(三)如果投资收益的所得类型为财产收益,或其他不适用受益所有人规则的所得类型,则应按税收协定相应条款的规定处理。

四、非居民或其委托代理人拒绝提供资料,或提供的资料不能区分非居民委托投资收益与投资链条上其他各方报酬的,税务机关应不予批准相应的税收协定待遇。

五、非居民与投资链条上一方或多方形成关联关系的,应向税务机关提供关联交易定价原则、方法及相关资料。不提供资料或提供资料不足以证明相关联各方交易符合独立交易原则的,税务机关可拒绝给予相应的税收协定待遇。

六、对于非居民或其委托代理人提供的凭据、所得类型认定与划分及其他相关证明资料,税务机关可视情况通过信息交换方式核实其真实性和准确性。经核实与实际情况不符,不应享受税收协定待遇而税务机关已批准享受的,应撤销原审批决定,并按税收征管法和国税发〔2009〕124号文件有关规定处理。

七、税务机关按照本公告第三条的规定认定非居民为受益所有人,且根据税收协定股息或利息条款的规定,该非居民取得股息或利息应仅在缔约国对方征税的,如果该非居民通过委托投资取得投资收益同时符合以下条件,则在其首次享受股息或利息条款税收协定待遇之日起3个公历年度内(含本年度),同一主管税务机关可免于对其受益所有人身份进行重复认定,但应对其取得的投资收益所得类型进行审核:

(一)通过同一架构安排进行委托投资;

(二)投资链条上除被投资企业之外的各方保持不变;

(三)投资链条上除被投资企业之外的各方签署的与投资相关的合同或协议保持不变。

该非居民与受益所有人身份认定有关的信息发生变化的,应及时告知主管税务机关。该非居民因信息变化不能继续享受税收协定待遇的,应自发生变化之日起停止享受有关税收协定待遇,并按国内法规定申报纳税。

八、本公告自2014年6月1日起施行。本公告施行前已发生但税务处理未完结的事项,按本公告执行。

特此公告。

18. 国家税务总局关于《多边税收征管互助公约》生效执行的公告

（2016 年 1 月 18 日　国家税务总局公告 2016 年第 4 号）

经国务院批准，我国于 2013 年 8 月 27 日签署了《多边税收征管互助公约》（以下简称《公约》），并于 2015 年 7 月 1 日由第十二届全国人民代表大会常务委员会第十五次会议批准。2015 年 10 月 16 日，我国向经济合作与发展组织交存了《公约》批准书。根据《公约》第二十八条的规定，《公约》将于 2016 年 2 月 1 日对我国生效，自 2017 年 1 月 1 日起开始执行。根据《公约》批准书，现将有关问题公告如下：

一、《公约》适用于根据我国法律由税务机关征收管理的税种，具体包括：企业所得税、个人所得税、城镇土地使用税、房产税、土地增值税、增值税、营业税、消费税、烟叶税、车辆购置税、车船税、资源税、城市维护建设税、耕地占用税、印花税、契税。

二、我国税务机关现阶段与《公约》其他缔约方之间开展征管协助的形式为情报交换，有关具体要求按照《国家税务总局关于印发〈国际税收情报交换工作规程〉的通知》（国税发〔2006〕70 号）规定执行。

三、以下事项属于《公约》批准书中我国声明保留内容：

（一）对上述税种以外的税种，不提供任何形式的协助；

（二）不协助其他缔约方追缴税款，不协助提供保全措施；

（三）不提供文书送达方面的协助；

（四）不允许通过邮寄方式送达文书。

四、在我国政府另行通知前，《公约》暂不适用于香港特别行政区和澳门特别行政区。

五、本公告与《公约》同时开始执行。

六、《公约》文本已在国家税务总局网站发布。

特此公告。

19. 国家税务总局关于在内地使用香港居民身份证明有关问题的公告

（2016 年 6 月 6 日　国家税务总局公告 2016 年第 35 号）

为简化《内地和香港特别行政区关于对所得避免双重征税和防止偷漏税的安排》（以下简称《安排》）执行程序，内地税务主管当局与香港特别行政区税务主管当局经协商，通过 2016 年 3 月 16 日和 2016 年 4 月 15 日换函，对在内地使用香港特别行政区税务主管当局出具的居民身份证明书一事达成一致，现公告如下：

香港特别行政区税务主管当局为香港居民就某一公历年度出具的居民身份证明书，可用作证明该香港居民在该公历年度及其后连续两个公历年度的香港居民身份。如有关香港居民的情况发生变化，不再符合享受《安排》待遇条件，则原适用于该公历年度的居民身份证明书不能用作证明其在情况发生变化后的香港居民身份。

根据换函规定，以上安排自 2016 年 4 月 15 日起生效执行，2016 年 4 月 15 日以前由香港特别行政区税务主管当局出具的居民身份证明书也按照以上安排执行。

特此公告。

20. 国家税务总局关于进一步完善税收协定中教师和研究人员条款执行有关规定的公告

（2016 年 12 月 29 日　国家税务总局公告 2016 年第 91 号）

我国对外签署的部分避免双重征税协定或安排（以下统称“税收协定”）列有教师和研究人员条款。根据该条款，缔约一方的教师和研究人员在缔约另一方的大学、学院、学校或其他政府承认的教育机构或科研机构从事教学、讲学或科研活动取得的所得，符合税收协定规定条件的，可在缔约另一方享受税收协定规定期限的免税待遇。现就进一步完善税收协定教师和研究人员条款执行有关规定公告如下：

一、税收协定该条款所称“大学、学院、学校或其他政府承认的教育机构”，在我国是指实施学前教育、初等教育、中等教育、高等教育和特殊教育的学校，具体包括幼儿园、普通小学、成人小学、普通初中、职业初中、普通高中、成人高中、中专、成人中专、职业高中、技工学校、特殊教育学校、外籍人员子女学校、普通高校、高职（专科）院校和成人高等学校。培训机构不属于学校。

二、非居民纳税人需享受该条款协定待遇的，应按照《国家税务总局关于发布〈非居民纳税人享受税收协定待遇管理办法〉的公告》（国家税务总局公告 2015 年第 60 号，以下简称“60 号公告”）的规定，向主管税务机关报送 60 号公告第七条规定的资料，包括有效期内的《外国专家证》或《外国人就业证》或《外国人工作许可证》的复印件。

三、本公告自发布之日起实施。本公告实施之前尚未处理的事项适用本公告。《国家税务总局关于明确我国对外签订税收协定中教师和研究人员条款适用范围的通知》（国税函〔1999〕37 号）第一条，以及《国家税务总局关于执行税收协定教师条款的通知》（国税发〔1994〕153 号）同时废止。

特此公告。

21. 国家税务总局关于税收协定中“受益所有人”有关问题的公告

（2018 年 2 月 3 日　国家税务总局公告 2018 年第 9 号）

为执行中华人民共和国政府对外签署的避免双重征税协定（简称“税收协定”），现就税收协定股息、利息、特许权使用费条款中“受益所有人”身份判定有关问题公告如下：

一、“受益所有人”是指对所得或所得据以产生的权利或财产具有所有权和支配权的人。

二、判定需要享受税收协定待遇的缔约对方居民（以下简称“申请人”）“受益所有人”身份时，应根据本条所列因素，结合具体案例的实际情况进行综合分析。一般来说，下列因素不利于对申请人“受益所有人”身份的判定：

（一）申请人有义务在收到所得的 12 个月内将所得的 50% 以上支付给第三国（地区）居民，“有义务”包括约定义务和虽未约定义务但已形成支付事实的情形。

（二）申请人从事的经营活动不构成实质性经营活动。实质性经营活动包括具有实质性的制造、经销、管理等活动。申请人从事的经营活动是否具有实质性，应根据其实际履行的功能及承担的风险进行判定。

申请人从事的具有实质性的投资控股管理活动，可以构成实质性经营活动；申请人从事不构成实质性经营活动的投资控股管理活动，同时从事其他经营活动的，如果其他经营活动不够显著，不构成实质性经营活动。

（三）缔约对方国家（地区）对有关所得不征税或免税，或征税但实际税率极低。

（四）在利息据以产生和支付的贷款合同之外，存在债权人与第三人之间在数额、利率和签订时间等方面相近的其他贷款或存款合同。

（五）在特许权使用费据以产生和支付的版权、专利、技术等使用权转让合同之外，存在申请人与第三人之间在有关版权、专利、技术等的使用权或所有权方面的转让合同。

三、申请人从中国取得的所得为股息时，申请人虽不符合“受益所有人”条件，但直接或间接持有申请人100%股份的人符合“受益所有人”条件，并且属于以下两种情形之一的，应认为申请人具有“受益所有人”身份：

（一）上述符合“受益所有人”条件的人为申请人所属居民国（地区）居民；

（二）上述符合“受益所有人”条件的人虽不为申请人所属居民国（地区）居民，但该人和间接持有股份情形下的中间层均为符合条件的人。

“符合‘受益所有人’条件”是指根据本公告第二条的规定，综合分析后可以判定具有“受益所有人”身份。

“符合条件的人”是指该人从中国取得的所得为股息时根据中国与其所属居民国（地区）签署的税收协定可享受的税收协定待遇和申请人可享受的税收协定待遇相同或更为优惠。

四、下列申请人从中国取得的所得为股息时，可不根据本公告第二条规定的因素进行综合分析，直接判定申请人具有“受益所有人”身份：

（一）缔约对方政府；

（二）缔约对方居民且在缔约对方上市的公司；

（三）缔约对方居民个人；

（四）申请人被第（一）至（三）项中的一人或多人直接或间接持有100%股份，且间接持有股份情形下的中间层为中国居民或缔约对方居民。

五、本公告第三条、第四条要求的持股比例应当在取得股息前连续12个月以内任何时候均达到规定比例。

六、代理人或指定收款人等（以下统称“代理人”）不属于“受益所有人”。申请人通过代理人代为收取所得的，无论代理人是否属于缔约对方居民，都不应据此影响对申请人“受益所有人”身份的判定。

股东基于持有股份取得股息，债权人基于持有债权取得利息，特许权授予人基于授予特许权取得特许权使用费，不属于本条所称的“代为收取所得”。

七、根据本公告第二条规定的各项因素判定“受益所有人”身份时，可区分不同所得类型通过公司章程、公司财务报表、资金流向记录、董事会会议记录、董事会决议、人力和物力配备情况、相关费用支出、职能和风险承担情况、贷款合同、特许权使用合同或转让合同、专利注册证书、版权所属证明等资料进行综合分析；判断是否为本公告第六条规定的“代理人代为收取所得”情形时，应根据代理合同或指定收款合同等资料进行分析。

八、申请人需要证明具有“受益所有人”身份的，应将相关证明资料按照《国家税务总局关于发布〈非居民纳税人享受税收协定待遇管理办法〉的公告》（国家税务总局公告2015年第60号）第七条的规定报送。其中，申请人根据本公告第三条规定具有“受益所有人”身份的，除提供申请人的税收居民身份证明外，还应提供符合“受益所有人”条件的人和符合条件的人所属居民国（地区）税务主管当局为该人开具的税收居民身份证明；申请人根据本公告第四条第（四）项规定具有“受益所有人”身份的，除提供申请人的税收居民身份证明外，还应提供直接或间接持有申请人100%股份的人和中间层所属居民国（地区）税务主管当局为该人和中间层开具的税收居民身份证明；税收居民身份证明均应证明取得所得的当年度或上一年度的税收居民身份。

九、在主管税务机关后续管理中，申请人因不具有“受益所有人”身份而自行补缴税款的，主管税务机关应将相关案件层报省税务机关备案；主管税务机关认为应该否定申请人“受益所有人”身份的，应报经省税务机关同意后执行。

十、申请人虽具有“受益所有人”身份，但主管税务机关发现需要适用税收协定主要目的测试条款或国内税收法律规定的一般反避税规则的，适用一般反避税相关规定。

十一、《内地和香港特别行政区关于对所得避免双重征税和防止偷漏税的安排》和《内地和澳门特别行政区关于对所得避免双重征税和防止偷漏税的安排》股息、利息、特许权使用费条款中“受益所有人”身份判定按照本公告执行。

香港居民提供税收居民身份证明按照《国家税务总局关于在内地使用香港居民身份证明有关问题的公告》（国家税务总局公告2016年第35号）的规定执行。

十二、本公告适用于2018年4月1日及以后发生纳税义务或扣缴义务需要享受税收协定待遇的事项。《国家税务总局关于如何理解和认定税收协定中“受益所有人”的通知》（国税函〔2009〕601号）、《国家税务总局关于认定税收协定中“受益所有人”的公告》（国家税务总局公告2012年第30号）同时废止。

特此公告。

22. 国家税务总局关于税收协定执行若干问题的公告

（2018年2月9日　国家税务总局公告2018年第11号）

为统一和规范我国政府对外签署的避免双重征税协定（简称“税收协定”）的执行，现对税收协定中常设机构、海运和空运、演艺人员和运动员条款，以及合伙企业适用税收协定等有关事项公告如下：

一、不具有法人资格的中外合作办学机构，以及中外合作办学项目中开展教育教学活动的场所构成税收协定缔约对方居民在中国的常设机构。

常设机构条款中关于劳务活动构成常设机构的表述为“在任何十二个月中连续或累计超过六个月”的，按照“在任何十二个月中连续或累计超过183天”的表述执行。

二、海运和空运条款与《中华人民共和国政府和新加坡共和国政府关于对所得避免双重征税和防止偷漏税的协定》及议定书（以下简称“中新税收协定”）第八条（海运和空运）规定内容一致的，按照以下原则执行：

（一）缔约国一方企业以船舶或飞机从事国际运输业务从缔约国另一方取得的收入，在缔约国另一方免予征税。

从事国际运输业务取得的收入，是指企业以船舶或飞机经营客运或货运取得的收入，以及以程租、期租形式出租船舶或以湿租形式出租飞机（包括所有设备、人员及供应）取得的租赁收入。

（二）上述第（一）项的免税规定也适用于参加合伙经营、联合经营或参加国际经营机构取得的收入。对于多家公司联合经营国际运输业务的税务处理，应由各参股或合作企业就其分得利润分别在其所属居民国纳税。

（三）中新税收协定第八条第三款中“缔约国一方企业从附属于以船舶或飞机经营国际运输业务有关的存款中取得的利息收入”，是指缔约国双方从事国际运输业务的海运或空运企业，从对方取得的运输收入存于对方产生的利息。该利息不适用中新税收协定第十一条（利息）的规定，应视为国际运输业务附带发生的收入，在来源国免予征税。

（四）企业从事以光租形式出租船舶或以干租形式出租飞机，以及使用、保存或出租用于运输货物或商品的集装箱（包括拖车和运输集装箱的有关设备）等租赁业务取得的收入不属于国际运输收入，但根据中新税收协定第八条第四款，附属于国际运输业务的上述租赁业务收入应视同国际运输收入处理。

“附属”是指与国际运输业务有关且服务于国际运输业务，属于支持和附带性质。企业就其从事附属于国际运输业务的上述租赁业务取得的收入享受海运和空运条款协定待遇，应满足以下三个条件：

1. 企业工商登记及相关凭证资料能够证明企业主营业务为国际运输；

2. 企业从事的附属业务是其在经营国际运输业务时，从事的对主营业务贡献较小但与主营业务联系非常紧密、不能作为一项单独业务或所得来源的活动；

3. 在一个会计年度内，企业从事附属业务取得的收入占其国际运输业务总收入的比例原则上不超过10%。

（五）下列与国际运输业务紧密相关的收入应作为国际运输收入的一部分：

1. 为其他国际运输企业代售客票取得的收入；

2. 从市区至机场运送旅客取得的收入；

3. 通过货车从事货仓至机场、码头或者后者至购货者间的运输，以及直接将货物发送至购货者取得的运输收入；

4. 企业仅为其承运旅客提供中转住宿而设置的旅馆取得的收入。

（六）非专门从事国际运输业务的企业，以其拥有的船舶或飞机经营国际运输业务取得的收入属于国际运输收入。

三、海运和空运条款中没有中新税收协定第八条第四款规定的，有关税收协定缔约对方居民从事本公告第二条第（四）项所述租赁业务取得的收入的处理，参照本公告第二条第（四）项执行。

四、演艺人员和运动员条款与中新税收协定第十七条（艺术家和运动员）规定内容一致的，按照以下原则执行：

（一）演艺人员活动包括演艺人员从事的舞台、影视、音乐等各种艺术形式的活动；以演艺人员身份开展的其他个人活动（例如演艺人员开展的电影宣传活动，演艺人员或运动员参加广告拍摄、企业年会、企业剪彩等活动）；具有娱乐性质的涉及政治、社会、宗教或慈善事业的活动。

演艺人员活动不包括会议发言，以及以随行行政、后勤人员（例如摄影师、制片人、导演、舞蹈设计人员、技术人员以及流动演出团组的运送人员等）身份开展的活动。

在商业活动中进行具有演出性质的演讲不属于会议发言。

（二）运动员活动包括参加赛跑、跳高、游泳等传统体育项目的活动；参加高尔夫球、赛马、足球、板球、网球、赛车等运动项目的活动；参加台球、象棋、桥牌比赛、电子竞技等具有娱乐性质的赛事的活动。

（三）以演艺人员或运动员身份开展个人活动取得的所得包括开展演出活动取得的所得（例如出场费），以及与开展演出活动有直接或间接联系的所得（例如广告费）。

对于从演出活动音像制品出售产生的所得中分配给演艺人员或运动员的所得，以及与演艺人员或运动员有关的涉及版权的所得，按照中新税收协定第十二条（特许权使用费）的规定处理。

（四）在演艺人员或运动员直接或间接取得所得的情况下，依据中新税收协定第十七条第一款规定，演出活动发生的缔约国一方可以根据其国内法，对演艺人员或运动员取得的所得征税，不受到中新税收协定第十四条（独立个人劳务）和第十五条（非独立个人劳务）规定的限制。

（五）在演出活动产生的所得全部或部分由其他人（包括个人、公司和其他团体）收取的情况下，如果依据演出活动发生的缔约国一方国内法规定，由其他人收取的所得应被视为由演艺人员或运动员取得，则依据中新税收协定第十七条第一款规定，演出活动发生的缔约国一方可以根据其国内法，向演艺人员或运动员就演出活动产生的所得征税，不受到中新税收协定第十四条（独立个人劳务）和第十五条（非独立个人劳务）规定的限制；如果演出活动发生的缔约国一方不能依据其国内法将由其他人收取的所得视为由演艺人员或运动员取得，则依据中新税收协定第十七条第二款规定，该国可以根据其国内法，向收取所得的其他人就演出活动产生的所得征税，不受到中新税收协定第七条（营业利润）、第十四条（独立个人劳务）和第十五条（非独立个人劳务）规定的限制。

五、有关合伙企业及其他类似实体（以下简称“合伙企业”）适用税收协定的问题，应按以下原则执行：

（一）依照中国法律在中国境内成立的合伙企业，其合伙人为税收协定缔约对方居民的，该合伙人在中国负有纳税义务的所得被缔约对方视为其居民的所得的部分，可以在中国享受协定待遇。

（二）依照外国（地区）法律成立的合伙企业，其实际管理机构不在中国境内，但在中国境内设立机构、场所的，或者在中国境内未设立机构、场所，但有来源于中国境内所得的，是中国企业所得税的非居民企业纳税人。除税收协定另有规定的以外，只有当该合伙企业是缔约对方居民的情况下，其在中国负有纳税义务的所得才能享受协定待遇。该合伙企业根据《非居民纳税人享受税收协定待遇管理办法》（国家税务总局公告2015年第60号发布）第七条报送的由缔约对方税务主管当局开具的税收居民身份证明，应能证明其根据缔约对方国内法，因住所、居所、成立地、管理机构所在地或其他类似标准，在缔约对方负有纳税义务。

税收协定另有规定的情况是指，税收协定规定，当根据缔约对方国内法，合伙企业取得的所得被视为合伙人取得的所得，则缔约对方居民合伙人应就其从合伙企业取得所得中分得的相应份额享受协定待遇。

六、内地与香港、澳门特别行政区签署的避免双重征税安排执行的有关问题适用本公告。

七、本公告自2018年4月1日起施行。《〈中华人民共和国政府和新加坡共和国政府关于对所得避免双重征税和防止偷漏税的协定〉及议定书条文解释》（国税发〔2010〕75号）第八条和第十七条同时废止。

特此公告。

23. 国家税务总局关于适用中智税收协定利息条款最惠国待遇的公告

（2018年7月1日　国家税务总局公告2018年第37号）

智利税务主管当局与我国税务主管当局分别于2018年4月16日和2018年6月6日通过换函确认，《中华人民共和国政府和智利共和国政府对所得避免双重征税和防止逃避税的协定》（以下简称“中智税收协定”）议定书第十条第三款规定的利息最惠国待遇适用条件已满足。

一、中智税收协定第十一条（利息）第二款应当自2017年1月1日起采用如下表述：

“二、然而，这些利息也可以在其发生的缔约国，按照该缔约国的法律征税。但是，如果利息受益所有人是缔约国另一方居民，则所征税款：

“（一）不应超过因银行、保险公司和其他金融机构提供的贷款而取得的利息总额的4%。‘其他金融机构’一语是指其他主要通过在金融市场进行债务融资或吸收有息存款，并利用这些资金提供金融业务来获取利润的企业；

“（二）不应超过利息总额的4%，如果利息受益所有人是：

“1. 主要通过与非关联方进行积极、经常性的贷款或融资业务取得总收入的企业，且该企业与利息支付方无关联关系。在本条款中，‘贷款或融资业务’一语包括开具信用证、提供担保或提供信用卡服务等业务；

“2. 机械或设备销售企业，且利息产生于该企业赊销其机械或设备所形成的债权；

“（三）不应超过因经常并主要在被认可的证券交易所交易的债券或证券而产生利息总额的5%；

“（四）在其他情况下，不应超过利息总额的10%。

“在第（二）项第1目中，如果某企业与某人没有第九条第一款第（一）项或第（二）项所述关系，则该企业与该人为非关联方。

“虽有第（二）项的规定，如果该项所述利息是由于作为包含背对背贷款的安排的一部分，或是作为在经济上等同于并意在取得与包含背对背贷款的安排相似效果的其他安排的一部分而支付的，则这些利息可以在其发生的缔约国征税，但是所征税款不应超过利息总额的10%。

“双方认为，‘包含背对背贷款的安排’一语包括以下任何形式的安排：作为缔约国一方居民的金融机构取得发生于缔约国另一方的利息且向另一人支付同等的利息，而如果该另一人直接从该缔约国另一方取得该利息，不能就该利息在该缔约国另一方享受本协定第十一条第二款第（一）项的限制税率。”

二、中智税收协定议定书第十条第一款应当自2017年1月1日起采用如下表述：

“十、关于第十一条，

“（一）第二款规定开始适用之日起2年内，应以15%的税率替代第二款第（四）项中的税率。”

两国税务主管当局间换函文本已在国家税务总局网站发布。

特此公告。

24. 国家税务总局关于修订《中华人民共和国政府和印度共和国政府关于对所得避免双重征税和防止偷漏税的协定》的议定书生效执行的公告

（2019 年 7 月 9 日　国家税务总局公告 2019 年第 28 号）

《关于修订 1994 年 7 月 18 日在新德里签署的〈中华人民共和国政府和印度共和国政府关于对所得避免双重征税和防止偷漏税的协定〉及议定书的议定书》（以下简称《议定书》）于 2018 年 11 月 26 日在新德里正式签署。中印双方已完成《议定书》生效所必需的各自国内法律程序。《议定书》于 2019 年 6 月 5 日生效，在中国适用于 2020 年 1 月 1 日或以后开始的纳税年度中取得的所得，在印度适用于 2020 年 4 月 1 日或以后开始的财政年度中取得的所得。

《议定书》文本已在国家税务总局网站发布。

特此公告。

25. 国家税务总局关于发布《非居民纳税人享受协定待遇管理办法》的公告

（2019 年 10 月 14 日　国家税务总局公告 2019 年第 35 号）

为深化“放管服”改革，进一步优化税收营商环境，提高非居民纳税人享受协定待遇的便捷性，国家税务总局制定了《非居民纳税人享受协定待遇管理办法》，现予发布，自 2020 年 1 月 1 日起施行。

特此公告。

附件：非居民纳税人享受协定待遇信息报告表（略）

非居民纳税人享受协定待遇管理办法

第一章　总　　则

第一条　为执行中华人民共和国政府签署的避免双重征税协定（以下简称“税收协定”）和国际运输协定税收条款，规范非居民纳税人享受协定待遇管理，根据《中华人民共和国企业所得税法》（以下简称“企业所得税法”）及其实施条例、《中华人民共和国个人所得税法》及其实施条例、《中华人民共和国税收征收管理法》（以下简称“税收征管法”）及其实施细则（以下统称“国内税收法律规定”）的有关规定，制定本办法。

第二条　在中国境内发生纳税义务的非居民纳税人需要享受协定待遇的，适用本办法。

第三条　非居民纳税人享受协定待遇，采取“自行判断、申报享受、相关资料留存备查”的方式办理。非居民纳税人自行判断符合享受协定待遇条件的，可在纳税申报时，或通过扣缴义务人在扣缴申报时，自行享受协定待遇，同时按照本办法的规定归集和留存相关资料备查，并接受税务机关后续管理。

第四条 本办法所称非居民纳税人，是指按照税收协定居民条款规定应为缔约对方税收居民的纳税人。

本办法所称协定包括税收协定和国际运输协定。国际运输协定包括中华人民共和国政府签署的航空协定、海运协定、道路运输协定、汽车运输协定、互免国际运输收入税收协议或换函以及其他关于国际运输的协定。

本办法所称协定待遇，是指按照协定可以减轻或者免除按照国内税收法律规定应当履行的企业所得税、个人所得税纳税义务。

本办法所称扣缴义务人，是指按国内税收法律规定，对非居民纳税人来源于中国境内的所得负有扣缴税款义务的单位或个人，包括法定扣缴义务人和企业所得税法规定的指定扣缴义务人。

本办法所称主管税务机关，是指按国内税收法律规定，对非居民纳税人在中国的纳税义务负有征管职责的税务机关。

第二章 协定适用和纳税申报

第五条 非居民纳税人自行申报的，自行判断符合享受协定待遇条件且需要享受协定待遇，应在申报时报送《非居民纳税人享受协定待遇信息报告表》（见附件），并按照本办法第七条的规定归集和留存相关资料备查。

第六条 在源泉扣缴和指定扣缴情况下，非居民纳税人自行判断符合享受协定待遇条件且需要享受协定待遇的，应当如实填写《非居民纳税人享受协定待遇信息报告表》，主动提交给扣缴义务人，并按照本办法第七条的规定归集和留存相关资料备查。

扣缴义务人收到《非居民纳税人享受协定待遇信息报告表》后，确认非居民纳税人填报信息完整的，依国内税收法律规定和协定规定扣缴，并如实将《非居民纳税人享受协定待遇信息报告表》作为扣缴申报的附表报送主管税务机关。

非居民纳税人未主动提交《非居民纳税人享受协定待遇信息报告表》给扣缴义务人或填报信息不完整的，扣缴义务人依国内税收法律规定扣缴。

第七条 本办法所称留存备查资料包括：

（一）由协定缔约对方税务主管当局开具的证明非居民纳税人取得所得的当年度或上一年度税收居民身份的税收居民身份证明；享受税收协定国际运输条款或国际运输协定待遇的，可用能够证明符合协定规定身份的证明代替税收居民身份证明；

（二）与取得相关所得有关的合同、协议、董事会或股东会决议、支付凭证等权属证明资料；

（三）享受股息、利息、特许权使用费条款协定待遇的，应留存证明“受益所有人”身份的相关资料；

（四）非居民纳税人认为能够证明其符合享受协定待遇条件的其他资料。

第八条 非居民纳税人对《非居民纳税人享受协定待遇信息报告表》填报信息和留存备查资料的真实性、准确性、合法性承担法律责任。

第九条 非居民纳税人发现不应享受而享受了协定待遇，并少缴或未缴税款的，应当主动向主管税务机关申报补税。

第十条 非居民纳税人可享受但未享受协定待遇而多缴税款的，可在税收征管法规定期限内自行或通过扣缴义务人向主管税务机关要求退还多缴税款，同时提交本办法第七条规定的资料。

主管税务机关应当自接到非居民纳税人或扣缴义务人退还多缴税款申请之日起30日内查实，对符合享受协定待遇条件的多缴税款办理退还手续。

第十一条 非居民纳税人享受协定待遇留存备查资料应按照税收征管法及其实施细则规定的期限保存。

第三章　税务机关后续管理

第十二条　各级税务机关应当对非居民纳税人享受协定待遇开展后续管理,准确执行协定,防范协定滥用和逃避税风险。

第十三条　主管税务机关在后续管理时,可要求非居民纳税人限期提供留存备查资料。

主管税务机关在后续管理或税款退还查实工作过程中,发现依据本办法第七条规定的资料不足以证明非居民纳税人符合享受协定待遇条件,或非居民纳税人存在逃避税嫌疑的,可要求非居民纳税人或扣缴义务人限期提供相关资料并配合调查。

第十四条　本办法规定的资料原件为外文文本的,按照主管税务机关要求提供时,应当附送中文译本,并对中文译本的准确性和完整性负责。

非居民纳税人、扣缴义务人可以向主管税务机关提供资料复印件,但是应当在复印件上标注原件存放处,加盖报告责任人印章或签章。主管税务机关要求报验原件的,应报验原件。

第十五条　非居民纳税人、扣缴义务人应配合主管税务机关进行非居民纳税人享受协定待遇的后续管理与调查。非居民纳税人、扣缴义务人均未按照税务机关要求提供相关资料,或逃避、拒绝、阻挠税务机关进行后续调查,主管税务机关无法查实其是否符合享受协定待遇条件的,应视为不符合享受协定待遇条件。

第十六条　非居民纳税人不符合享受协定待遇条件而享受了协定待遇且未缴或少缴税款的,除因扣缴义务人未按本办法第六条规定扣缴申报外,视为非居民纳税人未按照规定申报缴纳税款,主管税务机关依法追缴税款并追究非居民纳税人延迟纳税责任。在扣缴情况下,税款延迟缴纳期限自扣缴申报享受协定待遇之日起计算。

第十七条　扣缴义务人未按本办法第六条规定扣缴申报,或者未按本办法第十三条规定提供相关资料,发生不符合享受协定待遇条件的非居民纳税人享受协定待遇且未缴或少缴税款情形的,主管税务机关依据有关规定追究扣缴义务人责任,并责令非居民纳税人限期缴纳税款。

第十八条　依据企业所得税法第三十九条规定,非居民纳税人未依法缴纳税款的,主管税务机关可以从该非居民纳税人在中国境内其他收入项目的支付人应付的款项中,追缴该非居民纳税人的应纳税款。

第十九条　主管税务机关在后续管理或税款退还查实工作过程中,发现不能准确判定非居民纳税人是否可以享受协定待遇的,应当向上级税务机关报告;需要启动相互协商或情报交换程序的,按有关规定启动相应程序。

第二十条　本办法第十条所述查实时间不包括非居民纳税人或扣缴义务人补充提供资料、个案请示、相互协商、情报交换的时间。税务机关因上述原因延长查实时间的,应书面通知退税申请人相关决定及理由。

第二十一条　主管税务机关在后续管理过程中,发现需要适用税收协定主要目的测试条款或国内税收法律规定中的一般反避税规则的,适用一般反避税相关规定。

第二十二条　主管税务机关应当对非居民纳税人不当享受协定待遇情况建立信用档案,并采取相应后续管理措施。

第四章　附　　则

第二十三条　协定与本办法规定不同的,按协定执行。

第二十四条　非居民纳税人需要享受内地与香港、澳门特别行政区签署的避免双重征税安排待遇的,按照本公告执行。

第二十五条　本办法自2020年1月1日起施行。《非居民纳税人享受税收协定待遇管理办法》(国家税务总局公告2015年第60号发布,国家税务总局公告2018年第31号修改)同时废止。

26. 国家税务总局关于《中华人民共和国政府和博茨瓦纳共和国政府对所得避免双重征税和防止偷漏税的协定》生效执行的公告

（2019 年 12 月 9 日　国家税务总局公告 2019 年第 40 号）

《中华人民共和国政府和博茨瓦纳共和国政府对所得避免双重征税和防止偷漏税的协定》（以下简称《协定》）于 2012 年 4 月 11 日在哈博罗内正式签署。中博双方已完成《协定》生效所必需的各自国内法律程序。《协定》于 2018 年 9 月 19 日生效，在中国，适用于 2019 年 1 月 1 日或以后开始的纳税年度取得的所得；在博茨瓦纳，关于源泉扣缴的税种，适用于 2018 年 10 月 19 日或以后应得的数额，关于其他税种，适用于 2019 年 7 月 1 日或以后取得的应税所得。

《协定》文本已在国家税务总局网站发布。

特此公告。

27. 国家税务总局关于《中华人民共和国政府和新西兰政府对所得消除双重征税和防止逃避税的协定》及议定书生效执行的公告

（2019 年 12 月 31 日　国家税务总局公告 2019 年第 50 号）

《中华人民共和国政府和新西兰政府对所得消除双重征税和防止逃避税的协定》（以下简称《协定》）及议定书于 2019 年 4 月 1 日在北京正式签署。中新双方已完成《协定》及议定书生效所必需的各自国内法律程序。《协定》及议定书于 2019 年 12 月 27 日生效，适用于 2020 年 1 月 1 日或以后对所支付金额源泉扣缴的税收，以及 2020 年 1 月 1 日或以后开始的任何纳税年度征收的其他税收。

《协定》及议定书文本已在国家税务总局网站发布。

特此公告。

28. 国家税务总局关于《内地和香港特别行政区关于对所得避免双重征税和防止偷漏税的安排》第五议定书生效执行的公告

（2019 年 12 月 31 日　国家税务总局公告 2019 年第 51 号）

《内地和香港特别行政区关于对所得避免双重征税和防止偷漏税的安排》第五议定书（以下简称“第五议定书”）于 2019 年 7 月 19 日在北京正式签署。内地和香港特别行政区已完成第五议定书生效所必需的各自内部法律程序，自 2019 年 12 月 6 日起生效。在内地，第五议定书适用于 2020 年 1 月 1 日或以后开始的纳税年度中取得的所得；在香港特别行政区，适用于 2020 年 4 月 1 日或以后开始的课税年度中取得的所得。

第五议定书文本已在国家税务总局网站发布。

特此公告。

附　录

1.《中华人民共和国企业所得税法》与《中华人民共和国企业所得税法实施条例》对照表

《中华人民共和国企业所得税法》	《中华人民共和国企业所得税法实施条例》
第一章 总 则	**第一章 总 则**
第一条 在中华人民共和国境内,企业和其他取得收入的组织(以下统称企业)为企业所得税的纳税人,依照本法的规定缴纳企业所得税。	第一条 根据《中华人民共和国企业所得税法》(以下简称企业所得税法)的规定,制定本条例。
个人独资企业、合伙企业不适用本法。	第二条 企业所得税法第一条所称个人独资企业、合伙企业,是指依照中国法律、行政法规规定成立的个人独资企业、合伙企业。
第二条 企业分为居民企业和非居民企业。	第三条 企业所得税法第二条所称依法在中国境内成立的企业,包括依照中国法律、行政法规在中国境内成立的企业、事业单位、社会团体以及其他取得收入的组织。
本法所称居民企业,是指依法在中国境内成立,或者依照外国(地区)法律成立但实际管理机构在中国境内的企业。	企业所得税法第二条所称依照外国(地区)法律成立的企业,包括依照外国(地区)法律成立的企业和其他取得收入的组织。
本法所称非居民企业,是指依照外国(地区)法律成立且实际管理机构不在中国境内,但在中国境内设立机构、场所的,或者在中国境内未设立机构、场所,但有来源于中国境内所得的企业。	第四条 企业所得税法第二条所称实际管理机构,是指对企业的生产经营、人员、账务、财产等实施实质性全面管理和控制的机构。
	第五条 企业所得税法第二条第三款所称机构、场所,是指在中国境内从事生产经营活动的机构、场所,包括:
	(一)管理机构、营业机构、办事机构;
	(二)工厂、农场、开采自然资源的场所;
	(三)提供劳务的场所;
	(四)从事建筑、安装、装配、修理、勘探等工程作业的场所;
	(五)其他从事生产经营活动的机构、场所。
	非居民企业委托营业代理人在中国境内从事生产经营活动的,包括委托单位或者个人经常代其签订合同,或者储存、交付货物等,该营业代理人视为非居民企业在中国境内设立的机构、场所。
第三条 居民企业应当就其来源于中国境内、境外的所得缴纳企业所得税。	第六条 企业所得税法第三条所称所得,包括销售货物所得、提供劳务所得、转让财产所得、股息红利等权益性投资所得、利息所得、租金所得、特许权使用费所得、接受捐赠所得和其他所得。

续表

《中华人民共和国企业所得税法》	《中华人民共和国企业所得税法实施条例》
非居民企业在中国境内设立机构、场所的，应当就其所设机构、场所取得的来源于中国境内的所得，以及发生在中国境外但与其所设机构、场所有实际联系的所得，缴纳企业所得税。	第七条　企业所得税法第三条所称来源于中国境内、境外的所得，按照以下原则确定：
非居民企业在中国境内未设立机构、场所的，或者虽设立机构、场所但取得的所得与其所设机构、场所没有实际联系的，应当就其来源于中国境内的所得缴纳企业所得税。	(一)销售货物所得，按照交易活动发生地确定； (二)提供劳务所得，按照劳务发生地确定； (三)转让财产所得，不动产转让所得按照不动产所在地确定，动产转让所得按照转让动产的企业或者机构、场所所在地确定，权益性投资资产转让所得按照被投资企业所在地确定； (四)股息、红利等权益性投资所得，按照分配所得的企业所在地确定； (五)利息所得、租金所得、特许权使用费所得，按照负担、支付所得的企业或者机构、场所所在地确定，或者按照负担、支付所得的个人的住所地确定； (六)其他所得，由国务院财政、税务主管部门确定。 第八条　企业所得税法第三条所称实际联系，是指非居民企业在中国境内设立的机构、场所拥有据以取得所得的股权、债权，以及拥有、管理、控制据以取得所得的财产等。
第四条　企业所得税的税率为25%。 非居民企业取得本法第三条第三款规定的所得，适用税率为20%。	
第二章　应纳税所得额	**第二章　应纳税所得额**
	第一节　一般规定
第五条　企业每一纳税年度的收入总额，减除不征税收入、免税收入、各项扣除以及允许弥补的以前年度亏损后的余额，为应纳税所得额。	第九条　企业应纳税所得额的计算，以权责发生制为原则，属于当期的收入和费用，不论款项是否收付，均作为当期的收入和费用；不属于当期的收入和费用，即使款项已经在当期收付，均不作为当期的收入和费用。本条例和国务院财政、税务主管部门另有规定的除外。 第十条　企业所得税法第五条所称亏损，是指企业依照企业所得税法和本条例的规定将每一纳税年度的收入总额减除不征税收入、免税收入和各项扣除后小于零的数额。 第十一条　企业所得税法第五十五条所称清算所得，是指企业的全部资产可变现价值或者交易价格减除资产净值、清算费用以及相关税费等后的余额。 投资方企业从被清算企业分得的剩余资产，其中相当于从被清算企业累计未分配利润和累计盈余公积中应当分得的部分，应当确认为股息所得；剩余资产减除上述股息所得后的余额，超过或者低于投资成本的部分，应当确认为投资资产转让所得或者损失。

续表

《中华人民共和国企业所得税法》	《中华人民共和国企业所得税法实施条例》
	第二节　收　　入
第六条　企业以货币形式和非货币形式从各种来源取得的收入,为收入总额。包括:	第十二条　企业所得税法第六条所称企业取得收入的货币形式,包括现金、存款、应收账款、应收票据、准备持有至到期的债券投资以及债务的豁免等。
(一)销售货物收入;	企业所得税法第六条所称企业取得收入的非货币形式,包括固定资产、生物资产、无形资产、股权投资、存货、不准备持有至到期的债券投资、劳务以及有关权益等。
(二)提供劳务收入;	第十三条　企业所得税法第六条所称企业以非货币形式取得的收入,应当按照公允价值确定收入额。
(三)转让财产收入;	前款所称公允价值,是指按照市场价格确定的价值。
(四)股息、红利等权益性投资收益;	第十四条　企业所得税法第六条第(一)项所称销售货物收入,是指企业销售商品、产品、原材料、包装物、低值易耗品以及其他存货取得的收入。
(五)利息收入;	第十五条　企业所得税法第六条第(二)项所称提供劳务收入,是指企业从事建筑安装、修理修配、交通运输、仓储租赁、金融保险、邮电通信、咨询经纪、文化体育、科学研究、技术服务、教育培训、餐饮住宿、中介代理、卫生保健、社区服务、旅游、娱乐、加工以及其他劳务服务活动取得的收入。
(六)租金收入;	第十六条　企业所得税法第六条第(三)项所称转让财产收入,是指企业转让固定资产、生物资产、无形资产、股权、债权等财产取得的收入。
(七)特许权使用费收入;	第十七条　企业所得税法第六条第(四)项所称股息、红利等权益性投资收益,是指企业因权益性投资从被投资方取得的收入。
(八)接受捐赠收入;	股息、红利等权益性投资收益,除国务院财政、税务主管部门另有规定外,按照被投资方作出利润分配决定的日期确认收入的实现。

续表

《中华人民共和国企业所得税法》	《中华人民共和国企业所得税法实施条例》
	第十八条　企业所得税法第六条第（五）项所称利息收入，是指企业将资金提供他人使用但不构成权益性投资，或者因他人占用本企业资金取得的收入，包括存款利息、贷款利息、债券利息、欠款利息等收入。利息收入，按照合同约定的债务人应付利息的日期确认收入的实现。
	第十九条　企业所得税法第六条第（六）项所称租金收入，是指企业提供固定资产、包装物或者其他有形资产的使用权取得的收入。
	租金收入，按照合同约定的承租人应付租金的日期确认收入的实现。
	第二十条　企业所得税法第六条第（七）项所称特许权使用费收入，是指企业提供专利权、非专利技术、商标权、著作权以及其他特许权的使用权取得的收入。
	特许权使用费收入，按照合同约定的特许权使用人应付特许权使用费的日期确认收入的实现。
	第二十一条　企业所得税法第六条第（八）项所称接受捐赠收入，是指企业接受的来自其他企业、组织或者个人无偿给予的货币性资产、非货币性资产。
	接受捐赠收入，在实际收到捐赠资产时确认收入的实现。
（九）其他收入。	第二十二条　企业所得税法第六条第（九）项所称其他收入，是指企业取得的除企业所得税法第六条第（一）项至第（八）项收入外的其他收入，包括企业资产溢余收入、逾期未退包装物押金收入、确实无法偿付的应付款项、已作坏账损失处理后又收回的应收款项、债务重组收入、补贴收入、违约金收入、汇兑收益等。
	第二十三条　企业的下列生产经营业务可以分期确认收入的实现：
	（一）以分期收款方式销售货物的，按照合同约定的收款日期确认收入的实现；
	（二）企业受托加工制造大型机械设备、船舶、飞机等，以及从事建筑、安装、装配工程业务或者提供劳务等，持续时间超过12个月的，按照纳税年度内完工进度或者完成的工作量确认收入的实现。
	第二十四条　采取产品分成方式取得收入的，按照企业分得产品的日期确认收入的实现，其收入额按照产品的公允价值确定。
	第二十五条　企业发生非货币性资产交换，以及将货物、财产、劳务用于捐赠、偿债、赞助、集资、广告、样品、职工福利或者利润分配等用途的，应当视同销售货物、转让财产和提供劳务，但国务院财政、税务主管部门另有规定的除外。

续表

《中华人民共和国企业所得税法》	《中华人民共和国企业所得税法实施条例》
第七条　收入总额中的下列收入为不征税收入：	第二十六条　企业所得税法第七条第(一)项所称财政拨款，是指各级政府对纳入预算管理的事业单位、社会团体等组织拨付的财政资金，但国务院和国务院财政、税务主管部门另有规定的除外。
(一)财政拨款；	企业所得税法第七条第(二)项所称行政事业性收费，是指企业依照法律法规等有关规定，按照国务院规定程序批准，在实施社会公共管理，以及在向公民、法人或者其他组织提供特定公共服务过程中，向特定对象收取并纳入财政管理的费用。
(二)依法收取并纳入财政管理的行政事业性收费、政府性基金；	企业所得税法第七条第(二)项所称政府性基金，是指企业依照法律、行政法规等有关规定，代政府收取的具有专项用途的财政资金。
(三)国务院规定的其他不征税收入。	企业所得税法第七条第(三)项所称国务院规定的其他不征税收入，是指企业取得的，经国务院批准的国务院财政、税务主管部门规定专项用途的财政性资金。
	第三节　扣　　除
第八条　企业实际发生的与取得收入有关的、合理的支出，包括成本、费用、税金、损失和其他支出，准予在计算应纳税所得额时扣除。	第二十七条　企业所得税法第八条所称有关的支出，是指与取得收入直接相关的支出。
	企业所得税法第八条所称合理的支出，是指符合生产经营活动常规，应当计入当期损益或者有关资产成本的必要和正常的支出。
	第二十八条　企业发生的支出应当区分收益性支出和资本性支出。收益性支出在发生当期直接扣除；资本性支出应当分期扣除或者计入有关资产成本，不得在发生当期直接扣除。
	企业的不征税收入用于支出所形成的费用或者财产，不得扣除或者计算对应的折旧、摊销扣除。
	除企业所得税法和本条例另有规定外，企业实际发生的成本、费用、税金、损失和其他支出，不得重复扣除。
	第二十九条　企业所得税法第八条所称成本，是指企业在生产经营活动中发生的销售成本、销货成本、业务支出以及其他耗费。
	第三十条　企业所得税法第八条所称费用，是指企业在生产经营活动中发生的销售费用、管理费用和财务费用，已经计入成本的有关费用除外。
	第三十一条　企业所得税法第八条所称税金，是指企业发生的除企业所得税和允许抵扣的增值税以外的各项税金及其附加。
	第三十二条　企业所得税法第八条所称损失，是指企业在生产经营活动中发生的固定资产和存货的盘亏、毁损、报废损失，转让财产损失，呆账损失，坏账损失，自然灾害等不可抗力因素造成的损失以及其他损失。
	企业发生的损失，减除责任人赔偿和保险赔款后的余额，按照国务院财政、税务主管部门的规定扣除。
	企业已经作为损失处理的资产，在以后纳税年度全部收回或者部分收回时，应当计入当期收入。
	第三十三条　企业所得税法第八条所称其他支出，是指除成本、费用、税金、损失外，企业在生产经营活动中发生的与生产经营活动有关的、合理的支出。

续表

《中华人民共和国企业所得税法》	《中华人民共和国企业所得税法实施条例》
	第三十四条　企业发生的合理的工资薪金支出，准予扣除。
	前款所称工资薪金，是指企业每一纳税年度支付给在本企业任职或者受雇的员工的所有现金或者非现金形式的劳动报酬，包括基本工资、奖金、津贴、补贴、年终加薪、加班工资，以及与员工任职或者受雇有关的其他支出。
	第三十五条　企业按照国务院有关主管部门或者省级人民政府规定的范围和标准为职工缴纳的基本养老保险费、基本医疗保险费、失业保险费、工伤保险费、生育保险费等基本社会保险费和住房公积金，准予扣除。
	企业为投资者或者职工支付的补充养老保险费、补充医疗保险费，在国务院财政、税务主管部门规定的范围和标准内，准予扣除。
	第三十六条　除企业依照国家有关规定为特殊工种职工支付的人身安全保险费和国务院财政、税务主管部门规定可以扣除的其他商业保险费外，企业为投资者或者职工支付的商业保险费，不得扣除。
	第三十七条　企业在生产经营活动中发生的合理的不需要资本化的借款费用，准予扣除。
	企业为购置、建造固定资产、无形资产和经过12个月以上的建造才能达到预定可销售状态的存货发生借款的，在有关资产购置、建造期间发生的合理的借款费用，应当作为资本性支出计入有关资产的成本，并依照本条例的规定扣除。
	第三十八条　企业在生产经营活动中发生的下列利息支出，准予扣除：
	（一）非金融企业向金融企业借款的利息支出、金融企业的各项存款利息支出和同业拆借利息支出、企业经批准发行债券的利息支出；
	（二）非金融企业向非金融企业借款的利息支出，不超过按照金融企业同期同类贷款利率计算的数额的部分。
	第三十九条　企业在货币交易中，以及纳税年度终了将人民币以外的货币性资产、负债按照期末即期人民币汇率中间价折算为人民币时产生的汇兑损失，除已经计入有关资产成本以及与向所有者进行利润分配相关的部分外，准予扣除。
	第四十条　企业发生的职工福利费支出，不超过工资薪金总额14%的部分，准予扣除。
	第四十一条　企业拨缴的工会经费，不超过工资薪金总额2%的部分，准予扣除。

续表

《中华人民共和国企业所得税法》	《中华人民共和国企业所得税法实施条例》
	第四十二条　除国务院财政、税务主管部门另有规定外,企业发生的职工教育经费支出,不超过工资薪金总额2.5%的部分,准予扣除;超过部分,准予在以后纳税年度结转扣除。
	第四十三条　企业发生的与生产经营活动有关的业务招待费支出,按照发生额的60%扣除,但最高不得超过当年销售(营业)收入的5‰。
	第四十四条　企业发生的符合条件的广告费和业务宣传费支出,除国务院财政、税务主管部门另有规定外,不超过当年销售(营业)收入15%的部分,准予扣除;超过部分,准予在以后纳税年度结转扣除。
	第四十五条　企业按照法律、行政法规有关规定提取的用于环境保护、生态恢复等方面的专项资金,准予扣除。上述专项资金提取后改变用途的,不得扣除。
	第四十六条　企业参加财产保险,按照规定缴纳的保险费,准予扣除。
	第四十七条　企业根据生产经营活动的需要租入固定资产支付的租赁费,按照以下方法扣除:
	(一)以经营租赁方式租入固定资产发生的租赁费支出,按照租赁期限均匀扣除;
	(二)以融资租赁方式租入固定资产发生的租赁费支出,按照规定构成融资租入固定资产价值的部分应当提取折旧费用,分期扣除。
	第四十八条　企业发生的合理的劳动保护支出,准予扣除。
	第四十九条　企业之间支付的管理费、企业内营业机构之间支付的租金和特许权使用费,以及非银行企业内营业机构之间支付的利息,不得扣除。
	第五十条　非居民企业在中国境内设立的机构、场所,就其中国境外总机构发生的与该机构、场所生产经营有关的费用,能够提供总机构出具的费用汇集范围、定额、分配依据和方法等证明文件,并合理分摊的,准予扣除。

续表

<table>
<tr><th>《中华人民共和国企业所得税法》</th><th>《中华人民共和国企业所得税法实施条例》</th></tr>
<tr><td rowspan="14">第九条　企业发生的公益性捐赠支出，在年度利润总额12%以内的部分，准予在计算应纳税所得额时扣除；超过年度利润总额12%的部分，准予结转以后三年内在计算应纳税所得额时扣除。</td><td>第五十一条　企业所得税法第九条所称公益性捐赠，是指企业通过公益性社会组织或者县级以上人民政府及其部门，用于符合法律规定的慈善活动公益事业的捐赠。</td></tr>
<tr><td>第五十二条　本条例第五十一条所称公益性社会组织，是指同时符合下列条件的慈善组织以及其他社会组织：</td></tr>
<tr><td>（一）依法登记，具有法人资格；</td></tr>
<tr><td>（二）以发展公益事业为宗旨，且不以营利为目的；</td></tr>
<tr><td>（三）全部资产及其增值为该法人所有；</td></tr>
<tr><td>（四）收益和营运结余主要用于符合该法人设立目的的事业；</td></tr>
<tr><td>（五）终止后的剩余财产不归属任何个人或者营利组织；</td></tr>
<tr><td>（六）不经营与其设立目的无关的业务；</td></tr>
<tr><td>（七）有健全的财务会计制度；</td></tr>
<tr><td>（八）捐赠者不以任何形式参与该法人财产的分配；</td></tr>
<tr><td>（九）国务院财政、税务主管部门会同国务院民政部门等登记管理部门规定的其他条件。</td></tr>
<tr><td>第五十三条　企业当年发生以及以前年度结转的的公益性捐赠支出，不超过年度利润总额12%的部分，准予扣除。</td></tr>
<tr><td>年度利润总额，是指企业按照国家统一会计制度的规定计算的年度会计利润。</td></tr>
<tr><td></td></tr>
<tr><td>第十条　在计算应纳税所得额时，下列支出不得扣除：</td><td>第五十四条　企业所得税法第十条第（六）项所称赞助支出，是指企业发生的与生产经营活动无关的各种非广告性质支出。</td></tr>
<tr><td>（一）向投资者支付的股息、红利等权益性投资收益款项；</td><td>第五十五条　企业所得税法第十条第（七）项所称未经核定的准备金支出，是指不符合国务院财政、税务主管部门规定的各项资产减值准备、风险准备等准备金支出。</td></tr>
<tr><td>（二）企业所得税税款；</td><td></td></tr>
<tr><td>（三）税收滞纳金；</td><td></td></tr>
<tr><td>（四）罚金、罚款和被没收财物的损失；</td><td></td></tr>
<tr><td>（五）本法第九条规定以外的捐赠支出；</td><td></td></tr>
<tr><td>（六）赞助支出；</td><td></td></tr>
<tr><td>（七）未经核定的准备金支出；</td><td></td></tr>
<tr><td>（八）与取得收入无关的其他支出。</td><td></td></tr>
</table>

续表

《中华人民共和国企业所得税法》	《中华人民共和国企业所得税法实施条例》
	第四节　资产的税务处理
	第五十六条　企业的各项资产,包括固定资产、生物资产、无形资产、长期待摊费用、投资资产、存货等,以历史成本为计税基础。
	前款所称历史成本,是指企业取得该项资产时实际发生的支出。
	企业持有各项资产期间产生资产增值或者减值,除国务院财政、税务主管部门规定可以确认损益外,不得调整该资产的计税基础。
第十一条　在计算应纳税所得额时,企业按照规定计算的固定资产折旧,准予扣除。	第五十七条　企业所得税法第十一条所称固定资产,是指企业为生产产品、提供劳务、出租或者经营管理而持有的、使用时间超过12个月的非货币性资产,包括房屋、建筑物、机器、机械、运输工具以及其他与生产经营活动有关的设备、器具、工具等。
下列固定资产不得计算折旧扣除:	第五十八条　固定资产按照以下方法确定计税基础:
(一)房屋、建筑物以外未投入使用的固定资产;	(一)外购的固定资产,以购买价款和支付的相关税费以及直接归属于使该资产达到预定用途发生的其他支出为计税基础;
(二)以经营租赁方式租入的固定资产;	(二)自行建造的固定资产,以竣工结算前发生的支出为计税基础;
(三)以融资租赁方式租出的固定资产;	(三)融资租入的固定资产,以租赁合同约定的付款总额和承租人在签订租赁合同过程中发生的相关费用为计税基础,租赁合同未约定付款总额的,以该资产的公允价值和承租人在签订租赁合同过程中发生的相关费用为计税基础;
(四)已足额提取折旧仍继续使用的固定资产;	(四)盘盈的固定资产,以同类固定资产的重置完全价值为计税基础;
(五)与经营活动无关的固定资产;	(五)通过捐赠、投资、非货币性资产交换、债务重组等方式取得的固定资产,以该资产的公允价值和支付的相关税费为计税基础;
(六)单独估价作为固定资产入账的土地;	(六)改建的固定资产,除企业所得税法第十三条第(一)项和第(二)项规定的支出外,以改建过程中发生的改建支出增加计税基础。
(七)其他不得计算折旧扣除的固定资产。	第五十九条　固定资产按照直线法计算的折旧,准予扣除。

续表

《中华人民共和国企业所得税法》	《中华人民共和国企业所得税法实施条例》
	企业应当从固定资产使用月份的次月起计算折旧；停止使用的固定资产，应当自停止使用月份的次月起停止计算折旧。
	企业应当根据固定资产的性质和使用情况，合理确定固定资产的预计净残值。固定资产的预计净残值一经确定，不得变更。
	第六十条　除国务院财政、税务主管部门另有规定外，固定资产计算折旧的最低年限如下：
	（一）房屋、建筑物，为20年；
	（二）飞机、火车、轮船、机器、机械和其他生产设备，为10年；
	（三）与生产经营活动有关的器具、工具、家具等，为5年；
	（四）飞机、火车、轮船以外的运输工具，为4年；
	（五）电子设备，为3年。
	第六十一条　从事开采石油、天然气等矿产资源的企业，在开始商业性生产前发生的费用和有关固定资产的折耗、折旧方法，由国务院财政、税务主管部门另行规定。
	第六十二条　生产性生物资产按照以下方法确定计税基础：
	（一）外购生产性生物资产，以购买价款和支付的相关税费为计税基础；
	（二）通过捐赠、投资、非货币性资产交换、债务重组等方式取得的生产性生物资产，以该资产的公允价值和支付的相关税费为计税基础。
	前款所称生产性生物资产，是指企业为生产农林产品、提供劳务或者出租等而持有的生物资产，包括经济林、薪炭林、产畜和役畜等。
	第六十三条　生产性生物资产按照直线法计算的折旧，准予扣除。
	企业应当从生产性生物资产投入使用月份的次月起计算折旧；停止使用的生产性生物资产，应当从停止使用月份的次月起停止计算折旧。
	企业应当根据生产性生物资产的性质和使用情况，合理确定生产性生物资产的预计净残值。生产性生物资产的预计净残值一经确定，不得变更。
	第六十四条　生产性生物资产计算折旧的最低年限如下：
	（一）林木类生产性生物资产，为10年；
	（二）畜类生产性生物资产，为3年。
第十二条　在计算应纳税所得额时，企业按照规定计算的无形资产摊销费用，准予扣除。	第六十五条　企业所得税法第十二条所称无形资产，是指企业为生产产品、提供劳务、出租或者经营管理而持有的、没有实物形态的非货币性长期资产，包括专利权、商标权、著作权、土地使用权、非专利技术、商誉等。

续表

《中华人民共和国企业所得税法》	《中华人民共和国企业所得税法实施条例》
下列无形资产不得计算摊销费用扣除：	第六十六条　无形资产按照以下方法确定计税基础：
(一)自行开发的支出已在计算应纳税所得额时扣除的无形资产； (二)自创商誉；	(一)外购的无形资产，以购买价款和支付的相关税费以及直接归属于使该资产达到预定用途发生的其他支出为计税基础；
(三)与经营活动无关的无形资产； (四)其他不得计算摊销费用扣除的无形资产。	(二)自行开发的无形资产，以开发过程中符合资本化条件后至达到预定用途前发生的支出为计税基础；
	(三)通过捐赠、投资、非货币性资产交换、债务重组等方式取得的无形资产，以该资产的公允价值和支付的相关税费为计税基础。
	第六十七条　无形资产按照直线法计算的摊销费用，准予扣除。
	无形资产的摊销年限不得低于10年。
	作为投资或者受让的无形资产，有关法律规定或者合同约定使用年限的，可以按照规定或者约定的使用年限分期摊销。
	外购商誉的支出，在企业整体转让或者清算时，准予扣除。
第十三条　在计算应纳税所得时，企业发生的下列支出作为长期待摊费用，按照规定摊销的，准予扣除：	第六十八条　企业所得税法第十三条第(一)项和第(二)项所称固定资产的改建支出，是指改变房屋或者建筑物结构、延长使用年限等发生的支出。
(一)已足额提取折旧的固定资产的改建支出；	企业所得税法第十三条第(一)项所规定的支出，按照固定资产预计尚可使用年限分期摊销；第(二)项所规定的支出，按照合同约定的剩余租赁期限分期摊销。
(二)租入固定资产的改建支出；	改建的固定资产延长使用年限的，除企业所得税法第十三条第(一)项和第(二)项规定外，应当适当延长折旧年限。
(三)固定资产的大修理支出；	第六十九条　企业所得税法第十三条第(三)项所称固定资产的大修理支出，是指同时符合下列条件的支出：
(四)其他应当作为长期待摊费用的支出。	(一)修理支出达到取得固定资产时的计税基础50%以上；
	(二)修理后固定资产的使用年限延长2年以上。
	企业所得税法第十三条第(三)项所规定的支出，按照固定资产尚可使用年限分期摊销。
	第七十条　企业所得税法第十三条第(四)项所称其他应当作为长期待摊费用的支出，自支出发生月份的次月起，分期摊销，摊销年限不得低于3年。
第十四条　企业对外投资期间，投资资产的成本在计算应纳税所得额时不得扣除。	第七十一条　企业所得税法第十四条所称投资资产，是指企业对外进行权益性投资和债权性投资形成的资产。
	企业在转让或者处置投资资产时，投资资产的成本，准予扣除。
	投资资产按照以下方法确定成本：
	(一)通过支付现金方式取得的投资资产，以购买价款为成本；
	(二)通过支付现金以外的方式取得的投资资产，以该资产的公允价值和支付的相关税费为成本。

续表

《中华人民共和国企业所得税法》	《中华人民共和国企业所得税法实施条例》
第十五条　企业使用或者销售存货,按照规定计算的存货成本,准予在计算应纳税所得额时扣除。	第七十二条　企业所得税法第十五条所称存货,是指企业持有以备出售的产品或者商品、处在生产过程中的在产品、在生产或者提供劳务过程中耗用的材料和物料等。
	存货按照以下方法确定成本:
	(一)通过支付现金方式取得的存货,以购买价款和支付的相关税费为成本;
	(二)通过支付现金以外的方式取得的存货,以该存货的公允价值和支付的相关税费为成本;
	(三)生产性生物资产收获的农产品,以产出或者采收过程中发生的材料费、人工费和分摊的间接费用等必要支出为成本。
	第七十三条　企业使用或者销售的存货的成本计算方法,可以在先进先出法、加权平均法、个别计价法中选用一种。计价方法一经选用,不得随意变更。
第十六条　企业转让资产,该项资产的净值,准予在计算应纳税所得额时扣除。	第七十四条　企业所得税法第十六条所称资产的净值和第十九条所称财产的净值,是指有关资产、财产的计税基础减除按照规定已经扣除的折旧、折耗、摊销、准备金等后的余额。
第十七条　企业在汇总计算缴纳企业所得税时,其境外营业机构的亏损不得抵减境内营业机构的盈利。	
第十八条　企业纳税年度发生的亏损,准予向以后年度结转,用以后年度的所得弥补,但结转年限最长不得超过五年。	
第十九条　非居民企业取得本法第三条第三款规定的所得,按照下列方法计算其应纳税所得额:	
(一)股息、红利等权益性投资收益和利息、租金、特许权使用费所得,以收入全额为应纳税所得额;	
(二)转让财产所得,以收入全额减除财产净值后的余额为应纳税所得额;	
(三)其他所得,参照前两项规定的方法计算应纳税所得额。	
第二十条　本章规定的收入、扣除的具体范围、标准和资产的税务处理的具体办法,由国务院财政、税务主管部门规定。	第七十五条　除国务院财政、税务主管部门另有规定外,企业在重组过程中,应当在交易发生时确认有关资产的转让所得或者损失,相关资产应当按照交易价格重新确定计税基础。
第二十一条　在计算应纳税所得额时,企业财务、会计处理办法与税收法律、行政法规的规定不一致的,应当依照税收法律、行政法规的规定计算。	

续表

《中华人民共和国企业所得税法》	《中华人民共和国企业所得税法实施条例》
第三章　应纳税额	**第三章　应纳税额**
第二十二条　企业的应纳税所得额乘以适用税率，减除依照本法关于税收优惠的规定减免和抵免的税额后的余额，为应纳税额。	第七十六条　企业所得税法第二十二条规定的应纳税额计算公式为：
	应纳税额 = 应纳税所得额 × 适用税率 - 减免税额 - 抵免税额
	公式中的减免税额和抵免税额，是指依照企业所得税法和国务院的税收优惠规定减征、免征和抵免的应纳税额。
第二十三条　企业取得的下列所得已在境外缴纳的所得税税额，可以从其当期应纳税额中抵免，抵免限额为该项所得依照本法规定计算的应纳税额；超过抵免限额的部分，可以在以后五个年度内，用每年度抵免限额抵免当年应抵税额后的余额进行抵补：	第七十七条　企业所得税法第二十三条所称已在境外缴纳的所得税税额，是指企业来源于中国境外的所得依照中国境外税收法律以及相关规定应当缴纳并已经实际缴纳的企业所得税性质的税款。
(一)居民企业来源于中国境外的应税所得；	第七十八条　企业所得税法第二十三条所称抵免限额，是指企业来源于中国境外的所得，依照企业所得税法和本条例的规定计算的应纳税额。除国务院财政、税务主管部门另有规定外，该抵免限额应当分国(地区)不分项计算，其计算公式如下：
(二)非居民企业在中国境内设立机构、场所，取得发生在中国境外但与该机构、场所有实际联系的应税所得。	抵免限额 = 中国境内、境外所得依照企业所得税法和本条例的规定计算的应纳税总额 × 来源于某国(地区)的应纳税所得额 ÷ 中国境内、境外应纳税所得总额
	第七十九条　企业所得税法第二十三条所称5个年度，是指从企业取得的来源于中国境外的所得，已经在中国境外缴纳的企业所得税性质的税额超过抵免限额的当年的次年起连续5个纳税年度。
第二十四条　居民企业从其直接或者间接控制的外国企业分得的来源于中国境外的股息、红利等权益性投资收益，外国企业在境外实际缴纳的所得税税额中属于该项所得负担的部分，可以作为该居民企业的可抵免境外所得税税额，在本法第二十三条规定的抵免限额内抵免。	第八十条　企业所得税法第二十四条所称直接控制，是指居民企业直接持有外国企业20%以上股份。
	企业所得税法第二十四条所称间接控制，是指居民企业以间接持股方式持有外国企业20%以上股份，具体认定办法由国务院财政、税务主管部门另行规定。
	第八十一条　企业依照企业所得税法第二十三条、第二十四条的规定抵免企业所得税税额时，应当提供中国境外税务机关出具的税款所属年度的有关纳税凭证。
第四章　税收优惠	**第四章　税收优惠**
第二十五条　国家对重点扶持和鼓励发展的产业和项目，给予企业所得税优惠。	
第二十六条　企业的下列收入为免税收入：	第八十二条　企业所得税法第二十六条第(一)项所称国债利息收入，是指企业持有国务院财政部门发行的国债取得的利息收入。

续表

《中华人民共和国企业所得税法》	《中华人民共和国企业所得税法实施条例》
(一)国债利息收入;	第八十三条　企业所得税法第二十六条第(二)项所称符合条件的居民企业之间的股息、红利等权益性投资收益,是指居民企业直接投资于其他居民企业取得的投资收益;企业所得税法第二十六条第(二)项和第(三)项所称股息、红利等权益性投资收益,不包括连续持有居民企业公开发行并上市流通的股票不足12个月取得的投资收益。
(二)符合条件的居民企业之间的股息、红利等权益性投资收益;	第八十四条　企业所得税法第二十六条第(四)项所称符合条件的非营利组织,是指同时符合下列条件的组织:
(三)在中国境内设立机构、场所的非居民企业从居民企业取得与该机构、场所有实际联系的股息、红利等权益性投资收益;	(一)依法履行非营利组织登记手续;
(四)符合条件的非营利组织的收入。	(二)从事公益性或者非营利性活动;
	(三)取得的收入除用于与该组织有关的、合理的支出外,全部用于登记核定或者章程规定的公益性或者非营利性事业;
	(四)财产及其孳息不用于分配;
	(五)按照登记核定或者章程规定,该组织注销后的剩余财产用于公益性或者非营利性目的,或者由登记管理机关转赠给与该组织性质、宗旨相同的组织,并向社会公告;
	(六)投入人对投入该组织的财产不保留或者享有任何财产权利;
	(七)工作人员工资福利开支控制在规定的比例内,不变相分配该组织的财产;
	前款规定的非营利组织的认定管理办法由国务院财政、税务主管部门会同国务院有关部门制定。
	第八十五条　企业所得税法第二十六条第(四)项所称符合条件的非营利组织的收入,不包括非营利组织从事营利性活动取得的收入,但国务院财政、税务主管部门另有规定的除外。
第二十七条　企业的下列所得,可以免征、减征企业所得税:	第八十六条　企业所得税法第二十七条第(一)项规定的企业从事农、林、牧、渔业项目的所得,可以免征、减征企业所得税,是指:
(一)从事农、林、牧、渔业项目的所得;	(一)企业从事下列项目的所得,免征企业所得税:
(二)从事国家重点扶持的公共基础设施项目投资经营的所得;	1. 蔬菜、谷物、薯类、油料、豆类、棉花、麻类、糖料、水果、坚果的种植;
(三)从事符合条件的环境保护、节能节水项目的所得;	2. 农作物新品种的选育;
(四)企业符合条件的技术转让所得;	3. 中药材的种植;

续表

《中华人民共和国企业所得税法》	《中华人民共和国企业所得税法实施条例》
	4. 林木的培育和种植；
	5. 牲畜、家禽的饲养；
	6. 林产品的采集；
	7. 灌溉、农产品初加工、兽医、农技推广、农机作业和维修等农、林、牧、渔服务业项目；
	8. 远洋捕捞。
	(二)企业从事下列项目的所得，减半征收企业所得税：
	1. 花卉、茶以及其他饮料作物和香料作物的种植；
	2. 海水养殖、内陆养殖。
	企业从事国家限制和禁止发展的项目，不得享受本条规定的企业所得税优惠。
	第八十七条　企业所得税法第二十七条第(二)项所称国家重点扶持的公共基础设施项目，是指《公共基础设施项目企业所得税优惠目录》规定的港口码头、机场、铁路、公路、城市公共交通、电力、水利等项目。
	企业从事前款规定的国家重点扶持的公共基础设施项目的投资经营的所得，自项目取得第一笔生产经营收入所属纳税年度起，第一年至第三年免征企业所得税，第四年至第六年减半征收企业所得税。
	企业承包经营、承包建设和内部自建自用本条规定的项目，不得享受本条规定的企业所得税优惠。
(五)本法第三条第三款规定的所得。	第八十八条　企业所得税法第二十七条第(三)项所称符合条件的环境保护、节能节水项目，包括公共污水处理、公共垃圾处理、沼气综合开发利用、节能减排技术改造、海水淡化等，项目的具体条件和范围由国务院财政、税务主管部门商国务院有关部门制订，报国务院批准后公布施行。
	企业从事前款规定的符合条件的环境保护、节能节水项目的所得，自项目取得第一笔生产经营收入所属纳税年度起，第一年至第三年免征企业所得税，第四年至第六年减半征收企业所得税。
	第八十九条　依照本条例第八十七条和第八十八条规定享受减免税优惠的项目，在减免税期限内转让的，受让方自受让之日起，可以在剩余期限内享受规定的减免税优惠；减免税期限届满后转让的，受让方不得就该项目重复享受减免税优惠。
	第九十条　企业所得税法第二十七条第(四)项所称符合条件的技术转让所得免征、减征企业所得税，是指一个纳税年度内，居民企业技术转让所得不超过500万元的部分，免征企业所得税；超过500万元的部分，减半征收企业所得税。
	第九十一条　非居民企业取得企业所得税法第二十七条第(五)项规定的所得，减按10%的税率征收企业所得税。
	下列所得可以免征企业所得税：
	(一)外国政府向中国政府提供贷款取得的利息所得；
	(二)国际金融组织向中国政府和居民企业提供优惠贷款取得的利息所得；
	(三)经国务院批准的其他所得。

续表

<table>
<tr><th>《中华人民共和国企业所得税法》</th><th>《中华人民共和国企业所得税法实施条例》</th></tr>
<tr><td>第二十八条　符合条件的小型微利企业，减按20%的税率征收企业所得税。</td><td>第九十二条　企业所得税法第二十八条第一款所称符合条件的小型微利企业，是指从事国家非限制和禁止行业，并符合下列条件的企业：</td></tr>
<tr><td rowspan="9">国家需要重点扶持的高新技术企业，减按15%的税率征收企业所得税。</td><td>（一）工业企业，年度应纳税所得额不超过30万元，从业人数不超过100人，资产总额不超过3000万元；</td></tr>
<tr><td>（二）其他企业，年度应纳税所得额不超过30万元，从业人数不超过80人，资产总额不超过1000万元。</td></tr>
<tr><td>第九十三条　企业所得税法第二十八条第二款所称国家需要重点扶持的高新技术企业，是指拥有核心自主知识产权，并同时符合下列条件的企业：</td></tr>
<tr><td>（一）产品（服务）属于《国家重点支持的高新技术领域》规定的范围；</td></tr>
<tr><td>（二）研究开发费用占销售收入的比例不低于规定比例；</td></tr>
<tr><td>（三）高新技术产品（服务）收入占企业总收入的比例不低于规定比例；</td></tr>
<tr><td>（四）科技人员占企业职工总数的比例不低于规定比例；</td></tr>
<tr><td>（五）高新技术企业认定管理办法规定的其他条件。</td></tr>
<tr><td>《国家重点支持的高新技术领域》和高新技术企业认定管理办法由国务院科技、财政、税务主管部门商国务院有关部门制定，报国务院批准后公布施行。</td></tr>
<tr><td rowspan="2">第二十九条　民族自治地方的自治机关对本民族自治地方的企业应缴纳的企业所得税中属于地方分享的部分，可以决定减征或者免征。自治州、自治县决定减征或者免征的，须报省、自治区、直辖市人民政府批准。</td><td>第九十四条　企业所得税法第二十九条所称民族自治地方，是指按照《中华人民共和国民族区域自治法》的规定，实行民族区域自治的自治区、自治州、自治县。</td></tr>
<tr><td>对民族自治地方内国家限制和禁止行业的企业，不得减征或者免征企业所得税。</td></tr>
<tr><td>第三十条　企业的下列支出，可以在计算应纳税所得额时加计扣除：</td><td>第九十五条　企业所得税法第三十条第（一）项所称研究开发费用的加计扣除，是指企业为开发新技术、新产品、新工艺发生的研究开发费用，未形成无形资产计入当期损益的，在按照规定据实扣除的基础上，按照研究开发费用的50%加计扣除；形成无形资产的，按照无形资产成本的150%摊销。</td></tr>
<tr><td>（一）开发新技术、新产品、新工艺发生的研究开发费用；</td><td>第九十六条　企业所得税法第三十条第（二）项所称企业安置残疾人员所支付的工资的加计扣除，是指企业安置残疾人员的，在按照支付给残疾职工工资据实扣除的基础上，按照支付给残疾职工工资的100%加计扣除。残疾人员的范围适用《中华人民共和国残疾人保障法》的有关规定。</td></tr>
<tr><td>（二）安置残疾人员及国家鼓励安置的其他就业人员所支付的工资。</td><td>企业所得税法第三十条第（二）项所称企业安置国家鼓励安置的其他就业人员所支付的工资的加计扣除办法，由国务院另行规定。</td></tr>
</table>

续表

<table>
<tr><th>《中华人民共和国企业所得税法》</th><th>《中华人民共和国企业所得税法实施条例》</th></tr>
<tr><td>第三十一条　创业投资企业从事国家需要重点扶持和鼓励的创业投资，可以按投资额的一定比例抵扣应纳税所得额。</td><td>第九十七条　企业所得税法第三十一条所称抵扣应纳税所得额，是指创业投资企业采取股权投资方式投资于未上市的中小高新技术企业2年以上的，可以按照其投资额的70%在股权持有满2年的当年抵扣该创业投资企业的应纳税所得额；当年不足抵扣的，可以在以后纳税年度结转抵扣。</td></tr>
<tr><td rowspan="4">第三十二条　企业的固定资产由于技术进步等原因，确需加速折旧的，可以缩短折旧年限或者采取加速折旧的方法。</td><td>第九十八条　企业所得税法第三十二条所称可以采取缩短折旧年限或者采取加速折旧的方法的固定资产，包括：</td></tr>
<tr><td>（一）由于技术进步，产品更新换代较快的固定资产；</td></tr>
<tr><td>（二）常年处于强震动、高腐蚀状态的固定资产。</td></tr>
<tr><td>采取缩短折旧年限方法的，最低折旧年限不得低于本条例第六十条规定折旧年限的60%；采取加速折旧方法的，可以采取双倍余额递减法或者年数总和法。</td></tr>
<tr><td rowspan="2">第三十三条　企业综合利用资源，生产符合国家产业政策规定的产品所取得的收入，可以在计算应纳税所得额时减计收入。</td><td>第九十九条　企业所得税法第三十三条所称减计收入，是指企业以《资源综合利用企业所得税优惠目录》规定的资源作为主要原材料，生产国家非限制和禁止并符合国家和行业相关标准的产品取得的收入，减按90%计入收入总额。</td></tr>
<tr><td>前款所称原材料占生产产品材料的比例不得低于《资源综合利用企业所得税优惠目录》规定的标准。</td></tr>
<tr><td rowspan="2">第三十四条　企业购置用于环境保护、节能节水、安全生产等专用设备的投资额，可以按一定比例实行税额抵免。</td><td>第一百条　企业所得税法第三十四条所称税额抵免，是指企业购置并实际使用《环境保护专用设备企业所得税优惠目录》、《节能节水专用设备企业所得税优惠目录》和《安全生产专用设备企业所得税优惠目录》规定的环境保护、节能节水、安全生产等专用设备的，该专用设备的投资额的10%可以从企业当年的应纳税额中抵免；当年不足抵免的，可以在以后5个纳税年度结转抵免。</td></tr>
<tr><td>享受前款规定的企业所得税优惠的企业，应当实际购置并自身实际投入使用前款规定的专用设备；企业购置上述专用设备在5年内转让、出租的，应当停止享受企业所得税优惠政策，并补缴已经抵免的企业所得税税款。</td></tr>
<tr><td rowspan="2">第三十五条　本法规定的税收优惠的具体办法，由国务院规定。</td><td>第一百零一条　本章第八十七条、第九十九条、第一百条规定的企业所得税优惠目录，由国务院财政、税务主管部门商国务院有关部门制订，报国务院批准后公布施行。</td></tr>
<tr><td>第一百零二条　企业同时从事适用不同企业所得税待遇的项目的，其优惠项目应当单独计算所得，并合理分摊企业的期间费用；没有单独计算的，不得享受企业所得税优惠。</td></tr>
<tr><td>第三十六条　根据国民经济和社会发展的需要，或者由于突发事件等原因对企业经营活动产生重大影响的，国务院可以制定企业所得税专项优惠政策，报全国人民代表大会常务委员会备案。</td><td></td></tr>
</table>

续表

《中华人民共和国企业所得税法》	《中华人民共和国企业所得税法实施条例》
第五章　源泉扣缴	**第五章　源泉扣缴**
	第一百零三条　依照企业所得税法对非居民企业应缴纳的企业所得税实行源泉扣缴的，应当依照企业所得税法第十九条的规定计算应纳税所得额。 企业所得税法第十九条所称收入全额，是指非居民企业向支付人收取的全部价款和价外费用。
第三十七条　对非居民企业取得本法第三条第三款规定的所得应缴纳的所得税，实行源泉扣缴，以支付人为扣缴义务人。税款由扣缴义务人在每次支付或者到期应支付时，从支付或者到期应支付的款项中扣缴。	第一百零四条　企业所得税法第三十七条所称支付人，是指依照有关法律规定或者合同约定对非居民企业直接负有支付相关款项义务的单位或者个人。 第一百零五条　企业所得税法第三十七条所称支付，包括现金支付、汇拨支付、转账支付和权益兑价支付等货币支付和非货币支付。 企业所得税法第三十七条所称到期应支付的款项，是指支付人按照权责发生制原则应当计入相关成本、费用的应付款项。
第三十八条　对非居民企业在中国境内取得工程作业和劳务所得应缴纳的所得税，税务机关可以指定工程价款或者劳务费的支付人为扣缴义务人。	第一百零六条　企业所得税法第三十八条规定的可以指定扣缴义务人的情形包括： （一）预计工程作业或者提供劳务期限不足一个纳税年度，且有证据表明不履行纳税义务的； （二）没有办理税务登记或者临时税务登记，且未委托中国境内的代理人履行纳税义务的； （三）未按照规定期限办理企业所得税纳税申报或者预缴申报的。 前款规定的扣缴义务人，由县级以上税务机关指定，并同时告知扣缴义务人所扣税款的计算依据、计算方法、扣缴期限和扣缴方式。
第三十九条　依照本法第三十七条、第三十八条规定应当扣缴的所得税，扣缴义务人未依法扣缴或者无法履行扣缴义务的，由纳税人在所得发生地缴纳。纳税人未依法缴纳的，税务机关可以从该纳税人在中国境内其他收入项目的支付人应付的款项中，追缴该纳税人的应纳税款。	第一百零七条　企业所得税法第三十九条所称所得发生地，是指按照本条例第七条规定的原则确定的所得发生地。在中国境内存在多处所得发生地的，由纳税人选择其中之一申报缴纳企业所得税。 第一百零八条　企业所得税法第三十九条所称该纳税人在中国境内其他收入，是指该纳税人在中国境内取得的其他各种来源的收入。 税务机关在追缴该纳税人应纳税款时，应当将追缴理由、追缴数额、缴纳期限和缴纳方式等告知该纳税人。
第四十条　扣缴义务人每次代扣的税款，应当自代扣之日起7日内缴入国库，并向所在地的税务机关报送扣缴企业所得税报告表。	

续表

《中华人民共和国企业所得税法》	《中华人民共和国企业所得税法实施条例》
第六章　特别纳税调整	**第六章　特别纳税调整**
第四十一条　企业与其关联方之间的业务往来,不符合独立交易原则而减少企业或者其关联方应纳税收入或者所得额的,税务机关有权按照合理方法调整。	第一百零九条　企业所得税法第四十一条所称关联方,是指与企业有下列关联关系之一的企业、其他组织或者个人:
	(一)在资金、经营、购销等方面存在直接或者间接的控制关系;
	(二)直接或者间接地同为第三者控制;
	(三)在利益上具有相关联的其他关系。
	第一百一十条　企业所得税法第四十一条所称独立交易原则,是指没有关联关系的交易各方,按照公平成交价格和营业常规进行业务往来遵循的原则。
	第一百一十一条　企业所得税法第四十一条所称合理方法,包括:
	(一)可比非受控价格法,是指按照没有关联关系的交易各方进行相同或者类似业务往来的价格进行定价的方法;
	(二)再销售价格法,是指按照从关联方购进商品再销售给没有关联关系的交易方的价格,减去相同或者类似业务的销售毛利进行定价的方法;
企业与其关联方共同开发、受让无形资产,或者共同提供、接受劳务发生的成本,在计算应纳税所得额时应当按照独立交易原则进行分摊。	(三)成本加成法,是指按照成本加合理的费用和利润进行定价的方法;
	(四)交易净利润法,是指按照没有关联关系的交易各方进行相同或者类似业务往来取得的净利润水平确定利润的方法;
	(五)利润分割法,是指将企业与其关联方的合并利润或者亏损在各方之间采用合理标准进行分配的方法;
	(六)其他符合独立交易原则的方法。
	第一百一十二条　企业可以按照企业所得税法第四十一条第二款的规定,按照独立交易原则与其关联方分摊共同发生的成本,达成成本分摊协议。
	企业与其关联方分摊成本时,应当按照成本与预期收益相配比的原则进行分摊,并在税务机关规定的期限内,按照税务机关的要求报送有关资料。
	企业与其关联方分摊成本时违反本条第一款、第二款规定的,其自行分摊的成本不得在计算应纳税所得额时扣除。
第四十二条　企业可以向税务机关提出与其关联方之间业务往来的定价原则和计算方法,税务机关与企业协商、确认后,达成预约定价安排。	第一百一十三条　企业所得税法第四十二条所称预约定价安排,是指企业就其未来年度关联交易的定价原则和计算方法,向税务机关提出申请,与税务机关按照独立交易原则协商、确认后达成的协议。

续表

<table>
<tr><th>《中华人民共和国企业所得税法》</th><th>《中华人民共和国企业所得税法实施条例》</th></tr>
<tr><td>第四十三条　企业向税务机关报送年度企业所得税纳税申报表时，应当就其与关联方之间的业务往来，附送年度关联业务往来报告表。</td><td>第一百一十四条　企业所得税法第四十三条所称相关资料包括：</td></tr>
<tr><td rowspan="7">税务机关在进行关联业务调查时，企业及其关联方，以及与关联业务调查有关的其他企业，应当按照规定提供相关资料。</td><td>（一）与关联业务往来有关的价格、费用的制定标准、计算方法和说明等同期资料；</td></tr>
<tr><td>（二）关联业务往来所涉及的财产、财产使用权、劳务等的再销售（或者转让）价格或者最终销售（或者转让）价格的相关资料；</td></tr>
<tr><td>（三）与关联业务调查有关的其他企业应当提供的与被调查企业可比的产品价格、定价方式以及利润水平等资料；</td></tr>
<tr><td>（四）其他与关联业务往来有关的资料。</td></tr>
<tr><td>企业所得税法第四十三条所称与关联业务调查有关的其他企业，是指与被调查企业在经营内容和方式上相类似的企业。</td></tr>
<tr><td>企业应当在税务机关规定的期限内提供与关联业务往来有关的价格、费用的制定标准、计算方法和说明等资料。关联方以及与关联业务调查有关的其他企业应当在税务机关与其约定的期限内提供相关资料。</td></tr>
<tr><td rowspan="6">第四十四条　企业不提供与其关联方之间业务往来资料，或者提供虚假、不完整资料，未能真实反映其关联业务往来情况的，税务机关有权依法核定其应纳税所得额。</td><td>第一百一十五条　税务机关依照企业所得税法第四十四条的规定核定企业的应纳税所得额时，可以采用下列方法：</td></tr>
<tr><td>（一）参照同类或者类似企业的利润率水平核定；</td></tr>
<tr><td>（二）按照企业成本加合理的费用和利润的方法核定；</td></tr>
<tr><td>（三）按照关联企业集团整体利润的合理比例核定；</td></tr>
<tr><td>（四）按照其他合理方法核定。</td></tr>
<tr><td>企业对税务机关按照前款规定的方法核定的应纳税所得额有异议的，应当提供相关证据，经税务机关认定后，调整核定的应纳税所得额。</td></tr>
<tr><td rowspan="5">第四十五条　由居民企业，或者由居民企业和中国居民控制的设立在实际税负明显低于本法第四条第一款规定税率水平的国家（地区）的企业，并非由于合理的经营需要而对利润不作分配或者减少分配的，上述利润中应归属于该居民企业的部分，应当计入该居民企业的当期收入。</td><td>第一百一十六条　企业所得税法第四十五条所称中国居民，是指根据《中华人民共和国个人所得税法》的规定，就其从中国境内和境外取得的所得在中国缴纳个人所得税的个人。</td></tr>
<tr><td>第一百一十七条　企业所得税法第四十五条所称控制包括：</td></tr>
<tr><td>（一）居民企业或者中国居民直接或者间接单一持有外国企业10%以上有表决权股份，且由其共同持有该外国企业50%以上股份；</td></tr>
<tr><td>（二）居民企业，或者居民企业和中国居民持股比例没有达到第（一）项规定的标准，但在股份、资金、经营、购销等方面对该外国企业构成实质控制。</td></tr>
<tr><td>第一百一十八条　企业所得税法第四十五条所称实际税负明显低于企业所得税法第四条第一款规定税率水平，是指低于企业所得税法第四条第一款规定税率的50%。</td></tr>
</table>

续表

《中华人民共和国企业所得税法》	《中华人民共和国企业所得税法实施条例》
第四十六条 企业从其关联方接受的债权性投资与权益性投资的比例超过规定标准而发生的利息支出，不得在计算应纳税所得额时扣除。	第一百一十九条 企业所得税法第四十六条所称债权性投资，是指企业直接或者间接从关联方获得的，需要偿还本金和支付利息或者需要以其他具有支付利息性质的方式予以补偿的融资。
	企业间接从关联方获得的债权性投资，包括：
	(一)关联方通过无关联第三方提供的债权性投资；
	(二)无关联第三方提供的、由关联方担保且负有连带责任的债权性投资；
	(三)其他间接从关联方获得的具有负债实质的债权性投资。
	企业所得税法第四十六条所称权益性投资，是指企业接受的不需要偿还本金和利息，投资人对企业净资产拥有所有权的投资。
	企业所得税法第四十六条所称标准，由国务院财政、税务主管部门另行规定。
第四十七条 企业实施其他不具有合理商业目的的安排而减少其应纳税收入或者所得额的，税务机关有权按照合理方法调整。	第一百二十条 企业所得税法第四十七条所称不具有合理商业目的，是指以减少、免除或者推迟缴纳税款为主要目的。
第四十八条 税务机关依照本章规定作出纳税调整，需要补征税款的，应当补征税款，并按照国务院规定加收利息。	第一百二十一条 税务机关根据税收法律、行政法规的规定，对企业作出特别纳税调整的，应当对补征的税款，自税款所属纳税年度的次年6月1日起至补缴税款之日止的期间，按日加收利息。
	前款规定加收的利息，不得在计算应纳税所得额时扣除。
	第一百二十二条 企业所得税法第四十八条所称利息，应当按照税款所属纳税年度中国人民银行公布的与补税期间同期的人民币贷款基准利率加5个百分点计算。
	企业按照企业所得税法第四十三条和本条例的规定提供有关资料的，可以只按前款规定的人民币贷款基准利率计算利息。
	第一百二十三条 企业与其关联方之间的业务往来，不符合独立交易原则，或者企业实施其他不具有合理商业目的的安排的，税务机关有权在该业务发生的纳税年度起10年内，进行纳税调整。
第七章 征收管理	**第七章 征收管理**
第四十九条 企业所得税的征收管理除本法规定外，依照《中华人民共和国税收征收管理法》的规定执行。	
第五十条 除税收法律、行政法规另有规定外，居民企业以企业登记注册地为纳税地点；但登记注册地在境外的，以实际管理机构所在地为纳税地点。	第一百二十四条 企业所得税法第五十条所称企业登记注册地，是指企业依照国家有关规定登记注册的住所地。
居民企业在中国境内设立不具有法人资格的营业机构的，应当汇总计算并缴纳企业所得税。	第一百二十五条 企业汇总计算并缴纳企业所得税时，应当统一核算应纳税所得额，具体办法由国务院财政、税务主管部门另行制定。

续表

《中华人民共和国企业所得税法》	《中华人民共和国企业所得税法实施条例》
第五十一条　非居民企业取得本法第三条第二款规定的所得，以机构、场所所在地为纳税地点。非居民企业在中国境内设立两个或者两个以上机构、场所，符合国务院主管部门规定条件的，可以选择由其主要机构、场所汇总缴纳企业所得税。	第一百二十六条　企业所得税法第五十一条所称主要机构、场所，应当同时符合下列条件：
非居民企业取得本法第三条第三款规定的所得，以扣缴义务人所在地为纳税地点。	（一）对其他各机构、场所的生产经营活动负有监督管理责任；
	（二）设有完整的账簿、凭证，能够准确反映各机构、场所的收入、成本、费用和盈亏情况。
	第一百二十七条
	【注】根据国务院令第714号规定，本条款删除。
第五十二条　除国务院另有规定外，企业之间不得合并缴纳企业所得税。	
第五十三条　企业所得税按纳税年度计算。纳税年度自公历1月1日起至12月31日止。	
企业在一个纳税年度中间开业，或者终止经营活动，使该纳税年度的实际经营期不足十二个月的，应当以其实际经营期为一个纳税年度。	
企业依法清算时，应当以清算期间作为一个纳税年度。	
第五十四条　企业所得税分月或者分季预缴。企业应当自月份或者季度终了之日起十五日内，向税务机关报送预缴企业所得税纳税申报表，预缴税款。	第一百二十八条　企业所得税分月或者分季预缴，由税务机关具体核定。
企业应当自年度终了之日起五个月内，向税务机关报送年度企业所得税纳税申报表，并汇算清缴，结清应缴应退税款。	企业根据企业所得税法第五十四条规定分月或者分季预缴企业所得税时，应当按照月度或者季度的实际利润额预缴；按照月度或者季度的实际利润额预缴有困难的，可以按照上一纳税年度应纳税所得额的月度或者季度平均额预缴，或者按照经税务机关认可的其他方法预缴。预缴方法一经确定，该纳税年度内不得随意变更。
企业在报送企业所得税纳税申报表时，应当按照规定附送财务会计报告和其他有关资料。	第一百二十九条　企业在纳税年度内无论盈利或者亏损，都应当依照企业所得税法第五十四条规定的期限，向税务机关报送预缴企业所得税纳税申报表、年度企业所得税纳税申报表、财务会计报告和税务机关规定应当报送的其他有关资料。
第五十五条　企业在年度中间终止经营活动的，应当自实际经营终止之日起六十日内，向税务机关办理当期企业所得税汇算清缴。	
企业应当在办理注销登记前，就其清算所得向税务机关申报并依法缴纳企业所得税。	

续表

《中华人民共和国企业所得税法》	《中华人民共和国企业所得税法实施条例》
第五十六条　依照本法缴纳的企业所得税，以人民币计算。所得以人民币以外的货币计算的，应当折合成人民币计算并缴纳税款。	第一百三十条　企业所得以人民币以外的货币计算的，预缴企业所得税时，应当按照月度或者季度最后一日的人民币汇率中间价，折合成人民币计算应纳税所得额。年度终了汇算清缴时，对已经按照月度或者季度预缴税款的，不再重新折合计算，只就该纳税年度内未缴纳企业所得税的部分，按照纳税年度最后一日的人民币汇率中间价，折合成人民币计算应纳税所得额。
	经税务机关检查确认，企业少计或者多计前款规定的所得的，应当按照检查确认补税或者退税时的上一个月最后一日的人民币汇率中间价，将少计或者多计的所得折合成人民币计算应纳税所得额，再计算应补缴或者应退的税款。
第八章　附　　则	**第八章　附　　则**
第五十七条　本法公布前已经批准设立的企业，依照当时的税收法律、行政法规规定，享受低税率优惠的，按照国务院规定，可以在本法施行后五年内，逐步过渡到本法规定的税率；享受定期减免税优惠的，按照国务院规定，可以在本法施行后继续享受到期满为止，但因未获利而尚未享受优惠的，优惠期限从本法施行年度起计算。	
法律设置的发展对外经济合作和技术交流的特定地区内，以及国务院已规定执行上述地区特殊政策的地区内新设立的国家需要重点扶持的高新技术企业，可以享受过渡性税收优惠，具体办法由国务院规定。	第一百三十一条　企业所得税法第五十七条第一款所称本法公布前已经批准设立的企业，是指企业所得税法公布前已经完成登记注册的企业。
国家已确定的其他鼓励类企业，可以按照国务院规定享受减免税优惠。	第一百三十二条　在香港特别行政区、澳门特别行政区和台湾地区成立的企业，参照适用企业所得税法第二条第二款、第三款的有关规定。
第五十八条　中华人民共和国政府同外国政府订立的有关税收的协定与本法有不同规定的，依照协定的规定办理。	
第五十九条　国务院根据本法制定实施条例。	
第六十条　本法自2008年1月1日起施行。1991年4月9日第七届全国人民代表大会第四次会议通过的《中华人民共和国外商投资企业和外国企业所得税法》和1993年12月13日国务院发布的《中华人民共和国企业所得税暂行条例》同时废止。	第一百三十三条　本条例自2008年1月1日起施行。1991年6月30日国务院发布的《中华人民共和国外商投资企业和外国企业所得税法实施细则》和1994年2月4日财政部发布的《中华人民共和国企业所得税暂行条例实施细则》同时废止。

2. 中华人民共和国税收征收管理法

（2015 年 4 月 24 日　中华人民共和国主席令第 23 号）

（1992 年 9 月 4 日第七届全国人民代表大会常务委员会第二十七次会议通过
根据 1995 年 2 月 28 日第八届全国人民代表大会常务委员会第十二次会议
《关于修改〈中华人民共和国税收征收管理法〉的决定》第一次修正
2001 年 4 月 28 日第九届全国人民代表大会常务委员会第二十一次会议修订
根据 2013 年 6 月 29 日第十二届全国人民代表大会常务委员会第三次会议
《关于修改〈中华人民共和国文物保护法〉等十二部法律的决定》第二次修正
根据《全国人民代表大会常务委员会关于修改〈中华人民共和国港口法〉
等七部法律的决定》第三次修正）

第一章　总　　则

第一条　为了加强税收征收管理，规范税收征收和缴纳行为，保障国家税收收入，保护纳税人的合法权益，促进经济和社会发展，制定本法。

第二条　凡依法由税务机关征收的各种税收的征收管理，均适用本法。

第三条　税收的开征、停征以及减税、免税、退税、补税，依照法律的规定执行；法律授权国务院规定的，依照国务院制定的行政法规的规定执行。

任何机关、单位和个人不得违反法律、行政法规的规定，擅自作出税收开征、停征以及减税、免税、退税、补税和其他同税收法律、行政法规相抵触的决定。

第四条　法律、行政法规规定负有纳税义务的单位和个人为纳税人。

法律、行政法规规定负有代扣代缴、代收代缴税款义务的单位和个人为扣缴义务人。

纳税人、扣缴义务人必须依照法律、行政法规的规定缴纳税款、代扣代缴、代收代缴税款。

第五条　国务院税务主管部门主管全国税收征收管理工作。各地国家税务局和地方税务局应当按照国务院规定的税收征收管理范围分别进行征收管理。

地方各级人民政府应当依法加强对本行政区域内税收征收管理工作的领导或者协调，支持税务机关依法执行职务，依照法定税率计算税额，依法征收税款。

各有关部门和单位应当支持、协助税务机关依法执行职务。

税务机关依法执行职务，任何单位和个人不得阻挠。

第六条　国家有计划地用现代信息技术装备各级税务机关，加强税收征收管理信息系统的现代化建设,建立、健全税务机关与政府其他管理机关的信息共享制度。

纳税人、扣缴义务人和其他有关单位应当按照国家有关规定如实向税务机关提供与纳税和代扣代缴、代收代缴税款有关的信息。

第七条 税务机关应当广泛宣传税收法律、行政法规,普及纳税知识,无偿地为纳税人提供纳税咨询服务。

第八条 纳税人、扣缴义务人有权向税务机关了解国家税收法律、行政法规的规定以及与纳税程序有关的情况。

纳税人、扣缴义务人有权要求税务机关为纳税人、扣缴义务人的情况保密。税务机关应当依法为纳税人、扣缴义务人的情况保密。

纳税人依法享有申请减税、免税、退税的权利。

纳税人、扣缴义务人对税务机关所作出的决定,享有陈述权、申辩权;依法享有申请行政复议、提起行政诉讼、请求国家赔偿等权利。

纳税人、扣缴义务人有权控告和检举税务机关、税务人员的违法违纪行为。

第九条 税务机关应当加强队伍建设,提高税务人员的政治业务素质。

税务机关、税务人员必须秉公执法,忠于职守,清正廉洁,礼貌待人,文明服务,尊重和保护纳税人、扣缴义务人的权利,依法接受监督。

税务人员不得索贿受贿、徇私舞弊、玩忽职守、不征或者少征应征税款;不得滥用职权多征税款或者故意刁难纳税人和扣缴义务人。

第十条 各级税务机关应当建立、健全内部制约和监督管理制度。

上级税务机关应当对下级税务机关的执法活动依法进行监督。

各级税务机关应当对其工作人员执行法律、行政法规和廉洁自律准则的情况进行监督检查。

第十一条 税务机关负责征收、管理、稽查、行政复议的人员的职责应当明确,并相互分离、相互制约。

第十二条 税务人员征收税款和查处税收违法案件,与纳税人、扣缴义务人或者税收违法案件有利害关系的,应当回避。

第十三条 任何单位和个人都有权检举违反税收法律、行政法规的行为。收到检举的机关和负责查处的机关应当为检举人保密。税务机关应当按照规定对检举人给予奖励。

第十四条 本法所称税务机关是指各级税务局、税务分局、税务所和按照国务院规定设立的并向社会公告的税务机构。

第二章 税务管理

第一节 税务登记

第十五条 企业,企业在外地设立的分支机构和从事生产、经营的场所,个体工商户和从事生产、经营的事业单位(以下统称从事生产、经营的纳税人)自领取营业执照之日起三十日内,持有关证件,向税务机关申报办理税务登记。税务机关应当于收到申报的当日办理登记并发给税务登记证件。

工商行政管理机关应当将办理登记注册、核发营业执照的情况,定期向税务机关通报。

本条第一款规定以外的纳税人办理税务登记和扣缴义务人办理扣缴税款登记的范围和办法,由国务院规定。

第十六条 从事生产、经营的纳税人,税务登记内容发生变化的,自工商行政管理机关办理变更登记之日起三十日内或者在向工商行政管理机关申请办理注销登记之前,持有关证件向税务机关申报办理变更或者注销税务登记。

第十七条 从事生产、经营的纳税人应当按照国家有关规定,持税务登记证件,在银行或者其他金融机构开立基本存款帐户和其他存款帐户,并将其全部帐号向税务机关报告。

银行和其他金融机构应当在从事生产、经营的纳税人的帐户中登录税务登记证件号码,并在税务登记证件中登录从事生产、经营的纳税人的帐户帐号。

税务机关依法查询从事生产、经营的纳税人开立帐户的情况时，有关银行和其他金融机构应当予以协助。

第十八条 纳税人按照国务院税务主管部门的规定使用税务登记证件。税务登记证件不得转借、涂改、损毁、买卖或者伪造。

第二节 帐簿、凭证管理

第十九条 纳税人、扣缴义务人按照有关法律、行政法规和国务院财政、税务主管部门的规定设置帐簿，根据合法、有效凭证记帐，进行核算。

第二十条 从事生产、经营的纳税人的财务、会计制度或者财务、会计处理办法和会计核算软件，应当报送税务机关备案。

纳税人、扣缴义务人的财务、会计制度或者财务、会计处理办法与国务院或者国务院财政、税务主管部门有关税收的规定抵触的，依照国务院或者国务院财政、税务主管部门有关税收的规定计算应纳税款、代扣代缴和代收代缴税款。

第二十一条 税务机关是发票的主管机关，负责发票印制、领购、开具、取得、保管、缴销的管理和监督。

单位、个人在购销商品、提供或者接受经营服务以及从事其他经营活动中，应当按照规定开具、使用、取得发票。

发票的管理办法由国务院规定。

第二十二条 增值税专用发票由国务院税务主管部门指定的企业印制；其他发票，按照国务院税务主管部门的规定，分别由省、自治区、直辖市国家税务局、地方税务局指定企业印制。

未经前款规定的税务机关指定，不得印制发票。

第二十三条 国家根据税收征收管理的需要，积极推广使用税控装置。纳税人应当按照规定安装、使用税控装置，不得损毁或者擅自改动税控装置。

第二十四条 从事生产、经营的纳税人、扣缴义务人必须按照国务院财政、税务主管部门规定的保管期限保管帐簿、记帐凭证、完税凭证及其他有关资料。

帐簿、记帐凭证、完税凭证及其他有关资料不得伪造、变造或者擅自损毁。

第三节 纳 税 申 报

第二十五条 纳税人必须依照法律、行政法规规定或者税务机关依照法律、行政法规的规定确定的申报期限、申报内容如实办理纳税申报，报送纳税申报表、财务会计报表以及税务机关根据实际需要要求纳税人报送的其他纳税资料。

扣缴义务人必须依照法律、行政法规规定或者税务机关依照法律、行政法规的规定确定的申报期限、申报内容如实报送代扣代缴、代收代缴税款报告表以及税务机关根据实际需要要求扣缴义务人报送的其他有关资料。

第二十六条 纳税人、扣缴义务人可以直接到税务机关办理纳税申报或者报送代扣代缴、代收代缴税款报告表，也可以按照规定采取邮寄、数据电文或者其他方式办理上述申报、报送事项。

第二十七条 纳税人、扣缴义务人不能按期办理纳税申报或者报送代扣代缴、代收代缴税款报告表的，经税务机关核准，可以延期申报。

经核准延期办理前款规定的申报、报送事项的，应当在纳税期内按照上期实际缴纳的税额或者税务机关核定的税额预缴税款，并在核准的延期内办理税款结算。

第三章 税 款 征 收

第二十八条 税务机关依照法律、行政法规的规定征收税款，不得违反法律、行政法规的规定开征、停征、多征、少征、提前征收、延缓征收或者摊派税款。

农业税应纳税额按照法律、行政法规的规定核定。

第二十九条 除税务机关、税务人员以及经税务机关依照法律、行政法规委托的单位和人员外，任何单位和个人不得进行税款征收活动。

第三十条 扣缴义务人依照法律、行政法规的规定履行代扣、代收税款的义务。对法律、行政法规没有规定负有代扣、代收税款义务的单位和个人，税务机关不得要求其履行代扣、代收税款义务。

扣缴义务人依法履行代扣、代收税款义务时，纳税人不得拒绝。纳税人拒绝的，扣缴义务人应当及时报告税务机关处理。

税务机关按照规定付给扣缴义务人代扣、代收手续费。

第三十一条 纳税人、扣缴义务人按照法律、行政法规规定或者税务机关依照法律、行政法规的规定确定的期限，缴纳或者解缴税款。

纳税人因有特殊困难，不能按期缴纳税款的，经省、自治区、直辖市国家税务局、地方税务局批准，可以延期缴纳税款，但是最长不得超过三个月。

第三十二条 纳税人未按照规定期限缴纳税款的，扣缴义务人未按照规定期限解缴税款的，税务机关除责令限期缴纳外，从滞纳税款之日起，按日加收滞纳税款万分之五的滞纳金。

第三十三条 纳税人依照法律、行政法规的规定办理减税、免税。

地方各级人民政府、各级人民政府主管部门、单位和个人违反法律、行政法规规定，擅自作出的减税、免税决定无效，税务机关不得执行，并向上级税务机关报告。

第三十四条 税务机关征收税款时，必须给纳税人开具完税凭证。扣缴义务人代扣、代收税款时，纳税人要求扣缴义务人开具代扣、代收税款凭证的，扣缴义务人应当开具。

第三十五条 纳税人有下列情形之一的，税务机关有权核定其应纳税额：

(一)依照法律、行政法规的规定可以不设置帐簿的；

(二)依照法律、行政法规的规定应当设置帐簿但未设置的；

(三)擅自销毁帐簿或者拒不提供纳税资料的；

(四)虽设置帐簿，但帐目混乱或者成本资料、收入凭证、费用凭证残缺不全，难以查帐的；

(五)发生纳税义务，未按照规定的期限办理纳税申报，经税务机关责令限期申报，逾期仍不申报的；

(六)纳税人申报的计税依据明显偏低，又无正当理由的。

税务机关核定应纳税额的具体程序和方法由国务院税务主管部门规定。

第三十六条 企业或者外国企业在中国境内设立的从事生产、经营的机构、场所与其关联企业之间的业务往来，应当按照独立企业之间的业务往来收取或者支付价款、费用；不按照独立企业之间的业务往来收取或者支付价款、费用，而减少其应纳税的收入或者所得额的，税务机关有权进行合理调整。

第三十七条 对未按照规定办理税务登记的从事生产、经营的纳税人以及临时从事经营的纳税人，由税务机关核定其应纳税额，责令缴纳；不缴纳的，税务机关可以扣押其价值相当于应纳税款的商品、货物。扣押后缴纳应纳税款的，税务机关必须立即解除扣押，并归还所扣押的商品、货物；扣押后仍不缴纳应纳税款的，经县以上税务局(分局)局长批准，依法拍卖或者变卖所扣押的商品、货物，以拍卖或者变卖所得抵缴税款。

第三十八条 税务机关有根据认为从事生产、经营的纳税人有逃避纳税义务行为的，可以在规定的纳税期之前，责令限期缴纳应纳税款；在限期内发现纳税人有明显的转移、隐匿其应纳税的商品、货物以及其他财产或者应纳税的收入的迹象的，税务机关可以责成纳税人提供纳税担保。如果纳税人不能提供纳税担保，经县以上税务局(分局)局长批准，税务机关可以采取下列税收保全措施：

(一)书面通知纳税人开户银行或者其他金融机构冻结纳税人的金额相当于应纳税款的存款；

(二)扣押、查封纳税人的价值相当于应纳税款的商品、货物或者其他财产。

纳税人在前款规定的限期内缴纳税款的，税务机关必须立即解除税收保全措施；限期期满仍未缴纳税款的，经县以上税务局(分局)局长批准，税务机关可以书面通知纳税人开户银行或者其他金融机构从其冻结的存款中扣缴税款，或者依法拍卖或者变卖所扣押、查封的商品、货物或者其他财产，以拍卖或者变卖所得抵缴税款。

个人及其所扶养家属维持生活必需的住房和用品，不在税收保全措施的范围之内。

第三十九条 纳税人在限期内已缴纳税款，税务机关未立即解除税收保全措施，使纳税人的合法利益遭受损失的，税务机关应当承担赔偿责任。

第四十条 从事生产、经营的纳税人、扣缴义务人未按照规定的期限缴纳或者解缴税款，纳税担保人未按照规定的期限缴纳所担保的税款，由税务机关责令限期缴纳，逾期仍未缴纳的，经县以上税务局（分局）局长批准，税务机关可以采取下列强制执行措施：

（一）书面通知其开户银行或者其他金融机构从其存款中扣缴税款；

（二）扣押、查封、依法拍卖或者变卖其价值相当于应纳税款的商品、货物或者其他财产，以拍卖或者变卖所得抵缴税款。

税务机关采取强制执行措施时，对前款所列纳税人、扣缴义务人、纳税担保人未缴纳的滞纳金同时强制执行。

个人及其所扶养家属维持生活必需的住房和用品，不在强制执行措施的范围之内。

第四十一条 本法第三十七条、第三十八条、第四十条规定的采取税收保全措施、强制执行措施的权力，不得由法定的税务机关以外的单位和个人行使。

第四十二条 税务机关采取税收保全措施和强制执行措施必须依照法定权限和法定程序，不得查封、扣押纳税人个人及其所扶养家属维持生活必需的住房和用品。

第四十三条 税务机关滥用职权违法采取税收保全措施、强制执行措施，或者采取税收保全措施、强制执行措施不当，使纳税人、扣缴义务人或者纳税担保人的合法权益遭受损失的，应当依法承担赔偿责任。

第四十四条 欠缴税款的纳税人或者他的法定代表人需要出境的，应当在出境前向税务机关结清应纳税款、滞纳金或者提供担保。未结清税款、滞纳金，又不提供担保的，税务机关可以通知出境管理机关阻止其出境。

第四十五条 税务机关征收税款，税收优先于无担保债权，法律另有规定的除外；纳税人欠缴的税款发生在纳税人以其财产设定抵押、质押或者纳税人的财产被留置之前的，税收应当先于抵押权、质权、留置权执行。

纳税人欠缴税款，同时又被行政机关决定处以罚款、没收违法所得的，税收优先于罚款、没收违法所得。

税务机关应当对纳税人欠缴税款的情况定期予以公告。

第四十六条 纳税人有欠税情形而以其财产设定抵押、质押的，应当向抵押权人、质权人说明其欠税情况。抵押权人、质权人可以请求税务机关提供有关的欠税情况。

第四十七条 税务机关扣押商品、货物或者其他财产时，必须开付收据；查封商品、货物或者其他财产时，必须开付清单。

第四十八条 纳税人有合并、分立情形的，应当向税务机关报告，并依法缴清税款。纳税人合并时未缴清税款的，应当由合并后的纳税人继续履行未履行的纳税义务；纳税人分立时未缴清税款的，分立后的纳税人对未履行的纳税义务应当承担连带责任。

第四十九条 欠缴税款数额较大的纳税人在处分其不动产或者大额资产之前，应当向税务机关报告。

第五十条 欠缴税款的纳税人因怠于行使到期债权，或者放弃到期债权，或者无偿转让财产，或者以明显不合理的低价转让财产而受让人知道该情形，对国家税收造成损害的，税务机关可以依照合同法第七十三条、第七十四条的规定行使代位权、撤销权。

税务机关依照前款规定行使代位权、撤销权的，不免除欠缴税款的纳税人尚未履行的纳税义务和应承担的法律责任。

第五十一条 纳税人超过应纳税额缴纳的税款，税务机关发现后应当立即退还；纳税人自结算缴纳税款之日起三年内发现的，可以向税务机关要求退还多缴的税款并加算银行同期存款利息，税务机关及时查实后应当立即退还；涉及从国库中退库的，依照法律、行政法规有关国库管理的规定退还。

第五十二条 因税务机关的责任，致使纳税人、扣缴义务人未缴或者少缴税款的，税务机关在三年内可以要求纳税人、扣缴义务人补缴税款，但是不得加收滞纳金。

因纳税人、扣缴义务人计算错误等失误,未缴或者少缴税款的,税务机关在三年内可以追征税款、滞纳金;有特殊情况的,追征期可以延长到五年。

对偷税、抗税、骗税的,税务机关追征其未缴或者少缴的税款、滞纳金或者所骗取的税款,不受前款规定期限的限制。

第五十三条 国家税务局和地方税务局应当按照国家规定的税收征收管理范围和税款入库预算级次,将征收的税款缴入国库。

对审计机关、财政机关依法查出的税收违法行为,税务机关应当根据有关机关的决定、意见书,依法将应收的税款、滞纳金按照税款入库预算级次缴入国库,并将结果及时回复有关机关。

第四章 税务检查

第五十四条 税务机关有权进行下列税务检查:

(一)检查纳税人的帐簿、记帐凭证、报表和有关资料,检查扣缴义务人代扣代缴、代收代缴税款帐簿、记帐凭证和有关资料;

(二)到纳税人的生产、经营场所和货物存放地检查纳税人应纳税的商品、货物或者其他财产,检查扣缴义务人与代扣代缴、代收代缴税款有关的经营情况;

(三)责成纳税人、扣缴义务人提供与纳税或者代扣代缴、代收代缴税款有关的文件、证明材料和有关资料;

(四)询问纳税人、扣缴义务人与纳税或者代扣代缴、代收代缴税款有关的问题和情况;

(五)到车站、码头、机场、邮政企业及其分支机构检查纳税人托运、邮寄应纳税商品、货物或者其他财产的有关单据、凭证和有关资料;

(六)经县以上税务局(分局)局长批准,凭全国统一格式的检查存款帐户许可证明,查询从事生产、经营的纳税人、扣缴义务人在银行或者其他金融机构的存款帐户。税务机关在调查税收违法案件时,经设区的市、自治州以上税务局(分局)局长批准,可以查询案件涉嫌人员的储蓄存款。税务机关查询所获得的资料,不得用于税收以外的用途。

第五十五条 税务机关对从事生产、经营的纳税人以前纳税期的纳税情况依法进行税务检查时,发现纳税人有逃避纳税义务行为,并有明显的转移、隐匿其应纳税的商品、货物以及其他财产或者应纳税的收入的迹象的,可以按照本法规定的批准权限采取税收保全措施或者强制执行措施。

第五十六条 纳税人、扣缴义务人必须接受税务机关依法进行的税务检查,如实反映情况,提供有关资料,不得拒绝、隐瞒。

第五十七条 税务机关依法进行税务检查时,有权向有关单位和个人调查纳税人、扣缴义务人和其他当事人与纳税或者代扣代缴、代收代缴税款有关的情况,有关单位和个人有义务向税务机关如实提供有关资料及证明材料。

第五十八条 税务机关调查税务违法案件时,对与案件有关的情况和资料,可以记录、录音、录像、照相和复制。

第五十九条 税务机关派出的人员进行税务检查时,应当出示税务检查证和税务检查通知书,并有责任为被检查人保守秘密;未出示税务检查证和税务检查通知书的,被检查人有权拒绝检查。

第五章 法律责任

第六十条 纳税人有下列行为之一的,由税务机关责令限期改正,可以处二千元以下的罚款;情节严重的,处二千元以上一万元以下的罚款:

(一)未按照规定的期限申报办理税务登记、变更或者注销登记的;

(二)未按照规定设置、保管帐簿或者保管记帐凭证和有关资料的;

（三）未按照规定将财务、会计制度或者财务、会计处理办法和会计核算软件报送税务机关备查的；

（四）未按照规定将其全部银行帐号向税务机关报告的；

（五）未按照规定安装、使用税控装置，或者损毁或者擅自改动税控装置的。

纳税人不办理税务登记的，由税务机关责令限期改正；逾期不改正的，经税务机关提请，由工商行政管理机关吊销其营业执照。

纳税人未按照规定使用税务登记证件，或者转借、涂改、损毁、买卖、伪造税务登记证件的，处二千元以上一万元以下的罚款；情节严重的，处一万元以上五万元以下的罚款。

第六十一条 扣缴义务人未按照规定设置、保管代扣代缴、代收代缴税款帐簿或者保管代扣代缴、代收代缴税款记帐凭证及有关资料的，由税务机关责令限期改正，可以处二千元以下的罚款；情节严重的，处二千元以上五千元以下的罚款。

第六十二条 纳税人未按照规定的期限办理纳税申报和报送纳税资料的，或者扣缴义务人未按照规定的期限向税务机关报送代扣代缴、代收代缴税款报告表和有关资料的，由税务机关责令限期改正，可以处二千元以下的罚款；情节严重的，可以处二千元以上一万元以下的罚款。

第六十三条 纳税人伪造、变造、隐匿、擅自销毁帐簿、记帐凭证，或者在帐簿上多列支出或者不列、少列收入，或者经税务机关通知申报而拒不申报或者进行虚假的纳税申报，不缴或者少缴应纳税款的，是偷税。对纳税人偷税的，由税务机关追缴其不缴或者少缴的税款、滞纳金，并处不缴或者少缴的税款百分之五十以上五倍以下的罚款；构成犯罪的，依法追究刑事责任。

扣缴义务人采取前款所列手段，不缴或者少缴已扣、已收税款，由税务机关追缴其不缴或者少缴的税款、滞纳金，并处不缴或者少缴的税款百分之五十以上五倍以下的罚款；构成犯罪的，依法追究刑事责任。

第六十四条 纳税人、扣缴义务人编造虚假计税依据的，由税务机关责令限期改正，并处五万元以下的罚款。

纳税人不进行纳税申报，不缴或者少缴应纳税款的，由税务机关追缴其不缴或者少缴的税款、滞纳金，并处不缴或者少缴的税款百分之五十以上五倍以下的罚款。

第六十五条 纳税人欠缴应纳税款，采取转移或者隐匿财产的手段，妨碍税务机关追缴欠缴的税款的，由税务机关追缴欠缴的税款、滞纳金，并处欠缴税款百分之五十以上五倍以下的罚款；构成犯罪的，依法追究刑事责任。

第六十六条 以假报出口或者其他欺骗手段，骗取国家出口退税款的，由税务机关追缴其骗取的退税款，并处骗取税款一倍以上五倍以下的罚款；构成犯罪的，依法追究刑事责任。

对骗取国家出口退税款的，税务机关可以在规定期间内停止为其办理出口退税。

第六十七条 以暴力、威胁方法拒不缴纳税款的，是抗税，除由税务机关追缴其拒缴的税款、滞纳金外，依法追究刑事责任。情节轻微，未构成犯罪的，由税务机关追缴其拒缴的税款、滞纳金，并处拒缴税款一倍以上五倍以下的罚款。

第六十八条 纳税人、扣缴义务人在规定期限内不缴或者少缴应纳或者应解缴的税款，经税务机关责令限期缴纳，逾期仍未缴纳的，税务机关除依照本法第四十条的规定采取强制执行措施追缴其不缴或者少缴的税款外，可以处不缴或者少缴的税款百分之五十以上五倍以下的罚款。

第六十九条 扣缴义务人应扣未扣、应收而不收税款的，由税务机关向纳税人追缴税款，对扣缴义务人处应扣未扣、应收未收税款百分之五十以上三倍以下的罚款。

第七十条 纳税人、扣缴义务人逃避、拒绝或者以其他方式阻挠税务机关检查的，由税务机关责令改正，可以处一万元以下的罚款；情节严重的，处一万元以上五万元以下的罚款。

第七十一条 违反本法第二十二条规定，非法印制发票的，由税务机关销毁非法印制的发票，没收违法所得和作案工具，并处一万元以上五万元以下的罚款；构成犯罪的，依法追究刑事责任。

第七十二条 从事生产、经营的纳税人、扣缴义务人有本法规定的税收违法行为，拒不接受税务机关处理的，税务机关可以收缴其发票或者停止向其发售发票。

第七十三条 纳税人、扣缴义务人的开户银行或者其他金融机构拒绝接受税务机关依法检查纳税人、扣缴义务人存款帐户，或者拒绝执行税务机关作出的冻结存款或者扣缴税款的决定，或者在接到税务机关的书面通知后帮助纳税人、扣缴义务人转移存款，造成税款流失的，由税务机关处十万元以上五十万元以下的罚款，对直接负责的主管人员和其他直接责任人员处一千元以上一万元以下的罚款。

第七十四条 本法规定的行政处罚，罚款额在二千元以下的，可以由税务所决定。

第七十五条 税务机关和司法机关的涉税罚没收入，应当按照税款入库预算级次上缴国库。

第七十六条 税务机关违反规定擅自改变税收征收管理范围和税款入库预算级次的，责令限期改正，对直接负责的主管人员和其他直接责任人员依法给予降级或者撤职的行政处分。

第七十七条 纳税人、扣缴义务人有本法第六十三条、第六十五条、第六十六条、第六十七条、第七十一条规定的行为涉嫌犯罪的，税务机关应当依法移交司法机关追究刑事责任。

税务人员徇私舞弊，对依法应当移交司法机关追究刑事责任的不移交，情节严重的，依法追究刑事责任。

第七十八条 未经税务机关依法委托征收税款的，责令退还收取的财物，依法给予行政处分或者行政处罚；致使他人合法权益受到损失的，依法承担赔偿责任；构成犯罪的，依法追究刑事责任。

第七十九条 税务机关、税务人员查封、扣押纳税人个人及其所扶养家属维持生活必需的住房和用品的，责令退还，依法给予行政处分；构成犯罪的，依法追究刑事责任。

第八十条 税务人员与纳税人、扣缴义务人勾结，唆使或者协助纳税人、扣缴义务人有本法第六十三条、第六十五条、第六十六条规定的行为，构成犯罪的，依法追究刑事责任；尚不构成犯罪的，依法给予行政处分。

第八十一条 税务人员利用职务上的便利，收受或者索取纳税人、扣缴义务人财物或者谋取其他不正当利益，构成犯罪的，依法追究刑事责任；尚不构成犯罪的，依法给予行政处分。

第八十二条 税务人员徇私舞弊或者玩忽职守，不征或者少征应征税款，致使国家税收遭受重大损失，构成犯罪的，依法追究刑事责任；尚不构成犯罪的，依法给予行政处分。

税务人员滥用职权，故意刁难纳税人、扣缴义务人的，调离税收工作岗位，并依法给予行政处分。

税务人员对控告、检举税收违法违纪行为的纳税人、扣缴义务人以及其他检举人进行打击报复的，依法给予行政处分；构成犯罪的，依法追究刑事责任。

税务人员违反法律、行政法规的规定，故意高估或者低估农业税计税产量，致使多征或者少征税款，侵犯农民合法权益或者损害国家利益，构成犯罪的，依法追究刑事责任；尚不构成犯罪的，依法给予行政处分。

第八十三条 违反法律、行政法规的规定提前征收、延缓征收或者摊派税款的，由其上级机关或者行政监察机关责令改正，对直接负责的主管人员和其他直接责任人员依法给予行政处分。

第八十四条 违反法律、行政法规的规定，擅自作出税收的开征、停征或者减税、免税、退税、补税以及其他同税收法律、行政法规相抵触的决定的，除依照本法规定撤销其擅自作出的决定外，补征应征未征税款，退还不应征收而征收的税款，并由上级机关追究直接负责的主管人员和其他直接责任人员的行政责任；构成犯罪的，依法追究刑事责任。

第八十五条 税务人员在征收税款或者查处税收违法案件时，未按照本法规定进行回避的，对直接负责的主管人员和其他直接责任人员，依法给予行政处分。

第八十六条 违反税收法律、行政法规应当给予行政处罚的行为，在五年内未被发现的，不再给予行政处罚。

第八十七条 未按照本法规定为纳税人、扣缴义务人、检举人保密的，对直接负责的主管人员和其他直接责任人员，由所在单位或者有关单位依法给予行政处分。

第八十八条 纳税人、扣缴义务人、纳税担保人同税务机关在纳税上发生争议时，必须先依照税务机关的纳税决定缴纳或者解缴税款及滞纳金或者提供相应的担保，然后可以依法申请行政复议；对行政复议决定不服的，可以依法向人民法院起诉。

当事人对税务机关的处罚决定、强制执行措施或者税收保全措施不服的，可以依法申请行政复议，也可以依法向人民法院起诉。

当事人对税务机关的处罚决定逾期不申请行政复议也不向人民法院起诉、又不履行的，作出处罚决定的税务机关可以采取本法第四十条规定的强制执行措施，或者申请人民法院强制执行。

第六章　附　　则

第八十九条　纳税人、扣缴义务人可以委托税务代理人代为办理税务事宜。

第九十条　耕地占用税、契税、农业税、牧业税征收管理的具体办法，由国务院另行制定。

关税及海关代征税收的征收管理，依照法律、行政法规的有关规定执行。

第九十一条　中华人民共和国同外国缔结的有关税收的条约、协定同本法有不同规定的，依照条约、协定的规定办理。

第九十二条　本法施行前颁布的税收法律与本法有不同规定的，适用本法规定。

第九十三条　国务院根据本法制定实施细则。

第九十四条　本法自2001年5月1日起施行。

3. 中华人民共和国税收征收管理法实施细则

（2016年2月6日　国务院令第666号修正）

（2002年9月7日中华人民共和国国务院令第362号公布
根据2012年11月9日中华人民共和国国务院令第628号公布，
自2013年1月1日起施行的《国务院关于修改和废止部分行政法规的决定》
第一次修正　根据2013年7月18日中华人民共和国国务院令第638号公布，
自公布之日起施行的《国务院关于废止和修改部分行政法规的决定》
第二次修正　根据2016年2月6日发布的国务院令第666号
《国务院关于修改部分行政法规的决定》第三次修正）

第一章　总　　则

第一条　根据《中华人民共和国税收征收管理法》（以下简称税收征管法）的规定，制定本细则。

第二条　凡依法由税务机关征收的各种税收的征收管理，均适用税收征管法及本细则；税收征管法及本细则没有规定的，依照其他有关税收法律、行政法规的规定执行。

第三条　任何部门、单位和个人作出的与税收法律、行政法规相抵触的决定一律无效，税务机关不得执行，并应当向上级税务机关报告。

纳税人应当依照税收法律、行政法规的规定履行纳税义务；其签订的合同、协议等与税收法律、行政法规相抵触的，一律无效。

第四条　国家税务总局负责制定全国税务系统信息化建设的总体规划、技术标准、技术方案与实施办法;各级税务机关应当按照国家税务总局的总体规划、技术标准、技术方案与实施办法,做好本地区税务系统信息化建设的具体工作。

地方各级人民政府应当积极支持税务系统信息化建设,并组织有关部门实现相关信息的共享。

第五条 税收征管法第八条所称为纳税人、扣缴义务人保密的情况,是指纳税人、扣缴义务人的商业秘密及个人隐私。纳税人、扣缴义务人的税收违法行为不属于保密范围。

第六条 国家税务总局应当制定税务人员行为准则和服务规范。

上级税务机关发现下级税务机关的税收违法行为,应当及时予以纠正;下级税务机关应当按照上级税务机关的决定及时改正。

下级税务机关发现上级税务机关的税收违法行为,应当向上级税务机关或者有关部门报告。

第七条 税务机关根据检举人的贡献大小给予相应的奖励,奖励所需资金列入税务部门年度预算,单项核定。奖励资金具体使用办法以及奖励标准,由国家税务总局会同财政部制定。

第八条 税务人员在核定应纳税额、调整税收定额、进行税务检查、实施税务行政处罚、办理税务行政复议时,与纳税人、扣缴义务人或者其法定代表人、直接责任人有下列关系之一的,应当回避:

(一)夫妻关系;

(二)直系血亲关系;

(三)三代以内旁系血亲关系;

(四)近姻亲关系;

(五)可能影响公正执法的其他利害关系。

第九条 税收征管法第十四条所称按照国务院规定设立的并向社会公告的税务机构,是指省以下税务局的稽查局。稽查局专司偷税、逃避追缴欠税、骗税、抗税案件的查处。

国家税务总局应当明确划分税务局和稽查局的职责,避免职责交叉。

第二章 税务登记

第十条 国家税务局、地方税务局对同一纳税人的税务登记应当采用同一代码,信息共享。

税务登记的具体办法由国家税务总局制定。

第十一条 各级工商行政管理机关应当向同级国家税务局和地方税务局定期通报办理开业、变更、注销登记以及吊销营业执照的情况。

通报的具体办法由国家税务总局和国家工商行政管理总局联合制定。

第十二条 从事生产、经营的纳税人应当自领取营业执照之日起30日内,向生产、经营地或者纳税义务发生地的主管税务机关申报办理税务登记,如实填写税务登记表,并按照税务机关的要求提供有关证件、资料。

前款规定以外的纳税人,除国家机关和个人外,应当自纳税义务发生之日起30日内,持有关证件向所在地的主管税务机关申报办理税务登记。

个人所得税的纳税人办理税务登记的办法由国务院另行规定。

税务登记证件的式样,由国家税务总局制定。

第十三条 扣缴义务人应当自扣缴义务发生之日起30日内,向所在地的主管税务机关申报办理扣缴税款登记,领取扣缴税款登记证件;税务机关对已办理税务登记的扣缴义务人,可以只在其税务登记证件上登记扣缴税款事项,不再发给扣缴税款登记证件。

第十四条 纳税人税务登记内容发生变化的,应当自工商行政管理机关或者其他机关办理变更登记之日起30日内,持有关证件向原税务登记机关申报办理变更税务登记。

纳税人税务登记内容发生变化,不需要到工商行政管理机关或者其他机关办理变更登记的,应当自发生变化之日起30日内,持有关证件向原税务登记机关申报办理变更税务登记。

第十五条 纳税人发生解散、破产、撤销以及其他情形,依法终止纳税义务的,应当在向工商行政管理机关或者其他机关办理注销登记前，持有关证件向原税务登记机关申报办理注销税务登记；按照规定不需要在工商行政管理机关或者其他机关办理注册登记的，应当自有关机关批准或者宣告终止之日起 15 日内，持有关证件向原税务登记机关申报办理注销税务登记。

纳税人因住所、经营地点变动，涉及改变税务登记机关的，应当在向工商行政管理机关或者其他机关申请办理变更或者注销登记前或者住所、经营地点变动前，向原税务登记机关申报办理注销税务登记，并在 30 日内向迁达地税务机关申报办理税务登记。

纳税人被工商行政管理机关吊销营业执照或者被其他机关予以撤销登记的，应当自营业执照被吊销或者被撤销登记之日起 15 日内，向原税务登记机关申报办理注销税务登记。

第十六条 纳税人在办理注销税务登记前，应当向税务机关结清应纳税款、滞纳金、罚款，缴销发票、税务登记证件和其他税务证件。

第十七条 从事生产、经营的纳税人应当自开立基本存款账户或者其他存款账户之日起 15 日内，向主管税务机关书面报告其全部账号；发生变化的，应当自变化之日起 15 日内，向主管税务机关书面报告。

第十八条 除按照规定不需要发给税务登记证件的外，纳税人办理下列事项时，必须持税务登记证件：

（一）开立银行账户；

（二）申请减税、免税、退税；

（三）申请办理延期申报、延期缴纳税款；

（四）领购发票；

（五）申请开具外出经营活动税收管理证明；

（六）办理停业、歇业；

（七）其他有关税务事项。

第十九条 税务机关对税务登记证件实行定期验证和换证制度。纳税人应当在规定的期限内持有关证件到主管税务机关办理验证或者换证手续。

第二十条 纳税人应当将税务登记证件正本在其生产、经营场所或者办公场所公开悬挂，接受税务机关检查。

纳税人遗失税务登记证件的，应当在 15 日内书面报告主管税务机关，并登报声明作废。

第二十一条 从事生产、经营的纳税人到外县（市）临时从事生产、经营活动的，应当持税务登记证副本和所在地税务机关填开的外出经营活动税收管理证明，向营业地税务机关报验登记，接受税务管理。

从事生产、经营的纳税人外出经营，在同一地累计超过 180 天的，应当在营业地办理税务登记手续。

第三章 账簿、凭证管理

第二十二条 从事生产、经营的纳税人应当自领取营业执照或者发生纳税义务之日起 15 日内，按照国家有关规定设置账簿。

前款所称账簿，是指总账、明细账、日记账以及其他辅助性账簿。总账、日记账应当采用订本式。

第二十三条 生产、经营规模小又确无建账能力的纳税人，可以聘请经批准从事会计代理记账业务的专业机构或者财会人员代为建账和办理账务。

第二十四条 从事生产、经营的纳税人应当自领取税务登记证件之日起 15 日内，将其财务、会计制度或者财务、会计处理办法报送主管税务机关备案。

纳税人使用计算机记账的，应当在使用前将会计电算化系统的会计核算软件、使用说明书及有关资料报送主管税务机关备案。

纳税人建立的会计电算化系统应当符合国家有关规定，并能正确、完整核算其收入或者所得。

第二十五条 扣缴义务人应当自税收法律、行政法规规定的扣缴义务发生之日起 10 日内，按照所代扣、代收的税种，分别设置代扣代缴、代收代缴税款账簿。

第二十六条 纳税人、扣缴义务人会计制度健全，能够通过计算机正确、完整计算其收入和所得或者代扣代缴、代收代缴税款情况的,其计算机输出的完整的书面会计记录,可视同会计账簿。

纳税人、扣缴义务人会计制度不健全,不能通过计算机正确、完整计算其收入和所得或者代扣代缴、代收代缴税款情况的,应当建立总账及与纳税或者代扣代缴、代收代缴税款有关的其他账簿。

第二十七条 账簿、会计凭证和报表,应当使用中文。民族自治地方可以同时使用当地通用的一种民族文字。外商投资企业和外国企业可以同时使用一种外国文字。

第二十八条 纳税人应当按照税务机关的要求安装、使用税控装置,并按照税务机关的规定报送有关数据和资料。

税控装置推广应用的管理办法由国家税务总局另行制定,报国务院批准后实施。

第二十九条 账簿、记账凭证、报表、完税凭证、发票、出口凭证以及其他有关涉税资料应当合法、真实、完整。

账簿、记账凭证、报表、完税凭证、发票、出口凭证以及其他有关涉税资料应当保存10年;但是,法律、行政法规另有规定的除外。

第四章 纳税申报

第三十条 税务机关应当建立、健全纳税人自行申报纳税制度。纳税人、扣缴义务人可以采取邮寄、数据电文方式办理纳税申报或者报送代扣代缴、代收代缴税款报告表。

数据电文方式,是指税务机关确定的电话语音、电子数据交换和网络传输等电子方式。

第三十一条 纳税人采取邮寄方式办理纳税申报的,应当使用统一的纳税申报专用信封,并以邮政部门收据作为申报凭据。邮寄申报以寄出的邮戳日期为实际申报日期。

纳税人采取电子方式办理纳税申报的,应当按照税务机关规定的期限和要求保存有关资料,并定期书面报送主管税务机关。

第三十二条 纳税人在纳税期内没有应纳税款的,也应当按照规定办理纳税申报。

纳税人享受减税、免税待遇的,在减税、免税期间应当按照规定办理纳税申报。

第三十三条 纳税人、扣缴义务人的纳税申报或者代扣代缴、代收代缴税款报告表的主要内容包括:税种、税目,应纳税项目或者应代扣代缴、代收代缴税款项目,计税依据,扣除项目及标准,适用税率或者单位税额,应退税项目及税额、应减免税项目及税额,应纳税额或者应代扣代缴、代收代缴税额,税款所属期限、延期缴纳税款、欠税、滞纳金等。

第三十四条 纳税人办理纳税申报时,应当如实填写纳税申报表,并根据不同的情况相应报送下列有关证件、资料:

(一)财务会计报表及其说明材料;

(二)与纳税有关的合同、协议书及凭证;

(三)税控装置的电子报税资料;

(四)外出经营活动税收管理证明和异地完税凭证;

(五)境内或者境外公证机构出具的有关证明文件;

(六)税务机关规定应当报送的其他有关证件、资料。

第三十五条 扣缴义务人办理代扣代缴、代收代缴税款报告时,应当如实填写代扣代缴、代收代缴税款报告表,并报送代扣代缴、代收代缴税款的合法凭证以及税务机关规定的其他有关证件、资料。

第三十六条 实行定期定额缴纳税款的纳税人,可以实行简易申报、简并征期等申报纳税方式。

第三十七条 纳税人、扣缴义务人按照规定的期限办理纳税申报或者报送代扣代缴、代收代缴税款报告表确有困难,需要延期的,应当在规定的期限内向税务机关提出书面延期申请,经税务机关核准,在核准的期限内办理。

纳税人、扣缴义务人因不可抗力,不能按期办理纳税申报或者报送代扣代缴、代收代缴税款报告表的,可以延期办理;但是,应当在不可抗力情形消除后立即向税务机关报告。税务机关应当查明事实,予以核准。

第五章 税款征收

第三十八条 税务机关应当加强对税款征收的管理，建立、健全责任制度。

税务机关根据保证国家税款及时足额入库、方便纳税人、降低税收成本的原则，确定税款征收的方式。

税务机关应当加强对纳税人出口退税的管理，具体管理办法由国家税务总局会同国务院有关部门制定。

第三十九条 税务机关应当将各种税收的税款、滞纳金、罚款，按照国家规定的预算科目和预算级次及时缴入国库，税务机关不得占压、挪用、截留，不得缴入国库以外或者国家规定的税款账户以外的任何账户。

已缴入国库的税款、滞纳金、罚款，任何单位和个人不得擅自变更预算科目和预算级次。

第四十条 税务机关应当根据方便、快捷、安全的原则，积极推广使用支票、银行卡、电子结算方式缴纳税款。

第四十一条 纳税人有下列情形之一的，属于税收征管法第三十一条所称特殊困难：

（一）因不可抗力，导致纳税人发生较大损失，正常生产经营活动受到较大影响的；

（二）当期货币资金在扣除应付职工工资、社会保险费后，不足以缴纳税款的。

计划单列市国家税务局、地方税务局可以参照税收征管法第三十一条第二款的批准权限，审批纳税人延期缴纳税款。

第四十二条 纳税人需要延期缴纳税款的，应当在缴纳税款期限届满前提出申请，并报送下列材料：申请延期缴纳税款报告，当期货币资金余额情况及所有银行存款账户的对账单，资产负债表，应付职工工资和社会保险费等税务机关要求提供的支出预算。

税务机关应当自收到申请延期缴纳税款报告之日起20日内作出批准或者不予批准的决定；不予批准的，从缴纳税款期限届满之日起加收滞纳金。

第四十三条 享受减税、免税优惠的纳税人，减税、免税期满，应当自期满次日起恢复纳税；减税、免税条件发生变化的，应当在纳税申报时向税务机关报告；不再符合减税、免税条件的，应当依法履行纳税义务；未依法纳税的，税务机关应当予以追缴。

第四十四条 税务机关根据有利于税收控管和方便纳税的原则，可以按照国家有关规定委托有关单位和人员代征零星分散和异地缴纳的税收，并发给委托代征证书。受托单位和人员按照代征证书的要求，以税务机关的名义依法征收税款，纳税人不得拒绝；纳税人拒绝的，受托代征单位和人员应当及时报告税务机关。

第四十五条 税收征管法第三十四条所称完税凭证，是指各种完税证、缴款书、印花税票、扣（收）税凭证以及其他完税证明。

未经税务机关指定，任何单位、个人不得印制完税凭证。完税凭证不得转借、倒卖、变造或者伪造。

完税凭证的式样及管理办法由国家税务总局制定。

第四十六条 税务机关收到税款后，应当向纳税人开具完税凭证。纳税人通过银行缴纳税款的，税务机关可以委托银行开具完税凭证。

第四十七条 纳税人有税收征管法第三十五条或者第三十七条所列情形之一的，税务机关有权采用下列任何一种方法核定其应纳税额：

（一）参照当地同类行业或者类似行业中经营规模和收入水平相近的纳税人的税负水平核定；

（二）按照营业收入或者成本加合理的费用和利润的方法核定；

（三）按照耗用的原材料、燃料、动力等推算或者测算核定；

（四）按照其他合理方法核定。

采用前款所列一种方法不足以正确核定应纳税额时，可以同时采用两种以上的方法核定。

纳税人对税务机关采取本条规定的方法核定的应纳税额有异议的，应当提供相关证据，经税务机关认定后，调整应纳税额。

第四十八条 税务机关负责纳税人纳税信誉等级评定工作。纳税人纳税信誉等级的评定办法由国家税务总局制定。

第四十九条 承包人或者承租人有独立的生产经营权，在财务上独立核算，并定期向发包人或者出租人上缴承包费或者租金的，承包人或者承租人应当就其生产、经营收入和所得纳税，并接受税务管理；但是，法律、行政法规另有规定的除外。

发包人或者出租人应当自发包或者出租之日起30日内将承包人或者承租人的有关情况向主管税务机关报告。发包人或者出租人不报告的，发包人或者出租人与承包人或者承租人承担纳税连带责任。

第五十条 纳税人有解散、撤销、破产情形的，在清算前应当向其主管税务机关报告；未结清税款的，由其主管税务机关参加清算。

第五十一条 税收征管法第三十六条所称关联企业，是指有下列关系之一的公司、企业和其他经济组织：

（一）在资金、经营、购销等方面，存在直接或者间接的拥有或者控制关系；

（二）直接或者间接地同为第三者所拥有或者控制；

（三）在利益上具有相关联的其他关系。

纳税人有义务就其与关联企业之间的业务往来，向当地税务机关提供有关的价格、费用标准等资料。具体办法由国家税务总局制定。

第五十二条 税收征管法第三十六条所称独立企业之间的业务往来，是指没有关联关系的企业之间按照公平成交价格和营业常规所进行的业务往来。

第五十三条 纳税人可以向主管税务机关提出与其关联企业之间业务往来的定价原则和计算方法，主管税务机关审核、批准后，与纳税人预先约定有关定价事项，监督纳税人执行。

第五十四条 纳税人与其关联企业之间的业务往来有下列情形之一的，税务机关可以调整其应纳税额：

（一）购销业务未按照独立企业之间的业务往来作价；

（二）融通资金所支付或者收取的利息超过或者低于没有关联关系的企业之间所能同意的数额，或者利率超过或者低于同类业务的正常利率；

（三）提供劳务，未按照独立企业之间业务往来收取或者支付劳务费用；

（四）转让财产、提供财产使用权等业务往来，未按照独立企业之间业务往来作价或者收取、支付费用；

（五）未按照独立企业之间业务往来作价的其他情形。

第五十五条 纳税人有本细则第五十四条所列情形之一的，税务机关可以按照下列方法调整计税收入额或者所得额：

（一）按照独立企业之间进行的相同或者类似业务活动的价格；

（二）按照再销售给无关联关系的第三者的价格所应取得的收入和利润水平；

（三）按照成本加合理的费用和利润；

（四）按照其他合理的方法。

第五十六条 纳税人与其关联企业未按照独立企业之间的业务往来支付价款、费用的，税务机关自该业务往来发生的纳税年度起3年内进行调整；有特殊情况的，可以自该业务往来发生的纳税年度起10年内进行调整。

第五十七条 税收征管法第三十七条所称未按照规定办理税务登记从事生产、经营的纳税人，包括到外县（市）从事生产、经营而未向营业地税务机关报验登记的纳税人。

第五十八条 税务机关依照税收征管法第三十七条的规定，扣押纳税人商品、货物的，纳税人应当自扣押之日起15日内缴纳税款。

对扣押的鲜活、易腐烂变质或者易失效的商品、货物，税务机关根据被扣押物品的保质期，可以缩短前款规定的扣押期限。

第五十九条 税收征管法第三十八条、第四十条所称其他财产，包括纳税人的房地产、现金、有价证券等不动产和动产。

机动车辆、金银饰品、古玩字画、豪华住宅或者一处以外的住房不属于税收征管法第三十八条、第四十条、第四十二条所称个人及其所扶养家属维持生活必需的住房和用品。

税务机关对单价5000元以下的其他生活用品，不采取税收保全措施和强制执行措施。

第六十条 税收征管法第三十八条、第四十条、第四十二条所称个人所扶养家属，是指与纳税人共同居住生活的配偶、直系亲属以及无生活来源并由纳税人扶养的其他亲属。

第六十一条 税收征管法第三十八条、第八十八条所称担保，包括经税务机关认可的纳税保证人为纳税人提供的纳税保证，以及纳税人或者第三人以其未设置或者未全部设置担保物权的财产提供的担保。

纳税保证人，是指在中国境内具有纳税担保能力的自然人、法人或者其他经济组织。

法律、行政法规规定的没有担保资格的单位和个人，不得作为纳税担保人。

第六十二条 纳税担保人同意为纳税人提供纳税担保的，应当填写纳税担保书，写明担保对象、担保范围、担保期限和担保责任以及其他有关事项。担保书须经纳税人、纳税担保人签字盖章并经税务机关同意，方为有效。

纳税人或者第三人以其财产提供纳税担保的，应当填写财产清单，并写明财产价值以及其他有关事项。纳税担保财产清单须经纳税人、第三人签字盖章并经税务机关确认，方为有效。

第六十三条 税务机关执行扣押、查封商品、货物或者其他财产时，应当由两名以上税务人员执行，并通知被执行人。被执行人是自然人的，应当通知被执行人本人或者其成年家属到场；被执行人是法人或者其他组织的，应当通知其法定代表人或者主要负责人到场；拒不到场的，不影响执行。

第六十四条 税务机关执行税收征管法第三十七条、第三十八条、第四十条的规定，扣押、查封价值相当于应纳税款的商品、货物或者其他财产时，参照同类商品的市场价、出厂价或者评估价估算。

税务机关按照前款方法确定应扣押、查封的商品、货物或者其他财产的价值时，还应当包括滞纳金和扣押、查封、保管、拍卖、变卖所发生的费用。

第六十五条 对价值超过应纳税额且不可分割的商品、货物或者其他财产，税务机关在纳税人、扣缴义务人或者纳税担保人无其他可供强制执行的财产的情况下，可以整体扣押、查封、拍卖，以拍卖所得抵缴税款、滞纳金、罚款以及扣押、查封、保管、拍卖等费用。

第六十六条 税务机关执行税收征管法第三十七条、第三十八条、第四十条的规定，实施扣押、查封时，对有产权证件的动产或者不动产，税务机关可以责令当事人将产权证件交税务机关保管，同时可以向有关机关发出协助执行通知书，有关机关在扣押、查封期间不再办理该动产或者不动产的过户手续。

第六十七条 对查封的商品、货物或者其他财产，税务机关可以指令被执行人负责保管，保管责任由被执行人承担。

继续使用被查封的财产不会减少其价值的，税务机关可以允许被执行人继续使用；因被执行人保管或者使用的过错造成的损失，由被执行人承担。

第六十八条 纳税人在税务机关采取税收保全措施后，按照税务机关规定的期限缴纳税款的，税务机关应当自收到税款或者银行转回的完税凭证之日起1日内解除税收保全。

第六十九条 税务机关将扣押、查封的商品、货物或者其他财产变价抵缴税款时，应当交由依法成立的拍卖机构拍卖；无法委托拍卖或者不适于拍卖的，可以交由当地商业企业代为销售，也可以责令纳税人限期处理；无法委托商业企业销售，纳税人也无法处理的，可以由税务机关变价处理，具体办法由国家税务总局规定。国家禁止自由买卖的商品，应当交由有关单位按照国家规定的价格收购。

拍卖或者变卖所得抵缴税款、滞纳金、罚款以及扣押、查封、保管、拍卖、变卖等费用后，剩余部分应当在3日内退还被执行人。

第七十条 税收征管法第三十九条、第四十三条所称损失，是指因税务机关的责任，使纳税人、扣缴义务人或者纳税担保人的合法利益遭受的直接损失。

第七十一条 税收征管法所称其他金融机构，是指信托投资公司、信用合作社、邮政储蓄机构以及经中国人民银行、中国证券监督管理委员会等批准设立的其他金融机构。

第七十二条 税收征管法所称存款，包括独资企业投资人、合伙企业合伙人、个体工商户的储蓄存款以及股东资金账户中的资金等。

第七十三条 从事生产、经营的纳税人、扣缴义务人未按照规定的期限缴纳或者解缴税款的，纳税担保人未按照规定的期限缴纳所担保的税款的,由税务机关发出限期缴纳税款通知书,责令缴纳或者解缴税款的最长期限不得超过15日。

第七十四条 欠缴税款的纳税人或者其法定代表人在出境前未按照规定结清应纳税款、滞纳金或者提供纳税担保的,税务机关可以通知出入境管理机关阻止其出境。阻止出境的具体办法,由国家税务总局会同公安部制定。

第七十五条 税收征管法第三十二条规定的加收滞纳金的起止时间,为法律、行政法规规定或者税务机关依照法律、行政法规的规定确定的税款缴纳期限届满次日起至纳税人、扣缴义务人实际缴纳或者解缴税款之日止。

第七十六条 县级以上各级税务机关应当将纳税人的欠税情况,在办税场所或者广播、电视、报纸、期刊、网络等新闻媒体上定期公告。

对纳税人欠缴税款的情况实行定期公告的办法,由国家税务总局制定。

第七十七条 税收征管法第四十九条所称欠缴税款数额较大,是指欠缴税款5万元以上。

第七十八条 税务机关发现纳税人多缴税款的,应当自发现之日起10日内办理退还手续;纳税人发现多缴税款,要求退还的,税务机关应当自接到纳税人退还申请之日起30日内查实并办理退还手续。

税收征管法第五十一条规定的加算银行同期存款利息的多缴税款退税,不包括依法预缴税款形成的结算退税、出口退税和各种减免退税。

退税利息按照税务机关办理退税手续当天中国人民银行规定的活期存款利率计算。

第七十九条 当纳税人既有应退税款又有欠缴税款的,税务机关可以将应退税款和利息先抵扣欠缴税款;抵扣后有余额的,退还纳税人。

第八十条 税收征管法第五十二条所称税务机关的责任,是指税务机关适用税收法律、行政法规不当或者执法行为违法。

第八十一条 税收征管法第五十二条所称纳税人、扣缴义务人计算错误等失误,是指非主观故意的计算公式运用错误以及明显的笔误。

第八十二条 税收征管法第五十二条所称特殊情况,是指纳税人或者扣缴义务人因计算错误等失误,未缴或者少缴、未扣或者少扣、未收或者少收税款,累计数额在10万元以上的。

第八十三条 税收征管法第五十二条规定的补缴和追征税款、滞纳金的期限,自纳税人、扣缴义务人应缴未缴或者少缴税款之日起计算。

第八十四条 审计机关、财政机关依法进行审计、检查时,对税务机关的税收违法行为作出的决定,税务机关应当执行;发现被审计、检查单位有税收违法行为的,向被审计、检查单位下达决定、意见书,责成被审计、检查单位向税务机关缴纳应当缴纳的税款、滞纳金。税务机关应当根据有关机关的决定、意见书,依照税收法律、行政法规的规定,将应收的税款、滞纳金按照国家规定的税收征收管理范围和税款入库预算级次缴入国库。

税务机关应当自收到审计机关、财政机关的决定、意见书之日起30日内将执行情况书面回复审计机关、财政机关。

有关机关不得将其履行职责过程中发现的税款、滞纳金自行征收入库或者以其他款项的名义自行处理、占压。

第六章 税 务 检 查

第八十五条 税务机关应当建立科学的检查制度,统筹安排检查工作,严格控制对纳税人、扣缴义务人的检查次数。

税务机关应当制定合理的税务稽查工作规程,负责选案、检查、审理、执行的人员的职责应当明确,并相互分离、相互制约,规范选案程序和检查行为。

税务检查工作的具体办法,由国家税务总局制定。

第八十六条 税务机关行使税收征管法第五十四条第（一）项职权时，可以在纳税人、扣缴义务人的业务场所进行；必要时，经县以上税务局（分局）局长批准，可以将纳税人、扣缴义务人以前会计年度的账簿、记账凭证、报表和其他有关资料调回税务机关检查，但是税务机关必须向纳税人、扣缴义务人开付清单，并在3个月内完整退还；有特殊情况的，经设区的市、自治州以上税务局局长批准，税务机关可以将纳税人、扣缴义务人当年的账簿、记账凭证、报表和其他有关资料调回检查，但是税务机关必须在30日内退还。

第八十七条 税务机关行使税收征管法第五十四条第（六）项职权时，应当指定专人负责，凭全国统一格式的检查存款账户许可证明进行，并有责任为被检查人保守秘密。

检查存款账户许可证明，由国家税务总局制定。

税务机关查询的内容，包括纳税人存款账户余额和资金往来情况。

第八十八条 依照税收征管法第五十五条规定，税务机关采取税收保全措施的期限一般不得超过6个月；重大案件需要延长的，应当报国家税务总局批准。

第八十九条 税务机关和税务人员应当依照税收征管法及本细则的规定行使税务检查职权。

税务人员进行税务检查时，应当出示税务检查证和税务检查通知书；无税务检查证和税务检查通知书的，纳税人、扣缴义务人及其他当事人有权拒绝检查。税务机关对集贸市场及集中经营业户进行检查时，可以使用统一的税务检查通知书。

税务检查证和税务检查通知书的式样、使用和管理的具体办法，由国家税务总局制定。

第七章 法律责任

第九十条 纳税人未按照规定办理税务登记证件验证或者换证手续的，由税务机关责令限期改正，可以处2000元以下的罚款；情节严重的，处2000元以上1万元以下的罚款。

第九十一条 非法印制、转借、倒卖、变造或者伪造完税凭证的，由税务机关责令改正，处2000元以上1万元以下的罚款；情节严重的，处1万元以上5万元以下的罚款；构成犯罪的，依法追究刑事责任。

第九十二条 银行和其他金融机构未依照税收征管法的规定在从事生产、经营的纳税人的账户中登录税务登记证件号码，或者未按规定在税务登记证件中登录从事生产、经营的纳税人的账户账号的，由税务机关责令其限期改正，处2000元以上2万元以下的罚款；情节严重的，处2万元以上5万元以下的罚款。

第九十三条 为纳税人、扣缴义务人非法提供银行账户、发票、证明或者其他方便，导致未缴、少缴税款或者骗取国家出口退税款的，税务机关除没收其违法所得外，可以处未缴、少缴或者骗取的税款1倍以下的罚款。

第九十四条 纳税人拒绝代扣、代收税款的，扣缴义务人应当向税务机关报告，由税务机关直接向纳税人追缴税款、滞纳金；纳税人拒不缴纳的，依照税收征管法第六十八条的规定执行。

第九十五条 税务机关依照税收征管法第五十四条第（五）项的规定，到车站、码头、机场、邮政企业及其分支机构检查纳税人有关情况时，有关单位拒绝的，由税务机关责令改正，可以处1万元以下的罚款；情节严重的，处1万元以上5万元以下的罚款。

第九十六条 纳税人、扣缴义务人有下列情形之一的，依照税收征管法第七十条的规定处罚：

（一）提供虚假资料，不如实反映情况，或者拒绝提供有关资料的；

（二）拒绝或者阻止税务机关记录、录音、录像、照相和复制与案件有关的情况和资料的；

（三）在检查期间，纳税人、扣缴义务人转移、隐匿、销毁有关资料的；

（四）有不依法接受税务检查的其他情形的。

第九十七条 税务人员私分扣押、查封的商品、货物或者其他财产，情节严重，构成犯罪的，依法追究刑事责任；尚不构成犯罪的，依法给予行政处分。

第九十八条 税务代理人违反税收法律、行政法规，造成纳税人未缴或者少缴税款的，除由纳税人缴纳或者补缴应纳税款、滞纳金外，对税务代理人处纳税人未缴或者少缴税款50%以上3倍以下的罚款。

第九十九条 税务机关对纳税人、扣缴义务人及其他当事人处以罚款或者没收违法所得时，应当开付罚没凭证；未开付罚没凭证的，纳税人、扣缴义务人以及其他当事人有权拒绝给付。

第一百条 税收征管法第八十八条规定的纳税争议,是指纳税人、扣缴义务人、纳税担保人对税务机关确定纳税主体、征税对象、征税范围、减税、免税及退税、适用税率、计税依据、纳税环节、纳税期限、纳税地点以及税款征收方式等具体行政行为有异议而发生的争议。

第八章 文书送达

第一百零一条 税务机关送达税务文书,应当直接送交受送达人。

受送达人是公民的,应当由本人直接签收;本人不在的,交其同住成年家属签收。

受送达人是法人或者其他组织的,应当由法人的法定代表人、其他组织的主要负责人或者该法人、组织的财务负责人、负责收件的人签收。受送达人有代理人的,可以送交其代理人签收。

第一百零二条 送达税务文书应当有送达回证,并由受送达人或者本细则规定的其他签收人在送达回证上记明收到日期,签名或者盖章,即为送达。

第一百零三条 受送达人或者本细则规定的其他签收人拒绝签收税务文书的,送达人应当在送达回证上记明拒收理由和日期,并由送达人和见证人签名或者盖章,将税务文书留在受送达人处,即视为送达。

第一百零四条 直接送达税务文书有困难的,可以委托其他有关机关或者其他单位代为送达,或者邮寄送达。

第一百零五条 直接或者委托送达税务文书的,以签收人或者见证人在送达回证上的签收或者注明的收件日期为送达日期;邮寄送达的,以挂号函件回执上注明的收件日期为送达日期,并视为已送达。

第一百零六条 有下列情形之一的,税务机关可以公告送达税务文书,自公告之日起满30日,即视为送达:

(一)同一送达事项的受送达人众多;

(二)采用本章规定的其他送达方式无法送达。

第一百零七条 税务文书的格式由国家税务总局制定。本细则所称税务文书,包括:

(一)税务事项通知书;

(二)责令限期改正通知书;

(三)税收保全措施决定书;

(四)税收强制执行决定书;

(五)税务检查通知书;

(六)税务处理决定书;

(七)税务行政处罚决定书;

(八)行政复议决定书;

(九)其他税务文书。

第九章 附 则

第一百零八条 税收征管法及本细则所称"以上"、"以下"、"日内"、"届满"均含本数。

第一百零九条 税收征管法及本细则所规定期限的最后一日是法定休假日的,以休假日期满的次日为期限的最后一日;在期限内有连续3日以上法定休假日的,按休假日天数顺延。

第一百一十条 税收征管法第三十条第三款规定的代扣、代收手续费,纳入预算管理,由税务机关依照法律、行政法规的规定付给扣缴义务人。

第一百一十一条 纳税人、扣缴义务人委托税务代理人代为办理税务事宜的办法,由国家税务总局规定。

第一百一十二条 耕地占用税、契税、农业税、牧业税的征收管理,按照国务院的有关规定执行。

第一百一十三条 本细则自2002年10月15日起施行。1993年8月4日国务院发布的《中华人民共和国税收征收管理法实施细则》同时废止。

4. 税务登记管理办法

(2003 年 12 月 17 日　国家税务总局令第 7 号)

(2003 年 12 月 17 日国家税务总局令第 7 号公布,根据 2014 年 12 月 27 日《国家税务总局关于修改〈税务登记管理办法〉的决定》和 2018 年 6 月 15 日《国家税务总局关于修改部分税务部门规章的决定》修正)

第一章　总　　则

第一条　为了规范税务登记管理,加强税源监控,根据《中华人民共和国税收征收管理法》(以下简称《税收征管法》)以及《中华人民共和国税收征收管理法实施细则》(以下简称《实施细则》)的规定,制定本办法。

第二条　企业,企业在外地设立的分支机构和从事生产、经营的场所,个体工商户和从事生产、经营的事业单位,均应当按照《税收征管法》及《实施细则》和本办法的规定办理税务登记。

前款规定以外的纳税人,除国家机关、个人和无固定生产、经营场所的流动性农村小商贩外,也应当按照《税收征管法》及《实施细则》和本办法的规定办理税务登记。

根据税收法律、行政法规的规定负有扣缴税款义务的扣缴义务人(国家机关除外),应当按照《税收征管法》及《实施细则》和本办法的规定办理扣缴税款登记。

第三条　县以上(含本级,下同)税务局(分局)是税务登记的主管税务机关,负责税务登记的设立登记、变更登记、注销登记和税务登记证验证、换证以及非正常户处理、报验登记等有关事项。

第四条　税务登记证件包括税务登记证及其副本、临时税务登记证及其副本。

扣缴税款登记证件包括扣缴税款登记证及其副本。

第五条　县以上税务局(分局)按照国务院规定的税收征收管理范围,实施属地管理。有条件的城市,可以按照"各区分散受理、全市集中处理"的原则办理税务登记。

第六条　税务局(分局)执行统一纳税人识别号。纳税人识别号由省、自治区、直辖市和计划单列市税务局按照纳税人识别号代码行业标准联合编制,统一下发各地执行。

已领取组织机构代码的纳税人,其纳税人识别号共 15 位,由纳税人登记所在地 6 位行政区划码 +9 位组织机构代码组成。以业主身份证件为有效身份证明的组织,即未取得组织机构代码证书的个体工商户以及持回乡证、通行证、护照办理税务登记的纳税人,其纳税人识别号由身份证件号码 +2 位顺序码组成。

纳税人识别号具有唯一性。

第七条　纳税人办理下列事项时,必须提供税务登记证件:

(一)开立银行账户;

(二)领购发票。

纳税人办理其他税务事项时,应当出示税务登记证件,经税务机关核准相关信息后办理手续。

第二章　设 立 登 记

第八条　企业,企业在外地设立的分支机构和从事生产、经营的场所,个体工商户和从事生产、经营的事业单位(以下统称从事生产、经营的纳税人),向生产、经营所在地税务机关申报办理税务登记:

(一)从事生产、经营的纳税人领取工商营业执照的,应当自领取工商营业执照之日起 30 日内申报办理税务登记,税务机关发放税务登记证及副本;

（二）从事生产、经营的纳税人未办理工商营业执照但经有关部门批准设立的，应当自有关部门批准设立之日起30日内申报办理税务登记，税务机关发放税务登记证及副本；

（三）从事生产、经营的纳税人未办理工商营业执照也未经有关部门批准设立的，应当自纳税义务发生之日起30日内申报办理税务登记，税务机关发放临时税务登记证及副本；

（四）有独立的生产经营权、在财务上独立核算并定期向发包人或者出租人上交承包费或租金的承包承租人，应当自承包承租合同签订之日起30日内，向其承包承租业务发生地税务机关申报办理税务登记，税务机关发放临时税务登记证及副本；

（五）境外企业在中国境内承包建筑、安装、装配、勘探工程和提供劳务的，应当自项目合同或协议签订之日起30日内，向项目所在地税务机关申报办理税务登记，税务机关发放临时税务登记证及副本。

第九条 本办法第八条规定以外的其他纳税人，除国家机关、个人和无固定生产、经营场所的流动性农村小商贩外，均应当自纳税义务发生之日起30日内，向纳税义务发生地税务机关申报办理税务登记，税务机关发放税务登记证及副本。

第十条 税务机关对纳税人税务登记地点发生争议的，由其共同的上级税务机关指定管辖。

第十一条 纳税人在申报办理税务登记时，应当根据不同情况向税务机关如实提供以下证件和资料：

（一）工商营业执照或其他核准执业证件；

（二）有关合同、章程、协议书；

（三）组织机构统一代码证书；

（四）法定代表人或负责人或业主的居民身份证、护照或者其他合法证件。

其他需要提供的有关证件、资料，由省、自治区、直辖市税务机关确定。

第十二条 纳税人在申报办理税务登记时，应当如实填写税务登记表。

税务登记表的主要内容包括：

（一）单位名称、法定代表人或者业主姓名及其居民身份证、护照或者其他合法证件的号码；

（二）住所、经营地点；

（三）登记类型；

（四）核算方式；

（五）生产经营方式；

（六）生产经营范围；

（七）注册资金（资本）、投资总额；

（八）生产经营期限；

（九）财务负责人、联系电话；

（十）国家税务总局确定的其他有关事项。

第十三条 纳税人提交的证件和资料齐全且税务登记表的填写内容符合规定的，税务机关应当日办理并发放税务登记证件。纳税人提交的证件和资料不齐全或税务登记表的填写内容不符合规定的，税务机关应当场通知其补正或重新填报。

第十四条 税务登记证件的主要内容包括：纳税人名称、税务登记代码、法定代表人或负责人、生产经营地址、登记类型、核算方式、生产经营范围（主营、兼营）、发证日期、证件有效期等。

第十五条 已办理税务登记的扣缴义务人应当自扣缴义务发生之日起30日内，向税务登记地税务机关申报办理扣缴税款登记。税务机关在其税务登记证件上登记扣缴税款事项，税务机关不再发放扣缴税款登记证件。

根据税收法律、行政法规的规定可不办理税务登记的扣缴义务人，应当自扣缴义务发生之日起30日内，向机构所在地税务机关申报办理扣缴税款登记。税务机关发放扣缴税款登记证件。

第三章 变 更 登 记

第十六条 纳税人税务登记内容发生变化的，应当向原税务登记机关申报办理变更税务登记。

第十七条 纳税人已在工商行政管理机关办理变更登记的，应当自工商行政管理机关变更登记之日起30日内，向原税务登记机关如实提供下列证件、资料，申报办理变更税务登记：

（一）工商登记变更表及工商营业执照；

（二）纳税人变更登记内容的有关证明文件；

（三）税务机关发放的原税务登记证件（登记证正、副本和登记表等）；

（四）其他有关资料。

第十八条 纳税人按照规定不需要在工商行政管理机关办理变更登记，或者其变更登记的内容与工商登记内容无关的，应当自税务登记内容实际发生变化之日起30日内，或者自有关机关批准或者宣布变更之日起30日内，持下列证件到原税务登记机关申报办理变更税务登记：

（一）纳税人变更登记内容的有关证明文件；

（二）税务机关发放的原税务登记证件（登记证正、副本和税务登记表等）；

（三）其他有关资料。

第十九条 纳税人提交的有关变更登记的证件、资料齐全的，应如实填写税务登记变更表，符合规定的，税务机关应当日办理；不符合规定的，税务机关应通知其补正。

第二十条 税务机关应当于受理当日办理变更税务登记。纳税人税务登记表和税务登记证中的内容都发生变更的，税务机关按变更后的内容重新发放税务登记证件；纳税人税务登记表的内容发生变更而税务登记证中的内容未发生变更的，税务机关不重新发放税务登记证件。

第四章 停业、复业登记

第二十一条 实行定期定额征收方式的个体工商户需要停业的，应当在停业前向税务机关申报办理停业登记。纳税人的停业期限不得超过一年。

第二十二条 纳税人在申报办理停业登记时，应如实填写停业复业报告书，说明停业理由、停业期限、停业前的纳税情况和发票的领、用、存情况，并结清应纳税款、滞纳金、罚款。税务机关应收存其税务登记证件及副本、发票领购簿、未使用完的发票和其他税务证件。

第二十三条 纳税人在停业期间发生纳税义务的，应当按照税收法律、行政法规的规定申报缴纳税款。

第二十四条 纳税人应当于恢复生产经营之前，向税务机关申报办理复业登记，如实填写《停业复业报告书》，领回并启用税务登记证件、发票领购簿及其停业前领购的发票。

第二十五条 纳税人停业期满不能及时恢复生产经营的，应当在停业期满前到税务机关办理延长停业登记，并如实填写《停业复业报告书》。

第五章 注销登记

第二十六条 纳税人发生解散、破产、撤销以及其他情形，依法终止纳税义务的，应当在向工商行政管理机关或者其他机关办理注销登记前，持有关证件和资料向原税务登记机关申报办理注销税务登记；按规定不需要在工商行政管理机关或者其他机关办理注册登记的，应当自有关机关批准或者宣告终止之日起15日内，持有关证件和资料向原税务登记机关申报办理注销税务登记。

纳税人被工商行政管理机关吊销营业执照或者被其他机关予以撤销登记的，应当自营业执照被吊销或者被撤销登记之日起15日内，向原税务登记机关申报办理注销税务登记。

第二十七条 纳税人因住所、经营地点变动，涉及改变税务登记机关的，应当在向工商行政管理机关或者其他机关申请办理变更、注销登记前，或者住所、经营地点变动前，持有关证件和资料，向原税务登记机关申报办理注销税务登记，并自注销税务登记之日起30日内向迁达地税务机关申报办理税务登记。

第二十八条 境外企业在中国境内承包建筑、安装、装配、勘探工程和提供劳务的，应当在项目完工、离开中国前15日内，持有关证件和资料，向原税务登记机关申报办理注销税务登记。

第二十九条 纳税人办理注销税务登记前,应当向税务机关提交相关证明文件和资料,结清应纳税款、多退(免)税款、滞纳金和罚款,缴销发票、税务登记证件和其他税务证件,经税务机关核准后,办理注销税务登记手续。

第六章 外出经营报验登记

第三十条 纳税人到外县(市)临时从事生产经营活动的,应当在外出生产经营以前,持税务登记证到主管税务机关开具《外出经营活动税收管理证明》(以下简称《外管证》)。

第三十一条 税务机关按照一地一证的原则,发放《外管证》,《外管证》的有效期限一般为30日,最长不得超过180天。

第三十二条 纳税人应当在《外管证》注明地进行生产经营前向当地税务机关报验登记,并提交下列证件、资料:

(一)税务登记证件副本;

(二)《外管证》。

纳税人在《外管证》注明地销售货物的,除提交以上证件、资料外,应如实填写《外出经营货物报验单》,申报查验货物。

第三十三条 纳税人外出经营活动结束,应当向经营地税务机关填报《外出经营活动情况申报表》,并结清税款、缴销发票。

第三十四条 纳税人应当在《外管证》有效期届满后10日内,持《外管证》回原税务登记地税务机关办理《外管证》缴销手续。

第七章 证 照 管 理

第三十五条 税务机关应当加强税务登记证件的管理,采取实地调查、上门验证等方法进行税务登记证件的管理。

第三十六条 税务登记证式样改变,需统一换发税务登记证的,由国家税务总局确定。

第三十七条 纳税人、扣缴义务人遗失税务登记证件的,应当自遗失税务登记证件之日起15日内,书面报告主管税务机关,如实填写《税务登记证件遗失报告表》,并将纳税人的名称、税务登记证件名称、税务登记证件号码、税务登记证件有效期、发证机关名称在税务机关认可的报刊上作遗失声明,凭报刊上刊登的遗失声明到主管税务机关补办税务登记证件。

第八章 非正常户处理

第三十八条 已办理税务登记的纳税人未按照规定的期限申报纳税,在税务机关责令其限期改正后,逾期不改正的,税务机关应当派员实地检查,查无下落并且无法强制其履行纳税义务的,由检查人员制作非正常户认定书,存入纳税人档案,税务机关暂停其税务登记证件、发票领购簿和发票的使用。

第三十九条 纳税人被列入非正常户超过三个月的,税务机关可以宣布其税务登记证件失效,其应纳税款的追征仍按《税收征管法》及其《实施细则》的规定执行。

第九章 法 律 责 任

第四十条 纳税人不办理税务登记的,税务机关应当自发现之日起3日内责令其限期改正;逾期不改正的,依照《税收征管法》第六十条第一款的规定处罚。

第四十一条 纳税人通过提供虚假的证明资料等手段,骗取税务登记证的,处2000元以下的罚款;情节严重的，处2000元以上10000元以下的罚款。纳税人涉嫌其他违法行为的，按有关法律、行政法规的规定处理。

第四十二条 扣缴义务人未按照规定办理扣缴税款登记的，税务机关应当自发现之日起3日内责令其限期改正，并可处以1000元以下的罚款。

第四十三条 纳税人、扣缴义务人违反本办法规定，拒不接受税务机关处理的，税务机关可以收缴其发票或者停止向其发售发票。

第四十四条 税务人员徇私舞弊或者玩忽职守，违反本办法规定为纳税人办理税务登记相关手续，或者滥用职权，故意刁难纳税人、扣缴义务人的，调离工作岗位，并依法给予行政处分。

第十章 附 则

第四十五条 本办法涉及的标识、戳记和文书式样，由国家税务总局确定。

第四十六条 本办法由国家税务总局负责解释。各省、自治区、直辖市和计划单列市税务局可根据本办法制定具体的实施办法。

第四十七条 本办法自2004年2月1日起施行。

5.中华人民共和国发票管理办法

（2010年12月20日 国务院令2010年第587号）

《国务院关于修改〈中华人民共和国发票管理办法〉的决定》已经2010年12月8日国务院第136次常务会议通过，现予公布，自2011年2月1日起施行。

国务院关于修改《中华人民共和国发票管理办法》的决定

国务院决定对《中华人民共和国发票管理办法》作如下修改：

一、将第二条修改为："在中华人民共和国境内印制、领购、开具、取得、保管、缴销发票的单位和个人（以下称印制、使用发票的单位和个人），必须遵守本办法。"

二、将第四条第一款修改为："国务院税务主管部门统一负责全国的发票管理工作。省、自治区、直辖市国家税务局和地方税务局（以下统称省、自治区、直辖市税务机关）依据各自的职责，共同做好本行政区域内的发票管理工作。"

三、将第七条修改为："增值税专用发票由国务院税务主管部门确定的企业印制；其他发票，按照国务院税务主管部门的规定，由省、自治区、直辖市税务机关确定的企业印制。禁止私自印制、伪造、变造发票。"

四、将第八条改为第九条，修改为："印制发票应当使用国务院税务主管部门确定的全国统一的发票防伪专用品。禁止非法制造发票防伪专用品。"

五、将第九条改为第八条，修改为："印制发票的企业应当具备下列条件：

"（一）取得印刷经营许可证和营业执照；

"（二）设备、技术水平能够满足印制发票的需要；

"（三）有健全的财务制度和严格的质量监督、安全管理、保密制度。

"税务机关应当以招标方式确定印制发票的企业，并发给发票准印证。"

六、将第十五条、第十六条改为第十五条，修改为："需要领购发票的单位和个人，应当持税务登记证件、经办人身份证明、按照国务院税务主管部门规定式样制作的发票专用章的印模，向主管税务机关办理发票领购手续。主管税务机关根据领购单位和个人的经营范围和规模，确认领购发票的种类、数量以及领购方式，在5个工作日内发给发票领购簿。

“单位和个人领购发票时，应当按照税务机关的规定报告发票使用情况，税务机关应当按照规定进行查验。”

七、将第十七条改为第十六条，修改为：“需要临时使用发票的单位和个人，可以凭购销商品、提供或者接受服务以及从事其他经营活动的书面证明、经办人身份证明，直接向经营地税务机关申请代开发票。依照税收法律、行政法规规定应当缴纳税款的，税务机关应当先征收税款，再开具发票。税务机关根据发票管理的需要，可以按照国务院税务主管部门的规定委托其他单位代开发票。

“禁止非法代开发票。”

八、将第十九条改为第十八条，第三款修改为：“税务机关收取保证金应当开具资金往来结算票据。”

九、将第二十三条改为第二十二条，修改为：“开具发票应当按照规定的时限、顺序、栏目，全部联次一次性如实开具，并加盖发票专用章。

“任何单位和个人不得有下列虚开发票行为：

“（一）为他人、为自己开具与实际经营业务情况不符的发票；

“（二）让他人为自己开具与实际经营业务情况不符的发票；

“（三）介绍他人开具与实际经营业务情况不符的发票。”

十、将第二十四条、第四十三条改为第二十三条，修改为：“安装税控装置的单位和个人，应当按照规定使用税控装置开具发票，并按期向主管税务机关报送开具发票的数据。

“使用非税控电子器具开具发票的，应当将非税控电子器具使用的软件程序说明资料报主管税务机关备案，并按照规定保存、报送开具发票的数据。

“国家推广使用网络发票管理系统开具发票，具体管理办法由国务院税务主管部门制定。”

十一、将第二十五条改为第二十四条，修改为：“任何单位和个人应当按照发票管理规定使用发票，不得有下列行为：

“（一）转借、转让、介绍他人转让发票、发票监制章和发票防伪专用品；

“（二）知道或者应当知道是私自印制、伪造、变造、非法取得或者废止的发票而受让、开具、存放、携带、邮寄、运输；

“（三）拆本使用发票；

“（四）扩大发票使用范围；

“（五）以其他凭证代替发票使用。

“税务机关应当提供查询发票真伪的便捷渠道。”

十二、将第二十六条改为第二十五条，第一款修改为：“除国务院税务主管部门规定的特殊情形外，发票限于领购单位和个人在本省、自治区、直辖市内开具。”

十三、将第二十七条改为第二十六条，第一款修改为：“除国务院税务主管部门规定的特殊情形外，任何单位和个人不得跨规定的使用区域携带、邮寄、运输空白发票。”

十四、将第三十一条改为第三十条，第一项修改为：“（一）检查印制、领购、开具、取得、保管和缴销发票的情况；”

十五、将第三十六条改为第三十五条，修改为：“违反本办法的规定，有下列情形之一的，由税务机关责令改正，可以处1万元以下的罚款；有违法所得的予以没收：

“（一）应当开具而未开具发票，或者未按照规定的时限、顺序、栏目，全部联次一次性开具发票，或者未加盖发票专用章的；

“（二）使用税控装置开具发票，未按期向主管税务机关报送开具发票的数据的；

“（三）使用非税控电子器具开具发票，未将非税控电子器具使用的软件程序说明资料报主管税务机关备案，或者未按照规定保存、报送开具发票的数据的；

“（四）拆本使用发票的；

“（五）扩大发票使用范围的；

“（六）以其他凭证代替发票使用的；

“（七）跨规定区域开具发票的；

“（八）未按照规定缴销发票的；

“（九）未按照规定存放和保管发票的。”

十六、将第三十七条改为第三十六条，修改为：“跨规定的使用区域携带、邮寄、运输空白发票，以及携带、邮寄或者运输空白发票出入境的，由税务机关责令改正，可以处 1 万元以下的罚款；情节严重的，处 1 万元以上 3 万元以下的罚款；有违法所得的予以没收。

“丢失发票或者擅自损毁发票的，依照前款规定处罚。”

十七、增加一条，作为第三十七条：“违反本办法第二十二条第二款的规定虚开发票的，由税务机关没收违法所得；虚开金额在 1 万元以下的，可以并处 5 万元以下的罚款；虚开金额超过 1 万元的，并处 5 万元以上 50 万元以下的罚款；构成犯罪的，依法追究刑事责任。

“非法代开发票的，依照前款规定处罚。”

十八、将第三十八条改为第三十八条、第三十九条。第三十八条：“私自印制、伪造、变造发票，非法制造发票防伪专用品，伪造发票监制章的，由税务机关没收违法所得，没收、销毁作案工具和非法物品，并处 1 万元以上 5 万元以下的罚款；情节严重的，并处 5 万元以上 50 万元以下的罚款；对印制发票的企业，可以并处吊销发票准印证；构成犯罪的，依法追究刑事责任。

“前款规定的处罚，《中华人民共和国税收征收管理法》有规定的，依照其规定执行。”

第三十九条：“有下列情形之一的，由税务机关处 1 万元以上 5 万元以下的罚款；情节严重的，处 5 万元以上 50 万元以下的罚款；有违法所得的予以没收：

“（一）转借、转让、介绍他人转让发票、发票监制章和发票防伪专用品的；

“（二）知道或者应当知道是私自印制、伪造、变造、非法取得或者废止的发票而受让、开具、存放、携带、邮寄、运输的。”

十九、增加一条，作为第四十条：“对违反发票管理规定 2 次以上或者情节严重的单位和个人，税务机关可以向社会公告。”

二十、将第四十条改为第四十二条，修改为：“当事人对税务机关的处罚决定不服的，可以依法申请行政复议或者向人民法院提起行政诉讼。”

二十一、将第四十二条改为第四十四条，修改为：“国务院税务主管部门可以根据有关行业特殊的经营方式和业务需求，会同国务院有关主管部门制定该行业的发票管理办法。

“国务院税务主管部门可以根据增值税专用发票管理的特殊需要，制定增值税专用发票的具体管理办法。”

二十二、删除第四十四条。

此外，对条文的顺序和个别文字作相应的调整和修改。

本决定自 2011 年 2 月 1 日起施行。

《中华人民共和国发票管理办法》根据本决定作相应的修改，重新公布。

中华人民共和国发票管理办法

（1993 年 12 月 12 日国务院批准、1993 年 12 月 23 日财政部令第 6 号发布
根据 2010 年 12 月 20 日《国务院关于修改〈中华人民共和国发票管理办法〉的决定》修订）

第一章　总　　则

第一条　为了加强发票管理和财务监督，保障国家税收收入，维护经济秩序，根据《中华人民共和国税

收征收管理法》,制定本办法。

第二条 在中华人民共和国境内印制、领购、开具、取得、保管、缴销发票的单位和个人(以下称印制、使用发票的单位和个人),必须遵守本办法。

第三条 本办法所称发票,是指在购销商品、提供或者接受服务以及从事其他经营活动中,开具、收取的收付款凭证。

第四条 国务院税务主管部门统一负责全国的发票管理工作。省、自治区、直辖市国家税务局和地方税务局(以下统称省、自治区、直辖市税务机关)依据各自的职责,共同做好本行政区域内的发票管理工作。

财政、审计、工商行政管理、公安等有关部门在各自的职责范围内,配合税务机关做好发票管理工作。

第五条 发票的种类、联次、内容以及使用范围由国务院税务主管部门规定。

第六条 对违反发票管理法规的行为,任何单位和个人可以举报。税务机关应当为检举人保密,并酌情给予奖励。

第二章 发票的印制

第七条 增值税专用发票由国务院税务主管部门确定的企业印制;其他发票,按照国务院税务主管部门的规定,由省、自治区、直辖市税务机关确定的企业印制。禁止私自印制、伪造、变造发票。

第八条 印制发票的企业应当具备下列条件:

(一)取得印刷经营许可证和营业执照;

(二)设备、技术水平能够满足印制发票的需要;

(三)有健全的财务制度和严格的质量监督、安全管理、保密制度。

税务机关应当以招标方式确定印制发票的企业,并发给发票准印证。

第九条 印制发票应当使用国务院税务主管部门确定的全国统一的发票防伪专用品。禁止非法制造发票防伪专用品。

第十条 发票应当套印全国统一发票监制章。全国统一发票监制章的式样和发票版面印刷的要求,由国务院税务主管部门规定。发票监制章由省、自治区、直辖市税务机关制作。禁止伪造发票监制章。

发票实行不定期换版制度。

第十一条 印制发票的企业按照税务机关的统一规定,建立发票印制管理制度和保管措施。

发票监制章和发票防伪专用品的使用和管理实行专人负责制度。

第十二条 印制发票的企业必须按照税务机关批准的式样和数量印制发票。

第十三条 发票应当使用中文印制。民族自治地方的发票,可以加印当地一种通用的民族文字。有实际需要的,也可以同时使用中外两种文字印制。

第十四条 各省、自治区、直辖市内的单位和个人使用的发票,除增值税专用发票外,应当在本省、自治区、直辖市内印制;确有必要到外省、自治区、直辖市印制的,应当由省、自治区、直辖市税务机关商印制地省、自治区、直辖市税务机关同意,由印制地省、自治区、直辖市税务机关确定的企业印制。

禁止在境外印制发票。

第三章 发票的领购

第十五条 需要领购发票的单位和个人,应当持税务登记证件、经办人身份证明、按照国务院税务主管部门规定式样制作的发票专用章的印模,向主管税务机关办理发票领购手续。主管税务机关根据领购单位和个人的经营范围和规模,确认领购发票的种类、数量以及领购方式,在5个工作日内发给发票领购簿。

单位和个人领购发票时,应当按照税务机关的规定报告发票使用情况,税务机关应当按照规定进行查验。

第十六条 需要临时使用发票的单位和个人,可以凭购销商品、提供或者接受服务以及从事其他经营活动的书面证明、经办人身份证明，直接向经营地税务机关申请代开发票。依照税收法律、行政法规规定应当缴纳税款的，税务机关应当先征收税款，再开具发票。税务机关根据发票管理的需要，可以按照国务院税务主管部门的规定委托其他单位代开发票。

禁止非法代开发票。

第十七条 临时到本省、自治区、直辖市以外从事经营活动的单位或者个人，应当凭所在地税务机关的证明，向经营地税务机关领购经营地的发票。

临时在本省、自治区、直辖市以内跨市、县从事经营活动领购发票的办法，由省、自治区、直辖市税务机关规定。

第十八条 税务机关对外省、自治区、直辖市来本辖区从事临时经营活动的单位和个人领购发票的，可以要求其提供保证人或者根据所领购发票的票面限额以及数量交纳不超过1万元的保证金，并限期缴销发票。

按期缴销发票的，解除保证人的担保义务或者退还保证金；未按期缴销发票的，由保证人或者以保证金承担法律责任。

税务机关收取保证金应当开具资金往来结算票据。

第四章 发票的开具和保管

第十九条 销售商品、提供服务以及从事其他经营活动的单位和个人，对外发生经营业务收取款项，收款方应当向付款方开具发票；特殊情况下，由付款方向收款方开具发票。

第二十条 所有单位和从事生产、经营活动的个人在购买商品、接受服务以及从事其他经营活动支付款项，应当向收款方取得发票。取得发票时，不得要求变更品名和金额。

第二十一条 不符合规定的发票，不得作为财务报销凭证，任何单位和个人有权拒收。

第二十二条 开具发票应当按照规定的时限、顺序、栏目，全部联次一次性如实开具，并加盖发票专用章。

任何单位和个人不得有下列虚开发票行为：

（一）为他人、为自己开具与实际经营业务情况不符的发票；

（二）让他人为自己开具与实际经营业务情况不符的发票；

（三）介绍他人开具与实际经营业务情况不符的发票。

第二十三条 安装税控装置的单位和个人，应当按照规定使用税控装置开具发票，并按期向主管税务机关报送开具发票的数据。

使用非税控电子器具开具发票的，应当将非税控电子器具使用的软件程序说明资料报主管税务机关备案，并按照规定保存、报送开具发票的数据。

国家推广使用网络发票管理系统开具发票，具体管理办法由国务院税务主管部门制定。

第二十四条 任何单位和个人应当按照发票管理规定使用发票，不得有下列行为：

（一）转借、转让、介绍他人转让发票、发票监制章和发票防伪专用品；

（二）知道或者应当知道是私自印制、伪造、变造、非法取得或者废止的发票而受让、开具、存放、携带、邮寄、运输；

（三）拆本使用发票；

（四）扩大发票使用范围；

（五）以其他凭证代替发票使用。

税务机关应当提供查询发票真伪的便捷渠道。

第二十五条 除国务院税务主管部门规定的特殊情形外，发票限于领购单位和个人在本省、自治区、直辖市内开具。

省、自治区、直辖市税务机关可以规定跨市、县开具发票的办法。

第二十六条 除国务院税务主管部门规定的特殊情形外，任何单位和个人不得跨规定的使用区域携带、邮寄、运输空白发票。

禁止携带、邮寄或者运输空白发票出入境。

第二十七条 开具发票的单位和个人应当建立发票使用登记制度，设置发票登记簿，并定期向主管税务机关报告发票使用情况。

第二十八条 开具发票的单位和个人应当在办理变更或者注销税务登记的同时，办理发票和发票领购簿的变更、缴销手续。

第二十九条 开具发票的单位和个人应当按照税务机关的规定存放和保管发票，不得擅自损毁。已经开具的发票存根联和发票登记簿，应当保存5年。保存期满，报经税务机关查验后销毁。

第五章 发票的检查

第三十条 税务机关在发票管理中有权进行下列检查：

（一）检查印制、领购、开具、取得、保管和缴销发票的情况；

（二）调出发票查验；

（三）查阅、复制与发票有关的凭证、资料；

（四）向当事各方询问与发票有关的问题和情况；

（五）在查处发票案件时，对与案件有关的情况和资料，可以记录、录音、录像、照像和复制。

第三十一条 印制、使用发票的单位和个人，必须接受税务机关依法检查，如实反映情况，提供有关资料，不得拒绝、隐瞒。

税务人员进行检查时，应当出示税务检查证。

第三十二条 税务机关需要将已开具的发票调出查验时，应当向被查验的单位和个人开具发票换票证。发票换票证与所调出查验的发票有同等的效力。被调出查验发票的单位和个人不得拒绝接受。

税务机关需要将空白发票调出查验时，应当开具收据；经查无问题的，应当及时返还。

第三十三条 单位和个人从中国境外取得的与纳税有关的发票或者凭证，税务机关在纳税审查时有疑义的，可以要求其提供境外公证机构或者注册会计师的确认证明，经税务机关审核认可后，方可作为记账核算的凭证。

第三十四条 税务机关在发票检查中需要核对发票存根联与发票联填写情况时，可以向持有发票或者发票存根联的单位发出发票填写情况核对卡，有关单位应当如实填写，按期报回。

第六章 罚 则

第三十五条 违反本办法的规定，有下列情形之一的，由税务机关责令改正，可以处1万元以下的罚款；有违法所得的予以没收：

（一）应当开具而未开具发票，或者未按照规定的时限、顺序、栏目，全部联次一次性开具发票，或者未加盖发票专用章的；

（二）使用税控装置开具发票，未按期向主管税务机关报送开具发票的数据的；

（三）使用非税控电子器具开具发票，未将非税控电子器具使用的软件程序说明资料报主管税务机关备案，或者未按照规定保存、报送开具发票的数据的；

（四）拆本使用发票的；

（五）扩大发票使用范围的；

（六）以其他凭证代替发票使用的；

（七）跨规定区域开具发票的；

（八）未按照规定缴销发票的；

（九）未按照规定存放和保管发票的。

第三十六条 跨规定的使用区域携带、邮寄、运输空白发票，以及携带、邮寄或者运输空白发票出入境的，由税务机关责令改正，可以处1万元以下的罚款；情节严重的，处1万元以上3万元以下的罚款；有违法所得的予以没收。

丢失发票或者擅自损毁发票的，依照前款规定处罚。

第三十七条 违反本办法第二十二条第二款的规定虚开发票的，由税务机关没收违法所得；虚开金额在1万元以下的，可以并处5万元以下的罚款；虚开金额超过1万元的，并处5万元以上50万元以下的罚款；构成犯罪的，依法追究刑事责任。

非法代开发票的，依照前款规定处罚。

第三十八条 私自印制、伪造、变造发票，非法制造发票防伪专用品，伪造发票监制章的，由税务机关没收违法所得，没收、销毁作案工具和非法物品，并处1万元以上5万元以下的罚款；情节严重的，并处5万元以上50万元以下的罚款；对印制发票的企业，可以并处吊销发票准印证；构成犯罪的，依法追究刑事责任。

前款规定的处罚，《中华人民共和国税收征收管理法》有规定的，依照其规定执行。

第三十九条 有下列情形之一的，由税务机关处1万元以上5万元以下的罚款；情节严重的，处5万元以上50万元以下的罚款；有违法所得的予以没收：

（一）转借、转让、介绍他人转让发票、发票监制章和发票防伪专用品的；

（二）知道或者应当知道是私自印制、伪造、变造、非法取得或者废止的发票而受让、开具、存放、携带、邮寄、运输的。

第四十条 对违反发票管理规定2次以上或者情节严重的单位和个人，税务机关可以向社会公告。

第四十一条 违反发票管理法规，导致其他单位或者个人未缴、少缴或者骗取税款的，由税务机关没收违法所得，可以并处未缴、少缴或者骗取的税款1倍以下的罚款。

第四十二条 当事人对税务机关的处罚决定不服的，可以依法申请行政复议或者向人民法院提起行政诉讼。

第四十三条 税务人员利用职权之便，故意刁难印制、使用发票的单位和个人，或者有违反发票管理法规行为的，依照国家有关规定给予处分；构成犯罪的，依法追究刑事责任。

第七章 附 则

第四十四条 国务院税务主管部门可以根据有关行业特殊的经营方式和业务需求，会同国务院有关主管部门制定该行业的发票管理办法。

国务院税务主管部门可以根据增值税专用发票管理的特殊需要，制定增值税专用发票的具体管理办法。

第四十五条 本办法自发布之日起施行。财政部1986年发布的《全国发票管理暂行办法》和原国家税务局1991年发布的《关于对外商投资企业和外国企业发票管理的暂行规定》同时废止。

6. 中华人民共和国发票管理办法实施细则

（2011 年 2 月 14 日　国家税务总局令第 25 号）

（根据 2014 年 12 月 27 日《国家税务总局关于修改〈中华人民共和国发票管理办法实施细则〉的决定》和 2018 年 6 月 15 日《国家税务总局关于修改部分税务部门规章的决定》修正）

第一章　总　　则

第一条　根据《中华人民共和国发票管理办法》(以下简称《办法》)规定,制定本实施细则。

第二条　在全国范围内统一式样的发票,由国家税务总局确定。

在省、自治区、直辖市范围内统一式样的发票,由省、自治区、直辖市税务局(以下简称省税务局)确定。

第三条　发票的基本联次包括存根联、发票联、记账联。存根联由收款方或开票方留存备查;发票联由付款方或受票方作为付款原始凭证;记账联由收款方或开票方作为记账原始凭证。

省以上税务机关可根据发票管理情况以及纳税人经营业务需要,增减除发票联以外的其他联次,并确定其用途。

第四条　发票的基本内容包括:发票的名称、发票代码和号码、联次及用途、客户名称、开户银行及账号、商品名称或经营项目、计量单位、数量、单价、大小写金额、开票人、开票日期、开票单位(个人)名称(章)等。

省以上税务机关可根据经济活动以及发票管理需要,确定发票的具体内容。

第五条　用票单位可以书面向税务机关要求使用印有本单位名称的发票,税务机关依据《办法》第十五条的规定,确认印有该单位名称发票的种类和数量。

第二章　发票的印制

第六条　发票准印证由国家税务总局统一监制,省税务局核发。

税务机关应当对印制发票企业实施监督管理,对不符合条件的,应当取消其印制发票的资格。

第七条　全国统一的发票防伪措施由国家税务总局确定,省税务局可以根据需要增加本地区的发票防伪措施,并向国家税务总局备案。

发票防伪专用品应当按照规定专库保管,不得丢失。次品、废品应当在税务机关监督下集中销毁。

第八条　全国统一发票监制章是税务机关管理发票的法定标志,其形状、规格、内容、印色由国家税务总局规定。

第九条　全国范围内发票换版由国家税务总局确定;省、自治区、直辖市范围内发票换版由省税务局确定。

发票换版时,应当进行公告。

第十条　监制发票的税务机关根据需要下达发票印制通知书,被指定的印制企业必须按照要求印制。

发票印制通知书应当载明印制发票企业名称、用票单位名称、发票名称、发票代码、种类、联次、规格、印色、印制数量、起止号码、交货时间、地点等内容。

第十一条　印制发票企业印制完毕的成品应当按照规定验收后专库保管,不得丢失。废品应当及时销毁。

第三章　发票的领购

第十二条　《办法》第十五条所称经办人身份证明是指经办人的居民身份证、护照或者其他能证明经办人身份的证件。

第十三条　《办法》第十五条所称发票专用章是指用票单位和个人在其开具发票时加盖的有其名称、税务登记号、发票专用章字样的印章。

发票专用章式样由国家税务总局确定。

第十四条　税务机关对领购发票单位和个人提供的发票专用章的印模应当留存备查。

第十五条　《办法》第十五条所称领购方式是指批量供应、交旧购新或者验旧购新等方式。

第十六条　《办法》第十五条所称发票领购簿的内容应当包括用票单位和个人的名称、所属行业、购票方式、核准购票种类、开票限额、发票名称、领购日期、准购数量、起止号码、违章记录、领购人签字（盖章）、核发税务机关（章）等内容。

第十七条　《办法》第十五条所称发票使用情况是指发票领用存情况及相关开票数据。

第十八条　税务机关在发售发票时，应当按照核准的收费标准收取工本管理费，并向购票单位和个人开具收据。发票工本费征缴办法按照国家有关规定执行。

第十九条　《办法》第十六条所称书面证明是指有关业务合同、协议或者税务机关认可的其他资料。

第二十条　税务机关应当与受托代开发票的单位签订协议，明确代开发票的种类、对象、内容和相关责任等内容。

第二十一条　《办法》第十八条所称保证人，是指在中国境内具有担保能力的公民、法人或者其他经济组织。

保证人同意为领购发票的单位和个人提供担保的，应当填写担保书。担保书内容包括：担保对象、范围、期限和责任以及其他有关事项。

担保书须经购票人、保证人和税务机关签字盖章后方为有效。

第二十二条　《办法》第十八条第二款所称由保证人或者以保证金承担法律责任，是指由保证人缴纳罚款或者以保证金缴纳罚款。

第二十三条　提供保证人或者交纳保证金的具体范围由省税务局规定。

第四章　发票的开具和保管

第二十四条　《办法》第十九条所称特殊情况下，由付款方向收款方开具发票，是指下列情况：

（一）收购单位和扣缴义务人支付个人款项时；

（二）国家税务总局认为其他需要由付款方向收款方开具发票的。

第二十五条　向消费者个人零售小额商品或者提供零星服务的，是否可免予逐笔开具发票，由省税务局确定。

第二十六条　填开发票的单位和个人必须在发生经营业务确认营业收入时开具发票。未发生经营业务一律不准开具发票。

第二十七条　开具发票后，如发生销货退回需开红字发票的，必须收回原发票并注明“作废”字样或取得对方有效证明。

开具发票后，如发生销售折让的，必须在收回原发票并注明“作废”字样后重新开具销售发票或取得对方有效证明后开具红字发票。

第二十八条　单位和个人在开具发票时，必须做到按照号码顺序填开，填写项目齐全，内容真实，字迹清楚，全部联次一次打印，内容完全一致，并在发票联和抵扣联加盖发票专用章。

第二十九条　开具发票应当使用中文。民族自治地方可以同时使用当地通用的一种民族文字。

第三十条 《办法》第二十六条所称规定的使用区域是指国家税务总局和省税务局规定的区域。

第三十一条 使用发票的单位和个人应当妥善保管发票。发生发票丢失情形时,应当于发现丢失当日书面报告税务机关,并登报声明作废。

第五章 发票的检查

第三十二条 《办法》第三十二条所称发票换票证仅限于在本县(市)范围内使用。需要调出外县(市)的发票查验时,应当提请该县(市)税务机关调取发票。

第三十三条 用票单位和个人有权申请税务机关对发票的真伪进行鉴别。收到申请的税务机关应当受理并负责鉴别发票的真伪;鉴别有困难的,可以提请发票监制税务机关协助鉴别。

在伪造、变造现场以及买卖地、存放地查获的发票,由当地税务机关鉴别。

第六章 罚 则

第三十四条 税务机关对违反发票管理法规的行为进行处罚,应当将行政处罚决定书面通知当事人;对违反发票管理法规的案件,应当立案查处。

对违反发票管理法规的行政处罚,由县以上税务机关决定;罚款额在2000元以下的,可由税务所决定。

第三十五条 《办法》第四十条所称的公告是指,税务机关应当在办税场所或者广播、电视、报纸、期刊、网络等新闻媒体上公告纳税人发票违法的情况。公告内容包括:纳税人名称、纳税人识别号、经营地点、违反发票管理法规的具体情况。

第三十六条 对违反发票管理法规情节严重构成犯罪的,税务机关应当依法移送司法机关处理。

第七章 附 则

第三十七条 《办法》和本实施细则所称"以上"、"以下"均含本数。

第三十八条 本实施细则自2011年2月1日起施行。

7. 网络发票管理办法

(2013年2月25日 国家税务总局令第30号)

《网络发票管理办法》已经2013年1月25日国家税务总局第1次局务会议审议通过,现予公布,自2013年4月1日起施行。

网络发票管理办法

(2013年2月25日国家税务总局令第30号公布,根据2018年6月15日《国家税务总局关于修改部分税务部门规章的决定》修正)

第一条 为加强普通发票管理,保障国家税收收入,规范网络发票的开具和使用,根据《中华人民共和国发票管理办法》规定,制定本办法。

第二条 在中华人民共和国境内使用网络发票管理系统开具发票的单位和个人办理网络发票管理系

统的开户登记、网上领取发票手续、在线开具、传输、查验和缴销等事项，适用本办法。

第三条 本办法所称网络发票是指符合国家税务总局统一标准并通过国家税务总局及省、自治区、直辖市税务局公布的网络发票管理系统开具的发票。

国家积极推广使用网络发票管理系统开具发票。

第四条 税务机关应加强网络发票的管理，确保网络发票的安全、唯一、便利，并提供便捷的网络发票信息查询渠道；应通过应用网络发票数据分析，提高信息管税水平。

第五条 税务机关应根据开具发票的单位和个人的经营情况，核定其在线开具网络发票的种类、行业类别、开票限额等内容。

开具发票的单位和个人需要变更网络发票核定内容的，可向税务机关提出书面申请，经税务机关确认，予以变更。

第六条 开具发票的单位和个人开具网络发票应登录网络发票管理系统，如实完整填写发票的相关内容及数据，确认保存后打印发票。

开具发票的单位和个人在线开具的网络发票，经系统自动保存数据后即完成开票信息的确认、查验。

第七条 单位和个人取得网络发票时，应及时查询验证网络发票信息的真实性、完整性，对不符合规定的发票，不得作为财务报销凭证，任何单位和个人有权拒收。

第八条 开具发票的单位和个人需要开具红字发票的，必须收回原网络发票全部联次或取得受票方出具的有效证明，通过网络发票管理系统开具金额为负数的红字网络发票。

第九条 开具发票的单位和个人作废开具的网络发票，应收回原网络发票全部联次，注明“作废”，并在网络发票管理系统中进行发票作废处理。

第十条 开具发票的单位和个人应当在办理变更或者注销税务登记的同时，办理网络发票管理系统的用户变更、注销手续并缴销空白发票。

第十一条 税务机关根据发票管理的需要，可以按照国家税务总局的规定委托其他单位通过网络发票管理系统代开网络发票。

税务机关应当与受托代开发票的单位签订协议，明确代开网络发票的种类、对象、内容和相关责任等内容。

第十二条 开具发票的单位和个人必须如实在线开具网络发票，不得利用网络发票进行转借、转让、虚开发票及其他违法活动。

第十三条 开具发票的单位和个人在网络出现故障，无法在线开具发票时，可离线开具发票。

开具发票后，不得改动开票信息，并于48小时内上传开票信息。

第十四条 开具发票的单位和个人违反本办法规定的，按照《中华人民共和国发票管理办法》有关规定处理。

第十五条 省以上税务机关在确保网络发票电子信息正确生成、可靠存储、查询验证、安全唯一等条件的情况下，可以试行电子发票。

第十六条 本办法自2013年4月1日起施行。

8.国家重点支持的高新技术领域目录(2016年)

(2016年1月29日　国科发火〔2016〕32号)

一、电子信息
二、生物与新医药
三、航空航天
四、新材料
五、高技术服务
六、新能源与节能
七、资源与环境
八、先进制造与自动化

一、电子信息

(一)软件

1.基础软件

服务器/客户端操作系统;通用及专用数据库管理系统;软件生命周期的开发、测试、运行、运维等支撑技术,以及各种接口软件和工具包/组、软件生成、软件封装、软件系统管理、软件定义网络、虚拟化软件、云服务等支撑技术;中间件软件开发技术等。

2.嵌入式软件

嵌入式图形用户界面技术;嵌入式数据库管理技术;嵌入式网络技术;嵌入式软件平台技术;嵌入式软件开发环境构建技术;嵌入式支撑软件生成技术;嵌入式专用资源管理技术;嵌入式系统整体解决方案设计技术;嵌入式设备间互联技术;嵌入式应用软件开发技术等。

3.计算机辅助设计与辅助工程管理软件

用于工程规划、工程管理/产品设计、开发、生产制造等的软件工作平台或软件工具支撑技术;面向行业的产品数据分析和管理软件;基于计算机协同工作的辅助设计软件;快速成型的产品设计和制造软件;专用计算机辅助工程管理/产品开发工具支撑技术;产品全生命周期管理(PLM)系统软件;计算机辅助工程(CAE)相关软件;分布式控制系统(DCS)、数据采集与监视控制系统(SCADA)、执行制造系统(MES)技术等。

4.中文及多语种处理软件

中文、外文及少数民族文字的识别、处理、编码转换与翻译技术;语音识别与合成技术;文字手写/语音应用技术;多语种应用支撑技术;字体设计与生成技术;字库管理技术;支撑古文字、少数民族文字研究的相关技术;支撑书法及绘画研究的相关技术;语言、音乐和电声信号的处理技术;支撑文物器物、文物建筑研究的相关技术;支撑文物基础资源的信息采集、转换、记录、保存的相关技术等。

5.图形和图像处理软件

基于内容的图形图像检索及管理软件;基于海量图像数据的服务软件;多通道用户界面技术;静态图像、动态图像、视频图像及影视画面的处理技术;人机交互技术;裸眼3D内容制作技术;3D图像处理技术;3D模型原创性鉴定技术;遥感图像处理与分析技术;虚拟现实与现实增强技术;复杂公式图表智能识别转换技术;位图矢量化技术和工程文件智能化分层管理技术;实现2D动画和3D动画的自主切换和交互技术等。

6.地理信息系统(GIS)软件

网络环境下多系统运行的GIS软件平台构建技术;组件式和可移动应用的GIS软件包技术;基于3D和动态多维的地理信息系统(GIS)平台构建技术;面向地理信息系统(GIS)的空间数据库构建技术;电子通用地图构建技术;地理信息系统(GIS)行业应用技术等。

7. 电子商务软件

电子商务支撑/服务平台构建技术；第三方电子商务交易、事务处理、支付服务等支撑与应用技术；行业电子商务、基于云计算的电子商务、移动电子商务支撑与协同应用技术等。

8. 电子政务软件

电子政务资源、环境、服务体系构建技术；电子政务流程管理技术；电子政务信息交换与共享技术；电子政务决策支持技术等。

9. 企业管理软件

企业资源计划（ERP）软件；数据分析与决策支持的商业智能（BI）软件；基于RFID和GPS应用的现代物流管理软件；企业集群协同的供应链管理（SCM）软件；基于大数据和知识管理的客户关系管理（CRM）软件；基于互联网/移动互联网的企业资源协同管理技术；跨企业/跨区域供应链/物流管理技术；个性化服务应用技术；商业智能技术等。

10. 物联网应用软件

基于通信网络和无线传感网络的物联网支撑平台构建技术；基于先进条码自动识别、射频标签、多种传感信息的智能化信息处理技术；物联网海量信息存储与处理技术；物联网行业应用技术等。

11. 云计算与移动互联网软件

虚拟化软件；分布式架构和数据管理软件；虚拟计算资源调度与管理软件；云计算环境下的流程管理与控制软件；基于移动互联网的信息采集、分类、处理、分析、个性化推送软件；移动互联网应用软件；大数据获取、存储、管理、分析和应用软件；人工智能技术等。

12. Web服务与集成软件

Web服务发现软件；Web服务质量软件；Web服务组合与匹配软件；面向服务的体系架构软件；服务总线软件；异构信息集成软件；工作流软件；业务流程管理与集成软件；集成平台软件等。

（二）微电子技术

1. 集成电路设计技术

集成电路辅助设计技术；集成电路器件模型、参数提取以及仿真工具等专用技术和工艺设计技术。

2. 集成电路产品设计技术

新型通用与专用集成电路产品设计技术；集成电路设备技术；高端通用集成电路芯片CPU、DSP等设计技术；面向整机配套的集成电路产品设计技术；用于新一代移动通信和新型移动终端、数字电视、无线局域网的集成电路设计技术等。

3. 集成电路封装技术

小外形封装（SOP）、塑料方块平面封装（PQFP）、有引线塑封芯片载体（PLCC）等高密度塑封技术；新型封装技术；电荷耦合元件（CCD）/微机电系统（MEMS）特种器件封装工艺技术等。

4. 集成电路测试技术

集成电路测试技术；芯片设计分析与验证测试技术，以及测试自动连接技术等。

5. 集成电路芯片制造工艺技术

MOS工艺技术、CMOS工艺技术、双极工艺技术、BiCMOS工艺技术、HKMG工艺技术、FinFET工艺技术，以及各种与CMOS兼容的SoC工艺技术；宽带隙半导体基集成电路工艺技术；GeSi/SoI基集成电路工艺技术；CCD图像传感器工艺技术；MEMS集成器件工艺技术；高压集成器件工艺技术等。

6. 集成光电子器件设计、制造与工艺技术

半导体大功率高速激光器、大功率泵浦激光器、超高速半导体激光器、调制器等设计、制造与工艺技术；高速PIN和APD模块、阵列探测器、光发射及接收模块、非线性光电器件等设计、制造与工艺技术；平面波导器件（PLC）液晶器件和微电子机械系统（MEMS）器件的设计、制造与工艺技术等。

（三）计算机产品及其网络应用技术

1. 计算机及终端设计与制造技术

台式计算机、便携式计算机、专用计算机、移动终端、终端设备及服务器的设计与制造技术等。

2. 计算机外围设备设计与制造技术

计算机外围设备及其关键部件的设计与制造技术；计算机存储设备、移动互联网设备、宽带无线接入设备的设计与制造技术；基于标识管理和强认证技术；基于视频、射频的识别技术等。

3. 网络设备设计与制造技术

无线收发技术；高性能网络核心设备、网络传输和接入设备、TD－LTE 设备等设计与制造技术，以及智能家居、可穿戴式电子设备等融合型设备设计与制造技术等。

4. 网络应用技术

基于标准协议的信息服务管理和网络管理软件的关键技术；ISP、ICP 的增值业务软件和应用平台的关键技术；网络融合技术；网络增值业务应用技术；网络服务质量与运营管理技术；可信网络管理技术；移动智能终端应用技术；TD－LTE 应用技术；数字媒体内容平台/内容分发网络（CDN）技术；网络资源调度管理技术等。

（四）通信技术

1. 通信网络技术

光传送网络、宽带无线移动通信网络、宽带卫星通信网络、微波通信网络、IP 承载网络的组网与规划、控制管理、交换、测试、节能等技术；三网融合通信技术；光网络核心节点和边缘节点及其关键模块/器件设计与制造技术；核心路由器和边缘路由器及其关键模块/器件设计与制造技术；软交换技术；SDN 技术；IPv6 技术等。

2. 光传输系统技术

新型光传输设备技术；新型光接入设备和系统技术；新型低成本小型化波分复用传输设备和系统技术；新型关键模块光传输系统仿真计算等专用软件技术；高速光传输技术；超大容量复用技术；可变带宽光传输技术；多业务传送平台技术；低能耗光传输技术；自由空间光传输技术；光传输测试技术；光传输关键模块/器件设计与制造技术等。

3. 有线宽带接入系统技术

FTTx 光纤接入技术；混合光纤同轴电缆网（HFC）接入技术；无源光网络接入技术及其控制管理技术；三网融合接入技术；新型综合接入技术；宽带有线接入测试技术；有线宽带接入关键模块/器件设计与制造技术等。

4. 移动通信系统技术

宽带移动通信基站技术；宽带移动系统交换、控制管理、基站互连、拉远传输、分布式覆盖、测试等技术；宽带移动通信终端技术；智能天线技术；宽带移动通信关键模块/器件设计与制造技术；数字集群系统的配套技术；其他基于移动通信网络的行业应用的配套技术等。

5. 宽带无线通信系统技术

宽带无线接入系统技术；宽带无线应用终端技术；低能耗宽带无线通信技术；宽带无线通信测试技术；宽带无线通信行业应用技术；无线数字集群通信技术；宽带无线通信关键模块/器件设计与制造技术等。

6. 卫星通信系统技术

卫星通信转发器及其控制管理与电源技术；卫星地面站系统及其控制管理技术；卫星通信天线馈线、发射接收、信道终端、测试、应用等技术；卫星通信应用终端技术；卫星定位与导航应用技术；卫星遥感数据共享与应用技术；卫星通信关键模块/器件设计与制造技术等。

7. 微波通信系统技术

新型微波通信系统技术；微波通信天线馈线、发射接收、测试、应用等技术；微波应急通信系统技术；微波通信系统关键模块/器件设计与制造技术等。

8. 物联网设备、部件及组网技术

面向物联网应用的 M2M 终端、通信模块和网关等设备和部件的设计与制造技术；物联网组网技术等。

9. 电信网络运营支撑管理技术

基于固网、宽带移动网及其混合网络的电信网络运营支撑管理技术等。

10. 电信网与互联网增值业务应用技术

基于固网、宽带移动网、互联网及其混合网络的增值业务应用平台技术及其中间件技术;电信网络增值新业务应用技术、互联网+的业务应用技术等。

(五)广播影视技术

1. 广播电视节目采编播系统技术

与数字电视系统相适应的广播电视节目采集、编辑、制作与播出技术;节目制播网设备与软件的关键支撑技术;面向数字媒体版权保护的加解密和密钥管理的关键支撑技术;电台、电视台自动化网络化技术、云制作技术与大数据分析技术;数字媒体内容存储转发及检索交互技术;系统规划与系统集成、音视频质量测试评估技术等。

2. 广播电视业务集成与支撑系统技术

数字电视广播业务集成系统、条件接收系统、用户管理系统等支撑技术;电子节目指南(EPG)及数据业务相关系统的支撑技术;交互数字电视业务集成和用户认证系统的支撑技术;IPTV、互联网电视、手机电视等业务集成播控平台技术;内容聚合技术,云平台技术和大数据应用分析技术;可用于多终端的自适应编码系统的支撑技术;跨域服务运营支持系统的支撑技术等。

3. 有线传输与覆盖系统技术

可用于有线电视宽带网络骨干网、城域网的新型光传输设备技术,支持高清、超高清、3D业务的内容分发设备技术;FTTH和EoC等宽带接入设备技术,数字家庭网络设备、智慧城市设备技术,多业务融合终端和智能电视操作系统与智能终端和智能家庭媒体网关技术;用户收视行为调查与分析技术;可用于有线电视宽带网络的运营支撑管理系统及大数据分析技术;网络优化、系统集成和测试评估技术等。

4. 无线传输与覆盖系统技术

地面数字电视传输系统技术;用于数字声音广播传输系统技术;调频/调幅同步广播系统技术;应急广播系统技术;智能接收天线和多业务融合终端技术;无线传输与覆盖频率规划、系统集成、发射台站自动化管理、电磁防护和测试评估技术;用于广播电视卫星传输系统的编码复用加扰系统技术、调制上变频及高功放系统、天馈线系统技术等;卫星直播内容分发系统和用户管理系统技术;广播电视专业卫星综合接收解码技术及测试评估技术等。

5. 广播电视监测监管、安全运行与维护系统技术

中短波广播、调频广播、有线数字电视、地面数字电视、数字声音广播、卫星直播系统等广播电视业务技术、频谱监测设备技术;IPTV、手机电视、互联网电视、互联网音视频等视听新媒体内容监管设备和内容甄别分析软件技术;广播电视节目安全播出技术服务系统及信息安全测评技术;新媒体视听节目的监测、监控、监管技术等。

6. 数字电影系统技术

数字电影专业级拍摄设备及数字成像技术;数字电影虚拟摄影、计算机图形图像制作(CG/CGI)、动作捕捉、虚拟现实与增强现实(VR/AR)制作技术;数字电影前后期制作、存储、传输与放映技术;数字电影网络化分布式协同制作云服务技术;数字电影声音制作与还原技术;电影放映信息化与智能化技术;新一代数字电影版权保护技术等。

7. 数字电视终端技术

新型数字电视系统技术;三维电视系统技术;超高清电视系统技术;移动多媒体电视系统技术;智能电视嵌入式应用技术;数字电视安全系统技术;多种传输方式融合的数字电视终端技术;新型投影技术;数字电视终端关键模块/器件设计与制造技术等。

8. 专业视频应用服务平台技术

智能化、网络化视频监控平台技术;跨平台、跨领域数字内容服务与应用平台技术;多业务应用平台技术;高清、宽动态、低照度摄像技术;大容量、高压缩监控后端处理技术;面向视频服务的云存储系统技术;电视屏幕、手机屏幕、电脑屏幕互动与融合技术;视频应用服务内容保护技术等。

9. 音响、光盘技术

高保真音响器件与系统技术；高保真音源技术；专业数字音响系统技术；大容量、可刻录、三维播放、高保真的新型光盘技术；音响、光盘关键模块/器件设计与制造技术等。

（六）新型电子元器件

1. 半导体发光技术

高效率、高亮度、低衰耗、抗静电的外延片生长技术；大功率、高效率、高亮度、低衰耗、抗静电的发光二极管制造技术；半导体照明用、长寿命、高效率的荧光粉材料；半导体照明用、高可靠、长寿命的驱动电源技术；低衰耗、热匹配性能和密封性能好的封装树脂材料和热沉材料技术；其他高效率、高亮度、低衰耗半导体发光技术；与半导体照明相关的智能控制、光通信技术等。

2. 片式和集成无源元件

高可靠片式元器件、片式 EMI/EMP 复合元件和 LTCC 集成无源元件制造技术；片式高温、高频、大容量多层陶瓷电容器（MLCC）制造技术；片式 NTC、PTC 热敏电阻和片式多层压敏电阻技术；片式高频、高稳定、高精度频率器件制造技术等。

3. 大功率半导体器件

高可靠、长寿命、低成本 VDMOS 垂直栅场效应晶体管制造技术；绝缘栅双极型功率管（IGBT）；用于大型电力电子成套装置的集成门极换流晶闸管（IGCT）制造技术；其他新机理的大功率半导体器件制造技术。

4. 专用特种器件

高可靠微波器件、抗幅照器件制造技术，其他新机理的专用特种器件制造技术。

5. 敏感元器件与传感器

基于新原理、新材料、新结构、新工艺的敏感元器件的传感器与工艺技术；采用半导体、陶瓷、金属、高分子、超导、光纤、纳米等材料以及复合材料的传感器与工艺技术；多功能复合传感器与工艺技术等。

6. 中高档机电组件

超小型、高可靠、高密度的高速连接器制造技术；新型高可靠通信继电器制造技术；小型化组合式大电流继电器制造技术；高可靠固体光/MOS 继电器制造技术；高保真、高灵敏、低功耗电声器件制造技术；刚挠结合板和 HDI 高密度积层板技术等。

7. 平板显示器件

大屏幕液晶显示（TFT－LCD）、等离子显示（PDP）、场致发光显示（FED）、硅基液晶（LCoS）显示、有机发光二极管（OLED）显示等新型平板显示器件技术及相关的光学引擎技术；长寿命、高亮度投影技术；裸眼 3D 膜技术等。

（七）信息安全技术

1. 密码技术

加解密技术；密码认证技术；数据完整性保护技术；数字签名技术；密钥管理技术；密码芯片技术；基于密码技术的集成化应用技术；数字水印技术等。

2. 认证授权技术

电子认证技术；生物认证技术；身份管理技术；数字版权保护技术；访问控制技术；授权件安全技术管理技术；网络信任技术等。

3. 系统与软件安全技术

硬件和固件安全技术；工控系统安全技术；操作系统和数据库安全技术；可信计算技术；中间件安全技术；应用软件安全技术；云计算安全技术；大数据安全技术；密文数据库技术等。

4. 网络与通信安全技术

网络与通信攻击检测及防护技术；网络边界安全防护技术；恶意代码分析与防护技术；网络监测/监控技术；网络安全审计技术；网络与通信安全预警技术；网络与通信安全协议技术；安全接入技术；网络内容安全管理技术；移动通信安全技术；宽带无线安全技术；卫星通信安全技术；物联网安全技术；RFID 安全技术等。

5. 安全保密技术

网络信息防失窃泄密技术；安全隔离与交换技术；数据单向导入技术；屏蔽、抑制与干扰防护和检测技术；电子文档安全管理技术；存储介质中信息的安全防护技术；数据恢复技术；数据销毁及检测技术；安全保密检查技术；文化、文物及文物衍生产品防伪技术等。

6. 安全测评技术

网络与信息系统安全性能测试、评价与风险评估技术；安全态势评估与预测技术；安全产品测评技术；等级保护、分级保护测评技术；安全可控性仿真验证技术；认证、认可管理支撑技术等。

7. 安全管理技术

安全集中管理、控制与审计分析技术；面向网络日志、报警、流量等数据的安全综合分析与管理技术；安全策略和安全控制措施配置、分发及审核的管理技术等。

8. 应用安全技术

电子政务和电子商务应用安全技术；公众信息服务应用安全技术；数字取证、分析与证据保全技术；终端安全应用技术等。

＊低水平、应用前景不明的技术除外。

（八）智能交通和轨道交通技术

1. 交通控制与管理技术

具备可扩展性的信号控制技术；可支持多种下端协议的上端控制与管理系统的软件和专用硬件技术；网络环境下交通数据综合接入设备技术；交通事件自动检测和事件管理软件技术等。

2. 交通基础信息采集、处理技术

交通量遥测技术；设施状况及交通环境感知技术；车辆身份照识别技术；营运车辆安全状态检测技术；交通基础设施状态监测技术；交通专用传感器网络技术；内河船舶交通量自动检测技术等。

3. 交通运输运营管理技术

支持多种支付方式的自动售检票系统技术；路网运行监测和应急处置技术；综合交通枢纽调度和应急指挥技术；多车道自动收费管理技术；多模式运输组织与管理技术等。

4. 车、船载电子设备技术

车、船载动态信息导航技术；车、船载安全驾驶辅助技术；车、船载信息管理技术等。

5. 轨道交通车辆及运行保障技术

轨道交通列车在途状态检测与预警技术；轨道交通车载传感网技术；轨道交通列车运行安全保障与运维支持一体化技术；轨道交通列车牵引传动、制动与控制技术；轨道交通列车安全防护与控制技术；轨道交通列车自动运行等技术；轨道交通列车关键部件设计与制造技术等。

6. 轨道交通运营管理与服务技术

轨道交通车——地数据传输技术；轨道交通移动通信广域网、局域网技术；轨道交通安全苛求数据可信传输技术；终端综合检测技术；新型车地一体化综合公共信息网络平台技术；轨道交通基础设施状态检测与数据管理技术；列车运行实时控制与指挥技术；轨道交通运行综合调度指挥技术；轨道交通系统运行故障检测、预警与应急处置技术等。

二、生物与新医药

（一）医药生物技术

1. 新型疫苗

新型高效基因工程疫苗、联合疫苗、减毒活疫苗研发技术；重大疾病和重大传染病治疗性疫苗技术；疫苗生产所使用新型细胞基质、培养基以及大规模培养生产的装备开发技术；疫苗生产所使用的新型佐剂、新型表达载体/菌（细胞）株开发技术；疫苗的新型评估技术、稳定和递送技术；针对突发传染病的疫苗快速制备和生产技术；其他基于新机理的新型疫苗技术。

2. 生物治疗技术和基因工程药物

基因治疗技术；基因工程药物和基因治疗药物技术；基因治疗药物的输送系统技术；重组蛋白、靶向药物、人源化及人源性抗体药物制剂研制技术；单克隆抗体规模化制备集成技术和工艺；新型免疫治疗技术；新型细胞治疗技术；疾病治疗的干细胞技术；小 RNA 药物开发技术；降低免疫原性的多肽的新修饰技术；ADC 抗体偶联药物研制及工程细胞株建库技术等。

3. 快速生物检测技术

重大疾病和重大传染病快速早期检测与诊断技术；新型基因扩增(PCR)诊断试剂及检测试剂盒制备技术；新一代测序技术与仪器开发技术；生物芯片技术等。

4. 生物大分子类药物研发技术

蛋白及多肽药物研究与产业化技术；细胞因子多肽药物开发技术；核酸及糖类药物研究与产业化技术等。

5. 天然药物生物合成制备技术

生物资源与中药资源的动植物细胞大规模培养技术；基因工程与生物法生产濒危、名贵、紧缺药用原料技术；生物活性物质的生物制备、分离提取及纯化技术等。

6. 生物分离介质、试剂、装置及相关检测技术

专用高纯度、自动化、程序化、连续高效的装置、介质和生物试剂研制技术；新型专用高效分离介质及装置、新型高效膜分离组件及装置、新型发酵技术与装置开发技术；生物反应和生物分离的过程集成技术与在线检测技术等。

(二)中药、天然药物

1. 中药资源可持续利用与生态保护技术

中药材优良品种选育、品系提纯复壮的新方法、新技术；珍稀、濒危野生动植物药材物种的种源繁育、规范化种植或养殖及生态保护技术；中药材规范化种植或养殖技术；中药材饮片炮制技术等。

2. 创新药物研发技术

新型天然活性单体成分提取分离纯化技术；新药材、新药用部位、新有效成分的新药研发技术；能显著改善某一疾病临床终点指标的新中药复方研发技术等。

3. 中成药二次开发技术

显著改善传统或名优中成药安全性、有效性、质量均匀性或能显著降低用药剂量、提高患者依从性、降低疾病治疗成本的新工艺技术及新中药制剂技术；突破中药传统功能主治范围的新适应症研发技术等。

4. 中药质控及有害物质检测技术

中药产品质量控制的标准物质研制技术；中药产品标准新型控制技术；新型有效质控检测方法技术；有害物质检测技术等。

(三)化学药研发技术

1. 创新药物技术

基于新化学实体、新晶型、新机制、新靶点和新适应症的靶向化学药物及高端制剂的创制技术；提高药物安全性、有效性与药品质量的新技术；已有药品新适应症开发技术等。

2. 手性药物创制技术

手性药物的化学合成、生物合成和拆分技术；手性试剂和手性辅料的制备和质量控制技术；手性药物产业化生产中的质量控制新技术等。

3. 晶型药物创制技术

基于化学药物或天然药物的晶型物质的发现、制备、检测和评价技术；晶型药物的原料药物或制剂中的晶型物质制备、生产及质量控制技术等。

4. 国家基本药物生产技术

显著提高国家基本药物药品质量与临床疗效或降低毒副作用、减少环境污染与生产成本的技术等。

5. 国家基本药物原料药和重要中间体的技术

具有高附加值、高技术含量、市场需求量大并属国家基本药物的活性化学成分、重要中间体的生产技术；大幅度减少环境污染、节能降耗并显著降低生产成本的药物及医药中间体或晶型原料的技术等。

（四）药物新剂型与制剂创制技术

1. 创新制剂技术

提高药物临床疗效、减少给药次数、降低不良反应的各种给药途径的创新制剂技术等。

2. 新型给药制剂技术

主动或被动靶向定位释药制剂技术；缓控释及靶向释药制剂技术；微乳、脂质体及纳米给药技术；透皮和定向释药技术等新型给药技术；蛋白类或多肽类等生物技术药物的特定释药载体与口服给药制剂技术；长效注射微球制剂技术；吸入给药制剂技术等。

3. 制剂新辅料开发及生产技术

提高生物利用度的制剂辅料开发及应用技术；难溶性药物增溶的关键技术、新型口腔速溶制剂的技术；新型制剂辅料产业化生产技术等。

4. 制药装备技术

制药产业化自动生产线及在线检测和自动化控制技术；新型药物制剂工业化专用生产装备技术等。

（五）医疗仪器、设备与医学专用软件

1. 医学影像诊断技术

临床诊断的新型数字成像技术；多模态医学影像融合成像与处理技术；专用新型彩色超声诊断技术；人体内窥镜的微型摄像技术；新型病理图像识别与分析技术；新型医学影像立体显示关键技术等。

2. 新型治疗、急救与康复技术

肿瘤治疗的新型立体放射治疗技术；影像引导治疗与定位、植入、介入及计算机辅助导航技术；急救及康复的新型装置与技术；生物 3D 打印技术；组织工程及再生医学治疗技术等。

3. 新型电生理检测和监护技术

电生理检测和监护的新型数字化技术；临床、社区、康复的新型无创或微创的检测或诊断、监护和康复技术；远程、移动监护的高灵敏高精度传感技术等。

4. 医学检验技术及新设备

生化分析的新型自动化、集成化技术；便携式现场应急生化检验检测技术；采用新工艺、新方法或新材料有明确临床诊断价值的医学检验技术；临床医学生理、生化、病理检验的专用多功能快速检测装置与技术；国产化新型色谱制备分析装置技术等。

5. 医学专用网络新型软件

电子病历管理、临床医疗信息管理、医院信息管理、专科临床信息管理、电子健康档案管理的新型软件系统开发技术；手术规划、放疗规划等新型医疗决策支持系统开发技术等。

6. 医用探测及射线计量检测技术

CT 高分辨探测器、DR 数字探测器、X 射线机高压电源的装置技术；微焦斑与高功率的高分辨 X 射线管新型装置技术；医用高性能超声探头技术；放射治疗的射线计量检测技术等。

（六）轻工和化工生物技术

1. 高效工业酶制备与生物催化技术

高效工业酶制剂的新型制备技术；酶纯化、酶固定化与反应器应用技术；工业酶分子改造技术；重要化学品的生物合成和生物催化技术；纺织天然纤维脱胶脱脂、纺织印染低温前处理生物酶技术等。

2. 微生物发酵技术

新功能微生物选育与发酵过程的优化控制技术；高发酵率的代谢工程技术；可提高资源利用率、节能减排、降低成本的微生物发酵新工艺和技术；微生物固定化发酵与新型反应器的开发技术等。

3. 生物反应及分离技术

工业生物产品的大规模高效分离、分离介质和分离设备开发技术；高效生物反应过程在线检测和过程控制技术；生物反应过程放大技术及新型生物反应器开发技术等。

4. 天然产物有效成份的分离提取技术

从天然动植物中提取有效成份制备高附加值精细化学品的分离提取技术；天然产物有效成份的全合

成、化学改性及深加工新技术；高效分离纯化技术集成及装备的开发与生产技术；从动植物原料加工废弃物中分离提取有效成份的新技术等。

5. 食品安全生产与评价技术

功能性食品有效功能的评价技术；新食品原料安全评价技术等。

6. 食品安全检测技术

食品中微生物、生物毒素、农药兽药残留快速检测技术及检测产品开发技术；食品质量快速检测技术及食品掺假快速识别检测技术；食品中重金属成分快速检测技术；食品原料快速溯源技术等。

＊单纯检测技术应用除外。

（七）农业生物技术

1. 农林植物优良新品种与优质高效安全生产技术

优质、高产、高抗逆性优良新品种选育技术；用于优质高效安全生产的新型肥料、农药、土壤改良材料和植物生长调节剂生产技术等。

2. 畜禽水产优良新品种与健康养殖技术

畜禽水产优良新品种及快繁技术；珍稀动物、珍稀水产保种与养殖技术；畜禽水产业健康养殖屠宰加工的环境调控、废弃物循环利用、死亡动物无害化处理技术；安全、优质、专用新型饲料、饲料添加剂、兽用药物及制剂、兽用疫苗、天然药物提取物及生物合成制备生产技术；畜牧水产业质量安全监控、评价、检测技术；海洋生物资源发掘与筛选新技术等。

3. 重大农林生物灾害与动物疫病防控技术

重大农林病虫鼠草害、重大旱涝等灾害以及森林火灾的监测预警与防控减灾技术；主要植物病虫害和畜禽水产重大疾病的监测预警、快速诊断、应急处理及抗药性检测技术；高效安全环保农药、兽药的创制、生产与质量监测技术等。

4. 现代农业装备与信息化技术

新型农作物、牧草、林木种子的收获、精选、加工、质量检测技术；新型农田作业机械、设施农业技术；新型畜禽、水产规模化养殖技术；农业生产过程监测、控制及决策系统与技术；精准农业、遥感与农村信息化服务系统与技术等。

5. 农业面源和重金属污染农田综合防治与修复技术

农田氮磷面源污染防控技术；农田农药污染防控技术；重金属污染农田修复技术；重金属污染耕地安全利用与替代种植技术；农业有机废弃物消纳利用技术等。

三、航空航天

（一）航空技术

1. 飞行器

总体综合设计技术：飞行器外形设计、气动布局、动力装置与飞机的一体化设计、载荷设计、飞行器进排气系统设计等技术。

空气动力技术：气动力设计、气动力试验、计算流体力学、气动噪声设计、水动力设计等技术。

结构/强度技术：结构设计、起落装置设计、强度设计和验证设计、疲劳设计和验证设计、热强度设计和验证设计等技术。

2. 飞行器动力技术

总体综合设计技术：总体性能与结构设计、强度计算、气动热力设计、噪声控制等技术。

部件技术：核心机设计、发动机进排气装置、燃烧室、涡轮等技术。

动力系统技术：控制系统、起动点火系统、空气系统与封严等技术。

3. 飞行器系统技术

飞行控制系统技术：飞控总体设计、飞行器管理系统、自动飞行控制、飞控传感器、无人机的遥控等技术。

航电与任务系统技术：航电系统总体综合、射频与光电探测、通信/识别/监视、综合导航、综合任务管理系统等技术。

机电与公共系统技术：机电系统总体综合、电力系统与多电/全电系统、辅助动力系统、液压系统、燃油系统、防/除冰系统、机轮刹车系统等技术。

4. 飞行器制造与材料技术

制造技术：数控和柔性制造系统加工、精密/超精密和微细加工、塑性成型加工与扩散连接、精密铸造、智能/数字化装配技术；复合材料构件制造等技术。

材料技术：新型材料母合金/原材料的制备、新型材料的先进生产及加工、航空材料的相关力学性分析和测试等技术。

5. 空中管制技术

通信、导航、监视及航空交通管理系统（CNS/ATM）管制工作站系统技术；CNS/ATM 网关系统技术；飞行流量管理系统和自动化管制系统等技术；数字化放行（PDC）系统技术；自动终端信息服务（D-ATIS）系统技术；空中交通进离港排序辅助决策系统技术；空管监视数据融合处理系统技术；飞行计划集成系统技术；卫星导航地面增强系统技术等。

6. 民航及通用航空运行保障技术

新型民用航空综合性公共信息网络平台、安全管理系统、天气观测和预报系统、适航审定系统等技术；新型先进的机场安全检查系统、货物及行李自动运检系统、机场运行保障系统等技术；民用雷达技术，地面飞行训练系统技术等。

（二）航天技术

1. 卫星总体技术

卫星总体设计、大型试验设计和实施技术，以及结构、热控、综合电子等技术。

2. 运载火箭技术

运载火箭总体优化设计技术；运载火箭系统冗余、高空风双向补偿减载、飞行振动抑制、火箭起飞滚转定向、一箭多星发射、MEO 卫星发射轨道设计、主动章动控制的自旋稳定、全箭振动试验动特性获取、空射火箭动基座对准等技术。

3. 卫星平台技术

大型、高姿态稳定度、大轨道机动能力、长寿命和高可靠性卫星平台技术；小型化/微型化卫星、多功能复合结构设计、卫星热控设计、卫星电源和新型推进、卫星综合电子、空间碎片防护、空间环境安全保障等技术。

4. 卫星有效载荷技术

通信有效载荷技术：大容量转发器、频率复用、毫米波/激光星间链路、大功率行波管放大器、大型可展开天线、星上交换处理、综合抗干扰、卫星自主生存等技术。

导航有效载荷技术：高稳定星载原子钟、星间链路、自主导航、先进的导航信号调制、导航信号自主完好性监测、时空域抗干扰、区域增强天线、高精度测距、上行注入抗干扰、高精度时间同步和传递等技术。

遥感有效载荷技术：甚高分辨率可见光相机，高分辨率红外相机，集成大焦面电子学及信息处理、高光谱/超光谱成像、辐射定标与光谱定标、毫米波/亚毫米波辐射计、综合孔径微波辐射计、全极化微波辐射计、合成孔径雷达、测云/降雨雷达等技术。

空间科学有效载荷技术：低功耗、高分辨率探测器技术、小型化及载荷集成、大型光学系统、紫外探测仪、激光测距仪等技术。

5. 航天测控技术

地球轨道卫星测控技术；航天信息传输技术等。

6. 航天电子与航天材料制造技术

空间微电子和空间计算机技术，空间传感器及机电组件技术；先进动力系统材料、轻质化结构材料、热防护材料以及特殊环境服役的新型材料等制造技术等。

7. 先进航天动力设计技术

火箭发动机总体技术；火箭发动机涡轮泵及阀门技术；固体主发动机过载下内绝热技术；吸气式组合循

环发动机方案与验证技术；电推进及特种发动机关键技术；先进试验技术；先进推进剂技术等。

8. 卫星应用技术

遥感全链路成像机理、应用仿真及多源遥感数据的高频次、高精度、高时效辐射定标技术；大气探测激光雷达、陆地生态系统、重力场测量等新型载荷数据处理及应用技术；星地一体化多网接入组网仿真、宽窄带通信业务一体化应用技术；基于卫星通信、导航、遥感的天地一体化综合应急反应服务技术；卫星与物联网、云计算、大数据等融合应用技术等。

四、新材料

（一）金属材料

1. 精品钢材制备技术

提高资源能源利用效率、促进减排的可循环钢铁流程技术；生态型非高炉炼铁技术，二次含铁资源和贫、难选铁矿的高效提取冶金技术，氧化物冶金技术，第三代 TMCP 技术，高合金钢铸轧一体化技术，薄带连铸产业化通用成套技术；高温合金制备技术；高附加值、特殊性能钢材、合金及制品的先进制备加工技术等。

* 不符合能耗及环保标准的中小规模烧结、球团、炼焦、炼铁、炼钢、铸造技术；普通热轧硅钢、工/中频感应炉生产的地条钢、普碳钢制备技术；常规用途的钢材机加工技术除外。

2. 铝、铜、镁、钛合金清洁生产与深加工技术

降低能耗和污染的清洁生产技术；熔体净化、高效熔炼、先进铸锻、半固态成形、连续近终成形、连续表面防腐/着色处理等高效生产技术和配套技术；高纯、高性能、环保的合金材料与合金材料制备及加工技术；宽幅薄板、精密箔带、高强高导铜合金、环保型合金制造技术，高性能预拉伸铝板带及铝焊丝、大型复杂截面、中空超薄壁型材、大型锻件、高精度管（棒、丝）材等高端产品的精深加工技术。

* 不符合能耗和环保标准的冶炼技术；常规铝、铜、镁、钛合金生产与加工技术；常规电力、电工用金属导线和电缆漆包线生产与加工技术；通用铝律材和一般民用铝制品生产与加工技术除外。

3. 稀有、稀土金属精深产品制备技术

稀有、难熔高纯金属、高比容粉末提纯处理技术；钼、钽、铌材料的烧结及制备，宽幅板带箔材的成形技术；大型钨、钼异型件等静压成形加工技术；锆、铪高效洁净分离及锆合金包壳管精密铸轧加工技术；超细晶/超粗晶高性能硬质合金制品制备技术；降低稀土提纯过程污染和能耗的技术；稀土永磁体制造技术；高技术领域用稀土材料制备及应用技术等。

* 普通玩具、音响、冶金机械等用 NdFeB 永磁体和初级出口磁体产品生产与加工技术；一般抗磨用途的硬质合金制品生产与加工技术除外。

4. 纳米及粉末冶金新材料制备与应用技术

纳米材料与器件制备技术；超细、高纯、低氧含量、无/少夹杂金属粉末制备技术；粉末预处理、烧结预扩散、预合金化、球形化、包覆复合化先进制备技术；国产化配套关键零部件快速烧结致密化技术；高性能粉末钢热等静压/喷射沉积近终成形技术；新型铝及钛合金零件制备技术；高精密度金属注射成形（MIM）技术，新型高温合金、钛合金、微/共 MIM 及凝胶注模成形技术；增材制造金属新工艺、新材料制备及应用技术；高通量、高过滤精度、长寿命金属多孔材料制备及应用技术等。

* 低压水/气自由式雾化粗粉制备技术；常规粉末冶金铁/铜基通用机械零件生产技术；进口喂料常规不锈钢、低合金钢 MIM 零件生产技术；粗过滤用铜基等多孔元件生产技术除外。

5. 金属及金属基复合新材料制备技术

低密度、高强度、高弹性模量、抗疲劳新型金属及金属基复合材料制备技术；耐磨、抗蚀、改善导电和导热等性能的金属基复合材料制备及表面改性技术等。

* 性能不可控的原位复合材料制备技术；常规颗粒和纤维增强复合材料制备技术；电弧/火焰喷涂、喷焊、镀锌、磷化、电镀等常规表面处理技术除外。

6. 半导体新材料制备与应用技术

石墨烯制备及应用技术；大尺寸硅单晶生长、晶片抛光片、SOI 片及 SiGe/Si 外延片制备加工技术；大型 MOCVD 关键配套材料、硅衬底外延和 OLED 照明新材料制备技术；大尺寸砷化镓衬底、抛光及外延片、

GaAs/Si 材料制备技术；红外锗单晶和宽带隙单晶及外延材料制备技术；第三代宽禁带半导体材料制备技术；高纯金属镓、铟、砷、锗、磷、镉半导体蒸馏、区熔提纯大型连续化工艺技术，高纯及超高纯有色金属材料精炼提纯技术及痕量杂质测试技术；低污染硅烷法高纯度电子级多晶硅提纯、后处理、区熔规模化生产技术等。

＊高污染、高能耗、低光电转换效率的太阳能电池用单晶、多晶硅制备加工技术除外。

7. 电工、微电子和光电子新材料制备与应用技术

新型马达定子 SMC 软磁粉芯、SMD 贴装电感软磁粉芯制备技术；高导磁、低功耗、抗电磁干扰软磁材料制备技术；高性能屏蔽材料技术，集成电路引线及引线框架技术，电子级无铅焊料技术，高导热、低膨胀电子封装与热沉材料技术，CMP 抛光液技术，光刻配套超纯净微/纳孔净化分离膜技术，贱金属专用电子浆料技术，异形接触点和大功率无银触头技术，大尺寸高纯、高致密度新材料制备与应用技术；新型光、磁信息海量存储材料技术，光电子、光子晶体信息材料技术，智能传感器件用新材料制备与应用技术等。

＊常规铁氧体、FeSiAl 材料及制品、贵金属浆料制备技术除外。

8. 超导、高效能电池等其它新材料制备与应用技术

高温超导块材、线材、薄膜的制备与产业化应用技术；新型 Fe 基高温超导材料制备及其应用技术；高功率、高储能、高效能动力电池、轻质固态燃料电池、高效二次电池用新型隔膜、载体，金属双极板、储氢、吸气等新材料制备技术；超级电容材料制备与应用技术；良好生物相容性医用无镍不锈钢、钴基合金、β 型钛合金、钛镍形状记忆合金、镁合金等新材料制备及其临床应用技术等。

＊常规钴/镍/锰酸锂和磷酸铁锂材料制备技术除外。

（二）无机非金属材料

1. 结构陶瓷及陶瓷基复合材料强化增韧技术

现代工业用陶瓷结构件制备技术；特殊用途的高性能陶瓷结构件制备技术；陶瓷基复合材料和超硬复合材料制备技术；陶瓷－金属复合材料制备技术；陶瓷纤维增强复合材料制备技术；多功能、多层结构复相陶瓷、碳化硅陶瓷的特种制备技术；超高温非氧化物陶瓷材料制备技术；耐磨损、耐高温涂层材料制备技术；特种涂料和涂层、特种晶体、特种功能陶瓷、高性能碳纤维和碳化硅纤维等材料及其复合材料制品制备技术；超硬材料及制品制备技术。

＊常规工艺成型的传统结构陶瓷制备技术；挤出成型的蜂窝陶瓷蓄热体制备技术；高耗能电熔及熔铸材料制备技术；粘土砖、高铝砖等传统氧化物耐火材料制备技术；炉窑用常规浇注料制备技术除外。

2. 功能陶瓷制备技术

功能陶瓷的粉末制备、成型及烧结工艺控制技术，无铅化制备技术；新型高频高导热绝缘陶瓷材料制备技术；介电陶瓷和铁电陶瓷材料制备技术；各类敏感功能陶瓷材料制备技术；具有光传输、光存储等用途的光功能陶瓷及薄膜制备技术；高机电耦合系数、高稳定性铁电、压电晶体材料制备技术；特殊应用的光学晶体材料制备技术；超高温导电陶瓷发热材料制备技术等。

＊氧化铝、氧化锆、氧化铍陶瓷基板制备技术除外。

3. 功能玻璃制备技术

光传输或成像等特殊功/性能玻璃或无机非晶态材料的制备技术；光电、压电、激光、耐辐射、闪烁体、电磁及电磁波屏蔽等功能玻璃制备技术；新型高强度玻璃制备技术；生物体和固定酶生物化学功能玻璃制备技术；滤光片、光学纤维面板、光学纤维倒像器、X 射线像增强器微通道板新型玻璃制备技术；真空玻璃、在线 low－E 玻璃制备技术等。

＊用于功能玻璃生产的常规玻璃原材料制备技术除外。

4. 节能与新能源用材料制备技术

耐高温、抗腐蚀微孔多孔隔热材料制备技术；替代传统材料、显著降低能源消耗的无污染节能材料制造技术；炉窑免烘烤在线修补材料制备技术；新能源开发与利用相关的无机非金属材料制备技术；高透光新型透明陶瓷制备技术；低辐射镀膜玻璃及多层膜结构玻璃制备技术；高效保温材料制备技术；其他新机理的节能与新能源用材料制备技术。

5. 环保及环境友好型材料技术

污水处理及烟气深度除尘用耐高温、抗酸碱的陶瓷膜制备技术；高温过滤及净化用低阻力降、高强度支撑体制备技术；具有重金属离子吸附功能的陶瓷材料制备技术；微孔与介孔陶瓷材料制备技术；环保用高比表面积无毒催化剂多孔陶瓷载体制备技术；含铬耐火材料的替代产品制备技术；易降解陶瓷纤维制备技术；其他新机理的环保及环境友好型材料制备技术。

＊强度低于15MPa的碳化硅陶瓷膜支撑体制备技术；挤出成型水处理用氧化铝陶瓷支撑体制备技术除外。

（三）高分子材料

1. 新型功能高分子材料的制备及应用技术

高分子分离膜材料制备技术；抗微生物高分子材料制备技术；高分子包装新材料制备技术；液晶高分子材料、形状记忆高分子材料、高分子相变材料、高分子转光材料、智能化高分子材料等新功能高分子材料制备技术；导电、抗静电、导热、阻燃、阻隔等功能高分子材料的高性能化制备技术；具有特殊功能、高附加值的高分子材料制备技术及以上材料的应用技术等。

2. 工程和特种工程塑料制备技术

高强、耐高温、耐磨、超韧的高性能工程塑料和特种工程塑料分子的设计技术和改性技术；改性的工程塑料制备技术；具有特殊性能和用途的高附加值热塑性树脂制备技术；关键的聚合物单体制备技术等。

3. 新型橡胶的合成技术及橡胶新材料制备技术

橡胶新品种的制备技术；接枝、共聚技术；卤化技术；特种合成橡胶材料技术；特种氟橡胶、硅橡胶、氟硅橡胶、氟醚橡胶、聚硫橡胶及制品制备技术；新型橡胶功能材料及制品制备技术；重大的橡胶基复合新材料技术等。

＊普通橡胶和仅以制品结构为特色的橡胶制备技术除外。

4. 新型纤维及复合材料制备技术

新型高性能纤维制备技术；成纤聚合物的接枝、共聚、改性及纺丝技术；具有特殊性能或功能化的聚合物、纤维材料、纤维制品及复合材料制备技术；环境友好、可降解、替代石油资源的新型生物质纤维制备技术，新型生物质纤维制品加工技术与装备制造技术等。

＊常规或性能仅略有改善的纤维制备技术；常规的非织造布、涂层布或压层纺织品、一般功能性纤维产品生产技术等除外。

5. 高分子材料制备及循环再利用技术

生物降解塑料制备技术；生物质基高分子材料及其关键单体制备技术；以节约树脂为目标的低碳高分子材料制备技术；阻燃环保高分子泡沫材料制备技术；废弃橡胶、塑料、织物等材料的高值循环再利用技术等。

＊50%以下填充聚烯烃普通改性材料（含崩解型材料）制备技术；淀粉填充聚烯烃的不完全降解塑料制备技术除外。

6. 高分子材料的新型加工和应用技术

高分子材料高性能化改性和加工技术；采用新型加工设备和加工工艺的共混、改性、配方技术；高比强度、大型、外型结构复杂的热塑性塑料制品制备技术；电纺丝等高分子材料加工技术；大型和精密橡塑设备加工设备和模具制造技术；增材制造用高分子材料制备及应用技术等。

＊普通塑料和一般改性专用料加工技术；直接流延、吹塑、拉伸法塑料制品生产技术除外。

（四）生物医用材料

1. 介入治疗器具材料制备技术

全降解冠脉支架、精微加工心血管植介入材料、具有特定治疗功能的外周血管支架及滤器、非血管管腔支架、减少介入损伤或具备治疗功能的介入导管、可降解介入封堵器、含药介入血管栓塞剂制备技术等。

2. 心脑血管外科用新型生物材料制备技术

使用改性的新型材料编织的人工血管、生物复合型人工血管、新型覆膜血管制备技术；新型人工心脏瓣膜制备技术；颅骨修复材料和神经修复材料制备技术等。

3. 骨科内置物制备技术

可注射陶瓷、可降解固定材料、新型低模量钛合金制备技术；医用镁合金等骨修复材料、脊柱修复材料和功能仿生型人工关节、表面生物功能化人工关节及制备技术；骨诱导功能人工骨、功能仿生型人工骨制备技术等。

4. 口腔材料制备技术

采用新型材料、表面处理技术或结构设计的牙种植体、具备高耐磨防继发龋等性能的复合树脂充填材料、非创伤性牙体修复材料（ART）、良好生物相容性临床修复效果佳的金属烤瓷制品和高精度硅橡胶类印模材料制备技术等。

5. 组织工程用材料制备技术

组织器官缺损修复用可降解材料及仿生组织、器官制备技术；组织工程技术产品和组织诱导性支架材料制备技术等。

6. 新型敷料和止血材料制备技术

具备治疗或防感染功能的新型敷料、人工皮肤和使用方便的新型止血材料制备技术等。

7. 专用手术器械和材料制备技术

微创外科器械、手术各科专用或精细手术器械及外科手术灌洗液制备技术等。

8. 其他新型医用材料及制备技术

高档次医用缝合线、新型人工晶体、智能型药物控释眼科植入材料及制品制备技术；生物相容性好、无或低副作用的新型整形用材料、新型手术后防粘连材料、新型计划生育用器材制备技术，其他新机理的新型医用材料及制备技术。

（五）精细和专用化学品

1. 新型催化剂制备及应用技术

新型石油加工催化剂、有机合成新型催化剂、聚烯烃用新型高效催化剂、新型生物催化技术及催化剂、环保治理用新型和高效催化剂、催化剂载体用新材料及各种新型助催化材料等制备及应用技术。

2. 电子化学品制备及应用技术

集成电路和分立器件用化学品、印刷线路板生产和组装用化学品、显示器件用化学品、彩色液晶显示器用化学品、印制电路板（PCB）加工用化学品、超净高纯试剂及特种（电子）气体、先进的封装材料和研磨抛光用化学品等制备及应用技术。

3. 超细功能材料制备及应用技术

采用最新粉体材料的结构、形态、尺寸控制技术；粒子表面处理和改性技术；高分散均匀复合技术制备具有电子转移特性的有机材料技术等。

*常规的粉体材料制备技术除外。

4. 精细化学品制备及应用技术

新型环保型橡胶助剂、加工型助剂新品种、新型高效及复合橡塑助剂新产品、环境友好的新型水处理剂及其它高效水处理材料、新型造纸专用化学品、适用于保护性开采和提高石油采收率的新型油田化学品、新型表面活性剂、新型安全环保颜料和染料、新型纺织染整助剂、高性能环保型胶粘剂和高性能环境友好型皮革化学品制备及应用技术等。

*生物降解功能差或毒性大的表面活性剂制备技术；不符合环保标准的化学品制备技术除外。

（六）与文化艺术产业相关的新材料

1. 文化载体和介质新材料制备技术

文化艺术用可再生环保纸（不含木料纸、新型非涂布纸和轻涂纸、轻质瓦楞纸板）、特种纸、电子纸等新型纸的制备技术；仿古纸的制备技术；光盘及原辅材料的制备技术；仿古墨的生产技术等。

2. 艺术专用新材料制备技术

针对艺术专用品及改进其工艺生产的材料制备技术；针对艺术需要的声学材料的设计、加工、制作、制备等技术。

3. 影视场景和舞台专用新材料的加工生产技术

用于与文化艺术有关的制景、舞台、影视照明的新型专用灯具器材的新材料、新工艺加工生产技术等。

4. 文化产品印刷新材料制备技术

绿色环保数字直接制版材料,数字印刷用油墨、墨水,环保型油墨,特殊印刷材料等制备技术。

5. 文物保护新材料制备技术

文物提取、清洗、固色、粘结、软化、缓蚀、封护等材料的制备技术;文物存放环境的保护技术;用于古籍书画复制的制版和印刷材料开发技术;3D 打印文物复制、修复技术及新材料制造技术等。

五、高技术服务

(一)研发与设计服务

1. 研发服务

面向企业和社会提供的基础性技术、应用开发技术、生产制造工艺技术;支撑经营管理和商业模式创新的关键技术等。

2. 设计服务

面向行业应用的第三方工业设计、工程设计和专业设计技术。

工业设计技术:精密复杂模具设计、工业产品设计、包装设计技术等。

工程设计技术:应用新技术、新工艺、新材料、新创意开展工程勘察、设计、规划编制、测绘、咨询服务的关键技术等。

专业设计技术:基于新创意、新技术、新工艺、新材料面向社会和生产生活提供服务的专业设计技术等。

(二)检验检测认证与标准服务

具备相关权威机构资质认定或认可的第三方检验检测认证和标准化服务技术。

1. 检验检测认证技术

采用先进的方法、装备或材料,依据环境、安全、质量等相关标准、技术规范或其他强制性要求,开展面向设计开发、生产制造、售后服务全过程的检验、检测、认证等合格评定服务的关键支撑技术。

2. 标准化服务技术

面向企业、产业和社会提供技术标准的研发、咨询和第三方服务的关键支撑技术;行业标准数据库的二次开发与数据检索技术等。

(三)信息技术服务

供方为需方提供开发、应用服务的关键技术。

1. 云计算服务技术

基于 IaaS 模式、SaaS 模式和 PaaS 模式等云计算平台的运营服务技术。

2. 数据服务技术

面向行业和社会应用的基于大数据、知识库管理产品、商业智能(BI)的数据采集、分析处理与决策支持技术等。

3. 其他信息服务技术

IT 规划设计和信息化建设技术,信息系统研发、测试和运行维护技术,智能化生产系统解决方案技术,网络信息安全服务及数据托管服务支撑技术,呼叫中心服务支撑技术,信息技术管理咨询、评估认证服务支撑技术,数据处理和存储服务支撑技术,数字内容加工处理服务支撑技术等。

(四)高技术专业化服务

基于先进技术,为第三方提供专业化服务的关键技术。包括:为可再生能源、能量转换与储能装置及高效节能工艺技术、产品、设备提供检测、维护及系统管理服务的技术;环境监理、监测与检测、风险与损害评价、应急和预警服务技术;污水处理设施运营优化系统技术;卫星遥感服务、导航与位置服务和航空遥感服务的关键支撑技术;新材料检测、表征、评价、在线自动监测等服务的支撑技术;集成电路设计、测试与芯片制造服务的支撑技术;为企业提供的生物医药研发、食品质量安全标准品制备及检测、疾病预警预测和健康管理等服务的关键技术；智能制造和云制造服务的关键技术等。

（五）知识产权与成果转化服务

采用新型服务模式和技术方法，提供知识产权的确权、检索、分析、诉讼、数据采集加工等基础性服务的支撑技术；提供知识产权增值性服务的支撑技术；提供专利数据库的二次开发建设与数据检索等服务的支撑技术；面向产业和企业提供技术转移转化、创业孵化、科技信息等服务的支撑技术。

（六）电子商务与现代物流技术

1. 电子商务技术

基于第三方电子商务与交易服务平台的电子签名、电子认证、网络交易、在线支付、物流配送、信用评价等技术。

2. 物流与供应链管理技术

集成物联网、自动化等技术，建立现代物流管理和供应链管理系统集成平台，面向不同领域和行业的企业提供的第三方物流运营和供应链管理技术等。

* 只具有企业内部物流管理系统、简单研发设计与低水平的重复性服务技术除外。

（七）城市管理与社会服务

1. 智慧城市服务支撑技术

基于物联网、云计算、智能终端等技术，开展城市智能管理、城市感知认知、智慧决策等服务的支撑技术；城市数据支撑平台与智慧城市运营平台技术等。

2. 互联网教育

应用互联网技术，创新服务模式和集成方案设计技术，面向个人、企业提供数字化学习资源和工具、智能设备和网络学习环境等服务的支撑技术；面向教育机构提供教育工具、教育平台运营及维护、内容制作及发布服务的支撑技术等。

3. 健康管理

基于信息网络技术，提供远程医疗护理、健康检测、卫生保健、康复护理服务、医疗健康的数字化诊疗诊断、智能化养老服务的支撑技术等。

4. 现代体育服务支撑技术

运动营养、运动康复治疗、运动伤病防治、慢病的运动预防与干预技术；体育项目活动风险评估与安全保障技术；运动能力的开发与保障技术；运动与健身指导服务技术；反兴奋剂技术等。

基于互联网及人体动作识别、运动能量消耗评估的健身与监控设备开发技术；基于运动定位追踪的户外运动安全保障与应急救援平台开发技术；运动与游戏虚拟产品开发技术等。

* 一般体育产品生产开发和服务技术除外。

（八）文化创意产业支撑技术

1. 创作、设计与制作技术

舞台美术、灯光、音响、道具、乐器、声学产品等的新技术及集成化舞台设计技术；数字电视、数字电影、数字声音、数字动漫、数字表演、数字体验等制作技术；虚拟现实、增强现实、三维重构等内容制作技术；文化体感支撑技术；网络视听新媒体及衍生产品开发支撑技术；艺术品鉴证技术；网络游戏引擎开发技术；网络游戏人工智能（AI）开发技术；其他支撑体现交互式、虚拟化、数字化、网络化特征的文艺创作、文化创意设计和产品制作技术。

2. 传播与展示技术

新型数字广播、电视、电影制作传输和播放技术、时空再现技术；移动多媒体广播（CMMB）技术；下一代广播电视网（NGB）技术；智能电视终端技术；出版物实时出版和交互式展示技术等。

* 院线利用相关技术进行服务除外。

3. 文化遗产发现与再利用技术

文物发现、保护、修复、鉴定、原物识别的支撑技术；对不可移动文物、可移动立体文化资源、书画、非物质文化遗产等的数字化采集与处理技术等。

4. 运营与管理技术

后台服务和运营管理平台支撑技术；数字电视网与动漫制作基地管理支撑技术；文化信息资源共享支撑技术；数字版权保护技术等。

＊涉及色情、暴力、意识形态并造成文化侵蚀、有害青少年身心健康的除外；票务公司利用相关技术提供送票服务的除外。

六、新能源与节能

（一）可再生清洁能源

1. 太阳能

太阳能热利用技术；太阳能光伏发电技术；太阳能热发电技术；其他新机理、高转化效率的太阳能利用技术。

＊简单太阳能电池组件的封装和低水平的重复性生产除外。

2. 风能

大容量风电机组设计技术；海上风电技术；风电并网技术；风电场配套技术；风电蓄能技术；其他新机理、高转化效率的风能技术。

＊不满足清洁生产要求的风电技术除外。

3. 生物质能

生物质发电关键技术及发电原料预处理技术；生物质固体燃料致密成型及高效燃烧技术；生物质气化和液化技术；非粮生物液体燃料生产技术；生物质固体燃料高效燃烧技术；其他新机理、高转化效率的生物质能技术。

＊不满足清洁生产要求的生物质燃烧技术除外。

4. 地热能、海洋能及运动能

高效地热能发电技术；地热能综合利用技术；海洋能发电技术；其他新机理、高转化效率的地热能、海洋能及运动能技术。

（二）核能及氢能

1. 核能

先进压水堆核电站关键技术，铀浓缩技术及关键设备、高性能燃料元件技术、铀钚混合氧化物燃料技术，先进乏燃料后处理技术，核辐射安全与监测技术，快中子堆和高温气冷堆核电站技术等。

2. 氢能

天然气制氢技术，化工、冶金副产煤气制氢技术，低成本电解水制氢技术，生物质制氢、微生物制氢技术，金属贮氢、高压容器贮氢、化合物贮氢技术，氢加注设备和加氢站技术，超高纯度氢的制备技术，以氢为燃料的发动机与发电系统关键技术等。

（三）新型高效能量转换与储存技术

1. 高性能绿色电池（组）技术

高性能绿色电池（组）技术；其它新型高性能绿色电池技术；先进绿色电池材料制造工艺与生产技术等。

2. 新型动力电池（组）与储能电池技术

动力电池（组）技术；新型高性能炭铅动力电池（组）技术；液流储能电池技术；电池管理系统技术；动力与储能电池高性价比关键材料技术等。

3. 燃料电池技术

燃料电池催化剂技术；质子交换膜燃料电池技术；去质子膜燃料电池技术；直接醇类燃料电池技术；微型化燃料电池技术；中低温固体氧化物燃料电池技术；微生物燃料电池技术；光催化－燃料电池联用技术；燃料电池管理及工程技术等。

4. 超级电容器与热电转换技术

新型高比能、高功率超级电容器技术，高性价比超级电容器关键材料及制备技术；热电材料及热电转换技术等。

（四）高效节能技术

1. 工业节能技术

煤的清洁高效利用技术；新型高效通用设备技术；新工艺节能技术等。

2. 能量回收利用技术

钢铁企业余热回收利用技术；低温余热及高温固体余热回收利用技术；废弃燃气回收利用技术；蒸汽余压、余热、余能回收利用技术等。

* 正常生产环节已回收利用技术和一般性高热值燃气发电技术除外。

3. 蓄热式燃烧技术

工业炉窑和电站、民用锅炉的高效蓄热式燃烧技术等。

4. 输配电系统优化技术

电能质量优化新技术，电网优化运行分析、设计、管理软件及硬件新技术等。

5. 高温热泵技术

地源、水源、空气源、太阳能复合式等高温热泵技术；空调冷凝热回收利用等技术。

6. 建筑节能技术

绿色建筑设计技术，建筑节能技术，可再生能源装置与建筑一体化应用技术，精致建造和绿色建筑施工技术，节能建材与绿色建材的制造技术等。

7. 能源系统管理、优化与控制技术

工业、建筑领域的能源管理中心、能量系统优化设计、能源审计、优化控制、优化运行管理软件技术等。

8. 节能监测技术

自动化、智能化、网络化、功能全、测量范围广、适应性强的能源测量、记录和节能检测新技术；工业、建筑领域节能改造项目节能量检测与节能效果确认（M&V）软件技术等。

七、资源与环境

（一）水污染控制与水资源利用技术

1. 城镇污水处理与资源化技术

城镇生活污水高效低耗处理新技术；城市污水深度脱氮除磷及安全消毒处理技术；城市水循环利用技术；城市景观水体质量改善与维护技术；城镇垃圾渗滤液高效处理技术；医院污水处理新技术等。

2. 工业废水处理与资源化技术

有毒有害与放射性工业废水处理技术；难降解有机废水处理技术；工业废水处理与资源化技术；高氨氮、高磷、高色度废水处理技术；高含盐废水与反渗透膜浓水处理技术；船舶压载水处理新技术；新型高效工业废水处理材料制备技术；高效无磷水处理药剂制备技术等。

3. 农业水污染控制技术

农业施肥/施药等造成水体面源污染的控制技术；水产养殖水污染防治与循环利用技术；畜禽养殖场高浓度废水处理与资源化技术；农村小流域水污染综合整治技术等。

4. 流域水污染治理与富营养化综合控制技术

流域分散点源和面源污染控制技术；流域目标水体的富营养化控制技术；水面浮油污染治理技术等。

5. 节水与非常规水资源综合利用技术

城市节水器具开发与应用技术；新型节水灌溉和旱作节水、农作物高效保水材料技术；水环境修复技术；雨水高效收集与利用技术；苦咸水、海水淡化利用技术及相关材料装备制造技术；高耗水行业节水减污技术等。

6. 饮用水安全保障技术

城镇饮用水源安全保障技术；城镇供水微污染控制技术；高效除藻及藻毒素处理技术；高级预氧化安全处理技术；高效混凝技术；高效吸附与过滤技术；饮用水消毒副产物检测与去除技术；农村饮用水安全保障技术等。

（二）大气污染控制技术

1. 煤燃烧污染防治技术

煤的低污染燃烧技术；高效低耗烟气脱硝、脱硫、除尘及除汞技术；烟气脱硫副产品综合利用技术；烟气中的细颗粒物高效分离技术；烟气中多污染物联合脱除技术等。

2. 机动车排放控制技术

机动车排放颗粒物捕集器及再生技术；机动车尾气催化氧化与还原技术；汽油车排放污染控制技术和车载诊断（OBD）技术；柴油车污染排放控制技术；摩托车尾气净化技术，油气泄漏控制技术等。

3. 工业炉窑污染防治技术

工业炉窑烟气脱硝技术、脱硫技术、除尘技术；工业炉窑烟气细颗粒物分离技术；工业炉窑烟气治理副产品资源化利用技术；炉窑烟气中多污染物联合脱除技术等。

4. 工业有害废气控制技术

有机废气高效吸附与回收技术；有机废气高效低耗催化燃烧技术；恶臭废气收集与控制技术；二噁英产生控制与高效脱除技术；汞的减排与回收控制技术；其他工业有毒有害废气高效低耗净化技术等。

5. 有限空间空气污染防治技术

公共场所室内空气污染防治技术；公共设施异味源防治技术；地下建筑空气污染防治技术；汽车隧道空气污染防治技术等。

（三）固体废弃物处置与综合利用技术

1. 危险固体废弃物处置技术

危险固体废弃物高效焚烧技术；焚烧渣、飞灰、烧结灰和煅烧灰等处置技术；危险固体废弃物运输及安全填埋处置技术；危险废物固化技术；医疗废物收运与处置技术；有毒有害固体废弃物综合利用技术；放射性固体废弃物处置技术等。

2. 工业固体废弃物综合利用技术

工业固体废弃物无害化、减量化、资源化与综合利用技术等。

3. 生活垃圾处置与资源化技术

生活垃圾减量化与资源分类回收技术；利用水泥窑协同处置生活垃圾技术；大型生活垃圾焚烧污染控制、热能回收利用及尾气净化技术；填埋场气体回收利用技术；填埋场高效防渗技术等。

4. 建筑垃圾处置与资源化技术

建筑垃圾的分类与再生料处理技术；建筑废物资源化再生关键技术；新型再生建筑材料应用技术；再生混凝土及其制品制备关键技术；再生混凝土及其制品施工关键技术；再生无机料在道路工程中的应用技术等。

5. 有机固体废物处理与资源化技术

农作物秸秆等有机固体废物破碎、分选等预处理技术；餐厨垃圾无害化与资源化技术；有机质固体废弃物无害化处置与资源化技术；有机质生活垃圾无害化、资源化技术等。

6. 社会源固体废物处置与资源化技术

废电池、废电器电子设备、废塑料、等社会源固体废物无害化处置与资源化技术。

（四）物理性污染防治技术

1. 噪声、振动污染防治技术

新型吸声、隔声、隔振、减振材料制造技术；噪声、振动防治与控制技术等。

2. 核与辐射安全防治技术

核设施安全风险控制技术；辐射源、辐射环境安全风险控制技术等。

（五）环境监测及环境事故应急处理技术

1. 环境监测预警技术

大气环境、水环境和噪声环境质量在线连续自动监测技术；大气、水、噪声污染源在线连续自动监测预警技术等。

2. 应急环境监测技术

现场污染物快速测定技术；污染事故应急监测技术等。

3. 生态环境监测技术

环境遥感监测系统技术；海洋、农业、草原、森林生态环境监测技术；脆弱生态环境监测及灾害预警技术；重大自然灾害监测、预警和应急处置关键技术；转基因生物生态环境监测及灾害预警技术；敏感指示生物监测技术；生物入侵监测技术；生物多样性预警监测技术等。

4. 非常规污染物监测技术

水、土壤、大气中非常规污染物分析监测与防治技术等。

（六）生态环境建设与保护技术

地下水污染防治技术；土壤污染修复技术；防沙治沙、石漠化治理技术；河道生态修复、水土流失、土壤盐碱化防治等小流域综合整治技术；天然林保护、植被恢复和重建技术；湿地保护、恢复及相关监测技术；矿山环境损害评估、监测与恢复技术；小流域生态监测、功能恢复与重建技术等。

（七）清洁生产技术

1. 重污染行业生产过程中节水、减排及资源化关键技术

重污染行业的清洁生产新技术、新工艺；新型工业园区企业生产工艺流程的清洁生产设计关键技术等。

2. 清洁生产关键技术

高效短流程、无水（少水）纺织印染技术；清洁造纸技术；可循环钢铁冶炼流程工艺技术；清洁能源汽车生产技术；电厂海水循环冷却技术；高效洗煤、选煤技术；煤炭高效开采技术；煤液化、煤气化以及煤化工等转化技术；以煤气化为基础的多联产生产技术；重污染行业有毒有害原材料、溶剂和催化剂等的替代技术；臭氧层损耗物质替代新技术等。

3. 环保制造关键技术

环保基础材料制备技术，环保包装材料制备技术等。

（八）资源勘查、高效开采与综合利用技术

1. 资源勘查开采技术

深地矿产资源立体探测、勘查、评价和开采技术；海洋矿产资源探测技术；非常规油气资源勘查、评价、钻探、开采和实验测试技术；天然气水合物勘查、开采技术；干热岩资源勘查与高温钻探技术；航空地球物理勘查技术；深穿透地球化学勘查技术等。

2. 提高矿产资源回收利用率的采矿、选矿技术

深层和复杂矿体规模化开采技术；多金属硫化矿高效浮选分离综合回收选矿技术；细菌浸出技术；复杂难处理氧化矿中有价金属的高效低耗分离提取技术；新型高效浮选捕收剂、抑制剂和活化剂的合成与制备技术；采矿、选矿装备大型化、自动化、高效化和专用化技术；采矿、选矿生产过程自动检测和智能控制信息技术；难处理黑色金属矿综合利用新技术；非金属矿高效分离提纯和深加工新技术等。

3. 伴生有价元素的分选提取技术

伴生贵金属、稀散元素的富集提取分离技术；伴生非金属矿物的回收、提纯、深加工技术等。

4. 低品位资源和尾矿资源综合利用技术

低品位矿中有价元素的综合回收与分离提取技术；尾矿制粒堆浸技术；尾矿中有价元素二次富集综合回收技术；尾矿资源化稀有稀散组分实验测试与综合利用技术；低品位资源预富集新技术等。

*常规工艺技术装备组合的“三废”处理技术；简单复配的水处理药剂与絮凝剂生产技术；未通过安全评价的用于治理环境污染的生物菌剂、物种等技术；存在二次污染又缺乏解决途径的技术除外。

5. 放射性资源勘查开发技术

铀矿攻深找盲技术；放射性资源分类技术，砂岩铀矿高效地浸采铀技术；铀煤及铀与其他共伴生资源协调开发综合利用技术等。

6. 放射性废物处理处置技术

放射性废液处置技术；放射性固体废物处理处置技术等。

7. 绿色矿山建设技术

绿色矿山设计与施工技术，资源绿色开采技术，资源高效选冶技术，矿区生态高效修复技术等。

八、先进制造与自动化

（一）工业生产过程控制系统

1. 现场总线与工业以太网技术

符合国际、国内主流技术标准的现场总线技术；符合 IEEE802.3 国际标准的工业以太网技术等。

2. 嵌入式系统技术

基于 DSP、FPGA、CPLD、ARM 等嵌入式芯片的各种高性能控制与传感器系统关键技术；用于流程工业的高性能测控系统、智能型执行器、智能仪表技术等。

3. 新一代工业控制计算机技术

以 Compact PCI、PXI、ATCA、PCI Express、PXI Express 等总线技术为核心，可使用多种操作系统和图形编程语言，具有丰富的外部接口和“即插即用”功能，可构成安全性高、容错能力强的新一代高可用工业控制计算机的关键技术等。

4. 制造执行系统（MES）技术

面向机械制造、汽车制造、石油加工、化学制品制造、金属冶炼等行业的制造执行系统技术等。

* 不具有通用性的应用软件除外。

5. 工业生产过程综合自动化控制系统技术

基于现场总线及工业以太网，面向连续生产过程、离散生产过程或混合生产过程的多功能组态软件、仿真技术与软件、具有冗余容错功能的综合自动化控制系统技术等。

（二）安全生产技术

1. 矿山安全生产技术

煤矿事故防控技术；非煤矿山事故防控技术；矿山事故应急救援技术等。

2. 危险化学品安全生产技术

危险化学品生产与储运安全保障技术；典型石化过程安全保障技术；化工园区事故防控技术；危险化学品事故应急处置技术等。

3. 其它事故防治及处置技术

冶金等工贸企业领域事故防治及应急处置技术；职业危害防治关键技术；智能安全监管执法技术等。

（三）高性能、智能化仪器仪表

1. 新型传感器

采用新原理、新材料、新工艺、新结构，具有高稳定性、高可靠性、高精度、智能化的新型传感器技术；新型电子皮肤传感器技术等。

* 采用传统工艺且性能没有提高的传感器除外。

2. 新型自动化仪器仪表

适用于实时在线分析、新型现场控制系统、e 网控制系统、基于工业控制计算机和可编程控制的开放式控制系统及特种测控装备，能满足重大工程项目在智能化、高精度、高可靠性、大量程、耐腐蚀、全密封和防爆等特殊要求的新型自动化仪器仪表技术等。

* 技术含量低和精度低的传统流量、温度、物位、压力计或变送器除外。

3. 科学分析仪器/检测仪器

用于安全监控、产品质量控制的科学分析仪器和检测仪器技术等。

* 传统的气相色谱仪除外。

4. 精确制造中的测控仪器仪表

精密成形、超精密加工制造中的测控仪器仪表、亚微米到纳米级制造中的测控仪器仪表、激光加工中的测控仪器仪表、制造中的无损检测仪器仪表以及网络化、协同化、开放型的测控系统技术；裸眼 3D 膜质量检测仪器技术等。

5. 微机电系统技术

以微米、纳米加工技术为基础制造的，集微型机构、微型传感器、微型执行器以及信号处理和控制电路等于一体的微机电系统（MEMS）技术等。

（四）先进制造工艺与装备

1. 高档数控装备与数控加工技术

高档数控系统、精密伺服驱动系统等高档数控设备关键功能部件及配套零部件技术；超精密数控机床、超高速数控机床、大型精密数控机床、多轴联动加工中心、高效精密立卧式加工中心、超硬材料特种加工机床等高端数控装备技术；高档数控装备关键功能部件和整机性能测试实验技术；大型特殊部件精密加工技术；兵器设计与制造先进技术等。

*低端数控及应用系统除外。

2. 机器人

机器人伺服驱动系统、高精度减速器与绝对值编码器、开放式机器人控制器、视觉系统等工业机器人关键部件技术；先进工业机器人及自动化生产线技术；先进服务机器人及自动化生产线技术。

*四自由度以下的低端机器人系统除外。

3. 智能装备驱动控制技术

高压、高频、大容量电力电子器件技术；智能型电力电子模块技术；大功率变频技术与大功率变频调速装置技术；高效节能传动技术与应用系统技术；用于各类专用装备的特种电机及其控制技术。

*采用通用电机的普通调速系统除外。

4. 特种加工技术

激光器、大功率等离子束发生器、超高硬度刀具等特殊加工装备单元技术；激光加工技术；面向精密加工和特殊材料加工的特种加工技术；柔性印刷设备技术等。

5. 大规模集成电路制造相关技术

大规模集成电路生产关键装备与制造技术；新型及专用部件设计与制造技术等。

6. 增材制造技术

基于三维数字化设计、自动化控制、材料快速堆积成形工艺的增材制造技术等。

7. 高端装备再制造技术

盾构机/TBM 再制造技术；航空发动机关键件再制造技术；其他高端装备再制造技术。

（五）新型机械

1. 机械基础件及制造技术

重要主机配套用的精密轴承制造技术；高性能、高可靠性、长寿命密封、传动、紧固、液压、气动类产品或元件制造技术；精密、复杂、长寿命、快速成型模具制造技术等。

*常规通用工艺技术，结构、性能、精度、寿命一般的普通机械基础件、普通塑料模具和冷冲压模具除外。

2. 通用机械装备制造技术

新型高性能流体混合、分离与输送机械制造技术；利用自动化控制和计算机信息管理等技术装备的起重运输、物料搬运等设备制造技术；特大型专用构件成形加工技术；其他新机理、节能环保型机械设备专用部件及动力机械技术。

*技术性能一般的各类普通机械装备制造技术除外。

3. 极端制造与专用机械装备制造技术

微纳机电系统、微纳制造、超精密制造、巨系统制造和强场制造相关的设计、制造工艺和检测技术；大型资源勘探开采、深海作业等专用功能机械装备制造技术等。

*工作环境和技术性能一般的各类普通机械产品或装备除外。

4. 纺织及其他行业专用设备制造技术

与纺织机械及配套部件相关的高精度驱动、智能化控制、高可靠性技术；各类纺织设备的控制/计量/检测/调整的一体化集成技术；在线检测控制系统、高性能产品检测仪器的计算机和网络应用技术等。

＊普通纺织机械及检测系统除外。

(六)电力系统与设备

1. 发电与储能技术

发电厂优化控制技术;火电厂自启停控制系统(APS)技术;发电机组新型励磁和调速技术;超导发电与储能技术;数字化量测、控制与保护技术;大规模可再生能源发电的接入技术及其与大规模储能联合运行技术;大规模间歇式能源发电实时监测技术;风电场、光伏电站集群控制系统技术;新型孤岛检测与保护技术、能量管理技术;不同储能系统的高效率智能化双向变流器、新型集中与分散孤岛检测、分散计量测控系统和中央测控系统技术等。

＊小型火力发电厂和小型水电站应用系统除外。

2. 输电技术

智能输电技术;柔性输电技术;高压交流输电系统串联补偿和并联补偿技术;低噪声导线、大截面导线、高强度节能型金具、新型避雷器、绝缘子等的制造技术;高压直流输电系统可控硅元件及换流器、换流变压器、直流套管、交/直流滤波器、平波电抗器、隔离刀闸与快速接地开关、避雷器等设备的制造技术,控制保护和测量设备技术;基于暂态行波等新型故障信息的继电保护和故障测距技术;大电网互联、远距离输电及其相关控制技术等。

＊传统的输电技术、常规的输电设备除外。

3. 配电与用电技术

智能配用电技术;开关和开关柜集成技术;配电自动化和配电管理系统技术;高可靠性电缆、新型真空开关、先进节电装置的制造技术、先进无功功率补偿技术;节能节电控制装置及其综合管理系统技术;区域的在线动态谐波治理技术;电能质量检测、评估、控制与综合治理技术;用电信息新型采集技术;用户侧的智能表计及需求响应技术等。

＊不具有通用性的技术与产品除外。

4. 变电技术

智能变电技术;气体绝缘金属封闭开关设备、高压组合电器、自能式六氟化硫(SF6)断路器、大容量变压器的制造技术;改进触头系统、传动系统或者具有高效防腐技术的新型高压隔离开关技术;高效节能变电站技术;采用现场总线技术、具有综合状态检测和网络通信功能的智能开关柜技术;具有控制、保护和监测功能的智能化终端装置技术;基于 IEC61850 通信协议的变电站综合自动化系统技术等。

＊传统的高、低压开关设备,常规的发、供、配电设备除外。

5. 系统仿真与自动化技术

面向智能电网的电力系统数字物理混合仿真、全过程仿真技术;电力设备在线检测技术;电力系统虚拟仪器技术;电力系统调度自动化技术;电力设备管理及状态检修技术;继电保护信息管理及故障诊断专家系统技术;高速高可靠电力通信技术等。

＊不具有通用性的技术与产品除外。

(七)汽车及轨道车辆相关技术

1. 车用发动机及其相关技术

先进汽车发动机零部件技术;车用发动机的清洁燃烧技术;先进车用发动机电子控制技术;车用发动机尾气排放净化技术和节能降耗技术;清洁代用燃料发动机技术;先进电控系统的传感器和执行器技术、发动机电控单元和匹配标定系统技术、柴油机电控高压共轨系统技术、发动机尾气排放控制系统技术、先进增压器及其控制系统技术、可变进气及其控制系统、可变气门正时与升程系统技术、发动机排气余热利用技术等。

＊技术性能一般的车用发动机技术除外。

2. 汽车关键零部件技术

汽车节能减排技术,先进汽车安全技术,汽车电子控制技术,汽车信息化和车联网技术等。

＊技术性能一般的汽车零部件技术除外。

3. 节能与新能源汽车技术

新能源汽车整车设计、集成和制造技术，动力系统集成与控制技术，汽车计算平台技术，节能和新能源汽车的关键零部件先进技术；新型储能及其管理系统、车载及地面充电系统、动力耦合装置及电动辅助系统技术；新能源汽车试验测试及基础设施技术等。

4. 机动车及发动机先进设计、制造和测试平台技术

整车和发动机设计及性能分析软件，整车性能试验测试系统、交流电力测功机、汽车尾气排放检测分析系统、瞬时燃油计量和车载扭矩测试系统、发动机燃烧分析系统技术等。

5. 轨道车辆及关键零部件技术

高速列车及城市轨道车辆转向架的先进设计、制造和测试技术，轻量化车体设计制造技术，轨道车辆转向架和车体减振降噪技术、牵引传动系统的先进设计、制造和测试技术，高速列车牵引变流技术、牵引控制系统技术、牵引变压系统技术、网络控制系统技术、总体集成技术、制动系统技术；混合动力动车组和机车的整车及转向架设计、集成和制造先进技术；大轴重机车和货车转向架的先进设计、制造和测试技术，万吨重载列车电控制动技术；快捷货车总体集成、车体及转向架技术；公路、铁路联运车辆关键及配套技术等。

（八）高技术船舶与海洋工程装备设计制造技术

1. 高技术船舶设计制造技术

高技术、高附加值环保节能型船舶设计制造与节能减排系统技术。

2. 海洋工程装备设计制造技术

海上工程作业与辅助服务装备、科学考察船、海洋调查船等勘探与开发装置、海洋矿产资源和天然气水合物等开采装备、海洋可再生资源开发装备、海水淡化、海上风电等新型海洋资源开发装备设计制造技术；船舶与海洋工程核心配套装备设计制造技术等。

（九）传统文化产业改造技术

1. 乐器制造技术

乐器及其器材加工和调试新技术；MIDI 系统生产调试技术等。

2. 印刷技术

改造传统印刷的高新技术；数字印刷技术；绿色印刷工艺技术；特种印刷工艺技术等。

9. 产业结构调整指导目录

（2019 年 10 月 30 日　国家发展和改革委员会令第 29 号）

《产业结构调整指导目录(2019 年本)》已经 2019 年 8 月 27 日第 2 次委务会议审议通过，现予公布，自 2020 年 1 月 1 日起施行。《产业结构调整指导目录(2011 年本)(修正)》同时废止。

附件：

产业结构调整指导目录

（2019 年本）

第一类　鼓　励　类

一、农林业

1. 农田建设与保护工程(含高标准农田建设、农田水利建设、高效节水灌溉、农田整治等)，土地综合整治

2. 农产品及农作物种子基地建设

3. 蔬菜、瓜果、花卉设施栽培(含无土栽培)先进技术开发与应用，优质、高产、高效标准化栽培技术开发与应用

4. 畜禽标准化规模养殖技术开发与应用

5. 重大病虫害及动物疫病防治

6. 动植物(含野生)优良品种选育、繁育、保种和开发；生物育种；种子(种苗)生产、加工、包装、检验、鉴定技术和仓储、运输设备的开发与应用

7. 旱作节水农业、保护性耕作、生态农业建设、耕地质量建设、新开耕地快速培肥、水肥一体化技术开发与应用

8. 生态种(养)技术开发与应用

9. 全生物降解地膜农田示范与应用及受污染耕地风险管控与修复

10. 获得绿色食品生产资料标志的饲料、饲料添加剂、肥料、农药、兽药等优质安全环保农业投入品及绿色食品生产允许使用的食品添加剂开发

11. 内陆流域性大湖资源增殖保护工程

12. 远洋渔业、人工鱼礁、渔政渔港工程

13. 牛羊胚胎(体内)及精液工厂化生产

14. 农业生物技术开发与应用

15. 耕地保养管理与土、肥、水速测技术开发与应用

16. 农、林作物、畜禽和渔业种质资源保护地、保护区建设；动植物种质资源收集、保存、鉴定、开发与应用

17. 农作物秸秆综合利用(秸秆肥料化利用，秸秆饲料化利用，秸秆能源化利用，秸秆基料化利用，秸秆原料化利用等)

18. 农村可再生资源综合利用开发工程(沼气工程、生物天然气工程、“三沼”综合利用、沼气发电，生物质能清洁供热，秸秆气化清洁能源利用工程，废弃菌棒利用，太阳能利用)

19. 草原、森林灾害综合治理工程

20. 退耕还林还草、退牧还草及天然草原植被恢复工程，优质高产牧草人工种植与加工

21. 动物疫病新型诊断试剂、疫苗及低毒低残留兽药（含兽用生物制品）新工艺、新技术开发与应用

22. 天然橡胶及杜仲种植生产

23. 无公害农产品及其产地环境的有害元素监测技术开发与应用

24. 有机废弃物无害化处理及有机肥料产业化技术开发与应用

25. 农牧渔产品无公害、绿色生产技术开发与应用

26. 农林牧渔产品储运、保鲜、加工与综合利用

27. 防护林工程，天然林等自然资源保护工程，森林抚育、低质低效林改造工程

28. 国家储备林建设、特色经济林建设，碳汇林建设、植树种草工程及林草种苗工程，油茶、油棕等木本粮油基地建设，生物质能源林定向培育与产业化

29. 水土流失综合治理工程，荒漠化、石漠化防治及防沙治沙工程

30. 海洋、森林、野生动植物、湿地、荒漠、草原等自然保护区建设及生态示范工程

31. 固沙、保水、改土新材料生产

32. 抗盐与耐旱植物培植

33. 竹藤、花卉基地建设、产品开发及精深加工

34. 林木、草原基因资源保护工程，野生经济林树种保护、改良及开发利用

35. 珍稀濒危野生动植物和古树名木保护工程

36. 次小薪材、沙生灌木及三剩物深加工与产品开发

37. 野生动植物培植、驯养繁育基地及疫源疫病监测预警体系建设

38. 道地中药材及优质、丰产、濒危或紧缺动植物药材的种植（养殖），香料、野生花卉等林下资源人工培育与开发

39. 木、竹、草（包括秸秆）人造板及其复合材料技术开发及应用

40. 松脂林建设、林产化学品深加工

41. 人工增雨防雹等人工影响天气技术开发与应用

42. 数字（信息）农业、林草技术开发与应用

43. 农业农村环境保护与治理技术开发与应用

44. 淡水与海水健康养殖及产品深加工，淡水与海水渔业资源增殖与保护，海洋牧场

45. 生态清洁型小流域建设及面源污染防治

46. 粮油干燥节能设备、农户绿色储粮生物技术、驱鼠技术、农户新型储粮仓（彩钢板组合仓、钢骨架矩形仓、钢网式干燥仓、热浸镀锌钢板仓等）推广应用

47. 农作物、林木害虫密度自动监测技术开发与应用

48. 气象卫星工程（卫星研制、生产及配套软件系统、地面接收处理设备、卫星遥感应用技术）和气象信息服务

49. 农业生产数字化改造和智慧农业工程

50. 乡村厕所废物废水以及餐厨废物废水的收集处理与生态农业联合经营

51. 面向资源化的乡村生活废水、生活废物、畜禽粪便、农业废弃物与农田面源污染协同综合治理

52. 休闲农业和乡村旅游精品工程

53. 畜禽养殖废弃物处理和资源化利用（畜禽粪污肥料化、能源化、基料化和垫料化利用，病死畜禽无害化处理）

54. 数字农村建设和信息进村入户工程

55. "互联网+"农产品出村进城工程

56. 木材及木（竹）质材料节能、节材、环保加工技术开发与利用

57. 湿态酒精糟（WDGS）的应用、生物质液体有机肥的应用

二、水利

1. 江河湖海堤防建设及河道治理工程

2. 跨流域调水工程

3. 城乡供水水源工程

4. 农村饮水安全工程

5. 蓄滞洪区建设

6. 江河湖库清淤疏浚工程

7. 病险水库、水闸除险加固工程

8. 堤坝隐患监测与修复技术开发与应用

9. 城市积涝预警和防洪工程

10. 出海口门整治工程

11. 综合利用水利枢纽工程

12. 淤地坝工程

13. 水利工程用土工合成材料及新型材料开发制造

14. 灌区及配套设施建设、改造

15. 高效输配水、节水灌溉技术推广应用

16. 灌溉排水泵站更新改造工程

17. 水利血吸虫病防治工程

18. 山洪地质灾害防治工程(山洪地质灾害防治区监测预报预警体系建设及山洪沟、泥石流沟和滑坡治理等)

19. 水生态系统及地下水保护与修复工程

20. 水源地保护工程(水源地保护区划分、隔离防护、水土保持、水资源保护、水生态环境修复及有关技术开发推广)

21. 水土流失监测预报自动化系统开发与应用

22. 防洪调动自动化系统开发、洪水风险图编制技术及应用(大江大河中下游及重点防洪区、防洪保护区等特定地区洪涝灾害信息专题地图)

23. 水资源管理信息系统建设

24. 水文站网基础设施以及水文水资源监测能力建设

25. 非常规水源开发利用

三、煤炭

1. 煤田地质及地球物理勘探

2. 矿井灾害(瓦斯、煤尘、矿井水、火、围岩、地温、冲击地压等)防治

3. 型煤及水煤浆技术开发与应用

4. 煤炭共伴生资源加工与综合利用

5. 煤层气勘探、开发、利用和煤矿瓦斯抽采、利用

6. 煤矸石、煤泥、洗中煤等低热值燃料综合利用

7. 管道输煤

8. 煤炭清洁高效洗选技术开发与应用

9. 地面沉陷区治理、矿井水资源保护与利用

10. 煤电一体化建设

11. 提高资源回收率的采煤方法、工艺开发与应用

12. 矿井采空区、建筑物下、铁路等基础设施下、水体下采用煤矸石等物质填充采煤技术开发与应用

13. 井下救援技术及特种装备开发与应用

14. 煤矿生产过程综合监控技术、装备开发与应用

15. 大型煤炭储运中心、煤炭交易市场建设及储煤场地环保改造
16. 新型矿工避险自救器材开发与应用
17. 煤矿智能化开采技术及煤矿机器人研发应用
18. 煤炭清洁高效利用技术

四、电力

1. 大中型水力发电及抽水蓄能电站
2. 单机60万千瓦及以上超超临界机组电站建设
3. 采用背压(抽背)型热电联产、热电冷多联产、30万千瓦及以上超(超)临界热电联产机组
4. 缺水地区单机60万千瓦及以上大型空冷机组电站建设
5. 重要用电负荷中心且天然气充足地区天然气调峰发电项目
6. 30万千瓦及以上循环流化床、增压流化床、整体煤气化联合循环发电等洁净煤发电
7. 单机30万千瓦及以上采用流化床锅炉并利用煤矸石、中煤、煤泥等发电
8. 500千伏及以上交、直流输变电
9. 燃煤发电机组超低排放技术
10. 电网改造与建设,增量配电网建设
11. 继电保护技术、电网运行安全监控信息技术开发与应用
12. 大型电站及大电网变电站集约化设计和自动化技术开发与应用
13. 跨区电网互联工程技术开发与应用
14. 输变电节能、环保技术推广应用
15. 降低输、变、配电损耗技术开发与应用
16. 分布式供电及并网(含微电网)技术推广应用
17. 燃煤发电机组多污染物协同治理
18. 火力发电废烟气脱硝催化剂再生及低温催化剂开发生产
19. 水力发电中低温水恢复措施工程、过鱼措施工程技术开发与应用
20. 大容量电能储存技术开发与应用
21. 电动汽车充电设施
22. 乏风瓦斯发电技术及开发利用
23. 垃圾焚烧发电成套设备
24. 分布式能源
25. 高效电能替代技术及设备
26. 燃煤耦合生物质发电
27. 火力发电机组灵活性改造
28. 智慧能源系统

五、新能源

1. 太阳能热发电集热系统、太阳能光伏发电系统集成技术开发应用、逆变控制系统开发制造
2. 氢能、风电与光伏发电互补系统技术开发与应用
3. 太阳能建筑一体化组件设计与制造
4. 高效太阳能热水器及热水工程,太阳能中高温利用技术开发与设备制造
5. 生物质纤维素乙醇、生物燃油(柴油、汽油、航空煤油)等非粮生物质燃料生产技术开发与应用
6. 生物质直燃、气化发电技术开发与设备制造
7. 农林生物质资源收集、运输、储存技术开发与设备制造;农林生物质成型燃料加工设备、锅炉和炉具制造
8. 以农作物秸秆、畜禽粪便、生活垃圾、工业有机废弃物、有机污水污泥等各类城乡有机废弃物为原料的大型沼气和生物天然气生产成套设备

9. 沼气发电机组、沼气净化设备、沼气管道供气、装罐成套设备制造
10. 海洋能、地热能利用技术开发与设备制造
11. 5MW 及以上海上风电机组技术开发与设备制造
12. 海上风电场建设与设备及海底电缆制造
13. 能源路由、能源交易等能源互联网技术与设备
14. 高效制氢、运氢及高密度储氢技术开发应用及设备制造，加氢站及车用清洁替代燃料加注站
15. 移动新能源技术开发及应用
16. 传统能源与新能源发电互补技术开发及应用

六、核能

1. 铀矿地质勘查和铀矿采冶、铀精制、铀转化
2. 先进核反应堆及多用途模块化小型堆建造与技术开发
3. 核电站建设
4. 高性能核燃料元件、MOX 元件、金属元件制造
5. 乏燃料后处理
6. 同位素、加速器及辐照应用技术开发
7. 先进的铀同位素分离技术开发与设备制造
8. 辐射防护技术开发与监测设备制造
9. 核安保关键系统开发与设备制造
10. 核设施退役及放射性废物治理
11. 核电站延寿及退役技术和设备
12. 核电站应急抢险技术和设备
13. 核能综合利用(供暖、供汽、海水淡化等)

七、石油、天然气

1. 常规石油、天然气勘探与开采
2. 页岩气、页岩油、致密油、油砂、天然气水合物等非常规资源勘探开发
3. 原油、天然气、液化天然气、成品油的储运和管道输送设施、网络和液化天然气加注设施建设
4. 油气伴生资源综合利用
5. 油气田提高采收率技术、安全生产保障技术、生态环境恢复与污染防治工程技术开发利用
6. 放空天然气回收利用与装置制造
7. 天然气分布式能源技术开发与应用
8. 石油储运设施挥发油气回收技术开发与应用
9. 液化天然气技术、装备开发与应用
10. 油气回收自动监控设备

八、钢铁

1. 黑色金属矿山接替资源勘探及关键勘探技术开发，低品位难选矿综合选别和利用技术，高品质铁精矿绿色高效智能化生产技术与装备

2. 焦炉加热精准控制、焦炉烟气脱硫脱硝副产物资源化利用、脱硫废液资源化利用、焦化废水深度处理回用、煤焦油炭基材料、煤沥青制针状焦、焦炉煤气高附加值利用、荒煤气和循环氨水等余热回收、低阶粉煤干燥成型－干馏一体化等先进技术的研发和应用、综合污水深度处理回用、冷轧废水深度处理回用、烧结烟气脱硫废水处理回用等技术研发和应用

3. 非高炉炼铁技术

4. 高性能轴承钢，高性能齿轮用钢，高性能冷镦钢，高性能合金弹簧钢，先进轨道交通装备用钢，节能与新能源汽车用钢，低铁损高磁感取向电工钢，高性能工模具钢，建筑结构用高强度抗震钢筋、钢板及型钢，超高强度桥梁缆索用钢，高性能管线钢，高性能耐磨钢，高性能耐蚀钢，高强度高韧性工程机械用钢，海洋工程

装备及高技术船舶用钢，电力装备用特殊钢，油气钻采集输用高品质特殊钢，高性能不锈钢，高温合金，高延性冷轧带肋钢筋，非调质钢，汽车等机械行业用高强钢，高纯度、高品质合金粉末，复合钢材，半导体用高纯高性能钢

5. 在线热处理、在线性能控制、在线强制冷却的新一代热机械控制加工（TMCP）工艺、铸坯直接轧制、无头轧制、超快速冷却、节能高效轧制及后续处理等技术应用

6. 直径600毫米及以上超高功率电极、高炉用微孔和超微孔碳砖、特种石墨（高强、高密、高纯、高模量）、石墨（质）化阴极、内串石墨化炉开发与生产，环保均质化凉料设备开发与生产应用

7. 焦炉、高炉、热风炉用长寿节能环保耐火材料生产工艺；精炼钢用低碳、无碳耐火材料、保温材料和高效连铸用功能环保性耐火材料生产工艺

8. 钢铁产品全流程质量管控技术

9. 利用钢铁生产设备处理社会废弃物（不含危险废物）

10. 钢铁行业超低排放技术，以及副产物资源化、再利用化技术

11. 冶金固体废弃物（含冶金矿山废石、尾矿，钢铁厂产生的各类尘、泥、渣、铁皮等）综合利用先进工艺技术；冶金废液（含废水、废酸、废油等）循环利用工艺技术与设备

12. 钢铁与相关产业间可循环流程工艺技术开发与应用

13. 带式焙烧等高效球团矿生产工艺技术，高炉高比例球团冶炼工艺技术

九、有色金属

1. 有色金属现有矿山接替资源勘探开发，紧缺资源的深部及难采矿床开采

2. 高效、低耗、低污染、新型冶炼技术开发

3. 高效、节能、低污染、规模化再生资源回收与综合利用。（1）废杂有色金属回收利用；（2）有价元素的综合利用；（3）赤泥及其它冶炼废渣综合利用；（4）高铝粉煤灰提取氧化铝；（5）钨冶炼废渣的减量化、资源化和无害化利用处置

4. 信息、新能源有色金属新材料生产。（1）信息：直径200mm以上的硅单晶及抛光片、直径125mm以上直拉或直径50mm以上水平生长化合物半导体材料、铝铜硅钨钼稀土等大规格高纯靶材、超高纯稀有金属及靶材、高端电子级多晶硅、超大规模集成电路铜镍硅和铜铬锆引线框架材料、电子焊料等。（2）新能源：核级海绵锆及锆材、高容量长寿命二次电池电极材料、前驱体材料

5. 交通运输、高端制造及其他领域有色金属新材料。（1）交通运输：抗压强度不低于500MPa、导电率不低于80% IACS的铜合金精密带材和超长线材制品等高强高导铜合金、交通运输工具主承力结构用的新型高强、高韧、耐蚀铝合金材料及大尺寸制品（航空用铝合金抗压强度不低于650MPa，高速列车用铝合金抗压强度不低于500MPa）、高性能镁合金及其制品。（2）高端制造及其他领域：用于航空航天、核工业、医疗等领域高性能钨材料及钨基复合材料，高性能超细、超粗、复合结构硬质合金材料及深加工产品，蜂窝陶瓷载体及稀土催化材料，低模量钛合金材料及记忆合金等生物医用材料，耐腐蚀热交换器用铜合金及钛合金材料，3D打印用高端金属粉末材料，高品质稀土磁性材料、储氢材料、光功能材料、合金材料、特种陶瓷材料、助剂及高端应用

6. 新能源、半导体照明、电子领域用连续性金属卷材、真空镀膜材料、高性能铜箔材料

十、黄金

1. 黄金深部（1000米及以下）探矿与开采

2. 从尾矿及废石中回收黄金

3. 黄金冶炼有价元素高效综合利用［难处理矿石选冶回收率≥75%；低品位矿石选冶回收率≥65%（不含堆浸）；当黄金与其他矿物共生时，综合利用率≥70%；当黄金与其他矿物伴生时，综合利用率≥50%］

十一、石化化工

1. 高标准油品生产技术开发与应用，煤经甲醇制对二甲苯

2. 硫、钾、硼、锂、溴等短缺化工矿产资源勘探开发及综合利用，磷矿选矿尾矿综合利用技术开发与应用，中低品位磷矿、萤石矿采选与利用，磷矿、萤石矿伴生资源综合利用

3. 零极距、氧阴极等离子膜烧碱电解槽节能技术、废盐酸制氯气等综合利用技术、铬盐清洁生产新工艺的开发和应用，全封闭高压水淬渣及无二次污染磷泥处理黄磷生产工艺，气动流化塔生产高锰酸钾，全热能回收热法磷酸生产，大型脱氟磷酸钙生产装置

4. 10 万吨/年及以上离子交换法双酚 A、15 万吨/年及以上直接氧化法环氧丙烷、20 万吨/年及以上共氧化法环氧丙烷、万吨级己二腈生产装置，万吨级脂肪族异氰酸酯生产技术开发与应用

5. 优质钾肥及各种专用肥、水溶肥、液体肥、中微量元素肥、硝基肥、缓控释肥的生产，磷石膏综合利用技术开发与应用

6. 高效、安全、环境友好的农药新品种、新剂型、专用中间体、助剂的开发与生产，定向合成法手性和立体结构农药生产，生物农药新产品、新技术的开发与生产

7. 水性木器、工业、船舶用涂料，高固体分、无溶剂、辐射固化涂料，低 VOCs 含量的环境友好、资源节约型涂料，用于大飞机、高铁等重点领域的高性能防腐涂料生产；单线产能 3 万吨/年及以上氯化法钛白粉生产

8. 高固着率、高色牢度、高提升性、高匀染性、高重现性、低沾污性以及低盐、低温、小浴比染色用和湿短蒸轧染用的活性染料，高超细旦聚酯纤维染色性、高洗涤牢度、高染着率、高光牢度和低沾污性（尼龙、氨纶）、高耐碱性、低毒低害环保型、小浴比染色用的分散染料，聚酰胺纤维、羊毛和皮革染色用高耐洗、高氯漂、高匀染、高遮盖力的酸性染料，高色牢度、功能性还原染料，高色牢度、功能性、低芳胺、无重金属、易分散、原浆着色的有机颜料，采用上述染料、颜料生产的水性液态着色剂

9. 染料、有机颜料及其中间体清洁生产、本质安全的新技术（包括发烟硫酸连续磺化、连续硝化、连续酰化、连续萃取、连续加氢还原、连续重氮偶合等连续化工艺，催化、三氧化硫磺化、绝热硝化、定向氯化、组合增效、溶剂反应、双氧水氧化、循环利用等技术，以及取代光气等剧毒原料的适用技术，膜过滤和原浆干燥技术）的开发和应用

10. 乙烯－乙烯醇共聚树脂、聚偏氯乙烯等高性能阻隔树脂，聚异丁烯、乙烯－辛烯共聚物、茂金属聚乙烯等特种聚烯烃，高碳 α 烯烃等关键原料的开发与生产，液晶聚合物、聚苯硫醚、聚苯醚、芳族酮聚合物、聚芳醚醚腈等工程塑料生产以及共混改性、合金化技术开发和应用，高吸水性树脂、导电性树脂和可降解聚合物的开发与生产，长碳链尼龙、耐高温尼龙等新型聚酰胺开发与生产

11. 5 万吨/年及以上溴化丁基橡胶、溶聚丁苯橡胶、稀土顺丁橡胶，丙烯酸酯橡胶，固含量大于 60% 的丁苯胶乳、异戊二烯胶乳开发与生产，合成橡胶化学改性技术开发与应用，聚丙烯热塑性弹性体（PTPE）、热塑性聚酯弹性体（TPEE）、氢化苯乙烯－异戊二烯热塑性弹性体（SEPS）、动态全硫化热塑性弹性体（TPV）、有机硅改性热塑性聚氨酯弹性体等热塑性弹性体材料开发与生产

12. 改性型、水基型胶粘剂和新型热熔胶，环保型吸水剂、水处理剂，分子筛固汞、无汞等新型高效、环保催化剂和助剂，纳米材料，功能性膜材料，超净高纯试剂、光刻胶、电子气、高性能液晶材料等新型精细化学品的开发与生产

13. 苯基氯硅烷、乙烯基氯硅烷等新型有机硅单体，苯基硅油、氨基硅油、聚醚改性型硅油等，苯基硅橡胶、苯撑硅橡胶等高性能硅橡胶及杂化材料，甲基苯基硅树脂等高性能树脂，三乙氧基硅烷等高效偶联剂

14. 全氟烯醚等特种含氟单体，聚全氟乙丙烯、聚偏氟乙烯、聚三氟氯乙烯、乙烯－四氟乙烯共聚物等高品质氟树脂，氟醚橡胶、氟硅橡胶、四丙氟橡胶、高含氟量 246 氟橡胶等高性能氟橡胶，含氟润滑油脂，消耗臭氧潜能值（ODP）为零、全球变暖潜能值（GWP）低的消耗臭氧层物质（ODS）替代品，全氟辛基磺酰化合物（PFOS）和全氟辛酸（PFOA）及其盐类的替代品和替代技术开发和应用，含氟精细化学品和高品质含氟无机盐

15. 高性能子午线轮胎［包括无内胎载重子午胎、巨型工程子午胎（49 吋以上），低断面和扁平化（低于 55 系列）］及智能制造技术与装备，航空轮胎、农用子午胎及配套专用材料和设备生产，新型天然橡胶开发与应用

16. 生物高分子材料、填料、试剂、芯片、干扰素、传感器、纤维素生化产品开发与生产

17. 四氯化碳、四氯化硅、甲基三氯硅烷、三甲基氯硅烷等副产物的综合利用，二氧化碳的捕获与应用

十二、建材

1. 利用不低于 2000 吨/日(含)新型干法水泥窑或不低于 6000 万块/年(含)新型烧结砖瓦生产线协同处置废弃物,水泥窑协同处置垃圾焚烧飞灰使用水洗工艺脱盐预处理;新型干法水泥窑生产硫(铁)铝酸盐水泥、铝酸盐水泥、白色硅酸盐水泥等特种水泥工艺技术及产品的研发与应用;新型静态水泥熟料煅烧工艺技术的研发与应用;新型干法水泥窑替代燃料技术、烟气二氧化碳捕集纯化技术的研发与应用;水泥外加剂的开发与应用;粉磨系统节能改造(水泥立磨、生料辊压机终粉磨等);水泥包装自动插袋机、包装机、装车机开发与应用

2. 规模不超过 150 吨/日(含)的电子信息产业用超薄基板玻璃、触控玻璃、高铝盖板玻璃、载板玻璃、导光板玻璃生产线、技术装备和产品;高硼硅玻璃,微晶玻璃;交通工具和太阳能装备用铝硅酸盐玻璃;大尺寸(1 平方米及以上)铜铟镓硒和碲化镉等薄膜光伏电池背电极玻璃;节能、安全、显示、智能调控等功能玻璃产品及技术装备;连续自动化真空玻璃生产线;玻璃熔窑用全氧/富氧燃烧技术;一窑多线平板玻璃生产技术与装备;玻璃熔窑用低导热熔铸锆刚玉、长寿命(12 年及以上)无铬碱性高档耐火材料

3. 适用于装配式建筑的部品化建材产品;低成本相变储能墙体材料及墙体部件;光伏建筑一体化部品部件;岩棉复合材料制品/部品;气凝胶节能材料;A 级阻燃保温材料制品,建筑用复合真空绝热保温材料,保温、装饰等功能一体化复合板材,桥梁隧道、地下管廊、岛礁设施、海工设施等领域用长寿命防水防腐阻燃复合材料,改性沥青防水卷材、高分子防水卷材、水性或高固含量防水涂料等新型建筑防水材料;功能型装饰装修材料及制品,绿色无醛人造板以及路面砖(板)、路面透水砖(板)、广场透水砖(板)、装饰砖(砌块)、仿古砖、护坡生态砖(砌块)、水工生态砖(砌块)等绿色建材产品技术开发与生产应用

4. 陶瓷集中制粉、陶瓷园区清洁煤制气生产技术开发与应用;单块面积大于 1.62 平方米(含)的陶瓷板生产线和工艺装备技术开发与应用;利用尾矿、废弃物等生产的轻质发泡陶瓷隔墙板及保温板材生产线和工艺装备技术开发与应用

5. 一次冲洗用水量 6 升及以下的坐便器、蹲便器,节水型生活用水器具及节水控制设备,智能坐便器、卫浴集成系统,满足装配式要求的整体卫浴部品开发与生产

6. 8 万吨/年及以上无碱玻璃纤维粗纱(单丝直径 >9 微米)池窑拉丝技术,5 万吨/年及以上无碱玻璃纤维细纱(单丝直径≤9 微米)池窑拉丝技术,超细、高强高模、耐碱、低介电、高硅氧、可降解、异形截面等高性能玻璃纤维及玻纤制品技术开发与生产;玄武岩纤维池窑拉丝技术;碳化硅纤维、复合纤维;航空航天、环保、海工、电工电子、交通、能源、建筑、物联网、畜牧养殖等领域用热塑性、热固性复合材料产品及其高效成型制备工艺和装备;树脂基复合材料废弃物回收利用技术与装备;20 万吨/年及以上矿物原料粉体加工生产线

7. 使用合成矿物纤维、芳纶纤维等作为增强材料的无石棉摩擦、密封材料新工艺、新产品开发与生产

8. 信息、新能源、国防、航天航空等领域用高品质人工晶体材料、制品和器件,功能性人造金刚石材料生产装备技术开发;高纯石英原料(纯度大于等于 99.999%)、半导体用高端石英坩埚、化学气相合成石英玻璃等制造技术开发与生产;航天航空等领域所需的特种玻璃制造技术开发与生产;高纯纳米级球形硅微粉与高纯工业硅的生产、应用及其技术装备开发与应用

9. 石墨烯材料生产及应用开发;环境治理、节能储能、电子信息、保温隔热、农业用等非金属矿物功能材料生产及其技术装备开发应用;矿物超细材料加工在线检测与控制智能化生产线;非金属矿开采、加工、贸易、应用、投资等产业大数据平台技术开发和建设

10. 30 万平方米/年及以上超薄复合石材生产;机械化石材矿山开采;矿石碎料和板材边角料、石粉综合利用生产及工艺装备开发;无机人造石的生产,采用无毒或低毒树脂的树脂基人造石的生产

11. 利用矿山尾矿、建筑废弃物、工业废弃物、江河湖(渠)海淤泥以及农林剩余物等二次资源生产建材及其工艺技术装备开发

12. 精细陶瓷粉体、适用于增材制造的陶瓷前驱体及陶瓷短切纤维;陶瓷球、陶瓷阀门、陶瓷螺杆等精密成型的陶瓷部件;陶瓷膜、蜂窝陶瓷、泡沫陶瓷;陶瓷基板、陶瓷绝缘部件、电子陶瓷材料及部件;连续陶瓷纤维及纤维增强陶瓷基复合材料;医用精细陶瓷材料及部件;陶瓷墨水材料;精密研磨及抛光用陶瓷材料等工

业陶瓷技术开发与生产应用;信息、新能源、国防、航空航天等领域用高性能陶瓷的制造技术开发与生产

13. 储料区、主机搅拌楼、物料输送系统等主要生产区域实现全封闭,并配置主动式收尘、降尘设备,采用信息化集成管理系统进行运营管理,具备消纳城市固废能力的智能化预拌混凝土生产线;海洋工程用混凝土、轻质高强混凝土、超高性能混凝土、混凝土自修复材料的开发和应用

14. 用于工程或装备的建材产品质量追溯体系开发与应用

十三、医药

1. 拥有自主知识产权的新药开发和生产,天然药物开发和生产,满足我国重大、多发性疾病防治需求的通用名药物首次开发和生产,药物新剂型、新辅料、儿童药、短缺药的开发和生产,药物生产过程中的膜分离、超临界萃取、新型结晶、手性合成、酶促合成、连续反应、系统控制等技术开发与应用,基本药物质量和生产技术水平提升及降低成本,原料药生产节能降耗减排技术、新型药物制剂技术开发与应用

2. 重大疾病防治疫苗、抗体药物、基因治疗药物、细胞治疗药物、重组蛋白质药物、核酸药物,大规模细胞培养和纯化技术、大规模药用多肽和核酸合成、抗体偶联、无血清无蛋白培养基培养、发酵、纯化技术开发和应用,纤维素酶、碱性蛋白酶、诊断用酶等酶制剂,采用现代生物技术改造传统生产工艺

3. 新型药用包装材料与技术的开发和生产(中性硼硅药用玻璃,化学稳定性好、可降解、具有高阻隔性的功能性材料,气雾剂、粉雾剂、自我给药、预灌封、自动混药等新型包装给药系统及给药装置)

4. 濒危稀缺药用动植物人工繁育技术开发,实验动物标准化养殖及动物实验服务,先进农业技术在中药材规范化种植、养殖中的应用,中药质量控制新技术开发和应用,中药现代剂型的工艺技术,中药饮片炮制技术传承与创新,中药经典名方的开发与生产,中药创新药物的研发与生产,中成药二次开发和生产,民族药物开发和生产

5. 新型医用诊断设备和试剂、数字化医学影像设备,人工智能辅助医疗设备,高端放射治疗设备,电子内窥镜、手术机器人等高端外科设备,新型支架、假体等高端植入介入设备与材料及增材制造技术开发与应用,危重病用生命支持设备,移动与远程诊疗设备,新型基因、蛋白和细胞诊断设备

6. 高端制药设备开发与生产,透皮吸收、粉雾剂等新型制剂生产设备,大规模生物反应器及附属系统,蛋白质高效分离和纯化设备,中药高效提取设备,药品连续化生产技术及装备

十四、机械

1. 高档数控机床及配套数控系统:五轴及以上联动数控机床,数控系统,高精密、高性能的切削刀具、量具量仪和磨料磨具

2. 大型发电机组、大型石油化工装置、大型冶金成套设备等重大技术装备用分散型控制系统(DCS),现场总线控制系统(FCS),新能源发电控制系统

3. 具备运动控制功能和远程 IO 的可编程控制系统(PLC),输入输出点数 512 个以上,拥有独立的软件系统、独立的通讯协议、兼容多种通用通讯协议、支持实时多任务、拥有多样化编程语言、拥有可定制化指令集等

4. 数字化、智能化、网络化工业自动检测仪表,原位在线成份分析仪器,电磁兼容检测设备,智能电网用智能电表(具有发送和接收信号、自诊断、数据处理功能),具有无线通信功能的低功耗各类智能传感器,可加密传感器,核级监测仪表和传感器

5. 用于辐射、有毒、可燃、易爆、重金属、二噁英等检测分析的仪器仪表,水质、烟气、空气检测仪器;药品、食品、生化检验用高端质谱仪、色谱仪、光谱仪、X 射线仪、核磁共振波谱仪、自动生化检测系统及自动取样系统和样品处理系统

6. 科学研究、智能制造、测试认证用测量精度达到微米以上的多维几何尺寸测量仪器,自动化、智能化、多功能材料力学性能测试仪器,工业 CT、三维超声波探伤仪等无损检测设备,用于纳米观察测量的分辨率高于 3.0 纳米的电子显微镜

7. 城市智能视觉监控、视频分析、视频辅助刑事侦察技术设备

8. 矿井灾害(瓦斯、煤尘、矿井水、火、围岩噪声、振动等)监测仪器仪表和安全报警系统

9. 综合气象观测仪器装备(地面、高空、海洋气象观测仪器装备,专业气象观测、大气成分观测仪器装

备，气象雷达及耗材等）、移动应急气象观测系统、移动应急气象指挥系统、气象计量检定设备、气象观测仪器装备运行监控系统

10. 水文数据采集仪器及设备、水文仪器计量检定设备

11. 地震、地质灾害监测仪器仪表

12. 海洋观测、探测、监测技术系统及仪器设备

13. 数字多功能一体化办公设备（复印、打印、传真、扫描）、数字照相机、数字电影放映机等现代文化办公设备

14. 时速200公里以上动车组轴承，轴重23吨及以上大轴重重载铁路货车轴承，大功率电力/内燃机车轴承，使用寿命240万公里以上的新型城市轨道交通轴承，使用寿命25万公里以上轻量化、低摩擦力矩汽车轴承及单元，耐高温（400℃以上）汽车涡轮、机械增压器轴承，P4、P2级数控机床轴承，2兆瓦（MW）及以上风电机组用各类精密轴承，使用寿命大于5000小时盾构机等大型施工机械轴承，P5级、P4级高速精密冶金轧机轴承，飞机发动机轴承及其他航空轴承，医疗CT机轴承，深井超深井石油钻机轴承，海洋工程轴承，电动汽车驱动电机系统高速轴承（转速≥1.2万转/分钟），工业机器人RV减速机谐波减速机轴承，以及上述轴承的零件

15. 单机容量80万千瓦及以上混流式水力发电设备（水轮机、发电机及调速器、励磁等附属设备），单机容量35万千瓦及以上抽水蓄能、5万千瓦及以上贯流式和10万千瓦及以上冲击式水力发电设备及其关键配套辅机

16. 60万千瓦及以上超临界、超超临界火电机组用发电机保护断路器、泵、阀等关键配套辅机、部件

17. 60万千瓦及以上超临界参数循环流化床锅炉

18. 燃气轮机高温部件（300MW以上重型燃机用转子体锻件、大型高温合金轮盘、缸体、叶片等）及控制系统

19. 60万千瓦及以上发电设备用转子（锻造、焊接）、转轮、叶片、泵、阀、主轴护环等关键铸件、锻件

20. 高强度、高塑性球墨铸铁件；高性能蠕墨铸铁件；高精度、高压、大流量液压铸件；有色合金特种铸造工艺铸件；高强钢锻件；耐高温、耐低温、耐腐蚀、耐磨损等高性能，轻量化新材料铸件、锻件；高精度、低应力机床铸件、锻件；汽车、能源装备、轨道交通装备、航空航天、军工、海洋工程装备关键铸件、锻件

21. 500千伏（kV）及以上超高压、特高压交直流输电设备及关键部件：变压器（出线装置、套管、调压开关），开关设备（灭弧装置、液压操作机构、大型盆式绝缘子），高强度支柱绝缘子和空心绝缘子，悬式复合绝缘子，绝缘成型件，特高压避雷器、直流避雷器，电控、光控晶闸管，换流阀（平波电抗器、水冷设备），控制和保护设备，直流场成套设备等

22. 高压真空元件及开关设备，智能化中压开关元件及成套设备，使用环保型中压气体的绝缘开关柜，智能型（可通信）低压电器，非晶合金、卷铁芯等节能配电变压器

23. 二代改进型、三代、四代核电设备及关键部件，多用途模块化小型堆设备及关键部件；2.5兆瓦以上风电设备整机及2.0兆瓦以上风电设备控制系统、变流器等关键零部件；各类晶体硅和薄膜太阳能光伏电池生产设备；海洋能（潮汐、海浪、洋流）发电设备

24. 直接利用高炉铁液生产铸铁件的短流程熔化工艺与装备；铝合金集中熔炼短流程铸造工艺与装备；铸造用高纯生铁、铸造用超高纯生铁生产工艺与装备；粘土砂高紧实度造型自动生产线及配套砂处理系统；自硬砂高效成套设备及配套砂处理系统；消失模/V法/实型成套技术与装备；外热送风水冷长炉龄大吨位（10吨/小时以上）冲天炉；外热风冲天炉余热利用技术与装备；大型压铸机（合模力3500吨以上）；自动化智能制芯中心；壳型、精密组芯造型、硅溶胶熔模、压铸、半固态、挤压、差压、调压等特种铸造技术与装备；应用于铸造生产的3D打印和砂型切削快速成型技术与装备；自动浇注机；铸件在线检测技术与装备；铸件高效自动化清理成套设备；铸造专用机器人的制造与应用

25. 铸造用树脂砂、粘土砂等干（热）法再生回用技术应用；环保树脂、无机粘结剂造型和制芯技术的应用

26. 高速精密压力机（180～2500kN，2000～750次/分钟）、黑色金属液压挤压机（150毫米/秒以上）、轻

合金液压挤压机(10 毫米/秒以下)、高速精密剪切机(2000kN 以上,70~80 次/分钟,断面斜度 1.5°以下)、内高压成形机(10000kN 以上)、大型折弯机(60000kN 以上)、数字化钣金加工中心(柔性制造中心/柔性制造系统)、高速强力旋压机(径向旋压力/每轮:1000kN,轴向旋压力/每轮:800kN,主轴转矩:240kN.m,主轴最高转速:95 转/分钟)、数控多工位冲压机(替换为伺服多工位压力机)、大公称压力冷/温锻压力机(有效公称力行程 25mm 以上,公称力 10000kN 以上)、4 工位以上自动温/热锻造压力机(公称力 16000kN 以上);伺服多工位压力机(12000~30000kN)、大型伺服压力机(8000~25000kN)、级进模压力机(6000~16000kN)、复合驱动热成型压力机(公称力≥12000kN,对称连杆增力机构,行程次数 14~18 次/分钟,滑块行程 1100mm,滑块调节量 500mm,下行最大速度 1000mm/s,回程最大速度 1000mm/s,连杆增力系数≥6)、高速复合传动压力机智能化冲压线(公称力≥30600kN,复合油缸驱动对称连杆增力机构,单机连续行程次数≥12 次/分钟,生产线节拍 6~8 件/分钟)、新一代飞机蒙皮综合拉形智能化成套装备研发与制造(最大拉伸力≥15MN,板料厚度≤10mm,钳口最大开口度≤80mm,钳口极限负载系数(单位宽度最大拉伸力)≥63kN/mm,主缸拉伸位置同步精度±0.5mm,延伸量控制精度≤0.2%);航空航天大型及超大型钣金零件充液成形工艺及装备(大涵道比发动机进气道整体唇口制造技术):(设备公称力 200MN,拉深吨位 16000T,压边吨位 4000T,滑块行程 3000mm,工作台面尺寸 5000mm×5000mm,液室压力 10MPa,液室容积 6000L,排水量 4300L);径向锻造机(精锻机)和旋锻机(630~22000kN);脉动挤压机(振动挤压机)(630~22000kN),高速镦锻机(100 件/分钟,锻件重量 1.6kg 以上)

27. 乙烯裂解三机,40 万吨级(聚丙烯等)挤压造粒机组,50 万吨级合成气、氨、氧压缩机等关键设备

28. 大型风力发电密封件(使用寿命 7 年以上,工作温度 -45℃~100℃);核电站主泵机械密封(适用压力≥17 兆帕,工作温度 26.7℃~73.9℃);盾构机主轴承密封(使用寿命 5000 小时);轿车动力总成系统以及传动系统旋转密封;石油钻井、测井设备密封(适用压力≥105 兆帕);液压支架密封件;高 PV 值旋转动密封件;超大直径(≥2 米)机械密封;航天用密封件(工作温度 -54℃~275℃,线速度≥150 米/秒);高压液压元件密封件(适用压力≥31.5 兆帕);高精密液压铸件(流道尺寸精度≤0.25 毫米,疲劳性能测试≥200 万次)

29. 高性能无石棉密封材料(耐热温度 500℃,抗拉强度≥20 兆帕);高性能碳石墨密封材料(耐热温度 350℃,抗压强度≥270 兆帕);高性能无压烧结碳化硅材料[弯曲强度≥200 兆帕,热导率≥130 瓦/米·开尔文(W/m·K)]

30. 智能焊接设备,激光焊接和切割、电子束焊接等高能束流焊割设备,搅拌摩擦、复合热源等焊接设备,数字化、大容量逆变焊接电源

31. 大型模具(下底板半周长度冲压模>2500 毫米,下底板半周长度型腔模>1400 毫米)、精密模具(冲压模精度≤0.02 毫米,型腔模精度≤0.05 毫米)、多工位自动深拉伸模具、多工位自动精冲模具

32. 大型(装炉量 1 吨以上)多功能可控气氛热处理设备、程控化学热处理设备、程控多功能真空热处理设备及装炉量 500 公斤以上真空热处理设备、全纤维炉衬热处理加热炉

33. 合金钢、不锈钢、耐候钢高强度紧固件、钛合金、铝合金紧固件和精密紧固件;航空、航天、高铁、发动机等用弹簧;高精度传动联结件,大型轧机联结轴;新型粉末冶金零件:高密度(≥7.0 克/立方厘米)、高精度、形状复杂结构件;高速列车、飞机摩擦装置;含油轴承;动车组用齿轮变速箱,船用可变桨齿轮传动系统、2.0 兆瓦以上风电用变速箱、冶金矿山机械用变速箱;汽车动力总成、工程机械、大型农机用链条;重大装备和重点工程配套基础零部件

34. 海水淡化设备

35. 机器人及集成系统:特种服务机器人、医疗康复机器人、公共服务机器人、个人服务机器人、人机协作机器人、双臂机器人、弧焊机器人、重载 AGV、专用检测与装配机器人集成系统等。机器人用关键零部件:高精密减速器、高性能伺服电机和驱动器、全自主编程等高性能控制器、传感器、末端执行器等。机器人共性技术:检验检测与评定认证、智能机器人操作系统、智能机器人云服务平台

36. 500 万吨/年及以上矿井、薄煤层综合采掘设备,1000 万吨级/年及以上大型露天矿关键装备

37. 18MW 及以上集成式压缩机组、直径 1200 毫米及以上的天然气输气管线配套压缩机、燃气轮机、阀

门等关键设备；单线 260 万吨/年及以上天然气液化配套的压缩机及驱动机械、低温设备等；大型输油管线配套的 3000 立方米/小时及以上输油泵等关键设备

38. 单张纸多色胶印机（幅宽≥750 毫米，印刷速度：单面多色≥16000 张/小时，双面多色≥13000 张/小时）；商业卷筒纸胶印机（幅宽≥787 毫米，印刷速度≥7 米/秒，套印精度≤0.1 毫米）；报纸卷筒纸胶印机（印刷速度：单纸路单幅机≥75000 张/小时，双纸路双幅机≥150000 张/小时，套印精度≤0.1 毫米）；多色宽幅柔性版印刷机（印刷宽度≥1300 毫米，印刷速度≥400 米/分钟）；机组式柔性版印刷机（印刷速度≥250 米/分钟）；环保多色卷筒料凹版印刷机（印刷速度≥300 米/分钟，套印精度≤0.1 毫米）；喷墨数字印刷机（出版用：印刷速度≥150 米/分钟，分辨率≥600dpi；包装用：印刷速度≥30 米/分，分辨率≥1000dpi；可变数据用：印刷速度≥100 米/分钟，分辨率≥300dpi）；CTP 直接制版机（成像速度≥35 张/小时，版材幅宽≥750 毫米，重复精度 0.01 毫米，分辨率≥3000dpi）；无轴数控平压平烫印机（烫印速度≥10000 张/小时，加工精度 0.05 毫米）

39. 100 马力以上、配备有动力换挡变速箱或无级变速箱、总线控制系统、安全驾驶室、动力输出轴有 2 个以上转速、液压输出点不少于 3 组的两轮或四轮驱动的轮式拖拉机、履带式拖拉机。配套动力 50 马力以上的中耕型拖拉机、果园用拖拉机、高地隙拖拉机（最低离地高度 40 厘米以上）

40. 100 马力以上拖拉机配套农机具：保护性耕作所需要的深松机、联合整地机和整地播种联合作业机等，常规农业作业所需要的单体幅宽≥40 厘米的铧式犁、圆盘耙、谷物条播机、中耕作物精密播种机、中耕机、免耕播种机、大型喷雾（喷粉）机等

41. 100 马力以上拖拉机关键零部件：动力换挡变速箱，液压机械无级变速箱、一体式泵马达、轮式拖拉机用带轮边制动和限滑式差速锁的前驱动桥，ABS 制动系统，电动拖拉机电池、电机及其控制系统，离合器，液压泵、液压油缸、各种阀及液压输出阀等封闭式液压系统，闭心变量、负载传感的电控液压提升器，电控系统，液压转向机构等

42. 农作物移栽机械：乘坐式盘土机动高速水稻插秧机（每分钟插次 350 次以上，每穴 3～5 株，适应行距 20～30 厘米，株距可调，适应株距 12～22 厘米）；盘土式机动水稻摆秧机（乘坐式或手扶式，适应行距为 20～30 厘米，株距可调，适应株距为 12～22 厘米）等

43. 农业收获机械：自走式谷物联合收割机（喂入量 6 千克/秒以上）；自走式半喂入水稻联合收割机（4 行以上，配套发动机 44 千瓦以上）；自走式玉米联合收割机（3～6 行，摘穗型，带有剥皮装置，以及茎秆粉碎还田装置或茎秆切碎收集装置）；穗茎兼收玉米收获机（摘穗剥皮、茎秆切碎回收），自走式玉米籽粒联合收获机（4 行以上，籽粒直收型）；自走式大麦、草苜蓿、玉米、高粱等青贮饲料收获机（配套动力 147 千瓦以上，茎干切碎长度 10～60 毫米，“具有金属探测、石块探测安全装置及籽粒破碎功能”）；棉花采摘机（3 行以上，自走式或拖拉机背负式，摘花装置为机械式或气力式，适应棉珠高度 35～160 厘米，装有籽棉集装箱和自动卸棉装置）；马铃薯收获机（自走式或拖拉机牵引式，2 行以上，行距可调，带有去土装置和收集装置，最大挖掘深度 35 厘米），甘蔗收获机（自走式或拖拉机背负式，配套功率 58 千瓦以上，宿根破碎率≤18%，损失率≤7%）；残膜回收与茎秆粉碎联合作业机；牧草收获机械（自走式牧草收割机、悬挂式割草压扁机、指盘式牧草搂草机、牧草捡拾压捆机等）；自走式薯类收获机械；杂交构树联合收获机械

44. 节水灌溉设备：各种大中型喷灌机、各种类型微滴灌设备等；抗洪排涝设备（排水量 1500 立方米/小时以上，扬程 5～20 米，功率 1500 千瓦以上，效率 60% 以上，可移动）

45. 沼气发生设备：沼气发酵及储气一体化（储气容积 300～2000 立方米系列产品）、沼液抽渣设备（抽吸量 1 立方米/分钟以上）等

46. 大型施工机械：30 吨以上液压挖掘机、6 米及以上全断面掘进机、320 马力及以上履带推土机、6 吨及以上装载机、600 吨及以上架桥设备（含架桥机、运梁车、提梁机）、400 吨及以上履带起重机、100 吨及以上全地面起重机、25 吨及以上集装箱正面吊、1000 吨/米及以上塔式起重机、钻孔 100 毫米以上凿岩台车、1 米宽及以上铣刨机、75 吨及以上矿用车、220 马力及以上平地机、18 吨及以上振动液压式压路机、9 米及以上摊铺机、1 米及以上铣刨机、20 吨及以上集装箱叉车、8 吨及以上内燃叉车、3 吨及以上电瓶叉车、40 米及以上砼泵车、8 立方米及以上砼搅拌车、90 立方米/时及以上砼搅拌站、400 千瓦及以上砼冷热再生设备、2000 毫米

及以上旋挖钻机、400 毫米及以上地下连续墙开挖设备；关键零部件：动力换挡变速箱、湿式驱动桥、回转支承、液力变矩器、为电动叉车配套的电机、电控、压力 25 兆帕以上液压马达、泵、控制阀

47. 智能物流与仓储装备、信息系统，智能物料搬运装备，智能港口装卸设备，农产品智能物流装备等

48. 非道路移动机械用高可靠性、低排放、低能耗的内燃机：寿命指标（重型 8000 ~ 12000 小时，中型 5000 ~ 7000 小时，轻型 3000 ~ 4000 小时）、排放指标（符合欧ⅢB、欧Ⅳ、欧Ⅴ、国三、国四排放指标要求）；影响非道路移动机械用内燃机动力性、经济性、环保性的燃油系统、增压系统、排气后处理系统（均包括电子控制系统）

49. 制冷空调设备及关键零部件：热泵、复合热源（空气源与太阳能）热泵热水机、二级能效及以上制冷空调压缩机、微通道和降膜换热技术与设备、电子膨胀阀和两相流喷射器及其关键零部件；使用环保制冷剂（ODP 为 0、GWP 值较低）的制冷空调压缩机

50. 12000 米及以上深井钻机、极地钻机、高位移性深井沙漠钻机、沼泽难进入区域用钻机、海洋钻机、车装钻机、特种钻井工艺用钻机等钻机成套设备

51. 危险废物（含医疗废物）集中处理设备

52. 大型高效二板注塑机（合模力 1000 吨以上）、全电动塑料注射成型机（注射量 1000 克以下）、节能型塑料橡胶注射成型机（能耗 0.4 千瓦时/千克以下）、高速节能塑料挤出机组（生产能力 30 ~ 3000 公斤/小时，能耗 0.35 千瓦时/千克以下）、微孔发泡塑料注射成型机（合模力 60 ~ 1000 吨，注射量 30 ~ 5000 克，能耗 0.4 千瓦时/千克以下）、大型双螺杆挤出造粒机组（生产能力 30 ~ 60 万吨/年）、大型对位芳纶反应挤出机组（生产能力 1.4 万吨/年以上）、碳纤维预浸胶机组（生产能力 60 万米/年以上；幅宽 1.2 米以上）、纤维增强复合材料在线混炼注塑成型设备（合模力 200 ~ 6800 吨，注射量 600 ~ 85000 克）

53. 纳滤膜和反渗透膜纯水装备

54. 安全饮水设备：组合式一体化净水器（处理量 100 ~ 2500 吨/小时）

55. 大气污染治理装备：燃煤发电机组脱硫、脱硝、除尘等超低排放成套技术装备；钢铁炉窑烟气细颗粒物预荷电袋式除尘技术装备；焦炉烟气 SDA 脱硫 + SCR 脱硝技术装备；电解铝烟气氧化铝脱氟除尘技术装备；钢铁烧结烟气干法脱硫除尘成套装备；袋式除尘器；电袋复合除尘技术装备（颗粒物排放浓度 <10 毫克/立方米）；催化裂化再生烟气除尘脱硫技术装备；VOCs 吸附回收装置；VOCs 焚烧装置；炉窑、料场的无组织排放控制技术装备；饮食业油烟净化设备

56. 污水防治技术设备：城镇污水处理成套装备（除磷脱氮）；污泥水解厌氧消化技术装备；污泥干燥焚烧技术装备（减渣量 90% 以上）；浸没式膜生物反应器（COD 去除率 90% 以上）；陶瓷真空过滤机（真空度：0.09 ~ 0.098 兆帕，孔隙：0.2 微米 ~ 20 微米）；超生耦合法和生物膜法处理高浓度有机废水技术装备；油污水、化学品洗舱水处置技术装备

57. 固体废物防治技术设备：生活垃圾清洁焚烧技术装备（助燃煤量 20% 以下）；厨余垃圾集中无害化处理技术装备（利用率 95% 以上）；垃圾填埋渗滤液和臭气处理技术装备（处理量 50 吨/天以上）；生活垃圾自动化分选技术装备（分选率 80% 以上）；建筑垃圾处理和再利用工艺技术装备（处理量 100 吨/小时以上）；工业危险废弃物处置处理技术装备（处理率 90% 以上）；油田钻井废弃物处理处置技术与成套装备（减容 50% 以上，处理率 70% 以上）；医疗废物清洁焚烧、高温蒸煮无害化处理技术装备（处理量 150 千克/小时以上，燃烧效率 70% 以上）以及医疗废物微波、化学消毒处理技术装备；畜禽粪污集中处理技术装备（处理量 20 吨/天以上）

58. 土壤修复技术装备：破碎筛分一体机、气味抑制设备、直接热解吸设备、间接热解吸设备、土壤淋洗设备、土壤改良机、直推式钻探与采样设备

59. 撬毛台车、天井钻机钻、多功能破碎清塞机、双系统制动静液压四驱地下矿用多功能服务车、矿用便携式气体检测仪、井下近矿体帷幕注浆技术、井下电机车远程操控技术、膏体及高浓度尾矿充填技术与装备、切割井钻机

60. 热泵（地源、水源、空气源等）技术开发与装备制造

61. 智能配电网核心设备电力电子变压器技术开发与生产

62. 噪声与振动污染控制设备:声屏障、消声器、阻尼弹簧隔振器

63. 增材制造装备和专用材料

十五、城市轨道交通装备

1. 城市轨道交通减震、降噪技术应用

2. 自动售检票系统(AFC),车门、站台屏蔽门、车钩系统、风挡系统,火灾报警和自动灭火系统

3. 以无线通信为基础的信号系统[含自动列车监控系统(ATS)、列车自动保护装置(ATP)、自动列车运行装置(ATO)]

4. 轨道车辆交流牵引传动系统、制动系统及核心元器件(含 IGCT、IGBT、SiC 元器件),网络控制系统,永磁牵引电机,直流高速开关、真空断路器(GIS)、新型智能开关器件

5. 车体、转向架、齿轮箱及车内装饰材料轻量化应用

6. 城轨列车再生制动吸收装置、能量回馈、能量储存系统

7. 轨道交通用检测试验仪器和监控系统

8. 全自动运行系统(FAO),基于车车通信的列车自主运行系统(TACS),智能运维系统

9. 城市轨道交通牵引供电系统(基于 25kV 交流牵引供电制式的城轨线路)

10. 磁悬浮列车,胶轮轨道交通技术装备

十六、汽车

1. 汽车关键零部件:汽油机增压器、电涡流缓速器、液力缓速器、随动前照灯系统、LED 前照灯、数字化仪表、电控系统执行机构用电磁阀、低地板大型客车专用车桥、空气悬架、吸能式转向系统、大中型客车变频空调、高强度钢车轮、商用车盘式制动器、商用车轮胎爆胎应急防护装置、转向轴式电动助力转向系统(C-EPS)、转向齿条式电动助力转向系统(R-EPS)、怠速启停系统、高效高可靠性机电耦合系统;双离合器变速器(DCT)、电控机械变速器(AMT)、7 挡及以上自动变速器(7 挡及以上 AT)、无级自动变速器(CVT);高效柴油发动机颗粒捕捉器;电控高压共轨喷射系统及其喷油器;高效增压系统(最高综合效率≥55%);废气再循环系统;电制动、电动转向及其关键零部件

2. 轻量化材料应用:高强度钢(符合 GB/T 20564《汽车用高强度冷连轧钢板及钢带》标准或 GB/T 34566《汽车用热冲压钢板及钢带》标准)、铝合金、镁合金、复合塑料、粉末冶金、高强度复合纤维等;先进成形技术应用:3D 打印成型、激光拼焊板的扩大应用、内高压成形、超高强度钢板(强度≥980MPa、强塑积 20~50GPa%)热成形、柔性滚压成形等;环保材料应用:水性涂料、无铅焊料等

3. 新能源汽车关键零部件:高安全性能量型动力电池单体(能量密度≥300Wh/kg,循环寿命≥1800 次);电池正极材料(比容量≥180mAh/g,循环寿命 2000 次不低于初始放电容量的 80%),电池负极材料(比容量≥500mAh/g,循环寿命 2000 次不低于初始放电容量的 80%),电池隔膜(厚度≤12μm,孔隙率 35%~60%,拉伸强度 MD≥800kgf/cm^2,TD≥800kgf/cm^2);电池管理系统,电机控制器,电动汽车电控集成;电动汽车驱动电机系统(高效区:85% 工作区效率≥80%),车用 DC/DC(输入电压 100V~400V),大功率电子器件(IGBT,电压等级≥750V,电流≥300A);插电式混合动力机电耦合驱动系统;燃料电池发动机(质量比功率≥350W/kg)、燃料电池堆(体积比功率≥3kW/L)、膜电极(铂用量≤0.3g/kW)、质子交换膜(质子电导率≥0.08S/cm)、双极板(金属双极板厚度≤1.2mm,其他双极板厚度≤1.6mm)、低铂催化剂、碳纸(电阻率≤3MΩ·cm)、空气压缩机、氢气循环泵、氢气引射器、增湿器、燃料电池控制系统、升压 DC/DC、70MPa 氢瓶、车载氢气浓度传感器;电动汽车用热泵空调;电机驱动控制专用 32 位及以上芯片(不少于 2 个硬件内核,主频不低于 180MHz,具备硬件加密等功能,芯片设计符合功能安全 ASIL C 以上要求);一体化电驱动总成(功率密度≥2.5kW/kg);高速减速器(最高输入转速≥12000rpm,噪声<75dB)

4. 车载充电机(满载输出工况下效率≥95%)、双向车载充电机、非车载充电设备(输出电压 250V~950V,电压范围内效率≥88%);高功率密度、高转换效率、高适用性无线充电、移动充电技术及装备,快速充电及换电设施

5. 汽车电子控制系统:发动机控制系统(ECU)、变速箱控制系统(TCU)、制动防抱死系统(ABS)、牵引力控制(ASR)、电子稳定控制(ESC)、网络总线控制、车载故障诊断仪(OBD)、电控智能悬架、电子驻车系

统、电子油门、车道保持辅助系统(LKA)、自动紧急制动系统(AEBS)、电控制动系统(EBS)、载货汽车用轴荷自动测量系统等

6. 智能汽车、新能源汽车及关键零部件、高效车用内燃机研发能力建设

7. 智能汽车关键零部件及技术:传感器、车载芯片、中央处理器、车载操作系统和信息控制系统、车网通信系统设备、视觉识别系统、高精度定位装置、线控底盘系统、智能车用安全玻璃;新型智能终端模块、多核异构智能计算平台技术、全天候复杂交通场景高精度定位和地图技术、传感器融合感知技术、车用无线通信关键技术、基础云控平台技术;新型安全隔离架构技术、软硬件协同攻击识别技术、终端芯片安全加密和应用软件安全防护技术、无线通信安全加密技术、安全通讯及认证授权技术、数据加密技术;测试评价体系架构研发,虚拟仿真、实车道路测试等技术和验证工具,整车级和系统级测试评价方法,测试基础数据库建设

十七、船舶

1. 散货船、油船、集装箱船适应绿色、环保、安全要求的优化升级,以及满足国际造船新规范、新标准的船型开发建造

2. 10 万立方米以上液化天然气运输船、1.5 万立方米以上液化石油气船、万箱以上集装箱船、5000 车位及以上汽车运输船、豪华客滚船、IMO Ⅱ型以上化学品船、大中型豪华邮轮、2000 车位以上汽车滚装船、3000 米车道以上的货物滚装船、LNG 加注船、牲畜运输船、甲醇(乙烷)运输船、油电混合动力船、电池驱动船及多用途船、极地邮轮、极地运输船舶、极地多用途船、极地物探船等高技术、高附加值船舶

3. 大型远洋捕捞加工渔船、1 万立方米以上耙吸式挖泥船、火车渡轮、科学考察船、破冰船、海洋调查船、甲板运输船、海洋监管船等特种船舶及其专用设备

4. 小水线面双体船、水翼船、地效应船、气垫船、穿浪船等高性能船舶

5. 120 米及以上水深自升式钻井平台、1500 米及以上深钻井船、1500 米及以上水深半潜式钻井平台等主流海洋移动钻井平台(船舶);15 万吨及以上浮式生产储卸装置(FPSO)、1500 米水深半潜式生产平台、立柱式生产平台(SPAR)、张力腿平台(TLP)、LNG - FPSO、边际油田型浮式生产储油装置等浮式生产系统;万马力水级深水三用工作船、1500 米水深大型起重铺管船、1500 米水深工程勘察船、高性能物探船、5 万吨及以上半潜运输船、海上风车安装船、浮式储存及再气化装置(FSRU)、深水动力定位原油输送装置、超深水海上作业船、深远海大型养殖装备、起重能力 10000 吨以上的重吊船、天然气水合物钻采船装备、海底金属矿产资源勘探开发装备、岛礁重载建设平台、海上油田设施拆解装置等海洋工程作业船和辅助船

6. 动力定位系统、FPSO 单点系泊系统、大型海洋平台电站集成系统、主动力及传动系统、钻井平台升降系统、水下油气生产系统等通用和专用海洋工程配套设备

7. 游艇开发制造及配套产业

8. 智能环保型船用中低速柴油机及其关键零部件、大型甲板机械、船用锅炉、油水分离机、海水淡化装置、压载水处理系统、船舶使用岸电技术及设备、液化天然气船用双燃料发动机、吊舱推进器、直翼舵桨推进装置、大型高效喷水推进装置、大功率中高压发电机、船舶通讯导航及自动化系统、综合电力推进系统及关键设备、船舶尾气处理装置、余热回收系统、双金属气阀、大型船用垃圾焚烧炉、生活污水处理系统、货油系统等关键船用配套设备

9. 海底采矿机器人、海底挖沟机等海底矿产资源开发装备及深海采矿系统、深海立管相关配套系统和设备,水下潜器、机器人及探测观测设备

10. 精度管理控制、数字化造船、单元组装、预舾装和模块化、先进涂装、高效焊接技术应用、超高压水除锈装置、激光焊接机器人、智能化分段流水线、船舶小组立焊接生产线、船舶中组立焊接工作站、船舶分段智能涂装机器人、船舶管子加工生产线、船舶船体小构件自由边打磨生产线

11. 高技术高附加值船舶、海洋工程装备的修理与改装以及爬壁机器人、高压智能清洗机器人等绿色环保修船技术应用

12. 智能船舶、无人船艇开发和相关智能系统及设备开发,船舶全寿命安全运行监管技术装备开发

13. 安全节能环保内河、江海联运及沿海船舶开发制造

14. “胀断连杆”生产制造

15. 纯电动和天然气船舶；替代燃料、混合动力、纯电动、燃料电池等机动车船技术；混合动力、插电式混合动力专用发动机，优化动力总成系统匹配

十八、航空航天

1. 干线、支线、通用飞机及零部件开发制造

2. 航空发动机开发制造

3. 机载设备、任务设备、空管设备和地面保障设备系统开发制造

4. 直升机总体、旋翼系统、传动系统开发制造

5. 航空航天用新型材料开发生产

6. 航空航天用燃气轮机制造

7. 卫星、运载火箭及零部件制造

8. 航空、航天技术应用及系统软硬件产品、终端产品开发生产

9. 航空器地面模拟训练系统、试验系统开发制造

10. 航空器地面维修、维护、检测设备开发制造

11. 卫星地面和应用系统建设及设备制造

12. 航空器专用应急救援装备开发与应用

13. 航空器、设备及零件维修

14. 先进卫星载荷研制及生产

15. 无人机总体、材料、通信、控制系统等开发制造

16. 民用飞机、直升机的设计

17. 航空航天用太阳能电池开发生产

十九、轻工

1. 单条化学木浆30万吨/年及以上、化学机械木浆10万吨/年及以上、化学竹浆10万吨/年及以上的林纸一体化生产线及相应配套的纸及纸板生产线（新闻纸、铜版纸除外）建设；采用清洁生产工艺、以非木纤维为原料、单条10万吨/年及以上的纸浆生产线建设；先进制浆、造纸设备开发与制造；无元素氯（ECF）和全无氯（TCF）化学纸浆漂白工艺开发及应用

2. 非金属制品精密模具设计、制造

3. 生物可降解塑料及其系列产品开发、生产与应用，农用塑料节水器材和长寿命（三年及以上）功能性农用薄膜的开发、生产

4. 新型塑料建材（高气密性节能塑料窗、大口径排水排污管道、抗冲击改性聚氯乙烯管、地源热泵系统用聚乙烯管、非开挖用塑料管材、复合塑料管材、塑料检查井）；防渗土工膜；塑木复合材料和分子量≥200万的超高分子量聚乙烯管材及板材生产

5. 动态塑化和塑料拉伸流变塑化的技术应用及装备制造；应用电磁感应加热和伺服驱动系统的塑料加工装备

6. 应用于工业、医学、电子、航空航天等领域的特种陶瓷生产及技术、装备开发；陶瓷清洁生产及综合利用技术开发

7. 高效节能缝制机械（采用嵌入式数字控制、无油或微油润滑等先进技术）及关键零部件开发制造

8. 用于制笔、钟表等行业的多工位组合机床研发与制造

9. 高新、数字、智能印刷技术及高清晰度制版系统开发与应用

10. 少数民族特需用品制造

11. 真空镀铝、喷镀氧化硅、聚乙烯醇（PVA）涂布型薄膜、功能性聚酯（PET）薄膜、定向聚苯乙烯（OPS）薄膜及纸塑基多层共挤或复合等新型包装材料

12. 二色及二色以上金属板印刷、配套光固化（UV）、薄板覆膜和高速食品饮料罐加工及配套设备制造

13. 锂二硫化铁、锂亚硫酰氯等新型锂原电池；锂离子电池、氢镍电池、新型结构（双极性、铅布水平、卷绕式、管式等）密封铅蓄电池、铅碳电池、超级电池、燃料电池、锂/氟化碳电池等新型电池和超级电容器

14. 锂离子电池用三元和多元、磷酸铁锂等正极材料、中间相炭微球和硅碳等负极材料、单层与三层复合锂离子电池隔膜、氟代碳酸乙烯酯(FEC)等电解质与添加剂;废旧电池资源化和绿色循环生产工艺及其装备制造

15. 铅蓄电池自动化、智能化生产线;锂离子电池自动化、智能化生产成套制造装备;碱性锌锰电池600只/分钟以上自动化、智能化生产成套制造装备

16. 制革及毛皮加工清洁生产、皮革后整饰新技术开发及关键设备制造、含铬皮革固体废弃物综合利用;皮革及毛皮加工废液的循环利用,三价铬污泥综合利用;无灰膨胀(助)剂、无氨脱灰(助)剂、无盐浸酸(助)剂、高吸收铬鞣(助)剂、天然植物鞣剂、水性涂饰(助)剂等高档皮革用功能性化工产品开发、生产与应用

17. 高效节能电光源(高、低气压放电灯和固态照明产品)技术开发、产品生产及固汞生产工艺应用;废旧灯管回收再利用

18. 符合国家1级能效或2级能效家用电器开发与生产

19. 多效、节能、节水、环保型表面活性剂、助剂和洗涤剂的开发与生产

20. 采用新型制冷剂替代氢氯氟烃-22(HCFC-22或R22)的空调器开发、制造,采用新型发泡剂替代氢氯氟烃-141b(HCFC-141b)的家用电器生产,采用新型发泡剂替代氢氯氟烃-141b(HCFC-141b)的硬质聚氨酯泡沫的生产与应用

21. 节能环保型玻璃窑炉(含全电熔、电助熔、全氧燃烧技术、NOx产生浓度≤1200mg/m^{3}的低氮燃烧技术)的设计、应用;玻璃熔窑DCS节能自动控制技术

22. 轻量化玻璃瓶罐(轻量化度≤1.0)工艺技术和关键装备的开发与生产

23. 水性油墨、紫外光固化油墨、植物油油墨等节能环保型油墨生产

24. 天然食品添加剂、天然香料新技术开发与生产

25. 先进的食品生产设备研发与制造;食品质量与安全监测(检测)仪器、设备的研发与生产

26. 热带果汁、浆果果汁、谷物饮料、本草饮料、茶浓缩液、茶粉、植物蛋白饮料等高附加价值植物饮料的开发生产与加工原料基地建设;果渣、茶渣等的综合开发与利用

27. 营养健康型大米、小麦粉(食品专用米、发芽糙米、留胚米、食品专用粉、全麦粉及营养强化产品等)及制品的开发生产;传统主食工业化生产;杂粮加工专用设备开发与生产;粮油加工副产物(稻壳、米糠、麸皮、胚芽、饼粕等)综合利用关键技术开发应用

28. 菜籽油生产线:采用膨化、负压蒸发、热能自平衡利用、低消耗蒸汽真空系统等技术,油菜籽主产区日处理油菜籽400吨及以上、吨料溶剂消耗1.5公斤以下(其中西部地区日处理油菜籽200吨及以上、吨料溶剂消耗2公斤以下);花生油生产线:花生主产区日处理花生200吨及以上,吨料溶剂消耗2公斤以下;棉籽油生产线:棉籽产区日处理棉籽300吨及以上,吨料溶剂消耗2公斤以下;米糠油生产线:采用分散快速膨化,集中制油、精炼技术;玉米胚芽油生产线;油茶籽、核桃等木本油料和胡麻、芝麻、葵花籽、牡丹籽等小品种油料加工生产线以及利用超临界二氧化碳萃取工艺技术生产植物油

29. 采用发酵法工艺生产小品种氨基酸(赖氨酸、谷氨酸、苏氨酸除外),以糖蜜为原料年产8000吨及以上酵母制品及酵母衍生制品,新型酶制剂和复合型酶制剂、多元糖醇及生物法化工多元醇、功能性发酵制品(功能性糖类、功能性红曲、发酵法抗氧化和复合功能配料、活性肽、微生态制剂)等开发、生产、应用。酵素生产工艺技术开发及工业化、规范化生产

30. 畜禽骨、血、羽毛及内脏等副产物综合利用与无害化处理

31. 搪瓷静电粉、搪瓷预磨粉的技术研发和生产

32. 冷凝式燃气热水器、使用聚能燃烧技术的燃气灶具等高效节能环保型燃气具的开发与制造

二十、纺织

1. 差别化、功能性聚酯(PET)的连续共聚改性[阳离子染料可染聚酯(CDP、ECDP)、碱溶性聚酯(COPET)、高收缩聚酯(HSPET)、阻燃聚酯、低熔点聚酯、非结晶聚酯、生物可降解聚酯、采用绿色催化剂生产的聚酯等];阻燃、抗静电、抗紫外、抗菌、相变储能、光致变色、原液着色等差别化、功能性化学纤维的高效柔性化制备技术;智能化、超仿真等功能性化学纤维生产;原创性开发高速纺丝加工用绿色高效环保油剂

2. 聚对苯二甲酸丙二醇酯（PTT）、聚萘二甲酸乙二醇酯（PEN）、聚对苯二甲酸丁二醇酯（PBT）、聚丁二酸丁二酯（PBS）、聚对苯二甲酸环已烷二甲醇酯（PCT）、生物基聚酰胺、生物基呋喃环等新型聚酯和纤维的开发、生产与应用

3. 采用绿色、环保工艺与装备生产新溶剂法纤维素纤维（Lyocell）、细菌纤维素纤维、以竹、麻等新型可再生资源为原料的再生纤维素纤维、聚乳酸纤维（PLA）、海藻纤维、壳聚糖纤维、聚羟基脂肪酸酯纤维（PHA）、动植物蛋白纤维

4. 高性能纤维及制品的开发、生产、应用［碳纤维（CF）（拉伸强度≥4200MPa，弹性模量≥230GPa）、芳纶（AF）、芳砜纶（PSA）、超高分子量聚乙烯纤维（UHMWPE）（纺丝生产装置单线能力≥300 吨/年，断裂强度≥40cN/dtex，初始模量≥1800cN/dtex）、聚苯硫醚纤维（PPS）、聚酰亚胺纤维（PI）、聚四氟乙烯纤维（PTFE）、聚苯并双噁唑纤维（PBO）、聚芳噁二唑纤维（POD）、玄武岩纤维（BF）、碳化硅纤维（SiCF）、聚醚醚酮纤维（PEEK）、高强型玻璃纤维（HT－AR）、聚（2,5－二羟基－1,4－苯撑吡啶并二咪唑）（PIPD）纤维等］

5. 符合环保要求的特种动物纤维、麻纤维、桑柞茧丝、彩色棉花、彩色桑茧丝类天然纤维的加工技术与产品

6. 建立智能化纺纱工厂，采用智能化、连续化纺纱成套装备（清梳联、粗细联、细络联及数控单机及喷气涡流纺、高速转杯纺等短流程先进纺纱设备），生产高品质纱线；采用高速数控无梭织机、自动穿经机、全成形电脑横机、高速电脑横机、高速经编机等新型数控装备，生产高支、高密、提花等高档机织、针织纺织品

7. 采用数字化智能化印染技术装备、染整清洁生产技术（酶处理、高效短流程前处理、针织物连续平幅前处理、低温前处理及染色、低盐或无盐染色、低尿素印花、小浴比气流或气液染色、数码喷墨印花、泡沫整理等）、功能性整理技术、新型染色加工技术、复合面料加工技术，生产高档纺织面料；智能化筒子纱染色技术装备开发与应用

8. 采用非织造、机织、针织、编织等工艺及多种工艺复合、长效整理等新技术，生产功能性产业用纺织品

9. 智能化、高效率、低能耗纺织机械，关键专用基础件、计量、检测仪器及试验装备开发与制造

10. 高档地毯、抽纱、刺绣产品生产

11. 数字化、网络化、智能化服装生产技术和装备开发、应用

12. 纺织行业生物脱胶、无聚乙烯醇（PVA）浆料上浆、少水无水节能印染加工、“三废”高效治理与资源回收再利用技术的推广与应用

13. 废旧纺织品回收再利用技术、设备的研发和应用，利用聚酯回收材料生产涤纶工业丝、差别化和功能性涤纶长丝、非织造材料等高附加值产品

二十一、建筑

1. 建筑隔震减震结构体系及产品研发与推广

2. 智能建筑产品与设备的生产制造与集成技术研究

3. 集中供热系统计量与调控技术、产品的研发与推广

4. 高强、高性能结构材料与体系的应用

5. 太阳能热利用及光伏发电应用一体化建筑

6. 先进适用的建筑成套技术、产品和住宅部品研发与推广

7. 钢结构住宅集成体系及技术研发与推广

8. 节能建筑、绿色建筑、装配式建筑技术、产品的研发与推广

9. 工厂化全装修技术推广

10. 移动式应急生活供水系统开发与应用

11. 建筑信息模型（BIM）相关技术开发与应用

12. 既有房屋建筑抗震加固技术研发与工程应用

13. 装配式钢结构绿色建筑技术体系的研发及推广

二十二、城镇基础设施

1. 城市高精度导航、高精度遥感影像和三维数据生产及关键技术开发

2. 依托基础地理信息资源的城市立体管理信息系统

3. 城市公共交通建设

4. 城市道路及智能交通体系建设

5. 城市交通管制系统技术开发及设备制造

6. 城市及市域轨道交通新线建设(含轻轨、有轨电车)

7. 城镇安全饮水工程、供水水源及净水厂工程

8. 城镇地下管道共同沟建设,地下管网地理信息系统

9. 城镇供排水管网工程、管网排查、检测及修复与改造工程、非开挖施工与修复技术,供水管网听漏检漏设备、相关技术开发和设备生产

10. 城市燃气工程

11. 城镇集中供热建设和改造工程

12. 城市雨水收集利用工程

13. 城镇园林绿化及生态小区建设

14. 既有停车设施改造;停车楼、地下停车场、机械式立体停车库等集约化的停车设施建设;停车场配建电动车充电设施

15. 城市建设管理信息化技术应用

16. 城市生态系统关键技术应用

17. 城市节水技术开发与应用

18. 城市照明智能化、绿色照明产品及系统技术开发与应用

19. 再生水利用技术与工程

20. 城市供水、排水、燃气塑料管道应用工程

21. 城市应急与后备水源建设工程

22. 沿海城镇海水供水管网及海水淡化工程

23. 城市积涝监测预警技术开发与应用,城市排水防涝工程

24. 海绵城市建设关键技术产品开发与应用

25. 合流制溢流污染、初期雨水等快速净化装备、分散净化设施

26. 基于大数据、物联网、GIS 等为基础的城市信息模型(CIM)相关技术开发与应用

二十三、铁路

1. 铁路新线建设

2. 既有铁路改扩建及铁路专用线建设

3. 客运专线、高速铁路系统技术开发与建设

4. 铁路行车及客运、货运安全保障系统技术与装备,铁路列车运行控制与车辆控制系统开发建设

5. 铁路运输信息系统开发与建设

6. 7200 千瓦及以上交流传动电力机车、6000 马力及以上交流传动内燃机车、时速 200 公里以上动车组、海拔 3000 米以上高原机车、高原动车组、大型专用货车、机车车辆特种救援设备

7. 干线轨道车辆交流牵引传动系统、制动系统及核心元器件(含 IGCT、IGBT 元器件)

8. 时速 200 公里及以上铁路接触网、道岔、扣配件、牵引供电设备

9. 电气化铁路牵引供电功率因数补偿技术应用

10. 大型养路机械、铁路工程建设机械装备、线桥隧检测设备

11. 行车调度指挥自动化技术开发

12. 混凝土结构物修补和提高耐久性技术、材料开发

13. 铁路旅客列车集便器及污物地面接收、处理工程

14. 铁路 GSM－R 通信信号系统

15. LTE－R 等铁路宽带通信系统开发与建设

16. 数字铁路与智能运输开发与建设
17. 时速在300公里及以上高速铁路或客运专线减震降噪技术应用
18. 城际、市域(郊)铁路
二十四、公路及道路运输(含城市客运)
1. 国家高速公路网项目建设
2. 国省干线改造升级
3. 汽车客货运站、城市公交站
4. 高速公路不停车收费系统相关技术开发与应用
5. 公路智能运输、快速客货运输、公路甩挂运输系统开发与建设
6. 公路管理服务、应急保障系统开发与建设
7. 公路工程新材料开发与生产
8. 公路集装箱和厢式运输
9. 特大跨径桥梁修筑和养护维修技术应用
10. 长大隧道修筑和维护技术应用
11. 农村客货运输网络开发与建设
12. 农村公路建设
13. 城际快速系统开发与建设
14. 出租汽车服务调度信息系统开发与建设
15. 高速公路车辆应急疏散通道建设
16. 低噪音路面技术开发
17. 高速公路快速修筑与维护技术和材料开发与应用
18. 城市公交
19. 运营车辆安全监控记录系统开发与应用
20. 公路主干线交通安全和治安管控装备及技术开发和应用
二十五、水运
1. 深水泊位(沿海万吨级、内河千吨级及以上)建设
2. 沿海深水航道和内河高等级航道及通航建筑物建设,西部地区、贫困地区内河航道建设
3. 沿海陆岛交通运输码头建设
4. 大型港口装卸自动化工程
5. 海运电子数据交换系统应用
6. 水上交通安全监管和救助系统建设
7. 内河船型标准化
8. 老港区技术改造工程
9. 船舶污染物港口接收处置设施建设及设备制造,港口危险化学品、油品应急设施建设及设备制造
10. 内河自卸式集装箱船运输系统
11. 水上高速客运
12. 港口龙门吊油改电节油改造工程
13. 水上滚装多式联运
14. 水运行业信息系统建设
15. 国际邮轮运输及邮轮母港建设
二十六、航空运输
1. 机场及配套设施建设与运营
2. 公共航空运输
3. 通用航空

4. 空中交通管制和通信导航监视系统建设
5. 航空计算机管理及其网络系统开发与建设
6. 航空油料加油服务及设施建设
7. 海上空中监督巡逻和搜救服务及设施建设,小型航空器应急起降场地建设
二十七、综合交通运输
1. 综合交通枢纽建设与改造
2. 综合交通枢纽便捷换乘及行李捷运系统建设
3. 综合交通枢纽运营管理信息系统建设与应用
4. 综合交通枢纽诱导系统建设
5. 综合交通枢纽一体化服务设施建设
6. 综合交通枢纽防灾救灾及应急疏散系统
7. 综合交通枢纽便捷货运换装系统建设
8. 旅客联程运输设施设备、票务一体化、联运产品的研发推广应用
二十八、信息产业
1. 2.5GB/s 及以上光同步传输系统建设
2. 155MB/s 及以上数字微波同步传输设备制造及系统建设
3. 卫星通信系统、地球站设备制造及建设
4. 网管监控、时钟同步、计费等通信支撑网建设
5. 窄带物联网(NB - IoT)、宽带物联网(eMTC)等物联网(传感网)、智能网等新业务网设备制造与建设
6. 物联网(传感网)等新业务网设备制造与建设
7. 宽带网络设备制造与建设
8. 数字蜂窝移动通信网建设
9. IP 业务网络建设
10. 基于 IPv6 的下一代互联网技术研发及服务,网络设备、芯片、系统以及相关测试设备的研发和生产
11. 卫星数字电视广播系统建设
12. 增值电信业务平台建设
13. 32 波及以上光纤波分复用传输系统设备制造
14. 10GB/s 及以上数字同步系列光纤通信系统设备制造
15. 支撑通信网的路由器、交换机、基站等设备
16. 同温层通信系统设备制造
17. 数字移动通信、移动自组网、接入网系统、数字集群通信系统及路由器、网关等网络设备制造
18. 大中型电子计算机、百万亿次高性能计算机、便携式微型计算机、每秒一万亿次及以上高档服务器、大型模拟仿真系统、大型工业控制机及控制器制造
19. 集成电路设计,线宽 0.8 微米以下集成电路制造,及球栅阵列封装(BGA)、插针网格阵列封装(PGA)、芯片规模封装(CSP)、多芯片封装(MCM)、栅格阵列封装(LGA)、系统级封装(SIP)、倒装封装(FC)、晶圆级封装(WLP)、传感器封装(MEMS)等先进封装与测试
20. 集成电路装备制造
21. 新型电子元器件(片式元器件、频率元器件、混合集成电路、电力电子器件、光电子器件、敏感元器件及传感器、新型机电元件、高密度印刷电路板和柔性电路板等)制造
22. 半导体、光电子器件、新型电子元器件(片式元器件、电力电子器件、光电子器件、敏感元器件及传感器、新型机电元件、高频微波印制电路板、高速通信电路板、柔性电路板、高性能覆铜板等)等电子产品用材料
23. 软件开发生产(含民族语言信息化标准研究与推广应用)
24. 数字化系统(软件)开发及应用:智能设备嵌入式软件、集散式控制系统(DCS)、可编程逻辑控制器

（PLC）、数据采集与监控（SCADA）、先进控制系统（APC）等工业控制系统；制造执行系统（MES），计算机辅助设计（CAD）、辅助工程（CAE）、工艺规划（CAPP）、产品全生命周期管理（PLM）、工业云平台、工业 APP 等工业软件；能源管理系统（EMS）、建筑信息模型（BIM）系统等专用系统

25. 半导体照明设备，光伏太阳能设备，片式元器件设备，新型动力电池设备，表面贴装设备（含钢网印刷机、自动贴片机、无铅回流焊、光电自动检查仪）等

26. 打印机（含高速条码打印机）和海量存储器等计算机外部设备

27. 薄膜场效应晶体管 LCD（TFT－LCD）、有机发光二极管（OLED）、电子纸显示、激光显示、3D 显示等新型平板显示器件、液晶面板产业用玻璃基板、电子及信息产业用盖板玻璃等关键部件及关键材料

28. 新型（非色散）单模光纤及光纤预制棒制造

29. 高密度数字激光视盘播放机盘片制造

30. 只读光盘和可记录光盘复制生产

31. 音视频编解码设备、音视频广播发射设备、数字电视演播室设备、数字电视系统设备、数字电视广播单频网设备、数字电视接收设备、数字摄录机、数字录放机、数字电视产品

32. 网络安全产品、数据安全产品，网络监察专用设备开发制造

33. 智能移动终端产品及关键零部件的技术开发和制造

34. 多普勒雷达技术及设备制造

35. 医疗电子、健康电子、生物电子、汽车电子、电力电子、金融电子、航空航天仪器仪表电子、图像传感器、传感器电子等产品制造

36. 无线局域网技术开发、设备制造

37. 电子商务和电子政务系统开发与应用服务

38. 卫星导航芯片、系统技术开发与设备制造

39. 应急广播电视系统建设

40. 量子通信设备

41. 薄膜晶体管液晶显示（TFT－LCD）、发光二极管（LED）及有机发光二极管显示（OLED）、电子纸显示、激光显示、3D 显示等新型显示器件生产专用设备

42. 半导体照明衬底、外延、芯片、封装及材料（含高效散热覆铜板、导热胶、导热硅胶片）等

43. 数字音乐、手机媒体、动漫游戏等数字内容产品的开发系统

44. 防伪技术开发与运用

45. 核电仪控系统核心芯片及相关软件

46. 大数据、云计算、信息技术服务及国家允许范围内的区块链信息服务

47. 工业互联网网络、平台、安全硬件设备制造与软件系统开发及集成创新应用，工业互联网设备安全、控制安全、网络安全、平台安全和数据安全相关技术产品研发及应用，工业互联网网络建设与改造，标识解析体系建设与推广，工业云服务平台建设及应用

48. 宽带数字集群设备、采用时分双工（TDD）方式载波聚合的 230MHz 频段宽带无线数据传输设备等下一代专网通信设备，基于 LTE－V2X 无线通信技术的车联网直连通信设备等车联网无线通信设备

49. 灾害现场信息空地一体化获取技术研究与集成应用

50. 量子、类脑等新机理计算机系统的研究与制造

51. 先进的各类太阳能光伏电池及高纯晶体硅材料（多晶硅的综合电耗低于 65kWh/kg，单晶硅光伏电池的转换效率大于 22.5%，多晶硅电池的转化效率大于 21.5%，碲化镉电池的转化效率大于 17%，铜铟镓硒电池转化效率大于 18%）

二十九、现代物流业

1. 煤炭、粮食、棉花、铁矿石、化肥、石油等重要商品现代化物流设施建设

2. 农产品物流配送设施建设，农产品、食品、药品冷链物流，食品、药品物流质量安全控制技术服务

3. 现代供应链创新与应用

4. 多式联运转运设施建设,多式联运快速转运换装设备、标准化运载单元的研发推广应用

5. 标准托盘和600mm×400mm包装基础模数推广应用,环保型、可循环利用型材质托盘的制造和使用

6. 物流信息服务技术、货物跟踪识别定位技术、智能仓储分拣配送技术、物流信息安全技术的研发与应用

7. 应急物流、逆向物流、绿色物流设施建设和运营

8. 物流公共信息平台开发及建设

9. 物流枢纽建设与运营

10. 城市物流所需的公共仓储,车辆停靠、装卸、充电等配套设施建设

三十、金融服务业

1. 农村金融服务体系建设

2. 债券发行、交易服务体系建设

3. 农业保险、责任保险、信用保险、商业健康保险、财产保险

4. 普惠金融产品研发和应用

5. 知识产权、收益权等无形资产贷款质押业务开发

6. 信用卡及网络服务

7. 人民币跨境结算、清算体系建设

8. 金融监管技术开发与应用

9. 创业投资

10. 金融机构的金融科技产品研发、应用和服务输出

11. 绿色金融服务体系建设

12. 开放银行体系安全防护

13. 融资担保服务、融资租赁服务

14. 资产证券化、不动产投资信托基金(REITs)等盘活存量资产的金融工具和金融产品开发应用

三十一、科技服务业

1. 工业设计、气象、生物、新材料、新能源、节能、环保、测绘、海洋等专业科技服务,标准化服务、计量测试、质量认证和检验检测服务、科技普及

2. 在线数据与交易处理、IT设施管理和数据中心服务,移动互联网服务,因特网会议电视及图像等电信增值服务

3. 行业(企业)管理和信息化解决方案开发、基于网络的软件服务平台、软件开发和测试服务、信息系统集成、咨询、运营维护和数据挖掘等服务业务

4. 数字音乐、手机媒体、网络出版等数字内容服务,地理、国际贸易等领域信息资源开发服务

5. 数字化技术、高拟真技术、高速计算技术等新兴文化科技支撑技术建设及服务

6. 分析、试验、测试以及相关技术咨询与研发服务,智能产品整体方案、人机工程设计、系统仿真等设计服务

7. 在线数据处理和数据安全服务,数据恢复和灾备服务,信息安全防护、网络安全应急支援服务,云计算安全服务,大数据安全服务,信息安全风险评估、认证与咨询服务,信息装备和软件安全评测服务,密码技术产品测试认证服务,信息系统等级保护安全方案设计服务

8. 科技信息交流、文献信息检索、技术咨询、技术孵化、科技成果评估、科技成果转移转化服务和科技鉴证等服务

9. 知识产权代理、转让、登记、鉴定、检索、分析、评估、运营、认证、咨询和相关投融资服务

10. 国家级工程(技术)研究中心、国家产业创新中心、国家农业高新技术产业示范、国家农业科技园区、国家认定的企业技术中心、国家实验室、国家重点实验室、国家重大科技基础设施、高新技术创业服务中心、绿色技术创新基地平台、新产品开发设计中心、科教基础设施、产业集群综合公共服务平台、中试基地、实验基地建设

11. 信息技术外包、业务流程外包、知识流程外包等技术先进型服务

12. 智能制造系统集成应用体验验证服务

13. 工业服务：现代高端装备的维护与维修、数字化生产线改造与集成、工业服务网络平台、工业电商、智能装备远程运维管理系统、智慧工厂设备监测诊断平台、预测性维护系统、专业维修服务和供应链服务、工业管理服务[包括设备运维管理咨询、设备运维与管理服务、工业APP和设备管理软件（SaaS）]、数据及数字化服务（PaaS、IaaS、数据分析服务和其它创新数据服务）

14. 网络安全集成、安全维护、安全运营、风险评估、教育培训、咨询、应急响应等安全服务

15. 云计算数据中心的建设、维护、租赁等

16. 信息系统集成和物联网技术服务、运营维护服务、信息处理和存储支持服务、信息技术咨询服务、数字内容服务及其他信息技术服务

三十二、商务服务业

1. 经济、管理、信息、会计、税务、审计、法律、节能、环保等咨询与服务

2. 工程咨询服务（包括规划咨询、项目咨询、评估咨询、全过程工程咨询）

3. 资信调查与评级等信用服务体系建设

4. 资产评估、校准、检测、检验等服务

5. 产权交易服务平台

6. 广告创意、策划、设计、制作、代理、发布等广告服务

7. 会展服务（不含会展场馆建设）

8. 供应链管理服务（指基于现代信息技术对供应链中的物流、商流、信息流和资金流进行设计、规划控制和优化，将单一、分散的订单管理、采购执行、报关退税、物流管理、资金融通、数据管理、贸易商务、结算等进行一体化整合的服务）

三十三、商贸服务业

1. 现代化的农产品、生产资料市场流通设施建设

2. 种子、种苗、种畜禽和鱼苗（种）、化肥、农药、农机具、农膜等农资连锁经营及综合服务

3. 面向农村的日用品、药品、出版物等生活用品连锁经营

4. 农产品拍卖服务

5. 商贸企业的统一配送和分销网络建设

6. 利用信息技术改造提升传统商品交易市场

7. 旧货市场建设

8. 现代化二手车交易服务体系建设

9. 新农村现代流通服务网络工程建设，农资物联网应用与示范项目建设

三十四、旅游业

1. 旅游商品、旅游纪念品、旅游装备设备，以及休闲、登山、滑雪、潜水、探险等各类户外活动用品开发与营销服务

2. 文化旅游、健康旅游、乡村旅游、生态旅游、海洋旅游、森林旅游、草原旅游、工业旅游、体育旅游、红色旅游、民族风情游及其他旅游资源综合开发、基础设施建设及信息等服务

三十五、邮政业

1. 邮政储蓄网络建设

2. 邮政综合业务网建设

3. 邮件处理自动化工程

4. 寄递渠道安全监管、邮件快件时限监测、消费者申诉、满意度调查与公示、邮编及行业资费查询等公共服务和市场监管功能等邮政业公共服务信息平台建设

5. 城乡快递营业网点、门店等快递服务网点和智能快件（信包）箱、快递末端综合服务场所建设

6. 城市、区域内和区域间的快件分拣中心、转运中心、集散中心、处理枢纽等快递处理设施建设

7. 快件跟踪查询、自动分拣、运递调度、快递客服呼叫中心等快递信息系统开发与应用

8. 数据采集、集装容器、智能终端、智能化仓储、自动分拣、机械化装卸、冷链快递、AGV、无人机、无人车和绿色包装等快递技术装备的研发与应用

9. 邮件快件运输与交通运输网络融合及多式联运、运营平台等技术开发与应用

三十六、教育

1. 学前教育

2. 特殊教育

3. 职业教育

4. 互联网 + 教育，远程教育

三十七、卫生健康

1. 预防保健、卫生应急、卫生监督服务设施建设

2. 计划生育、优生优育、生殖健康咨询与服务

3. 互联网 + 医疗健康服务、医疗大数据应用

4. 卫生咨询、医疗知识等医疗信息服务和健康管理服务

5. 医疗卫生服务设施建设

6. 传染病、儿童、精神卫生专科医院和康复医院(中心)、护理院(中心、站)、安宁疗护中心、全科医疗设施建设与服务

7. 心理咨询服务

8. 中医养生保健服务

三十八、文化

1. 公共文化、文化艺术、新闻出版、广播电视电影、网络视听、文化遗产保护利用及设施建设

2. 文化创意设计服务，数字文化创意(含数字文化创意技术装备、数字文化创意软件、数字文化创意内容制作、新型媒体服务、数字文化创意内容应用服务)，动漫创作、制作、传播、出版、衍生产品开发

3. 广播影视制作、发行、交易、播映、出版、衍生品开发，网络视听节目技术服务、开发

4. 新闻出版内容监管技术、版权保护技术、出版物的生产技术、出版物发行技术开发与应用，电子纸、阅读器等新闻出版新载体的技术开发、应用和产业化

5. 电影数字化服务和监管技术开发及应用

6. 非物质文化遗产保护与振兴，民族和民间艺术、传统工艺美术保护与发展，国家历史文化名城(镇、村)和文化街区、中国少数民族特色村镇保护，中华老字号的保护与发展，民族文化艺术精品的国际营销与推广

7. 文化信息资源共享工程，智慧博物馆建设，传统媒体和新兴媒体融合发展、智慧广电建设、移动多媒体广播电视、广播电视数字化、有线无线卫星广播电视网智能协同覆盖、全国有线电视网络智能化建设和互联互通平台建设

8. 语言文字技术开发与应用

9. 演艺业

三十九、体育

1. 体育管理活动

2. 体育竞赛表演活动

3. 体育健身休闲活动

4. 体育场地和设施管理

5. 体育经纪与代理、广告与会展、表演与设计服务

6. 体育教育与培训

7. 体育传媒与信息服务

8. 体育旅游、健康与康复、金融与资产管理服务

9. 体育用品及相关产品研发及制造
10. 体育用品及相关产品销售、出租与贸易代理
11. 体育场地设施建设
四十、养老与托育服务
1. 长期照护服务机构(包括养老院、老年养护院、农村养老设施等)
2. 社区养老服务骨干网
3. 养老金融产品服务业
4. 助餐助行
5. 老年教育
6. 康养旅居
7. 养老服务实训教育
8. 康复辅助器具配置服务(租赁)机构
9. 居家适老化建设及改造工程
10. 老年人力资源开发
11. 老年人健康管理和体育健身
12. 智慧健康和养老
13. 儿童早期发展(智力开发、膳食营养、心理健康)
14. 婴幼儿保育教育培训
15. 婴幼儿照护服务机构(中心)
16. 婴幼儿健康管理
17. 家庭养育支援及育儿指导
四十一、家政
1. 社区家政服务
2. 员工制家政服务
3. 家政职业教育和技能培训
4. 家政综合信息服务
5. 家政服务措施(家政服务网点)建设与运营管理
6. 家政服务标准化建设
四十二、其他服务业
1. 保障性住房建设与管理
2. 物业服务
3. 老年人、未成年人活动场所
4. 城乡社区基础服务设施及综合服务网点建设
5. 开发区、产业集聚区配套公共服务平台建设与服务
6. 社区照料服务
7. 再生资源回收利用网络体系建设
8. 婚庆服务业
9. 基层就业和社会保障服务设施建设
10. 农民工留守家属服务设施建设
11. 社会保障一卡通工程
12. 工伤康复中心建设
13. 租赁住房建设、运营和管理
14. 消费者权益保护服务

四十三、环境保护与资源节约综合利用

1. 矿山生态环境恢复工程

2. 海洋环境保护及科学开发、海洋生态修复

3. 微咸水、苦咸水、劣质水、海水的开发利用及海水淡化综合利用工程

4. 消耗臭氧层物质替代品开发与利用

5. 区域性废旧汽车、废旧电器电子产品、废旧船舶、废钢铁、废旧木材、废旧橡胶等资源循环利用基地建设

6. 流出物辐射环境监测技术工程

7. 环境监测体系工程

8. 危险废物(医疗废物)及含重金属废物安全处置技术设备开发制造及处置中心建设及运营;放射性废物、核设施退役工程安全处置技术设备开发制造及处置中心建设

9. 流动污染源(机车、船舶、汽车等)监测与防治技术

10. 城市交通噪声与振动控制技术应用

11. 电网、信息系统电磁辐射控制技术开发与应用

12. 削减和控制二噁英排放的技术开发与应用

13. 持久性有机污染物类产品的替代品开发与应用

14. 废弃持久性有机污染物类产品处置技术开发与应用

15. “三废”综合利用与治理技术、装备和工程

16. “三废”处理用生物菌种和添加剂开发与生产

17. 含汞废物的汞回收处理技术、含汞产品的替代品开发与应用

18. 废水零排放,重复用水技术应用

19. 高效、低能耗污水处理与再生技术开发

20. 城镇垃圾、农村生活垃圾、农村生活污水、污泥及其他固体废弃物减量化、资源化、无害化处理和综合利用工程

21. 废物填埋防渗技术与材料

22. 节能、节水、节材环保及资源综合利用等技术开发、应用及设备制造;为用户提供节能、环保、资源综合利用咨询、设计、评估、检测、审计、认证、诊断、融资、改造、运行管理等服务

23. 高效、节能、环保采矿、选矿技术(药剂);低品位、复杂、难处理矿开发及综合利用技术与设备

24. 共生、伴生矿产资源综合利用技术及有价元素提取

25. 尾矿、废渣等资源综合利用及配套装备制造

26. 再生资源、建筑垃圾资源化回收利用工程和产业化

27. 废旧木材、废旧电器电子产品、废印刷电路板、废旧电池、废旧船舶、废旧农机、废塑料、废旧纺织品及纺织废料和边角料、废(碎)玻璃、废橡胶、废弃油脂等废旧物资等资源循环再利用技术、设备开发及应用

28. 废旧汽车、工程机械、矿山机械、机床产品、农业机械、船舶等废旧机电产品及零部件再利用、再制造,墨盒、有机光导鼓的再制造(再填充),退役民用大型飞机及发动机、零部件拆解、再利用、再制造

29. 综合利用技术设备:4000 马力以上废钢破碎生产线;废塑料复合材料回收处理成套装备(回收率95%以上);轻烃类石化副产物综合利用技术装备;生物质能技术装备(发电、制油、沼气);硫回收装备(低温克劳斯法)

30. 含持久性有机污染物土壤修复技术的研发与应用

31. 削减和控制重金属排放的技术开发与应用

32. 工业难降解有机废水处理技术

33. 有毒、有机废气、恶臭高效处理技术

34. 餐厨废弃物资源化利用技术开发及设施建设

35. 碳捕集、利用与封存技术装备

36. 冰蓄冷技术及其成套设备制造

37. 电动汽车废旧动力蓄电池回收利用：梯级利用、再生利用等，废旧动力蓄电池回收利用技术装备：自动化拆解技术装备；自动化快速分选成组技术装备；电池剩余寿命及一致性评估技术装备；残余价值评估技术装备；梯次利用技术装备；正极、负极、隔膜、电解液高效再生利用及无害化处理技术装备

38. 废弃木质材料回收工程

39. 垃圾分类技术、设备、设施

40. 环境污染第三方治理

41. 挥发性有机物减量化、资源化和末端治理及监测技术

42. 废硫酸裂解回收技术

43. 工业副产盐资源化利用

44. 离子型稀土原矿绿色高效浸萃一体化技术

45. 余热回收利用先进工艺技术与设备

四十四、公共安全与应急产品

1. 气象、地震、地质、海洋、水旱灾害、城市及森林火灾灾害监测预警技术开发与应用

2. 生物灾害、动物疫情监测预警技术开发与应用

3. 堤坝、尾矿库安全自动监测报警技术开发与应用

4. 煤炭、矿山等安全生产监测报警技术开发与应用

5. 公共交通工具事故预警技术开发与应用

6. 水、土壤、空气污染物快速监测技术与产品

7. 食品药品安全快速检验技术、仪器设备开发及应用

8. 重大流行病、新发传染病检测试剂和仪器

9. 公共场所体温异常人员快速筛查设备

10. 交通安全、城市公共安全、恐怖袭击安全、网络与信息系统安全、警用安全、特种设备安全、工程施工安全、火灾、重大危险源安全监控监测预警系统、产品技术开发与应用

11. 放射性、毒品等违禁品、核生化恐怖源等危险物品快速探测检测技术与产品

12. 危险化学品安全监测技术开发与应用

13. 应急抢险救援人员防护用品开发与应用

14. 家用应急防护产品

15. 雷电灾害新型防护技术开发与应用

16. 矿山、工程和危险化学品安全生产避险产品及设施

17. 突发事件现场信息快速测绘、存储、传输等技术及产品

18. 生命探测装备

19. 智能化、大型、特种、无人化、高性能消防灭火救援装备

20. 建(构)筑物全地形废墟救援设备

21. 应急通信、应急指挥、应急发电与电力恢复、后勤保障等全地形高机动性多功能应急救援特种车辆及设备

22. 侦检、破拆、救生、照明、排烟、堵漏、输转、洗消、提升、投送等高效救援产品

23. 航空应急救援器材及装备

24. 道路应急抢通装备及设施

25. 公共交通设施除冰雪机械及环保型除雪剂开发与应用

26. 水上(水下及深海)应急救援技术与装备

27. 车载、港口等危险化学品、油品应急设施建设及设备

28. 海上溢油及有毒有害物质泄漏应急处置技术和装备

29. 有毒有害液体快速吸纳处理技术装备、移动式医疗废物快速处理装置、危险废物特性鉴别专用仪器

等突发环境灾难应急环保技术装备

30. 航空应急医疗系统,机动医疗救护系统,卫生应急消毒供应装备,生命支持、治疗、监护一体化急救与后送平台

31. 防控突发公共卫生和生物事件疫苗和药品

32. 反恐行动技术装备与侦控技术;反恐综合作战平台技术,反核恐怖机器人,应急防爆车,中型反恐排爆机器人,防爆拖车,爆炸物销毁器等

33. 紧急医疗、交通救援、工程抢险、安全生产、航空救援、网络与信息安全等应急救援社会化服务

34. 应急物流设施及服务

35. 应急咨询、评估、培训、租赁和保险服务

36. 应急物资储备基础设施建设

37. 应急救援基地、公众应急体验基础设施建设

38. 新型防火涂料、防火材料、阻火抑爆装置、建筑耐火构件

39. 森林、草原火灾自动监测报警技术开发与应用

40. 基于北斗导航卫星的安全监测系统

41. 矿山数字化技术开发与应用,安全生产模拟实训技术开发与应用,细粒尾矿模袋法堆坝安全技术

42. 地震灾害信息快速获取技术开发与应用,地震活动断层探测技术开发及应用

43. 煤矿突水水源快速判别技术开发与应用

44. 消防产品质量快速检测设备

45. 农产品及其产地环境的有害元素监测技术开发与应用

46. 生产生活用水快速安全监测设备

47. 特殊工种保护产品

48. 重要基础设施安全、社会公共安全、农林气象、生物灾害防范防护技术开发及应用

49. 煤矿瓦斯、热动力、水害等重大灾害应急救援及危险化学品风险监测、安全防控和应急处置成套技术与装备

50. 大型、多功能型工程抢险装备

51. 防汛抢险专用器材和装备

52. 人工影响天气作业系统

53. 核事故应急处置技术及装备

54. 疫情疫病检疫处置技术及装备

55. 特种设备事故救援技术与装备

56. 水旱灾害应急监测技术装备

57. 洪水干旱灾害风险智能辨识技术装备

58. 防汛抢险自组网集群应急通讯技术装备

59. 抗旱应急找水打井技术装备

60. 台风风险区划图编制技术及应用

61. 重大灾害事故应急救援基地化后勤保障重点技术装备

62. 重大事故灾害智能无人应急救援关键技术装备

63. 高原高寒地区灾害现场安置装备关键技术与装备研究应用

64. 雨雪冰冻灾害高效智能除冰除雪装备

65. 复杂环境轻型模块工程抢险装备

66. 大型高尾矿库溃坝灾害防控关键技术研究及应用示范

67. 防洪抗旱应急设施建设

68. 防汛抗旱新技术新产品开发与应用

69. 热转印标识牌生产开发与应用

四十五、民爆产品

1. 安全环保节能型工业炸药及无雷管感度的散装工业炸药；现场混装生产方式；采用乳胶基质集中制备、远程配送的现场混装生产方式；地下矿山、大型硐室、公路铁路隧道等工程应用现场混装炸药技术；民爆科研、生产、爆破服务“一体化”模式；退役火（炸）药在工业炸药中的应用，特殊用途炸药

2. 工业炸药智能化生产工艺技术及装备，工业炸药无人化车间；生产线在线监测、故障自诊断技术；现场混装生产方式的高精度装药计量技术、在线参数检测技术；现场混装生产方式全流程智能化管控平台；生产、销售（包括仓储）的信息化、可视化智能网络监管平台；废危险物料及不合格品安全、环保回收再利用的工艺技术及装备

3. 新型起爆器材；数码电子雷管；工业雷管成品防殉爆安全技术和基础雷管集约化生产、远程配送安全包装方式；数码电子雷管的电子引火元件（含电子控制模块和点火元件）集中生产远程配送模式；装药量系列化的工业导爆索

4. 高危生产工序的模块化、自动化、连续化设备，安全环保型的废品（料）销毁处理装备；火工药剂、产品的智能化生产工艺和装备，工业雷管生产线无人化车间；生产过程质量控制点工艺参数、人、机、料、环等数据的自动采集、存储和溯源分析系统；无职业危害、安全环保、信息化程度高的产品性能检测方法；工业导爆索生产过程炸药添加药、收线、盘卷、封尾、包装的自动化装备

5. 起爆具生产工艺自动化；可定期失效的稳定可控的震源药柱产品，含水炸药等在震源药柱中的应用；系列化、通用化的射孔弹产品；可靠、多样、高效、环保的人工影响天气用燃爆器材；退役火（炸）药在工业炸药制品中的应用

6. 工艺流程数据可视、生产数据在线采集、安全参数自动检测的工业炸药制品生产工艺；起爆具制造中，本质安全水平高，连续化、智能化的熔化、混药、浇注、退模等工序的工艺装备；震源药柱自动装药、自动装配的工艺装备；射孔弹自动装药、自动压制的工艺装备

7. 危险工房操作人员总人数不大于3人的工业炸药生产线；起爆具生产实现智能化，熔混注工房无固定作业人员，单个退模检验包装工房操作人员总人数不大于5人（含）的生产线；震源药柱生产实现连续化、自动化、信息化、柔性化的智能制造，1.1级单个危险工房操作人员人数不大于5人的生产线；射孔弹生产实现自动化、智能化，危险工房操作人员人数不大于6人的生产线；人工影响天气用燃爆器材生产实现自动化、智能化，危险工房操作人员人数不大于5人的生产线；海上救生烟火信号等烟火信息弹制造实现药剂制备、装药工序的自动化，装配工序的机械化，人机隔离，危险工房操作人员人数不大于5人的生产线

四十六、人力资源和人力资本服务业

1. 人力资源与人力资本信息化建设

2. 人力资源服务与人力资本服务产业园和平台建设

3. 人力资源招聘、就业和创业指导，人力资源和社会保障事务代理，人力资源培训、劳务派遣、人力资源测评、人力资源管理咨询、人力资源服务外包、高级人才寻访、人力资源信息软件服务等人力资源服务业

4. 人力资本价值评估、评测和交易，人力资本价值统计、分析和应用，人力资本形成过程中的投资活动

5. 人力资本金融创新平台建设

6. 人力资源与人力资本市场及配套服务设施建设

7. 农村劳动力转移就业服务平台建设

四十七、人工智能

1. 人工智能芯片

2. 工业互联网、公共系统、数字化软件、智能装备系统集成化技术及应用

3. 网络基础设施、大数据基础设施、高效能计算基础设施等智能化基础设施

4. 虚拟现实（VR）、增强现实（AR）、语音语义图像识别、多传感器信息融合等技术的研发与应用

5. 无人自主系统等典型行业应用系统

6. 人工智能标准测试及知识产权服务平台

7. 智能制造关键技术装备，智能制造工厂、园区改造

8. 智能人机交互系统

9. 可穿戴设备、智能机器人、智能家居

10. 智能医疗,医疗影像辅助诊断系统

11. 智能安防,视频图像身份识别系统

12. 智能交通,智能运载工具

13. 智能教育

14. 智慧城市

15. 智能农业

第二类 限 制 类

一、农林业

1. 天然草场超载放牧

2. 单线 5 万立方米/年以下的普通刨花板、高中密度纤维板生产装置

3. 单线 3 万立方米/年以下的木质刨花板生产装置

4. 1000 吨/年以下的松香生产项目

5. 兽用粉剂/散剂/预混剂生产线项目(持有新兽药证书的品种和自动化密闭式高效率混合生产工艺除外)

6. 转瓶培养生产方式的兽用细胞苗生产线项目(持有新兽药证书的品种和采用新技术的除外)

7. 松脂初加工项目

8. 以优质林木为原料的一次性木制品与木制包装的生产和使用以及木竹加工综合利用率偏低的木竹加工项目

9. 1 万立方米/年以下的胶合板和细木工板生产线

10. 珍稀植物和古树的根雕制造业

11. 以野外资源为原料的珍贵濒危野生动植物加工

12. 不符合生态养殖要求的湖泊、水库投饵网箱养殖

13. 不利于生态环境保护的开荒性农业开发项目

14. 缺水地区、国家生态脆弱区纸浆原料林基地建设

15. 不符合国家规划及产业政策的粮食转化乙醇、食用植物油料转化生物燃料项目

16. 破坏林地、湿地、草地的开发项目

二、煤炭

1. 低于 30 万吨/年的煤矿(其中山西、内蒙古、陕西低于 120 万吨/年,宁夏低于 60 万吨/年),低于 90 万吨/年的煤与瓦斯突出矿井

2. 采用非机械化开采工艺的煤矿项目

3. 煤炭资源回收率达不到国家规定要求的煤矿项目

4. 未按国家规定程序报批矿区总体规划的煤矿项目

5. 井下回采工作面超过 2 个的煤矿项目

6. 开采深度超过《煤矿安全规程》规定的煤矿、产品质量达不到《商品煤质量管理暂行办法》要求的煤矿、开采技术和装备列入《煤炭生产技术与装备政策导向(2014 年版)》限制目录且无法实施技术改造的煤矿

三、电力

1. 大电网覆盖范围内,发电煤耗高于 300 克标准煤/千瓦时的湿冷发电机组,发电煤耗高于 305 克标准煤/千瓦时的空冷发电机组

2. 无下泄生态流量的引水式水力发电

四、石化化工

1. 新建1000万吨/年以下常减压、150万吨/年以下催化裂化、100万吨/年以下连续重整（含芳烃抽提）、150万吨/年以下加氢裂化生产装置

2. 新建80万吨/年以下石脑油裂解制乙烯、13万吨/年以下丙烯腈、100万吨/年以下精对苯二甲酸、20万吨/年以下乙二醇、20万吨/年以下苯乙烯（干气制乙苯工艺除外）、10万吨/年以下己内酰胺、乙烯法醋酸、30万吨/年以下羰基合成法醋酸、天然气制甲醇（CO_2含量20%以上的天然气除外），100万吨/年以下煤制甲醇生产装置，丙酮氰醇法甲基丙烯酸甲酯、粮食法丙酮/丁醇、氯醇法环氧丙烷和皂化法环氧氯丙烷生产装置，300吨/年以下皂素（含水解物）生产装置

3. 新建7万吨/年以下聚丙烯、20万吨/年以下聚乙烯、乙炔法聚氯乙烯、起始规模小于30万吨/年的乙烯氧氯化法聚氯乙烯、10万吨/年以下聚苯乙烯、20万吨/年以下丙烯腈－丁二烯－苯乙烯共聚物（ABS）、3万吨/年以下普通合成胶乳－羧基丁苯胶（含丁苯胶乳）生产装置，新建、改扩建氯丁橡胶类、丁苯热塑性橡胶类、聚氨酯类和聚丙烯酸酯类中溶剂型通用胶粘剂生产装置

4. 新建纯碱（井下循环制碱、天然碱除外）、烧碱（废盐综合利用的离子膜烧碱装置除外）、30万吨/年以下硫磺制酸（单项金属离子≤100ppb的电子级硫酸除外）、20万吨/年以下硫铁矿制酸、常压法及综合法硝酸、电石（以大型先进工艺设备进行等量替换的除外）、单线产能5万吨/年以下氢氧化钾生产装置

5. 新建三聚磷酸钠、六偏磷酸钠、三氯化磷、五硫化二磷、磷酸氢钙、氯酸钠、少钙焙烧工艺重铬酸钠、电解二氧化锰、碳酸钙、无水硫酸钠（盐业联产及副产除外）、碳酸钡、硫酸钡、氢氧化钡、氯化钡、硝酸钡、碳酸锶、白炭黑（气相法除外）、氯化胆碱生产装置

6. 新建黄磷，起始规模小于3万吨/年、单线产能小于1万吨/年氰化钠（折100%），单线产能5千吨/年以下碳酸锂、氢氧化锂，干法氟化铝及单线产能2万吨/年以下无水氟化铝或中低分子比冰晶石生产装置

7. 新建以石油、天然气为原料的氮肥，采用固定层间歇气化技术合成氨，磷铵生产装置，铜洗法氨合成原料气净化工艺

8. 新建高毒、高残留以及对环境影响大的农药原药[包括氧乐果、水胺硫磷、甲基异柳磷、甲拌磷、特丁磷、杀扑磷、溴甲烷、灭多威、涕灭威、克百威、敌鼠钠、敌鼠酮、杀鼠灵、杀鼠醚、溴敌隆、溴鼠灵、肉毒素、杀虫双、灭线磷、磷化铝，有机氯类、有机锡类杀虫剂，福美类杀菌剂，复硝酚钠（钾）、氯磺隆、胺苯磺隆、甲磺隆等]生产装置

9. 新建草甘膦、毒死蜱（水相法工艺除外）、三唑磷、百草枯、百菌清、阿维菌素、吡虫啉、乙草胺（甲叉法工艺除外）、氯化苦生产装置

10. 新建硫酸法钛白粉、铅铬黄、1万吨/年以下氧化铁系颜料、溶剂型涂料（鼓励类的涂料品种和生产工艺除外）、含异氰脲酸三缩水甘油酯（TGIC）的粉末涂料生产装置

11. 新建染料、染料中间体、有机颜料、印染助剂生产装置（鼓励类及采用鼓励类技术的除外）

12. 新建氟化氢（HF，企业下游深加工产品配套自用、电子级及湿法磷酸配套除外），新建初始规模小于20万吨/年、单套规模小于10万吨/年的甲基氯硅烷单体生产装置，10万吨/年以下（有机硅配套除外）和10万吨/年及以上、没有副产四氯化碳配套处置设施的甲烷氯化物生产装置，没有副产三氟甲烷配套处置设施的二氟一氯甲烷生产装置，可接受用途的全氟辛基磺酸及其盐类和全氟辛基磺酰氟（其余为淘汰类）、全氟辛酸（PFOA），六氟化硫（SF6，高纯级除外），特定豁免用途的六溴环十二烷（其余为淘汰类）生产装置

13. 新建斜交轮胎和力车胎（含手推车胎）、锦纶帘线、3万吨/年以下钢丝帘线、再生胶（常压连续脱硫工艺除外）、橡胶塑解剂五氯硫酚、橡胶促进剂二硫化四甲基秋兰姆（TMTD）生产装置

五、信息产业

1. 激光视盘机生产线（VCD系列整机产品）

六、钢铁

1. 钢铁联合企业未同步配套建设干熄焦、装煤、推焦除尘装置的炼焦项目；独立焦化企业未同步配套建设装煤、推焦除尘装置的炼焦项目

2. 180 平方米以下烧结机(铁合金烧结机、铸造用生铁烧结机除外)

3. 有效容积 400 立方米以上 1200 立方米以下炼钢用生铁高炉;1200 立方米及以上但达不到环保、能耗、安全等强制性标准的炼钢用生铁高炉

4. 公称容量 30 吨以上 100 吨以下炼钢转炉;公称容量 100 吨及以上但达不到环保、能耗、安全等强制性标准的炼钢转炉

5. 公称容量 30 吨以上 100 吨(合金钢 50 吨)以下电弧炉;公称容量 100 吨(合金钢 50 吨)及以上但达不到环保、能耗、安全等强制性标准的电弧炉

6. 1450 毫米以下热轧带钢(不含特殊钢)项目

7. 30 万吨/年及以下热镀锌板卷项目

8. 20 万吨/年及以下彩色涂层板卷项目

9. 含铬质耐火材料

10. 普通功率和高功率石墨电极压型设备、焙烧设备和生产线

11. 直径 600 毫米以下或 2 万吨/年以下的超高功率石墨电极生产线

12. 8 万吨/年以下预焙阳极(炭块)、2 万吨/年以下普通阴极炭块、4 万吨/年以下炭电极生产线

13. 单机 120 万吨/年以下的球团设备(铁合金、铸造用生铁球团除外)

14. 顶装焦炉炭化室高度 <6.0 米、捣固焦炉炭化室高度 <5.5 米,100 万吨/年以下焦化项目;热回收焦炉捣固煤饼体积 <35 立方米,企业生产能力 <100 万吨/年(铸造焦 <60 万吨/年)焦化项目;半焦炉单炉生产能力 <10 万吨/年,企业生产能力 <100 万吨/年焦化项目

15. 3000 千伏安及以上,未采用热装热兑工艺的中低碳锰铁、电炉金属锰和中低微碳铬铁精炼电炉

16. 300 立方米以下锰铁高炉;300 立方米及以上,但焦比高于 1320 千克/吨的锰铁高炉;规模小于 10 万吨/年的锰铁高炉企业

17. 1.25 万千伏安以下的硅钙合金和硅钙钡铝合金矿热电炉;1.25 万千伏安及以上,但硅钙合金电耗高于 11000 千瓦时/吨的矿热电炉

18. 1.65 万千伏安以下硅铝合金矿热电炉;1.65 万千伏安及以上,但硅铝合金电耗高于 9000 千瓦时/吨的矿热电炉

19. 2×2.5 万千伏安以下普通铁合金矿热电炉(中西部具有独立运行的小水电及矿产资源优势的国家确定的重点贫困地区,矿热电炉容量 <2×1.25 万千伏安);2×2.5 万千伏安及以上,但变压器未选用有载电动多级调压的三相或三个单相节能型设备,未实现工艺操作机械化和控制自动化,硅铁电耗高于 8500 千瓦时/吨,工业硅电耗高于 12000 千瓦时/吨,电炉锰铁电耗高于 2600 千瓦时/吨,硅锰合金电耗高于 4200 千瓦时/吨,高碳铬铁电耗高于 3200 千瓦时/吨,硅铬合金电耗高于 4800 千瓦时/吨的普通铁合金矿热电炉

20. 间断浸出、间断送液的电解金属锰浸出工艺;10000 吨/年以下电解金属锰单条生产线(一台变压器),电解金属锰生产总规模为 30000 吨/年以下的企业

21. 厂区内无配套炼钢工序的独立热轧生产线

七、有色金属

1. 新建、扩建钨金属储量小于 1 万吨、年开采规模小于 30 万吨矿石量的钨矿开采项目(现有钨矿山的深部和边部资源开采扩建项目除外),钨、钼、锡、锑冶炼项目(符合国家环保节能等法律法规要求的项目除外)以及氧化锑、铅锡焊料生产项目,稀土采选、冶炼分离项目(符合稀土开采、冶炼分离总量控制指标要求的稀土企业集团项目除外)

2. 单系列 10 万吨/年规模以下粗铜冶炼项目(再生铜项目及氧化矿直接浸出项目除外)

3. 电解铝项目(产能置换项目除外)

4. 单系列 5 万吨/年规模以下铅冶炼项目(不新增产能的技改和环保改造项目除外)

5. 单系列 10 万吨/年规模以下锌冶炼项目(直接浸出除外)

6. 镁冶炼项目(综合利用项目和先进节能环保工艺技术改造项目除外)

7.10 万吨/年以下的独立铝用炭素项目

8.新建单系列生产能力5万吨/年及以下、改扩建单系列生产能力2万吨/年及以下、以及资源利用、能源消耗、环境保护等指标达不到行业准入条件要求的再生铅项目

9.新建、扩建原生汞矿开采项目

八、黄金

1.日处理金精矿200吨(不含)以下的原料自供能力不足50%(不含)的独立氰化项目(生物氰化提金工艺除外)

2.日处理矿石300吨(不含)以下的无配套采矿系统的独立黄金选矿厂项目

3.日处理金精矿200吨(不含)以下的无配套采矿系统的独立黄金冶炼厂火法冶炼项目

4.1500吨/日(不含)以下的无配套采矿系统的独立堆浸场项目

5.日处理岩金矿石300吨(不含)以下的露天采选项目、100吨(不含)以下的地下采选项目

6.年处理砂金矿砂30万(不含)立方米以下的砂金开采项目

7.在林区、基本农田、河道中开采砂金项目

九、建材

1.2000吨/日(不含)以下新型干法水泥熟料生产线(特种水泥生产线除外),60万吨/年(不含)以下水泥粉磨站

2.150万平方米/年及以下的建筑陶瓷(不包括建筑琉璃制品)生产线

3.60万件/年(不含)以下的隧道窑卫生陶瓷生产线

4.3000万平方米/年(不含)以下的纸面石膏板生产线(西藏除外)

5.中碱玻璃纤维池窑法拉丝生产线;单窑规模小于8万吨/年(不含)的无碱玻璃纤维粗纱池窑拉丝生产线;中碱、无碱、耐碱玻璃球窑生产线;中碱、无碱玻璃纤维代铂坩埚拉丝生产线

6.粘土空心砖生产线(陕西、青海、甘肃、新疆、西藏、宁夏除外)

7.15万平方米/年(不含)以下的石膏(空心)砌块生产线、单班5万立方米/年(不含)以下的混凝土小型空心砌块以及单班15万平方米/年(不含)以下的混凝土铺地砖固定式生产线、5万立方米/年(不含)以下的人造轻集料(陶粒)生产线

8.15万立方米/年(不含)以下的加气混凝土生产线

9.6000万标砖/年(不含)以下的烧结砖及烧结空心砌块生产线

10.30000吨/年以下岩(矿)棉制品生产线和8000吨/年以下玻璃棉制品生产线

11.100万米/年及以下预应力高强混凝土离心桩生产线

12.预应力钢筒混凝土管(简称PCCP管)生产线:PCCP-L型:年设计生产能力≤50千米,PCCP-E型:年设计生产能力≤30千米

十、医药

1.新建、扩建古龙酸和维生素C原粉(包括药用、食品用、饲料用、化妆品用)生产装置,新建药品、食品、饲料、化妆品等用途的维生素B1、维生素B2、维生素B12、维生素E原料生产装置

2.新建青霉素工业盐、6-氨基青霉烷酸(6-APA)、化学法生产7-氨基头孢烷酸(7-ACA)、化学法生产7-氨基-3-去乙酰氧基头孢烷酸(7-ADCA)、青霉素V、氨苄青霉素、羟氨苄青霉素、头孢菌素c发酵、土霉素、四环素、氯霉素、安乃近、扑热息痛、林可霉素、庆大霉素、双氢链霉素、丁胺卡那霉素、麦迪霉素、柱晶白霉素、环丙氟哌酸、氟哌酸、氟嗪酸、利福平、咖啡因、柯柯豆碱生产装置

3.新建紫杉醇(配套红豆杉种植除外)、植物提取法黄连素(配套黄连种植除外)生产装置

4.新建、改扩建药用丁基橡胶塞、二步法生产输液用塑料瓶生产装置

5.新建及改扩建原料含有尚未规模化种植或养殖的濒危动植物药材的产品生产装置

6.新建、改扩建充汞式玻璃体温计、血压计生产装置、银汞齐齿科材料,新建2亿支/年以下一次性注射器、输血器、输液器生产装置

十一、机械

1.2 臂及以下凿岩台车制造项目

2. 装岩机(立爪装岩机除外)制造项目

3.3 立方米及以下小矿车制造项目

4. 直径 2.5 米及以下绞车制造项目

5. 直径 3.5 米及以下矿井提升机制造项目

6.40 平方米及以下筛分机制造项目

7. 直径 700 毫米及以下旋流器制造项目

8.800 千瓦及以下采煤机制造项目

9. 斗容 3.5 立方米及以下矿用挖掘机制造项目

10. 矿用搅拌、浓缩、过滤设备(加压式除外)制造项目

11. 仓栅车、栏板车、自卸车和普通厢式车等普通运输类专用汽车和普通运输类挂车企业项目;三轮汽车、低速电动车

12. 单缸柴油机制造项目

13. 配套单缸柴油机的皮带传动小四轮拖拉机,配套单缸柴油机的手扶拖拉机,滑动齿轮换档、排放达不到要求的 50 马力以下轮式拖拉机

14.30 万千瓦级及以下常规燃煤火力发电设备制造项目(综合利用机组除外)

15.6 千伏及以上(陆上用)干法交联电力电缆制造项目

16. 非数控金属切削机床制造项目

17.6300 千牛及以下普通机械压力机制造项目

18. 非数控剪板机、折弯机、弯管机制造项目

19. 普通高速钢钻头、铣刀、锯片、丝锥、板牙项目

20. 棕刚玉、绿碳化硅、黑碳化硅等烧结块项目

21. 直径 450 毫米以下且磨削速度 40 米/秒以下的各种结合剂砂轮(钢轨打磨砂轮除外)

22. 直径 400 毫米及以下人造金刚石切割锯片制造项目

23. P0 级、直径 60 毫米以下普通微小型轴承制造项目

24.220 千伏及以下电力变压器(非晶合金、卷铁芯等节能配电变压器除外)

25.220 千伏及以下高、中、低压开关柜制造项目(使用环保型中压气体的绝缘开关柜以及用于爆炸性环境的防爆型开关柜除外)

26. 酸性碳钢焊条制造项目

27. 民用普通电度表制造项目

28.8.8 级以下普通低档标准紧固件制造项目

29. 一般用途固定往复活塞空气压缩机(驱动电动机功率 560 千瓦及以下、额定排气压力 1.25 兆帕及以下)制造项目

30. 普通运输集装干箱项目

31.56 英寸及以下单级中开泵制造项目

32. 通用类 10 兆帕及以下中低压碳钢阀门制造项目

33.5 吨/小时及以下短炉龄冲天炉

34. 有色合金六氯乙烷精炼、镁合金 SF6 保护

35. 冲天炉熔化采用冶金焦

36. 无旧砂再生的水玻璃砂造型制芯工艺

37. 盐浴氮碳、硫氮碳共渗炉及盐

38. 电子管高频感应加热设备

39. 亚硝盐缓蚀、防腐剂

40. 铸/锻造用燃油加热炉
41. 锻造用燃煤加热炉
42. 手动燃气锻造炉
43. 蒸汽锤
44. 弧焊变压器
45. 含铅和含镉钎料
46. 全断面掘进机整机组装项目
47. 万吨级以上自由锻造液压机项目
48. 使用淘汰类和限制类设备及工艺生产的铸件、锻件；不采用自动化造型设备的粘土砂型铸造项目、水玻璃熔模精密铸造项目、规模小于 20 万吨/年的离心球墨铸铁管项目、规模小于 3 万吨/年的离心灰铸铁管项目
49. 动圈式和抽头式手工焊条弧焊机
50. Y 系列（IP44）三相异步电动机（机座号 80～355）及其派生系列，Y2 系列（IP54）三相异步电动机（机座号 63～355）
51. 背负式手动压缩式喷雾器
52. 背负式机动喷雾喷粉机
53. 手动插秧机
54. 青铜制品的茶叶加工机械
55. 双盘摩擦压力机
56. 含铅粉末冶金件
57. 出口船舶分段建造项目

十二、轻工

1. 聚氯乙烯普通人造革生产线
2. 年加工生皮能力 20 万标张牛皮以下的生产线，年加工蓝湿皮能力 10 万标张牛皮以下的生产线
3. 以含氢氯氟烃（HCFCs）为制冷剂、发泡剂、灭火剂、溶剂、清洗剂、加工助剂等受控用途的聚氨酯泡沫塑料生产线、连续挤出聚苯乙烯泡沫塑料（XPS）生产线以及冰箱、冰柜、汽车空调器、工业商业用冷藏、制冷设备生产线
4. 聚氯乙烯（PVC）食品保鲜包装膜
5. 普通照明白炽灯
6. 最高转速低于 4000 针/分钟的平缝机（不含厚料平缝机）和最高转速低于 5000 针/分钟的包缝机
7. 电子计价秤（准确度低于最大称量的 1/3000，称量≤15 千克）、电子皮带秤（准确度低于最大称量的 5/1000）、电子吊秤（准确度低于最大称量的 1/1000，称量≤50 吨）、弹簧度盘秤（准确度低于最大称量的 1/400，称量≤8 千克）
8. 电子汽车衡（准确度低于最大称量的 1/3000，称量≤300 吨）、电子静态轨道衡（准确度低于最大称量的 1/3000，称量≤150 吨）、电子动态轨道衡（准确度低于最大称量的 1/500，称量≤150 吨）
9. 玻璃保温瓶胆生产线
10. 3 万吨/年及以下的玻璃瓶罐生产线
11. 以人工操作方式制备玻璃配合料及秤量
12. 未达到日用玻璃行业清洁生产评价指标体系规定指标的玻璃窑炉
13. 羰基合成法及齐格勒法生产的脂肪醇产品
14. 热法生产三聚磷酸钠生产线
15. 单层喷枪洗衣粉生产工艺及装备、1.6 吨/小时以下规模磺化装置
16. 100 万吨/年以下北方海盐项目；南方海盐盐场项目；60 万吨/年以下矿（井）盐项目
17. 单色金属板胶印机

18. 单条化学木浆30万吨/年以下、化学机械木浆10万吨/年以下、化学竹浆10万吨/年以下的生产线

19. 原糖加工项目及日处理甘蔗5000吨(云南地区3000吨)、日处理甜菜3000吨以下的项目

20. 酒精生产线

21. 糖精等化学合成甜味剂生产线

22. 大豆压榨及浸出项目(黑龙江、吉林、内蒙古大豆主产区除外);东、中部地区单线日处理油菜籽、棉籽200吨及以下,花生100吨及以下的油料加工项目;西部地区单线日处理油菜籽、棉籽、花生等油料100吨及以下的加工项目

23. 年加工玉米45万吨以下、绝干收率在98%以下玉米淀粉(蜡质玉米、高直链玉米等特种玉米年加工规模1万吨以下)

24. 年屠宰生猪15万头及以下、肉牛1万头及以下、肉羊15万只及以下、活禽1000万只及以下的屠宰建设项目(少数民族地区除外)

25. 3000吨/年及以下的西式肉制品加工项目

26. 年产2000吨(折干)及以下酵母制品

27. 冷冻海水鱼糜生产线

28. 铅酸蓄电池生产中铸板、制粉、输粉、灌粉、和膏、涂板、刷板、配酸灌酸、外化成、称板、包板等人工作业工艺

29. 采用外化成工艺生产铅酸蓄电池

30. 年产5万吨以下柠檬酸生产线

31. 10万吨/年及以下赖氨酸、苏氨酸生产线;20万吨/年及以下谷氨酸生产线

十三、纺织

1. 单线产能小于20万吨/年的常规聚酯(PET)连续聚合生产装置

2. 常规聚酯的对苯二甲酸二甲酯(DMT)法生产工艺

3. 半连续纺粘胶长丝生产线

4. 间歇式氨纶聚合生产装置

5. 常规化纤长丝用锭轴长1200毫米及以下的半自动卷绕设备

6. 粘胶板框式过滤机

7. 单线产能≤1000吨/年、幅宽≤2米的常规丙纶纺粘法非织造布生产线

8. 25公斤/小时以下梳棉机

9. 200钳次/分钟以下的棉精梳机

10. 5万转/分钟以下自排杂气流纺设备

11. FA502、FA503细纱机

12. 入纬率小于600米/分钟的剑杆织机,入纬率小于700米/分钟的喷气织机,入纬率小于900米/分钟的喷水织机

13. 采用聚乙烯醇浆料(PVA)上浆工艺及产品(涤棉产品,纯棉的高支高密产品除外)

14. 吨原毛洗毛用水超过20吨的洗毛工艺与设备

15. 双宫丝和柞蚕丝的立式缫丝工艺与设备

16. 绞纱染色工艺

17. 亚氯酸钠漂白设备

18. 普通涤纶载体染色

十四、烟草

1. 烟草制品加工项目

十五、民爆产品

1. 非人机隔离的非连续化、自动化雷管装配生产线

2. 非连续化、自动化炸药生产线

3. 高污染的起爆药生产线

4. 高能耗、高污染、低性能工业粉状炸药生产线

5. 危险等级为1.1级的危险品生产厂房现场操作人员总人数大于5人的炸药生产线

6. 危险等级为1.1级的危险品生产厂房现场操作人员人数大于9人的炸药制品生产线

7. 与雷管近距离接触的作业人员数量(含原材料和半成品作业人员,不含成品运送人员)大于5人的基础雷管装填生产线

十六、其他

1. 用地红线宽度(包括绿化带)超过下列标准的城市主干道路项目:小城市和重点镇40米,中等城市55米,大城市70米(200万人口以上特大城市主干道路确需超过70米的,城市总体规划中应有专项说明)

2. 用地面积超过下列标准的城市游憩集会广场项目:小城市和重点镇1公顷,中等城市2公顷,大城市3公顷,200万人口以上特大城市5公顷

3. 别墅类房地产开发项目

4. 高尔夫球场项目

5. 赛马场项目

6. 4档及以下机械式车用自动变速箱(AT)

7. 排放标准国三及以下的机动车用发动机

8. 不符合《大气污染防治法》《水污染防治法》《固体废物污染环境防治法》《节约能源法》《安全生产法》《产品质量法》《土地管理法》《职业病防治法》等国家法律法规,不符合国家安全、环保、能耗、质量方面强制性标准,不符合国际环境公约等要求的工艺、技术、产品、装备

第三类　淘　汰　类

注:条目后括号内年份为淘汰期限,淘汰期限为2020年12月31日是指应于2020年12月31日前淘汰,其余类推;有淘汰计划的条目,根据计划进行淘汰;未标淘汰期限或淘汰计划的条目为国家产业政策已明令淘汰或立即淘汰。

一、落后生产工艺装备

(一)农林业

1. 湿法纤维板生产工艺

2. 滴水法松香生产工艺

3. 农村传统老式炉灶炕

4. 以木材、伐根为主要原料的土法活性炭生产

5. 超过生态承载力的旅游活动和药材等林产品采集

6. 严重缺水地区建设灌溉型造纸原料林基地

7. 种植前溴甲烷土壤熏蒸工艺

(二)煤炭

1. 与大型煤矿井田平面投影重叠的小煤矿

2. 山西、内蒙古、陕西、宁夏30万吨/年以下(不含30万吨/年),河北、辽宁、吉林、黑龙江、江苏、安徽、山东、河南、甘肃、青海、新疆15万吨/年以下(不含15万吨/年),其他地区9万吨/年及以下(含9万吨/年)的煤矿;长期停产停建的30万吨/年以下(不含30万吨/年)“僵尸企业”煤矿;30万吨/年以下(不含30万吨/年)冲击地压、煤与瓦斯突出等灾害严重煤矿。属于满足林区、边远山区居民生活用煤需要或承担特殊供应任务且符合资源、环保、安全、技术、能耗等标准的煤矿,经省级人民政府批准,可以暂时保留或推迟退出

3. 既无降硫措施又无达标排放用户的高硫煤炭(含硫高于3%)生产矿井,不能就地使用的高灰煤炭(灰分高于40%)生产矿井以及高砷煤炭(动力用煤中砷含量超过80μg/g,炼焦用煤中砷含量超过35μg/g)生产煤矿

4. 6AM、φM－2.5、PA－3 型煤用浮选机

5. PB2、PB3、PB4 型矿用隔爆高压开关

6. PG－27 型真空过滤机

7. X－1 型箱式压滤机

8. ZYZ、ZY3 型液压支架

9. 不能实现洗煤废水闭路循环的选煤工艺、不能实现粉尘达标排放的干法选煤设备

10. 开采范围与自然保护区、风景名胜区、饮用水水源保护区重叠的煤矿（根据法律法规及国家有关文件要求进行淘汰）

（三）电力

1. 不达标的单机容量 30 万千瓦级及以下的常规燃煤火电机组（综合利用机组除外）、以发电为主的燃油锅炉及发电机组

（四）石化化工

1. 200 万吨/年及以下常减压装置（青海格尔木、新疆泽普装置除外），采用明火高温加热方式生产油品的釜式蒸馏装置，废旧橡胶和塑料土法炼油工艺，焦油间歇法生产沥青，2.5 万吨/年及以下的单套粗（轻）苯精制装置，5 万吨/年及以下的单套煤焦油加工装置

2. 10 万吨/年以下的硫铁矿制酸和硫磺制酸（边远地区除外），平炉氧化法高锰酸钾，隔膜法烧碱生产装置（作为废盐综合利用的可以保留），平炉法和大锅蒸发法硫化碱生产工艺，芒硝法硅酸钠（泡花碱）生产工艺，间歇焦炭法二硫化碳工艺

3. 单台产能 5000 吨/年以下和不符合准入条件的黄磷生产装置，有钙焙烧铬化合物生产装置，单线产能 3000 吨/年以下普通级硫酸钡、氢氧化钡、氯化钡、硝酸钡生产装置，产能 1 万吨/年以下氯酸钠生产装置，单台炉容量小于 12500 千伏安的电石炉及开放式电石炉，高汞催化剂（氯化汞含量 6.5% 以上）和使用高汞催化剂的乙炔法聚氯乙烯生产装置，使用汞或汞化合物的甲醇钠、甲醇钾、乙醇钠、乙醇钾、聚氨酯、乙醛、烧碱、生物杀虫剂和局部抗菌剂生产装置，氨钠法及氰熔体氰化钠生产工艺

4. 单线产能 1 万吨/年以下三聚磷酸钠、0.5 万吨/年以下六偏磷酸钠、0.5 万吨/年以下三氯化磷、3 万吨/年以下饲料磷酸氢钙、5000 吨/年以下工艺技术落后和污染严重的氢氟酸、5000 吨/年以下湿法氟化铝及敞开式结晶氟盐生产装置

5. 单线产能 0.3 万吨/年以下氰化钠（100% 氰化钠）、1 万吨/年以下氢氧化钾、1.5 万吨/年以下普通级白炭黑、2 万吨/年以下普通级碳酸钙、10 万吨/年以下普通级无水硫酸钠（盐业联产及副产除外）、0.3 万吨/年以下碳酸锂和氢氧化锂、2 万吨/年以下普通级碳酸钡、1.5 万吨/年以下普通级碳酸锶生产装置

6. 半水煤气氨水液相脱硫、天然气常压间歇转化工艺制合成氨、一氧化碳常压变化及全中温变换（高温变换）工艺、没有配套硫磺回收装置的湿法脱硫工艺，没有配套建设吹风气余热回收、造气炉渣综合利用装置的固定层间歇式煤气化装置，没有配套工艺冷凝液水解解析装置的尿素生产设施

7. 钠法百草枯生产工艺，敌百虫碱法敌敌畏生产工艺，小包装（1 公斤及以下）农药产品手工包（灌）装工艺及设备，雷蒙机法生产农药粉剂，以六氯苯为原料生产五氯酚（钠）装置

8. 用火直接加热的涂料用树脂、四氯化碳溶剂法制取氯化橡胶生产工艺，100 吨/年以下皂素（含水解物）生产装置，盐酸酸解法皂素生产工艺及污染物排放不能达标的皂素生产装置，铁粉还原法工艺（4,4－二氨基二苯乙烯－二磺酸[DSD 酸]、2－氨基－4－甲基－5－氯苯磺酸[CLT 酸]、1－氨基－8－萘酚－3,6－二磺酸[H 酸]三种产品暂缓执行）

9. 50 万条/年及以下的斜交轮胎和以天然棉帘子布为骨架的轮胎、1.5 万吨/年及以下的干法造粒炭黑（特种炭黑和半补强炭黑除外）、3 亿只/年以下的天然胶乳安全套，橡胶硫化促进剂 N－氧联二（1,2－亚乙基）－2－苯并噻唑次磺酰胺（NOBS）和橡胶防老剂 D 生产装置

10. 氯氟烃（CFCs）、含氢氯氟烃（HCFCs，作为自身下游化工产品的原料且不对外销售的除外），用于清洗的 1,1,1－三氯乙烷（甲基氯仿），主产四氯化碳（CTC）、以四氯化碳（CTC）为加工助剂的所有产品，以 PFOA 为加工助剂的含氟聚合物生产工艺，含滴滴涕的涂料、采用滴滴涕为原料非封闭生产三氯杀螨醇生产

装置(根据国家履行国际公约总体计划要求进行淘汰)

(五)钢铁

1. 土法炼焦(含改良焦炉);单炉产能7.5万吨/年以下或无煤气、焦油回收利用和污水处理达不到焦化行业准入条件的半焦(兰炭)生产装置

2. 炭化室高度小于4.3米焦炉(3.8米及以上捣固焦炉除外);未配套干熄焦装置的钢铁企业焦炉

3. 土烧结矿

4. 热烧结矿

5. 钢铁生产用环形烧结机、90平方米以下烧结机、8平方米以下球团竖炉;铁合金生产用24平方米以下带式锰矿、铬矿烧结机

6. 400立方米及以下炼钢用生铁高炉(河北2020年底前淘汰450立方米及以下炼钢用生铁高炉),200立方米及以下铁合金生产用高炉(其中锰铁高炉为100立方米及以下),200立方米及以下铸造用生铁高炉(其中配套“短流程”铸造工艺的铸造用生铁高炉为100立方米及以下)

7. 用于熔化废钢的工频和中频感应炉(根据法律法规和国家取缔“地条钢”有关要求淘汰)

8. 30吨及以下炼钢转炉(不含铁合金转炉)(河北2020年底前淘汰40吨及以下炼钢转炉,其中生产特殊质量合金钢的转炉除外)

9. 30吨及以下炼钢电弧炉(不含机械铸造,特殊质量合金钢,高温合金、精密合金等特殊合金材料用电弧炉)

10. 化铁炼钢

11. 复二重线材轧机

12. 横列式线材轧机

13. 横列式棒材及型材轧机(不含生产高温合金的轧机)

14. 叠轧薄板轧机

15. 普钢初轧机及开坯用中型轧机

16. 热轧窄带钢轧机

17. 三辊劳特式中板轧机

18. 直径76毫米以下热轧无缝管机组

19. 三辊式型线材轧机(不含特殊钢生产)

20. 环保不达标的冶金炉窑

21. 手工操作的土沥青焦油浸渍装置,矿石原料与固体原料混烧、自然通风、手工操作的土竖窑,以煤直接为燃料、烟尘净化不能达标的倒焰窑

22. 6300千伏安及以下铁合金矿热电炉,3000千伏安以下铁合金半封闭直流电炉、铁合金精炼电炉(钨铁、钒铁等特殊品种的电炉除外)

23. 蒸汽加热混捏、倒焰式焙烧炉、艾奇逊交流石墨化炉、10000千伏安及以下三相桥式整流艾奇逊直流石墨化炉及其并联机组

24. 单机产能1万吨及以下的冷轧带肋钢筋生产装备(高延性冷轧带肋钢筋生产装备除外)

25. 生产预应力钢丝的单罐拉丝机生产装备

26. 预应力钢材生产消除应力处理的铅淬火工艺

27. 煅烧石灰土窑

28. 每炉单产5吨以下的钛铁熔炼炉、用反射炉焙烧钼精矿的钼铁生产线及用反射炉还原、煅烧红矾钠、铬酐生产金属铬的生产线

29. 燃煤倒焰窑耐火材料及原料制品生产线

30. 钢铁行业用一段式固定煤气发生炉项目(不含粉煤气化炉)

31. 电解金属锰用6000千伏安及以下的整流变压器、有效容积170立方米及以下的化合槽

32. 企业生产能力<40万吨/年热回收焦炉;未同步配套建设热能回收装置的焦炉

33. 还原二氧化锰用反射炉(包括硫酸锰厂用反射炉、矿粉厂用反射炉等)

34. 电解金属锰一次压滤用除高压隔膜压滤机以外的板框、箱式压滤机

35. 有效容积18立方米及以下轻烧反射窑

36. 有效容积30立方米及以下重烧镁砂竖窑

(六)有色金属

1. 采用马弗炉、马槽炉、横罐、小竖罐等进行焙烧、简易冷凝设施进行收尘等落后方式炼锌或生产氧化锌工艺装备

2. 采用铁锅和土灶、蒸馏罐、坩埚炉及简易冷凝收尘设施等落后方式炼汞

3. 采用土坑炉或坩埚炉焙烧、简易冷凝设施收尘等落后方式炼制氧化砷或金属砷工艺装备

4. 铝自焙电解槽及160kA以下预焙槽

5. 鼓风炉、电炉、反射炉炼铜工艺及设备

6. 烟气制酸干法净化和热浓酸洗涤技术

7. 采用地坑炉、坩埚炉、赫氏炉等落后方式炼锑

8. 采用烧结锅、烧结盘、简易高炉等落后方式炼铅工艺及设备

9. 利用坩埚炉熔炼再生铝合金、再生铅的工艺及设备

10. 铝用湿法氟化盐项目

11. 1万吨/年以下的再生铝、再生铅项目

12. 再生有色金属生产中采用直接燃煤的反射炉项目

13. 铜线杆(黑杆)生产工艺

14. 未配套制酸及尾气吸收系统的烧结机炼铅工艺

15. 烧结－鼓风炉炼铅工艺

16. 无烟气治理措施的再生铜焚烧工艺及设备

17. 50吨以下传统固定式反射炉再生铜生产工艺及设备

18. 4吨以下反射炉再生铝生产工艺及设备

19. 离子型稀土矿堆浸和池浸工艺

20. 独居石单一矿种开发项目

21. 稀土氯化物电解制备金属工艺项目

22. 湿法生产电解用氟化稀土生产工艺

23. 20000吨/年(REO)以下混合型稀土矿山开发项目;5000吨(REO)/年以下的氟碳铈矿稀土矿山开发项目;500吨(REO)/年以下的离子型稀土矿山开发项目

24. 2000吨(REO)/年以下的稀土分离项目

25. 1500吨/年以下、电解槽电流小于5000A、电流效率低于85%的轻稀土金属冶炼项目

26. 原生汞矿开采(2032年8月16日)

(七)黄金

1. 混汞提金工艺

2. 小氰化池浸工艺、土法冶炼工艺

3. 无环保措施提取线路板中金、银、钯等贵重金属

4. 日处理能力50吨(不含)以下采选项目

5. 整体矿石汞齐化;露天焚烧汞合金或经过加工的汞合金;在居民区焚烧汞合金;在没有首先去除汞的情况下,对添加了汞的沉积物、矿石或尾矿石进行氰化物浸出

(八)建材

1. 干法中空窑(生产铝酸盐水泥等特种水泥除外),水泥机立窑,立波尔窑、湿法窑

2. 直径3米(不含)以下水泥粉磨设备(生产特种水泥除外)

3. 无覆膜塑编水泥包装袋生产线

4. 平拉工艺平板玻璃生产线(含格法)

5. 100 万平方米/年(不含)以下的建筑陶瓷砖、20 万件/年(不含)以下卫生陶瓷生产线

6. 建筑卫生陶瓷(不包括建筑琉璃制品)土窑、倒焰窑、多孔窑、煤烧明焰隧道窑、隔焰隧道窑、匣钵装卫生陶瓷隧道窑

7. 建筑陶瓷砖成型用的摩擦压砖机

8. 玻璃纤维陶土坩埚拉丝生产工艺与装备

9. 1000 万平方米/年(不含)以下的纸面石膏板生产线

10. 500 万平方米/年(不含)以下的改性沥青类防水卷材生产线;500 万平方米/年(不含)以下沥青复合胎柔性防水卷材生产线;100 万卷/年(不含)以下沥青纸胎油毡生产线

11. 石灰土立窑

12. 砖瓦轮窑(2020 年 12 月 31 日)以及立窑、无顶轮窑、马蹄窑等土窑

13. 普通挤砖机

14. SJ1580－3000 双轴、单轴制砖搅拌机

15. SQP400500－700500 双辊破碎机

16. 1000 型普通切条机

17. 100 吨以下盘转式压砖机

18. 手工制作墙板生产线

19. 简易移动式砼砌块成型机、附着式振动成型台

20. 单班 1 万立方米/年以下的混凝土砌块固定式成型机、单班 10 万平方米/年以下的混凝土铺地砖固定式成型机

21. 人工浇筑、非机械成型的石膏(空心)砌块生产工艺

22. 真空加压法和气炼一步法石英玻璃生产工艺装备

23. 生产人造金刚石用 6×6 兆牛顿六面顶小型压机

24. 手工切割加气混凝土生产线、非蒸压养护加气混凝土生产线

25. 非烧结、非蒸压粉煤灰砖生产线

26. 装饰石材矿山硐室爆破开采技术、吊索式大理石土拉锯、移动式小型圆盘锯

(九)医药

1. 手工胶囊填充工艺

2. 软木塞烫腊包装药品工艺

3. 不符合 GMP 要求的安瓿拉丝灌封机

4. 塔式重蒸馏水器

5. 无净化设施的热风干燥箱

6. 环境、职业健康和安全不能达到国家标准的原料药生产装置

7. 铁粉还原法对乙酰氨基酚(扑热息痛)、咖啡因装置

8. 使用氯氟烃(CFCs)作为气雾剂、推进剂、抛射剂或分散剂的医药用品生产工艺(根据国家履行国际公约总体计划要求进行淘汰)

(十)机械

1. 热处理铅浴炉(用于金属丝绳及其制品的有铅液覆盖剂和负压抽风除尘环保设施的在线热处理铅浴生产线除外)

2. 热处理氯化钡盐浴炉(高温氯化钡盐浴炉暂缓淘汰)

3. TQ60、TQ80 塔式起重机

4. QT16、QT20、QT25 井架简易塔式起重机

5. KJ1600/1220 单筒提升绞机

6. 3000 千伏安以下普通棕刚玉冶炼炉

7. 4000 千伏安以下固定式棕刚玉冶炼炉
8. 3000 千伏安以下碳化硅冶炼炉
9. 强制驱动式简易电梯
10. 以氯氟烃(CFCs)作为膨胀剂的烟丝膨胀设备生产线
11. 砂型铸造粘土烘干砂型及型芯
12. 焦炭炉熔化有色金属
13. 砂型铸造油砂制芯
14. 重质砖炉衬台车炉
15. 中频发电机感应加热电源
16. 燃煤火焰反射加热炉
17. 铸/锻件酸洗工艺
18. 位式交流接触器温度控制柜
19. 插入电极式盐浴炉
20. 动圈式和抽头式硅整流弧焊机
21. 磁放大器式弧焊机
22. 无法安装安全保护装置的冲床
23. 无磁轭(≥0.25 吨)铝壳中频感应电炉
24. 无芯工频感应电炉

(十一)船舶

1. 废旧船舶滩涂拆解工艺
2. 船长大于 90 米的海洋钢质船舶以及船长大于 120 米的内河钢质船舶的整体建造工艺

(十二)轻工

1. 单套 10 万吨/年以下的真空制盐装置、20 万吨/年以下的湖盐和 30 万吨/年以下的北方海盐生产设施
2. 利用矿盐卤水、油气田水且采用平锅、滩晒制盐的生产工艺与装置
3. 2 万吨/年及以下的南方海盐生产装置
4. 超薄型(厚度低于 0.025 毫米)塑料购物袋生产
5. 年加工生皮能力 5 万标张牛皮、年加工蓝湿皮能力 3 万标张牛皮以下的制革生产线
6. 300 吨/年以下的油墨生产总装置(利用高新技术、无污染的除外)
7. 含苯类溶剂型油墨生产
8. 石灰法地池制浆设备(宣纸除外)
9. 5.1 万吨/年以下的化学木浆生产线
10. 单条 3.4 万吨/年以下的非木浆生产线
11. 单条 1 万吨/年及以下、以废纸为原料的制浆生产线
12. 幅宽在 1.76 米及以下并且车速为 120 米/分以下的文化纸生产线
13. 幅宽在 2 米及以下并且车速为 80 米/分以下的白板纸、箱板纸及瓦楞纸生产线
14. 以氯氟烃(CFCs)为制冷剂和发泡剂的冰箱、冰柜、汽车空调器、工业商业用冷藏、制冷设备生产线
15. 以氯氟烃(CFCs)为发泡剂的聚氨酯、聚乙烯、聚苯乙烯泡沫塑料生产
16. 以四氯化碳(CTC)为清洗剂的生产工艺
17. 以三氟三氯乙烷(CFC-113)和甲基氯仿(TCA)为清洗剂和溶剂的生产工艺
18. 脂肪酸法制叔胺工艺,发烟硫酸磺化工艺,搅拌釜式乙氧基化工艺
19. 印铁制罐行业中的锡焊工艺
20. 燃煤和燃发生炉煤气的坩埚玻璃窑,直火式、无热风循环的玻璃退火炉
21. 机械定时行列式制瓶机

22. 生产能力 150 瓶/分钟以下(瓶容在 250 毫升及以下)的碳酸饮料生产线

23. 日处理原料乳能力(两班)20 吨以下浓缩、喷雾干燥等设施;200 千克/小时以下的手动及半自动液体乳灌装设备

24. 3 万吨/年以下酒精生产线(废糖蜜制酒精除外)

25. 等电离交工艺的谷氨酸生产线,5 万吨/年以下味精生产装置

26. 传统钙盐法柠檬酸生产装置

27. 年处理 15 万吨以下、总干物收率 97% 以下的湿法玉米淀粉生产线(特种玉米淀粉生产线除外)

28. 桥式劈半锯、敞式生猪烫毛机等生猪屠宰设备

29. 猪、牛、羊、禽手工屠宰工艺

30. 小麦粉增白剂(过氧化苯甲酰、过氧化钙)的添加工艺

31. 元素氯漂白制浆工艺

32. 铅蓄电池生产用开放式熔铅锅、开口式铅粉机

33. 管式铅蓄电池干式灌粉工艺

34. 添加白砒、三氧化二锑、含铅、含氟(全电熔窑除外)、铬矿渣及其他有害原辅材料的玻璃配合料

(十三)纺织

1. 使用时间达到 30 年的棉纺、毛纺、麻纺设备、机织设备

2. 辊长 1000 毫米以下的皮辊轧花机,锯片片数在 80 以下的锯齿轧花机,压力吨位在 400 吨以下的皮棉打包机(不含 160 吨、200 吨短绒棉花打包机)

3. ZD647、ZD721 型自动缫丝机,D101A 型自动缫丝机,ZD681 型立缫机,DJ561 型绢精纺机,K251、K251A 型丝织机等丝绸加工设备

4. Z114 型小提花机

5. GE186 型提花毛圈机

6. Z261 型人造毛皮机

7. 未经改造的 74 型染整设备

8. 蒸汽加热敞开无密闭的印染平洗槽

9. R531 型酸性粘胶纺丝机

10. 4 万吨/年及以下粘胶常规短纤维生产线

11. 湿法氨纶生产工艺

12. 二甲基甲酰胺(DMF)溶剂法氨纶及腈纶生产工艺

13. 硝酸法腈纶常规纤维生产工艺及装置

14. 常规聚酯(PET)间歇法聚合生产工艺及设备

15. 常规涤纶长丝锭轴长 900 毫米及以下的半自动卷绕设备

16. 使用年限超过 15 年的国产和使用年限超过 20 年的进口印染前处理设备、拉幅和定形设备、圆网和平网印花机、连续染色机

17. 使用年限超过 15 年的浴比大于 1 : 10 的棉及化纤间歇式染色设备

18. 使用直流电机驱动的印染生产线

19. 印染用铸铁结构的蒸箱和水洗设备,铸铁墙板无底蒸化机,汽蒸预热区短的 L 型退煮漂履带汽蒸箱

20. 螺杆挤出机直径小于或等于 90mm,2000 吨/年以下的涤纶再生纺短纤维生产装置

(十四)印刷

1. 全部铅排、铅印工艺

2. 全部铅印机及相关辅机

3. 照像制版机

4. ZD201、ZD301 型系列单字铸字机

5. TH1 型自动铸条机、ZT102 型系列铸条机

6. ZDK101 型字模雕刻机

7. KMD101 型字模刻刀磨床

8. AZP502 型半自动汉文手选铸排机、ZSY101 型半自动汉文铸排机、TZP101 型外文条字铸排机、ZZP101 型汉文自动铸排机

9. QY401、2QY404 型系列电动铅印打样机，QYSH401、2QY401、DY401 型手动式铅印打样机

10. YX01、YX02、YX03 型系列压纸型机，HX01、HX02、HX03、HX04 型系列烘纸型机

11. PZB401 型平铅版铸版机，YZB02、YZB03、YZB04、YZB05、YZB06、YZB07 型系列铅版铸版机

12. JB01 型平铅版浇版机

13. RQ02、RQ03、RQ04 型系列铅泵熔铅炉

14. BB01 型刨版机，YGB02、YGB03、YGB04、YGB05 型圆铅版刮版机，YTB01 型圆铅版镗版机，YJB02 型圆铅版锯版机，YXB04、YXB05、YXB302 型系列圆铅版修版机

15. P401、P402 型系列四开平压印刷机，P801、P802、P803、P804 型系列八开平压印刷机

16. PE802 型双合页印刷机

17. TE102、TE105、TE108 型系列全张自动二回转平台印刷机

18. TY201 型对开单色一回转平台印刷机，TY401 型四开单色一回转平台印刷机

19. TY4201 型四开一回转双色印刷机

20. TT201、TZ201、DT201 型对开手动续纸停回转平台印刷机

21. TT202 型对开自动停回转平台印刷机，TT402、TT403、TT405、DT402 型四开自动停回转平台印刷机，TZ202 型对开半自动停回转平台印刷机，TZ401、TZS401、DT401 型四开半自动停回转平台印刷机

22. TR801 型系列立式平台印刷机

23. LP1101、LP1103 型系列平板纸全张单面轮转印刷机，LP1201 型平板纸全张双面轮转印刷机，LP4201 型平板纸四开双色轮转印刷机

24. LSB201（880×1230 毫米）及 LS201、LS204（787×1092 毫米）型系列卷筒纸书刊转轮印刷机

25. LB203、LB205、LB403 型卷筒纸报版轮转印刷机，LB2405、LB4405 型卷筒纸双层二组报版轮转印刷机，LBS201 型卷筒纸书、报二用轮转印刷机

26. K. M. T 型自动铸字排版机，PH－5 型汉字排字机

27. 球震打样制版机（DIA PRESS 清刷机）

28. 1985 年前生产的手动照排机、国产制版照相机

29. 离心涂布机

30. J1101 系列全张单色胶印机（印刷速度每小时 5000 张及以下）

31. J2101、PZ1920 系列对开单色胶印机（印刷速度每小时 4000 张及以下），PZ1615 系列四开单色胶印机（印刷速度每小时 4000 张及以下），YPS1920 系列双面单色胶印机（印刷速度每小时 4000 张及以下）

32. W1101 型全张自动凹版印刷机、AJ401 型卷筒纸单面四色凹版印刷机

33. DJ01 型平装胶订联动机，PRD－01、PRD－02 型平装胶订联动机，DBT－01 型平装有线订、包、烫联动机

34. 溶剂型即涂覆膜机、承印物无法降解和回收的各类覆膜机

35. QZ101、QZ201、QZ301、QZ401 型切纸机

36. MD103A 型磨刀机

（十五）民爆产品

1. 密闭式包装型乳化炸药基质冷却机

2. 密闭式包装型乳化炸药低温敏化机

3. 小直径手工单头炸药装药机

4. 轴承包覆在药剂中的混药、输送等炸药设备

5. 起爆药干燥工序采用蒸汽烘房干燥的工艺

6. 延期元件（体）制造工序采用手工装药的工艺

7. 雷管装填、装配工序及工序间的传输无可靠防殉爆措施的工艺
8. 导爆管制造工序加药装置无可靠防爆设施的生产线
9. 危险作业场所未实现远程视频监视的工业炸药和工业雷管生产线
10. 危险作业场所未实现远程视频监视的导爆索生产线
11. 采用传统轮碾方式的炸药制药工艺
12. 起爆药生产废水达不到《兵器工业水污染排放标准火工药剂》(GB14470.2)要求排放的生产工艺
13. 乳化器出药温度大于130℃的乳化工艺
14. 小直径含水炸药装药效率低于1200kg/h、小直径粉状炸药装药效率低于800kg/h的装药机
15. 有固定操作人员的场所,噪声超过85分贝以上的炸药设备
16. 全电阻极差大于1.5Ω的电雷管(钢芯脚线长度2m)生产技术
17. 装箱产品下线未实现生产数据在线采集、及时传输的生产线
18. 全电阻极差大于1.0Ω的电雷管(钢芯脚线长度2m)生产工艺
19. 工序间无可靠防传爆措施的导爆索生产线
20. 制索工序无药量在线检测、自动联锁保护装置的导爆索生产线
21. 最大不发火电流小于0.25A的普通型电雷管生产工艺
22. 雷管装填工序未实现人机隔离的生产工艺
23. 雷管卡口、检查工序间需人工传送产品的生产工艺
24. 年产10000吨及以下的低水平工业炸药生产线

(十六)消防

1. 火灾探测器手工插焊电子元器件生产工艺

(十七)采矿

1. 集中铲装作业时人工装卸矿岩
2. 未安装捕尘装置的干式凿岩作业
3. 主要无轨运输巷道及露天采场采用人力或畜力运输矿岩
4. 地下矿山使用非阻燃电缆、风筒和输送带
5. 地下矿山主要井巷使用木支护
6. 地下矿山采用空场法采矿(无底柱采矿法)采场内人工装运作业
7. 地下矿山采用横撑支柱采矿法
8. 露天矿山采用扩壶爆破
9. 露天矿山采用掏底崩落、掏挖开采、不分层的“一面墙”开采
10. 露天矿山使用爆破方式对大块矿岩进行二次破碎

(十八)其他

1. 含有毒有害氰化物电镀工艺(电镀金、银、铜基合金及予镀铜打底工艺除外)
2. 含氰沉锌工艺
3. 实体坝连岛技术
4. 超过生态承载力的旅游活动和药材等林产品采集
5. 不符合国家现行城市生活垃圾、医疗废物和工业废物焚烧相关污染控制标准、工程技术标准以及设备标准的小型焚烧炉
6. 不符合《大气污染防治法》《水污染防治法》《固体废物污染环境防治法》《节约能源法》《安全生产法》《产品质量法》《土地管理法》《职业病防治法》等国家法律法规,不符合国家安全、环保、能耗、质量方面强制性标准,不符合国际环境公约等要求的工艺、技术、产品、装备

二、落后产品

(一)石化化工

1. 改性淀粉、改性纤维、多彩内墙(树脂以硝化纤维素为主,溶剂以二甲苯为主的O/W型涂料)、氯乙

烯－偏氯乙烯共聚乳液外墙、焦油型聚氨酯防水、水性聚氯乙烯焦油防水、聚乙烯醇及其缩醛类内外墙(106、107涂料等)、聚醋酸乙烯乳液类(含乙烯/醋酸乙烯酯共聚物乳液)外墙涂料

2. 有害物质含量超标准的内墙、溶剂型木器、玩具、汽车、外墙涂料,含双对氯苯基三氯乙烷、三丁基锡、全氟辛酸及其盐类、全氟辛烷磺酸、红丹等有害物质的涂料

3. 在还原条件下会裂解产生24种有害芳香胺的偶氮染料(非纺织品用的领域暂缓)、九种致癌性染料(用于与人体不直接接触的领域暂缓)

4. 含苯类、苯酚、苯甲醛和二(三)氯甲烷的脱漆剂,立德粉,聚氯乙烯建筑防水接缝材料(焦油型),107胶,瘦肉精,多氯联苯(变压器油)

5. 高毒农药产品:六六六、二溴乙烷、丁酰肼、敌枯双、除草醚、杀虫脒、毒鼠强、氟乙酰胺、氟乙酸钠、二溴氯丙烷、治螟磷(苏化203)、磷胺、甘氟、毒鼠硅、甲胺磷、对硫磷、甲基对硫磷、久效磷、硫环磷(乙基硫环磷)、福美胂、福美甲胂及所有砷制剂、汞制剂、铅制剂、10%草甘膦水剂,甲基硫环磷、磷化钙、磷化锌、苯线磷、地虫硫磷、磷化镁、硫线磷、蝇毒磷、治螟磷、特丁硫磷、三氯杀螨醇

6. 根据国家履行国际公约总体计划要求进行淘汰的产品:氯丹、七氯、溴甲烷、滴滴涕、六氯苯、灭蚁灵、林丹、毒杀芬、艾氏剂、狄氏剂、异狄氏剂、硫丹、氟虫胺、十氯酮、α－六氯环已烷、β－六氯环已烷、多氯联苯、五氯苯、六溴联苯、四溴二苯醚和五溴二苯醚、六溴二苯醚和七溴二苯醚、六溴环十二烷(特定豁免用途为限制类)、全氟辛基磺酸及其盐类和全氟辛基磺酰氟(可接受用途为限制类)

7. 软边结构自行车胎,以棉帘线为骨架材料的普通输送带和以尼龙帘线为骨架材料的普通V带,轮胎、自行车胎、摩托车胎手工刻花硫化模具

(二)铁路

1. G60型、G17型罐车

2. P62型棚车

3. K13型矿石车

4. U60型水泥车

5. N16型、N17型平车

6. L17型粮食车

7. C62A型、C62B型敞车

8. 轨道平车(载重40吨及以下)

(三)钢铁

1. 热轧硅钢片

2. 普通松弛级别的钢丝、钢绞线

3. 热轧钢筋:牌号HRB335、HPB235

4. 使用工频或中频感应炉熔化废钢生产的钢坯(锭),及以其为原料生产的钢材产品(根据国家法律法规和国家取缔"地条钢"有关要求淘汰)

(四)有色金属

1. 铜线杆(黑杆)

(五)建材

1. 使用非耐碱玻纤或非低碱水泥生产的玻纤增强水泥(GRC)空心条板

2. 陶土坩埚拉丝玻璃纤维和制品及其增强塑料(玻璃钢)制品

3. 25A空腹钢窗

4. S－2型混凝土轨枕

5. 一次冲洗最大用水量8升以上的坐便器

6. 角闪石石棉(即蓝石棉)

7. 非机械生产的中空玻璃、双层双框各类门窗及单腔结构型的塑料门窗

8. 采用二次加热复合成型工艺生产的聚乙烯丙纶类复合防水卷材、聚乙烯丙纶复合防水卷材(聚乙烯

芯材厚度在0.5mm以下）；棉涤玻纤（高碱）网格复合胎基材料、聚氯乙烯防水卷材（S型）

9. 石棉绒质离合器面片、合成火车闸瓦，石棉软木湿式离合器面片

（六）医药

1. 铅锡软膏管、单层聚烯烃软膏管（肛肠、腔道给药除外）

2. 安瓿灌装注射用无菌粉末

3. 药用天然胶塞

4. 非易折安瓿

5. 输液用聚氯乙烯（PVC）软袋（不包括腹膜透析液、冲洗液用）

（七）机械

1. T100、T100A推土机

2. ZP－Ⅱ、ZP－Ⅲ干式喷浆机

3. WP－3挖掘机

4. 0.35立方米以下的气动抓岩机

5. 矿用钢丝绳冲击式钻机

6. БY－40石油钻机

7. 直径1.98米水煤气发生炉

8. CER膜盒系列

9. 热电偶（分度号LL－2、LB－3、EU－2、EA－2、CK）

10. 热电阻（分度号BA、BA2、G）

11. DDZ－I型电动单元组合仪表

12. GGP－01A型皮带秤

13. BLR－31型称重传感器

14. WFT－081辐射感温器

15. WDH－1E、WDH－2E光电温度计，PY5型数字温度计

16. BC系列单波纹管差压计，LCH－511、YCH－211、LCH－311、YCH－311、LCH－211、YCH－511型环称式差压计

17. EWC－01A型长图电子电位差计

18. XQWA型条形自动平衡指示仪

19. ZL3型X－Y记录仪

20. DBU－521，DBU－521C型液位变送器

21. YB系列（机座号63~355mm，额定电压660V及以下）、YBF系列（机座号63~160mm，额定电压380、660V或380/660V）、YBK系列（机座号100~355mm，额定电压380/660V、660/1140V）隔爆型三相异步电动机

22. DZ10系列塑壳断路器、DW10系列框架断路器

23. CJ8系列交流接触器

24. QC10、QC12、QC8系列起动器

25. JR0、JR9、JR14、JR15、JR16－A、B、C、D系列热继电器

26. 以焦炭为燃料的有色金属熔炼炉

27. GGW系列中频无心感应熔炼炉

28. B型、BA型单级单吸悬臂式离心泵系列

29. F型单级单吸耐腐蚀泵系列

30. JD型长轴深井泵

31. KDON－3200/3200型蓄冷器全低压流程空分设备、KDON－1500/1500型蓄冷器（管式）全低压流程空分设备、KDON－1500/1500型管板式全低压流程空分设备、KDON－6000/6600型蓄冷器流程空分设备

32. 3W－0.9/7(环状阀)空气压缩机

33. C620、CA630 普通车床

34. C616、C618、C630、C640、C650 普通车床

35. X920 键槽铣床

36. B665、B665A、B665－1 牛头刨床

37. D6165、D6185 电火花成型机床

38. D5540 电脉冲机床

39. J53－400、J53－630、J53－1000 双盘摩擦压力机

40. Q11－1.6×1600 剪板机

41. Q51 汽车起重机

42. TD62 型固定带式输送机

43. 3 吨直流架线式井下矿用电机车

44. A571 单梁起重机

45. 快速断路器:DS3－10、DS3－30、DS3－50(1000、3000、5000A)、DS10－10、DS10－20、DS10－30(1000、2000、3000A)

46. SX 系列箱式电阻炉

47. 单相电度表:DD1、DD5、DD5－2、DD5－6、DD9、DD10、DD12、DD14、DD15、DD17、DD20、DD28

48. SL7－30/10～SL7－1600/10、S7－30/10～S7－1600/10 配电变压器

49. 刀开关:HD6、HD3－100、HD3－200、HD3－400、HD3－600、HD3－1000、HD3－1500

50. GC 型低压锅炉给水泵,DG270－140、DG500－140、DG375－185 锅炉给水泵

51. 热动力式疏水阀:S15H－16、S19－16、S19－16C、S49H－16、S49－16C、S19H－40、S49H－40、S19H－64、S49H－64

52. 固定炉排燃煤锅炉(双层固定炉排锅炉除外)

53. L－10/8、L－10/7 型动力用往复式空气压缩机

54. 8－18 系列、9－27 系列高压离心通风机

55. X52、X62W 320×150 升降台铣床

56. J31－250 机械压力机

57. TD60、TD62、TD72 型固定带式输送机

58. E135 二冲程中速柴油机(包括 2、4、6 缸三种机型),4146 柴油机

59. TY1100 型单缸立式水冷直喷式柴油机

60. 165 单缸卧式蒸发水冷、预燃室柴油机

61. 含汞开关和继电器

62. 燃油助力车

63. 低于国二排放的车用发动机

64. 机动车制动用含石棉材料的摩擦片

65. 非定型竖井罐笼,Φ1.2 米以下(不含 Φ1.2 米)用于升降人员的提升绞车,KJ 型矿井提升机,JKA 型矿井提升机,XKT 型矿井提升机,JTK 型矿用提升绞车,带式制动矿用提升绞车,TKD 型提升机电控装置及使用继电器结构原理的提升机电控装置,专门用于运输人员、油料的无轨胶轮车使用的干式制动器,无稳压装置的中深孔凿岩设备

66. 每小时 10 蒸吨及以下燃煤锅炉

67. 国三及以下排放标准营运柴油货车,采用稀薄燃烧技术和“油改气”的老旧燃气车辆

(八)船舶

1. 采用整体造船法建造的钢制运输船舶

2. 不符合规范的改装船舶和已到报废期限的船舶

3. 单壳油船

4. 挂桨机船及其发动机

（九）轻工

1. 汞电池（氧化汞原电池及电池组、锌汞电池）

2. 含汞糊式锌锰电池、含汞纸板锌锰电池、含汞圆柱型碱锰电池、含汞扣式碱锰电池

3. 含汞浆层纸、含汞锌粉

4. 开口式普通铅蓄电池、干式荷电铅蓄电池

5. 含镉高于0.002%的铅蓄电池

6. 含砷高于0.1%的铅蓄电池

7. 民用镉镍电池

8. 直排式燃气热水器

9. 螺旋升降式（铸铁）水嘴

10. 用于凹版印刷的苯胺油墨

11. 进水口低于溢流口水面、上导向直落式便器水箱配件

12. 铸铁截止阀

13. 半自动（卧式）工业用洗衣机

14. 开启式四氯乙烯干洗机和普通封闭式四氯乙烯干洗机，分体式石油干洗机和普通封闭式石油干洗机

15. 烷基酚聚氧乙烯醚（包括壬基酚聚氧乙烯醚、辛基酚聚氧乙烯醚和十二烷基酚聚氧乙烯醚等）的生产和使用

16. 一次性发泡塑料餐具、一次性塑料棉签（2020年12月31日）；含塑料微珠的日化用品（到2020年12月31日禁止生产，到2022年12月31日禁止销售）；厚度低于0.025毫米的超薄型塑料袋、厚度低于0.01毫米的聚乙烯农用地膜

17. 用于电子显示的冷阴极荧光灯和外置电极荧光灯：（1）长度较短（≤500毫米）且单支含汞量超过3.5毫克；（2）中等长度（>500毫米且≤1500毫米）且单支含汞量超过5毫克；（3）长度较长（>1500毫米）且单支含汞量超过13毫克（2020年12月31日）

18. 化妆品（含汞量超过百万分之一），包括亮肤肥皂和乳霜，不包括以汞为防腐剂且无有效安全替代防腐剂的眼部化妆品（2020年12月31日）

19. 生产含汞的气压计、湿度计、压力表、温度计（体温计除外）等非电子测量仪器（无法获得适当无汞替代品、安装在大型设备中或用于高精度测量的非电子测量设备除外）（2020年12月31日）

20. 含汞体温计和含汞血压计（2025年12月31日）

21. 含汞电池，不包括含汞量低于2%的扣式锌氧化银电池以及含汞量低于2%的扣式锌空气电池（2020年12月31日）

22. 用于普通照明用途的不超过30瓦且单支含汞量超过5毫克的紧凑型荧光灯（2020年12月31日）

23. 用于普通照明用途的直管型荧光灯：（1）低于60瓦且单支含汞量超过5毫克的直管型荧光灯（使用三基色荧光粉）；（2）低于40瓦（含40瓦）且单支含汞量超过10毫克的直管型荧光灯（使用卤磷酸盐荧光粉）（2020年12月31日）

24. 用于普通照明用途的高压汞灯（2020年12月31日）

25. 以一氟二氯乙烷（HCFC－141b）为发泡剂生产冰箱冷柜产品、冷藏集装箱产品、电热水器产品

26. 含二甲苯麝香的日用香精

（十）消防

1. 二氟一氯一溴甲烷灭火剂（简称1211灭火剂）

2. 三氟一溴甲烷灭火剂（简称1301灭火剂）（原料及必要用途除外）

3. 简易式1211灭火器

4. 手提式1211灭火器

5. 推车式 1211 灭火器
6. 手提式化学泡沫灭火器
7. 手提式酸碱灭火器
8. 简易式 1301 灭火器(必要用途除外)
9. 手提式 1301 灭火器(必要用途除外)
10. 推车式 1301 灭火器(必要用途除外)
11. 管网式 1211 灭火系统
12. 悬挂式 1211 灭火系统
13. 柜式 1211 灭火系统
14. 管网式 1301 灭火系统(必要用途除外)
15. 悬挂式 1301 灭火系统(必要用途除外)
16. 柜式 1301 灭火系统(必要用途除外)
17. PVC 衬里消防水带

(十一)民爆产品

1. 不满足国内公共安全全生命周期管控标准要求的工业雷管
2. 导火索
3. 铵梯炸药
4. 纸壳雷管

(十二)其他

1. 59、69、72、TF－3 型防毒面具
2. ZH15 隔绝式化学氧自救器,一氧化碳过滤式自救器
3. 不符合《大气污染防治法》《水污染防治法》《固体废物污染环境防治法》《节约能源法》《安全生产法》《产品质量法》《土地管理法》《职业病防治法》等国家法律法规,不符合国家安全、环保、能耗、质量方面强制性标准,不符合国际环境公约等要求的工艺、技术、产品、装备

10. 财政部关于印发《企业破产清算有关会计处理规定》的通知

(2016 年 12 月 20 日　财会〔2016〕23 号)

国务院有关部委,有关中央管理企业,各省、自治区、直辖市、计划单列市财政厅(局),新疆生产建设兵团财务局,财政部驻各省、自治区、直辖市、计划单列市财政监察专员办事处:

为进一步规范企业破产清算的会计处理,根据《中华人民共和国会计法》和《中华人民共和国企业破产法》,我部制订了《企业破产清算有关会计处理规定》,现予印发,请遵照执行。

附件:

企业破产清算有关会计处理规定

第一章　总　　则

第一条　为规范企业破产清算的会计处理,向人民法院和债权人会议等提供企业破产清算期间的相关

财务信息，根据《中华人民共和国会计法》、《中华人民共和国企业破产法》（以下简称破产法）及其相关规定，制定本规定。

第二条 本规定适用于经法院宣告破产处于破产清算期间的企业法人（以下简称破产企业）。

第二章 编制基础和计量属性

第三条 破产企业会计确认、计量和报告以非持续经营为前提。

第四条 企业经法院宣告破产的，应当按照法院或债权人会议要求的时点（包括破产宣告日、债权人会议确定的编报日、破产终结申请日等，以下简称破产报表日）编制清算财务报表，并由破产管理人签章。

第五条 破产企业在破产清算期间的资产应当以破产资产清算净值计量。本规定所称的资产，是指破产法规定的债务人（破产企业）财产。

破产资产清算净值，是指在破产清算的特定环境下和规定时限内，最可能的变现价值扣除相关的处置税费后的净额。最可能的变现价值应当为公开拍卖的变现价值，但是债权人会议另有决议或国家规定不能拍卖或限制转让的资产除外；债权人会议另有决议的，最可能的变现价值应当为其决议的处置方式下的变现价值；按照国家规定不能拍卖或限制转让的，应当将按照国家规定的方式处理后的所得作为变现价值。

第六条 破产企业在破产清算期间的负债应当以破产债务清偿价值计量。

破产债务清偿价值，是指在不考虑破产企业的实际清偿能力和折现等因素的情况下，破产企业按照相关法律规定或合同约定应当偿付的金额。

第三章 确认和计量

第七条 破产企业被法院宣告破产的，应当按照破产资产清算净值对破产宣告日的资产进行初始确认计量；按照破产债务清偿价值对破产宣告日的负债进行初始确认计量；相关差额直接计入清算净值。

第八条 破产企业在破产清算期间的资产，应当按照破产资产清算净值进行后续计量，负债按照破产债务清偿价值进行后续计量。破产企业应当按照破产报表日的破产资产清算净值和破产债务清偿价值，对资产和负债的账面价值分别进行调整，差额计入清算损益。

第九条 破产清算期间发生资产处置的，破产企业应当终止确认相关被处置资产，并将处置所得金额与被处置资产的账面价值的差额扣除直接相关的处置费用后，计入清算损益。

破产清算期间发生债务清偿的，破产企业应当按照偿付金额，终止确认相应部分的负债。在偿付义务完全解除时，破产企业应当终止确认该负债的剩余账面价值，同时确认清算损益。

第十条 破产清算期间发生各项费用、取得各项收益应当直接计入清算损益。

第十一条 在破产清算期间，破产企业按照税法规定需缴纳企业所得税的，应当计算所得税费用，并将其计入清算损益。所得税费用应当仅反映破产企业当期应交的所得税。

第十二条 破产企业因盘盈、追回等方式在破产清算期间取得的资产，应当按照取得时的破产资产清算净值进行初始确认计量，初始确认计量的账面价值与取得该资产的成本之间存在差额的，该差额应当计入清算损益。

第十三条 破产企业在破产清算期间新承担的债务，应当按照破产债务清偿价值进行初始确认计量，并计入清算损益。

第四章 清算财务报表的列报

第十四条 破产企业应当按照本规定编制清算财务报表，向法院、债权人会议等报表使用者反映破产企业在破产清算过程中的财务状况、清算损益、现金流量变动和债务偿付状况。

第十五条 破产企业的财务报表包括清算资产负债表、清算损益表、清算现金流量表、债务清偿表及相关附注。

法院宣告企业破产的,破产企业应当以破产宣告日为破产报表日编制清算资产负债表及相关附注。

法院或债权人会议等要求提供清算财务报表的,破产企业应当根据其要求提供清算财务报表的时点确定破产报表日,编制清算资产负债表、清算损益表、清算现金流量表、债务清偿表及相关附注。

向法院申请裁定破产终结的,破产企业应当编制清算损益表、债务清偿表及相关附注。

第十六条 清算资产负债表反映破产企业在破产报表日资产的破产资产清算净值,以及负债的破产债务清偿价值。

资产项目和负债项目的差额在清算资产负债表中作为清算净值列示。

第十七条 清算损益表反映破产企业在破产清算期间发生的各项收益、费用。清算损益表至少应当单独列示反映下列信息的项目:资产处置净收益(损失)、债务清偿净收益(损失)、破产资产和负债净值变动净收益(损失)、破产费用、共益债务支出、所得税费用等。

第十八条 清算现金流量表反映破产企业在破产清算期间货币资金余额的变动情况。清算现金流量表应当采用直接法编制,至少应当单独列示反映下列信息的项目:处置资产收到的现金净额、清偿债务支付的现金、支付破产费用的现金、支付共益债务支出的现金、支付所得税的现金等。

第十九条 债务清偿表反映破产企业在破产清算期间发生的债务清偿情况。债务清偿表应当根据破产法规定的债务清偿顺序,按照各项债务的明细单独列示。债务清偿表中列示的各项债务至少应当反映其确认金额、清偿比例、实际需清偿金额、已清偿金额、尚未清偿金额等信息。

第二十条 破产企业应当在清算财务报表附注中披露下列信息:

(一)破产资产明细信息;

(二)破产管理人依法追回的账外资产明细信息;

(三)破产管理人依法取回的质物和留置物的明细信息;

(四)未经法院确认的债务的明细信息;

(五)应付职工薪酬的明细信息;

(六)期末货币资金余额中已经提存用于向特定债权人分配或向国家缴纳税款的金额;

(七)资产处置损益的明细信息,包括资产性质、处置收入、处置费用及处置净收益;

(八)破产费用的明细信息,包括费用性质、金额等;

(九)共益债务支出的明细信息,包括具体项目、金额等。

第五章 附 则

第二十一条 在本规定施行之后经法院宣告破产的企业,应当按照本规定进行会计处理。

第二十二条 本规定自发布之日起施行。《国有企业试行破产有关会计处理问题暂行规定》(财会字〔1997〕28 号)同时废止。

附:1. 会计科目使用说明及账务处理

2. 破产企业清算财务报表及其附注

附 1:

会计科目使用说明及账务处理

一、科目设置

破产企业的会计档案等财务资料经法院裁定由破产管理人接管的,应当在企业被法院宣告破产后,可以比照原有资产、负债类会计科目,根据实际情况设置相关科目,并增设相关负债类、清算净值类和清算损益类等会计科目。破产企业还可以根据实际需要,在一级科目下自行设置明细科目。

（一）负债类科目设置。

1.“应付破产费用”科目，本科目核算破产企业在破产清算期间发生的破产法规定的各类破产费用。

2.“应付共益债务”科目，本科目核算破产企业在破产清算期间发生的破产法规定的各类共益债务。

共益债务，是指在人民法院受理破产申请后，为全体债权人的共同利益而管理、变卖和分配破产财产而负担的债务，主要包括因管理人或者债务人（破产企业，下同）请求对方当事人履行双方均未履行完毕的合同所产生的债务、债务人财产受无因管理所产生的债务、因债务人不当得利所产生的债务、为债务人继续营业而应当支付的劳动报酬和社会保险费用以及由此产生的其他债务、管理人或者相关人员执行职务致人损害所产生的债务以及债务人财产致人损害所产生的债务。

（二）清算净值类科目设置。

“清算净值”科目，本科目核算破产企业在破产报表日结转的清算净损益科目余额。破产企业资产与负债的差额，也在本科目核算。

（三）清算损益类科目设置。

1.“资产处置净损益”科目，本科目核算破产企业在破产清算期间处置破产资产产生的、扣除相关处置费用后的净损益。

2.“债务清偿净损益”科目，本科目核算破产企业在破产清算期间清偿债务产生的净损益。

3.“破产资产和负债净值变动净损益”科目，本科目核算破产企业在破产清算期间按照破产资产清算净值调整资产账面价值，以及按照破产债务清偿价值调整负债账面价值产生的净损益。

4.“其他收益”科目，本科目核算除资产处置、债务清偿以外，在破产清算期间发生的其他收益。

5.“破产费用”科目，本科目核算破产企业破产清算期间发生的破产法规定的各项破产费用，主要包括破产案件的诉讼费用，管理、变价和分配债务人资产的费用，管理人执行职务的费用、报酬和聘用工作人员的费用。本科目应按发生的费用项目设置明细账。

6.“共益债务支出”科目，本科目核算破产企业破产清算期间发生的破产法规定的共益债务相关的各项支出。

7.“其他费用”科目，本科目核算破产企业破产清算期间发生的除破产费用和共益债务支出之外的各项其他费用。

8.“所得税费用”科目，本科目核算破产企业破产清算期间发生的企业所得税费用。

9.“清算净损益”科目，本科目核算破产企业破产清算期间结转的上述各类清算损益科目余额。

破产企业可根据具体情况增设、减少或合并某些会计科目。

二、账务处理

（一）破产宣告日余额结转。

法院宣告企业破产时，应当根据破产企业移交的科目余额表，将部分会计科目的相关余额转入以下新科目，并编制新的科目余额表。

1.原“应付账款”、“其他应付款”等科目中属于破产法所规定的破产费用的余额，转入“应付破产费用”科目。

2.原“应付账款”、“其他应付款”等科目中属于破产法所规定的共益债务的余额，转入“应付共益债务”科目。

3.原“商誉”、“长期待摊费用”、“递延所得税资产”、“递延所得税负债”、“递延收益”、“股本”、“资本公积”、“盈余公积”、“其他综合收益”、“未分配利润”等科目的余额，转入“清算净值”科目。

（二）破产宣告日余额调整。

1.关于各类资产。破产企业应当对拥有的各类资产（包括原账面价值为零的已提足折旧的固定资产、已摊销完毕的无形资产等）登记造册，估计其破产资产清算净值，按照其破产资产清算净值对各资产科目余额进行调整，并相应调整“清算净值”科目。

2.关于各类负债。破产企业应当对各类负债进行核查，按照第六条规定对各负债科目余额进行调整，并相应调整“清算净值”科目。

（三）处置破产资产。

1. 破产企业收回应收票据、应收款项类债权、应收款项类投资，按照收回的款项，借记“现金”、“银行存款”等科目，按照应收款项类债权或应收款项类投资的账面价值，贷记相关资产科目，按其差额，借记或贷记“资产处置净损益”科目。

2. 破产企业出售各类投资，按照收到的款项，借记“现金”、“银行存款”等科目，按照相关投资的账面价值，贷记相关资产科目，按其差额，借记或贷记“资产处置净损益”科目。

3. 破产企业出售存货、投资性房地产、固定资产及在建工程等实物资产，按照收到的款项，借记“现金”、“银行存款”等科目，按照实物资产的账面价值，贷记相关资产科目，按应当缴纳的税费贷记“应交税费”科目，按上述各科目发生额的差额，借记或贷记“资产处置净损益”科目。

4. 破产企业出售无形资产，按照收到的款项，借记“现金”、“银行存款”等科目，按照无形资产的账面价值，贷记“无形资产”科目，按应当缴纳的税费贷记“应交税费”科目，按上述各科目发生额的差额，借记或贷记“资产处置净损益”科目。

5. 破产企业的划拨土地使用权被国家收回，国家给予一定补偿的，按照收到的补偿金额，借记“现金”、“银行存款”等科目，贷记“其他收益”科目。

6. 破产企业处置破产资产发生的各类评估、变价、拍卖等费用，按照发生的金额，借记“破产费用”科目，贷记“现金”、“银行存款”、“应付破产费用”等科目。

（四）清偿债务。

1. 破产企业清偿破产费用和共益债务，按照相关已确认负债的账面价值，借记“应付破产费用”、“应付共益债务”等科目，按照实际支付的金额，贷记“现金”、“银行存款”等科目，按其差额，借记或贷记“破产费用”、“共益债务支出”科目。

2. 破产企业按照经批准的职工安置方案，支付的所欠职工的工资和医疗、伤残补助、抚恤费用，应当划入职工个人账户的基本养老保险、基本医疗保险费用和其他社会保险费用，以及法律、行政法规规定应当支付给职工的补偿金，按照相关账面价值借记“应付职工薪酬”等科目，按照实际支付的金额，贷记“现金”、“银行存款”等科目，按其差额，借记或贷记“债务清偿净损益”科目。

3. 破产企业支付所欠税款，按照相关账面价值，借记“应交税费”等科目，按照实际支付的金额，贷记“现金”、“银行存款”等科目，按其差额，借记或贷记“债务清偿净损益”科目。

4. 破产企业清偿破产债务，按照实际支付的金额，借记相关债务科目，贷记“现金”、“银行存款”等科目。

破产企业以非货币性资产清偿债务的，按照清偿的价值借记相关负债科目，按照非货币性资产的账面价值，贷记相关资产科目，按其差额，借记或贷记“债务清偿净损益”科目。

债权人依法行使抵销权的，按照经法院确认的抵销金额，借记相关负债科目，贷记相关资产科目，按其差额，借记或贷记“债务清偿净损益”科目。

（五）其他账务处理。

1. 在破产清算期间通过清查、盘点等方式取得的未入账资产，应当按照取得日的破产资产清算净值，借记相关资产科目，贷记“其他收益”科目。

2. 在破产清算期间通过债权人申报发现的未入账债务，应当按照破产债务清偿价值确定计量金额，借记“其他费用”科目，贷记相关负债科目。

3. 在编制破产清算期间的财务报表时，应当对所有资产项目按其于破产报表日的破产资产清算净值重新计量，借记或贷记相关资产科目，贷记或借记“破产资产和负债净值变动净损益”科目；应当对所有负债项目按照破产债务清偿价值重新计量，借记或贷记相关负债科目，贷记或借记“破产资产和负债净值变动净损益”科目。

4. 破产企业在破产清算期间，作为买入方继续履行尚未履行完毕的合同的，按照收到的资产的破产资产清算净值，借记相关资产科目，按照相应的增值税进项税额，借记“应交税费”科目，按照应支付或已支付的款项，贷记“现金”、“银行存款”、“应付共益债务”或“预付款项”等科目，按照上述各科目的差额，借记“其他费用”或贷记“其他收益”科目；企业作为卖出方继续履行尚未履行完毕的合同的，按照应收或已收的金额，借记"现金"、"银行存款"、"应收账款"等科目，按照转让的资产账面价值，贷记相关资产科目，按照应缴纳相关税费，贷记"应交税费"科目，按照上述各科目的差额，借记"其他费用"科目或贷记"其他收益"科目。

5. 破产企业发生破产法第四章相关事实，破产管理人依法追回相关破产资产的，按照追回资产的破产资产清算净值，借记相关资产科目，贷记"其他收益"科目。

6. 破产企业收到的利息、股利、租金等孳息，借记"现金"、"银行存款"等科目，贷记"其他收益"科目。

7. 破产企业在破产清算终结日，剩余破产债务不再清偿的，按照其账面价值，借记相关负债科目，贷记"其他收益"科目。

8. 在编制破产清算期间的财务报表时，有已实现的应纳税所得额的，考虑可以抵扣的金额后，应当据此提存应交所得税，借记"所得税费用"科目、贷记"应交税费"科目。

9. 在编制破产清算期间的财务报表时，应当将"资产处置净损益"、"债务清偿净损益"、"破产资产和负债净值变动净损益"、"其他收益"、"破产费用"、"共益债务支出"、"其他费用"、"所得税费用"科目结转至"清算净损益"科目，并将"清算净损益"科目余额转入"清算净值"科目。

附2：

破产企业清算财务报表及其附注

一、清算资产负债表及其附注

清算资产负债表

会清01表

编制单位：　　　　　＿＿年＿＿月＿＿日　　　　　单位：元

资产	行次	期末数	负债及清算净值	行次	期末数
货币资金			负债：		
应收票据			借款		
应收账款			应付票据		
其他应收款			应付账款		
预付款项			预收款项		
存货			其他应付款		
金融资产投资			应付债券		
长期股权投资			应付破产费用		
投资性房地产			应付共益债务		
固定资产			应付职工薪酬		
在建工程			应交税费		
无形资产			……		
……					
资产总计			负债合计		
			清算净值：		
			清算净值		
			负债及清算净值总计		

本表反映破产企业在破产报表日关于资产、负债、清算净值及其相互关系的信息。

本表列示的项目不区分流动和非流动，其中，“应收账款”或“其他应收款”项目，应分别根据“应收账款”或“其他应收款”的科目余额填列，同时，“长期应收款”科目余额也在上述两项目中分析填列；“借款”项目，应根据“短期借款”和“长期借款”科目余额合计数填列；“应付账款”或“其他应付款”项目，应分别根据“应付账款”、“其他应付款”的科目余额填列，同时，“长期应付款”科目余额也在该项目中分析填列；“金融资产投资”项目，应根据“以公允价值计量且其变动计入当期损益的金融资产”、“持有至到期投资”和“可供出售金融资产”的科目余额合计数填列。

本表的“清算净值”项目反映破产企业于破产报表日的清算净值。本项目应根据“清算净值”科目余额填列。

破产企业应当在破产资产负债表附注中，区分是否用作担保，分别披露破产资产明细信息。

破产企业应当在破产资产负债表附注中，披露依法追回的账外资产、取回的质物和留置物等明细信息，如追回或取回有关资产的时间、有关资产的名称、破产资产清算净值等。

破产企业应当在破产资产负债表附注中，分别披露经法院确认以及未经法院确认的债务的明细信息，如债务项目名称以及有关金额等。

破产企业应当在破产资产负债表附注中，披露应付职工薪酬的明细信息，如所欠职工的工资和医疗、伤残补助、抚恤费用，所欠的应当划入职工个人账户的基本养老保险、基本医疗保险费用，以及法律、行政法规规定应当支付给职工的补偿金。

二、清算损益表及其附注

清算损益表

会清 02 表

编制单位：　　　　____年___月___日至____年___月___日　　　　单位：元

项目	行次	本期数	累计数
一、清算收益（清算损失以“－”号表示）			
（一）资产处置净收益（净损失以“－”号表示）			
（二）债务清偿净收益（净损失以“－”号表示）			
（三）破产资产和负债净值变动净收益（净损失以“－”号表示）			
（四）其他收益			
小计			
二、清算费用			
（一）破产费用（以“－”号表示）			
（二）共益债务支出（以“－”号表示）			
（三）其他费用（以“－”号表示）			
（四）所得税费用（以“－”号表示）			
小计			
三、清算净收益（清算净损失以“－”号表示）			

本表反映破产企业在清算期间发生的各项收益、费用。本期数反映破产企业从上一破产报表日至本破产报表日期间有关项目的发生额，累计数反映破产企业从被法院宣告破产之日至本破产报表日期间有关项目的发生额。

“资产处置净收益”项目，根据“资产处置净损益”科目的发生额填列，如为净损失以“－”号表示。

“债务清偿净收益”项目，根据“债务清偿净损益”科目的发生额填列，如为净损失以“－”号表示。

“破产资产和负债净值变动净收益”项目，根据“破产资产和负债净值变动净损益”科目的发生额填列，如为净损失以“－”号表示。

“清算净收益”项目，根据“清算净损益”科日的发生额填列，如为清算净损失以“－”号表示。“清算净收益”项目金额应当为“清算收益”与“清算费用”之和。

破产企业应当在清算损益表附注中，披露资产处置损益的明细信息，包括资产性质、处置收入、处置费用及处置净收益。

破产企业应当在清算损益表附注中，披露破产费用的明细信息，包括费用性质、金额等。

破产企业应当在清算损益表附注中，披露共益债务支出的明细信息，包括具体项目、金额等。

三、清算现金流量表及其附注

清算现金流量表

会清 03 表

编制单位：　　　　______年____月____日至______年____月____日　　　　单位：元

	行次	本期数	累计数
一、期初货币资金余额			
二、清算现金流入			
(一)处置资产收到的现金净额			
(二)收到的其他现金			
清算现金流入小计			
三、清算现金流出			
(一)清偿债务支付的现金			
(二)支付破产费用的现金			
(三)支付共益债务的现金			
(四)支付所得税费用的现金			
(五)支付的其他现金			
清算现金流出小计			
四、期末货币资金余额			

清算现金流量表反映破产企业在破产清算期间货币资金余额的变动情况，本表应当根据货币资金科目的变动额分析填列。本期数反映破产企业从上一破产报表日至本破产报表日期间有关项目的发生额，累计数反映破产企业从被法院宣告破产之日至本破产报表日期间有关项目的发生额。

破产企业应当在清算现金流量表附注中，披露期末货币资金余额中已经提存用于向特定债权人分配或向国家缴纳税款的金额。

四、债务清偿表

债务清偿表

会清04表

编制单位：　　　　　　　　　　　　____年____月____日　　　　　　　　　　　　单位：元

债务项目	行次	期末数	经法院确认债务的金额	清偿比例	实际需清偿金额	已清偿金额	尚未清偿金额
		①	②	③	④=②×③	⑤	⑥=④-⑤
有担保的债务：							
××银行				×			
××企业				×			
……				×			
小计				×			
普通债务：							
第一顺序：劳动债务							
其中：应付职工薪酬							
……							
……							
第二顺序：国家税款债务							
其中：应交税费							
……							
……							
第三顺序：普通债务							
其中：借款							
——××银行							
——××企业							
应付债务工具							
——××银行							
——××企业							
应付票据							
应付款项							
——××银行							
——××企业							
小计				×			
合计				×			

本表反映破产企业债务清偿情况。

本表应按有担保的债务和普通债务分类设项。

期末数为负债按照破产债务清偿价值确定的金额。

经法院确认的债务金额为经债权人申报并由法院确认的金额；未经确认的债务，无需填写该金额。

清偿比例为根据破产法的规定，当破产资产不足以清偿同一顺序的清偿要求时，按比例进行分配时所采用的比例。

11.财政部关于印发修订《企业会计准则第22号——金融工具确认和计量》的通知

（2017年3月31日　财会〔2017〕7号）

国务院有关部委、有关直属机构，各省、自治区、直辖市、计划单列市财政厅（局），新疆生产建设兵团财务局，财政部驻各省、自治区、直辖市、计划单列市财政监察专员办事处，有关中央管理企业：

为了适应社会主义市场经济发展需要，规范金融工具的会计处理，提高会计信息质量，根据《企业会计准则——基本准则》，我部对《企业会计准则第22号——金融工具确认和计量》进行了修订，现予印发。在境内外同时上市的企业以及在境外上市并采用国际财务报告准则或企业会计准则编制财务报告的企业，自2018年1月1日起施行；其他境内上市企业自2019年1月1日起施行；执行企业会计准则的非上市企业自2021年1月1日起施行。同时，鼓励企业提前执行。执行本准则的企业，不再执行我部于2006年2月15日印发的《财政部关于印发〈企业会计准则第1号——存货〉等38项具体准则的通知》（财会〔2006〕3号）中的《企业会计准则第22号——金融工具确认和计量》。

执行本准则的企业，应当同时执行我部2017年修订印发的《企业会计准则第23号——金融资产转移》（财会〔2017〕8号）和《企业会计准则第24号——套期会计》（财会〔2017〕9号）。

执行中有何问题，请及时反馈我部。

附件：

企业会计准则第22号——金融工具确认和计量

第一章　总　　则

第一条　为了规范金融工具的确认和计量，根据《企业会计准则——基本准则》，制定本准则。

第二条　金融工具，是指形成一方的金融资产并形成其他方的金融负债或权益工具的合同。

第三条　金融资产，是指企业持有的现金、其他方的权益工具以及符合下列条件之一的资产：

（一）从其他方收取现金或其他金融资产的合同权利。

（二）在潜在有利条件下，与其他方交换金融资产或金融负债的合同权利。

（三）将来须用或可用企业自身权益工具进行结算的非衍生工具合同，且企业根据该合同将收到可变数量的自身权益工具。

（四）将来须用或可用企业自身权益工具进行结算的衍生工具合同，但以固定数量的自身权益工具交换固定金额的现金或其他金融资产的衍生工具合同除外。其中，企业自身权益工具不包括应当按照《企业会计准则第37号——金融工具列报》分类为权益工具的可回售工具或发行方仅在清算时才有义务向另一方按比例交付其净资产的金融工具，也不包括本身就要求在未来收取或交付企业自身权益工具的合同。

第四条　金融负债，是指企业符合下列条件之一的负债：

（一）向其他方交付现金或其他金融资产的合同义务。

（二）在潜在不利条件下，与其他方交换金融资产或金融负债的合同义务。

（三）将来须用或可用企业自身权益工具进行结算的非衍生工具合同，且企业根据该合同将交付可变数量的自身权益工具。

（四）将来须用或可用企业自身权益工具进行结算的衍生工具合同，但以固定数量的自身权益工具交换固定金额的现金或其他金融资产的衍生工具合同除外。企业对全部现有同类别非衍生自身权益工具的持有方同比例发行配股权、期权或认股权证，使之有权按比例以固定金额的任何货币换取固定数量的该企业自身权益工具的，该类配股权、期权或认股权证应当分类为权益工具。其中，企业自身权益工具不包括应当按照《企业会计准则第37号——金融工具列报》分类为权益工具的可回售工具或发行方仅在清算时才有义务向另一方按比例交付其净资产的金融工具，也不包括本身就要求在未来收取或交付企业自身权益工具的合同。

第五条 衍生工具，是指属于本准则范围并同时具备下列特征的金融工具或其他合同：

（一）其价值随特定利率、金融工具价格、商品价格、汇率、价格指数、费率指数、信用等级、信用指数或其他变量的变动而变动，变量为非金融变量的，该变量不应与合同的任何一方存在特定关系。

（二）不要求初始净投资，或者与对市场因素变化预期有类似反应的其他合同相比，要求较少的初始净投资。

（三）在未来某一日期结算。

常见的衍生工具包括远期合同、期货合同、互换合同和期权合同等。

第六条 除下列各项外，本准则适用于所有企业各种类型的金融工具：

（一）由《企业会计准则第2号——长期股权投资》规范的对子公司、合营企业和联营企业的投资，适用《企业会计准则第2号——长期股权投资》，但是企业根据《企业会计准则第2号——长期股权投资》对上述投资按照本准则相关规定进行会计处理的，适用本准则。企业持有的与在子公司、合营企业或联营企业中的权益相联系的衍生工具，适用本准则；该衍生工具符合《企业会计准则第37号——金融工具列报》规定的权益工具定义的，适用《企业会计准则第37号——金融工具列报》。

（二）由《企业会计准则第9号——职工薪酬》规范的职工薪酬计划形成的企业的权利和义务，适用《企业会计准则第9号——职工薪酬》。

（三）由《企业会计准则第11号——股份支付》规范的股份支付，适用《企业会计准则第11号——股份支付》。但是，股份支付中属于本准则第八条范围的买入或卖出非金融项目的合同，适用本准则。

（四）由《企业会计准则第12号——债务重组》规范的债务重组，适用《企业会计准则第12号——债务重组》。

（五）因清偿按照《企业会计准则第13号——或有事项》所确认的预计负债而获得补偿的权利，适用《企业会计准则第13号——或有事项》。

（六）由《企业会计准则第14号——收入》规范的属于金融工具的合同权利和义务，适用《企业会计准则第14号——收入》，但该准则要求在确认和计量相关合同权利的减值损失和利得时应当按照本准则规定进行会计处理的，适用本准则有关减值的规定。

（七）购买方（或合并方）与出售方之间签订的，将在未来购买日（或合并日）形成《企业会计准则第20号——企业合并》规范的企业合并且其期限不超过企业合并获得批准并完成交易所必须的合理期限的远期合同，不适用本准则。

（八）由《企业会计准则第21号——租赁》规范的租赁的权利和义务，适用《企业会计准则第21号——租赁》。但是，租赁应收款的减值、终止确认，租赁应付款的终止确认，以及租赁中嵌入的衍生工具，适用本准则。

（九）金融资产转移，适用《企业会计准则第23号——金融资产转移》。

（十）套期会计，适用《企业会计准则第24号——套期会计》。

（十一）由保险合同相关会计准则规范的保险合同所产生的权利和义务，适用保险合同相关会计准则。因具有相机分红特征而由保险合同相关会计准则规范的合同所产生的权利和义务，适用保险合同相关会计准则。但对于嵌入保险合同的衍生工具，该嵌入衍生工具本身不是保险合同的，适用本准则。

对于财务担保合同，发行方之前明确表明将此类合同视作保险合同，并且已按照保险合同相关会计准则进行会计处理的，可以选择适用本准则或保险合同相关会计准则。该选择可以基于单项合同，但选择一经做出，不得撤销。否则，相关财务担保合同适用本准则。

财务担保合同，是指当特定债务人到期不能按照最初或修改后的债务工具条款偿付债务时，要求发行方向蒙受损失的合同持有人赔付特定金额的合同。

（十二）企业发行的按照《企业会计准则第37号——金融工具列报》规定应当分类为权益工具的金融工具，适用《企业会计准则第37号——金融工具列报》。

第七条 本准则适用于下列贷款承诺：

（一）企业指定为以公允价值计量且其变动计入当期损益的金融负债的贷款承诺。如果按照以往惯例，企业在贷款承诺产生后不久即出售其所产生资产，则同一类别的所有贷款承诺均应当适用本准则。

（二）能够以现金或者通过交付或发行其他金融工具净额结算的贷款承诺。此类贷款承诺属于衍生工具。企业不得仅仅因为相关贷款将分期拨付（如按工程进度分期拨付的按揭建造贷款）而将该贷款承诺视为以净额结算。

（三）以低于市场利率贷款的贷款承诺。

所有贷款承诺均适用本准则关于终止确认的规定。企业作为贷款承诺发行方的，还适用本准则关于减值的规定。

贷款承诺，是指按照预先规定的条款和条件提供信用的确定性承诺。

第八条 对于能够以现金或其他金融工具净额结算，或者通过交换金融工具结算的买入或卖出非金融项目的合同，除了企业按照预定的购买、销售或使用要求签订并持有旨在收取或交付非金融项目的合同适用其他相关会计准则外，企业应当将该合同视同金融工具，适用本准则。

对于能够以现金或其他金融工具净额结算，或者通过交换金融工具结算的买入或卖出非金融项目的合同，即使企业按照预定的购买、销售或使用要求签订并持有旨在收取或交付非金融项目的合同的，企业也可以将该合同指定为以公允价值计量且其变动计入当期损益的金融资产或金融负债。企业只能在合同开始时做出该指定，并且必须能够通过该指定消除或显著减少会计错配。该指定一经做出，不得撤销。

会计错配，是指当企业以不同的会计确认方法和计量属性，对在经济上相关的资产和负债进行确认或计量而产生利得或损失时，可能导致的会计确认和计量上的不一致。

第二章　金融工具的确认和终止确认

第九条 企业成为金融工具合同的一方时，应当确认一项金融资产或金融负债。

第十条 对于以常规方式购买或出售金融资产的，企业应当在交易日确认将收到的资产和为此将承担的负债，或者在交易日终止确认已出售的资产，同时确认处置利得或损失以及应向买方收取的应收款项。

以常规方式购买或出售金融资产，是指企业按照合同规定购买或出售金融资产，并且该合同条款规定，企业应当根据通常由法规或市场惯例所确定的时间安排来交付金融资产。

第十一条 金融资产满足下列条件之一的，应当终止确认：

（一）收取该金融资产现金流量的合同权利终止。

（二）该金融资产已转移，且该转移满足《企业会计准则第23号——金融资产转移》关于金融资产终止确认的规定。

本准则所称金融资产或金融负债终止确认，是指企业将之前确认的金融资产或金融负债从其资产负债表中予以转出。

第十二条 金融负债（或其一部分）的现时义务已经解除的，企业应当终止确认该金融负债（或该部分金融负债）。

第十三条 企业（借入方）与借出方之间签订协议，以承担新金融负债方式替换原金融负债，且新金融负债与原金融负债的合同条款实质上不同的，企业应当终止确认原金融负债，同时确认一项新金融负债。

企业对原金融负债(或其一部分)的合同条款做出实质性修改的,应当终止确认原金融负债,同时按照修改后的条款确认一项新金融负债。

第十四条 金融负债(或其一部分)终止确认的,企业应当将其账面价值与支付的对价(包括转出的非现金资产或承担的负债)之间的差额,计入当期损益。

第十五条 企业回购金融负债一部分的,应当按照继续确认部分和终止确认部分在回购日各自的公允价值占整体公允价值的比例,对该金融负债整体的账面价值进行分配。分配给终止确认部分的账面价值与支付的对价(包括转出的非现金资产或承担的负债)之间的差额,应当计入当期损益。

第三章 金融资产的分类

第十六条 企业应当根据其管理金融资产的业务模式和金融资产的合同现金流量特征,将金融资产划分为以下三类:

(一)以摊余成本计量的金融资产。

(二)以公允价值计量且其变动计入其他综合收益的金融资产。

(三)以公允价值计量且其变动计入当期损益的金融资产。

企业管理金融资产的业务模式,是指企业如何管理其金融资产以产生现金流量。业务模式决定企业所管理金融资产现金流量的来源是收取合同现金流量、出售金融资产还是两者兼有。企业管理金融资产的业务模式,应当以企业关键管理人员决定的对金融资产进行管理的特定业务目标为基础确定。企业确定管理金融资产的业务模式,应当以客观事实为依据,不得以按照合理预期不会发生的情形为基础确定。

金融资产的合同现金流量特征,是指金融工具合同约定的、反映相关金融资产经济特征的现金流量属性。企业分类为本准则第十七条和第十八条规范的金融资产,其合同现金流量特征,应当与基本借贷安排相一致。即相关金融资产在特定日期产生的合同现金流量仅为对本金和以未偿付本金金额为基础的利息的支付,其中,本金是指金融资产在初始确认时的公允价值,本金金额可能因提前还款等原因在金融资产的存续期内发生变动;利息包括对货币时间价值、与特定时期未偿付本金金额相关的信用风险、以及其他基本借贷风险、成本和利润的对价。其中,货币时间价值是利息要素中仅因为时间流逝而提供对价的部分,不包括为所持有金融资产的其他风险或成本提供的对价,但货币时间价值要素有时可能存在修正。在货币时间价值要素存在修正的情况下,企业应当对相关修正进行评估,以确定其是否满足上述合同现金流量特征的要求。此外,金融资产包含可能导致其合同现金流量的时间分布或金额发生变更的合同条款(如包含提前还款特征)的,企业应当对相关条款进行评估(如评估提前还款特征的公允价值是否非常小),以确定其是否满足上述合同现金流量特征的要求。

第十七条 金融资产同时符合下列条件的,应当分类为以摊余成本计量的金融资产:

(一)企业管理该金融资产的业务模式是以收取合同现金流量为目标。

(二)该金融资产的合同条款规定,在特定日期产生的现金流量,仅为对本金和以未偿付本金金额为基础的利息的支付。

第十八条 金融资产同时符合下列条件的,应当分类为以公允价值计量且其变动计入其他综合收益的金融资产:

(一)企业管理该金融资产的业务模式既以收取合同现金流量为目标又以出售该金融资产为目标。

(二)该金融资产的合同条款规定,在特定日期产生的现金流量,仅为对本金和以未偿付本金金额为基础的利息的支付。

第十九条 按照本准则第十七条分类为以摊余成本计量的金融资产和按照本准则第十八条分类为以公允价值计量且其变动计入其他综合收益的金融资产之外的金融资产,企业应当将其分类为以公允价值计量且其变动计入当期损益的金融资产。

在初始确认时,企业可以将非交易性权益工具投资指定为以公允价值计量且其变动计入其他综合收益的金融资产,并按照本准则第六十五条规定确认股利收入。该指定一经做出,不得撤销。企业在非同一控制下的企业合并中确认的或有对价构成金融资产的，该金融资产应当分类为以公允价值计量且其变动计入当期损益的金融资产，不得指定为以公允价值计量且其变动计入其他综合收益的金融资产。

金融资产或金融负债满足下列条件之一的，表明企业持有该金融资产或承担该金融负债的目的是交易性的：

（一）取得相关金融资产或承担相关金融负债的目的，主要是为了近期出售或回购。

（二）相关金融资产或金融负债在初始确认时属于集中管理的可辨认金融工具组合的一部分，且有客观证据表明近期实际存在短期获利模式。

（三）相关金融资产或金融负债属于衍生工具。但符合财务担保合同定义的衍生工具以及被指定为有效套期工具的衍生工具除外。

第二十条 在初始确认时，如果能够消除或显著减少会计错配，企业可以将金融资产指定为以公允价值计量且其变动计入当期损益的金融资产。该指定一经做出，不得撤销。

第四章 金融负债的分类

第二十一条 除下列各项外，企业应当将金融负债分类为以摊余成本计量的金融负债：

（一）以公允价值计量且其变动计入当期损益的金融负债，包括交易性金融负债（含属于金融负债的衍生工具）和指定为以公允价值计量且其变动计入当期损益的金融负债。

（二）金融资产转移不符合终止确认条件或继续涉入被转移金融资产所形成的金融负债。对此类金融负债，企业应当按照《企业会计准则第23号——金融资产转移》相关规定进行计量。

（三）不属于本条（一）或（二）情形的财务担保合同，以及不属于本条（一）情形的以低于市场利率贷款的贷款承诺。企业作为此类金融负债发行方的，应当在初始确认后按照依据本准则第八章所确定的损失准备金额以及初始确认金额扣除依据《企业会计准则第14号——收入》相关规定所确定的累计摊销额后的余额孰高进行计量。

在非同一控制下的企业合并中，企业作为购买方确认的或有对价形成金融负债的，该金融负债应当按照以公允价值计量且其变动计入当期损益进行会计处理。

第二十二条 在初始确认时，为了提供更相关的会计信息，企业可以将金融负债指定为以公允价值计量且其变动计入当期损益的金融负债，但该指定应当满足下列条件之一：

（一）能够消除或显著减少会计错配。

（二）根据正式书面文件载明的企业风险管理或投资策略，以公允价值为基础对金融负债组合或金融资产和金融负债组合进行管理和业绩评价，并在企业内部以此为基础向关键管理人员报告。

该指定一经做出，不得撤销。

第五章 嵌入衍生工具

第二十三条 嵌入衍生工具，是指嵌入到非衍生工具（即主合同）中的衍生工具。嵌入衍生工具与主合同构成混合合同。该嵌入衍生工具对混合合同的现金流量产生影响的方式，应当与单独存在的衍生工具类似，且该混合合同的全部或部分现金流量随特定利率、金融工具价格、商品价格、汇率、价格指数、费率指数、信用等级、信用指数或其他变量变动而变动，变量为非金融变量的，该变量不应与合同的任何一方存在特定关系。

衍生工具如果附属于一项金融工具但根据合同规定可以独立于该金融工具进行转让，或者具有与该金融工具不同的交易对手方，则该衍生工具不是嵌入衍生工具，应当作为一项单独存在的衍生工具处理。

第二十四条 混合合同包含的主合同属于本准则规范的资产的，企业不应从该混合合同中分拆嵌入衍生工具，而应当将该混合合同作为一个整体适用本准则关于金融资产分类的相关规定。

第二十五条 混合合同包含的主合同不属于本准则规范的资产，且同时符合下列条件的，企业应当从

混合合同中分拆嵌入衍生工具,将其作为单独存在的衍生工具处理:

(一)嵌入衍生工具的经济特征和风险与主合同的经济特征和风险不紧密相关。

(二)与嵌入衍生工具具有相同条款的单独工具符合衍生工具的定义。

(三)该混合合同不是以公允价值计量且其变动计入当期损益进行会计处理。

嵌入衍生工具从混合合同中分拆的,企业应当按照适用的会计准则规定,对混合合同的主合同进行会计处理。企业无法根据嵌入衍生工具的条款和条件对嵌入衍生工具的公允价值进行可靠计量的,该嵌入衍生工具的公允价值应当根据混合合同公允价值和主合同公允价值之间的差额确定。使用了上述方法后,该嵌入衍生工具在取得日或后续资产负债表日的公允价值仍然无法单独计量的,企业应当将该混合合同整体指定为以公允价值计量且其变动计入当期损益的金融工具。

第二十六条 混合合同包含一项或多项嵌入衍生工具,且其主合同不属于本准则规范的资产的,企业可以将其整体指定为以公允价值计量且其变动计入当期损益的金融工具。但下列情况除外:

(一)嵌入衍生工具不会对混合合同的现金流量产生重大改变。

(二)在初次确定类似的混合合同是否需要分拆时,几乎不需分析就能明确其包含的嵌入衍生工具不应分拆。如嵌入贷款的提前还款权,允许持有人以接近摊余成本的金额提前偿还贷款,该提前还款权不需要分拆。

第六章 金融工具的重分类

第二十七条 企业改变其管理金融资产的业务模式时,应当按照本准则的规定对所有受影响的相关金融资产进行重分类。

企业对所有金融负债均不得进行重分类。

第二十八条 企业发生下列情况的,不属于金融资产或金融负债的重分类:

(一)按照《企业会计准则第 24 号——套期会计》相关规定,某金融工具以前被指定并成为现金流量套期或境外经营净投资套期中的有效套期工具,但目前已不再满足运用该套期会计方法的条件。

(二)按照《企业会计准则第 24 号——套期会计》相关规定,某金融工具被指定并成为现金流量套期或境外经营净投资套期中的有效套期工具。

(三)按照《企业会计准则第 24 号——套期会计》相关规定,运用信用风险敞口公允价值选择权所引起的计量变动。

第二十九条 企业对金融资产进行重分类,应当自重分类日起采用未来适用法进行相关会计处理,不得对以前已经确认的利得、损失(包括减值损失或利得)或利息进行追溯调整。

重分类日,是指导致企业对金融资产进行重分类的业务模式发生变更后的首个报告期间的第一天。

第三十条 企业将一项以摊余成本计量的金融资产重分类为以公允价值计量且其变动计入当期损益的金融资产的,应当按照该资产在重分类日的公允价值进行计量。原账面价值与公允价值之间的差额计入当期损益。

企业将一项以摊余成本计量的金融资产重分类为以公允价值计量且其变动计入其他综合收益的金融资产的,应当按照该金融资产在重分类日的公允价值进行计量。原账面价值与公允价值之间的差额计入其他综合收益。该金融资产重分类不影响其实际利率和预期信用损失的计量。

第三十一条 企业将一项以公允价值计量且其变动计入其他综合收益的金融资产重分类为以摊余成本计量的金融资产的,应当将之前计入其他综合收益的累计利得或损失转出,调整该金融资产在重分类日的公允价值,并以调整后的金额作为新的账面价值,即视同该金融资产一直以摊余成本计量。该金融资产重分类不影响其实际利率和预期信用损失的计量。

企业将一项以公允价值计量且其变动计入其他综合收益的金融资产重分类为以公允价值计量且其变动计入当期损益的金融资产的,应当继续以公允价值计量该金融资产。同时,企业应当将之前计入其他综合收益的累计利得或损失从其他综合收益转入当期损益。

第三十二条 企业将一项以公允价值计量且其变动计入当期损益的金融资产重分类为以摊余成本计量的金融资产的，应当以其在重分类日的公允价值作为新的账面余额。

企业将一项以公允价值计量且其变动计入当期损益的金融资产重分类为以公允价值计量且其变动计入其他综合收益的金融资产的，应当继续以公允价值计量该金融资产。

按照本条规定对金融资产重分类进行处理的，企业应当根据该金融资产在重分类日的公允价值确定其实际利率。同时，企业应当自重分类日起对该金融资产适用本准则关于金融资产减值的相关规定，并将重分类日视为初始确认日。

第七章　金融工具的计量

第三十三条 企业初始确认金融资产或金融负债，应当按照公允价值计量。对于以公允价值计量且其变动计入当期损益的金融资产和金融负债，相关交易费用应当直接计入当期损益；对于其他类别的金融资产或金融负债，相关交易费用应当计入初始确认金额。但是，企业初始确认的应收账款未包含《企业会计准则第 14 号——收入》所定义的重大融资成分或根据《企业会计准则第 14 号——收入》规定不考虑不超过一年的合同中的融资成分的，应当按照该准则定义的交易价格进行初始计量。

交易费用，是指可直接归属于购买、发行或处置金融工具的增量费用。增量费用是指企业没有发生购买、发行或处置相关金融工具的情形就不会发生的费用，包括支付给代理机构、咨询公司、券商、证券交易所、政府有关部门等的手续费、佣金、相关税费以及其他必要支出，不包括债券溢价、折价、融资费用、内部管理成本和持有成本等与交易不直接相关的费用。

第三十四条 企业应当根据《企业会计准则第 39 号——公允价值计量》的规定，确定金融资产和金融负债在初始确认时的公允价值。公允价值通常为相关金融资产或金融负债的交易价格。金融资产或金融负债公允价值与交易价格存在差异的，企业应当区别下列情况进行处理：

（一）在初始确认时，金融资产或金融负债的公允价值依据相同资产或负债在活跃市场上的报价或者以仅使用可观察市场数据的估值技术确定的，企业应当将该公允价值与交易价格之间的差额确认为一项利得或损失。

（二）在初始确认时，金融资产或金融负债的公允价值以其他方式确定的，企业应当将该公允价值与交易价格之间的差额递延。初始确认后，企业应当根据某一因素在相应会计期间的变动程度将该递延差额确认为相应会计期间的利得或损失。该因素应当仅限于市场参与者对该金融工具定价时将予考虑的因素，包括时间等。

第三十五条 初始确认后，企业应当对不同类别的金融资产，分别以摊余成本、以公允价值计量且其变动计入其他综合收益或以公允价值计量且其变动计入当期损益进行后续计量。

第三十六条 初始确认后，企业应当对不同类别的金融负债，分别以摊余成本、以公允价值计量且其变动计入当期损益或以本准则第二十一条规定的其他适当方法进行后续计量。

第三十七条 金融资产或金融负债被指定为被套期项目的，企业应当根据《企业会计准则第 24 号——套期会计》规定进行后续计量。

第三十八条 金融资产或金融负债的摊余成本，应当以该金融资产或金融负债的初始确认金额经下列调整后的结果确定：

（一）扣除已偿还的本金。

（二）加上或减去采用实际利率法将该初始确认金额与到期日金额之间的差额进行摊销形成的累计摊销额。

（三）扣除累计计提的损失准备（仅适用于金融资产）。

实际利率法，是指计算金融资产或金融负债的摊余成本以及将利息收入或利息费用分摊计入各会计期间的方法。

实际利率，是指将金融资产或金融负债在预计存续期的估计未来现金流量，折现为该金融资产账面余额或该金融负债摊余成本所使用的利率。在确定实际利率时，应当在考虑金融资产或金融负债所有合同条款（如提前还款、展期、看涨期权或其他类似期权等）的基础上估计预期现金流量，但不应当考虑预期信用损失。

第三十九条 企业应当按照实际利率法确认利息收入。利息收入应当根据金融资产账面余额乘以实际利率计算确定，但下列情况除外：

（一）对于购入或源生的已发生信用减值的金融资产，企业应当自初始确认起，按照该金融资产的摊余成本和经信用调整的实际利率计算确定其利息收入。

（二）对于购入或源生的未发生信用减值、但在后续期间成为已发生信用减值的金融资产，企业应当在后续期间，按照该金融资产的摊余成本和实际利率计算确定其利息收入。企业按照上述规定对金融资产的摊余成本运用实际利率法计算利息收入的，若该金融工具在后续期间因其信用风险有所改善而不再存在信用减值，并且这一改善在客观上可与应用上述规定之后发生的某一事件相联系（如债务人的信用评级被上调），企业应当转按实际利率乘以该金融资产账面余额来计算确定利息收入。

经信用调整的实际利率，是指将购入或源生的已发生信用减值的金融资产在预计存续期的估计未来现金流量，折现为该金融资产摊余成本的利率。在确定经信用调整的实际利率时，应当在考虑金融资产的所有合同条款（例如提前还款、展期、看涨期权或其他类似期权等）以及初始预期信用损失的基础上估计预期现金流量。

第四十条 当对金融资产预期未来现金流量具有不利影响的一项或多项事件发生时，该金融资产成为已发生信用减值的金融资产。金融资产已发生信用减值的证据包括下列可观察信息：

（一）发行方或债务人发生重大财务困难；

（二）债务人违反合同，如偿付利息或本金违约或逾期等；

（三）债权人出于与债务人财务困难有关的经济或合同考虑，给予债务人在任何其他情况下都不会做出的让步；

（四）债务人很可能破产或进行其他财务重组；

（五）发行方或债务人财务困难导致该金融资产的活跃市场消失；

（六）以大幅折扣购买或源生一项金融资产，该折扣反映了发生信用损失的事实。

金融资产发生信用减值，有可能是多个事件的共同作用所致，未必是可单独识别的事件所致。

第四十一条 合同各方之间支付或收取的、属于实际利率或经信用调整的实际利率组成部分的各项费用、交易费用及溢价或折价等，应当在确定实际利率或经信用调整的实际利率时予以考虑。

企业通常能够可靠估计金融工具（或一组类似金融工具）的现金流量和预计存续期。在极少数情况下，金融工具（或一组金融工具）的估计未来现金流量或预计存续期无法可靠估计的，企业在计算确定其实际利率（或经信用调整的实际利率）时，应当基于该金融工具在整个合同期内的合同现金流量。

第四十二条 企业与交易对手方修改或重新议定合同，未导致金融资产终止确认，但导致合同现金流量发生变化的，应当重新计算该金融资产的账面余额，并将相关利得或损失计入当期损益。重新计算的该金融资产的账面余额，应当根据将重新议定或修改的合同现金流量按金融资产的原实际利率（或者购买或源生的已发生信用减值的金融资产的经信用调整的实际利率）或按《企业会计准则第 24 号——套期会计》第二十三条规定的重新计算的实际利率（如适用）折现的现值确定。对于修改或重新议定合同所产生的所有成本或费用，企业应当调整修改后的金融资产账面价值，并在修改后金融资产的剩余期限内进行摊销。

第四十三条 企业不再合理预期金融资产合同现金流量能够全部或部分收回的，应当直接减记该金融资产的账面余额。这种减记构成相关金融资产的终止确认。

第四十四条 企业对权益工具的投资和与此类投资相联系的合同应当以公允价值计量。但在有限情况下，如果用以确定公允价值的近期信息不足，或者公允价值的可能估计金额分布范围很广，而成本代表了该范围内对公允价值的最佳估计的，该成本可代表其在该分布范围内对公允价值的恰当估计。

企业应当利用初始确认日后可获得的关于被投资方业绩和经营的所有信息，判断成本能否代表公允价值。存在下列情形（包含但不限于）之一的，可能表明成本不代表相关金融资产的公允价值，企业应当对其公允价值进行估值：

（一）与预算、计划或阶段性目标相比，被投资方业绩发生重大变化。

（二）对被投资方技术产品实现阶段性目标的预期发生变化。

（三）被投资方的权益、产品或潜在产品的市场发生重大变化。

（四）全球经济或被投资方经营所处的经济环境发生重大变化。

（五）被投资方可比企业的业绩或整体市场所显示的估值结果发生重大变化。

（六）被投资方的内部问题，如欺诈、商业纠纷、诉讼、管理或战略变化。

（七）被投资方权益发生了外部交易并有客观证据，包括发行新股等被投资方发生的交易和第三方之间转让被投资方权益工具的交易等。

第四十五条　权益工具投资或合同存在报价的，企业不应当将成本作为对其公允价值的最佳估计。

第八章　金融工具的减值

第四十六条　企业应当按照本准则规定，以预期信用损失为基础，对下列项目进行减值会计处理并确认损失准备：

（一）按照本准则第十七条分类为以摊余成本计量的金融资产和按照本准则第十八条分类为以公允价值计量且其变动计入其他综合收益的金融资产。

（二）租赁应收款。

（三）合同资产。合同资产是指《企业会计准则第 14 号——收入》定义的合同资产。

（四）企业发行的分类为以公允价值计量且其变动计入当期损益的金融负债以外的贷款承诺和适用本准则第二十一条（三）规定的财务担保合同。

损失准备，是指针对按照本准则第十七条计量的金融资产、租赁应收款和合同资产的预期信用损失计提的准备，按照本准则第十八条计量的金融资产的累计减值金额以及针对贷款承诺和财务担保合同的预期信用损失计提的准备。

第四十七条　预期信用损失，是指以发生违约的风险为权重的金融工具信用损失的加权平均值。

信用损失，是指企业按照原实际利率折现的、根据合同应收的所有合同现金流量与预期收取的所有现金流量之间的差额，即全部现金短缺的现值。其中，对于企业购买或源生的已发生信用减值的金融资产，应按照该金融资产经信用调整的实际利率折现。由于预期信用损失考虑付款的金额和时间分布，因此即使企业预计可以全额收款但收款时间晚于合同规定的到期期限，也会产生信用损失。

在估计现金流量时，企业应当考虑金融工具在整个预计存续期的所有合同条款（如提前还款、展期、看涨期权或其他类似期权等）。企业所考虑的现金流量应当包括出售所持担保品获得的现金流量，以及属于合同条款组成部分的其他信用增级所产生的现金流量。

企业通常能够可靠估计金融工具的预计存续期。在极少数情况下，金融工具预计存续期无法可靠估计的，企业在计算确定预期信用损失时，应当基于该金融工具的剩余合同期间。

第四十八条　除了按照本准则第五十七条和第六十三条的相关规定计量金融工具损失准备的情形以外，企业应当在每个资产负债表日评估相关金融工具的信用风险自初始确认后是否已显著增加，并按照下列情形分别计量其损失准备、确认预期信用损失及其变动：

（一）如果该金融工具的信用风险自初始确认后已显著增加，企业应当按照相当于该金融工具整个存续期内预期信用损失的金额计量其损失准备。无论企业评估信用损失的基础是单项金融工具还是金融工具组合，由此形成的损失准备的增加或转回金额，应当作为减值损失或利得计入当期损益。

（二）如果该金融工具的信用风险自初始确认后并未显著增加，企业应当按照相当于该金融工具未来 12 个月内预期信用损失的金额计量其损失准备，无论企业评估信用损失的基础是单项金融工具还是金融工具组合，由此形成的损失准备的增加或转回金额，应当作为减值损失或利得计入当期损益。

未来 12 个月内预期信用损失，是指因资产负债表日后 12 个月内（若金融工具的预计存续期少于 12 个月，则为预计存续期）可能发生的金融工具违约事件而导致的预期信用损失，是整个存续期预期信用损失的一部分。

企业在进行相关评估时，应当考虑所有合理且有依据的信息，包括前瞻性信息。为确保自金融工具初始确认后信用风险显著增加即确认整个存续期预期信用损失，企业在一些情况下应当以组合为基础考虑评估信用风险是否显著增加。整个存续期预期信用损失，是指因金融工具整个预计存续期内所有可能发生的违约事件而导致的预期信用损失。

第四十九条 对于按照本准则第十八条分类为以公允价值计量且其变动计入其他综合收益的金融资产，企业应当在其他综合收益中确认其损失准备，并将减值损失或利得计入当期损益，且不应减少该金融资产在资产负债表中列示的账面价值。

第五十条 企业在前一会计期间已经按照相当于金融工具整个存续期内预期信用损失的金额计量了损失准备，但在当期资产负债表日，该金融工具已不再属于自初始确认后信用风险显著增加的情形的，企业应当在当期资产负债表日按照相当于未来12个月内预期信用损失的金额计量该金融工具的损失准备，由此形成的损失准备的转回金额应当作为减值利得计入当期损益。

第五十一条 对于贷款承诺和财务担保合同，企业在应用金融工具减值规定时，应当将本企业成为做出不可撤销承诺的一方之日作为初始确认日。

第五十二条 企业在评估金融工具的信用风险自初始确认后是否已显著增加时，应当考虑金融工具预计存续期内发生违约风险的变化，而不是预期信用损失金额的变化。企业应当通过比较金融工具在资产负债表日发生违约的风险与在初始确认日发生违约的风险，以确定金融工具预计存续期内发生违约风险的变化情况。

在为确定是否发生违约风险而对违约进行界定时，企业所采用的界定标准，应当与其内部针对相关金融工具的信用风险管理目标保持一致，并考虑财务限制条款等其他定性指标。

第五十三条 企业通常应当在金融工具逾期前确认该工具整个存续期预期信用损失。企业在确定信用风险自初始确认后是否显著增加时，企业无须付出不必要的额外成本或努力即可获得合理且有依据的前瞻性信息的，不得仅依赖逾期信息来确定信用风险自初始确认后是否显著增加；企业必须付出不必要的额外成本或努力才可获得合理且有依据的逾期信息以外的单独或汇总的前瞻性信息的，可以采用逾期信息来确定信用风险自初始确认后是否显著增加。

无论企业采用何种方式评估信用风险是否显著增加，通常情况下，如果逾期超过30日，则表明金融工具的信用风险已经显著增加。除非企业在无须付出不必要的额外成本或努力的情况下即可获得合理且有依据的信息，证明即使逾期超过30日，信用风险自初始确认后仍未显著增加。如果企业在合同付款逾期超过30日前已确定信用风险显著增加，则应当按照整个存续期的预期信用损失确认损失准备。

如果交易对手方未按合同规定时间支付约定的款项，则表明该金融资产发生逾期。

第五十四条 企业在评估金融工具的信用风险自初始确认后是否已显著增加时，应当考虑违约风险的相对变化，而非违约风险变动的绝对值。在同一后续资产负债表日，对于违约风险变动的绝对值相同的两项金融资产，初始确认时违约风险较低的金融工具比初始确认时违约风险较高的金融工具的信用风险变化更为显著。

第五十五条 企业确定金融工具在资产负债表日只具有较低的信用风险的，可以假设该金融工具的信用风险自初始确认后并未显著增加。

如果金融工具的违约风险较低，借款人在短期内履行其合同现金流量义务的能力很强，并且即便较长时期内经济形势和经营环境存在不利变化但未必一定降低借款人履行其合同现金流量义务的能力，该金融工具被视为具有较低的信用风险。

第五十六条 企业与交易对手方修改或重新议定合同，未导致金融资产终止确认，但导致合同现金流量发生变化的，企业在评估相关金融工具的信用风险是否已经显著增加时，应当将基于变更后的合同条款在资产负债表日发生违约的风险与基于原合同条款在初始确认时发生违约的风险进行比较。

第五十七条 对于购买或源生的已发生信用减值的金融资产，企业应当在资产负债表日仅将自初始确认后整个存续期内预期信用损失的累计变动确认为损失准备。在每个资产负债表日，企业应当将整个存续期内预期信用损失的变动金额作为减值损失或利得计入当期损益。即使该资产负债表日确定的整个存续期内预期信用损失小于初始确认时估计现金流量所反映的预期信用损失的金额，企业也应当将预期信用损失的有利变动确认为减值利得。

第五十八条 企业计量金融工具预期信用损失的方法应当反映下列各项要素：

（一）通过评价一系列可能的结果而确定的无偏概率加权平均金额。

（二）货币时间价值。

（三）在资产负债表日无须付出不必要的额外成本或努力即可获得的有关过去事项、当前状况以及未来经济状况预测的合理且有依据的信息。

第五十九条 对于适用本准则有关金融工具减值规定的各类金融工具，企业应当按照下列方法确定其信用损失：

（一）对于金融资产，信用损失应为企业应收取的合同现金流量与预期收取的现金流量之间差额的现值。

（二）对于租赁应收款项，信用损失应为企业应收取的合同现金流量与预期收取的现金流量之间差额的现值。其中，用于确定预期信用损失的现金流量，应与按照《企业会计准则第 21 号——租赁》用于计量租赁应收款项的现金流量保持一致。

（三）对于未提用的贷款承诺，信用损失应为在贷款承诺持有人提用相应贷款的情况下，企业应收取的合同现金流量与预期收取的现金流量之间差额的现值。企业对贷款承诺预期信用损失的估计，应当与其对该贷款承诺提用情况的预期保持一致。

（四）对于财务担保合同，信用损失应为企业就该合同持有人发生的信用损失向其做出赔付的预计付款额，减去企业预期向该合同持有人、债务人或任何其他方收取的金额之间差额的现值。

（五）对于资产负债表日已发生信用减值但并非购买或源生已发生信用减值的金融资产，信用损失应为该金融资产账面余额与按原实际利率折现的估计未来现金流量的现值之间的差额。

第六十条 企业应当以概率加权平均为基础对预期信用损失进行计量。企业对预期信用损失的计量应当反映发生信用损失的各种可能性，但不必识别所有可能的情形。

第六十一条 在计量预期信用损失时，企业需考虑的最长期限为企业面临信用风险的最长合同期限（包括考虑续约选择权），而不是更长期间，即使该期间与业务实践相一致。

第六十二条 如果金融工具同时包含贷款和未提用的承诺，且企业根据合同规定要求还款或取消未提用承诺的能力并未将企业面临信用损失的期间限定在合同通知期内的，企业对于此类金融工具（仅限于此类金融工具）确认预期信用损失的期间，应当为其面临信用风险且无法用信用风险管理措施予以缓释的期间，即使该期间超过了最长合同期限。

第六十三条 对于下列各项目，企业应当始终按照相当于整个存续期内预期信用损失的金额计量其损失准备：

（一）由《企业会计准则第 14 号——收入》规范的交易形成的应收款项或合同资产，且符合下列条件之一：

1. 该项目未包含《企业会计准则第 14 号——收入》所定义的重大融资成分，或企业根据《企业会计准则第 14 号——收入》规定不考虑不超过一年的合同中的融资成分。

2. 该项目包含《企业会计准则第 14 号——收入》所定义的重大融资成分，同时企业做出会计政策选择，按照相当于整个存续期内预期信用损失的金额计量损失准备。企业应当将该会计政策选择适用于所有此类应收款项和合同资产，但可对应收款项类和合同资产类分别做出会计政策选择。

（二）由《企业会计准则第 21 号——租赁》规范的交易形成的租赁应收款，同时企业做出会计政策选择，按照相当于整个存续期内预期信用损失的金额计量损失准备。企业应当将该会计政策选择适用于所有租赁应收款，但可对应收融资租赁款和应收经营租赁款分别做出会计政策选择。

在适用本条规定时，企业可对应收款项、合同资产和租赁应收款分别选择减值会计政策。

第九章 利得和损失

第六十四条 企业应当将以公允价值计量的金融资产或金融负债的利得或损失计入当期损益,除非该金融资产或金融负债属于下列情形之一:

(一)属于《企业会计准则第24号——套期会计》规定的套期关系的一部分。

(二)是一项对非交易性权益工具的投资,且企业已按照本准则第十九条规定将其指定为以公允价值计量且其变动计入其他综合收益的金融资产。

(三)是一项被指定为以公允价值计量且其变动计入当期损益的金融负债,且按照本准则第六十八条规定,该负债由企业自身信用风险变动引起的其公允价值变动应当计入其他综合收益。

(四)是一项按照本准则第十八条分类为以公允价值计量且其变动计入其他综合收益的金融资产,且企业根据本准则第七十一条规定,其减值损失或利得和汇兑损益之外的公允价值变动计入其他综合收益。

第六十五条 企业只有在同时符合下列条件时,才能确认股利收入并计入当期损益:

(一)企业收取股利的权利已经确立;

(二)与股利相关的经济利益很可能流入企业;

(三)股利的金额能够可靠计量。

第六十六条 以摊余成本计量且不属于任何套期关系的一部分的金融资产所产生的利得或损失,应当在终止确认、按照本准则规定重分类、按照实际利率法摊销或按照本准则规定确认减值时,计入当期损益。如果企业将以摊余成本计量的金融资产重分类为其他类别,应当根据本准则第三十条规定处理其利得或损失。

以摊余成本计量且不属于任何套期关系的一部分的金融负债所产生的利得或损失,应当在终止确认时计入当期损益或在按照实际利率法摊销时计入相关期间损益。

第六十七条 属于套期关系中被套期项目的金融资产或金融负债所产生的利得或损失,应当按照《企业会计准则第24号——套期会计》相关规定进行处理。

第六十八条 企业根据本准则第二十二条和第二十六条规定将金融负债指定为以公允价值计量且其变动计入当期损益的金融负债的,该金融负债所产生的利得或损失应当按照下列规定进行处理:

(一)由企业自身信用风险变动引起的该金融负债公允价值的变动金额,应当计入其他综合收益;

(二)该金融负债的其他公允价值变动计入当期损益。

按照本条(一)规定对该金融负债的自身信用风险变动的影响进行处理会造成或扩大损益中的会计错配的,企业应当将该金融负债的全部利得或损失(包括企业自身信用风险变动的影响金额)计入当期损益。

该金融负债终止确认时,之前计入其他综合收益的累计利得或损失应当从其他综合收益中转出,计入留存收益。

第六十九条 企业根据本准则第十九条规定将非交易性权益工具投资指定为以公允价值计量且其变动计入其他综合收益的金融资产的,当该金融资产终止确认时,之前计入其他综合收益的累计利得或损失应当从其他综合收益中转出,计入留存收益。

第七十条 指定为以公允价值计量且其变动计入当期损益的金融负债的财务担保合同和不可撤销贷款承诺所产生的全部利得或损失,应当计入当期损益。

第七十一条 按照本准则第十八条分类为以公允价值计量且其变动计入其他综合收益的金融资产所产生的所有利得或损失,除减值损失或利得和汇兑损益之外,均应当计入其他综合收益,直至该金融资产终止确认或被重分类。但是,采用实际利率法计算的该金融资产的利息应当计入当期损益。该金融资产计入各期损益的金额应当与视同其一直按摊余成本计量而计入各期损益的金额相等。

该金融资产终止确认时,之前计入其他综合收益的累计利得或损失应当从其他综合收益中转出,计入当期损益。

企业将该金融资产重分类为其他类别金融资产的,应当根据本准则第三十一条规定,对之前计入其他综合收益的累计利得或损失进行相应处理。

第十章　衔接规定

第七十二条　本准则施行日之前的金融工具确认和计量与本准则要求不一致的，企业应当追溯调整，但本准则第七十三条至八十三条另有规定的除外。在本准则施行日已经终止确认的项目不适用本准则。

第七十三条　在本准则施行日，企业应当按照本准则的规定对金融工具进行分类和计量（含减值），涉及前期比较财务报表数据与本准则要求不一致的，无需调整。金融工具原账面价值和在本准则施行日的新账面价值之间的差额，应当计入本准则施行日所在年度报告期间的期初留存收益或其他综合收益。同时，企业应当按照《企业会计准则第37号——金融工具列报》的相关规定在附注中进行披露。

企业如果调整前期比较财务报表数据，应当能够以前期的事实和情况为依据，且比较数据应当反映本准则的所有要求。

第七十四条　在本准则施行日，企业应当以该日的既有事实和情况为基础，根据本准则第十七条（一）或第十八条（一）的相关规定评估其管理金融资产的业务模式是以收取合同现金流量为目标，还是以既收取合同现金流量又出售金融资产为目标，并据此确定金融资产的分类，进行追溯调整，无须考虑企业之前的业务模式。

第七十五条　在本准则施行日，企业在考虑具有本准则第十六条所述修正的货币时间价值要素的金融资产的合同现金流量特征时，需要对特定货币时间价值要素修正进行评估的，该评估应当以该金融资产初始确认时存在的事实和情况为基础。该评估不切实可行的，企业不应考虑本准则关于货币时间价值要素修正的规定。

第七十六条　在本准则施行日，企业在考虑具有本准则第十六条所述提前还款特征的金融资产的合同现金流量特征时，需要对该提前还款特征的公允价值是否非常小进行评估的，该评估应当以该金融资产初始确认时存在的事实和情况为基础。该评估不切实可行的，企业不应考虑本准则关于提前还款特征例外情形的规定。

第七十七条　在本准则施行日，企业存在根据本准则相关规定应当以公允价值计量的混合合同但之前未以公允价值计量的，该混合合同在前期比较财务报表期末的公允价值应当等于其各组成部分在前期比较财务报表期末公允价值之和。在本准则施行日，企业应当将整个混合合同在该日的公允价值与该混合合同各组成部分在该日的公允价值之和之间的差额，计入本准则施行日所在报告期间的期初留存收益或其他综合收益。

第七十八条　在本准则施行日，企业应当以该日的既有事实和情况为基础，根据本准则的相关规定，对相关金融资产进行指定或撤销指定，并追溯调整：

（一）在本准则施行日，企业可以根据本准则第二十条规定，将满足条件的金融资产指定为以公允价值计量且其变动计入当期损益的金融资产。但企业之前指定为以公允价值计量且其变动计入当期损益的金融资产，不满足本准则第二十条规定的指定条件的，应当解除之前做出的指定；之前指定为以公允价值计量且其变动计入当期损益的金融资产继续满足本准则第二十条规定的指定条件的，企业可以选择继续指定或撤销之前的指定。

（二）在本准则施行日，企业可以根据本准则第十九条规定，将非交易性权益工具投资指定为以公允价值计量且其变动计入其他综合收益的金融资产。

第七十九条　在本准则施行日，企业应当以该日的既有事实和情况为基础，根据本准则的相关规定，对相关金融负债进行指定或撤销指定，并追溯调整：

（一）在本准则施行日，为了消除或显著减少会计错配，企业可以根据本准则第二十二条（一）的规定，将金融负债指定为以公允价值计量且其变动计入当期损益的金融负债。

（二）企业之前初始确认金融负债时，为了消除或显著减少会计错配，已将该金融负债指定为以公允价值计量且其变动计入当期损益的金融负债，但在本准则施行日不再满足本准则规定的指定条件的，企业应当撤销之前的指定;该金融负债在本准则施行日仍然满足本准则规定的指定条件的,企业可以选择继续指定或撤销之前的指定。

第八十条 在本准则施行日,企业按照本准则规定对相关金融资产或金融负债以摊余成本进行计量、应用实际利率法追溯调整不切实可行的,应当按照以下原则进行处理:

(一)以金融资产或金融负债在前期比较财务报表期末的公允价值,作为企业调整前期比较财务报表数据时该金融资产的账面余额或该金融负债的摊余成本;

(二)以金融资产或金融负债在本准则施行日的公允价值,作为该金融资产在本准则施行日的新账面余额或该金融负债的新摊余成本。

第八十一条 在本准则施行日,对于之前以成本计量的、在活跃市场中没有报价且其公允价值不能可靠计量的权益工具投资或与该权益工具挂钩并须通过交付该工具进行结算的衍生金融资产,企业应当以其在本准则施行日的公允价值计量。原账面价值与公允价值之间的差额,应当计入本准则施行日所在报告期间的期初留存收益或其他综合收益。

在本准则施行日,对于之前以成本计量的、与在活跃市场中没有报价的权益工具挂钩并须通过交付该权益工具进行结算的衍生金融负债,企业应当以其在本准则施行日的公允价值计量。原账面价值与公允价值之间的差额,应当计入本准则施行日所在报告期间的期初留存收益。

第八十二条 在本准则施行日,企业存在根据本准则第二十二条规定将金融负债指定为以公允价值计量且其变动计入当期损益的金融负债,并且按照本准则第六十八条(一)规定将由企业自身信用风险变动引起的该金融负债公允价值的变动金额计入其他综合收益的,企业应当以该日的既有事实和情况为基础,判断按照上述规定处理是否会造成或扩大损益的会计错配,进而确定是否应当将该金融负债的全部利得或损失(包括企业自身信用风险变动的影响金额)计入当期损益,并按照上述结果追溯调整。

第八十三条 在本准则施行日,企业按照本准则计量金融工具减值的,应当使用无须付出不必要的额外成本或努力即可获得的合理且有依据的信息,确定金融工具在初始确认日的信用风险,并将该信用风险与本准则施行日的信用风险进行比较。

在确定自初始确认后信用风险是否显著增加时,企业可以应用本准则第五十五条的规定根据其是否具有较低的信用风险进行判断,或者应用本准则第五十三条第二段的规定根据相关金融资产逾期是否超过30日进行判断。企业在本准则施行日必须付出不必要的额外成本或努力才可获得合理且有依据的信息的,企业在该金融工具终止确认前的所有资产负债表日的损失准备应当等于其整个存续期的预期信用损失。

第十一章　附　　则

第八十四条 本准则自2018年1月1日起施行。

12. 财政部关于印发修订《企业会计准则第23号——金融资产转移》的通知

(2017年3月31日　财会〔2017〕8号)

国务院有关部委、有关直属机构,各省、自治区、直辖市、计划单列市财政厅(局),新疆生产建设兵团财务局,财政部驻各省、自治区、直辖市、计划单列市财政监察专员办事处,有关中央管理企业:

为了适应社会主义市场经济发展需要,规范金融工具的会计处理,提高会计信息质量,根据《企业会计准则——基本准则》,我部对《企业会计准则第23号——金融资产转移》进行了修订,现予印发。在境内外同时上市的企业以及在境外上市并采用国际财务报告准则或企业会计准则编制财务报告的企业,自2018年

1月1日起施行;其他境内上市企业自2019年1月1日起施行;执行企业会计准则的非上市企业自2021年1月1日起施行。同时,鼓励企业提前执行。执行本准则的企业,不再执行我部于2006年2月15日印发的《财政部关于印发〈企业会计准则第1号——存货〉等38项具体准则的通知》(财会〔2006〕3号)中的《企业会计准则第23号——金融资产转移》。

执行本准则的企业,应当同时执行我部于2017年修订印发的《企业会计准则第22号——金融工具确认和计量》(财会〔2017〕7号)和《企业会计准则第24号——套期会计》(财会〔2017〕9号)。

执行中有何问题,请及时反馈我部。

附件:

企业会计准则第23号——金融资产转移

第一章　总　　则

第一条　为了规范金融资产(包括单项或一组类似金融资产)转移和终止确认的会计处理,根据《企业会计准则——基本准则》,制定本准则。

第二条　金融资产转移,是指企业(转出方)将金融资产(或其现金流量)让与或交付给该金融资产发行方之外的另一方(转入方)。

金融资产终止确认,是指企业将之前确认的金融资产从其资产负债表中予以转出。

第三条　企业对金融资产转入方具有控制权的,除在该企业个别财务报表基础上应用本准则外,在编制合并财务报表时,还应当按照《企业会计准则第33号——合并财务报表》的规定合并所有纳入合并范围的子公司(含结构化主体),并在合并财务报表层面应用本准则。

第二章　金融资产终止确认的一般原则

第四条　金融资产的一部分满足下列条件之一的,企业应当将终止确认的规定适用于该金融资产部分,除此之外,企业应当将终止确认的规定适用于该金融资产整体:

(一)该金融资产部分仅包括金融资产所产生的特定可辨认现金流量。如企业就某债务工具与转入方签订一项利息剥离合同,合同规定转入方有权获得该债务工具利息现金流量,但无权获得该债务工具本金现金流量,终止确认的规定适用于该债务工具的利息现金流量。

(二)该金融资产部分仅包括与该金融资产所产生的全部现金流量完全成比例的现金流量部分。如企业就某债务工具与转入方签订转让合同,合同规定转入方拥有获得该债务工具全部现金流量一定比例的权利,终止确认的规定适用于该债务工具全部现金流量一定比例的部分。

(三)该金融资产部分仅包括与该金融资产所产生的特定可辨认现金流量完全成比例的现金流量部分。如企业就某债务工具与转入方签订转让合同,合同规定转入方拥有获得该债务工具利息现金流量一定比例的权利,终止确认的规定适用于该债务工具利息现金流量一定比例的部分。

企业发生满足本条(二)或(三)条件的金融资产转移,且存在一个以上转入方的,只要企业转移的份额与金融资产全部现金流量或特定可辨认现金流量完全成比例即可,不要求每个转入方均持有成比例的份额。

第五条　金融资产满足下列条件之一的,应当终止确认:

(一)收取该金融资产现金流量的合同权利终止。

(二)该金融资产已转移,且该转移满足本准则关于终止确认的规定。

第三章 金融资产转移的情形及其终止确认

第六条 金融资产转移,包括下列两种情形:

(一)企业将收取金融资产现金流量的合同权利转移给其他方。

(二)企业保留了收取金融资产现金流量的合同权利,但承担了将收取的该现金流量支付给一个或多个最终收款方的合同义务,且同时满足下列条件:

1. 企业只有从该金融资产收到对等的现金流量时,才有义务将其支付给最终收款方。企业提供短期垫付款,但有权全额收回该垫付款并按照市场利率计收利息的,视同满足本条件。

2. 转让合同规定禁止企业出售或抵押该金融资产,但企业可以将其作为向最终收款方支付现金流量义务的保证。

3. 企业有义务将代表最终收款方收取的所有现金流量及时划转给最终收款方,且无重大延误。企业无权将该现金流量进行再投资,但在收款日和最终收款方要求的划转日之间的短暂结算期内,将所收到的现金流量进行现金或现金等价物投资,并且按照合同约定将此类投资的收益支付给最终收款方的,视同满足本条件。

第七条 企业在发生金融资产转移时,应当评估其保留金融资产所有权上的风险和报酬的程度,并分别下列情形处理:

(一)企业转移了金融资产所有权上几乎所有风险和报酬的,应当终止确认该金融资产,并将转移中产生或保留的权利和义务单独确认为资产或负债。

(二)企业保留了金融资产所有权上几乎所有风险和报酬的,应当继续确认该金融资产。

(三)企业既没有转移也没有保留金融资产所有权上几乎所有风险和报酬的(即除本条(一)、(二)之外的其他情形),应当根据其是否保留了对金融资产的控制,分别下列情形处理:

1. 企业未保留对该金融资产控制的,应当终止确认该金融资产,并将转移中产生或保留的权利和义务单独确认为资产或负债。

2. 企业保留了对该金融资产控制的,应当按照其继续涉入被转移金融资产的程度继续确认有关金融资产,并相应确认相关负债。

继续涉入被转移金融资产的程度,是指企业承担的被转移金融资产价值变动风险或报酬的程度。

第八条 企业在评估金融资产所有权上风险和报酬的转移程度时,应当比较转移前后其所承担的该金融资产未来净现金流量金额及其时间分布变动的风险。

企业承担的金融资产未来净现金流量现值变动的风险没有因转移而发生显著变化的,表明该企业仍保留了金融资产所有权上几乎所有风险和报酬。如将贷款整体转移并对该贷款可能发生的所有损失进行全额补偿,或者出售一项金融资产但约定以固定价格或者售价加上出借人回报的价格回购。

企业承担的金融资产未来净现金流量现值变动的风险相对于金融资产的未来净现金流量现值的全部变动风险不再显著的,表明该企业已经转移了金融资产所有权上几乎所有风险和报酬。如无条件出售金融资产,或者出售金融资产且仅保留以其在回购时的公允价值进行回购的选择权。

企业通常不需要通过计算即可判断其是否转移或保留了金融资产所有权上几乎所有风险和报酬。在其他情况下,企业需要通过计算评估是否已经转移了金融资产所有权上几乎所有风险和报酬的,在计算和比较金融资产未来现金流量净现值的变动时,应当考虑所有合理、可能的现金流量变动,对于更可能发生的结果赋予更高的权重,并采用适当的市场利率作为折现率。

第九条 企业在判断是否保留了对被转移金融资产的控制时,应当根据转入方是否具有出售被转移金融资产的实际能力而确定。转入方能够单方面将被转移金融资产整体出售给不相关的第三方,且没有额外条件对此项出售加以限制的,表明转入方有出售被转移金融资产的实际能力,从而表明企业未保留对被转移金融资产的控制;在其他情形下,表明企业保留了对被转移金融资产的控制。

在判断转入方是否具有出售被转移金融资产的实际能力时,企业考虑的关键应当是转入方实际上能够采取的行动。被转移金融资产不存在市场或转入方不能单方面自由地处置被转移金融资产的，通常表明转入方不具有出售被转移金融资产的实际能力。

转入方不大可能出售被转移金融资产并不意味着企业（转出方）保留了对被转移金融资产的控制。但存在看跌期权或担保而限制转入方出售被转移金融资产的，转出方实际上保留了对被转移金融资产的控制。如存在看跌期权或担保且很有价值，导致转入方实际上不能在不附加类似期权或其他限制条件的情形下将该被转移金融资产出售给第三方，从而限制了转入方出售被转移金融资产的能力，转入方将持有被转移金融资产以获取看跌期权或担保下相应付款的，企业保留了对被转移金融资产的控制。

第十条　企业认定金融资产所有权上几乎所有风险和报酬已经转移的，除企业在新的交易中重新获得被转移金融资产外，不应当在未来期间再次确认该金融资产。

第十一条　在金融资产转移不满足终止确认条件的情况下，如果同时确认衍生工具和被转移金融资产或转移产生的负债会导致对同一权利或义务的重复确认，则企业（转出方）与转移有关的合同权利或义务不应当作为衍生工具进行单独会计处理。

第十二条　在金融资产转移不满足终止确认条件的情况下，转入方不应当将被转移金融资产全部或部分确认为自己的资产。转入方应当终止确认所支付的现金或其他对价，同时确认一项应收转出方的款项。企业（转出方）同时拥有以固定金额重新控制整个被转移金融资产的权利和义务的（如以固定金额回购被转移金融资产），在满足《企业会计准则第22号——金融工具确认和计量》关于摊余成本计量规定的情况下，转入方可以将其应收款项以摊余成本计量。

第十三条　企业在判断金融资产转移是否满足本准则规定的金融资产终止确认条件时，应当注重金融资产转移的实质。

（一）企业转移了金融资产所有权上几乎所有风险和报酬，应当终止确认被转移金融资产的常见情形有：

1. 企业无条件出售金融资产。

2. 企业出售金融资产，同时约定按回购日该金融资产的公允价值回购。

3. 企业出售金融资产，同时与转入方签订看跌期权合同（即转入方有权将该金融资产返售给企业）或看涨期权合同（即转出方有权回购该金融资产），且根据合同条款判断，该看跌期权或看涨期权为一项重大价外期权（即期权合约的条款设计，使得金融资产的转入方或转出方极小可能会行权）。

（二）企业保留了金融资产所有权上几乎所有风险和报酬，应当继续确认被转移金融资产的常见情形有：

1. 企业出售金融资产并与转入方签订回购协议，协议规定企业将回购原被转移金融资产，或者将予回购的金融资产与售出的金融资产相同或实质上相同、回购价格固定或原售价加上回报。

2. 企业融出证券或进行证券出借。

3. 企业出售金融资产并附有将市场风险敞口转回给企业的总回报互换。

4. 企业出售短期应收款项或信贷资产，并且全额补偿转入方可能因被转移金融资产发生的信用损失。

5. 企业出售金融资产，同时与转入方签订看跌期权合同或看涨期权合同，且根据合同条款判断，该看跌期权或看涨期权为一项重大价内期权（即期权合约的条款设计，使得金融资产的转入方或转出方很可能会行权）。

（三）企业应当按照其继续涉入被转移金融资产的程度继续确认被转移金融资产的常见情形有：

1. 企业转移金融资产，并采用保留次级权益或提供信用担保等方式进行信用增级，企业只转移了被转移金融资产所有权上的部分（非几乎所有）风险和报酬，且保留了对被转移金融资产的控制。

2. 企业转移金融资产，并附有既非重大价内也非重大价外的看涨期权或看跌期权，导致企业既没有转移也没有保留所有权上几乎所有风险和报酬，且保留了对被转移金融资产的控制。

第四章　满足终止确认条件的金融资产转移的会计处理

第十四条　金融资产转移整体满足终止确认条件的，应当将下列两项金额的差额计入当期损益：

（一）被转移金融资产在终止确认日的账面价值。

（二）因转移金融资产而收到的对价，与原直接计入其他综合收益的公允价值变动累计额中对应终止确认部分的金额（涉及转移的金融资产为根据《企业会计准则第22号——金融工具确认和计量》第十八条分类为以公允价值计量且其变动计入其他综合收益的金融资产的情形）之和。企业保留了向该金融资产提供相关收费服务的权利（包括收取该金融资产的现金流量，并将所收取的现金流量划转给指定的资金保管机构等），应当就该服务合同确认一项服务资产或服务负债。如果企业将收取的费用预计超过对服务的充分补偿的，应当将该服务权利作为继续确认部分确认为一项服务资产，并按照本准则第十五条的规定确定该服务资产的金额。如果将收取的费用预计不能充分补偿企业所提供服务的，则应当将由此形成的服务义务确认一项服务负债，并以公允价值进行初始计量。

企业因金融资产转移导致整体终止确认金融资产，同时获得了新金融资产或承担了新金融负债或服务负债的，应当在转移日确认该金融资产、金融负债（包括看涨期权、看跌期权、担保负债、远期合同、互换等）或服务负债，并以公允价值进行初始计量。该金融资产扣除金融负债和服务负债后的净额应当作为上述对价的组成部分。

第十五条 企业转移了金融资产的一部分，且该被转移部分整体满足终止确认条件的，应当将转移前金融资产整体的账面价值，在终止确认部分和继续确认部分（在此种情形下，所保留的服务资产应当视同继续确认金融资产的一部分）之间，按照转移日各自的相对公允价值进行分摊，并将下列两项金额的差额计入当期损益：

（一）终止确认部分在终止确认日的账面价值。

（二）终止确认部分收到的对价，与原计入其他综合收益的公允价值变动累计额中对应终止确认部分的金额（涉及转移的金融资产为根据《企业会计准则第22号——金融工具确认和计量》第十八条分类为以公允价值计量且其变动计入其他综合收益的金融资产的情形）之和。对价包括获得的所有新资产减去承担的所有新负债后的金额。

原计入其他综合收益的公允价值变动累计额中对应终止确认部分的金额，应当按照金融资产终止确认部分和继续确认部分的相对公允价值，对该累计额进行分摊后确定。

第十六条 根据本准则第十五条的规定，企业将转移前金融资产整体的账面价值按相对公允价值在终止确认部分和继续确认部分之间进行分摊时，应当按照下列规定确定继续确认部分的公允价值：

（一）企业出售过与继续确认部分类似的金融资产，或继续确认部分存在其他市场交易的，近期实际交易价格可作为其公允价值的最佳估计。

（二）继续确认部分没有报价或近期没有市场交易的，其公允价值的最佳估计为转移前金融资产整体的公允价值扣除终止确认部分的对价后的差额。

第五章 继续确认被转移金融资产的会计处理

第十七条 企业保留了被转移金融资产所有权上几乎所有风险和报酬而不满足终止确认条件的，应当继续确认被转移金融资产整体，并将收到的对价确认为一项金融负债。

第十八条 在继续确认被转移金融资产的情形下，金融资产转移所涉及的金融资产与所确认的相关金融负债不得相互抵销。在后续会计期间，企业应当继续确认该金融资产产生的收入（或利得）和该金融负债产生的费用（或损失），不得相互抵销。

第六章 继续涉入被转移金融资产的会计处理

第十九条 企业既没有转移也没有保留金融资产所有权上几乎所有风险和报酬，且保留了对该金融资产控制的，应当按照其继续涉入被转移金融资产的程度继续确认该被转移金融资产，并相应确认相关负债。被转移金融资产和相关负债应当在充分反映企业因金融资产转移所保留的权利和承担的义务的基础上进行计量。企业应当按照下列规定对相关负债进行计量：

（一）被转移金融资产以摊余成本计量的，相关负债的账面价值等于继续涉入被转移金融资产的账面价值减去企业保留的权利（如果企业因金融资产转移保留了相关权利）的摊余成本并加上企业承担的义务（如果企业因金融资产转移承担了相关义务）的摊余成本；相关负债不得指定为以公允价值计量且其变动计入当期损益的金融负债。

（二）被转移金融资产以公允价值计量的，相关负债的账面价值等于继续涉入被转移金融资产的账面价值减去企业保留的权利（如果企业因金融资产转移保留了相关权利）的公允价值并加上企业承担的义务（如果企业因金融资产转移承担了相关义务）的公允价值，该权利和义务的公允价值应为按独立基础计量时的公允价值。

第二十条 企业通过对被转移金融资产提供担保方式继续涉入的，应当在转移日按照金融资产的账面价值和担保金额两者的较低者，继续确认被转移金融资产，同时按照担保金额和担保合同的公允价值（通常是提供担保收到的对价）之和确认相关负债。担保金额，是指企业所收到的对价中，可被要求偿还的最高金额。

在后续会计期间，担保合同的初始确认金额应当随担保义务的履行进行摊销，计入当期损益。被转移金融资产发生减值的，计提的损失准备应从被转移金融资产的账面价值中抵减。

第二十一条 企业因持有看涨期权或签出看跌期权而继续涉入被转移金融资产，且该金融资产以摊余成本计量的，应当按照其可能回购的被转移金融资产的金额继续确认被转移金融资产，在转移日按照收到的对价确认相关负债。

被转移金融资产在期权到期日的摊余成本和相关负债初始确认金额之间的差额，应当采用实际利率法摊销，计入当期损益，同时调整相关负债的账面价值。相关期权行权的，应当在行权时，将相关负债的账面价值与行权价格之间的差额计入当期损益。

第二十二条 企业因持有看涨期权或签出看跌期权（或两者兼有，即上下限期权）而继续涉入被转移金融资产，且以公允价值计量该金融资产的，应当分别以下情形进行处理：

（一）企业因持有看涨期权而继续涉入被转移金融资产的，应当继续按照公允价值计量被转移金融资产，同时按照下列规定计量相关负债：

1. 该期权是价内或平价期权的，应当按照期权的行权价格扣除期权的时间价值后的金额，计量相关负债。

2. 该期权是价外期权的，应当按照被转移金融资产的公允价值扣除期权的时间价值后的金额，计量相关负债。

（二）企业因签出看跌期权形成的义务而继续涉入被转移金融资产的，应当按照该金融资产的公允价值和该期权行权价格两者的较低者，计量继续涉入形成的资产；同时，按照该期权的行权价格与时间价值之和，计量相关负债。

（三）企业因持有看涨期权和签出看跌期权（即上下限期权）而继续涉入被转移金融资产的，应当继续按照公允价值计量被转移金融资产，同时按照下列规定计量相关负债：

1. 该看涨期权是价内或平价期权的，应当按照看涨期权的行权价格和看跌期权的公允价值之和，扣除看涨期权的时间价值后的金额，计量相关负债。

2. 该看涨期权是价外期权的，应当按照被转移金融资产的公允价值和看跌期权的公允价值之和，扣除看涨期权的时间价值后的金额，计量相关负债。

第二十三条 企业采用基于被转移金融资产的现金结算期权或类似条款的形式继续涉入的，其会计处理方法与本准则第二十一条和第二十二条中规定的以非现金结算期权形式继续涉入的会计处理方法相同。

第二十四条 企业按继续涉入程度继续确认的被转移金融资产以及确认的相关负债不应当相互抵销。企业应当对继续确认的被转移金融资产确认所产生的收入（或利得），对相关负债确认所产生的费用（或损失），两者不得相互抵销。继续确认的被转移金融资产以公允价值计量的，在后续计量时对其公允价值变动应根据《企业会计准则第22号——金融工具确认和计量》第六十四条的规定进行确认，同时相关负债公允价值变动的确认应当与之保持一致，且两者不得相互抵销。

第二十五条 企业对金融资产的继续涉入仅限于金融资产一部分的，企业应当根据本准则第十六条的规定，按照转移日因继续涉入而继续确认部分和不再确认部分的相对公允价值，在两者之间分配金融资产的账面价值，并将下列两项金额的差额计入当期损益：

（一）分配至不再确认部分的账面金额（以转移日计量的为准）；

（二）不再确认部分所收到的对价。

如果涉及转移的金融资产为根据《企业会计准则第22号——金融工具确认和计量》第十八条分类为以公允价值计量且其变动计入其他综合收益的金融资产的，不再确认部分的金额对应的原计入其他综合收益的公允价值变动累计额计入当期损益。

第七章 向转入方提供非现金担保物的会计处理

第二十六条 企业向金融资产转入方提供了非现金担保物（如债务工具或权益工具投资等）的，企业（转出方）和转入方应当按照下列规定进行处理：

（一）转入方按照合同或惯例有权出售该担保物或将其再作为担保物的，企业应当将该非现金担保物在财务报表中单独列报。

（二）转入方已将该担保物出售的，转入方应当就归还担保物的义务，按照公允价值确认一项负债。

（三）除因违约丧失赎回担保物权利外，企业应当继续将担保物确认为一项资产。

企业因违约丧失赎回担保物权利的，应当终止确认该担保物；转入方应当将该担保物确认为一项资产，并以公允价值计量。转入方已出售该担保物的，应当终止确认归还担保物的义务。

第八章 衔 接 规 定

第二十七条 在本准则施行日，企业仍继续涉入被转移金融资产的，应当按照《企业会计准则第22号——金融工具确认和计量》及本准则关于被转移金融资产确认和计量的相关规定进行追溯调整，再按照本准则的规定对其所确认的相关负债进行重新计量，并将相关影响按照与被转移金融资产一致的方式在本准则施行日进行调整。追溯调整不切实可行的除外。

第九章 附 则

第二十八条 本准则自2018年1月1日起施行。

13. 财政部关于印发修订《企业会计准则第24号——套期会计》的通知

（2017年3月31日 财会〔2017〕9号）

国务院有关部委、有关直属机构，各省、自治区、直辖市、计划单列市财政厅（局），新疆生产建设兵团财务局，财政部驻各省、自治区、直辖市、计划单列市财政监察专员办事处，有关中央管理企业：

为了适应社会主义市场经济发展需要，规范金融工具的会计处理，提高会计信息质量，根据《企业会计准则——基本准则》，我部对《企业会计准则第24号——套期会计》进行了修订，现予印发。在境内外同时上市的企业以及在境外上市并采用国际财务报告准则或企业会计准则编制财务报告的企业，自2018年1月1日起施行；其他境内上市企业自2019年1月1日起施行；执行企业会计准则的非上市企业自2021年1月

1 日起施行。同时,鼓励企业提前执行。执行本准则的企业,不再执行我部于 2006 年 2 月 15 日印发的《财政部关于印发〈企业会计准则第 1 号——存货〉等 38 项具体准则的通知》(财会〔2006〕3 号)中的《企业会计准则第 24 号——套期保值》,以及我部于 2015 年 11 月 26 日印发的《商品期货套期业务会计处理暂行规定》(财会〔2015〕18 号)。

执行本准则的企业,应当同时执行我部于 2017 年修订印发的《企业会计准则第 22 号——金融工具确认和计量》(财会〔2017〕7 号)和《企业会计准则第 23 号——金融资产转移》(财会〔2017〕8 号)。

执行中有何问题,请及时反馈我部。

附件:

企业会计准则第 24 号——套期会计

第一章 总 则

第一条 为了规范套期会计处理,根据《企业会计准则——基本准则》,制定本准则。

第二条 套期,是指企业为管理外汇风险、利率风险、价格风险、信用风险等特定风险引起的风险敞口,指定金融工具为套期工具,以使套期工具的公允价值或现金流量变动,预期抵销被套期项目全部或部分公允价值或现金流量变动的风险管理活动。

第三条 套期分为公允价值套期、现金流量套期和境外经营净投资套期。

公允价值套期,是指对已确认资产或负债、尚未确认的确定承诺,或上述项目组成部分的公允价值变动风险敞口进行的套期。该公允价值变动源于特定风险,且将影响企业的损益或其他综合收益。其中,影响其他综合收益的情形,仅限于企业对指定为以公允价值计量且其变动计入其他综合收益的非交易性权益工具投资的公允价值变动风险敞口进行的套期。

现金流量套期,是指对现金流量变动风险敞口进行的套期。该现金流量变动源于与已确认资产或负债、极可能发生的预期交易,或与上述项目组成部分有关的特定风险,且将影响企业的损益。

境外经营净投资套期,是指对境外经营净投资外汇风险敞口进行的套期。境外经营净投资,是指企业在境外经营净资产中的权益份额。

对确定承诺的外汇风险进行的套期,企业可以将其作为公允价值套期或现金流量套期处理。

第四条 对于满足本准则第二章和第三章规定条件的套期,企业可以运用套期会计方法进行处理。

套期会计方法,是指企业将套期工具和被套期项目产生的利得或损失在相同会计期间计入当期损益(或其他综合收益)以反映风险管理活动影响的方法。

第二章 套期工具和被套期项目

第五条 套期工具,是指企业为进行套期而指定的、其公允价值或现金流量变动预期可抵销被套期项目的公允价值或现金流量变动的金融工具,包括:

(一)以公允价值计量且其变动计入当期损益的衍生工具,但签出期权除外。企业只有在对购入期权(包括嵌入在混合合同中的购入期权)进行套期时,签出期权才可以作为套期工具。嵌入在混合合同中但未分拆的衍生工具不能作为单独的套期工具。

(二)以公允价值计量且其变动计入当期损益的非衍生金融资产或非衍生金融负债,但指定为以公允价值计量且其变动计入当期损益、且其自身信用风险变动引起的公允价值变动计入其他综合收益的金融负债除外。

企业自身权益工具不属于企业的金融资产或金融负债,不能作为套期工具。

第六条 对于外汇风险套期，企业可以将非衍生金融资产(选择以公允价值计量且其变动计入其他综合收益的非交易性权益工具投资除外)或非衍生金融负债的外汇风险成分指定为套期工具。

第七条 在确立套期关系时，企业应当将符合条件的金融工具整体指定为套期工具，但下列情形除外：

(一)对于期权，企业可以将期权的内在价值和时间价值分开，只将期权的内在价值变动指定为套期工具。

(二)对于远期合同，企业可以将远期合同的远期要素和即期要素分开，只将即期要素的价值变动指定为套期工具。

(三)对于金融工具，企业可以将金融工具的外汇基差单独分拆，只将排除外汇基差后的金融工具指定为套期工具。

(四)企业可以将套期工具的一定比例指定为套期工具，但不可以将套期工具剩余期限内某一时段的公允价值变动部分指定为套期工具。

第八条 企业可以将两项或两项以上金融工具(或其一定比例)的组合指定为套期工具(包括组合内的金融工具形成风险头寸相互抵销的情形)。

对于一项由签出期权和购入期权组成的期权(如利率上下限期权)，或对于两项或两项以上金融工具(或其一定比例)的组合，其在指定日实质上相当于一项净签出期权的，不能将其指定为套期工具。只有在对购入期权(包括嵌入在混合合同中的购入期权)进行套期时，净签出期权才可以作为套期工具。

第九条 被套期项目，是指使企业面临公允价值或现金流量变动风险，且被指定为被套期对象的、能够可靠计量的项目。企业可以将下列单个项目、项目组合或其组成部分指定为被套期项目：

(一)已确认资产或负债。

(二)尚未确认的确定承诺。确定承诺，是指在未来某特定日期或期间，以约定价格交换特定数量资源、具有法律约束力的协议。

(三)极可能发生的预期交易。预期交易，是指尚未承诺但预期会发生的交易。

(四)境外经营净投资。

上述项目组成部分是指小于项目整体公允价值或现金流量变动的部分，企业只能将下列项目组成部分或其组合指定为被套期项目：

(一)项目整体公允价值或现金流量变动中仅由某一个或多个特定风险引起的公允价值或现金流量变动部分(风险成分)。根据在特定市场环境下的评估，该风险成分应当能够单独识别并可靠计量。风险成分也包括被套期项目公允价值或现金流量的变动仅高于或仅低于特定价格或其他变量的部分。

(二)一项或多项选定的合同现金流量。

(三)项目名义金额的组成部分，即项目整体金额或数量的特定部分，其可以是项目整体的一定比例部分，也可以是项目整体的某一层级部分。若某一层级部分包含提前还款权，且该提前还款权的公允价值受被套期风险变化影响的，企业不得将该层级指定为公允价值套期的被套期项目，但企业在计量被套期项目的公允价值时已包含该提前还款权影响的情况除外。

第十条 企业可以将符合被套期项目条件的风险敞口与衍生工具组合形成的汇总风险敞口指定为被套期项目。

第十一条 当企业出于风险管理目的对一组项目进行组合管理、且组合中的每一个项目(包括其组成部分)单独都属于符合条件的被套期项目时，可以将该项目组合指定为被套期项目。

在现金流量套期中，企业对一组项目的风险净敞口(存在风险头寸相互抵销的项目)进行套期时，仅可以将外汇风险净敞口指定为被套期项目，并且应当在套期指定中明确预期交易预计影响损益的报告期间，以及预期交易的性质和数量。

第十二条 企业将一组项目名义金额的组成部分指定为被套期项目时，应当分别满足下列条件：

(一)企业将一组项目的一定比例指定为被套期项目时，该指定应当与该企业的风险管理目标相一致。

(二)企业将一组项目的某一层级部分指定为被套期项目时，应当同时满足下列条件：

1. 该层级能够单独识别并可靠计量。

2. 企业的风险管理目标是对该层级进行套期。

3. 该层级所在的整体项目组合中的所有项目均面临相同的被套期风险。

4. 对于已经存在的项目（如已确认资产或负债、尚未确认的确定承诺）进行的套期，被套期层级所在的整体项目组合可识别并可追踪。

5. 该层级包含提前还款权的，应当符合本准则第九条项目名义金额的组成部分中的相关要求。

本准则所称风险管理目标，是指企业在某一特定套期关系层面上，确定如何指定套期工具和被套期项目，以及如何运用指定的套期工具对指定为被套期项目的特定风险敞口进行套期。

第十三条 如果被套期项目是净敞口为零的项目组合（即各项目之间的风险完全相互抵销），同时满足下列条件时，企业可以将该组项目指定在不含套期工具的套期关系中：

（一）该套期是风险净敞口滚动套期策略的一部分，在该策略下，企业定期对同类型的新的净敞口进行套期；

（二）在风险净敞口滚动套期策略整个过程中，被套期净敞口的规模会发生变化，当其不为零时，企业使用符合条件的套期工具对净敞口进行套期，并通常采用套期会计方法；

（三）如果企业不对净敞口为零的项目组合运用套期会计，将导致不一致的会计结果，因为不运用套期会计方法将不会确认在净敞口套期下确认的相互抵销的风险敞口。

第十四条 运用套期会计时，在合并财务报表层面，只有与企业集团之外的对手方之间交易形成的资产、负债、尚未确认的确定承诺或极可能发生的预期交易才能被指定为被套期项目；在合并财务报表层面，只有与企业集团之外的对手方签订的合同才能被指定为套期工具。对于同一企业集团内的主体之间的交易，在企业个别财务报表层面可以运用套期会计，在企业集团合并财务报表层面不得运用套期会计，但下列情形除外：

（一）在合并财务报表层面，符合《企业会计准则第33号——合并财务报表》规定的投资性主体与其以公允价值计量且其变动计入当期损益的子公司之间的交易，可以运用套期会计。

（二）企业集团内部交易形成的货币性项目的汇兑收益或损失，不能在合并财务报表中全额抵销的，企业可以在合并财务报表层面将该货币性项目的外汇风险指定为被套期项目。

（三）企业集团内部极可能发生的预期交易，按照进行此项交易的主体的记账本位币以外的货币标价，且相关的外汇风险将影响合并损益的，企业可以在合并财务报表层面将该外汇风险指定为被套期项目。

第三章 套期关系评估

第十五条 公允价值套期、现金流量套期或境外经营净投资套期同时满足下列条件的，才能运用本准则规定的套期会计方法进行处理：

（一）套期关系仅由符合条件的套期工具和被套期项目组成。

（二）在套期开始时，企业正式指定了套期工具和被套期项目，并准备了关于套期关系和企业从事套期的风险管理策略和风险管理目标的书面文件。该文件至少载明了套期工具、被套期项目、被套期风险的性质以及套期有效性评估方法（包括套期无效部分产生的原因分析以及套期比率确定方法）等内容。

（三）套期关系符合套期有效性要求。

套期有效性，是指套期工具的公允价值或现金流量变动能够抵销被套期风险引起的被套期项目公允价值或现金流量变动的程度。套期工具的公允价值或现金流量变动大于或小于被套期项目的公允价值或现金流量变动的部分为套期无效部分。

第十六条 套期同时满足下列条件的，企业应当认定套期关系符合套期有效性要求：

（一）被套期项目和套期工具之间存在经济关系。该经济关系使得套期工具和被套期项目的价值因面临相同的被套期风险而发生方向相反的变动。

（二）被套期项目和套期工具经济关系产生的价值变动中，信用风险的影响不占主导地位。

（三）套期关系的套期比率，应当等于企业实际套期的被套期项目数量与对其进行套期的套期工具实际数量之比,但不应当反映被套期项目和套期工具相对权重的失衡,这种失衡会导致套期无效,并可能产生与套期会计目标不一致的会计结果。例如,企业确定拟采用的套期比率是为了避免确认现金流量套期的套期无效部分,或是为了创造更多的被套期项目进行公允价值调整以达到增加使用公允价值会计的目的,可能会产生与套期会计目标不一致的会计结果。

第十七条　企业应当在套期开始日及以后期间持续地对套期关系是否符合套期有效性要求进行评估,尤其应当分析在套期剩余期限内预期将影响套期关系的套期无效部分产生的原因。企业至少应当在资产负债表日及相关情形发生重大变化将影响套期有效性要求时对套期关系进行评估。

第十八条　套期关系由于套期比率的原因而不再符合套期有效性要求,但指定该套期关系的风险管理目标没有改变的,企业应当进行套期关系再平衡。

本准则所称套期关系再平衡,是指对已经存在的套期关系中被套期项目或套期工具的数量进行调整,以使套期比率重新符合套期有效性要求。基于其他目的对被套期项目或套期工具所指定的数量进行变动,不构成本准则所称的套期关系再平衡。

企业在套期关系再平衡时,应当首先确认套期关系调整前的套期无效部分,并更新在套期剩余期限内预期将影响套期关系的套期无效部分产生原因的分析,同时相应更新套期关系的书面文件。

第十九条　企业发生下列情形之一的,应当终止运用套期会计:

(一)因风险管理目标发生变化,导致套期关系不再满足风险管理目标。

(二)套期工具已到期、被出售、合同终止或已行使。

(三)被套期项目与套期工具之间不再存在经济关系,或者被套期项目和套期工具经济关系产生的价值变动中,信用风险的影响开始占主导地位。

(四)套期关系不再满足本准则所规定的运用套期会计方法的其他条件。在适用套期关系再平衡的情况下,企业应当首先考虑套期关系再平衡,然后评估套期关系是否满足本准则所规定的运用套期会计方法的条件。

终止套期会计可能会影响套期关系的整体或其中一部分,在仅影响其中一部分时,剩余未受影响的部分仍适用套期会计。

第二十条　套期关系同时满足下列条件的,企业不得撤销套期关系的指定并由此终止套期关系:

(一)套期关系仍然满足风险管理目标;

(二)套期关系仍然满足本准则运用套期会计方法的其他条件。在适用套期关系再平衡的情况下,企业应当首先考虑套期关系再平衡,然后评估套期关系是否满足本准则所规定的运用套期会计方法的条件。

第二十一条　企业发生下列情形之一的,不作为套期工具已到期或合同终止处理:

(一)套期工具展期或被另一项套期工具替换,而且该展期或替换是企业书面文件所载明的风险管理目标的组成部分。

(二)由于法律法规或其他相关规定的要求,套期工具的原交易对手方变更为一个或多个清算交易对手方(例如清算机构或其他主体),以最终达成由同一中央交易对手方进行清算的目的。如果存在套期工具其他变更的,该变更应当仅限于达成此类替换交易对手方所必须的变更。

第四章　确认和计量

第二十二条　公允价值套期满足运用套期会计方法条件的,应当按照下列规定处理:

(一)套期工具产生的利得或损失应当计入当期损益。如果套期工具是对选择以公允价值计量且其变动计入其他综合收益的非交易性权益工具投资(或其组成部分)进行套期的,套期工具产生的利得或损失应当计入其他综合收益。

(二)被套期项目因被套期风险敞口形成的利得或损失应当计入当期损益,同时调整未以公允价值计量的已确认被套期项目的账面价值。被套期项目为按照《企业会计准则第 22 号——金融工具确认和计量》第十八条分类为以公允价值计量且其变动计入其他综合收益的金融资产(或其组成部分)的,其因被套期风险敞口形成的利得或损失应当计入当期损益，其账面价值已经按公允价值计量，不需要调整；被套期项目为企业选择以公允价值计量且其变动计入其他综合收益的非交易性权益工具投资（或其组成部分）的，其因被套期风险敞口形成的利得或损失应当计入其他综合收益，其账面价值已经按公允价值计量，不需要调整。

被套期项目为尚未确认的确定承诺（或其组成部分）的，其在套期关系指定后因被套期风险引起的公允价值累计变动额应当确认为一项资产或负债，相关的利得或损失应当计入各相关期间损益。当履行确定承诺而取得资产或承担负债时，应当调整该资产或负债的初始确认金额，以包括已确认的被套期项目的公允价值累计变动额。

第二十三条 公允价值套期中，被套期项目为以摊余成本计量的金融工具（或其组成部分）的，企业对被套期项目账面价值所作的调整应当按照开始摊销日重新计算的实际利率进行摊销，并计入当期损益。该摊销可以自调整日开始，但不应当晚于对被套期项目终止进行套期利得和损失调整的时点。被套期项目为按照《企业会计准则第22号——金融工具确认和计量》第十八条分类为以公允价值计量且其变动计入其他综合收益的金融资产（或其组成部分）的，企业应当按照相同的方式对累计已确认的套期利得或损失进行摊销，并计入当期损益，但不调整金融资产（或其组成部分）的账面价值。

第二十四条 现金流量套期满足运用套期会计方法条件的，应当按照下列规定处理：

（一）套期工具产生的利得或损失中属于套期有效的部分，作为现金流量套期储备，应当计入其他综合收益。现金流量套期储备的金额，应当按照下列两项的绝对额中较低者确定：

1. 套期工具自套期开始的累计利得或损失；

2. 被套期项目自套期开始的预计未来现金流量现值的累计变动额。

每期计入其他综合收益的现金流量套期储备的金额应当为当期现金流量套期储备的变动额。

（二）套期工具产生的利得或损失中属于套期无效的部分（即扣除计入其他综合收益后的其他利得或损失），应当计入当期损益。

第二十五条 现金流量套期储备的金额，应当按照下列规定处理：

（一）被套期项目为预期交易，且该预期交易使企业随后确认一项非金融资产或非金融负债的，或者非金融资产或非金融负债的预期交易形成一项适用于公允价值套期会计的确定承诺时，企业应当将原在其他综合收益中确认的现金流量套期储备金额转出，计入该资产或负债的初始确认金额。

（二）对于不属于本条（一）涉及的现金流量套期，企业应当在被套期的预期现金流量影响损益的相同期间，将原在其他综合收益中确认的现金流量套期储备金额转出，计入当期损益。

（三）如果在其他综合收益中确认的现金流量套期储备金额是一项损失，且该损失全部或部分预计在未来会计期间不能弥补的，企业应当在预计不能弥补时，将预计不能弥补的部分从其他综合收益中转出，计入当期损益。

第二十六条 当企业对现金流量套期终止运用套期会计时，在其他综合收益中确认的累计现金流量套期储备金额，应当按照下列规定进行处理：

（一）被套期的未来现金流量预期仍然会发生的，累计现金流量套期储备的金额应当予以保留，并按照本准则第二十五条的规定进行会计处理。

（二）被套期的未来现金流量预期不再发生的，累计现金流量套期储备的金额应当从其他综合收益中转出，计入当期损益。被套期的未来现金流量预期不再极可能发生但可能预期仍然会发生，在预期仍然会发生的情况下，累计现金流量套期储备的金额应当予以保留，并按照本准则第二十五条的规定进行会计处理。

第二十七条 对境外经营净投资的套期，包括对作为净投资的一部分进行会计处理的货币性项目的套期，应当按照类似于现金流量套期会计的规定处理：

（一）套期工具形成的利得或损失中属于套期有效的部分，应当计入其他综合收益。

全部或部分处置境外经营时，上述计入其他综合收益的套期工具利得或损失应当相应转出，计入当期损益。

（二）套期工具形成的利得或损失中属于套期无效的部分，应当计入当期损益。

第二十八条 企业根据本准则第十八条规定对套期关系作出再平衡的，应当在调整套期关系之前确定套期关系的套期无效部分,并将相关利得或损失计入当期损益。

套期关系再平衡可能会导致企业增加或减少指定套期关系中被套期项目或套期工具的数量。企业增加了指定的被套期项目或套期工具的,增加部分自指定增加之日起作为套期关系的一部分进行处理;企业减少了指定的被套期项目或套期工具的,减少部分自指定减少之日起不再作为套期关系的一部分,作为套期关系终止处理。

第二十九条 对于被套期项目为风险净敞口的套期,被套期风险影响利润表不同列报项目的,企业应当将相关套期利得或损失单独列报,不应当影响利润表中与被套期项目相关的损益列报项目金额(如营业收入或营业成本)。

对于被套期项目为风险净敞口的公允价值套期,涉及调整被套期各组成项目账面价值的,企业应当对各项资产和负债的账面价值做相应调整。

第三十条 除本准则第二十九条规定外,对于被套期项目为一组项目的公允价值套期,企业在套期关系存续期间,应当针对被套期项目组合中各组成项目,分别确认公允价值变动所引起的相关利得或损失,按照本准则第二十二条的规定进行相应处理,计入当期损益或其他综合收益。涉及调整被套期各组成项目账面价值的,企业应当对各项资产和负债的账面价值做相应调整。

除本准则第二十九条规定外,对于被套期项目为一组项目的现金流量套期,企业在将其他综合收益中确认的相关现金流量套期储备转出时,应当按照系统、合理的方法将转出金额在被套期各组成项目中分摊,并按照本准则第二十五条的规定进行相应处理。

第三十一条 企业根据本准则第七条规定将期权的内在价值和时间价值分开,只将期权的内在价值变动指定为套期工具时,应当区分被套期项目的性质是与交易相关还是与时间段相关。被套期项目与交易相关的,对其进行套期的期权时间价值具备交易成本的特征;被套期项目与时间段相关的,对其进行套期的期权时间价值具备为保护企业在特定时间段内规避风险所需支付成本的特征。企业应当根据被套期项目的性质分别进行以下会计处理:

(一)对于与交易相关的被套期项目,企业应当按照本准则第三十二条的规定,将期权时间价值的公允价值变动中与被套期项目相关的部分计入其他综合收益。对于在其他综合收益中确认的期权时间价值的公允价值累计变动额,应当按照本准则第二十五条规定的与现金流量套期储备金额相同的会计处理方法进行处理。

(二)对于与时间段相关的被套期项目,企业应当按照本准则第三十二条的规定,将期权时间价值的公允价值变动中与被套期项目相关的部分计入其他综合收益。同时,企业应当按照系统、合理的方法,将期权被指定为套期工具当日的时间价值中与被套期项目相关的部分,在套期关系影响损益或其他综合收益(仅限于企业对指定为以公允价值计量且其变动计入其他综合收益的非交易性权益工具投资的公允价值变动风险敞口进行的套期)的期间内摊销,摊销金额从其他综合收益中转出,计入当期损益。若企业终止运用套期会计,则其他综合收益中剩余的相关金额应当转出,计入当期损益。

期权的主要条款(如名义金额、期限和标的)与被套期项目相一致的,期权的实际时间价值与被套期项目相关;期权的主要条款与被套期项目不完全一致的,企业应当通过对主要条款与被套期项目完全一致的期权进行估值确定校准时间价值,并确认期权的实际时间价值中与被套期项目相关的部分。

第三十二条 在套期关系开始时,期权的实际时间价值高于校准时间价值的,企业应当以校准时间价值为基础,将其累计公允价值变动计入其他综合收益,并将这两个时间价值的公允价值变动差额计入当期损益;在套期关系开始时,期权的实际时间价值低于校准时间价值的,企业应当将两个时间价值中累计公允价值变动的较低者计入其他综合收益,如果实际时间价值的累计公允价值变动扣减累计计入其他综合收益金额后尚有剩余的,应当计入当期损益。

第三十三条 企业根据本准则第七条规定将远期合同的远期要素和即期要素分开、只将即期要素的价值变动指定为套期工具的,或者将金融工具的外汇基差单独分拆、只将排除外汇基差后的金融工具指定为套期工具的,可以按照与前述期权时间价值相同的处理方式对远期合同的远期要素或金融工具的外汇基差进行会计处理。

第五章　信用风险敞口的公允价值选择权

第三十四条　企业使用以公允价值计量且其变动计入当期损益的信用衍生工具管理金融工具(或其组成部分)的信用风险敞口时,可以在该金融工具(或其组成部分)初始确认时、后续计量中或尚未确认时,将其指定为以公允价值计量且其变动计入当期损益的金融工具,并同时作出书面记录,但应当同时满足下列条件:

(一)金融工具信用风险敞口的主体(如借款人或贷款承诺持有人)与信用衍生工具涉及的主体相一致;

(二)金融工具的偿付级次与根据信用衍生工具条款须交付的工具的偿付级次相一致。

上述金融工具(或其组成部分)被指定为以公允价值计量且其变动计入当期损益的金融工具的,企业应当在指定时将其账面价值(如有)与其公允价值之间的差额计入当期损益。如该金融工具是按照《企业会计准则第22号——金融工具确认和计量》第十八条分类为以公允价值计量且其变动计入其他综合收益的金融资产的,企业应当将之前计入其他综合收益的累计利得或损失转出,计入当期损益。

第三十五条　同时满足下列条件的,企业应当对按照本准则第三十四条规定的金融工具(或其一定比例)终止以公允价值计量且其变动计入当期损益:

(一)本准则第三十四条规定的条件不再适用,例如信用衍生工具或金融工具(或其一定比例)已到期、被出售、合同终止或已行使,或企业的风险管理目标发生变化,不再通过信用衍生工具进行风险管理。

(二)金融工具(或其一定比例)按照《企业会计准则第22号——金融工具确认和计量》的规定,仍然不满足以公允价值计量且其变动计入当期损益的金融工具的条件。

当企业对金融工具(或其一定比例)终止以公允价值计量且其变动计入当期损益时,该金融工具(或其一定比例)在终止时的公允价值应当作为其新的账面价值。同时,企业应当采用与该金融工具被指定为以公允价值计量且其变动计入当期损益之前相同的方法进行计量。

第六章　衔 接 规 定

第三十六条　本准则施行日之前套期会计处理与本准则要求不一致的,企业不作追溯调整,但本准则第三十七条所规定的情况除外。

在本准则施行日,企业应当按照本准则的规定对所存在的套期关系进行评估。在符合本准则规定的情况下可以进行再平衡,再平衡后仍然符合本准则规定的运用套期会计方法条件的,将其视为持续的套期关系,并将再平衡所产生的相关利得或损失计入当期损益。

第三十七条　下列情况下,企业应当按照本准则的规定,对在比较财务报表期间最早的期初已经存在的、以及在此之后被指定的套期关系进行追溯调整:

(一)企业将期权的内在价值和时间价值分开,只将期权的内在价值变动指定为套期工具。

(二)本准则第二十一条(二)规定的情形。

此外,企业将远期合同的远期要素和即期要素分开、只将即期要素的价值变动指定为套期工具的,或者将金融工具的外汇基差单独分拆、只将排除外汇基差后的金融工具指定为套期工具的,可以按照与本准则关于期权时间价值相同的处理方式对远期合同的远期要素和金融工具的外汇基差的会计处理进行追溯调整。如果选择追溯调整,企业应当对所有满足该选择条件的套期关系进行追溯调整。

第七章　附　　则

第三十八条　本准则自2018年1月1日起施行。

14. 财政部关于印发《企业会计准则第 42 号——持有待售的非流动资产、处置组和终止经营》的通知

（2017 年 4 月 28 日　财会〔2017〕13 号）

国务院有关部委、有关直属机构，各省、自治区、直辖市、计划单列市财政厅（局），新疆生产建设兵团财务局，财政部驻各省、自治区、直辖市、计划单列市财政监察专员办事处，有关中央管理企业：

为了适应社会主义市场经济发展需要，规范持有待售的非流动资产、处置组和终止经营的会计处理，提高会计信息质量，根据《企业会计准则——基本准则》，我部制定了《企业会计准则第 42 号——持有待售的非流动资产、处置组和终止经营》，现予印发，在所有执行企业会计准则的企业范围内执行。我部此前发布的有关持有待售的非流动资产、处置组和终止经营的会计处理规定与本准则不一致的，以本准则为准。

执行中有何问题，请及时反馈我部。

附件：

企业会计准则第 42 号——持有待售的非流动资产、处置组和终止经营

第一章　总　　则

第一条　为了规范企业持有待售的非流动资产或处置组的分类、计量和列报，以及终止经营的列报，根据《企业会计准则——基本准则》，制定本准则。

第二条　本准则的分类和列报规定适用于所有非流动资产和处置组。

处置组，是指在一项交易中作为整体通过出售或其他方式一并处置的一组资产，以及在该交易中转让的与这些资产直接相关的负债。处置组所属的资产组或资产组组合按照《企业会计准则第 8 号——资产减值》分摊了企业合并中取得的商誉的，该处置组应当包含分摊至处置组的商誉。

第三条　本准则的计量规定适用于所有非流动资产，但下列各项的计量适用其他相关会计准则：

（一）采用公允价值模式进行后续计量的投资性房地产，适用《企业会计准则第 3 号——投资性房地产》；

（二）采用公允价值减去出售费用后的净额计量的生物资产，适用《企业会计准则第 5 号——生物资产》；

（三）职工薪酬形成的资产，适用《企业会计准则第 9 号——职工薪酬》；

（四）递延所得税资产，适用《企业会计准则第 18 号——所得税》；

（五）由金融工具相关会计准则规范的金融资产，适用金融工具相关会计准则；

（六）由保险合同相关会计准则规范的保险合同所产生的权利，适用保险合同相关会计准则。

处置组包含适用本准则计量规定的非流动资产的，本准则的计量规定适用于整个处置组。处置组中负债的计量适用相关会计准则。

第四条　终止经营，是指企业满足下列条件之一的、能够单独区分的组成部分，且该组成部分已经处置或划分为持有待售类别：

(一)该组成部分代表一项独立的主要业务或一个单独的主要经营地区；

(二)该组成部分是拟对一项独立的主要业务或一个单独的主要经营地区进行处置的一项相关联计划的一部分；

(三)该组成部分是专为转售而取得的子公司。

第二章　持有待售的非流动资产或处置组的分类

第五条　企业主要通过出售(包括具有商业实质的非货币性资产交换,下同)而非持续使用一项非流动资产或处置组收回其账面价值的,应当将其划分为持有待售类别。账面价值的,应当将其划分为持有待售类别。

第六条　非流动资产或处置组划分为持有待售类别,应当同时满足下列条件:

(一)根据类似交易中出售此类资产或处置组的惯例,在当前状况下即可立即出售;

(二)出售极可能发生,即企业已经就一项出售计划作出决议且获得确定的购买承诺,预计出售将在一年内完成。有关规定要求企业相关权力机构或者监管部门批准后方可出售的,应当已经获得批准。

确定的购买承诺,是指企业与其他方签订的具有法律约束力的购买协议,该协议包含交易价格、时间和足够严厉的违约惩罚等重要条款,使协议出现重大调整或者撤销的可能性极小。

第七条　企业专为转售而取得的非流动资产或处置组,在取得日满足“预计出售将在一年内完成”的规定条件,且短期(通常为3个月)内很可能满足持有待售类别的其他划分条件的,企业应当在取得日将其划分为持有待售类别。

第八条　因企业无法控制的下列原因之一,导致非关联方之间的交易未能在一年内完成,且有充分证据表明企业仍然承诺出售非流动资产或处置组的,企业应当继续将非流动资产或处置组划分为持有待售类别:

(一)买方或其他方意外设定导致出售延期的条件,企业针对这些条件已经及时采取行动,且预计能够自设定导致出售延期的条件起一年内顺利化解延期因素;的条件起一年内顺利化解延期因素;

(二)因发生罕见情况,导致持有待售的非流动资产或处置组未能在一年内完成出售,企业在最初一年内已经针对这些新情况采取必要措施且重新满足了持有待售类别的划分条件。

第九条　持有待售的非流动资产或处置组不再满足持有待售类别划分条件的,企业不应当继续将其划分为持有待售类别。

部分资产或负债从持有待售的处置组中移除后,处置组中剩余资产或负债新组成的处置组仍然满足持有待售类别划分条件的,企业应当将新组成的处置组划分为持有待售类别,否则应当将满足持有待售类别划分条件的非流动资产单独划分为持有待售类别。

第十条　企业因出售对子公司的投资等原因导致其丧失对子公司控制权的,无论出售后企业是否保留部分权益性投资,应当在拟出售的对子公司投资满足持有待售类别划分条件时,在母公司个别财务报表中将对子公司投资整体划分为持有待售类别,在合并财务报表中将子公司所有资产和负债划分为持有待售类别。

第十一条　企业不应当将拟结束使用而非出售的非流动资产或处置组划分为持有待售类别。

第三章　持有待售的非流动资产或处置组的计量

第十二条　企业将非流动资产或处置组首次划分为持有待售类别前,应当按照相关会计准则规定计量非流动资产或处置组中各项资产和负债的账面价值。中各项资产和负债的账面价值。

第十三条　企业初始计量或在资产负债表日重新计量持有待售的非流动资产或处置组时,其账面价值高于公允价值减去出售费用后的净额的,应当将账面价值减记至公允价值减去出售费用后的净额,减记的金额确认为资产减值损失,计入当期损益,同时计提持有待售资产减值准备。

第十四条 对于取得日划分为持有待售类别的非流动资产或处置组,企业应当在初始计量时比较假定其不划分为持有待售类别情况下的初始计量金额和公允价值减去出售费用后的净额,以两者孰低计量。除企业合并中取得的非流动资产或处置组外,由非流动资产或处置组以公允价值减去出售费用后的净额作为初始计量金额而产生的差额,应当计入当期损益。

第十五条 企业在资产负债表日重新计量持有待售的处置组时,应当首先按照相关会计准则规定计量处置组中不适用本准则计量规定的资产和负债的账面价值,然后按照本准则第十三条的规定进行会计处理。

第十六条 对于持有待售的处置组确认的资产减值损失金额,应当先抵减处置组中商誉的账面价值,再根据处置组中适用本准则计量规定的各项非流动资产账面价值所占比重,按比例抵减其账面价值。

第十七条 后续资产负债表日持有待售的非流动资产公允价值减去出售费用后的净额增加的,以前减记的金额应当予以恢复,并在划分为持有待售类别后确认的资产减值损失金额内转回,转回金额计入当期损益。划分为持有待售类别前确认的资产减值损失不得转回。

第十八条 后续资产负债表日持有待售的处置组公允价值减去出售费用后的净额增加的,以前减记的金额应当予以恢复,并在划分为持有待售类别后适用本准则计量规定的非流动资产确认的资产减值损失金额内转回,转回金额计入当期损益。已抵减的商誉账面价值,以及适用本准则计量规定的非流动资产在划分为持有待售类别前确认的资产减值损失不得转回。

第十九条 持有待售的处置组确认的资产减值损失后续转回金额,应当根据处置组中除商誉外适用本准则计量规定的各项非流动资产账面价值所占比重,按比例增加其账面价值。

第二十条 持有待售的非流动资产或处置组中的非流动资产不应计提折旧或摊销,持有待售的处置组中负债的利息和其他费用应当继续予以确认。

第二十一条 非流动资产或处置组因不再满足持有待售类别的划分条件而不再继续划分为持有待售类别或非流动资产从持有待售的处置组中移除时,应当按照以下两者孰低计量:

(一)划分为持有待售类别前的账面价值,按照假定不划分为持有待售类别情况下本应确认的折旧、摊销或减值等进行调整后的金额;

(二)可收回金额。

第二十二条 企业终止确认持有待售的非流动资产或处置组时,应当将尚未确认的利得或损失计入当期损益。

第四章 列 报

第二十三条 企业应当在资产负债表中区别于其他资产单独列示持有待售的非流动资产或持有待售的处置组中的资产,区别于其他负债单独列示持有待售的处置组中的负债。持有待售的非流动资产或持有待售的处置组中的资产与持有待售的处置组中的负债不应当相互抵销,应当分别作为流动资产和流动负债列示。

第二十四条 企业应当在利润表中分别列示持续经营损益和终止经营损益。不符合终止经营定义的持有待售的非流动资产或处置组,其减值损失和转回金额及处置损益应当作为持续经营损益列报。终止经营的减值损失和转回金额等经营损益及处置损益应当作为终止经营损益列报。

第二十五条 企业应当在附注中披露下列信息:

(一)持有待售的非流动资产或处置组的出售费用和主要类别,以及每个类别的账面价值和公允价值;

(二)持有待售的非流动资产或处置组的出售原因、方式和时间安排;

(三)列报持有待售的非流动资产或处置组的分部;

(四)持有待售的非流动资产或持有待售的处置组中的资产确认的减值损失及其转回金额;

(五)与持有待售的非流动资产或处置组有关的其他综合收益累计金额;

(六)终止经营的收入、费用、利润总额、所得税费用(收益)和净利润;

(七)终止经营的资产或处置组确认的减值损失及其转回金额;

（八）终止经营的处置损益总额、所得税费用（收益）和处置净损益；

（九）终止经营的经营活动、投资活动和筹资活动现金流量净额；

（十）归属于母公司所有者的持续经营损益和终止经营损益。

非流动资产或处置组在资产负债表日至财务报告批准报出日之间满足持有待售类别划分条件的，应当作为资产负债表日后非调整事项进行会计处理，并按照本条（一）至（三）的规定进行披露。

企业专为转售而取得的持有待售的子公司，应当按照本条（二）至（五）和（十）的规定进行披露。

第二十六条 对于当期首次满足持有待售类别划分条件的非流动资产或处置组，不应当调整可比会计期间资产负债表。

第二十七条 对于当期列报的终止经营，企业应当在当期财务报表中，将原来作为持续经营损益列报的信息重新作为可比会计期间的终止经营损益列报，并按照本准则第二十五条（六）、（七）、（九）、（十）的规定披露可比会计期间的信息。

第二十八条 拟结束使用而非出售的处置组满足终止经营定义中有关组成部分的条件的，应当自停止使用日起作为终止经营列报。

第二十九条 企业因出售对子公司的投资等原因导致其丧失对子公司控制权，且该子公司符合终止经营定义的，应当在合并利润表中列报相关终止经营损益，并按照本准则第二十五条（六）至（十）的规定进行披露。

第三十条 企业应当在利润表中将终止经营处置损益的调整金额作为终止经营损益列报，并在附注中披露调整的性质和金额。可能引起调整的情形包括：

（一）最终确定处置条款，如与买方商定交易价格调整额和补偿金；

（二）消除与处置相关的不确定因素，如确定卖方保留的环保义务或产品质量保证义务；

（三）履行与处置相关的职工薪酬支付义务。

第三十一条 非流动资产或处置组不再继续划分为持有待售类别或非流动资产从持有待售的处置组中移除的，企业应当在当期利润表中将非流动资产或处置组的账面价值调整金额作为持续经营损益列报。企业的子公司、共同经营、合营企业、联营企业以及部分对合营企业或联营企业的投资不再继续划分为持有待售类别或从持有待售的处置组中移除的，企业应当在当期财务报表中相应调整各个划分为持有待售类别后可比会计期间的比较数据。企业应当在附注中披露下列信息：

（一）企业改变非流动资产或处置组出售计划的原因；

（二）可比会计期间财务报表中受影响的项目名称和影响金额。

第三十二条 终止经营不再满足持有待售类别划分条件的，企业应当在当期财务报表中，将原来作为终止经营损益列报的信息重新作为可比会计期间的持续经营损益列报，并在附注中说明这一事实。

第五章 附 则

第三十三条 本准则自 2017 年 5 月 28 日起施行。

对于本准则施行日存在的持有待售的非流动资产、处置组和终止经营，应当采用未来适用法处理。

15. 财政部关于印发修订《企业会计准则第 37 号——金融工具列报》的通知

(2017 年 5 月 2 日　财会〔2017〕14 号)

国务院有关部委、有关直属机构，各省、自治区、直辖市、计划单列市财政厅(局)，新疆生产建设兵团财务局，财政部驻各省、自治区、直辖市、计划单列市财政监察专员办事处，有关中央管理企业：

为了适应社会主义市场经济发展需要，规范金融工具的会计处理，提高会计信息质量，根据《企业会计准则——基本准则》，我部对《企业会计准则第 37 号——金融工具列报》进行了修订，现予印发。在境内外同时上市的企业以及在境外上市并采用国际财务报告准则或企业会计准则编制财务报告的企业，自 2018 年 1 月 1 日起施行；其他境内上市企业自 2019 年 1 月 1 日起施行；执行企业会计准则的非上市企业自 2021 年 1 月 1 日起施行。同时，鼓励企业提前执行。执行本准则的企业，不再执行我部于 2014 年 3 月 17 日印发的《金融负债与权益工具的区分及相关会计处理规定》(财会〔2014〕13 号)和 2014 年 6 月 20 日印发的《企业会计准则第 37 号——金融工具列报》(财会〔2014〕23 号)。

执行我部于 2017 年修订印发的《企业会计准则第 22 号——金融工具确认和计量》(财会〔2017〕7 号)、《企业会计准则第 23 号——金融资产转移》(财会〔2017〕8 号)、《企业会计准则第 24 号——套期会计》(财会〔2017〕9 号)的企业，应同时执行本准则。

执行中有何问题，请及时反馈我部。

附件：

企业会计准则第 37 号——金融工具列报

第一章　总　　则

第一条　为了规范金融工具的列报，根据《企业会计准则——基本准则》，制定本准则。

金融工具列报，包括金融工具列示和金融工具披露。

第二条　金融工具列报的信息，应当有助于财务报表使用者了解企业所发行金融工具的分类、计量和列报的情况，以及企业所持有的金融资产和承担的金融负债的情况，并就金融工具对企业财务状况和经营成果影响的重要程度、金融工具使企业在报告期间和期末所面临风险的性质和程度，以及企业如何管理这些风险作出合理评价。

第三条　本准则适用于所有企业各种类型的金融工具，但下列各项适用其他会计准则：

(一)由《企业会计准则第 2 号——长期股权投资》、《企业会计准则第 33 号——合并财务报表》和《企业会计准则第 40 号——合营安排》规范的对子公司、合营企业和联营企业的投资，其披露适用《企业会计准则第 41 号——在其他主体中权益的披露》。但企业持有的与在子公司、合营企业或联营企业中的权益相联系的衍生工具，适用本准则。

企业按照《企业会计准则第 22 号——金融工具确认和计量》相关规定对联营企业或合营企业的投资进行会计处理的，以及企业符合《企业会计准则第 33 号——合并财务报表》有关投资性主体定义，且根据该准则规定对子公司的投资以公允价值计量且其变动计入当期损益的，对上述合营企业、联营企业或子公司的相关投资适用本准则。

(二)由《企业会计准则第 9 号——职工薪酬》规范的职工薪酬相关计划形成的企业的权利和义务，适用

《企业会计准则第 9 号——职工薪酬》。

（三）由《企业会计准则第 11 号——股份支付》规范的股份支付中涉及的金融工具以及其他合同和义务，适用《企业会计准则第 11 号——股份支付》。但是，股份支付中属于本准则范围的买入或卖出非金融项目的合同，以及与股份支付相关的企业发行、回购、出售或注销的库存股，适用本准则。

（四）由《企业会计准则第 12 号——债务重组》规范的债务重组，适用《企业会计准则第 12 号——债务重组》。但债务重组中涉及金融资产转移披露的，适用本准则。

（五）由《企业会计准则第 14 号——收入》规范的属于金融工具的合同权利和义务，适用《企业会计准则第 14 号——收入》。由《企业会计准则第 14 号——收入》要求在确认和计量相关合同权利的减值损失和利得时，应当按照《企业会计准则第 22 号——金融工具确认和计量》进行会计处理的合同权利，适用本准则有关信用风险披露的规定。

（六）由保险合同相关会计准则规范的保险合同所产生的权利和义务，适用保险合同相关会计准则。

因具有相机分红特征而由保险合同相关会计准则规范的合同所产生的权利和义务，适用保险合同相关会计准则。但对于嵌入保险合同的衍生工具，该嵌入衍生工具本身不是保险合同的，适用本准则；该嵌入衍生工具本身为保险合同的，适用保险合同相关会计准则。

企业选择按照《企业会计准则第 22 号——金融工具确认和计量》进行会计处理的财务担保合同，适用本准则；企业选择按照保险合同相关会计准则进行会计处理的财务担保合同，适用保险合同相关会计准则。

第四条 本准则适用于能够以现金或其他金融工具净额结算，或通过交换金融工具结算的买入或卖出非金融项目的合同。但企业按照预定的购买、销售或使用要求签订并持有，旨在收取或交付非金融项目的合同，适用其他相关会计准则，但是企业根据《企业会计准则第 22 号——金融工具确认和计量》第八条的规定将该合同指定为以公允价值计量且其变动计入当期损益的金融资产或金融负债的，适用本准则。

第五条 本准则第六章至第八章的规定，除适用于企业已按照《企业会计准则第 22 号——金融工具确认和计量》确认的金融工具外，还适用于未确认的金融工具。

第六条 本准则规定的交易或事项涉及所得税的，应当按照《企业会计准则第 18 号——所得税》进行处理。

第二章 金融负债和权益工具的区分

第七条 企业应当根据所发行金融工具的合同条款及其所反映的经济实质而非仅以法律形式，结合金融资产、金融负债和权益工具的定义，在初始确认时将该金融工具或其组成部分分类为金融资产、金融负债或权益工具。

第八条 金融负债，是指企业符合下列条件之一的负债：

（一）向其他方交付现金或其他金融资产的合同义务。

（二）在潜在不利条件下，与其他方交换金融资产或金融负债的合同义务。

（三）将来须用或可用企业自身权益工具进行结算的非衍生工具合同，且企业根据该合同将交付可变数量的自身权益工具。

（四）将来须用或可用企业自身权益工具进行结算的衍生工具合同，但以固定数量的自身权益工具交换固定金额的现金或其他金融资产的衍生工具合同除外。企业对全部现有同类别非衍生自身权益工具的持有方同比例发行配股权、期权或认股权证，使之有权按比例以固定金额的任何货币换取固定数量的该企业自身权益工具的，该类配股权、期权或认股权证应当分类为权益工具。其中，企业自身权益工具不包括应按照本准则第三章分类为权益工具的金融工具，也不包括本身就要求在未来收取或交付企业自身权益工具的合同。

第九条 权益工具，是指能证明拥有某个企业在扣除所有负债后的资产中的剩余权益的合同。企业发行的金融工具同时满足下列条件的，符合权益工具的定义，应当将该金融工具分类为权益工具：

(一)该金融工具应当不包括交付现金或其他金融资产给其他方,或在潜在不利条件下与其他方交换金融资产或金融负债的合同义务;

(二)将来须用或可用企业自身权益工具结算该金融工具。如为非衍生工具,该金融工具应当不包括交付可变数量的自身权益工具进行结算的合同义务;如为衍生工具,企业只能通过以固定数量的自身权益工具交换固定金额的现金或其他金融资产结算该金融工具。企业自身权益工具不包括应按照本准则第三章分类为权益工具的金融工具,也不包括本身就要求在未来收取或交付企业自身权益工具的合同。

第十条 企业不能无条件地避免以交付现金或其他金融资产来履行一项合同义务的,该合同义务符合金融负债的定义。有些金融工具虽然没有明确地包含交付现金或其他金融资产义务的条款和条件,但有可能通过其他条款和条件间接地形成合同义务。

如果一项金融工具须用或可用企业自身权益工具进行结算,需要考虑用于结算该工具的企业自身权益工具,是作为现金或其他金融资产的替代品,还是为了使该工具持有方享有在发行方扣除所有负债后的资产中的剩余权益。如果是前者,该工具是发行方的金融负债;如果是后者,该工具是发行方的权益工具。在某些情况下,一项金融工具合同规定企业须用或可用自身权益工具结算该金融工具,其中合同权利或合同义务的金额等于可获取或需交付的自身权益工具的数量乘以其结算时的公允价值,则无论该合同权利或合同义务的金额是固定的,还是完全或部分地基于除企业自身权益工具的市场价格以外变量(例如利率、某种商品的价格或某项金融工具的价格)的变动而变动的,该合同应当分类为金融负债。

第十一条 除根据本准则第三章分类为权益工具的金融工具外,如果一项合同使发行方承担了以现金或其他金融资产回购自身权益工具的义务,即使发行方的回购义务取决于合同对手方是否行使回售权,发行方应当在初始确认时将该义务确认为一项金融负债,其金额等于回购所需支付金额的现值(如远期回购价格的现值、期权行权价格的现值或其他回售金额的现值)。如果最终发行方无需以现金或其他金融资产回购自身权益工具,应当在合同到期时将该项金融负债按照账面价值重分类为权益工具。

第十二条 对于附有或有结算条款的金融工具,发行方不能无条件地避免交付现金、其他金融资产或以其他导致该工具成为金融负债的方式进行结算的,应当分类为金融负债。但是,满足下列条件之一的,发行方应当将其分类为权益工具:

(一)要求以现金、其他金融资产或以其他导致该工具成为金融负债的方式进行结算的或有结算条款几乎不具有可能性,即相关情形极端罕见、显著异常且几乎不可能发生。

(二)只有在发行方清算时,才需以现金、其他金融资产或以其他导致该工具成为金融负债的方式进行结算。

(三)按照本准则第三章分类为权益工具的可回售工具。

附有或有结算条款的金融工具,指是否通过交付现金或其他金融资产进行结算,或者是否以其他导致该金融工具成为金融负债的方式进行结算,需要由发行方和持有方均不能控制的未来不确定事项(如股价指数、消费价格指数变动、利率或税法变动、发行方未来收入、净收益或债务权益比率等)的发生或不发生(或发行方和持有方均不能控制的未来不确定事项的结果)来确定的金融工具。

第十三条 对于存在结算选择权的衍生工具(例如合同规定发行方或持有方能选择以现金净额或以发行股份交换现金等方式进行结算的衍生工具),发行方应当将其确认为金融资产或金融负债,但所有可供选择的结算方式均表明该衍生工具应当确认为权益工具的除外。

第十四条 企业应对发行的非衍生工具进行评估,以确定所发行的工具是否为复合金融工具。企业所发行的非衍生工具可能同时包含金融负债成分和权益工具成分。对于复合金融工具,发行方应于初始确认时将各组成部分分别分类为金融负债、金融资产或权益工具。

企业发行的一项非衍生工具同时包含金融负债成分和权益工具成分的,应于初始计量时先确定金融负债成分的公允价值(包括其中可能包含的非权益性嵌入衍生工具的公允价值),再从复合金融工具公允价值中扣除负债成分的公允价值,作为权益工具成分的价值。复合金融工具中包含非权益性嵌入衍生工具的,非权益性嵌入衍生工具的公允价值应当包含在金融负债成分的公允价值中,并且按照《企业会计准则第22号——金融工具确认和计量》的规定对该金融负债成分进行会计处理。

第十五条 在合并财务报表中对金融工具(或其组成部分)进行分类时,企业应当考虑企业集团成员和金融工具的持有方之间达成的所有条款和条件。企业集团作为一个整体,因该工具承担了交付现金、其他金融资产或以其他导致该工具成为金融负债的方式进行结算的义务的,该工具在企业集团合并财务报表中应当分类为金融负债。

第三章 特殊金融工具的区分

第十六条 符合金融负债定义,但同时具有下列特征的可回售工具,应当分类为权益工具:

(一)赋予持有方在企业清算时按比例份额获得该企业净资产的权利。这里所指企业净资产是扣除所有优先于该工具对企业资产要求权之后的剩余资产;这里所指按比例份额是清算时将企业的净资产分拆为金额相等的单位,并且将单位金额乘以持有方所持有的单位数量。

(二)该工具所属的类别次于其他所有工具类别,即该工具在归属于该类别前无须转换为另一种工具,且在清算时对企业资产没有优先于其他工具的要求权。

(三)该工具所属的类别中(该类别次于其他所有工具类别),所有工具具有相同的特征(例如它们必须都具有可回售特征,并且用于计算回购或赎回价格的公式或其他方法都相同)。

(四)除了发行方应当以现金或其他金融资产回购或赎回该工具的合同义务外,该工具不满足本准则规定的金融负债定义中的任何其他特征。

(五)该工具在存续期内的预计现金流量总额,应当实质上基于该工具存续期内企业的损益、已确认净资产的变动、已确认和未确认净资产的公允价值变动(不包括该工具的任何影响)。

可回售工具,是指根据合同约定,持有方有权将该工具回售给发行方以获取现金或其他金融资产的权利,或者在未来某一不确定事项发生或者持有方死亡或退休时,自动回售给发行方的金融工具。

第十七条 符合金融负债定义,但同时具有下列特征的发行方仅在清算时才有义务向另一方按比例交付其净资产的金融工具,应当分类为权益工具:

(一)赋予持有方在企业清算时按比例份额获得该企业净资产的权利;

(二)该工具所属的类别次于其他所有工具类别;

(三)该工具所属的类别中(该类别次于其他所有工具类别),发行方对该类别中所有工具都应当在清算时承担按比例份额交付其净资产的同等合同义务。

产生上述合同义务的清算确定将会发生并且不受发行方的控制(如发行方本身是有限寿命主体),或者发生与否取决于该工具的持有方。

第十八条 分类为权益工具的可回售工具,或发行方仅在清算时才有义务向另一方按比例交付其净资产的金融工具,除应当具有本准则第十六条或第十七条所述特征外,其发行方应当没有同时具备下列特征的其他金融工具或合同:

(一)现金流量总额实质上基于企业的损益、已确认净资产的变动、已确认和未确认净资产的公允价值变动(不包括该工具或合同的任何影响);

(二)实质上限制或固定了本准则第十六条或第十七条所述工具持有方所获得的剩余回报。

在运用上述条件时,对于发行方与本准则第十六条或第十七条所述工具持有方签订的非金融合同,如果其条款和条件与发行方和其他方之间可能订立的同等合同类似,不应考虑该非金融合同的影响。但如果不能做出此判断,则不得将该工具分类为权益工具。

第十九条 按照本章规定分类为权益工具的金融工具,自不再具有本准则第十六条或第十七条所述特征,或发行方不再满足本准则第十八条规定条件之日起,发行方应当将其重分类为金融负债,以重分类日该工具的公允价值计量,并将重分类日权益工具的账面价值和金融负债的公允价值之间的差额确认为权益。

按照本章规定分类为金融负债的金融工具,自具有本准则第十六条或第十七条所述特征,且发行方满足本准则第十八条规定条件之日起,发行方应当将其重分类为权益工具,以重分类日金融负债的账面价值计量。

第二十条 企业发行的满足本章规定分类为权益工具的金融工具,在企业集团合并财务报表中对应的少数股东权益部分,应当分类为金融负债。

第四章 收益和库存股

第二十一条 金融工具或其组成部分属于金融负债的,相关利息、股利(或股息)、利得或损失,以及赎回或再融资产生的利得或损失等,应当计入当期损益。

第二十二条 金融工具或其组成部分属于权益工具的,其发行(含再融资)、回购、出售或注销时,发行方应当作为权益的变动处理。发行方不应当确认权益工具的公允价值变动。

发行方向权益工具持有方的分配应当作为其利润分配处理,发放的股票股利不影响发行方的所有者权益总额。

第二十三条 与权益性交易相关的交易费用应当从权益中扣减。

企业发行或取得自身权益工具时发生的交易费用(例如登记费,承销费,法律、会计、评估及其他专业服务费用,印刷成本和印花税等),可直接归属于权益性交易的,应当从权益中扣减。终止的未完成权益性交易所发生的交易费用应当计入当期损益。

第二十四条 发行复合金融工具发生的交易费用,应当在金融负债成分和权益工具成分之间按照各自占总发行价款的比例进行分摊。与多项交易相关的共同交易费用,应当在合理的基础上,采用与其他类似交易一致的方法,在各项交易间进行分摊。

第二十五条 发行方分类为金融负债的金融工具支付的股利,在利润表中应当确认为费用,与其他负债的利息费用合并列示,并在财务报表附注中单独披露。

作为权益扣减项的交易费用,应当在财务报表附注中单独披露。

第二十六条 回购自身权益工具(库存股)支付的对价和交易费用,应当减少所有者权益,不得确认金融资产。库存股可由企业自身购回和持有,也可由企业集团合并财务报表范围内的其他成员购回和持有。

第二十七条 企业应当按照《企业会计准则第 30 号——财务报表列报》的规定在资产负债表中单独列示所持有的库存股金额。

企业从关联方回购自身权益工具的,还应当按照《企业会计准则第 36 号——关联方披露》的相关规定进行披露。

第五章 金融资产和金融负债的抵销

第二十八条 金融资产和金融负债应当在资产负债表内分别列示,不得相互抵销。但同时满足下列条件的,应当以相互抵销后的净额在资产负债表内列示:

(一)企业具有抵销已确认金额的法定权利,且该种法定权利是当前可执行的;

(二)企业计划以净额结算,或同时变现该金融资产和清偿该金融负债。

不满足终止确认条件的金融资产转移,转出方不得将已转移的金融资产和相关负债进行抵销。

第二十九条 抵销权是债务人根据合同或其他协议,以应收债权人的金额全部或部分抵销应付债权人的金额的法定权利。在某些情况下,如果债务人、债权人和第三方三者之间签署的协议明确表示债务人拥有该抵销权,并且不违反法律法规或其他相关规定,债务人可能拥有以应收第三方的金额抵销应付债权人的金额的法定权利。

第三十条 抵销权应当不取决于未来事项,而且在企业和所有交易对手方的正常经营过程中,或在出现违约、无力偿债或破产等各种情形下,企业均可执行该法定权利。

在确定抵销权是否可执行时,企业应当充分考虑法律法规或其他相关规定以及合同约定等各方面因素。

第三十一条 当前可执行的抵销权不构成相互抵销的充分条件,企业既不打算行使抵销权(即净额结算),又无计划同时结算金融资产和金融负债的,该金融资产和金融负债不得抵销。

在没有法定权利的情况下，一方或双方即使有意向以净额为基础进行结算或同时结算相关金融资产和金融负债的，该金融资产和金融负债也不得抵销。

第三十二条 企业同时结算金融资产和金融负债的，如果该结算方式相当于净额结算，则满足本准则第二十八条（二）以净额结算的标准。这种结算方式必须在同一结算过程或周期内处理了相关应收和应付款项，最终消除或几乎消除了信用风险和流动性风险。如果某结算方式同时具备如下特征，可视为满足净额结算标准：

（一）符合抵销条件的金融资产和金融负债在同一时点提交处理；

（二）金融资产和金融负债一经提交处理，各方即承诺履行结算义务；

（三）金融资产和金融负债一经提交处理，除非处理失败，这些资产和负债产生的现金流量不可能发生变动；

（四）以证券作为担保物的金融资产和金融负债，通过证券结算系统或其他类似机制进行结算（例如券款对付），即如果证券交付失败，则以证券作为抵押的应收款项或应付款项的处理也将失败，反之亦然；

（五）若发生本条（四）所述的失败交易，将重新进入处理程序，直至结算完成；

（六）由同一结算机构执行；

（七）有足够的日间信用额度，并且能够确保该日间信用额度一经申请提取即可履行，以支持各方能够在结算日进行支付处理。

第三十三条 在下列情况下，通常认为不满足本准则第二十八条所列条件，不得抵销相关金融资产和金融负债：

（一）使用多项不同金融工具来仿效单项金融工具的特征（即合成工具）。例如利用浮动利率长期债券与收取浮动利息且支付固定利息的利率互换，合成一项固定利率长期负债。

（二）金融资产和金融负债虽然具有相同的主要风险敞口（例如远期合同或其他衍生工具组合中的资产和负债），但涉及不同的交易对手方。

（三）无追索权金融负债与作为其担保物的金融资产或其他资产。

（四）债务人为解除某项负债而将一定的金融资产进行托管（例如偿债基金或类似安排），但债权人尚未接受以这些资产清偿负债。

（五）因某些导致损失的事项而产生的义务预计可以通过保险合同向第三方索赔而得以补偿。

第三十四条 企业与同一交易对手方进行多项金融工具交易时，可能与对手方签订总互抵协议。只有满足本准则第二十八条所列条件时，总互抵协议下的相关金融资产和金融负债才能抵销。

总互抵协议，是指协议所涵盖的所有金融工具中的任何一项合同在发生违约或终止时，就协议所涵盖的所有金融工具按单一净额进行结算。

第三十五条 企业应当区分金融资产和金融负债的抵销与终止确认。抵销金融资产和金融负债并在资产负债表中以净额列示，不应当产生利得或损失；终止确认是从资产负债表列示的项目中移除相关金融资产或金融负债，有可能产生利得或损失。

第六章 金融工具对财务状况和经营成果影响的列报

第一节 一般性规定

第三十六条 企业在对金融工具各项目进行列报时，应当根据金融工具的特点及相关信息的性质对金融工具进行归类，并充分披露与金融工具相关的信息，使得财务报表附注中的披露与财务报表列示的各项目相互对应。

第三十七条 在确定金融工具的列报类型时，企业至少应当将本准则范围内的金融工具区分为以摊余成本计量和以公允价值计量的类型。

第三十八条 企业应当披露编制财务报表时对金融工具所采用的重要会计政策、计量基础和与理解财务报表相关的其他会计政策等信息，主要包括：

（一）对于指定为以公允价值计量且其变动计入当期损益的金融资产，企业应当披露下列信息：

1. 指定的金融资产的性质；

2. 企业如何满足运用指定的标准。企业应当披露该指定所针对的确认或计量不一致的描述性说明。

（二）对于指定为以公允价值计量且其变动计入当期损益的金融负债，企业应当披露下列信息：

1. 指定的金融负债的性质；

2. 初始确认时对上述金融负债做出指定的标准；

3. 企业如何满足运用指定的标准。对于以消除或显著减少会计错配为目的的指定，企业应当披露该指定所针对的确认或计量不一致的描述性说明。对于以更好地反映组合的管理实质为目的的指定，企业应当披露该指定符合企业正式书面文件载明的风险管理或投资策略的描述性说明。对于整体指定为以公允价值计量且其变动计入当期损益的混合工具，企业应当披露运用指定标准的描述性说明。

（三）如何确定每类金融工具的利得或损失。

第二节　资产负债表中的列示及相关披露

第三十九条　企业应当在资产负债表或相关附注中列报下列金融资产或金融负债的账面价值：

（一）以摊余成本计量的金融资产。

（二）以摊余成本计量的金融负债。

（三）以公允价值计量且其变动计入其他综合收益的金融资产，并分别反映：（1）根据《企业会计准则第22号——金融工具确认和计量》第十八条的规定分类为以公允价值计量且其变动计入其他综合收益的金融资产；（2）根据《企业会计准则第22号——金融工具确认和计量》第十九条的规定在初始确认时被指定为以公允价值计量且其变动计入其他综合收益的非交易性权益工具投资。

（四）以公允价值计量且其变动计入当期损益的金融资产，并分别反映：（1）根据《企业会计准则第22号——金融工具确认和计量》第十九条的规定分类为以公允价值计量且其变动计入当期损益的金融资产；（2）根据《企业会计准则第22号——金融工具确认和计量》第二十条的规定指定为以公允价值计量且其变动计入当期损益的金融资产；（3）根据《企业会计准则第24号——套期会计》第三十四条的规定在初始确认或后续计量时指定为以公允价值计量且其变动计入当期损益的金融资产。

（五）以公允价值计量且其变动计入当期损益的金融负债，并分别反映：（1）根据《企业会计准则第22号——金融工具确认和计量》第二十一条的规定分类为以公允价值计量且其变动计入当期损益的金融负债；（2）根据《企业会计准则第22号——金融工具确认和计量》第二十二条的规定在初始确认时指定为以公允价值计量且其变动计入当期损益的金融负债；（3）根据《企业会计准则第24号——套期会计》第三十四条的规定在初始确认和后续计量时指定为以公允价值计量且其变动计入当期损益的金融负债。

第四十条　企业将本应按摊余成本或以公允价值计量且其变动计入其他综合收益计量的一项或一组金融资产指定为以公允价值计量且其变动计入当期损益的金融资产的，应当披露下列信息：

（一）该金融资产在资产负债表日使企业面临的最大信用风险敞口；

（二）企业通过任何相关信用衍生工具或类似工具使得该最大信用风险敞口降低的金额；

（三）该金融资产因信用风险变动引起的公允价值本期变动额和累计变动额；

（四）相关信用衍生工具或类似工具自该金融资产被指定以来的公允价值本期变动额和累计变动额。

信用风险，是指金融工具的一方不履行义务，造成另一方发生财务损失的风险。

金融资产在资产负债表日的最大信用风险敞口，通常是金融工具账面余额减去减值损失准备后的金额（已减去根据本准则规定已抵销的金额）。

第四十一条　企业将一项金融负债指定为以公允价值计量且其变动计入当期损益的金融负债，且企业自身信用风险变动引起的该金融负债公允价值的变动金额计入其他综合收益的，应当披露下列信息：

（一）该金融负债因自身信用风险变动引起的公允价值本期变动额和累计变动额；

（二）该金融负债的账面价值与按合同约定到期应支付债权人金额之间的差额；

（三）该金融负债的累计利得或损失本期从其他综合收益转入留存收益的金额和原因。

第四十二条　企业将一项金融负债指定为以公允价值计量且其变动计入当期损益的金融负债，且该金

融负债(包括企业自身信用风险变动的影响)的全部利得或损失计入当期损益的,应当披露下列信息:

(一)该金融负债因自身信用风险变动引起的公允价值本期变动额和累计变动额;

(二)该金融负债的账面价值与按合同约定到期应支付债权人金额之间的差额。

第四十三条 企业应当披露用于确定本准则第四十条(三)所要求披露的金融资产因信用风险变动引起的公允价值变动额的估值方法,以及用于确定本准则第四十一条(一)和第四十二条(一)所要求披露的金融负债因自身信用风险变动引起的公允价值变动额的估值方法,并说明选用该方法的原因。如果企业认为披露的信息未能如实反映相关金融工具公允价值变动中由信用风险引起的部分,则应当披露企业得出此结论的原因及其他需要考虑的因素。

企业应当披露其用于确定金融负债自身信用风险变动引起的公允价值的变动计入其他综合收益是否会造成或扩大损益中的会计错配的方法。企业根据《企业会计准则第22号——金融工具确认和计量》第六十八条的规定将金融负债因企业自身信用风险变动引起的公允价值变动计入当期损益的,企业应当披露该金融负债与预期能够抵销其自身信用风险变动引起的公允价值变动的金融工具之间的经济关系。

第四十四条 企业将非交易性权益工具投资指定为以公允价值计量且其变动计入其他综合收益的,应当披露下列信息:

(一)企业每一项指定为以公允价值计量且其变动计入其他综合收益的权益工具投资;

(二)企业做出该指定的原因;

(三)企业每一项指定为以公允价值计量且其变动计入其他综合收益的权益工具投资的期末公允价值;

(四)本期确认的股利收入,其中对本期终止确认的权益工具投资相关的股利收入和资产负债表日仍持有的权益工具投资相关的股利收入应当分别单独披露;

(五)该权益工具投资的累计利得和损失本期从其他综合收益转入留存收益的金额及其原因。

第四十五条 企业本期终止确认了指定为以公允价值计量且其变动计入其他综合收益的非交易性权益工具投资的,应当披露下列信息:

(一)企业处置该权益工具投资的原因;

(二)该权益工具投资在终止确认时的公允价值;

(三)该权益工具投资在终止确认时的累计利得或损失。

第四十六条 企业在当期或以前报告期间将金融资产进行重分类的,对于每一项重分类,应当披露重分类日、对业务模式变更的具体说明及其对财务报表影响的定性描述,以及该金融资产重分类前后的金额。

企业自上一年度报告日起将以公允价值计量且其变动计入其他综合收益的金融资产重分类为以摊余成本计量的金融资产的,或者将以公允价值计量且其变动计入当期损益的金融资产重分类为其他类别的,应当披露下列信息:

(一)该金融资产在资产负债表日的公允价值;

(二)如果未被重分类,该金融资产原来应在当期损益或其他综合收益中确认的公允价值利得或损失。

企业将以公允价值计量且其变动计入当期损益的金融资产重分类为其他类别的,自重分类日起到终止确认的每一个报告期间内,都应当披露该金融资产在重分类日确定的实际利率和当期已确认的利息收入。

第四十七条 对于所有可执行的总互抵协议或类似协议下的已确认金融工具,以及符合本准则第二十八条抵销条件的已确认金融工具,企业应当在报告期末以表格形式(除非企业有更恰当的披露形式)分别按金融资产和金融负债披露下列定量信息:

(一)已确认金融资产和金融负债的总额。

(二)按本准则规定抵销的金额。

(三)在资产负债表中列示的净额。

(四)可执行的总互抵协议或类似协议确定的,未包含在本条(二)中的金额,包括:

1. 不满足本准则抵销条件的已确认金融工具的金额;

2. 与财务担保物(包括现金担保)相关的金额,以在资产负债表中列示的净额扣除本条(四)1后的余额为限。

(五)资产负债表中列示的净额扣除本条(四)后的余额。

企业应当披露本条(四)所述协议中抵销权的条款及其性质等信息,以及不同计量基础的金融工具适用本条时产生的计量差异。

上述信息未在财务报表同一附注中披露的,企业应当提供不同附注之间的交叉索引。

第四十八条 按照本准则第三章分类为权益工具的可回售工具,企业应当披露下列信息:

(一)可回售工具的汇总定量信息;

(二)对于按持有方要求承担的回购或赎回义务,企业的管理目标、政策和程序及其变化;

(三)回购或赎回可回售工具的预期现金流出金额以及确定方法。

第四十九条 企业将本准则第三章规定的特殊金融工具在金融负债和权益工具之间重分类的,应当分别披露重分类前后的公允价值或账面价值,以及重分类的时间和原因。

第五十条 企业应当披露作为负债或或有负债担保物的金融资产的账面价值,以及与该项担保有关的条款和条件。根据《企业会计准则第 23 号——金融资产转移》第二十六条的规定,企业(转出方)向金融资产转入方提供了非现金担保物(如债务工具或权益工具投资等),转入方按照合同或惯例有权出售该担保物或将其再作为担保物的,企业应当将该非现金担保物在财务报表中单独列报。

第五十一条 企业取得担保物(担保物为金融资产或非金融资产),在担保物所有人未违约时可将该担保物出售或再抵押的,应当披露该担保物的公允价值、企业已出售或再抵押担保物的公允价值,以及承担的返还义务和使用担保物的条款和条件。

第五十二条 对于按照《企业会计准则第 22 号——金融工具确认和计量》第十八条的规定分类为以公允价值计量且其变动计入其他综合收益的金融资产,企业应当在财务报表附注中披露其确认的损失准备,但不应在资产负债表中将损失准备作为金融资产账面金额的扣减项目单独列示。

第五十三条 对于企业发行的包含金融负债成分和权益工具成分的复合金融工具,嵌入了价值相互关联的多项衍生工具(如可赎回的可转换债务工具)的,应当披露相关特征。

第五十四条 对于除基于正常信用条款的短期贸易应付款项之外的金融负债,企业应当披露下列信息:

(一)本期发生违约的金融负债的本金、利息、偿债基金、赎回条款的详细情况;

(二)发生违约的金融负债的期末账面价值;

(三)在财务报告批准对外报出前,就违约事项已采取的补救措施、对债务条款的重新议定等情况。

企业本期发生其他违反合同的情况,且债权人有权在发生违约或其他违反合同情况时要求企业提前偿还的,企业应当按上述要求披露。如果在期末前违约或其他违反合同情况已得到补救或已重新议定债务条款,则无需披露。

第三节 利润表中的列示及相关披露

第五十五条 企业应当披露与金融工具有关的下列收入、费用、利得或损失:

(一)以公允价值计量且其变动计入当期损益的金融资产和金融负债所产生的利得或损失。其中,指定为以公允价值计量且其变动计入当期损益的金融资产和金融负债,以及根据《企业会计准则第 22 号——金融工具确认和计量》第十九条的规定必须分类为以公允价值计量且其变动计入当期损益的金融资产和根据《企业会计准则第 22 号——金融工具确认和计量》第二十一条的规定必须分类为以公允价值计量且其变动计入当期损益的金融负债的净利得或净损失,应当分别披露。

(二)对于指定为以公允价值计量且其变动计入当期损益的金融负债,企业应当分别披露本期在其他综合收益中确认的和在当期损益中确认的利得或损失。

(三)对于根据《企业会计准则第 22 号——金融工具确认和计量》第十八条的规定分类为以公允价值计量且其变动计入其他综合收益的金融资产,企业应当分别披露当期在其他综合收益中确认的以及当期终止确认时从其他综合收益转入当期损益的利得或损失。

(四)对于根据《企业会计准则第 22 号——金融工具确认和计量》第十九条的规定指定为以公允价值计量且其变动计入其他综合收益的非交易性权益工具投资,企业应当分别披露在其他综合收益中确认的利得和损失以及在当期损益中确认的股利收入。

（五）除以公允价值计量且其变动计入当期损益的金融资产或金融负债外，按实际利率法计算的金融资产或金融负债产生的利息收入或利息费用总额，以及在确定实际利率时未予包括并直接计入当期损益的手续费收入或支出。

（六）企业通过信托和其他托管活动代他人持有资产或进行投资而形成的，直接计入当期损益的手续费收入或支出。

第五十六条 企业应当分别披露以摊余成本计量的金融资产终止确认时在利润表中确认的利得和损失金额及其相关分析，包括终止确认金融资产的原因。

第四节 套期会计相关披露

第五十七条 企业应当披露与套期会计有关的下列信息：

（一）企业的风险管理策略以及如何应用该策略来管理风险；

（二）企业的套期活动可能对其未来现金流量金额、时间和不确定性的影响；

（三）套期会计对企业的资产负债表、利润表及所有者权益变动表的影响。

企业在披露套期会计相关信息时，应当合理确定披露的详细程度、披露的重点、恰当的汇总或分解水平，以及财务报表使用者是否需要额外的说明以评估企业披露的定量信息。企业按照本准则要求所确定的信息披露汇总或分解水平应当和《企业会计准则第39号——公允价值计量》的披露要求所使用的汇总或分解水平相同。

第五十八条 企业应当披露其进行套期和运用套期会计的各类风险的风险敞口的风险管理策略相关信息，从而有助于财务报表使用者评价：每类风险是如何产生的、企业是如何管理各类风险的（包括企业是对某一项目整体的所有风险进行套期还是对某一项目的单个或多个风险成分进行套期及其理由），以及企业管理风险敞口的程度。与风险管理策略相关的信息应当包括：

（一）企业指定的套期工具；

（二）企业如何运用套期工具对被套期项目的特定风险敞口进行套期；

（三）企业如何确定被套期项目与套期工具的经济关系以评估套期有效性；

（四）套期比率的确定方法；

（五）套期无效部分的来源。

第五十九条 企业将某一特定的风险成分指定为被套期项目的，除应当披露本准则第五十八条规定的相关信息外，还应当披露下列定性或定量信息：

（一）企业如何确定该风险成分，包括风险成分与项目整体之间关系性质的说明；

（二）风险成分与项目整体的关联程度（例如被指定的风险成分以往平均涵盖项目整体公允价值变动的百分比）。

第六十条 企业应当按照风险类型披露相关定量信息，从而有助于财务报表使用者评价套期工具的条款和条件及这些条款和条件如何影响企业未来现金流量的金额、时间和不确定性。这些要求披露的明细信息应当包括：

（一）套期工具名义金额的时间分布；

（二）套期工具的平均价格或利率（如适用）。

第六十一条 在因套期工具和被套期项目频繁变更而导致企业频繁地重设（即终止及重新开始）套期关系的情况下，企业无需披露本准则第六十条规定的信息，但应当披露下列信息：

（一）企业基本风险管理策略与该套期关系相关的信息；

（二）企业如何通过运用套期会计以及指定特定的套期关系来反映其风险管理策略；

（三）企业重设套期关系的频率。

在因套期工具和被套期项目频繁变更而导致企业频繁地重设套期关系的情况下，如果资产负债表日的套期关系数量并不代表本期内的正常数量，企业应当披露这一情况以及该数量不具代表性的原因。

第六十二条 企业应当按照风险类型披露在套期关系存续期内预期将影响套期关系的套期无效部分的来源，如果在套期关系中出现导致套期无效部分的其他来源，也应当按照风险类型披露相关来源及导致套期无效的原因。

第六十三条 企业应当披露已运用套期会计但预计不再发生的预期交易的现金流量套期。

第六十四条 对于公允价值套期,企业应当以表格形式、按风险类型分别披露与被套期项目相关的下列金额:

(一)在资产负债表中确认的被套期项目的账面价值,其中资产和负债应当分别单独列示;

(二)资产负债表中已确认的被套期项目的账面价值、针对被套期项目的公允价值套期调整的累计金额,其中资产和负债应当分别单独列示;

(三)包含被套期项目的资产负债表列示项目;

(四)本期用作确认套期无效部分基础的被套期项目价值变动;

(五)被套期项目为以摊余成本计量的金融工具的,若已终止针对套期利得和损失进行调整,则应披露在资产负债表中保留的公允价值套期调整的累计金额。

第六十五条 对于现金流量套期和境外经营净投资套期,企业应当以表格形式、按风险类型分别披露与被套期项目相关的下列金额:

(一)本期用作确认套期无效部分基础的被套期项目价值变动;

(二)根据《企业会计准则第24号——套期会计》第二十四条的规定继续按照套期会计处理的现金流量套期储备的余额;

(三)根据《企业会计准则第24号——套期会计》第二十七条的规定继续按照套期会计处理的境外经营净投资套期计入其他综合收益的余额;

(四)套期会计不再适用的套期关系所导致的现金流量套期储备和境外经营净投资套期中计入其他综合收益的利得和损失的余额。

第六十六条 对于每类套期类型,企业应当以表格形式、按风险类型分别披露与套期工具相关的下列金额:

(一)套期工具的账面价值,其中金融资产和金融负债应当分别单独列示;

(二)包含套期工具的资产负债表列示项目;

(三)本期用作确认套期无效部分基础的套期工具的公允价值变动;

(四)套期工具的名义金额或数量。

第六十七条 对于公允价值套期,企业应当以表格形式、按风险类型分别披露与套期工具相关的下列金额:

(一)计入当期损益的套期无效部分;

(二)计入其他综合收益的套期无效部分;

(三)包含已确认的套期无效部分的利润表列示项目。

第六十八条 对于现金流量套期和境外经营净投资套期,企业应当以表格形式、按风险类型分别披露与套期工具相关的下列金额:

(一)当期计入其他综合收益的套期利得或损失;

(二)计入当期损益的套期无效部分;

(三)包含已确认的套期无效部分的利润表列示项目;

(四)从现金流量套期储备或境外经营净投资套期计入其他综合收益的利得和损失重分类至当期损益的金额,并应区分之前已运用套期会计但因被套期项目的未来现金流量预计不再发生而转出的金额和因被套期项目影响当期损益而转出的金额;

(五)包含重分类调整的利润表列示项目;

(六)对于风险净敞口套期,计入利润表中单列项目的套期利得或损失。

第六十九条 企业按照《企业会计准则第30号——财务报表列报》的规定在提供所有者权益各组成部分的调节情况以及其他综合收益的分析时,应当按照风险类型披露下列信息:

(一)分别披露按照本准则第六十八条(一)和(四)的规定披露的金额;

（二）分别披露按照《企业会计准则第24号——套期会计》第二十五条（一）和（三）的规定处理的现金流量套期储备的金额；

（三）分别披露对与交易相关的被套期项目进行套期的期权时间价值所涉及的金额、以及对与时间段相关的被套期项目进行套期的期权时间价值所涉及的金额；

（四）分别披露对与交易相关的被套期项目进行套期的远期合同的远期要素和金融工具的外汇基差所涉及的金额、以及对与时间段相关的被套期项目进行套期的远期合同的远期要素和金融工具的外汇基差所涉及的金额。

第七十条 企业因使用信用衍生工具管理金融工具的信用风险敞口而将金融工具（或其一定比例）指定为以公允价值计量且其变动计入当期损益的，应当披露下列信息：

（一）对于用于管理根据《企业会计准则第24号——套期会计》第三十四条的规定被指定为以公允价值计量且其变动计入当期损益的金融工具信用风险敞口的信用衍生工具，每一项名义金额与当期期初和期末公允价值的调节表；

（二）根据《企业会计准则第24号——套期会计》第三十四条的规定将金融工具（或其一定比例）指定为以公允价值计量且其变动计入当期损益时，在损益中确认的利得或损失；

（三）当企业根据《企业会计准则第24号——套期会计》第三十五条的规定对该金融工具（或其一定比例）终止以公允价值计量且其变动计入当期损益时，作为其新账面价值的该金融工具的公允价值和相关的名义金额或本金金额，企业在后续期间无须继续披露这一信息，除非根据《企业会计准则第30号——财务报表列报》的规定需要提供比较信息。

第五节 公允价值披露

第七十一条 除了本准则第七十三条规定情况外，企业应当披露每一类金融资产和金融负债的公允价值，并与账面价值进行比较。对于在资产负债表中相互抵销的金融资产和金融负债，其公允价值应当以抵销后的金额披露。

第七十二条 金融资产或金融负债初始确认的公允价值与交易价格存在差异时，如果其公允价值并非基于相同资产或负债在活跃市场中的报价确定的，也非基于仅使用可观察市场数据的估值技术确定的，企业在初始确认金融资产或金融负债时不应确认利得或损失。在此情况下，企业应当按金融资产或金融负债的类型披露下列信息：

（一）企业在损益中确认交易价格与初始确认的公允价值之间差额时所采用的会计政策，以反映市场参与者对资产或负债进行定价时所考虑的因素（包括时间因素）的变动；

（二）该项差异期初和期末尚未在损益中确认的总额和本期变动额的调节表；

（三）企业如何认定交易价格并非公允价值的最佳证据，以及确定公允价值的证据。

第七十三条 企业可以不披露下列金融资产或金融负债的公允价值信息：

（一）账面价值与公允价值差异很小的金融资产或金融负债（如短期应收账款或应付账款）；

（二）包含相机分红特征且其公允价值无法可靠计量的合同；

（三）租赁负债。

第七十四条 在本准则第七十三条（二）所述的情况下，企业应当披露下列信息：

（一）对金融工具的描述及其账面价值，以及因公允价值无法可靠计量而未披露其公允价值的事实和说明；

（二）金融工具的相关市场信息；

（三）企业是否有意图处置以及如何处置这些金融工具；

（四）之前公允价值无法可靠计量的金融工具终止确认的，应当披露终止确认的事实，终止确认时该金融工具的账面价值和所确认的利得或损失金额。

第七章 与金融工具相关的风险披露

第一节 定性和定量信息

第七十五条 企业应当披露与各类金融工具风险相关的定性和定量信息,以便财务报表使用者评估报告期末金融工具产生的风险的性质和程度,更好地评价企业所面临的风险敞口。相关风险包括信用风险、流动性风险、市场风险等。

第七十六条 对金融工具产生的各类风险,企业应当披露下列定性信息:

(一)风险敞口及其形成原因,以及在本期发生的变化;

(二)风险管理目标、政策和程序以及计量风险的方法及其在本期发生的变化。

第七十七条 对金融工具产生的各类风险,企业应当按类别披露下列定量信息:

(一)期末风险敞口的汇总数据。该数据应当以向内部关键管理人员提供的相关信息为基础。企业运用多种方法管理风险的,披露的信息应当以最相关和可靠的方法为基础。

(二)按照本准则第七十八条至第九十七条披露的信息。

(三)期末风险集中度信息,包括管理层确定风险集中度的说明和参考因素(包括交易对手方、地理区域、货币种类、市场类型等),以及各风险集中度相关的风险敞口金额。

上述期末定量信息不能代表企业本期风险敞口情况的,应当进一步提供相关信息。

第二节 信用风险披露

第七十八条 对于适用《企业会计准则第 22 号——金融工具确认和计量》金融工具减值规定的各类金融工具和相关合同权利,企业应当按照本准则第八十条至第八十七条的规定披露。

对于始终按照相当于整个存续期内预期信用损失的金额计量其减值损失准备的应收款项、合同资产和租赁应收款,在逾期超过 30 日后对合同现金流量作出修改的,适用本准则第八十五条(一)的规定。

租赁应收款不适用本准则第八十六条(二)的规定。

第七十九条 为使财务报表使用者了解信用风险对未来现金流量的金额、时间和不确定性的影响,企业应当披露与信用风险有关的下列信息:

(一)企业信用风险管理实务的相关信息及其与预期信用损失的确认和计量的关系,包括计量金融工具预期信用损失的方法、假设和信息;

(二)有助于财务报表使用者评价在财务报表中确认的预期信用损失金额的定量和定性信息,包括预期信用损失金额的变动及其原因;

(三)企业的信用风险敞口,包括重大信用风险集中度;

(四)其他有助于财务报表使用者了解信用风险对未来现金流量金额、时间和不确定性的影响的信息。

第八十条 信用风险信息已经在其他报告(例如管理层讨论与分析)中予以披露并与财务报告交叉索引,且财务报告和其他报告可以同时同条件获得的,则信用风险信息无需重复列报。企业应当根据自身实际情况,合理确定相关披露的详细程度、汇总或分解水平以及是否需对所披露的定量信息作补充说明。

第八十一条 企业应当披露与信用风险管理实务有关的下列信息:

(一)企业评估信用风险自初始确认后是否已显著增加的方法,并披露下列信息:

1. 根据《企业会计准则第 22 号——金融资产确认和计量》第五十五条的规定,在资产负债表日只具有较低的信用风险的金融工具及其确定依据(包括适用该情况的金融工具类别);

2. 逾期超过 30 日,而信用风险自初始确认后未被认定为显著增加的金融资产及其确定依据。

(二)企业对违约的界定及其原因。

(三)以组合为基础评估预期信用风险的金融工具的组合方法。

(四)确定金融资产已发生信用减值的依据。

(五)企业直接减记金融工具的政策,包括没有合理预期金融资产可以收回的迹象和已经直接减记但仍受执行活动影响的金融资产相关政策的信息。

（六）根据《企业会计准则第22号——金融工具确认和计量》第五十六条的规定评估合同现金流量修改后金融资产的信用风险的，企业应当披露其信用风险的评估方法以及下列信息：

1. 对于损失准备相当于整个存续期预期信用损失的金融资产，在发生合同现金流修改时，评估信用风险是否已下降，从而企业可以按照相当于该金融资产未来12个月内预期信用损失的金额确认计量其损失准备；

2. 对于符合本条（六）1中所述的金融资产，企业应当披露其如何监控后续该金融资产的信用风险是否显著增加，从而按照相当于整个存续期预期信用损失的金额重新计量损失准备。

第八十二条 企业应当披露《企业会计准则第22号——金融工具确认和计量》第八章有关金融工具减值所采用的输入值、假设和估值技术等相关信息，具体包括：

（一）用于确定下列各事项或数据的输入值、假设和估计技术：

1. 未来12个月内预期信用损失和整个存续期的预期信用损失的计量；

2. 金融工具的信用风险自初始确认后是否已显著增加；

3. 金融资产是否已发生信用减值。

（二）确定预期信用损失时如何考虑前瞻性信息，包括宏观经济信息的使用。

（三）报告期估计技术或重大假设的变更及其原因。

第八十三条 企业应当以表格形式按金融工具的类别编制损失准备期初余额与期末余额的调节表，分别说明下列项目的变动情况：

（一）按相当于未来12个月预期信用损失的金额计量的损失准备。

（二）按相当于整个存续期预期信用损失的金额计量的下列各项的损失准备：

1. 自初始确认后信用风险已显著增加但并未发生信用减值的金融工具；

2. 对于资产负债表日已发生信用减值但并非购买或源生的已发生信用减值的金融资产；

3. 根据《企业会计准则第22号——金融工具确认和计量》第六十三条的规定计量减值损失准备的应收账款、合同资产和租赁应收款。

（三）购买或源生的已发生信用减值的金融资产的变动。除调节表外，企业还应当披露本期初始确认的该类金融资产在初始确认时未折现的预期信用损失总额。

第八十四条 为有助于财务报表使用者了解企业按照本准则第八十三条规定披露的损失准备变动信息，企业应当对本期发生损失准备变动的金融工具账面余额显著变动情况作出说明，这些说明信息应当包括定性和定量信息，并应当对按照本准则第八十三条规定披露损失准备的各项目分别单独披露，具体可包括下列情况下发生损失准备变动的金融工具账面余额显著变动信息：

（一）本期因购买或源生的金融工具所导致的变动。

（二）未导致终止确认的金融资产的合同现金流量修改所导致的变动。

（三）本期终止确认的金融工具（包括直接减记的金融工具）所导致的变动。

对于当期已直接减记但仍受执行活动影响的金融资产，还应当披露尚未结算的合同金额。

（四）因按照相当于未来12个月预期信用损失或整个存续期内预期信用损失金额计量损失准备而导致的金融工具账面余额变动信息。

第八十五条 为有助于财务报表使用者了解未导致终止确认的金融资产合同现金流量修改的性质和影响，及其对预期信用损失计量的影响，企业应当披露下列信息：

（一）企业在本期修改了金融资产合同现金流量，且修改前损失准备是按相当于整个存续期预期信用损失金额计量的，应当披露修改或重新议定合同前的摊余成本及修改合同现金流量的净利得或净损失；

（二）对于之前按照相当于整个存续期内预期信用损失的金额计量了损失准备的金融资产，而当期按照相当于未来12个月内预期信用损失的金额计量该金融资产的损失准备的，应当披露该金融资产在资产负债表日的账面余额。

第八十六条 为有助于财务报表使用者了解担保物或其他信用增级对源自预期信用损失的金额的影响，企业应当按照金融工具的类别披露下列信息：

(一)在不考虑可利用的担保物或其他信用增级的情况下,企业在资产负债表日的最大信用风险敞口。

(二)作为抵押持有的担保物和其他信用增级的描述,包括:

1. 所持有担保物的性质和质量的描述;

2. 本期由于信用恶化或企业担保政策变更,导致担保物或信用增级的质量发生显著变化的说明;

3. 由于存在担保物而未确认损失准备的金融工具的信息。

(三)企业在资产负债表日持有的担保物和其他信用增级为已发生信用减值的金融资产作抵押的定量信息(例如对担保物和其他信用增级降低信用风险程度的量化信息)。

第八十七条 为有助于财务报表使用者评估企业的信用风险敞口并了解其重大信用风险集中度,企业应当按照信用风险等级披露相关金融资产的账面余额以及贷款承诺和财务担保合同的信用风险敞口。这些信息应当按照下列各类金融工具分别披露:

(一)按相当于未来12个月预期信用损失的金额计量损失准备的金融工具。

(二)按相当于整个存续期预期信用损失的金额计量损失准备的下列金融工具:

1. 自初始确认后信用风险已显著增加的金融工具(但并非已发生信用减值的金融资产);

2. 在资产负债表日已发生信用减值但并非所购买或源生的已发生信用减值的金融资产;

3. 根据《企业会计准则第22号——金融工具确认和计量》第六十三条规定计量减值损失准备的应收账款、合同资产或者租赁应收款。

(三)购买或源生的已发生信用减值的金融资产。

信用风险等级是指基于金融工具发生违约的风险对信用风险划分的等级。

第八十八条 对于属于本准则范围,但不适用《企业会计准则第22号——金融工具确认和计量》金融工具减值规定的各类金融工具,企业应当披露与每类金融工具信用风险有关的下列信息:

(一)在不考虑可利用的担保物或其他信用增级的情况下,企业在资产负债表日的最大信用风险敞口。金融工具的账面价值能代表最大信用风险敞口的,不再要求披露此项信息。

(二)无论是否适用本条(一)中的披露要求,企业都应当披露可利用担保物或其他信用增级的信息及其对最大信用风险敞口的财务影响。

第八十九条 企业本期通过取得担保物或其他信用增级所确认的金融资产或非金融资产,应当披露下列信息:

(一)所确认资产的性质和账面价值;

(二)对于不易变现的资产,应当披露处置或拟将其用于日常经营的政策等。

第三节 流动性风险披露

第九十条 企业应当披露金融负债按剩余到期期限进行的到期期限分析,以及管理这些金融负债流动性风险的方法:

(一)对于非衍生金融负债(包括财务担保合同),到期期限分析应当基于合同剩余到期期限。对于包含嵌入衍生工具的混合金融工具,应当将其整体视为非衍生金融负债进行披露。

(二)对于衍生金融负债,如果合同到期期限是理解现金流量时间分布的关键因素,到期期限分析应当基于合同剩余到期期限。

当企业将所持有的金融资产作为流动性风险管理的一部分,且披露金融资产的到期期限分析使财务报表使用者能够恰当地评估企业流动性风险的性质和范围时,企业应当披露金融资产的到期期限分析。

流动性风险,是指企业在履行以交付现金或其他金融资产的方式结算的义务时发生资金短缺的风险。

第九十一条 企业在披露到期期限分析时,应当运用职业判断确定适当的时间段。列入各时间段内按照本准则第九十条的规定披露的金额,应当是未经折现的合同现金流量。

企业可以但不限于按下列时间段进行到期期限分析:

(一)一个月以内(含一个月,下同);

(二)一个月至三个月以内;

(三)三个月至一年以内;

（四）一年至五年以内；

（五）五年以上。

第九十二条 债权人可以选择收回债权时间的，债务人应当将相应的金融负债列入债权人可以要求收回债权的最早时间段内。

债务人应付债务金额不固定的，应当根据资产负债表日的情况确定到期期限分析所披露的金额。如分期付款的，债务人应当把每期将支付的款项列入相应的最早时间段内。

财务担保合同形成的金融负债，担保人应当将最大担保金额列入相关方可以要求支付的最早时间段内。

第九十三条 企业应当披露流动性风险敞口汇总定量信息的确定方法。此类汇总定量信息中的现金（或另一项金融资产）流出符合下列条件之一的，应当说明相关事实，并提供有助于评价该风险程度的额外定量信息：

（一）该现金的流出可能显著早于汇总定量信息中所列示的时间。

（二）该现金的流出可能与汇总定量信息中所列示的金额存在重大差异。

如果以上信息已包括在本准则第九十条规定的到期期限分析中，则无需披露上述额外定量信息。

第四节 市场风险披露

第九十四条 金融工具的市场风险，是指金融工具的公允价值或未来现金流量因市场价格变动而发生波动的风险，包括汇率风险、利率风险和其他价格风险。

汇率风险，是指金融工具的公允价值或未来现金流量因外汇汇率变动而发生波动的风险。汇率风险可源于以记账本位币之外的外币进行计价的金融工具。

利率风险，是指金融工具的公允价值或未来现金流量因市场利率变动而发生波动的风险。利率风险可源于已确认的计息金融工具和未确认的金融工具（如某些贷款承诺）。

其他价格风险，是指金融工具的公允价值或未来现金流量因汇率风险和利率风险以外的市场价格变动而发生波动的风险，无论这些变动是由于与单项金融工具或其发行方有关的因素而引起的，还是由于与市场内交易的所有类似金融工具有关的因素而引起的。其他价格风险可源于商品价格或权益工具价格等的变化。

第九十五条 在对市场风险进行敏感性分析时，应当以整个企业为基础，披露下列信息：

（一）资产负债表日所面临的各类市场风险的敏感性分析。该项披露应当反映资产负债表日相关风险变量发生合理、可能的变动时，将对企业损益和所有者权益产生的影响。

对具有重大汇率风险敞口的每一种货币，应当分币种进行敏感性分析。

（二）本期敏感性分析所使用的方法和假设，以及本期发生的变化和原因。

第九十六条 企业采用风险价值法或类似方法进行敏感性分析能够反映金融风险变量之间（如利率和汇率之间等）的关联性，且企业已采用该种方法管理金融风险的，可不按照本准则第九十五条的规定进行披露，但应当披露下列信息：

（一）用于该种敏感性分析的方法、选用的主要参数和假设；

（二）所用方法的目的，以及该方法提供的信息在反映相关资产和负债公允价值方面的局限性。

第九十七条 按照本准则第九十五条或第九十六条对敏感性分析的披露不能反映金融工具市场风险的（例如期末的风险敞口不能反映当期的风险状况），企业应当披露这一事实及其原因。

第八章 金融资产转移的披露

第九十八条 企业应当就资产负债表日存在的所有未终止确认的已转移金融资产，以及对已转移金融资产的继续涉入，按本准则要求单独披露。

本章所述的金融资产转移，包括下列两种情形：

（一）企业将收取金融资产现金流量的合同权利转移给另一方。

（二）企业保留了收取金融资产现金流量的合同权利，但承担了将收取的现金流量支付给一个或多个最终收款方的合同义务。

第九十九条　企业对于金融资产转移所披露的信息，应当有助于财务报表使用者了解未整体终止确认的已转移金融资产与相关负债之间的关系，评价企业继续涉入已终止确认金融资产的性质和相关风险。

企业按照本准则第一百零一条和第一百零二条所披露信息不能满足本条前款要求的，应当披露其他补充信息。

第一百条　本章所述的继续涉入，是指企业保留了已转移金融资产中内在的合同权利或义务，或者取得了与已转移金融资产相关的新合同权利或义务。转出方与转入方签订的转让协议或与第三方单独签订的与转让相关的协议，都有可能形成对已转移金融资产的继续涉入。如果企业对已转移金融资产的未来业绩不享有任何利益，也不承担与已转移金融资产相关的任何未来支付义务，则不形成继续涉入。下列情形不形成继续涉入：

（一）与转移的真实性以及合理、诚信和公平交易等原则有关的常规声明和保证，这些声明和保证可能因法律行为导致转移无效。

（二）以公允价值回购已转移金融资产的远期、期权和其他合同。

（三）使企业保留了收取金融资产现金流量的合同权利但承担了将收取的现金流量支付给一个或多个最终收款方的合同义务的安排，且这类安排满足《企业会计准则第23号——金融资产转移》第六条（二）中的三个条件。

第一百零一条　对于已转移但未整体终止确认的金融资产，企业应当按照类别披露下列信息：

（一）已转移金融资产的性质；

（二）仍保留的与所有权有关的风险和报酬的性质；

（三）已转移金融资产与相关负债之间关系的性质，包括因转移引起的对企业使用已转移金融资产的限制；

（四）在转移金融资产形成的相关负债的交易对手方仅对已转移金融资产有追索权的情况下，应当以表格形式披露所转移金融资产和相关负债的公允价值以及净头寸，即已转移金融资产和相关负债公允价值之间的差额；

（五）继续确认已转移金融资产整体的，披露已转移金融资产和相关负债的账面价值；

（六）按继续涉入程度确认所转移金融资产的，披露转移前该金融资产整体的账面价值、按继续涉入程度确认的资产和相关负债的账面价值。

第一百零二条　对于已整体终止确认但转出方继续涉入已转移金融资产的，企业应当至少按照类别披露下列信息：

（一）因继续涉入确认的资产和负债的账面价值和公允价值，以及在资产负债表中对应的项目。

（二）因继续涉入导致企业发生损失的最大风险敞口及确定方法。

（三）应当或可能回购已终止确认的金融资产需要支付的未折现现金流量（如期权协议中的行权价格）或其他应向转入方支付的款项，以及对这些现金流量或款项的到期期限分析。如果到期期限可能为一个区间，应当以企业必须或可能支付的最早日期为依据归入相应的时间段。到期期限分析应当分别反映企业应当支付的现金流量（如远期合同）、企业可能支付的现金流量（如签出看跌期权）以及企业可选择支付的现金流量（如购入看涨期权）。在现金流量不固定的情形下，上述金额应当基于每个资产负债表日的情况披露。

（四）对本条（一）至（三）定量信息的解释性说明，包括对已转移金融资产、继续涉入的性质和目的，以及企业所面临风险的描述等。其中，对企业所面临风险的描述包括下列各项：

1. 企业对继续涉入已终止确认金融资产的风险进行管理的方法；

2. 企业是否应先于其他方承担有关损失，以及先于本企业承担损失的其他方应承担损失的顺序及金额；

3. 企业向已转移金融资产提供财务支持或回购该金融资产的义务的触发条件。

（五）金融资产转移日确认的利得或损失，以及因继续涉入已终止确认金融资产当期和累计确认的收益或费用（如衍生工具的公允价值变动）。

（六）终止确认产生的收款总额在本期分布不均衡的（例如大部分转移金额在临近报告期末发生），企业应当披露本期最大转移活动发生的时间段、该段期间所确认的金额（如相关利得或损失）和收款总额。

企业在披露本条所规定的信息时，应当按照其继续涉入面临的风险敞口类型分类汇总披露。例如，可按金融工具类别（如附担保或看涨期权继续涉入方式）或转让类型（如应收账款保理、证券化和融券）分类汇总披露。企业对某项终止确认的金融资产存在多种继续涉入方式的，可按其中一类汇总披露。

第一百零三条 企业按照本准则第一百条的规定确定是否继续涉入已转移金融资产时，应当以自身财务报告为基础进行考虑。

第九章 衔接规定

第一百零四条 自本准则施行日起，企业应当按照本准则的要求列报金融工具相关信息。企业比较财务报表列报的信息与本准则要求不一致的，不需要按照本准则的要求进行调整。

第十章 附 则

第一百零五条 本准则自2018年1月1日起施行。

16. 财政部关于印发修订《企业会计准则第16号——政府补助》的通知

（2017年5月10日 财会〔2017〕15号）

国务院有关部委、有关直属机构，各省、自治区、直辖市、计划单列市财政厅（局），新疆生产建设兵团财务局，财政部驻各省、自治区、直辖市、计划单列市财政监察专员办事处，有关中央管理企业：

为了适应社会主义市场经济发展需要，规范政府补助的会计处理，提高会计信息质量，根据《企业会计准则——基本准则》，我部对《企业会计准则第16号——政府补助》进行了修订，现予印发，在所有执行企业会计准则的企业范围内施行。

执行中有何问题，请及时反馈我部。

附件：

企业会计准则第16号——政府补助

第一章 总 则

第一条 为了规范政府补助的确认、计量和列报，根据《企业会计准则——基本准则》，制定本准则。

第二条 本准则中的政府补助，是指企业从政府无偿取得货币性资产或非货币性资产。

第三条 政府补助具有下列特征：

（一）来源于政府的经济资源。对于企业收到的来源于其他方的补助，有确凿证据表明政府是补助的实际拨付者，其他方只起到代收代付作用的，该项补助也属于来源于政府的经济资源。

（二）无偿性。即企业取得来源于政府的经济资源，不需要向政府交付商品或服务等对价。

第四条 政府补助分为与资产相关的政府补助和与收益相关的政府补助。

与资产相关的政府补助，是指企业取得的、用于购建或以其他方式形成长期资产的政府补助。

与收益相关的政府补助，是指除与资产相关的政府补助之外的政府补助。

第五条 下列各项适用其他相关会计准则：

（一）企业从政府取得的经济资源，如果与企业销售商品或提供服务等活动密切相关，且是企业商品或服务的对价或者是对价的组成部分，适用《企业会计准则第 14 号——收入》等相关会计准则。

（二）所得税减免，适用《企业会计准则第 18 号——所得税》。

政府以投资者身份向企业投入资本，享有相应的所有者权益，不适用本准则。

第二章 确认和计量

第六条 政府补助同时满足下列条件的，才能予以确认：

（一）企业能够满足政府补助所附条件；

（二）企业能够收到政府补助。

第七条 政府补助为货币性资产的，应当按照收到或应收的金额计量。

政府补助为非货币性资产的，应当按照公允价值计量；公允价值不能可靠取得的，按照名义金额计量。

第八条 与资产相关的政府补助，应当冲减相关资产的账面价值或确认为递延收益。与资产相关的政府补助确认为递延收益的，应当在相关资产使用寿命内按照合理、系统的方法分期计入损益。按照名义金额计量的政府补助，直接计入当期损益。

相关资产在使用寿命结束前被出售、转让、报废或发生毁损的，应当将尚未分配的相关递延收益余额转入资产处置当期的损益。

第九条 与收益相关的政府补助，应当分情况按照以下规定进行会计处理：

（一）用于补偿企业以后期间的相关成本费用或损失的，确认为递延收益，并在确认相关成本费用或损失的期间，计入当期损益或冲减相关成本；

（二）用于补偿企业已发生的相关成本费用或损失的，直接计入当期损益或冲减相关成本。

第十条 对于同时包含与资产相关部分和与收益相关部分的政府补助，应当区分不同部分分别进行会计处理；难以区分的，应当整体归类为与收益相关的政府补助。

第十一条 与企业日常活动相关的政府补助，应当按照经济业务实质，计入其他收益或冲减相关成本费用。与企业日常活动无关的政府补助，应当计入营业外收支。

第十二条 企业取得政策性优惠贷款贴息的，应当区分财政将贴息资金拨付给贷款银行和财政将贴息资金直接拨付给企业两种情况，分别按照本准则第十三条和第十四条进行会计处理。

第十三条 财政将贴息资金拨付给贷款银行，由贷款银行以政策性优惠利率向企业提供贷款的，企业可以选择下列方法之一进行会计处理：

（一）以实际收到的借款金额作为借款的入账价值，按照借款本金和该政策性优惠利率计算相关借款费用。

（二）以借款的公允价值作为借款的入账价值并按照实际利率法计算借款费用，实际收到的金额与借款公允价值之间的差额确认为递延收益。递延收益在借款存续期内采用实际利率法摊销，冲减相关借款费用。

企业选择了上述两种方法之一后，应当一致地运用，不得随意变更。

第十四条 财政将贴息资金直接拨付给企业，企业应当将对应的贴息冲减相关借款费用。

第十五条 已确认的政府补助需要退回的，应当在需要退回的当期分情况按照以下规定进行会计处理：

（一）初始确认时冲减相关资产账面价值的，调整资产账面价值；

（二）存在相关递延收益的，冲减相关递延收益账面余额，超出部分计入当期损益；

（三）属于其他情况的，直接计入当期损益。

第三章 列 报

第十六条 企业应当在利润表中的“营业利润”项目之上单独列报“其他收益”项目，计入其他收益的政府补助在该项目中反映。

第十七条 企业应当在附注中单独披露与政府补助有关的下列信息：

(一)政府补助的种类、金额和列报项目；

(二)计入当期损益的政府补助金额；

(三)本期退回的政府补助金额及原因。

第四章 衔接规定

第十八条 企业对 2017 年 1 月 1 日存在的政府补助采用未来适用法处理，对 2017 年 1 月 1 日至本准则施行日之间新增的政府补助根据本准则进行调整。

第五章 附 则

第十九条 本准则自 2017 年 6 月 12 日起施行。

第二十条 2006 年 2 月 15 日财政部印发的《财政部关于印发〈企业会计准则第 1 号——存货〉等 38 项具体准则的通知》（财会〔2006〕3 号）中的《企业会计准则第 16 号——政府补助》同时废止。

财政部此前发布的有关政府补助会计处理规定与本准则不一致的，以本准则为准。

17. 财政部关于修订印发《企业会计准则第 14 号——收入》的通知

（2017 年 7 月 5 日 财会〔2017〕22 号）

国务院有关部委、有关直属机构，各省、自治区、直辖市、计划单列市财政厅（局），新疆生产建设兵团财务局，财政部驻各省、自治区、直辖市、计划单列市财政监察专员办事处，有关中央管理企业：

为了适应社会主义市场经济发展需要，规范收入的会计处理，提高会计信息质量，根据《企业会计准则——基本准则》，我部对《企业会计准则第 14 号——收入》进行了修订，现予印发。现就做好该准则实施工作通知如下：

一、在境内外同时上市的企业以及在境外上市并采用国际财务报告准则或企业会计准则编制财务报表的企业，自 2018 年 1 月 1 日起施行；其他境内上市企业，自 2020 年 1 月 1 日起施行；执行企业会计准则的非上市企业，自 2021 年 1 月 1 日起施行。同时，允许企业提前执行。执行本准则的企业，不再执行我部于 2006 年 2 月 15 日印发的《财政部关于印发〈企业会计准则第 1 号——存货〉等 38 项具体准则的通知》（财会〔2006〕3 号）中的《企业会计准则第 14 号——收入》和《企业会计准则第 15 号——建造合同》，以及我部于 2006 年 10 月 30 日印发的《财政部关于印发〈企业会计准则——应用指南〉的通知》（财会〔2006〕18 号）中的《〈企业会计准则第 14 号——收入〉应用指南》。

二、母公司执行本准则、但子公司尚未执行本准则的，母公司在编制合并财务报表时，应当按照本准则规定调整子公司的财务报表。母公司尚未执行本准则、而子公司已执行本准则的，母公司在编制合并财务报表时，可以将子公司的财务报表按照母公司的会计政策进行调整后合并，也可以将子公司按照本准则编制的财务报表直接合并，母公司将子公司按照本准则编制的财务报表直接合并的，应当在合并财务报表中披露该事实，并且对母公司和子公司的会计政策及其他相关信息分别进行披露。

企业对合营企业和联营企业的长期股权投资采用权益法核算的，比照上述原则进行处理，但不切实可行的除外。

三、企业以存货换取客户的固定资产、无形资产等的，按照本准则的规定进行会计处理；其他非货币性资产交换，按照《企业会计准则第 7 号——非货币性资产交换》的规定进行会计处理。

执行中有何问题，请及时反馈我部。

附件：

企业会计准则第 14 号——收入

第一章 总 则

第一条 为了规范收入的确认、计量和相关信息的披露，根据《企业会计准则——基本准则》，制定本准则。

第二条 收入，是指企业在日常活动中形成的、会导致所有者权益增加的、与所有者投入资本无关的经济利益的总流入。

第三条 本准则适用于所有与客户之间的合同，但下列各项除外：

（一）由《企业会计准则第 2 号——长期股权投资》、《企业会计准则第 22 号——金融工具确认和计量》、《企业会计准则第 23 号——金融资产转移》、《企业会计准则第 24 号——套期会计》、《企业会计准则第 33 号——合并财务报表》以及《企业会计准则第 40 号——合营安排》规范的金融工具及其他合同权利和义务，分别适用《企业会计准则第 2 号——长期股权投资》、《企业会计准则第 22 号——金融工具确认和计量》、《企业会计准则第 23 号——金融资产转移》、《企业会计准则第 24 号——套期会计》、《企业会计准则第 33 号——合并财务报表》以及《企业会计准则第 40 号——合营安排》。

（二）由《企业会计准则第 21 号——租赁》规范的租赁合同，适用《企业会计准则第 21 号——租赁》。

（三）由保险合同相关会计准则规范的保险合同，适用保险合同相关会计准则。

本准则所称客户，是指与企业订立合同以向该企业购买其日常活动产出的商品或服务（以下简称“商品”）并支付对价的一方。

本准则所称合同，是指双方或多方之间订立有法律约束力的权利义务的协议。合同有书面形式、口头形式以及其他形式。

第二章 确 认

第四条 企业应当在履行了合同中的履约义务，即在客户取得相关商品控制权时确认收入。

取得相关商品控制权，是指能够主导该商品的使用并从中获得几乎全部的经济利益。

第五条 当企业与客户之间的合同同时满足下列条件时，企业应当在客户取得相关商品控制权时确认收入：

（一）合同各方已批准该合同并承诺将履行各自义务；

（二）该合同明确了合同各方与所转让商品或提供劳务（以下简称“转让商品”）相关的权利和义务；

（三）该合同有明确的与所转让商品相关的支付条款；

（四）该合同具有商业实质，即履行该合同将改变企业未来现金流量的风险、时间分布或金额；

（五）企业因向客户转让商品而有权取得的对价很可能收回。

在合同开始日即满足前款条件的合同，企业在后续期间无需对其进行重新评估，除非有迹象表明相关事实和情况发生重大变化。合同开始日通常是指合同生效日。

第六条 在合同开始日不符合本准则第五条规定的合同，企业应当对其进行持续评估，并在其满足本准则第五条规定时按照该条的规定进行会计处理。

对于不符合本准则第五条规定的合同，企业只有在不再负有向客户转让商品的剩余义务，且已向客户收取的对价无需退回时，才能将已收取的对价确认为收入；否则，应当将已收取的对价作为负债进行会计处理。没有商业实质的非货币性资产交换，不确认收入。

第七条 企业与同一客户（或该客户的关联方）同时订立或在相近时间内先后订立的两份或多份合同，在满足下列条件之一时，应当合并为一份合同进行会计处理：

（一）该两份或多份合同基于同一商业目的而订立并构成一揽子交易。

（二）该两份或多份合同中的一份合同的对价金额取决于其他合同的定价或履行情况。

（三）该两份或多份合同中所承诺的商品（或每份合同中所承诺的部分商品）构成本准则第九条规定的单项履约义务。

第八条 企业应当区分下列三种情形对合同变更分别进行会计处理：

（一）合同变更增加了可明确区分的商品及合同价款，且新增合同价款反映了新增商品单独售价的，应当将该合同变更部分作为一份单独的合同进行会计处理。

（二）合同变更不属于本条（一）规定的情形，且在合同变更日已转让的商品或已提供的服务（以下简称“已转让的商品”）与未转让的商品或未提供的服务（以下简称“未转让的商品”）之间可明确区分的，应当视为原合同终止，同时，将原合同未履约部分与合同变更部分合并为新合同进行会计处理。

（三）合同变更不属于本条（一）规定的情形，且在合同变更日已转让的商品与未转让的商品之间不可明确区分的，应当将该合同变更部分作为原合同的组成部分进行会计处理，由此产生的对已确认收入的影响，应当在合同变更日调整当期收入。

本准则所称合同变更，是指经合同各方批准对原合同范围或价格作出的变更。

第九条 合同开始日，企业应当对合同进行评估，识别该合同所包含的各单项履约义务，并确定各单项履约义务是在某一时段内履行，还是在某一时点履行，然后，在履行了各单项履约义务时分别确认收入。

履约义务，是指合同中企业向客户转让可明确区分商品的承诺。履约义务既包括合同中明确的承诺，也包括由于企业已公开宣布的政策、特定声明或以往的习惯做法等导致合同订立时客户合理预期企业将履行的承诺。企业为履行合同而应开展的初始活动，通常不构成履约义务，除非该活动向客户转让了承诺的商品。

企业向客户转让一系列实质相同且转让模式相同的、可明确区分商品的承诺，也应当作为单项履约义务。

转让模式相同，是指每一项可明确区分商品均满足本准则第十一条规定的、在某一时段内履行履约义务的条件，且采用相同方法确定其履约进度。

第十条 企业向客户承诺的商品同时满足下列条件的，应当作为可明确区分商品：

（一）客户能够从该商品本身或从该商品与其他易于获得资源一起使用中受益；

（二）企业向客户转让该商品的承诺与合同中其他承诺可单独区分。

下列情形通常表明企业向客户转让该商品的承诺与合同中其他承诺不可单独区分：

1. 企业需提供重大的服务以将该商品与合同中承诺的其他商品整合成合同约定的组合产出转让给客户。

2. 该商品将对合同中承诺的其他商品予以重大修改或定制。

3. 该商品与合同中承诺的其他商品具有高度关联性。

第十一条 满足下列条件之一的，属于在某一时段内履行履约义务；否则，属于在某一时点履行履约义务：

（一）客户在企业履约的同时即取得并消耗企业履约所带来的经济利益。

（二）客户能够控制企业履约过程中在建的商品。

（三）企业履约过程中所产出的商品具有不可替代用途，且该企业在整个合同期间内有权就累计至今已完成的履约部分收取款项。

具有不可替代用途，是指因合同限制或实际可行性限制，企业不能轻易地将商品用于其他用途。

有权就累计至今已完成的履约部分收取款项，是指在由于客户或其他方原因终止合同的情况下，企业有权就累计至今已完成的履约部分收取能够补偿其已发生成本和合理利润的款项，并且该权利具有法律约束力。

第十二条 对于在某一时段内履行的履约义务，企业应当在该段时间内按照履约进度确认收入，但是，履约进度不能合理确定的除外。企业应当考虑商品的性质，采用产出法或投入法确定恰当的履约进度。其中，产出法是根据已转移给客户的商品对于客户的价值确定履约进度；投入法是根据企业为履行履约义务的投入确定履约进度。对于类似情况下的类似履约义务，企业应当采用相同的方法确定履约进度。

当履约进度不能合理确定时，企业已经发生的成本预计能够得到补偿的，应当按照已经发生的成本金额确认收入，直到履约进度能够合理确定为止。

第十三条 对于在某一时点履行的履约义务，企业应当在客户取得相关商品控制权时点确认收入。在判断客户是否已取得商品控制权时，企业应当考虑下列迹象：

（一）企业就该商品享有现时收款权利，即客户就该商品负有现时付款义务。

（二）企业已将该商品的法定所有权转移给客户，即客户已拥有该商品的法定所有权。

（三）企业已将该商品实物转移给客户，即客户已实物占有该商品。

（四）企业已将该商品所有权上的主要风险和报酬转移给客户，即客户已取得该商品所有权上的主要风险和报酬。

（五）客户已接受该商品。

（六）其他表明客户已取得商品控制权的迹象。

第三章 计 量

第十四条 企业应当按照分摊至各单项履约义务的交易价格计量收入。

交易价格，是指企业因向客户转让商品而预期有权收取的对价金额。企业代第三方收取的款项以及企业预期将退还给客户的款项，应当作为负债进行会计处理，不计入交易价格。

第十五条 企业应当根据合同条款，并结合其以往的习惯做法确定交易价格。在确定交易价格时，企业应当考虑可变对价、合同中存在的重大融资成分、非现金对价、应付客户对价等因素的影响。

第十六条 合同中存在可变对价的，企业应当按照期望值或最可能发生金额确定可变对价的最佳估计数，但包含可变对价的交易价格，应当不超过在相关不确定性消除时累计已确认收入极可能不会发生重大转回的金额。企业在评估累计已确认收入是否极可能不会发生重大转回时，应当同时考虑收入转回的可能性及其比重。

每一资产负债表日，企业应当重新估计应计入交易价格的可变对价金额。可变对价金额发生变动的，按照本准则第二十四条和第二十五条规定进行会计处理。

第十七条 合同中存在重大融资成分的，企业应当按照假定客户在取得商品控制权时即以现金支付的应付金额确定交易价格。该交易价格与合同对价之间的差额，应当在合同期间内采用实际利率法摊销。

合同开始日，企业预计客户取得商品控制权与客户支付价款间隔不超过一年的，可以不考虑合同中存在的重大融资成分。

第十八条 客户支付非现金对价的，企业应当按照非现金对价的公允价值确定交易价格。非现金对价的公允价值不能合理估计的，企业应当参照其承诺向客户转让商品的单独售价间接确定交易价格。非现金对价的公允价值因对价形式以外的原因而发生变动的，应当作为可变对价，按照本准则第十六条规定进行会计处理。

单独售价，是指企业向客户单独销售商品的价格。

第十九条 企业应付客户（或向客户购买本企业商品的第三方，本条下同）对价的，应当将该应付对价冲减交易价格，并在确认相关收入与支付（或承诺支付）客户对价二者孰晚的时点冲减当期收入，但应付客户对价是为了向客户取得其他可明确区分商品的除外。

企业应付客户对价是为了向客户取得其他可明确区分商品的，应当采用与本企业其他采购相一致的方式确认所购买的商品。企业应付客户对价超过向客户取得可明确区分商品公允价值的，超过金额应当冲减交易价格。向客户取得的可明确区分商品公允价值不能合理估计的，企业应当将应付客户对价全额冲减交易价格。

第二十条 合同中包含两项或多项履约义务的，企业应当在合同开始日，按照各单项履约义务所承诺商品的单独售价的相对比例，将交易价格分摊至各单项履约义务。企业不得因合同开始日之后单独售价的变动而重新分摊交易价格。

第二十一条 企业在类似环境下向类似客户单独销售商品的价格，应作为确定该商品单独售价的最佳证据。单独售价无法直接观察的，企业应当综合考虑其能够合理取得的全部相关信息，采用市场调整法、成本加成法、余值法等方法合理估计单独售价。在估计单独售价时，企业应当最大限度地采用可观察的输入值，并对类似的情况采用一致的估计方法。

市场调整法，是指企业根据某商品或类似商品的市场售价考虑本企业的成本和毛利等进行适当调整后，确定其单独售价的方法。

成本加成法，是指企业根据某商品的预计成本加上其合理毛利后的价格，确定其单独售价的方法。

余值法，是指企业根据合同交易价格减去合同中其他商品可观察的单独售价后的余值，确定某商品单独售价的方法。

第二十二条 企业在商品近期售价波动幅度巨大，或者因未定价且未曾单独销售而使售价无法可靠确定时，可采用余值法估计其单独售价。

第二十三条 对于合同折扣，企业应当在各单项履约义务之间按比例分摊。

有确凿证据表明合同折扣仅与合同中一项或多项（而非全部）履约义务相关的，企业应当将该合同折扣分摊至相关一项或多项履约义务。

合同折扣仅与合同中一项或多项（而非全部）履约义务相关，且企业采用余值法估计单独售价的，应当首先按照前款规定在该一项或多项（而非全部）履约义务之间分摊合同折扣，然后采用余值法估计单独售价。

合同折扣，是指合同中各单项履约义务所承诺商品的单独售价之和高于合同交易价格的金额。

第二十四条 对于可变对价及可变对价的后续变动额，企业应当按照本准则第二十条至第二十三条规定，将其分摊至与之相关的一项或多项履约义务，或者分摊至构成单项履约义务的一系列可明确区分商品中的一项或多项商品。

对于已履行的履约义务，其分摊的可变对价后续变动额应当调整变动当期的收入。

第二十五条 合同变更之后发生可变对价后续变动的，企业应当区分下列三种情形分别进行会计处理：

（一）合同变更属于本准则第八条（一）规定情形的，企业应当判断可变对价后续变动与哪一项合同相关，并按照本准则第二十四条规定进行会计处理。

（二）合同变更属于本准则第八条（二）规定情形，且可变对价后续变动与合同变更前已承诺可变对价相关的，企业应当首先将该可变对价后续变动额以原合同开始日确定的基础进行分摊，然后再将分摊至合同变更日尚未履行履约义务的该可变对价后续变动额以新合同开始日确定的基础进行二次分摊。

（三）合同变更之后发生除本条（一）、（二）规定情形以外的可变对价后续变动的，企业应当将该可变对价后续变动额分摊至合同变更日尚未履行的履约义务。

第四章 合同成本

第二十六条 企业为履行合同发生的成本，不属于其他企业会计准则规范范围且同时满足下列条件的，应当作为合同履约成本确认为一项资产：

(一)该成本与一份当前或预期取得的合同直接相关，包括直接人工、直接材料、制造费用(或类似费用)、明确由客户承担的成本以及仅因该合同而发生的其他成本；

(二)该成本增加了企业未来用于履行履约义务的资源；

(三)该成本预期能够收回。

第二十七条 企业应当在下列支出发生时，将其计入当期损益：

(一)管理费用。

(二)非正常消耗的直接材料、直接人工和制造费用(或类似费用)，这些支出为履行合同发生，但未反映在合同价格中。

(三)与履约义务中已履行部分相关的支出。

(四)无法在尚未履行的与已履行的履约义务之间区分的相关支出。

第二十八条 企业为取得合同发生的增量成本预期能够收回的，应当作为合同取得成本确认为一项资产；但是，该资产摊销期限不超过一年的，可以在发生时计入当期损益。

增量成本，是指企业不取得合同就不会发生的成本(如销售佣金等)。

企业为取得合同发生的、除预期能够收回的增量成本之外的其他支出(如无论是否取得合同均会发生的差旅费等)，应当在发生时计入当期损益，但是，明确由客户承担的除外。

第二十九条 按照本准则第二十六条和第二十八条规定确认的资产(以下简称"与合同成本有关的资产")，应当采用与该资产相关的商品收入确认相同的基础进行摊销，计入当期损益。

第三十条 与合同成本有关的资产，其账面价值高于下列两项的差额的，超出部分应当计提减值准备，并确认为资产减值损失：

(一)企业因转让与该资产相关的商品预期能够取得的剩余对价；

(二)为转让该相关商品估计将要发生的成本。

以前期间减值的因素之后发生变化，使得前款(一)减(二)的差额高于该资产账面价值的，应当转回原已计提的资产减值准备，并计入当期损益，但转回后的资产账面价值不应超过假定不计提减值准备情况下该资产在转回日的账面价值。

第三十一条 在确定与合同成本有关的资产的减值损失时，企业应当首先对按照其他相关企业会计准则确认的、与合同有关的其他资产确定减值损失；然后，按照本准则第三十条规定确定与合同成本有关的资产的减值损失。

企业按照《企业会计准则第8号——资产减值》测试相关资产组的减值情况时，应当将按照前款规定确定与合同成本有关的资产减值后的新账面价值计入相关资产组的账面价值。

第五章　特定交易的会计处理

第三十二条 对于附有销售退回条款的销售，企业应当在客户取得相关商品控制权时，按照因向客户转让商品而预期有权收取的对价金额(即，不包含预期因销售退回将退还的金额)确认收入，按照预期因销售退回将退还的金额确认负债；同时，按照预期将退回商品转让时的账面价值，扣除收回该商品预计发生的成本(包括退回商品的价值减损)后的余额，确认为一项资产，按照所转让商品转让时的账面价值，扣除上述资产成本的净额结转成本。

每一资产负债表日，企业应当重新估计未来销售退回情况，如有变化，应当作为会计估计变更进行会计处理。

第三十三条 对于附有质量保证条款的销售，企业应当评估该质量保证是否在向客户保证所销售商品符合既定标准之外提供了一项单独的服务。企业提供额外服务的，应当作为单项履约义务，按照本准则规定进行会计处理；否则，质量保证责任应当按照《企业会计准则第13号——或有事项》规定进行会计处理。在评估质量保证是否在向客户保证所销售商品符合既定标准之外提供了一项单独的服务时，企业应当考虑该质量保证是否为法定要求、质量保证期限以及企业承诺履行任务的性质等因素。客户能够选择单独购买质量保证的，该质量保证构成单项履约义务。

第三十四条 企业应当根据其在向客户转让商品前是否拥有对该商品的控制权，来判断其从事交易时的身份是主要责任人还是代理人。企业在向客户转让商品前能够控制该商品的，该企业为主要责任人，应当按照已收或应收对价总额确认收入；否则，该企业为代理人，应当按照预期有权收取的佣金或手续费的金额确认收入，该金额应当按照已收或应收对价总额扣除应支付给其他相关方的价款后的净额，或者按照既定的佣金金额或比例等确定。

企业向客户转让商品前能够控制该商品的情形包括：

（一）企业自第三方取得商品或其他资产控制权后，再转让给客户。

（二）企业能够主导第三方代表本企业向客户提供服务。

（三）企业自第三方取得商品控制权后，通过提供重大的服务将该商品与其他商品整合成某组合产出转让给客户。

在具体判断向客户转让商品前是否拥有对该商品的控制权时，企业不应仅局限于合同的法律形式，而应当综合考虑所有相关事实和情况，这些事实和情况包括：

（一）企业承担向客户转让商品的主要责任。

（二）企业在转让商品之前或之后承担了该商品的存货风险。

（三）企业有权自主决定所交易商品的价格。

（四）其他相关事实和情况。

第三十五条 对于附有客户额外购买选择权的销售，企业应当评估该选择权是否向客户提供了一项重大权利。企业提供重大权利的，应当作为单项履约义务，按照本准则第二十条至第二十四条规定将交易价格分摊至该履约义务，在客户未来行使购买选择权取得相关商品控制权时，或者该选择权失效时，确认相应的收入。客户额外购买选择权的单独售价无法直接观察的，企业应当综合考虑客户行使和不行使该选择权所能获得的折扣的差异、客户行使该选择权的可能性等全部相关信息后，予以合理估计。

客户虽然有额外购买商品选择权，但客户行使该选择权购买商品时的价格反映了这些商品单独售价的，不应被视为企业向该客户提供了一项重大权利。

第三十六条 企业向客户授予知识产权许可的，应当按照本准则第九条和第十条规定评估该知识产权许可是否构成单项履约义务，构成单项履约义务的，应当进一步确定其是在某一时段内履行还是在某一时点履行。

企业向客户授予知识产权许可，同时满足下列条件时，应当作为在某一时段内履行的履约义务确认相关收入；否则，应当作为在某一时点履行的履约义务确认相关收入：

（一）合同要求或客户能够合理预期企业将从事对该项知识产权有重大影响的活动；

（二）该活动对客户将产生有利或不利影响；

（三）该活动不会导致向客户转让某项商品。

第三十七条 企业向客户授予知识产权许可，并约定按客户实际销售或使用情况收取特许权使用费的，应当在下列两项孰晚的时点确认收入：

（一）客户后续销售或使用行为实际发生；

（二）企业履行相关履约义务。

第三十八条 对于售后回购交易，企业应当区分下列两种情形分别进行会计处理：

（一）企业因存在与客户的远期安排而负有回购义务或企业享有回购权利的，表明客户在销售时点并未取得相关商品控制权，企业应当作为租赁交易或融资交易进行相应的会计处理。其中，回购价格低于原售价的，应当视为租赁交易，按照《企业会计准则第21号——租赁》的相关规定进行会计处理；回购价格不低于原售价的，应当视为融资交易，在收到客户款项时确认金融负债，并将该款项和回购价格的差额在回购期间内确认为利息费用等。企业到期未行使回购权利的，应当在该回购权利到期时终止确认金融负债，同时确认收入。

(二)企业负有应客户要求回购商品义务的,应当在合同开始日评估客户是否具有行使该要求权的重大经济动因。客户具有行使该要求权重大经济动因的,企业应当将售后回购作为租赁交易或融资交易,按照本条(一)规定进行会计处理;否则,企业应当将其作为附有销售退回条款的销售交易,按照本准则第三十二条规定进行会计处理。

售后回购,是指企业销售商品的同时承诺或有权选择日后再将该商品(包括相同或几乎相同的商品,或以该商品作为组成部分的商品)购回的销售方式。

第三十九条 企业向客户预收销售商品款项的,应当首先将该款项确认为负债,待履行了相关履约义务时再转为收入。当企业预收款项无需退回,且客户可能会放弃其全部或部分合同权利时,企业预期将有权获得与客户所放弃的合同权利相关的金额的,应当按照客户行使合同权利的模式按比例将上述金额确认为收入;否则,企业只有在客户要求其履行剩余履约义务的可能性极低时,才能将上述负债的相关余额转为收入。

第四十条 企业在合同开始(或接近合同开始)日向客户收取的无需退回的初始费(如俱乐部的入会费等)应当计入交易价格。企业应当评估该初始费是否与向客户转让已承诺的商品相关。该初始费与向客户转让已承诺的商品相关,并且该商品构成单项履约义务的,企业应当在转让该商品时,按照分摊至该商品的交易价格确认收入;该初始费与向客户转让已承诺的商品相关,但该商品不构成单项履约义务的,企业应当在包含该商品的单项履约义务履行时,按照分摊至该单项履约义务的交易价格确认收入;该初始费与向客户转让已承诺的商品不相关的,该初始费应当作为未来将转让商品的预收款,在未来转让该商品时确认为收入。

企业收取了无需退回的初始费且为履行合同应开展初始活动,但这些活动本身并没有向客户转让已承诺的商品的,该初始费与未来将转让的已承诺商品相关,应当在未来转让该商品时确认为收入,企业在确定履约进度时不应考虑这些初始活动;企业为该初始活动发生的支出应当按照本准则第二十六条和第二十七条规定确认为一项资产或计入当期损益。

第六章 列 报

第四十一条 企业应当根据本企业履行履约义务与客户付款之间的关系在资产负债表中列示合同资产或合同负债。企业拥有的、无条件(即,仅取决于时间流逝)向客户收取对价的权利应当作为应收款项单独列示。

合同资产,是指企业已向客户转让商品而有权收取对价的权利,且该权利取决于时间流逝之外的其他因素。如企业向客户销售两项可明确区分的商品,企业因已交付其中一项商品而有权收取款项,但收取该款项还取决于企业交付另一项商品的,企业应当将该收款权利作为合同资产。

合同负债,是指企业已收或应收客户对价而应向客户转让商品的义务。如企业在转让承诺的商品之前已收取的款项。

按照本准则确认的合同资产的减值的计量和列报应当按照《企业会计准则第 22 号——金融工具确认和计量》和《企业会计准则第 37 号——金融工具列报》的规定进行会计处理。

第四十二条 企业应当在附注中披露与收入有关的下列信息:

(一)收入确认和计量所采用的会计政策、对于确定收入确认的时点和金额具有重大影响的判断以及这些判断的变更,包括确定履约进度的方法及采用该方法的原因、评估客户取得所转让商品控制权时点的相关判断,在确定交易价格、估计计入交易价格的可变对价、分摊交易价格以及计量预期将退还给客户的款项等类似义务时所采用的方法、输入值和假设等。

(二)与合同相关的下列信息:

1. 与本期确认收入相关的信息,包括与客户之间的合同产生的收入、该收入按主要类别(如商品类型、经营地区、市场或客户类型、合同类型、商品转让的时间、合同期限、销售渠道等)分解的信息以及该分解信息与每一报告分部的收入之间的关系等。

2. 与应收款项、合同资产和合同负债的账面价值相关的信息，包括与客户之间的合同产生的应收款项、合同资产和合同负债的期初和期末账面价值、对上述应收款项和合同资产确认的减值损失、在本期确认的包括在合同负债期初账面价值中的收入、前期已经履行（或部分履行）的履约义务在本期调整的收入、履行履约义务的时间与通常的付款时间之间的关系以及此类因素对合同资产和合同负债账面价值的影响的定量或定性信息、合同资产和合同负债的账面价值在本期内发生的重大变动情况等。

3. 与履约义务相关的信息，包括履约义务通常的履行时间、重要的支付条款、企业承诺转让的商品的性质（包括说明企业是否作为代理人）、企业承担的预期将退还给客户的款项等类似义务、质量保证的类型及相关义务等。

4. 与分摊至剩余履约义务的交易价格相关的信息，包括分摊至本期末尚未履行（或部分未履行）履约义务的交易价格总额、上述金额确认为收入的预计时间的定量或定性信息、未包括在交易价格的对价金额（如可变对价）等。

（三）与合同成本有关的资产相关的信息，包括确定该资产金额所做的判断、该资产的摊销方法、按该资产主要类别（如为取得合同发生的成本、为履行合同开展的初始活动发生的成本等）披露的期末账面价值以及本期确认的摊销及减值损失金额等。

（四）企业根据本准则第十七条规定因预计客户取得商品控制权与客户支付价款间隔未超过一年而未考虑合同中存在的重大融资成分，或者根据本准则第二十八条规定因合同取得成本的摊销期限未超过一年而将其在发生时计入当期损益的，应当披露该事实。

第七章　衔接规定

第四十三条　首次执行本准则的企业，应当根据首次执行本准则的累积影响数，调整首次执行本准则当年年初留存收益及财务报表其他相关项目金额，对可比期间信息不予调整。企业可以仅对在首次执行日尚未完成的合同的累积影响数进行调整。同时，企业应当在附注中披露，与收入相关会计准则制度的原规定相比，执行本准则对当期财务报表相关项目的影响金额，如有重大影响的，还需披露其原因。

已完成的合同，是指企业按照与收入相关会计准则制度的原规定已完成合同中全部商品的转让的合同。尚未完成的合同，是指除已完成的合同之外的其他合同。

第四十四条　对于最早可比期间期初之前或首次执行本准则当年年初之前发生的合同变更，企业可予以简化处理，即无需按照本准则第八条规定进行追溯调整，而是根据合同变更的最终安排，识别已履行的和尚未履行的履约义务、确定交易价格以及在已履行的和尚未履行的履约义务之间分摊交易价格。

企业采用该简化处理方法的，应当对所有合同一致采用，并且在附注中披露该事实以及在合理范围内对采用该简化处理方法的影响所作的定性分析。

第八章　附　　则

第四十五条　本准则自 2018 年 1 月 1 日起施行。

18. 财政部关于修订印发《企业会计准则第21号——租赁》的通知

（2018 年 12 月 7 日　财会〔2018〕35 号）

国务院有关部委、有关直属机构，各省、自治区、直辖市、计划单列市财政厅（局），新疆生产建设兵团财政局，财政部驻各省、自治区、直辖市、计划单列市财政监察专员办事处，有关中央管理企业：

为了适应社会主义市场经济发展需要，规范租赁的会计处理，提高会计信息质量，根据《企业会计准则——基本准则》，我部对《企业会计准则第 21 号——租赁》进行了修订，现予印发。有关事项通知如下：

一、在境内外同时上市的企业以及在境外上市并采用国际财务报告准则或企业会计准则编制财务报表的企业，自 2019 年 1 月 1 日起施行；其他执行企业会计准则的企业自 2021 年 1 月 1 日起施行。

二、母公司或子公司在境外上市且按照国际财务报告准则或企业会计准则编制其境外财务报表的企业，可以提前执行本准则，但不应早于其同时执行我部 2017 年 3 月 31 日印发的《企业会计准则第 22 号——金融工具确认和计量》和 2017 年 7 月 5 日印发的《企业会计准则第 14 号——收入》的日期。

三、执行本准则的企业，不再执行我部于 2006 年 2 月 15 日印发的《财政部关于印发等 38 项具体准则的通知》（财会〔2006〕3 号）中的《企业会计准则第 21 号——租赁》，以及我部于 2006 年 10 月 30 日印发的《财政部关于印发的通知》（财会〔2006〕18 号）中的《〈企业会计准则第 21 号——租赁〉应用指南》。

执行中有何问题，请及时反馈我部。

附件：

企业会计准则第 21 号——租赁

第一章　总　　则

第一条　为了规范租赁的确认、计量和相关信息的列报，根据《企业会计准则——基本准则》，制定本准则。

第二条　租赁，是指在一定期间内，出租人将资产的使用权让与承租人以获取对价的合同。

第三条　本准则适用于所有租赁，但下列各项除外：

（一）承租人通过许可使用协议取得的电影、录像、剧本、文稿等版权、专利等项目的权利，以出让、划拨或转让方式取得的土地使用权，适用《企业会计准则第 6 号——无形资产》。

（二）出租人授予的知识产权许可，适用《企业会计准则第 14 号——收入》。

勘探或使用矿产、石油、天然气及类似不可再生资源的租赁，承租人承租生物资产，采用建设经营移交等方式参与公共基础设施建设、运营的特许经营权合同，不适用本准则。

第二章　租赁的识别、分拆和合并

第一节　租赁的识别

第四条　在合同开始日，企业应当评估合同是否为租赁或者包含租赁。如果合同中一方让渡了在一定期间内控制一项或多项已识别资产使用的权利以换取对价，则该合同为租赁或者包含租赁。

除非合同条款和条件发生变化，企业无需重新评估合同是否为租赁或者包含租赁。

第五条 为确定合同是否让渡了在一定期间内控制已识别资产使用的权利,企业应当评估合同中的客户是否有权获得在使用期间内因使用已识别资产所产生的几乎全部经济利益,并有权在该使用期间主导已识别资产的使用。

第六条 已识别资产通常由合同明确指定,也可以在资产可供客户使用时隐性指定。但是,即使合同已对资产进行指定,如果资产的供应方在整个使用期间拥有对该资产的实质性替换权,则该资产不属于已识别资产。

同时符合下列条件时,表明供应方拥有资产的实质性替换权:

(一)资产供应方拥有在整个使用期间替换资产的实际能力;

(二)资产供应方通过行使替换资产的权利将获得经济利益。

企业难以确定供应方是否拥有对该资产的实质性替换权的,应当视为供应方没有对该资产的实质性替换权。

如果资产的某部分产能或其他部分在物理上不可区分,则该部分不属于已识别资产,除非其实质上代表该资产的全部产能,从而使客户获得因使用该资产所产生的几乎全部经济利益。

第七条 在评估是否有权获得因使用已识别资产所产生的几乎全部经济利益时,企业应当在约定的客户可使用资产的权利范围内考虑其所产生的经济利益。

第八条 存在下列情况之一的,可视为客户有权主导对已识别资产在整个使用期间内的使用:

(一)客户有权在整个使用期间主导已识别资产的使用目的和使用方式。

(二)已识别资产的使用目的和使用方式在使用期开始前已预先确定,并且客户有权在整个使用期间自行或主导他人按照其确定的方式运营该资产,或者客户设计了已识别资产并在设计时已预先确定了该资产在整个使用期间的使用目的和使用方式。

第二节 租赁的分拆和合并

第九条 合同中同时包含多项单独租赁的,承租人和出租人应当将合同予以分拆,并分别各项单独租赁进行会计处理。

合同中同时包含租赁和非租赁部分的,承租人和出租人应当将租赁和非租赁部分进行分拆,除非企业适用本准则第十二条的规定进行会计处理,租赁部分应当分别按照本准则进行会计处理,非租赁部分应当按照其他适用的企业会计准则进行会计处理。

第十条 同时符合下列条件的,使用已识别资产的权利构成合同中的一项单独租赁:

(一)承租人可从单独使用该资产或将其与易于获得的其他资源一起使用中获利;

(二)该资产与合同中的其他资产不存在高度依赖或高度关联关系。

第十一条 在分拆合同包含的租赁和非租赁部分时,承租人应当按照各租赁部分单独价格及非租赁部分的单独价格之和的相对比例分摊合同对价,出租人应当根据《企业会计准则第 14 号——收入》关于交易价格分摊的规定分摊合同对价。

第十二条 为简化处理,承租人可以按照租赁资产的类别选择是否分拆合同包含的租赁和非租赁部分。承租人选择不分拆的,应当将各租赁部分及与其相关的非租赁部分分别合并为租赁,按照本准则进行会计处理。但是,对于按照《企业会计准则第 22 号——金融工具确认和计量》应分拆的嵌入衍生工具,承租人不应将其与租赁部分合并进行会计处理。

第十三条 企业与同一交易方或其关联方在同一时间或相近时间订立的两份或多份包含租赁的合同,在符合下列条件之一时,应当合并为一份合同进行会计处理:

(一)该两份或多份合同基于总体商业目的而订立并构成一揽子交易,若不作为整体考虑则无法理解其总体商业目的。

(二)该两份或多份合同中的某份合同的对价金额取决于其他合同的定价或履行情况。

(三)该两份或多份合同让渡的资产使用权合起来构成一项单独租赁。

第三章 承租人的会计处理

第一节 确认和初始计量

第十四条 在租赁期开始日,承租人应当对租赁确认使用权资产和租赁负债,应用本准则第三章第三节进行简化处理的短期租赁和低价值资产租赁除外。

使用权资产,是指承租人可在租赁期内使用租赁资产的权利。

租赁期开始日,是指出租人提供租赁资产使其可供承租人使用的起始日期。

第十五条 租赁期,是指承租人有权使用租赁资产且不可撤销的期间。

承租人有续租选择权,即有权选择续租该资产,且合理确定将行使该选择权的,租赁期还应当包含续租选择权涵盖的期间。

承租人有终止租赁选择权,即有权选择终止租赁该资产,但合理确定将不会行使该选择权的,租赁期应当包含终止租赁选择权涵盖的期间。

发生承租人可控范围内的重大事件或变化,且影响承租人是否合理确定将行使相应选择权的,承租人应当对其是否合理确定将行使续租选择权、购买选择权或不行使终止租赁选择权进行重新评估。

第十六条 使用权资产应当按照成本进行初始计量。该成本包括:

(一)租赁负债的初始计量金额;

(二)在租赁期开始日或之前支付的租赁付款额,存在租赁激励的,扣除已享受的租赁激励相关金额;

(三)承租人发生的初始直接费用;

(四)承租人为拆卸及移除租赁资产、复原租赁资产所在场地或将租赁资产恢复至租赁条款约定状态预计将发生的成本。前述成本属于为生产存货而发生的,适用《企业会计准则第 1 号——存货》。

承租人应当按照《企业会计准则第 13 号——或有事项》对本条第(四)项所述成本进行确认和计量。

租赁激励,是指出租人为达成租赁向承租人提供的优惠,包括出租人向承租人支付的与租赁有关的款项、出租人为承租人偿付或承担的成本等。

初始直接费用,是指为达成租赁所发生的增量成本。增量成本是指若企业不取得该租赁,则不会发生的成本。

第十七条 租赁负债应当按照租赁期开始日尚未支付的租赁付款额的现值进行初始计量。

在计算租赁付款额的现值时,承租人应当采用租赁内含利率作为折现率;无法确定租赁内含利率的,应当采用承租人增量借款利率作为折现率。

租赁内含利率,是指使出租人的租赁收款额的现值与未担保余值的现值之和等于租赁资产公允价值与出租人的初始直接费用之和的利率。

承租人增量借款利率,是指承租人在类似经济环境下为获得与使用权资产价值接近的资产,在类似期间以类似抵押条件借入资金须支付的利率。

第十八条 租赁付款额,是指承租人向出租人支付的与在租赁期内使用租赁资产的权利相关的款项,包括:

(一)固定付款额及实质固定付款额,存在租赁激励的,扣除租赁激励相关金额;

(二)取决于指数或比率的可变租赁付款额,该款项在初始计量时根据租赁期开始日的指数或比率确定;

(三)购买选择权的行权价格,前提是承租人合理确定将行使该选择权;

(四)行使终止租赁选择权需支付的款项,前提是租赁期反映出承租人将行使终止租赁选择权;

(五)根据承租人提供的担保余值预计应支付的款项。

实质固定付款额,是指在形式上可能包含变量但实质上无法避免的付款额。

可变租赁付款额,是指承租人为取得在租赁期内使用租赁资产的权利,向出租人支付的因租赁期开始日后的事实或情况发生变化(而非时间推移)而变动的款项。取决于指数或比率的可变租赁付款额包括与消费者价格指数挂钩的款项、与基准利率挂钩的款项和为反映市场租金费率变化而变动的款项等。

第十九条 担保余值，是指与出租人无关的一方向出租人提供担保，保证在租赁结束时租赁资产的价值至少为某指定的金额。

未担保余值，是指租赁资产余值中，出租人无法保证能够实现或仅由与出租人有关的一方予以担保的部分。

第二节 后续计量

第二十条 在租赁期开始日后，承租人应当按照本准则第二十一条、第二十二条、第二十七条及第二十九条的规定，采用成本模式对使用权资产进行后续计量。

第二十一条 承租人应当参照《企业会计准则第4号——固定资产》有关折旧规定，对使用权资产计提折旧。

承租人能够合理确定租赁期届满时取得租赁资产所有权的，应当在租赁资产剩余使用寿命内计提折旧。无法合理确定租赁期届满时能够取得租赁资产所有权的，应当在租赁期与租赁资产剩余使用寿命两者孰短的期间内计提折旧。

第二十二条 承租人应当按照《企业会计准则第8号——资产减值》的规定，确定使用权资产是否发生减值，并对已识别的减值损失进行会计处理。

第二十三条 承租人应当按照固定的周期性利率计算租赁负债在租赁期内各期间的利息费用，并计入当期损益。按照《企业会计准则第17号——借款费用》等其他准则规定应当计入相关资产成本的，从其规定。

该周期性利率，是按照本准则第十七条规定所采用的折现率，或者按照本准则第二十五条、二十六条和二十九条规定所采用的修订后的折现率。

第二十四条 未纳入租赁负债计量的可变租赁付款额应当在实际发生时计入当期损益。按照《企业会计准则第1号——存货》等其他准则规定应当计入相关资产成本的，从其规定。

第二十五条 在租赁期开始日后，发生下列情形的，承租人应当重新确定租赁付款额，并按变动后租赁付款额和修订后的折现率计算的现值重新计量租赁负债：

（一）因依据本准则第十五条第四款规定，续租选择权或终止租赁选择权的评估结果发生变化，或者前述选择权的实际行使情况与原评估结果不一致等导致租赁期变化的，应当根据新的租赁期重新确定租赁付款额；

（二）因依据本准则第十五条第四款规定，购买选择权的评估结果发生变化的，应当根据新的评估结果重新确定租赁付款额。

在计算变动后租赁付款额的现值时，承租人应当采用剩余租赁期间的租赁内含利率作为修订后的折现率；无法确定剩余租赁期间的租赁内含利率的，应当采用重估日的承租人增量借款利率作为修订后的折现率。

第二十六条 在租赁期开始日后，根据担保余值预计的应付金额发生变动，或者因用于确定租赁付款额的指数或比率变动而导致未来租赁付款额发生变动的，承租人应当按照变动后租赁付款额的现值重新计量租赁负债。在这些情形下，承租人采用的折现率不变；但是，租赁付款额的变动源自浮动利率变动的，使用修订后的折现率。

第二十七条 承租人在根据本准则第二十五条、第二十六条或因实质固定付款额变动重新计量租赁负债时，应当相应调整使用权资产的账面价值。使用权资产的账面价值已调减至零，但租赁负债仍需进一步调减的，承租人应当将剩余金额计入当期损益。

第二十八条 租赁发生变更且同时符合下列条件的，承租人应当将该租赁变更作为一项单独租赁进行会计处理：

（一）该租赁变更通过增加一项或多项租赁资产的使用权而扩大了租赁范围；

（二）增加的对价与租赁范围扩大部分的单独价格按该合同情况调整后的金额相当。

租赁变更，是指原合同条款之外的租赁范围、租赁对价、租赁期限的变更，包括增加或终止一项或多项租赁资产的使用权，延长或缩短合同规定的租赁期等。

第二十九条　租赁变更未作为一项单独租赁进行会计处理的，在租赁变更生效日，承租人应当按照本准则第九条至第十二条的规定分摊变更后合同的对价，按照本准则第十五条的规定重新确定租赁期，并按照变更后租赁付款额和修订后的折现率计算的现值重新计量租赁负债。

在计算变更后租赁付款额的现值时，承租人应当采用剩余租赁期间的租赁内含利率作为修订后的折现率；无法确定剩余租赁期间的租赁内含利率的，应当采用租赁变更生效日的承租人增量借款利率作为修订后的折现率。租赁变更生效日，是指双方就租赁变更达成一致的日期。

租赁变更导致租赁范围缩小或租赁期缩短的，承租人应当相应调减使用权资产的账面价值，并将部分终止或完全终止租赁的相关利得或损失计入当期损益。其他租赁变更导致租赁负债重新计量的，承租人应当相应调整使用权资产的账面价值。

第三节　短期租赁和低价值资产租赁

第三十条　短期租赁，是指在租赁期开始日，租赁期不超过12个月的租赁。

包含购买选择权的租赁不属于短期租赁。

第三十一条　低价值资产租赁，是指单项租赁资产为全新资产时价值较低的租赁。

低价值资产租赁的判定仅与资产的绝对价值有关，不受承租人规模、性质或其他情况影响。低价值资产租赁还应当符合本准则第十条的规定。

承租人转租或预期转租租赁资产的，原租赁不属于低价值资产租赁。

第三十二条　对于短期租赁和低价值资产租赁，承租人可以选择不确认使用权资产和租赁负债。

作出该选择的，承租人应当将短期租赁和低价值资产租赁的租赁付款额，在租赁期内各个期间按照直线法或其他系统合理的方法计入相关资产成本或当期损益。其他系统合理的方法能够更好地反映承租人的受益模式的，承租人应当采用该方法。

第三十三条　对于短期租赁，承租人应当按照租赁资产的类别作出本准则第三十二条所述的会计处理选择。

对于低价值资产租赁，承租人可根据每项租赁的具体情况作出本准则第三十二条所述的会计处理选择。

第三十四条　按照本准则第三十二条进行简化处理的短期租赁发生租赁变更或者因租赁变更之外的原因导致租赁期发生变化的，承租人应当将其视为一项新租赁进行会计处理。

第四章　出租人的会计处理

第一节　出租人的租赁分类

第三十五条　出租人应当在租赁开始日将租赁分为融资租赁和经营租赁。

租赁开始日，是指租赁合同签署日与租赁各方就主要租赁条款作出承诺日中的较早者。

融资租赁，是指实质上转移了与租赁资产所有权有关的几乎全部风险和报酬的租赁。其所有权最终可能转移，也可能不转移。

经营租赁，是指除融资租赁以外的其他租赁。

在租赁开始日后，出租人无需对租赁的分类进行重新评估，除非发生租赁变更。租赁资产预计使用寿命、预计余值等会计估计变更或发生承租人违约等情况变化的，出租人不对租赁的分类进行重新评估。

第三十六条　一项租赁属于融资租赁还是经营租赁取决于交易的实质，而不是合同的形式。如果一项租赁实质上转移了与租赁资产所有权有关的几乎全部风险和报酬，出租人应当将该项租赁分类为融资租赁。

一项租赁存在下列一种或多种情形的，通常分类为融资租赁：

（一）在租赁期届满时，租赁资产的所有权转移给承租人。

（二）承租人有购买租赁资产的选择权，所订立的购买价款与预计行使选择权时租赁资产的公允价值相比足够低，因而在租赁开始日就可以合理确定承租人将行使该选择权。

（三）资产的所有权虽然不转移，但租赁期占租赁资产使用寿命的大部分。

（四）在租赁开始日，租赁收款额的现值几乎相当于租赁资产的公允价值。

（五）租赁资产性质特殊，如果不作较大改造，只有承租人才能使用。

一项租赁存在下列一项或多项迹象的，也可能分类为融资租赁：

（一）若承租人撤销租赁，撤销租赁对出租人造成的损失由承租人承担。

（二）资产余值的公允价值波动所产生的利得或损失归属于承租人。

（三）承租人有能力以远低于市场水平的租金继续租赁至下一期间。

第三十七条 转租出租人应当基于原租赁产生的使用权资产，而不是原租赁的标的资产，对转租赁进行分类。

但是，原租赁为短期租赁，且转租出租人应用本准则第三十二条对原租赁进行简化处理的，转租出租人应当将该转租赁分类为经营租赁。

第二节 出租人对融资租赁的会计处理

第三十八条 在租赁期开始日，出租人应当对融资租赁确认应收融资租赁款，并终止确认融资租赁资产。

出租人对应收融资租赁款进行初始计量时，应当以租赁投资净额作为应收融资租赁款的入账价值。

租赁投资净额为未担保余值和租赁期开始日尚未收到的租赁收款额按照租赁内含利率折现的现值之和。

租赁收款额，是指出租人因让渡在租赁期内使用租赁资产的权利而应向承租人收取的款项，包括：

（一）承租人需支付的固定付款额及实质固定付款额，存在租赁激励的，扣除租赁激励相关金额；

（二）取决于指数或比率的可变租赁付款额，该款项在初始计量时根据租赁期开始日的指数或比率确定；

（三）购买选择权的行权价格，前提是合理确定承租人将行使该选择权；

（四）承租人行使终止租赁选择权需支付的款项，前提是租赁期反映出承租人将行使终止租赁选择权；

（五）由承租人、与承租人有关的一方以及有经济能力履行担保义务的独立第三方向出租人提供的担保余值。

在转租的情况下，若转租的租赁内含利率无法确定，转租出租人可采用原租赁的折现率（根据与转租有关的初始直接费用进行调整）计量转租投资净额。

第三十九条 出租人应当按照固定的周期性利率计算并确认租赁期内各个期间的利息收入。该周期性利率，是按照本准则第三十八条规定所采用的折现率，或者按照本准则第四十四条规定所采用的修订后的折现率。

第四十条 出租人应当按照《企业会计准则第22号——金融工具确认和计量》和《企业会计准则第23号——金融资产转移》的规定，对应收融资租赁款的终止确认和减值进行会计处理。

出租人将应收融资租赁款或其所在的处置组划分为持有待售类别的，应当按照《企业会计准则第42号——持有待售的非流动资产、处置组和终止经营》进行会计处理。

第四十一条 出租人取得的未纳入租赁投资净额计量的可变租赁付款额应当在实际发生时计入当期损益。

第四十二条 生产商或经销商作为出租人的融资租赁，在租赁期开始日，该出租人应当按照租赁资产公允价值与租赁收款额按市场利率折现的现值两者孰低确认收入，并按照租赁资产账面价值扣除未担保余值的现值后的余额结转销售成本。

生产商或经销商出租人为取得融资租赁发生的成本，应当在租赁期开始日计入当期损益。

第四十三条 融资租赁发生变更且同时符合下列条件的，出租人应当将该变更作为一项单独租赁进行会计处理：

（一）该变更通过增加一项或多项租赁资产的使用权而扩大了租赁范围；

（二）增加的对价与租赁范围扩大部分的单独价格按该合同情况调整后的金额相当。

第四十四条 融资租赁的变更未作为一项单独租赁进行会计处理的，出租人应当分别下列情形对变更后的租赁进行处理：

（一）假如变更在租赁开始日生效，该租赁会被分类为经营租赁的，出租人应当自租赁变更生效日开始将其作为一项新租赁进行会计处理，并以租赁变更生效日前的租赁投资净额作为租赁资产的账面价值；

（二）假如变更在租赁开始日生效，该租赁会被分类为融资租赁的，出租人应当按照《企业会计准则第22号——金融工具确认和计量》关于修改或重新议定合同的规定进行会计处理。

第三节 出租人对经营租赁的会计处理

第四十五条 在租赁期内各个期间，出租人应当采用直线法或其他系统合理的方法，将经营租赁的租赁收款额确认为租金收入。其他系统合理的方法能够更好地反映因使用租赁资产所产生经济利益的消耗模式的，出租人应当采用该方法。

第四十六条 出租人发生的与经营租赁有关的初始直接费用应当资本化，在租赁期内按照与租金收入确认相同的基础进行分摊，分期计入当期损益。

第四十七条 对于经营租赁资产中的固定资产，出租人应当采用类似资产的折旧政策计提折旧；对于其他经营租赁资产，应当根据该资产适用的企业会计准则，采用系统合理的方法进行摊销。

出租人应当按照《企业会计准则第8号——资产减值》的规定，确定经营租赁资产是否发生减值，并进行相应会计处理。

第四十八条 出租人取得的与经营租赁有关的未计入租赁收款额的可变租赁付款额，应当在实际发生时计入当期损益。

第四十九条 经营租赁发生变更的，出租人应当自变更生效日起将其作为一项新租赁进行会计处理，与变更前租赁有关的预收或应收租赁收款额应当视为新租赁的收款额。

第五章 售后租回交易

第五十条 承租人和出租人应当按照《企业会计准则第14号——收入》的规定，评估确定售后租回交易中的资产转让是否属于销售。

第五十一条 售后租回交易中的资产转让属于销售的，承租人应当按原资产账面价值中与租回获得的使用权有关的部分，计量售后租回所形成的使用权资产，并仅就转让至出租人的权利确认相关利得或损失；出租人应当根据其他适用的企业会计准则对资产购买进行会计处理，并根据本准则对资产出租进行会计处理。

如果销售对价的公允价值与资产的公允价值不同，或者出租人未按市场价格收取租金，则企业应当将销售对价低于市场价格的款项作为预付租金进行会计处理，将高于市场价格的款项作为出租人向承租人提供的额外融资进行会计处理；同时，承租人按照公允价值调整相关销售利得或损失，出租人按市场价格调整租金收入。

在进行上述调整时，企业应当基于以下两者中更易于确定的项目：销售对价的公允价值与资产公允价值之间的差额、租赁合同中付款额的现值与按租赁市价计算的付款额现值之间的差额。

第五十二条 售后租回交易中的资产转让不属于销售的，承租人应当继续确认被转让资产，同时确认一项与转让收入等额的金融负债，并按照《企业会计准则第22号——金融工具确认和计量》对该金融负债进行会计处理；出租人不确认被转让资产，但应当确认一项与转让收入等额的金融资产，并按照《企业会计准则第22号——金融工具确认和计量》对该金融资产进行会计处理。

第六章 列 报

第一节 承租人的列报

第五十三条 承租人应当在资产负债表中单独列示使用权资产和租赁负债。其中，租赁负债通常分别非流动负债和一年内到期的非流动负债列示。

在利润表中，承租人应当分别列示租赁负债的利息费用与使用权资产的折旧费用。租赁负债的利息费用在财务费用项目列示。

在现金流量表中，偿还租赁负债本金和利息所支付的现金应当计入筹资活动现金流出，支付的按本准则第三十二条简化处理的短期租赁付款额和低价值资产租赁付款额以及未纳入租赁负债计量的可变租赁付款额应当计入经营活动现金流出。

第五十四条 承租人应当在附注中披露与租赁有关的下列信息：

（一）各类使用权资产的期初余额、本期增加额、期末余额以及累计折旧额和减值金额；

（二）租赁负债的利息费用；

（三）计入当期损益的按本准则第三十二条简化处理的短期租赁费用和低价值资产租赁费用；

（四）未纳入租赁负债计量的可变租赁付款额；

（五）转租使用权资产取得的收入；

（六）与租赁相关的总现金流出；

（七）售后租回交易产生的相关损益；

（八）其他按照《企业会计准则第 37 号——金融工具列报》应当披露的有关租赁负债的信息。

承租人应用本准则第三十二条对短期租赁和低价值资产租赁进行简化处理的，应当披露这一事实。

第五十五条 承租人应当根据理解财务报表的需要，披露有关租赁活动的其他定性和定量信息。此类信息包括：

（一）租赁活动的性质，如对租赁活动基本情况的描述；

（二）未纳入租赁负债计量的未来潜在现金流出；

（三）租赁导致的限制或承诺；

（四）售后租回交易除第五十四条第（七）项之外的其他信息；

（五）其他相关信息。

第二节 出租人的列报

第五十六条 出租人应当根据资产的性质，在资产负债表中列示经营租赁资产。

第五十七条 出租人应当在附注中披露与融资租赁有关的下列信息：

（一）销售损益、租赁投资净额的融资收益以及与未纳入租赁投资净额的可变租赁付款额相关的收入；

（二）资产负债表日后连续五个会计年度每年将收到的未折现租赁收款额，以及剩余年度将收到的未折现租赁收款额总额；

（三）未折现租赁收款额与租赁投资净额的调节表。

第五十八条 出租人应当在附注中披露与经营租赁有关的下列信息：

（一）租赁收入，并单独披露与未计入租赁收款额的可变租赁付款额相关的收入；

（二）将经营租赁固定资产与出租人持有自用的固定资产分开，并按经营租赁固定资产的类别提供《企业会计准则第 4 号——固定资产》要求披露的信息；

（三）资产负债表日后连续五个会计年度每年将收到的未折现租赁收款额，以及剩余年度将收到的未折现租赁收款额总额。

第五十九条 出租人应当根据理解财务报表的需要，披露有关租赁活动的其他定性和定量信息。此类信息包括：

（一）租赁活动的性质，如对租赁活动基本情况的描述；

（二）对其在租赁资产中保留的权利进行风险管理的情况；

（三）其他相关信息。

第七章 衔接规定

第六十条 对于首次执行日前已存在的合同，企业在首次执行日可以选择不重新评估其是否为租赁或者包含租赁。选择不重新评估的，企业应当在财务报表附注中披露这一事实，并一致应用于前述所有合同。

第六十一条 承租人应当选择下列方法之一对租赁进行衔接会计处理，并一致应用于其作为承租人的所有租赁：

（一）按照《企业会计准则第 28 号——会计政策、会计估计变更和差错更正》的规定采用追溯调整法处理。

（二）根据首次执行本准则的累积影响数，调整首次执行本准则当年年初留存收益及财务报表其他相关项目金额，不调整可比期间信息。采用该方法时，应当按照下列规定进行衔接处理：

1. 对于首次执行日前的融资租赁，承租人在首次执行日应当按照融资租入资产和应付融资租赁款的原账面价值，分别计量使用权资产和租赁负债。

2. 对于首次执行日前的经营租赁，承租人在首次执行日应当根据剩余租赁付款额按首次执行日承租人增量借款利率折现的现值计量租赁负债，并根据每项租赁选择按照下列两者之一计量使用权资产：

（1）假设自租赁期开始日即采用本准则的账面价值（采用首次执行日的承租人增量借款利率作为折现率）；

（2）与租赁负债相等的金额，并根据预付租金进行必要调整。

3. 在首次执行日，承租人应当按照《企业会计准则第 8 号——资产减值》的规定，对使用权资产进行减值测试并进行相应会计处理。

第六十二条 首次执行日前的经营租赁中，租赁资产属于低价值资产且根据本准则第三十二条的规定选择不确认使用权资产和租赁负债的，承租人无需对该经营租赁按照衔接规定进行调整，应当自首次执行日起按照本准则进行会计处理。

第六十三条 承租人采用本准则第六十一条第（二）项进行衔接会计处理时，对于首次执行日前的经营租赁，可根据每项租赁采用下列一项或多项简化处理：

1. 将于首次执行日后 12 个月内完成的租赁，可作为短期租赁处理。

2. 计量租赁负债时，具有相似特征的租赁可采用同一折现率；使用权资产的计量可不包含初始直接费用。

3. 存在续租选择权或终止租赁选择权的，承租人可根据首次执行日前选择权的实际行使及其他最新情况确定租赁期，无需对首次执行日前各期间是否合理确定行使续租选择权或终止租赁选择权进行估计。

4. 作为使用权资产减值测试的替代，承租人可根据《企业会计准则第 13 号——或有事项》评估包含租赁的合同在首次执行日前是否为亏损合同，并根据首次执行日前计入资产负债表的亏损准备金额调整使用权资产。

5. 首次执行本准则当年年初之前发生租赁变更的，承租人无需按照本准则第二十八条、第二十九条的规定对租赁变更进行追溯调整，而是根据租赁变更的最终安排，按照本准则进行会计处理。

第六十四条 承租人采用本准则第六十三条规定的简化处理方法的，应当在财务报表附注中披露所采用的简化处理方法以及在合理可能的范围内对采用每项简化处理方法的估计影响所作的定性分析。

第六十五条 对于首次执行日前划分为经营租赁且在首次执行日后仍存续的转租赁，转租出租人在首次执行日应当基于原租赁和转租赁的剩余合同期限和条款进行重新评估，并按照本准则的规定进行分类。按照本准则重分类为融资租赁的，应当将其作为一项新的融资租赁进行会计处理。

除前款所述情形外，出租人无需对其作为出租人的租赁按照衔接规定进行调整，而应当自首次执行日起按照本准则进行会计处理。

第六十六条 对于首次执行日前已存在的售后租回交易，企业在首次执行日不重新评估资产转让是否符合《企业会计准则第 14 号——收入》作为销售进行会计处理的规定。

对于首次执行日前应当作为销售和融资租赁进行会计处理的售后租回交易，卖方（承租人）应当按照与首次执行日存在的其他融资租赁相同的方法对租回进行会计处理，并继续在租赁期内摊销相关递延收益或损失。

对于首次执行日前应当作为销售和经营租赁进行会计处理的售后租回交易，卖方（承租人）应当按照与首次执行日存在的其他经营租赁相同的方法对租回进行会计处理，并根据首次执行日前计入资产负债表的相关递延收益或损失调整使用权资产。

第六十七条 承租人选择按照本准则第六十一条第（二）项规定对租赁进行衔接会计处理的，还应当在首次执行日披露以下信息：

（一）首次执行日计入资产负债表的租赁负债所采用的承租人增量借款利率的加权平均值；

（二）首次执行日前一年度报告期末披露的重大经营租赁的尚未支付的最低租赁付款额按首次执行日承租人增量借款利率折现的现值，与计入首次执行日资产负债表的租赁负债的差额。

第八章 附 则

第六十八条 本准则自2019年1月1日起施行。

19. 财政部关于修订印发2018年度合并财务报表格式的通知

（2019年1月18日 财会〔2019〕1号）

国务院有关部委、有关直属机构，各省、自治区、直辖市、计划单列市财政厅（局），新疆生产建设兵团财政局，财政部驻各省、自治区、直辖市、计划单列市财政监察专员办事处，有关中央管理企业：

为解决合并财务报表编制中的实际问题，提高会计信息质量，针对2018年1月1日起分阶段实施的《企业会计准则第22号——金融工具确认和计量》（财会〔2017〕7号）、《企业会计准则第23号——金融资产转移》（财会〔2017〕8号）、《企业会计准则第24号——套期会计》（财会〔2017〕9号）、《企业会计准则第37号——金融工具列报》（财会〔2017〕14号）（以上四项简称新金融工具准则）和《企业会计准则第14号——收入》（财会〔2017〕22号，简称新收入准则），在《财政部关于修订印发2018年度一般企业财务报表格式的通知》（财会〔2018〕15号）和《财政部关于修订印发2018年度金融企业财务报表格式的通知》（财会〔2018〕36号）基础上，结合企业会计准则实施中的有关情况，我部对合并财务报表格式进行了修订，现予印发。

本通知适用于已执行新金融工具准则和新收入准则的企业集团。本通知附件仅对合并财务报表格式进行了修订，该格式及其中各项目，涵盖了母公司和从事各类经济业务的子公司的情况，包括一般企业、商业银行、保险公司和证券公司等。企业应根据重要性原则并结合本企业实际情况，对确需单独列示的内容，可增加合并财务报表项目；对不存在相应业务的合并财务报表项目，可进行必要删减。以金融企业为主的企业集团，应以金融企业财务报表格式为基础，结合一般企业财务报表格式和本通知的要求，对相关合并财务报表项目进行调整后编制。

执行中有何问题，请及时反馈我部。

附件：

2018 年度合并财务报表格式

合并资产负债表

会合 01 表

编制单位：　　　　　　　　　　　　____年____月____日　　　　　　　　　　　　单位：元

资产	期末余额	年初余额	负债和所有者权益（或股东权益）	期末余额	年初余额
流动资产：			流动负债：		
货币资金			短期借款		
结算备付金*			向中央银行借款*		
拆出资金*			拆入资金*		
交易性金融资产			交易性金融负债		
衍生金融资产			衍生金融负债		
应收票据及应收账款			应付票据及应付账款		
预付款项			预收款项		
应收保费*			卖出回购金融资产款*		
应收分保账款*			吸收存款及同业存放*		
应收分保合同准备金*			代理买卖证券款*		
其他应收款			代理承销证券款*		
买入返售金融资产*			应付职工薪酬		
存货			应交税费		
合同资产			其他应付款		
持有待售资产			应付手续费及佣金*		
一年内到期的非流动资产			应付分保账款*		
其他流动资产			合同负债		
流动资产合计			持有待售负债		
非流动资产：			一年内到期的非流动负债		
发放贷款和垫款*			其他流动负债		
债权投资			流动负债合计		
其他债权投资			非流动负债：		
长期应收款			保险合同准备金*		
长期股权投资			长期借款		
其他权益工具投资			应付债券		
其他非流动金融资产			其中：优先股		
投资性房地产			永续债		
固定资产			长期应付款		
在建工程			预计负债		
生产性生物资产			递延收益		
油气资产			递延所得税负债		
无形资产			其他非流动负债		
开发支出			非流动负债合计		
商誉			负债合计		
长期待摊费用			所有者权益（或股东权益）：		
递延所得税资产			实收资本（或股本）		
其他非流动资产			其他权益工具		
非流动资产合计			其中：优先股		
			永续债		
			资本公积		
			减：库存股		
			其他综合收益		
			盈余公积		
			一般风险准备*		
			未分配利润		
			归属于母公司所有者权益（或股东权益）合计		
			少数股东权益		
			所有者权益（或股东权益）合计		
资产总计			负债和所有权益（或股东权益）总计		

注：标注"＊"的项目为金融企业专用行项目。

金融企业资产负债表中的有关行项目在本表中的列示说明：

1. 金融企业资产负债表中的“现金及存放中央银行款项”行项目在本表中的“货币资金”行项目中列示。

2. 金融企业资产负债表中的“存放同业款项”“融出资金”行项目在本表中的“拆出资金”行项目中列示。

3. 金融企业资产负债表中的“应收款项”行项目在本表中的“应收票据及应收账款”行项目中列示。

4. 金融企业资产负债表中的“存出保证金”“应收代位追偿款”“保户质押贷款”行项目在本表中的“其他流动资产”行项目中列示。

5. 金融企业资产负债表中的“应收分保未到期责任准备金”“应收分保未决赔款准备金”“应收分保寿险责任准备金”“应收分保长期健康险责任准备金”行项目在本表中的“应收分保合同准备金”行项目中列示。

6. 金融企业资产负债表中“金融投资”行项目下的“交易性金融资产”“债权投资”“其他债权投资”“其他权益工具投资”子项目分别在本表中的“交易性金融资产”“债权投资”“其他债权投资”“其他权益工具投资”行项目中列示。

7. 金融企业资产负债表中的“存出资本保证金”“独立账户资产”行项目在本表中的“其他非流动资产”行项目中列示。

8. 金融企业资产负债表中的“应付短期融资款”行项目在本表中的“短期借款”行项目中列示。

9. 金融企业资产负债表中的“同业及其他金融机构存放款项”“吸收存款”行项目在本表中的“吸收存款及同业存放”行项目中列示。

10. 金融企业资产负债表中的“应付款项”“应付赔付款”行项目在本表中的“应付票据及应付账款”行项目中列示。

11. 金融企业资产负债表中的“预收保费”行项目在本表中的“预收款项”行项目中列示。

12. 金融企业资产负债表中的“应付保单红利”行项目在本表中的“其他应付款”行项目中列示。

13. 金融企业资产负债表中的“保户储金及投资款”行项目在本表中的“其他流动负债”行项目中列示。

14. 金融企业资产负债表中的“未到期责任准备金”“未决赔款准备金”“寿险责任准备金”“长期健康险责任准备金”行项目在本表中的“保险合同准备金”行项目中列示。

15. 金融企业资产负债表中的“独立账户负债”行项目在本表中的“其他非流动负债”行项目中列示。

16. 金融企业资产负债表中的“其他资产”“其他负债”行项目进行分析后在本表相关项目中列示。

17. 有贵金属业务的，在本表中增加“贵金属”行项目对相关贵金属资产进行列示。

合并利润表

会合02表

编制单位：　　　　　______年____月____日　　　　　单位：元

项目	本期金额	上期金额
一、营业总收入		
其中：营业收入		
利息收入*		
已赚保费*		
手续费及佣金收入*		
二、营业总成本		
其中：营业成本		
利息支出*		
手续费及佣金支出*		
退保金*		
赔付支出净额*		
提取保险责任准备金净额*		
保单红利支出*		
分保费用*		
税金及附加		
销售费用		
管理费用		
研发费用		
财务费用		
其中：利息费用		
利息收入		
资产减值损失		
信用减值损失		
加：其他收益		
投资收益（损失以"－"号填列）		
其中：对联营企业和合营企业投资收益		
汇兑收益（损失以"－"号填列）*		
净敞口套期收益（损失以"－"号填列）		
公允价值变动收益（损失以"－"号填列）		
资产处置收益（损失以"－"号填列）		
三、营业利润（亏损以"－"号填列）		
加：营业外收入		
减：营业外支出		
四、利润总额（亏损总额以"－"号填列）		
减：所得税费用		

续表

项目	本期金额	上期金额
五、净利润（净亏损以"－"号填列）		
（一）按经营持续性分类		
1. 持续经营净利润（净亏损以"－"号填列）		
2. 终止经营净利润（净亏损以"－"号填列）		
（二）按所有权归属分类		
1. 归属于母公司股东的净利润（净亏损以"－"号填列）		
2. 少数股东损益（净亏损以"－"号填列）		
六、其他综合收益的税后净额		
（一）归属于母公司所有者的其他综合收益的税后净额		
1. 不能重分类进损益的其他综合收益		
（1）重新计量设定受益计划变动额		
（2）权益法下不能转损益的其他综合收益		
（3）其他权益工具投资公允价值变动		
（4）企业自身信用风险公允价值变动		
……		
2. 将重分类进损益的其他综合收益		
（1）权益法下可转损益的其他综合收益		
（2）其他债权投资公允价值变动		
（3）金融资产重分类计入其他综合收益的金额		
（4）其他债权投资信用减值准备		
（5）现金流量套期储备		
（6）外币财务报表折算差额		
……		
（二）归属于少数股东的其他综合收益的税后净额		
七、综合收益总额		
（一）归属于母公司所有者的综合收益总额		
（二）归属于少数股东的综合收益总额		
八、每股收益		
（一）基本每股收益		
（二）稀释每股收益		

注：标注"＊"的项目为金融企业专用行项目。

金融企业利润表中的有关行项目在本表中的列示说明：

1. 金融企业利润表中的"其他业务收入"行项目在本表中的"营业收入"行项目中列示。

2. 金融企业利润表中的"赔付支出"与"减：摊回赔付支出"行项目的净额在本表中的"赔付支出净额"行项目中列示。

3. 金融企业利润表中的"提取保险责任准备金"与"减：摊回保险责任准备金"行项目的净额在本表中的"提取保险责任准备金净额"行项目中列示。

4. 金融企业利润表中的"业务及管理费"与"减：摊回分保费用"行项目的净额在本表中的"管理费用"行项目中列示。

5. 金融企业利润表中的"其他资产减值损失"行项目在本表中的"资产减值损失"行项目中列示。

6. 金融企业利润表中的"其他业务成本"行项目在本表中的"营业成本"行项目中列示。

合并现金流量表

会合 03 表

编制单位：______年____月____日　　单位：元

项目	本期金额	上期金额
一、经营活动产生的现金流量		
销售商品、提供劳务收到的现金		
客户存款和同业存放款项净增加额*		
向中央银行借款净增加额*		
向其他金融机构拆入资金净增加额*		
收到原保险合同保费取得的现金*		
收到再保业务现金净额*		
保户储金及投资款净增加额*		
收取利息、手续费及佣金的现金*		
拆入资金净增加额*		
回购业务资金净增加额*		
代理买卖证券收到的现金净额*		
收到的税费返还		
收到其他与经营活动有关的现金		
经营活动现金流入小计		
购买商品、接受劳务支付的现金		
客户贷款及垫款净增加额*		
存放中央银行和同业款项净增加额*		
支付原保险合同赔付款项的现金*		
为交易目的而持有的金融资产净增加额		
拆出资金净增加额*		
支付利息、手续费及佣金的现金*		
支付保单红利的现金*		
支付给职工及为职工支付的现金		
支付的各项税费		
支付其他与经营活动有关的现金		
经营活动现金流出小计		
经营活动产生的现金流量净额		
二、投资活动产生的现金流量		
收回投资收到的现金		
取得投资收益收到的现金		
处置固定资产、无形资产和其他长期资产收回的现金净额		
处置子公司及其他营业单位收到的现金净额		
收到其他与投资活动有关的现金		

续表

项目	本期金额	上期金额
投资活动现金流入小计		
购建固定资产、无形资产和其他长期资产支付的现金		
六、投资支付的现金		
质押贷款净增加额*		
取得子公司及其他营业单位支付的现金净额		
支付其他与投资活动有关的现金		
投资活动现金流出小计		
投资活动产生的现金流量净额		
三、筹资活动产生的现金流量		
吸收投资收到的现金		
其中：子公司吸收少数股东投资收到的现金		
取得借款收到的现金		
发行债券收到的现金		
收到其他与筹资活动有关的现金		
筹资活动现金流入小计		
偿还债务支付的现金		
分配股利、利润或偿付利息支付的现金		
其中：子公司支付给少数股东的股利、利润		
支付其他与筹资活动有关的现金		
筹资活动现金流出小计		
筹资活动产生的现金流量净额		
四、汇率变动对现金及现金等价物的影响		
五、现金及现金等价物净增加额		
加：期初现金及现金等价物余额		
六、期末现金及现金等价物余额		

注：标注“*”的项目为金融企业专用行项目。

金融企业现金流量表中的有关行项目在本表中的列示说明：

1. 金融企业现金流量表中“一、经营活动产生的现金流量”下的“返售业务资金净增加额”行项目（银行、证券公司专用）在本表中的“支付其他与经营活动有关的现金”行项目中列示。

2. 金融企业现金流量表中“二、投资活动产生的现金流量”下的“返售业务资金净增加额”行项目（保险公司专用）在本表中的“支付其他与投资活动有关的现金”行项目中列示。

3. 金融企业现金流量表中“回购业务资金净增加额”行项目（保险公司专用）在本表中的“收到其他与筹资活动有关的现金”行项目中列示。

合并所有者权益变动表

会合 04 表

编制单位：　　　　　　　　　　＿＿＿＿年度　　　　　　　　　　单位：元

项目	本年金额														上年金额													
	归属于母公司所有者权益												少数股东权益	所有者权益合计	归属于母公司所有者权益												少数股东权益	所有者权益合计
	实收资本（或股本）	其他权益工具			资本公积	减：库存股	其他综合收益	盈余公积	一般风险准备*	未分配利润	其他	小计			实收资本（或股本）	其他权益工具			资本公积	减：库存股	其他综合收益	盈余公积	一般风险准备*	未分配利润	其他	小计		
		优先股	永续债	其他												优先股	永续债	其他										
一、上年年末余额																												
加：会计政策变更																												
前期差错更正																												
其他																												
二、本年年初余额																												
三、本年增减变动金额（减少以“－”号填列）																												
（一）综合收益总额																												
（二）所有者投入和减少资本																												
1. 所有者投入的普通股																												
2. 其他权益工具持有者投入资本																												
3. 股份支付计入所有者权益的金额																												
4. 其他																												
（三）利润分配																												
1. 提取盈余公积																												
2. 提取一般风险准备*																												
3. 对所有者（或股东）的分配																												
4. 其他																												
（四）所有者权益内部结转																												
1. 资本公积转增资本（或股本）																												
2. 盈余公积转增资本（或股本）																												
3. 盈余公积弥补亏损																												
4. 设定受益计划变动额结转留存收益																												
5. 其他综合收益结转留存收益																												
6. 其他																												
四、本年年末余额																												

注：标注“＊”的项目为金融企业专用行项目。

20.财政部关于印发《永续债相关会计处理的规定》的通知

（2019年1月28日　财会〔2019〕2号）

国务院有关部委、有关直属机构，各省、自治区、直辖市、计划单列市财政厅（局），新疆生产建设兵团财政局，财政部驻各省、自治区、直辖市、计划单列市财政监察专员办事处，有关中央管理企业：

为进一步明确企业永续债相关会计处理如何适用现行企业会计准则，我部对《企业会计准则第22号——金融工具确认和计量》《企业会计准则第37号——金融工具列报》等企业会计准则相关规定及相关应用指南内容予以整合细化，形成了《永续债相关会计处理的规定》，现予印发。

企业在执行中有何问题，请及时反馈我部。

附件

永续债相关会计处理的规定

为进一步明确永续债的会计处理，根据《企业会计准则第22号——金融工具确认和计量》（以下简称第22号准则）、《企业会计准则第37号——金融工具列报》（以下简称第37号准则）等相关企业会计准则规定，现对永续债相关会计处理规定如下。

一、关于总体要求

已执行2017年修订的第22号准则（财会〔2017〕7号）和第37号准则（财会〔2017〕14号，以下统称新金融工具准则）的企业，应当按照新金融工具准则和本规定，对永续债进行会计处理。

仍执行2006年印发的第22号准则（财会〔2006〕3号）和2014年修订的第37号准则（财会〔2014〕23号，以下统称原金融工具准则）的企业，应当按照原金融工具准则和本规定，对永续债进行会计处理。

本规定适用于执行企业会计准则的企业依照国家相关规定在境内外发行的永续债和其他类似工具。

二、关于永续债发行方会计分类应当考虑的因素

永续债发行方在确定永续债的会计分类是权益工具还是金融负债（以下简称会计分类）时，应当根据第37号准则规定同时考虑下列因素：

（一）关于到期日。

永续债发行方在确定永续债会计分类时，应当以合同到期日等条款内含的经济实质为基础，谨慎判断是否能无条件地避免交付现金或其他金融资产的合同义务。当永续债合同其他条款未导致发行方承担交付现金或其他金融资产的合同义务时，发行方应当区分下列情况处理：

1.永续债合同明确规定无固定到期日且持有方在任何情况下均无权要求发行方赎回该永续债或清算的，通常表明发行方没有交付现金或其他金融资产的合同义务。

2.永续债合同未规定固定到期日且同时规定了未来赎回时间（即“初始期限”）的：

（1）当该初始期限仅约定为发行方清算日时，通常表明发行方没有交付现金或其他金融资产的合同义务。但清算确定将会发生且不受发行方控制，或者清算发生与否取决于该永续债持有方的，发行方仍具有交付现金或其他金融资产的合同义务。

（2）当该初始期限不是发行方清算日且发行方能自主决定是否赎回永续债时，发行方应当谨慎分析自身是否能无条件地自主决定不行使赎回权。如不能，通常表明发行方有交付现金或其他金融资产的合同义务。

（二）关于清偿顺序。

永续债发行方在确定永续债会计分类时，应当考虑合同中关于清偿顺序的条款。当永续债合同其他条款未导致发行方承担交付现金或其他金融资产的合同义务时，发行方应当区分下列情况处理：

1. 合同规定发行方清算时永续债劣后于发行方发行的普通债券和其他债务的，通常表明发行方没有交付现金或其他金融资产的合同义务。

2. 合同规定发行方清算时永续债与发行方发行的普通债券和其他债务处于相同清偿顺序的，应当审慎考虑此清偿顺序是否会导致持有方对发行方承担交付现金或其他金融资产合同义务的预期，并据此确定其会计分类。

（三）关于利率跳升和间接义务。

永续债发行方在确定永续债会计分类时，应当考虑第 37 号准则第十条规定的"间接义务"。永续债合同规定没有固定到期日、同时规定了未来赎回时间、发行方有权自主决定未来是否赎回且如果发行方决定不赎回则永续债票息率上浮（即"利率跳升"或"票息递增"）的，发行方应当结合所处实际环境考虑该利率跳升条款是否构成交付现金或其他金融资产的合同义务。如果跳升次数有限、有最高票息限制（即"封顶"）且封顶利率未超过同期同行业同类型工具平均的利率水平，或者跳升总幅度较小且封顶利率未超过同期同行业同类型工具平均的利率水平，可能不构成间接义务；如果永续债合同条款虽然规定了票息封顶，但该封顶票息水平超过同期同行业同类型工具平均的利率水平，通常构成间接义务。

三、关于永续债持有方会计分类的要求

除符合《企业会计准则第 2 号——长期股权投资》（财会〔2014〕14 号）规定适用该准则的外，永续债持有方应当区分下列情况对永续债进行会计处理：

（一）持有方已执行新金融工具准则。

持有方在判断持有的永续债是否属于权益工具投资时，应当遵循第 22 号准则和第 37 号准则的相关规定。对于属于权益工具投资的永续债，持有方应当按照第 22 号准则的规定将其分类为以公允价值计量且其变动计入当期损益的金融资产，或在符合条件时对非交易性权益工具投资初始指定为以公允价值计量且其变动计入其他综合收益。对于不属于权益工具投资的永续债，持有方应当按照该准则规定将其分类为以摊余成本计量的金融资产，以公允价值计量且其变动计入其他综合收益的金融资产，或以公允价值计量且其变动计入当期损益的金融资产。在判断永续债的合同现金流量特征时，持有方必须严格遵循第 22 号准则第十六条至第十九条的规定，谨慎考虑永续债中包含的选择权。

（二）持有方暂未执行新金融工具准则。

持有方在判断持有的永续债属于权益工具投资还是债务工具投资时，应当遵循第 22 号准则和第 37 号准则的相关规定，通常应当与发行方对该永续债的会计分类原则保持一致。对于属于权益工具投资的永续债，持有方应当按照第 22 号准则的规定将其分类为以公允价值计量且其变动计入当期损益的金融资产，或可供出售金融资产（权益工具投资）等，符合第 22 号准则有关规定的还应当分拆相关的嵌入衍生工具。对于属于债务工具投资的永续债，持有方应当按照第 22 号准则规定将其分类为以公允价值计量且其变动计入当期损益的金融资产，或可供出售金融资产（债务工具投资）。

四、生效日期

本规定自发布之日起施行。

21.财政部关于修订印发2019年度一般企业财务报表格式的通知

（2019年4月30日　财会〔2019〕6号）

国务院有关部委、有关直属机构，各省、自治区、直辖市、计划单列市财政厅（局），新疆生产建设兵团财政局，财政部各地监管局，有关中央管理企业：

为解决执行企业会计准则的企业在财务报告编制中的实际问题，规范企业财务报表列报，提高会计信息质量，针对2019年1月1日起分阶段实施的《企业会计准则第21号——租赁》（财会〔2018〕35号，以下称新租赁准则），以及企业会计准则实施中的有关情况，我部对一般企业财务报表格式进行了修订，现予印发。本通知适用于执行企业会计准则的非金融企业2019年度中期财务报表和年度财务报表及以后期间的财务报表。

我部于2017年印发了《企业会计准则第22号——金融工具确认和计量》（财会〔2017〕7号）、《企业会计准则第23号——金融资产转移》（财会〔2017〕8号）、《企业会计准则第24号——套期会计》（财会〔2017〕9号）、《企业会计准则第37号——金融工具列报》（财会〔2017〕14号）（以下称新金融准则）、《企业会计准则第14号——收入》（财会〔2017〕22号，以下称新收入准则），自2018年1月1日起分阶段实施。执行企业会计准则的非金融企业中，未执行新金融准则、新收入准则和新租赁准则的企业应当按照企业会计准则和本通知附件1的要求编制财务报表；已执行新金融准则、新收入准则和新租赁准则的企业应当按照企业会计准则和本通知附件2的要求编制财务报表；已执行新金融准则但未执行新收入准则和新租赁准则的企业，或已执行新金融准则和新收入准则但未执行新租赁准则的企业，应当结合本通知附件1和附件2的要求对财务报表项目进行相应调整。企业对不存在相应业务的报表项目可结合本企业的实际情况进行必要删减，企业根据重要性原则并结合本企业的实际情况可以对确需单独列示的内容增加报表项目。执行企业会计准则的金融企业应当按照《财政部关于修订印发2018年度金融企业财务报表格式的通知》（财会〔2018〕36号）的要求编制财务报表，结合本通知的格式对金融企业专用项目之外的相关财务报表项目进行相应调整。我部于2018年6月15日发布的《财政部关于修订印发2018年度一般企业财务报表格式的通知》（财会〔2018〕15号）同时废止。

执行中有何问题，请及时反馈我部。

附件1：

一般企业财务报表格式（适用于未执行新金融准则、新收入准则和新租赁准则的企业）

一、关于比较信息的列报

按照《企业会计准则第30号——财务报表列报》的相关规定，当期财务报表的列报，至少应当提供所有列报项目上一个可比会计期间的比较数据。财务报表的列报项目名称和内容发生变更的，应当对可比期间的比较数据按照当期的列报要求进行调整，相关准则有特殊规定的除外。

二、关于资产负债表

资产负债表

会企 01 表

编制单位：　　　　　　　　　　　　　　______年____月____日　　　　　　　　　　　　单位：元

资产	期末余额	上年年末余额	负债和所有者权益（或股东权益）	期末余额	上年年末余额
流动资产：			流动负债：		
货币资金			短期借款		
以公允价值计量且其变动计入当期损益的金融资产			以公允价值计量且其变动计入当期损益的金融负债		
衍生金融资产			衍生金融负债		
应收票据			应付票据		
应收账款			应付账款		
预付款项			预收款项		
其他应收款			应付职工薪酬		
存货			应交税费		
持有待售资产			其他应付款		
一年内到期的非流动资产			持有待售负债		
其他流动资产			一年内到期的非流动负债		
流动资产合计			其他流动负债		
非流动资产：			流动负债合计		
可供出售金融资产			非流动负债：		
持有至到期投资			长期借款		
长期应收款			应付债券		
长期股权投资			其中：优先股		
投资性房地产			永续债		
固定资产			长期应付款		
在建工程			预计负债		
生产性生物资产			递延收益		
油气资产			递延所得税负债		
无形资产			其他非流动负债		
开发支出			非流动负债合计		
商誉			负债合计		
长期待摊费用			所有者权益（或股东权益）：		
递延所得税资产			实收资本（或股本）		
其他非流动资产			其他权益工具		
非流动资产合计			其中：优先股		
			永续债		
			资本公积		
			减：库存股		
			其他综合收益		
			专项储备		
			盈余公积		
			未分配利润		
			所有者权益（或股东权益）合计		
资产总计			负债和所有者权益（或股东权益）总计		

有关项目说明：

1.“应收票据”项目，反映资产负债表日以摊余成本计量的、企业因销售商品、提供服务等收到的商业汇票，包括银行承兑汇票和商业承兑汇票。该项目应根据“应收票据”科目的期末余额，减去“坏账准备”科目中相关坏账准备期末余额后的金额填列。

2.“应收账款”项目，反映资产负债表日以摊余成本计量的、企业因销售商品、提供服务等经营活动应收取的款项。该项目应根据“应收账款”科目的期末余额，减去“坏账准备”科目中相关坏账准备期末余额后的金额填列。

3.“其他应收款”项目，应根据“应收利息”“应收股利”和“其他应收款”科目的期末余额合计数，减去“坏账准备”科目中相关坏账准备期末余额后的金额填列。

4.“持有待售资产”项目，反映资产负债表日划分为持有待售类别的非流动资产及划分为持有待售类别的处置组中的流动资产和非流动资产的期末账面价值。该项目应根据“持有待售资产”科目的期末余额，减去“持有待售资产减值准备”科目的期末余额后的金额填列。

5.“固定资产”项目，反映资产负债表日企业固定资产的期末账面价值和企业尚未清理完毕的固定资产清理净损益。该项目应根据“固定资产”科目的期末余额，减去“累计折旧”和“固定资产减值准备”科目的期末余额后的金额，以及“固定资产清理”科目的期末余额填列。

6.“在建工程”项目，反映资产负债表日企业尚未达到预定可使用状态的在建工程的期末账面价值和企业为在建工程准备的各种物资的期末账面价值。该项目应根据“在建工程”科目的期末余额，减去“在建工程减值准备”科目的期末余额后的金额，以及“工程物资”科目的期末余额，减去“工程物资减值准备”科目的期末余额后的金额填列。

7.“一年内到期的非流动资产”项目，通常反映预计自资产负债表日起一年内变现的非流动资产。对于按照相关会计准则采用折旧（或摊销、折耗）方法进行后续计量的固定资产、无形资产和长期待摊费用等非流动资产，折旧（或摊销、折耗）年限（或期限）只剩一年或不足一年的，或预计在一年内（含一年）进行折旧（或摊销、折耗）的部分，不得归类为流动资产，仍在各该非流动资产项目中填列，不转入“一年内到期的非流动资产”项目。

8.“应付票据”项目，反映资产负债表日以摊余成本计量的、企业因购买材料、商品和接受服务等开出、承兑的商业汇票，包括银行承兑汇票和商业承兑汇票。该项目应根据“应付票据”科目的期末余额填列。

9.“应付账款”项目，反映资产负债表日以摊余成本计量的、企业因购买材料、商品和接受服务等经营活动应支付的款项。该项目应根据“应付账款”和“预付账款”科目所属的相关明细科目的期末贷方余额合计数填列。

10.“其他应付款”项目，应根据“应付利息”“应付股利”和“其他应付款”科目的期末余额合计数填列。

11.“持有待售负债”项目，反映资产负债表日处置组中与划分为持有待售类别的资产直接相关的负债的期末账面价值。该项目应根据“持有待售负债”科目的期末余额填列。

12.“长期应付款”项目，反映资产负债表日企业除长期借款和应付债券以外的其他各种长期应付款项的期末账面价值。该项目应根据“长期应付款”科目的期末余额，减去相关的“未确认融资费用”科目的期末余额后的金额，以及“专项应付款”科目的期末余额填列。

13.“递延收益”项目中摊销期限只剩一年或不足一年的，或预计在一年内（含一年）进行摊销的部分，不得归类为流动负债，仍在该项目中填列，不转入“一年内到期的非流动负债”项目。

14.“其他权益工具”项目，反映资产负债表日企业发行在外的除普通股以外分类为权益工具的金融工具的期末账面价值。对于资产负债表日企业发行的金融工具，分类为金融负债的，应在“应付债券”项目填列，对于优先股和永续债，还应在“应付债券”项目下的“优先股”项目和“永续债”项目分别填列；分类为权益工具的，应在“其他权益工具”项目填列，对于优先股和永续债，还应在“其他权益工具”项目下的“优先股”项目和“永续债”项目分别填列。

15.“专项储备”项目，反映高危行业企业按国家规定提取的安全生产费的期末账面价值。该项目应根据“专项储备”科目的期末余额填列。

三、关于利润表

利润表

会企02表

编制单位：　　　　　　　　　　　______年____月　　　　　　　　　　　单位：元

项目	本期金额	上期金额
一、营业收入		
减：营业成本		
税金及附加		
销售费用		
管理费用		
研发费用		
财务费用		
其中：利息费用		
利息收入		
加：其他收益		
投资收益（损失以“－”号填列）		
其中：对联营企业和合营企业的投资收益		
公允价值变动收益（损失以“－”号填列）		
资产减值损失（损失以“－”号填列）		
资产处置收益（损失以“－”号填列）		
二、营业利润（亏损以“－”号填列）		
加：营业外收入		
减：营业外支出		
三、利润总额（亏损总额以“－”号填列）		
减：所得税费用		
四、净利润（净亏损以“－”号填列）		
（一）持续经营净利润（净亏损以“－”号填列）		
（二）终止经营净利润（净亏损以“－”号填列）		
五、其他综合收益的税后净额		
（一）不能重分类进损益的其他综合收益		
1. 重新计量设定受益计划变动额		
2. 权益法下不能转损益的其他综合收益		
……		
（二）将重分类进损益的其他综合收益		
1. 权益法下可转损益的其他综合收益		
2. 可供出售金融资产公允价值变动损益		
3. 持有至到期投资重分类为可供出售金融资产损益		
4. 现金流量套期损益的有效部分		
5. 外币财务报表折算差额		
……		
六、综合收益总额		
七、每股收益：		
（一）基本每股收益		
（二）稀释每股收益		

有关项目说明：

1.“研发费用”项目，反映企业进行研究与开发过程中发生的费用化支出，以及计入管理费用的自行开发无形资产的摊销。该项目应根据“管理费用”科目下的“研究费用”明细科目的发生额，以及“管理费用”科目下的“无形资产摊销”明细科目的发生额分析填列。

2.“财务费用”项目下的“利息费用”项目，反映企业为筹集生产经营所需资金等而发生的应予费用化的利息支出。该项目应根据“财务费用”科目的相关明细科目的发生额分析填列。该项目作为“财务费用”项目的其中项，以正数填列。

3.“财务费用”项目下的“利息收入”项目，反映企业按照相关会计准则确认的应冲减财务费用的利息收入。该项目应根据“财务费用”科目的相关明细科目的发生额分析填列。该项目作为“财务费用”项目的其中项，以正数填列。

4.“其他收益”项目，反映计入其他收益的政府补助，以及其他与日常活动相关且计入其他收益的项目。该项目应根据“其他收益”科目的发生额分析填列。企业作为个人所得税的扣缴义务人，根据《中华人民共和国个人所得税法》收到的扣缴税款手续费，应作为其他与日常活动相关的收益在该项目中填列。

5.“资产处置收益”项目，反映企业出售划分为持有待售的非流动资产（金融工具、长期股权投资和投资性房地产除外）或处置组（子公司和业务除外）时确认的处置利得或损失，以及处置未划分为持有待售的固定资产、在建工程、生产性生物资产及无形资产而产生的处置利得或损失。债务重组中因处置非流动资产（金融工具、长期股权投资和投资性房地产除外）产生的利得或损失和非货币性资产交换中换出非流动资产（金融工具、长期股权投资和投资性房地产除外）产生的利得或损失也包括在本项目内。该项目应根据“资产处置损益”科目的发生额分析填列；如为处置损失，以“－”号填列。

6.“营业外收入”项目，反映企业发生的除营业利润以外的收益，主要包括与企业日常活动无关的政府补助、盘盈利得、捐赠利得（企业接受股东或股东的子公司直接或间接的捐赠，经济实质属于股东对企业的资本性投入的除外）等。该项目应根据“营业外收入”科目的发生额分析填列。

7.“营业外支出”项目，反映企业发生的除营业利润以外的支出，主要包括公益性捐赠支出、非常损失、盘亏损失、非流动资产毁损报废损失等。该项目应根据“营业外支出”科目的发生额分析填列。“非流动资产毁损报废损失”通常包括因自然灾害发生毁损、已丧失使用功能等原因而报废清理产生的损失。企业在不同交易中形成的非流动资产毁损报废利得和损失不得相互抵销，应分别在“营业外收入”项目和“营业外支出”项目进行填列。

8.“（一）持续经营净利润”和“（二）终止经营净利润”项目，分别反映净利润中与持续经营相关的净利润和与终止经营相关的净利润；如为净亏损，以“－”号填列。该两个项目应按照《企业会计准则第42号——持有待售的非流动资产、处置组和终止经营》的相关规定分别列报。

四、关于现金流量表

现金流量表

会企 03 表

编制单位：　　　　______年____月　　　　单位：元

项目	本期金额	上期金额
一、经营活动产生的现金流量：		
销售商品、提供劳务收到的现金		
收到的税费返还		
收到其他与经营活动有关的现金		
经营活动现金流入小计		
购买商品、接受劳务支付的现金		
支付给职工以及为职工支付的现金		
支付的各项税费		
支付其他与经营活动有关的现金		
经营活动现金流出小计		
经营活动产生的现金流量净额		
二、投资活动产生的现金流量：		
收回投资收到的现金		
取得投资收益收到的现金		
处置固定资产、无形资产和其他长期资产收回的现金净额		
处置子公司及其他营业单位收到的现金净额		
收到其他与投资活动有关的现金		
投资活动现金流入小计		
购建固定资产、无形资产和其他长期资产支付的现金		
投资支付的现金		
取得子公司及其他营业单位支付的现金净额		
支付其他与投资活动有关的现金		
投资活动现金流出小计		
投资活动产生的现金流量净额		
三、筹资活动产生的现金流量：		
吸收投资收到的现金		
取得借款收到的现金		
收到其他与筹资活动有关的现金		
筹资活动现金流入小计		
偿还债务支付的现金		
分配股利、利润或偿付利息支付的现金		
支付其他与筹资活动有关的现金		
筹资活动现金流出小计		
筹资活动产生的现金流量净额		
四、汇率变动对现金及现金等价物的影响		
五、现金及现金等价物净增加额		
加：期初现金及现金等价物余额		
六、期末现金及现金等价物余额		

有关项目说明：

企业实际收到的政府补助，无论是与资产相关还是与收益相关，均在“收到其他与经营活动有关的现金”项目填列。

五、关于所有者权益变动表

所有者权益变动表

会企 04 表

编制单位：　　　　　　　　　　　　　______年度　　　　　　　　　　　　　单位：元

项目	本年金额											上年金额										
	实收资本（或股本）	其他权益工具			资本公积	减：库存股	其他综合收益	专项储备	盈余公积	未分配利润	所有者权益合计	实收资本（或股本）	其他权益工具			资本公积	减：库存股	其他综合收益	专项储备	盈余公积	未分配利润	所有者权益合计
		优先股	永续债	其他									优先股	永续债	其他							
一、上年年末余额																						
加：会计政策变更																						
前期差错更正																						
其他																						
二、本年年初余额																						
三、本年增减变动金额（减少以“－”号填列）																						
（一）综合收益总额																						
（二）所有者投入和减少资本																						
1. 所有者投入的普通股																						
2. 其他权益工具持有者投入资本																						
3. 股份支付计入所有者权益的金额																						
4. 其他																						
（三）利润分配																						
1. 提取盈余公积																						
2. 对所有者（或股东）的分配																						
3. 其他																						
（四）所有者权益内部结转																						
1. 资本公积转增资本（或股本）																						
2. 盈余公积转增资本（或股本）																						
3. 盈余公积弥补亏损																						
4. 设定受益计划变动额结转留存收益																						
5. 其他																						
四、本年年末余额																						

有关项目说明：

“其他权益工具持有者投入资本”项目，反映企业发行的除普通股以外分类为权益工具的金融工具的持有者投入资本的金额。该项目应根据金融工具类科目的相关明细科目的发生额分析填列。

附件 2:

一般企业财务报表格式(适用于已执行新金融准则、新收入准则和新租赁准则的企业)

一、关于比较信息的列报

按照《企业会计准则第 28 号——会计政策、会计估计变更和差错更正》和《企业会计准则第 30 号——财务报表列报》的规定,企业变更会计政策或发生重要的前期差错更正,采用追溯调整法的,应当对可比会计期间的比较数据进行相应调整。企业首次执行新金融准则、新收入准则或新租赁准则,按照衔接规定,对因会计政策变更产生的累积影响数调整首次执行当年年初留存收益及财务报表其他相关项目金额,不调整可比期间信息的,应当对首次执行当期的财务报表的本期数或期末数按照本附件的报表项目列报,对可比会计期间未调整的比较数据按照附件 1 的报表项目列报。

为了提高信息在会计期间的可比性,向报表使用者提供与理解当期财务报表更加相关的比较数据,企业可以增加列报首次执行各项新准则当年年初的资产负债表。企业无论是否增加列报首次执行当年年初的资产负债表,均应当按照相关规定,在附注中分别披露首次执行各项新准则对当年年初财务报表相关项目的影响金额及调整信息。

二、关于资产负债表

资产负债表

会企01表

编制单位：　　　　　　　　　　　　　　____年____月____日　　　　　　　　　　　　　　单位：元

资产	期末余额	上年年末余额	负债和所有者权益（或股东权益）	期末余额	上年年末余额
流动资产：			流动负债：		
货币资金			短期借款		
交易性金融资产			交易性金融负债		
衍生金融资产			衍生金融负债		
应收票据			应付票据		
应收账款			应付账款		
应收款项融资			预收款项		
预付款项			合同负债		
其他应收款			应付职工薪酬		
存货			应交税费		
合同资产			其他应付款		
持有待售资产			持有待售负债		
一年内到期的非流动资产			一年内到期的非流动负债		
其他流动资产			其他流动负债		
流动资产合计			流动负债合计		
非流动资产：			非流动负债：		
债权投资			长期借款		
其他债权投资			应付债券		
长期应收款			其中：优先股		
长期股权投资			永续债		
其他权益工具投资			租赁负债		
其他非流动金融资产			长期应付款		
投资性房地产			预计负债		
固定资产			递延收益		
在建工程			递延所得税负债		
生产性生物资产			其他非流动负债		
油气资产			非流动负债合计		
使用权资产			负债合计		
无形资产			所有者权益（或股东权益）：		
开发支出			实收资本（或股本）		
商誉			其他权益工具		
长期待摊费用			其中：优先股		
递延所得税资产			永续债		
其他非流动资产			资本公积		
非流动资产合计			减：库存股		
			其他综合收益		
			专项储备		
			盈余公积		
			未分配利润		
			所有者权益（或股东权益）合计		
资产总计			负债和所有者权益（或股东权益）总计		

有关项目说明：

1.“交易性金融资产”项目，反映资产负债表日企业分类为以公允价值计量且其变动计入当期损益的金融资产，以及企业持有的指定为以公允价值计量且其变动计入当期损益的金融资产的期末账面价值。该项目应根据“交易性金融资产”科目的相关明细科目的期末余额分析填列。自资产负债表日起超过一年到期且预期持有超过一年的以公允价值计量且其变动计入当期损益的非流动金融资产的期末账面价值，在“其他非流动金融资产”项目反映。

2.“应收票据”项目，反映资产负债表日以摊余成本计量的、企业因销售商品、提供服务等收到的商业汇票，包括银行承兑汇票和商业承兑汇票。该项目应根据“应收票据”科目的期末余额，减去“坏账准备”科目中相关坏账准备期末余额后的金额分析填列。

3.“应收账款”项目，反映资产负债表日以摊余成本计量的、企业因销售商品、提供服务等经营活动应收取的款项。该项目应根据“应收账款”科目的期末余额，减去“坏账准备”科目中相关坏账准备期末余额后的金额分析填列。

4.“应收款项融资”项目，反映资产负债表日以公允价值计量且其变动计入其他综合收益的应收票据和应收账款等。

5.“其他应收款”项目，应根据“应收利息”“应收股利”和“其他应收款”科目的期末余额合计数，减去“坏账准备”科目中相关坏账准备期末余额后的金额填列。其中的“应收利息”仅反映相关金融工具已到期可收取但于资产负债表日尚未收到的利息。基于实际利率法计提的金融工具的利息应包含在相应金融工具的账面余额中。

6.“持有待售资产”项目，反映资产负债表日划分为持有待售类别的非流动资产及划分为持有待售类别的处置组中的流动资产和非流动资产的期末账面价值。该项目应根据“持有待售资产”科目的期末余额，减去“持有待售资产减值准备”科目的期末余额后的金额填列。

7.“债权投资”项目，反映资产负债表日企业以摊余成本计量的长期债权投资的期末账面价值。该项目应根据“债权投资”科目的相关明细科目期末余额，减去“债权投资减值准备”科目中相关减值准备的期末余额后的金额分析填列。自资产负债表日起一年内到期的长期债权投资的期末账面价值，在“一年内到期的非流动资产”项目反映。企业购入的以摊余成本计量的一年内到期的债权投资的期末账面价值，在“其他流动资产”项目反映。

8.“其他债权投资”项目，反映资产负债表日企业分类为以公允价值计量且其变动计入其他综合收益的长期债权投资的期末账面价值。该项目应根据“其他债权投资”科目的相关明细科目的期末余额分析填列。自资产负债表日起一年内到期的长期债权投资的期末账面价值，在“一年内到期的非流动资产”项目反映。企业购入的以公允价值计量且其变动计入其他综合收益的一年内到期的债权投资的期末账面价值，在“其他流动资产”项目反映。

9.“其他权益工具投资”项目，反映资产负债表日企业指定为以公允价值计量且其变动计入其他综合收益的非交易性权益工具投资的期末账面价值。该项目应根据“其他权益工具投资”科目的期末余额填列。

10.“固定资产”项目，反映资产负债表日企业固定资产的期末账面价值和企业尚未清理完毕的固定资产清理净损益。该项目应根据“固定资产”科目的期末余额，减去“累计折旧”和“固定资产减值准备”科目的期末余额后的金额，以及“固定资产清理”科目的期末余额填列。

11.“在建工程”项目，反映资产负债表日企业尚未达到预定可使用状态的在建工程的期末账面价值和企业为在建工程准备的各种物资的期末账面价值。该项目应根据“在建工程”科目的期末余额，减去“在建工程减值准备”科目的期末余额后的金额，以及“工程物资”科目的期末余额，减去“工程物资减值准备”科目的期末余额后的金额填列。

12.“使用权资产”项目，反映资产负债表日承租人企业持有的使用权资产的期末账面价值。该项目应根据“使用权资产”科目的期末余额，减去“使用权资产累计折旧”和“使用权资产减值准备”科目的期末余额后的金额填列。

13.“一年内到期的非流动资产”项目，通常反映预计自资产负债表日起一年内变现的非流动资产。对于按照相关会计准则采用折旧（或摊销、折耗）方法进行后续计量的固定资产、使用权资产、无形资产和长期待摊费用等非流动资产，折旧（或摊销、折耗）年限（或期限）只剩一年或不足一年的，或预计在一年内（含一年）进行折旧（或摊销、折耗）的部分，不得归类为流动资产，仍在各该非流动资产项目中填列，不转入“一年内到期的非流动资产”项目。

14.“交易性金融负债”项目，反映资产负债表日企业承担的交易性金融负债，以及企业持有的指定为以公允价值计量且其变动计入当期损益的金融负债的期末账面价值。该项目应根据“交易性金融负债”科目的相关明细科目的期末余额填列。

15.“应付票据”项目，反映资产负债表日以摊余成本计量的、企业因购买材料、商品和接受服务等开出、承兑的商业汇票，包括银行承兑汇票和商业承兑汇票。该项目应根据“应付票据”科目的期末余额填列。

16.“应付账款”项目，反映资产负债表日以摊余成本计量的、企业因购买材料、商品和接受服务等经营活动应支付的款项。该项目应根据“应付账款”和“预付账款”科目所属的相关明细科目的期末贷方余额合计数填列。

17.“其他应付款”项目，应根据“应付利息”“应付股利”和“其他应付款”科目的期末余额合计数填列。其中的“应付利息”仅反映相关金融工具已到期应支付但于资产负债表日尚未支付的利息。基于实际利率法计提的金融工具的利息应包含在相应金融工具的账面余额中。

18.“持有待售负债”项目，反映资产负债表日处置组中与划分为持有待售类别的资产直接相关的负债的期末账面价值。

该项目应根据“持有待售负债”科目的期末余额填列。

19.“租赁负债”项目，反映资产负债表日承租人企业尚未支付的租赁付款额的期末账面价值。该项目应根据“租赁负债”科目的期末余额填列。自资产负债表日起一年内到期应予以清偿的租赁负债的期末账面价值，在“一年内到期的非流动负债”项目反映。

20.“长期应付款”项目，反映资产负债表日企业除长期借款和应付债券以外的其他各种长期应付款项的期末账面价值。该项目应根据“长期应付款”科目的期末余额，减去相关的“未确认融资费用”科目的期末余额后的金额，以及“专项应付款”科目的期末余额填列。

21.“递延收益”项目中摊销期限只剩一年或不足一年的，或预计在一年内（含一年）进行摊销的部分，不得归类为流动负债，仍在该项目中填列，不转入“一年内到期的非流动负债”项目。

22.“合同资产”和“合同负债”项目。企业应按照《企业会计准则第14号——收入》（财会〔2017〕22号）的相关规定根据本企业履行履约义务与客户付款之间的关系在资产负债表中列示合同资产或合同负债。“合同资产”项目、“合同负债”项目，应分别根据“合同资产”科目、“合同负债”科目的相关明细科目的期末余额分析填列，同一合同下的合同资产和合同负债应当以净额列示，其中净额为借方余额的，应当根据其流动性在“合同资产”或“其他非流动资产”项目中填列，已计提减值准备的，还应减去“合同资产减值准备”科目中相关的期末余额后的金额填列；其中净额为贷方余额的，应当根据其流动性在“合同负债”或“其他非流动负债”项目中填列。

由于同一合同下的合同资产和合同负债应当以净额列示，企业也可以设置“合同结算”科目（或其他类似科目），以核算同一合同下属于在某一时段内履行履约义务涉及与客户结算对价的合同资产或合同负债，并在此科目下设置“合同结算——价款结算”科目反映定期与客户进行结算的金额，设置“合同结算——收入结转”科目反映按履约进度结转的收入金额。资产负债表日，“合同结算”科目的期末余额在借方的，根据其流动性在“合同资产”或“其他非流动资产”项目中填列；期末余额在贷方的，根据其流动性在“合同负债”或“其他非流动负债”项目中填列。

23.按照《企业会计准则第14号——收入》（财会〔2017〕22号）的相关规定确认为资产的合同取得成本，应当根据“合同取得成本”科目的明细科目初始确认时摊销期限是否超过一年或一个正常营业周期，在“其他流动资产”或“其他非流动资产”项目中填列，已计提减值准备的，还应减去“合同取得成本减值准备”科目中相关的期末余额后的金额填列。

24.按照《企业会计准则第14号——收入》（财会〔2017〕22号）的相关规定确认为资产的合同履约成本，应当根据“合同履约成本”科目的明细科目初始确认时摊销期限是否超过一年或一个正常营业周期，在“存货”或“其他非流动资产”项目中填列，已计提减值准备的，还应减去“合同履约成本减值准备”科目中相关的期末余额后的金额填列。

25.按照《企业会计准则第14号——收入》（财会〔2017〕22号）的相关规定确认为资产的应收退货成本，应当根据“应收退货成本”科目是否在一年或一个正常营业周期内出售，在“其他流动资产”或“其他非流动资产”项目中填列。

26.按照《企业会计准则第14号——收入》（财会〔2017〕22号）的相关规定确认为预计负债的应付退货款，应当根据“预计负债”科目下的“应付退货款”明细科目是否在一年或一个正常营业周期内清偿，在“其他流动负债”或“预计负债”项目中填列。

27.企业按照《企业会计准则第22号——金融工具确认和计量》（财会〔2017〕7号）的相关规定对贷款承诺、财务担保合同等项目计提的损失准备，应当在“预计负债”项目中填列。

28.“其他权益工具”项目，反映资产负债表日企业发行在外的除普通股以外分类为权益工具的金融工具的期末账面价值。对于资产负债表日企业发行的金融工具，分类为金融负债的，应在“应付债券”项目填列，对于优先股和永续债，还应在“应付债券”项目下的“优先股”项目和“永续债”项目分别填列；分类为权益工具的，应在“其他权益工具”项目填列，对于优先股和永续债，还应在“其他权益工具”项目下的“优先股”项目和“永续债”项目分别填列。

29.“专项储备”项目，反映高危行业企业按国家规定提取的安全生产费的期末账面价值。该项目应根据“专项储备”科目的期末余额填列。

三、关于利润表

利润表

会企 02 表

编制单位: ______年____月 单位:元

项目	本期金额	上期金额
一、营业收入		
减:营业成本		
税金及附加		
销售费用		
管理费用		
研发费用		
财务费用		
其中:利息费用		
利息收入		
加:其他收益		
投资收益(损失以“-”号填列)		
其中:对联营企业和合营企业的投资收益		
以摊余成本计量的金融资产终止确认收益(损失以“-”号填列)		
净敞口套期收益(损失以“-”号填列)		
公允价值变动收益(损失以“-”号填列)		
信用减值损失(损失以“-”号填列)		
资产减值损失(损失以“-”号填列)		
资产处置收益(损失以“-”号填列)		
二、营业利润(亏损以“ ”号填列)		
加:营业外收入		
减:营业外支出		
三、利润总额(亏损总额以“-”号填列)		
减:所得税费用		
四、净利润(净亏损以“-”号填列)		
(一)持续经营净利润(净亏损以“-”号填列)		
(二)终止经营净利润(净亏损以“-”号填列)		
五、其他综合收益的税后净额		
(一)不能重分类进损益的其他综合收益		
1. 重新计量设定受益计划变动额		
2. 权益法下不能转损益的其他综合收益		
3. 其他权益工具投资公允价值变动		
4. 企业自身信用风险公允价值变动		
……		
(二)将重分类进损益的其他综合收益		
1. 权益法下可转损益的其他综合收益		
2. 其他债权投资公允价值变动		
3. 金融资产重分类计入其他综合收益的金额		
4. 其他债权投资信用减值准备		
5. 现金流量套期储备		
6. 外币财务报表折算差额		
……		
六、综合收益总额		
七、每股收益:		
(一)基本每股收益		
(二)稀释每股收益		

有关项目说明：

1.“研发费用”项目，反映企业进行研究与开发过程中发生的费用化支出，以及计入管理费用的自行开发无形资产的摊销。该项目应根据“管理费用”科目下的“研究费用”明细科目的发生额，以及“管理费用”科目下的“无形资产摊销”明细科目的发生额分析填列。

2.“财务费用”项目下的“利息费用”项目，反映企业为筹集生产经营所需资金等而发生的应予费用化的利息支出。该项目应根据“财务费用”科目的相关明细科目的发生额分析填列。该项目作为“财务费用”项目的其中项，以正数填列。

3.“财务费用”项目下的“利息收入”项目，反映企业按照相关会计准则确认的应冲减财务费用的利息收入。该项目应根据“财务费用”科目的相关明细科目的发生额分析填列。该项目作为“财务费用”项目的其中项，以正数填列。

4.“其他收益”项目，反映计入其他收益的政府补助，以及其他与日常活动相关且计入其他收益的项目。该项目应根据“其他收益”科目的发生额分析填列。企业作为个人所得税的扣缴义务人，根据《中华人民共和国个人所得税法》收到的扣缴税款手续费，应作为其他与日常活动相关的收益在该项目中填列。

5.“以摊余成本计量的金融资产终止确认收益”项目，反映企业因转让等情形导致终止确认以摊余成本计量的金融资产而产生的利得或损失。该项目应根据“投资收益”科目的相关明细科目的发生额分析填列；如为损失，以“-”号填列。

6.“净敞口套期收益”项目，反映净敞口套期下被套期项目累计公允价值变动转入当期损益的金额或现金流量套期储备转入当期损益的金额。该项目应根据“净敞口套期损益”科目的发生额分析填列；如为套期损失，以“-”号填列。

7.“信用减值损失”项目，反映企业按照《企业会计准则第22号——金融工具确认和计量》（财会〔2017〕7号）的要求计提的各项金融工具信用减值准备所确认的信用损失。该项目应根据“信用减值损失”科目的发生额分析填列。

8.“资产处置收益”项目，反映企业出售划分为持有待售的非流动资产（金融工具、长期股权投资和投资性房地产除外）或处置组（子公司和业务除外）时确认的处置利得或损失，以及处置未划分为持有待售的固定资产、在建工程、生产性生物资产及无形资产而产生的处置利得或损失。债务重组中因处置非流动资产（金融工具、长期股权投资和投资性房地产除外）产生的利得或损失和非货币性资产交换中换出非流动资产（金融工具、长期股权投资和投资性房地产除外）产生的利得或损失也包括在本项目内。该项目应根据“资产处置损益”科目的发生额分析填列；如为处置损失，以“-”号填列。

9.“营业外收入”项目，反映企业发生的除营业利润以外的收益，主要包括与企业日常活动无关的政府补助、盘盈利得、捐赠利得（企业接受股东或股东的子公司直接或间接的捐赠，经济实质属于股东对企业的资本性投入的除外）等。该项目应根据“营业外收入”科目的发生额分析填列。

10.“营业外支出”项目，反映企业发生的除营业利润以外的支出，主要包括公益性捐赠支出、非常损失、盘亏损失、非流动资产毁损报废损失等。该项目应根据“营业外支出”科目的发生额分析填列。“非流动资产毁损报废损失”通常包括因自然灾害发生毁损、已丧失使用功能等原因而报废清理产生的损失。企业在不同交易中形成的非流动资产毁损报废利得和损失不得相互抵销，应分别在“营业外收入”项目和“营业外支出”项目进行填列。

11.“（一）持续经营净利润”和“（二）终止经营净利润”项目，分别反映净利润中与持续经营相关的净利润和与终止经营相关的净利润；如为净亏损，以“-”号填列。该两个项目应按照《企业会计准则第42号——持有待售的非流动资产、处置组和终止经营》的相关规定分别列报。

12.“其他权益工具投资公允价值变动”项目，反映企业指定为以公允价值计量且其变动计入其他综合收益的非交易性权益工具投资发生的公允价值变动。该项目应根据“其他综合收益”科目的相关明细科目的发生额分析填列。

13.“企业自身信用风险公允价值变动”项目，反映企业指定为以公允价值计量且其变动计入当期损益的金融负债，由企业自身信用风险变动引起的公允价值变动而计入其他综合收益的金额。该项目应根据“其他综合收益”科目的相关明细科目的发生额分析填列。

14.“其他债权投资公允价值变动”项目，反映企业分类为以公允价值计量且其变动计入其他综合收益的债权投资发生的公允价值变动。企业将一项以公允价值计量且其变动计入其他综合收益的金融资产重分类为以摊余成本计量的金融资产，或重分类为以公允价值计量且其变动计入当期损益的金融资产时，之前计入其他综合收益的累计利得或损失从其他综合收益中转出的金额作为该项目的减项。该项目应根据“其他综合收益”科目下的相关明细科目的发生额分析填列。

15.“金融资产重分类计入其他综合收益的金额”项目，反映企业将一项以摊余成本计量的金融资产重分类为以公允价值计量且其变动计入其他综合收益的金融资产时，计入其他综合收益的原账面价值与公允价值之间的差额。该项目应根据“其他综合收益”科目下的相关明细科目的发生额分析填列。

16.“其他债权投资信用减值准备”项目，反映企业按照《企业会计准则第22号——金融工具确认和计量》（财会〔2017〕7号）第十八条分类为以公允价值计量且其变动计入其他综合收益的金融资产的损失准备。该项目应根据“其他综合收益”科目下的“信用减值准备”明细科目的发生额分析填列。

17.“现金流量套期储备”项目，反映企业套期工具产生的利得或损失中属于套期有效的部分。该项目应根据“其他综合收益”科目下的“套期储备”明细科目的发生额分析填列。

四、关于现金流量表

现金流量表

会企 03 表

编制单位：　　　　　　　　　　　　______年____月　　　　　　　　　　　　单位：元

项目	本期金额	上期金额
一、经营活动产生的现金流量：		
销售商品、提供劳务收到的现金		
收到的税费返还		
收到其他与经营活动有关的现金		
经营活动现金流入小计		
购买商品、接受劳务支付的现金		
支付给职工以及为职工支付的现金		
支付的各项税费		
支付其他与经营活动有关的现金		
经营活动现金流出小计		
经营活动产生的现金流量净额		
二、投资活动产生的现金流量：		
收回投资收到的现金		
取得投资收益收到的现金		
处置固定资产、无形资产和其他长期资产收回的现金净额		
处置子公司及其他营业单位收到的现金净额		
收到其他与投资活动有关的现金		
投资活动现金流入小计		
购建固定资产、无形资产和其他长期资产支付的现金		
投资支付的现金		
取得子公司及其他营业单位支付的现金净额		
支付其他与投资活动有关的现金		
投资活动现金流出小计		
投资活动产生的现金流量净额		
三、筹资活动产生的现金流量：		
吸收投资收到的现金		
取得借款收到的现金		
收到其他与筹资活动有关的现金		
筹资活动现金流入小计		
偿还债务支付的现金		
分配股利、利润或偿付利息支付的现金		
支付其他与筹资活动有关的现金		
筹资活动现金流出小计		
筹资活动产生的现金流量净额		
四、汇率变动对现金及现金等价物的影响		
五、现金及现金等价物净增加额		
加：期初现金及现金等价物余额		
六、期末现金及现金等价物余额		

有关项目说明：

企业实际收到的政府补助，无论是与资产相关还是与收益相关，均在“收到其他与经营活动有关的现金”项目填列。

五、关于所有者权益变动表

所有者权益变动表

会企 04 表

编制单位： ______年度 单位：元

项目	本年金额											上年金额										
	实收资本（或股本）	其他权益工具			资本公积	减：库存股	其他综合收益	专项储备	盈余公积	未分配利润	所有者权益合计	实收资本（或股本）	其他权益工具			资本公积	减：库存股	其他综合收益	专项储备	盈余公积	未分配利润	所有者权益合计
		优先股	永续债	其他									优先股	永续债	其他							
一、上年年末余额																						
加：会计政策变更																						
前期差错更正																						
其他																						
二、本年年初余额																						
三、本年增减变动金额（减少以“－”号填列）																						
（一）综合收益总额																						
（二）所有者投入和减少资本																						
1. 所有者投入的普通股																						
2. 其他权益工具持有者投入资本																						
3. 股份支付计入所有者权益的金额																						
4. 其他																						
（三）利润分配																						
1. 提取盈余公积																						
2. 对所有者（或股东）的分配																						
3. 其他																						

续表

项目	本年金额												上年金额											
	实收资本（或股本）	其他权益工具			资本公积	减：库存股	其他综合收益	专项储备	盈余公积	未分配利润	所有者权益合计		实收资本（或股本）	其他权益工具			资本公积	减：库存股	其他综合收益	专项储备	盈余公积	未分配利润	所有者权益合计	
		优先股	永续债	其他										优先股	永续债	其他								
（四）所有者权益内部结转																								
1. 资本公积转增资本（或股本）																								
2. 盈余公积转增资本（或股本）																								
3. 盈余公积弥补亏损																								
4. 设定受益计划变动额结转留存收益																								
5. 其他综合收益结转留存收益																								
6. 其他																								
四、本年年末余额																								

有关项目说明：

1. “其他权益工具持有者投入资本”项目，反映企业发行的除普通股以外分类为权益工具的金融工具的持有者投入资本的金额。该项目应根据金融工具类科目的相关明细科目的发生额分析填列。

2. “其他综合收益结转留存收益”项目，主要反映：（1）企业指定为以公允价值计量且其变动计入其他综合收益的非交易性权益工具投资终止确认时，之前计入其他综合收益的累计利得或损失从其他综合收益中转入留存收益的金额；（2）企业指定为以公允价值计量且其变动计入当期损益的金融负债终止确认时，之前由企业自身信用风险变动引起而计入其他综合收益的累计利得或损失从其他综合收益中转入留存收益的金额等。该项目应根据“其他综合收益”科目的相关明细科目的发生额分析填列。

22.财政部关于印发修订《企业会计准则第7号——非货币性资产交换》的通知

（2019年5月9日　财会〔2019〕8号）

国务院有关部委、有关直属机构，各省、自治区、直辖市、计划单列市财政厅（局），新疆生产建设兵团财政局，财政部各地监管局，有关中央管理企业：

为适应社会主义市场经济发展需要，规范非货币性资产交换的会计处理，提高会计信息质量，根据《企业会计准则——基本准则》，我部对《企业会计准则第7号——非货币性资产交换》进行了修订，现予印发，在所有执行企业会计准则的企业范围内施行。

执行中有何问题，请及时反馈我部。

附件：

企业会计准则第7号——非货币性资产交换

第一章　总　　则

第一条　为了规范非货币性资产交换的确认、计量和相关信息的披露，根据《企业会计准则——基本准则》，制定本准则。

第二条　非货币性资产交换，是指企业主要以固定资产、无形资产、投资性房地产和长期股权投资等非货币性资产进行的交换。该交换不涉及或只涉及少量的货币性资产（即补价）。

货币性资产，是指企业持有的货币资金和收取固定或可确定金额的货币资金的权利。

非货币性资产，是指货币性资产以外的资产。

第三条　本准则适用于所有非货币性资产交换，但下列各项适用其他相关会计准则：

（一）企业以存货换取客户的非货币性资产的，适用《企业会计准则第14号——收入》。

（二）非货币性资产交换中涉及企业合并的，适用《企业会计准则第20号——企业合并》《企业会计准则第2号——长期股权投资》和《企业会计准则第33号——合并财务报表》。

（三）非货币性资产交换中涉及由《企业会计准则第22号——金融工具确认和计量》规范的金融资产的，金融资产的确认、终止确认和计量适用《企业会计准则第22号——金融工具确认和计量》和《企业会计准则第23号——金融资产转移》。

（四）非货币性资产交换中涉及由《企业会计准则第21号——租赁》规范的使用权资产或应收融资租赁款等的，相关资产的确认、终止确认和计量适用《企业会计准则第21号——租赁》。

（五）非货币性资产交换的一方直接或间接对另一方持股且以股东身份进行交易的，或者非货币性资产交换的双方均受同一方或相同的多方最终控制，且该非货币性资产交换的交易实质是交换的一方向另一方进行了权益性分配或交换的一方接受了另一方权益性投入的，适用权益性交易的有关会计处理规定。

第二章　确　　认

第四条　企业应当分别按照下列原则对非货币性资产交换中的换入资产进行确认，对换出资产终止确认：

（一）对于换入资产，企业应当在换入资产符合资产定义并满足资产确认条件时予以确认；

（二）对于换出资产，企业应当在换出资产满足资产终止确认条件时终止确认。

第五条 换入资产的确认时点与换出资产的终止确认时点存在不一致的，企业在资产负债表日应当按照下列原则进行处理：

（一）换入资产满足资产确认条件，换出资产尚未满足终止确认条件的，在确认换入资产的同时将交付换出资产的义务确认为一项负债。

（二）换入资产尚未满足资产确认条件，换出资产满足终止确认条件的，在终止确认换出资产的同时将取得换入资产的权利确认为一项资产。

第三章 以公允价值为基础计量

第六条 非货币性资产交换同时满足下列条件的，应当以公允价值为基础计量：

（一）该项交换具有商业实质；

（二）换入资产或换出资产的公允价值能够可靠地计量。

换入资产和换出资产的公允价值均能够可靠计量的，应当以换出资产的公允价值为基础计量，但有确凿证据表明换入资产的公允价值更加可靠的除外。

第七条 满足下列条件之一的非货币性资产交换具有商业实质：

（一）换入资产的未来现金流量在风险、时间分布或金额方面与换出资产显著不同。

（二）使用换入资产所产生的预计未来现金流量现值与继续使用换出资产不同，且其差额与换入资产和换出资产的公允价值相比是重大的。

第八条 以公允价值为基础计量的非货币性资产交换，对于换入资产，应当以换出资产的公允价值和应支付的相关税费作为换入资产的成本进行初始计量；对于换出资产，应当在终止确认时，将换出资产的公允价值与其账面价值之间的差额计入当期损益。

有确凿证据表明换入资产的公允价值更加可靠的，对于换入资产，应当以换入资产的公允价值和应支付的相关税费作为换入资产的初始计量金额；对于换出资产，应当在终止确认时，将换入资产的公允价值与换出资产账面价值之间的差额计入当期损益。

第九条 以公允价值为基础计量的非货币性资产交换，涉及补价的，应当按照下列规定进行处理：

（一）支付补价的，以换出资产的公允价值，加上支付补价的公允价值和应支付的相关税费，作为换入资产的成本，换出资产的公允价值与其账面价值之间的差额计入当期损益。

有确凿证据表明换入资产的公允价值更加可靠的，以换入资产的公允价值和应支付的相关税费作为换入资产的初始计量金额，换入资产的公允价值减去支付补价的公允价值，与换出资产账面价值之间的差额计入当期损益。

（二）收到补价的，以换出资产的公允价值，减去收到补价的公允价值，加上应支付的相关税费，作为换入资产的成本，换出资产的公允价值与其账面价值之间的差额计入当期损益。

有确凿证据表明换入资产的公允价值更加可靠的，以换入资产的公允价值和应支付的相关税费作为换入资产的初始计量金额，换入资产的公允价值加上收到补价的公允价值，与换出资产账面价值之间的差额计入当期损益。

第十条 以公允价值为基础计量的非货币性资产交换，同时换入或换出多项资产的，应当按照下列规定进行处理：

（一）对于同时换入的多项资产，按照换入的金融资产以外的各项换入资产公允价值相对比例，将换出资产公允价值总额（涉及补价的，加上支付补价的公允价值或减去收到补价的公允价值）扣除换入金融资产公允价值后的净额进行分摊，以分摊至各项换入资产的金额，加上应支付的相关税费，作为各项换入资产的成本进行初始计量。

有确凿证据表明换入资产的公允价值更加可靠的，以各项换入资产的公允价值和应支付的相关税费作为各项换入资产的初始计量金额。

（二）对于同时换出的多项资产，将各项换出资产的公允价值与其账面价值之间的差额，在各项换出资产终止确认时计入当期损益。

有确凿证据表明换入资产的公允价值更加可靠的，按照各项换出资产的公允价值的相对比例，将换入资产的公允价值总额（涉及补价的，减去支付补价的公允价值或加上收到补价的公允价值）分摊至各项换出资产，分摊至各项换出资产的金额与各项换出资产账面价值之间的差额，在各项换出资产终止确认时计入当期损益。

第四章　以账面价值为基础计量

第十一条　不满足本准则第六条规定条件的非货币性资产交换，应当以账面价值为基础计量。对于换入资产，企业应当以换出资产的账面价值和应支付的相关税费作为换入资产的初始计量金额；对于换出资产，终止确认时不确认损益。

第十二条　以账面价值为基础计量的非货币性资产交换，涉及补价的，应当按照下列规定进行处理：

（一）支付补价的，以换出资产的账面价值，加上支付补价的账面价值和应支付的相关税费，作为换入资产的初始计量金额，不确认损益。

（二）收到补价的，以换出资产的账面价值，减去收到补价的公允价值，加上应支付的相关税费，作为换入资产的初始计量金额，不确认损益。

第十三条　以账面价值为基础计量的非货币性资产交换，同时换入或换出多项资产的，应当按照下列规定进行处理：

（一）对于同时换入的多项资产，按照各项换入资产的公允价值的相对比例，将换出资产的账面价值总额（涉及补价的，加上支付补价的账面价值或减去收到补价的公允价值）分摊至各项换入资产，加上应支付的相关税费，作为各项换入资产的初始计量金额。换入资产的公允价值不能够可靠计量的，可以按照各项换入资产的原账面价值的相对比例或其他合理的比例对换出资产的账面价值进行分摊。

（二）对于同时换出的多项资产，各项换出资产终止确认时均不确认损益。

第五章　披　　露

第十四条　企业应当在附注中披露与非货币性资产交换有关的下列信息：

（一）非货币性资产交换是否具有商业实质及其原因。

（二）换入资产、换出资产的类别。

（三）换入资产初始计量金额的确定方式。

（四）换入资产、换出资产的公允价值以及换出资产的账面价值。

（五）非货币性资产交换确认的损益。

第六章　衔接规定

第十五条　企业对2019年1月1日至本准则施行日之间发生的非货币性资产交换，应根据本准则进行调整。企业对2019年1月1日之前发生的非货币性资产交换，不需要按照本准则的规定进行追溯调整。

第七章　附　　则

第十六条　本准则自2019年6月10日起施行。

第十七条　2006 年 2 月 15 日财政部印发的《财政部关于印发〈企业会计准则第 1 号——存货〉等 38 项具体准则的通知》(财会〔2006〕3 号)中的《企业会计准则第 7 号——非货币性资产交换》同时废止。

财政部此前发布的有关非货币性资产交换会计处理规定与本准则不一致的，以本准则为准。

23. 财政部关于印发修订《企业会计准则第 12 号——债务重组》的通知

(2019 年 5 月 16 日　财会〔2019〕9 号)

国务院有关部委、有关直属机构，各省、自治区、直辖市、计划单列市财政厅(局)，新疆生产建设兵团财政局，财政部各地监管局，有关中央管理企业：

为适应社会主义市场经济发展需要，规范债务重组的会计处理，提高会计信息质量，根据《企业会计准则——基本准则》，我部对《企业会计准则第 12 号——债务重组》进行了修订，现予印发，在所有执行企业会计准则的企业范围内施行。

执行中有何问题，请及时反馈我部。

附件：

企业会计准则第 12 号——债务重组

第一章　总　　则

第一条　为了规范债务重组的确认、计量和相关信息的披露，根据《企业会计准则——基本准则》，制定本准则。

第二条　债务重组，是指在不改变交易对手方的情况下，经债权人和债务人协定或法院裁定，就清偿债务的时间、金额或方式等重新达成协议的交易。

本准则中的债务重组涉及的债权和债务是指《企业会计准则第 22 号——金融工具确认和计量》规范的金融工具。

第三条　债务重组一般包括下列方式，或下列一种以上方式的组合：

(一)债务人以资产清偿债务；

(二)债务人将债务转为权益工具；

(三)除本条第一项和第二项以外，采用调整债务本金、改变债务利息、变更还款期限等方式修改债权和债务的其他条款，形成重组债权和重组债务。

第四条　本准则适用于所有债务重组，但下列各项适用其他相关会计准则：

(一)债务重组中涉及的债权、重组债权、债务、重组债务和其他金融工具的确认、计量和列报，分别适用《企业会计准则第 22 号——金融工具确认和计量》和《企业会计准则第 37 号——金融工具列报》。

(二)通过债务重组形成企业合并的，适用《企业会计准则第 20 号——企业合并》。

(三)债权人或债务人中的一方直接或间接对另一方持股且以股东身份进行债务重组的，或者债权人与债务人在债务重组前后均受同一方或相同的多方最终控制，且该债务重组的交易实质是债权人或债务人进行了权益性分配或接受了权益性投入的，适用权益性交易的有关会计处理规定。

第二章　债权人的会计处理

第五条　以资产清偿债务或者将债务转为权益工具方式进行债务重组的，债权人应当在相关资产符合其定义和确认条件时予以确认。

第六条　以资产清偿债务方式进行债务重组的，债权人初始确认受让的金融资产以外的资产时，应当按照下列原则以成本计量：

存货的成本，包括放弃债权的公允价值和使该资产达到当前位置和状态所发生的可直接归属于该资产的税金、运输费、装卸费、保险费等其他成本。

对联营企业或合营企业投资的成本，包括放弃债权的公允价值和可直接归属于该资产的税金等其他成本。

投资性房地产的成本，包括放弃债权的公允价值和可直接归属于该资产的税金等其他成本。

固定资产的成本，包括放弃债权的公允价值和使该资产达到预定可使用状态前所发生的可直接归属于该资产的税金、运输费、装卸费、安装费、专业人员服务费等其他成本。

生物资产的成本，包括放弃债权的公允价值和可直接归属于该资产的税金、运输费、保险费等其他成本。

无形资产的成本，包括放弃债权的公允价值和可直接归属于使该资产达到预定用途所发生的税金等其他成本。

放弃债权的公允价值与账面价值之间的差额，应当计入当期损益。

第七条　将债务转为权益工具方式进行债务重组导致债权人将债权转为对联营企业或合营企业的权益性投资的，债权人应当按照本准则第六条的规定计量其初始投资成本。放弃债权的公允价值与账面价值之间的差额，应当计入当期损益。

第八条　采用修改其他条款方式进行债务重组的，债权人应当按照《企业会计准则第22号——金融工具确认和计量》的规定，确认和计量重组债权。

第九条　以多项资产清偿债务或者组合方式进行债务重组的，债权人应当首先按照《企业会计准则第22号——金融工具确认和计量》的规定确认和计量受让的金融资产和重组债权，然后按照受让的金融资产以外的各项资产的公允价值比例，对放弃债权的公允价值扣除受让金融资产和重组债权确认金额后的净额进行分配，并以此为基础按照本准则第六条的规定分别确定各项资产的成本。放弃债权的公允价值与账面价值之间的差额，应当计入当期损益。

第三章　债务人的会计处理

第十条　以资产清偿债务方式进行债务重组的，债务人应当在相关资产和所清偿债务符合终止确认条件时予以终止确认，所清偿债务账面价值与转让资产账面价值之间的差额计入当期损益。

第十一条　将债务转为权益工具方式进行债务重组的，债务人应当在所清偿债务符合终止确认条件时予以终止确认。债务人初始确认权益工具时应当按照权益工具的公允价值计量，权益工具的公允价值不能可靠计量的，应当按照所清偿债务的公允价值计量。所清偿债务账面价值与权益工具确认金额之间的差额，应当计入当期损益。

第十二条　采用修改其他条款方式进行债务重组的，债务人应当按照《企业会计准则第22号——金融工具确认和计量》和《企业会计准则第37号——金融工具列报》的规定，确认和计量重组债务。

第十三条　以多项资产清偿债务或者组合方式进行债务重组的，债务人应当按照本准则第十一条和第十二条的规定确认和计量权益工具和重组债务，所清偿债务的账面价值与转让资产的账面价值以及权益工具和重组债务的确认金额之和的差额，应当计入当期损益。

第四章 披 露

第十四条 债权人应当在附注中披露与债务重组有关的下列信息：

（一）根据债务重组方式，分组披露债权账面价值和债务重组相关损益。

（二）债务重组导致的对联营企业或合营企业的权益性投资增加额，以及该投资占联营企业或合营企业股份总额的比例。

第十五条 债务人应当在附注中披露与债务重组有关的下列信息：

（一）根据债务重组方式，分组披露债务账面价值和债务重组相关损益。

（二）债务重组导致的股本等所有者权益的增加额。

第五章 衔接规定

第十六条 企业对 2019 年 1 月 1 日至本准则施行日之间发生的债务重组，应根据本准则进行调整。企业对 2019 年 1 月 1 日之前发生的债务重组，不需要按照本准则的规定进行追溯调整。

第六章 附 则

第十七条 本准则自 2019 年 6 月 17 日起施行。

第十八条 2006 年 2 月 15 日财政部印发的《财政部关于印发〈企业会计准则第 1 号——存货〉等 38 项具体准则的通知》（财会〔2006〕3 号）中的《企业会计准则第 12 号——债务重组》同时废止。

财政部此前发布的有关债务重组会计处理规定与本准则不一致的，以本准则为准。

24. 财政部关于修订印发合并财务报表格式（2019 版）的通知

（2019 年 9 月 19 日 财会〔2019〕16 号）

国务院有关部委、有关直属机构，各省、自治区、直辖市、计划单列市财政厅（局），新疆生产建设兵团财政局，财政部各地监管局，有关企业：

为解决企业在合并财务报表编制中的实际问题，针对 2019 年 1 月 1 日起分阶段实施的《企业会计准则第 21 号——租赁》（财会〔2018〕35 号，以下称新租赁准则），以及企业会计准则实施中的有关情况，在《财政部关于修订印发 2019 年度一般企业财务报表格式的通知》（财会〔2019〕6 号）和《财政部关于修订印发 2018 年度金融企业财务报表格式的通知》（财会〔2018〕36 号）的基础上，我部对合并财务报表格式进行了修订，现予印发。《财政部关于修订印发 2018 年度合并财务报表格式的通知》（财会〔2019〕1 号）同时废止。

本通知适用于执行企业会计准则的企业 2019 年度合并财务报表及以后期间的合并财务报表。我部于 2017 年先后印发了《企业会计准则第 22 号——金融工具确认和计量》（财会〔2017〕7 号）、《企业会计准则第 23 号——金融资产转移》（财会〔2017〕8 号）、《企业会计准则第 24 号——套期会计》（财会〔2017〕9 号）、《企业会计准则第 37 号——金融工具列报》（财会〔2017〕14 号）（以下称新金融准则）、《企业会计准则第 14 号——收入》（财会〔2017〕22 号，以下称新收入准则），自 2018 年 1 月 1 日起分阶段实施。已执行新金融准则、新收入准则和新租赁准则的企业，应当按照企业会计准则和本通知附件的要求编制合并财务报表；已执行新金融准则但未执行新收入准则和新租赁准则的企业，或已执行新金融准则和新收入准则但未执行新租赁准则的企业，应当结合本通知附件的要求对合并财务报表项目进行相应调整；未执行新金融准则、新收入准则和新租赁准则的企业，应当结合《财政部关于修订印发2019年度一般企业财务报表格式的通知》（财会〔2019〕6号）的要求，对合并财务报表项目进行相应调整。

本通知附件中的合并财务报表格式涵盖母公司和从事各类经济业务的子公司的情况，包括一般企业、商业银行、保险公司和证券公司等。企业应根据重要性原则并结合本企业实际情况，对确需单独列示的内容，可增加合并财务报表项目；对不存在相应业务的合并财务报表项目，可进行必要删减。以金融企业为主的企业集团，应以金融企业财务报表格式为基础，结合一般企业财务报表格式和本通知的要求，对合并财务报表项目进行调整后编制。

执行中有何问题，请及时反馈我部。

附件1：

合并财务报表格式(2019版)

合并资产负债表

会合01表

编制单位：　　　　____年___月___日　　　　单位：元

资产	期末余额	上年年末余额	负债和所有者权益（或股东权益）	期末余额	上年年末余额
流动资产：			流动负债：		
货币资金			短期借款		
结算备付金*			向中央银行借款*		
拆出资金*			拆入资金*		
交易性金融资产			交易性金融负债		
衍生金融资产			衍生金融负债		
应收票据			应付票据		
应收账款			应付账款		
应收款项融资			预收款项		
预付款项			合同负债		
应收保费*			卖出回购金融资产款*		
应收分保账款*			吸收存款及同业存放*		
应收分保合同准备金*			代理买卖证券款*		
其他应收款			代理承销证券款*		
买入返售金融资产*			应付职工薪酬		
存货			应交税费		
合同资产			其他应付款		
持有待售资产			应付手续费及佣金*		
一年内到期的非流动资产			应付分保账款*		
其他流动资产			持有待售负债		
流动资产合计			一年内到期的非流动负债		
非流动资产：			其他流动负债		
发放贷款和垫款*			流动负债合计		
债权投资			非流动负债：		
其他债权投资			保险合同准备金*		
长期应收款			长期借款		
长期股权投资			应付债券		
其他权益工具投资			其中：优先股		
其他非流动金融资产			永续债		

续表

资产	期末余额	上年年末余额	负债和所有者权益（或股东权益）	期末余额	上年年末余额
投资性房地产			租赁负债		
固定资产			长期应付款		
在建工程			预计负债		
生产性生物资产			递延收益		
油气资产			递延所得税负债		
使用权资产			其他非流动负债		
无形资产			非流动负债合计		
开发支出			负债合计		
商誉			所有者权益（或股东权益）：		
长期待摊费用			实收资本（或股本）		
递延所得税资产			其他权益工具		
其他非流动资产			其中：优先股		
非流动资产合计			永续债		
			资本公积		
			减：库存股		
			其他综合收益		
			专项储备		
			盈余公积		
			一般风险准备*		
			未分配利润		
			归属于母公司所有者权益（或股东权益）合计		
			少数股东权益		
			所有者权益（或股东权益）合计		
资产总计			负债和所有者权益（或股东权益）总计		

注：标注“*”的项目为金融企业专用行项目。

金融企业资产负债表中的有关行项目在本表中的列示说明：

1. 金融企业资产负债表中的“现金及存放中央银行款项”行项目在本表中的“货币资金”行项目中列示。

2. 金融企业资产负债表中的“存放同业款项”“融出资金”行项目在本表中的“拆出资金”行项目中列示。

3. 金融企业资产负债表中的“应收款项”行项目在本表中的“应收票据”“应收账款”“应收款项融资”行项目中列示。

4. 金融企业资产负债表中的“存出保证金”“应收代位追偿款”“保户质押贷款”行项目在本表中的“其他流动资产”行项目中列示。

5. 金融企业资产负债表中的“应收分保未到期责任准备金”“应收分保未决赔款准备金”“应收分保寿险责任准备金”“应收分保长期健康险责任准备金”行项目在本表中的“应收分保合同准备金”行项目中列示。

6. 金融企业资产负债表中“金融投资”行项目下的“交易性金融资产”“债权投资”“其他债权投资”“其他权益工具投资”子项目分别在本表中的“交易性金融资产”“债权投资”“其他债权投资”“其他权益工具投资”行项目中列示。

7. 金融企业资产负债表中的“存出资本保证金”“独立账户资产”行项目在本表中的“其他非流动资产”行项目中列示。

8. 金融企业资产负债表中的“应付短期融资款”行项目在本表中的“短期借款”行项目中列示。

9. 金融企业资产负债表中的“应付款项”行项目在本表中的“应付票据”“应付账款”行项目中列示。

10. 金融企业资产负债表中的“应付赔付款”行项目在本表中的“应付账款”行项目中列示。

11. 金融企业资产负债表中的“预收保费”行项目在本表中的“预收款项”行项目中列示。

12. 金融企业资产负债表中的“同业及其他金融机构存放款项”“吸收存款”行项目在本表中的“吸收存款及同业存放”行项目中列示。

13. 金融企业资产负债表中的“应付保单红利”行项目在本表中的“其他应付款”行项目中列示。

14. 金融企业资产负债表中的“保户储金及投资款”行项目在本表中的“其他流动负债”行项目中列示。

15. 金融企业资产负债表中的“未到期责任准备金”“未决赔款准备金”“寿险责任准备金”“长期健康险责任准备金”行项目在本表中的“保险合同准备金”行项目中列示。

16. 金融企业资产负债表中的“独立账户负债”行项目在本表中的“其他非流动负债”行项目中列示。

17. 金融企业资产负债表中的“其他资产”“其他负债”行项目进行分析后在本表相关项目中列示。

18. 有贵金属业务的，在本表中增加“贵金属”行项目对相关贵金属资产进行列示。

合并利润表

会合02表

编制单位：　　　　　　______年____月____日　　　　　　单位：元

项目	本期金额	上期金额
一、营业总收入		
其中：营业收入		
利息收入*		
已赚保费*		
手续费及佣金收入*		
二、营业总成本		
其中：营业成本		
利息支出*		
手续费及佣金支出*		
退保金*		
赔付支出净额*		
提取保险责任准备金净额*		
保单红利支出*		
分保费用*		
税金及附加		
销售费用		
管理费用		
研发费用		
财务费用		
其中：利息费用		
利息收入		
加：其他收益		
投资收益（损失以“－”号填列）		
其中：对联营企业和合营企业投资收益		
以摊余成本计量的金融资产终止确认收益		
汇兑收益（损失以“－”号填列）*		
净敞口套期收益（损失以“－”号填列）		
公允价值变动收益（损失以“－”号填列）		
信用减值损失（损失以“－”号填列）		
资产减值损失（损失以“－”号填列）		
资产处置收益（损失以“－”号填列）		
三、营业利润（亏损以“－”号填列）		
加：营业外收入		
减：营业外支出		
四、利润总额（亏损总额以“－”号填列）		
减：所得税费用		
五、净利润（净亏损以“－”号填列）		

续表

项目	本期金额	上期金额
(一)按经营持续性分类		
1. 持续经营净利润(净亏损以“-”号填列)		
2. 终止经营净利润(净亏损以“-”号填列)		
(二)按所有权归属分类		
1. 归属于母公司股东的净利润(净亏损以“-”号填列)		
2. 少数股东损益(净亏损以“-”号填列)		
六、其他综合收益的税后净额		
(一)归属于母公司所有者的其他综合收益的税后净额		
1. 不能重分类进损益的其他综合收益		
(1)重新计量设定受益计划变动额		
(2)权益法下不能转损益的其他综合收益		
(3)其他权益工具投资公允价值变动		
(4)企业自身信用风险公允价值变动		
……		
2. 将重分类进损益的其他综合收益		
(1)权益法下可转损益的其他综合收益		
(2)其他债权投资公允价值变动		
(3)金融资产重分类计入其他综合收益的金额		
(4)其他债权投资信用减值准备		
(5)现金流量套期储备		
(6)外币财务报表折算差额		
……		
(二)归属于少数股东的其他综合收益的税后净额		
七、综合收益总额		
(一)归属于母公司所有者的综合收益总额		
(二)归属于少数股东的综合收益总额		
八、每股收益		
(一)基本每股收益		
(二)稀释每股收益		

注:标注“*”的项目为金融企业专用行项目。

金融企业利润表中的有关行项目在本表中的列示说明:

1. 金融企业利润表中的“其他业务收入”行项目在本表中的“营业收入”行项目中列示。

2. 金融企业利润表中的“赔付支出”与“减:摊回赔付支出”行项目的净额在本表中的“赔付支出净额”行项目中列示。

3. 金融企业利润表中的“提取保险责任准备金”与“减:摊回保险责任准备金”行项目的净额在本表中的“提取保险责任准备金净额”行项目中列示。

4. 金融企业利润表中的“业务及管理费”与“减:摊回分保费用”行项目的净额在本表中的“管理费用”行项目中列示。

5. 金融企业利润表中的“其他资产减值损失”行项目在本表中的“资产减值损失”行项目中列示。

6. 金融企业利润表中的“其他业务成本”行项目在本表中的“营业成本”行项目中列示。

合并现金流量表

会合 03 表

编制单位：　　　　______年____月____日　　　　单位：元

项目	本期金额	上期金额
一、经营活动产生的现金流量		
销售商品、提供劳务收到的现金		
客户存款和同业存放款项净增加额*		
向中央银行借款净增加额*		
向其他金融机构拆入资金净增加额*		
收到原保险合同保费取得的现金*		
收到再保业务现金净额*		
保户储金及投资款净增加额*		
收取利息、手续费及佣金的现金*		
拆入资金净增加额*		
回购业务资金净增加额*		
代理买卖证券收到的现金净额*		
收到的税费返还		
收到其他与经营活动有关的现金		
经营活动现金流入小计		
购买商品、接受劳务支付的现金		
客户贷款及垫款净增加额*		
存放中央银行和同业款项净增加额*		
支付原保险合同赔付款项的现金*		
拆出资金净增加额*		
支付利息、手续费及佣金的现金*		
支付保单红利的现金*		
支付给职工及为职工支付的现金		
支付的各项税费		
支付其他与经营活动有关的现金		
经营活动现金流出小计		
经营活动产生的现金流量净额		
二、投资活动产生的现金流量		
收回投资收到的现金		
取得投资收益收到的现金		
处置固定资产、无形资产和其他长期资产收回的现金净额		
处置子公司及其他营业单位收到的现金净额		
收到其他与投资活动有关的现金		
投资活动现金流入小计		

续表

项目	本期金额	上期金额
购建固定资产、无形资产和其他长期资产支付的现金		
投资支付的现金		
质押贷款净增加额*		
取得子公司及其他营业单位支付的现金净额		
支付其他与投资活动有关的现金		
投资活动现金流出小计		
投资活动产生的现金流量净额		
三、筹资活动产生的现金流量		
吸收投资收到的现金		
其中:子公司吸收少数股东投资收到的现金		
取得借款收到的现金		
收到其他与筹资活动有关的现金		
筹资活动现金流入小计		
偿还债务支付的现金		
分配股利、利润或偿付利息支付的现金		
其中:子公司支付给少数股东的股利、利润		
支付其他与筹资活动有关的现金		
筹资活动现金流出小计		
筹资活动产生的现金流量净额		
四、汇率变动对现金及现金等价物的影响		
五、现金及现金等价物净增加额		
加:期初现金及现金等价物余额		
六、期末现金及现金等价物余额		

注:标注“*”的项目为金融企业专用行项目。

金融企业现金流量表中的有关行项目在本表中的列示说明:

1. 金融企业现金流量表中“一、经营活动产生的现金流量”下的“返售业务资金净增加额”行项目(银行、证券公司专用)在本表中的“支付其他与经营活动有关的现金”行项目中列示。

2. 金融企业现金流量表中“二、投资活动产生的现金流量”下的“返售业务资金净增加额”行项目(保险公司专用)在本表中的“支付其他与投资活动有关的现金”行项目中列示。

3. 金融企业现金流量表中“回购业务资金净增加额”行项目(保险公司专用)在本表中的“收到其他与筹资活动有关的现金”行项目中列示。

合并所有者权益变动表

会合04表

编制单位：　　　　　　　　　　　　　　　　　　______年度　　　　　　　　　　　　　　　　　　单位：元

项目	本年金额														上年金额													
	归属于母公司所有者权益												少数股东权益	所有者权益合计	归属于母公司所有者权益												少数股东权益	所有者权益合计
	实收资本（或股本）	其他权益工具			资本公积	减：库存股	其他综合收益	专项储备	盈余公积	一般风险准备*	未分配利润	小计			实收资本（或股本）	其他权益工具			资本公积	减：库存股	其他综合收益	专项储备	盈余公积	一般风险准备*	未分配利润	小计		
		优先股	永续债	其他												优先股	永续债	其他										
一、上年年末余额																												
加：会计政策变更																												
前期差错更正																												
其他																												
二、本年年初余额																												
三、本年增减变动金额（减少以“－”号填列）																												
（一）综合收益总额																												
（二）所有者投入和减少资本																												
1. 所有者投入的普通股																												
2. 其他权益工具持有者投入资本																												
3. 股份支付计入所有者权益的金额																												
4. 其他																												
（三）利润分配																												
1. 提取盈余公积																												
2. 提取一般风险准备*																												
3. 对所有者（或股东）的分配																												
4. 其他																												
（四）所有者权益内部结转																												
1. 资本公积转增资本（或股本）																												
2. 盈余公积转增资本（或股本）																												
3. 盈余公积弥补亏损																												
4. 设定受益计划变动额结转留存收益																												
5. 其他综合收益结转留存收益																												
6. 其他																												
四、本年年末余额																												

注：标注“*”的项目为金融企业专用行项目。

附件2：

合并财务报表格式主要变动说明

与《财政部关于修订印发2018年度合并财务报表格式的通知》(财会〔2019〕1号)附件中的合并财务报表格式相比,本通知附件1中的合并财务报表格式的主要变动如下:

一是根据新租赁准则和新金融准则等规定,在原合并资产负债表中增加了“使用权资产”“租赁负债”等行项目,在原合并利润表中“投资收益”行项目下增加了“其中:以摊余成本计量的金融资产终止确认收益”行项目。

二是结合企业会计准则实施有关情况调整了部分项目,将原合并资产负债表中的“应收票据及应收账款”行项目分拆为“应收票据”“应收账款”“应收款项融资”三个行项目,将“应付票据及应付账款”行项目分拆为“应付票据”“应付账款”两个行项目,将原合并利润表中“资产减值损失”“信用减值损失”行项目的列报行次进行了调整,删除了原合并现金流量表中“为交易目的而持有的金融资产净增加额”“发行债券收到的现金”等行项目,在原合并资产负债表和合并所有者权益变动表中分别增加了“专项储备”行项目和列项目。

25.财政部关于印发《企业会计准则解释第13号》的通知

(2019年12月10日　财会〔2019〕21号)

国务院有关部委、有关直属机构办公厅(室),各省、自治区、直辖市、计划单列市财政厅(局),新疆生产建设兵团财政局,财政部各地监管局,有关单位:

为了深入贯彻落实实施企业会计准则,解决执行中出现的问题,同时,实现企业会计准则持续趋同和等效,我部制定了《企业会计准则解释第13号》,现予印发,请遵照执行。

执行中有何问题,请及时反馈我部。

附件:

企业会计准则解释第13号

一、关于企业与其所属企业集团其他成员企业等相关的关联方判断

该问题主要涉及《企业会计准则第36号——关联方披露》(财会〔2006〕3号,以下简称第36号准则)等准则。

除第36号准则第四条规定外,下列各方构成关联方,应当按照第36号准则进行相关披露:(一)企业与其所属企业集团的其他成员单位(包括母公司和子公司)的合营企业或联营企业;(二)企业的合营企业与企业的其他合营企业或联营企业。

除第36号准则第五条和第六条规定外,两方或两方以上同受一方重大影响的,不构成关联方。

第36号准则中所指的联营企业包括联营企业及其子公司,合营企业包括合营企业及其子公司。

二、关于企业合并中取得的经营活动或资产的组合是否构成业务的判断

该问题主要涉及《企业会计准则第20号——企业合并》(财会〔2006〕3号,以下简称第20号准则)、《〈企业会计准则第20号——企业合并〉应用指南》(财会〔2006〕18号,以下简称第20号指南)等规定。

（一）构成业务的要素。

根据第20号准则的规定，涉及构成业务的合并应当比照第20号准则规定处理。根据第20号指南的规定，业务是指企业内部某些生产经营活动或资产的组合，该组合一般具有投入、加工处理过程和产出能力，能够独立计算其成本费用或所产生的收入。合并方在合并中取得的生产经营活动或资产的组合（以下简称组合）构成业务，通常应具有下列三个要素：

1. 投入，指原材料、人工、必要的生产技术等无形资产以及构成产出能力的机器设备等其他长期资产的投入。

2. 加工处理过程，指具有一定的管理能力、运营过程，能够组织投入形成产出能力的系统、标准、协议、惯例或规则。

3. 产出，包括为客户提供的产品或服务、为投资者或债权人提供的股利或利息等投资收益，以及企业日常活动产生的其他的收益。

（二）构成业务的判断条件。

合并方在合并中取得的组合应当至少同时具有一项投入和一项实质性加工处理过程，且二者相结合对产出能力有显著贡献，该组合才构成业务。合并方在合并中取得的组合是否有实际产出并不是判断其构成业务的必要条件。

企业应当考虑产出的下列情况分别判断加工处理过程是否是实质性的：

1. 该组合在合并日无产出的，同时满足下列条件的加工处理过程应判断为是实质性的：（1）该加工处理过程对投入转化为产出至关重要；（2）具备执行该过程所需技能、知识或经验的有组织的员工，且具备必要的材料、权利、其他经济资源等投入，例如技术、研究和开发项目、房地产或矿区权益等。

2. 该组合在合并日有产出的，满足下列条件之一的加工处理过程应判断为是实质性的：（1）该加工处理过程对持续产出至关重要，且具备执行该过程所需技能、知识或经验的有组织的员工；（2）该加工处理过程对产出能力有显著贡献，且该过程是独有、稀缺或难以取代的。

企业在判断组合是否构成业务时，应当从市场参与者角度考虑可以将其作为业务进行管理和经营，而不是根据合并方的管理意图或被合并方的经营历史来判断。

（三）判断非同一控制下企业合并中取得的组合是否构成业务，也可选择采用集中度测试。

集中度测试是非同一控制下企业合并的购买方在判断取得的组合是否构成一项业务时，可以选择采用的一种简化判断方式。进行集中度测试时，如果购买方取得的总资产的公允价值几乎相当于其中某一单独可辨认资产或一组类似可辨认资产的公允价值的，则该组合通过集中度测试，应判断为不构成业务，且购买方无须按照上述（二）的规定进行判断；如果该组合未通过集中度测试，购买方仍应按照上述（二）的规定进行判断。

购买方应当按照下列规定进行集中度测试：

1. 计算确定取得的总资产的公允价值。取得的总资产不包括现金及现金等价物、递延所得税资产以及由递延所得税负债影响形成的商誉。购买方通常可以通过下列公式之一计算确定取得的总资产的公允价值：

（1）总资产的公允价值 = 合并中取得的非现金资产的公允价值 +（购买方支付的对价 + 购买日被购买方少数股东权益的公允价值 + 购买日前持有被购买方权益的公允价值 − 合并中所取得的被购买方可辨认净资产公允价值）− 递延所得税资产 − 由递延所得税负债影响形成的商誉。

（2）总资产的公允价值 = 购买方支付的对价 + 购买日被购买方少数股东权益的公允价值 + 购买日前持有被购买方权益的公允价值 + 取得负债的公允价值（不包括递延所得税负债）− 取得的现金及现金等价物 − 递延所得税资产 − 由递延所得税负债影响形成的商誉。

2. 关于单独可辨认资产。单独可辨认资产是企业合并中作为一项单独可辨认资产予以确认和计量的一项资产或资产组。如果资产（包括租赁资产）及其附着物分拆成本重大，应当将其一并作为一项单独可辨认资产，例如土地和建筑物。

3. 关于一组类似资产。企业在评估一组类似资产时，应当考虑其中每项单独可辨认资产的性质及其与管理产出相关的风险等。下列情形通常不能作为一组类似资产:(1)有形资产和无形资产;(2)不同类别的有形资产,例如存货和机器设备;(3)不同类别的可辨认无形资产,例如商标权和特许权;(4)金融资产和非金融资产;(5)不同类别的金融资产,例如应收款项和权益工具投资;(6)同一类别但风险特征存在重大差别的可辨认资产等。

三、生效日期和新旧衔接

本解释自2020年1月1日起施行,不要求追溯调整。

26. 财政部关于印发《碳排放权交易有关会计处理暂行规定》的通知

(2019年12月16日 财会〔2019〕22号)

国务院有关部委、有关直属机构,各省、自治区、直辖市、计划单列市财政厅(局),新疆生产建设兵团财政局,财政部各地监管局,有关单位:

为配合我国碳排放权交易的开展,规范碳排放权交易相关的会计处理,根据《中华人民共和国会计法》和企业会计准则等相关规定,我们制定了《碳排放权交易有关会计处理暂行规定》,现予印发。

执行中有何问题,请及时反馈我部。

附件:

碳排放权交易有关会计处理暂行规定

为配合我国碳排放权交易的开展,规范碳排放权交易相关的会计处理,根据《中华人民共和国会计法》和企业会计准则等相关规定,现对碳排放权交易业务的有关会计处理规定如下:

一、适用范围

本规定适用于按照《碳排放权交易管理暂行办法》等有关规定开展碳排放权交易业务的重点排放单位中的相关企业(以下简称重点排放企业)。重点排放企业开展碳排放权交易应当按照本规定进行会计处理。

二、会计处理原则

重点排放企业通过购入方式取得碳排放配额的,应当在购买日将取得的碳排放配额确认为碳排放权资产,并按照成本进行计量。

重点排放企业通过政府免费分配等方式无偿取得碳排放配额的,不作账务处理。

三、会计科目设置

重点排放企业应当设置"1489碳排放权资产"科目,核算通过购入方式取得的碳排放配额。

四、账务处理

(一)重点排放企业购入碳排放配额的,按照购买日实际支付或应付的价款(包括交易手续费等相关税费),借记"碳排放权资产"科目,贷记"银行存款""其他应付款"等科目。

重点排放企业无偿取得碳排放配额的,不作账务处理。

(二)重点排放企业使用购入的碳排放配额履约(履行减排义务)的,按照所使用配额的账面余额,借记"营业外支出"科目,贷记"碳排放权资产"科目。

重点排放企业使用无偿取得的碳排放配额履约的,不作账务处理。

(三)重点排放企业出售碳排放配额,应当根据配额取得来源的不同,分别以下情况进行账务处理:

1. 重点排放企业出售购入的碳排放配额的,按照出售日实际收到或应收的价款(扣除交易手续费等相关税费），借记“银行存款”“其他应收款”等科目，按照出售配额的账面余额，贷记“碳排放权资产”科目，按其差额，贷记“营业外收入”科目或借记“营业外支出”科目。

2. 重点排放企业出售无偿取得的碳排放配额的，按照出售日实际收到或应收的价款（扣除交易手续费等相关税费），借记“银行存款”“其他应收款”等科目，贷记“营业外收入”科目。

（四）重点排放企业自愿注销购入的碳排放配额的，按照注销配额的账面余额，借记“营业外支出”科目，贷记“碳排放权资产”科目。

重点排放企业自愿注销无偿取得的碳排放配额的，不作账务处理。

五、财务报表列示和披露

（一）“碳排放权资产”科目的借方余额在资产负债表中的“其他流动资产”项目列示。

（二）重点排放企业应当在财务报表附注中披露下列信息：

1. 列示在资产负债表“其他流动资产”项目中的碳排放配额的期末账面价值，列示在利润表“营业外收入”项目和“营业外支出”项目中碳排放配额交易的相关金额。

2. 与碳排放权交易相关的信息，包括参与减排机制的特征、碳排放战略、节能减排措施等。

3. 碳排放配额的具体来源，包括配额取得方式、取得年度、用途、结转原因等。

4. 节能减排或超额排放情况，包括免费分配取得的碳排放配额与同期实际排放量有关数据的对比情况、节能减排或超额排放的原因等。

5. 碳排放配额变动情况，具体披露格式如下。

项　目	本年度		上年度	
	数量（单位：吨）	金额（单位：元）	数量（单位：吨）	金额（单位：元）
1. 本期期初碳排放配额				
2. 本期增加的碳排放配额				
（1）免费分配取得的配额				
（2）购入取得的配额				
（3）其他方式增加的配额				
3. 本期减少的碳排放配额				
（1）履约使用的配额				
（2）出售的配额				
（3）其他方式减少的配额				
4. 本期期末碳排放配额				

六、附则

（一）重点排放企业的国家核证自愿减排量相关交易，参照本规定进行会计处理，在“碳排放权资产”科目下设置明细科目进行核算。

（二）本规定自 2020 年 1 月 1 日起施行，重点排放企业应当采用未来适用法应用本规定。

27.财政部会计准则委员会对67个会计实务问题的解答

为了便于广大会计人员学习会计准则，加深对企业会计准则内容的理解，我们收集了实务中反映的企业会计准则相关问题，组织企业会计准则咨询委员开展研究，就相关问题进行了解答，现汇编发布。

今后，我们将继续收集企业会计准则的相关问题，组织相关专家进行解答，不定期以问题解答的形式在会计准则委员会网站发布，供广大会计人员学习参考。

2020年1月3日

1.根据《企业会计准则第21号——租赁》(财会〔2018〕35号)，某租赁合同约定，初始租赁期为1年，如有一方撤销租赁将支付重大罚金；1年期满后，经双方同意可再延长2年，如有一方不同意将不再续期，没有罚金且预计对交易双方带来的经济损失不重大。上述情形下，租赁期应如何确定？

答：根据租赁准则第十五条，租赁期是指承租人有权使用租赁资产且不可撤销的期间，包括合理确定承租人将行使续租选择权的期间和不行使终止租赁选择权的期间。

按照上述租赁合同约定，自租赁期开始日的第1年有强制的权利和义务，是不可撤销期间。如果承租人和出租人双方均有权在未经另一方许可的情况下终止租赁，且罚款金额、预计对交易双方带来的经济损失不重大，则该租赁不再可强制执行。按照上述租赁合同约定，此后2年的延长期中，承租人和出租人均可单方面选择不续约而无需支付任何罚金且预计对交易双方带来的经济损失不重大，该租赁不再可强制执行，因此2年的延长期并非不可撤销期间。

因此，该租赁合同在初始确认时的租赁期应确定为1年。

2.什么是交易价格？如何确定合同的交易价格？

答：根据《企业会计准则第14号——收入》(财会〔2017〕22号)的规定，交易价格，是指企业因向客户转让商品而预期有权收取的对价金额。企业代第三方收取的款项(例如增值税)以及企业预期将退还给客户的款项，应当作为负债进行会计处理，不计入交易价格。合同标价并不一定代表交易价格，企业应当根据合同条款，并结合以往的习惯做法确定交易价格。在确定交易价格时，企业应当考虑可变对价、合同中存在的重大融资成分、非现金对价以及应付客户对价等因素的影响，并应当假定将按照现有合同的约定向客户转移商品，且该合同不会被取消、续约或变更。

3.什么是资产减值测试的资产组？如何对资产组进行减值测试？

答：资产组，是指企业可以认定的最小资产组合，其产生的现金流入应当基本上独立于其他资产或资产组产生的现金流入。资产组应当由与创造现金流入相关的资产构成。

资产组减值测试的原理和单项资产相同，即企业需要估计资产组(包括资产组组合)的可收回金额并计算资产组的账面价值，并将两者进行比较，如果资产组的可收回金额低于其账面价值，应当按照差额确认相应的减值损失。减值损失金额应当按照下列顺序进行分摊：(1)首先，抵减分摊至资产组中商誉的账面价值。(2)其次，根据资产组中除商誉之外的其他各项资产的账面价值所占比重，按比例抵减其他各项资产的账面价值。以上资产账面价值的抵减，应当作为各单项资产(包括商誉)的减值损失处理，计入当期损益。抵减后的各资产的账面价值不得低于以下三者之中最高者：该资产的公允价值减去处置费用后的净额(如可确定的)、该资产预计未来现金流量的现值(如可确定的)和零。因此而导致的未能分摊的减值损失金额，应当按照相关资产组中其他各项资产的账面价值所占比重继续进行分摊。

4.企业在非同一控制下的企业合并中确认的或有对价构成《企业会计准则第22号——金融工具确认和计量》(财会〔2017〕7号)中定义的金融资产的，应当分类为何种金融资产？

答：根据金融工具确认计量准则第十九条，企业在非同一控制下的企业合并中确认的或有对价构成金融资产的，该金融资产应当分类为以公允价值计量且其变动计入当期损益的金融资产，不得指定为以公允价值计量且其变动计入其他综合收益的金融资产。

5. 如何判断政府补助是否与日常活动相关？

答：通常情况下，政府补助补偿的成本费用如果是营业利润之中的项目，或者该补助与日常销售等经营行为是否密切相关，则该政府补助与日常活动相关。与日常活动无关的政府补助，通常由企业常规经营之外的原因所产生，有偶发性的特征。与企业日常活动相关的政府补助，应当按照经济业务实质，计入其他收益或冲减相关成本费用；与日常活动无关的政府补助，计入营业外收入或冲减相关损失。

6. 融资担保、信用证、信用保险等符合“财务担保合同”定义的交易，应当适用保险合同相关会计准则还是《企业会计准则第 22 号——金融工具确认和计量》（财会〔2017〕7 号）？

答：根据《企业会计准则解释第 4 号》，融资性担保公司发生的担保业务，应当按照《企业会计准则第 25 号——原保险合同》《企业会计准则第 26 号——再保险合同》《保险合同相关会计处理规定》等有关保险合同的相关规定进行会计处理。

根据新的金融工具确认计量准则第六条，对于财务担保合同，发行方之前明确表明将此类合同视作保险合同，并且已按照保险合同相关会计准则进行会计处理的，可以选择适用金融工具确认计量准则或保险合同相关会计准则。该选择可以基于单项合同，但选择一经作出，不得撤销。否则，相关财务担保合同适用金融工具确认计量准则。

因此，融资担保、信用证、信用保险等符合“财务担保合同”定义的交易，之前已按照保险合同相关会计准则进行会计处理的，在执行新金融工具确认计量准则时，可以选择适用该准则，也可以选择适用继续保险合同相关会计准则；之前未按照保险合同相关会计准则进行会计处理的，必须适用金融工具确认计量准则。

7. 什么是合同履约成本？

答：根据《企业会计准则第 14 号——收入》（财会〔2017〕22 号）的规定，企业为履行合同可能会发生各种成本，企业应当对这些成本进行分析，属于其他企业会计准则（例如，《企业会计准则第 1 号——存货》《企业会计准则第 4 号——固定资产》以及《企业会计准则第 6 号——无形资产》等）规范范围的，应当按照相关企业会计准则进行会计处理；不属于其他企业会计准则规范范围且同时满足下列条件的，应当作为合同履约成本确认为一项资产：

（1）该成本与一份当前或预期取得的合同直接相关。预期取得的合同应当是企业能够明确识别的合同。与合同直接相关的成本包括直接人工（例如，支付给直接为客户提供所承诺服务的人员的工资、奖金等）、直接材料（例如，为履行合同耗用的原材料、辅助材料、构配件、零件、半成品的成本和周转材料的摊销及租赁费用等）、制造费用（或类似费用，例如，组织和管理相关生产、施工、服务等活动发生的费用，包括管理人员的职工薪酬、劳动保护费、固定资产折旧费及修理费、物料消耗、取暖费、水电费、办公费、差旅费、财产保险费、工程保修费、排污费、临时设施摊销费等）、明确由客户承担的成本以及仅因该合同而发生的其他成本（例如，支付给分包商的成本、机械使用费、设计和技术援助费用、施工现场二次搬运费、生产工具和用具使用费、检验试验费、工程定位复测费、工程点交费用、场地清理费等）。

（2）该成本增加了企业未来用于履行（包括持续履行）履约义务的资源。

（3）该成本预期能够收回。

企业应当在下列支出发生时，将其计入当期损益：一是管理费用，除非这些费用明确由客户承担。二是非正常消耗的直接材料、直接人工和制造费用（或类似费用），这些支出为履行合同发生，但未反映在合同价格中。三是与履约义务中已履行（包括已全部履行或部分履行）部分相关的支出，即该支出与企业过去的履约活动相关。四是无法在尚未履行的与已履行（或已部分履行）的履约义务之间区分的相关支出。

8. 什么是履约义务？

答：根据《企业会计准则第 14 号——收入》（财会〔2017〕22 号）的规定，履约义务，是指合同中企业向客户转让可明确区分商品的承诺。下列情况下，企业应当将向客户转让商品的承诺作为单项履约义务：一是企业向客户转让可明确区分商品（或者商品的组合）的承诺。二是企业向客户转让一系列实质相同且转让模式相同的、可明确区分商品的承诺。合同开始日，企业应当对合同进行评估，识别该合同所包含的各单项履约义务,并确定各单项履约义务是在某一时段内履行,还是在某一时点履行,然后,在履行了各单项履约义务时分别确认收入。

9. 在发生何种情况下企业应当暂停借款费用的资本化?

答:符合资本化条件的资产在购建或者生产过程中发生非正常中断且中断时间连续超过3个月的,应当暂停借款费用的资本化。中断的原因必须是非正常中断,属于正常中断的,相关借款费用仍可资本化。

非正常中断,通常是由于企业管理决策上的原因或者其他不可预见的原因等所导致的中断。比如,企业因与施工方发生了质量纠纷,或者工程、生产用料没有及时供应,或者资金周转发生了困难,或者施工、生产发生了安全事故,或者发生了与资产购建、生产有关的劳动纠纷等原因,导致资产购建或者生产活动发生中断,均属于非正常中断。

非正常中断与正常中断显著不同。正常中断通常仅限于因购建或者生产符合资本化条件的资产达到预定可使用或者可销售状态所必要的程序,或者事先可预见的不可抗力因素导致的中断。比如,某些工程建造到一定阶段必须暂停下来进行质量或者安全检查,检查通过后才可继续下一阶段的建造工作,这类中断是在施工前可以预见的,而且是工程建造必须经过的程序,属于正常中断。某些地区的工程在建造过程中,由于可预见的不可抗力因素(如雨季或冰冻季节等原因)导致施工出现停顿,也属于正常中断。

10. 与企业共同控制合营企业的合营者之间是否构成关联方关系?

答:与企业共同控制合营企业的合营者之间,通常不构成关联方关系。因为,如果两个企业按照合同分享一个合营企业的控制权,某个企业单方面无法做出合营企业的经营和财务的决策,而合营企业是一个独立的法人,合营方各自对合营企业有重大影响,但各合营者无法影响其他合营者。在没有其他关联关系的情况下,仅因为某一合营企业的共同合营者,不能认定各合营者之间是关联方。

11. 如果按照《企业会计准则第22号——金融工具确认和计量》(财会〔2017〕7号)的规定,以"贷款基准利率"为基准的金融资产视为符合本金加利息的合同现金流量特征,那么调整为以"贷款市场报价利率"为基准的金融资产是否能够视为符合本金加利息的合同现金流量特征?

答:《中国人民银行公告》(〔2019〕第15号)公布了中国人民银行改革完善贷款市场报价利率(LPR)形成机制的决定,现行政策中涉及中国人民银行公布的贷款基准利率的,将调整为中国人民银行授权全国银行间同业拆借中心公布的贷款市场报价利率。

除非存在其他导致不符合本金加利息的合同现金流量特征的因素,从"贷款基准利率"调整为"贷款市场报价利率"本身不会导致相关金融资产不符合本金加利息的合同现金流量特征。例如,利率为"贷款市场报价利率+200基点",相关贷款符合合同现金流量特征;再如,利率为"贷款市场报价利率向上浮动20%",相关贷款不符合合同现金流量特征。

12. 资产负债表中的"一年内到期的非流动资产"项目应当如何列报?

答:根据《企业会计准则第30号——财务报表列报》的相关规定,资产应当分别流动资产和非流动资产在资产负债表中列示;资产满足该准则第十七条规定的,应当归类为流动资产。通常情况下,预计自资产负债表日起一年内变现的非流动资产应归类为流动资产,作为"一年内到期的非流动资产"列报。

但是,对于按照相关会计准则采用折旧(或摊销、折耗)方法进行后续计量的固定资产、无形资产、长期待摊费用等非流动资产,折旧(或摊销、折耗)年限(或期限)只剩一年或不足一年的,无需归类为流动资产,仍在各该非流动资产项目中列报,不转入"一年内到期的非流动资产"项目列报;预计在一年内(含一年)进行折旧(或摊销、折耗)的部分,也无需归类为流动资产,不转入"一年内到期的非流动资产"项目列报。

13. 对于按照《企业会计准则第37号——金融工具列报》(财会〔2017〕14号)第三章分类为权益工具的特殊金融工具,发行方在个别财务报表及企业集团合并财务报表中应当如何分类?投资方能否将持有的上述金融工具指定为以公允价值计量且其变动计入其他综合收益的金融资产?

答:根据金融工具列报准则及其应用指南,对于可回售工具,例如某些开放式基金的可随时赎回的基金份额,以及发行方仅在清算时才有义务向另一方按比例交付其净资产的金融工具,例如属于有限寿命工具的封闭式基金、理财产品的份额、信托计划等寿命固定的结构化主体的份额,发行方在其个别财务报表中作为权益工具列报,在企业集团合并财务报表中对应的少数股东权益部分,应当分类为金融负债。

上述金融工具对于发行方而言不满足权益工具的定义，因此，对于投资方而言不属于权益工具投资，投资方不能将其指定为以公允价值计量且其变动计入其他综合收益的金融资产。

14. 企业应当如何区分资产负债表日后调整事项和非调整事项？

答：资产负债表日后调整事项，是指对资产负债表日已经存在的情况提供了新的或进一步证据的事项。如果资产负债表日及所属会计期间已经存在某种情况，但当时并不知道其存在或者不能知道确切结果，资产负债表日后发生的事项能够证实该情况的存在或者确切结果，则该事项属于资产负债表日后事项中的调整事项。

资产负债表日后非调整事项，是指表明资产负债表日后发生的情况的事项。非调整事项的发生不影响资产负债表日企业的财务报表数字，只说明资产负债表日后发生了某些情况。

某一事项究竟是调整事项还是非调整事项，取决于该事项表明的情况在资产负债表日或资产负债表日以前是否已经存在。若该情况在资产负债表日或之前已经存在，则属于调整事项；反之，则属于非调整事项。

15. 对于资产负债表日后调整事项和非调整事项，企业应当分别如何进行会计处理？

答：企业发生资产负债表日后调整事项，应当调整资产负债表日已编制的财务报表。对于年度财务报告而言，由于资产负债表日后事项发生在报告年度的次年，报告年度的有关账目已经结转，特别是损益类科目在结账后已无余额。因此，年度资产负债表日后发生的调整事项，应分别按以下情况进行处理：

（1）涉及损益的事项，通过“以前年度损益调整”科目核算。

（2）涉及利润分配调整的事项，直接在“利润分配——未分配利润”科目中核算。

（3）不涉及损益以及利润分配的事项，调整相关科目。

（4）通过上述账务处理后，还应同时调整财务报表相关项目的数字，包括：①资产负债表日编制的财务报表相关项目的期末数或本年发生数；②当期编制的财务报表相关项目的期初数或上年数；③经过上述调整后，如果涉及报表附注内容的，还应作出相应调整。

资产负债表日后发生的非调整事项，不应当调整资产负债表日的财务报表。企业应当在报表附注中披露每项重要的资产负债表日后非调整事项的性质、内容，及其对财务状况和经营成果的影响。无法做出估计的，应当说明原因。

16. 根据《企业会计准则第21号——租赁》（财会〔2018〕35号），某租赁合同约定，租赁期为5年，年租金按照租赁资产当年运营收入的80%计算，于每年末支付给出租人。假定不考虑其他因素，该租赁合同应如何对租赁负债进行初始计量和后续计量？

答：根据租赁准则第十七条、第十八条及相关应用指南，租赁负债应当按照租赁期开始日尚未支付的租赁付款额的现值进行初始计量。租赁付款额包括固定付款额及实质固定付款额（扣除租赁激励相关金额）、取决于指数或比率的可变租赁付款额、购买选择权的行权价格、行使终止租赁选择权需支付的款项、根据承租人提供的担保余值预计应支付的款项。可变租赁付款额中，仅取决于指数或比率的可变租赁付款额纳入租赁负债的初始计量中。

按照上述租赁合同约定，租赁付款额按照租赁资产年运营收入的一定比例计算，属于可变租赁付款额，但该可变租赁付款额不取决于指数或比率的变化，而是取决于租赁资产的未来绩效，因此，初始计量时取决于指数或比率的可变租赁付款额为0。在假定不考虑其他因素的情况下，租赁负债的初始计量金额为0。

根据租赁准则第二十四条及相关应用指南，未纳入租赁负债计量的可变租赁付款额，即，并非取决于指数或者比率的可变租赁付款额，应当在实际发生时计入当期损益，但按照《企业会计准则第1号——存货》等其他准则规定应当计入相关资产成本的，从其规定。

17. 在《企业会计准则第22号——金融工具确认和计量》（财会〔2017〕7号）施行日，将原分类为可供出售金融资产的权益工具投资按照准则第十九条指定为以公允价值计量且其变动计入其他综合收益的金融资产的，其原账面价值与新账面价值之间的差额应当如何处理？该权益工具投资原来计入其他综合收益的累计金额是否转入留存收益？该权益工具投资原来计入损益的累计减值损失是否由留存收益转入其他综合收益？

答：根据金融工具确认计量准则第七十三条，在本准则施行日，企业应当按照本准则的规定对金融工具进行分类和计量(含减值),涉及前期比较财务报表数据与本准则要求不一致的,无须调整。金融工具原账面价值和本准则施行日的新账面价值之间的差额,应当计入本准则施行日所在年度报告期间的期初留存收益或其他综合收益。

根据金融工具确认计量准则第七十八条,在本准则施行日,企业应当以该日的既有事实和情况为基础,根据本准则的相关规定,考虑将非交易性权益工具投资指定为以公允价值计量且其变动计入其他综合收益的金额资产,并追溯调整。

因此,原分类为可供出售金融资产的权益工具投资,按照新金融工具确认计量准则指定为以公允价值计量且其变动计入其他综合收益的金融资产的,企业应当以其在新金融工具确认计量准则施行日的公允价值计量,原账面价值与公允价值之间的差额,应当计入其他综合收益,后续不得转入当期损益,待该权益工具终止确认时转入留存收益。

新金融工具确认计量准则施行日,该权益工具投资原来计入其他综合收益的累计金额不做处理,待该权益工具终止确认时转入留存收益。该权益工具投资原来计入损益的累计减值损失,原则上应当转入其他综合收益,实务上出于简化考虑,允许不对累计减值损失做出处理。

18. 受同一方重大影响的企业之间是否构成关联方关系?

答:受同一方重大影响的企业之间不构成关联方。例如,同一个投资者的两家联营企业之间不构成关联方;仅拥有同一位关键管理人员的两家企业之间不构成关联方,某人既是一家企业的关键管理人员,同时又能对另一家企业实施重大影响,在不存在其他关联方关系的情况下,这两家企业不构成关联方。

19. 企业在进行资产减值测试时,应当如何确定资产可收回金额?

答:资产的可收回金额,应当根据资产的公允价值减去处置费用后的净额与资产预计未来现金流量的现值两者之间较高者确定。因此,估计资产的可收回金额,通常需要同时估计该资产的公允价值减去处置费用后的净额和资产预计未来现金流量的现值。但是在下列情况下,可以有例外或者做特殊考虑:

(1)如果资产的公允价值减去处置费用后的净额与资产预计未来现金流量的现值,只要有一项超过了资产的账面价值,就表明资产没有发生减值,不需要再估计另一项金额。

(2)如果没有确凿证据或者理由表明,资产预计未来现金流量现值显著高于其公允价值减去处置费用后的净额,可以将资产的公允价值减去处置费用后的净额视为资产的可收回金额。比如,企业持有待售的非流动资产,该资产在持有期间(处置之前)产生的现金流量可能很少,其最终取得的未来现金流量往往就是资产的处置净流入。在这种情况下,以资产的公允价值减去处置费用后的净额作为其可收回金额是恰当的,因为该类资产的未来现金流量现值通常不会显著高于其公允价值减去处置费用后的净额。

(3)以前报告期间的计算结果表明,资产可收回金额显著高于其账面价值,之后又没有发生消除这一差异的交易或者事项的,资产负债表日可以不重新估计该资产的可收回金额。

(4)以前报告期间的计算与分析表明,资产可收回金额相对于某种减值迹象反应不敏感,在本报告期间又发生了该减值迹象的,可以不因该减值迹象的出现而重新估计该资产的可收回金额。比如,当期市场利率或市场投资报酬率上升,对计算资产未来现金流量现值采用的折现率影响不大的,可以不重新估计资产的可收回金额。

20. 应当如何判断某项投资是适用《企业会计准则第 2 号——长期股权投资》(财会〔2014〕14 号)的权益性投资,还是适用《企业会计准则第 22 号——金融工具确认和计量》(财会〔2017〕7 号)的权益工具投资?

答:首先,企业应当判断投资方是否对被投资单位实施控制、共同控制或重大影响,从而使该投资适用长期股权投资准则。

其次,如果该投资不适用长期股权投资准则,企业应当根据金融工具确认计量准则,判断该投资是否为权益工具投资,并进行相应会计处理。

风险投资机构、共同基金以及类似主体持有的、在初始确认时按照金融工具确认计量准则的规定以公允价值计量且其变动计入当期损益的金融资产,投资性主体对不纳入合并财务报表的子公司的权益性投资,适用金融工具确认计量准则。

21. 应当如何划分会计政策变更与会计估计变更？

答：会计政策变更，是指企业对相同的交易或者事项由原来采用的会计政策改用另一会计政策的行为。会计估计变更，是指由于资产和负债的当前状况及预期经济利益和义务发生了变化，从而对资产或负债的账面价值或者资产的定期消耗金额进行调整。

企业应当以变更事项的会计确认、计量基础和列报项目是否发生变更为划分基础确定是会计政策变更还是会计估计变更。

一般地，对会计确认、计量基础的指定或选择是会计政策，其相应的变更是会计政策变更；会计确认、计量基础的变更一般会引起列报项目的变更，对列报项目的指定或选择是会计政策，其相应的变更是会计政策变更。

根据会计确认、计量基础和列报项目所选择的、为取得与该项目有关的金额或数值所采用的处理方法，不是会计政策，而是会计估计，其相应的变更是会计估计变更。

22. 企业来源于政府的经济资源是否都属于《企业会计准则第 16 号——政府补助》规范的政府补助？企业应当如何判断？

答：对企业而言，并不是所有来源于政府的经济资源都属于《企业会计准则第 16 号——政府补助》规范的政府补助。

企业应当根据交易或事项的实质、按照政府补助的定义和特征对来源于政府的经济资源进行判断。政府补助，是指企业从政府无偿取得货币性资产或非货币性资产。政府补助具有如下特征：

1. 政府补助是来源于政府的经济资源。这里的政府主要是指行政事业单位及类似机构。对于企业收到的来源于其他方的补助，有确凿证据表明政府是补助的实际拨付者，其他方只是起到代收代付作用的，该项补助也属于来源于政府的经济资源。

2. 政府补助是无偿的。即企业取得来源于政府的经济资源，不需要向政府交付商品或服务等对价。无偿性是政府补助的基本特征，这一特征将政府补助与政府以投资者身份向企业投入资本、政府购买服务等政府与企业之间的互惠性交易区别开来。

23. 什么是固定资产的弃置费用？企业应当如何进行会计处理？

答：弃置费用通常是指根据国家法律和行政法规、国际公约等规定，企业承担的环境保护和生态恢复等义务所确定的支出，如油气资产、核电站核设施等的弃置和恢复环境义务。弃置费用的金额与其现值比较，通常相差较大，需要考虑货币时间价值，对于这些特殊行业的特定固定资产，企业应当根据《企业会计准则第 13 号——或有事项》，按照现值计算确定应计入固定资产成本的金额和相应的预计负债。在固定资产的使用寿命内按照预计负债的摊余成本和实际利率计算确定的利息费用应计入财务费用。

油气资产的弃置费用，应当按照《企业会计准则第 27 号——石油天然气开采》的有关规定处理。一般企业的固定资产发生的报废清理费用不属于弃置费用，应当在发生时作为固定资产处置费用处理。

24. 企业采用公允价值模式计量投资性房地产，应当满足哪些条件？

答：企业存在确凿证据表明投资性房地产的公允价值能够持续可靠取得的，可以采用公允价值计量模式。采用公允价值模式计量投资性房地产，应当同时满足以下两个条件：一是投资性房地产所在地有活跃的房地产交易市场；二是企业能够从房地产交易市场上取得同类或类似房地产的市场价格及其他相关信息，从而对投资性房地产的公允价值做出科学合理的估计。这两个条件必须同时具备，缺一不可。

企业选择公允价值模式计量投资性房地产，应当对其所有投资性房地产采用公允价值模式进行后续计量，不得对一部分投资性房地产采用成本模式进行后续计量，对另一部分投资性房地产采用公允价值模式进行后续计量。

25. 什么是企业合并？会计核算上如何对企业合并进行分类？

答：企业合并，是指将两个或两个以上单独的企业合并形成一个报告主体的交易或事项。企业合并的结果通常是一个企业取得了对一个或多个业务的控制权。

在会计核算上，《企业会计准则第 20 号——企业合并》（以下简称企业合并准则）将企业合并划分为两大基本类型：同一控制下的企业合并与非同一控制下的企业合并。

同一控制下的企业合并,是指参与合并的企业在合并前后均受同一方或相同的多方最终控制且该控制并非暂时性的。对于同一控制下的企业合并,企业合并准则规定的会计处理方法类似于权益结合法。该方法下,将企业合并看作是两个或多个参与合并企业权益的重新整合,由于最终控制方的存在,从最终控制方的角度,该类企业合并一定程度上并不会造成构成企业集团整体的经济利益流入和流出,最终控制方在合并前后实际控制的经济资源并没有发生变化,有关交易事项不作为出售或购买。

非同一控制下的企业合并,是指参与合并各方在合并前后不受同一方或相同的多方最终控制的合并交易,即同一控制下企业合并以外的其他企业合并。对于非同一控制下的企业合并,企业合并准则规定的会计处理方法为照购买法。购买法是从购买方的角度出发,该项交易中购买方了取得了被购买方的净资产或是对净资产的控制权,应确认所取得的资产以及应当承担的债务,包括被购买方原来未予确认的资产和负债。就购买方自身而言,其原持有的资产及负债的计量不受该交易事项的影响。

26. 企业取得子公司时支付的价款、处置子公司时收到的价款应当分别如何在现金流量表中列示?

答:企业取得子公司及其他营业单位购买出价中以现金支付的部分,减去子公司或其他营业单位持有的现金和现金等价物后的净额,应列报在现金流量表中的投资活动下的“取得子公司及其他营业单位支付的现金净额”项目中。

企业购买子公司及其他营业单位是整体交易,子公司和其他营业单位除有固定资产和存货外,还可能持有现金和现金等价物。这样,整体购买子公司或其他营业单位的现金流量,就应以购买出价中以现金支付的部分,减去子公司或其他营业单位持有的现金和现金等价物后的净额反映,如为负数,应在“收到其他与投资活动有关的现金”项目中反映。

企业处置子公司及其他营业单位所取得的现金减去子公司或其他营业单位持有的现金和现金等价物以及相关处置费用后的净额应列报在现金流量表中的投资活动下的“处置子公司及其他营业单位收到的现金净额”项目中。

企业处置子公司及其他营业单位是整体交易,子公司和其他营业单位可能持有现金和现金等价物。这样,整体处置子公司或其他营业单位的现金流量,就应以处置价款中收到现金的部分,减去子公司或其他营业单位持有的现金和现金等价物以及相关处置费用后的净额反映,如为负数,应在“支付其他与投资活动有关的现金”项目中。

27. 应当如何对前期差错更正进行会计处理?

答:企业应当区分前期差错的重要性进行不同会计处理:

对于不重要的前期差错,企业不需调整财务报表相关项目的期初数,但应调整发现当期与前期相同的相关项目。属于影响损益的,应直接计入本期与上期相同的净损益项目;属于不影响损益的,应调整本期与前期相同的相关项目。

对于重要的前期差错,企业应当在其发现当期的财务报表中,调整前期比较数据。属于影响损益的,应将其对损益的影响数调整发现当期的期初留存收益,财务报表其他相关项目的期初数也应一并调整;属于不影响损益的,应调整财务报表相关项目的期初数。

在编制比较财务报表时,对于比较期间的重要的前期差错,应调整各该期间的净损益和其他相关项目,视同该差错在产生的当期已经更正;对于比较期间以前的重要的前期差错,应调整比较财务报表最早期间的期初留存收益,财务报表其他相关项目的数字也应一并调整。确定前期差错影响数不切实可行的,可以从可追溯重述的最早期间开始调整留存收益的期初余额,财务报表其他相关项目的期初余额也应当一并调整,也可以采用未来适用法。

其中,不重要的前期差错,是指不足以影响财务报表使用者对企业财务状况、经营成果和现金流量作出正确判断的前期差错。重要的前期差错,是指足以影响财务报表使用者对企业财务状况、经营成果和现金流量作出正确判断的前期差错。

28. 企业在应用《企业会计准则第 17 号——借款费用》时,哪些资产属于符合资本化条件的资产?

答:符合资本化条件的资产,是指需要经过相当长时间的购建或者生产活动才能达到预定可使用或者可销售状态的固定资产、投资性房地产和存货等资产。其中,“相当长时间”应当是指为资产的购建或者生产所必需的时间，通常为一年以上（含一年）。

确认为无形资产的开发支出等在符合条件的情况下，也可以认定为符合资本化条件的资产。符合资本化条件的存货主要包括房地产开发企业开发的用于对外出售的房地产开发产品、企业制造的用于对外出售的大型机器设备等。这类存货通常需要经过相当长时间的建造或者生产过程，才能达到预定可销售状态。

在实务中，如果由于人为或者故意等非正常因素导致资产的购建或者生产时间相当长的，该资产不属于符合资本化条件的资产。购入即可使用的资产，或者购入后需要安装但所需安装时间较短的资产，或者需要建造或者生产但所需建造或者生产时间较短的资产，均不属于符合资本化条件的资产。

29. 对于与资产相关的政府补助，总额法下对应资产在持有期间发生减值损失，相应的递延收益需要调整吗？

答：采用总额法的情况下，如果对应的长期资产在持有期间发生减值损失，递延收益的摊销仍保持不变，不受减值因素的影响。

30. 根据《企业会计准则第21号——租赁》（财会〔2018〕35号），出租人在融资租赁中收到的租赁保证金，应当如何进行会计处理？

答：融资租赁双方在签订某些租赁合同时，会就租赁保证金进行约定，即在租赁期开始日，承租人需向出租人支付租赁保证金，当承租人未能及时支付租金或出现其他违约情况时，出租人将抵扣租赁保证金；如果未发生违约，保证金用于抵扣末期租金，或期满之日予以退还。

根据租赁合同条款，上述租赁保证金属于合同履约保证金，出租人不应冲减应收融资租赁款，而应当单独作为负债核算。

31. 什么是合同资产？合同资产与应收账款的区别是什么？

答：根据《企业会计准则第14号——收入》（财会〔2017〕22号）的规定，合同资产，是指企业已向客户转让商品而有权收取对价的权利，且该权利取决于时间流逝之外的其他因素。企业应当按照《企业会计准则第22号——金融工具确认和计量》评估合同资产的减值，该减值的计量、列报和披露应当按照《企业会计准则第22号——金融工具确认和计量》和《企业会计准则第37号——金融工具列报》的规定进行会计处理。

应收款项是企业无条件收取合同对价的权利。只有在合同对价到期支付之前仅仅随着时间的流逝即可收款的权利，才是无条件的收款权。有时，企业有可能需要在未来返还全部或部分的合同对价（例如，企业在附有销售退回条款的合同下收取的合同对价），但是，企业仍然拥有无条件收取合同对价的权利，未来返还合同对价的潜在义务并不会影响企业收取对价总额的现时权利，因此，企业仍应当确认一项应收款项，同时将预计未来需要返还的部分确认为一项负债。

需要说明的是，合同资产和应收款项都是企业拥有的有权收取对价的合同权利，二者的区别在于，应收款项代表的是无条件收取合同对价的权利，即企业仅仅随着时间的流逝即可收款，而合同资产并不是一项无条件收款权，该权利除了时间流逝之外，还取决于其他条件（例如，履行合同中的其他履约义务）才能收取相应的合同对价。因此，与合同资产和应收款项相关的风险是不同的，应收款项仅承担信用风险，而合同资产除信用风险之外，还可能承担其他风险，如履约风险等。

32. 应当如何对会计政策变更进行会计处理？

答：企业应当根据具体情况对会计政策变更分别处理：

（1）在法律、行政法规或国家统一的会计制度等要求变更的情况下：国家发布相关会计处理方法的，按照国家发布的相关会计处理规定进行处理；国家没有发布相关会计处理办法的，则采用追溯调整法进行处理。

（2）会计政策变更能够提供更可靠、更相关的会计信息的情况下，企业应当采用追溯调整法进行处理，将会计政策变更累积影响数调整列报前期最早期初留存收益，其他相关项目的期初余额和列报前期披露的其他比较数据也应当一并调整。

（3）确定会计政策变更对列报前期影响数不切实可行的，应当从可追溯调整的最早期间期初开始应用变更后的会计政策。

（4）在当期期初确定会计政策变更对以前各期累积影响数不切实可行的，应当采用未来适用法处理。

33. 如何将交易价格分摊至各项履约义务？

答：根据《企业会计准则第 14 号——收入》（财会〔2017〕22 号）的规定，当合同中包含两项或多项履约义务时，需要将交易价格分摊至各单项履约义务，以使企业分摊至各单项履约义务（或可明确区分的商品）的交易价格能够反映其因向客户转让已承诺的相关商品而预期有权收取的对价金额。

合同中包含两项或多项履约义务的，企业应当在合同开始日，按照各单项履约义务所承诺商品的单独售价的相对比例，将交易价格分摊至各单项履约义务。单独售价，是指企业向客户单独销售商品的价格。企业在类似环境下向类似客户单独销售某商品的价格，应作为确定该商品单独售价的最佳证据。合同或价目表上的标价可能是商品的单独售价，但不能默认其一定是该商品的单独售价。例如，企业为其销售的产品制定了标准价格，但是，在实务中经常以低于该标准价格的折扣价格对外销售，此时，企业在估计该产品的单独售价时，应当考虑这一因素。

单独售价无法直接观察的，企业应当综合考虑其能够合理取得的全部相关信息，采用市场调整法、成本加成法、余值法等方法合理估计单独售价，应考虑的信息包括市场情况（如，商品的市场供求状况、竞争、限制和趋势等）、企业特定因素（如，企业的定价策略和实务操作安排等）以及与客户有关的信息（如，客户类型、所在地区和分销渠道等）等；企业应当最大限度地采用可观察的输入值，并对类似的情况采用一致的估计方法。

34. 如何判断《企业会计准则第 12 号——债务重组》（财会〔2019〕9 号）规范的债务重组是否构成权益性交易？如果构成权益性交易，是否确认债务重组相关损益？

答：根据债务重组准则第四条，债权人或债务人中的一方直接或间接对另一方持股且以股东身份进行债务重组的，或者债权人与债务人在债务重组前后均受同一方或相同的多方最终控制，且该债务重组的交易实质是债权人或债务人进行了权益性分配或接受了权益性投入的，适用权益性交易的有关会计处理规定。

企业在判断债务重组是否构成权益性交易时应当遵循实质重于形式原则，例如假设债权人对债务人的权益性投资通过其他人代持，债权人不具有股东身份但实质上以股东身份进行债务重组，债权人和债务人应当认为该债务重组构成权益性交易。

债务重组构成权益性交易的，应当适用权益性交易的有关会计处理规定，即债权人和债务人不确认构成权益性交易的债务重组相关损益。例如，甲公司是乙公司股东，为了弥补乙公司临时性经营现金流短缺，甲公司向乙公司提供 1000 万元无息借款，并约定于 6 个月后收回。借款期满时，尽管乙公司具有充足的现金流，甲公司仍然决定免除乙公司部分本金还款义务，仅收回 200 万元借款。在此项交易中，如果甲公司不以股东身份而是以市场交易者身份参与交易，在乙公司具有足够偿债能力的情况下不会免除其部分本金。因此，甲公司和乙公司应当将该交易作为权益性交易，不确认债务重组相关损益。

35.《企业会计准则第 12 号——债务重组》（财会〔2019〕9 号）规范的债务重组方式中，将债务转为权益工具时，权益工具包括什么？

答：债务人将债务转为权益工具，这里的权益工具，是指根据《企业会计准则第 37 号——金融工具列报》分类为“权益工具”的金融工具，体现为股本、实收资本、资本公积等。

实务中，有些债务重组名义上采用“债转股”的方式，但同时附加相关条款，如约定债务人在未来某个时点以某一金额回购股权，或债权人持有的股份享有强制分红权等。对于债务人，这些“股权”可能并不是根据《企业会计准则第 37 号——金融工具列报》分类为权益工具的金融工具，从而不属于债务人将债务转为权益工具的债务重组方式。债权人和债务人还可能协议以一项同时包含金融负债成分和权益工具成分的复合金融工具替换原债权债务，这类交易也不属于债务人将债务转为权益工具的债务重组方式。

36.《企业会计准则第 16 号——政府补助》规范的政府补助主要有哪些形式？

答：政府补助主要形式包括政府对企业的无偿拨款、税收返还、财政贴息，以及无偿给予非货币性资产等。

通常情况下，直接减征、免征、增加计税抵扣额、抵免部分税额等不涉及资产直接转移的经济资源，不适用政府补助准则。增值税出口退税也不属于政府补助。

此外，企业从政府取得的经济资源，如果与企业销售商品或提供服务等活动密切相关，且是企业商品或服务的对价或者是对价的组成部分，应当适用《企业会计准则第 14 号——收入》等相关会计准则；所得税减免,适用《企业会计准则第 18 号——所得税》。

37. 财务报表应当如何列报比较信息?

答:通常情况下,企业列报所有列报项目上一个可比会计期间的比较数据,至少包括两期各报表及相关附注。当企业追溯应用会计政策或追溯重述、或者重新分类财务报表项目时,按照《企业会计准则第 28 号——会计政策、会计估计变更和差错更正》等的规定,企业应当在一套完整的财务报表中列报最早可比期间期初的财务报表,即应当至少列报三期资产负债表、两期其他各报表(利润表、现金流量表和所有者权益变动表)及相关附注。其中,列报的三期资产负债表分别指当期期末的资产负债表、上期期末(即当期期初)的资产负债表、以及上期期初的资产负债表。

企业首次执行新金融准则、新收入准则或新租赁准则,按照上述准则的衔接规定,对因会计政策变更产生的累积影响数调整首次执行当年年初留存收益及财务报表其他相关项目金额,不调整可比期间信息的,应当对首次执行当期的财务报表的本期数或期末数按照《关于修订印发 2019 年度一般企业财务报表格式的通知》附件 2 的报表项目列报,对可比会计期间未调整的比较数据按照《关于修订印发 2019 年度一般企业财务报表格式的通知》附件 1 的报表项目列报。同时,为了提高信息在会计期间的可比性,企业可以增加列报首次执行上述各项新准则当年年初的资产负债表。

38. “让渡表决权”和“拖卖权”条款是否构成间接义务,从而使相关金融工具符合《企业会计准则第 37 号——金融工具列报》(财会〔2017〕14 号)中金融负债的定义?

答:假设债权人将债权转为对债务人的股权投资,同时约定在未来某个时点可以询问债务人的母公司是否愿意受让该股权,如果债务人母公司不同意,债权人有权要求:(1)让渡表决权,即母公司让渡对其子公司股东会表决权给债权人,从而失去对其子公司的控制,但享有的利润和净资产份额不受影响;(2)拖卖权,即债权人将股权转让给第三方时,有权要求母公司跟随其按相同比例以公允价格出售所持子公司的股权给第三方,并收到股权转让对价。

根据金融工具列报准则及其应用指南,企业不能无条件地避免以交付现金或其他金融资产来履行一项合同义务的,该合同义务符合金融负债的定义。有些金融工具虽然没有明确地包含交付现金或其他金融资产义务的条款和条件,但有可能通过其他条款和条件间接地形成合同义务。例如,企业可能在显著不利的条件下选择交付现金或其他金融资产,而不是选择履行非金融合同义务或交付自身权益工具。

通常情况下,在债务人的母公司合并报表层面,如果能够判断不会在显著不利的条件下选择交付现金或其他金融资产,上述“让渡表决权”和“拖卖权”不构成间接义务,不应因存在上述条款认为相关金融工具符合金融负债的定义。

39. 什么是合同取得成本?

答:根据《企业会计准则第 14 号——收入》(财会〔2017〕22 号)的规定,企业为取得合同发生的增量成本预期能够收回的,应当作为合同取得成本确认为一项资产。增量成本,是指企业不取得合同就不会发生的成本,如销售佣金等。为简化实务操作,该资产摊销期限不超过一年的,可以在发生时计入当期损益。企业采用该简化处理方法的,应当对所有类似合同一致采用。

企业为取得合同发生的、除预期能够收回的增量成本之外的其他支出,例如,无论是否取得合同均会发生的差旅费、投标费、为准备投标资料发生的相关费用等,应当在发生时计入当期损益,除非这些支出明确由客户承担。

企业因现有合同续约或发生合同变更需要支付的额外佣金,也属于为取得合同发生的增量成本。实务中,当涉及合同取得成本的安排比较复杂时,企业需要运用判断,对发生的合同取得成本进行恰当的会计处理,例如,合同续约或合同变更时需要支付额外的佣金、企业支付的佣金金额取决于客户未来的履约情况或者取决于累计取得的合同数量或金额等。

为取得合同需要支付的佣金在履行合同的过程中分期支付、且客户违约时企业无需支付剩余佣金的,如果该合同在合同开始日即满足本准则第五条规定的五项条件,该佣金预期能够从客户支付的对价中获得补偿,且取得合同后,收取佣金的一方不再为企业提供任何相关服务,则企业应当将应支付的佣金全额作为合同取得成本确认为一项资产。后续期间,如果客户的履约情况发生变化,企业应当评估该合同是否仍然满足本准则第五条规定的五项条件以及确认为资产的合同取得成本是否发生减值,并进行相应的会计处理。这一处理也同样适用于客户违约可能导致企业收回已经支付的佣金的情况。当企业发生的合同取得成本与多份合同相关(例如,企业支付的佣金取决于累计取得的合同数量或金额)时,情况可能更为复杂,企业应当根据实际情况进行判断,并进行相应的会计处理。

40. 根据《企业会计准则第37号——金融工具列报》(财会〔2017〕14号),对于因发行永续债支付的利息,其会计处理是否一定与税收处理一致?

答:根据金融工具列报准则第七条,发行永续债的企业应当根据永续债合同条款及其所反映的经济实质而非仅以法律形式,结合金融负债和权益工具的定义,在初始确认时将永续债分类为金融负债或权益工具,因发行永续债支付的利息相应作为利息支出或股利分配。

根据《关于永续债企业所得税政策问题的公告》(财政部、税务总局公告2019年第64号),企业发行的永续债,可以适用股息、红利企业所得税政策。符合规定条件的,也可以按照债券利息适用企业所得税政策。其中,符合规定条件是指符合下列条件中5条(含)以上:(1)被投资企业对该项投资具有还本义务;(2)有明确约定的利率和付息频率;(3)有一定的投资期限;(4)投资方对被投资企业净资产不拥有所有权;(5)投资方不参与被投资企业日常生产经营活动;(6)被投资企业可以赎回,或满足特定条件后可以赎回;(7)被投资企业将该项投资计入负债;(8)该项投资不承担被投资企业股东同等的经营风险;(9)该项投资的清偿顺序位于被投资企业股东持有的股份之前。

因此,会计上将永续债作为金融负债或权益工具处理,不一定对应适用税务上的利息或股利政策,反之亦然。企业采取的税收处理办法与会计核算方式不一致的,在进行税收处理时须作出相应纳税调整。

41. 财务报表项目之间是否可以互相抵销?

答:财务报表项目应当以总额列报,资产和负债、收入和费用、直接计入当期利润的利得项目和损失项目的金额不能相互抵销,即不得以净额列报,但企业会计准则另有规定的除外。比如,企业欠客户的应付款不得与其他客户欠本企业的应收款相抵销,否则就掩盖了交易的实质。再如,收入和费用反映了企业投入和产出之间的关系,是企业经营成果的两个方面,为了更好地反映经济交易的实质、考核企业经营管理水平以及预测企业未来现金流量,收入和费用不得相互抵销。

以下三种情况不属于抵销:

(1)一组类似交易形成的利得和损失以净额列示的,不属于抵销。例如,汇兑损益应当以净额列报,为交易目的而持有的金融工具形成的利得和损失应当以净额列报。但是,如果相关的利得和损失具有重要性,则应当单独列报。

(2)资产或负债项目按扣除备抵项目后的净额列示,不属于抵销。例如,资产计提的减值准备,实质上意味着资产的价值确实发生了减损,资产项目应当按扣除减值准备后的净额列示,这样才反映了资产当时的真实价值。

(3)非日常活动产生的利得和损失,以同一交易形成的收益扣减相关费用后的净额列示更能反映交易实质的,不属于抵销。例如,非流动资产处置形成的利得或损失,应当按处置收入扣除该资产的账面金额和相关销售费用后的净额列报。

42. 什么是收入?企业一般应按哪些步骤来对收入进行确认和计量?

答:根据《企业会计准则第14号——收入》(财会〔2017〕22号,以下简称"新收入准则")的规定,收入,是指企业在日常活动中形成的、会导致所有者权益增加的、与所有者投入资本无关的经济利益的总流入。其中,日常活动,是指企业为完成其经营目标所从事的经常性活动以及与之相关的活动。例如,工业企业制造并销售产品、商品流通企业销售商品、咨询公司提供咨询服务、软件公司为客户开发软件、安装公司提供安装服务、建筑企业提供建造服务等,均属于企业的日常活动。日常活动所形成的经济利益的流入应当确认为收入。

根据新收入准则,收入确认和计量大致分为五步:第一步,识别与客户订立的合同;第二步,识别合同中的单项履约义务;第三步,确定交易价格;第四步,将交易价格分摊至各单项履约义务;第五步,履行各单项履约义务时确认收入。其中,第一步、第二步和第五步主要与收入的确认有关,第三步和第四步主要与收入的计量有关。

43. 什么是资产减值?针对不同资产,减值相关会计处理应当如何遵循会计准则?

答:资产减值,是指资产的可收回金额低于其账面价值。由于企业不同的资产特性不同,其减值的会计处理也有差异,适用的会计准则因此也不一样。

企业下列非流动资产的减值,应当按照《企业会计准则第 8 号——资产减值》进行会计处理:对子公司、联营企业和合营企业的长期股权投资,采用成本模式进行后续计量的投资性房地产,固定资产,生产性生物资产,无形资产,商誉,探明石油天然气矿区权益和井及相关设施等。

企业其他资产的减值,应当分别按照相关企业会计准则进行会计处理,比如,存货的减值,适用《企业会计准则第 1 号——存货》;由金融工具确认和计量准则所规范的金融资产等的减值,适用《企业会计准则第 22 号——金融工具确认和计量》;递延所得税资产的减值,适用《企业会计准则第 18 号——所得税》;未探明石油天然气矿区权益的减值,适用《企业会计准则第 27 号——石油天然气开采》等。

44.《企业会计准则第 12 号——债务重组》(财会〔2019〕9 号)中规范的债务重组,是否强调在债务人发生财务困难或者债权人作出让步情况下进行?

答:根据债务重组准则第二条,债务重组是指在不改变交易对手方的情况下,经债权人和债务人协定或法院裁定,就清偿债务的时间、金额或方式等重新达成协议的交易。

债务重组准则中的债务重组,不强调在债务人发生财务困难的背景下进行,也不论债权人是否作出让步。也就是说,无论何种原因导致债务人未按原定条件偿还债务,也无论债权人是否同意债务人以低于债务的金额偿还债务,只要债权人和债务人就债务条款重新达成了协议,就符合债务重组的定义,属于该准则规范的范围。例如,债权人在减免债务人部分债务本金的同时提高剩余债务的利息,或者债权人同意债务人用等值库存商品抵偿到期债务等,均属于该准则规范的债务重组。

45. 企业是否可以变更投资性房地产的后续计量模式?如果可以,应当如何进行会计处理?

答:为保证会计信息的可比性,企业对投资性房地产的计量模式一经确定,不得随意变更。只有在房地产市场比较成熟、能够满足采用公允价值模式条件的情况下,才允许企业对投资性房地产从成本模式计量变更为公允价值模式计量。已采用公允价值模式计量的投资性房地产,不得从公允价值模式转为成本模式。

成本模式转为公允价值模式的,应当作为会计政策变更处理,并按计量模式变更时公允价值与账面价值的差额调整期初留存收益。

46. 企业因固定资产弃置费用确认的预计负债发生变动的,应当如何进行会计处理?

答:弃置费用形成的预计负债在确认后,按照实际利率法计算的利息费用应当确认为财务费用;由于技术进步、法律要求或市场环境变化等原因,特定固定资产的履行弃置义务可能发生支出金额、预计弃置时点、折现率等变动而引起的预计负债变动,应按照以下原则调整该固定资产的成本:一是对于预计负债的减少,以该固定资产账面价值为限扣减固定资产成本。如果预计负债的减少额超过该固定资产账面价值,超出部分确认为当期损益。二是对于预计负债的增加,增加该固定资产的成本。按照上述原则调整的固定资产,在资产剩余使用年限内计提折旧。一旦该固定资产的使用寿命结束,预计负债的所有后续变动应在发生时确认为损益。

47. 企业自行进行的研究开发项目,发生的支出是否能够资本化?

答:对于企业自行进行的研究开发项目,应当区分研究阶段与开发阶段两个部分分别进行会计核算:研究阶段的支出全部费用化,计入当期损益(管理费用);开发阶段的支出符合条件的才能资本化,不符合资本化条件的计入当期损益(管理费用)。如果确实无法区分研究阶段的支出和开发阶段的支出,应将其所发生的研发支出全部费用化,计入当期损益。

开发阶段的支出必须同时满足下列条件才能资本化确认为无形资产:1. 完成该无形资产以使其能够使用或出售在技术上具有可行性。2. 具有完成该无形资产并使用或出售的意图。3. 无形资产产生经济利益的方式,包括能够证明运用该无形资产生产的产品存在市场或无形资产自身存在市场;无形资产将在内部使用的,应当证明其有用性。4. 有足够的技术、财务资源和其他资源支持,以完成该无形资产的开发,并有能力使用或出售该无形资产。5. 归属于该无形资产开发阶段的支出能够可靠地计量。

其中,研究是指为获取新的技术和知识等进行的有计划的调查,开发是指在进行商业性生产或使用前,将研究成果或其他知识应用于某项计划或设计,以生产出新的或具有实质性改进的材料、装置、产品等。

48. 什么是企业合并中涉及的业务?构成业务的要素有哪些?

答:企业合并准则所称的业务,是指企业内部某些生产经营活动或资产的组合,该组合一般具有投入、加工处理过程和产出能力,能够独立计算其成本费用或所产生的收入。合并方在合并中取得的生产经营活动或资产的组合(以下简称组合)构成业务,通常应具有下列三个要素:

(1)投入,指原材料、人工、必要的生产技术等无形资产以及构成产出能力的机器设备等其他长期资产的投入。

(2)加工处理过程,指具有一定的管理能力、运营过程,能够组织投入形成产出能力的系统、标准、协议、惯例或规则。

(3)产出,包括为客户提供的产品或服务、为投资者或债权人提供的股利或利息等投资收益,以及企业日常活动产生的其他的收益。

合并方在合并中取得的组合应当至少同时具有一项投入和一项实质性加工处理过程,且二者相结合对产出能力有显著贡献,该组合才构成业务。合并方在合并中取得的组合是否有实际产出并不是判断其构成业务的必要条件。

49. 企业对于其持有的期末存货应当如何计量?

答:在资产负债表日,当存货成本低于可变现净值时,存货按成本计量;当存货成本高于可变现净值时,存货按可变现净值计量,同时按照成本高于可变现净值的差额计提存货跌价准备,计入当期损益("资产减值损失——存货减值损失"科目)。

企业通常应当按照单个存货项目计提存货跌价准备,对于数量繁多、单价较低的存货,可以按照存货类别计提存货跌价准备。

其中,存货的可变现净值,是指在日常活动中,存货的估计售价减去至完工时估计将要发生的成本、估计的销售费用以及相关税费后的金额。

此外,需要注意的是,企业确定存货的可变现净值的前提是企业在进行正常的生产经营活动,如果企业不是在进行正常的生产经营活动,比如企业处于清算过程,那么不能按照存货准则的规定确定存货的可变现净值。企业预计的销售存货现金流量,并不完全等于存货的可变现净值。存货在销售过程中可能发生的销售费用和相关税费,以及为达到预定可销售状态还可能发生的加工成本等相关支出,构成现金流入的抵减项目。企业预计的销售存货现金流量,扣除这些抵减项目后,才能确定存货的可变现净值。

50. 应用《企业会计准则第 14 号——收入》(财会〔2017〕22 号)时,如何识别与客户订立的合同?

答:《企业会计准则第 14 号——收入》(财会〔2017〕22 号)规定的合同,是指双方或多方之间订立有法律约束力的权利义务的协议。合同包括书面形式、口头形式以及其他形式(如隐含于商业惯例或企业以往的习惯做法中等)。企业与客户之间的合同同时满足下列五项条件的,企业应当在履行了合同中的履约义务,即在客户取得相关商品控制权时确认收入:一是合同各方已批准该合同并承诺将履行各自义务;二是该合同明确了合同各方与所转让商品相关的权利和义务;三是该合同有明确的与所转让商品相关的支付条款;四是该合同具有商业实质,即履行该合同将改变企业未来现金流量的风险、时间分布或金额;五是企业因向客户转让商品而有权取得的对价很可能收回。企业在进行上述判断时,需要注意下列三点:

①合同约定的权利和义务是否具有法律约束力,需要根据企业所处的法律环境和实务操作进行判断。不同的企业可能采取不同的方式和流程与客户订立合同,同一企业在与客户订立合同时,对于不同类别的客户以及不同性质的商品也可能采取不同的方式和流程。企业在判断其与客户之间的合同是否具有法律约束力,以及这些具有法律约束力的权利和义务在何时设立时,应当考虑上述因素的影响。合同各方均有权单方面终止完全未执行的合同,且无需对合同其他方作出补偿的,在应用本准则时,该合同应当被视为不存在。其中,完全未执行的合同,是指企业尚未向客户转让任何合同中承诺的商品,也尚未收取且尚未有权收取已承诺商品的任何对价的合同。

②合同具有商业实质,是指履行该合同将改变企业未来现金流量的风险、时间分布或金额。关于商业

实质，应按照《企业会计准则第 7 号——非货币性资产交换》的有关规定进行判断。

③企业在评估其因向客户转让商品而有权取得的对价是否很可能收回时，仅应考虑客户到期时支付对价的能力和意图（即客户的信用风险）。当对价是可变对价时，由于企业可能会向客户提供价格折让，企业有权收取的对价金额可能会低于合同标价。企业向客户提供价格折让的，应当在估计交易价格时进行考虑。

51. 什么是重大影响？能够形成重大影响的因素有哪些？

答：重大影响，是指对一个企业的财务和经营政策有参与决策的权力，但并不能够控制或者与其他方一起共同控制这些政策的制定。实务中，较为常见的重大影响体现为在被投资单位的董事会或类似权力机构中派有代表，通过在被投资单位财务和经营决策制定过程中的发言权实施重大影响。投资方直接或通过子公司间接持有被投资单位 20% 以上但低于 50% 的表决权时，一般认为对被投资单位具有重大影响，除非有明确的证据表明该种情况下不能参与被投资单位的生产经营决策，不形成重大影响。在确定能否对被投资单位施加重大影响时，一方面应考虑投资方直接或间接持有被投资单位的表决权股份，同时要考虑投资方及其他方持有的当期可执行潜在表决权在假定转换为对被投资单位的股权后产生的影响，如被投资单位发行的当期可转换的认股权证、股份期权及可转换公司债券等的影响。

52. 什么是投资性房地产？会计准则中规范的投资性房地产的范围是什么？

答：投资性房地产，是指为赚取租金或资本增值，或者两者兼有而持有的房地产。

根据《企业会计准则第 3 号——投资性房地产》的规定，投资性房地产的范围限定为已出租的土地使用权、持有并准备增值后转让的土地使用权、已出租的建筑物。其中：

已出租的土地使用权，是指企业通过出让或转让方式取得的、以经营租赁方式出租的土地使用权。企业取得的土地使用权通常包括在一级市场上以交纳土地出让金的方式取得的土地使用权，也包括在二级市场上接受其他单位转让的土地使用权。

持有并准备增值后转让的土地使用权，是指企业取得的、准备增值后转让的土地使用权。

已出租的建筑物是指企业拥有产权的、以经营租赁方式出租的建筑物，包括自行建造或开发活动完成后用于出租的建筑物以及正在建造或开发过程中将来用于出租的建筑物。

企业自用房地产、作为存货的房地产不属于投资性房地产。

53.《企业会计准则第 12 号——债务重组》（财会〔2019〕9 号）规范的债务重组方式中，债务人以存货清偿债务是否作为存货销售处理？

答：根据债务重组准则第十条，以资产清偿债务方式进行债务重组的，债务人应当将所清偿债务账面价值与转让资产账面价值之间的差额计入当期损益。

根据《企业会计准则第 14 号——收入》（财会〔2017〕22 号）第二条，收入是指企业在日常活动中形成的、会导致所有者权益增加的、与所有者投入资本无关的经济利益的总流入。

通常情况下，债务重组不属于企业的日常活动，因此债务重组不适用收入准则，不应作为存货的销售处理。所清偿债务账面价值与存货账面价值之间的差额，记入“其他收益”。

54. 应用《企业会计准则第 14 号——收入》（财会〔2017〕22 号）时，企业应当在何时确认收入？

答：根据《企业会计准则第 14 号——收入》（财会〔2017〕22 号）的规定，企业应当在履行了合同中的履约义务，即在客户取得相关商品控制权时确认收入。取得相关商品控制权，是指能够主导该商品的使用并从中获得几乎全部的经济利益，也包括有能力阻止其他方主导该商品的使用并从中获得经济利益。企业在判断商品的控制权是否发生转移时，应当从客户的角度进行分析，即客户是否取得了相关商品的控制权以及何时取得该控制权。取得商品控制权同时包括下列三项要素：

一是，能力。企业只有在客户拥有现时权利，能够主导该商品的使用并从中获得几乎全部经济利益时，才能确认收入。如果客户只能在未来的某一期间主导该商品的使用并从中获益，则表明其尚未取得该商品的控制权。例如，企业与客户签订合同为其生产产品，虽然合同约定该客户最终将能够主导该产品的使用，并获得几乎全部的经济利益，但是，只有在客户真正获得这些权利时（根据合同约定，可能是在生产过程中或更晚的时点），企业才能确认收入，在此之前，企业不应当确认收入。

二是，主导该商品的使用。客户有能力主导该商品的使用，是指客户在其活动中有权使用该商品，或者能够允许或阻止其他方使用该商品。

三是,能够获得几乎全部的经济利益。客户必须拥有获得商品几乎全部经济利益的能力,才能被视为获得了对该商品的控制。商品的经济利益,是指该商品的潜在现金流量,既包括现金流入的增加,也包括现金流出的减少。客户可以通过使用、消耗、出售、处置、交换、抵押或持有等多种方式直接或间接地获得商品的经济利益。

55.《企业会计准则第37号——金融工具列报》(财会〔2017〕14号)涉及的有限寿命工具,如某些封闭式基金、理财产品、信托计划等寿命固定或可确定的结构化主体,是否符合持续经营假设?

答:根据《企业会计准则——基本准则》及其相关讲解,持续经营,是指在可以预见的将来,企业将会按当前的规模和状态继续经营下去,不会停业,也不会大规模削减业务。在持续经营前提下,会计确认、计量和报告应当以企业持续、正常的生产经营活动为前提。

明确这个基本假设,就意味着会计主体将按照既定用途使用资产,按照既定的合约条件清偿债务,并根据企业会计准则进行确认、计量和报告,而不是按照企业破产清算有关会计处理规定处理。因此,有限寿命本身并不影响持续经营假设的成立。

56.附有条件的政府补助是否符合政府补助是无偿性的特征?

答:符合。政府补助附有的一定条件通常只是政府为了推行其宏观经济政策,对企业使用补助的时间、适用范围和方向进行的限制;政府补助的无偿性是指企业取得来源于政府的经济资源,不需要向政府交付商品或服务等对价,两者并不矛盾,实务中需要根据具体情况具体分析。

57.在长期股权投资核算方法转换中,按照新金融工具准则以公允价值计量转换为权益法时,应当如何进行会计处理?

答:原持有的对被投资单位的股权投资(不具有控制、共同控制或重大影响的),按照新金融工具准则相关内容进行会计处理的,因追加投资等原因导致持股比例上升,能够对被投资单位施加共同控制或重大影响的,在转按权益法核算时,投资方应当按其确定的原股权投资的公允价值加上为取得新增投资而应支付对价的公允价值,作为改按权益法核算的初始投资成本。原持有的股权投资分类为以公允价值计量且其变动计入当期损益的金融资产的,其公允价值与账面价值之间的差额应当转入改按权益法核算的当期损益;原持有的股权投资指定为以公允价值计量且其变动计入其他综合收益的非交易性权益工具投资的,其公允价值与账面价值之间的差额以及原计入其他综合收益的累计公允价值变动应当直接转入留存收益。然后,比较上述计算所得的初始投资成本,与按照追加投资后全新的持股比例计算确定的应享有被投资单位在追加投资日可辨认净资产公允价值份额之间的差额,前者大于后者的,不调整长期股权投资的账面价值;前者小于后者的,差额应调整长期股权投资的账面价值,并计入当期营业外收入。

58.企业对盘盈盘亏的固定资产应当如何进行会计处理?

答:固定资产是一种单位价值较高、使用期限较长的有形资产,因此,对于管理规范的企业而言,盘盈、盘亏的固定资产较为少见。企业应当健全制度,加强管理,定期或者至少于每年年末对固定资产进行清查盘点,以保证固定资产核算的真实性和完整性。如果清查中发现固定资产的损溢应及时查明原因,在期末结账前处理完毕。

企业在财产清查中盘亏的固定资产,通过“待处理财产损溢——待处理固定资产损溢”科目核算,盘亏造成的损失,通过“营业外支出——盘亏损失”科目核算,应当计入当期损益。

企业在财产清查中盘盈的固定资产,作为前期差错处理。盘盈的固定资产通过“以前年度损益调整”科目核算。

59.企业取得的土地使用权是否均应确认为无形资产?

答:企业取得的土地使用权通常应确认为无形资产,但以下情况除外:1.房地产开发企业取得的土地使用权用于建造对外出售的房屋建筑物,相关的土地使用权应当计入所建造的房屋建筑物成本。2.企业外购的房屋建筑物,实际支付的价款中包括土地以及建筑物的价值,应当对支付的价款按照合理的方法在土地和地上建筑物之间进行分配,确实无法合理分配的,应当全部作为固定资产核算。3.企业改变土地使用权的用途,将其用于出租或作为增值目的时,应将其转为投资性房地产。

60. 企业对外购和自行建造的固定资产应当如何确定其初始计量金额？

答：固定资产应当按照成本进行初始计量。

企业外购固定资产的成本，包括购买价款、相关税费、使固定资产达到预定可使用状态前所发生的可归属于该项资产的运输费、装卸费、安装费和专业人员服务费等。

企业自行建造固定资产的成本，由建造该项资产达到预定可使用状态前所发生的必要支出构成，包括工程用物资成本、人工成本、交纳的相关税费、应予资本化的借款费用以及应分摊的间接费用等。

此外，应计入固定资产成本的借款费用，按照《企业会计准则第 17 号——借款费用》进行会计处理。

61. 什么是长期股权投资？具体包括哪些内容？

答：长期股权投资，是指投资方对被投资单位实施控制、重大影响的权益性投资，以及对其合营企业的权益性投资。

长期股权投资主要包括：(1)投资方能够对被投资单位实施控制的权益性投资，即对子公司投资；(2)投资方与其他合营方一同对被投资单位实施共同控制且对被投资单位净资产享有权利的权益性投资，即对合营企业投资；(3)投资方对被投资单位具有重大影响的权益性投资，即对联营企业投资。除上述以外其他的权益性投资，包括风险投资机构、共同基金，以及类似主体持有的、在初始确认时按照《企业会计准则第 22 号——金融工具确认和计量》的规定以公允价值计量且其变动计入当期损益的金融资产，投资性主体对不纳入合并财务报表的子公司的权益性投资，以及其他权益性投资，应当按照《企业会计准则第 22 号——金融工具确认和计量》等相关准则进行会计处理。

62. 某公司执行了《企业会计准则第 22 号——金融工具确认和计量》（财会〔2017〕7 号）、《企业会计准则第 23 号——金融资产转移》（财会〔2017〕8 号）、《企业会计准则第 24 号——套期会计》（财会〔2017〕9 号）和《企业会计准则第 37 号——金融工具列报》（财会〔2017〕14 号），该公司的联营企业（或合营企业）是一家保险公司，且符合暂缓执行新金融工具相关会计准则的条件，在采用权益法对其进行会计处理时，该公司是否应统一保险公司的会计政策？

答：根据《关于保险公司执行新金融工具相关会计准则有关过渡办法的通知》（财会〔2017〕20 号），企业根据相关企业会计准则规定对其联营企业或合营企业采用权益法进行会计处理时，应统一联营企业或合营企业的会计政策。发生以下情形的，企业可以不进行统一会计政策的调整：(1)企业执行新金融工具相关会计准则，但其联营企业或合营企业暂缓执行新金融工具相关会计准则。(2)企业暂缓执行新金融工具相关会计准则，但联营企业或合营企业执行新金融工具相关会计准则。企业可以对每个联营企业或合营企业单独选择是否进行统一会计政策的调整。

因此，该公司在采用权益法对保险公司进行会计处理时，既可以选择统一保险公司的会计政策，即对金融工具相关交易执行新金融工具相关会计准则；也可以选择不统一保险公司的会计政策。企业可以对每个联营企业或合营企业单独选择是否进行统一会计政策的调整。

63. 利润表中的“营业外收入”和“营业外支出”项目主要反映企业发生的哪些交易或事项？

答：“营业外收入”项目，反映企业发生的除营业利润以外的收益，主要包括与企业日常活动无关的政府补助、盘盈利得、捐赠利得（企业接受股东或股东的子公司直接或间接的捐赠，经济实质属于股东对企业的资本性投入的除外）。

“营业外支出”项目，反映企业发生的除营业利润以外的支出，主要包括公益性捐赠支出、非常损失、盘亏损失、非流动资产毁损报废损失等。该项目应根据“营业外支出”科目的发生额分析填列。其中，“非流动资产毁损报废损失”通常包括因自然灾害发生毁损、已丧失使用功能等原因而报废清理产生的损失。企业在不同交易中形成的非流动资产毁损报废利得和损失不得相互抵销，应分别在“营业外收入”项目和“营业外支出”项目进行填列。

64. 母子公司未同步执行《企业会计准则第 21 号——租赁》（财会〔2018〕35 号）的情形下，母公司在编制合并财务报表时应如何处理？企业与联营企业或合营企业未同步执行租赁准则的情形下，企业在对联营企业或合营企业的长期股权投资采用权益法核算时应如何处理？

答：根据《财政部关于修订印发〈企业会计准则第 21 号——租赁〉的通知》（财会〔2018〕35 号），在境内外同时上市的企业以及在境外上市并采用国际财务报告准则或企业会计准则编制财务报表的企业,自2019年1月1日起施行新租赁准则;其他执行企业会计准则的企业自2021年1月1日起施行新租赁准则。

如果母公司执行新租赁准则但子公司尚未执行新租赁准则的,母公司在编制合并财务报表时,应当按照新租赁准则规定调整子公司的财务报表。如果母公司尚未执行新租赁准则而子公司已执行新租赁准则或《国际财务报告准则第16号——租赁》(以下简称国际租赁准则)的,母公司在编制合并财务报表时,可以将子公司的财务报表按照母公司的会计政策进行调整后合并,也可以将子公司按照新租赁准则或国际租赁准则编制的财务报表直接合并。母公司将子公司按照新租赁准则或国际租赁准则编制的财务报表直接合并的,应当在合并财务报表中披露该事实,并且对母公司和子公司的会计政策及其他相关信息分别进行披露。

企业对联营企业或合营企业的长期股权投资采用权益法核算的,比照上述原则进行处理,但不切实可行的除外。

65. 企业对于发出的存货应当如何计量?

答:企业应当根据各类存货的实物流转方式、企业管理的要求、存货的性质等实际情况,合理地选择发出存货成本的计量方法,以合理确定当期发出存货的实际成本。对于性质和用途相似的存货,应当采用相同的成本计算方法确定发出存货的成本。企业在确定发出存货的成本时,可以采用先进先出法、移动加权平均法、月末一次加权平均法和个别计价法等方法,但不得采用后进先出法。

企业在确认存货销售收入的当期,应当将已经销售存货的成本结转为当期营业成本。

66. 什么是现金等价物?

答:现金等价物,是指企业持有的期限短、流动性强、易于转换为已知金额现金、价值变动风险很小的投资。其中,“期限短”一般是指从购买日起3个月内到期。例如可在证券市场上流通的3个月内到期的短期债券等。

现金等价物虽然不是现金,但其支付能力与现金的差别不大,可视为现金。例如,企业为保证支付能力,手持必要的现金,为了不使现金闲置,可以购买短期债券,在需要现金时,随时可以变现。

现金等价物的定义本身,包含了判断一项投资是否属于现金等价物的四个条件,即,①期限短;②流动性强;③易于转换为已知金额的现金;④价值变动风险很小。其中,期限短、流动性强,强调了变现能力,而易于转换为已知金额的现金、价值变动风险很小,则强调了支付能力的大小。现金等价物通常包括3个月内到期的短期债券投资。权益性投资变现的金额通常不确定,因而不属于现金等价物。

企业应当根据具体情况,确定现金等价物的范围,一经确定不得随意变更;如果发生变更,应当按照会计政策变更处理。

67. 企业对于不同方式取得的存货应当如何计量?

答:企业取得存货应当按照成本进行计量。存货成本包括采购成本、加工成本和其他成本三个组成部分。

企业外购存货主要包括原材料和商品。外购存货的成本即存货的采购成本,指企业物资从采购到入库前所发生的全部支出,包括购买价款、相关税费、运输费、装卸费、保险费以及其他可归属于存货采购成本的费用。

企业通过进一步加工取得的存货主要包括产成品、在产品、半成品、委托加工物资等,其成本由采购成本、加工成本构成。存货加工成本,由直接人工和制造费用构成,其实质是企业在进一步加工存货的过程中追加发生的生产成本,不包括直接由材料存货转移来的价值。其中,直接人工,是指企业在生产产品过程中直接从事产品生产的工人的职工薪酬。直接人工和间接人工的划分依据通常是生产工人是否与所生产的产品直接相关(即可否直接确定其服务的产品对象)。制造费用是指企业为生产产品和提供劳务而发生的各项间接费用。制造费用是一种间接生产成本,包括企业生产部门(如生产车间)管理人员的职工薪酬、折旧费、办公费、水电费、机物料消耗、劳动保护费、季节性和修理期间的停工损失等。

企业取得存货的其他方式主要包括接受投资者投资、非货币性资产交换、债务重组、企业合并以及存货盘盈等。(1)投资者投入存货的成本应当按照投资合同或协议约定的价值确定,但合同或协议约定价值不公允的除外。在投资合同或协议约定价值不公允的情况下，按照该项存货的公允价值作为其入账价值。(2)企业通过非货币性资产交换、债务重组、企业合并等方式取得的存货，其成本应当分别按照《企业会计准则第7号——非货币性资产交换》《企业会计准则第12号——债务重组》《企业会计准则第20号——企业合并》等的规定确定。但是，该项存货的后续计量和披露应当执行存货准则的规定。(3)盘盈的存货应按其重置成本作为入账价值，并通过“待处理财产损溢”科目进行会计处理，按管理权限报经批准后冲减当期管理费用。

文号索引

国家税务总局公告

图书在版编目(CIP)数据

企业所得税政策法规汇编大全：2008年~2020年1月废改立注释版／企业所得税纳税申报表丛书编写组编. --北京：法律出版社，2020
ISBN 978-7-5197-4213-3

Ⅰ.①企… Ⅱ.①企… Ⅲ.①企业所得税-税法-汇编-中国 Ⅳ.①D922.222.9

中国版本图书馆CIP数据核字(2020)第022467号

企业所得税政策法规汇编大全(2008年~2020年1月废改立注释版)
QIYE SUODESHUI ZHENGCE FAGUI HUIBIAN DAQUAN
(2008 NIAN~2020 NIAN 1 YUE FEIGAILI ZHUSHIBAN)

企业所得税纳税申报表丛书编写组 编

策划编辑 沈小英 刘 莹
责任编辑 刘 莹
装帧设计 林秀川

出版 法律出版社
总发行 中国法律图书有限公司
经销 新华书店
印刷 河北鑫兆源印刷有限公司
责任校对 马 丽
责任印制 吕亚莉

编辑统筹 法治与经济出版分社
开本 787毫米×1092毫米 1/16
印张 74.5
字数 2352千
版本 2020年2月第1版
印次 2020年2月第1次印刷

法律出版社／北京市丰台区莲花池西里7号(100073)
网址／www.lawpress.com.cn
投稿邮箱／info@lawpress.com.cn
举报维权邮箱／jbwq@lawpress.com.cn

销售热线／400-660-8393
咨询电话／010-63939796

中国法律图书有限公司／北京市丰台区莲花池西里7号(100073)
全国各地中法图分、子公司销售电话：
统一销售客服／400-660-8393/6393
第一法律书店／010-83938432/8433　西安分公司／029-85330678　重庆分公司／023-67453036
上海分公司／021-62071639/1636　深圳分公司／0755-83072995

书号：ISBN 978-7-5197-4213-3
定价：228.00元